PERPÉTUITÉ DE LA FOI
DE L'ÉGLISE CATHOLIQUE
SUR L'EUCHARISTIE,

PAR

NICOLE, ARNAULD, RENAUDOT, LE P. PARIS, ETC.;

SUR LA CONFESSION,

PAR DENIS DE SAINTE-MARTHE;

SUR

l'Église romaine, la Règle de foi, la Primauté du Pape et des Évêques,
la Confession sacramentelle, le défaut de pouvoir dans les ministres protestants,
le renouvellement des hérésies anciennes par les Protestants,
le sacrifice de la Messe, l'Eucharistie, la Communion sous une seule espèce,
l'invocation des Saints, le purgatoire, la justification,

C'EST-A-DIRE,

Sur les principaux points qui divisent les Catholiques d'avec les Protestants,

PAR SCHEFFMACHER;

PUBLIÉE PAR M. L'ABBÉ M****,

ÉDITEUR DES *Cours complets d'Écriture-Sainte et de Théologie.*

TOME TROISIÈME.

PARIS,
CHEZ L'ÉDITEUR,
RUE D'AMBOISE, HORS LA BARRIÈRE D'ENFER.

1841.

PERPÉTUITÉ DE LA FOI
DE L'ÉGLISE CATHOLIQUE
SUR L'EUCHARISTIE,

PAR

NICOLE, ARNAULD, RENAUDOT, LE P. PARIS, ETC.;

SUR LA CONFESSION,

PAR DENIS DE SAINTE-MARTHE;

SUR

l'Église romaine, la Règle de foi, la Primauté du Pape et des Évêques,
la Confession sacramentelle, le défaut de pouvoir dans les ministres protestants,
le renouvellement des hérésies anciennes par les Protestants,
le sacrifice de la Messe, l'Eucharistie, la Communion sous une seule espèce,
l'invocation des Saints, le purgatoire, la justification,

C'EST-A-DIRE,

Sur les principaux points qui divisent les Catholiques d'avec les Protestants,

PAR SCHEFFMACHER;

PUBLIÉE PAR M. L'ABBÉ M****,
ÉDITEUR DES *Cours complets d'Écriture-Sainte et de Théologie*.

TOME TROISIÈME.

PARIS,
CHEZ L'ÉDITEUR,
RUE D'AMBOISE, HORS LA BARRIÈRE D'ENFER.

1841.

RÉPONSE GÉNÉRALE

AU NOUVEAU LIVRE DE M. CLAUDE.

Avertissement.

Il est bien aisé de satisfaire le monde sur le dessein du petit livre que l'on donne présentement au public, sous le titre de *Réponse générale au nouveau livre de M. Claude*. Chacun sait que lorsque ce livre parut, on était occupé à s'acquitter de la promesse que l'on avait faite d'examiner ce que l'Ecriture et les Pères des six premiers siècles nous enseignent de l'Eucharistie (1); et à montrer de plus, par un autre ouvrage, que les calvinistes ont renversé entièrement les fondements de la morale de l'Evangile (2), par les erreurs sur lesquelles ils ont établi leur réformation. Il n'était donc nullement à propos de se détourner de ce travail, pour répondre exactement à ce nouvel ouvrage, qui n'avait rien de si fort ni de si éblouissant, que l'on dût craindre qu'il fît beaucoup d'impression sur les esprits. Outre que la plupart des choses qu'il contient, en ce qui regarde le dogme, trouveront tellement leur place naturelle dans ce qu'on donnera bientôt au public, touchant les Pères des six premiers siècles, que c'aurait été les obscurcir que de les traiter séparément.

Mais comme il est difficile que tout le monde soit aussi instruit qu'il le faudrait être, pour discerner tout d'un coup toutes les illusions qu'un homme d'esprit comme M. Claude répand sur une matière à laquelle il s'applique deux ans durant : que peu de personnes prennent la peine de conférer ensemble les livres de contestation : qu'il n'y en a que trop qui s'arrêtent aux derniers et qui se laissent toucher par les plaintes, par les reproches et par les accusations d'illusion, de mauvaise foi, de falsification, d'aigreur, d'emportement, dont tout le livre de M. Claude est rempli ; la charité obligeait aussi de prévenir ces mauvais effets, et l'on a cru y réussir par le petit ouvrage que l'on a fait dans cette vue, et que l'on a divisé en deux livres.

Le premier fait voir que le premier tome de la Perpétuité, que M. Claude se vante d'avoir absolument renversé, non seulement subsiste tout entier après son livre, mais reçoit même une nouvelle force par les vains efforts qu'il a faits pour le détruire.

On y réfute de plus en particulier toutes les réponses par lesquelles il a tâché d'éluder, dans son livre, l'autorité des témoins récents qu'on avait produits dans celui de la Perpétuité ; ce qui donne occasion d'en produire encore de nouveaux, tant à l'égard des Grecs que des autres sociétés orientales, qui sont si authentiques et si décisifs, qu'on aura tout sujet d'en conclure, que ceux qui ont fait paraître une opiniâtreté si contraire à la bonne foi dans des choses entièrement évidentes, sont justement suspects de se jouer encore avec plus de licence de l'autorité de l'Ecriture et des Pères, et ne méritent pas ainsi d'être écoutés dans une dispute de religion.

Mais on fait voir de plus que ces preuves de la foi des églises d'Orient, s'étendent plus loin que le temps présent, et qu'elles donnent droit de conclure par deux conséquences évidentes, que ces communions ont toujours été dans la doctrine de la présence réelle. La première est, que si toutes ces nations sont présentement dans cette créance, il faut qu'elles y aient été du temps de Bérenger. Et la seconde est, que si elles y ont été du temps de Bérenger, il faut qu'elles y aient toujours été, parce qu'il est tellement impossible que devant Paschase ou depuis Paschase jusqu'à Bérenger, il se soit fait un changement universel de créance sur le point de l'Eucharistie, dans toutes ces sociétés séparées de l'Eglise romaine, que M. Claude même n'a pas osé porter jusque là ses prétentions, et est tacitement demeuré d'accord de l'absurdité de cette supposition.

Ainsi ce premier livre contient la preuve entière de l'argument de la Perpétuité dans les bornes où on l'avait d'abord renfermé, qui est de conclure que la doctrine de la présence réelle est la doctrine constante et perpétuelle de l'Eglise depuis les apôtres jusqu'à présent. On a tiré cette même conclusion à l'égard de la transsubstantiation dans le premier tome de la Perpétuité, en la manière que nous l'expliquerons plus bas, et on la tirera beaucoup plus expressément et plus formellement dans le second. Mais tant s'en faut qu'on la tire dans ce livre-ci, que pour empêcher que M. Claude ne détourne les lecteurs de l'évidence de la preuve à laquelle on est bien aise de les attacher, on déclare expressément qu'on ne la tire point, et que l'on se borne à la présence réelle. Ce qui n'empêche pas néanmoins que la plupart des passages que l'on produit, et des preuves que l'on emploie ne donnent lieu aux personnes équitables de la tirer à l'égard de la transsubstantiation même. Mais il est toujours permis de réduire les disputes de controverse à un point précis, pour éviter la longueur et l'embarras ; et c'est un assez grand avantage que de faire voir que les calvinistes sont hérétiques sur un dogme capital, comme la présence réelle, et que l'on ne peut demeurer en conscience dans leur société, pour en faire le sujet unique d'un livre particulier.

Mais comme ce qui peut faire impression dans le livre de M. Claude, consiste encore plus dans les reproches d'*aigreur*, d'*emportement*, de *mauvaise foi*, de *falsification*, dont il remplit toujours ses ouvrages en faveur de ceux qui ne jugent des choses que par ces sortes de mots, il a été nécessaire de répondre aussi à ces accusations. Et c'est ce que l'on a fait par diverses remarques qui composent le second livre de cette réponse. On y a traité, de plus, diverses questions incidentes et qui se pouvaient détacher du corps de la question principale, et particulièrement celles qui regardent la méthode qui est le sujet de tout le premier livre de M. Claude. Car quoique l'on n'ait pas eu en vue d'en faire une réfutation exacte, on peut dire néanmoins que l'on y en ruine tellement tous les principes, qu'il n'y a personne qui après avoir lu ce que l'on en dit, ne reconnaisse sans peine que tout ce premier livre n'est qu'une illusion continuelle, fondée sur de fausses suppositions qui sont détruites dans ces remarques.

Outre le dessein que l'on y a eu de répondre à ce qu'il y avait de plus spécieux dans ces reproches personnels, on avoue que l'on a de plus été bien aise de débarrasser cette dispute de ces discussions importunes, afin de se pouvoir appliquer uniquement aux dogmes, et de n'être plus obligé de se détourner à chaque pas pour répondre à ces accusations malignes et personnelles que M. Claude y mêle à dessein d'amuser le monde. Ainsi l'on peut dire avec vérité que si la nécessité de faire connaître son injustice, a obligé de la représenter dans

---

(1) Tom. 2 de la *Perpétuité*.
(2) C'est l'ouvrage intitulé : *Renversement de la morale*, etc.

ce second livre en la manière que l'on a crue propre pour en donner l'idée qu'on en doit avoir; on ne l'a fait néanmoins que dans le dessein de le pouvoir épargner davantage dans la suite, et de le traiter comme un autre ministre avec qui on n'aurait pas de différend particulier.

Mais quoique ce soit par contrainte que l'on s'est appliqué à ces différends personnels, on croit que les lecteurs ne laisseront pas d'y trouver quelque utilité et même quelque plaisir. On verra que l'on y fait une justice exacte à M. Claude, qu'on ne lui fait jamais de reproches en l'air et sans preuves, que l'on ne passe point au-delà de ce qu'on prouve, et que lorsqu'il a quelque petite apparence de raison, on ne fait pas difficulté de l'avouer sincèrement. Ainsi l'on croit que toutes les personnes judicieuses reconnaîtront facilement combien ce procédé dont on use en son endroit est différent de celui dont il a usé envers ceux qu'il a attaqués, et qu'elles demeureront persuadées qu'il peut servir de préjugé de la justice de la cause que l'on défend contre lui; n'y ayant rien dans tout ce que l'on dit de lui, qui ne soit conforme aux règles véritables de la justice et de l'honnêteté; et n'y ayant rien au contraire dans tout ce qu'il dit contre son adversaire qui ne soit contraire à ces mêmes règles. C'est ce qu'on ne dirait pas si assurément, si on ne le prouvait dans ce livre-ci, d'une manière dont on croit que tout le monde demeurera satisfait.

LIVRE PREMIER,

OU L'ON FAIT VOIR QUE NON SEULEMENT IL NE DONNE AUCUNE ATTEINTE AU LIVRE DE LA PERPÉTUITÉ, MAIS QU'IL L'ÉTABLIT D'UNE MANIÈRE INVINCIBLE.

CHAPITRE PREMIER.

Que M. Claude n'a osé combattre la conséquence capitale du livre de la Perpétuité.

Il paraît assez par la manière dont M. Claude parle, dans son dernier livre, et de lui-même et de celui qu'il réfute, qu'il se représente à lui-même comme un victorieux qui tient sous ses pieds ses ennemis abattus, et qu'il regarde son ouvrage à peu près comme ce grand livre dont parle le prophète Isaïe, dans lequel Dieu lui commanda d'écrire ces paroles triomphantes : *Hâtez-vous de recueillir les dépouilles de vos ennemis vaincus, amassez promptement le butin que vous avez fait :* « *Sume tibi librum grandem et scribe in eo stylo hominis; velociter spolia detrahe, cito prædare.* » Car si l'on en croit M. Claude (1), il a détruit pleinement, par ce grand volume qu'il a publié, toutes les suppositions et toutes les conséquences du livre de la Perpétuité. Il a fait voir que l'on n'a jamais vu *tant d'illusions et tant de faiblesse*, et que les raisons de M. Arnauld ne sont que des chimères que *l'engagement et la nécessité de soutenir sa thèse à tort et à travers* lui ont fournies : de sorte qu'il semble ne lui reste plus rien à faire maintenant qu'à jouir tranquillement des fruits de la victoire qu'il a remportée.

Je ne prétends pas encore le détromper pleinement ici de cette agréable imagination. Peut-être qu'avec le temps on lui donnera sujet de soupçonner qu'il pourrait bien y avoir du mécompte dans ces grandes idées qu'il a conçues de son livre. Mais, quoiqu'il croie entièrement abattus, il ne peut néanmoins nous refuser d'abord le droit naturel qu'auraient même les vaincus de rassembler les misérables restes de leur défaite, c'est-à-dire, celui de réunir les raisonnements et les conséquences qu'il lui a plu d'épargner, et les faits qu'il n'a point osé contester, ou qu'il a positivement accordés. Car s'il se trouvait que le livre de la Perpétuité subsistât encore tout entier dans ces conséquences non combattues et dans ces faits avoués, ces triomphes de M. Claude pourraient bien passer pour de pures visions.

C'est donc ce qu'il est bon de considérer d'abord; et on ne le peut mieux faire qu'en remarquant que le livre de *la Perpétuité* peut être réduit à ce syllogisme conditionnel.

Si toutes les communions schismatiques qui sont répandues dans toute la terre se sont trouvées unies, au temps de Bérenger, avec l'Église romaine dans la créance de la présence réelle, il est contre toute apparence de raison de s'imaginer qu'elles puissent être venues à cet état par une innovation et un changement universel de créance sur ce mystère, qui se soit introduit depuis Paschase, comme les ministres le prétendent.

Or toutes les communions schismatiques se sont toutes trouvées unies avec l'Église romaine, au temps de Bérenger, dans la créance de la présence réelle.

Donc il est impossible qu'elles en aient changé : c'est-à-dire qu'il est nécessaire que la doctrine de la présence réelle ait été perpétuelle dans toutes ces sociétés.

La seconde proposition de cet argument est tirée du traité de *la Perpétuité*. Et pour la première, M. Claude prend lui-même soin de l'établir; car il nous fait souvenir à la fin même de son livre, et en plusieurs autres endroits, *que la première proposition de l'auteur de la Perpétuité est que, dans le onzième siècle, lors de la condamnation de Bérenger, les Grecs tenaient la présence réelle et la transsubstantiation; que c'est le temps qu'il a choisi*, et qu'il appelle son *point fixe*, pour prouver par là que ces doctrines étaient perpétuelles dans l'Église. *C'est ce que je désire*, dit-il (1), *qu'on remarque soigneusement, afin qu'on ne nous vienne plus faire une nouvelle illusion.*

Je montrerai dans ce livre même qu'il se trompe d'une manière inexcusable, en ce qu'il avance ici que la transsubstantiation était enfermée dans cette proposition de l'auteur de *la Perpétuité*. Mais il ne se trompe point dans le temps de cette supposition et de ce point fixe. La remarque qu'il en fait est très-véritable; et on le prie seulement de remarquer lui-même que si dans la suite de son livre il se trouve qu'il l'ait oubliée, il est lui-même coupable de cette illusion qu'il reproche aux autres. Or c'est ce que nous allons faire voir.

Tout cet argument se réduit à un fait que l'on entreprend de prouver, et à une conséquence que l'on en tire.

Le fait est que toutes les communions schismatiques se sont trouvées unies, au temps de Bérenger, dans la doctrine de la présence réelle.

La conséquence que l'on en tire est, qu'il est impossible qu'elles soient venues à cet état par innovation; et par conséquent qu'elles ont toujours tenu cette doctrine, et que le prétendu changement inventé par les ministres est une fable et une chimère.

Tout ce que contient le livre de *la Perpétuité* se réduit à la preuve ou de la conséquence, ou du fait. Et ainsi il est très-clair que l'on n'y peut répondre qu'en niant ou cette conséquence que l'on tire, ou ce fait que l'on entreprend de prouver.

Cependant M. Claude, par un tour d'esprit qui lui est particulier, et par une adresse qui a été jusqu'à

---

(1) M. Claude, 3ᵉ Réponse, pag. 919; ibid. page 238.

(1) 3ᵉ Réponse, p. 920.

présent inconnue à tous ceux qui se sont mêlés de faire des livres, a prétendu répondre à ce livre, sans nier, ou au moins sans combattre expressément ni cette conséquence, ni ce fait. Qu'on dise tant qu'on voudra que cela est incroyable, je dis que cela est effectivement.

Et quoi, dira-t-il, n'ai-je pas fait un livre entier qui porte pour titre, *Nullité de la conséquence que M. Arnauld prétend tirer des églises schismatiques?* Il est vrai. Mais c'est ce livre même qui prouve invinciblement que M. Claude n'a nié ni combattu la véritable conséquence du livre de *la Perpétuité*, puisque celle qu'il y nie n'est point celle dont il s'agit.

Pour démêler cet embrouillement, il n'y a qu'à remarquer qu'il y a une conséquence que l'on tire du fait que l'on prouve, qui est que si l'on fait voir que toutes les sociétés étaient unies, du temps de Bérenger, dans la doctrine de la présence réelle, ce changement est impossible.

Et une autre conséquence qui tend à établir ce fait, et qui en est la preuve.

Cette seconde conséquence est que si, de siècle en siècle, depuis le onzième, il paraît que les Grecs et les autres communions schismatiques ont toujours été dans la doctrine de la présence réelle, elles y étaient donc aussi au temps de Bérenger.

La différence de ces deux conséquences est toute visible. Le fait capital, qui est que toutes les communions schismatiques étaient unies, du temps de Bérenger, avec l'Église romaine dans la doctrine de la présence réelle, est l'*antécédent* et le *principe* de la première conséquence; et au contraire ce même fait est le *conséquent* et la conclusion de la dernière. Car on conclut dans la première, que si toutes les communions se sont trouvées unies au temps de Bérenger, il est impossible qu'elles aient changé de créance. Et on conclut par la seconde, que si elles se sont trouvées de siècle en siècle dans cette créance, elles y étaient donc aussi du temps de Bérenger. Ainsi cette dernière conséquence est destinée à établir le fait; et la première fait voir ce qui s'ensuit de ce fait.

Or que fait M. Claude dans ce second livre de son dernier ouvrage, à laquelle de ces deux conséquences s'attache-t-il? Est-ce à la première, qui est que, supposé cette union de toutes les communions orientales avec l'Église romaine dans la créance de la présence réelle au temps de Bérenger, il est impossible que cette doctrine se soit introduite par changement? Non. Au contraire, il l'avoue par son silence. C'est uniquement à la seconde, c'est-à-dire à celle qui conclut de ce que les Grecs et les autres chrétiens schismatiques se sont trouvés dans cette créance de siècle en siècle depuis le onzième, qu'ils y étaient donc aussi dans le onzième. C'est contre cette conséquence qu'il propose, dans son second livre, ces divers moyens par lesquels il prétend que cette doctrine aurait pu s'introduire dans l'Orient depuis Bérenger. C'est pour cela qu'il nous fait ce long dénombrement des missions qui ont été envoyées par les papes en ces pays-là, qui, étant toutes postérieures au temps de Bérenger, ne pourraient prouver autre chose, quand même on forcerait sa raison pour accorder à M. Claude la conséquence qu'il en tire, sinon que la doctrine de l'Église latine a pu s'introduire en Orient depuis le onzième siècle.

Aussi n'en tire-t-il pas lui-même d'autre; et il faut lui donner la louange de n'avoir pas étendu ses prétentions plus loin. Quand M. Arnauld, dit-il (1), *aurait solidement prouvé que les Grecs croient la conversion des substances, et qu'ils adorent l'Eucharistie, il en pourrait conclure contre moi que c'est témérairement que je l'ai niée; mais il n'en pourrait tirer aucun avantage pour le fond de la cause, puisqu'il faudrait encore examiner si ces peuples n'auraient point reçu ces doctrines de la main des Latins par le commerce qu'ils ont* eu ensemble depuis la dernière condamnation de Bérenger.

Il est aisé, dit-il en un autre lieu (1), *de conclure de toutes ces histoires* (qui sont toutes postérieures à la condamnation de l'hérésie de Bérenger) *que les Latins ont eu en main tous les moyens qu'ils pouvaient souhaiter pour introduire leur religion, leur doctrine et leur culte au mit en des Grecs.* Il est certain, dit-il encore, *que, depuis la fin du onzième siècle, c'est-à-dire depuis la dernière condamnation de Bérenger jusqu'à maintenant, l'église grecque a presque toujours été comme sous le joug des Latins, et qu'ils ont toujours eu toutes les ouvertures du monde les plus favorables pour y faire entrer les dogmes de la transsubstantiation; d'où il s'ensuit,* dit-il ensuite, *que quand M. Arnauld nous ferait voir la transsubstantiation et l'adoration de l'Eucharistie établies parmi les Grecs depuis le onzième siècle, sa preuve serait vaine, inutile et de nulle conséquence.*

On peut voir la même chose dans les pages 85, 146, 147, et enfin dans tout le second livre, qui tend uniquement à prouver que la doctrine de la transsubstantiation a pu être introduite dans l'Orient depuis le onzième siècle; mais qui ne montre nullement que supposé qu'elle y fut établie au temps de la condamnation de Bérenger, le changement universel de créance ait été possible.

Tout cela ne regarde donc que la seconde conséquence qui tend à l'établissement du fait; et encore la regarde-t-il d'une étrange manière, comme nous dirons tantôt. Mais que devient donc la conséquence essentielle, et qui fait le capital de l'argument de la Perpétuité, qui est que, supposé, *que la doctrine de la présence réelle fût reçue généralement dans toutes les communions schismatiques au temps de Bérenger, il s'ensuit clairement que le changement de créance inventé par les ministres est impossible?* M. Claude la combat-il positivement? Non. Y répond-il? Non. Au contraire il l'accorde par le silence où la nécessité l'a réduit. Car toutes les fois qu'on l'a pressé sur cela, et qu'on lui a mis devant les yeux l'absurdité où l'on s'engagerait en supposant le contraire de cette conséquence, quelque hardi qu'il soit, il a mieux aimé nier le fait que la conséquence.

On avait tourné, par exemple, ce prétendu changement en ridicule (2), en lui reprochant qu'il n'avait osé s'engager à soutenir qu'il fût possible dans toute son étendue. *Il est certain,* lui dit-on, *que c'aurait été un grand embarras pour M. Claude d'aller planter la créance de la présence réelle parmi les Grecs, les Arméniens, les Nestoriens, les Jacobites, les Cophtes. Quel moyen de trouver assez de prédicateurs paschasiens pour en envoyer dans la Grèce, dans l'Asie-Mineure, dans la Syrie, dans la Moscovie, dans la Géorgie, dans la Tartarie, dans la Moldavie, dans l'Égypte, dans l'Éthiopie? Quelle peine n'aurait-il pas fallu se donner pour leur faire apprendre tant de langues différentes, pour leur faire traduire le livre de Paschase, pour gagner les esprits, et pour convertir tant de patriarches, d'évêques, de religieux, et leur faire embrasser une doctrine inconnue, et cela sans qu'ils s'en aperçussent et qu'ils reconnussent qu'ils changeaient de sentiment?*

M. Claude a donc cru que cela fatiguait un peu trop l'imagination; et il a trouvé à propos de se délivrer de cet embarras. C'est à quoi il emploie une machine de retranchement qui est courte, mais décisive et nette au possible. *Il ne s'agit pas,* dit-il, *de toute la terre, il s'agit de l'Occident, c'est-à-dire, de la communion du Pape.*

On l'avait encore poussé plus fortement par les paroles suivantes: *M. Claude se fatigue l'imagination à inventer une fable impertinente d'un jeune religieux qui, sans sortir de son couvent, et sans qu'on entende parler de lui, change la foi de tout l'Orient. Il se donne la géhenne pour accompagner cette fable de mille suppositions*

(1) 3ᵉ Rép., p. 102.

(1) Pag. 121, 123.
(2) Tom. 1 de *la Perpétuité*.

fantastiques. Il épuise toutes ses figures et tous ses grands mots pour éblouir les yeux des simples, et pour leur cacher un peu l'absurdité de ce roman.

Mais il ne prend pas garde que tous ses efforts sont vains, et qu'il lui reste encore plus des deux tiers de son ouvrage, sans quoi toutes les peines qu'il prend sont inutiles ; qu'il faut qu'il trouve encore d'autres Paschases qui portent cette foi dans toutes les sociétés séparées de l'Église romaine, et dans les provinces les plus reculées ; qu'il faut que tous ces Paschases aient le même succès : que personne ne les contredise et ne s'oppose à leur entreprise ; que personne ne s'aperçoive qu'ils renversent la foi ancienne; et qu'il faut enfin qu'ils aient tous accompli au même temps leur ouvrage lorsque Bérenger viendra à paraître, qu'il pût dire avec raison que l'Église était périe, et qu'elle n'était demeurée que dans ceux qui le suivaient.

Que répond à cela M. Claude ? Dit-il qu'il n'y a rien d'impossible dans ce changement ? Nie-t-il la conséquence qu'on en tire en supposant le fait ? Non. Il reconnaît tacitement la vérité de la conséquence, et il s'attache au fait pour s'en délivrer. Après ce qu'on a vu, dit-il (1), on peut bien reconnaître, ce me semble, qu'il ne faut être ni un ange, ni même un homme fort extraordinaire pour lui soutenir encore une fois avec raison qu'il ne s'agit pas en effet de ces églises, parce qu'elles ne croient nullement la transsubstantiation romaine, et que quand même il serait vrai qu'elles le crussent, ce qui n'est pas, il ne serait pas difficile de deviner qu'elles l'auraient reçue des Latins par le ministère des croisades, des séminaires et des missions, ce qui suffirait pour les exclure de notre dispute.

On peut voir par là bien précisément ce que M. Claude nie. Il nie le fait, qui est que toutes les communions schismatiques se soient trouvées au temps de Bérenger dans la doctrine de la transsubstantiation. Il prétend que, quand elles y seraient à présent, cette doctrine aurait pu s'être établie parmi elles par le moyen des missions et des croisades, c'est-à-dire qu'il nie la seconde conséquence qui consiste à conclure que si elles sont présentement dans cette doctrine, elles y étaient aussi au temps de Bérenger. Mais il ne dit en aucune sorte qu'en cas que toutes les sociétés se fussent trouvées dans la créance de la présence réelle au temps de Bérenger, elles pourraient toutes l'avoir reçue par le livre de Paschase.

Cette effroyable absurdité a frappé l'esprit du monde le plus insensible aux absurdités, et qui les digère le plus facilement. Il croit possible que cette doctrine se soit introduite depuis Bérenger, mais il n'ose dire qu'il est possible qu'elle s'y soit répandue depuis Paschase jusqu'à Bérenger, et il ne propose aucuns moyens par où il prétende qu'elle ait pu s'y établir.

Voilà donc la conséquence fondamentale assez clairement reconnue par M. Claude, et cette conséquence nous donne déjà des avantages très-réels et très-solides. Car elle fait voir qu'il n'y a rien de plus injuste que les déclamations par lesquelles M. Claude a tâché de décrier, dans le premier traité de la Réponse (2), la méthode du livre de la Perpétuité, en supposant que ce ne sont que des vraisemblances, des impossibilités morales qui sont fort douteuses, et surtout celles que l'on établit comme celles de la Perpétuité, sur les inclinations des peuples, dont la conduite, dit-il, est quelquefois fort bizarre, et qui a si peu d'uniformité, qu'on n'en saurait faire que des règles fort incertaines. Car il paraît au contraire qu'y ayant dans la preuve employée par l'auteur de la Perpétuité un fait qu'on entreprend de prouver, et une conséquence de raisonnement, M. Claude n'a eu rien à dire sur la conséquence de raisonnement, et la reconnaît véritable par son silence.

Or encore qu'on avouât à M. Claude que la certitu-

(1) 3ᵉ Rép., pag. 759.
(2) ibid., pag. 27.

de des faits pût être plus grande que celle des raisonnements, il faut pourtant qu'il avoue qu'un raisonnement non contesté a plus de force qu'un fait contesté, et que la plupart du monde juge faux, comme est celui de ce changement qu'Aubertin entreprend de prouver.

Qu'il cesse donc de nous dire en l'air que l'argument du livre de la Perpétuité se réduit à des raisonnements et à des conjectures ; car ces conjectures et ces raisonnements étant certains et non contestés, ils ne sont pas proprement partie de la question, et elle retombe toute sur le fait que M. Claude révoque en doute, qui est que toutes les communions schismatiques fussent au temps de Bérenger dans la doctrine de la présence réelle.

Il est vrai que l'on prouve aussi ce fait par divers raisonnements, mais on le prouve aussi par plusieurs passages, comme par ceux de Nicétas Pectoratus, de Humbert, de Lanfranc, du pape Léon IX, de Théophilacte, de Basile, évêque de Thessalonique, de Jean Furne, d'Euthymius, de la princesse Anne Comnène, de la confession de foi qu'on faisait signer aux Sarrazins. Et ainsi la méthode du livre de la Perpétuité est toute pareille en ce point à celle du livre d'Aubertin, qui prétend établir de même, par des passages et des raisonnements, que les Pères ont tenu l'absence réelle. Il s'agit en l'une et en l'autre de vérifier un fait. Celui d'Aubertin est que l'ancienne église n'a point cru la présence réelle et la transsubstantiation; celui de la Perpétuité est que toutes les églises schismatiques étaient dans la doctrine de la présence réelle au temps de Bérenger. On emploie dans l'une et dans l'autre des raisonnements et des passages. Mais pour la conséquence de l'impossibilité du changement que l'on tire, dans le livre de la Perpétuité, du fait que l'on y prouve, elle ne change pas la méthode, et ne la rend pas moins certaine, puisque M. Claude, qui méprise les raisonnements lorsqu'il s'agit de les décrier en l'air, n'a osé attaquer celui-là directement, et qu'il a beaucoup mieux aimé se retrancher dans la question de fait.

CHAPITRE II.
Que M. Claude n'a pas osé non plus combattre directement le fait que l'on a entrepris de prouver.

J'avoue que ce que j'entreprends de prouver ici est encore un paradoxe ; mais c'est un paradoxe exactement véritable, et dont personne ne pourra douter après avoir vu les preuves que nous en allons rapporter.

Ce fait est que *l'église grecque*, *l'église arménienne*, *l'église égyptienne, et toutes les autres sociétés schismatiques se sont trouvées unies de sentiment avec l'Eglise romaine dans la créance de la présence réelle.* Ce sont les propres termes dans lesquels il est exprimé en la page 33 du premier traité, comme tout le monde y peut voir.

Que répond donc M. Claude sur ce fait, qui est celui d'où l'on a tiré la conséquence de l'impossibilité du changement, et qui étant accordé, tout le livre de la Perpétuité subsiste? Il répond qu'il n'en a point parlé, qu'il ne s'en agit point, qu'il est question de la transsubstantiation, et non de la présence réelle. Il se met en colère, et dit des injures aux gens toutes les fois qu'on lui dit qu'il s'en agit, et il se travaille pour établir ce point comme lui étant fort avantageux.

Je dis donc, dit-il (1), *que dans cette dispute des Grecs et des autres chrétiens séparés de l'Église romaine, il s'agit de la transsubstantiation, et nullement de la présence réelle, soit parce que l'auteur de la Perpétuité a expressément parlé de la transsubstantiation dans son premier traité, soit aussi parce que j'ai réduit à cette doctrine seule et à l'adoration que je me suis formellement restreint dans ma première réponse, et qu'ensuite la dispute a été précisément continuée sur ces deux articles.*

(1) 3ᵉ Rép., pag. 157.

Et ailleurs (1) : *Il est certain qu'il ne s'agit ici que de la transsubstantiation et de l'adoration, et non de la présence réelle, de laquelle je n'ai point encore parlé.*

Et sur ce qu'on avait conclu que les Grecs tiennent la présence réelle parce que Cérularius et Léon d'Acride n'avaient pu ignorer que ce fût la doctrine des Latins, et ne leur en avaient néanmoins fait aucun reproche, il répond (2) : *Au lieu de dire présence réelle, il fallait dire transsubstantiation. Car notre question touchant les Grecs n'est que sur ce point.* Et ailleurs (3) : *La conséquence de M. Arnauld se trouve encore défectueuse à l'égard de la présence réelle, bien que ce ne soit pas cela dont il s'agit entre nous.*

Il en fait de même par tout son livre. Quand on lui parle de la présence réelle, il répond de la transsubstantiation ; il ne parle que de transsubstantiation, et il fait un capital de persuader à ses lecteurs qu'il ne s'agit point de la présence réelle, et qu'il n'en avait point encore parlé.

Il fait même de ce point un sujet de reproche à son adversaire, et il le propose avec des termes qui ne sont permis que lorsque l'on a clairement raison. *C'est mal à propos*, dit-il (4), *et contre la bonne foi que M. Arnauld a voulu faire croire au monde qu'il s'agissait aussi de la présence réelle.* Et dans la page suivante : *Il n'y a donc que M. Arnauld qui se soit avisé de faire entrer la présence réelle malgré nous dans la dispute, sans autre raison que parce qu'il veut qu'elle y soit.*

Mais s'il est permis de prendre droit sur ce que M. Claude nous veut forcer de croire malgré que nous en ayons ; que deviennent toutes ses réponses, et que pouvait-il faire de mieux pour confirmer et pour établir tout le livre de la Perpétuité, puisque consistant tout entier, comme nous avons dit, dans un fait que l'on y prouve, et dans une conséquence que l'on en tire, il ne conteste ni la conséquence, ni le fait ?

On lui dit : Si toutes les communions schismatiques se sont trouvées unies au temps de Bérenger dans la créance de la présence réelle, il est impossible qu'elles soient venues à cet état par un changement de créance. M. Claude ne répond rien à la conséquence, et n'ose s'engager à la nier. Ainsi cette proposition conditionnelle, qui est la majeure de l'argument, doit passer pour accordée.

On ajoute : Or toutes ces sociétés étaient unies à l'Église romaine, au temps de Bérenger, dans la créance de la présence réelle. Il réplique qu'il ne s'agit pas de cela, qu'il n'a point encore parlé de la présence réelle, à l'égard des Grecs et des autres sociétés d'Orient. Il n'ose donc non plus combattre directement la seconde proposition qui en est la mineure.

On conclut : Donc il est impossible qu'elles eussent changé de créance sur ce point : donc cette doctrine a été perpétuelle dans l'Église. M. Claude s'oppose, à la vérité, à cette conclusion. Mais il nous permettra de lui dire que c'est combattre le sens commun dont il parle tant, que de nier la conclusion d'un argument régulier dont on n'a osé nier ni la majeure, ni la mineure. Et assurément lorsqu'il y aura pensé, il se défendra d'une autre sorte. Mais cependant il est clair qu'en demeurant dans les termes auxquels il veut réduire toute la question, le livre de la Perpétuité subsiste tout entier, parcequ'il est tout compris dans cet argument, et qu'il tend uniquement à la preuve de l'un ou de l'autre de ces deux points dont M. Claude ne veut contester aucun.

Puisqu'il est donc de si bonne volonté, et qu'il prend la peine d'établir lui-même avec grand soin, qu'en entreprenant avec éclat de réfuter un livre, il n'en attaque aucun des points capitaux et essentiels, et qui sont seuls nécessaires et seuls suffisants pour tirer démonstrativement la conclusion de l'impossibilité du changement, il nous permettra d'user de cette grâce, et d'en tirer d'abord les autres conséquences qui en naissent nécessairement.

La première est que le changement de doctrine dans la créance de la présence réelle étant reconnu comme impossible, le livre d'Aubertin, au regard de ce que les catholiques et les luthériens soutiennent conjointement contre les sacramentaires, doit passer pour détruit dans l'esprit de tous ceux qui n'auront pas d'autres réponses à faire à l'argument de la Perpétuité, que celle que M. Claude y a faite.

La seconde, qu'il n'y a rien de plus ridicule que le mépris affecté que M. Claude a fait paraître en toutes sortes d'occasions, d'une méthode et d'un raisonnement dont il n'a osé combattre directement aucune partie.

La troisième, que cet argument suffisant pour montrer que les calvinistes sont engagés dans l'hérésie, puisqu'il le convainc d'être contraires au sentiment de toute l'Église, depuis les apôtres, sur la présence réelle, il suffit pour porter tous les calvinistes à quitter une société qu'ils ne sauraient défendre d'hérésie sur un point si important.

Et la quatrième enfin est, que cette célèbre réponse de M. Claude, dont il paraît si satisfait, ne pouvait être plus mal concertée, puisqu'elle laisse subsister dans toute sa force le livre qu'il a entrepris de réfuter.

CHAPITRE III.

Que la prétention de M. Claude, qu'il ne s'agit point dans ce différend de la présence réelle, mais seulement de la transsubstantiation, est pleine d'illusion.

Il n'y aura sans doute personne qui ne soit étonné de cette étrange prétention de M. Claude, qu'il ne s'agit point ce différend de la présence réelle (1) : mais on le sera encore beaucoup davantage quand on saura le fondement qu'il prend de le réduire à la transsubstantiation, à l'exclusion de la présence réelle. Car ce n'est pas qu'il puisse ni qu'il veuille désavouer qu'on ait parlé de la présence réelle dans le premier traité. Comment le pourrait-il faire, puisqu'il ne saurait nier qu'on n'y ait réduit la question dans tous les lieux marqués à la marge, c'est-à-dire en trente-trois lieux.

M. Claude avoue lui-même, p. 157 : *Que l'auteur de la Perpétuité passant à étaler quelque raisonnement par lequel il prétend montrer que le mystère de l'Eucharistie est connu distinctement de tous les fidèles, et qu'un changement insensible est une chose impossible, se restreint lui-même à la présence réelle ;* c'est-à-dire qu'il avoue que ce traité n'enferme rien autre chose que la présence réelle dans la conclusion, qui est l'impossibilité du changement de créance, et que c'est la seule chose qu'il a prétendu prouver.

Comment a-t-il donc pu prétendre qu'il ne s'agissait pas de la présence réelle dans un livre qu'il reconnaît être restreint à cette doctrine dans la conclusion, à l'établissement de laquelle tout le livre est destiné ? Il n'y a rien de plus admirable que la réponse que fait M. Claude sur ce point. C'est, dit-il d'une part (2), que dans ma première et ma seconde réponse, je n'ai parlé que de la transsubstantiation, que le second traité de la Perpétuité avait soutenu que toutes les sectes schismatiques étaient d'accord avec l'Église romaine dans la transsubstantiation.

Et enfin que l'auteur du premier traité avait produit son argument touchant les églises schismatiques formellement à l'égard de la transsubstantiation.

Je veux bien supposer présentement tout cela pour véritable, on en verra dans la suite la fausseté ; mais en le supposant vrai, le procédé de M. Claude n'en

---

(1) Pag. 155.
(2) Pag. 330.
(3) Pag. 336.
(4) Pag. 134.

(1) Premier traité, pagg. 5, 6, 17, 18, 19, 20, 22, 23 (*bis*). 24, 26 (*bis*), 27 (*bis*), 28, 32 (*bis*), 33 (*bis*), 34, 56, 57, 69 (*bis*), 70, 71, 72, 73, 89, 91, 93, 95.
(2) 3ᵉ Rép., pp. 155, 157.

sera pas plus raisonnable. Car encore que l'argument de l'auteur de la Perpétuité eût enfermé la transsubstantiation; c'est-à-dire qu'il eût mis en fait que les sectes schismatiques la croyaient, il est certain qu'elle enfermait aussi la présence réelle, non seulement parce que la présence réelle fait partie de la doctrine de la transsubstantiation; mais aussi parce qu'on l'a formellement exprimée dans les trente-trois passages ci-dessus marqués. De sorte que l'auteur du premier traité réduisant sa conséquence de l'impossibilité du changement à la présence réelle, comme M. Claude le reconnaît expressément, et comme il est clair par les passages que nous avons marqués ci-dessus; il est clair que, pour établir cette conséquence, il n'avait besoin que de montrer que la présence réelle avait été crue par toutes les églises schismatiques, et que s'il a prouvé de plus qu'elles croyaient aussi la transsubstantiation, ça été comme une vérité non nécessaire à son argument.

Que peut-on donc s'imaginer de moins raisonnable que ce que M. Claude nous veut persuader qu'il a fait? L'auteur de la Perpétuité avance, selon lui-même, deux propositions: l'une que les églises schismatiques se sont trouvées unies à l'Église romaine dans la doctrine de la présence réelle; l'autre qu'elles se sont trouvées unies dans la doctrine de la transsubstantiation. La première de ces deux propositions est nécessaire à la preuve de cette unique conclusion qu'on en a tirée, qu'il est impossible que la doctrine de la présence réelle se soit introduite par changement, et elle suffit pour la tirer. La seconde n'y est point nécessaire, et sans qu'on l'y ajoute, la preuve subsiste dans toute sa force et dans toute sa clarté, puisque cette conclusion n'en dépend point. Cependant M. Claude nous veut faire croire et s'efforce de nous prouver sérieusement qu'il n'a point parlé de la proposition nécessaire et essentielle à la preuve, et qui la renferme tout entière, et qu'il s'est uniquement attaché à la proposition non nécessaire et accessoire.

Il ne le prétend pas seulement, il querelle ceux qui ne le lui ont pas imputé cette absurdité, et qui se sont imaginé que lorsqu'il a dit que les Grecs n'ont jamais cru la transsubstantiation, il a voulu dire qu'ils n'ont rien cru de ce qu'enferme cette doctrine, et qu'ils ignorent et la présence réelle et la conversion substantielle, c'est-à-dire qu'il nous veut contraindre, malgré que nous en ayons, à lui attribuer le plus étrange et le moins raisonnable procédé qui ait jamais été suivi par aucun théologien, qui est d'avoir prétendu réfuter un livre, de se vanter de l'avoir détruit, et de reconnaître en même temps qu'il n'a rien répondu sur aucun des points essentiels à la preuve de ce livre. N'est-ce pas dire nettement qu'il n'a rien prouvé, et qu'il n'a rien dit de raisonnable dans toute sa réponse, ce que nous lui accordons de bon cœur puisqu'il le veut?

Il n'y aura sans doute personne de ceux qui liront ceci, qui ne soit surpris de cette conduite. Mais de peur qu'on n'en porte les conséquences plus loin qu'il ne faudrait, et qu'on en fasse un trop mauvais jugement de l'esprit de M. Claude, il est juste de leur découvrir ici qu'il y a bien autant d'adresse que d'aveuglement dans ce procédé; et que quoique le parti qu'il a pris de se réduire à la transsubstantiation en abandonnant la question de la présence réelle, qui est la question capitale et essentielle, paraisse opposé au bon sens et à la sincérité, il y a néanmoins été réduit par une nécessité bien effective. Voici quelle elle est.

Comme l'affectation qu'il avait déjà fait paraître dès sa seconde réponse de parler plutôt de la transsubstantiation que de la présence réelle, donnait lieu de juger que c'était une adresse dont il se voulait servir pour éluder l'argument du premier traité, on s'est cru obligé de l'y réduire, dans le premier tome de la Perpétuité, aux termes de la question, et de lui marquer précisément qu'on ne s'était engagé dans le premier traité qu'à prouver que toutes les communions schismatiques s'étaient trouvées dans la créance de la présence réelle; n'y ayant que cette seule supposition qui soit essentielle pour tirer l'unique conclusion que l'on y tire, qui est par l'aveu même de M. Claude: que le changement inventé par les ministres, est notoirement impossible à l'égard de la présence réelle; que l'on s'engageait de plus à montrer qu'elles étaient aussi unies dans la doctrine de la transsubstantiation, pourvu que M. Claude se souvînt qu'on *n'était obligé, pour soutenir le traité de la Perpétuité, que de prouver le premier point, qui est que toutes ces sectes schismatiques croient la présence réelle, et qu'on n'y ajoutait la transsubstantiation que comme une preuve surabondante.*

Après avoir fait cette distinction dès le commencement de cet ouvrage, on l'a toujours observée dans la suite: l'on a eu pour fin principale d'établir que toutes les sociétés orientales croient la présence réelle, et pour fin accessoire, de montrer qu'elles croient la transsubstantiation. L'une et l'autre conclusion est très-véritable et très bien prouvée, si l'on considère toutes les preuves ensemble. Mais il est vrai néanmoins que l'on emploie dans ce livre un très-grand nombre d'arguments, qui ont plus de force et d'évidence étant appliqués à la présence réelle qu'à la transsubstantiation, et principalement ceux par lesquels on montre qu'il est impossible que l'église grecque et l'Église latine, ayant été mêlées durant plusieurs siècles au point où l'on fait voir qu'elles l'ont été, aient pu ignorer les sentiments de l'une et de l'autre sur l'Eucharistie, ou tolérer la diversité de ces sentiments, et ne se les reprocher jamais l'une à l'autre.

Cet argument est, comme j'ai déjà dit, très-fort à l'égard de la transsubstantiation, et il en persuadera toujours toutes les personnes non préoccupées. Mais il est vrai néanmoins qu'il a encore une évidence particulière à l'égard de la présence réelle; parce que c'est cette doctrine qui fait que ceux qui la croient sont obligés de regarder les autres comme des ingrats envers Jésus-Christ, et qui porte ceux qui ne la croient pas à traiter ceux qui la croient d'idolâtres et de superstitieux, et à les accuser de détruire et la nature de Jésus-Christ, et le mystère de son ascension, au lieu qu'on considérant les choses superficiellement seulement, il serait plus facile de s'imaginer une tolérance mutuelle entre des églises qui, croyant également la présence réelle, ne seraient différentes qu'en ce que les unes croiraient que Jésus-Christ serait présent dans le pain, et les autres sans le pain.

C'est ce qui a porté à appliquer presque toujours ces sortes d'arguments à la présence réelle, afin de ne laisser aucun lieu aux répliques; et l'on croyait par là avoir mis la question en état de ne pouvoir être brouillée.

Il n'y avait rien de plus juste que ce procédé. Car qui pourrait trouver mauvais qu'un auteur ayant entrepris de vérifier deux points, l'un essentiel et capital, et l'autre seulement accessoire à sa preuve, appliquât la plupart de ses arguments au point essentiel, quoiqu'il ne laissât pas dans les occasions de prouver aussi le point accessoire? Mais plus il était juste et légitime, plus il rompait les mesures de M. Claude: l'évidence de ces arguments appliqués à la présence réelle l'incommodait. Il avait besoin, pour se défendre, de quantité de discours en l'air que le sens commun ne lui pouvait permettre d'appliquer à cette doctrine. Il voulait dire (1) *que pour bien reconnaître la différence de l'opinion des Grecs et de celle des Latins, il ne faut pas les examiner légèrement ni superficiellement, qu'il faut de l'application et de l'étude, qu'il faut lire les livres latins, les comparer*

---

(1) Pag. 417.

avec la doctrine des anciens et avec celle de l'église grecque. Il voulait dire que d'abord la différence ne paraît pas être si grande. Il voulait dire (1) que cette différence ne peut être bien connue que par les savants, qu'elle demandait de l'application de l'esprit et de la lecture; que les Grecs ont pu s'en taire, sans se faire aucune violence, et sans croire même faire aucun tort à leur religion. Tout cela eût paru peu sensé, étant appliqué à la doctrine de la présence réelle, puisqu'il est visible au contraire qu'il n'y a point d'une part de doctrine plus populaire que celle-là, que l'adoration publique de l'Eucharistie la découvre et la fait entrer par les sens dans l'esprit malgré qu'on en ait, et qu'il n'y en a point de l'autre qui doive produire un plus grand soulèvement dans ceux qui ne la croient pas, puisqu'elle a à leur égard toutes les marques d'une vraie idolâtrie. Ainsi, comme M. Claude voulait faire une réponse à quelque prix que ce fût, et qu'il ne voulait pas qu'elle parût faible aux moins intelligents de son parti, il a pris celui de nier sans apparence et contre toute sorte de bonne foi qu'il s'agît de la présence réelle, de se réduire à la transsubstantiation, de s'y attacher uniquement, d'y appliquer toutes les preuves de son adversaire, lors même qu'il les applique formellement à la présence réelle, afin d'en obscurcir un peu l'évidence par le moyen de certains termes scolastiques, qui ne forment pas une idée si nette et si vive dans l'esprit.

Peut-être a-t-il bien vu qu'il ruinait par là tout son livre, et qu'il tombait dans cette absurdité de laisser subsister tout l'ouvrage qu'il entreprend de détruire. Mais il ne s'en est pas mis en peine; et il a cru que le pire parti pour lui était de ne point répondre ou de répondre d'une manière qui ne pût éblouir personne.

Il ne doit pas se plaindre que l'on explique mal ses intentions. Car il est difficile de les expliquer plus favorablement. Je lui laisse néanmoins la liberté d'alléguer telles raisons qu'il lui plaira de son procédé. Mais ce qui est certain, est qu'il n'a pu ignorer que l'auteur du premier traité n'ait avancé que toutes les communions schismatiques s'étaient trouvées unies de sentiment avec l'Église romaine dans la doctrine de la présence réelle, et qu'il a trop de lumière aussi pour n'avoir pas vu que c'est là le principe essentiel de tout l'argument par lequel il a voulu prouver l'impossibilité du changement, et que la transsubstantiation n'est au contraire qu'accessoire à cette preuve : d'où il s'ensuit qu'il n'a pu sans blesser la sincérité, prétendre, comme il a fait, que celui qui a entrepris la défense de cet argument, et qui a eu dessein de le mettre dans toute sa force et dans tout son jour, n'ait pas eu droit de prouver que ces sociétés schismatiques croyaient la présence réelle. Voilà ce que l'on reproche à M. Claude et sur quoi on lui soutient qu'il ne saurait se justifier avec la moindre apparence.

CHAPITRE IV.

Que c'est une chicanerie de dire que l'auteur du premier traité de la Perpétuité ait parlé de la transsubstantiation et qu'il l'ait enfermée dans son argument; et qu'il est très-faux que M. Claude n'ait point parlé de la présence réelle dans ses deux premières réponses.

Après ce que l'on a dit dans le chapitre précédent, je pourrais ne me pas arrêter à la discussion des faits sur lesquels M. Claude fonde sa prétention, qu'il ne s'agit que de la transsubstantiation et nullement de la présence réelle, n'était qu'il les avance avec tant de fierté, qu'il est utile de faire voir par cet exemple quelle créance on doit avoir pour ce qu'il assure avec le plus de confiance.

Voici de quelle manière il propose le premier fait, qui est que l'auteur du premier traité avait parlé de la transsubstantiation, et qu'il ne s'était pas réduit à la présence réelle. *Quant,* dit-il (2), *à ce que nous dit M. Arnauld, que l'auteur de la Perpétuité n'avait parlé*

(1) Pag. 302.
(2) 3ᵉ Rép., p. 153.

dans son premier traité, que de la présence réelle, et qu'il s'était contenté de soutenir qu'elle était reçue par toutes les sociétés schismatiques, je suis marri d'être obligé de lui dire que je ne connais point d'homme qui écrive aussi légèrement qu'il le fait, ni qui expose sa réputation plus facilement que lui sur des faits dont il peut être convaincu par autant de personnes qu'il y en a qui savent lire. Sans mentir, M. Arnauld fait un tort irréparable à sa réputation, d'avancer ainsi les choses sans consultation et sans examen, seulement parce qu'il se les est imaginées.

Qui croirait jamais qu'un homme qui parle de cet air ne dût fonder ces reproches injurieux que sur de pures chicaneries? Cependant on en va être convaincu par l'examen de ce que M. Claude allègue pour justifier ce qu'il dit en cet endroit.

Sans aller plus loin, dit-il, *il ne faut que lire dans la page 14* (c'est la page 7 de la première édition du premier traité) *que l'auteur se propose de conduire un esprit qui ne serait pas entièrement opiniâtre, jusqu'à lui faire avouer par l'évidence de la vérité, que la créance de l'Église romaine touchant ce mystère est la même que celle de toute l'antiquité. Or chacun sait que la créance de l'Église romaine va jusqu'à la transsubstantiation.*

On peut juger par cet exemple si M. Claude a eu raison de se vanter dans sa préface, *que l'on ne trouvera point qu'il ait pris à contre-sens les paroles de M. Arnauld,* qu'il lui ait imputé de dire ce qu'en effet il ne dit pas, ou qu'il ait étendu ses expressions au-delà de leur signification naturelle. Car on ne peut guère abuser plus visiblement des paroles d'un auteur qu'il fait en ce lieu de celles de l'auteur de la Perpétuité.

Pour en convaincre tout le monde, il n'y a qu'à remarquer qu'avant la page 7, on avait déjà réduit trois fois la question à la présence réelle. *On se pouvait faire,* dit-on (page 5), *que toute l'Église eût toujours cru LA PRÉSENCE RÉELLE de Jésus-Christ dans l'Eucharistie, et que néanmoins cette créance fût fausse, il s'ensuit qu'il est possible que l'Église ait toujours été engagée dans une erreur criminelle.*

Et dans la page 5 : *Si l'on a toujours cru, dans l'ancienne Église,* LA PRÉSENCE RÉELLE *de Jésus-Christ dans l'Eucharistie, c'est une folie de refuser de la croire maintenant.*

Et dans la page suivante l'on dit : *Qu'il y a plus qu'il ne faut de passages clairs et indubitables pour persuader un esprit raisonnable et qui cherche sincèrement la vérité, que la doctrine de la présence réelle a toujours été l'unique doctrine de toute l'Église.*

C'est après avoir expressément marqué dans ces trois passages que l'on parlait de la présence réelle, que l'on ajoute immédiatement après les paroles dont M. Claude abuse : *On a,* dit-on, *dessein de marquer dans ce discours, par où l'on peut conduire un esprit qui ne serait pas entièrement opiniâtre, jusqu'à lui faire avouer par l'évidence de la vérité, que la créance de l'Église romaine touchant ce mystère est la même que celle de toute l'antiquité.* Qui ne voit donc que dans cette suite on n'entend rien autre chose par cette créance de l'Église romaine, que ce que l'on avait marqué en termes précis auparavant, c'est-à-dire, la doctrine de la présence réelle; que c'est un mot général que l'on substitue à un mot particulier, comme on a accoutumé de faire dans toutes sortes d'écrits et de discours, afin d'éviter la répétition ennuyeuse des mêmes termes.

Que M. Claude ne concluait-il aussi qu'on a eu dessein de prouver, dans ce traité, que la doctrine de l'Église romaine touchant la communion sous une seule espèce, touchant la vérité du sacrifice de la messe, touchant la réserve de l'Eucharistie pour les malades, est conforme à celle de toute l'antiquité et de toutes les communions schismatiques? Car tout cela est aussi compris dans la généralité de ces termes. Cependant il est visible que l'on n'a pas eu la moindre vue d'enfermer aucun de ces points dans cette proposition, puisque l'on n'en dit pas un seul mot dans tout le reste du traité.

Mais ce qui ne souffre point de réplique, est que le moyen unique qu'on emploie pour montrer la conformité de la créance de l'Église romaine avec celle de l'ancienne église, est *l'impossibilité du changement*. Or par l'aveu même de M. Claude, cette impossibilité est réduite dans ce traité à la présence réelle. Il faut donc nécessairement que cette conformité de la doctrine de l'Église romaine avec celle de l'ancienne sur la présence réelle, fût l'unique point de la contestation.

Les trois autres preuves de M. Claude ne sont pas plus fortes. Chacun sait que lorsque l'on veut prouver une proposition par des passages et par des faits, on ne se met pas en peine si ces passages ou ces faits contiennent quelque autre point que celui que l'on veut prouver, pourvu qu'ils contiennent celui dont il s'agit. On est même bien aise quelquefois qu'ils s'étendent plus loin, et qu'ils puissent servir à prouver quelque autre dogme véritable en soi, mais qui ne fait pas partie de la question. Ainsi c'est une objection frivole que de dire, comme fait M. Claude, que la transsubstantiation est contenue dans les passages de Lanfranc et de Guitmont, et qu'on la peut inférer de ce que l'on dit de l'union des Grecs avec l'Église romaine. Car il est bien vrai qu'elle est effectivement contenue dans ces passages, et qu'on la peut tirer par conséquent des réunions des Grecs avec les Latins : mais il est très-faux qu'on ait allégué ces passages et ces faits pour prouver la transsubstantiation.

Ainsi il est très-vrai comme on l'a dit, que l'auteur de ce premier traité n'a parlé que de la présence réelle. Car un auteur ne parle que de ce qu'il entreprend de prouver ; que de ce qu'il soutient ; que de ce qu'il met en fait ; que de ce qu'il conclut ; que de ce qui fait partie de sa preuve. Et M. Claude est le seul qui se soit avisé d'imputer à un auteur tout ce qui est contenu dans les passages qu'il cite, ou que l'on peut inférer de ce qu'il allègue, quoiqu'il rapporte et ces faits et ces passages pour une autre fin. Si on le jugeait par cette règle on devrait dire que jamais personne n'a mieux établi que M. Claude, que la présence réelle a été crue par toutes les sociétés d'Orient, puisque outre que cela est formellement contenu dans les passages qu'il cite touchant les Grecs, on le peut inférer de tous par une conséquence très-évidente, comme nous le ferons voir.

Le second des faits sur lesquels M. Claude se fonde pour réduire la question à la seule transsubstantiation, qui est qu'il n'a pas encore parlé de la présence réelle, est encore plus étonnant, parce que la fausseté y est encore plus visible. *Il est certain*, dit-il, *qu'il ne s'agit ici que de la transsubstantiation et de l'adoration, et nullement de la présence réelle*, DE LAQUELLE JE N'AI POINT ENCORE PARLÉ. Les preuves qu'il allègue sont que l'on trouvera ces termes dans sa première réponse. *Je soutiens que la transsubstantiation et l'adoration du Sacrement sont deux choses inconnues à toute la terre à la réserve de l'Église romaine*. Qu'on voie de même, dit-il encore, *les endroits de la seconde réponse où il retouche la même question, et l'on trouvera qu'il s'y agit uniquement de la transsubstantiation, et qu'on n'y parle pas même de la présence réelle*.

Quelque débat que soit M. Claude, il trouvera bon que je lui dise qu'il a tort de s'être imaginé qu'il tromperait le monde par des illusions si grossières. Car y a-t-il personne, si peu instruite de ces différends, qui ne sache que l'on peut nier la transsubstantiation en deux manières ? L'une comme les luthériens la nient en demeurant d'accord de la présence réelle, et en rejetant seulement la conversion du pain. L'autre en la manière qu'elle est niée par les calvinistes, c'est-à-dire en rejetant l'un et l'autre de ces dogmes.

Ainsi quand M. Claude a attribué aux Grecs d'ignorer ou de rejeter la doctrine de la transsubstantiation,

il le leur a attribué en l'un ou l'autre de ces deux sens, mais il n'était pas difficile de deviner que c'était dans le dernier, par deux circonstances décisives.

La première, parce qu'il opposait cette proposition à celle que l'on avait avancée dans le premier traité de la Perpétuité, et sur laquelle il était tout fondé, *qui est que toutes les sociétés schismatiques se sont trouvées unies de sentiment avec l'Église romaine dans la créance de la présence réelle*, comme on le dit en termes formels pag. 35. Or la proposition de M. Claude qui attribue aux Grecs et aux autres communions schismatiques de rejeter la transsubstantiation ne serait point opposée à celle là, à moins qu'elle n'attribuât à ces sociétés de nier la présence réelle.

La seconde, parce que le même M. Claude s'est expliqué clairement lui-même, et a fait voir par sa seconde réponse, que quand il a dit que les Grecs nient la transsubstantiation, il a voulu dire qu'ils nient la présence réelle et la conversion du pain. Cela paraît si manifestement et par tant d'endroits de son second traité, que je ne puis comprendre comment il ose nier une chose dont il est si aisé de le convaincre.

Car n'est-ce pas dire clairement que les Grecs ne croient point la présence réelle que d'expliquer les passages les plus formels de leurs auteurs d'une *présence de vertu*, et de nier qu'ils s'entendent d'une présence *de substance* ? Or c'est ce que fait M. Claude en un grand nombre de lieux (1). *Jérémie*, dit-il, *n'entend pas que la substance du corps propre de Jésus-Christ, nous soit corporellement communiquée.... Il veut dire que par l'opération du S.-Esprit le pain a à notre égard la vertu et l'efficace du corps même de Jésus-Christ*. Et de peur que l'on ne crût qu'il attribuât cette créance à Jérémie seul ; il ajoute.... VOILA LA FOI DES GRECS.

Cabasilas, dit-il encore, *établit le corps de Jésus-Christ en tant que mort et crucifié pour nous* : CE QUI EST INCOMPATIBLE AVEC CETTE PRÉSENCE DE SUBSTANCE QUE ROME ENSEIGNE.

Et sur ce que les Grecs de Venise avaient répondu au cardinal de Guise, que le pain est changé au corps de Jésus-Christ et le vin en son sang. *Ils veulent dire*, dit-il, *qu'ils sont faits un mystère divin qui a l'efficace du corps et du sang de Jésus-Christ*.

Dans la page 701, il tâche de faire voir que dans le différend qui s'éleva parmi les Grecs du temps d'Alexius Angélus on ne croyait point la présence réelle. *Que ne disaient-ils*, dit-il, *que c'est le corps même qui est assis à la droite de Dieu ? C'est-à-dire* selon M. Claude qu'ils ne l'ont pas dit, parce qu'ils ne le croyaient pas.

Et ayant rapporté dans la page 700, la coutume que les Grecs ont de mêler de l'eau chaude dans le calice déjà consacré, afin de représenter plus vivement ce sang vivant qui sortit du côté de Notre-Seigneur : *Il n'est pas imaginable*, dit-il, *qu'ils voulussent ainsi profaner le sang du fils de Dieu*.

Et dans la page 699, après avoir rapporté une irrévérence envers l'Eucharistie imputée aux Grecs : *Que l'on juge*, dit-il, *s'il est possible qu'ils croient que l'Eucharistie est la propre substance de leur Rédempteur et de leur Dieu*.

Enfin il n'y a rien de plus précis et de plus formel que ce que l'on voit dans la page 697 du même traité. Car il s'efforce d'y établir d'une part, que les Grecs sont stercoranistes, et il déclare de l'autre que la doctrine des stercoranistes n'est pas compatible avec *le sentiment de la présence réelle*.

Que l'on juge présentement quel sentiment on doit avoir de la sincérité d'un homme qui, après s'être engagé si formellement à nier que les Grecs crussent la présence réelle, après avoir déterminé le mot de transsubstantiation à ce sens par tant de déclarations

(1) 2ᵉ Réponse, p. 709 ; pag. 707, 710.

expresses, n'ose pas seulement soutenir hautement dans cette dernière réponse qu'il n'en a point encore parlé ; mais fait de cette prétention le fondement de tout son ouvrage, et passe jusqu'à cet excès d'imputer à l'auteur du livre de la Perpétuité, *qu'il n'y a que lui qui l'ait fait entrer dans la dispute sans autre raison que parce qu'il veut qu'il y soit.*

Après cet éclaircissement, je voudrais bien demander à M. Claude comment il a pu dire *que c'est mal à propos et contre la bonne foi que l'on a voulu faire croire au monde qu'il s'agissait aussi de la présence réelle,* et comment il a pu se mettre dans l'esprit une si étrange prétention.

Et quoi ! n'est-il pas permis à un auteur qui établit un argument sur un fait important de prouver ce fait qu'il a avancé ? Or, ce fait que les églises schismatiques se sont trouvées au temps de Bérenger dans la créance de la présence réelle est le fondement de tout le premier traité.

N'est-il pas permis de prouver un fait qui est nié par plusieurs ministres et par celui même contre qui l'on dispute ? Or ce fait est nié et par Aubertin et par plusieurs autres ministres et par M. Claude même.

N'est-il pas permis à un catholique de prouver un fait, qui ruine le livre d'Aubertin, et qui prouve que les calvinistes sont hérétiques ? Or, l'on tire nécessairement l'une et l'autre conséquence de la preuve de ce fait.

Que veut donc dire M. Claude avec ses reproches, que l'on change l'état de la question, et que l'on y fait entrer la présence réelle parce qu'on le veut ? Et comment n'a-t-il pas vu qu'ils contenaient une injustice si grande qu'elle paraît incroyable ? Car ce n'est pas en accordant que les Grecs croient la présence réelle qu'il prétend nous empêcher de traiter ce point, c'est en continuant de le nier. De sorte que c'est comme s'il disait effectivement : Je veux nier tant qu'il me plaira que les Grecs croient la présence réelle ; mais je ne veux pas que vous le prouviez, parceque cela m'incommode. Je veux être le maître de cette dispute, et je prétends avoir droit de vous interdire de traiter toutes les matières qui m'embarrassent. Mais si M. Claude est assez peu équitable pour nous vouloir imposer de telles lois, on lui déclare que l'on n'est pas résolu de les recevoir, et l'on prétend au contraire être en droit de le réduire lui-même à l'état véritable de la question dont il tâche de s'écarter.

On lui répète donc encore que toute cette dispute se réduit à ce syllogisme, qui renferme tout le premier traité. *Si toutes les sociétés schismatiques se sont trouvées unies au temps de Bérenger dans la créance de la présence réelle, il est impossible qu'elles soient venues à cet état par innovation, et par changement de créance. Or elles s'y sont trouvées. Donc elles n'y sont point venues par innovation.*

Et comme cet argument ne se peut détruire qu'en niant ou la conséquence de la majeure, ou le fait que l'on avance, l'on en conclut contre lui que n'ayant point désavoué ni combattu dans son livre cette conséquence, et protestant qu'il n'a point parlé de la présence réelle, qui est l'unique fait nécessaire à la conclusion ; il est clair que tous ses reproches sont inutiles, illusoires et trompeurs, et que malgré tous ses efforts le livre qu'il a combattu subsiste dans toute sa force, et en reçoit même une nouvelle par la conviction évidente de l'impuissance où M. Claude s'est trouvé d'y répondre raisonnablement.

CHAPITRE V.

Que rien ne peut être plus avantageux à l'auteur de la Perpétuité que ce que M. Claude prétend, quoique faussement, qu'il n'a jamais nié que les Grecs n'aient fort bien su ce que les Latins croient de l'Eucharistie. Perplexité de M. Claude.

Tout ce que l'on a dit jusqu'ici prouve seulement que le livre de M. Claude est absolument inutile. Mais s'il ne nous avait donné que cet avantage, il en serait quitte pour avouer de bonne foi que jusqu'ici il a mal pris ses mesures ; et il pourrait être reçu à recommencer un nouvel ouvrage, et à prouver ou qu'il n'est pas impossible que depuis Paschase jusqu'à Bérenger la doctrine de la présence réelle ne se soit répandue dans toutes les communions schismatiques, ou qu'il est faux qu'elles se soient trouvées dans cette créance au temps de Bérenger. Mais parce que cette dispute le fatigue, comme il le reconnaît souvent, il a eu soin de s'ôter le moyen d'y rentrer en avouant par ses paroles ou par son silence beaucoup plus de choses qu'il n'en faut pour mettre la preuve de l'impossibilité du changement dans la dernière évidence. De sorte que pour réduire maintenant cette matière, qui paraissait fort étendue, à des bornes si étroites qu'il n'y aura personne qui ne puisse présentement s'instruire en très-peu de temps de toute cette question qui fait déjà le sujet de tant de volumes ; il n'y a qu'à ramasser les faits non contestés, et les propositions avouées par M. Claude, et à considérer ce qui s'ensuit.

C'est ce que nous avons dessein de faire ici en prenant droit sur son livre même, et nous commencerons par un point sur lequel M. Claude fait de grandes déclamations.

On s'est mis en peine dans le livre de la Perpétuité, de montrer que la doctrine des Latins, touchant la présence réelle et la transsubstantiation, n'a pu demeurer inconnue aux Grecs, ni celle des Grecs aux Latins : et l'on impute à M. Claude de l'avoir nié, parce qu'il avait dit à l'égard des sociétés d'Orient, en y comprenant les Grecs aussi bien que les autres, *qu'elles ne croyaient point la transsubstantiation par voie de négation, comme n'en ayant pas ouï parler* (1). Et l'on avait été fortifié dans cette pensée, parce qu'il dit formellement à l'égard des Grecs, *que la transsubstantiation* (qui comprend la présence réelle, comme chacun sait) *et l'adoration du Sacrement sont deux choses inconnues à toute la terre, à la réserve de l'Eglise romaine* (2) ; et parce qu'après avoir dit que les peuples d'Orient, au nombre desquels il avait compté les Grecs, *ne croient pas la transsubstantiation par voie de négation, comme n'en ayant pas ouï parler,* il ajoute dans la page suivante : *Nous avons vu que les Grecs ne connaissent point ce dogme* (3), ce qui semble être une détermination précise de la proposition précédente ; et enfin parce que quelque peu raisonnable que fût ce parti, c'était néanmoins le moins mauvais de tous ceux qu'il pouvait prendre.

M. Claude néanmoins a jugé qu'il nous devait délivrer de la peine de prouver ce point, et qu'il lui était plus utile de protester qu'il n'avait jamais prétendu que les Grecs ne sussent pas ce que tiennent les Latins sur cet article.

Il est vrai qu'on ne pouvait faire un aveu de plus mauvaise grâce qu'il fait celui-là ; car c'est en chargeant d'injures les gens, parce qu'on lui a imputé d'avoir dit ce qu'il a dit en effet trois fois en termes formels.

Qu'on juge, dit-il (4), *maintenant du caractère de M. Arnauld, et à quel homme on a affaire quand on a affaire à lui. Il vétille sur les moindres mots, il est au guet des expressions, et s'il peut les tourner à contre sens, il en fait la matière d'une victoire, ou pour mieux dire, d'une illusion. Ce procédé me semble peu digne d'un homme comme lui, qui s'est acquis de la réputation dans le monde, et qui veut se conserver. S'il avait dessein de s'enrichir des dépouilles d'Allatius et de Rainaldus, de le transcrire, comme il a fait, leur histoires, ne pouvait-il pas prendre une occasion plus honnête que celle-ci pour les faire entrer dans son volume? S'il n'en trouvait pas de plus favorable, fallait-il*

(1) 2ᵉ Rép., p. 712.
(2) 1ʳᵉ Rép., p. 48.
(3) 2ᵉ Rép., p. 713.
(4) 3ᵉ Rép., p. 367.

que l'amour des histoires, et le plaisir de nous faire une illusion, prévalût sur la bonne foi ?

Mais la mauvaise humeur de M. Claude ne nous empêchera pas de le remercier de cet aveu, parce que ce qu'on lui avait attribué lui était en effet plus avantageux que le parti qu'il prend maintenant, et qu'il nous délivre de la peine de prouver une chose très-importante. Il faut seulement qu'il étende cet aveu beaucoup plus loin qu'il ne semble vouloir faire dans ce lieu, s'il veut demeurer dans les principes qu'il établit en d'autres endroits.

Car il reconnaît (1) *que les honneurs extérieurs que l'on rend à l'Eucharistie dans l'Église romaine se distinguent par eux-mêmes facilement de toute autre sorte d'honneur, et qu'il paroît clairement par ses paroles et par ses actions que c'est un honneur divin et souverain, tel qu'on le peut rendre immédiatement à Dieu même.* Et par conséquent non seulement les savants d'entre les Grecs qui ont lu les livres des Latins, et conféré avec eux de l'Eucharistie, mais même les plus simples d'entre le peuple qui ont été témoins de ces honneurs extérieurs que l'Église latine rend à l'Eucharistie, ont pu apprendre par leurs yeux mêmes qu'on y croyait Jésus Christ présent et qu'on l'y adorait d'un culte souverain. Et comme les Grecs ont pu apprendre par ces cultes extérieurs, selon M. Claude, que les Latins adoraient l'Eucharistie, les Latins ont pu apprendre, selon lui-même, par le défaut de ces cultes, que les Grecs ne l'adoraient pas.

Il n'y a qu'à joindre cet aveu avec les faits avoués et non contestés par M. Claude, pour en conclure que cette connaissance de l'opinion des Latins était générale parmi les Grecs.

Car il reconnaît (2) qu'on a eu raison de dire que *l'Église grecque et l'Église latine n'étaient pas comme deux mondes séparés qui n'eussent point de commerce l'un avec l'autre. Que Pise, Venise, Rome, et plusieurs autres villes d'Italie étaient pleines de Grecs ; que Constantinople était pleine de Latins et d'églises latines ; que les armées étaient souvent mêlées de soldats grecs, italiens, français ; qu'ils se trouvaient toujours ensemble en grand nombre dans Jérusalem.* M. Claude est si éloigné de contester ce commerce des deux églises, qu'il s'en fait au contraire un principe dont il prétend tirer de grands avantages.

C'est pourquoi pour nous faire connaître jusqu'à quel point il allait, et quel était le mélange de ces deux églises à la fin du onzième siècle, il nous dit (3) *que les Latins ayant conquis la Syrie et la Palestine, ils s'y établirent non en qualité de simples amis ou de libérateurs, mais en qualité de conquérants qui faisaient tout dépendre de leur volonté, et qu'ils établirent dans la Syrie et dans la Palestine des évêques latins, chassant de l'église les évêques grecs qui ne voulaient pas rendre obéissance à l'Église romaine, ni s'accommoder à sa religion.*

Cette expulsion des évêques grecs n'est pas fort bien prouvée, puisque Jacques de Vitry témoigne que les Syriens *avaient leurs propres évêques*, ce qui enferme par nécessité qu'ils n'étaient pas chassés, et que Balsamon dit formellement la même chose dans un passage que M. Claude avoue se trouver dans des additions qui sont à la fin de son livre, et qui sans doute n'ont pas été faites à plaisir.

La preuve que M. Claude apporte au contraire (4), qui est que les Syriens, selon Jacques de Vitry, n'obéissaient que de la bouche, et non du cœur aux prélats latins, et par la crainte des seigneurs temporels, n'est nullement concluante. Car cela veut seulement dire que les prélats latins étant chefs de la religion dominante, obligeaient les Syriens à obéir extérieurement à certains actes de juridiction, comme aux interdits, de même que l'on exige en France des religionnaires certaines déférences extérieures pour la religion du prince. Mais ce fait est de nulle importance, et ce mélange des Grecs et des Latins dans tout l'Orient n'en est pas moins certain : de sorte qu'il est impossible que les Latins n'aient pas su la créance des Grecs, ni les Grecs celle des Latins.

M. Claude cite encore (1) avec approbation ce qu'on dit dans le livre de la Perpétuité, *qu'après la prise de Constantinople les Latins se saisirent de toutes les églises, qu'ils y établirent un empereur latin qui fut Baudouin comte de Flandre ; et qu'étendant ensuite leurs conquêtes dans la Grèce, ils réduisirent sous leur obéissance presque tout ce qui avait appartenu dans la Grèce aux empereurs de Constantinople. Qu'ainsi toute la Grèce fut réduite non seulement sous l'autorité temporelle des Latins, mais aussi sous l'autorité spirituelle des papes.* Et il ajoute ensuite avec une extrême satisfaction ce qui est dit au même lieu, *que la Syrie fut remplie de dominicains, de frères mineurs, c'est-à-dire d'inquisiteurs qui avaient souvent fait cet office en France et en Allemagne, qui s'étaient signalés par les supplices d'un grand nombre d'hérétiques, qui mettaient une partie de leur adresse à les découvrir, et une partie de leur piété à les punir avec une rigueur extraordinaire ; que ces inquisiteurs étaient les maîtres des Grecs, et qu'ils étaient chargés par le pape de conférer avec eux, et d'examiner leur doctrine.*

Il reconnaît (2) que cela avait lieu non seulement dans la Grèce, mais aussi dans les îles de l'Archipel, et que l'on y contraignait le peuple, les prêtres et les moines d'entrer dans la communion des Latins.

Il raconte avec plaisir les rigueurs qu'on exerça sur ceux qui refusaient d'entrer dans la communion des Latins, qui allaient jusqu'à les faire brûler.

Nous n'envions nullement à M. Claude ces petites satisfactions, et nous lui promettons, puisqu'il le veut, de ne le plus accuser de dire que les Latins et les Grecs ne connussent pas les sentiments les uns des autres. Il est juste seulement de l'avertir qu'il aurait mieux fait après avoir protesté si solennellement, qu'il n'a jamais prétendu que les Grecs ne sussent pas ce que tiennent les Latins sur cet article (3), de n'avoir pas recours à cette même solution pour éluder les principaux arguments par lesquels on lui prouve l'union de l'Église romaine avec l'église grecque dans la foi de la présence réelle. Cependant on trouvera que cette ignorance mutuelle est toujours le dernier remède auquel il a recours quand il ne saurait y en apporter d'autre. Par exemple, quand on l'a pressé sur Cérularius et Léon d'Aride, non s'il a représenté qu'il s'agissait non s'ils ont pu ignorer la condamnation de Bérenger, mais s'ils ont pu ignorer l'opinion de toute l'Église latine sur l'Eucharistie, qui était alors par la propre confession des calvinistes très-claire, très-distincte et très-précise pour la présence réelle. Lorsqu'on lui a dit *qu'étant violents, animés, aigris comme ils étaient contre les Latins, et leur faisant des reproches si injurieux sur des bagatelles, comme sur l'omission de l'Alleluia en carême, ils n'auraient jamais manqué de les accuser d'une erreur capitale comme celle-là, s'ils eussent cru que les Latins eussent eu sur un point si important une foi différente de celle des Grecs ;* M. Claude, en répondant à cette objection, ne prend pas le parti de dire que quoique Cérularius sût la doctrine des Latins, il ne jugea pas néanmoins en devoir faire un sujet de reproche ; mais il prend celui de soutenir hautement que quoique les Grecs et les Latins fussent mêlés dans toutes les parties du monde, à Rome, à Constantinople, à Jérusalem, en diverses villes d'Italie et d'Orient ; néanmoins les Grecs ne savaient pas précisément que l'on crût dans l'Église latine la présence réelle qu'il enferme toujours sous le nom de transsubstantiation pour tromper le monde.

Il passe même jusqu'à cet excès de hardiesse que

(1) 3ᵉ Rép., p. 231.
(2) 3ᵉ Rép., p. 103.
(3) 3ᵉ Rép., p. 104.
(5) 3ᵉ Rép., p. 105.

(1) 3ᵉ Rép., p. 109.
(2) 3ᵉ Rép., p. 107.
(3) 3ᵉ Rép., p. 364.

de nier que les Latins en fissent un article de leur créance, quoiqu'il n'ignore pas qu'Aubertin même avoue que dans le onzième siècle on y était nourri dès l'enfance : *Illâc opinione una cum lacte eam tanquàm verum confidenter obstruserunt* (1); quoiqu'il sache que dès le commencement du onzième siècle on traitât d'exécrables les opinions de certains hérétiques, qui enseignaient entre autres choses que le pain et le vin ne pouvaient être changés au corps et au sang du Seigneur; quoiqu'il sache que dès que l'opinion de Bérenger parut, on le regarda comme s'étant séparé de toute l'Eglise (2), et comme enseignant des sentiments contraires à la foi catholique ; quoiqu'il ne puisse nier qu'on ne l'ait toujours combattu par le consentement de l'Eglise universelle, et que Bérenger même ne répondait pas à cet argument en niant que ce qu'on lui alléguait fût vrai, mais en disant nettement que l'Eglise était périe; quoique M. Claude, dis je, n'ignore rien de toutes ces choses, il demande néanmoins fièrement qu'on lui prouve que la transsubstantiation (sous laquelle il comprend la présence réelle) était établie dans l'Eglise romaine. C'est, dit-il, p. 5 3, *le point qu'il fallait prouver sans battre tant de pays. Toutes ces histoires ne servent qu'à nous faire voir l'agitation d'esprit où M. Arnauld s'est jeté dès sa première preuve. Il fait passer et repasser les lecteurs en un moment d'Orient en Occident, et d'Occident en Orient. Quand il est question de l'opinion des Grecs, il va la chercher à Rome parmi les Latins; et quand il s'agit de l'opinion des Latins, il va la chercher à Antioche et à Constantinople parmi les Grecs. Et avec cela ce n'est qu'illusion, et il ne prouve rien. Vit-on jamais un tel désordre dès l'entrée d'une dispute?*

Voilà ce que M. Claude appelle ne prouver rien. Supposer que la doctrine de la présence réelle étant établie au point où elle l'était dans l'Occident, les Grecs qui étaient mêlés avec les Latins en une infinité de lieux ne l'ont pu ignorer; *c'est ne prouver rien, c'est battre du pays, c'est un désordre et une illusion.* Et supposer par entêtement, sans preuve ni apparence, qu'ils l'ont ignoré : c'est raisonner juste selon les idées que M. Claude a de la justesse du raisonnement. Mais cependant il est visible que toute cette solution consiste, comme j'ai dit, dans cette ignorance mutuelle, où il veut que l'église occidentale et orientale aient été de leurs sentiments.

Quand on lui demande de même pourquoi les légats du pape Léon IX présents à Constantinople, et excommuniant le patriarche, ne font aucun reproche à Cérularius sur le sujet de l'Eucharistie, s'il est vrai qu'il ne crut pas la présence réelle, il se contente de demander pourquoi ils lui auraient fait des reproches sur ce sujet, puisque *l'église grecque et la romaine tenaient encore un même langage* (3). Ce qui veut dire que les légats ne pénétraient pas le sentiment des Grecs, parce que, quoiqu'ils fussent réellement contraires à la doctrine de l'Eglise romaine, ils se servaient néanmoins des mêmes termes.

C'est encore par la même solution de l'ignorance mutuelle qu'il se tire, de la dispute de Jérémie (4) patriarche de Constantinople, avec les protestants d'Allemagne qu'on lui avait objectée, et par laquelle on lui avait prouvé l'union des Grecs et des Latins dans cette doctrine. Car quoique ces luthériens eussent conféré avec lui, non seulement par écrit, mais aussi de vive voix par le moyen de Gerlac luthérien, M. Claude ne craint pas néanmoins de leur attribuer de n'avoir pas entendu la vraie doctrine de ce patriarche, et des autres Grecs, et d'attribuer de même au patriarche de n'avoir pas entendu la vraie doctrine des luthériens; et il fait ainsi de toute cette contestation où il y eut plusieurs réponses et plusieurs ré-

(1) Aubert, pag. 943 Spicil., p. 2, p. 674.
(2) Adelmu, Epist. ad Bereng.
(3) 3ᵉ Rép., p. 533.
(4) *Ibid.* p. 468.

pliques, une dispute de gens aveugles et étourdis qui ne s'entre-entendaient pas. Les luthériens croyaient beaucoup plus que Jérémie, selon M. Claude, puisqu'ils croyaient la présence réelle, et que Jérémie, selon lui, ne la croyait pas. Cependant toute la dispute qui est entre eux consiste en ce que les luthériens accusent Jérémie de croire trop, et que Jérémie les accuse au contraire de ne croire pas assez. Ils ne disputent point sur la présence réelle, et ils s'imaginent de part et d'autre qu'ils étaient d'accord sur ce point; et cependant c'était en cela proprement, selon M. Claude, qu'ils ne convenaient pas. Ils disputent sur le changement du pain au corps de Jésus-Christ. Les luthériens accusent Jérémie de l'admettre; Jérémie accuse les luthériens de le nier; et c'était néanmoins en quoi ils convenaient, puisque Jérémie n'admettait pas selon lui le changement de transsubstantiation que les luthériens lui attribuaient, et que les luthériens n'ont jamais nié le changement de vertu, qui est tout ce que Jérémie leur a voulu prouver selon M. Claude.

Il semble donc que M. Claude ayant fait un si grand usage de cette ignorance mutuelle, ne devait pas se mettre si tôt en colère, quand on lui a imputé de l'admettre, ou qu'y ayant si solennellement renoncé, il ne devait pas y avoir si souvent recours pour se démêler des principales objections qu'on lui propose. Quoi qu'il en soit, comme il n'est pas plaisant de s'attirer toutes les injures dont il charge l'auteur de la Perpétuité, pour avoir dit que selon lui l'église grecque et l'église latine avaient vécu dans une ignorance mutuelle de leur doctrine, et que c'était le fondement de son système, on veut bien s'arrêter au désaveu qu'il fait de cette pensée qu'on lui avait imputée sur ses propres termes, et sur l'usage fréquent qu'il en faisait, et ne s'arrêter précisément qu'à sa déclaration présente.

CHAPITRE VI.

Faits importants renfermés dans l'aveu que fait M. Claude, que les Grecs n'ont point ignoré ce que les Latins croyaient de l'Eucharistie, ni les Latins ce qu'en croyaient les Grecs.

Comme l'aveu que fait M. Claude, que les Grecs et les Latins ont su mutuellement ce que les uns et les autres croyaient de l'Eucharistie, enferme un assez grand nombre de faits importants à la décision de notre dispute, je le prie de souffrir que je les développe un peu.

Il faut donc ajouter à cette connaissance mutuelle un autre fait constant, qui est qu'il ne paraît par aucun livre que les Grecs aient jamais reproché aux Latins de croire la présence réelle, ni les Latins aux Grecs de ne la pas croire. C'est ce que M. Claude avoue quand il nous dit, pag. 397, *qu'autant qu'on en peut juger, les Grecs n'ont point disputé de la transsubstantiation avec les Latins, ni ne l'ont point formellement débattue avec leurs anciens démêlés.* Car sous le terme de transsubstantiation il enferme sans doute la présence réelle, puisqu'il n'est pas moins vrai qu'ils n'en ont pas plus disputé que de la transsubstantiation. Et il reconnaît de même (1) que les Latins n'ont point fait de controverse et de querelle aux Grecs sur ce sujet.

Mais pour marquer plus en détail ce qui est enfermé dans ce silence mutuel des deux églises, à l'égard des reproches qu'elles se pouvaient faire mutuellement, si elles eussent été dans les sentiments que M. Claude leur attribue, il y faut ajouter qu'aucun des évêques latins qui étaient parmi les Grecs, aucun de ces inquisiteurs envoyés pour s'informer de leur foi, et accoutumés à punir de mort ceux qui ne croyaient pas la présence réelle, n'a fait le moindre reproche aux Grecs sur ce sujet.

Il faut y ajouter qu'aucun de ceux qui ont fait le

(1) 5ᵉ rép., p. 416.

catalogue des erreurs des Grecs (1), et qui leur en ont même attribué beaucoup qu'ils n'ont pas, ou qui ne sont que des erreurs de particuliers, n'a marqué cette erreur entre celles qu'il leur impute.

Il faut y ajouter qu'il ne paraît point qu'aucun de ces millions de Grecs qui se sont réunis volontairement ou involontairement avec l'Eglise romaine, ait jamais fait difficulté sur ce qu'on les obligeait de croire et d'adorer Jésus-Christ présent sur l'autel, ni qu'il ait témoigné que les autres de sa nation ne le croyaient pas.

Il faut y ajouter que de ce grand nombre de Grecs qui abandonnaient les Latins, ou après avoir communiqué avec eux, ou après avoir été spectateurs de l'adoration de l'Eucharistie, aucun n'en a pris sujet d'accuser l'Eglise latine d'erreur et d'idolâtrie.

Il faut y ajouter que d'un très-grand nombre d'auteurs qui ont écrit contre l'Eglise romaine, et qui connaissent qu'elle croyait la présence réelle l'auraient dû traiter d'idolâtre, selon la pensée de M. Claude, aucun n'a formé d'accusation contre elle sur ce point.

Il faut y ajouter qu'ils ne l'ont pas fait lors même que la matière les y portait, et qu'ils faisaient des traités remplis d'aigreur et d'invectives contre l'Eglise romaine sur le sujet des azymes.

Il faut y ajouter que lors même que les Grecs ont été animés contre les Latins par des passions si aigres et si violentes qu'ils les traitaient publiquement d'hérétiques, et qu'ils passaient jusqu'à cet excès que de priver de la sépulture un de leurs empereurs pour s'être réuni avec eux; ils ne se sont jamais néanmoins portés à leur reprocher qu'ils adoraient l'Eucharistie, et qu'ils croyaient qu'elle contenait réellement le corps de Jésus-Christ.

Il faut y ajouter qu'aucun de ceux qui ont écrit pour l'Eglise latine contre les Grecs, et qui étaient portés et engagés par leur intérêt et par leur matière même à opposer reproche à reproche, ne s'est avisé d'employer celui que leur doctrine de l'Eucharistie lui aurait fourni s'ils n'eussent pas cru la présence réelle comme l'Eglise romaine.

Il faut y ajouter que Marc d'Ephèse, et ceux qui rompirent l'union conclue au concile de Florence, après avoir été témoins de l'adoration de l'Eucharistie, et dans la messe à laquelle ils assistèrent, et dans la fête du Saint-Sacrement dont ils furent spectateurs, ayant eu tout lieu de connaître à fond la doctrine des Latins, comme M. Claude l'avoue, et possédés de la plus violente passion qu'on se puisse imaginer, écrivant contre les Latins, et contre ceux qui s'étaient unis de communion avec eux, c'est-à-dire, selon M. Claude, contre les adorateurs du pain, n'ont jamais formé néanmoins aucune accusation ni contre les Latins, ni contre ceux qui s'étaient joints à eux sur la créance de la présence réelle, ni sur l'adoration de l'Eucharistie.

Il faut y ajouter que lors même que les Latins dominaient sur les Grecs dans tout l'Orient, et qu'ils les forçaient par la rigueur des supplices de se réunir à l'Eglise latine jusqu'à les faire brûler, comme M. Claude le rapporte, ils n'ont jamais témoigné qu'ils les crussent coupables de cette hérésie, de ne pas croire Jésus-Christ présent sur l'autel.

Il faut y ajouter qu'ils ont gardé ce silence à l'égard des Grecs, lors même qu'ils étaient le plus attentifs à l'erreur contraire à la présence réelle, et qu'ils la punissaient par les plus rigoureux supplices dans l'Occident.

Il faut y ajouter que les Latins ont usé de cette conduite envers les Grecs lors même qu'ils les pressaient sur des points bien moins importants qui regardaient la doctrine de l'Eucharistie, comme sur la négligence dans certaines cérémonies, et sur leur opinion touchant les azymes. Et il faut demander sur cela à M. Claude, comme on a fait dans le livre de la Perpétuité, s'il est fort vraisemblable que les Latins punissant par les plus cruels supplices en France, en Allemagne et en Italie ceux qui doutaient de la présence réelle, étant maîtres des Grecs dans une infinité de lieux, et les croyant impies et sacrilèges contre le plus auguste de tous leurs mystères, se soient contentés de leur dire qu'ils avaient grand tort de nier qu'on pût consacrer avec des pains sans levain.

Il faut y ajouter que l'empereur Baudouin ayant tous les intérêts du monde de faire passer les Grecs pour criminels et pour hérétiques à l'égard du pape Innocent III, et les chargeant pour cela de tout ce qu'il jugeait les pouvoir rendre odieux dans l'esprit de ce pape, ne leur impute pas néanmoins de ne pas croire la présence réelle, quoiqu'il n'y eût rien de plus favorable pour justifier son invasion de l'empire de Constantinople, et qu'il ne pût ignorer leur créance sur ce point, s'ils avaient été effectivement dans cette erreur.

Il faut y ajouter que quoiqu'en diverses rencontres les Grecs aient eu des intérêts politiques qui les portaient à tâcher de rendre les Latins odieux, pour faire soulever les peuples contre eux, ils n'ont jamais employé pour cela l'accusation d'idolâtrie à l'égard de l'Eucharistie.

Il faut y ajouter que les papes qui étaient informés des erreurs des Grecs par un nombre infini d'inquisiteurs, instruisant ensuite les évêques des lieux de ce qu'ils devaient réformer en eux, et des erreurs auxquelles il les devaient faire renoncer, n'ont jamais mis de ce nombre l'erreur contraire à la présence réelle, et que l'on n'en trouve rien ni dans les lettres de Grégoire IX à l'archevêque de Nicosie, ni dans celle d'Innocent IV à l'évêque de Tivoli, ni dans celle de Jean XXII à Raimond, patriarche de Jérusalem, ni dans celle de Clément VI à des évêques latins résidant en Grèce.

Il faut y ajouter que dans tous les conciles et dans toutes les conférences qui se sont tenues entre les Grecs et les Latins, on n'a jamais mis ce point en question, quoique cette seule erreur eût suffi aux Latins pour juger les Grecs de pernicieux hérétiques, et que les Grecs ne dussent pas faire un autre jugement des Latins.

Il faut y ajouter que quoique l'Eglise latine ait toujours jugé qu'on ne pourrait sans impiété participer aux saints mystères sans croire la présence réelle, elle a reçu souvent des nations entières d'entre les Grecs sans rien exiger d'eux sur ce point, et sans leur donner aucune instruction sur ce dogme.

Il faut y ajouter qu'il ne paraît point qu'aucun de ces missionnaires dont M. Claude se plaint qu'on n'ait pas fait un dénombrement assez exact dans le livre de la Perpétuité, et qui ont rempli toutes les provinces d'Orient depuis le onzième siècle jusqu'à présent, ait accusé les Grecs de cette erreur, se soit efforcé de les en retirer, ait averti l'Eglise d'Occident qu'il l'avait découverte parmi eux, quoi que ce fût un des articles qu'ils avaient le plus présent et qu'ils jugeaient le plus important.

Il faut y ajouter qu'il ne paraît pas non plus qu'aucuns de ces missionnaires rendant compte des progrès qu'ils faisaient parmi les Grecs et les autres sociétés d'Orient, se soient vantés d'avoir porté quelqu'un à croire la présence réelle, quoiqu'il ne la crût pas auparavant.

Peut-on alléguer une preuve plus convaincante pour montrer non seulement que les Grecs croient la présence réelle, mais qu'ils l'ont toujours crue depuis Bérenger?

Cependant c'est de l'omission qu'on a faite dans le livre de la Perpétuité de quelques-unes de ces missions que M. Claude prend sujet de dire, p. 137, *qu'il ne peut comprendre comment M. Arnauld s'est pu imaginer que la sincérité ne serait pas choquée quand il traiterait comme il a fait, une histoire si importante et*

---

(1) Vid. Allat., *de Perp. Cons.*, p. 1334.

si nécessaire pour bien juger de toute cette dispute, puisque d'ailleurs elle ne lui pourrait pas être inconnue; que s'il l'a cru ainsi, il faut dire qu'il s'est fait une espèce de bonne foi fort singulière et fort éloignée de celle des autres; et s'il ne l'a pas cru, il faut avouer que son silence est d'autant plus condamnable qu'il a péché contre sa propre conscience. Il suffit de rapporter cet étrange reproche pour faire connaître à tout le monde quel est le jugement de M. Claude et les bizarres idées qu'il se forme de toutes choses.

Nous ne sommes pas encore au bout de ces faits avoués, ou non contestés dont il est bon de faire ressouvenir M. Claude, parce qu'ils sont contenus dans son aveu général du silence mutuel des Grecs et des Latins sur la transsubstantiation, qui enferme, comme j'ai dit, le silence sur la présence réelle. En voici d'autres qui ne sont pas moins considérables.

Il faut encore ajouter que de ce grand nombre de gens, soit catholiques, soit calvinistes, qui ont voyagé dans le Levant et qui ont fait des relations de leurs voyages, il ne s'en trouve aucun qui ait accusé les Grecs de ne pas croire la présence réelle.

Il faut ajouter que Caréus, archevêque de Corcyre, qui accuse les Grecs d'un grand nombre d'erreurs dont ils ne sont point coupables, et qui leur reproche avec une extrême aigreur leur irrévérence contre l'Eucharistie, ne les accuse pas néanmoins de ne pas croire la présence réelle, quoiqu'il soit sans apparence que cet écrivain qui avait entrepris de décrier les Grecs, et qui écrivait à un pape qu'il désirait informer de toutes leurs erreurs, eût omis l'accusation la plus importante et la plus capable de les noircir dans l'esprit de ce pape.

Il faut ajouter que non seulement ces relations que M. Claude allègue lui-même (p. 219) contre les Grecs pour montrer combien ils ont peu de respect pour l'Eucharistie, ne leur imputent pas de ne pas croire la présence réelle, mais qu'elles témoignent expressément qu'ils la croient. Car on peut voir ses propres paroles dans l'une de celles qu'il a produites. *Il y a quelque temps que la segnora Margareta d'Orgenta, dame également dévote et éloquente, me racontant que s'étant trouvée en une compagnie de Grecs, elle leur avait fait une verte réprimande sur ce sujet. Vous montrez bien*, disait-elle, *vous autres Grecs qu'aux choses de la foi vous êtes aveugles au dernier point et ne connaissez pas à quoi vous devez rendre vos respects, adresser vos prières et offrir vos vœux. D'UN CÔTÉ, VOUS AVOUEZ QUE JÉSUS-CHRIST DIEU ET HOMME, NOTRE CRÉATEUR ET SAUVEUR, EST RÉELLEMENT AU SACREMENT DE L'AUTEL avec tous les trésors de ses grâces; et de l'autre on ne voit pas que vous lui rendiez aucun respect digne de sa majesté* (1). La réflexion que fait M. Claude sur cela, savoir que ce qui est dit dans cette relation de la présence réelle, *est une parole de missionnaire avancée sans charge et sans fondement, et qu'il est certain que les Grecs ne l'entendaient pas ainsi*, n'est qu'une suite du droit qu'il se donne de rejeter sans raison dans les auteurs mêmes qu'il cite tout ce qui est contraire à ses prétentions. Mais il ne saurait empêcher qu'on n'en conclue que ceux mêmes qui ont traité les Grecs avec plus de dureté et qui les ont chargés de tous les reproches qu'ils ont pu, qui vivaient et conversaient avec eux, et qui savaient ainsi mieux leurs sentiments que M. Claude, ne laissent pas de rendre témoignage qu'ils croient la présence réelle.

Il faut ajouter que, par l'aveu de M. Claude, de tous les Grecs convertis à l'Eglise romaine, il n'y en a aucun qui ait accusé ceux de sa nation de ne pas croire la présence réelle, qu'il y en a plusieurs qui ont assuré qu'ils la croient, et qu'il l'ont tous supposé.

Il faut ajouter que le témoignage de ces Grecs n'est démenti formellement par aucun de ceux que M. Claude appelle véritables Grecs, et que les uns imputant librement à tous les Grecs de croire la pré-

(1) Cela est tiré de la relation de l'île de S.-Erini.

sence réelle, pas un des autres n'a encore entrepris de réfuter ce reproche.

Il faut encore ajouter qu'on a produit à M. Claude des témoignages formels des Grecs schismatiques, comme du baron de Spatari, de Ligaridius, d'Agapius, contre lesquels il n'allègue que des reproches frivoles et ridicules, comme nous le ferons voir.

Il faut ajouter qu'il y en a entre ceux-là, qui rendent ce témoignage de la manière du monde la moins suspecte d'intérêt et la plus dangereuse pour eux, s'ils eussent imposé à l'église grecque, comme Ligaridius, l'archevêque de Gaza, qui déclare, étant à Moscou et écrivant à un luthérien, que toutes les sociétés d'Orient dont il ne pouvait ignorer la créance, sont unies dans la foi de la transsubstantiation et de la présence réelle. Et c'est pourquoi M. Claude, afin de pouvoir le rendre suspect, a trouvé bon de dissimuler cette circonstance.

CHAPITRE VII.

Que les faits marqués dans le chapitre précédent, dont M. Claude est obligé de demeurer d'accord, établissent d'une manière invincible l'argument de la perpétuité : et que tout ce qu'il dit dans son second livre, bien loin de l'affaiblir, le confirme encore davantage.

Nous réservons au chapitre suivant les autres faits que le livre de M. Claude nous donne lieu de proposer comme constants et non contestés. Cependant, en ne m'arrêtant présentement qu'à ceux que je viens de rapporter, je crois pouvoir dire que toutes les personnes qui ne mettront pas leur honneur à résister aux vérités claires et certaines, demeureront d'accord, que c'est se vouloir aveugler soi-même, que de mettre en doute si les Grecs croient la présence réelle. Mais pour en rendre l'évidence plus sensible aux personnes moins équitables, il n'y a qu'à leur demander si ce ne serait pas prouver d'une manière entièrement convaincante, que les calvinistes croient la divinité de Jésus-Christ et la Trinité, et qu'ils ne sont pas sociniens, que de dire qu'y ayant déjà plus de trente ans que l'on dispute contre eux, aucun auteur catholique ne leur a encore fait ce reproche : qu'étant mêlés continuellement avec eux, ils ne les en ont jamais accusés : qu'ayant examiné leurs livres, personne n'a encore dit qu'il y eût trouvé ces damnables hérésies : que dans les rigueurs que l'on s'est cru obligé, dans les commencements, d'exercer contre eux, cette accusation n'a jamais fait partie de celles sur lesquelles on les condamnait : qu'aucun calviniste converti n'a jamais averti que l'on tint cette erreur dans la secte qu'il avait quittée : que l'on n'en a jamais rien découvert par le commerce et par les conférences qu'on a eues avec eux : qu'en les pressant sur des choses beaucoup moins considérables, on ne les a jamais pressés sur ce point : que tous les calvinistes réunis à l'Église romaine, ont toujours dit qu'ils la croyaient : que ceux qui ne s'y sont pas réunis ne les ont jamais démentis : qu'ils ont souvent réduit de part et d'autre tous leurs différends à certains chefs, sans y comprendre jamais celui-là : que quelque faux zèle qui portât les calvinistes à mépriser leur vie pour attaquer l'Eglise romaine, ils n'ont jamais osé condamner publiquement en ce point la doctrine des catholiques : que dans les lieux mêmes où ils sont les maîtres, et où ils font paraître plus librement leur sentiment, ils ne se sont jamais ouverts de cette damnable hérésie.

Je demande, dis-je, si ces preuves seules ne suffisent pas pour donner une assurance entière que les calvinistes croient la Trinité et la divinité de Jésus-Christ, quand il n'y en aurait aucunes autres ? S'il n'est pas vrai qu'elles sont telles, qu'elles persuadent l'esprit et ne lui laissent aucun doute ? Et si ce ne serait pas une pure extravagance de prétendre les renverser, en alléguant en l'air qu'il ne s'ensuivait pas de tout cela que les calvinistes ne soient pas sociniens, mais que ce qui a fait qu'on ne les en a point encore accusés, est que d'une part la crainte les a empêchés d'attaquer ouvertement la Trinité et l'Incarnation; et que les catholiques de l'autre ont arrêté de concert de ne les pas pousser sur ces points.

Y aurait-il personne qui ne traitât de folie cette hypothèse fantastique d'une timidité de cent trente ans, qui retient dans le silence dix millions de calvinistes, et d'une politique de même durée, qui ferme la bouche à cent millions de catholiques, et qui ont toutes deux la force d'étouffer toutes les autres passions et tous les autres intérêts des uns et des autres?

Cependant la chimère de M. Claude est encore beaucoup au-dessus de celle-là. Il suppose dans les Grecs et dans toutes les autres sociétés d'Orient, c'est-à-dire dans un nombre infini d'hommes, une timidité de six cents ans, qui les ait tous empêchés de s'élever contre les Latins et de les traiter d'idolâtres sur la doctrine de la présence réelle. Il ferme la bouche à tous les Latins sur le même sujet, par une politique de six cents ans. Ni la charité, ni le zèle, ni la vanité, ni l'inclination naturelle qu'on a à dire la vérité, ni la haine, ni l'intérêt, ne porte jamais aucun ni des Latins, ni des Grecs à se démentir. Les Latins craignent de blesser les Grecs par ce reproche, lors même qu'ils les font mourir; et les Grecs craignent d'offenser les Latins sur ce point, lors même qu'ils meurent pour leur religion, ou qu'étant en sûreté ils s'abandonnent à la plus grande violence de leur haine.

Ce qui est encore plus admirable, est que les moyens par lesquels on unit les Latins dans cette réserve politique, sont si cachés que l'on n'en a pu encore rien découvrir; si étendus qu'ils sont pratiqués, par les papes, par les cardinaux, par les évêques, par les prêtres, par les religieux, par les soldats, par les voyageurs curieux; et si efficaces qu'ils n'ont encore permis à personne de manquer à le secret. Ils laissent agir toutes les autres passions contre les Grecs; ils permettent qu'on exerce contre eux les dernières rigueurs et qu'on leur fasse toutes sortes de reproches; ils souffrent qu'on en fasse qui semblent conduire naturellement par la suite du discours à les accuser de ne pas croire la présence réelle, si on l'avait pu faire avec vérité; mais ils arrêtent justement la plume et la langue, quand elle serait sur le point de passer à celui-là, et cela durant l'espace de six cents ans, non dans un seul lieu, dans une seule ville, dans une seule province, mais dans la plus grande partie du monde.

Voilà ce que M. Claude tâche de persuader à ceux de sa secte, et qu'il prétend avoir rendu vraisemblable. Sans cette double hypothèse d'une timidité de six cents ans, qui domine tous les chrétiens d'Orient, et qui étouffe toutes les autres passions, et celle d'une politique aussi longue parmi les Latins, pratiquée par eux avec une fidélité inviolable, et qui étouffe de même en eux tous les sentiments de la nature; il faudra qu'il avoue lui-même que les Grecs et les autres sociétés croient la présence réelle. C'est à quoi se réduisent ses réponses. C'est là la rare invention qui fait le sujet de la satisfaction extraordinaire qu'il témoigne de son ouvrage. C'est par là qu'il prétend avoir renversé l'argument de la Perpétuité. Mais s'il est homme à se repaître de ses visions, j'espère qu'il y en aura peu qui soient en cela de son humeur, et qui ne me permettent de conclure contre lui,

1° Que l'union de ces faits que nous avons allégués prouve avec une entière certitude, que les Grecs et les autres sociétés d'Orient, auxquelles on peut les appliquer, croient la présence réelle, comme l'union de ces mêmes faits prouve que les calvinistes croient la Trinité et l'Incarnation.

2° Que cette conséquence s'étend plus loin, et qu'elle fait voir non seulement que les Grecs et les autres chrétiens d'Orient sont présentement persuadés de cette doctrine, mais qu'ils l'ont toujours été depuis

Bérenger : et qu'ainsi elle renferme entièrement le fait que l'on prouve dans le tome I de la Perpétuité, et qu'elle ruine en particulier tout le second livre de la Réponse de M. Claude, auquel il a donné pour titre : *Nullité de la conséquence*. Et c'est ce qu'il est très-facile et très-important de faire voir.

Il s'efforce dans ce livre de prouver que la doctrine de la transsubstantiation a pu s'introduire parmi les Grecs et les autres sociétés schismatiques, par le mélange de l'Église latine avec elle; par les missionnaires que les papes y ont envoyés, et par le pouvoir que les Latins ont eu sur ces chrétiens d'Orient. Mais en accordant à M. Claude tous les faits qu'il rapporte, il n'y a qu'à lui dire en un mot qu'ils prouvent justement tout le contraire de ce qu'il prétend et qu'on ne le peut même mieux prouver que par ces faits.

Ce qui le trompe toujours est qu'au lieu que les choses humaines sont attachées à une infinité de circonstances, et que c'est le plus souvent ce qui les rend possibles ou impossibles, faciles ou difficiles, il les détache de toutes les circonstances auxquelles elles sont liées, pour en faire des questions métaphysiques qu'il considère d'une manière abstraite et spéculative, comme s'il s'agissait d'un monde séparé de celui-ci, dont nous ne sussions aucunes nouvelles.

Il examine en l'air cette question s'il est possible que la transsubstantiation (sous laquelle il veut bien que l'on comprenne la présence réelle, quoiqu'il ne l'ose pas dire) se soit introduite depuis Bérenger dans les sociétés d'Orient; et il croit qu'il lui suffit de trouver de certaines causes vagues qui aient une proportion éloignée et métaphysique avec cet effet. C'est pour cela qu'il nous conte des histoires qui sont aussi inutiles pour lui, qu'elles sont utiles en les tournant contre lui. Mais pour le désabuser, il n'y a qu'à l'obliger de considérer les choses telles qu'elles sont et de les revêtir de toutes les circonstances qui y sont effectivement attachées.

Il est donc certain premièrement que les Latins n'ont point réduit entièrement ces sociétés à s'unir avec l'Église latine; que s'ils en ont converti quelques particuliers, ils n'en ont point converti le corps; qu'ils ne les ont pu porter ni à quitter leurs anciennes opinions, ni à changer leur ancienne discipline, et qu'elles y demeurent la plupart aussi attachées que jamais. Que M. Claude enferme donc d'abord cette circonstance dans la question qu'il traite, et qu'il examine, non s'il est possible en général que les missionnaires latins aient persuadé tous ces peuples de la doctrine de la présence réelle, mais s'il est croyable que ces missionnaires n'ayant pu faire recevoir dans aucune de ces sociétés, ni les dogmes ni les points de la discipline de l'Église romaine sur lesquels ils sont divisés d'elle; et n'ayant pu adoucir leur esprit envers cette Église et les empêcher de la traiter d'hérétique, aient généralement réussi à faire recevoir par toutes ces sociétés une doctrine aussi étrange que celle de la présence réelle le devait paraître à ceux qui auraient été nourris dans une autre foi.

Il faut de plus ajouter à cette question sa double hypothèse d'une timidité générale parmi les chrétiens orientaux, et d'une politique générale parmi les Latins pendant tout le temps qu'il destine à ce changement. Car, comme dans le progrès de cette introduction, on ne pourrait faire voir que les Grecs et les autres Orientaux non convertis se soient élevés contre les Latins, ni que les Latins aient fait des reproches à ceux qui n'avaient pas encore embrassé leur foi, M. Claude est obligé de nous montrer que cette introduction est possible avec ces deux circonstances; c'est à dire qu'il peut faire voir possible que tous les Orientaux non convertis, voyant répandre parmi eux une doctrine nouvelle, aient étouffé par la crainte des Latins tout ce que la jalousie naturelle et les principes de leur religion leur pouvaient fournir de raisons contre une doctrine si étrange, et qu'ils l'aient tous laissé introduire sans aucune résistance dans tout le monde. Il faut qu'il montre aussi qu'il est possible que ces missionnaires qui se trouvaient parmi ces peuples, et qui connaissaient qu'ils étaient infectés de l'erreur de Bérenger, qui regardaient tous cette erreur comme une hérésie damnable, qui les instruisaient sur ce point avec soin, qui voyaient leur doctrine reçue par quelques-uns et rejetée par d'autres, aient pu tous garder sans aucune raison apparente un silence si religieux sur ce point, qu'aucun n'ait accusé ces nations de l'erreur de Bérenger; qu'aucun ne l'ait insérée dans le catalogue de leurs erreurs; qu'aucun n'en ait averti les papes; que nul d'eux n'ait fait aucun écrit pour les convertir; qu'aucun n'ait usé de rigueur envers ceux qui refusaient de recevoir la doctrine de la présence réelle, quelque pouvoir qu'il en eût; qu'aucun ne se soit vanté dans aucun livre du succès de ses prédications en ce point; qu'aucun n'ait témoigné d'admirer cette alliance étonnante d'une docilité si extraordinaire à recevoir cette doctrine, et d'une opiniâtreté si inflexible à rejeter les autres dogmes qu'on tâchait de leur inspirer; et qu'enfin ils aient tous conspiré à nous dérober la connaissance d'un si grand événement.

Voilà ce que M. Claude devait entreprendre de faire croire possible, s'il eût voulu détruire cette conséquence, qu'il combat dans le titre de ce second livre, et qu'il établit par tout le livre même. Mais comme il n'a pas seulement osé le tenter, il n'y a pour renverser tout ce livre qu'à lui montrer ce qu'il avait à prouver, et à faire remarquer que le mélange de ces missionnaires et ce pouvoir des Latins sur les Grecs et les autres chrétiens d'Orient prouve très-mal qu'ils aient pu leur faire recevoir la doctrine de la présence réelle avec ces circonstances, mais qu'il prouve parfaitement qu'il est impossible d'une part qu'ils n'eussent pas découvert cette erreur dans les Grecs et les autres chrétiens d'Orient si elle y eût été; et qu'il est encore moins possible de l'autre qu'ils ne la leur eussent pas reprochée, et ne se fussent pas appliqués à la déraciner s'ils l'y eussent découverte? D'où il s'ensuit que ne l'ayant jamais fait, par l'aveu même de M. Claude, il faut qu'ils en fussent entièrement exempts. C'est la seule conclusion raisonnable qu'on puisse tirer des faits allégués par M. Claude dans son second livre, et ce serait perdre le temps que de le réfuter d'une autre manière.

J'ai toujours parlé des chrétiens d'Orient en général, quoique ces expressions souffrent une petite exception à l'égard des Arméniens, qui ont été accusés durant neuf ou dix ans de quelque erreur sur l'Eucharistie. Mais nous ferons voir en son lieu que cette exception, qui n'est rien en soi, sert infiniment à fortifier cet argument que l'on tire du silence de l'Église latine, à l'égard des autres sociétés et des Arméniens mêmes pour montrer qu'elles ont toujours cru la présence réelle.

Chapitre VIII.

Autres faits avoués ou non contestés par M. Claude, qui donnent lieu de conclure avec certitude, que les Grecs croient la présence réelle.

La plupart des faits que nous rapporterons ici, prouvent non seulement que les Grecs croient la présence réelle, mais aussi qu'ils tiennent la transsubstantiation. Et il était facile de tirer la même conséquence de plusieurs de ceux que nous avons déjà rapportés. J'avertis néanmoins M. Claude, que je ne prétends m'en servir ici que pour établir qu'ils croient la présence réelle, et qu'ayant droit de le faire, parce que tout ce qui établit la transsubstantiation établit aussi la présence réelle, je me réduis à cette unique conséquence pour trois raisons.

La première, pour ne donner pas lieu à M. Claude d'obscurcir ces preuves, en ne les appliquant, comme il a fait, qu'à la transsubstantiation considérée séparément de la présence réelle.

La seconde, parce que je n'ai dessein que de montrer ici que la preuve de prescription établie dans le livre de la Perpétuité subsiste tout entière après sa réponse. Or, cette preuve de prescription n'a besoin que de l'établissement de ce point ; que tous les Grecs et les autres sociétés schismatiques croient la présence réelle, puisque, comme l'avoue M. Claude, on n'a renfermé que ce seul point dans la conclusion, qui est, qu'il est impossible que ces sociétés soient venues à le croire par innovation et par changement.

La troisième, parce que M. Claude a fait une profession publique de ne répondre à tous ces faits que par rapport à la transsubstantiation, et ainsi en les employant pour prouver la seule présence réelle, on n'en tire qu'une conséquence qu'il n'a ni détruite, ni combattue dans sa Réponse. C'est donc dans cette vue que je proposerai les autres faits que M. Claude ne conteste point.

Le premier est que les Grecs depuis le huitième siècle (il pouvait dire depuis le septième) *rejettent les termes de figure et d'image sur le sujet de l'Eucharistie* (1).

1° C'est-à-dire que ces gens, dont M. Claude prétend que les calvinistes ne diffèrent que par quelques expressions, ont rejeté depuis neuf cents ans les termes essentiels de la doctrine des calvinistes par lesquels elle s'exprime si naturellement qu'il est impossible de la concevoir sans s'en servir. On ne peut guère apporter de préjugé plus fort pour montrer qu'ils ont toujours rejeté la doctrine même que les calvinistes ont accoutumé de renfermer sous ces termes.

2° M. Claude de plus avoue que les Grecs semblent retenir le sens littéral de ces paroles : *Ceci est mon corps*, et qu'ils n'admettent point le sens de figure ; que c'est pour cela qu'ils disent si souvent, *que le pain n'est pas la figure du corps de Jésus-Christ ; mais le corps de Jésus-Christ ; non la figure de la chair, mais la chair ; parce que le Seigneur n'a pas dit : Ceci est la figure de mon corps, mais mon corps* (2). C'est-à-dire qu'il avoue ce que l'on avance dans le livre de la Perpétuité, que le sens de figure est condamné par tous les Grecs depuis neuf cents ans, d'où il s'ensuit que c'est une étrange sorte d'évidence que celle de ce prétendu sens de figure, qui peut être caché à toute la terre durant l'espace de près de mille années. Et comme le même argument des Grecs par lequel ils excluent le sens de figure, qui est que Jésus-Christ n'a pas dit : *Ceci est la figure de mon corps*, exclut aussi la vertu séparée, puisque Jésus-Christ n'a pas dit aussi : *C'est la vertu séparée de mon corps* ; il est bien difficile de croire que les Grecs aient pu s'empêcher de tirer neuf cents ans durant une conséquence si naturelle.

3° M. Claude reconnaît que non seulement les Grecs se servent communément des expressions des Pères, qui portent : *que le pain est le corps de Jésus-Christ, qu'il est fait le corps de Jésus-Christ, qu'il est changé au corps de Jésus-Christ* ; mais qu'ils y en ont même ajouté d'autres qui semblent plus fortes, comme, *que le pain n'est pas une figure, qu'il est le vrai corps de Jésus Christ, et que le corps né de la Vierge et le pain ne sont pas deux corps*. Or il est bien difficile de croire qu'une église dont ces expressions font le langage ordinaire, ne croie pas la présence réelle.

M. Claude prétend *qu'on ne peut concevoir en deux manières que le pain et le vin sont changés au corps de Jésus-Christ, 1° par une conversion réelle de toute la substance du pain et du vin en la substance du corps et du sang ; en sorte que la substance du pain et du vin ne subsiste plus après le changement, qui est, dit-il, ce qu'on tient dans l'Église romaine ; 2° par l'addition d'une nouvelle qualité, ou d'une nouvelle forme au pain et au vin, qui est ce qu'il appelle la forme surnaturelle*

---
(1) 3ᵉ Rép., pag. 534.
(2) *Ibid.*, p. 535.

et économique du corps de Jésus-Christ, ou *l'accroissement*, ou simplement *la vertu* (1).

Nous ferons voir dans le premier volume que l'on donnera au public sur la créance des peuples des six premiers siècles, que ces termes n'ont pas le premier sens, et que le *sens de vertu* est la plus improbable de toutes les chimères. Mais pour le réfuter en un mot par M. Claude même, il suffit de remarquer ici, 1° qu'il ne prétend trouver son accroissement et sa forme économique que dans saint Jean de Damas, et encore dans une lettre attribuée à ce saint, qui a été ajoutée à ses œuvres dans l'impression de Billius, et qui n'a été citée devant lui par aucun auteur grec : qu'il ne rapporte lui-même aucun auteur qui ait dit que le pain était changé en la vertu du corps de Jésus-Christ depuis Théophylacte, qui le dit d'une manière qui n'est propre qu'à détruire ce prétendu sens. Mais quoi qu'il en soit, il suffit pour ceux qui ne peuvent pas examiner ces matières si en détail, de savoir par M. Claude qu'il ne parait point que depuis plus de cinq cents ans, c'est-à-dire depuis le commencement du douzième siècle, aucun auteur grec se soit servi de ces termes, *que le pain est changé en la vertu du corps de Jésus-Christ, ou est la vertu du corps de Jésus-Christ*, au lieu que par l'aveu du même M. Claude ils se sont communément servis de ces termes, *que le pain est le véritable corps de Jésus-Christ, et que le corps de Jésus-Christ qui est en l'Eucharistie, et son corps naturel ne sont pas deux corps*.

Que l'on ajoute seulement à cela un autre aveu important de M. Claude, qui est *que ces termes, le pain et le vin mystiquement consacrés sont selon la vérité le corps et le sang de Notre-Seigneur Jésus Christ étant changés par sa vertu divine* (2), que ces termes, dis-je, qui étaient contenus dans la profession de foi qu'on faisait faire aux Sarrasins, ne prouvent point le changement de vertu. Et l'on reconnaîtra sans peine qu'il est impossible que l'église grecque les ait entendus dans le sens de *vertu*. Car, n'étant instruite que par des paroles qui ne prouvaient point le sens de *vertu*, selon M. Claude même, le moyen qu'elle fût entrée d'elle-même dans ce sens qui ne lui a point été expliqué depuis plus de cinq cents ans ? Et comment pourrait-on s'imaginer que les Grecs, entendant dire tous les jours que le pain et le vin consacrés sont dans la vérité le corps même de Jésus-Christ, et n'entendant jamais dire qu'ils ne le sont qu'en *vertu*, aient tous détourné ces paroles en un sens qu'elles ne contiennent point, selon M. Claude même ?

Mais M. Claude nous donne lieu d'aller encore plus avant, et nous avons droit de conclure de ses réponses que les Grecs ont signé formellement la transsubstantiation, et par conséquent la présence réelle que cette doctrine enferme.

Pour le faire voir, je n'ai qu'à lui demander si ce n'est pas signer la transsubstantiation que de signer cette proposition : *Je signe que le pain et le vin sont changés au corps et au sang de Jésus-Christ au sens que l'entend l'Église romaine ?* Car ces paroles, *le pain est changé au corps de Jésus-Christ*, n'ayant que deux sens, selon M. Claude; l'un qui est celui de l'Église romaine, l'autre qui est ce sens chimérique que M. Claude attribue aux Grecs, c'est embrasser le premier, et exclure le dernier, que de la signer en cette manière-là. Cependant il résulte des réponses de M. Claude que le moins que les Grecs aient fait, c'est de l'avoir signée de cette sorte; comme il paraîtra par les faits suivants.

M. Claude avoue que la formule de confession de foi dressée par Clement IV, qui portait ces termes formels: *L'Église romaine fait le Sacrement de l'Eucharistie de pain azyme, tenant et enseignant que dans ce Sacrement le pain est véritablement transsubstantié au corps, et le vin au sang de Jésus-Christ* (3); il avoue, dis-je, que cette formule a été plusieurs fois proposée aux Grecs.

Il ne nie pas (1) de plus que la confession de foi signée par Michel Paléologue, ne contienne ces mêmes termes dans la traduction qui est imprimée dans Raynaldus, et qu'il y en a d'équivalents dans celle que Jean Veccus, patriarche de Constantinople, envoya, trois ans après celle de Michel, au pape Jean XXI, tant en son nom qu'en celui de son synode patriarcal. Mais parce que dans la confession de foi signée à Rome par l'empereur Jean Paléologue, le mot de *transsubstantiatur* est traduit dans le grec, cité par Allatius, par celui de μεταβάλλεται, M. Claude suppose de plein droit qu'il n'y avait que le même mot dans toutes les autres, et de là par la nouvelle philosophie qu'il a trouvée sur ces mots, *de changer au corps de Jésus-Christ*, il en infère que les Grecs n'ont pas voulu reconnaître la transsubstantiation des Latins ; mais qu'ils ont enfermé sous ce terme un autre sentiment qui exclut cette doctrine.

Je ne veux pas arrêter M. Claude sur ces suppositions incertaines, et je ne ferai pas de difficulté de lui accorder qu'on pouvait s'être servi dans ces autres actes du mot de μεταβάλλεται, quoiqu'il n'en sache rien positivement. Je suis même assez porté à le croire, non par la raison qu'il allègue, mais parce que le mot de μετούσις, ou *transsubstantiatio* n'est pas un mot grec, et que ceux qui traduisent cherchent d'ordinaire dans leur langue propre des termes qui répondent à ceux de la langue dont ils traduisent, et ne s'avisent guère d'en former d'eux-mêmes de nouveaux.

Mais qu'est-ce que M. Claude en pourra conclure ? Que les Grecs l'ont pris en un autre sens que les Latins, qu'ils n'ont entendu qu'un changement *de vertu*, au lieu qu'ils savaient que les Latins entendaient un changement de substance ? On lui fera voir ailleurs que cette solution est toujours déraisonnable ; mais en cette occasion elle est criminelle, et elle attribue sans raison aux Grecs une noire perfidie, contraire non seulement à la sincérité et à la bonne foi , mais encore au sens commun. Car ces mots, *le pain et le vin sont changés véritablement*, ἀληθῶς μεταβάλλονται, sont déterminés dans tous ces actes, c'est-à-dire dans celui de Michel, et dans celui de Jean, et dans celui du synode de Veccus, par le *sentiment de l'Église romaine*, auquel ils se rapportent. Les empereurs n'ont pas prétendu exprimer immédiatement leur foi ; ils ont prétendu exprimer celle de l'Église romaine et l'approuver par leur signature, *Sacramentum Eucharistiæ*, disent-ils, *ex azymis conficit Romana Ecclesia, tenens et docens quod in ipso sacramento panis vere transsubstantiatur* (ou) *mutatur in corpus ; et vinum in sanguinem*. Or quoique M. Claude prétende sans raison que ces termes soient généraux (ce que nous ferons voir être faux) néanmoins il reconnaît qu'on n'hésite pas à les entendre au sens de la transsubstantiation, quand on sait que ceux qui s'en servent sont persuadés de cette doctrine (2) ; et à plus forte raison n'y doit-on pas hésiter quand on parle de personnes qui la croient et que c'est pour représenter leur sentiment qu'on s'en sert.

Puis donc que c'est le sentiment de l'Église romaine que les empereurs Michel et Jean Paléologue nous ont représenté par ces termes : *Le pain est véritablement changé au corps de Jésus-Christ*, il est clair qu'ils ne peuvent recevoir d'autres sens que celui de la transsubstantiation et que la notoriété du sens de l'Église romaine les déterminerait au sens particulier de cette église, quand même ils seraient généraux et indéterminés selon la nouvelle prétention de M. Claude

Il en est de même du synode des Grecs sous le patriarche Veccus. Ils déterminent aussi nettement ces termes par le rapport qu'ils en font au sentiment de l'Église romaine qu'ils approuvent.

---

(1) 3ᵉ Rép., p. 309.
(2) *Ibid.*, p. 463.
(3) *Ibid.*, p. 173.

(1) 3ᵉ Rép., p. 373.
(2) 1ʳᵉ Rép., p. 07.

Ils déclarent dès le commencement qu'ils font cette profession de foi afin de détruire *la vaine opinion que le schisme entre les Grecs et les Latins aurait pu causer, qu'il y eût quelque différence de dogme entre l'une et l'autre église* (1).

Ils proposent l'article de l'Eucharistie, comme croyant sur ce point la même chose que les Latins : *Credentes et nos ipsum azymum panem in ipsa sacra Eucharistia verè mutari* (2) *in corpus Domini nostri Jesu Christi.* Ils approuvent tout cela au sens de l'Église romaine. *Cùm hæc omnia*, disent-ils, *sic veneretur et prædicet sancta romana Ecclesia, credimus et dicimus quòd verè, fideliter et orthodoxè docet et prædicat ipsa sancta romana Ecclesia.* Et ils finissent en disant, *quòd concors fit plenissimè et sine defectu nostra Ecclesia secundùm fidei orthodoxæ intellectum apostolicæ matris omnium ecclesiarum Ecclesiæ Romanæ.*

Peut-on douter après cela que des personnes qui parlent de cette sorte ne signent les articles de foi qu'ils ont ainsi exprimés au sens qu'ils savent être celui de l'Église romaine ? Et n'est-ce pas la plus odieuse de toutes les chicaneries que d'alléguer qu'ils les pouvaient prendre en un autre sens, lorsqu'ils déclarent expressément qu'ils les prennent au sens de l'Église romaine ; *secundùm fidei orthodoxæ intellectum sanctæ Ecclesiæ Romanæ ?*

Que M. Claude, à qui il ne coûte rien d'accuser toute une Église de fourberie, dise tant qu'il lui plaira que les Grecs avaient d'autres sentiments dans le cœur que ceux qu'ils faisaient paraître ; qu'il prétende que cela n'était que dissimulation et que politique, quoique Veccus et plusieurs autres soient morts pour soutenir l'accord qu'ils avaient fait avec les Latins, et qu'ils l'aient soutenu par un très-grand nombre d'écrits, ce n'est pas de quoi il s'agit maintenant ; je ne veux établir par cette histoire que ce fait constant, que les Grecs ont signé la transsubstantiation de l'Église romaine, et que c'est le seul, unique et naturel sens de leur acte, et par conséquent qu'ils ont solennellement approuvé la présence réelle qui est enfermée dans cette doctrine.

Que si l'on ajoute à cela un autre fait non contesté, qui est que les Grecs schismatiques après cette signature faite par Michel, par Veccus, et par les évêques de son synode, ne leur en ont jamais fait un crime, et n'en ont jamais pris aucun sujet d'accusation dans tant d'écrits qu'ils ont faits contre Veccus ; on ne saurait prouver d'une manière plus forte que les Grecs étaient tous persuadés de la doctrine de la présence réelle.

Je ne vois pas qu'après cela on puisse faire un jugement fort avantageux de l'esprit et de la sincérité de M. Claude, qui, dissimulant toutes ces circonstances, a cru qu'il pouvait éluder cette preuve en répondant en l'air, page 422, que M. Arnauld n'y songe pas de nous alléguer *une affaire où l'on ne trouve que violence, fourberie et tyrannie du côté de cet empereur ; une affaire qui ne réussit que par le ministère des cruautés, des supplices et des exils ; une affaire qui attira sur Michel une si funeste haine des Grecs, qu'ils lui refusèrent l'honneur de la sépulture ; une affaire après tout où il trompa les Grecs, en leur faisant accroire que chaque église garderait ses dogmes et ses rites, et qu'il ne s'agissait que de donner de la fumée au Pape, en lui accordant la primauté et le droit des appellations.* Car il faut avoir peu de discernement pour ne pas voir, que rien ne fait mieux voir que c'est très-sincèrement que Michel et Veccus ont signé la transsubstantiation, que les violences que Michel exerça pour faire réussir son accord, et la haine qu'il s'attira par là, puisque cette haine qui fit priver Michel de la sépulture et chasser Veccus du patriarcat, ne porta jamais les Grecs à leur faire le moindre reproche sur la transsubstantiation et la présence réelle qu'ils avaient si solennellement signées.

(1) Rainal., an. 1277, n. 36.
(2) La version porte, *transsubstantiari*, et il n'y a point de preuve que ce terme ne soit pas dans le grec.

P. DE LA F. III.

Ce ne sont pas seulement les Grecs qui ont déclaré plusieurs fois qu'ils n'avaient que la même foi que les Latins sur l'Eucharistie ; les Latins leur ont souvent rendu le même témoignage.

M. Claude ne désavoue pas que le pape Léon IX, au temps même où il condamna Bérenger, c'est-à-dire en un temps où la foi de l'Église romaine sur la présence réelle était publique et non contestée, déclare que l'on n'empêchait point les Grecs d'observer leurs coutumes, *parce que la diversité des coutumes ne nuit point aux fidèles lorsqu'ils ont la même foi ;* par où il suppose manifestement que les Grecs avaient la même foi que les Latins sur l'Eucharistie, car c'est de l'Eucharistie qu'il s'agissait.

Il ne désavoue pas que le cardinal Humbert, étant dans Constantinople peu de temps après qu'on eut condamné Bérenger pour son erreur contre la présence réelle, n'ait déclaré *que cette ville était orthodoxe dans ses principaux citoyens ;* ce qui marque qu'il ne les soupçonnait pas de ne pas croire cette doctrine.

Il ne saurait désavouer que le pape Grégoire X et tout le concile de Lyon n'aient accepté avec joie, *cum jubilo* (1), la déclaration de Michel Paléologue comme suffisante, et qu'ils ne l'aient réuni à l'Église sur cette déclaration.

Il ne saurait désavouer que le pape Nicolas III n'appelle cette même profession : *Veræ fidei catholicæ fidelis, clara et aperta professio* (2). Et il ne saurait empêcher qu'on n'en conclue qu'il ne l'aurait jamais fait s'il avait cru que l'église grecque errât sur un article de foi tel qu'est la présence réelle, et qu'elle en imposât à l'Église romaine par une si damnable équivoque.

L'Église romaine était si éloignée en ce temps-là d'user de cette indulgence criminelle, qu'elle ne se rabaissait pas même par condescendance jusqu'au point où la charité l'a obligée de se réduire depuis. Car les historiens remarquent que le pape Nicolas III ne voulut pas accorder aux Grecs d'omettre le mot de *Filioque* dans la récitation du symbole (3) ; ce qui leur a été depuis accordé dans le concile de Florence, et leur avait été offert avant Nicolas, sous Grégoire IX.

M. Claude rapporte lui-même cette particularité, et il l'envenime, à son ordinaire, par une réflexion injuste et maligne qu'il fait sur ce que le pape Nicolas dit *que l'unité de la foi ne souffrait pas la diversité dans les confessions qu'on en fait. L'unité de la foi souffrit,* dit-il, *sous Grégoire IX et sous Eugène IV ce qu'elle ne pouvait souffrir sous Nicolas III. Cela veut dire que la foi cède quelquefois à ce grand intérêt de soumettre les Grecs au siège romain.*

L'injustice de cette conséquence est toute visible, parce qu'il est indubitable que dans les choses de discipline il y a deux conduites : l'une de justice et de rigueur qui se pratique quand on le peut, l'autre de condescendance à laquelle on se réduit par nécessité ; et qu'il y a aussi deux langages : l'un par lequel on exprime ce qui serait à désirer selon la justice exacte, qui est celui que le pape Nicolas a suivi ; l'autre qui exprime les rabaissements où la condescendance nous porte. Mais la conséquence que l'on peut tirer de ce procédé de Nicolas III, pour justifier la foi des Grecs, est très-certaine et très-solide ; car le moyen de s'imaginer qu'un pape si exact et si attaché à ce qui regardait la foi, qu'il n'a pu souffrir dans les Grecs une petite diversité de discipline que l'Église romaine a approuvée depuis, ait souffert qu'ils demeurassent dans une hérésie formelle, qu'ils trompassent l'Église romaine par une fausse profession de foi ; et qu'il ait passé jusqu'à cet excès d'appeler cette profession de foi, qu'il aurait su

(1) Rainal., 1274, n. 19.
(2) Rainal., a. 17, 78, n. 2.
(3) Rainal.

(*Deuxième.*)

être impie et hérétique dans le sens des Grecs, une profession fidèle, claire et manifeste de la foi catholique.

Il n'est pas nécessaire de prouver que ces faits établissent tout le livre de la Perpétuité; la conséquence en est trop claire, et il y aura sans doute peu de personnes qui ne la tirent d'elles-mêmes. Mais comme il ne faut négliger le salut de personne, on tâchera de convaincre l'opiniâtreté de ceux qui ne se rendraient pas aux preuves que nous avons apportées par d'autres preuves plus grossières qui seront contenues dans les chapitres suivants.

CHAPITRE IX.

Témoignages décisifs et authentiques de la foi présente de l'église grecque.

Comme c'est un des desseins de Dieu en permettant que sa vérité soit combattue par la témérité des hommes, d'y donner un nouvel éclat, il est juste de se servir de la nécessité où M. Claude nous met de soutenir ce que l'on a avancé touchant la foi de l'église grecque sur l'Eucharistie, pour ajouter encore de nouvelles preuves à celles que nous avons déjà alléguées dans le premier tome de la Perpétuité.

Celles que nous avons à produire maintenant sont telles, que sans l'expérience que l'on a de ce que M. Claude sait faire quand il s'agit de résister aux preuves les plus évidentes, je me promettrais pour cette fois de lui faire avouer que les Grecs croient la présence réelle, et qu'ils sont d'accord avec l'Église romaine sur le mystère de l'Eucharistie.

Je ne veux pas même en désespérer; et au moins je crois me pouvoir promettre de tirer cet aveu de tous les autres ministres, pourvu qu'ils prennent la peine de les lire.

Si j'avais affaire à des personnes moins prévenues, je leur pourrais alléguer, comme une pièce décisive, un catéchisme écrit en grec vulgaire, et imprimé à Venise en 1635, où l'on trouve toutes les propositions suivantes en termes formels.

Aussitôt que le prêtre a prononcé les paroles du Seigneur et qu'il a invoqué le S.-Esprit, la substance du pain est changée et convertie au vrai et réel corps de Jésus-Christ, et il ne reste que la blancheur, la douceur, la quantité, l'odeur : ce que l'on nomme les accidents.

Quoique l'on voie dans ce Sacrement tous les accidents du pain et du vin, la chair et le sang de Jésus-Christ y sont néanmoins; et c'est pourquoi après le changement le corps de Jésus-Christ s'appelle pain, à cause des accidents que l'on voit dans le corps de Jésus-Christ, non que la substance du pain et du vin y demeure, n'y ayant que le corps et le sang de Jésus-Christ, ce corps qui est né de Marie, ce propre corps qui a été crucifié.

Il y a cette différence entre ce Sacrement et les autres, que dans les autres il n'y a que la grâce de Dieu; et on les appelle saints, parce qu'ils sont sanctifiés par la grâce du S.-Esprit : mais dans ce Sacrement Jésus-Christ est par sa présence; et c'est pourquoi ils appellent ce changement transsubstantiation ou conversion d'une substance en une autre.

Ce Sacrement a encore été figuré par le charbon que vit Isaïe. Car comme ce charbon était composé de deux substances, de celle du bois et de celle du feu, et que ce n'était néanmoins qu'un charbon, de même ce saint pain qui a été transsubstantié en la chair de Jésus-Christ, est unique en nombre, et néanmoins il est composé et formé de deux natures, de l'humanité et de la divinité.

On remarque quatre choses dans ce Sacrement au-dessus de la nature : 1° Que la substance du pain est changée en la chair de Jésus-Christ.

2° Que l'on y trouve les accidents du pain et du vin, quoique la substance du pain et du vin n'y soit plus.

3° Qu'un même corps se trouve en plusieurs et divers lieux.

4° Que la substance du corps de Jésus-Christ n'est point divisée, quoiqu'on la donne à plusieurs.

Ces quatre choses ont porté les hérétiques à nier la vérité de ce Sacrement ; mais ils devaient croire plutôt Dieu que leurs sens. Ces gens ne veulent rien croire que ce qu'ils voient. Et un peu après : *Ces misérables hérétiques en pensant combattre notre doctrine, combattent Jésus-Christ même, puisqu'il a donné au pain le nom de son corps.... Il a dit : Ceci est mon corps, et il a marqué par là la transsubstantiation, parce que le pain naturel ne peut être le corps de Jésus-Christ ; le corps de Jésus-Christ ayant un entendement et une âme, et le pain n'ayant ni âme, ni sentiment. Les paroles de Jésus-Christ montrent donc que la substance du pain est changée en celle de la chair de Jésus-Christ ; et cela ne doit point paraître absurde : car lequel est le plus étonnant, ou que Dieu donne l'être à ce qui n'était rien, ou qu'il change une petite chose en une grande.*

Voilà comment parle l'auteur de ce catéchisme (1). Et de peur qu'il ne prenne envie à M. Claude d'en faire un faux Grec, ou un Grec latinisé, il remarquera, s'il lui plaît, qu'il paraît par ce catéchisme même, que cet auteur y soutient toutes les opinions sur lesquelles les Grecs sont en dispute avec les Latins.

M. Claude ne peut pas dire aussi que cet auteur n'était qu'un particulier sans autorité, et qui ne pouvait pas rendre témoignage des sentiments de son église. Car il possédait dans l'église de Constantinople la dignité de protosincelle, qui est une des premières.

Son livre de plus est autorisé par le théologien de l'église de Constantinople, qui était chargé par les évêques de la censure des livres.

Il est dédié à tous les archevêques, évêques et prêtres.

Et il n'y a guère d'apparence qu'un des premiers officiers de la première église de l'Orient, osât soutenir et enseigner si hautement dans Constantinople par un livre dédié à tous les évêques de l'église orientale la présence réelle et la transsubstantiation, si l'on ne croyait ni l'une ni l'autre dans cette église.

Je ne suis pas en peine néanmoins de deviner ce que M. Claude répondra, parce qu'il a eu soin de l'insinuer dans son livre.

Il nous dira sans doute que c'est ce catéchisme même dont M. Basire, son ami, lui a écrit, qu'il sait qu'un certain moine du nombre de ces faux Grecs avait fait glisser le terme de transsubstantiation dans sa catéchèse qu'il a vue à Constantinople, et qu'il n'évita pas la censure des véritables Grecs.

Mais s'il est assez injuste pour vouloir appliquer à ce catéchisme le discours en l'air et destitué de toutes preuves de ce calviniste anglais, il est aisé de lui fermer la bouche.

Premièrement en le renvoyant à ce catéchisme même, où l'auteur fait voir qu'il n'est que trop attaché aux opinions des Grecs.

Secondement, en obligeant et lui et son M. Basire de nous dire qui sont ces véritables Grecs qui l'ont censuré et désapprouvé.

Car il ne peut entendre par là que Cyrille Lucaris, qui était archevêque en ce temps-là; et néanmoins on ne voit point qu'il ait fait aucune censure juridique de ce catéchisme, quoique l'on ne doute pas qu'il ne l'ait improuvé.

En troisième lieu, en lui montrant que la doctrine soutenue par cet auteur a été publiquement approuvée, autorisée, et publiée par toute l'Église orientale.

Comme cette preuve est par elle-même plus que suffisante pour décider notre question, je permets de bon cœur à M. Claude de ne s'arrêter pas à ce catéchisme, pourvu qu'il juge sans passion de ce que je lui vais alléguer.

Si l'on voulait se former à plaisir l'idée d'un acte propre à décider le différend qui est entre nous, on ne pourrait, ce semble, y exiger d'autres conditions et

---

(1) Pagg. 108, 112, 113, 115, 121.

d'autres circonstances que celles que je vais dire.

1° Qu'il soit signé et autorisé par les quatre patriarches et par les principaux évêques et ecclésiastiques de l'église orientale.

2° Qu'il paraisse que ceux qui l'ont fait et approuvé n'aient eu aucune intelligence avec les Latins, et qu'ils persistent dans tous les sentiments particuliers de l'église grecque.

3° Qu'il soit fait pour des nécessités particulières de l'église grecque, sans que les Latins y aient eu de part.

4° Que les termes en soient précis, et qu'ils contiennent si clairement les dogmes de la présence réelle et de la transsubstantiation, que M. Claude ne puisse pas les éluder par ses subtilités ordinaires.

Or l'on trouvera justement toutes ces circonstances dans l'acte que je proposerai ici, dont un patriarche de Jérusalem nommé Nectarius a pris le soin de nous faire l'histoire dans une lettre qui est en tête. La voici :

Pierre Mogilas, qui avait été ordonné archevêque de Russie par Théophane, patriarche de Jérusalem, ayant fait assembler trois évêques, ses suffragants, et les plus habiles et les plus pieux théologiens de la ville archiépiscopale, pour bannir les erreurs et les superstitions, de son peuple résolut avec eux d'un commun accord de dresser une confession de foi sur tous les articles de la doctrine chrétienne, et de la faire revoir et approuver par l'église de Constantinople et par le synode qu'y était assemblé.

Pour exécuter ce dessein, ils composèrent un livre sur les articles de la foi qu'ils intitulèrent, *Confession de la foi des Russes*; et ensuite ils prièrent l'église de Constantinople d'ordonner à ceux qu'elle devait députer en Moldavie en qualité d'exarques de l'examiner avec ceux qu'ils y enverraient de leur côté.

La chose se fit selon ce projet. Le synode de Constantinople députa en Moldavie Porphire, métropolitain de Nicée, et Mélétius Surigus, théologien de la grande église, à la piété et à la doctrine duquel le patriarche de Jérusalem donne de très-grands éloges; et les députés des Russes s'y étant rendus de leur côté, cette confession de foi fut examinée avec tout le soin possible.

Ils ne se contentèrent pas néanmoins de cet examen, et ils crurent que pour rendre cette pièce plus authentique, ils la devaient envoyer à tous les quatre patriarches de l'église d'Orient, et la soumettre de nouveau à leur jugement.

Ces patriarches, l'ayant donc reçue et examinée, la trouvèrent si conforme à la foi de leur église, que non seulement ils l'approuvèrent et la signèrent de leur propre main avec plusieurs autres évêques, mais ils ordonnèrent de plus qu'au lieu qu'elle ne portait auparavant pour titre que celui de *Confession de la foi des Russes*, elle s'appellerait désormais *Confession de foi de l'église orientale orthodoxe*.

Après la lettre de ce patriarche de Jérusalem qui contient l'histoire que nous venons de rapporter, on voit en tête même de cette confession l'approbation et la signature des quatre patriarches, de vingt évêques et de tous les principaux officiers de l'église de Constantinople.

L'approbation des quatre patriarches est datée de l'an 1643 (1), et celle de la lettre du patriarche de Jérusalem, qui n'a été mise qu'à l'impression, n'est que de l'an 1662; cette confession de foi n'ayant été imprimée en grec que longtemps après qu'elle fut faite, et ne s'étant auparavant distribuée que manuscrite, parce que les Turcs ne souffrent point d'impression dans leur empire.

Pour toutes les autres conditions que nous avons marquées, on les trouve de même dans cette confession de foi.

Les Latins ne s'en sont mêlés en aucune sorte. Elle

(1) Au mois de mars.

a été faite uniquement pour l'utilité de l'église grecque. Elle a été composée par des Grecs, examinée par tous les chefs de l'église orientale. Ceux qui l'ont composée n'ont eu en vue de gratifier personne.

Elle est faite il y a plus de 29 ans, et il y en a déjà 9 qu'elle est imprimée.

Il paraît même que l'on s'est servi des Hollandais pour cette impression, parce que ce sont assurément des caractères de Hollande.

Tous les dogmes sur lesquels les Grecs sont en différend avec les Latins y sont soutenus hautement, et l'on ne peut en aucune sorte soupçonner les auteurs de cette confession d'avoir aucune pente ni inclination pour l'Église romaine.

Ainsi, il est difficile de s'imaginer ni de souhaiter un livre moins suspect, plus autorisé, plus authentique et dont on fût plus assuré qu'il contient les véritables sentiments de toute l'église orientale.

Il ne reste plus que de voir ce qu'il porte. Voici de quelle sorte il commence d'expliquer ce qui regarde l'Eucharistie.

QUESTION 106. — *Quel est le troisième sacrement?*

RÉPONSE. — *C'est la sainte Eucharistie, c'est-à-dire le corps et le sang de Notre-Seigneur Jésus-Christ, sous LES APPARENCES du pain et du vin; Jésus-Christ y étant véritablement, proprement et réellement présent.*

En voilà assez pour tout autre que M. Claude. Mais, afin qu'il ne se fatigue pas l'esprit pour y chercher quelque défaite, je le prie d'écouter ce qu'on lit dans l'interrogation suivante. Elle regarde les conditions nécessaires pour la célébration de ce mystère, et elle contient ces propres termes : *Il faut en quatrième lieu que le prêtre soit persuadé qu'au temps où il consacre les saints dons, la substance du pain et la substance du vin sont changées en la substance du véritable corps et du véritable sang de Jésus-Christ, par l'opération du S.-Esprit qu'il invoque à cette heure.*

Voilà déjà ces mots mystérieux sans lesquels M. Claude croit que l'on ne saurait exprimer la doctrine de la présence réelle et de la transsubstantiation, et avec lesquels il faut donc qu'il avoue qu'elle est très-formellement exprimée. Car il reconnaît lui-même que le mot de transsubstantiation n'est pas nécessaire quand on s'explique de cette sorte. Néanmoins s'il veut exiger encore qu'on lui montre que l'église grecque s'en sert et l'autorise, il pourra en être convaincu par les paroles suivantes.

Après les paroles de l'Invocation, la transsubstantiation personnelle se fait à l'instant même, et le pain est changé au véritable corps de Jésus-Christ, et le vin en son véritable sang; les apparences du pain et du vin demeurant par une divine économie. Premièrement, afin que nous ne voyions pas le corps de Jésus-Christ par nos yeux, mais par la foi, en nous appuyant sur ces paroles : CECI EST MON CORPS; CECI EST MON SANG, et que nous préférions ainsi ses paroles et sa puissance à nos sens; ce qui nous acquiert la béatitude de la foi, selon ce qui est dit : Bienheureux ceux qui n'ont pas vu, et n'ont pas laissé de croire.

Secondement, parce que la nature humaine a horreur de manger de la chair crue : et ainsi comme nous devons être unis à Jésus-Christ par la participation de son corps et de son sang, afin que l'homme n'en eût pas de l'éloignement, Dieu a pourvu à cet inconvénient, en donnant aux fidèles sa chair propre et son sang sous le voile du pain et du vin.

Il ne reste plus, pour condamner pleinement les calvinistes, qu'à déterminer qu'il faut adorer ce sacrement du même culte dont on honore Jésus-Christ, c'est-à-dire de latrie, et que c'est un véritable sacrifice, et c'est ce que l'on voit dans cette confession en ces termes :

L'honneur qu'il faut que vous rendiez à ces terribles mystères, doit être le même que celui que vous rendez à Jésus-Christ même. Ainsi comme S. Pierre, parlant pour tous les apôtres, a dit à Jésus-Christ : Vous êtes le Christ, le Fils du Dieu vivant, *il faut aussi que chacun de nous, rendant le culte de* LATRIE *à ces mystères, dise :* JE CROIS, SEIGNEUR, ET JE CONFESSE QUE VOUS ÊTES LE CHRIST, LE FILS DU DIEU VIVANT, QUI ÊTES VENU DANS LE MONDE POUR SAUVER LES PÉCHEURS DONT JE SUIS LE PREMIER.

De plus, ce mystère est offert en sacrifice par tous les chrétiens orthodoxes, soit vivants, soit morts, en l'espérance de la résurection à la vie éternelle.

Et un peu après : *Ce mystère est propitiatoire envers Dieu pour les péchés tant des vivants que des morts.*

La clarté de ces paroles étouffe toutes les réflexions qui ne pourraient que l'obscurcir. C'est à M. Claude à nous dire ce qu'il a à alléguer contre une pièce si décisive ; s'il prétend, ou la faire passer pour supposée, ou soutenir que, quoiqu'elle soit signée par les quatre patriarches et tant d'autres évêques, elle ne représente pas le sentiment de l'église grecque. Il nous dira donc aussi, s'il lui plaît, de quelle sorte l'on peut prouver le sentiment d'une église touchant ce mystère, et cependant il rétractera par avance ce qu'il avance témérairement dans son dernier livre, *qu'il n'y a parmi les Grecs aucune loi ni décision générale qui établisse la transsubstantiation ; qu'aucune de leurs confessions de foi ne la porte ; qu'aucun de leurs catéchismes publics ne l'enseigne* (1). Car il ne saurait nier que le livre que je lui produis ne soit une confession de foi et un catéchisme public ; et qu'étant autorisé comme il est par toute l'église grecque, il ne tienne lieu de décision et de loi.

Il rétractera aussi ce qu'il a dit en un autre lieu, *que les Grecs ne se servent ni ordinairement ni extraordinairement du terme de transsubstantiation* (2) ; puisqu'il paraît que si quelques-uns en ont eu de l'éloignement, non à cause de son sens, mais seulement à cause qu'il était nouveau, le corps de cette église n'a pas laissé de le recevoir, et de s'en servir.

Enfin il rétractera, s'il lui plaît, les belles et ingénieuses réflexions qu'il fait sur ce que les conciles de Cyrille de Bérée et de Parthénius, en condamnant la doctrine de Cyrille Lucaris, ne s'étaient point servis du mot de *transsubstantiation.* Sur quoi M. Claude dit, *que quelque préoccupés qu'ils fussent, ils n'ont pas osé rétablir la transsubstantiation, que Cyrille avait formellement condamnée ; qu'il faut avoir peu de lumières pour ne pas reconnaître qu'ils ont voulu s'accommoder à ce style des Grecs pour donner quelque couleur à leur pièce ; que l'on voit d'un côté Cyrille, qui combat la transsubstantiation en termes exprès, qui la nomme sans biaiser, qui lui donne un titre capable d'effaroucher une église qui le croirait ; et de l'autre on voit des gens intéressés à décrier Cyrille, qui cherchent de tous côtés les moyens de rendre sa mémoire abominable, qui empoisonnent tout ce qu'il dit, et qui néanmoins n'osent défendre cette transsubstantiation, ni en termes exprès, ni en termes équivalents : que veut dire ce mystère* (3) ?

Mais pour faire voir évidemment à M. Claude qu'il n'y a point d'autre mystère en tout cela que celui qu'il lui plaît de se forger, il ne faut que faire remarquer que le même Parthénius, qui s'imagine n'avoir osé, en 1642, se servir des termes de transsubstantiation, approuva solennellement, en 1643, la confession de foi dont nous parlons, où ce terme est employé et la doctrine de la transsubstantiation établie d'une manière à laquelle M. Claude ne saurait opposer aucune chicanerie, et que plusieurs, tant des évêques que des ecclésiastiques, qui ont signé le concile de Parthénius, ont aussi signé cette confession de foi.

Ainsi, comme il est ridicule de s'imaginer qu'en l'espace d'un an ils soient tous devenus plus hardis et plus généreux, il est clair que s'ils ne se servent pas dans un de ces actes du terme de transsubstan-

(1) 3ᵉ Rép., p. 271.
(2) *Ibid.*, p. 161.
(3) *Ibid.*, p. 302, 303.

tiation, et qu'ils l'approuvent dans l'autre, ce n'est pas qu'ils l'aient évité dans celui où ils ne s'en servent pas, mais c'est qu'ils ont cru ceux dont ils se servent aussi précis et aussi formels que celui-là.

Cela fait donc voir seulement que les Grecs ne sont pas encore accoutumés aux bizarreries des ministres et à leurs vaines subtilités, et que, regardant le terme de transsubstantiation comme un autre terme, sans attache et sans affectation, ils ne croient pas s'être exprimés moins clairement quand ils ont dit que le pain que l'on mange et que l'on voit est le véritable corps de Jésus-Christ, comme fait Parthénius dans son concile, que s'ils avaient dit que la substance du pain est changée en la substance du véritable corps de Jésus-Christ, comme porte cette confession de foi.

Outre cet exemple que nous en fournit l'approbation que les quatre patriarches ont donnée à cette confession de foi ; nous en avons encore un très-remarquable dans le catéchisme dont nous avons parlé.

Car quoique le terme de transsubstantiation y soit souvent employé, c'est néanmoins avec si peu d'affectation que l'auteur, en traduisant en grec vulgaire des passages de Gabriel de Philadelphie où le mot de transsubstantiation se trouve, se contente de le rendre par celui de changement ; et au contraire en traduisant un autre passage où il n'y a que le mot de changer dans Gabriel de Philadelphie, il le rend par celui de transsubstantier, parce qu'il prend absolument ces mots dans le même sens. Gabriel de Philadelphie dit en un endroit, *que de même que l'on remarque trois choses dans le charbon, le bois, le feu et la chaleur, de même dans le pain* TRANSSUBSTANTIÉ *on remarque trois choses, le pain, c'est-à-dire la chair bienheureuse de Jésus-Christ, sa très-sainte âme et sa divinité.* Et l'auteur du catéchisme, traduisant ce passage, dit simplement, *que dans le pain changé on voit trois choses, savoir : le pain, c'est-à-dire la bienheureuse chair de Jésus-Christ, sa très-sainte âme et sa divinité.*

Et au contraire, comme j'ai dit en un autre lieu, où le texte de Gabriel porte simplement, *que de même qu'un charbon est composé de deux substances quoiqu'il ne soit qu'un en nombre, de même le pain changé est composé de deux substances,* etc., l'auteur du catéchisme a traduit, *de même le pain après qu'il a été transsubstantié en la chair de Jésus-Christ, est composé de deux substances, de la divinité et de l'humanité ;* ces expressions lui étant entièrement synonymes.

Et c'est pourquoi M. Claude ne doit pas faire moins d'état de trois témoignages que je lui vais alléguer, quoiqu'il n'y trouve pas le mot de transsubstantiation.

Le premier sera pris d'une confession de foi que Méthodius, qui n'a été dépossédé que depuis peu du patriarcat de Constantinople, a exigée, selon la coutume, d'un de ses premiers officiers, dont nous aurons lieu de parler encore plus bas.

Il n'y a encore rien de moins suspect que cet acte. On ne peut pas dire qu'il ait été fait à la sollicitation de quelqu'un, puisqu'on l'a tiré des archives de l'église de Constantinople.

Bien loin qu'il soit fait pour favoriser les Latins, il est tout au contraire pour les condamner ; et le but unique de celui qui l'a fait est de témoigner qu'il embrasse les sentiments de l'église orientale dans tous les points qui sont en controverse avec eux.

Il doit passer pour une confession non seulement de l'ecclésiastique qui l'a faite, mais aussi du patriarche qui l'a reçue et insérée dans ses archives, puisqu'il est aussi peu permis de recevoir une fausse confession de foi que d'en faire soi-même une fausse.

Il représente ce que l'on exige ordinairement des officiers de l'église de Constantinople, et par conséquent c'est en quelque sorte une confession de foi publique.

Il n'y est parlé qu'incidemment de l'Eucharistie,

parce qu'il ne regarde que les points contestés avec les Latins.

Il est attesté par neuf métropolitains ou archevêques, et même par la signature de Parthénius, qui occupe présentement le siége de Méthodius, encore vivant : et ainsi il peut passer aussi pour leur confession de foi, étant clair qu'ils n'autoriseraient un acte tiré des archives de l'église de Constantinople, s'il contenait quelque chose de contraire à leur foi.

Cependant voici de quelle sorte le point de l'Eucharistie y est exprimé.

A ces points, sur lesquels nous sommes en différend avec les Latins, nous ajoutons que ces paroles de Jésus-Christ : CECI EST MON CORPS, et CECI EST MON SANG, ne sont pas les seules qui ont été instituées pour la consécration surnaturelle et inexplicable, et pour la consommation des Sacrements mystérieux, comme disent les Latins, mais encore cette prière que le prêtre fait, par laquelle il invoque le Saint-Esprit..... après lesquelles paroles nous confessons que ce mystère ineffable est achevé, et nous croyons que c'est véritablement et SUBSTANTIELLEMENT le même corps vivant et déifié, et le même sang vivifiant de notre Sauveur, qui est entièrement mangé impassiblement par ceux qui le prennent, et qui est sacrifié par un sacrifice non sanglant, ET EXACTEMENT ADORÉ COMME DIEU.

Le second témoignage est de huit religieux ou supérieurs du mont Athos, qui a été donné aussi sur un fait particulier que nous rapporterons plus bas, et qui parlent par occasion de l'Eucharistie en ces termes.

Les hérétiques calvinistes ne veulent pas croire, touchant le très-sacré mystère de l'Eucharistie, que le pain et le vin après la consécration ne sont plus ni le pain ni le vin desquels on ne voit que les apparences, étant vrai que le pain est changé au propre et véritable corps de Jésus-Christ vivant, et le vin au propre et véritable sang de Jésus-Christ vivant, comme notre église d'Orient nous l'enseigne.

Enfin le dernier témoignage est du patriarche Méthodius, qui est encore à Constantinople sans avoir fait cession du pontificat, quoique son siége soit occupé par Parthénius, qui est plus puissant auprès des officiers du grand-seigneur. Ce patriarche ayant appris la contestation qui s'est élevée en France sur les sentiments de l'église grecque, a bien voulu condamner expressément les dogmes des calvinistes, et en a donné une bulle ou décret signé de sa main à M. l'ambassadeur, dont M. Claude pourra consulter l'original, quand il lui plaira, à l'abbaye de Saint-Germain. En voici la traduction.

La malice de quelques novateurs hérétiques de France est venue jusqu'à un tel excès, que pour couvrir leur effronterie et leur mauvaise conscience, ils ont eu la hardiesse d'envelopper dans leur erreur calviniste l'église orthodoxe de Jésus-Christ qui est répandue dans l'Orient, écrivant et enseignant qu'elle était entièrement d'accord avec les calvinistes sur le S. Sacrement de l'Eucharistie, et quelques autres de leurs opinions qui sont considérées parmi nous comme des blasphèmes. C'est pourquoi lisant ces choses, j'ai cru être obligé, en qualité d'orthodoxe, de fermer la bouche à des personnes si hardies, à la prière et sollicitation de très-pieux, très-illustre, et très honorable seigneur Charles-François Olier, marquis de Nointel, ambassadeur du très-chrétien roi de France.

Et premièrement sur le S. Sacrement de l'Eucharistie : Nous disons que le corps vivant de Jésus-Christ, qui a été crucifié, qui est monté aux cieux, et qui est assis à la droite du Père, est véritablement présent dans l'Eucharistie, quoiqu'invisiblement.

Secondement, que le pain et le vin, après la consécration du prêtre, sont changés de leur propre substance en la véritable et propre substance de Jésus-Christ, et quoique les mêmes accidents paraissent, il n'y a néanmoins ni pain ni vin.

Troisièmement, que l'Eucharistie est un sacrifice pour les vivants et les morts, établi par Jésus-Christ, et que les apôtres nous ont laissé par tradition.

Quatrièmement, que le corps de Jésus-Christ tout entier se mange impassiblement dans l'Eucharistie par ceux qui le reçoivent, dignes et indignes, pour le salut des dignes et pour la perte de ceux qui en sont indignes; et ce corps est sacrifié sans effusion de sang, et exactement adoré comme Dieu.

Cinquièmement, que l'Eglise peut ordonner des jeûnes, et priver de certaines viandes.

Sixièmement, que les chrétiens priant la Vierge mère de Dieu et les saints qui sont dans le ciel, ne diminuent point l'honneur de Jésus-Christ.

Septièmement, qu'il faut honorer et louer les saints.

Huitièmement, que nous devons honorer d'un culte relatif les images des saints.

Neuvièmement, que les évêques, par un ordre établi de Dieu, sont au-dessus des ecclésiastiques, qui reçoivent la grâce d'eux.

Dixièmement, que l'épiscopat est nécessaire dans l'Eglise de Dieu.

Onzièmement, que l'Eglise catholique subsistera toujours, étant visible et infaillible.

Douzièmement, que le baptême est nécessaire à tous les enfants pour être sauvés.

Treizièmement, que les oraisons et prières des religieux sont agréables à Dieu.

Quatorzièmement, que les livres de Tobie, Judith, l'Ecclésiastique, Baruch et les Machabées font partie de l'Ecriture sainte.

Nous croyons toutes ces choses, comme articles conformes à la foi de l'église d'Orient. Ceux qui croient le contraire se trompent, et étant trompés calomnient faussement l'église d'Orient. CE QUE NOUS TÉMOIGNENT DEUX SYNODES TENUS A CONSTANTINOPLE, L'UN SOUS LE PATRIARCAT DE CYRILLE DE BÉRÉE, ET L'AUTRE SOUS CELUI DE PARTHÉNIUS SURNOMMÉ LE VIEUX, dans lesquels on rejeta les propositions qu'on dit avoir été avancées par Cyrille Lucaris, conformes aux sentiments des calvinistes, comme il paroît encore à présent dans le livre des archives de l'Eglise de Jésus-Christ. C'est pourquoi nous avons signé et apposé notre cachet, pour servir d'assurance aux fidèles et orthodoxes.

A Péra, l'indiction 9. 10 juillet 1671.
Méthodius par la grâce de Dieu, archevêque de Constantinople, la nouvelle Rome, et patriarche œcuménique.

Je ne sais, comme je l'ai déjà dit, de quelle sorte on pourrait montrer plus précisément et plus clairement le sentiment présent d'une église. Et je commence à espérer que nous n'aurons plus de différend sur ce point avec M. Claude, et qu'il ne s'obstinera pas davantage à soutenir que les Grecs ne croient pas présentement la présence réelle et la transsubstantiation. Mais s'il avoue le point, je sais encore moins comment il pourra résister à la conséquence que nous en avons tirée, qui est qu'ils la tenaient donc aussi au temps de Bérenger, étant impossible, comme nous l'avons prouvé, que les Grecs ayant été mêlés avec les Latins depuis ce temps-là au point où nous avons fait voir qu'ils l'ont été, ils aient embrassé universellement la doctrine de la présence réelle, sans que les Latins se soient aperçus qu'ils ne la tenaient pas auparavant.

Enfin je ne sais comment, étant obligé d'avouer qu'ils la tenaient au temps de Bérenger, il pourra s'empêcher de reconnaître qu'ils l'ont toujours crue, puisqu'il n'a osé soutenir jusqu'ici qu'elle ait pu s'introduire dans l'Orient depuis Paschase jusqu'à Bérenger. Ainsi ce seul fait que les Grecs croient présentement la présence réelle, joint à ces deux conséquences indubitables, justifie entièrement la perpétuité de la doctrine de l'Eglise catholique sur l'Eucharistie.

CHAPITRE X.

Des moyens par lesquels M. Claude élude les témoignages des auteurs nouveaux qu'on lui a produits.

Premier moyen. — *Suspension de jugement. Que M. Claude en a usé très-mal à propos sur le sujet de Gabriel de Philadelphie.*

Quoiqu'après les preuves que nous venons d'alléguer de la foi présente des Grecs, il soit peu nécessaire de se mettre en peine d'examiner de quelle sorte M. Claude répond à celles qu'on en avait déjà apportées dans le premier tome de la Perpétuité, je ne laisserai pas de faire une revue sur les manières dont il les élude, parce qu'elles ont quelque chose de fort singulier, et qu'elles donnent lieu d'admirer jusqu'où se peut porter un esprit préoccupé, qui met sa gloire à répondre à un adversaire à quelque prix que ce soit.

Ces témoignages consistent ou en des passages, ou en des attestations si formelles et si précises, que toutes les solutions de M. Claude se sont trouvées courtes. Ou la présence réelle et la transsubstantiation y sont formellement exprimées, comme dans les passages de Bessarion, de Gabriel de Philadelphie, de Paisius Ligaridius, du concile tenu en Chypre l'an 1668; ou elles y sont si précisément marquées, qu'il n'est pas possible de le désavouer, comme dans les passages qu'on a allégués du baron de Spatari et d'Agapius, dans ceux du religieux Hilarion, de Jean Plusiadène, et dans ceux qui sont rapportés par Ekellensis.

Il a donc fallu que M. Claude eût recours à d'autres manières d'empêcher que l'on n'en conclût que les Grecs et les autres Orientaux croient en effet ce que ces témoignages portent.

La première se peut appeler *suspension de jugement*, et c'est celle que M. Claude pratique à l'égard de Gabriel de Philadelphie. Car, se sentant pressé par un passage que l'on en avait cité après la réponse du cardinal du Perron, où la transsubstantiation est exprimée en termes formels, sous prétexte que ce cardinal ne met pas à la marge les paroles grecques, et que ce livre est assez rare, au lieu de prendre la peine de le faire chercher, il s'est contenté de répondre, *que l'on ne doit pas trouver mauvais qu'il suspende son jugement sur ce point*.

Et sur ce qu'on lui avait représenté, dans le premier tome de la Perpétuité, que n'y ayant aucune apparence que le cardinal du Perron eût inventé ce passage, et ce qu'Arcudius en rapporte, en citant les termes grecs, y étant entièrement conforme, il n'avait pas dû demeurer dans cette suspension, il la défend d'une telle sorte, dans sa troisième Réponse, qu'il paraît qu'il est très-satisfait de lui-même sur ce point.

J'avoue, dit-il, *que je ne suis pas si facile à me déterminer, et que je ne m'en repose pas tout-à-fait sur la foi d'autrui. Que voulez-vous?* CHACUN A SES MANIÈRES. *M. Arnauld est d'humeur à s'arrêter à ce qu'on lui dit, et à prendre parti sur les premiers objets. J'en use un peu différemment. Jusqu'ici je ne m'en suis pas mal trouvé, et j'ai toujours cru que c'était l'unique moyen d'éviter les surprises.*

Mais si l'on peut dire, selon M. Claude, *que chacun a ses manières*, je crois qu'on lui peut dire aussi qu'y en ayant de bonnes et de mauvaises, les siennes sont entièrement de ce dernier genre; car il était difficile de faire sur ce sujet plus de fautes qu'il en a fait. Je laisse au monde à décider s'il a pu douter raisonnablement d'un passage cité par le cardinal du Perron, et confirmé par un auteur grec de nation, qui rapporte les paroles grecques qui ont le même sens que ce qu'avait cité ce cardinal; et si M. Claude était en droit de le faire, lui qui veut que nous ne doutions pas de diverses lettres manuscrites qu'il cite dans son ouvrage, et dont il n'a mis les originaux nulle part. Mais il nous permettra de remarquer premièrement que sa suspension de jugement n'est pas heureuse, parce qu'il est très-facile de le convaincre que le livre de Gabriel contient effectivement ce que le cardinal du Perron en a cité. Il n'y a pour cela qu'à l'avertir de prendre la peine de consulter l'édition qui en a été faite depuis peu à Paris, avec des notes fort savantes.

Il reconnaîtra en le lisant que non seulement le passage que M. le cardinal du Perron en cite s'y trouve en propres termes, mais que le mot même de *transsubstantiation* y est employé vingt fois, et que la vérité du mystère y est exprimée si fortement, que, malgré qu'il en ait, il faut qu'il sorte de sa suspension à l'égard de cet auteur; et tout ce qu'elle aura produit est qu'en fournissant à M. Claude une méchante réponse qui ne pouvait avoir lieu qu'un an ou deux après, elle aura donné occasion à l'impression de ce livre, et aura appliqué le monde à le rechercher, ce qui n'est pas un grand avantage pour ceux de sa société.

Ce n'est pas néanmoins ce que j'ai dessein de lui reprocher ici. Car, après tout, ce n'est pas un si grand défaut que de prendre mal son parti, et de ne deviner pas ces fâcheux événements. Les autres fautes dont il accompagne celle-ci me semblent beaucoup plus considérables.

Car un homme qui déclare si hautement *qu'il suspend son jugement sur un auteur qu'il n'a pas vu*, et qui reproche aux autres *d'être d'humeur à prendre parti sur les premiers objets*, ne devait pas sans doute avoir la hardiesse d'assurer positivement des choses qui dépendaient de l'examen de cet auteur qu'il n'avait pas vu. C'est néanmoins ce que M. Claude a fait en ce qui regarde les termes de *transsubstantier* et de *transsubstantiation*, qui se trouvent dans le passage de Gabriel de Philadelphie allégué par le cardinal du Perron. Car il nous déclare d'une part, *qu'il suspend son jugement* sur Gabriel de Philadelphie, ce qui enferme qu'il ne sait pas s'il use ou n'use pas de ce terme; et il décide de l'autre, *qu'il est certain que les Grecs ne se servent ni ordinairement ni extraordinairement du mot de transsubstantiation*.

Une décision si expresse d'un homme qui se vante *qu'il n'est pas d'humeur à prendre parti sur les premiers objets*, demandait, sans doute, non seulement qu'il se fût assuré de la fausseté de ce que l'on attribuait à Gabriel de Philadelphie, mais qu'il eût lu avec grand soin tous les livres des nouveaux Grecs pour vérifier s'ils ne se servent pas du mot de transsubstantiation *ni ordinairement ni extraordinairement*. Néanmoins, il est encore clair que M. Claude n'a pas pratiqué *cet unique moyen d'éviter les surprises*; puisqu'outre ce catéchisme si authentique, et cette confession célèbre de toute l'église orientale que nous avons ci-dessus citée, où le mot de transsubstantiation est employé, il eût pu trouver ce même terme dans un livre imprimé à Venise en 1642, qui est dans la bibliothèque de Sainte-Geneviève. Ce livre contient un discours de la dignité de la prêtrise, composé et prononcé par un Grec de Candie, nommé Michel Cortacius, le jour même qu'il fut ordonné prêtre par l'archevêque de Céphalénie. Il est dédié au patriarche d'Alexandrie; et l'auteur, après avoir appelé Luther un *hérésiarque détestable et très-impie*, y parle de cette sorte de la puissance des prêtres.

Dieu, dit-il, *par une seule parole fit tout ce grand univers, selon qu'il est dit que les cieux ont été affermis par la parole du Seigneur; et le prêtre de même par cette seule parole: Ceci est mon corps, fait le corps de Jésus-Christ. Dieu changea la terre, qui était encore informe, en cette variété de corps différents qu'elle contient; et le prêtre de même change tous les jours le pain au précieux corps de Jésus-Christ. Dieu a fait de l'eau du vin, et le prêtre* TRANSSUBSTANTIE *le vin au sang de Jésus-Christ.*

Il faut donc que M. Claude avoue qu'il a pris *parti trop légèrement sur les premiers objets*, lorsque ne se contentant pas de ce qu'on lui avouait que les Grecs ne se servent pas ordinairement du mot de *transsub-*

stantiation, il a voulu qu'on lui accordât de plus qu'il est certain *qu'il ne s'en servent ni ordinairement ni extraordinairement*; ce qui demandait un examen des auteurs grecs beaucoup plus grand et plus exact que celui qu'il a fait.

Mais tout cela n'est rien au prix d'une autre surprise où M. Claude est tombé sur ce sujet, qui fait voir qu'une de *ses manières* est de dire positivement le contraire de ce qu'il sait ou de ce qu'il devrait savoir.

Comme la chose est rare, elle mérite d'être éclaircie. M. Claude traite dans le chapitre IV de son troisième livre, la question des petites particules de pain que les Grecs offrent au nom des saints, et qu'ils joignent avec la grande qui est offerte au nom de Jésus-Christ. Siméon de Thessalonique et Gabriel de Philadelphie distinguant ces particules de la principale hostie, en ce qu'elles ne sont point changées et ne deviennent point le corps de Jésus-Christ, mais qu'elles reçoivent seulement la sanctification par l'union qu'elles ont à la chair de Jésus-Christ, c'est-à-dire, avec la grande portion qui prétendent être la seule qui soit changée et consacrée, on en avait conclu *que tout cela n'avait point de sens que dans la doctrine de la transsubstantiation; et que comme ces auteurs supposent que ces particules ne sont point transsubstantiées, ils supposent aussi que la grande portion qui est offerte au nom de Jésus-Christ, et de laquelle seule on prend ce que l'on réserve pour les malades, est effectivement transsubstantiée, et devient le corps même de Jésus-Christ.*

Voilà la doctrine que l'on attribue à ces deux auteurs, l'un desquels est Gabriel de Philadelphie. Et voici de quelle manière M. Claude rejette cette conclusion. *J'ose lui dire,* dit-il, *que sa philosophie le trompe. Car ces auteurs ne disputent pas sur ce point, si ces particules sont transsubstantiées ou non. Ils disputent seulement si elles sont faites le corps de Jésus-Christ en la même manière que la grande portion; mais cela ne suppose pas qu'elle soit transsubstantiée.*

Pour parler de cet air et avec cette assurance des sentiments de Gabriel, il était nécessaire d'avoir lu exactement cet endroit sur lequel on se fondait, et d'y avoir reconnu qu'il ne s'y agissait point de transsubstantiation. Et comme M. Claude fait profession de n'avoir point lu cet auteur, il ne peut certainement s'excuser de témérité, de décider si affirmativement du sentiment d'un auteur qu'il n'a pas lu. Mais ce n'est pas encore ce que je lui reproche ici. La vérité est au contraire qu'il y a toute sorte d'apparence qu'il a lu le texte original du passage où Gabriel parle de ces particules, et dans lequel il prétend qu'il ne s'agit point de transsubstantiation et qu'il y a pu voir qu'il s'agissait positivement de transsubstantiation. Car en voici les paroles.

Il faut savoir, dit Gabriel, *que quoique ces petites particules soient unies au corps et au sang du Seigneur, aucune néanmoins n'est changée en la chair et au sang de Jésus-Christ. Car il n'y a que le pain et le vin qui sont offerts en la mémoire de la passion et de la résurrection du Sauveur qui soient* TRANSSUBSTANTIÉS *et changés. Mais les particules ne reçoivent la sanctification que par participation. Et comme les âmes des saints étant environnées de la lumière de Dieu ne deviennent pas pour cela dieux par nature, mais par participation, il en est de même de ces particules qui sont unies à la chair et au sang du Seigneur.*

Il est donc clair par ces paroles que Gabriel affirme positivement que la grande portion est *transsubstantiée*; qui est précisément le contraire de ce que M. Claude en dit.

Mais d'où paraît-il, dira-t-on, que M. Claude ait vu ce passage? La preuve en est bien facile. Ce passage est rapporté en grec et en latin dans la page 1635 du livre d'Allatius *de Perpet. Cons.*, où cette question des particules est traitée. Or M. Claude a vu cette page, et y a examiné cette question. Car il la cite lui-même dans la page 189 de sa troisième Réponse, et il la cite même avec insulte, en reprochant à son adversaire

de ne l'avoir pas assez lue. *Si M. Arnauld*, dit-il, *eût bien lu Allatius, c'est-à-dire son grand auteur, celui qui lui a fourni la plus grande partie de sa dispute touchant les Grecs, il eût appris que ce sentiment, que les particules ne sont pas consacrées, est celui des moines du mont Athos.* Ce qui est contenu dans cette page même dont nous parlons, où Allatius rapporte ce passage de Gabriel, dans lequel il dit expressément ce que M. Claude assure qu'il ne dit point.

Il faut donc reconnaître que les *manières* de M. Claude ont quelque chose de fort étrange. Il suspend son jugement sans raison sur le passage d'un auteur dont il ne pouvait raisonnablement douter. Il se détermine ensuite avec moins de raison à assurer des choses sur lesquelles il devait suspendre son jugement. Il reproche aux gens de n'avoir pas lu un endroit d'Allatius avec assez de soin: et il témoigne qu'il n'a pas lu lui-même la page qu'il cite, ou qu'il a la hardiesse de soutenir, après l'avoir lue, qu'un auteur n'y dit point ce qu'il y dit en termes formels.

Mais si tout cela ne s'accorde pas avec la raison ni avec la sincérité, il s'accorde au moins avec l'intérêt qu'il avait en chacun de ces endroits, qui paraît être la règle unique de M. Claude. Il a cru, en un endroit, qu'il lui était utile de soutenir que les Grecs ne *se servent du mot de transsubstantiation ni ordinairement ni extraordinairement*. Il le soutient. Il a jugé dans un autre qu'il lui était avantageux *de suspendre son jugement* sur Gabriel de Philadelphie. Il le suspend. En un autre, qu'il était bon d'assurer nettement qu'il ne s'agissait point dans cet auteur de *transsubstantiation*. Il l'assure. Il ne fallait rien faire de toutes ces choses, ou au moins il ne les fallait pas faire toutes ensemble, puisqu'elles se combattent et se détruisent l'une l'autre. Mais l'intérêt a su allier en lui des actions qui paraissent si contraires. Mais M. Claude n'étend guère ses vues à ce qui peut arriver à l'avenir, et sa *manière*, quoiqu'il en dise, est de prendre fort légèrement parti sur des apparences trompeuses d'avantages qui le flattent pour un moment, et dont il ne prévoit point du tout les fâcheuses conséquences.

CHAPITRE XI.

II° MOYEN DE M. CLAUDE. — *Inscription en faux contre les auteurs dont les témoignages l'incommodent. Qu'il en a usé très-mal à l'égard d'Agapius, et des conciles tenus contre Cyrille Lucaris.*

La voie que M. Claude a prise contre un auteur de ce siècle, nommé Agapius, que l'on avait cité dans le livre de la Perpétuité, a beaucoup de rapport à celle qu'il emploie contre Gabriel de Philadelphie. Il n'ose pas à la vérité dire qu'il ne sait pas si c'est un véritable livre, et s'il contient les passages qu'on en cite, et il fait la grâce à l'auteur de la Perpétuité de ne le pas soupçonner d'avoir inventé les passages qu'il en a rapportés. Mais comme il ne veut pas aussi que ces passages l'incommodent, il a recours à une autre défaite, qui est de dire qu'il soupçonne, avec beaucoup de justice, *que c'est l'ouvrage d'un fourbe.*

Quelle assurance, dit-il encore, *avons-nous que cet auteur ne soit pas supposé, et qu'il n'y faille soupçonner aucune imposture* (1)?

Je lui donnerai sur ce point plus d'assurances qu'il n'en désire; mais avant de le citer, il me semble utile de faire réflexion sur les raisons qui ont fait entrer M. Claude dans ce doute. Car elles sont aussi surprenantes qu'on s'en puisse guère imaginer.

Il est certain en général que, comme c'est une chose rare de supposer des livres à des auteurs, on doit rarement se laisser aller à ce soupçon, et que comme il est encore plus rare de supposer à des auteurs récents, et de prendre la peine de faire imprimer des livres considérables pour les leur attribuer, il faut encore des raisons plus fortes et plus évidentes pour se servir de ce moyen.

(1) M. Claude, p. 376.

Tout cela se rencontrant donc dans le livre d'Agapius, il n'a pu être permis à M. Claude de soupçonner que ce livre fût l'ouvrage *d'un fourbe* que sur des preuves très-fortes, et même avant de produire un si étrange soupçon, il devait faire tout son possible pour s'en éclaircir.

Les moyens n'en étaient pas difficiles, il n'avait qu'à en faire écrire à ce seigneur Gradenigo qui demeure à Venise, et dont il nous rapporte des lettres. Les Hollandais ont aussi assez de commerce en Orient, et il en a assez avec les ministres de Hollande, pour avoir, par leur moyen, toutes les lumières qu'il pouvait désirer sur cet ouvrage. Enfin il aurait pu le faire chercher à Paris, et cette légère recherche aurait été suffisante pour l'en éclaircir. Mais il n'est pas homme à se donner tant de peine. Il croit qu'il vaut beaucoup mieux raisonner dans un cabinet, et n'être redevable à personne de ses découvertes. Il s'est donc contenté de nous proposer simplement trois moyens de faux dont le lecteur va juger.

Le premier est que M. Arnauld dit qu'il a rencontré depuis peu ce livre écrit en grec vulgaire; sur quoi M. Claude fait cette judicieuse réflexion : *Déjà, dit-il, cette rencontre me choque, il semble que ce soit un pur hasard qui lui en a donné la connaissance; cependant on sait assez combien ceux de l'Église romaine sont soigneux de recueillir ces sortes de pièces.* Mais si M. Claude est *choqué* de cette rencontre, je lui avoue que je suis encore plus choqué de son raisonnement, et je crois pouvoir dire qu'il y aura peu de gens qui ne le soient aussi bien que moi. Car sur quel fondement prétend-il qu'un théologien de France doive savoir tous les livres écrits en grec vulgaire, et qu'en faisant recherche dans une bibliothèque, il n'en puisse trouver un qu'il ne connût pas? Qu'est-ce qu'il y a d'extraordinaire ou de choquant dans cette rencontre?

Pourquoi avance-t-il témérairement que ceux de l'Église romaine sont soigneux de recueillir ces sortes de pièces, puisqu'il aurait bien de la peine d'alléguer des auteurs latins qui aient cité des livres écrits en grec vulgaire, qui est une langue que très-peu de personnes savent, et qu'on lui en peut alléguer un très-grand nombre qui n'ont jamais été cités?

Mais que lui peut servir cette circonstance, que ce livre ait été trouvé par hasard, pour en conclure qu'il est supposé. Est-ce qu'il n'y a que les livres supposés qui se trouvent par hasard? Ou prétend-il que l'on est complice de cette supposition, et qu'on l'ait fait imprimer exprès pour feindre ensuite de l'avoir trouvé? En vérité M. Claude devrait se ménager un peu davantage, et ne s'exposer pas aux réflexions que les imaginations si bizarres attirent naturellement.

La seconde preuve de M. Claude est de même force que celle là. Allatius, dit-il, ne l'a point cité : donc il est suspect de supposition. Mais quel lieu y a-t-il de s'étonner qu'Allatius, qui ne se mêlait que de critique, et qui cite très-peu de livres écrits en grec vulgaire, n'ait pas vu ou lu un livre imprimé en cette langue l'année 1641, qui ne contient que des instructions spirituelles? M. Claude songe-t-il à quoi il s'engage en traitant de suspects tous les livres qu'Allatius ne cite point, comme si cet auteur avait entrepris de faire un catalogue des auteurs grecs? Cette conjecture est si notoirement fausse, que je puis produire à M. Claude, s'il est besoin, plus de vingt volumes de nouveaux Grecs dont il ne trouvera pas une seule citation dans Allatius : et, sans aller plus loin, il y a dans la bibliothèque de Sainte-Geneviève de Paris cinq autres volumes du même Agapius qu'Allatius ne cite point, non plus que celui du *Salut des pécheurs*.

Je lui ai allégué aussi un sermon, écrit en grec vulgaire par un prêtre nommé Michel Cortacius, qui se trouve dans la même bibliothèque, où la transsubstantiation est enseignée en ces termes formels : *Dieu a fait*, dit cet auteur, *de l'eau du vin, et le prêtre transsubstantie le vin au sang de Jésus-Christ*, ὁ Θεὸς τὸ ὕδωρ οἶνον ἔκαμε, καὶ ὁ ἱερεὺς τὸν οἶνον εἰς αἷμα τοῦ Ἰησοῦ Χριστοῦ μετουσιωσεῖ. Cependant on ne trouve point qu'Allatius en ait fait mention.

Je ne sais aussi si M. Claude pourrait faire voir que le volume d'un moine grec nommé Damascène de Thessalonique, imprimé à Venise en 1618, ait été allégué par Allatius. Cet auteur néanmoins parle de l'Eucharistie en ces termes (1) : *Ayons la foi orthodoxe, et croyons comme il faut en Notre-Seigneur Jésus-Christ, et que c'est là le même corps et le même sang de Jésus-Christ, et non une autre chose, ni son image; mais son corps et son sang même. Il a dit : Ceci est mon corps qui est rompu pour la rémission des péchés. Ceci est mon sang qui est versé pour la rémission des péchés. Il n'a pas dit : Ceci est la figure de mon corps ou de monsang, mais, ceci est ces choses mêmes. Et c'est pourquoi le prêtre dit : Croyez avec une foi sincère, et recevez-le tous tant que vous êtes de bons et de justes comme le corps même et le sang même de Notre-Seigneur Jésus-Christ.*

On en pourrait alléguer plusieurs autres; mais ceux-là suffisent pour faire voir qu'il n'y eut jamais rien de plus téméraire que cette preuve fondée sur le silence d'Allatius.

Je passerai plus légèrement sur la dernière des preuves de M. Claude, qui est que Caryophile, qui a réfuté la confession de Cyrille, ne parle point d'Agapius, parce que je n'aime point à insulter aux gens sur les surprises de cette nature. Il suffira seulement d'avertir M. Claude qu'il devait avoir pris garde que Caryophile a écrit avant Agapius, et qu'ainsi il ne le pouvait citer sans être prophète, ce qu'il n'était pas.

Je ne me suis arrêté à la réfutation de ces raisons de M. Claude que pour faire remarquer à quel excès il se porte par le désir de se défaire d'un auteur qu'il ne saurait éluder par ces autres défaites; et de quelle sorte il a la hardiesse de proposer les plus vaines conjectures contre des faits certains et indubitables. Je m'en vais maintenant lui donner les assurances qu'il demande, quelque peu de droit qu'il ait de les demander.

Qu'il prenne donc, s'il lui plaît, la peine de s'en aller à la bibliothèque de Sainte-Geneviève, et il s'y convaincra lui-même par ses propres yeux qu'Agapius n'est point un auteur inconnu, et qui n'ait fait qu'un seul ouvrage; qu'il y en a plusieurs dans cette même bibliothèque qu'il a donnés au public, et qu'entre autres dans la préface d'une traduction de Métaphraste en grec vulgaire qu'il a faite, et qu'il a dédiée à Athanase, archevêque de Philadelphie, il cite lui-même le livre intitulé, *Le Salut des pécheurs*, qui est celui que nous avons allégué.

J'ai, dit-il, *souvent formé le dessein de composer quelque petit ouvrage pour l'utilité de ceux qui le liraient; et ce qui m'en a donné la pensée, c'est que je vois que non seulement les chrétiens engagés dans le mariage, mais ceux mêmes qui vivent dans la continence, comme les religieux, sont si attachés à cette vie périssable, qu'ils en sont entièrement occupés, et ne pensent point du tout au véritable bonheur. Je me suis donc appliqué avec beaucoup d'ardeur à ce travail, et en ayant tiré la matière de divers auteurs, je l'ai ramassée puis je l'ai intitulé,* LE SALUT DES PÉCHEURS, *que j'ai dédié et consacré à la mère de Dieu toujours vierge, comme étant le refuge commun de tous les pécheurs.*

Il me semble qu'on ne saurait guère mieux prouver que le livre du *Salut des pécheurs* n'est point un livre supposé, qu'en montrant qu'il est avoué par l'auteur même qui l'a composé, dans un autre ouvrage de plusieurs volumes. Mais de peur néanmoins qu'il ne prenne envie à M. Claude de prétendre qu'afin de donner créance à ce livre du *Salut des pécheurs*, on a aussi supposé ces autres volumes qu'il a cité, j'ai eu encore recours à la voie la plus naturelle pour m'en assurer, qui est d'en écrire à Constantinople, pour en

---

(1) Page dernière.

avoir lumière par les religieux même du mont Athos ; et voici l'attestation que l'on en a envoyée, signée de huit religieux de cette montagne, qui sont maintenant pour la plupart supérieurs de divers monastères de Grèce, et qui font voir de plus, en passant, quelle est la foi des Grecs sur l'Eucharistie, et quel sentiment ils ont de la doctrine des calvinistes.

Nous soussignés, supérieurs et religieux de la sainte Montagne, attestons et déclarons dans la crainte de Dieu, qu'un de nos religieux nommé Agapius, à présent décédé, a vécu sur la sainte Montagne d'une vie exemplaire, et saintement, comme le témoigne ses écrits et ses ouvrages, et principalement le livre intitulé LE SALUT DES PÉCHEURS, *dont la doctrine orthodoxe enseigne à tout bon chrétien le chemin du salut. Mais parce qu'il est contraire à la doctrine des calvinistes, parlant des sept mystères de notre foi, selon l'église orthodoxe d'Orient, ils ont inventé que ce livre n'était point du religieux Agapius, ces hérétiques ne voulant pas croire, touchant le très-sacré mystère de l'Eucharistie,* QUE LE PAIN ET LE VIN, APRÈS LA CONSÉCRATION DU PRÊTRE, NE SONT PLUS NI LE PAIN NI LE VIN DESQUELS ON NE VOIT QUE LES APPARENCES, *le pain étant changé au propre et véritable corps de Jésus-Christ, et le vin au propre et véritable sang de Jésus-Christ vivant,* COMME NOTRE ÉGLISE D'ORIENT NOUS L'ENSEIGNE. *Donc pour confirmation de la vérité, nous attestons que ce livre et plusieurs autres ont été imprimés à Venise par le même Agapius, religieux de la sainte Montagne ; et le connaissant ainsi, nous soussignons avec serment. A Constantinople, le 16 avril 1671.*

HIEROTHÉE, *du monastère de Laure.* — PARTHÉNIUS, *religieux du monastère d'Eviron.* — ATHANASE, *supérieur du monastère de Cuthumnuse.* — CYRILLE, *religieux de la grande Congrégation.* — COSME, *religieux.* — GABRIEL, *religieux du monastère de Caracale.* — SERGIUS, *religieux.* — PHILARETUS.

Si M. Claude désire de voir l'original de cette attestation, il le trouvera à l'abbaye de Saint-Germain, où on l'a mise en dépôt ; et après qu'il l'y aura vue, qu'il prenne la peine de nous dire ce qu'on y peut répondre, non seulement à l'égard du livre d'Agapius, mais à l'égard de tous les Grecs en général.

Tous ces religieux élevés sur le mont Athos ne savent-ils pas la foi de leurs monastères sur l'Eucharistie ? Enseigne-t-on une autre foi dans l'Orient que celle qu'on enseigne dans ces monastères là ? La foi de l'église d'Orient est donc *que le pain et le vin, après la consécration des prêtres, ne sont plus du pain et du vin ; que l'on n'en voit que les apparences, et que le pain est changé au propre corps de Jésus-Christ vivant, et le vin au propre sang de Jésus-Christ vivant.* Voilà ce que ces religieux appellent la foi de l'église d'Orient, et ce qu'ils attestent par leurs signatures ; en quoi sans doute ils sont plus croyables que M. Claude.

M. Claude forme encore une inscription en faux plus importante contre deux conciles de Constantinople : l'un sous Cyrille de Bérée, et l'autre sous Parthénius, par lesquels on avait prétendu prouver que la doctrine des calvinistes et la confession de Cyrille Lucaris avaient été condamnées par l'église grecque. Il suit sa conduite ordinaire dans cette accusation de faux ; car, au lieu d'avoir recours aux moyens naturels de s'éclaircir de ces faits, qui sont d'en écrire à Constantinople et de s'en faire instruire exactement, comme si tout l'Orient était abîmé, et qu'il fût impossible d'en apprendre des nouvelles, il a recours au magasin inépuisable de ses conjectures, d'où il en tire quelques-unes, sur lesquelles il décide aussi hardiment la fausseté de ces pièces qu'il en avait tiré des aveux formels de tous les patriarches d'Orient. On va voir s'il a raison de les avoir proposées avec tant de confiance dans deux ouvrages différents, qui sont sa troisième Réponse à la Perpétuité, et son livre contre le père Nouet.

La première est, *que ces pièces ayant souvent été imprimées, il n'y a eu pourtant personne jusqu'ici qui ait voulu s'en charger envers le public, ni en garantir la vérité.* Cette conjecture n'est qu'une conviction de la témérité avec laquelle M. Claude assure hardiment les choses qu'il ne sait point ; car il est très-faux qu'il n'y ait personne qui se soit chargé de la vérité du concile de Parthénius, qui est le seul qui ait été imprimé par l'ordre des Grecs. M. Claude en pourra voir, quand il lui plaira, dans l'abbaye de Saint-Germain, un exemplaire imprimé en Moldavie, et il y remarquera, s'il lui plaît, que ce sont deux légats du patriarche de Constantinople qui prennent la qualité d'exarques, et trois légats de l'église de Russie qui ont procuré l'impression de ces actes ; qu'elle a été faite par l'ordre exprès du prince de Moldavie, et que ces légats l'en remercient par une lettre expresse qui est à la tête du concile, dont voici la traduction :

Au très-illustre et très-magnifique prince le très-pieux despote et gouverneur de toute la Moldavie, Jean-Basile Boïbonda. Salut en Notre-Seigneur.

« C'était à vous, très-illustre prince, à procurer par votre autorité l'impression de ces décrets synodaux ; car Dieu vous ayant établi défenseur de son Église et extirpateur des hérésies, et ayant fait choix de vous entre tous les princes de la terre pour lui rendre ce service, à qui appartenait-il plus justement qu'à votre très-pieuse grandeur de flétrir ces méchantes doctrines ? Ainsi, ayant vu depuis peu les églises troublées par les articles calvinistes qui ont été publiés, et que l'on prétendait contenir notre doctrine à cause de l'inscription qu'ils portaient de *Confession de foi de l'église orientale*, vous n'avez point cru devoir négliger ce mal, et vous avez étendu vos soins jusqu'à faire venir des légats du saint, apostolique et œcuménique trône de Constantinople, et du synode qui s'est assemblé avec des députés de l'église de Russie ; et, vous joignant à eux, vous avez détruit ces doctrines corrompues en confirmant par des livres publics les véritables dogmes de l'église orientale. Vous avez de plus découvert à tous les chrétiens orthodoxes le venin caché dans ces articles, et vous avez ordonné que les sentiments de notre grande église seraient publiquement proposés, afin que les brebis de Jésus-Christ puissent reconnaître partout de quoi elles doivent s'abstenir et de quoi elles peuvent se nourrir sans crainte. C'est pourquoi en rendant de très humbles actions de grâces à Dieu des biens qu'il lui a plu de nous faire par votre moyen, nous le prions de tout vostre cœur de vous donner une longue et heureuse suite d'années, de combler de ses grâces le trône de votre principauté, et de vous faire passer enfin de la terre dans le royaume des Cieux. »

Les légats patriarcaux et exarques de Constantinople.
PORPHYRE, *ci-devant archevêque de Nicée.* — MÉLÉTIUS SYRIGUS, *prêtre religieux, prédicateur de l'Évangile.*

Les légats de Russie.

ISAÏAS TROPHIME, *pasteur de l'église de S.-Nicolas.* — IGNATIUS, *prédicateur de l'Évangile.* — JOSEPH, *pasteur des saintes Théophanies.*

Imprimé en Moldavie en l'auguste maison de trois saints Iérarques, l'an de Notre Seigneur 1642, au mois de décembre.

Que si M. Claude veut qu'on lui prouve que ces légats de Constantinople et de Russie étaient effectivement en Moldavie cette année 1642, quoique l'acte même que je lui produis suffise pour le prouver, il en peut encore être convaincu par cette célèbre Confession de foi de l'église orientale que je lui ai déjà citée. Car l'histoire qui en est à la tête porte expressément qu'elle fut examinée en Moldavie par ces mêmes légats de Constantinople et de Russie, et qu'elle y fut publiée sous le titre de Confession de l'église de Russie, ce qui est marqué aussi par un endroit de la lettre que nous venons de rapporter, où il est dit que le prince de *Moldavie avait confirmé par des livres publics la véritable doctrine de l'église orientale*, et comme elle fut envoyée de Moldavie à Constantinople, et qu'elle y fut approuvée en 1643, comme nous l'avons dit ailleurs, il paraît qu'elle avait été examinée en Moldavie, l'an 1642, et par conséquent que ces légats qui ont fait imprimer le concile de Parthénius y étaient effectivement.

La seconde conjecture de M. Claude n'est guère plus solide. C'est, dit-il, *que la première pièce, qui porte le nom de Cyrille de Bérée, est souscrite par plusieurs qui ont souscrit la seconde, et par le même Parthénius à qui on attribue cette dernière. Et néanmoins dans la seconde, il n'est fait aucune mention de la première, d'où M. Claude conclut que ceux qui ont fait la seconde, n'avaient aucune connaissance de la première.* Mais tout l'embarras que M. Claude trouve en cela ne vient que de ce qu'il ne veut pas se mettre dans l'esprit que Cyrille de Bérée, qui a présidé au premier concile, et Parthénius, qui a présidé au second, étaient en des dispositions fort différentes à l'égard de Cyrille Lucaris. Que l'un était son ennemi déclaré, l'autre son ami particulier, et que c'est cette différente disposition qui a produit la diversité que l'on remarque entre ces deux conciles : l'un était fait pour flétrir Cyrille Lucaris, et l'autre pour sauver sa mémoire autant qu'il était possible ; car Cyrille de Bérée, qui était animé en particulier contre Cyrille par des motifs de religion et d'intérêt, ne crut pas devoir épargner son nom, et ainsi il frappa d'anathème ces articles sous le nom même de Cyrille.

Mais Parthénius, au contraire, étant d'une part ami particulier de Cyrille, et n'osant pas approuver de l'autre les articles qui lui étaient attribués, pour satisfaire en même temps à l'amitié et à la foi, prit le parti de condamner ces articles, sans nommer Cyrille. De sorte que ce second concile étant plutôt une justification de la mémoire de Cyrille qu'une condamnation, il n'est pas étrange qu'ayant été fait dans cette vue, l'on n'y ait point parlé du concile tenu par Cyrille de Bérée, puisqu'il était fait pour réparer l'injure que l'on y avait faite à Cyrille Lucaris. Que s'il se trouve que quelques évêques et Parthénius même ont souscrit à l'un et à l'autre, il n'y a aucun lieu de s'en étonner, car ils ont souscrit le premier étant emportés par Cyrille de Bérée, à qui ils n'osaient résister, et ils ont souscrit le dernier par leur propre mouvement, et pour mettre à couvert, autant qu'ils pouvaient la mémoire de Cyrille Lucaris, en condamnant ces articles sans les lui attribuer.

Et que M. Claude ne nous dise pas que Parthénius ne pouvait être en même temps ami de Cyrille et défenseur de la véritable foi ; car outre que la corruption du cœur allie souvent ces deux choses, il est vrai encore que Cyrille Lucaris n'ayant jamais publié hautement sa confession de foi, il y a eu plusieurs Grecs qui ont soutenu qu'elle n'était point de lui. Et M. Claude pourra voir dans la suite, par l'extrait d'un mémoire envoyé par M. l'ambassadeur de Constantinople, que le patriarche d'à présent, qui s'appelle Parthénius, est encore de ce sentiment.

La troisième raison de M. Claude ne mérite pas presque d'être rapportée, tant elle a peu de vraisemblance. Il dit qu'il n'y a point d'apparence ni *que Métrophane, patriarche d'Alexandrie, qui avait assisté au premier synode sous Cyrille de Bérée, ni que Parthénius, qu'on dit avoir fait le second, aient voulu condamner si légèrement et si frauduleusement Cyrille Lucaris, puisque l'un avait été premier officier de sa chambre, et l'autre son protecteur et son ami.* Car c'est comme si M. Claude nous disait en propres termes qu'il n'est point croyable que les hommes pussent agir ni par intérêt, ni par conscience ; l'un et l'autre de ces motifs ayant été suffisants de porter ces patriarches à condamner Cyrille, quelque union qu'ils eussent avec lui.

La quatrième qui est que le moine Arsénius, de la main de qui l'on tient le concile de Parthénius, ne parle point du concile de Cyrille de Bérée, est encore aussi contraire au bon sens ; car quel sujet y a-t-il de s'étonner qu'Arsénius qui n'envoyait que le concile de Parthénius, n'ait pas parlé que du concile de Parthénius? Mais de plus, on n'a nul besoin de l'autorité d'Arsénius pour établir ce concile, puisque l'on en a un exemplaire de l'impression même qui en a été faite en Moldavie.

Ensuite de ces quatre raisons qui ne peuvent pas être plus frivoles, M. Claude allègue en l'air qu'il était si notoire que la confession de Lucaris était de lui, que Parthénius n'aurait pu ire semblant d'en douter : ce qui est doublement faux, parce que cela n'était point notoire, et que l'on feint souvent de douter des choses notoires ; et puis il a recours à une remarque de critique qui ne lui réussit pas mieux : *C'est, dit-il, qu'il n'y a point d'apparence que Parthénius et son concile eût si grossièrement et calomnieusement imputé à Cyrille une chose fausse, comme il fait. Car Cyrille ayant dit dans le premier article de sa Confession, que le Saint-Esprit procède du Père et du Fils, qui est un langage dont les Grecs ne s'éloignent pas, le premier article de la censure porte qu'il a établi les sentiments de l'Eglise, la procession substantielle et éternelle du Père et du Fils, qui est précisément l'expression que les Grecs ont en horreur.*

Mais la critique de M. Claude le trompe encore en ce point ; car quoique dans le concile de Florence, les Grecs se soient portés à offrir ces termes pour s'approcher des Latins, ils les ont néanmoins souvent aussi regardés comme contraires à leur dogme. C'est ce qui paraît manifestement par l'exemple de Jean Veccus, patriarche de Constantinople, qui se réunit avec l'Eglise romaine, et fut ensuite déposé dans un synode et envoyé en exil, où il mourut en prison ; car la cause de sa déposition, de son exil et de sa prison, fut qu'il soutint que le Saint-Esprit procédait *du Père par le Fils*, comme il le déclare lui-même dans son testament, en ces termes : *Puisque l'on m'a imputé comme un crime digne d'être chassé du patriarcat d'avoir dit que le Saint-Esprit procède du Père par le Fils, et qu'il tire son existence du Père par le Fils, et que l'on a jugé ce crime digne de l'exil et de la prison qui m'a conduit à la mort, je déclare que je ne nie point ce crime, que je l'avoue, que je ne m'en justifierai point, et que s'il mérite de souffrir quelque infamie, je ne refuse pas de la souffrir.* Il le conclut même par ces paroles : *Moi Jean, par la miséricorde de Dieu, archevêque de Constantinople, ayant souffert l'exil et la prison pour le véritable dogme de la procession du S.-Esprit par le Fils*, j'ai souscrit ce testament de ma main propre.

Il n'est donc pas étrange que Parthénius ait pris dans les articles de Cyrille cette expression que le Saint-Esprit procède du Père et du Fils, comme une approbation des Latins, et qu'ainsi il l'ait condamnée, comme elle avait été déjà condamnée par ses prédécesseurs dans la personne du patriarche Veccus. Je ne me suis arrêté à réfuter ces raisons de M. Claude que pour éclaircir en passant ces petites difficultés, et non pour confirmer la vérité de ces conciles. Celui de Parthénius ne l'est déjà que trop par l'exemplaire imprimé en Moldavie, dont j'ai parlé, et il suffirait pour l'un et pour l'autre de le renvoyer à ce qu'il a pu lire dans l'attestation du patriarche Méthodius, où il dit expressément que la doctrine de l'église d'Orient paraît *par les deux synodes tenus à Constantinople, l'un sous le patriarcat de Cyrille de Bérée, et l'autre sous celui de Parthénius, surnommé le Vieux, et que cela se voit encore à présent dans les archives de l'église de Jésus-Christ.*

Si M. Claude n'est pas content de ces preuves, on le supplie de nous déclarer quelles sont celles qu'il désirerait, et l'on essaiera de le contenter ; mais si elles ne suffisent pas pour lui, on croit qu'elles seront plus que suffisantes pour tous les autres.

Chapitre XII.

III. Moyen de M. Claude. — Traiter de faux Grecs et de Grecs latinisés les auteurs qu'on lui allègue.

Comme il n'y a pas toujours moyen de faire semblant de douter, ou si des écrits sont véritables, ou s'ils ne sont point des ouvrages de quelque imposteur, M. Claude, qui sait prendre ses sûretés, a jugé avec raison qu'il avait encore besoin de quelques autres *manières* pour se mettre à couvert de l'autorité de ces Grecs qui parlent un peu plus clairement qu'il ne voudrait. Il s'est donc résolu d'en mettre en usage une dont on ne s'était pas encore avisé, qui est de rejeter l'autorité de tous ceux qui parlent autrement qu'il ne désirerait, en les faisant passer pour de faux Grecs, pour des Grecs latinisés, pour des partisans du Pape qui ne méritent aucune créance dans cette dispute.

C'est par ce reproche qu'il prétend être en droit de mépriser les témoignages, non seulement de Manuel Calécas, de Bessarion, de Grégoire, de Jean Plusiadène, de Gennadius Scolarius, du religieux Hilarion, mais aussi ceux de Paysius Ligaridius, du baron de Spatari et du concile de Chypre. *Tous les gens de cette espèce*, dit M. Claude *de quelques-uns d'eux, ne sont pas plus propres à décider notre question, que le seraient Thomas d'Aquin et les pères du concile de Trente. Les autres, selon lui, ne sont que des fruits des missions. Et M. Arnauld*, dit-il, *n'en eût pas été moins estimé, quand il ne s'en fût pas servi. Les actes de cette nature ne seront jamais jugés assez forts pour terminer le différend qui est entre nous, y ayant d'ailleurs des raisons solides et des témoignages authentiques contre lui* (1).

Mais la confiance que M. Claude témoigne sur ce sujet ne m'empêchera pas de lui dire qu'il en serait plus estimé lui-même s'il parlait plus raisonnablement des choses, et s'il ne se laissait pas emporter, ou par l'intérêt de sa cause ou par la chaleur de son imagination, à certains excès qui ne lui font pas honneur.

Il s'imagine que l'on peut tirer toutes sortes de conséquences, de toutes sortes de reproches, sans examiner jamais si ces reproches ont quelque proportion avec les conséquences qu'il en tire. Je veux que quelques-uns de ces témoins soient des Grecs latinisés, s'ensuit-il qu'ils ne soient croyables en rien de ce qui regarde les Grecs ? Un calviniste converti ne mérite-t-il aucune créance dans ce qu'il impute aux calvinistes, lorsqu'il ne se trouve point qu'il ait jamais été accusé de calomnie par ceux qui n'ont pas changé de sentiment, et qu'il rapporte de bonne foi ce qu'il a appris parmi eux ? Et ne le croit-on pas au contraire d'autant plus, que la liaison qu'il a eue avec eux lui a donné plus de moyens de s'instruire de leurs sentiments.

Pour rendre un témoin croyable il n'est besoin que de deux qualités qu'il soit bien informé, et qu'il soit sincère ; et il n'y en a aucune qui manque à ceux que M. Claude appelle des Grecs latinisés et de faux Grecs.

Car pour ce qui regarde la première, peut-on être mieux instruit de la doctrine des Grecs que ne l'était Bessarion, l'un des principaux évêques qui fut amené à Florence par l'empereur de Constantinople, et que la plupart des autres que nous avons allégués.

Et pour la seconde, leur sincérité n'est-elle pas suffisamment justifiée par cela seul qu'il ne paraît pas qu'aucun de ceux que M. Claude appelle véritables Grecs les ait jamais démentis que ce qu'ils imputent à tous les Grecs, et leur ait jamais reproché qu'ils s'éloignaient de la créance de l'église grecque, sur le sujet de la présence réelle, et de la transsubstantiation ?

Est-ce qu'il nous voudra faire croire que tous les Grecs qui se réunissent aux Latins perdent en même temps la mémoire, qu'ils s'imaginent avoir toujours cru ce qu'ils ne font que de commencer de croire, ou qu'ils passent tous à cet excès d'impudence, d'imputer sans raison aux autres Grecs ce qu'ils sauraient qu'ils ne croient pas ?

Les caractères extraordinaires et que l'on ne voit jamais parmi les hommes ne coûtent rien à M. Claude, quand il en a besoin, pour se démêler d'une difficulté ; et non seulement il les rassemble en une ou deux personnes, quand il le faut ; mais il donne à des peuples entiers, ces étranges inclinations. S'il faut expliquer comment les Grecs ont pu demeurer en paix avec les Latins sur l'Eucharistie, en supposant qu'ils n'eussent pas la même créance de ce mystère, il en vient à bout, avec cent millions de Latins que la politique tient dans le silence, et cent millions de Grecs timides qui demeurent dans la même réserve. S'il faut éluder les témoignages des Grecs convertis qui déclarent qu'ils croient la présence réelle, et qu'on la croit dans l'église d'Orient, il s'en tire en attribuant à tous ces Grecs un excès d'impudence qui les porte à imposer hardiment à leur nation une erreur qu'elle ne tient pas, et à tous les autres Grecs un excès de stupidité qui leur fait souffrir cette calomnie sans la repousser jamais. Mais ceux qui forment leurs idées sur l'expérience de la vie humaine, et du naturel de ceux qu'ils voient tous les jours, n'ont pas l'imagination si flexible, et ils traitent avec raison toutes ces suppositions phantastiques, de songes et de visions peu judicieusement inventées.

Ainsi quoi qu'en dise M. Claude, le témoignage des Grecs latinisés est tout aussi fort que celui de ceux qui sont demeurés séparés de l'Église romaine. C'est ce qu'il suffirait de lui répondre, quand il serait vrai qu'on ne lui aurait allégué que de ces sortes de Grecs. Mais de plus ce fait est entièrement faux, et M. Claude ne l'avance que par une nouvelle définition qu'il voudrait bien introduire, qui est d'appeler *faux Grecs* tous ceux qui sont contraires à ses sentiments.

Quel sujet a-t-il de faire passer pour Grecs latinisés tous ces évêques de l'île de Chypre qui ont si solennellement condamné, dans un synode, les principales erreurs des calvinistes et entre autres leur doctrine sur l'Eucharistie, comme on le peut voir dans l'extrait qu'on en a produit ? Ne sont-ils pas soumis au patriarche de Constantinople ? Et ne font-ils pas profession d'être attachés à la doctrine des Grecs dans tous les points dont ils sont en contestation avec les Latins ? Si M. Claude en doute, je lui en puis produire un acte authentique d'un des principaux de ce synode qui est celui même qui en a donné l'extrait et qui l'a signé. Il s'appelle Hilarion Cicada, qui de l'île de Chypre est passé à Constantinople pour y exercer la fonction de théologien. Il fit sa profession de foi, selon la coutume, entre les mains de Parthénius, qui est celui même qui occupe présentement le siège de Constantinople, et il la réitéra depuis sous Méthodius, qui avait été mis en la place de Parthénius, déposé par les évêques, et qui, ayant été depuis chassé par Parthénius, est encore présentement à Constantinople. Ainsi cette même profession de foi représente la foi de deux patriarches de Constantinople.

M. Claude la peut voir tout entière dans l'abbaye de Saint-Germain ; j'en rapporterai seulement ici le commencement, qui fait voir combien il est éloigné de favoriser les opinions des Latins.

C'est certainement une coutume légitime et qui s'est établie depuis longtemps, que ceux qui sont élevés à la dignité pastorale et doctorale, pour une assurance plus certaine des âmes auxquelles ils doivent enseigner le chemin du salut, donnent une confession particulière de la foi orthodoxe, signée de leur main et confirmée par témoins : car par ce moyen non seulement on tire une preuve assurée de ceux à qui on confie l'administration de l'héritage de Jésus-Christ, mais on a encore l'avantage de pouvoir prononcer une juste condamnation contre

---

(1) M. Claude, pp. 374, 378, 380.

ceux qui refusent de le faire. C'est pour ce sujet que nous, ayant été promus au sacré doctorat de l'Église, avons donné une ample exposition des dogmes que nous croyons, et des points qui sont controversés, au seigneur Parthénius, qui avait été fait ci-devant notre patriarche œcuménique; mais depuis le très-saint et le très-sage Méthodius ayant été élevé au patriarchat, après notre retour d'un voyage en notre patrie, nous avons supplié sa sainteté comme notre maître commun, de nous confirmer dans notre dignité. Il nous l'accorda véritablement fort volontiers, mais il exigea de nous avec justice la satisfaction due par notre confession, laquelle par hasard n'ayant pas été insérée ni trouvée dans le livre sacré, il nous commanda de la réitérer non pas sur les points qui sont certains et qui ne sont contestés de personne, parce que nous avons fait paraître suffisamment dans nos prédications quelle était notre croyance, mais principalement sur ceux dont nous ne sommes point d'accord avec les Latins.

Il fait ensuite le dénombrement de ces points en y insérant même les articles sur lesquels ils sont plutôt en différend avec les théologiens latins qu'avec l'Église latine, qui n'en a rien défini expressément : tel qu'est celui qui regarde la qualité des peines du purgatoire.

C'est dans un de ces articles que se trouve cette profession si claire de la présence réelle et de l'adoration de l'Eucharistie dont j'ai parlé ci-dessus, et que j'insérerai ici plus au long.

A ces points sur lesquels nous sommes en différend avec les Latins, nous ajoutons que ces paroles de Jésus-Christ : CECI EST MON CORPS, CECI EST MON SANG, ne sont pas les seules qui ont été instituées pour la consécration surnaturelle et inexplicable, et pour la consommation des sacrés mystères, selon les Latins; mais encore cette prière que le prêtre fait, par laquelle il invoque le Saint-Esprit, et qui a aussi été déclarée consommatrice du Sacrement, parce que l'Instituteur même l'a ainsi ordonné quand il a dit : Faites ceci en mémoire de moi, à quoi saint Jean Chrysostôme ayant fort à propos égard, a dûment enseigné qu'il fallait prier en s'adressant à Dieu le Père, en comprenant toute la sainte Trinité, et dire : Faites ce pain l'honorable corps de votre Fils Jésus-Christ, et ce qui est dans ce calice l'honorable sang de votre Fils Jésus-Christ, en les changeant par votre Saint-Esprit. Et par ce aussi que l'accomplissement de ce mystère a été révélé à saint Jacques, et par les apôtres par la bouche de saint Jacques, fils de Zébédée, lequel a ainsi écrit : Nous vous prions, Seigneur, qui n'avez besoin de rien, d'avoir la bonté d'envoyer votre Saint-Esprit, afin qu'il fasse ce pain le corps de votre Fils Jésus-Christ, et ce calice, le sang de votre Fils Jésus-Christ; après lesquelles paroles et d'autres semblables, selon saint Basile : NOUS CONFESSONS QUE CE MYSTÈRE INCOMPRÉHENSIBLE EST ACHEVÉ, ET NOUS CROYONS QUE C'EST VÉRITABLEMENT ET SUBSTANTIELLEMENT LE MÊME CORPS VIVANT ET DÉIFIÉ, ET LE MÊME SANG VIVIFIANT DE NOTRE SAUVEUR, qui est entièrement mangé impassiblement par ceux qui le prennent, et qui est sacrifié par un sacrifice non sanglant et EXACTEMENT ADORÉ comme Dieu.

Cet acte finit par ces paroles : J'ai écrit cette confession, exprimée à la vérité par les hommes, mais confirmée invisiblement par Dieu et par les anges. Je jure par les vénérables et sacrés Évangiles, que c'est la sincérité de ma pensée, que je le crois ainsi dans mon cœur sans déguisement, et que je conserverai ces dogmes de toutes mes puissances inviolablement, invulnérablement, incorruptiblement et sans feinte jusqu'à mon dernier soupir, et s'il est besoin de verser mon sang, je ne le refuserai pas, me confiant en Jésus-Christ qui me maintient, auquel soit gloire et puissance dans les siècles des siècles. Ainsi soit-il.

L'an du salut 1670, le 15 mai.

Je HILARION,
grand théologien et sacré docteur du siège œcuménique, ai écrit et soussigné.

L'acte porte, comme j'ai dit, les signatures de neuf évêques qui le confirment.

Il est arrivé aussi une chose fort considérable sur le sujet de ce synode de Chypre qui fait parfaitement voir la foi des Grecs. C'est qu'ayant été publié dans l'Orient, on y trouva à redire à deux articles dans lesquels quelques-uns croyaient qu'on s'était trop approché de la doctrine des Latins; ce qui porta Méthodius à obliger le même Cicada de les éclaircir. Il le fit par un écrit que M. Claude pourra voir entier au même lieu que les autres. J'en mettrai seulement ici le commencement.

Il y a deux ans que sept articles furent examinés synodalement dans l'église de Chypre contre les nouveaux hérétiques d'Occident, lesquels, avant la souscription des prélats et la nôtre qui se fit sept mois après cet examen, furent par nous traduits en latin fidèlement; mais ensuite il s'est trouvé une personne qui les a publiés différents de l'original. Il y a deux choses qui ont été expliquées en un sens qui donne soupçon d'avoir mal été entendu. La première, ce qui est porté dans le premier article, que le pain et le vin après la consécration faite par quelques paroles convenables instituées par Jésus-Christ. La seconde, qui est dans le septième, touchant les commémorations, qu'elles sont profitables aux âmes qui souffrent dans la privation et dans la dilation de la béatitude pour la rémission et le retranchement de cette dilation. La première a donné occasion à quelques personnes de douter et de demander quelles sont ces paroles convenables et instituées : quant à la seconde, deux autres personnes nous accusèrent d'avoir mis en avant la doctrine des Latins touchant le purgatoire et touchant la parfaite béatitude des saints, sur lesquels nous étant défendus suffisamment de vive voix, en présence de plusieurs personnes; il a plu enfin au très-saint et très-sage Méthodius, notre commun seigneur, patriarche œcuménique, que, pour ôter toute sorte de soupçon, il fallait que nous missions entre ses mains un écrit qui contînt en abrégé ce que nous avions avancé d'orthodoxe, et ce qui regarde les cinq autres articles touchant lesquels nous sommes en différend avec les Latins; à quoi par avance nous avons pleinement satisfait lorsque nous fûmes confirmés dans le suprême degré de théologien.

Il n'y a rien de plus fort pour montrer la foi de l'église grecque que ces difficultés mêmes qu'on a faites sur ce concile. Car la présence réelle, la transsubstantiation, l'adoration de l'Eucharistie y étant formellement établies, et les dogmes des calvinistes clairement et expressément condamnés, il se trouve néanmoins que ces articles n'ont blessé ni scandalisé aucun des Grecs, qu'ils n'ont excité aucun de se plaindre contre la doctrine qu'ils contiennent, que le patriarche Méthodius n'en a demandé aucun éclaircissement, quoique ces mêmes Grecs fussent si jaloux de leurs opinions, qu'ils n'ont pu souffrir qu'on favorisât ou plutôt qu'on ne rejetât pas expressément celles des Latins sur d'autres points.

Enfin, après cette célèbre confession de foi signée par les quatre patriarches d'Orient, que nous avons ci-dessus produite, où l'on voit d'une part la doctrine de la présence réelle et de la transsubstantiation si clairement établie, et de l'autre tous les dogmes particuliers de l'église grecque, opiniâtrement soutenus, je ne sais si M. Claude même osera traiter de faux Grecs et de Grecs latinisés les témoins qu'on lui a produits, pour cela seul qu'ils enseignent la présence réelle et la transsubstantiation. Ainsi je ne crois pas me devoir beaucoup mettre en peine de justifier M. le baron de Spatari de la vaine accusation que M. Claude forme contre lui, de ce qu'il va aux églises des catholiques quand il n'en trouve point de sa communion; ce qui est pratiqué presque par tous les Grecs qui sont hors de leur pays; ni Ligaridius, archevêque de Gaza, de ce qu'il a autrefois reçu pension du Pape. La misère où sont réduits les Grecs les peut porter à recevoir ces soulagements sans renoncer pour cela à leur doctrine ; et c'est juger très-équitablement des papes que de croire qu'ils n'existent que des personnes qui soient liées de communion avec eux, y ayant de justes raisons qui les peuvent porter à étendre leur charité sur ceux d'entre les Grecs qui ont plus de disposition à l'union, et qu'ils reconnaissent plus modérés, tel qu'était Ligaridius.

Mais quoi qu'il en soit, il est visible que M. Claude emploie très-justement ce reproche d'intérêt pour rendre suspecte l'attestation que cet archevêque a donnée de la foi des Grecs sur l'Eucharistie. Car si cet archevêque avait été capable de trahir sa conscience par intérêt, il n'aurait jamais répondu comme il a fait à la demande qu'on lui a faite, puisqu'il n'avait aucun lieu de croire que ce témoignage qu'il rendait de la foi de l'église orientale sur la transsubstantiation dût être fort agréable à un ministre luthérien d'un prince luthérien pour lequel il l'a écrit, et qu'il en avait beaucoup de craindre que sa réponse ne ruinât sa fortune en Moscovie, qui est une église toute grecque, s'il eût cru qu'elle n'était pas conforme à la doctrine de l'église grecque.

Il est étrange que M. Claude ne sente pas des choses qui sont capables de frapper les plus stupides, et qu'il ose nous faire des réponses qui se réduisent à cet étrange raisonnement : Ligaridius est un homme intéressé, puisqu'il a autrefois reçu pension du Pape : donc il est à croire que n'en recevant plus, il a attribué, contre son intérêt et sa conscience, à l'église grecque une doctrine qu'il sait qu'elle ne tient pas, en se mettant par là en danger de ruiner sa fortune.

Chapitre XIII.

VI° MOYEN DE M. CLAUDE. — *Injures personnelles contre ceux qui rapportent des passages qui l'incommodent.*

Ce dernier moyen est le dernier retranchement de M. Claude quand il ne peut employer aucun des autres, et il en use avec tant de licence, qu'il semble qu'il ait été établi juge souverain de la réputation de tout le monde, sans qu'il se croie obligé d'en rapporter aucune preuve.

C'est par une suite de ce droit qu'il appelle en un endroit Allatius, bibliothécaire du Pape, l'homme du monde le plus malin, le plus outrageux contre les personnes; l'homme du monde le plus animé contre les Grecs qu'on appelle schismatiques, et en particulier contre Cyrille, et au reste un vrai vendeur de fumée(1). Et qu'il dit en un autre endroit que c'est un homme passionné, prêt à tout faire et à tout dire pour les intérêts de la cour de Rome (2). Et tout cela pour avoir droit de rejeter les passages que cet auteur allègue de Siméon de Thessalonique, et l'histoire qu'il fait de Cyrille Lucar.

Mais outre que ces reproches en l'air sont toujours de mauvaise grâce, que les écrits d'Allatius donnent une toute autre idée de lui, et que ses confrères en ont parlé tout d'une autre sorte en le citant avec éloge (3), ils sont encore contre le bon sens ; car il y a si loin d'être intéressé ou aigre contre des auteurs que l'on réfute, à être fourbe et capable de supposer de faux passages et de fausses histoires, qu'il n'y a nulle conséquence de l'un à l'autre. Il n'en est pas des vices comme des vertus des hommes ; ils n'ont nulle liaison entre eux, ils sont même souvent contraires, et des gens peuvent être emportés, violents, flatteurs, intéressés, sans qu'on ait droit pour cela de croire que les passages qu'ils citent soient supposés. L'on a moins encore de sujet de le croire d'Allatius que d'un autre, parce que des livres qu'il a cités lorsqu'ils n'étaient encore que manuscrits, ayant été imprimés depuis, ont justifié sa fidélité, et que d'ailleurs il paraît qu'il s'est toujours extrêmement piqué de la

(1) Pag. 285.
(2) Pag. 225.
(3) Derliucourt, Dialog. de la descente aux enfers, pag. 200 et suiv.

réputation de savant critique, et que l'on sait que les gens de cette sorte sont fort éloignés de falsifier les auteurs.

Il n'y a pas plus de bon sens dans le mépris que M. Claude fait des passages qui sont cités par Ekellensis, sous prétexte que Gabriel Sionita, dont il était associé à la correction de la Bible polyglotte imprimée à Paris, s'étant brouillé avec lui, l'a chargé de diverses injures qui n'ont nul rapport avec la falsification des passages. Il ne sied pas bien à M. Claude de se rendre juge du différend de ces deux Maronites, et encore moins de se déclarer partie contre Ekellensis sur le seul témoignage de son adversaire. Mais quoi qu'il en soit, tous ces reproches personnels ne lui donnent aucun droit de rejeter les passages qui sont cités dans les livres de cet auteur, parce qu'ils ne rendent point croyable que citant, comme il fait, ces livres dont il les a pris, qui sont pour la plupart dans la bibliothèque Vaticane, il ait eu la hardiesse de les inventer à plaisir.

Ainsi, pour lui montrer combien on est résolu d'avoir peu d'égard à ces vains reproches, je ne laisserai pas de lui citer un témoignage considérable de la foi des Cophtes, rapporté par cet auteur dans son *Eutychius Vindicatus*, que l'on a oublié de produire dans le premier tome de la Perpétuité. Il est tiré d'un livre composé, il y a deux cent soixante ans, par des religieux d'un monastère d'Égypte, et intitulé, *De la sacrée oblation*. Voici de quelle sorte ils en parlent : *L'Église chrétienne*, disent ces religieux, *croit fermement que la sainte oblation ou l'Eucharistie est le corps de Notre-Seigneur Jésus-Christ et son sang précieux qu'il a versé pour la vie du monde et la rémission des péchés. La preuve de cette vérité vient de la parole du Très-Haut, lorsque mangeant la pâque avec ses disciples il prit le pain et le bénit, et le divisa, et le donna à ses disciples, en leur disant : Prenez et mangez, ceci est mon corps, qui est livré pour vous, faites ceci en commémoration de moi ; et qu'il prit le calice, rendit grâces, et le bénit après le souper, et le leur donna en disant : Buvez en tous, c'est mon sang du nouveau Testament, qui est versé pour plusieurs en la rémission de leurs péchés. Et cette autre parole du même Jésus-Christ : Le pain que je donnerai est ma chair que je donne pour la vie du monde. En vérité, en vérité, je vous dis que si vous ne mangez la chair du Fils de l'Homme, et ne buvez son sang, vous n'aurez point la vie en vous. Il faut donc que tout fidèle qui le reçoit ait cette vraie foi dans le cœur, et qu'il confesse de bouche que ce qu'il a reçu a été fait le corps de Notre-Seigneur Jésus-Christ et son sang précieux par le moyen de la consécration du prêtre et de ses prières, de la descente du S. Esprit, de la vertu divine et d'un miracle incompréhensible.*

Dans le chapitre suivant, ces mêmes religieux disent que le S.-Esprit, qui a formé le sacré corps de Jésus-Christ dans le sein de la Vierge de la substance même de Marie qui était nourrie et formée de pain et de vin, est le même qui fait le pain et le calice le corps de Notre-Seigneur et son sang très pur, et qui les consacre ; et que la vertu divine qui a produit et nourri le corps de Jésus-Christ dans le ventre de la Vierge d'une manière qui surpasse toutes les opérations de la nature, est celle qui opère le miracle de la conversion du pain et du vin au corps et au sang de Jésus-Christ ; et que le Verbe qui a dit, Ceci est mon Corps, ceci est mon Sang, est lui-même qui le dira toujours du pain consacré par le moyen du prêtre, auquel ce pouvoir est attribué ; de même que ce que Dieu a dit en produisant et en formant les créatures est demeuré ferme, et produit toujours son effet.

Ces passages ont tant de caractères de vérité, que l'on n'appréhende pas que les déclamations injustes de M. Claude portent les personnes judicieuses à en douter : et ils forment des idées si différentes de celles des calvinistes, que ce serait en vain qu'il s'efforcerait de les accorder avec leurs sentiments

CHAPITRE XIV.

Que les autorités des Grecs modernes produites par M. Claude ne sont propres qu'à justifier ce que l'on a avancé touchant les Grecs.

Les hommes étant d'humeur à avoir toujours quelque défiance des preuves les plus évidentes lorsqu'ils ignorent encore celles que l'on y peut opposer, il semble que M. Claude ait voulu remédier à cet inconvénient par celles qu'il emploie pour justifier la foi que les Grecs tiennent à présent. Car certainement elles sont telles, que comme il est difficile d'en trouver de plus fortes que celles que nous avons alléguées, il est difficile d'en trouver de plus faibles que celles que M. Claude y oppose.

On lui produit des conciles, des confessions de foi, des catéchismes, des attestations d'évêques et d'ecclésiastiques, des livres publics qui sont entre les mains de tous les Grecs. On lui donne moyen d'en voir les originaux. Tous ces actes parlent clairement et précisément. Il n'y a nulle ambiguïté. On voit d'ailleurs que si les Grecs avaient été dans les sentiments qu'il leur attribue, il avait mille moyens de détruire tous ces témoignages, et d'en avoir de plus forts; et que les Hollandais répandus par toute la terre lui en auraient fourni plus qu'il n'en aurait désiré.

Cependant au lieu d'actes de conciles et d'attestations authentiques, il est contraint de nous alléguer des extraits de lettres de ministres, et deux ou trois fragments informes d'écrits composés, à ce qu'il dit, par des Grecs, dont il ne produit point de texte original.

Que M. Claude ne s'imagine pas que je m'aille amuser à les réfuter en particulier, et à faire voir, par exemple, que certains extraits qu'il produit d'un manuscrit de Métrophane et d'une déclaration d'un Grec réfugié en Angleterre ne disent rien qui le favorise effectivement, parce qu'ils ne nient que le changement sensible, et non le changement véritable du pain en la chair naturelle de Jésus-Christ; et qu'il n'y eut jamais de personne moins croyable sur la foi des Grecs qu'un certain Mélétius, dont il nous cite un autre fragment, puisqu'il a bien la hardiesse d'y nier l'invocation et le culte de la Vierge et des saints, qui sont des dogmes qui, par l'aveu même des ministres, ne sont pas reçus avec moins d'éclat parmi les Grecs que parmi les catholiques romains. C'est un si dangereux exemple que de produire ainsi des lambeaux de manuscrits sans en montrer les textes originaux et les pièces entières, qu'il ne faut pas accoutumer le monde à y avoir égard.

Si M. Claude veut donc que l'on y réponde, qu'il prenne la peine premièrement de mettre ces écrits entiers en un lieu où on les puisse consulter, en la même manière qu'on l'a fait, afin que l'on puisse voir tout ce qui précède et tout ce qui suit les passages qu'il rapporte; comme on lui promet de lui donner de la satisfaction sur toutes les pièces qu'on lui cite : et on lui montrera alors sans peine que ces passages ne prouvent rien, et que quand ils prouveraient quelque chose, il est ridicule de les comparer avec ceux que j'ai produits.

On n'a au reste jamais nié que le crédit des Hollandais ne pût tirer quelque attestation de quelques misérables Grecs, ou que l'adresse de leurs ministres n'en pût pervertir quelques-uns. Les Grecs ne sont pas exempts des misères et des faiblesses des autres hommes. Mais ils ne nous feront jamais voir leur doctrine approuvée par des conciles, et signée par les quatre patriarches et par les principaux évêques, et cela dans des livres imprimés sans aucun rapport à nos différends.

Je ne vois donc entre les témoignages des nouveaux auteurs que celui d'un certain Gergan, grec de nation, et un autre d'un ambassadeur d'Angleterre, qui méritent qu'on s'y arrête. Pour ce qui regarde Gergan, il est juste de faire remarquer d'abord que M. Claude ne devait pas se contenter d'alléguer ce qu'en cite Caryophile, qui est un écrivain extraordinairement emporté; mais qu'il devait faire en sorte de recouvrer l'original même, ou qu'au moins il devait fidèlement rapporter tout ce que Caryophile allègue de cet auteur, afin que l'on pût mieux juger de son véritable sentiment.

Mais il n'avait garde de le faire, parce qu'on y aurait vu trop clairement qu'il n'y a aucune apparence d'imputer à cet auteur de n'avoir pas cru la présence réelle, puisqu'il enseigne dans ce catéchisme, comme Caryophile le rapporte en deux endroits, *que dans la sacrée communion et dans toutes ses parties, les chrétiens reçoivent le corps entier et le sang entier de Jésus-Christ, et que tout Jésus-Christ indivisible y est contenu*. Ὁμολογεῖ παρακάτω ὁ Γεργανὸς ὅτι εἰς τὴν ἁγίαν κοινωνίαν καὶ ὅλα τὰ κομμάτια ὁποῦ λαμβάνουσι οἱ Χριστιανοὶ εἶναι τέλειον σῶμα καὶ τέλειον αἷμα τοῦ Χριστοῦ, καὶ ὅλος ἀδιαιρέτος ὁ Χριστός. Et comme ce passage contient une confession nette et précise de la présence réelle, il est visible que cet auteur n'est pas propre à établir que les Grecs ne la croient pas.

Aussi tout ce que M. Claude en allègue ne regarde que la transsubstantiation, et encore en abuse-t-il aussi bien que Caryophile contre le sens de l'auteur. Car quand Gergan enseigne, comme M. Claude le rapporte, *que la sacrée communion est par deux substances*, διὰ δύο οὐσιῶν; *l'une visible qui est le pain et le vin, l'autre invisible, qui sont les paroles de Jésus-Christ*; il est clair qu'il considère les principes extérieurs de l'Eucharistie, et ce que les théologiens appellent sa matière et sa forme, c'est-à-dire ce qui est nécessaire pour accomplir le mystère; mais qu'il ne prétend nullement expliquer par là les parties intérieures de l'Eucharistie déjà consacrée.

Il n'y a pas plus de difficulté véritable dans l'autre passage que M. Claude rapporte en ces termes : *C'est un dogme impie des papistes, dont le pape Eugène a été le premier auteur, que là où est le corps de Jésus-Christ, là est aussi son sang; et que pour cette raison il ne faut pas que les laïques prennent la communion sous les deux espèces*. Et tout ce qui y paraît d'obscur vient d'une subtile falsification qu'on a faite du sens de Gergan dans la traduction latine que M. Claude a suivie dans la sienne. S'il eût pris la peine de consulter le grec, il y eût reconnu que ce *dogme impie* dont Gergan accuse le pape Eugène ne tombe que sur la dernière partie, *qui est que les laïques ne doivent point recevoir la communion sous les deux espèces*, et non point sur la première, *qui est que le sang est toujours où est le corps*; car il porte mot à mot : *C'est un dogme impie des papistes inventé premièrement par le pape Eugène, que parce que là où est le corps de Jésus-Christ, le sang y est aussi, il ne faut point que les laïques reçoivent la communion sous les deux espèces*. Ἀσεβὲς δόγμα τῶν παπιστῶν εἶναι καὶ τὸ ἐπρωτόκαμεν ὁ πάπας Εὐγένιος ὅτι ἐκεῖ ὁποῦ εἶναι τὸ σῶμα τοῦ Χριστοῦ εἶναι καὶ τὸ αἷμα, διὰ τοῦτο δεῖ μὴ πρέπει ἵνα λαμβάνουσιν οἱ λαϊκοὶ τὴν κοινωνίαν ἐν δύο εἴδη. L'on voit clairement dans ces paroles que la première clause qui porte *que là où est le corps de Jésus-Christ, le sang y est aussi*, ne fait point une proposition à part, mais que ce n'est qu'une proposition incidente, qui n'est alléguée que comme la raison de ce que l'on veut établir, et que la proposition principale sur laquelle tombe l'accusation d'impiété, n'est que celle qui porte *que les laïques ne doivent point communier sous les deux espèces*. C'est afin que l'on ne s'aperçut pas de ce sens que l'on a divisé ces deux clauses dans la traduction, et que l'on en a fait ainsi deux propositions séparées, en y ajoutant un *ac* qui n'est point dans le grec. *Impium dogma papistarum est*, dit la traduction, *cujus auctor fuit Eugenius papa : ubi est Christi corpus, ibi esse et sanguinem, ac propterea laicis non esse dandam Eucharistiam in utráque specie*, au lieu qu'il fallait traduire, *Impium dogma papistarum est, cujus auctor fuit Eugenius papa, quoniam ubi est Christi corpus, ibi etiam sanguis est, propterea non decere ut laici in utráque specie communionem accipiant*. On voit bien que c'est cette fausse traduction qui est la source de l'erreur de M. Claude ; mais il n'est pas néanmoins excusable de s'y être laissé tromper, puisqu'il pouvait trouver de quoi se détromper dans le lieu même où Caryophile explique le sens de Gergan, d'une manière si fausse et si maligne ; car il a été obligé d'y reconnaître que le même Gergan, au livre 9 de son Catéchisme, question 5, interrogations 12 et 13, enseigne *que dans la communion et dans toutes ses parties, le corps et le sang de Jésus-Christ, sont tous entiers avec ses deux natures, parce que Jésus-Christ est indivisible,* ce qui contient une profession formellement opposée à l'erreur que M. Claude lui impute, ce qu'il eût été bon qu'il ne nous eût pas dissimulé.

L'ambassadeur cité par M. Claude est le comte de Carlisle, qui, ayant dressé une relation de son ambassade en Moscovie, depuis qu'il en est de retour, parle de cette sorte de la créance des Moscovites : *Au reste je ne me suis point aperçu de ce qu'Oléarius allègue qu'ils croient la transsubstantiation, et il y a trois choses principalement qui me le persuadent ; car quand on leur parle des suites de cette créance, ils témoignent qu'elles choquent trop leurs sentiments pour en être et pour la soutenir. Ils ne recourent pas, comme font ordinairement les catholiques, à la toute-puissance de Dieu. 2° Il y a toute sorte d'apparence que s'ils croyaient la transsubstantiation, ils auraient plus de respect qu'ils n'ont pour ce mystère ; et il serait fort étrange que dans une religion si superstitieuse qu'est la leur, on manquât de zèle et d'adoration, là où toutes deux devraient éclater le plus, comme on voit parmi ceux de la communion de Rome. Enfin s'ils avaient cette créance qu'Oléarius leur attribue, ils l'auraient des Grecs dont ils ont reçu les dogmes de leur religion. Mais on ne trouve point que les Grecs aient été de ce sentiment-là.*

M. Claude conclut de là que l'on ne peut tirer avantage du témoignage d'Oléarius qui dit formellement le contraire, mais il le conclut témérairement ; car, au lieu qu'il paraît par Oléarius qu'il s'était informé très-exactement de la créance des Moscovites sur la transsubstantiation, il paraît au contraire, par la relation de cet ambassadeur, qu'il ne s'en était point informé, puisqu'il ne nous y rapporte pas ce qu'il a appris positivement des Moscovites, mais qu'il nous y débite les réflexions qu'il lui a plu de faire dans son cabinet, sur ce qu'il se souvient d'y avoir vu, et sur quelques discours, non touchant le mystère même, mais touchant les suites philosophiques qui peuvent être ignorées de ceux qui croient le mystère le plus fermement.

Ainsi en laissant à part ces raisonnements, auxquels sans doute M. Claude ne nous voudrait pas obliger de déférer, tout ce qui résulte de son témoignage, c'est qu'ayant été en Moscovie, il n'a jamais ouï dire à aucun Moscovite qu'il ne crût pas la transsubstantiation, ce qui n'est pas fort avantageux à M. Claude, ni fort propre à affaiblir le témoignage d'Oléarius.

Mais puisqu'il est sans doute permis d'opposer à un ambassadeur qui n'a eu aucun soin de s'informer de la créance des Moscovites ni des Grecs, et qui nous débite des raisonnements qui n'ont d'autre fondement que ses préjugés, le témoignage d'un autre ambassadeur qui nous rapporte des faits dont il s'est exactement informé, et qui ne parle que de ce qu'il voit de ses yeux, M. Claude trouvera bon que je lui allègue ce que M. de Nointel, ambassadeur de sa majesté très-chrétienne auprès du grand-seigneur, a écrit depuis peu à un de ses amis qui l'avait prié de s'informer de la créance des Grecs. Je ne produirai pas sa relation entière, parce qu'elle contient d'autres faits : mais voici ce qui regarde ce sujet ; et si M. Claude en a quelque doute, on le lui fera voir dans l'original.

« La longueur de ma lettre ne m'empêchera pas de vous faire part d'un témoignage fort authentique, puisque c'est celui du patriarche même, en présence d'une douzaine de métropolites et des plus considérables officiers de son église, où j'allai le jour de la Trinité. Lorsque le service fut fini, la curiosité m'ayant pris de voir la maison patriarcale, j'entrai dans plusieurs chambres ; et ayant rencontré le patriarche dans la sienne, je ne pus me dispenser de lui faire civilité. Il fit en même temps entrer tous ses métropolites et ses principaux officiers. Je me mis dans une chaise, lui étant à terre, à la mode du pays, aussi bien que la plus grande partie du monde qui était présent.

« Je lui fis dire que j'étais fort édifié d'avoir assisté aux cérémonies de son église, et d'avoir remarqué que son âge ne l'empêchait pas de s'y appliquer avec tout le zèle que l'on peut désirer.

« L'on me répondit de sa part que la domination sous laquelle gémissait l'église d'Orient était un obstacle à la grandeur et à l'éclat qui devraient accompagner le service divin.

« Je répliquai que les ministres et les temples de Pierre pouvaient bien à la vérité être en la puissance d'une domination ennemie, et être soumis à l'excès de son autorité ; mais que chacun avait son homme intérieur, que chacun avait son temple renfermé dans lui-même, qui n'est autre chose que le cœur, dans lequel on pouvait sans cesse et avec liberté offrir à Dieu ses vœux et ses prières ; que l'on y priait avec d'autant plus d'efficace, que les souffrances et les afflictions extérieures étaient grandes, parce que les acceptant avec soumission à la volonté de Dieu, on lui en faisait un sacrifice qui lui était toujours fort agréable.

« La réponse du patriarche fut qu'il fallait espérer en la miséricorde de Dieu, lequel après avoir affligé son église d'Orient aurait assez de bonté pour la délivrer.

« La conversation ayant été interrompue par les régals du pays, je la repris pour lui témoigner la satisfaction que j'avais d'avoir été témoin oculaire d'une vérité que des hérétiques de France et des pays voisins s'efforçaient d'obscurcir par toutes sortes de déguisements ; et, pour m'expliquer davantage, je lui dis qu'ayant vu de mes propres yeux l'adoration qu'il avait rendue au Saint-Sacrement après la consécration, conjointement avec son clergé et son peuple, je croyais pouvoir témoigner à toute la terre que l'église d'Orient croit et a toujours cru la présence réelle de Jésus-Christ dans l'Eucharistie, et la transsubstantiation ou le changement du pain et du vin en son corps et son sang.

« Il me fit réponse qu'il ressentait une joie particulière de ce que je lui offrais de rendre témoignage d'une vérité qui lui était très-précieuse, pour laquelle lui et son église avaient toujours eu une ferme croyance, d'autant plus inébranlable qu'elle venait de Jésus-Christ même, et qu'elle avait été conservée jusqu'au temps présent par la tradition sainte et sacrée des évangélistes, des apôtres et des Pères de l'Église.

« Je répliquai que je n'avais jamais cru que l'église d'Orient se fût si fort oubliée de participer en cette occasion aux opinions des calvinistes et des luthériens ; mais que l'opiniâtreté de quelques-uns d'entre eux à le soutenir m'avait obligé de m'en informer plus exactement.

« Il répondit qu'on ne pouvait pas être plus éloigné de leurs sentiments sur cette matière, et sur l'invocation des saints et plusieurs autres points, que l'était l'église d'Orient ; qu'il croyait, et que par la grâce de Dieu les Grecs croiraient toujours la présence réelle de Jésus-Christ au Saint-Sacrement, et la transsubstantiation du pain et du vin en son corps et en son sang ; que leurs livres en faisaient foi ; que l'histoire du patriarche Jérémie et des luthériens en était une preuve incontestable, et que c'était calomnier l'église d'Orient que d'en parler autrement.

« J'insistai en lui représentant que des ministres calvinistes de France le laissaient pas, nonobstant des témoignages si clairs, de persévérer dans ce qu'ils avaient avancé, qu'ils niaient les livres dont on se servait contre eux, qu'ils accusaient les synodes de fausseté, et qu'ils soutenaient que la profession de foi de Cyrille Lucar, patriarche, était une pièce sans réplique qui établissait la vérité du fait en question.

« Le patriarche me fit dire qu'il était très-facile de nier les vérités les plus constantes, et que la calomnie qu'on avait faite à Cyrille Lucar en l'accusant de participer aux dogmes des calvinistes sur le Saint-Sacrement, et l'invocation des saints, et plusieurs autres points, était une invention de ses ennemis; qu'il n'en avait jamais rien paru durant sa vie à la face de son église, ce patriarche ayant toujours conservé la foi orthodoxe de la présence réelle de Jésus-Christ au Saint-Sacrement, et de la transsubstantiation du pain et du vin en son corps et en son sang, et de tous les autres articles qui sont de la croyance de l'église grecque, ainsi qu'il l'avait témoigné par les professions de foi qu'il avait faites en ce temps-là.

« Voilà, monsieur, un récit fidèle de la conversation que j'ai eue avec Parthenius, à présent patriarche de Constantinople : elle n'a pas été plus loin, mais je crois qu'il y en a suffisamment pour établir une vérité qui est incontestable en cette ville et dans tout le Levant, comme je le sais par ma propre expérience et par le rapport de personnes dignes de foi. Cette vérité est que les Grecs croient la présence réelle de Jésus-Christ dans l'Eucharistie, et la transsubstantiation du pain et du vin en son corps et en son sang ; qu'ils l'ont toujours crue ; que c'est la doctrine universelle de leur église, à laquelle l'ignorance, qui n'est que trop grande parmi eux, n'a point donné d'atteinte : je m'en suis informé non seulement de ceux qui sont dans les premières dignités de l'église, mais encore des séculiers et des papas qui paraissent les plus simples. »

Je laisse aux personnes judicieuses à comparer les témoignages de ces deux ambassadeurs, et à discerner celui qui mérite le plus de créance.

CHAPITRE XV.

Eclaircissement de ce qui regarde les Arméniens. Que leur exemple détruit manifestement les hypothèses de M. Claude. Que l'erreur des sociétés qui ne reconnaissent qu'une nature en Jésus-Christ n'empêche point qu'elles ne croient la vérité de sa nature humaine et la présence réelle. Justification de la sincérité des Liturgies coptes et éthiopiennes contre les objections de M. Claude.

Comme M. Claude s'attache particulièrement dans sa réponse aux Arméniens, et que les raisons qu'il apporte pour montrer par leurs principes qu'ils ne peuvent admettre la doctrine de la présence réelle se peuvent étendre aux Coptes et aux Ethiopiens, il est raisonnable d'y satisfaire exactement : et c'est ce que nous avons dessein de traiter ici.

Nous avouons qu'il faut excepter ces peuples du nombre de ceux d'Orient à qui les Latins n'ont jamais reproché de ne pas croire la présence réelle, puisqu'il est certain que divers auteurs les en ont accusés. Mais tant s'en faut que cette accusation fortifie la cause de M. Claude, qu'elle la détruit absolument, parce qu'elle fait voir clairement qu'il n'y a rien de plus opposé à l'esprit des Latins que cette prétendue politique qu'il leur attribue ; qu'ils se portaient plutôt alors dans un excès tout contraire qui est de presser les chrétiens d'Orient sur divers points de discipline que l'Eglise romaine a cru depuis avoir raison devoir tolérer ; et enfin qu'ils n'ont point fait difficulté d'accuser ces sociétés de l'erreur contraire à la présence réelle, quand ils en ont eu quelque prétexte. Un seul auteur, qui est Guy le Carme, en ayant chargé les Arméniens, a donné lieu à une douzaine d'autres de les en charger sans autre examen. Pourquoi donc aurait-on plus épargné les autres sociétés d'Orient, et par quelle bizarrerie aurait-on cru dans l'Eglise latine qu'il était permis d'imputer cette erreur aux Arméniens sur le seul témoignage de Guy le Carme, qui n'avait jamais été en Arménie, et qu'il n'était pas permis de l'imputer aux Grecs, quelque conviction qu'on eût de leur erreur sur ce point?

Cette accusation confirme donc tout ce qu'on a dit de la foi des Grecs, et elle n'affaiblit point les preuves qu'on a apportées de celle des Arméniens. Elles subsistent pour tout le temps qui précède Benoît douzième et qui suit Clément sixième : et elles donnent lieu de conclure qu'il est impossible que le corps de la nation ait eu une autre foi sous ces deux papes.

Mais comme les choses certaines peuvent avoir des difficultés, on avoue que l'on en peut former deux sur le sujet des Arméniens. L'une comment ils peuvent allier leur créance de l'unité d'une nature en Jésus-Christ avec la foi de la présence réelle. L'autre est celle qui naît de l'information de Benoît XII et des lettres de Clément VI. Nous allons les traiter séparément. Et comme la première ne regarde pas seulement les Arméniens, mais aussi les Cophtes, les Ethiopiens et les Jacobites, à qui M. Claude attribue de nier la présence réelle sur le même fondement de l'eutychianisme, nous examinerons cette difficulté à l'égard de tous ces peuples.

M. Claude propose l'argument qu'il tire de l'erreur eutychienne, pour prouver que tous les peuples que l'on en accuse ne croient pas la présence réelle et la transsubstantiation, d'une manière qui ferait juger qu'il ne souffre pas la moindre réponse. *Il s'agit*, dit-il, *de savoir si toutes ces nations*, *Jacobites*, *Cophtes*, *et Ethiopiens*, *peuvent tenir la transsubstantiation, c'est-à-dire qu'il s'agit de savoir s'ils ont encore quelque sorte de sens commun qui les empêche de tomber dans une contradiction qu'on peut appeler formelle, s'il y en eût jamais de formelle. Car que peut-on trouver de plus directement opposé que de soutenir d'un côté que Jésus-Christ n'a point de véritable corps, qu'il n'y a en lui que la seule nature divine, que tout ce qui a paru de sa conversation au monde, de sa naissance, de sa mort, de sa résurrection, n'étaient que de simples apparences sans réalité ; et de croire de l'autre que la substance du pain se change en la propre substance de son corps, et en la même substance qu'il a prise de la Vierge.*

Mais il me permettra de lui dire que quand on traite une matière importante, et que l'on en parle de cet air, il est bon de s'en instruire plus exactement qu'il n'a fait.

Il s'est imaginé que tous ceux qui disent qu'il n'y a qu'une nature en Jésus-Christ enseignent en même temps que Jésus-Christ n'a point eu ou n'a plus de corps : mais cette imagination est très-fausse.

Dioscore même, chef de cette secte, protesta hautement dans le concile de Calcédoine qu'il n'admettait ni confusion, ni mélange, ni division des natures en Jésus Christ, *neque confusionem dicimus, neque commixtionem, neque divisionem*. Et Basile, évêque de Séleucie, sectateur de l'hérésie eutychienne, avait fait la même protestation dans le concile d'Ephèse, ainsi qu'il est rapporté dans l'action première du concile de Calcédoine.

Facundus témoigne que les acéphales ou semi-eutychiens enseignaient tellement que le Fils de Dieu n'avait qu'une nature, qu'ils voulaient que cette nature fût en partie consubstantielle à la nature du Père et en partie à la nôtre : *Potest accipi eadem una natura secundùm aliquid naturæ Patris esse consubstantialis, et item secundùm aliquid nostræ* (1).

Il ne faut que faire réflexion sur la question qui s'éleva entre Sévère, patriarche d'Antioche, et Julien d'Halicarnasse, tous deux de la secte des eutychiens, et qui la divisa en deux partis, pour reconnaître qu'il était constant entre les uns et les autres que Jésus-Christ avait un corps. Car elle consistait en ce que Sévère soutenait que le corps de Jésus-Christ avait

(1) Facund., lib. 1, cap. 18, p. 36

été corruptible durant sa vie mortelle, au lieu que Julien prétendait prouver par les Pères, qu'il avait toujours été incorruptible. Ainsi les uns et les autres demeuraient d'accord qu'il avait un corps.

Tous ceux qui ont enseigné que Jésus-Christ avait une nature composée, reconnaissaient de même un véritable corps en Jésus-Christ, comme tous les auteurs qui en ont écrit en demeurent d'accord.

Or s'il est certain en général que les semi-eutychiens n'ont jamais nié que Jésus-Christ n'eût un vrai corps, il ne l'est pas moins que les Cophtes, les Éthiopiens et les jacobites, ne sont que des semi eutychiens.

Les jacobites sont de la secte des sévériens, comme le témoigne Nicéphore (1), et les Cophtes sont successeurs de ceux qui ont soutenu en Égypte les sentiments de Dioscore dont ils font encore leur saint. Or Dioscore, comme nous avons vu, enseignait tellement qu'il n'y avait qu'une nature en Jésus Christ, qu'il n'y reconnaissait aucun mélange, ni aucune confusion.

Les Éthiopiens, étant soumis au patriarche des Cophtes, ne peuvent pas avoir d'autres sentiments qu'eux sur un point si important. Job Ludolphe, dans ses Notes sur la confession du roi Claude, soutient même qu'ils ne sont point du tout eutychiens ; mais il est certain du moins qu'ils ne le sont point, non plus que les Cophtes, d'une manière qui les engage à croire que Jésus-Christ n'ait plus de corps et de nature humaine. Car il n'y a rien de plus formel que les liturgies de ces peuples pour la vérité de la nature humaine de Jésus Christ : et elle y est si fortement exprimée, que M. Claude n'a point trouvé d'autre moyen de les éluder qu'en disant en l'air que ces clauses y ont été insérées par les Latins De sorte que pour décider tout ce différend touchant l'opinion qu'il attribue à ces sociétés, il n'y a qu'à établir la sincérité de ces liturgies.

L'examen en est d'autant plus important que la confession de la nature humaine de Jésus-Christ y est jointe à celle de la présence réelle, d'une manière si vive et si forte, que je ne crois pas qu'il y ait aucun homme de bon sens qui, après l'avoir considérée, puisse se persuader que ces nations ne la croient pas. C'est ce qui m'a porté à m'en informer exactement, et voici ce que j'ai trouvé par cette recherche :

Premièrement, il n'est point vrai, comme M. Claude l'a cru (2), que l'on n'ait point le texte éthiopien de de cette liturgie qui s'appelle *Canon universalis Æthiopum*. On imprima à Rome, l'an 1548, trois liturgies en éthiopien. Il y en a une autre, imprimée à Londres, qui porte pour titre *La Liturgie de Dioscore*. Or celle qu'on appelle *Canon universalis* est une des trois imprimées à Rome.

Il n'est point vrai non plus que l'on ne sache point d'où cette pièce est tirée, et qui en est le traducteur. Si M. Claude ne se fût point arrêté à la bibliothèque des Pères, et qu'il eût eu soin de faire consulter l'édition qui a été faite à Rome des trois liturgies éthiopiennes et de la version de celle qu'on appelle *Canon universalis*, qui est la principale de ces trois, il aurait reconnu que l'un et l'autre y est marqué très-exactement.

L'occasion de l'impression de ces liturgies fut que Claude, roi des Abyssins, successeur de David, surnommé Vanag-aget, étant engagé dans une guerre très-dangereuse avec un roi de ses voisins dont on avait sujet d'appréhender l'événement des Éthiopiens qui étaient à Rome, ayant appris le mauvais état de leur empire, craignirent que si ce roi voisin, qui était un impie, venait à s'emparer de l'Éthiopie, la religion ne s'y perdît faute de livres, ce qui les porta à entreprendre de faire imprimer à Rome, à leurs frais, le nouveau Testament et les liturgies éthiopiennes. Le principal de ces Éthiopiens s'appelait *Pierre Comos*,

(1) Lib. 18, cap. 52.
(2) 2ᵉ Rép., p. 468.

P. DE LA F. III.

dont Scaliger parle comme d'un homme de condition. Ce fut lui qui fournit aux frais de l'impression, et un autre Éthiopien, *Tespha Sion*, en prit le soin. Tout cela est marqué exactement dans l'édition éthiopienne, et même la somme que cette édition leur a coûtée ; de sorte qu'il n'y eut jamais de reproche plus vain que celui que M. Claude fait contre cette pièce, en disant *qu'on nous l'a mise dans la bibliothèque des Pères sans nous dire d'où on l'a tirée, ni qui est son traducteur*, comme s'il ne suffisait pas que cela fût marqué dans la première édition, et comme si M. Claude n'avait pas été obligé de s'en informer avant de se hasarder à proposer cette accusation.

Pour la version latine, elle fut imprimée à Rome chez Antoine Blade, l'année d'après, c'est-à-dire l'an 1549. Les Éthiopiens, en la dédièrent au Pape, déclarent dans la lettre dédicatoire qu'ils s'étaient servis pour la traduire de Pierre-Paul Gualterius, duquel ils parlent aussi dans la préface du nouveau Testament éthiopique, en lui rendant ce témoignage, *qu'il aimait les Éthiopiens plus que personne qui fût dans l'Europe*. Ainsi il n'y a rien de plus authentique que cette liturgie, puisqu'elle a été imprimée par les soins et aux frais d'Éthiopiens naturels pour l'utilité de leurs pays.

On ne dissimulera pas néanmoins que M. Claude n'ait eu quelque petit prétexte de former contre cette liturgie les objections qu'il a faites, et que la version latine ne soit altérée en quelques endroits : mais on va voir que tant s'en faut que ces altérations en affaiblissent l'autorité en ce qui regarde l'Eucharistie et la vérité de la nature humaine de Jésus-Christ, qu'elles ne font au contraire que l'établir davantage.

On reconnaît donc de bonne foi que ces Éthiopiens faisant imprimer à Rome la version de leur liturgie, et se servant de théologiens romains pour cet effet, craignirent que l'on n'y fût choqué de quelques expressions, et que cette crainte les porta à les altérer dans la version ; mais comme ils savaient que l'on n'entendait pas à Rome l'éthiopien, ils laissèrent ces mêmes endroits sans aucune altération dans le texte éthiopien, en éludant ainsi l'exactitude des censeurs romains, de sorte qu'il n'y a rien de si facile à ceux qui entendent cette langue que de reconnaître ce qui est de l'original et ce qui y a été ajouté dans la version.

Il ne faut point d'autre preuve que celle-là pour persuader toutes les personnes judicieuses de la sincérité du texte original. Car si les censeurs de Rome avaient eu le même pouvoir dans l'impression de ce texte que dans celle de la version, pourquoi y auraient-ils laissé ce qu'ils n'ont pas cru devoir souffrir dans la version ?

Il paraît d'ailleurs que les censeurs romains n'eurent point de part à l'impression du texte éthiopien ; ce furent les Éthiopiens qui en firent les frais ; il n'est point dédié au Pape, il n'en est point parlé dans les préfaces ; les armes qui sont au bas de la première feuille sont les armes de France avec cette inscription, *Henricus rex Francorum*. On voit en d'autres exemplaires, celles de l'empereur Charles cinquième. Tout cela marque que cette impression fut regardée comme une affaire particulière aux Éthiopiens, qui voulaient avoir des livres pour leur pays ; et non comme une affaire publique où le Pape prit intérêt, comme il fit depuis à la version.

Mais ce qui est remarquable, c'est qu'en comparant le texte éthiopien à la traduction on trouve que les objections que M. Claude fait contre cette liturgie, ou les avantages qu'il en prétend tirer, ne sont fondés que sur ces altérations de la version, dont il n'y a rien dans l'original.

Par exemple, le principal argument qu'il apporte pour la rendre suspecte est qu'il y est parlé de l'élévation de l'hostie, ce qu'il prétend être contraire à ce

(*Troisième.*)

que Zagazabo rapporte de la coutume des Éthiopiens. Mais cette objection est absolument détruite par l'original. Car il n'y est pas dit un seul mot de l'élévation.

Ce n'est pas que ces paroles qui se lisent dans la version latine, *Sacerdos elevans Sacramentum dicet altâ voce*, doivent passer pour une falsification. Car comme c'est l'ordinaire des liturgies orientales d'omettre les rubriques, il est aussi ordinaire aux traducteurs de les suppléer. Et quant à la contrariété qu'il semble que cette rubrique ait avec ce que Zagazabo rapporte que les Éthiopiens n'élèvent point le Sacrement, elle est absolument nulle. Car ce que dit Zagazabo s'entend naturellement de cette élévation solennelle qui se pratique par les Latins immédiatement après la consécration; et il est vrai que cette élévation n'est point en usage parmi les Éthiopiens ni parmi les autres sociétés orientales. Mais cela n'empêche pas que comme les Grecs et les autres églises d'Orient pratiquent avant la distribution des mystères une espèce d'élévation moins solennelle et moins remarquable qu'ils appellent ἁγία ὑψωσιν, il ne puisse y en avoir une semblable parmi les Éthiopiens. Et en effet cette élévation est marquée dans cette liturgie peu de temps avant la communion du prêtre et du peuple, c'est-à-dire au même temps où elle se fait dans les communions d'Orient. Quoi qu'il en soit, on ne peut tirer aucun argument de cette élévation marquée dans la version contre le texte original, puisqu'il n'y en est point fait mention.

La comparaison du texte original avec la version découvre encore plus clairement combien est vaine la conjecture que M. Claude fait sur une clause qui se trouve dans la traduction, et qu'il exprime en ces termes. *Cependant*, dit-il (1), *parce que Dieu surprend les sages en leurs ruses, on n'a pu s'empêcher d'y laisser des choses qui ne s'accordent pas trop bien avec la doctrine de la transsubstantiation, comme est cette prière que le prêtre fait après la consécration*: Faisant, dit-il, commémoration de la mort et de la résurrection, nous offrons ce pain et ce calice, et nous te rendons grâce de ce que par ce sacrifice tu nous as rendus dignes de comparaître en ta présence et d'exercer ce sacerdoce devant toi. Nous te prions, Seigneur, et te supplions ardemment que tu envoies ton S. Esprit sur ce pain et sur ce calice qui sont le corps et le sang de Jésus-Christ notre Seigneur et Sauveur au siècle des siècles. *S'ils entendaient*, dit M. Claude, *que le pain et le calice fussent le corps et le sang du Fils de Dieu en propre substance, lui diraient-ils à lui-même qu'ils lui offrent le pain et le calice en commémoration de sa mort et de sa résurrection, et ne serait ce pas une impiété de lui demander qu'il envoyât sur ce pain et sur ce calice son S.-Esprit? Ce n'est pas à Jésus-Christ même qu'on offre son corps et son sang. On ne s'exprime pas de la sorte quand on croit la réalité romaine, moins encore peut-on lui demander qu'il envoie sur eux son S.-Esprit.*

Je ne m'arrêterai pas ici à réfuter au long l'erreur grossière par laquelle M. Claude ose avancer que ce n'est pas à Jésus-Christ que l'on offre son corps et son sang, contre la doctrine expresse des liturgies et des Pères, qui décident que c'est Jésus-Christ qui reçoit le sacrifice et qui est distribué (2), et que le sacrifice s'offre à toute la Trinité et par conséquent à Jésus-Christ au S.-Esprit comme au Père.

Je me contenterai de lui dire que cette prière sur laquelle il chicane n'est point dans l'original éthiopien en la manière qu'elle est exprimée dans la version, mais qu'elle y est conçue dans les termes ordinaires à toutes les autres liturgies orientales; car au lieu qu'il y a dans la version : *Nous te prions, Seigneur,*

(1) 3ᵉ Rép., p. 670.
(2) Basil. Chrys. in Liturg.; Cyrill. in Orat. de Cœna Myst.; Fulgent. lib. 2 ad Monim.

et te supplions ardemment que tu envoies ton S.-Esprit sur ce pain et sur ce calice qui sont le corps et le sang de Jésus-Christ; le texte éthiopien porte : *Nous te prions et te supplions, Seigneur, d'envoyer ton S.-Esprit et ta vertu sur ce pain et sur ce calice, et qu'ils le fassent le corps et le sang de Notre-Seigneur Jésus-Christ*. De sorte qu'il est si faux que les paroles de la version soient contraires à la transsubstantiation, et que ce soit par un conseil de Dieu qu'elles y aient été laissées, qu'il se trouve au contraire que ces paroles ont été ajoutées dans cette version par les traducteurs, de crainte que l'on ne tirât quelque conséquence des paroles du texte contre la doctrine commune de l'Église romaine sur la forme de la consécration.

Il est permis à M. Claude de conclure en général de ces altérations que, pour fonder quelque preuve solide sur ces liturgies, il faut les comparer à l'original. Mais cette comparaison lui est si peu avantageuse que, détruisant comme nous avons vu tous les vains avantages qu'il en prétend tirer contre l'Église romaine, elle établit encore plus fortement toutes les preuves que l'Église romaine en tire contre la doctrine des sacramentaires.

Car je lui déclare qu'ayant fait conférer exactement par des personnes habiles tous les passages qu'on en a cités pour la présence réelle et la transsubstantiation avec le texte éthiopien, non seulement elles les ont trouvés conformes, mais qu'elles ont même trouvé dans ce texte des clauses importantes qui ont été omises dans la version, tant ceux qui l'ont faite étaient peu appliqués à favoriser et à établir la doctrine de l'Église romaine sur l'Eucharistie.

On trouve dans l'original éthiopien ce que le peuple dit après la consécration : *En vérité, en vérité, en vérité nous croyons, nous nous confions en vous, nous vous louons, ceci est véritablement votre corps*; ou pour traduire plus mot à mot, comme a fait Kircher : *Ceci est* (nous le croyons dans la vérité) *votre corps*.

On y trouve aussi cette confession que le prêtre fait avant de communier, et qui est conçue dans les mêmes termes que l'on a rapportés. *C'est le corps saint, digne d'honneur, et plein de vie de notre Seigneur et Sauveur Jésus-Christ, qui a été donné pour la rémission des péchés, et pour faire obtenir la vie éternelle à ceux qui le prennent véritablement. Amen. C'est le sang de notre Seigneur et Sauveur Jésus-Christ, saint, digne d'honneur, et vivifiant, qui a été donné pour la rémission des péchés, et pour faire obtenir la vie éternelle à ceux qui le reçoivent véritablement. Amen. C'est vraiment le corps et vraiment le sang d'Emmanuel notre Dieu. Amen. Je le crois, je le crois, je le crois à présent et pour toujours. C'est le corps, c'est le sang de notre Seigneur et Sauveur Jésus-Christ; ce corps et ce sang qu'il a pris de la bienheureuse et très pure vierge Marie, et qu'il a uni avec sa divinité*. Après cette confession si claire et si précise de la présence réelle, les Éthiopiens ajoutent celle de la vérité de la nature humaine de Jésus-Christ, en ces termes : *Ce corps qui est né sans mélange d'aucun homme, et sans que la divinité ait été séparée de l'humanité NI CHANGÉE EN ELLE, dont il a rendu un témoignage illustre sous Ponce Pilate en se livrant pour nous dans l'arbre de la croix. Amen. Je crois, je crois, je crois que la divinité n'a pas été séparée de l'humanité une seule heure ni un seul moment. Et il s'est donné lui-même pour nous, afin de procurer le salut, la rémission des péchés, et la vie éternelle à ceux qui le reçoivent véritablement. Je le crois, je le crois, je le crois maintenant et pour toujours*. Mais le texte éthiopien ajoute encore ces paroles, qui ne se trouvent point dans la version latine : *C'est ici le pain vivant qui est descendu du ciel, le précieux corps d'Emmanuel notre Dieu dans la vérité*. Ceux à qui on le donne répondent : *Amen*. Et le diacre distribue le calice en disant : *C'est le calice de vie qui est descendu du ciel, le précieux sang de Jésus-Christ*. Et celui qui le reçoit répond : *Amen, amen*.

Cette double confession de la présence réelle et de la nature humaine de Jésus-Christ est aussi contenue dans les deux liturgies coptes attribuées à S. Basile et à S. Grégoire; et M. Claude ne doit point prétendre les rendre suspectes parce qu'elles ont été traduites par Victor Scialac; car ayant fait conférer sa version avec des liturgies coptes manuscrites fort anciennes qui sont à Paris, l'on a trouvé que ce traducteur n'avait rien ajouté à tous les passages qu'on en a cités, et qu'il les avait même un peu abrégés en quelques endroits, comme on le peut voir par la traduction littérale de ce qu'on a cité de la liturgie de S. Basile, et que nous insérerons ici : *C'est là le corps saint et le sang précieux, pur et véritable de Jésus-Christ, Fils de notre Dieu. Amen. Le saint et véritable corps et le sang véritable de Jésus-Christ, Fils de notre Dieu. Amen. Le corps et le sang d'Emmanuel notre Dieu; c'est cela dans la vérité. Amen. Je le crois, je le crois, je le crois, et je le confesse du fond de mon cœur, où, jusqu'à ce que je rende l'âme, usque ad animam; que c'est là le corps même vivifiant de son Fils unique notre Seigneur, notre Dieu et notre Sauveur Jésus-Christ. Il l'a pris de la sainte et pure Marie, mère de Dieu, notre commune maîtresse, et l'a uni à la divinité sans mélange, sans confusion, sans altération.*

M. Claude est contraint de reconnaître que ces paroles contiennent une confession expresse de la vérité de la nature humaine, et il n'a rien à y répondre, sinon que c'est peut-être les Latins qui les ont ajoutées dans quelques-unes des réunions qui se sont faites de ces peuples avec l'Église romaine. Mais cette défaite est si contraire au bon sens, que je m'étonne que M. Claude n'ait pas eu quelque honte de la proposer. Car il faut remarquer, 1° que l'Egypte ayant été toujours sous le pouvoir des Sarrasins depuis qu'ils la conquirent la première fois, et n'ayant point été recouvrée sur eux par les croisades, les Latins n'ont jamais été en pouvoir d'y répandre leur doctrine et d'y changer les liturgies. Et il y a encore moins d'apparence qu'ils l'aient pu faire à l'égard des Éthiopiens, puisque l'Éthiopie leur a toujours été presque inconnue, et qu'ils y ont même envoyé beaucoup moins de missionnaires qu'aux autres pays d'Orient.

2° M. Claude nous devrait dire dans quelle réunion il prétend que ce changement des liturgies s'est pu faire. Ce n'est pas certainement dans celle qui se fit au concile de Florence, puisqu'elle n'a point eu d'autre effet, sinon que le pape Eugène envoya aux Éthiopiens une confession de foi opposée à leurs erreurs. Mais les historiens qui rapportent cette confession de foi ne parlent en aucune sorte de cette addition à la liturgie. Ce n'est pas aussi dans la légation des Éthiopiens à Sixte V. Car outre qu'elle ne regardait pendant lors les Cophtes d'Égypte, et qu'ainsi elle ne peut pas avoir donné lieu à corrompre leurs liturgies, aucun historien n'a fait mention que le Pape ait exigé d'eux cette addition.

3° Il est très faux que ces termes *sans commixtion, sans confusion et sans mélange*, ou ceux qui sont dans la liturgie éthiopienne, *que la divinité n'a été ni séparée de l'humanité ni changée en elle*, soient directement opposés à l'erreur des Cophtes. Car nous avons fait voir que les semi-eutychiens, après Dioscore et Sévère leurs chefs, se servaient de tous ces termes. Et je ne sais comment M. Claude en a pu douter, puisque les passages mêmes qu'il produit de Técla Maria, prêtre abyssin, pour prouver que les Éthiopiens sont eutychiens, portent expressément *qu'ils professent simplement une nature sans mélange ni confusion*, ce qui s'accorde avec cette liturgie.

Enfin, il est indubitable que si les papes avaient été les maîtres de ces liturgies, et y avaient pu faire telles altérations qu'il leur plairait, ils n'auraient jamais manqué d'ajouter aux trois cent dix-huit Pères du concile de Nicée, aux cent cinquante de Constantinople et aux deux cents d'Éphèse, dont il est fait mention en deux endroits de cet office, ceux qui assistèrent au concile de Calcédoine, puisque l'aversion que les Éthiopiens ont contre ce concile fait une grande partie de leur schisme, et qu'elle est si violente qu'ils rappellent *l'assemblée des fous et des apostats*, comme le témoigne Job Ludolphe. Cependant ils ne l'ont pas fait, et le concile de Calcédoine y est toujours exclu du nombre des conciles orthodoxes dont il est fait mention.

Il est donc visible que la sincérité de ces liturgies ne pouvant d'une part être raisonnablement contestée, et M. Claude demeurant d'accord de l'autre qu'elles contiennent une confession très-formelle de la vérité de la nature humaine de Jésus-Christ, on ne peut avec la moindre apparence soupçonner ces peuples de croire que Jésus-Christ n'ait point de corps; et qu'ainsi l'on ne peut prendre prétexte de cette erreur pour leur attribuer de ne pas croire la présence réelle dont ils font une confession si claire et si précise dans ces mêmes liturgies.

CHAPITRE XVI.

Preuves particulières que, nonobstant l'erreur eutychienne, les Arméniens croient que Jésus-Christ a un vrai corps, et que ce corps est présent dans l'Eucharistie.

Mais de peur que M. Claude ne prétende que ce que nous venons de dire des Cophtes et des Abyssins ne sert de rien pour justifier les Arméniens, et qu'il ne s'ensuit pas que si les uns admettent en Jésus-Christ une véritable nature humaine, les autres ne la nient pas, je lui soutiens de plus que l'on ne peut conclure de l'eutychianisme que l'on a reproché aux Arméniens qu'ils nient la vérité du corps de Jésus-Christ, et que l'on conclut tout le contraire des auteurs mêmes que M. Claude allègue et de tous les autres qui en ont parlé.

Une des opinions des eutychiens, ou plutôt une des manières dont ils s'expliquaient, était, comme le marque Nicéphore, cité par M. Claude, que le Verbe n'avait point pris un corps humain de la Vierge; mais qu'il avait été fait chair, et changé en chair sans changement. Or il s'ensuit de cette explication qu'il aurait donc une chair, quoiqu'il n'eût pas été prise de la Vierge; et l'on ne doit point demander dans ce sentiment comment ils pouvaient admettre une chair dans l'Eucharistie, puisqu'il est clair qu'ils pouvaient y admettre cette chair en laquelle, selon eux, le Verbe a été changé.

Ils disaient aussi quelquefois, comme le rapporte le même Nicéphore après Euthymius, que le Verbe avait pris un corps *incorruptible, incréé, céleste, impassible, subtil, qui n'est pas d'une même nature que le nôtre.* Or dans cette hypothèse, il est encore très clair qu'ils pouvaient admettre ce corps subtil et impassible dans l'Eucharistie; et ainsi voilà déjà deux manières d'expliquer cette opinion dont il ne s'ensuit pas qu'ils niassent la présence réelle.

Mais il faut remarquer que les eutychiens joignaient à toutes ces deux manières d'expliquer leur opinion une conséquence que M. Claude n'a pas entendue. Car ils voulaient que Jésus-Christ n'ayant eu qu'un corps incorruptible, et ayant néanmoins paru avoir un corps corruptible, toutes les actions et tous les accidents de ce corps qui a paru au dehors fussent feintes et phantastiques. Ils enseignent, dit Nicéphore, *que le Verbe a pris un corps incorruptible, incréé, céleste, impassible, subtil, qui a eu néanmoins tous les accidents de la chair, mais en apparence seulement, et en la manière d'un spectre.* Euthymius, cité par M. Claude, dit la même chose en termes formels. Et comme il s'ensuit de là, non que ce corps impassible ne fût pas réel, mais seulement qu'il n'avait pas réellement les propriétés qui y paraissaient, M. Claude peut juger par là qu'il n'a pas eu raison de conclure que ce Barzabas avec qui Cyrille Lucar dit qu'il confera à Jérusalem, et qui soutenait, comme il le rapporte, que Jésus-Christ n'avait souffert qu'en apparence, crût pour cela que Jésus-Christ n'eût point de corps. Car il s'ensuit seulement qu'il croyait que le corps de Jésus-Christ était réellement incorruptible, et qu'il n'avait souffert la mort qu'en apparence.

La troisième manière d'expliquer cette opinion des eutychiens, qui était suivie par quelques-uns d'entre eux, était de dire que la nature humaine a été absorbée par la nature divine ; mais cela se peut encore entendre en deux manières : l'une, que toutes les propriétés et les caractères de la nature humaine aient été abolis et absorbés, c'est-à-dire que Jésus-Christ n'ait plus de forme humaine, de circonscription, de couleur, qu'il ne soit plus visible, et qu'il n'ait rien des qualités par lesquelles on distingue les corps ; l'autre, que la substance même intérieure de son humanité ait été détruite et anéantie. M. Claude soutient que c'est en la seconde manière ; et je lui soutiens qu'il n'en a aucune preuve, et qu'il y a toute sorte d'apparence que ce n'était qu'en la première. En voici les raisons.

1° Toutes leurs comparaisons portent à ce sens. Car celle dont ils se servaient le plus ordinairement était que comme une goutte de miel ou de vinaigre jetée dans la mer ne se voit plus et ne subsiste plus, de même le corps de Jésus-Christ étant plongé et abîmé dans l'océan de la divinité, ne conserve plus sa nature et sa propriété. Or cette goutte de miel ou de vinaigre jetée dans la mer ne périt pas proprement, elle ne perd point son être, elle n'est point anéantie, elle perd seulement sa forme, et cesse d'être visible.

2° Théodoret voulant montrer, dans son second dialogue, que la nature de Jésus-Christ n'était point absorbée, ne prouve autre chose, sinon qu'il garde sa première forme, sa première figure, et sa première circonscription ; d'où il s'ensuit que conserver sa forme, sa figure et sa circonscription, et conserver sa substance et son essence, sont la même chose dans son langage, comme nous le ferons voir plus amplement dans son lieu.

3° L'information de Benoît XII qui porte que les Arméniens disent que Jésus-Christ n'avait plus de nature humaine après son Ascension, porte au même lieu qu'ils disaient qu'il avait une humanité. *Armeni dicunt et tenent quòd Christus post suam ascensionem habuit humanitatem, sed non habuit naturam humanam* (1) ; ce qui ne peut avoir d'autre sens, sinon qu'il avait, selon eux, l'essence intérieure de l'humanité ; mais que n'en ayant pas les propriétés et les caractères, cette humanité ne se devait pas appeler *nature humaine*.

4° Cette même information de Benoît XII, qui leur impute de ne pas croire la transsubstantiation, porte expressément qu'ils tenaient que le Sacrement était une figure du vrai corps de Jésus-Christ, d'où il s'ensuit qu'ils reconnaissaient que Jésus-Christ avait un vrai corps.

5° Les Arméniens de Léopolis disaient, au rapport de Lazicius, *qu'après l'incarnation il y a une telle conjonction et une telle société entre la nature divine et humaine, qu'elles n'ont pas même été séparées dans les souffrances de Jésus-Christ*. Ils supposaient donc qu'il avait une nature humaine.

6° Ce docteur arménien, nommé Narsès, dont il est parlé dans l'information de Benoît, n. 67, qui enseignant que lorsque l'on disait ces paroles : *Ceci est mon corps*, le corps de Jésus-Christ était sur l'autel en état de mort, et que quand on disait *per quem*, il était en état de vie, marquait clairement par là que Jésus-Christ avait un corps, de quelque manière qu'il entendît ces paroles.

7° Il est rapporté dans l'erreur 23 de cette même information, que les Arméniens croyaient que lorsque l'âme de Jésus-Christ descendit aux enfers, elle se revêtit de la divinité, de peur d'être connue, et il s'ensuit de là que selon eux Jésus-Christ avait donc

(1) Rain., ad ann. 1341, n. 32.

une âme. Tout cela fait voir que quand ils ont dit qu'il n'y a plus de nature humaine en Jésus-Christ, qu'il n'y a plus de chair ni d'âme, que cette nature est engloutie, ils n'ont point voulu dire que Jésus-Christ soit présentement sans corps, et que le mystère de l'Incarnation soit entièrement détruit par l'union même qui l'a établit.

Il ne faut donc point prendre si à la rigueur ces termes d'engloutissement et de nature absorbée dont quelques-uns d'eux se servaient ; et on doit au contraire reconnaître de bonne foi qu'il y avait dans tout ce langage beaucoup de métaphysique et de fausse philosophie, et que les idées qui répondaient à ces termes n'étaient pas toujours si extravagantes que les termes mêmes, comme tous ceux qui ont parlé avec quelque intelligence de l'hérésie d'Eutychès l'ont reconnu. Ainsi ce n'est point agir équitablement que d'opposer les conséquences que l'on tire de ces termes bizarres et embrouillés aux témoignages positifs et certains des Arméniens, qui déclarent qu'ils croient que le corps de Jésus-Christ est réellement présent dans l'Eucharistie.

CHAPITRE XVII.

Examen de la seconde difficulté touchant les Arméniens, tirée de l'information de Benoît XII, et des lettres de Clément VI.

L'information de Benoît XII et les lettres de Clément VI montrent seulement deux choses. La première, qu'entre ce grand nombre d'erreurs dont ils ont été chargés devant Benoît, il y avait un article où ils étaient accusés de ne pas croire la transsubstantiation, et de tenir que le Sacrement était la figure du vrai corps de Jésus-Christ.

La seconde, que ces deux papes ont été persuadés en général que beaucoup de ces accusations étaient vraies, sans s'appliquer plutôt à l'article de l'Eucharistie qu'aux autres.

Mais je ne crois pas que M. Claude veuille prétendre, ni que tous ces articles fussent véritables, puisque tous ceux qui ont écrit depuis des erreurs des Arméniens ne leur en imputent point la plupart ; ni que ces papes aient cru que tous les Arméniens fussent véritablement infectés de toutes. Aussi Benoît XII, écrivant au roi Léon, dit seulement *qu'il avait appris que quelques erreurs exécrables étaient tenues par plusieurs*. « *Nonnulli execrandi errores tenentur à multis* » (1). Et plus bas il dit qu'il y en avait quelques uns qui rompaient les âmes par ces erreurs. *Quibus damnabiliter per nonnullos animæ decipiantur* : mais il n'étend nullement ces reproches à toute la nation. C'est pourquoi ce pape écrivant au patriarche d'Arménie, ne suppose en aucune sorte qu'il en soit coupable ; mais il lui déclare qu'il lui envoie le catalogue de ces erreurs, afin qu'il les puisse déraciner, *ut ad eorum extirpationem melius et utilius precedere valeas*. Le pape Clément VI prit en ce sens la lettre de Benoît, lors qu'il écrivit dans une lettre rapportée par Rainaldus (2), *que son prédécesseur Benoît avait prié et exhorté les prélats arméniens de détruire et de condamner dans un synode certaines erreurs qu'il avait appris s'être répandues dans l'Arménie, afin de les arracher du cœur des autres Arméniens, qui, comme les plus simples, avaient été enveloppés dans les filets que la malice de l'ennemi leur avait tendus*.

Il est clair par ces paroles que tant s'en faut que Benoît ait accusé les prélats d'Arménie d'être infectés de ces erreurs, qu'il voulait au contraire se servir d'eux pour en désabuser les autres ; et c'est ce qui fait voir que M. Claude abuse des paroles de cette même lettre de Clément, qui porte que, sur cet avis de Benoît, ces évêques d'Arménie *synodo congregatâ ejusmodi errores abjecerunt, et, prout decebat, eos condemnaverunt*. Car ces termes, *abjecerunt errores*, ne

(1) Rain., ad ann. 1341, n. 46.
(2) *Ibid.*, n. 118.

signifient nullement qu'ils abjurèrent et quittèrent ces erreurs, comme si par cette condamnation ils s'en fussent reconnus coupables, puisque les papes ne leur en avaient point demandé l'abjuration ; mais ils marquent seulement qu'ils rejetèrent ces erreurs, qu'ils les désavouèrent, qu'ils les condamnèrent. Ce n'est pas que le pape Clément VI n'en ait soupçonné quelques-uns d'être engagés dans ces erreurs ; mais, comme ç'aurait été un grand embarras que de les en convaincre, et de distinguer les innocents d'avec les coupables, il se contenta qu'ils condamnassent toutes les erreurs marquées par Benoît, sans examiner s'ils les avaient ou ne les avaient pas tenues.

Ce fut la conduite que les papes tinrent dans cette affaire ; mais pour ce qui regarde celle des Arméniens, voici ce que l'on en trouve. 1° Le roi Léon traita toutes ces accusations de calomnies et d'impostures, et il les fit désavouer par un religieux nommé Daniel, dont Rainaldus dit que le livre se trouve encore à Rome (1).

2° Les prélats d'Arménie, sur la réquisition du pape Benoît, anathématisèrent toutes ces erreurs.

3° Le pape Clément ayant envoyé un formulaire en Arménie, contenu en 54 articles, dans lesquels il y en avait un touchant l'Eucharistie exprimé en ces termes : *Quòd corpus Christi sit idem numero quòd corpus immolatum in cruce,* le catholique d'Arménie répondit à cet article *qu'il croyait que le corps de Jésus-Christ né de la Vierge, mort en croix, et qui est maintenant vivant dans le ciel, après les paroles de la consécration, est dans le Sacrement de l'autel, sous les espèces et la ressemblance du pain.* Sur quoi le Pape lui demanda encore *s'il croyait que le pain fût transsubstantié au corps de Jésus-Christ.*

Quant à ce que ce pape se plaint que ce patriarche avait retranché seize articles de sa formule de foi, entre lesquels se trouve celui qui regarde l'Eucharistie, cela ne s'entend nullement de la réponse faite au Pape même, où cet article n'est point omis, mais d'une lettre de ce même patriarche à d'autres évêques, où il omettait ces seize articles, apparemment parce qu'il y avait suffisamment répondu dans ce qu'il avait écrit au Pape, ou pour quelque autre raison qu'il est ridicule de vouloir deviner, puisqu'on sait par sa réponse au Pape ce qu'il croyait de cet article.

Voilà les faits sur lesquels il faut juger de la foi des Arméniens de ce temps-là, et je pense que les personnes judicieuses et équitables ne s'éloigneront pas de ce que j'en vais dire.

Il n'y a point d'apparence que l'information faite par Benoît XII fût entièrement fausse, car ce pape y procédait de bonne foi ; mais il y a encore moins d'apparence qu'un roi comme Léon eût la hardiesse de désavouer toutes ces erreurs et de s'en plaindre comme de calomnies, s'il eût été vrai qu'elles eussent été tenues et crues dans tout son royaume. Il n'y eut jamais d'exemple d'une impudence qui allât jusqu'à cet excès.

Il est aussi contre toute vraisemblance que si les prélats d'Arménie avaient été infectés de ces erreurs, ils les eussent abjurées tout d'un coup sans aucune résistance, sur la simple réquisition d'un pape.

Ainsi la raison nous conduit d'elle-même à prendre quelque milieu entre ces deux extrémités, et à croire qu'il pouvait y avoir des Arméniens infectés de quelques-unes de ces erreurs ; qu'il y avait quelques prélats qui les favorisaient ; mais qu'y ayant plusieurs de ces articles dans lesquels on avait mal pris le sens des Arméniens, et n'y ayant aucun qui fût suivi par tout le corps de la nation, le roi Léon eut un prétexte apparent de les désavouer tous.

On ne peut savoir précisément de quel genre était celle qu'on leur imputait sur l'Eucharistie. Il n'est pas impossible qu'il y eût quelques personnes en Arménie qui fussent engagées dans l'erreur de Bérenger. Il pouvait y avoir des restes de Bogomiles ; et les Bérengariens avaient pu y faire des partisans. On peut même sans naître tomber dans une erreur si conforme au sens humain. Il n'est pas impossible aussi que les témoins se fussent trompés sur cette matière, parce que l'erreur des Arméniens sur la nature de Jésus-Christ leur pouvait donner lieu d'avancer des propositions qui paraissaient contraires à la présence réelle, quoiqu'elles n'y fussent pas contraires en effet. Ceux qui disaient, par exemple, *que Jésus-Christ n'avait plus de nature humaine, quoiqu'il eût encore une humanité,* pouvaient dire, par suite de cette bizarrerie, que la nature humaine de Jésus-Christ n'était point dans l'Eucharistie. Tout cela est incertain. Si ces témoins chargent les Arméniens, le désaveu des Arméniens les décharge. Et M. Claude est le premier qui ait prétendu que la déposition de témoins non confrontés, et désavoués par un roi et par les prélats de tout un royaume, fût une preuve convaincante.

Ce qu'il y a de certain c'est, 1° que la dernière réponse du patriarche d'Arménie est très-claire sur la présence réelle (1). Aussi les théologiens du pape Clément VI ne lui firent plus de questions sur cet article, et ce qu'ils répliquèrent ne regardait que la transsubstantiation, et non la présence réelle. Et encore l'on peut dire sans crainte que l'exactitude de ceux qui dressèrent les réponses qu'il envoya à ce patriarche était excessive, puisqu'ils voulurent l'obliger à faire profession de quantité d'opinions qui ne sont point reçues par tous les théologiens de l'Église. On lui voulut interdire des cérémonies et des pratiques que l'Église romaine souffre ou approuve dans les sociétés d'Orient. Et enfin on lui fit des difficultés sur des articles à l'égard desquels il s'était exprimé aussi clairement qu'on le pouvait faire. Il y a même sur lesquels l'expression du patriarche était plus conforme au langage de l'Église que celle qu'on voulait exiger de lui. Par exemple, le patriarche ayant dit dans l'article 25 : *Natura humana assumpta à Verbo est substantialiter unita Verbo in unitate personæ,* les théologiens du Pape, pour lui marquer de quelle sorte ils voulaient qu'il s'exprimât, lui répondirent : *Quærimus à te si credis unitatem naturæ humanæ et divinæ in Verbo non esse substantialem, sed personalem, nec naturas divinam et humanam unitas esse substantialiter, sed suppositaliter, in unitate personæ* (2). Cependant cette expression, *que la nature divine et humaine sont substantiellement unies en Jésus-Christ,* qui ne plaisait pas alors à ces théologiens de Clément VI, est de plusieurs Pères, comme de S. Grégoire de Nazianze en sa troisième oraison ; de S. Maxime, sur le chapitre 7 de la Hiérarchie du ciel ; de S. Jean de Damas, livre 3, chapitre 3. De sorte que M. Claude fait voir, ou qu'il n'a pas assez considéré cette pièce, ou qu'il n'y a pas également lorsqu'il prend prétexte de la question que les théologiens firent à ce patriarche sur la transsubstantiation de traiter sa réponse de suspecte.

Quoi qu'il en soit, les théologiens de Clément VI, qui forment dans cette pièce des difficultés aux Arméniens que l'on peut appeler excessives, s'étant tenus satisfaits sur la présence réelle, on ne saurait apporter une preuve plus authentique de la foi de ce patriarche.

Quel jugement peut-on donc porter de la créance des Arméniens sur tous ces faits, sinon que s'il y a eu quelques Arméniens infectés de l'erreur de Bérenger, ce qui n'est nullement certain, puisque les Arméniens ne l'ont jamais avoué, il est impossible qu'ils aient été en grand nombre. C'est où les règles les plus communes du bon sens qu'on doit garder en jugeant des faits nous conduisent nécessairement.

(1) Rainal., ad ann. 1341, n. 118.

(1) Rainal., ad ann. 1331, n. 11.
(2) *Ibid.,* n. 9.

Car comme pour trouver le vrai sens d'un auteur il ne faut pas s'attacher à un lieu particulier, mais qu'il faut prendre pour le vrai sens celui qui convient à tous les lieux de cet auteur ; de même en jugeant des faits il ne faut point s'arrêter aux hypothèses qui ne s'accordent qu'avec un fait particulier ; il en faut choisir une qui convienne à tous les faits. Celle de M. Claude est du premier genre, et celle que nous suivons du second. Il veut que sur l'information de Benoît XII et les plaintes de Clément VI, on croit que les Arméniens étaient tous en ce temps là dans les sentiments de Bérenger. Mais cette hypothèse ne s'accorde ni avec ce silence de tous les historiens avant Benoît XII, ni avec celui de tous ceux qui ont traité avec les Arméniens depuis Clément VI, ni avec le désaveu que le roi, les évêques et le patriarche en firent. Car qu'y a-t-il de plus ridicule que de dire qu'une hérésie comme celle-là se cache pendant deux cents ans à tous les missionnaires des papes et à tous les Latins, qu'elle paraisse douze ou treize ans, et qu'elle disparaisse tout d'un coup pour toujours ; et qu'au temps même qu'on veut qu'elle ait paru, elle soit désavouée et condamnée par le roi et les évêques du royaume où l'on prétend qu'elle était établie.

Mais la manière dont nous expliquons cette histoire n'a rien que de naturel : nous disons à M. Claude que le corps de la nation des Arméniens n'a jamais été infecté de cette erreur, qu'ainsi il n'est pas étrange que tous les missionnaires des papes et tous les évêques latins qui ont été en Arménie ne l'y aient pas remarquée. Car on ne remarque d'ordinaire que les erreurs des peuples entiers, et non celles des particuliers. Que néanmoins vers l'an 1240 quelques personnes plus exactes découvrirent, ou s'imaginèrent avoir découvert en Arménie parmi les autres erreurs de ces peuples, quelques semences de celle de Bérenger, et que ce pape en ayant écrit aux évêques d'Arménie, ils condamnèrent ces erreurs, et déracinèrent entièrement celle qui regardait la présence réelle : ce qui a fait que tous ceux qui ont traité depuis avec les Arméniens n'en ont découvert aucune trace parmi eux.

Cette accusation formée contre les Arméniens, est donc très propre pour faire voir l'absurdité de cette politique imaginaire que M. Claude attribue à toute l'Église latine, mais elle ne détruit nullement la preuve que l'on tire du silence de l'Église latine à l'égard des Arméniens. Cette preuve subsiste, comme je l'ai déjà dit, pour tout le temps qui précède l'information faite par Benoît XII non à Rome, mais à Avignon, comme M. Claude a eu raison de le remarquer. Elle subsiste pour tout le temps qui a suivi ce que Clément VI fit ensuite de cette information, c'est-à-dire, depuis l'an 1331 jusqu'à présent. Car tous ceux qui marquent expressément qu'ils ont conféré avec les Arméniens, comme Gerlac et Oléarius témoignent en même temps qu'ils croient la présence réelle ; toutes les attestations données par des évêques et des prêtres arméniens déclarent la même chose, et M. Claude ne nous allègue au contraire que des copistes de Guy le Carme, dont l'autorité est rejetée sur le sujet même des Arméniens par Alphonse à Castro ; où un voyageur calviniste nommé Herbert, qui ne marque point le lieu où il appris ce qu'il rapporte, et qui n'ayant point mis cet article dans la première édition de son livre, s'est avisé de le grossir dans la seconde de cette addition, qui a toutes les marques d'être plutôt le fruit de ses études que de ses voyages. De sorte qu'étant nécessaire ou qu'on croie que Herbert se trompe, ou que l'on s'inscrive en faux contre les témoignages de Gerlac et d'Oléarius, tous deux savants et luthériens, qui se sont tous deux appliqués à cette matière, et qui nous marquent le lieu où ils ont appris ce qu'ils en écrivent, et contre les attestations authentiques de six évêques arméniens et de plusieurs prêtres qu'on a produites

sans celles que nous produirons encore, il est impossible qu'un esprit raisonnable hésite tant soit peu à prendre parti, et qu'il n'en conclue que le témoignage de Herbert qui serait considérable s'il était seul, n'est d'aucune considération étant comparé avec tous les autres qui le démentent.

C'est en vain que M. Claude s'efforce d'affaiblir ces attestations données par des évêques et des ecclésiastiques de la nation même, en représentant ceux qui les donnent comme des pensionnaires de Rome. Ces sortes de discours ne lui font point du tout honneur, parce qu'ils marquent peu de justesse d'esprit. Croit-il que l'on pût trouver en France dix évêques qui voulussent signer qu'il n'y a point de calviniste dans ce royaume, ou dix ministres qui osassent témoigner qu'il n'y a point de Français qui n'approuvent toutes leurs opinions ? Comment peut-il donc s'imaginer que six évêques et plusieurs prêtres voulussent attester publiquement que tous les Arméniens croient la présence réelle, s'ils étaient persuadés du contraire.

L'impudence des hommes a des bornes, et elle n'est pas capable de les engager à toutes sortes d'excès ; principalement si les excès sont grands et les intérêts petits, et qu'ils puissent prévoir que la confusion en retomberait sur eux. Or qui ne sait que les Hollandais allant par toute la terre, et ayant plus de commerce avec les Arméniens que nous, il leur serait aisé de faire démentir ces évêques d'autres témoignages authentiques, s'ils avaient imposé à ceux de leur nation.

Chapitre XVIII.
Attestations authentiques de la foi des Arméniens données par le patriarche d'Erméazin et par l'archevêque arménien de Constantinople, et de celle des nestoriens donnée par l'archevêque de Diarbeker.

Il est assez étrange que M. Claude qui soutient avec tant d'éclat que la certitude des faits est plus grande que celle des raisonnements, fasse si peu d'usage de cette maxime dans la pratique, que dans les faits même dont on peut s'assurer en quelque sorte par les sens, il aime mieux avoir recours à des conjectures vagues et incertaines pour les décider, que de prendre la peine de s'en instruire par des témoins vivants et irréprochables.

La question qui est entre nous touchant la créance des sociétés orientales, comme celle des Arméniens, est proprement de ce genre. Il s'agit de savoir à l'égard de ces peuples, si faisant profession de croire qu'il n'y a qu'une nature en Jésus-Christ, ils enferment dans cette erreur celle de croire qu'il n'a point de corps, et qu'ainsi son corps ne peut pas être dans l'Eucharistie. Il est clair que la voie naturelle de s'éclaircir de ce point est de leur demander à eux-mêmes ce qu'ils en croient, et cette voie est d'autant plus nécessaire que nous avons peu de livres arméniens qui y puissent suppléer. Cependant on ne voit point que M. Claude l'ait voulu prendre, et qu'il nous propose autre chose que des raisonnements que nous lui avons fait voir être très-faux.

Pour moi, quoique je ne demeure nullement d'accord de cette préférence que M. Claude donne à la certitude des faits au-dessus de celle des raisonnements en la matière qu'il entend, j'avoue de bon cœur néanmoins que quand il s'agit d'une nation qui subsiste, la déposition des témoins vivants est beaucoup plus forte et plus assurée que de simples conjectures. Et ainsi je n'ai pas cru qu'il y eût de moyen plus naturel pour s'assurer de la foi des Arméniens sur les points dont nous sommes en différend, que de le demander de bonne foi aux chefs de leur église. Et il est arrivé par bonheur qu'on a eu moyen de s'en éclaircir parfaitement, parce que le grand patriarche des Arméniens, qui demeure ordinairement à Erméazia, s'est trouvé à Constantinople pour quelques affaires qu'il avait à la Porte. M. l'ambassadeur de sa majesté très-chrétienne, à qui l'on avait envoyé quelques mémoires sur les prétentions de M. Claude, a eu la bonté de les lui communiquer. L'on y marquait en particulier l'argument qu'il tirait du dogme des Arméniens, qu'il n'y a qu'une nature en Jésus Christ, pour en conclure que les Arméniens ne pouvaient croire que le corps de Jésus-Christ fût présent dans l'Eucharistie, et que le pain fût véritablement changé en son corps. On y avait joint aussi une exposition de quelques autres opinions des calvinistes, pour en savoir ce qu'en croient les Arméniens. Et voici ce qu'il a répondu par un décret authentique confirmé par toutes les marques de son autorité, et signé par deux évêques et trois ecclésiastiques arméniens.

M. Claude remarquera seulement qu'en quelques endroits il exprime les opinions des calvinistes non en la manière qu'elles étaient dans le mémoire qui a été envoyé à Constantinople, mais en celle qu'il les a conçues. Car, par exemple, on n'avait nullement mis dans ce mémoire que par la consécration le pain et le vin sont unis hypostatiquement à la divinité, mais seulement qu'ils y sont unis; et l'on n'avait point attribué cette opinion aux calvinistes, mais on avait dit seulement que M. Claude l'attribuait aux Grecs. Mais le patriarche l'ayant conçu autrement, a pris le mot d'union pour une union hypostatique, et a condamné cette erreur en ce sens, ce qui est de peu d'importance. Car si ce n'est pas là l'opinion que M. Claude attribue aux Grecs, c'est au moins celle que Blondel et Aubertin leur attribuent. Il paraît aussi qu'il a cru que les calvinistes de France imputaient aux Arméniens toutes les erreurs marquées dans le mémoire : mais cette erreur de fait, fondée sur une équivoque, n'empêche pas que l'on ne voie clairement combien il déteste ces hérésies. Et cet acte en mérite d'autant plus de créance qu'il paraît clairement qu'on ne le lui a pas suggéré, puisqu'on l'aurait porté à s'exprimer autrement en quelques endroits.

Jacques, humble serviteur de Jésus-Christ, catholique et patriarche de tous les Arméniens, ayant été contraint de sortir de la province de l'Arménie Majeure appelée Ararat, où est le siége patriarcal qui se nomme Saint-Erminiazin, à cause des déréglements du docteur Eléazar, autrefois évêque de la sainte cité de Jérusalem, qui viole les règles de la discipline; je suis venu à la Porte des Turcs où est le grand roi des Ottomans, duquel, par la grâce du Saint-Esprit, nous avons obtenu tout ce que nous désirions.

Or étant à Constantinople, messire Charles Olier, marquis de Nointel, très-pieux ambassadeur du roi de France, couronné de Dieu, nous a exposé ce que les luthériens et calvinistes nous attribuent calomnieusement de croire. Mais à Dieu ne plaise que nous proférions ces paroles et que nous fassions profession d'une créance si erronée. On ne trouvera point de tels sentiments parmi nous, et nous en sommes aussi éloignés que l'Orient l'est de l'Occident. Or voici les propositions et les dogmes de ces gens là.

Premièrement, ils disent que le corps de Jésus Christ n'est pas réellement dans l'Eucharistie, mais que le pain et le vin sont seulement figures et signes du corps et du sang de Jésus Christ, qui communiquent la vertu de ce corps et de ce sang à ceux qui y participent.

Secondement, ils disent que le corps glorieux et immortel de Jésus Christ, qui est assis à la droite de son Père, n'est nullement présent dans l'Eucharistie, et n'entre point dans la bouche de ceux qui le reçoivent, mais seulement que par la consécration le pain et le vin sont unis hypostatiquement et personnellement à la divinité (1). Et qu'ainsi il se fait un nouveau corps de Jésus Christ que l'on dit être uni à son autre corps, parce qu'il est conservé et soutenu par sa divinité.

(1) C'est l'opinion que Blondel et Aubertin attribuent aux Grecs; mais M. Claude ne leur attribue pas d'admettre l'union hypostatique du pain à la divinité, mais une simple union.

Troisièmement, que la substance du pain et du vin, n'est pas changée au corps et au sang de Jésus-Christ, mais que le pain et le vin demeurent après la consécration.

Quatrièmement, que l'Eucharistie n'est point un vrai sacrifice propitiatoire, et qu'il ne la faut pas offrir pour les vivants et pour les morts.

Cinquièmement, qu'on ne peut, sans idolâtrie, adorer Jésus-Christ dans l'Eucharistie.

Sixièmement, que la rémission du péché originel n'est pas accordée généralement à tous ceux qui sont baptisés, mais seulement aux prédestinés ; et que si quelque adulte baptisé meurt dans l'infidélité, c'est un signe certain qu'il n'avait pas reçu de grâce dans le baptême.

Septièmement, que le baptême n'est pas nécessaire aux enfants des fidèles, et qu'ils peuvent sans le baptême entrer au royaume des cieux : qu'ainsi il n'est pas nécessaire de se mettre tant en peine d'empêcher qu'ils ne meurent sans baptême.

Huitièmement, que la justice une fois reçue ne se perd jamais, et que celui qui est une fois devenu fils de Dieu par adoption, ne peut plus devenir enfant du diable, et ne déchet jamais entièrement de la grâce d'adoption.

Neuvièmement, que les vœux de perpétuelle chasteté faits par les religieux et ermites sont criminels, injustes, contraires à l'Ecriture, et inventés par le diable.

Dixièmement, que l'Eglise ne peut, sans impiété et sans tyrannie, ordonner des jeûnes et l'abstinence de certaines viandes.

Onzièmement, que la Vierge mère de Dieu et les saints qui sont au ciel ne peuvent être invoqués sans faire injure à Jésus Christ notre médiateur.

Douzièmement, qu'il n'est pas permis d'honorer les saints, ni leurs reliques.

Treizièmement, qu'il n'est pas permis de rendre un culte relatif à leurs images.

Quatorzièmement, qu'il n'y a point sept sacrements dans l'Eglise, mais seulement deux.

Quinzièmement, que tous les prêtres sont égaux par l'institution de Jésus-Christ, et ont le même pouvoir que les évêques, et que les prêtres peuvent ordonner d'autres prêtres.

Seizièmement, que le gouvernement épiscopal n'est point nécessaire dans l'Eglise, et qu'il est meilleur qu'un certain nombre de laïques soit gouverné par des prêtres égaux entre eux que par des évêques.

Dix-septièmement, que l'Eglise universelle peut périr et cesser d'être visible, et qu'elle n'est pas infaillible.

Dix-huitièmement, que ceux qui sont justifiés n'ont plus de peines temporelles et corporelles à souffrir pour leurs péchés.

Dix-neuvièmement, que les livres de Tobie, de Judith, de la Sagesse, de l'Ecclésiastique, de Baruch et des Machabées, ne font point partie de l'Ecriture sainte.

Moi donc Jacques, catholique et patriarche, soussigné avec tous mes ecclésiastiques et évêques régissant des diocèses et tous ceux qui sont commis à mon autorité, ayant pesé avec le plus de soin que j'ai pu ces propositions étranges, inouïes, qui sont pleines de calomnies contre la sainte Eglise catholique et apostolique, et en ayant considéré les suites qui sont claires à tout le monde ; je me suis senti fortement ému à rejeter ces propositions détestables et pleines d'erreur que mes oreilles n'avaient jamais entendues, et qui n'étaient jamais tombées dans ma pensée. Ainsi les rejetant comme des dogmes empestés et pleins de venin, je les déteste et je proteste que ni moi ni les miens n'entendront jamais qu'avec douleur des discours si horribles et si capables de donner la mort. Mais notre église au contraire est fermement et inébranlablement attachée à la doctrine contraire à ces propositions, comme l'ayant reçue de Notre-Seigneur Jésus-Christ, par la tradition des saints apôtres, qui étaient pleins du S.-Esprit ; comme ayant été confirmée et approuvée par les saints conciles, non seulement touchant les sept sacrements, que nous patriarche et autres soussignés avons toujours reconnus avec toute notre église univer-

selle, mais aussi sur les autres points, et principalement sur la consécration. CAR ENCORE QUE NOUS CROYIONS QU'IL N'Y A QU'UNE NATURE EN JÉSUS-CHRIST, IL NE S'ENSUIT PAS NÉANMOINS QUE L'HUMANITÉ SOIT DÉTRUITE et que Jésus-Christ n'ait point de corps. Mais nous croyons que le même corps de Jésus-Christ, qui a été crucifié, qui est monté aux cieux et qui est assis à la droite du Père, est présent réellement, quoiqu'invisiblement dans l'Eucharistie, sous les espèces et apparences extérieures du pain et du vin qui restent seulement, parce que le pain et le vin sont tellement changés au vrai corps et au vrai sang de Jésus-Christ, que la substance du pain et du vin ne demeurent plus, mais seulement les accidents, et c'est pourquoi nous adorons Jésus-Christ dans l'Eucharistie.

Voilà la doctrine de notre église catholique, que nous conservons de tout notre cœur et de toutes nos forces telle que nous l'avons reçue. C'est cette doctrine qui est le fondement de notre joie et de notre gloire, et c'est par elle que nous espérons être quelque jour élevé en l'air au devant de Jésus Christ, à qui soit gloire et adoration à l'infini dans tous les siècles des siècles.

Ces réponses ont été données par nous au très-noble seigneur Charles Olier, marquis de Nointel, et c'est pourquoi nous avons scellé, signé très-volontiers cette lettre avec tous ceux qui sont avec moi. Fait à Constantinople, l'an mille cent vingtième, selon le compte des Arméniens, le 12 avril.

Moi Jacques, très-humble serviteur de Jésus-Christ, catholique, j'ai souscrit de ma main pour la confirmation de cet acte.

Moi Onufre, métropolitain de Hamet, j'approuve tout ce qui est dans cet acte comme notre saint Père.

Moi Minas Varlabet, j'ai souscrit pour la confirmation de ce qui est dans cet acte, comme notre saint Père.

Moi Simon, évêque, je consens à tout ce qui est dans cet acte, comme notre saint Père.

Moi Basile Varlabet, j'ai souscrit de ma propre main, pour approuver tout ce qui est écrit ci-dessus, comme notre saint Père.

Moi Thomas Varlabet, je confirme par ma signature, tout ce qui est ci-dessus.

Il y a au bas de l'acte une attestation de M. de Nointel, qui contient qu'il est fidèlement traduit, et que l'on a communiqué la traduction au patriarche même. Que si M. Claude en doute, il n'a qu'à faire traduire de nouveau l'original qu'il trouvera, comme les autres, à l'abbaye de Saint-Germain-des-Prés.

L'archevêque arménien de Constantinople, n'était pas dans cette ville-là lorsque cet acte fut signé par le patriarche d'Erméazin, mais en ayant été depuis informé, il a fait tout semblable, en n'y changeant que le titre, et il l'a fait souscrire de plus par Jean, archevêque d'Amasée, et par Jean, évêque d'Andrinople : on en trouvera encore l'original dans la même abbaye.

Il n'y a que les nestoriens qui ne soient pas compris dans les nouvelles preuves que nous avons produites de la créance des églises d'Orient. Mais la piété de M. Piquet nous donne moyen de les joindre aux autres, par l'acte authentique de la foi de cette église, signé par l'archevêque de Diarbeker, qu'il a fait mettre à l'abbaye de Saint-Germain, dont j'insérerai ici la copie en priant M. Claude de ne se pas blesser de certains termes dans lesquels ces Orientaux parlent de lui. Il sait que c'est leur manière d'écrire, et d'ailleurs il semble que le grand éloignement donne quelque sorte de liberté de dire ses sentiments avec moins de réserve.

Par la grâce de Dieu très-haut, Joseph, métropolitain des nestoriens dans la ville de Diarbeker.

Nous métropolitain et prêtres de l'église du peuple des nestoriens qui sont dans la ville de Diarbeker, avons appris avec un extrême étonnement qu'un certain fils de satan, de la nation de France, a osé faire une injure atroce à l'église orientale, en lui imputant faussement de ne pas croire et de ne pas recevoir le très-grand mystère de l'oblation sacrée. Afin donc de détruire le doute que ce diable (1) a osé jeter dans les esprits des hommes, nous disons, nous témoignons et nous déclarons à tous ceux qui liront ce témoignage, que la foi et la doctrine de toute l'église orientale qu'elle croit et professe touchant ce saint mystère, c'est-à-dire l'Eucharistie, est la foi et la doctrine de l'Evangile, et celle même qui a été reçue de toute antiquité jusqu'à ce temps-ci sans aucune interruption dans toutes les églises d'Orient. Jésus-Christ a dit qu'il nous donnait son corps et c'était le corps même qui devait être livré pour nous ; et celui qui dit que Jésus-Christ nous donne seulement du pain et du vin, comme une similitude et une figure de son corps et de son sang n'est pas chrétien. Nous croyons fermement qu'après les paroles de Jésus-Christ que le prêtre prononce par l'autorité qu'il a reçue du ciel, la substance du pain est changée en la substance du corps de Notre-Seigneur Jésus-Christ, et que la substance du vin est changée en la substance de son sang précieux, ensorte qu'il ne reste rien du pain et du vin que les accidents de l'un et de l'autre. Nous offrons ce saint corps crucifié pour nous, et son sang versé pour plusieurs, et pour nous, c'est-à-dire pour les vivants et pour les morts pour la rémission de leurs péchés et des peines qu'ils ont méritées. Nous anathématisons ceux qui disent le contraire, et qui ne reçoivent pas cette doctrine, qui est celle de l'Evangile et de nos saints Pères. Nous avons de plus ouï dire que cet homme misérable et malin (2) est du nombre de ceux qui rejettent les jeûnes établis par la sainte Église et ses lois ; qui ne prient et n'invoquent point la vierge Marie et les saints ; qui ne révèrent point la croix sainte de Notre-Seigneur Jésus-Christ, ni ses images, ni celle de sa mère, et des saints ; qui abolissent le sacrement de confession, disant qu'il n'est pas nécessaire pour la rémission des péchés commis après le baptême ; qui détruisent de plus les degrés des dignités établies par Jésus Christ entre les pasteurs. Nous faisons donc savoir à tous les hommes que nous ne recevons point du tout cette doctrine hérétique, mais que nous disons anathème à tous ceux qui ont ces sentiments. Fait l'an 1669 de la nativité de Jésus-Christ, le 24 de nisan. Outre la signature du patriarche il y a encore celle de six prêtres : savoir, MAROUGE, ABLAHARD, HABEDLAHAD, BALI SPANIA, JELDA, qui tous ont signé à côté de l'acte.

Si M. Claude croit qu'il suffit pour détruire des témoignages si authentiques de répondre en l'air que ce sont des fourbes et des imposteurs, ou des gens qui ont embrassé les opinions de l'Église romaine, je crois qu'il faut se contenter de la plaindre sans entreprendre de le convaincre. Mais il n'empêchera jamais toutes les personnes sensées de croire qu'il est sans apparence, ou que l'on ait voulu engager ces personnes dont on a tiré ces attestations à trahir leur conscience, quoiqu'il fût facile de voir que l'on n'en aurait pu tirer aucun avantage, n'y ayant rien de si facile que de détruire ces attestations au cas qu'elles fussent contraires au sentiment commun de la nation ; ou que ces évêques et ces prêtres aient pu être portés par de petits intérêts à attester publiquement que ceux et leurs églises croient ce qu'ils ne croiraient pas ; ou enfin qu'ayant représenté sincèrement leurs sentiments, ils aient imposé néanmoins aux autres par ignorance, et qu'ils leur aient attribué une autre doctrine que celle qu'ils tiennent effectivement : et l'on ne manquera pas sans doute de se demander à soi-même sur ce sujet lequel est le plus croyable, ou de M. Claude, qui veut faire croire en France, sur des conjectures frivoles, que toutes les nations orientales ne tiennent point la doctrine de la présence réelle ; ou des évêques et des prêtres de ces nations mêmes qui,

---

(1) Ille diabolus.
(2) Miser ille et malignus.

vivant au milieu d'elles, et ne pouvant ignorer ni leur foi ni celle des Latins, assurent positivement qu'ils regardent la doctrine de la présence réelle comme l'unique et perpétuelle doctrine de leurs églises, et celle des calvinistes comme une doctrine impie et hérétique.

CHAPITRE XIX.
Où l'on tire les conséquences nécessaires de tout ce qui a été prouvé dans ce premier livre.

Après avoir proposé, dans la suite de ce livre, des preuves du consentement des sociétés orientales avec l'Eglise romaine dans la foi de la présence réelle, capables d'en convaincre les plus opiniâtres et les plus préoccupés, il n'est plus besoin que de prier messieurs de la religion prétendue réformée de vouloir bien faire attention aux conséquences où elles conduisent nécessairement ceux qui suivent de bonne foi la lumière de la vérité.

La moins considérable est que M. Claude a avancé très témérairement dans sa première réponse, *que la transsubstantiation, sous laquelle il comprend aussi la présence réelle, comme nous l'avons prouvé, et l'adoration du Sacrement sont deux choses inconnues à toute la terre, à la réserve de l'Eglise romaine*; et que l'on n'avait eu aucun droit de supposer, entre le premier traité, le consentement des églises d'Orient avec l'Eglise romaine sur l'Eucharistie, comme certain et incontestable. Mais comme on trouvera toujours très-bien qu'ils n'aient point d'égard au différend particulier qui est entre M. Claude et nous, on les supplie aussi de faire réflexion sur ce qui les regarde eux-mêmes, et de considérer qu'il s'ensuit des preuves que nous avons apportées, que non seulement la présence réelle n'est point un dogme inconnu à toute la terre, à la réserve de l'Eglise romaine, comme on le leur a voulu faire croire, mais que c'est au contraire un dogme cru par tous les chrétiens de la terre, à la réserve des calvinistes et de ceux qui ont emprunté d'eux l'opinion contraire à cette doctrine. Qu'ainsi ils se doivent regarder comme les seuls adversaires de ce dogme, comme les seuls qui expliquent l'Ecriture et les Pères dans le sens de figure, et comme les seuls qui refusent de se soumettre à ce que tous les chrétiens du monde prennent pour la doctrine de l'Ecriture et de la tradition.

Il est impossible qu'un esprit tant soit peu humble ne soit troublé par cette effroyable solitude, et qu'il n'entre en défiance des lumières prétendues qui l'attachent à son opinion, voyant qu'elles sont contraires à celles de tous les autres chrétiens.

Mais il n'en faut pas demeurer là. Car, comme on leur fait voir dans notre Réponse, le consentement présent de toutes les sociétés chrétiennes dans la doctrine de la présence réelle nous oblige d'aller plus avant, et nous porte à un autre degré, qui est de reconnaître qu'elles étaient aussi du temps de Bérenger dans cette même doctrine, parce qu'il est clairement impossible qu'elles en aient changé depuis le onzième siècle, et qu'il n'y ent jamais de fable plus mal inventée que celle de cette politique et de cette timidité de six cents ans, par lesquelles M. Claude a prétendu que cette doctrine a pu insensiblement s'établir dans l'Orient depuis ce temps-là.

Qu'ils considèrent donc, s'il leur plaît, toutes les églises d'Orient et d'Occident unies dans la confession de cet article un peu avant Bérenger, qui est ce point fixe que l'on avait établi, et qu'en jetant ensuite les yeux sur les deux siècles précédents, c'est-à-dire sur le neuvième et le dixième, ils essaient de comprendre comment, si cette doctrine de la présence réelle qu'ils prennent pour une erreur était née au neuvième siècle, elle aurait pu s'emparer en si peu de temps de toute la terre. S'ils le demandent à M. Claude, il n'a point de moyens à leur fournir pour cela ; tous ceux qu'il a cru pouvoir employer sont postérieurs au onzième siècle. Et s'ils se le demandent à eux-mêmes, leur raison ne leur fera point d'autre réponse, sinon qu'il est ridicule de s'imaginer qu'une doctrine telle que la présence réelle, ait pu se répandre dans tout le monde dans l'espace de deux siècles, sans que ce changement se soit fait remarquer par aucun des accidents et des circonstances qui le devaient accompagner nécessairement, sans qu'il en soit resté aucune trace à la postérité, et sans qu'il paraisse qu'on ait employé aucun moyen pour le faire réussir.

Nous voilà donc arrivés par ces trois degrés jusqu'au temps de Paschase. Le premier, qui est que les Grecs et les autres sociétés d'Orient croient présentement la présence réelle, est établi dans cet écrit même par les preuves les plus authentiques que l'on puisse désirer.

Le second est prouvé de même et par cet amas de faits non contestés que l'on y rassemble, et par l'impossibilité évidente qu'il y a que les sociétés d'Orient aient changé de créance depuis Bérenger jusqu'à ce temps-ci.

Le troisième, qui est que ce changement ne s'est pu faire dans l'Orient depuis Paschase jusqu'à Bérenger, n'est pas même contesté.

Ainsi voilà toute la fable de ce prétendu changement, inventée avec tant de soin par Aubertin, et si ingénieusement soutenue par M. Claude, entièrement détruite. Et puisque nous touchons par là *à ces beaux jours de l'Eglise, à ces jours de bénédiction et de paix*, où, par l'aveu même des ministres, la doctrine de l'Eglise sur l'Eucharistie n'était pas encore altérée ; rien ne saurait empêcher qu'on n'unisse les huit premiers siècles à ceux où nous avons fait voir que ce changement ne peut trouver place, et que l'on ne compose de tous une chaîne indissoluble d'une même doctrine continuée dans toutes les églises depuis les apôtres jusqu'à nous.

C'est en quoi consiste cet argument qui fait déjà le sujet de plusieurs ouvrages. On l'a proposé dans le premier traité pour les personnes de bonne foi : on l'a soutenu, fortifié, étendu, et mis en son jour dans le premier tome de *la Perpétuité*, afin de le mettre à couvert des vaines subtilités des personnes préoccupées. Mais parce que la longueur et la multitude des preuves pouvaient empêcher diverses personnes d'en tirer tout le fruit qui serait à désirer, on l'a réduit, dans cette réponse générale, à une brièveté proportionnée à toute sorte d'esprits. Car je ne sache personne qui ne puisse se convaincre en très peu de temps de ces degrés qui font remonter la doctrine de la présence réelle depuis ce siècle-ci jusqu'aux apôtres. Il ne faut en quelque sorte que des yeux et un peu de sincérité pour le premier, et qu'un peu de sens commun pour le second et pour le troisième.

Mais après en avoir tiré les conclusions que la raison nous met elle-même devant les yeux, il ne faut plus que se demander à soi-même lequel est le plus sage, le plus prudent, le plus humble, le plus capable d'attirer les lumières et les bénédictions de Dieu, de se rendre au consentement général de tous les chrétiens du monde, qui ont tous cru, dans tous les siècles précédents, recevoir dans ce sacrement la vraie chair et le vrai sang de Jésus-Christ dans leur bouche et dans leur corps, ou de préférer son jugement particulier à celui de toutes les églises chrétiennes, en détournant par les pointilleries de logique les paroles de l'Ecriture du sens qu'elles ont formé et imprimé dans l'esprit de tous les autres chrétiens, et en formant sur cela une secte séparée, qui ne peut espérer de salut qu'en précipitant dans l'enfer tous ceux qui ont fait avant eux profession de croire et d'adorer Jésus-Christ par toute la terre.

LIVRE SECOND,

OU L'ON FAIT DIVERSES REMARQUES SUR LES QUESTIONS INCIDENTES, ET REPROCHES PERSONNELS CONTENUS DANS LE NOUVEAU LIVRE DE M. CLAUDE.

CHAPITRE PREMIER.

Réflexions générales sur le nouveau genre d'humilité, de patience et de modération que M. Claude a pratiqué dans son livre.

Quoiqu'il y ait plusieurs choses assez surprenantes dans la Réponse de M. Claude, rien ne m'y a semblé néanmoins d'un caractère si particulier que le nouveau genre d'humilité, de modération et de patience dont il y fait profession.

L'idée que le commun du monde a de ces vertus, est qu'un homme vraiment humble, vraiment modéré et vraiment patient doit peu parler de lui-même, et moins encore se relever devant les hommes en s'attribuant une modération et une patience intérieure qui ne paraisse point au dehors, et dont il soit l'unique témoin ; et qu'il doit au contraire faire beaucoup paraître ses vertus dans ses actions et dans la manière dont il parle des autres ; qu'il doit peu faire de plaintes, et que quand il en fait, il faut qu'elles soient fort justes et fort modérées ; qu'il doit traiter les autres avec douceur et avec équité, et que s'il est obligé de leur faire quelques reproches, il faut qu'ils soient exactement conformes à la vérité et à la justice, et qu'il paraisse qu'il ne s'y porte que par quelque sorte de contrainte.

Mais il faut que M. Claude en ait une fort différente de celle là, puisqu'elle la porte à des actions tout opposées. Son humilité consiste à se louer de certaines dispositions qu'on ne voit point, en se représentant *comme un homme qui se précautionne contre les surprises de l'engagement, de l'amour de la vaine gloire et de la vengeance ; comme un homme qui travaille sous les yeux de Dieu, qui ne se propose que sa gloire et sa vérité, et qui se représente sans cesse qu'il n'écrit pas une parole dont il ne lui doive rendre compte* (1).

Sa patience et sa modération consistent à nous dire qu'il a gardé envers celui contre qui il écrit *toute la modération qu'on pouvait désirer de lui* (2), et qu'il proteste devant Dieu avec un cœur sincère qu'il n'est point touché de ressentiment (3). Mais ensuite, en vertu de ces louanges qu'il s'est données, et de ces témoignages qu'il s'est rendus à lui-même, il croit être en droit de se plaindre sans cesse des choses dont on ne s'est jamais offensé dans des écrits de contestation, et de faire de longues apologies sur des bagatelles dont les plus délicats ne se piquent point.

Si on répète un de ses mots d'une manière qui ne pourrait le rendre ridicule, à moins qu'il ne le fût déjà, c'en sera assez pour remplir deux pages entières de plaintes et de justifications. Si on applique le terme d'extravagant, non à sa personne, car on ne l'a jamais fait, mais à quelques-uns de ses raisonnements, ou à des raisonnements qu'il fait faire aux autres, quoiqu'il le fasse lui-même très-souvent, il ne laisse pas de prendre cela pour une injure signalée. Et cependant ce même M. Claude, si tendre et si délicat sur lui-même, ne laisse pas de remplir tout son livre de railleries malignes, et de représenter son adversaire *comme un homme dans le livre duquel la colère règne partout ; comme l'homme du monde qui écrit le plus légèrement, et qui expose le plus facilement sa réputation sur des faits dont il peut être convaincu par autant de personnes qu'il y en a qui savent lire ; comme un homme dont le caractère est de n'être jamais plus fier que quand il donne le change et qu'il dit des choses tout-à-fait hors de propos ; comme un homme qui a une fierté dédaigneuse, dont les raisons ne sont que des chimères que l'engagement de soutenir sa thèse à tort ou à travers lui ont fournies, qui propose ses arguments comme des arrêts, qui ne demande qu'à critiquer, qui ne met point de différence entre lui et la raison, dont la bile ne peut être que désagréable aux honnêtes gens, dont les décisions sont pleines d'illusion, c'est-à-dire, selon la définition qu'il donne à ce terme, de certaines choses qui ne peuvent subsister avec la bonne foi ; comme un homme qui se forme des chimères dans son cabinet, et qui les revêt de toutes les couleurs que le feu de son imagination lui peut fournir, qui fait paraître tant d'aveuglement et tant de mauvaise foi, qu'on ne saurait croire qu'il traduise lui-même les passages, qui commet des erreurs grossières et ridicules, qui vétille sur les mots, qui est au guet s'il peut en tourner quelqu'un à contresens, et qui s'en fait la matière d'une victoire, qui transcrit Allatius et les controversistes, qui gâte cette dispute par des emportements et des violences, et qui achève de la déshonorer par des excès qui ne sont pas dignes de lui, qui outrage scandaleusement les gens, et dont la passion est si animée qu'elle le met presque sans cesse dans des mouvements convulsifs* (1). Voilà ce que l'on trouve partout dans cette Réponse, sans que ces reproches aient jamais d'autre fondement que la passion de M. Claude.

Il est vrai que l'on ne sait pas bien quelles mesures on doit garder quand on a affaire à des personnes de cette humeur, qui ne se font jamais justice à eux mêmes, qui ont deux règles et deux balances, et qui sont en même temps dans l'excès de la délicatesse à l'égard d'eux-mêmes, et de la violence à l'égard des autres.

Pour moi, je n'y sais point d'autre remède que de prier M. Claude de rentrer un peu en lui-même, de ne confondre pas ainsi toutes choses, de n'user pas au hasard des mots de *colère*, d'*emportement*, de *reproches injurieux*, et d'établir une fois certains principes et certaines lois communes par lesquelles il consente qu'on juge de lui-même de la même sorte qu'il juge des autres.

S'il veut que l'on condamne ceux qui ont les premiers mêlé dans cette dispute ces termes qu'il appelle aigres et injurieux, ce sera sur lui que cette condamnation tombera. Car il n'y avait rien de plus civil que la Réponse qu'on a faite à son premier écrit, et l'on s'y était attaché purement à la matière. C'est lui qui a commencé de remplir sa seconde Réponse de reproches et de railleries dont on lui a fait voir la fausseté.

S'il veut que l'on en juge par la qualité des termes sans avoir égard à la vérité, on lui soutient que les siens sont beaucoup plus durs que ceux dont on s'est servi en son endroit.

Enfin s'il consent qu'on en juge par la vérité, on lui soutient encore que tous ces reproches sont injustes, calomnieux, déraisonnables, et qu'on ne lui en a point fait qui ne soient justes et véritables. Mais en attendant qu'il nous informe de ses règles, on veut bien l'instruire de celles que l'on s'est cru obligé de suivre, afin qu'il ait droit de s'en prendre à la règle, s'il la trouve défectueuse ; ou, s'il l'approuve, de montrer qu'on ne l'a pas fidèlement pratiquée.

1° On ne croit donc nullement qu'il soit défendu, dans une dispute qui se réduit principalement à exa-

---

(1) 3ᵉ Rép., préface.
(2) *Ibid.*
(3) *Ibid.*, p. 64.

(1) Voyez 3ᵉ Réponse, pp. 425, 346, 314, 1, 185, 258, 258, 262, 283, 340, 347, 351, 352, 367, 900, 912, 907.

niner des raisonnements, et où il est important de les représenter tels qu'ils sont, de leur donner les noms que la vérité permet d'y donner ; c'est-à-dire d'appeler faux ceux qui sont faux, quoiqu'avec quelque apparence ; et extravagants ceux qui choquent le sens commun. Car comme il est important et juste d'en imprimer l'idée véritable, on ne peut se plaindre raisonnablement de ces termes, pourvu qu'il paraisse que l'on s'en sert avec une exacte justice, et qu'on ne passe point au-delà de la vérité.

2° Il est visiblement injuste d'accuser de colère, de bile et d'emportement, ceux qui ne font que des reproches véritables, parce que ces reproches se peuvent faire sans colère et sans passion, et par un simple mouvement de zèle et de justice.

3° Les railleries sont permises quand elles ne font que faire paraître ridicules les choses qui le sont en effet ; mais elles sont très-contraires à l'honnêteté, à l'équité et à la sincérité, quand elles sont fausses et malignes, et que l'on s'en sert pour donner un air ridicule à des choses qui ne le sont point.

On croit donc que l'on doit juger de la plupart des reproches par le fond, et que non seulement les plaintes que l'on en fait indépendamment de la vérité et sans montrer qu'ils soient faux, ne sont pas justes, mais qu'elles sont même insolentes. Car c'est prétendre ou que l'on est incapable de ces défauts, et que la qualité de sa personne suffit pour s'en justifier, ce qui est une présomption ridicule ; ou que, encore même qu'on en fût capable, on n'aurait pas droit de nous les reprocher, ce qui est un autre genre d'insolence. Que si l'on y ajoute encore qu'au même temps que l'on prétend asservir les autres à des ménagements que l'on ne peut exiger avec justice, on se traite soi-même sans raison d'une manière fière et injurieuse, c'est faire paraître un esprit très-injuste et très-emporté.

C'est par ces règles que je prie ceux qui liront les écrits qui ont été faits de part et d'autre, de juger des uns et des autres. Et pour en donner un modèle, je veux bien rapporter ici un des endroits de M. Claude, où il paraît le plus animé, et où l'on dirait, à l'entendre parler, qu'on lui aurait fait plus d'injustice.

1ʳᵉ REMARQUE. — *Paroles de M. Claude.*

« La troisième plainte de M. Arnauld est une accusation bien formée sous ce titre : *Calomnie atroce contre l'auteur de la Perpétuité.* Il l'a proposée dans son chapitre 9, avec une *impétuosité* qui n'a point de pareille, et qui marque qu'il l'a écrite dans le dernier effort de son *irritation*. Il monte sur son tribunal, et de là il prononce cet arrêt contre moi, que je me suis rendu coupable d'un crime énorme, qui m'oblige, selon les lois divines et humaines, à une satisfaction publique. C'est, dit-il encore, *une détestable calomnie, un crime abominable ; c'est le procédé le plus lâche et le plus injuste dont un homme puisse être coupable.* Que M. Claude ne s'étonne point de ces reproches, ce n'est point ici un jeu ni un sujet de raillerie. Il n'est point question, pour finir une période, de faire une telle injure à des gens d'honneur. S'il a parlé de cette sorte sans y penser, je lui soutiens qu'il est le plus imprudent homme du monde, et s'il en a parlé à dessein, et pour former l'impression que ces paroles donnent naturellement, je lui déclare qu'il est un des plus hardis calomniateurs qui furent jamais, et je m'assure qu'il n'y a point d'honnête homme dans sa communion qui ne m'en avoue, et qui ne condamne en ce point son propre procédé. Je proteste devant Dieu avec un cœur très-sincère, que je ne suis point touché du ressentiment de tout ce que M. Arnauld me dit. J'ai répondu dans son livre, et cela me suffit pour être content. Mais je suis bien fâché qu'après avoir gâté cette dispute que le public pouvait lire de part et d'autre, p ut-être avec quelque plaisir et quelque profit ; après l'avoir, dis-je, gâtée par des emportements et des violences qui ne peuvent plaire à personne, il ait encore achevé de la *déshonorer par des excès qui ne sont pas dignes de lui.* Quel sujet a-t-il de se mettre si fort en colère ? J'ai écrit ces paroles dans mon livre : *Dieu fera voir un jour qui sont ceux qui font tort à son Église ; la lumière de son jugement manifestera toutes choses, et j'espère même qu'ayant cela les hommes se désabuseront, et alors il ne sera plus nécessaire d'écrire* (1) *en faveur de la transsubstantiation. Il ne faudra plus se servir de ce moyen pour se remettre en grâce avec Rome, et regagner le cœur des peuples ; car les choses ayant changé de face, cette prudence de la chair et du sang n'aura plus de lieu.* Voilà mon grand crime, voilà l'étincelle qui a allumé ce grand embrasement. On entend, dit-il, *ce langage,* et M. Claude n'est ni assez simple ni assez imprudent pour ne l'avoir pas entendu, et pour n'avoir pas vu le sens qu'on y donnerait. Il a donc voulu faire comprendre que l'auteur de la Perpétuité n'écrivait pas de la transsubstantiation par persuasion, mais par politique, et par une prudence de la chair. Car quand un théologien catholique défend l'Église à laquelle il est uni, s'il croit ce qu'il dit, il ne faut point aller chercher d'autres raisons de sa conduite ; la cause commune de l'Église dans la vérité de laquelle il met l'espérance de son salut, mérite assez d'être défendue. Ainsi imputer à l'auteur de la Perpétuité de n'écrire que par politique, et par une prudence de la chair et du sang, c'est lui imputer de ne croire pas ce qu'il écrit, et en donner cette idée.

« C'est une étrange chose que l'émotion. Si M. Arnauld eût considéré mes paroles de sang-froid, il n'y eût rien trouvé de ce qu'il lui a semblé d'y voir dans son premier mouvement. J'AVOUE QU'ELLES LAISSENT ENTENDRE QU'IL Y PEUT AVOIR EU DE LA POLITIQUE EN CETTE RENCONTRE POUR SE REMETTRE EN GRACE AVEC ROME, ET POUR REGAGNER LE CŒUR DES PEUPLES, ET QUE C'EST UNE PRUDENCE DE LA CHAIR ET DU SANG. Mais y trouvera-t-on que l'auteur de la Perpétuité n'en ait pas écrit par persuasion, ou qu'il n'en ait écrit que par politique, comme M. Arnauld se l'est imaginé ? C'est ce qu'on n'y verra pas. Pourquoi étend-il donc mes paroles au delà de ce qu'elles portent ? et pourquoi outrage-t-il si SCANDALEUSEMENT un homme sur l'imagination qu'on a dit ce qu'on n'a pas dit ? *On entend,* dit-il, *ce langage.* Il fait bien voir qu'il ne l'entend pas, puisqu'il m'impute ce que je n'ai point dit, et qu'il ne tire son commentaire que de lui-même, et non de mes paroles. »

Et un peu plus bas : « M. Arnauld proteste qu'on ne se dispensera jamais en mon endroit des règles de la justice, qu'on ne devinera jamais mes intentions cachées. Qu'il ne prétende donc pas lire dans mon cœur, ni m'attribuer un sens mystérieux que je n'ai point déclaré, et qui n'est point contenu dans mes paroles. Tous ceux qui croient la transsubstantiation ne sont pas en état d'écrire en sa faveur. Entre ceux qui sont en état d'écrire en sa faveur, combien n'y en a-t-il qui s'appliquent à d'autres matières ? N'est-ce pas donc une chose fort possible, qu'un homme qui sera libre d'écrire ou sur la transsubstantiation, ou sur quelque autre article, se détermine pour la transsubstantiation plutôt que pour un autre article, par des vues et des considérations politiques, et par des raisons de prudence mondaine ? Que lui attribuera-t-on, quand on dira cela de lui, qui ne soit fort ordinaire, et même en quelque sorte fort innocent ? C'est tout ce que ces paroles signifient d'elles mêmes ; vouloir sonder plus avant mes pensées, c'est attenter sur une chose dont la connaissance n'appartient qu'à Dieu. Et c'est pourtant ce qu'a voulu faire M. Arnauld pour avoir un prétexte de s'échauffer. »

RÉPONSE.

On peut voir en cet endroit presque tous les caractères de l'esprit de M. Claude ; et c'est pourquoi il est bon de les développer un peu en détail. On y aperçoit d'abord cette douceur qui lui est propre,

(1) Il a omis en rapportant son passage ces mots, *par politique,* sur quoi est principalement fondé le reproche qu'on lui fait.

qui consiste à assurer le monde, par des protestations en l'air, de la tranquillité intérieure de son âme, et de charger ensuite librement ses adversaires des reproches les plus outrageux. Il proteste qu'il n'a point de ressentiment de tout ce qu'on lui a dit, et deux lignes après il accuse celui contre qui il écrit *de gâter cette dispute par des emportements et des violences, et d'achever de la déshonorer par des excès qui ne peuvent plaire à personne.* Et il le représente dans tout cet endroit comme un homme qui écrit *avec une impétuosité qui n'a point de pareille,* qui propose l'accusation dont il s'agit dans *le dernier effort de son irritation,* qui est dans *une émotion qui l'empêche de voir les choses telles qu'elles sont; qui outrage scandaleusement les innocents.* Que ferait M. Claude s'il était une fois en colère, puisque sa tranquillité est si terrible?

Mais comme les personnes les plus injustes et les plus violentes sont celles qui prennent plus de soin de s'honorer par ces sortes de discours qui ne coûtent rien; il trouvera bon, s'il lui plaît, que nous n'y ayons aucun égard, et que nous jugions de lui par ses actions, et non par les louanges qu'il se donne.

Si M. Claude a raison d'accuser celui auquel il répond *d'outrages scandaleux, d'emportement, et de violence, et de déshonorer la dispute par des excès qui ne sont pas dignes de lui,* j'avoue qu'on doit croire que ces accusations peuvent subsister avec une disposition d'âme tranquille, et qu'elles ne marquent pas nécessairement qu'il ait du ressentiment de ce que l'on a dit contre lui, quand même il ne prendrait pas la peine de nous en assurer par ces protestations inutiles. Mais si ces reproches sont injustes, téméraires, calomnieux, on doit juger au contraire que la disposition qui a produits est mauvaise telle qu'elle soit, et que M. Claude prenant Dieu à témoin de la sincérité de ses intentions, n'a fait que redoubler sa faute, et la rendre plus criminelle devant Dieu et plus odieuse devant les hommes, puisque c'est abuser de la sainteté de son nom que de le prendre à témoin pour tromper les hommes et les rendre approbateurs de ses injustes passions.

Il faut donc, comme j'ai dit, juger de ce différend par le fond. On y voit des accusations réciproques de part et d'autre. On accuse M. Claude d'une calomnie atroce contre l'auteur de la Perpétuité. M. Claude accuse son adversaire *d'outrages scandaleux, d'emportement, de violence et d'excès indignes de lui.* Il y a des calomniateurs de part ou d'autre : et ceux qui le sont sont obligés à une réparation publique. Il faut voir à qui ce nom appartient, et ne déclarer personne coupable qu'après l'examen du fond.

Or, dans cet examen, il faut remarquer d'abord que l'on a reconnu que les paroles de M. Claude dont on s'est plaint pouvaient avoir d'elles-mêmes un double sens. L'un qui est celui auquel on prétend qu'elles ont été prises par le commun du monde, et qui fait le fondement de la principale plainte. L'autre celui par lequel on prévoyait bien que M. Claude tâcherait de se couvrir. Nous verrons ensuite ce que l'on a dit sur le premier; mais voici ce que l'on a dit sur le second.

Quand même il n'aurait pas eu dessein d'imprimer dans l'esprit de ceux qui liront son livre cette abominable pensée, il a voulu dire au moins que ce n'était pas par l'amour de la vérité, mais par un intérêt humain qu'on a réfuté son écrit; et ce ne laisserait pas d'être un jugement très-injuste et très-téméraire, quand il en serait demeuré là. Car quelle preuve a-t-il de cette POLITIQUE et de cette PRUDENCE DE LA CHAIR? Doit-on s'étonner qu'un théologien catholique réfute le livre d'un ministre? L'auteur de la Perpétuité n'y avait-il pas un engagement particulier? Aurait-il pu s'en dispenser dans les règles ordinaires? Et enfin faut-il s'amuser à deviner les raisons qui portent un catholique à défendre sa foi? Est-ce ainsi que l'on a traité M. Claude? Lui a-t-on reproché qu'il n'avait entrepris d'écrire que pour se signaler, que pour s'avancer dans son parti, que pour se faire des amis de tous les ennemis de ceux qu'il attaque?

C'était là une des accusations que l'on avait formées contre M. Claude et dont il avait à se défendre comme de l'autre, puisqu'elle suffit pour le convaincre de calomnie. Mais comme il a coutume de ne rapporter jamais les paroles mêmes du livre de la Perpétuité, lorsqu'il craint qu'elles fassent impression sur l'esprit des lecteurs, il a trouvé bon de supprimer celles-là, et d'insérer seulement la réponse qu'il y fait dans la suite de son discours, afin qu'on ne le pût accuser de les avoir entièrement dissimulées. Cette réponse consiste à demeurer d'accord du fait. *J'avoue,* dit-il, *qu'elles laissent entendre qu'il peut y avoir eu de la politique en cette rencontre, pour se remettre en grâce avec Rome et pour regagner le cœur des peuples, et que c'est une prudence de la chair et du sang.*

Ainsi il n'y a point de contestation sur le fait, et on ne lui a rien imputé sur ce point que ce qu'il avoue. Mais il prétend qu'il a pu imprimer cette idée par deux raisons aussi rares qu'on s'en puisse imaginer.

La première est que c'est une chose fort possible qu'un homme qui sera libre d'écrire sur la transsubstantiation ou sur quelque autre matière, se détermine à écrire pour la transsubstantiation plutôt que pour un autre article, par des vues et des considérations politiques, et par des raisons de prudence humaine. La seconde que ce procédé est en quelque sorte fort innocent. *Qu'attribuera-t-on,* dit-il, *à M. Arnauld, quand on dira cela de lui, qui ne soit fort ordinaire, et en quelque sorte fort innocent? C'est tout ce que mes paroles signifient d'elles-mêmes.*

Si la première de ces raisons est bonne, voilà les calomniateurs et les médisants bien au large. Car puisqu'il suffit selon M. Claude qu'un homme soit capable d'un défaut pour le lui imputer, il faut dire que la médisance est le péché du monde le plus rare, et le plus difficile à commettre, puisqu'on ne s'avise guère d'imputer aux gens des vices dont ils soient entièrement incapables.

La seconde renferme aussi une erreur si grossière qu'on ne comprend pas comment elle a pu tomber dans l'esprit d'un homme qui veut paraître instruit des vérités de la morale de Jésus-Christ.

Car comment M. Claude a-t-il pu croire que cette *prudence de la chair,* qui donne la mort à l'âme selon saint Paul, puisse être le principe d'une action aussi sainte et aussi importante qu'est la défense de la vérité; et comment a-t-il pu seulement penser qu'un ouvrage si considérable par sa matière et par ses suites, et qui a dû faire pendant un long temps la principale occupation d'un docteur, ait pu être entrepris innocemment par une *politique de chair et de sang?* Si ce sont là les principes des calvinistes, on lui apprend que ce ne sont pas ceux des Catholiques, et qu'ils considèrent ce qui paraît *innocent* à M. Claude comme horrible devant Dieu, qui veut que les choses saintes soient traitées saintement, et ne soient pas profanées par des intentions basses et charnelles.

Mais ce faux principe de la morale de M. Claude, ne lui donnait pas droit pour cela d'attribuer aux autres ces intentions. Il suffit pour le condamner de témérité et d'injustice qu'il n'ait aucune preuve que l'on ait écrit par ces motifs. Autrement, s'il est permis d'imputer aux autres tout ce que l'on croit juste et innocent, les visionnaires seront en droit de rendre tout le monde complice de leurs visions, et chaque société croira qu'elle peut attribuer ses opinions à toutes les autres. Il s'est donc très-mal justifié du reproche qu'on lui a fait sur ce point, puisque ce n'est que par des erreurs aussi contraires à la raison qu'à la foi.

Il ne reste plus que le premier sens, qui consiste en

ce qu'on l'a accusé d'avoir donné par ses paroles l'idée que l'on avait écrit de la transsubstantiation contre sa propre persuasion, en insinuant qu'on n'en a écrit que *par politique et par une prudence de la chair*. C'est sur cela qu'il fait ce grand bruit, et qu'il prétend qu'on ne lui a pu faire ce reproche, en la manière que l'on a fait, *sans colère, sans violence, sans emportement, sans l'outrager scandaleusement*. Mais il ne faut pas s'arrêter à ses paroles, comme j'ai dit. Il faut examiner le fond, et remarquer d'abord que quand on impute un crime à quelqu'un, il faut extrêmement distinguer ce que l'on dit du crime en soi de la manière dont on l'attribue à celui que l'on en accuse.

Quand on ne fait que représenter la nature du crime, on en p rle alors selon toute la force de la vérité, et c'est en cette manière que l'on a dit, et que l'on a dû dire avec toute sorte de vérité, de justice et de bienséance. *que donner cette idée d'un docteur catholique, qu'il écrit contre sa conscience et sa persuasion de la présence réelle et de la transsubstantiation, c'est une détestable calomnie, c'est un crime abominable, c'est le procédé le plus lâche et le plus injuste dont un homme puisse être capable.*

Il y a si peu d'excès et de violence dans ces paroles, que M. Claude avouera sans doute lui-même qu'elles sont exactement véritables. Car peut-on nier que ce ne soit un crime détestable d'imputer sans rai-on et sans sujet à quelqu'un une disposition détestable et pire en quelque sorte que l'irreligion et le libertinage ? Peut-il nier que ce ne fût une disposition horrible et abominable que celle d'un prêtre et d'un docteur, qui ne croyant rien de ce que l'Église catholique enseigne de l'Eucharistie, ne laisserait pas de faire une profession extérieure de le croire, et de défendre par des livres publics une doctrine dont il ne serait point persuadé dans le cœur ?

Il ne saurait donc se plaindre des qualifications de ce crime. Il le condamne sans doute comme nous et dans les mêmes termes que nous. Ce n'est que de l'application dont il se pourrait plaindre, si elle était mal fondée. Et il devait considérer sur cela de quelle manière on la lui a faite. Car on y a gardé tant de retenue, qu'on a voulu même lui laisser une porte pour s'en sauver, en se réduisant sur le sujet à une alternative. *S'il a parlé,* lui dit-on, *de cette sorte sans y penser,* on lui soutient *qu'il est le plus imprudent homme du monde; et s'il en a parlé à dessein, et pour former l'impression que ces paroles donnent naturellement, on lui soutient qu'il est un des plus hardis calomniateurs qui furent jamais.* L'application n'est donc qu'alternative, et l'on remet au jugement des lecteurs de se déterminer sur ce sujet. Il est vrai que l'on marque un peu auparavant que le premier membre de l'alternative n'est guère probable, et qu'il n'est pas assez simple pour n'avoir pas vu le sens qu'on y donnerait. Mais c'est une remarque que le sens commun suggère, qui n'est même fondée que sur l'intelligence et la pénétration qu'on lui attribue, et qui n'empêcherait pas ceux qui liront cet endroit de la Perpétuité de le croire plutôt imprudent que calomniateur, s'ils jugeaient qu'il fût possible qu'il n'eût pas aperçu dans ces paroles le sens dont on s'est plaint.

Je veux néanmoins qu'on lui ait attribué absolument d'avoir voulu imprimer dans l'esprit du monde que l'on n'avait pas écrit de la transsubstantiation par persuasion, mais par politique et par une prudence de la chair et du sang : voyons de quelle sorte il s'en justifie. *Trouvera-t-on,* dit il, *dans mes paroles que l'auteur de la Perpétuité n'en ait pas écrit par persuasion ou qu'il n'en ait écrit que par politique, comme M. Arnauld se l'est imaginé ? C'est ce qu'on n'y verra pas. Pourquoi étend il mes paroles au-delà de ce qu'elles portent ? et pourquoi outrage-t-il scandaleusement un homme sur l'imagination qu'on a dit ce qu'on n'a pas dit ? Qu'il ne prétende point,* dit-il encore, *lire dans mon cœur, ni m'attribuer un sens mystérieux que je n'ai point déclaré, et qui n'est point contenu dans mes paroles.*

Mais si M. Claude n'a que cette réponse à faire, il est très-mal justifié de l'accusation qu'on a formée contre lui. On ne l'a point accusé d'avoir dit en termes exprès *que l'on n'avait point écrit de la transsubstantiation par persuasion, mais par politique.* On n'a point prétendu sond r ses pensées ; mais on lui a dit que les paroles dont il s'est servi impriment ce sens dans l'esprit du monde. Qu'il a vu ou qu'il a dû voir ce sens, et qu'ainsi il est ou très-imprudent s'il ne l'a pas vu, ou un insigne calomniateur s'il l'a vu.

Il n'y a donc en cela que deux questions : l'une si les paroles de M. Claude portent à ce sens ; l'autre si elles y portent d'une manière assez claire pour juger qu'un homme comme lui a dû s'en apercevoir. Car si cela est, on n'a point besoin d'avoir recours à ses intentions cachées pour se plaindre de son procédé. Il est responsable des idées que ses paroles forment dans les autres. Autrement il serait permis à tous les médisants de noircir la réputation des personnes les plus innocentes par des équivoques malicieuses qui n'ont pas moins d'effet que les calomnies les plus grossières, et qui font même une impression plus vive, et qui pénètre plus avant dans l'esprit, parce qu'elle y est reçue avec moins de résistance et plus d'agrément : et il leur suffirait pour s'en mettre à couvert de dire que leurs paroles peuvent souffrir un autre sens.

M. Claude doit donc savoir que, selon les règles de Dieu aussi bien que selon celles du monde, on mérite d'être traité de calomniateur toutes les fois que l'on se sert de paroles qui impriment une idée fausse et injurieuse dans le commun du monde et qu'on a dû s'en apercevoir. Et c'est une excuse tout-à-fait vaine d'alléguer que ce mauvais sens n'est point contenu expressément dans les paroles dont on s'est servi. Ces distinctions de métaphysique n'ont point de lieu dans les matières morales. Les paroles contiennent non seulement ce qu'elles marquent littéralement, mais aussi les idées qu'elles excitent. Or j'en prends à témoin toutes les personnes sincères et intelligentes, si lorsqu'on lit celles-ci dans le livre de M. Claude : *Dieu fera voir un jour qui sont ceux qui font tort à l'Église, la lumière de son jugement manifestera toutes choses, et j'espère même qu'avant cela les hommes se désabuseront, et alors il ne sera plus nécessaire d'écrire* PAR POLITIQUE *en faveur de la transsubstantiation. Il ne faudra plus se servir de ce moyen pour se remettre en grâce avec Rome et regagner le cœur des peuples; car les choses ayant changé de face, cette prudence de la chair et du sang n'aura plus de lieu.* Je prends à témoin, dis je, toutes les personnes judicieuses, si paroles ne donnent pas l'idée de gens qui écrivent de la tran-substantiation contre leur persuasion et leur conscience ; si ce n'est pas à quoi ils portent les mots de *politique et de prudence de la chair et du sang;* et si cela n'est pas assez visible pour dire qu'il n'y a pas d'apparence que M. Claude ne s'en soit pas aperçu.

Il fait une supposition fantastique, *que les hommes se désabuseront,* c'est-à-dire qu'ils deviendront calvinistes en reconnaissant l'erreur de la transsubstantiation; et c'est sur cela qu'il dit *qu'alors il ne sera plus nécessaire d'écrire par politique en faveur de la transsubstantiation, parce que les choses ayant changé de face, cette prudence de la chair et du sang n'aura plus de lieu.* Il n'y aurait pas de sens dans ces paroles, si elles ne supposaient que l'auteur de la Perpétuité n'est pas du nombre de ceux qui ne se désabuseront qu'alors, mais qu'il est déjà désabusé. Car en supposant qu'il ne devrait embrasser la prétendue vérité du sentiment des calvinistes que dans ce changement général du monde, pourquoi lui reprocher avec insulte qu'il ne serait plus nécessaire alors d'écrire *par politique en faveur de la transsubstantiation,* puisqu'il aurait dans cette hypothèse un motif bien plus naturel de n'en plus écrire, qui est que Dieu l'aurait fait changer de pensée et lui en aurait fait connaître la fausseté? Et supposant au contraire que, nonobstant le changement des autres, il demeurerait toujours attaché à la doctrine de la transsubstantiation, pourquoi le zèle de soutenir un sentiment dont il faudrait qu'il fût bien fortement persuadé, ne serait-il pas suffisant de le porter à en écrire, sans avoir besoin pour cela de considérations politiques? Il est donc clair que les paroles de M. Claude ne peuvent raisonnablement regarder qu'un homme qui, n'étant en aucun temps persuadé de la transsubstantiation, serait disposé d'en écrire en un temps, quand il y trouverait de l'avantage, selon la prudence de la chair, et de ne le plus faire en un autre quand il n'y serait plus porté par les vues d'une politique humaine.

Que si les paroles mêmes dont il s'est servi en cet endroit portent naturellement à ce sens, que sera-ce si on les joint à tout ce qu'on lit dans le livre de M. Claude sur ce sujet? Quelle idée a-t-il voulu donner de ses adversaires quand il les représente, en un autre endroit (1), comme des gens qui exhortent souvent les calvinistes de se rejoindre à eux, alléguant qu'il y a bien des choses à espérer, et qu'il en conclut que l'on est donc persuadé qu'il se peut faire un changement insensible ; quoiqu'il soit si faux qu'on leur ait jamais tenu ce discours, que l'on défie M. Claude de nommer aucun ministre ni aucune personne de sa secte, capable de cet entretien, avec qui on ait parlé de matières de religion?

Que sera-ce encore si l'on considère cette horrible comparaison qu'il fait d'eux avec ces femmes déréglées qui affectent de médire d'un homme en toute rencontre (2), et de le faire entrer par force dans leurs discours sans suite, sans liaison, sans nécessité, dont il fait l'application en ces termes : On a, dit-il, assez de penchant à juger qu'il y a du mystère dans ce procédé, surtout quand le monde en a parlé comme il a parlé de nous et de ces messieurs. M. Claude a bien vu qu'il n'y avait pas moyen de pallier cette accusation, c'est pourquoi il a eu recours à son artifice ordinaire, qui est de supprimer les choses auxquelles il ne peut répondre.

Que sera-ce enfin si l'on considère que dans ce dernier livre même, où il a été obligé de se justifier sur ce point, bien loin de déclarer nettement qu'il n'a eu aucun dessein de les faire soupçonner d'avoir écrit contre leur persuasion, il a eu la hardiesse d'insinuer qu'on a eu raison de les en soupçonner? Car c'est l'idée qu'il donne dans sa préface même, en disant que ces messieurs se sont assez déclarés contre eux, pour ne laisser plus de lieu désormais de les soupçonner de collusion. Cela ne veut-il pas dire qu'il y en avait lieu auparavant? Quoi! M. Claude s'efforcera, par toutes les adresses dont il se pourra aviser, d'autoriser un soupçon abominable, toutes ses paroles contribueront à donner cette idée horrible ; et après qu'il l'aura imprimée dans l'esprit de tout le monde, il en sera quitte pour nous dire froidement qu'il ne s'est pas déclaré sur ce point, que ses paroles peuvent avoir un autre sens, que l'on ne doit point sonder ses intentions, et qu'on l'outrage scandaleusement quand on s'en plaint!

Mais je ne crains point de lui dire que cette manière de se justifier est pire en quelque sorte que la calomnie même dont on l'accuse, puisqu'elle tend à autoriser la calomnie en générale, et qu'elle ouvre à tous ceux qui auront envie de médire une voie de le faire, avec toute la malignité qu'ils voudront, sans qu'ils en puissent être repris, selon les principes de M. Claude. Car ils n'auront désormais, selon cette nouvelle morale, qu'à se servir de paroles qui puissent littéralement recevoir un bon sens, quoiqu'elles en laissent entendre très-clairement un autre à tout le monde ; et pourvu qu'ils observent cette précaution, que les médisants garderont facilement, il leur sera permis de donner telle opinion qu'ils voudront de ceux qu'ils auront envie de décrier, et s'ils s'en plaignent, de les accuser de violence, d'emportement, d'excès et d'outrages scandaleux.

Chapitre II.
Des railleries de M. Claude. Qu'elles sont toutes fausses et malignes.

M. Claude prétend, en un endroit de son nouveau livre, nous prouver qu'on a tort de s'offenser de ses railleries, et toute la raison qu'il en donne est qu'il n'est pas absolument défendu de s'en servir, et qu'on ne s'en est pas abstenu en écrivant contre lui. On a, dit-il, employé quelques termes de raillerie, et c'est peut-être ce qui a le plus fâché M. Arnauld. Mais qui lui a dit que la raillerie dût être absolument bannie de la dispute? Sans en rechercher des exemples ailleurs, on sait que ces messieurs s'en sont très-souvent servis..., et que M. Arnauld lui-même ne s'en est pas abstenu dans ce dernier livre qu'il a fait contre moi. Je ne l'ai pas trouvé mauvais : j'aime bien mieux son humeur enjouée que sa colère (1).

On pouvait sur cela demander à M. Claude qui lui a dit qu'on ne puisse, sans être enjoué, représenter comme ridicule ce qui l'est effectivement, et qualifier, sans être en colère, de véritables excès du nom qu'ils méritent? Qui lui a dit qu'il était le seul en qui se puisse allier ce qui lui paraît incompatible dans les autres? Car pour lui il ne se trouve ni en colère quand il se sert des termes les plus durs, ni d'une humeur enjouée quand il emploie la raillerie.

Mais ce qui mérite le plus d'être remarqué dans ces paroles, c'est le peu de justesse du raisonnement qu'elles contiennent. La raillerie, dit-il, ne doit pas être absolument bannie de la dispute, et mes adversaires s'en sont quelquefois servis. Ils auraient donc tort de se blesser des miennes. Ce serait fort bien conclure, si toutes les railleries étaient de même genre, et qu'elles fussent toutes honnêtes et bien fondées. Mais y en ayant qui ne le sont pas, et dont on a droit de s'offenser, afin que M. Claude pût conclure raisonnablement qu'on aurait tort de trouver à redire aux siennes, il fallait qu'il eût satisfait aux raisons par lesquelles on a fait voir en cet endroit-là même, auquel il tâche de répondre, que les railleries dont il se vante, et qui lui ont paru si ingénieuses, sont du plus mauvais genre du monde.

Il ne faut donc ni défendre en général la raillerie, ni l'accuser en général ; mais il en faut revenir au principe d'équité dont nous avons déjà parlé, par lequel on doit juger les unes bonnes et les autres mauvaises, qui est qu'on ne les doit employer que par quelque sorte de nécessité, et en ne traitant de ridicule que ce qui l'est effectivement ; mais qu'il est contre la sincérité, la justice et l'honnêteté, de représenter comme ridicules des choses qui ne le sont pas. Or c'est néanmoins ce que M. Claude a le malheur de faire toujours lorsqu'il veut railler le monde, et c'est ce qu'on lui impute sur ce point.

IIᵉ REMARQUE.

Y a-t-il par exemple rien de ridicule dans la réflexion que l'on fait sur le renouvellement du schisme des Grecs après le concile de Florence, et dans ce que l'on dit, qu'afin que l'on ne pût pas prétendre que ce fut par une politique lâche et timide que les Grecs ne firent pas le moindre reproche aux Latins sur la doctrine de la présence réelle et de la transsubstantiation durant le concile de Florence, quoiqu'ils eussent été deux fois spectateurs de la procession du S. Sacrement, il était bon que cet accord fût troublé ; que leur passion fût en liberté d'agir et d'éclater ; qu'ils tâchassent de ruiner tout ce qu'ils avaient signé à

---

(1) 2ᵉ Rép., p. 228.
(2) M. Claude dans la préface de sa Réponse au P. Nouet.

(1) 3ᵉ Rép., p. 917.

Florence; qu'ils attaquassent l'union en toutes les manières possibles; qu'ils marquassent tout ce qu'ils y trouvaient à redire; qu'ils chargeassent de reproches et de calomnies les Latins, avec qui ils avaient traité, et les Grecs qui avaient consenti à l'union; que leur haine et leur rage se produisit tout entière sans déguisement et sans contrainte (1). D'où l'on conclut que n'ayant jamais après la rupture fait aucun reproche ni aux Latins ni aux Grecs qui s'étoient unis à eux sur la présence réelle et la transsubstantiation, et ayant au contraire autorisé l'un et l'autre dogme par des écrits faits dans la plus grande violence de leur passion, on ne pouvait apporter une preuve plus évidente de leur union parfaite avec les Latins dans l'un et dans l'autre de ces dogmes.

Il y a bien des gens qui prendraient cet argument pour une de ces démonstrations morales qui n'ont pas moins de force pour persuader que les preuves mathématiques; mais il était difficile de croire qu'il s'en pût trouver qui la traitassent de ridicule. Cependant c'est en cette manière que M. Claude a cru s'en devoir défaire. *Admirez*, dit-il (2), *je vous prie, cette pénétration d'esprit, et cette vaste étendue de pensées: les biens et les maux qui arrivent au monde chrétien, il y a près de deux cents ans, paraissent à M. Arnauld destinés pour la gloire de son livre, avec cette différence seule ent, que les maux y contribuent encore beaucoup plus que les biens. Car c'est le schisme, la passion, la haine, et la rage des Grecs qui lui donnent une pleine victoire. Il était utile*, dit-il, *qu'ils entrassent dans cette fureur, c'est-à-dire, qu'il était bon que la moitié du monde fût damnée selon lui, que Dieu fût déshonoré par mille crimes, et son Eglise déchirée par une division funeste, et pourquoi? Pour fournir à M. Arnauld un argument, et pour lui donner moyen d'ajouter un chapitre à son livre*. Et plus bas: *M. Arnauld a un secret que je ne comprends pas. Car des plus grandes choses il en tire de fort petites, et des plus petites il en tire de fort grandes. Le mal est qu'en tout cela il n'y a pas une étincelle de bon raisonnement. Pourquoi veut-il que le nouveau schisme des Grecs soit arrivé pour lui fournir un argument? on ne savait pas encore en ce temps-là qu'il dût faire un livre*.

Ce sont là les fondements des raisonnements et des railleries de M. Claude. Celles-ci est fondée d'une part sur une erreur contraire à la parole de Dieu, et de l'autre sur une équivoque. L'erreur est qu'il ne soit pas permis de dire que les schismes et les hérésies soient bons à quelque chose, au lieu que Dieu ne les permet que parce qu'il les veut rendre utiles à l'établissement de sa vérité, selon ce que dit S. Paul, *qu'il faut qu'il y ait des hérésies, afin*, dit-il, *que l'on découvre par là ceux d'entre vous qui sont solidement à Dieu*.

L'équivoque qui en est le principal fondement, est qu'il lui plaît de confondre la vérité traitée dans un livre avec le livre même. Car l'utilité de ce schisme des Grecs regarde non le livre de M. Arnauld, mais la preuve et la manifestation de la doctrine de l'Eglise sur l'Eucharistie, qui est traitée dans le livre. De sorte que la pensée de M. Claude est à peu près aussi raisonnable que si quelqu'un concluait de ce que l'Eglise appelle le péché d'Adam une heureuse faute qui a mérité d'avoir un rédempteur tel que Jésus-Christ, que l'Eglise prétend que le péché d'Adam est arrivé afin qu'elle pût embellir un de ses cantiques de cette pensée. Il dira de même, quand il lui plaira, que saint Augustin, qui remarque l'utilité que Dieu a procurée à

(1) Perpétuité, tom. 1.
(2) 2ᵉ Rép., p. 435.

son Eglise par diverses hérésies, et entre autres par l'hérésie arienne, a prétendu qu'elles n'étaient arrivées que pour lui fournir une réflexion. On voit combien tout cela est contraire au bon sens aussi bien qu'à l'honnêteté. Cependant M. Claude s'y connaît si peu qu'il répète encore cette fausse raillerie en deux ou trois autres endroits, tant il en a été charmé.

IIIᵉ REMARQUE.

Il n'y a rien de même de plus permis que de faire revoir à ses amis ses propres ouvrages, et de reconnaître ensuite par un mouvement de sincérité la part qu'ils y ont bien voulu prendre. C'est dans cet esprit qu'après avoir rapporté une conjecture sur un passage de Nicétas Pectoratus, on avait ajouté qu'elle était d'un fort savant homme qui avait pris la peine de relire ce traité, c'est-à-dire le traité de la Perpétuité, et non celui de Nicétas. Cependant M. Claude a cru que cela lui donnait une occasion favorable de divertir les lecteurs aux dépens de son adversaire, et il s'efforce de le faire en cette manière: *M. Arnauld*, dit-il, *est-il si accablé ou rebuté de son travail qu'il n'ait pu se résoudre à faire lui-même cette lecture, qui ne saurait être de plus de demi-heure. Les savants hommes anonymes nous trompent souvent avec leurs conjectures; et quand on a fait un livre qu'on a dessein de rendre célèbre par toute l'Europe, en l'envoyant dans toutes les cours, il est bon au moins de ne s'en fier pas à toutes sortes de gens. Il dit dans la lettre au Pape que ses amis y ont travaillé avec lui. Dans le douzième livre il nous donne deux dissertations d'un religieux de Sainte-Geneviève sur le sujet de Jean Scot et de Bertram. Ailleurs il dit qu'il a prié quelques personnes de lui traduire ce passage de Thomas Herbert dont on a tant parlé. Ici il nous débite la conjecture d'un anonyme. Je crains que quelque indiscret ne juge sur cela que le livre de M. Arnauld n'est composé que de pièces rapportées, et par conséquent mal liées. Pour moi, je n'en fais pas ce jugement. Mais je voudrais bien que M. Arnauld eût dirigé et rectifié ce que les autres lui ont fourni, et qu'il n'eût pas fait comme la mer, qui recevant dans son sein toutes les eaux des fleuves, ne leur communique que son amertume*.

Si l'on demande ce que c'est que cette raillerie de M. Claude, on peut dire en un mot que c'est un amas de faussetés dont on tire une conclusion contraire au bon sens. Ce livre, qu'un savant homme a pris la peine de relire, n'est pas celui de Nicétas; c'est celui de la Perpétuité même. Et ainsi ce reproche que M. Claude fait sur ce faux fondement qu'on est *accablé et rebuté du travail*, et *qu'on ne saurait faire une lecture de demi-heure*, est une surprise qu'il aurait évitée, s'il ne se fût point amusé à cette bagatelle.

On ne sait pas bien quel est le sens de cette pointe, que *les savants anonymes nous trompent souvent*. Car la qualité de savant anonyme, tel que celui dont on parlait, ne peut contribuer à tromper personne, puisque ceux qui sont anonymes et inconnus aux autres sont très-connus à ceux qui se servent de leurs conjectures, comme celui-là l'était.

C'est une témérité blâmable d'attribuer à l'auteur de la Perpétuité le dessein chimérique de rendre son livre célèbre dans toute l'Europe. M. Claude n'en a point de preuves, non plus que de ce qu'il avance ensuite qu'il l'a envoyé *dans toutes les cours*. Un homme sage doit toujours éviter d'alléguer des faits de cette nature, qu'il suffit que l'on nie pour convaincre celui qui les avance de témérité et d'imprudence.

Il est faux aussi qu'on ait fait imprimer dans le 12ᵉ livre deux dissertations d'un religieux de Sainte-Geneviève. La seconde est de l'auteur même, comme il est marqué dans le 8ᵉ livre; et il est étrange que M. Claude s'abuse dans les choses dont il est si aisé de s'éclaircir.

Il est difficile de deviner ce qu'il peut trouver à

redire dans ce que l'on a fait vérifier une traduction sur un original écrit en anglais, comme si l'auteur de la Perpétuité était obligé d'entendre toutes les langues vulgaires de l'Europe.

Et enfin il est peut-être le seul qui pût tirer de ces faits faux et frivoles cette étrange conclusion, *que le livre de M. Arnauld n'est composé que de pièces rapportées, et par conséquent mal liées.* Il est vrai qu'il la désavoue par ces paroles qu'il ajoute ensuite : *Pour moi je n'en fais pas ce jugement.* Mais cette manière de désavouer par une feinte grossière des soupçons qu'on a tâché d'exciter autant qu'on a pu, est d'un caractère si contraire à l'honnêteté, qu'on peut croire que M. Claude s'en abstiendra, quand il saura combien cette fausse rhétorique lui fait tort.

J'ai voulu rapporter ces deux exemples des railleries de M. Claude, pour faire connaître de quel genre elles sont. Chacun pourra faire l'application de ce que nous avons dit à toutes les autres ; car elles sont toutes de même nature. Pour moi, je ne prétends pas employer mon temps à les réfuter ; et il pourrait désormais en remplir plusieurs volumes, que je n'y ferais plus aucune réflexion, à moins qu'elles se rencontrassent dans l'examen de quelques autres points. On en a vu quelques-unes rapportées par occasion dans le premier livre, et l'on en verra aussi quelques autres dans la suite de ces remarques.

CHAPITRE III.
Remarques sur la Préface de M. Claude.

Comme M. Claude a une extrême facilité à faire des préfaces, parce qu'il y dit tout ce qu'il lui plaît, qu'il se loue tant qu'il veut, qu'il rabaisse ses adversaires avec une entière liberté, qu'il promet tout ce qu'il lui est avantageux de promettre en renvoyant les preuves de tout ce qu'il avance dans le corps du livre, où peu de personnes les cherchent, et où ceux qui le cherchent ne les trouvent point ; il m'est aussi très-facile de réfuter cette préface par cette même méthode, puisque je n'ai qu'à dire en un mot que tout ce qu'il y dit est témérairement avancé, et à renvoyer aussi les preuves sur lesquelles je me fonde à ce qu'on en a dit dans le livre précédent, à la suite de ces remarques, et à ce que l'on en dira dans les volumes que l'on publiera bientôt.

Je ferai seulement ici deux remarques particulières sur cette préface, dont la première nous donnera lieu d'admirer combien nos différentes humeurs nous représentent diversement les choses.

IV° REMARQUE.

L'argument du livre de la Perpétuité n'est pas changé depuis qu'il a été proposé la première fois, et je pense qu'on avouera sans peine que le dernier ouvrage ne l'a ni affaibli ni obscurci. Cependant le changement qui est arrivé non dans les choses, mais dans l'esprit de M. Claude, a tellement troublé et renversé ses idées, qu'il en fait présentement un jugement directement opposé à celui qu'il en faisait alors.

Voici de quelle sorte il en a jugé dans le traité par lequel il est entré dans ce différend. *Il faut avouer de bonne foi,* dit-il, *et sans se laisser préoccuper par un faux intérêt de parti, qu'on ne saurait prendre un tour plus adroit sur la matière de l'Eucharistie que celui que cet auteur a pris ; et si la vérité lui manque, comme elle lui manque assurément, au moins n'est-il pas possible de donner ni plus de force à ses raisonnements, ni plus de jour à ses vraisemblances, ni plus de couleur qu'il a fait à une mauvaise cause. Tout persuadé que je suis que ce ne sont que des apparences, je reconnais pourtant qu'elles éblouissent.* C'est ainsi que M. Claude en jugeait au commencement, lorsqu'il n'y était pas encore intéressé personnellement ; mais les choses ayant changé de face, ce traité et ceux qu'on a faits pour le soutenir, qui sont incomparablement plus forts, sont devenus les derniers des livres.

On a vu paraître, dit M. Claude, *depuis quelque temps trois différentes méthodes sur cette matière.* Et portant ensuite un jugement de toutes les trois (1) ; il dit de l'une, *qu'elle est la moins injuste et la moins oblique ;* de l'autre, *qu'elle est beaucoup plus adroite et mieux concertée que celle de M. Arnauld.*

Mais le jugement qu'il fait de la troisième, c'est-à-dire de celle du livre de la Perpétuité, est *qu'il semble que ce nouveau chemin n'a été ouvert, que pour donner aux calvinistes de nouveaux avantages contre l'Eglise romaine et ses doctrines* : ce qui serait la marque du plus mauvais livre qu'on saurait faire. Il ne se contente pas de rabaisser cet ouvrage en le mettant au-dessous de ceux qui ont suivi une autre méthode ; il le met même au-dessous de ceux qui ont proposé le même argument, et qui l'ont renfermé en dix lignes comme le cardinal Bellarmin. Car si on en veut croire M. Claude, ces dix lignes de Bellarmin ont *plus de force que tout ce qu'on a écrit sur ce sujet.* De sorte qu'il faut par nécessité, comme je l'ai déjà dit, que ce soit le plus méprisable de tous les livres, puisque par un travail de plus d'une année on n'y a pu égaler la force de dix lignes de Bellarmin.

C'est ainsi que l'on est élevé ou rabaissé selon les différentes humeurs de M. Claude. Mais ces vicissitudes de jugement doivent servir à consoler ceux qui éprouvent les effets de sa disgrâce ; parce qu'ils peuvent espérer que leurs livres redeviendraient bons s'ils étaient assez heureux pour apaiser sa colère, qui est la seule chose qui les rend mauvais.

V° REMARQUE.

Une autre remarque que nous ferons sur cette préface, est touchant ce qui y est dit de Rainaldus, que l'on a allégué plusieurs fois dans le livre de la Perpétuité. M. Claude le trouve mauvais, parce qu'il a lu, à ce qu'il dit, dans un certain écrit un jugement fort désavantageux de l'esprit et de la sincérité de cet auteur, et sur cela il s'écrie : *Qui s'imaginerait que des gens qui en croiraient ce que je viens de dire, et qui voudraient bien que tout le monde en fît le même jugement, voulussent l'employer dans une dispute aussi importante que celle-ci, et tirer la plupart de leurs histoires ?*

Je ne sais ce que le monde aura jugé de cet endroit de M. Claude ; mais il est vrai qu'il m'a donné sujet de me plaindre de se mêler d'écrire d'une matière si importante dans une disposition aussi peu sincère que celle qu'il y fait paraître.

Je n'examine pas ici qui est l'auteur de ces remarques qu'il cite, ni si le jugement que l'on y fait de Rainaldus est juste ou injuste. Je dis seulement qu'il est contre le sens commun de se servir de ce jugement, en le supposant véritable, pour affaiblir les faits rapportés par Rainaldus, et cités dans le livre de la Perpétuité. Car chacun sait qu'un historien fait ordinairement deux choses, qu'il rapporte les faits et qu'il en juge, et qu'entre les faits mêmes qu'il rapporte, il y en a auxquels il n'a aucun intérêt et qui n'entrent point dans ses passions, et d'autres qui y entrent. Enfin, il y en a qu'il rapporte de lui-même, et d'autres où il ne fait que suivre d'autres historiens.

Or, 1° il est certain que ce jugement désavantageux de Rainaldus, que M. Claude rapporte, ne regarde que ces réflexions sur les faits, ou qu'entre les faits il ne peut regarder que tout au plus ceux où il s'agit de la puissance du Pape ; mais il est sans apparence de le rapporter aux faits particuliers où il n'est point question des droits du Saint-Siège, tels que sont ceux allégués dans le livre de la Perpétuité.

2° Il y a peu d'auteurs qu'on puisse moins soupçonner d'infidélité dans les faits que Rainaldus,

---

(1) La première, du P. Maimbourg, oppose les décisions des conciles comme des prescriptions. La seconde, du P. Nouet, adopte la discussion de l'Ecriture et des Pères. La troisième, des auteurs de *la Perpétuité,* joint l'argument de prescription à celui de discussion.

parce qu'il rapporte ordinairement les paroles mêmes des auteurs qu'il cite à la marge. De sorte que c'est plutôt une compilation de divers historiens et de divers actes qu'un corps d'histoire qui lui appartienne.

3° Tous ces faits dont on s'est servi sont tellement certains, que M. Claude ne s'est inscrit en faux contre aucun; et il en emploie lui-même la plupart en les reconnaissant véritables.

4° Enfin, il est vrai qu'il n'y a aucune conséquence à tirer du jugement contenu dans les remarques citées par M. Claude contre les faits allégués du même Rainaldus, que l'on peut dire avec assurance qu'il allie lui-même ces deux choses, car il croit tous ces faits véritables, et il n'oserait dire qu'il ne juge pas de Rainaldus à peu près comme l'auteur de ces remarques en a jugé. De sorte qu'il unit dans son esprit ce qu'il tâche de représenter dans ses écrits comme opposé et contradictoire. Il fait lui-même ce qu'il reproche aux autres; et il se sert, pour éblouir le monde, d'un argument dont il est impossible qu'il ne connaisse pas lui-même la fausseté. C'est un procédé qui paraît si odieux, qu'afin de n'être pas obligé de le qualifier d'une manière qui pût blesser M. Claude, j'aime mieux passer à une autre matière, qui est celle des deux premiers chapitres de son premier livre.

Chapitre IV.

Remarques sur le premier livre de M. Claude.

VI° remarque.

Pour convaincre toutes les personnes intelligentes que les deux premiers chapitres du premier livre de M. Claude ne sont que des discours en l'air, il n'y a qu'à marquer précisément les reproches qu'on lui a faits, et dont il a tâché de se justifier.

Il est vrai, comme il le dit fort bien, que *chacun peut faire de part et d'autre des suppositions*, et qu'il y en a que l'on fait pour terminer le différend, et d'autres pour le régler.

On a aussi reconnu que le livre d'Aubertin n'ayant pas été réfuté directement par l'auteur de la Perpétuité, il était en droit d'en employer et d'en supposer les preuves, et d'en former cet argument : *Aubertin a prouvé que le changement était effectivement arrivé : donc il est possible.* Ce n'est point là de quoi on s'est plaint, et ce qu'on a blâmé dans M. Claude.

Mais ce qu'on lui a reproché, c'est d'avoir fait d'abord, dans son premier chapitre, une double supposition qui ne tend point du tout à régler le différend, mais qui tend à le décider, et à s'exempter de répondre; car il n'y suppose pas sa propre opinion et l'impression qu'il a du livre d'Aubertin, mais il y transforme l'impression que le livre d'Aubertin a faite sur lui en une impression publique et générale.

S'il nous avait dit simplement : Je crois que le livre d'Aubertin a remporté une belle victoire : Je suppose que les raisonnements du livre de la Perpétuité sont vains et frivoles, on ne l'aurait point troublé dans la jouissance libre de son droit de *supposition* ; et on lui aurait demandé simplement qu'il répondît à ces raisonnements frivoles, en s'obligeant de sa part à répondre à ses preuves victorieuses. Mais il est bien éloigné d'agir de la sorte. Il nous fait une histoire de ses imaginations, et veut par là que tout le monde à en juger comme lui. Il nous débite historiquement et comme des faits non contestés, *qu'Aubertin a remporté une belle victoire sur l'école de Rome, qu'il a fait voir à toute la terre le changement que l'Église romaine a fait, et que cependant on ne lui oppose que des raisonnements et des conjectures imaginaires.*

C'est à cette rhétorique qu'on s'est opposé, parce que ces discours ne pouvaient passer pour de simples suppositions du sentiment particulier de M. Claude; mais qu'ils avaient les raisonnements et le caractère de décisions ou de suppositions de l'opinion publique, qui ne sont pas de bonne grâce dans le commencement d'un livre où on

P. DE LA F. III.

n'a pas droit de prétendre que tout le monde soit de notre sentiment.

Que si M. Claude les veut maintenant réduire aux termes de simples *suppositions* de son opinion particulière, on le priera de les exprimer d'une autre manière, et alors on lui donnera toute la liberté qu'il pourra désirer de faire des suppositions, pourvu qu'il n'en conclue rien de précis, et qu'il s'en serve seulement, comme il dit, *pour régler la forme de la dispute*. Nous voilà donc d'accord sur ce point, et il n'était pas besoin de tant de discours. Il ne fallait que dire tout d'un coup qu'il s'était exprimé trop fièrement, et qu'il voulait maintenant se réduire à la raison.

VII° remarque.

Tout ce qu'il répond de même sur la plainte qu'on a faite de ce qu'il avait dit qu'on avait attaqué indirectement Aubertin, n'est qu'une pure question de mots sous laquelle il tâche de se couvrir. On attaque un livre en deux manières, l'une quand on entreprend expressément de réfuter tout un ouvrage, qu'on en fait profession et qu'on se vante de l'avoir fait; l'autre quand on n'en réfute que quelque partie, et qu'on ne le fait qu'en passant, et en traitant une matière qui donne lieu d'examiner ce que cet auteur en dit, sans prétendre pour cela réfuter tout son ouvrage. La première manière engage à examiner toutes ses preuves; la seconde n'y engage point, et ce n'est qu'à ceux qui le font en la première manière qu'on peut reprocher qu'ils attaquent cet auteur d'une manière indirecte, ou qu'ils ne répondent pas à toutes ses preuves.

Ainsi M. Claude en reprochant à l'auteur de la Perpétuité qu'il avait attaqué Aubertin d'une manière indirecte et peu conforme à l'estime qu'il avait acquise, et qu'il n'avait pas satisfait aux preuves de fait dont ce livre est rempli, donnait l'idée qu'il avait voulu faire passer son livre pour une réfutation pleine et entière d'Aubertin, ce qui est une fausseté notoire.

Mais si M. Claude prétend qu'encore que l'on n'attaque un auteur qu'en passant et en traitant une autre matière, on est obligé de répondre à tout son livre, il n'y a qu'à lui dire que c'est un paradoxe démenti par la pratique de tous ceux qui ont écrit jusqu'ici, aucun ne s'étant cru obligé à l'observation de cette loi chimérique. Et c'est en vain qu'il allègue que l'histoire du changement que l'on réfute est appuyée sur toutes les preuves de fait qu'Aubertin avait rapportées dans ses deux livres précédents. Car il suffit que l'argument qu'on emploie soit indépendant de ces deux livres, et qu'on le puisse comprendre sans cet examen. Ainsi, quoique le livre d'Aubertin tire sa force des passages qui sont contenus dans ses deux premiers livres, il est très-permis néanmoins de le réfuter sans examiner ces passages, en établissant simplement, par exemple, l'autorité de l'Église, l'infaillibilité des conciles, le crime du schisme dont les calvinistes sont coupables, l'impossibilité du changement, parce que tous ces moyens sont indépendants de l'examen de ces passages, et ne laissent pas de conclure que les calvinistes les entendent mal.

Enfin ce sont de pures chicaneries que tout ce que M. Claude, pour préférer la méthode d'Aubertin à celle de l'auteur de la Perpétuité, dit de ces voies directes ou indirectes, médiates ou immédiates, de prouver les choses; et il ne faut pour le convaincre de l'inutilité de tous ces discours, que lui alléguer ce qu'il dit lui-même, *que les arguments indirects concluent quelquefois avec autant d'évidence que les directs.* Or nous n'avons intérêt que de connaître la vérité avec évidence, et par conséquent si l'argument de la Perpétuité fait cet effet, il est ridicule de le vouloir rejeter par ces considérations étrangères.

Chapitre V.

Réfutation d'un endroit du premier livre de M. Claude qui est d'une très-pernicieuse conséquence.

Je n'examinerai ici que quelques endroits parti-

(Quatrième.)

culiers de ces chapitres; parce que toute cette longue comparaison qu'il fait des preuves de fait avec les preuves de raisonnement est déjà détruite par la remarque que nous avons faite dans le premier livre, que ce qu'il y a de raisonnement dans l'argument du traité de la Perpétuité étant accordé par M. Claude, il se réduit uniquement au fait que l'on vérifie par les mêmes voies que tous les autres faits historiques. Ainsi je ne prétends que proposer ici quelques exemples de la manière dont il raisonne. En voici un qui paraîtra fort extraordinaire à ceux qui le considéreront de près, et que je rapporterai d'abord dans les propres termes de M. Claude.

VIII° REMARQUE. — *Paroles de M. Claude*, p. 25.

Je dis donc que sur ces fondements nous avons droit de prétendre que nos preuves de fait soient de l'évidence des yeux et de celle du sens commun. Car nous voyons les passages des Pères qui parlent de l'Eucharistie. Nos yeux les lisent. C'est leur objet, et notre sens commun en juge, c'est aussi le sien. Mais ils n'y trouvent précisément aucun de ces articles qui forment la créance de l'Eglise romaine ni en termes exprès, ni en termes équivalents. Nous sommes d'accord de ce que ces articles portent; et de ce qu'ils veulent dire. Nous sommes aussi d'accord du lieu où il les faudrait trouver, en cas que l'Eglise ancienne les eût enseignés. Nous savons d'ailleurs que c'est à nos yeux et à notre sens commun à les chercher, et à juger s'ils y sont ou s'ils n'y sont pas. Car quand une église les croit et les enseigne, elle les explique assez distinctement pour les faire entendre, et il ne faut point s'imaginer qu'ils y soient ensevelis dans des principes éloignés, ou couchés en termes équivoques qui laissent l'esprit en suspens, ou qu'ils soient enveloppés dans des énigmes dont on ne les puisse tirer que par une forte méditation. S'ils y sont, ils y doivent être clairement selon la mesure et la capacité de l'intelligence ordinaire et populaire, parce que ce sont des mystères populaires. Cependant quand nous les y cherchons, nous ne les y voyons pas paraître: s'ils y étaient en termes formels, nos yeux les y découvriraient; s'ils y étaient en termes équivalents, ou qu'ils s'en tirassent par des conséquences évidentes et nécessaires, notre sens commun les y connaîtrait. Mais après avoir fait une recherche exacte par toutes sortes de moyens, les yeux et le sens commun nous déclarent qu'ils n'y sont en aucune de ces manières. C'est une preuve de fait négative, mais elle est de la dernière évidence et de la dernière certitude.

RÉPONSE.

On a déjà rapporté une partie de cet endroit dans la préface du livre des *Préjugés*; mais j'ai cru le devoir produire ici plus au long afin qu'on ait lieu d'y faire plus de réflexion, et que l'on puisse juger par là quel état on doit faire de l'assurance fondée sur le sens commun de M. Claude, puisqu'il lui fait prendre pour une preuve de la *dernière évidence* et de la *dernière certitude* un discours qui est de la dernière fausseté.

Que veut dire M. Claude quand, en séparant les yeux du sens commun, il soutient que les yeux découvrent les articles de foi qui sont exprimés en termes formels, et qu'il attribue au sens commun de découvrir ceux qui ne sont exprimés qu'en termes équivalents? Car je ne crois pas que les yeux découvrent autre chose dans les livres que des traits qui forment les caractères, ni que les yeux du plus savant homme du monde y voient davantage que ceux des plus ignorants et des plus stupides. Un Cannibale et un Iroquois y voient tout autant que M. Claude, parce qu'il n'y voit non plus qu'eux que du blanc et du noir. Je ne vois pas non plus pourquoi il soustrait aux yeux les articles exprimés en termes équivalents. Car ils voient de même les caractères qui les signifient; mais le rapport que les caractères qui marquent les uns et les autres ont avec certains sons, et celui que ces sons ont avec certaines idées, ne se voit point du tout par les yeux. Cependant c'est dans ces idées que consiste l'article de foi.

De plus, comme les sons ne sont point tellement attachés à certaines idées que l'esprit ne les applique souvent à d'autres idées voisines ou semblables par diverses métaphores, est-ce par les yeux que l'on jugera auxquelles de ces idées il faut appliquer ces sons destinés à signifier les vérités de la foi, et n'a-t-on pas besoin souvent d'un grand nombre de raisonnements ou pour exclure le sens propre, ou pour y arrêter l'esprit?

Il serait bon aussi que M. Claude nous eût expliqué ce qu'il entend en ce lieu par le *sens commun*. Car si c'est la même chose que le raisonnement, comment peut-il préférer les preuves sur lesquelles il prétend que sa doctrine est appuyée à celles qu'il appelle de raisonnement, par cette raison qu'elles sont fondées sur le sens commun.

Que si par ce prétendu sens commun il entend une intelligence de la vérité plus sûre, plus prompte et plus vive que celle qui naît du raisonnement, il y a deux illusions considérables dans son discours.

La première est en ce qu'il dit que le sens commun lui déclare que les articles de la foi romaine ne sont point dans les Pères. Car il avance en cela la chose du monde la plus hors d'apparence et la plus déraisonnable, si par les mots de *sens commun* il entend cette lumière vive et prompte qui prévient le raisonnement.

Je n'ai qu'à lui demander, pour l'en convaincre, si lorsque S. Cyrille de Jérusalem dit (catech. 4) que *le pain qui paraît n'est pas du pain, quoique le goût le juge tel, mais le corps de Jésus-Christ*, il découvre par une lumière vive et prompte qui prévient le raisonnement, qu'il n'entend pas que ce soit le corps de Jésus-Christ, mais un pain sanctifié;

Si quand S. Cyrille d'Alexandrie dit que *Jésus-Christ entre en nos corps, s'insinue dans nous, est reçu dans nous par son corps, par sa chair, par sa propre chair* (1), il conçoit tout d'un coup et sans avoir besoin de raisonner, qu'il n'entend point par là ni le corps et la chair propre de Jésus-Christ, mais une certaine vertu séparée;

Si quand saint Grégoire de Nysse nous assure que *le corps immortel de Jésus-Christ est reçu dans nos entrailles* (2), il conçoit sans peine et par une intelligence pareille à celle dont on pénètre les premiers principes, qu'il n'entend ni parler du corps immortel de Jésus-Christ, mais seulement de l'impression de sa vertu.

J'en pourrais rapporter cent exemples semblables pour montrer qu'il n'y eut jamais de déclaration plus téméraire que celle que M. Claude fait faire à son prétendu *sens commun*. Mais je ne prends pas ce soin besoin, parce qu'il est à croire que c'est un discours qui lui est échappé sans réflexion, et qu'il ne s'opiniâtrera pas à le soutenir.

La seconde illusion est que quand M. Claude pour relever la certitude des preuves qu'il prétend tirer des Pères pour sa doctrine au-dessus des preuves de raisonnement, les appelle des preuves de sens commun, il faut qu'il ait oublié ce qu'il dit en un autre lieu (pag. 57), *qu'il avoue que la voie de chercher la vérité de l'Eucharistie par la doctrine des Pères, est d'elle-même une voie indirecte, oblique, sujette à de grandes longueurs, et où il y a de l'illusion et de l'égarement à craindre; qu'il ne nie pas non plus que si dans l'examen que l'on fait de ces passages à part, on proteste de n'y trouver aucune obscurité, il faut prendre ces protestations pour des bravades: mais que cela n'empêche pas que le jugement général que l'on fait de la créance des Pères touchant l'Eucharistie, et qui résulte d'une considération exacte des preuves rapportées de part et d'autre, ne soit évident et certain en notre fa-*

(1) S. Cyrill. cont. Nest. lib. 5, et in Joan.
(2) Orat. catech. c. 37.

cour. Car par là M. Claude reconnait qu'avant cette comparaison des preuves de part et d'autre, il n'y a point d'évidence ni de certitude dans les jugements que les calvinistes forment sur l'examen des passages particuliers. Or il n'y eut jamais d'évidence qui méritât moins d'être appelée une évidence de sens commun en la distinguant de celle du raisonnement, que celle qui est fondée sur la comparaison de tant de diverses preuves, de tant de divers raisonnements, et qui a besoin d'une application d'esprit si vaste et si étendue pour comprendre tant de choses tout à la fois et également, afin que l'esprit se puisse assurer que la préférence qu'il donne à un parti au-dessus de l'autre, ne vient point de ce qu'il s'est appliqué plus fortement aux raisons sur lesquelles il est appuyé, et qu'il a négligé celles de l'autre. Et tant s'en faut qu'on puisse douter à ces jugements, dans lesquels on compare tant de choses, le premier degré de la certitude humaine, comme M. Claude a voulu faire sans y avoir bien pensé, qu'il n'y en a point au contraire qui soit capable d'un moindre degré de certitude, parce qu'il n'y en a point où il soit plus facile de s'éblouir.

Mais ce ne sont pas encore là les principaux défauts de cet endroit de M. Claude, que nous examinons ici. Il y en a un autre d'une conséquence beaucoup plus grande, et sur lequel ceux de son parti n'ont pas moins d'intérêt que nous de lui demander éclaircissement.

Car que veut-il dire quand il nous assure *que si les articles de la créance romaine étaient dans les écrits des Pères, ils y devraient être clairement, et selon la mesure et la capacité de l'intelligence ordinaire, et que cependant quand les calvinistes les y cherchent, ils ne les y voient pas paraître?* Est-ce qu'il prétend que les articles de la foi doivent être si clairement ou dans l'Écriture ou dans les Pères, que tous les esprits des hommes préoccupés ou non préoccupés les y doivent voir, en sorte que les préjugés et les passions ne soient capables de les cacher à personne? Ou bien est-ce qu'en avouant qu'il suffit qu'ils y paraissent clairement exprimés aux personnes intelligentes, sincères et non prévenues, il veut nous obliger de reconnaître que tous les calvinistes sont dans cette disposition, et qu'ils sont exempts des préjugés qui peuvent cacher les vérités claires?

Si c'est en cette seconde manière qu'il l'entend, et si son argument suppose cet étrange principe, que tous les calvinistes sont exempts de tous les défauts qui peuvent empêcher l'esprit de voir les vérités évidentes en elles-mêmes, et qu'ainsi on doit conclure que ce qu'ils ne voient pas n'est pas; y eut-il jamais un pareil égarement d'esprit que d'appeler cette preuve une preuve de la dernière évidence, et de la dernière certitude, puisqu'il est difficile de s'en imaginer une plus absurde?

Cependant s'il ne s'explique de cette sorte, je ne vois pas qu'il puisse se justifier d'avoir avancé dans cet endroit le même principe pour lequel ceux de sa société ont depuis peu déposé un de leurs plus habiles ministres, qui tend à exclure la Trinité, l'incarnation, le péché originel, du nombre des articles de foi, et à réunir dans une même communion les sociniens, les ariens, les anabaptistes, les nestoriens et presque tous les hérétiques qui sont et qui ont été, et à condamner de schisme tous les conciles et tous les Pères qui les en ont retranchés. Car s'il est nécessaire, afin qu'un dogme soit reconnu pour article de foi, qu'il soit si clairement exprimé dans la règle de la foi, que le sens commun de tous les hommes préoccupés ou non préoccupés l'y voient, voilà tous les hérétiques absous, puisqu'ils n'ont qu'à dire, comme ils font, que leur sens commun ne découvre point dans l'Écriture les dogmes qu'on leur veut faire avouer. Et ils auront même raison de le dire, puisqu'il est également vrai et qu'ils n'y découvrent point en effet ces dogmes, et qu'ils ont tort de ne les y pas découvrir. En un mot,

ou il n'exige dans les articles de foi qu'une évidence proportionnée aux esprits sincères et bien disposés, et en ce cas son argument n'est pas raisonnable, puisqu'il suppose que les calvinistes soient dans cette disposition : ou il en demande une telle que personne n'en puisse douter, et en ce sens cet argument contiendrait une impiété qui renverse toute la religion.

M. Claude a d'autant plus d'intérêt d'éclaircir le monde sur ce point, que M. d'Huisseau, qui a été condamné depuis peu à Saumur sur cette supposition qu'il ne reconnaissait pour articles de foi que ceux qui étaient reçus sans contestation par tous les chrétiens, a fait voir qu'il n'avait rien avancé dans son livre *de la Réunion du christianisme* qui ne fût conforme à la doctrine de plusieurs ministres et que l'on a fait voir de plus que les semences et les principes de cette doctrine sont contenus encore dans un autre endroit important de son premier livre, qui est réfuté dans le livre des Préjugés, pag. 381. Ce n'est pas que je l'accuse précisément de cette impiété. Je sais que les esprits les plus subtils sont sujets à s'éblouir, et qu'il n'est pas juste d'imputer aux auteurs toutes les conséquences que l'on tire le plus directement de leurs paroles ; je prétends seulement qu'il ne saurait exempter ce raisonnement *qu'il appelle de la dernière évidence et de la dernière certitude*, ou de cette impiété que je veux croire qu'il condamne, ou de l'absurdité que j'y ai remarquée.

CHAPITRE VI.

Réfutation des raisons par lesquelles M. Claude prétend prouver que l'on ne peut rien conclure de certain par le genre d'argument dont on on s'est servi dans la Perpétuité.

IXe REMARQUE. — *Paroles de M. Claude.*

« Nous sommes affermis dans cette pensée, lorsque nous considérons de quel ordre sont ces raisonnements de l'auteur de la Perpétuité. Car ce ne sont pas des démonstrations qui convainquent l'esprit, ou qui aient une force égale à celle que nous trouvons dans nos preuves; ce ne sont tout au plus que des vraisemblances. Ce sont des impossibilités morales qu'il trouve dans le changement que nous supposons, comme qu'il ne serait pas possible que les évêques, les religieux et les peuples ne se fussent élevés contre les innovateurs, ni qu'avec une si grande contrariété de sentiments on fût demeuré en paix dans une même communion, et quelques autres choses de même nature, qui ne sont ni établies sur des principes certains, ni par des conséquences incontestables. En général il est assez malaisé de déterminer quels sont les événements impossibles, si vous en exceptez ceux où il y a une contradiction formelle. Car les causes ou les principes des choses sont reculés de nous, nous ne les connaissons guère que par leurs effets, et les effets ne nous en montrent pas toujours tout le fond, pour pouvoir dire au juste : Cela se peut, cela ne se peut. Les impossibilités morales sont le plus souvent douteuses, mais surtout celles qu'on établit sur les inclinations des peuples dont la conduite est quelquefois fort bizarre, et où il y a si peu d'uniformité et tant de dépendance des circonstances particulières, qu'on n'en saurait faire que des règles très-incertaines. Si l'auteur de la Perpétuité nous eût fait voir que le changement dont il s'agit implique contradiction, qu'il résiste à la nature des choses, qu'il s'ensuit évidemment des absurdités insupportables à la droite raison, nous eussions examiné ses arguments sans insister sur la méthode. Mais d'alléguer ce qu'eussent fait les évêques, les religieux et les peuples, ce ne peut être tout au plus que des conjectures et des conjectures même fort douteuses, car il n'est pas l'arbitre de toutes les actions humaines, ni ne connaît tous leurs principes et toutes leurs différences, ni ne voit toutes les causes qui concourent aux grands accidents, ou toutes celles qui les empêchent d'arriver. »

RÉPONSE.

Comme l'argument précédent que nous avons examiné contient la principale raison par laquelle M. Claude relève la méthode d'Aubertin, le discours qu'il fait ici contient ce qu'il a jugé de plus plausible pour rabaisser celle de la Perpétuité : ainsi, en le détruisant on détruit tout le fondement de son premier livre.

C'est ce qui n'est pas difficile, puisqu'il n'y a qu'à remarquer comme nous avons déjà fait : 1° Que M. Claude n'a osé contester ce qu'il y a de pur raisonnement dans l'argument de la Perpétuité, qui est que supposé que toutes les communions séparées de l'Église romaine se soient trouvées unies avec elle, dans le onzième siècle, dans la créance de la présence réelle, cette doctrine n'a pu s'établir dans toutes ces communions par un changement universel de créance qui se soit fait depuis Paschase jusqu'à Béranger ; 2° qu'il ne s'agit pas si l'argument de la Perpétuité est bon ou mauvais, mais si on le doit rejeter par la nature même de l'argument : c'est-à-dire s'il est d'un certain genre dans lequel on ne pui-se rien conclure de certain. C'est ce que M. Claude prétend, et c'est ce qu'il détruit lui-même par des modifications qu'il apporte à sa proposition. *Les impossibilités morales*, dit-il, *sont le plus souvent douteuses*. Elles sont donc aussi quelquefois certaines. Or qui lui a dit que celles sur lesquelles on se fonde dans ce livre ne soient pas du nombre des certaines ? Il y en a qui le sont par son aveu même. On prétend que celles-là le sont. Il ne saurait donc en empêcher l'examen. *Mais elles sont*, dit-il, *fondées sur les inclinations des peuples qui sont bizarres et déréglées*. On répond qu'il y a mille faits certains qui ne sont fondés que sur ces inclinations bizarres et déréglées, et même que toutes les histoires et tous les faits sont uniquement fondés sur l'assurance que nous avons que les hommes ne sont point assez bizarres pour conspirer tous dans quelque dessein excessivement extravagant.

Car si on pouvait supposer, par exemple, qu'il y a cent ans que tous les peuples convinrent de cacher à la postérité la vérité des choses passées, et de faire des romans de tous les temps précédents, de s'accorder tous dans ces romans, comme dans des histoires véritables, d'attribuer faussement des ouvrages à diverses personnes qui auraient été marquées dans ces romans, et de ne déclarer à aucun de leur postérité cette étrange fourberie ; voilà l'autorité de tous les livres et de toutes les histoires détruite. Mais ce qui fait qu'elle ne l'est pas, c'est que nous sommes assurés que les hommes ne sont pas capables d'un si étrange dessein.

Il n'est pas même besoin de faire des suppositions si excessives, il y en a mille autres plus faciles en apparence, et dont nous savons néanmoins très-assurément la fausseté par la seule pénétration que nous avons des inclinations des hommes. Qui est-ce qui ne croit savoir très-assurément que la ville de Rome n'est pas abîmée depuis trois ans ? que Marseille n'a point été prise l'année passée par les Turcs ? qu'il ne s'est point donné de bataille en France depuis trois mois, où il soit péri deux cent mille hommes tout à la fois ? que le roi d'Angleterre est rétabli ? qu'il y a une île qui s'appelle la Martinique. Cependant si l'on pouvait supposer seulement dans cinquante mille ou cent mille hommes le dessein bizarre de cacher ces choses, ou de faire croire des mensonges sans aucun intérêt apparent, rien de tout cela ne serait certain à ceux qui ne savent ces choses que par oui-dire.

Ces faits et mille autres de cette nature ne sont certains que parce que la bizarrerie des hommes a des bornes, et que si on ne les connaît pas au juste, on connaît au moins très-certainement qu'il y a des excès où elle ne se peut porter, comme on ne saurait peut-être assigner précisément le moment où le jour commence et celui où il finit, mais l'on assigne parfaitement un temps où il fait jour, et un autre où il fait nuit.

Toutes ces considérations générales que M. Claude fait sur la nature des preuves de raisonnement sont donc absolument inutiles, et elles sont d'autant plus illusoires dans la bouche de M. Claude, que l'on a déjà fait voir que quand il a été question de les examiner, il n'a point trouvé d'autre expédient que de s'y rendre, en se réduisant à contester sur le fait même.

X° REMARQUE. — *Paroles de M. Claude.*

« Il est vrai que la certitude des faits dépend du raisonnement. Car nous n'en croyons les témoins que parce que la raison nous dicte qu'il les faut croire. Néanmoins les preuves par témoins ne laissent pas d'être d'ordinaire plus fortes à l'égard du fait qu'elles prouvent, que le raisonnement appliqué sur le même fait ; et ce qui les distingue est non leur genre simplement, mais la matière ou le sujet auquel elles sont appliquées, puisque le raisonnement est plus juste et plus certain, quand il établit la fidélité des témoins, que quand il veut décider le fait même, d'où il s'ensuit que le témoignage autorisé par un raisonnement plus fort, doit être préféré à un autre raisonnement plus faible. »

RÉPONSE.

M. Claude prétend détruire par là ce qu'on avait dit, que les preuves de fait se réduisent toutes à des preuves de raisonnement, et qu'ainsi on n'a pas droit de rejeter simplement une preuve parce qu'elle est de raisonnement ; et il le fait par deux manières de raisonner qui lui sont propres, et qui n'avaient été jusqu'ici d'aucun usage dans les disputes.

La première est de tirer des conclusions précises de propositions particulières, et qu'il reconnaît être fausses en général.

Les preuves par témoins, dit-il, *sont* d'ORDINAIRE *plus fortes à l'égard du fait qu'elles prouvent, que le raisonnement appliqué sur le même fait*. Mais si cela n'arrive que pour l'ordinaire, comment conclut-il que cela a lieu certainement dans le cas dont il s'agit ? Qui lui a dit que nous ne sommes point dans ce cas moins ordinaire, où le raisonnement sur le fait même est plus fort ou aussi fort que celui qui prouve la fidélité des témoins ?

La seconde est de réduire en maxime et en axiome sa prétention même, afin de s'exempter de la nécessité de la prouver. C'est ce qu'il fait quand il nous déclare avec autorité que le raisonnement est plus juste et plus certain quand il établit la fidélité des témoins, que quand il veut décider le fait même. Or c'est ce qu'on lui nie précisément, quand c'est un raisonnement de même genre. Car si la pénétration de l'esprit humain nous peut faire juger avec certitude que des témoins ne sont pas capables d'avoir inventé un fait faux dans telles et telles circonstances, cette même pénétration de l'esprit humain nous peut faire juger avec une égale certitude que certains faits sont absolument faux.

On sait par exemple très-certainement qu'il est très-faux que les Turcs aient fait une descente à Marseille l'année dernière, et que les gentilshommes et les communes de Provence aient défait leur armée en bataille rangée, parce que l'on connaît assez l'esprit humain pour juger qu'il est impossible que s'ils eussent fait une si belle action, ils n'en eussent pas répandu le bruit par toute l'Europe, et qu'ils eussent tous conspiré à se priver de la gloire qu'ils auraient méritée. Voilà un raisonnement qui établit immédiatement la fausseté d'un fait, et ce raisonnement n'est pas moins certain que tous ceux qui établissent la fidélité des témoins. Et comme on en peut rapporter une infinité du même genre, il s'ensuit que la maxime de M. Claude est témérairement avancée.

Il n'y a pas moins d'illusion à ce qu'il ajoute ensuite, que si l'on demeure d'accord de la fidélité des témoins, et que ce soit un principe reconnu sans contestation, la preuve qu'on en tire n'est plus médiate, mais immédiate, et qu'elle ne dépend plus du raisonnement. Car la validité du témoignage étant un point décidé, qui n'entre dans la preuve que comme principe hors de doute, il s'agit seulement de savoir ce que les témoins déposent, et c'est un fait dont on peut s'éclaircir par les sens; d'où il s'ensuit qu'il faut discuter leur témoignage, et que cette voie est préférable à celle du raisonnement. Tout cela n'est qu'un amas d'égarements. Quand on suppose la fidélité des témoins, on ne la suppose néanmoins qu'en vertu du raisonnement qui nous en assure, et par conséquent tout ce qu'on établit sur les dépositions de ces témoins, ne peut avoir plus de force et de clarté que ce premier raisonnement qui autorise leur témoignage. Si on prouve donc, comme il est possible, un certain fait par un raisonnement qui ait une égale certitude que celui qui autorisera la fidélité des témoins, les conclusions qu'on en tirera seront tout aussi certaines.

M. Claude suppose encore en l'air que la déposition de témoins tels que sont les Pères à l'égard des dogmes se connaît par les sens. Or c'est une illusion visible. Les sens ne découvrent dans les livres des Pères, à l'égard des dogmes, que du noir et du blanc, et ce n'est souvent que par plusieurs raisonnements que l'on connaît le sens précis de leurs expressions. Ainsi, cette conclusion générale que M. Claude tire, qu'il est en droit de rejeter la voie qu'on a suivie dans le livre de la Perpétuité, sans en faire un examen particulier, parce que c'est une voie de raisonnement, est clairement injuste, téméraire et déraisonnable, soit qu'on la considère dans la thèse générale, parce qu'il est faux que toute voie de raisonnement soit à rejeter et ne puisse être opposée à des preuves par témoins; ou qu'on s'arrête à l'hypothèse particulière, parce qu'il se trouve qu'il y a tant d'évidence dans le raisonnement sur lequel le livre de la Perpétuité est appuyé, que M. Claude même, comme on a dit plusieurs fois, ne l'a osé contester. Car il ne demeure pas d'accord, à la vérité, que toute la terre fût au temps de Bérenger dans la doctrine de la présence réelle, mais il ne dit nulle part que supposé qu'elle y fût, elle ait pu venir à cet état par un changement universel de créance sur ce mystère, qui se soit fait depuis Paschase jusqu'à Bérenger.

J'ai voulu réfuter en particulier ces trois endroits de M. Claude, parce qu'ils contiennent l'abrégé de tout ce qu'il dit avec tant d'étendue sur la comparaison des deux méthodes.

CHAPITRE VII.
Calomnie de M. Claude sur le sujet de l'infaillibilité de l'Église.

XIe REMARQUE. — *Paroles de M. Claude, p. 72.*

« Cette question sera bientôt vidée, si l'on considère que j'avais allégué quelques exemples de changements insensibles actuellement arrivés dans l'Église sur divers points de pratique et de créance, et que l'auteur ne s'en était défendu qu'en protestant qu'il *n'avait point avancé généralement cette maxime, qu'il ne peut arriver dans l'Église aucun changement imperceptible, non pas même dans les pratiques cérémoniales, ou dans des opinions spéculatives et nullement populaires; qu'il s'est bien donné de garde de la proposer dans cette généralité; qu'il l'a restreinte aux mystères capitaux et connus par tous les fidèles par une foi distincte.* Car répondre de la sorte, c'est confesser qu'il est arrivé des changements en des points non populaires. Or faire cette confession, c'est renverser absolument l'infaillibilité que l'Église romaine prétend avoir.

« Il ne sert de rien à M. Arnauld de distinguer entre *une infaillibilité de grâce ou de privilége* et une *infaillibilité humaine et populaire*, et de dire que l'auteur de la Perpétuité ne prétend nullement désavouer *l'infaillibilité de l'Église et des conciles, à l'égard de toutes sortes de mystères populaires et non populaires.* Car les exemples que j'avais produits choquent également toute sorte d'infaillibilité; et les reconnaître à quelque égard que ce soit, c'est abandonner cette prétendue infaillibilité de privilége. Je veux que les changements que j'allègue soient en des points non populaires, ils n'en sont pas moins changements, et quand ils ne seraient pas contraires à l'infaillibilité naturelle, ils le sont à celle qu'on appelle de grâce, puisque ce sont des changements actuels en des points de religion. D'où il s'ensuit qu'un homme qui les reconnaît pour véritables, ne peut plus nier qu'il ne choque le principe de l'Église romaine, qui est que le concile ou les pontifes sont absolument infaillibles; et la distinction de M. Arnauld est une pure illusion. »

RÉPONSE.

M. Claude ne pouvait pas se justifier plus mal du reproche qu'on lui a fait d'avoir calomnié l'auteur du second traité de la Perpétuité, puisqu'il ne le fait qu'en ajoutant à cette calomnie quatre nouvelles illusions.

La première consiste en ce qu'il nous donne ici le change en substituant une raison dont il ne s'est point encore servi, au lieu de celle qu'il avait effectivement employée et que l'on a invinciblement réfutée. Car il faut remarquer que cette accusation qu'il a formée contre l'auteur du second traité, de nier l'infaillibilité générale de l'Église dans tous les points de la foi, est contenue dans la préface de sa seconde Réponse; que c'est là qu'il lui reproche d'avoir mis en avant une nouvelle théologie, que le principe de l'infaillibilité de l'Église est dans le peuple, et d'avoir restreint cette infaillibilité aux mystères capitaux; et c'est là qu'il conclut de ce principe et de cette restriction que, selon cet auteur, il peut arriver des changements dans l'Église à l'égard des mystères non populaires, en attachant précisément et uniquement cette conclusion à ce principe et à cette restriction. Mais il ne dit en aucune sorte qu'on lui ait avoué qu'il était actuellement arrivé dans l'Église des changements insensibles.

Comme il n'avait donc apporté que cette unique raison, on n'a répliqué aussi qu'à cette unique raison; et on lui a dit qu'outre cette infaillibilité que la raison naturelle découvre dans l'Église à l'égard des mystères populaires et capitaux, l'auteur de la Perpétuité admettait encore une autre infaillibilité de grâce et de privilége qui rendait l'Église incapable d'errer sur aucun point de foi, soit populaire, soit non populaire, et que c'était mal raisonner que de conclure qu'il niât l'une parce qu'il admettait l'autre.

M. Claude qui a donc vu qu'il était impossible de soutenir cette conséquence, a recours maintenant à une autre preuve, comme s'il l'avait déjà employée, et veut faire croire que la raison par laquelle il avait reproché à cet auteur d'avoir nié cette infaillibilité de privilége dans l'Église, *est qu'il a reconnu pour véritables les exemples de changement qu'il avait allégués dans son traité*, et que ces exemples sont contraires à cette infaillibilité. Cependant il n'avait pas dit un seul mot de ces exemples dans sa préface, où ce reproche est contenu. Il avait regardé les paroles de l'auteur de ce traité sans aucun rapport, et dans ce qu'elles contenaient en elles-mêmes.

La seconde illusion n'est pas moins facile à réfuter. Elle consiste en ce qu'il dit *qu'ayant apporté quelques exemples de changements insensibles, on ne s'en est défendu qu'en protestant que l'on n'avait pas avancé généralement cette maxime, qu'il ne pût arriver dans l'Église aucun changement imperceptible, non pas même dans les pratiques cérémoniales, ou dans les opinions spéculatives; que l'on s'est bien donné de garde de la proposer dans cette généralité; qu'on l'a restreinte aux mystères capitaux et connus par tous les fidèles d'une foi distincte.* Et de là M. Claude conclut que répondre de cette sorte, c'est confesser qu'il est arrivé des changemens insensibles en des points non populaires.

Mais on lui réplique qu'il est étrange qu'il continue à se vouloir tromper après l'éclaircissement qu'on lui a donné. Car l'infaillibilité que l'on attribue à l'Eglise dans cet endroit n'est point l'infaillibilité de grâce et de privilége, c'est une assurance de ne se point tromper qui convient naturellement à toute société à l'égard de certains objets en de certaines circonstances ; et cette maxime étant restreinte par l'auteur aux mystères populaires, il est clair qu'elle ne se pouvait détruire par des exemples pris de questions spéculatives et non populaires. Ainsi, sans examiner si les exemples proposés par M. Claude étaient vrais ou faux, ce qui avait besoin de beaucoup de discussion, on lui a répondu qu'il était mal allégués, parce qu'ils ne combattaient point la maxime qu'on avait avancée, qui ne regardait que les mystères populaires.

Tout le monde sait que cette manière de répondre est très-ordinaire et très-nécessaire dans les disputes, parce qu'on évite par là l'embarras qui naît des questions accessoires. Et ainsi c'est une illusion manifeste d'attribuer à cet auteur d'avoir reconnu par là qu'il était arrivé des changemens dans l'Eglise en des points non populaires ; et tout ce que l'on en peut conclure, est qu'il n'a point voulu entrer, en cet endroit là, dans cette discussion.

La troisième illusion est du même genre. M. Claude avait allégué qu'il était arrivé un changement insensible dans la matière de la grâce. L'Auteur du second traité, pour n'entrer pas dans l'examen de divers points embarrassés de termes scholastiques, s'était contenté de répliquer *que les vérités de la grâce n'ont jamais été populaires dans toutes les conséquences que l'on en tire dans la théologie, et qu'il est faux qu'ils ne le soient pas encore dans les points principaux et essentiels.* Sur cela M. Claude s'écrie dans son dernier ouvrage : *N'est-ce pas reconnaître qu'à l'égard des points non populaires, et qui ne sont ni principaux ni essentiels dans la matière de la grâce, il est arrivé du changement ? Or ces points principaux et non principaux, grands ou petits, sont des points de doctrine dans lesquels on ne peut changer sans passer de la vérité à l'erreur, et de l'erreur à la vérité. Si donc il est vrai, comme je l'avais dit et comme l'auteur de la Perpétuité ne l'a pas nié, que l'Eglise ait été en divers temps dans des sentimens contraires à cet égard, il n'est pas possible qu'elle n'ait été dans l'erreur, et par conséquent elle n'est pas infaillible de cette infaillibilité de grâce et de privilége qu'elle s'attribue. La réponse de l'auteur de la Perpétuité suppose la vérité de ce changement, elle m'a donc donné un juste sujet de lui faire l'objection que je lui ai faite, et la distinction de M. Arnauld vient trop tard.*

Mais outre qu'il est faux que M. Claude ait fondé cette objection sur cet aveu, il est encore faux qu'on lui ait rien avoué de ce qu'il avance. De sorte que c'est une pure calomnie fondée sur deux faussetés. La première est déjà vérifiée ; la seconde consiste encore en ce que M. Claude n'attribue cet aveu à l'auteur de cette réponse que sur une ignorance volontaire ou involontaire du langage ordinaire des disputes. Car chacun sait, comme je l'ai déjà dit, que quand on peut réfuter une objection par deux divers moyens, on peut en choisir un qui est sans difficulté et sans embarras, sans reconnaître pour cela l'insuffisance des autres.

C'est proprement ce que l'on a fait en cette occasion. M. Claude ayant voulu prouver qu'il pouvait arriver des changemens insensibles de doctrine dans l'Eglise, parce qu'il en était arrivé dans la matière de la grâce, on pouvait prouver par diverses raisons que cet exemple était mal allégué. La première, parce qu'il est absolument faux qu'il soit arrivé aucun changement universel de doctrine dans la matière de la grâce ; la seconde, parce que les conséquences de cette doctrine dans lesquelles on voudrait mettre ce changement ne sont point populaires, et par conséquent qu'elles ne sont point semblables à celui que les ministres prétendent être arrivé dans la doctrine de l'Eucharistie.

L'une et l'autre était bonne, et rendait cet exemple inutile. Elles étaient toutes deux vraies ; mais il y avait cette différence entre l'une et l'autre, que la première engageait à une longue discussion des sentimens des scholastiques : au lieu que l'autre était courte, précise, sans difficulté ; étant clair qu'il n'y a rien de moins populaire que les conséquences des vérités de la grâce. On s'est donc attaché à cette seconde. Mais ce n'est pas en avouant, comme il plaît à M. Claude de le supposer, qu'il soit arrivé aucun changement universel, même dans ces conséquences de la doctrine de la grâce ; c'est en retranchant seulement ces questions, en n'y entrant point, en les mettant à part pour ne pas arrêter la dispute par une discussion inutile. C'est ainsi que tous ceux qui cherchent la vérité agissent ; autrement, si on voulait examiner à fond toutes les questions incidentes, on ne manquerait presque jamais de perdre de vue le point capital du différent. C'est pourquoi la prudence veut que l'on s'y arrête le moins que l'on peut.

Je n'ai plus à remarquer sur ce point que la quatrième illusion, qui est d'un genre assez particulier. M. Claude, distinguant l'auteur du second traité de celui du troisième, n'accuse, dans le lieu où il traite cette matière, que l'auteur du second traité d'avoir nié l'infaillibilité de l'Eglise, et décharge plutôt l'auteur du troisième de ce soupçon, en rapportant de lui des passages où il est dit que l'Eglise est infaillible dans les points populaires et non populaires. Mais parce qu'il ne lui était pas moins odieux que l'auteur du second, il a trouvé bon dans la fin de ce livre, où il ramasse ce qu'il prétend avoir prouvé, de le charger aussi du reproche d'avoir choqué l'infaillibilité de l'Eglise, quoiqu'il n'eût pas seulement songé à l'en accuser auparavant ; c'est-à-dire que M. Claude a jugé que par droit de bienséance il fallait que cet auteur portât sa part de la calomnie.

XIIe REMARQUE. — *Paroles de M. Claude.*

« De plus, que lui sert-il de nous dire que l'infaillibilité de privilége est un principe à prouver, et non à supposer ? et que la raison qui a empêché l'auteur de la Perpétuité de l'employer est parce que nous le nions. Nous ne nions pas moins la prétendue infaillibilité populaire, et elle n'est pas moins un principe à prouver plutôt qu'à supposer. Lui-même nous dit, dans le commencement du chapitre 7, que le principe des changemens insensibles, qui est directement opposé à celui de l'infaillibilité populaire, est un fondement qui est nécessaire aux calvinistes.... Voilà de quelle manière il parle quand il veut qu'on nie son principe ; mais quand il veut qu'on le lui accorde, il tient un autre langage. L'auteur de la Perpétuité, dit-il, ne prétend point attribuer au peuple d'autre infaillibilité que celle que tout le monde lui attribue, et que M. Claude lui donne lui-même. Jamais homme ne disposa plus librement du sentiment des gens que M. Arnauld. On nie, on avoue, comme bon lui semble. Il nous fait monter sur son théâtre quand il veut ; quand il veut, nous disons noir ; quand il veut, nous disons blanc ; n'est-ce pas disputer heureusement ? »

RÉPONSE.

Un des plus odieux caractères d'un sophiste, et des plus contraires à l'esprit d'un homme sincère, est de vouloir faire trouver des contradictions dans des choses qui s'allient parfaitement, et d'en faire ensuite, pour me servir des termes de M. Claude, *la matière d'une victoire.* Je souhaite que M. Claude puisse empêcher par quelque moyen que l'on ne se forme cette idée de lui. Mais ce qui est certain, c'est qu'il faut avoir de l'intelligence pour n'accorder pas sans peine ce que M. Claude veut faire regarder comme étant aussi opposé que *le blanc au noir.*

Il est très-vrai que l'auteur de la Perpétuité n'attribue au peuple que la même infaillibilité que tout le monde lui donne, et que M. Claude lui attribue; c'est-à-dire qu'il ne lui attribue qu'une infaillibilité dépendante de diverses circonstances, qui nous font juger qu'en certaines rencontres il est impossible que tout le monde se trompe, ou, comme il l'explique lui-même, *une impossibilité d'erreur volontaire ou involontaire en certaines circonstances*. Or, il est si certain que M. Claude admet ce genre d'infaillibilité, qu'il l'admet dans cette page même où il fait semblant de la nier. Car cette infaillibilité de témoignage qu'il y reconnaît, n'est-ce pas une espèce comprise sous ce genre : c'est-à-dire, n'est-ce pas une infaillibilité qui consiste uniquement en ce que nous jugeons qu'en certaines circonstances le témoignage du peuple est entièrement certain, qui est tout ce qu'on demande? Et qu'il ne nous dise pas qu'il n'admet point *d'infaillibilité de persévérance*. Il en admet, malgré qu'il en ait; c'est-à-dire qu'il admet qu'en certaines occasions on est assuré que des gens n'ont point changé d'opinion. Je sais, par exemple, que les calvinistes n'étaient point sociniens, il y a dix ans. Je sais donc qu'ils ne le sont pas encore, parce qu'il est impossible qu'ils le soient tous devenus en l'espace de dix ans, sans éclat, sans bruit, sans division.

Je sais, et M. Claude le sait aussi, que tous les mahométans ne se sont point convertis depuis un an, parce qu'il est impossible que l'on n'eût ouï parler d'une si grande nouvelle. C'est tout ce qu'on a prétendu. On lui a attribué en général de croire qu'il y a certaines rencontres où l'on est assuré que le peuple ne se trompe pas; mais on ne lui a pas attribué d'être toujours d'accord de ces rencontres et de ces circonstances particulières.

Ainsi rien n'empêche que demeurant d'accord du principe général, est qu'en certaines circonstances on est assuré que le peuple ne se trompe point; comme nous sommes assurés que le pape Alexandre est mort; que les Hollandais ne sont pas convertis depuis un an à la religion catholique, il ne dispute néanmoins sur les circonstances, et qu'il ne prétende que le changement insensible dans la créance de l'Eucharistie n'est pas joint avec des circonstances qui le fassent juger impossible. Aussi n'a-t-on point supposé qu'il convenait de ce dernier point; mais on a tâché de l'en faire convenir en lui mettant ces circonstances devant les yeux. Voilà ce *blanc* et ce *noir* que M. Claude feint de ne pouvoir accorder, et qu'il accordera très-bien lorsqu'il aura plus de soin de contenter les personnes sages par des réponses sincères et de bonne foi, que de divertir les personnes malignes par de fausses railleries.

Chapitre VIII.

Que l'auteur de la Perpétuité a eu raison de ne pas prouver dans son traité l'infaillibilité de grâce qui convient à l'Église. Qu'il ne s'ensuit pas de là qu'on ne le puisse faire qu'avec d'extrêmes longueurs. Voie ridicule proposée par M. Claude, pour s'assurer promptement de la créance de l'ancienne Église sur l'Eucharistie.

XIII° REMARQUE.

L'auteur de la Perpétuité ayant apporté pour raison de ce qu'il n'avait pas pris pour principe l'infaillibilité de privilège qui convient à l'Église, que cette infaillibilité n'est pas une chose claire de soi-même, puisqu'elle dépend uniquement de la volonté de Dieu, et que l'Église n'étant pas infaillible naturellement, c'est par des principes de foi ou par une longue suite de raisonnements qu'on doit prouver qu'elle l'est surnaturellement, M. Claude en prend sujet de faire cette réflexion : « Pour faire, dit-il, que cette raison soit bonne, il faut supposer que cette infaillibilité de grâce ne se peut prouver qu'avec beaucoup de longueur et de difficulté, de quelque manière qu'on s'y prenne,

soit par l'Écriture, soit par le raisonnement. Car si elle se pouvait prouver clairement et brièvement par l'Écriture, l'excuse de M. Arnauld serait vaine. On lui dirait : Pourquoi l'auteur de la Perpétuité ne l'a-t-il pas établie par les passages formels de l'Écriture, puisqu'on ne demande point de raisonnement où l'Écriture s'explique formellement? Il faut donc que sa raison, pour être concluante, suppose qu'il est impossible à l'auteur de la Perpétuité de prouver l'infaillibilité de grâce sans s'engager dans des longueurs et dans des difficultés embarrassantes. Or, il est aisé de voir qu'il s'ensuit de là que ce n'est pas un principe propre pour les plus simples, qui ne sont point capables d'une discussion longue et difficile. Elle n'est pour eux d'aucun usage, selon M. Arnauld, d'autant plus que lui-même nous a assuré qu'il faut des voies courtes et faciles pour discerner la véritable religion et la véritable Église; des voies qui exemptent les hommes de ces examens laborieux dont l'ignorance, la faiblesse de l'esprit, et les nécessités de la vie rendent tant de personnes incapables. De sorte que ce principe de l'infaillibilité de l'Église ne pouvant être prouvé qu'avec beaucoup de longueur et de difficulté, ne sera bon que pour les doctes, qui d'ailleurs n'en ont pas besoin, puisqu'ils peuvent assez par eux-mêmes s'éclaircir des doctrines particulières sans les secours de l'autorité. »

RÉPONSE.

Tout ce discours de M. Claude n'est qu'un sophisme qu'il est bon de développer. Il n'est point besoin pour s'exempter avec raison de prouver l'infaillibilité de privilège qui convient à l'Église, qu'elle ne se puisse prouver qu'avec beaucoup de longueur. Il faut seulement supposer que quoiqu'elle se prouve par des passages évidents de l'Écriture et par des raisonnements très-clairs, ces passages néanmoins et ces raisonnements qui sont très-évidents aux personnes bien disposées, ne le sont pas aux personnes opiniâtres et prévenues, et ne laissent pas d'être combattus par de vaines subtilités qui ne sauraient être démêlées qu'avec beaucoup de discours, qui ne persuadent pas toujours ceux qui ont l'esprit obscurci par divers préjugés.

Ainsi l'auteur de la Perpétuité a eu raison de ne se pas fonder sur l'infaillibilité de l'Église, non qu'il méprise ce moyen (car il l'estime au contraire infiniment), mais parce qu'il jugeait utile d'en tenter un autre qui n'avait point besoin d'être mêlé avec celui-là, et qu'en les joignant ensemble ç'aurait été en augmenter sans fruit la difficulté et la longueur, et donner sujet aux ministres de les éluder tous deux.

L'argument tiré de l'infaillibilité de l'Église est excellent. Il peut être proposé avec assez de brièveté, et être mis en état de convaincre les personnes qui cherchent sincèrement la vérité. Si les calvinistes obligent de l'étendre davantage par leurs vaines objections, ils n'en détruisent néanmoins ni la force ni l'évidence. Mais quelque évident qu'il soit, il ne convertit pas effectivement tous les calvinistes. Il est donc utile d'en proposer d'autres, et ces autres que l'on propose ne doivent pas être appuyés sur celui-là, ni le supposer comme un principe constant, autrement ils ne feraient pas l'effet qu'on désire. Le traité de la Perpétuité est une de ces autres méthodes qu'il est utile de tenter. On a eu dessein de faire en sorte qu'il subsistât par lui-même. Car on n'y suppose pour principe qu'une vérité dont tout le monde convient, qui est qu'il y a quelquefois un amas de circonstances qui fait croire qu'un événement est impossible, et qu'on n'en peut avoir une entière certitude. Ce principe est indubitable, puisque c'est le fondement de toute la certitude que nous avons des faits que nous n'avons pas appris par nos sens, et c'est ce qu'on a appelé *l'infaillibilité populaire*. Il ne s'agit plus que de prouver que le changement de créance dans la matière de l'Eucharistie, supposé par les ministres, est joint avec cet amas de circonstances qui le devrait faire juger impossible, et c'est en quoi consiste tout le traité.

XIVe REMARQUE.
M. *Claude*, p. 64.

« Mais ne sera-t-il pas possible de s'éclaircir du fait (c'est-à-dire de la créance de l'ancienne Eglise) qui est en question, par quelque moyen qui soit moins long et moins embarrassé que l'examen d'un gros volume comme celui de M. Aubertin ? Sans doute. Car pour en savoir autant qu'il est nécessaire pour le repos de l'esprit, et pour la consolation de la conscience, il ne faut qu'en juger selon les instincts de la charité, et selon la confiance qu'on doit prendre aux promesses de Jésus-Christ. Si l'on se sert bien de ces principes, on en tirera une conclusion aussi certaine qu'on la saurait désirer. Les promesses de Jésus-Christ nous assurent qu'il sera avec ses vrais fidèles jusqu'à la consommation des siècles, et la charité nous oblige de croire que les Pères ont été de ce nombre. Je conclus de là qu'il y a eu toujours un nombre de vrais fidèles dont la créance n'a point été corrompue par des erreurs damnables ; c'est une conclusion certaine et suffisante pour établir mon repos. J'en conclus aussi que les Pères ont été de ce nombre ; c'est un jugement de charité qui suffit pour m'acquitter de mon devoir. »

RÉPONSE.

Ceux qui ne pénètrent point les principes des calvinistes auront de la peine à comprendre les illusions de ce discours, et seront portés à s'imaginer que M. Claude a voulu conclure par là que ce que nous appelons l'Eglise ancienne, c'est-à-dire les papes et les évêques qui l'ont gouvernée, et les peuples qui leur obéissaient, ont été dans la doctrine des calvinistes. Mais ceux qui sont plus accoutumés à la bizarrerie de leurs expressions et de leurs dogmes, reconnaissent aisément qu'il ne conclut rien moins que cela.

Car il faut remarquer qu'il y a dans ce discours de M. Claude deux conclusions très-différentes : l'une qu'il tire des promesses de Jésus-Christ ; l'autre qu'il tire de ce qu'il appelle l'instinct de la charité. Celle qu'il tire des promesses de Jésus-Christ, qui assure qu'il sera avec ses vrais fidèles jusqu'à la consommation des siècles, c'est qu'*il y a toujours eu un nombre de vrais fidèles dont la créance n'a point été corrompue par des erreurs damnables.* Mais cette conclusion ne va pas bien loin, ni quant aux erreurs, ni quant aux fidèles. Elle ne va pas bien loin quant aux fidèles, parce que, selon les ministres, les promesses s'étendent également à tous les temps ; et ainsi elles ne peuvent prouver qu'il y eût plus de vrais fidèles dans les premiers siècles que dans les derniers. Or, les calvinistes avouent qu'avant Luther l'Eglise était tombée en ruine, et ils reconnaissent qu'elle a souvent paru tout-à-fait éteinte. Ils ne sauraient donc conclure précisément de ces promesses selon le sens qu'ils leur donnent, sinon qu'il y a eu dans tous les siècles quelque nombre de fidèles qui n'étaient engagés dans aucune erreur damnable. Mais il n'est nullement nécessaire que ces fidèles aient été cette Eglise ancienne que nous connaissons. Il n'est nullement nécessaire que ç'ait été cette Eglise où ont vécu les martyrs, les évêques, les papes, dont les histoires nous parlent. Et ainsi quand un homme soutiendrait qu'aucune des églises dont les évêques ont assisté aux quatre premiers conciles n'a été dans la doctrine des calvinistes, M. Claude ne le saurait réfuter par son principe des promesses de Jésus-Christ, puisque, selon lui, elles seraient suffisamment vérifiées, pourvu qu'on lui accordât un petit nombre de fidèles cachés et invisibles, sans aucune communion apparente et reconnaissable, ou quelque église écartée, comme pourrait être celle des Indes établie par S. Thomas.

L'étendue de ces promesses n'est guère plus grande à l'égard des dogmes. Car M. Claude n'exempte ces fidèles que des erreurs damnables ; et il avoue par là qu'ils peuvent avoir été engagés en des erreurs non damnables. Mais quelles sont ces erreurs damnables ? Elles sont en très-petit nombre, si on l'en veut croire ; et certainement celle de la présence réelle séparée de la transsubstantiation, n'en est pas une. M. Daillé, dont M. Claude fait gloire de suivre les sentiments, s'est trop déclaré sur ce point, et il a trop hautement publié que c'était une opinion sans venin (1).

Ainsi ce moyen que M. Claude nous propose pour nous informer du fait, est si peu propre à cela, qu'il ne nous donne pas lieu de nous assurer qu'il y ait eu un seul homme, depuis les apôtres, qui n'ait pas cru la présence réelle, et qui ait été dans la doctrine des calvinistes touchant l'Eucharistie.

Tout se réduit donc à ce jugement de charité. Mais ceux qui sauront ce que les calvinistes entendent par là, se moqueront encore de cette manière de s'assurer de la créance de l'ancienne Eglise. Car ce prétendu jugement de charité est un jugement qui, selon eux, compatit avec une telle incertitude, que de mille jugements de charité il y en a quelquefois plus de neuf cents de faux. Ils prétendent, par exemple, qu'un jugement semblable de charité doit faire prendre tous ceux qui vivent dans leur communion pour de vrais fidèles. Cependant ils disent eux-mêmes (2) que parmi ceux qui font profession de leur religion, il y en a un très-grand nombre qui ne sont que de faux fidèles.

Le jugement de charité doit porter les simples calvinistes à exempter aussi bien les Pères de l'erreur prétendue de l'invocation des saints, de l'approbation des vœux monastiques, de l'ordonnance des jeûnes, de la vénération des reliques, de l'établissement d'un gouvernement contraire à l'ordre de Jésus-Christ, que de celle de la présence réelle. Cependant tous ces jugements seraient faux, selon les plus savants ministres, à l'égard de tous ces points.

La charité n'oblige point à mal raisonner, ni à croire certain ce qui ne l'est pas. Quiconque est donc persuadé en général qu'il est possible que toute l'Eglise visible soit engagée en des erreurs damnables, et que la véritable Eglise soit tellement cachée qu'elle semble anéantie, et qui admet en particulier que les Pères ont été engagés dans beaucoup d'erreurs, ne saurait jamais conclure avec certitude, ni par les promesses de Jésus-Christ, ni par aucun jugement raisonnable, que les Pères ont cru la présence réelle, ni même qu'ils n'ont point adoré l'Eucharistie. Ils ont pu n'être pas membres de la véritable Eglise, parce qu'elle pouvait être cachée de leur temps en quelque coin inconnu. Et ainsi M. Claude ne pouvait choisir une plus mauvaise voie de nous informer de la créance des Pères sur l'Eucharistie, que celle qu'il nous propose.

CHAPITRE IX.
Justification de la traduction d'un passage de saint Jean de Damas, contre les accusations de M. Claude.

XVe REMARQUE.

Nous ne dirons rien ici du second livre de M. Claude, puisque nous avons fait voir dans le premier livre de cette Réponse qu'il n'a qu'à changer la conclusion, et que tous les faits qu'il rapporte ne sont propres qu'à établir que non seulement les Grecs et les autres communions d'Orient croient la présence réelle, mais qu'ils l'ont toujours crue depuis Bérenger.

Pour son troisième livre, l'on en ruinera tous les principes dans la discussion du sentiment des Pères, et l'on y examinera tous les passages qui regardent la créance qu'il attribue aux Grecs. Je m'arrêterai donc seulement ici aux reproches qu'il fait touchant ce

(1) Apologie pour l'Eglise Réformée.
(2) Daillé.

passage de saint Jean de Damas : *Honorez-le avec une entière pureté de corps et d'esprit, parce qu'il est lui-même composé d'une double nature.* M. Claude prétend que l'on s'est trompé en entendant ce passage de Jésus-Christ, au lieu que, selon lui, on le doit entendre du pain de la communion, *qui est*, dit-il, *appelé double, parce qu'il est composé du pain et du Saint-Esprit.* Et comme il est fertile en conjectures, et qu'il les propose ensuite très-facilement sans se mettre beaucoup en peine de s'en assurer, il se mêle de deviner la cause de cette erreur, qui est, dit-il, que l'on s'est laissé tromper par une fausse équivoque, pour n'avoir pas lu le grec de Jean Damascène, et s'étant arrêté qu'au latin ; que le grec portant διπλοῦν, qui est un mot neutre, fait voir qu'il doit être rapporté au mot de σῶμα, exprimé un peu auparavant ; au lieu que le mot de *duplex* qui est dans le latin, étant de tout genre, a donné lieu, comme il le prétend, à la surprise dans laquelle il s'imagine que l'on soit tombé. Sur cela il triomphe à son ordinaire ; il avertit les gens *de prendre mieux garde à ce qu'ils écrivent*, et il parle à celui contre qui il écrit comme un régent de collège ferait à ses écoliers.

Je laisse à juger au monde si cet air et ce caractère d'autorité lui sied bien, et je me contenterai de lui dire qu'il n'est pas heureux en conjectures, et que cette *fausse équivoque* sur le mot de *duplex*, par laquelle il prétend que l'on a été abusé pour n'avoir pas consulté le grec, est une pure vision. Car il n'y a équivoque ni dans le grec qui porte διπλοῦν γάρ ἐστι, ce qui ne peut se rapporter qu'au mot de σῶμα ; ni dans la traduction latine de l'abbé de Billy, où il y a *duplex est enim ipse*, ce qui ne se peut rapporter qu'à Jésus-Christ ; ni dans l'ancienne traduction de Faber Stapulensis, parce que ces mots, *duplex est enim ipse*, n'y sont point du tout, quoiqu'ils soient dans le grec.

Tout le discours de M. Claude, sur l'équivoque du mot de *duplex*, n'est donc qu'une pure imagination, et il aurait dû se réduire simplement à prétendre que l'on a eu tort de traduire ce passage comme l'abbé de Billy, et que sa traduction n'est pas exacte en ce point.

Mais il a mieux aimé se jouer en l'air sur un vain reproche d'équivoque, que de représenter simplement les choses telles qu'elles étaient, de peur qu'il n'y eût bien des gens qui ne jugeassent mieux que l'abbé de Billy, qui entendait certainement mieux le grec que M. Claude, n'a pas traduit ce passage sans raison de la manière qu'il a fait. Aussi ceux qui prendront la peine de consulter l'original grec reconnaîtront facilement que sa traduction est très-bonne, et que l'observation de M. Claude est une vaine chicanerie que l'on n'était pas obligé de prévoir.

Il est vrai que le grec porte, τιμήσωμεν αὐτὸ πάσῃ καθαρότητι ψυχικῇ καὶ σωματικῇ ; διπλοῦν γάρ ἐστι ; c'est-à-dire littéralement, *Honorons le avec une entière pureté de corps et d'esprit, car il est double*. Et il est vrai que le mot auquel se rapporte celui de *double* est σῶμα, qui se trouve cinq ou six lignes auparavant. Mais tant s'en faut qu'il s'ensuive de là que l'on n'a pas dû rapporter ce mot à Jésus-Christ, comme l'on a fait, que c'est par là même que l'on prouve invinciblement que la traduction de l'abbé de Billy est très-fidèle dans le sens, et que celui auquel M. Claude prend ce passage est très-faux. Car il faut remarquer que le mot auquel celui de *double* se rapporte, n'est pas simplement σῶμα, mais que c'est αὐτὸ τὸ σῶμα τοῦ Κυρίου τεθεωμένον, *le corps même divinisé du Seigneur*. Et il s'agit seulement de savoir ce que saint Jean de Damas entend par ce *corps divinisé*, c'est-à-dire, s'il entend le corps naturel de Jésus-Christ, le corps né de la Vierge ; ou s'il prend ces mots de *corps de Jésus-Christ* dans une signification générale qui puisse convenir à des choses qui ne sont pas le corps naturel de Jésus-Christ. Si S. Jean de Damas l'a pris en la première manière, le corps divinisé du Seigneur est la même chose que Jésus-Christ. Car le terme de Jésus-Christ nous marque les deux natures jointes ensemble, et ces deux natures sont aussi exprimées par les mots de *corps du Seigneur divinisé*, pris en ce sens, puisque l'on y marque et le corps (c'est-à-dire l'humanité) et la divinité. Ainsi dire que Jésus-Christ est double, et dire que le corps divinisé est double, c'est tout la même chose.

Il n'en serait pas de même si le mot de *corps de Jésus-Christ* divinisé était un mot appellatif et commun qui ne signifiât pas le corps naturel et individuel de Jésus-Christ. C'est ce que M. Claude devrait prétendre pour faire subsister la différence qu'il veut mettre entre le corps de Jésus-Christ et le corps divinisé. Mais c'est ce que S. Jean de Damas ne lui permet pas de faire, parce qu'il s'explique très-clairement sur ce point, et qu'il marque par les mots *corps divinisé* il entend le corps naturel et véritable de Jésus-Christ. Il n'y a pour cela qu'à lire ce qu'il dit quelques lignes auparavant en parlant de ce corps divinisé ; car il appelle σῶμα ἀληθῶς ἑνωμένον Θεότητι τὸ ἐκ ἁγίας παρθένου σῶμα, *le corps uni à la divinité, le corps né de la Vierge* ; ce qui ne se peut entendre que du corps naturel du Fils de Dieu.

Aussi S. Jean de Damas se sert indifféremment de toutes ces expressions de *corps uni à la divinité*, de *corps né de la Vierge*, de *corps divinisé*, de *chair du Fils de l'Homme*, de *corps crucifié* ; et il prend pour la même chose *manger le corps de Jésus-Christ* et *manger Jésus-Christ*, dans le passage même dont il s'agit.

Il n'est donc nullement étrange que l'abbé de Billy, voyant que tous ces termes signifient précisément la même chose dans S. Jean de Damas, et que ce sont tous termes individuels, ait rapporté le mot de *double* διπλοῦν, non au corps divinisé qui en était assez éloigné, mais à Jésus-Christ qui en était plus proche, étant enfermé dans ces paroles : *Celui qui me mangera vivra à cause de moi* ; parce qu'il est clair comme le jour que le corps divinisé n'est autre chose que Jésus-Christ même.

Et il ne faut pas que M. Claude réplique qu'on ne doit pas décider les questions par la traduction même. Car on n'est pas obligé de prévoir qu'on formera des questions aussi mal fondées que celle qu'il forme, en voulant distinguer de Jésus-Christ ce corps divinisé.

Mais quand on l'aurait prévu et que, pour le satisfaire, on eût rapporté expressément le mot de *double* à celui de *corps* en traduisant ainsi : *Car ce corps divinisé est double*, il n'en aurait pu tirer aucun avantage, et la solution qu'on a apportée à son objection n'en subsiste pas moins dans toute sa force, puisqu'étant clair par S. Jean de Damas que le corps divinisé n'est autre chose que le corps né de la Vierge, les deux natures de ce corps ne sont autre chose que les deux natures de Jésus-Christ qu'il faut honorer par une double pureté de corps et d'esprit.

L'objection de M. Claude serait donc vaine quand il l'aurait proposée contre l'abbé de Billy ; mais elle est encore plus injuste étant appliquée au livre de la Perpétuité. Car quoiqu'on y ait prétendu que le mot de *double* s'entendait de Jésus-Christ, on a marqué néanmoins expressément le rapport direct de ce terme était au corps divinisé. *Il est clair*, dit-on, *que ces paroles, honorons-le avec une pureté entière de corps et d'esprit, s'entendent de Jésus-Christ*, c'est-à-dire du corps de Jésus-Christ joint à la divinité. De sorte que l'on n'y a prétendu qu'elles s'entendent de Jésus-Christ, que parce qu'il n'est pas venu dans l'esprit que l'on pût distinguer Jésus-Christ de ce que S. Jean de Damas appelle *le corps même de Jésus-Christ divinisé*.

Mais quoiqu'on n'ait pas prévu cette chicanerie, on l'a néanmoins détruite comme si on l'avait prévue ; car le passage de S. Jean de Damas, tiré de sa troisième oraison sur les images, que l'on a cité au même lieu, fait voir avec une telle évidence que ce corps divinisé est le corps naturel de Jésus-Christ uni à la divinité, et que les deux natures de ce corps que nous recevons dans la communion ne sont pas celle du pain et du Saint-Esprit, mais la double nature de Jésus Christ, que M. Claude n'a point trouvé d'autre secret pour s'en démêler que de n'en dire rien du tout. *Les Anges*, dit ce saint, *ne sont point rendus participants de la nature divine, mais seulement de son opération et de ses grâces; mais les hommes en sont rendus participants lorsqu'ils reçoivent le saint corps de Jésus-Christ, et qu'ils boivent son précieux sang, car ce corps est uni hypostatiquement à la divinité; et il y a deux natures dans le corps de Jésus-Christ que nous recevons, qui sont unies hypostatiquement et inséparablement, et nous sommes rendus participants de ces deux natures, du corps corporellement et de la divinité spirituellement, ou plutôt de l'une et de l'autre, selon l'âme et selon le corps; non pas que nous y soyons unis hypostatiquement, car nous subsistons premièrement en nous-mêmes, et puis nous sommes unis, mais par le mélange du corps de Jésus-Christ qui se fait en nous.*

Certainement ce passage méritait bien qu'un homme qui se vante, comme M. Claude, de ne laisser rien d'important sans réponse, y fît quelque réflexion, puisqu'il avait dessein de tirer avantage de celui où il est dit que *le corps divinisé est double*, car il n'y eut jamais de commentaire plus clair ni plus exprès que celui qui se tire de ce dernier lieu.

Si l'on demande ce que c'est que ce corps divinisé dont parle S. Jean de Damas, dans son livre de la Foi orthodoxe, il ne faut que répondre que, selon lui, c'est *le corps uni hypostatiquement à la divinité*, c'est-à-dire le corps naturel et individuel de Jésus-Christ.

Si l'on demande ce qu'il entend quand il dit que ce corps est double, qu'il n'est pas simple, qu'il enferme une double nature; il n'y a qu'à répondre, selon ce dernier passage, que *c'est qu'il y a deux natures dans le corps de Jésus-Christ que nous recevons*, qui sont unies hypostatiquement et inséparablement, et qui ne se peut entendre que des deux natures de Jésus-Christ.

M. Claude a donc jugé fort sagement qu'il était difficile d'obscurcir la clarté de ces paroles, et qu'il valait mieux n'en rien dire du tout. Mais il aurait bien fait de juger aussi que ce n'était pas agir fort sincèrement de continuer à chicaner sur l'autre passage dont nous avons parlé, puisque le sens en est clairement déterminé par celui-ci, qui ne reçoit point de réponse.

Il est bon de remarquer encore sur ce passage de saint Jean de Damas, que non seulement il nous fait connaître clairement quel sentiment il avait de la présence réelle, mais qu'il nous montre de plus en quel sens sa doctrine a été entendue et approuvée par les Grecs; car il est vrai que les nouveaux Grecs empruntent de lui cette réflexion sur la double nature du charbon que vit Isaïe, et qu'ils l'allèguent comme une figure que nous recevons dans la communion une double nature; mais c'est en marquant expressément que cette double nature est, non celle du pain et de la divinité, comme l'a cru M. Claude, mais celle de l'humanité de Jésus-Christ et de sa divinité. C'est ce qui se voit clairement par ce passage de Gabriel de Philadelphie, qui se trouve dans un petit traité des Sacrements, nouvellement imprimé avec quelques autres de ses ouvrages. *Comme le charbon*, dit cet auteur, *est composé de deux natures, quoiqu'il ne soit qu'un en nombre, de même le pain changé est composé de deux natures, de la divinité et du froment transsubstantié en la chair de Jésus-Christ, c'est-à-dire la chair de Jésus-Christ.*

Car M. Claude ne dira pas sans doute que Gabriel entendait autre chose par ce froment transsubstantié que le corps même de Jésus Christ; et s'il le disait, il ne faudrait que le prier de lire les paroles suivantes: *Comme dans le charbon on considère trois choses, le bois, le feu et la chaleur, de même dans le vain transsubstantié on peut considérer trois choses, le pain, c'est-à-dire la chair de Jésus-Christ, sa sainte âme et sa divinité.*

Nous avons remarqué ailleurs que Grégoire, protosyncèle de l'église de Constantinople, avait inséré ce passage mot à mot dans son catéchisme, qui n'est presque, à l'égard de l'Eucharistie, qu'une paraphrase de ce que l'on en voit dans cet ouvrage de Gabriel. Et ainsi il paraît clairement que les Grecs en empruntant cette comparaison de saint Jean de Damas, ne l'ont point expliquée dans ce sens chimérique que M. Claude lui attribue, mais qu'ils l'ont prise dans le sens de la présence réelle et de la transsubstantiation. Si M. Claude prétend qu'ils ne l'ont pas entendue, il faut au moins qu'il renonce à cette conséquence qui fait un des principaux fondements de ce qu'il avance touchant les Grecs, qu'il n'est pas possible qu'ils croient la transsubstantiation, parce qu'ils approuvent la doctrine de saint Jean de Damas, qui, selon lui, ne la croyait pas; puisqu'il paraît au contraire qu'ils n'ont suivi saint Jean de Damas qu'en l'expliquant au sens de la présence réelle et de la transsubstantiation. Mais pour se rendre pleinement à la vérité, il ne doit pas seulement reconnaître que les Grecs n'ont suivi saint Jean de Damas qu'en supposant qu'il enseignait et la présence réelle et la transsubstantiation; mais qu'ils ont eu raison de lui attribuer l'un et l'autre dogme, et que c'est à tort qu'il lui en impute un autre par de fausses subtilités qui sont démenties par les paroles expresses de cet auteur.

CHAPITRE X.
Reproches injustes de M. Claude sur les lettres de Cérularius et la traduction d'un passage de Humbert.

XVIᵉ REMARQUE.

Le quatrième livre de M. Claude commence par un reproche d'une fausse chronologie dont la preuve occupe plus de trois pages. Elle consiste, selon lui, en ce que l'on a supposé que Michel Cérularius et Léon d'Acride savaient la condamnation de Bérenger, lorsqu'ils écrivirent leur lettre contre les Latins. Or c'est ce que M. Claude prétend être incertain et improbable, parce que cette lettre ne fut écrite que l'année même que Bérenger fut condamné, savoir l'an 1053. Sur cela il suppute le temps qu'il fallait pour porter les nouvelles de Rome et d'Italie à Constantinople, et de Constantinople à Rome. Et il conclut ce détail par une pointe et une antithèse qui lui a paru ingénieuse, et qui pourra ne le paraître pas à d'autres. *C'est*, dit il, *que M. Arnauld abrège les temps pour amplifier les matières, faisant les autres diligents et les autres expéditifs, pour se donner lui-même la peine d'être long* (1).

Qui aurait dessein d'imiter le dessein qu'a eu M. Claude de tourner autant qu'il pourrait son adversaire en ridicule? On en aurait certainement beaucoup de sujet, puisque c'est une chose assez plaisante de voir un homme qui se débat, qui raisonne en l'air, qui se travaille à faire des calculs, faute d'entendre le français, ou de prendre garde à ce qu'on lui dit. Mais j'aime mieux me contenter de le désabuser simplement, en lui découvrant la cause de son erreur, qui est qu'il lui a plu de faire une seule lettre de deux lettres de Cérularius, que l'on avait expressément distinguées. Voici les paroles dont on s'est servi en parlant de Cérularius et de Léon, évêque d'Acride (2). *Ces ennemis si passionnés de l'Église occidentale, qui la déchirent si outrageusement sur le sujet des azymes, ne s'étant jamais avisés de lui reprocher qu'elle errât dans la foi du mystère de l'Eucharistie, quoiqu'ils aient écrit contre les Latins,* ET AU MÊME TEMPS, ET UN PEU APRÈS *que le pape Léon eut condamné Bérenger en deux conciles d'Italie, l'un à Rome, l'autre à Verceil; on en a conclu qu'ils étaient d'accord avec l'Église romaine dans*

---
(1) 3ᵉ Rép., p. 313.
(2) Voyez Perpét., tom. 1.

la doctrine de la présence réelle qu'elle enseignait hautement en ces temps-là.

Ces paroles marquent visiblement deux lettres, puisqu'on y assigne deux temps différents, et que l'on dit qu'ils écrivirent, *et en même temps, et un peu après que le Pape eut condamné Bérenger en deux conciles.* Or, jamais personne ne supposa que la même lettre ait été écrite en deux temps différents. Et, en effet, la vérité est que Cérularius écrivit deux lettres remplies de reproches contre les Latins; l'une en 1053, ce qui a fait dire qu'il avait écrit au même temps que Bérenger fut condamné, car il le fut cet e année-là; et l'autre, l'année suivante, à Pierre, patriarche d'Antioche ; et c'est celle qu'on a eu en vue quand on a dit qu'il avait écrit un peu après. Elles sont toutes deux également aigres contre les Latins, et il n'est parlé de l'Eucharistie, ni dans l'une ni dans l'autre, qu'en ce qui regarde les azymes.

Ainsi ce qu'on a dit est exactement véritable; et si Cérularius n'était pas encore informé de la condamnation de Bérenger quand il écrivit la première, on a droit de supposer qu'il l'était quand il fit la seconde, ce qui suffisait à l'auteur de la Perpétuité.

Cependant, parce que M. Claude voulait éluder cet argument, et qu'il trouvait qu'il était bon de le faire en reprochant à son adversaire une faute de chronologie, il ne lui a pas plu d'entendre des paroles si intelligibles ; mais de deux lettres distinguées par les divers temps auxquels elles ont été écrites il n'en fait qu'une seule lettre, et sur ce faux prétexte il fait trois pages de raisonnements en l'air.

Ce serait en vain qu'il répliquerait que ce qui l'a porté à ce sens est que l'on parle des lettres écrites par Cérularius et Léon d'Acride conjointement, et que la seconde n'était écrite que par Cérularius seul. Car il n'y a personne, qui entende le français, qui ne demeure d'accord que pour vérifier cette expression que Cérularius et Léon d'Acride ont écrit des lettres contre les Latins en deux divers temps, il n'est point nécessaire qu'elles soient toutes deux signées par tous les deux, et qu'il suffit qu'il y ait eu deux lettres écrites, et que ces deux personnes y aient eu part. Et M. Claude est moins en droit de chicaner sur cette expression, puisqu'il s'en sert lui-même d'une manière bien moins exacte, et à laquelle on aurait raison de trouver à redire, si l'on était aussi pointilleux que lui. *Michel Cérularius,* dit-il (1), *patriarche de Constantinople, et Léon, évêque d'Acride, ayant écrit quelques lettres contre l'Eglise romaine à Pierre, patriarche d'Antioche, et à un évêque de la Pouille, et ayant ensuite fait fermer les églises des Latins qui étaient à Constantinople, le pape Léon s'en émut extrêmement.* Ces deux lettres *au patriarche d'Antioche* et *à un évêque de la Pouille,* dont parle M. Claude, sont les deux mêmes qu'on a marquées dans le livre de la Perpétuité et qu'on les rapportant à deux temps différents, *au même temps, et un peu après la condamnation de Bérenger.* Or M. Claude parlant de toutes deux, dit qu'elles ont été écrites par Michel Cérularius et par Léon, évêque d'Acride. Il a donc cru qu'il suffisait, pour parler ainsi, qu'elles fussent toutes deux de Michel Cérularius, et que Léon d'Acride eût signé l'une, quoiqu'il n'ait pas signé dans l'autre. Et ainsi que deviendront ses longs calculs et sa belle pointe, *qu'on abrège les temps pour amplifier les matières?*

Mais quelle est plus l'exactitude de ce censeur qui s'attache aux moindres apparences de fautes de chronologie pour insulter à son adversaire? Peut-on nier que la manière dont il parle de ces deux lettres ne fasse cette impression dans l'esprit de ceux qui lisent son livre : que la lettre à Pierre d'Antioche fut écrite avant celle qui s'adressait à un évêque de la Pouille; que ce fut ensuite de cette lettre au patriarche d'Antioche que les églises des Latins furent fer-

(1) 3ᵉ Rép., p. 113.

mées à Constantinople, et que le pape Léon s'en émut. Cependant toutes ces idées que donnent les paroles de M. Claude sont fausses. La lettre à Pierre d'Antioche ne fut écrite qu'un an après celle qui s'adressait à cet évêque de la Pouille. Les églises latines de Constantinople ne furent point fermées en suite de la lettre au patriarche d'Antioche, puisqu'elles l'étaient une année auparavant qu'elle fût écrite ; et non seulement M. Claude ne sait pas si le pape Léon s'émut de la lettre écrite à Pierre d'Antioche; mais il ne sait pas même s'il l'a jamais vue. Il eût été bon, sans doute, qu'il eût parlé plus exactement d'une histoire sur laquelle il chicane si injustement les autres.

XVIIᵉ REMARQUE. — *Paroles de M. Claude,* p. 351.

« D'ailleurs, Humbert ne dit pas ce que M. Arnauld lui fait dire, que le pain est fait *le corps individuel,* il dit, *corpus singulare,* le corps singulier, c'est-à-dire le corps qui appartient singulièrement et uniquement à Jésus-Christ, et non au Père et au Saint-Esprit ; et il y a tant d'AVEUGLEMENT ET DE MAUVAISE FOI dans cette traduction, que je ne puis l'imputer à M. Arnauld. Il l'a faite, sans doute, sur le recueil de quelqu'un de ses amis, et non sur le texte même de Humbert; car quelque grande que soit sa préoccupation, et QUELQUE AMOUR QU'IL AIT POUR LES ILLUSIONS, je ne puis croire que pour un aussi petit avantage que celui qu'il peut tirer de sa FAUSSE traduction, il eût voulu nous donner une aussi mauvaise opinion de lui. Voici ce que dit Humbert : *Le pain azyme étant ainsi préparé, est fait par l'invocation fidèle de toute la Trinité le corps véritable et singulier de Jésus-Christ, non, comme le veulent les théopaschites, le corps du Père, du Fils et du Saint-Esprit. Ce qu'il semble que vous croyez aussi, puisque vous dites que l'azyme n'est pas fait participant du Père, du Fils et du Saint-Esprit; car il faut sous-entendre, comme le pain levé en est fait participant. Quittez ce mauvais sentiment, si vous ne voulez être condamné avec les théopaschites. Dans la commémoration de la passion du Seigneur, la sainte et impassible Trinité n'a rien de commun que la seule consécration, où toutes les personnes coopèrent. Car la mort de l'humanité seule du Fils de Dieu est célébrée dans ce sacrement visible,* l'apôtre disant : « *Toutes les fois que vous mangerez de ce pain, et boirez de ce calice, vous annoncerez la mort du Seigneur jusqu'à ce qu'il vienne.* » *Le Seigneur même, dans cette particulière commémoration, donnant le pain à ses disciples, leur dit :* « *Ceci est mon corps, qui est livré pour vous.* » *Le MIEN, dit-il, lequel, par la grâce du Saint-Esprit, moi qui suis la Sapience du Père éternel, je me suis édifié comme un temple en quarante six jours dans le sein d'une vierge immaculée.* On voit évidemment ce que veut dire *singulare corpus Christi* de Humbert, c'est-à-dire le corps que la seule seconde personne a pris, et non le Père ni le Saint-Esprit. Faire de *le corps individuel de Jésus-Christ* pour en conclure la transsubstantiation, est une ERREUR SI GROSSIÈRE ET SI RIDICULE, que si M. Arnauld en eût trouvé une semblable dans mes écrits, de l'humeur dont il paraît, il en eût fait au moins un chapitre. Je me contente de l'exhorter à y prendre garde une autre fois, et à ne travailler plus avec tant de confiance sur les mémoires d'autrui. »

RÉPONSE.

On voit de quelle manière M. Claude parle en cet endroit, et comme il entasse les reproches *d'aveuglement, de mauvaise foi, d'amour des illusions, de fausse traduction, d'erreur grossière et ridicule, de confiance sur les mémoires d'autrui.* Et on le défie de trouver dans tout ce qu'on a écrit contre lui rien qui approche de la dureté de ces termes. Ce n'est pas toutefois de quoi l'on se plaint; on lui permet de bon cœur l'usage, pourvu qu'il les applique avec justice. On lui dit seulement que pour s'en servir il faut avoir clairement raison, et que les hommes ne souffrent pas des termes si durs dans les choses tant soit peu douteuses. Qua s'il se trouvait que bien loin d'avoir raison, il eût lui-même certainement tort, ce serait un excès peu pardonnable, et qui ferait voir qu'il ne se posédait guère quand il a écrit tout cet endroit. C'est donc ce qu'il faut examiner.

Sa plainte est fondée sur ce que, dans le passage de Humbert, qu'il rapporte, on a traduit les mots de *verum et singulare corpus Christi* par ceux de *corps véritable et individuel de Jésus-Christ*; et il prétend qu'il fallait traduire, *le corps véritable et singulier de Jésus-Christ*. Mais nous sommes bien éloignés d'être d'accord sur ce point ; car je lui soutiens qu'il ne fallait point du tout traduire ce passage par les mots de *corps singulier*, et qu'il le fallait traduire par ceux de *corps individuel*. La preuve du premier point est facile. C'est que le mot de *singulier* n'est pas français dans le sens que M. Claude y voudrait donner, et qu'il porterait l'esprit à un autre sens qui serait clairement faux. On se sert en français du mot de *singulier* pour signifier rare, excellent, extraordinaire, éloigné du commun. On s'en sert aussi en mauvaise part, comme quand on dit qu'un homme est singulier, c'est-à-dire qu'il est d'une humeur particulière, et qu'il a des façons de faire qui choquent tout le monde. Mais on ne s'en sert point du tout dans le sens auquel M. Claude le veut employer, qui est de signifier ce qui appartient en propre à quelqu'un.

Personne n'a jamais dit, par exemple, qu'il a un habit singulier, qu'il a une terre singulière, pour signifier que cet habit ou cette terre lui appartient. On ne dira point aussi que l'on a lu l'ouvrage singulier de M. Claude, pour signifier qu'il en est l'unique auteur, et que personne n'y a travaillé que lui. M. Claude a donc tort de nous vouloir obliger à parler d'une manière non seulement barbare, mais fausse, puisque ces mots de *corps véritable et singulier de Jésus-Christ* ne signifient autre chose en français que *le corps véritable et excellent de Jésus-Christ*; ce qui n'est nullement la pensée de Humbert.

Mais l'exclusion du sens métaphorique du mot *singulier* fait voir en même temps qu'on le devait traduire par le mot d'*individuel*. Toute la philosophie de l'école prend pour la même chose un individu et un singulier; ce qu'ils appellent *individuatio*, et ce qu'ils appellent *singularitas*; et ce sont des termes absolument synonymes dans leur langue. La grammaire donne aussi le même sens à ces termes; car celui d'*individuel* marque une chose qui ne se divise point à plusieurs sujets, comme toutes les choses communes ; et c'est proprement là l'idée que forme le mot de *singularis* dans sa signification littérale. Enfin toute la suite et les circonstances du passage font voir qu'on ne pouvait mieux traduire le mot de *singulare* que par celui d'*individuel*, et il fallait que M. Claude fût en une étrange humeur pour y avoir trouvé à redire.

1° Il est certain qu'Humbert croyait que le pain était changé au corps individuel de Jésus-Christ ; et quand un homme qui le croit s'exprime par ces mots, que le pain *fit verum et singulare corpus Christi*, on a toute sorte de sujet de conclure que par ce corps qu'il appelle singulier, il entend le corps individuel de Jésus-Christ.

2° Cette épithète de *verum* déterminerait le mot de singulier à signifier le corps individuel, quand il serait ambigu ; car il n'y a que le corps individuel de Jésus-Christ qui soit son vrai corps.

Mais ce qui ne souffre point de repartie, c'est que Humbert s'explique dans ce passage même, et fait voir qu'il entend par ce corps qu'il appelle *singulare* le corps individuel de Jésus-Christ, c'est-à-dire son corps naturel, le corps né de la Vierge, le corps qu'il s'est uni par l'incarnation. *Car le Seigneur même*, dit-il, *dans cette particulière commémoration, donnant le pain à ses disciples, leur dit : Ceci est mon corps, qui est livré pour vous ; le mien, dit-il, lequel, par la grâce du Saint-Esprit, moi qui suis la Sagesse éternelle, je me suis édifié comme un temple en quarante-six jours dans le sein d'une vierge immaculée.*

Il est visible que ce qu'il avait appelé dans le commencement du passage, *verum et singulare corpus Christi*, il l'appelle ici *le corps que la Sagesse éternelle s'est formé dans le sein de la Vierge*. Il entend donc le corps naturel de Jésus-Christ, le corps né de la Vierge, c'e-t-à-dire son corps individuel. Or, il est absolument ridicule lorsqu'un auteur parle du corps naturel de Jésus-Christ, et qu'il appelle ce corps naturel *corpus singulare*, de prétendre qu'on ne peut pas traduire ces mots par ceux de corps individuel.

C'est en vain que M. Claude objecte qu'Humbert ne prétend prouver autre chose, sinon que ce n'est pas le corps de toutes les trois personnes, mais de la seconde seulement. Il est vrai ; mais n'est-ce pas le prouver parfaitement que de dire que le pain est fait le corps individuel de Jésus-Christ ? Individuel n'était-il pas opposé à commun ? Et n'est-ce pas une conséquence juste que de dire, c'est le corps individuel de Jésus-Christ : donc ce n'est pas le corps de toutes les trois personnes.

Ainsi, de quelque manière que l'on considère cette censure de M. Claude, on a peine de revenir de l'étonnement qu'elle cause. Il condamne une traduction très-exacte, et en substitue une fausse et barbare. Il charge les gens d'injures, il triomphe, il insulte, il calomnie, et ne dit rien cependant où il y ait apparence de sens commun.

CHAPITRE XI.
Examen d'un reproche de M. Claude sur le sujet de Nicolas de Méthone.

XVIII° REMARQUE.

Le dessein que j'ai de traiter ce que M. Claude allègue touchant les Grecs, dans sa place naturelle, m'ayant porté à réserver la plupart de ses faux raisonnements pour la suite du livre de la Perpétuité, et en ayant déjà marqué un assez grand nombre dans le second tome, qui doit bientôt paraître, comme tout ce qu'il dit pour montrer que les mots de *changer au corps de Jésus-Christ*, au *vrai corps*, au *propre corps de Jésus-Christ*, et autres semblables, sont termes généraux qui ne prouvent rien, et toutes les réflexions qu'il fait sur le sujet de saint Cyrille, de Victor d'Antioche, d'Eutychius, de Théophilacte, de Zonare, d'Eutymius et de Nicolas de Méthone ; je me réduirai ici à quelques accusations personnelles, dans lesquelles il fait paraître une complaisance particulière. On peut juger de celle qu'il a eue dans le reproche que nous allons rapporter ici, par l'air dont il le propose.

Paroles de M. Claude, p. 457.

« Nicolas de Méthone continuant son discours : *Peut-être que vous doutez de ce mystère, et que vous ne le croyez pas, parce que vous ne voyez pas de la chair et du sang ; il aura voulu dire, selon M. Claude*, dit M. Arnauld, *peut-être ne croyez vous pas que le pain et le vin contiennent la vertu du corps et du sang de Jésus-Christ, parce que vous ne voyez pas de la chair et du sang, comme s'il fallait qu'il parût de la chair et du sang, afin qu'on croie le pain et le vin en contiennent la vertu. Le raisonnement, ajoute-t-il, de ces gens consistera, selon M. Claude, dans un plaisant argument : si le pain et le vin contenaient la vertu du corps de Jésus-Christ, il paraîtrait de la chair et du sang dans l'Eucharistie. Or il n'y paraît ni chair ni sang. Donc ils n'en contiennent pas la vertu.* Il rehausse cette remarque d'un exemple pris de mon livre, lequel contient, dit-il, moralement ma vertu ; de sorte qu'on pourrait demander pourquoi ma personne ne paraît pas dans toutes les chambres où l'on lit mon livre.

« Il y a tant d'erreurs dans tout ce discours, qu'à peine puis-je croire qu'il soit de M. Arnauld. 1° Quand on attribuerait à ces doutants l'argument qu'il a formé, il ne le saurait appeler *argument plaisant*, et *raisonnement ridicule*, comme il fait, à moins que de se combattre lui-même, et de traiter de plaisant et de ridicule la maxime qu'il a posée dans son chapitre sur Théophilacte : *Que la foi des fidèles ne sépare point la vertu du corps de Jésus-Christ de son corps même, ni son corps de sa vertu; et qu'il ne leur est jamais venu dans l'esprit que le corps de Jésus-Christ fût dans le ciel, et que nous n'eussions dans l'Eucharistie que sa force et sa vertu; au lieu qu'ils croient que nous n'avons cette force et cette vertu que parce qu'il est réellement et véritablement présent dans nos mystères.* Supposons que les doutants de Nicolas de Méthone aient raisonné sur les principes de M. Arnauld, leur argument n'aura rien qui ne soit naturel et raisonnable. Car si la vertu du corps de Jésus-Christ n'est dans l'Eucharistie que parce que son corps même y est réellement et véritablement présent, il s'ensuit fort naturellement qu'il y doit paraître de la chair, la vertu n'y pouvant être qu'accompagnée de cette chair, selon M. Arnauld et ses fidèles. Ce raisonnement sera tout fondé sur deux propositions : l'une, que partout où le corps de Jésus-Christ est substantiellement présent, il y doit paraître de la chair ; c'est une suite de la nature : l'autre, que la vertu de ce corps n'est dans l'Eucharistie que parce que le corps même y est substantiellement, c'est la foi de M. Arnauld. Si ce raisonnement est plaisant et ridicule, il ne peut être à cause de la première proposition ; car, comme j'ai dit, elle est de la nature, et il faut pour le moins un miracle pour l'empêcher. Il le sera donc à cause de la seconde, c'est-à-dire à cause de la foi de M. Arnauld. N'est-ce pas une chose assez surprenante que dès que M. Arnauld a santé d'un chapitre à un autre, il ne se connaisse plus soi-même, et qu'il se traite de *plaisant* et de *ridicule* ? J'avoue qu'il peut arriver quelquefois à un homme, d'ailleurs habile, de tomber en contradiction, car il y a peu de personnes qui ne soient sujettes à des éblouissements ; mais il est assez rare qu'un homme se combatte soi-même et se prenne à partie, parce que quand on travaille sur un sujet avec application, les idées reviennent et l'attention fournit ce qui ne paraissait pas d'abord. Mais qu'un homme d'esprit, comme M. Arnauld, se contredise, se combatte soi-même, et se traite de *plaisant* et de *ridicule* dans un même ouvrage, à trois chapitres de distance, c'est, à mon avis, quelque chose de fort singulier. »

Réplique.

Il semble que M. Claude ait voulu servir d'exemple de la maxime qu'il avance ici, qu'il y a peu de personnes qui ne soient sujettes à des éblouissements. Car certainement il est difficile d'en rencontrer un plus complet que celui qu'il fait paraître en ce lieu ; et il y a sujet de s'étonner que si la même chaleur d'imagination qui l'y a engagé l'empêche de le reconnaître, ceux qui ont approuvé son livre, qui ont dû le lire avec moins d'émotion, ne se soient pas aperçus de l'absurdité du discours qu'il fait ici, ou n'aient pas pris la peine de l'en avertir, et qu'ils nous aient obligés par là de la découvrir à tout le monde d'une manière qui lui sera sans doute moins agréable, parce que, quelque tempérament que l'on y apporte pour épargner sa délicatesse, il est impossible qu'il ne paraisse que son égarement a quelque chose de fort extraordinaire. Voici la preuve.

On s'est servi du doute rapporté par Nicolas, évêque de Méthone, pour éclaircir la véritable créance des Grecs, parce qu'il est certain que ce doute est proposé contre cette créance. Ainsi, en supposant que ces gens qui doutaient entendaient la doctrine qui causait leur doute, et qu'il est vrai que l'on se pouvait former trois idées de cette doctrine qu'ils ont prétendu combattre.

L'une, que le pain était véritablement changé au corps de Jésus-Christ, en sorte qu'après la consécration c'était de véritable chair.

L'autre, qu'il n'était changé qu'en la vertu de sa chair, c'est-à-dire en une vertu séparée du corps de Jésus-Christ.

La troisième, qu'il était changé en la figure de sa chair. On suppose donc que le doute de ces gens était opposé à l'un de ces trois dogmes ; et cela étant, on examine auquel c'était.

Or, dans cet examen on a uniquement pour but de montrer qu'ils ne le proposaient ni contre le second ni contre le dernier, c'est-à-dire qu'ils ne le proposaient ni contre la vertu séparée, ni contre la figure, afin de conclure qu'ils le proposaient contre le premier de ces dogmes qui enferme la réalité et la transsubstantiation.

On fait voir que ce n'est point contre la vertu séparée par l'extravagance sensible du raisonnement qu'il leur faudrait attribuer, qui se réduirait, dit on, à cet argument : si le pain contenait la vertu du corps de Jésus-Christ, on y verrait de la chair : or, on n'y voit point de chair ; donc il n'en contient point la vertu. On appelle ce raisonnement plaisant et ridicule, et il y a peu de personnes qui n'en fassent ce jugement, jusqu'à M. Claude même.

Mais il n'est néanmoins ridicule que pour deux raisons. La première, parce qu'il est absurde d'imputer à des gens qui non seulement n'auraient pas cru la présence réelle, mais qui auraient même fait difficulté de croire la vertu séparée de ce corps, de s'être servis de ce principe chimérique, que partout où est *la vertu du corps de Jésus-Christ, son corps et sa chair y sont et y doivent paraître*. Car il n'y a nulle liaison naturelle et philosophique de cette vertu au corps de Jésus-Christ, et l'exemple de tous les autres sacrements nous fait voir qu'elle en peut actuellement être séparée. Ainsi il ne s'ensuit nullement que si quelque matière contenait cette vertu, elle dût aussi contenir le corps de Jésus-Christ, ni de ce qu'elle ne contient pas le corps de Jésus-Christ, qu'elle ne puisse en contenir la vertu.

En second lieu, parce que l'hypothèse contre laquelle on fait proposer cet argument aurait été que toute l'Église croyait que le pain contient la vertu du corps de Jésus-Christ séparée de son corps. Or, il serait fort ridicule de combattre cette hypothèse en se fondant uniquement sur un principe qui eût été contraire au sentiment de toute l'Église, et en supposant sans preuve que l'on ne peut séparer dans l'Eucharistie, ni la vertu du corps de Jésus-Christ, ni ce corps de sa vertu.

Mais si l'on changeait ces deux hypothèses, et qu'au lieu d'opposer cet argument ou cette raison de douter à des gens qui n'eussent cru, selon M. Claude, ni la transsubstantiation ni la vertu jointe au pain, on l'eût proposé à des gens qui auraient cru la présence réelle, et qui auraient été persuadés, non par la raison, mais par l'Écriture, que la vertu du corps de Jésus-Christ n'est dans l'Eucharistie que parce que son corps y est ; alors ce même argument qui aurait été extravagant à l'égard des premiers, ne serait point au regard des derniers, c'est-à-dire au regard de personnes qui auraient cru la présence réelle ; parce que en parlant à des gens qui auraient cru cette inséparabilité du corps et de la vertu dans ce mystère, on aurait eu droit de conclure et de la vertu au corps, et du corps à la vertu : quoiqu'il soit vrai qu'on aurait pris naturellement un autre tour, et qu'au lieu de dire par un circuit inutile : Si la vertu du corps de Jésus-Christ était dans l'Eucharistie, on y verrait de la chair, parce que le corps y serait, sa vertu en étant inséparable ; on aurait dit simplement, comme font aussi *les doutants de Nicolas de Méthone* : *Si le corps de Jésus-Christ y était, on y verrait de la chair*, sans parler de vertu.

Ainsi l'argument que l'on peut faire, selon les principes de l'auteur de la Perpétuité, n'est point faux en soi ; mais tout ce qu'on y pourrait trouver à redire, c'est qu'on s'y servirait d'un moyen trop éloigné. Et par conséquent il n'y a rien de ridicule en tout ceci que l'obscurcissement d'esprit qui a empêché M. Claude de comprendre que, selon deux différentes hypothèses, un même raisonnement pouvait être ridicule et non ridicule. Dites à des gens qui ne croiraient pas la réalité, *que partout où est la vertu du corps de Jésus-Christ, il y doit paraître de la chair*, et vous avancerez une proposition extravagante. Dites en supposant qu'on la croie, et en parlant à un homme qui serait persuadé que le corps de Jésus-Christ et la vertu de ce corps sont inséparablement jointes dans l'Eucharistie, *que si cela était, il y devrait paraître de la chair*; et vous formerez une difficulté considérable. Les douteurs de Nicolas de Méthone auraient dit le premier, si la vertu séparée avait été l'objet de leur doute; et par conséquent on ne peut supposer que ç'ait été l'objet de leur doute sans leur attribuer une pensée tout-à-fait extravagante. M. Claude tire le second d'une proposition très véritable de l'auteur du livre de la Perpétuité : et là-dessus il lui insulte de l'air du monde le plus fier et le plus aigre, comme s'il l'avait surpris dans la plus étrange contradiction qui fût jamais, comme s'il s'était traité lui-même de plaisant et de ridicule dans un même ouvrage, à trois chapitres de distance. Et cette pensée lui plaît tant qu'il la répète deux fois en dix lignes, parce que c'est, à son avis, quelque chose de fort singulier.

CHAPITRE XII.

Examen d'un passage de Jérémie, patriarche de Constantinople, rapporté par M. Claude.

XIX° REMARQUE.

M. Claude n'appuyant les petites objections qu'il propose, page 461, sur le sujet de la traduction de la confession de foi des Sarrasins, que sur sa seule autorité, l'on n'est pas obligé de lui répondre autrement qu'en lui disant que sa critique est entièrement injuste, et indigne même d'être réfutée.

Mais voici un autre endroit qui mérite plus d'être examiné. Le patriarche Jérémie dit dans sa réponse aux théologiens de Wittemberg, *que les mystères sont vraiment le corps et le sang de Jésus-Christ, et qu'ils ne sont pas changés en notre corps, mais que nous sommes changés en eux, le plus fort l'emportant. Le fer*, ajoute-t-il, *mis dans le feu devient feu lui-même, mais le feu ne devient pas fer. De même donc que quand le fer est embrasé, nous ne voyons plus de fer, mais du feu seulement, le feu faisant évanouir toutes les propriétés du fer; ainsi qui pourrait voir l'Église de Jésus-Christ en tant qu'elle est unie à lui, et qu'elle participe à sa chair, il ne verrait autre chose que la chair même du Seigneur.*

Et voici la manière dont M. Claude rapporte ce passage dans sa seconde Réponse, page 709, pour établir que le pain n'est pas changé réellement au corps de Jésus-Christ, mais en une vertu séparée de corps. *Jérémie*, dit-il, *parlant de l'Église qui a reçu l'impression de Jésus-Christ, ne la compare-t-il pas à un fer que le feu a rendu tout rouge, et ne dit-il pas que si on pouvait voir en cet état, ne verrait autre chose que la chair même du Seigneur.*

Il est vrai que l'on a accusé cette manière de rapporter ce passage, de falsification, et je pense qu'il y aura peu de personnes de ceux qui liront ici le passage de Jérémie, et la citation qu'en fait M. Claude, qui ne l'en accusent aussi bien que nous; puisque pour établir cette prétendue vertu séparée, il se sert d'un passage qui nous marque expressément l'union de la chair de Jésus-Christ à nos corps, et qu'il supprime cette clause essentielle. Cependant il entreprend de s'en justifier dans sa troisième Réponse; et voici comme il s'y prend : *J'avais*, dit-il, *allégué ces dernières paroles dans ma Réponse à la Perpétuité, et j'avais dit que Jérémie parle de l'Église qui a reçu l'impression de l'esprit de Jésus-Christ. M. Arnauld m'accuse d'avoir falsifié ce passage. Mais cette accusation ne vient que de sa mauvaise humeur. Ce que j'ai rapporté des paroles de Jérémie se trouve dans l'original en propres termes :* οὐδὲν ἂν ἢ αὐτόμονον τὸ κυριακὸν θεατὸ σῶμα, *« on ne verrait rien que le seul corps même du Seigneur. » Et quant à ce que j'ai dit, qu'il parle de l'Église qui a reçu l'impression de l'esprit de Jésus-Christ, je soutiens que c'est son* sens, *et que M. Arnauld même, tout préoccupé qu'il est, ne saurait lui en donner un autre. Car à quoi peut-on rapporter cette comparaison du feu qui change le fer, qu'à l'impression de l'esprit de Jésus-Christ sur l'Église; et cette union de l'Église à Jésus-Christ, qu'à son union mystique et spirituelle ?* Il est vrai qu'il dit que c'est en tant qu'elle est participante de sa chair; mais cela ne change en aucune manière son sens. Car c'est de la participation mystique sa chair que vient l'impression de son esprit, et c'est l'impression de l'esprit qui fait cet admirable changement. Ces deux choses ont de la subalternation mutuelle entre elles; mais elles n'ont point de contrariété. Ainsi c'est mal à propos que M. Arnauld m'impute d'avoir falsifié le passage de Jérémie.

Pour juger si c'est mal à propos, ou non, il n'y a qu'à prendre droit sur une maxime que M. Claude établit dans la page suivante : *Pendant*, dit-il, *qu'on dispute d'une chose, on ne doit jamais traduire un passage selon le sens d'une des parties qui en conteste. Il faut, pour agir sincèrement, garder la signification propre et naturelle des termes, et laisser à chacun la liberté de son jugement. Car dès qu'on traduit selon la prétention d'une des parties, ce ne sont plus les paroles de cet auteur, mais c'est le préjugé de cette partie, et par conséquent c'est une altération, quand même le préjugé de cette partie serait juste et véritable au fond.*

Mais ce principe est encore plus vrai quand on retranche d'un passage des paroles desquelles on sait que celui avec qui on dispute prétend tirer avantage, et encore plus si cet avantage est apparent, et si la signification littérale de ces termes le favorise. Car qui souffrirait, par exemple, que sous prétexte que les calvinistes prétendent que par les mots de *vrai corps de Jésus-Christ* il faut entendre une figure efficace, ils nous substituassent leur figure efficace toutes les fois qu'on trouve dans les auteurs ecclésiastiques que le pain consacré est le vrai corps de Jésus-Christ ? Et que ne diraient-ils point eux-mêmes, si parce que les catholiques prétendent que par le mot de figure attribué à l'Eucharistie les Pères ont entendu le Sacrement contenant réellement le corps de Jésus-Christ, on éclipsait, en rapportant ces passages, tous ces mots de figure, en ne parlant jamais que du corps de Jésus-Christ ? Voilà les principes, et je prie M. Claude d'en faire lui-même l'application.

Il y a un grand différend entre lui et nous. Il prétend que lorsque l'on reçoit l'Eucharistie, on ne reçoit que du pain avec une certaine impression du S. Esprit, sans que cette impression soit communiquée par la chair de Jésus Christ, réellement présente dans nos corps.

Nous prétendons au contraire, après les SS. Pères, que cette impression nous est communiquée par cette chair même immortelle de Jésus-Christ, reçue réellement dans nos entrailles. Or voici que ce passage de Jérémie et de Cabasilas est très-favorable à cette prétention. Il dit que *les mystères sont vraiment le corps de Jésus-Christ.* Il dit que *ces mystères ne se changent pas en nous*; ce qui marque qu'ils ne sont plus du pain. Il ne parle point de l'union de l'Église avec le S.-Esprit, mais il parle de l'union de l'Église à la chair de J.-C. Ainsi c'est sa chair qui tient lieu de feu. C'est cette chair qui est représentée unie à nos corps, comme le feu l'est au fer. C'est cette chair qui est représentée dans nos corps comme les changeant en soi, non par la destruction de leur nature, mais en leur imprimant ses propriétés. Il est difficile de mettre la présence réelle devant les yeux d'une manière plus vive. Cependant il plaît à M. Claude de nous soustraire toutes ces idées, de ne nous point dire que c'était la chair de Jésus-Christ qui tient lieu de feu dans cette comparaison, de dissimuler que Jérémie considérait les fidèles unis à cette chair, et attachait l'effet dont il parlait à cette union. Il lui plaît de substituer au lieu de tout cela l'union spirituelle de notre corps avec le S.-Esprit, pour nous donner l'idée de cette vertu séparée du corps de J.-C. qui se communique selon lui à nos corps, pendant que le corps de J.-C.

n'est que dans le ciel; et lorsqu'on lui reproche cette falsification, en marquant en quoi elle consiste, il nous répond froidement que ce reproche n'est ou l'effet *de mauvaise humeur*. Il passe même jusqu'à cet excès que de prendre les gens à témoin, en se ouant de ses lecteurs par une équivoque. *Quant à ce que j'ai dit, dit-il, qu'il parle de l'Église qui a reçu l'impression de l'esprit de Jésus-Christ, je soutiens que c'est son sens, et que M. Arnauld lui-même ne lui en saurait donner un autre*. Et moi, je lui soutiens que non seulement on lui en peut donner un autre, mais que l'on ne lui peut donner que celui-là, parce que Jérémie ne parle point du tout, dans cet endroit, de l'esprit de Jésus-Christ, mais seulement de sa chair. Il est bien vrai que ceux qui reçoivent la chair de Jésus-Christ reçoivent aussi son esprit; mais ce sont deux vérités différentes qui s'expriment par des termes différents; et Jérémie n'en exprime qu'une en cet endroit, qui est l'union de nos corps avec la chair de Jésus-Christ, comme une feu qui imprime en eux ses divines qualités. C'est pourquoi je ne sais à quoi pense M. Claude quand il nous demande fièrement à quoi l'on peut rapporter la comparaison du feu qui change le fer, qu'à l'impression de l'esprit de Jésus-Christ? puisqu'il ne peut ignorer que tous les catholiques, après les SS. Pères, et particulièrement après S. Grégoire de Nysse, S. Chrysostôme, et S. Cyrille d'Alexandrie, la rapportent à l'union réelle et corporelle de notre chair avec celle de Jésus-Christ reçue dans nous, et que Jérémie et Cabasilas expriment ce même rapport en termes formels.

XX.e REMARQUE.

M. Claude après s'être justifié, en la manière que nous avons vu, du reproche qu'on lui avait fait sur le sujet de Jérémie, y en joint un autre peu important en soi, mais que sa délicatesse ne lui a pas permis de passer sous silence. *Il n'en est pas de même*, dit-il (1), *de cet autre passage que Forbésius a allégué, et sur lequel je me suis plaint de l'auteur de la Perpétuité. M. Arnauld a beau crier que ma plainte n'a pas le sens commun, on ne laissera pas de reconnaître qu'elle est juste et raisonnable*. Et moi je réponds à M. Claude que sans aller plus loin, on va reconnaître tout à l'heure qu'il n'a l'esprit ni juste ni raisonnable. Premièrement, ces termes, *ma plainte n'a pas le sens commun*, qu'il marque en caractères italiques, ne sont point dans le livre de la Perpétuité en cette manière. On y trouvera seulement que sur ce qu'il avait demandé, *si la sincérité et la vérité ne nous doivent pas être communes dans les disputes*, on lui a demandé à son tour, *si le sens commun n'est donc pas une qualité qui nous doive être commune dans les disputes, et si la rhétorique est un art qui oblige de renoncer à l'équité et à la raison?* Or cette repartie, opposée à un reproche formel de manquer de sincérité et de vérité, n'a rien d'odieux, et comme ce qu'on appelle dureté dans les expressions consiste principalement dans l'application qu'on en fait précisément aux personnes, il est facile de reconnaître que celle dont on s'est servi a quelque chose de moins dur que celle que M. Claude substitue.

C'est ainsi qu'il en use ordinairement. Car comme l'une des intentions qu'il a eues dans son livre est de faire pitié en paraissant mal traité, il se sert souvent, pour y réussir, de cet artifice de rapporter les reproches qu'on lui fait dans une fausse application qui les change entièrement, et les fait paraître beaucoup plus durs qu'ils ne sont. Par exemple, parce que l'on dit dans un endroit qu'on explique selon l'esprit d'Aubertin ou de M. Claude un doute sur l'Eucharistie marqué par Théophylacte, *l'extravagance ne peut guère aller plus loin, et que c'est se moquer du monde que de faire raisonner les gens d'une manière si insensée*, où l'on voit que les mots d'extravagance et de raisonnement insensé sont appliqués aux raisonnements de ceux dont parle Théophylacte, expliqués selon les

(1) 3.e Rép., p. 472.

principes d'Aubertin, et non à Aubertin même, ni à M. Claude directement, M. Claude ne laisse pas de s'en plaindre, comme si on l'avait traité lui-même avec Aubertin d'extravagant et d'insensé. *Voilà*, dit-il, *le raisonnement de M. Arnauld enrichi de ses douceurs ordinaires, c'est-à-dire d'extravagance et de manière insensée, qu'il impute à l'esprit d'Aubertin et au mien*.

Cependant si on le juge par cette règle, il faut qu'il avoue qu'il a traité partout celui contre qui il écrit de fou, d'extravagant et d'insensé. Car il lui est fort ordinaire de traiter les opinions des auteurs qu'on lui oppose selon le sens qu'on y donne, de *folles*, d'*extravagantes*, d'*insensées*, et il ne faut que voir pour cela de quelle manière il parle d'une réponse qu'il attribue à Nicolas de Méthone, *selon le commentaire de M. Arnauld*, c'est, dit-il, *la plus folle de toutes les réponses, et il faudrait que cet auteur eût eu le sens renversé pour répondre de cette manière*.

Je fais cette remarque en passant pour prier seulement les lecteurs lorsqu'ils voient que M. Claude se plaint qu'on l'a traité d'extravagant et d'insensé, de consulter les endroits du livre de la Perpétuité où il renvoie, et de ne le pas croire sur sa parole. Car ils trouveront toujours ou que l'on ne l'a pas fait, ou que si l'on a appliqué ces termes à quelques-uns de ses raisonnements, c'est avec une justice si exacte, qu'il n'oserait lui-même rapporter ces endroits, et qu'il est contraint de détacher ces termes, afin de les rendre odieux.

Mais ce qu'il faut particulièrement observer dans ce qu'il dit ici de Forbésius, c'est l'adresse dont il se sert pour se justifier de ce défaut de sens commun qu'on lui a reproché, cette adresse est tout-à-fait rare et digne de l'esprit de M. Claude. Il prétend qu'on a dit que sa plainte *n'avait pas de sens commun*; il promet de faire voir qu'elle est juste et raisonnable, et cependant il ne dit pas un seul mot de la chose où on a remarqué un défaut de sens commun.

Pour démêler tout ceci, il n'y a qu'à représenter que l'on a fait divers reproches à M. Claude sur le sujet de Forbésius. On lui a demandé, à l'égard d'un certain point, si le sens commun ne devait plus avoir de part dans nos disputes. On l'a accusé de violence et d'emportement sur un autre, et on a soutenu simplement sur un autre que sa prétention était injuste. Pour ne confondre point les choses, on a appliqué chacun de ces différents reproches au point sur lequel on le faisait tomber; et voici celui à l'égard duquel on a remarqué, dans le discours de M. Claude, un défaut de sens commun.

On avait cité, dans la réponse au premier traité de M. Claude, un long passage de Forbésius, évêque d'Édimbourg, qui contient diverses choses touchant les Grecs. Il y rapporte entre autres un passage de Jérémie, patriarche de Constantinople, tiré de sa réponse aux théologiens de Wittemberg, et comme il n'avait pas peut-être cette réponse en grec, il l'a cité selon la traduction de Socolovius, laquelle M. Claude prétend n'être pas assez exacte en cet endroit. Or, parce qu'en citant ce long passage de Forbésius, on ne s'est pas avisé de marquer que ce passage de Jérémie n'était pas exactement traduit, il prétend que l'on s'est en cela plus éloigné de la bonne foi que si on l'avait falsifié soi-même. *Si lui-même*, c'est-à-dire l'auteur de la Perpétuité, *eût fait*, dit-il (1), *cette altération de son chef, je le pardonnerais au zèle de sa religion, et à la trop grande confiance qu'il a en son cardinal du Perron; mais de nous introduire un témoin qui, sous le nom d'un protestant vivant et mourant dans notre communion, nous trompe et nous trahit si cruellement, c'est trop s'éloigner de la bonne foi*. Voilà le raisonnement dans lequel on a dit que le sens commun avait peu de part. Et si M. Claude prétendait faire voir que sa plainte était juste et raisonnable, il devait justifier cette étrange maxime, que c'est plus s'éloigner de la

(1) 3.e Rép., p. 408.

bonne foi de rapporter des passages d'un protestant où il y a des traductions trop libres, que d'altérer soi-même ces passages; mais il a trouvé bon de ne nous rien dire de cette pensée, après nous avoir promis de montrer qu'elle était juste et raisonnable.

Il agit à peu près de même sur le sujet du second reproche qu'on lui a fait, *qui est de ne savoir point proportionner les expressions aux choses, et de faire paraître un esprit emporté qui ne se règle point par la raison.* Parce que, quand il serait vrai que Forbésius aurait suivi trop légèrement la traduction de Socolovius, et n'aurait pas consulté l'original grec, ce n'était pas là un sujet légitime pour accuser un homme savant *d'avoir falsifié vilainement ce passage, et de trahir cruellement ceux de sa communion.* Car M. Claude a trouvé lui-même ces termes si bas, si odieux et si peu proportionnés à l'accusation qu'il formait contre cet évêque, qu'il n'a osé les rapporter, et qu'il se contente de dire qu'il a eu droit *d'en parler aussi fortement qu'il a fait,* en se donnant bien de garde de nous dire en quoi consiste cette force prétendue.

Enfin, après avoir soutenu sans raison qu'on était obligé de vérifier les citations de Forbésius (quoiqu'il soit ridicule de s'imaginer qu'il eût voulu falsifier un passage tout exprès pour favoriser les catholiques), et que Forbésius était obligé de vérifier celle de Socolovius, ce qui ne serait tout au plus qu'une négligence très-commune qui ne mériterait nullement le nom de *vilaine falsification et de cruelle trahison,* il vient au fond, mais en continuant toujours dans le même esprit. Car, d'une part, il suppose que c'est à l'égard du fond qu'on l'a accusé de défaut de sens commun et d'emportement, ce qui est très-faux ; et, de l'autre, il dissimule qu'on a reconnu que la traduction de Socolovius était trop libre, et qu'on a seulement prétendu que si les termes de cette traduction ne représentaient pas exactement les paroles grecques, elles en représentaient au moins le sens.

Et il ne lui sert de rien d'alléguer qu'il n'est pas permis de mettre ses propres préjugés dans la traduction des passages ; car cette maxime est vraie lorsque la contestation est formée, et que l'on a lieu de prévoir que des personnes se pourront plaindre du sens auquel on détermine ces passages. Mais on n'est pas obligé de prévoir, en traduisant, toutes les plaintes injustes que des personnes déraisonnables pourraient faire à l'avenir. C'est proprement là le cas de Socolovius. Car il ne lui est jamais venu dans l'esprit que l'on pût douter que Jérémie crût la transsubstantiation. Les théologiens de Wittemberg, qu'il avait particulièrement en vue, en demeuraient d'accord ; et ainsi comme il n'était nullement obligé de deviner que cent ans après il y aurait un ministre assez peu raisonnable pour chicaner sur ce passage, il a eu toute liberté de le traduire par le sens.

Voilà ce que l'on peut dire à M. Claude sur le fond même, et il est bon, de plus, de l'avertir en passant que si on le voulait traiter avec la même rigueur avec laquelle il traite les autres, on aurait bien plus de droit de l'accuser d'une *vilaine falsification* qu'il n'en a d'accuser Socolovius et Forbésius. Car comme on ne trouve pas littéralement dans Jérémie les paroles dont Socolovius s'est servi pour exprimer son sens, qui sont : *Illud ipsum verum Christi corpus sub speciebus fermentati panis contentum ;* on y trouve aussi peu celles dont M. Claude se sert, qui sont *que le pain du corps du Seigneur qui est administré par les prêtres n'est ni un type ni un azyme, mais qu'il est un pain levé, et le corps même du Seigneur.* Car il est très faux que Jérémie se soit servi du mot de *pain levé* ; il y a ἔνζυμον simplement, et non pas ἔνζυμος ἄρτος ; et ἔνζυμον ne se rapporte point à ἄρτος, qui est masculin, mais au mot de σῶμα, qui est exprimé, ou bien au mot de τι *aliquid* sous entendu ἔνζυμόν τι. Jérémie ne dit donc point que le pain du corps du Seigneur est un *pain levé,* il dit que c'est quelque chose de levé, ou que c'est *ipsum corvus Do-*

mini fermentatum ; ce qui ne donne aucun lieu à M. Claude de conclure que c'est du pain, le mot de pain n'étant ni exprimé ni sous-entendu dans l'attribut. Ainsi la différence qu'il y a entre Socolovius et lui, c'est que Socolovius quitte la lettre pour traduire selon le sens véritable, sans avoir obligation de prévoir les plaintes de M. Claude ; et que M. Claude quitte la lettre aussi bien que Socolovius, pour insérer des mots dans le texte de Jérémie conformes à ses faux préjugés, et très-éloignés, dans le sens qu'il y donne, de la pensée de Jérémie, lors même qu'il sait qu'on lui conteste son sens. Cependant on est si peu porté à s'arrêter à ces pointilleries de grammaire, que, bien loin de lui reprocher cette traduction dont il prétend tirer avantage, on l'avait même employée après lui, mais dans un autre sens que lui, parce qu'en effet, quand Jérémie aurait appelé l'Eucharistie un *pain levé,* il n'aurait fait aucun préjudice à la doctrine de la transsubstantiation ; et qu'il est si naturel à des personnes qui croient d'appliquer le mot de pain à l'Eucharistie, qu'on le fait quelquefois sans y penser, et que l'on s'en sert dans les traductions, lors même qu'il n'est pas dans l'original.

CHAPITRE XIII.

Que le reproche que M. Claude fait d'une faute de grammaire est très-mal fondé. On fait voir par deux exemples qu'en prétendant se justifier des fautes qu'on lui reproche, il tombe en de nouvelles absurdités.

XXI° REMARQUE. — *Paroles de M. Claude.*

« C'est encore en vain que M. Arnauld s'empresse à montrer que dans le sens de Cabasilas Jésus-Christ ne meurt pas réellement dans l'Eucharistie ; car on n'a jamais imputé à ce docteur une si étrange doctrine. On ne s'est point trompé aussi sur les participes σφαγεὶς et σφαττόμενον, comme M. Arnauld se l'imagine. On a bien vu que Cabasilas appelle le corps de Jésus-Christ non σφαγέντα, comme parle M. Arnauld ; c'est une faute de grammaire échappée à la plume sans y songer, et qu'il ne faut pas imputer à un Grec, mais σφαγέν. On a vu aussi qu'il nie que le corps soit non σφαττόμενος, comme le dit encore M. Arnauld par une suite de sa première erreur, qu'on impute à une pure surprise. Les Grecs ne disent pas σῶμα σφαττόμενος en ce sens là pour dire le corps immolé, on mis à mort, non plus que σῶμα σφαγέντα ; mais σφαττόμενον, c'est-à-dire qu'il veut que le corps ait été mis à mort autrefois, et non qu'il le soit à présent. Mais cela n'empêche pas qu'il ne soit vrai, comme je l'avais dit dans ma Réponse à la Perpétuité, que Cabasilas met le corps de Jésus-Christ dans l'Eucharistie en tant que mort, c'est-à-dire sous l'égard ou sous la qualité de mort. C'est ce qui parait par ce qu'il dit, *que ce n'est pas une image ou une figure de sacrifice, mais un vrai sacrifice, non du pain, mais du corps même de Jésus-Christ, et qu'il n'y a qu'un seul sacrifice de l'agneau, celui qui a été fait une seule fois :* d'où il s'ensuit que Jésus-Christ est dans l'Eucharistie comme mort et sacrifié en la croix, ce qui est précisément ce que j'avais dit. »

RÉPONSE.

Ce qu'il y a de plus considérable dans cet endroit de M. Claude, c'est l'abus étrange qu'il fait des paroles de Cabasilas qu'il rapporte ; mais parce que cela regarde la discussion des sentiments de cet auteur que j'ai réservée en un autre lieu, je me contenterai de répondre à cette prétendue faute de grammaire qu'il reproche à l'auteur de la Perpétuité, qui lui a paru si considérable, qu'il a cru y devoir préparer les lecteurs, en les avertissant dans sa préface qu'il lui reprocherait des fautes de grammaire. Il y a tant de bassesse dans ce genre d'accusation, que quand la faute que M. Claude reprend serait la plus évidente du monde, il ne serait pas excusable de s'y être arrêté comme il a fait, et d'avoir tant pris de soin de la faire remarquer. Mais si, outre cela, il se trouvait qu'il eût tort, il y aurait quelque chose de fort ridicule dans ce reproche. Et cependant c'est ce qui se trouve effectivement.

Ceux mêmes qui ne connaîtraient pas l'auteur de ce livre ne le pourraient pas soupçonner d'avoir ignoré que le mot grec σῶμα ne se pouvait joindre avec le participe σφαγέντα, et qu'il fallait dire σῶμα σφαγέν, puisqu'ils peuvent voir ces mots ainsi écrits dans la page 316. D'où vient donc que l'on dit ensuite que Cabasilas appelle le corps de Jésus-Christ qui est dans l'Eucharistie, σφαγέντα, et non pas σφαγέν, comme le demande le genre du mot grec σῶμα? C'est pour deux raisons indubitables, et que M. Claude aurait sans doute aperçues, si l'envie de reprocher une faute de grammaire ne l'eût ébloui.

La première est que l'on fait accorder le mot de σφαγέντα non avec le mot grec σῶμα, mais avec le mot français corps, qui est expressément marqué; ce qui est très-permis. Or le mot français est masculin, et non pas neutre; la langue française, non plus que les orientales, n'ayant point de genre neutre, et par conséquent il demande un adjectif masculin, et non pas neutre. Où est donc la faute de grammaire?

La seconde est que le mot de σφαγέντα est détaché d'un passage rapporté dans cette même page, où il y a effectivement σφαγέντα et non pas σφαγέν. Les termes de ce passage portent, οὐ σφαττομένου τὴν τηκαῦτα τοῦ ἀλλὰ τοῦ ἄρτου μεταβαλλομένου εἰς τὸν σφαγέντα ἀμνόν : de sorte qu'en répétant ce même passage, et y substituant le mot propre de corps au lieu du mot métaphorique d'Agneau, dont Cabasilas s'était servi, on a retenu néanmoins le propre terme de σφαγέντα, parce que l'on voulait marquer précisément comme il y avait dans le grec, et que c'est une chose très-permise de rapporter les mots grecs matériellement et sans les changer.

Voilà ce qu'une autre personne plus retenue que M. Claude aurait considéré, au lieu de se hasarder de faire remarquer dans une préface qu'il devait reprocher des fautes de grammaire qui ne se trouvent, dans le fond, que des surprises de sa part.

Il y était d'autant plus obligé qu'il a quelque sujet de se défier de lui-même dans ce genre de science, et qu'il pouvait craindre qu'on ne lui reprochât des fautes dans l'intelligence de cette langue, qui ne seraient pas des surprises, comme quand, pour se justifier de ce qu'on l'avait accusé d'avoir traité sans raison ceux qui tinrent la place des patriarches d'Orient dans le second concile de Nicée de gens idiots, il nous cite une lettre insérée dans ce concile, où ces religieux s'appellent eux-mêmes ἰδιῶτας, en prétendant faire voir par là qu'ils ne s'était servi que des propres termes de cette lettre (1). Ce qui montre qu'il s'est imaginé que le mot français idiot répondait au mot grec ἰδιώτης, en quoi il s'abuse. Car le mot français marque la privation de l'intelligence naturelle, au lieu que celui d' ἰδιώτης en grec ne signifie qu'un homme qui n'a pas étudié, quelque esprit naturel qu'il puisse avoir.

Il ne fait pas paraître plus d'intelligence dans la traduction de ce passage d'Eutychius, patriarche de Constantinople, ἅγιον καὶ ζωοποιὸν αἷμα τοῦ Κυρίου τοῖς ἀντιτύποις ἐντιθέμενον. Car au lieu que ces mots signifient quel corps de Jésus-Christ est mis dans les antitypes, τοῖς ἀντιτύποις ἐντιθέμενον, comme Aubertin, qui certainement était habile dans cette langue, l'a fort bien reconnu, en traduisant ce passage par ces mots, antitypis inditum; M. Claude s'arrêtant à une traduction ridicule de Volphius qu'il cite dans sa seconde Réponse sur ce point même, traduit, le corps et le sang de Jésus-Christ appliqués aux antitypes. Et il en croit tellement son traducteur, qu'il en tire un argument dans son dernier ouvrage. Peut-être, dit-il (2), M. Arnauld n'a-t-il pas goûté cette expression que le corps et le sang de Jésus-Christ sont appliqués aux antitypes, en marquant ce mot d'appliqués en italique, tant il se croyait assuré que le mot ἐντιθέμενον signifiait appliqué. Ce qui est néanmoins très-faux; car encore qu'on

(1) 3ᵉ Rép., p. 319.
(2) pag. 157.

traduise quelquefois ce verbe par celui d'impono, ce n'est que lorsque l'on peut dire selon divers égards qu'une chose est dessus et dedans, comme on peut le dire des marchandises dont on charge les navires; mais absolument parlant ἐντιθέμενον signifie, non appliqué, impositum, comme le traduit Volphius, mais inditum, comme le traduit Aubertin. Et c'est montrer peu d'intelligence dans cette langue que de n'avoir pas seulement suivi deux fois sa fausse traduction, mais d'y avoir insisté, comme étant l'unique que l'on pût donner à ce passage.

On pourrait citer encore à M. Claude d'autres exemples, et lui faire voir qu'il a quelque intérêt de ne se piquer pas d'une critique si exacte, et que ce n'est pas en quoi il excelle. Mais il y a lieu de croire qu'il ne nous obligera plus à lui donner de ces sortes d'avertissements, et que l'expérience du mauvais succès de ces remarques de grammaire le portera à y prendre garde une autre fois de plus près.

XXIIᵉ REMARQUE.—Paroles de M. Claude, pag. 477.

« Je dirai donc seulement que M. Arnauld a abusé captieusement de mes paroles touchant les huit premiers siècles, lorsque je les ai appelés les beaux jours de l'Eglise, les jours de bénédiction et de paix, où les pasteurs avoient soin d'instruire leurs troupeaux pour éclaircir et ôter toutes les difficultés qui pourraient naître de ce qu'on appelait communément le Sacrement le corps de Jésus-Christ. 1º J'ai joint tous ces siècles ensemble lorsque j'en ai parlé de la sorte, et M. Arnauld n'en considère que les deux derniers, laissant les six autres, comme s'il fallait prendre ce que j'ai dit de ces deux derniers seuls et à part. 2º. Bien que les deux derniers soient compris dans le nombre des huit, on n'a jamais pourtant entendu que le titre de beaux jours de l'Eglise, de jours de bénédiction et de paix, appartînt à tous également. Les plus beaux jours ont leur déclin, et quoique leurs dernières heures qui approchent le plus de la nuit soient plus obscures que celles qui les ont précédées, on ne laisse pas néanmoins de les comprendre avec les autres dans le nom des beaux jours, parce que l'on sait que quand on distribue le sens de ces sortes d'expressions à toutes les parties, ou à toutes les heures, les personnes raisonnables font cette distribution à proportion de ce que chacune en mérite. Ne se moquerait-on pas d'un homme qui chicanerait en disant qu'on a tort d'appeler beau jour un temps où il n'y a presque plus de clarté, sous prétexte que la dernière heure qui touche la nuit est beaucoup plus sombre que les autres? Or c'est justement ce que fait M. Arnauld. Il prétend que c'est mal à propos que j'ai appelé les huit premiers siècles les beaux jours de l'Eglise, puisque les autres ministres assurent que le septième et le huitième, c'est-à-dire les deux derniers, furent des siècles d'ignorance et de superstition. Pour dissiper toutes ces subtilités, il ne faut que distinguer deux égards auxquels on peut considérer ces deux siècles, ou par comparaison aux précédents ou par comparaison aux suivants. Dans le premier, ce furent des siècles d'ignorance et de superstition. Dans le second, ce furent les dernières heures des beaux jours de l'Eglise, ou les approches d'une nuit. C'est-à-dire en un mot que, quoique la connaissance et le zèle y souffrirent beaucoup de diminution, et que plusieurs erreurs troublassent alors la pureté de la religion; si est-ce qu'à n'était rien au prix de ce qui arriva dans la suite. C'est le jugement que je crois qu'il faut faire lorsqu'on en parle généralement. »

RÉPONSE.

Si M. Claude avait pu se persuader une bonne fois que s'opiniâtrer à défendre une absurdité n'est pas la diminuer, et que c'est au contraire l'augmenter, et faire paraître un défaut de mœurs en pensant se justifier d'un défaut d'esprit, il se serait épargné beaucoup de peine, et aurait pris un parti beaucoup plus honnête. Il était particulièrement obligé de pratiquer cette règle sur le sujet de *ces beaux jours*, parce que ce qu'on lui avait reproché était d'un certain genre qu'il était de son intérêt d'éviter d'y appliquer de nouveau le monde. Il devait juger qu'il était impossible de faire trouver bon qu'il eût compris sous le nom *de beaux jours de l'Église, de jours de bénédiction et de paix*, deux siècles entiers que ses confrères accusent d'un débordement prodigieux de vices, de superstitions et d'erreurs, et dans lesquels ils avouent eux-mêmes que presque tous les dogmes qu'ils condamnent dans l'Église romaine comme des hérésies damnables, étaient généralement reçus par l'église d'Orient et d'Occident. Mais sa délicatesse n'ayant pu souffrir ce reproche, il a voulu à quelque prix que ce soit s'en justifier, et il est tombé justement par là dans l'inconvénient qu'il devait avoir prévu, qui est d'augmenter sa faute par les sophismes dont il se sert pour la couvrir.

Il dit donc que les *beaux jours* ont leur déclin, et que quoique les dernières heures qui approchent le plus de la nuit soient plus obscures que celles qui les ont précédées, on ne laisse pas néanmoins de les comprendre sous le nom de *beaux jours*. Mais il est étrange qu'un homme aussi subtil que lui n'ait pas reconnu combien cette comparaison était peu juste. Car y ayant diverses beautés dans les jours, et les heures obscures ayant aussi leur beauté, il n'est pas étrange qu'on les comprenne sous les beaux jours. Mais les siècles d'apostasie, de superstition et d'erreurs damnables, les siècles du règne de l'Antechrist, ne participent en aucune sorte à ce que les hommes conçoivent sous les mots *des jours de bénédiction et de paix*.

Il devait de plus avoir remarqué qu'un jour est un tout naturel composé de certaines parties que tous les hommes enferment sous le mot de jour. Ainsi en le considérant comme un tout que nous n'avons pas formé, nous lui donnons souvent des noms qui ne lui conviennent que par quelques-unes de ses parties, parce qu'il ne nous est pas libre d'en retrancher celles que nous voulons. Mais il n'en est pas ainsi quand il s'agit d'un tout que nous composons à notre fantaisie, et où nous ne comprenons que ce qui nous plaît. Car alors on aurait tort d'y vouloir comprendre ce qui ne participe point à la qualité que nous y considérons. Par exemple, on comprend bien les heures obscures dans les beaux jours, mais on ne les comprend pas dans les heures claires, parce qu'il nous est libre de réduire ces heures claires à tel nombre qu'il nous plaît, et que rien ne nous oblige d'y comprendre les heures obscures.

Or ces siècles qu'il a plu à M. Claude d'appeler *les beaux jours de l'Église* ne formaient qu'un tout de ce dernier genre, il en était l'auteur, et il lui était libre de les réduire à tel nombre qu'il lui plairait. Il ne devait donc y donner entrée qu'aux siècles qui participaient à la qualité pour laquelle il les appelait *beaux jours*, qui est d'être des jours de bénédiction et de paix. Ainsi comme il est ridicule de donner cette qualité à des siècles que l'on prétend avoir été remplis de superstitions damnables, reçues généralement dans l'Église, il est ridicule aussi de les comprendre au nombre de ces siècles qu'il lui a plu d'appeler des jours de bénédiction et de paix.

La seconde raison que M. Claude allègue n'est pas plus solide. Il dit que ces siècles sont du nombre des beaux jours, en les comparant avec ceux qui ont suivi, quoiqu'ils ne le soient pas en les comparant avec ceux qui les avaient précédés. Mais selon quelque divers égards que l'on considère des siècles, le langage des hommes ne souffre pas qu'on appelle des *jours de bénédiction et de paix* un temps où le diable possédait toute l'église visible, selon les ministres, et la tenait asservie à des superstitions détestables. On n'a point l'imagination assez flexible pour allier ensemble des idées si opposées. On ne donna jamais le nom de pieux et de saint à un voleur et à un adultère, ni celui de *sain* et de *fort* à un homme malade d'une maladie mortelle, parce que l'un est moins méchant qu'un homicide et un athée; et que l'autre n'est pas si faible qu'un homme qui est près d'expirer.

Ces mots de *jours de bénédiction et de paix* donnent l'idée de quelques bénédictions réelles qui excluent au moins les erreurs damnables, comme celui de *sainteté* exclut les désordres criminels, et celui de *santé* les maladies mortelles. M. Claude devait consulter un peu davantage le sens commun et l'usage des langues, et ne pas s'imaginer que l'on se puisse sauver de tous les mauvais pas par une fausse pensée et une vaine distinction.

XXIIIe REMARQUE. — *Paroles de M. Claude.*

« Je demeure d'accord que le second concile de Nicée fut assemblé l'an 787, dix ans après la mort d'Etienne Stylite, si on s'en rapporte à l'auteur anonyme qui a écrit la vie de cet Etienne; et je reconnais par même moyen que DANS L'EXACTE CHRONOLOGIE on ne peut pas dire qu'après qu'Epiphane eut censuré dans le concile de Nicée les mots de figure et d'image, Etienne Stylite ne laissait pas de dire : Bannirez-vous aussi de l'Église les figures du corps et du sang de Christ? Mais M. Arnauld n'ignore pas que l'écrit qu'Epiphane lut n'eût été composé avant la tenue de ce concile, et qu'il n'eût pu être vu par Epiphane. »

RÉPONSE.

Voici encore un exemple assez étrange de ce mauvais caractère, qui fait qu'on ne saurait se résoudre de bonne foi à avouer aucune surprise, et que pour les défendre on s'engage en des fautes beaucoup plus grandes que celle dont on prétend se justifier.

On avait averti M. Claude que le jeune Etienne était mort vingt ans avant le second concile de Nicée, savoir l'an 767, au lieu que le concile de Nicée ne se tint que l'an 787, et qu'ainsi il s'était trompé en écrivant qu'il usa après ce concile d'un terme condamné par le concile. Que fait donc M. Claude pour se tirer de cette objection, qui est dans le fond peu considérable, et dont il pouvait sortir fort honnêtement en avouant de bonne foi qu'il s'était trompé. Comme il aime toujours mieux prendre tout autre parti que celui de cet aveu, il a recours à trois différents détours qui méritent d'être considérés.

Le premier est de diminuer sans raison sa faute de moitié, en ne faisant mourir le jeune Etienne que dix ans avant le concile, et nous renvoyant sur cela à l'auteur de sa vie qui le condamne formellement. Car cet auteur rapporte que la mère d'Etienne étant grosse, demanda la bénédiction à Germain, patriarche de Constantinople, le jour même de son installation au patriarcat de cette ville, qui se fit l'an 714, sous l'empire d'Anastase. Or, en ajoutant les cinquante-trois ans de vie que ce même auteur donne à Etienne, on trouve que la fin de sa vie tombe justement l'an 767, c'est-à-dire, vingt ans avant le second concile de Nicée. De sorte que ce retranchement de dix années que fait M. Claude, n'est qu'une nouvelle faute.

Le second détour est de nous dire froidement que ce qu'il avait avancé *ne se pouvait pas dire dans l'exacte chronologie*, en mettant ainsi ce qu'il avait dit au nombre des choses qui ne laissent pas d'avoir leur vérité, quoiqu'elles ne soient pas conformes à l'exacte chronologie, comme s'il y avait quelque espèce de chronologie selon laquelle on pût faire revivre un homme après sa mort pour le faire démentir un concile qui ne s'assembla que vingt ans après.

Mais le dernier est le plus admirable de tous. C'est, dit M. Claude, que M. Arnauld n'ignore pas que l'écrit qu'Epiphane lui n'eût pu être vu par Etienne. De sorte que sur ces deux suppositions phantastiques que cel écrit ait é é fait vingt ans avant le concile de Nicée, et qu'Etienne l'ait pu voir, il prétend avoir quelque petit droit de dire, selon une chronologie moins exacte, qu'Etienne ne laissa pas de se servir d'un terme qu'Epiphane avait condamné au second concile de Nicée.

Je ne sais pas bien quel avantage M. Claude prétend tirer de ces sortes de réponses : mais pour moi j'aimerais mieux avoir fait cent fautes de chronologie comme celle dont on l'a accusé, que de m'être justifié une seule fois de cette manière; et il aurait certainement bien mieux fait de se réduire sur ce point au silence, comme il s'y est réduit sur le reproche qu'on lui avait fait d'avoir accusé faussement tous les Pères du second concile de Nicée d'une *détestable imposture*, en leur imputant d'avoir voulu faire passer certains religieux pour députés des patriarches d'Alexandrie et d'Antioche, quoiqu'il paraisse clairement par les actes mêmes du concile qu'ils ne l'ont pas fait. Car si le silence ne répare pas tout à-fait un aussi grand emportement que celui d'avoir accusé sans raison tout un concile d'une *détestable imposture*, au moins il témoigne quelque retenue ; au lieu que ces justifications déraisonnables marquent une disposition toute contraire, et font paraître qu'on ne se soucie nullement du jugement des personnes sages.

CHAPITRE XIV.

D'une lettre du pape Jean XXII, aux Arméniens, sur laquelle M. Claude insulte à l'auteur de la Perpétuité.

XXIVᵉ REMARQUE.

Outre toutes les autres preuves qu'on a déjà vues du peu de fondement qu'a la louange que M. Claude se donne à lui-même, qu'*on ne trouvera point d'illusion dans ses raisonnements*, je crois en devoir rapporter une en examinant un des endroits de son livre, où il paraît le plus content de lui-même. C'est ce qu'il dit touchant la lettre du pape Jean XXII aux Arméniens du diocèse de Capha, dont il cite ces paroles dans la page 564 de son livre : *Nous avons reçu une extrême satisfaction en apprenant la nouvelle que le tout-puissant créateur de la lumière, déployant en vous sa vertu, avait éclairé votre esprit de ses véritables rayons, en ce que vous avez promis avec serment de tenir inviolablement la foi catholique que la sa inte mère Eglise romaine tient véritablement, qu'elle enseigne fidèlement et qu'elle prêche, et que vous avez promis obéissance au Pontife romain et à son Eglise, entre les mains de notre vénérable frère Jérôme, évêque de Capha. C'est pourquoi nous désirons ardemment que gardant les salutaires doctrines de cette Eglise, vous gardiez ses usages, particulièrement en ce qui regarde le plus excellent des sacrements, qui est le sacrement ineffable de l'Autel. Car encore que tous les autres sacrements contiennent la grâce sanctifiante, en celui-ci néanmoins est contenu tout Jésus-Christ sacramentellement sous les espèces du pain et du vin, lesquelles demeurent, le pain étant transsubstantié au corps de Jésus-Christ, et le vin en son sang.* Ce pape ajoute immédiatement ensuite ces paroles-ci : *C'est pourquoi nous voulons que vous sachiez que la sainte Eglise romaine enseigne, ordonne, observe de mêler de l'eau dans le calice salutaire :* « *Itaque nosse vos volumus nec latere, quòd aquam misceri vino in salutari calice tenet sancta romana Ecclesia, prædicat, præcipit et observat.* » *Et ces paroles font manifestement voir que la clause précédente, où il était parlé de la transsubstantiation et de l'excellence de l'Eucharistie, ne tendait qu'à porter les Arméniens à se rendre exacts dans la pratique de cette cérémonie de mêler l'eau dans le calice.*

Mais comme M. Claude voulait cacher aux lecteurs l'u-
nion de ces deux clauses, il a trouvé bon de supprimer les propres termes de la dernière, et de la rapporter dans les siens comme une clause toute séparée, en cette manière. *Après cela*, dit-il, *il leur enseigna qu'il faut mêler de l'eau dans le calice du Seigneur*.

Il ne s'est pas contenté de cette supercherie ; il en prend de plus le sujet d'insulter à l'auteur de la Perpétuité, parce qu'il avait tiré un argument de l'union de ces deux clauses qu'il a supprimée. Voici ses paroles :

Paroles de M. Claude, p. 564.

« M. Arnauld, qui est l'homme du monde le plus admirable en preuves, s'en fait une de cela même. *Le Pape*, dit-il, *avait si peu de défiance que les Arméniens ne crussent pas la transsubstantiation, que quoiqu'il la leur propose expressément, il ne fait néanmoins qu'incidemment et par manière de principe, pour établir qu'il fallait mettre de l'eau dans le calice avec du vin ; et ce dernier point est celui auquel il s'arrête et qui fait le capital de sa lettre*, au lieu que s'il eût eu la moindre pensée que les Arméniens n'eussent pas cru la transsubstantiation, il se serait sans doute mis en peine de la prouver, et de l'éclaircir avec encore bien plus de soin qu'il ne fait le mélange de l'eau dans le calice.

« Que M. Arnauld me pardonne si je lui dis qu'il n'est pas vrai que le Pape ne propose la transsubstantiation qu'incidemment et par manière de principe pour établir le mélange de l'eau. Rainaldus, qui rapporte cette histoire, en a mieux jugé que lui. *Ipsos instruxit*, dit-il, *ut in divinis mysteriis substantia panis et vini integris speciebus cum Christi corpore et sanguine commutaretur, et vino consecrando aqua modica effundenda esset.* Je ne crois pas que ce soit un fait d'opposer à une illusion de M. Arnauld une vérité attestée par un historien qui parle de bonne foi et sans aucun égard à notre dispute. D'ailleurs, qu'y a-t-il de moins raisonnable que de dire, comme fait M. Arnauld, que le Pape ne propose la transsubstantiation qu'incidemment et par manière de principe, pour établir qu'il fallait mettre de l'eau dans le calice ? Quel rapport y a-t-il entre ces deux choses, et quelle conséquence peut-on tirer de l'une et de l'autre ? Il ne s'ensuit pas de ce qu'on croit la transsubstantiation qu'on doive mettre de l'eau dans le calice, ni que ceux qui n'en mettent pas choquent pour cela ce dogme ; ce sont deux points distincts qui ont leurs preuves séparées, sans liaison ni dépendance mutuelle; et on ne saurait peut-être rien imputer à un pape moins digne des lumières et de l'infaillibilité du chef de l'Eglise, que de le faire raisonner de cette manière. Le pain et le vin sont transsubstantiés. Donc il faut mettre de l'eau dans le calice. M. Arnauld devait un peu mieux ménager l'honneur de ce pontife, et prendre garde que la transsubstantiation et le mélange de l'eau ne sont point dans son discours une manière de principe et une conclusion, cela serait ridicule ; mais une doctrine et une pratique que le Pape recommande également aux Arméniens, afin que désormais ils soient conformes à l'Eglise romaine sur le sujet du sacrement de l'Autel. Et c'est ainsi que l'a entendu Rainaldus, plus sincère en cela que M. Arnauld. »

RÉPONSE.

Je ne dirai rien à M. Claude sur cet endroit, sinon que n'aimant pas, comme il le témoigne souvent, que l'on fasse son portrait, il devait éviter avec plus de soin de le faire lui-même, et de ramasser en un même lieu tant de caractères de son esprit, comme il a fait en cet endroit.

Son peu de sincérité y paraît par la séparation artificieuse qu'il a faite de deux clauses que le Pape avait unies par une particule qui marquait que la seconde était une conséquence de la première.

Son humeur insultante y paraît par la hauteur avec laquelle il traite celui qu'il attaque en l'appelant, *l'homme du monde le plus admirable en preuves*. Ce qui signifie en français, l'homme du monde le plus ridicule en raisonnement, et cela sur le plus mauvais prétexte du monde. Car il est si vrai, comme on l'a remarqué, que cette dernière clause est une conclusion de la première, qu'elle y est jointe par le mot *itaque*, qui est une particule expresse de conséquence, que M. Claude a trouvé bon de supprimer.

Son peu de justesse y paraît par cette citation de Rainaldus. Car il devait juger par deux raisons qu'elle lui était entièrement inutile : 1° parce qu'il ne s'agit pas ici d'attester un fait en quoi le témoignage d'un historien peut être considérable ; mais de raisonner sur un fait en quoi il n'a d'autorité qu'autant qu'il paraît qu'il a de raison : or Rainaldus n'en allègue aucune ; 2° parce que le dessein de Rainaldus, dans ce passage que M. Claude en cite, n'est que de faire l'abrégé de la lettre du pape Jean XXII, et de marquer les points qu'elle contient, sans distinguer ceux qui étaient directement ou indirectement exprimés. Mais il est ridicule de conclure de là qu'il ait prétendu que tous ces points tenaient le même rang dans la lettre du Pape, et que l'un n'était point principe de l'autre, et ne tendait point à l'établir.

Laissant donc à part l'autorité de Rainaldus qui n'est d'aucune considération en ce point, venons aux preuves que M. Claude allègue sur le fond, puisque c'est par là qu'il faut juger s'il a raison ou s'il a tort. On a vu avec quelle fierté il les propose, en prétendant *que l'on a mal ménagé l'honneur de ce pape*, de l'avoir fait raisonner comme l'on a fait : et l'on va voir que tout cela n'est qu'un sophisme dont il est impossible que M. Claude n'ait quelque honte quand il sera revenu de son éblouissement. D'ailleurs, dit-il, qu'y a-t-il de moins raisonnable que de dire, comme fait *M. Arnauld*, que le pape ne propose la transsubstantiation qu'incidemment et par manière de principe, pour établir qu'il fallait mettre de l'eau dans le calice ? Quel rapport y a-t-il entre ces deux choses ? et quelle conséquence peut-on tirer de l'une à l'autre ?

Qui croirait jamais qu'un homme comme M. Claude pût se tromper si grossièrement ou ne pas savoir qu'il n'est pas nécessaire, afin qu'un dogme tienne lieu de principe à l'égard d'un autre, qu'il en soit le principe immédiat ; mais qu'il suffit qu'il en soit le principe médiat, c'est-à-dire que l'on en puisse tirer ce dogme par le moyen de quelque autre supposition que l'on y joint ? C'est là la vérité un argument qui aurait peu de clarté que de dire par un simple anthymème : Le pain est transsubstantié au corps de Jésus-Christ. Donc il faut mettre de l'eau dans le calice. Mais cet argument deviendra très-clair et très-raisonnable, en y joignant une autre proposition en cette manière.

Le pain est transsubstantié au corps de Jésus-Christ. L'Eucharistie est donc le plus excellent des sacrements, ne contenant pas seulement la grâce, mais l'auteur même de la grâce.

Or il faut avoir un soin particulier de garder les usages de l'Église romaine, tel qu'est celui de mêler de l'eau dans le calice, à l'égard du plus excellent des sacrements. Donc il faut mêler de l'eau dans le calice.

Voilà comment cette conclusion qu'il faut mettre de l'eau dans le calice, se tire de la transsubstantiation par un enchaînement de propositions qui sont toutes raisonnables. De la transsubstantiation on conclut l'excellence de l'Eucharistie. De l'excellence de l'Eucharistie on conclut qu'il faut avoir un soin particulier d'en observer les usages ; et de là on conclut qu'il faut mettre de l'eau dans le calice.

M. Claude serait un peu plus excusable s'il avait été obligé de deviner cet enchaînement. Mais il est marqué si expressément dans la lettre du Pape, qu'il faut s'aveugler pour ne l'y pas voir.

Nous désirons ardemment, dit ce pape, *que gardant les salutaires doctrines de cette église, vous gardiez ses usages, particulièrement envers le plus excellent des sacrements, qui est le sacrement ineffable de l'Autel*. C'est donc cette excellence particulière du sacrement de l'Eucharistie, qui est la cause du désir particulier que ce pape avait que les Arméniens gardassent les usages de l'Église romaine à l'égard de ce sacrement. Ensuite pour prouver cette qualité *du plus excellent des sacrements*, qu'il avait donnée à l'Eucharistie, il ajoute : *Car encore que tous les autres sacrements confèrent la grâce sanctifiante, en celui-là néanmoins est contenu tout Jésus-Christ sacramentalement sous les espèces du pain, lesquelles demeurent, le pain étant transsubstantié au corps de Jésus-Christ*. On voit manifestement que ce qui est dit ici de la transsubstantiation n'est que pour servir de preuve de l'excellence du sacrement : comme l'excellence du sacrement de l'Eucharistie n'est alléguée par ce pape que pour montrer qu'il avait raison d'exiger des Arméniens une exactitude particulière dans les usages qui regardaient la célébration de ce sacrement, tel qu'était la pratique de mêler de l'eau dans le calice.

Il est donc très-vrai, comme on l'a dit, qu'il n'est parlé de la transsubstantiation qu'incidemment et par manière de principe, pour établir la pratique du mélange de l'eau avec le vin dans l'Eucharistie ; et il n'y a rien de moins sensé que les railleries de M. Claude, qui ne sont fondées que sur ce qu'il n'a pas voulu concevoir cet enchaînement de propositions si clairement marqué par ce pape, dans lequel il est visible que la transsubstantiation sert de principe à cette conclusion qu'il faut mettre de l'eau dans le calice, par le moyen d'une autre proposition qui lie cette conclusion à ce principe. Ainsi on a tout sujet d'avertir M. Claude qu'au lieu de se mettre en peine inutilement de ménager l'honneur du pape Jean XXIV, qui n'est point du tout blessé par le raisonnement qu'on lui attribue, il aurait mieux fait de ménager davantage son propre honneur, en s'abstenant de faire des objections qui témoignent aussi peu de sincérité que d'intelligence.

CHAPITRE. XV.

Examen des railleries de M. Claude, sur ce qu'on avait dit de l'inclination qu'ont les hommes d'abréger leurs paroles.

XXVe REMARQUE.

Il faudrait faire un fort long traité, si l'on voulait ramasser tous les paralogismes et toutes les fausses pensées du seul chapitre 7 du Ve livre de M. Claude ; car elles sont en si grand nombre que je ne puis assez m'étonner comment il a pu écrire tant de choses si peu raisonnables. Mais, pour ne multiplier pas trop ces remarques dans lesquelles je ne me suis proposé que de donner des exemples de la manière dont il raisonne, et de répondre aux principaux reproches qui se peuvent détacher de son ouvrage, je me contenterai d'examiner un endroit de ce chapitre qui a quelque chose de fort extraordinaire. J'en rapporterai les propres paroles à mon ordinaire en y répondant ensuite précisément. En voici le commencement.

M. Claude, pag. 624.

« *Mais*, dit M. Arnauld, *on a sujet de croire que comme ils étaient hommes, et qu'ils avaient les inclinations humaines, ils avaient aussi celle d'abréger leurs paroles, et de laisser quelque chose à suppléer à l'esprit de ceux à qui ils parlaient*. On connaît des gens qui n'ont nullement cette humeur abrégeante, et qui ne laissent pourtant pas d'être hommes, comme il paraît par d'autres humeurs qu'ils ont. Quoi qu'il en soit, cette proposition n'a de fondement que dans l'imagination de M. Arnauld ; il l'avance sans preuve, et je pourrais la rejeter sans examen. »

RÉPONSE.

Pour entendre cet endroit de M. Claude, il faut savoir que l'on avait prouvé dans le livre de la Perpétuité, que c'était l'ordinaire des hommes de se servir d'expressions abrégées, et de signifier les choses par des termes qui, selon leur sens précis, n'en marquaient qu'une partie : que c'était ainsi que tous les catholiques appelaient l'Eucharistie du nom de Saint-Sacrement, de sacrement de l'Autel, quoique ces mots ne signifiassent qu'une partie de ce qu'ils concevaient dans ce mystère. Ainsi en appliquant cette règle aux auteurs latins du viie et du viiie siècle, on avait dit ce que M. Claude rapporte, et qu'il dit n'avoir de fondement que dans l'imagination de celui qui l'avance. Mais pour lui donner lieu de considérer à quoi il s'engage, il n'y a qu'à lui demander s'il connaît des Français qui pour dire que le roi est allé au Parlement, ne manquent jamais de dire : Le roi de France, Louis XIV, est allé au Parlement de Paris. S'il connaît des familles où l'on nomme toujours le maître et la maîtresse de la maison par son nom ou par son surnom, et où l'on ne se contente pas de dire *monsieur* et *madame*; s'il connaît des théologiens qui fassent difficulté de dire que *le Verbe s'est fait chair*, parceque ce mot ne marque qu'une partie de l'humanité de Jésus-Christ, s'il en connaît qui ne se servent point des mots de sacrement de baptême, quoique ces mots ne signifient que le sacré signe du *plongement*, et qu'il faille y ajouter bien d'autres idées pour se former celle que nous concevons par le mot de baptême, s'il a vu quelque auteur grec qui évitât de l'exprimer par le mot φώτισμος, et les baptisés par celui de φωτιζόμενοι ou φωτιζόντες; sous prétexte que ce mot ne marquait qu'une partie de l'effet du baptême, qui est l'illumination de l'entendement; s'il ferait difficulté de dire lui-même qu'un homme est mort en grâce, et s'il se croirait obligé d'ajouter *qu'il est mort dans la grâce sanctifiante*, pour la distinguer des autres sortes de grâce; c'est une faute à lui d'avoir dit dans ce passage même *qu'il paraît qu'il y a des gens qui sont hommes par d'autres humeurs qu'ils ont*, parce qu'il n'a pas ajouté des humeurs *spirituelles*, pour marquer qu'il ne parlait pas des humeurs corporelles que les médecins remarquent dans les corps; enfin s'il connaît un seul calviniste qui n'appelle librement l'Eucharistie des mots d'*Eucharistie*, de *Cène*, de *Saint-Sacrement*, de *figure*, d'*image*, de *symbole*, d'*antitype*, quoiqu'ils nous veuillent obliger d'ajouter aux simples idées de ces termes je ne sais combien d'autres idées qui n'y sont point enfermées, et qu'ils prétendent faire concevoir par là une figure *efficace*, une figure *inondée*, comment a-t-il donc pu dire *qu'il connaît des gens qui n'ont point cette humeur abrégeante*, puisqu'il est très-faux qu'il en connaisse qui n'aient point cette humeur abrégeante dont on parlait? Comment a-t-il pu dire que la proposition qu'on avait avancée n'avait de fondement que dans l'imagination de l'auteur, puisque cette proposition ne contenait autre chose, sinon que l'inclination que les hommes ont à abréger leurs paroles les portait à désigner souvent les choses composées par des mots qui ne marquent qu'une de leurs parties et un de leurs attributs, en laissant les autres à suppléer à l'esprit; et que cette inclination a dû paraître, en ce qui regarde l'Eucharistie, dans ceux qui ont vécu au viie et au viiie siècle? M. Claude peut-il nier que cette règle n'ait lieu presque dans toutes les expressions dont il se sert lui-même pour exprimer ce mystère? Pourquoi fait il donc semblant de la méconnaître quand un autre la lui propose? Pour moi je n'en vois pas d'autres raison, sinon que l'envie de faire une pointe maligne a obscurci en lui dans cette occasion, comme en beaucoup d'autres la lumière de son esprit. Il a cru qu'après avoir accusé des gens de faire des discours *longs et importuns*, et de *conter des histoires qui ne finissent jamais* (p. 350), on entendrait ce qu'il voudrait dire par cette expression générale : *On connaît des gens qui n'ont nullement cette humeur abrégeante*; et qu'après leur avoir souvent reproché d'être toujours en colère, d'accuser des gens de falsification par *mauvaise humeur*, d'avoir une bile *qui ne peut qu'être désagréable aux honnêtes gens, d'avoir des mouvements convulsifs*, c'était assez les désigner que de dire qu'il paraît *qu'ils sont hommes par d'autres humeurs qu'ils ont*.

Le faux agrément de cette raillerie l'a donc tellement surpris, qu'il n'a pu sortir de longtemps de son éblouissement; c'est pourquoi il y continue encore dans les paroles suivantes.

Paroles de M. Claude, p. 621.

« Je lui dirai néanmoins que dans l'explication des mystères de la religion on n'a guère accoutumé d'user de ces paroles abrégées, si ce n'est quand on traite d'une matière indirectement et par occasion, et non pas quand on en traite expressément et qu'on a dessein d'expliquer ce qu'il faut savoir. Quelle était donc la mode de ce temps-là de ne se servir que de paroles abrégées, lors même qu'on voulait expliquer le mystère de l'Eucharistie, et de ne se faire jamais entendre qu'à demi-mot ? Cette mode dura bien longtemps, puisqu'elle dura deux cents ans. Et qui a dit à M. Arnauld que les pasteurs ne fussent pas quelquefois tentés de parler clairement et de dire les choses comme ils les pensaient, ou qu'au moins le peuple ne se lassât d'être obligé ponctuellement à suppléer à ce qui manquait aux expressions de ses pasteurs, ou qu'enfin l'une et l'autre de ces coutumes ne se perdît. »

RÉPONSE.

M. Claude ne dira pas cela quand il sera revenu à lui, et qu'il pensera davantage à ce qu'il dit. On s'est servi de tout temps de ces paroles abrégées dont il est question, en matière de religion. On s'en sert et on s'en servira toujours. Il s'en sert lui-même; et il ne saurait s'en passer. Les catholiques diront toujours le *sacrement de l'Autel*, le *Saint-Sacrement*, l'*Eucharistie*, la *sainte communion*, quoique ces termes ne marquent pas tout ce qu'ils conçoivent; et les calvinistes ne feront jamais difficulté de se servir de ceux-là et de beaucoup d'autres, comme de ceux de *signes*, d'*antitypes*, de *figures*, quoiqu'il les faille suppléer aussi bien selon leur doctrine que selon celle des catholiques. C'est une nécessité qui tient de la nature même, parce que pour exprimer tout ce que l'on veut faire concevoir, il faudrait une longueur infinie.

Je laisse à M. Claude à se décharger sur son imprimeur de la contradiction qui paraît dans le lieu que j'ai rapporté. Mais il n'y a que lui qui soit coupable de la mauvaise foi qui paraît dans la question qu'il ajoute d'une manière insultante : *Quelle était donc la mode de ce temps-là, de ne se servir que de paroles abrégées et de ne se faire jamais entendre qu'à demi-mot?* Car par quelles règles de sincérité et de bonne foi s'est-il pu permettre de changer une proposition affirmative en une proposition exclusive? On lui dit qu'on s'est toujours servi à l'égard de l'Eucharistie de paroles abrégées, et qu'on ne doit pas s'étonner qu'on en ait usé au viie et au viiie siècle; et M.Claude nous fait dire froidement *que c'était la mode de ce temps-là de ne se servir que de paroles abrégées et de ne se faire jamais entendre qu'à demi-mot*, quoique l'on ait dit et redit dans plusieurs chapitres de ce livre que l'on y a enseigné très-clairement la présence réelle et la transsubstantiation, et qu'il sache que l'on prétend et que l'on prouve que les expressions qui y ont été ordinaires, que l'Eucharistie est *le vrai corps de Jésus-Christ, le propre corps de Jésus-Christ, le corps même de Jésus-Christ*, sont des expressions très pleines, très-entières, et qui ne doivent nullement passer pour des expressions abrégées. Cependant, nonobstant ces déclarations réitérées en cent endroits, il ne laisse pas de supposer qu'on dit et qu'on croit le contraire, et de demander, sur ce raisonnement faux et calomnieux, qui a dit à M. Arnauld *que les pasteurs ne fussent quelquefois tentés de parler clairement et de dire les choses comme ils les pensaient, ou qu'au moins le peuple ne se lassât point d'être obligé perpétuellement à suppléer à ce qui manquait aux expressions de ses pasteurs, ou qu'enfin l'une ou l'autre de ces coutumes ne se perdît*

Ce qui rend la hardiesse de M. Claude moins supportable en cette occasion, c'est que ce reproche n'ayant aucun fondement à l'égard de celui à qui il l'applique n'en ayant aucun catholique, il est vrai à la lettre étant appliqué aux calvinistes, et particulièrement à M. Claude.

On n'a jamais dit à M. Claude que les Pères et les auteurs des huit premiers siècles ne se soient servis que de paroles abrégées. On lui soutient au contraire qu'ils se sont servis d'une infinité d'expressions très-claires, très-expresses, très-entières, selon la manière que les expressions des hommes le peuvent être. On lui soutient qu'ils ont parlé du mystère de l'Eucharistie plus clairement que d'aucun autre mystère : et toutes les preuves des catholiques se réduisent presque toutes à montrer qu'il faut entendre littéralement les expressions des Pères et de l'Écriture. Que si l'on avoue en même temps qu'ils se sont servis de quelques expressions imparfaites et abrégées, c'est en prétendant en même temps que ces expressions imparfaites et abrégées étaient ordinairement et communément expliquées, en sorte que l'explication était aussi commune que l'expression abrégée. Si l'on appelle, par exemple, l'Eucharistie *sacrement du corps de Jésus-Christ*, qui est l'expression abrégée, l'on a dit aussi souvent *qu'elle contenait et qu'elle était le vrai corps de Christ, le propre corps de Christ*, ou simplement *le corps de Jésus Christ*, qui est l'expression pleine et entière. Mais les ministres, et particulièrement M. Claude, font tout le contraire. Tout le langage des Grecs, par exemple, n'est, selon lui, composé que d'expressions abrégées qui n'étaient expliquées qu'une fois en sept ou huit cents ans. Quand ils disent que *l'Eucharistie est le vrai corps de Jésus-Christ*, cela ne veut pas dire selon lui qu'elle soit le vrai corps de Jésus-Christ, mais *qu'elle contient la forme économique et surnaturelle du corps de Jésus-Christ*. Quand ils disent *que le pain est changé au vrai corps de Jésus-Christ*, cela ne veut pas dire, selon lui, qu'il soit changé au vrai corps de Jésus-Christ, mais *qu'il est changé*, ou plutôt qu'il *reçoit la vertu surnaturelle et séparée du corps de Jésus-Christ*.

Quand ils disent que l'Eucharistie et le corps de Jésus-Christ né de la Vierge, ne sont pas deux corps, cela ne veut pas dire que ce soient le même corps; mais *que l'un est l'accroissement du corps de Jésus-Christ, et que cet accroissement demeure dans la terre pendant que le vrai corps de Jésus-Christ n'est que dans le ciel*.

Voilà d'étranges suppléments, d'étranges commentaires, et où les paroles mêmes ne nous portent guère Cependant si vous lui demandez où il avait pris grand soin d'instruire les fidèles de ces commentaires et de ces suppléments, il sera contraint de vous dire *que cette forme économique et surnaturelle, et cet accroissement du corps de Jésus Christ* qu'il prétend que les Grecs entendaient dans toutes ces expressions ordinaires, n'ont été exprimées que par un seul auteur dans un seul ouvrage, qui est une lettre et un petit chapitre attribué à Jean de Damas, sans qu'il puisse faire voir que cette lettre ait jamais été citée par aucun de tous les auteurs qui l'ont suivi. Et néanmoins cela lui suffit pour attribuer à tous les Grecs ce sens tel qu'il soit (car nous lui ferons voir qu'il ne l'entend pas, et qu'il falsifie cet endroit de S. Jean de Damas); cela lui suffit, dis-je, pour appeler hardiment cette fantaisie *l'hypothèse des Grecs*, et pour supposer ainsi que tous les peuples, qui ont, selon lui, peu de connaissance de la tradition, suppléent les termes de vrai corps de Jésus-Christ par ceux de la forme *économique et surnaturelle, ou accroissement du vrai corps de Jésus-Christ*.

Quant à ces termes de changement en la vertu du corps de Jésus-Christ, on a déjà remarqué qu'il ne paraît point qu'aucun auteur s'en soit servi depuis Théophilacte. Et néanmoins, selon M. Claude, les Grecs entendaient ce changement de vertu par toutes les expressions où on leur disait que le pain était changé au corps de Jésus Christ.

C'est donc à M. Claude qu'on peut demander avec justice *quelle était la mode de ce temps-là de ne se servir que de paroles abrégées*, lors même que l'on voulait expliquer le mystère de l'Eucharistie, et de ne se faire jamais entendre qu'à demi-mot? C'est à lui qu'on peut dire que cette mode n'a pas duré, selon lui, deux ou trois cents ans; mais qu'elle a duré depuis les apôtres jusqu'à nous, n'y ayant aucun passage qui contienne en termes formels la foi calviniste en termes formels. Si les Pères parlent de figure, ils ne parlent point d'efficace; s'ils parlent d'efficace, ils ne parlent point de figure; s'ils parlent de corps de Jésus-Christ, ils ne parlent ni d'efficace ni de vertu. Ce ne sont qu'expressions abrégées qui ont besoin de longs suppléments, et ces suppléments ne se trouvent jamais joints à l'expression qui en a besoin. C'est ce que nous ferons voir avec étendue dans la discussion du sentiment des Pères que l'on donnera bientôt au public. Ainsi l'on voit qu'il n'y eut jamais rien de plus mal concerté en toute manière que cette raillerie, puisqu'elle est fondée sur une très-fausse supposition à l'égard de l'auteur de la Perpétuité, et qu'elle n'est véritable et juste qu'étant appliquée aux calvinistes et à M. Claude. Cependant il y continue encore en la manière que nous allons voir :

Paroles de M. Claude, p. 621.

« M. Arnauld se plaint qu'on emploie quelquefois des railleries pour le réfuter. Mais pourquoi ne nous dit-il pas des choses moins éloignées de la raison? Car, après tout, entreprendre de prouver la transsubstantiation et la présence réelle par la réticence de celui qui enseigne d'une part, et par le supplément de celui qui écoute de l'autre, n'est pas une chose fort raisonnable. Cependant voici à quoi se peut réduire sa manière d'argumenter, sa maxime a lieu : Les Pères grecs du VIIe et du VIIIe siècle ont dit une telle et une telle chose avec réticence ; or les peuples les ont entendues d'une telle manière par supplément ; donc on y a enseigné et on a cru la présence réelle. »

RÉPONSE.

On ne se plaint point du tout qu'on ait recours à des railleries pour réfuter le livre de la Pérpétuité. Mais on se plaint que M. Claude a recours à des faussetés visibles, grossières et inexcusables, pour servir de fondement à ses railleries. Cet argument que M. Claude lui attribue lui est propre dont il est l'unique auteur, et dont je ne sais guère que lui qui fût capable. Tous les autres savent mettre une différence entre une solution et une preuve. Les solutions n'ont pour but que de détruire les objections qu'on oppose, et non pas d'établir précisément les dogmes. On conclut des preuves qu'une telle chose est ; et l'on conclut des solutions qu'une objection ne fait pas voir qu'elle ne soit pas.

Or ce que l'auteur de la Perpétuité a dit de cette inclination des hommes à abréger leurs paroles, et de la nécessité de les suppléer, tient lieu de solution et non de preuve. Il n'a jamais songé à en conclure ni la présence réelle, ni la transsubstantiation, mais seulement à conclure que les objections fondées sur ces paroles abrégées ne détruisent ni la présence réelle ni la transsubstantiation. Quand il établit et qu'il prouve l'un et l'autre de ces dogmes, il ne le fait point du tout ni par ces réticences ni par ces suppléments. Il le fait par des passages clairs et précis et auxquels M. Claude ne répondra jamais raisonnablement. C'est donc une insigne mauvaise foi de lui attribuer un raisonnement impertinent auquel il ne pensa jamais, et de demander ensuite froidement pourquoi *il ne dit pas des choses moins éloignées de la raison.*

Paroles de M. Claude, p. 622.

« M. Arnauld dira qu'il n'y a rien de plus ordinaire dans le langage humain que d'user de paroles abrégées, ni rien de plus commun que de suppléer ce qui leur manque. On a accoutumé de dire un homme, une maison, une ville, la terre, l'air, le soleil, et non la substance d'un homme, la substance d'une maison. »

RÉPONSE.

M. Claude est malheureux à faire parler et à faire raisonner les gens, parce qu'il les fait parler et raisonner selon ses pensées, et non pas selon les leurs. On ne dira jamais à M. Claude que dire *la terre, l'air, le soleil* soit user de paroles abrégées, et que les mots, *la substance de la terre, de l'air, du soleil* soient des paroles de supplément. Ce sont des suites ridicules de cette nouvelle philosophie de M. Claude, par laquelle il a prétendu transformer tous les termes propres en termes généraux qui ont besoin d'être déterminés. Mais comme nous avons réfuté amplement ailleurs cette vision (1) il n'est pas nécessaire de s'y arrêter ici davantage. Il suffit de l'avertir, afin qu'il n'abuse plus ainsi des termes, qu'on appelle paroles abrégées celles qui ne signifient qu'une partie de la chose qu'on veut faire entendre, et qui excitent néanmoins l'idée de la chose entière. Ainsi *Saint-Sacrement* ne signifie qu'un saint signe, et excite néanmoins parmi les catholiques l'idée du corps de Jésus-Christ présent sous les voiles qui le couvrent, et chez les calvinistes l'idée d'un pain inondé, et d'une figure efficace. Ainsi le mot de *chair* est une parole abrégée, quand on dit que *le Verbe s'est fait chair*, parce que l'on entend par la chair l'humanité tout entière. Mais les mots de *terre, d'air, de soleil*, ne sont point du tout des paroles abrégées, parce qu'ils marquent toute la chose. Ce ne sont point de même des termes abrégés quand on dit que *le corps de Jésus-Christ est en nous et dans nos entrailles; que le pain est changé au propre corps de Jésus-Christ, au vrai corps de Jésus-Christ*, ce sont des expressions pleines et entières qui expriment tout ce que l'on veut faire entendre.

Le reste de cette page, qui est la 622ᵉ du livre de M. Claude, est de même genre que ce que nous venons de rapporter. Il suppose tout ce qui lui plaît; il fait dire aux gens ce qu'ils n'ont jamais dit, et il ne veut pas prévoir ce qu'ils disent effectivement, et ce qu'on lui a cent fois reproché. C'est une méthode très-commode pour faire voir semblant de répondre à tout, quoi qu'on ne réponde effectivement à rien.

CHAPITRE XVI.

Examen d'un reproche de M. Claude, fondé sur une insigne falsification, et sur plusieurs faux raisonnements.

XXVIᵉ REMARQUE. — *Paroles de M. Claude, p. 687.*

« M. Arnauld ne se contente pas de recueillir pour lui seul le fruit de ses victoires. Il veut encore en faire part aux sociniens; et ses conceptions sur ce sujet sont remarquables. J'avais rapporté quelques preuves tirées de l'Écriture touchant la Trinité, pour faire voir de quelle manière ce mystère est établi dans la parole de Dieu. *Ce ne sont*, dit-il, *que des suppositions sans preuves*. C'est déjà quelque chose d'assez bizarre que d'appeler des preuves, et des preuves tirées de l'Écriture, des suppositions sans preuves. *Elles seraient*, dit-il, *encore très-raisonnables dans la bouche d'un catholique, qui les accompagne ces preuves de l'intelligence publique de toute l'Église, et de toute la tradition. Mais ces mêmes preuves sont infiniment affaiblies dans la bouche d'un calviniste sans autorité, sans possession, et qui a renoncé à la tradition et à l'autorité de l'Église.* Cette proposition me surprend. Quoi! Les preuves de l'Écriture touchant le mystère de la Trinité n'auront d'elles-mêmes aucune force? ce ne seront que des preuves *faibles, et infiniment faibles* de leur nature sans le bénéfice de la tradition, et toute leur évidence en leur force dépendra de l'intelligence publique de l'Église? *Hoc magno mercentur Arridœ.* Les ariens et les sociniens ont bien de l'obligation à M. Arnauld; mais ce n'était pas là le sentiment de S. Augustin, lorsque disputant contre Maximien, évêque arien, il lui disait : *Je ne dois point vous alléguer pour préjugé le concile de Nicée, ni vous à moi celui d'Arimini. Car comme je ne suis pas obligé d'acquiescer à l'autorité de ce dernier, vous n'êtes pas aussi tenu de déférer à l'autorité du premier. Agissons par l'autorité de l'Écriture, qui est un témoin commun à vous et à moi; opposons chose à chose, cause à cause, raison à raison.* Si le principe de M. Arnauld eût eu lieu, c'eût été une grande imprudence à S. Augustin de mettre ainsi à part l'intelligence publique et la tradition, pour se réduire à la seule Écriture, puisque les preuves qu'on tire d'elle sur le sujet de la Trinité sont *faibles et infiniment faibles,* séparées de la tradition et de l'autorité de l'Église. Que répondra M. Arnauld à un socinien qui lui dira qu'il faut mépriser cette intelligence publique et cette tradition, qui ne s'est elle-même établie que sur des preuves *infiniment faibles*? Car après tout, pourquoi l'intelligence publique a-t-elle pris les passages de l'Écriture en ce sens, si les preuves de ce sens sont si légères en elles-mêmes? Ce n'est ni témérairement, ni par enthousiasme, ni sans de justes raisons que la tradition se trouve tournée de ce côté-là. Mais quelles en sont les raisons, si les preuves qu'on tire de l'Écriture pour fonder ce sens sont elles-mêmes *infiniment faibles*? M. Arnauld n'y songe pas : non seulement il donne aux ariens et aux sociniens des avantages injustes, mais il ruine lui-même son propre principe à mesure qu'il le croit établir. »

RÉPONSE.

Il est difficile de s'imaginer rien de plus étrange que le fondement de cette déclamation de M. Claude; et je ne sais comment il s'expose de nouveau à se faire convaincre d'une imposture inexcusable, après ce qui lui est déjà arrivé sur un sujet tout semblable. Il avait déjà accusé l'auteur du second traité de la Perpétuité d'avoir dit que *Jésus-Christ n'a pas fait connaître sa divinité en des termes clairs et que l'on ne puisse éluder.* Et on lui a répondu que c'était une fausseté; que cet auteur avait simplement écrit que *Jésus-Christ n'avait pas fait connaître sa divinité en des termes si clairs qu'il fût impossible de les éluder*, en lui marquant ensuite la différence de ces deux propositions. *La première*, a-t-on dit, qui est *de M. Claude, et qu'il impute faussement à l'auteur de la Perpétuité*, nie absolument la clarté des preuves de la divinité de Jésus-Christ : et ainsi elle est très-fausse, parce qu'en effet ces preuves sont claires en elles-mêmes, à l'égard de ceux qui n'ont pas l'esprit corrompu par l'hérésie. Mais la seconde qui est de l'auteur de la Perpétuité, dit seulement que *Jésus-Christ n'a pas fait connaître sa divinité en des termes si clairs et si précis qu'il fût impossible de les éluder* : ce qui ne contient qu'une vérité de fait dont il est impossible de douter.

M. Claude s'est trouvé réduit au silence sur une conviction si évidente de cette falsification; mais au lieu d'en devenir plus retenu, il n'a pas laissé d'abuser encore ici du même sujet des paroles de l'auteur de la Perpétuité d'une manière plus hardie. On lui a dit simplement que *les preuves tirées de l'Écriture qu'il rapporte touchant la Trinité, qui seraient très-raisonnables dans la bouche d'un catholique, parce qu'il accompagne ces preuves de l'intelligence publique de toute l'Église et de toute la tradition, sont infiniment affaiblies dans la bouche d'un calviniste, sans autorité, sans possession, et qui renonce à la tradition et à l'autorité de l'Église.*

Et au lieu de cette proposition il en substitue une autre très-différente, qui est que les preuves de l'Écriture touchant la Trinité *n'ont d'elles-mêmes aucune force, et que ce ne sont que des preuves faibles et infiniment faibles*, comme si c'était la même chose.

Cependant il ne faut qu'un peu de sens commun pour entendre la différence de ces propositions que M. Claude confond. Quand on dit que les preuves de la Trinité sont infiniment affaiblies dans la bouche

---

(1) *Perpét.* tom. 2, liv. 4. chap. 12 et 13.

des calvinistes, on considère ces preuves en deux états : dans la bouche des catholiques et dans celle des calvinistes ; et ce n'est que dans cette comparaison que l'on dit qu'elles sont infiniment affaiblies, c'est-à-dire qu'elles ont beaucoup moins de force dans la bouche des uns que des autres.

Mais il ne s'ensuit nullement de là qu'elles soient *faibles et infiniment faibles*, et encore moins qu'*elles n'aient aucune force*. On peut dire d'une armée victorieuse qui s'est beaucoup diminuée dans le cours d'une campagne, qu'ayant été très-forte au commencement de cette campagne, elle se serait infiniment affaiblie à la fin. Mais il serait extravagant de conclure de cette expression que cette armée est donc *faible et infiniment faible*, et qu'elle n'a *d'elle-même aucune force*. Si un étranger avait tiré cette conséquence, on la pardonnerait au peu d'intelligence qu'il aurait de notre langue ; mais que M. Claude, qui doit entendre le français, fonde une accusation sur un sens si notoirement faux, après avoir fait déjà une semblable faute, et s'en être mal trouvé, c'est ce qui est infiniment moins supportable.

Ce n'est pas néanmoins la seule illusion de cet endroit ; il y en a une autre très-maligne et très-considérable dans cette surprise qu'il témoigne de ce que l'on dit en cet endroit des preuves tirées de l'Ecriture sur la Trinité ; car il tâche par là de faire croire que l'on avance en cela quelque chose de particulier. *Les conceptions*, dit-il, *de M. Arnauld sont remarquables*. Cette proposition me surprend. On n'a droit de parler de cette sorte que quand un auteur avance quelque chose d'extraordinaire. Cependant il est si faux que l'on ait rien fait de tel, qu'il s'en faut beaucoup qu'on ne soit allé si avant sur ce point que la plupart des auteurs qui ont traité les controverses.

Le cardinal Bellarmin, qui est le plus connu, en parle en cette manière dans son Traité des traditions : *L'égalité des personnes divines, la procession du Saint-Esprit du Père et du Fils comme d'un même principe, le péché originel, la descente de Jésus-Christ aux enfers se tirent à la vérité des Ecritures. Mais ce n'est pas avec tant de facilité qu'en ne se servant que des Ecritures on puisse jamais convaincre des opiniâtres ; car il faut remarquer qu'il y a deux choses dans les Ecritures, les paroles et le sens qui y est enfermé. Les paroles tiennent lieu de fourreau, le sens est le glaive de l'esprit. De ces deux choses, la première est connue de tout le monde : car quiconque sait lire peut lire l'Ecriture ; mais la seconde n'est pas connue de tous, et on ne peut en un très-grand nombre de lieux*, « in plurimis locis, » *être assuré de son sens sans le secours de la tradition*.

M. Claude n'ignore pas aussi sans doute que les auteurs de sa secte reprochent aux catholiques d'être allés encore plus avant que Bellarmin, et il sait ce que Chamier en dit dans son IX° livre, ch. 10, où il fait le catalogue de ces auteurs et des dogmes qu'ils prétendent ne se pouvoir prouver par la seule Ecriture. Pourquoi donc témoigne-t-il d'être surpris de ce que l'on a dit dans le livre de la Perpétuité, qui est infiniment moins fort ?

Car l'on n'y dit nullement, comme il le suppose, *que les preuves tirées de l'Ecriture pour la Trinité soient faibles, ni qu'elles soient infiniment faibles, ni qu'elles n'aient aucune force*. On dit qu'elles sont infiniment affaiblies dans la bouche des calvinistes, qui les séparent de la tradition et du consentement de l'Eglise ; et si M. Claude veut en savoir la raison, c'est que la force d'une preuve ne consiste pas dans son évidence absolue, mais dans son évidence relative, c'est-à-dire dans la proportion qu'elle a avec les différents esprits.

La clarté des preuves de l'Ecriture pour la Trinité est toujours la même en soi, soit qu'on les joigne à la tradition, soit qu'on les en sépare ; mais elle n'est pas la même relativement, c'est-à-dire à l'égard de tous les esprits. Il y a une infinité de personnes qui se rendent sans peine à ces preuves, lorsqu'on leur représente que le sens des passages dont on se sert est confirmé par le consentement de tous les siècles, qui ont précédé les hérésies qui se sont élevées contre ces mystères, lorsqu'on leur fait voir que toute l'Eglise l'a embrassé, et que l'autre n'a été suivi que par des hérétiques convaincus de mille crimes. Mais si ces mêmes personnes considéraient séparément ces passages, elles seraient bien plus facilement troublées par les vains raisonnements des hérétiques ; la discussion en serait bien plus longue, et par conséquent bien moins proportionnée aux simples. Elles se croiraient obligées de ne se pas déterminer par les passages allégués par un des partis. Il faudrait donc écouter les uns et les autres, et comparer leurs preuves et leurs raisons ; et cette comparaison est longue à l'égard de tous, et dangereuse à l'égard de plusieurs. Je ne dis pas qu'avec tout cela les personnes éclairées ne puissent reconnaître dans cette comparaison la vérité de ce dogme capital de notre religion ; mais si les savants et les personnes intelligentes et sincères le peuvent, combien y a-t-il de simples qui sont capables de se confondre et de s'égarer dans cette discussion ? Combien y en a-t-il qui n'en ont pas le temps, et qui manquent des secours nécessaires pour cela ?

C'est en quoi consiste l'affaiblissement de ces preuves lorsqu'on les sépare de la tradition et du consentement de l'Eglise : en les y joignant, le sens de ces passages est tout d'un coup fixé et arrêté ; en les en séparant, il faut le discuter et entrer dans l'examen et dans la comparaison des passages contraires en apparence, dont le commun du monde est beaucoup moins capable, et qui est toujours infiniment plus long.

C'est aussi pour cette raison que l'on a dit que les sociniens se moqueraient du petit amas de preuves que M. Claude fait sur ce mystère : car ce n'est pas qu'elles ne soient bonnes en elles-mêmes ; mais c'est qu'en prenant cette voie il n'est pas raisonnable de former son jugement sur les passages d'une des parties, et qu'ainsi ces passages considérés tous seuls ne sont que des commencements de preuves qui, ne remédiant à aucun des préjugés de ces hérétiques, ne font qu'exciter leur moquerie quand on les laisse en cet état, et que l'on ne répond pas à ceux qu'ils allèguent.

M. Claude répliquera peut-être que cette autorité de l'Eglise et de la tradition n'étant pas admise par les sociniens, elle est inutile à leur égard ; mais si elle n'est pas directement utile aux sociniens, elle l'est aux catholiques pour les affermir dans les vérités qu'ils tirent de l'Ecriture, pour fixer leur esprit, pour retrancher cette malheureuse licence de l'expliquer à leur fantaisie, qui est la source de toutes les hérésies ; elle l'est pour les distinguer des calvinistes, qui ne tiennent à ces vérités que par des liens beaucoup plus faibles, et qui sont en état d'être renversés par toutes les difficultés des mystères auxquels ils s'appliquent, comme on l'a prouvé d'une manière à laquelle M. Claude a trouvé bon de ne rien répondre.

Il est faux de plus qu'elle soit inutile aux sociniens, parce que s'ils n'en sont pas persuadés, ils le peuvent être, et que l'Eglise catholique ne manque point de preuves et de raisons pour établir son autorité. C'est même par là que saint Augustin a cru qu'il fallait tâcher de ramener les hérétiques, aussi éloignés que les sociniens de la véritable foi, tels qu'étaient les manichéens ; et ce que saint semble y renoncer en d'autres endroits, comme dans le livre que M. Claude allègue, ce n'est que par la conduite ordinaire de ceux qui disputent dans les règles d'une méthode judicieuse, qui est de n'embarrasser pas la preuve dont ils se veulent servir de divers moyens traités imparfaitement, et de s'attacher plutôt aux uns en renonçant aux autres, non pour les abandonner absolument, mais pour ne donner pas lieu à leurs adversaires de s'écarter de la preuve sur laquelle ils désirent d'insister.

Les catholiques, comme catholiques, ne sont donc pas privés de ces moyens quand ils s'en veulent servir, parce qu'ils ont des moyens pour les faire valoir, et pour s'en servir ensuite à fortifier toutes les preuves de l'Écriture. Il est vrai qu'ils ne les doivent point proposer tous seuls et sans preuves, comme S. Augustin ne voulait point proposer à Maximin l'autorité du concile de Nicée toute seule et sans preuves; mais ils les peuvent proposer en les établissant, comme S. Augustin aurait pu proposer l'autorité du concile de Nicée en la confirmant, et comme il propose en effet l'autorité de l'Église aux manichéens et aux donatistes, quoiqu'ils refusassent de la reconnaître; mais les calvinistes renonçant absolument à l'autorité de l'Église et des conciles, sont obligés de ne s'en servir jamais, et ils sont privés par là d'un moyen très-utile pour prouver la foi de ces mystères, et qui est même nécessaire à un très-grand nombre de personnes. Ce qui fait que le changement d'un calviniste en socinien est si commun et si facile, et la réduction d'un socinien au calvinisme si difficile.

Chapitre XVII.

Paradoxes de M. Claude sur les propositions dont les termes sont incompatibles.

XXVIIe REMARQUE.

Le sixième livre de M. Claude est un si étrange amas d'obscures absurdités, que comme il est difficile de trouver des juges qui veuillent s'amuser à des discussions si pénibles d'une part et si inutiles de l'autre, on est contraint, pour abréger, de choisir seulement un exemple de ces fausses subtilités, en s'engageant de faire voir quand il le voudra que tout le reste est de même genre.

Il avait dit dans sa seconde Réponse que les propositions incompatibles n'avaient point de sens, ni vrai ni faux, et l'auteur de la Perpétuité lui avait répondu sur cela en ces termes (1) : *J'avoue que cette philosophie me passe, et qu'elle me paraît enfermer une fausseté manifeste, qui n'est fondée que sur une petite équivoque. Car toute la subtilité de M. Claude, ou plutôt son illusion, vient de ce qu'il ne distingue pas entre un sens conçu et exprimé et un sens cru et approuvé. Il est très-vrai que ceux qui trouvent qu'une proposition enferme une incompatibilité selon la lettre, et qui n'y voient point d'autre sens, n'y approuvent aucun sens ; mais il n'est pas vrai qu'ils n'y conçoivent aucun sens. Car ils y conçoivent un sens incompatible, et c'est pour cela qu'ils le désapprouvent.*

M. Claude, qui n'est pas homme à reculer dans les avances les plus téméraires, soutient hardiment dans sa nouvelle Réponse ce qu'il avait dit sur ce point. *Je ne demeure pas d'accord*, dit-il, *de la conséquence que M. Arnauld en tire, qu'on connaît un sens incompatible. Et il n'insulte pas moins à son adversaire sur ce sujet que sur les autres. La philosophie de M. Arnauld*, dit-il, *donne cette fois à gauche*. Et un peu plus bas : *Si c'est là la philosophie de M. Arnauld, je crois qu'il philosophera longtemps tout seul* (2).

La coutume de M. Claude est de mettre ainsi toute la terre de son côté, quoiqu'il soit quelquefois tout seul de son avis, et cette question de logique en peut servir d'une preuve remarquable. Car peut-être depuis qu'on se mêle de raisonner, jamais homme n'avait eu une pensée semblable à celle qu'il propose d'abord, comme le sentiment universel du genre humain.

Il me semble que si je demandais en particulier à tous les hommes ce qu'ils jugent de ces propositions : *Il y a des montagnes sans vallées. Il y a des bâtons qui n'ont pas deux bouts. Ce qui est arrivé peut n'être pas arrivé. Il est possible qu'une même chose soit et ne soit pas*, ils me répondraient tous d'une même voix que ces propositions sont fausses. Or si elles sont

---

(1) *Perpét.* tom. 1.
(2) 3e Rép., pp. 731, 732, 733.

fausses, elles ont donc un sens ; car ce qui n'a point de sens n'a point de sens faux.

Si je leur demandais de même si ce ne sont pas des propositions véritables que de dire : *Il n'y a point de montagnes sans vallées. Point de bâtons qui n'aient deux bouts. Ce qui est arrivé ne peut point n'être pas arrivé. Il est impossible qu'une même chose soit et ne soit pas*, ils me répondraient tous tout d'un coup qu'elles sont très-vraies. Or si elles sont vraies, elles ont un sens ; car une proposition qui n'a point de sens n'a point de sens véritable. Que si elles ont un sens, il faut aussi que ces propositions auxquelles elles sont contradictoires en aient un. Car comme elles n'y ajoutent qu'une négation, si les propositions précédentes n'en avaient point, cette négation ne formerait pas un sens, parce qu'une négation ajoutée à une proposition qui n'a point de sens ne fait pas un sens.

Cependant voilà le sujet de notre différend, et ce qui nous partage dans cette question. M. Claude soutient que cette proposition, *il y a des montagnes sans vallées*, et les autres semblables n'ont point de sens, et par conséquent qu'elles ne sont ni vraies ni fausses, parce qu'elles sont incompatibles, et on lui soutient qu'elles sont fausses, et par conséquent qu'elles ont un sens.

Il doit soutenir de même que quand on dit *qu'il n'y a point de montagne sans vallée*, cette proposition n'a point de sens, puisqu'elle n'ajoute qu'une négation à une proposition qui n'en a point, et par conséquent qu'elle n'est ni vraie ni fausse ; et on lui soutient qu'elle est au contraire très-vraie, et par conséquent qu'elle a un sens, et que celle à laquelle elle est contradictoire en a aussi un.

Mais en vérité c'est une chose honteuse qu'on soit obligé de prouver à M. Claude qu'il est faux *qu'il y ait des montagnes sans vallées*, et qu'il ait donné seulement lieu de former une telle question. Et il suffit de l'avertir que ce qu'il prend pour une philosophie particulière à l'auteur de la Perpétuité est tellement la philosophie de tous les hommes, que l'on en a fait jusqu'ici le principe de toutes les connaissances humaines, et le modèle de la plus grande évidence où les hommes peuvent arriver. Car il n'ignore pas que quand on traite dans les écoles des premiers principes d'où dépend toute la certitude humaine, on apporte d'ordinaire celui-ci, *il est impossible qu'une chose soit et ne soit pas*, comme le premier et le plus clair de tous, et comme le fondement de toutes les sciences humaines. Or si ce principe est vrai, il faut donc que la proposition contradictoire, *il est possible qu'une chose soit et ne soit pas*, soit fausse ; et si la première a un sens, il faut que cette seconde en ait un aussi, puisqu'elle n'y ajoute qu'une négation, et que ce principe, *il est impossible qu'une chose soit et ne soit pas*, n'est autre chose que cette proposition, *il est possible qu'une chose soit et ne soit pas*, conçue comme fausse ; de sorte qu'il se trouve que quand M. Claude nous veut persuader que les propositions incompatibles n'ont point de sens, sa prétention est en effet que ce principe qui a été regardé jusqu'ici comme le plus vrai et le plus clair de tous ceux qui règlent les connaissances des hommes, non seulement n'est ni clair ni vrai, mais qu'il est incapable même de clarté et de vérité, parce qu'il n'a pas de sens, n'étant autre chose que la négation d'une proposition incompatible.

Ne sied-il pas bien à un homme qui avance cet étrange paradoxe, et qui condamne tous les hommes qui l'ont précédé d'avoir pris pour la plus claire des vérités une proposition incapable de vérité et de clarté, et qui n'a pas même de sens, de reprocher aux autres sur ce point même que s'ils n'entrent pas dans ses pensées *ils philosopheront longtemps tout seuls* ?

Voyons néanmoins sur quoi il appuiera ses prétentions, et écoutons ces rares subtilités par lesquelles il doit prouver que tout le monde s'est trompé jusqu'à nous. *Concevoir un sens*, dit-il, *c'est concevoir* une chose possible ; concevoir une incompatibilité est concevoir qu'il y a de l'impossibilité. Concevoir un sens est concevoir un état où l'esprit peut subsister ; au lieu que concevoir une incompatibilité est concevoir qu'il n'y a point d'état où l'esprit puisse subsister. Il est donc certain, comme je l'avais dit, qu'une incompatibilité n'est pas un sens, et que c'est parler abusivement que de dire un sens incompatible, car c'est dire un sens qui n'est pas sens : un sens c'est une notion qui unit deux idées, et une incompatibilité les détruit.

Voilà ce qui arrive d'ordinaire à tous ceux qui proposent des paradoxes, et qui veulent les soutenir. Ils changent les notions communes des mots, et leur en donnent de conformes à leurs fantaisies. *Concevoir un sens* : dit M. Claude, *c'est concevoir une chose possible ; concevoir un sens c'est concevoir un état où l'esprit peut subsister ; un sens est une notion qui unit deux idées*. Mais qui lui a donné droit de nous faire ces bizarres définitions, et d'obliger le monde à les prendre pour principes ?

Tout ce que dit M. Claude pour justifier son paradoxe n'est qu'un amas d'absurdités.

Il est faux que *concevoir un sens ce soit concevoir une chose possible*, comme nous venons de voir.

Il est encore plus faux que *concevoir un sens ce soit concevoir un état où l'esprit puisse subsister*. Si cela était, nulle proposition fausse ne pourrait avoir de sens qui pût être conçu par celui qui en connaîtrait la fausseté, puisqu'il est certain qu'une fausseté connue n'est pas un état où l'esprit puisse subsister. Et ainsi quand M. Viette, par exemple, découvrait l'illusion d'une rêverie de Joseph Scaliger touchant la quadrature du cercle, il aurait agi à l'aveugle, parce qu'il n'aurait pu concevoir le sens de celui qu'il réfutait.

Enfin il est très-faux qu'*un sens soit une notion qui unit deux idées*, puisque si cela était, toutes les propositions négatives n'auraient point de sens, la nature de ces propositions étant de désunir les idées, et non pas de les unir.

Ce sera donc M. Claude qui parlera et philosophera tout seul tant qu'il s'opiniâtrera à soutenir ces définitions fantasques. *Concevoir un sens*, selon l'opinion de tous les autres hommes à l'exception de M. Claude, c'est concevoir qu'une idée est affirmée ou niée d'une autre ; de sorte que *sens* et *proposition* sont absolument la même chose. Or comme il y a des propositions composées de termes incompatibles, il y a aussi des sens incompatibles ; et quand l'esprit les conçoit, il conçoit également et que la proposition les affirme ou les nie, et qu'elle les affirme ou les nie faussement. Si j'applique mon esprit à cette proposition : *Il est possible qu'une chose soit et ne soit pas*, je conçois le sujet qui *est chose* ; je conçois l'attribut qui est, *qu'elle soit et ne soit pas* ; et je conçois l'affirmation, parceque je vois que l'on y affirme qu'il est possible que cet attribut convienne au sujet, et ainsi je conçois le sens de cette proposition. Mais voyant que les termes qu'elle unit ne peuvent être unis, je la déclare fausse ; et cette vue de la fausseté de ce sens est ce qui fait le premier principe de toutes les connaissances humaines, qui est, *qu'il est impossible qu'une chose soit et ne soit pas*. Il n'est donc pas besoin pour concevoir un sens de concevoir une chose possible ; car c'est aussi concevoir un sens que de concevoir qu'une chose n'est pas possible. Et c'est encore concevoir un sens que de concevoir qu'une proposition affirme comme possible ce qui ne l'est pas.

En vérité, ces vaines subtilités de M. Claude ne valaient pas la peine de changer ainsi toutes les idées des termes, et il aurait bien mieux fait de raisonner comme les autres que d'avoir recours à ces étranges moyens pour justifier ses raisonnements. Mais au moins est-il inexcusable de nous avoir d'abord proposé un langage tout nouveau comme le langage universel de tous les hommes, et de reprocher à ceux qui parlent comme le reste du monde, *d'être en danger de philosopher longtemps tout seuls*.

CHAPITRE XVIII.

Des différends personnels omis ou traités par M. Claude. Combien il est injurieux en se vantant de sacrifier ses ressentiments à la charité chrétienne. Éclaircissement de tous les faits qu'il a traités.

XXVIIIe REMARQUE.

La crainte que j'ai que le monde ne s'ennuie de ces remarques sur des questions incidentes, m'oblige à les finir en y en ajoutant seulement une qui en comprend plusieurs. Elle regarde le dernier chapitre de M. Claude, où il se donne la liberté de choisir certains faits sur lesquels il a cru qu'il se pouvait défendre d'une manière plus plausible, en laissant les autres où il ne trouvait rien à répondre qui fût tant soit peu vraisemblable.

Il tâche d'abord de persuader le monde, par des raisons artificieuses, qu'il a eu raison de faire ce choix. Il dit que ces différends sont traités *d'une manière si aigre et si échauffée*, qu'il vaut mieux les laisser là. Il dit qu'il est une personne assez obscure qui ne doit pas prétendre que le monde prenne part à ce qui le regarde. Il dit qu'il y a des matières qui demanderaient de grands discours, comme ce que l'on a dit touchant les réformateurs. Il dit qu'il ne peut entreprendre de repousser ce qu'on a dit contre sa morale ; mais déclare que quand il l'entreprendra, si *M. Arnauld est capable d'avoir de la confusion, il en aura assurément de l'avoir attaqué d'un air si outrageant et si envenimé*.

On lui aurait permis sans peine de ne point entrer dans ces différends, pourvu qu'il eût agi, en s'abstenant d'y entrer, d'une manière raisonnable. Mais il n'y a point d'homme équitable qui puisse souffrir qu'il s'y soit conduit en la manière qu'il a fait. Car cette manière consiste à dire hardiment les injures les plus sanglantes, et à prier qu'on le dispense d'en apporter les preuves.

Il accuse, dans les trois premières pages de ce chapitre, un docteur de Sorbonne *d'injustice et de violence* ; de traiter les différends *d'une manière aigre et échauffée, et pleine de marques d'animosité* ; d'appuyer ce qu'il dit contre les réformateurs *sur des faits faux, ou pris à contre-sens, ou tournés trop odieusement* ; d'user *de paroles enflammées* ; *de se porter à des transports et à des excès qui ne conviennent guère à un homme qui veut apprendre aux autres la modération et la vertu*. Il doute s'il est capable de confusion. Il lui reproche *d'avoir attaqué la morale calviniste d'un air outrageux et envenimé, et par dix ou douze périodes embrasées qui passent vite comme des éclairs, parceque comme les éclairs elles ont plus de feu que de matière*. Il l'exhorte *à examiner si cette passion animée en lui met presque sans cesse dans des mouvements convulsifs n'est pas contraire à cette tranquillité que la véritable morale recommande* (1).

Ainsi la permission que M. Claude demande, et qu'il usurpe en effet, est d'outrager les gens sans s'obliger à en rendre raison à personne. C'est à quoi se réduit ce retranchement par lequel il s'exempte de répondre à des accusations prouvées, en se réservant de traiter ceux qui les lui font de calomniateurs emportés sans en donner aucune preuve, et c'est ce qu'il appelle *faire un sacrifice à la piété, à la patience et à la charité chrétienne*.

Je voudrais bien savoir ce que M. Claude aurait pu faire de pis, s'il n'avait point fait ce prétendu sacrifice. Il ne se serait pas avisé de faire des violences. Ce n'en est pas le temps quand il en aurait la volonté. Il n'aurait pas fait des intrigues pour traverser des desseins d'établissement et de fortune, ayant affaire à des personnes qui n'en recherchent point dans le monde. Il ne pouvait donc s'en prendre qu'à leur réputation ; et il est bien clair qu'il ne l'a point épargnée, l'ayant déchirée autant qu'il a pu dans l'endroit même où il se vante le plus d'être patient.

(1) 3e Rép., p. 889.

Qu'il nous apprenne donc en quoi consiste cette patience qu'il s'attribue ; car on lui avoue qu'on n'est pas assez clairvoyant pour en découvrir aucune trace dans son procédé.

Il n'est pas plus raisonnable dans le choix qu'il fait des faits personnels qui regardent certains ministres ; car on ne voit aucune raison pourquoi il s'attache aux uns en négligeant les autres, sinon qu'il a cru s'en tirer plus facilement.

Quelque protestation qu'il eût faite, dans sa préface, qu'il n'avait pu se taire lorsqu'on attaquait injustement l'honneur de quelques personnes célèbres, il ne s'est mis en peine, dans aucun lieu de ses livres, ni de justifier M. Daillé du reproche qu'on lui a fait d'avoir parlé de saint Ambroise en des termes outrageux, en disant de lui *qu'il était l'homme du monde qui avait le meilleur nez pour sentir et découvrir les reliques* ; ni Henri Boxornius, Hospinien et Kemnitius que l'on a convaincus d'une imposture signalée sur le sujet du concile de Florence ; ni le livre de M. Saumaise, dans lequel on a fait voir une contradiction ridicule sur le sujet de Théophilacte ; ni la fausse critique d'Aubertin sur Samonas ; ni la faute qu'il commet en prenant dans Germain, patriarche de Constantinople, du pain béni pour l'Eucharistie ; ni la contradiction de Blondel sur le même sujet, justifiée au même lieu. Il abandonne ce qu'on a dit dans ce livre onzième des *réflexions impies* d'Aubertin contre les miracles de saint Bernard, et les preuves qu'on a apportées pour montrer que, selon les principes de Blondel et des autres ministres, *il se pourrait faire que l'Eglise ait toujours cru la présence réelle, et que néanmoins cette créance fût fausse*. Et il se réduit à chicaner sur trois ou quatre faits les moins importants de tous, à l'exception d'un qu'on lui avait reproché, dont nous avons vu (1) combien il s'est mal justifié. Je suis prêt néanmoins de le satisfaire sur tout, et cela ne sera ni long ni difficile.

Ce qu'il dit de Trithème se réduit à l'explication de ces paroles : *Trithème a loué Bertram parce qu'il était en effet louable*. Il prétend qu'elles peuvent signifier qu'il l'a loué, parce qu'il avait été loué, dans le temps qu'il a vécu, par diverses personnes, quoique s'il l'eût connu par lui-même il se fût bien donné de garde de le louer.

On prétend au contraire qu'elles marquent que Trithème a loué Bertram, parce qu'il le jugeait effectivement louable en lui-même, et non pas selon une opinion que Trithème aurait jugée fausse, s'il avait mieux connu Bertram ; c'est-à-dire que ces paroles, *parce qu'il était en effet louable*, excluent l'erreur de l'opinion que Trithème avait de Bertram, et qu'elles supposent que Bertram avait réellement les qualités pour lesquelles Trithème le louait. Voilà à quoi se réduit le différend. M. Claude prononce comme juge que le sens auquel on prend ces paroles *est pitoyable* ; mais il nous permettra d'en appeler au jugement public, et de nous promettre qu'il nous sera plus favorable qu'à lui.

On ne dira pas la même chose de cette contradiction que l'auteur du premier traité de la Perpétuité avait reprochée à Blondel ; et l'on va rendre, sur ce sujet, à M. Claude toute la justice qu'il saurait désirer, et que l'on ne manquerait pas de lui rendre sur les autres points, s'il avait raison. On avoue donc que l'auteur du premier traité s'est trompé en prenant le concile de Cressy, dont Blondel dit qu'il a condamné Amalarius ; et ce concile de Cressy pour celui contre les adversaires de Paschase pour le même concile. Car Blondel les distingue en mettant l'un en 848, et l'autre en 858. Et ainsi la contradiction dont on l'avait accusé ne subsiste plus. Cette erreur qui consiste à n'avoir pas remarqué la différence de ces dates, a été suivie dans les deux réponses qu'on a faites pour soutenir ce traité. Et l'on reconnaît que

(1) Dans le 1er chap. de ce livre.

M. Claude, après s'y être trompé deux fois lui-même dans ses deux premières Réponses, a fort bien remarqué dans cette dernière la différence de ces dates, et que par là il a plainement justifié Blondel de cette contradiction qu'on lui avait reprochée.

Mais il est vrai qu'en le justifiant de cette faute, qu'on a toujours représentée comme très légère et comme ne faisant aucun tort à sa réputation, il l'engage dans une autre beaucoup plus considérable, qui est de nous avoir dit en l'air que le concile de Cressy, tenu en 858, ait fait paraître qu'il était adversaire de Paschase ; car cette hardiesse de rendre un concile adversaire de Paschase sans en apporter aucune preuve, n'est pas un simple éblouissement : c'est une présomption très-blâmable, n'y ayant rien dans tout ce qui nous reste de ce concile, qui consiste dans une lettre à Louis de Germanie, qui ait pu donner prétexte à ce que Blondel en dit. Ainsi, comme il est certain qu'à l'égard de cette bagatelle M. Claude a fait quelque chose pour sa propre réputation par la découverte de la différence de ces dates, il est certain aussi qu'il n'a rien fait pour Blondel, et que ce ministre ne lui aurait aucune obligation de l'avoir défendu en cette manière, qui le rend de pire condition qu'il n'était.

M. Claude entreprend ensuite de se justifier des reproches qu'on lui a faits touchant Bertram ; mais il n'y a réussi pas. On l'avait accusé sur le sujet de cet auteur, premièrement, d'avoir changé une proposition conditionnelle dont on s'était servi en une proposition absolue ; car au lieu qu'on avait dit conditionnellement *qu'on ne devrait pas s'étonner quand un théologien se serait évaporé en des raisonnements frivoles*, M. Claude a ôté la condition et en a fait une proposition toute différente qu'il attribue à l'auteur de *la Perpétuité*, en lui faisant dire que Ratramne ou Bertram *est un auteur obscur et embarrassé, qui ajoute ses raisonnements aux expressions ordinaires de l'Eglise, et que l'on conçoit facilement qu'un théologien se soit évaporé en des raisonnements frivoles*. On voit que dans cette proposition la condition est éclipsée ; et c'est ce qu'on appelle attribuer absolument les choses, toute proposition devenant absolue dès lors qu'on en ôte la condition. Ainsi c'est une défaite ridicule que d'alléguer, comme fait M. Claude, qu'il n'a point dit que l'auteur de *la Perpétuité* ait parlé ainsi de Bertram *absolument* ; car on ne lui a pas reproché de s'être servi du mot *absolument*, mais d'avoir changé une proposition conditionnelle en une proposition absolue. Or c'est précisément ce qu'il a fait.

Ce défaut visible de sincérité dans les plus petites choses est peu propre à vérifier une louange que M. Claude se donne à lui-même dans ce lieu-là, qui est *que sa manière d'agir est franche, naturelle et simple, et que s'il fait des fautes, il peut protester sincèrement que ce ne sont pas des fautes artificielles*.

En voici une autre qui n'est pas propre non plus à servir de preuve de ce qu'il dit encore de lui-même, qu'il ose assurer qu'on ne trouvera dans toute cette dispute aucune illusion de sa part ; car ce que nous allons rapporter de lui en contient une très-évidente. Pour prouver que *ces messieurs*, c'est-à-dire ceux qu'il attaque, *blâment ou louent les gens par la considération de leur intérêt*, il avait allégué que l'auteur de l'*Apologie* pour les SS. Pères avait fort loué Ratramne, religieux de Corbie, et que l'auteur blâme Bertram, qui est, selon M. Claude, la même personne.

On lui a fait sur cela diverses réponses, dont l'une est qu'*un même auteur peut être louable dans un ouvrage, et blâmable dans un autre*. M. Claude demeure d'accord de cette maxime de sens commun ; mais la manière dont il l'élude est fort remarquable, parce que c'est une fausseté très bien ménagée, et qu'il tâche finement de faire passer à la faveur de deux vérités auxquelles il l'attache. *Je l'avoue*, dit-il ; *mais je dis que quand on loue ou que l'on blâme un auteur pour élever ou pour déprimer quelqu'un de ses ouvrages, il y* a de l'absurdité à dire qu'on le loue ou qu'on le blâme simplement dans cet ouvrage; car on loue ou on blâme absolument sa personne pour donner ensuite par là plus ou moins d'autorité à l'ouvrage dont il s'agit. Quand on déprime ou qu'on rehausse la personne par l'ouvrage, alors on loue ou on blâme un homme dans son ouvrage; mais quand au contraire on déprime l'ouvrage par la personne, alors la louange ou le blâme regarde la personne absolument; et puis on en tire cette conséquence, que l'ouvrage dont il s'agit est ou n'est pas considérable.

Je n'ai que des louanges à donner à M. Claude sur cette considération générale, car elle est tout-à-fait judicieuse; et pourvu qu'il continue à parler aussi raisonnablement, nous ne nous brouillerons point ensemble. Voyons donc ce qu'il ajoute. *Or nous sommes,* dit-il, *dans ce dernier cas.* C'est ce qu'il devait prouver. *L'auteur de l'Apologie loue Ratramne pour donner plus de poids à ses livres de la Prédestination.* Cela est encore véritable. *Et l'auteur de la Perpétuité le déprime pour ôter toute sorte d'autorité à son livre,* De corpore et sanguine Domini; *de sorte que leur louange et leur blâme regardent directement sa personne.* C'est ici que M. Claude s'est lassé de parler sincèrement, et que par une petite fausseté il a cru devoir suppléer ce qui manquait à son argument. Car comme il se pouvait fort bien faire que Ratramne fût effectivement louable en sa personne, qu'il eût fait un bon livre, comme celui de *la Prédestination,* et que néanmoins il en eût fait un mauvais, et qu'ainsi l'on pût justement blâmer ce mauvais livre sans qu'on blâmât ce livre par sa personne; afin de faire en sorte qu'il eût été loué et blâmé en sa personne même, et non par rapport à ses ouvrages, il fallait que le livre *De corpore et sanguine Domini* eût été blâmé par la qualité de la personne de Bertram ou Ratramne. M. Claude, qui a bien vu la nécessité de cette supposition fausse, et qui a cru qu'on ne s'amuserait pas à la relever, n'a pas craint de la hasarder, et d'imputer à l'auteur de *la Perpétuité* d'avoir déprimé la personne de Bertram pour ôter toute sorte d'autorité à son livre. Mais, par malheur pour lui, la suite de ces remarques m'ayant conduit à parler de celle-là, je me trouve obligé de lui dire que non seulement cette supposition est fausse, mais qu'elle est même ridicule. Car il était impossible que l'auteur de *la Perpétuité* rabaissât le livre de Bertram par la considération de sa personne, puisqu'il témoigne qu'il ne le connaît pas, et qu'il n'a pas de sentiment fixe sur l'auteur de ce livre. Aussi n'y a-t-il pas un seul mot dans tout ce qu'il dit de Bertram qui ait pu donner lieu à M. Claude de dire qu'il rabaisse cet ouvrage par la considération de la personne de Bertram. Et ce que M. Claude en dit n'est fondé, d'une part, que sur la nécessité qu'il a eue de cette supposition fausse pour former son argument, et, de l'autre, sur la confiance dont il s'est flatté qu'on ne s'amuserait pas à la relever; en quoi il n'aurait peut-être pas été trompé, si le discours ne m'y eût conduit.

Car c'est un avis général que je suis obligé de donner en finissant ces remarques, qu'on ne doit pas s'imaginer qu'elles soient faites avec un grand choix, ni que l'on représente ici toutes les fautes de M. Claude, ni même les plus considérables. Le dessein que j'ai eu de réserver ce qui regarde le dogme aux ouvrages que l'on doit publier sur ce sujet, m'a obligé de ne point toucher aux principales, et de me réduire à celles que l'on en pouvait détacher. Entre celles-là même il a fallu se borner à un certain nombre, pour n'ennuyer pas. Peut-être que les autres pourront trouver leur place dans la suite des ouvrages que cette contestation produira. Mais je n'ai prétendu ici que répondre à certains reproches dont j'ai cru que le monde pourrait être frappé, et faire connaître par quelques exemples le peu d'exactitude et le peu de sincérité de M. Claude, et combien il a peu contribué de sa part à faire que les personnes judicieuses confirmassent par leur approbation les louanges rares qu'il lui a plu de se donner à lui-même en divers endroits de son ouvrage. On tirera au moins cet avantage de ces petits éclaircissements, qu'on aura plus lieu dans les ouvrages suivants de ne s'arrêter qu'à la matière, sans être obligé de s'en détourner par ces discussions importunes.

Préface

DES AUTEURS DE LA PERPÉTUITÉ (1).

La dispute sur la perpétuité de la foi touchant l'Eucharistie pouvait être regardée comme finie par le troisième volume, et par la Réponse générale qui l'avait précédé ; parce que M. Claude, qui a survécu plusieurs années, n'y a fait aucune réponse, et que personne de sa communion n'a entrepris de le défendre, particulièrement sur ce qui regardait les témoignages des Grecs et de tous les chrétiens orientaux. Ainsi les preuves des catholiques demeuraient dans toute leur force, n'ayant pas reçu la moindre atteinte, puisqu'elles n'avaient été attaquées que par des objections vagues, fondées sur des calomnies contre ceux qui avaient donné ou procuré les témoignages authentiques produits par les auteurs de la Perpétuité, et sur des faussetés grossières, dont même quelques-unes avaient été réfutées en d'autres ouvrages. Cependant quoique ce qui regardait les églises orientales eût été suffisamment prouvé par rapport aux calvinistes, il restait encore plusieurs points à éclaircir, pour mettre la matière dans un plus grand jour. Il n'eût pas été possible de donner alors ces éclaircissements, puisqu'on les a tirés de manuscrits anciens, qui pour la plupart ont été apportés du Levant depuis ce temps-là, ou de pièces nouvelles qui n'avaient pas encore paru, ou enfin des recherches qui ont été faites avec soin sur la foi et sur la discipline des églises orientales.

Il avait d'abord été résolu de publier un recueil entier de toutes les pièces citées dans les premiers volumes, et même on se proposait de les donner dans les langues originales ; mais il s'y trouva des difficultés insurmontables. On n'imprima donc que le synode de Jérusalem ou de Bethléem, avec l'attestation solennelle du patriarche de Constantinople Denis, dont les originaux sont à la Bibliothèque-du-Roi. L'homélie de Gennadius et quelques autres pièces étaient traduites et prêtes à imprimer dès ce temps-là. Il ne paraissait pas fort nécessaire de traiter de nouveau la conformité de la créance des Grecs avec les Latins sur l'Eucharistie, puisqu'il n'avait rien paru de la part des protestants sur ce sujet, que des dissertations très-courtes et sans aucunes preuves de M. Smith, qui avaient été solidement réfutées, et le peu que les autres avaient répandu en divers ouvrages contre les autorités rapportées dans la Perpétuité n'était que des répétitions de diverses objections frivoles déjà réfutées.

On vit paraître enfin l'ouvrage intitulé : *Monuments authentiques de la créance des Grecs*, dans le titre duquel l'auteur promettait de faire voir la fausseté de toutes les attestations produites dans la *Perpétuité*,

et à l'occasion de quelques lettres de Cyrille Lucar qu'il fit imprimer, il entreprit de montrer que cet apostat n'avait rien exposé dans sa Confession qui ne fût conforme à la créance de toute l'église grecque ; que tous ceux qui avaient écrit le contraire étaient des Grecs latinisés, et que les décrets du synode de Jérusalem étaient l'ouvrage d'un imposteur, qui, par le scandale que ses nouveautés avaient causé, avait été chassé de son siége patriarcal, nouveau système s'il en fut jamais. Quoiqu'il ne fût pas difficile de reconnaître que cet écrivain ignorait généralement tout ce qui avait rapport à la question, plusieurs personnes très-habiles jugèrent néanmoins qu'il ne fallait pas laisser cet ouvrage sans réponse, puisqu'à moins d'avoir fait une étude particulière de ces matières, on devait être frappé de la hardiesse avec laquelle l'auteur avançait les plus grandes faussetés touchant les Grecs et les autres chrétiens orientaux. On remarqua, de plus, que, nonobstant le peu de réputation qu'il avait parmi les calvinistes, son ouvrage avait trouvé des approbateurs, ce qui fit juger que, dans quelque temps, on le mettrait au nombre de ceux qui avaient solidement réfuté les livres de la *Perpétuité*, en détruisant l'autorité des actes qui en faisaient le principal fondement. Ce fut ce qui engagea à donner au public la *Défense de la Perpétuité de la foi*, où on a fait voir si clairement, et par des preuves si positives, l'ignorance, la mauvaise foi et la témérité de cet écrivain, qu'on ne croit pas que ni lui ni personne les puisse détruire.

Le dessein qu'on a eu, et qui paraissait plus convenable, était de suivre l'ordre de l'ouvrage qu'on réfutait ; et comme il n'y avait aucune méthode, il n'eût pas été possible de traiter la matière comme elle sera traitée dans cet ouvrage. C'était même faire trop d'honneur à un livre aussi méprisable que de le réfuter par un traité exprès, dans lequel on aurait expliqué tout ce qui restait à éclaircir sur la créance des Grecs et des Orientaux ; et on n'aurait pu exécuter ce dessein sans s'étendre beaucoup plus qu'on ne se l'était proposé. Il n'eût pas non plus été convenable dans un ouvrage méthodique de faire souvent des digressions pour relever les fautes énormes de l'auteur ; d'autant même qu'il y en avait plusieurs entièrement éloignées de son sujet, où on a trouvé des preuves de son ignorance prodigieuse, qui servent à montrer quel adversaire on avait à combattre.

Il y a aussi plusieurs points qui ont rapport à la dispute, qu'on a traités fort brièvement, et sur lesquels plusieurs personnes habiles auraient souhaité qu'on se fût étendu davantage ; ce qu'il était difficile

(1) Ici commence le volume 4 de la *Perpétuité*.

P. DE LA F. III.

(Une.)

de faire dans un ouvrage aussi court que la *Défense de la Perpétuité*. Ces raisons ont fait croire qu'il serait de quelque utilité pour l'Église de traiter à part ce qui n'avait pas été éclairci suffisamment dans les trois volumes de *la Perpétuité* et dans la Réponse générale, et d'y ajouter plusieurs faits importants et décisifs, des passages d'auteurs grecs et orientaux, et d'autres nouvelles preuves qu'on n'avait pas encore découvertes. L'autorité de quelques grands prélats, autant distingués par leur capacité que par leur dignité, et celle de très-habiles théologiens, m'ont déterminé à travailler suivant ce dessein.

Parmi les attestations qui ont été citées dans *la Perpétuité de la foi*, il y en a non seulement des Grecs, mais de toutes les nations chrétiennes du Levant. La plupart des auteurs catholiques ou protestants ont multiplié tellement le nombre des sectes, et ils en ont parlé d'une manière si peu conforme à la vérité, qu'il était nécessaire d'en donner une idée plus juste, et c'est ce qu'on trouvera dans le premier livre. On y expliquera les dogmes particuliers des deux principales sectes, qui sont les nestoriens et les jacobites : mais pour ce qui regarde la créance touchant l'Eucharistie, comme tous les chrétiens orthodoxes, schismatiques ou hérétiques en conviennent, tout ce qui a rapport à cette matière sera traité ensemble.

Les passages des auteurs grecs et orientaux, qui ont été cités dans *la Perpétuité*, n'étaient pas en assez grand nombre pour pouvoir être distribués sous des articles séparés, opposés aux propositions des calvinistes. C'est ce qu'on a fait en ce volume, en rapportant les témoignages des Orientaux, qui font voir que les paroles de Jésus-Christ doivent être entendues littéralement, et qu'ils rejettent le sens figuré. De même on trouvera rapportés ensemble les extraits des Liturgies et des Offices publics, dont on établit l'autorité et l'authenticité par de nouvelles preuves. On explique aussi plus amplement celles qu'on tire de l'invocation du Saint-Esprit dans les Liturgies grecques et orientales ; de la Confession de foi qui est en usage parmi les Cophtes et les Éthiopiens, et de plusieurs cérémonies qui n'avaient pas été assez éclaircies. Le ministre Claude avait nié que les Grecs et les Orientaux adorassent l'Eucharistie, et qu'ils apportassent les soins et les précautions religieuses que l'Église latine pratique dans la célébration de la messe et dans l'administration du Saint-Sacrement. On s'est plus étendu sur ces articles, parce que les preuves dont on se sert pour les éclaircir sont nouvelles.

Dans les premiers volumes de *la Perpétuité*, les auteurs, en parlant de la foi des Orientaux, n'avaient cité que quelques témoignages rapportés par Abraham Échellensis, parce qu'on ne connaissait alors rien de meilleur, et ils étaient plus que suffisants pour confondre leur adversaire. Il s'en trouvera ici un bien plus grand nombre, et il n'aurait pas été difficile de l'augmenter considérablement, puisqu'on pouvait donner des traités entiers de théologiens orientaux qui établissent clairement la présence réelle. Jusqu'à présent aucun des défenseurs de M. Claude n'a attaqué l'autorité de ceux qui ont été cités dans le troisième volume ou dans la Réponse générale, et si quelqu'un l'entreprenait, il serait bien aisé de le confondre ; car les principaux sont extrêmement connus, et il n'y a guère de bibliothèque considérable où il ne s'en trouve quelques manuscrits. Les extraits qui ont été insérés dans ce volume sont traduits fidèlement ; et si on ne les a pas donnés dans les langues originales, c'est qu'on ne l'a pu, faute de caractères. Quand même on en aurait eu, il semble que ce mélange de langues si éloignées, et connues d'un petit nombre de savants, a quelque chose de trop bizarre pour être mis en usage dans un ouvrage français, et on se serait contenté d'en faire un recueil à part. On se contentera donc d'indiquer les principaux auteurs et les bibliothèques où ils se trouvent, afin que ceux qui voudront dans la suite travailler sur le même sujet puissent le faire, et même que les missionnaires employés en Orient aient de quoi s'instruire de la foi et de la discipline des chrétiens de ces pays-là, ce que la plupart ont trop négligé.

A l'égard des protestants qui voudront chercher la vérité, nous ne craignons pas qu'aucun puisse nous reprocher de l'avoir déguisée, ce qu'ont fait plusieurs de leurs savants, qui, ayant connu quelques-uns des auteurs que nous citons, n'en ont jamais fait la moindre mention dans leurs livres de controverses. D'autres, qui ont eu une grande réputation parmi eux, comme étant fort habiles dans les langues orientales, n'ont rien produit néanmoins qui pût former une objection raisonnable contre les catholiques. Selden (Orig. eccl. Alexand.), en voulant établir le gouvernement presbytérien par l'autorité d'Eutychius, patriarche melchite d'Alexandrie, a fait voir son ignorance grossière dans la langue arabe, et encore plus celle de l'histoire et de la discipline de l'église d'Alexandrie. M. de Saumaise avait fait croire au ministre Daillé et à d'autres, qu'Erpénius devait prouver que les chrétiens cophtes avaient la même créance que les calvinistes, touchant le sacrement de l'Eucharistie (epist. 52.) Il y aurait été bien embarrassé, puisqu'on reconnaît par sa traduction de l'Histoire Saracénique, où il y a quelques endroits qui regardent les chrétiens d'Alexandrie et d'Antioche, et qu'il a très-mal expliqués, qu'il n'avait pas la moindre connaissance des matières ecclésiastiques de ces pays-là. Quelques-uns ont dit la même chose de Golius, qui en était plus capable, puisqu'il y a eu peu d'hommes dans ce dernier siècle plus savants que lui dans la langue arabe. Il faut cependant excepter ce qui regardait le christianisme ; car il ne paraît pas qu'il connût les termes théologiques, ni ceux qui regardent les rites, dont presque aucun ne se trouve dans son ample Dictionnaire. Il en est de même de M. Pocock, qui était aussi très-habile dans les langues orientales. Pour Hottinger, il n'a rien cité dans ses nombreux volumes qui méritât la moindre attention, puisque tout se réduit à des gloses obscures, ou à des conséquences qu'il veut tirer de quelques livres qu'il n'entendait pas. En un mot, quoique les protestants aient fort cultivé les langues orientales, dont quelques-uns ont fait une trop vaine ostentation, ils n'ont produit aucunes preuves tirées des livres orientaux, qui pût faire croire que les chrétiens de ces pays-là ne s'accordassent pas sur la présence réelle avec les catholiques.

On trouvera ensuite dans cet ouvrage plusieurs éclaircissements qui étaient nécessaires, et que les auteurs de *la Perpétuité* n'avaient pu donner, parce qu'ils consistaient en divers faits, qui n'ont été sus que longtemps après. Ils regardent principalement les Grecs, dont les témoignages ont été employés dans les premiers volumes, et dont on savait alors très-peu de chose. Ainsi on rapportera diverses circonstances touchant Gennadius et ses ouvrages, dans lesquels il enseigne formellement la transsubstantiation ; celles qui font connaître Gabriel de Philadelphie, Mélèce Piga, patriarche d'Alexandrie, Grégoire protosyncelle, Mélèce Syrigus, et d'autres plus récents, sur lesquels deux ou trois protestants, qu'on nous cite comme témoins oculaires parce qu'ils avaient fait quelque séjour à Constantinople, ont publié des faussetés étonnantes.

On n'avancera rien qui ne soit établi sur des preuves certaines que les Grecs mêmes nous ont fournies, non seulement par des actes et des écrits dont l'autorité est incontestable, mais par des livres qu'ils ont imprimés eux-mêmes, ce qui est une réponse décisive contre laquelle tous les raisonnements du monde ne servent de rien. Par exemple, M. Claude se flatte modestement d'avoir démontré que les Grecs ne croyaient pas la transsubstantiation ; que Mélèce Syrigus, dont on lui a opposé le témoignage, était un Grec latinisé, et qu'ayant voulu insérer dans un Catéchisme le mot de *transsubstantiation*, il y avait trouvé de fortes oppositions de la part des véritables Grecs. On l'a suffisamment confondu sur ces propositions, avancées sans la moindre preuve ; et quoique celles qu'on lui a opposées soient bien claires, puisqu'elles consistent toutes en faits publics attestés par toute la Grèce, il se peut faire que des personnes sans lettres ne les démêlent pas facilement. Mais il n'y en a aucune qui ne comprenne que ce qu'a dit ce ministre est faux, si les Grecs ont imprimé eux-mêmes des ouvrages où la transsubstantiation est établie d'une manière si positive, qu'il n'y a qu'à les ouvrir pour en être convaincu ; qu'ils ont condamné, par un jugement synodal ceux qu'il voulait faire considérer seuls comme véritables Grecs ; qu'ils ont imprimé la Réfutation de Cyrille Lucar, par Syrigus, qu'il représente comme un Grec latinisé ; enfin que ce synode de Jérusalem, si suspect aux calvinistes, a été publié en Moldavie en une autre forme, mais fort augmenté, par Dosithée même, qui y présida. Il est inutile de vouloir payer d'esprit contre de pareilles preuves, et il est tout aussi aisé de prouver qu'il n'y a point de Moldavie ni de Valachie, que de contester de pareils faits. Il est remarquable que ces livres des Grecs étaient imprimés dans le temps même que M. Smith,

un de ces témoins oculaires qui ne pouvaient pas avoir vu ce qui ne fut jamais, se vantait de démontrer qu'ils croyaient tout le contraire de ce qu'on trouve dans ces mêmes livres.

On n'avait pu éclaircir ce qui regardait Corydale et Caryophylle, sur lesquels M. Claude avait avancé que le premier avait combattu la doctrine de la transsubstantiation, lorsqu'un particulier avait inséré le mot et le dogme dans un Catéchisme. Ce fait était assez obscur, et ce que M. de Nointel en avait mandé, après avoir interrogé les Grecs, ne suffisait pas pour l'éclaircir entièrement : mais le traité de Dosithée, patriarche de Jérusalem, nous en apprend jusqu'aux moindres circonstances. On verra donc par le détail que nous en avons tiré que dans tout le corps de l'église grecque il ne s'est trouvé, durant quarante-cinq ans et plus, qu'un ou deux particuliers qui aient attaqué le dogme et le mot de la *transsubstantiation* ; que Caryophylle fut obligé de se rétracter plusieurs fois, et qu'enfin ses écrits et sa doctrine furent condamnés solennellement en 1694 par Callinique, patriarche de Constantinople, Dosithée de Jérusalem, et un grand nombre d'évêques, qui expliquèrent dans la sentence synodale la transsubstantiation plus distinctement que leurs prédécesseurs n'avaient jamais fait.

Comme la seule autorité que les calvinistes aient employée pour attribuer leurs sentiments à l'église grecque est la Confession de Cyrille Lucar, dont la fausseté avait déjà été démontrée par des preuves incontestables, on a cru devoir s'étendre un peu plus sur cet article, et sur ce qui regardait la personne de cet apostat. On fera donc voir à l'égard de la Confession que non seulement elle ne contient rien que les Grecs ne condamnent, si on en excepte un ou deux articles ; mais qu'elle est défectueuse dans toutes ses parties, et qu'elle n'est revêtue d'aucune des formalités nécessaires pour rendre authentique un écrit patriarcal ; que jamais l'auteur ne l'a publiée dans les formes ; qu'elle a été inconnue aux Grecs de son vivant ; qu'il l'a toujours désavouée ; et qu'enfin dès qu'ils la connurent, ils la condamnèrent et la réfutèrent.

Pour ce qui avait rapport à la personne de Cyrille, lorsqu'on a vu par l'Histoire, ou plutôt par le roman de Hottinger, renouvelé par M. Smith, qu'ils le représentaient non seulement comme une des grandes lumières de l'église d'Orient pour sa capacité, mais comme un saint, et enfin comme un martyr, on a cru devoir éclaircir ces articles personnels. On fait donc voir que cet homme tellement vanté par les calvinistes pour sa doctrine, était très-ignorant ; que ce saint était un hypocrite, un parjure, un simoniaque ; et, ce qui est le comble de tous les crimes, un homme sans religion, qui en professait une en particulier, et qui en pratiquait une autre en public. Enfin qu'il n'avait pas perdu la vie pour la foi, mais pour des raisons d'état, et que les Grecs ne l'avaient jamais reconnu comme martyr ; mais qu'ils l'anathématisaient comme calviniste.

Le ministre Claude a tant de fois répété l'argument

tiré des voyages d'outremer et des missions, pour faire croire qu'il s'était fait par ce moyen un grand changement dans la créance des Orientaux, qu'il a paru nécessaire de traiter aussi cet article, en faisant voir qu'il n'y a eu aucun changement dans l'église grecque sur la créance de l'Eucharistie, et encore moins dans les églises nestoriennes et jacobites, ou celles qui, sans aucune hérésie particulière, suivent seulement le schisme des Grecs ; enfin que cette imagination ne pouvait venir dans l'esprit qu'à ceux qui n'ignoraient pas moins notre histoire que celle des églises d'Orient.

On reconnaît par ce qui a été dit jusqu'à présent que cet ouvrage est une suite de *la Perpétuité*, et qu'on ne pouvait raisonnablement lui donner un autre titre ; d'autant plus qu'il est composé en partie sur les pièces et sur les mémoires que les auteurs avaient reçus du Levant, après que le dernier volume eut été publié, dont par conséquent ils n'avaient pu se servir, et qu'ils m'avaient remis entre les mains pour en faire l'usage que feu M. Bossuet, évêque de Meaux, et d'autres personnes habiles jugeraient à propos pour le bien de l'Église. Ces pièces me furent confiées, parce que j'avais fait divers extraits et quelques traductions de celles qui avaient été citées dans la Réponse générale, et dans le troisième volume. C'est la seule part que j'aie eue à cet excellent ouvrage, étant alors trop jeune pour y pouvoir contribuer autrement.

Mon dessein était de joindre à celui-ci un traité particulier, pour prouver que les Grecs aussi bien que les autres chrétiens orientaux s'accordent avec l'Église catholique sur tous les points que les premiers réformateurs ont pris pour prétexte de leur séparation. Mais comme cela aurait trop grossi ce volume, il a paru plus à propos de réserver cette matière pour un ouvrage à part, qui pourra paraître dans peu de temps, puisqu'il était achevé avant qu'on commençât l'impression de celui-ci. (Voy. ci-dessous, 2° part. de ce tom.)

Il aurait été facile de s'étendre davantage sur plusieurs faits particuliers qui ont rapport à la matière traitée dans ce volume, et à diverses objections très-méprisables de quelques calvinistes, surtout de l'auteur des *Monuments authentiques*. Mais comme elles ont été éclaircies dans la *Défense de la Perpétuité*, il n'a pas paru nécessaire de répéter ce qui a été dit pour faire connaître la fausseté et la faiblesse de la plupart de ces objections, et l'ignorance de celui qui les a faites. On s'est donc contenté de marquer les endroits où se trouvent ces éclaircissements.

Par cette même raison il n'a pas paru nécessaire de rapporter d'amples extraits de Gennadius, de Mélèce Piga, de Syrigus, et d'autres Grecs modernes, dont les ouvrages ont été imprimés en 1709 ; parce que dans les notes et dans les préfaces on a expliqué les principales difficultés qui pouvaient avoir rapport à ces auteurs, et que chacun les peut consulter. Quelques personnes pourront peut-être trouver à redire qu'on ne cite pas un auteur qui en a rapporté divers passages dans plusieurs écrits où il a parlé de la créance des Grecs et des Orientaux. Je lui ai rendu justice en divers endroits, et j'ai été obligé de le réfuter en d'autres, où il a poussé la critique trop loin. Mais tout ce qu'il a cité a été tiré des manuscrits mêmes que je lui avais prêtés, et avant qu'il eût fait ses premiers ouvrages, j'avais déjà travaillé sur cette matière, et recueilli un grand nombre de passages de livres orientaux, dont quelques-uns ont été employés dans la Réponse générale, ou dans le troisième tome de *la Perpétuité*, et plusieurs autres sont cités dans celui-ci.

On ne trouvera pas ici ce grand nombre de citations dont quelques auteurs remplissent leurs ouvrages, et qui sont le plus souvent inutiles, puisqu'il ne sert de rien de rapporter leurs témoignages, quand, comme la plupart, ils n'ont fait que se copier les uns les autres. Or ce qui sera dit dans ce volume touchant les Grecs et les autres Orientaux étant tiré de pièces originales, n'a pas besoin d'être confirmé par ceux qui ne les ont pas consultés. Si M. Ludolf, en voulant expliquer ce qui regarde l'église d'Éthiopie, avait lu quatre ou cinq auteurs orientaux qui lui étaient inconnus, il aurait trouvé de quoi mieux éclaircir sa matière que dans les citations innombrables de livres frivoles dont il a rempli son Histoire et son Commentaire.

Dans l'éclaircissement de l'affaire de Caryophylle, on n'a pu démêler entièrement ce qui regardait Théophile Corydale ; et par rapport à ce qui est marqué dans une lettre de M. Nointel, insérée dans *la Perpétuité*, il y avait sujet de croire que Corydale et Caryophylle pouvaient avoir été confondus, puisque toutes les circonstances conviennent mieux à ce qui regarde le dernier, qui avait néanmoins appris de l'autre les opinions qui furent condamnées synodalement par le patriarche Callinique. On sait d'ailleurs que Corydale était un libertin et un homme fort suspect en la foi ; mais il ne se trouve aucun détail de ce qui le regarde. Il est cependant difficile de douter qu'il n'eût fait quelques écrits pour attaquer la créance commune de l'église grecque sur l'Eucharistie. Car quoique Dosithée n'en parle pas, non plus que Mélèce Syrigus dans la Réfutation de Cyrille Lucar, il y a un petit traité imprimé à Rome en 1640 qui semble le marquer. Il est intitulé : *Deux discours de Jean-André Staurinos Chiote, grand-bibliothécaire de la grande église, touchant la transsubstantiation, contre Corydale le calviniste* (1). Mais l'auteur ne nous apprend aucune circonstance de ce qui donna lieu à la composition de cet ouvrage, et il ne paraît pas qu'il réfute aucun écrit ; car il n'en rapporte point de texte. Quoi qu'il en soit, les Grecs ne le connaissaient guère, puisque tout ce qui en est dit dans l'histoire de la procédure tenue contre Caryophylle, est que dans un des premiers écrits qu'il répandit il marquait qu'*il l'avait fait y*

---

(1) Περὶ μετουσιώσεως λόγοι δύο κατὰ Κορυδάλου τοῦ καλβινολάτρου, Ἰω. Ἀνδρίου Σταυρίνου τοῦ Χίου, καὶ μεγάλου βιβλιοθηκαρίου τῆς μεγάλης ἐκκλησίας.

étant excité par son maître Corydale (Dos., cont. Caryoph., p. 71). Il peut donc encore rester quelques éclaircissements sur cet article, quoiqu'ils ne puissent être que de pure curiosité; puisque, comme on sait que Corydale avait les mêmes sentiments que Caryophylle, et qu'ils ont été condamnés dans celui-ci, ils n'ont pas été moins condamnés dans le maître que dans le disciple.

On n'a pas parlé de Zacharie Gergan, Grec vagabond, qui se disait évêque de Larta, dont les protestants ont publié un ouvrage tout calviniste et très-méprisable, que néanmoins Jean-Matthieu Caryophylle, archevêque d'Iconie, réfuta presque aussitôt. C'est que Syrigus, Dosithée, et tous les autres modernes, n'ont eu aucune connaissance ni du livre ni de l'auteur; ce qui suffit pour prouver le peu de cas qu'on en doit faire. On doit encore plus mépriser deux ou trois misérables dont on n'a jamais ouï parler que dans les livres de M. Claude, ou dans ceux de M. Smith, qui n'a pas eu honte d'opposer à Gennadius Gabriel de Philadelphie, Syrigus, Grégoire protosyncelle, et à trois synodes, le témoignage d'un prétendu archevêque de Samos, qui passa ici il y a plus de trente ans, et qui fut reconnu pour un fourbe et un ignorant.

Les auteurs qui sont cités dans *la Perpétuité*, et que nous citons dans cet ouvrage, sont d'un caractère bien différent, puisqu'ils sont aussi connus de toute la Grèce que les autres étaient inconnus. On en a une preuve bien certaine par la sentence synodale de 1694 contre Caryophylle, où tous ces auteurs sont nommés avec éloge comme de véritables Grecs qui ont fidèlement exposé la doctrine de leur église, et qui sont regardés comme les docteurs de ces derniers temps, et cela vingt ans après les premières attestations, sans que les missionnaires ni les ambassadeurs s'en mêlassent, et qu'ils en eussent aucune connaissance.

A l'occasion de la collection de quelques uns de ces ouvrages imprimée en 1709, il est nécessaire d'avertir les lecteurs que quelques-uns de ceux qui en ont fait l'extrait ont donné à cette collection une origine entièrement fausse, fondée sur les anecdotes de M. S. qui sont très-suspectes à ceux qui ont connaissance des faits qu'il allègue souvent, et où sa mémoire le trompe. On dit qu'*il se forma le projet utile de faire un recueil de ce que les auteurs grecs et séparés de la communion de l'Église romaine ont écrit sur l'Eucharistie avant le temps de Cyrille, qui devait s'intituler* : Græcia schismatica; *que M. Arnauld désapprouva fort le dessein de M. S., et que ce que j'ai donné au public en 1709, ayant été fait premièrement sous la direction de M. Arnauld, est par conséquent tout différent.* Ce que je puis affirmer très-certainement, est que jamais M. Arnauld n'a pu approuver ni désapprouver le dessein de M. S. touchant cette prétendue *Grèce schismatique*; puisque jamais il n'en a ouï parler, et qu'il n'était plus en France lorsqu'on en parla; et ce fut à cette occasion : M. S. avait réformé entièrement son *Histoire critique du vieux Testament*, sur les censures de feu M. l'évêque de Meaux; il en avait retranché tout ce qui scandalisait les catholiques, et même les protestants; et j'avais été en tiers à plusieurs conférences qu'il y eut sur ce sujet. M. de Meaux, voulant lui rendre service, me dit qu'il fallait occuper cet esprit, et lui proposer quelque ouvrage de longue haleine, en lui donnant en même temps une pension. Je proposai de l'employer à traduire et à faire imprimer plusieurs traités des Grecs schismatiques contre les Latins, parce que nos théologiens ne savent ordinairement pas les principaux raisonnements ni les autorités dont les schismatiques se servent dans les points sur lesquels on dispute avec eux depuis si longtemps. M. de Meaux et feu M. l'archevêque de Reims, auquel j'en parlai aussi, parce qu'il avait alors la direction de la Bibliothèque-du-Roi et de ce qui regardait les lettres, entrèrent dans ma pensée, et me chargèrent de la proposer à M. S., qui s'en excusa. Plusieurs années après, je fus bien étonné d'apprendre dans ses Lettres imprimées un fait aussi nouveau que celui de ce dessein. S'il l'a eu, il l'a tenu fort secret, et il ne l'aurait pas exécuté de la manière dont on le suppose. Car il n'y aurait pas mis (p. 866) Cabasilas, qui est imprimé dans la Bibliothèque des Pères, aussi bien qu'un petit traité de Marc d'Éphèse, ouvrages qui ne sont point rares, non plus que celui de Jérémie, qui est aussi imprimé dès 1584; encore moins Gennadius, ni Mélèce Piga, qu'il n'avait pas, non plus que Siméon de Thessalonique, dont on ne savait pas alors que les ouvrages fussent imprimés en Moldavie; ni Agapius, qui n'a pas fait un traité théologique, mais un recueil de miracles, où il y en a quelques-uns sur l'Eucharistie. Quand on ajoute qu'on pourrait s'en rapporter à lui sur d'autres petits ouvrages encore plus rares, les lecteurs en jugeront, puisqu'il n'en a cité aucun que des imprimés, ou ceux qu'avaient les auteurs de *la Perpétuité*, et qui lui furent prêtés.

Ma collection n'a jamais été faite sous la direction de M. Arnauld, mais sous celle de feu M. de Meaux et de feu M. l'archevêque de Reims, qui l'avaient eue entre les mains manuscrite, longtemps avant l'impression : et si je ne me suis pas pressé de la faire, le public n'y a pas perdu, puisque j'ai eu lieu d'y ajouter plusieurs choses qui nous étaient inconnues il y a quelques années. On ne prétend point ôter la gloire à personne, et on a rendu justice à M. S. sur son livre de la Créance des Grecs, où il réfute M. Smith assez solidement; mais on est fort éloigné de déférer à sa critique sur les attestations, qui se trouvera examinée dans cet ouvrage, et encore moins à plusieurs faits répandus dans ses Lettres, sur lesquels on est très-assuré qu'il s'est trompé.

LA PERPÉTUITÉ DE LA FOI
DE L'ÉGLISE CATHOLIQUE
TOUCHANT L'EUCHARISTIE.

LIVRE PREMIER.

CHAPITRE PREMIER.

Justification générale de la méthode de la Perpétuité, par rapport au consentement des Grecs et des Orientaux.

Depuis que le dernier volume de *la Perpétuité de la foi* a été donné au public jusqu'à ce dernier temps, les calvinistes, persuadés que le ministre Claude avait pleinement réfuté cet excellent ouvrage, ne l'ont attaqué qu'indirectement, sans employer aucunes nouvelles preuves, mais seulement celles qui leur avaient été fournies par ce ministre. Quelques louanges que lui aient donné ceux de son parti, il n'en a jamais reçu aucune sur la manière dont il avait traité un des principaux points de la dispute, qui est la conformité de créance et de discipline des églises orientales avec l'Église romaine touchant l'Eucharistie. Il était aisé de reconnaître sans beaucoup d'érudition que ce fameux défenseur des églises prétendues réformées n'avait opposé à des preuves de fait que des chicanes et des faussetés insoutenables, et que l'église grecque, telle qu'il la représentait, était une chimère détruite par tout ce qu'il y a de monuments de plus certains, et par les témoignages de tous les siècles. Les plus savants connaissaient encore mieux la faiblesse de tout ce qu'il avait dit sur ce sujet; et la hardiesse avec laquelle il avait contesté l'autorité d'un très-grand nombre d'actes et d'attestations venues du Levant à l'occasion de cette dispute, sans preuves, sans fondement et sans établir aucun véritable système de la doctrine de ces églises, après avoir assuré que la créance de la présence réelle et de la transsubstantiation, aussi bien que l'adoration de l'Eucharistie, leur étaient entièrement inconnues, faisait connaître plus clairement son ignorance. Le lieu commun dont il s'était servi à toute occasion pour traiter de Grecs latinisés tous ceux qui soutenaient la doctrine conforme à celle des catholiques sur cette matière, et de vaines déclamations sur la facilité de faire tout signer aux Orientaux sur leur ignorance et sur les artifices des missionnaires pour répandre dans tout l'Orient les opinions de l'Église romaine, ont été toutes les preuves dont il a soutenu ce qu'il avait avancé; et c'est ce que les auteurs de *la Perpétuité* ont fait voir dans leur dernier volume.

Ceux qui ont écrit sur ces mêmes matières, ou qui en ont parlé à l'occasion de quelques autres ouvrages, ont copié ce qu'avait écrit M. Claude; mais il ne s'en trouve pas un seul qui ait ajouté la moindre preuve de fait à tout ce que ce ministre avait hasardé touchant les Grecs et les autres chrétiens des communions séparées; croyant bien que son autorité ferait recevoir ses paradoxes parmi ceux de son parti, et même qu'il se trouverait peu de catholiques capables d'en faire voir la fausseté. Il avait traité de Grecs latinisés tous ceux généralement qui condamnaient la créance exposée dans la Confession de Cyrille Lucar, patriarche de Constantinople. Ainsi tous les Grecs se trouvaient latinisés, à l'exception de cet apostat et de quelques vagabonds inconnus aux Grecs mêmes, qui ont tant de fois condamné et condamnent encore cette pièce, aussi fausse dans ce qu'elle contient que défectueuse dans la forme. Les actes venus du Levant, depuis l'impression du premier volume de *la Perpétuité*, avaient frappé toutes les personnes qui cherchaient la vérité de bonne foi; et M. Claude n'y avait pu opposer que ce reproche général de Grecs latinisés, et des soupçons très-mal fondés contre ces pièces, qui, étant revêtues de toutes les marques d'authenticité établies par le droit public, ne pouvaient être rejetées comme supposées. Le grand nom de ce ministre n'avait pu néanmoins donner aux conjectures qu'il opposait à tous ces actes la force qu'elles n'avaient point; ainsi ses disciples s'étaient contentés de dire, en termes généraux, qu'il avait détruit toutes les conséquences que les catholiques en pouvaient tirer, ce qui n'avait pas empêché néanmoins qu'après tous les éloges qu'on lui donnait, ceux qui examinaient les objections et les comparaient avec les pièces originales ne l'abandonnassent sur divers articles qui entraient tellement dans son système, qu'il tombait entièrement dès qu'on reconnaissait qu'il était faux en quelques-unes de ses parties.

M. Allix, que nos réfugiés savent avoir une très-grande érudition, au lieu que le ministre Claude n'en avait qu'une très-médiocre, et que pour ce qui regardait les Grecs il n'en avait aucune, a reconnu qu'on ne pouvait soupçonner de supposition le synode de Jassi en 1642. Cet aveu renferme une reconnaissance de l'authenticité de la Confession orthodoxe qui y fut dressée, et par conséquent du synode de Jérusalem tenu en 1672. Ainsi, par une suite nécessaire, tout ce que M. Claude a dit pour donner de l'autorité à la fausse Confession de Cyrille Lucar est renversé ; et on peut condamner la doctrine des calvinistes qu'elle contient, sans être latinisé. Celui qui a fait imprimer à Leipsik la Confession orthodoxe avec sa traduction, après avoir fait de grands éloges de ce ministre, et rapporté plusieurs passages de ses réponses, avoue nettement qu'il ne peut pas comprendre qu'on puisse traiter de pièces fausses et supposées tant d'attestations des patriarches et des églises du Levant, sur ce qu'elles se trouvent conformes à la doctrine des catholiques. Enfin jusqu'à M. Smith, théologien de l'église anglicane, tous avouent présentement que l'église grecque croit la présence réelle et la transsubstantiation ; mais ils se réduisent à une nouvelle chicane, qui est de supposer que cette créance s'est introduite depuis peu parmi les Grecs, et que, s'ils croient la transsubstantiation, ce n'est pas celle que croit l'Église romaine.

C'est à quoi se sont réduits les théologiens calvinistes qu'on peut regarder comme sérieux qui ont écrit sur cette matière, au nombre desquels on ne mettra pas l'auteur du livre intitulé : *Monuments authentiques de la religion des Grecs*, qui s'est engagé dans cette dispute, parce qu'il ignorait absolument tout ce qui était nécessaire non seulement pour en écrire, mais encore pour l'entendre. La haute estime qu'il avait conçue pour M. Claude lui ayant fait regarder toutes les propositions d'où naissent des conclusions si merveilleuses sur la créance des Grecs comme certaines, il s'est mis dans l'esprit qu'il n'était pas difficile de se signaler parmi les siens, en promettant de prouver ce que ce ministre avait avancé en général, sans en donner une seule preuve. M. Claude établissait des propositions générales, comme celle-ci : Tous les Grecs qui croient la transsubstantiation sont latinisés ; de même ceux qui reconnaissent sept sacrements, ou qui reçoivent les livres de l'Écriture qui ne sont pas dans le canon des Juifs. Ce nouvel auteur, supposant incontestables des propositions établies sur une telle autorité, en a fait l'application la plus ample qu'il était possible. Car sur cela, Gennadius, Mélétius Syrigus, et les patriarches de Constantinople et de Jérusalem qui ont condamné la Confession de Cyrille, ou approuvé la Confession orthodoxe, lui ont paru des Grecs latinisés. Une attestation qui contient la doctrine des sept sacrements est fausse par cette même raison, et c'est ainsi qu'il a prétendu détruire toutes les pièces citées dans *la Perpétuité*, et réduire cet ouvrage en poudre.

Quelque faux et absurde que soit ce raisonnement, il est néanmoins tiré, par une conséquence très-juste, de la maxime générale de M. Claude. L'auteur cependant n'est pas excusable de ce que ne s'étant pas contenté de raisonner, comme il a fait, sur un faux principe, il a cru fortifier ses conjectures vaines et frivoles en y ajoutant, comme preuves de fait, des choses qui n'ont jamais été que dans son imagination et qui sont détruites par le témoignage de toute la Grèce et de tout l'Orient. Quoique son ouvrage ne méritât pas de réponse, puisque, sans autre secours que celui du livre de *la Perpétuité*, on pouvait facilement le confondre, on a cru néanmoins le devoir réfuter, à cause de la facilité avec laquelle on voit que les calvinistes trompent et se laissent tromper sur ces articles. Ce ne sont pas les catholiques seuls qui ont traité la Confession de Cyrille Lucar comme entièrement éloignée de la créance commune de l'église grecque ; plusieurs savants protestants de la confession d'Augsbourg n'en ont pas jugé autrement, et ils ont reconnu l'autorité des synodes de Cyrille de Berroée et de Parthénius-le-Vieux, qui la condamnèrent. C'est ce que le ministre Claude ignorait, ou faisait semblant d'ignorer, ce qui est néanmoins décisif dans cette dispute ; et il a encore plus ignoré ou dissimulé les véritables sentiments des Grecs de notre temps sur la Confession de Cyrille Lucar et sur toutes les autres pièces citées par les auteurs de *la Perpétuité*.

Ceux-ci n'ont pas donné lieu à leur adversaire de leur reprocher qu'ils avançassent des faits importants sans les établir par des preuves solides ; qu'ils en dissimulassent d'autres, ni qu'ils raisonnassent sur des principes inconnus en pareilles contestations, ce qu'ils ont avec beaucoup de raison reproché au ministre Claude. La question du consentement général de toutes les églises et dans tous les temps, sur la créance de la présence réelle et de la transsubstantiation, était le point essentiel de la dispute, et il ne s'agissait pas moins d'éclaircir ce que les Grecs et les autres chrétiens orientaux croient présentement, que d'examiner ce qu'ils avaient cru dans les siècles éloignés de nous. Les catholiques avaient établi que tous ces chrétiens, dans les communions séparées de l'Église romaine, croyaient encore la présence réelle et la transsubstantiation ; d'où il était aisé de conclure que, puisqu'on ne pouvait marquer dans l'histoire un temps où il parût qu'il fût arrivé sur ce sujet aucun changement, on était en droit de supposer qu'il n'y en avait jamais eu dans la doctrine. Le ministre Claude s'y était pris tout autrement ; car, supposant que tous les anciens Pères et les auteurs ecclésiastiques, par des expressions qui conduisent naturellement au sens de la présence réelle, n'ont rien signifié que ce que croient les calvinistes, il a conclu d'une proposition très-douteuse, ou pour mieux dire très-fausse, que les Grecs ne croyaient pas la présence réelle : et c'est là tout son argument. Mais les catholiques ayant de leur côté toutes les autorités imaginables pour prouver que les Grecs croyaient le contraire de ce que leur attribuait ce ministre, ils raisonnaient assurément plus juste que lui, d'autant plus qu'ils avaient le témoignage de tous les Grecs, et qu'il était très-certain, par leurs livres et par leurs confessions de foi, qu'ils entendaient dans un sens entièrement différent les passages des Pères.

Après donc avoir éclairci, avec autant d'exactitude qu'ont fait les auteurs de *la Perpétuité*, les fausses interprétations qu'Aubertin et M. Claude avaient employées pour trouver le calvinisme dans les écrits des anciens Grecs, et fait voir que les différents systèmes de ces ministres, pour établir un changement total de la créance sur l'Eucharistie, étaient insoutenables, il ne restait plus, pour un parfait éclaircissement de la vérité, que de consulter les Grecs mêmes, non seulement touchant la doctrine, mais sur plusieurs faits de ces derniers temps, qui y avaient un rapport indirect, mais dont les conséquences étaient décisives, comme était celui de Cyrille Lucar. Il paraissait assez que les calvinistes le croyaient ainsi, puisqu'ils se donnèrent d'abord tant de soins pour publier la Confession qu'il leur avait donnée en secret, et pour la faire considérer comme la créance de toute l'église d'Orient, suivant le faux titre que cet apostat lui avait donné. Ce fut sur cela, et sur le fond de la créance reçue parmi les Grecs, qu'on jugea à propos de les consulter, afin de terminer cette question d'une manière qui ne laissât plus aucunes difficultés.

Le ministre Claude et tous ceux de sa communion ne se sont jamais plaints qu'on eût cherché à éclaircir les faits contestés, en demandant les témoignages des Grecs, puisque personne ne peut nier qu'ils doivent être écoutés préférablement à tous dans ce qui regarde la foi, la discipline et l'histoire de leur église. M. Claude et tous les calvinistes n'en pouvaient pas disconvenir, puisqu'ils faisaient valoir en toute occasion la Confession de Cyrille, et deux ou trois pièces plus ambiguës. On avait même des preuves certaines que ce ministre n'avait pas négligé cette recherche, puisqu'on a vu par des réponses venues du Levant qu'il y avait envoyé des mémoires très-peu fidèles de la créance de l'Église romaine, pour tirer par cet artifice quelques déclarations qui parussent y être contraires. Il a cherché avec le même soin tout ce qui pouvait être avantageux à sa cause, jusqu'à des témoignages de particuliers assez peu connus d'ailleurs, qui lui ont fait des romans sur l'état de l'église grecque, dont il s'est néanmoins servi avec autant d'assurance que s'ils eussent eu une autorité incontestable. Il fallait, par exemple, être bien crédule pour s'imaginer qu'un M. Bazire, Anglais, dont jamais on n'avait ouï parler, eût reçu l'imposition des mains du patriarche de Constantinople; et qu'ensuite il eût prêché le calvinisme publiquement dans les églises grecques. Voilà cependant une des grandes preuves de M. Claude, parce qu'il a cru que les Grecs ordonnaient ceux mêmes qui ne sont pas dans leur communion, comme plusieurs ministres français ont été ordonnés en Angleterre par les épiscopaux. S'il avait su comment les ordinations sont célébrées dans l'église grecque, il aurait facilement reconnu que son ami se moquait de lui.

Mais puisqu'il a fait valoir pour la défense de sa cause de pareils témoins, et d'autres qui, parce qu'ils avaient été quelque temps à Constantinople, osaient contester tout ce qu'ils ne savaient point, et croyaient y avoir vu ou entendu ce qui ne fut jamais, il ne pouvait pas récuser l'autorité de tous les Grecs qui ont été cités dans *la Perpétuité de la foi*, puisqu'elle se trouvait aussi incontestable que les témoignages dont il a voulu se servir étaient faux et incertains. Il a néanmoins été ferme jusqu'à la fin à maintenir ses paradoxes; et ceux qui connaissaient son caractère ne s'en étonnent pas; encore moins qu'un homme aussi peu instruit de la langue et de la foi des Grecs qu'est l'auteur des *Monuments authentiques*, les ait pris comme une source de démonstrations contre les catholiques.

On croit avoir fait voir, par des preuves bien différentes des siennes et de celles de M. Claude, que tout ce qu'ils ont dit l'un et l'autre sur les Grecs et sur les Orientaux était tellement faux, qu'il ne fallait pas avoir la moindre connaissance de la doctrine et de l'histoire de ces églises, pour n'en être pas convaincu. Mais comme on a voulu être court dans la *Défense de la Perpétuité*; que, par cette raison, il y a eu plusieurs choses qui n'ont peut-être pas été assez expliquées, parce qu'on voulait suivre l'auteur qu'on avait entrepris de réfuter, plusieurs personnes ont souhaité que cette matière fût traitée dans un ordre plus naturel, et c'est qui a engagé à entreprendre cet ouvrage, comme une dernière partie de *la Perpétuité de la foi*.

Lorsque les auteurs publièrent le premier volume, ils rapportèrent touchant les chrétiens grecs, et ceux des autres communions séparées, ce qu'on savait de meilleur sur cette matière, qui n'avait jamais été encore suffisamment éclaircie. Il n'y avait aucun traité particulier où elle fût bien expliquée, et la plupart de ceux qui en avaient écrit avaient manqué des lumières nécessaires; aucun presque n'avait travaillé sur les originaux; ils s'étaient contentés de copier, et presque toujours sans discernement, ce qu'ils avaient trouvé dans des auteurs très-méprisables; ils attribuaient aux Grecs et aux autres Orientaux des hérésies ou des erreurs dont on ne les pouvait accuser sans calomnie; ils en passaient et excusaient qui ne pouvaient être justifiées; ils en oubliaient plusieurs autres; et quand on avait lu tout ce qui avait été publié jusqu'alors sur cette matière, il était très-difficile d'en pouvoir tirer de véritables systèmes de la foi et de la discipline de ces églises.

Il y avait cependant de grands secours pour connaître au vrai l'église grecque. Car le P. Goar, dominicain, qui avait été employé longtemps dans les missions de ce pays-là, et qui avait une très-vaste connaissance des livres ecclésiastiques des Grecs, avait traité avec une très-grande érudition ce qui regarde les sacrements, dans l'Eucologe qu'il donna au public avec d'excellents commentaires. M. Habert avait de même fort éclairci la matière de l'ordination dans son Pontifical des Grecs, où il avait établi de grands et solides principes de théologie, pour examiner les rites de l'église orientale, suivant la discipline de l'ancienne Église, plutôt que sur les maximes de la théologie de l'école; défaut qu'on reprochait à Arcudius, et avec beaucoup de raison; car son ouvrage est plutôt une controverse continuelle contre les Grecs, qu'une exposition fidèle de leur doctrine et de leur discipline sur les sacrements : il les accuse souvent mal à propos, et il paraît que la règle de la foi suivant laquelle il examinait les Grecs s'éloignait souvent de la tradition, dans la crainte de s'écarter tant soit peu de ce qu'il avait appris dans l'école ; car il n'avait pas d'autre théologie. C'est pourquoi il condamna dans les Grecs plusieurs cérémonies et diverses prières sacramentelles ; ce qui ne s'accordait pas avec l'approbation que les papes avaient donnée en plusieurs occasions aux rites grecs. Aussi, quoiqu'il eût composé son ouvrage à Rome, où il avait eu des emplois considérables, il ne put l'y faire imprimer, et il l'envoya à Paris. Mais on reconnaît assez qu'on n'en a pas tiré de fort grands secours pour la connaissance exacte de l'église grecque moderne ; d'autant même qu'il était très-peu versé dans la lecture des livres grecs du moyen et du dernier âge, quoiqu'elle soit absolument nécessaire.

Léon Allatius, natif de Corfou comme Arcudius, excellait en cette partie, et par un travail infatigable il avait lu et extrait un très-grand nombre de livres manuscrits de la Basse-Grèce. Avec ce secours il composa son ouvrage *de perpetuo Ecclesiæ Consensu*, dans lequel on trouve plus de bons matériaux que dans aucun autre qui ait paru depuis plusieurs siècles. Il est vrai qu'il n'était pas autant versé qu'il eût été à souhaiter dans la théologie ancienne, ce qui fait qu'on ne peut le suivre en plusieurs points importants ; mais lors même qu'il s'écarte, il fournit de quoi retrouver le droit chemin.

Le P. Morin, dans ses deux excellents ouvrages de la Pénitence et des Ordinations, avait aussi donné de grands éclaircissements sur ce qui regarde les Grecs et les Orientaux. Il n'y avait presque que ces auteurs qu'on pût suivre avec sûreté ; et ce qu'on trouvait dans les autres sur le même sujet était si embrouillé, qu'il était extrêmement difficile d'en former un système exact de la créance et de la discipline des églises grecques et de toutes les orientales.

Ce qui regardait celles-ci était encore plus obscur. On ne lisait que deux ou trois auteurs qui étaient entre les mains des théologiens, entre autres celui de Thomas-à-Jésu, *de Conversione omnium gentium*, et il s'y trouvait tant de faussetés et tant de contradictions, qu'on n'en pouvait faire aucun usage ; d'autant moins que des Liturgies et d'autres offices de ces églises, dont quelques-uns avait été imprimés et traduits en latin, détruisaient la plupart des choses qui se trouvaient dans cet ouvrage. Ceux qui avaient traité en général des langues et des religions ne rapportaient que des témoignages confus, tirés de toutes sortes de livres, de voyageurs, souvent hommes sans lettres ou remplis de préjugés, de controversistes peu instruits de ces matières ; et les plus exacts, comme Édouard Brérewood, ayant tout ramassé sans choix, ne pouvaient pas faire entendre ce qu'ils n'avaient connu que très-confusément et sans aucune certitude.

D'autres, mêlant l'histoire et la controverse, avaient encore plus embrouillé la matière, particulièrement Hottinger, qui, faisant tous les jours des livres, et ayant quelque connaissance des langues orientales, était plus capable que personne d'imposer au public, surtout aux protestants, accoutumés à se former une grande idée de la capacité d'un écrivain qui cite continuellement du syriaque, de l'arabe et d'autres langues orientales. Ainsi la plupart des calvinistes ont étudié avec grand soin sa Topographie ecclésiastique, et plusieurs autres ouvrages, aussi bien que ses dissertations confuses sur l'Histoire ecclésiastique, dans lesquelles il a jeté tout ce qui lui pouvait tomber sous la main de pièces et de mémoires qui avaient quelque rapport aux églises orientales ; et la réputation qu'il avait acquise plutôt par le nombre que par le mérite de ses livres, lui donnait une grande autorité parmi les gens de lettres. Il avait employé une dissertation à justifier Cyrille Lucar (Anal. Hist.), à le représenter comme un saint et comme un martyr, et à tâcher de prouver que sa Confession imprimée à Genève contenait la véritable créance de l'église orientale. A cette occasion il cita plusieurs lettres de Cyrille écrites au ministre Léger, à Diodati et à divers autres, qui servirent, contre son intention, à faire connaître que ce patriarche était un parfait calviniste, et qu'il n'avait pas donné la confession de l'église grecque, mais la sienne, formée sur celle de Genève, dont il avait souvent copié les propres paroles.

Ce sont ces mêmes lettres que l'auteur des *Monuments authentiques* a imprimées tout au long, avec d'ennuyeux et inutiles commentaires, après en avoir néanmoins retranché quelques-unes, qui contenaient des preuves certaines de l'ignorance et de la mauvaise foi de celui qui les avait écrites.

Les auteurs de *la Perpétuité de la foi*, ayant eu à éclaircir le point qui regardait la créance des Grecs et des Orientaux dans un temps auquel la matière était très-obscure, s'en sont acquittés néanmoins avec une grande exactitude, puisqu'on doit reconnaître qu'ils ne se sont trompés en aucune partie essentielle de cette laborieuse recherche. Mais comme depuis l'impression du premier volume il s'est fait des découvertes considérables dans l'église grecque ; que non seulement elle a fourni un grand nombre d'actes authentiques et d'attestations qui ont mis en évidence plusieurs faits qui jusqu'alors n'avaient pas été bien connus ; qu'on a découvert des auteurs dont on n'avait eu auparavant aucune connaissance ; que les Grecs ont fait imprimer eux-mêmes en Moldavie et en Valachie la plupart des pièces que les calvinistes ont attaquées ; enfin qu'on a plus exactement connu qu'on n'avait fait jusqu'alors la créance et la discipline des sectes séparées également de l'église grecque et de l'Église romaine, il était nécessaire d'en faire un traité à part, et c'est ce qui fera le sujet de cet ouvrage.

CHAPITRE II.
Examen général des preuves employées par les auteurs de la Perpétuité, *leur force et leur usage.*

Parmi toutes les manières d'éclaircir la vérité qui ont été mises en usage depuis la division de l'Église par le schisme des protestants, il n'y en a point qui soit plus sûre, plus simple et plus à la portée de tout le monde, que celle dont les auteurs de *la Perpétuité* se sont servis dans la question qui regarde l'Eucharistie ; et elle s'étend également à tous les autres articles que les premiers réformateurs prirent pour prétexte de leur séparation. C'est une espèce de discussion dont toute personne est capable ; au lieu que celle qui consiste dans l'examen des différentes interprétations qu'on peut donner aux passages de l'Écriture sainte et des anciens Pères ne peut être faite que par les savants. Un ministre habile et subtil trouve moyen d'obscurcir ce qu'il y a de plus clair dans l'Écriture et dans les Pères : et ce que les luthériens et les calvinistes avaient fait à l'égard des points sur lesquels ils se sont éloignés de la doctrine reçue jusqu'alors dans l'Église touchant les sacrements, les sociniens l'ont fait à leur égard, attaquant par les mêmes principes la Trinité et la divinité de Jésus-Christ, sans qu'on leur puisse reprocher qu'ils se soient écartés de ceux qui font le fondement de la réforme. Il a fallu que les calvinistes employassent contre eux le secours de la tradition qu'ils ont renversée ; et le consentement de tous les siècles à rejeter les erreurs des sociniens est le seul moyen de les attaquer avec quelque succès. Ainsi, quand les auteurs de *la Perpétuité* se sont servis du même argument contre les calvinistes, ils ont fait ce que tous les protestants ont souvent fait et font tous les jours pour combattre les ennemis communs du christianisme. La clarté de l'Écriture sainte par elle-même, grand principe de la théologie des prétendus réformés, ne sert de rien en cette dispute. Un socinien croit voir aussi clairement que les passages cités ordinairement pour établir la divinité de Jésus-Christ prouvent toute autre chose, qu'un calviniste croit voir que ceux dont nous nous servons pour prouver la présence réelle ne la signifient point. De longues recherches de critiques, des hébraïsmes, des comparaisons de passages, des raisonnements sur des expressions, ne sont pas à la portée du vulgaire, qui ne les entend pas : il croit les entendre, parce qu'il s'en rapporte à ses ministres, qui, sur de pareilles matières, peuvent tout persuader à des ignorants entêtés et prévenus en leur faveur. On a beau détruire les fausses explications de l'Écriture et des passages des auteurs anciens, par lesquelles les protestants entretiennent leurs peuples dans l'erreur et dans le schisme, comme il n'arrive presque jamais que ceux qui sont à la tête d'un parti se rétractent, et que les chicanes les plus puériles ou des répétitions de choses cent fois réfutées passent pour des réponses, un calviniste pressé, et qui ne sait que répondre à une forte objection, croit que son ministre y a répondu, ou qu'il y répondra bien.

La preuve tirée du consentement général des églises est entièrement d'un autre genre. Chacun en est capable, et il ne faut pas plus de théologie pour examiner si les Grecs et tous les Orientaux croient la présence réelle, que pour savoir s'il y a une ville de Constantinople, une Alexandrie, une Rome. Tout homme peut comprendre qu'il est impossible que les siècles et les pays les plus éloignés s'accordent sur de certaines expressions, sur des cérémonies qui les déterminent, et sur une forme de culte extérieur, à moins qu'il n'y ait une entière conformité de sentiments. Chacun peut entendre la liaison nécessaire qui est entre la créance intérieure et la forme extérieure du culte, qui est la discipline, l'interprète la plus certaine de la doctrine. Il n'y a personne, qui, entrant durant la Liturgie dans une église de Grecs ou d'autres Orientaux, ne reconnaisse aux cérémonies et aux prières qui y sont en usage, tant pour la consécration de l'Eucharistie que pour la communion, qu'ils sont persuadés qu'il y a sur leurs autels autre chose que du pain et du vin. Quelques détours qu'aient pu donner les plus habiles ministres aux prières de ces églises séparées, pour en éluder la force par des interprétations ingénieuses, tout homme qui verra toute une assemblée prosternée quand le prêtre, montrant le disque sacré sur lequel est l'Eucharistie, crie en même temps : *Sancta sanctis*, ne doutera pas qu'on ne l'adore ; et si on l'adore, il faut nécessairement qu'on croie que c'est véritablement le corps et le sang de Jésus-Christ. Par cela seul, on peut reconnaître que toutes les interprétations qu'on donne à leurs prières et aux principales parties de leur Liturgie sont forcées, si on les veut tourner à un autre sens que celui de la présence réelle.

De même, quoique nous trouvions dans les livres des calvinistes des termes qui paraissent très-expressifs pour signifier une participation réelle du corps de Jésus-Christ, quelque modestie qu'ils observent dans la célébration de leur cène, il est aisé de reconnaître qu'ils ne croient pas qu'il y ait autre chose que le pain et le vin ; d'autant plus qu'ils ne souffrent aucune des cérémonies que pratiquent ceux qui croient ce que l'Église catholique croit sur ce sujet, et que les premiers réformateurs les ont toutes abolies, comme superstitieuses et idolâtriques.

La force de l'argument tiré du consentement général et perpétuel de toutes les églises sur les articles contestés entre les catholiques et les prétendus réformés, ne s'étend pas moins sur tous les autres que sur celui de l'Eucharistie. Leurs premiers chefs abolirent les anciens usages de l'Église, sous prétexte qu'ils avaient été introduits par les papes, contre la pratique et la doctrine des premiers siècles. Quand on voit donc que ces mêmes choses ont toujours été et sont encore observées exactement par les chrétiens de l'église grecque, comme établies sur la tradition apostolique ; que les nestoriens, séparés depuis près de douze cents ans, les jacobites, dont la séparation a commencé au concile de Calcédoine, toutes les églises de différentes langues comprises sous ces deux sectes, sont dans la même pratique, on reconnaît aisément que le retranchement de ces prétendus abus est fondé sur une fausse supposition. Ensuite, pour peu qu'un homme qui cherche la vérité y fasse réflexion, il aura peine à comprendre que ce qui a été pratiqué par les chrétiens des premiers siècles, et qui l'est encore dans toutes les églises d'Orient, puisse être traité d'abus et de superstition. Cette réflexion doit produire en lui une juste défiance de la bonne foi et de la capacité des premiers réformateurs ; et quand il aura examiné les autres motifs dont ils tâchèrent de justifier leur séparation, il ne les trouvera pas mieux établis.

Aussi Érasme et plusieurs catholiques, qui vivaient dans le temps auquel la réforme commença à éclater, leur reprochèrent d'abord la témérité et l'impiété, sans laquelle on ne pouvait condamner comme des abus et des superstitions ce que les plus grands saints, les maîtres et les docteurs de l'Église avaient constamment enseigné et pratiqué ; que tous les vrais chrétiens souhaiteraient toujours et demanderaient que les abus qui pouvaient s'être introduits fussent corrigés, mais qu'il ne fallait pas pour cela renverser les autels, piller les églises, prendre les biens des monastères destinés à la nourriture des pauvres, abolir le sacrifice non sanglant, conservé dans toute l'Église depuis tant de siècles, supprimer les jeûnes et tous les exercices de pénitence, retrancher la confession des péchés, ouvrir les portes des monastères à de mauvais religieux ou religieuses qui avaient été consacrés à Dieu par des vœux solennels, les marier contre toutes les lois divines et humaines, fouler aux pieds l'autorité des évêques, pour la mettre entre les mains des laïques, des princes, ou d'une populace ignorante et tumultueuse, avoir en horreur le signe de la croix et les images sacrées. Enfin ils montrèrent que tout ce que les premiers réformateurs ont voulu faire regarder comme l'ouvrage de Dieu n'était que fureur, impiété, sacrilége et ignorance.

Georges Cassandre, théologien d'un grand mérite, et qui avait un caractère singulier de douceur et de charité, avec une capacité supérieure à celle de la plupart des autres théologiens de son temps, s'est servi pareillement de l'argument tiré de la conformité de la discipline des premiers siècles dans la célébration de la Liturgie, et à ce dessein il fit plusieurs recherches très-curieuses, comprises dans le traité qu'il appela *Liturgica*. Il n'y rapporta pas seulement divers extraits des anciens offices de l'Église occidentale, il y joignit ce qu'il put trouver alors touchant les rites de l'église orientale ; et quoique ce qu'il en a dit ne soit pas aussi ample ni aussi exact que ce qu'on a découvert depuis, cela suffisait néanmoins pour renverser tous les systèmes de la réforme.

Aussi les protestants n'ont jamais absolument nié que le consentement général de toutes les églises ne fût d'une grande autorité dans les disputes sur la religion. Il est vrai qu'il y a beaucoup d'apparence que leurs premiers maîtres n'y avaient pas pensé : l'antiquité ecclésiastique n'était pas alors assez connue, et si elle l'avait été comme elle est présentement, ils n'auraient pas vraisemblablement touché à plusieurs points de doctrine et de discipline qu'ils ont renversés comme des nouveautés, quoiqu'ils fussent aussi anciens que l'Église ; et nos théologiens auraient plus facilement défendu la foi qu'elle enseigne, s'ils s'étaient contentés de la soutenir par la tradition et par la pratique constante des chrétiens de tous les pays et de tous les siècles.

Mais au moins les calvinistes sont convenus de la vérité du principe, et il y a déjà plusieurs années qu'ils ne nient plus que si toutes les églises du monde s'accordent sur les points contestés avec les catholiques, la dispute était terminée. Ils se sont réduits, suivant la méthode de M. Claude, à nier ce consentement général ; et jamais homme ne l'a nié avec plus de hardiesse que ce ministre. Aubertin et quelques autres n'étaient pas entrés dans le détail de cette question, car ils sentaient la faiblesse des preuves qu'ils pouvaient employer pour montrer que toute l'église grecque de notre temps était dans leurs sentiments sur l'Eucharistie, encore moins pour trouver cette conformité entre eux et les églises d'Égypte, de Syrie, de Perse, d'Éthiopie et d'autres séparées de communion de l'église grecque. On fait croire ce qu'on veut à ses disciples, et à des ignorants, sur des passages d'anciens auteurs, embarrassés par de longs commentaires : ces auteurs ne parlent plus. Mais cette église grecque, celle d'Alexandrie, qu'on appelle des Cophtes ou Égyptiens, celle d'Éthiopie, des nestoriens, et toutes les autres subsistent, et elles ont parlé par la bouche de leurs patriarches, de leurs évêques, et des simples laïques qui savent leur créance. Ainsi on ne peut tromper personne sur ce qui regarde des églises entières qui subsistent comme celles-là. On les a consultées, elles ont expliqué leur créance de la manière la plus authentique et la plus solennelle ; et les auteurs de *la Perpétuité de la foi* ont donné au public toutes ces réponses. M. Claude ne s'est pas rendu pour cela : *Tous ces gens-là*, dit-il, *sont latinisés ; les attestations sont fausses ; elles ont été obtenues par de mauvaises voies ; on les a fait signer à des ignorants, qui signent tout ce qu'on leur présente, pourvu qu'on leur donne de l'argent.* Voilà ce qu'il appelait répondre à l'autorité de ces pièces, sans alléguer la moindre preuve du genre de celles dont on se sert quand on s'inscrit en faux contre un acte. En même temps, lui qui rejetait ceux qui étant expédiés dans la forme la plus authentique, sont légalisés par les ambassadeurs, les consuls et autres personnes publiques, voulut faire valoir l'autorité d'une pièce informe, comme était la Confession de Cyrille Lucar, ses lettres furtives à des ministres, de semblables lettres de M. Haga ; des réponses ambiguës de quelques Grecs vagabonds, le témoignage d'un M. Basire. Enfin il a toujours persisté à nier qu'aucun Grec, s'il n'était latinisé, admît la présence réelle, la transsubstantiation et l'adoration de l'Eucharistie.

Par conséquent toute la dispute est réduite à la question de fait. Quand M. Claude prouvait ces paradoxes par des raisonnements en l'air, les Grecs les détruisaient en faisant imprimer des livres en Moldavie, qui établissaient tout le contraire, pour ne pas parler de la Confession orthodoxe imprimée quelques années auparavant en Hollande, sans que les catholiques y eussent aucune part, non plus qu'à la dernière édition qui en a été faite à Leipsik, avec la traduction d'un luthérien. Il est étonnant qu'après une conviction aussi manifeste d'ignorance et de hardiesse sur ce qui regarde les Grecs et les Orientaux séparés de leur communion, on puisse encore copier de semblables faussetés, et en faire le fondement de disputes sérieuses. Les *Monuments authentiques* du sieur A. ne doivent pas être mis dans ce nombre : il paraît que plusieurs personnes raisonnables désapprouvent et condamnent la manière dont il a traité les catholiques, surtout ceux à qui par une espèce de droit des gens on doit porter respect. Ce n'est pas par des injures, par des calomnies et par des faussetés que l'on défend la vérité. Les savants sont encore moins contents de trouver tant d'ignorances grossières dans un ouvrage assez médiocre, pour ce que l'auteur y a mis du sien. Il ne faut pas néanmoins insulter si fort à cet écrivain, et prétendre justifier le ministre Claude. Celui-ci avait assuré avec une telle hardiesse que les Grecs ne croyaient rien de semblable à ce que nous croyons, et il l'avait répété tant de fois, qu'un néophyte le pouvait croire. En cela il n'a fait que ce que tous les ministres, et généralement les calvinistes, ont fait en approuvant, en louant et en copiant cette proposition de M. Claude qui était tellement nécessaire à son système, que si elle se trouvait fausse, il était entièrement renversé. On aurait de la peine à citer quelque écrivain autorisé dans leur communion qui l'eût désavoué, quoique plusieurs aient dit en particulier à leurs amis qu'il s'était engagé dans un embarras d'où il ne s'était pas tiré à son honneur.

Quels éloges n'a-t-il pas reçu et ne reçoit-il pas encore tous les jours ? Il a cependant dit en substance tout ce que l'autre a cru, à son exemple, pouvoir dire en détail. Il a assuré que tous les Grecs qui reconnaissaient le dogme de la transsubstantiation étaient de faux Grecs. L'autre, sur son témoignage, a assuré que Gennadius, que Coressius, Gabriel de Philadelphie, Grégoire protosyncelle, Parthénius-le-Vieux, le dernier de ce même nom, patriarches de Constantinople, Dosithée de Jérusalem et tous les autres l'étaient. Si le ministre Claude a eu raison, le sieur A. ne l'a pas eue moins que lui. Car si la proposition du premier est fausse, sa témérité est beaucoup moins excusable, puisqu'elle attaque toutes les églises, au lieu que l'autre attaque les particuliers. C'est une hardiesse insupportable, et qui serait punie par les lois, que d'accuser un particulier sans la moindre preuve, et c'est ce qu'a fait le sieur A. Ce n'est pas une moindre d'imputer des faussetés notoires à toutes les églises d'Orient, et n'en prouver aucune ; car on ne

dira pas que M. Claude ait mieux prouvé ce qu'il avance contre tous les Grecs, que l'autre a prouvé que tous ceux qu'il attaque en particulier étaient des papistes. Si donc M. Claude ne s'est pas engagé dans les preuves de ce qu'il disait touchant les Grecs, il a été plus prudent que l'autre, mais il n'a été ni mieux instruit ni plus sincère.

On croit avoir montré assez clairement dans la *Défense de la Perpétuité* la fausseté de tout ce que les calvinistes ont avancé sur cette matière ; mais on n'y a pu éclaircir en détail la foi et les principaux points de la discipline de ces églises séparées. Il paraît assez par ce que M. Claude en a écrit dans tant de volumes qu'il n'en avait pas la moindre connaissance, et il ne s'en faut pas étonner, car aucun protestant n'a écrit raisonnablement sur cette matière. On l'a voulu éclaircir par des témoignages de voyageurs et de géographes, ou par des extraits de ceux qui ont écrit touchant les hérésies ; ce n'est pas de cette manière qu'une question aussi importante doit être traitée. Ce n'est pas non plus sur de simples attestations, quoique certaines et authentiques, qu'il faut établir ce qu'on doit croire de la foi et de la discipline des églises. Il faut des preuves suivies, et qui se soutiennent par une liaison réciproque et par une exacte conformité avec la tradition de toute l'Église. Comme donc, par les raisons qui ont été dites, cela n'avait pu être fait par les auteurs de *la Perpétuité*, que dans la Défense il n'était guère possible de le faire sans trop grossir un ouvrage dans lequel on avait dessein de n'entrer dans le fond de la question qu'autant qu'on s'y trouverait engagé par l'auteur qu'on réfutait, on tâchera de recueillir dans ce traité les principaux points de dogmes, de discipline et d'histoire, qui peuvent donner une idée vraie et certaine de ce que croient les églises grecques et toutes celles d'Orient.

On espère, nonobstant qu'elle soit fort ample, éclaircir la matière autant qu'il sera nécessaire par des preuves de fait, et par des pièces originales dont on a eu un assez grand nombre. Outre plusieurs pièces grecques imprimées ou manuscrites, dont quelques-unes ont paru depuis peu, nous emploierons seulement l'autorité des livres qui sont reconnus comme orthodoxes par les Grecs modernes.

A l'égard des Orientaux, il n'y a aucune église dont nous n'ayons eu plusieurs Liturgies, des livres de prières et des confessions de foi. Nous nous servirons aussi des témoignages de leurs théologiens ; car il y en a plusieurs jacobites, nestoriens ou melchites, qui se trouvent dans les bibliothèques, et qui ne doivent pas être inconnus aux savants protestants, puisqu'ils sont dans les catalogues de celles d'Angleterre et de Hollande. Il se trouve aussi des historiens, des anciennes collections de canons et de constitutions ecclésiastiques, des commentaires sur les Liturgies, des Pénitentiaux, des Pontificaux, et plusieurs autres livres semblables, la plupart anciens de quelques siècles au-delà du schisme des protestants. Ce sont là les pièces desquelles nous tirerons ce qui entrera dans ce traité, et non pas de témoignages suspects, au nombre desquels on doit mettre ceux de plusieurs auteurs qui ont parlé en général des religions ou des hérésies ; ou de voyageurs peu instruits des matières ecclésiastiques, qui sont cependant presque les seuls témoins que les protestants citent dans cette dispute. On ne fera pas en cela de distinction entre les catholiques et les protestants ; car parmi les premiers il se trouve plusieurs auteurs qui ont avancé des faussetés insoutenables. Tels sont Gui de Perpignan, carme, Pratéolus, Alphonse de Castro, Sixte de Sienne et Possevin, qui copiait indifféremment ce qu'il trouvait dans les autres. Il y a beaucoup d'auteurs plus anciens qui ont écrit contre les Grecs, desquels on ne peut tirer de grands éclaircissements, parce qu'ayant écrit dans des temps d'ignorance, et lorsque la haine des Grecs contre les Latins était plus vive, ils ont reproché aux Grecs plusieurs erreurs et hérésies qu'ils ne connaissaient pas, comme les autres ont de leur côté répandu dans leurs écrits plusieurs calomnies contre les Latins.

CHAPITRE III.

Division générale de toutes les églises selon les patriarcats, et selon les différentes communions qui subsistent présentement.

Ceux qui ont écrit jusqu'à ces derniers temps des différentes religions du monde, des hérésies, ou des églises du Levant, ont la plupart donné une idée très-fausse du christianisme qui s'est maintenu et qui subsiste encore en ces pays-là. Quelques-uns de ces écrivains font de longues énumérations d'hérésies qui ne sont plus ; ils expliquent mal celles qui ont encore des sectateurs ; ils traitent d'erreurs des opinions ou des pratiques justifiées par l'ancienne discipline ; et presque tout ce qu'ils rapportent est fondé sur le témoignage d'auteurs fort suspects, et souvent très-mal informés. Cependant il est très-certain que si l'église orientale a été autrefois déchirée par un grand nombre d'hérésies, il y a plus de mille ans qu'il n'en reste plus que deux considérables, qui sont celles des nestoriens et des jacobites ou monophysites, que divers auteurs appellent mal à propos eutychiens. Toutes les églises où Jésus-Christ est adoré, si elles ne sont pas orthodoxes ou schismatiques, sont comprises sous l'une de ces deux sectes.

Il ne reste plus d'ariens en Orient, et tous les chrétiens font profession publique de la consubstantialité du Fils avec le Père, en récitant tous les jours le Symbole de Nicée dans la Liturgie et dans leurs prières particulières. On n'y trouve plus de macédoniens ou d'autres hérétiques qui aient attaqué la divinité du Saint-Esprit ; car tous reçoivent le Symbole avec l'addition qui fut faite par le premier concile de Constantinople, avec laquelle il est rapporté dans les anciennes collections de canons qui se trouvent encore en diverses langues. A peine les Orientaux connaissent les donatistes et les novatiens ; et s'il s'est glissé quelques erreurs qui pouvaient avoir rapport à celles de ces hérétiques, outre qu'elles n'ont pas eu de durée elles se sont introduites par d'autres motifs, et sur d'autres principes que ceux sur lesquels ces anciennes hérésies étaient établies, comme on expliquera en son lieu.

Il y a des vestiges de manichéisme dans l'Orient, et particulièrement dans la Perse, mais ce n'est pas parmi les chrétiens. C'est parmi les adorateurs du feu, que les Persans appellent *ateche perestan*, ou guèbres ; d'autres, appelés *mougan*, nom tiré de celui des anciens mages ; et d'autres enfin qui, n'étant pas engagés entièrement dans la superstition prodigieuse des premiers, établissent deux principes, l'un bon et l'autre mauvais, comme les anciens manichéens. Les Druses, et ceux qu'on appelle chrétiens de S.-Jean, ou Sabaites ; les ismaélites, qui étaient aussi appelés *batenis*, ou assassins, dont nos historiens d'outremer ont tant parlé, avaient aussi beaucoup d'erreurs semblables à celles des manichéens ; mais jamais ils n'ont été regardés comme chrétiens, et même les Juifs et les Mahométans les ont toujours eus en horreur.

On pourra croire cependant que les anciennes sectes ont subsisté plus longtemps en Orient, sur ce qu'il se trouve un catalogue assez ample de ces hérésies, et même de plusieurs qui nous sont entièrement inconnues, dans la préface des canons arabes attribués au concile de Nicée, qui ayant été traduite par Abraham Échellensis, fut insérée dans l'édition des Conciles du Louvre, et a depuis été mise dans celle du P. Labbé. Cette préface n'a pas l'antiquité que son traducteur lui a donnée, puisqu'elle ne se trouve pas dans les anciennes collections syriaques, particulièrement dans une qui est à Florence dans la bibliothèque du grand-duc. C'est un abrégé très-défectueux et très-imparfait de l'*Ancoratus* de S. Épiphane, augmenté par des copistes ignorants, qui y ajoutaient ce qu'ils trouvaient dans des traités de Grecs modernes sur les hérésies, tels que sont ceux qu'a donnés au public M. Cotelier ; et ainsi il ne peut avoir aucune autorité, d'autant même que dans les histoires de l'église d'Alexandrie, celles des nestoriens, et les ouvrages théologiques qui ont quelque autorité, on ne trouve pas la moindre mention de ces hérétiques anciens.

Il est donc certain, par le témoignage universel de tout ce que nous avons d'auteurs orientaux, et même de quelques Mahométans qui ont écrit sur cette matière, que depuis plus de mille ans tous les chrétiens orientaux sont melchites, nestoriens ou jacobites.

Ils appellent *melchites* les orthodoxes qui suivent la doctrine du concile de Calcédoine, et ainsi non seulement les Syriens orthodoxes, mais les Grecs et tous ceux qui sont soumis à l'église grecque, même les Latins, sont melchites. Les nestoriens sont ceux qui suivent les hérésies de Nestorius avec fort peu de changement, depuis le concile d'Éphèse. Les jacobites ne reconnaissent qu'une nature en Jésus-Christ, et rejettent le concile de Calcédoine. Les maronites faisaient autrefois une secte à part, et étaient monothélites. Ils sont réunis à l'Église romaine, et passent ainsi pour melchites. Il y a aussi des Arméniens réunis qu'on met dans la même classe ; d'autres sont jacobites ainsi que les Éthiopiens. On parlera de toutes ces églises en particulier ; mais il faut auparavant expliquer l'étendue de ces églises orthodoxes, schismatiques ou hérétiques, en suivant l'ordre des patriarcats.

En commençant par celui d'Occident, dont Rome est le premier siège, aussi bien que de toute l'Église, même selon l'aveu des Orientaux, il n'y a depuis plusieurs siècles sous la juridiction du pape que des melchites orthodoxes ; car les schismatiques ne reconnaissent pas son autorité. Ce sont des Grecs réunis au Saint-Siége, comme il y en a plusieurs dans la Grèce et dans les îles de l'Archipel, qui ont leurs évêques, leur clergé, leurs églises, et sont entièrement séparés de communion de tous les autres Grecs. Il en reste encore quelques-uns en Calabre et en Sicile qui conservent le rit grec ; il y en a aussi un collége à Rome. Les maronites sont de même entièrement soumis au pape, et ils font l'office en langue syriaque ; il n'y en a presque qu'au Mont-Liban ; il y en avait autrefois dans l'île de Chypre, mais il en reste très-peu présentement. Ce sont là les orthodoxes orientaux, exempts de tout schisme, qui se trouvent dans le patriarcat d'Occident. Les schismatiques ont des églises et un évêque ou métropolitain dans Venise, qui gouverne tous les Grecs qui y sont établis, et qui pour le spirituel ne reconnaît que le patriarche de Constantinople. On ne parle pas des chrétiens de différentes nations qui sont soumis au pape en toutes les provinces du monde, et qui sont gouvernés par des évêques missionnaires, ou par des vicaires apostoliques. Ils sont regardés comme melchites ; et parce que les Orientaux, chrétiens ou mahométans, appellent par distinction la religion catholique la religion ou la secte des Francs, souvent ils disent que tels ou tels se sont faits Francs, pour signifier qu'ils se sont faits catholiques.

Le patriarcat de Constantinople étant devenu le second par les priviléges des empereurs confirmés par les conciles, lorsque la ville devint capitale de l'empire, outre la grande étendue des diocèses qu'il comprend, a une supériorité absolue sur tous ceux qui suivent le rit grec. Ainsi le patriarche a une entière juridiction, non seulement dans la Grèce, mais aussi dans tout l'empire des Moscovites, dans la Colchide, la Mingrélie, la Russie, le pays des Cosaques, en Moldavie, en Valachie, et partout ailleurs où les Grecs schismatiques sont établis. A Constantinople, à Smyrne, et en diverses villes de commerce, il y a des Arméniens et quelques autres négocians de diverses nations qui ne suivent pas la religion grecque. On les doit regarder comme étrangers et soumis à leurs propres patriarches ou supérieurs ecclésiastiques, comme on voit à Jérusalem, où il y a des chrétiens de toutes nations et de toutes sectes.

Le patriarche d'Alexandrie est le premier dans l'église grecque après celui de Constantinople, dont il est ordinairement exarque, c'est-à-dire, vicaire-général, pour terminer plusieurs affaires ecclésiastiques qui pourraient être portées par appel au tribunal de celui-ci. En cette qualité plusieurs patriarches d'Alexandrie ont été administrateurs du siége vacant à Constantinople. Ils prennent le titre de juge de toute la terre, κριτὴς τῆς οἰκουμένης, qui était inconnu dans l'antiquité, et qu'ils s'attribuent présentement, quoiqu'on ne trouve pas que les jacobites l'aient jamais pris. Sa juridiction s'étend dans toute l'Égypte, où il y a des églises grecques ; quoiqu'elles ne soient pas en si grand nombre que celles des Cophtes, qui ont aussi leur patriarche, chef de la secte des jacobites.

Celui-ci est successeur de Dioscore, déposé au concile de Calcédoine ; et comme après sa mort ses sectateurs élurent continuellement des patriarches de leur secte, la succession n'en a jusqu'à présent été jamais interrompue. Le Grec a perdu la plus grande partie de sa juridiction, et quelques notices qui l'étendent jusqu'en Éthiopie et aux extrémités de l'Afrique, servent à faire connaître quelle était l'ancienne étendue de ce patriarcat. Mais comme le marque un de ceux dont Allatius (de Cons., l. 1, c. 9, § 2) en a tiré une, qui paraît la plus exacte, les sévériens, c'est-à-dire, les jacobites, en avaient envahi plusieurs diocèses. La notice qui a été imprimée en Angleterre dans les notes sur les canons, tirée d'un manuscrit arabe, est de cette espèce (Beverog., Pandectæ can., t. 2, p. 148). Car on sait par l'histoire des patriarches d'Alexandrie que les Cophtes remplissaient presque toute la Haute-Égypte, et que les Grecs n'avaient plus depuis plusieurs siècles aucune autorité dans l'Éthiopie. Les notices grecques soumettent au patriarche de ce même rit plusieurs métropoles ; les Cophtes ou jacobites n'en avaient point ; et tous les évêques étaient immédiatement soumis au patriarche. On trouve seulement dans le douzième siècle un métropolitain de Damiette, et la raison de cette distinction n'est pas connue. Le seul véritable métropolitain qui dépende de lui est celui qu'on appelle vulgairement le patriarche d'Éthiopie.

Dans toute l'étendue de la juridiction du patriarche cophte d'Alexandrie, à l'exception des Grecs, qui ne sont presque que dans le Caire et en d'autres villes principales, il n'y a depuis plusieurs siècles que des jacobites. Les Syriens de la même secte y ont en quelques églises ou monastères ; il y a un aussi des Arméniens, qui s'y étaient établis à la faveur d'un visir et d'autres grands de cette nation ; et on trouve dans leurs histoires qu'un patriarche des Arméniens vint en Égypte dans le douzième siècle, et fut reçu comme étant dans la même communion. Les nestoriens n'y ont jamais été soufferts ; il paraît seulement qu'ils y obtinrent autrefois un monastère par le crédit d'un visir ; mais l'auteur qui marque cette circonstance, et qui écrivait il y a environ quatre cents ans, dit qu'il n'y restait plus qu'un seul religieux. Les patriarches cophtes avaient usurpé l'autorité sur le diocèse de Jérusalem, et les prérogatives accordées par les conciles à ce siége n'avaient aucun lieu dans l'église jacobite.

Le patriarche d'Antioche avait autrefois une juridiction fort étendue dans tout ce qui s'appelait le *diocèse d'Orient*, et dans toute l'Asie jusqu'aux Indes. Il y a déjà plusieurs siècles que son pouvoir est fort diminué; car il reste très-peu d'églises grecques dans ces pays éloignés, et ce sont les seules qui restent soumises au patriarche grec d'Antioche (Allat., de perp. Cons., l. 1, c. 9, p. 166). Outre celui-ci, les Syriens jacobites ont le leur, dont l'autorité s'étendait autrefois dans toute la Syrie, la Mésopotamie, la Perse et d'autres provinces où il y avait des chrétiens de sa communion; et il a toujours été dans une correspondance fort étroite avec celui des Cophtes. On observe que pendant un très-long temps, lorsqu'un des deux patriarches avait été élu, il écrivait des lettres appelées *synodicat* ou *synodales* (Hist. patr. Alex. MS. Ar.), parce qu'elles étaient dressées et examinées par les évêques assemblés synodalement pour l'élection et l'ordination des patriarches; et elles contenaient une confession de foi. Deux évêques étaient ordinairement chargés de porter ces lettres, qui étaient présentées dans une assemblée d'évêques et du clergé séculier et régulier. Le patriarche auquel elles étaient adressées, après les avoir lues, faisait mettre dans les dyptiques le nom de celui qui les avait écrites; on priait pour lui dans la Liturgie dans la commémoration des vivants; et en même temps pour son prédécesseur dans la commémoration des défunts. Ensuite le patriarche répondait à la lettre qu'il avait reçue par une semblable, qui contenait un renouvellement de la communion des deux églises et sa confession de foi. Alors le patriarche auquel elle était adressée la recevait avec les mêmes cérémonies, et faisait mettre dans les dyptiques le nom de celui qui l'avait écrite.

Outre ces deux patriarches d'Antioche, le grec et le jacobite, les maronites, réunis depuis plus de six cents ans avec l'Église romaine, en ont un dont l'autorité s'étend sur les églises de leur nation, qui sont en petit nombre; et depuis plus d'un siècle les papes lui ont donné le titre de patriarche d'Antioche.

Les nestoriens, avant l'empire des Mahométans, s'étaient répandus dans la Mésopotamie, où ils étaient en très-grand nombre, à cause des écoles fameuses d'Édesse et de Nisibe, qui avaient été occupées par ceux de cette secte. Ils avaient trouvé une grande protection, outre la liberté entière de l'exercice de la religion chrétienne, sous les derniers rois de Perse, qui leur donnaient retraite, à cause que par les lois romaines ils étaient comme proscrits; Cosrou surtout, ou Cosroës Nuchironan, sous lequel naquit Mahomet, les favorisa extrêmement. Ainsi ils occupèrent le siége de Ctésiphonte et de Séleucie des Parthes, où résidait autrefois le catholique de Perse (Cedren., t. 1, pag. 420). On appelait ainsi un métropolitain revêtu d'une autorité supérieure à ceux de son rang, par laquelle il pouvait dans l'étendue de son diocèse ordonner non seulement des évêques et archevêques, mais aussi des métropolitains; et il y avait deux catholiques, l'un de Perse et l'autre d'Arménie. Les nestoriens ayant donc établi l'église patriarcale de leur secte dans la place qu'occupait un de ces catholiques, appelèrent ainsi celui qu'on a depuis appelé leur patriarche, comme on a depuis donné ce titre à celui des Arméniens, qui n'était dans son origine qu'un catholique. Après la ruine de l'empire des Perses, les nestoriens ayant encore trouvé plus de protection auprès des Mahométans, s'emparèrent de la plupart des églises de Mésopotamie et des provinces voisines; ils érigèrent de nouvelles métropoles, et ils s'étendirent dans toute la Haute-Asie, dans les Indes et dans la Chine. Jamais cependant aucun de ces catholiques ou patriarches n'a pris le titre de patriarche d'Antioche, ni d'aucune des autres églises patriarcales; et l'évêque qu'ils eurent dans les derniers temps à Jérusalem n'avait rang que de simple métropolitain, et même il n'était pas des premiers.

Il n'y a rien de particulier à dire sur le patriarcat de Jérusalem, qui tient le quatrième rang dans l'église grecque. Le concours de toutes les nations du monde à visiter les lieux saints fait qu'il y a toujours à Jérusalem de toute sorte de chrétiens, et presque tous y ont des chapelles particulières, servies par ceux de leur pays et de leur secte, sans qu'ils aient aucune dépendance du patriarche grec; et les jacobites, comme il a été dit, non plus que les nestoriens, n'y ont jamais eu de patriarches, mais de simples métropolitains.

CHAPITRE IV.
Des melchites.

Nous avons dit que sous le nom des melchites étaient compris tous les chrétiens qui reconnaissent en Jésus-Christ deux natures unies en une personne, à la distinction des nestoriens qui croient deux personnes et deux natures, et des jacobites qui croient une nature et une personne. Ce mot signifie *impérial*, et les disciples de Dioscore appelèrent ainsi les défenseurs de la foi du concile de Calcédoine, prétendant qu'ils avaient trahi leur conscience par complaisance pour l'empereur Marcien, et qu'ils avaient par des considérations humaines abandonné l'ancienne créance de l'Église. *Ceux*, dit Nicéphore (lib. 18, c. 52), *qui demeurèrent attachés à la saine doctrine furent appelés melchites, comme ayant suivi les sentiments du S. concile IV et de l'empereur*: car melchi, *parmi les Syriens, signifie empereur*; en quoi il se trompe légèrement par rapport à la langue; car c'est *melk* ou *malk* qui signifie *roi et empereur*. Les jacobites faisaient souvent ce reproche aux orthodoxes, comme on voit dans la Vie de Chaïl, quarante-sixième patriarche d'Alexandrie, qui, ayant une contestation avec celui des orthodoxes pour la possession de quelques églises, disait devant un prince mahométan, qui en était le juge (Histor. Alex. Ar. MS.), *qu'autrefois Satan avait suscité un empereur nommé Marcien, qui avait divisé l'Église en introduisant une profession de foi toute corrom-*

pue, et qu'à cette occasion il avait exilé le fameux patriarche Dioscore. Isa, fils de Zaraa, jacobite; Elmacin, dans la première partie de son Histoire manuscrite; Ebnassal et tous les autres, même le mahométan Makrizi, dans son Histoire d'Égypte (tom. 2), en parlent de la même manière, sur la foi des histoires fabuleuses que ces hérétiques répandirent pour déguiser la vérité de tout ce qui s'était passé dans le concile de Calcédoine, et elles se trouvent encore dans les auteurs jacobites que nous venons de citer.

Ainsi tous ceux qui reçoivent le concile de Calcédoine sont mis au nombre des melchites par les Orientaux; et ils en distinguent quelques-uns, comme n'étant pas d'accord sur tous les points de la religion, entre autres les Grecs qu'ils appellent *Roum*, et les Latins, qu'ils appellent *Francs*. Il est vrai que l'usage ordinaire de ces mots n'a guère lieu que parmi les Orientaux écrivant en syriaque ou en arabe, et il s'est établi avec d'autant plus de facilité qu'il y a plusieurs siècles que les jacobites et les nestoriens ont perdu entièrement l'usage de la langue grecque. Comme chaque secte se prétend orthodoxe, ils ne pouvaient pas appeler ainsi ceux qu'ils ne regardaient pas comme tels. Les jacobites appelaient encore fort ordinairement *Calcédoniens* les melchites, à cause de la profession qu'ils faisaient de suivre les décrets du concile de Calcédoine; et dans les anciens formulaires pour réconcilier à leur église ceux qui embrassaient leur doctrine, il s'en trouve une particulière pour recevoir les *Calcédoniens*, c'est-à-dire, les orthodoxes.

Comme néanmoins ce nom de melchite n'a guère d'usage que dans les langues syriaque et arabe, il est souvent employé pour signifier ceux que plusieurs de nos auteurs qui ont écrit depuis les croisades ont appelés *Syriens*, ou *Suriens*. Ce sont proprement ceux que nous avons dit être orthodoxes, pour ce qui regarde le dogme de l'incarnation; et qui en tous les autres points suivent la doctrine et la discipline de l'église grecque, quoiqu'ils fassent les offices, et qu'ils administrent les sacrements en langue syriaque. Les auteurs de ces derniers temps qui ont écrit plus exactement sur cette matière (Brerew., ch. 16), disent aussi que les Syriens ou Assyriens et melchites sont les mêmes; et il y a quelque apparence que ce nom leur a été donné par les Latins; car les Arabes l'écrivent suivant la prononciation latine, et ne se servent pas du mot qui signifie ceux qui sont habitants ou originaires de la Syrie.

Nos auteurs anciens et modernes leur attribuent quelques erreurs; mais comme il est aisé de reconnaître que ce sont les mêmes points de doctrine ou de discipline qu'on impute aux Grecs, il est inutile de les examiner à part, et il suffira d'en parler lorsque nous expliquerons ce qui regarde l'église grecque. Il est seulement à propos de remarquer que ces mêmes Syriens sont appelés *Assyriens* par quelques-uns de nos auteurs, à cause de la ressemblance des noms; mais dans le fond il y a une grande différence entre les *Assyriens* proprement dits et les Syriens : non seulement à cause de la différence du pays, et que le nom d'*Assyriens* n'est d'aucun usage dans les langues orientales, mais par une raison plus essentielle, c'est que ceux que nos écrivains du temps des guerres d'outremer appelaient *Assyriens*, étaient les peuples de l'ancienne Chaldée. Or la plus nombreuse partie des chrétiens de ce pays-là étaient des nestoriens, qui établirent des églises dans le *Gezirel* ou Mésopotamie proprement dite, et ils étaient par conséquent fort éloignés de la communion des melchites ou orthodoxes.

CHAPITRE V.

Des nestoriens, de leur principale erreur touchant l'incarnation.

Leur nom seul fait assez connaître quelle est leur secte : ils ne le rejettent pas, et souvent dans leurs écrits ils se le donnent eux-mêmes. Cependant ils prennent plus volontiers celui de *chrétiens d'Orient*. Ebneltaïb, un de leurs fameux théologiens, dans un traité sur les différentes opinions touchant le mystère de l'incarnation, dit que *la première est celle des Orientaux, qu'on appelle nestoriens, à cause de Nestorius, patriarche de Constantinople, dont ils suivent la doctrine. On leur donne néanmoins ce nom mal à propos; car ce sont les chrétiens orientaux qui ont reçu la foi chrétienne de l'apôtre S. Thadée et de S. Thomas. Cependant l'usage a prévalu, parce qu'ils ont embrassé la doctrine de ce patriarche.* Outre les raisons tirées du pays où ils ont eu de très-grands établissements, qui fait une partie considérable de l'ancien diocèse d'Orient, il y en a une plus particulière qui les a fait appeler Orientaux. Comme ils avaient une haine prodigieuse contre S. Cyrille, à cause de ce qu'il fit contre Nestorius dans le concile d'Éphèse, que cependant ils étaient persuadés qu'on ne pouvait appartenir à l'Église si on ne conservait la doctrine ancienne, afin de se justifier de tout reproche de nouveauté, et pour mettre en même temps à couvert la mémoire de Nestorius, ils se prévalurent de l'opposition que Jean, patriarche d'Antioche, avec les évêques orientaux, avait faite pendant quelque temps aux anathèmes dressés par S. Cyrille, pour faire croire que leurs sentiments étaient conformes à ceux de ces évêques, qu'on appelait *orientaux* parce qu'ils étaient du diocèse d'Orient, comme on appelait communément tout ce qui était soumis à la juridiction du patriarche d'Antioche. Ainsi ce nom de *chrétiens orientaux* est celui qu'ils ont particulièrement affecté, quoique, suivant ce qui a été dit ci-dessus, ils n'aient pas rejeté l'autre. On trouve dans la Vie d'un de leurs patriarches nommé Dadjechua, qui vivait, selon eux, du temps du concile d'Éphèse, leur tradition sur ce sujet, comprise en peu de mots. *Jean, patriarche d'Antioche*, disent-ils, *écrivit à tous les évêques d'Orient pour savoir leur sentiment sur l'opinion de Cyrille et sur celle de Nestorius. Ils approuvèrent celle-ci, et c'est par cette raison que les Orientaux sont appelés nestoriens.*

On reconnaît par cette tradition que c'est sans aucun fondement que quelques auteurs modernes ont cru que le nom de nestoriens signifiait plutôt un peuple répandu dans l'Assyrie et dans l'ancienne Chaldée, que les sectateurs de Nestorius. Ils n'ont pas compris que ce que quelques-uns de ces Orientaux envoyés à Rome pour faire des professions de foi avaient témoigné de bouche et par écrit, était contraire à l'opinion commune de leurs églises, et tendait seulement à justifier les nestoriens du reproche d'hérésie. Mais le consentement général de tous les autres Orientaux à les condamner, comme a fait l'église grecque, aussi bien que l'Église latine, est d'une plus grande autorité que tout ce que les particuliers peuvent avoir dit ou écrit pour les excuser. Un des auteurs qui doit être lu sur cette matière avec plus de précaution est Pierre Strozza, dans son traité *de Dogmatibus Chaldæorum* imprimé à Rome. Il paraît qu'il croyait que diverses expressions très-suspectes et qui portent le caractère du nestorianisme pouvaient être interprétées en bonne part; et cela n'était fondé que sur ce qu'un député du patriarche des nestoriens, qui était à Rome sous le pontificat de Paul V, leur donnait de telles interprétations, contraires à ce qu'ont enseigné les théologiens de cette secte; et il est aisé de reconnaître qu'il ne les entendait pas.

On ne peut mieux expliquer, ni en moins de paroles, en quoi consiste cette hérésie, qu'a fait le savant P. Sirmond dans ses notes sur le sixième livre de Facundus : *Nestorius duas in Salvatore nostro personas fingebat; non enim eumdem credebat esse Deum, quem hominem, sed alium Filium Dei, alium filium Mariæ. Mariam non esse* Θεοτόκον, sed Χριστοτόκον, *hoc est, non Deum peperisse sed hominem ; et Verbum Filium Dei, non hominem ex Mariâ factum susceptâ humanâ naturâ, sed in hominem ex Mariâ natum, postea in baptismo descendisse. Mariam denique templum Deo genuisse, non ipsum qui in templo habitat.* « Nestorius, dit le P. Sirmond, *établissait deux personnes dans notre Sauveur ; car il ne croyait pas que l'homme et Dieu fussent le même ; mais que l'un était Fils de Dieu, et l'autre fils de Marie. Que Marie n'était pas Mère de Dieu, mais Mère de Christ : c'est-à-dire, qu'elle n'avait pas enfanté un Dieu, mais un homme ; et que le Verbe Fils de Dieu ne s'était pas fait homme, en prenant de la sainte Vierge la nature humaine, mais que dans le baptême il était descendu sur l'homme qui était né d'elle ; enfin qu'elle avait enfanté le temple de Dieu, et non pas celui qui habite dans le temple.* » Toutes ces propositions se trouvent dans les confessions de foi et dans les prières publiques des nestoriens. La Vierge y est toujours appelée *Mère de Christ*, et jamais *Mère de Dieu* ; les oraisons à Jésus-Christ représentent souvent ces paroles qui lui sont adressées, *temple du Verbe, temple de la Divinité*. Ils reconnaissent deux personnes ; et quelques explications que donnassent ceux dont Pierre Strozza a publié les écrits, elles ne peuvent servir à justifier qu'ils ne crussent pas ce que le concile d'Éphèse condamna dans Nestorius, puisque le mot

de πρόσωπον, dont ils ont un peu altéré la prononciation, signifie la même chose en syriaque et en arabe qu'en grec, comme remarquent les auteurs jacobites qui ont réfuté les nestoriens.

Élie, métropolitain de Jérusalem, ensuite de Nisibe, puis catholique ou patriarche des nestoriens en 1175, et qui mourut en 1189, a composé un abrégé de la religion chrétienne selon les opinions de sa secte, dans lequel il parle ainsi sur le mystère de l'incarnation. *Les nestoriens*, dit-il, *croient que l'union de la divinité de Jésus-Christ avec son humanité est une union de volonté, d'opération et de bienveillance. Car le Verbe divin est parfait en sa nature et en sa personne. La nature humaine qui lui est unie est pareillement une humanité parfaite dans sa nature et dans sa personne ; ni l'une ni l'autre n'est changée et ne souffre aucune altération. Il faut donc qu'il y ait en Jésus-Christ deux personnes et deux natures, unies par l'opération et par la volonté.*

Le même auteur dans un autre ouvrage, qui est un dialogue sur la religion chrétienne avec un visir nommé *Abulcacem El-Mogrebi*, répond ainsi à la question qu'il lui avait faite touchant les différentes opinions qui partageaient les chrétiens sur le mystère de l'incarnation. *Notre foi*, dit Élie, *est fort différente de celle des melchites et des jacobites. Car les premiers croient qu'en Jésus-Christ il y a deux substances, ou deux natures, et une personne ; les jacobites croient une substance et une personne. C'est pourquoi ils sont obligés de reconnaître que le Verbe, qui est le Fils éternel, est uni avec l'homme pris de la Vierge Marie, par une union naturelle, comme est celle de l'âme et du corps ; ou par une union de composition, comme celle du fer avec du bois dans quelque ouvrage ; ou par une union de mélange, ce qui fait qu'ils rejettent la manière dont nous l'expliquons. Ce qu'il signifie est exprimé par un mot arabe dont les interprètes se sont servis dans la traduction de cet endroit de l'Évangile : Spiritus sanctus superveniet in te*, et qui signifie ce que les Grecs chrétiens appellent ἐπιφοίτησις, parlant du S.-Esprit et de sa descente miraculeuse et sanctifiante sur quelque personne ou sur quelque chose. C'est ce mot dont les seuls nestoriens se servent pour exprimer l'incarnation, et qui convient plus qu'aucun autre à leur opinion, qui exclut l'union personnelle que croient les orthodoxes, et la substantielle que soutiennent les jacobites. *Cette descente ou inhabitation de Dieu*, dit le même Élie, *est d'honneur, de bienveillance et de volonté, et n'est pas selon l'essence et selon la substance. C'est ainsi*, dit-il en un autre endroit, *qu'est uni le Fils éternel avec l'homme pris de Marie ; et il est devenu un Christ et un Fils par l'union de volonté, par conjonction, par dignité, et non pas selon la nature, ou selon la personne. Et pour marquer qu'il n'en a pas entendu d'autre*, après avoir dit que Jésus-Christ a dit de lui-même qu'il était Fils de Dieu, il répond que, *selon le style de la sainte Écriture, ces mots doivent s'entendre de l'excellence infinie communiquée à Jésus-Christ homme par l'union, telle qu'elle vient d'être expliquée, et point autrement*.

Ebneltaīb, théologien célèbre de la même secte, Amrou, fils de Matthieu, et d'autres auteurs, s'expliquent dans les mêmes termes, et les jacobites qui en ont rapporté divers passages ne peuvent être soupçonnés de leur avoir attribué des opinions qu'ils n'ont pas. La seule différence qu'on remarque est que quelques nestoriens disent que le Fils de Dieu s'est uni par cette inhabitation expliquée ci-dessus au Fils de Marie, dès le moment qu'il est né; et que les autres soutiennent qu'il était demeuré comme les autres hommes jusqu'à son baptême; qu'alors le S.-Esprit descendit sur lui, et que lorsqu'on entendit ces paroles : *C'est ici mon Fils bien-aimé*, etc., il fut fait Fils de Dieu. (Cassian., de Incarn., l. 6, c. 14.)

Mais, au lieu de soupçonner les jacobites et les melchites d'avoir attribué aux nestoriens des opinions odieuses, on peut dire qu'ils les ont ménagés avec excès; et la cause n'en est pas difficile à pénétrer. Car ce même Élie, dont les paroles ont été rapportées, continuant à expliquer sa pensée suivant la doctrine commune de ceux de sa secte, pour prouver que Jésus-Christ n'était Dieu que métaphoriquement, et par la plénitude de grâce que produisait l'inhabitation du Verbe, qui le mettait dans un rang supérieur à tous les prophètes et aux plus excellentes créatures, cite l'Alcoran, où il est appelé le *Verbe de Dieu* : « *Jésus, Fils de Marie, n'est autre que l'Esprit de Dieu et son Verbe qui est descendu sur Marie.* » Et dans un autre endroit : *O Jésus, Fils de Marie, j'accomplirai mes promesses à votre égard, et je vous élèverai au plus haut degré d'honneur et de dignité.* Puis il ajoute : *Donc, comme cette humanité de Jésus a été élevée à une perfection supérieure à celle de toutes les autres créatures, et que jamais autre homme n'a eue, il fallait que l'inhabitation du Créateur, sa descente sur lui, sa manifestation dans lui, eussent aussi un souverain degré de perfection : et c'est ce qui est dit dans l'Alcoran : « Je vous élèverai jusqu'à moi ; non pas seulement jusqu'au ciel. »* Ainsi ce qui est dit dans l'Évangile : « *Vous êtes mon Fils bien-aimé, dans lequel j'ai mis toute ma complaisance ;* » et dans les Psaumes : « *Le Seigneur m'a dit : Vous êtes mon Fils, je vous ai engendré aujourd'hui,* » doit être entendu en sorte que ces paroles signifient qu'il a été élevé à une souveraine dignité.

Les jacobites ne rapportent aucunes expressions semblables des nestoriens, parce qu'ils n'auraient pu le faire sans leur reprocher une impiété qui n'a jamais eu d'exemple dans les autres sectes ; mais qui aurait pu offenser les Mahométans, sous lesquels ils vivaient. Il n'y a en effet rien de plus horrible pour des chrétiens que de se servir de l'autorité du faux prophète pour expliquer le mystère de notre salut ; et d'y employer des paroles qui ne peuvent être prises dans le sens de cet imposteur, sans détruire ce que nous croyons sur la Trinité. Mais Élie n'est pas le seul nestorien coupable de cette impiété. Amrou, autre théologien, après avoir expliqué par un long discours la même doctrine, et établi, selon ces mêmes principes, que Jésus-Christ a dû être appelé Fils de Dieu avec beaucoup plus de raison que les saints et les prophètes, à cause de l'union avec le Verbe, de la divinité duquel il était rempli d'une manière plus excellente qu'aucune autre créature, dit que *cette grande vérité sur la dignité infinie de Jésus-Christ avait été inconnue à la plupart des Arabes jusqu'à l'avénement de Mahomet, qui avait rendu témoignage à la vérité touchant la manifestation de Jésus-Christ, sa naissance miraculeuse, ses miracles et sa résurrection.* On a quelques autres traités de ceux de la même secte, qui tous expliquent l'union des deux natures en Jésus-Christ de cette manière, comme les précédentes confessions des auteurs que nous avons rapportés. Ils disent à la vérité que Jésus-Christ est un ; qu'*il n'y a qu'un Fils, qu'un Christ* ; et même quelques-uns disent qu'*il n'y a qu'une personne* ; mais c'est que, comme ils ont deux mots pour signifier *personne*, ayant établi qu'il y avait deux personnes en Jésus-Christ, comme ils ne peuvent pas nier que le Fils de Dieu est uni avec le fils de Marie, ils disent qu'il y est en une seule personne ; donnant à cet autre mot, qui est le πρόσωπον des Grecs, un sens particulier inconnu à tous les autres chrétiens, et qui, selon eux, exclut l'unité de nature et de personne.

On peut juger par ce que nous avons rapporté des nestoriens, tiré des écrits de leurs théologiens, qu'ils ne sont pas moins dans l'erreur que Nestorius même et ses premiers disciples; de sorte qu'on ne peut sans témérité les justifier en partie, comme ont fait quelques auteurs, entre autres Pierre Strozza, qui crut trop facilement ce qui lui fut dit par ceux qui vinrent à Rome sous le pontificat de Paul V. Car ils se servirent à peu près des mêmes expressions qui se trouvent dans les auteurs qui ont été cités, tâchant seulement de leur donner un sens qui approche de celui des catholiques ; mais les jacobites qui les combattent trouvent qu'elles ne peuvent s'accorder avec la doctrine du concile d'Éphèse, ni avec celle de S. Cyrille, et par cette raison ils les rejettent. Le respect que nous devons avoir pour les décisions de l'Église nous engage à n'être pas moins scrupuleux sur ce sujet que les jacobites, quoiqu'ils soient tombés dans une autre extrémité ; et à ne pas croire, comme ont fait plusieurs modernes, que cette hérésie n'était qu'une dispute en l'air et qui roulait toute sur des paroles, ce que les uns ont dit par impiété, et les autres par ignorance. Mais puisqu'on voit que les théologiens et les patriarches même de cette secte, comme était Élie, trouvaient de la conformité entre les passages de l'Alcoran qu'ils citent et leur opinion sur Jésus-Christ, il n'est pas possible de douter qu'elle ne soit très-mauvaise. Si on examine avec attention l'apologie de l'archidiacre Adam, envoyé à Rome par le patriarche Élie sous Paul V, ce qui n'est pas aisé à faire, tant la traduction est obscure, et si on en compare les expressions avec celles des théologiens nestoriens, on y trouvera une trop grande conformité pour croire que les explications qu'il donne des dogmes sur l'incarnation puissent être reçues. Car, en un mot, tout ce qui s'y trouve touchant l'union s'entend de celle qu'ils appellent d'*inhabitation, comme dans un temple, d'honneur, de bienveillance, de dignité et de communication de puissance*. C'est ce qu'on reconnaît non seulement dans les écrits théologiques, mais aussi dans les paraphrases persiennes de l'Écriture sainte, qui se trouvent dans les Lectionnaires des chrétiens du pays, la plupart nestoriens. Dans un de ces livres ces paroles : *Æqualem se faciens Deo*, sont ainsi expliquées : *Égal à Dieu en puissance, en dignité et en opération, par l'union avec le Verbe éternel.*

C'est aussi ce que les nestoriens entendent par le mot dont ils se servent volontiers, et même avec tant d'affectation, que la plupart des Mahométans, qui ont eu plus de commerce avec ceux de cette secte qu'avec les autres chrétiens dans le commencement du Mahométisme, croient qu'il est communément reçu dans toute l'Église. Ce mot est חלול, *haloul*, qui répond au mot grec ἐπιφοίτησις, comme il a déjà été dit, et sur lequel il est nécessaire de donner quelque éclaircissement. Dans l'Écriture sainte et particulièrement dans l'Évangile, il est employé pour signifier une inhabitation de grâce, ou un effet miraculeux de la toute-puissance de Dieu, pour produire quelque chose de surnaturel, comme le mystère de l'incarnation dans la sainte Vierge. Les orthodoxes et les jacobites disent communément que le Saint-Esprit est descendu par cette sorte d'inhabitation dans la sainte Vierge, pour la sanctifier, et pour former en elle et de sa substance le corps dans lequel le Fils de Dieu s'est incarné. Mais ils ne disent jamais que le Saint-Esprit soit descendu de cette manière sur Jésus-Christ dans le moment de l'incarnation; encore moins que le Fils de Dieu soit descendu sur le Fils de Marie : cette expression est particulière aux nestoriens, et renferme, selon les orthodoxes et les jacobites, tout le venin de cette hérésie; parce qu'elle réduit l'union à une inhabitation et plénitude de grâce sanctifiante, qui est à la vérité, de l'aveu des nestoriens mêmes, fort supérieure à celle des prophètes et des plus grands saints; mais elle ne signifie point l'union substantielle de Dieu et de l'homme en une seule personne, selon les orthodoxes, ou en une seule nature, selon les jacobites; de sorte qu'elle n'est qu'accidentelle dans l'opinion des nestoriens : Dieu ne s'est point fait homme, et l'homme n'a point été fait Dieu.

C'est ce que les jacobites et les melchites disent contre la manière dont les nestoriens expliquent le mystère de l'incarnation; leur reprochant aussi, comme ont fait les anciens Pères, que si Jésus-Christ n'était pas Dieu par cette union intime que l'Église enseigne, mais seulement parce que le Fils de Dieu habitait en lui comme dans son temple, on ne pouvait pas l'adorer; et que celui qui adorait Jésus aurait un homme et non pas un Dieu. Ainsi tout ce qui a été rapporté ci-dessus des auteurs nestoriens et des jacobites prouve très-certainement que ce que les Pères et les conciles ont condamné dans Nestorius est enseigné par ses disciples. Ce qui a été remarqué par les anciens, que Diodore de Tarse et Théodore de Mopsueste avaient jeté les fondements du nestorianisme, est aussi confirmé par tous les auteurs orthodoxes et jacobites. Il en reste même une preuve dans les offices des nestoriens; car le vendredi de la cinquième semaine après l'Épiphanie, ils font commémoration des *docteurs grecs*, qui sont Diodore, Théodore et Nestorius, ce qui fait voir qu'ils approuvent leur doctrine.

On apprend par les témoignages de Cassien, de S. Prosper, de Photius et de quelques autres auteurs, une erreur de Nestorius qui n'était pas moins énorme que celles dont il a été parlé, et qui consistait en ce qu'il disait que Jésus-Christ, étant né homme comme les autres, était parvenu à la gloire et à la puissance de Dieu par ses propres mérites, et non par l'union avec la nature divine; qu'ainsi la Divinité n'était pas en lui par la propriété de la Divinité qui lui avait été unie, mais qu'il l'avait méritée par ses travaux et par sa passion. *Solitarium quippe hominem Dominum nostrum Jesum Christum natum esse blasphemans, hoc quod ad Dei postea honorem potestatemque pervenit humani meriti, non divinæ asseruit fuisse naturæ; ac per hoc eum divinitatem ipsam non ex proprietate unitæ sibi divinitatis semper habuisse, sed postea pro præmio laboris passianisque meruisse.* (Cass., de Incarn., l. 1, c. 2.) S. Prosper: *Nam Christum pietate operum et mercede volentes esse Deum in capitis fœdere non stetimus.* C'est aussi ce que Photius confirme, marquant la conformité du pélagianisme et du nestorianisme. Car ayant dit que les pélagiens croyaient que par la puissance naturelle du libre arbitre l'homme attirait le Saint-Esprit ou le rejetait, il ajoute : « Les nestoriens ont osé dire la même chose touchant le chef qui est Jésus-Christ; et que *celui qui naquit de Marie, par le mérite de son libre arbitre naturel se trouva accompagné du Verbe*, et que, *par cette seule dignité et par la ressemblance de nom, il participa la Filiation avec le Verbe* (1). » Il ne se trouve rien cependant dans les écrits des nestoriens modernes, ni dans ceux des théologiens jacobites ou orthodoxes qui les attaquent, d'où l'on puisse prouver qu'ils aient connu cette erreur pernicieuse. Ils peuvent l'avoir perdue avec le temps, ou les autres sectes peuvent l'avoir ignorée, parce que tout ce qui a rapport au pélagianisme leur est entièrement inconnu. Dans les plus amples collections de canons on trouve quelques titres de ceux des synodes d'Afrique contre les pélagiens, mais à peine connaissent-ils le nom de Pélage, de Célestius et de leurs principaux disciples (2).

(1) Ἀλλ' ὁ γεννηθεὶς ἐκ Μαρίας, διὰ τὴν τῆς φυσικῆς προαιρέσεως ἀξίαν εἶχεν ἑπόμενον τὸν λόγον, μόνῃ τῇ ἀξίᾳ καὶ τῇ ὁμωνυμίᾳ κεκοινωνηκὼς τῷ λόγῳ τῆς υἱότητος. Phot., cod. 54.

(2) Ces paroles ne doivent pas s'entendre des collections grecques, mais des syriaques et des arabes, des nestoriens, jacobites et autres, dont on vient de parler. On sait bien que les Grecs ont la plupart des canons des conciles d'Afrique contre les pélagiens; et le passage de Photius qu'on vient de citer en est une preuve.

Il faut croire néanmoins que les nestoriens des temps moyens ont cru quelque chose d'approchant, et il s'en trouve une raison, qui, paraissant éloignée, est néanmoins assez vraisemblable. Elle se tire de ce que les auteurs mahométans disent assez ordinairement de Jésus-Christ, non pas à la vérité qu'il soit devenu Dieu par ses propres mérites, puisqu'ils ne le reconnaissent pas pour tel, même en la manière dont s'expliquent les nestoriens; ni pour la plus excellente des créatures, puisque Mahomet est celui auquel ses sectateurs donnent cette prééminence, mais qu'*il est devenu céleste, et qu'il est monté au ciel.* Car ils disent que c'est par son propre mérite; et un fameux auteur d'un poëme persien, qui est en grande estime parmi les mystiques mahométans, ayant dit qu'*avec un détachement parfait de soi-même on trouvera le chemin par ses propres lumières,* il ajoute : *Comme Jésus, qui, étant prophète, est devenu céleste, et s'est élevé à un degré de gloire auquel ni ange ni apôtre n'était arrivé.* On a dit déjà que les nestoriens n'avaient pas la même horreur que les autres chrétiens de ce que les mahométans disaient de Jésus-Christ. Il faut ajouter que comme les premières conquêtes de ces infidèles furent dans la Syrie et dans la Perse, qui étaient remplies de nestoriens, presque tout ce que les premiers écrivains du mahométisme ont écrit de Jésus-Christ est plus conforme à l'opinion des nestoriens qu'à celles des autres chrétiens, sur lesquels mêmes ces hérétiques durant longtemps avaient obtenu une supériorité absolue par les privilèges des califes, fondés sur ce qu'ils les trouvèrent établis dans les pays de leur première conquête; et qu'ils furent les premiers qui s'établirent à Bagdad lorsque le calife Almansor, l'ayant bâtie, la fit capitale de l'empire. Ce ne pouvait donc être que par les nestoriens qu'une si étrange théologie fût passée aux Mahométans; car nous n'entrons pas dans le détail de ce que la plupart des écrivains grecs ont remarqué du moine Sergius, ou Béchira, comme l'appellent les Arabes, duquel ils prétendent que Mahomet avait appris ce qui se trouve répandu dans l'Alcoran touchant la religion chrétienne ; ce qui reviendrait toujours à ce qui a été dit, que ce qui s'y trouve touchant Jésus-Christ a beaucoup de rapport au dogme des nestoriens.

CHAPITRE VI.

Des autres erreurs des nestoriens.

Il y a encore un article très-important, sur lequel les nestoriens ont été accusés d'avoir une erreur particulière, et c'est sur l'Eucharistie. On trouve dans le mémoire instructif que S. Cyrille donna à Posidonius, l'envoyant à Rome, que Nestorius disait : *Ce qui est proposé dans les saints mystères est le corps d'un homme; et nous croyons,* dit S. Cyrille, *que c'est la chair du Verbe, laquelle a la puissance de donner la vie, parce qu'elle a été faite la chair et le sang du Verbe, qui vivifie toute chose.* Il paraît par les extraits des cahiers de Nestorius (epist. ad Nestor., t. 3 Concil.

Ed. Labb., p. 404) qu'il avait dit quelque chose de semblable, *quid manducamus, divinitatem an carnem?* et que les Pères du concile d'Éphèse opposèrent cette explication sur l'Eucharistie : *Neque enim illam ut carnem communem suscipimus, absit hoc; neque rursùm tanquàm viri cujuspiam sanctificati, aut dignitatis unitate Verbo consociati, aut divinam inhabitationem sortiti; sed tanquàm verè vivificam ipsiusque Verbi propriam.* Et dans l'anathème 11 de S. Cyrille : *Si quelqu'un nie que la chair du Seigneur est vivifiante, et qu'elle est la propre chair du Verbe, qu'il soit anathème* (1). C'est ce qu'il explique plus amplement en répondant aux objections des Orientaux; et il fait voir qu'on ne pouvait détruire la manière de l'union, telle qu'il l'enseignait avec le concile d'Éphèse, pour établir celle que Nestorius soutenait, sans ôter au corps de Jésus-Christ la qualité nécessaire pour nourrir nos âmes et pour leur donner la vie ; ce que le corps d'un pur homme ne pouvait faire, sinon en tant qu'il était uni à Dieu par une union intime, telle qu'était celle par laquelle le Verbe s'était fait chair.

On cite sur cela un passage de S. Anselme, ou plutôt selon la dernière édition de Guillaume, abbé de S.-Thierry, où il est dit que les nestoriens seuls avaient autrefois attaqué le dogme de la présence réelle. *Car,* dit-il (Anselm., de Sacr. altar., p. 2, c. 13, vet. edit.), *comme ils niaient que la sainte Vierge fût Mère de Dieu, et qu'ils prétendaient qu'elle était seulement mère d'un homme, lorsqu'on leur demandait de qui était le corps que nous recevons de la table du Seigneur, ils détournaient, par une malice hérétique ou par témérité, les paroles de Notre-Seigneur, « si vous ne mangez la chair du Fils de l'Homme, » et ils s'en servaient pour tâcher de prouver que ce que nous y recevons est seulement la chair du fils de l'homme, de peur que s'ils avouaient que c'était le corps du Seigneur, ils ne parlassent contre eux-mêmes, reconnaissant en Jésus-Christ Dieu et homme l'unité de personne.*

Les SS. Pères ont souvent combattu les hérésies, en faisant voir qu'elles avaient des conséquences très-dangereuses contre les vérités de la religion, même celles dont ils convenaient avec les catholiques. Ainsi l'objection que S. Cyrille faisait aux nestoriens était bien fondée; mais il ne paraît pas qu'on en puisse conclure que ces anciens hérétiques niassent, ou même doutassent, que dans l'Eucharistie les chrétiens recevaient le corps de Jésus-Christ selon l'idée qu'ils en avaient, et qui faisait le fondement de leur hérésie. Elle détruisait le mystère de notre rédemption, et par conséquent celui de l'Eucharistie ; mais comme ils ne convenaient pas que nous n'eussions pas été rachetés par la mort de Jésus-Christ, quoique, s'il n'eût été qu'un simple homme, quelque plénitude de grâce qu'il eût reçu, il n'aurait pu nous racheter : de même ils ne convenaient pas que son corps étant reçu dans l'Eucharistie n'opérât pas ce qu'il avait opéré sur la croix pour notre sanctification.

(1) Ces paroles sont tirées de la lettre de S. Cyrille, et du synode d'Alexandrie à Nestorius.

C'est ce qui paraît le plus vraisemblable sur cette difficulté, puisque d'ailleurs on ne trouve pas que ces hérétiques aient eu aucune erreur particulière qui attaquât la vérité du corps de Jésus-Christ dans l'Eucharistie. Quoi qu'il en soit, elle n'avait aucun rapport à celle des bérengariens et des sacramentaires, qui n'y ont voulu reconnaître le corps de Jésus-Christ ni comme celui d'un homme sanctifié par une plénitude de la Divinité qui habitait en lui comme dans son temple, ni comme celui de l'homme-Dieu. Aussi on ne trouve pas que les anciens les aient accusés sur cet article autrement qu'a fait S. Cyrille, en montrant que les conséquences de leur opinion ruinaient le mystère de l'Eucharistie. Le passage attribué à S. Anselme doit être entendu de cette manière, puisque le raisonnement est celui de S. Cyrille.

Pour ce qui regarde les nestoriens du moyen et des derniers temps, il ne se trouve dans aucun des auteurs orthodoxes ou jacobites qui les ont attaqués le plus fortement qu'il y ait eu contre eux le moindre soupçon de quelque erreur sur l'Eucharistie. Au contraire, Natif, fils de Yémen, melchite; Ebnassal, jacobite; Pierre, évêque de Mélicha, de la même secte; et tous ceux qui ont écrit des différentes opinions qui partageaient les chrétiens, assurent que tous convenaient que l'Eucharistie était le corps et le sang de Jésus-Christ.

On trouve dans leurs Liturgies et dans les autres offices publics des expressions qui ne peuvent convenir qu'avec la créance de la présence réelle; car ils disent que *l'Agneau vivant de Dieu est mis sur l'autel;* que *le S.-Esprit descend sur le pain, et se mêle dans le calice;* que *les anges voient avec tremblement ce sacré mystère.* Ils ont dans leurs Liturgies les mêmes prières que les Grecs et les jacobites; et particulièrement l'invocation du S.-Esprit, par l'opération duquel ils demandent à Dieu le changement des dons proposés. Cette expression est tirée de la Liturgie de S. Jean Chrysostôme, μεταβαλὼν αὐτὰ τῷ ἁγίῳ Πνεύματί σου. Cette Liturgie était celle de l'église de Constantinople, et Nestorius, qui avait été archevêque de la même église, l'avait laissée à ses disciples; car ces paroles se trouvent dans la Liturgie qui porte son nom. Les rites sacrés sont conformes dans ce qu'ils ont d'essentiel avec ceux de toutes les autres communions; les autels, les vases sacrés, le pain qui doit être offert, sont bénits auparavant avec de grandes cérémonies. Or, comme il a été dit ailleurs, ces prières et ces rites supposent nécessairement la doctrine de la présence réelle; et les protestants en ont donné une preuve démonstrative; car aussitôt qu'ils eurent introduit leurs nouvelles opinions sur l'Eucharistie, ils abolirent également les prières et les cérémonies qui les accompagnaient; au lieu que les nestoriens les conservent encore à présent. On trouve aussi dans leurs histoires quelques miracles sur l'Eucharistie, ce qui est encore une preuve de la foi de la présence réelle: et puisqu'en ce point, aussi bien que dans les prières et dans les rites, ils s'accordent avec les autres chrétiens d'Orient; que les Grecs mêmes, qui les doivent connaître par le concours de ceux qui viennent depuis plusieurs siècles à Jérusalem, témoignent qu'ils ont la même foi sur l'Eucharistie que tous les autres, il n'y a pas de sujet d'en douter. En effet Jacques de Vitry et les autres écrivains de l'Histoire d'outremer, non plus que les modernes qui ont ramassé ce qu'ils avaient trouvé en toute sorte d'auteurs, ne reprochent aucune erreur sur la foi de l'Eucharistie aux nestoriens, mais seulement quelques défauts dans la discipline, dont il sera parlé ci-après.

Il est vrai qu'on cite le témoignage de l'historien de la visite que fit D. Alexis de Ménesès, archevêque de Goa, dans les églises de Malabar, qui se trouvaient soumises aux Portugais, parce qu'elles étaient dans le pays conquis aux Indes sur les infidèles; et cet auteur dit qu'il se trouva beaucoup d'erreurs et d'abus touchant l'Eucharistie dans leurs Missels : or ces chrétiens de Malabar étaient nestoriens. M. Allix s'est servi de cette autorité dans ses remarques sur le traité de Nectarius, patriarche de Jérusalem, contre la primauté du pape; et après avoir avoué de bonne foi que les Grecs croyaient la présence réelle et la transsubstantiation, il ajoute que cette créance n'est pas ancienne parmi eux; et la seule preuve qu'il en donne est que les nestoriens de Malabar ne la croyaient point, ce qu'il a cru pouvoir établir sur ce que nous venons de rapporter d'Alexis de Ménesès. Dans cette histoire il ne se trouve aucun détail sur ce sujet, sinon qu'il s'était aperçu que dans leurs livres de prières et dans leurs liturgies il y avait beaucoup d'erreurs très-énormes sur l'Eucharistie (l. 1, c. 18, édit. portugaise, p. 58 et suiv.); et l'historien ajoute de son chef qu'il *croit que les hérétiques de ces derniers temps les ont prises d'eux, et les ont renouvelées en ces pays-ci.* Il n'en marque néanmoins aucune; et il est étonnant qu'un homme savant et exact comme M. Allix s'en soit tenu au témoignage vague d'un religieux portugais, qui fait assez voir dans tout son ouvrage qu'il n'avait aucune connaissance de l'antiquité ecclésiastique, sans laquelle néanmoins il est non seulement difficile, mais impossible de juger sainement de la discipline des Orientaux.

Il dit que la Liturgie des Malabares contenait plusieurs erreurs qui avaient été insérées par Nestorius; qu'ils ajoutaient de l'huile et du sel dans la préparation du pain eucharistique; qu'ils faisaient l'office en syriaque, et qu'ils avaient plusieurs abus dans leurs rites. On n'en peut pas juger plus sûrement que par les décrets que fit publier Alexis de Ménesès dans le synode de Diamper (edit. Conimbr. 1606, fol. 26 et seq.). Dans le premier décret de l'action 5 il est marqué qu'on trouvait dans les oraisons *Christi tui;* et il ordonne qu'on mette à la place *Christi Filii tui.* Il pouvait y avoir de l'affectation qui eût rapport au nestorianisme; on trouve néanmoins de semblables prières dans les livres des Grecs, des Latins, des Syriens et des jacobites, fort éloignés de cette hérésie; mais au fond cette manière de s'énoncer n'attaque ni directement ni indirectement le mystère de l'Eucharistie.

Or nous connaissons la Liturgie des nestoriens, et nous l'avons en syriaque, copiée sur un manuscrit très-authentique. Nous y avons trouvé plusieurs expressions, non seulement suspectes, mais qui marquaient clairement le nestorianisme. Pour d'autres qui semblassent donner la moindre atteinte à la foi de la présence réelle, nous n'y en avons pas remarqué une seule; et c'est une preuve assez convaincante qu'il n'y en pouvait avoir dans la Liturgie des nestoriens de Malabar, puisqu'ils dépendaient entièrement du catholique ou patriarche de cette secte, qui leur envoyait un métropolitain; et ils ne pouvaient avoir une créance différente de celle du chef de leur église. On ne peut pas non plus douter que la Liturgie que réforma Alexis de Ménesès ne fût la même que celle que nous avons en syriaque; ce qui se reconnaît par la conformité des citations. Voici donc ces erreurs qu'il crut devoir réformer dans sa visite. Un peu avant la consécration, le prêtre récite une longue prière, par laquelle il rend grâces à Dieu de ce qu'il a fait pour le salut des hommes, en commençant par la création et finissant à la mission de Jésus-Christ; et, suivant l'usage de toutes les églises, il prononce les paroles de l'institution de l'Eucharistie. Les Grecs et tous les Orientaux disent ces paroles sacrées en différentes manières, et ordinairement ainsi : *Hoc est corpus meum, quod pro multis, pro vobis et pro multis, datur, frangitur in remissionem peccatorum*. Et sur le calice : *Hic est calix novi Testamenti in meo sanguine qui pro vobis et pro multis effunditur*, ou *effundetur, in remissionem peccatorum*. Cette formule est tirée des Évangiles et de S. Paul; elle a été depuis le commencement du christianisme en usage dans les églises d'Orient, et même en quelques-unes d'Occident, comme dans celle du rit gothique et du mozarabe. Ménesès crut qu'elle devait être changée, pour la conformer entièrement à celle du canon romain : on ne peut néanmoins dire qu'elle enfermât un abus ou une erreur, puisque les Grecs et les autres chrétiens qui se sont autrefois réunis à l'Église catholique n'ont point été obligés de la changer, quoiqu'on l'ait fait à l'égard des Maronites sans nécessité. Dira-t-on que c'est-là une erreur contre l'Eucharistie?

Il est marqué au même endroit qu'après la consécration, les Malabares disaient alternativement une oraison ou cantique où il y avait ces paroles : *Lorsque le prêtre s'approche de l'autel, il élève ses mains au ciel et il invoque le S.-Esprit, qui descend du ciel, et consacre le corps et le sang de Jésus-Christ*. Les censeurs portugais ont trouvé qu'il y avait du péril à se servir de ces paroles, de peur *qu'elles ne donnassent lieu de croire que c'est le S.-Esprit qui consacre, et non pas le prêtre*; et ainsi ils les ont changées, quoiqu'on les trouve dans des offices syriaques imprimés à Rome; car il faut n'avoir pas la moindre connaissance de l'antiquité, pour regarder comme suspecte une expression qui se trouve dans tous les offices anciens, et qui est très-familière aux SS. Pères; ou pour croire que le ministère sacré des prêtres est détruit, si le S.-Esprit opère invisiblement par leurs paroles ce qu'elles signifient extérieurement. Par cette raison les censeurs ont altéré l'ancienne formule de l'invocation du S.-Esprit, dont les prêtres demandent à Dieu la descente et l'avénement sur les dons proposés, et qu'en la changeant, il les fasse le corps et le sang de Jésus-Christ. Les protestants ne diront pas que cette oraison détruise la foi de la présence réelle, puisqu'elle la signifie d'une manière claire et incontestable.

Une autre erreur qu'ils remarquent est que lorsqu'après la fraction de l'hostie le prêtre en trempe une particule dans le calice, et qu'il l'approche des autres qui sont sur le disque sacré, ou la patène, en faisant un signe de croix avec cette même particule, pour unir, disent-ils, le sang avec le corps de Jésus-Christ, ils font entendre l'hérésie des nestoriens, qui croient que sous l'espèce du pain il n'y a que le corps, et le sang seul sous l'espèce du vin; qu'ainsi ils touchent l'hostie, et qu'ils y font une fente avec l'ongle du pouce, afin que l'un pénètre l'autre. Cette hérésie est également inconnue aux nestoriens, et à tous les autres chrétiens, qui ne leur ont jamais reproché rien de semblable, puisque le rit sur lequel est fondé le soupçon est commun à toutes les églises d'Orient. Lorsque dans l'Église latine on fait le mélange d'une particule de l'hostie dans le calice, non seulement cette cérémonie s'appelle *commixtio*, mais aussi *consecratio*. Les commentateurs des Liturgies rendent des raisons de cet usage, qui font connaître qu'il n'a aucun rapport à l'hérésie des nestoriens, et qu'il n'a rien que de conforme à la discipline de toutes les églises, ce qu'on éclaircira ailleurs.

On aurait assez de peine à trouver l'origine de cette prétendue erreur, attribuée mal-à-propos aux nestoriens, si ce n'est dans des auteurs qui ont écrit lorsque les plus habiles théologiens, c'est-à-dire, des scolastiques, disputaient contre les bohémiens touchant la communion sous les deux espèces (1). L'ignorance de la discipline ecclésiastique était telle en ces temps-là, que plusieurs regardaient cette pratique, qui subsistait encore dans toute la Grèce et dans tout le Levant, comme un grand abus, ne faisant pas réflexion que jamais elle n'avait été regardée comme suspecte, et que jamais l'Église latine ne l'avait reprochée aux Grecs, au milieu de tant de disputes.

(1) On n'a point prétendu en cet endroit, ni ailleurs, offenser les scolastiques; et quand on a dit qu'ils n'avaient alors aucune connaissance de l'ancienne discipline, on n'a rien dit que les plus habiles théologiens de ces derniers temps n'aient marqué en termes plus forts, entre autres M. Habert et le P. Morin. Mais comme il s'agit de Jean de Raguse, il suffit de dire qu'un procureur-général des dominicains n'était pas un homme du commun, et que le choix qui fut fait de lui pour traiter la matière de la communion sous les deux espèces, marquait la réputation qu'il avait d'être grand théologien. Or celui qui attribue l'origine de cette ancienne pratique de l'Église à Pélage et à Nestorius, n'avait assurément aucune connaissance de l'antiquité. (*Note des auteurs.*)

Nous trouvons donc qu'au concile de Bâle en 1433 (Concil. Lab., t. 12, p. 1072), Jean de Raguse, dominicain, fit un long discours en réponse à ce que Jean de Rokyzana avait dit le 16 janvier, dans lequel il avança, entre autres choses, que Pélage et Nestorius avaient donné l'Eucharistie sous les deux espèces, parce que le dernier croyait que sous l'espèce du pain il n'y avait que le corps de Jésus-Christ, et que le sang n'y était pas, mais sous l'espèce du vin; que Pélage ordonnait pour le même sujet qu'on donnât la communion aux enfants après le baptême; et que s'ils ne pouvaient pas la recevoir sous l'espèce du pain, il la fallait mêler avec celle du vin. Or, comme il n'y a pas de théologien qui ne reconnaisse présentement que ce qui paraissait à ce religieux, non seulement un abus, mais une hérésie, était la pratique de toute l'ancienne Église, il serait inutile d'examiner ce qu'on peuvent avoir dit d'autres auteurs de ce temps-là, qui n'en savaient pas plus que lui, et qui n'ont pas plus d'autorité. Quand il y en aurait un très-grand nombre, ils ne prouveraient rien contre les nestoriens, sinon ce qu'on reconnaît par le témoignage de quelques autres un peu plus anciens et aussi ignorants, mais de meilleure foi, que quand ils ont accusé les nestoriens sur cet article, ce n'a été que parce qu'ils voyaient la communion sous les deux espèces établie par leur discipline, ce qu'ils regardaient comme un grand abus, quoiqu'ils n'alléguassent pas une raison aussi fausse que celle dont se servit Jean de Raguse.

Pierre, évêque de Mélicha, jacobite, reproche aux nestoriens qu'ils donnent l'Eucharistie dans la main de ceux qui communient : on peut juger s'il les aurait ménagés sur la foi de ce mystère, en cas qu'ils ne l'eussent pas cru comme les autres reçus par tous les chrétiens, puisqu'il leur reprochait une coutume pratiquée autrefois dans toute l'Église. Enfin les témoignages d'Élie-le-Catholique et des autres théologiens, qui seront rapportés ailleurs, démontrent que les nestoriens n'ont aucune erreur particulière sur ce sujet, puisque même Élie reconnaît le changement de substance qui est le point décisif.

Ils se servent de pain levé, comme les autres Orientaux, et ils y ajoutent du sel et de l'huile, ce qui est remarqué comme un abus par quelques écrivains arabes et européens; avec raison, puisqu'on ne trouve pas que l'ancienne Église ait pratiqué rien de semblable. Quelques auteurs emploient des raisons mystiques pour justifier cette coutume, et il est inutile de les rapporter. Ce que ceux du pays, lorsqu'ils ont été consultés, ont dit de plus raisonnable sur ce sujet, est qu'on ne mêle qu'un grain ou deux de sel dans la pâte avec laquelle on forme le pain qui doit être consacré; et qu'à l'égard de l'huile, le prêtre en verse une goutte dans le creux de sa main lorsqu'il forme ce pain, afin que la pâte ne s'y attache pas.

Ils ont une cérémonie qui peut avoir donné lieu à ces autres coutumes, et c'est ce qu'ils appellent *le renouvellement du saint levain*. Ils ont pour cela un office particulier avec diverses prières, qu'on prononce en même temps que le prêtre prenant de la fleur de farine, et la pétrissant avec du levain, il y mêle une partie de celui qui a servi la dernière fois qu'on a préparé des pains pour la Liturgie. Leur tradition est qu'ils ont ainsi conservé jusqu'à ces derniers temps le levain dont était le pain dans lequel Jésus-Christ institua l'Eucharistie; ou, selon d'autres, celui que S. Thomas et S. Thadée apportèrent en Syrie lorsqu'ils y vinrent prêcher le christianisme : car, suivant une autre tradition, ils croient que les apôtres avant leur séparation célébrèrent ensemble la Liturgie, et qu'ils emportèrent chacun une partie du pain qui y avait servi. Il n'est pas difficile de reconnaître que cette fable est fondée sur l'ancien usage des eulogies, que les évêques s'envoyaient les uns aux autres pour symbole de communion. De même parce qu'ils mêlent l'ancien chrême avec celui que le catholique consacre tous les ans, ils disent que c'est le même que leur apporta S. Thomas.

Alexis de Ménesès trouva un abus bien plus grand, selon le rapport de son historien : et c'était qu'au défaut de vin véritable ils se servaient d'un suc tiré de raisins secs détrempés dans de l'eau, ou de vin de palmier, tel qu'on le fait dans les Indes. Il fallait que cet abus fût local; et on n'apprend rien d'ailleurs sur cet article.

Les nestoriens ont le baptême, la confirmation, qu'ils administrent en même temps, l'ordination, la hiérarchie, la réconciliation des pénitents, la bénédiction des noces et l'onction des malades; le tout à peu près selon les cérémonies communes à l'église grecque, dont toutes celles d'Orient ont été tirées.

Ils ont trois Liturgies, l'une qu'ils appellent des apôtres, c'est-à-dire, de ceux qu'ils considèrent comme tels, et qui sont S. Thadée et S. Maris; celle de Théodore de Mopsueste, qu'ils appellent l'*Interprète*, à cause du grand nombre de commentaires qu'il avait faits sur la sainte Écriture, et celle de Nestorius. Elles paraissent plus anciennes que toutes celles qui sont en usage dans le reste de l'Orient, et plus conformes à l'ancien rit de Constantinople, qui se trouve dans la Liturgie de S. Jean Chrysostôme. Ils ont outre cela les offices de tous les sacrements, et leurs prières publiques selon le cours de l'année.

Par une coutume particulière à cette secte, depuis plus de mille ans, en quelque pays que les nestoriens aient établi des églises, le service s'y est fait en langue syriaque. Il n'y avait rien d'extraordinaire en cela pour la Syrie, la Mésopotamie et les provinces voisines où cette langue était vulgaire. Mais comme toutes leurs autres églises avaient été fondées par des évêques envoyés de Syrie, ils y portèrent la sainte Écriture et les offices ecclésiastiques en cette même langue, quoiqu'inconnue au peuple. Ainsi on trouve que les nestoriens de Perse faisaient l'office en syriaque, de même que ceux de Chorasan et de Tartarie, et enfin ceux des Indes et de la Chine. La preuve pour ceux des Indes est bien certaine par ce qui en est rapporté dans le synode de Diamper; et on a vu ici des Liturgies syriaques avec des instructions et quelques pièces traduites en malabar. A la Chine la même langue était en usage parmi eux, comme on le voit par l'inscription syriaque et chinoise, trouvée en 1625 dans la province de Xensi (China illustr., p. 12, usq. ad p. 46); le même usage était dans l'île de Chypre, où on n'entendait pas plus le syriaque qu'à la Chine.

CHAPITRE VII.
De la réforme de l'église nestorienne.

Cette secte ou église nestorienne, depuis le concile d'Éphèse jusqu'aux premières conquêtes des Mahométans, n'avait eu aucune forme de hiérarchie semblable à celles des autres chrétiens. Des évêques déposés ou exilés, à cause qu'ils n'avaient pas voulu se soumettre aux décisions de l'Église contre Nestorius, s'étaient retirés dans la partie de la Mésopotamie que les Perses avaient occupée. Ils y avaient ordonné des prêtres et d'autres ecclésiastiques, aussi bien que des évêques, et ils se trouvèrent, vers le temps de la ruine de l'empire des Perses, en possession de l'église de Séleucie. Cette ville avait été choisie pour être le siége d'un primat, qui, quoique soumis au patriarche d'Antioche, par lequel seul il était ordonné et dans le patriarcat duquel il était, avait néanmoins une juridiction très-étendue dans la Perse et dans l'Arménie. Il ordonnait des métropolitains qui lui étaient soumis, et on l'appelait *catholique*. Cette dignité s'est conservée dans les autres sectes; car les jacobites avaient deux catholiques, l'un pour les Syriens, l'autre pour les Arméniens, et dans la suite ce dernier a été appelé patriarche. Les Grecs en avaient un pareillement. Comme donc ces catholiques avaient tenu leur siége à Séleucie et à Ctésiphonte, les nestoriens donnèrent à leur prélat supérieur aux autres le titre de *catholique*.

Il est cependant très-remarquable que ces anciens hérétiques, par respect pour la tradition apostolique, ne crurent pas pouvoir former un corps d'église chrétienne s'ils renonçaient à la succession des premiers évêques institués par les apôtres ou par leurs disciples. Nestorius avait été patriarche de Constantinople; outre qu'ils ne le reconnaissaient pas comme auteur d'une nouvelle doctrine, mais comme défenseur de l'ancienne, il avait été déposé, et aucun de ses successeurs n'avait soutenu son opinion dans cette église-là. Ses disciples n'avaient jamais été en possession d'aucune église patriarcale, comme furent dans la suite les jacobites de celles d'Alexandrie et d'Antioche. Ainsi ils ne pouvaient prouver la succession de leurs évêques jusqu'aux apôtres, fondateurs des principales églises. Afin donc de couvrir ce reproche qui les convainquait de schisme quand ils auraient été exempts de toute erreur, leurs chefs qui avaient été longtemps en possession de l'église de Séleucie et de Ctésiphonte, dans laquelle les derniers rois de Perse ne souffraient pas d'autres chrétiens, pensèrent à relever la dignité de ce siége en lui attribuant l'institution apostolique.

Ils joignirent pour y parvenir la tradition commune de la conversion des Syriens par la prédication de S. Thadée dans la Mésopotamie, avec d'autres ou fausses ou incertaines, qui faisaient croire que le même apôtre et ses disciples avaient établi cette église de Perse, qui de cette manière aurait été fondée par un apôtre, comme les autres patriarcales. Les peuples pouvaient être aisément trompés, puisque nous voyons que plusieurs de nos auteurs modernes ont cru trop légèrement des traditions vulgaires de chaque pays, quand elles ont été reçues sans examen. Ils trouvaient dans les prières de leurs églises que S. Thomas et S. Thadée avaient porté l'Évangile dans la Syrie, dans les Indes et jusqu'aux extrémités de la terre. Ce qui devait s'entendre dans une signification ample et métaphorique, en ce que les SS. apôtres avaient converti les uns par leur ministère, et les autres peuples plus éloignés par celui de leurs disciples, était pris à la lettre par les Syriens, et surtout par les nestoriens, pour en conclure que S. Thomas et S. Thadée leur avaient annoncé la foi. Cette tradition produisit celle qui est aux Indes, de la prédication de S. Thomas en ce pays-là; et ensuite, sur des raisons de vraisemblance, plusieurs auteurs modernes, surtout des Portugais, l'ont fait passer à la Chine; enfin jusqu'au Brésil et en d'autres parties de l'Amérique, où néanmoins il ne s'est pas trouvé le moindre vestige de christianisme.

Celle des nestoriens était mieux fondée, quoiqu'elle ne fût pas certaine; mais elle suffisait pour persuader aux peuples qu'ils conservaient la foi qui avait été prêchée par les apôtres ou par leurs disciples. Avec quelques histoires de leurs premiers évêques toutes fabuleuses, ils parvenaient au temps de ces anciens évêques de Perse, dont un vint au concile de Nicée. Ils étaient alors uniques dans le pays, comme il y avait un évêque des Goths, un évêque des Sarrasins, parce que le nombre des chrétiens n'était pas assez considérable pour avoir plusieurs évêques, ou qu'il n'y avait pas de villes comme parmi les Arabes nomades, les Goths et quelques autres peuples. Les nestoriens mettaient donc au nombre des Pères de leurs églises ces anciens évêques de Perse, parmi lesquels plusieurs avaient souffert le martyre sous Sapor et Cosroès, et dont il est parlé avec de grands éloges dans les histoires de Socrate et de Sozomène (l. 2, c. 8, etc.). Ainsi joignant à ceux-là les premiers évêques qu'ils avaient eus en toute liberté sous les derniers rois de Perse, entre autres Cosroès Nuschiroüan, qui les favorisa extrêmement, ces évêques de Séleucie se trouvèrent les premiers ecclésiastiques de leur secte; et comme le titre de *catholique* était attaché à ce siége, ils commencèrent à le donner à leurs patriarches, ce qui a continué jusqu'à nos jours.

Comme il se trouve dans les canons arabes attribués au concile de Nicée une constitution qui règle le rang des catholiques de Séleucie, les nestoriens ont appliqué ce qui s'y trouve à leur patriarche, quoique cela eût rapport à ces catholiques que nous avons dit avoir été institués dans l'église grecque, et à ceux que les jacobites établirent dans leur communion. Enfin, parce que nonobstant toutes ces fausses suppositions, ils n'auraient pu nier que leur catholique était inférieur aux quatre anciens patriarches et à celui de Jérusalem, ils ont marqué dans leurs histoires que les Pères d'Occident avaient accordé par privilége aux Orientaux d'être soumis à leur seul patriarche, et ils supposent que c'est leur catholique, quoique les canons dont ils abusent regardent le diocèse d'Orient proprement dit, et le patriarche d'Antioche. De là ils concluent qu'ils sont fondés sur la tradition et sur l'autorité des canons de l'Église universelle, en reconnaissant leur catholique comme *Père des pères*, *patriarche* et chef suprême de leur hiérarchie.

C'est ainsi que les nestoriens du septième et du huitième siècle ont abusé les peuples, pour les tenir séparés des autres églises ; mais en reconnaissant en même temps deux grandes vérités : la première, qu'on ne pouvait être dans l'Église, si on ne montrait une succession d'évêques qui remontât jusqu'aux apôtres ; la seconde, que la seule autorité de l'Église pouvait instituer des évêques, et établir les bornes de leur juridiction sur les fidèles.

Lorsque les Mahométans conquirent la Perse, ils confirmèrent aux catholiques ou patriarches nestoriens qui s'y trouvaient établis, toute l'autorité qu'ils avaient ; et elle était fort étendue, puisqu'il n'y était resté presque aucun autre chrétien ; et après que ces mêmes catholiques eurent transféré leur siége à Bagdad, ils usurpèrent longtemps une entière juridiction sur les orthodoxes et sur les jacobites, étant maintenus par des patentes des califes, qui terminaient ces disputes par l'antiquité de la possession ; et les nestoriens l'avaient, parce qu'ils s'y trouvaient les premiers établis. Ils la perdirent à la vérité dans la suite, et il fut permis aux melchites ou orthodoxes, aux jacobites, d'avoir leurs catholiques, et de n'obéir qu'à eux. Mais dans l'espace de plus de deux cents ans les nestoriens se servirent de cette juridiction usurpée pour étendre leur hérésie, tant parce que plusieurs autres chrétiens n'ayant ni églises, ni évêques, ni prêtres, se trouvèrent presque sans le savoir engagés dans la communion des nestoriens, que parce qu'ils envoyèrent prêcher le christianisme jusqu'aux extrémités de l'Asie.

C'est ce qu'on reconnaît par l'histoire orientale et par une notice des métropoles soumises au catholique, dont le siége était à Bagdad jusqu'à ces derniers siècles. On les rapportera suivant qu'elles s'y trouvent marquées, quoique dans un ordre qui paraîtrait arbitraire et très-confus, si plusieurs passages de leurs livres ne le confirmaient : car il n'est point conforme à la disposition ancienne des métropoles établies par les canons et par les notices ; de sorte qu'il paraît très-certain que le rang de ces métropoles est réglé selon l'antiquité de l'établissement que les nestoriens en firent ; et même plusieurs des villes qui ont parmi eux le titre de métropoles, n'ont jamais eu d'évêques dans les autres communions.

Après Bagdad, qui jouissait des mêmes honneurs que Séleucie ou Modaïn, comme l'ont appelée les Arabes, voici comme les range cette notice : I. Jondisapour, ville moderne du Cuzistan, ou ancienne Susiane ; II. Nisibe ; III. Bassora ; IV. Mosul ; V. Hazza qui est Irbil, ou l'ancienne Arbelles ; VI. Bajerma qui peut être l'ancienne Martyropolis ; VII. Holowan, ville récente depuis les Arabes ; VIII. en ce rang ils mettent le métropolitain de Perse sans lui assigner aucune ville. Ces métropoles sont les plus anciennes, parce qu'elles se trouvent dans la Mésopotamie où les nestoriens, comme il a été dit, se multiplièrent d'abord, parce qu'ils y étaient à couvert des peines portées par les lois impériales contre Nestorius et ses sectateurs. La Perse était la province la plus voisine ; IX. Mérou ; X. Ari, qui est l'Aria des anciens ; XI. Catarba ; XII. la Chine ; XIII. l'Inde ; XIV. Bardaa ; XV. Damas ; XVI. Raï et tout le Tabaristan ; XVII. le Deilem ; XVIII. Samarcand ; XIX. le Turquestan ; XX. Balch ; XXI. le Sigestan ; XXII. Jérusalem ; XXIII. Chanbalik ; XXIV. Toncat ou Tengut ; XXV. Caschgar et Noüakat. On sait par la suite de l'histoire de leurs catholiques que ces métropoles ne sont pas des noms en l'air, puisqu'on trouve souvent nommés ceux qui les ont occupées ; il est fait mention des six premières dans l'office des ordinations nestoriennes, donné par le P. Morin, quoique les noms soient un peu défigurés. Les Portugais trouvèrent un Mar-Joseph et un Mar-Jacob dans les Indes, qui avaient le titre de métropolitains des Indes et de la Chine. Ung-Chan, sultan des Tartares, défait par Ginghiz-chan, était nestorien, et il avait un évêque dans son pays. Marco Polo, Rubruquis, Odéric, Jean de Plano Carpini, Mandeville, et tous les anciens voyageurs, remarquent qu'ils trouvaient un nombre prodigieux de nestoriens dans la Tartarie, et même il ne paraît pas qu'il y eût d'autres chrétiens, non plus que dans les Indes et dans la Chine.

L'histoire de ces provinces éloignées est si obscure, qu'il est impossible de savoir avec quelque vraisemblance si le christianisme y avait été porté dès les premiers siècles de l'Église. Les Perses, comme il a été dit, avaient un évêque pour toute la nation ; mais on ne peut dire s'il y avait des chrétiens dans la Transoxiane, et dans les autres provinces de la Haute-Asie, avant le Mahométisme. Si on suit les notices des Grecs modernes, le patriarche d'Antioche, dans la juridiction duquel elles étaient comprises, avait en ce pays-là des évêques qui lui étaient soumis. Il possédait, suivant Nilus Doxapatrius, toute l'Asie, l'Orient, les Indes, où jusqu'alors il envoyait un catholique qu'il ordonnait, et qui est appelé de *Romogyris ;* la Perse et Babylone, appelée présentement Bagdad ; et, comme disent les Grecs, Irénopolis, où il envoyait un catholique ; les provinces d'Arménie, l'Abasgie ou Circassie et Mengrélie, l'Ibérie, la Médie, la Chaldée, la Parthie, les Élamites et la Mésopotamie. Or ces provinces, qui ont entièrement changé de nom et de limites il y a plusieurs siècles, sont néanmoins comprises pour la plupart dans l'étendue des métropoles de l'église nestorienne que nous venons de rapporter. Il peut donc être arrivé que les nestoriens n'aient pas porté les premiers la foi de Jésus-Christ dans ces provinces de la Haute-Asie ; mais que dans le renversement général causé par les conquêtes des Mahométans, les chrétiens qui s'y trouvaient déjà, n'ayant point d'évêques ni de prêtres, se soient soumis à ceux que les catholiques de Bagdad y envoyèrent, comme il est arrivé depuis à l'égard de la Nubie et de l'Éthiopie, où tout ce qu'il y avait de chrétiens devinrent jacobites en moins d'un siècle, parce que tous les ecclésiastiques qui y furent envoyés étaient infectés de cette hérésie, ainsi que l'église d'Alexandrie où ils avaient reçu l'ordination. Car il ne paraît pas vraisemblable que dans le Chorasan, la Transoxiane et les autres provinces voisines, où les Mahométans portèrent leurs armes d'abord après la conquête de la Syrie et de la Perse, on pût facilement prêcher l'Évangile, ce qu'ils ne souffraient pas ; encore moins que parmi eux il y en ait eu qui embrassassent le christianisme, rien n'étant plus rare que de pareilles conversions. Mais dans les Indes, dans la Chine et dans la Tartarie, où il y avait peu de Mahométans, les nestoriens peuvent avoir plus facilement annoncé la foi de Jésus-Christ, et en même temps répandu leurs erreurs. Ce qu'il y a de certain, c'est qu'ils ont fondé la plupart des églises comprises dans les métropoles de leurs notices, parce qu'on ne les a jamais connues dans les autres communions.

Ce catholique dont parle Nilus Doxapatrius, ainsi que d'autres auteurs, s'appelait à ce qu'ils disent, *Romogyreos*, ce qui n'est pas un nom de métropole, car il n'y a jamais eu de ville ni de province appelée ainsi. C'est un mot formé de *Roum*, qui signifie les Grecs, et de *Ygour*, nom sous lequel les Arabes et les Persans comprenaient un grand nombre de peuples, la plupart barbares, qui étaient au-delà de l'Oxus ou Gihon, dont les noms sont à peine connus, puisqu'on ne les trouve presque que dans l'histoire de Ginghizchan et de ses successeurs les Mogols, qui conquirent tous ces pays-là, et poussèrent leurs victoires encore beaucoup plus loin. *Romogyris* signifie donc *Roum*, les Grecs, c'est-à-dire, le pays qui avait été soumis à l'empire grec, et où les patriarches grecs d'Antioche avaient conservé leur ancienne juridiction, où la foi de l'église orthodoxe grecque s'était maintenue ; et sous le nom d'*Ygour* on comprend les peuples des pays situés au-delà de ces bornes, où quand même le christianisme aurait été établi avant l'empire des Mahométans, il est néanmoins certain qu'il n'y avait ni évêchés ni métropoles : de sorte qu'on ne peut pas douter que celles dont il est parlé dans la notice des nestoriens ne doivent leur premier établissement à leurs patriarches. Le catholique dont parle Nilus Doxapatrius était celui que le patriarche grec d'Antioche envoyait à Bagdad ou à Irénopolis ; car le calife Almansor avait appelé cette nouvelle ville *Medinet el Salam*, *Ville de Paix* : et comme elle devint la capitale de l'empire mahométan, dignité qu'elle conserva

autant que dura la puissance des califes, il y abordait toute sorte de nations, que les princes mahométans laissaient vivre en liberté selon leurs religions. Les patriarches nestoriens y furent longtemps les premiers, et comme supérieurs de tous les chrétiens ; mais après quelque temps, les autres eurent la même liberté qu'ils avaient ailleurs. Les catholiques ou primats des jacobites transférèrent leur siége à Takrit, sur les frontières d'Arménie, et depuis plus de quatre cents ans on ne trouve aucune mention dans les histoires de ces catholiques d'Irénopolis que les Grecs avaient autrefois.

A cette occasion, il est nécessaire de remarquer qu'on ne doit ajouter aucune foi à ce que plusieurs de nos auteurs, surtout Aubert-le-Mire, ont écrit sur ce qui regarde les patriarches des nestoriens. Selon cet auteur, que plusieurs autres ont copié, la nation des nestoriens est gouvernée par deux patriarches, dont l'un est le chef des Chaldéens-Assyriens orientaux, et l'autre de ceux qu'on appelle absolument nestoriens. Il met au rang des premiers Sulaca, Abdisu, Denha-Simon, et quelques autres qui avaient envoyé des députés à Rome sous Jules III, Pie IV et Grégoire XIII, auxquels on peut joindre Élie, qui envoya une pareille députation à Paul V : car ces patriarches firent profession de la foi catholique, demandèrent la confirmation de leurs dignités et le *pallium*, enfin ils firent tout ce qui pouvait signifier une entière réunion avec l'Église catholique. On ne peut pas entrer dans un détail exact de ces réunions, puisqu'il ne reste que des traductions très-défectueuses des lettres écrites à Rome par ces patriarches, qui sont remplies d'éloges des papes, et de tout ce qu'il y a de plus avantageux pour la primauté du Saint-Siége. Ce n'est pas cela qui les devait rendre suspectes, puisque les collections des canons des églises orientales contiennent la reconnaissance de cette supériorité du Siége de Rome par-dessus tous les autres. Mais outre que les confessions de foi sont la plupart équivoques et imparfaites ; que même les dernières, comme celle du patriarche Élie envoyée à Paul V, contenaient des semences de nestorianisme ; que dans les siècles derniers il se trouvait peu de théologiens capables de les examiner, et qu'on se contentait à Rome de faire faire à ces députés la profession de foi de Pie IV, il ne faut pas s'étonner que toutes ces réunions n'aient produit aucun effet. Mais il n'est pas vrai que le patriarcat ait été divisé, parce que les patriarches des nestoriens ont résidé tantôt à Mosul, tantôt à Diarbekir, où ils sont présentement. Enfin tous ceux qui ont témoigné se réunir à l'Église sont demeurés à l'extérieur comme ils étaient. Il arrive souvent qu'ils écrivent encore aux papes, et qu'ils demandent le *pallium* ; mais au bout de quelque temps on les trouve toujours les mêmes.

Le catholique était élu par les métropolitains, les évêques, le reste du clergé, et les principaux des laïques, parmi lesquels les *abadis* tenaient le premier rang. On appelait ainsi les chrétiens de quelques tribus fort anciennes parmi les Arabes, qui avaient reçu la foi chrétienne dans les premiers siècles de l'Église, et qui l'avaient conservée pendant que les autres tribus étaient engagées dans l'idolâtrie, dans le culte superstitieux des astres, et quelques-unes dans le judaïsme. Ceux de Hira, de Cufa et de Bassora, illustres parmi les Arabes, avaient aussi droit de suffrage.

L'évêque de Cascar, ville assez voisine de Modaïn, bâtie sur les ruines de l'ancienne Séleucie, avait l'administration du siége vacant, ou à son défaut l'évêque de Wasith, ou quelque autre plus prochain. Il avertissait les métropolitains par des lettres circulaires de la mort du catholique, et les convoquait pour l'élection de son successeur, à laquelle présidait le métropolitain de Jondisapour accompagné des autres principaux, qui étaient ceux de Nisibe, de Mosul, d'Arbelles, de Bajerma ou Martyropolis, de Holoüan et de Bassora.

L'assemblée pour l'élection se tenait ordinairement à Modaïn, dans une ancienne église appelée *Dir-Cani*, même depuis que le siége des catholiques avait été transféré à Bagdad.

Lorsqu'on était d'accord sur le sujet qui devait être élu, le plus ancien des métropolitains publiait l'élection, qui était précédée d'un jeûne, de prières et d'une liturgie solennelle. S'il y avait des contestations qui ne pussent être terminées à l'amiable, on les terminait par le sort, ce qui se faisait en cette manière : Les noms de trois qui avaient le plus de voix étaient écrits dans des billets ou sur des balotes, et on en ajoutait un quatrième qui était *le nom de Jésus-Christ, le souverain Pasteur*. On les mettait sous l'autel, et après avoir célébré la liturgie dessus, pour demander à Dieu qu'il déclarât sa volonté, on mettait les noms dans une boîte, et on les faisait tirer par un jeune enfant, qui était encore dans l'innocence. Celui dont le nom était tiré le premier était aussitôt proclamé catholique. Que si on tirait d'abord le nom de Jésus-Christ, on regardait cela comme une preuve certaine que Dieu n'approuvait l'élection d'aucun des trois, et on revenait aux suffrages pour en nommer trois autres. Cette manière de décider par le sort les élections contestées était aussi en usage à Alexandrie parmi les cophtes ou jacobites.

Lorsque la proclamation de celui qui avait été élu se faisait dans l'église, le clergé et le peuple l'approuvaient en disant : Ἄξιος, *il est digne*, ou par les propres paroles de la préface : *Dignum et justum est*, ce qui se pratiquait pareillement parmi les cophtes. On dressait un acte qui était signé par les métropolitains, les évêques et les principaux du clergé et du peuple, par lequel ils approuvaient l'élection; les évêques absents pouvaient envoyer leur consentement par écrit. Il fallait ensuite obtenir des princes, ou des magistrats mahométans, la confirmation de l'élection et la permission de sacrer celui qui avait été élu, et à cette occasion les Mahométans ont presque toujours tiré d'eux de grandes sommes. Avant la cérémonie de l'ordination, les évêques obligeaient le nouveau patriarche à signer un acte par lequel il promettait de *se conduire selon l'Évangile et selon les canons des apôtres*; qu'il *conserverait la véritable foi et les décrets des synodes d'Orient et d'Occident*, *ainsi que ceux des trois Pères, Diodore, Théodore et Nestorius*; qu'il *ne recevrait point de présents*, qu'il *extirperait la simonie*; qu'il *ne retiendrait pas les églises vacantes*, mais qu'il *les pourvoirait de bons évêques*; qu'il *ne serait à charge ni au clergé ni au peuple*; qu'il *ne donnerait pas deux évêchés à une même personne* : enfin qu'il *gouvernerait l'église selon les lois.* On trouve une semblable formule qui fut dressée par le catholique Johana ou Jean, fils d'Isa, ordonné l'an 900 de Jésus-Christ, et elle fut suivie par plusieurs autres.

On dressait aussi alors des règlements en forme de canons sur la discipline ecclésiastique; et comme ils étaient signés par le nouveau catholique et par tous les évêques assemblés synodalement, on les appelait *synodes.* C'est de ces sortes de constitutions synodales que se doivent entendre plusieurs endroits du Catalogue ou Bibliothèque de Hébedjésu (p. 115, 117, 118), imprimé par Abraham Écheltensis, et non pas de conciles anciens. Ces actes étaient toujours en syriaque aussi bien que tous ceux qui regardaient l'élection et la confirmation du catholique, et les nestoriens les ont toujours dressés en cette langue, qui est sacrée parmi eux, comme les cophtes les dressent en langue égyptienne, et nous en latin.

Après que la permission de sacrer le nouveau patriarche avait été obtenue du calife, ou des autres qui commandaient à sa place, on faisait la cérémonie du sacre dans l'ancienne église de Modaïn, avec les prières et les rites qui sont marqués dans le Pontifical qu'a fait imprimer le P. Morin. C'est un très grand abus et très-ancien dans cette secte, que les catholiques, quoiqu'ils eussent déjà reçu l'ordination épiscopale (presque tous ceux dont nous avons l'histoire ayant été pris du nombre des évêques ou des métropolitains) étaient ordonnés de même que s'ils n'eussent pas déjà reçu le caractère épiscopal, ce qu'on ne trouve dans aucune autre église. Les Grecs, quoiqu'ils aient été depuis plusieurs siècles fort peu attentifs à l'observation des canons contre les translations des évêques, et que la plupart des patriarches de Constantinople aient été ainsi transférés d'autres églises auxquelles ils étaient attachés par le lien sacré de l'ordination, n'ont jamais pratiqué d'autres cérémonies que celles de l'intronisation, sans aucune nouvelle imposition des mains. Les jacobites syriens du patriarcat d'Antioche ont aussi souvent été transférés; mais les rites sacrés de l'ordination ne se pratiquaient point à leur égard. Il n'y a pas eu de communion chrétienne où les translations aient été plus fréquentes que parmi les nestoriens; et quoique cet abus soit très-grand, il n'est pas comparable à celui d'une ordination réitérée et toute nouvelle, comme ils font celles de leurs patriarches : car ils leur imposent les mains, ils disent les mêmes prières et les mêmes formules qu'à l'ordination des évêques, sans excepter celles dans lesquelles, selon l'opinion de M. Habert, du P. Morin et des plus habiles théologiens, doit consister la forme du sacrement. On peut juger du peu d'exactitude de ceux qui ont écrit sur ces matières, puisque parmi les erreurs et les abus dont ils accusent les nestoriens ils ne marquent pas celui-là, qui est un des plus grands. L'église cophte d'Alexandrie est dans une pratique bien différente, puisque depuis S. Marc jusqu'à ces derniers temps, aucun patriarche n'a été transféré d'une autre église à celle-là.

Après l'ordination, le nouveau catholique revenait à Bagdad, où les principaux des tribus, des habitants de Modaïn et des autres chrétiens qui lui étaient soumis, venaient le recevoir sur le bord du Tigre. Ils le conduisaient en pompe au monastère appelé *Dir-Catlik* du catholique, qui était la maison patriarcale. Les jours suivants on le conduisait au palais du calife, qui lui donnait la veste d'honneur, une espèce de bonnet et le bâton pastoral, à quoi, suivant sa bonne volonté, il ajoutait d'autres présents ; et il fallait que le catholique fît aussi les siens. Il était conduit à cette audience par les officiers du calife, avec une escorte de gardes, et on pratiquait à son égard les mêmes cérémonies qu'à l'égard du chef des Juifs, que les Arabes appellent *raseljalout* ; c'est-à-dire, chef des exilés ; et les Grecs αἰχμαλωτάρχης, selon la description qu'en fait le Juif Benjamin, dans son Itinéraire.

L'autorité du catholique était très-grande ; car suivant les constitutions reçues dans sa communion il était le chef suprême de l'église nestorienne, avec une entière indépendance ; et outre ce pouvoir, qui pouvait paraître légitime, il en avait usurpé un plus grand et presque sans bornes. Il instituait les évêques et les métropolitains, il érigeait des évêchés et des métropoles ; il dispensait des canons, réunissant et désunissant ces mêmes évêchés ; il excommuniait les évêques et les métropolitains ; mais il pouvait être déposé par un synode. Plusieurs de ces catholiques ont été des hommes ambitieux, avares, simoniaques, violents, qui par leur mauvaise conduite scandalisaient les chrétiens qui leur étaient soumis, de sorte qu'il y en a eu un grand nombre qui ont renoncé au nestorianisme et même au christianisme.

Il y en a eu cependant quelques-uns distingués par leur bonne conduite et par leur science, comme sont la plupart de ceux dont Hébedjésu fait mention dans son Catalogue : car presque tous ceux dont il parle étaient nestoriens. Cependant il reste fort peu d'ouvrages de théologiens considérables dans cette secte, si on en excepte deux ou trois auteurs, comme Israël, évêque de Cascar, Ebneltaïb, qui a travaillé sur l'Écriture sainte, et quelques autres qui sont cités avec éloge par les jacobites mêmes, et le nombre de ceux-là est très-médiocre. La principale étude qui les occupait était celle de la langue syriaque, de la persienne et encore plus celle de l'arabe. Ils étaient à Bagdad, à Bassora et dans les autres villes et provinces où elle était particulièrement cultivée ; ainsi la plupart des livres, mêmes les plus sérieux, comme les traités théologiques et les confessions de foi des nestoriens, sont écrits dans ce style, dont l'élégance est fort bizarre, puisqu'elle consiste dans une abondance affectée de mots recherchés et souvent hors d'usage, disposés par petits membres égaux, et finissant par une manière de rime. C'est ce qu'on peut remarquer dans une homélie sur la Nativité de Jésus-Christ, que Golius a fait imprimer à la fin de sa grammaire arabe, et qui est de ce même Élie, catholique, dont nous avons d'autres ouvrages. Ce style les rend très-obscurs, parce qu'au lieu des termes théologiques qu'emploient les écrivains des autres communions, ils en introduisent souvent de nouveaux, moins propres à expliquer le dogme que ceux qui sont en usage parmi le reste des chrétiens qui écrivent en arabe.

Le nestorianisme, comme on en peut juger par la liste que nous avons donnée des métropoles soumises au catholique, avait été autrefois fort étendu. On voit par l'histoire de cette église qu'elle a véritablement envoyé des colonies jusqu'aux extrémités de l'Asie. Outre les preuves générales que fournissent nos anciens voyageurs, qui en trouvèrent dans ces pays immenses qui sont communément compris sous le nom de Tartarie, de Cataï, de Turquestan et de Ygour, il y en a de particulières très-certaines touchant la Tartarie, d'où sortirent les Mogols, les Indes et la Chine. Les historiens qui ont parlé des commencements et du progrès des Mogols de la race de Ginghiz-chan, marquent qu'il y avait parmi ces nations, dont à peine le nom nous est connu, un grand nombre de chrétiens, en quoi ils s'accordent avec nos anciens voyageurs ; et que même parmi les enfants et les petits-enfants de ce conquérant, plusieurs professaient le christianisme. Marco Polo trouva des chrétiens nestoriens à Samarcham, c'est-à-dire à Samarcand ; à Sachion sur la frontière du pays de Tenkat ou Tengut, ville que les géographes orientaux appellent Saganian; dans le pays de Chinchintala, qui doit être Chatlage ; à Sucuïr, à Tarokoram, c'est-à-dire *Karacum* ; Cergut, Egriagia, Tenduc, et d'autres qu'il n'est pas aisé de déterminer. Rubruquis et Mandeville en disent autant. Abulfarage parle aussi du christianisme de ces Tartares subjugués par Ginghiz-chan, et il dit qu'il épousa la fille d'Ung-chan qu'il avait défait, et qu'il fit venir auprès de lui un évêque nommé Mar-Denha, nom qui marque qu'il était nestorien. Rubruquis, qui fut envoyé en Tartarie par S. Louis en 1253, rapporte plusieurs particularités des cérémonies qu'il observa parmi ces chrétiens qui étaient à la cour de Mangou-chan, petit-fils de Ginghiz-chan, entre autres celles qui regardent la préparation du pain eucharistique, et la tradition du levain conservé depuis le temps des apôtres, et elles sont entièrement conformes à la discipline des nestoriens. On ne met pas au nombre de ceux-là plusieurs qui furent convertis à la foi catholique par les missionnaires de ce temps-là, quoique la plupart des historiens marquent que ce même Mangou-chan se fit baptiser.

Il est vrai que quelques savants modernes ont cru que les Arméniens avaient porté la religion dans ces pays-là, sur une autorité très-faible, qui est celle d'un voyageur vénitien, et sur une équivoque très-grossière. Car parce qu'on trouve que le catholique avait une grande puissance en ces provinces éloignées, ils ont cru que cela regardait celui des Arméniens : conjecture entièrement fausse, puisque non seulement les auteurs que nous avons cités, mais tous les autres et les nestoriens mêmes, ne laissent pas lieu de douter que le catholique dont ils parlent ne fût le chef de l'église nestorienne. Il n'y en avait point d'autre auquel ce titre de catholique fût donné absolument ; et quand les auteurs parlent de celui des Arméniens, ils y joignent le nom de la nation. Mais de plus on a des témoignages certains que presque tous les chrétiens de ces provinces de la Haute-Asie professaient le nestorianisme : par conséquent ils ne pouvaient pas reconnaître l'autorité du patriarche des Arméniens qui était jacobite, c'est-à-dire, dont la créance était entièrement opposée à celle des nestoriens. Il paraît que les évêques dont il est parlé dans les histoires de ces pays-là, avaient des noms syriens, et que les offices se faisaient en langue syriaque. Or jamais les Arméniens ne se sont servis de cette langue, mais partout de la leur, dont il n'y a pas le moindre vestige dans tout ce qui a rapport au christianisme de Tartarie et de Turquestan. Le patriarche d'Arménie n'a même jamais étendu sa juridiction dans ces provinces éloignées ; et ainsi cette conjecture est entièrement insoutenable.

Mais elle est encore plus absolument détruite par ce que nous apprenons de l'Histoire des catholiques ou patriarches nestoriens, et par l'inscription chinoise et syriaque découverte à la Chine en 1625, dont nous parlerons encore dans la suite. Elle marque un assez grand nombre d'ecclésiastiques qui furent envoyés à la Chine ; et parmi les principaux on en trouve qui étaient venus de Balch et de Tocaristan, qui est la même chose que le Turquestan ; qu'ils étaient tous Syriens, et même nestoriens comme on le reconnaît par les noms propres ; et que leur supérieur ecclésiastique était Hananiéchua catholique, qui était celui des nestoriens dans ce temps même. Aucun de ces caractères ne peut convenir aux catholiques ou patriarches d'Arménie.

Les preuves tirées de l'Histoire des catholiques ou patriarches nestoriens sont encore plus certaines pour établir que les chrétiens de tous ces pays éloignés dont il a été parlé étaient soumis à ces mêmes catholiques, et non pas à ceux des Arméniens. On ne trouve rien dans la vie de Hananiéchua qui marque qu'il eût envoyé des missionnaires dans le Turquestan et dans la Chine ; et il ne faut pas s'en étonner, puisqu'il paraît par l'inscription chinoise que cette mission était plus ancienne de près de soixante-dix ans que la date syriaque qui est de l'année des Grecs 1092, c'est-à-dire, de Jésus-Christ 780. Mais Timothée, son successeur, écrivit au chagan, roi des Turcs, et à plu-

sieurs autres princes de ces pays-là, pour les exhorter à embrasser la foi chrétienne ; et suivant la même Histoire plusieurs se firent chrétiens. Les géographes qui ont écrit dans ce siècle-là et dans les deux suivants, marquent en effet que parmi ces nations différentes de Turcs ou de Tartares dont ils parlent, il y en avait plusieurs qui faisaient profession du christianisme ; et Yacuti, Abulféda, ainsi que quelques autres, l'assurent positivement. Dans la vie de Jean ou Joannis, soixantième catholique, qui fut ordonné vers l'an 1000 de Jésus-Christ, nous lisons qu'un roi des Turcs se fit chrétien avec deux cent mille des siens, et qu'il envoya des députés au métropolitain de Mérou nommé Abdiéchua, afin de lui demander des ecclésiastiques qui pussent les instruire ; que ce même métropolitain consulta le catholique sur les difficultés qu'il avait avec ces nouveaux chrétiens pour la célébration de l'Eucharistie, parce qu'il n'y avait ni blé ni vin dans le pays, et que la nourriture commune était du lait et de la chair. La réponse du catholique fut qu'il fallait de toute nécessité avoir du pain et du vin pour les saints mystères, au moins à la fête de Pâques ; et que durant le carême on pourrait permettre à ces peuples l'usage du lait frais, en s'abstenant de viande, et même du lait aigre qui faisait leur boisson, et qui leur tenait lieu de vin. Il est aisé de reconnaître par ces caractères que les Turcs dont parle cette Histoire étaient de véritables Tartares, et qu'ayant reçu leurs instructions par le métropolitain de Mérou, qui était nestorien, ils ne pouvaient avoir d'autre religion que la nestorienne.

On trouve ensuite qu'en 1061 Chebariéchua, soixante-cinquième catholique, ordonna un nommé Georges, surnommé Elsakari, métropolitain de Chorasan, qui alla au Cataï, et y demeura jusqu'à sa mort. Enfin le catholique Jabalaha était de ce même pays de Cataï ; et le prince Abacachan, que plusieurs de nos auteurs croient avoir été chrétien, l'ayant envoyé en Jérusalem porter des étoffes précieuses au Saint-Sépulcre, il vint en Syrie ; il fit profession de la vie monastique sous la conduite d'un religieux nommé Raban-Barsoma, et le patriarche Denha l'ordonna métropolitain de Tengut, ou Toncat. Ensuite étant venu à Bagdad après la mort de Denha, il fut élu catholique, et extrêmement favorisé par les Tartares, qui avaient chassé les califes et étaient maîtres de la ville. On ne peut donc douter qu'un homme venu du pays des Tartares, et qui devint patriarche des nestoriens, ne fût dans cette même communion. Depuis celui-là nous ne trouvons plus rien dans leur histoire. Il avait été élu en 1280, et il tint le siége trente-sept ans ; ainsi il a vécu dans le temps dont parlent Marco Polo et nos autres anciens voyageurs ; ce qui confirme qu'ils ne se trompaient pas, quand ils marquaient que tous les chrétiens de ces pays-là étaient nestoriens. La faveur qu'ils avaient auprès des empereurs tartares leur donna encore lieu de s'étendre davantage en ces pays-là.

Pour ce qui concerne les Indes il n'y a pas beaucoup de difficulté, puisque nos auteurs anciens témoignent à peu près la même chose de ces chrétiens indiens que de ceux de Tartarie; c'est-à-dire qu'ils étaient nestoriens. Les Portugais l'ont marqué dans les histoires de leurs navigations, et celle d'Alexis de Ménesès entre sur cela dans un très-grand détail. Il y a tout sujet de croire que les évêques et autres ecclésiastiques, qui y établirent la forme d'église qu'on y trouva lorsque les Portugais se rendirent maîtres de Cochin et de la plus grande partie du Malabar, y furent envoyés par mer. Il y avait alors un commerce ouvert entre la Perse et les Grandes-Indes jusqu'à la Chine, et on trouve la route de la navigation décrite par un auteur arabe de l'autorité duquel on ne peut douter. Les vaisseaux partaient de Siraf, ville de Perse d'un grand négoce, et ils allaient toucher les Maldives, puis ils suivaient presque toujours la côte, de sorte que le voyage était fort long. Cet auteur marque qu'une ville où on abordait sur la côte des Indes s'appelait *Batouma*, ce qui signifie qu'il y avait une église de S.-Thomas; car ce mot signifie la même chose que *Beit-Thoma*; or elle se trouve dans la même situation que Méliapour ou San-Thomé; et non seulement les nestoriens, mais les autres chrétiens, et même quelques géographes mahométans rapportent comme une opinion constante dans ces pays-là, que l'apôtre S. Thomas y avait porté les premières lumières de l'Évangile.

D'autres, et particulièrement les modernes, croient plutôt que cette tradition est fondée sur ce qu'un chrétien nestorien nommé Mar-Thomas, étant venu de Syrie, s'y établit, que ses descendants faisant profession de la religion chrétienne y attirèrent un assez grand nombre de gens du pays, et que la ressemblance des noms fit attribuer ce premier établissement du christianisme dans les Indes à l'apôtre S. Thomas. Il peut néanmoins être vrai qu'il ait par lui ou par ses premiers disciples converti ces peuples, car cette opinion est fort ancienne, et que dans la suite les nestoriens s'étant établis dans le pays l'aient infecté de leur hérésie. Ce qu'il y a de plus certain, est qu'on n'a trouvé depuis près de mille ans dans le Malabar d'autres chrétiens que des nestoriens.

CHAPITRE VIII.

Des jacobites.

La secte des jacobites a été et est encore fort étendue. Ce nom convient particulièrement à ceux qu'on appelle autrement *monophysites*, c'est-à-dire, ceux qui croient qu'il n'y a qu'une nature en Jésus-Christ. Plusieurs auteurs, et principalement des modernes, les appellent mal à propos *eutychiens*. Ils s'appellent ordinairement jacobites, nom qui, suivant les historiens grecs, leur a été donné à cause qu'un de ceux qui avait le plus contribué à maintenir cette hérésie et à la répandre dans l'Orient, était un Jacques, surnommé *Zanzale*, ou *Bardaï* selon les Arabes, mot que les Grecs expriment par celui de *Baradat*. Il signifie un homme habillé de haillons, ou de pièces de ces grosses étoffes dont on couvre les chameaux. Ce Jacques, dont la mémoire est en vénération parmi eux, et qui est dans leur calendrier, fut ordonné secrètement archevêque, par les évêques de sa secte qui étaient en prison, en exécution des édits des empereurs contre les hérétiques; et, après avoir reçu d'eux une entière autorité, il alla dans toute la Syrie, la Mésopotamie et d'autres provinces; et partout où il ne se trouvait point d'évêques, il en ordonnait, ainsi que des prêtres et des diacres, et il en ordonna un si grand nombre, que le nom de jacobites demeura à ceux de sa communion.

D'autres ont rapporté l'origine de cette dénomination à S. Jacques, évêque de Jérusalem, mais sans aucun fondement. L'auteur qui rapporte cette conjecture dit aussi qu'autrefois on les avait appelés théodosiens, parce qu'ils suivaient la foi du concile d'Éphèse, maintenue par l'empereur Théodose, et celle de Théodose, un de leurs patriarches successeurs de Dioscore. Cependant depuis le commencement de l'empire mahométan, on ne remarque pas qu'ils aient été appelés autrement que jacobites.

On trouve souvent que les Grecs les appellent *eutychiens*, mais ce nom ne leur convient pas, puisqu'ils disent anathème à Eutychès et à Apollinaire, duquel il avait, selon eux, renouvelé les erreurs. On les a aussi souvent appelés *acéphales* ou sans chef, ce qui est vrai dans le sens auquel ce mot a souvent été pris par les anciens, pour signifier tous les hérétiques qui rejetaient le concile de Calcédoine, et ne reconnaissaient qu'une nature en Jésus-Christ. Mais les jacobites appellent *acéphales* ceux qui se séparèrent de Pierre Mongus, après qu'il eut accepté l'Hénotique de l'empereur Zénon, comme Léontius les a de même appelés; et ils marquent dans leur histoire, qu'après un long schisme, se trouvant sans évêques et sans prêtres, ils se réunirent à l'église d'Alexandrie sous le calife Méruan. D'autres sont appelés *barsanufiens*, du nom d'un des dix chefs de cette secte dont parle Anastase d'Antioche; mais les vrais jacobites les regardaient comme hérétiques, ainsi que les disciples de Julien d'Halicarnasse, qui disait que le corps dans lequel Jésus-Christ avait pris chair était incorruptible, et dans leurs prières ils louent Sévère d'Antioche d'avoir détruit les imaginations de Julien. Enfin depuis plusieurs siècles, il n'y a plus qu'une seule église de jacobites, qui font profession de suivre la doctrine de Dioscore, patriarche d'Alexandrie, de Sévère d'Antioche et de Jacques dont nous venons de parler; qui disent anathème à S. Léon et au concile de Calcédoine, et qui ne reconnaissent en Jésus-Christ qu'une seule nature, comme une seule personne et une seule volonté. C'est en quoi consiste l'erreur des jacobites, et ils la marquent comme un des plus essentiels points de leur créance dans la confession de foi qui se fait dans l'église d'Alexandrie immédiatement avant la communion; car le prêtre ayant dit que ce qu'il présente au peuple *est le véritable corps et le sang de Jésus-Christ*, il ajoute qu'*il a pris de la très-sainte*

Vierge Marie, et qu'il a fait un avec sa divinité, sans confusion, sans mélange et sans altération. Ils s'expliquent ainsi dans une oraison à la Vierge : *Vous êtes l'arche de propitiation couverte d'or, et faite d'un bois incorruptible, qui nous figurait le Verbe Dieu, qui s'est fait homme sans souffrir de division, et un de deux ; consubstantiel au Père selon sa divinité pure et incorruptible, et consubstantiel à nous selon son humanité pure et non divisée, dans l'incarnation par laquelle il a pris chair de vous, ô Vierge immaculée, et qu'il a unie en sa personne.* Dans une autre hymne à Jésus-Christ : *Celui qui est, qui ne se change point, qui est venu, et qui viendra encore, Jésus-Christ, Verbe incarné sans aucun changement ; qui a été fait homme parfait sans souffrir de diminution ; qui après l'union n'est ni mêlé ni divisé, mais qui est une nature, une personne, et un seul individu du Verbe de Dieu.*

Sévère rapporte dans l'Histoire de Sénuda ou Sanutius, cinquante-cinquième patriarche d'Alexandrie, qui fut ordonné l'an de Jésus-Christ 859, une épître pascale dans laquelle ce patriarche expliquait sa foi en ces termes : *Dans la fin des siècles, Dieu voulant sauver le genre humain de la dure servitude, envoya son Fils unique en ce monde, qui s'incarna et fut fait égal et semblable à nous en toutes choses, à l'exception du péché, ayant pris un corps parfait et animé de la Vierge Marie, par l'opération du Saint-Esprit, d'une manière incompréhensible. Il s'est uni ce corps sans altération, sans mélange et sans division, en une seule nature, une seule personne et un seul suppôt.* Et ensuite : *Nous prononçons anathème contre ceux qui reconnaissent que le Verbe Dieu a deux natures après l'union incompréhensible. Quiconque le divise et assure avec blasphème que le Verbe Dieu ne souffre pas et ne meurt pas, mais que c'est l'homme qui a souffert et qui est mort, le divisant ainsi en deux pour établir deux personnes et deux natures, dont chacune opère ce qui lui convient, ces hommes ont dessein d'introduire la foi corrompue de Nestorius, et du malheureux et criminel concile de Calcédoine, pour renverser la foi orthodoxe.* La même doctrine se trouve enseignée dans une confession de foi qui est à la tête de la collection de plusieurs traités de piété pour l'usage des religieux ; dans une que Cyrille, soixante-quinzième patriarche, donna pour se justifier sur diverses accusations ; dans une formule de celle que les prêtres nouvellement ordonnés dans le patriarcat d'Antioche devaient souscrire, et en plusieurs autres endroits.

Les théologiens parlent de la même manière ; et comme dans un abrégé on ne peut pas rapporter de longs passages, on se contentera de les indiquer après en avoir rapporté un seul qui est tiré de l'Histoire d'Abulfarage, imprimée en arabe et en latin, et qui est entre les mains de tout le monde. Il dit que Sévère d'Antioche, que les jacobites respectent comme un de leurs principaux docteurs, fit plusieurs traités pour prouver qu'*en Jésus-Christ il n'y a qu'une nature, composée de deux natures, la divine et l'humaine, sans confusion, sans mélange et sans corruption, et qui demeurent ce qu'elles étaient ; de même que la nature de l'homme est de deux natures, de l'âme et du corps ; et que le corps est aussi composé de deux natures, la matière et la forme, sans que l'âme soit changée au corps, et la matière à la forme.* Cet auteur dit en peu de mots ce que les autres expliquent fort au long ; et son témoignage est d'une grande autorité, parce qu'il n'était pas un simple historien, mais qu'il tenait une place considérable dans l'église jacobite, étant catholique ; c'est-à-dire, la seconde personne du patriarcat d'Antioche, chef de plusieurs métropolitains ; et en cette qualité on l'appelle *mifrian d'Orient*; ce qui n'est pas un simple titre d'honneur, comme l'a cru M. Pocock, son traducteur, mais le nom de sa dignité qui est la même que celle de catholique. Il a expliqué cette doctrine plus amplement dans divers traités théologiques. On peut s'en instruire assez exactement par la dispute contre les jacobites, qu'Eutychius, patriarche orthodoxe d'Alexandrie, a insérée dans son histoire. (Eutych. Alex., t. 2, initio.)

Isa, fils de Zaraa ; Sévère, évêque d'Aschmonin ; Denis Barsalibi, métropolitain d'Amid ; Ebnassal ; Abulbircat ; Abu-Raita de Takrit ; Michel, patriarche ; et plusieurs autres théologiens, outre les traités anonymes, expliquent ce dogme des jacobites fort au long, répondant aux objections des orthodoxes et des nestoriens. On ne rapportera pas tous ces passages, qui seront insérés dans les dissertations latines faites sur ce sujet, où on trouvera pareillement les endroits les plus remarquables des SS. Pères, dont les jacobites se servent pour défendre leur opinion, et par lesquels on reconnaît qu'à l'exemple des anciens monophysites, ils citent des lettres supposées du pape Jules, et les mêmes passages dont ceux-ci se servaient contre les catholiques.

Suivant leurs principes, comme ils soutenaient que le Verbe avait souffert pour le salut du genre humain, quoiqu'ils expliquent leur pensée d'une manière assez conforme à cette proposition : *Unus de Trinitate est passus*, sur laquelle il y eut tant de disputes, ils disent le *trisagium* avec l'addition *qui crucifixus es pro nobis*. Mais on ne peut pas douter qu'ils ne rapportent cette hymne à Jésus-Christ, comme Éphrem, patriarche d'Antioche, l'a remarqué dans l'ouvrage dont nous n'avons que les extraits conservés par Photius, et qu'ainsi il pouvait être entendu dans un sens orthodoxe, comme leurs théologiens s'efforcent de le prouver. Cependant les melchites ou orthodoxes les reprennent sur ce sujet ; et les nestoriens encore avec plus de véhémence, prétendant qu'en cette matière ils rendent la Divinité passible.

Sur les autres points de la religion ils n'ont aucune erreur particulière, comme il sera prouvé dans la suite lorsque nous examinerons chaque article, et alors on en rapportera des preuves tirées de leurs livres et de leurs théologiens.

Les jacobites composent une église fort étendue, et distinguée par différentes langues. La principale est celle des Cophtes ou Égyptiens, soumis aux patriarches d'Alexandrie, successeurs de Dioscore, qui fut déposé au concile de Calcédoine. Ils ont une histoire de ce qui s'y passa, par laquelle ils ont fait croire aux peuples qu'ils engagèrent autrefois dans leur hérésie que ce patriarche avait été condamné parce qu'il n'avait pas voulu, contre sa conscience, recevoir la doctrine qui était exposée dans la lettre de S. Léon à Flavien, et qu'ils appellent le *tome*, prétendant que c'était un renouvellement de l'hérésie de Nestorius. Ils disent que les évêques égyptiens ne voulurent pas abandonner la défense de leur supérieur; et en effet on trouve dans les auteurs ecclésiastiques qu'après qu'il eut été relégué ils refusèrent de se soumettre à celui qui fut établi à sa place; que quand il fut mort ils élurent Timothée, et ensuite les autres dont ils tirent leur succession jusqu'à Benjamin sous lequel les Arabes se rendirent maîtres d'Alexandrie. Ils regardent les successeurs de Protérius, ordonné à la place de Dioscore, comme hérétiques et comme intrus. Le patriarche cophte d'Alexandrie est le successeur de Benjamin et de Dioscore, au lieu que le grec succède à Protérius et aux orthodoxes.

CHAPITRE IX.
Des Cophtes.

Il y a diverses opinions touchant l'origine de ce nom de Cophtes, qui, suivant l'usage constant de la langue arabe dans laquelle il a pris son origine, signifie les Égyptiens chrétiens jacobites à l'exclusion des autres habitants de l'Égypte et des chrétiens melchites ou orthodoxes. L'opinion la plus vraisemblable est que ce mot est corrompu de celui d'*Ægyptos*, et qu'il est affecté aux jacobites, parce que depuis le concile de Calcédoine, les Égyptiens naturels demeurèrent tellement attachés à Dioscore et à ses sectateurs, que les lois des empereurs furent inutiles pour les réduire à la communion de l'Église. Les archevêques d'Alexandrie eurent beaucoup à souffrir d'eux; la foi orthodoxe ne s'y maintenait presque que par autorité; et dans la Basse-Égypte, aussi bien qu'à Alexandrie, où le nombre des Grecs était supérieur à celui des Égyptiens naturels, d'autant plus qu'à cause de leur esprit turbulent, ceux-ci ne pouvaient avoir de charges dans le pays. Mais dans la Haute-Égypte, surtout dans les monastères de la Thébaïde, l'hérésie était tellement enracinée qu'on ne la put jamais extirper. Cela dura jusqu'à la guerre des Arabes, qui ne trouvèrent de résistance que de la part des Grecs; mais les Égyptiens naturels se soumirent à eux aussitôt par une capitulation particulière, qui fut négociée par le patriarche Benjamin. Il y avait douze ans qu'il s'était retiré dans les monastères; et dès que les infidèles entrèrent dans le pays, il vint trouver Amrou, leur chef, se soumit à lui, tant en son nom qu'en celui de tous les jacobites qui étaient sous sa juridiction; il les excita à prendre les armes contre les Grecs, et cela ne contribua pas peu à la prise d'Alexandrie. Tous les orthodoxes grecs en furent chassés; les Égyptiens, qui étaient aussi orthodoxes, demeurèrent sans évêques, et ils restèrent en cet état durant près d'un siècle. Ainsi, comme les jacobites étaient presque tous Égyptiens naturels, il est fort vraisemblable qu'ils furent appelés Cophtes ou Égyptiens, d'autant plus qu'ils perdirent en très-peu de temps l'usage de la langue grecque, faisant le service en langue égyptienne, comme ils font encore présentement.

Cette origine paraît beaucoup plus sûre que toutes les autres, puisqu'il n'est pas vraisemblable que la ville de *Coptos*, quoique célèbre dans la Thébaïde, ait pu donner le nom à la nation entière; outre que dans le temps que ce nom a commencé à être plus en usage, cette ville était fort déchue de son ancienne splendeur, et même elle n'avait jamais été comparable à plusieurs villes de la Basse-Égypte, qui étaient beaucoup plus fréquentées et plus connues aux Grecs. Ceux qui voudraient tirer l'étymologie de Cophtes du mot de κόπτειν, qui signifie *couper*, parce que la circoncision est en usage parmi ces chrétiens, ne font pas réflexion que cet abus ne s'était pas encore introduit. Les vocabulaires cophtes et arabes décident la difficulté; car ils traduisent le mot Νεγύπτιος, qui signifie les Égyptiens, par celui de *Cophtes*, ou de *Coptes*, et ils l'écrivent en ces deux manières. Aussi les Arabes, dans leurs histoires d'Égypte, dont il y a un très-grand nombre, parlant des anciens Égyptiens, les appellent *Coptes;* et ils écrivent diversement le mot dont ils expriment la ville de *Coptos*, et celui qui signifie les Égyptiens.

Ces Cophtes sont donc tous ceux qui, faisant profession de la créance des jacobites, sont soumis aux patriarches d'Alexandrie, et qui font l'office dans la langue ancienne du pays, dont il est à propos de dire quelque chose, parce qu'elle est parmi eux la langue de religion, comme parmi nous la latine.

Cette langue est dans le fond l'ancienne du pays, telle qu'on la parlait avant que, sous les successeurs d'Alexandre, la grecque eût prit le dessus; il est vrai qu'elle est mêlée d'un grand nombre de noms et de verbes grecs; mais comme ils sont construits suivant le génie de la langue ancienne, cela n'empêche pas qu'elle ne soit originale. La plupart de ces mots grecs sont du style ecclésiastique, particulièrement dans les Liturgies et dans les autres offices. Les caractères sont entièrement grecs, à l'exception de quelques-uns propres à la langue, et on n'a aucune connaissance des figures que peuvent avoir eues les anciens. Comme l'opinion commune est que ceux qui se trouvent sur les obélisques, dont l'antiquité est incontestable, sont hiéroglyphiques, d'autant plus que tous les auteurs conviennent que les Égyptiens avaient ces sortes de lettres mystérieuses, où une seule figure signifiait des choses, on ne peut dire, sinon par conjecture, que ce fussent des lettres simples. Cependant l'interprétation qui se trouve des inscriptions du grand obélisque, rapportée par Ammien Marcellin, et faite par Hermapion, prêtre égyptien, savant dans ces sortes de caractères, fait juger qu'il les avait lus comme on lit les autres sortes de lettres. Car le sens en est simple et historique ; c'est une dédicace que le roi Ramessès, ou *Ramestès*, fait au soleil de cet obélisque, et les hiéroglyphes ne sont pas propres à exprimer un discours de cette nature. Quoi qu'il en soit, il ne reste aucun vestige de ces anciens caractères dans la langue cophte que nous connaissons.

Lorsque le P. Athanase Kircher, jésuite allemand, publia le premier un vocabulaire et quelques grammaires très-imparfaites qu'on trouve de cette langue, faites par les Arabes, les plus mauvais grammairiens qui furent jamais, pour donner une idée avantageuse de cette langue, il entreprit de prouver qu'elle était l'ancienne qu'on parlait du temps des Pharaons, qu'ainsi elle servirait à pénétrer les antiquités égyptiennes, et à découvrir plusieurs mystères renfermés dans les inscriptions des obélisques. Il est cependant très-certain qu'elle y est entièrement inutile ; que les livres très-anciens dont il a inséré quelques titres ne furent jamais, et apparemment quelqu'un abusa de sa crédulité. Il ne s'est jusqu'à présent trouvé aucun livre en langue égyptienne qui ne fût des traductions de l'Écriture sainte ou des offices ecclésiastiques, ou d'autres qui ont rapport à cette matière, comme des grammaires et des dictionnaires. Sévère, dans la préface de son Histoire, dit qu'il en a tiré une partie des livres grecs et cophtes qui étaient dans le monastère de S.-Macaire, mais il y a longtemps qu'il ne se trouve plus rien en cette langue, sinon ce qui a été dit.

Son usage subsiste encore dans les prières publiques et particulières, dans les Liturgies et dans les offices de tous les sacrements. On trouve ordinairement des versions arabes à côté du cophte, afin que les ecclésiastiques puissent par ce secours entendre la langue, qui depuis plus de mille ans ne s'apprend que par l'étude. Il y avait pourtant des cantons dans la Thébaïde, et surtout auprès d'Osiout, où elle était encore en usage il y a environ quatre cents ans parmi les chrétiens, selon le témoignage de Makrizi. On ne se sert de l'arabe qu'en particulier, excepté pour les leçons tirées de l'Écriture sainte, car après qu'elles ont été prononcées en égyptien, on lit la traduction vulgaire, de même que, selon le témoignage d'un de leurs auteurs, on expliquait autrefois en cette même langue ce qui avait été lu en grec dans les lieux où il n'était pas entendu par le peuple. C'est le seul usage que ces traductions aient eu dans les églises ; et M. Vossius, qui avait eu une pensée fort bizarre sur cette langue, croyant qu'elle n'était qu'un jargon qui s'était formé par un mélange d'arabe et de la langue de ceux qu'il appelle Lybi-Égyptiens, que personne n'a jamais connue que lui, ne se trompait pas moins quand il disait que la preuve de l'antiquité des livres cophtes était de n'y pas trouver cette version. Il y en a de très-anciens qui en ont une, et de très-modernes qui n'en ont point ; outre que cette preuve est très-incertaine, car on ne trouve pas facilement des livres anciens de plus de mille ans, comme il faudrait que fussent ceux qui auraient été écrits avant que les Arabes eussent conquis l'Égypte, et éteint presque partout l'usage de l'ancienne langue.

Quoiqu'elle ait cessé il y a longtemps d'être vulgaire, et même d'être entendue du peuple, non seulement elle était en usage pour les offices de l'Église, mais les particuliers devaient apprendre l'oraison Dominicale, le symbole et quelques autres prières en cette langue. La Liturgie, le baptême, les prières sacrées de l'ordination, de la bénédiction nuptiale et toutes les autres ne se disaient pas autrement. Lorsque le patriarche d'Alexandrie était élu, et en même temps qu'on achevait l'ordination, la coutume était de dresser un acte solennel, par lequel les évêques et les principaux des religieux et des séculiers témoignaient leur consentement. Cet acte et tous les autres des patriarches étaient dressés en cophte, et il s'en trouve plusieurs dans les bibliothèques ; aussi on ne pouvait parvenir à cette première dignité si on ne savait pas cette langue.

Les traductions de l'Écriture sainte étaient faites sur le texte grec des Septante pour l'ancien Testament, et on ne voit pas qu'aucune version selon l'hébreu ait jamais été en usage dans l'église cophte. Celle du Pentateuque est fort ancienne, et on peut juger qu'elle a été faite dès les premiers temps du christianisme, puisque tant de saints anachorètes qui étaient dans la Thébaïde, et dans les déserts de Scété et de Nitrie, méditaient continuellement la sainte Écriture, et que plusieurs la savaient par cœur ; quoique la plupart, entre autres S. Antoine, ne sût pas le grec ; car il parlait à ceux qui venaient le trouver des pays étrangers, par interprète. Mais il n'y a rien qui puisse donner lieu à déterminer le temps auquel cette traduction peut avoir été faite.

Cette église pour le gouvernement ecclésiastique, dès le commencement de la séparation, a conservé la forme qu'elle avait eue dans son institution, et s'en est éloignée moins qu'aucune autre. Le souverain chef était le patriarche d'Alexandrie, successeur de S. Marc ; ensuite les évêques, les prêtres, les diacres, les lecteurs et d'autres moindres clercs, ce qui composait le corps de l'église avec les laïques. Et quoiqu'on ne trouve pas que les exorcistes, les portiers, les chantres, et quelques autres que nous appelons ordres mineurs, eussent une distinction particulière, il en est fait mention néanmoins dans les prières générales et dans les diptyques, par respect pour l'antiquité, ainsi que des religieux, des anachorètes, des vierges et des veuves qui s'étaient consacrées à Dieu.

On voit par l'ancienne histoire de l'Église que dans l'étendue de tout le diocèse d'Alexandrie, le seul archevêque était celui de cette ville capitale, et qu'il n'avait sous lui ni archevêques ni métropolitains, mais seulement des évêques. Cette forme de hiérarchie a été changée par les Grecs orthodoxes, qui ont établi plusieurs métropoles, marquées dans les anciennes notices. Les jacobites l'ont conservée, car dans leur histoire on trouve un grand nombre d'évêques nommés, et pas un seul métropolitain ou archevêque

(*Trois.*)

sinon que celui de Damiette, dans le douzième siècle, est appelé métropolitain. Tel était Michel, qui a vécu sous le patriarche Marc, fils de Zaraa, en 1164, et qui avait écrit un traité pour abolir l'usage de la confession. C'est le même qui a écrit le livre des Évangiles en lettres majuscules avec des figures, qui se trouve dans la Bibliothèque-du-Roi. On ne sait aucune raison de cette singularité.

Outre les ordres de prêtrise, du diaconat et du sous-diaconat, les Cophtes ont aussi celui d'*igumenos* ou archimandrite, qu'ils confèrent avec les mêmes prières et cérémonies que les autres. Il fait une distinction considérable entre les prêtres, et outre le rang et l'autorité qu'il donne à l'égard des religieux, il comprend le rang et les fonctions des archiprêtres. Par un usage qui est ancien de plus de six cents ans, quand un prêtre est ordonné évêque, s'il n'a pas été ordonné archimandrite, on lui confère cette dignité avant l'ordination épiscopale, comme il est marqué dans les constitutions de divers patriarches, et par plusieurs exemples de l'histoire.

Les conditions requises pour être admis aux ordres sacrés sont assez conformes aux anciens canons; et il paraît qu'elles ont été longtemps observées, même depuis que la tyrannie des Mahométans en a rendu l'observation plus difficile. Il y a eu seulement quelques modifications que la nécessité des temps a introduites, comme la dispense à l'égard des serfs. Car on n'a pas fait de difficulté de les ordonner, quand ils avaient été enlevés de jeunesse par les infidèles. La bigamie a toujours exclu de tout ordre ecclésiastique, et ces chrétiens ont entendu *unius uxoris virum*, comme tous les catholiques ont fait, celui qui avait été marié deux fois. Le mariage était permis aux prêtres et aux diacres, aussi bien qu'aux ecclésiastiques d'un rang inférieur, mais quand ils avaient été ordonnés ils ne pouvaient se marier, non plus que lorsqu'ils devenaient veufs. De même ceux qui avaient fait profession de l'état monastique étaient obligés de garder une perpétuelle continence.

Les lois de l'église d'Alexandrie étaient encore plus sévères à l'égard de ceux qui étaient élus patriarches; il fallait qu'ils eussent passé toute leur vie dans la continence, et même qu'ils fussent vierges, et presque toujours on choisissait un religieux.

Elles excluaient aussi celui qui avait été ordonné évêque; et c'est une chose très-remarquable que depuis les premiers siècles de l'Église, il ne se trouve pas un seul exemple contraire parmi les Cophtes. Il y avait plusieurs autres conditions requises pour l'élection du patriarche d'Alexandrie; entre autres qu'il fût né libre; d'un premier mariage; qu'il fût sain et entier; qu'il eût au moins cinquante ans; qu'il n'eût jamais répandu de sang; qu'il sût la langue; qu'il fût savant; qu'il fût connu pour orthodoxe.

L'élection se faisait par les évêques, le clergé, les religieux et les principaux du peuple appelés νιάρχων, c'est-à-dire, ἄρχοντες, comme les Grecs les appellent encore, qui étaient convoqués par les lettres circulaires du clergé d'Alexandrie. Ordinairement les évêques proposaient un ou plusieurs sujets, et les ecclésiastiques avec les principaux des laïques approuvaient ou rejetaient la proposition. Quelquefois le peuple proposait, et les autres rejetaient ou approuvaient. Depuis la ruine de l'empire grec, le Caire étant devenu la ville capitale sous les mahométans, les chrétiens cophtes qui y étaient établis en grand nombre, prétendirent et obtinrent qu'ils auraient droit de suffrage, de même que ceux d'Alexandrie; et à cause des contestations qui étaient assez fréquentes, il fut réglé qu'ils auraient l'alternative pour la première proposition, ce qui se trouve observé en diverses élections de patriarches. On en trouve une du douzième siècle, que les historiens disent avoir été faite par les religieux de S.-Macaire; et ce fut apparemment à cause que les parties en convinrent. Car dans la formule des lettres circulaires qui étaient dressées après l'ordination du patriarche afin de la rendre publique, il n'est fait mention des religieux que comme ayant rendu un témoignage avantageux de la vertu et de la capacité de celui qui était élu.

Lorsqu'il y avait des contestations trop longues, qui ne pouvaient être terminées par négociation, on se servait du sort, appelé *le sort du sanctuaire*. L'histoire de l'église d'Alexandrie rapporte que cela se faisait ainsi. On prenait les noms de cent religieux, desquels on choisissait cinquante, puis vingt cinq, et encore moins, jusqu'à ce qu'il n'en restât plus que trois. On écrivait leurs noms sur des billets; et on y joignait celui de Jésus-Christ. Après la Liturgie célébrée sur l'autel, au-dessous duquel était mise la boîte où étaient les noms, on faisait venir un enfant innocent, qui tirait un des billets : si on y trouvait le nom d'un des trois, il était proclamé; si c'était celui de Jésus-Christ, tous les trois étaient exclus. Cette pratique est la même que celle qui a été remarquée pour l'élection des catholiques ou patriarches des nestoriens; avec cette différence qu'à Alexandrie, si, avant qu'on tirât les noms, et lorsqu'on les mettait dans la boîte, un des trois était nommé par acclamation, et que l'assemblée y consentît, l'élection était consommée. Depuis le mahométisme, il fallait avoir obtenu la permission des gouverneurs, sans quoi même il avait été réglé par quelques canons que les élections seraient nulles, et il en fallait obtenir la confirmation.

Après qu'elle avait été obtenue, les évêques, le clergé d'Alexandrie et du Caire, et les principaux des séculiers conduisaient celui qui était élu à Alexandrie, où il était ordonné. Lorsqu'on avait élu quelqu'un qui se trouvait absent, des évêques et d'autres personnes considérables étaient députés pour l'aller chercher et l'amener; et comme il était arrivé que par humilité quelques-uns avaient pris la fuite, la coutume s'était introduite de mettre les fers au nouvel élu, même lorsqu'il ne faisait aucune résistance, afin qu'il parût aux yeux du public qu'il avait fallu le forcer à accepter cette dignité. Cette coutume passa en loi, et on trouve qu'elle fût pratiquée à l'égard de Macaire, quarante-neuvième patriarche, Yuçab ou Joseph, cinquante-deuxième, Sanutius, soixante-cinquième, Mennas, soixante-unième, Éphrem, son successeur, et quelques-autres. Cependant quelques-uns, comme Christodule et Michel, soixante-sixième et soixante-huitième y eurent si peu d'égard, qu'ils prirent les ornements patriarcaux, même avant l'ordination.

L'ordination se faisait comme elle se trouve marquée dans le Pontifical, avec toutes les cérémonies et les prières qui ont été considérées dans les autres églises comme essentielles, et surtout l'imposition des mains des évêques. Cette dernière cérémonie est marquée dans les vies de chaque patriarche ; et quand Selden, pour l'honneur du parti presbytérien, entreprit de prouver que les patriarches d'Alexandrie avaient été anciennement ordonnés par douze prêtres, ce qu'il avait cru trouver dans l'histoire d'Eutychius, il fit voir qu'il ne l'avait pas entendue, et qu'il avait confondu l'élection avec l'ordination. Abraham Échellensis a solidement réfuté ce système, qui se détruit de lui-même par la seule forme de la discipline de cette église. On espère donner dans la suite une traduction, et même les originaux, si on le peut, de cet office ; nous nous contenterons d'en marquer les principales circonstances.

Le patriarche élu était amené par les évêques, suivis du clergé et du peuple, dans l'église principale d'Alexandrie ou du Caire, car on faisait les ordinations dans ces deux villes quelquefois alternativement, et depuis longtemps on les a faites presque toujours au Caire. Le plus ancien évêque le présentait à l'assemblée, qui approuvait encore l'élection par des acclamations, en criant Ἄξιος, *il est digne*. On lisait ensuite un acte appelé ψῆφος, qui contenait le témoignage public de la manière dont il avait été élu, et qui faisait foi que l'élection avait été canonique. Cet acte était signé par les évêques suivant le rang de leur antiquité, car il ne s'en trouve pas d'autre par rapport à la dignité des siéges. Trois prêtres et trois diacres de l'église d'Alexandrie signaient au nom du clergé, puis l'archimandrite du monastère célèbre de Sceté signait ensuite comme au nom de tout l'ordre monastique ; enfin les plus considérables entre les laïques d'Alexandrie et du Caire appelés dans ces actes νιάρχων.

Lorsque le nouvel élu n'était que simple religieux, ou s'il ne l'était pas, on lui conférait à différents jours le diaconat, s'il ne l'avait pas, ensuite la prêtrise. Après cela il était ordonné *igumenos*, c'est-à-dire, archimandrite, ou archiprêtre, quand même il n'aurait pas fait profession de la vie monastique. Enfin il était ordonné archevêque d'Alexandrie ; et on remarque dans le Pontifical que l'ordination se faisait conformément à celle des autres évêques. Elle était en cela très-canonique, et fort différente de la pratique très-mauvaise des nestoriens pour l'ordination de leurs patriarches, car comme il n'y a eu rien de plus fréquent parmi eux que les translations épiscopales, lorsque celui qui était élu patriarche était installé, ils ne se contentaient pas de la seule intronisation, mais ils faisaient à son égard les mêmes cérémonies et disaient les mêmes prières accompagnées de l'imposition des mains, que dans une véritable ordination. Les Cophtes ont observé religieusement les anciens canons de l'Église sur cet article, n'ayant jamais élevé sur le siége d'Alexandrie aucune personne attachée par l'ordination épiscopale à une autre église.

On trouve sur ce sujet dans la vie du patriarche Agathon, qui est le second depuis la conquête de l'Égypte par les Mahométans, qu'ayant un pressentiment et une révélation, si on croit son historien, que Jean de Semnoud lui succéderait, il ne voulut jamais l'ordonner évêque, quoique plusieurs églises l'eussent demandé. Dans la vie de Chaïl, quarante-sixième patriarche, vers l'an de Jésus-Christ 742, on lit qu'il porta le zèle de la discipline encore plus loin, n'ayant jamais voulu recevoir à sa communion Isaac, évêque de Harran en Mésopotamie, qui s'était fait élire patriarche d'Antioche, et que le calife Abdalla appuyait avec tant de fureur, qu'il fit mourir deux métropolitains qui s'opposaient à cette intrusion. Chaïl répondit qu'il ne pouvait y consentir sans encourir les anathèmes qu'il avait fulminés, selon les canons, contre ceux qui s'élevaient aux dignités ecclésiastiques par la faveur des princes, et contre ceux qui étant déjà évêques voulaient se faire patriarches.

Les cérémonies et les prières de l'ordination sont pour l'essentiel à peu près les mêmes que celles des autres églises, et conformes à ce qui a été toujours pratiqué dans les ordinations sacrées ; c'est pourquoi nous ne les expliquerons pas plus en détail. Après que le nouveau patriarche avait été mis sur le trône, les évêques lui faisaient leurs soumissions, et le baisaient ; les prêtres et les laïques lui baisaient la main. Il était ordinairement obligé à signer un écrit par lequel il s'engageait à gouverner l'église selon les canons, et lorsqu'il s'était introduit quelques abus, on renouvelait à cette occasion la publication des canons ; et il se faisait de nouvelles constitutions, qui se trouvent encore dans les collections des canons de l'église d'Alexandrie, sous les noms des patriarches Christodule, Gabriel, fils de Tarich, et de Cyrille, fils de Laklak.

Si l'ordination avait été faite à Alexandrie, comme elle s'y faisait le plus souvent, d'abord le patriarche était conduit au Caire, où, après s'être présenté devant le calife ou le sultan, qui confirmait son élection, il recevait les soumissions du clergé et des principaux chrétiens du Caire, qui faisaient un corps considérable, parce que la plupart avaient des charges à la cour des princes, et que leur crédit y était assez grand. Mais l'évêque du Caire conservait toute sa juridiction, et quelques patriarches ayant voulu s'approprier cet évêché parce qu'ils faisaient leur résidence dans la ville, n'y purent réussir. Lorsque l'ordination avait été faite au Caire, le patriarche était conduit à Alexandrie, où il était proclamé dans l'église de S. Marc, dont le chef était apporté d'une maison particulière, où il a été longtemps en dépôt entre les mains d'une famille appelée *Bani-el-Socari*. Il prenait le chef entre ses mains et le montrait au peuple, après quoi on le remettait dans sa châsse que tous allaient baiser. Il est remarquable que des auteurs du pays disent qu'il y avait quelque doute qu'on eût encore à Alexandrie le corps de S. Marc, parce que l'opinion commune était que les Grecs l'avaient transporté à Venise, et que la relique n'était pas le chef de S. Marc, mais celui de S. Pierre-le-Martyr.

Après la visite de l'église d'Alexandrie, et la proclamation faite devant ou après dans la principale du Caire, où le nouveau patriarche célébrait la Liturgie, il était obligé d'aller faire la même cérémonie au monastère de S. Macaire, à Sceté, que les Arabes appellent la vallée de Habib. Il y allait monté sur un âne; et à quelque distance les religieux venaient au-devant lui, et ils se prosternaient trois fois jusqu'à terre. Il descendait et se prosternait une fois devant eux. Il remontait sur son âne, et l'archimandrite de ce monastère le conduisait; les autres religieux marchaient devant chantant des hymnes et des psaumes. Il allait descendre à l'église appelée du patriarche Benjamin, parce qu'il en avait fait la dédicace, dont tous les ans on célèbre l'anniversaire. On faisait la proclamation comme à Alexandrie et au Caire, et le nouveau patriarche célébrait la Liturgie à l'autel de Benjamin, avec cette circonstance que c'était l'archimandrite qui prononçait la première absolution, au lieu qu'en d'autres lieux et en d'autres temps cette fonction était faite par le plus ancien évêque.

Il paraît aussi par divers faits marqués dans l'histoire des patriarches, qu'ils faisaient en ce monastère une profession de foi, de même qu'ils l'avaient faite le jour de leur ordination; car on y lisait publiquement tous les actes qui avaient été faits ailleurs, par un respect particulier pour l'ordre monastique, duquel avaient été tirés la plupart des évêques et même des patriarches. On reconnaît par deux exemples signalés que ces religieux étaient bien attentifs sur ce qui regardait la foi de ceux qui devaient remplir cette première place de leur église. Car ils s'élevèrent en 1131 et 1147 contre deux patriarches, qui, dans la confession de foi qui se fait avant la communion, avaient ajouté quelques paroles, quoiqu'elles fussent très-orthodoxes.

Ce respect pour le monastère de S.-Macaire, venait en partie de ce que depuis le concile de Calcédoine les patriarches élus après la mort de Dioscore, et qui n'avaient pas voulu se soumettre aux orthodoxes, n'ayant pu paraître à Alexandrie, sinon sous les empereurs qui favorisaient leur hérésie, s'étaient ordinairement retirés dans ce monastère; et que presque tous les religieux avaient été fort attachés à la mémoire de Dioscore et à la créance des monophysites. Cette cérémonie était ensuite tellement passée en coutume qu'on en avait fait une loi, en sorte que les religieux de S.-Macaire ne reconnaissaient point le nouveau patriarche, et ne faisaient aucune mention de lui dans les diptyques, jusqu'à ce qu'il eût été proclamé dans leur église, et qu'il y eût célébré la Liturgie. Il était même obligé d'y aller aussitôt qu'il avait fait cette fonction à Alexandrie, en cas qu'il y eût été ordonné; et Macaire soixante-neuvième patriarche en 1103, ayant voulu se faire proclamer au Caire, les religieux s'y opposèrent, déclarant qu'ils ne le reconnaîtraient point, s'il n'allait auparavant faire la même cérémonie dans leur monastère.

Si la coutume était que les patriarches, quand même ils n'auraient pas fait profession de la vie monastique, en recevaient l'habit, ils entraient aussi dans toutes les obligations de cet état. Car la règle générale de s'abstenir de viande, et plusieurs autres semblables préceptes de la vie religieuse, s'observaient dans la maison du patriarche, qui n'avait pas même d'autre nom que κέλλιον ou la *cellule*. Les historiens marquent comme un grand scandale, que le patriarche Philotée manquait à cette règle, et que non seulement il mangeait de la viande, mais qu'il donnait de grands repas dans la cellule patriarcale, ce qui souleva toute son église contre lui.

Après les cérémonies qui ont été marquées, une des premières attentions du nouveau patriarche était d'écrire une lettre synodale, parce qu'elle était dressée dans l'assemblée des évêques qui s'étaient trouvés à l'ordination, et de l'envoyer au patriarche jacobite d'Antioche. Elle contenait une confession de foi selon leur commune créance, et elle était ordinairement portée par deux évêques. Le patriarche d'Antioche assemblait les siens, elle était lue en pleine assemblée; après quoi on insérait le nom de celui qui l'avait écrite dans les diptyques, et on renouvelait par cet acte public la communion qui était entre ces deux sièges, particulièrement depuis Sévère d'Antioche. La coutume était de part et d'autre de ne pas faire mémoire dans la Liturgie de celui qui n'avait pas envoyé de semblables lettres, et jusqu'à ce qu'elles eussent été reçues, on continuait à nommer dans les diptyques le dernier mort, comme s'il eût été vivant.

L'autorité du patriarche d'Alexandrie était fort grande dans la communion des jacobites, car il n'avait aucun supérieur, et il précédait le patriarche d'Antioche. Il avait aussi toute juridiction sur le métropolitain d'Éthiopie; et elle subsiste encore, puisque celui qu'on appelle abusivement *patriarche d'Éthiopie*, n'est qualifié que métropolitain dans tous les auteurs qui en parlent. Il a toujours été nommé et sacré par le patriarche d'Alexandrie. Il envoyait de même des évêques en Nubie; mais on croit qu'il n'y a plus de chrétiens dans ce pays-là depuis fort longtemps, non plus qu'en Afrique et dans la Pentapole, qui étaient autrefois sous sa juridiction, comme les titres qu'on lui donne dans les actes solennels en font encore foi.

Cette autorité était presque sans bornes pour toutes les affaires ecclésiastiques, quoiqu'il paraisse que les patriarches d'Alexandrie n'en aient pas abusé, comme ont fait les nestoriens dans les pays qui leur étaient soumis. Ils étaient en droit d'approuver ou de casser les élections aux évêchés; ils les conféraient de plein droit, et souvent ils réunissaient deux évêchés en une seule personne, quoiqu'ils l'aient fait rarement, sinon pour des causes canoniques, telles qu'étaient la diminution considérable des chrétiens, la ruine des lieux et d'autres pareilles. Il donnaient des dispenses, comme celles qui étaient nécessaires pour parvenir aux ordres sacrés; et il paraît qu'ils en usaient modérément. Ils déposaient les évêques; ils pouvaient les excommunier, et quoiqu'ils s'attribuassent une puissance sans bornes, ils avaient néanmoins plus de respect pour les canons que les patriarches d'Antioche jacobites, et les catholiques des nestoriens. Telle a été la forme de la hiérarchie de cette église nombreuse des Cophtes, dans laquelle il y a eu peu de changement depuis le commencement du quatorzième siècle, auquel elle était encore telle que nous l'avons représentée sommairement, sur ce qui s'en trouve dans leurs livres. Il faut parler à présent de ce qui regarde leur foi et leur discipline.

CHAPITRE X.
De la créance des Copthes et de leur discipline.

Si on excepte l'hérésie des monophysites, à l'occasion de laquelle, comme il a été marqué ci-dessus, la plupart des auteurs modernes les ont accusés faussement d'eutychianisme, il n'ont aucune erreur particulière, mais ils conviennent avec les catholiques et avec les Grecs orthodoxes et schismatiques de tous les autres points qui concernent la religion.

Ils sont en communion avec les jacobites syriens, et avec les Éthiopiens et les Arméniens, quoiqu'ils n'approuvent pas certains abus qui se sont introduits dans ces églises, particulièrement dans celle d'Éthiopie qui dépend d'eux entièrement; comme le mélange du sel et de l'huile dans la préparation du pain sacré pour la célébration de l'Eucharistie, dans les Syriens; ainsi que le renversement entier de la discipline ecclésiastique pour l'élection de leurs patriarches, et d'autres irrégularités moins importantes. Ils blâmaient dans les Éthiopiens la polygamie, le mépris des censures ecclésiastiques, et la facilité à conférer les ordres indifféremment à tous ceux qui s'y présentaient. De même, ils condamnaient dans les Arméniens la coutume de ne pas mêler de l'eau avec le vin dans la célébration de la Liturgie, et de ce qu'en plusieurs endroits ils consacraient en pain azyme. Tous ces articles seront examinés dans leur lieu.

Ils ont toujours eu comme les autres chrétiens les sept sacrements que l'église grecque croit et pratique, de même que la latine, et ils en ont des offices en leur ancienne langue.

Ils croient la nécessité absolue du baptême, et ils la prouvent par les paroles de Jésus-Christ à Nicodème, qu'ils entendent comme les catholiques. Un prêtre par la négligence duquel un enfant mourait sans baptême, était soumis à une rude pénitence, ainsi que les pères et les mères; de sorte même que quand il n'y aurait pas de leur faute, on ne les exempte pas de faire quelque pénitence, comme d'un malheur arrivé en punition de leurs péchés. L'office est assez long, parce qu'il est accompagné de la messe; mais il est ordonné par les canons de leur église, que si l'enfant paraissait en péril de mort, on abrégera la plus grande partie des oraisons et des cérémonies. Les exorcismes, l'onction de l'huile des catéchumènes, les signes de croix et les autres rites que l'Église observe, sont aussi religieusement observés. Ils font en même temps la chrismation avec le chrême qu'ils appellent *myron*, comme les Grecs, et elle est faite par les prêtres. Le chrême ou *myron* est consacré avec de grandes cérémonies le jeudi-saint par le patriarche seul, qui l'envoie à toutes les églises, et on trouve dans leurs histoires que plusieurs patriarches se retirant au monastère de S.-Macaire pour y passer le carême, faisaient cette fonction au même lieu. L'usage est aussi de donner la communion aux enfants avec le baptême. Ce qu'ont écrit quelques auteurs touchant le baptême de feu avec un fer chaud est sans fondement.

Ils croient la confirmation qu'ils ne séparent pas du baptême, comme étant d'institution apostolique (1); et c'est sur cela qu'est fondée une tradition fabuleuse, qui se trouve dans plusieurs livres, qu'il entre dans le chrême de l'huile dont la Magdelaine oignit les pieds de Jésus-Christ. Car comme dans la composition du nouveau chrême on en mêle de l'ancien, et que cela s'est toujours pratiqué, ils en ont tiré cette fable, dont le fondement est sérieux, qui est qu'ils ont reçu cette pratique dès les premiers temps de l'Église par les disciples des apôtres.

On fera voir par des preuves bien certaines qu'ils croient, ainsi que tous les autres chrétiens d'Orient, les Grecs et les Latins, que l'Eucharistie est véritablement et réellement le corps et le sang de Jésus-Christ, ce que les Cophtes marquent plus expressément que les autres, par la confession de foi qu'ils disent avant de recevoir la communion, et qui se dit de même par les Éthiopiens.

A l'égard de la pénitence, il y a eu sur cela quelque changement. Leurs canons, et ceux de l'ancienne église qu'ils rapportent dans leurs collections, établissent premièrement le pouvoir donné par Jésus-Christ aux apôtres et aux évêques leurs successeurs de remettre les péchés, et ils entendent comme nous tous les passages qui enseignent cette vérité. Secondement que tout pécheur ne peut obtenir la rémission

---

(1) Cela ne signifie pas, selon la théologie des Orientaux, que ce sacrement ne soit pas d'institution divine; mais comme par leur tradition ils croient que les apôtres, après la descente du S.-Esprit, réglèrent tout ce qui regardait les sacrements dans le cénacle de Sion, suivant ce qu'ils avaient appris de Jésus-Christ, ce qu'ils disent avoir été institué par les apôtres, est regardé comme d'institution divine.

(Note des auteurs.)

de ses péchés sans faire le *canon*; c'est ainsi qu'ils appellent toute l'action de la pénitence, qui consiste, selon eux, à confesser tous ses péchés à un prêtre autorisé par l'évêque ; ensuite à recevoir la pénitence. Elle consistait en jeûnes, en de longues prières, la récitation de plusieurs psaumes, un grand nombre de *métanoées*, c'est-à-dire, de prosternements de tout le corps ; à quoi on ajoutait des aumônes, suivant la possibilité du pénitent. Toutes ces pénitences devaient être réglées suivant la qualité des péchés, et ces règles se trouvent prescrites dans un grand détail dans divers Pénitentiaux. Le prêtre pouvait suivant les dispositions du pénitent abréger le temps de sa pénitence, car elle devait quelquefois durer plusieurs années ; commuer les jeûnes en aumônes ou en d'autres bonnes œuvres, et ensuite il donnait l'absolution, célébrant la liturgie où le pénitent recevait la communion. Denis Barsalibi, évêque d'Amid, a fait un traité sur ce sujet, dans lequel il marque exactement la discipline des Syriens jacobites, et on y trouve une singularité qui n'est pas ailleurs, sur la pénitence des ecclésiastiques tombés dans des péchés capitaux. Car il dit que selon les canons, ils devaient être déposés, mais que comme le malheur des temps ne permettait plus de pratiquer cette rigueur salutaire, on était convenu d'observer pour règle qu'à leur égard, on doublerait la pénitence qui devait être imposée aux séculiers pour un pareil crime ; et que durant le cours de cette pénitence ils ne s'approcheraient pas des autels pour y exercer leur ministère. Denis vivait lorsque les chrétiens étaient encore maîtres de Jérusalem. On ne sait pas si cette nouvelle discipline fut reçue dans le patriarcat d'Alexandrie.

On trouve dans les collections de canons de l'église cophte tous ceux des anciens conciles qui avaient rapport à la pénitence, ce qui fait juger qu'elle était observée de même qu'ailleurs d'une manière qui avait beaucoup de rapport à la discipline des églises grecques. Dans le douzième siècle leurs historiens marquent que le patriarche Jean permit à ceux qui avaient commis des péchés capitaux de ne les pas confesser aux prêtres, leur laissant à en demander pardon à Dieu, et à les expier par de bonnes œuvres. Marc, fils de Zaraa, qui lui succéda quelque temps après, augmenta encore cet abus, et favorisa le relâchement à un tel point qu'il inquiéta les ecclésiastiques qui voulaient maintenir la règle ; et il fit écrire un traité dont il reste quelques fragments, pour prouver que Jésus-Christ n'avait obligé personne à la confession de ses péchés. Celui qui défendit cette mauvaise cause fut Michel, métropolitain de Damiette, et on ne pouvait la défendre plus mal. Aussi dans le même temps un prêtre, nommé Marc, fils d'Elkonbar, s'éleva contre le patriarche et précha par toute l'Égypte qu'il n'y avait pas de salut à espérer pour les pécheurs qui ne confesseraient point leurs péchés, et qui ne recevraient pas le *canon* ou la pénitence. Il fut suivi par un nombre infini de peuple ; il reçut les confessions de ceux qui venaient à lui, et soutint jusqu'à l'extrémité sa même doctrine. Cet exemple fait voir que ce désordre, autorisé par le patriarche, ne fut pas si général qu'il ne restât des défenseurs de la discipline. On rapportera ailleurs toute l'histoire qui est un peu longue. Mais en ce temps-là même, Michel, patriarche jacobite d'Antioche, écrivit un traité sur la préparation à la communion, dans lequel, sans nommer Marc, fils de Zaraa, il attaque et réfute très-solidement ceux qui disaient qu'il n'était pas nécessaire de se confesser aux prêtres, à cause de la peine qu'il y avait de trouver des confesseurs qui eussent toutes les qualités requises à un docteur, comme ils appellent le prêtre destiné à écouter les confessions.

Environ ce même temps, autant qu'on en peut juger, il se fit plusieurs traités anonymes sur ce sujet et suivant les mêmes principes ; tout au plus tard dans le siècle suivant, Isaac Ebnassal, et un autre de même surnom, l'un dans sa collection de canons, l'autre dans un traité de la religion chrétienne, établirent la nécessité de la confession ; ce qui fut encore traité plus amplement par l'auteur ou le compilateur d'un recueil d'homélies sur les dimanches et fêtes de l'année, pour l'usage de l'église cophte d'Alexandrie. Car outre les passages de l'Écriture sainte dont les catholiques se servent pour la prouver, il en emploie plusieurs autres dont on ne la peut tirer que par un sens allégorique, ce qui fait voir qu'il attaquait un abus qui avait eu de grandes suites, et qui dure encore présentement. Car plusieurs de nos auteurs anciens et modernes ont accusé les Cophtes d'avoir supprimé la confession ; et on trouvait que le même abus s'était répandu en Éthiopie, ce qui donne sujet de croire qu'il y était passé d'Égypte. Mais quoi qu'il en soit, on ne doit pas regarder comme la doctrine de l'église cophte ce qu'elle a condamné avant les deux patriarches qui avaient introduit l'abus, et encore depuis, comme contraire à la discipline marquée dans les canons qu'elle conserve.

L'ordination a été observée dans cette même église avec autant d'exactitude que dans la grecque et dans toutes les autres ; ce que nous expliquerons ailleurs plus en détail. Ils ne croient pas que personne puisse administrer les sacrements s'il n'a reçu l'imposition des mains des évêques successeurs des apôtres. Aussi un de leurs anciens patriarches reprochait aux Barsanufiens acéphales que le *S.-Esprit ne descendait point sur leurs autels, et qu'ils étaient sans sacrements, parce qu'ils n'avaient point d'évêques ni de prêtres.*

La bénédiction nuptiale, qu'ils appellent comme les Grecs le *couronnement*, se fait avec beaucoup de prières et de cérémonies au milieu de la Liturgie. Ils croient comme nous qu'elle confère une grâce spéciale aux chrétiens pour entrer dans le mariage ; et ils la jugent si nécessaire, qu'ils traitent et punissent comme fornication et concubinage tout commerce de l'homme et de la femme lorsqu'ils ne l'ont pas reçue. Car, disent-ils, *c'est cette bénédiction qui leur rend licite l'usage naturel du mariage.*

Enfin ils administrent l'onction aux malades à peu

près de la manière qui est pratiquée parmi les Grecs. Car ils bénissent par de longues prières une lampe à sept branches, et avec l'huile ils font les onctions sur les malades avant que de leur administrer l'Eucharistie, parce qu'on n'attend pas l'extrémité de la maladie ; de sorte même que la cérémonie se fait ordinairement dans l'église. C'est pourquoi ils l'appellent quelquefois simplement *zeit el kandil*, *l'huile de la lampe*; ce qui a induit en erreur plusieurs auteurs qui ont écrit que les Orientaux ne connaissaient pas le sacrement de l'extrême-onction, et qu'ils se contentaient de faire des onctions sur les malades avec l'huile de la lampe de l'église. Ils établissent cette pratique sur les paroles de l'Évangile, et sur celles de S. Jacques. Tous ces offices se font en langue cophte, ce qui marque leur antiquité.

Le signe de la croix est employé dans tous les offices et dans toutes les bénédictions; ils le font sur eux à chaque occasion; les croix sont élevées dans les églises, et on trouve qu'à toutes les cérémonies elles ont été portées dans les processions et dans les autres fonctions ecclésiastiques. La vénération des saints et celle de leurs reliques; les prières qu'on leur adresse afin qu'ils intercèdent auprès de Dieu ; le culte des images, qu'ils portent même jusqu'à l'excès; la prière et les Liturgies pour les morts; les jeûnes, non seulement celui du carême, mais plusieurs autres; les vœux monastiques et toutes les observances de la vie religieuse, enfin tout ce que les prétendus réformés ont d'abord aboli comme des superstitions et des abominations introduites dans l'Église catholique, sont gardés religieusement par les jacobites cophtes et syriens, comme étant établis par la tradition apostolique.

CHAPITRE XI.

Des Éthiopiens.

Les Éthiopiens ou Abyssins sont soumis avec une entière dépendance au patriarche jacobite d'Alexandrie. Sans nous arrêter à la tradition fabuleuse du pays, suivant laquelle ils prétendent que la connaissance du vrai Dieu leur avait été annoncée avant la naissance de Jésus-Christ, par la reine de Saba, qui avait eu un fils de Salomon, nommé Méniléek, et dont ils se servent pour justifier plusieurs pratiques judaïques, non plus qu'à celle de la première prédication de l'eunuque de la reine de Candace, il est certain, par l'histoire ecclésiastique, que Frumentius ayant été emmené aux Indes par un marchand de Tyr, fut conduit à la cour du roi d'Éthiopie; qu'il y annonça la foi chrétienne ; qu'ayant eu permission de retourner à Alexandrie pour rendre compte de l'état de ces nouveaux chrétiens, il y arriva peu de temps après l'ordination de S. Athanase, qui l'ordonna évêque du pays et l'y renvoya. Ce fut donc à son retour qu'il donna la forme à cette nouvelle église ; qu'il y établit des prêtres, des diacres et d'autres ministres sacrés, et enfin il y finit ses jours.

On trouve dans la tradition du pays une preuve certaine de la vérité de cette histoire, car S. Frumentius que les Éthiopiens appellent *Fremonatos*, est le plus ancien évêque dont il soit fait mention dans leurs livres. Les Grecs disent qu'il fut envoyé aux Axumites, c'était le nom sous lequel les Éthiopiens proprement dits étaient connus par les Grecs, et il est encore conservé dans les lettres et actes qui se font pour l'élection des patriarches d'Alexandrie. *Axuma* était la ville capitale dont il reste encore quelques vestiges, et les Éthiopiens de même que les Arabes écrivent ainsi ce nom ; de sorte qu'il ne faut avoir aucun égard aux conjectures de Joseph Scaliger, qui l'a écrit d'une manière toute différente. S. Athanase, Ptolomée, Procope, Nonnosus, Cosmas et d'autres en parlent, aussi bien que tous les géographes arabes. S. Athanase nous apprend que lorsqu'il ordonna Frumentius, il y avait deux princes ou rois des Axumites qui régnaient ensemble. Il les appelle Aïzana et Sazana; et les Éthiopiens marquent dans leurs livres que quand Fremonatos vint en Éthiopie, deux rois gouvernaient ensemble. Ils les appellent Atzbea et Abraha; mais ils pouvaient avoir plusieurs noms ; outre qu'on sait combien les Grecs corrompent facilement les noms étrangers, autant au moins que les Orientaux défigurent les Grecs. Mais on ne peut pas douter que ce ne soit les mêmes ; puisque dans les diptyques, parmi les noms des rois chrétiens, les premiers, et par conséquent les plus anciens, sont ces deux-là. Ainsi dès ces commencements, on voit les fondements de la soumission des Éthiopiens au siége d'Alexandrie.

On ne trouve rien dans l'histoire ecclésiastique touchant le christianisme de ce pays-là, jusqu'à l'année 522 de Jésus-Christ, qui était la cinquième de Justin. Nicéphore, Cedrenus et quelques autres auteurs écrivent qu'alors Adad, roi des Axumites, promit de se faire chrétien, s'il remportait la victoire sur le roi des Homérites qui lui faisait la guerre; qu'ensuite il avait envoyé une ambassade à Constantinople pour demander des évêques. Supposant la vérité de cette histoire, le christianisme n'était donc pas établi en Éthiopie, ou il y était éteint. M. Ludolf, qui a beaucoup travaillé sur ces matières, révoque ce fait en doute; et il appuie ses conjectures sur des raisons qui ne sont pas démonstratives; car il était très-possible que pendant les guerres qui agitèrent l'empire après la mort de Constantin, et les troubles de l'église d'Alexandrie depuis la déposition de Dioscore, les Éthiopiens eussent été sans évêques, puisque cela leur est arrivé depuis, et que l'hérésie s'est introduite de cette manière parmi eux.

On lit dans quelques vies de saints que cite M. Ludolf, que le patriarche Benjamin, le premier qui reprit sous les Mahométans l'autorité que ses prédécesseurs avaient perdue sous les empereurs chrétiens, ordonna un métropolitain pour l'Éthiopie ; ce qui néanmoins n'est pas marqué dans son histoire écrite par Sévère. Cependant il est fort vraisemblable que dans l'espace de près de cent ans qui se passèrent depuis la conquête de l'Égypte par les Arabes jusqu'au calife Hischam, comme il n'y avait point de patriarche orthodoxe à Alexandrie, les jacobites purent envoyer en Éthiopie des métropolitains de leur secte, comme ils en envoyèrent en Nubie, car depuis ce temps-là les Éthiopiens ont toujours été jacobites. On trouve que vers l'an 686, le patriarche Isaac écrivit aux rois d'Éthiopie et de Nubie pour les exhorter à la paix; qu'en 737, Cyriaque, roi de Nubie, s'avança avec cent mille chevaux, pour obliger les Mahométans à remettre en liberté le patriarche qu'ils avaient emprisonné; qu'en 836, Yuçab ou Joseph avait ordonné un métropolitain pour l'Éthiopie, nommé Jean; ensuite en 920, on en trouve un appelé Pierre; et depuis ces temps-là, à l'exception de quelques vacances assez longues, il y a toujours eu des métropolitains ordonnés par les patriarches jacobites d'Alexandrie, et il ne s'en trouve pas un seul qui ait été envoyé par les orthodoxes, ou par le patriarche d'Antioche jacobite.

C'est l'état dans lequel se trouva l'Éthiopie lorsque les Portugais y entrèrent; et s'il y a eu quelques réunions avec l'Église romaine, comme on trouve des lettres écrites de part et d'autre, des ambassades, et une manière de correspondance qui semble le signifier, il paraît qu'elles n'eurent aucune suite. Car on le reconnaît par la relation d'Alvarez, qui accompagna l'ambassadeur de Portugal en 1516, dans laquelle, nonobstant les critiques de plusieurs modernes, il se trouve plus de vérité que dans celles qui ont été faites depuis, si on excepte celle du P. Baltazar Tellez, jésuite, imprimée en portugais, et dressée sur les mémoires de ceux de sa compagnie. M. Ludolf, qui a travaillé plus qu'aucun autre Européen à éclaircir la langue éthiopienne, et qui en a donné une grammaire et un Dictionnaire, a aussi fait une histoire du même pays, dans laquelle il y a plusieurs observations très-recherchées. Comme il n'a pas eu les secours nécessaires pour connaître le véritable état de l'église jacobite d'Alexandrie, mais seulement ce qu'il a trouvé dans les livres éthiopiens, et que tous les faits que nous trouvons dans l'histoire des patriarches lui ont été inconnus; que même il ne paraît pas avoir assez entendu en quoi consistait l'hérésie des jacobites; tout ce qu'il dit sur la religion est très-imparfait. De plus, comme il était fort attaché au luthéranisme, il s'est un peu trop laissé aller à ses préjugés; et même on ne peut l'excuser de ce qu'il a passé sous silence plusieurs choses qui convenaient à son sujet beaucoup plus que celles qu'il rapporte; et cela parce qu'elles n'étaient pas favorables au système qu'il avait fait de la créance des Éthiopiens. Comme son ouvrage est entre les mains de tout le monde, et que même il s'en est fait des abrégés en diverses langues, nous suivrons son ordre pour donner une idée plus exacte de ce qu'il y a de vrai sur cette matière.

Les Éthiopiens reçoivent la sainte Écriture, et M. Ludolf (l. 3, c. 5) a soin d'ajouter de son chef qu'ils *la regardent comme la seule et unique règle de tout ce qu'il faut croire et pratiquer*; c'est-à-dire, qu'il les veut faire protestants sur cet article. Il faut aussi dire qu'ils ne la reçoivent pas comme les protestants, selon le canon des Juifs, mais qu'ils regardent comme canoniques les livres que nous n'avons qu'en grec, et que leur version de l'ancien Testament est selon les Septante, et non pas selon l'hébreu, puisqu'elle est faite sur la version cophte, dont l'original est le texte grec. En second lieu, on ne peut pas nier qu'ils ne reçoivent l'autorité des canons des conciles, des Constitutions apostoliques, et d'autres beaucoup plus récentes qu'ils ont en leur langue, et dont M. Ludolf a donné lui-même un abrégé. Il est bien aisé de reconnaître qu'ils ne les conservent pas par une simple curiosité pour n'en faire aucun usage, puisque leur discipline fait foi qu'ils observent la plus grande partie des pratiques que l'Église a établies, et qui ne sont autorisées que par la tradition.

Ils n'ont aucune erreur sur la Trinité; et à l'égard de la procession du S.-Esprit, on ne trouve rien qui fasse croire qu'ils aient la moindre connaissance des disputes que les Grecs et les Latins ont eues sur cet article. Il est vrai qu'ils disent le Symbole sans addition, comme font tous les Orientaux; mais sans autre raison, si ce n'est qu'ils l'ont reçu de cette manière. Dans le Missel imprimé à Rome sous Paul III, on y ajouta les paroles *Filioque*, qui ne se trouvent pas dans les manuscrits.

Sur le mystère de l'incarnation ils sont précisément dans l'erreur commune des jacobites; et il n'était pas fort nécessaire que M. Ludolf se fatiguât à prouver qu'ils ne sont pas eutychiens, puisque les jacobites disent anathème à Eutychès. Mais on ne peut l'excuser sur ce que sa tendresse pour les Éthiopiens lui a fait oublier le respect que tous les chrétiens, et les protestants mêmes rendent aux anciens conciles. Car il ne persuadera à personne que ceux qui, comme les Éthiopiens, condamnent le concile de Calcédoine, et qui l'appellent une *assemblée tumultueuse de fous et d'apostats*, enfin qui accusent de nestorianisme S. Léon et tous ceux qui reconnaissent deux natures en Jésus-Christ, puissent être regardés comme orthodoxes. Quand il dit qu'il a examiné ce que disent les jacobites sur cette matière, il faut assez voir qu'à l'exception de deux ou trois passages tirés de livres imprimés, il n'en a lu aucun. Il ne s'agit pas de raisonnements et de conjectures sur des choses de fait, et il n'y en a pas qui soit plus éclairci que celui qui regarde ce dogme. Ce n'est pas sur les réponses qui peuvent lui avoir été faites par son Abyssin qu'on examine de pareilles questions, quand elles sont expliquées par des pièces originales, telles que la confession de foi qui est dans la Liturgie, et celles de l'église d'Alexandrie que nous avons citées ailleurs. Ainsi on doit regarder comme incontestable que les Éthiopiens, aussi bien que les Cophtes, sont dans l'erreur des monophysites, et qu'ils y ont toujours été depuis plus de mille ans; de sorte que tout ce qu'on peut dire au contraire ne servira jamais à les justifier.

On ne peut douter que les Éthiopiens n'aient la même doctrine que l'église d'Alexandrie sur les sacrements, puisque leur discipline et leurs prières pour les administrer sont les mêmes. Mais M. Ludolf, qui veut partout les faire luthériens, établit qu'ils n'en croient que deux. Il pouvait prouver qu'ils n'en croient aucun, car toute sa preuve roule sur ce qu'il demanda à son Abyssin *s'ils avaient sept mystères ou sept sceaux de la foi*. Cet étranger aurait eu beaucoup de peine à reconnaître l'idée de sacrement dans des paroles si obscures, et qu'on ne connaissait pas avant la réforme. *Mysterii vocabulo*, dit M. Ludolf, *utuntur, quotiescumque arcanum participationis corporis et sanguinis Christi innuere volunt; aliàs necessarium non putant ut sigilla fidei alio quodam communi nomine quod Scriptura ignoret complectamur, aut de numero multùm disputemus*. On demande à toute personne raisonnable si avec des questions aussi ambiguës on ne peut pas faire tout dire à des ignorants et à des barbares. Si un luthérien questionnait un paysan parmi nous ou un homme du peuple, et qu'il lui demandât s'il y a *sept sceaux de la foi*, ou s'il connaît le *mystère de la cène et le secret de la participation du corps et du sang de Jésus-Christ*, et que l'autre répondit qu'il ne sait ce que c'est, pourrait-on conclure que les catholiques ne croient ni sept sacrements ni l'Eucharistie? C'est encore plus de faire de pareilles questions à des hommes qui n'ont aucune connaissance de notre foi ni de nos mœurs. Comment M. Ludolf a-t-il donc pu conclure qu'ils ne reconnaissaient pas les sept sacrements, parce qu'ils ne les ont pas compris sous le nom général de *mystères*, puisqu'ils n'appellent pas ainsi le baptême ni l'Eucharistie, quoiqu'il l'assure sans le prouver, et il avoue néanmoins qu'ils les regardent comme sacrements. Ils appellent l'Eucharistie *korban*, *oblation*, *sacrifice*, comme les chrétiens lorsqu'ils parlent en arabe; comment cet Éthiopien aurait-il entendu quelque mot bizarre dont M. Ludolf se servit pour signifier *la cène luthérienne*, ou sa définition de l'Eucharistie, à laquelle on ne comprend rien, sinon qu'elle peut également convenir à ceux qui nient et à ceux qui croient la présence réelle?

Or les Éthiopiens la croient certainement, puisque l'église d'Alexandrie la croit; qu'ils expriment comme elle cette créance par la confession qui se fait avant la communion, avec des circonstances et des cérémonies si particulières, qu'elles ne peuvent avoir lieu où on ne croit pas la présence réelle. Ainsi, puisqu'ils ont la même prière, il faut qu'ils aient la même créance. C'était sur cela que M. Ludolf devait interroger son Éthiopien, et lui demander s'il ne croyait pas ce que cette prière signifie, c'est-à-dire, que ce que le prêtre montre en disant : *Sancta sanctis*, et qu'il distribue au peuple, est le véritable corps et le sang de Jésus-Christ. Car quand il lui fait dire que c'est le corps *mystérieux et représentatif*, *corpus mysteriosum et repræsentativum*, il lui fait dire ce que l'église d'Alexandrie a toujours condamné, puisque Sévère, en expliquant les paroles de Jésus-Christ et le dogme de l'Eucharistie, marque expressément qu'il *ne faut pas les entendre selon le sens métaphorique*, *ni croire qu'il y ait aucune parabole ou représentation*. Que si cet Éthiopien ne comprenait pas la transsubstantiation, et qu'il disait que *c'était un mystère*, cela ne prouve en aucune manière qu'il ne l'a crût pas; et les catholiques qui la croient en diront autant; mais il pouvait encore en dire davantage, puisqu'on peut supposer que M. Ludolf faisait une étrange peinture de notre créance à un homme qui n'était pas capable de reconnaître si on lui disait la vérité.

Il est néanmoins certain que les Éthiopiens, outre cette confession tirée de la Liturgie cophte, l'invocation du S.-Esprit et presque toutes les autres prières, en ont de particulières, qui ne peuvent être dites qu'en conséquence de la foi de la présence réelle. *Ne regardez pas*, dit le Diacre, *ce pain comme quelque chose de terrestre; c'est le feu de la divinité qui consumera ceux qui en approchent indignement*; et dans une autre formule : *Que personne ne croie que ce corps qu'il reçoit ne contienne pas le sang et l'esprit, ou que dans ce calice qu'il boit, il y ait du sang, mais sans le corps et sans l'esprit. Le corps, le sang et l'esprit sont ensemble, de même que sa divinité qui est une avec son humanité*. On entrera dans un plus grand détail de preuves, lorsqu'on examinera la créance générale des Orientaux sur l'Eucharistie. Celles que nous avons rapportées suffisent pour faire voir que M. Ludolf pouvait citer tout autre chose que des réponses ambiguës, tirées d'un homme ignorant par des questions captieuses. Il a eu au moins la bonne foi de ne pas le citer pour prouver que les Éthiopiens n'adoraient pas l'Eucharistie; cela n'est établi que sur le témoignage de Zagazabo, qui vint en Portugal, et dont Damien de Goez tira une partie de ce qu'il a inséré dans le livre *de Moribus Æthiopum*. Encore même Zagazabo dit seulement qu'*en son pays on n'élevait pas l'Eucharistie, comme il la voyait élever en Portugal*. Il disait vrai, car ce n'est pas après les paroles de Jésus-Christ qu'on élève l'Eucharistie en Orient, c'est lorsque le prêtre se tourne vers le peuple, un peu avant la communion, et que lui ou le diacre disent à haute voix *sancta sanctis*. On ne trouve pas dans la Liturgie éthiopienne, non plus que dans plusieurs autres, les cérémonies qui se pratiquent à chaque partie de la messe; mais il ne s'ensuit pas que parce qu'il n'y en a point de marquées on doive croire qu'il n'y en a aucune. On sait avec le dernier détail qu'à ce même endroit dans l'église cophte le peuple se prosterne; il y a donc raison de croire qu'avec les prières tirées des livres de cette même église, les métropolitains qui étaient ordonnés en Égypte pratiquaient et faisaient pratiquer aux autres les rites qu'ils y avaient appris.

M. Ludolf tire encore un autre argument de ce que les Éthiopiens en rapportant les paroles de Jésus-Christ, ne disent pas : *Ceci est mon corps*; mais *ce pain est mon corps*; paroles, dit-il, qui, selon l'opinion de quelques missionnaires, ne pouvaient pas être valides pour la consécration. Ce n'était pas cela qu'on lui aurait demandé, puisqu'il ne s'agit pas de savoir si par le défaut de la forme de ces paroles on consacre ou non en Éthiopie ; et ces théologiens que cite M. Ludolf sur le témoignage du P. Tellez se réduisent à deux scolastiques. Aubertin a prétendu tirer de ce même passage que les Éthiopiens ne croyaient pas que l'Eucharistie fût autre chose que du pain; sophisme puéril et qui ne peut rien prouver. Car quand le prêtre dit : *Ce pain*, il est certain que la consécration n'est pas encore achevée, selon nous ; et les Orientaux qui ne la regardent comme consommée qu'après les prières suivantes, surtout l'invocation du S.-Esprit, ne peuvent être frappés d'une objection aussi frivole. Ainsi, sans nous arrêter davantage à l'examiner, ni toutes les autres qui y ont rapport, nous croyons pouvoir dire avec beaucoup plus de certitude, que comme l'église d'Éthiopie dépend entièrement de celle des Cophtes, tout ce qui est cru parmi ceux-ci doit être regardé comme la foi des Éthiopiens, excepté dans des points que les patriarches d'Alexandrie ont condamnés comme des abus, et qu'ils ont souvent tâché de réformer.

CHAPITRE XII.
Des coutumes et des abus qu'on reproche aux Éthiopiens.

Parmi ces abus il y en a un très-pernicieux, et que néanmoins M. Ludolf tâche de justifier, qui est le renouvellement du baptême, ce qui se fait à la fête de l'Épiphanie. Ce jour-là en mémoire du baptême de Jésus-Christ, plusieurs chrétiens orientaux, et les Arméniens entre autres, ont la coutume de bénir de l'eau avec des cérémonies a peu près semblables à celles dont se fait la bénédiction des fonts baptismaux. De la manière dont Alvarez, témoin oculaire, en fait le récit, on ne peut justifier cette superstition, puisqu'il dit que le patriarche prononçait sur ceux qui se présentaient devant lui en sortant de l'eau les propres paroles de la forme du baptême. L'Éthiopien Grégoire disait que ce n'était qu'une simple mémoire du baptême de Jésus-Christ dans le Jourdain , ce qui est conforme à la réponse que fit le prêtre Tecla-Mariam lorsqu'il fut interrogé à Rome sur cet abus. Il peut avoir été corrigé, et il ne serait pas surprenant que ceux de cette nation, pour la justifier d'un tel sacrilège, eussent déguisé la vérité. Mais le témoignage d'Alvarez est d'autant moins suspect, qu'il est confirmé par ce qui arriva lorsque les Portugais furent chassés d'Éthiopie après la défaite et la mort du prince Raz-Sela-Christos, auquel par un zèle mal entendu quelques missionnaires avaient fait prendre les armes pour maintenir la foi catholique contre le roi qui s'en était déclaré l'ennemi. Car le patriarche ou métropolitain, pour effacer le péché qu'il supposait que la plupart avaient commis en se réunissant à l'Église romaine, et pour faire quelque chose de plus que les missionnaires qui avaient publié un jubilé, ordonna un baptême général, par lequel tous les péchés seraient effacés sans confession et sans pénitence. (Tellez, l. 5, c. 22 ; Lud., l. 3, c. 12, 50.)

Alvarez ajoute, comme l'ayant appris du roi d'Éthiopie, que ce renouvellement du baptême avait été établi par le roi aïeul de celui-là ; ce qui fait voir qu'il n'était pas fort ancien ; et cela est d'autant plus vraisemblable, que dans l'histoire des patriarches d'Alexandrie, qui va jusqu'à la fin du treizième siècle, et dans quelques auteurs plus récents qui ont parlé de l'Éthiopie, il n'est fait aucune mention de cet abus.

Ce n'en est pas un moindre de laisser mourir les enfants sans baptême, s'ils ne vivent pas au moins quarante jours. La raison que rend Zagazabo, que *les enfants sont sanctifiés dans le ventre de leurs mères par l'Eucharistie qu'elles reçoivent*, est inconnue à toute l'antiquité ; et si on la veut recevoir, elle n'est pas favorable aux principes des protestants, puisqu'elle suppose une sanctification inhérente dans l'Eucharistie. Ce qu'il y a de plus certain à dire sur cet article est que l'église d'Alexandrie a été fort éloignée d'une opinion si extravagante, puisque les canons pénitentiaux imposent de rudes pénitences aux prêtres, aux pères et aux mères, par la négligence desquels les enfants meurent sans baptême, et sont ainsi exclus du royaume des cieux.

On remarque aussi comme un défaut essentiel dans la célébration de l'Eucharistie parmi les Éthiopiens, que, lorsqu'ils n'ont point de vin, ils mettent des raisins secs infuser dans de l'eau, qu'ils en tirent ensuite le suc, et qu'ils s'en servent pour la consécration du calice. Cela fait voir que quand ils manquaient de vin, ils le suppléaient par quelque chose de semblable ; et qu'ils ne croyaient pas, comme les premiers calvinistes décidèrent hardiment, qu'à son défaut on pouvait se servir de toute autre liqueur employée pour la boisson ordinaire. Michel, évêque de Mélicha dans la Thébaïde, dans ses réponses canoniques, décide qu'on ne peut ainsi célébrer la Liturgie.

A l'égard des autres sacrements, outre le baptême et l'Eucharistie, M. Ludolf prétend, comme nous avons remarqué, que l'église d'Éthiopie ne les connaît pas. On pourrait dire avec plus de raison qu'il ne les a pas reconnus lui-même dans des offices dont l'autorité est incontestable, comme celui du baptême, au bout duquel on trouve les cérémonies et les prières de la confirmation ; et chacun sait que parmi les Grecs et dans tout l'Orient elle est administrée par les prêtres. La forme qui se trouve dans cet office est conçue dans les termes que les théologiens, même scolastiques, reconnaissent comme suffisants pour ce sacrement. On ne croit pas qu'on puisse dire qu'ils n'aient pas l'ordination, puisque le métropolitain étant toujours ordonné en Égypte, reçoit l'imposition des mains du patriarche d'Alexandrie avec les cérémonies essentielles. Les Éthiopiens ont été pendant des espaces de temps assez considérables sans avoir de métropolitains, à cause des difficultés survenues par divers accidents. On trouve même qu'ils obligèrent en pareille occasion, sous Cosme, cinquante-huitième patriarche, ordonné en 920, le disciple du métropolitain, que le roi avait chassé, à faire les fonctions pontificales; ce qui fut regardé comme un attentat sans exemple. Jamais ces métropolitains n'osèrent ordonner d'autres évêques, parce que les patriarches d'Alexandrie leur avaient ôté ce pouvoir. Ils se réduisirent donc à ordonner un très-grand nombre de prêtres, afin que le pays n'en manquât point. Toutes ces circonstances font assez connaître que la doctrine commune à toute l'Église touchant l'ordination et la nécessité de la recevoir des mains des évêques était bien établie parmi les Éthiopiens, puisque pendant tant de siècles ils n'ont jamais cru pouvoir se faire des métropolitains qui les tirassent de la sujétion de l'église d'Alexandrie, qui leur était si onéreuse et si préjudiciable.

Nous avons déjà remarqué que leur Liturgie était entièrement la même que celle des Cophtes qui porte le nom de S. Basile, ce qui n'est pas difficile à reconnaître, puisqu'en toutes les parties principales l'éthiopienne est une traduction de la première; et c'est par cette raison qu'elle est appelée *canon*, parce qu'elle sert à diverses autres dans les parties où il n'y a aucun changement.

Il est difficile de comprendre ce qu'a prétendu M. Ludolf, en disant qu'elle consiste en *différentes sections de l'Écriture sainte et en homélies*, puisque quoique dans la Liturgie on lise, comme parmi tous les chrétiens, des leçons de l'ancien et du nouveau Testament, cependant elles ne sont pas comprises dans le corps qui s'appelle la Liturgie, comme elles le sont dans nos Missels; elles sont marquées selon les jours et les fêtes dans les lectionnaires. Il n'y a pas le moindre vestige d'homélies, si ce n'est qu'il ait cru pouvoir appeler ainsi ce que le prêtre et le diacre disent au peuple. Mais on ne trouvera personne qui entende ce mot en cette manière; et on comprend encore moins l'affectation qu'il a d'employer des termes que personne n'entend, sinon dans sa communion, pour ne pas se servir des mots de *Messe* et de *Liturgie*. Or les mots éthiopiens ont leur origine syriaque et hébraïque, ou ils sont grecs, comme celui d'*anaphora*, dont les Cophtes et les Syriens se servent pour exprimer ce que les Grecs appellent communément Liturgie. M. Ludolf a une très-grande attention à traduire ce mot et les autres équivalents par des périphrases fort extraordinaires. Tantôt c'est *l'administration de l'Eucharistie*, tantôt *la sacrée cène*; tantôt *l'action de grâces de l'oblation*; tantôt *l'oraison sanctificatoire*, *oblation*, *canon de l'Eucharistie*. Enfin, ce qui paraît assez bizarre, dans les deux éditions de son dictionnaire éthiopien, il a eu le soin de ne pas mettre dans son index latin le mot de *Missa* ni de *Liturgia*. Mais son affectation paraît encore plus dans les longues digressions qu'il fait sur plusieurs points de discipline dont il prétend découvrir l'origine, et trouver la pureté des temps apostoliques parmi les Éthiopiens, pendant qu'elle s'est perdue ailleurs.

Ils appellent l'autel *la table sacrée*, comme nous le disons encore tous les jours; de plus, ils ont une espèce de table carrée, qu'ils appellent *l'arche sacrée*, de laquelle ils content des histoires merveilleuses. Ils prétendent que c'est l'arche de l'ancien Testament qui fut emportée en Éthiopie, lorsque le fils de Salomon et de la reine de Saba fit un voyage à Jérusalem. Il ne faut pas de grandes recherches pour reconnaître l'origine de cette fable; l'autel est appelé *arche sacrée qui contient la véritable manne*; cette épithète est donnée aussi à la Vierge; on met sur l'autel une table ou une tablette consacrée ordinairement par les patriarches, ou à sa place une pièce d'étoffe que les Grecs appellent ἀντιμένσιον, comme qui dirait *ce qui tient lieu de table*. Il y a sujet de croire que les patriarches d'Alexandrie en avaient envoyé de semblables en Éthiopie, puisque c'était l'usage, et que ce qu'ils avaient béni était fort respecté en ce pays-là. On trouve même dans leurs histoires qu'un d'eux donna une de ces tables ou autels portatifs à un roi de Nubie, avec la permission de s'en servir pour célébrer la Liturgie en campagne et sous des tentes. Ils étaient faits en forme de coffre ou de petite table creuse; cela suffit à M. Ludolf pour faire une longue digression contre les autels solides. Il aurait pu trouver néanmoins dans la vie du patriarche Benjamin, qu'il en bénit et consacra un qui subsiste encore au monastère de S.-Macaire; et dans l'histoire d'Alvarez on trouve le plan de quelques églises taillées dans le roc du temps du roi Lalibéla, où les autels solides sont aussi marqués.

Ce n'est pas à quoi il borne sa découverte; *arca* signifie aussi une bière; cela le conduit à l'origine des autels et à celle de la vénération des reliques. Il suppose que, durant les persécutions, les chrétiens ne pouvant transporter aisément les vases sacrés, le pain et le vin, et les autres choses nécessaires pour célébrer l'Eucharistie, les mettaient dans une bière, afin que les infidèles crussent que c'était un enterrement. On mettait cette bière sur des tréteaux ou sur une table, et on célébrait ainsi la Liturgie. Après les persécutions on crut qu'on ne le pouvait faire que sur ces sortes de bières ou de coffres; c'est pourquoi elles furent tirées des lieux où elles étaient, et portées dans les églises. La forme fut ensuite changée, et le nom oublié de telle manière qu'il est seulement resté parmi les Éthiopiens. Cette découverte est toute nouvelle, et on aurait peine à prouver la moindre des circonstances sur lesquelles elle est fondée. Il n'y avait pas tant d'appareil dans les premiers temps de l'Église pour célébrer les SS. mystères, et il ne fallait pas un coffre grand comme une bière pour porter du pain, du vin, de l'eau et un calice. On prouverait avec peine que les *sandapilæ*, ou bières des anciens, fussent fermées; elles ne le sont pas encore à présent à Rome et dans toute l'Italie. Les officiers destinés à ces convois, *vespillones* ou *libitinarii*, étaient gens connus, et on voit dans Appien qu'un proscrit, voulant s'échapper de cette manière, fut reconnu. Ainsi tout ce système est une pure imagination, et encore plus ce que M. Ludolf ajoute, que quand on trouvait des ossements dispersés, on les ramassait, et on les mettait dans ce coffre de bois ; que de là est venue l'origine de la vénération des reliques. Il était si rempli de cette idée, qu'il y a rapporté un marbre antique qui est dans *Roma subterranea*, et où est représentée une agape ou repas de chrétiens, comme on le prouve par d'autres semblables. La table est, selon lui, une de ces bières sur lesquelles on célébrait les mystères ; et voilà tout ce qu'il croit avoir tiré de ce que les Éthiopiens appellent *tabout* ou *arca*, la table ou ἀντιμενσιον de l'autel.

Il est cependant très-certain que ce mot de *tabout* est formé du mot hébreu *teba* qui signifie *l'arche*, dont les Arabes ont fait l'autre, et dont ils se servent ordinairement pour signifier une bière ou un cercueil ; que ce n'est pas dans ce dernier sens que les Éthiopiens l'ont pris d'eux, mais dans le premier, à cause de leur ridicule tradition du transport de l'arche dans leur pays. On ne peut douter que dans les premiers temps de l'Église il n'y eût déjà des autels, comme on en trouve des vestiges en plusieurs lieux des catacombes, où il ne faut jamais avoir été, ni même avoir lu *Roma subterranea*, pour avoir formé un système aussi insoutenable, et y avoir ajouté que les Éthiopiens ayant conservé plus parfaitement que tous les autres chrétiens la forme de la discipline primitive, c'était d'eux qu'on en devait tirer l'origine. Mais quand on remonterait aux plus anciennes, dont la tradition du pays et des livres très-modernes ne conservent qu'une mémoire fort obscure, on ne peut la porter plus haut qu'au temps de S. Athanase ; et on sait assez par des monuments plus sûrs que tout ce qui se peut trouver en Éthiopie, quelle était la forme du service des églises dans le quatrième siècle. Il est donc inutile de la prétendre chercher dans un pays barbare, où même il ne se trouve rien de ce que prétend M. Ludolf. Car si on examine les seules oraisons et bénédictions qui ont une autorité publique, on y trouve tout le contraire, rien n'étant plus fréquent que les mots d'*autel* et de *sacrifice*, et tout ce qui peut y avoir rapport.

Outre la Liturgie ou le canon général, parce qu'il sert avec toutes les autres, ils en ont deux imprimées à Rome en leur langue avec celle-là : Vanslèbe étant encore luthérien fit imprimer celle qu'ils appellent de S. Dioscore ; et il n'y a rien de plus certain que c'est le patriarche d'Alexandrie, quoique M. Ludolf en doute sans aucune raison. La forme en est la même, ainsi que de quelques autres qui se trouvent dans des manuscrits, et toutes sont entièrement selon le rit alexandrin. Ils en ont outre cela huit autres.

Il y a tout sujet de croire que la discipline de la pénitence a été autrefois dans l'Éthiopie pareille à celle qui était pratiquée dans l'église grecque. L'hérésie des monophysites n'y apporta aucun changement, et les collections des canons éthiopiens, dont M. Ludolf a donné des sommaires, en contiennent plusieurs qui prescrivent les règles de la pénitence.

Abuselab, auteur égyptien qui écrivait il y a environ quatre cents ans, dit que les Éthiopiens au lieu de confesser leurs péchés aux prêtres, les confessaient tout bas devant un encensoir sur lequel brûlait de l'encens, et qu'ils croyaient ainsi en obtenir le pardon. Michel, métropolitain de Damiette, justifie cette pratique dans son traité contre la nécessité de la confession ; et il n'est pas étonnant qu'elle ait passé en Éthiopie, sous les patriarches Jean et Marc, qui favorisaient cet abus. Zagazabo assurait néanmoins qu'on se confessait en son pays ; et suivant la discipline de l'église d'Alexandrie on devait le faire. C'est sur les règles qu'on examine la véritable tradition des églises, et non pas sur les abus. Les jésuites qui furent envoyés en Éthiopie y publièrent un jubilé en 1627 ; une des raisons dont les ennemis de l'union se servirent pour révolter les peuples contre eux, était qu'ils établissaient l'impénitence par cette absolution générale ; et ce fut à cette occasion que le métropolitain ou patriarche, pour montrer qu'il n'avait pas moins de pouvoir, publia un baptême général. Cela fait voir qu'ils avaient une véritable idée de la pénitence, conforme à la pratique des autres églises.

Il en est de même des autres points de doctrine et de discipline sur ce qui regarde l'invocation de la sainte Vierge et des saints, la prière pour les morts, les reliques, les images, les cérémonies ecclésiastiques, la vie monastique, les engagements qui l'accompagnent, et ainsi du reste. M. Ludolf fait sur ces articles des réflexions qui n'ont guère plus de solidité que les précédentes, tantôt pour trouver quelque conformité au luthéranisme, tantôt pour tirer des usages bons ou mauvais de quoi calomnier les catholiques, comme si l'Église ne condamnait pas les abus, dont elle a retranché la plus grande partie, et jamais elle n'en a approuvé aucun. Il devait de bonne foi remarquer qu'il y en a de beaucoup plus grands dans cette église d'Éthiopie qu'il voudrait faire regarder comme sans aucune tache ; et que ce qui a été mis au nombre des abus par les premiers réformateurs est pratiqué par les Éthiopiens, comme étant de tradition apostolique.

Il était peu nécessaire de remarquer avec affectation que le mariage est permis aux prêtres et aux diacres ; il n'y a personne qui ignore que l'église orientale a toujours eu cette pratique ; mais avec cette restriction inconnue parmi les réformés, qu'il n'a jamais été permis aux prêtres ni aux diacres de se marier après leur ordination ; que les évêques ni les métropolitains ne sont jamais mariés, et que le mariage d'un religieux avec une religieuse ou avec toute autre personne est considéré comme un sacrilège. C'était sur cela qu'il aurait pu consulter son Éthiopien, qui aurait entendu ses questions plus facilement que sur la transsubstantiation.

Mais après tant de paroles perdues, pour faire croire qu'il se trouve quelque conformité entre la foi et la discipline des Éthiopiens et celle des protestants, il est étonnant que M. Ludolf ait entrepris de les justifier sur diverses observations judaïques, que toutes les autres communions chrétiennes ont toujours condamnées également. La première est la circoncision. Dans la confession de Claude, roi d'Éthiopie, on trouve qu'il en est parlé comme d'une coutume ancienne du pays, qui n'a aucun rapport à la religion ; et les Éthiopiens la justifient sur leur tradition ridicule du fils de Salomon qui l'avait apportée avec d'autres observations légales. Quand cela serait véritable, les Juifs ne se sont pas servis d'une pareille raison pour continuer cette pratique depuis l'établissement du christianisme. Elle est assez fréquente parmi les Cophtes ; mais on ne trouve pas qu'elle ait été ordonnée comme nécessaire, et même il y a diverses constitutions patriarcales qui la défendent après le baptême. Les Éthiopiens, au contraire, comme on lit dans la Vie de Yuçab, patriarche d'Alexandrie, qui mourut l'an 836, se soulevèrent contre leur métropolitain nommé Jean, sur ce qu'il n'était pas circoncis. Il y a quelque apparence que l'abus introduit en Égypte est venu de ce que les mahométans, depuis qu'ils en sont les maîtres, ayant circoncis par force plusieurs enfants de chrétiens, on avait ôté à la circoncision la note de judaïsme ou de mahométisme qu'elle portait avec soi ; et, si on en croit quelques auteurs, il y avait de plus quelques raisons naturelles de la pratiquer. Mais on ne trouve jamais que les patriarches d'Alexandrie l'aient recommandée comme nécessaire ; et il paraît assez par l'exemple qui vient d'être rapporté qu'elle n'était pas en usage en Égypte au neuvième siècle. Cependant M. Ludolf trouve cela fort innocent, ainsi que la célébration du sabbat, l'abstinence de la chair de porc, et de semblables superstitions. Elles ne l'ont pas empêché de dire que quand on examinait à fond les rites des Éthiopiens, on s'imaginait voir la forme de l'ancienne Église, quoiqu'il y eût plusieurs points dans lesquels ils s'éloignaient de la pratique de l'Église latine, dans le baptême, dans les agapes, les jeûnes et le sabbat. Mais dans le baptême et dans la célébration de l'Eucharistie, on ne trouve ni cérémonie ni prière qui ne soit tirée de celles de l'église jacobite d'Alexandrie ; ainsi cette antiquité ne remonte pas plus haut que le huitième siècle. On ne croira pas que dans ces prières, lorsqu'on trouve que *la nature divine et humaine en Jésus-Christ n'en font qu'une*, ce soit l'ancienne Église ni le concile de Calcédoine qui parlent ; on reconnaît aisément que ce sont des hérétiques, disciples de Dioscore. Ce que les Éthiopiens ont ajouté de leur chef est, par exemple, de dire, en récitant les paroles de Jésus-Christ : *Ce pain est mon corps*. M. Ludolf pourrait-il dire que c'est ainsi qu'elles ont été dites dans l'ancienne Église ?

On ne comprend pas ce qu'il entend par agapes, puisqu'il n'y en a pas le moindre vestige dans tout ce qui nous reste de monuments de cette église. Et à l'égard de la chair de porc, on trouve dans les collections des canons ceux de Laodicée et divers autres qui disent anathème à ceux qui s'abstiennent par superstition des viandes que Dieu a créées ; de même que sur ceux qui observent le sabbat à la manière des Juifs. Telle a été la discipline de l'ancienne Église, fort éloignée de la pratique superstitieuse des Éthiopiens.

Selon l'usage constant de tous les siècles, ceux qui ont été anathématisés par les conciles sont regardés comme hérétiques, et ceux qui conservent du respect pour leur mémoire encourent les mêmes anathèmes. M. Ludolf, comme protestant selon la confession d'Augsbourg, devait regarder le concile de Calcédoine comme orthodoxe. Comment donc entreprend-t-il de justifier ceux qui le traitent comme *une assemblée de fous et d'apostats*, et qui l'anathématisent aussi bien que S. Léon ; qui mettent au nombre de leurs saints Barsomas, Dioscore, Sévère d'Antioche, Benjamin et plusieurs autres hérétiques ? Car il ne dira pas qu'il se soit rien fait de semblable dans l'ancienne Église.

Un autre abus intolérable, et auquel les patriarches d'Alexandrie ont tâché inutilement de remédier, est la pluralité des femmes. On trouve dans la vie du patriarche Christodule, qui fut ordonné l'an de Jésus-Christ 1047, qu'il écrivit sur ce sujet aux Éthiopiens des lettres très-fortes ; qu'il chargea Sévère, métropolitain d'Éthiopie qu'il avait ordonné, de retrancher de la communion tous ceux qui auraient une autre femme que celle qu'ils avaient épousée selon la forme de l'Église ; que néanmoins ces exhortations et ces menaces n'avaient servi de rien. La preuve en subsiste encore, puisque selon le témoignage d'Alvarez et des jésuites, non seulement cet abus continue, mais il est fort ordinaire de trouver des Éthiopiens, particulièrement des personnes de qualité, qui par cette raison demeurent toute leur vie excommuniées et n'approchent jamais de la communion. Ce n'est pas là l'image de la primitive Église. Aussi M. Ludolf passe cet article très-légèrement ; mais il loue fort la discipline qui regarde le mariage des prêtres, sans expliquer néanmoins qu'elle se pratique de la manière que nous avons marqué ci-dessus ; cela n'est pas particulier à l'Éthiopie, mais commun à tous les chrétiens d'Orient.

Il ajoute sans aucune preuve que les personnes mariées sont préférées aux autres pour le sacerdoce, ce qui est entièrement faux. Pour en tirer les conséquences qu'on voit bien qu'il veut donner à entendre touchant le célibat des prêtres ordonné dans l'Église romaine, il fallait qu'il nous apprît comment ils avaient une si grande estime des prêtres mariés, et que cependant il n'y a jamais eu de métropolitain d'Éthiopie, ni de patriarche jacobite d'Alexandrie qui ait été marié. On trouvera dans leur *Synaxarion* et dans les Vies des saints les louanges de quelques-uns qui ont quitté leurs femmes ; mais on ne trouvera pas qu'aucun ait jamais été loué pour s'être marié après avoir reçu l'ordination ou fait profession de la vie monastique. Au contraire, il paraît par les collections de canons éthiopiennes, que ceux qui l'auraient osé faire étaient punis sévèrement, par la déposition, l'excommunication et d'autres peines canoniques.

On ne dira pas que les Éthiopiens jugent de l'ordination et de la hiérarchie ecclésiastique comme font les protestants, puisqu'il ne se trouve aucune église dans l'antiquité qui ait porté plus loin la dépendance de ses métropolitains et des patriarches d'Alexandrie : car ce qui avait été d'abord nécessité, puisque n'ayant qu'un métropolitain dans le pays, ils devaient attendre qu'il y en eût un autre ordonné à sa place, est passé en loi ; de sorte qu'ils ont été des temps très-considérables sans évêques et sans prêtres, parce qu'il ne leur en venait point d'Alexandrie ; et ces prêtres qui restaient ne crurent pas pouvoir imposer les mains à quelqu'un d'entre eux. Mais ils tombèrent dans une extrémité toute opposée, le roi et les grands ayant forcé en une pareille occasion le disciple du dernier métropolitain à faire les fonctions épiscopales. Cet exemple ne peut être tiré à conséquence, puisque ceux qui le rapportent marquent en même temps qu'il attira de grands malheurs sur le royaume.

Le métropolitain, qu'on appelle abusivement le patriarche, est le supérieur ecclésiastique de toute l'Éthiopie. Il en est parlé dans les canons arabes qu'on attribue au concile de Nicée, où il est prescrit qu'*il sera ordonné par le patriarche d'Alexandrie, qui a une entière supériorité sur lui ; que même les Éthiopiens ne pourront pas le choisir parmi leurs docteurs*, c'est-à-dire dans leur clergé ; *et que si on tenait un concile en Grèce, il prendrait place après le catholique de Modain ou de Séleucie*. L'histoire apprend que cette discipline toute particulière a été exactement observée jusqu'à notre temps. Benjamin, qui envoya le premier métropolitain depuis la conquête de l'Égypte, trouva cette loi établie, et ses successeurs ne s'en sont jamais écartés. Les rois d'Éthiopie ont fait souvent de fortes instances, afin d'obtenir des patriarches d'Alexandrie que le métropolitain pût ordonner autant d'évêques qu'il jugerait à propos. Mais sous Jean et Cosme, celui-ci, quarante-huitième, et l'autre soixante-douzième patriarches, cela leur fut absolument refusé ; *parce que*, disent les historiens, *s'il y avait eu douze évêques dans le pays, ils auraient pu élire et ordonner un patriarche, et ainsi ils se seraient soustraits de la dépendance du siège d'Alexandrie*. Il paraît qu'alors ils avaient pouvoir d'ordonner sept évêques, mais Grégoire Abulfarage, qui mourut à Maraga en 1285, dans sa Collection de canons, après avoir rapporté en abrégé celui de Nicée, selon la tradition des Orientaux, ajoute que de son temps ce métropolitain d'Éthiopie *n'ordonnait plus d'évêques, mais seulement des prêtres et des diacres* ; ce qui est confirmé par le témoignage d'Abuselah, auteur contemporain. Zagazabo qui vint en Portugal, disait qu'il était évêque, ce qui serait contraire à cet usage, si on pouvait tirer des conséquences certaines d'un fait qui roulait uniquement sur son témoignage : car la relation d'Alvarez et celles des jésuites confirment ce que disent Abulfarage et Abuselah, puisqu'il ne se trouve aucune mention d'évêque, sinon de celui qu'on appelle le patriarche, qui exerçait toutes les fonctions épiscopales. Avant ces derniers temps, il y a quelques endroits dans l'histoire d'Alexandrie où il est parlé d'autres évêques ; mais il n'y en a presque qu'un seul sur lequel on puisse faire attention, qui est dans la vie de Jean, fils d'Abugaleb, vers l'an 1200. Il avait envoyé un métropolitain en Éthiopie, et celui-ci retourna en Égypte, ne pouvant souffrir les insultes de l'évêque de la ville capitale.

L'autorité du patriarche était absolue dans le pays, d'autant plus qu'on n'avait pas fréquemment des nouvelles d'Alexandrie, où était son seul supérieur : car quoique M. Ludolf, par l'affectation avec laquelle il fait des réflexions sur tout ce qui peut être contraire à l'Église romaine, ait dit sans aucune preuve que ce prélat n'avait pas l'immunité ecclésiastique, cela est absolument faux, puisque son pouvoir était si ample qu'en différentes occasions il donnait ombrage aux rois. C'était aux métropolitains ou patriarches qu'il appartenait de les couronner à leur avénement, et cette cérémonie se faisait en une de deux anciennes églises, celle de S.-Michel qui était près de l'ancienne Axuma, et celle de S.-George. On voit qu'en quelques occasions ils usèrent de cette autorité avec une telle indépendance qu'ils refusèrent de faire cette cérémonie, quoique la plupart des grands du pays attendissent pour reconnaître les rois que le métropolitain les eût couronnés. Toutes les affaires ecclésiastiques dépendaient de lui entièrement ; et comme il n'y a eu presque jamais d'autre diocésain pour toute l'Éthiopie, il en était absolument le maître. Il faisait seul les ordinations, et jamais abus n'a été porté plus loin que celui qu'en ont fait ces métropolitains : car comme Alvarez, témoin oculaire, le rapporte, le patriarche Marc ordonna en un jour deux mille trois cent cinquante-six personnes, donnant non seulement les moindres ordres, mais le diaconat à des enfants, et cela sans examen et sans aucune attention aux qualités requises ; et il n'y avait guère plus de difficulté pour le sacerdoce, pourvu que ceux qui s'y présentaient eussent l'âge compétent.

On ne trouve aucun Rituel d'ordination en langue éthiopienne, quoique la Liturgie et les autres offices se fassent en cette langue, parce que les prières pour l'ordination se font en langue cophte.

Les patriarches d'Alexandrie se sont aussi toujours réservé le droit de bénir le *myron* ou chrême, qu'on envoyait d'Égypte en Éthiopie tous les sept ans, qui était le temps durant lequel, sans aucune raison extraordinaire, les métropolitains étaient obligés d'écrire et d'envoyer une députation aux patriarches.

Il n'est pas difficile de juger qu'une église fort étendue, gouvernée de la manière qui a été décrite sommairement par un seul évêque, toujours étranger, et qui ne devait rendre compte de sa conduite qu'au patriarche d'Alexandrie, duquel on ne pouvait souvent avoir de nouvelles ; dans un pays barbare, au milieu de Juifs, de Mahométans, et d'autres peuples ennemis de la religion chrétienne, devait être exposée à de grands changements. Aussi, quoiqu'elle eût été fondée par Frumentius, disciple de S. Athanase ; qu'il paraisse par les lettres menaçantes que l'empereur Constance écrivit aux princes des Axumites, qu'ils conservaient avec zèle la foi orthodoxe, il est hors de doute que depuis la conquête de l'Égypte par les Arabes, la religion catholique s'y perdit entièrement. Car depuis Benjamin, qui envoya le premier métropolitain, il ne s'en trouve pas un seul qui n'ait été dans la même hérésie. Il y a dans les diptyques des Liturgies qui furent imprimées à Rome sous Paul III, les noms de quelques-uns de ces anciens métropolitains, ainsi que celui de *tecklahaimanoth*, père de la vie monastique en Éthiopie, et les noms de quelques anciens rois, tous jacobites.

Outre l'hérésie des jacobites qui s'est conservée parmi les Éthiopiens depuis le temps de Benjamin, ils sont tombés dans plusieurs autres erreurs et abus que nous avons marqués, et il y a sujet de croire que le commerce des Juifs leur en a insinué plusieurs; car il y avait en Arabie des rois qui faisaient profession de la religion judaïque, et il est difficile de comprendre qu'ils aient pu recevoir d'ailleurs que des Juifs et des Mahométans, les superstitions grossières de la circoncision, de l'abstinence de la chair de porc, et diverses autres. Cependant M. Ludolf, après avoir rapporté très-infidèlement ce qu'il pouvait éclaircir par les livres dont l'autorité est reçue parmi eux, et avoir donné comme la créance des Éthiopiens, des réponses obscures d'un particulier embarrassé par des questions qui surpassaient ses lumières, veut que nous reconnaissions parmi eux un modèle parfait de la primitive Église.

La preuve de ce paradoxe est fort étonnante; car si elle peut imposer à ceux qui n'ont aucune connaissance de l'antiquité ecclésiastique, non plus que de l'histoire orientale, elle ne peut causer que de l'indignation à ceux qui cherchent la vérité, et qui tâchent de l'éclaircir pour le bien de leurs frères. C'est, dit-il, *que l'Église de Rome, s'étant attribué une trop grande autorité, a introduit plusieurs nouveautés dans les cérémonies; et comme elle était plus riche et plus puissante que les autres, elle y a réussi. Mais le patriarche d'Alexandrie, à qui l'Éthiopie est soumise pour ce qui regarde la religion, a cru qu'il lui suffisait de conserver les droits de son siège pendant les malheureuses contestations des melchites et des jacobites, sans penser à établir de nouveaux rites.*

Ce n'est pas du patriarche d'Alexandrie dont il avait à nous parler; c'était du métropolitain d'Éthiopie, pays dont il a prétendu donner l'histoire plus exactement que pas un n'avait encore fait; or il est aisé de trouver même dans cet ouvrage la confirmation de tout ce qu'on reproche légitimement aux Éthiopiens, non seulement touchant l'hérésie qu'ils ont reçue des patriarches d'Alexandrie, mais aussi touchant les autres abus que ces mêmes patriarches ont tâché inutilement de corriger. On ne trouvera pas qu'ils aient ordonné la circoncision, ni permis la polygamie, ni défendu la viande de porc, ni donné leur approbation à tant de pratiques rejetées par tous les autres chrétiens : ce sont les Éthiopiens eux-mêmes qui les ont introduites. L'abrogation de la confession et de la pénitence canonique parurent une nouveauté très-criminelle à Michel, patriarche jacobite d'Antioche, à Marc, fils d'Elkonbar, et à tous ceux qui le suivirent, aux deux Ebnassals et à d'autres que nous avons cités. Cependant ce furent deux patriarches d'Alexandrie qui introduisirent la pratique aussi nouvelle qu'impie et ridicule de se confesser sur l'encensoir.

Il est contre les anciens canons et contre la pratique de toutes les églises d'Orient d'ôter à un métropolitain, surtout en un pays aussi éloigné de tout commerce, le pouvoir d'ordonner des évêques, et d'exposer ainsi toute une nombreuse nation à manquer de prêtres et de sacrements pendant fort longtemps, et à entreprendre des nouveautés inouïes, comme celle d'obliger un simple prêtre à faire les fonctions épiscopales. Si c'est là ce que M. Ludolf appelle *maintenir les droits de son siège*, ils étaient fort inconnus à l'Église ancienne, dont il veut que nous reconnaissions l'image dans celle d'Éthiopie.

Une prière ou confession de foi sur le mystère de l'Eucharistie, comme est celle qui se trouve dans la Liturgie des Cophtes, en y ajoutant la profession du point essentiel de la doctrine particulière des jacobites sur l'incarnation, était un rit nouveau, puisque dans l'Église primitive on se contentait de dire les paroles : *Corpus Christi. Amen.* Les patriarches d'Alexandrie l'ont cependant introduit. Il ne serait pas difficile de trouver dans les constitutions des patriarches Christodule, Gabriel, fils de Tarich, Cyrille, fils de Laklak, et diverses autres, plusieurs nouveaux règlements sur les rites. Si M. Ludolf n'a pas connu ces livres-là, il aurait pu trouver dans Elmancin, qu'il cite souvent, que Macaire introduisit plusieurs changements. On peut donc juger combien est fausse la proposition par laquelle il représente ces patriarches comme ne pensant qu'à conserver leur autorité, sans songer à introduire aucune nouveauté.

L'autre est encore beaucoup plus fausse; car il nous représente les patriarches d'Alexandrie comme chefs d'une espèce de tiers-parti qui gardait la neutralité dans les disputes entre les melchites et les jacobites. Mais ceux dont il veut parler, sectateurs et successeurs de Dioscore, étaient à la tête du parti des jacobites, et la plupart ont été des hommes hardis, entreprenants, turbulents, comme on le reconnaît par l'histoire de ces temps-là; et en cela elle s'accorde avec ce qu'en écrivent Sévère et les autres historiens du même parti. Benjamin, qui engagea tous ceux qui le reconnaissaient comme supérieur à se soumettre aux Mahométans, et qui manqua le premier à la fidélité qu'il devait à l'empereur son légitime souverain; qui obtint des Arabes une juridiction absolue sur tous les chrétiens d'Égypte; qui chassa les orthodoxes de toutes leurs églises, était-il un homme tranquille et peu entreprenant? Ses successeurs firent encore des entreprises plus hardies; et ce ne fut qu'au bout de quatre-vingt-dix-sept ans que les Grecs et tous les melchites qui étaient restés à Alexandrie obtinrent de pouvoir jouir de la même liberté que les autres chrétiens qui se trouvaient soumis aux princes mahométans.

C'est encore imposer grossièrement au public que d'attribuer à la puissance temporelle et à la richesse de l'Église romaine les prétendues innovations que M. Ludolf aurait été bien empêché de marquer. Pouvait-il ignorer que le patriarche d'Alexandrie avait de très-grands biens ; et sans consulter les historiens ecclésiastiques, Eunapius ne témoigne-t-il pas assez combien était grande sa puissance lorsqu'il parle de la destruction du temple de Sérapis ? Ce n'est pas moins ignorer la discipline ecclésiastique que de reprocher des innovations à l'Église romaine sur des conjectures aussi frivoles que toutes celles qui ont été rapportées. Ce sera donc parce qu'on ne célèbre plus les saints mystères sur une bière ou sur un coffre, au lieu que cette église si parfaite et sans tache d'Éthiopie conserve encore cette coutume. Mais outre que ce qui a été dit sur ce sujet fait assez voir que cette conjecture n'est fondée que sur un équivoque grossier, on demanderait à ceux qui en pourraient être touchés qu'ils citassent le moindre passage de l'antiquité qui pût servir à lui donner quelque vraisemblance. De plus, on ne trouvera pas que l'église d'Alexandrie ait jamais eu une pareille pratique, puisque Benjamin même consacra un autel dans le monastère de S.-Macaire, et que l'histoire des patriarches, même celle de Makrizi et d'autres Mahométans, parlent de plusieurs autres autels célèbres en Égypte et en Éthiopie.

Il n'y a donc jamais eu de pensée plus insoutenable que celle de M. Ludolf, quand il s'est imaginé qu'on devait réformer l'Église sur un modèle aussi défectueux que celle d'Éthiopie. Nous l'avons représentée sommairement telle qu'elle a été et telle que la trouvèrent le P. Alfonso Mendez, le P. André d'Oviédo, le P. Apollinaire d'Almeyda, le P. Geronymo Lobo, et d'autres jésuites qui y furent envoyés dans le dernier siècle avec le premier, auquel le pape avait donné le titre de patriarche d'Éthiopie. C'est sur leurs mémoires que le P. Balthazar Tellez composa son Histoire, imprimée en portugais en 1664, de laquelle M. Ludolf a tiré ce qu'il y a de meilleur dans la sienne. Il a vu très-peu de livres éthiopiens, et ces livres étaient des hymnes, des monologues en vers et de pareils ouvrages, desquels seuls on ne peut jamais rien tirer de certain. Les jésuites en avaient vu beaucoup davantage, et les histoires de l'église d'Axuma qu'ils citent en divers endroits, s'accordent entièrement avec ce qu'on trouve ailleurs de l'Éthiopie dans les livres des jacobites d'Alexandrie. C'est de ces derniers que nous avons tiré plusieurs faits considérables, entièrement inconnus à M. Ludolf, aussi bien que le véritable système de l'église d'Alexandrie. Nous avons examiné leurs Liturgies ; et ce savant homme qui les avait lues, puisqu'il les cite à toute occasion dans son dictionnaire, ne parle point des parties les plus essentielles, qui sont l'invocation du S.-Esprit et la confession avant la communion.

C'était cependant de ces pièces authentiques qu'il fallait se servir pour prouver que les Éthiopiens ne croient pas la présence réelle et la transsubstantiation, et non pas alléguer des réponses d'un particulier auquel il faisait tourner la cervelle par des questions ambiguës. S'il lui avait proposé le dogme de la consubstantiation, qui est le plus reçu parmi ceux de sa communion, il lui aurait répondu sans doute qu'on ne croyait rien de semblable en Éthiopie. C'est manquer au respect que nous devons à la vérité et au public, que de faire des relations plus conformes à nos idées qu'au véritable état des choses. Quand les Éthiopiens auraient une autre doctrine sur l'Eucharistie que les églises avec lesquelles ils sont en communion comme jacobites, et particulièrement celle d'Alexandrie dont ils dépendent entièrement, on ne croirait pas pour cela qu'ils eussent mieux conservé la foi et la discipline de l'Église ancienne, qu'ils ont fait en plusieurs autres points. Un théologien qui prétendrait prouver qu'on peut sans scrupule tolérer la circoncision et les autres superstitions judaïques, parce que les Éthiopiens les pratiquent, s'exposerait à la censure et à la risée du public. Mais quand on fait valoir cette autorité comme fait M. Ludolf, et que tout ce qu'il allègue est entièrement faux, on ne mérite aucune excuse.

Ainsi tous ceux qui peuvent avoir trop facilement ajouté foi à ce qu'il dit de la créance des Éthiopiens, comme il semble qu'ont fait ceux qui ont donné en français et en d'autres langues des extraits et des abrégés de son histoire, doivent se détromper et ne pas employer une telle autorité contre les catholiques. On a assuré dans les premiers et dans les derniers traités de *la Perpétuité de la foi* que les Éthiopiens avaient la même créance que les autres communions séparées touchant l'Eucharistie. Ebneltaïb, nestorien, Natif, fils d'Yemen, melchite; Ebnassal, jacobite, l'ont assuré il y a plus de cinq cents ans. Le synode de Jérusalem, en 1672, a rendu le même témoignage par la notoriété publique qu'on en avait, à cause que ceux de cette nation ont une chapelle à Jérusalem depuis près de cinq cents ans. Nihusius a fait imprimer une attestation de prêtres éthiopiens qui confirme la même chose. A tout cela M. Ludolf oppose le témoignage de son Éthiopien Grégoire, auquel il fait dire que l'Eucharistie est le corps mystérieux et représentatif de Jésus-Christ. Si par le mot barbare de *mysteriosum*, M. Ludolf entend autre chose que le μυστηριῶδες dont les Grecs se servent, comme il paraît assez qu'il veut qu'on l'entende ainsi, il se trompe, et trompe ses lecteurs ; car il pouvait apprendre des théologiens grecs qu'ils entendent par ce mot le corps de Jésus-Christ qui est dans l'Eucharistie, parce qu'il y est sacramentellement ; ce qui exclut si peu la doctrine de la réalité et de la transsubstantiation, que Gennadius, dans l'homélie où il l'enseigne clairement et d'une manière qui ne souffre aucun commentaire, n'a point mis d'autre titre que celui-ci περὶ μυστηριώδους σώματος, du corps sacramentel. Si le mot de *représentatif* s'entend suivant le sens des calvinistes plutôt que des luthériens, nous assurons les lecteurs qu'un autre Éthiopien nommé Pierre, qui était à Paris il y a plusieurs années, nous a dit tout le contraire, et nous l'a prouvé par un exemplaire écrit à la main de la Liturgie, qu'il portait avec lui. Il est étonnant que M. Ludolf, qui cite tant d'Éthiopiens, n'ait pas marqué le mot dont Grégoire se servait pour signifier le *repræsentativum* qu'il nous a donné en latin. Nous ne savons pas cette langue avec autant d'exactitude que lui; mais nous en savons assez pour soutenir qu'il n'y en a aucun employé dans les Liturgies ou dans les livres théologiques qui réponde au sens qu'il fait comprendre par le mot latin.

Il a fallu entrer dans ce détail afin que dans la suite les protestants ne prétendent pas nous citer l'autorité de M. Ludolf sur ce qui regarde la créance des Éthiopiens, puisqu'il l'a représentée très-imparfaitement et très-infidèlement, quoique par les autres travaux qu'il a faits pour éclaircir leur langue il ait rendu de grands services au public. Mais il devait s'en tenir là, et reconnaître de bonne foi que pour faire une histoire d'Éthiopie, ce qu'il avait trouvé dans un très-petit nombre de livres du pays ne suffisait pas, encore moins pour expliquer la religion, la hiérarchie et tout ce qui a rapport au dogme et à la discipline des Éthiopiens. Ces citations infinies, trop familières aux savants du Nord pour faire croire qu'on a tout lu jusqu'aux auteurs les plus méprisables, n'ont pas beaucoup servi à éclaircir la matière. Son Histoire était à peine imprimée lorsqu'il vint à Paris, et peu de savants l'avaient vue. Il leur communiqua le dessein qu'il avait d'y joindre un Commentaire, sur quoi il consulta ses amis, du nombre desquels j'étais. On lui dit qu'avant toutes choses il devait étudier ce qui regardait l'église jacobite d'Alexandrie, dont il n'avait aucune connaissance, comme il a fait assez voir par les mauvais mémoires qu'il en a donnés aux continuateurs de Bollandus. Ils auraient ménagé les louanges dont ils l'ont comblé dans leur préface, s'ils avaient su sa mauvaise foi à dissimuler les preuves les plus certaines de la créance des Éthiopiens sur l'Eucharistie et sur les autres points contestés avec les protestants. Feu M. Piques, docteur de Sorbonne, savant dans les langues orientales, lui écrivit sur ce sujet des lettres très-fortes, ce qui rompit ensuite leur commerce. Il m'en arriva autant, parce que je lui fis donner sur cela quelques avis qui ne lui plurent pas. On verra plus en détail dans une dissertation particulière sur l'église d'Éthiopie toutes les fautes de M. Ludolf, et on reconnaîtra par des preuves de fait et des autorités incontestables, son ignorance et son peu de sincérité dans ce qui regarde la religion des Éthiopiens.

LIVRE SECOND,

DANS LEQUEL ON FAIT VOIR LE CONSENTEMENT GÉNÉRAL DES GRECS ET DES AUTRES CHRÉTIENS ORIENTAUX AVEC L'ÉGLISE ROMAINE, SUR LA DOCTRINE DE LA PRÉSENCE RÉELLE ET SUR L'ADORATION DE L'EUCHARISTIE.

CHAPITRE PREMIER.

État de la dispute touchant la perpétuité de la foi sur l'Eucharistie, depuis que M. Claude a cessé d'écrire.

Après avoir expliqué dans le livre précédent le véritable état du christianisme en Orient, nous avons présentement à faire voir que toutes les églises orthodoxes, schismatiques ou hérétiques, s'accordent touchant la créance de la présence réelle du corps et du sang de Jésus-Christ dans l'Eucharistie; et c'est ce que nous espérons prouver d'une manière si claire, qu'il ne faut point être théologien pour la comprendre. Les preuves répandues dans les trois volumes de *la Perpétuité* et dans la *Réponse générale* ont déjà mis la question dans une grande évidence, particulièrement à l'égard des Grecs anciens et modernes; et pour ce qui regarde ces derniers, les attestations des patriarches grecs, les synodes de Constantinople en 1638, en 1642 et en 1691, celui de Jérusalem en 1672, la Confession orthodoxe, les témoignages de Gennadius, de Grégoire protosyncelle, de Syrigus et de plusieurs autres auteurs cités dans les premiers volumes, ont satisfait pleinement à tout ce que le ministre Claude avait demandé. Il n'a fait aucune réponse au troisième tome; et ainsi nous sommes en droit de dire que les preuves qui y sont contenues sont demeurées sans réplique.

On dira sans doute que M. Frédéric Spanheim, fameux professeur en Hollande, a soutenu la cause de M. Claude dans son livre qu'il a intitulé *Stricturæ*, contre l'*Exposition de la foi* de feu M. l'évêque de Meaux, et qu'il a fait voir la faiblesse du traité de *la Perpétuité*, et celle des attestations venues du Levant. Il est vrai que si les louanges outrées d'un auteur, un rapport très-infidèle des principes de ceux qui le réfutent et une vaine ostentation de capacité avec toutes les marques possibles de mépris pour ses adversaires, peuvent passer pour des raisons, ces *Stricturæ* sont un ouvrage sans réplique. Mais, comme on n'est pas obligé d'applaudir à ce que les ministres font croire à leurs auditeurs et à leurs écoliers, nous pouvons assurer que si on cherche dans tout ce livre une seule preuve, on ne la trouvera pas : ce qui fait voir que toutes les louanges de M. Claude naissent d'une pro-

(Quatre.)

fonde admiration, qui ne peut être produite que par une ignorance aussi énorme de tout ce qui regardait la Grèce chrétienne qu'était celle de celui qu'il loue. Ceux qui pourraient avoir été frappés par le livre de M. Spanheim n'ont qu'à lire ce qui a été répondu dans l'*Apologie des catholiques*, et ils seront satisfaits. Cela n'empêche pas qu'il ne soit cité très-sérieusement par les autres calvinistes; et de même que, pour toute réponse aux arguments les plus pressants des auteurs de *la Perpétuité*, il renvoie aux théologiens de sa communion qui les ont réfutés, à ce qu'il prétend, ainsi ceux qui ont écrit depuis renvoient à M. Spanheim, qui a, disent-ils, fait voir la fausseté et l'inutilité de toutes les attestations; ce qui doit s'entendre qu'il en a jugé comme M. Claude, c'est-à-dire, très-mal.

Un des premiers qui s'est ensuite mis sur les rangs est le sieur Thomas Smith, prêtre de l'église anglicane, qualité avec laquelle il a su accorder une vénération si grande pour M. Claude, que le plus outré calviniste n'en parlerait pas plus avantageusement. Mais ce qui paraît plus surprenant est qu'un homme qui prétend rendre compte au public de ce qu'il a vu et entendu à Constantinople, dans l'église grecque, nous la représente telle que l'avait imaginée M. Claude, et qu'il prétend nous le persuader. Il en a donc pris le modèle sur la fausse Confession de Cyrille Lucar; et parce qu'il fallait, selon ce système, que cet apostat fût un saint, il s'est imaginé l'avoir ouï dire en ce pays-là; comme aussi que Gabriel de Philadelphie était le premier qui s'était servi du terme de *transsubstantiation*, qui avant lui était inconnu aux Grecs.

On réfuta M. Smith, et sa réponse dans une seconde édition de ses *Miscellanea* ou Mélanges, livre assez court quoique le style en soit fort diffus, fut que Gennadius était un auteur supposé; que quand l'homélie qu'on avait citée serait véritablement de lui, elle ne pouvait être d'aucune autorité, puisque Gennadius avait été entièrement attaché aux Latins dans le concile de Florence. Enfin, dans un dernier écrit, il se défendit sur ce qu'il prétendait n'avoir pas dit absolument que Gabriel de Philadelphie se fût servi le premier du mot de *transsubstantiation*, mais qu'il était des premiers. Pour le reste, il avoue à la fin que les Grecs croient à la réalité et à la transsubstantiation; mais que ce n'est que depuis assez peu de temps qu'ils ont reçu cette nouveauté, qui leur était autrefois inconnue, et que cela s'est fait par les artifices des missionnaires et des émissaires de l'Église romaine. Ensuite il revient sur les louanges de Cyrille Lucar, de la vie duquel il nous donne un roman composé sur les mémoires de Hottinger, déclarant que, quoi qu'il arrive, il le regardera toujours comme un saint et comme un martyr.

Quoique dans les trois petits ouvrages de M. Smith il n'y ait pas la moindre autorité pour appuyer le jugement qu'il avait fait de Gabriel de Philadelphie, de Gennadius et de Syrigus, surtout du dernier qu'il traite avec un très-grand mépris, n'alléguant néanmoins aucune autre raison si ce n'est qu'il n'en a pas ouï parler à Constantinople; qu'il ne cite pas un seul auteur grec, aucune pièce, aucun témoignage; mais que tout ce qu'il dit se trouve dans M. Claude; qu'il attaque de même et par des raisons pitoyables l'autorité du synode de Jérusalem, parce que le patriarche dont il ne savait pas le nom lui avait dit qu'il avait fait un traité contre le pape; cependant la prévention est telle, qu'à peine trouvera-t-on un protestant qui ait écrit de ces matières, même en passant, sans nous opposer l'autorité incontestable de ce témoin oculaire. Mais les louanges qu'il a reçues n'ont pas empêché les protestants mêmes de s'éloigner de son avis; car M. Normannus, qui a fait imprimer à Leipsik la Confession orthodoxe, avoue qu'il ne peut comprendre comment on croit avoir raison de traiter toutes les pièces produites dans *la Perpétuité* comme fausses ou très-suspectes, parce qu'elles sont plus conformes aux opinions des catholiques qu'à celles des protestants; et, donnant au public cette Confession avec une version latine, il a fait assez entendre qu'il la croyait véritable; d'autant plus que, comme il le marque, les moscovites l'avaient traduite en leur langue.

Cette seule pièce étant reconnue pour telle, ce qu'on ne peut nier sans une opiniâtreté inexcusable, elle suffit pour renverser tout le système de M. Claude, soutenu même du témoignage de M. Smith; et la preuve en est bien certaine, car si les Grecs croient tout ce que contient cette Confession, M. Claude n'a rien écrit sur leur créance qui ne soit faux : ils ne pouvaient pas croire, par conséquent, ce que contenait celle de Cyrille Lucar, puisque rien n'est plus opposé. Par cette même conséquence, il s'ensuit que Cyrille était hérétique selon les Grecs; un menteur et un calomniateur, puisqu'il avait assuré que sa Confession contenait la créance de toute l'église d'Orient; un homme sans religion, puisqu'il administrait les sacrements dans cette même église contre sa conscience, ce qui est le comble de tous les crimes. Il s'ensuit pareillement que M. Smith s'est grandement trompé dans le jugement qu'il a fait de Mélétius Syrigus, puisque ce fut lui qui eut le principal soin de rédiger par écrit la Confession orthodoxe, et qui, après l'avoir apportée au patriarche Parthénius-le-Vieux à Constantinople, afin qu'elle y fût approuvée synodalement, la reporta en Moldavie. Ceux donc qui pouvaient avoir donné de faux mémoires à M. Smith sur Syrigus l'avaient étrangement trompé, quand ils lui avaient fait croire que c'était un *misérable moine, homme très-obscur, très-attaché à l'Église romaine, un impertinent et un petit brutal*. Ce qu'il y a encore de plus contraire à ce qu'assure M. Smith, est que celui qui rend ce témoignage avec éloge par une lettre mise à la tête de la Confession orthodoxe, est Nectarius, ce même patriarche de Jérusalem qu'il ne pouvait croire capable d'avoir eu part aux décrets du synode de 1672, parce qu'il lui avait dit qu'il avait écrit contre le pape.

Il est aisé à un chacun de tirer toutes les autres conséquences qui naissent de l'authenticité reconnue de cette seule pièce. Car elle enseigne formellement la *transsubstantiation*, et d'une manière si claire, que la *métoutiose* de M. Claude ne peut avoir lieu. Donc tout ce qu'il a dit pour prouver que les Grecs ne la croyaient pas est entièrement faux. Le patriarche qui l'approuva le premier est le même qui condamna la Confession de Cyrille Lucar, à la tête de son synode, confirmant celui qui s'était tenu la même année en Moldavie; et par conséquent Cyrille n'enseignait pas la créance reçue par toute l'église grecque; puisqu'on sait d'ailleurs par la lettre écrite au vayvode Basile que l'occasion de l'assemblée de ce synode, et ensuite de la résolution qui y fut prise de dresser la Confession orthodoxe, était le trouble que causèrent dans le pays quelques exemplaires qui s'y étaient répandus de celle de Cyrille. Gabriel de Philadelphie n'est donc plus un novateur; et puisque Syrigus était théologien de l'église de Constantinople, qu'il fut chargé de réfuter Cyrille, comme il le fit par un ouvrage exprès où il enseigne la transsubstantiation, tout ce que M. Claude et M. Smith ont dit au contraire tombe de soi-même; car on ne croit pas que personne ose prétendre qu'on doive croire l'un et l'autre plutôt que les Grecs mêmes sur ce qui regarde leur église.

M. Allix, le plus savant des ministres qui de notre temps aient été en France, a traduit le traité de Nectarius contre la primauté du pape, sur l'impression que Dosithée son neveu et son successeur en fit faire à Jassi en Moldavie, en 1682. A la fin de ce traité il se trouve quelques miracles de l'Eucharistie, sur lesquels M. Allix a cru devoir faire des notes. Il ne les attaque pas comme aurait fait M. Claude, qui se serait servi de ces mêmes miracles pour prouver qu'à cela seul on devait reconnaître un Grec latinisé, car c'est ainsi qu'il a répondu aux témoignages tirés du livre d'Agapius. Toutes les déclamations violentes contre les papes ne l'auraient pas embarrassé; sa pénétration lui aurait fait reconnaître qu'elles n'étaient employées que pour mieux couvrir une dissimulation criminelle. M. Allix, plus savant et plus sincère, ne conteste point les miracles, ni la conséquence qui est certaine, qu'on ne peut croire rien de semblable sur l'Eucharistie sans croire la présence réelle. Il avoue donc que Nectarius l'a crue, et que les Grecs la croient; mais sans s'engager plus avant dans la dispute, il renvoie aux autres protestants qui ont amplement démontré, dit-il, qu'en cela les Grecs n'étaient pas d'accord avec les anciens; que cette opinion n'a pas toujours été reçue parmi eux, et qu'ils ne s'accordent pas entièrement sur cet article avec l'Église romaine. Mais il avoue que de ces paroles de Nectarius il paraît que ceux qui ont traité le synode de Jassi comme une pièce supposée se trompaient.

Voilà donc un des plus savants ministres qui reconnaît la vérité d'un autre fait très important, qui est l'authenticité du synode de Jassi en 1642, laquelle étant supposée, tous les raisonnements de M. Claude, et les témoignages de M. Smith sont entièrement renversés. Car à l'exception des anathèmes personnels contre Cyrille, les décrets sont précisément les mêmes que ceux du synode de 1638, sous Cyrille de Berroée. Ainsi la condamnation de la Confession de Cyrille Lucar, n'eut rien que de conforme à la foi de l'église grecque; donc elle ne croyait point ce que ce malheureux apostat lui attribuait faussement; donc il est contre toute raison et contre toute vérité, de traiter comme novateurs et gens corrompus, par les émissaires de l'Église romaine, tant de patriarches, d'évêques et de religieux qui rendant témoignage de leur créance, l'ont expliquée sur ce qui regarde l'Eucharistie, conformément aux expositions de foi publiées longtemps auparavant par leurs patriarches; et à ce que croient les catholiques. Car aussitôt qu'on reconnaît la vérité et l'authenticité des décrets de Jassi, et de la Confession orthodoxe; il s'ensuit par un enchaînement de preuves, et par le rapport qu'elles ont toutes les unes avec les autres, que l'église grecque, avant et après Cyrille Lucar, croyait ce qu'elle a déclaré en condamnant sa confession; que par conséquent le synode de Jérusalem n'a point innové ni varié, quand Nectarius et Dosithée s'y sont déclarés si fortement contre les calvinistes. Dix ans auparavant, Nectarius écrivit la lettre qui est à la tête de la Confession orthodoxe, par laquelle il en recommande la lecture à tous les enfants de l'église grecque, et loue comme orthodoxes et comme de fameux maîtres, ceux qu'il a plu à M. Smith de nous représenter comme de faux grecs et de véritables papistes, des gens obscurs et méprisables, desquels il n'avait jamais ouï parler, dont par conséquent le témoignage ne pouvait pas être allégué dans la dispute. Il s'ensuit pareillement que, lorsque Syrigus, Corressius, et les autres théologiens grecs assurent, comme ils ont fait dans leurs écrits, que ceux qui veulent savoir la foi de l'église grecque, la doivent chercher dans les ouvrages de Gabriel de Philadelphie, du patriarche Jérémie, et de ceux qu'ils citent outre ceux-là, on ne peut, sans une témérité qui approche de la folie, entreprendre de les rendre tous suspects, par des conjectures insoutenables et par des raisonnements en l'air, fondés sur des principes dont la fausseté a été évidemment démontrée.

Voilà tout ce qui a paru de la part des protestants, ou, pour parler plus juste, de la part des calvinistes, depuis que M. Claude a cessé d'écrire, pour soutenir ce qu'il avait avancé; ce qu'ils n'ont pu faire néanmoins sans en abandonner la plus grande partie. On n'attendra pas que nous mettions au rang de leurs écrivains sérieux deux hommes qui ont voulu se signaler dans cette dispute. Le premier est un Anglais, Jean Hockston, apparemment ministre des Anglais à Constantinople ou à Smyrne, dont on n'aurait jamais ouï parler sans l'occasion qu'il en a cherchée. Ayant vu un livre composé par un Grec établi à Padoue, nommé Nicolas Comnène Papadopoli, dans lequel il soutenait avec raison que les Grecs s'accordaient avec les catholiques sur les articles que les protestants ont pris pour prétexte de leur séparation, Hockston crut devoir sur cela lui écrire une lettre que l'autre rendit publique, la faisant imprimer à Venise en 1703. Cela suffisait pour la réfuter; car quoiqu'elle ne soit que de onze petites pages, elle contient toutes les ignorances et les absurdités qu'on a dites sur cette matière. Il vomit contre ce Grec les injures les plus grossières, parce que, dit-il, il veut faire l'église grecque papiste, *vous osez*, poursuit-il, *faire cela étant Grec? Cùm, Deo teste, Græci alia loquantur; cùm habeant doctores suos neotericos antiquis pares*, B. Cyrillum Alexandrinum, qui tam contraria doctrinæ tuæ docuit in cathedrâ Græcâ sedens, cinctus episcopis, Græciam ore docens, et ore Græciæ loquens; verum Israelitam Nathanaelem, S. Zachariam episcopum, D. Joannem Logothetam, quos audit et audiet Ecclesia Orientalis; puisque, *comme j'en prends Dieu à témoin, les Grecs parlent autrement et qu'ils aient des docteurs modernes comparables aux anciens : le bienheureux Cyrille Lucar, qui a enseigné une doctrine tout opposée, assis sur une chaire patriarcale de Grèce, entouré d'évêques, enseignant la Grèce par sa bouche, et parlant comme la bouche de la Grèce; Nathanaël véritable Israélite, S. Zacharie, évêque, le sieur Jean Logothète que l'église orientale écoute et écoutera.* Voilà un de ces prétendus témoins oculaires, qui ne se contente pas d'avancer la fausseté la plus notoire, mais qui prend le nom de Dieu en vain pour la confirmer. Cyrille est-il regardé comme bienheureux, lui qui a été frappé d'anathème, et dont la doctrine a été condamnée, et l'est encore tous les jours; qui, selon le témoignage de tous les Grecs, a toujours nié avec serment qu'il fût auteur de cette malheureuse Confession; qui a fait publiquement toutes les fonctions qu'il condamnait comme superstitieuses, et pleines de sacrilèges; qui n'a jamais parlé dans son église un autre langage que celui de ses prédécesseurs, et qui a été désavoué par toute l'église orientale, pour lui avoir faussement attribué des opinions qu'elle n'a pas plutôt connues qu'elle les a rejetées avec exécration? Ce bon Israélite Nathanaël était celui dont Hottinger a inséré une lettre qui contient un récit de la triste fin de Cyrille, et qui devait traduire les Institutions de Calvin en grec vulgaire. S. Zacharie évêque, surnommé Gergan, était un misérable qui se fit, ou fit semblant de se faire calviniste, et donna une Confession assez semblable à celle de Cyrille, évêque de Larta, petite ville peu considérable, si même il l'était, et qui n'a jamais eu aucune réputation dans l'église grecque. Jean Logothète surnommé Caryophylle, duquel nous parlerons ailleurs plus amplement, a été condamné par une sentence synodale du patriarche Callinique en 1691; et Dosithée, patriarche de Jérusalem, qui y souscrivit, a fait un traité exprès contre ses erreurs imprimé en 1693, en Moldavie. Que dira-t-on de ce témoin oculaire, qui étant à Constantinople, a osé écrire quatre ans après de pareilles faussetés; sinon que les protestants ne doivent pas s'étonner si nous doutons du témoignage de ceux dont ils paraissent faire plus de cas, quand on a fait l'expérience d'une pareille effronterie, ni trouver mauvais que nous ne croyions pas plus Corneille Haga et Léger sur Cyrille, que Hockston sur ce qui regarde son temps?

L'autre, qui ne parle pas comme témoin oculaire, mais avec beaucoup plus de confiance que s'il avait été sur les lieux, et que s'il avait été présent à tout ce qui s'est passé à l'occasion des actes produits dans *la Perpétuité*, ne mérite pas qu'on en fasse mention, puisque son gros ouvrage n'est qu'un tissu de faussetés et d'absurdités si grossières, qu'on doute qu'il s'en soit jamais fait, où il y ait plus d'impudence et plus d'ignorance. C'est ce qu'on croit avoir fait voir d'une manière si sensible dans la *Défense de la Perpétuité*, qu'il serait inutile d'examiner davantage un livre aussi méprisable.

CHAPITRE II.

Des nouvelles preuves de la créance des Grecs, depuis la fin de la dispute touchant la perpétuité de la foi.

Après que nous avons fait voir que le ministre Claude et tous ceux qui ont écrit contre *la Perpétuité de la foi* n'ont rien opposé que des faussetés ou des calomnies à l'autorité des actes produits dans le cours de la dispute, il faut examiner si la suite de plus de trente années n'a rien produit qui pût faire connaître la fausseté des faits et des actes produits par les catholiques, sur quoi il y a de si grandes contestations. Il aurait été fort extraordinaire que tant de confessions de foi, des attestations solennelles, des livres entiers et plusieurs faits publics, eussent été supposés, et que dans un si long espace de temps on n'eût rien découvert qui pût éclaircir la vérité. Il n'en fallut pas tant pour reconnaître la fausseté de la Confession de Cyrille Lucar. Quand elle parut d'abord qu'en latin, les savants n'y eurent pas beaucoup d'égard, sachant assez qu'un acte de cette nature ne pouvait pas être authentique, étant donné en latin par un patriarche de Constantinople. Les Grecs qui connaissaient le caractère de cet apostat, et qui savaient ses liaisons secrètes avec les calvinistes, ne doutèrent point qu'il n'en fût l'auteur. C'est pourquoi Matthieu Caryophylle, sans attendre qu'elle parût en grec, en fit la réfutation imprimée à Rome.

Lorsque cette Confession eut été imprimée à Genève en 1633, tous, à l'exception des calvinistes, la regardèrent comme suspecte, les luthériens aussi bien que les catholiques. Grotius, plus capable d'en juger que Rivet, Diodati, et tous les professeurs de Hollande et de Genève, reconnut d'abord qu'il n'était pas possible que ce fût la Confession de toute l'église grecque, comme disait faussement Cyrille. Car les personnes tant soit peu versées dans l'antiquité ecclésiastique savaient assez la créance et la discipline des Grecs pour n'être pas trompées par une imposture aussi grossière. On voyait bien que cette Confession ne pouvait être celle de l'église grecque, à moins qu'il n'y fût arrivé un changement total dans la foi, aussi bien que dans la discipline. C'était un fait dont on n'avait jamais ouï parler ; on savait, et très-certainement, que la discipline extérieure était toujours la même, et que des changements entiers ne se sont jamais faits sans contestations et sans tumulte, surtout pour introduire la religion calviniste. On la trouvait si bien expliquée par un Grec, que les moins pénétrants ne pouvaient s'empêcher de reconnaître que Cyrille avait formé sa Confession sur celle de Genève. Il n'y avait donc pas de difficulté à comprendre qu'elle ne contenait pas la créance de l'église grecque ; et ce fut aussi le jugement qu'en firent comme Grotius les théologiens de la Confession d'Augsbourg. Ce qui ne paraissait pas si aisé à éclaircir, mais qui importait peu, était si on devait croire qu'un patriarche de Constantinople en fût l'auteur. Les Génevois qui le publièrent prétendaient le prouver par les lettres écrites à Diodati, à Antoine Léger, et à d'autres. Mais cela ne suffisait pas pour établir que ce fût la foi commune de l'église grecque, d'autant plus que selon le témoignage des Grecs Cyrille avait toujours nié avec serment que cette Confession fût de lui, nonobstant ce que les Génevois assurèrent dans leur préface, qu'il l'avait reconnue publiquement devant son église. Il le disait et il l'écrivait, mais pour établir des faits de cette nature, quand ils sont non seulement contestés, mais déclarés faux par un grand nombre de témoins irréprochables, il faut une autre autorité que celle d'un homme convaincu d'autant de fourberies que l'était Cyrille. Enfin le temps a confirmé qu'on ne se trompait pas sur son sujet, et il n'y avait que M. Claude, M. Smith et ce Jean Hockston, qui pussent encore contester que la créance exposée dans cette Confession n'était pas celle de l'église grecque.

C'est aussi ce que les attestations, et particulièrement le synode de Jérusalem, ont mis dans une telle évidence, que les protestants mêmes, comme nous l'avons marqué ci-dessus, ont commencé à l'avouer. Il n'y avait pas si longtemps que cette fausse Confession paraissait lorsqu'elle fut rejetée par toute la Grèce, qu'il y en a que les actes et les livres dont on s'est servi dans la *Perpétuité* ont été exposés à l'examen du public, et que la plupart des originaux ent été mis dans la Bibliothèque du roi, et dans celle de S.-Germain-des-Prés. Les Grecs n'ont pas ignoré l'usage qu'on en avait fait contre les calvinistes, et Dosithée le marque dans sa préface sur l'ouvrage de Syrigus. Ces actes ont été donnés en forme authentique, et avec toutes les formalités qu'eux-mêmes nous ont apprises. Aucun des patriarches et des évêques ne s'est rétracté de ce qu'il avait signé touchant la présence réelle et la transsubstantiation. Nectarius qui avait été patriarche de Jérusalem, a survécu près de dix ans ; Dosithée qui lui succéda et qui présida au synode de 1672, a vécu ensuite plus de trente-cinq ans, et ils ne se sont rétractés ni l'un ni l'autre. Ils n'ont pas été censurés, ni anathématisés comme Cyrille Lucar, Corydale et Caryophille. La Confession orthodoxe a été imprimée deux fois pour les Grecs de-

puis 1642, et jamais elle n'a été flétrie. Au contraire elle a été approuvée par tous les patriarches, et elle est encore entre les mains des Grecs comme la règle certaine de leur créance.

Ces arguments négatifs pourraient suffire pour fermer la bouche à des adversaires qui dans toute la suite de cette dispute n'ont attaqué les catholiques que par des conjectures la plupart fausses et vaines, ou par des témoins très-récusables, et qui n'ont rien dit qui ne fût détruit par la notoriété publique, ou par des preuves de fait incontestables. Mais nous avons, grâces à Dieu, des preuves positives, et en assez grand nombre, pour montrer que tout ce qui est contenu dans les actes venus du Levant, produits par les auteurs de *la Perpétuité de la foi*, est tellement conforme à la créance de l'église grecque, qu'elle a renouvelé plusieurs fois les témoignages publics qu'elle rendit alors à la vérité, et qu'elle l'a fait, sans que les ambassadeurs de France, ni le clergé, ni la cour de Rome y aient eu la moindre part.

On a dit que Nectarius, patriarche de Jérusalem, qui signa les décrets du synode en second, parce qu'il avait abdiqué, était un des plus grands ennemis que l'Église latine ait jamais eus. Cela paraît assez par le traité contre la primauté du pape, qu'il fit à l'occasion d'une dispute à laquelle un cordelier de la Terre-Sainte l'engagea. Sur l'objection que ce religieux lui avait faite, de ce qu'il n'y avait plus de miracles parmi les Grecs, il en rapporte plusieurs, et entre autres deux sur l'Eucharistie ; à cette occasion il s'explique sur la transsubstantiation d'une manière qui ne peut souffrir aucun commentaire, pas même ceux de M. Claude. Dosithée, son neveu, qui lui succéda, a fait imprimer cet ouvrage à Jassi en Moldavie en 1682, dix ans après le synode de Jérusalem. Il croyait donc la transsubstantiation dans ce temps-là, aussi bien que quand il le déclara à la tête de son synode.

Le même Dosithée fit imprimer l'année suivante, au même lieu, les œuvres théologiques de Siméon de Thessalonique, qui vivait avant le concile de Florence. On ne trouve pas à la vérité qu'il se serve du mot de *transsubstantiation*, et il n'était pas nécessaire qu'il le fît ; mais il explique l'Eucharistie d'une manière entièrement opposée à la Confession de Cyrille ; il enseigne sept sacrements ; Cyrille n'en veut reconnaître que deux, et ainsi du reste. On peut juger si on peut regarder Siméon de Thessalonique comme un docteur orthodoxe, quand on croit ce que contient la Confession de Cyrille.

Le synode de Jérusalem est rejeté par M. Claude, par M. Smith, M. Spanheim, et beaucoup d'autres calvinistes, comme faux et suspect. Ils insinuent que les sollicitations de l'ambassadeur de France engagèrent les Grecs à ne garder aucunes mesures pour établir les dogmes de l'Église romaine. Ces ministres ont bien fait de se mettre sur le pied de tout dire et de ne rien prouver ; car ils auraient été bien embarrassés s'ils avaient été obligés de donner la moindre preuve d'une telle suite de faussetés. Dosithée les a réfutées lui-même, en faisant imprimer à Bucharest en Valachie, sous le titre de *Manuel* ou Ἐγχειρίδιον, *contre les luthériens et les calvinistes*, les actes de ce même concile en 1690. Et comme les synodes de Cyrille de Beroée et de Parthenius-le-Vieux y sont insérés tout au long, il donne par cette impression une nouvelle confirmation à la créance qu'il avait exposée dans son synode de Jérusalem.

Théophile Corydale et Jean Cariophylle avaient répandu quelques écrits qui sentaient le calvinisme, Dosithée les a réfutés, et il a fait imprimer son ouvrage à Jassi en 1694.

Il a inséré dans ce même livre une sentence synodale qui fut rendue à Constantinople sous le patriarche Callinique, et dans laquelle ces erreurs sont de nouveau condamnées, et la transsubstantiation établie comme la foi de toute l'Église, et comme ayant été enseignée par Gennadius, patriarche de Constantinople, Maximus Margunius, évêque de Cérigo, Meletius Piga, patriarche d'Alexandrie, Gabriel de Philadelphie, Georges Coressius, Nectarius, patriarche de Jérusalem; particulièrement Mélétius Syrigus, dont l'ouvrage contre les chapitres de Cyrille est extrêmement loué. C'est précisément ce que les Grecs disaient en 1672, ou, pour parler juste, ce qu'ils ont toujours dit. Les ambassadeurs de France ne leur avaient point demandé cette sentence synodale; elle n'a donc point eu d'autre motif que la défense de la vérité.

Nectarius avait reçu d'Égypte et de Constantinople des extraits de ce que M. Claude avait dit dans ses livres touchant les Grecs. Il en fut si scandalisé qu'il composa sur ce sujet un écrit que nous avons depuis peu donné au public, sur une copie qui fut envoyée quatre ans après du Mont-Sina à M. de Nointel. Dans cet écrit il établit fortement la transsubstantiation, quoiqu'il n'eût été fait que pour les religieux du Mont-Sina, du nombre desquels il avait été.

Il paraît donc par ce que nous venons de rapporter, que si les actes et les auteurs dont les catholiques se sont servis contre les calvinistes, pour prouver que leur doctrine exposée dans la Confession de Cyrille Lucar était rejetée et condamnée par toute l'église grecque, avaient pu être rendus suspects par quelqu'une des mauvaises objections de M. Claude et de ses disciples, ce soupçon cesserait entièrement, puisqu'un patriarche qui a fait pendant plusieurs années une grande figure parmi les Grecs, les a fait imprimer longtemps après, sous les yeux et aux dépens des vayvodes de Moldavie et de Valachie, qu'on sait avoir toujours été très-zélés pour la religion grecque.

Le principal du collège dit Glocester-Hall, à Oxford, zélé pour la religion protestante, et la voulant inspirer aux Grecs, employa les revenus des bourses à entretenir de jeunes Grecs, afin de les faire instruire de bonne heure dans cette religion, et la répandre ainsi peu à peu dans le pays; et c'est là l'origine du collège grec à Oxford. Si les Grecs croient ce que contient la Confession de Cyrille, ou celle de l'église anglicane qui a été traduite en grec et même en arabe, mais avec aussi peu de succès que celle des églises belges en grec vulgaire, imprimée magnifiquement par les Elzévirs, il n'y avait pas d'occasion plus favorable pour éclaircir cette conformité, sans qu'il en pût rester aucun doute. Car les patriarches n'auraient pas manqué d'exhorter les Grecs à envoyer leurs enfants à Oxford plutôt qu'à Venise, à Padoue ou à Rome. Cependant le même Dosithée a écrit des lettres circulaires pour détourner les Grecs d'envoyer leurs enfants, ou d'aller en Angleterre étudier dans ce collège, menaçant même d'excommunication ceux qui mépriseraient ses avis. On a ouï dire à quelques personnes venues du Levant que les patriarches de Constantinople avaient fait les mêmes défenses; mais nous ne l'assurons pas, la chose n'étant pas assez éclaircie. Nous parlerons seulement d'un fait tout récent qui a rapport à cette matière (1).

Parmi les jeunes Grecs qui ont été ainsi envoyés à Oxford, il s'en est trouvé un natif de Corfou, nommé François Prossalento, qui passa à Paris il y a deux ou trois ans, revenant d'Angleterre, pour retourner en son pays. Il dit à diverses personnes, que le principal sujet de son retour était l'avis qu'il avait reçu que le patriarche de Constantinople Gabriel était favorablement disposé pour lui; mais que le séjour d'Oxford serait un grand obstacle à son avancement, s'il ne se retirait promptement d'un pays d'hérétiques. Il avait eu pour maître à Oxford ce même M. Benjamin Woodrof, dont M. Claude a parlé dans ses écrits comme ayant reçu de lui une attestation d'un Grec dont il a tâché de se servir. M. Woodrof avait fait un traité contre la doctrine commune aux catholiques, aussi bien qu'aux Grecs, touchant l'autorité de la tradition, et il avait voulu engager Prossalento à certifier que les Grecs croyaient ce qui était exposé dans ce livre, ce que l'autre avait refusé de faire. Ensuite pressé par les lettres de ses parents et de ses amis, il sortit d'Angleterre et vint en Hollande. Il y fit imprimer en grec littéral un petit ouvrage intitulé : Ὁ αἱρετικός Διδάσκαλος ὑπὸ ὀρθοδόξου μαθητοῦ ἐλεγχόμενος· *Le Maître hérétique, convaincu par le disciple orthodoxe*; afin d'ôter tout le soupçon que son séjour en Angleterre aurait pu donner sur sa religion. Quoique la matière qu'il traite regarde uniquement le livre qu'il réfute, il ne laisse pas de marquer dans l'épître dédicatoire adressée au patriarche Gabriel, et dans la préface, que les véritables Grecs ont en horreur tout ce que les protestants croient et pratiquent. On ne dira pas que les catholiques aient aucune part à cet ouvrage, qui est imprimé à Amsterdam en 1706.

CHAPITRE III.

Que les Grecs et tous les autres chrétiens orientaux croient et ont toujours cru la présence réelle. — *Preuves générales de cette première proposition.*

Si jamais aucun fait qui eût rapport aux vérités de

(1) Quoties doctissimi Dosithei lætus mecum fremitus excepisti, mecumque probâsti encyclicas litteras obnuntiantes Græcis omnibus quærendæ sapientiæ causâ peregrinationem infaustam, interdicto sacro

la religion chrétienne a été mis en évidence, et prouvé d'une manière incontestable, on peut dire que c'est celui de la présence réelle du corps et du sang de Notre-Seigneur Jésus-Christ dans l'Eucharistie, comme un dogme reçu généralement, autant dans les communions orientales que dans l'Église catholique. On a remarqué ailleurs que les premiers auteurs de la réforme ne firent d'abord aucune attention à ce qui était enseigné et pratiqué dans l'église grecque, ni dans toutes les autres séparées de la romaine par le schisme ou par l'hérésie. S'ils l'avaient fait, et qu'ils eussent réfléchi sur ce grand principe, que ce qui se trouvait dans toutes les églises ne pouvait être regardé comme une erreur, ils auraient peut-être été plus réservés à retrancher, comme des abus et des corruptions du papisme, ce qui était cru et pratiqué dans des églises très-nombreuses qui avaient rompu toute communion avec les papes. Si l'autorité de la tradition conservée hors de la communion romaine ne les avait pas touchés, ils auraient eu honte de prendre pour prétexte de leurs innovations, des suppositions aussi grossières que celles qui se trouvent dans la plupart de leurs écrivains, touchant l'origine des dogmes et des rites que la réforme a rejetés comme des erreurs et des abominations de Rome, puisqu'ils étaient partout ailleurs.

Mais ils ont cru tout voir dans la parole de Dieu; et ce ne fut que longtemps après avoir établi la réformation, chacun selon son système, que les théologiens de Wittemberg consultèrent les Grecs, plutôt à dessein de les convertir que de profiter de leurs lumières, en reconnaissant les fondements ruineux sur lesquels était établie la nouvelle religion. Car lorsqu'ils écrivirent au patriarche de Constantinople Jérémie, leurs différentes confessions de foi étaient réglées il y avait déjà longtemps, aussi bien que la manière d'administrer les sacrements et la forme entière de la discipline ecclésiastique de toutes les sociétés prétendues réformées.

Les théologiens de Wittemberg ayant reconnu de bonne foi que Jérémie était fort éloigné de leurs sentiments, ne contestèrent plus : ils donnèrent les actes de cette dispute en grec et en latin, et ils n'entreprirent pas de persuader au public que les Grecs étaient luthériens, et que s'ils parlaient autrement il ne fallait pas les croire. Cela était réservé à M. Claude qui a cru trouver des preuves démonstratives pour montrer que les Grecs, même lorsqu'ils emploient le mot de *transsubstantiation*, ne la croient pas; au lieu que les luthériens convinrent que Jérémie la croyait, quoiqu'il ne se servît pas du mot, mais d'autres équivalents.

Le ministre Aubertin avait entrepris d'expliquer, non pas ce que les Grecs croyaient, mais ce qu'ils devaient croire; puisque son grand ouvrage dans lequel il examine tous les passages des Pères, pour les

proposito dirisque paratis in eos qui tam apertas insidias neglexissent. (*Papadapoli, epist. ad Chrysanthum Notar.*, p. 4.)

tourner au sens des calvinistes, était inutile s'il ne se trouvait pas un seul Grec de quelque autorité qui les eût entendus comme lui, et certainement il ne s'en trouvait aucun. C'est pourquoi il soutint avec toute la chaleur possible la Confession de Cyrille Lucar qui avait paru quelques années avant qu'il écrivît, mais avec quelque modestie; et il en reconnut la nouveauté, en disant que *l'auteur était revenu à l'ancienne doctrine* (1). M. Claude et ses disciples l'ont soutenue de même contre le jugement qu'en ont fait les luthériens; et c'est là le seul fondement sur lequel les calvinistes ont imputé aux Grecs des opinions qu'ils détestent, et qui ont été plusieurs fois frappées d'anathème par leurs synodes et par leurs patriarches.

Les auteurs de *la Perpétuité*, et le P. Paris, chanoine régulier, ont prouvé si solidement que les Grecs jusqu'aux derniers temps ont cru la présence réelle et la transsubstantiation, et que les passages des anciens doivent être pris selon le sens littéral, puisque les Grecs ne les ont jamais entendus autrement, qu'il serait inutile de vouloir entrer dans une nouvelle discussion. Mais la question étant réduite à des points de fait, c'est sur cela qu'elle roule entièrement. Si donc les anciens Pères ont parlé quelquefois un peu obscurément, s'ils ne sont pas entrés dans tout le détail auquel les nouvelles hérésies ont engagé les théologiens qui avaient à les combattre, on en a rendu des raisons sans réplique. Et une preuve bien sensible que l'église grecque n'a pas eu des sentiments opposés à ceux que l'église d'Occident soutient, au moins depuis le temps de Bérenger, c'est que les Grecs qui ont écrit de nos jours n'ont jamais entendu ces passages autrement que nous les entendons, et qu'on ne peut marquer qu'il y ait eu parmi eux depuis plus de six cents ans aucune variété d'interprétations, ni aucunes disputes sur l'intelligence de la doctrine de leurs Pères et de leurs maîtres. Enfin on ne trouvera pas qu'il y ait eu deux ou plusieurs partis dans l'église grecque qui se soient combattus, même en dispute amiable; encore moins qu'il y ait eu des formes entièrement opposées pour célébrer les saints mystères, dont les unes aient été regardées comme des abominations, et les autres comme l'acte le plus sacré de la religion chrétienne. Il faudrait pourtant que cela eût été, ou quelque chose de semblable; car la tolérance qu'on voit présentement parmi les protestants sur un dogme fondamental tel que celui de l'Eucharistie, a été inconnue de tout temps excepté parmi eux. On ne doit pas non plus supposer qu'il y ait eu un nombre de chrétiens grecs capables de faire un corps d'église, qui, comme Cyrille Lucar, condamnassent les pratiques religieuses de leur église dans le cœur, et qui les observassent extérieurement.

Mais pour nous restreindre à ces derniers temps, les Grecs, depuis les synodes où fut condamnée la Confession de ce malheureux, se sont expliqués si

(1) Verbum nostris temporibus novissimus patriarcha Cyrillus Constantinopolitanus, ad primitivam rediens de Eucharistia fidem. (*Aubert., l. 3, p. ult.*)

clairement, que M. Claude est présentement abandonné sur cet article. La transsubstantiation est enseignée très-nettement dans la Confession orthodoxe, et de même dans le synode de Jérusalem de 1672; dans celui de 1691, sous le patriarche Callinique, par Dosithée et Nectarius, patriarches de Jérusalem, en plusieurs écrits, par les théologiens Coressius, Syrigus, Grégoire protosyncelle et plusieurs autres. Toutes les chicanes qu'on a employées pour attaquer l'autorité de ces écrits, des attestations et d'autres actes publics, sont détruites par l'impression que les Grecs ont faite eux-mêmes en Moldavie de la plupart de ces pièces, et ce qui a été dit sur ce sujet dans la *Défense de la Perpétuité* fait voir qu'on ne les peut attaquer que par des faussetés qui sont réfutées par des faits incontestables.

Les Grecs du synode de Jérusalem, après avoir cité plusieurs de leurs auteurs qui avaient expliqué très-clairement la doctrine de la présence réelle et de la transsubstantiation dans leurs écrits, dont l'autorité était reconnue dans toute l'église grecque, y ajoutent l'argument tiré du consentement des hérétiques mêmes sur le mystère de l'Eucharistie. Car, disent-ils, *les nestoriens, les Arméniens, les Cophtes, les Syriens, et même les Éthiopiens qui ont des hérésies particulières, sont néanmoins d'accord sur la fin et sur le nombre des sacrements, ainsi que sur toutes les autres choses qui ont été expliquées ci-devant, avec l'Église catholique, comme nous le voyons tous les jours de nos yeux, et que nous l'apprenons d'eux-mêmes en cette ville de Jérusalem où il en vient de tout l'univers.* Ce qu'ils témoignent touchant la conformité de créance de tous ces chrétiens sur la présence réelle du corps et du sang de Jésus-Christ dans l'Eucharistie, est un fait de notoriété publique dont on convient dans toutes les sectes.

Ebnassal, théologien jacobite cophte, dans un traité qu'il a fait des Fondements de la foi, rapporte les passages de deux auteurs, l'un melchite ou orthodoxe, Natif, fils d'Yémen; l'autre nestorien, Ebneltaïb, qui disent que les chrétiens se devraient accorder sur les questions touchant le mystère de l'Incarnation qui les divisent, puisqu'ils sont d'accord sur plusieurs autres points de la religion qui ne sont pas moins difficiles à croire. Parmi ceux sur lesquels il dit qu'il y a un consentement général entre les chrétiens, il marque celui de l'*Eucharistie* que *tous croient être le corps et le sang de Jésus-Christ.* Pierre, évêque de Melickha, dans la Thébaïde, jacobite ; Paul, évêque de Saïd, melchite; le même Ebnassal dont nous venons de parler, ont fait le dénombrement des erreurs de toutes les sectes, même des articles particuliers sur ce qui regarde les Grecs, qu'ils appellent *Roum,* et les *Francs,* qui sont les Latins. Ils n'en marquent aucune sur la créance de l'Eucharistie ; quoiqu'ils condamnent dans ceux-ci l'usage des azymes et des pratiques beaucoup plus indifférentes, que la seule passion pouvait faire remarquer : car, par exemple, ils reprochent aux Latins qu'ils célèbrent la Liturgie avec du pain qui n'a pas été préparé la veille ou le même jour ; qu'ils se lavent la bouche avec de l'eau avant que de célébrer, ce qui peut rompre le jeûne ; qu'ils célèbrent sans diacre, et qu'en un même jour ils célèbrent plusieurs messes sur un même autel, et ainsi du reste. On demande à toute personne raisonnable si ceux qui sont tellement exacts à relever des pratiques si peu importantes, auraient omis l'article fondamental, qui est de croire ou de ne pas croire que l'Eucharistie fût le corps et le sang de Jésus-Christ. L'ancienne Église, non plus que toutes celles qui se sont séparées par le schisme et par l'hérésie, n'ont jamais connu de tempérament sur ce sujet. Cette condescendance ne s'est jamais trouvée que parmi les protestants, et on sait assez que les luthériens rigides ne l'approuvent pas.

Tout ce qu'on pourrait objecter contre ce que nous venons de dire touchant le consentement général de tous les Orientaux et Grecs, orthodoxes, schismatiques ou hérétiques, sur la doctrine de la présence réelle, est que quelques auteurs catholiques les ont accusés de ne la pas croire; et c'est un argument qu'emploie M. Allix, non pas pour prouver qu'ils ne la croient pas, car il avoue le contraire, mais pour tâcher de persuader qu'ils ne la croient pas ainsi qu'elle est reçue parmi nous. Mais quels sont ces auteurs, sinon des hommes qui n'avaient pas la moindre connaissance de l'antiquité ecclésiastique, ni de l'église grecque, encore moins des églises orientales ; qui ont témérairement condamné ce qu'ils n'entendaient point, et qui ont été copiés par d'autres qui n'en savaient pas plus qu'eux ? Il n'y a présentement aucun théologien qui voulût attribuer aux Grecs tout ce que Ratramne, Énée, évêque de Paris, Anselme d'Aversberg, Humbert et d'autres qui ont écrit contre eux depuis le commencement des schismes, leur ont reproché, comme on reconnaît aisément la fausseté de plusieurs accusations contre les Latins, dont les livres des Grecs sont remplis depuis le temps de Photius.

Ceux qui ont fait des dénombrements d'hérésies sont encore moins recevables, comme Alfonse de Castro, Prateolus, Guy-le-Carme, Caucus, même Sixte de Sienne, et Possevin. On voit qu'ils sont tous les jours réfutés par nos théologiens, et indépendamment de ce jugement qui néanmoins est d'un grand poids, la fausseté de la plupart des articles dont ils accusent les Orientaux dans la foi ou dans la discipline, se reconnaît assez par les Liturgies, par les Rituels, et par tous les autres livres autorisés par l'usage de toutes les églises, par la discipline et par les témoignages de leurs théologiens, comme nous espérons le faire voir dans la suite.

CHAPITRE IV.

Première preuve du consentement général des Grecs et des Orientaux touchant la doctrine de la présence réelle, tirée de la manière dont ils ont entendu les paroles de Jésus-Christ : Ceci est mon corps, ceci est mon sang.

Les paroles par lesquelles notre Sauveur Jésus-

Christ assura très-clairement à ses apôtres qu'il leur donnait sa chair et son sang dans la cène où il institua le sacrement de l'Eucharistie, avaient été précédées d'une instruction contenue dans le sixième chapitre de S. Jean, par laquelle il les préparait à ce grand mystère, et leur en découvrait les premières vérités. Ce discours scandalisa plusieurs de ses disciples qui le trouvèrent insupportable, de sorte qu'ils abandonnèrent leur divin Maître. Il dit à ses apôtres et aux autres qui demeurèrent fermes dans la soumission à sa doctrine : *Cela vous scandalise, voulez-vous aussi me quitter ?* S. Pierre répond au nom de tous : *Seigneur, à qui nous adresserons-nous ? vous avez les paroles de la vie éternelle ; et nous avons cru, et nous savons que vous êtes le Christ Fils de Dieu.*

Ce qui arriva dans la naissance de l'Église était la figure de ce qu'elle a vu dans les derniers temps. Les paroles de Jésus-Christ ont paru dures et incroyables à Bérenger et à ceux qui l'ont imité dans la suite ; ils se sont séparés de l'Église, comme ces premiers disciples se séparèrent de Jésus-Christ et cessèrent de l'écouter et de le croire. S. Pierre, au nom de tous les fidèles, dont il devait être le chef et le maître, croit et demeure ferme dans la foi ; non pas que ce qui paraissait incompréhensible aux autres n'eût pas pour lui les mêmes difficultés, mais parce qu'ayant une fois cru que Jésus-Christ était fils de Dieu, et qu'il avait les paroles de la vie éternelle, c'est-à-dire qu'il était la vérité même, qui ne pouvait se tromper ni tromper les autres, il captivait ses sens et sa raison pour les soumettre à la foi. Tout ce que nous venons de dire est répandu dans les écrits des théologiens orientaux, aussi bien que dans ceux des Grecs modernes. C'est aussi ce que l'Église catholique a pratiqué à l'imitation de S. Pierre et des autres apôtres; toutes les difficultés qui ont servi de prétexte aux protestants pour abandonner l'Église étaient connues aux anciens chrétiens et aux saints Pères; et les Orientaux les connaissent de même; mais parce qu'ils avaient une fois cru que Jésus-Christ avait les paroles de la vie éternelle, et que l'Église, son épouse, en était la fidèle dépositaire, ils n'ont pas moins cru ce mystère que tant d'autres qui sont également incompréhensibles. Les protestants ont bien mauvaise opinion de la capacité des anciens Pères, s'ils croient que tous les passages de l'Écriture sainte, dont on se sert dans la réforme pour exclure le sens littéral des paroles de Jésus-Christ, ne leur aient pas été connus. Il a dit qu'il était *la porte*, qu'il était *la vigne* ; personne n'a jamais été scandalisé de ces expressions. Pourquoi donc lorsqu'il dit qu'il était *le pain descendu du ciel, et qui donnait la vie au monde*, que *sa chair était une véritable nourriture, et que son sang était véritablement une boisson*, quelques disciples furent scandalisés jusqu'à l'abandonner, sinon parce qu'ils comprenaient qu'il parlait à la lettre, et non pas selon un sens figuré ? Aucun protestant n'aurait été frappé de ces termes durs, et il n'aurait pas dit comme S. Pierre :

Seigneur, je demeure, non pas parce que je crois que vous êtes le Fils de Dieu, et par conséquent que rien ne vous est impossible, mais parce que je sais bien que vous parlez dans un sens figuré, et que je comprends bien que le pain est votre corps dans le nouveau Testament, comme la victime pascale l'avait été dans l'ancien ; car c'est ainsi que Lightfoot a osé expliquer les paroles de Jésus-Christ.

Les Grecs anciens et modernes se sont assez expliqués sur le sens de ces paroles, en sorte qu'il n'est pas nécessaire de rapporter un grand nombre de passages cités par nos théologiens, et que les auteurs de *la Perpétuité de la foi* ont mis à couvert de toutes les fausses interprétations d'Aubertin et de M. Claude. On reconnaît par la simple lecture de ces passages que les Pères combattaient tout ce que les protestants font valoir comme la clé de toute la théologie sur l'Eucharistie. L'opposition des sens et de la raison et l'impossibilité d'un tel changement sont autant d'objections contre lesquelles ils fortifient la foi des chrétiens, sans autre raisonnement, sinon qu'il faut croire ce que Jésus-Christ a dit, quoiqu'on ne puisse le comprendre, et qu'il n'appartient pas à l'homme de mesurer la toute-puissance de Dieu à la faiblesse de nos courtes lumières. C'est aussi ce que Gennadius dit dans son homélie.

On ne trouvera pas que les Pères se servent des passages parallèles de l'Écriture-Sainte pour établir le sens figuré, puisqu'ils l'excluent par les termes les plus significatifs et les moins sujets à équivoque. Enfin ce qui est raison dans la théologie des protestants, est objection dans celle des Pères et dans celle des catholiques ; et on sait assez que si on excepte un fort petit nombre de passages écartés, qui ont rapport à des questions fort différentes de celle de l'Eucharistie, tous les autres tirés des catéchèses, des homélies, des commentaires sur l'Écriture, et des traités faits pour l'instruction commune des fidèles, conduisent si naturellement au sens littéral, que ce sont autant d'objections pour les protestants ou plutôt pour les calvinistes ; car les théologiens de la Confession d'Augsbourg ne reçoivent pas plus les commentaires d'Aubertin sur la plupart de ces passages que les catholiques.

Les Orientaux, particulièrement les Syriens, par l'analogie de leurs langues très-conformes à l'hébraïque, étaient capables de mieux connaître la distinction des expressions figurées et des littérales, que n'ont pu faire des hébraïsants de Suisse et de Genève, avec le secours des dictionnaires et des concordances. On ne trouvera pas néanmoins qu'aucun Syrien ait entendu les paroles de Jésus-Christ autrement que dans le sens littéral, de même que les passages des Pères qui le confirmaient, à l'exclusion du sens figuré. C'est ce que nous allons faire voir par les passages de plusieurs auteurs.

Un des plus anciens est Vincent, évêque de Keft ou de Coptos, ville de Thébaïde, qu'on croit avoir vécu avant la conquête de l'Égypte, et dont la mémoire se trouve dans les calendriers de l'église cophte et dans celui des Éthiopiens. On trouve un opuscule de lui qui a pour titre : *Testament*, et dans lequel il renferme une confession de foi suivant la créance des jacobites. En parlant de l'Eucharistie, il dit qu'*elle est le corps et le sang de Jésus-Christ, selon qu'il l'a lui-même assuré. Celui qui osera dire que le pain et le vin qui sont offerts sur l'autel ne sont pas le corps et le sang du Verbe de Dieu, qu'il a pris de la Vierge Marie, que cet homme soit en ce monde rejeté de la communion des chrétiens, comme dans l'autre il ne trouvera aucun repos, étant précipité dans l'enfer à toute éternité.*

Denis Barsalibi, métropolitain d'Amid : *Puisque Jésus-Christ a appelé le pain de l'Eucharistie son corps, qui est-ce qui ne le croira pas fermement, aussi bien que du vin qu'il a appelé son sang?* Dans son commentaire sur les Évangiles, il explique tous les passages du chapitre 6 de S. Jean selon le sens de la présence réelle ; et la substance de ce qu'il enseigne fort au long se réduit à ceci : que *Jésus-Christ est le pain véritable, parce que dans la communion il est la nourriture de nos âmes, et qu'il sanctifie même nos corps; que quand il a dit :* « *Je suis le pain qui est descendu du ciel,* » *il a signifié sa nature divine, qui, s'étant unie intimement à la nature humaine prise de la sainte Vierge, est devenue ce pain céleste qui donne la vie au monde. C'est pourquoi,* ajoute-t-il, *on doit entendre que le Fils de l'homme, dont nous mangeons le corps, est le Fils de Dieu fait homme, et non pas le Fils de l'homme dans lequel Dieu a habité, ou qui soit devenu Fils de Dieu par grâce. La nature, comme on sait, ne nous porte pas, et l'Écriture ne nous exhorte pas à manger la chair ou à boire le sang d'un homme pur et simple. Car comment pourrait-il donner la vie qu'il n'a pas lui-même? C'est donc celui de Dieu même qui s'est fait homme.*

Isa, fils de Zaraa, fameux théologien jacobite, dit que *le corps de Jésus-Christ uni à la personne du Verbe divin et à l'âme raisonnable de l'homme, est celui qu'on reçoit dans la sainte Eucharistie, et duquel on doit entendre ces paroles :* « *Je suis le pain vivant descendu du ciel, et qui donne la vie au monde.* »

Sévère, évêque d'Aschmonin, dans ses Questions et Réponses théologiques : *Quelqu'un,* dit-il, *en nous interrogeant sur l'Eucharistie, nous demandera pourquoi et comment on croit parmi les chrétiens que le pain et le vin sont faits le corps et le sang de Jésus-Christ. Il faut répondre que les chrétiens en sont assurés, à cause des paroles par lesquelles il a témoigné que c'était son corps et son sang; et ils reçoivent ces paroles avec autant de raison que toutes les autres par lesquelles il a enseigné, ordonné ou défendu quelque chose..... Leur foi est confirmée par ce que le Père dit de son Fils du haut du ciel :* « *Écoutez-le.* » *Celui donc duquel les paroles sont très-véritables, en sorte qu'il n'est pas permis d'en douter, la nuit qu'il fut livré aux Juifs, prit du pain, le rompit, le bénit et le donna à ses disciples, disant :* « CECI EST MON CORPS *qui est donné pour vous,* » etc. *Enfin il nous a assuré plusieurs fois que ce pain et ce vin étaient son corps et son sang. Ne dites donc pas que c'est une parabole, une histoire ou une métaphore.*

Michel, patriarche jacobite d'Antioche, dans son traité de la préparation à la communion, qui est par manière de dialogue entre le maître et le disciple, propose cette question : *Dans l'Évangile, Jésus-Christ dit :* « *Je suis le pain de vie descendu du ciel;* » *et ailleurs :* « *Ce pain est* MON CORPS, » *comment cela peut-il se faire?* Voici la réponse : *Ce pain ayant été proposé sur le saint autel, est fait véritablement un pain céleste et le corps de Jésus-Christ; c'est-à-dire, le corps vivifiant du Verbe de Dieu, par la descente du S.-Esprit sur lui. Car, à cause de l'union du Verbe divin avec un corps animé d'une âme raisonnable et intelligente, il est appelé le* « *pain descendu du ciel;* » *quoique, selon sa nature, il ne descende pas du ciel, étant un corps consubstantiel à nous autres hommes, qu'il a pris de la Vierge Marie. Mais il est aussi appelé corps céleste à cause du Verbe divin descendu du ciel qui se l'est uni personnellement.*

C'est ainsi que tous les théologiens orientaux orthodoxes ou melchites, jacobites et nestoriens, expliquent les paroles de Jésus-Christ qui ont rapport à l'Eucharistie; et non seulement celles du chapitre 6 de S. Jean, mais toutes les autres qui regardent l'institution du sacrement, excluant toutes sortes d'explications figurées et métaphoriques pour s'attacher uniquement au sens littéral. Ils disent pour toute preuve que nous le devons croire, parce que Jésus-Christ qui est la vérité même l'a dit; qu'il faut soumettre nos sens et notre raison à sa divine autorité en ce mystère, de même qu'en tous les autres ; et ils ne veulent pas qu'on aille plus loin. Mais comme on trouvera dans les passages de leurs théologiens une explication plus étendue de leur créance sur ce mystère, nous ne nous étendrons pas davantage sur cet article, puisqu'il sera assez éclairci par tout ce qui sera rapporté dans la suite.

CHAPITRE V.

Passages des théologiens orientaux, dans lesquels ils expliquent la doctrine de leurs églises, par lesquels on prouve très-clairement que tous ont cru la présence réelle et la transsubstantiation.

Comme le seul dessein qu'on s'est proposé dans cet ouvrage est de chercher la vérité de bonne foi et d'en rendre témoignage au public, nous pouvons assurer que nous avons fait cette recherche avec autant de sincérité que tout chrétien en doit apporter dans une matière aussi sainte et aussi sérieuse. Ainsi ce que nous promettons est de ne rien citer que nous n'ayons lu en original. La plupart des auteurs que nous citerons sont connus par d'autres qui se servent de leurs témoignages, ou par l'histoire de leurs églises ; et nous ne donnerons pas pour preuves des gloses obscures sur des passages qui n'ont aucun rapport à la matière ; c'est cependant tout ce qu'a fait Hottinger, ainsi que divers protestants qui en ont voulu parler.

Sévère, surnommé fils de Mokfa, évêque d'Aschmonin dans la Thébaïde, sera un des premiers dont nous rapporterons les témoignages, à cause de la grande réputation qu'il a eue dans l'église jacobite. Il vivait encore l'an de Jésus-Christ 977, sous le patriarche Ephrem, fils de Zaraa, qui est le soixante-deuxième dans le catalogue des jacobites. Il a fait plusieurs ouvrages théologiques tous fort estimés dans sa secte, de sorte qu'il s'en trouve un grand nombre de manuscrits. Dans celui qui a pour titre : *Confirmation de la foi orthodoxe*, il parle ainsi : *Jésus-Christ a mangé du pain, et il a bu du vin mêlé avec de l'eau comme nous, afin que nous eussions sa chair et son sang, qui en avaient été formés. Lorsque le pain, le vin et l'eau sont offerts sur son autel, et que la grâce du S.-Esprit y descend, il s'unit à eux comme il s'était uni à cette chair et à ce sang par l'Incarnation. Ils deviennent sans aucun doute sa chair et son sang; ainsi il est toujours présent parmi nous, selon sa divinité et selon son corps, de même qu'il était présent avec ses disciples.*

Dans l'*Explication du mystère de l'Incarnation*, après avoir dit que le corps de Jésus-Christ, dans la séparation de son âme, n'avait pas été abandonné de la divinité, il ajoute : *La preuve que le S.-Esprit est demeuré dans son corps après sa mort, se tire de son corps qui est présent parmi nous : car c'est le mystère de sa mort dont il est la représentation, puisqu'il y est mort pour l'amour de nous; il est enveloppé du linge sacré dans le disque ou patène, comme il l'était des suaires dans le sépulcre; son sang est répandu dans le calice, comme il le fut sur le Calvaire lorsqu'il fut percé de la lance. Le Saint-Esprit est avec son corps et avec son sang dans le calice et dans le disque, uni avec l'un et l'autre, afin que nous comprenions qu'il n'a pas abandonné son corps (de Jésus-Christ) ni sur la croix ni dans le sépulcre : car la personne divine du Fils est unie à l'esprit de son corps, sur lequel jamais le S.-Esprit n'a cessé de répandre cette onction divine, à raison de laquelle il est appelé Christ.*

Dans l'*Exposition mystique de la loi*, il dit que l'Église est semblable à l'ancien tabernacle : que celui qui a été baptisé y trouve la manne véritable, c'est-à-dire le corps et le sang de Jésus-Christ; et que comme les enfants d'Israël se nourrissaient de la manne, ainsi les chrétiens se nourrissent de l'Eucharistie, de l'eau et du sang qui coulèrent de son côté lorsqu'il fut percé d'une lance...; que quand le chrétien est régénéré par le baptême, les parrains le reçoivent comme la nourrice reçoit un enfant; qu'on lui donne la ceinture, comme une espèce de maillot (c'est que dans le temps de l'auteur, la ceinture portée dessus les habits était une marque que les chrétiens étaient obligés de porter). Il reçoit l'onction du chrême, comme un enfant nouveau né est frotté d'huile par la sage-femme. Enfin il suce le lait spirituel, c'est-à-dire la chair et le sang de Jésus-Christ, des deux saintes mamelles qui sont la patène et le calice, etc.

Il se propose cette objection, que, si ce n'est pas une représentation, une ressemblance ou une métaphore qu'on doive entendre dans les paroles de Jésus-Christ, il est impossible que son corps et son sang soient dans l'Eucharistie, puisqu'ils seraient consumés il y a longtemps, et devenus tout autre chose que ce qu'on en croit. La réponse est qu'il ne faut pas juger des mystères de la religion selon nos lumières, puisque notre entendement ne les peut comprendre, et que nous pouvons encore moins trouver des paroles pour les expliquer; que ce sont des choses mystérieuses et spirituelles que Jésus-Christ souverainement sage nous a apportées; et que ce n'est pas par des raisonnements philosophiques qu'on les peut entendre. Que quelques-uns des saints docteurs se sont servis de la comparaison de la pierre, dont on tire du feu lorsqu'on en a besoin, sans qu'elle reçoive aucun changement; qu'ainsi le pain et le vin, quand on les consacre au nom de Notre-Seigneur Jésus-Christ, le S.-Esprit descend sur eux, et qu'ils sont faits corps et sang, pour l'utilité d'un grand nombre de ceux qui en les recevant sont purifiés de leurs péchés; mais qu'ils demeurent le véritable corps de Jésus-Christ, qui ne reçoit aucune altération ou diminution; que le pain et le vin par leur nature ne sont pas corps et sang, non plus que le corps et le sang ne sont pas du pain; mais qu'ils le sont par une manière toute secrète, que nos yeux souillés par le péché ne peuvent pas découvrir... Qu'il paraît incompréhensible comment cela peut se faire, puisqu'on célèbre la Liturgie en même temps dans toutes les églises du monde; mais que le S.-Esprit éternel en Dieu remplit tout, et n'est renfermé par aucunes bornes, sa majesté divine et son immensité ne pouvant être comparées à aucune chose créée. Que cependant quelques anciens Pères s'étaient servis de la comparaison du soleil, qui répand partout en un moment sa lumière et sa chaleur, sans recevoir aucune diminution; qu'ainsi dans l'Eucharistie le S.-Esprit descend sur toutes les églises, et fait que toutes les oblations deviennent le corps et le sang de Jésus-Christ.

Dans le traité intitulé : *Explication de la pâque et de l'agneau, et de la manière dont le pain et le vin sont faits le corps et le sang de Jésus-Christ*, il traite fort au long tout ce qui a rapport au mystère de l'Eucharistie. Il dit que les fidèles en le recevant accomplissent ce qui avait été figuré dans la première pâque, frottant la porte et le devant de leurs maisons, c'est-à-dire, leur bouche, du sang de Jésus-Christ, le véritable agneau; que ce signe fait fuir le démon, qui est l'ange exterminateur; que l'agneau est rôti, parce que le pain eucharistique est préparé en le présentant au feu; que les fidèles ont les reins ceints, à cause de la ceinture, marque du christianisme; qu'ils ont leurs bâtons à la main, c'est-à-dire la croix qu'ils portent; des souliers à leurs pieds, en s'abstenant de toute œuvre de concupiscence charnelle, même permise en d'autres temps, comme est l'usage du mariage. Enfin que la mémoire de ce mystère ne se célèbre pas seulement une fois l'an comme celui de l'agneau légal, puisque Jésus-Christ nous ayant délivrés par sa mort, de la servitude du péché et du diable, nous a donné son corps et son sang, afin que nous l'offrissions tous les jours pour nos péchés, et que le voyant enveloppé et étendu sur la patène, nous nous souvinssions qu'il a été enseveli et mis dans le sépulcre pour l'amour de nous; que voyant son sang répandu dans le calice, nous *pensassions qu'il l'avait répandu pour nous, quand il eut le côté percé d'une lance, et que nous lui rendissions grâces de tous ses bienfaits.*

Il dit ensuite ces paroles : *Je vous expliquerai à présent comment le pain levé est fait le corps de Jésus-Christ, et comment le vin mêlé avec de l'eau est fait son sang, afin de faire mieux connaître sa gloire, sa puissance et sa dignité, ainsi que cette vérité certaine que Jésus-Christ est présent avec nous, comme il l'était avec ses disciples. Quand il était revêtu de son corps, ils ne le voyaient pas, comme étant Dieu, Fils de Dieu, lumière de lumière, engendré par le Père avant tous les siècles, qui n'avait ni chair ni sang, qui était invisible, incompréhensible, impalpable, et qu'on ne pouvait connaître par les sens. Le corps qu'il prit de la Vierge était formé de pain, de vin et d'eau,* ce qui est expliqué fort au long, et qui se réduit à ceci, que Jésus-Christ ayant un corps formé de la chair et du sang de la Vierge, il était formé de la matière qui avait servi de nourriture et de boisson à sa sainte Mère ; et qu'il s'en était lui-même nourri, de sorte que le pain et le vin étaient devenus aussi sa chair et son sang, puisqu'il s'était fait semblable à nous en toutes choses excepté le péché. Puis il continue en ces termes : *Lorsqu'il voulut bien opérer notre salut par lui-même, et qu'il était sur le point de monter au ciel avec son corps, il établit un moyen par lequel il pût être toujours avec nous, comme il avait été avec ses disciples. Il nous ordonna donc de prendre du pain, dont sa chair aussi bien que la nôtre avaient été formées ; du vin et de l'eau, matière de son sang et du nôtre ; de les mettre sur son autel, de le prier ensuite par son saint nom qu'il nous a enseigné lui-même, afin qu'il descendît sur eux par son S.-Esprit, par lequel il était descendu sur la chair et le sang de Marie ; qu'il s'y unît comme il s'était uni à ceux-ci, et qu'il fût ainsi véritablement avec nous visible, sensible, palpable, compréhensible, comme il avait été avec eux ; mort pour nous, comme il était mort pour les hommes de ce temps-là ; enveloppé d'un linge et étendu sur la patène, comme il avait été enseveli et mis dans le sépulcre ; son sang étant répandu pour nous dans le calice, de même qu'il l'avait répandu pour nous sur le Calvaire. Lors donc que nous le regardons dans un état si vil et si humble, croyons et confessons sa puissance et sa dignité, de la même manière que le larron crut en lui et reconnut sa souveraine majesté, lorsqu'il le voyait dans l'état de la plus grande faiblesse, afin que nous recevions la rémission des péchés que nous avons commis en si grand nombre ; à cause de la foi que nous avons en lui, même dans cet état d'humiliation et de bassesse ; puisque la même grâce que celle qui fut faite au larron nous est offerte. Confessons-le donc, et lui disons :* « *Souvenez-vous de nous, Seigneur, quand vous serez venu dans votre royaume.* » Il faudrait copier les traités entiers de cet auteur, si on voulait rapporter tout ce qui s'y trouve pour établir la présence réelle.

On trouve dans un manuscrit assez ancien de la Bibliothèque-du-Roi une pièce anonyme, mais considérable, parce qu'elle contient la formule d'une Confession de foi d'un prêtre jacobite nouvellement ordonné, qui s'explique ainsi sur l'Eucharistie. Il manque quelque chose au commencement, et par les dernières paroles il paraît qu'il expliquait le changement suivant le même principe que Sévère a employé, ainsi que la plupart des autres théologiens, et qui est que le corps naturel de Jésus-Christ pris de la sainte Vierge dans le mystère de l'Incarnation, avait été formé et entretenu de pain, de vin et d'eau, qui par la force seule de la nature avaient été unis à sa chair. On trouve ensuite ces paroles : *Ce que nous voyons avec les yeux du corps est du pain et du vin ; mais le regardant avec l'œil de la foi, et faisant attention à la puissance souveraine qui surpasse toute la capacité de notre intelligence, il signifie ce pain de vie descendu du ciel pour la rémission des péchés, qui est désigné par celui-ci.* Ayant parlé de l'institution de l'Eucharistie, et cité les paroles de Jésus-Christ, il poursuit : *C'est sur cela qu'est fondée notre espérance véritable, et la promesse certaine ; puisqu'à l'heure même que le prêtre prend l'oblation entre ses mains, et qu'il l'élève sur le saint autel, aussitôt la grâce de Dieu descend, et son S.-Esprit descend pareillement avec des milliers d'anges invisibles ; et le Verbe éternel consubstantiel à lui s'unit à ce corps qui le signifiait dans le sacrifice ineffable par une union parfaite, qui ne souffre aucune séparation qui le divise de l'essence de sa puissance ; et en même temps il n'y a aucun mélange ; mais c'est un corps qui est tout ensemble subtil ou spirituel, et matériel, éternel et créé de nouveau : véritablement le corps du Fils de Dieu, par lequel nous obtenons la vie éternelle, la grâce et le royaume des cieux.*

Denis Barsalibi, évêque d'Amid, jacobite, qui est mort dans le milieu du douzième siècle, s'est encore expliqué si amplement et si clairement sur la présence réelle, particulièrement dans son commentaire sur l'Évangile de S. Jean, que Boates, savant Anglais, auquel Usher, archevêque d'Armagh, prêta un manuscrit de cet ouvrage, lui écrivit avec étonnement qu'il l'avait trouvé conforme à la doctrine des papistes; marque certaine du peu de connaissance qu'il avait des églises d'Orient.

Dans ses Prolégomènes sur les Évangiles : *Le Verbe de Dieu ayant pris la chair, ou la nature humaine, l'a faite Dieu par l'union, ce qu'elle n'était pas par sa nature : et ainsi on dit du corps (de Jésus-Christ) que nous mangeons, qu'il est né de la Vierge, ce qui est en effet, non pas qu'il soit tel de sa nature, mais par l'union avec le Verbe de Dieu.*

Dans le commentaire sur le sixième chapitre de S. Jean : *Les sacrés mystères sont appelés le corps et le sang de Jésus-Christ, parce qu'ils ne sont pas ce qu'ils paraissent ; c'est-à-dire, du pain et du vin : mais comme Jésus-Christ paraissait à l'extérieur n'être qu'un homme, et que néanmoins il était Dieu, ainsi les mystères ne paraissent être à nos yeux que du pain et du vin : ils sont néanmoins le corps et le sang de Jésus-Christ. Car le S.-Esprit descend sur les mystères, et les fait* corps et sang en les créant, de même qu'il se fit à l'égard de la sainte Vierge, dans laquelle le S.-Esprit forma le corps du Fils, qui néanmoins seul s'incarna. Il répète les mêmes paroles dans son commentaire sur la Liturgie de S. Jacques, chapitre 13, et il y ajoute : *De même sur l'autel qui représente le sein de la sainte Vierge et le sépulcre, le S.-Esprit descend, et change le pain et le vin en les faisant le corps et le sang du Verbe.*

Le même auteur, dans un traité particulier sur le jeudi-saint, ou *sur l'institution de l'Eucharistie*, rapporte fort au long la même doctrine et les passages de l'Écriture qui y ont rapport, qu'il explique tous à la lettre en excluant le sens figuré et la métaphore. Ensuite dans le chapitre 11 il dit ces paroles : *Comment Jésus-Christ a-t-il appelé son corps le pain qu'il prit entre ses mains ? car son corps est une chair animée, qui a une âme raisonnable. Nous répondons que la puissance du S.-Esprit, qui étant descendu sur la sainte Vierge la sanctifia et la purifia, et qui forma en elle et sanctifia le corps de Jésus-Christ, et le fit le corps du Verbe de Dieu ; le même S.-Esprit descend aujourd'hui encore sur les pains qu'on met sur l'autel ; il les consacre, il les perfectionne, et il les fait le corps du Verbe divin. Puisqu'il a donc dit lui-même que c'était son corps, qui ne le croira pas fermement ?*

Les traités dont nous avons jusqu'à présent rapporté des extraits sont écrits en langue syriaque ; nous en trouvons un autre du même auteur écrit en arabe, touchant divers rites de l'Église. Il y exhorte à la modestie dans les églises, particulièrement dans le temps de la communion ; parce que, dit-il, *Notre-Seigneur, Créateur du ciel et de la terre, est exposé devant nous immolé pour nos péchés. Comment donc ne craindrons-nous pas, et comment ne serons-nous pas saisis de terreur et de tremblement, lorsque nous recevons dans nos mains celui de la majesté duquel les anges sont épouvantés ; que nous, malheureux pécheurs, recevons celui que les anges désirent de voir, et ne le peuvent ; que nous le prenons en nourriture, que nous le mêlons ainsi avec nos corps impurs, et le portons avec nous ? Que devons-nous donc faire, nous autres pécheurs, sinon de craindre cette majesté, de nous en approcher avec respect, l'adorant, prosternés le visage en terre devant celui qui est descendu du ciel pour nous sanctifier par sa sainteté, pour effacer nos péchés, nous purifier et nous donner la pureté ? O mes chers frères, combien est grande la dignité de ce temps auquel on célèbre la Liturgie, puisque le Seigneur du ciel et de la terre descend à nous pour se joindre à nous, pour mêler son corps avec les nôtres, et nous rendre dieux comme lui en quelque manière !*

Pour ne pas nous étendre davantage, en rapportant de plus amples extraits de cet auteur, qui pourraient seuls faire un juste volume, nous ajouterons seulement une preuve qui paraît bien claire et bien certaine de la persuasion qu'il avait que la consécration des éléments du pain et du vin, qu'il explique comme tous les autres théologiens orientaux par la descente ou l'*illapsus*, ἐπιφοίτησις, du S.-Esprit, consistait en une sanctification permanente de la matière, indépendamment de la foi des communiants et de l'usage du sacrement. C'est la question qu'il fait dans son commentaire sur les Évangiles, et dans le traité sur le jeudi-saint, *si Jésus-Christ donna son corps et son sang à Judas*. Il rapporte sur cela diverses opinions : *Quelques anciens ont cru,* dit-il, *que le morceau que Jésus-Christ lui donna n'était pas l'Eucharistie ; d'autres qu'en le trempant il avait ôté la consécration ; d'autres qu'il l'avait ôtée par un nouveau miracle, et d'une manière que nous ne connaissons point ;* et c'est cette opinion qu'il préfère. S'il eût été dans les principes des protestants, cette difficulté aurait été bientôt éclaircie, et il n'aurait point fallu un nouveau miracle, comme le supposaient quelques autres théologiens orientaux à l'égard de l'Eucharistie reçue par les infidèles, de quoi nous parlerons en son lieu.

Echmimi, auteur jacobite égyptien, dont jusqu'à présent nous n'avons pu bien connaître l'âge, mais qui ne peut être plus récent que le onzième ou le douzième siècle, a fait une Collection de canons par lieux communs qui est très-estimable. Dans le chapitre 14, qui est de l'Eucharistie, après avoir rapporté les paroles de son institution, et les avoir expliquées, comme ont fait tous les autres canonistes et théologiens, selon le sens simple et littéral, il fait une question touchant les particules consacrées, pour demander s'il y a de la différence entre les grandes et les petites, et il répond ainsi : *Il est certain, et tous les chrétiens en sont persuadés fermement, que l'Eucharistie étant consacrée par le ministère d'un prêtre orthodoxe, est faite le corps de Notre-Seigneur Jésus-Christ, conformément à la vérité de ces paroles qu'il a dites : Ceci est mon corps, ceci est mon sang. Il n'y a donc sur ce sujet aucune différence entre les particules, grandes ou petites ; car une particule de ce saint corps, tant petite qu'elle pût être, et même quand on pourrait à peine la distinguer avec les yeux, est d'une aussi grande dignité et aussi précieuse que la plus grande, puisque Jésus-Christ y est uni, par une union intime, de même qu'à l'autre plus grande.*

Jean Abuzacharia, surnommé Abusebah, dans son traité de la Science ecclésiastique, chapitre 83, explique la cérémonie de la fraction de l'Eucharistie, après laquelle on récite l'oraison Dominicale, et finit par ces paroles : *Reconnaissez la dignité de votre état dans ce temps-là. Le Fils unique de Dieu repose dans le sanctuaire ; vous êtes présent, et vous invoquez son Père céleste, en disant l'oraison Dominicale. Sachez qu'en la disant vous entrez dans la participation de sa qualité de Fils, que vous entrez aussitôt dans une véritable union avec lui, puisque vous le recevez dans votre corps, et que sa divinité est unie à votre âme.*

Dans un traité ancien de la préparation à la communion qui se trouve en plusieurs manuscrits : *Le S.-Esprit descend et repose sur l'Eucharistie dans laquelle Jésus-Christ nous est donné, mais caché à nos yeux, et de la manière qu'on le voyait dans le corps pris de la* sainte Vierge Marie ; c'est-à-dire, comme d'autres l'ont expliqué plus nettement, qu'*on ne voyait que l'homme, qui néanmoins était Dieu.*

On trouve la même pensée dans un autre traité sur cette matière, et qui n'est pas de moindre antiquité. *Dieu nous a préparé une voie facile pour notre salut, dans l'Eucharistie, qui est le corps du Seigneur, mais qui n'est ainsi appelée que quand la divinité du Seigneur y est unie ; car les mystères spirituels que le S.-Esprit produit dans l'Eucharistie sont cachés à nos yeux, de même que le monde ne pouvait voir le Seigneur, sinon caché sous le corps qu'il avait pris de la Vierge Marie.*

Dans l'ouvrage par lequel Abraham Échellensis a réfuté le livre de Selden intitulé : *Origines ecclesiæ Alexandrinæ*, et quelques dissertations de Hottinger, il cite divers passages d'auteurs orientaux sur l'Eucharistie, et entre autres un des religieux égyptiens, qui se trouve sans titre en plusieurs manuscrits, et dont l'autorité ne peut être suspecte. Voici les paroles : *L'Église chrétienne croit que la sainte Eucharistie est le corps et le sang précieux de Notre-Seigneur Jésus-Christ, ce sang qu'il a répandu pour la vie du monde, et pour la rémission des péchés. La preuve de cette créance est tirée de ce qu'il a dit lorsque, célébrant la pâque avec ses disciples, il prit du pain, le bénit, le rompit et le leur donna en disant :* Prenez et mangez, ceci est mon corps, etc. *Chaque fidèle qui reçoit les saints mystères doit donc croire sincèrement dans le fond de son cœur et confesser de bouche que ce qu'il reçoit dans la communion a été fait le corps de Notre-Seigneur Jésus-Christ et son sang précieux, par la consécration du prêtre, par les prières, par l'avénement du S.-Esprit et par la puissance divine ; et que la même main qui, dans la nuit de la dernière cène, a sanctifié ou consacré les mystères, est celle qui consacre encore le sacrement, et qui le lui communique.... Tout se fait par une merveille incompréhensible, parce que c'est l'ouvrage de la puissance divine, qui ne trouve aucun obstacle..... Et le S.-Esprit qui a formé le saint corps dans le sein de la Vierge, de son sang et de sa substance, dont la première matière avait pour principe du pain et du vin mêlé avec de l'eau, et qui l'a sanctifié, est le même qui fait ce pain et ce calice le corps et le sang pur de Notre-Seigneur.*

CHAPITRE VI.

Continuation des mêmes preuves tirées des témoignages des théologiens orientaux.

Quoique nous ayons encore à citer plusieurs auteurs jacobites, nous rapporterons ici, à cause de l'antiquité, le témoignage d'un nestorien fort considérable dans sa secte, qui était Élie, élu l'an 1100 de Jésus-Christ, catholique ou patriarche de Babylone, et non pas d'Antioche, comme a cru Golius. Élie avait été métropolitain de Jérusalem, puis de Nisibe, avant que d'être élu catholique. Cette gradation paraît extraordinaire, et elle est fort contraire à la discipline des autres églises, qui, suivant l'ancienne disposition du concile de Nicée, honorent le siége de Jérusalem, et lui donnent le rang après les premières églises patriarcales, quoique les jacobites ne paraissent pas l'avoir observée. Mais les nestoriens ont non seulement renversé l'ancienne discipline par l'autorité qu'ils ont attribuée contre toutes les règles à leur catholique, soumis dans son origine aux patriarches d'Antioche, et par les translations qui n'ont jamais ailleurs été si fréquentes, mais aussi par les rangs qu'ils ont donnés à leurs métropoles, car Jérusalem était la vingt-deuxième. On fait cette remarque afin de prévenir les critiques qui se pourraient faire sur cet auteur ; car on trouve des ouvrages de lui sous trois différents titres. Il composa celui dont on va produire un extrait lorsqu'il était métropolitain de Jérusalem ; et c'est une exposition abrégée de la religion chrétienne selon la créance des nestoriens. Au chapitre 12, qui est *de l'Eucharistie*, il parle de cette manière :

Le second précepte qui a été proposé aux chrétiens est l'Eucharistie, qui est un ministère sacré de religion, dans lequel, par le moyen des choses corporelles, les plus petits s'approchent du très-grand, et les faibles de celui qui est puissant, avec l'espérance d'obtenir la rémission de leurs péchés et tout ce qu'ils demandent. Les anciens offraient dans leurs sacrifices des animaux et le sang des victimes. Mais l'Évangile nous apprend que, parmi les chrétiens, le Verbe divin s'étant manifesté dans l'humanité qu'il prit de Marie, avait établi son corps pour être le sacrifice qui devait être offert à son Père pour la vie du monde. C'est pourquoi Jean, fils de Zacharie, dit : « Voici l'Agneau de Dieu qui ôte les péchés « du monde. » *L'Évangile enseigne aussi par des paroles très-claires que son sang a été répandu pour confirmer le nouveau Testament, pour la rémission des péchés de plusieurs, en disant :* « Dieu a tant aimé le « monde, qu'il a donné son Fils unique, qui a été fait « une offrande ou un sacrifice vivant, spirituel, que « Dieu recevrait pour l'expiation de tous les siècles. » *Mais comme il était impossible de réitérer ce divin sacrifice en la manière et en la forme selon laquelle il avait été offert sur la croix pour le salut de tout le monde, Dieu, par une très-grande bonté envers le genre humain, leur a accordé qu'au lieu de la loi des sacrifices par l'immolation des animaux, il s'en établit un autre beaucoup plus excellent. C'est pourquoi, la nuit qu'il avait résolu de se livrer pour la rédemption et le salut de tout le monde, afin de confirmer la certitude de la résurrection et la vérité des promesses de la béatitude éternelle, selon ce que dit le saint Évangile, il prit du pain entre ses mains pures et saintes, il le bénit, le rompit et le donna à ses disciples, et leur dit :* « Ceci est mon « corps, qui est brisé pour la vie du monde et pour la « rémission des péchés. » *Ensuite ayant mêlé du vin et de l'eau dans le calice, il rendit grâces dessus, et dit :* « Ceci est mon sang *du nouveau Testament, qui est ré-* « pandu pour plusieurs, etc. ; prenez-les donc tous, « mangez de ce pain et buvez de ce calice, et faites ainsi « lorsque vous vous assemblerez pour célébrer ma mé- « moire. » *Ces paroles saintes sont le ferme appui de la* foi de ceux qui les reçoivent, qui purifient leur conscience et qui leur procurent le salut. Nous célébrons ce mystère par le secours de la puissance du Saint-Esprit qui nous accompagne, et (les dons) sont changés de leur première nature, et sont faits, le pain, le corps saint de Jésus-Christ ; le vin, son sang précieux, qui nous procurent la rémission de nos péchés, la pureté et la sainteté, la lumière et la fermeté de l'espérance de la résurrection, l'héritage du royaume des cieux, la vie éternelle et les délices véritables. Toutes les fois que nous approchons de ces mystères, nous allons au-devant de Notre-Seigneur Jésus-Christ ; nous le portons sur nos mains ; nous lui donnons un baiser, et par la communion que nous recevons nous sommes unis à lui par un mélange de son corps avec les nôtres, et de son sang avec le nôtre ; car il a dit : « Celui qui mange mon corps et qui boit « mon sang est uni à moi, et je suis uni à lui. Il ne « viendra pas au jugement, mais il sera transféré de la « mort à la vie, à la félicité éternelle, » pourvu qu'il ait une ferme foi, et une créance ou assurance certaine que ces deux choses, c'est-à-dire le pain et le vin consacrés, et la nature humaine qui est dans le ciel, sont un selon la gloire et la puissance. Lorsque Jésus-Christ abolit la loi des sacrifices anciens, et ce qu'ils pouvaient avoir de propre à sanctifier par l'effusion du sang des animaux et par tout ce qui s'y pratiquait, il institua un sacrifice pur de pain de froment, et de vin naturel, à cause que c'est la nourriture ordinaire des hommes, qui soutient leurs corps comme l'aliment le plus nécessaire, qui se trouve facilement, et qui se change en un moment en la nature du corps et du sang. Melchisédech, grand-prêtre, qui avait deux surnoms, celui de Roi des justes, et de Roi de la paix, qui bâtit la ville de Jérusalem, qui pria pour Abraham notre père, et le bénit, avait établi que le sacrifice qu'il offrait à Dieu consistait en une offrande pure de pain et de vin, ayant en cela quelque ressemblance avec Jésus-Christ. On ne peut pas raisonnablement contester tout ce qui a été dit ci-dessus, puisque Jésus-Christ l'a témoigné à ses disciples, que le raisonnement et l'autorité de l'Écriture sainte, et d'autres preuves confirment que telle est la créance que nous devons avoir sur le baptême et sur l'Eucharistie, fondée sur la certitude de la vérité de l'Évangile, dans lequel est la lumière et la règle de notre conduite ; et il n'est pas nécessaire de répéter sur cela ce que nous avons déjà dit ; et ce que ces passages contiennent est tel, qu'il n'est permis à aucun chrétien d'en douter, ni de s'en écarter en aucune manière.

On peut juger par ce passage, que nous avons rapporté un peu au long, avec quel fondement quelques savants protestants ont avancé depuis peu que les nestoriens ne croyaient pas la présence réelle. A l'égard d'autres livres théologiques, comme il y a fort peu de nestoriens, nous n'en citerons pas davantage, quoique nous ayons une ample explication du mystère de l'Eucharistie par Amrou, fils de Matai ; mais comme elle ne contient rien de particulier, et seulement l'explication littérale de tous les passages qui signifient la présence réelle, il n'a pas paru nécessaire

de l'insérer après une explication aussi exacte que celle d'Élie.

Parmi les pièces les plus authentiques, les Orientaux mettent diverses formules d'homélies pour le peuple, et d'exhortations que les évêques font aux prêtres et aux diacres après l'ordination. Il s'en trouve plusieurs dans les manuscrits, et le P. Morin en a inséré quelques-unes avec le rit des ordinations des Cophtes, traduits par le P. Kircher, ou plutôt par quelque ignorant maronite sur des manuscrits du Vatican, mais si mal et si peu intelligiblement, que très-souvent la traduction a donné des sens entièrement contraires à l'original. Les extraits que nous donnerons seront très-fidèles.

L'auteur jacobite du traité de la Science ecclésiastique rapporte dans le chapitre[1] 84 de son ouvrage une exhortation propre à être faite aux communiants. C'est à vous, dit-il, que j'adresse ces paroles, vous qui êtes du peuple choisi de Dieu, que nous devons louer, glorifier et bénir pour toutes les grâces qu'il nous a faites. Il a dit dans l'Écriture que « la vérité du Seigneur demeurait éternellement ; » sachez donc que cette vérité du Seigneur est son corps saint, et son sang pur et précieux que voilà. Car il a prononcé de sa sainte bouche que son corps était véritablement une nourriture, et son sang, une boisson. C'est là cette vérité qui subsiste éternellement, et de laquelle David a parlé par avance. Car le Seigneur a ajouté à ces premières paroles : Celui qui me mange vivra à cause de moi : Je suis le pain descendu du ciel, celui qui en mangera vivra éternellement. David a dit de plus : Goûtez et voyez que le Seigneur est doux, confirmant par ces paroles que le Seigneur, lorsqu'il est vu et mangé, est doux à ceux qui le goûtent. Or comment cela peut-il se faire, et comment le peut-on goûter et le recevoir comme nourriture, si ce n'est celle de laquelle Jésus-Christ a dit : « Mon corps est véritablement nourriture, et mon sang est véritablement breuvage ? » Puisqu'il nous a donc ordonné de manger son corps et de boire son sang, et que par ce moyen nous pouvons parvenir à la vie éternelle, à quoi pensons-nous, quand par négligence nous nous abstenons de manger son corps et de boire son sang, ce qui ferait que nous demeurerions en lui, et qu'il demeurerait en nous, selon sa promesse. Sachez donc, enfants de l'Église chrétienne, établis sur la pierre de la foi orthodoxe que vous avez en lui, que quiconque mange de ce pain qui a été fait chair par le ministère de moi misérable, et qui boit de ce calice qui a été fait sang par la descente du Saint-Esprit sur lui, et le changement par lequel il a été transféré de la NATURE DU VIN EN LA SUBSTANCE DU SANG DE JÉSUS-CHRIST, et qui les reçoit dignement, il demeure en Jésus-Christ, et Jésus-Christ demeure en lui.

Il dit ensuite qu'il faut croire fermement que l'Eucharistie, qui dans le temps qu'il parle était sur l'autel, est le corps de Notre-Seigneur Jésus-Christ, le même qui fut mis d'abord dans la crèche, ensuite sur la croix, puis dans le sépulcre ; enfin qui étant élevé au ciel, est assis sur le trône de gloire.... Que c'est Jésus-

Christ présent, l'Agneau immolé pour les péchés du monde et pour le salut des hommes ; créateur de tout ce qui est dans le monde supérieur et inférieur. Enfin il est, dit-il, devant moi, entre mes mains, de moi pécheur indigne de l'ordre sacerdotal, immolé, sacrifié, partagé par sa clémence et sa miséricorde ; et son sang est versé dans la bouche de ceux qui approchent, et reçoivent la communion.

Dans une autre exhortation attribuée à S. Ignace, martyr, mais qui paraît être de quelque patriarche d'Antioche plus moderne : *Il ne faut pas qu'un prêtre souillé de quelque manière que ce soit offre l'Eucharistie, ou la distribue aux autres, ni même qu'il approche de la sainte église : car il ne convient pas qu'en cet état il touche ce saint corps avec des mains impures, ni qu'il les trempe dans le sang du Seigneur.*

On trouve différentes formules d'exhortations pour les nouveaux prêtres, et une des plus considérables est rapportée par Abulbircat, où on lit entre autres choses : *Vous aurez le corps de leur Créateur* (il était parlé des chrétiens) *entre vos mains ; vous le manierez, vous le toucherez avec vos doigts, et vous le diviserez ; vous répandrez son sang, et vous le distribuerez aux assistants. Conservez donc votre âme et votre corps dans une grande pureté.*

Un des livres qui fournit en plus grand nombre des témoignages de la créance des Orientaux sur la présence réelle est un recueil d'homélies pour les fêtes et dimanches suivant le rit cophte. Dans la première, dont le texte est pris de l'Épître de S. Jacques, après avoir expliqué ce qui est dit de la puissance de la prière, et prouvé par l'exemple du prophète Élie, l'auteur continue en ces termes : *Donc, puisque la prière d'Élie, qui était un serviteur, et non pas le Fils, a été si puissante, celle du prêtre, vicaire de Jésus-Christ, est aussi exaucée lorsqu'il fait sa prière sur le pain et sur le vin, afin que la divinité s'y unisse, de même que lorsqu'il s'est incarné de la chair et du sang de la Vierge Marie... Purifiez-vous donc afin de pouvoir participer à cette nourriture et à cette boisson qui se reçoit dans son sacrifice, afin qu'on sache certainement que vous croyez sans aucun doute que sa divinité est unie au pain et au vin. Celui qui dit : Je crois que ce pain et ce vin sont le corps et le sang de Jésus-Christ unis à sa divinité, et qui par la pureté de ses mœurs n'est pas toujours prêt à le recevoir par la communion, est un menteur, quand il assure qu'il a cette foi... La divinité invisible est unie au pain et au vin, de même qu'elle a été unie à son humanité qu'elle a prise de la Vierge Marie.*

Dans l'homélie sur le commencement de l'Évangile de S. Luc, après avoir dit que le S.-Esprit avait formé dans la sainte Vierge l'humanité que prit le Verbe dans le mystère de l'Incarnation, voici ce qui suit : *C'est de cette même manière que le Fils, Verbe de Dieu, s'unit au pain et au vin, les faisant son corps et son sang, de sorte néanmoins que le Saint-Esprit précède, descendant dessus et les sanctifiant, comme il avait fait dans le premier instant de l'Incarnation : car le prêtre prie pour demander la descente du Saint-Esprit sur le pain et sur le vin, afin qu'il les sanctifie, et lorsqu'il les a sanctifiés, alors le Fils s'unit à eux, et ils sont faits son corps et son sang par son union avec eux.*

Dans l'homélie sur le cantique de Zacharie, l'auteur cite ces paroles : *Illuminare iis qui in tenebris et in umbrâ mortis sedent*, etc., c'est-à-dire, que tous les jours il renaisse pour nous, incarné dans le disque ou dans la patène eucharistique, et dans le calice.

Dans une autre sur ces paroles de la première Épître de S. Jean : *Ipse prior dilexit nos* : Il est, dit-il, certain par ces paroles, que Dieu habite dans le chrétien, et le chrétien en Dieu, à cause qu'il confesse que Jésus est le Fils de Dieu ; car sans la descente et l'inhabitation de l'Esprit de Dieu dans l'homme, il ne peut pas confesser de l'humanité visible, qu'elle soit le Fils de Dieu vivant. Celui qui croit que l'homme né de Marie est le Fils de Dieu, le croit par le Saint-Esprit qui lui donne la force pour le croire. De même celui qui voit du pain dans le disque eucharistique, et du vin dans le calice, et qui croit que ce qu'il voit est le corps et le sang du Fils de Dieu vivant, le croit par le Saint-Esprit qui lui donne la force de le croire.

Dans l'homélie sur le sixième chapitre de S. Jean : *Il nous a accordé par sa bonté que nous pussions manger du fruit de l'arbre de vie, qui est son corps dans lequel il a souffert la mort pour nous, et son sang qu'il a répandu pour nous, et qu'il nous a donné pour nourriture et pour boisson, afin de nous procurer la vie éternelle. Car lorsqu'il s'est incarné, il a pris un corps de notre chair et de notre sang ; il a bu et mangé ce qui sert ordinairement à notre nourriture, et ce qui forme notre chair et notre sang ; c'est-à-dire notre nourriture et notre boisson ordinaire. Il a voulu ainsi que nous fussions assurés que sa chair et son sang, qui sont demeurés parmi nous, étaient de nous ; c'est-à-dire de nos aliments ordinaires. Ainsi il a eu la bonté de se manifester toujours à nous, incarné et uni à notre nourriture et à notre boisson, c'est à savoir au pain et au vin mêlé d'eau, auxquels il s'unit par sa divinité vivifiante, afin que lorsque nous croyons qu'il y est véritablement uni, quoique nous ne le voyions pas, parce qu'il est invisible, nous acquérions la vie éternelle ; et c'est par cette raison qu'il a dit : « Heureux celui qui ne voit pas, et qui croit néanmoins ! »*

Je suis, dit-il, *le pain de vie et céleste, et le Père m'a donné à vous, afin que vous me mangiez et que vous viviez parce que je suis le pain de vie... Je suis le pain qui est descendu du ciel ; c'est-à-dire, qui en descend toujours, étant tous les jours parmi nous par l'union de sa divinité céleste avec notre pain dans toutes les Liturgies.*

Dans une homélie sur l'Épître aux Hébreux, après avoir expliqué les significations mystiques de l'arche d'alliance, il dit : *L'arche était une, composée d'or et d'un bois incorruptible ; Jésus-Christ est un, Fils de Dieu et de la Vierge Marie, ayant la divinité sainte et l'humanité pure. Au lieu des deux tables de l'ancien Testament qui étaient dans l'arche pour servir de témoignage aux enfants d'Israël, Jésus-Christ nous a donné son corps et son sang, en témoignage de la mort qu'il a* soufferte pour nos péchés. Nous voyons son véritable corps étendu dans le disque eucharistique, de même qu'il avait été mis dans le sépulcre, et son sang répandu dans le calice, comme il l'avait répandu pour nos péchés sur la croix.

Il est dit dans l'homélie suivante que *dans le baptême nous avons été instruits de la foi que nous devons avoir de la sainte Trinité et du mystère de l'Incarnation, duquel nous devons croire que le Fils qui est une des trois personnes divines, est Dieu fait homme, un seul Seigneur et un seul Dieu dans sa divinité et dans son humanité, en sorte que l'humanité visible est véritablement le Fils de Dieu, éternel et invisible*... Que l'apôtre S. Jean *nous avertit de ne nous pas laisser séduire par ceux qui nous voudraient détourner de cette créance, qu'il appelle de faux chrétiens, et avec raison, puisqu'ils ne reconnaissent pas que Dieu a pris un corps, dans lequel il est venu à nous, non seulement dans le temps auquel il s'est manifesté à ses disciples, mais toujours. Car il se manifeste à nous incarné dans le disque eucharistique et dans le calice. Notre Dieu se joint au pain et au vin par une union véritable, et il se manifeste à nous par une manifestation véritable, puisque nous le voyons et que nous le touchons.*

Dans une homélie sur le commencement de l'Épître de S. Jacques : *Jésus-Christ nous a donné de sa propre main le pain céleste, en disant* : « Ceci est mon corps. » *Et en un autre endroit il a ajouté que* « le Fils de l'homme vous donnera celui que le Père a marqué, » *parce que sa nature divine, née du Père avant tous les siècles, lui est unie par une union véritable, telle que l'union de l'âme avec le corps; union qui est selon la nature, parce que la divinité invisible est unie au pain visible, afin que celui qui croit que ce pain lui est uni obtienne la béatitude, dont le Seigneur a dit* : « Bienheureux celui qui ne voit pas, et qui croit néanmoins. »

Dans la première homélie des dimanches après la Pentecôte : *La nourriture que nous a donnée le Fils de Dieu qui s'est fait homme est son corps vivifiant, qui a été fait céleste lorsque sa nature divine qui vient du ciel lui a été unie, de la même manière qu'il a pris par l'union un corps de la Vierge Marie.*

Dans une autre sur ces paroles de S. Jean : « Je suis le pain vivant : » *Comme nous étions encore enfants, et que nous ne pouvions pas nous nourrir de la seule divinité, Jésus-Christ notre Dieu l'a mêlée avec la nourriture ordinaire dont nous usons, afin que nous pussions nous en nourrir. Cela s'est fait en cette manière : Lorsqu'il s'est incarné, l'union de sa divinité et de son humanité a fait un seul Christ. Il a pris sa nature humaine de la chair et du sang de la sainte Vierge Marie, et il s'est nourri des mêmes aliments que nous, ayant été fait semblable à nous en toutes choses, excepté le péché. Notre chair et notre sang se forment de ce que nous mangeons et de ce que nous buvons. La chair que Notre-Seigneur avait prise de la chair de la Vierge était ainsi formée de pain, et le sang qu'il avait pris de son sang était de même formé de vin mêlé d'eau, qui est la boisson ordinaire des hommes. De même, lorsque Notre-Seigneur prenait de la* nourriture, *sa chair était augmentée par le pain, et son sang par le vin et par l'eau qu'il buvait. Lorsqu'il fut près de mourir, il nous accorda par une grande bonté que sa chair et son sang nous demeurassent toujours, afin que nous pussions nous en nourrir, et que ce fût dans le pain et dans le vin, auxquels sa divinité serait unie, de même qu'il s'était uni la chair et le sang qu'il avait pris de la Vierge Marie. Ainsi notre Dieu est toujours avec nous de la même manière qu'il était présent lorsqu'il souffrait la mort pour nous, et qu'il répandit son sang, ayant été percé d'un coup de lance. Son corps est dans le disque sacré comme il était dans le sépulcre, afin que quand nous le voyons, nous rappelions en notre mémoire la grandeur de ses bienfaits, qu'aucunes paroles ne peuvent expliquer.*

Dans l'homélie suivante sur ces paroles : « Sicut misit me vivens Pater, » etc. *Lorsque Dieu s'est fait homme, et lorsqu'il est mort pour nous en son corps, il a donné aux enfants d'Adam son corps divin et son sang vivifiant, afin que lorsqu'ils les recevraient en mangeant et en buvant avec la préparation et la pénitence convenable, la divinité unie avec le pain et le vin habitât en eux.*

Ensuite l'auteur continue ainsi : *Jésus-Christ a dit que ce pain était son corps, qu'il a certainement pris à la sainte Vierge; et il dit que* « il est descendu du ciel » *pour confirmer son union avec la nature divine qui en est descendue, afin que la chair fût faite véritablement Dieu, à cause de l'union, quoique sa nature corporelle, autant que nous la pouvons voir, ne soit point changée; cependant par son union avec la nature divine elle est véritablement Dieu. C'est pourquoi le Seigneur répète ce qu'il avait déjà dit, que* « il était descendu du ciel » ; *car* « le Verbe a été véritablement fait chair, » *sans que sa divinité ait été changée, et le corps sans aucun changement est véritablement le Verbe. Le créé est l'éternel, et l'éternel est le même que le créé. Le visible est le même que l'invisible, et l'invisible est visible ; un seul Jésus-Christ et un seul Seigneur.*

Il ne sera pas inutile de faire voir par les paroles qui suivent dans la même homélie comment les jacobites entendent ce que Jésus-Christ dit après celles qui ont été expliquées ci-devant : *Telle est la doctrine que proposa le Seigneur, parlant aux Juifs à Capharnaüm. Plusieurs disciples l'abandonnèrent, après lui avoir entendu dire qu'il ferait que son corps serait véritablement viande et son sang breuvage. Plusieurs furent scandalisés de ce discours, disant* : « Ces paroles sont bien dures, qui peut les écouter ? » *Jésus qui connaissait les choses les plus cachées, voyant ses disciples troublés, leur dit* : « Cela vous scandalise-t-il ? Que sera-ce donc, si vous voyez le Fils de l'homme monter où il était auparavant ? » *Il leur fit entendre par ces paroles qu'il n'était pas simplement un homme qui n'avait pas le pouvoir de leur donner sa chair à manger et son sang à boire, mais qu'il était le vrai Dieu céleste, tout-puissant ; ce qu'il signifiait en leur disant qu'il monterait où il était auparavant. Mais comme il est Dieu, par sa divinité, il s'unit toujours au pain et au vin, et ils sont faits son corps et son sang, de même que le corps* et le sang qu'il prit de la Vierge Marie. Si vous voyez, dit-il, le Fils de l'homme monter où il était auparavant, *et par ces paroles il leur donna à entendre l'union de sa divinité avec son humanité, c'est-à-dire qu'il était Dieu qui s'était fait homme. C'est pour cela qu'il appelle sa nature divine le Fils de Dieu, et sa nature humaine le Fils de l'homme, quoique véritablement il soit un, selon sa divinité et selon son humanité, un seul Fils, un seul Seigneur, un seul Christ... Il dit aussi à ses disciples, leur reprochant qu'ils doutaient de ce qu'il avait dit,* que l'esprit vivifiait et que la chair ne servait de rien; *c'est comme s'il leur avait dit : Vous avez entendu mon discours qui est spirituel, divin, puissant, vivifiant, et vous l'avez pris dans un sens purement corporel. Une pareille pensée corporelle ne sert de rien : car si j'étais simplement un homme, comme vous vous l'imaginez, comment pourrais-je faire ce que vous venez d'entendre? Mais parce que je suis Dieu, et tout puissant, et que par mon esprit je puis faire que ma chaire et mon sang deviennent viande et breuvage de vie à ceux qui croient en moi, je vous ai dit ces paroles divines, desquelles vous doutez, parce que vous ne connaissez pas ma divinité :* Mes paroles sont esprit et vie. *C'est que ce que je vous dis, que le pain est fait mon corps et le vin mon sang, n'est pas un discours qui doive être entendu d'une manière corporelle, mais selon l'esprit et selon la vie, comme il est dit :* L'homme ne vit pas seulement de pain, mais de tout ce qui procède de la bouche de Dieu; *car l'esprit de vie descend et repose sur le pain et sur le vin, il les consacre et les sanctifie, en sorte que je m'unis à eux, et je les fais mon corps et mon sang, et par la puissance divine, je descends et je prends un corps toujours et en tout lieu.*

CHAPITRE VII.
Témoignage tiré d'un auteur anonyme sur la doctrine de la présence réelle.

Dans un manuscrit de la bibliothèque Vaticane, on trouve un traité en arabe, qui a pour titre : *Questions ecclésiastiques selon la doctrine de l'église d'Égypte*, qui doit avoir été copié sur un autre livre à l'usage des jacobites, comme en effet dans les articles qui regardent l'Eucharistie, il y a diverses expressions, qui sont plus conformes à leur opinion d'une seule nature en Jésus-Christ, qu'à celle des melchites ou orthodoxes. On y reconnaît même les propres paroles que nous avons citées de Sévère, évêque d'Aschmonin, et des extraits de ses autres ouvrages, rapportés sous le nom d'Eustathe, religieux. Mais il faut savoir qu'il n'est pas extraordinaire de trouver dans les manuscrits orientaux, que des sectes différentes se servent des ouvrages les unes des autres dans des matières sur lesquelles il n'y a point de contestation, comme il n'y en a point sur la foi de la présence réelle; non seulement les auteurs se copient, mais ils transcrivent des ouvrages entiers, en y retranchant ce qui peut ne s'accorder pas à la doctrine de leur église. Les commentaires d'Ebneltaïb, nestorien, sur l'Écriture sainte, ont ainsi été adoptés par les jacobites, en retranchant ce qui avait rapport au nestorianisme; et on trouve cet ouvrage de Sévère ou sans nom d'auteur, ou sous un autre titre, dans les livres des melchites ou orthodoxes, parce que sa doctrine sur l'Eucharistie était généralement approuvée. Ce traité est du nombre de ceux-là : car quoique le mot de *cophtes* ne signifie presque jamais dans le style commun, sinon les Égyptiens jacobites, il y a des preuves certaines qu'il a été fait pour les melchites ou orthodoxes. L'une est qu'on y trouve un traité contre les azymes, qui est le résultat d'une conférence tenue à Constantinople sous le patriarche Michel, l'an 1365 d'Alexandre, des Martyrs 760, de l'hégire 443, qui répond à celle de Jésus-Christ 1053. C'est celle qui fut tenue entre les légats du pape et les Grecs sous Michel Cérularius, que Baronius met à l'année suivante, et les jacobites n'y eurent aucune part. La seconde preuve est que dans le manuscrit même il y a des notes d'un jacobite à la marge, qui réfute quelques expressions comme contraires à la créance de son église.

La seizième question est touchant l'Eucharistie, et elle est divisée en neuf articles, dont le premier regarde son institution, à quoi l'auteur rapporte tous les passages de l'Écriture, qu'il explique selon le sens le plus littéral; et il conclut *qu'ils prouvent clairement que la puissance émanée de Notre-Seigneur Jésus-Christ est supérieure à tout ce qui se peut comprendre par les créatures, et que c'est elle qui s'étant répandue sur ce pain et sur ce vin, le fit son corps et son sang lorsqu'il les bénit et les consacra; qu'il le donna à ses disciples, et à nous pareillement, pour nourriture et pour breuvage.*

Le quatrième article contient l'explication de ces paroles : *Je suis le pain vivant descendu du ciel*, etc. Ces paroles, dit l'auteur, signifient plusieurs grâces que Jésus-Christ nous a faites. La première en ce que lorsqu'il bénit le pain et ce vin, il répandit sur eux son S.-Esprit, et les fit un avec sa divinité, et non pas deux; *parce que, par l'effusion du S.-Esprit et par la consécration, ils sont faits ce qui est marqué, c'est-à-dire, son corps et son sang, puisqu'il dit : « Le pain que je donnerai est ma chair, » ou « mon corps. »* Il ne dit pas que c'est la figure de mon corps, mais ce l'est lui-même. Il a uni son corps qui était créé avec sa divinité qui est éternelle, en sorte qu'il s'en est fait une chose, et non pas deux ; de même qu'il a fait que le pain et le vin devinssent une même chose avec son corps, et non pas deux choses, puisqu'il dit : « *Je suis le pain vivant, descendu du ciel; celui qui mange de ce pain vivra éternellement.* » Or on sait que le pain et le vin, comme aussi son corps qu'il a pris de la Vierge Marie, n'ont point été dans le ciel et n'en sont point descendus. Mais après que l'union les a faits une même chose avec la divinité, et non pas plusieurs choses, ce qui est dit d'eux par rapport à sa divinité, se dit aussi véritablement par rapport à l'union, et il est également vrai, comme prouvent les témoignages qui ont été rapportés de l'Évangile et des Épîtres. Car on dit le corps de Jésus Christ et le corps du Fils de Dieu, et le corps du Verbe, et que le Verbe a été fait chair.

L'auteur entreprend ensuite de prouver que ces choses qui paraissent incroyables ne sont pas impossibles, ayant dit d'abord que *celui qui croit en Jésus-Christ n'a pas besoin d'aucune autre autorité que ses paroles qui sont si claires. Que si on examine les choses naturelles, on conviendra que les plus grands philosophes qui ont expliqué les propriétés des choses naturelles, et ce que nous voyons arriver tous les jours dans la nature, n'en ont presque jamais connu les causes ni les effets, et qu'il y en a plusieurs que nous croyons sans les comprendre; que si la difficulté nous rebute, elle ne nous doit pas empêcher de croire ce qui regarde l'Eucharistie, puisqu'il y a beaucoup d'autres mystères dans la religion chrétienne qui ne sont pas moins incompréhensibles.* Enfin il ajoute : *Lorsque Jésus-Christ a répandu sa puissance sur ce pain et sur ce vin, il les a distingués de toute autre chose, et il les a fait son corps, sa chair et son sang, qui sont unis à sa divinité... Que si quelqu'un demande ce que le pain et le vin étaient avant la consécration, on lui répondra que c'était un certain corps créé; s'il continue à demander ce qu'ils deviennent après la consécration, on répond qu'ils sont faits le corps et le sang de Jésus-Christ. Si on demande ce que c'est que le corps de Jésus-Christ, et qu'on dise qu'il est créé, on dira à celui qui fera une pareille question : Si vous croyez qu'après la consécration la nature de l'Eucharistie soit la même qu'avant la consécration, vous dites une impiété contraire à ces paroles de Jésus-Christ :* « *C'est-là le pain descendu du ciel,* » *etc. Il faut donc dire que le corps de Jésus-Christ, selon sa nature humaine, est créé et produit de nouveau; mais qu'à raison de ce qu'il est par l'union à la substance divine, il est éternel, vivant, vivifiant, et donne la vie et la rémission des péchés.*

Il explique ensuite la manière dont se fait le changement, et c'est un extrait de la Catéchèse de S. Grégoire de Nysse, fondé sur la comparaison tirée de la digestion naturelle, par laquelle les aliments sont changés en chair et en sang : *Par cela*, dit-il, *nous sommes certains que ce pain qui est rompu au nom du Verbe de Dieu est changé et fait son corps, parce qu'il a été nourri de semblable aliment; et de même que ce pain dont son corps était nourri était changé et devenait son corps, et que la puissance du Verbe divin qui lui était uni habitait en lui, c'est ainsi qu'on doit juger de celui-ci, puisque c'est la même puissance, et telle est la foi que nous en avons, en recevant les paroles qu'il a dites à ses disciples :* CECI EST MON CORPS, *etc.; car l'avènement ou la descente du Verbe divin, qui sanctifia alors le pain et le fit son corps, sanctifie de même celui-ci par sa parole et par sa puissance.*

On trouve ensuite divers passages des SS. Pères, et le chapitre 14 du traité de la Foi orthodoxe de S. Jean Damascène, qui est aussi appelé Jahia, fils de Mansur; Jahia signifie Jean, et le surnom de Mansur a été donné comme on sait à ce docteur de l'église grecque. Il est à propos de faire quelques réflexions sur ce que nous avons extrait de ce traité, parce qu'il en fournit de très-importantes sur la matière présente.

Le manuscrit est fort ancien, et quoiqu'on n'y trouve pas la date du temps auquel il a été transcrit, il est marqué qu'il avait été copié sur l'original, écrit l'an de l'hégire 627, qui est l'an de Jésus-Christ 1229, par Abulferge Ebnassal, et la copie que nous avons vue à Rome en 1701 ne paraît pas fort éloignée de ce temps-là. On ne sait pas qui était cet Ebnassal, sinon qu'il n'est aucun des deux qui ont le même surnom, et qui sont souvent cités dans cet ouvrage; car ils étaient frères et tous deux jacobites égyptiens ; au lieu que celui-ci devait être melchite, c'est-à-dire orthodoxe; car il paraît que ce recueil était fait pour les Grecs, puisqu'on y trouve la dispute sur les azymes contre les Latins, qui fit un des points principaux de la conférence tenue à Constantinople entre les légats du pape et Michel Cérularius.

La première remarque qu'on doit faire sur cet ouvrage est qu'il a été fait pour des Grecs schismatiques qui étaient dans des pays où on parlait arabe. Ils ne pouvaient donc être latinisés, puisqu'ils ont traduit, approuvé et adopté, ce que Cérularius avait dit de plus fort contre les Latins, et qu'il est marqué à la fin du traité que les légats du pape n'ayant pu persuader aux Grecs de réformer plusieurs coutumes que les Latins condamnaient, ils fulminèrent une sentence d'anathème contre les Grecs, et la laissèrent sur l'autel de Sainte-Sophie. On reconnaît aussi la mauvaise foi de ceux qui ont traduit cette pièce, puisqu'ils donnent à entendre qu'outre le point principal, qui était celui des azymes, il ne s'agissait que de choses assez indifférentes, entre autres de ce que les Latins voulaient obliger les Grecs à raser leurs barbes, et à exclure les eunuques des ordres sacrés. Ainsi on ne peut soupçonner ni les auteurs, ni les traducteurs, ni les copistes de ce traité, d'avoir été latinisés.

Secondement, comme il a déjà été remarqué, on y trouve non seulement la même doctrine, mais encore les pensées, les comparaisons et les expressions dont Sévère, évêque d'Aschmounin, a expliqué le mystère de l'Eucharistie; il est même aisé de reconnaître que ce traité est un extrait de ceux de ce théologien jacobite, qui sont extrêmement loués par tous ceux de sa communion. Par conséquent, puisque des melchites ou orthodoxes ont adopté sa doctrine et ses expressions, et les ont attribuées à un autre auteur non suspect, il est certain qu'il n'y avait aucune différence de sentiments entre les orthodoxes et les jacobites sur l'Eucharistie. Cette remarque est d'autant plus importante que dans le même manuscrit on trouve quelques notes marginales sur ces paroles de S. Jean Damascène : *Le corps qui est uni à la divinité n'est pas une seule nature; mais la nature du corps est une, et celle de la divinité qui y est unie en est une autre; en sorte que l'une et l'autre ne sont pas une nature, mais deux* (1). Comme ces paroles détruisent l'erreur des

(1) Σῶμα δὲ ἡνωμένον θεότητι, οὐ μία φύσις ἐστίν, ἀλλὰ μία μὲν τοῦ σώματος τῆς δὲ ἡνωμένης αὐτῷ θεότητος ἑτέρα.

monophysites, le jacobite a mis en marge : *Cela est conforme à l'opinion des melchites, mais nous l'avons réfutée ci-dessus,* c'est-à-dire en d'autres notes semblables qui se trouvent à côté de quelques expressions de S. Jean Damascène, ou de celles que les melchites avaient substituées à d'autres de Sévère d'Aschmonin, qu'ils ont copiées comme il a été dit, mais en corrigeant ce qui avait rapport au dogme des jacobites.

Troisièmement, il est à remarquer que l'auteur de ce traité cite les témoignages des Pères les plus propres à confirmer la doctrine de la présence réelle; comme la Catéchèse de S. Grégoire de Nysse, S. Cyrille de Jérusalem et S. Jean Damascène, pour ne pas parler des autres. Il rapporte leurs paroles comme devant être entendues simplement, et il n'y fait point de commentaires. Il s'ensuit donc que l'auteur et le jacobite qui le critiquait par ses notes marginales, ne croyaient pas qu'on dût les entendre autrement. Par conséquent ils étaient fort éloignés de les entendre selon les commentaires embarrassés d'Aubertin et les subtilités de M. Claude.

Quatrièmement, on voit que les chrétiens, non seulement melchites, mais les jacobites mêmes, ne regardaient pas S. Jean Damascène comme un novateur tel que les calvinistes tâchent de le représenter; puisqu'ils ont copié ce qu'il avait écrit sur l'Eucharistie, ils l'ont regardé comme orthodoxe, et s'il n'avait pas parlé le langage de toute l'Église, le jacobite, qui le censure sur la doctrine des deux natures en Jésus-Christ, ne l'aurait pas ménagé sur l'autre dogme.

Enfin, puisque dans ce traité il n'y a presque aucun passage de l'Écriture sainte touchant l'Eucharistie qui ne soit rapporté et expliqué, et qu'il n'y en a pas un seul qui ne soit pris dans le sens littéral; que le sens métaphorique est rejeté expressément, il s'ensuit que les Orientaux ont de tout temps entendu simplement et littéralement ces mêmes passages de l'Écriture, aussi bien que ceux des saints Pères.

Ces réflexions doivent s'étendre aux autres témoignages des Orientaux qui ont été rapportés jusqu'ici; on y trouve tous les passages de l'Écriture sainte expliqués selon le sens littéral, qui est celui des catholiques; et ces passages parallèles que les calvinistes veulent faire considérer comme la règle qui doit servir à l'intelligence des premiers selon le sens figuré, n'y sont rapportés que pour avertir qu'on ne doit pas entendre en cette manière les paroles de Jésus-Christ, mais qu'elles doivent être reçues et crues avec la même soumission que toutes les autres. La répugnance des sens et de la raison, les objections philosophiques, l'impossibilité d'un miracle aussi grand que le changement du pain et du vin au corps et au sang de Jésus-Christ, ne sont pas des preuves, comme elles le sont parmi les calvinistes; ce sont des objections auxquelles les Orientaux opposent la vérité des paroles de Jésus-Christ et la toute-puissance de Dieu, à laquelle nos faibles lumières ne doivent pas mettre des bornes. Tous conviennent que ce changement se fait par miracle, et que ce miracle est si grand, qu'ils le comparent à celui qui surpasse tous les autres, c'est-à-dire au mystère de l'Incarnation. C'est pourquoi ils établissent comme un dogme certain que le pain et le vin dans le mystère de l'Eucharistie sont faits aussi véritablement le corps et le sang de Jésus-Christ, qu'il est vrai que le Verbe s'est fait chair, et que l'homme dans lequel s'est incarné le Fils de Dieu est devenu le Fils de Dieu. Par cette raison quelques théologiens jacobites ont dit que comme l'homme était devenu Dieu dans l'incarnation, ainsi le pain étant le même corps devenait divin à cause de l'union avec le Verbe, et les jacobites signifient beaucoup plus par ces paroles qu'elles ne paraissent signifier ordinairement, puisque l'union, selon qu'ils l'entendent, est telle qu'en Jésus-Christ il n'y a qu'une seule nature.

On doit aussi remarquer que tous ces théologiens orientaux disent que ce changement se fait par l'opération du S.-Esprit, c'est-à-dire surnaturellement, par sa descente sur les dons proposés, ce qui prouve que son opération divine agit invisiblement sur leur matière sensible; ils en déterminent le temps auquel ils commencent à adorer l'Eucharistie; ils se servent tous de la comparaison de la digestion, par laquelle le pain est changé en chair, suivant la manière dont S. Grégoire de Nysse a expliqué ce mystère, et ils l'entendent à la lettre. Ils entendent ainsi toutes les expressions des Pères, qui disent que Jésus-Christ est sur l'autel, immolé de même que sur la croix, entre les mains des prêtres; que les chrétiens le reçoivent dans leur bouche, qu'ils boivent son sang; et il ne se trouve pas un seul théologien grec, ou de toutes les autres nations ou sectes d'Orient, qui ait averti que tout cela devait être entendu métaphoriquement, encore moins les passages de l'Écriture sainte qui sont cités si fréquemment. Si ceux qui s'expliquaient ainsi ne croyaient pas la présence réelle, il faut supposer la chose du monde la plus absurde, qui est que des églises entières, séparées non seulement par la distance des lieux, mais par l'hérésie ou par le schisme, se soient accordées, depuis plus de mille ans, à choisir les termes les plus propres à faire entendre qu'ils la croyaient. Enfin on demande à tous les protestants, si, supposant qu'ils la crussent, ils pouvaient choisir des expressions plus nettes et plus simples pour s'expliquer sur cet article; ce qu'on ne croit pas que personne puisse nier, après avoir lu les passages qui ont été rapportés.

Mais afin de citer aux protestants un témoin qui ne puisse pas leur être suspect, nous rapporterons ce qu'Arnould Bootius, outré calviniste s'il en fut jamais, écrivait à Ussérius touchant le Commentaire de Denis Barsalibi sur les Évangiles, que celui-ci lui avait prêté, et dont il se trouve plusieurs passages parmi ceux que nous avons rapportés ci-dessus. Voici

---

ὥστε ὅτι συναμφότερον οὐ μία φύσις, ἀλλὰ δύο. Dam., Fid. orth. Ed. Veron. p. 115.

les paroles (1) : *En parcourant votre Chaîne syriaque sur les Évangiles, j'ai trouvé qu'outre les sottes allégories dont je vous avais parlé déjà d'abord que j'eus jeté les yeux dessus, il y avait beaucoup de choses sérieuses, et qui méritaient fort d'être lues. J'y ai aussi trouvé assez de choses qui ont rapport aux controverses entre nous et les papistes; mais qui sont telles pour la plupart, qu'elles paraissent leur être plus favorables qu'à nous. Assurément il parle de la sainte communion, de même que s'il reconnaissait très-clairement la transsubstantiation du pain et du vin; de sorte que si quelque papiste voulait faire parler quelqu'un des anciens en faveur de sa cause, j'ai choisir à sa fantaisie les paroles qu'il lui ferait dire, je ne vois pas ce qu'il pourrait souhaiter davantage.* C'est ainsi que parlait Bootius pour avoir vu seulement le Commentaire de Barsalibi sur les Évangiles, quoiqu'il paraisse qu'il ne l'avait pas lu fort exactement, puisque ce n'est point une Chaîne, et qu'il se l'est imaginé, parce qu'il y a beaucoup de citations de Pères et de ceux qui passent pour tels parmi les jacobites. Si donc il a reconnu que cet auteur parle du changement du pain et du vin dans l'Eucharistie, comme pourrait faire un catholique, cette reconnaissance doit s'étendre sur tous les auteurs que nous avons rapportés qui parlent de même, et quelques-uns encore plus fortement, puisqu'ils marquent expressément le changement de nature et de substance, comme Élie-le-Catholique, et Abusebah, auteur du traité de la Science ecclésiastique. Or il est très-difficile d'en trouver aucun qui ne se serve des pensées, des expressions et des mots mêmes de Barsalibi ou de Sévère. Il s'ensuit donc qu'ils parlent tous comme s'ils avaient cru la transsubstantiation, en sorte que les catholiques, s'ils les avaient fait parler, n'en auraient pu dire davantage; et cela étant, quelle raison peuvent alléguer les protestants pour supposer qu'ils ne l'ont pas crue?

CHAPITRE VIII.

Preuves de la créance des Orientaux touchant la présence réelle, tirées des Liturgies et autres livres qui sont en usage dans les églises.

Les preuves que nous allons rapporter sont d'un genre tout différent des précédentes. Ce ne sont pas des explications du dogme comme dans les homélies les plus simples, encore moins des raisonnements théologiques difficiles à concevoir, comme il y en a quelques-uns dans les extraits que nous avons donnés, surtout lorsqu'ils sont fondés sur le dogme particulier de chaque secte, qu'il faut avoir dans l'esprit pour juger sainement du sens des auteurs. Ce sont des prières publiques récitées ou entendues tous les jours dans les églises, par des hommes sans lettres et sans théologie, dans les assemblées, et particulièrement dans le ministère sacré de la Liturgie et de la communion. Ce n'est donc rien supposer qui ne soit très-véritable et conforme à la raison que de prétendre qu'on ne peut donner un autre sens aux expressions qui s'y trouvent fréquemment, que le simple et le plus littéral : d'autant même qu'elles sont en trop grand nombre, pour pouvoir dire qu'elles y aient été mises au hasard, ou qu'elles aient échappé à ceux qui ont composé ces prières, puisqu'on ne trouve pas que depuis le commencement de la réforme aucun de ceux qui ont composé tant de différents offices de la cène soit tombé dans une pareille faute. Ce n'est pas à ces prières, ni à toutes les formules qui se trouvent dans les Liturgies et autres offices publics, qu'on peut appliquer des explications métaphoriques : on parle littéralement au peuple; et quand un ministre protestant, donnant la communion à un homme de sa secte, lui dit qu'il prenne le pain et le calice en mémoire de la mort de Jésus-Christ, et toutes les autres exhortations qui se disent dans leurs offices, il ne lui dira jamais que ce qu'il lui donne est le vrai corps et le sang de Jésus-Christ; pas même ceux qui, comme les luthériens, croient qu'on le reçoit véritablement. Les Grecs et les Orientaux, non seulement n'évitent pas de le dire en distribuant la communion, mais c'est dans toute la Liturgie qu'ils parlent de cette manière, et dans des termes qui donnent une idée simple de la présence réelle.

Ainsi il n'y a rien de plus ordinaire que de trouver dans les prières préliminaires qu'on demande à Dieu le changement des dons proposés; que Jésus-Christ est sur l'autel; son corps sur la patène sacrée, son sang dans le calice; qu'il est entre les mains des prêtres; que les fidèles le reçoivent dans leurs mains, dans leurs bouches; qu'elles sont teintes de son sang précieux; que les anges assistent avec tremblement, et plusieurs pareilles expressions qui se trouvent dans les témoignages des théologiens qui ont été rapportés.

Tout l'office, et en particulier ce que le diacre dit au peuple, est un avertissement d'être dans la modestie, dans la crainte et dans le tremblement, en attendant le miracle qui se doit faire à la consécration. Dans la Liturgie syriaque de S. Jacques, le diacre dit : *Soyons remplis de crainte et de terreur, de modestie et de sainteté, parce qu'on va offrir le sacrifice; la Majesté commence à paraître; les portes du ciel s'ouvrent, et le S.-Esprit va descendre et reposer sur ces saints mystères.* Après la préface et les prières qui la suivent, le prêtre prononce à haute voix les paroles de la consécration, et le peuple témoigne sa foi en répondant : *Amen*, dans le rit syriaque. Dans le rit égyptien, cet acte de foi est répété plusieurs fois entre

---

(1) Dùm tuam in Evangelia Catenam Syriacam percurro, obiter deprehendi quòd præter ineptas illas allegorias de quibus jam tum ex primâ inspectione R. D. T. locutus fueram, multa etiam seria ac lectu omninò digna contineat; sed et non pauca ibi reperi ad controversias hodiè inter nos et pontificios agitari solitas spectantia; et quidem ejusmodi partim, ut ipsis potiùs quàm nobis favere videantur. Sanè de sacrâ communione ita loquitur, ac si panis et vini transubstantiationem, ut nunc loquimur, planissimè agnosceret; adeò quidem ut si quis papistarum velit veterum quempiam pro suâ causâ loquentem introducere, non videam quid ultra desiderare possit. *Inter epist. Usserii* 198.

chaque parole, et à la fin le peuple dit : *Cela est ainsi véritablement.* Après la bénédiction du calice : *Nous le croyons, nous le confessons, nous vous rendons gloire, cela est ainsi.* La Liturgie éthiopienne a une formule encore plus expresse ; car le peuple, après avoir dit trois fois *amen*, dit : *Nous croyons, nous sommes certains que c'est là véritablement votre corps, que c'est véritablement votre sang, et nous vous en louons, Seigneur notre Dieu !* On peut faire quelque difficulté sur le sens de cette confession, et il est difficile de le déterminer ou à la vérité du changement, ou à celle des paroles de l'Évangile sur laquelle elle semble pouvoir tomber ; mais cela revient toujours au même, comme on fera voir lorsqu'on parlera de la prière solennelle, appelée *l'invocation du S.-Esprit.*

Dans la Liturgie cophte de S. Basile, à l'oraison de la prothèse, lorsqu'on apporte les saints dons de la crédence à l'autel, le prêtre dit ces paroles adressées à Jésus-Christ : *Nous vous prions et nous demandons de votre bonté que vous fassiez paraître votre face sur ce pain et sur ce calice, que nous avons mis sur cette table sacerdotale. Bénissez-les, sanctifiez-les, purifiez-les et les changez ; en sorte que ce pain soit fait votre saint corps, et le vin mêlé d'eau qui est dans ce calice soit fait votre sang précieux.* La même prière se trouve dans la Liturgie des Éthiopiens ; les mots des trois langues égyptienne, arabe et éthiopienne, signifiant la même chose que les mots grecs et latins dont on se sert pour exprimer un changement réel et véritable.

On trouve dans la Liturgie cophte de S. Grégoire, qui est la seconde de celles dont se sert l'église d'Alexandrie, ces paroles : *Purifiez-nous, Seigneur notre Roi, comme vous avez sanctifié ces oblations qui ont été offertes, et les avez faites invisibles de visibles qu'elles étaient.* On ne peut pas donner un autre sens à ces paroles que celui-ci, qui est que par la consécration elles ont été faites quelque autre chose que ce qu'elles étaient auparavant, et qu'on ne reconnaît pas par les yeux. Or cela prouve très-certainement qu'elles ne sont plus ce qui paraît, c'est-à-dire du pain et du vin ; mais ce qu'on ne voit point, c'est-à-dire le corps et le sang de Jésus-Christ. Car il n'est pas dit qu'elles sont remplies de quelque chose d'invisible, c'est-à-dire, de vertu et de puissance pour produire la grâce intérieurement ; mais qu'elles sont faites invisibles, ce qui ne se peut entendre que du corps et du sang de Jésus-Christ.

Dans la Liturgie éthiopienne de S. Kyriaque, métropolitain de Behnsa, qui est la troisième des imprimées à Rome avec le nouveau Testament en même langue, et qu'on trouve conforme aux manuscrits, un peu avant la communion, le diacre parle ainsi au peuple : *De même que le Fils est descendu du plus haut des cieux pour faire justice et miséricorde ; ainsi ce pain (en est descendu), ce qui a rapport à ces paroles : « Je suis le pain vivant descendu du ciel ; » il est accusateur, il est juge, et il fait miséricorde. Ne regardez donc pas ce pain comme un pain terrestre, car c'est le feu de la divinité. Quelle bouche le mangera, quelle langue le recevra, ou quelles entrailles pourront le contenir ! C'est pourquoi levons les yeux et disons : Selon votre miséricorde, Seigneur, et non pas selon nos péchés.*

Dans celle de Dioscore que Wansleben, étant encore luthérien, fit imprimer en Angleterre avec sa traduction, le diacre dit en ce même endroit de la Liturgie : *Que personne ne s'imagine que ce corps soit sans âme et sans esprit ; le corps, le sang et l'esprit sont un* (ou pour mieux dire ils sont ensemble et ne font qu'un), *de même que son humanité qui ne fait qu'un avec sa divinité.* Ces paroles un peu obscures sont très-claires en les interprétant selon la foi des jacobites, qui ne reconnaissent qu'une nature en Jésus-Christ. Ils disent donc ici que ce corps est animé, et le propre corps de Jésus-Christ ; de même que le corps qu'il avait pris de la Vierge était uni intimement à sa nature divine, et ne faisait qu'un avec sa divinité.

Dans la Liturgie des jacobites syriens, un peu avant la communion, le diacre dit au peuple : *Inclinez vos têtes devant le Seigneur miséricordieux, devant son autel propitiatoire, et devant le corps et le sang de Notre-Seigneur Jésus-Christ....... Les puissances célestes sont ici avec nous, honorant de leur ministère le corps du Fils de Dieu qui est immolé devant nous.* Lorsque le prêtre fait la fraction et l'intinction de l'hostie, il dit ces paroles : *Seigneur, vous avez mêlé votre divinité avec notre humanité, notre humanité avec votre divinité, votre vie avec notre mortalité ; vous avez pris ce qui était de nous, et vous nous avez donné ce qui était à vous. Faites, Seigneur, que nos corps soient sanctifiés par votre saint corps, et nos âmes purifiées par votre sang propitiatoire.* En la même Liturgie syriaque, dans une oraison qui est comme la postcommunion : *Seigneur, que le feu ne me dévore pas, moi qui ai mangé votre corps ; que mes yeux auxquels je l'ai appliqué voient votre miséricorde ; le feu craindra d'approcher de mon corps, parce qu'il sera arrêté par l'odeur de votre corps et de votre sang.*

Dans la Liturgie appelée de S. Pierre : *Vous avez daigné, Seigneur, que nous touchassions de nos mains de chair celui que plusieurs rois et prophètes ont souhaité de voir, et qu'ils n'ont pas vu....; ce feu dévorant que nos doigts ont tenu, ce charbon vivant que nous avons touché avec nos lèvres, et qu'un séraphin ne peut soutenir, que le prophète a reçu et par lequel il a été purifié. Purifiez, Seigneur, les bouches, les lèvres et les mains qui ont reçu votre corps, et sanctifiez les corps, les âmes et les esprits qui ont reçu votre sang.* Ces mêmes paroles se trouvent dans la Liturgie de S. Cyrille, dans celles de Jean Barsussan, de Jean, patriarche, de Philoxène, de Jacob Baradat, de Jacques d'Édesse, de Jean Accémète et de Grégoire, catholique, surnommé Abulfarage.

Dans un ordre particulier de Liturgie jacobite syriaque, il est marqué que le prêtre, lorsqu'il tiendra l'hostie entre ces mains, dira ces paroles : *Vous êtes Jésus-Christ notre Dieu ; vous êtes celui qui avez eu le* côté percé pour nous sur le Calvaire près de Jérusalem. Vous êtes l'Agneau de Dieu qui ôtez les péchés du monde. Pardonnez-nous nos péchés, remettez-nous nos crimes, et nous donnez place à votre droite. Il n'y a pas de preuve plus assurée de la persuasion certaine de la présence de Jésus-Christ sur l'autel et entre les mains des prêtres, que de pareilles prières qui lui sont adressées dans le temps que le prêtre tient l'hostie entre ses mains.

On trouve à la fin de ce même office une oraison composée par Denis Barsalibi, dans laquelle après qu'il a dit que Jésus-Christ a véritablement souffert pour nous dans son corps et répandu son sang, il finit par ces paroles : *Emmanuel est un, il n'est point divisé après l'union inséparable des deux natures. Nous le croyons, nous le confessons, et nous sommes persuadés que c'est là le corps de ce même sang, et que c'est là le sang de ce même corps.*

Dans la Liturgie des nestoriens, et dans l'office commun qui sert aux deux autres, attribué à S. Thadée et à S. Maris, qu'ils révèrent comme les fondateurs de leur église : *Isaïe a baisé un charbon de feu sans que ses lèvres fussent brûlées, les hommes mortels reçoivent du feu dans du pain qui conserve leurs corps, et qui consume leurs péchés.* On voit par ces paroles que cette expression qui se trouve souvent dans les offices des orthodoxes et des jacobites est aussi ordinaire aux nestoriens, ce qui fait voir qu'ils n'ont point de sentiments différents sur l'Eucharistie.

Dans une autre oraison : *Lorsque le prêtre monte au sanctuaire, les armées spirituelles le voient rompant et divisant le corps de Jésus-Christ pour la rémission des péchés.* On dit ensuite dans un hymne : *La table est placée dans le Saint des saints ; les prêtres vénérables l'environnent comme des séraphins ; le prêtre invoque le S.-Esprit, qui descend et habite dans le pain, et qui se mêle dans le calice.* Dans un autre : *Tous nous autres qui approchons pour recevoir les vénérables et divins mystères, rendons grâces et adorons avec crainte et charité le Seigneur de l'univers ; recevons avec amour et avec foi le corps du Fils, du Christ, qui a été immolé pour nous donner la vie, et qui a réconcilié son Père avec nous par l'effusion de son sang. Voici qu'il est porté sur l'autel* (envoyé) *de la droite de son Père ; et quoiqu'il soit un et indivisé là-haut* (dans le ciel), *il est tous les jours immolé, quoique d'une manière impassible, dans l'Église pour nos péchés. Approchons-nous avec respect du sacrifice de son corps qui sanctifie tout, invoquons-le tous, et disons-lui : Gloire soit à vous.*

Les oraisons suivantes contiennent la même doctrine : *Fidèles, venez avec un nouvel esprit, et confessons tous sans aucun doute que nous voyons sur le saint autel l'Agneau de Dieu, qui est tous les jours immolé sacramentellement, qui étant vivant éternellement, est distribué à tous sans être consumé.* Ailleurs : *Mon âme tombe en défaillance, Église fidèle, lorsque nous voyons l'Agneau vivant, qui est porté sur votre autel glorieux ;* ce qui est répété peu de paroles après : *Jésus-Christ a établi un autel dans son Église, sur lequel sont portés son corps et son sang.* Dans l'Horologe, ou livre des prières ordinaires des mêmes nestoriens, ils adressent ces paroles à Jésus-Christ : *Les chérubins demeurent en respect devant vous, et les séraphins ne peuvent soutenir vos regards : et nous vous voyons tous les jours sur l'autel, et nous participons à votre corps et à votre sang précieux.* En une autre prière : *Le corps de Jésus-Christ et son sang précieux sont sur l'autel ; approchons-en avec crainte et avec charité, et disons lui avec les anges : Saint, saint, saint, Seigneur Dieu.* De même dans le livre du ministre ou du diacre, selon le rit jacobite : *Celui que Moïse avait vu sur le mont Sinaï, et Ézéchiel sur le chariot mystique, voici qu'il est offert sur l'autel, les peuples le reçoivent et obtiennent la vie.* Peu après le diacre dit avant la communion : *Prions dans ce temps auquel il a plu à la divinité d'abaisser sa majesté, et qu'elle a sanctifié ce pain produit de la terre et l'a fait un corps venu du ciel ; comme elle a consacré le vin, fruit de la vigne, et l'a fait le sang de Dieu pour les fidèles qui le boivent..... Réitérons nos prières à Dieu par le moyen de cette oblation pure et sainte, et le sacrifice de propitiation qui est offert, et qui est le premier né et le Fils unique qui s'est revêtu d'un corps pris de Marie, par lequel il a donné la vie éternelle aux pécheurs qui le reçoivent.*

Nous en passons un assez grand nombre qui disent la même chose, et nous finirons cet article par les extraits d'une autre sorte de prières publiques, qui sont les bénédictions des vases sacrés, selon qu'elles se trouvent dans le Pontifical du patriarche Gabriel.

Dans la bénédiction du disque sacré, qui répond à notre patène : *Étendez votre main divine sur ce disque béni, qui doit être rempli des parties et des restes de votre saint corps, qu'on offrira sur l'autel du sanctuaire de cette ville.* Pour le calice : *Étendez votre main divine sur ce calice, sanctifiez-le et purifiez-le, afin qu'on y porte le sang précieux*, etc. Pour la cuiller : *Seigneur, qui avez daigné faire voir à Isaïe, votre serviteur, un chérubin qui avait une pincette avec laquelle il prit un charbon de l'autel, et le lui mit dans la bouche, étendez, Seigneur tout-puissant, votre main sur cette cuiller, dans laquelle on doit recevoir les membres du corps saint, qui est le corps de votre Fils unique, Notre-Seigneur Dieu et Sauveur Jésus-Christ.*

Ces expressions n'ont jamais paru outrées à ceux qui les trouvent dans les livres de leurs églises, et il n'y en a presque aucune dont les anciens Pères ne se soient pas servis. Les calvinistes les veulent expliquer métaphoriquement dans les Pères ; il paraît assez que les Orientaux les entendent à la lettre, puisqu'ils les insèrent dans des prières qui ont d'abord été pour le peuple, incapables de toutes les subtilités, sans lesquelles ces expressions donnent d'abord une idée toute contraire au sens figuré. Mais quand elles en seraient capables, les cérémonies qui accompagnent ces prières les déterminent à toute autre chose ; ce que nous expliquerons dans la suite en parlant de la discipline, qui est l'interprète la plus certaine de la doctrine.

CHAPITRE IX.

Preuve de la doctrine de la présence réelle, tirée de l'oraison appelée l'invocation du S.-Esprit, qui est en usage parmi les Grecs et dans toutes les églises d'Orient.

L'oraison appelée Ἐπίκλησις, l'*invocation*, ou l'*invocation du S.-Esprit*, est en usage, non seulement dans la Liturgie grecque, mais il n'y en a aucune de toutes les églises d'Orient, orthodoxes, schismatiques et hérétiques, où elle ne se trouve. Après que les paroles de Jésus-Christ ont été prononcées, et que le peuple a répondu amen, on fait un acte de foi fort court, le prêtre dit : *Nous vous prions, Seigneur, d'envoyer votre S.-Esprit sur nous et sur ces dons proposés, afin que descendant et se reposant dessus, il fasse le pain le corps très-saint de Notre-Seigneur Jésus-Christ, et ce qui est dans le calice, son sang précieux, et que ceux qui les recevront obtiennent la rémission de leurs péchés, la vie éternelle*, etc. Il y a quelque variation dans les termes, selon les différentes Liturgies : en plusieurs il se trouve différentes paroles ajoutées en parlant du S.-Esprit ; mais cela ne change rien au sens, et les mots essentiels sont partout semblables pour signifier l'opération du S.-Esprit sur les dons proposés, ce qui marque un miracle, et un grand miracle, qui se fait sur la matière même. Dans la Liturgie grecque de S. Chrysostôme, la prière finit par ces mots : *Les changeant par votre S.-Esprit*, μεταβαλὼν αὐτὰ τῷ Πνεύματί σου τῷ ἁγίῳ ; et ils se trouvent dans les Liturgies nestoriennes, et en quelques autres orientales.

Il est fort remarquable que le ministre Aubertin et presque tous les autres calvinistes ont passé fort légèrement sur cette prière ; qu'ils n'en ont même parlé que pour en tirer quelque conséquence contre l'efficace des paroles sacramentelles, à cause des disputes qu'il y a sur ce sujet entre les Grecs et les Latins, mais qui n'ont aucun rapport avec celles que nous avons contre les protestants. Il est vrai que M. de Saumaise a voulu en tirer un argument par l'interprétation la plus fausse qu'on puisse donner à cette prière, suivant qu'elle se trouve dans la seconde Liturgie des Cophtes : mais comme ce ne fut que dans une lettre particulière au ministre Daillé, imprimée seulement après sa mort, ses conjectures n'ont pas été fort employées en controverse, et nous en ferons voir la fausseté.

Plusieurs théologiens scolastiques ont abandonné la preuve qu'on tire de cette invocation, sur ce qu'ils ont trouvé que quelques modernes l'ont attaquée comme le fondement de ce qu'ils appellent l'hérésie des Grecs, condamnée au concile de Florence, soutenue par Marc d'Éphèse, et réfutée par le cardinal Bessarion. Il s'en trouve même qui ont prétendu réformer cette prière, comme ayant été altérée par les Grecs, ce qui est insoutenable ; puisque toutes les Liturgies orientales formées sur les grecques, plusieurs siècles avant qu'il y eût sur ce sujet-là aucune contestation, la représentent en mêmes termes.

Cependant dans tout le cours des conférences entre les Grecs et les Latins à Ferrare et à Florence, cet article ne fut proposé ni directement ni indirectement, comme méritant un examen particulier. Ce ne fut que dans les dernières assemblées que Turrécrémata forma sur ce sujet des difficultés qui enfermaient de fausses suppositions, entre autres que les Grecs ne reconnaissaient aucune vertu pour la consécration dans les paroles sacramentelles, et qu'ainsi ils leur en donnaient moins qu'à celles de S. Basile ou de S. Jean Chrysostôme, par l'autorité desquels, et par la tradition, ils soutenaient l'invocation. Les Grecs s'expliquèrent d'une manière qui faisait voir que leur discipline s'accordait avec la créance de l'Église romaine, et le pape ne voulut pas qu'on ajoutât au décret d'union aucun article qui regardât cette matière. C'est un fait incontestable qui se vérifie par la simple lecture des actes du concile ; et s'il y a quelque chose dans le décret pour les Arméniens, fait après le départ des Grecs, ils n'en eurent aucune connaissance. Bessarion (1) alla encore plus loin que Turrécrémata, puisqu'il établit qu'il y avait une véritable erreur touchant les paroles de la consécration, et qu'il la fait naître dès le temps des apôtres ; pensée toute nouvelle, et dont les conséquences sont fort périlleuses. Il fait regarder l'opuscule de Marc d'Éphèse, principal chef des schismatiques, comme étant fait uniquement pour soutenir cette hérésie, et l'Histoire du concile prouve qu'il le composa à la prière de l'empereur Jean Paléologue, qu'on n'a jamais accusé de n'avoir pas été favorable à l'union, puisqu'il en fut le promoteur et le défenseur jusqu'à l'extrémité de sa vie. La plupart des auteurs qui sont venus depuis ont suivi les faux principes de Bessarion, et Arcudius entre autres a poussé la témérité si loin, que ne pouvant expliquer les passages de S. Cyrille de Jérusalem et de S. Jean Damascène qui ont rapport à l'invocation du S.-Esprit, il les a accusés d'erreur ; et sur ce principe on ne pourrait en exempter tous les Pères grecs qui enseignent la même doctrine.

Plusieurs théologiens plus habiles que ceux-là en ont jugé tout autrement, étant mieux instruits de la tradition ; ils ont compris les dangereuses conséquences qu'il y aurait à convenir qu'une prière dont l'antiquité remonte jusqu'aux premiers siècles du christianisme, et qui a été confirmée par l'usage de toutes les églises avant les schismes, pût renfermer une hérésie dans laquelle auraient été engagés S. Basile, S. Jean Chrysostôme, S. Cyrille, en un mot, tous les Pères grecs, même plusieurs églises latines, comme la gothique ou mosarabe, l'ancienne gallicane, et quelques autres qui avaient des prières semblables ; enfin dont on ne pourrait justifier l'Église romaine, puisqu'elle a toujours entretenu la communion avec les Orientaux, ce qui n'a pu se faire sans approuver indirectement cette hérésie ; enfin parce qu'elle ne

(1) Græci verò, præsertim recentiores, cum Jacobo, fratre Domini, Basilio et Chrysostomo sentientes..., non illis Salvatoris nostri verbis Christi corpus et sanguinem confici putant, sed quibusdam quæ sequuntur precibus sacerdotum. *Bess., de Sacr. Euchar.; Syropul., Hist. concil. Flor.*, p. 279.

l'a pas condamnée dans les conciles tenus exprès pour la réunion avec les Grecs, pas même dans celui de Florence ; et que dans la Profession de foi dressée pour les Orientaux qui se réunissent, et qui a été imprimée à Rome en grec, en arabe, en arménien et en d'autres langues, sous le pape Clément VIII, il ne se trouve aucun article qui ait rapport à cette prétendue hérésie.

A ces raisons, qui sont très-considérables, on en peut ajouter une qui ne l'est pas moins. C'est que lorsqu'il s'est fait des réunions entre l'église grecque et l'Église romaine, ou que quelques églises particulières sont revenues à l'unité, les papes ne les ont pas obligées à quitter leurs anciens offices. Au contraire, Léon X et Clément VII, par deux brefs, dont le dernier confirme le premier, ordonnent que les Grecs ne seront pas troublés dans l'exercice de leurs rites, et même qu'il ne leur sera pas permis de prendre le rit latin ; ce qui étant général, comprend aussi bien ce qui a rapport à la célébration de l'Eucharistie qu'à tous les autres sacrements. Si on dit que dans le Missel maronite la forme de l'invocation a été changée, on en convient ; mais afin que cet exemple tirât à conséquence, il faudrait que ce changement, eût été fait par un décret des papes, et il n'y en a aucun. Diverses éditions des Liturgies grecques ont été faites à Rome sans ce changement, et en particulier celle des éthiopiennes imprimées sous Paul III. De plus, parmi les maronites il y en a une où rien n'est changé. Le livre du ministre qui contient ce que le diacre doit dire, la suppose entière et sans aucun changement, et il est aussi imprimé à Rome. Mais il faut distinguer ce qui a souvent été fait par ceux qui avaient la direction de ces sortes d'impressions, et ce qui a été ordonné par les papes mêmes. On ne dira jamais qu'ils aient décidé que les paroles sacramentelles de Jésus-Christ ne pussent avoir leur effet si elles n'étaient prononcées précisément mot pour mot comme elles sont en latin ; car non seulement tout l'Orient les a prononcées autrement, et de la manière dont elles se trouvent dans les Liturgies grecques, mais dans le rit gothique ou mozarabe et dans l'ambrosien on trouve quelque différence. Ceux qui ont fait imprimer le Missel maronite ont donc agi de leur chef et contre l'exemple et l'autorité du Saint-Siége, quand ils y ont mis une traduction rigide des mots latins, qui signifie précisément : *Hoc est autem corpus meum.*

Ce n'est pas avec les Grecs que nous disputons ; la difficulté qu'on leur a faite sur cette oraison ne regarde pas nos contestations avec les calvinistes ; ainsi il est inutile d'examiner si l'invocation du S.-Esprit, comme elle est dans toutes les Liturgies orientales, contient une erreur, ou si elle est conforme à la tradition. Nous la prendrons de la manière dont ils l'entendent, qui se réduit à ce qu'ils croient que lorsque cette oraison est prononcée, la consécration est consommée. Il est seulement nécessaire d'avertir ceux qui peuvent avoir examiné superficiellement cette matière, que c'est sans raison qu'on leur impute,

comme ont fait quelques modernes, qu'ils croient que les paroles de Jésus-Christ ne sont pas nécessaires à la consécration, et qu'ils ont sur cela des opinions semblables à celles des Grecs modernes, dont jamais ils n'ont ouï parler, puisque cette contestation n'a proprement commencé qu'un peu avant le concile de Florence, comme il paraît par ce qu'en dit Cabasilas, qui est un des premiers qui en ait parlé, et qu'elle a plutôt été entre quelques théologiens qu'entre les deux églises. Ils croient donc que les paroles de Jésus-Christ sont nécessaires et efficaces, et celles de l'invocation pareillement, sans s'imaginer que les unes rendent les autres inutiles.

Il est certain que les Orientaux entendent cette prière à la lettre, ce qui paraît assez par les passages rapportés ci-dessus, tant des Pères et des théologiens que des livres ecclésiastiques, où il est dit que *le Saint-Esprit descend sur l'autel et sur les oblations, comme il est descendu sur la Vierge dans le mystère de l'Incarnation.* Le patriarche Gabriel, dans son Rituel, expliquant cet endroit de la Liturgie, dit : *Lorsque le prêtre a prononcé ces paroles* : « *Qu'il le fasse le corps saint de Notre-Seigneur Jésus-Christ,* » *le pain est fait le corps de Jésus-Christ qu'il a pris de la vierge Marie, qu'il donna à ses disciples, et dans lequel il souffrit sa passion vivifiante. Lorsqu'il prononce ces paroles :* « *Et le sang précieux,* » *le vin qui est devant lui est fait le sang de Jésus-Christ, répandu sur le bois de la croix, et qu'il donna à ses saints disciples, en leur disant :* « *Ceci est mon sang...* » *Lorsqu'il aura achevé l'invocation, il s'inclinera devant Dieu, étendant les mains, ce que le peuple fera pareillement ; il ne fera plus alors aucune bénédiction sur les dons sacrés, il ne se tournera point, et ne regardera personne, quand ce serait un prince, ou quelque autre homme considérable ; c'est à Jésus-Christ, qui est immolé devant lui qu'il faut rendre toute gloire, comme toute puissance lui appartient, et c'est à lui qu'il faut adresser les prières.* L'auteur de la science ecclésiastique, Abulbircat, et plusieurs autres qui ont expliqué les rites, parlent de la même manière. Dans les Liturgies syriennes, le diacre exhorte les assistants à se recueillir et à redoubler leurs prières, en leur disant : *Soyons debout avec modestie, avec crainte et avec tremblement : car cette heure est à craindre, ce moment est terrible, dans lequel le Saint-Esprit descend du ciel sur les dons proposés et les sanctifie;* ce qui marque la consécration achevée.

La première réflexion que l'on doit faire, est que selon le sens littéral de l'invocation, le pain et le vin deviennent le corps et le sang de Jésus-Christ par changement, *transmutans ea spiritu tuo*; que ce changement est fait par l'opération du Saint-Esprit, et par conséquent par un miracle ; que l'action du Saint-Esprit tombe sur la matière proposée et l'affecte réellement, ce qui exclut toute idée de changement accidentel et métaphorique ; que le temps et le moment de l'accomplissement de ce miracle sont marqués, ce qui ne peut convenir qu'à une action réelle ; qu'il se fait longtemps avant la communion, et par conséquent qu'il ne dépend pas de la foi de ceux qui la reçoivent ; enfin que comme toute cette prière est dite un peu après les paroles de Jésus-Christ, elle en détermine le sens, non seulement par les termes dans lesquels elle est conçue, mais encore par les cérémonies qui l'accompagnent.

Secondement, en comparant cette invocation avec celles qui se font dans les autres offices des sacrements, on remarque la différence qu'il y a entre celui de l'Eucharistie et les autres. Dans l'office du baptême, selon les Cophtes, les Syriens, de quelque communion qu'ils soient, et les nestoriens, Dieu est invoqué pour le prier d'envoyer son Saint-Esprit sur les eaux dont on fait la bénédiction, de les sanctifier et de les purifier, afin que ceux qui seront baptisés reçoivent la rémission de leurs péchés. Mais il ne se trouvera aucune de ces prières par laquelle on demande le changement des eaux au sang de Notre-Seigneur Jésus-Christ. On demande bien le changement de vertu, en ce qu'on demande à Dieu qu'il remplisse la piscine sacrée, ou *le Jourdain*, (comme les Orientaux l'appellent ordinairement) de la vertu du Saint-Esprit : c'est ce que nous disons dans l'Église romaine : *Descendat in hanc plenitudinem fontis virtus Spiritûs sancti.* Mais on ne trouvera pas la moindre parole qui ait rapport au changement de la matière qui est bénite en une autre substance. Après la bénédiction des eaux, aucun rit ne prescrit qu'on les révère, ou qu'on les adore comme étant devenues le sang de Jésus-Christ ; au lieu que d'abord que l'invocation est faite sur les sacrés mystères, on leur rend le même respect qu'au vrai corps et au sang de Jésus-Christ, ce qui sera encore expliqué plus en détail lorsque nous parlerons de l'adoration de l'Eucharistie.

Il reste à examiner une objection très-faible, qui est que par cette même prière on demande à Dieu également qu'*il descende sur les fidèles et sur les dons proposés*, et que comme la première descente est métaphorique, l'autre le doit être par conséquent. Nous répondons que ces deux demandes sont tellement distinguées, que la seule lecture du texte fait reconnaître cette distinction. On demande que le Saint-Esprit descende sur les chrétiens présents, ce qui signifie le secours et la grâce nécessaire aux ministres sacrés qui célèbrent, afin que, comme il est dit ailleurs, *Dieu ne retire pas sa grâce et sa bénédiction sur le sacrifice, à cause des péchés de ceux qui l'offrent* ; en second lieu, afin que ceux qui participeront à la communion reçoivent la rémission de leurs péchés, et parviennent à la vie éternelle. Mais pour ce qui concerne l'Eucharistie, c'est précisément afin que la puissance divine change les dons proposés, et les fasse le corps et le sang de Jésus-Christ.

M. de Saumaise, dans sa lettre au ministre Daillé, a voulu donner une autre interprétation à l'invocation, telle qu'elle se trouve dans la seconde Liturgie des Cophtes, qui porte le nom de S. Grégoire-le-Théologien. Il en a fait une traduction sur la version arabe, après l'avoir mal lue, et encore plus mal entendue, et voici ses paroles : *Ut purificemur et convertamus has oblationes viles in corpus et sanguinem salutis nostræ.* On n'avance rien au hasard, le manuscrit qu'il cite est à la Bibliothèque-du-Roi. On aime mieux croire qu'il a mal lu que de supposer qu'il a voulu tromper celui auquel il écrivait ; mais il est surprenant que se piquant, comme il faisait, d'entendre la langue cophte, il n'ait pas plutôt suivi l'original que la traduction qu'il n'a pas entendue. Le texte cophte signifie : *Envoyez sur nous la grâce de votre S.-Esprit, afin qu'il purifie et change ces dons proposés au corps et au sang de notre salut.* C'est ainsi qu'on lit dans tous les exemplaires, et que l'exige l'analogie de cette Liturgie avec les autres ; c'est aussi comme l'explique la version arabe. Mais ce qui doit faire plus d'autorité, est un texte grec de la même Liturgie dans la Bibliothèque-du-Roi, où cette oraison se trouve en ces termes : *Vous donc, Seigneur, par votre voix, changez les choses qui sont proposées. Vous présent achevez ce ministère mystique de cette Liturgie. Vous-même conservez-nous la mémoire de votre culte. Vous-même envoyez votre S.-Esprit, afin que descendant par sa sainte, bonne et glorieuse présence, il sanctifie et change ces saints et précieux dons proposés au corps même et au sang de notre rédemption.* Voici le Commentaire de M. de Saumaise : *Vous voyez que cette invocation ne s'y fait pas pour faire descendre la grâce du S.-Esprit sur le pain et sur le vin, et y attacher son opération de telle sorte que, changeant les substances, la présence du corps et du sang y soit telle, qu'elle demeure en corps et en sang à tout ce qui le recevra, soit fidèle ou infidèle, homme ou cheval.... Mais ce prêtre* (cuphti), *qui fait cette invocation au nom de tous, veut que ce pain et ce vin que nous recevons en la cène, devienne le corps et le sang de Notre-Seigneur à ceux qui le recevront dûment, et que le S.-Esprit aura premièrement sanctifiés ; et que ceux-là seuls prennent le vrai corps, et non le pain seulement, qui auront été purifiés par la foi et par la grâce du S.-Esprit. C'est la conversion ou* μεταβολή, *de laquelle ont entendu parler en ce sacrement les anciens Pères grecs, et n'en faut point chercher d'autres.* Voici comme il traduit ces paroles de l'invocation : *Confirme en nous, Seigneur, la commémoration de ton saint service ; envoie sur nous la grâce de ton S.-Esprit, afin qu'étant sanctifiés, nous puissions convertir ces oblations viles et terriennes au corps et au sang de notre Sauveur, ou de notre salut.*

Il y a longtemps que les savants rendent justice à M. de Saumaise, comme à un des plus grands critiques de ces derniers temps, et à un homme consommé dans les belles-lettres. Mais il avait cette maladie assez ordinaire aux personnes d'une grande érudition, de croire qu'on pouvait également écrire de toutes choses, particulièrement de la théologie et de la controverse. Il voulut donc écrire sur la transsubstantiation et sur les Liturgies ; et, voulant attaquer l'invocation du Saint-Esprit qui en est tirée, ce fut ce qui produisit cette étrange et pitoyable critique. Nous voulons croire qu'il n'avait pas consulté ce texte, ou qu'il avait cru que personne ne pourrait reconnaître la falsification qu'il en a fait, en traduisant au pluriel passif deux mots qui, dans le cophte et dans l'arabe, sont à la troisième personne singulière. Un homme d'une aussi grande lecture pouvait et même devait conférer cette formule avec les autres du même rit, et avec les anciennes grecques qui en sont l'original.

Il aurait alors reconnu que rien n'est plus éloigné des paroles de cette oraison et de l'esprit de l'Église ancienne que la pensée qu'il lui attribue. C'est le prêtre qui parle, et ce que lui fait dire M. de Saumaise peut être entendu en deux manières différentes : premièrement, que le prêtre parle de lui, et qu'il demande que le Saint-Esprit le sanctifie, afin qu'il puisse changer les dons proposés au corps et au sang de Jésus-Christ; et ce sens est manifestement hérétique, puisqu'il fait dépendre le sacrement de la sainteté du ministre. C'est ce que disaient les donatistes, ce que l'Église a toujours condamné en Orient aussi bien qu'en Occident.

Le second sens est que le Saint-Esprit descende et sanctifie tous ceux qui doivent communier, afin qu'ils changent les dons au corps et au sang de Jésus-Christ; et il est encore plus éloigné de la créance de l'église orientale, puisqu'il suppose que le pouvoir de consacrer est autant dans les laïques que dans les prêtres, ce qui est une autre hérésie.

Quand M. de Saumaise ajoute que cette invocation ne s'y fait pas pour faire descendre la grâce du Saint-Esprit sur le pain et sur le vin, et y attacher son opération, il n'y a qu'à conférer cette Liturgie avec les deux autres et avec les syriaques, les grecques et généralement toutes celles d'Orient pour être convaincu du contraire, en cas qu'il y eût en celle-ci quelque difficulté ; car le prêtre demande la descente du Saint-Esprit, *afin qu'il change les dons proposés*, et c'est ainsi qu'il faut traduire, τὰ προκείμενα, comme il y a dans le grec. Tout ce raisonnement roule donc sur une corruption du texte et sur une fausse interprétation, dont M. de Saumaise a tiré une proposition aussi inconnue à toute l'église d'Orient qu'aux catholiques et à toute l'ancienne Église. *C'est là*, poursuit-il, *la conversion dont ont parlé les anciens Pères grecs, et il n'en faut point chercher d'autre*. Il aurait dit plus clairement que c'est-là une conversion où rien n'est changé. Or, pour ne point parler des Pères grecs, qu'il n'a guère mieux entendus sur l'Eucharistie que sur toutes les autres matières ecclésiastiques, il se faut retrancher aux seuls Orientaux. Il n'y a qu'à examiner les cérémonies qui précèdent, qui accompagnent et qui suivent cette prière, pour reconnaître la fausseté de tout ce qu'a avancé M. de Saumaise. Le diacre exhorte à l'attention, au respect et au tremblement, dans l'heure et dans le moment, et cela parce que le Saint-Esprit va descendre dans le sanctuaire, sur l'autel, dans la patène sacrée et dans le calice, de même qu'il est descendu sur la sainte Vierge dans le moment de l'incarnation. Aussitôt que l'invocation est prononcée, le prêtre ne touche plus à aucune des choses qui sont sur l'autel, si ce n'est à l'hostie consacrée; il ne la quitte point de vue, il la regarde comme Jésus-Christ présent; on ne l'appelle plus que le corps et le sang de Jésus-Christ; ensuite on l'élève, le peuple l'adore, et on distribue la communion en la manière que nous dirons ci-après.

Il est donc très-certain qu'après l'invocation les Grecs et les Orientaux croient la consécration consommée, qu'ils considèrent les dons proposés comme tout autre chose que ce qu'ils étaient auparavant, et que selon leurs théologiens, leurs Rituels et ceux qui ont expliqué les cérémonies en détail, ce changement est fait alors indépendamment de la communion, qui n'est distribuée que quelque temps après, parce que leur Liturgie est fort longue. Selon le sentiment de M. de Saumaise, ce changement, comme il l'explique, n'est pas encore fait, et il ne peut être fait qu'après la communion, et c'est aussi ce que doivent supposer les protestants luthériens et calvinistes. Les Grecs et tous les Orientaux croient qu'il est déjà fait, puisque dès ce moment ils rendent à l'Eucharistie le même honneur qu'au propre corps de Jésus-Christ; et, par une conséquence certaine, il faut qu'ils croient que ce changement est réel et tout différent de celui qui laisse la matière dans l'état où elle était avant la consécration.

On sait bien que l'autorité de M. de Saumaise est fort médiocre en matière de controverse ; et quoiqu'il ait écrit un juste volume contre la transsubstantiation, à peine ose-t-on le citer, non plus que ses autres ouvrages polémiques. Mais il se trouvera peut-être des personnes assez prévenues des préjugés de leur religion, et d'un grand nom comme celui-là, pour croire sur son témoignage qu'on trouve dans la Liturgie égyptienne ce qui n'y est point; d'autant plus que ceux qui ont imprimé cette lettre après sa mort, ont donné ce passage corrompu en français, en latin et en arabe.

Les mêmes Liturgies, du nombre desquelles est celle de S. Grégoire, ont été traduites dès le commencement du siècle dernier sur un manuscrit de Joseph Scaliger. Il est vrai que la traduction n'est pas fort exacte ; mais au moins elle est fidèle, et elle fait voir que dans l'original il n'y avait rien de ce que suppose M. de Saumaise, et il ne se trouve aucun exemplaire qui ne détruise une conjecture si hardie.

Que les Grecs et tous les Orientaux soient dans l'erreur ou non touchant le sens de cette oraison, cela ne fait rien au sujet : nous ne prétendons pas les justifier, et cette question demanderait un ouvrage tout entier, mais elle ne peut être proposée qu'entre ceux qui croient un changement véritable.

Il s'ensuit aussi que tant de passages cités par les protestants, et quelques-uns des Liturgies rapportés par Aubertin, où les dons sacrés sont appelés pain après les paroles sacramentelles, ne prouvent rien à l'égard des Grecs ni des Orientaux, puisqu'ils ne regardent la consécration consommée qu'après que l'invocation a été prononcée. Cependant l'argument a paru si fort à ce ministre, qu'il a cru que cela suffisait pour prouver que toutes les églises étaient d'accord avec les calvinistes. On en peut juger après toutes les preuves qui ont été rapportées du contraire, et on en jugera encore mieux par celles qui seront rapportées dans les chapitres suivants.

Il aurait fallu parler des Liturgies ; mais comme la matière est un peu ample, et qu'elle aurait coupé la suite du discours, elle sera traitée à part, et nous continuerons à donner les preuves de la créance des Orientaux, par celles que fournit leur discipline ecclésiastique.

LIVRE TROISIÈME,

DANS LEQUEL LA CRÉANCE DES GRECS ET DES ORIENTAUX TOUCHANT LA PRÉSENCE RÉELLE EST PROUVÉE PAR LEUR DISCIPLINE.

CHAPITRE PREMIER.

Preuves particulières de la créance des Grecs et des Orientaux, tirées de leur discipline pour tout ce qui a rapport à l'Eucharistie.

Ce n'est pas seulement depuis le schisme des protestants que les catholiques se sont servis de la discipline de l'Église fondée sur la tradition comme d'un argument très-fort pour en confirmer la doctrine. Dès la naissance des anciennes hérésies, les premiers chrétiens, dont quelques-uns avaient été disciples des apôtres, ou qui avaient été instruits par ceux qui les avaient écoutés, s'en servirent pour s'opposer aux nouveautés que les hérétiques voulaient introduire. La tradition des apôtres était d'une autorité incontestable, et les saints Pères ne s'en sont pas moins servis pour défendre la vérité que des saintes Écritures. La discipline faisait partie de la tradition, d'autant plus que la plupart des choses que les chrétiens pratiquaient dans le service des églises, et dans l'administration des sacrements, n'étaient pas écrites, comme le marque S. Basile, mais conservées partout comme ayant été enseignées par les apôtres. Il met dans ce nombre le signe de la croix, la coutume de se tourner vers l'Orient pendant la prière, les paroles de l'invocation pour la consécration du pain et du vin dans les saints mystères, et plusieurs autres cérémonies qu'aucun des saints ne nous a laissées par écrit. Il assure néanmoins que les chrétiens les reçoivent de même que ce qui est dans les saintes Écritures, et que celui qui en jugerait autrement, blesserait ce qu'il y a de plus essentiel dans la religion (1).

Ce que ce grand saint a dit de plusieurs anciens points de discipline, qui, ne se trouvant point marqués dans l'Écriture sainte, ont été néanmoins pratiqués de tout temps et se pratiquent encore dans l'Église, nous le pouvons dire sur le même principe de tout ce qui a rapport à la célébration de l'Eucharistie. On apprend dans l'Écriture l'institution de ce sacrement ; on trouve que les premiers chrétiens le célébraient du temps des apôtres après un repas, et il s'y était déjà glissé des abus que S. Paul reprend dans l'église de Corinthe. Il remédia aux principaux, et remit à mettre l'ordre nécessaire pour régler cette discipline lorsqu'il irait sur les lieux. Nous ne savons pas par l'Écriture sainte quels règlements il établit, ni lui ni les autres apôtres. C'est cependant sur une forme qu'on ne trouve point écrite que les réformateurs ont cru pouvoir dresser les offices de l'administration de leur cène ; et quoiqu'il n'y en ait aucun qui ne soit fort différent des autres, ce qui les doit rendre tous suspects, chaque secte a préféré le sien à l'ancien usage qui se trouvait établi dans toutes les églises ; et ces formules n'ont pas plus de conformité avec les offices de l'église grecque et des autres orientales qu'avec ceux de l'Église latine, de laquelle ils se sont séparés. Ils ne peuvent pas dire, quoiqu'ils ne disent autre chose, que ces manières d'administrer l'Eucharistie ou de célébrer la cène du Seigneur soient conformes à l'Écriture sainte, puisqu'on n'y trouve rien de prescrit touchant la manière de célébrer ce que Jésus-Christ ordonna qu'on fit en mémoire de lui : et si la chose était aussi claire qu'ils le prétendent, les offices qu'ils ont dressés ne seraient pas aussi différents qu'ils sont les uns des autres. Or les catholiques n'ont pas un pareil reproche à craindre, puisque s'il y a quelque différence dans les prières pour les paroles et pour les expressions, il y a une conformité entière, pour ce qui regarde les parties essentielles de la Liturgie, entre celles des Latins et celles des églises grecques et orientales.

Ce n'est pas seulement dans les prières que se trouve cette conformité, c'est encore dans le culte extérieur qui les accompagne, en quoi consistent les cérémonies et les rites observés dans toutes les églises d'Orient et d'Occident. Car nonobstant la différence de certaines cérémonies qui ont varié selon la différence des temps et des lieux, elles ont toutes un rapport certain entre elles, puisqu'elles tendent toutes à célébrer, administrer et recevoir les saints mystères avec toute la vénération possible. Cette vénération ne consiste pas uniquement à des règles de modestie et de bienséance, telle que ne seulement des chrétiens, mais des personnes sages doivent avoir dans les assemblées sérieuses ; elle va beaucoup plus loin, étant fondée sur un culte religieux, tel qu'on le rendrait à la personne de Jésus-Christ même s'il était sur la terre. C'est ce que l'Église romaine observait lorsque les protestants s'en séparèrent ; c'est ce qu'ils abolirent aus-

(1) Τὰ τῆς ἐπικλήσεως ῥήματα ἐν τῇ ἀναδείξει τοῦ ἄρτου τῆς Εὐχαριστίας ; καὶ τοῦ ποτηρίου τῆς εὐλογίας τίς τῶν ἁγίων ἐγγράφως ἡμῖν παραδέλοιπεν. Basil. de S. Spir., c. 27.

sitôt partout où ils furent les maîtres, comme des superstitions contraires à la pure parole de Dieu, et qui s'étaient introduites, non seulement par la négligence, mais aussi par la méchanceté des ecclésiastiques. Les centuriateurs, et la plupart de ceux qui ont écrit les premiers parmi les protestants, ont rempli leurs livres de fables insoutenables, et dont l'histoire fait connaître la fausseté, prétendant marquer l'origine de toutes ces cérémonies; et cependant il n'y en a aucune qui ne se trouve autorisée par la tradition et par la pratique constante de l'église grecque et de toutes celles d'Orient.

C'est donc de ces cérémonies, et de la discipline qui a rapport à la célébration et à la réception de l'Eucharistie, que nous prétendons tirer un argument de la créance des Grecs et des autres Orientaux qui est à la portée de tout le monde. Car il ne faut point de théologie ni de critique pour reconnaître si une société de chrétiens croit la présence réelle et substantielle du corps de Jésus-Christ dans le sacrement, ou si elle ne la croit point, lorsqu'on peut savoir de quelle manière on y pratique ce qui est regardé comme l'action principale de ce mystère. Où on voit un grand nombre de prières préliminaires, des cérémonies qui marquent beaucoup de crainte et de respect, une attention particulière jusqu'aux moindres circonstances, les paroles de Jésus-Christ prononcées, le S.-Esprit invoqué, l'adoration, une suite de diverses pratiques religieuses pour honorer les mystères, une horreur de toute profanation, même de celle qui peut arriver par accident, on ne peut douter que partout où pareilles choses se pratiquent, la présence réelle n'y soit crue. Que si on remarque tout le contraire, on doit conclure qu'on ne l'y croit pas : un homme qui se trouvera à une messe solennelle, ne croira pas être à la cène; ni celui qui assiste à la cène, ne croira pas être à la messe.

Les protestants n'ont pas ignoré la force de cet argument, et M. Claude s'en est servi lui-même, puisqu'il a prétendu prouver que les Grecs ne croyaient pas la présence réelle, parce qu'ils n'avaient ni soin ni respect pour l'Eucharistie. Il a donc mis les catholiques en droit de le rétorquer contre les calvinistes, d'autant plus que ce qu'il avait avancé sur ce sujet était fondé sur une ignorance entière de la discipline des Grecs, et il n'a pas parlé de celle des Orientaux. Il a même poussé sa prétendue preuve plus loin; car avec quelques passages de voyageurs peu instruits, il a cru être en droit de demander qu'on lui prouvât le contraire, persuadé qu'on ne pourrait le faire. En effet, lorsque la dispute de la perpétuité commença, et même dans le temps qui s'écoula depuis le premier volume jusqu'au dernier, cette matière était très-peu éclaircie; parce que, comme le consentement général des communions séparées avait été rarement employé dans la controverse, et que la preuve qui s'en tire n'avait pas été mise au jour dans toute son étendue, nos théologiens n'avaient pas fait de grandes recherches sur divers points de la discipline eucharistique, dont on a eu depuis une plus ample connaissance. A l'égard des Orientaux orthodoxes, schismatiques ou hérétiques, on n'en savait presque rien, et par les livres qui se sont trouvés dans les bibliothèques, et d'autres qui sont venus depuis du Levant, on a enfin trouvé de quoi éclaircir jusqu'aux moindres circonstances, comme nous espérons le faire voir dans la suite.

Nous commencerons par ce qui regarde la préparation à cette action sacrée, qui est regardée par tous les chrétiens orientaux comme le plus grand mystère de la religion. Il serait inutile d'examiner si dans le commencement du christianisme les cérémonies étaient précisément les mêmes qu'elles ont été depuis, lorsque l'Église commença à jouir de la paix. Quand les protestants s'étendent sur cette matière, ils n'agissent pas de bonne foi, puisque personne ne s'imaginera que, dans la première simplicité des temps apostoliques, on pût penser à tout l'appareil extérieur que la piété des fidèles a introduit depuis. On convient donc que les cérémonies étaient fort simples, et que la décence et la modestie faisaient le principal ornement de ces saintes assemblées; mais il faut renoncer à tout ce qu'il y a de témoignages les plus certains dans l'antiquité, ou reconnaître que dès les premiers siècles de l'Église il y avait des vases sacrés uniquement destinés à la célébration de l'Eucharistie, et qu'on regardait comme un sacrilége et comme une apostasie le crime de ceux qui les livraient aux infidèles durant les persécutions. Les protestants ne peuvent donc pas prouver que même dans ces temps-là il n'y eût parmi les chrétiens aucune autre cérémonie pour la célébration de l'Eucharistie, que d'apporter du pain et du vin, et de dire quelque prière. S'ils ne trouvent aucun détail de ce qui concerne les rites sacrés dans l'antiquité la plus reculée, il ne faut pas s'en étonner, puisque même le Symbole n'était pas écrit, quoique ce fût la profession de foi de tous les chrétiens. Mais on ne peut pas disconvenir que dès les premiers siècles on ne trouve des vestiges si certains de la discipline pratiquée dans toute l'Église, qu'on est obligé de reconnaître que ce qui s'est observé dans le quatrième et dans les suivants était une continuation de ce qui avait été établi longtemps auparavant, et qu'ainsi on ne peut le regarder comme une innovation dans la discipline, qui pourrait faire supposer qu'il serait arrivé du changement dans la doctrine.

Nous trouvons d'abord une attention particulière à préparer le pain eucharistique. Les Grecs le font encore avec un très-grand soin, et ce sont les prêtres qui le préparent, étant accompagnés des diacres, avec plusieurs prières. La même pratique se trouve dès les premiers temps dans l'Église latine, et les Orientaux ont des offices particuliers pour ce sujet. Denis Barsalibi, dans un opuscule qui est intitulé : *Canon pour la sainte Eucharistie*, marque jusqu'aux moindres circonstances de ces cérémonies, et du choix qui doit être fait de la matière destinée à la consécration.

Il se trouve sur le même sujet diverses constitutions des patriarches d'Alexandrie; et dès qu'on apporte le pain et le calice, ils sont appelés *les saints dons*, et on commence à les regarder avec respect, à cause qu'ils doivent être faits dans la suite le corps et le sang de Jésus-Christ.

La bénédiction des autels, et celle des nappes qui les couvrent, des *antimensia* qu'on doit étendre dessus, du disque ou patène, du calice, de la cuiller dont ils se servent pour distribuer la communion, et de tous les vases sacrés, est encore une preuve bien certaine de la créance de la présence réelle, puisque par les formules de la manière dont on les bénit dans l'église d'Alexandrie, on reconnaît qu'ils sont destinés à contenir le corps et le sang de Jésus-Christ. Suivant les canons qui sont en usage parmi les Orientaux, et diverses constitutions patriarcales, il n'est permis qu'aux prêtres et aux diacres de toucher ces vases sacrés.

Toute la première partie de la Liturgie, après la lecture de l'Écriture sainte, consiste en prières qui tendent toutes à demander à Dieu que par sa toute-puissance il fasse que les dons proposés soient faits le corps et le sang de Jésus-Christ par l'opération invisible du S.-Esprit, et qu'il reçoive le sacrifice que l'Église lui offre, de même qu'il a reçu ceux d'Abel, de Noé, d'Abraham et de Melchisédech. Dans les Liturgies des Égyptiens, les premières oraisons marquent plus expressément que l'Église demande à Dieu le changement des dons proposés; que *de visibles il les fasse invisibles;* c'est-à-dire, autre chose que ce qu'ils paraissent aux yeux, rapportant tout l'effet de ces prières à la descente du S.-Esprit sur le pain et sur le vin, ce qui marque un miracle nécessaire.

Aussitôt qu'on apporte les dons sacrés de la *prothèse* ou crédence à l'autel, l'église grecque les honore par avance comme devant être consacrés au corps et au sang de Jésus-Christ, et on se prosterne. Cette vénération a donné lieu à quelques Latins peu instruits de dire que les Grecs adoraient le pain et le vin avant la consécration, et qu'ils ne les adoraient pas après qu'ils avaient été consacrés, ce qui est une absurdité manifeste : car, comme il paraît par l'Apologie que fit sur ce sujet Gabriel de Philadelphie, les Grecs rendent aux dons avant qu'ils aient été consacrés un honneur fort différent de celui qu'ils rendent à l'Eucharistie. Le premier est quelque chose de plus que la vénération des images, dans la vue de la dignité future par la consécration; le second est une adoration véritable de latrie, comme ils s'en expliquent eux-mêmes, telle qu'ils la rendraient à la personne de Jésus-Christ. L'un ne détruit pas l'autre, mais on doit conclure, comme ont fait divers auteurs, qu'on ne peut douter que ceux qui ont une si grande vénération pour ce qui doit devenir le corps de Jésus-Christ, doivent honorer encore davantage ce qu'ils croient et confessent être ce même corps, comme ils font lorsqu'on le montre, en disant : *Sancta sanctis.*

Tout le détail des rites qui suivent depuis la préface fait voir une attention pleine de respect et de religion dans l'attente de la consécration. Le diacre exhorte tous ceux qui assistent à la Liturgie à être dans la crainte et le tremblement. On prononce et on écoute avec respect les paroles de Jésus-Christ, lorsque le célébrant les dit à haute voix. En plusieurs églises le peuple dit *amen*, et fait une manière de confession de foi sur ce qu'il vient d'entendre. L'attention et les prières redoublent lorsque le prêtre fait l'invocation du S.-Esprit, dont les paroles marquent d'une manière si claire le changement du pain et du vin au corps et au sang de Jésus-Christ, que les ministres n'ont pu jamais rien y opposer de solide, comme on le fait voir ailleurs.

Après l'invocation, la consécration est regardée comme consommée; et dès ce moment le prêtre ne touche plus que le corps et le sang de Jésus-Christ; il ne se tourne point, et, comme disent ceux qui ont expliqué les Liturgies, *il ne doit plus penser qu'à Jésus-Christ, qui est sur l'autel, immolé dans le disque, et son sang répandu dans le calice.*

Il a été remarqué ci-dessus que les Grecs, dont la pratique est suivie en cela par toutes les autres communions orientales, ne font l'élévation qu'un peu avant la communion, en criant : *Sancta sanctis;* c'est quelquefois le diacre qui élève une des particules, quoique ce soit plus ordinairement le prêtre dans les églises syriennes, égyptiennes et éthiopiennes. Tous se prosternent alors et adressent leurs prières à Jésus-Christ comme présent; d'où il s'ensuit que tant d'expressions qui paraissent métaphoriques dans les écrits des SS. Pères, avaient leur sens littéral parmi les fidèles. S. Chrysostôme dit (hom. 24 in 1 ad Cor.) : *Ce corps même a été adoré dans la crèche par les mages; vous le voyez, non plus dans la crèche, mais sur l'autel; non pas emmailloté par une femme, mais revêtu du S.-Esprit. O quel miracle,* dit-il ailleurs (de Sac., l. 3) *et quelle bonté de Dieu! celui qui est assis là-haut avec le Père, dans le même moment est touché par les mains de tous.* C'est aussi ce que Sévère et Denis Barsalibi ont dit, autant dans leurs discours théologiques que dans des instructions pour le peuple; et c'est ce que signifient les prières les plus simples que disent les laïques après les exhortations faites par les diacres, lorsque dans celles qui se disent un peu avant la communion ils avertissent les chrétiens d'être dans une grande crainte, puisque ce qu'*ils voient sur l'autel et entre les mains des prêtres est l'Agneau vivant de Dieu, immolé pour eux.*

Cette extrême vénération pour l'Eucharistie ne paraît pas moins dans les cérémonies qui précèdent, qui accompagnent et qui suivent la communion. Le mélange des deux espèces, lorsque le prêtre a rompu l'hostie, pratiqué également en Orient et en Occident, ne peut avoir lieu où on ne croit pas la présence réelle : aussi les protestants l'ont retranché, quoique ce rit soit fort ancien. On a cru même autrefois que la particule qui était mise dans le calice à la messe des présanctifiés avait la force de convertir le vin non consacré qui était mis dans le calice (1); et on peut voir sur ce sujet les savantes observations du R. P. Mabillon, dans ses dissertations sur l'ordre romain.

Mélétius Piga (Int. opusc. Gr., p. 107 et seq.), qui a traité fort au long cette cérémonie que les Grecs appellent l'*union des deux espèces*, dont il prouve la nécessité, quoiqu'il reconnaisse que le corps et le sang de Jésus-Christ sont dans l'une et dans l'autre par concomitance, a prouvé très-clairement que cet usage était fondé sur la foi constante de la présence réelle. Les Orientaux ne l'ont pas pris de l'Église romaine, puisqu'il se trouve dans toutes les Liturgies, dont plusieurs sont plus anciennes que les schismes; et puisque l'Écriture ne fait aucune mention de quelque chose qui y ait rapport, il faut qu'en cela, comme en plusieurs autres parties de la Liturgie, ils aient suivi la tradition plutôt que la lettre. Il n'est point nécessaire de chercher les raisons mystérieuses qui sont rapportées par les Latins, aussi bien que par les Orientaux, de ce que signifie cette union du corps et du sang de Jésus-Christ; la pratique de tous les siècles la met hors de tout soupçon. Mais il faut convenir qu'elle serait inutile sans la créance certaine du changement véritable qui a été fait par la consécration; et qu'elle signifie ce qu'exprime en peu de paroles une des oraisons qui a déjà été citée, que *c'est là le sang de ce corps, et le corps de ce sang*.

On trouve dans les Rituels et dans d'autres livres ce qui se pratique pour la communion. Les protestants ne diront pas que les prières qui se disent alors, tant par le prêtre et par le diacre que par les communiants, ne signifient rien autre chose, sinon que lorsqu'ils approcheront, qu'ils prendront le pain et qu'ils boiront le calice, ce qu'ils recevront sera le corps et le sang de Jésus-Christ, comme croient les luthériens; encore moins, comme disent les calvinistes, qu'ils recevront l'un et l'autre par la foi. Les Orientaux ne demandent pas dans ces prières que Dieu leur donne la foi, afin que ce qui leur sera donné par le prêtre devienne pour eux le corps et le sang de Jésus-Christ, ils confessent qu'il est présent, quoique invisiblement; en cet état ils l'adorent, ils lui adressent leurs prières, ils se prosternent devant lui. Ils reconnaissent par conséquent qu'il est déjà présent, que le pain et le vin sont changés en son corps et en son sang. Ce n'est donc pas par leur foi, ni parce qu'ils ont reçu les symboles de son corps et de son sang, puisqu'ils ne les ont pas encore reçus; mais c'est par la consécration, indépendamment de l'usage, qu'il est déjà présent. Il ne se trouve dans aucune des prières et des formules dont les protestants et les calvinistes ont formé les offices de l'administration de leur cène,

(1) Cela signifie que quelques-uns l'ont cru; mais non pas que telle ait été la créance de l'Église; et puisqu'on renvoie au P. Mabillon, c'est marquer qu'on suit sur cela son opinion. (*Note des auteurs.*)

rien de semblable à celles dont les Grecs et les Orientaux se servent communément. Il s'ensuit donc que leur créance sur ce mystère est entièrement différente de celle des Grecs et des Orientaux, puisqu'ils ne pourraient pas se servir des mêmes prières, au lieu que les Latins se serviront sans peine de celles des Grecs, et ceux-ci de celles des Latins.

Les prêtres qui se trouvent présents à la célébration de la Liturgie, reçoivent la communion premièrement sous l'espèce du pain, ensuite on leur présente le calice. Mais les laïques, et même les ecclésiastiques du second ordre, reçoivent la communion par une particule trempée dans le calice, qui leur est présentée avec une petite cuiller que les Grecs appellent λαβίς, faisant allusion au charbon qui, étant pris sur l'autel, toucha les lèvres du prophète Isaïe et le purifia. Les Syriens, les Cophtes, les Éthiopiens et tous les Orientaux donnent la communion aux laïques de la même manière. Il ne fallait donc pas accuser l'Église romaine d'avoir retranché le calice aux laïques, puisque tous ces chrétiens ont fait la même chose, sans avoir jamais pensé à aucun de ces motifs de nouveauté que les protestants supposent avoir été la cause de ce changement de discipline.

Quand ils prétendent que la crainte de répandre le calice a donné lieu à le retrancher aux laïques dans l'Occident, et qu'ils infèrent que, comme autrefois dans les premiers siècles il ne paraît aucun vestige de pareille précaution, il faut que la créance ait été changée, la discipline des Orientaux suffit pour les réfuter : car les Grecs prétendent que la cuiller a été établie dès le temps de S. Jean Chrysostôme; et quoiqu'on n'en ait pas des preuves certaines, c'en est une fort grande que celle qui se tire d'un pareil usage parmi les communions séparées de l'Église dès le temps du concile d'Éphèse, comme les nestoriens, ou depuis celui de Calcédoine, comme les jacobites. On peut faire voir que quelques siècles avant l'époque qu'ils donnent à ce prétendu changement de doctrine sur l'Eucharistie, l'effusion et la profanation des mystères était regardée comme un sacrilége et comme un grand malheur; et c'est ce qui sera éclairci dans un article séparé. Il faut donc conclure, tout au contraire, que, puisque les Grecs et les Orientaux ont eu de temps immémorial toutes les précautions qu'on a dans l'Église latine pour prévenir la profanation de l'Eucharistie; que par cette raison ils ont établi une manière nouvelle de donner la communion aux laïques, ils avaient la même doctrine touchant la présence réelle.

Les prières qui se trouvent dans les Liturgies grecques et dans l'Eucologe, aussi bien que dans les livres orientaux, pour le temps de la communion, prouvent aussi très-clairement cette conformité de créance, et elles s'accordent entièrement avec celles des offices latins, que les protestants ont abolies.

Nous parlerons de la confession de foi qui se fait avant la communion, qui ne peut recevoir aucun autre sens que celui de la présence réelle, puisque, lorsque le prêtre la prononce, il tient entre ses mains la principale particule consacrée, la montre au peuple, et en disant : *Ceci est véritablement le corps d'Emmanuel, notre Dieu*, comme il fait dans l'église cophte, il marque suffisamment que *ceci* signifie ce qu'il tient et ce qu'il montre.

Les formules d'actions de grâces, dont nous avons rapporté quelques extraits, sont du même genre que les précédentes, et les confirment merveilleusement, puisque toutes marquent une manducation réelle du corps de Jésus-Christ ; le mélange de sa chair avec la nôtre, de son sang avec le nôtre ; l'espérance de la résurrection bienheureuse fondée sur ce levain de vie, et d'autres effets sur nos corps aussi bien que sur nos âmes.

La loi établie dans toutes les églises d'Orient pour recevoir la communion à jeun, la discipline qui était autrefois pratiquée dans l'Église latine, de s'abstenir pareillement de l'usage du mariage, et d'autres points, plus particuliers aux Orientaux, qui seront expliqués à part, ne peuvent avoir d'autre origine que la foi de la présence réelle ; et cela parait assez, en ce que les protestants, ayant une fois détruit la doctrine de la présence réelle, ont aboli en même temps toutes ces marques de respect qui étaient autrefois en usage pour la réception de l'Eucharistie.

Après la communion, toutes les églises ont observé avec un grand soin que les particules consacrées qui pouvaient rester fussent consommées par le célébrant ou par les autres ministres qui avaient servi à l'autel. Nous trouvons la même discipline parmi les Grecs et les Orientaux ; et comme ils sont fort éloignés de croire que ce qui reste du pain et du vin consacrés ne soit pas le corps et le sang de Jésus-Christ, ils avertissent les prêtres et les diacres d'avoir la même vénération et la même attention pour ces particules qui restent que pour celles qui ont été reçues par les communiants, comme étant également le corps et le sang de Jésus-Christ.

La distinction qu'ils font de ces particules consacrées et de celles qui ne l'ont pas été, est marquée plus particulièrement dans l'église grecque, dont l'usage est que, pour la consécration, les prêtres coupent avec un petit fer qui ne sert qu'à cet usage, et qu'ils appellent ἁγία λόγχη, *la sainte lance*, la partie du milieu d'un pain préparé pour la Liturgie ; qu'ils ne consacrent que celle-là, et les autres qu'ils prennent de plusieurs pains ou oblations qui sont apportées par les fidèles. Ce qui reste de tous ces pains n'est point regardé comme consacré ; c'est ce qu'ils appellent ἀντίδωρον, c'est-à-dire, ce qui tient lieu du don sacré ou de la communion ; de sorte que non seulement ils donnent ces restes à ceux qui ne se trouvent pas disposés à communier, mais à ceux mêmes qui ne sont pas de leur communion, comme il paraît par une lettre du patriarche Gennadius, qui permet aux religieux du Mont-Sina de donner l'ἀντίδωρον aux Latins et aux Arméniens qui y viendraient par dévotion ; mais qui défend en même temps de leur donner la sainte Eucharistie.

De plus, il est certain que non seulement les Grecs mais tous les Orientaux ont conservé la messe des présanctifiés, qui n'est en usage dans l'Église latine que le vendredi-saint. Le jour précédent ils réservent une particule consacrée avec laquelle, sans faire la consécration du calice, ni aucune autre prière semblable à celles qui sont en usage dans la Liturgie ordinaire, ils communient. Dans toutes les églises d'Orient l'usage des présanctifiés est beaucoup plus fréquent, puisqu'on ne célèbre point d'autre messe pendant toutes les féries du carême ; et on ne peut pas douter de son antiquité, puisqu'il est parlé de cet usage dans le concile de Laodicée. On ne peut supposer que ce qui a été consacré quelques jours auparavant soit toujours le corps et le sang de Jésus-Christ, sans croire la présence réelle ; et les Grecs sont tellement convaincus de cette sanctification permanente et hors de l'usage actuel de l'Eucharistie, qu'ils rendent les mêmes honneurs aux présanctifiés qu'à ce qui a été consacré le même jour. Nectarius, patriarche de Jérusalem, qui a vécu de nos jours, rapporte un miracle d'une particule des présanctifiés, qui demeura sans se corrompre plus de deux cents ans, et qui fut transférée en procession avec des lumières et de l'encens, comme une chose divine.

Sur le même principe, ils conservent la communion pour les malades, et ordinairement le jeudi-saint les Grecs prennent une partie de l'oblation ou du pain consacré qu'ils trempent dans le calice ; ensuite ils la font sécher sur la patène, sous laquelle ils mettent du feu ; après quoi ils la réservent pour la communion des malades. Nous n'avons point trouvé de semblable usage parmi les Syriens ni parmi les Cophtes ; mais seulement des preuves certaines de la conservation de l'Eucharistie pour les malades, et la manière de la leur administrer, qui est très-conforme à l'ancien usage de l'Église, et qui prouve d'une manière fort claire que ceux qui ont une telle discipline doivent croire la présence réelle.

On apprend par le synode de Jérusalem de 1672, et c'est ce que savent ceux qui ont été à Jérusalem, que dans l'église du Saint-Sépulcre, les Grecs tiennent des lampes allumées devant le Saint-Sacrement réservé pour les malades.

Les pénitences rigoureuses qui se trouvent dans Réginon, dans Yves de Chartres, et dans un grand nombre de Pénitentiaux anciens, pour les profanations de l'Eucharistie, ou pour la négligence de ceux qui l'administrent, font voir que l'attention qu'on y apporte présentement est moindre que celle de ces temps-là. Les Pénitentiaux grecs, dont le P. Morin a donné divers extraits, et d'autres qui se trouvent dans les bibliothèques, fournissent aussi beaucoup de preuves d'une pareille sévérité, et ce qui se trouve sur le même sujet dans plusieurs collections de canons arabes ou syriaques, particulièrement dans le Pénitentiel de Denis Barsalibi, n'est pas moins sévère : car suivant la discipline qui y est prescrite, les moindres négligences dans le ministère sacré des autels sont soumises à des pénitences assez rudes ; et même les profanations qui peuvent arriver par accident n'en sont pas exemptes. Enfin on peut dire sans aucune exagération qu'en ces points de discipline les Orientaux sont plus exacts et plus sévères qu'on ne l'a été depuis plusieurs siècles dans l'Église latine.

Il n'y a qu'une objection à faire contre tout ce qui a été dit jusqu'ici, et c'est de dire que la plupart des auteurs même catholiques conviennent que les Liturgies n'ont pas l'antiquité qu'on suppose ordinairement ; que même il y en a un assez grand nombre qui sont modernes, parmi lesquelles il s'en trouve qui ne marquent point ces cérémonies, dont nous prétendons nous servir comme de preuves de la créance, sans laquelle on ne peut supposer qu'elles puissent avoir lieu. Mais c'est à quoi il est fort aisé de répondre.

Premièrement, les Grecs et tous les Orientaux croient que les Liturgies et tous leurs offices des sacrements ont été réduits en la forme qui subsiste encore par ceux dont ils portent le nom. Ainsi toute la critique ne fait rien à leur égard ; et au nôtre, quoique nous convenions qu'ils se trompent, il s'en suit néanmoins qu'ils regardent tous ces offices comme établis par tradition apostolique.

En second lieu, nous disons que les critiques se sont fort trompés quand ils ont appliqué aux Liturgies de S. Jacques, de S. Marc, de S. Basile et autres, les règles communes, lorsqu'on examine qui est l'auteur de quelque ouvrage. Ce n'est pas le nom des auteurs qui fait l'autorité des Liturgies, c'est l'usage des églises. Or comme on ne peut douter que celle de S. Jacques n'ait été en usage à Jérusalem, celle de S. Marc à Alexandrie, celle de S. Jean Chrysostôme à Constantinople, cela suffit pour les justifier, ce que nous ferons voir dans la suite.

A l'égard des rites et de tout ce qui peut être regardé comme rubriques, on sait assez que cette partie des offices n'a été écrite que fort tard ; mais il ne s'en suit pas que les cérémonies soient récentes, puisqu'on en trouve des vestiges dans toute l'antiquité, et qu'on ne saurait prouver qu'elles aient pris la place d'autres plus anciennes qui fussent directement contraires. Les Grecs et les Orientaux, dont il s'agit principalement, les croient de tradition apostolique ; et comme les plus essentielles, qui ont une liaison certaine et nécessaire avec la doctrine de la présence réelle, sont conformes dans toutes les sectes, on ne peut douter qu'elles ne soient plus anciennes que les schismes et que tous les systèmes imaginaires de changement supposés par les ministres.

CHAPITRE II.

Preuve de la créance des Grecs et des Orientaux sur la présence réelle, tirée de la confession de foi qu'ils font avant la communion, particulièrement dans l'Église cophte.

Après l'invocation du Saint-Esprit il y a diverses prières et cérémonies dans les Liturgies grecques et dans toutes les orientales, qui suffiraient seules pour prouver d'une manière incontestable que ceux qui s'en servent ne peuvent avoir aucune opinion dans l'esprit, sinon celle de la présence réelle. Nous examinerons présentement la confession de foi que font les Orientaux avant que de recevoir la communion, dont les formes sont différentes ; mais elles se rapportent toutes à reconnaître et à confesser que ce qu'ils vont recevoir est le véritable corps et le sang de Jésus-Christ.

Dans les premiers siècles de l'Église, les prêtres ou les diacres disaient seulement : *Corpus Christi*, et les communiants répondaient : *Amen* ; ce qui signifiait tout ce qui a été exprimé depuis en plus de paroles. C'est ce que nos théologiens ont prouvé bien clairement, et les protestants ne leur ont opposé que des réponses frivoles, telle que celle du ministre Aubertin. *Nous avouons*, dit-il, *que ces paroles ont rapport à l'Eucharistie, mais nous nions que le diacre, en donnant l'Eucharistie, dit qu'il donnait le véritable corps de Jésus-Christ* (1). Que donnait-il donc, et à quoi pouvait avoir rapport la confession courte contenue dans l'*amen*, s'il n'eût donné que les symboles ? Il ne faut point de foi ni d'*amen* pour ce que les yeux nous découvrent. Aussi depuis le commencement de la réformation il ne se trouve pas une seule forme d'administrer la cène où il y ait rien de semblable.

On a des preuves plus que suffisantes que l'ancienne Église n'a pas entendu autrement ces paroles que nous les entendons présentement, et cette matière a été si bien traitée dans *la Perpétuité de la foi*, qu'on n'y peut rien ajouter de nouveau. Aubertin a nié ce qui est constant par toutes sortes de témoignages de l'antiquité, et encore plus par la discipline. M. Claude y a joint des suppositions si étranges, qu'il ne faut pas s'étonner si elles n'étaient jamais venues dans l'esprit des plus habiles ministres. Car il suppose des premiers chrétiens qui ne savaient pas et ne se mettaient pas en peine de savoir en quel sens l'Eucharistie qui leur était présentée était le corps de Jésus-Christ ; comme si on ignorait que c'était la dernière et la principale instruction qu'on donnait aux catéchumènes, et de laquelle les SS. Pères rendent un témoignage si fréquent par ces paroles : *Nōrunt initiati*, les initiés savent ; ce qu'on ne disait qu'en termes généraux lorsque l'on parlait au peuple, parmi lequel il se trouvait des infidèles, et ceux qui entraient dans le catéchuménat. Que pouvaient donc savoir ces initiés, supposant le système de M. Claude ? Sera-ce que l'Eucharistie n'était pas véritablement le corps de Jésus-Christ ? C'était cependant ce qu'on leur prêchait et ce qu'on leur enseignait tous les jours dans les catéchèses publiques et particulières (Perpét., 1, traité 2, c. 2, tom. 1, l. 6, c. 3). Était-ce que l'Eucharistie était le corps de Jésus-Christ, comme Jésus-Christ

(1) Sicut facilè concedimus hæc verba ad Eucharistiam pertinere, contra pariter negamus diaconum Eucharistiam porrigentem dicere solitum se verum corpus Christi præbere. (*Aubert., de Euchar., l.* 2, p. 345.)

(Six.)

était la pierre, la porte, la vigne? On leur disait tout le contraire. Il faut donc supposer qu'ils n'avaient aucune créance certaine sur l'Eucharistie, ce qu'on ne peut entendre sans horreur; ou bien se les représenter comme n'en ayant qu'une idée confuse, ce qui n'a pas moins d'impiété ni d'extravagance. Car il aurait fallu que dans les temps les plus florissants de l'Église on eût laissé les chrétiens sans instruction, ou qu'on leur en eût donné une si confuse et si imparfaite, qu'elle n'eût pas suffi à leur apprendre ce que l'Église croyait sur l'Eucharistie; ou enfin qu'on les eût laissés dans une entière indifférence de ce qu'ils voulaient croire sur ce qu'il y avait de plus sacré dans les mystères de l'Église.

Toutes ces suppositions sont également fausses: car il est certain que les chrétiens étaient instruits, et nous avons encore la forme de ces instructions dans les Catéchèses de S. Cyrille de Jérusalem, dans celle de S. Grégoire de Nysse, et dans quelques autres. Il n'y a qu'à les lire pour reconnaître qu'elles n'étaient pas propres à former des calvinistes. Or on ne peut pas douter que le commun des chrétiens n'entendît ces Catéchèses et de semblables instructions selon le sens littéral; et on n'en trouve aucune autre qui pût servir à corriger l'effet que produisaient ces premières. On doit convenir de bonne foi que les interprétations forcées qu'Aubertin et les autres ministres ont voulu leur donner dans la suite, étaient fondées sur des subtilités dont le peuple n'était pas capable, et cependant personne n'était chrétien qu'il ne sût ce qu'il fallait croire sur l'Eucharistie; on doit supposer encore moins qu'ils pussent être dans cette indifférence où sont tant de protestants sur le sens des paroles de Jésus-Christ, non seulement parce qu'il ne s'en trouve aucun indice dans l'antiquité, et que toute l'Église s'est élevée d'abord contre ceux qui avaient enseigné quelque chose de semblable à la créance des calvinistes, mais parce qu'il est certain que tant de systèmes différents sur l'Eucharistie ne sont pas plus anciens que le schisme des protestants.

Ce qui regarde les premiers siècles ayant été suffisamment expliqué ne demande pas de nouveaux éclaircissements, et nous nous attacherons à ce qui regarde les derniers temps. Les Grecs et tous les Orientaux n'ont jamais connu d'autre doctrine sur l'Eucharistie que celle de la présence réelle; non seulement les théologiens, mais les catéchistes, les commentateurs des rites, et le simple peuple, se sont accordés sur ce sujet; et les prières qui sont entre les mains des laïques témoignent que jamais la créance n'a varié sur ce sujet.

Nous avons parlé de cette courte profession de foi qui consistait à dire *Amen* en recevant le corps de Jésus-Christ. Les Grecs y ont ajouté un grand nombre de prières et d'actes de foi qui prouvent incontestablement leur créance. On les trouve dans un office particulier qui fait partie de l'Horologe, et le titre est: Ἀκολουθία τῆς ἁγίας μεταλήψεως, *Office de la sainte communion*. Il comprend une longue suite de prières, de psaumes, d'hymnes, que chacun doit dire la veille et le jour de la communion et dans l'action de grâces. Toutes ces prières contiennent les termes les plus significatifs de la présence réelle; elles parlent de Jésus-Christ comme présent sur l'autel et entre les mains des prêtres, de la manducation réelle, de la sanctification des corps aussi bien que de l'âme par la réception du S.-Sacrement; en sorte que tout homme qui ne croit pas la présence réelle, non seulement ne les peut dire avec dévotion, mais il pourrait à peine les entendre. Il paraît aussi que les Grecs ne les entendent pas autrement, puisqu'en quelques éditions on trouve au commencement Jésus-Christ représenté comme étant dans un calice ou dans le disque eucharistique.

Entre plusieurs autres prières, ils disent celle-ci qu'ils attribuent à S. Jean Chrysostôme: *Je crois, Seigneur, et je confesse que vous êtes véritablement le Christ Fils de Dieu vivant, qui êtes venu au monde pour sauver les pécheurs, dont je suis le premier. Je crois aussi que c'est là votre propre corps immaculé, et votre sang précieux. Je vous prie donc d'avoir pitié de moi, et de m'accorder la rémission de mes péchés*, etc. Ces mêmes paroles sont marquées aussi dans les Liturgies grecques.

Les Syriens, jacobites et orthodoxes, ont diverses oraisons à peu près semblables. Dans un ancien Missel, il est marqué que *lorsque le prêtre tient le corps de Jésus-Christ entre ses mains, il dira: Vous êtes le Christ notre Dieu, vous êtes celui qui avez eu le côté percé pour nous sur le calvaire près de Jérusalem. Vous êtes l'Agneau qui ôtez les péchés du monde.* Dans une Liturgie particulière on trouve cette oraison de Denis Barsalibi, évêque d'Amid: *Nous croyons, nous confessons, et nous sommes assurés que c'est là le corps de sang, et le sang de ce même corps.*

On ne trouve pas dans la Liturgie commune des Syriens, qui est attribuée à S. Jacques, une formule tout-à-fait semblable; car ce que le peuple et le diacre doivent dire est ordinairement dans un livre à part. Mais dans celui-là il y a quelque chose qui répond à cette confession, quoique disposé d'une autre manière. C'est après que le prêtre a fait la profession de foi sur la Trinité, en disant: *Un seul Père saint*, etc., qui est répétée par le peuple. Le diacre dit: *Alleluia, alleluia : Gloire à celui qui nous donne son corps et son sang vivant, afin que nous obtenions la rémission de nos péchés. Gloire à celui dont l'Église et ses enfants boivent et chantent sa gloire.*

Quand le prêtre a fait la fraction de l'hostie, il en trempe une particule dans le calice, et il en touche en forme de croix les autres particules qui sont dans le disque sacré, en disant: *Le sang de Notre-Seigneur est aspergé sur son corps, au nom du Père et du Fils et du S.-Esprit*; après quoi il met la particule dans le calice, et il dit: *Vous avez mêlé, Seigneur, votre divinité avec notre humanité*, et le reste qui a été rapporté. Puis il dit: *Que nos corps soient sanctifiés, Seigneur, par votre saint corps, et que nos âmes soient purifiées* par votre sang propitiatoire. En donnant la communion, il dit : *Le corps et le sang de Notre-Seigneur Jésus-Christ vous sont donnés pour l'expiation et la rémission de vos fautes et de vos péchés en ce monde et en l'autre.* Durant que se fait la distribution de la communion au peuple, le diacre commence à chanter et le peuple continue cette hymne : *Mes frères, recevez le corps du Fils,* crie *l'Église; buvez son sang avec foi, et rendez-lui des cantiques de gloire. C'est là le calice que Notre-Seigneur a mêlé sur l'arbre de la croix; approchez, mortels, et en buvez, pour obtenir le pardon de vos fautes. Alleluia, alleluia. Gloire à celui duquel boit son troupeau, et par lequel il est purifié. Gloire à celui duquel l'Église et ses enfants mangent et lui rendent des cantiques de gloire. Alleluia. Gloire aussi à celui dont nous avons mangé le corps et bu le sang pour la rémission de nos fautes.* On continue de même plusieurs fois, en répétant par manière de répons les premières paroles. On voit donc que dans le sens simple et littéral elles signifient la présence réelle, et que, nonobstant la fausse remarque d'Aubertin et les gloses de M. Claude, le prêtre en donnant la communion dit qu'il donne le corps et le sang de Jésus-Christ. Si les Grecs et les autres Orientaux ont la même créance que les calvinistes, ou même que ceux des protestants qui admettent la réalité, qu'on nous cite quelque prière semblable qu'ils aient mise dans l'office de leur cène.

Mais la confession de l'église cophte est tellement claire, et si peu capable de toutes les fausses interprétations qu'on pourrait donner aux autres, qu'il n'y a pas lieu de s'étonner que les ministres qui ont cité divers passages des Liturgies n'aient pas fait la moindre mention de celle-ci. Elle se trouve néanmoins imprimée en latin au commencement du siècle dernier, dans la traduction qui en fut faite sur le manuscrit de Joseph Scaliger, et près de soixante ans auparavant dans la Liturgie éthiopienne, et dans sa traduction latine, ce qui fait voir le peu de bonne foi d'Aubertin et des autres ministres. Nous la donnerons donc traduite fidèlement sur le texte cophte, ainsi qu'elle est dans la Liturgie de S. Basile : *Le corps saint et le sang précieux de Jésus-Christ Fils de notre Dieu. Amen. Le saint et le précieux corps et le sang véritable de Jésus-Christ Fils de notre Dieu. Amen.* Ces paroles se disent en grec par le prêtre, par respect pour l'usage ancien, et cette circonstance est une preuve bien convaincante de l'antiquité de cette confession, puisque depuis le mahométisme on ne trouve pas qu'il y ait eu rien d'ajouté en grec à la Liturgie, la langue ayant cessé alors d'être en usage parmi les jacobites successeurs de Benjamin, patriarche d'Alexandrie, qui y fut rétabli après la prise de la ville. Après que le peuple a répondu amen, le prêtre dit en langue cophte : *Le corps et le sang d'Emmanuel notre Dieu est ceci en vérité. Amen. Je crois, je crois, je crois, et je confesse jusqu'au dernier soupir, que c'est là la chair* (il y a σάρξ dans le cophte), ou selon l'arabe, *que c'est là le corps vivifiant que votre Fils unique, notre Dieu et notre Sauveur Jésus-Christ a pris de Notre-Dame, la sainte Mère de Dieu, la sainte Marie, qu'il a fait une (ou un) avec sa divinité, sans mélange, sans confusion et sans altération. Il a fait une belle confession devant Ponce-Pilate. Il l'a donnée pour nous tous, sur le bois de la sainte croix par sa seule volonté. Je crois véritablement que sa divinité n'a pas abandonné son humanité, même un seul moment, ni pour un clin d'œil. Elle a été donnée pour nous, pour notre salut et pour la rémission des péchés, et pour la vie éternelle à celui qui la recevra. Je crois que tout cela est vrai. Amen.* Outre l'autorité de tous les manuscrits cophtes et arabes de la Liturgie de S. Basile, où cette confession se trouve en la manière qu'elle a été rapportée, on en a l'original grec dans un manuscrit grec et arabe de la Bibliothèque-du-Roi, que le savant Bernard de Montfaucon a cité dans sa Paléographie, et qu'il croit être au moins du douzième siècle. Cette confession se trouve marquée presque mot pour mot dans la seconde Liturgie, qui est celle de S. Grégoire; et dans celle de S. Cyrille qui est la troisième, il est marqué qu'on la prendra dans la Liturgie de S. Basile; le canon ou messe générale des Éthiopiens la rapporte de même que onze autres dont il n'y en a que trois imprimées, et enfin les auteurs égyptiens qui ont expliqué les cérémonies de l'église jacobite d'Alexandrie en font tous mention. Dans la Liturgie grecque de S. Marc, imprimée autrefois à Paris en 1583, sur une copie tirée d'un manuscrit ancien et très-entier du cardinal Sirlet, qui se trouve dans la bibliothèque des religieux grecs de S. Basile, à Rome, cette confession est marquée par les premiers mots, ainsi que dans la cophte de S. Cyrille qui est la même. L'autorité de cette confession de foi étant donc établie par l'usage ancien et par l'authenticité des textes, il faut l'examiner par parties.

La première, laquelle, comme nous avons remarqué, se dit en grec, est incontestablement la plus ancienne, non seulement parce que tout ce qui s'est conservé dans les offices ecclésiastiques en cette langue est de la plus grande antiquité, mais aussi parce qu'elle approche plus de la forme des premiers siècles. Quand l'usage du grec cessa entièrement à Alexandrie parmi les jacobites, ce qui fut au commencement de l'empire des Mahométans, on y ajouta la seconde partie, afin que le peuple entendît distinctement ce que l'Église dans la communion de laquelle il était croyait sur le mystère de l'Eucharistie. Les rubriques et les auteurs du pays ne marquent point si on la disait ordinairement en arabe; mais nous savons qu'en certaines occasions que nous marquerons ensuite, elle se disait en langue vulgaire. Les autres parties, qui ne regardent pas moins la créance des jacobites sur l'Incarnation que sur l'Eucharistie, ont été ajoutées depuis ; mais ce n'a pas été plus tard que le douzième siècle.

La preuve est tirée de l'histoire des patriarches d'Alexandrie. On trouve dans la vie de Gabriel fils de Tarich, qui est le soixante-dixième, et qui fut ordonné vers l'an 1128 de Jésus-Christ, qu'après son ordination faite à Alexandrie, il alla au monastère de S. Macaire dans le désert de Sceté, pour y être proclamé selon la coutume, ce qui ne se faisait qu'à une Liturgie solennelle que les patriarches y célébraient. Lorsqu'on fut à la communion, Gabriel prononça à haute voix la confession avec ces paroles : *Qu'il a pris de la sainte Vierge Marie, et l'a fait un avec sa divinité.* Les religieux en furent scandalisés, d'autant plus qu'en recevant la communion ils devaient prononcer les mêmes paroles, et ils en firent difficulté, parce qu'elles pouvaient avoir un mauvais sens, qui était celui de l'eutichianisme, et parce qu'ils n'avaient pas coutume de les dire. Gabriel s'excusa, disant que les évêques qui l'avaient ordonné la lui avaient prescrite dans les mêmes termes, de sorte qu'il ne pouvait pas la dire autrement qu'il avait fait le jour de son ordination, et qu'au surplus, elle ne contenait rien que d'orthodoxe, selon la doctrine de leur église. Il y eut sur ce sujet une conférence entre les évêques et les religieux, après laquelle il fut résolu qu'on ajouterait ces autres paroles : *sans mélange, sans confusion et sans altération.* Cependant dans la Thébaïde plusieurs refusèrent de rien ajouter, voulant demeurer dans l'ancien usage, et le patriarche ne crut pas les devoir contraindre à le changer. Il paraît donc par ce récit que dès le douzième siècle cette confession était déjà fort ancienne dans l'église cophte.

Le patriarche Jean, qui est le soixante-douzième, fut ordonné vers l'an de Jésus-Christ 1145. Macaire, évêque de Semnud, l'avertit que Salomon, abbé d'un monastère de S. Juste, et ses religieux, en disant cette même confession, avaient ajouté le mot *vivifiant,* et qu'ils disaient : *Je crois que c'est le corps vivifiant de Notre-Seigneur, qu'il a pris de la sainte Vierge.* Le patriarche assembla les évêques, qui, ayant examiné la question, jugèrent que la proposition était orthodoxe, parce que le corps de Jésus-Christ était véritablement vivifiant ; et on écrivit des lettres partout pour faire recevoir cette addition, qui fut acceptée dans l'Égypte et dans la Thébaïde excepté au monastère de S. Macaire, dont les religieux s'excusèrent sur ce qu'elle était ajoutée de nouveau, déclarant qu'ils s'en tenaient à l'ancien usage. Comme il ne se trouve aucun exemplaire où cette parole ne soit, on ne peut douter qu'elle n'ait été reçue partout dès le même siècle.

On reconnaît aussi par l'exemple du patriarche Gabriel que de son temps la coutume était établie d'exiger cette confession de ceux qui étaient ordonnés patriarches. Abulbircat marque qu'on observait la même chose à l'égard de ceux qui étaient ordonnés prêtres ou évêques. *Celui,* dit-il, *qui est ordonné prêtre s'approchera du patriarche, et il fera avec lui la fraction du corps de Jésus-Christ. Il tiendra sa droite appuyée sur sa gauche, ayant dessus une particule de l'Eucharistie. Le patriarche lui suggérera mot à mot la confession : « Je crois, »* etc., *qu'il répétera afin que chacun connaisse manifestement la vérité de sa foi, pendant que le corps de Jésus-Christ est dans sa main.*

Le même auteur parlant de l'ordination de l'évêque : *Le patriarche rompra avec lui l'Eucharistie, et lui suggérera la confession mot à mot dans sa langue, en sorte que celui qui est ordonné puisse l'entendre, afin que le patriarche puisse être assuré de sa foi par les paroles qu'il entendra de sa bouche; que si le patriarche ne sait pas la langue du nouvel évêque, il la lui suggérera en la langue dans laquelle il la prononce au sanctuaire.* Le patriarche Gabriel marque la même chose dans son rituel.

Si on voulait composer une confession de foi qui représentât exactement la créance des catholiques, on ne la pourrait faire plus claire et moins sujette à équivoque. Les cérémonies qui l'accompagnent ne permettent pas de douter qu'elle n'ait rapport à l'Eucharistie, et non pas seulement en général à la communion, dans laquelle seule on reçoit le corps et le sang de Jésus-Christ, suivant l'opinion des luthériens ; mais indépendamment de la réception, elle se rapporte à ce que le prêtre tient entre ses mains. Cela seul renverse tout le raisonnement d'Aubertin ; et s'il a eu la témérité de juger que l'ancienne Église ne disant que ces paroles : *Le corps de Jésus-Christ,* auxquelles on répondait : *Amen,* elles ne signifiaient pas qu'on crût qu'il fût véritablement présent dans l'Eucharistie, les catholiques peuvent, avec beaucoup plus de raison, tirer de la pratique très-ancienne de l'église d'Alexandrie une preuve beaucoup plus certaine de tout le contraire. Car on ne peut pas nier, comme a fait ce ministre, que le diacre lorsqu'il présente l'Eucharistie ne dise pas qu'il donne le véritable corps de Jésus-Christ, puisqu'il le dit expressément. Et quand les communiants répondent par trois fois qu'ils le croient, et le croiront jusqu'au dernier soupir, on demande si on peut dire qu'ils *ne croyaient pas plus que ce qui leur était présenté fût proprement le véritable corps de Jésus-Christ, qu'ils croyaient être eux-mêmes proprement parlant ce même corps, quoiqu'on leur dit aussi : Vous répondez amen à ce que vous êtes* (1). Il fait allusion au passage tiré d'un sermon de S. Augustin, où se trouvent ces paroles dans un sens bien différent, et qui n'a aucun rapport aux Orientaux.

Il n'y a personne qui ne convienne que l'église d'Alexandrie, qu'on ne peut accuser d'innovation sur le sujet de l'Eucharistie, sinon en parlant en l'air et sans preuves, n'ait pas plus d'autorité pour interpréter cette ancienne formule que n'en doit avoir Aubertin avec des sophismes si puérils. Car cette confession plus étendue est la même que l'ancienne et la plus simple, telle qu'était celle de la primitive Église ; et nous ferons voir l'origine de ce qu'on y a depuis ajouté. Or il est certain par cette discipline et par celle de tout l'Orient que les prêtres, en donnant l'Eucha-

(1) *Non magis utique credentes id quod porrigebatur et accipiebatur esse proprie Christi corpus, quàm se esse proprie illud ipsummet corpus, quamvis eis quoque diceretur : Ad id quod estis respondetis amen, et respondendo subscribitis.* Aubert., *loc. cit.*

ristie, disaient que ce qu'ils présentaient était le véritable corps de Jésus-Christ, et qu'il l'était en vérité. Il n'y a point de subtilité qui puisse donner un autre sens à ces paroles, puisqu'on les faisait prononcer aux nouveaux évêques et aux prêtres à la Liturgie de leur ordination, pendant qu'on leur voyait dans la main une particule consacrée.

Les paroles : *Il l'a fait un,* ou : *Il l'a uni avec sa divinité,* ne peuvent convenir en aucune manière aux fidèles comme corps mystique de Jésus-Christ, puisqu'il paraît bien clairement qu'il s'agit du mystère de l'Incarnation, et du corps naturel pris de la sainte Vierge ; car il n'y a qu'à ce corps et à la nature humaine que puisse convenir ce qui suit : *Sans confusion, sans mélange, sans altération,* non plus que l'épithète de *vivifiant.*

Mais on demande aux disciples d'Aubertin, s'ils ont jamais trouvé aucune formule qui pût signifier qu'on exigeât une confession pour reconnaître que les fidèles étaient le corps véritable de Jésus-Christ ? Ce qu'un orateur chrétien dit dans une homélie par rapport à une vérité de morale chrétienne qui se tire du mystère, mais qui n'est pas la substance du mystère, a-t-il jamais passé pour un article de foi, dont on rendît témoignage par une confession solennelle qui donne une idée toute contraire ? Car il faut avouer qu'il n'y a personne qui, voyant un évêque mettre entre les mains d'un prêtre qu'il ordonne une particule de l'Eucharistie, et qui lui entend dire qu'il croit que c'est là le vrai corps de Jésus-Christ, qu'il a pris de la sainte Vierge, ne croie pas que l'Eucharistie soit plus le corps de Jésus-Christ que le communiant l'est lui-même. Au moins nous sommes sûrs que jamais calviniste n'a fait une pareille confession, et que si on l'avait proposé dans leurs assemblées, le commentaire d'Aubertin ne l'aurait pas rendue supportable. S. Paul a dit que *nous sommes un corps et un pain, nous qui participons d'un même calice* : où trouvera-t-on des confessions de foi sur cette vérité ? Mais quand la première partie pourrait être expliquée de cette manière si forcée, on ne peut pas dire que les fidèles soient le sang répandu sur le Calvaire. En un mot, afin que de pareilles imaginations pussent avoir quelque autorité, il faudrait en donner des preuves qui détruisissent celles de fait que nous avons rapportées.

Il ne faut pas attendre à l'extrémité de la Liturgie pour faire une confession de foi qui n'ait pas de rapport à la réalité du sacrement. Il n'est pas nécessaire de mettre une particule consacrée dans la main d'un prêtre, ni de la montrer sur la patène aux communiants, pour leur faire dire que le peuple est le corps de Jésus-Christ. On ne s'est jamais servi de ces paroles : *Ceci est véritablement et réellement le corps de Jésus-Christ, pris de la sainte Vierge et uni à la nature divine : ceci est le sang qu'il a répandu sur le Calvaire,* pour signifier que ce n'est ni l'un ni l'autre. On n'a jamais mis au nombre des erreurs contre la foi, que le peuple ne fût pas le corps véritable de Jésus-Christ, dans lequel il avait souffert ; mais depuis le commencement de l'Église on a condamné comme une hérésie capitale de dire que le pain et le vin consacrés par le ministère des prêtres, et par l'avènement du Saint-Esprit, n'étaient pas le corps et le sang de Jésus-Christ. Enfin quand cette interprétation forcée pourrait convenir à l'ancienne formule, ce qu'on ne peut jamais prouver, elle ne conviendrait pas à celle de l'église d'Alexandrie telle que nous l'avons rapportée, qui n'est pas moins celle des orthodoxes que celle des jacobites, excepté dans la dernière partie, qui, regardant leur hérésie, n'a été ajoutée que longtemps après. Voici ce qui paraît de plus vraisemblable touchant l'occasion et le motif de cette addition : après la prise d'Alexandrie et la conquête de l'Égypte par les Mahométans, les orthodoxes ou melchites demeurèrent près d'un siècle sans évêques, et ils furent extrêmement persécutés par le patriarche Benjamin. Ils conservèrent à peine quelques églises ; et il est fort vraisemblable qu'il s'en trouvait en divers endroits, particulièrement dans la Thébaïde, qui n'avaient aucun exercice de leur religion. Il se pouvait faire, comme il est arrivé plusieurs fois, que les chrétiens peu éclairés, et qui se trouvaient sans sacrements, crussent que dans une telle nécessité il valait mieux recevoir l'Eucharistie dans l'église des jacobites, que de ne pas la recevoir du tout ; que les patriarches de cette secte s'en aperçurent, et que pour exclure ceux qui n'étaient pas de leur communion, ils ajoutèrent à la confession de foi sur l'Eucharistie, celle qui regardait la créance particulière des monophysites, qui contenait une abjuration de la foi orthodoxe. C'est ce qui paraît le plus vraisemblable sur l'origine de cette addition dont les auteurs ne parlent point, sinon pour marquer, comme nous avons vu, qu'elle était fort ancienne, puisque du douzième siècle l'usage s'en trouvait établi de temps immémorial.

CHAPITRE III.

Preuve de la conformité de la créance des Grecs et des Orientaux avec l'Église latine sur la présence réelle, tirée de l'adoration de l'Eucharistie

Parmi les points de discipline qui ont rapport à la présence réelle, il n'y en a point sur lequel les protestants aient poussé la témérité plus loin que sur l'adoration de l'Eucharistie. Comme ils l'avaient d'abord supprimée avant que d'examiner sur quoi elle était fondée, et si c'était une pratique ancienne de toute l'Église, ou un abus introduit par la suite des temps, il fallut chercher des raisons d'un changement si considérable dans la discipline. Elle était tellement ignorée dans les temps qui précédèrent la réformation, qu'il ne faut pas supposer que Luther et les autres premiers réformateurs la connussent mieux que ne faisaient alors les plus habiles théologiens. Luther, Zwingle et Calvin l'ignoraient, et les préjugés qu'ils ont établis sans avoir jamais consulté l'antiquité ont fait une telle impression sur leurs sectateurs, qu'à peine il se trouve un protestant qui ait écrit supportablement de la discipline eucharistique. On peut donc dire sans exagération que ce n'a été qu'après avoir détruit l'adoration de l'Eucharistie, qu'ils ont cherché des preuves dans l'antiquité pour justifier une innovation si hardie ; et ce qui est fort remarquable, c'est qu'ils n'en ont jamais produit que de négatives, qui dans la première chaleur de la réforme ont pu éblouir des ignorants ; mais qui, étant examinées, ne sont fondées que sur ce faux principe, qu'on doit rejeter tout ce qui ne se trouve pas marqué dans l'Écriture sainte pour la célébration de l'Eucharistie. Ils ont assez fait voir eux-mêmes la fausseté de ce principe ; puisque de ce seul modèle parfait et original qu'ils ont cru voir dans l'Écriture sainte, ils ont formé un si grand nombre d'offices pour l'administration de leur cène, qu'il est impossible de concilier les uns avec les autres, et encore moins avec ceux de l'ancienne Église ; au lieu que la latine, la grecque et toutes les orientales, conviennent en tout ce qu'il y a d'essentiel dans ces prières sacrées. Est-ce que les premiers chrétiens n'avaient pas l'Écriture sainte aussi bien que les premiers réformateurs, et ceux-ci savaient-ils mieux ce que les apôtres avaient établi sur ce sujet, et que la tradition avait conservé dans toutes les églises ?

Nos théologiens ont établi cette vérité pour ce qui regarde les premiers siècles, beaucoup plus solidement que les protestants n'ont prouvé le contraire ; puisque ceux-ci ne peuvent alléguer un seul passage qui prouve que l'adoration de l'Eucharistie ait été regardée dans l'Église primitive comme une superstition, encore moins comme une idolâtrie. *Lorsqu'ils enseignent*, disait Érasme, *que c'est une extrême impiété et une idolâtrie que d'adorer l'Eucharistie, ce qui s'est pratiqué avant le temps de S. Augustin et de S. Cyprien, et qui vient, comme on le doit croire, de la tradition des apôtres, ne condamnent-ils pas toute l'Église ? Qu'ils aient donc recours à cette église qui n'est connue de personne où chacun puisse faire tout ce qu'il lui plaît* (1). On ne croit pas qu'il y ait présentement des protestants assez ignorants pour vouloir rapporter le commencement de l'adoration de l'Eucharistie au temps d'Innocent IV. Plusieurs hommes très-habiles ont fait voir que l'usage en est aussi ancien que l'Église. Si on ne trouve pas la cérémonie marquée avec détail, c'est que ce qui regardait la discipline n'était pas écrit dans ces premiers temps ; mais l'usage constant et immémorial de toutes les églises est une preuve incontestable de son antiquité.

Dès qu'on a cru que Jésus-Christ Dieu et homme était véritablement présent dans le sacrement, il s'ensuivait par une conséquence nécessaire qu'on devait l'y adorer. C'est la remarque très-judicieuse que George Cassandre, théologien d'un grand mérite, a faite il y a longtemps sur ce sujet. Il cite le fameux passage de S. Ambroise : *C'est pourquoi par l'escabeau nous entendons la terre, et par la terre la chair de Jésus-Christ que nous adorons encore aujourd'hui dans les mystères, et que les apôtres ont adorée* (1). S. Augustin suit la même explication : *Dans l'incertitude où je suis*, dit ce grand saint, *je me tourne vers Jésus-Christ, et parce que je le cherche ici, je trouve comment on peut adorer sans impiété la terre et l'escabeau de ses pieds. Il a pris la terre de la terre, dont la chair qu'il a prise de Marie a été formée. C'est dans cette chair qu'il a marché sur la terre, et il nous a donné cette chair à manger pour notre salut. Or comme personne ne mange cette chair sans l'avoir auparavant adorée, on trouve ainsi qu'on peut, non seulement sans pécher, adorer l'escabeau des pieds du Seigneur, mais qu'on pèche en ne l'adorant pas.* S. Cyrille de Jérusalem, Théodoret et plusieurs autres Pères marquent aussi clairement que l'adoration de l'Eucharistie était établie par un usage constant de toute l'Église.

On sait bien que les protestants ont employé toutes sortes de subtilités pour éluder la force de ces passages, et nos théologiens ont assez fait voir combien elles étaient vaines et inutiles. Elles le paraîtront encore plus quand on fera réflexion qu'il ne s'agit pas d'expliquer un dogme, mais un fait, qui est si on adorait l'Eucharistie dans l'ancienne Église. Or il ne faut pas d'autre raisonnement que d'examiner quelle a été la pratique de tous les siècles, depuis le temps de S. Ambroise et de S. Augustin jusqu'à nous. Il ne se trouve sur cela aucune variation ; et la preuve la plus certaine qui regarde principalement notre dessein, est que toutes les communions séparées de l'Église romaine il y a douze cents ans et plus, ayant conservé la même discipline, il est impossible qu'elle ait été introduite par aucun abus, ni en conséquence de quelque innovation de doctrine. S'il y avait sur cela le moindre doute, ce serait à ceux qui le font naître à le prouver, ce que jamais aucun protestant n'a pu faire. Car, grâces à Dieu, nous ne sommes plus dans ces temps malheureux d'ignorance, où tout ce que disaient les premiers réformateurs était cru sans autre examen, et une erreur entraînait en toutes les autres. Quand ils déclamaient si fortement contre la messe de l'Église latine, et qu'ils la supprimaient partout où ils étaient les plus forts, si on avait fait voir qu'ils attaquaient aussi bien l'église grecque et toutes celles d'Orient ; que ce qu'ils attribuaient aux innovations des papes était observé également par ceux qui étaient séparés de la communion de Rome ; et que ce que la réforme traitait d'abus et d'idolâtrie était regardé comme une partie essentielle du culte

---

(1) *Cùm doceant summam impietatem et idololatriam esse adorare Eucharistiam, quod factum est ante ætatem Augustini et Cypriani, et, ut est credendum, ab ipsis traditum apostolis, nonne damnant totam Ecclesiam ? Confugiant ipsi ad illam nulli cognitam ecclesiam, sub cujus titulo cuique liceret quod lubet.* Erasm., epist. ad fratr. Infer. Germ.

(1) *Itaque per scabellum terra intelligitur, per terram autem caro Christi, quam hodiè quoque in mysteriis adoramus, et quam apostoli in Domino Jesu, ut supra diximus, adorarunt.* Ambr., de S. Spiritu l. 3, c. 11.

le plus sacré, ils n'auraient peut-être pas séduit tant de monde.

Car enfin quelles preuves les protestants ont-ils données pour faire voir qu'il ne fallait pas adorer l'Eucharistie, sinon qu'il ne s'en trouvait rien dans l'Écriture? Ils ont cependant conservé un grand nombre de pratiques qui ne s'y trouvent pas, comme on leur a fait voir. Mais en cette matière, toute leur théologie roule sur ce faux principe, qu'ils prétendent avoir prouvé que l'Eucharistie n'est pas véritablement le corps et le sang de Jésus-Christ; d'où il s'ensuit qu'il ne faut pas l'adorer. Si donc l'ancienne Église a cru le contraire, comme les Orientaux en sont persuadés, on ne peut douter qu'elle n'ait adoré l'Eucharistie.

Puisque le dessein de cet ouvrage est de ne s'attacher qu'à ce qui regarde la créance des Grecs modernes et des communions orientales, c'est à quoi nous nous arrêterons; d'autant plus que cet usage conservé hors de l'Église latine, aussi bien que dans sa communion, est une preuve incontestable de son antiquité. Car on ne peut rien supposer de plus absurde que l'introduction insensible d'un tel changement; et ce n'est pas une moindre absurdité que de prétendre qu'il se soit fait sans qu'il en paraisse le moindre vestige dans tout ce qui nous reste de monuments anciens de l'histoire ecclésiastique, et sans que personne se soit opposé à une cérémonie qui, selon les préjugés des protestants, n'est pas seulement un abus, mais une idolâtrie.

On ne peut pas douter que même avant le concile de Florence les Grecs n'adorassent l'Eucharistie, comme le prouve Siméon de Thessalonique, dont l'autorité est très-grande parmi eux, et qui vivait avant ce temps-là. Voici ses paroles : *Après l'oraison, la paix et l'inclination de tête qui marquent notre soumission envers Dieu, et l'union, on fait l'élévation du pain vivifiant, qui représente le crucifiement de notre Sauveur pour l'amour de nous; que Jésus-Christ même vient, qu'il se donne lui-même à nous, et qu'il est le même qui a été crucifié pour nous.* Ensuite il marque qu'on dit à haute voix : Τὰ ἅγια τοῖς ἁγίοις, *les choses saintes sont pour les saints*; puis la confession de foi : *Il n'y a qu'un seul Seigneur Jésus-Christ*; la division ou fraction, l'union des deux espèces; ensuite la communion de l'évêque, des prêtres et des diacres; après quoi il dit : *Ensuite, après qu'on a apporté les sacrées reliques du pain divin dans le calice sacré, il montre cela à tous, c'est-à-dire, Jésus-Christ et ce qui est son propre corps et son sang véritablement qu'il a sacrifiés pour nous, son peuple, qu'il a acquis; qu'il nous donne et qu'il nous permet de goûter, de voir et de toucher. C'est pourquoi le sacré peuple le voit (du fond) de l'âme, il l'adore, et il lui demande ce qui est nécessaire pour le salut..... Et il faut adorer de toute son âme, en se prosternant jusqu'à terre, le pain vivant, qui avec le sang est dans le calice.*

On trouve aussi l'adoration marquée dans les Liturgies dont les Grecs se servent, et qu'ils ont imprimées eux-mêmes pour leur usage. Il y est marqué que quand on montre l'Eucharistie un peu avant la communion, le prêtre fait son adoration dans le lieu où il est, ainsi que le diacre, disant tout bas : *Seigneur, soyez propice à moi pécheur*; ensuite que tout le peuple l'adore avec révérence. Le patriarche Denis, dans l'attestation solennelle qu'il donna de la créance de l'église de Constantinople en 1672, dont l'original est à la Bibliothèque-du-Roi : *Ce mystère de l'Eucharistie est un véritable culte divin, comme il en porte le nom; car en lui on adore d'un culte qui convient à Dieu le corps divinisé de Notre-Seigneur Jésus-Christ.* Le synode de Jérusalem de la même année déclare que *le corps et le sang du Seigneur qui sont dans le mystère de l'Eucharistie doivent être honorés extraordinairement, et être adorés du culte de latrie; l'adoration qui est rendue à la sainte Trinité étant la même que celle qui est due au corps et au sang du Seigneur.* C'est ce qui se trouve pareillement dans un grand nombre d'actes et d'attestations, ainsi que dans les ouvrages que le patriarche de Jérusalem Dosithée a fait imprimer en Moldavie depuis ce temps-là, et en dernier lieu dans la sentence synodale de Callinique, patriarche de Constantinople, contre les erreurs de Jean de Caryophylle en 1691.

On ne peut douter, à moins de vouloir croire M. Claude préférablement aux témoignages de toute la Grèce, que l'adoration n'y soit généralement pratiquée, quoique divers auteurs aient dit le contraire, et qu'ils aient trouvé créance parmi quelques catholiques. Le principal de ces témoins est Antoine Caucus, archevêque de Corfou, auteur le plus méprisable qui puisse être allégué sur de pareilles matières. L'origine de cette erreur, et ce qui l'a persuadée à d'autres, vient de ce que ceux qui l'ont reprochée les premiers aux Grecs, n'ont pas entendu leurs rites, et n'avaient dans l'esprit que ceux de l'Église latine; même ils ne la connaissaient que selon les usages présents, sans avoir la moindre lumière sur la discipline ancienne. Ils voyaient donc que les Grecs n'élevaient pas l'Eucharistie au même endroit de la Liturgie que les Latins, et il n'en fallut pas davantage pour faire conclure que puisqu'ils n'avaient pas l'élévation, il n'y avait point d'adoration. De ces deux faits également faux, ils ont tiré une conséquence encore plus fausse, qui est que l'église grecque n'adorait pas l'Eucharistie.

Il est vrai que les Grecs n'élèvent pas les dons sacrés dès que le prêtre a prononcé les paroles sacramentales de Notre-Seigneur; parce qu'en continuant les prières, ils disent sans interruption l'invocation du Saint-Esprit, après laquelle ils regardent la consécration comme achevée et consommée. Ce n'est pas comme quelques auteurs l'ont avancé, qu'ils nient que les paroles de Jésus-Christ opèrent dans la consécration; ils citent souvent à ce sujet les passages de S. Jean Chrysostôme, dont nos théologiens se servent pour combattre les Grecs modernes, et il n'y a aucune Liturgie grecque et orientale où elles ne se trouvent, si on en excepte deux ou trois qui ne sont pas fort en usage, et qui sont manifestement altérées. Ce sont les syriaques jacobites de S. Sixte, de S. Pierre et de Denis Barsalibi, où il paraît que les copistes ont fait un sens continu de ces paroles : *Accipite et comedite*, et des autres : *In remissionem peccatorum*, omettant celles-ci : HOC EST CORPUS MEUM *quod pro vobis tradetur*, qui se trouvent dans toutes les Liturgies de quelque langue et quelque secte qu'elles soient, sans aucune variation. Ils disent bien qu'après l'invocation du S.-Esprit la consécration est consommée ; mais ils n'ont jamais combattu ce qui est de foi dans l'Église catholique ; ils ont seulement défendu la discipline de leur Liturgie, et l'efficacité des prières sacerdotales, contre les scolastiques qui les avaient attaqués sur l'une et sur l'autre.

Ainsi, selon leur discipline, ils n'élèvent les saints mystères que peu de temps avant la communion ; ce qui a fait croire à ceux qui n'avaient pas examiné leurs rites avec assez de soin, qu'il n'y avait parmi eux aucune élévation de l'hostie, et par conséquent point d'adoration. Il y a encore un autre fondement de cette accusation qui n'est pas moins faux, c'est qu'on ne trouve dans les Liturgies anciennes rien de marqué pour l'adoration.

La première raison est entièrement détruite par l'usage constant de toutes les églises d'Orient, qui pratiquent cette cérémonie après qu'on a dit : *Sancta sanctis*, et cela suffit : car quand on adore l'Eucharistie en quelque partie de la Liturgie que ce soit, on ne peut pas dire qu'on manque à l'adoration. Dans la messe des présanctifiés, qui n'est en usage parmi nous que le vendredi-saint, on n'élève pas entièrement l'Eucharistie, à peine la montre-t-on un peu avant la communion du prêtre ; on ne dira pas pour cela qu'on ne l'adore point.

A l'égard des Liturgies, la plupart des raisonnements que les protestants, et même quelques catholiques en tirent, est souvent fondée sur des conjectures très-fausses : les uns prétendent qu'on ne peut s'en servir, parce qu'elles ne sont ni anciennes, telles que les Grecs les supposent, ni authentiques, à cause de la diversité des exemplaires ; et les autres ne balancent pas à les traiter comme des pièces fausses, parce qu'elles ne peuvent pas être aussi anciennes que les auteurs à qui on les a attribuées ; et ces remarques tombent particulièrement sur celle de S. Jean Chrysostôme.

Ce n'est pas connaître les Liturgies que d'en juger ainsi. Les prétendues marques de nouveauté, alléguées par divers auteurs, même catholiques, prouvent que les manuscrits sur lesquels ont été faites les premières éditions étaient peu anciens ; mais à l'égard des Liturgies en elles-mêmes, cela ne prouve rien. On se moquerait d'un homme qui prétendrait prouver que le canon latin est du temps de Charlemagne, parce que plusieurs des plus beaux et des plus anciens manuscrits qui restent dans les bibliothèques sont du temps de ce grand empereur, sous lequel l'Église a été si florissante par les lettres, qu'il favorisait extrêmement, et qu'il fit revivre, autant que par les grands hommes qu'il éleva aux premiers sièges, et par les fondations qu'il fit avec tant de magnificence. Les Liturgies grecques et les orientales étaient en usage longtemps avant les dates des manuscrits les plus anciens qui nous restent. Elles n'étaient pas l'ouvrage des particuliers, mais c'était des prières publiques, auxquelles l'usage continuel qu'en faisait l'Église donnait plus d'autorité qu'elles n'en pouvaient recevoir par les plus célèbres docteurs et les plus saints évêques. Cet usage est prouvé incontestablement de siècle en siècle, et c'est cela qui fait l'autorité et l'authenticité des Liturgies.

On n'y trouve pas ordinairement de rubriques, non plus que dans les anciens sacramentaires latins ; mais comme ce défaut n'empêche pas qu'on ne sache certainement les cérémonies que l'Église latine joignait aux prières, on sait de même celles de l'église grecque par les auteurs qui les expliquent ou qui les indiquent. La manière dont les fidèles recevaient la communion dans l'église de Jérusalem n'est pas marquée dans la Liturgie qui lui était propre, et qui était celle de S. Jacques ; mais S. Cyrille l'a marquée dans ses Catéchèses d'une manière fort précise, comme il se trouve plusieurs endroits dans S. Jean Chrysostôme qui font connaître les rites pratiqués à Constantinople. Ce n'est donc pas une marque de supposition ou de nouveauté de trouver ces mêmes cérémonies écrites dans les manuscrits du moyen âge ; c'est au contraire une preuve certaine de l'usage public qu'on en faisait, puisque même on le sait d'ailleurs, et que la pratique continuée jusqu'à ces derniers temps le confirme.

C'est aussi cette pratique qui a établi l'adoration parmi les Cophtes, avant même que les cérémonies fussent insérées, comme elles l'ont été depuis dans les Liturgies. La grecque de l'église d'Alexandrie, qui est appelée de S. Basile, marque l'élévation dans le temps où se dit : *Sancta sanctis*, elle est appelée ὕψωσις. La cophte, en plusieurs bons manuscrits, en parle de cette manière : *Le prêtre prend l'asbodicon*, c'est-à-dire, σῶμα δεσποτικὸν, *le corps du Seigneur, et l'élève autant qu'il peut, criant en même temps :* « *Sancta sanctis.* » Selon un autre exemplaire, dans lequel sont marqués les rites suivant le Rituel du patriarche Gabriel : *Le prêtre élève le corps du Seigneur, étendant ses mains, et inclinant sa tête ; puis il crie à haute voix :* « *Sancta sanctis ;* » *cependant tous ceux qui sont présents se prosterneront le visage contre terre.* Un autre manuscrit ajoute : *Tous ceux du peuple, c'est-à-dire, les laïques, se prosterneront, adorant Dieu en crainte et tremblement, demandant les larmes aux yeux, et en se frappant la poitrine avec componction, la rémission de leurs péchés*, etc. L'auteur du traité intitulé : *De la science ecclésiastique*, décrivant fort au long la Liturgie solennelle, dit : *Le prêtre, se tournant vers l'Orient avec respect, prendra une partie du corps saint qu'il élèvera, et en même temps on élèvera la croix et les cierges. Il criera à haute voix :* « *Sancta sanctis,* » *et le saint* corps demeurera ainsi élevé pendant une demi-heure. Tous les laïques qui seront dans l'église crieront : « KYRIE ELEISON, Seigneur, ayez pitié de nous, » étant à genoux et la tête découverte, si c'est un dimanche; les autres jours ils se prosterneront le visage contre terre, et quitteront leurs bonnets.

Dans le Rituel du patriarche Gabriel, la manière de distribuer la communion est ainsi prescrite : *Le diacre prendra le calice, et le portera d'abord au côté du Midi, étant accompagné d'un diacre portant un cierge allumé; tous les ministres qui servent à l'autel l'adoreront, inclinant leurs têtes, jusqu'à ce que le diacre se soit arrêté au côté du Septentrion. En même temps, le prêtre portant la patène dans laquelle est le pain consacré au corps de Jésus-Christ, et se tournant vers l'Occident, descendra hors du sanctuaire; il donnera la bénédiction au peuple, en faisant le signe de la croix avec la patène, et tous adoreront, se prosternant jusqu'à terre, petits et grands, puis on commencera à donner la communion. Chaque laïque en la recevant se prosternera jusqu'à terre devant l'autel de Dieu, et chacun communiera la tête découverte. Après que les hommes auront communié, le prêtre donnera comme auparavant la bénédiction avec la patène, et il ira à l'endroit où sont les femmes précédé d'un diacre portant un cierge allumé; et lorsqu'il passera, tous les laïques découvriront leurs têtes et se prosterneront devant Dieu... Lorsque le prêtre sera arrivé au lieu où sont les femmes, avant que de leur donner la communion, il fera la bénédiction comme auparavant avec la patène, ainsi qu'après, et de même lorsqu'il sera revenu à l'autel il se retournera vers l'Occident, et donnera la bénédiction au peuple, qui cependant étant prosterné jusqu'à terre, et adorant le Seigneur, dira : « Souvenez-vous de nous, Seigneur, lorsque vous viendrez en votre royaume; »* la confession : « Il n'y a qu'un Père saint, » etc., et celle qui regarde la foi de l'Eucharistie, dont il a été parlé ci-dessus.

Dans un traité intitulé : *Canon pour recevoir le saint corps*, il est dit, que *celui qui doit recevoir la communion doit demeurer debout derrière le prêtre durant toute la Liturgie, sans parler à personne et sans s'appuyer, sinon par un extrême besoin; ensuite être incliné respectueusement devant le Seigneur, jusqu'à ce qu'il ait reçu l'Eucharistie des mains du prêtre, se prosternant trois fois devant le saint corps, et ayant la tête découverte.*

On ne sait pas avec le même détail les cérémonies qui se pratiquent parmi les Syriens. Il y a dans le Nomocanon d'Albufarage une ancienne constitution de Jacques d'Édesse, qui marque que le prêtre ayant dit : *Sancta sanctis, élève et montre au peuple les sacrés mystères pour témoignage; qu'ensuite se dit la confession :* « Unus Pater sanctus, » et le reste. On ne peut douter que ces paroles ne signifient quelques prières semblables à celles que nous avons rapportées, tant de Barsalibi que de la Liturgie, et des hymnes que les diacres chantent dans l'église jacobite syrienne, aussi bien que parmi les nestoriens et les orthodoxes, dont le sens se rapporte à la présence réelle; et tout ce qui précède et accompagne la communion le confirme assez.

Nous ajouterons une preuve d'un autre genre, et dont chacun est capable. C'est une mignature ancienne qui se trouve dans un manuscrit cophte des quatre Évangiles écrit par Marc, fils de Zaraa, patriarche d'Alexandrie, ordonné vers l'an de Jésus-Christ 1164, par Michel, métropolitain de Damiette. Au chapitre 26 de S. Matthieu, Jésus-Christ est représenté devant un autel sur lequel il y a des hosties ou petits pains marqués d'une croix; S. Pierre est prosterné et reçoit ainsi la communion. Au-dessus de la figure il y a ces mots en arabe : *Notre-Seigneur Jésus-Christ donnant à ses disciples du pain qu'il avait consacré, et qu'il avait fait son corps et son sang*. On reconnaît dans cette figure la discipline pratiquée dans l'église jacobite d'Alexandrie. Le manuscrit est à la Bibliothèque-du-Roi, où il a été vu par un grand nombre de protestants, et autrefois par M. Lemoine, professeur de théologie en Hollande, qui avait ouï dire à quelqu'un qu'on tenait ce livre caché, parce qu'il y avait quelque chose qui n'était pas favorable à la créance de l'Église romaine, et qui ne le vit pas sans étonnement, lorsqu'il lui fut montré en présence de feu M. de Lacroix, interprète du roi, et de moi, par M. Clément, garde de la Bibliothèque-du-Roi. On ne trouve pas néanmoins qu'il ait jamais fait usage de cette découverte pour rendre témoignage à la vérité.

Dans la Liturgie nestorienne il est prescrit que *le prêtre, lorsqu'il aura fait la fraction de l'hostie, adorera devant l'autel, c'est-à-dire qu'il fera une profonde inclination, mais sans se prosterner; ensuite tenant sa main élevée, dans laquelle il y aura une particule consacrée, il la montrera au peuple, afin que chacun participe à la bénédiction et à la consignation*, c'est-à-dire, à la cérémonie de mêler ensemble les espèces, en faisant le signe de la croix sur le pain consacré avec une particule trempée dans le calice.

Puisque les protestants n'ont jamais eu d'argument plus fort à opposer aux catholiques, sinon celui qu'ils tiraient du défaut de l'élévation et de l'ostension de l'Eucharistie, dès qu'on en trouve la pratique dans toutes les églises d'Orient, la difficulté est finie. Mais il y a trois caractères certains de l'adoration, en y comprenant l'élévation que les protestants veulent qu'on regarde comme le principal. C'est véritablement celui qui frappe d'abord; et comme l'Église latine rend à Jésus-Christ dans l'Eucharistie le culte d'adoration lorsqu'on montre et qu'on élève le S. Sacrement, dans lequel nous le croyons véritablement présent, si on ne l'élève pas, ce défaut a pu faire croire qu'on ne l'adorait pas. Ainsi parce que Zagazabo, éthiopien, sur le récit duquel Damien de Goez composa sa relation, avait dit qu'on n'élevait pas en son pays l'Eucharistie, comme il voyait faire en Portugal, des auteurs ont accusé les Éthiopiens de ne la pas adorer, ce qui est faux, car ils suivent en tout la Liturgie d'Alexandrie.

Le caractère qui est comme le second, consiste

dans les marques extérieures de respect que les chrétiens rendent aux dons sanctifiés, et on n'en peut souhaiter de plus claires et de moins équivoques que celles qui se trouvent décrites dans les Rituels dont nous avons rapporté les témoignages. Car outre la simple inclination qui pourrait suffire dans ces églises, où la coutume est d'assister debout à tous les offices, il est marqué que les chrétiens se prosternent jusqu'à terre, et cela s'appelle encore parmi eux μετανοία, *pénitence*, parce qu'ils font beaucoup de pareils prosternements lorsqu'ils demandent à Dieu pardon de leurs péchés; et c'est une partie des pénitences que les confesseurs leur imposent. Ils ont la tête découverte, chose encore plus rare en des pays où on ne se découvre pas; enfin les luminaires avec lesquels on accompagne le sacrement lorsqu'on le porte au quartier des femmes, forment une preuve nouvelle.

Mais le caractère le plus essentiel est que les Grecs et tous les Orientaux adressent leurs prières à Jésus-Christ dans l'Eucharistie, en quoi ils reconnaissent qu'il y est véritablement présent avec sa divinité; car on ne peut demander qu'à Dieu la rémission des péchés, la sanctification et la vie éternelle. Or il est clair par diverses prières qui ont été rapportées, que les Grecs et les Orientaux les adressent à Jésus-Christ comme présent. On y lit que les anges environnent les autels, et y voient les mystères avec tremblement. Ils les représentent aussi quelquefois en cet état d'adoration autour de l'autel; et on en a un exemple dans l'attestation de Denis, patriarche de Constantinople, où est représenté Jésus-Christ en figure d'enfant dans le disque sacré ou patène, le calice à côté, et des chérubins tout autour.

On peut juger après ce qui a été rapporté dans ce chapitre, si M. Claude a eu raison de dire et de soutenir jusqu'à la fin sans aucune preuve, sinon de quelques témoignages d'auteurs fort méprisables, que les Grecs et généralement tous les chrétiens, excepté ceux de l'Église romaine, n'adoraient point l'Eucharistie.

CHAPITRE IV.

Preuve de la foi des Grecs et des Orientaux sur la présence réelle, parce qu'ils croient divers miracles de l'Eucharistie.

L'argument que les catholiques tirent des miracles de l'Eucharistie, dont il se trouve des témoignages incontestables dans l'antiquité la plus reculée, n'est pas une des moindres preuves dont ils se servent contre les protestants. Car il est certain qu'on ne peut croire comme véritables de tels miracles sans reconnaître la présence réelle. Il ne s'agit pas de la vérité ou de la fausseté du récit de ceux qui les rapportent ou qui les reçoivent comme véritables; ils ne peuvent être ni crus ni inventés par ceux qui ne la croient point. Donc les Grecs qui rapportent et qui croient ces sortes de miracles, et les Orientaux qui les reçoivent de même, ont une créance sur l'Eucharistie toute différente de ceux qui n'y reconnaissent aucun changement.

Un des plus anciens miracles de ce genre est celui que rapporte S. Cyprien, d'une petite fille qui, ayant été souillée par du vin offert aux idoles, pendant que ses parents s'étaient enfuis à cause de la persécution, ne put recevoir l'Eucharistie à laquelle on la présenta, mais la rejeta avec des contorsions et des mouvements qui n'avaient rien de naturel. Ce saint martyr en rapporte d'autres (Cypr., de Lapsis, p. 133, ed. Ox.), comme de celui qui ouvrant l'endroit où il avait mis l'Eucharistie, en vit sortir du feu; d'un autre qui ne trouva que de la cendre. Une femme macédonienne, du temps de S. Jean Chrysostôme (Sozom., l. 8, c. 5), trouva que le pain qu'elle avait apporté pour le prendre au lieu de l'Eucharistie s'était endurci dans sa bouche comme une pierre. Sainte Gorgonie (Niceph., l. 13, c. 7; Greg. Naz., or. 11) fut guérie d'un mal qui paraissait incurable, ayant ramassé les restes précieux de l'Eucharistie, et les ayant mêlés avec ses larmes. S. Satyre (de Obitu Sat., c. 43), frère de S. Ambroise, les ayant mis à son cou, et s'étant jeté à la mer fut sauvé du naufrage; et S. Augustin (op. Imp., l. 3, c. 162) rapporte qu'un nommé Acacius qui avait presque perdu la vue, fut guéri miraculeusement par l'Eucharistie que sa mère lui mit sur les yeux en forme de cataplasme. On ne parlera pas de divers autres miracles marqués par les auteurs des siècles suivants, et qui sont en très-grand nombre.

Les Grecs modernes et ceux du moyen âge en ont rapporté plusieurs. Agapius, religieux grec, qui fit imprimer en 1640 un livre en langue vulgaire, intitulé: *Le salut des pécheurs*, en a recueilli quelques-uns, et les auteurs de *la Perpétuité* se sont servis de son autorité contre M. Claude. Le livre a été traduit en arabe il y a déjà plusieurs années par les chrétiens du pays, non pas par un missionnaire qui n'en était pas capable, et ils le lisent avec édification. Mais afin de faire voir que ce n'est pas seulement dans les auteurs récents que se trouvent de pareils miracles, on en rapportera de plus anciens, tirés d'auteurs considérables dans leurs églises.

Les jacobites ont parmi leurs saints un Vaza, fils de Rejah, qu'ils disent avoir été converti à la religion chrétienne de mahométan qu'il était, par un miracle de S. Mercure, qui le transporta de la vallée de la Mecque au monastère de S. Macaire. Ce Vaza avait écrit sa vie, dans laquelle il rapporte qu'il y avait eu à Bagdad un jeune seigneur nommé Haschami, qui allait dans les églises, et prenait plaisir à répandre les saints mystères quand on célébrait la Liturgie. Il arriva un jour qu'étant prêt à faire comme à son ordinaire, il vit sur la patène sacrée un enfant, et il lui parut que le prêtre le divisait par morceaux, et qu'il donnait sa chair aux communiants. Il fut encore plus surpris lorsque ceux qui l'accompagnaient protestèrent qu'ils ne voyaient que du pain et du vin. Il s'adressa au prêtre après la fin du service. Celui-ci lui enseigna comment le Seigneur Jésus-Christ prit du pain et du vin, qu'il distribua à ses disciples, leur disant : « Prenez, mangez, CECI EST MON CORPS ; buvez, CECI QUI EST MON SANG. » Ses disciples, ajouta-t-il, *nous ont enseigné une prière que nous prononçons sur le pain et sur le vin, lorsque nous les offrons dessus l'autel : le pain est changé, et il est fait chair, et le vin est fait son sang, comme Dieu vous l'a fait voir aujourd'hui. Cependant à les voir extérieurement, c'est du pain et du vin ; car il n'y a personne au monde qui eût pu recevoir de la chair crue, et du sang nouvellement répandu.* Cette histoire est rapportée à la suite des Vies des patriarches d'Alexandrie écrites par Sévère, évêque d'Aschmonin, dans la Vie de Philothée, qui est le soixante-troisième, écrite par Michel, évêque de Tanis. Ce patriarche fut ordonné l'an de Jésus-Christ 982.

Cette même histoire se trouve en différents manuscrits ; ce qui fait voir que ceux qui la rapportent n'y voyaient rien d'impossible selon la créance de leur église. Sévère, l'auteur des Homélies de toute l'année, et divers théologiens, reconnaissent aussi la possibilité de semblables miracles, puisqu'après avoir dit qu'on devait croire sans aucun doute que *l'Eucharistie était le corps et le sang de Jésus-Christ*, ils ajoutent, *comme Dieu l'a quelquefois fait voir à des saints.*

Dans la Vie du patriarche Christodule, qui est le soixante-sixième, ordonné l'an de Jésus-Christ 1047, il est parlé d'un anachorète nommé Pierre, auquel ils attribuaient plusieurs miracles. Il avait été ordonné prêtre ; mais depuis qu'il s'était renfermé dans une cellule, il n'avait plus célébré la messe, et il avait un doigt toujours enveloppé. Avant qu'il mourût, son disciple lui fit tant d'instances, qu'il obtint que l'anachorète lui montrât son doigt, qui était rouge à l'extrémité comme si on l'eût trempé dans le sang, et il lui dit : *Un jour que je célébrais dans l'église appelée Hamara, tenant le calice et ayant un doigt sur le bord, je dis en moi-même : Est-il possible que cela soit fait le sang de Jésus-Christ ? Aussitôt le vin qui était dans le calice bouillonnant s'éleva jusqu'au bord, mon doigt en fut teint comme vous voyez ; et ma surprise fut si grande, que depuis ce temps-là je n'ai point célébré la messe, et je ne la célébrerai jamais.* Abuselah rapporte une histoire semblable, si ce n'est pas la même.

Dans la Vie de Simon, patriarche quarante-deuxième, vers l'an 700, il est rapporté qu'on lui donna du poison par trois fois, sans qu'il en reçût aucun mal, parce qu'on le lui avait donné après la communion : que la dernière fois il en fut malade à l'extrémité, et même qu'il en mourut, selon Elmacin qui fait mention de cette histoire, à cause qu'on le lui avait donné lorsqu'il était à jeun.

On lit dans la Vie de Jacob, patriarche cinquantième d'Alexandrie, écrite par Sévère, que de son temps, vers l'an de Jésus-Christ 826, les Mahométans ayant enlevé les vases sacrés d'une église, prirent entre autres un calice ; et qu'*un orfèvre ayant commencé à le rompre, en vit couler du sang en aussi grande abondance que si on eût tué un agneau, et que ce miracle étonna tellement les infidèles, qu'ils rendirent ces vases sacrés.*

Les nestoriens rapportent quelque chose de pareil dans l'histoire de Hananjéchua, catholique trente-huitième, ordonné vers l'an de Jésus-Christ 686. Ils disent qu'un méchant prêtre mit du poison dans le calice lorsqu'il devait célébrer la Liturgie, et qu'il n'en arriva aucun mal au catholique ; que ce miracle fit tant de bruit, que le prince Mardanschah, frère d'Abdelmélic, obligea les chrétiens de porter solennellement l'Eucharistie dans sa maison. Enfin dans la même histoire il est rapporté qu'à l'ordination de Jean, fils de Narsès, cinquante-deuxième catholique, l'an de Jésus-Christ 883, une muraille de l'église tomba et écrasa presque un homme ; que le catholique fit verser de l'eau dans le calice où on avait célébré les saints mystères ; qu'il l'en frotta, et le guérit. On pourrait, s'il était nécessaire, ramasser plusieurs autres semblables miracles ; mais il suffit qu'on en reçoive un, pour croire tous les autres possibles.

Aubertin n'a pas osé dire tout ce qu'il pensait touchant les premiers qui se trouvent rapportés par les SS. Pères ; mais il n'a pas fait de difficulté d'attribuer à l'esprit d'erreur ceux de ces derniers temps, et de les comparer à ce qui a été rapporté dans S. Irénée et dans S. Épiphane, de Marc, chef des marcosiens, qui, par un art magique, faisait que dans le temps qu'on offrait l'Eucharistie, la liqueur qui était dans le calice s'élevait jusqu'au bord et paraissait de couleur de sang. De cet exemple seul on tire de quoi confondre Aubertin et ses disciples.

Ils ne peuvent pas dire que l'église dans laquelle se sont faits les miracles rapportés par S. Cyprien, par S. Grégoire de Nazianze, S. Chrysostôme, S. Augustin, S. Prosper et les autres saints, ne soit la même dans laquelle a vécu Moschus, auteur du *Limonarium*, qui en rapporte plusieurs, et les autres qui ont écrit les Vies des anachorètes, après Palladius et Théodoret. Sur quel principe peut-on donc établir que ce qui était un miracle dans les premiers siècles devienne une opération du démon dans les suivants, puisqu'on ne peut s'imaginer aucune distinction solide entre ces miracles ? Ils tendent tous à imprimer un grand respect pour les saints mystères, parce qu'ils sont le corps et le sang de Jésus-Christ, à confirmer dans la foi ceux qui auraient pu en douter. Ils deviennent inutiles, et même ils ne peuvent avoir lieu partout où la présence réelle n'est pas reçue, et il n'en est pas arrivé un seul dans les églises prétendues réformées. Il fallait donc que du temps de S. Cyprien, de S. Jean Chrysostôme, et beaucoup plus tard, on crût autre chose parmi les chrétiens touchant l'Eucharistie que ce que croient les protestants. Il est inutile d'examiner si ces miracles sont vrais ou faux ; puisque la même raison qui les rend croyables sur le témoignage des anciens Pères, les confirme lorsqu'ils sont rapportés par les auteurs du moyen-âge, et que les uns et les autres sont fondés sur la conformité de la foi, sans laquelle on ne les peut croire. Car s'il était certain que les premiers chrétiens n'eussent pas cru que dans l'Eucharistie il y avait autre chose que du pain et du vin, on aurait tout sujet de douter de ce que rapportent S. Cyprien, S. Augustin et les autres, parce que leur autorité ne suffirait pas pour persuader ce qui aurait été absolument impossible et inutile. Il eût été impossible, non pas seulement selon le cours ordinaire de la nature, mais selon l'ordre de la grâce et de la sagesse de Dieu, qu'il se fût fait des miracles qui pouvaient induire les hommes en erreur, en leur faisant regarder le pain et le vin de l'Eucharistie comme ayant en soi-même quelque chose de surnaturel et de divin. Dieu ne tente personne, et c'était là une tentation à laquelle la faiblesse humaine n'eût pu résister ; d'autant plus que les saints évêques se servaient de ces miracles pour augmenter la terreur religieuse que devaient avoir les fidèles en s'approchant de la communion. Il eût été également inutile, car il ne faut aucun effet miraculeux pour persuader que dans l'Eucharistie il y a du pain et du vin, et que ce qu'on voit et ce qu'on reçoit n'est rien davantage ; ni pour prouver que celui qui les reçoit avec foi, communique et participe spirituellement au corps et au sang de Jésus-Christ : ces miracles ne le prouvent point.

Pour ce qui regarde cet imposteur Marc, il est difficile de comprendre quel avantage les protestants peuvent tirer de ce qu'on rapporte de lui. Les auteurs distinguent fort bien ses prestiges des véritables miracles ; mais on reconnaît que pour augmenter son crédit parmi ceux de sa secte, il leur voulait faire voir quelque effet miraculeux. C'était donc quelque chose qui pouvait les toucher ; et pour cela il faisait que le calice semblait être plein de sang bouillonnant, et qui le remplissait jusqu'aux bords. Ce miracle n'eût servi de rien à l'égard de ceux qui n'auraient pas cru que le sang de Jésus-Christ était véritablement dans le calice. Cet imposteur voulait donc faire paraître aux yeux de ses sectateurs ce que chaque chrétien croyait être dans l'Eucharistie, et il ne faut pas chercher d'autre sens.

Nectarius, patriarche de Jérusalem, dans son traité contre la primauté du pape, rapporte quelques miracles de l'Eucharistie pour répondre à l'objection qu'un religieux de S. François qui l'engagea à la dispute lui avait faite, qu'il n'y avait plus de miracles parmi les Grecs, ce qui marquait qu'ils n'étaient pas dans la véritable Église. Le patriarche répond qu'il y en a, et il en récite plusieurs, entre autres la conservation miraculeuse du pain consacré pour la messe des présanctifiés, qui était demeuré sans se corrompre pendant plus de deux cents ans. M. Allix qui a traduit cet ouvrage a fait une note sur cet endroit, dans laquelle il prétend que les miracles ne servent point à prouver la présence réelle ; et il cite à cette occasion une histoire qui est dans le *Limonarium* de Moschus, qui raconte qu'un homme ayant mis l'Eucharistie dans une armoire, il la trouva changée en épis ; il ajoute ce qui est rapporté par S. Grégoire pape, comme étant arrivé sous son prédécesseur, qui ayant fait toucher un de ces draps de soie appelés *brandea* aux reliques des martyrs, avait coupé ce drap avec des ciseaux, et qu'il en était sorti du sang.

Il faut examiner si cette comparaison fait quelque préjudice à la vérité de ces miracles ; puisque de quelque manière qu'ils se fassent, ils sont toujours des effets surnaturels. Les anciens chrétiens, aussi bien que les catholiques de ces derniers temps, ont regardé les sacrés dons du pain et du vin offerts sur les autels comme une matière déterminée, par l'institution de Jésus-Christ, à devenir par la consécration tout autre chose que ce qu'ils étaient. L'Église n'a jamais varié sur cette doctrine, ayant toujours cru que c'était le corps et le sang de Jésus-Christ, par conséquent quelque chose de divin. On le croit par la foi, quoiqu'on ne le voie pas ; mais suivant l'expression fort fréquente des théologiens orientaux, *de même que les apôtres voyant Jésus-Christ pendant qu'il était sur la terre, ne voyaient qu'un homme qui n'avait rien extérieurement qui le distinguât des autres hommes, et cependant ils croyaient fermement qu'il était le Fils de Dieu ; ainsi quoique nous ne voyions que du pain et du vin, nous devons croire néanmoins qu'ils sont le corps et le sang de Jésus-Christ.* Il fit sur la terre plusieurs miracles, parmi lesquels il n'y en eut qu'un seul qui allait directement à faire connaître sa majesté infinie cachée sous le voile de l'humanité, et ce fut dans sa transfiguration. Les autres prouvaient bien sa puissance divine, mais non pas sa nature divine, puisque Moïse, Élie, Élisée et d'autres prophètes, en avaient fait de semblables. Cependant personne ne dira qu'à l'exception du miracle de la transfiguration, les autres ne prouvassent pas sa divinité. On peut donc dire de même que les apparitions miraculeuses du corps de Jésus-Christ dans l'Eucharistie, sont le miracle du premier genre pour prouver la présence réelle ; mais que les autres ne la prouvent pas moins solidement, puisqu'ils supposent qu'il y a quelque chose de surnaturel et de divin dans l'Eucharistie qui produit ces effets miraculeux ; ce qui ne pourrait être s'il n'y avait que du pain et du vin, ou que toute la sanctification qu'ils peuvent recevoir, ne fût que dans la communion et par la foi de ceux qui la reçoivent. Aussi tous ceux qui rapportent ces miracles les attribuent à la sainteté de l'Eucharistie prise en elle-même. S. Cyprien parlant du miracle de cette petite fille, qui, ayant été souillée par les sacrifices, rejeta le sang précieux, dit ces paroles. *La boisson sanctifiée dans le sang du Seigneur sortit des entrailles souillées ; telle est la puissance et la majesté du Seigneur* (1). La boisson était sanctifiée par le sang du Seigneur : il fut donc reçu par cette petite fille, réellement et non par la foi, puisqu'elle n'en était pas capable.

Ces paroles de S. Cyprien ne prouvent pas néan-

(1) Sanctificatus in Domini sanguine potus, de pollutis visceribus erupit ; tanta est potestas Domini, tanta majestas.

moins la transsubstantiation, si on en croit Aubertin; mais on ne peut douter qu'elles ne prouvent la présence réelle. Les Anglais n'ont pas cru devoir nous renvoyer à ses commentaires, comme a fait celui qui a entrepris la dernière édition des Catéchèses de S. Cyrille de Jérusalem. Mais ils ont fait une note encore plus étrange sur le miracle rapporté ensuite par S. Cyprien, de celui qui ayant mis l'Eucharistie dans une armoire, ne trouva que de la cendre : *Que le pain eucharistique soit transsubstantié au corps du Seigneur, cela semble surpasser toute créance; mais c'est quelque chose de plus grand, si cela peut se faire, et ce que personne ne dira facilement, que le corps du Seigneur ait été changé en cendres* (1). Nous savons et nous le reconnaissons, comme les Grecs et tous les Orientaux, que le premier changement est naturellement incroyable, parce qu'il ne peut se faire sans un très-grand miracle; mais cela ne nous empêche pas de le croire ; et comme tout miracle est également impossible selon l'ordre de la nature, ils sont tous également faciles à Dieu, dont la puissance n'a point de bornes. C'est donc par cette raison que les Grecs et les Orientaux croient les miracles de l'Eucharistie, rapportés par les anciens et par les auteurs récents ; et ils sont persuadés qu'il s'en fait encore. Un protestant ne peut croire ces miracles, parce qu'il ne croit pas que la transsubstantiation soit possible; celui donc qui les croit, reconnaît non seulement la possibilité de ces miracles, mais il croit la transsubstantiation qui en est le fondement ; et c'est aussi ce que croient les Grecs, aussi bien que les Orientaux. Ainsi la note des Anglais ne signifie rien, sinon qu'on ne doit pas ajouter foi à ce que dit S. Cyprien, parce que ce serait supposer la transsubstantiation; ce qui est un raisonnement très-faux, et ce qu'on appelle dans les écoles *pétition de principe*. Quand ils ajoutent que *le changement du corps du Seigneur en cendres est encore quelque chose de plus incroyable*, ils font dire à S. Cyprien ce qu'il n'a pas dit ; puisque ses paroles signifient seulement que ce chrétien trouva de la cendre au lieu de l'Eucharistie. Il vaudrait mieux ne pas toucher aux écrits des Pères, que de les commenter d'une telle manière, pour traiter ces saints docteurs comme des imbéciles. Mais puisque le sens de cette note et des commentaires d'Aubertin se réduit à faire considérer ces miracles comme des fables, et ceux qui sont marqués par des auteurs plus modernes comme des prestiges, les protestants ne devraient pas perdre leur temps ni leurs paroles à essayer de nous persuader que ceux qui regardent de pareilles explications comme des blasphèmes et des impiétés, qui croient la transsubstantiation indépendamment des miracles, et qui reçoivent les miracles de l'Eucharistie comme croyables, parce que, supposant la trans-

(1) Panem eucharisticum in dominicum corpus transsubstantiari fidem videtur superare; sed majus quiddam, si fieri potest, quodque nemo facile dixerit, dominicum corpus in cineres fuisse conversum. *Not. ad Cypr.*, p. 133, *ed. Oxon.*

substantiation, ils ne paraissent pas impossibles, aient des sentiments conformes à ceux que leur attribue M. Claude.

CHAPITRE V.

Que les Grecs et les Orientaux ont toujours regardé avec horreur la profanation de l'Eucharistie, et qu'ils ont eu sur ce sujet les mêmes précautions que l'Église latine.

S'il y a eu quelque point dans le cours de la dispute sur *la Perpétuité de la foi*, où M. Claude ait fait paraître une confiance extraordinaire, c'est en ce qui regardait les suites de l'opinion de la présence réelle, et ce qu'une pareille doctrine doit produire naturellement dans tout ce qui a rapport à la discipline. Supposé, dit-il (première réponse, p. 485), *que toute l'Église ancienne eût cru ce que l'Église romaine croit aujourd'hui, ce serait la chose du monde la plus étrange, que cette créance n'eût pas produit les mêmes effets qu'elle a produits depuis Paschase et depuis Lanfranc... Il est certain*, dit-il ailleurs (v. Perp., t. 1, l. 10, c. 10), *que la communion sous une espèce est évidemment un fruit et une suite assez nécessaire de la transsubstantiation. Car il a fallu en venir là pour éviter les inconvénients où le sang propre et adorable de Jésus-Christ se trouve exposé si on donne le calice au peuple ; ce qui est une marque que ces inconvénients n'avaient point de lieu dans l'ancienne Église, puisqu'ils ne produisirent pas le même effet qu'ils ont produit depuis ; de sorte que le changement de pratique témoigne le changement de créance dans le fond même.* Il applique ce grand principe à tout ce que l'Église romaine pratique, non seulement dans la célébration des saints mystères, mais dans la communion, dans la réservation qui s'en fait pour les malades ; en un mot en tout ce qui a rapport au ministère des autels. Ceux qui ont lu avec quelque attention les écrits de M. Claude, savent que jamais il n'affirme rien sur un ton plus haut, que lorsqu'il n'en a pas la moindre preuve à fournir ; et ici il s'est surpassé lui-même. Car après la lecture de ses paroles, tout calviniste prévenu de la capacité et de la bonne foi de celui qu'il regardait comme son pasteur, ne doutera pas qu'avant Paschase et Lanfranc il ne se trouve rien dans toute l'antiquité qui donne lieu de croire que dans la primitive Église, on eût un plus grand respect pour ce qui avait été consacré et distribué aux fidèles comme le corps et le sang de Jésus-Christ, qu'on en a dans les assemblées que les protestants font pour la célébration de leur cène.

Mais on n'attribuera pas aux suites de l'opinion nouvelle de Paschase ce qu'on trouve dans Tertullien : *Nous souffrons avec peine qu'il tombe quelque chose à terre de notre calice et de notre pain* (1). On a cité souvent ces paroles de S. Augustin parlant au peuple comme d'une chose connue : *Quel soin ne prenons-nous pas lorsqu'on administre le corps de Jésus-*

(1) Calicis aut etiam panis nostri aliquid decuti in terram anxie patimur. *Tert. de Cor.*, c. 3.

Christ, afin qu'il ne tombe rien de nos mains à terre (1)! Ce passage a été cité comme étant de S. Augustin, par Gratien, par Yves de Chartres, et par les autres canonistes. Les révérends Pères bénédictins ont jugé qu'il pouvait être de Césarius, et celui-ci était long-temps avant Paschase et Lanfranc. Il ne faut pas s'étonner qu'il ne se trouve pas beaucoup de passages touchant cette discipline, puisqu'en ces derniers temps même on ne trouverait guère d'occasion de prêcher au peuple qu'il faut recevoir l'Eucharistie de manière qu'on ne la laisse pas tomber à terre. Il suffit de reconnaître que quand quelque chose de pareil est arrivé, les auteurs les plus anciens en ont parlé avec horreur comme d'un sacrilège.

Optat, dont l'autorité n'est pas moindre que l'antiquité, parmi les crimes atroces qu'il reproche aux donatistes, a mis la profanation de l'Eucharistie comme un des plus grands (2) : *Et quoique la chose vous paraisse légère, on commit un crime horrible. Car vos évêques, dont nous venons de parler, afin de violer toutes les choses les plus saintes et les plus sacrées, firent jeter l'Eucharistie à des chiens, ce qui ne se passa pas sans un signe manifeste du jugement de Dieu. Car ces mêmes chiens allumés de rage, se jetèrent sur leurs maîtres comme sur des inconnus et des ennemis, et les déchirèrent comme des larrons coupables d'avoir profané le saint corps de Jésus-Christ.* Il est impossible d'écrire ou de penser rien de semblable dans les principes des protestants. Parmi les calomnies dont les ariens attaquaient l'innocence de S. Athanase, on trouve qu'ils l'accusaient de ce que par son ordre le prêtre Macaire (3) avait troublé un autre prêtre pendant qu'il célébrait les saints mystères, et qu'il avait jeté les sacrements de notre salut. Dans le même endroit on trouve que les catholiques regardèrent comme un grand sacrilège que (4) Paul, évêque de Constantinople, faisait mener violemment les prêtres nus par la ville, leur ayant pendu au cou le corps consacré de Jésus-Christ, par une profanation publique, ce qu'on ne pouvait dire sans larmes. Il est dit ensuite que (5) *Lucius, arien, étant retourné à Andrinople, faisait jeter aux chiens le sacrifice fait par de saints prêtres, si on ose rapporter quelque chose de si étrange.* Palladius

(1) Et ideò quantâ sollicitudine observamus, quando nobis corpus Christi ministratur, ut nihil ex ipso de manibus nostris in terram cadat !
(2) Et quod vobis leve videtur, facinus immane commissum est. Ut omnia sacrosancta supra memorati vestri episcopi violarent, jusserunt Eucharistiam canibus fundi, non sine signo divini judicii. Nam iidem canes accensi rabie ipsos dominos suos, quasi latrones sancti corporis reos, dente vindice , tanquàm ignotos et inimicos laniaverunt.
(3) Scyrum presbyterum perturbâsse, et salutis nostræ sacramenta projecisse. (*Fragm. Hil.* , p. 1295, nov. ed.)
(4) Nudi ab ipso ad forum trahebantur presbyteri, et, quod cum lacrymis luctuque dicendum, consecratum Domini corpus ad sacerdotum colla suspensum palàm publicèque profanabat.
(5) Præterea Adrianopoli Lucius post reditum suum sacrificium à sanctis et integris sacerdotibus confectum, si fas est dicere, canibus projiciendum jubebat.

dans la Vie de S. Jean Chrysostôme exagère le crime des soldats envoyés contre les religieux, de *ce qu'ils jetèrent à terre les symboles des mystères*; ce que fit aussi à l'égard d'un diacre un officier nommé Lucius : et le saint en parle de la même manière dans sa lettre au pape Innocent I. De même Victor, dans son histoire de la persécution des Vendales (1) : *Dans le temps*, dit-il, *qu'on distribuait au peuple les sacrements de Dieu, ils entrèrent avec une grande fureur, et jetant sur le pavé le corps et le sang de Jésus-Christ, ils le foulèrent de leurs pieds immondes.* On trouve dans S. Prosper une histoire remarquable, d'une fille qui, étant possédée du démon, fut guérie après plus de quatre-vingts jours par l'Eucharistie. On la lui donna en une particule ; mais comme elle ne pouvait l'avaler, on lui donna le saint calice (2). *Le prêtre*, dit-il, *lui soutenant donc la tête, de peur qu'elle ne rejetât les choses saintes, un diacre suggéra que le prêtre lui présentât le calice salutaire. Aussitôt qu'on le lui eût approché de la bouche, le diable abandonna par le commandement du Sauveur le lieu qu'il avait obsédé, et la fille cria qu'elle avait avalé le sacrement qu'elle avait dans la bouche.*

Tous ces exemples sont, comme chacun sait, plus anciens que Paschase de plusieurs siècles ; et cependant ils supposent nécessairement ce que M. Claude nie avec tant de hardiesse. Il ne s'agit pas de la communion sous une espèce, mais des inconvéniens que ce ministre suppose l'avoir produite. On voit par ce qui est rapporté dans S. Prosper, que dans le temps même qu'on donnait encore le calice aux laïques, on avait soin de soutenir la tête de cette jeune fille, de peur qu'elle ne rejetât les choses saintes. On donnait encore le calice du temps d'Optat, de S. Athanase et de S. Chrysostôme ; et cependant on regardait comme un sacrilége et une horrible profanation lorsqu'il était répandu. C'est donc une supposition fausse de dire que l'attention à ces inconvéniens n'a eu lieu que depuis qu'on a retranché aux laïques la communion sous les deux espèces, puisque cette attention était la même plusieurs siècles auparavant ; mais puisque, de l'aveu des ministres, elle est une suite de la foi de la présence réelle, il s'ensuit qu'on la croyait du temps d'Optat, de S. Athanase, de S. Augustin et de S. Chrysostôme, puisqu'on craignait tous ces inconvéniens.

Ces sortes de témoignages des anciens sur des faits de notoriété publique, ne sont pas sujets comme les

(1) Tempore quo sacramenta Dei populo porrigebantur, introeuntes maximo cum furore, corpus Christi et sanguinem pavimento sparserunt, et illud pollutis pedibus calcaverunt. (*Vict. Vitensis*, cap. 13, p. 17.)
(2) Manu igitur faciem ejus sustentante sacerdote, ne sanctum projiceret, à quodam diacono suggestum est, ut calicem salutarem gutturi ejus pontifex appliquet. Quod ut factum est, statim ut locum illum quem diabolus obsederat Salvatoris imperio reliquit, Sacramentum quod ore gestabat, cum laude Redemptoris transglutisse puella clamavit. (*Prosper.*, *de Promiss.*

autres qui regardent le dogme à des explications forcées, telles qu'Aubertin et M. Claude en ont trouvé, pour faire dire aux Pères les choses les plus éloignées du sens naturel de leurs paroles. Il s'agit de faits. Un historien catholique qui rapportera dans une histoire un nombre infini de pareils sacriléges commis dans le commencement de la réforme, en parle de la même manière qu'Optat et S. Chrysostôme parlent de ceux qui furent commis de leur temps. Un calviniste n'y fera pas d'attention, ou, comme plusieurs ont fait, il louera une pareille action, et la considérera comme l'effet d'un grand zèle pour la pureté de l'Évangile. Dans les guerres civiles d'Angleterre, où les épiscopaux ont souvent éprouvé de semblables effets de la fureur des calvinistes, les premiers ont regardé ces actions comme des violences indignes des chrétiens, mais jamais comme des sacriléges. On n'en peut alléguer aucune raison, sinon que c'était du pain et du vin répandu. Donc, puisque les anciens en parlent tout autrement, et qu'ils regardent ces profanations comme le comble des sacriléges, ils pensaient sur l'Eucharistie tout autrement que les protestants.

Ils ne peuvent donc rien dire, sinon qu'il ne se trouve rien de prescrit sur ce sujet dans les anciens canons, et que ce n'a été que depuis le temps auquel ils tâchent de fixer leur prétendu changement de doctrine, que cette discipline s'est introduite dans l'Église romaine. Cette objection a tous les défauts que peuvent avoir les raisonnements les plus faux et les plus frivoles. Car elle est fondée sur ce principe, qu'il n'y a eu rien de pratiqué dans l'ancienne église, sinon ce qui s'y trouve marqué dans les canons; et sur un fait également faux, qui est qu'avant Paschase et Lanfranc, il ne se trouve rien de prescrit sur les précautions nécessaires pour administrer décemment l'Eucharistie. On peut y ajouter un troisième défaut, qui est de supposer que nous savons tout ce qui s'est pratiqué dans les siècles éloignés de nous, et que ce qui reste de monuments anciens, comprend tout ce qui s'est jamais observé dans l'Église touchant la discipline eucharistique. Enfin quand cette objection aurait quelque solidité, elle ne prouverait rien à l'égard des communions séparées plusieurs siècles auparavant de l'Église romaine, aussi bien que de la grecque; car les Cophtes et les Syriens, tant nestoriens que jacobites ou melchites, n'ont jamais entendu parler de Paschase ni de Lanfranc.

Le premier point est entièrement faux, puisque le seul témoignage de S. Basile prouve incontestablement que l'Église pratiquait plusieurs choses qui même alors n'étaient pas écrites, dont quelques-unes ont été conservées par les premiers réformateurs qui ont tâché inutilement de les prouver par l'Écriture sainte. Ils en ont supprimé plusieurs autres, comme le mélange de l'eau dans le calice; mais on voit qu'il était en usage dès le temps de S. Cyprien, de même que le baptême des enfants, et plusieurs autres points de discipline dont l'Écriture sainte ne nous parle point. Chaque église avait le dépôt de la tradition aussi bien que de la doctrine, et il n'était pas besoin d'écrire dans les premiers temps des règles qui se trouvaient établies et conservées par la pratique de toutes les églises. Il n'était pas nécessaire qu'au concile de Nicée, on mît par écrit et en détail tout ce qui devait être pratiqué de plus respectueux à l'égard de l'Eucharistie, puisqu'on ne l'a pas fait au concile de Trente. Si quelque protestant avançait que tout ce qui est prescrit dans les Rituels sur cette matière, est un ramas d'abus superstitieux que l'Église romaine n'approuve point, parce qu'elle ne les a jamais autorisés par aucune décision solennelle, chacun comprendrait combien cet argument serait faible et ridicule. Ce serait assez de faire remarquer que la pratique constante de l'Église les établit suffisamment : et il en est de même de l'ancienne Église; on n'y mettait point par écrit ce qui était connu et pratiqué par tous les chrétiens, et sur quoi il n'y avait aucune dispute. Il aurait été non seulement inutile, mais ridicule qu'un concile eût fait des canons pour ordonner qu'on honorerait l'Eucharistie, qu'on ne la jetterait pas à terre ou aux chiens; de même qu'on n'en a pas fait pour ordonner aux prêtres de ne tuer pas, de ne voler pas, et de ne pas commettre de pareils crimes. Il suffisait qu'on punît ceux qui en étaient coupables par de rudes pénitences. Il paraît que les ennemis de S. Athanase avaient un pareil dessein, quand ils le voulaient accuser de ce qu'un de ses prêtres avait jeté l'Eucharistie. C'était donc déjà une grande profanation, et un crime énorme du temps de ce saint, quoiqu'il ne s'en trouve aucune loi écrite, mais la pratique de toute l'Église était une loi non écrite, et c'est sur ce fondement que les catholiques sont en droit de prétendre que l'Église a toujours eu la même vénération pour les saints mystères; que cette marque de piété est une preuve certaine de la doctrine, et qu'il est contre toute raison de prétendre prouver qu'elle a souffert quelque changement, puisque la discipline se trouve la même.

L'autre point n'est pas moins faux, quand on suppose qu'il ne se trouve rien d'écrit touchant la discipline eucharistique avant Paschase. Quand ce fait serait véritable, il ne prouverait rien, parce que la pratique de l'Église en Orient et en Occident est assez clairement connue. Mais nous en pouvons donner des preuves directes et positives, qui détruisent entièrement celles des protestants qui sont toutes négatives. Car on trouve dans plusieurs anciennes collections de canons, des règles de visite des évêques, des Pénitentiaux, et d'autres semblables pièces qui éclaircissent suffisamment cette matière.

Réginon seul en fournit un grand nombre; et comme il n'était pas éloigné du temps de Paschase, qu'il n'a pas établi la discipline qu'il rapporte, mais qu'il l'a tirée d'auteurs plus anciens, son témoignage suffit pour détruire toute la proposition de M. Claude. Le livre de Réginon, intitulé : *De ecclesiasticis disciplinis*, avait été cité par le P. Morin dans son traité de la pénitence ; mais il ne fut imprimé qu'en 1659 à Helmstadt, par un protestant nommé Joachim Hildebrand, et, depuis, M. Baluze en a donné une édition beaucoup plus exacte. Il paraît que M. Claude n'en a jamais eu la moindre connaissance; car il est difficile de se persuader que, nonobstant sa hardiesse à affirmer les choses les plus fausses, ou qui lui étaient le plus inconnues, il eût osé avancer ce que nous avons rapporté en ses propres termes, s'il avait su que cet auteur était entre les mains de tout le monde.

Une des premières pièces qui se trouve dans Réginon, est la forme de l'enquête que doit faire l'évêque en visitant une paroisse. Un des points dont il doit s'informer est celui-ci : *De quel métal est le calice et la patène; s'il est net et conservé proprement, et en quel lieu on le met*, n. 7; *si le corporal est de fin linge et très-net, et où on le serre*, n. 9; *si le ciboire est toujours sur l'autel avec la sainte oblation, pour le viatique des malades*, n. 30; *si le prêtre, ce qu'à Dieu ne plaise, ose célébrer la messe après avoir bu ou mangé*, n. 63; *si le prêtre, après avoir célébré la messe, prend avec crainte et révérence ce qui reste du corps et du sang de Notre-Seigneur*. Dans le livre 1, chapitre 60, il rapporte cette règle tirée d'un concile de Reims : *Il faut avoir soin que la table de Jésus-Christ, c'est-à-dire, l'autel, où est consacré le corps du Seigneur, et où on boit son sang, soit honoré et tenu en grande vénération, qu'il soit couvert de linges très-propres, et d'autres ornements précieux avec grand soin, et qu'on ne mette rien dessus, sinon les châsses, avec les reliques des saints, et les quatre Évangiles*. Dans le chapitre 67 : *Que le calice du Seigneur et la patène, s'ils ne sont point d'or, soient au moins d'argent*. Il est ordonné dans le chapitre 68 que *le corporal ne demeurera jamais sur l'autel, mais qu'il sera mis dans le livre des sacrements, c'est-à-dire, dans le Missel, ou qu'il sera serré avec le calice et la patène dans un lieu fort propre; que quand il sera lavé, ce sera par le prêtre, le diacre ou un sous-diacre, dans l'église, et dans un vase destiné à ce seul usage, parce qu'il a été touché par le corps et le sang du Seigneur*. Dans le chapitre 70, en citant le concile de Tours : *Il est ordonné que chaque prêtre ou curé aura une boîte, ou un vase, digne d'un si grand sacrement, où le corps du Seigneur sera renfermé avec soin, afin de servir de viatique aux mourants. Et cette sacrée oblation doit être trempée dans le sang de Jésus-Christ, afin que le prêtre puisse véritablement dire au malade : Le corps et le sang de Jésus-Christ*, etc. *Qu'on y prenne garde toujours quand il sera sur l'autel, pour le préserver des rats, et d'être enlevé par des méchants; qu'on le change de trois en trois jours, c'est-à-dire, que le prêtre consume l'Eucharistie qui est dans le ciboire, et qu'on y mette une particule de celle qui aura été consacrée le jour même, de peur qu'étant gardée trop longtemps, elle ne se moisisse, ce qu'à Dieu ne plaise*. Dans le chapitre 120 sur l'autorité du concile de Reims : *Nous avons appris que quelques prêtres ont si peu d'égard pour les divins mystères, qu'ils donnent le sacré corps du Seigneur à des laïques et à des femmes pour le porter aux malades; et ainsi on donne le Saint des saints à ceux auxquels il est défendu d'approcher de l'autel, et d'entrer dans le sanctuaire. Chacun peut juger combien cela est horrible et détestable : ainsi le sacré synode défend qu'il se fasse désormais rien de semblable par une témérité présomptueuse*. Voilà quelques exemples de la discipline de ces temps-là, long-temps avant Paschase et Bérenger, et ces temps où les ministres veulent placer le changement de la foi sur l'Eucharistie. Il est aisé de reconnaître que cette discipline ne peut convenir qu'avec la créance de la présence réelle; d'autant plus que, comme on a remarqué, tous ces soins religieux, ou superstitieux, selon les calvinistes, ont été abolis d'abord partout où ils ont été les maîtres.

Mais la preuve est encore plus forte et plus sensible dans ce que le même auteur, qui a été suivi par Burchard, Gratien, Yves de Chartres, et beaucoup de Pénitentiaux, rapporte touchant le respect dû à l'Eucharistie, tant pour la recevoir que pour punir la profanation, quand même elle serait arrivée par négligence. Dans le chapitre 149, parmi les interrogations que le confesseur doit faire à son pénitent, il marque celle-ci : *Êtes-vous coupable de quelque négligence à l'égard du sacrifice du Seigneur? Vous ferez cent quarante jours de pénitence. Avez-vous communié du sacrifice du Seigneur sans vous abstenir de votre femme cinq ou sept jours auparavant? Vous ferez vingt jours de pénitence*. Et en un autre endroit : *Si quelqu'un par intempérance a vomi l'Eucharistie, il fera pénitence quarante jours*. Les canonistes suivants qui l'ont extrait, ou qui ont tiré leurs règles des anciens Pénitentiaux, rapportent plusieurs semblables pénitences. Ils citent tous comme une décrétale du pape Pie I ce qui se trouve dans le Pénitentiel de Théodore, archevêque de Cantorbéri : *Si par négligence on laisse tomber à terre quelque chose du sang de Notre-Seigneur, on lèchera l'endroit; et si c'est une table ou planche, on la raclera. De même si c'est à terre, on raclera le lieu, et on mettra du feu dessus; la cendre sera ramassée et enterrée sous l'autel; le prêtre fera quarante jours de pénitence. S'il tombe quelque goutte du calice sur l'autel, le prêtre la sucera, et fera pénitence trois jours. Si elle pénètre jusqu'à la seconde nappe, quatre jours; si jusqu'à la troisième, neuf jours; si elle pénètre la quatrième, vingt jours. On lavera les nappes trois fois, et l'eau sera versée dessous l'autel*.

Dans le même Pénitentiel de Théodore, il est ordonné que *celui qui aura vomi l'Eucharistie, lorsqu'elle sera ensuite consumée par les chiens, fera pénitence pendant un an ; elle est modérée à quarante jours, si le second accident n'est pas arrivé. La pénitence est aussi mitigée, si le vomissement n'est survenu que le soir ou le lendemain*; chap. 49. Dans le suivant, Burchard cite un canon du concile d'Orléans, par lequel il est ordonné que *tout sacrifice qui se trouvera entièrement gâté, sera brûlé, et la cendre enterrée près de l'autel*; chapitre 51 : *Si quelqu'un n'a pas conservé son sacrifice, c'est-à-dire, la particule de l'Eucharistie, avec soin, et qu'elle ait été mangée par un rat, ou par quelque autre animal, il fera pénitence quarante jours. Celui qui* l'aura perdue dans l'église, ou qui en aura laissé tomber une partie, qu'il ne pourra retrouver, fera pénitence durant vingt jours. Celui qui répand quelque chose du calice fera *six ou sept jours de pénitence*; et celui qui répand le calice pendant la célébration de la messe, *quarante jours*. *Celui par la négligence duquel il est arrivé que l'Eucharistie ait été corrompue et mangée par les vers, jeûnera trois quarantaines au pain et à l'eau. Si on la trouve, et qu'elle soit mangée de vers, il la faut brûler et mettre la cendre sous l'autel; celui qui y manquera sera soumis à une pénitence de quatre jours. Si elle a perdu sa couleur, la pénitence sera de vingt jours.* Dans le chapitre 52 : *Si l'Eucharistie tombe des mains du célébrant, et qu'on ne la trouve pas, il faut brûler ce qui se trouvera sur le lieu où elle sera tombée, et le prêtre fera pénitence durant six mois; si on trouve l'Eucharistie, on balayera l'endroit, sur lequel ensuite on brûlera de la paille; la cendre sera mise sous l'autel, et le prêtre fera pénitence durant vingt jours.*

Les mêmes pénitences sont prescrites par Egbert, archevêque d'York, par Bède, par Halitgarius, évêque de Cambrai, et par d'autres que rapporte le P. Morin, qui prescrivent les mêmes peines à l'égard de ceux par la négligence desquels l'Eucharistie tombe à terre, ou est profanée ; les mêmes soins pour ce qui reste des particules sacrées; en un mot, tout ce qui suit nécessairement de la créance de la présence réelle, et qui ne peut avoir lieu où elle n'est point reçue. Les auteurs qui rapportent sommairement cette discipline, la trouvèrent établie longtemps avant eux, et Théodore, Egbert et Bède sont plus anciens de beaucoup que le changement supposé par les ministres. La collection de Réginon n'était pas imprimée quand Aubertin fit son ouvrage; mais Burchard, Yves de Chartres et les autres canonistes, étaient entre les mains de tout le monde, et on y trouve la plus grande partie des citations de Réginon. Il était donc de la bonne foi de les examiner, avant que d'établir comme un fait certain qu'il ne se trouvait rien avant Paschase et Lanfranc qui eût rapport à ces inconvénients que l'opinion de la présence réelle peut seule faire craindre. On sait assez que M. Claude n'était pas capable de cet examen, croyant qu'il n'y avait rien qu'Aubertin eût ignoré en cette matière, et d'autres ont la même confiance sur la capacité et la bonne foi du dernier. Chacun en peut juger par les extraits qui ont été rapportés, et ceux que nous rapporterons dans la suite.

CHAPITRE VI.
Continuation des mêmes preuves tirées des livres grecs et orientaux.

Ce que M. Claude a employé pour prouver que les Grecs n'avaient aucun de ces soins qui marquent la foi de la présence réelle est si pitoyable, qu'on ne peut pas le regarder comme des preuves, puisque tout se réduit à quelques relations de voyageurs souvent peu instruits, qui leur reprochent l'irrévérence avec laquelle l'Eucharistie est administrée et conservée dans l'église grecque, et à quelques accusations d'auteurs qui, sur de fausses conséquences tirées de rites mal entendus, leur ont imputé des choses fort éloignées de la discipline qui s'y pratique depuis plusieurs siècles. Quelque jugement que les protestants aient fait des Liturgies grecques, et ils en ont fait de très-absurdes et insoutenables, aucun n'a encore jugé qu'elles ne fussent pas plus anciennes que Paschase, et même que S. Jean Damascène. On y trouve un grand nombre d'oraisons, et elles ont toutes rapport à des actions sacrées et mystérieuses, dans lesquelles consiste la célébration du sacrifice non sanglant. Il y avait donc dans l'usage de ces prières quelque chose de plus que ce que nous trouvons écrit dans les livres, ce qui a été depuis appelé *rubriques*. Chaque église les savait, comme il y a encore diverses cérémonies particulières à d'anciennes cathédrales, pratiquées depuis plusieurs siècles, qui souvent n'ont été écrites que fort tard. Les protestants ont donc tort quand ils prétendent rendre suspectes de nouveauté les rubriques qui se trouvent en diverses Liturgies, parce que rarement on les voit dans les plus anciens manuscrits, puisque les prières supposent des cérémonies. Par exemple, dans les anciennes Liturgies, il y en a plusieurs où on ne lit que les mots : *Sancta sanctis*, un peu avant la communion. Il est incertain si c'est le prêtre ou le diacre qui les prononce. C'est donc des auteurs grecs que nous apprenons qu'en plusieurs églises les prêtres les prononçaient, et en d'autres les diacres. Ces mêmes auteurs nous apprennent qu'en même temps on élevait la sainte Eucharistie. Donc lorsque dans une Liturgie grecque on lit à ce même endroit que le prêtre fait la sainte élévation, ἁγίων ὑψωσις, on ne doit pas juger que cette rubrique soit une marque de nouveauté, mais seulement que cet exemplaire a tous les rites qui manquent souvent dans les autres. Il en est de même de presque toutes les particularités qui regardent l'attention et le respect envers les saints mystères qu'on a toujours observés dans l'église orientale, parce que toutes les prières et les cérémonies y conduisent ; et si on ne les trouve pas dans les Liturgies, elles sont marquées ailleurs.

Pour ce qui regarde la question présente, quand on ne produirait aucun autre témoignage de l'antiquité que ceux qui regardent S. Athanase et S. Jean Chrysostôme, ils suffiraient pour démontrer qu'on regardait comme un grand crime la profanation de l'Eucharistie. S. Athanase répondant aux calomnies des ariens, dit ces paroles : *Autant que celui qui fait injure au corps mystique est impie, celui qui insulte au sang de Jésus-Christ l'est encore davantage*. Le reproche qu'il faisait à Paul de Constantinople, qui faisait attacher l'Eucharistie au cou des prêtres orthodoxes, et à Lucius qui la faisait jeter aux chiens, de même la plainte de S. Jean Chrysostôme au pape Innocent I, de ce *que le sang très-saint de Jésus-Christ avait été répandu sur les habits des soldats*, auraient été ridicules, comme ils le seraient encore dans la bouche

(Sept.)

des protestants, si ces saints n'avaient pas véritablement cru la présence réelle, et si tous ceux pour qui ils écrivaient ne l'avaient pas crue. Aussi les historiens ont remarqué ces sacriléges dont ils se plaignaient avec la même horreur qu'ils produisent dans l'esprit d'un catholique.

Afin de faire voir que les Grecs des temps postérieurs n'ont pas été dans une pratique différente de celle des Latins touchant le respect pour l'Eucharistie, nous commencerons par le témoignage de Théodore Balsamon, un des plus grands ennemis qu'ait eu jamais l'Église romaine. Dans ses réponses aux questions de Marc, patriarche d'Alexandrie, qui lui avait demandé quelle pénitence il fallait imposer à celui qui avait vomi après la sainte communion, il répond (Juris or. l. 5, quæst. 12, p. 368) : *Celui qui conserve saintement les choses saintes sera sanctifié, et celui qui trahira la grâce sera mis au rang des profanes. Si donc celui qui a reçu les divins mystères a vomi par intempérance, il sera puni par de plus rudes pénitences : si c'est par un accident d'infirmité, il sera traité plus doucement, selon la discrétion de l'évêque, car cela même est une action qui marque un abandon de Dieu.* Dans le même écrit (quæst. 11), il résout que *le jour qu'on a reçu la sainte communion, il n'est pas permis de prendre le bain ni de faire d'autres remèdes, sans une nécessité pressante. La raison exige justement que ceux qui ont célébré les saints mystères, devant et après le sacrifice, fléchissent les genoux devant Dieu avec piété et componction, pour lui rendre grâces de ce qu'il a bien voulu les faire participer au corps et au sang du Seigneur ; mais ils ne doivent pas s'amuser à des délices et à une mollesse comme est celle de prendre les bains d'eau chaude. Que s'il arrivait une maladie mortelle, on pourra ce jour-là saigner le malade.* Dans les Pénitentiaux grecs, parmi les questions que le confesseur fait au pénitent, on lui demande s'*il n'a point vomi après la communion*. Suivant celui qui porte le nom de Jean-le-Jeûneur, la pénitence est telle : *Celui qui a vomi après la divine communion sera séparé pendant quarante jours de la sainte table ; de plus il chantera tous les jours le psaume 50, et fera chaque jour cinquante métanées ou prosternements jusqu'à terre, quand même cela lui serait arrivé par pur accident.* Car encore qu'il ne croie pas y avoir donné occasion, cela lui doit être arrivé néanmoins à cause de quelques péchés. Dans un autre Pénitentiel anonyme qui se trouve en divers manuscrits, avec l'abrégé des canons de Blastarez : *Le prêtre ou le diacre qui renverse les dons sacrés fera pénitence durant deux ans ; il fera de plus dire douze Liturgies, et il jeûnera, ne mangeant que des choses sèches ; il fera cent prosternements, et il chantera sur le lieu même le psaume :* Beati immaculati. Il est ordonné ensuite que *le prêtre qui n'aura pas assez de soin des choses saintes qui lui auront été mises entre les mains, en sorte qu'elles soient consumées par quelque animal immonde, fera une pénitence de trois ans.* Dans les articles suivants : *Le prêtre qui, en rompant et distribuant le pain eucharistique, en laissera tomber quelque particule, fera deux cents prosternements.*

Il se trouve plusieurs semblables constitutions dans un Nomocanon donné au public par M. Cotelier (Monum. eccl. Gr., t. 1, c. 37) : *Le prêtre qui dormira avec sa femme, et qui célébrera la Liturgie le même jour sera en pénitence un an, et fera par jour cent prosternements.* Au chapitre 57 : *Le prêtre qui aura répandu l'Eucharistie sera deux ans en pénitence ; il fera célébrer douze Liturgies. Si c'est le pain qui est tombé, il le prendra ; si c'est le vin, on mettra ce qu'on en pourra recueillir dans un trou qu'il fera sous l'autel. S'il tombe quelque chose d'immonde, il le faut mettre à part et le jeter dans le feu ; les choses saintes qui restent, il les faudra prendre avec du vin.* Dans la version de M. Cotelier, ποίητα λειτουργίας ιϚ, est ainsi traduit : Duodecies officium recitet, qu'il récite douze fois l'office, et ce n'est pas là le sens. On voit bien que ce savant traducteur trouvait une difficulté très-bien fondée pour ne pas interpréter ces paroles de la messe ; car il n'y avait pas d'apparence qu'un prêtre en pénitence la pût célébrer ; puisque la première règle était que durant ce temps-là, il était exclu du ministère des autels. Mais les Pénitentiaux syriens, entre autres le traité de Denis Barsalibi, nous ont donné l'éclaircissement nécessaire ; car on y trouve la même chose. On voit donc que parmi les œuvres de pénitence, on ordonnait de faire célébrer une ou plusieurs Liturgies, pour lesquelles il fallait donner une rétribution, en sorte que c'était une espèce d'aumône introduite également pour les laïques et pour les prêtres. Au chapitre 58 : *Le prêtre qui néglige les choses saintes, en sorte qu'elles soient mangées par quelque animal immonde, fera pénitence pendant trois ans.* Chapitre 90 : *Celui qui durant la messe, par la malice du diable ennemi de tout bien, aura le malheur de répandre l'Eucharistie, fera un an de pénitence, et tous les jours, excepté le dimanche et le samedi, il se prosternera cent fois.* Mais cette pénitence est étendue jusqu'à trois ans dans un autre canon rapporté au nombre 143. Au chap. 273 : *Celui qui ayant communié, et qui ayant encore le saint don dans la bouche, le crachera de manière que quelque animal domestique, un mouton, une abeille s'attachent dessus, fera pénitence durant quatre ans, se prosternant cent fois.* Il se trouve plusieurs semblables canons dans d'autres Pénitentiaux ; et il n'est pas nécessaire d'en rapporter un plus grand nombre, puisque les Grecs ont assez témoigné dans ces derniers temps combien ils étaient offensés et surpris de la hardiesse de M. Claude.

C'est ce qu'ils ont marqué dans le synode de Jérusalem en 1672, que le patriarche Dosithée, qui y présidait, a fait imprimer en Moldavie plusieurs années après. Voici donc comme il y est parlé de l'objection de M. Claude : *C'est au reste la chose du monde la plus ridicule, que de conclure que les Grecs ne reconnaissent pas le changement réel et véritable du pain au corps de Jésus-Christ, parce que quelques prêtres orientaux conservent le pain sacré dans des vases de bois dans l'église, mais hors du sanctuaire, le tenant suspendu à une des* colonnes. Nous ne nions pas que quelques pauvres prêtres tiennent le corps de Notre-Seigneur dans des vases de bois; car Jésus-Christ n'est pas honoré par des marbres et d'autres pierres de prix; mais il demande de nous une foi saine et une conscience pure. C'est ce qui a rapport à ce que dit S. Paul : « Nous avons un trésor dans des vases de terre. » Mais où les églises ont le moyen de le faire, comme ici en Jérusalem, le corps du Seigneur est conservé avec honneur dans le sanctuaire de chaque église; étant toujours éclairé d'une lampe à sept branches. Je m'étonne aussi comment les hérétiques ayant vu en quelque église le corps de Notre-Seigneur suspendu hors du sanctuaire, dont peut-être les murailles tombaient de vieillesse, en ont conclu de pareilles absurdités; et qu'ils n'ont pas vu que sous l'hémicycle du sanctuaire, Jésus-Christ est représenté sous la forme d'un enfant dans la patène, ce qui aurait dû leur faire connaître que comme les Orientaux ne représentent pas dans la patène le type, la grâce ni aucune autre chose, mais Jésus-Christ même, ainsi ils croient que le pain de l'Eucharistie n'est point autre chose quelconque, mais qu'il est fait substantiellement le corps de Notre-Seigneur. Le miracle que rapporte Nectarius, d'une particule des présanctifiés, qui, étant trouvée dans une église de Candie, après un long espace d'années, jeta une odeur merveilleuse lorsqu'on la mit sur le feu pour la dessécher, est encore une preuve incontestable du respect qu'ont les Grecs pour l'Eucharistie. Il faut présentement parler des Orientaux; mais ce sera après avoir fait une remarque dans laquelle on reconnaîtra la mauvaise foi avec laquelle le ministre Claude a traité cette matière.

Il a affirmé dans sa première réponse, sans jamais s'en être rétracté, que toutes les sectes et communions séparées de l'Église romaine avaient ignoré l'adoration du S.-Sacrement et la réalité; et une de ses preuves est qu'on n'y connaît pas tous ces inconvénients, qui sont des suites nécessaires de la présence réelle. Une affirmation aussi positive suppose une connaissance exacte de la discipline de ceux dont on parle; et il est clair qu'il ne savait pas seulement leurs noms; qu'il n'avait jamais vu un seul de leurs livres; et que quand il a demandé qu'on lui prouvât qu'ils observaient cette discipline fondée sur l'opinion de la présence réelle, il a cru qu'on ne pourrait jamais le faire. Or, nous espérons montrer clairement, non par des raisonnements, mais par des preuves de fait, combien il s'est trompé sur ce sujet.

Quand on n'aurait pas de connaissance du détail de plusieurs pratiques qui regardent le respect que les Orientaux rendent à l'Eucharistie, on a si solidement prouvé leur créance, l'adoration qu'ils lui rendent, et les autres points essentiels, qu'en dispute réglée on pourrait supposer que toutes les suites de cette créance doivent s'y trouver nécessairement. On serait aussi en droit de demander aux protestants qu'ils prouvassent, par de bonnes autorités, qu'en Orient on n'a pas plus d'égard à ce qui reste après la communion qu'à du pain et à du vin ordinaires; que la pratique commune est de ne pas donner la communion aux malades; qu'on ne se met pas en peine quand l'Eucharistie est profanée ou répandue; et assurément ils ne le pourraient prouver. Mais, grâces à Dieu, les catholiques n'ont pas besoin de s'en tenir à ces preuves négatives, et ils en ont assez de positives pour confondre sur cet article les ennemis de l'Église, ainsi que sur tous les autres.

Ce qui a été rapporté ci-dessus des principales cérémonies observées dans la célébration de la Liturgie, pourrait suffisamment prouver le respect avec lequel les Orientaux honorent l'Eucharistie, puisque cette attention jusqu'aux moindres circonstances marque certainement qu'ils la regardent comme le véritable corps et le sang de Jésus-Christ. Le prêtre qui doit célébrer doit passer la nuit dans l'église, ou au moins veiller en priant; et en quelques églises, surtout parmi les nestoriens, comme l'ont rapporté des personnes dignes de foi, il emploie une partie de la nuit à préparer le pain eucharistique, ce qui se fait dans la sacristie avec d'assez longues prières.

C'est un point de discipline observé dans tout l'Orient, qu'on cuit le pain qui doit être employé au sacrifice la nuit ou le jour précédent; que les prêtres et les diacres y sont employés, et que cela se fait avec un très-grand soin. C'est ce que marque Echmimi, auteur égyptien, dans sa Collection de canons, chap. 14. Barsalibi, dans son traité particulier sur la célébration de la Liturgie, dit qu'il faut choisir les grains de froment l'un après l'autre, les éplucher avec soin, et prendre de même toutes les précautions pour le vin qui doit être consacré. Pierre, évêque de Mélikha, jacobite, reproche aux Francs ou aux Latins qu'ils se servent de pain cuit depuis quelques jours. Jacques d'Édesse et Jean de Talala, rapportés par Abulfarage dans son Nomocanon, prescrivent la même discipline que Barsalibi.

Le prêtre qui célèbre la messe doit s'être séparé de sa femme, en cas qu'il soit marié, un ou plusieurs jours, et même les laïques quand ils doivent communier. C'est ce que Sévère, évêque d'Aschmonin, marque dans son traité du jeûne des mercredis et des vendredis. Denis Barsalibi, dans ses Canons pénitentiaux, prescrit à ceux qui y manqueraient une pénitence de mille prosternations, des aumônes, et d'être séparés pendant un temps de la communion. A l'égard du prêtre qui a usé du mariage la veille du jour qu'il célèbre la Liturgie, il le soumet à la pénitence des fornicateurs. De même Jacques d'Édesse, Michel, évêque de Mélikha, et d'autres, excluent de l'autel celui auquel il est arrivé quelque illusion pendant la nuit. Ils défendent aussi le bain, la saignée et d'autres remèdes semblables, à moins d'une nécessité pressante, le jour de la communion, de même que les Grecs.

Pour la distribution des saints mystères, elle est prescrite dans le plus grand détail. Il est ordonné par le Rituel du patriarche Gabriel que, *quand le diacre porte le calice pour donner la communion, il* prenne grand soin de ne rien répandre; et pour plus grande sûreté, *il est défendu de le faire administrer par un jeune diacre, de peur que faute d'expérience il s'en acquitte mal. Dieu ne permette pas*, ajoute-t-il, *qu'il s'attache quelque chose des particules aux doigts des diacres, ou au voile de soie qui couvre le disque et le calice, ou que quelque particule tombe à terre. C'est pourquoi le diacre doit prendre garde que si la cuiller tombait dans le calice, il ne la retire pas, qu'il ne l'essuie pas à ses manches et qu'il ne la laisse pas tomber à terre; car cela lui attirerait l'indignation des hommes et la colère de Dieu, à cause de sa négligence.* Par cette même raison, dans la Collection de canons d'Echmimi, chap. 14, il y a un canon attribué à S. Basile, qui prescrit que *les particules sacrées soient divisées de telle manière que chaque communiant les puisse recevoir commodément et les manger, de sorte qu'il ne tombe rien à terre.*

Gabriel, fils de Tarich, patriarche jacobite d'Alexandrie soixante-dixième, qui fut ordonné l'an de Jésus-Christ 1131, parle ainsi dans ses constitutions synodales : *Celui qui n'est pas avancé en âge ne portera pas le calice, de peur qu'il ne s'en répande quelque chose, ce qui serait un très-grand péché; mais on en chargera celui qui sera capable de bien faire cette fonction.*

Dans la Collection de canons d'Ebnassal, chap. 13, il est ordonné *qu'on n'emplira pas le calice jusqu'aux bords, de peur qu'il ne se répande et qu'il en tombe quelque chose à terre.*

On trouve dans toutes les Collections orientales un recueil de canons appelés les seconds préceptes des apôtres, et au chapitre 44 on y lit ces paroles : *Chacun aura grand soin de prendre garde qu'aucun infidèle n'approche des sacrements; on ne prendra pas moins garde que quelque rat ou autre animal ne les mange, ou qu'il en tombe quelque chose à terre, puisqu'ils sont le corps et le sang de Jésus-Christ. C'est pourquoi tout fidèle qui en sera participant n'en doit pas être négligent à cet égard. Il ne faut pas non plus qu'il se répande rien de dedans le calice après qu'il a été béni au nom de Dieu, et que chacun le reçoit, parce que c'est le sang de Jésus-Christ. Prenez donc garde qu'il ne s'en répande rien, de peur que les esprits immondes ne le profanent, et que vous ne deveniez coupable du sang de Jésus-Christ; de ce sang par lequel vous avez été racheté et que vous méprisez.*

Dans un ancien recueil de questions et de réponses sur des matières canoniques touchant les prêtres et les religieux, on trouve cette question : *Lorsqu'il arrive au prêtre ou au diacre de laisser tomber quelque chose du corps et du sang sur l'autel, sur les ornements, ou hors de l'autel, que faut-il faire?* Voici la réponse : *Quand il tombe ainsi quelque chose sur l'autel, ou hors de l'autel, vous, ô prêtre, êtes responsable de cet accident. Il faut donc que le prêtre auquel cela est arrivé se retire pendant quarante jours du ministère de l'autel et de la communion, pendant lesquels il continuera la prière, le jeûne et l'abstinence de toute chose grasse;* chaque *nuit il fera cinquante prosternements, après quoi il retournera à son ministère.* Cette discipline se trouve en propres termes dans plusieurs autres canons.

Les Orientaux ne se contentent pas d'imposer des pénitences à ceux qui par négligence ou par accident laissent tomber à terre l'Eucharistie; ils ont aussi ces précautions qui, selon les calvinistes, naissent de l'opinion de la présence réelle. Car dans le Nomocanon des jacobites, recueilli par Albufarage, qui était mofrian ou catholique, et par conséquent la seconde personne de son église dans le patriarcat d'Antioche, cette discipline est ainsi expliquée : *Lorsqu'une particule du saint corps est tombée, on la cherchera avec grand soin, et lorsqu'elle aura été trouvée, l'endroit sera raclé en cas que le terrain soit de poussière; de cette raclure on en fera de petites pâtes qu'on donnera aux fidèles. Si on ne la trouvait pas, on ne laissera pas de racler le lieu aux endroits où elle pourrait être tombée. Que si le sang a été répandu, et que le lieu soit pavé de pierre, on mettra dessus des charbons ardents.* Cette règle est appuyée par l'autorité de Jacques d'Édesse, qui dit : *Si le saint calice est répandu contre la volonté de celui qui célèbre, il faudra racler l'endroit, soit que le terrain soit poudreux ou qu'il soit couvert de planches; la raclure sera brûlée. Si le lieu est pavé de pierre, on mettra dessus des charbons ardents.*

Denis Barsalibi, dans le traité de la célébration de l'Eucharistie. *Le prêtre,* dit-il, *doit apporter un grand soin afin qu'il ne tombe rien de l'Eucharistie ou du calice sur la terre ou sur le trône,* c'est-à-dire, sur le milieu de l'autel. *Si cela arrivait, l'endroit sera lavé avec de l'eau qu'il boira ensuite, et on brûlera l'endroit avec un cierge. C'est pourquoi il ne faut pas qu'il porte l'Eucharistie hors de la circonférence de la patène; et celui qui communie approchera sa bouche le plus près qu'il pourra, afin que si quelque chose tombait, ce fût dans la patène. Le diacre doit bien prendre garde à faire tout dans l'ordre lorsqu'il porte le calice, de peur qu'il ne se répande quelque chose à terre, afin que la colère de Dieu ne tombe pas sur lui si le calice se répandait.* On lit au même endroit une constitution du patriarche d'Alexandrie, Théodose : que *si le sang était répandu sur les habits des séculiers, on les lave avec grand soin avant que de s'en servir.*

Il se trouve en plusieurs manuscrits une collection de décisions, sous le titre de : *Questions et réponses suivant la doctrine des Pères,* où on propose cette difficulté : *Si quelqu'un vomit après avoir reçu la sainte communion, que faut-il faire à son égard?* Voici la réponse : *Si le vomissement est involontaire, et par un accident causé par une raison naturelle, il ne sera obligé à aucune autre pénitence, sinon à se prosterner cent fois, et il pourra communier au bout de trois jours. S'il est prêtre, et qu'il n'y ait personne que lui dans l'église qui puisse célébrer la Liturgie, il pourra le faire en cas de nécessité dès le second jour, après avoir accompli le nombre des prosternements. Mais on aura soin de ce qui a été rejeté par le vomissement, et on le jettera dans de l'eau courante ; ou bien on l'enterrera dans un lieu propre et décent, par respect pour l'Eucharistie. Si le vomissement est arrivé par intempérance et par excès de vin, la pénitence sera de quarante jours.*

On propose ensuite cette question : *Si celui qui jette continuellement de la pituite peut communier.* Voici la réponse : *Si cela arrive extraordinairement, il ne communiera pas ; si c'est une incommodité longue et habituelle, il pourra communier. Cependant lorsqu'il lui arrivera de cracher après la communion, que ce ne soit pas à terre ; mais qu'il conserve ce qu'il a rejeté pour le jeter dans la mer, ou dans l'eau courante, ou qu'il l'enterre en quelque endroit propre et décent.*

Michel, évêque de Mélikha, dans ses réponses canoniques, décide qu'*il ne faut pas donner la communion à celui qui est travaillé d'un vomissement continuel, sinon après avoir expérimenté durant quarante jours s'il ne sera pas soulagé par une grande diète.* Et au même traité, question 2 : *Celui qui par intempérance dans le boire ou dans le manger a vomi l'Eucharistie, sera séparé de la communion pendant quarante jours.*

Dans d'autres Canons pénitentiaux, nombre 94 : *Celui qui a craché du sang ne peut pas communier le même jour ;* et au nombre 106 : *Il n'est pas permis à celui qui a reçu le corps de Jésus-Christ de cracher le même jour, d'aller au bain ou de se faire raser, sinon sur le soir.*

CHAPITRE VII.

Continuation des mêmes preuves tirées de la discipline pratiquée à l'égard des particules sacrées qui restent après la Liturgie, de la communion des malades et des enfants.

Les preuves qui ont été rapportées jusqu'ici, et qu'il aurait été facile de multiplier considérablement, si on avait voulu rapporter tous les passages de plusieurs auteurs qui parlent de même, sont plus que suffisantes pour détruire celles que M. Claude a produites, si on peut appeler preuves deux ou trois témoignages de voyageurs mal informés, et de compilateurs ignorants, qu'on reconnaît partout n'avoir eu qu'une connaissance superficielle, et souvent très-fausse de la foi et des cérémonies de ceux qu'ils attaquent. Mais il nous en reste encore quelques-unes qui mettent la matière tellement en évidence, qu'il est inutile de chercher à en éluder la force par des explications fausses ou spécieuses, avec lesquelles on peut détourner des paroles de leur vrai sens, mais qu'on applique inutilement à des actions qui le déterminent. Ainsi un ministre comme Aubertin persuade à un calviniste ignorant que les passages fameux de S. Augustin et de quelques autres Pères pour l'adoration de l'Eucharistie, prouvent seulement qu'on adore Jésus-Christ dans le ciel et non pas dans le sacrement ; mais quand on trouve une oraison adressée à Jésus-Christ comme présent, et qu'il est marqué qu'elle se dira dans le temps que le prêtre présente l'Eucharistie, il n'y a point de pareils commentaires que cette discipline ne détruise. Que les ministres prouvent donc tant qu'ils voudront que les termes les plus clairs et les plus simples dont on puisse se servir pour exprimer la foi de la présence réelle ne la prouvent point ; une cérémonie qui la suppose de toute nécessité détermine le sens de ces paroles d'une manière à ne laisser aucun doute. Le plus hardi ministre, quand il se serait déclaré aussi fortement contre la présence réelle et la transsubstantiation qu'ont fait Aubertin et M. Claude, aurait-il jamais osé pratiquer aucun de ces points de discipline que nous venons d'expliquer, les regardant comme des actions de bienséance et non pas de religion ? Si un autre qui ne serait pas connu comme calviniste les pratiquait, toutes les explications qu'il donnerait selon les idées de ces deux ministres, suffiraient-elles pour le justifier auprès de ceux de sa communion ? Les premiers réformateurs les ont-ils jugées indifférentes ou compatibles avec leur doctrine, puisqu'ils les ont abolies ? On est par conséquent obligé de convenir que ceux qui les pratiquent croient nécessairement la présence réelle, puisque ceux qui ne la croient point les suppriment avec tant de soin.

Après donc avoir expliqué en assez grand détail ce que les Orientaux observent à l'égard de l'Eucharistie, lorsqu'on distribue la communion, nous ajouterons plusieurs autres remarques qui ont rapport à ce soin religieux qu'ils ont de ne pas donner lieu à la moindre profanation des espèces sacrées.

L'usage de la cuiller pour administrer la communion aux laïques n'est pas une moindre preuve que les autres de cette attention pleine de respect pour les saints mystères. L'opinion commune des Grecs est que la coutume en fut établie par S. Jean Chrysostôme ; et quoique cette tradition ne soit pas certaine, au moins l'antiquité de cette pratique est incontestable, puisque les nestoriens et les jacobites la conservent pareillement ; ce qui fait voir qu'elle est plus ancienne que les schismes de ces deux sectes. Tous les auteurs qui en ont parlé conviennent que la communion donnée de cette manière a été introduite pour prévenir l'effusion du calice ; précaution fort inutile, et qui ne peut venir dans l'esprit à ceux qui ne croient pas qu'il contienne autre chose que du vin, et que les protestants n'ont jamais prise. Pourquoi donc leurs ministres n'en parlent-ils point de ce point de discipline, qu'on ne dira pas avoir été imité de l'Église romaine qui ne la pratique point ? Le nom de λαϐίς, qui signifie une *pincette*, et qui fait allusion au charbon que le chérubin prit sur l'autel pour toucher les lèvres d'Isaïe, fait assez voir l'opinion qu'ils en ont, aussi bien que la consécration qu'ils en font, dans laquelle, selon le Rituel du patriarche Gabriel, il est dit qu'*elle servira à contenir les membres* ou les *parties du corps de Jésus-Christ.*

Après la communion, les Rituels et les rubriques recommandent aux prêtres et aux diacres de nettoyer avec un très-grand soin le disque, le calice et la cuiller, prenant garde surtout qu'aucune particule sacrée n'échappe à leur vue. L'eau avec laquelle on les lave est bue par le diacre par manière d'ablution ; le célébrant lave ensuite ses mains par trois fois, et boit cette eau pareillement, de sorte qu'il n'est pas permis de la répandre à terre, et c'est ce que prescrit le patriarche Gabriel.

En d'autres constitutions plus anciennes de l'église cophte, *il est défendu aux prêtres de donner à aucun laïque le soin de laver le calice et les autres vases sacrés, ou de permettre qu'ils boivent l'eau de l'ablution, qui doit être bue par les prêtres et par les diacres qui ont officié ; et ceux*, ajoutent ces constitutions, *qui manqueront à quoi que ce soit de ces articles de discipline, seront soumis au jugement de Dieu.* Echmimi, qui est encore plus ancien, finit ce qu'il rapporte sur ce sujet en disant *que les prêtres et les diacres doivent apporter un très-grand soin afin qu'il ne reste rien de l'Eucharistie, de peur qu'ils n'en soient punis très-rigoureusement comme le enfants d'Héli, que le Saint-Esprit fit périr, à cause qu'ils administraient négligemment les sacrifices qui étaient offerts au Seigneur ; car ce châtiment est bien plus à craindre pour ceux qui administrent négligemment le corps et le sang de Notre-Seigneur Jésus-Christ, croyant que c'est une nourriture corporelle et non spirituelle.*

Dans les *Questions et Réponses suivant la doctrine des Pères*, ce qui regarde cette discipline est exposé avec détail. Voici la question : *Après la communion, lorsque la Liturgie est finie, et que le prêtre, ayant lavé les vases sacrés, a bu l'eau de l'ablution, s'il se trouve une particule du saint corps sur la table de l'autel ou dans le corporal, que doit-il faire? La recevra-t-il après avoir pris l'ablution ? L'eau qu'il a bue doit-elle être regardée comme lui ayant fait rompre son jeûne ou non, à cause qu'elle est entrée dans la patène et dans le calice qui étaient imbus du corps saint et du sang précieux?* Réponse : *Lorsque le sacré ministère de la Liturgie est achevé, que le prêtre a lavé les vases sacrés et qu'il a bu l'eau de leur ablution, s'il se trouve quelque particule du corps, ainsi qu'il a été dit ci-dessus, il ne doit pas la prendre en aucune manière ; mais il examinera s'il y a là quelque prêtre de ses collègues, ou quelque diacre qui ait communié et qui n'ait point pris l'eau de l'ablution ; et s'il s'en trouve quelqu'un, il lui donnera cette particule du saint corps qu'il a trouvée. Ensuite il lavera encore ses mains dans la patène, et il donnera l'eau de l'ablution à boire à celui qui aura reçu la particule. S'il n'y avait aucun ecclésiastique ou laïque à jeun et en état de recevoir la communion, le prêtre se gardera bien de la prendre, après qu'il aura pris l'eau de l'ablution des vases sacrés et de ses mains, la Liturgie étant finie, et la distribution du corps de Jésus-Christ étant faite, parce qu'il a rompu son jeûne par l'eau qu'il a bue, et qu'ainsi il ne peut recevoir la communion du saint corps. Il mettra donc cette particule qu'il a trouvée dans la patène, et il allumera autour deux cierges et une lampe du côté de l'Orient ; puis lui-même demeurera à la garde de ce corps jusqu'au lendemain ; et quand on célébrera la Liturgie, il le recevra à jeun sans faire aucune fonction à l'autel, et il lavera ses mains avec de l'eau qu'il boira. Après tout cela, il fera une très-rude pénitence, à cause de la négligence qu'il a eue à l'égard du corps et du sang du Fils de Dieu qui a été répandu pour le salut des créatures. Que s'il ne pouvait seul veiller à la garde du saint corps jusqu'au lendemain à cause de la veille de la nuit précédente, il pourra se faire relever par quelqu'un des prêtres ou des diacres les plus craignant Dieu.*

Dans une autre collection : *S'il arrive qu'au jour de quelque fête solennelle il reste quelque chose de l'Eucharistie, il faut l'honorer, et le jour suivant les prêtres le partageront entre eux et en communieront. S'il ne se trouvait personne qui le pût recevoir, il faudrait l'ensevelir en quelque lieu avec respect, et ne le pas brûler ; car la dignité des corps saints ne permet pas qu'on les brûle ; mais on les enterre.* On convient que cette raison n'est pas démonstrative ; mais ce n'est pas de cela qu'il s'agit, c'est du fait par lequel on reconnaît assez qu'on évitait par toute sorte de moyens la profanation de l'Eucharistie.

Dans un Ordre général de la célébration de la Liturgie, selon les jacobites, après avoir marqué le soin avec lequel le prêtre doit nettoyer la patène, il est ordonné qu'il dira ces paroles : *S'il reste quelque membre ou particule du corps de Jésus-Christ, il demeure recommandé à votre sagesse, Seigneur, qui avez créé le monde. Si quelque particule est demeurée, soyez-en le gardien, et nous faites miséricorde.*

Dans le Nomocanon syrien, on lit une constitution du patriarche Théodose, qui ordonne que si *une partie de l'oblation se trouve moisie pour avoir été gardée trop longtemps, on la doit consumer par le feu.*

Jacques d'Édesse ordonne cependant que *cette Eucharistie moisie soit mise dans du vin et prise par les prêtres, sans que les laïques soient présents ; mais qu'on ne la jette pas dans l'eau.*

On sait que dans les premiers siècles de l'Église les fidèles emportaient avec eux l'Eucharistie, et qu'ils la conservaient dans leurs maisons ; et cette coutume fut abrogée dans la suite. Elle s'était néanmoins conservée apparemment assez longtemps, puisqu'on apprend par un passage de Jacques d'Édesse rapporté dans le Nomocanon syrien, qu'il y avait des personnes qui la pratiquaient encore, ce qui donna lieu à cette constitution : *Il est défendu aux fidèles de conserver des particules de l'Eucharistie par manière de reliques, et de les porter pendues à leur cou.* Et ensuite : *Ceux qui enferment des particules de l'Eucharistie dans du parchemin, ou les portent dans une croix pendue à leur cou, ou les mettent dans leurs lits et dans leurs chambres avec des ossements des martyrs, qu'ils cessent de le faire, ou qu'ils soient excommuniés. On leur peut donner de l'eau et de l'huile qui auront été mis avec foi sous la table de vie pendant la célébration des saints mystères, et ils pourront s'en servir, s'ils le demandent, pour le soulagement des malades. On pourra aussi leur donner de la poussière de l'autel, seulement pour mêler avec leur nourriture ou avec leur boisson, non pas pour la porter sur soi, ni pour la jeter dans leurs maisons, ou la répandre dans les champs, ou pour la pendre au cou de leurs bestiaux.* On a rapporté ci-devant que de la poussière qui avait été raclée du lieu où par hasard l'Eucharistie était tombée, on faisait des pâtes qui étaient données aux chrétiens comme des reliques précieuses.

Plusieurs théologiens ont déjà remarqué qu'il n'y avait guère de nouveautés parmi toutes celles que la réformation a introduites, qui eût plus scandalisé ceux qui avaient quelque respect pour l'antiquité, que le retranchement du viatique aux moribonds. On ne peut nier qu'il n'ait été en usage dans la primitive Église, après tant d'exemples que l'Histoire ecclésiastique en fournit, et surtout parce que le concile de Nicée, reçu par tous les protestants, ordonne dans le canon 13 qu'*à l'égard de ceux qui se trouvent à l'extrémité de leur vie, on observera la loi ancienne et canonique, qui est qu'aucun moribond ne sera privé du viatique dernier et très-nécessaire.* Ce canon se trouve dans toutes les collections orientales, et il a toujours été pratiqué avec exactitude dans les différentes communions. Il fallait que les protestants retranchassent cet usage, car il suffisait à renverser tous leurs systèmes sur l'Eucharistie; puisque si elle ne contient le corps de Jésus-Christ, selon ceux mêmes qui croient la réalité comme les luthériens, que lorsqu'on reçoit les signes du pain et du vin, et que hors de la participation ils ne sont que ce qu'ils paraissent, il est incontestable qu'on ne portait aux moribonds que du pain et du vin. On ne peut douter néanmoins que dans l'ancienne Église, encore pure et sans tache, suivant l'aveu des réformateurs, on ne gardât quelque partie de l'oblation qui avait été consacrée, et qu'on ne l'envoyât aux malades. L'Église croyait donc alors que ce qui avait été une fois consacré au corps et au sang de Jésus-Christ ne cessait pas après la communion achevée d'être le corps et le sang de Jésus-Christ, et que les malades auxquels on le portait dans leurs maisons le recevaient aussi véritablement que ceux qui avaient communié publiquement de la main des prêtres. On ne trouve pas que jamais il y ait eu rien d'ordonné pour communier un moribond, en célébrant la Liturgie exprès dans une maison particulière, comme on le voit établi dans l'église anglicane, par une innovation qui n'est appuyée d'aucun canon, ni d'aucun exemple de l'antiquité; et la raison sur laquelle est fondée cette pratique était également inconnue aux anciens, comme elle l'est encore à toutes les communions d'Orient. Car, comme dit Mélétius Piga (int. opusc. Gr., p. 105), *ce qui a été fait le corps de Jésus-Christ ne peut pas cesser de l'être.*

Les Grecs observent la discipline ancienne pour la communion des malades; ils réservent des particules du pain consacré, imbibé du sang, et séchées ensuite, afin qu'elles se conservent plus longtemps; ils les mettent dans des boîtes destinées à cet usage, qui sont ordinairement attachées ou suspendues à quelque colonne du sanctuaire, et le concile de Jérusalem a réfuté bien nettement les conséquences qu'en avait tirées le ministre Claude. On n'avait pas parlé dans la *Perpétuité* de ce qui était observé sur ce sujet par les Orientaux, et cela venait de ce qu'on manquait de livres qui pussent en donner connaissance. Voici ce qui a été trouvé depuis.

Dans les réponses canoniques tirées de la doctrine des Pères, il y en a une attribuée à S. Athanase, par laquelle *il est défendu de porter l'Eucharistie hors de l'église, sinon à un malade, ou à une autre personne, qui par quelque empêchement indispensable, ne pourrait y venir.* Ces paroles sont l'abrégé d'un canon plus ample, qui est le trente-sixième de ceux qu'on attribue à S. Athanase : *Aucun prêtre ne portera hors de l'église les saints mystères, ni dans les rues, si ce n'est pour un malade qui se trouvera en grand péril de mort; et lorsqu'on les portera ainsi, on ne donnera la communion à personne, sinon au malade.* Jacques d'Édesse, dont les paroles sont rapportées dans le Nomocanon, décide ainsi : *Il ne faut pas donner de particules de l'Eucharistie à toute personne qui en demandera pour porter dans sa maison, à moins que ce ne soit un malade; et alors les ecclésiastiques la porteront. Que s'il ne s'en trouvait pas dans le lieu, on pourra se servir de laïques, gens de bien, et même d'une femme, par les mains desquels on enverra au malade les mystères enveloppés dans un morceau de toile de coton très-fine et très-blanche, ou dans du papier qu'on brûlera ensuite, ou dans une feuille de vigne, ou dans du pain qu'on mangera. Si le malade était fort loin, et qu'il fallût que le prêtre qui lui porte l'Eucharistie montât à cheval pour s'y rendre, il portera le Saint-Sacrement sur ses épaules, et ne le mettra pas sur sa monture enveloppé dans une valise. Le malade recevra la communion dans sa bouche; et il pourra, s'il veut, prendre la particule dans sa main, et la porter lui-même à sa bouche. S'il n'est pas en état de le faire, celui qui porte la sainte communion la lui donnera.*

Cette même discipline est autorisée par une constitution de Jean de Talala. *L'Eucharistie,* dit-il, *sera portée à un malade dans un morceau de toile ou de papier qu'on brûlera ensuite, ou dans une corbeille qui sera rapportée à l'autel; et dans un péril pressant, elle pourra lui être envoyée par un homme séculier, et même par une femme.* Ceux qui feront de plus grandes recherches dans les livres orientaux que nous n'avons pas vus pourront trouver d'autres témoignages de la même discipline, quoique ceux-ci puissent suffire; car la communion ne se porte pas aussi fréquemment aux malades dans l'église orientale que parmi nous, quoique la règle du concile de Nicée, de ne laisser mourir personne sans viatique, y soit religieusement observée. Mais c'est qu'ordinairement les chrétiens orientaux, quand ils sont malades, n'attendent pas l'extrémité pour avoir recours aux sacrements. Dans le premier relâche que leur donne la maladie, ils se font porter à l'église, et on célèbre pour eux la *bénédiction de la sainte lampe,* qui répond à l'extrême-onction; on y célèbre **la Liturgie**, et le malade y reçoit la sainte communion. Ainsi ce n'est que dans des maux violents et subits qu'on porte l'Eucharistie dans les maisons, et la décence qui est prescrite dans les témoignages que l'on vient de voir marque suffisamment qu'ils croient tout autre chose de l'Eucharistie que ceux qui l'ont retranchée aux mourants.

La communion des enfants que les Orientaux observent pareillement à l'exemple de l'ancienne Église, n'est pas un moindre argument de leur créance sur la présence réelle. Car si c'est la foi seule qui fait que réellement on reçoit le corps de Notre-Seigneur Jésus-Christ dans l'Eucharistie, les enfants ne sont pas capables d'en faire aucun acte, et par conséquent ils ne recevraient que du pain, selon les principes des protestants; au lieu que les anciens Pères ont cru qu'ils recevaient véritablement le corps de Jésus-Christ, ce que le miracle rapporté par S. Cyprien confirme très-clairement. Car les choses saintes qui ne purent demeurer dans le corps de cette fille souillée par l'idolâtrie, étaient saintes indépendamment de la foi, puisqu'elles opérèrent un effet si surprenant. Il n'est pas question de justifier cette discipline orientale, que la pratique des premiers siècles et le concile de Trente (sess. 21, c. 4) mettent à couvert de toute censure. L'usage de tout l'Orient est donc de donner aux enfants l'Eucharistie en même temps que le baptême, pour lequel on célèbre une Liturgie de même qu'en tous les autres sacrements. Ainsi il n'y a rien de particulier pour cette première communion des enfants, à qui elle est donnée en la manière ordinaire comme aux laïques. Voici ce que le patriarche Gabriel prescrit dans son Rituel, sur ce qui pourrait survenir par rapport à cette cérémonie : *Pour ce qui regarde*, dit-il, *la communion des enfants, on donnera le pain eucharistique à celui qui pourra l'avaler. Voici comme on la donnera seulement à celui qui pleure et se tourmente : le prêtre trempera le bout de son doigt indice dans le sang précieux, et touchera ensuite le saint corps ; puis il mettra le doigt dans la bouche de l'enfant, auquel on fera boire aussitôt l'eau de l'ablution.*

Il n'est pas moins remarquable que le même patriarche, et plusieurs constitutions ou canons, ordonnent que *l'enfant sera à jeun lorsqu'il recevra l'Eucharistie*. Le patriarche Christodule, dans celles qu'il fit l'an des Martyrs 764, de Jésus-Christ 1048 : *Lorsque l'enfant sera baptisé, il sera à jeun, s'il est possible, jusqu'à ce qu'il ait reçu la sainte communion, et on ne la lui peut donner si ce jour-là il a tété.* Enfin dans les Canons pénitentiaux que nous avons cités, n. 34, il est marqué que *si quelque enfant a communié n'étant pas à jeun, sa mère jeûnera quarante jours.*

C'est aussi sur ce même principe de respect pour l'Eucharistie que les églises orientales prescrivent de recevoir la communion à jeun. Sévère, évêque d'Aschmonin, dans le traité sur la dignité du jeûne, dit ces paroles : *Le corps de Jésus-Christ ne doit être mangé qu'avec l'amertume de la bouche qui est produite par le jeûne et par l'abstinence de pain et d'eau ; en sorte que la langue soit sainte, et que ce jour-là il ne soit rien entré dans la bouche avant le corps de Jésus-Christ ; car il n'y doit être rien entré auparavant.* Ce sont les propres termes de S. Augustin.

Dans la Collection de canons d'Ebnassal, chap. 13, et dans ceux qu'on appelle les seconds préceptes des apôtres : *Toute personne qui voudra participer aux saints mystères, s'en approchera à jeun*, c'est-à-dire, comme il est expliqué dans les questions et réponses : *Il n'aura rien bu ni mangé depuis le soleil couché du jour qui précède la communion.* Cela est aussi marqué dans le traité appelé : *Canon pour la communion.* On en excepte le cas de maladie très-pressante, suivant une constitution du patriarche Timothée, rapportée dans le Nomocanon ; et la même discipline est expliquée dans le traité de Barsalibi sur le jeudi-saint, chap. 27, dans le commentaire sur l'Harmonie évangélique, et par un grand nombre d'autres auteurs ; outre que la pratique est constante et connue de tous ceux qui ont voyagé dans le Levant. Il nous reste à faire quelques réflexions sur ce qui a été rapporté jusqu'ici touchant la discipline des Orientaux, en tout ce qui concerne le respect qu'ils rendent à l'Eucharistie, et toutes les précautions qu'ils prennent pour en éviter la profanation, et pour la punir par de rudes pénitences.

Les protestants, et M. Claude autant qu'aucun autre, conviennent que toutes ces pratiques religieuses naissent de l'opinion de la présence réelle, sans laquelle il est impossible qu'elles aient lieu, et ils en ont fourni des preuves, puisque d'abord ils les ont toutes abolies. Il s'ensuit donc, par une conséquence certaine et incontestable, que ceux parmi lesquels une semblable discipline est établie croient la présence réelle. M. Claude, par une logique qui lui est toute particulière, au lieu de commencer par l'éclaircissement des faits de cette nature, a prétendu les prouver par des propositions antécédentes, comme est celle ci. J'ai montré que les Grecs ne croient point la présence réelle ; donc ils n'ont pas la discipline qui est une suite nécessaire de la présence réelle. Et il croit même en trop faire, que de citer trois ou quatre témoignages d'auteurs très-méprisables, qui ne disent rien, sinon que les Grecs n'ont pas beaucoup de respect pour l'Eucharistie ; car pour les Orientaux, il n'en dit pas un seul mot. Mais comment a-t-il prouvé cette première proposition? Chacun sait que ce n'a été qu'en adoptant les interprétations des passages les plus clairs et les moins équivoques qu'il a recueillies d'Aubertin, et qui sont telles, qu'elles n'étaient jamais venues en l'esprit de personne avant que ce ministre ne les eût inventées ; qu'elles ne sont pas moins contredites par les protestants de la confession d'Augsbourg que par les catholiques, et que ceux-ci les ont renversées par des raisons qui, en bonne dispute, sont pour le moins aussi solides que celles dont M. Claude a voulu soutenir celles de son maître. Mais quand il aurait prouvé que les anciens eussent couvert sous des paroles qui avaient paru très-intelligibles pendant quinze cents ans, des sens qui en paraissent si éloignés, ce qu'on ne lui accordera pas, il n'aurait encore rien fait à l'égard des Grecs modernes, qui ne les ont jamais entendues que comme les catholiques, et ne les entendent pas encore autrement, puisqu'ils s'en sont servis de nos jours pour réfuter le calvinisme de la fausse Confession de Cyrille Lucar.

De plus, cette manière de prouver des faits par des conséquences, est très-défectueuse : car si quelqu'un après avoir prouvé que l'église anglicane ne croit pas la présence réelle, prétendait que par conséquent on n'y reçoit pas la communion à genoux, il se tromperait certainement. Celui qui de cette seule marque de respect conclurait qu'on y adore l'Eucharistie, raisonnerait plus juste ; mais il ne laisserait pas de se tromper, parce qu'on lui ferait voir une note dans le livre des prières communes, qui lui apprendrait le contraire. Ce n'est donc pas ainsi qu'on établit des faits ; c'est par des preuves qu'on appelle de fait, telles que sont celles qui ont été tirées de livres qui ont autorité publique, et dont la pratique est constante et prouvée par les témoignages les plus assurés, dont M. Claude n'a pu produire un seul. Que si, comme on ne peut pas en disconvenir, nos preuves sont bonnes, et qu'il en résulte que les Grecs, et toutes les communions d'Orient, ont le même respect pour l'Eucharistie, les mêmes précautions, et en un mot toutes les suites de l'opinion de la présence réelle, il est inutile de perdre du temps à prouver qu'ils ne la croient point, sur cette fausse supposition qu'ils ne doivent pas la croire, fondée sur une encore aussi fausse, qui est que les anciens Pères grecs ne l'ont pas crue. Mais ce que les disciples de M. Claude doivent faire, est d'attaquer nos preuves. Ils ne l'ont pas encore fait, parce que la plupart ont été découvertes depuis l'impression des derniers volumes de *la Perpétuité*, et on doute qu'ils puissent le faire.

Que diront-ils donc ? Que ces preuves sont suspectes ? Mais ce soupçon ne peut pas tomber sur ce que nous avons cité de Théodore de Cantorbéri, de Réginon, de Burchard, et des autres canonistes, qui sont connus longtemps avant la dispute de la perpétuité, ainsi que les Pénitentiaux et les canons grecs qui ont été cités. A l'égard des Orientaux, ils trouveront qu'on n'allègue pas des auteurs en l'air, puisqu'une partie de ceux de l'autorité desquels on se sert, sont connus par les catalogues des bibliothèques, et même par ceux qui ont été imprimés en Angleterre ; outre que quand il s'agira de prouver l'autorité de ces livres on n'y aura pas beaucoup de peine.

Ce que les protestants pourraient objecter de plus spécieux serait que la plupart de ces livres sont tirés des canons des apôtres, des constitutions et d'autres pièces apocryphes, et que des copies fort altérées et défectueuses ne peuvent pas avoir plus d'autorité que les originaux. C'est à quoi il n'est pas difficile de répondre. Si on prétendait se servir du témoignage des Orientaux pour établir l'authenticité de ces anciennes collections, comme si elles avaient été faites par les apôtres, ou de leur temps, on aurait quelque raison de ne pas faire grand état de leur jugement, puisqu'on sait qu'en matière de critique on ne peut y avoir égard. Mais ce n'est pas cela dont il est question : c'est de savoir premièrement s'ils considèrent ces canons, et d'autres tirés des constitutions apostoliques, comme de fausses pièces ; en second lieu, si telles qu'elles sont, la discipline de toutes les communions orientales y est conforme ou non.

Pour ce qui regarde le premier point, il est certain qu'ils regardent tous ces canons comme ayant été établis par les apôtres, et rédigés par S. Clément en la forme qu'ils ont. Les melchites, les nestoriens et les jacobites reconnaissent de même l'autorité des canons arabes attribués au concile de Nicée ; ils reçoivent avec le même respect les Constitutions apostoliques et d'autres qui y ont rapport. En cela ils ne sont pas habiles critiques ; mais ceux qui ont traité tous ces recueils comme des pièces supposées, ont fait voir qu'ils ne les avaient pas assez soigneusement examinés ; car ils contiennent la forme générale de la discipline de l'église d'Orient, tirée de plusieurs canons, ou de traditions qui d'abord n'avaient pas été écrites, et qui le furent dans la suite. Les diversités qui se trouvent dans les traductions syriaques et arabes ne viennent pas seulement de la différence des exemplaires, mais aussi parce que dans les églises principales on y ajoutait ce qui était de la discipline selon les temps et les lieux.

C'est par cette raison que tout ce qui a rapport aux usages des églises d'Orient se trouve réglé suivant ces canons ; et comme les Questions et Réponses canoniques en étaient tirées, lorsqu'on ajoutait quelque chose par manière d'éclaircissement, il était facile qu'il entrât dans le corps de ces mêmes collections. Que les protestants accusent donc, s'ils veulent, les Orientaux de n'être pas critiques, ce n'est pas cela que nous louons en eux ; ils ne le sont pas assez, et peut-être le sommes-nous trop. Les plus habiles conviendront qu'il vaudrait mieux être dans la simplicité des Orientaux, et recevoir comme écrit par les apôtres ce qui comprend les anciens usages de l'église orientale, fondés sur la tradition apostolique, que d'en faire des critiques aussi absurdes que sont celles de Dumoulin, de Rivet, et de plusieurs autres touchant ces anciens canons, les Liturgies et plusieurs ouvrages des SS. Pères. Car toute leur critique roule sur ce principe, que si des pièces de cette antiquité portent de faux titres, elles sont fausses, et perdent leur autorité. Or il n'y a rien de moins vrai que ce principe. Les titres ne font rien pour autoriser les Liturgies, les canons de discipline, et d'autres pièces semblables ; c'est l'usage qui en a été fait dans les églises ; et comme on ne peut douter que toutes celles d'Orient ne s'accordent depuis plusieurs siècles dans l'observation de la plus grande partie des coutumes qui sont marquées dans ces anciennes collections, il n'en faut pas davantage pour les mettre hors d'atteinte contre tous les reproches des protestants. Or il n'y a rien qui soit prouvé plus certainement que la discipline tirée de ces livres, et telle que nous l'avons expliquée, puisqu'elle est confirmée par les histoires. Dans celle des patriarches d'Alexandrie, où est rapporté le miracle d'une apparition de Jésus-Christ en forme d'enfant dans l'Eucharistie, les historiens marquent que les chrétiens eurent une telle horreur de la profanation qu'en avait faite un prince arabe, qu'ils furent quelque temps sans célébrer la Liturgie. Les nestoriens rapportent que Joseph, catholique vingt-huitième, mais qui fut déposé pour ses crimes, ayant fait mettre dans une prison Siméon, évêque d'Anbara, et ayant su qu'il célébrait la Liturgie, y entra par force, renversa l'autel, et jeta l'Eucharistie à terre, ce qu'ils traitent d'un énorme sacrilège. Ce Joseph vivait sous Cosroës Nuschirüan, sous lequel naquit Mahomet.

Les Cophtes ont une coutume particulière, qui est que *le diacre ne se tient pas derrière le prêtre comme ailleurs, mais à côté, tourné vers lui*. La cause, dit l'auteur du traité de la Science ecclésiastique, *vient de ce qu'autrefois les hérétiques poussés par une fureur diabolique, entraient dans les églises de ceux qui ne confessent qu'une seule nature en Jésus-Christ, et une seule volonté, et lorsque leurs prêtres étaient attentifs au sacrifice, pendant qu'ils consacraient les oblations, les hérétiques les enlevaient et les foulaient aux pieds. C'est pourquoi les Cophtes ordonnèrent que le diacre se tiendrait vis-à-vis du célébrant, pour prendre garde si quelque hérétique ne venait point faire cette insulte; et s'il en apercevait quelqu'un, il prenait l'oblation et le calice qu'il cachait sous l'autel dans une petite voûte faite exprès*. On craignait donc dès ce temps-là parmi les jacobites et les nestoriens la profanation de l'Eucharistie, et ces époques sont plus anciennes que le mahométisme. Les hérétiques dont parlent les Cophtes ne sont autres que les orthodoxes, qui ne pouvaient commettre de pareilles violences, si on peut croire qu'ils les aient commises, sinon avant que les Mahométans se fussent rendus maîtres du pays; c'est-à-dire, avant le septième siècle. Si donc ces craintes et ces précautions sont des suites de la présence réelle, il faut qu'elle fût établie parmi les jacobites dès ce temps-là.

Toutes les subtilités de M. Claude ne servent de rien pour expliquer de pareils faits, puisqu'ils ne sont sujets à aucun équivoque, et qu'ils portent des preuves certaines de la créance intérieure de ceux qui pratiquent tout ce que nous avons extrait de leurs auteurs, beaucoup plus croyables que des voyageurs ignorants, ou des auteurs aussi méprisables que trois ou quatre que les calvinistes ont cités pour établir leurs paradoxes.

LIVRE QUATRIEME.

DES LITURGIES.

CHAPITRE PREMIER.

De ce qu'on doit entendre par le mot de Liturgies, et de celles qui se trouvent dans les églises d'Orient en diverses langues.

Le mot de *Liturgie*, par un usage reçu depuis plusieurs siècles parmi tous les chrétiens, signifie la forme des oraisons et des cérémonies autorisées et pratiquées par les églises dans la célébration des saints mystères. On l'appelle aussi αναφορά, c'est-à-dire *oblation* ou *sacrifice*; et ce mot n'est pas seulement en usage parmi les Grecs, il est employé par les Cophtes, par les Syriens et par les Éthiopiens. Les autres mots ordinaires, comme *koudcho* des Syriens, *kadas* en arabe et en éthiopien, signifient la même chose que le grec ιεροupγία.

Les Grecs ont plusieurs de ces Liturgies en leur langue; celle de S. Jacques, celle de S. Marc, celle de S. Clément, mais ils ne se servent guère depuis plusieurs siècles que de celles de S. Basile et de S. Jean Chrysostôme, outre celle des présanctifiés.

Les nestoriens, qui font la secte la plus ancienne de celles qui subsistent encore, ont trois Liturgies, avec un Ordre général de la célébration des saints mystères, qui sert à toutes les trois, comme le canon de la messe latine sert à toutes les messes de l'année. C'est cependant avec cette différence, que notre canon qui commence après la préface jusqu'à la communion, est toujours le même à l'exception de quelques oraisons qui varient selon les fêtes : au lieu que cet Ordre général des nestoriens, aussi bien que des autres Orientaux, comprend ce qui se dit depuis le commencement de la messe jusqu'au baiser de paix, qui se donne avant la préface et n'a rien de différent, sinon les leçons de la sainte Écriture; au lieu que l'autre partie qui est l'action sacrée, est composée d'autant de différentes prières qu'il y a de Liturgies, quoiqu'elles aient toutes le même sens et la même disposition. La première Liturgie des nestoriens est celle qu'ils appellent des saints apôtres, et ceux qu'ils entendent sont S. Thadée et S. Maris, par lesquels ils croient avoir reçu la première prédication de l'Évangile. Le premier est connu; l'autre ne l'est que par leurs histoires très-fabuleuses. La seconde est celle de S. Théodore *l'interprète*; c'est ainsi que par excellence ils appellent Théodore de Mopsueste, à cause du grand nombre de ses commentaires sur l'Écriture sainte. La troisième est celle de Nestorius. Ces Liturgies sont plus simples et paraissent plus anciennes que les autres, comme aussi la séparation des nestoriens est la plus ancienne; et il paraît manifestement qu'elles ont été formées sur les grecques, principalement sur celle de S. Jean Chrysostôme. Il est clair que celle des chrétiens de Malabar était conforme à celles dont nous venons de parler, autant qu'il est possible d'en juger par la traduction qu'en fit imprimer Alexis de Ménésès, archevêque de Goa, après l'avoir changée en plusieurs endroits ; car nous n'avons encore jamais vu de manuscrits de cette Liturgie telle qu'elle était avant cette réforme.

On ne doit tenir aucun compte de certaines copies qui ont été souvent apportées en Europe par des prêtres syriens venus de Mésopotamie ; car ce sont des offices qu'ils ont réformés de leur chef, pour paraître bons catholiques, et ils l'ont fait quelquefois avec tant d'ignorance, qu'ils ont retranché des endroits qui ne blessent point la foi orthodoxe ; et on peut assurer que ces messes ne ressemblent point à celles dont on se sert dans le pays, et qu'elles sont l'ouvrage de ces particuliers. Toutes les Liturgies des nestoriens, ainsi que leurs autres prières, sont en syriaque, même dans les Indes, car ils ne font l'office qu'en cette langue.

Les melchites qui suivent le rit syrien, orthodoxes ou schismatiques, se servent de la Liturgie syriaque de S. Jacques, aussi bien que les jacobites qui en ont plusieurs.

La première et la principale est celle qui porte le nom de cet apôtre, qui est très-conforme dans la plupart des prières à celle qui est imprimée en grec ; et il n'y a pas lieu de douter qu'elle ne fût en usage dans l'église de Jérusalem, comme on le dira dans la suite. Dans les manuscrits, elle contient la partie générale dont il a été parlé ci-dessus, qui sert à toutes les autres Liturgies, et Denis Barsalibi l'a commentée fort exactement. Les Maronites citent un commentaire sur la même de leur Jean Maron, patriarche d'Antioche, qui ne fût jamais ; et il y a beaucoup de raisons qui font croire que c'est l'ouvrage de Barsalibi qu'ils lui attribuent.

Outre cette Liturgie, les jacobites en ont plusieurs autres, comme a remarqué un auteur ancien (de Hæres. jacobitar., p. 266) publié par le P. Combefis. On dit qu'ils ont, dit cet auteur, plusieurs formes de Liturgies différentes, contre les traditions apostoliques. Cela doit s'entendre selon l'opinion des Grecs, qui ont supprimé les Liturgies de S. Jacques et de S. Marc, par cette seule raison, que l'église de Constantinople, à laquelle toutes les autres devaient se conformer, ne s'en servait pas. Il est vrai que les jacobites en ont plusieurs, parmi lesquels il y en a sans doute qui leur étaient communes avec les orthodoxes, et d'autres qui leur étaient propres, comme celles qui portent le nom de quelques-uns de leurs saints.

Abraham Échellensis, savant maronite, dit (Not. ad Hebed Jesu, p. 233) que les Syriens en avaient en autrefois plus de cinquante, et qu'il en restait trente-une. Il ne dit pas quels Syriens il entend ; mais soit qu'il le dissimulât à cause de l'honneur de sa nation, soit qu'il ne le sût pas, toutes celles qu'il nomme et qu'on connaît d'ailleurs étaient propres aux jacobites. Cependant ce sont celles qu'on a imprimées à Rome dans le Missel maronite, après y avoir fait de grands changements. Il y en a quatorze dans cette impression, et dans celles qu'Échellensis ajoute pour faire le nombre qu'il a dit, il en a mis qu'on peut assurer n'avoir jamais été, comme celle de Jean Maron, et trois de nestoriens, Narsès, Diodore et Barsomas, métropolitain de Nisibe. On en trouve aussi quelques-unes entièrement inconnues, et qui manquent dans les meilleurs exemplaires, à moins qu'elles n'aient eu de différents titres. Nous rapporterons celles qui sont dans plusieurs manuscrits.

La première de toutes est, comme il a été dit, celle de S. Jacques, dont se servent également les melchites ou orthodoxes syriens, les Maronites et les jacobites. Les Maronites, qui eurent le soin de l'impression de Rome, par un zèle dont il est difficile de rendre aucune bonne raison, joignirent à l'Ordre général la Liturgie de S. Sixte, pape, quoiqu'elle soit très-peu en usage, et qu'on la trouve défectueuse en quelques endroits essentiels dans les manuscrits. — II. Outre la Liturgie ordinaire de S. Jacques, il y en a une plus abrégée, dans laquelle il n'y a presque rien qui ne soit tiré de la première. Cet abrégé a été fait, ou au moins reçu et mis en l'état où il est, par Grégoire Abulfarage, qui, comme on l'a dit ailleurs, l'a pu faire avec autorité, étant catholique, ou, comme ils disent, mofrian d'Orient, qui était la première dignité après le patriarche d'Antioche. — III et IV. Elles portent le titre de Liturgie de S. Pierre ; la première avec le titre de : *Prince des apôtres*, et celle-là se trouve dans les manuscrits ; l'autre celui de : *Pape de Rome*, et elle ne s'y trouve pas ; ce titre même la peut rendre suspecte. L'une et l'autre sont dans l'édition romaine. — V. Il y en a une troisième de S. Pierre, prince des apôtres, différente des deux, en deux manuscrits de M. Colbert, et en un de feu M. le chancelier Séguier. — VI. Une de S. Clément, qui n'a aucun rapport à ce qui se lit en grec dans les Constitutions apostoliques, ni dans les traductions qu'on en a en arabe. — VII. De S. Denis, évêque d'Athènes, différente de celle qui est à la page 106 de l'édition de Rome. — VIII. De S. Ignace, évêque et martyr. — IX. De Thomas, évêque d'Héraclée, jacobite, qui vivait dans le septième siècle, et qui a particulièrement travaillé à corriger la version syriaque sur les anciens exemplaires et sur les livres grecs. On appelle à cause de cela cette édition celle d'Héraclée. — X. De S. Cyrille, patriarche d'Alexandrie, qui a une traduction arabe de la moitié des prières dans l'édition de Rome. Elle n'a aucun rapport avec celle qui est en usage parmi les Cophtes. — XI. De Denis Barsalibi, métropolitain d'Amid, jacobite, qui vivait dans le douzième siècle. C'est celle que les Maronites attribuent à S. Denis, disciple de S. Paul, dans l'édition romaine. — XII et XIII. Nous compterons deux Liturgies sous le nom de S. Marc, parce qu'outre celle qui est dans cette même édition, dont on a aussi des manuscrits, il y en a une autre différente. — XIV. De S. Jules, pape, respecté par les jacobites, à cause qu'ils se servent de quelques lettres qui lui sont faussement attribuées, pour établir leur opinion d'une seule nature. — XV. Liturgie de S. Jean; mais sans autre titre. — XVI. Il y en a une autre sous le même nom, que l'édition de Rome attribue à S. Jean Chrysostôme, ce qui ne se trouve pas dans les manuscrits. — XVII. De Moïse Barcepha, auteur du traité du Paradis, traduit par Masius, et inséré dans la Bibliothèque-des-Pères. — XVIII. Liturgie des saints docteurs, parce qu'elle est tirée de diverses autres, dont les noms sont marqués à la marge, et elle a été dressée par Jean, patriarche, surnommé le Grand. — XIX. Celle de Philoxène, évêque d'Hiérapolis; c'est un des chefs des jacobites appelé autrement Xenaïas. — XX. De Dioscore, patriarche d'Alexandrie; elle n'a rien de commun avec l'éthiopienne imprimée à Londres en 1666. — XXI. De Sévère, patriarche d'Antioche, que d'autres manuscrits attribuent à Timothée Ælurus, patriarche d'Alexandrie. — XXII. De Jacques Bourdiaio, c'est-à-dire, comme écrivent les Grecs, Baradatus, un des grands saints des jacobites, et qui leur a donné ce nom suivant plusieurs auteurs. — XXIII. De Jean, évêque de Bassora. — XXIV. De Jacques d'Édesse, fameux docteur des jacobites. — XXV. D'un autre Jacques, évêque de Seruge et de Botnan, plus ancien que Barcepha, qui le cite souvent. — XXVI. De Jean-le-Patriarche, appelé l'Accemete. — XXVII. De Grégoire Barhebri, surnommé Abulfarage, catholique d'Orient. — XXVIII. De Denis, évêque de Curdistan. — XXIX. De Jean, fils de Mahadni. — XXX. D'Ignace, patriarche d'Antioche, appelé auparavant Joseph, fils de Wahib. — XXXI. De Michel, patriarche d'Antioche dans le douzième siècle. — XXXII. De S. Jean l'Évangéliste. — XXXIII. Des douze apôtres. — XXXIV. de Matthieu-le-Pasteur. — XXXV. D'Eustathius, évêque d'Antioche. — XXXVI. De Marutas, catholique d'Orient. — XXXVII. De S. Sixte ou Xyste, pape, qui est imprimée la première dans l'édition de Rome; mais celle-là est si différente des manuscrits qui sont dans les meilleures bibliothèques, qu'elle ne peut être la même. — XXXVIII. Des douze apôtres, différente de celle que nous avons marquée ci-dessus, et attribuée, en quelques manuscrits, à S. Luc. — XXXIX. De Jean Barsusan, jacobite, comme il paraît qu'on a reconnu à Rome longtemps après l'impression : car en plusieurs exemplaires son nom et ces paroles : *Patriarche surnommé Barsusan*, sont effacés à la plume. Nous ne l'avons pas trouvée dans les manuscrits. — XL. De S. Marc, évangéliste, qui n'est pareillement que dans l'imprimé, et qui ne ressemble pas à la grecque de même nom. — XLI. Enfin celle de S. Basile, que Masius a traduite, ne se trouve pas sous le même titre dans plusieurs anciens manuscrits.

Ce qui a été imprimé par Guido Fabricius Bodérianus à Anvers, en latin et en syriaque en 1572, sous le titre de : *Livre des rites de Sévère, patriarche d'Alexandrie*, et qu'il a joint à l'office du baptême, est un fragment très-imparfait de Liturgie, et il est vraisemblable que ce savant homme eut un exemplaire où il manquait plusieurs feuillets; car la plupart des oraisons ne sont pas entières. Il y en a du commencement, de la fin et du milieu sans aucune suite, et la traduction est fautive en tout ce qui regarde les rubriques, nonobstant la grande capacité du traducteur, auquel la langue syriaque doit beaucoup, par les travaux utiles dont il l'a éclaircie des premiers. De plus, comme il a déjà été remarqué par quelques savants, ce Rituel du baptême est de Sévère, patriarche d'Antioche, ainsi que marquent tous les manuscrits, qui sont en grand nombre; car jamais il n'y a eu de patriarche d'Alexandrie appelé Sévère, non plus que d'offices en syriaque dans cette église, où les orthodoxes les célèbrent en grec depuis plusieurs siècles, et les jacobites en langue cophte.

Voilà ce qu'on a pu apprendre touchant les Liturgies syriaques qui sont toutes des jacobites, à l'exception de celle de S. Jacques. Il reste à remarquer que toutes commencent à l'oraison qui se dit immédiatement avant le baiser de paix, suivant l'usage des Orientaux. Ensuite, *sursùm corda* et le reste; puis la préface, la consécration par les paroles de Jésus-Christ, l'invocation du S. Esprit, conformément aux Liturgies grecques, les dyptiques, qui contiennent les mémoires des saints, des défunts et des vivants, diverses autres prières; la fraction de l'hostie, les oraisons pour la communion, celle de l'action de grâces après l'avoir reçue, la bénédiction du peuple. Toute cette partie, qui est la plus essentielle, et dans laquelle consiste le sacrifice non sanglant, varie en ces différentes Liturgies, non pas pour le sens, car il est toujours le même, ainsi que l'ordre des cérémonies, mais pour les paroles et les expressions; au lieu que, dans le rit occidental, cette partie, qui est proprement le canon ne varie jamais.

Les Cophtes ou jacobites du patriarcat d'Alexandrie ont trois Liturgies; la première, qui sert comme de canon aux deux autres, porte le nom de S. Basile; la seconde celui de S. Grégoire-le-Théologien; la troisième, celui de S. Cyrille, et, suivant un auteur du pays, elle a été quelquefois appelée de S. Marc. Elles sont en langue cophte ou égyptienne, qui est la seule dont ils se servent dans les offices sacrés et dans la psalmodie. Les versions arabes qui s'y trouvent ordinairement jointes sont pour l'instruction particulière des ecclésiastiques, parce que la langue, depuis plusieurs siècles, a cessé d'être vulgaire, et on ne lit en arabe que les leçons de la sainte Écriture, après les avoir lues en cophte. L'ancien original de ces Liturgies était grec, non seulement comme de toutes les autres orientales, en ce que les prières sont tirées des grecques, mais aussi parce qu'avant la conquête de l'Égypte par les Arabes, les melchites ou orthodoxes avaient leur rit particulier. On en avait eu la première connaissance par la Liturgie grecque de S. Marc, imprimée à Paris, sur une copie envoyée par le cardinal Sirlet; et l'original qui était à Grottaferrata, dans un monastère des religieux de S. Basile, est présentement dans la bibliothèque de celui qu'ils ont à Rome. On a aussi trouvé depuis peu dans la Bibliothèque-du-Roi un manuscrit grec qui contient la Liturgie de S. Basile et celle de S. Grégoire de Nazianze, conformes à celles dont les Cophtes se servent, et celle de S. Marc étant entièrement semblable à celle qu'ils ont sous le nom de S. Cyrille; on en a ainsi l'original de toutes les trois. Comme ce manuscrit grec a une version arabe, il pouvait servir à des jacobites de l'île de Chypre d'où il a été apporté, et où il y en avait encore au quatorzième siècle un assez grand nombre. La disposition générale de la discipline de l'Église ne permet pas de douter que ces Liturgies grecques n'aient été autrefois en usage à Alexandrie, et partout où on parlait grec en Égypte. On voit même par les Questions de Marc, patriarche d'Alexandrie, que dans le douzième siècle on s'en servait à Jérusalem et à Alexandrie. Théodore Balsamon lui répond que l'Église ne connaissait pas ces Liturgies ; en quoi il se trompait fort, si ce n'était qu'il entendait celle de Constantinople, à laquelle il prétendait que toutes devaient se conformer; et en effet elle les a abolies entièrement, ce qui est contre la pratique ancienne de toutes les églises.

Il faut qu'il y ait eu quelques autres Liturgies parmi les Cophtes; parce que dans une constitution synodale du patriarche Gabriel, fils de Tarich, il est défendu de se servir d'aucune autre que des trois qui ont été marquées; mais il ne s'en rencontre point d'autres dans les manuscrits.

Les Éthiopiens ont en leur langue une principale Liturgie, qui a été traduite en latin sous le nom de : *Canon generalis Æthiopum*, et elle est presque toute tirée mot à mot de la première des Cophtes, qui est celle de S. Basile. Ces chrétiens ont toujours été dans une entière dépendance des patriarches d'Alexandrie, et, depuis le mahométisme, les jacobites étant demeurés les maîtres, y établirent leur hérésie, qui y subsiste encore. Outre cette première imprimée à Rome en éthiopien, en 1540, ils y en imprimèrent deux autres, une de Kyriacos ou Cyriaque, métropolitain de Benhseh, et une de la Vierge, parce qu'elle contient plusieurs prières qui lui sont adressées. Il s'en trouve quelques autres. — I. de S. Jean l'évangéliste. — II. Des Pères du concile de Nicée. — III. De S. Épiphane l'Orthodoxe. — IV. De S. Jacques de Sérouge. — V. De S. Jean Chrysostôme. — VI. Une anonyme. — VII. De S. Grégoire. — VIII. De Dioscore, que le P. Wanslèbe étant en Angleterre avant sa conversion, y fit imprimer en éthiopien et en latin. La forme de toutes ces Liturgies est précisément la même que celle des égyptiennes, et ce qui en est rapporté dans le Voyage d'Alvarez et dans l'Histoire portugaise du P. Tellez fait voir que les Éthiopiens la suivent en tout.

On a imprimé à Rome une Liturgie arménienne avec la traduction, par laquelle il est aisé de remarquer qu'elle a souffert les mêmes changements que celles des Maronites, principalement dans la forme des paroles de Jésus-Christ, qui ont été accommodées à la manière du canon latin, et dans l'invocation du S.-Esprit, qui a été réformée, comme dans le Missel maronite, quoiqu'il n'y ait eu aucun changement dans celui des Éthiopiens imprimé sous Paul III. Les Arméniens ont des rites fort semblables à ceux des jacobites du patriarcat d'Antioche, et c'est sur la Liturgie de ceux-ci qu'a été formée la leur. A l'égard des lumières qui pourraient être tirées des manuscrits, nous avouons de bonne foi que nous n'en pouvons promettre, n'ayant aucune connaissance de cette langue; ainsi tout ce qui en sera dit sera pris sur les traductions.

A l'égard des autres dont il a été parlé, les grecques ont été imprimées plusieurs fois ; et pour l'intelligence des rites et des principales parties de ces offices, elles ont été expliquées avec beaucoup d'érudition par le P. Goar, savant dominicain, dans son Eucologe. On a aussi de très-anciennes expositions des mêmes Liturgies, comme est celle de Germain, patriarche de Constantinople, celles de Cabasilas et de Siméon de Thessalonique, outre plusieurs auteurs anonymes qui en établissent l'usage et l'autorité d'une manière incontestable. Les deux Liturgies alexandrines de S. Basile et de S. Grégoire, dont nous avons parlé, n'ont jamais été imprimées ; celle de S. Marc, qui est le texte grec de celle que les Cophtes appellent de S. Cyrille, a été, ainsi que les autres, traitée par les critiques comme une pièce supposée, quoique son autorité soit incontestable.

Des Liturgies syriaques on n'a imprimé que celles qui sont dans le Missel des Maronites au nombre de quatorze ; mais entièrement altérées dans les paroles de la consécration, et dans la formule de l'invocation du S.-Esprit. On avertit au reste que dans tout cet ouvrage, et dans les autres qui ont rapport à cette matière, elles sont toujours citées selon les manuscrits.

Celles des Cophtes furent traduites par un Maronite au commencement du dernier siècle, sur un manuscrit qu'avait prêté Joseph Scaliger à Marc Velser, qui fit imprimer cette traduction à Augsbourg. Elle est fort défectueuse en plusieurs endroits, comme Scaliger remarqua très-bien ; mais elle l'est en beaucoup d'autres qui échappèrent à sa critique. C'est que le traducteur ne travailla que sur la version arabe, et non sur le texte égyptien, selon lequel nous espérons la donner traduite fidèlement avec un commentaire, cet ouvrage étant fait il y a déjà plusieurs années.

La Liturgie éthiopienne fut traduite presque en même temps qu'elle fut imprimée dans sa langue originale, néanmoins avec quelques changements, parce que les Éthiopiens ne voulurent pas choquer les Romains. On ne la cite jamais non plus que selon les originaux.

CHAPITRE II.
Forme générale et disposition des prières et des rites qui conviennent à toutes les Liturgies, particulièrement aux grecques et aux orientales.

Les Liturgies, suivant l'idée commune qu'on doit avoir d'une forme de prières et de cérémonies sacrées, avec lesquelles les anciens chrétiens célébraient les saints mystères conformément à la tradition apostolique, doivent avoir entre elles une grande ressemblance, puisqu'elles étaient ordonnées pour l'action la plus sacrée de la religion chrétienne. Cette conformité ne consistait pas dans les paroles dont ces prières étaient composées ; puisque, selon le témoignage de S. Basile, elles n'avaient pas été écrites dans les premiers temps. Mais les apôtres ayant instruit leurs disciples, avaient appris par leur ministère aux chrétiens ce que Jésus-Christ avait ordonné, et suivant ce premier modèle de discipline non écrite, ils célébraient la commémoration de sa mort ainsi qu'il leur avait recommandé. On ne peut pas douter que dans la naissance de l'Église tout ne fût fort simple ; les assemblées des fidèles se faisaient ordinairement le soir ; ils mangeaient ensemble et ils recevaient ensuite l'Eucharistie, imitant ainsi le dernier souper auquel elle fut instituée ; coutume qui était encore restée pour le jeudi-saint en quelques églises jusqu'au temps de S. Augustin, ainsi qu'il le témoigne. (Ep. ad Januar., 54 n. ed., 118 vet., can. 41, Carthag.) Les assemblées se firent bientôt après à une autre heure, et le matin, et on commença à y lire les saintes Écritures, et à faire des prières en commun, sans que la forme en fût encore réglée. Pour ce qui regarde la célébration de l'Eucharistie, comme elle ne se faisait pas sans les évêques ou les prêtres, qui étaient dépositaires de la discipline, il est hors de doute qu'ils observaient celle qu'ils avaient apprise des apôtres.

Quoiqu'il n'y ait aucune preuve certaine dans les anciens auteurs ecclésiastiques, dont on puisse se servir pour déterminer quelle était cette première forme des temps apostoliques, on juge néanmoins avec raison qu'elle était telle que la rapporte S. Justin, quoiqu'en termes fort généraux, parce qu'il écrivait pour des païens. Mais ce qu'on voit établi avant le concile de Nicée, et observé généralement partout, doit être regardé comme entièrement conforme à cette ancienne discipline. Or c'est ce que nous disons avec assurance de toutes les parties essentielles des Liturgies, comme nous espérons le faire voir ; d'autant plus qu'elles sont de tous les temps et de toutes les églises. Car il y a plus de différences essentielles entre les formes d'administration de la cène qu'ont dressées les protestants, depuis le commencement de leur schisme, qu'il ne s'en trouvera depuis plus de treize cents ans entre les Liturgies occidentales et orientales, sans parler de tant de zélés qui ont trouvé à redire à celles qui sont en usage dans les communions réformées, et qui en ont voulu introduire d'autres. On en a vu un exemple du temps de nos Pères en Angleterre, où un presbytérien, après avoir prêché, envoya quérir un pain chez le plus prochain boulanger, du vin au cabaret, et l'ayant mis sur une tombe à l'extrémité de l'église, tourné vers le couchant, il les distribua à ses auditeurs, leur disant que c'était la vraie forme de la cène évangélique. Il ne sert de rien de dire que cet homme, et plusieurs autres semblables, étaient des particuliers, des fanatiques, des furieux ; on en convient. Mais s'ils n'ont pas formé des sociétés, ce n'a pas été qu'on les ait convaincus par l'Écriture sainte, dans laquelle seule tous conviennent qu'il faut prendre le modèle de la célébration des sacrements. Ils demeurent d'accord que les apôtres et les autres ministres administraient la cène, que cela se faisait dans des assemblées publiques des chrétiens, qu'il semblait que les sermons précédaient l'usage de la cène ; qu'on ne marquait pas en quel temps on la célébrait à Jérusalem, mais qu'à Troade et à Corinthe c'était le soir ; qu'on ne voyait pas clairement de quel pain ils se servaient, ni de quel vin ; s'il était pur ou mêlé d'eau ; que les paroles de l'institution paraissaient absolument avoir été récitées, parce que S. Paul ne les répétait pas inutilement 1 Cor. 11. Voilà ce que les théologiens de Magdebourg remarquent sur la première et plus ancienne forme de la célébration de l'Eucharistie ; ce qui fait assez connaître que toutes celles qui ont été dressées par les protestants ne peuvent être conformes à la sainte Écriture, puisqu'elle ne marque rien sur des choses aussi essentielles que celles sur lesquelles ils avouent qu'on ne sait pas ce que les premiers chrétiens ont pratiqué dans la naissance de l'Église.

Les catholiques et tous les chrétiens orientaux, orthodoxes ou schismatiques, persuadés qu'on ne pouvait se tromper en suivant la tradition des églises, sur un point de discipline qui se pratiquait tous les jours, ont conservé comme un dépôt sacré les oraisons et les cérémonies avec lesquelles ils avaient appris qu'on avait autrefois célébré le sacrement de l'Eucharistie ; et comme leurs Liturgies ne contiennent rien qui ne soit conforme à ce qui s'observait dans l'antiquité la plus reculée, ils n'ont point douté qu'elles ne fussent d'institution apostolique en tout ce qu'elles ont d'essentiel. Mais quoique nous le croyions aussi bien que les Orientaux, nous convenons néanmoins que le canon de notre messe latine n'a pas été mis par écrit dans les premiers siècles, non plus que le Symbole, la forme du baptême, et plusieurs autres choses semblables, qui sont néanmoins de la plus haute antiquité. Les Orientaux, qui ne sont pas si grands critiques, vont beaucoup plus loin, croyant que S. Jacques a composé lui-même la Liturgie qui porte son nom ; de même que ceux d'Alexandrie croient que S. Marc a composé la grecque qui porte le sien : et tous les Grecs ne jugent pas autrement de celles de S. Basile et de S. Chrysostôme. C'est ce que prouve l'opuscule de Proclus, le concile *in Trullo*, et pour ne pas parler des Grecs de l'âge moyen, Jérémie dans sa Réponse aux théologiens de Wittemberg, et tous les modernes tiennent cette tradition comme constante. Les Syriens assurent que la première et la plus ancienne Liturgie qu'ils aient, et qui est celle de S. Jacques, a été dressée par les apôtres assemblés à Jérusalem, dans le cénacle de Sion, comme ils disent; quoique Denis Barsalibi, suivant une autre tradition, dise qu'elle a été écrite par l'apôtre même, la troisième férie après la descente du S.-Esprit. Les nestoriens croient que dans l'assemblée que tinrent les apôtres après avoir reçu le S.-Esprit, ils réglèrent ensemble toutes les prières et les cérémonies qui devaient être observées dans l'administration des sacrements, et qu'ils prirent une particule de la pâte levée dont avait été fait le pain avec lequel ils avaient célébré les saints mystères, et qu'ils l'emportèrent aux églises, où ils prétendent qu'elle est encore conservée par le renouvellement qu'ils en font avec de grandes cérémonies. On sait bien que ces histoires sont fabuleuses; mais il n'y a presque aucune de ces anciennes traditions qui n'ait pour fondement quelque vérité. Ainsi quand les Grecs croient que S. Jacques a composé sa Liturgie, ou lorsque les Syriens de Mésopotamie disent qu'elle a été réglée par les apôtres assemblés après la descente du S.-Esprit, cela signifie seulement qu'ils la regardent comme étant de tradition apostolique, et ils ne se trompent pas.

C'est aussi le grand principe sur lequel est établi le respect que nous avons pour ces anciens offices, puisqu'il ne serait pas possible qu'ils eussent été en usage dans toutes les églises, si elles ne les avaient reçus des apôtres ou de leurs premiers disciples, de sorte qu'on n'en peut marquer les commencements. On voit que dès les premiers temps du christianisme, les fidèles s'assemblaient sous la direction des évêques et des prêtres; car on ne trouve pas que d'autres présidassent à ces assemblées; qu'on y faisait des prières; qu'on y lisait les saintes Écritures, particulièrement l'Évangile; que les évêques et les prêtres faisaient des exhortations; qu'on chantait des psaumes; qu'ensuite les diacres apportaient le pain et le vin, sur lequel l'évêque ou le prêtre faisaient les prières propres à déterminer cette oblation à l'intention de l'Église, qui était de faire la commémoration que Jésus-Christ avait ordonnée en instituant l'Eucharistie. A cet effet, après avoir exhorté les chrétiens à élever leurs cœurs à Dieu, et à lui rendre grâces de tous ses bienfaits, l'évêque ou le prêtre commençait à le louer, et à le remercier de tous les biens que les hommes en avaient reçus, particulièrement de les avoir rachetés par son Fils, qu'il avait envoyé en ce monde pour le salut du genre humain. Cette première action de grâces se terminait par l'hymne des Anges, que les assistants disaient à haute voix. L'évêque ou le prêtre reprenait ensuite la même matière, et finissait en prononçant les paroles que Jésus-Christ, instituant l'Eucharistie, avait dites à ses apôtres, en les assurant que ce qu'il leur donnait était son corps qui allait être livré pour eux; que le calice était son sang qu'il allait répandre pour la rémission des péchés. Le célébrant représentait tout ce que Jésus-Christ avait fait dans l'institution de ce sacrement; et presque aussitôt il exhortait le peuple à redoubler ses prières, afin que Dieu envoyât son S.-Esprit sur le pain et sur le calice, pour les faire le corps et le sang de Jésus-Christ, en confirmant et consommant la sanctification et la consécration de la matière, qui se faisait au nom et par les propres paroles de Jésus-Christ, de même que dans l'Église romaine il y a une prière pour demander à Dieu que les dons consacrés soient portés sur son autel sublime, et que dans le rit gothique et mozarabe, il y a des oraisons qui semblent signifier qu'on attend encore la consécration, qui est déjà faite. Les prières pour toutes les nécessités de l'Église, pour tous les ordres, pour les besoins temporels, pour les défunts; la mémoire des saints qui ont été agréables à Dieu dès le commencement du monde, sont aussi de la plus grande antiquité. La distribution de la communion et les actions de grâces sont pareillement une partie essentielle de l'action sacrée, et c'est ce que contenait la forme ancienne de la Liturgie.

On reconnaît aisément que si on examine les Liturgies orientales, et qu'on les compare à ce premier plan des temps apostoliques, on y trouve une entière conformité, et que toute la différence consiste en ce que la paix de l'Église ayant donné moyen aux chrétiens de faire le service avec plus de dignité et de splendeur, on ajouta plusieurs cérémonies à l'ancienne simplicité. Les ministres des autels furent revêtus d'ornements convenables à leur caractère; les vases sacrés, par la piété des fidèles et par la libéralité des empereurs, furent plus précieux, et ordinairement d'or ou d'argent; les autels furent ornés comme le trône de Jésus-Christ; enfin le service fut réglé, afin qu'il y eût de l'uniformité dans les prières et dans les cérémonies.

La première partie de la Liturgie est encore selon l'esprit de l'antiquité, et commence par la psalmodie, qui a été introduite dès les premiers siècles; par plusieurs oraisons qui tendent à demander à Dieu la grâce, la sanctification et la rémission des péchés, tant pour ceux qui offrent le sacrifice que pour ceux qui y participeront. On a toujours commencé par de semblables prières; et il y a sujet de croire qu'il en était resté un grand nombre dans la mémoire des fidèles. Afin de régler les offices sacrés, et les réduire à une juste longueur, les évêques en choisirent quelques-unes qui demeurèrent ensuite propres à chaque église, et c'est ce qui a fait leur différence, qui ne consiste que dans les paroles, le sens étant toujours le même, comme il est aisé de remarquer en comparant la Liturgie de S. Jacques avec ce qui se trouve dans les Constitutions apostoliques, dans la Liturgie de S. Marc, et dans celles de S. Basile et de S. Jean Chrysostôme. Car on y trouve le modèle des offices anciens de toutes les églises d'Orient; dans celles de S. Jacques, celui de Jérusalem et de tout l'Orient soumis au patriarcat d'Antioche ; dans celle de S. Marc, celui d'Alexandrie, de toute l'Égypte et de l'Éthiopie; dans celles de S. Basile et de S. Chrysostôme, celui du patriarcat de Constantinople; les Constitutions comprennent une forme de prières plus générale, et qui convient à presque toutes les églises.

La lecture des saintes Écritures précédait quelquefois la cérémonie d'apporter à l'autel le pain et le calice; quelquefois, comme dans le rit égyptien, elle ne se faisait qu'après. On commença dans la paix de l'Église à régler les lectures ; et dans tout l'Orient, elles se font ordinairement de l'ancien Testament, de l'Évangile, des Épîtres de S. Paul et des Épîtres catholiques.

On a ajouté, il y a déjà plusieurs siècles, des cérémonies particulières à ces deux fonctions ; l'une qui est le transport qui se fait du pain et du calice qui doivent être consacrés, de la prothèse ou crédence à l'autel ; l'autre est celui du livre des Évangiles, lorsqu'on le va lire à l'ambon ou tribune. Les Grecs appellent la première μεγάλη είσοδος, la grande entrée, et l'autre la petite. Lorsque le diacre porte les dons qui doivent être consacrés, ce qui se fait en manière de procession avec des cierges et de l'encens, tous ceux qui sont dans l'Église se prosternent, et rendent à la matière qui doit être faite le corps et le sang de Jésus-Christ des honneurs plus grands qu'aux images, mais inférieurs à ceux qu'ils rendent dans la suite au corps et au sang de Jésus-Christ. Gabriel, métropolitain de Philadelphie, a fait une apologie des Grecs sur ce sujet ; et les Cophtes, les Éthiopiens, et la plupart des Orientaux pratiquent à peu près en cette occasion les mêmes cérémonies, ainsi qu'à l'égard de l'Évangile.

La lecture de l'Écriture sainte, depuis plus de mille ans, se fait en deux langues, l'ancienne et la vulgaire.

Après que l'Évangile a été lu dans les deux langues, le prêtre dit diverses prières pour la paix de l'Église, pour tous les ordres qui la composent, pour les biens de la terre, et pour les nécessités publiques, pour les vivants et pour les morts ; et elles sont semblables aux secrètes de la messe latine.

On dit ensuite le Symbole de Nicée, ou plutôt de Constantinople. Le prêtre lave ses mains, dit l'oraison qui précède le baiser de paix, après lequel commence l'action la plus sacrée qui répond à notre canon.

Sursùm corda, et le reste, se dit en la même manière, et les Cophtes disent encore ces paroles en grec. Le prêtre dit une oraison qui répond à la Préface du rit latin, et qui se termine par la doxologie *Sanctus*, etc. Chacune de ces préfaces varie selon les Liturgies, au lieu qu'elles ne changent dans l'Église latine que selon les mystères et les grandes fêtes, ce qui est propre à l'office romain moderne ; car autrefois il y en avait un très-grand nombre de propres à chaque messe.

Après le *Sanctus*, le prêtre dit une oraison secrète, dans laquelle il rend grâces à Dieu de la rédemption du genre humain par l'avénement de Jésus-Christ ; et, parcourant en peu de mots les principaux mystères de sa vie sur la terre, il finit par l'institution de l'Eucharistie, et élevant la voix il prononce ces paroles : Ceci est mon corps *qui sera donné ou brisé pour vous*, etc. Le peuple répond *amen* à chaque parole, comme en l'église cophte, et finit par une confession de foi sur tout ce qu'il a entendu, ce que les Éthiopiens observent pareillement ; et ce qui se fait aussi lorsque le prêtre prononce les paroles sacrées sur le calice. Ensuite le peuple dit : *Seigneur, nous annonçons votre mort, nous confessons votre résurrection, et nous attendons votre avénement.*

Le prêtre dit une oraison qui contient une pareille confession plus étendue, après laquelle le diacre exhorte les fidèles à redoubler leurs prières en attendant l'avénement prochain du S.-Esprit. Alors le prêtre dit l'invocation, qui est une prière solennelle qu'on trouve généralement dans toutes les Liturgies orientales, par laquelle on demande à Dieu qu'il envoie son S.-Esprit sur les dons proposés, et qu'il fasse le pain le corps de Jésus-Christ, et son sang ce qui est dans le calice, afin que ceux qui le recevront dignement reçoivent en même temps la rémission de leurs péchés, et parviennent à la vie éternelle.

Le prêtre dit ensuite plusieurs prières pour l'Église, pour le clergé, pour les biens de la terre, pour les princes, etc. ; et à chaque article les diacres avertissent le peuple de joindre ses prières sur le même sujet, ce qui se fait en disant au moins trois fois *Kyrie eleison*. On prie aussi pour les défunts, et en particulier pour ceux dont les noms sont dans les dyptiques.

Il dit après cela une oraison qui précède la fraction de l'hostie, qu'on peut appeler la seconde, parce que la première se fait en même temps qu'il rapporte les paroles de l'Évangile, *fregit*. Celle-ci se fait en rompant la principale particule de l'hostie, dont une partie est mise dans le calice, et le prêtre l'y ayant trempée, en touche la plus grande en forme de croix, et c'est ce que les Grecs appellent ἀγία ἕνωσις, *la sainte union*, parce qu'ils unissent ainsi les deux espèces. On dit encore quelques oraisons qui sont différentes selon les différents rites.

Après cela le prêtre ou le diacre dit à haute voix : *Sancta sanctis*, que les Cophtes disent encore en grec ; et le prêtre élève la grande particule, afin qu'elle soit vue de tous les assistants qui se prosternent et l'adorent ; et c'est en cet endroit que se fait l'élévation et ensuite l'adoration de l'Eucharistie.

Avant la distribution de la communion les Cophtes ont une cérémonie particulière. C'est que le célébrant tenant la même particule, prononce à haute voix une confession touchant la présence réelle de Jésus-Christ dans l'Eucharistie, partie en grec, partie en cophte, et le peuple la dit en langue vulgaire. Les Éthiopiens la font pareillement. Les Syriens en ont une plus courte, et ils ne la disent qu'au moment de la communion comme les Grecs.

Les prêtres et les diacres reçoivent la communion de la main du célébrant, et il leur donne ensuite le calice ; les autres la reçoivent avec une cuiller, dans laquelle le diacre leur donne des particules trempées dans le calice. Cet usage est commun aux Grecs et à tous les Orientaux. Enfin on dit les prières d'actions de grâces, outre celles que chacun fait en son particulier ; le célébrant donne la bénédiction, et la Liturgie finit ainsi.

Telle est la forme générale de toutes les Liturgies des églises d'Orient, qui ont été durant plusieurs siècles en communion avec celles d'Occident, sans qu'il y ait eu entre elles aucune contestation sur les prières et les cérémonies dont les unes et les autres se servaient dans la célébration des saints mystères. On commença d'abord à disputer sur l'usage du pain levé ou azyme, et ce ne fut que du temps de Michel Cérularius ; après cela, comme les Latins firent souvent aux Grecs des reproches mal fondés, ceux-ci en firent de leur côté qui n'était pas plus raisonnables. Mais avant ces temps malheureux, les Grecs, venant en Occident, assistaient et participaient aux mystères célébrés dans les églises latines, et de même les Latins qui se trouvaient en Orient assistaient sans difficulté au service des églises grecques. C'était en effet le même esprit, le même ordre, et souvent les mêmes paroles, comme il est aisé de le reconnaître.

Si on examine les offices latins les plus anciens, comme l'ancienne messe gallicane imprimée par Illyricus, la Liturgie de la même église donnée au public par le savant et pieux P. Mabillon, les messes gothiques de Thomasi, et quelques autres dont il reste des fragments, outre le Missel mozarabe, il ne paraît pas d'abord moins de diversité entre elles et le canon gélasien ou grégorien, dont l'Église romaine se sert depuis plusieurs siècles. Cependant les prières sont toutes conçues dans le même esprit, et la diversité des expressions et des rites n'y change rien. Car tous les offices de la messe latine commencent par la psalmodie ; elle était autrefois plus complète, parce que les psaumes qui se disent à l'Introït, mais dont on ne récite ordinairement qu'un verset, se disaient entiers. De même ceux dont on dit quelques versets au Graduel ou au Trait se chantaient entièrement, comme on le pratique encore au premier dimanche de carême, et à celui des Rameaux, ce qui s'est conservé dans les usages particuliers de diverses églises qui le gardent encore.

La lecture de l'Écriture sainte ne manque jamais après la prière commune que fait le prêtre, qu'on appelle la Collecte ; et on sait que ces prières sont de la première antiquité : on lit une leçon, ordinairement des Épîtres des apôtres, d'où cette leçon a été appelée *Épître*, comme les Grecs l'appellent ἀπόστολος, *l'Apôtre*. On en lisait autrefois plusieurs, ce qui s'observe encore en certains jours, comme aux jeûnes des quatre-temps, et principalement à l'office de la semaine-sainte, dans lequel il reste de grands vestiges d'antiquité. Entre chacune, on dit une oraison, et un trait tiré des Psaumes qu'on chantait aussi entiers. La psalmodie et la lecture des livres sacrés se trouvent donc conformes à l'usage des églises orientales.

La lecture de l'Évangile ne se faisait pas en Occident avec moins de solennité. Si nous ne trouvons pas précisément la même cérémonie que celle des Grecs, pour ce qu'ils appellent μικρὰ εἴσοδος, *la petite entrée*, et que nous ne nous prosternons pas devant le livre des Évangiles, il reste assez de marques du respect que nos anciens ont eu pour le livre qui contient les paroles de Jésus-Christ. Ils ne trouvaient rien de trop précieux pour orner ce livre ; et il y en a encore un assez grand nombre dans nos anciennes églises, couverts de lames d'or et d'argent, enrichis de pierreries ou d'ouvrages d'ivoire. Il y avait une tribune élevée pour le lire au peuple ; et il en reste encore d'entières à Rome en diverses églises, comme en celles de S. Clément, de S. Laurent *extra muros*, de Sainte-Marie *in Cosmedin*, et en quelques autres. On l'y portait élevé afin que le peuple le vît ; on l'accompagnait avec des cierges et des encensements. Le diacre avant que de commencer la lecture encensait le livre, et faisait une inclination ; on le portait ensuite au célébrant qui le baisait respectueusement au-dedans, à l'endroit qu'on venait de lire, et les autres seulement par le dehors. Une partie de ces cérémonies se pratique encore parmi nous, surtout les offices solennels, et dans les églises illustres par leur antiquité et par leur dignité, comme sont plusieurs cathédrales et abbayes royales. La coutume de dire l'Épître et l'Évangile en deux langues subsiste encore à Rome lorsque le pape officie pontificalement ; alors on les dit en grec et en latin, ce qui se pratique pareillement dans la célèbre abbaye de S.-Denis.

L'oblation du pain et du vin, quoiqu'elle ne soit pas portée avec les mêmes cérémonies à l'autel que parmi les Grecs, y est néanmoins portée avec toute sorte de décence ; et l'histoire fournit quantité d'exemples d'eulogies préparées par les mains des saints, comme par sainte Radegonde, de fondations pour en donner aux églises, et d'un grand soin pour les faire.

La préface et les exhortations qui précèdent *Sursum corda*, etc., sont dans les messes latines comme dans les orientales. L'hymne des anges, *Sanctus*, est dit au même endroit. Le canon consiste en des prières et des mémoires semblables à celles qui sont dans toutes les autres Liturgies. On demande à Dieu les mêmes choses, on prie pour les mêmes fins ; on fait les mêmes commémorations, et on lui demande que cette oblation soit faite le corps et le sang de Jésus-Christ avant que de prononcer ses paroles, au lieu que les Grecs et les Orientaux font cette prière aussitôt qu'elles ont été prononcées. Dans plusieurs messes latines il se trouve de semblables prières sur les dons, quoique déjà consacrés ; ce qui n'a jamais été regardé comme une diminution de la

P. DE LA F. III.   (*Huit.*)

foi qu'on a toujours eue sur l'efficacité de ces mêmes paroles.

Les oraisons qui suivent sont plus courtes et plus simples que celles du rite oriental, mais le sens en est le même. On dit le *Pater* un peu avant la fraction de l'hostie comme dans l'autre rite; on fait l'union des deux espèces, quoique d'une manière différente. Le baiser de paix précède la communion dans le rite latin, au lieu que dans le rite grec et oriental la paix se donne avant la Préface. Enfin on prend et on donne la communion; et, après les oraisons en action de grâces, tout est terminé par la bénédiction.

On reconnaît par cette comparaison sommaire qu'il y a une entière conformité entre les Liturgies occidentales et les orientales pour ce qu'il y a d'essentiel dans l'ordre de l'action sacrée, dans l'intention des prières, et même dans les expressions. Le changement des dons proposés au corps et au sang de Jésus-Christ y est expressément marqué; le sacrifice ne l'est pas moins; les mémoires des saints, principalement de la sainte Vierge, la prière pour les morts, en un mot tout ce que les protestants ont reproché à l'Église catholique, et qu'ils ont supprimé comme des nouveautés contraires à la parole de Dieu et à l'institution apostolique, est observé également par les Grecs, par les nestoriens et les jacobites, sans que jamais ils aient douté que les apôtres l'avaient ainsi ordonné. On ne dira pas que les Orientaux aient pris des Latins leurs prières et leurs cérémonies, puisqu'en tout ce qui peut avoir été ajouté dans la suite, il paraît assez par la différence des rites qu'ils n'ont rien pris les uns des autres, mais que chaque église a établi les siens sur le fondement de la tradition apostolique, qui fait leur entière conformité dans ce qu'il y a d'essentiel. Car il ne se trouve pas qu'aucune église ait jamais cru consacrer le pain et le vin au corps et au sang de Jésus-Christ, sans employer ses propres paroles, que les calvinistes ont néanmoins retranchées; et ce n'est pas les dire que de réciter l'endroit de la première Épître aux Corinthiens où elles se trouvent. Elles ont été conservées dans la Liturgie anglicane, et même il est ordonné que, quand il n'y aura pas assez de pain et de vin pour communier tous ceux qui se présentent, le ministre en fera apporter d'autre, et recommencera à réciter l'endroit du canon où elles se trouvent; ce qui paraît fort difficile à accorder avec le principe de la confession de foi de l'église anglicane, qui dit que *le moyen par lequel on reçoit le corps de Jésus-Christ est la foi* (1). Les autres sociétés protestantes ont varié sur ce même sujet, sur lequel les églises d'Orient et d'Occident se sont toujours accordées.

Elles ont eu de même une entière conformité dans leurs prières pour marquer que les dons proposés étaient offerts comme un sacrifice non sanglant et propitiatoire pour les vivants et pour les morts. Les protestants ont retranché tout ce qui avait rapport à cette vérité capitale de la religion chrétienne; ainsi que les autres articles qui concernaient la mémoire des saints, et celle des défunts : l'une pour s'adresser à Dieu par l'intercession de ceux qui lui ont été agréables depuis la création du monde; l'autre, pour lui demander qu'il mît les fidèles dans le repos et dans sa gloire. Or il n'y a rien de tout ce qu'ils ont retranché comme superstitieux, et comme des nouveautés de l'Église romaine, qui ne se trouve établi dès les premiers siècles, comme on le reconnaît par les témoignages des auteurs de la plus haute antiquité; et c'est une témérité étrange que de traiter d'abus et de superstition ce qui a été pratiqué en ces temps-là.

C'est ce que nos premiers religionnaires français ont osé néanmoins appeler la *pure institution de Jésus-Christ, et la réformation que S. Paul leur montre*, qu'il n'a cependant pas montrée à Luther, ni aux réformateurs de l'église anglicane, ni à la plupart des autres. Cela pouvait être persuadé à des ignorants, comme étaient la plupart de ceux qui se laissèrent d'abord séduire, et qui ne savaient pas distinguer ce qui était véritablement abus, des traditions apostoliques. Les luthériens de Magdebourg ont reconnu avec raison qu'on devait employer les paroles de Jésus-Christ, puisque S. Paul les rapportait. Les Anglais l'ont cru pareillement, puisqu'ils les ont mises dans leur Liturgie, et même de telle manière qu'ils font recommencer le ministre à l'endroit où elles sont lorsque le pain qui avait été préparé ne suffit pas pour le nombre des communiants; ce qu'ils n'auraient pas fait, s'ils n'avaient cru voir dans l'Écriture que ces paroles sont nécessaires, aussi clairement que les calvinistes croient avoir vu qu'elles étaient inutiles. On ne parle pas de toutes les autres différences essentielles qu'il y a entre tant de différentes formes de la célébration de la cène, ce qui est une conviction manifeste de la témérité de ceux qui ont aboli ce que les chrétiens de tous les siècles et de tous les pays avaient pratiqué, sous prétexte d'avoir trouvé quelque chose de meilleur dans la sainte Écriture.

Il y avait des abus dès le temps de S. Paul, et il en corrigea une partie dans sa lettre aux Corinthiens, remettant à ordonner le reste lorsqu'il serait sur les lieux; et il n'y a pas sujet de douter qu'il ne l'ait fait, quoique l'Écriture ne nous en apprenne rien. Les réformateurs n'avaient-ils pas sujet de craindre qu'en prétendant retrancher des abus, ils ne retranchassent ce que l'Apôtre avait établi?

Mais tout chrétien qui a l'idée que nous devons tous avoir de l'Église, ne s'imaginera pas aisément qu'elle ait, non seulement introduit, mais toléré depuis tant de siècles, des prières et des cérémonies contraires à la parole de Dieu et à la pratique des apôtres, de la doctrine desquels elle était dépositaire. On reconnaîtra encore moins l'esprit des apôtres, et celui de la primitive Église, dans une forme de service tel que celui des réformés de France, qui

---

(1) *Corpus Christi datur, accipitur et manducatur a cœnâ tantùm cœlesti et spirituali ratione. Medium autem quo corpus Christi accipitur et manducatur in cœnâ fides est. (Artic. religionis*, 1562.

consiste à un sermon que fait un ministre, dans lequel il n'y a rien qui convienne particulièrement au mystère, ou qui ne soit directement contraire à ce que les SS. Pères ont dit en pareille occasion. On n'en trouvera pas un seul qui ait dit avant la communion, que *toute la dignité que Dieu requiert de nous, c'est de nous bien connaître, pour nous déplaire en nos vices et avoir tout notre plaisir, joie et contentement en lui seul........; que nous ne nous amusions point à ces éléments terriens et corruptibles que nous voyons à l'œil, et touchons à la main pour le chercher là comme s'il était enclos au pain et au vin...; que nous nous contentions d'avoir le pain et le vin pour signes et témoignages; cherchant spirituellement la vérité.* Ce n'est pas de cette manière que S. Cyrille de Jérusalem, ou S. Jean Chrysostôme parlaient aux chrétiens de leur siècle; puisqu'ils leur disaient tout le contraire, en les assurant que quoiqu'ils ne vissent que du pain et du vin, ils crussent que c'était véritablement le corps et le sang de Jésus-Christ. Enfin quand on examinera sans partialité la différence de ces anciennes prières révérées par toute l'antiquité, et de celles que les réformateurs ont mises à leur place, on reconnaîtra aisément dans les premières la voix de l'épouse et le gémissement de la colombe, et dans les autres la voix des étrangers que le troupeau de Jésus-Christ n'a jamais connue.

CHAPITRE III.
De l'authenticité et de l'autorité des Liturgies.

On pourrait se dispenser d'examiner l'article de l'authenticité des Liturgies, puisque ceux qui ont traité les plus anciennes comme des pièces fausses et supposées, ont employé des raisonnements si peu solides, qu'on aurait honte de les proposer présentement en dispute réglée. Car outre la faiblesse de la plupart des objections dont elles ont été attaquées, il y a un défaut essentiel dans toute la critique qui en a été faite, et il consiste en ce qu'elles sont examinées suivant les règles qu'on peut appliquer aux ouvrages des particuliers, et non pas selon celles suivant lesquelles on doit juger d'une pièce qui a l'autorité publique. Car on doit considérer les Liturgies, ou comme les ouvrages de quelqu'un qui a réduit les prières qu'elles contiennent en la forme qu'elles ont, ou comme la forme et la règle autorisée par l'Église dans l'usage qu'elle en fait. Or si on examine ce qui a été écrit sur ce sujet, il paraît que ceux qui ont attaqué les Liturgies attribuées à quelques apôtres, ou celles de S. Basile et de S. Jean Chrysostôme, ne les ont, pour ainsi dire, attaquées que par les titres. Ils ont prouvé que certaines prières, et d'autres choses qui se rencontrent dans le corps du discours, ne convenaient pas au temps des auteurs dont elles portaient le nom; que les mots de *consubstantiel*, de *Mère de Dieu*, ne pouvaient être du temps apostolique, non plus que la mémoire de divers ordres et ministères ecclésiastiques, des vierges, des anachorètes et autres semblables, ce qu'on leur accorde volontiers. Mais la conclusion qu'ils en ont voulu tirer, que par conséquent elles étaient supposées, est certainement fausse. Car rien n'empêchera de dire qu'on a ajouté dans la suite, comme on fait encore, ce que les évêques ont jugé nécessaire pour l'édification des fidèles; de sorte que cette raison ne détruirait pas la tradition des églises orientales, qui croient communément que S. Jacques a mis par écrit sa Liturgie, et ainsi les autres. Un homme qui voudrait, sous ce même prétexte, prouver que le canon de l'Église romaine n'est pas du temps de S. Grégoire ou de Gélase, trouverait de pareilles preuves. Aussi ce n'est pas de cette manière que l'authenticité des Liturgies doit être examinée.

Elle consiste principalement en ce que les prières et les rites sacrés que contiennent les Liturgies appartiennent à l'Église; de sorte que c'est elle qui parle et qui agit par ses ministres, lorsqu'ils les emploient dans l'action la plus sacrée de la religion; ce qui donne à ces prières une autorité fort supérieure à celle que leur pourraient donner les noms des plus grands saints de l'antiquité. Car il n'y en a aucun, si on en excepte les écrits des apôtres et des disciples qui sont reçus dans le canon des Écritures, auquel on puisse attribuer le privilège que Jésus-Christ a donné à son Église, de ne tomber dans aucune erreur. Ainsi on peut être assuré que des prières et des formules qu'elle a approuvées par un usage immémorial, et par un consentement général de tous les pays et de tous les siècles, ne peuvent être que conformes à la tradition des apôtres et de leurs successeurs, auxquels a été faite la promesse de Jésus-Christ, d'être avec eux jusqu'à la consommation du siècle. C'est sur ce principe que S. Augustin s'est servi des prières de l'Église, comme ont fait aussi d'autres Pères, pour combattre les hérétiques, et qu'ils ont dit qu'elle ne priait point en vain, qu'elle était toujours exaucée; et que par cette raison Dieu exauçait pour l'effet des sacrements un homicide, et un homme chargé de crimes, qui faisait les prières de l'Église sur l'eau du baptême, sur l'huile sacrée et sur l'Eucharistie; parce que c'était le gémissement de la colombe qui était toujours écouté, et ils en tiraient un grand argument contre les donatistes.

Cela doit s'entendre de cette partie essentielle des Liturgies qui est commune à toutes les églises, orthodoxes, schismatiques, hérétiques, grecques, syriennes, égyptiennes, éthiopiennes, arméniennes, qui ont été et qui sont encore en Orient. Elles ont toutes la Préface, la prononciation des paroles sacrées de Notre-Seigneur Jésus-Christ; des prières devant ou après pour demander à Dieu que les dons proposés soient changés en son corps et en son sang; les prières et les mémoires qui ont été marqués ci-dessus, la fraction de l'hostie et la distribution de la communion, et l'action de grâces. Les luthériens et l'église anglicane ont conservé quelque partie de ce service, après en avoir retranché tout ce qui était contraire à leurs préjugés;

les calvinistes ont tout aboli. Ainsi on reconnaît qu'en ce qui est essentiel à l'action mystique, les Orientaux et les Occidentaux s'accordent parfaitement ; au lieu que les protestants ne s'accordent ni avec les uns ni avec les autres, ni entre eux, puisqu'il est impossible de concilier la célébration de la cène de l'église anglicane avec celle des calvinistes et des luthériens.

Il est entièrement inutile de chercher des diversités dans les prières, puisque si les expressions sont un peu différentes, le sens et l'intention sont toujours les mêmes. Les Préfaces sont quelquefois plus longues, d'autres fois plus courtes, mais elles contiennent toutes des louanges et des actions de grâces à Dieu sur ses bienfaits, et sur le mystère de la rédemption du genre humain. Les paroles de Jésus-Christ sont rapportées selon un ou plusieurs évangélistes, mais elles ne sont point omises. On trouve plus de soixante formules différentes de l'invocation du S.-Esprit, mais qui conviennent toutes à demander à Dieu qu'il l'envoie sur les dons proposés, et qu'il les fasse le corps et le sang de Jésus-Christ, et ainsi du reste.

Que si on insiste sur ce que les cérémonies qu'on remarque dans les anciennes Liturgies, et particulièrement celles qui y ont été ajoutées dans les temps suivants, ne conviennent pas à la simplicité de la primitive Église, on en demeure d'accord, et on ne prétend pas que dans ces premiers siècles, et durant le feu des persécutions, on pût faire le service avec la même liberté, et avec la même dignité qu'on a fait depuis, lorsque l'Église a été libre et dans sa splendeur sous les empereurs chrétiens. Cependant dans la plus grande fureur de la persécution, les chrétiens avaient des vases sacrés assez précieux, puisque le poète Prudence, qui pouvait avoir vu les anciens actes du martyre de S. Laurent, en parle ainsi :

Hunc esse vestris orgiis,
Hanc disciplinam fœderis,
Argenteis sacris ferunt ;
Auroque nocturnis sacris
Moremque et artem proditum est
Libent ut auro antistites.
Fumare sacrum sanguinem,
Adstare fixos cereos.

Optat, S. Ambroise, les actes de plusieurs martyrs, font mention des vases sacrés de l'Église ; on ne dira pas que c'est s'éloigner de la discipline évangélique, ou de l'exemple des apôtres, que d'en avoir qui ne soient destinés qu'à cet usage, puisque les protestants mêmes, après avoir rompu et pillé ceux qui étaient dans les anciennes églises, en ont fait d'une autre sorte. Toute personne non préoccupée ne s'imaginera pas qu'il y ait de la superstition à une chose qui, indépendamment de la religion, est fondée sur la bienséance. Mais les calices ne ressemblent pas aux vases dans lesquels on boit ordinairement, et c'est en cela que ces zélés réformateurs trouvaient de la superstition. Cependant on sait que plusieurs vases antiques, de ceux qu'on appelait *calices* ou *scyphi*, étaient semblables aux calices qui se trouvent en plusieurs églises. On ne boit plus ordinairement dans d'autres vases que de verre ou de crystal, faudra-t-il que les calices soient de verre ?

Il n'y a eu donc rien de superstitieux dans l'appareil extérieur que l'Église, délivrée des persécutions, a ajouté à la simplicité des premiers temps, ni pour les vases sacrés, ni pour les ornements, ni pour les cérémonies, ni pour l'augmentation des prières. C'était une suite de la liberté des chrétiens triomphants de la fureur du paganisme. On a conservé les habits anciens des prêtres et des autres ministres sacrés, parce qu'on n'a pas cru que les changements qui arrivent tous les jours dans le monde, dussent s'étendre jusqu'à l'Église. Les protestants mêmes ont blâmé ceux qui parmi eux ont fait tant de vacarmes et de séditions à l'occasion des vêtements ecclésiastiques conservés en quelques endroits, et particulièrement en Angleterre. Personne ne trouve à dire que les rois, les princes, les magistrats, et d'autres personnes constituées en dignité ou en charge publique, gardent des habits anciens qui ne sont plus en usage. On ne peut pas non plus blâmer ce qui se fait aussi encore en plusieurs lieux où la religion est établie, lorsqu'on prépare pour la célébration de l'Eucharistie du pain différent de celui dont on se nourrit ordinairement, et même l'azyme est en usage à Genève et parmi les luthériens (Casaub. in Bar., exer. 16, p. 466 ; Act. Witt. p. 192). Le vin pur sans aucun mélange est en presque toutes les communions protestantes ; la manière dont ils s'en servent, de leur propre aveu, n'est pas clairement marquée dans l'Écriture sainte, et cependant, dès le temps de S. Cyprien (ep. ad Cæcil. 63), on regardait comme un grand abus de ne pas mettre de l'eau dans le calice, et même ce défaut était regardé comme une erreur dans la discipline, qui était contraire à la disposition de Jésus-Christ et à l'usage de toute l'Église. Que si on examine toutes les cérémonies en détail, il n'y en a aucune qui ne se trouve fondée sur l'ancienne discipline, dont on voit la preuve dans les écrits des SS. Pères, dans les canons des apôtres, dans les constitutions apostoliques, dont l'antiquité est reconnue de tous les habiles critiques.

Ceux donc qui ont cru voir dans l'Écriture tout le contraire de ce que l'Église a toujours pratiqué, et qui ont osé condamner de superstition, d'abus et de corruption, ces pratiques sacrées, et qui les ont toutes abolies, outre qu'ils ne peuvent être justifiés d'une témérité insupportable, sont encore tombés dans deux erreurs très-grossières.

Car ce qu'ils ont appelé superstition et idolâtrie, ne leur a paru tel que parce qu'il ne s'accordait pas avec leurs principes ; mais toute l'antiquité en a jugé différemment. C'est donc un défaut essentiel dans tous leurs systèmes de théologie, de supposer comme prouvé ce qui est en question ; puisqu'il a toujours passé pour constant dans l'Église universelle, que ce qui s'observe également par tous les fidèles est fondé sur la tradition, et ne peut être soupçonné d'erreur. Les réformateurs, par exemple, ont aboli le signe de la croix comme une superstition, et cependant il n'y a rien dont l'usage soit plus ancien et plus constant dans la primitive Église, aussi bien que dans tout l'Orient. Il en est de même de la plupart des autres cérémonies qu'ils ont supprimées, qui étaient déjà établies par un usage immémorial du temps de S. Basile, et desquelles on trouve aussi des preuves certaines dans l'antiquité ecclésiastique.

L'autre erreur de fait, dont les conséquences ne sont pas moindres, est d'avoir changé toute la forme du culte extérieur, particulièrement dans la célébration de l'Eucharistie, sous prétexte que les prières et les cérémonies que les premiers réformateurs ont abolies étaient des abus introduits dans l'Église romaine, quoiqu'il soit incontestable qu'il n'y en a aucune qui ne se trouve établie de même dans l'église grecque, et dans toutes celles d'Orient. Il y a beaucoup de raisons de croire que d'abord ils n'y pensèrent point; car du temps de Luther et longtemps auparavant, les plus savants n'avaient pas la moindre connaissance de la doctrine et de la discipline de l'église grecque. Il parait même par les actes du concile de Florence, que très-peu de nos théologiens étaient versés dans la lecture des livres grecs, et que pour la discipline elle leur était presque inconnue; les disputes animées qu'il y avait eu de part et d'autre, ayant plutôt embrouillé qu'éclairci la matière.

On peut juger que sur de tels fondements, les réformateurs ne pouvaient manquer de tomber dans un aussi grand inconvénient qu'a été celui de donner comme la forme parfaite de la cène apostolique, ce qui ne ressemble point à ce qui était pratiqué par l'ancienne Église, et même d'en établir presque autant de sortes qu'il y a de différentes communions de protestants. Il n'y a cependant qu'une seule de ces formes qui puisse être vraie, selon leurs principes, puisqu'ils prétendent l'avoir réglée sur l'Écriture sainte. Chacun croit la sienne telle; mais puisqu'il n'y a encore eu jamais de concorde sur cet article, et que cette diversité suffit à faire voir que l'Écriture ne dit rien sur ce sujet, on ne pouvait trouver de règle plus sûre que de suivre la pratique de toutes les églises; et c'est sur cela que sont fondées les Liturgies latines, grecques et orientales.

CHAPITRE IV.
Examen des principales objections que font les protestants sur l'authenticité des Liturgies.

Il ne sera pas inutile d'examiner ce que les protestants opposent à l'autorité des Liturgies, et les preuves qui paraissent assez fortes à leurs théologiens pour leur faire croire qu'ils ont prouvé que toutes ces pièces étaient supposées et corrompues, desquelles par conséquent on ne pouvait se servir contre eux dans les disputes sur la religion. Il ne faut pas s'étonner qu'ils aient eu cette opinion, ni de ce qu'ils ont écrit sur ce sujet, car plusieurs catholiques ne l'ont pas traité avec autant d'exactitude qu'il eût été à souhaiter, et ils sont tombés dans deux extrémités contraires. Les uns, comme presque tous ceux qui ont écrit dans les deux derniers siècles contre les protestants, s'attachant à la tradition des Grecs, ont soutenu que les Liturgies étaient véritablement les ouvrages des apôtres et des Pères dont elles portent le nom; et de nos jours, Allatius (Symmict. p. 176) a fait une dissertation sur celle de S. Jacques, toute fondée sur ce principe, et par conséquent entièrement inutile. D'autres, particulièrement des scolastiques, les ont attaquées comme ayant été altérées par les Grecs schismatiques; et c'est ce que fit Turrécrémata dans le concile de Florence, en quoi il a été suivi par un très-grand nombre de théologiens; d'autant plus que le cardinal de Bessarion, qui écrivit peu de temps après son traité de l'Eucharistie, en a parlé d'une manière très-peu exacte. En ces derniers temps, des personnes plus habiles, faute d'avoir assez examiné la matière, ne se sont pas éloignées du sentiment des protestants, touchant la supposition de la plupart des anciennes Liturgies, les examinant, ainsi qu'il a été dit, comme des ouvrages particuliers de ceux dont elles portent les noms, et non pas comme des formules de prières et de cérémonies autorisées par l'usage des églises.

Un de ceux que les protestants citent volontiers sur ce sujet, et à l'autorité duquel ils défèrent le plus, est André Rivet, ministre calviniste de France, qui passa depuis en Hollande, qui a fait un livre intitulé : *Criticus sacer*, dont il paraît assez qu'ils font un grand cas par la quantité d'impressions qui en ont été faites. Il est cependant assez étonnant qu'ils n'aient pas reconnu qu'un homme d'un esprit très-médiocre, prévenu jusqu'à l'excès, qui n'avait vu aucuns manuscrits, et qui connaissait à peine les meilleures éditions, ne devait pas entreprendre un tel ouvrage, qui est un tissu d'ignorances et d'absurdités, surtout quand il parle des Liturgies.

Il commence par celles qui sont attribuées aux apôtres, *pour lesquelles*, dit-il, *quelques-uns de nos adversaires combattent, entre autres Claude de Saintes, et Jacques Pamélius* : « *Ut missarum ludibria et histrioniam posteritati suo tantorum nominum larvâ obtrudant.* » On sait bien que les calvinistes appellent ainsi ce que l'Église ancienne appelait les mystères terribles; et cela seul fait assez voir la différence de leur cène et celle de la Liturgie des anciens. Mais un jeu et une véritable comédie sont tant de formes différentes, que les protestants en ont inventé sans pouvoir encore jamais s'accorder. Ne dirait-on pas que de Saintes et Pamélius n'avaient d'autre secours pour établir la messe que l'autorité de ces Liturgies? De plus habiles hommes que Rivet en jugeaient autrement. Joseph Scaliger (pag. 14) disait que la Liturgie dans tous les Pères était à peu près comme elle est aujourd'hui, même dans Tertullien. *Je trouve,* dit Grotius, *dans toutes les Liturgies grecques, latines, arabes, syriaques et autres, des prières à Dieu le Père, afin qu'il consacre par son S.-Esprit les dons offerts, et qu'il les fasse le corps et le sang de son fils. J'ai donc eu raison de dire qu'une coutume si ancienne et si universelle, qu'on doit croire qu'elle est venue des premiers temps, ne devait pas être changée* (1). Rivet dit ensuite que c'est par le moyen de ces deux théologiens qu'ont paru les Liturgies sous le nom de S. Jacques, de S. Pierre, de S. Matthieu et de S. Marc, et il n'y a rien de plus faux. La Liturgie de S. Jacques a été imprimée en grec par Morel longtemps auparavant; mais elle était connue dès les premiers siècles de l'Église; puisqu'il en est fait mention dans le concile *in Trullo*, dans l'ouvrage de Proclus, et dans ceux de plusieurs autres théologiens grecs, sans que les nôtres y aient eu part. Celle de S. Pierre est une traduction ancienne du canon latin, qui n'a jamais été en usage dans l'église grecque, et dont par cette raison on ne s'est jamais servi en dispute. Celle qu'il dit être de S. Matthieu, ajoutant qu'on l'appelle autrement la *Messe des Éthiopiens*, ne fut jamais que dans son imagination, et n'appartient pas à l'église grecque; celle de S. Marc était comme il a été dit, la Liturgie commune de l'église d'Alexandrie; il dit que *M. du Plessis-Mornay a prouvé par de très-solides raisons, qu'elles avaient été produites par l'homme ennemi, qui avait semé cette zizanie par-dessus la bonne semence du Seigneur.* On ne se donnera pas la peine d'examiner des raisons aussi frivoles que celles de M. du Plessis, que M. le cardinal du Perron (de l'Euch., p. 817, etc.) a pleinement confondu sur cette matière, aussi bien que sur plusieurs autres. Il n'y a qu'une question à faire sur ce sujet aux admirateurs de pareils controversistes, et elle consiste à leur demander qu'ils nous marquent quelle était cette bonne semence sur laquelle a été semée cette zizanie, c'est-à-dire, quelle était cette Liturgie parfaite, exempte de toute superstition. Ils conviennent qu'elle n'est point marquée dans l'Écriture; il faut donc pour la connaître la trouver ou dans les écrits des auteurs anciens, ou dans la tradition. Or ils ne peuvent nier que toutes les parties essentielles de la Liturgie sont marquées dans les écrivains de la première antiquité, et que dans le troisième et le quatrième siècle la forme de célébrer les saints mystères était établie dans tout l'Orient, ainsi qu'on la voit dans les Liturgies grecques. Il n'ont donc pu distinguer que par révélation, parmi tant de formes aussi contraires que sont celles de l'administration de leur cène, quelle était la véritable, pour séparer le bon grain d'avec l'ivraie. De pareilles déclamations sont bonnes dans un prêche, et non pas dans une dispute sérieuse.

A l'égard de la Liturgie de S. Jacques, Rivet l'attaque par huit raisons, qui, à l'exception de la dernière, reviennent toutes à une même : 1° qu'on y trouve le mot de θεοτόκος, dont on se serait servi dans le concile d'Éphèse, surtout Proclus qui y assista, et auquel dit-il, on attribue la Liturgie de S. Jacques; 2° la consubstantialité du S.-Esprit, et qu'on l'aurait dû, par la même raison, citer dans le premier concile de Constantinople; 3° de même que le mot de *consubstantiel* établi dans celui de Nicée, où on ne l'autorisa point par cette même Liturgie; 4° qu'on y dit le *trisagium* qui est beaucoup plus récent; 5° qu'on prie pour ceux qui sont dans les monastères, quoiqu'il n'y en eût pas encore d'établis; 6° qu'ils y est parlé des confesseurs; 7° comme aussi d'églises, d'autels, de thurifications qui n'étaient pas de ces temps-là; 8° enfin, qu'elle est remplie d'expressions tirées des Épîtres de S. Paul.

Les sept premières objections sont toutes du même genre, et, à proprement parler, n'en font qu'une. Elles pourraient avoir quelque poids si les catholiques prétendaient que la Liturgie de S. Jacques, comme nous l'avons en grec, a été mise par écrit mot à mot telle qu'elle est par cet apôtre. Si quelques-uns de nos auteurs ont eu cette pensée, les plus habiles théologiens ne sont pas de leur avis. Ils tiennent que la partie essentielle de la Liturgie, telle que nous l'avons marquée, a été de temps immémorial en usage dans l'église de Jérusalem, ce qui peut avoir donné occasion de l'attribuer à S. Jacques. De là il s'ensuivait que les mots établis par l'Église pour détruire les hérésies, comme ceux de *consubstantiel* et de *Mère de Dieu*, y avaient été insérés, ce qui prouvait l'usage de cette Liturgie, et non pas sa nouveauté, encore moins sa supposition. Car si on n'y trouvait pas ce que toute l'Église a inséré dans ses offices publics, ce serait une marque qu'on ne s'en serait pas servi dans les églises. On reconnaît par les Catéchèses de S. Cyrille de Jérusalem, plusieurs prières tirées de cette Liturgie qui était celle de son église; par conséquent elle était en usage longtemps avant le concile d'Éphèse. Et pour ce qui regarde les expressions tirées des Épîtres de S. Paul, elles ne se trouveront pas dans ces parties qui font l'essentiel de la Liturgie; c'est dans les prières qui y ont été ajoutées dans la suite des temps. Ces additions ne rendent pas une pièce fausse ni supposée; et on ne peut dire, sans une témérité insupportable et sans blasphème, qu'elles fassent qu'une forme de prières approuvée par tous les fidèles devienne l'ouvrage du démon.

Rivet n'avait pas apparemment lu l'opuscule de Proclus, de la manière dont il en parle. Il ne s'agit pas de savoir si cet ouvrage est de Proclus, ou de quelque autre moins ancien, puisqu'il suffit que ce ne soit pas une pièce supposée; qu'elle est reçue comme véritable par tous les Grecs, et qu'elle ne contient rien qu'ils ne regardent comme certain, ainsi qu'il est facile de reconnaître par le grand nombre d'auteurs qui la citent. Mais il ne s'en trouvera pas un seul qui ait avancé ce que Rivet nous donne comme si certain qu'il ne se met pas en peine de le prouver, et c'est que la Liturgie de S. Jacques a été faite par Proclus : *Cui Liturgiam Jacobi ferunt acceptam;* car c'est ce que

---

(1) Preces ad Deum Patrem ut dona oblata Spiritu suo sanctificet, faciatque ea corpus et sanguinem Filii sui, reperio in omnibus Liturgiis Græcis, Latinis, Arabicis, Syriacis, etiam aliis. Recte autem dixi morem ita veterem et universalem, ut a primis temporibus credendus sit venisse, non debuisse mutari. Votum pro pace. *Animad. in Rivet.*, p. 646.

signifient ces paroles. Outre que les Grecs sont dans une pensée toute contraire, on sait, lorsqu'on a quelque connaissance de cette matière, que le rit de la Liturgie de S. Jacques est celui de l'église de Jérusalem, et que Proclus étant archevêque de Constantinople suivait celui qui était en usage dans son église. De plus, les Syriens jacobites se sont séparés de la communion des orthodoxes après le concile de Calcédoine, et ils ont conservé la Liturgie de S. Jacques, parce que, dans toutes les églises d'Orient, alors on n'en connaissait pas d'autre; et il n'est pas vraisemblable qu'ils eussent quitté leur ancien rit pour prendre celui de l'église de Constantinople. Enfin, il devait citer quelque témoignage de Grecs pour autoriser cette pensée, et il n'en a pu alléguer aucun.

Ce que Rivet cite de Balsamon ne fait rien au sujet, et il ne l'a pas entendu. Marc, patriarche d'Alexandrie, lui avait fait plusieurs questions, entre autres il lui demande ce qu'on doit penser des Liturgies de S. Jacques et de S. Marc, qui étaient en usage dans les diocèses de Jérusalem et d'Alexandrie. Balsamon répond de la manière du monde la plus ridicule, que dans l'énumération qui a été faite par les anciens Pères des livres canoniques, on ne trouve pas qu'il soit parlé de ces Liturgies; qu'aucun canon de concile ne les a établies, et enfin qu'il ne faut pas les recevoir, parce que selon une loi tirée des basiliques, toutes les églises doivent se conformer à celle de Constantinople. Raison fausse et fondée sur un empire tyrannique que les patriarches de ce siége ont exercé sur toutes les autres églises, ayant aboli peu à peu tous les offices particuliers à chaque diocèse, ce que Rome n'a jamais fait. Cependant la Liturgie de S. Jacques s'est conservée encore longtemps depuis dans Jérusalem, et, selon le témoignage de quelques auteurs, elle est encore en usage certains jours de l'année. La première raison de Balsamon eût été bonne, si on lui avait demandé si ces Liturgies devaient être mises au nombre des livres canoniques, ce qui eût été une question frivole. Le seul usage des églises allégué par le patriarche Marc était une raison suffisante pour les faire respecter, et répondre, comme aurait fait un théologien plus habile que Balsamon, que chacun devait suivre en cela ce qui était établi par la tradition. Mais au contraire, il tire d'une loi des basiliques, qui ne regarde point les matières ecclésiastiques, une conséquence entièrement fausse, et qui néanmoins ne prouve pas que ces Liturgies soient supposées, ni qu'elles soient l'ouvrage du démon, ennemi du genre humain; puisqu'elles ne contiennent rien qui ne soit conforme à ce que l'antiquité nous apprend touchant la forme observée partout pour la célébration des saints mystères.

La remarque qui suit sur la Liturgie de S. Marc est digne de la capacité et de la hardiesse de Rivet. *On y prie*, dit-il, *pour le pape*; mais il devait savoir que par le pape on entend le patriarche d'Alexandrie, qui a ce titre affecté à sa dignité. C'est ce qu'on reconnaît non seulement par les Liturgies cophtes qui, sont formées sur la grecque de S. Marc, mais aussi par celles de S. Basile et de S. Grégoire du même rit alexandrin, dans la Bibliothèque-du-Roi. Mais, comme il a déjà été dit, cette Liturgie a été appelée de S. Marc, à cause qu'elle était propre à l'église d'Alexandrie, dont il était fondateur. Ce qu'on a dit touchant les remarques contre la Liturgie de S. Jacques, sert à montrer l'inutilité des mêmes qu'il répète contre celle de S. Marc. On a fait mémoire des évêques, de tout l'ordre ecclésiastique, des laïques, et de tous les chrétiens dans les anciennes prières publiques; S. Ignace martyr, et les auteurs les plus anciens en font mention. Les chrétiens ont prié pour eux dans leurs assemblées sacrées. Quand les Liturgies n'auraient que cette antiquité, elle suffisait pour les faire respecter partout; puisque la hardiesse des réformateurs n'a pas encore été jusqu'à dire que l'homme ennemi se soit servi des premiers disciples des apôtres, pour répandre dans l'église la semence de tout ce qui a passé pour abus et pour nouveauté dans la réforme.

Les Grecs et les Orientaux ne connaissent pas la Liturgie de S. Pierre publiée par Lindanus, et elle n'est qu'une traduction de la messe latine. Les Syriens en ont d'autres sous le nom de S. Pierre, qui ne ressemblent pas à celle-là, et qui sont entièrement selon le rit syrien. On ne trouvera pas facilement d'auteur catholique qui ait employé leur témoignage en matière de religion. Si ceux qui en ont donné les premières éditions en ont jugé autrement, il faut excuser le siècle dans lequel ils écrivaient, auquel ces matières n'étaient pas assez éclaircies. Mais on ne peut justifier la témérité de ceux qui ayant une aussi médiocre connaissance de l'antiquité que Rivet, osent les traiter de pièces supposées par mauvais dessein, et par l'inspiration du diable; car c'est lui qui est l'homme ennemi des traductions simples et faites par les Grecs, sans que les Latins y eussent aucune part, du canon de la messe romaine. On croit que c'est George Codin, dont il y a plusieurs autres ouvrages, qui est l'auteur de cette traduction. Mais on ne voit pas que les papes, ni les Latins en général, aient jamais entrepris de faire recevoir cette messe aux Grecs, à la place de celles qui sont en usage dans toute la Grèce. Cette innovation n'eût servi à rien, puisque si on veut supposer, comme Aubertin et M. Claude, que les moindres choses et les plus indifférentes tendaient à établir dans l'église grecque la doctrine de la présence réelle, la Liturgie dont elle se sert est beaucoup plus remplie d'expressions qui signifient le changement du pain et du vin au corps et au sang de Jésus-Christ, que le canon latin. La seule invocation du S.-Esprit, quoique le sens soit le même que celui de la prière latine : *Ut nobis corpus et sanguis fiat Domini nostri Jesu-Christi*, est néanmoins exprimée dans des termes qui font plus connaître la foi de ce changement mystérieux, sur lequel les Latins n'avaient rien à leur apprendre, puisqu'il était cru également. Car si les expressions de cette invocation étaient indifférentes, et qu'elles fussent capables de toutes les interprétations forcées que les protestants ont données aux paroles de Jésus-Christ, ils les auraient pu laisser dans quelques-unes de leurs formules pour l'administration de leur cène; au lieu qu'ils les ont supprimées. Ainsi cette messe de S. Pierre est une traduction faite, autant qu'on le peut juger, par les Grecs mêmes, par pure curiosité, et non pas à dessein d'en introduire l'usage, dont en effet parmi eux il ne se trouve pas le moindre vestige.

CHAPITRE V.
Examen de la critique de Rivet sur les Liturgies orientales.

Nous avons remarqué que Rivet, attribuant à S. Matthieu la messe des Éthiopiens, se trompait grossièrement, puisque l'original imprimé à Rome est conforme aux manuscrits, excepté en deux ou trois endroits qui ne regardent pas l'Eucharistie. Les auteurs anciens et modernes de l'histoire d'Éthiopie ne l'attribuent pas à cet apôtre; et on ne la lui peut attribuer non plus, comme celle d'Alexandre a été attribuée à S. Marc, parce qu'il était le premier fondateur de cette église; puisque nonobstant les fables qui enveloppent toujours la vérité de l'histoire des siècles éloignés, surtout parmi des peuples barbares et ignorants, la tradition de l'église d'Éthiopie est que le premier évêque qui la gouverna fut S. Frumentius ou Frémonatos, comme on prononce dans le pays, ordonné par S. Athanase. Rivet cite pour première raison de fausseté qu'il y est parlé d'épacte et de nombre d'or; et il a eu soin d'avertir ses lecteurs que cela n'avait été trouvé que longtemps après S. Matthieu : grande et rare découverte! Mais s'il avait consulté le texte éthiopien, il aurait trouvé que cela n'y est pas; et s'il avait lu le livre de Scaliger *de Emendatione temporum* (l. 7, pag. 671, edit. 1629), il y aurait vu un comput ecclésiastique éthiopien et latin, par lequel il aurait pu apprendre que ces chrétiens avaient des règles pour annoncer aux peuples les fêtes mobiles, et surtout la Pâque; qu'ainsi ce ne serait point une marque de supposition de trouver qu'il en fût fait mention dans quelque endroit de la Liturgie. En un mot, puisqu'aucun auteur catholique de quelque nom n'a attribué cette Liturgie à S. Matthieu, c'est combattre un fantôme que de prouver qu'elle n'est pas de lui; mais c'est une calomnie fondée sur une ignorance grossière, que d'en conclure qu'elle a été supposée par imposture.

Un critique qui veut censurer les autres et leur donner des règles pour juger sainement des pièces anciennes, doit les connaître et les avoir lues. Or on peut démontrer que tout homme qui croit que cette Liturgie est une pièce supposée par quelque imposteur, ne l'a jamais connue. Car il était aisé de s'apercevoir qu'elle est entièrement conforme à la Liturgie des Cophtes ou jacobites d'Alexandrie; et comme celle-ci était traduite et la traduction imprimée plus d'une fois, longtemps avant que Rivet eût donné au public son *Criticus sacer*, elle ne devait pas lui être inconnue. Il devait donc voir que les Éthiopiens, soumis comme ils sont depuis plusieurs siècles aux patriarches d'Alexandrie, avaient dans la langue du pays la Liturgie de cette même église, formée sur la grecque qu'on y appelle de S. Basile, en quoi il n'y a rien qui ne soit conforme à l'histoire et à la discipline ecclésiastique, ou qui donne le moindre sujet de soupçonner aucune imposture. Où serait-elle en effet? A peine trouve-t-on que la Liturgie grecque de S. Marc, qui est la cophte de S. Basile, fût connue avant que le cardinal Sirlet, un des grands hommes de son siècle, l'eût trouvée dans un manuscrit de l'abbaye de Grottaferrata, et qu'il l'eût envoyée à M. de S. André, chanoine de l'église de Paris. L'édition qu'il en fit est très-conforme à l'original, que nous avons vu dans la bibliothèque des religieux grecs de S. Basile à Rome. Les Éthiopiens qui y vinrent pendant que le royaume était saccagé par le tyran Granhé et par les Galas, firent imprimer leur Liturgie avec le nouveau Testament, et ils en firent faire une traduction latine. Les papes n'y prirent aucun autre intérêt que de les aider et de les protéger. Il n'y avait personne alors qui pût composer une pareille pièce, puisqu'il s'y trouve des rites et des dogmes entièrement inconnus à nos théologiens, et même qui le sont encore à ceux qui ont le plus travaillé sur la langue éthiopienne, comme feu M. Ludolf. Quelle raison y aurait-il eu de la supposer, puisqu'à peine se trouve-t-il deux de nos auteurs qui l'aient citée dans ces temps-là? Si Rivet l'avait lue ou entendue, il aurait remarqué le caractère certain de la secte jacobite, en ce que dans les diptyques, il n'y est pas fait mention du concile de Calcédoine. C'est cependant ce qu'un critique ne devait pas ignorer, ni mettre au rang de pièces supposées un office qui porte avec soi les marques les plus incontestables d'authenticité pour l'église dans laquelle il est en usage.

C'est de cet usage qu'il tire son autorité pour prouver la créance et la discipline des Éthiopiens, ainsi que la conformité de l'une et de l'autre avec l'église jacobite d'Alexandrie, et ensuite avec toutes celles d'Orient sur l'Eucharistie. Voilà ce que nous en prétendons tirer, non pas une tradition fausse, et même inconnue à ceux du pays, comme si cette Liturgie avait été écrite par S. Matthieu. Puisque Rivet reconnaît lui-même que Baronius ne fait pas mention de celles qui portent le nom de quelques apôtres, c'est une preuve suffisante que l'Église romaine ne les a pas supposées, et qu'elle ne les reconnaît pas comme des ouvrages apostoliques, nonobstant les titres. Ce grand homme a parlé très-sagement, lorsqu'il a dit ensuite que nous n'établissons pas l'autorité de la messe de S. Jacques sur des passages de livres apocryphes, mais sur la tradition; et il cite fort à propos les Catéchèses de S. Cyrille, qui font mention de quelques endroits de cette messe. Mais Rivet prétend qu'elles sont fausses, sur des raisons si puériles et si frivoles qu'il est inutile de les réfuter ; outre que plusieurs de nos théologiens l'ont déjà fait, et que les plus habiles protestants en jugent fort différemment. Comme cette critique ne regarde pas notre sujet, nous remettrons à l'examiner ailleurs, et nous ferons seulement une remarque, c'est que, puisqu'il s'agit des Orientaux, non seulement les Grecs reçoivent ces Catéchèses comme un ouvrage véritable de Cyrille de Jérusalem, et les citent fréquemment ; mais il y a plus de huit cents ans qu'elles sont traduites en arabe, et en d'autres langues, et lues dans toutes les églises.

Enfin il ajoute que les catholiques ont besoin de bonne critique pour distinguer ce qui est des auteurs, et ce qui n'en est point, ce qui est divin de ce qui n'est que d'invention humaine, et ce qui est authentique de ce qui est incertain. Les catholiques n'en manquent pas, grâces à Dieu ; et ce n'est pas sur celle de Rivet qu'ils formeront leur jugement touchant les ouvrages anciens. On a vu, particulièrement de nos jours, avec quelle fatigue, quelle exactitude et quelle fidélité les catholiques ont donné tant de belles éditions des Pères et des conciles, leur judicieuse critique sur les ouvrages douteux ; tant de pièces nouvelles, tant de découvertes dont les protestants ont profité, mais qu'ils n'ont pas fort imitées. Rivet, qui n'avait rien vu, qui à peine connaissait les livres imprimés, était un homme bien peu capable de conduire les autres dans une route si difficile. Il ne faut point faire le mauvais plaisant sur Baronius, ni sur Bellarmin : s'ils n'ont pas tout su, si quelquefois ils se sont trompés, ils n'en sont pas moins respectables, à cause des preuves qu'ils ont données ailleurs de leur capacité. Le premier a parlé très-juste, quand il a dit que les endroits qui se trouvent cités dans les Catéchèses de S. Cyrille de Jérusalem, étaient tirés de la Liturgie de S. Jacques ; puisqu'il est certain qu'elle était en usage dans l'église de Jérusalem. On a remarqué de petites différences dans le Symbole, en le conférant avec les passages rapportés dans les mêmes Catéchèses ; suivant la critique de Rivet cela lui suffirat-il pour rendre le Symbole suspect, aussi bien que les Catéchèses ? Georges Bull, critique un peu plus judicieux, a fait voir clairement que ces différences, qui ne sont d'aucune conséquence, servaient à nous faire connaître comment on récitait le Symbole dans l'église de Jérusalem. Cela venait de ce qu'on ne le conservait pas par écrit, mais que chacun l'apprenait par cœur. Il en a été de même des Liturgies dans leur première forme ; c'est pourquoi il y a eu de légères différences, telles que sont celles qui ont été marquées ; mais il n'y en a pas d'essentielles, puisque l'uniformité est entière dans ce qui regarde l'action sacrée en laquelle consiste la commémoration légitime de la mort de Jésus-Christ, et l'accomplissement du précepte qu'il fit à ses apôtres : *Faites ceci en mémoire de moi.* Nous distinguons donc fort bien cette partie essentielle de l'autre qui contient des oraisons qui ont varié, mais qui ont toujours été dans le même esprit, qui se reconnaît dans toutes les Liturgies latines, grecques et orientales, duquel les différentes formes de l'administration de la cène des protestants sont entièrement éloignées. A l'égard de ce qu'il cite du cardinal Bellarmin, touchant l'invocation du S.-Esprit, comme si cette oraison était suspecte, son autorité n'est d'aucun poids en cette matière, puisque c'est une des plus anciennes prières de la Liturgie orientale citée par tous les Pères, et même indiquée très-clairement par S. Irénée, par S. Basile, et par plusieurs autres. Si Bellarmin a cru trop facilement qu'elle pouvait favoriser une erreur des Grecs, dont il n'est pas fait mention dans la définition synodale de Florence, il s'est trompé, et les Grecs n'auraient pas beaucoup de peine à prouver que cette prière vient de tradition apostolique, comme ils le dirent alors.

Ce que Rivet ajoute n'est pas meilleur que ce qu'il avait dit auparavant ; que si l'autorité des Liturgies subsiste, il faudrait que les prêtres se confessassent à Dieu seul, non pas aux saints et aux anges, qu'on distribuât le calice aux laïques, et qu'on célébrât l'office en langue vulgaire, comme on faisait dans les premiers siècles. Le premier reproche est ridicule, et ne mérite pas de réponse. Pour ce qui regarde le second, il en a été parlé ailleurs. L'ancienne Église a donné le calice aux laïques ; cette coutume a changé ; et c'est, disent les protestants, une nouveauté de l'Église romaine. Cependant dès le temps de S. Chrysostôme, selon la tradition des Grecs, on ne donnait plus le calice aux laïques, mais une particule trempée, et dans une cuiller. Toutes les communions orientales suivent la même pratique, et elle ne peut pas avoir été introduite par l'Église romaine, où jamais elle n'a eu lieu. A l'égard de l'office en langue vulgaire, ce n'est pas une singularité parmi nous, puisque les Grecs et généralement tous les Orientaux le célèbrent depuis près de mille ans en des langues qui autrefois ont été connues du peuple, comme le latin l'était à Rome et dans tout l'Occident dans les premiers siècles du christianisme, et qui sont présentement inconnues. Mais cet habile critique croyait apparemment que les Grecs entendaient encore le grec, les Syriens le syriaque, les Éthiopiens leur langue de livres, et les Coptites l'égyptien. Cependant on a des preuves de fait incontestables que toutes ces langues sont inconnues aux peuples de tous ces pays, qui n'ont pas cru néanmoins devoir quitter l'usage ancien des offices qu'ils trouvaient établis dans leurs églises ; et c'est ce qui a conservé le service latin dans l'Église romaine. C'est même ce que nos calvinistes font, en retenant leurs prières et leurs rimes gothiques, que ceux qui ne les ont pas apprises de jeunesse n'entendent assurément point.

Telle est la critique de Rivet sur quatre Liturgies qui portent le nom des apôtres ; et il paraît très-clairement qu'il n'en avait pas lu une seule, et qu'il avait suivi ce qu'en avait dit M. du Plessis, sur de mauvais mémoires que lui fournissaient des ministres de Saunur. C'était une calomnie manifeste que d'imputer aux catholiques, comme il fait, d'avoir supposé ces Liturgies, dont les unes leur ont été longtemps inconnues, les autres leur étaient suspectes, et avec raison, comme celle des Éthiopiens, dans laquelle il y a diverses expressions purement jacobites. Lorsque quelques théologiens ont soutenu qu'elles avaient été faites en premier lieu par les apôtres, ils n'ont pas prétendu que tout ce qu'on y lit fût de la première main, mais seulement la disposition générale des rites et des prières. Que si quelques-uns ont été plus loin, comme Allatius dans son traité de la Liturgie de S. Jacques, personne ne les a suivis. Le cardinal du Perron, dont l'autorité est grande parmi les catholiques, avait donné une clé générale et très-véritable pour l'examen des Liturgies, en disant que ce n'était pas sur les titres qu'elles avaient qu'on devait en juger, mais sur l'usage des églises où elles étaient reçues. Ainsi la Liturgie de S. Jacques devait être regardée comme celle de l'église de Jérusalem, celle de S. Marc comme celle de l'église d'Alexandrie, et ainsi des autres. C'était donc cette vérité, prouvée d'ailleurs par des arguments incontestables, que Rivet et les autres protestants devaient attaquer, mais à laquelle ils ne pouvaient donner la moindre atteinte; et non pas perdre du temps à nous apprendre qu'il n'y avait pas d'épacte ni de nombre d'or du temps de S. Matthieu, et à faire les autres remarques frivoles dont il a rempli tout un chapitre.

Quand elles mériteraient quelque attention, elles sont entièrement inutiles pour la question dont il s'agit, qui regarde la tradition généralement reçue dans les églises orientales; puisque les Grecs considèrent S. Jacques comme premier auteur de la Liturgie. C'est ce qu'ils ont dit, assemblés dans le concile *in Trullo*, et ce qu'assurent tous les commentateurs de la Liturgie, conformément auxquels le patriarche Jérémie l'a écrit dans sa première Réponse aux théologiens de Wittemberg. Toutes les choses que Rivet et les autres veulent donner comme des marques de nouveauté, et comme du mauvais grain semé par le démon dans le champ de l'ancienne Église, les Grecs et les Orientaux les regardent et les observent comme des traditions apostoliques, et comme des pratiques communes à tous les chrétiens. Les Orientaux ont la même opinion pour la Liturgie de S. Jacques qui est en syriaque, dont Rivet n'a pas parlé, parce qu'elle n'avait pas été traduite, et ils étendent ce jugement à toutes celles qui sont en usage dans les églises patriarcales. Quoiqu'il faille convenir qu'en cela leur critique n'est pas exacte, leur opinion est très-solide, en ce qu'ils reconnaissent qu'elles les ont reçues par la tradition des apôtres, laquelle dans l'église de Jérusalem venait de S. Jacques comme premier évêque, et de S. Marc à Alexandrie. En cela ils ne se trompent pas; et afin de faire voir qu'ils se trompent, et toute l'Église avec eux, puisqu'elle reconnaît que nos offices de la messe sont venus à nous par le même canal de la tradition, il faudrait trouver dans l'anti-quité une forme de célébrer l'Eucharistie différente de celle-là, et c'est ce que les protestants n'ont pas encore trouvé, depuis près de deux cents ans. Il faudrait même qu'elle fût contraire à tout ce qui reste de Liturgies latines, grecques, syriaques et autres, puisque celles qu'ils ont dressées suivant l'idée qu'ils se font de la cène évangélique n'y ont aucun rapport.

Dans la suite Rivet parle de la Liturgie de S. Basile. La seule remarque qu'il fait pour la rendre suspecte, est que si on compare la grecque avec celle qui a été traduite du syriaque par Masius, on reconnaîtra qu'elles ne peuvent être du même auteur. Il cite les paroles du traducteur, qui font connaître que, selon son opinion, il préférait la syriaque à la grecque. *J'avoue*, dit-il, *que celle-ci est plus longue, parce que les hommes ont été toujours en de telles dispositions sur ce qui concerne la religion, que très-peu ont pu se contenir dans les cérémonies prescrites par les Pères, quoique très-saintes. C'est ce qui a fait que dans la suite du temps, selon les différents mouvements de la piété des évêques, on y a changé et ajouté plusieurs choses; et de ce qui était pur, il en est venu plusieurs superstitions. En quoi les Syriens me paraissent avoir été plus modérés que les Grecs et les Latins, parce qu'ils étaient dans un état moins tranquille, et plus éloigné du luxe.* Rivet insiste beaucoup sur ce jugement de Masius, et il en tire de merveilleuses conséquences, comme si elles prouvaient que les messes grecque et latine sont remplies de superstitions; et cela parce que Posseviu qui le cite, ne le contredit pas; qu'enfin du Plessis a prouvé par cette différence entre les deux Liturgies, et entre les exemplaires de celle de S. Jean Chrysostôme, que si elles n'étaient pas fausses, elles avaient été altérées et corrompues en plusieurs endroits.

Masius était bon catholique, et il a rendu des services considérables au public par ses travaux sur l'Écriture sainte, et sur la langue syriaque; mais il n'était point théologien, et le peu qu'il a dit en quelques ouvrages touchant les chrétiens de Syrie, fait voir qu'il ne les connaissait guère. Son maître en langue syriaque, qu'il cite souvent comme un oracle, était Nestorien, et il ne s'en est jamais aperçu; le traité de Moïse Barcépha est l'ouvrage d'un jacobite qu'il a pris pour un orthodoxe, et pour la matière liturgique il ne l'entendait point. La Liturgie qu'il a traduite et qu'il a publiée ne se trouve point sous le nom de S. Basile dans les meilleurs manuscrits; et ainsi la comparaison qu'il en fait avec la grecque, et les différences qu'il y remarque ne prouvent rien; outre qu'il est aisé de reconnaître sans savoir le syriaque, mais sur la seule traduction, que le grec est l'original, et le syriaque une copie. Il n'avait vu que celle-là; il ignorait qu'elle ne contenait pas toutes les prières, qu'on prend ordinairement de l'office général qui sert à toutes les Liturgies du rit syrien. Joignant donc ce qu'il en fallait prendre avec ce que contenait l'exemplaire qu'il a traduit, la grecque de S. Basile ne se trouve guère plus longue.

On y a dans la suite du temps fait diverses additions

ou changements, et cela est commun à toutes les Liturgies, sans que pour cela elles aient été corrompues, puisque ces changements ne regardaient pas des choses essentielles, dans lesquelles il ne s'en trouvera jamais aucun. Pour des superstitions, si Masius a voulu parler de certaines cérémonies que les Grecs ont introduites dans les siècles moyens, et qui se trouvent dans les Liturgies dont ils se servent présentement, il y en a quelques-unes sur lesquelles les Latins ont disputé contre eux avec beaucoup de chaleur, et peut-être d'une manière trop outrée. La principale est le mélange d'un peu d'eau chaude dans le calice avant la communion ; les autres sont plutôt des marques de leur vénération pour l'Eucharistie, que des superstitions et des abus. Pour l'Église latine, il ne s'en trouvera point dans les cérémonies les plus augustes ; et quoiqu'on puisse juger que Masius n'avait autre dessein que de marquer, par la comparaison qu'il a faite, qu'on pourrait souhaiter qu'en certaines occasions on rappelât les cérémonies sacrées à une plus grande simplicité, on ne peut néanmoins l'excuser de témérité dans ce qu'il a écrit sur ce sujet ; et son autorité n'est pas telle que les catholiques doivent s'y rendre ; d'autant moins qu'il se trompait sur ce qu'il établissait touchant la simplicité des rites syriens, faute de les connaître. Car ce jugement est fondé sur ce qu'il ne trouvait point de rubriques ni de détail de cérémonies dans le manuscrit sur lequel il avait fait sa traduction. Il aurait pu trouver des manuscrits de la Liturgie grecque de S. Basile, et de celle de S. Jean Chrysostôme, qui auraient eu le même caractère de simplicité ; puisque ce n'a été que dans les derniers temps qu'on y a ajouté les rubriques, ce qui est commun à toutes les anciennes Liturgies latines, grecques et orientales. Les Syriens et les Cophtes n'en ont pas moins que les Grecs, comme on le voit par le commentaire de Denis Barsalibi sur celle de S. Jacques, et par divers traités particuliers qui ne regardent que les cérémonies.

Il y en a plus parmi les Syriens pour la seule préparation du pain qui doit être offert à l'autel, qu'il n'y en a parmi les Grecs : presque tout ce que ceux-ci pratiquent pour la première offrande, lorsqu'ils la portent à l'autel pour la consécration, l'invocation du S.-Esprit, la fraction, l'intinction de l'hostie, l'union des deux espèces, est observé également parmi les Syriens, et dans toute l'église d'Alexandrie ; de sorte que la simplicité est beaucoup plus grande dans l'Église latine que dans la grecque et les orientales. C'est ce que Masius a ignoré, et cette ignorance l'a précipité dans un jugement fort téméraire, sur lequel Rivet n'était pas capable de le redresser ; même sur une dernière raison qui en fait voir la fausseté. *Quà in re*, dit-il, *mihi videntur fuisse Syri tantò Græcis Latinisque temperantiores, quantò minus in tranquillo, ne dicam luxurioso, apud illos christiana res statu versata est*. Il fallait que Masius supposât que les églises de Syrie n'avaient jamais joui de cette paix qui fut commune à toutes les autres depuis l'empire de Constantin ; qu'il eût oublié ce que les historiens les plus graves, et presque tous contemporains, écrivent des bâtiments magnifiques de l'empereur, de sa mère sainte Hélène, et des autres, pour orner les saints lieux que les chrétiens venaient visiter des extrémités de la terre ; des vases sacrés, des ornements précieux dont ils enrichirent l'église de la Résurrection, celle de Bethléem et plusieurs autres. Même avant ces temps-là, on trouve les reproches que les évêques assemblés au concile d'Antioche firent à Paul de Samosate sur sa vie voluptueuse, sur sa magnificence, et sur ses manières plus convenables à un officier séculier, *ducenarius*, qu'à un évêque. L'église d'Antioche était-elle dans l'oppression avant les Mahométans ? Celle d'Alexandrie n'avait-elle pas des richesses immenses ? Cependant les Syriens faisant leurs offices en leur langue, étaient de ce temps-là, comme quelques-uns le sont encore, en communion avec les Grecs ; et depuis la fin du septième siècle, ceux-ci n'ont pas été moins opprimés que les Syriens et les Cophtes. De plus, c'est une supposition très-fausse que de s'imaginer qu'en ces pays mêmes où les infidèles sont les maîtres depuis plus de mille ans, les chrétiens n'aient pas eu la liberté de pratiquer leurs cérémonies. Ceux qui ont voyagé en Perse, savent qu'à Julfa, où les Arméniens sont en très-grand nombre, et où réside leur métropolitain, le service se fait avec autant d'appareil, de croix précieuses, de reliquaires, de vases sacrés, d'ornements magnifiques, qu'en chrétienté. Les Grecs de Constantinople, quoique fort vexés par les Turcs, observent de même toutes les cérémonies de leur rit ; ce qui fait voir la fausseté de ce raisonnement de Masius.

Ce que Rivet ajoute pour attaquer la Liturgie de S. Jean Chrysostôme, a été cent fois réfuté. Il fonde ses soupçons sur la diversité des exemplaires, sur ce que la première version latine de Léo Tuscus ne s'accorde pas avec celle d'Érasme, ni avec les textes imprimés, enfin qu'on y trouve les noms du pape Nicolas et de l'empereur Alexis ; en quoi il fait assez voir qu'il ne savait pas les premiers éléments de la matière liturgique. Nous ne prétendons pas que la Liturgie de S. Chrysostôme soit sortie de ses mains précisément en l'état où elle est ; mais seulement que, selon la tradition de toute l'église grecque, il régla et mit en ordre la forme générale de cet office sacré, qui fut suivie depuis par l'église de Constantinople. Toutes les diversités qu'on remarque entre les manuscrits de différents âges, n'empêchent pas qu'ils ne s'accordent tous dans les parties essentielles que les protestants ont entièrement abolies. Il n'y en a aucune qu'on ne reconnaisse marquée expressément dans les ouvrages incontestables de S. Chrysostôme, comme on peut le voir clairement dans l'extrait qu'en a donné Claude de Saintes. Il est donc arrivé à cette Liturgie, ainsi qu'à toutes les autres, en quelque langue qu'elles soient, que les évêques ont ajouté diverses prières, qu'ils en ont abrégé quelques-unes, qu'ils en ont étendu d'autres. Cela prouve l'usage qu'en ont fait les Orientaux, et non pas qu'elles aient été corrompues; et quand on examine en quoi consiste cette prétendue corruption, il est aisé de reconnaître que l'église pratiquait longtemps avant l'époque la plus ancienne qu'on puisse donner à la forme qu'ont présentement les Liturgies, c'est-à-dire, avant le quatrième et le cinquième siècle, tout ce que les protestants regardent comme des abus. Si quelqu'un citait des manuscrits de la messe latine du temps de Charlemagne ou de ses prochains successeurs, et qu'on y trouvât leurs noms dans le canon, s'il prétendait prouver qu'il n'a pas été établi plutôt, il se rendrait ridicule : il en est de même des raisons de nouveauté que du Plessis et Rivet tirent des noms du pape Nicolas, et de l'empereur Alexis, qui se trouvent en quelques exemplaires.

CHAPITRE VI.
De l'autorité des Liturgies et des autres offices publics des églises dans les matières de controverse.

On a fait voir dans le chapitre précédent le fondement sur lequel les catholiques établissent l'authenticité des Liturgies, et qu'elle ne consiste pas sur la dignité des saints auxquels elles sont attribuées, mais sur l'usage constant et perpétuel des églises qui s'en sont servies. Il a été facile de reconnaître par ce qui a été dit, que si les objections de Rivet, auxquelles se réduisent toutes les autres des protestants, prouvaient quelque chose, ce serait que les apôtres et les SS. Pères, sous les noms desquels nous avons des Liturgies, ne les ont pas mises d'abord en l'état où elles sont présentement, ce que nous reconnaissons sans difficulté; mais cela ne prouve pas qu'elles doivent être considérées comme des pièces fausses et supposées. On peut prouver, et les catholiques n'en disconviennent pas, qu'il s'y est fait dans la suite des additions et des changements, mais qui ne peuvent être considérés comme des corruptions, puisqu'il n'y a eu rien de changé dans les parties essentielles de ces offices. On a fait voir pareillement que ce qui passe pour corruption, abus et superstition, parmi les protestants, est entièrement conforme à l'ancienne discipline des églises, et qu'ainsi tout ce qui a relation à cet article ne peut passer pour preuve de nouveauté et de changement. Enfin que quand les raisons qu'ils allèguent auraient quelque force selon les règles de la critique, elles ne prouveraient rien à l'égard des Grecs et des Orientaux qui croient non seulement que leurs Liturgies sont de tradition apostolique, mais qu'elles ont été composées par ceux dont elles portent le nom.

Outre les défauts qu'il y a dans les arguments de Rivet, il y en a encore un autre, qui ne le regarde pas plus que tous les protestants, lorsqu'ils ont attaqué les Liturgies, et c'est qu'ils n'ont pas parlé de celles qui, n'étant pas du nombre de cinq ou six qu'ils ont critiquées, leur ont été entièrement inconnues, comme celles des Cophtes, dont la première est appelée de S. Basile, et Rivet n'en a pas dit un seul mot. Cependant Joseph Scaliger (1), dont l'érudition était

beaucoup plus grande, jugea qu'elles étaient plus anciennes que les grecques, telles qu'on les a présentement. M. de Saumaise en fit le même jugement, et se réduisit à y chercher le calvinisme par des interprétations forcées, et aussi contraires à la grammaire qu'à la saine théologie ; les autres n'en ont pas presque parlé. Cependant avant que de former un jugement sérieux sur toutes les Liturgies, il était nécessaire de connaître celles-là, et plusieurs autres qui étaient reçues dans les églises de Syrie, surtout celles des nestoriens et des jacobites, dont il paraît que Rivet n'a pas même su le nom. Car s'il est certain, comme on ne peut en disconvenir, que ces Liturgies étaient en usage depuis un temps immémorial, et que dans les communions qui s'en servaient on n'en connaissait point d'autres ; que tout ce qui paraît aux protestants des marques de nouveauté et de supposition dans les grecques, s'y trouve pareillement ; que néanmoins on reconnaît sensiblement que les égyptiennes et les syriaques n'ont été formées sur les grecques ; qu'il est contre toute vraisemblance que depuis le concile d'Éphèse les nestoriens aient rien pris des catholiques, non plus que les jacobites depuis le concile de Calcédoine ; il faut que les Liturgies grecques aient été supposées ou corrompues avant ces deux époques, ce qui est une absurdité manifeste. Ainsi par cette seule comparaison de ces mêmes prières, quoiqu'en différentes langues, où il se trouve une entière conformité dans ce qui est essentiel, tous les raisonnements de Rivet et des autres protestants tombent entièrement ; et il faut de toute nécessité qu'il y ait eu un exemplaire original et primitif, plus ancien que les schismes des nestoriens et des jacobites, puisque leurs prières se trouvent conformes avec celles de l'Église catholique, dans laquelle il les avaient trouvées avant que de s'en séparer.

On doit donc chercher quel est cet original et ce modèle primitif de toutes les Liturgies, et le caractère qui le doit distinguer, est qu'il contienne des prières et des cérémonies que toute l'Église ait pratiquées, toujours et en tout pays. Il faut qu'il contienne ce qui était observé dans les premiers siècles de l'Église, et qu'il n'y ait rien que de conforme à l'institution de Jésus-Christ, à la pratique des temps apostoliques, et à ce que l'Église a toujours regardé comme tel ; qu'il se trouve également observé dans la suite par les Latins, par les Grecs, les Syriens, les Égyptiens et toutes les nations chrétiennes, en sorte que les hérésies et les schismes n'y aient rien changé.

Il faut aussi examiner si ce qui compose cette Liturgie primitive se trouve comme nécessaire dans toutes celles qui ont été formées sur ce premier modèle ; et c'est ce qu'on reconnaît facilement dans toutes celles qui ont été reçues dans les églises orientales et occidentales. Or il n'y en a aucune qui ne représente pas l'action de grâces générale contenue dans la Préface et dans les premières oraisons du

---

(1) Ego, mi Velsere, audeo dicere longè integriora et vetustiora illa Arabica esse, quàm sunt ea quibus Græci hodiè utuntur (Ep. 172).

canon, aussi bien que l'ancienne formule *Sursum corda*, et le reste, dont les Pères font si souvent mention : ensuite les paroles de Jésus-Christ, récitées non seulement avec le respect dû à la sainte Écriture historiquement, mais dans une foi vive qu'elles opèrent la promesse de Jésus-Christ, et qu'elles ont l'effet que marque S. Jean Chrysostôme, en opérant jusqu'à son second avénement, et jusqu'à la consommation du siècle, le même miracle qu'il fit en instituant l'Eucharistie. On trouve pareillement des prières, par lesquelles les chrétiens demandent à Dieu que l'offrande sacrée qu'ils lui font, c'est-à-dire, le pain et le vin, soient fait le corps et le sang de Jésus-Christ ; que cette même offrande, comme sacrifice de la nouvelle loi, soit portée sur l'autel céleste, comme il est dit dans le canon de l'Église romaine, qu'elle soit faite une parfaite Eucharistie, étant transformée au corps et au sang du Seigneur : *Ut fiat nobis legitima Eucharistia in tuo Filiique tui nomine et Spiritûs sancti, in transformationem corporis ac sanguinis Domini nostri Jesu Christi unigeniti tui per quem omnia creas* ; ce qui se trouve en plusieurs autres endroits. Il y a une oraison particulière après les paroles sacramentelles qui est en ces termes : *Descendat, Domine, in his sacrificiis tuæ benedictionis coæternus et cooperator Paraclitus spiritus, ut oblationem quam tibi de tuâ terrâ fructificante porregimus, cœlesti permuneratione, te sanctificante, sumamus, ut, translatâ fruge in corpore, calice in cruore, proficiat meritis quod obtulimus pro delictis*. Il s'en trouve plusieurs semblables dans l'ancienne Liturgie gallicane, dans la messe des Français, et dans le Missel mozarabe. Cela fait voir une grande conformité de ces anciens Sacramentaires avec les Liturgies grecques, qui ont la même prière après la prononciation solennelle des paroles de Jésus-Christ. Les prières pour toute sorte d'état et pour toutes les nécessités publiques ; la mémoire des saints qui ont été agréables à Dieu depuis le commencement du monde ; celle des vivants, celle des défunts ; l'oraison Dominicale, la paix, la fraction de l'hostie, la distribution des saints mystères, l'action de grâces ; toutes ces prières et ces cérémonies sont dans les Liturgies latines, grecques et orientales ; les expressions sont différentes, mais le sens est toujours le même. Donc par la règle certaine que ce qui se trouve observé également partout ne peut être une erreur, mais une tradition ; puisque cette forme générale est de tous les temps et de toutes langues, qu'elle s'est conservée non seulement dans l'Église catholique, mais aussi parmi les hérétiques séparés il y a tant de siècles, il faut nécessairement qu'elle soit de tradition apostolique.

Il ne faut pas que la prévention des protestants les fasse d'abord déclamer contre les traditions, et débiter à cette occasion leurs lieux communs ; de même que si en avouant que cette forme primitive des Liturgies n'est fondée que sur la tradition, on reconnaissait qu'elle est contraire à la parole de Dieu. Ce n'est pas ici le lieu d'examiner cet article, mais il s'agit d'un fait qui est de trouver quelle était la véritable **cène**, **évangélique et apostolique**. Leurs meilleurs théologiens ont demeurés d'accord qu'on ne la trouvait point marquée certainement dans la sainte Écriture ; qu'elle ne déterminait pas de quel pain il fallait se servir, ni s'il fallait mêler de l'eau avec le vin. Ils ne peuvent non plus nier qu'il n'est pas clairement marqué s'il faut prononcer les paroles de Jésus-Christ, quoique les luthériens et l'église anglicane qui les croient nécessaires ne les omettent pas ; mais les calvinistes se contentent de lire quelque partie de la première Épître aux Corinthiens où elles sont insérées. Ils ne trouvent rien touchant l'heure ni la manière ; et s'il faut régler la forme selon ce que Jésus-Christ pratiqua, et ce qui s'observait à Corinthe, ce devait être le soir et après souper, ce qu'ils n'ont jamais néanmoins osé imiter. Donc puisque l'Écriture n'explique point de quelle manière et avec quelles paroles on devait célébrer la cène en mémoire de celle de Jésus-Christ, il faut chercher ailleurs cette forme primitive évangélique et apostolique, ou supposer qu'on la connaît par révélation, ce que jusqu'à présent aucune communion protestante n'a prétendu.

Les catholiques ont recours à la tradition pour justifier plusieurs choses que l'Écriture ne marque pas, et que par cette seule raison la réforme condamne comme des abus et des superstitions. Ils s'en servent pour soutenir plusieurs prières et cérémonies qui font partie de leurs offices sacrés, particulièrement de la Liturgie. Mais ici ils ne la font pas valoir suivant l'autorité qu'elle doit avoir, ainsi qu'elle l'a toujours eue dans l'ancienne Église, et qu'elle conserve encore dans l'église grecque et dans toutes les orientales. Ils citent les anciens auteurs ecclésiastiques et tout ce qui reste de monuments d'antiquité comme des témoignages historiques qu'on ne peut rejeter sans témérité. Ils n'examinent point si le canon de la messe latine, et ceux des églises d'Orient sont exempts de tous les défauts que les réformateurs croient y avoir trouvés ; mais si de ces témoignages, pris comme des preuves historiques, il résulte que toutes ces parties essentielles qui composent la Liturgie ont été connues et pratiquées dans les premiers siècles ; et on ne peut pas en disconvenir. Il faut donc de toute nécessité qu'elle ait été célébrée dans ces temps-là, selon la forme dans laquelle toutes ces parties entrent nécessairement, et non pas selon une autre toute contraire qui les rejette comme inutiles et superstitieuses. Car suivant les règles de la critique la plus exacte, les auteurs qui sont contemporains et plus voisins des temps dont on veut connaître l'histoire, sont préférables à ceux des temps postérieurs et plus éloignés. Ce n'est pas par respect pour la tradition, ni par l'autorité que nous reconnaissons en elle, mais par un principe général reçu de tout le monde, qu'on doit présumer que ceux qui écrivaient dans les premiers siècles de l'Église, sont plus croyables sur la manière dont l'Eucharistie se célébrait dans les commencements, que ne le peuvent être tous ceux qui l'ont voulu deviner au bout de quinze cents ans.

Car il est très-important de remarquer ce que de très-habiles théologiens ont dit avec beaucoup de raison, que lorsqu'on examine la discipline ecclésiastique, il faut chercher ce que l'Église a pratiqué, et non pas déterminer ce qu'elle a dû pratiquer. C'est cependant ce qu'ont fait les réformateurs ; puisque l'idée qu'ils ont imaginée de la simplicité évangélique et apostolique dans la célébration de l'Eucharistie leur a servi de règle, non seulement pour changer entièrement l'ancienne forme de la Liturgie, mais aussi pour traiter de supposées toutes celles qui sont de temps immémorial entre les mains de tous les chrétiens, sur cette fausse hypothèse qu'elles n'étaient pas conformes à ce qui était pratiqué du temps des apôtres, ce qu'ils ne pouvaient savoir que par l'Écriture, qui de leur propre aveu n'en dit rien, ou par les témoignages des auteurs ecclésiastiques, qui disent tout le contraire.

Il faudrait donc examiner si dans cet espace, qui s'est écoulé depuis les temps apostoliques jusqu'au siècle de S. Basile et de S. Jean Chrysostôme, il y a un intervalle dans lequel on découvre une autre forme de Liturgie, différente de celle qui est commune à toutes les églises d'Orient et d'Occident, et conforme à quelqu'une de celles que les protestants ont composées. On ne croit pas qu'on puisse trouver la moindre preuve de ce paradoxe dans toute l'antiquité ; et il le faut néanmoins prouver autrement que par des conjectures et par des déclamations, encore moins par des suppositions de choses entièrement impossibles. Car il faudrait supposer que cette forme de Liturgie eût été inconnue à toute l'Église des siècles prochains, puisque les auteurs n'en font aucune mention ; qu'il se serait fait un changement subit et imperceptible d'un office conforme à l'Évangile et à la pratique des apôtres, en un autre plein d'abus et de superstitions ; ce qui ne peut arriver sans contradiction, sans trouble et sans scandale, dont néanmoins il n'y a pas le moindre vestige dans l'histoire, ni dans tout ce qui nous reste de monuments ecclésiastiques ; et que personne ne se serait opposé à un tel changement, quoiqu'on voie que S. Cyprien s'opposa avec tant de zèle à l'abus qui s'était introduit en quelques endroits, de ne pas mêler de l'eau avec le vin dans la consécration du calice.

Que si les protestants n'ont aucune preuve sur laquelle ils puissent appuyer leurs conjectures sur l'existence de cette forme évangélique et apostolique de la cène, selon laquelle ils ont formé leurs offices, nous en avons de très-positives, par lesquelles nous prouvons que ce qui était généralement pratiqué dans l'ancienne Église ne peut convenir à leur cène. Nous apprenons par S. Justin et par les auteurs de pareille antiquité qu'on portait l'Eucharistie aux absents. Cela ne se pratique pas dans les communions protestantes, où on ne croit pas que le corps de Jésus-Christ soit reçu, sinon dans la perception actuelle qu'on fait du pain et du vin, en même temps que le ministre les distribue, et où toute sanctification inhérente aux symboles est rejetée comme une erreur. La communion des mourants est une discipline si ancienne, qu'au concile de Nicée (can. 13) il fut ordonné qu'elle ne serait refusée à personne en cet état, *et que personne ne serait privé du dernier et très-nécessaire viatique*. Les Pères n'établissent pas pour cela une nouvelle loi, mais ils ordonnent que la loi ancienne et canonique soit observée. Il fallait donc que pour être ancienne elle fût fort proche des temps apostoliques, et que pour être canonique elle eût été établie par un consentement général des évêques et par la pratique de l'Église. Cependant c'est-là un de ces abus que les protestants ont retranchés, parce qu'en effet il est incompatible avec leurs opinions sur l'Eucharistie de la conserver pour la communion des malades.

La communion des enfants n'est pas moins ancienne, puisqu'on la trouve pratiquée dès le temps de S. Cyprien ; et les Grecs, aussi bien que tous les chrétiens d'Orient, conservent cette ancienne discipline. Elle peut encore moins s'accorder avec la créance et la pratique des protestants, qui croient que la foi, dont les enfants ne sont pas capables, est le seul moyen par lequel le corps et le sang de Jésus-Christ sont reçus par les communiants ; au lieu qu'elle n'a aucune difficulté partout où la créance de la présence réelle est établie.

Il en est de même de l'ancien usage, dont il se trouve un grand nombre d'exemples dans l'histoire, suivant lequel les premiers chrétiens emportaient chez eux des particules de l'Eucharistie, dont ils se servaient pour communier dans leurs maisons. Suivant les principes des protestants, ce n'était que du pain ; mais S. Cyprien croyait, comme toute l'Église de son temps et des siècles suivants, que c'était le corps de Jésus-Christ.

Les catholiques, trouvant donc ces points de discipline touchant l'Eucharistie établis dès le commencement de l'Église, sont en droit de conclure que la forme de la Liturgie, qui peut être considérée comme véritablement apostolique, doit être telle que cette discipline puisse y convenir. Car il faut nécessairement que ceux qui envoyaient la communion aux malades et aux absents, qui la gardaient plusieurs jours, qui la recevaient en particulier, sans assemblée, sans sermon, sans que le ministère des prêtres intervînt, et qui la donnaient aux enfants, crussent que le pain et le vin étaient véritablement changés au corps et au sang de Jésus-Christ, indépendamment de la foi de ceux qui les recevaient. Par conséquent les prières sacrées qui font mention de ce changement, et par lesquelles l'Église le demandait à Dieu, n'avaient rien de contraire à la créance commune des fidèles de ces temps-là. Mais celles qui ne peuvent compatir avec cette discipline, qui était certainement apostolique, ne peuvent être considérées comme Liturgies apostoliques.

Nous trouvons ces points de discipline tellement

établis, que sur celui qui concerne la communion des malades, le concile de Nicée en parle comme d'une loi ancienne. Cependant elle ne se trouve pas dans la sainte Écriture, et même on ne voit pas qu'elle ait été mise par écrit dans les siècles précédents. Encore moins celle de porter la communion aux absents, et de l'emporter chez soi, ou de la donner aux enfants. On ne peut néanmoins douter que cette discipline, sans être écrite, n'eût force de loi, puisque les témoignages de S. Justin, de S. Cyprien et de quelques autres le montrent évidemment. Donc puisque l'Église avait ses règles établies pour ce qui regardait l'usage de l'Eucharistie, on ne peut douter qu'à plus forte raison elle n'en eût pour la célébrer selon l'institution de Jésus-Christ et selon les instructions des apôtres. Si nous ne les trouvons pas écrites, cela ne prouve pas qu'elles n'aient point été pratiquées, puisque nous n'avons rien d'écrit sur les points qui ont été marqués, et que néanmoins il est indubitable qu'ils ont été observés. Le symbole n'était pas écrit, on le savait par cœur, et on l'apprenait de même aux catéchumènes lorsqu'ils étaient baptisés : les protestants ne diront pas qu'on le peut par cette raison soupçonner de supposition. De plus, S. Basile assure que les paroles sacrées de l'invocation, pour la consécration du pain et du calice, n'avaient pas été mises en écrit par les saints, non plus que plusieurs autres articles de discipline dont il fait l'énumération. Mais les évêques et les prêtres savoient ces prières et ces paroles ; ils étaient instruits par les disciples des apôtres de ce qu'il fallait pratiquer dans la célébration des saints mystères, et cette règle vivante était regardée comme établie par l'exemple et par le précepte de Jésus-Christ et des apôtres, ainsi que le témoigne S. Cyprien, en parlant du mélange de l'eau avec du vin dans le calice, quoiqu'il n'y en ait rien dans l'Écriture sainte.

Ce qui a été dit fait voir clairement que de toutes les différentes formes de célébrer l'Eucharistie, inventées par les protestants, il n'y en a pas une seule qui puisse être regardée comme évangélique ou apostolique, à moins qu'on ne la trouve prescrite dans l'Évangile ou dans les Épîtres de S. Paul, de la manière qu'ils la pratiquent, et ils sont obligés d'avouer qu'elle ne l'est pas. Au défaut du modèle tiré sur la sainte Écriture, on ne peut savoir ce qui a été observé dans les temps apostoliques, sinon par le témoignage des auteurs contemporains dans les écrits desquels cette forme primitive se trouve marquée, ou par une tradition non écrite qui se trouve confirmée par tous les monuments d'antiquité ecclésiastique des temps suivants, et par des faits de la vérité desquels on ne peut raisonnablement douter. Les protestants conviennent que leur forme de célébrer la cène n'est pas clairement marquée dans l'Écriture ; s'ils le prétendaient, il ne serait pas difficile de les confondre, car ils devraient la célébrer le soir et après souper, s'ils voulaient imiter l'exemple de Jésus-Christ et des premiers chrétiens. Il bénit le pain, ce qui fait juger qu'il prononça les paroles que l'Église a conservées dans toutes ses Liturgies, et sans lesquelles jamais elle n'a cru que la consécration pût être faite. Si dans leurs principes ils n'en conviennent pas, ils s'éloignent du sentiment de toute l'antiquité, qui a cru que cette bénédiction ne se faisait pas sans quelques paroles mystérieuses. Il donna le calice, mais ils avouent qu'ils ne savent pas si c'était du vin pur ou mêlé avec un peu d'eau : et même qu'on ne peut trouver dans l'Écriture si c'était du pain ordinaire ou du pain sans levain. Jésus-Christ dit : CECI EST MON CORPS, CECI EST MON SANG, en les distribuant aux apôtres ; et l'ancienne Église sur cet exemple avait ordonné qu'en donnant la communion aux fidèles, ils s'entre-dît : *Le corps de Jésus-Christ*; à quoi ils répondaient : *Amen*; c'est-à-dire qu'ils le croyaient véritablement. Les calvinistes ne disent rien ; on dit dans l'église anglicane : *Prenez ceci en mémoire de ce que Jésus-Christ est mort pour vous ; nourrissez-vous de lui en votre cœur par la foi avec action de grâces :* ce qui ne ressemble point à l'usage de l'ancienne Église ; et aussi ces formules et le corps de la Liturgie anglicane ont été changés plusieurs fois. Cette forme primitive n'était donc pas aisée à reconnaître, puisque tous les offices de la cène que les protestants supposent représenter fidèlement ce premier modèle, ne se ressemblent en rien, sinon en ce qu'ils s'éloignent tous de ce que les églises d'Orient et d'Occident ont pratiqué et pratiquent encore depuis qu'elles sont établies.

Il est contre toute raison de vouloir former des règles de ce qui se doit observer dans l'action la plus sacrée de la religion sur un original qui n'est point connu, ce qui se prouve assez par la différence entière de toutes les copies qu'on en a voulu faire. Mais il est selon la raison de conclure que ce qui s'est observé de tout temps et dans toutes les églises est la véritable forme que les apôtres ont prescrite, ainsi qu'ils l'avaient apprise de Jésus-Christ. C'est sur ce fondement que tous les chrétiens orientaux et occidentaux croient que leurs Liturgies sont conformes à l'institution de Jésus-Christ et à la doctrine des apôtres, sans que jamais on ait remarqué que dedans ou hors de l'Église il y ait eu de contestation sur ce sujet. Lorsque les hérétiques s'en sont séparés, ils ont conservé ces mêmes offices, ce qui fait voir qu'ils y reconnaissaient la véritable forme de célébrer l'Eucharistie, qui avait été suivie depuis les apôtres. Les donatistes, qui faisaient valoir jusqu'aux moindres prétextes pour accuser les catholiques, ne leur ont jamais reproché qu'ils eussent rien innové dans la forme de célébrer les saints mystères ; les ariens n'avaient sur cela aucune singularité, mais ils suivaient la forme de l'Église. Enfin les deux seules sectes anciennes qui restent, qui sont les nestoriens et les monophysites ou jacobites, la conservent encore jusqu'à présent. Ces hérétiques étaient donc persuadés, aussi bien que les autres chrétiens de leurs siècles, que l'Église catholique ne s'était point éloignée de la tradition des apôtres en ce point de discipline le plus essentiel, puisqu'ils n'ont osé entreprendre de changer entièrement la forme de la célébration des saints mystères, comme ont fait d'abord tous les protestants.

Il paraît donc par tout ce qui a été dit jusqu'ici que les raisons sur lesquelles ils ont aboli ce qu'ils avaient trouvé établi dans l'Église catholique pour la célébration du plus auguste de nos mystères sont fondées sur de fausses suppositions; et puisqu'ils n'ont pas d'autres arguments pour attaquer l'autorité des Liturgies grecques et orientales, elle demeure entière, et ne reçoit pas la moindre atteinte. Car on a fait voir très-clairement que ce qu'ils appellent la *cène évangélique et apostolique* est une idée vaine, puisque la clarté et la suffisance de l'Écriture par elle-même ne les a pas empêché de dresser des offices de leur cène si différents les uns des autres, qu'il est impossible de les concilier. Or c'est une présomption sans exemple de s'imaginer et de vouloir persuader aux autres qu'au seizième siècle des particuliers aient été plus en état de savoir comment on avait célébré les mystères sacrés dans les temps apostoliques, que ceux qui en étaient si proche qu'ils pouvaient avoir été instruits par les disciples des apôtres. On en reconnaît en même temps la fausseté par l'incertitude dans laquelle les réformateurs ont été sur plusieurs points dont l'Église ancienne n'a jamais douté, et par l'impossibilité d'accorder la discipline que nous avons marquée, et qui était certainement reçue dans toute l'Église longtemps avant le concile de Nicée, avec celle qu'ils nous veulent faire passer comme évangélique et apostolique. Mais cette ancienne discipline s'accorde parfaitement non seulement avec la créance mais avec la pratique de toutes les églises. Car on porte la communion hors du lieu où on a célébré la Liturgie, et on la réserve pour les malades. Les Orientaux la donnent encore aux enfants; et si cette coutume a été abrogée dans l'Occident par un motif de respect pour l'Eucharistie, on n'y a pas condamné ceux qui la pratiquaient. De même les Grecs et les Orientaux ont supprimé la coutume d'emporter l'Eucharistie dans les maisons, et retranché le calice aux laïques, en leur donnant les deux espèces ensemble avec une cuiller. On n'a pas cru que ces changements, qui ne touchaient que des points de discipline que l'Église peut réformer, donnassent aucune atteinte à ce qu'il y a d'essentiel dans les principales parties qui composent la Liturgie.

Quand les protestants ont pris pour prétexte d'abolir la messe qu'elle était pleine de superstitions et d'abus, ils ont confondu ce qui étant essentiel à cette action mystérieuse ne pouvait passer pour abus, puisqu'il était observé de tout temps et en tout lieu avec ce qui pouvait avoir été introduit dans la suite. Toute nouveauté quand elle est approuvée par l'Église n'est pas un abus et une superstition. Les grands saints qui ont éclairé l'Orient et l'Occident par leur doctrine aussi bien que par leur sainteté, étaient assez vigilants pour empêcher les nouveautés, et ils s'y sont toujours opposés très-fortement. Mais ils ne mettaient pas dans ce nombre ce que les protestants condamnent. Ils célébraient avec les chrétiens soumis à leur autorité les mémoires des martyrs, et on en faisait mention dans les Liturgies, ce n'était pas là un abus contre lequel ils s'élevaient, mais c'en était un d'aller faire des festins aux tombeaux de ces saints, et l'Église l'abolit. Ainsi elle en a supprimé plusieurs autres, mais non pas ceux que les protestants s'imaginent y avoir trouvés. Comme donc ils attaquent sur les mêmes principes les Liturgies anciennes, et sous le faux prétexte qu'elles sont fort éloignées de cette forme évangélique et apostolique dont nous avons fait voir la fausseté, l'autorité de ces prières sacrées subsiste malgré tous leurs raisonnements, puisqu'il est incontestable qu'elles ne contiennent rien qui ne soit conforme à la pratique ancienne de toute l'Église; qu'on ne connaît rien de plus ancien; qu'elles s'accordent avec la discipline des temps apostoliques; que jamais elles n'ont été attaquées comme en étant éloignées, et qu'au contraire toutes les églises les ont approuvées par le témoignage le plus solennel, qui consistait à s'en servir tous les jours dans le ministère des autels. C'est aussi ce qui leur donne une autorité supérieure à celle de tout ce qui reste en écrit entre les mains de tous les chrétiens, comme nous espérons faire voir dans le chapitre suivant.

CHAPITRE VII.

Que l'autorité des Liturgies est reçue dans toutes les églises d'Orient, et qu'elle est principalement fondée sur l'usage public qu'elles en ont fait, et qui continue jusqu'à notre temps.

On croit avoir prouvé suffisamment par l'examen de ce que les protestants objectent contre les anciennes Liturgies, qu'ils les ont traitées sans aucune raison comme des pièces supposées; que ce qu'ils ont pris pour des marques de supposition prouve leur usage continuel dans les églises à qui elles sont propres; que ce qu'ils ont appelé nouveauté et superstition était pratiqué dans toutes les églises longtemps avant qu'elles fussent divisées par les hérésies des nestoriens et des monophysites ou Jacobites; enfin que si toutes les objections contre les Liturgies prouvent quelque chose, c'est qu'elles n'ont pas été mises par écrit dans l'état où elles sont présentement par les SS. Pères dont elles portent le nom, ou par quelques apôtres; ce que les principaux théologiens catholiques ne contestent pas. Mais puisque toutes les preuves que les protestants emploient ne touchent pas un point essentiel, qui est celui de l'usage et de l'approbation des églises, on doit les regarder comme entièrement inutiles. Car c'est de là que toutes les Liturgies tirent leur autorité; et elle est beaucoup plus grande que ne pourrait être celle des auteurs les plus respectables, même des apôtres et des disciples de Notre-Seigneur dont les écrits ne sont pas compris dans le canon des Écritures. C'est ce que nous espérons établir par des maximes et des preuves incontestables, après avoir marqué quel était cet usage à l'égard des anciennes Liturgies, et quel il est encore présentement.

La Liturgie que les Grecs et les Syriens orthodoxes ou jacobites ont regardée comme la plus ancienne est celle de S. Jacques, premier évêque de Jérusalem. Elle contient la forme ordinaire de célébrer les saints mystères dans la même église; et quelques auteurs du moyen âge témoignent qu'elle y était encore célébrée certains jours de l'année. Les citations de S. Cyrille de Jérusalem dans ses Catéchèses font voir que de son temps elle était propre à cette église. La question que fit sur ce sujet Marc, patriarche d'Alexandrie, à Théodore Balsamon prouve la même chose. La tradition commune de tous les Grecs, dont Allatius cite un grand nombre, confirme l'autorité de cette Liturgie; et même ils croient que les principales prières ont été dressées par S. Jacques, ce que les Syriens tiennent pareillement; et c'est ce que Denis Barsalibi établit d'abord dans son commentaire. Les Syriens la regardent comme la principale de toutes, et l'Ordre général, qui sert comme de canon aux autres, en fait la première partie dans les manuscrits les plus anciens; au lieu que dans l'édition de Rome on l'a jointe à la messe appelée de S. Sixte, dont l'usage est fort rare. Il paraît que les Maronites qui eurent soin de l'impression, ne s'en acquittèrent pas fidèlement, puisqu'il fallait suivre la pratique de toutes les églises, et non pas une pensée particulière, pour témoigner leur respect et leur zèle envers le Saint-Siége.

Ce que divers auteurs ont cru tirer de la Réponse de Théodore Balsamon à Marc d'Alexandrie, pour diminuer l'autorité de la Liturgie de S. Jacques, ne prouve pas qu'elle fût supposée, mais seulement qu'elle n'était pas en usage dans l'église de Constantinople. On ne prétendait pas non plus dans le diocèse de Jérusalem et en plusieurs autres de Syrie où elle était reçue, qu'elle dût avoir l'autorité des Écritures canoniques, qui est ce que combat Balsamon; et il est étonnant qu'étant lui-même patriarche d'Antioche, il ne sût pas que les orthodoxes syriens qui lui étaient soumis n'en avaient point d'autres.

La Liturgie de S. Marc, dont il fait un jugement semblable, était encore plus connue, et c'était celle qui était en usage dans Alexandrie et dans tout ce vaste diocèse. Le texte grec en était presque perdu, parce que, depuis la conquête de l'Égypte par les Mahométans, le service ne s'était plus fait en langue grecque par les jacobites cophtes, qui demeurèrent les maîtres pendant près de cent ans, et qui, étant tous du pays, célébraient les offices sacrés en égyptien. Mais on reconnaît clairement que toutes les prières, les cérémonies, et en un mot ce qui en fait le corps, est entièrement conforme à cette Liturgie grecque, connue sous le nom de S. Marc.

La première est appelée de S. Basile, l'autre de S. Grégoire-le-Théologien; celle de S. Marc, comme elle est dans le manuscrit de Grottaferrata, pour ce qui regarde la première partie qui est l'Ordre général, est la même que celle de S. Basile; la seconde partie, qui en est comme le canon, ou l'*anaphora* proprement dite, est la cophte de S. Cyrille. Il paraît par le manuscrit grec et arabe qui a été trouvé en Chypre, dont nous avons parlé ci-devant, que des jacobites, soumis au patriarche d'Alexandrie dans des pays où le grec n'était pas entièrement aboli, se servaient de cette Liturgie. Elle porte avec soi tous les caractères certains d'antiquité; et puisque les chrétiens d'Alexandrie, jacobites, la conservent depuis plus de mille ans, c'est une preuve incontestable qu'elle n'est pas supposée; et c'en est une autre de l'usage que les jacobites en ont fait en langue grecque, qu'on y remarque la confession de foi qu'ils font avant la réception de l'Eucharistie, avec quelques additions qui y furent faites dans le douzième siècle, ainsi que l'écrivent les historiens de l'église d'Alexandrie.

On a dit ci-dessus qu'il n'y avait point de Liturgie de S. Matthieu; et celle que Rivet critique sous ce titre est celle des Éthiopiens, assez connue d'ailleurs, imprimée par eux-mêmes à Rome, dans leur langue, et prise presque mot à mot de celle des Cophtes, dont ils dépendent entièrement. Elle n'est donc point ni fausse ni supposée; puisqu'une église très-nombreuse, comme a été autrefois celle d'Éthiopie, plus qu'elle n'est à présent, la conserve et la célèbre tous les jours depuis plusieurs siècles.

Il n'y a pas à proprement parler de Liturgie de S. Clément, sinon une qu'ont les jacobites syriens; et ce qui a été imprimé en grec sous ce titre est un extrait de ce qui regarde la célébration des saints mystères, selon qu'elle se trouve prescrite dans le dernier livre des Constitutions apostoliques. Mais ni les Grecs, ni les Égyptiens, n'ont eu aucune Liturgie rédigée dans la forme ordinaire pour le service des églises, qui ait porté le nom de S. Clément. Cela n'empêche pas que ces extraits ne soient considérés comme des lois très-anciennes, conformes à l'ordre général de la Liturgie orientale, et qu'ils ne se trouvent en plusieurs traductions arabes, qui ont une grande autorité parmi les Orientaux. Ils s'en servent dans leurs collections de canons par lieux communs, pour établir la discipline eucharistique dans toutes ses parties; et c'est ainsi que les citent Echmimi, Ebnassal, Abulfarage, et les autres. Ce n'est pas ici le lieu d'examiner l'autorité de ces Constitutions. La plus saine partie des théologiens conviennent qu'elles n'ont pas été écrites par les apôtres, et qu'il y a eu plusieurs choses ajoutées aux premiers recueils qui furent faits sous ce titre. Mais en même temps, ils prouvent suffisamment qu'on y trouve l'ancienne discipline exposée dans un assez grand détail, et que tout ce qui en est marqué dans ces livres est conforme à la pratique générale des églises d'Orient qu'on connaît d'ailleurs. Les Orientaux, qui ne sont pas si grands critiques, leur donnent une autorité presque aussi grande qu'aux canons des apôtres. Ainsi, quoiqu'il n'y ait aucune Liturgie qui porte le nom de S. Clément, et que celles dont ils se

(Neuf.)

servent n'aient que la conformité générale qu'il y a entre toutes les Liturgies, et ce qui est expliqué dans les Constitutions apostoliques, ils y reconnaissent les règles de l'ancienne discipline eucharistique, et les reçoivent avec respect.

Il est inutile de s'étendre à prouver que les Liturgies de S. Basile et de S. Jean Chrysostôme sont en usage dans toutes les églises grecques; puisque depuis plusieurs siècles on ne se sert d'aucune autre dans toute l'étendue du patriarcat de Constantinople; de sorte même que, comme on le reconnaît par la Réponse de Balsamon à Marc, patriarche d'Alexandrie, l'usage qu'elles avaient d'abord dans les diocèses soumis aux patriarches de Constantinople, s'est étendu dans toute l'église grecque. C'est de cet usage que les Liturgies grecques, aussi bien que toutes les autres, tirent leur principale autorité. Les objections que forment ceux qui les attaquent, sur la variété qui se trouve dans les exemplaires imprimés et manuscrits, au lieu de les rendre suspectes, prouvent tout le contraire de ce qu'ils prétendent. Car les additions faites en différents temps sont des marques qu'on s'en servait dans les églises; on y voit les noms des empereurs, des patriarches et des évêques, sous lesquels les livres ont été écrits, comme dans plusieurs Missels latins écrits sous Charlemagne, ou ses enfants, on trouve leurs noms dans le canon, dans les collectes, dans les litanies et ailleurs; ce qui ne prouve pas qu'ils aient été composés de leur temps, mais écrits durant la vie de ces princes.

Pour ce qui regarde les prières plus récentes que le siècle de S. Basile et de S. Jean Chrysostôme, elles ne sont pas non plus une marque de supposition et de corruption. Les évêques ont toujours été en possession de régler ce qui regardait le service public des églises, d'ordonner les prières, d'y ajouter celles que les nécessités publiques demandaient quelquefois, d'en composer de nouvelles selon l'esprit de l'Église; et c'est ce que les patriarches ont fait dans tous les temps, sans que jamais cela ait été regardé comme une innovation; puisqu'elles ont toutes été composées dans l'esprit et le style des plus anciennes que la tradition nous a conservées. Il est étonnant qu'un des motifs dont les protestants se servent pour attaquer ces Liturgies est fondé sur ce qu'on y trouve des prières et des cérémonies plus récentes que la première forme de ces offices; puisque les plus nouvelles sont d'une antiquité supérieure de plusieurs siècles à toutes celles qu'ont composées les premiers réformateurs. Au moins celles qu'ils traitent de nouvelles s'accordent très-bien avec les anciennes, et pour le sens et pour les expressions, dont les autres sont entièrement éloignées.

A l'égard des cérémonies, celles qui sont généralement observées ne sont pas nouvelles, quoiqu'elles se trouvent rarement dans les anciens manuscrits. Ce n'était pas autrefois la coutume de les écrire; on les apprenait dans le ministère des autels; et pour les fixer dans les temps moyens, et empêcher la variété qui aurait pu s'introduire, elles furent rédigées dans des livres à part, dont on a depuis tiré les rubriques. Or indépendamment de ces rubriques, on connaît assez par les théologiens, et particulièrement par ceux qui ont expliqué les Liturgies, comme Germain, patriarche de Constantinople, Cabasilas et divers autres, que ces rites étaient pratiqués dans l'église grecque, et que les rubriques ne contiennent rien qui ne soit conforme à la discipline établie longtemps auparavant. Que si les protestants les veulent faire considérer comme des superstitions qui s'éloignent de la véritable forme de la cène évangélique et apostolique, nous croyons avoir montré que l'idée qu'ils en ont est entièrement chimérique, et les Grecs les justifient suffisamment.

Rivet, ni les autres protestants, ne parlent point de la messe des présanctifiés, qui seule détruit tout ce qu'ils ont avancé dans ces derniers temps contre la véritable créance des Grecs sur l'Eucharistie. Elle ne porte point de nom d'auteur comme les autres; mais son usage est certain et établi depuis plusieurs siècles. Il est même très-fréquent parmi eux, puisqu'ils la célèbrent toutes les féries de carême et les jours de jeûne de chaque semaine; au lieu que les Latins ne la célèbrent que le vendredi-saint.

Il n'est pas moins certain que toutes les églises orthodoxes, schismatiques ou hérétiques, se servent depuis plusieurs siècles des Liturgies dont il a été parlé ci-dessus. Les Syriens melchites ou orthodoxes, jacobites et maronites, ont la Liturgie syriaque de S. Jacques comme un canon commun à toutes les autres. Celles dont nous avons donné la liste sont connues et reçues parmi les jacobites, et on s'en sert de certains jours. Il y en a de modernes, mais qui ont leur autorité, la plupart ayant été composées par des patriarches, des métropolitains et des évêques; car on n'en voit aucune qui soit attribuée à d'autres auteurs, par la raison qui a été dite, et c'est qu'il n'y avait qu'eux qui eussent le droit de dresser des formules de prières publiques, particulièrement celles qui avaient rapport à la Liturgie.

Les Égyptiens jacobites ou cophtes n'ont célébré la Liturgie, depuis plus de mille ans, que selon la forme marquée dans les trois qu'ils ont seules en langue ancienne, et qui sont celles de S. Basile, de S. Grégoire-le-Théologien, de S. Cyrille, laquelle, comme il a été dit, est la même que la grecque et de S. Marc. C'est pourquoi Abulbircat marque que quelques-uns la lui attribuaient. Sévère, évêque d'Aschmonin, en cite divers endroits; il en est souvent fait mention dans l'histoire patriarcale; enfin les Rituels et Cérémoniaux sont faits sur ce modèle.

La Liturgie éthiopienne est une version de l'égyptienne dans toutes les parties essentielles, et même dans la plupart des oraisons; de sorte que toute la différence qu'on y remarque est dans la manière dont les Éthiopiens prononcent les paroles de Jésus-Christ; car ils disent: *Ce pain est mon corps*, quoique les originaux cophtes ne contiennent rien de semblable, comme l'ont remarqué ceux qui eurent soin de l'impression de la traduction (1). Aubertin a fait sur cela de merveilleux commentaires, qui deviennent fort inutiles, dès qu'on y joint l'invocation du S.-Esprit, qui suit immédiatement, et la confession de foi avant la communion; puisque l'une et l'autre contiennent une reconnaissance bien expresse de la présence réelle: aussi il les a passées sous silence, sachant que peu de catholiques seraient capables de découvrir cette mauvaise foi. Mais M. Ludolf l'a poussée encore plus loin dans son Histoire d'Éthiopie, cherchant à faire croire que les Éthiopiens ne croyaient pas ce que croit sur ce sujet l'Église catholique; le prouvant par ses dialogues obscurs et captieux avec son Abyssin, et ne faisant pas la moindre mention de cette confession, qui est néanmoins dans toutes les Liturgies.

Les nestoriens, dont la séparation est la plus ancienne, ont aussi une Liturgie qui a des caractères très-sensibles d'une fort grande antiquité. Elle est formée sur celle de S. Jean Chrysostôme, dont l'église de Constantinople se servait, avant que Nestorius la troublât par son hérésie. On ne peut révoquer en doute l'autorité des manuscrits syriaques desquels elle a été tirée, puisqu'elle est conforme à ce qui en a été cité par ceux qui en firent la réforme pour les chrétiens de Malabar, au synode de Diamper, sous Alexis de Ménesès, archevêque de Goa; comme aussi à divers endroits qui sont marqués dans l'Histoire des catholiques ou patriarches des nestoriens.

On peut reconnaître par tout ce détail que les Liturgies, tant grecques qu'orientales, attaquées par les protestants, sont approuvées par les églises qui s'en servent; et cette approbation est d'un genre tout différent de celle qu'elles donnent aux ouvrages des personnages les plus illustres en piété et en doctrine, qui ont fleuri en chaque siècle. Ces ouvrages sont reçus avec le respect qui est dû à ceux qui ont défendu ou expliqué la doctrine de l'Église; parce que les auteurs n'ont rien enseigné qui n'y fût conforme. Les prières publiques, principalement celles avec lesquelles les chrétiens célèbrent le plus sacré de tous les mystères, sont la voix de l'Église; et comme Dieu a promis d'être avec elle jusqu'à la consommation des siècles, elle ne peut tomber dans aucune erreur. Cela étant, tout ce que contiennent ces mêmes prières porte un caractère de vérité et de certitude, dont l'autorité est supérieure à celle des plus grands docteurs; ce qui doit s'entendre de celles qui sont reçues par toute l'Église : *Observationum sacerdotalium sacramenta respiciamus quæ ab apostolis tradita in toto mundo atque in omni catholicâ Ecclesiâ uniformiter celebrantur, ut legem credendi, lex statuat supplicandi.* Ce sont les paroles du pape S. Célestin (ad vener., etc., gall.episc., epist.8), qui sont très-remarquables et qui prouvent qu'on trouve la règle certaine de la foi dans les prières de l'Église : c'est pourquoi S. Augustin les cite dans l'épître à Vital, dans le livre du Don de la persévérance, et ailleurs; de même que S. Chrysostôme et d'autres Pères s'en servent souvent en parlant aux peuples.

Cette autorité se peut considérer en deux manières. La première est celle que nous venons de marquer suivant le sens des paroles de S. Célestin, selon laquelle tout ce qui se trouve exprimé dans les prières reçues universellement dans l'Église est une règle sûre de la foi. La seconde est que dans les circonstances où cette maxime ne pourrait avoir lieu, l'autorité des Liturgies et prières publiques subsiste toujours en un autre sens, en ce qu'elles portent un témoignage certain et incontestable de la foi et de la discipline de ceux qui s'en servent. Toutes les Liturgies, par exemple, marquent une intelligence claire et certaine des paroles de Jésus-Christ selon le sens littéral; et les différentes oraisons concourent à produire ce même sens, et à signifier un changement réel du pain et du vin, par une opération invisible du S.-Esprit. Les cérémonies qui accompagnent ces prières y conduisent nécessairement, et partout où ce changement n'a pas été cru, les unes et les autres ont été abolies. Nous concluons donc avec raison que l'Église universelle, tant en Orient qu'en Occident, a cru et croit encore le changement et la présence réelle. On trouve en toutes les prières et doxologies le mot de *consubstantiel* employé, en parlant du Fils et du S.-Esprit; on est donc certainement assuré que les églises condamnent les hérésies des ariens et des macédoniens. La mémoire des saints, principalement des martyrs, y est marquée; on demande à Dieu diverses grâces par leurs intercessions; on fait aussi commémoration des fidèles trépassés; et comme toutes ces pratiques se trouvent en tous les siècles, en toutes langues et en toutes sectes, on ne peut douter que ce ne soit la suite du consentement général des églises sur cette discipline, et sur la créance qui y est conforme.

Mais lorsqu'en examinant les Liturgies des nestoriens, on remarque qu'en aucun endroit des prières la Vierge n'est appelée *Mère de Dieu*, que Jésus-Christ est appelé *Temple de la divinité*, et que par d'autres preuves certaines du nestorianisme, on voit qu'ils se sont écartés de la doctrine de toute l'Église; alors ces Liturgies et ces prières perdent cette première autorité, parce qu'elles ne parlent plus le langage de l'Église. Cependant elles conservent l'autre, en ce qu'on ne peut pas douter qu'elles ne représentent fidèlement la foi des nestoriens. Il en est de même de celles des jacobites, lorsqu'elles portent des caractères certains de leurs opinions, ainsi que dans la confession de foi qu'ils font avant la communion; car elles ne servent pas à prouver leurs erreurs, puisqu'elles sont en cela contraires à ce qui a été cru de tout temps parmi les orthodoxes, mais seulement à prouver ce

(1) Non te moveant, candide lector, exemplaria Æthiopica, quòd in iis scriptum sit : Hic panis est corpus meum, quia vetustissimi et emendatissimi codices Cophtitarum, sive Ægyptiorum, à quibus, ut diximus, magnam religionis partem majores nostri acceperunt, habent : *Hoc est corpus meum.* (In ed. Rom. Canon. gener. Æth. 1549.)

que croient les jacobites. Dans les autres points où elles s'accordent avec toute l'Église, comme celui de la présence réelle, et les autres qui ont été marqués, leur autorité se soutient par l'universalité, la perpétuité et la conformité de la doctrine avec toutes les autres communions ; et c'est ce qui rend incontestables les preuves que les catholiques en tirent.

Cela se démontre aisément par une comparaison dont tout le monde est capable de comprendre les conséquences. Quelque particulier peu versé dans les matières théologiques, ayant trouvé dans les écrits de Calvin, et dans quelques confessions de foi de ses sectateurs, ou d'autres communions protestantes, des expressions qui semblent signifier la réception réelle du corps et du sang de Jésus-Christ ; car ils s'en sont servis volontiers, comme l'a remarqué Grotius, quoiqu'ils fussent dans des sentiments fort éloignés de l'opinion de la présence réelle ; cet homme, dis-je, pourrait croire qu'ils n'ont pas été si éloignés que nous le prétendons de la doctrine des Pères, reçue dans toute l'Église. Mais lorsqu'il aurait examiné l'administration de la cène de Genève, ou même celle d'Angleterre et les luthériennes, il n'aurait pas de peine à reconnaître par les prières, et par les cérémonies, la différence entière qu'il y a entre ces expressions détachées, auxquelles on donne les sens que l'on veut, et les mêmes lorsqu'elles se trouvent déterminées par des prières et par des rites qui en ôtent toute équivoque. Nous trouvons dans divers endroits des anciens auteurs ecclésiastiques, des paroles qui marquent l'adoration de l'Eucharistie, et plusieurs rites et prières qui sont dans les offices des Grecs et des Orientaux, confirment la pratique de ce culte religieux. Il n'en faut pas davantage pour prouver qu'ils adorent l'Eucharistie ; de même que la forme de la cène des calvinistes prouve qu'ils ne l'adorent point. Les Anglais se mettent à genoux, et on a eu soin d'avertir que ce n'était pas par adoration, mais par une simple contenance respectueuse : précaution qui ne se trouve dans aucune Liturgie orientale ni grecque. Tout ce qui peut avoir un rapport, même indirect, au changement de la matière sacramentelle, a été retranché des offices de la cène des protestants. Dans la première Liturgie d'Édouard VI, on avait conservé une partie de la prière qui est dans le canon, en y ajoutant quelque chose de la forme de l'invocation des Grecs, pour demander à Dieu qu'il envoyât son S.-Esprit sur le pain et le vin, et qu'il les fît le corps et le sang de Jésus-Christ à ceux qui les recevraient : cela fut retranché dans les suivantes, et le roi Charles Ier l'ayant fait mettre dans la Liturgie d'Écosse, ne put faire recevoir cette addition, qui ne se trouve pas dans celle qui est présentement en usage. Or toutes les grecques et orientales sont remplies de pareilles expressions.

Il n'est pas question de donner des explications violentes à ces prières qui se trouvent dans les offices publics, comme les ministres en ont donné aux passages des Pères. Tout ce qui est écrit pour le peuple doit être clair et intelligible, et a toujours été entendu selon le sens simple et naturel. Aussi il ne se trouve aucune ambiguïté dans toutes les anciennes prières qui composent la Liturgie, et il paraît qu'elles ont toujours été entendues littéralement. On y demande le changement des dons proposés ; et les prières courtes que les assistants joignent à celles des prêtres, font voir qu'on attendait ce miracle comme un effet surnaturel des promesses faites à l'Église. Les paroles de Jésus-Christ prononcées ordinairement à haute voix par les prêtres, étaient écoutées avec un profond respect, et suivies des acclamations et prières du peuple, de même que l'invocation du S.-Esprit. Quand on montrait l'Eucharistie, en disant : *Sancta sanctis* il est très-vraisemblable que les fidèles se prosternaient, puisque cette cérémonie s'est trouvée établie dans tout l'Orient, sans qu'on en puisse trouver l'origine. De même, quand on leur donnait l'Eucharistie, lorsqu'on disait : *Le corps de Jésus-Christ*, on ne peut douter que les plus simples chrétiens n'entendissent ces paroles à la lettre. C'est donc sur ces expressions simples et claires que les catholiques ont conclu qu'il n'y avait pas de témoignage moins sujet à contestation que celui des offices publics des églises, puisqu'ils ne contiennent pas les paroles des évêques qui les ont dressés, ni celles d'un nombre de chrétiens qui les ont adoptées, mais celles des peuples entiers de tous âges et de tout pays, et un consentement général sur les vérités capitales du mystère de l'Eucharistie.

CHAPITRE VIII.

De la célébration des offices et des prières publiques en langue inconnue au peuple.

Il y a peu de points controversés entre les catholiques et les protestants, sur lesquels ceux-ci aient dit plus d'absurdités que sur l'usage que les premiers réformateurs trouvèrent établi de temps immémorial dans l'Église romaine, suivant lequel le service public et la messe, ainsi que les offices pour l'administration des sacrements, se faisaient en langue latine. Ils regardaient cette discipline comme une suite d'un autre reproche qu'ils faisaient avec aussi peu de raison aux catholiques, en supposant que parce qu'à l'occasion de nouvelles hérésies, l'Église avait ordonné que toute sorte de traductions vulgaires de la Bible ne seraient pas mises entre les mains du peuple, elle défendait aux fidèles la lecture de l'Écriture sainte, quoique ces deux choses n'eussent pas un entier rapport. Si on voulait s'étendre sur cette matière, il ne serait pas difficile de faire voir qu'il n'y en a guère où leurs controversistes aient fait paraître plus d'ignorance et de mauvaise foi. Mais comme nous ne prétendons la traiter qu'autant qu'elle regarde la discipline des églises orientales, c'est à quoi nous nous restreindrons.

La première et la principale thèse des protestants est que l'Église romaine, pour ôter aux peuples la connaissance des mystères de la religion, avait fait une loi de célébrer le service en langue inconnue, non seulement contre l'intention de Jésus-Christ et des apôtres, qui avaient expliqué les mystères du royaume de Dieu aux ignorants de même qu'aux savants, mais aussi contre la pratique de toutes les églises du monde, puisque non seulement autrefois, mais encore à présent, dans toutes les églises qui étaient sur la terre, le service se faisait dans la langue du pays; et comme parmi les protestants, il y en a eu plusieurs qui ont été savants dans les langues orientales, et encore plus de demi-savants, à cette occasion ils ont étalé leur érudition hébraïque, pour faire connaître que le même usage avait été pratiqué parmi les Juifs.

Il fallait dire, pour traiter cette question de bonne foi, que l'Église romaine avait d'abord célébré les offices en langue latine, qui était celle du pays, et de la plus grande partie de l'Occident; que quand elle avait cessé d'être vulgaire, par respect pour l'antiquité, elle avait été conservée dans les offices, comme elle l'avait été dans presque tous les actes publics, sans aucun dessein prémédité d'ôter aux fidèles l'instruction qui leur était nécessaire, et à laquelle on avait pourvu par d'autres moyens. De cette manière on aurait trouvé une parfaite conformité de la discipline de toutes les églises sur ce sujet.

Car, pour commencer par les Grecs, il n'y a personne qui puisse ignorer qu'il y a déjà plusieurs siècles que la langue littérale dans laquelle sont écrits tous les offices et les livres ecclésiastiques, est entièrement inconnue au peuple. Cependant on n'a pas encore trouvé que la Liturgie ait été traduite en grec barbare, non plus que les offices qui composent l'Eucologe. Il n'y a que le *Synaxarion*, qui est un abrégé des Vies des saints, selon l'ordre du calendrier, que Maximus Marguntus traduisit en cette langue il y a environ cent ans. Il y a des provinces entières où ceux qui font profession de la religion grecque ne se servent pas communément de cette langue barbare, mais de la turque qui est dominante : mais on n'a jamais vu de traduction turque des offices, ni de la Bible, qui soit en usage parmi les chrétiens qui sont répandus dans l'empire ottoman. En Égypte, où les melchites, c'est-à-dire les orthodoxes, font l'office en grec littéral, et où il est beaucoup moins entendu qu'à Constantinople, on ne trouve pas qu'il se soit jamais autrement célébré qu'en cette même langue. Les Moscovites et les chrétiens du rite grec établis en Pologne et dans les provinces voisines font l'office en esclavon ancien. Ainsi la plus nombreuse et la plus considérable partie de l'église grecque fait les offices et les prières publiques et particulières en langue inconnue.

Les Syriens orthodoxes ou melchites, aussi bien que les jacobites et les nestoriens, font leurs prières publiques, et célèbrent la Liturgie en syriaque. Or, il est très-certain qu'il y a plus de huit cents ans que cette langue, qui était autrefois vulgaire en Syrie et en Mésopotamie, a cessé de l'être depuis la conquête des Arabes, et que personne ne l'entend qu'après l'avoir étudiée comme nous étudions le latin. Cependant quoique la langue soit inconnue au peuple, il n'y a eu depuis plusieurs siècles aucun changement dans la discipline. Ce ne sont pas les papes qui l'ont empêché; car les nestoriens, les jacobites et la plupart des melchites ne sont pas soumis au Saint-Siège. Les Maronites, qui seuls en reconnaissent l'autorité, ont conservé le même usage, et on ne les a jamais obligés de dire la messe ni les autres offices en latin. Il y a quelques traductions de la Liturgie en arabe, qui est la langue vulgaire; mais ce n'est que d'une partie des oraisons que le prêtre prononce à haute voix; les secrètes ne sont pas traduites, et jamais on ne se sert de ces traductions à l'autel. Ce qu'on y dit seulement en langue vulgaire est l'Épître et l'Évangile, après que la lecture en a été faite en langue syriaque. Cette coutume est observée par les Maronites dépendants de l'Église romaine, aussi bien que par ceux qui en sont séparés par le schisme ou par l'hérésie.

Les nestoriens qui célèbrent tous leurs offices en syriaque, ont à cet égard une discipline singulière, et qui va beaucoup plus loin que celle de l'Église romaine pour l'usage de la langue latine : C'est qu'en quelque pays qu'ils se soient établis, et où ils ont envoyé des missionnaires en des provinces fort éloignées, jamais ils ne se sont servis d'autre langue que de la syriaque. Les premiers établissements de leur secte indépendante des patriarcats connus dans l'Église furent en Mésopotamie, où la langue syriaque était vulgaire. Elle avait cessé de l'être quand ils s'établirent en Perse, où il y en a encore un grand nombre. Ils l'y portèrent, et on voit par divers endroits de l'Histoire de leurs catholiques ou patriarches, qu'en ces pays-là leurs offices ne se faisaient pas en une autre langue. On ne trouve pas qu'ils aient traduit leur Liturgie ni leurs prières en persan, mais seulement les lectionnaires suivant l'ordre des dimanches et des fêtes de l'année, traduits sur le syriaque, pour s'en servir après la première lecture en cette même langue de l'Évangile et de l'Épître. Les mêmes nestoriens ont porté la religion chrétienne en Tartarie, et parmi ces nations les plus reculées dont à peine on connaît les noms, ils y portèrent aussi leurs offices syriaques. Dans les Indes où il en reste encore excepté ceux de Malabar, que les Portugais ont tâché de réduire à l'obéissance de l'Église romaine, lorsque les premiers Européens y arrivèrent, ils trouvèrent qu'ils faisaient l'office en syriaque, comme ils le font encore. Car on remarque une très-grande conformité de la messe des chrétiens de Malabar, autant qu'on la peut reconnaître sur la traduction imprimée à Conimbre, et ensuite dans la Bibliothèque des Pères, avec celle des nestoriens de Mésopotamie.

Nous ne savons aucun détail des ecclésiastiques de cette même secte qui étaient établis à la Chine dans le huitième siècle, et qui érigèrent l'inscription célèbre qu'on découvrit en 1625 dans la province de Xensi. Mais puisque outre les caractères chinois il y en a de syriaques, l'exemple de la discipline observée dans les Indes, fait juger avec beaucoup de vraisemblance que les offices s'y faisaient de la même manière en syriaque. Il y a d'autant plus de sujet de le croire, que dans le discours que forment les caractères chinois, suivant la remarque du P. Michel Boym, jésuite polonais, on y trouve deux mots étrangers à la langue chinoise, *Oloho* et *Mixio*, qui sont purement syriaques. Celui-ci signifie *le Messie*, et l'autre *Dieu*, que ces anciens missionnaires crurent devoir employer plutôt que les autres chinois, jugeant qu'ils ne remplissaient pas l'idée que les chrétiens ont de l'Être souverain, créateur du ciel et de la terre.

On ne parlait point syriaque dans l'île de Chypre; néanmoins les nestoriens, qui y avaient plusieurs églises, y avaient porté, comme ailleurs, l'usage de cette langue pour les offices et les sacrements, comme il paraît par quelques livres nestoriens écrits à Famagouste.

Il est donc aisé de juger que les protestants ont fait de très-injustes reproches aux catholiques sur l'usage de la langue latine dans les prières publiques et les offices sacrés; puisque les nestoriens ont porté encore plus loin ce respect pour l'antiquité; au lieu que la règle n'a jamais été tellement exclusive dans l'Église romaine, qu'elle n'ait conservé la communion avec les Grecs, les Syriens, et d'autres qui célébraient en leur langue naturelle; au lieu que les nestoriens ont fait en quelque manière que la langue syriaque devint partie de leur religion.

Les Cophtes, ou Égyptiens, ont sans doute dans les premiers siècles de l'Église lu la sainte Écriture, et célébré les offices sacrés dans la langue du pays, surtout dans la Haute-Égypte, où le grec n'était pas entendu de tout le monde comme à Alexandrie, et dans la plupart des autres villes maritimes. Saint Antoine n'entendait point le grec; il prit néanmoins la résolution de renoncer au monde sur ce qu'il entendit lire dans l'Église: on y lisait donc l'Évangile en langue vulgaire, comme dans la plupart des monastères. Il ne se trouve rien dans l'histoire ancienne de l'Église qui puisse nous aider à déterminer précisément cet usage qui était presque général; mais on ne voit rien qui puisse détruire cette pensée, qui même est confirmée par la tradition des chrétiens du pays. Car d'abord on voit qu'aussitôt que Benjamin, patriarche des jacobites, fut revenu à Alexandrie, où il ne pouvait pas demeurer sous les empereurs catholiques, et qu'il eut obtenu toute l'autorité ecclésiastique sur les chrétiens, même ceux qui, étant orthodoxes, ne lui étaient pas soumis, les Égyptiens naturels du pays envahirent toutes les églises, et que depuis, le service public s'est fait toujours en langue cophte; les orthodoxes ou Grecs, dont le patriarche ne fut rétabli que quatre vingt-dix sept ans après, ayant conservé les offices grecs et abandonné l'usage de la langue cophte. La raison était simple de part et d'autre: la plus grande partie des orthodoxes étaient Grecs, particulièrement à Alexandrie, où les charges ne pouvaient être possédées par ceux du pays, à cause de leur esprit brouillon et de leur penchant naturel à la sédition. Ainsi les Grecs faisaient le service dans la langue qui leur était naturelle, et ils n'avaient pas lieu de se servir de l'égyptienne qu'ils n'entendaient point, que les Égyptiens naturels gardèrent, parce qu'ils n'entendaient guère la grecque.

Nous avons l'Histoire de l'église jacobite d'Alexandrie écrite par Sévère, évêque d'Aschmonin, jusqu'au dixième siècle, et continuée jusque vers la fin du treizième par divers auteurs. Il ne s'y remarque rien qui puisse donner le moindre indice que ceux de cette secte aient célébré les offices divins en une autre langue qu'en cophte, dans laquelle ils dressaient tous les actes solennels, que les autres patriarches orthodoxes dressaient ordinairement en grec.

Il y a néanmoins sujet de croire que depuis la conquête de l'Égypte par les Arabes, l'usage de la langue grecque dans les offices sacrés n'y a pas été si universellement aboli, qu'il ne soit resté quelque part. Car dans un manuscrit très-considérable de la Bibliothèque-du-Roi, il y a deux Liturgies, une de S. Basile, l'autre de S. Grégoire de Nazianze en grec avec une version arabe; ce qui fait voir qu'elle a été faite depuis le mahométisme. Ces deux Liturgies sont précisément les mêmes que celles dont les Cophtes se servent, et qu'ils ont en leur langue; la première n'ayant aucun rapport, sinon celui de l'économie générale de toutes les Liturgies, avec celle de S. Basile qui est en usage parmi les Grecs, qui n'en ont aucune sous le nom de S. Grégoire. On ne peut pas dire non plus que telle qu'on la trouve dans le manuscrit, elle soit copiée sur ceux de la première antiquité, parce qu'on reconnaît qu'elle est à l'usage des jacobites. On n'en peut pas dire davantage, sinon que jugeant de la discipline de ceux qui s'en servaient par celle qui était en usage dans la même communion, il n'y avait que le grec dont on se servît dans les offices sacrés: l'arabe n'était qu'afin que les prêtres, avec le secours de cette version, pussent entendre l'original.

Donc, pour revenir aux Cophtes, il est vrai que dans les premiers temps de la domination des Arabes, ils conservaient l'usage de la langue du pays; mais en moins de deux siècles il fut presque entièrement perdu; et il y a plus de six cents ans qu'il l'est tout-à-fait. Ainsi, non seulement les laïques, mais les prêtres et les évêques ne savent de cophte que ce qu'ils en apprennent en l'étudiant. Cependant encore aujourd'hui la messe, tous les sacrements, toutes les prières publiques sont en cette langue inconnue; et même, suivant une constitution patriarcale, tous les laïques sont obligés d'apprendre l'oraison Dominicale, le Symbole, et quelques autres prières en cophte.

Le grec, comme il n'est pas difficile de juger, leur est encore bien plus inconnu; puisque ceux-mêmes qui font l'office en cette langue la savent à peine. Cependant, par respect pour l'antiquité, il reste encore plusieurs prières que les Cophtes disent en grec dans la Liturgie, comme le *Sanctus*, ou hymne angélique ; le trisagion, ce qui se dit avant la préface *Sursùm corda*, et la suite ; les paroles du diacre στῶμεν καλῶς, οἱ καθήμενοι ἀνάστητε, τὰς κεφαλὰς ὑμῶν τῷ Θεῷ κλίνατε, et ainsi du reste. Mais ce qu'il y a de plus remarquable, est que la confession que le prêtre fait avant la communion, et qu'il fait faire à ceux qui la reçoivent, dans laquelle ils reconnaissent que ce qu'il leur présente sur le disque sacré est *le véritable corps et le sang de Jésus-Christ Emmanuel notre Dieu*, cette confession se dit d'abord en langue grecque, de même que *sancta sanctis*, qui se dit aussi à haute voix dans la même langue ; et ils la disent aussi en cophte, puis en langue vulgaire.

Plusieurs savants ont cru qu'à cause que la plupart des livres d'église des Cophtes, outre le texte dans l'ancienne langue, ont ordinairement une version arabe à côté, on faisait aussi l'office en arabe ; mais ils se sont trompés. Ces versions ont été faites afin que les ecclésiastiques pussent apprendre la Liturgie et l'entendre plus facilement. Mais à l'exception de la lecture, qui se fait depuis fort longtemps en arabe, de l'Épître et de l'Évangile, et des prières particulières, le service ne s'est fait en cette langue dans aucune société chrétienne dont nous ayons connaissance. Car on ne trouve rien dans l'Histoire ecclésiastique, ni dans les auteurs arabes, qui ne savent que très-confusément ce qui précède le mahométisme, d'où on puisse connaître de quelle manière et en quelle langue S. Moïse, évêque des Sarrasins, et quelques autres qui les instruisirent dans la religion chrétienne, faisaient le service. Il n'est pas impossible qu'en ces pays-là, comme ailleurs, il n'ait été célébré d'abord en langue vulgaire : on le peut conjecturer, mais il est impossible de le prouver.

Nous avons remarqué qu'il y avait quelques parties des offices qui se disaient en langue vulgaire dans les églises d'Égypte : cependant on trouve dans les historiens, qu'au monastère de S.-Macaire, qui est le principal de tous et l'ancienne Sceté, il y avait un usage immémorial de ne rien jamais lire ni chanter dans l'église, sinon en langue cophte, qui n'y était pas plus entendue qu'ailleurs, parce qu'il n'était pas situé dans les quartiers où, suivant les géographes, il restait encore quelques chrétiens qui avaient conservé l'usage de l'ancienne langue, comme à Osioul. Ainsi l'argument tiré des traductions arabes qui se trouvent presque toujours à côté du texte cophte, ne prouve rien que ce qui a été dit ci-dessus ; d'autant même qu'il y a plusieurs Missels, Eucologes, Psautiers, Lectionnaires et autres livres d'église, où ces versions ne se trouvent point, quoique les exemplaires soient très-modernes. Car l'argument que M. Isaac Vossius a voulu tirer pour établir que la langue cophte était fort moderne, de ce que les livres les plus anciens n'avaient point de traduction, n'est pas véritable ; puisqu'il y en a de fort anciens qui en ont, et de très-récents qui n'en ont point.

Les Éthiopiens dépendent entièrement des patriarches cophtes d'Alexandrie ; ils célèbrent la Liturgie et le service public en langue éthiopienne, qui a été autrefois vulgaire ; mais il y a plusieurs siècles qu'elle n'est plus entendue du peuple, qui se sert de celle qu'on appelle Amaharique, outre les dialectes particulières de Cafate, de Tigré et d'autres provinces. M. Ludolf, qui a travaillé avec tant de soin et tant d'exactitude sur cette langue, le marque assez dans son Histoire, ses Dictionnaires et ses Grammaires. Ainsi quoiqu'un Abyssin qui assiste à la Liturgie entende l'éthiopien, s'il n'a étudié celui qu'on appelle *Géez*, qui est comme la langue primitive, il ne comprend pas plus ce qui se chante et se récite dans l'église que notre peuple quand il entend chanter en latin. Peut-être qu'on se sert de traductions vulgaires comme en Égypte pour les leçons de l'ancien et du nouveau Testament, mais c'est ce que nous ne savons pas encore, et M. Ludolf n'en a rien découvert.

Les Arméniens jacobites ou orthodoxes célèbrent aussi en langue arménienne ; mais c'est l'ancienne, qui est fort différente de la vulgaire.

On reconnaît donc par ce détail que dans toutes les communions, orthodoxes, schismatiques ou hérétiques, qui subsistent encore, il n'y en a aucune où les offices sacrés soient célébrés en langue qui soit communément entendue du peuple ; et on ne croit pas que personne osât leur appliquer toutes les raisons merveilleuses de cet usage, que les protestants ont employées contre l'Église romaine ; comme si par un dessein prémédité on eût voulu ôter aux laïques la connaissance de ce qu'il y a de plus sacré dans la religion. Anciennement les offices et les prières ont été partout en langue vulgaire. Par la suite des temps les langues ont changé, et ni les Latins, ni les Grecs, ni les Syriens, ni les Égyptiens, ni les Éthiopiens, ni les Arméniens, n'ont cru qu'il fallût changer pour cela des prières et des formules sacrées : ainsi elles ont été partout également conservées dans l'ancienne langue.

Quand les protestants veulent se servir contre les catholiques de l'exemple des Juifs, ils n'y ont pas assez fait de réflexion. Car on convient qu'avant la captivité de Babylone les Juifs chantaient les psaumes, et faisaient leurs prières en hébreu. Après le retour de la captivité, on ne voit pas qu'il y ait eu d'autre changement, sinon que quelques prières se faisaient en langue chaldaïque, dans laquelle les Écritures furent traduites. Mais cela n'empêchait pas que la lecture ne s'en fît en hébreu dans le temple et dans les synagogues : on les expliquait verset par verset, et c'est ainsi que ces traductions chaldaïques, la persane et l'arabe sont disposées dans les manuscrits. Cependant les Juifs encore à présent font en hébreu le service dans les synagogues, quoique très-peu entendent la langue. Ils ont des traductions de leurs livres de prières en espagnol, en allemand et en d'autres langues, mais ils ne servent qu'en particulier.

Les mahométans turcs, persans, tartares et autres,

qui ne parlent point arabe, n'entendent point l'Alcoran, s'ils ne l'ont étudié, ni certaines prières qui en sont tirées en partie. Cependant il n'y a point de mosquées où le service se fasse autrement qu'en arabe.

On peut juger, après toutes ces remarques, si les protestants peuvent appuyer leur discipline sur l'exemple des églises orientales, dont la pratique est toute contraire, et si elle ne justifie pas suffisamment celle des catholiques. On ne peut disconvenir que la traduction des psaumes en vers, telle qu'on la chante parmi les calvinistes français, ne soit inintelligible à des hommes du peuple qui n'y seraient pas accoutumés. Ils auraient donc dû la changer il y a longtemps, et on sait même que sans aucune nécessité, mais seulement par la seule réflexion que plusieurs firent sur le ridicule de ce vieux langage, quelques-uns d'entre eux avaient réformé cette ancienne version, mais qu'ils ne l'ont jamais pu faire recevoir.

Nous finissons par une autre remarque tirée de la pratique des chrétiens orientaux. Il n'y a aucune église où on ne chante les psaumes de David et les cantiques de l'ancien et du nouveau Testament. Ils sont traduits en toutes les langues, en prose, et chantés ou récités ainsi, tant en public qu'en particulier ; mais il ne s'en trouve aucune traduction en vers, pas même pour l'usage des particuliers ; et encore moins pour le service des églises. Ainsi les protestants ont introduit une nouveauté, quand au lieu des psaumes et des paroles des saints, ils ont fait chanter dans leurs assemblées des compositions de leurs poètes, qui ne sont pas des traductions, mais des paraphrases fort libres et très-défectueuses, dont il fallut supprimer quelques-unes. C'est ce qui arriva à l'égard de la première traduction des psaumes en vers anglais faite par Thomas Sternhold et Jean Hopkins, dont les protestants mêmes reconnurent la barbarie et la grossièreté pleine d'ignorance. Ce fut aussi ce qui obligea d'en faire une autre traduction en vers, qui d'abord, dans l'église anglicane, n'était que pour l'usage particulier, et non pas pour le service public. Mais les puritains les ayant d'abord fait imprimer à la suite de la Bible, et dans le livre des Prières communes, s'en servirent en plusieurs endroits, quoiqu'il n'y ait jamais eu sur ce sujet d'approbation, mais une simple connivence. Ils ôtèrent de même les cantiques du nouveau Testament, que toutes les églises orientales conservent dans leurs offices. S. Éphrem, syrien, était grand poète en sa langue, et il y a dans les offices un bon nombre d'hymnes de sa composition : il ne s'est pas avisé de traduire les psaumes en vers, non plus que tant d'Arabes chrétiens, parmi lesquels il y a eu un nombre infini de poètes. Il n'y a que les réformés qui se soient donné la liberté de substituer aux paroles de David des pensées et des expressions qui souvent n'y ont aucun rapport. Qu'ils s'en fussent servis pour les chanter dans leurs maisons, il n'y aurait rien d'extraordinaire ; les catholiques ont fait de pareilles traductions et beaucoup meilleures. Mais ôter des églises les cantiques sacrés qui étaient en usage depuis les premiers siècles du christianisme, pour substituer à leur place des vers de Marot et de Bèze, et les conserver, quoique personne, sinon ceux qui les ont appris de jeunesse, ne les entende plus, est une innovation et un abus plus grand que tous ceux qu'on reproche en ce genre aux catholiques.

LIVRE CINQUIEME.

ÉCLAIRCISSEMENTS TOUCHANT LES AUTEURS GRECS DONT ON A CITÉ LES TÉMOIGNAGES DANS *LA PERPÉTUITÉ*.

CHAPITRE PREMIER.

Éclaircissements touchant Gennadius.

Quoique dans le v. 3 de *la Perpétuité* (part. I de notre tom. 2) on ne se soit pas servi de l'autorité de Gennadius, nous commencerons néanmoins ces éclaircissements en parlant de lui, à cause qu'il est cité dans quelques pièces du même volume ; et voici ce qui empêcha qu'on n'en donnât des extraits. Parmi les derniers actes et mémoires que M. de Nointel envoya de Constantinople avant son retour en France, il y avait une copie de la Réfutation de la Confession de Cyrille Lucar, par Mélétius Syrigus, dont la traduction en langue vulgaire des Grecs, faite par l'auteur, a été depuis imprimée en Moldavie. Dans cet ouvrage il cite une petite homélie, dans laquelle Gennadius enseigne clairement la transsubstantiation. On en avait fait l'extrait et la traduction presque entière, ainsi que de la remarque de Syrigus touchant le mot de transsubstantiation. L'impression du troisième volume de *la Perpétuité* était achevée, celui qui avait fait les extraits était absent ; le premier fut égaré, et ne fut pas imprimé comme il devait être avec le second, même on ne s'en aperçut que longtemps après. M. de Nointel rapporta avec lui un manuscrit qui comprenait plusieurs homélies de Gennadius, et entre autres celle que l'auteur indiquait dans la petite que Syrigus avait rapportée. On jugea que ces pièces méritaient d'être données au public avec d'autres reçues en même temps, et on pensait donner pareillement les principales attestations en leur langue, ce que feu M. Colbert approuva, et il devait pour cela rétablir l'imprimerie des langues orientales, dont les caractères se trouvaient perdus. Sa mort survenue avant qu'on eût pu rien exécuter, rompit ce dessein, et l'homélie de Gennadius fut remise avec d'autres pièces entre les mains de celui qui les a fait imprimer depuis peu en grec et en latin. Il n'y a point eu d'autre mystère en ce long retardement, sinon que celui auquel avait été donné le manuscrit avec les autres, s'étant acquitté du travail dont il s'était chargé, ne se pressa pas de le faire imprimer. Il prêta cependant ces mêmes manuscrits à M. Simon, qui ne tarda pas beaucoup à en insérer des extraits dans l'*Histoire critique de la créance des nations du Levant*, et quelques années après dans la *Créance de l'église orientale* contre M. Smith ; ce qu'il a continué depuis en plusieurs ouvrages anonymes. Dans le dernier il défendit Gennadius, et il fit voir qu'il n'était rien moins qu'un Grec latinisé ; mais tout ce qu'il a cité de ses homélies sur l'Eucharistie, et de Mélétius Syrigus, a été tiré de ces mêmes manuscrits, envoyés ou apportés par M. de Nointel.

Lorsqu'on a donné ces homélies au public, on y a joint une dissertation touchant Gennadius, dans laquelle on croit avoir prouvé très-clairement que le jugement d'Allatius et de quelques autres sur cet auteur était insoutenable ; que Georges Scholarius, juge de la cour impériale, grand philosophe, qui vint au concile de Florence avec Jean Paléologue, et qui paraissait assez favorablement disposé pour l'union ; qui même dressa un projet d'écrit pour terminer les disputes sur la procession du Saint-Esprit, était celui qui, après son retour à Constantinople, n'ayant pu soutenir les reproches de Marc d'Éphèse, devint un des plus grands ennemis de l'Église latine, et qu'il ne cessa de la combattre par ses actions aussi bien que par ses écrits, ainsi qu'il lui avait promis, lorsqu'en présence de plusieurs témoins, il l'en chargea étant au lit de la mort. Cette vérité a été établie sur un très-grand nombre de pièces manuscrites ; au lieu que le système d'Allatius pour faire deux Georges Scholarius, l'un schismatique, l'autre réuni à l'Église romaine, n'est appuyé que sur des conjectures, qui n'ont même d'autre fondement que les discours joints aux actes du concile de Florence pour exhorter les Grecs à l'union, qui ne sont pas de lui. Quand même il les aurait composés durant le concile, cela ne prouverait pas qu'il n'eût depuis changé d'avis, lui qui n'avait pas signé le décret, parce qu'il était encore laïque ; puisque Macaire de Nicomédie, Sylvestre Syropule, auteur de l'Histoire de ce qui s'y passa, et qui est toute pleine de venin contre l'Église romaine, Michel Balsamon-Cartophylax, qui réfuta le décret par un écrit sanglant, l'avaient signé avec d'autres qui furent les plus zélés schismatiques.

M. Smith, qui avait été quelque temps à Constantinople, donna à son retour une lettre sur l'état de l'église grecque, dont on aurait pu se servir pour prouver qu'il n'avait jamais été dans le Levant. Car il la supposait dans la même créance que celle qui est exposée dans la Confession de Cyrille Lucar, qu'il représentait comme un saint et comme un martyr. Il soutint ce premier écrit par un second, dans lequel il avança plusieurs paradoxes tous conformes au système de M. Claude, mais entièrement éloignés de la vérité. Il soutenait entre autres choses que Gabriel de Philadelphie, qu'il représente comme un Grec latinisé, était le premier qui se fût servi du mot de μετουσίωσις, ou *transsubstantiation* ; et comme on lui opposa le témoignage de Gennadius, il répondit deux choses : la première, que cette pièce était un ouvrage supposé ; la seconde, que quand il serait véritablement de Gennadius, il ne prouverait rien, puisqu'on savait assez le zèle que ce Grec avait fait paraître à Florence pour l'union avec les Latins.

On lui a fait voir que la pièce ne pouvait être regardée comme supposée, puisque le manuscrit avait toutes les marques de vérité ; que même Syrigus l'avait citée ; et qu'à l'égard des conjectures sur Gennadius, elles n'étaient fondées que sur l'autorité d'Allatius, qui ne pouvait pas détruire des preuves de fait aussi certaines que celles qu'on tirait de l'histoire de ces temps-là, ainsi que de plusieurs autres pièces jointes dans le même manuscrit, qui étaient certainement du même auteur. Comme tout ce qui a rapport à cette matière a été traité fort au long dans la dissertation jointe à l'homélie de Gennadius, nous n'en dirons pas davantage. Nous ajouterons seulement que suivant le témoignage de Syrigus qui cite la seconde de ces pièces, l'auteur est celui qui après la prise de la ville fut le premier patriarche de Constantinople élu par les Grecs, et dont le choix fut approuvé par Mahomet II. Or il est très-certain qu'il ne fut pas choisi par ceux qui désiraient conserver l'union selon le décret du concile de Florence, puisque Gennadius, après avoir embrassé la vie monastique, avoit troublé tous les projets de ceux qui la voulaient maintenir ; qu'il s'était renfermé dans sa cellule, mais qu'il avait attaché à la porte un écrit que rapporte Ducas, et dont il se trouve des copies dans les manuscrits, par lequel il reprochait fortement aux Grecs qu'ils abandonnaient la religion de leurs pères, et il les menaçait de la colère de Dieu. On a aussi diverses lettres, et les discours qu'écrivit Gennadius sur le même sujet, et c'est celui-là certainement qui fait patriarche, et qui est l'auteur de cette homélie ; par conséquent il n'était rien moins que latinisé, puisqu'en toute occasion il déclame fortement contre les hénotiques, ou partisans de l'union, qu'ils appellent λατινόφρονες.

Cette homélie était dans la bibliothèque de Panaïotti, qui en donna le manuscrit à M. de Nointel, ainsi qu'il le lui avait promis par sa lettre datée d'Andrinople le 20 décembre 1671. *Je crois*, dit-il, *avoir chez moi à Constantinople l'original des actes synodaux de Parthenius-le-Vieux, contre la Confession de Cyrille ; une longue réfutation de la même Confession par Mélétius Syrigus, docteur de l'église orientale, et un discours très-élégant et très-docte de Gennadius, patriarche de Constantinople, touchant la transsubstantiation du pain et du vin dans l'Eucharistie, toutes lesquelles pièces je vous ferai porter au plus tôt.*

On objecte qu'Allatius, qui a écrit si amplement sur Gennadius, n'a point parlé de cette homélie, non plus que Possevin et quelques autres : mais quand on reconnaît, comme on le fait aisément dès qu'on lit avec attention ce qu'on a opposé aux conjectures d'Allatius, qu'il s'est extrêmement trompé sur cet auteur, il ne paraîtra pas étrange que quelqu'un de ses ouvrages lui ait été inconnu, puisque nous en avons indiqué plusieurs dont il n'a pas fait de mention ; et il pourra s'en trouver d'autres qui ne sont pas dans les bibliothèques, dont nous avons marqué quelques-uns.

Personne, dit M. Smith, *ne l'a cité*; et c'est là un de ses forts arguments, car il est étonnant, selon sa pensée, qu'aucun ne se soit servi du mot de transsubstantiation, autorisé par un patriarche ; mais qu'au contraire tous ceux qui ont écrit sur les sacrements, ou de propos délibéré, ou en passant, ont évité ce mot comme s'il eût été de mauvais augure. Il suppose ce qui est en question, que pas un Grec ne s'est servi du mot de transsubstantiation ; et comme il n'en pouvait rien savoir, puisqu'il n'en avait vu aucun, que Jérémie, qui ne s'en sert pas à la vérité, et Gabriel de Philadelphie qui s'en sert, nous serions plus en droit de supposer que d'autres s'en sont servis, puisque nous voyons que Gennadius s'en est servi avant le concile de Florence, et depuis ; et qu'après plus de cent soixante ans, Gabriel de Philadelphie l'a employé avec la même simplicité, et aussi peu d'affectation que feraient nos théologiens. Mais avant lui, Mélèce Piga, patriarche d'Alexandrie, loué si souvent par Georges Douza et par d'autres calvinistes, s'en était servi ; et ce n'est pas une supposition imaginaire que de croire qu'il peut y avoir eu d'autres théologiens grecs qui en ont fait autant, et que nous ne connaissons point. Jérémie a expliqué le dogme si clairement, qu'au jugement des luthériens mêmes, auxquels ses écrits étaient adressés, il a enseigné la transsubstantiation, quoiqu'il n'ait pas employé le mot. Les Grecs en ont jugé de même, puisqu'ils citent son témoignage pour prouver qu'il l'a enseignée. M. Smith prétend que les uns et les autres se sont trompés ; mais il prouve beaucoup mieux qu'il s'est trompé lui-même. Il suppose de plus que les Grecs ont fait beaucoup de livres de controverses sur l'Eucharistie, où ce mot devrait se trouver. Mais contre qui auraient-ils disputé, puisqu'il n'y a eu aucune hérésie sur cet article parmi eux ; qu'ils rejetèrent d'abord les Bohémiens comme hérétiques, et que ce n'a été qu'à l'occasion des écrits des luthériens de Wittemberg, qu'ils ont combattu les protestants, et ensuite les calvinistes dans la Confession de Cyrille ? Au reste, si le mot de transsubstantiation fait peur aux protestants, comme étant *inauspicatum*, de mauvais augure, il ne fait aucune peine aux Grecs, comme il a paru assez dans la suite.

Jérémie n'a pas cité l'homélie de Gennadius en parlant de l'Eucharistie ; donc elle est fausse, selon M. Smith. Par ce même raisonnement les deux tomes sur la procession du S.-Esprit, et quantité d'autres ouvrages contre les Latins, qui sont incontestablement reconnus pour être de Gennadius, seront aussi supposés. Et quand M. Smith ajoute que l'autorité d'un patriarche lui aurait donné plus de poids, il ne savait pas que Gennadius avait fait l'homélie avant que d'être patriarche, puisqu'il est marqué dans le titre qu'il la prononça *dans le malheureux palais devant l'empereur et le sénat*, vraisemblablement avant qu'il passât en Italie. Quand même il aurait été patriarche, l'exemple de Sotérichus Panteugénus, et encore plus celui de Cyrille Lucar, devaient lui apprendre que quand les patriarches ont voulu introduire des nouveautés dans la foi ils ne l'ont pas fait impunément.

Il est donc aisé de reconnaître la faiblesse de pareilles objections, fondées ou sur des faussetés manifestes, ou sur des conjectures incertaines, qui n'ont pas lieu contre des preuves de fait positives, comme celles d'un manuscrit vu et examiné par feu M. Ducange, M. Bigot et d'autres personnes très-habiles ; du témoignage d'un des plus fameux théologiens de l'église grecque, qui est Mélétius Syrigus, de Nectarius, patriarche de Jérusalem ; enfin assez récemment de celui de l'église de Constantinople, assemblée synodalement sous le patriarche Callinique, en 1691, qui cite Gennadius comme auteur de cette homélie dans la sentence contre Jean Caryophylle, qui avait renouvelé les erreurs des calvinistes.

Enfin ce que M. Smith a ajouté dans sa seconde dissertation est si peu considérable qu'il n'est pas nécessaire de s'y arrêter. *On peut*, dit-il, *avoir supposé cette homélie et avoir mis un faux titre dans le manuscrit.* Cela ne prouve pas qu'on l'ait fait ; et puisque ce raisonnement serait inutile, quand même on n'aurait pas d'autres preuves de la vérité de cette pièce, à plus forte raison il doit être regardé comme tel, quand les Grecs eux-mêmes la reconnaissent comme véritable. *Il peut*, continue M. Smith, *avoir lu S. Thomas et avoir pris de lui le mot de transsubstantiation;* et c'est là une autre manière de raisonner qui n'est pas meilleure : car, en ce cas, il faut convenir que Gennadius n'est plus un auteur supposé, mais rien n'est dit plus au hasard et plus témérairement. Gennadius avait lu S. Thomas, et il dispute souvent contre lui dans son grand traité de la Procession du S.-Esprit. Puisque cette lecture ne lui a donc pas fait changer de sentiment sur cette matière, pourquoi supposera-t-on qu'elle l'ait changé sur l'Eucharistie ? Mais on a assez établi ailleurs l'autorité de Gennadius pour n'avoir pas besoin d'examiner plus amplement des objections si peu importantes, et qui ne sont fondées que sur des faits faux, ignorés ou contredits par toute la Grèce.

On ne saurait donner une preuve plus sensible de la faiblesse de la critique de ce docteur anglais, que de rapporter un de ses forts arguments, pour montrer que l'homélie de Gennadius est une pièce supposée. *C'est*, dit-il, *qu'il ne parle point de la transsubstantiation dans ses autres écrits.* Il n'y a personne qui croie sur une pareille décision que M. Smith les a lu tous et qu'il les a examinés avec soin. Il est certain néanmoins qu'il n'a vu que les passages qui ont été cités dans le livre qu'il entreprend de réfuter, et que comme on ne lui a opposé que des passages tirés de l'homélie sur l'Eucharistie, il en a conclu qu'il n'en avait jamais parlé ailleurs ; et même il insiste fort sur ce que dans la confession de foi qu'il donna au sultan, et que Crusius a fait imprimer dans sa Turco-Grèce, il n'est point parlé de la transsubstantiation, d'où il a conclu qu'il ne l'avait pas crue, et que par conséquent l'homélie était fausse.

Il n'est pas étonnant qu'un homme de sens, comme il paraît qu'était Gennadius, écrivant sur la procession du S.-Esprit, ne parle pas de l'Eucharistie ; de même que personne ne s'étonnera qu'en parlant de ce mystère il ne parle pas du S.-Esprit. Dans les autres écrits qu'il a faits en grand nombre contre les Latins, il n'a pas non plus traité cette matière, parce qu'il n'aurait pas eu raison de le faire, puisqu'il n'y avait sur ce sujet aucune contestation entre les deux églises ; ce qu'il savait assez par le commerce qu'il avait eu à Ferrare et à Florence avec les Latins. Pour la confession de foi donnée au sultan, il faut ne l'avoir point lue pour ne pas reconnaître que c'est plutôt une explication des articles de la religion chrétienne qui regardent un Dieu en trois personnes, et ce qu'elle enseigne touchant Jésus-Christ, qu'une confession de foi achevée, puisqu'il n'y est parlé que de ces premiers et qu'à peine elle touche les autres. Gennadius était assez instruit des maximes de l'Église pour savoir qu'il ne fallait pas exposer ses mystères aux infidèles.

Enfin ce n'est pas par de semblables raisonnements qu'on attaque des pièces revêtues de tous les caractères qui en établissent la vérité et l'authenticité. Il s'agit d'un auteur grec et de la créance des Grecs ; ce sont eux-mêmes de qui nous l'avons ; ils la connaissent et ils la citent, d'abord en réfutant Cyrille Lucar, ensuite cinquante ans après dans une sentence synodale, signée par deux patriarches et par plusieurs métropolitains, enregistrée dans le livre de la grande Église ; et un anglais viendra dire avec assurance que c'est une pièce supposée, parce qu'il n'en a pas ouï parler à Constantinople ! Mais il ne tenait qu'à lui ; car Panaiotti, qui l'a envoyée, était en état de la lui montrer, et Dosithée, patriarche de Jérusalem, lui aurait pu apprendre des choses plus certaines sur Gennadius, que celles qu'il a devinées avec si peu de succès.

La pièce est présentement entre les mains du public, qui peut juger par la simple lecture que quoique l'auteur enseigne la transsubstantiation aussi clairement que les théologiens latins, il ne les a pas néanmoins copiés, mais qu'il parle de source. On y trouve une théologie très-exacte et très-simple, mais qui n'est pas appuyée de témoignages ni d'autorités autres que celles de la sainte Écriture ; marque certaine que le dogme n'était pas contesté, sinon comme il dit, par des impies et par des libertins. Cette théologie est soutenue de quelques raisonnements philosophiques, mais forts différents de ceux de l'école. Ce ne sera pas par l'examen qu'on en pourra faire qu'elle se trouvera suspecte ; on peut espérer au contraire que ceux qui l'ont jugée telle sur la parole d'autrui, changeront d'avis quand ils l'auront lue avec la moindre attention.

CHAPITRE II.
Éclaircissement touchant le patriarche de Constantinople, Jérémie.

Si jamais il y a eu témoin qui ne dût pas être suspect aux protestants, c'est le patriarche Jérémie. C'était un Grec qui ne paraît pas avoir eu de commerce avec les Latins, et qui durant plusieurs années en a eu un continuel avec Étienne Gerlach, ministre luthérien, qui était à Constantinople au service du baron d'Ungnade, ambassadeur de l'empereur, ainsi qu'avec d'autres de la même religion qui s'y trouvaient alors, et dont il est parlé en diverses lettres que Crusius a publiées dans sa Turco-Grèce. Par l'entremise de Gerlach il eut correspondance par lettres, non seulement avec Crusius et Jacques André, et d'autres de l'académie de Tubinge ou de Wittemberg, mais avec Chytreus, et divers luthériens qui lui écrivirent et reçurent ses réponses. Ce commerce fut entretenu par de petits présents et par des marques singulières de déférence et de respect, qui ne pouvaient manquer de le rendre favorable à ceux qui avaient ainsi recherché son amitié. Comme ils la crurent bien établie, quoique jusqu'alors tout se fût terminé à des civilités et à des compliments, ils lui envoyèrent la Confession d'Augsbourg traduite en grec ; ils y joignirent des extraits de quelques sermons de leurs ministres en la même langue, et ils le prièrent de leur écrire ce qu'il en pensait. Jérémie, après avoir différé un temps assez considérable, leur envoya sa première réponse. Ils firent une réplique contre laquelle il fit sa seconde réponse ; et, comme ils tâchèrent de justifier leur doctrine par une autre réplique, il leur en fit une troisième fort courte, à la fin de laquelle, après avoir marqué combien il était éloigné de leurs sentiments, ils les pria de ne plus lui écrire sur des matières de religion. La première réponse de Jérémie étant tombée entre les mains de Stanislas Socolovius, savant polonais, qui en eut une copie pendant que les luthériens la tenaient secrète, il crut le devoir traduire et la donner au public. Ceux de Wittemberg, sur cela, se déterminèrent à imprimer, comme ils firent, en grec et en latin, tous les écrits qui avaient été envoyés de part et d'autre, sous le titre de : *Acta theologorum Wittembergensium*, et ils se vengèrent de Socolovius et des catholiques par une sanglante préface. Mais ils donnèrent ces actes fidèlement, et ils convinrent avec sincérité que Jérémie n'avait pas approuvé leur théologie, quelque éclaircissement qu'ils eussent tâché de lui donner ; ils ne cherchèrent pas à trouver des sens absurdes dans ses paroles ; ils ne l'accusèrent pas d'être un faux Grec latinisé, et ils n'ont pas depuis changé de langage. C'est pourquoi les auteurs protestants qui ont parlé de la créance des Grecs sur l'Eucharistie, comme Guillaume Forbès, évêque d'Édimbourg, l'ont cité ordinairement comme un témoin irréprochable, qui prouvait que les Grecs croyaient non seulement la présence réelle, mais aussi la transsubstantiation.

Aussi tous les Grecs qui ont écrit depuis ces derniers temps l'ont mis au nombre de ceux qui l'avaient enseignée, quoiqu'il ne se fût pas servi du mot même, et ceux qui eurent soin de l'édition des Actes le mirent en marge. Ils en pouvaient être mieux informés que personne, puisque Gerlach, dans les conversations qu'il avait eues avec lui, avait pu s'instruire de ce qu'il pensait, en cas qu'il y eût de l'obscurité dans ses écrits, où il ne s'en trouve aucune. De plus, on sait que les luthériens croient une présence et une manducation réelle, mais uniquement dans l'usage du sacrement où ils ne reconnaissent aucun changement. Donc, puisque Jérémie n'était pas satisfait de la créance des luthériens, quelque assurance qu'ils donnassent que, selon eux, le corps de Jésus-Christ était véritablement présent et reçu dans l'Eucharistie, et qu'il voulait qu'on reconnût un changement, il fallait nécessairement que ce fût celui de substance.

Ces expressions si claires et si peu capables d'équivoque, avouées par les théologiens de Wittemberg et confirmées par les Grecs, n'ont pas empêché Aubertin ni M. Claude d'essayer de faire de Jérémie non seulement un luthérien, mais un calviniste ; et celui-ci déploie son éloquence pour exagérer l'opiniâtreté et l'aveuglement de ceux qui osent en douter. Nous n'entrons point dans un nouvel examen de la doctrine de Jérémie, parce que cela n'est pas de notre sujet; outre qu'il serait très-difficile de rien ajouter à ce qu'en a écrit le savant P. Paris, chanoine régulier, dans son traité de la Créance des Grecs (l. 1, ch. 6). Ce qu'il y a de remarquable est que, comme rien n'est plus ordinaire à M. Claude que d'avancer une décision capable de surprendre tout lecteur qui n'est pas instruit de la matière, et de n'en pas prévoir les conséquences, s'il a trouvé le véritable sens de Jérémie, il s'ensuit de grandes absurdités.

Car il faut premièrement que ce patriarche et les théologiens de Wittemberg aient disputé ensemble pendant quelques années sans s'entendre ; puisque toujours il leur dit qu'ils ne croient pas tout ce qu'il faut croire sur l'Eucharistie ; et que s'il avait été dans le sentiment des calvinistes, il devait au contraire leur dire qu'ils en croyaient trop. En second lieu, il s'ensuit que depuis Jérémie jusque aujourd'hui aucun Grec ne l'a entendu ; puisque tous conviennent qu'il a enseigné la transsubstantiation, et qu'ils l'ont cité contre Cyrille et contre les calvinistes mêmes ; troisièmement, que Jérémie, durant tout le temps qui s'est passé depuis qu'il envoya ses réponses jusqu'à ce qu'il fut déposé du patriarcat, a été réputé pour orthodoxe, et que cependant il ne l'était pas, sans que personne s'en soit aperçu, ni de son vivant, ni jusqu'à nos jours ; quatrièmement, que non seulement Jérémie, mais toute l'église grecque, ont été alors dans les sentiments que lui attribue M. Claude ; puisqu'il communiqua ses écrits à son synode, et qu'il les fit insérer dans le livre de la grande Église, ce qui est la marque certaine d'approbation générale ; au lieu qu'outre le témoignage uniforme des Grecs, on a des preuves démonstratives qu'ils croyaient la transsubstantiation en ce temps-là, comme ils la croient encore présentement. Cinquièmement, il s'ensuivrait aussi que si Jérémie n'a pas cru le changement réel ni la transsubstantiation, et que son église, qui approuva ses écrits, ne l'ait pas crue pareillement, ce qui est une conséquence nécessaire, il faut qu'il soit arrivé un changement entier dans la créance des Grecs, non seulement parce qu'ils la croient depuis le temps de ce patriarche, mais parce que ce dogme était établi avant que Cyrille Lucar le combattît dans sa Confession. Il faut même que ce changement ait été fort prompt, puisque Mélèce, patriarche d'Alexandrie, enseignait la transsubstantiation peu d'années après, sans qu'il ait été accusé de nouveauté ou d'erreur : et que Gabriel de Philadelphie, qui avait été ordonné par Jérémie, et qui ne pouvait ignorer les sentiments de son patriarche ni ceux de son église, ne l'a pas soutenue moins clairement. Que les disciples de M. Claude trouvent des preuves de ce changement : on est bien sûr qu'ils ne le peuvent. Sixièmement, il s'ensuit que M. Claude, qu'on savait assez avoir si peu de connaissance du grec, qu'il ne pouvait pas lire les Réponses de Jérémie en original, mais qui les avait lues dans une traduction assez mauvaise, les a néanmoins mieux entendues que les théologiens de Wittemberg, à qui elles étaient adressées ; que le ministre Gerlach qui avait pu apprendre du patriarche même quelle était sa pensée ; que tous les luthériens ; enfin que les Grecs mêmes ; septièmement, que Jérémie a eu dans l'esprit un sens propre à détourner au figuré les expressions les plus claires, que jamais aucun Grec n'avait eu avant lui ; mais qu'on sait très-certainement n'être pas plus ancien que M. Claude, qui se l'est formé sur les principes d'Aubertin. Enfin ce patriarche, entre les raisons qu'il allègue aux théologiens de Wittemberg pour n'avoir plus de commerce avec eux, allègue le mépris qu'ils font de l'autorité des Pères, dont les interprétations ne s'accordaient pas avec les leurs ; au lieu que s'il avait eu la pensée que lui attribue M. Claude, il n'aurait pas eu plus de peine à trouver la doctrine des luthériens dans les passages des Pères, que M. Claude à y trouver celle des calvinistes, lui qu'à la fin le mot de transsubstantiation n'embarrassait plus.

Ce sont là les principales absurdités qui s'ensuivent de la manière dont il a voulu interpréter les paroles de Jérémie, et on pourrait marquer encore plusieurs autres conséquences qui ne sont pas moins insoutenables. M. Smith, qui a profité de cette rare découverte trouvée dans les livres de M. Claude, et qu'il n'a pas assurément apprise à Constantinople, en fait un merveilleux usage. Car il prétend que Jérémie a combattu seulement ceux qui enseignaient que les sacrements, surtout l'Eucharistie, n'étaient que des *signes vides ;* qu'ainsi tout ce qu'il dit ne prouve rien contre ceux qui, comme M. Claude, reconnaissent des *signes pleins de vertu et d'efficace.* Mais outre que la simple lecture des Actes des théologiens de Wittemberg suffit pour convaincre que rien n'était plus éloigné de la pensée de Jérémie, il n'y a qu'à faire réflexion que ceux contre lesquels il écrivait étaient luthériens, et que le texte de la Confession d'Augsbourg était la matière de la dispute. Or il est de notoriété publique qu'elle n'enseigne pas que dans l'Eucharistie il n'y a que des signes vides de vertus : c'est l'opinion des zwingliens, de Calvin, et des autres sacramentaires, contre lesquels Luther a déclamé avec tant de forces. On sait bien qu'ils se servent de tous les mots qui semblent signifier la réalité; mais il y a longtemps que personne n'y est plus trompé; car on n'ignore pas comment ils les entendent, ce que Grotius et plusieurs fameux luthériens ont aussi remarqué. Puisque c'était donc contre les luthériens que disputait Jérémie, il ne pouvait penser à combattre une erreur qu'ils condamnaient eux-mêmes; et c'est une supposition aussi téméraire que fausse de s'imaginer qu'ils ne s'en soient pas aperçus, et qu'ils ne lui aient pas répondu que tout ce qu'il disait pour établir le changement ne les regardait point, puisqu'ils n'étaient pas *nudorum signorum assertores*, et qu'ils croyaient un véritable changement. Ils étaient de meilleure foi; et comme ils entendaient très-clairement que le changement dont parlait Jérémie était celui de substance, ils persistèrent à dire qu'ils ne le reconnaissaient point, quoiqu'ils avouassent la présence et la réception réelle du corps et du sang de Jésus-Christ dans la communion, dogme qui est rejeté par les calvinistes. On ne trouvera pas de luthérien qui ait dit que le pain était le corps de Jésus-Christ dans le nouveau Testament, comme l'agneau pascal l'avait été dans l'ancien, et c'est la théologie de Lightfoot, prêtre de l'église anglicane. Ce n'est pas ailleurs qu'il faut chercher ceux qui ne reconnaissent que des signes vides, c'est non seulement à Genève, mais aussi dans l'église anglicane, où M. Claude n'aurait pas trouvé tant de louanges autrefois.

Il est donc inutile de faire de longs commentaires sur les écrits du patriarche Jérémie, pour prouver qu'il ne croyait pas la transsubstantiation ni la présence réelle, non seulement parce qu'il est impossible de donner un autre sens à ses paroles, comme l'a prouvé très-fortement le P. Paris, mais encore parce que tous les Grecs, depuis tant d'années, n'ont pas même soupçonné qu'elles pussent être entendues autrement; qu'ils les ont citées pour combattre Cyrille Lucar; que ses disciples et ses contemporains n'ont point eu de différente doctrine; que jamais il n'a été accusé d'erreur, mais qu'il a toujours été regardé comme orthodoxe; enfin parce que ceux-mêmes qui disputaient avec lui en sont convenus. M. Smith rejette leur sentiment avec mépris, disant qu'on peut en juger autrement. Il est vrai, et ce n'est pas par l'autorité d'une telle décision qu'on prétend le réfuter, puisque la seule raison conduit à croire que les luthériens en jugeaient plus sainement que lui et M. Claude. Car sans renoncer à leurs principes, ils ne pourraient pas parler de la présence réelle comme font ceux de Wittemberg; et quand celui-ci emploie tous ces grands mots de changement et de réalité, qui dans son sens ne sont que métaphoriques, il parle un autre langage que la confession de foi de ceux de sa secte.

Quand M. Smith compose une proposition, qui signifie qu'après la consécration faite par un prêtre légitimement ordonné, le pain et le vin deviennent le corps et le sang de Jésus-Christ; ce qu'il prétend être la même chose que le changement dont parle Jérémie, ainsi que tous les autres Grecs, il dit ce qui est précisément contraire à la confession anglicane. Il faut donc prendre les paroles de Jérémie dans le sens qui vient d'abord dans l'esprit, et dans lequel les luthériens les ont prises, de même que les Grecs, sans prétendre qu'elles combattent une opinion à laquelle il ne pensait pas; encore moins qu'elles puissent convenir à celle des calvinistes, parce qu'on la représente sous des termes qui ne lui conviennent pas. Aucun particulier n'a droit d'insérer de nouveaux termes dans une proposition théologique, lorsqu'ils ne se trouvent pas dans les confessions de foi autorisées par ceux de sa communion, et on ne trouvera jamais dans aucune ce que M. Smith avance hardiment, que *toutes les personnes sages croient que les dons sont changés, transélémentés, transformés au corps et au sang de Jésus-Christ, par la consécration que fait le prêtre légitimement ordonné* (1). Voilà de grandes paroles, et si elles étaient vraies, nous conviendrions que Jérémie n'a rien dit dans ses trois Réponses qui ne s'accorde avec les dogmes des protestants, mais où sont ceux qui parlent de cette manière? Les luthériens, qui croient la présence et la réception réelles du corps et du sang de Jésus-Christ dans la communion, n'admettent aucun changement, et ce fut sur cette difficulté que ce patriarche rompit commerce avec eux. Dans la confession de foi, et dans les articles de religion de l'église anglicane, il n'y a rien de semblable : et puisqu'il y est dit expressément que *le moyen par lequel on reçoit le corps de Jésus-Christ est la foi*, il n'y a plus de consécration faite par le prêtre légitimement ordonné. Où peut être la consécration, quand tout se fait par la foi du communiant? Les calvinistes ont-ils jamais dit que le pain et le vin étaient transformés, transélémentés, et changés au corps et au sang de Jésus-Christ? Cyrille leur fidèle copiste, ne l'a pas dit; mais que *dans l'administration et la distribution*, il reconnaît *une présence véritable et certaine de Notre-Seigneur Jésus-Christ, mais telle que la foi nous le donne et nous l'offre*, etc. Où est donc la consécration dont ce malheureux apostat ne fait pas la moindre mention, mais seulement de l'administration ? Il est vrai que M. Claude emploie tous ces mots dont M. Smith a composé sa formule, qu'il les explique, et qu'il apprend aux Grecs mêmes ce qu'ils doivent signifier, et c'est autre chose que le changement. Toute sa critique et sa théologie

(1) Credunt omnes qui recte sapiunt, mutari, transelementari, transformari dona in corpus et sanguinem Christi per consecrationem, à sacerdote legitimè ordinato. (*Smith.*, 2 *Dissert.*, p. 90.)

se réduisent donc à prouver que quand les Pères, et même les écrivains modernes comme Jérémie, se sont servis de ces mots, ils n'ont pas prétendu pour cela enseigner que les éléments du pain et du vin fussent changés véritablement, mais métaphoriquement. Lui enfin qui a découvert le premier que le mot même de μετουσίωσις ne signifiait pas *changement de substance* dans le traité de Gabriel de Philadelphie, mais *acquisition de vertu*, pouvait-il jamais admettre la proposition de M. Smith? Et comment l'aurait-il pu admettre, lui qui n'était pas légitimement ordonné, et qui ne pouvait par conséquent faire cette prétendue consécration? La preuve en est sensible, puisque l'église anglicane regarde ces ministres du S. Évangile comme des laïques, et les ordonne de même. *Ceux donc qui sont sages*, croient avec Jérémie et avec toute l'église grecque ce que contient la proposition de M. Smith, et quelque chose de plus ; mais ce ne sont pas les protestants, et les calvinistes moins que tous les autres. S'il le faut croire, comme il en assure, il faut reconnaître en même temps qu'ils se fatiguent bien inutilement à montrer qu'ils sont d'accord avec Jérémie, puisqu'il est aussi certain qu'il croyait le changement, qu'il est certain qu'ils ne le croient point.

Nous ferons, avant que de finir cet article, une réflexion qui pourra servir à faire voir la faiblesse et l'inutilité de plusieurs chicanes que les protestants et M. Smith plus qu'aucun autre, ont faites sur les Grecs dont nous leur citons les témoignages. S'il se trouve la moindre preuve, ou même l'indice le plus léger de quelque commerce avec les Latins, ils croient que c'est une preuve démonstrative que ces Grecs étaient latinisés ; Cyrille de Berroée, par exemple, avait étudié en philosophie sous un jésuite, dont Allatius a rapporté une lettre. Il ne faut pas s'étonner, ont dit quelques protestants, qu'il condamnât la Confession de Cyrille ; car c'était un disciple des jésuites. Comparons ces exemples avec celui de Jérémie. Il lie amitié avec Étienne Gerlach, ministre de l'ambassadeur de l'empereur ; et par son entremise il répond à plusieurs lettres qui lui sont écrites par Crusius, par Jacques André, et d'autres de l'académie de Tubinge ; on lui envoie des extraits de leurs sermons, et enfin la Confession d'Augsbourg ; Chytréus lui écrit aussi, il lui répond. Voilà donc un commerce d'amitié et de lettres établi avec des luthériens ; et on ne trouvera pas que les catholiques en aient eu de semblable avec aucun des Grecs que les protestants rejettent comme latinisés. M. Smith, qui a mis Mélétius Syrigus dans cette classe, n'a pas trouvé contre lui de pareilles preuves. On peut juger combien elles seraient faibles, et combien le sont, à plus forte raison, tous les soupçons que les auteurs de ces derniers temps tirent de la moindre familiarité avec les Latins, en réfléchissant sur l'histoire de Jérémie. Un missionnaire zélé, mais peu instruit, pouvait soupçonner que cette amitié avec les luthériens, et ces lettres qui étaient imprimées en Allemagne en grec et en latin, quoique ce ne fût que des compliments, devaient faire croire qu'il n'était pas ami des personnes sans avoir quelque inclination pour leur doctrine ; et il n'est pas difficile de découvrir que les luthériens s'en flattaient un peu. Cependant lorsqu'il fut question de rendre témoignage à la vérité sur la créance de son église, toutes ces liaisons ne l'empêchèrent pas de la dire très-clairement, et d'une manière bien différente de la conduite que tint Cyrille Lucar dans de pareilles circonstances. Car ce fut après avoir consulté son clergé, après s'être informé des véritables sentiments de ceux qui lui avaient écrit, et en faisant insérer ses réponses dans le livre de la grande Église ; au lieu que l'autre fit tout en cachette, sans formalités et sans témoins, sans assembler les évêques, et sans leur donner part de la Confession qu'il voulait faire passer pour la créance de toute l'église orientale, par une hardiesse sans exemple. On ne trouvera pas que Jérémie, quoique persécuté et déposé par une faction qui s'éleva contre lui, ait jamais été accusé ou d'avoir enseigné quelque erreur, ou d'avoir faussement attribué à l'église grecque ce qu'elle ne croyait pas. Au contraire, ses réponses sont tous les jours citées avec éloge, comme la Confession de l'autre est rejetée avec anathème.

On peut aussi juger par son exemple qu'il n'est pas si facile de faire signer aux Grecs tout ce qu'on veut en matière de religion ; et il fallait que M. Spanheim n'eût jamais vu ces Actes, ou qu'il les eût lus fort négligemment, pour dire en général qu'on obtenait d'eux tout pour l'argent. Ce n'était pas du temps de Jérémie ; et ce n'a pas été depuis, parce qu'aucun catholique ne sollicita les Grecs pour les engager à condamner deux fois en quatre ans la Confession de Cyrille, mais qu'ils s'y trouvèrent obligés par le scandale que causèrent les copies imprimées à Genève, qui se répandirent en Pologne et en Moldavie, de là à Constantinople. Si jamais il y a eu soupçon légitime d'argent employé dans de pareilles affaires, c'est certainement en ce qui regarde la Confession de Cyrille, puisque non seulement les Francs qui étaient alors à Constantinople, mais les Grecs mêmes le disaient communément.

Enfin ce n'est ni aux calvinistes ni aux catholiques à décider quels sont les sentiments des Grecs qu'on cite dans cette dispute, ni à juger de leurs personnes, s'ils étaient réputés orthodoxes ou non : cela appartient à l'église grecque, aux patriarches et aux évêques, qui tout ignorants que M. Claude les dépeint, étaient plus capables que lui d'entendre leurs écrits s'ils étaient obscurs, et d'avoir des informations certaines de leur foi. Or il n'y en a eu aucun jusqu'à présent qui ait douté que Jérémie n'ait enseigné la présence réelle, et un changement véritable, qui, selon eux, ne peut être autre que la transsubstantiation ; ni qui ait cru qu'il n'a pas été très-orthodoxe, et cela suffit. Que les disciples de M. Claude persuadent donc aux Grecs qu'il a été calviniste, lui qui ne trouva pas les luthériens excusables, et qui rejeta tous leurs éclaircissements, alors la dispute sera finie ; mais nous sommes bien assurés qu'ils n'y réussiront jamais.

On ne devrait pas parler de l'auteur des *Monuments authentiques*, dont on a démontré sensiblement l'ignorance et la mauvaise foi; de sorte qu'on a peine à croire qu'il tienne jamais le moindre rang parmi les théologiens calvinistes. Cependant pour ne rien omettre, il est bon d'avertir qu'il représente Jérémie comme un papiste déclaré; ce qui fait voir qu'il n'avait pas seulement ouvert les écrits de ce patriarche, quoiqu'il fasse de grands raisonnements sur un passage qu'il avait lu dans M. Claude. Il est le premier et le seul qui ait donné cette idée de Jérémie, qui est assurément singulière; car un papiste qui nie et combat la procession du S.-Esprit du Père et du Fils, qui condamne les azymes, qui enseigne tout le contraire de ce qui est défini dans le décret du concile de Florence, et qui prend le titre de patriarche œcuménique, est une chose sans exemple. Cependant on trouve dans la table : *Hiérémie, patriarche de Constantinople, entre dans les projets du papisme*, et on renvoie à la page 211. On y voit une pièce italienne, qui était une espèce d'instruction pour un Grec nommé Canacchio Rossi, envoyé de Rome à Constantinople par le cardinal Bandini, qui était alors préfet de la congrégation de propaganda *Fide*, et que ce pitoyable auteur appelle le cardinal Brandini, auquel il attribue des fourbes dont il n'est pas fait la moindre mention dans les pièces qu'il donne; et il y est dit seulement qu'il avait chargé ce Canacchio de porter, s'il était possible, Cyrille Lucar à la réunion. Dans le premier article de cette instruction, il est marqué que l'Église romaine a toujours désiré l'union avec toutes les églises, particulièrement avec celle d'Orient; puis on continue ainsi : *Et non seulement dans les temps anciens, mais encore en dernier lieu, du temps du patriarche Jérémie, elle a fait ce qu'elle a pu pour la soulager, et pour se la réunir* (1). Il n'y a rien de plus, et ce qui signifie devant tous les hommes qu'on travailla à procurer l'union du temps de Jérémie, signifie, selon cet auteur, qu'il entra dans les projets du papisme. Il dit ailleurs qu'il avait reçu le calendrier grégorien, qui ne fut néanmoins publié que sur la fin de sa vie, et lorsqu'il n'était plus patriarche : outre qu'il est certain que les Grecs ne s'en sont jamais servis ; enfin que tout papiste qu'il était, il n'admettait que deux sacrements, quoiqu'une des raisons qu'il apporte dans sa dernière réponse, pour n'avoir plus de commerce avec les luthériens sur des matières de religion, est qu'ils ont conservé quelques sacrements, et qu'ils ont retranché les autres, particulièrement la confirmation.

Nous terminerons cet éclaircissement par le témoignage du patriarche Dosithée, qui, ayant parlé dans le synode de Jérusalem avec beaucoup d'éloges de Jérémie, comme d'un défenseur très-orthodoxe de la foi touchant l'Eucharistie, a retouché cet endroit dans son *Enchiridion* où il s'explique de cette manière : *En 1517 on connut l'hérésie de Martin Luther, qui consistait à dire qu'il ne se faisait aucun changement du pain et du vin, au corps et au sang du Seigneur; mais que comme Jésus-Christ est partout, même en tant qu'homme, il est hypostatiquement présent dans le sacrement, et que par métonymie, à cause de cette union, le pain est appelé corps, et le vin sang, en ce que la chose signifiée est unie au signe. En 1538 commença l'hérésie de Calvin, qui était que Jésus-Christ en tant qu'homme était seulement dans le ciel; et que le pain et le vin dans le sacrement, ne sont que des signes de son corps et de son sang, mais efficaces et avec lesquels la chose était donnée spirituellement, ce qui est la même chose que dire par manière de figure et par imagination,* εἰκονικῶς καὶ φαντασιικῶς. *Mais Jérémie, patriarche de Constantinople, depuis l'an 1576 jusqu'en 1581, écrivit trois lettres dogmatiques aux luthériens de Tubinge. Et Gabriel, métropolitain de Philadelphie dans le même temps, aussi bien que Mélèce, patriarche d'Alexandrie, et plusieurs autres, écrivirent contre ces hérésies. Ils s'attachèrent particulièrement à expliquer l'ancienne doctrine de l'Église catholique touchant le très-saint sacrement, sur quoi ils établirent cinq propositions : I. La transsubstantiation du pain au véritable corps du Seigneur, et du vin en son véritable sang. — II. La présence véritable (par opposition à celle de rapport et d'image) de Jésus-Christ avec son âme et sa divinité. — III. La présence des accidents du pain et du vin sans leur substance. — IV. La compréhension du plus grand dans le plus petit; car tout le corps de Jésus-Christ est compris entièrement dans la moindre partie des accidents. Car le corps et le sang du Seigneur a véritablement une double infinité; l'une, en ce qu'il se trouve le même en plusieurs lieux, comme dit S. Chrysostôme sur le neuvième chapitre de l'Épître aux Hébreux. Car nous offrons toujours le même, et non pas un autre aujourd'hui, mais toujours le même ; de sorte que par cette raison il n'y a qu'un seul sacrifice; et parce qu'il est offert plusieurs fois, ce n'est pas plusieurs Christs, mais partout un seul Christ, entier ici et entier ailleurs; et comme, lorsqu'il est offert en plusieurs endroits, il n'y a qu'un corps, et non pas plusieurs, ainsi il n'y a qu'un sacrifice. L'autre manière consiste en ce que le plus grand est compris dans le plus petit. — V. Enfin ils enseignent tout ce que nous avons marqué dans le commencement de ce chapitre.*

On croit que cela suffit pour détruire tous les vains raisonnements de M. Claude sur Jérémie; et il ne faut pas s'étonner qu'il en ait ignoré l'histoire, puisqu'il y a tout sujet de croire qu'il n'avait lu les Réponses aux théologiens de Wittemberg que par extrait; puisque tout homme qui a lu de suite ce qui s'y trouve touchant le dogme de l'Eucharistie, ne peut pas douter que les sens que ce ministre veut donner à des passages détachés, ne soient entièrement contraires aux sentiments de l'auteur.

---

(1) E non solo ne' tempi antichi, ma ultimamente ancora nel tempo del patriarcha Hieremia, ha fatto quel che ha potuto, per ajutarla, e riunirsela.

CHAPITRE III.

Éclaircissement sur Mélèce, surnommé Piga, patriarche d'Alexandrie.

On ne croit pas que jusqu'à présent aucun protestant ait mis Mélèce surnommé Piga au nombre des Grecs latinisés : au contraire, il a été loué par les calvinistes, plus qu'aucun autre de ces derniers temps. Georges Douza, Hollandais, ayant fait le voyage d'Alexandrie, l'y connut, et il en fit de grands éloges dans une relation qu'il publia de son voyage du Levant ; et tous les autres en ont parlé de même, avec d'autant plus d'affectation, qu'il fit paraître dans toute sa conduite une aversion prodigieuse de l'Église romaine.

Il était né en l'île de Candie, et il avait fait ses études à Padoue avec d'autres de sa nation, desquels il est parlé dans une lettre de Constantin Zerbus écrite à Crusius, qu'il a insérée dans sa Turco-Grèce. Le patriarche Sylvestre le fit protosyncelle de son église avant 1582, comme il paraît par une lettre de Crusius écrite la même année. Après la mort de Sylvestre, il fut élu à sa place, et Syrigus témoigne qu'il gouverna l'église grecque d'Alexandrie d'une manière qui lui attira l'estime de toute sa nation. Il éleva près de soi Cyrille Lucar, et comme durant les troubles qui arrivèrent à Constantinople il fut chargé des affaires patriarcales, et qu'il était exarque ou vicaire-général ; que de plus sa dignité de patriarche d'Alexandrie lui donnait droit d'exercer l'autorité de celui de Constantinople, le siége vacant, il y fit divers voyages. On voit par un recueil de ses homélies qu'il adresse à un Grec nommé Jean Simonta, et qui sont en langue vulgaire, que la plupart avaient été prêchées à Constantinople.

Il est assez difficile de marquer précisément le temps auquel il commença à administrer le patriarcat de Constantinople. Car par ces mêmes homélies il paraît que plusieurs y ont été prêchées en 1587; mais les dates qui sont marquées au bout de chacune, ne font pas connaître si alors il était en possession du gouvernement de cette église comme administrateur. La Chronique qui fut imprimée il y a quelques années en Hollande sous le nom de Philippe Cyprien, dit qu'il fut fait administrateur du siége patriarcal, et qu'un an après Matthieu fut rappelé pour la seconde fois ; ce qui semble signifier qu'il ne gouverna que pendant un an, comme on l'a marqué dans la préface mise à la tête de deux de ses lettres imprimées avec d'autres pièces grecques en 1709. Mais outre que ce catalogue des patriarches de Constantinople est très-confus, puisqu'il ne s'y trouve aucunes dates, et qu'il y a plusieurs fautes de l'auteur, pour ne pas parler de celles du traducteur, qui ne l'a souvent pas entendu, nous en avons reçu un autre qu'on assure avoir été tiré des livres de la grande Église, qui en parle autrement, quoiqu'il ne soit pas exempt de faute. Il y est marqué que Matthieu, métropolitain de Joannina, fut fait patriarche en 1594, et qu'après dix-neuf jours il abdiqua. Gabriel de Thessalonique lui succéda et mourut au bout de cinq mois. Il eut pour successeur Théophane d'Athènes, qui mourut aussi sept mois après. Ensuite il est dit que Mélèce d'Alexandrie gouverna comme administrateur pendant dix ans; qu'il fut chassé, et que Matthieu fut en même temps rappelé. Ainsi il faudrait que Mélèce eût vécu jusqu'en 1605 pour le moins, s'il avait été administrateur pendant dix ans.

Cependant on apprend par une lettre de Scaliger, qu'il était mort en 1602, ou peut-être même dès 1601 ; car la lettre est du 13 mai 1602, et elle marque qu'il était mort quelques mois auparavant. Scaliger espérait faire venir d'Égypte plusieurs livres arabes, par le moyen de Mélèce, patriarche d'Alexandrie, *qui était*, dit-il, *en grande liaison avec les Hollandais négociant en ce pays-là. Mais il y a peu de mois que ce très-bon et très-savant homme est décédé à ma grande douleur, et des Hollandais qu'il avait toujours reçus avec beaucoup d'honnêteté. Après la mort du patriarche Constantinople, il y avait été appelé d'Alexandrie par l'église grecque, afin de faire les fonctions de patriarche, dont il s'était acquitté durant quelques années avec une grande intégrité et sans reproche. Cela faisait espérer qu'il serait déclaré patriarche, à cause de la régularité de ses mœurs et de sa capacité, et tous les gens de bien le souhaitaient ardemment. Mais à sa place on y mit, par de mauvaises voies, un homme ignorant tels que sont la plupart des moines d'Orient ; et ensuite Mélèce retourna à son église d'Alexandrie, dont le principal siége est au Caire…… Il y a vingt ans, lorsqu'il était protosyncelle de Sylvestre, patriarche d'Alexandrie, il envoya à la reine de Navarre une boîte garnie de pierreries avec une lettre grecque, par laquelle il la priait de lui envoyer des exemplaires de S. Basile, de S. Grégoire de Nazianze et de S. Chrysostôme* (1).

On voit qu'il n'est pas possible d'accorder ce que dit Scaliger avec le catalogue des patriarches de Constantinople, selon lequel Mélèce ne peut avoir été durant dix ans administrateur du patriarcat. Mais il paraît

(1) Exemplaria multa Arabica ope Meletii patriarchæ Alexandrini sperabam me nacturum, quòd ei magna cum iis Hollandis qui istic negotiantur familiaritas intercedebat. Sed ante paucos menses optimus doctissimusque vir, magno meo et negotiatorum Batavorum dolore, quos ille semper summâ comitate exceperat, decessit. Post obitum patriarchæ Constantinopolitani Alexandriâ Constantinopolin ab Ecclesiâ Græcâ excitus fuerat, ut vacante sede vice patriarchæ judicaret ; quod munus ille aliquot per annos summâ integritate et innocentiâ obivit. Magna adeò spes erat eum propter innocentiam vitæ, et multarum rerum peritiam, patriarcham Constantinopolitanum renuntiatum iri, idque omnes boni obnixe optabant. Sed in eum locum furcillis vir, ἀναλφάβητος, ut est maxima pars monachorum Orientis, intrusus est. Post cujus creationem Meletius ad Alexandrinam rediit Ecclesiam, cujus sedes in maximâ urbe Cairo est…… Ante annos viginti cùm ille πρωτοσύγκελλος Σιλβέστρου πατριάρχου Ἀλεξανδρείας adhuc esset, reginæ Navarræ pyxidem instructam gemmis, cum epistolâ Græcâ misit, ut Basilii, Chrysostomi, Nazianzeni exemplaria quæ aliunde nancisci non poterat sibi mitteret. (*Scaliger., epist.* 157, p. 380.)

qu'il était fort ami des Hollandais; et il ne l'était pas moins des Anglais, particulièrement d'Édouard Barton, second ambassadeur de cette nation, qui fut envoyé par la reine Élisabeth, un peu après l'établissement de la compagnie de commerce de Turquie. C'est ce qu'on apprend de diverses relations anglaises, et d'un fragment d'une lettre que lui écrivait Mélèce, dont il sera parlé ci-après. Barton mourut en 1597, et fut enterré dans l'île de Calcide près de Constantinople, où M. de Nointel fit copier son épitaphe : *Et ce qui est de plus remarquable*, dit-il, *est que cet ambassadeur n'a pas été mis en terre sainte, le cimetière étant de l'autre côté, mais dehors et dans la campagne*; au lieu que le fameux interprète Panaiotti est enterré dans l'église. Il ne sera pas inutile de rapporter ce qu'on trouve dans une lettre d'un nommé William Biddulf sur ce sujet, pour faire voir le peu de fond qu'on doit faire sur des témoignages de voyageurs. Voici les paroles traduites de l'anglais.

J'ai connu, dit-il, *un nommé Milésius, il voulait dire Mélétius, qui était assurément un savant homme. Il avait été d'abord patriarche de Constantinople, ayant été élevé à cette dignité par M. Édouard Barton, Anglais, ambassadeur de la reine Élisabeth, qui, à cause de sa prudence, sa bonne conduite, sa politesse et sa vie chrétienne, a laissé une réputation immortelle dans ces pays-là, et elle dure jusqu'à présent. Il est enterré dans une île des Grecs, éloignée de douze mille de Constantinople, qu'on appelle aujourd'hui l'île de Barton. Après sa mort ce bon homme Mélèce fut chassé par les Grecs, et dépouillé de la dignité de patriarche de Constantinople (ce qu'ils n'auraient osé faire du vivant de Barton), parce qu'étant un homme éclairé, il travaillait à réformer parmi les Grecs plusieurs coutumes superstitieuses. C'est pourquoi dès que Barton fut mort, ils dirent que leur patriarche était un Anglais, et non pas un Grec; et pour cela ils le déposèrent. Mais ayant quelque respect pour son savoir, ils le firent patriarche d'Alexandrie.* Voilà de ces témoins oculaires comme M. Basire, M. Woodrof, M. Smith, Hockston et d'autres semblables, qui débitent hardiment les plus grandes faussetés.

On sait par les Grecs mêmes que Mélèce avait succédé à Sylvestre au patriarcat d'Alexandrie, et plusieurs de ses lettres imprimées par Regenvolscius, outre celles que nous avons données au public, et celle de Scaliger, font foi qu'il était patriarche d'Alexandrie plusieurs années avant la mort de Barton. Jamais Mélèce n'a été patriarche, mais administrateur du patriarcat de Constantinople; et il n'avait que faire du crédit de cet Anglais pour obtenir ce que la dignité de son siège lui donnait par un usage ancien. C'est aussi quelque chose de singulier que l'idée que ce Biddulf donne de Barton comme d'un homme qui faisait qu'il voulait patriarche de Constantinople, et tenait les Grecs en respect; puisqu'alors les ambassadeurs d'Angleterre faisaient à Constantinople une fort petite figure, n'étant ordinairement que des gens très-médiocres et du choix des marchands de leur nation, qui même alors ne naviguaient que sous la bannière de France. Scaliger et Douza disent qu'on travailla à le faire élire patriarche de Constantinople, et qu'on n'y réussit pas, ce qui est selon la vérité; et ici pour le consoler on le fait patriarche d'Alexandrie, quoiqu'il le fût plusieurs années auparavant. Les Grecs disaient, à ce que suppose l'auteur de ce roman, qu'il était Anglais et non pas Grec. Il est aisé de comprendre ce qu'ont voulu donner à entendre celui qui a rapporté cette histoire, et Purchas, qui l'a publiée, homme emporté jusqu'à l'excès contre les catholiques; et on ne peut douter que c'était ceci : que Mélèce, comme Cyrille Lucar dans la suite, avait des sentiments conformes à ceux des protestants, et que ces abus superstitieux qu'il tâchait de réformer parmi les Grecs, étaient ce qu'ils conservent aussi bien que nous comme tradition apostolique. Les lettres de Mélèce qui sont présentement imprimées, et celle qu'il écrivit à Barton, font assez voir la fausseté de cette imagination. On voudrait bien qu'on nous marquât où est cette *île de Barton*. Si les Anglais l'appelèrent ainsi, les Grecs et tous les autres l'ont toujours appelée Calcide; et ils n'ont pas changé son ancien nom pour lui donner celui d'un étranger, parce qu'il est enterré en pleine campagne, comme un excommunié.

On jugera si Mélèce était Anglais, et non pas Grec, par un extrait de la lettre qu'il écrivit à Barton, cité par Dosithée, patriarche de Jérusalem, dans son *Enchiridion*. Nous donnerons cet extrait parce que, lorsqu'on fit l'impression des deux autres lettres, ce livre d'où elles sont tirées ne se trouvait pas ici, et nous l'avons reçu depuis. La cinquième objection est tirée de l'effet. Car Calvin pense que, *supposant Jésus-Christ notre Sauveur corporellement et véritablement présent dans les mystères immaculés, tous ceux qui participent aux mystères participent nécessairement au corps et au sang de Jésus-Christ, qu'ils demeurent en Jésus-Christ, et qu'il demeure en eux; que si cela n'arrive pas, par conséquent Jésus-Christ n'est pas corporellement et véritablement dans les mystères. Mais Calvin apparemment n'a pas fait attention aux paroles du divin Augustin, qui dit que dans les saints mystères est le corps de Jésus-Christ vivifiant et salutaire; quoique peut-être, à votre égard, il ne soit pas pour vous donner la vie, mais la mort, ce qu'à Dieu ne plaise. Car notre Dieu est un feu qui éclaire et illumine ceux qui sont dignes, et qui aveugle et dévore ceux qui sont indignes; car le mystère n'est pas un ouvrage de la nature qui soit partout le même, et qui opère partout la même chose, comme le feu naturel, qui est feu quelque part qu'il soit, et qui n'est point feu en un endroit et terre en un autre. De même le pain auquel nous sommes naturellement accoutumés n'est pas du pain pour moi et une pierre pour vous, mais il est également du pain pour vous et pour moi : la différence consiste en ce que, si la nature est affaiblie par quelque maladie, une chose peut être nuisible à l'un et salutaire à l'autre. Or le sacrement n'étant pas un ouvrage de la nature, mais de la volonté divine, par la puissance de laquelle il se fait et par la parole de Dieu, et il est transsubstantié, il est autre chose, et il opère par*

(Dix.)

la grâce autre chose que ce qu'il est et que ce qu'il opère par la nature. Cela étant ainsi, vous demandez avec étonnement comment il n'est pas à l'égard d'un autre ce qu'il est à mon égard ; comment il arrive que le corps du Seigneur dans les divins mystères est pour moi un corps vivifiant et salutaire, et qu'il n'est ni salutaire ni vivifiant à un autre, puisqu'il n'est ni vivifié ni sauvé ; et il vous paraît étrange, même impossible, que la pierre précieuse, qui est aussi la pierre de scandale, ne produise pas partout le même effet. Qu'était-ce donc que ce feu de Chaldée qui rafraîchissait comme une rosée agréable les enfants nourris dans la piété, et qui consuma ces Babyloniens éloignés de Dieu? Qu'était-ce que cette mer Rouge que passèrent les Israélites, et qui submergea Pharaon avec toute son armée? Que doit-on dire de ces miracles et de tant d'autres semblables ? Ne font-ils pas connaître très-clairement, et criant à haute voix, pour ainsi dire, que Dieu peut faire des miracles, et qu'étant Dieu il en doit faire ; et qu'il est vrai, par une raison évidente, que le feu était une rosée salutaire aux enfants de la fournaise nourris dans la piété, et une flamme dévorante à l'égard des impies, Dieu le créateur ayant mis dans la nature du feu cette qualité de consumer toute matière combustible lorsqu'il s'en approche. Or, il n'est pas étrange qu'il ne brûle pas les choses qui naturellement devaient être brûlées, lorsque le Créateur ne veut pas qu'elles le soient, mais qu'elles soient conservées. Et pouvons-nous douter que ce que Jésus-Christ déclare être son corps ne le soit pas véritablement, parce qu'il n'a pas donné la vie à Judas, qui, par ce qu'il avait fait, mérita qu'il lui donnât la mort ? Les choses qui nous sont impossibles, non seulement deviennent possibles, mais faciles et aisées dès que Dieu l'ordonne. La manière dont se fait ce qui nous est impossible, et la raison par laquelle il se fait, nous sont inconnues ; mais elles sont connues à celui seul auquel sont possibles les choses qui sont impossibles aux hommes.

Il paraît par ces paroles que Mélèce soutenait clairement à Barton que les méchants et les impies recevaient véritablement le corps de Jésus-Christ ; et ce seul article comprend tous les autres qu'il avait apparemment traités dans la même lettre. Si les Anglais, qui ont tant fait valoir l'amitié qui était entre ce patriarche et Barton, avaient eu quelque bonne foi, ils devaient faire imprimer cette lettre entière, autant ou plus que d'autres pièces de Grecs contre la primauté du pape ; mais ils ont fait à cet égard la même chose que les Génevois touchant les lettres de Léger. Ils en ont donné quelques extraits sur ce qui regardait les louanges de Cyrille Lucar, et sur ce qui pouvait rendre vraisemblables toutes les faussetés qu'ils ont publiées sur sa Confession et ses calomnies contre George Coressius. Mais nous ne saurions rien des disputes sur les matières de religion que ce théologien grec eut avec Léger, si Nectarius ne nous l'avait appris dans son écrit aux religieux du Mont-Sina (Opusc. Gr., p. 173). Il en est de même à leur égard en ce qui regarde Mélèce : ils le louent de la liaison qu'il a eue avec les Anglais et les Hollandais ; ils en parlent comme d'un homme savant et irréprochable ; ils n'oublient pas parmi ses éloges la guerre qu'il a faite à ceux qui parlaient de réunion avec Rome, ni ses écrits contre la primauté du pape ; qu'il avait choisi Cyrille pour l'avancer dans les dignités ecclésiastiques, et Hottinger, ainsi que plusieurs autres, donnent à entendre, quoique obscurément, que la doctrine du maître devait être semblable à celle de son disciple. Sur ce fondement, M. Claude l'a représenté combattant contre les Grecs latinisés ; c'est-à-dire, selon lui, contre ceux qui croyaient la transsubstantiation, qui ensuite persécutèrent Cyrille Lucar ; et sur cela il reproche aux auteurs de la Perpétuité de s'être fort trompés, en prenant pour de véritables Grecs ceux qui ne l'étaient pas, puisqu'ils croyaient la présence réelle.

Mais on reconnaît par des preuves incontestables que, de l'aveu des Hollandais, des Anglais et des protestants de Pologne et de Lithuanie, Mélèce n'était pas latinisé, puisqu'il a toujours combattu contre les Latins. Cependant il croyait la présence réelle, la transsubstantiation et l'adoration de l'Eucharistie, ce qui est prouvé non seulement par ses écrits, mais par le témoignage de tous les Grecs depuis cent ans et davantage ; par conséquent on peut croire ces articles et n'être pas Grec latinisé, ce qui renverse entièrement le système de M. Claude, et tarit la source de tous les arguments que lui et ses disciples ont employés pour rendre suspects les témoignages de tous les Grecs qui s'accordent avec Mélèce sur le dogme de l'Eucharistie. Ainsi, par exemple, ils rejettent l'autorité de Cyrille de Berroée comme latinisé, parce qu'il était fort ami des jésuites ; de Syrigus, parce qu'il avait étudié en Italie ; de Coressius, de Grégoire protosyncelle et des autres, sur des soupçons aussi frivoles. Si donc M. Claude ou M. Smith avaient des témoignages d'une grande liaison de ces Grecs avec les catholiques, pareils à ceux que nous avons de celle de Mélèce Piga avec Douza, Scaliger, Barton et d'autres protestants, que ne diraient-ils pas ? Mais cette liaison n'empêcha pas ce patriarche de soutenir la vérité, de vive voix et par ses écrits, en quoi Cyrille ne l'imita pas.

On a pu voir par la lecture des lettres de Mélèce qu'il enseigne formellement la transsubstantiation, et qu'il n'a pas pensé qu'il y eût la moindre difficulté à se servir d'un mot que M. Smith et ses semblables croient être inconnu aux Grecs. Il s'en sert donc, et il explique en grand détail tout ce qui a rapport à ce dogme, marquant que dans les autres sacrements Jésus-Christ nous donne sa grâce ; qu'en celui de l'Eucharistie, lui-même, qui est la source de toutes les grâces, se communique à nous ; que ce sacrement, non seulement nous rend participants du corps et du sang de Jésus-Christ, mais qu'il est la chose même qu'il signifie, c'est-à-dire le corps et le sang de Jésus-Christ ; que l'eau demeure ce qu'elle était dans le baptême, mais que dans l'Eucharistie les espèces demeurant pour signifier que la substance est faite le corps et le sang de Jésus-Christ, qui est la chose que nous donne le sacrement; que Jésus-Christ est contenu entièrement sous l'une et l'autre espèce, par la puissance et la vertu de la transsubstantiation; que la foi des communiants ne produit pas l'effet du sacrement, mais que c'est la toute-puissance de Dieu et l'opération du S.-Esprit; que ce qui reste après la communion est véritablement le corps de Jésus-Christ; qu'on doit adorer l'Eucharistie, puisqu'elle est le corps et le sang de Jésus-Christ, avec son âme et sa divinité. Il établit aussi la nécessité du sacrifice, et qu'il ne peut être offert que par des prêtres ordonnés selon la discipline de l'Église : enfin il ne trouve pas à redire qu'on porte le S.-Sacrement en procession, quoique cet usage ne soit pas dans l'église grecque. C'est ce qu'on trouve expliqué dans sa lettre à Cyriacus Photinus, dans la suivante et dans celle qui était adressée à Édouard Barton.

On essaya de son temps de procurer la réunion des Grecs schismatiques de Pologne et de Lithuanie avec l'Église romaine, à quoi on ne put réussir. La principale cause du mauvais succès de ce projet fut l'opposition que Mélèce y fit par ses lettres, et par le ministère de Cyrille Lucar, qu'il y envoya en qualité de député pendant l'administration du siège de Constantinople. Cela donna lieu à quelques calvinistes mal informés de mettre Mélèce au nombre des patriarches de Constantinople, mais il ne l'a jamais été. Il écrivit en 1600 une lettre à Sigismond III, roi de Pologne, dans laquelle il déclame fortement contre l'Église romaine, et il soutient par divers arguments que le Saint-Esprit procède du Père seul; il attaque les autres articles du décret d'union du concile de Florence, et il fait paraître partout une fureur extrême contre les Latins. Elle fut augmentée à l'occasion du bruit qui se répandit jusqu'en Égypte de sa réunion avec le pape, parce qu'en ce même temps Clément VIII reçut une députation vraie ou fausse de Gabriel, patriarche cophte d'Alexandrie, que l'on confondait avec Mélèce. Il s'en plaignit par des lettres qu'il écrivit en Russie; l'union projetée n'eut aucune suite, et Mélèce demeura toujours dans les mêmes sentiments.

Il n'en fallait pas davantage pour donner lieu aux calvinistes de le louer comme ont fait Georges Douza, Turnovius, Regenvolscius, et plusieurs autres, dont un des derniers est M. Smith. Car de même que s'il avait vécu familièrement avec lui, et qu'il eût été dépositaire de ses plus secrètes pensées, il le représente *comme ayant fait à Padoue de sérieuses réflexions, qu'il avait conservées toute sa vie dans sa mémoire, en sorte que jamais il n'avait cessé de censurer aigrement l'Église romaine, soit par envie, soit par amour de la vérité* (1); louange qui paraîtra fort bizarre. Nous aimons mieux croire que ce fut de bonne foi, et par un zèle mal entendu, que de supposer sans fondement

(1) *Utpote qui sive invidiâ sive veritatis amore accensus in Romanam Ecclesiam acerrimis censuris invehi nunquàm cessaverit.*

qu'il ait écrit contre sa conscience, et par pure jalousie. Quoi qu'il en soit, de l'aveu de ceux mêmes qui laissent à peine un seul Grec moderne à l'église d'Orient, et qui les latinisent tous à l'exception de Cyrille et de deux ou trois autres, Mélèce était un véritable Grec, et nullement latinisé.

Cependant il enseigne la transsubstantiation d'une manière si nette, il en admet les conséquences, et il les explique avec tant de détail, comme chacun le peut reconnaître par la simple lecture de ses deux lettres imprimées depuis peu, qu'on ne peut douter après cela qu'un véritable Grec ne croie ce dogme en la même manière que les catholiques, sans pour cela être latinisé. Il doit l'être néanmoins, selon les maximes établies par M. Claude, que ses disciples ont appliquées à Gennadius, à ceux qui condamnèrent Cyrille Lucar, à Syrigus et à ceux qui souscrivirent les décrets du synode de Jérusalem; puisque même il est entré dans un plus grand détail que les autres, et qu'il a expliqué diverses propositions tirées de la théologie scolastique, ce que les autres n'ont pas fait. Comme donc après tant de témoignages des protestants qui parlent de Mélèce avec de grands éloges, il n'y a pas d'apparence qu'aucun puisse désormais le rendre suspect, il ne reste à ceux qui voudraient éluder son autorité qu'à dire que les pièces sont supposées. Les copies sur lesquelles on les a données au public furent mises entre les mains de M. de Nointel par Panaïotti, et certifiées par Païsius, patriarche d'Alexandrie, comme ayant été prises sur les originaux. Elles sont aussi citées par le patriarche Callinique, par Nectarius, par Dosithée, et d'autres Grecs des derniers temps; et outre les deux qui ont été publiées, Dosithée cite celle qui était adressée à Édouard Barton, dont nous avons parlé ci-dessus. Mélèce cite lui-même d'autres ouvrages, où il dit qu'il a traité plus amplement la matière de l'Eucharistie, et nous ne pouvons dire s'il entend parler de deux qui ont été imprimés en Lithuanie, en grec et en polonais, car nous ne les avons jamais vus, ou de quelques autres qui ne le sont pas.

Il serait inutile de le rendre suspect, après qu'il s'est expliqué si clairement, parce qu'il avait avancé Cyrille Lucar dans les dignités ecclésiastiques, puisqu'il ne le connaissait pas, et ne savait rien du commerce qu'il commença avec les protestants lorsqu'il l'envoya en Pologne, en Lithuanie et en Moldavie. Car il montre assez combien il était éloigné d'eux, dans une lettre qu'il écrivait en ce temps-là à Martin Bronicovius. *Nous sommes fâchés,* disait-il, *d'être éloignés de vous, non seulement par une si grande distance des lieux, mais aussi dans des choses où il fallait que nous fussions d'accord, faisant profession du christianisme.* Enfin puisque les protestants de la Grande-Pologne ne purent faire aucune union avec les Grecs qui agissaient sous les ordres de Mélèce, quoiqu'ils fussent portés pour Cyrille Lucar, mais qui n'était pas encore perverti, ce serait une supposition bien téméraire que de vouloir s'imaginer qu'il pût être de leur sentiment.

CHAPITRE IV.
Eclaircissement touchant Gabriel de Philadelphie.

Gabriel Sévère, métropolitain de Philadelphie, est un des premiers et presque le seul auteur qui eût été cité comme témoin de la créance des Grecs sur l'Eucharistie, avant la dispute touchant *la Perpétuité de la foi*. M. le cardinal du Perron avait rapporté un passage de lui, dont les auteurs de *la Perpétuité* s'étaient servis, parce que le livre imprimé en grec à Venise, était à peine connu par quelques citations qu'en avait faites le savant P. Morin, dans ses traités de la Pénitence et des Ordinations. M. Claude, malheureux critique s'il en fut jamais, s'inscrivit en faux contre Gabriel comme un auteur supposé, parce que M. le cardinal du Perron n'avait pas cité le grec; objection d'autant plus surprenante, que chacun savait que s'il n'avait été cité qu'en grec, M. Claude aurait eu besoin d'un interprète pour l'entendre. Les ouvrages de Gabriel furent imprimés en grec et en latin en 1671, par M. Simon, sur l'édition grecque de Venise faite en 1600, avec des notes amples et savantes, qui éclaircirent suffisamment la matière; de sorte qu'il ne fut plus permis de douter de la vérité du livre, ou de la doctrine de l'auteur. M. Claude oubliant toutes les bévues qu'il avait faites sur ce sujet dans ses premiers écrits, car il n'en a jamais avoué aucune, prit une autre méthode, et ce fut de prouver que Gabriel n'enseignait rien moins que la transsubstantiation, mais bien la *métousiose*, qui, selon lui, sont deux choses fort différentes. Il est à remarquer que c'était après avoir assuré comme une vérité indubitable, et qu'il se flattait d'avoir démontrée, qu'aucun Grec, à moins que d'être dans la communion du pape, n'avait cru la présence réelle et la transsubstantiation; en sorte que le mot même, selon lui, était inconnu dans l'église grecque. Il est vrai qu'il n'était pas connu dans la signification qu'il lui donne, et il ne l'est pas même encore en ce sens parmi les Grecs, qui ont assez nettement déclaré qu'ils ne déféraient pas beaucoup à la théologie de M. Claude; mais qui l'auraient traité d'une manière plus rude que n'ont fait Nectarius, Dosithée et divers autres, s'ils avaient pu s'imaginer qu'il leur voulût apprendre leur langue.

Cette seule preuve d'ignorance et de mauvaise foi suffisait pour ouvrir les yeux à toute personne qui eût cherché la vérité sans prévention : mais il savait qu'une hardiesse soutenue faisait plus d'impression que de bonnes raisons, ou des preuves de fait, auprès d'une multitude d'ignorants préoccupés de la capacité et de la bonne foi de leur ministre. Il ne connaît pas un auteur, il traite hardiment le livre de supposé. On le confond ; il se retranche à dire que cet auteur est un Grec latinisé. On lui prouve sans réplique que jamais homme ne le fut moins; il ne s'arrête pas pour cela, mais il entreprend de prouver que même par le mot de *transsubstantiation* on ne doit pas entendre le changement de substance, que Gabriel enseigne expressément. Le P. Paris a si bien réfuté cette misérable chicane, qu'il suffit de renvoyer les lecteurs à ce qu'il en a écrit.

Il y a beaucoup d'apparence que les protestants les plus favorables à M. Claude, ont eu honte de soutenir des paradoxes dont on reconnaît la fausseté à la seule ouverture des livres. Car M. Smith n'a pas osé dire que Gabriel fût un fantôme, puisque dans la Turcogrèce, et en d'autres recueils de lettres écrites de Constantinople du temps du patriarche Jérémie, il est fait mention de lui comme d'un évêque considéré parmi les siens pour sa probité et pour sa doctrine. Il n'a pas non plus contesté son livre qui était imprimé à Venise, et connu de tous les Grecs ; mais il a pris une nouvelle route. Car sans s'engager à prouver cette proposition de M. Claude, que Gabriel était un Grec latinisé, puisqu'il en sentait l'absurdité et la fausseté, ni son explication encore plus insoutenable du sens dans lequel ce théologien grec avait entendu la transsubstantiation, il a établi dans son premier ouvrage, que c'était le premier qui se fût servi de ce mot ; et pressé par les témoignages qu'on lui avait objectés, il dit (p. 14) que *s'il n'était pas le premier, il était au moins des premiers*. Il représente Gabriel comme charmé d'un mot nouveau, et entraîné par la philosophie scolastique, qu'il lui avait fait embrasser avec plaisir ; de sorte qu'il avait commencé à l'employer contre l'exemple de tous ceux qui l'avaient précédé, dont il paraît néanmoins que ce critique n'avait vu aucun. En effet, les Grecs assurent le contraire, marquant que Gennadius, Mélèce Piga, et divers autres s'en sont servis, comme on le voit par les ouvrages des deux premiers que nous avons, et qui nous empêchent de douter des autres.

Pour donner ensuite quelque couleur à une mauvaise réponse dont la fausseté est présentement évidente, il la soutient par une remarque encore plus fausse. C'est, dit-il (p. 25), qu'il s'est trouvé très-peu de Grecs qui aient imité Gabriel dans l'usage de ce mot nouveau ; et qu'il faut sur cela s'en rapporter à ceux qui ont vécu depuis Gabriel jusqu'au temps de Cyrille ; et aux évêques aussi bien qu'à ceux qui ont été considérables parmi les Grecs par leur doctrine ou par leurs emplois; non pas aux premiers venus, à des écrivains vulgaires, sans réputation, sans mérite, sans autorité dans leur nation ; encore moins à des moines, reconnus pour novateurs, et instruits de tous les artifices de la cour de Rome, selon leur état et leur éducation, pour la ruine de l'église grecque. Si M. Smith n'a pas connu ceux qui ont imité Gabriel, ou plutôt qui, sans penser à l'imiter, se sont servis du mot de *transsubstantiation*, c'est qu'il ne s'en est pas instruit à Constantinople. Car Mélèce d'Alexandrie (Opusc. Gr., p. 117), qui était contemporain, et qui le regardait comme son maître, s'en est servi ; et dans la lettre qu'il lui a écrite, il paraît qu'ils étaient entièrement d'accord sur l'expression et sur le dogme. Maximus Margunius, Jean Nathanaël et d'autres, en ont fait autant ; George Coressius de même, à ce que témoignent les Grecs dans les décrets du synode de Jérusalem, et dans la sentence synodale de Callinique; Grégoire protosyncelle ; enfin quand la Confession de Cyrille parut, Mélèce Syrigus et ceux qui approuvèrent la Confession orthodoxe ; après quoi Nectarius, Dosithée et d'autres ont suivi le même exemple.

Il n'était pas nécessaire de fixer l'époque de l'usage de ce mot dans un intervalle aussi court que celui qui est entre Gabriel et Cyrille Lucar, puisqu'il faut s'étonner plutôt de ce qu'il se trouve plusieurs auteurs qui ont alors parlé de la transsubstantiation, que de ce qu'il n'y en a pas un si grand nombre. Les Grecs ne font pas tous les jours des livres, et ce n'est pas là leur plus grand malheur ; outre qu'il n'y avait aucune raison de traiter exprès la matière de la transsubstantiation, lorsqu'elle n'était pas attaquée. Coressius commença après les conférences qu'il eut avec Antoine Léger, qui furent mises par écrit, comme témoigne Nectarius ; et ceux qui ont donné des lettres de Cyrille, si inutiles et si frivoles, adressées à ce même ministre, auraient dû plutôt publier les écrits qui furent faits de part et d'autre, que tout ce qu'ils ont fait paraître sur ce sujet. Car ils auraient servi à justifier que Gabriel n'était point un novateur, et qu'il parlait le langage de son église. On ne doit pas exclure du nombre des témoins ceux qui ont écrit ou dans le temps de Cyrille Lucar, ou peu après ; au contraire, ils ont une plus grande autorité, puisque la question fut traitée à fond à l'occasion de sa Confession, ce qui n'était pas arrivé depuis le patriarche Jérémie.

Au reste, quand M. Smith a demandé qu'on s'en rapportât à des personnes de réputation et de dignité, nos théologiens ont pleinement satisfait à cette demande, quoique peu raisonnable, car la dignité ne fait rien : il suffit qu'un auteur soit connu et regardé comme orthodoxe, afin que son témoignage soit recevable sur la doctrine, et on n'en a allégué aucun qui ne fût tel. Mais que pouvait-on souhaiter de plus considérable que des patriarches, Gennadius, Cyrille de Berroée, Parthénius-le-Vieux, Callinique de Constantinople, Mélèce Piga et Païsius d'Alexandrie, par lequel on a eu les lettres du premier, Nectarius et Dosithée de Jérusalem, Gabriel métropolitain de Philadelphie, les métropolitains et autres évêques qui ont souscrit les décrets de 1632, de 1648, de 1671, de 1672, et de 1691 ? George Coressius était le théologien de l'Église de Constantinople, Mélèce Syrigus docteur et prédicateur, tous autorisés par leurs patriarches et par les synodes. Voilà ceux qui ont imité Gabriel ; et si on y joint les patriarches et les prélats qui approuvèrent la Confession orthodoxe, le nombre en sera très-grand ; au lieu que Cyrille Lucar a trouvé à peine trois ou quatre vagabonds qui aient voulu l'imiter. On peut même dire qu'aucun ne l'a fait, puisque jusqu'à présent les calvinistes n'ont pu produire un seul acte, non pas d'une église, mais d'un évêque, d'un métropolitain, d'un particulier sans reproche, qui ait souscrit purement et simplement la fausse Confession de cet apostat.

Quand après cela M. Smith vient sur les moines, il est aisé de reconnaître qu'il veut tomber sur Syrigus : et il est étonnant qu'un homme qui a fait le voyage du Levant ne sache pas que les religieux y sont en grande considération. Nous parlerons à part de celui-là, contre lequel il n'a cessé de déclamer dans ses deux dissertations, et ici nous ne dirons qu'un seul mot qui doit lui fermer la bouche. Il a marqué qu'il avait apporté de Constantinople un exemplaire imprimé de la confession orthodoxe ; il faut donc qu'il ne l'ait pas ouvert, puisqu'à la première édition, aussi bien qu'à l'autre, on voit à la tête une lettre de Nectarius, patriarche de Jérusalem, par laquelle il approuve et loue cette confession, et en même temps il fait de grands éloges de Syrigus, comme d'un docteur très-illustre, qui représenta la personne du patriarche dans le synode de Jassi, et qui était considéré comme une règle vivante de la foi. Voilà quels sont ces gens obscurs, ramassés dans les carrefours, ces moines misérables reconnus pour novateurs, auxquels, selon M. Smith, il ne faut pas donner la moindre créance, et ce sont néanmoins ceux que les synodes et les patriarches nous indiquent comme les véritables et fidèles interprètes de la foi de leur église.

Enfin M. Smith, pour achever de détruire l'autorité de Gabriel de Philadelphie, après avoir dit qu'il avait pu se laisser entraîner par l'amour de la théologie scolastique, qu'il la suit dans tout son traité, qu'il copie très-impertinemment quelquefois les expressions des scolastiques, ce qui ne serait pas aisé à prouver, il ajoute qu'on voit assez quel pitoyable théologien il était par ses sottes allusions, des explications forcées de l'Écriture sainte, beaucoup de puérilités et de sottises, par lesquels on peut juger qu'il n'avait pas le sens commun. Il est vrai qu'il explique les sacrements par la matière et par la forme, et en cela les Grecs ont imité nos scolastiques, ce qui ne change rien à la substance de la doctrine ; car il ne convient pas avec eux touchant la forme de l'Eucharistie. On aurait peine à trouver dans un traité aussi court que celui-là, des passages de nos théologiens qu'il ait mal entendus : et à l'égard de ses allusions et de ses explications de l'Écriture sainte, ce reproche ne tombe pas sur les passages qui contiennent des vérités de la religion. Il ne donne pas des explications plus forcées que celles qui remplissent les livres des protestants, sur les seules paroles de l'institution de l'Eucharistie. On ne trouvera peut-être rien de semblable à ce que Lightfoot a dit sur ces paroles de la Genèse : *Carnem cum sanguine non comedetis* (c. 9), où il croit voir un argument invincible contre la transsubstantiation, pour ne pas parler de tant d'autres fausses interprétations que les protestants ont inventées pour appuyer leurs nouveautés comme cette distinction, inconnue à toute l'antiquité, *du royaume de Dieu et du royaume des cieux*, pour détruire la nécessité du baptême. Gabriel écrivait pour les simples, et non pas pour des gens aussi délicats, dont les sermons sont plus souvent de tristes leçons de théologie ou de controverse que chrétiennes. Cyrille Lucar, ce grand saint de M. Smith, faisait souvent de pareilles allusions, comme on peut voir dans les extraits de ses homélies. Mais enfin Gabriel raisonne juste selon ses principes; et quoiqu'il eût pu connaître aussi bien que Cyrille la doctrine des calvinistes, il ne s'y laissa pas surprendre, en quoi il fit paraître autant de bon sens que de droiture et de probité. De pareilles injures font honneur à sa mémoire, au lieu que celle de Cyrille est en horreur, nonobstant toutes les louanges que ceux qui le séduisirent lui ont données. Il ne s'agit pas de savoir si Gabriel avait beaucoup d'esprit, d'érudition ou d'éloquence, mais s'il était réputé orthodoxe dans sa communion; et il faudrait avoir perdu l'esprit pour en douter, après les preuves que nous en avons, et les témoignages de toute la Grèce.

CHAPITRE V.
Éclaircissement touchant George Coressius.

Quoique dans la suite de la dispute touchant la Perpétuité, il n'y ait eu aucune citation des ouvrages de George Coressius, et qu'on en ait seulement parlé à l'occasion du petit traité de Grégoire protosyncelle son disciple, il est néanmoins nécessaire de faire connaître quel était ce théologien, car Allatius en a dit beaucoup de mal. Il l'a représenté comme un ignorant et comme un libertin, qui s'était attiré par sa mauvaise conduite l'excommunication de son patriarche. Il lui reproche particulièrement sa fureur contre l'Église romaine; et il y a beaucoup d'apparence que par cet endroit seul, son zèle lui a fait croire trop facilement tout ce qu'il a écrit contre Coressius. D'un autre côté, Cyrille Lucar l'a déchiré outrageusement dans ses lettres secrètes, qu'on a tirées des ténèbres où elles étaient demeurées avec raison depuis tant d'années, pour les faire paraître par le moyen de l'auteur des *Monuments*, qui très-souvent ne les a pas entendues, et qui les a revêtues d'un commentaire de sa façon, c'est-à-dire, de remarques inutiles tirées des dictionnaires historiques, ou de son imagination. Mais les Grecs schismatiques méritent plus de créance sur ces faits qu'Allatius, Arcudius, Matthieu Caryophylle, et les autres qui ont écrit à Rome; encore davantage qu'un apostat déclaré comme Cyrille.

Les Grecs nous le représentent donc comme un homme savant et habile, qui, à cause de sa capacité, fut fait théologien de l'église d'Orient; qualité qu'on ne trouve pas attachée à aucune des dignités ecclésiastiques du siège de Constantinople, et qui lui fut apparemment donnée par une commission spéciale, lorsqu'on commença à s'apercevoir des nouveautés que Cyrille tâchait sous main d'introduire parmi les Grecs. Ils nous apprennent qu'alors le ministre Léger, principal confident de Cyrille, eut plusieurs conférences avec Coressius, touchant les points controversés entre les Grecs et les calvinistes; et ils marquent particulièrement la transsubstantiation et la présence réelle. C'est ce qu'on apprend par l'écrit de Nectarius, patriarche de Jérusalem, adressé aux religieux du Mont-Sina, dont voici les paroles. Après avoir marqué le trouble que la Confession de Cyrille excita parmi les Grecs, il dit qu'*ils se réveillèrent et qu'ils combattirent vigoureusement pour la défense de la vérité, et pour se justifier de ce qu'on leur attribuait injustement. Car,* poursuit-il, *George Coressius, homme très-savant et d'une grande érudition, théologien de l'église orientale, fut appelé de Chio par le sacré synode de Constantinople; et alors il eut plusieurs conférences avec un certain Antoine Léger, un des sectateurs de Luther; et ayant mis les disputes par écrit, il retourna chez lui, après les avoir laissées aux nôtres pour leur défense. A cette occasion, il inséra dans ses ouvrages théologiques plusieurs discours et démonstrations contre Luther et contre Calvin, employant beaucoup de soin à réfuter leurs dogmes, et ayant fait plusieurs traités sur les sacrés mystères, sur la transsubstantiation du saint pain, et sur la présence réelle de Jésus-Christ dans le même. Il écrivit pareillement assez au long touchant la prédestination, contre l'opinion des luthériens et des calvinistes, comme aussi touchant les images et l'intercession des saints, s'étant appliqué entièrement à renverser toutes leurs nouveautés, conformément à la doctrine de l'Église.* Tel est le jugement que fait Nectarius des ouvrages de ce théologien qui est cité de même avec éloge dans le synode de Jérusalem, dans la sentence synodale du patriarche Callinique, et partout ailleurs. Enfin la plus certaine marque d'approbation est que plusieurs de ces mêmes ouvrages ont été imprimés, depuis quelques années, par les Grecs mêmes, en Moldavie.

Allatius, au contraire, parle avec beaucoup de mépris de Coressius et de ses ouvrages; mais il ne fait mention que de ceux qui sont contre les Latins, dont un des premiers, touchant la procession du Saint-Esprit, a été imprimé à Londres avec les traités de sept autres Grecs, au commencement du siècle dernier. Il dit qu'il avait un esprit rude et grossier, un style barbare, plus de paroles que d'éloquence; que son ouvrage, qu'il avait vu, était très-méprisable, et rempli de venin contre les Latins; enfin qu'il apprenait que le patriarche de Constantinople l'avait excommunié; et en cela il paraît, comme en d'autres faits des derniers temps, qu'il n'était pas bien informé. Car il n'y a personne qui ne reconnaisse que Nectarius est bien plus croyable; d'autant même qu'il est de notoriété publique que Coressius a écrit par députation spéciale de l'église de Constantinople; et personne ne s'imaginera qu'elle eût choisi pour une dispute aussi sérieuse un homme tel qu'Allatius le dépeint, et encore moins un excommunié. Sa coutume est de louer avec excès tous les Grecs qui ont travaillé pour procurer la concorde entre les deux églises, ou pour combattre les schismatiques, et de blâmer de même ceux qui ont été dans des sentiments opposés. Les uns méritaient beaucoup par leur zèle; mais ils n'étaient pas pour cela plus habiles, comme il est aisé de reconnaître par la plus grande partie des ouvrages des Grecs réunis imprimés à Rome, dont plusieurs ont plus fait de mal que de bien; et on n'en excepte pas Caryophylle et Arcadius, qu'il loue néanmoins extrêmement. Nous louons aussi le zèle d'Allatius; mais comme il faut plaindre ceux qui se trouvent engagés dans le schisme par leur naissance, plutôt que de leur insulter mal à propos, et de ne leur rendre pas justice quand ils ont défendu la vérité contre les ennemis communs des deux églises, nous croyons qu'il faut juger de Coressius conformément à l'opinion que les Grecs en ont eue, et qu'ils en ont encore présentement. Il importe peu qu'il ait été aussi savant que ceux qui ont passé pour tels, et qui ont mérité cette réputation; il suffit que parmi les siens il a été réputé orthodoxe, et c'est ce qu'on ne peut nier après des témoignages aussi positifs et aussi authentiques que ceux qui ont été rapportés.

Il reste à examiner ce que Cyrille en a dit dans ses lettres qui ont été publiées dans les *Monuments authentiques*, avec des commentaires dignes de leur auteur. Dans une, qui est écrite de Chio en avril 1635, il dit qu'en parlant avec le docteur Coressius, il avait appris de lui *un beau dogme touchant le Médiateur : que celui-ci lui avait dit qu'il était bien vrai qu'il y avait un Médiateur, qui est Jésus-Christ; mais qu'il y en a encore d'autres, d'un ordre inférieur, qui intercèdent. M. Léger, sur ma conscience, je vous dis en vérité que Coressi et ce qu'il y a ici de ses adhérents sont si ignorants, que toutes les personnes qui ont quelque discernement ont mal au cœur d'entendre leurs raisonnements et leurs disputes; et les jésuites se moquent d'eux. Je m'étonne qu'ils ne s'en aperçoivent pas eux-mêmes; mais c'est qu'ils n'ont ni sens ni jugement. Avec cela le peuple ignorant estime Coressi, non pas pour son savoir, mais parce qu'il est bon compagnon. C'est ce que j'ai découvert depuis trois jours que je suis à Chio; et j'ai voulu vous en avertir, afin que vous sussiez avec qui vous disputerez sur cette matière sublime de la transsubstantiation.* Nous avons traduit ce passage sur le mauvais jargon de Cyrille qui est à peu près l'italien qu'on parle sur les galères et dans les ports du Levant, parce que le traducteur n'ayant pas entendu un mot qu'il a néanmoins mis en gros caractère, comme très-important, *li giesuiti si fanno beffe di loro*, a traduit ridiculement, *les jésuites en sont la dupe*, afin d'en tirer des preuves de l'attachement que Coressius avait pour les jésuites, et tâcher ainsi de le rendre suspect.

Il est certain qu'on ne doit avoir aucun égard à tout ce qui peut être dit par un ennemi déclaré contre la réputation d'un autre, et telle était la disposition de Cyrille à l'égard de Coressius. Que ses mœurs fussent bonnes ou mauvaises, ce n'est pas cela dont il est question. Un homme anathématisé par l'église grecque comme le fut Cyrille, et qui la mit en combustion pendant quinze ans, par son ambition démesurée, n'avait rien à reprocher aux autres.

Coressius, dit-il, n'avait *pas le sens commun; c'était un ignorant dont les raisonnements et les disputes faisaient mal au cœur.* Cependant sur la doctrine qui regarde le Médiateur, il raisonnait beaucoup mieux que Cyrille, en distinguant très-bien la médiation de *rédemption*, qui ne convient qu'à Jésus-Christ, de la médiation d'*intercession*, qui est celle que les Grecs et les Latins attribuent aux saints. Le traducteur a ajouté le mot *aussi*, qui n'est point dans le texte, et qui fait un sens autant faux que ridicule : car en disant que les saints intercèdent aussi, il s'ensuit que Jésus-Christ intercède comme eux, ce qu'il n'y a point de Grec qui ne rejette.

La seule chose qu'on peut tirer de cette lettre, est qu'elle confirme ce que Nectarius marque dans les paroles rapportées ci-dessus, qu'on fit venir Coressius de Chio, pour disputer contre le ministre Léger, ce qui fut fait pendant un des exils de Cyrille, et par conséquent ce pouvait être sans sa participation. Nous ne trouvons aucune lumière sur le détail de ces conférences; et si ceux qui ont les premiers parlé des lettres écrites au ministre Léger avaient eu quelque bonne foi, ils auraient en même temps donné des extraits de celles que celui-ci avait écrites, qui pourraient nous instruire sur ce qui se passa en cette dispute : car elle a quelque chose de singulier, puisqu'il ne se trouve pas d'exemple dans l'histoire de ces derniers temps d'une dispute réglée touchant la religion entre les Grecs et les protestants. Il n'était pas vraisemblable que Cyrille eût déclaré toute sa liaison avec les calvinistes, quoique sa Confession fût imprimée à Genève deux ans auparavant, parce qu'il l'avait toujours désavouée. Un fourbe tel qu'il était pouvait donc avoir dit, pour justifier son commerce avec Léger, que celui-ci s'était adressé à lui pour demander des éclaircissements sur la religion; le venin de l'hérésie se répandait secrètement, comme le marque Syrigus : quelques évêques étaient gagnés, si on peut ajouter foi à ce qui est dans la lettre du moine Arsénius. Il n'en fallait pas davantage pour engager les Grecs à défendre leur religion en dispute réglée.

Il y a beaucoup d'apparence que Léger ayant conservé jusqu'à des billets qui ne signifiaient rien, et d'autres papiers aussi frivoles que ceux dont est grossi le recueil des *Monuments authentiques*, n'avait pas manqué de garder encore plus soigneusement les écrits faits de part et d'autre entre Coressius et lui. Pourquoi donc n'en a-t-on jamais rien produit, car ils auraient donné plus d'éclaircissement que toutes ces lettres ? On y aurait vu de quelle manière le ministre Léger parlait de Cyrille, et si sa Confession de foi fut produite dans la dispute; si on la connaissait comme étant de lui dans l'église de Constantinople; quelle part il prenait à cette dispute; si on produisait ses lettres originales, pour confondre les Grecs par l'autorité de leur patriarche. Enfin on aurait reconnu au moins que Cyrille était un imposteur quand il attribuait à toute l'église orientale des opinions qu'elle combattait. C'est donc aux réformés qui reprochent si souvent et avec tant d'injustice aux catholiques le manque de bonne foi, à éclaircir le public sur un fait de cette importance, puisque leur silence est un grand préjugé pour faire croire qu'ils ne pourraient produire les écrits de cette conférence, sans qu'on reconnût la fausseté de tout ce qu'ils ont publié touchant Cyrille Lucar.

Le commentateur de cette lettre, après avoir épuisé les trésors de Moréri sur Chio, ajoute qu'on trouvera le véritable portrait de Coressius dans une lettre suivante; que *c'était un épicurien, un homme sans religion, un parasite, cependant disciple des jésuites, ne sachant autre chose que les chicanes des controverses de Bellarmin; qui feignait d'être ennemi des papistes, et qui cependant était pensionnaire de la cour de Rome*. Il n'y a personne qui ne crût que tous ces faits sont marqués dans la lettre qu'il cite; cependant outre que Cyrille disait le contraire de celle-ci, qui porte que *les jésuites se moquent de lui et de ses semblables*, il ne dit rien dans l'autre, sinon qu'il est allé à Constantinople avec un disciple des jésuites; ce qui est une preuve à-peu-près semblable à celle qu'on voudrait tirer pour accuser un homme d'être juif ou mahométan, de ce qu'il serait venu de Constantinople dans un vaisseau où il y avait quelqu'un faisant profession du judaïsme ou du mahométisme.

Un homme qui fait un traité exprès pour soutenir que le S.-Esprit ne procède pas du Père et du Fils, un autre contre la primauté du pape et contre le purgatoire, n'avait assurément guère profité des leçons des jésuites, ni de la lecture de Bellarmin, contre lequel il a fait un traité cité par Nectarius. Mais ce serait abuser de la patience du public que d'examiner en détail toutes les faussetés qu'avance cet écrivain, qui ne savait pas les premiers éléments de la matière dont il a eu la témérité d'écrire. Il n'a connu Coressius que par ce qu'il en a trouvé dans Moréri, ou plutôt dans les additions de ceux qui ont grossi son dictionnaire; car il était mort avant l'impression de l'Histoire critique de la créance des nations du Levant, d'où est tiré cet article. Or l'auteur de cet ouvrage ne savait rien de particulier touchant Coressius, sinon qu'il avait approuvé le livre de Grégoire protosyncelle; et celui-ci avoue qu'il l'a tiré principalement des ouvrages de l'autre, qu'il regarde comme son maître, et qui l'était véritablement. On ne trouve pas dans ces extraits que Coressius fût pensionnaire de la cour de Rome; et la manière dont Caryophylle et Allatius en parlent fait assez voir la fausseté de cette calomnie. Ce que quelqu'un a mis à la marge des paroles d'Allatius dans sa dissertation *de Georgiis*, qu'on disait qu'il s'était réuni à l'Église romaine, est sans aucun fondement. Donc, puisque, selon le témoignage de tous les Grecs, Coressius est loué comme un des plus considérables théologiens de leur église, qu'il a donné des preuves publiques de son éloignement des Latins, et que par cette raison ceux-ci l'ont traité comme un des plus emportés schismatiques, il est inutile de le vouloir rendre suspect sur des preuves aussi faibles que celles qui ont été alléguées contre lui.

On ne trouve en aucun endroit qu'il ait été religieux, et même il ne paraît pas qu'il ait été ecclésiastique; ainsi les reproches ridicules de *moine*, que fait contre lui l'auteur des *Monuments*, sont dignes de son ignorance, puisque chacun sait que cette qualité ne rend personne méprisable en quelque pays que ce soit, et encore moins dans l'église orientale.

CHAPITRE VI.

Éclaircissement touchant Grégoire protosyncelle, auteur d'un Abrégé sur les sacrements.

Comme ce n'est qu'à l'occasion de ce livre qu'on avait parlé d'abord de Coressius, il est à propos d'en dire quelque chose, puisqu'il a été cité dans la dispute touchant la *Perpétuité*, et que les calvinistes, selon leur coutume, ont rejeté son autorité, comme d'un grec latinisé. Ce grec était de Chio, compatriote de Coressius, et son plus fidèle disciple, ainsi que témoigne le patriarche Nectarius; et ce fut des écrits de son maître qu'il composa cet ouvrage, sous le titre *d'Abrégé des divins et sacrés dogmes de l'Église*, qui fut imprimé à Venise en grec vulgaire en 1635. On en a donné depuis peu une analyse. Grégoire reconnut qu'il avait tout tiré de Coressius, et celui-ci approuva le livre. Il a depuis été considéré comme représentant fidèlement la doctrine des Grecs; et quoique l'auteur emploie divers termes de scolastiques, c'est néanmoins d'une manière qui n'altère en rien la substance du dogme, imitant en cela Mélèce d'Alexandrie et Gabriel de Philadelphie.

Le seul argument dont les calvinistes se sont servis pour diminuer l'autorité de ce théologien, est que son livre avait été imprimé à Venise avec permission; quoique chacun sache que les Grecs, ayant une entière liberté dans ce pays-là, et étant sous la protection de la seigneurie, vivent selon leurs lois, et qu'il s'y est imprimé un grand nombre de livres contre les Latins. Ainsi cette objection ne peut frapper que ceux qui n'ont aucune connaissance de cet usage, et même des livres des Grecs. Car les *Menées*, le *Synodicon*, le *Paracleticon*, le *Triodion*, et en un mot tous les livres ecclésiastiques, dans lesquels il y a diverses choses contre l'Église romaine, ou d'autres qu'elle n'approuve pas, ont été imprimés de même à Venise, avec la permission des magistrats.

De plus, la preuve certaine que Grégoire était un Grec fort éloigné des Latins, est que dans l'article 8 il parle de la procession du S.-Esprit selon le sentiment des schismatiques; qu'il ne reçoit pas les paroles *filioque*, ajoutées au symbole; et qu'expliquant la consécration de l'Eucharistie, il dit, contre l'opinion commune de la plupart des scolastiques, qu'elle ne se fait pas par les seules paroles de Jésus-Christ, mais aussi par l'invocation du S.-Esprit. A ces marques on reconnaît un Grec véritable, et qui n'est point latinisé. C'est aussi ce que prouvent incontestablement les éloges qu'ont faits de l'auteur et de l'ouvrage Nectarius dans sa lettre aux Sinaïtes, Dosithée dans la conclusion des décrets du synode de Jérusalem de 1672, qu'il a fait imprimer en Moldavie avec des additions considérables en 1690; les évêques assemblés à Constantinople l'année suivante, sous le patriarche Callinique, dans leur sentence synodale contre Jean Caryophylle; Panaïotti dans diverses lettres, ainsi que quelques autres Grecs.

Cependant M. Smith en juge d'une manière bien différente, et il fallait de nécessité qu'il rejetât l'autorité d'un tel témoin, puisqu'elle ne pouvait subsister sans renverser tout son système de la nouveauté du mot et du dogme de la transsubstantiation. Voici donc comme il parle : *Pour ce qui regarde Grégoire, prêtre et religieux, sous le nom duquel parut, en 1635, à Venise, un abrégé des dogmes de l'église grecque, nous nous mettons fort peu en peine s'il en est le véritable auteur; s'il a pris justement la qualité de protosyncelle de la grande église, c'est-à-dire, de celle de Constantinople, ce qu'on doit révoquer en doute. Si ce nom, qui sonne fort haut, doit s'entendre de l'église de Chio, contre toute coutume, il s'en va en fumée. Celui qui est revêtu de cette dignité n'est presque jamais absent de Constantinople, ne pouvant que rarement s'éloigner de la personne du patriarche, du conseil duquel il est. Or ce Grégoire était, à ce qu'on dit, établi à Chio. Mais enfin, qu'il ait été protosyncelle, nous lui rendrons l'honneur qui lui est dû. Si cependant quelqu'un se souvient que depuis que l'île a été prise par les Turcs, il s'y est établi des prêtres de la communion romaine, et qu'il s'y trouvait aussi des jésuites, on n'aura pas tort de soupçonner par l'inspiration de qui il a débité ces oracles. Afin*, continue-t-il, *de donner plus d'autorité à sa personne et à son ouvrage, il avait eu recours à George Coressius pour l'aider dans son travail, faisant entendre qu'il le doit pour la plus grande partie à ses soins, à ses conseils et à ses instructions; et pour lui faire honneur, il l'appelle un théologien très-savant. Celui-ci, pour lui rendre la pareille, a fait un bel éloge de ce livre, assurant qu'il contenait une doctrine véritable et orthodoxe. Lorsque j'étais à Constantinople, je n'ai pas ouï seulement parler de ce livre; aucun des évêques et des caloyers avec lesquels j'ai eu quelque familiarité ne m'en a parlé; et s'il avait été en quelque estime parmi eux par la matière, ou par considération pour l'auteur, il y a sujet de s'étonner que la mémoire en ait sitôt été effacée. Ensuite il demande qui est donc ce Coressius; si c'est celui qui a écrit si fortement contre l'Église romaine, que Caryophylle a déchiré par ses vers; et il s'étonne comment un changement si subit peut être arrivé. Sur quoi il fait cette conjecture : qu'il est vraisemblable que le ressentiment qu'il eut d'avoir été excommunié par son patriarche, ce qu'il avance sur le témoignage d'Allatius, l'anima tellement, que, pour se venger de cette infamie, il rechercha la faveur et l'amitié des Romains, et que pour cela il approuva le livre de Grégoire : tel est le roman de M. Smith.*

Lorsqu'on en fait, il les faut faire vraisemblables, et on ne croit pas que jamais la vraisemblance puisse être plus choquée que dans celui-là. Il est clair qu'il n'avait jamais rien su de Coressius que ce qu'il en a lu dans Allatius et dans l'histoire critique; et les injures de Caryophylle et d'Allatius devaient lui faire comprendre qu'elles n'étaient fondées que sur la haine de l'Église romaine que Coressius avait fait paraître dans ses écrits, et par conséquent qu'il n'était pas un Grec latinisé. Il fallait que M. Smith s'informât à Constantinople de personnes dignes de foi, si Coressius avait été excommunié, et ils lui auraient répondu que non : au moins il n'en a pas allégué une seule preuve que ce qu'Allatius rapporte, comme l'ayant ouï dire depuis peu. Mais par une merveilleuse rhétorique, il a aussitôt tiré les conséquences d'un fait très-faux, ou au moins très-incertain; et c'est que cette excommunication prétendue fut cause qu'il se tourna du côté des Latins, et que, pour gagner leur amitié et leur protection, il approuva un livre qui contenait une doctrine condamnée parmi eux comme hérétique, et la même précisément qui lui avait attiré les vers sanglants de Caryophylle et les injures d'Allatius. Cela ne peut pas être regardé comme un abandon de la religion grecque pour embrasser celle des Latins, sinon en supposant avec M. Claude qu'un Grec latinisé est celui qui, croyant la présence réelle et la transsubstantiation, peut croire impunément tous les autres articles qui sont condamnés par les Latins; supposition dont la fausseté a été démontrée par des preuves incontestables. S'il y a quelque changement dans la doctrine de Coressius, ce ne peut être que celui-là; mais où M. Smith a-t-il trouvé qu'avant cette prétendue excommunication ce Grec n'eût pas enseigné la transsubstantiation telle qu'elle est marquée dans le livre qu'il approuve? M. Smith le devine; mais nous savons certainement par le témoignage de Nectarius, qui est plus authentique que le sien, que Coressius avait soutenu la transsubstantiation contre le ministre Léger, indépendamment de l'ouvrage de Grégoire, et avant qu'il fût imprimé.

De plus, il faut se souvenir qu'Allatius écrivait en 1644, touchant cette excommunication, comme d'une chose nouvelle, et que l'approbation du livre de Grégoire était de 1635, temps auquel on apprend par une lettre de Cyrille que Coressius fut appelé de Chio pour disputer contre Léger, entre autres sur la transsubstantiation, ce qui achève de détruire la conjecture de M. Smith. Au moins il est louable sur sa sincérité; car il n'a pas dit qu'aucun Grec lui eût parlé de ce Coressius ou de ce théologien de la manière dont il en parle, et il n'a pas même osé dire qu'il n'avait point entendu parler de lui, ce qui est un de ses grands arguments contre Grégoire protosyncelle.

On a déjà fait voir ailleurs que ces sortes de témoignages négatifs ne prouvaient rien, quand ils étaient contredits par d'autres certains et positifs, encore moins quand ils étaient contre la notoriété publique. *Je n'ai pas ouï parler de ce livre*, dit M. Smith, *pendant que j'étais à Constantinople*; mais c'était sa faute. Que n'en demandait-il des nouvelles à Nectarius et à Dosithée? Ils n'auraient pas fait de difficulté de lui en dire en particulier ce qu'ils ont dit dans des actes publics et dans des livres imprimés, que Grégoire protosyncelle était un écrivain très-orthodoxe, qui avait des premiers écrit pour maintenir la doctrine de leur église touchant la transsubstantiation contre le calvinisme, que Cyrille tâchait d'y introduire. On ne trouvera pas un seul Grec qui parle autrement; et à ce qu'on a écrit de Venise, ce livre inconnu, selon M. Smith, a été imprimé en Moldavie comme généralement approuvé.

Après cela il est bien inutile d'examiner s'il était protosyncelle de la grande église de Constantinople ou non. Un voyageur saura-t il mieux de pareils faits que ceux du pays? Il était de Chio, donc il ne pouvait pas avoir de charges dans l'église de Constantinople. Cyrille Lucar, qui était candiot, devint bien protosyncelle d'Alexandrie avant que d'en être patriarche. Mais, poursuit-il, le protosyncelle ne peut pas s'absenter. Qui le lui a dit? Ce même Cyrille était protosyncelle d'Alexandrie lorsqu'il fut envoyé en Pologne, en Lithuanie et en Moldavie; et de plus, qui a dit à M. Smith que Grégoire n'ait pas été à Constantinople?

L'argument qui suit est de la même force que les précédents, que si on *fait réflexion que depuis que les Turcs se sont rendus maîtres de Chio, des prêtres de la communion romaine s'y sont établis, et surtout des jésuites, on n'aura pas de peine à deviner qui a inspiré ces oracles; c'est-à-dire, la transsubstantiation à Grégoire*. Ce raisonnement pèche en plusieurs manières : d'abord en ce que d'une simple possibilité il conclut un fait, car personne ne nie qu'il est possible que des Grecs qui ont commerce avec des Latins ne puissent être instruits sur les points qui nous séparent, et se réunir à l'Église catholique. Mais cela ne prouve pas que la chose soit arrivée; secondement, l'argument est fondé sur une fausse supposition, qui est qu'un véritable Grec ne peut croire la transsubstantiation s'il ne l'a apprise des Latins, et la fausseté en a été prouvée d'une manière sans réplique; troisièmement, il est fondé sur une fausseté manifeste dans l'histoire. Les Turcs, sous le commandement de Piali, se rendirent maîtres de Chio en 1566. Elle était alors soumise aux Génois, auxquels l'empereur Andronique Paléologue l'avait donnée en 1346, et la puissante maison des Giustiniani en était presque la maîtresse. Les Génois prétendent qu'ils en firent la conquête, et les Grecs confirment ce qu'en disent les historiens de Gênes. Les Turcs enlevèrent les principales familles des habitants, et les envoyèrent en exil dans divers endroits; et ce n'a été que quelque temps après qu'ils accordèrent, à la prière des rois de France, la liberté du retour à ces Chiotes dispersés, et qui souffraient une dure servitude. Ainsi tant s'en faut que la conquête de l'île par les Turcs donnât occasion aux Latins de s'y établir, qu'elle fut leur ruine; car ils y avaient toute l'autorité, et ils la perdirent, autant pour le spirituel que pour le temporel. Les Grecs leur étaient soumis, et depuis la conquête ils devinrent indépendants. Ainsi l'histoire seule détruit entièrement cette conjecture, qui de plus a encore

un autre défaut, en ce qu'elle ne prouve pas davantage la facilité d'inspirer les sentiments de l'église romaine aux Grecs de Chio, qu'à tous les autres de la Grèce, puisque long-temps avant la prise de Constantinople par les Turcs, il y avait des Latins établis partout, et des religieux qui n'étaient pas moins zélés que ceux qui leur ont succédé dans les missions. Voilà à quoi se réduisent les preuves de M. Smith contre Grégoire protosyncelle.

Les autres objections qu'on pourrait former contre cet auteur ne sont pas moins faibles, et elles sont réfutées en partie par ce qui a été dit en détail de la créance des Grecs. Avant que les protestants eussent paru, Siméon de Thessalonique avait expliqué la doctrine des sacrements de même qu'ils la croient présentement; et il n'y a pas d'auteur des temps modernes auxquels ils défèrent plus qu'à celui-là. Si quelqu'un pouvait douter qu'ils reconnaissent sept sacrements de même que l'Église romaine, il n'a qu'à ouvrir l'Eucologe pour en être convaincu. Quand on dira qu'il ne faut pas déférer beaucoup à Grégoire et à Coressius, parce qu'ils copient Bellarmin, c'est le reproche du monde le plus frivole, et qui est plus digne de jeunes proposants que de théologiens. A cause que dans les disputes de controverses plusieurs catholiques ont profité avec raison des travaux de ce grand homme; que peut-être il y en a eu un assez grand nombre qui avaient borné toutes leurs études à la lecture de ses ouvrages, les ministres ont cru facilement que nous ne savions rien de meilleur; et qu'ainsi on les mettait entre les mains des Grecs, et que tout ce qui se trouvait conforme à la doctrine catholique dans leurs écrits, était pris de Bellarmin. Est-ce de lui que Syrigus, auquel on fait le même reproche, avait appris tout ce qu'il a écrit sur la procession du S.-Esprit, sur les azymes, et sur tout ce qui est le fondement du schisme des Grecs? Nectarius, qui a composé un grand traité contre la primauté du pape, avait-il fort profité de ce qui est dans celui de Bellarmin sur le même sujet? Coressius, le maître de Grégoire, avait-il appris tout ce qu'il savait dans Bellarmin, comme Cyrille Lucar mandait à Léger, puisqu'il avait écrit contre lui, ainsi que le témoigne Nectarius? On rend justice à Bellarmin; il a rendu de grands services à l'Église, et ses ouvrages ne sont pas si méprisables que prétendent les protestants. Cependant on est obligé d'avouer qu'il a souvent été trompé dans ses citations des Pères grecs; il avait peu étudié la discipline grecque, et il n'avait aucune connaissance des théologiens modernes de la Grèce. Ainsi un Grec tant soit peu instruit ne peut pas être fort frappé des arguments de cet auteur.

Il est vrai que depuis les disputes que produisit la Confession de Cyrille Lucar, les Grecs se sont servis de Bellarmin, pour s'instruire plus à fond des opinions des luthériens et des calvinistes, dont il rapporte les passages; et c'est peut-être le seul usage qu'en ont fait les schismatiques. Mais ce n'était pas être son disciple que de prendre de ses écrits ce qu'ils auraient en peine à trouver ailleurs. Quand ils combattent les erreurs des protestants, ils ont des armes tirées de leurs propres livres ; et Dosithée seul cite un bien plus grand nombre de passages, qu'il ne s'en trouve dans Bellarmin. On ne dira pas que ce soit de lui que les Grecs ont tiré cette proposition, que le pain et le vin sont changés par les paroles de Jésus-Christ, et par l'invocation du S.-Esprit, puisqu'il la combat comme une erreur. Il faut donc convenir qu'on ne peut attaquer l'autorité de Grégoire, comme s'il eût été un faux Grec, puisqu'il a eu dès le temps qu'il mit son ouvrage au jour l'approbation de toute son église, et qu'il l'a encore.

Les fades plaisanteries sur ce qu'il avait recherché l'approbation de Coressius, et celles que fait l'auteur des *Monuments* sur ce que celui-ci était médecin, sont si méprisables, que ce serait perdre du temps que de s'y arrêter. Coressius, comme nous l'avons dit, était son maître ; il avait composé divers écrits, dont Grégoire a tiré son abrégé ; il était naturel qu'il recherchât son approbation, surtout dans le temps auquel Coressius avait été chargé de disputer contre Léger, et du vivant de Cyrille qu'on soupçonnait d'être favorable aux calvinistes : voilà tout le mystère. Quand M. Smith oppose à ces témoignages Gergan et Métrophane Critopule, il devait dire aussi que jamais il n'avait ouï parler d'eux à Constantinople ; et on le défie de citer un seul acte public où il soit parlé de ces Confessions, comme approuvées par l'église grecque ; c'est ce qui est décisif en cette matière. Il y aurait aussi dû apprendre que Coressius était d'une des plus nobles maisons de Chio, mais plusieurs Grecs pouvaient l'ignorer, au lieu qu'aucun n'ignorait que lui et son disciple Grégoire ne passassent pour des théologiens très-orthodoxes.

CHAPITRE VII.

Éclaircissement touchant les deux synodes contre Cyrille Lucar.

L'engagement dans lequel se trouvait M. Claude de soutenir sa proposition générale, qu'aucun Grec, ni les chrétiens orientaux ne croyaient la présence réelle et la transsubstantiation, à moins qu'ils ne fussent dans la communion de Rome, l'obligeait à en reconnaître la fausseté, ou à traiter de Grecs latinisés les patriarches de Constantinople, et les évêques qui, s'étant assemblés en 1638 et en 1642, condamnèrent la Confession de Cyrille avec anathème. Il prit ce dernier parti, et la plupart de ceux qui ont écrit après lui ont suivi ce jugement, fondé sur une fausseté manifeste, sans être appuyé de la moindre preuve : car pour attaquer les décrets de ces deux synodes, il fallait prouver que les Grecs ne les connaissaient pas, ou qu'ils les avaient condamnés et rejetés ; en un mot qu'ils avaient fait à leur égard ce qu'ils ont fait sur la Confession de Cyrille. Ensuite il était aisé de savoir s'ils avaient été enregistrés dans le *codex* ou registre de la grande église, formalité nécessaire qui manquait à cette Confession ; et donner à connaître, non par des déclamations et des choses imaginées, mais par des faits, que les évêques et les officiers qui avaient souscrit ces actes, n'étaient pas connus pour orthodoxes, mais qu'ils étaient réunis avec l'Église romaine. C'est ce que M. Claude ni aucun des siens n'ont fait ; et certainement ils ne le pouvaient pas faire. Quand on en vit les premières copies, dont Allatius se servit pour les insérer dans son grand ouvrage, nos théologiens n'y firent pas toute l'attention que méritaient ces décrets ; on les imprima en divers endroits, et on en demeura là, parce que la controverse sur l'Eucharistie n'avait pas encore été traitée par méthode de prescription, comme elle le fut dans la suite. Les calvinistes en parlèrent avec mépris, comme d'un effet de la cabale des catholiques qui avait opprimé Cyrille. Grotius et les luthériens, qui n'avaient pas les mêmes sentiments qu'eux, étant persuadés avec raison que l'église grecque était fort éloignée des opinions que Cyrille lui attribuait, ne doutèrent pas que sa condamnation ne fût véritable : c'est pourquoi ces décrets furent imprimés en Allemagne, en diverses académies protestantes.

Hottinger, professeur de Zurich, ayant entrepris de justifier cette fausse Confession par plusieurs extraits qu'il donna des lettres de Cyrille, de Léger et de quelques autres, attaqua ces décrets ; mais il fut réfuté par Fehlavius, théologien de Dantzig, d'une manière sans réplique ; car montrant comme il fait que la doctrine exposée par Cyrille n'est pas celle des Grecs, mais celle de Genève, il démontre en même temps que les décrets ne peuvent être suspects, puisqu'ils contiennent la doctrine véritable de l'église grecque.

Dans le premier volume de *la Perpétuité* on se servit de l'autorité de ces décrets, et M. Claude n'y répondit qu'en soutenant sa proposition générale, et en ajoutant de nouvelles chicanes, et les témoignages de deux Anglais, qui même n'auraient rien prouvé quand ils eussent été aussi vrais et aussi clairs qu'ils étaient faux et ambigus. Mais à la fin on a vu les savants protestants revenir d'eux-mêmes, et reconnaître qu'on ne pouvait contester la vérité de ces décrets. C'est ce que M. Allix a marqué dans ses notes sur le traité de Nectarius contre la primauté du pape, disant que ceux qui croyaient que le synode de Jassi était un ouvrage supposé, se trompaient assurément ; et si celui-là est véritable, le précédent de Constantinople ne l'est pas moins, puisqu'on ne les a jamais séparés, et que le second n'a donné aucune atteinte au premier. Depuis que le dernier volume de *la Perpétuité* fut achevé, il vint encore d'autres pièces qui confirmaient l'autorité des précédentes ; puisque les Grecs consultés sur leur créance, marquaient qu'elle était clairement expliquée par les décrets de ces deux synodes. Celui de Bethléem, ou de Jérusalem, tenu en 1672, avait inséré ces mêmes décrets en entier dans la première partie ; et comme les calvinistes avaient fait diverses objections puériles pour en diminuer l'autorité, dont la plupart ont déjà été réfutées par des preuves de fait incontestables, il est présentement encore moins nécessaire de s'y arrêter depuis l'impression qu'on en a fait faire Dosithée, qui, en qualité de patriarche de Jérusalem, avait dressé les actes ; car les décrets de ces deux premiers synodes y sont insérés, et il marque qu'il les a tirés des registres de la grande église.

M. Smith en parle d'une manière fort obscure, en sorte qu'il est assez difficile de comprendre sa pensée, mais il insiste seulement sur ce que le mot de *transsubstantiation* n'y est pas employé, et il en veut tirer avantage ; car par ses deux dissertations, il semble qu'il ne s'agisse que du mot, et non pas de la chose signifiée. Il n'a pas dit que durant qu'il était à Constantinople, il n'avait pas ouï parler de ces décrets à aucun Grec, et qu'ils leur étaient inconnus ; et puisqu'il a fait si souvent valoir cette preuve, et qu'il n'y a rien de plus fréquent que de le voir cité comme témoin oculaire, nous sommes en droit de prendre ce silence pour un aveu, dont néanmoins on n'a aucun besoin dans un fait aussi public et aussi certain que celui-là. Pour ce qui regarde l'omission du mot de transsubstantiation, on en parlera ailleurs. On se contentera de demander si on peut donner un autre sens à ces deux synodes, que celui du changement véritable et substantiel des dons proposés au corps et au sang de Jésus-Christ ; si on pouvait condamner Cyrille qui avait rejeté la *transsubstantiation* sans la reconnaître ; enfin si les Grecs ont entendu dans un autre sens les paroles de ces décrets. Mais ce qui est décisif, est que dans le second synode tenu à Jassi en Moldavie, et confirmé par le patriarche Parthénius-le-Vieux, on dressa la Confession orthodoxe, dans laquelle le mot de *transsubstantiation* est employé, et le dogme expliqué très-clairement ; outre que Syrigus, qui eut la principale part à cet ouvrage, l'a soutenue dans sa Réfutation des chapitres de Cyrille ; ce qui suffirait pour éclaircir ces décrets, s'il y avait la moindre obscurité.

On a encore cherché à critiquer ces deux synodes, par la diversité qui se rencontre entre le premier et le second, non pas pour la substance du dogme, car en cela les décrets s'accordent parfaitement, mais dans la forme. Celui de 1638, sous Cyrille de Berroée, attaque non seulement les erreurs, mais aussi la personne de Cyrille Lucar, contre lequel il y a autant d'anathèmes fulminés qu'il y avait d'articles dans sa Confession. Le synode de 1642 épargne sa personne, et condamne les articles comme portant son nom et lui étant attribués. Cette diversité ne change rien à la chose, et on en voit la raison. Cyrille de Berroée, qui présidait au premier synode, était ennemi personnel de Cyrille Lucar, auquel il avait disputé le patriarcat, qu'il posséda deux fois avant le dernier exil de ce malheureux, à la place duquel il fut établi en 1638. Il voulut donc se justifier de tout ce qu'il avait fait contre lui, en faisant condamner sa mémoire ; et il n'y avait que trop de preuves que la Confession de Cyrille était de lui, ainsi que le marque Syrigus, qui était contemporain, et dans les derniers temps Nectarius, Dosithée et tous les autres. Cependant comme il y avait plusieurs évêques auxquels le zèle de Cyrille de Berroée était suspect ; qu'ils se souvenaient de tous les serments que Lucar avait faits en désavouant cette Confession ; que chacun savait qu'elle était dénuée de tous les caractères d'authenticité requis pour un acte patriarcal ; que, nonobstant les soupçons violents et très-bien fondés, il n'avait pas été accusé canoniquement, ni convaincu ; que, d'un autre côté, on était informé du scandale et du trouble que le seul nom de Cyrille, mis à la tête de cette Confession dans l'édition de Genève, avait produit en Moscovie, en Pologne et en Moldavie ; il fut jugé à propos de remédier au mal et d'en prévenir les suites, sans commettre l'honneur du siége de Constantinople en reconnaissant qu'un de ses patriarches avait été hérétique. Ainsi on prit ce tempérament dans le synode de 1642, les erreurs furent condamnées, et la personne de Cyrille fut épargnée ; en sorte qu'il ne fut pas frappé d'anathème, comme au synode précédent ; quoiqu'on n'ait pas de peine à reconnaître qu'on était fort éloigné de la pensée de le justifier, puisque les premiers anathèmes subsistèrent sans avoir jamais été révoqués.

En cela il n'y a pas ombre de contradiction ; et on sait par Syrigus, qui assista aux deux synodes, et qui fut chargé de réfuter la Confession de Cyrille, qu'il y avait beaucoup de Grecs qui ne pouvaient croire qu'il en fût l'auteur, après le désaveu qu'il en avait fait avec des serments réitérés, et parce qu'ils lui avaient entendu prêcher publiquement le contraire ; outre que tous les jours ils lui voyaient célébrer la Liturgie, faire des ordinations, et toutes les autres fonctions patriarcales, qui ne peuvent s'accorder avec les principes des calvinistes. C'est pourquoi Syrigus dit qu'il en faut remettre le jugement à Dieu ; et cela ne l'empêche pas d'apostropher Cyrille dans sa Réfutation, comme auteur de cette fausse Confession. On voit aussi par le synode de Jérusalem, et par d'autres pièces, ainsi que par diverses lettres de M. de Nointel, qu'il y avait encore en 1671 des Grecs qui ne pouvaient se persuader que Cyrille eût été calviniste ; et c'était ce que Parthénius, qui, étant fort vieux, pouvait l'avoir vu, disait à M. de Nointel.

C'est aussi ce qui a donné lieu à la plus étrange bévue que personne pût faire sur cette matière, qui est néanmoins un des beaux endroits des *Monuments authentiques*, dont nous ne parlerions pas, si nous ne connaissions tous les jours par expérience qu'il n'y a rien de si faux ni de si absurde qui n'ait trouvé créance dans cette dispute. Cet auteur, qui s'est imaginé que dans le synode de Jérusalem, assemblé exprès contre les calvinistes, qui les condamne comme hérétiques, et qui détruit article par article la Confession de Cyrille qu'il regarde comme orthodoxe, il pouvait trouver de quoi confondre les catholiques, a prétendu de ce fait de Parthénius tirer des preuves de la fausseté du synode de Jassi. *Car il paraît*, dit-il, *par tout* ce qu'il dit (Parthénius) à M. de Nointel, que Cyrille avait été orthodoxe, et qu'en cela il approuvait la doctrine exposée dans sa Confession. — II. Que Parthénius était un malheureux, un parjure, un homme exécrable; puisque contre sa conscience, et contre le témoignage rendu plusieurs années après à cet ambassadeur, il avait fulminé des anathèmes contre Cyrille. — III. Enfin que tous ces décrets étaient faits à l'instigation de M. de Nointel. C'est là une de ces démonstrations dont il avertit sérieusement les lecteurs de se bien souvenir, ou plutôt c'est un tissu de faussetés et d'absurdités sans exemple.

Il est certain, et la seule lecture des lettres de M. de Nointel en fait foi, aussi bien que tout ce que les Grecs ont écrit sur ce sujet, que lorsqu'il y en a eu qui ont justifié Cyrille, ce n'a été qu'en supposant que la Confession qui paraissait sous son nom lui était faussement attribuée; et cela parce qu'il avait enseigné publiquement le contraire, qu'il l'avait désavouée, et que chacun l'avait vu pratiquer tout ce que pratique l'église grecque. Or le contraire de cette Confession n'est pas ce qu'elle contient, mais ce qu'elle rejette. Car opposer à ce témoignage des Grecs qui l'avaient connu, les lettres furtives par lesquelles il se vante de l'avoir reconnue et publiée dans son église, et celles de M. Haga, de Léger et des autres, est une défaite qui choque le bon sens puisqu'on ne peut pas ajouter foi sur un fait public à deux ou trois étrangers, contre le témoignage de tous les Grecs, et contre le jugement qu'ils ont fait de cette Confession dès qu'elle parut.

Voici l'éclaircissement du second article. Ce grand auteur des Monuments ayant trouvé le nom de Parthénius dans la lettre de M. de Nointel, et la remarque qu'il était fort vieux, que par conséquent il avait pu connaître Cyrille, a pris celui dont il parle pour Parthénius-le-Vieux, successeur de Cyrille de Berroée; ce qu'il a prouvé démonstrativement, en falsifiant le catalogue des derniers patriarches inséré dans la Perpétuité, et même qui est très-confus. Depuis qu'on l'a convaincu de cette fausseté, on a eu de Constantinople une liste plus exacte, par laquelle on apprend que ce Parthénius appelé le Vieux, auparavant métropolitain d'Andrinople, était mort après avoir tenu le siége cinq ans et deux mois; qu'il eut pour successeur un autre Parthénius, aussi métropolitain d'Andrinople, pendant deux ans et deux mois; puis il fut exilé. Suivit Joannicius d'Héraclée, près de deux ans; Parthénius, la seconde fois, deux ans et six mois, puis il fut étranglé; Joannicius, la seconde fois, un an, et chassé; Cyrille de Tornoue, surnommé Spanos, chassé au bout de vingt jours; Athanase Patellarus, pour la seconde fois, et chassé au bout de quinze jours; Païsius de Larisse, chassé après neuf mois; Joannicius, la troisième fois, onze mois; Cyrille de Tornoue, la seconde fois, quatorze jours, exilé; Parsius, la seconde fois, chassé après onze mois. Pathénius de Chio, huit mois, pendu par ordre du caïmacam, comme espion des Moscovites;

Gabriel de Ganos, douze jours, chassé, pendu à Burse, par la calomnie des Juifs, qui l'accusèrent d'avoir baptisé un homme de leur nation qui s'était fait Turc. Il eut pour successeur Parthénius surnommé Kumkumis, métropolitain de Burse, qui tint le siége trois ans; Denis surnommé Spanos le chassa : au bout de trois ans, Parthénius fut rétabli; Clément lui succéda, ayant été auparavant métropolitain d'Iconie. Les Grecs ne voulurent point le recevoir, le siége vaqua trois mois et vingt jours. Méthodius d'Héraclée fut fait patriarche en 1669. Parthénius fut rétabli au mois de mars 1671, et au mois de novembre, Denis, surnommé Musélimis, fut mis à sa place. Il fut déposé en 1673. Deux ans après Parthénius fut rétabli, chassé ensuite au bout de dix-huit mois par Denis, auquel Athanase succéda en 1679; mais les évêques le rejetèrent, et il s'enfuit après douze jours. Jacques de Larisse lui succéda. En 1682 Denis fut rétabli. Enfin, en 1684, le 16 de mars, Parthénius monta sur le siége pour la cinquième fois, et fut chassé l'année suivante. Ainsi ce téméraire auteur fait un seul Parthénius de quatre hommes qui ont eu le même nom; et sur un fondement ruineux comme celui-là, il remplit plusieurs pages d'injures outrées contre Parthénius-le-Vieux, mort vers l'an 1645, sur ce qu'un autre de même nom avait dit plus de vingt-cinq ans après à M. de Nointel : et ce qui est encore à remarquer, ce fut dans le synode de Cyrille de Berroée que furent fulminés les anathèmes contre Cyrille en 1638, et non pas dans celui de Parthénius en 1642. Enfin l'auteur des Monuments attribue ces décrets faits en 1642 aux intrigues de M. de Nointel, qui n'arriva à Constantinople qu'en 1670.

Nous finirons ce qui regarde ces synodes par une réflexion qui doit frapper tous ceux qui cherchent sincèrement à connaître la vérité. On ne peut plus douter qu'ils n'aient été assemblés dans toutes les formes, que tout n'ait été fait en public aux yeux de toute l'église grecque, puisque les décrets ont été insérés dans le codex de la grande église. Les Grecs des temps suivants les ont reconnus pour légitimes, et c'est sur leurs témoignages réitérés plusieurs fois que nous assurons qu'ils contiennent leur véritable créance. Les protestants, depuis leur séparation, ont-ils trouvé quelques décrets semblables, revêtus de ces marques certaines de vérité et d'authenticité, qui autorisassent la fausse exposition de Cyrille? Quel usage n'en feraient-ils pas, puisqu'ils n'ont pas de honte de revenir toujours à cette pièce informe, et contredite par tous les Grecs?

Elle a été condamnée par deux synodes, réfutée par un théologien fameux, qui fut chargé de ce travail par le clergé de Constantinople. On n'attendit pas longtemps pour faire cette condamnation, puisque la première, sous Cyrille de Berroée, fut faite l'année même de la mort de Cyrille Lucar; la seconde quatre ans après, et qu'aussitôt on fit imprimer les décrets en Moldavie; car la première édition, qui est de Jassi, fut en 1642, dont il y a un exemplaire dans la bibliothèque de S.-Germain, et un dans celle de Sainte-Geneviève. Les Grecs ont-ils jamais fait imprimer en cette manière la Confession de Cyrille? Ont-ils rétracté ou censuré ces mêmes décrets depuis soixante-dix ans? D'autres synodes les ont-ils condamnés? Au contraire, celui de Jérusalem les a insérés tout au long, et celui du patriarche Callinique les cite comme règles de la foi : Nectarius, Dosithée, Panaiotti, d'autres Grecs, les allèguent aussi comme ayant une autorité incontestable dans l'église grecque.

Les raisons de la convocation de ces synodes sont claires, et il n'est pas nécessaire d'en deviner qui ne furent jamais, et qui ne sont fondées que sur des imaginations et de fausses suppositions. Le trouble était il y avait déjà longtemps dans l'église de Constantinople par l'ambition de Cyrille Lucar, et encore plus parce qu'il était violemment suspect de calvinisme; car, nonobstant qu'il désavouât sa Confession, il y avait des indices plus que suffisants qu'elle était de lui; ses liaisons avec les protestants confirmaient ce soupçon, et son exemple aussi bien que son autorité pouvaient répandre ses erreurs dans toute la Grèce. C'est sur cela que s'assembla le premier synode, et le second quatre années après, afin qu'il ne restât aucun prétexte à en contester l'autorité. Car comme le premier ne contenait à proprement parler que des anathèmes contre Cyrille, qui tombaient autant sur sa personne que sur sa mauvaise doctrine, et qu'il se trouvait un assez grand nombre de Grecs qui s'étaient laissé tromper par tous les serments qu'il avait faits de n'avoir point d'autres sentiments que ceux de l'église grecque, que Cyrille de Berroée avait aussi des ennemis, et que sa conduite n'était guère plus édifiante que celle de Cyrille Lucar, les évêques jugèrent très-prudemment qu'il ne fallait pas confondre la cause personnelle de celui-ci avec la cause commune de la religion ; de sorte que les décrets du second synode condamnèrent l'erreur, sans condamner la personne de cet apostat. Les Grecs y furent encore engagés par les nouvelles qu'ils eurent de Moldavie, et par les instances que fit le vayvode Basile d'arrêter le mauvais effet que produisaient en ce pays-là et dans les provinces voisines, en Pologne, en Lithuanie et en Moscovie, les copies imprimées à Genève d'une Confession toute calviniste, qui néanmoins portait le nom d'un patriarche de Constantinople. Ils examinèrent donc synodalement, sous l'autorité et sous les yeux du patriarche Parthénius-le-Vieux, les mémoires envoyés par le métropolitain de Kiovie, et par les autres prélats de ces provinces; les décrets dont ils avaient fait le projet y reçurent la dernière forme; ils furent approuvés par le patriarche et par les évêques assemblés; puis on choisit des députés revêtus de tous les pouvoirs nécessaires, afin d'en confirmer l'acceptation dans le synode de Jassi, qui écrivit sur ce même sujet au vayvode Basile; et telle fut la procédure observée dans toute cette affaire, où il ne se trouve rien que de très-canonique.

Comparons la Confession de Cyrille Lucar à ces décrets : outre les défauts de formalité qui ont déjà été remarqués, tout y est défectueux. Il dit qu'on lui avait demandé quelle était la créance de l'église orientale; pourquoi ne marquait-il pas ceux qui l'interrogeaient sur ce point, sinon qu'il aurait eu honte de nommer des étrangers connus pour hérétiques, et contre lesquels son église s'était assez déclarée, tant autrefois par les réponses de Jérémie aux théologiens de Wittemberg, que par les disputes contre le ministre Léger, dont Coressius avait été chargé par une délibération publique? Ce n'était pas là une raison qui dût engager un patriarche à donner une Confession de foi à des inconnus, qui, comme marque Syrigus, ne pouvaient la demander à bonne intention. Mais enfin supposons qu'on dût leur donner cet éclaircissement, ce n'était pas furtivement et en latin comme il le donna d'abord, ni même en la dernière forme, qu'il fallait le faire. C'était en communiquant l'affaire aux évêques assemblés, en leur proposant à examiner les articles de cette Confession, en les leur faisant souscrire en présence des officiers de la grande église, et en la faisant enregistrer dans le *codex*. Par cette comparaison, outre la fausseté évidente de ce que contient cette Confession, on y reconnaît un défaut entier dans les formes, avec toutes les marques de tromperie et de dissimulation ; et cependant les calvinistes s'opiniâtreront à combattre l'authenticité de deux synodes solennels qui l'ont condamnée. Pourquoi Cyrille, qui n'ignorait pas la nécessité de ces formalités, ne les observa-t-il pas? Car si, comme on veut que nous le croyions sur le témoignage de M. Haga et de Léger, il avait communiqué ses pensées à plusieurs évêques et autres de son clergé, il fallait les assembler synodalement ; et s'ils approuvaient sa Confession en particulier, *si lui et les autres étaient prêts de sacrifier leurs vies pour la défense de la doctrine du très-saint docteur Calvin*, comme il le mandait dans ses lettres, il le fallait déclarer publiquement. Autrement il ne faut pas faire valoir son zèle pour la vérité, puisque s'il la soutenait dans ses lettres et chez l'ambassadeur de Hollande, il la trahissait certainement par ses discours publics, et encore plus par sa conduite, pratiquant tout ce qu'il condamnait comme superstitieux et abominable. Jamais les calvinistes n'ont répondu à cette difficulté, et on ne croit pas qu'ils puissent y répondre.

Ce n'est pas en effet répondre, ni à celle-là, ni à plusieurs autres, que de dire comme a fait M. Smith, *qu'il n'est pas obligé de réfuter ces moines ignorants, impertinents et superstitieux, qui n'entendaient guère l'état de la question* ; il parle entre autres de Syrigus, ce qui fait voir qu'il ne le connaissait guère; qu'*il suffit de leur opposer Geryan, évêque de Larta, et Métrophane Critopule, si on examine le mérite et non pas le nombre des témoins, et que ceux-ci soutiennent la cause de Cyrille et des réformés*. Il faut une merveilleuse logique pour prouver que deux hommes doivent être crus au préjudice de quatre synodes et de plus de cinq cents évêques ou autres ecclésiastiques; que des témoignages fortifs détruisent les actes publics; enfin que ce sera des protestants, qui paraissent partout ignorer entièrement la doctrine, la discipline et l'histoire de l'église grecque, qu'on apprendra qui sont les Grecs qui méritent créance, et qui sont ceux qui n'en méritent aucune. Si par les réformés M. Smith entend les calvinistes, suivant l'usage fréquent de ce mot, la Confession de Métrophane Critopule, imprimée à Helmstadt, ne leur est pas si favorable; et comme elle est plus conforme au luthéranisme qu'au calvinisme, elle ne confirme pas la Confession de Cyrille. Telle que puisse être celle de Métrophane, car nous n'en savons rien de particulier, il est bien inutile de l'alléguer, puisqu'il signa la condamnation de Cyrille dans le premier synode, en qualité de patriarche d'Alexandrie. Pour Zacharie Gergan, personne n'en aurait jamais ouï parler sans son Catéchisme calviniste; et on laisse à juger à toute personne raisonnable si un vagabond hors de son pays, qui se dit évêque d'une petite ville, est plus croyable que toute sa nation, que les patriarches, que les évêques qui le démentent depuis tant d'années. Il n'y a qu'à citer encore d'autres misérables, gens décriés ou inconnus dans leur propre pays, comme de ces prétendus archevêques qui ont passé en Angleterre ou en Allemagne, pour y dire tout le contraire de la vérité et de ce qu'ils avaient dit ailleurs. On ne peut assez s'étonner que les calvinistes en aient osé nommer quelques-uns, comme un métropolitain d'Éphèse, qui nous apprend que les Grecs n'honorent point le images, quoique chacun sache qu'ils poussent cette dévotion jusqu'à l'excès. Un tel aventurier sera-t-il plus croyable que toute la Grèce et que les offices publics, ou que les anathèmes réitérés contre les iconoclastes le dimanche appelé de l'Orthodoxie?

Nos théologiens ont pu avoir des témoignages de cette nature sans nombre, et cependant conformes à la vérité, connue d'ailleurs par tant de preuves incontestables : car ces Grecs et Orientaux voyageurs, après avoir passé à Rome, où ils se munissent d'attestations et de certificats qu'ils y obtiennent avec assez de facilité, viennent ordinairement en France. Il en est venu ainsi plusieurs dans le cours de la dispute sur la perpétuité, et on ne s'est pas mis en peine de prendre d'eux des attestations, quoique si on l'eût voulu faire, on en eût pu ramasser un grand nombre, desquelles on aurait fait des volumes. Mais elles n'auraient jamais eu la même force que des décrets aussi authentiques que ceux de ces synodes; et puisque les plus savants protestants reconnaissent qu'on ne les peut pas accuser de supposition, on ne croit pas que désormais d'autres les osent attaquer.

CHAPITRE VIII.
Éclaircissement touchant Mélétius Syrigus.

Après avoir parlé des deux synodes contre Cyrille Lucar, il est à propos de parler d'un des plus fameux théologiens de l'église grecque, qui assista et souscrivit à l'un et à l'autre, et qui eut la principale part à la **confession** orthodoxe, sur laquelle nous donnerons un éclaircissement particulier. C'est Mélèce, surnommé Syrigus, candiot de naissance, prêtre religieux et interprète ou prédicateur de l'Évangile dans la grande église de Constantinople. Le patriarche Dosithée a mis à la tête de l'édition faite à Bucharest de la réfutation de Cyrille par Syrigus, un abrégé de sa vie qui nous en apprend diverses circonstances que nous rapporterons succinctement.

Il naquit à Candac (c'est ainsi que les Grecs et les Turcs appellent Candie) dans l'île de Crète : et il eut pour maître dans ses premières études des lettres humaines Mélèce, surnommé Blostos, prêtre et religieux. Il alla ensuite en Italie, où il étudia en logique sous Théophile Corydale; ensuite il apprit la rhétorique, les mathématiques et la physique à Padoue. Il revint en son pays, et il fut ordonné prêtre à Cérigo, parce qu'il n'y avait point d'évêque orthodoxe, c'est-à-dire, du rit grec, dans l'île de Crète, dont alors les Vénitiens étaient les maîtres; et il prêcha la parole de Dieu d'une manière docte et orthodoxe; mais il eut à souffrir des embûches que lui dressa un des principaux laïques, sur ce qu'en l'abordant il ne s'était pas découvert, en ôtant son *camilauchion*, ou froc monastique. Quelque temps après, il fut fait hégumène ou abbé d'un monastère situé au lieu dont il est parlé dans les Actes des apôtres appelé *les bons Ports*. Le général de Candie y étant allé en dévotion, ordonna à ses moines de célébrer la messe dans l'église, le supérieur principal se trouvant absent; Mélèce ne permit pas que les Grecs y célébrassent la Liturgie avant que d'avoir fait sa réconciliation de l'église. Ce laïque, nommé Constantin, le rapporta au général; et comme il fut résolu de condamner Mélèce à mort, lorsqu'il en eut avis il s'enfuit à Alexandrie, d'où il fut appelé à Constantinople en 1630 par Cyrille Lucar, qui était alors patriarche. Il se logea dans le quartier de Chrysopège, et il prêcha dans l'église plusieurs sermons de morale et de théologie; puis ayant ouvert une école, il enseigna la grammaire et les sciences, jusqu'en 1639. Cette même année il fut envoyé à Jassi avec Porphyre de Nicée, sous le patriarche Parthénius-le-Vieux, et là ils assemblèrent un synode particulier, par les soins de l'illustre vayvode Basile. Il revint à Constantinople en 1644, et ayant tenu des discours qui ne plurent pas au patriarche Parthénius II, quoique conformes à la vérité, il se retira à Jassi. Des affaires pressantes le firent revenir à Constantinople, autant que l'espérance qu'il avait en la protection de Panaïotti son disciple, interprète de l'empereur. Mais trouvant le patriarche implacable à son égard, il alla à Chio et dans les bourgades voisines, d'où il revint après la déposition de Parthénius, sous Joannicius son successeur au patriarcat, et il se remit dans sa première habitation. Parthénius fut rétabli, ce qui l'obligea encore à se retirer à Tryglia, village d'Apamée de Bithynie; il y demeura jusqu'après la mort de Parthénius, arrivée en 1651; et étant rappelé par Joannicius, il retourna au quartier de Chrysopège; ensuite il alla loger à Galata après le grand embrasement, et il y mourut en 1664, le 1%

avril, âgé de 78 ans. Son corps fut porté à Tryglia, et enterré dans le monastère des SS. Pères. Il laissa deux principaux disciples, Arsénius, religieux prêtre et confesseur des nobles de Constantinople, et Joannakis Porphyrite, premier interprète de l'empereur, qui vivait encore en 1690.

Les écrits qu'il a composés, outre la Réfutation de Cyrille, sont des homélies sur tous les dimanches de l'année; trois tomes sur divers passages de l'Écriture; la Confession orthodoxe qu'avaient composée les Russes et Pierre, métropolitain de Kiovie, qu'il corrigea par ordre du synode de Jassi. Il a traduit du latin les homélies d'Origène sur l'Épître aux Romains; il a mis le traité de l'empereur Jean Cantacuzène contre les Mahométans en langue vulgaire, ainsi que les instituts de Justinien, et l'abrégé de droit des empereurs Léon et Constantin, à la prière du vayvode Basile. Tel est le récit que fait Dosithée, auquel nous ajouterons les circonstances suivantes, toutes tirées des auteurs qui ont parlé de lui, ou de mémoires fort authentiques.

Il était déjà en dignité avant 1638, puisqu'il souscrivit les anathèmes fulminés contre Cyrille Lucar et contre sa Confession, avec la qualité de docteur de la grande église, et il signa le premier après les évêques. Nectarius marque dans sa lettre aux religieux du Mont-Sina, qu'il fut chargé par le synode de travailler à la réfutation des articles de Cyrille, et qu'il s'en acquitta avec beaucoup de capacité. Dans la copie de cet ouvrage faite sur l'original, et qui fut donnée par Panaiotti à M. de Nointel, il est marqué que Mélèce commença à y travailler le 15 novembre 1638, et qu'il l'acheva le 28 novembre 1640. Ainsi il fut fait entre les deux synodes; de sorte que si l'auteur y eût mis quelque chose qui n'eût pas été conforme à la créance de son église, le synode de 1642 l'aurait sans doute corrigé. Mais au contraire cette Réfutation a été depuis toujours louée par les Grecs comme un ouvrage très-orthodoxe, par le synode de Jérusalem, par celui du patriarche Callinique, par Nectarius, par Dosithée, et ce dernier l'a fait enfin imprimer il y a quelques années en Moldavie en grec vulgaire.

Lorsque Mélèce Syrigus y fut envoyé par le patriarche Parthénius-le-Vieux, il fut revêtu de toute l'autorité qu'il lui pouvait donner; tant à son nom qu'au nom du synode, où furent examinés les articles qui avaient été projetés par les églises de Pologne, de Russie, de Moldavie et de Moscovie, comme propres à empêcher les suites que pourrait avoir en ce pays-là la Confession de Cyrille Lucar, dont il s'était répandu diverses copies. Syrigus eut la principale part à ces articles, il les signa à Jassi avec les autres députés qui avaient été envoyés de Constantinople, où ils furent de nouveau confirmés par le patriarche et par son synode, qui est celui de 1642. En même temps il dressa la Confession orthodoxe en langue vulgaire, qui fut de même approuvée par Pierre Mohila, métropolitain de Kiovie et exarque, qui en avait été le premier promoteur, et elle fut confirmée par les quatre patriarches de l'église grecque en 1642, ensuite par les autres, comme nous l'expliquerons en son lieu. Tous rendirent témoignage au mérite de Syrigus, comme en ayant été le principal auteur, et ils lui donnèrent en même temps les plus grands éloges qu'on puisse donner à un particulier.

On cita dans le dernier volume de *la Perpétuité* quelques extraits de l'ouvrage de Syrigus contre la Confession de Cyrille Lucar, et on en tira une observation particulière touchant le mot de *transsubstantiation*. Mais comme la copie qui fut envoyée par M. de Nointel n'arriva à Paris que sur la fin de l'édition de ce troisième volume, les extraits ne furent donnés qu'en français et en abrégé. M. Simon, auquel on avait prêté ce manuscrit, imprima cet endroit en grec, dans son Histoire critique des nations du Levant, et quelque temps après il le cita pareillement dans le traité de la *Créance des Grecs*. M. Smith, qui n'a jamais connu Mélétius Syrigus que par les extraits de l'histoire critique, fit imprimer deux ans après ses *Miscellanea*. Comme le principal dessein de cet ouvrage, qui est très-court par rapport à l'importance de la matière, puisqu'elle consiste en faits, et non pas en raisonnements fondés sur des conjectures, est de justifier Cyrille Lucar; de prouver qu'il doit être regardé comme un saint et comme un martyr; enfin que sa Confession représente fidèlement la créance des Grecs; que tous ceux qui ont eu d'autres opinions, surtout ceux qui admettent la présence réelle et la transsubstantiation, sont de faux Grecs latinisés, suivant en cela le système de M. Claude; il est aisé de juger que le témoignage de Syrigus l'incommodait. Il entreprit donc d'en détruire l'autorité d'une manière fort singulière, et aussi conforme au génie de M. Claude, qu'elle était favorable à son système : car il décida hardiment que Mélèce Syrigus, dont il ne savait que ce qu'il avait lu dans le livre qu'il entreprit de réfuter, était un homme obscur, un insolent et un impertinent moine, partial, occupé entièrement du dessein de favoriser l'Église latine, et élevé à Rome, si je ne me trompe, disait-il, dans le collége des Grecs. Il ajoute qu'il n'avait jamais ouï parler de lui à Constantinople; preuve négative fort extraordinaire, puisqu'il avouait aussi que jamais il n'avait ouï parler en ce pays-là de Gennadius; en sorte qu'il en est revenu sans avoir entendu dire les choses les plus communes et les plus certaines; et il voulait nous faire croire qu'il en avait appris d'autres inconnues à tous les Grecs, comme ce qu'il dit touchant la vie et le martyre de Cyrille Lucar.

Il paraîtra étonnant qu'un théologien qui entreprend d'écrire sur la religion des Grecs, n'ait pas lu les deux synodes tenus contre cet apostat : car on ne peut les avoir lus sans trouver le nom de Mélèce Syrigus, qui a signé après le dernier évêque dans celui de 1638, avec la qualité de *docteur de la grande église*; dans le second, qu'on appelle communément celui de Jassi, il signe le premier après le supérieur du *monastère ducal des trois Prélats*; c'est-à-dire, après les députés du pays, et il a la qualité de *prédicateur de l'Évangile*. M. Smith les a pris pour de vains titres qui ont été donnés à ce Grec par flatterie ; mais par les notices on reconnaît que ces offices sont des plus considérables dans l'église de Constantinople. On demande à toute personne raisonnable si un homme qui les a exercés ; qui est député par son patriarche pour une affaire aussi sérieuse que des articles de religion qui doivent être proposés comme règles de la foi, pour de vastes provinces comme la Moscovie, la Pologne, la Moldavie et la Valachie, est un inconnu, un homme obscur, un impertinent, un faux Grec élevé à Rome.

Cela seul devait au moins faire naître quelque doute à M. Smith ; et puisqu'il rapporte une visite qu'il rendit en 1671 au patriarche de Jérusalem, dont il avait néanmoins déjà oublié le nom, mais qui devait être Nectarius ou Dosithée, pourquoi ne demandait-il pas à l'un ou à l'autre ce qu'ils savaient de Syrigus ? car on est très-assuré qu'ils lui auraient dit ce que Nectarius en avait écrit dans une lettre mise à la tête de la Confession orthodoxe dès l'année 1662. Il marque que Porphyre, ci-devant métropolitain de Nicée, avait été envoyé en Moldavie, *ainsi que Mélèce Syrigus, docteur ou théologien de la grande église, homme élevé dès sa jeunesse dans la piété et dans les dogmes orthodoxes, qui était parvenu à un haut degré de perfection, tant par la régularité de sa vie que par sa doctrine ; le prédicateur, l'interprète et la règle des dogmes de la foi, comme on l'appelle, et comme il l'est véritablement* ; ce que Nectarius dit parce que Syrigus vivait encore. *Que représentant la personne du patriarche, il alla en Moldavie revêtu d'un plein pouvoir par le sacré synode.* C'est ce que Nectarius lui aurait dit ; car il ne pouvait parler autrement sans se rendre ridicule, puisque le fait était connu dans toute l'église grecque.

M. Smith dit ailleurs qu'il avait apporté de Constantinople un exemplaire de la Confession orthodoxe. Il faut donc qu'il ne l'ait pas ouvert, puisque cette lettre y est ajoutée par manière de préface ; et comme il avait eu vraisemblablement l'édition faite en Hollande, que Panaiotti donna à M. de Nointel, il y aurait vu l'éloge de Syrigus fait par le patriarche Denis, dont la lettre est imprimée en français dans le troisième volume de *la Perpétuité* (1). Le synode de Jérusalem en a parlé de la même manière ; et si M. Smith en a prétendu contester l'autorité, elle est présentement incontestable, puisque la patriarche Dosithée l'a fait imprimer avec plusieurs additions à Bucharest en Valachie, en 1690.

Syrigus a encore depuis été cité comme un fameux défenseur de la foi orthodoxe, par Callinique, patriarche, dans le décret synodal qui fut fait l'année suivante à Constantinople contre Jean Caryophylle, et que le même Dosithée, qui le souscrivit avec plusieurs autres, fit imprimer à la fin de son traité contre ce même Caryophylle en 1694 à Jassi en Moldavie.

(1) Ce troisième volume forme la 2ᵉ partie de notre second tome de *la Perpétuité*, et la lettre du patriarche Denis s'y trouve au chapitre 13 du livre VIII.

Si ces preuves ne sont pas suffisantes pour détruire toutes les conjectures de M. Smith, on peut tout nier et tout affirmer ; mais pour surcroît d'autorité, la Réfutation de la Confession de Cyrille par Syrigus a été imprimée aussi par les Grecs, et par conséquent il passe parmi eux pour orthodoxe et nullement latinisé. On pourrait demander de qui M. Smith a donc pu apprendre ce qu'il dit de lui ; et comme on sait certainement que ce n'est pas sur le récit que les Grecs en ont fait, il se trouve qu'il n'a point eu d'autre autorité que celle de M. Claude. C'est dans le roman qu'il fait pour montrer que *la doctrine de la transsubstantiation est inconnue aux véritables Grecs, mais qu'elle est soutenue par un parti qui s'est formé depuis longtemps, et que ce sont ceux que les Grecs appellent* Λατινόφρονας... *que ce fut ce parti qui combattit longtemps contre Mélétius, patriarche d'Alexandrie, et contre Cyrille, son successeur ; que ce parti ayant accablé Cyrille, se fortifia considérablement, et que Mélèce Syrigus en était.* Voilà le seul auteur que M. Smith a pu alléguer, et ce n'en était pas un fort grave pour les affaires de la Grèce chrétienne. Car, comme on l'a montré ailleurs, on ne peut jamais trouver de temps, depuis le concile de Florence, après lequel le mot de λατινόφρονες a commencé à être en plus grand usage, dans lequel on puisse remarquer deux partis dans l'église grecque, dont l'un ait cru la présence réelle et la transsubstantiation, et l'autre les ait rejetées. — II. Le parti de ceux qu'on appela latinisés, succomba entièrement après la prise de Constantinople. — III. Mélèce, patriarche d'Alexandrie, n'eut aucun combat à soutenir au-dedans de son église, dans laquelle il fut honoré et estimé autant que personne de son rang l'ait été dans ces derniers temps. Tous les combats furent contre les Latins, et quelques ecclésiastiques de Pologne et de Russie qui n'étaient pas éloignés de la réunion, qui fut alors proposée avec le Saint-Siège, et que Mélèce traversa de tout son pouvoir, de sorte qu'enfin il empêcha qu'elle ne réussît. — IV. Cyrille Lucar fut plus de seize ans patriarche d'Alexandrie ; et dans cet espace de temps il n'eut point à combattre contre ce parti, qui n'était point. — V. Lorsqu'il fut élevé sur le siège de Constantinople, toutes les affaires qui lui survinrent furent semblables à celles qui agitent encore continuellement cette église, par l'ambition de ceux qui aspirent au patriarcat, et qui s'y établissent par l'autorité des ministres de la Porte, en leur donnant des sommes immenses, qu'ils exigent ensuite de leur clergé. Quoiqu'il fût très-suspect à cause de sa liaison avec les calvinistes, il n'a jamais été accusé juridiquement durant sa vie, mais seulement après sa mort. Ce parti qui lui était contraire, ces latinisés dont jamais les Grecs n'ont ouï parler, pouvaient-ils en un an éteindre les véritables Grecs qui étaient dans ses sentiments, de telle manière qu'en un synode nombreux, il ne se trouvât pas un seul évêque qui ouvrît la bouche pour sa défense ? — VI. Enfin ce Mélèce Syrigus était tellement cru un Grec orthodoxe et non latinisé, qu'il fut chargé de la

(Onze.)

cause de la foi attaquée; qu'il est reconnu par tous ceux de son temps comme un excellent théologien; qu'il est loué, cité et lu présentement par les schismatiques les plus outrés, sans qu'aucun se soit aperçu qu'il était du parti des Latins; cette découverte étant réservée à la pénétration de M. Claude qui n'avait jamais rien vu de lui, sinon ses signatures aux deux synodes contre Cyrille, si même il les avait vues.

Qui le croirait, en lisant les paroles de M. Claude, que Mélèce a eu les mêmes combats à soutenir que Cyrille; qu'il s'agissait de quelque point semblable de doctrine, et que, comme celui-ci, il rejetait la transsubstantiation? Cependant Mélèce la soutient avec autant de force qu'aucun auteur ait fait, comme il paraît par les lettres qui ont été imprimées depuis peu, et par les témoignages de Nectarius, de Dosithée, de Callinique, et d'autres qui ont déjà été cités. Cela doit suffire pour faire voir le peu de créance qu'il mérite sur Syrigus, puisqu'il en a parlé comme un homme qui n'en savait que le nom.

CHAPITRE IX.
Éclaircissement sur la Confession orthodoxe de la foi de l'église orientale.

La pièce que nous avons présentement à examiner, est la Confession de foi en forme de catéchisme par questions et par réponses, qui fut dressée en même temps que les décrets du synode de Jassi pour les églises de Russie, par Pierre Mohila, métropolitain de Kiovie, et qui, ayant été revue, reçut sa dernière forme par Mélèce Syrigus, fut approuvée par le patriarche Parthénius-le-Vieux, ensuite par les autres patriarches de l'église grecque, dont elle est devenue la Confession commune, en sorte qu'elle a été depuis regardée comme un abrégé exact et authentique de ce que tous les Grecs schismatiques croient et pratiquent. On peut dire sans la moindre exagération que, depuis le schisme des protestants, il n'a rien paru qui fût plus propre à les convaincre du consentement de l'église grecque avec l'Église latine sur les points qu'ils ont pris pour prétexte de leur séparation, ni qui fît voir plus clairement la mauvaise foi de Cyrille Lucar, et l'erreur grossière de ceux qui s'étaient laissé surprendre par sa Confession, que celle de l'église orientale dont nous avons à parler. Elle a tous les caractères de vérité et d'authenticité que les personnes les plus difficiles à persuader pourraient demander sur de pareilles pièces; et lorsque M. Claude, hasardant des demandes qu'il proposait aux auteurs de *la Perpétuité*, persuadé que jamais on n'y pourrait satisfaire, accumulait toutes les conditions qu'il voulait trouver dans les actes qui seraient produits sur la créance des Grecs, son imagination, toute vive qu'elle fût, ne lui en fournit pas quelques-unes qui se trouvent en celui-ci.

Quand les Grecs auraient donné cette Confession après en avoir été sollicités par les catholiques, elle ne perdrait rien de son autorité; mais, ce qui est fort remarquable, ceux-ci y eurent si peu de part, que ni à Rome ni en France, on n'en avait pas eu la moindre connaissance jusqu'à la fin de 1673. Allatius, nonobstant toutes ses recherches et les correspondances qu'il avait parmi les Grecs, ne l'a point connue, et les premiers exemplaires qu'on en vit ici furent ceux qu'envoya M. de Nointel, auquel Panaiotti les avait donnés. Il y ajouta une copie authentique de la même Confession en grec et en latin magnifiquement reliée, qu'il pria cet ambassadeur d'envoyer au roi pour être mise dans la bibliothèque de sa majesté, où elle est présentement. Comme elle ne fut reçue à Paris que dans le temps qu'on achevait l'impression du troisième volume de *la Perpétuité*, il ne fut pas possible d'en parler aussi amplement qu'il aurait été à souhaiter, et qu'on peut faire présentement avec les secours qu'on a trouvés depuis dans diverses autres pièces authentiques qui n'étaient pas connues alors, et desquelles on tirera tout ce qui regarde cette matière.

Dans le temps que Parthénius-le-Vieux était patriarche de Constantinople, c'est-à-dire, vers l'an 1639, il s'était répandu plusieurs copies imprimées à Genève, de la Confession de Cyrille Lucar, que les calvinistes de ces pays-là faisaient extrêmement valoir, ainsi qu'il paraît par tout ce qu'en a écrit Regenvolscius dans son Histoire des églises esclavones (l. 4, c. 2). Ceux de la Grande-Pologne avaient tenté inutilement d'obtenir la communion des Grecs quelques années auparavant, et ils n'avaient pu y réussir, par la résistance que fit Mélèce d'Alexandrie, dont il a été parlé ci-devant. Afin donc de tâcher de renouer une négociation qui avait été entièrement rompue, ils répandirent cette Confession, donnant sous main à entendre qu'il n'y avait aucune difficulté à la recevoir, puisqu'elle était l'ouvrage de leur patriarche, Cyrille, qui, depuis son élévation au siége d'Alexandrie, avait fait un voyage en Moldavie, s'était conduit avec les calvinistes d'une manière si artificieuse, que quoiqu'on puisse juger par ses lettres qu'il était déjà engagé dans leurs erreurs, il ne donna pas aux ecclésiastiques du pays, ni aux hospodars de Valachie et de Moldavie le moindre prétexte de l'en soupçonner. Au contraire, il fit paraître un grand zèle pour la foi de l'église grecque: et pour acquérir par quelque action d'éclat la réputation d'orthodoxe, étant à Tergowist en 1616, il publia ces fameux anathèmes qui regardent les points contestés entre les Latins et les Grecs, qui furent réfutés en 1631 par Matthieu Caryophylle, ainsi que sa Confession qui n'avait encore paru qu'en latin.

Le hospodar Jean Basile, qui, suivant le témoignage de tous les Grecs, était extrêmement zélé pour la religion de ses pères, excité aussi par Pierre Mohila, métropolitain de Kiovie, et par d'autres évêques et ecclésiastiques de Moldavie, de Valachie, de Pologne et de Moscovie, crut qu'il fallait apporter un prompt remède à ce mal naissant. C'est pourquoi, comme il s'agissait d'une Confession de foi qui pouvait imposer, à cause du nom du patriarche de Constantinople qui était à la tête; que, nonobstant la condamnation qui en avait été faite sous Cyrille de Berroée en 1638, dont peut-être les décrets n'avaient pas été portés ni publiés dans les formes en ces pays-là, l'hérésie avait fait quelques progrès, il eut recours à Parthénius-le-Vieux qui tenait alors le siége. Il lui envoya donc des députés, qui lui portèrent le projet des articles entièrement opposés à la Confession de Cyrille, dressés par le métropolitain de Kiovie, et par les évêques ses confrères, afin qu'après l'examen qui en aurait été fait à Constantinople, ils pussent être publiés en Moldavie et en d'autres provinces voisines. Parthénius, de l'avis de son synode, donna le principal soin de cet examen à Mélétius Syrigus, théologien de la grande église, et après son rapport et la discussion de ces articles, ils furent approuvés en plein synode par le même patriarche, et insérés dans l'acte qui est en forme de décret patriarcal, et qui fut signé à Constantinople au mois de mai 1642. Porphyre, ancien métropolitain de Nicée, et Syrigus avec quelques autres furent envoyés en Moldavie pour y porter ces articles, qui furent reçus et souscrits par le métropolitain de Kiovie et d'autres évêques ou ecclésiastiques du second ordre, dans le synode tenu pour ce sujet à Jassi. Ils furent chargés en même temps d'examiner une confession de foi plus ample, dont le projet avait été dressé par le même métropolitain et quelques évêques, et Syrigus fut revêtu de toute l'autorité nécessaire afin de l'examiner, comme il fit.

Voici comme Nectarius, patriarche de Jérusalem, témoin non suspect, en parle dans la lettre qui est à la tête des exemplaires imprimés, et qui fut écrite à Constantinople le 20 novembre 1662 : *Pierre Mohila, qui est mort saintement depuis peu de temps, ayant été ordonné métropolitain de Kiovie par Théophane, patriarche de Jérusalem, et ayant pris le gouvernement de cette métropole, il trouva son troupeau infecté de quelques nouvelles opinions des hérétiques, contraires à la doctrine orthodoxe reçue de toute antiquité. C'est pourquoi, comme un bon pasteur et comme un généreux défenseur de la foi, il conçut un dessein très-agréable à Dieu, qui fut de rétablir l'église de Russie dans la doctrine orthodoxe qu'elle avait eue autrefois, et d'arracher jusqu'à la racine les nouveautés qui commençaient à s'y introduire. Il assembla dans cette vue les personnes les plus considérables, particulièrement pour leur doctrine, qui fussent dans son diocèse, et ils se rendirent à sa métropole avec ses trois évêques suffragants, ordonnés aussi bien que lui par le patriarche de Jérusalem. Après un long examen, ils résolurent d'un commun consentement de mettre l'exposition de leur foi par écrit, en différents articles, et de la faire examiner plus mûrement par l'église de Constantinople et son sacré synode, à laquelle ils étaient attachés de tout temps, lui étant soumis comme au chef de la société des Grecs orthodoxes, et la regardant comme une règle très-sûre, afin de conserver fermement les articles qu'elle approuverait, et rejeter ceux qu'elle rejetterait. Après donc avoir composé le livre auquel ils donnèrent le titre d'Exposition de la foi des Russes, ils demandèrent que la grande église de Constantinople envoyât en Moldavie des députés qui présidassent au synode, et des exarques revêtus de l'autorité du patriarche, assurant qu'ils y enverraient aussi leurs députés, afin qu'on examinât premièrement si les articles qu'ils avaient dressés de leur foi, étaient conformes ou non à la doctrine orthodoxe de l'église d'Orient, et qu'après cette discussion on les lui pût publiquement communiquer. Enfin le sacré synode envoya Porphyre, métropolitain de Nicée, et Mélèce Syrigus, docteur de la grande église, qui, ayant été élevé et instruit dès son enfance dans les dogmes purs et orthodoxes, et étant aussi accompli par sa vie exemplaire que par sa doctrine, est appelé, comme il l'est véritablement, le prédicateur, l'interprète et la règle des dogmes de la foi orthodoxe. Ainsi représentant la personne du patriarche, et étant en même temps revêtu de tous les pouvoirs par tout le sacré synode, il vint en Moldavie avec Porphyre de Nicée. Ceux qui vinrent de la part des Russes furent Isaïe Trophinus, Cononobiki et Xenobiki, hommes véritablement admirables pour leur grande science et leur capacité. Ayant donc uniquement Dieu en vue, lui qui est l'auteur et le dispensateur de la véritable doctrine, après de longues discussions, en conférant en même temps les saintes Écritures, ils achevèrent ainsi heureusement un ouvrage si utile, ayant purgé ce livre de toute doctrine étrangère et de toute nouveauté. Ils l'envoyèrent ensuite aux quatre pieux et orthodoxes patriarches des siéges apostoliques, qui l'approuvèrent, après avoir reconnu qu'il contenait une doctrine véritable et orthodoxe, et qu'il ne s'écartait en aucune manière de la foi véritable et catholique des Grecs. Ils rendirent publiquement ce témoignage, non seulement de vive voix, mais ils le confirmèrent par leurs souscriptions et par celles de leur clergé, et ils l'appelèrent non plus la* Confession des Russes, *mais la foi orthodoxe de tous les Grecs.*

Tel est le témoignage de Nectarius, qui est entièrement conforme aux actes publics de ce temps-là ; car après que la Confession eut été examinée à Constantinople par le synode, c'est-à-dire, par les évêques assemblés, et qu'on eut reçu les approbations des autres patriarches, Parthénius donna l'acte qui est à la tête, daté du 11 mars 1643 et signé par Joannicius, patriarche d'Alexandrie, Macaire d'Antioche, Païsius de Jérusalem, par neuf métropolitains et par les officiers de la grande église. Denis, patriarche de Constantinople, donna une nouvelle approbation en 1672, et elle se trouve dans l'édition de Leipsick.

Le projet de cette Confession avait été d'abord dressé en latin par Pierre Mohila, et ceux qui travaillèrent avec lui, parce qu'en Moldavie et en toutes les provinces voisines l'usage en est fort commun, et que le grec, particulièrement le littéral, n'est connu que des savants. Ce fut sur cette copie que travailla Syrigus avec les évêques du pays ; car on voit par sa réfutation des erreurs de Cyrille, et par ses autres ouvrages qu'il savait le latin ; mais quand lui et les évêques qui travaillaient conjointement avec lui eurent donné la dernière forme à cet ouvrage, il fut traduit en grec vulgaire, et on le présenta en ces deux langues au patriarche Parthénius. On ne peut pas dire qu'il donna son approbation sans beaucoup d'examen, puisqu'il marque qu'il n'a pas examiné le texte latin. *Nous n'avons pas*, dit-il, *lu la seconde partie, qui est en latin et mise à côté. Nous confirmons donc seulement celle qui est en notre langue, et nous déclarons d'un commun consentement synodal, à tout bon chrétien orthodoxe soumis à l'église apostolique d'Orient, qu'il ait à la lire, et qu'il ne le rejette pas.*

On apprend par la même lettre de Nectarius qu'après cette approbation des quatre patriarches et des deux synodes, la Confession orthodoxe fut traduite et imprimée en langue russienne; *mais que les Grecs ne l'avaient eue que manuscrite, jusqu'à ce que le seigneur Panaiotti, premier interprète de la Porte, la fit imprimer à ses dépens en grec et en latin, afin que tous les Grecs pussent y apprendre les véritables dogmes de la foi orthodoxe, et qu'ils ne fussent pas séduits par les opinions des hérétiques. Et qu'ayant fait faire l'impression à ses dépens, les exemplaires avaient été distribués gratis par son ordre.*

Nous n'avons pas vu cette édition grecque et latine, et peut-être Nectarius s'est-il trompé sur ce fait. Panaiotti en fit faire deux éditions. La première devait être avant 1662, ou en même temps ; en sorte que la lettre de ce patriarche servit comme d'une nouvelle approbation. La seconde, de 1672, n'est qu'en grec vulgaire, et c'est cette édition qui fut encore approuvée par le patriarche Denis, avec de grands éloges de l'ouvrage de Mélétius Syrigus, comme le principal auteur, et de Panaiotti, par les soins et la libéralité duquel cette seconde impression avait été faite.

Il parait par le caractère, et on le sait d'ailleurs, qu'elle a été faite en Hollande, où Panaiotti l'avait envoyée à ce dessein ; et comme les états furent bien aises de lui faire plaisir, à cause du grand crédit qu'il avait à la Porte, ils voulurent que l'impression fût faite à leurs dépens, et ils lui en envoyèrent tous les exemplaires. Ce fut ceux qu'il donna à M. de Nointel qui vinrent les premiers en France, et même on n'y en connaît que trois ou quatre. C'est sur cette édition qu'un Suédois nommé Laurent Normannus a fait faire celle de Leipsick en 1695, à laquelle il a joint sa traduction latine; mais ce n'est pas celle qui se trouve dans la copie authentique de la Bibliothèque-du-Roi ; car elle ne doit pas être considérée comme une traduction. C'était l'original de la Confession des Russes ; mais comme l'approbation des patriarches, ainsi que nous avons marqué, tombe sur le grec, c'est ce texte-là qui doit être considéré comme original.

Depuis ces actes de Parthénius et de Denis, on a encore eu des témoignages très-considérables de l'autorité que cette Confession a parmi les Grecs. Les principaux sont celui du synode de Jérusalem en 1672, et celui de Nectarius qui y souscrivit, quoiqu'il eût abdiqué en faveur de Dosithée qui y présida. Il y est dit que ce n'est pas seulement de divers anciens auteurs qui ont été cités qu'on peut apprendre que l'église orientale est fort éloignée des sentiments exposés dans la Confession de Cyrille, mais qu'on le peut prouver par plusieurs autres qui ont écrit depuis peu sur cette matière. *Il y a environ six ou sept ans qu'on imprima un livre intitulé* : Confession orthodoxe de l'église d'Orient, *composé par Pierre*, *métropolitain de Kiovie, et qui fut corrigé et éclairci où il en était besoin, par Mélétius Syrigus, protosyncelle de la grande église, et son théologien, natif de Candie, par ordre du synode de Jassi. Toute l'église orientale la reçut alors et la reçoit absolument ; et le seigneur Panaiotti, grand interprète de l'empire d'Orient et d'Occident, l'a fait imprimer conformément à l'original, sans y rien diminuer ni ajouter, par le grand zèle qu'il a pour la religion.*

Nectarius, patriarche de Jérusalem, dans une lettre qu'il écrivit à Païsius d'Alexandrie au mois de mars 1671, dit la même chose, et il lui conseille de faire voir cette Confession à un capucin nommé le P. Elzéar, qui lui avait demandé une exposition de sa foi, que Nectarius conseille de ne point donner, supposant qu'il la demandait à mauvaise intention. Il cite aussi la même Confession dans l'écrit adressé aux religieux du Mont-Sina contre les calomnies de M. Claude, et il dit qu'elle a été autorisée et scellée par toute l'église orientale. Enfin le synode de 1691, sous Callinique, en parle de la même manière.

CHAPITRE X.
Réflexions sur la Confession orthodoxe.

Les réflexions que toute personne non prévenue peut faire sur l'autorité de cette Confession, conduisent naturellement à la regarder comme une pièce décisive ; et il paraît assez que c'est ainsi que non seulement les catholiques, mais plusieurs protestants, en ont jugé. Le Suédois qui l'a fait imprimer à Leipsick rapporte les passages de M. Claude, mais en même temps il y joint les réponses qui lui ont été faites, et divers extraits des principales pièces citées dans *la Perpétuité*, donnant assez clairement à entendre qu'il est difficile de persuader que des actes aussi authentiques, signés et certifiés véritables par les principaux de l'église grecque, puissent être regardés comme supposés, parce qu'ils paraissent conformes aux dogmes des catholiques. Mais on ne peut mieux exprimer ce qu'on doit penser raisonnablement de cette Confession, qu'en rapportant les propres paroles des auteurs de la *Perpétuité* sur ce sujet.

Si l'on voulait se former à plaisir l'idée d'un acte propre à décider le différent qui est entre nous, on ne pourrait, ce semble, y exiger d'autres conditions et d'autres circonstances que celles que je vais dire : 1° qu'il soit signé et autorisé par les quatre patriarches et par les principaux évêques et ecclésiastiques de l'église orientale ; 2° qu'il paraisse que ceux qui l'ont fait et approuvé, n'aient eu aucune intelligence avec les Latins, et qu'ils persistassent dans tous les sentiments particuliers de l'église grecque ; 3° qu'il soit fait pour des nécessités particulières de l'église grecque, sans que les Latins y aient eu de part ; 4° que les termes en soient précis, et qu'ils contiennent si clairement les dogmes de la présence réelle et de la transsubstantiation, que M. Claude ne puisse pas les éluder par ses subtilités ordinaires.

C'est en effet ce concours de conditions et de circonstances qui établissent l'autorité de la Confession orthodoxe d'une manière incontestable ; d'autant plus que quand M. Claude a demandé qu'on lui produisît des preuves telles qu'il se les imaginait, c'est-à-dire, telles qu'il ne croyait pas qu'on les pût trouver, il n'y a pas mis tant de caractères de vérité qu'il s'en trouve dans cette pièce.

Par rapport au premier article, on ne peut pas s'inscrire en faux contre les signatures des patriarches, puisque outre les originaux qui sont à Constantinople, cette approbation est attestée par Nectarius, patriarche de Jérusalem en 1662, par Denis de Constantinople et Dosithée de Jérusalem en 1672, par Callinique en 1691, pour ne pas parler de Panaïotti et des autres qui ont assuré le même fait. De plus les deux impressions faites en assez peu de temps, et même à ce qu'on croit une nouvelle faite en Moldavie, la traduction en langue russienne, sont des preuves démonstratives d'une approbation générale.

Sur le second point, il est encore très-certain qu'il n'y a eu aucune intelligence avec les Latins pour la composition et la publication de cet ouvrage. Le métropolitain de Kiovie était connu comme un prélat du rit grec, ordonné par le patriarche de Jérusalem, ainsi que ses trois suffragants, occupé uniquement de la crainte que l'hérésie ne se répandît dans son diocèse ; qui ne s'adresse pas aux Latins, mais au chef de l'église grecque schismatique ; qui demande des théologiens à cette même église, et auquel on envoie celui qui avait été choisi deux ans auparavant pour réfuter les articles hérétiques de Cyrille Lucar ; enfin qui insère dans son ouvrage le dogme de la procession du S.-Esprit du seul Père, et les autres points condamnés par l'Église romaine. On ne trouvera pas que lui, ni aucun de ceux qui ont dressé la Confession, ou signé les décrets du synode de Jassi, aient été réunis aux catholiques. Dire en l'air qu'ils étaient latinisés, sans le prouver, c'est abuser de la patience du public. Ainsi cette seconde condition s'y trouve avec d'autant plus de certitude, que Nectarius, Dosithée et les autres, qui n'ont jamais été soupçonnés d'être latinisés, et qui ont donné des preuves convaincantes du contraire, les reconnaissent pour orthodoxes ; et on ne croit pas que personne entreprenne d'établir que M. Claude, qui à peine savait leurs noms, les connût mieux que ne pouvaient faire leurs compatriotes.

Le troisième point est d'une pareille évidence. Les Latins n'avaient aucun intérêt à empêcher que le calvinisme, masqué sous le nom de Cyrille Lucar, se répandît dans la Russie du rit grec ; puisque dans le même pays il y avait liberté de religion parmi les autres que les Grecs. C'était donc leur affaire, et non pas celle des Russes, qui toléraient ces mêmes erreurs. On ne voit pas qu'un seul théologien catholique, pas même les magistrats, se soient ingérés dans cette affaire ; et on sait assez que dans le corps du clergé de ce pays-là, on ne trouve pas facilement des hommes assez versés dans la langue grecque pour avoir pu assister à ces conférences. De plus, il n'y en aurait jamais eu d'assez ignorant pour laisser passer comme des vérités de la foi, des articles contraires à la créance commune des catholiques, et aux décrets du concile de Florence.

Le quatrième point n'est pas moins certain que les autres, puisque M. Claude, quoiqu'il ait poussé ses découvertes jusqu'à dire que *transsubstantiation* ne signifiait pas changement de substance, n'a jamais osé dire que ceux qui disaient que *la transsubstantiation est faite aussitôt après les paroles sacrées ; que le pain est changé au corps véritable de Jésus-Christ, et le vin en son véritable sang, les espèces seules demeurant, et que la substance du pain et du vin sont changées en la substance du vrai corps et du sang de Jésus-Christ*, ne crussent pas ce qu'enseigne l'Église romaine. Or ce sont les paroles dont se servent les auteurs de la Confession orthodoxe, pour exprimer leur foi sur l'Eucharistie.

Tout ce que peuvent donc dire les disciples de M. Claude, et ce que quelques-uns ont dit en effet, se réduit à deux points : le premier est ce qu'il a témérairement avancé touchant Syrigus, qui donna la dernière main à cette Confession, supposant qu'il était du nombre de ces faux Grecs, qui, vivant extérieurement dans la communion de l'église grecque, avaient dans le cœur les sentiments des Latins. Le second, que le mot de *transsubstantiation* avait été contredit, lorsque la Confession fut examinée à Constantinople sous Parthénius-le-Vieux ; qu'un nommé Corydale s'y était opposé, et que lui et ceux de son parti avaient condamné cette expression, ce qui suffisait pour ôter toute autorité à la pièce où elle se trouve.

Pour ce qui regarde le premier point, l'éclaircissement qui a été donné touchant Mélèce Syrigus détruit entièrement cette chicane, dans laquelle il n'y a pas moins d'ignorance que de mauvaise foi et d'absurdité, puisqu'il faudrait supposer par préliminaire, qu'on connaissait mieux les vrais et les faux Grecs à Charenton qu'à Constantinople et dans toute la Grèce. Mais quand tout ce que lui, et, ce qui est plus étonnant, tout ce que M. Smith ont dit sur la personne de Syrigus, serait aussi vrai qu'il est faux, il resterait à prouver un autre fait important et même nécessaire, qui est que cet homme latinisé ait été entièrement le maître d'insérer dans la Confession orthodoxe tout ce qu'il lui a plu ; au lieu qu'on sait par les témoignages certains rapportés ci-dessus, qu'il ne l'a pas dressée le premier, et que le projet de l'ouvrage fut d'abord rédigé par le métropolitain de Kiovie, et que Syrigus avait des adjoints, même supérieurs en dignité, entre autres Porphyre de Nicée ; outre les évêques et les officiers de la grande église, qui souscrivirent l'approbation de Parthénius.

Les systèmes de M. Claude ont cela de particulier,

qu'ils ne sont pas fondés sur une seule supposition, toujours fausse, et jamais prouvée; mais elle en entraîne ordinairement plusieurs autres également insoutenables, dont il ne se met pas en peine de donner la moindre raison. Celui-ci est de ce genre : car quand il serait vrai que Syrigus seul aurait dressé la Confession orthodoxe, ce qui est faux, comme nous venons de le montrer, voici ce qu'il faut encore supposer : que les évêques de Russie et de Moldavie, leur métropolitain à la tête, les prélats envoyés de Constantinople, le synode national de ces églises, les quatre patriarches d'Orient, enfin tous ceux qui ont approuvé cette exposition de foi, ne se soient pas aperçu qu'elle contenait une nouveauté pernicieuse, ou qu'ils l'aient approuvée sans la croire; que la même chose est arrivée à l'égard de ceux qui la traduisirent en langue russe, de ceux qui la copièrent en grec, de ceux qui la firent imprimer, enfin à l'égard de tous les Grecs, qui l'ont reçue avec un tel empressement, qu'il en a fallu faire plusieurs impressions. Si cette supposition paraît impossible, comme elle l'est certainement, il en faut faire une autre qui ne l'est pas moins, et c'est que tous ces Grecs étaient de faux Grecs, latinisés comme Syrigus.

Or il est certain que ceux qui ont été nommés font le corps visible et subsistant de l'église grecque telle qu'elle était en 1643, que l'acceptation faite de la même Confession par tous ceux qui ont occupé les places de ces premiers, contient un consentement général de tout le corps de cette même église, d'autant plus que les patriarches, les évêques et le reste de la nation, n'ont point été partagés sur ce sujet. Les patriarches, les évêques, le reste du clergé, les principaux officiers, composent une église; et où il ne se trouve point de pareille hiérarchie, les Grecs, aussi bien que les catholiques, n'ont jamais cru qu'il y eût d'église. C'était donc tous ceux qui approuvèrent la Confession orthodoxe, qui composaient alors cette société connue sous le nom de l'église grecque; puisqu'on ne trouvera pas qu'il y eût alors d'autres patriarches de Constantinople, d'Alexandrie et de Jérusalem, ni d'autres évêques des principaux siéges, que les Grecs reconnaissent comme légitimes pasteurs. Si on ne les veut pas reconnaître pour tels, comme il ne se trouve pas d'autre église grecque visible, il en faudra donc supposer une invisible, ou dire qu'il n'y en a plus : car si tous ceux qui ont approuvé la Confession orthodoxe sont de faux Grecs, il n'y en a certainement plus de véritables, puisqu'on ne peut trouver aucune société chrétienne du rit grec qui n'ait approuvé ou qui n'approuve encore la doctrine exposée dans cette Confession.

Il faut que cette société ait un chef; il faut qu'elle ait des membres. Cyrille, selon M. Claude et ses disciples, était un véritable Grec, il était le chef de son église par sa dignité; mais puisqu'aucune société chrétienne grecque n'a publiquement approuvé ce qu'il avait exposé dans sa Confession, il n'a pas même de son vivant fait un corps d'église; et comme il a parlé et agi tout au contraire quand il était à la tête de ce corps, sa perfidie n'a point altéré cette même église, qui malgré lui a conservé sa foi, ses sacrements et sa discipline. C'est donc ce corps qui subsistait avant lui, sous lui, et qui subsiste encore depuis lui, qui fait l'église grecque non latinisée. S'il y en a eu une autre qui ait cru ce que Cyrille enseignait dans sa Confession, qui ait rejeté ce qu'il rejetait, qui ait eu une discipline conforme à ses principes; c'est aux calvinistes à prouver un fait de cette importance, que les Grecs ignorent aussi bien que nous.

Comme M. Claude demanda des confessions de foi claires et certaines, des actes qui marquassent la créance de la transsubstantiation et la présence réelle, les catholiques sont en droit de demander pareillement aux calvinistes qu'ils produisent de semblables pièces dans lesquelles nous trouvions cette doctrine condamnée, comme elle l'a été par Cyrille; qu'ils nous fassent voir qu'elles n'ont essuyé aucune contradiction pendant un grand nombre d'années; et alors nous reconnaîtrons cette église grecque non latinisée, qui n'a jamais été que dans leur imagination. Qu'ils nous marquent un temps auquel on ait abandonné l'usage des Liturgies de S. Basile et de S. Jean Chrysostôme, et toutes les cérémonies avec lesquelles on les célèbre, et qu'on en ait mis d'autres à la place; qu'ils nous fassent voir les sacrements administrés par des laïques sans ordination, ou par des religieux sortis de leurs cloitres après des vœux solennels pour se marier, par des évêques mariés, et le reste de leurs innovations; car il ne faut pas s'imaginer que toute la religion consiste à croire la présence réelle et la transsubstantiation. Enfin qu'ils nomment un seul Grec qui ait été reçu dans la communion de l'Église latine, en faisant profession de ces articles, et en rejetant les autres qui sont compris dans le décret du concile de Florence. Il ne suffirait pas même d'en nommer quelques-uns, car un petit nombre ne fait pas une église, et c'est certainement une église en corps qui a approuvé et adopté la Confession de la foi orthodoxe. Un particulier peut dissimuler sa foi; mais une église entière ne le peut faire, parce qu'elle la déclare par un grand nombre d'actes publics, qui ne peuvent être sujets à équivoque. Il résulte donc de tout ce que nous avons remarqué que quand il serait vrai que Syrigus aurait été un Grec latinisé, ce qui est très-faux suivant le témoignage de tous les Grecs, quand il aurait dressé seul la Confession orthodoxe, ce qui est également faux, l'acceptation que les patriarches en ont faite, l'approbation authentique qu'ils lui ont donnée, les impressions réitérées, l'estime générale de toute la Grèce, rectifieraient tout ce qui pourrait manquer de la part de l'auteur, et la feraient considérer comme une exposition très-sincère et très-certaine de la foi des Grecs sur l'Eucharistie.

CHAPITRE XI.
Réfutation des objections de M. Claude et des calvinistes contre la Confession orthodoxe.

Les catholiques sont donc en droit de conclure que

cette objection de M. Claude contre l'autorité de la Confession orthodoxe n'a pas la moindre force, et qu'au contraire elle a tous les défauts qui peuvent rendre un raisonnement défectueux en toutes ses parties. Car elle est fondée sur un fait absolument faux, qui est que Syrigus fût un Grec latinisé ; puisqu'il n'y a rien de plus absolument prouvé que le contraire, et cela par le témoignage universel de toute l'église orientale assemblée en corps ; du synode de 1638, qui le choisit pour défendre la foi attaquée par Cyrille, de ceux qui ont été tenus depuis, et de tous les évêques et théologiens les plus éloignés de la communion romaine. Secondement, cette objection est encore fondée sur d'autres suppositions également fausses que nous avons marquées, et qui se détruisent non pas par des conjectures en l'air, comme celles de M. Claude, mais par des faits positifs prouvés par des actes publics. Troisièmement, quand ces fausses suppositions seraient vraies, elles ne prouveraient rien, puisque la Confession orthodoxe a été et est encore universellement approuvée par tous les chrétiens soumis à l'église grecque, et parce que depuis qu'elle a paru, c'est-à-dire depuis soixante-six ans, elle n'a jamais été censurée, attaquée ni corrigée, et n'a pas reçu la moindre altération. Il faut ensuite examiner le second point.

C'est, dit M. Claude, que lorsque ce Catéchisme parut, il se trouva des Grecs qui furent scandalisés de ce qu'on y avait inséré le mot de *transsubstantiation*, et qui s'y opposèrent. Sur cela il allègue une lettre qui lui avait été écrite par un M. Basire, archidiacre de Northumberland, qui contient une histoire confuse de l'origine de cette Confession, et par cette lettre il n'est pas difficile de reconnaître que ce témoin n'avait jamais été bien informé de la vérité des faits, ou que la mémoire lui en était échappée ; car il parle de cet ouvrage, fait avec l'approbation et sous les yeux des patriarches, des métropolitains et de toute l'église grecque, comme s'il eût été entrepris par un particulier, disant qu'un certain moine fit un Catéchisme dans lequel il fit entrer le mot de *transsubstantiation*, et qu'il y eut sur cela des contestations très-fortes : d'où il laisse juger à ses lecteurs que le dogme de la transsubstantiation n'était pas tellement reçu parmi les Grecs, qu'il ne s'en trouvât qui le condamnaient. On voit que M. Basire confondait le Catéchisme de Grégoire protosyncelle, dont il a été parlé ci-dessus, avec la Confession orthodoxe ; ou plutôt il est fort vraisemblable qu'il ne connaissait ni l'un ni l'autre. De la manière dont M. Claude débite ce témoignage d'un particulier, qui doit néanmoins servir à détruire celui de quatre synodes, et de tous les patriarches et évêques grecs depuis 1643, il tend à faire croire qu'il y eut alors un parti considérable qui ne voulut pas recevoir le mot de *transsubstantiation* ; que les Grecs furent partagés, et que ce ne fut pas par raison, mais par intrigue, qu'à la fin il fut approuvé.

C'est là un des grands artifices de M. Claude, quand il avance des faits dont il y a plusieurs conséquences à tirer ; il ne dit que ce qu'il faut, afin que le lecteur les tire, ou suppose la vérité de ces faits si certaine, qu'il n'ose pas en douter. Quand de pareilles affirmations sont saisies par des imaginations échauffées de gens qui croient que tout ce qu'ils ignorent n'est su de personne, ces conséquences sont menées fort loin. Ainsi l'auteur des *Monuments* a suppléé hardiment à tout ce que M. Claude n'avait pas dit par prudence, et parce qu'il prévoyait bien qu'il était périlleux de s'y engager. C'est un seul homme qui est accusé d'avoir parlé contre le mot de *transsubstantiation*, et qui est cité pour cela devant son patriarche, qui s'excuse, qui nie, qui se défend mal, et qui s'enfuit. En voilà assez pour cet auteur : il en forme un grand personnage, qui fait son opposition en plein synode, qui a un nombre d'autres Grecs dans son parti, qui soutient son opinion jusqu'au bout, qui, ne pouvant ramener le patriarche ni les évêques à son opinion, censure la Confession orthodoxe, se retire en Morée, où *il persiste toujours dans la créance de Cyrille Lucar et de ses adhérents, et des autres Grecs séparés de la communion romaine*, comme si ceux qui le condamnèrent n'en eussent pas été séparés. Enfin, pour ne pas laisser le roman imparfait, il lui fait soutenir de *cruelles persécutions, que lui suscitaient les Grecs latinisés ses antagonistes, et maintenir ses sentiments orthodoxes contre la transsubstantiation*.

Si on examine tout ce que les Grecs ont écrit depuis plus de soixante-dix ans sur les matières de religion, et sur l'histoire des troubles que causa dans leur église la confession de Cyrille Lucar, on sera étonné de ne pas trouver la moindre preuve de tout ce que M. Claude a écrit sur le témoignage de ce M. Basire, et encore moins les épisodes que l'auteur des *Monuments* y ajoute de sa tête, pour embellir la scène. L'exactitude des auteurs de *la Perpétuité* à s'informer de tout ce qu'ils ne pouvaient savoir que par les Grecs mêmes, fit qu'après avoir vu ce que M. Claude avait cité de M. Basire, ils crurent devoir prier M. de Nointel de vérifier le fait sur les lieux. Ils apprirent par ses lettres, dont on trouve un grand extrait dans le troisième volume, que tout se réduisait à ceci : que, lorsqu'on approuva à Constantinople la Confession orthodoxe, un particulier nommé Corydale parla dans ses discours particuliers contre le mot de *transsubstantiation*. Il fut cité devant le synode : il dit, suivant ce que rapporte la lettre de M. de Nointel, qu'il fallait le retrancher, parce qu'il ne se trouvait ni dans l'Écriture, ni dans les Pères, ni dans les conciles. Mélétius Syrigus le confondit en plein synode : on lui ordonna de se rétracter, il ne le fit pas ; mais il se retira promptement dans la Morée, pour éviter l'excommunication dont il était menacé. On peut juger qu'il demeura opiniâtre dans ses erreurs par un disciple qui tâcha de les renouveler longtemps après, qui fut Jean Caryophylle, logothète de la grande église, duquel nous parlerons dans un éclaircissement séparé. Il est d'autant plus nécessaire de le donner, que nous avons tout sujet de croire que Méthodius et d'autres Grecs, qui dirent à M. de Nointel les circonstances marquées dans ses lettres touchant Corydale, paraissent s'être trompés, ou peut-être lui-même s'est-il trompé, en confondant Théophyle Corydale avec ce Jean Caryophylle, qui avait été son disciple.

Mais examinant le récit selon qu'il se trouve dans les lettres par rapport à Corydale, il est facile de voir que ce grand témoin, M. Basire, confondait l'abrégé composé par Grégoire protosyncelle, avec la Confession orthodoxe : car, quoiqu'elle soit disposée par questions et par réponses, on ne l'a pas néanmoins regardée comme un catéchisme, et ce ne fut pas un moine qui la composa de son chef, puisqu'elle fut dressée d'abord par les Russes, examinée et mise dans la forme qu'elle a présentement par le métropolitain de Kiovie et par ses suffragants ; que Syrigus y travailla par ordre exprès de son patriarche, qui lui donna pour cela toute son autorité et le pouvoir d'exarque ; qu'ainsi comme cet ouvrage, qui n'était pas le sien en particulier, mais celui des prélats russiens, de Porphyre de Nicée, et des autres députés de Parthénius : lorsque Corydale l'attaquait, ce n'était pas Syrigus qu'il attaquait, mais tous ces prélats, tant de Constantinople que de Russie. Or ces circonstances changent le fait entièrement : car, comme M. Basire et M. Claude le représentaient, c'était un particulier qui, dans un catéchisme, employait le mot de *transsubstantiation*, inconnu parmi les Grecs jusqu'alors, et qu'à cette occasion un théologien attaqua, et combattit d'une manière qui engagea le patriarche à examiner la question dans un synode.

Cependant il n'y a rien de vrai dans cette supposition : car, si c'est du livre de Grégoire protosyncelle dont on a voulu parler, il avait été imprimé en 1635, du vivant de Cyrille, qui était encore patriarche. Que les disciples de M. Claude nous prouvent que cet orthodoxe, tel qu'ils se l'imaginent, l'ait jamais censuré, quoiqu'il fût approuvé par ce même Coressius, dont il parle avec tant de fureur et tant de mépris. Qu'ils justifient leur saint sur une négligence aussi grande, ou sur une dissimulation criminelle, quoiqu'il n'eût rien à craindre de l'opposition des amis et des protecteurs de Coressius et de Grégoire, s'il n'avait eu à combattre que le parti des latinisés ; puisque si on veut croire ceux qui ont exalté la Confession de Cyrille, il avait attiré à ses sentiments tant d'ecclésiastiques de son clergé. Que si, comme ils l'assurent aussi, contre le témoignage de toute la Grèce, il avait reconnu publiquement cette même Confession, de sorte que sous ce prétexte il s'excusa d'en donner une expédition en forme authentique, qu'on lui demandait de Genève, l'occasion de détruire le parti des Grecs latinisés était très-favorable : car il n'avait qu'à accuser publiquement Grégoire protosyncelle, et Georges Coressius, son approbateur, d'avoir enseigné ou approuvé la *transsubstantiation*, que lui patriarche avait rejetée ; il ne l'a pas fait néanmoins, quoiqu'il ait été près de deux ans en possession paisible du patriarcat, depuis que ce livre parut. Ce n'est donc point sur ce catéchisme de Grégoire que peut être arrivée l'histoire de Corydale ; et ainsi M. Basire et M. Claude après lui se sont trompés, quand ils ont appliqué à la Confession orthodoxe ce qu'on peut avec plus de vraisemblance rapporter à ce premier ouvrage. Car ce n'est pas une conjecture en l'air que de dire qu'un homme suspect dans la foi, comme on sait d'ailleurs que l'était Corydale, ait pu attaquer la doctrine exposée par Grégoire, et être repris à cette occasion par son patriarche ; mais cela ne peut être arrivé sous Parthénius-le-Vieux, quoique ceux qui faisaient le récit à M. de Nointel l'aient rapporté ainsi. Et il y a quelque sujet de douter qu'il n'y ait eu de l'équivoque, parce que nous trouvons qu'en 1645 Jean Caryophylle, disciple de Corydale, fut cité devant ce patriarche, pour avoir écrit et répandu quelques cahiers dans lesquels il attaquait le mot et le dogme de la *transsubstantiation*, comme nous expliquerons ci-après. C'est donc ce qui donne lieu de croire qu'on a confondu ces deux noms.

Cela paraît d'autant plus vraisemblable, que, dans tout ce que les Grecs ont écrit touchant l'histoire de la Confession orthodoxe, on ne trouve pas qu'il y ait eu la moindre opposition contre l'expression, ni contre le dogme. Corydale n'avait aucune dignité ecclésiastique ; c'était une espèce de philosophe, décrié pour son libertinage, et qui n'aurait pu venir en plein synode proposer des difficultés contre un écrit approuvé d'une manière si solennelle. Enfin quand il l'aurait fait, en nous restreignant au récit qui est dans les lettres de M. de Nointel, nous voyons que ces objections ne firent aucune impression sur les esprits dans le synode ; qu'on ordonna à Corydale de se rétracter ; qu'il fut menacé d'être excommunié en cas qu'il refusât de le faire ; et que par sa fuite précipitée il évita le châtiment qu'il méritait. Voilà tout ce qu'on peut recueillir de cette histoire. Il ne paraît pas qu'il y eût un seul évêque, ni autre député du synode, qui prît le parti de Corydale. Il n'y eut aucun partage dans l'assemblée, et le dogme qu'il attaquait fut confirmé par un consentement unanime. Il n'est pas surprenant qu'il y ait eu un hérétique parmi les Grecs ; au contraire, il y a sujet de s'étonner que sous le patriarcat d'un homme corrompu comme Cyrille Lucar, il n'y en ait pas eu un trèsgrand nombre. Mais où a-t-on trouvé que l'opposition d'un seul particulier s'appellât une censure, et que son erreur pût s'appeler une opposition canonique, qui renverse toute l'autorité de la Confession orthodoxe ? M. Claude n'a pas à la vérité employé toutes les fictions que l'auteur des *Monuments* a inventées ; mais comme il tire la même conclusion, on la peut prendre comme un aveu tacite qu'il faisait que, pour en tirer les conséquences qu'il prétendait, il fallait qu'il fût arrivé quelque chose de semblable. Mais c'est ce que les Grecs ignorent encore présentement ; sachant assez d'ailleurs que la confession orthodoxe avait été généralement approuvée, et que l'opposition d'un particulier ne détruit pas l'autorité d'une assemblée synodale ; puisqu'il n'y en a jamais eu depuis le commencement de l'Église, à laquelle quelqu'un ne se soit opposé, particulièrement ceux qui y étaient condamnés.

De plus, quand les calvinistes, pour donner quelque poids à cette prétendue opposition, disent pour raison, que le mot de transsubstantiation était nouveau, et qu'il avait été emprunté des Latins, ils ne font pas réflexion que cette objection était alors usée ; puisque Mélétius Syrigus, dans sa réfutation de Cyrille, qui fut achevée en 1640, l'avait entièrement éclaircie par une observation très-solide, qui a déjà été imprimée en grec et en latin : qu'il avait rapporté le témoignage de Gennadius, qui s'en était servi il y avait deux cents ans ; que Mélétius Piga, Gabriel de Philadelphie l'avaient employé il y avait plus de quarante ans ; que Coressius l'avait soutenu dans ses disputes contre le ministre Léger ; et que récemment Grégoire protosyncelle s'en était aussi servi dans son abrégé. On ne trouvera pas que, depuis ce temps-là, les Grecs se soient rétractés de ce qu'ils déclarèrent alors ; puisqu'au contraire ils l'ont confirmé plus amplement dans le synode de Jérusalem de 1672 et dans celui de Constantinople de 1691, sous le patriarche Callinique, par lequel Jean Caryophylle, qui renouvelait les mêmes erreurs, fut condamné avec ses écrits.

Ces faits sont incontestables, et ne sont pas des fables soutenues de tout ce que la passion aveugle peut fournir d'injures brutales contre le patriarche Parthénius, telles qu'on les trouve dans les *Monuments authentiques*. L'auteur veut que cette opposition de Corydale, dont ni lui ni M. Claude n'ont jamais rien su que par la lettre de M. de Nointel, soit une censure dans les formes; et il soutient cette proposition par une autre qui n'est pas moins extravagante, et qui contient autant de faussetés que de lignes. Après avoir mis une marque pour avertir qu'on observe bien ce qu'il va dire, il parle en ces termes (p. 73) : *C'est une chose très-digne de remarque, et à laquelle les lecteurs doivent bien prendre garde en examinant cette matière, que la Confession de foi des églises grecques de l'Orient, qui porte le titre d'orthodoxe, soit un ouvrage non seulement forgé par un auteur moderne sans réputation, et qui fut accusé publiquement d'être un novateur sur la matière de la transsubstantiation ; mais de plus, qu'il ne soit jamais trouvé personne dans les églises des Grecs qui ait voulu approuver cette Confession de foi. si ce n'est les huit métropolitains, et les quatre ecclésiastiques, subornés par le plus exécrable de tous les patriarches, à savoir Parthénius-le-Vieux, qui usurpait le siége de Constantinople l'an* 1641, *et qui en fut chassé honteusement l'an* 1644. *Après quoi la cour de Rome et les ambassadeurs de France lui fournirent de l'argent pour acheter de nouveau le patriarcat en* 1657, *et encore dix années après. Et parce qu'on avait rapporté une lettre de M. de Nointel, qui marquait sa déposition faite à la prière des Grecs, à cause de ses concussions et de ses vexations sur son clergé : Cette déclaration,* ajoute-t-il, *prouve d'une manière très-authentique les grandes extorsions de Parthénius, qui força, comme un cruel tyran, quelques officiers de son église, et les huit métropolitains nommés dans l'article précédent à consentir que la Confession erronée de Syrigue fût mise au jour sous le nom de l'église grecque orientale, pour faire plaisir aux créatures du papisme, qui l'avaient secondé dans tous les attentats qu'il fit pour s'élever sur le siége patriarcal, afin d'assouvir son avarice et son ambition.*

On a fait voir dans la *Défense de la Perpétuité*, par des preuves de fait, que tout ce qu'a dit cet écrivain n'était qu'un tissu de faussetés si grossières, qu'on avait peine à comprendre qu'un homme qui ignorait généralement tout ce qui pouvait avoir rapport à sa matière eût cru pouvoir imposer au public, parlant aussi hardiment qu'il a fait de ce qui lui était absolument inconnu. Ce que nous avons dit de Syrigus sur le témoignage de Nectarius et des autres Grecs qui ont été les plus éloignés de l'union avec l'Église romaine fait voir la fausseté de tout ce qu'en a dit M. Claude et son téméraire disciple.

Il faut n'avoir pas ouvert la Confession orthodoxe, pour dire *qu'elle fut forgée par un auteur moderne et sans réputation*, puisque Syrigus, qui en avait une aussi grande qu'aucun théologien l'ait eue parmi les Grecs depuis très-longtemps, n'était pas le seul qui y avait travaillé, mais que Pierre Mohila, métropolitain de Kiovie, et ses suffragants y avaient eu la principale part pour la composition, comme Syrigus pour la révision. Il n'est pas moins faux que cette exposition de la foi fût l'ouvrage d'un particulier, puisqu'il fut dressé par les églises de Russie, de Moscovie, de Moldavie et de Valachie, représentées par leurs évêques.

Il est encore faux que Syrigus ait été accusé comme novateur sur la matière de la transsubstantiation ; puisqu'il l'avait enseignée dans sa réfutation de Cyrille, plus au long et plus théologiquement qu'elle n'est expliquée dans la Confession orthodoxe. Cependant son ouvrage fut approuvé dans la toute Grèce, et l'impression qui en a été faite en Moldavie justifie assez cette approbation. Dans la lettre de M. de Nointel, qui est le seul titre du sieur A., il est bien dit que Corydale fit des objections contre l'usage du mot de transsubstantiation, mais non pas qu'il eût accusé Syrigus : c'est une imagination d'un homme qui croit qu'il n'y a qu'à affirmer tout pour le faire croire. Cette accusation aurait été fort inutile, puisque Corydale fut condamné, qu'il a été regardé comme hérétique, et que Syrigus a été respecté tant qu'il a vécu, comme un des plus grands théologiens de son église, et que sa mémoire y est en grande vénération.

Mais quel nom peut-on donner à ce qui suit, qu'*il ne s'est jamais trouvé personne qui ait voulu approuver cette Confession, si ce n'est les huit métropolitains,* etc. Il n'y a qu'à lire les signatures : on y trouve d'abord celles des quatre patriarches et celles de tous les métropolitains qui se trouvaient à Constantinople en 1643, de même que celles des officiers de la grande église. Est-ce à ceux qui veulent faire valoir la Confession de Cyrille comme une pièce authentique de donner pour preuve du peu d'égard qu'on doit avoir pour la *Confession orthodoxe*, qu'elle n'a été signée que par huit métropolitains et par des officiers, puisque ce nombre est plus que suffisant pour prouver qu'elle est véritable ; au lieu que Cyrille n'en trouva pas un seul qui voulût signer la sienne ? Il ne la proposa pas à son synode, comme l'autre fut proposée : et s'il avait osé le faire, les calvinistes s'imaginent-ils qu'il n'y aurait eu d'opposition que par un seul particulier ; puisque, de son vivant, Coressius et Grégoire protosyncelle avaient publiquement soutenu la *transsubstantiation*, qu'il rejetait ? Il semble aussi que ce téméraire critique veuille que les approbations de Denis, patriarche de Constantinople, de Nectarius de Jérusalem et de tant d'autres, surtout celles de toute la Moscovie, la Moldavie et la Valachie, ne doivent être comptées pour rien. Si quelqu'un doutait de cette approbation générale, il n'a qu'à consulter la préface de l'édition de Leipsick, et il trouvera que le traducteur suédois en a jugé tout autrement, comme feront toujours ceux qui auront une réputation à ménager ; puisque s'il n'est jamais permis de déguiser la vérité, il n'est pas besoin de morale, et il ne faut qu'une étincelle de bon sens pour ne pas avancer des faussetés, quand il n'y a qu'à ouvrir un livre imprimé pour les reconnaître, et pour être en même temps convaincu de l'ignorance et de la mauvaise foi de celui qui les écrit.

Il n'en est pas tout-à-fait de même pour ce qui regarde des faits assez obscurs, comme sont ceux que l'auteur débite touchant Parthénius. On a déjà dit sur quoi était fondée cette rare découverte, qui même ne prouverait rien quand elle serait vraie. Car que Parthénius ait été un homme chargé de crimes, cela n'empêche pas qu'il n'ait été patriarche de Constantinople, et qu'il n'ait eu toute l'autorité nécessaire pour présider à un synode que toute l'église grecque a approuvé ; de sorte que quand il y aurait eu quelque défaut dans le chef, le corps de cette église y aurait remédié par l'acceptation des décrets qui y furent faits. L'autorité de M. Claude qui le traite de *prétendu synode*, n'empêche pas que tous les savants ne reconnaissent qu'il est véritable ; et c'est ce qu'a reconnu M. Allix, après plusieurs fameux théologiens de la confession d'Augsbourg. Mais ce qu'il y a de singulier, est que cette nouvelle *démonstration*, car c'est ainsi que le sieur A. appelle ses raisonnements les plus faux et les plus absurdes, n'est fondée que sur l'équivoque du nom de Parthénius, et que de quatre patriarches qui ont porté ce même nom, ce grand critique n'en fait qu'un seul homme, ainsi qu'il a été remarqué ci-dessus. On sait d'ailleurs que Parthénius-le-Vieux n'était point accusé des mêmes concussions que Parthénius de Burse, qui était celui qui fut déposé durant l'ambassade de M. de Nointel. Quand cela eût été, est-ce là une preuve qu'il a forcé les métropolitains à signer ce qu'ils ne croyaient point, lorsqu'ils ont approuvé la Confession orthodoxe ? Ces deux choses n'ont certainement aucun rapport. De plus, avait-il pu forcer les autres patriarches, les Moscovites, les Moldaves et les Valaches, à donner leur approbation ? Ce raisonnement est donc aussi faux que le fait sur lequel il a prétendu l'établir.

Le lieu commun de Grecs latinisés est ici également inutile, puisque ce n'est pas à un homme qui de quatre Parthénius n'en fait qu'un à vouloir nous apprendre qui étaient les Grecs véritables : et on conviendra que ce sont ceux du pays qui en doivent être crus, et non pas lui ni M. Claude. Si ceux qui approuvèrent la Confession orthodoxe en 1643 n'étaient pas de véritables Grecs, aussi peu latinisés que Marc d'Éphèse, il n'y a plus d'église grecque : car tous ceux qui ont succédé à ces premiers ont approuvé cette même confession, et la lisent tous les jours : ceux qui l'ont combattue ont été condamnés dans ces derniers temps, comme ils le furent en celui-là. Il faut donc que ceux qui ont pu se laisser surprendre par de pareilles chimères donnent au public une liste exacte des patriarches des quatre principaux sièges qui ont été dans d'autres sentiments ; et personne n'en a jamais ouï parler, Cyrille étant le seul jusqu'à nos jours qui ait innové sur cette matière : car on n'en connaît pas d'autres en tout l'Orient qui aient été de véritables pasteurs de cette église ; et il n'y a que ceux qui connaissent à peine leurs noms qui veulent les faire passer pour latinisés.

LIVRE SIXIEME.

EXAMEN DE PLUSIEURS FAITS QUI REGARDENT L'ÉGLISE GRECQUE, ET DONT IL A ÉTÉ PARLÉ DANS *LA PERPÉTUITÉ*.

CHAPITRE PREMIER.

Éclaircissement sur l'affaire de Jean Caryophylle.

Il est assez étonnant que les calvinistes, particulièrement ceux qui se sont mis sur les rangs dans la dispute touchant *la Perpétuité*, et qui ont parlé comme témoins oculaires de plusieurs faits qui y avaient rapport, n'aient rien dit de Jean Caryophylle, logothète de la grande église, qu'ils auraient mis sans doute au nombre de ces *généreux athlètes*, semblables à Corydale, s'ils avaient su son histoire. Cela fait voir quelle a été la négligence de ceux qui, citant continuellement ce qu'ils ont vu et ouï dire sur les lieux, ignoraient des choses importantes qu'il leur était facile de savoir, et qu'il ne leur était pas permis d'ignorer, dès qu'ils entreprenaient d'écrire sur la créance de l'église grecque, et sur ce qui est arrivé dans le dernier siècle à l'occasion des troubles que causa la Confession de Cyrille Lucar. Il est vrai que la plupart de ceux qui en ont écrit nous apprennent des choses si singulières, qu'elles sont aussi peu connues à Constantinople qu'elles le sont ici ; ce qu'on ne doit pas seulement entendre des faussetés dont l'auteur des *Monuments authentiques* a rempli son ouvrage, mais de ce que d'autres plus sérieux qu'on nous allègue avec hauteur, comme des témoins irréprochables, prétendent avoir vu ou appris sur les lieux, quoiqu'on ait fait voir par des preuves non suspectes qu'ils ne peuvent avoir vu ce qui n'a jamais été, et ce qui ne pouvait être.

Aucun d'eux n'a parlé de Caryophylle, et nos auteurs modernes ne paraissent pas non plus l'avoir connu ; mais il se trouve tant de conformité dans son histoire, et dans les faits et dans les dates, avec ce que M. de Nointel manda touchant Corydale, dont il a parlé ci-dessus, qu'il peut-être on a confondu ces deux Grecs ; soit que Méthodius, duquel cet ambassadeur tenait ce qu'il rapporte, se trompât ; soit qu'on l'ait mal entendu, ce que nous ne pouvons pas éclaircir faute de mémoires. Ce que nous avons à en dire est extrait du traité de Dosithée, patriarche de Jérusalem, contre le même Caryophylle, imprimé à Jassi en 1694 en grec vulgaire. Si le sieur A. a fait quelques disciples, ils ne manqueront pas de dire qu'il a démontré que Dosithée était un *perfide*, un *latinisé*, un *ex-patriarche*, qui fut chassé de son siége à cause de la nouvelle doctrine qu'il avait insérée dans les décrets du synode de Jérusalem : mais nonobstant ces démonstrations, il a conservé le patriarcat jusqu'à ces derniers temps, n'étant mort que depuis quelques années, après avoir fait imprimer tout ce que les Grecs de nos jours ont écrit de plus fort contre les Latins, tant il était peu latinisé. Voici donc ce que Dosithée nous apprend de Caryophylle :

Il était né dans un village du territoire de Derques, dans la Thrace, habité partie par des Grecs, partie par une sorte de peuples connus dans l'histoire grecque moderne sous le nom d'*Athingani*, dont l'origine est assez obscure. Mais on voit par Théophane, ainsi que par d'autres historiens, qu'ils étaient manichéens, et qu'ils faisaient profession de magie et de sortiléges, outre d'autres pratiques abominables qu'ils ont encore, comme tout le monde sait, dit Dosithée. Jean, étant dans une extrême pauvreté, eut de grandes liaisons avec ces malheureux, et il commença, peut-être par ignorance, telle que la pouvait entretenir le manichéisme, à blasphémer contre le mystère de l'Eucharistie. Il se fit ensuite appeler Caryophylle, non pas qu'il eût aucune parenté avec ceux de ce nom, mais il se le donna lui-même, l'ayant formé du nom du village où il était né, pour se faire plus considérer. Il vint d'abord à Constantinople pour apprendre le métier d'orfèvre, et y ayant gagné du bien, il s'attacha à Théophile Corydale, sous lequel il étudia, et après avoir acquis quelque capacité dans les sciences, il s'en servit pour faire un grand scandale dans l'église : car il composa un petit écrit, dans lequel il s'appelait Jean de Byzance, et il marquait qu'il l'avait composé par le conseil de son maître Corydale ; mais il ne le montrait qu'en cachette à des personnes simples, qu'il perdit ainsi, quoique fort en secret.

En 1645, le patriarche Parthénius-le-Vieux, ayant appris de quelques personnes ce qui se passait, fit venir Caryophylle en sa présence ; il lui fit une forte réprimande, il le confondit, et il voulait l'excommunier comme hérétique. Mais il fut si fortement sollicité par l'économe de la grande église, homme de bien, qui était beau-père de Caryophylle, qu'il lui pardonna : d'autant plus que Caryophylle anathématisa son opinion et son écrit.

Il se passa quarante-quatre ans sans qu'il parût au dehors qu'il eût d'autres sentiments que ceux de l'église ; mais en particulier, lorsqu'il trouvait quelqu'un qui lui paraissait propre à recevoir ses damnables instructions, il lui inspirait son impiété. Comme on en eut du soupçon, et que Mélèce Syrigus et Nectarius, patriarches de Jérusalem, en furent informés, ils lui parlèrent en particulier avec beaucoup de soin ; et même à cette occasion ils expliquèrent publiquement et fort au long la doctrine de l'Église catholique touchant le sacrement de l'Eucharistie. Mais cela fut inutile, parce qu'il couvrait ses erreurs d'une hypocrisie, et d'une conduite à l'extérieur si pieuse et si régulière, que plusieurs, même du nombre des ecclésiastiques, ne croyaient pas ce que ces deux maîtres savaient certainement.

En 1689, un religieux prêtre, qui cherchait à s'instruire, vint de Joannina à Constantinople, et croyant que Jean Caryophylle était un homme fort savant, il lui proposa diverses questions sur des matières ecclésiastiques. Celui-ci répondit, et il mêla dans ses réponses quelques autres difficultés, dont il donnait aussi la résolution, et entre autres choses qu'il y fit entrer, ce fut de dire que c'était un grand obstacle pour le salut des chrétiens que d'admettre la transsubstantiation dans le mystère de l'Eucharistie. L'écrit qu'il fit sur ce sujet était conçu, selon la coutume de l'auteur, en termes si subtils et si propres à tromper, que plusieurs personnes le copièrent, croyant qu'il était conforme à la bonne doctrine. Dosithée était alors à Andrinople, et lorsqu'il en fut informé, il lui écrivit pour l'exhorter à ne point dire et à ne point écrire de pareilles choses, contraires à ce que l'Église enseignait, et entièrement blasphématoires. Cet avis de Dosithée fut inutile, et ne servit qu'à endurcir davantage Caryophylle.

Il arriva dans ce temps-là même de grands troubles, dont le détail nous est entièrement inconnu, Dosithée disant seulement que lorsqu'il vint à Constantinople il fut obligé de s'enfuir, à cause que les religieux du Mont-Sina ayant donné de l'argent au Kaïmacam, cherchèrent à le faire tuer, parce qu'il s'opposait à leurs nouveautés et à leur schisme. Il se sauva donc à Andrinople, et en son absence Caryophylle, croyant l'occasion favorable, composa quelques cahiers, dans lesquels il semblait qu'il n'attaquait que le mot de *transsubstantiation*, mais dans le fond il renversait tout le mystère de l'Eucharistie. Comme ces cahiers étaient écrits avec beaucoup d'artifice, plusieurs les crurent orthodoxes, et en firent des copies.

Quelques personnes plus habiles mirent cependant son hérésie en évidence, et lui demandèrent que, puisqu'il niait la transsubstantiation, il déclarât ce qu'il pensait du corps et du sang de Jésus-Christ qui étaient dans le sacrement de l'Eucharistie. Il répondit que c'était le propre et le véritable corps et le sang du Seigneur, et il confessa tout ce que les orthodoxes disent touchant le Saint-Sacrement. Mais il rejeta le mot de *transsubstantiation*, imitant en cela Corydale, son maître, qui, dans une lettre écrite à son disciple Eugénéius-l'Étolien, disait, touchant le mystère de l'Eucharistie : *Employez toujours les termes dont on se sert communément, mais marquez toujours qu'on les entend spirituellement, car ainsi on détruira le dogme impie de la transsubstantiation.*

Caryophylle étant donc interrogé, lorsqu'on lui demanda ce que mangeait le fidèle et le juste qui recevait la communion, dit que c'était le véritable corps et le sang de Notre-Seigneur. On lui demanda ensuite ce que mangeait un pécheur : il répondit qu'il ne recevait que du pain simple et dénué de toute sainteté. Ainsi on découvrit qu'il était infecté de l'hérésie de Bérenger, de Calvin, et des blasphèmes des manichéens. Cependant il dissimulait toujours, et quand on lui reprochait qu'il niait le sacrement de l'Eucharistie : *Anathème*, disait-il, *à quiconque le nie*; mais il entendait, par le sacrement de l'Eucharistie, que celui qui approchait de la communion recevait le corps et le sang de Jésus-Christ pourvu qu'il crût, et que c'était d'une manière spirituelle, ou pour mieux dire fantastique; mais que quand il manquait de foi, son infidélité faisait qu'il ne recevait que du pain et du vin ordinaire. Lorsqu'on lui demandait pourquoi il ne confessait pas le changement du pain et du vin au véritable corps et au sang de Notre-Seigneur : *Anathème*, répondait-il, *à celui qui nie le changement du pain et du vin au corps et au sang de Notre-Seigneur*; et il entendait un changement par accident, et qui n'avait pas de rapport à la substance. Quand on lui demandait pourquoi il ne recevait pas ce que croyait et enseignait l'Église catholique sur ce mystère, puisque sa doctrine renfermait toute vérité : *Anathème*, disait-il, *à quiconque ne se soumet pas à la doctrine de l'Église catholique*, entendant par l'Église catholique, Simon, Basilide, Marcion, les gnostiques, Ébion, Manichée, les messaliens, les bogomiles, le synode des iconomaques assemblé à Blachernes sous Copronyme, Bérenger, Calvin, Luther, Lucar, Corydale, soi-même et ses sectateurs.

On lui demanda pareillement si, en explication de la doctrine du sacrement de l'Eucharistie, il ne recevait pas les mots de μεταβολή, μεταποίησις, μεταρρύθμησις, μεταστοιχείωσις. Il répondit qu'il conservait le sacrement en son entier, et qu'il recevait ces mots avec éloge; parce qu'avec le secours de ses subtilités sophistiques, il les expliquait selon le changement accidentel, à ceux qu'il avait séduits. Quand on ajouta à cette question, s'il recevait la transsubstantiation, il entra en colère, et reprochait aux fidèles qu'ils introduisaient des maux nouveaux, lui qui innovait sur la chose même. Il combattait donc ce mot, qui mettait la vérité au-dessus de toutes les fausses imaginations des hérétiques, et il le condamnait, parce qu'il renversait tout l'édifice élevé pour attaquer la vérité de ce mystère.

Enfin, le premier samedi de carême, il se fit une assemblée dans la maison patriarcale, où se trouvèrent les patriarches, les métropolitains, les archimandrites, les protosyncelles, les prêtres, les diacres, les clercs, les principaux de la nation, et ceux qui composent le sénat de Constantinople. Jean Caryophylle y fut appelé pour rendre raison des impiétés qu'il avait dites et qu'il avait faites. Le patriarche lui ayant parlé convenablement au sujet, et les autres ayant de même dit tout ce qui était nécessaire pour confirmer la vérité orthodoxe touchant ce très-saint mystère : lui ayant dit aussi ce qui lui convenait en particulier, il écouta tout ce qui lui fut dit, et il confessa que les cahiers qu'il avait composés ne s'accordaient pas avec la doctrine de l'Église. On dressa un écrit ou acte synodal touchant le Saint-Sacrement, et il le signa, ce qui causa une grande joie, à cause que par un tel moyen la paix et la concorde devaient être rétablies. Le lendemain, qui était le dimanche de l'orthodoxie, le patriarche célébra la Liturgie en présence de plusieurs évêques; et Dosithée, qui fut du nombre, prononça un discours après qu'elle fut achevée, dans lequel il exposa la foi orthodoxe. Ensuite il loua la paix, et dit plusieurs choses à la louange de Caryophylle, qui était présent, sur ce qu'il venait de faire en se rétractant, et ensuite celui-ci déchira en sa présence un exemplaire de ses cahiers, prononçant anathème contre tous ceux qui en avaient fait des copies, s'ils ne les brûlaient.

Mais, nonobstant cette déclaration publique, il persista toujours dans ses erreurs; et, quoiqu'il les conservât dans son cœur, néanmoins il était fort réservé dans ses discours, craignant d'être déposé, et de perdre les revenus qu'il tirait de l'église, en qualité de logothète. Il ne put néanmoins s'empêcher de parler insolemment contre le synode dans lequel ses écrits avaient été condamnés, disant à quelques personnes qui venaient le voir pour conférer avec lui sur divers points de doctrine : *Avez-vous vu comment je me portai le jour du synode, et comme je me taisais; mais c'était de même que fit Jésus-Christ devant Pilate; car une multitude est quelque chose de terrible.*

L'église de Constantinople qui en fut informée ne garda pas le silence : on dressa suivant l'ancienne coutume un décret synodal, afin que ceux qui pourraient être trompés par les écrits et par les discours de ce malheureux, et tomber dans des erreurs contraires à la doctrine de l'Église, ne pussent avoir aucune excuse, et qu'on les pût condamner sans autre examen. Il se fit pour cet effet une seconde assemblée, dans laquelle Caryophylle ne garda pas le silence, comme il avait fait dans la première ; car il voulut disputer, et il fut convaincu d'avoir des sentiments contraires à l'Écriture sainte, aux saints Pères et à l'Église catholique.

Dosithée rapporte la substance de ce qui lui fut objecté par le synode ; et il dit qu'il répondit d'abord aux passages de l'Écriture sainte qui lui avaient été cités, tantôt en disant qu'ils étaient obscurs, tantôt en tâchant de les expliquer à sa manière : *Ce qui était*, dit-il, *l'impiété manifeste que S. Pierre condamne, et qui consiste à détourner les Écritures en un sens différent de celui dans lequel l'Église les entend, ce qui est la même chose que d'en nier la vérité* ; et il le prouve par plusieurs témoignages des saints Pères.

Les évêques ne voulurent pas le traiter avec la dernière rigueur sur ce qu'il avait répondu touchant les saintes Écritures, en tâchant de pallier son impiété, parce qu'il ajouta qu'il fallait suivre ce que les saints Pères avaient enseigné sur le mystère de l'Eucharistie. Ils lui alléguèrent plusieurs passages qui établissent clairement la présence réelle, entre autres de S. Jean Chrysostôme, dans lesquels il dit, parlant de Jésus-Christ dans l'Eucharistie : *Vous le voyez, vous le touchez, vous le mangez ; il se donne à vous, non seulement afin que vous le voyiez, mais afin que vous le touchiez, que vous le mangiez, que vous le receviez au-dedans de vous ; qu'il se mêle avec nous, non seulement par la foi, mais réellement ; que nous divisons sa chair qui nous remplit d'un feu spirituel ; que nous sommes teints de ce sang terrible ; qu'il nous nourrit lui-même de son propre corps*, etc.; *qu'il appelle le vin de l'Eucharistie le sang qui a coulé du côté de Jésus-Christ ; qu'il nous a donné la chose la plus précieuse qu'il y ait sur la terre, qui est son corps ; que le même saint docteur appelle, dans l'homélie 24 sur la première Épître aux Corinthiens, le pain de l'Eucharistie, le Seigneur des anges et le Roi du ciel ; et dans la troisième sur l'Épître aux Éphésiens, il dit que nous participons à celui qui est assis là-haut, et adoré par les anges ; que celui qui est assis sur les chérubins dans le ciel, est ici-bas entre les mains des prêtres*. On cita aussi des passages de S. Grégoire de Nysse, de S. Cyprien, de S. Augustin, de S. Ambroise, du concile d'Éphèse, de S. Cyrille de Jérusalem, et de S. Athanase.

Les évêques concluaient de toutes ces autorités que, puisque tout ce qui était attribué au corps du Seigneur élevé dans le ciel et à son véritable sang était dit pareillement du pain et du vin proposés sur les autels, il s'ensuivait indubitablement qu'il n'y avait aucune différence de l'un et de l'autre, quoique les manières fussent différentes. Mais que de simple pain, tel que Caryophylle le supposait en niant la transsubstantiation, ne pouvait être le corps du Seigneur, du Créateur, de Jésus, du Verbe, à moins que son corps et son sang ne fussent présents réellement et substantiellement ; qu'il s'ensuivrait autrement que le pain et le vin n'étaient que des types et des symboles, ce qui avait été condamné par le septième concile œcuménique, dont on cita les paroles, suivant lesquelles l'Église, au jour du dimanche de l'orthodoxie, prononce anathème contre ceux qui osent penser et parler ainsi du Saint-Sacrement. *C'est*, dirent alors les évêques, *ce que confirme aussi l'ancienne tradition reçue des apôtres et conservée dans l'Église : car toute l'Église catholique de Jésus-Christ, répandue par toute la terre, a confessé et confesse, que le pain et le vin de l'Eucharistie, après la consécration, sont le propre et le véritable corps et le sang de Notre-Seigneur ; et c'est ce que signifie le mot de transsubstantiation, dont Gennadius Scholarius s'était servi il y avait deux cent cinquante ans, dans une homélie prononcée à Constantinople, en présence de l'empereur et du sénat*.

Caryophylle tâcha de répondre aux autorités des saints Pères anciens qui lui furent alléguées, en les expliquant à sa manière. A l'égard des auteurs plus récents, il dit qu'ils avaient fait une grande faute de se servir du mot de *transsubstantiation* ; que pour l'Église elle s'était trompée. Il fut donc ainsi convaincu des plus grands blasphèmes contre l'Écriture sainte, contre les saints Pères et contre la tradition ecclésiastique. On était sur le point de l'excommunier, mais il l'évita, ayant témoigné avec son hypocrisie ordinaire qu'il se soumettait à la sentence synodale, et en effet il la signa. Depuis il garda le silence, craignant l'excommunication, mais en particulier il conserva les mêmes sentiments hérétiques, même sur d'autres articles qui regardent les sacrements, car ce fut après cette dernière souscription qu'il écrivit au métropolitain d'Andrinople une réponse toute calviniste à cette occasion.

Un laïque inconnu, passant en Bulgarie, fit semblant d'être prêtre : il célébra la Liturgie et il administra les autres sacrements en ce pays-là. Ensuite, touché des remords de sa conscience, il se confessa et reçut la pénitence. Le métropolitain d'Andrinople, qui n'était pas un homme fort habile, consulta sur ce sujet Jean Caryophylle, logothète, le considérant comme savant et orthodoxe, et il lui demanda si celui qui n'avait pas reçu l'ordination pouvait célébrer efficacement les sacrements. Caryophylle lui répondit, selon le sentiment de Calvin, que cela se pouvait, parce que ce n'était point le sacerdoce, mais la foi des chrétiens seule qui produisait l'effet des sacrements. C'est cet écrit que Dosithée a réfuté article par article d'une manière très-solide.

Le reste de l'histoire de ce malheureux est qu'en 1693 il s'en alla en Valachie, où il continua à répandre en secret les mêmes erreurs qu'il avait fait semblant d'abjurer, et pour cela il fut cité en différents tribunaux. Nous n'en savons pas davantage ; mais comme il devait être extrêmement vieux, il ne peut pas avoir survécu fort longtemps. Dosithée joint ensuite la sentence synodale qui fut rendue en 1691 par le synode de Constantinople, auquel présida Callinique, et où se trouvèrent plusieurs métropolitains et évêques, les prêtres et les officiers de la grande église, que Dosithée signa le second comme patriarche de Jérusalem, et qui fut insérée dans les registres de la même église. Cette sentence a été imprimée depuis peu avec d'autres pièces.

Telle est l'histoire de Jean Caryophylle, de laquelle il ne paraît pas que ces témoins oculaires qu'on nous cite continuellement aient eu la moindre connaissance ; ce qui fait voir le peu de foi qu'on doit avoir à leurs relations, quand elles ne sont pas confirmées d'ailleurs. Car il y a tout sujet de croire que s'ils l'avaient sue, ils auraient fait sonner bien haut le mérite d'un Grec calviniste, dont ils pouvaient avoir les écrits, puisqu'il s'en était répandu plusieurs copies, et qui avait cet avantage par-dessus Cyrille Lucar, qu'il avait soutenu le calvinisme publiquement, ce que l'autre n'avait jamais fait, quoiqu'il dit le contraire. Nous ferons les réflexions convenables sur les conséquences qu'on peut tirer de cette histoire, après avoir remarqué en peu de mots combien il y a de conformité entre les faits qui regardent Corydale, rapportés sur le témoignage de Méthodius dans une lettre de M. de Nointel, et tout ce que Dosithée écrit de ce qui se passa à l'égard de Caryophylle.

Corydale, que Méthodius disait avoir attaqué le mot de *transsubstantiation*, pouvait l'avoir fait, puisqu'il paraît par ce que Dosithée en a écrit, que Caryophylle lui attribuait ses mêmes sentiments ; mais il n'était pas ordinairement à Constantinople : c'était à Athènes, où Nectarius, qui fut depuis patriarche de Jérusalem, étudia sous lui la philosophie. Il semble au reste fort difficile que dans un récit d'un aussi grand détail qu'est celui de Dosithée, il n'ait fait aucune mention de ce qu'on suppose être arrivé à Corydale, qui est précisément ce qu'il rapporte de Caryophylle, et qui devait être arrivé sous le même patriarche, qui était Parthénius-le-Vieux. Il n'y a aucune apparence que cette opposition au mot de *transsubstantiation* ait été faite à l'occasion de la Confession orthodoxe, lorsqu'elle fut examinée par le synode sous le même patriarche, puisque Corydale ne pouvait avoir séance dans cette assemblée, n'étant ni ecclésiastique ni officier de la grande église, au discours duquel on n'aurait eu aucun égard, outre qu'il ne se trouve rien dans les mémoires de ces temps-là qui donne sujet de le croire. Il était même naturel que Dosithée, parlant de Corydale comme de celui qui avait inspiré ses erreurs à Caryophylle, marquât qu'elles avaient déjà été condamnées, et tout récemment, par le même Parthénius. On n'eût pas eu besoin de faire une nouvelle assemblée en si peu de temps, puisque le jugement rendu contre Corydale aurait eu le même effet contre Caryophylle. C'est donc ce qui donne sujet de croire que Méthodius, sur le récit duquel M. de Nointel écrivit sa lettre, ou celui-ci même peuvent s'être équivoqués, et avoir attribué à Corydale ce qui est arrivé à Caryophylle, quoique dans le fond cela ne change rien aux conséquences qu'on en doit tirer par rapport à la créance des Grecs et à l'approbation générale qu'ils ont donnée non seulement au dogme de la transsubstantiation, mais au mot et à l'expression même ; puisqu'ils ont condamné comme hérétiques ceux qui ont voulu contester sur le mot, aussi bien que sur la doctrine qu'il signifie. Nous allons voir les conséquences que les calvinistes ont prétendu tirer de ce qu'ils savaient confusément de cette histoire, et celles que nous en tirons en confirmation de tout ce qui a été dit jusqu'à présent sur la créance des Grecs.

CHAPITRE II.
Réflexions sur l'histoire de Corydale et de Caryophylle.

On a vu dans *la Perpétuité de la foi* que M. Claude, sur une lettre missive de son ami M. Basire, archidiacre de Northumberland, entreprend de prouver que la transsubstantiation était si peu connue aux Grecs, et si peu conforme à la créance reçue dans leur église, qu'à l'occasion d'un catéchisme fait par un Grec qu'il ne nommait point, et que ni lui, ni son ami ne connaissaient pas assurément, dans lequel on trouvait le mot de *transsubstantiation*, on s'y opposa comme à une nouveauté dangereuse ; de sorte qu'il fut censuré par les Grecs mêmes. Il y a sujet de penser que cela pouvait regarder l'*Abrégé des sacrés mystères* de Grégoire protosyncelle ; et quoiqu'on ne dût pas avoir grand égard à un témoin inconnu, on ne laissa pas de s'informer à Constantinople si ce catéchisme, puisqu'on l'appelait ainsi, avait essuyé la moindre censure ; et on apprit par un témoignage constant et uniforme des Grecs, qu'ils regardaient cet ouvrage comme orthodoxe, qu'il avait été et qu'il était encore généralement approuvé. Cela suffisait pour former contre les calvinistes un argument plus fort et plus vraisemblable que tous ceux qui ont été produits par M. Claude en tant de volumes ; et c'était que cet ouvrage avait été composé et publié sous Cyrille Lucar ; et que puisqu'il ne l'avait pas censuré, et qu'il ne s'était pas opposé à la doctrine de cet auteur, sa Confession devait être fort suspecte, et même qu'elle était fausse. Car chacun comprend qu'il est contre toute vraisemblance qu'un particulier osât publier une doctrine entièrement contraire à celle de son patriarche, si elle eût été aussi connue qu'il le faisait croire aux Hollandais et aux Genévois ; et encore moins l'aurait-il osé si elle eût attaqué directement la créance commune de son église. Or il est certain qu'au lieu de l'attaquer, il la représenta très-fidèlement, ainsi que tous les Grecs le jugèrent en ce temps-là ; ce qu'ils ont confirmé depuis, comme on l'a prouvé par des autorités incontestables.

On trouve donc d'abord que ce M. Basire, qui est un de ces témoins oculaires si mal informés de l'église grecque, qu'on pourrait prouver par leurs seuls écrits qu'ils ne sont jamais sortis de chez eux, n'a pas seulement su les noms des livres ni des personnes dont il parle, ce qui peut faire juger de la créance que mérite son témoignage ; puisqu'il se trouve faux dans le point le plus essentiel, qui est que le mot de *transsubstantiation* ait été censuré par les Grecs, dans l'ouvrage de Grégoire ou dans la Confession orthodoxe. Ce fut donc en réfutant cette supposition que Méthodius, ancien patriarche de Constantinople, développa cette histoire en la manière qu'elle a été rapportée par M. de Nointel.

Il importe peu que Corydale ait eu une fortune pareille à celle de Caryophylle; il faut s'en tenir au fait. La conclusion qu'on a tirée M. Claude est que les Grecs censurèrent le mot que nous prétendons qu'ils approuvent. Personne n'ignore qu'une censure en matière de doctrine et de religion est un acte juridique fait par ceux qui en ont l'autorité, pour déclarer une opinion erronée, et contraire à la créance de l'Église. Ceux à qui M. Basire fait faire cette prétendue censure ne sont ni les patriarches, ni les évêques, ni un synode, ni aucune personne revêtue de l'autorité légitime. C'est un particulier téméraire qui se donne la liberté de trouver mauvais ce que les autres approuvent; sur quoi il est condamné lui-même. Si on peut appeler cela une censure, il n'y a point de concile ancien, de ceux-mêmes dont les calvinistes reçoivent les décisions, qui n'ait été censuré; puisqu'il n'est presque jamais arrivé que les hérétiques ne s'y soient pas opposés.

Que peut-on donc tirer de cette prétendue censure? On en tire cette vérité certaine, que parmi un si grand nombre de Grecs qui ont vécu depuis 1635 jusqu'à ces jours-ci, il s'en est trouvé deux qui n'étaient pas ecclésiastiques et dont tout le mérite consistait en ce qu'ils passaient pour habiles philosophes, qui ont attaqué le mot et le dogme de la *transsubstantiation*; que le corps de l'église grecque s'est élevé contre eux, qu'ils ont été condamnés comme hérétiques, et que leur doctrine et leurs écrits ont été frappés d'anathème. Il faut avoir une grande pénétration pour y comprendre autre chose; et il n'y avait que M. Claude et ses disciples qui fussent capables de croire qu'ils y pussent trouver quelque avantage. Car on ne croit pas que personne puisse regarder comme une preuve les imaginations de l'auteur des *Monuments*, qui donne un nombre d'adhérents à Corydale, et en forme un parti considérable qui censure la Confession orthodoxe. Elle a, dit-il, *été censurée à Constantinople par tous ceux qui étaient du sentiment de Corydale, et qui refusèrent de souscrire au synode de Moldavie, où Syrigue fut député par les antagonistes de Cyrille Lucar, dans les temps que ses ennemis travaillaient à faire condamner sa Confession de foi. On verra dans la suite,* continue-t-il, *ce que ces Grecs pervertis firent pour cela dans un conciliabule tenu l'an 1643, sous un prince mercenaire et entièrement dévoué au service de la cour de Rome.*

On a déjà marqué ailleurs que le sieur A. n'avait jamais eu d'autres mémoires que ce qu'il a trouvé dans la *Perpétuité de la foi*; et tout ce système n'est fondé que sur la lettre de M. de Nointel. Elle ne dit pas que Corydale eût des disciples; c'est donc un homme seul qui compose cette assemblée, dans laquelle fut censurée la Confession orthodoxe. Il suppose qu'ils refusèrent de souscrire au synode de Moldavie; et on ne trouvera pas que jamais Corydale y ait été, ni même à celui de Constantinople, qui le confirma, puisqu'il n'avait aucun rang dans l'Église qui lui donnât séance dans les assemblées. Syrigus ne fut point député dans le temps que les ennemis de Cyrille travaillaient à faire condamner sa Confession de foi, puisqu'elle l'avait déjà été sous Cyrille de Berrhoée en 1638. Elle le fut encore véritablement au synode de Moldavie; mais ce n'était pas là le seul motif de la députation de Syrigus, puisque ce fut principalement pour examiner la Confession orthodoxe et lui donner la dernière main. *Les Grecs pervertis*, selon le langage commun des schismatiques, aussi bien que de ceux qui sont soumis au Saint-Siège, sont Cyrille, Corydale, Caryophylle et leurs semblables; et il est certain qu'il n'y en a pas eu d'autres, si ce n'est peut-être des gens très-obscurs: et un si petit nombre ne fait pas l'église grecque. Ce que le sieur A. appelle *conciliabule*, est une assemblée synodale la plus régulière et la plus dans les formes qui pût être en ces pays-là. Ce fut en 1642 qu'elle se tint; et celle qui fut tenue l'année suivante à Constantinople, était pour approuver la Confession orthodoxe, dans laquelle il n'était point parlé de Cyrille Lucar. Enfin on ne peut assez admirer la hardiesse d'un homme qui appelle un *prince mercenaire et dévoué à la cour de Rome* le hospodar de Moldavie, Basile; puisque personne n'ignore que les Moldaves et les Valaches, les Cosaques et presque tout ce qu'il y a de chrétiens en ces pays-là, sont tellement attachés à l'église grecque, qu'on y trouve un très-petit nombre de catholiques; outre que les princes étant non seulement tributaires de la Porte ottomane, mais établis et déposés selon qu'il plaît au grand-seigneur, ils ne peuvent être dévoués à la cour de Rome, cet attachement seul étant capable de les rendre suspects. Ceux qui ont lu l'ouvrage du sieur A. ne seront pas étonnés de toutes les faussetés qu'il avance sur cette histoire de Corydale, puisqu'il n'y a pas de page où il ne se trouve de pareilles choses, toujours sans la moindre preuve et contre toute vraisemblance. On ne se donnerait pas la peine de les relever, si ce n'était que comme il les a inventées sur trois lignes d'une lettre de ce M. Basire, il sera aussi cité à son tour par des calvinistes qui ont cru et copié de plus grandes absurdités que celles-là.

On leur fera cependant une question à laquelle il paraît fort difficile de donner aucune bonne réponse. C'est qu'ils nous disent comment il s'est pu faire que ce *généreux athlète* Corydale, *qui a toujours persisté dans la même créance que le patriarche Lucar et les autres Grecs séparés de la communion romaine*, n'objecta pas à ceux qui l'inquiétaient sur ce qu'il rejetait la transsubstantiation l'autorité de son patriarche, qui l'avait de même rejetée dans sa Confession. Dira-t-on qu'il était au milieu des ennemis de Cyrille? Mais nous répondrons que c'était là une occasion où un défenseur de la vérité ne devait rien ménager; d'autant plus, qu'il n'y avait pas plus de risque à soutenir son opinion qu'à défendre sa personne. Enfin quels étaient donc ces ennemis de Cyrille et de sa doctrine, si, comme l'assuraient M. Haga, Léger, et ceux qui firent la préface de l'édition de sa Confession à Genève, *à peine il y avait alors un des métropolitains et autres prélats de l'église grecque, qui étaient en grand nombre à Constantinople, qui ne déclarât ouvertement qu'il était prêt d'exposer ses biens, sa vie, et s'il y avait quelque chose de plus précieux que la vie, pour la défense de Cyrille et de sa Confession.* (Miscell., p. 118.) Ce sont les paroles de M. Smith, qui même s'étonne qu'on puisse douter de la vérité d'un fait attesté par M. Haga, quoiqu'il soit contredit par toute la Grèce. On ne peut rendre aucune raison de ce silence; mais il prouve au contraire la fausseté de tout ce que Cyrille avait fait croire aux Hollandais et aux Genevois.

On dit aussi que M. de Nointel avait mandé que Corydale avait fait une rétractation de ses erreurs, qui avait été insérée dans le livre de la grande église, et que les auteurs de *la Perpétuité* ne la produisent pas, ce qu'on donne comme une preuve de la persévérance de cet hérétique dans ses opinions. Il n'y a rien d'extraordinaire en ce qu'on espère trouver un acte et qu'on ne le trouve pas, ou qu'on oublie de le chercher. Quand cet homme ne se serait pas rétracté, cela ne diminuerait pas l'autorité des décrets faits contre lui, et les oppositions d'un seul particulier n'arrêtent pas les décisions d'une assemblée ecclésiastique. On n'a vu aucun acte par lequel les opinions de Corydale aient été approuvées, aucun évêque n'a pris sa défense, il n'a point eu d'autre sectateur que Caryophylle, qui a été solennellement condamné. Si on n'a pas eu de pièces justificatives pour prouver la rétractation du premier, nous en avons de très-authentiques de la condamnation du second, et elles ont été données au public.

Mais comme nous croyons avec quelque raison que Méthodius ou M. de Nointel ont attribué à Corydale ce qui regardait Caryophylle, et que nous savons exactement l'histoire de celui-ci, nous continuerons les réflexions sur ce que nous en apprend Dosithée.

1° Si M. Claude et ses disciples ont voulu embrouiller la matière en faisant passer pour Grecs latinisés ceux qui s'opposèrent à Corydale, on ne dira pas que Dosithée, auteur de tout le récit et de la réfutation de Caryophylle, ait été de ce nombre; puisque si jamais homme a fait ses preuves de Grec schismatique, c'est celui-là. Il est vrai que l'auteur des *Monuments* l'a déclaré papiste, et qu'il a osé assurer qu'après le synode de Jérusalem, auquel il présida en qualité de patriarche, il fut obligé de s'enfuir, et qu'il fut chassé. Cependant plus de trente ans après il était encore patriarche, et il avait si peu désavoué la doctrine de la transsubstantiation, contenue dans les décrets publiés alors, qu'il les a fait imprimer lui-même sous le titre d'*Enchiridion*, en 1690, à Bucharest, en Valachie. Ce n'est donc point un Grec latinisé, c'est un de ceux qui s'est le plus distingué dans son église, qui y tenait le quatrième siége patriarcal, qui condamne *ce généreux athlète* Corydale, aussi bien que Caryophylle, et qui déclare, en particulier par son ouvrage et en public par la sentence synodale à laquelle il souscrivit, qu'ils étaient hérétiques et dans des sentiments contraires à ceux de l'église grecque. Par conséquent il ne doutait pas que Parthénius-le-Vieux, et ceux qui obligèrent Caryophylle à se rétracter, ne fussent orthodoxes et nullement latinisés, non plus que lui. M. Claude les connaissait-il mieux que ne pouvait faire Dosithée?

2° Suivant ce qu'il nous apprend, Caryophylle fut cité devant Parthénius-le-Vieux en 1645, qui fut la dernière année de son patriarcat et de sa vie. Il y avait alors deux ans et plus que la Confession orthodoxe avait été approuvée synodalement. Ce n'était donc pas une opposition qui fût faite à la doctrine contenue dans cet ouvrage dans le temps qu'on l'examinait: c'étaient des discours téméraires et secrets d'un particulier sans caractère et sans autorité, que néanmoins le patriarche ne jugea pas devoir laisser impunis, tant les Grecs sont attentifs sur ce qui regarde la doctrine de la présence réelle.

3° On remarquera le caractère *de ce généreux athlète de la vérité*, semblable, comme dit Dosithée, à celui des anciens hérétiques, de cette espèce de manichéens et bogomiles qui parurent dans la Grèce en différents temps. Il le compare à un certain Timothée qui vint à Constantinople sous le patriarche Germain, et qui éludait toutes les questions qui lui furent faites par des réponses ambiguës et des équivoques, ce qui convenait au pays d'où il venait, et à la fréquentation qu'il avait eue dans sa jeunesse avec ces *Athingani*, diffamés pour leurs erreurs et pour leurs sorcelleries. Mais indépendamment de ce reproche, on ne peut s'imaginer rien de plus abominable qu'un homme qui souscrit à la condamnation de ses erreurs, et qui les conserve dans le cœur pendant quarante ans et davantage. Tels étaient les disciples de Cyrille Lucar, qui avait donné un grand exemple d'une pareille impiété.

4° On ne doit pas non plus oublier que l'un de ceux qui entreprit des premiers de ramener Caryophylle de ses égarements fut le fameux Nectarius, patriarche de Jérusalem, de concert avec Mélèce Syrigus. Après un ouvrage comme celui que Nectarius a écrit contre la primauté du pape, on ne peut pas dire qu'il fût latinisé: il a néanmoins enseigné la transsubstantiation, il a approuvé la Confession orthodoxe, il a souscrit au synode de Jérusalem, il a été en liaison avec Syrigus, il a regardé Cyrille Lucar comme hérétique, il a condamné Caryophylle avec les autres. Il est donc indubitable, par cette seule histoire, que toutes ces circonstances, que les ministres donnent comme des marques certaines d'un faux Grec, sont au contraire les marques d'un Grec véritable; ce qui renverse tout ce que M. Claude, M. Smith, M. Spanheim et tous les autres ont dit contre les synodes de Moldavie, de Constantinople et de Jérusalem; contre Coressius, Grégoire protosyncelle, Syrigus, et ceux qui ont eu part aux attestations.

5° Ce que M. Claude a voulu prouver par l'autorité de M. Basire est que le mot de *transsubstantiation*, ayant été inséré dans un livre, fut censuré par les Grecs. S'il a prétendu dire qu'un ou deux Grecs voulurent attaquer le mot et le dogme, il n'y a rien en cela qui favorise les calvinistes; puisqu'il n'est pas extraordinaire que dans toute une église il se trouve quelques particuliers engagés dans l'erreur. Mais comme on ne peut douter que ce qu'il a eu dessein d'insinuer à ses lecteurs était qu'une partie de l'église grecque s'élevât contre le mot et contre le dogme, on demande si le patriarche et les évêques assemblés en présence des principaux laïques ne font pas l'église grecque; et il faudrait avoir perdu l'esprit pour en douter. Il ne faut donc pas lui attribuer une erreur qu'elle condamne, ni faire passer cette erreur pour sa véritable créance, ni l'opinion d'un ou deux particuliers mal soutenue et condamnée pour une censure. Ceux qui demandent pourquoi on n'a pas produit la rétractation de Corydale, quoiqu'on dit qu'elle avait été enregistrée dans le livre de la grande église, sont obligés de produire eux-mêmes une copie authentique de cette prétendue censure. Ce serait assurément une chose curieuse qu'un pareil acte, dans lequel on ne trouverait ni le nom du patriarche, ni des évêques, ni des officiers, et jamais on n'en a vu de semblable.

6° Il est aisé de voir que Caryophylle était calviniste, et qu'il était dans les mêmes opinions que Cyrille Lucar, aussi bien que son maître Corydale. Il était naturel qu'étant cité devant son supérieur ecclésiastique il se défendît par l'autorité d'un autre; et cela lui était fort aisé, si la Confession de Cyrille avait été aussi généralement reçue que les calvinistes le prétendent. Cependant, par le détail que rapporte Dosithée, témoin oculaire plus sûr que M. Basire, on ne trouve pas que jamais Caryophylle se servît de cette autorité. Il savait mieux que M. Claude, que M. Smith, et que tous les témoins oculaires de cette sorte, si ceux qui avaient dressé et souscrit les décrets des synodes de Constantinople et de Jassi étaient de vrais Grecs, ou s'ils étaient latinisés, comme le prétendent ces grands critiques. Pourquoi donc ne leur fit-il pas ce reproche, qui n'a jamais été indifférent, sinon parce qu'il aurait été inutile, et qu'il aurait fallu avoir perdu l'esprit pour le faire?

7° Enfin que peuvent dire les calvinistes contre la sentence synodale qui intervint sur l'affaire de Caryophylle? On ne pouvait exposer plus fidèlement leur créance qu'il l'exposa devant les évêques. On lui cita les passages de l'Écriture et ceux des saints Pères, et par la manière dont il répondit, on ne peut douter qu'il ne les expliquât en un sens contraire à la transsubstantiation, puisqu'il la combattait, mais conforme à celui des calvinistes et de Cyrille. Donc, puisque l'église de Constantinople condamna ce sens, on ne peut pas lui attribuer d'avoir eu des sentiments conformes à ceux de la Confession de Cyrille. Il s'ensuit encore qu'elle n'a jamais entendu les paroles des Pères autrement que selon le sens de la présence réelle et de la transsubstantiation : et comme M. Claude les a expliquées tout autrement, et d'une manière qui se serait parfaitement accordée avec les principes de Caryophylle, on prouve par la même conséquence que l'église grecque est entièrement opposée à la doctrine des calvinistes. Or, comme on sait aussi que, quand M. Claude s'est vanté modestement d'avoir démontré que les Grecs ne croyaient ni la présence réelle ni la transsubstantiation, il ne l'a fait qu'en donnant aux témoignages des Pères des explications forcées, qui les éloignent de ce sens, puisque les Grecs reconnaissent eux-mêmes que ces sortes d'explications sont fausses, et qu'ils les condamnent, toutes les démonstrations de ce ministre, qui n'ont pas d'autre fondement, tombent entièrement.

8° Il paraît qu'après les témoignages des Pères, on opposa ceux des théologiens plus modernes à Caryophylle, et qu'il dit pour toute réponse qu'ils avaient très-mal fait de mettre en usage le mot de *transsubstantiation*. Dosithée ne les nomme pas, mais on ne peut pas douter que ce ne soient ceux qui sont nommés dans le décret synodal, et ce sont Gennadius dans l'homélie publiée depuis peu, Mélétius Piga, patriarche d'Alexandrie, Maximus Margunius, évêque de Cérigo, Gabriel de Philadelphie, Mélèce Syrigus, George Coressius, et particulièrement la confession orthodoxe. Caryophylle dit qu'ils s'étaient trompés, et cette réponse le fit connaître pour hérétique; mais il ne dit pas, ce qu'assurément il aurait su plutôt que M. Claude et M. Smith, que tous ces hommes-là étaient des Grecs latinisés, parce qu'on l'aurait regardé comme un fou. On demande donc à ceux qui se servent de cette pitoyable défaite, dont on a fait voir la fausseté par tant de preuves positives, s'ils peuvent s'en servir, lorsqu'un homme qui combattait pour leurs sentiments n'a osé le faire?

9° Parmi ces autorités, on lui cita la Confession orthodoxe. Il ne devait pas manquer de dire que c'était l'ouvrage d'un homme vendu à la cour de Rome, qui l'avait fait de sa tête, et qu'elle n'avait été *approuvée que de huit malheureux, forcés par le patriarche Parthénius-le-Vieux*. Il n'avait garde, puisque les Grecs savaient assez ce qui en était, et les actes publics l'auraient confondu. Mais il eût été vrai, comme M. Basire l'assure, et que M. Claude l'affirme sur son témoignage, que cette Confession avait été censurée par les Grecs, l'auraient-ils pu alléguer pour confondre Caryophylle, qui avait sa réponse prête, en leur disant qu'ils ne pouvaient pas se servir contre lui d'une pièce qu'ils avaient condamnée eux-mêmes. On peut remarquer en passant quel fond on peut faire sur des faits qui ne sont prouvés que par de semblables témoins. Mais nous en examinerons un autre qui regarde personnellement ce M. Basire.

10° Caryophylle était habile en sa manière, et il se piquait d'être philosophe; on le pressait de reconnaître la transsubstantiation, et on lui citait les théologiens grecs modernes qui l'avaient enseignée, entre autres Gabriel de Philadelphie, qu'il avait lu vraisemblablement. Pourquoi donc ne répondit-il pas à ses juges qu'il reconnaissait la *métousiose*, mais qu'il rejetait la *transsubstantiation*? Car M. Claude a démontré que ces deux choses étaient fort différentes. Il ne fit pas une réponse si absurde, et véritablement il aurait eu de la peine à la faire entendre, car il savait le grec. C'est donc une chose inconnue aux Grecs que cette distinction imaginaire; aussi n'était-elle pas faite pour ce pays-là, mais pour des ignorants prévenus d'une admiration et d'une confiance aveugle, qui ont cru voir dans un grand mot qu'ils n'entendaient point la résolution de toutes les difficultés que leur docteur ne pouvait résoudre.

11° Si cette affaire avait été une dispute passagère, ou la cause d'un particulier qui eût été terminée en une fois, comme cela arrive ordinairement, les circonstances que nous avons fidèlement rapportées suffiraient pour démontrer que les calvinistes n'en peuvent tirer le moindre avantage. Ce qu'ils pourraient dire, serait qu'on n'aurait pas assez examiné la matière, que le jugement aurait été précipité, qu'il y aurait eu de la passion, et d'autres choses semblables, par lesquelles ils ont attaqué les synodes contre Cyrille Lucar. Ici il n'y a rien de semblable : Caryophylle fut écouté, et ses écrits furent examinés; il conféra avec les plus habiles théologiens, depuis 1645 jusqu'en 1689. Il paraît par là que l'église grecque n'a pas changé de doctrine pendant ce long espace de temps, quoiqu'il y ait eu de grands changements de patriarches. Cette doctrine n'était pas nouvelle à la première condamnation des erreurs de Caryophylle; puisque dix ans auparavant Grégoire protosyncelle et Coressius l'avaient soutenue; Gabriel de Philadelphie trente-cinq ans avant eux, et Mélèce d'Alexandrie encore plus tôt. Elle n'a pas changé depuis, Dosithée ayant fait imprimer les actes de la condamnation de Caryophylle. C'est donc aux calvinistes à voir où ils placeront leurs orthodoxes qui avaient les mêmes sentiments que cet impie. Il n'y a que leur Cyrille qui fait paraître comme un éclair, sans synode, sans clergé, sans formalités, et même ce n'est pas à Constantinople, c'est à Genève et dans le Nord, cette étincelle de lumière qui frappe les yeux des Hollandais et des Suisses, et à laquelle l'imprimeur Génevois nous exhorte d'ouvrir les yeux. Avant lui, et depuis lui, il ne se trouve à son égard que des anathèmes. Si donc ceux qui les ont fulminés ou approuvés n'étaient pas des véritables Grecs, comme l'a cru M. Arnauld, et *c'est ce qui l'a trompé*, dit M. Claude, mais des Grecs latinisés, ces Grecs véritables, c'est-à-dire, le corps de l'église grecque visible, auront été depuis plus de cent dix ans sans patriarches, sans évêques, sans clergé, sans exercice public, et, en un mot, entièrement invisibles, car il est impossible d'en trouver d'autres.

Ce sont là les principales réflexions que chacun peut faire sur ce qui regarde Corydale et Caryophylle, et on en pourrait encore joindre d'autres, si celles-ci n'étaient pas plus que suffisantes pour faire voir l'absurdité des conséquences que tirait M. Claude d'un fait absolument faux, qui était que le Catéchisme de Grégoire protosyncelle ou la Confession orthodoxe avaient été censurés, à cause que la transsubstantiation y était enseignée. On ne croira pas un particulier étranger, au préjudice des actes publics, des registres de l'église de Constantinople, et des livres imprimés par les Grecs mêmes. Que M. Basire ait été un homme d'une probité exemplaire, cela peut-être; mais il faut avouer que ce *personnage illustre et d'un savoir exquis* avait la mémoire bien courte, ou qu'il était bien crédule, s'il a mandé tout ce que M. Claude rapporte sur l'autorité d'un tel témoin. *Sa sincérité*, dit-il, *ne peut être révoquée en doute sans injustice.* C'est ce que nous examinerons dans l'éclaircissement suivant.

CHAPITRE III.

Éclaircissement sur le témoignage de M. Basire rapporté par M. Claude.

L'expérience a fait connaître que dans le cours de la dispute touchant la perpétuité de la foi, M. Claude et ceux qui l'ont suivi, outre qu'ils ont donné des preuves sensibles de l'ignorance entière dans laquelle ils étaient sur la créance des Grecs, ont poussé la témérité et l'injustice au-delà de toutes les bornes. La témérité paraît en ce que M. Claude a avancé des faits dont l'absurdité frappe d'abord toute personne tant soit peu instruite de la matière; et l'injustice est encore plus grande, en ce que lui, qui ne peut donner la moindre preuve de ce qu'il avance, et qui rejette avec hauteur les actes et les autorités les plus certaines des églises entières, des patriarches, des évêques, et des personnes connues dans toute la Grèce; qui ne veut pas qu'on ait le moindre égard aux sceaux des églises, des ambassadeurs, des consuls, et cela sur des objections très-frivoles, et qui ne seraient pas écoutées dans le tribunal le plus inique, lorsqu'il trouve la moindre pièce qu'il croit lui être favorable, il prétend qu'on ne peut sans injustice révoquer en doute, non pas seulement des actes informes, dénués de tout ce qui peut leur donner autorité, quand ils ne seraient pas signés par des vagabonds et des inconnus, mais jusqu'à des lettres missives de M. Basire, de M. Woodroff, et d'autres dont jamais on n'avait ouï parler dans le monde.

Il veut particulièrement que nous déférions au témoignage de ce M. Basire, *personnage illustre*, mais que personne ne connaissait avant que M. Claude en eût parlé, *d'un savoir exquis, homme d'honneur et d'une probité exemplaire.* On a peine à comprendre ce que signifie *un savoir exquis*, en parlant d'un homme qui, ayant demeuré à Constantinople parmi les Grecs, ne connaissait ni le Catéchisme de Grégoire protosyncelle, ni la Confession orthodoxe, et qui en a dit d'aussi grandes absurdités : car elles font voir qu'il ne les avait pas seulement ouverts; et avancer que celle-ci a été censurée par les Grecs, n'est pas une marque d'un *savoir exquis*, mais de l'ignorance la plus grossière. Il n'est pas moins difficile de concilier le caractère d'*homme d'honneur* et d'*une probité exemplaire* avec un procédé comme celui de M. Basire, puisque toute personne qui a de l'honneur et de la probité n'affirmera pas ce qu'elle ne sait point, encore moins ce qui est évidemment faux ; que même elle sera très-réservée à parler de ce qui peut être douteux, avant que de s'en être éclaircie autant qu'il est possible. C'est néanmoins ce qu'il n'a pas fait, puisque s'il avait consulté le moindre ecclésiastique de Constantinople, il lui aurait dit tout le contraire de ce qu'il a persuadé à M. Claude, qui soutient néanmoins qu'on ne peut révoquer en doute un tel témoignage sans injustice. Cette sorte d'injustice est aussi inconnue que la personne du témoin ; car les autres hommes croiraient que ce serait pécher contre toute justice, de croire un particulier étranger et très-mal informé, au préjudice de toute une église ; une lettre missive au préjudice d'un très-grand nombre d'actes publics, et un archidiacre de Northumberland, plutôt que dix patriarches et un nombre infini d'évêques et d'autres ecclésiastiques Grecs, sur ce qui s'est passé à Constantinople aux yeux de toute la Grèce. Nous avons assez fait voir dans l'éclaircissement précédent qu'il n'y aurait pas eu moins d'extravagance que d'injustice à croire sur un tel témoignage que le mot de *transsubstantiation* a été censuré par les Grecs, dans le temps même que le livre où il est employé reçut une approbation solennelle des quatre patriarches, des métropolitains, et de toute l'église grecque ; approbation renouvelée en 1662, et en 1671, 1672, 1690, et qui subsiste encore aujourd'hui. Le fait dont il s'agit présentement est d'un autre genre, et si extraordinaire, qu'on a peine à comprendre qu'il ait été écrit sérieusement ; nous le rapporterons dans les propres termes de M. Claude, ou plutôt de M. Basire.

Lorsque j'étais, dit-il, *à Constantinople, ce qui était l'an 1653, Paisius en était patriarche, lequel, en signe de sa communion avec l'église anglicane, m'imposa les mains dans une assemblée d'évêques, selon la coutume, comme à un prêtre de l'église anglicane; et par cette imposition des mains, il me donna la puissance de prêcher en grec, dans toutes les églises de sa juridiction. C'est ce que je fis ensuite très-souvent, selon que l'occasion s'en présentait, tant à Constantinople qu'ailleurs.* Voici le commentaire de M. Claude (l. 3, ch. 2) : *Quelle apparence y a-t-il que si cette église avait sur l'Eucharistie les mêmes sentiments que la romaine, et si elle traitait notre créance d'impie et d'hérétique ; quelle apparence, dis-je, qu'on y eût reçu un prêtre et un docteur de l'église anglicane pour prédicateur ordinaire ?* Il ajoute dans un autre endroit, sur la même autorité de M. Basire, non seulement qu'*il a très-souvent prêché en qualité de prédicateur ordinaire dans les églises de Constan-*tinople, *mais même qu'il a enseigné clairement dans ses prédications le simple changement de vertu, sans que ses auditeurs en aient été en aucune manière scandalisés.*

Le savant P. Paris, chanoine régulier, a déjà très-bien répondu que de la même manière qu'il avait plu à M. Claude de conclure de cette histoire que les Grecs ne croyaient pas la transsubstantiation, on pouvait aussi conclure qu'ils croient que le Saint-Esprit procède du Père et du Fils, qu'ils rejettent le sacrifice de la messe, qu'ils ne reconnaissent que deux sacrements, qu'ils n'invoquent pas les saints, qu'ils n'honorent pas leurs reliques et qu'ils condamnent leurs images. Car si l'église grecque traitait la créance des calvinistes sur tous ces points d'hérétique et d'impie, quelle apparence y a-t-il qu'on eût reçu un docteur de l'église anglicane pour prédicateur ordinaire, et qu'on n'eût pas craint qu'en leur annonçant l'Évangile, il n'y eût mêlé les erreurs de sa nation ? Le P. Paris ajoute plusieurs raisons très-fortes pour montrer l'absurdité des conséquences tirées par M. Claude, et dit avec beaucoup de raison qu'il aurait fallu savoir de quelle manière M. Basire s'y était pris, quand il avait prêché la doctrine du changement de vertu dans les églises grecques ; à quoi il joint des raisonnements très-solides, que chacun peut lire dans son excellent ouvrage.

Mais nous croyons devoir attaquer cette histoire d'une autre manière; et, sans examiner quel homme était ce M. Basire, nous croyons pouvoir sans témérité nous inscrire en faux contre un récit qui n'est fondé que sur le témoignage d'un seul homme, et qui est éloigné de toute sorte de vraisemblance, ainsi que nous espérons faire voir par les remarques suivantes. Car dès qu'un particulier avancera quelque chose qui choquera d'abord l'opinion commune, et qui par beaucoup de grandes raisons sera jugé impossible, il faut d'autres preuves pour le faire croire, que de dire : *Celui qui fait ce récit est un homme de probité.* Qu'on s'imagine un calviniste, ou, par exemple, quelques-uns de ces prêtres de l'église anglicane pleins de respect pour Calvin et pour M. Claude, qui, étant à Constantinople ou ailleurs dans le Levant, dit qu'étant passé à Paris, l'archevêque lui a imposé les mains, parce qu'il était prêtre de l'église anglicane ; qu'ensuite il avait, en vertu de cette ordination, prêché dans Notre-Dame et dans les principales églises de Paris ; il pourrait surprendre quelques ignorants et ceux qui n'auraient pas la moindre connaissance de ce qui sépare les catholiques d'avec les calvinistes. Quelqu'un plus éclairé, ou qui aurait voyagé en ces pays-ci, ne le croirait pas, avant que de s'être informé comment cela se serait fait, et par quels degrés.

Le commun des calvinistes, et ceux principalement pour lesquels écrivait M. Claude, sont comme les premiers ; et même il faut mettre ce ministre dans la classe de ceux qui reçoivent indifféremment tout ce qu'ils croient être à leur avantage, surtout lorsqu'ils n'ont pas la moindre connaissance des mœurs et de la discipline des pays dont il est question. Les autres auraient dit à ce calviniste : *Puisque vous avez reçu l'imposition des mains de l'archevêque de Paris, vous avez fait profession de la foi qui est reçue dans le diocèse.* S'il répondait : *Non ; j'ai été reçu comme prêtre de l'église anglicane, et j'ai prêché dans Paris les mêmes choses que je prêchais autrefois à Londres.* — *Vous avez donc eu bien des contradictions à soutenir,* lui aurait-on répliqué, car on ne croit pas en France ce qu'on croit en Angleterre. Si cet homme répondait : *C'est ce qui vous trompe, car j'ai prêché tout ce qu'on prêche en mon pays, et j'ai été écouté avec une approbation générale.* Il n'y a personne, surtout de ceux qui seraient venus en France, qui ne regardât un tel homme comme un menteur ou comme un fou : et ceux qui assureraient que c'est cependant *un homme d'un savoir exquis, et d'une probité exemplaire,* on leur répondrait que c'était dommage qu'un si honnête homme eût perdu l'esprit, et que ce n'était pas apparemment à force d'étudier, puisqu'il fallait qu'étant en France, il n'eût jamais ouvert un livre, ou qu'il ne fût pas entré dans une église, pour parler de la manière dont il parlait. C'est là précisément l'histoire de M. Basire, dans laquelle il y a pour le moins autant d'absurdités et d'impossibilités que dans notre fiction, comme nous espérons le faire voir en détail. Il est assurément beaucoup moins certain qu'il ait prêché à Constantinople, qu'il n'est certain que les Grecs ne croient pas ce qu'il leur impute, et que tout ce qu'il dit n'a pas été, parce qu'il ne pouvait être.

I. D'abord on remarquera qu'il parle de la communion de l'église grecque avec l'église anglicane, comme étant si bien établie, que ce fut *en signe de cette communion* que le patriarche Païsius en 1653 le reçut. Mais il fallait lui demander depuis quand et comment elle avait été établie. L'église anglicane approuve la Confession de Cyrille Lucar ; l'église grecque l'a condamnée, et a fulminé anathème contre Cyrille, quoique canonisé par M. Smith et par ses semblables. Toutes les cérémonies de l'église grecque sont supprimées en Angleterre ; la Liturgie grecque diffère en tout de celle de l'église anglicane. Les protestants croient comme les catholiques que le S.-Esprit procède du Père et du Fils, ce que les Grecs condamnent comme une hérésie, qui fait la principale cause de leur séparation. L'église grecque n'a jamais donné sa communion à ceux qui ne croient pas tout ce qu'elle enseigne, on voit sur ce sujet la règle que Gennadius prescrivit aux religieux du Mont-Sina, pour les Latins et les Arméniens qui y viendraient en dévotion, qui est de ne leur pas donner la communion, si, en renonçant à leurs opinions, ils ne font profession de la foi de l'église grecque. Quand il n'y aurait donc que le seul article de la procession du S.-Esprit, comme on sait que les Grecs n'ont pas varié sur cet article, et que l'église anglicane n'a pas changé sur ce point-là, ni la créance ni le symbole de l'Église latine, quelle a pu être cette communion dont jamais personne n'a ouï parler ? Il n'y a qu'à lire ce qu'a écrit il y a quatre ou cinq ans François Prossalento, et son dialogue entre Benjamin Woodroff, maître du collège d'Oxford, et lui qui y était son disciple, pour convenir qu'ils étaient également persuadés de la différence prodigieuse qu'il y avait entre la foi des Grecs et celle de l'église anglicane. Mais puisque M. Basire avait été dans le Levant, ne devait-il pas savoir que les Grecs ne souffrent pas qu'on enterre les Anglais dans les cimetières des églises grecques, et qu'on voit encore la sépulture d'Édouard Barton, ambassadeur d'Angleterre, en un lieu profane ? Il est cependant certain que les Grecs, ainsi que les catholiques, accordent la sépulture ecclésiastique à ceux de même communion, et les Anglais n'en sont pas, puisqu'ils leur refusent cette sépulture. Voilà donc une fausseté évidente, qui est le fondement de tout ce que M. Basire dira dans la suite ; car il est de notoriété publique que les Anglais sont regardés comme luthéro-calvinistes, et par conséquent ils n'ont aucune communion avec l'église grecque. Ils ne l'avaient pas avant 1653, puisque leur ami Cyrille ne la leur a jamais accordée publiquement, et ils ne l'ont pas obtenue depuis.

II. Le signe de cette communion qui ne fut jamais, est encore entièrement faux ; parce qu'il est contraire à l'usage et à la discipline de l'église grecque ; et si le fait était véritable, il servirait à prouver qu'il n'y avait aucune communion entre les Grecs et les Anglais. Le patriarche Païsius, dit-il, *en signe de sa communion avec l'église anglicane, m'imposa les mains dans une assemblée d'évêques, selon la coutume, comme à un prêtre de l'église anglicane.* On aurait beaucoup de peine à trouver cette prétendue coutume d'imposer les mains à un prêtre, sinon pour l'ordonner évêque, et ce n'est pas ce que M. Basire a voulu dire. Dans les églises de même communion, on n'a jamais imposé les mains aux prêtres des autres églises : cela eût été regardé, et l'est encore présentement, comme un sacrilège. Que les calvinistes nous citent un seul exemple d'une pareille imposition de mains en signe de communion ; ils doivent en avoir plusieurs, si c'est la coutume. Mais si M. Basire a voulu dire qu'il a été ordonné prêtre grec, il faut avouer malgré lui qu'avant cela il n'était pas dans la communion de l'église grecque ; car toute église qui est en communion avec une autre reçoit comme légitimes les ordinations qui y ont été faites ; et même sans cela lorsqu'on convient de part et d'autre des vérités orthodoxes sur l'ordination, non seulement celles des schismatiques, mais celles des hérétiques ne sont point réitérées. Aussi à Rome un Grec schismatique prêtre ou évêque, lorsqu'il se réunit à l'Église romaine, n'est point réordonné. Donc si Païsius imposa les mains à M. Basire, *comme prêtre de l'église anglicane,* ce fut parce qu'il jugea qu'il n'était point prêtre, ce qui n'était pas un signe de communion, mais de tout le contraire.

III. Il a eu si mauvaise opinion du public, qu'il a cru que personne ne savait comment on ordonne les prêtres dans l'église grecque. Si c'est de l'ordination dont il parle, et qu'il eût été ordonné véritablement, il avait dû faire une confession de foi à la grecque, reconnaître que le S.-Esprit ne procède que du Père, sept sacrements et tout le reste. Il avait dû assister à la Liturgie de l'ordination; recevoir le S.-Sacrement de la main du patriarche; prononcer les paroles qui sont dans l'Eucologe en recevant la communion, qui signifient expressément la présence réelle; il avait dû adorer l'Eucharistie, et faire les autres cérémonies que la réforme a supprimées; car on ne se persuadera pas aisément qu'on eût fait un nouveau Pontifical de l'église grecque pour M. Basire. Il avait dû aussi célébrer une ou plusieurs Liturgies; et s'il l'avait fait, il avait agi contre les principes et la doctrine de l'église anglicane, qui ne pratique rien de semblable, et qui condamne ces prières et ces rites comme des abus et des superstitions pleines d'idolâtrie. S'il ne l'avait pas fait, on peut assurer certainement qu'il n'avait pas reçu l'imposition des mains du patriarche pour l'ordination.

IV. *Par cette imposition des mains*, continue M. Basire, *il me donna la puissance de prêcher en grec dans toutes les églises de sa juridiction*. C'est là encore un nouveau paradoxe, ou, pour mieux dire, une fausseté manifeste. Car on n'impose pas les mains dans l'église grecque pour donner la puissance de prêcher, et il ne se trouve rien de semblable dans les Pontificaux. De plus, on ne prêche que très-rarement dans les églises grecques, et c'est un des grands abus qu'y trouvent les protestants : *Conciones populares nullas aut certè rarissimas hîc habent, solâ missarum celebratione suos pascentes*; ce sont les paroles de Gerlach écrivant à Chytræus. De plus, les simples prêtres sont rarement employés à ce ministère à Constantinople dans les églises, à moins qu'ils n'aient le caractère de docteur, comme l'avait Syrigus : ce sont ordinairement les évêques ou les patriarches. C'est donc un personnage tout nouveau que M. Basire se faisait faire à lui-même; et il était encore plus extraordinaire de le voir faire par un étranger réputé hérétique, comme il est certain que les Anglais passent pour tels dans tout le Levant. En jugeant de la capacité de ce prédicateur dans les matières qui concernent la Grèce, on peut assurer sans témérité qu'elle devait être fort médiocre dans la langue. Si c'était en grec littéral qu'il prêchait, il pouvait dire ce qu'il voulait, parce que peu de personnes l'entendaient ; et le grec vulgaire dans la bouche d'un Anglais, et tel que lui, ne devait être guère plus intelligible.

Mais ce n'est pas sur de simples lettres d'un homme suspect qu'on doit croire des faits inouïs, comme celui-là. S'il avait été ordonné prêtre, il a eu ses lettres d'ordination, il fallait les produire ; et cette imposition des mains ne regardait que le ministère de la prédication, il devait avoir eu une pareille permission par écrit ; et on est bien sûr qu'il ne l'a pas eue, puisque cela n'a point lieu dans l'église grecque, et qu'il ne s'en trouve pas même de formule. Il était obligé de nous apprendre pourquoi et comment il

avait obtenu ce que Gerlach, Léger et tous les autres n'ont jamais osé demander : enfin, comment le grand nom de M. Basire avait fait que les Grecs eussent approuvé dans ses prétendus sermons ce qu'ils ont toujours condamné, comme ils avaient fait sept ou huit ans auparavant dans les écrits de Caryophylle, et longtemps auparavant dans la Confession de Cyrille, leur patriarche. Pour le prouver, il fallait produire quelque sermon dans lequel il eût combattu la transsubstantiation, et montrer que le patriarche ou les évêques, l'ayant examiné, l'eussent approuvé, ce qu'on est bien sûr qu'ils n'ont jamais fait, puisqu'ils n'auraient pu le faire sans se rétracter de l'approbation solennelle qu'ils avaient donnée à la Confession orthodoxe. Or s'il y a quelque chose de certain, c'est que les Grecs n'ont jamais révoqué cette approbation : il est donc aussi certain qu'ils ne peuvent avoir approuvé M. Basire, s'il combattait la doctrine exposée dans cette même Confession.

V. *Il a*, dit-il, *enseigné clairement dans ses prédications le simple changement de vertu*, paroles qui donnent matière à une réflexion très-simple, de laquelle il naît une nouvelle preuve de la fausseté de tout ce récit. Ceux qui ont examiné avec attention ce qui s'est écrit sur le dogme de l'Eucharistie depuis cent cinquante ans savent que les calvinistes ne s'étaient presque jamais servis de cette *clé du changement de vertu*. Le premier qui l'introduisit fut Aubertin, et par là il crut avoir trouvé le moyen d'expliquer les passages des Pères les plus clairs pour le changement réel. M. Claude, qui s'en est servi plus qu'aucun autre, s'en est fait honneur dans le public, parce que le gros livre d'Aubertin n'étant lu que par les savants n'était presque pas connu aux autres. Ce livre ne fut achevé d'imprimer qu'en 1654, et même les expressions dont se sert M. Basire pour faire entendre ce qu'il avait prêché aux Grecs, sont toutes de M. Claude. Qui croira donc que M. Basire les ait employées en 1653, lorsqu'on ne les connaissait pas ; et, de plus, pourquoi les aurait-il employées, puisqu'elles n'ont lieu que dans la controverse? Car puisque les Grecs étaient alors en communion avec l'église anglicane, il n'avait que faire de combattre des opinions qu'ils ne connaissaient point. S'ils croyaient le changement réel, ils n'étaient donc pas en communion avec l'église anglicane. S'il entreprenait de les convertir, il ne paraît pas que ces prédications aient eu un fort grand succès, puisque certainement ils croient, comme ils croyaient alors, tout le contraire de ce qu'il leur prêchait.

Il faut être bien dépourvu de preuves solides pour en faire valoir de semblables, surtout quand on est aussi difficile qu'a été M. Claude à recevoir les plus certaines et les moins contestables. Si on appliquait à ces lettres tout ce qu'il a dit pour rendre suspects les actes les plus authentiques, on reconnaîtrait qu'il n'y a pas de prétention plus ridicule que la sienne, ni plus contraire à la droite raison, et à toutes les maximes suivant lesquelles les hommes se gouvernent. Il traite les synodes contre Cyrille Lucar de supposés, ou comme l'ouvrage de faux Grecs, et il n'a pas plus d'égard pour les attestations des patriarches, quoique signées de leurs mains, scellées de leurs sceaux, et légalisées par les ambassadeurs et autres personnes publiques, confirmées depuis par le témoignage de tous les Grecs ; et il veut qu'on ajoute foi à une lettre particulière d'un inconnu qui lui mande des choses dont la fausseté est évidente, parce que l'impossibilité ne l'est pas moins.

L'auteur des *Monuments* dit faussement qu'on a attaqué cette lettre de M. Basire dans *la Perpétuité*, en prétendant qu'elle était fausse. On n'a pas pensé à examiner si M. Basire l'avait écrite ou non, cela importait peu ; d'autres hommes de ce pays-là ont écrit des choses aussi absurdes, dont on ne met fort peu en peine. Mais ce que les auteurs de *la Perpétuité* et le P. Paris ont dit est que le fait était fort suspect, et nous ne croyons pas aller trop loin quand nous soutenons qu'il est entièrement faux ; parce que nous prouvons qu'il est impossible, outre qu'il est entièrement dénué de preuves. Tout ce que nous pouvons deviner, est que M. Basire alla peut-être voir Païsius, qu'il lui demanda, comme on fait ordinairement quand on va voir le patriarche de Constantinople, sa bénédiction, et qu'il la prit pour une imposition des mains. Que s'il lui demanda permission de prêcher, Païsius ne l'entendit pas apparemment, et certainement il ne lui accorda pas une permission sans exemple et contre l'usage. M. Basire peut donc avoir prêché ce qu'il a voulu, mais aux Anglais, et non pas aux Grecs ; car comme leurs sentiments sont d'ailleurs assez connus touchant ces matières, il n'est pas permis de douter qu'ils n'eussent traité ce nouveau prédicateur comme les autres hérétiques, s'il leur avait prêché la même doctrine.

Enfin il n'est pas difficile de reconnaître que ce prétendu prédicateur de l'église grecque a fait son songe en Angleterre, où il croyait être, quand il représente un patriarche grec qui lui impose les mains pour lui donner pouvoir de prêcher. Ce n'est qu'en cette église-là qu'un évêque, qui prétend que son autorité est de droit divin, ordonne celui qui n'en croit rien, et qui ne croit pas davantage plusieurs articles de la confession de foi de la communion dans laquelle il entre. L'église grecque ne connaît pas une pareille discipline. Elle ne croit pas non plus que le ministère des prêtres consiste uniquement à prêcher ; et c'est néanmoins à quoi se rapporte cette prétendue imposition des mains de Païsius sur M. Basire. Mais voici ce qu'elle demande à Dieu dans les prières de l'ordination des prêtres : *Remplissez-le, Seigneur, du don de votre S.-Esprit, afin qu'il soit digne d'assister sans reproche à votre autel, de prêcher l'Évangile de votre salut, d'administrer saintement la parole de votre vérité, de vous offrir des dons et des sacrifices spirituels, de renouveler votre peuple par l'eau de la régénération,* etc. M. Basire, qui se souvenait qu'on lui avait mis une Bible entre les mains, en le faisant prêtre de l'église anglicane, et qu'on lui avait dit : *Recevez l'autorité de prêcher la parole de Dieu,* comme le sceau de son ordination, a cru qu'il en était de même en Grèce. On n'y prêche que rarement, et on n'en fait pas mieux : mais les protestants n'ont rien à reprocher aux Grecs ni aux catholiques sur ce sujet-là ; car des discours étudiés, des disputes de controverse, ou des leçons mal digérées de théologie, hérissées de grec et d'hébreu, comme sont tant de sermons de ces docteurs de l'église anglicane, ne sont rien moins que la parole de Dieu. Il devait aussi se souvenir qu'on n'ordonne pas de prêtres en Angleterre sans les interroger sur leur foi ; et il ne pouvait pas s'imaginer qu'on ne sût pas que le même examen se fait en Grèce, ainsi que partout ailleurs. Que ne marquait-il que, quand Païsius lui imposa les mains, il répondit à ce patriarche suivant la confession de l'église anglicane, et qu'il lui déclara que dans l'Eucharistie il ne se faisait qu'un changement métaphorique. On est bien sûr qu'il n'aurait pas été ordonné après cela ; il ne reste donc rien à imaginer, sinon qu'il avait trompé Païsius, et alors son histoire ne servirait plus de rien.

On peut juger par tout ce qui a été dit, que c'est avec des raisons très-fortes que nous la regardons comme une fable, et même très-mal concertée, établie sur une fausseté notoire, qui est que l'église grecque est en communion avec l'église anglicane ; que toutes les circonstances de cette histoire sont contraires à l'usage, aux lois et à la discipline ecclésiastique, et que par conséquent on la peut révoquer en doute sans injustice : mais que pour la croire il faut renoncer à tout ce que nous connaissons de plus certain sur l'état présent de la Grèce chrétienne.

CHAPITRE IV.

Éclaircissement touchant Panaiotti.

Il ne sera pas inutile de donner un chapitre à ce qui regarde le fameux drogman Panaiotti, auquel l'Église a l'obligation de quantité de pièces curieuses et très-importantes, pour prouver le consentement des Grecs avec les Latins touchant la présence réelle et la transsubstantiation, par les soins qu'il se donna afin de faire obtenir les principaux actes à M. Nointel, comme on l'apprend par ses lettres, dont quelques-unes ont été insérées dans *la Perpétuité*. Elles font assez connaître que ce Grec était extrêmement zélé pour la religion, et particulièrement pour justifier sa nation sur ce qu'il savait que le ministre Claude en avait écrit. On reconnaît en même temps que son érudition était fort grande, et que pour un séculier, il était fort instruit des matières ecclésiastiques. Suivant le système de M. Claude, qui a été reçu sans examen par tous ses disciples, excepté par un petit nombre de savants, qui en reconnaissaient la fausseté ou l'incertitude, mais qui n'osaient aller contre le torrent de ses admirateurs, Panaiotti, par ce seul endroit, devait être un Grec des plus latinisés, et un pensionnaire de Rome ou de la France ; ce qu'il n'a pas dit ouvertement, parce qu'il a laissé sans réponse la partie du troisième volume de la *Perpétuité* qui comprend les pièces qui y ont été produites. Il ne doutait pas qu'il ne se trouvât quelqu'un assez ignorant et assez hardi pour tirer toutes les conséquences de sa proposition, et les appliquer aux personnes ; et c'est ce qu'a fait aussi le sieur A. à l'égard de tous les Grecs, ayant un roman prêt sur chacun de ceux qui ont eu part aux actes venus du Levant durant le cours de la dispute ; ce qu'il a fait surtout à l'égard de Panaiotti, dont il paraît qu'il ne savait pas même le nom, à la manière dont il l'écrit. C'était, si on veut croire un tel témoin, *un papiste caché, dévoué à la cour de Rome et à celle de France, qui cachait, sous une profession extérieure d'attachement à l'église grecque, un cœur tout latin, par les avantages qu'il espérait de cette liaison pour avancer sa fortune.*

On juge bien que toute personne raisonnable, et qui aura la moindre connaissance de l'histoire de notre siècle, ne croira pas un homme qui n'a pas eu honte d'avancer sur toute sorte de choses dont il a écrit les faussetés les plus extravagantes. Mais il a imprimé, et il a déchiré les catholiques par toute sorte d'outrages et de calomnies, et les censeurs des ouvrages qui paraissent tous les jours ont trouvé qu'il s'était acquitté de ce qu'il avait promis dans le titre de son livre. On peut donc croire, après l'expérience qu'on fait tous les jours du peu de discernement de ces critiques, et de l'ignorance de ceux qui ne lisent que de tels ouvrages, qu'il ne se passera pas long-temps sans qu'un faiseur d'additions à Moréri ou à Bayle n'insère quelque article sur Panaiotti, dans lequel il mettra toutes les découvertes du sieur A., et elles acquéreront en cette manière une nouvelle autorité. Nous rapporterons ce que nous avons recueilli de différents endroits sur ce Grec, et nous ne dirons rien que sur de bonnes preuves.

Panaiotti, surnommé Nicussius, quoiqu'il ait fait une aussi grande figure qu'aucun chrétien l'ait faite depuis longtemps à la cour ottomane, était d'une naissance très-obscure. Il naquit dans l'île de Chio d'un père très-pauvre, qui était fourreur de son métier, et même il l'eut d'une esclave. La pauvreté de ses parents étant telle qu'ils avaient beaucoup de peine à subsister, ne leur aurait pas permis de l'élever aussi bien qu'il le fut, sans le secours qu'ils trouvèrent dans la personne de Mélèce Syrigus, duquel il a été ci-devant parlé plusieurs fois, ce fameux théologien de l'église grecque, qui était aussi de Chio. Il avait gagné entièrement l'estime et l'affection du hospodar ou vayvode de Moldavie, Basile surnommé Lupulo, et ce prince qui l'estimait autant pour sa vertu que pour sa doctrine lui donnait tous les ans deux mille écus, pour être employés à secourir les pauvres. Syrigus secourut le père et la mère de Panaiotti pour les aider à élever leur fils, et quand il fut hors de l'enfance, il le prit auprès de lui. Il le fit instruire dans le grec littéral, et il l'envoya aux écoles que les jésuites ont à Chio, où il apprit le latin ; ensuite il lui fit apprendre l'italien, l'arabe, le turc, le persan, et d'autres langues ; et la facilité avec laquelle il fit toutes ces études, son esprit et ses autres bonnes qualités engagèrent Syrigus à prendre un soin particulier de le former. On trouve dans la Relation sommaire de l'état de la religion chrétienne par tout le monde, que le sieur Urbano Cerri, secrétaire de la congrégation *de propaganda Fide*, fit pour le pape Innocent XI en 1677, qu'il avait étudié à Rome dans le collège des Grecs ; mais il paraît qu'en cela l'auteur n'a pas eu de bons mémoires, aussi bien qu'en ce qu'il dit qu'il était évêque, car il ne l'a jamais été ; outre qu'il semble que M. de Nointel aurait dû être informé de cette circonstance, et sa lettre n'en parle point.

Syrigus voyant Panaiotti capable d'être avancé dans les emplois, l'introduisit en qualité de drogman chez le ministre que l'empereur avait à Constantinople, et il servit si bien, qu'en peu de temps il devint premier interprète, avec une pension de mille écus. Dans les fonctions de cet emploi, il se fit connaître aux ministres de la Porte, et il commença à gagner leur affection. Après cela Syrigus le maria avec une fille des Coressi, famille ancienne et illustre de Chio, dont la mère était une Cantacuzène, mais qui étaient tombés dans une extrême misère, et les secours que Syrigus leur avait donnés les déterminèrent à consentir à ce mariage.

Quelque temps après le fameux visir Achmet Cuproli prit le gouvernement des affaires, qui étaient en un grand désordre par les fréquentes rebellions des peuples et l'insolence des janissaires, qui rendaient l'autorité du grand-seigneur méprisable, outre qu'il y avait différents partis dans le ministère. Le visir crut qu'il ne fallait pas ménager les auteurs de ces désordres ; il fit pour cela de grandes recherches, et punit sévèrement ceux qui lui donnaient le moindre soupçon. Il avait dessein de déclarer la guerre aux Allemands, pour tenir au loin les milices tumultueuses. Le premier drogman lâcha quelques discours qui semblaient favoriser les Allemands ; sur cela le visir lui fit couper la tête, quoique ce fût un homme très-habile dans les langues, et qu'il ne fût pas facile de le remplacer. Il en fallut chercher un autre, et le visir ne balança pas à donner cette place à Panaiotti, quoiqu'il fût actuellement drogman du ministre de l'empereur, disant que sa qualité de sujet du grand-seigneur le mettait à couvert de tout soupçon.

Panaiotti suivit le visir son fils à la guerre de Hongrie, puis à celle de Candie, où il eut la principale part au traité de paix qui fut fait ensuite, et qu'il conduisit à la satisfaction de son maître, dont il reçut de grands bienfaits, et on croit qu'il reçut aussi des présents considérables des Vénitiens. Il s'était ainsi maintenu sous les deux Cuproli, avec la confiance de ses maîtres, ce qui est assez rare en ce pays-là. Il mourut le 21 septembre 1673, comme porte son épitaphe, qui est dans l'église du monastère de l'île de Calcide près de Constantinople, où il fut enterré. M. Spon (Voyag. t. 3, p. 105) rapporte cette épitaphe, qui est en six vers grecs iambes, dont voici le sens : *Ici gît le corps de Panaïotti, très-excellent interprète de l'empereur; qui était grandement distingué par la connaissance qu'il avait des ouvrages des sages; qui avait été élevé à une grande dignité par l'empire (ottoman) et qui est mort avant que d'avoir atteint la vieillesse. Son âme s'est envolée dans le séjour bienheureux,* 1673, 22 septembre.

Ce sont là les principales circonstances de la vie de ce fameux Grec dont la plupart des voyageurs ont parlé, tous avec éloge pour sa capacité dans les affaires, sa dextérité et sa souplesse, outre le grand crédit qu'il avait à la Porte, et qu'il a conservé sous deux visirs, les plus habiles qu'elle ait eus depuis fort longtemps. C'est le témoignage qu'en a rendu M. le chevalier Chardin, dont nous rapporterons les paroles : *C'est un Grec, homme de grand esprit, et qui sait plusieurs langues de l'Europe, entre autres la latine et l'italienne, dont il se sert avec beaucoup de lumière, tant à écrire qu'à parler. Ce Grec a une parfaite fidélité pour le grand-visir, et l'on voit bien qu'il a un attachement tout entier aux intérêts de la Porte, au préjudice des Chrétiens... Il a titre de premier interprète et de secrétaire de l'empire ottoman. La république de Gênes l'a fait noble Génois en récompense des bons offices qu'il rendit au marquis Durazzo son ambassadeur. Il était interprète de l'empereur d'Allemagne, avant que de l'être du grand-visir. Il avait mille écus de pension, et on dit qu'il les reçoit encore secrètement. Cependant il a travaillé plus qu'aucun autre à la dernière paix faite entre les deux empires, qui n'a pas été assez honorable à celui d'Allemagne. Il a aussi négocié celle de Candie, et il s'y est si bien conduit pour la satisfaction du grand-visir, que ce ministre lui donna, au moment de la ratification, le revenu de l'île de Micone dans l'Archipel, qui est de quatre mille écus par an.* M. Spon dit qu'il fut envoyé en ambassade vers le czar, ce qu'il avait pu savoir d'ailleurs, car il est certain que Panaïotti avait eu divers autres emplois considérables; qu'il avait été envoyé vers les hospodars de Moldavie et de Valachie, et que les principales affaires étrangères avaient passé par ses mains sous les deux Cuproli. Tous ceux qui en ont parlé confirment ce qu'a été dit ci-dessus de sa grande capacité, de son grand crédit et de son attachement au service des Turcs, pour ce qui regardait leurs affaires; et feu M. le comte de Morstin grand trésorier de Pologne qui l'avait connu, disait que pour les affaires *il n'y avait pas un meilleur Turc dans l'empire ottoman, ni un meilleur chrétien grec pour la religion.*

On lui a reproché d'être trop intéressé, et d'avoir employé toutes sortes de moyens pour amasser de l'argent, d'esprit fourbe, et d'avoir souvent trompé les ambassadeurs des princes chrétiens, sur quoi nous ne prétendons ni charger sa mémoire, ni la justifier; puisque l'éclaircissement que nous en donnons n'a pour objet que de le faire connaître par rapport à la religion grecque qu'il professait, et pour laquelle il a toujours eu un zèle extraordinaire. Car il a fait de son vivant beaucoup de bien aux églises, il rebâtit le monastère où il est enterré; il contribua par sa libéralité à orner l'église patriarcale de Constantinople, et on voit encore une inscription en vers de sa composition près de la colonne qui est conservée avec vénération, parce que, selon la tradition du pays, c'est celle à laquelle Jésus-Christ fut attaché pendant sa flagellation. Aussi tous ceux qui ont parlé de lui, et même ceux qui l'ont le moins épargné, conviennent tous de son attachement et de son zèle pour la religion grecque, si on excepte l'auteur des *Monuments*, qui en effet ne doit jamais être mis au nombre des écrivains sérieux sur cette matière, ni sur aucune autre : et c'est à quoi nous rapporterons ce qui se trouve de plus certain par le témoignage des Grecs et celui des personnes dignes de foi.

D'abord nous remarquerons qu'il est né à Chio, où le nombre des Grecs surpasse infiniment celui des Latins, quoique l'île ait autrefois été soumise aux Génois; car il n'y a qu'une église latine, et il y en a trente grecques. Il était élevé par Mélèce Syrigus, et ce qui a été dit touchant ce théologien, reconnu par toute l'église grecque comme un des plus illustres et des plus orthodoxes qu'elle ait eu depuis longtemps, fait voir qu'il devait avoir les mêmes sentiments que son maître. Il le témoigna assez par le soin qu'il prit de faire imprimer deux fois la Confession orthodoxe, la première environ vingt ans après qu'elle eut été approuvée dans le synode de Constantinople, et par le patriarche Parthénius-le-Vieux, parce qu'elle avait été à la vérité traduite et imprimée en langue russe, mais le texte grec n'était qu'en manuscrit. Nectarius, patriarche de Jérusalem, dans la lettre qu'il mit à la tête de l'édition de 1662, marque qu'elle fut faite en grec et en latin, et ce fut apparemment comme elle se trouve dans le manuscrit que le même Panaïotti envoya au roi; mais nous n'avons pas vu cette édition. On en fit ensuite une seconde, recommandée et louée par le patriarche Denis en 1672. Nectarius et lui en parlent de la même manière : le premier dit que *le très-sage, et qui n'était pas moins recommandable par sa piété et son attachement à la religion orthodoxe, le seigneur Panaïotti, interprète des empereurs d'Orient et d'Occident, étant extrêmement zélé pour cette religion, et ardent défenseur de notre créance orthodoxe, après beaucoup d'autres actions, qui étaient des preuves de sa magnificence, avait voulu aussi être promoteur de cet ouvrage, et l'avait fait imprimer en grec et en latin à ses dépens; afin que toute personne qui voudrait s'instruire dans la piété le pût faire sans qu'il lui en coûtât rien, car il avait fait distribuer tous les exemplaires gratis.* Le patriarche Denis dit la même chose; voici ses paroles : *Voyant qu'on ne pouvait manquer de profiter beaucoup par la lecture de cette instruction orthodoxe, qui, ayant été composée il y a plusieurs années par des théologiens orthodoxes, ensuite examinée, approuvée et* confirmée par les patriarches nos prédécesseurs, avait été après un long temps imprimée par les soins et aux dépens du très-sage et très-orthodoxe grand interprète des empereurs d'Orient et d'Occident, le seigneur Panaiotti, notre cher fils spirituel, autant distingué par sa piété et par sa religion, et par le zèle divin qui l'anime, que par sa haute capacité. Les exemplaires en avaient été distribués gratis partout, pour l'utilité commune de notre nation ; et comme il n'en restait plus après cette distribution, et que plusieurs la demandaient avec empressement, nous crûmes ne devoir pas négliger une affaire si importante et si utile, et nous priâmes ce seigneur de suppléer par sa libéralité à cette rareté des exemplaires par une seconde impression. Il marque ensuite que Panaiotti entreprit aussitôt d'en faire faire une seconde impression, et qu'il fit distribuer un très-grand nombre de ces livres, en quoi, ajouta-t-il, il ne rendit pas seulement un grand service au public, mais *il fit aussi honneur à son maître, ayant soin de ne pas laisser ensevelir son ouvrage dans l'obscurité.* Car celui qui y avait travaillé avec beaucoup d'attention était le seigneur *Mélèce Syrigus*, théologien de la grande église, et le reste qui a été rapporté ailleurs. On reconnaît dans ces mots, qu'en faisant l'éloge de la gratitude de Panaiotti envers la mémoire de Syrigus, il ne donne rien à entendre, sinon qu'il avait reçu de lui les instructions qu'un disciple reçoit d'un précepteur et d'un docteur ; et on n'y aurait rien compris davantage sans les mémoires de M. Nointel. On voit donc par ces éloges de deux patriarches, et de ceux qui les ont suivis, que Panaiotti a été considéré parmi les siens comme un des plus zélés pour la foi de l'église grecque qui ait été depuis très longtemps, et le soin qu'il eut de faire faire les deux éditions de la Confession orthodoxe en est une preuve bien convaincante : car on ne s'imaginera jamais qu'un Grec réuni à l'Église romaine ait employé ses soins et son argent à répandre dans toute la Grèce un livre où ce que les Latins condamnent dans les Grecs est enseigné comme autant de vérités de la religion.

Mais outre ces preuves publiques et connues de toute la Grèce, il y en a une particulière qui est incontestable, touchant son attachement à l'église grecque au préjudice de la latine. Ce fut à l'occasion des disputes qui durent depuis si longtemps entre les Grecs et les Latins, touchant la sainte grotte de Bethléem. Ceux-ci en avaient été longtemps en possession ; les Grecs les en chassèrent, et ils s'y établirent sans que l'assistance des ambassadeurs de France et des autres princes catholiques pût y faire remettre les Latins. Les Grecs n'eurent pas en cette occasion un plus puissant protecteur que Panaiotti, qui les fit aussi rétablir dans la possession du S.-Sépulcre. C'est ce qui est marqué dans la Relation du sieur Urbano Cerri, qui dit qu'il était *grand persécuteur des catholiques, les ayant chassés du S.-Sépulcre par de fausses écritures.* M. de Nointel marque dans une de ses lettres une circonstance bien décisive. *J'étais chargé,* dit-il, *par mes instructions, de procurer aux Pères latins, autant que la prudence le* permettrait, leur rétablissement dans Bethléem ; mais voyant que tous les ambassadeurs des autres potentats qui l'avaient entrepris n'avaient pu réussir, à cause de la protection de Panaiotti, je crus qu'il fallait tenter par son moyen quelque accommodement, en sorte que les uns et les autres fussent admis dans la même église. La proposition n'étant pas acceptée, les bons Pères m'obligèrent en quelque sorte contre mon gré de faire offrir dix mille écus à ce protecteur des Grecs, qu'il pouvait fort bien accepter, et se disculper envers ceux de sa nation, en disant que le visir m'aurait accordé la chose ; et il s'en serait déchargé d'autant plus aisément qu'il ne s'agissait point de les dépouiller, mais de partager ; et une somme si considérable est d'un grand effet en ce pays-ci, aussi bien qu'ailleurs. Panaiotti, si riche qu'il soit, ne néglige pas des avantages bien moindres, ou parce qu'il a en besoin pour se soutenir dans son poste, ou pour thésauriser. Cependant il n'hésita pas à refuser celui-ci ; d'où il faut conclure qu'il est fort passionné et zélé pour sa religion, et qu'étant si entier pour la conservation d'une église de pierre, il n'est pas homme à abandonner sa doctrine. On ne peut douter en effet que ce désintéressement, en un homme qui d'ailleurs était fort sensible à ses intérêts, ne soit une preuve décisive de son attachement à l'église grecque, dans laquelle il avait une fort grande autorité.

On remarque qu'il s'en servit principalement, pour mettre dans les premières places ceux qui étaient en réputation d'être les plus attachés à la doctrine de cette église. Par ce motif il contribua plus que personne à faire élire patriarche de Jérusalem Nectarius, un des ennemis les plus passionnés qu'aient jamais eus les Latins, et qui soutint contre eux toutes les grandes disputes qu'il y eut touchant la possession des saints lieux. Ce fut par ce même motif de zèle pour son église qu'il contribua par son crédit à faire déposer Parthénius, ci-devant métropolitain de Burse, qui s'était rendu odieux par ses concussions, et qui trouva moyen de se rétablir après la mort de Panaiotti.

Ce zèle était accompagné d'une grande doctrine pour un Grec, et elle paraît par une de ses lettres à M. de Nointel, qui a été imprimée dans *la Perpétuité* (1). Car on reconnaît qu'il avait une grande lecture des auteurs anciens et modernes; et ce fut sur ce qu'on lui apprit que les calvinistes se vantaient d'avoir été en communion avec Mélèce Piga, patriarche d'Alexandrie, qu'il donna copie de deux lettres imprimées depuis peu. On lui a aussi l'obligation du manuscrit de Gennadius, sur lequel on a publié son homélie de l'Eucharistie; de même que de la copie de la Réfutation de Cyrille Lucar, par Mélèce Syrigus son maître et son bienfaiteur; ainsi que de diverses autres pièces, outre quelques-unes qu'il avait promises, et qui ne se sont pas trouvées. Si cela prouve qu'il ait été un Grec latinisé, comme on le doit prétendre sur les faux principes de M. Claude, outre ce qui a été dit ci-devant dans *la Perpétuité*, dans l'ou-

(1) Tom. II, part. 2, liv. VIII, chap. 4.

vrage du P. Paris, en divers autres, et en dernier lieu dans la *Défense de la Perpétuité*, aussi bien que dans les préfaces et les observations sur les pièces grecques publiées depuis peu, les Grecs nous fournissent tous les jours de nouvelles preuves par les livres qu'ils ont imprimés en Moldavie et en Valachie. Ils sont plus croyables sur la différence qu'il y a d'un orthodoxe à leur manière et d'un latinisé, que ceux qui, faute de réponse solide, ont inventé cette ridicule distinction. Mais comme elle ne regarde pas Panaiotti en particulier, et qu'elle a été réfutée ailleurs, nous n'en parlerons pas davantage.

Il ne reste plus qu'un reproche, qui est que ce Grec était entièrement dévoué aux ambassadeurs de France, surtout à M. de Nointel; d'où conclut l'auteur de cette rare découverte, qui est le sieur A., que tout ce qui a été fait par l'entremise de Panaiotti doit être non seulement suspect, mais rejeté comme faux, parce qu'étant *un habile courtisan fort attaché à l'ambassadeur de France, il ne lui refusait jamais rien de ce qui pouvait lui faire plaisir, tant pour les matières de la religion, que pour celles d'état.* Ces paroles suffiraient pour démontrer que celui qui les a pu écrire sérieusement n'est pas mieux instruit des matières d'état que de celles de religion. Car d'abord si on lui demande quelles preuves il a de cet attachement de Panaiotti à l'ambassadeur de France, il n'en a aucune, sinon le zèle de confondre la hardiesse des calvinistes, en ce qu'ils attribuaient à sa nation des opinions qu'elle a toujours eues en horreur; et on a fait assez voir la fausseté de cette prétendue preuve. Mais ceux qui savent l'histoire de notre temps, n'ignorent pas que M. de la Haye, dans les dernières années de son ambassade, eut tous les sujets possibles de se plaindre de Panaiotti; de sorte même qu'il laissa une instruction à M. de Nointel son successeur, par laquelle il lui recommandait, entre autres choses, d'être sur ses gardes à l'égard de ce Grec, comme étant un fourbe qui ne chercherait qu'à le tromper. Cela arriva ainsi qu'il l'avait prédit; car M. de Nointel n'eut point d'affaires plus fâcheuses que celles qui lui furent suscitées par Panaiotti, particulièrement au voyage d'Andrinople. C'est ce qui est prouvé par ses dépêches; et c'était si peu un secret, que le chevalier Chardin, au commencement de son voyage, traite cet article fort au long. Ainsi, quoiqu'il n'ait aucun rapport à la foi, puisque Mélèce d'Alexandrie a été en grande liaison d'amitié avec Georges Douza, Hollandais, et avec Édouard Barton, ambassadeur d'Angleterre, et qu'il a cependant enseigné clairement la présence réelle et la transsubstantiation; quand une pareille conjecture se trouve convaincue de faux, comme est celle-là, on peut juger quel fond on peut faire sur celui qui l'avance au milieu de plusieurs autres faits également faux, avec autant de témérité que d'ignorance. Panaiotti, Nectarius, Dosithée et d'autres qui ont été des plus zélés pour détruire les fausses accusations du ministre Claude contre les Grecs, ont souvent témoigné qu'ils n'agissaient en cela que par le zèle qu'ils

ataient pour la vérité et pour l'honneur de leur église; et ils étaient d'autant plus croyables, que les plus fortes déclarations qu'ils ont faites sur ce sujet, ont été dans les temps mêmes où la meilleure correspondance aurait été troublée par les circonstances des affaires. Car Panaiotti se donna tout le mouvement qui paraît dans les lettres de M. de Nointel, lorsqu'il le traversa dans sa négociation d'Andrinople. Nectarius se retira de Jérusalem, lorsque cet ambassadeur y arriva, craignant ses menaces, parce qu'il ne lui avait rendu aucune marque de respect quand il entra dans la ville, comme témoigne Dosithée. Celui-ci ne fait pas de difficulté de parler de ce voyage d'une manière offensante, et d'accuser les Latins d'avoir tué un religieux grec dans l'église. Tels étaient ces hommes dévoués aux ambassadeurs de France et à la cour de Rome.

Outre que cette objection est fondée sur une fausseté détruite par les preuves qui en ont été rapportées, il y a de plus une raison sans réplique qui la réfute entièrement. C'est celle qui regardait personnellement Panaiotti. Car quel intérêt eût pu l'attacher à la France, lui qui avait commencé à se faire connaître en servant les ministres de l'empereur? et que pouvait faire un ambassadeur de France, pour un homme qui était établi dans une place importante, et la plus considérable qu'un Grec pût avoir à la cour du grand-seigneur? Que pouvait-il aussi prétendre de la cour de Rome, et en un mot de tous les ministres étrangers résidant à la Porte, qui avaient tous affaire de lui, et il n'avait point affaire d'eux, puisqu'au contraire, sous un visir comme Achmet Kuproli, leur amitié pouvait le rendre suspect et le détruire? On pourrait aussi être ami d'un ambassadeur, sans qu'on pût tirer les conséquences que tire l'auteur des *Monuments*; puisque la familiarité qui peut être entre des personnes de différente religion ne prouve pas qu'on trahisse la sienne. Il n'y a donc jamais eu d'argument plus faux ni plus puéril que celui qu'on veut tirer de la manière dont Panaiotti s'est employé pour fournir des preuves de la créance véritable de l'église grecque contre les calvinistes, afin de le rendre suspect, puisqu'il n'a pas agi en cela comme ami des Français, ou des Latins, mais comme un vrai Grec zélé pour la vérité et pour l'honneur de son église.

Il n'est pas aussi inutile de comparer cette prétendue liaison avec un ambassadeur catholique, à celle de Cyrille Lucar et des ambassadeurs de Hollande et d'Angleterre. Dans celle-ci, tout est secret et mystère, rien ne se passe en public : un malheureux patriarche écrit des lettres à Genève, en Hollande et en Angleterre, qu'il n'aurait osé faire voir à Constantinople. Il donne une Confession de foi informe, qu'il ne reconnaît jamais publiquement; il dit qu'il a attiré dans ses sentiments des métropolitains et des évêques qui n'ont jamais paru. Ici c'est un Grec laïque, à la vérité, mais d'une grande autorité dans son église, qui fait agir les supérieurs ecclésiastiques en face de toute la Grèce, qui tire des livres et des copies authentiques de son cabinet, qui ne dit et ne produit rien qui ne soit connu de tous les principaux de sa communion. C'est là le personnage que Panaiotti a fait dans toute la suite de cette dispute, en quoi il a suivi les sentiments et la conduite de Syrigus son maître, et de l'église orientale, qui n'avaient pas combattu avec moins de chaleur et de zèle, dans la Confession de Cyrille Lucar, les mêmes erreurs et les mêmes faussetés renouvelées par le ministre Claude, et qui les a encore condamnées depuis dans Caryophylle, confirmant par ce dernier jugement tout ce qu'elle avait répondu par la bouche de ses patriarches et de ses évêques, surtout dans le synode de Jérusalem, à l'occasion des calomnies de M. Claude.

Avant que de finir ce qui regarde Panaiotti, nous dirons quelque chose d'une circonstance de sa vie, que nous ne savons pas d'ailleurs, et sur laquelle M. Normannus, qui a traduit la Confession orthodoxe et l'a fait imprimer à Leipsick, fait quelques remarques. C'est que le savant M. Ducange, dans le catalogue des auteurs cités dans son Glossaire de la Basse-Grèce, dit que Panaiotti avait traduit cet ouvrage en grec vulgaire. C'est ce que n'a marqué aucun de ceux qui en ont parlé, et ce qui fait que ce traducteur suédois en doute. Le fait est peu important de soi-même, et il se peut faire que Panaiotti ayant été dans sa jeunesse élevé par Syrigus, qui eut la principale conduite de cet ouvrage, fit par son ordre ce travail sous ses yeux, et que M. Ducange ait appris ce fait de quelqu'un qui le savait. Car ceux qui ont connu ce grand homme, plus respectable encore par sa vertu, surtout par sa simplicité et par sa modestie, que par son érudition immense, savent assez qu'il n'était pas capable de hasarder les moindres choses qu'il pouvait ignorer.

CHAPITRE V.

Du synode de Jérusalem, ou de Bethléem, tenu en 1672.

On a marqué dans la fin du troisième volume de *la Perpétuité* (1), ce qu'on avait appris d'abord de ce synode par les lettres de M. de Nointel, et ensuite par les actes originaux qui furent envoyés au roi ; car quoique le manuscrit ne fût qu'une copie authentique, elle était néanmoins signée par ceux qui assistèrent au synode, et par conséquent elle valait un original. C'est cette copie, contenue dans un volume relié magnifiquement, qui fut envoyée au roi, et la même que le sieur A. vola dans la bibliothèque de sa majesté, et sur laquelle il en a donné une impression tronquée et altérée en plusieurs endroits dans ses *Monuments authentiques.* Comme on ne la reçut que lorsqu'on achevait d'imprimer le troisième volume, on ne donna que les extraits des endroits principaux qui regardaient l'Eucharistie : mais deux années après, le texte grec fut imprimé avec une traduction latine, ce qu'il a mis entre les mains de tout le monde.

Ce qui donna occasion à faire dans ce synode une

(1) Voyez notre tom. II, part. 2.

ample exposition de la créance des Grecs sur l'Eucharistie, fut que M. de Nointel ayant appris qu'il se devait faire une assemblée de métropolitains, d'évêques, et des principaux ecclésiastiques du patriarcat de Jérusalem, pour la dédicace d'une nouvelle église que les Grecs avaient obtenu permission de bâtir à Bethléem, il écrivit à Dosithée, alors patriarche, pour le prier de lui donner son jugement et celui de son clergé sur les questions qui faisaient les principaux points de la dispute entre les auteurs de *la Perpétuité* et le ministre Claude, et en particulier sur divers extraits tirés de ses livres. Dosithée, homme aussi savant que Grec l'ait été depuis longtemps dans les matières théologiques, dressa un écrit assez ample, qu'il intitula le *Bouclier de la foi orthodoxe*, dans lequel tout fut mûrement examiné : il fut approuvé par le synode, et signé par Dosithée, par Nectarius, son prédécesseur dans le patriarcat, et par tous ceux dont on voit les signatures. Cela fut fait en 1672, et c'est ce qu'on appela le *synode de Jérusalem* ou *de Bethléem*. En 1690, le même Dosithée changea le titre de cet ouvrage, il y fit des additions considérables, il éclaircit quelques articles, et le fit imprimer à Bucharest en Valachie. Voici le titre : *Manuel pour servir de réfutation à l'extravagance par laquelle les calvinistes accusent faussement la sainte Église catholique et apostolique d'Orient, de croire touchant Dieu et les choses divines ce qu'eux-mêmes ont de méchantes opinions, se servant pour prouver ce qu'ils avancent des chapitres appelés de Cyrille Lucar ; composé par Dosithée, patriarche de la sainte ville de Jérusalem, l'an de Jésus-Christ 1672.* Ainsi le titre a été un peu changé, en ce que d'abord cet ouvrage portait le nom du synode de Bethléem, et que dans l'édition de Valachie, il porte le nom de Dosithée qui l'avait composé, comme président de ce même synode.

Les calvinistes sont si peu ménagés dans le discours, qu'il ne leur a pas été possible d'employer aucune des subtilités ordinaires de M. Claude, pour interpréter des décrets qui condamnent expressément et en détail tous les articles de leur doctrine. Aussi ce ministre, content des victoires qu'il croyait avoir remportées, n'a pas jugé qu'il fallût répondre à une pareille autorité. Ses disciples et ses admirateurs ont eu recours à ses prescriptions générales contre les Grecs pour rejeter ce synode, comme une déclaration mendiée et obtenue par argent, et comme l'ouvrage d'un petit nombre de Grecs latinisés. Cette objection peut frapper des ignorants préoccupés de confiance pour leurs ministres, et des préjugés de leur éducation ; mais elle ne peut être examinée en détail, sans reconnaître que c'est un tissu de faussetés et d'absurdités.

C'est aussi ce qu'on a reconnu d'une manière bien sensible, lorsque l'auteur des *Monuments* a voulu entrer dans les preuves particulières des propositions générales tirées des principes de M. Claude. Il a fallu avoir recours à une imagination féconde en chimères, pour inventer des faits notoirement faux, retrancheplusieurs articles pour trouver lieu à des interprétations absurdes, et incompatibles avec la doctrine et la discipline des Grecs ; enfin il a fallu faire un système le plus bizarre qui ait peut-être jamais été imaginé. Car si on croit cet écrivain, c'est une assemblée qui ayant en vue de rejeter la Confession de Cyrille Lucar, et de condamner les opinions des calvinistes, les justifie presque partout ; ensuite qui les réfute, qui combat en plusieurs articles la créance des Latins, et qui est cependant composée de Grecs latinisés ; qui est dévouée au pape, et qui a pour chef deux patriarches les plus animés qu'il y ait eu depuis longtemps contre sa primauté, qui l'ont attaquée par des écrits très-sanglants, et qui sont morts hors de sa communion ; enfin des Grecs dévoués à un ambassadeur de France, contre lequel ils étaient actuellement en dispute pour la possession des saints lieux, affaire à laquelle les deux nations s'intéressaient autant qu'à l'essentiel de la religion. Tel a été le système qu'a été obligé de faire celui qui a voulu tirer des conséquences particulières des propositions générales de M. Claude ; et quoiqu'il paraisse assez qu'on ne doit pas écouter sur cette matière un homme qui en avait si peu de connaissance, qu'il prend la *grotte de Bethléem* pour le nom d'un saint, il est vrai néanmoins qu'on ne peut attaquer l'autorité des décrets de Jérusalem que par quelques preuves semblables :

C'est-à-dire, qu'il faut montrer que ces décrets ne s'accordent point avec la créance ancienne et présente de l'église grecque ; qu'ils ont été dressés par des personnes suspectes de collusion avec les Latins ; que les formes n'ont pas été observées ; que dans la suite ces décrets ont été désavoués, ou condamnés ; que ceux qui les ont dressés ont été accusés comme novateurs ; enfin il faut qu'il paraisse quelque acte contraire qui détruise ceux de 1672, et qui contienne une exposition de foi toute différente, et généralement approuvée dans l'église grecque. C'est ce que le sieur A. n'a pas fait, et ce que les calvinistes ne sauraient faire, surtout après qu'on a donné au public dans la *Défense de la Perpétuité*, des démonstrations sensibles de la fausseté de tout ce que ce téméraire écrivain a osé dire touchant ce synode.

Parmi les auteurs qui peuvent passer pour sérieux, un des premiers qui ait attaqué le synode de Jérusalem a été M. Smith, dans ses *Miscellanea*, et dans un autre écrit qu'il a fait pour la défense du premier. Il n'apprend à ses lecteurs aucune circonstance qui ait rapport à ce que nous venons de marquer ; mais il avoue sincèrement qu'il n'en sait aucune, puisqu'il dit seulement qu'on saura par la suite du temps, ou au moins au jour d' jugement, *arcanorum revelator dies docebit* (car ce n'est qu'en ce jour-là que tout ce qui était caché paraîtra), par quels artifices ce synode et la Confession orthodoxe ont adopté la transsubstantiation. Dans le second écrit il s'avance un peu plus, en disant qu'il fut étonné lorsqu'il vit ces décrets, se souvenant fort bien qu'avant de partir de Constantinople, dans une visite qu'il rendit au patriarche de Jérusalem, dont même il avait oublié le nom, celui-ci lui avait parlé d'un traité contre le pape qu'il avait composé, et qu'il voulait faire imprimer en Angleterre ; d'où il conclut qu'un Grec comme celui-là ne pouvait avoir part à de tels décrets.

On a fait voir dans la *Défense de la Perpétuité*, et dans la préface sur l'écrit de Nectarius adressé aux religieux du Mont-Sina, la faiblesse et la fausseté de cet argument embarrassé. Il n'y a qu'à le mettre en forme pour en être convaincu, car la majeure doit être celle-ci : *Tout Grec qui croit la transsubstantiation ne peut pas attaquer la primauté du pape ;* ou celle-ci : *Tout Grec qui ne croit pas la primauté du pape, ne peut pas croire la transsubstantiation.* Or on voit clairement que si ces deux propositions, qui reviennent à la même, ne sont pas fausses, elles sont au moins douteuses, puisque les catholiques les nient ; et on ne les peut supposer prouvées que par ce défaut de raisonnement que les logiciens appellent pétition de principe. Mais il ne faut point de raisonnement contre des faits ; et si jamais il y en a eu de certain, c'est que Nectarius a cru la transsubstantiation, puisqu'il ne pouvait pas approuver solennellement la Confession orthodoxe, par une lettre qui est à la tête de l'édition de Hollande et de celle de Leipsick, sans croire ce dogme, qui s'y trouve formellement enseigné. Il le reconnaît avec la même netteté dans sa lettre aux religieux du Mont-Sina, et dans une précédente écrite à Païsius, patriarche d'Alexandrie, qui est en français dans *la Perpétuité*. Mais ce qui est le plus remarquable, est que dans ce même traité contre la primauté du pape, imprimé quatre ans avant les *Miscellanea*, il l'enseigne très-clairement. C'est là où se sont bornés les arguments de M. Smith, qui enfin n'a pu disconvenir dans l'ouvrage suivant que les Grecs ne crussent la transsubstantiation ; mais en prétendant que ce n'est que depuis peu, et par les artifices des émissaires de la cour de Rome, qu'elle a été introduite parmi eux, ce qu'il ne prouve pas mieux que le reste.

Enfin M. Allix, le plus savant des ministres qui soient sortis de France, ayant traduit le traité de Nectarius, a reconnu que ce patriarche avait cru la transsubstantiation. Il a seulement ajouté que ce que les Grecs croyaient sur ce sujet n'était pas entièrement ce qui est cru dans l'Église romaine ; et cette objection a été examinée ailleurs. Nous ne parlerons pas de ce que plusieurs habiles protestants de la confession d'Augsbourg ont écrit sur ce sujet, parce que la plupart se sont copiés les uns les autres. Il suffit de dire en général que comme les plus fameux théologiens de cette communion ont été fort éloignés de croire que la Confession de Cyrille représentât la foi de l'église orientale, sachant assez d'ailleurs qu'elle enseigne tout le contraire, ils n'ont pas les mêmes motifs d'attaquer les décrets du synode de Jérusalem qu'ont les calvinistes. M. Normannus, dans la préface sur la Confession orthodoxe, a donné assez à entendre qu'on ne pouvait les avoir pour suspects, en ce qu'il cite leur témoignage sur ce qui regarde la Confession orthodoxe.

On peut dire en effet que si jamais il y eut acte dans lequel concourussent toutes les conditions et les circonstances nécessaires pour le mettre hors de toute atteinte, c'est celui-ci. Il s'agissait de savoir des Grecs mêmes, lesquels des deux parties s'étaient trompés, si c'étaient les auteurs de *la Perpétuité*, lorsqu'ils avaient soutenu que les Grecs croyaient la présence réelle et la transsubstantiation, ou si c'était le ministre Claude, qui l'avait nié ; si la Confession de Cyrille Lucar était reconnue comme orthodoxe dans l'église grecque, ou si elle y était condamnée ; et selon les réponses, il y avait de quoi terminer plusieurs questions incidentes qui regardaient les personnes des auteurs cités de part et d'autre, aussi bien que leurs ouvrages, pour savoir s'ils étaient approuvés ou rejetés par les Grecs. Les catholiques, par la médiation de l'ambassadeur de France, après avoir eu plusieurs réponses des patriarches de Constantinople, et de divers métropolitains, proposèrent leurs questions au patriarche de Jérusalem, et celui-ci les communiqua à son assemblée synodale, où elles furent examinées. Comme il était savant, il avait dressé un écrit qui fut lu en plein synode, approuvé et signé par ceux qui y assistèrent, et l'acte fut inséré dans le *codex* ou registre de la grande église ; après quoi on en donna une copie authentique, signée par les évêques et les autres ecclésiastiques, pour envoyer à l'ambassadeur de France. Que les calvinistes citent pour leur opinion quelque pièce semblable ; ils ne le peuvent assurément.

S'il eût manqué quelque chose à l'authenticité de cette déclaration, et que la moindre des objections frivoles dont on a voulu l'attaquer eût eu quelque fondement, le patriarche Dosithée y a suppléé abondamment par la nouvelle forme qu'il lui a donnée en la faisant imprimer en 1690, sous un autre titre. Les Latins, avec lesquels il a eu des contestations continuelles, n'ont eu aucune part à cette édition, puisque à peine elle était connue ici. Elle s'est faite en Valachie, où la religion grecque est dominante. Si par trop de complaisance pour les Latins il y avait eu quelque article qui ne fût pas conforme aux sentiments des Grecs, Dosithée l'aurait sans doute changé. Mais au contraire, il y a ajouté un grand nombre de passages d'auteurs ecclésiastiques, de nouveaux éclaircissements sur la transsubstantiation, et des réfutations plus fortes que les premières, pour détruire les objections des calvinistes. On ne trouve pas qu'il se soit rétracté de ce qu'il avait dit dans le synode touchant la transsubstantiation contre Cyrille Lucar, et contre les calvinistes. Par conséquent cette édition est une confirmation plus ample de ce qu'il avait écrit en 1672, et l'église grecque considère cet ouvrage comme un abrégé de tout ce qu'il y a de meilleur pour défendre son ancienne doctrine contre les hérétiques. Quoique le seul récit de ce qui se passa au synode de Jérusalem suffise pour le mettre hors de tout soupçon, si néanmoins il était resté quelque difficulté, elle serait entièrement éclaircie par la reconnaissance publique que le patriarche Dosithée a faite de l'ouvrage entier. Mais nous ne voyons pas que jusqu'à présent personne, qui puisse être regardé comme théologien, ait formé aucune objection solide, ou même vraisemblable qui puisse produire le moindre doute raisonnable ou contre la vérité de l'acte en lui-même, ou contre la sincérité de l'exposition de la doctrine qu'il contient.

On croit que tout homme médiocrement instruit ne mettra jamais au nombre des objections qui méritent quelque attention, les remarques absurdes du sieur A. La mauvaise foi avec laquelle il a retranché dans l'impression qu'il a fait faire de ce synode tout ce qui était contraire à ses idées, l'ignorance prodigieuse dans les endroits les plus faciles, et les commentaires qu'il y a joints, font assez connaître qu'il ne lui appartenait pas de traiter de pareilles matières. On ne croit pas que personne en puisse douter, après les preuves qui en ont été données dans la *Défense de la Perpétuité de la foi* ; et ainsi nous ne nous arrêterons qu'à quelques remarques principales, afin que ceux qui n'ont pas lu cet ouvrage ne soient pas trompés, comme on le doit être quand on n'est pas versé dans ces sortes d'études, et qu'on trouve des faussetés dont on ne peut juger sans la connaissance de divers faits, lorsqu'elles sont avancées avec une hardiesse qui peut-être n'a jamais eu d'exemple.

Qui ne serait pas d'abord frappé en lisant que véritablement Dosithée avait approuvé dans le synode de Jérusalem la doctrine de la transsubstantiation, mais qu'à cause de cela tout son clergé se révolta contre lui ; qu'il fut chassé de son siége ; qu'il fut obligé de s'enfuir à Constantinople ? et comme ensuite on ne le voit plus appelé autrement que expatriarche, qui pourra croire que dans tout ce récit, qui est la base de cent raisonnements ou conjectures, il n'y a pas un mot de vérité? C'est ce que nous avons prouvé bien certainement, puisque Dosithée est mort patriarche de Jérusalem, il y a tout au plus trois ou quatre ans ; qu'il a été dans une extrême considération tant qu'il a vécu, et qu'outre l'*Enchiridion*, dans lequel il a fait imprimer, son nom à la tête, les mêmes écrits qu'on suppose avoir soulevé son diocèse contre lui, il a de plus soutenu la même doctrine dans son traité contre Jean Caryophylle. Tous les autres faits historiques qui naissent sous la main du sieur A. par rapport à cette matière sont également faux, comme ce qu'il dit de Nectarius, de Syrigus, de Panaiotti, de Parthénius et de plusieurs autres. On conviendra qu'un homme qui confond en un seul quatre Parthénius, n'est pas juge compétent sur de pareilles matières.

Il croit qu'un argument capable de détruire l'autorité du synode de Jérusalem, est qu'en un endroit Dosithée parle en première personne. Cela fait voir combien celui qui fait une pareille remarque est peu versé dans la lecture des anciens conciles, où il se trouve quelquefois le semblable. Mais on sait bien, et on ne l'a jamais nié, que ce patriarche avait dressé le traité intitulé d'abord *Bouclier de la foi orthodoxe*, et il l'a reconnu et il s'en est fait honneur dans le titre de l'édition qu'il en a donnée. Cela n'empêche pas que ceux qui en entendirent la lecture, qui l'approuvèrent et qui le signèrent, ne donnassent la même autorité aux décrets que les approbations et les souscriptions de ceux qui composent une assemblée ecclésiastique donnent aux expositions de foi, quoiqu'elles aient été composées par d'autres, surtout quand celui qui les rédige par écrit est le président et le supérieur, comme l'était Dosithée.

Tout ce qu'il a dit pour prouver que les signatures étaient extorquées, est si ridicule, comme on l'a fait voir en détail, qu'il est difficile de comprendre que l'ignorance et la hardiesse aient pu être portées aussi loin. Car parce qu'il voit la signature du protosyncelle, et que cet officier doit demeurer ordinairement avec le patriarche, il en fait un *domestique*. Un domestique est quelquefois un valet; cela lui suffit, et un ecclésiastique revêtu de la dignité la plus considérable devient *domestique*, *valet*, *valet de chambre*, *postillon*. Sa capacité venant au secours lui fait prendre le *domestique*, qui est un des principaux officiers du chœur, pour un *valet*, et voilà une nouvelle preuve, soutenue de mauvaises plaisanteries, aussi fades que sa théologie est fausse. On abuserait de la patience des lecteurs, si on perdait du temps à réfuter de pareilles puérilités; on l'a fait suffisamment, et on a cru le devoir faire, afin que les protestants raisonnables avouent quelque jour que de tels écrivains ne leur font pas beaucoup d'honneur, et qu'ils font encore moins de préjudice aux catholiques qu'ils attaquent. Ce qui peut regarder quelques points particuliers de doctrine qui se trouvent dans les décrets, et sur lesquels cet écrivain a débité de grandes collections de controverse, tantôt pour faire voir qu'ils s'accordaient avec la Confession de Cyrille, tantôt pour les réfuter, ne mérite pas la moindre attention, et on y a répondu suffisamment.

Comme nous avons observé exactement dans cet ouvrage et dans les autres, de n'avancer aucun fait sans en être bien informé, nous ne pouvons fournir que des conjectures sur les raisons qui engagèrent Dosithée à donner dans l'édition de Valachie une nouvelle forme à son ouvrage, et celles que nous proposerons paraissent assez vraisemblables. On n'avait pas presque entendu parler dans le Levant des disputes que les catholiques avaient en ces pays-ci contre les calvinistes, surtout de celles qui avaient commencé à l'occasion du livre de *la Perpétuité*. Ils savaient que les luthériens ayant voulu surprendre le patriarche Jérémie, en lui envoyant une traduction grecque de la Confession d'Augsbourg, et ensuite divers écrits pour justifier leur créance, avaient été solidement réfutés, en sorte que depuis ce temps-là ils n'avaient pas troublé ses successeurs; et ces luthériens avaient agi de bonne foi, puisqu'ils n'avaient pas prétendu montrer que Jérémie était de leur sentiment, encore moins l'accuser d'être un faux Grec latinisé, ou un ignorant qui ne savait pas la créance de son église. Cela était réservé à Aubertin et à M. Claude. Les Grecs savaient aussi l'usage que les calvinistes avaient fait de la Confession de Cyrille Lucar; mais ils ne pouvaient pas s'imaginer, qu'après deux condamnations solennelles, et après que la Confession orthodoxe avait été publiée, quelqu'un fût assez hardi ou assez ignorant pour faire encore valoir cette pièce informe, qui ne leur avait été connue que par les anathèmes dont elle avait été frappée.

Ce fut donc à l'occasion des extraits qui furent envoyés à Constantinople que Dosithée fut informé, non seulement de ce que M. Claude avait écrit touchant la créance des Grecs, mais des faussetés qu'il y avait ajoutées touchant Cyrille, et les principaux Grecs dont on lui avait cité les témoignages. Ce patriarche, qui était savant, entreprit alors la défense de son église, en composant le traité qui fut approuvé et souscrit par le synode de Jérusalem, et qui a été cité et imprimé sous ce titre, qui est conforme à la copie authentique envoyée au roi.

Quelques années après, Dosithée commença à faire imprimer des livres grecs en Moldavie et en Valachie, et le premier ouvrage qui parut fut celui de Nectarius, son oncle et son prédécesseur dans le patriarcat de Jérusalem, contre la primauté du pape, duquel même plusieurs croient qu'il est l'auteur, quoiqu'il en ait laissé l'honneur à l'autre : ce fut en 1682. L'année suivante il fit imprimer plusieurs ouvrages de Siméon de Thessalonique, particulièrement ceux dans lesquels les Latins sont fort maltraités. Il y a fait aussi imprimer divers autres traités de Grecs modernes, comme la Réfutation de la Confession de Cyrille Lucar par Syrigus, et d'autres que nous n'avons pas encore vus. Enfin comme il avait pu apprendre dans ses voyages, et dans son séjour en Moldavie et en Valachie, que les calvinistes continuaient, nonobstant toutes les déclarations de l'église grecque, à soutenir leurs faussetés et leurs calomnies; qu'il ignorait si son ouvrage, tel qu'il avait été approuvé dans le synode de Jérusalem, avait vu le jour; qu'il en comprenait l'utilité, et que son zèle contre les calvinistes et ceux qui favorisent leurs opinions était toujours le même, ainsi qu'il parut dans l'affaire de Caryophylle; ces motifs étaient plus que suffisants pour l'engager à publier par l'impression, un ouvrage qui pouvait être fort utile à sa nation, parmi laquelle il n'était pas assez connu, et qui lui faisait honneur. Car il est aisé de comprendre que dans le Levant, et partout où les Grecs sont répandus, on est très-peu informé de ce qui se passe parmi nous par rapport à la religion et aux lettres; puisqu'ici, nonobstant le commerce continuel qu'on a en ces pays éloignés, il y a des choses très-importantes que nous n'apprenons que par hasard et longtemps après. On n'a, par exemple, connu la Confession orthodoxe, pièce aussi décisive qu'il puisse y en avoir, que près de trente ans après qu'elle eut été approuvée par les quatre patriarches de l'église grecque. Le hasard et les citations de Nicolas Comnène Papadopoli nous ont fait connaître l'*Enchiridion* de Dosithée, et son traité contre Caryophylle. Cependant nous étudions, un grand nombre de personnes recherchent avec autant de soin que de dépense tout ce qui s'imprime, on a des nouvelles de tout pays. Il ne faut pas croire que les Grecs soient dans le même état. Ils ignorent donc ces disputes qu'il y a eu entre nous et les calvinistes, non seulement parce qu'ils n'y prennent pas beaucoup de part, mais aussi parce qu'ils auraient beaucoup de difficultés à en être instruits.

Il faut avouer cependant qu'ils ont été extrêmement attentifs, et même qu'ils ont pris feu dans la dispute touchant l'Eucharistie, tant par l'horreur qu'ils ont eue des opinions des calvinistes sur le S.-Sacrement, que par la manière injurieuse dont ils se sont vus traités par les hommes du monde les moins instruits des affaires ecclésiastiques de la Grèce. Ce zèle n'avait rien de nouveau, puisqu'il ne fut pas moindre contre Cyrille Lucar; qu'il éclata aussi contre Caryophylle, et qu'il a toujours été le même depuis la naissance des nouvelles hérésies. Il était donc fort naturel que Dosithée, craignant que dans la suite ses compatriotes ne se laissassent séduire par les calvinistes, qui avaient déjà tâché de le faire, et qui commençaient à emmener de jeunes Grecs pour les faire étudier en Angleterre, et les nourrir dans l'hérésie, afin qu'ils pussent ensuite la répandre dans le pays, n'avait pas trouvé de meilleur expédient que de mettre entre les mains des Grecs, un ouvrage fait avec soin, et fort augmenté, dans lequel ils trouveraient tout ce qui était nécessaire pour les maintenir dans la foi et les garantir de toute surprise. Car il y explique la naissance des opinions de Luther et de Calvin, et il marque assez clairement qu'ils devaient être regardés comme hérétiques; que le patriarche Jérémie avait par cette raison réfuté et condamné les écrits qu'ils lui avaient envoyés; que Jean Nathanaël, Gabriel de Philadelphie et d'autres avaient combattu ces mêmes nouveautés, faisant voir par cette énumération la tradition de l'église grecque moderne, constante à maintenir l'ancienne doctrine.

Tout ce que les calvinistes ont prétendu tirer d'avantages de la Confession de Cyrille Lucar avait été détruit par de puissantes raisons, non seulement par nos théologiens, mais aussi par ceux de la confession d'Augsbourg. Cependant nous avons appris par Dosithée plusieurs faits importants, qui avaient rapport à l'histoire de Cyrille Lucar, par lesquels on reconnaît évidemment la fausseté de tout ce que les calvinistes ont publié sur son sujet; et, ce qui est plus considérable, on voit que tout ce qu'il avait fait croire à l'ambassadeur de Hollande et à son ministre touchant l'aveu public de sa Confession, et le nombre d'approbateurs, qui, selon lui, étaient prêts à tout risquer pour la soutenir, était une imposture grossière. M. Claude, après Hottinger, et même M. Smith, qui avait demeuré à Constantinople où il aurait pu apprendre des nouvelles plus certaines de tout ce qui s'était passé en cee affaire qu'en Suisse ou à Genève, se sont efforcés de donner atteinte aux deux synodes tenus contre Cyrille, et de les rendre suspects, comme étant plutôt les effets de la cabale opposée, que des jugements rendus dans toutes les formes par l'église grecque. Dosithée finit toute dispute sur ce sujet, ayant inséré les décrets de ces synodes dans son ouvrage, après les avoir vérifiés sur le *codex* de la grande église, et les donnant comme des décisions authentiques sur cette matière.

Ensuite examinant la Confession de Cyrille, il fait voir par plusieurs extraits des homélies que ce patriarche avait prêchées dans Constantinople, qu'il y avait dit le contraire. Puis prenant chaque article à part, il le réfute par des preuves très-solides, et il fait voir que la créance de l'église grecque est tout opposée à cette Confession. Dans l'édition qu'il a faite de son ouvrage, outre les éclaircissements qui furent publiés à Jérusalem, touchant le mot et le dogme de la transsubstantiation, il en a ajouté un fort considérable, pour montrer que c'est en ce sens-là seul que doivent être entendus les autres termes employés par les anciens auteurs, dont à cette occasion il cite un grand nombre de passages, même de plusieurs assez rares, et qui ne sont pas imprimés. Cette seule partie démontre d'une manière incontestable que les Grecs n'ont jamais entendu les paroles des Pères ainsi que M. Claude les a expliquées, après Aubertin, mais comme les catholiques les entendent. Ainsi toutes les conséquences qu'il en tire à l'égard des Grecs du moyen et du dernier âge sont entièrement détruites, puisqu'il ne s'en trouve aucun qui ait expliqué les Pères, sinon dans le sens du changement réel, et qui n'ait rejeté le métaphorique. On voit donc assez de raisons qui ont pu engager Dosithée à mettre entre les mains des Grecs un livre d'une grandeur médiocre, dans lequel ils trouvent recueilli tout ce qui est nécessaire pour combattre les luthériens et les calvinistes.

Il ne s'est encore fait aucune objection raisonnable contre le synode de Jérusalem, puisqu'on ne peut douter que cette assemblée ne se soit tenue dans le temps qui s'y trouve marqué. Dosithée et Nectarius, qui y présidèrent, n'étaient pas des Grecs latinisés, puisqu'il y en a eu peu depuis longues années, qui aient donné des preuves plus certaines de leur aversion de l'Église romaine. Le premier avait dressé les décrets, et conséquemment ils ne pouvaient avoir été l'ouvrage d'autres Grecs latinisés qui auraient été dans l'assemblée. Jamais aucun n'a réclamé contre ces décrets : tout se passa en public, et les actes furent insérés dans les registres de Jérusalem. Mais dans l'édition qu'en a donnée l'auteur sous une nouvelle forme, le seul titre prouve l'éloignement qu'il avait des calvinistes, puisque celui qui est à chaque page est : *Contre les calvinistes et les luthériens*. Personne n'ignore que les Latins n'étaient pas et ne sont pas encore les maîtres à Jérusalem; et le tumulte que les Grecs y excitèrent contre eux presque en même temps, en est une preuve convaincante. Mais si parce qu'il y a plusieurs religieux et d'autres Latins dans la Terre-Sainte, on prétend que tout ce qui en vient doit être suspect, ce qui serait la prétention la plus déraisonnable et la plus injuste, on ne la peut pas mettre en avant contre l'ouvrage tel qu'il a été publié par Dosithée. La Moldavie, la Valachie, et d'autres provinces voisines, sont fortement attachées à la religion grecque, qui y est dominante, et à celle des princes, pour laquelle la plupart de ceux qui ont gouverné le pays depuis plus d'un siècle ont été fort zélés. Ainsi quand la publication de cet ouvrage a été faite en Valachie, c'est la même chose que si elle eût été faite dans la Grèce ou à Jérusalem, dont les patriarches ont une grande considération dans ce pays-là, à cause des aumônes que les vayvodes font assez ordinairement pour le secours de ceux qui sont établis dans les saints lieux.

Si les calvinistes se faisaient justice à eux-mêmes, ils reconnaîtraient la différence qu'il y a entre l'ouvrage de Dosithée et celui de Cyrille, sur lequel seul ils voudraient qu'on jugeât de la créance générale de tous les Grecs. Celui ci n'a pas trouvé un seul métropolitain, un évêque, un officier de l'église de Constantinople, qui ait signé sa Confession. Elle a été imprimée d'abord en latin, ensuite en grec, non pas dans un pays où elle pût être connue et examinée par les Grecs, mais à Genève; et on ne peut dire que ce fût par son ordre. Il n'en a pas même donné de copie authentique à ceux pour lesquels il l'avait faite; puisque, quoiqu'ils disent qu'elle était écrite toute de sa main, elle n'en avait pas pour cela plus d'autorité. Il en donna encore moins de copie à son église pour être insérée dans les registres; et s'il consentit à l'impression, comme l'assurent les auteurs de la préface, outre qu'on apprend par le témoignage de tous les Grecs que non seulement il n'avoua pas cette Confession, mais qu'il la désavoua plusieurs fois avec serment, Genève n'était pas un lieu propre à faire imprimer une pareille pièce, puisqu'alors il n'y avait non plus qu'à présent aucune communion entre les Grecs et les calvinistes. La Confession orthodoxe a été imprimée en Hollande; mais le lieu de l'impression n'y fut pas marqué, de peur que cela ne fît quelque mauvais effet sur l'esprit des Grecs. Dès que la Confession de Cyrille fut connue par les copies qui s'en répandirent en Valachie et en Moldavie, chacun en fit des plaintes : elle fut condamnée quelques années après; elle fut réfutée, et elle a depuis été en horreur dans toute la Grèce. Il n'est rien arrivé de semblable aux écrits de Dosithée; ils sont recherchés avec empressement, ils sont lus partout; la doctrine qu'ils contiennent fut confirmée peu de temps après l'impression, dans le jugement synodal rendu contre Caryophylle. On ne peut donc douter qu'ils ne contiennent la véritable exposition de la créance de l'église grecque, et qu'ils ne détruisent par conséquent tout ce qui a été objecté contre le synode de Jérusalem.

CHAPITRE VI.

Comparaison des décrets du synode de Jérusalem, comme ils parurent en 1672, et de la nouvelle forme dans laquelle Dosithée les fit imprimer en 1690.

Comme l'*Enchiridion* de Dosithée, et la plupart des livres que les Grecs ont imprimés depuis environ trente ans sont fort rares, il ne sera pas inutile de donner une plus grande connaissance de l'ouvrage de ce patriarche, qui mériterait d'être imprimé de nouveau, avec les additions qu'il y a faites. La rareté de ce livre et de divers autres semblables, ne vient pas seulement du peu de commerce qu'on a en Valachie et en Moldavie, mais d'une raison particulière que nous avons apprise par des lettres des Grecs de Venise. C'est que la plupart de ces livres ont été imprimés par les soins et par la libéralité des vayvodes; et entre autres l'*Enchiridion* de Dosithée avec la Réfutation de la Confession de Cyrille Lucar par Mélèce Syrigus, fut imprimé aux dépens du vayvode de Valachie Jean Constantin Basaraba, à Buchorest, comme il est marqué à la fin du livre. Ce prince, par un exemple de zèle pour sa religion, et d'une magnificence digne de plus grands qu'il n'était, ordonna que tous les exemplaires seraient distribués aux Grecs *gratis*; et afin que ceux qui les auraient ne pussent les vendre, il obtint des évêques et de Dosithée patriarche de Jérusalem qu'ils publieraient une sentence d'excommunication contre les Grecs qui vendraient ces livres.

On peut encore faire une remarque qui donne une nouvelle autorité à ces impressions : et c'est que celui qui gouvernait l'imprimerie de Buchorest était Métrophane, ci-devant évêque de *Chusion*, et que celui qui fit l'impression fut un autre Grec, nommé Michel Macri, de Joannina, notaire de la grande église. C'est donc l'ouvrage de deux fameux Grecs, qui sont Mélèce Syrigus, considéré comme un des plus grands théologiens du dernier siècle, et un patriarche de Jérusalem aussi fameux qu'a été Dosithée; imprimé chez un Grec et par un Grec, sous les ordres, aux dépens et dans le pays d'un prince faisant profession de la religion grecque. Ce ne sont pas là des impressions de Genève, à la tête desquelles on fait parler un imprimeur qui n'avait rien à perdre, pour débiter des faussetés pareilles à celles que contient la préface de la Confession de Cyrille. Ce sont des Grecs constitués en dignité dans leur église, qui recommandent l'ouvrage de Syrigus contre cet apostat, comme étant très-orthodoxe et très-utile pour confondre les luthériens et les calvinistes, qui le dédient à un prince de la religion grecque, et qui le font imprimer par des Grecs et pour les Grecs. On ne dira pas que la cour de Rome ait eu part à ces ouvrages puisqu'elle condamne une partie de ce qu'ils contiennent touchant les points qui regardent le schisme de l'église grecque, et qu'il est sorti des mêmes impressions un livre aussi violent contre la primauté du pape, que celui de Nectarius.

Dosithée avait donné à son ouvrage en 1672 le titre de *Bouclier de la foi orthodoxe;* dans l'édition de Buchorest il l'a ainsi intitulé : *Manuel pour réfuter l'ex-*

travagance des calvinistes, qui calomnient la sainte Église catholique et apostolique d'Orient, lui attribuant qu'elle a sur Dieu et sur les mystères de la religion leurs mauvaises opinions, appuyant ce qu'ils avancent sur les chapitres attribués à Cyrille Lucar; composé par Dosithée, patriarche de la sainte ville de Jérusalem en 1672. Le titre courant dans tout le livre est : Contre les calvinistes et les luthériens, κατὰ Καλβίνων καὶ Λουτέρων.

La préface et le discours préliminaire ne sont point changés. Dans le chapitre 1, au commencement, Dosithée a fait deux changements considérables : le premier en ce qu'il a ajouté ces paroles : *Nous ne promettons pas de dire avec certitude présentement de quelle conscience était Cyrille, c'est-à-dire, ce qu'il pensait en sa conscience*; le second changement est qu'au lieu que dans le synode il avait dit que Cyrille avait été élevé au patriarcat de Constantinople d'un commun consentement de tout le clergé, il a mis ὁπωσδήποτε, *de quelque manière que ce fût*. Ces deux changements font connaître que Dosithée, à l'occasion des louanges outrées que les calvinistes avaient données à ce malheureux, ayant examiné plus sérieusement la matière, avait reconnu que ceux qui avaient justifié Cyrille à cause du désaveu de sa Confession réitéré plusieurs fois avec serment, et parce qu'on lui avait vu pratiquer tout le contraire de ce qu'elle contenait, ou qui pouvaient s'être laissé persuader que Cyrille de Berroée, par intérêt ou par passion, avait poussé le zèle trop loin en faisant prononcer anathème contre lui, avaient été trompés. Il a donc mieux aimé suivre Mélèce Syrigus, qui en a parlé de la même manière, laissant la chose au jugement de Dieu. Il paraît aussi qu'il reconnut que son élection au patriarcat de Constantinople n'avait pas été fort canonique, puisqu'il a retranché ce qui pouvait le faire croire.

Il ajoute aux extraits des homélies de Cyrille contre le chapitre du culte des saints un passage tiré d'un sermon sur S. Démétrius. Il a aussi changé le titre du premier extrait contre le chapitre 16, et il a mis ces paroles : *Que le Baptême efface le péché originel absolument, et non pas seulement des prédestinés.* On ne remarque aucun autre changement dans ces extraits.

On en trouve un fort considérable dans le chapitre 4, car il est omis entièrement avec toutes les citations contre les iconomaques, qui sont seulement indiquées; en sorte que le chapitre 4 est celui qui faisait le cinquième dans le synode de Jérusalem. Il est inutile d'en deviner les raisons; mais ce retranchement ne change rien à toute l'économie de l'ouvrage. Il poursuit jusqu'à l'endroit de la page 150 de l'édition de Paris, qui en fait la dernière ligne, et il retranche une partie de ce qui suit. Il insère à la place une digression touchant l'opposition que firent les Grecs dans le concile de Florence à l'addition au symbole, pour montrer qu'il n'était pas permis, même aux conciles œcuméniques, de rien ajouter aux expositions de la foi, particulièrement sur la sainte Trinité; ce qui fait voir qu'il ne perdait pas la moindre occasion d'attaquer les Latins, mais que cela ne l'avait pas empê-

ché d'écrire contre les ennemis de l'Église, et de défendre la foi sur l'Eucharistie. Puis il reprend ce qui est à la page 153, et il ajoute à l'exemple de S. Basile, qui se justifia contre ses calomniateurs, celui de Denis d'Alexandrie, après quoi il continue, de même que dans l'imprimé, ce qui y est marqué touchant l'ambition et l'avarice de Cyrille, les maux et les dépenses qu'il causa à l'Église; le soupçon que produisit sa liaison avec l'ambassadeur de Hollande, duquel il se servit pour parvenir à ses fins; et que non seulement il ne doit pas être regardé comme un martyr, n'ayant pas souffert la mort pour le nom de Jésus-Christ, mais comme un malheureux qui n'a aucune part avec lui. Dosithée avait mis dans le premier écrit, qu'il avait usurpé trois fois le siège de Constantinople, après la première élection qui paraissait légitime : dans l'édition il a mis *six fois*, ce qui est plus conforme à la vérité, comme on a fait voir par la liste des patriarches que nous avons insérée ci-dessus.

Après cela on trouve les actes du synode tenu sous Cyrille de Berroée; puis de ceux de Jassi et de Constantinople sous Parthénius-le-Vieux, qui sont insérés en entier avec les signatures; et l'épilogue qui les suit finit à la troisième ligne de la page 217, l'auteur ajoutant seulement que le synode de Jassi avait particulièrement combattu contre les calvinistes, en dressant la *Confession orthodoxe*. Mais il a retranché ce qui suit dans le manuscrit et dans l'impression de Paris, où il rend raison pourquoi le premier synode anathématisa la personne de Cyrille, et qu'au second on se contenta de condamner sa doctrine. En effet, cela était inutile, et une partie de ce que contenait cet article se trouvait ailleurs. Ces actes des deux synodes ont dû faire le chapitre 5, mais on ne l'a pas marqué, et celui qui suit est le sixième.

Dosithée a retranché la seconde période, qui commençait par l'adresse qu'il faisait de l'exposition de la foi, qui suit, et telle qu'il la devait faire en parlant à la tête de son synode, mais qui n'était plus nécessaire pour un ouvrage comme l'*Enchiridion*. Pour les chapitres opposés à ceux de Cyrille, il ne se trouve aucune différence qui mérite d'être remarquée entre ce qui fut proposé et approuvé au synode de Jérusalem et cette dernière édition, si ce n'est dans le dix-septième, qui concerne l'Eucharistie, qu'il a tellement augmenté, que les additions font presque la moitié de tout l'ouvrage. Or ce n'a pas été pour se rétracter de ce qu'il avait publié en 1672, ni pour s'expliquer dans un sens qui eût le moindre rapport aux idées que M. Claude attribue à ses Grecs non latinisés; c'est pour s'expliquer d'une manière si nette et si claire, qu'il n'y a point de commentaire qui soit capable de l'obscurcir. Comme l'*Enchiridion* est fort rare, et qu'il ne servirait de rien d'indiquer l'endroit où l'auteur s'explique sur la transsubstantiation d'une manière plus étendue qu'il n'avait fait dans le premier ouvrage, nous rapporterons cet endroit, que chacun pourra comparer avec ce qui se trouve dans l'édition grecque et latine de 1676; voici les paroles de Dosithée :

(Treize.)

Par le mot de μετουσίωσις, ou transsubstantiation, nous ne croyons pas qu'on fasse entendre clairement la manière selon laquelle le pain et le vin sont changés au corps et au sang du Seigneur ; car cela est incompréhensible et impossible à tout autre qu'à Dieu, et fait voir en même temps l'ignorance et l'impiété de ceux qui calomnient l'Église catholique d'avoir cette pensée ; mais elle croit que le pain et le vin, après la consécration, sont faits véritablement, réellement et substantiellement, le pain le véritable corps du Seigneur, et le vin son véritable sang. Cela ne doit pas s'entendre comme s'il y était figurément, par manière de type ; représentativement, par manière d'image ; ni spirituellement, ainsi qu'on appelle spirituels les sacrements de l'ancien Testament, qui n'étaient que des types et des ombres, et qui étaient principalement appelés sacrements, en ce qu'ils signifiaient ceux du nouveau Testament, qui étaient la vérité. Car, lorsque les anciens mangeaient la manne, et qu'ils buvaient l'eau de la pierre qui les suivait, ils mangeaient et buvaient le corps et le sang du Seigneur, mais en figure ; et nous le buvons et le mangeons véritablement. Ils n'avaient pas les choses qui étaient, mais qui devaient être, et nous avons celles qui sont ; elles étaient absentes pour eux, et elles nous sont présentes ; elles étaient significatives à leur égard, et pour nous elles existent véritablement. Ce n'est point non plus par une grâce qui surpasse celle dont sont remplis les autres sacrements, ni par la communication et par la présence de la seule divinité du Fils unique, selon ce que quelques Pères ont dit en parlant du divin baptême ; ni par une véritable et certaine présence de Notre-Seigneur Jésus-Christ que la seule foi produit, comme Calvin a eu l'impiété d'avancer ; puisqu'une telle présence n'est ni véritable, ni certaine, mais fantastique, et une pure imagination, n'étant ni substantielle ni réelle ; ni par une espèce de composition, en sorte que le corps du Seigneur étant infini, parce qu'il a été uni à la divinité du Fils unique, soit uni pareillement au pain proposé de l'Eucharistie, et que le pain par métonymie soit corps, et le vin sang, et non par le changement, comme veut le furieux Luther ; ni qu'aucun accident du pain et du vin soit changé en quelque accident du corps et du sang de Jésus-Christ par quelque changement ou altération. Mais le pain est fait véritablement, réellement et substantiellement le véritable corps du Seigneur, et le vin son véritable sang.

Dosithée continue en ces termes : *Il est clair que comme l'Église catholique a tiré de l'Écriture le terme de consubstantiel et l'union hypostatique, et d'autres dogmes conformes à la religion, et nécessaires, qui sont contenus dans les sept synodes œcuméniques, de même elle a tiré le mot de* transsubstantiation *dans les temps auxquels on en avait besoin pour détruire l'hérésie de Bérenger et des autres hérétiques qui ont paru devant et après lui, qui ont blasphémé contre ce sacrement, et qui ont détourné le sens des paroles de Notre-Seigneur, et des saints Pères, interprètes de la sainte Écriture, et la décision du septième synode œcuménique touchant le sacrement, par de fausses interprétations, suivant l'ancienne coutume des hérétiques. Ainsi ce mot n'est point une invention des Latins, ni d'un de leurs conciles, comme prétendent les luthériens et les calvinistes, croyant tromper par une telle sottise quelques orthodoxes : mais c'est une définition de l'Église catholique pour renverser les hérésies contre ce sacrement. Ce que disent aussi ces hérétiques dont il a été parlé, que nous avons été trompés par les papistes, car c'est ainsi qu'ils appellent les Occidentaux, pour embrasser touchant la sainte Eucharistie le dogme signifié par le mot de* transsubstantiation, *est un mensonge ; car le septième concile que nous suivons en tout touchant le très-saint Sacrement, et les Pères d'Orient l'ont confirmé ;* c'est-à-dire, qu'ils ont établi la doctrine signifiée par ce mot.

Ensuite il partage son discours en plusieurs sections, suivant lesquelles il rapporte un grand nombre de passages des Pères et d'autres écrivains ecclésiastiques, qui marquent une prodigieuse lecture, et qui peuvent faire voir aux calvinistes que les Grecs ne sont pas si ignorants que le prétendait M. Claude, qui certainement n'aurait pas connu plusieurs auteurs cités par ce patriarche, car Aubertin n'en avait pas fait mention.

La première section commence par cette remarque, que presque du temps des apôtres il y eut des hérétiques, comme les disciples de Simon et de Saturnin, qui, selon le témoignage de S. Ignace dans l'épître à ceux de Smyrne rapporté par Théodoret, eurent des opinions erronées sur le sacrement de l'Eucharistie ; mais qu'elles finirent bientôt, et qu'au septième concile œcuménique il fut décidé contre les iconomaques que c'était une hérésie de dire que l'Eucharistie était le type, l'image, le signe ou le symbole du corps et du sang de Jésus-Christ. Il rapporte les paroles dites en cette assemblée, par Épiphane, diacre, que jamais ni Jésus-Christ, ni les apôtres, ni les Pères n'ont dit que le sacrifice non sanglant offert par le prêtre fût une image, mais le véritable corps et le sang de Jésus-Christ. Il confirme cette vérité par des passages de S. Jean Damascène ; d'Élie de Crète dans son commentaire sur l'Apologie de S. Grégoire de Nazianze ; de Théodore Graptus en son traité de la Foi infaillible des chrétiens ; de S. Jean Chrysostôme, homélie 26 sur S. Matthieu ; d'Origène sur le même Évangile ; de Théodoret, dialogue 2 ; d'Anastase d'Antioche contre les Gaïanites ; de Samonas de Gaze ; de Pierre de Sicile contre les manichéens ; de Nicolas Cabasilas, livre 4 de la Vie en Jésus-Christ ; de Théophane de Nicée, livre 4 contre les Juifs, chapitre 19 ; de Jean, patriarche d'Antioche, contre les azymes ; de S. Denis et de S. Maxime, son interprète. Enfin il fait voir qu'il n'y a aucune contradiction en ce que quelques Pères ont appelé *antitypes* les sacrés mystères, et que d'autres ont dit qu'ils ne l'étaient pas, parce qu'ils prenaient ce mot en différents sens.

Dans la seconde section, il dit que Bérenger avait avancé que le pain et le vin étaient un simple type ou figure du corps et du sang de Jésus-Christ ; qu'il fut condamné par le pape Nicolas II, dans un nombreux synode, et en plusieurs autres, particulièrement dans celui de Latran en 1215, et que le synode général, en prononçant anathème contre cette hérésie, fit une décision conforme à l'Écriture, aux Pères et au septième concile, quoique en d'autres articles il ne lui ait pas été conforme. C'était là une occasion de déclamer contre les Latins, si les Grecs avaient cru qu'ils eussent introduit un nouveau dogme, en établissant celui de la transsubstantiation, les calvinistes prétendant qu'il a commencé au concile de Latran. Mais, au contraire, Dosithée loue l'Église latine d'avoir condamné ce qu'ils veulent faire passer pour la créance de toute l'antiquité, et il prétend qu'en cela elle a suivi ce que l'église grecque avait décidé dans le septième concile.

Dans la section troisième, il prouve l'horreur qu'elle a toujours eue de cette hérésie, par la punition rigoureuse que fit l'empereur Alexis Comnène, en 1081, de Basile, chef de la secte des bogomiles, qui niaient le changement dans le mystère de l'Eucharistie, et qu'il fit brûler vif dans l'hippodrome, après avoir fait condamner ses erreurs dans une assemblée synodale d'ecclésiastiques et de sénateurs; et qu'à cette occasion il ordonna à Euthymius Zygabénus d'insérer dans sa Panoplie les témoignages de S. Grégoire de Nysse et de S. Jean Damascène, qui établissent le changement réel du pain et du vin au corps et au sang de Jésus-Christ.

Dans la section quatrième, il parle de la dispute qui arriva sous l'empereur Manuel Comnène, à l'occasion d'un diacre nommé Basile, qui avait dit dans un sermon que *le Fils de Dieu avait été la victime, et qu'il avait reçu le sacrifice avec le Père*; et qui fut accusé d'hérésie comme introduisant deux hypostases ou personnes en Jésus-Christ; que Sotérichus Panteugénus, élu patriarche d'Antioche, Eustathe, métropolitain de Dyrrachium, et d'autres qui attaquèrent cette proposition, furent excommuniés dans un synode tenu en 1056. Sur quoi il cite Cinnamus, livre 4; Nicétas Choniates, la Chronique en vers d'Euphraïm; puis il rapporte la décision de ce synode, et les anathèmes prononcés *contre ceux qui nient que Jésus Christ est le sacrificateur et le sacrifice*; et le troisième est *contre ceux qui disent que le sacrifice qui est offert tous les jours par les ministres sacrés, selon que notre Sauveur et le Seigneur de toutes choses l'a ordonné, renouvelle dans l'imagination et par manière d'image celui qui a été offert sur la croix par notre Sauveur de son corps et de son sang, pour la délivrance et l'expiation du genre humain, mais qu'il n'est pas le même*. Il rapporte ensuite divers passages pour confirmer cette doctrine, entre autres de Nicolas de Méthone contre Sotérichus; d'Étienne, μέγας ὀρυγγάριος contre le même; de S. Athanase, de S. Grégoire de Nazianze, de S. Cyrille de Jérusalem, εἰς ὑπαπάντην de S. Grégoire de Nysse, homélie sur la Pâque; de S. Cyrille d'Alexandrie contre Théodoret, et de sa lettre aux empereurs; de Cabasilas, livre 4 de la Vie en Jésus-Christ, et chapitre 45 de son Exposition de la Liturgie; de Nicolas de Méthone contre les azymes; de Théophane, discours huitième contre les Juifs; d'Œcuménius sur le cinquième chapitre aux Hébreux; de Siméon de Thessalonique, en son Dialogue contre les hérésies; et de la Confession de Germain, patriarche de Constantinople, qui vivait peu après.

Il parle dans la cinquième section de Sicidites religieux, qui fut, dit-il, chef d'une hérésie, disant que dans le sacrement de l'Eucharistie le corps de Jésus-Christ n'était pas incorruptible comme après sa passion et sa résurrection, mais corruptible. Il rapporte ce que dit Nicétas (p. 332), que ceux qui étaient dans les bons sentiments lui prouvaient par S. Jean Chrysostôme, S. Grégoire de Nysse, S. Cyrille et Eutychius, patriarche de Constantinople sous Justinien, que dans le sacrement le corps de Jésus-Christ était incorruptible, étant celui qui après la résurrection était impassible, et non pas celui qui était passible avant la passion : et quiconque reçoit une partie du pain eucharistique reçoit Jésus-Christ entier. L'empereur Alexis Comnène fit assembler un synode en 1199, qui condamna Sicidites. Dosithée rapporte divers passages sur ce sujet de la Chronique en vers d'Euphraïm, de Michel Glycas au moine Joannicius, de S. Cyrille de Jérusalem, de S. Éphrem, de la lettre de Pierre, patriarche d'Antioche, de Nicolas de Méthone, d'Isidore Pélusiote et de Siméon de Thessalonique, pour prouver que *ce qui est dans le sacrement, c'est-à-dire, le corps et le sang du Sauveur, est incorruptible*.

La section sixième regarde une question assez extraordinaire : quelques prêtres vers l'an 1440, en distribuant la communion disaient : *Recevez le S.-Esprit*, et d'autres les accusèrent comme des blasphémateurs. Cependant Marc d'Éphèse entreprit de les justifier; ce qu'il fait par un raisonnement qui consiste principalement en ce que le corps que nous recevons dans la communion étant uni à la divinité, *en participant au corps et au sang du Seigneur, nous participons aussi au S.-Esprit, la divinité des deux personnes étant inséparable*. Il prouve très-certainement le dogme de la présence réelle, et c'est l'usage qu'en a fait Dosithée; mais il ne justifiait pas ces prêtres d'une nouveauté inconnue à toutes les églises, et qui n'avait aucun fondement dans la discipline grecque.

La septième section, qui est plus étendue que toutes les autres, a pour préface ce qui a été rapporté ci-dessus touchant le commencement des hérésies de Luther et de Calvin, et comme elles furent combattues par Jérémie, patriarche de Constantinople, et Mélèce d'Alexandrie. Ensuite Dosithée rapporte un grand nombre de passages de Pères et d'auteurs ecclésiastiques, sous ce titre général : *Exposition d'autres témoignages tirés de quelques anciens Pères, et de plusieurs écrivains ecclésiastiques orthodoxes, qui prouvent la présence réelle et substantielle du Sauveur dans l'adorable sacrement, par le changement substantiel du pain et du vin au propre corps précieux et au sang du Sauveur, ce qui est la transsubstantiation dans le sacrement*.

Dosithée distribue ces passages sous différents titres d'autant de mots employés par les écrivains ecclésiastiques anciens et modernes, pour signifier le changement qui se fait dans le mystère de l'Eucharistie : et il fait voir que tous reviennent à un même sens, qui est celui du changement véritable, réel et substantiel, et qui est par une conséquence nécessaire celui de la transsubstantiation. Ces mots sont : Μετέχω, τρώγω, πίνω, σιτοῦμαι, μεταλαμβάνω, κοινωνῶ, ἑστιάζω, ἱερουργῶ, ἀποφαίνομαι, γίνομαι, ἀναδείκνυμι, τελῶ, χαρίζομαι, παραδίδωμι, λατρεύεται, μεταποιεῖται, μεταβάλλεται, μεταστοιχειοῦται, μετασκευάζειν, κατασκευάζειν, μεταῤῥυθμίζειν, ἀλλοιοῦσθαι, μετουσιοῦσθαι. Sous chacun de ces titres, il rapporte les passages de presque tous les anciens Pères Grecs ; même sur l'adoration de l'Eucharistie, ceux de S. Ambroise et de S. Augustin. Il cite aussi plusieurs auteurs plus récents, dont quelques-uns ne sont pas imprimés, ce qui fait voir le soin avec lequel il avait étudié cette matière. On trouve cités entre autres Nicétas d'Iconie, contre les azymes, Cabasilas, Siméon de Thessalonique, S. Nil l'ancien, les Réponses de Photius à Amphilochius, Nicéphore, patriarche de Constantinople, contre les iconomaques, Proclus, Nicolas de Méthone contre Sotérichus et contre les azymes, Jean de Jérusalem, Matthieu-le-Religieux, Pierre d'Antioche, Siméon de Jérusalem, Théodore Curopalate, Méthodius de Constantinople, et divers anonymes contre les Latins, Glycas, Nicétas, Théodore Graptus, Michel Coniates, Sotérichus Panteugénus, les Liturgies et l'Eucologe.

Sur le mot de *transsubstantiation*, il rapporte le discours de Gennadius, que Mélèce Syrigus a inséré à la fin de sa Réfutation de la Confession de Cyrille Lucar, et qui a été imprimé depuis peu avec la grande homélie du même auteur : et par cette raison il ne se trouve pas dans la traduction en grec vulgaire de cet ouvrage, quoiqu'il soit dans le manuscrit copié sur l'original qu'avait Panaiotti ; parce que les deux ouvrages ayant été imprimés en même temps et pour être reliés ensemble, Dosithée n'a peut-être pas cru qu'il fallût le mettre deux fois. Il a joint divers passages des Pères, pour prouver que dans les mystères de la religion il ne faut pas chercher comment une chose se fait, mais la croire humblement lorsque la foi nous l'enseigne ; et qu'il suffit de savoir que ce changement se fait surnaturellement et par l'avénement du S.-Esprit. Il finit par un extrait de la lettre de Mélèce d'Alexandrie à Édouard Barton, que nous avons rapporté ci-dessus.

La dix-huitième section est pour marquer que la Confession de Cyrille, qui parut en 1633, et qui dans le dix-septième chapitre expliquait le mystère de l'Eucharistie selon l'opinion de Calvin, avait été condamnée en un synode tenu l'an 1638, et à Jassi en 1642 ; que Mélèce Syrigus et George Coressius la réfutèrent, anathématisant partout Luther et Calvin et leurs sectateurs, et expliquant clairement ce que l'Église catholique enseigne de toute antiquité touchant le sacrement de l'Eucharistie.

Le reste est conforme à ce qu'il publia dans le synode de Jérusalem, excepté qu'il n'a pas rapporté les signatures, et qu'il a changé ce qui regardait le dix-huitième article de Cyrille touchant l'état des âmes après leur mort ; ayant marqué à la marge qu'il s'était trompé en quelques endroits dans la réfutation de cet article, et que pour cela il l'avait corrigée. Mais comme cela ne regarde pas la matière que nous traitons, nous n'en parlerons pas présentement.

Chacun peut aisément comprendre que ce seul ouvrage de Dosithée détruit entièrement tout ce que M. Claude, M. Smith, et ceux qui les ont copiés, ont avancé touchant la créance des Grecs sur l'Eucharistie. Ce n'est pas un Gergan, ni des vagabonds, comme ces prétendus archevêques de Tibériade et de Samos, qui donnent en secret des témoignages informes ; c'est un des quatre patriarches grecs, qui, ayant publiquement déclaré la foi de son église dans un synode nombreux, confirme au bout de dix-huit ans ce qu'il avait publié alors, et qui, au lieu de se rétracter, ajoute à son premier ouvrage un très-grand nombre de nouvelles preuves ; qui condamne expressément les calvinistes et les luthériens ; qui cite tous les passages des Pères dans le même sens que les catholiques les entendent ; qui se sert avec éloge des témoignages des Grecs modernes, que M. Claude veut faire passer pour latinisés ; qui cite les synodes que ce ministre traite de pièces supposées ; enfin, qui fait imprimer, au vu et au su de toute l'église grecque ; dans un pays où elle est publiquement professée, un ouvrage qui est reçu avec une approbation générale, sans que depuis vingt ans il ait essuyé la moindre contradiction. On peut juger que puisque Dosithée a eu l'attention d'y faire quelques changements dans des choses indifférentes, il en aurait fait de même dans les articles essentiels, s'ils ne s'étaient pas trouvés conformes à la doctrine de son église sur l'Eucharistie. Il l'a encore plus nettement confirmé dans son traité contre Caryophylle, imprimé quelques années après l'*Enchiridion*, et par la déclaration publique qu'il fit contre les Grecs qui envoyaient leurs enfants au collège d'Oxford.

CHAPITRE VII

Observations particulières sur quelques faits qui ont rapport à ce qui a été traité dans les chapitres précédents.

Ce qui a été dit jusqu'ici touchant les principaux actes des églises d'Orient, et touchant les auteurs dont les témoignages ont été cités dans *la Perpétuité*, fait voir d'une manière incontestable que les catholiques ont donné plus de preuves de la conformité de la créance de toutes les communions séparées de la nôtre, qu'il n'était nécessaire pour mettre un fait si important dans la dernière évidence. Si les calvinistes avaient eu de pareilles pièces, au moins quelques-unes revêtues des marques d'autorité et de vérité, qui se trouvassent contraires à celles qui ont été produites, il aurait été nécessaire d'examiner dans cette contrariété de déclarations quelles étaient les véritables, et s'y attacher. Pour terminer de pareilles difficultés, il y a une règle certaine, qui consiste à établir par des preuves claires quelle a été la doctrine communément reçue et sans contestation dans une église, avant et après ces actes contradictoires ; et celle qu'on reconnaît avoir subsisté autrefois, et qui subsiste encore, doit être certainement préférée à celle dont on voit que le commencement n'est pas ancien, qui n'a pas subsisté, et qui a été exposée à la censure de la plus nombreuse et de la plus considérable partie de ceux qui font le corps de cette église. Mais toutes les preuves des calvinistes se réduisent à la Confession de Cyrille, dont on a fait voir les défauts essentiels dans le fond et dans la forme, et à deux ou trois écrits particuliers et informes de quelques Grecs sans nom et sans autorité, comme celui qu'ils attribuent à Métrophane Critopule, celui de Zacharie Gergan, évêque de Larta, et des réponses ambiguës de quelques vagabonds, dont jamais les Grecs n'ont ouï parler.

Si les pièces dont les auteurs de *la Perpétuité* se sont servis étaient de ce genre, nous n'en ferions pas la moindre mention ; et on doit cette justice à nos théologiens, de reconnaître qu'ils n'en ont employé aucunes pareilles. Pourquoi donc les protestants ne cesseront-ils jamais de citer aux catholiques des pièces qu'on n'ose citer aux Grecs, et dans lesquelles toute la rhétorique du monde, les déclamations et les sophismes ne feront pas trouver la vérité et l'authenticité qui leur manquent ? Sur quel principe osent-ils attaquer celles qui en ont tous les caractères les plus certains ; et ne feront-ils jamais réflexion aux absurdités dans lesquelles le système de M. Claude entraîne les ignorants ? On n'avait peut-être jamais rien vu de pareil à celles que l'auteur des *Monuments* a inventées, travaillant sur un tel plan. Les Grecs du synode de Jérusalem nous apprirent ce qu'on n'avait guère connu jusqu'alors : c'était qu'un écrit patriarcal, afin d'avoir autorité, non pas pour faire loi dans leur église, mais pour être reconnu comme étant sorti des mains du patriarche, devait être enregistré dans le *codex* de la grande église ; et comme cette circonstance manquait à la Confession de Cyrille, ils s'en servaient pour faire connaître qu'elle ne pouvait, dans les règles, être regardée comme étant de lui. Nous en trouvons assez d'exemples, puisque Jérémie fit ainsi enregistrer ses réponses aux théologiens de Wittemberg ; que les décrets des deux synodes de 1638 et de 1642, la réponse du patriarche Denis, la sentence synodale de Callinique et les décrets de Jérusalem furent pareillement enregistrés. Ni M. Claude ni ses copistes n'ont rien répondu sur ce sujet, et assurément ils ne pouvaient rien répondre. En cela ils avaient donc en quelque manière accordé cette proposition, laquelle étant supposée, il s'ensuivait nécessairement que la Confession de Cyrille non seulement n'avait aucune autorité à l'égard des Grecs,

mais qu'elle n'en avait aucune à l'égard des autres, puisqu'en la forme dans laquelle il la donna il pouvait la désavouer, comme il fit en effet.

Il fallait un homme tel que l'auteur des *Monuments*, pour entreprendre de prouver que la Confession de Cyrille a été plus solennellement enregistrée qu'aucun acte semblable, et voici comme il s'y prend : Les Grecs de Jérusalem avaient donné divers extraits des homélies prêchées à Constantinople par Cyrille, dans lesquelles il avait enseigné le contraire de ce qui était exposé dans sa Confession, et le manuscrit était par hasard à Jérusalem. Le sieur A. prétend qu'elles s'accordent avec la Confession, et il les concilie en retranchant tout ce qui s'y trouve contraire, ou donnant des explications ridicules aux termes les moins sujets à équivoque. De là il conclut que puisque le manuscrit des homélies était à Jérusalem, la Confession a été bien plus solennellement enregistrée que si elle l'eût été à Constantinople. C'est la même chose que si on prétendait prouver la vérité d'un rescrit ou d'une bulle du pape, qui ne se trouverait ni dans les formes ordinaires, ni enregistrée à Rome, en disant qu'il s'en trouve une minute à Paris ou à Tolède. Tels sont les raisonnements qu'il faut faire, si cela s'appelle raisonner, ou convenir que tout ce que M. Claude et les autres ont dit sur la Confession de Cyrille n'est qu'une illusion continuelle ; que c'est une pièce sans autorité, et que le peu de témoignages que les calvinistes y ont ajoutés, qui se réduit à ceux de quatre ou cinq vagabonds, ne mérite pas la moindre attention.

Il est donc difficile de comprendre qu'ils aient osé s'en servir, que M. Smith, après avoir fait un séjour considérable à Constantinople, où jamais il n'en a pu entendre parler qu'avec autant d'horreur que de mépris, non seulement les compare à ceux de Gabriel de Philadelphie, de Syrigus, de la Confession orthodoxe, et de tant d'autres ouvrages qui sont généralement approuvés ; mais qu'il prétende que si le nombre de ces témoins n'est pas si grand, leur autorité doit balancer celle des synodes, des patriarches et de tout le corps de l'église grecque. Sur ce même principe il attaque également les autres Grecs dont on leur a cité les témoignages. Ainsi Agapius est un misérable moine latinisé, quoiqu'on sache autant par l'opinion publique de toute la Grèce, que par l'attestation particulière des religieux du Mont-Athos, qu'il y a vécu et qu'il y est mort en réputation d'un homme pieux et très-orthodoxe. On en dit autant contre Michel Cortacius ; et la seule raison est que leurs livres sont imprimés à Venise ; mais la Confession de Cyrille l'a été à Genève ; la Confession orthodoxe l'a été en Hollande et à Leipsik : ces prétendues expositions de foi de Métrophane Critopule et de Gergan ont aussi été imprimées en Allemagne. On manque de bonnes raisons quand on en allègue de si mauvaises.

Il y a plusieurs autres ouvrages de Grecs modernes, comme les homélies de Damascène Studite, celles de

Kharturus, qui contiennent manifestement la doctrine de la présence réelle; et, ce qui est fort remarquable, on n'en peut pas citer un seul imprimé par les Grecs qui la combatte. Ces ouvrages sont connus et approuvés généralement. De quel droit et sur quel prétexte seront-ils rejetés par les calvinistes, parce qu'ils contiennent une doctrine contraire à celle de deux ou trois malheureux, dont à peine les Grecs ont entendu parler? Car ils n'ont connu le pitoyable ouvrage de Gergan, que par la Réfutation qui en fut faite et imprimée à Rome par Matthieu Caryophylle. Les calvinistes ont eu tort de prétendre que dans les controverses on ne devait recevoir le témoignage d'aucun auteur qui ne fût schismatique. Cependant les catholiques n'en ont cité, dans tout le cours de cette dispute, aucun qui fût Latin ou latinisé; et quand ils se sont servis d'Allatius, ou de quelques autres, ce n'a été que pour en tirer des passages qui n'étaient pas ailleurs. Les calvinistes ont fait tout le contraire, puisque ces deux ou trois qu'ils citent continuellement n'ont été regardés que comme hérétiques par les Grecs mêmes. Ceux-ci doivent être assurément crus, quand il s'agit de savoir si un homme est dans leur communion, et s'il est réputé orthodoxe; et vouloir qu'on défère plus au jugement de M. Claude sur un pareil sujet, est une prétention dans laquelle il n'y a pas moins d'absurdité que d'injustice.

Il n'est pas moins étonnant qu'ils citent avec confiance M. Haga, ambassadeur de Hollande, comme un témoin de l'autorité duquel il n'est pas permis de douter. On peut croire qu'il a été dans la bonne foi, et que Cyrille l'avait trompé. Mais quel privilége avait-il pour être cru plutôt que les ambassadeurs de France, de Venise et de Gènes, qui ont été témoins de ce qui s'est passé à Constantinople lorsqu'on obtint les principales attestations? On veut que nous recevions avec respect les lettres de Léger, de M. Basire, de M. Woodroff; pourquoi mériteront-ils plus de créance que tant de catholiques qui les valaient bien en toutes manières? Et si on prétend rejeter leur témoignage par cette seule raison qu'ils étaient catholiques, ne sommes-nous pas dans le même droit de rejeter celui des autres parce qu'ils étaient protestants? Nous pourrions citer un très-grand nombre d'auteurs qui leur sont fort supérieurs en toutes choses; nous ne le faisons pas, parce qu'en ce qui regarde les Grecs, nous n'avons pas besoin d'autres témoins que des Grecs mêmes; et si les calvinistes en avaient fait autant, la dispute serait finie il y a longtemps.

Les prières qui sont dans l'Eucologe, et l'office qu'on trouve dans tous les Horologes des plus anciennes impressions, contiennent des expressions si fortes touchant la présence réelle, qu'il est impossible de leur donner un autre sens. Que les calvinistes nous en fassent voir quelques exemplaires où elles aient été retranchées; ou bien quelque édition du *Triodion*, où ce zélé réformateur, Cyrille Lucar, ait fait supprimer ce qui était contraire à sa Confession; ou enfin quelque livre d'église imprimé pour les Grecs,

avec leur approbation, qui ait le moindre rapport à la manière dont les Genévois ou les Hollandais célèbrent leur cène? Cependant ces offices sont d'une grande antiquité, et on en a des éditions presque aussi anciennes que la prétendue réformation, pour ne pas parler des manuscrits qui y sont conformes. Ces livres-là méritaient mieux d'être cités que les lettres de M. Basire et de M. Woodroff; pourquoi n'en trouve-t-on aucune citation dans tous les livres que les calvinistes ont faits sur cette matière?

On dira peut-être que les Grecs, au moins un grand nombre, se sont écartés de la vraie créance sur l'Eucharistie, faute de connaître la doctrine des protestants, quoique à l'égard des livres d'église qui sont entre les mains de tout le monde cette défaite soit inutile, puisqu'ils sont plus anciens que leur religion. Mais la Confession d'Augsbourg avait été traduite en grec par Paul Dolscius, ou, comme d'autres disent, par Mélancton, on avait fait imprimer cette traduction, et on en avait envoyé plusieurs exemplaires en Grèce. A-t-il paru jusqu'à présent aucun Grec qui en ait fait usage? La Confession belge avec le Catéchisme et la manière de célébrer la cène a été traduite en grec vulgaire, et imprimée magnifiquement par les Elzevirs, il y a plus de soixante ans. Trouve-t-on un seul Grec qui l'ait citée, ou même qui en fasse mention, et a-t-elle fait un seul prosélyte? On en peut dire autant de la Liturgie anglicane, qui a été traduite de même en grec et en arabe. Parmi tous les livres qui se sont imprimés en Moldavie et en Valachie, trouve-t-on quelque nouvelle édition de la Confession de Cyrille, ou de celles des protestants? Ce n'est donc pas faute d'avoir connu ces livres conformes à leurs opinions, que les Grecs ont une doctrine entièrement opposée; au contraire, c'est à cause qu'ils les ont connus, qu'ils les rejettent et qu'ils les méprisent. Hottinger parle d'un Grec, Nathanaël Conopius, qui devait, à ce qu'il fit croire aux calvinistes, traduire en grec vulgaire l'Institution de Calvin. On peut juger sans témérité qu'elle n'aurait pas eu parmi les Grecs un plus grand effet que les livres simples et plus aisés à entendre. Car Mélétius Piga et Syrigus la connaissaient, et ils la citent en quelques endroits de leurs ouvrages, mais pour la réfuter et pour la condamner, et pour inspirer à leurs compatriotes autant d'horreur de sa personne que de sa doctrine. Ces Grecs ignorants, et que le savant M. Claude méprisait tant, ont cet avantage par-dessus les peuples les plus policés de l'Europe, qu'au lieu que ceux-ci se laissèrent si facilement séduire par les premiers réformateurs, les autres sont demeurés fermes dans la religion de leurs pères, et ont reconnu la fausseté de tout ce qui avait ébloui les plus savants.

On ne doit pas non plus omettre une réflexion très-importante, et qui peut entrer parmi les preuves de l'éloignement que les Grecs ont toujours eu pour la religion protestante. Les dispositions qui paraissaient les plus favorables afin de réunir leur église avec les protestants, étaient celles où la plus grande partie de la Grèce se trouva après la prise de Constantinople, et quelque temps auparavant. Le clergé, les religieux et presque tous les séculiers avaient rompu toute communion avec ceux qui avaient accepté la réunion faite au concile de Florence ; et on voit par les dernières paroles de Marc d'Éphèse, qui ordonna qu'on ne souffrît pas qu'aucun des latinisés assistât à ses funérailles, ainsi que par le placard que Georges Scholarius ou Gennadius afficha à la porte de sa cellule, que cette aversion était excessive. Ce fut à peu près dans ce temps-là que les Bohémiens écrivirent au clergé de Constantinople pour rechercher sa communion ; mais ils ne la purent obtenir. Gerlach fut en grand commerce avec le patriarche Jérémie, et avec les principaux de l'église de Constantinople. Pendant l'ambassade du baron d'Ungnade, il y eut beaucoup de lettres écrites de part et d'autre, et une grande liaison , mais elle n'empêcha pas que Jérémie ne rejetât leur confession et tous leurs éclaircissements, sans qu'aucun des Grecs de ce temps-là ait changé de sentiment. Peu d'années après, Mélèce, patriarche d'Alexandrie, fit amitié avec Georges Douza, qui en a fait tant d'éloges, ensuite avec Édouard Barton, ambassadeur d'Angleterre : c'était dans le temps que Mélèce était le plus animé contre les Latins, à cause de l'union qui se négociait alors avec les Polonais et Lithuaniens du rit grec, qu'il traversa et rompit entièrement. Il profita si peu de la connaissance de ces protestants, qu'il a enseigné la transsubstantiation et toutes ses conséquences, plus clairement qu'aucun autre Grec eut encore fait. Il n'y a donc eu que Cyrille Lucar qui ait été ébloui de leurs lumières ; et quoique M. Haga, Léger et d'autres aient assuré, sur ce qu'il leur disait, qu'il y avait un grand nombre d'autres Grecs qui avaient approuvé sa Confession, et qui étaient prêts à mourir pour la défendre, il n'en a pas néanmoins paru un seul dans les synodes tenus contre lui, quoiqu'il n'y eût aucun péril de la vie à essuyer, mais seulement celui de la déposition et de l'excommunication. Ce péril n'empêcha pas Théophile Corydale et Jean Caryophylle de soutenir les mêmes erreurs ; et c'était alors que d'autres pouvaient et devaient se joindre à eux, au lieu qu'il ne se trouva pas un seul ecclésiastique qui prît leur défense, et que tous s'accordèrent à les condamner.

Il est allé plusieurs Grecs en Angleterre et en Allemagne dans le siècle passé, et on n'en trouve pas un seul qui étant revenu dans son pays y ait apporté la créance des protestants, pour en faire profession publique. Métrophane Critopule, sous le nom duquel on imprima il y a plusieurs années une Confession de foi à Helmstadt, qui néanmoins approchait plus du luthéranisme que du calvinisme, étant depuis élevé au patriarcat d'Alexandrie, souscrivit avec les autres la condamnation de Cyrille, comme fit Chrysoscule Logothète, dont on a publié quelques écrits comme d'un disciple de cet apostat. Ce que ceux qui ont donné des expositions de foi contraires à la créance reçue dans leur église, ont écrit dans des pays éloignés, n'est pas ce qui peut avoir autorité, c'est ce qu'ils ont fait et déclaré dans leur patrie ; et il ne s'en trouvera pas un seul qui y ait soutenu de pareilles déclarations. Ils n'en ont pas seulement usé ainsi à l'égard des protestants, qui n'en pourraient nommer que quatre ou cinq qu'ils eussent convertis ; on n'en a vu et on n'en voit tous les jours que trop, qui font à Rome ou entre les mains des missionnaires des professions de foi pour se réunir à l'Église catholique ; plusieurs mêmes qui ont été élevés dans les colléges de Rome, et qui étant retournés dans le pays, rentrent dans la communion des schismatiques, et deviennent les plus grands ennemis des Latins. Nos théologiens ne se sont pas servis des témoignages de ces particuliers, quoiqu'ils n'eussent dit que la vérité quand ils auraient certifié ce que toute la Grèce a déclaré par tant d'actes solennels, et qu'ils fussent aussi croyables que ceux qui ont été cités par les protestants. Pourquoi donc prétendront-ils faire valoir l'autorité de ces hommes obscurs que personne n'a connus, comme si devant de pareils témoins, les synodes, les patriarches, les évêques, les théologiens, toute la Grèce, devaient se taire ?

Nous ajouterons quelque chose sur le collége grec d'Oxford, qui fournit aux catholiques un grand nombre de réflexions importantes, et qui en devrait produire de sérieuses parmi les protestants, s'ils cherchaient la vérité de bonne foi. Ils savent bien que les jeunes Grecs qu'on leur amène n'apportent pas de leur pays la religion telle qu'on la professe en Angleterre ; il leur en faut apprendre une nouvelle, et jusqu'à présent il ne paraît pas qu'on en ait beaucoup converti. A Rome et ailleurs où il y a eu des colléges pour les Grecs, on leur a laissé leurs prières, leurs offices sacrés et leurs cérémonies ; on les supprime à Oxford, ce qui seul fait voir qu'il n'y a aucune conformité de créance entre les Grecs et les Anglais. On instruit cette jeunesse assez mal, autant qu'on en peut juger par ce qu'ils en ont écrit eux-mêmes, par rapport aux lettres et aux sciences ; mais M. Woodroff, supérieur de ce collége, a eu très-grand soin de les catéchiser sur la religion anglicane, de déclamer contre la transsubstantiation, contre l'invocation des saints, le signe de la croix, et surtout contre l'autorité de la tradition. On voit par ce qu'en a écrit François Prossalento, qui avait été du nombre de ses disciples, qu'il excitait ces jeunes Grecs à s'attacher à la doctrine qu'il leur avait enseignée, en leur faisant espérer que par la protection de sa reine, chef de l'église anglicane, ils seraient élevés aux premières dignités de l'église grecque. Depuis l'établissement de ce collége, il s'est écoulé assez de temps pour voir les effets de cette éducation dans quelques Grecs retournés dans le pays. Néanmoins on n'en a pas vu un seul qui se soit déclaré publiquement pour la religion anglicane. Dosithée, patriarche de Jérusalem, a déclamé fortement contre ceux qui envoyaient leurs enfants à ce collége ; il a écrit des lettres circulaires pour défendre qu'on le fît, menaçant même d'excommunication ceux qui seraient soumis à sa juridiction, et qui le feraient.

L'exemple de François Prossalento est très-considérable. Il avait été du nombre de ces jeunes Grecs étudiant à Oxford; et comme il le dit à quelques personnes, lorsqu'il passa à Paris, il quitta l'Angleterre, sur ce qu'on lui manda de son pays, que s'il y faisait un plus long séjour, il se fermerait l'entrée à toute sorte d'emplois ecclésiastiques. Il jugea donc qu'afin de se purger de tout le soupçon qui pouvait rester contre lui, il fallait donner une preuve publique de sa foi, en réfutant ce que M. Woodroff son maître avait écrit contre l'autorité de la tradition. C'est ce qu'il fit en imprimant un traité qui a pour titre : *Le maître hérétique réfuté par son disciple orthodoxe*, et il est dédié à Gabriel, patriarche de Constantinople. L'impression a été faite en Hollande et à Amsterdam, en 1706, et les catholiques n'y ont eu aucune part. Si les Grecs étaient en communion avec l'église anglicane, comme l'assurait ce M. Basire, que M. Claude a préféré à toute la Grèce, il n'aurait pas été nécessaire de les instruire dans une religion qui leur est inconnue et étrangère; les évêques et les patriarches n'auraient pas été scandalisés; et Dosithée, au lieu de détourner les siens d'envoyer leurs enfants à ce collége d'Oxford, les y aurait exhortés. Ces études, faites dans un pays où ils ne couraient aucun risque de devenir latinisés, les auraient mis en état de s'avancer dans leur église, et un jeune homme de vingt-cinq ans n'aurait pas eu la hardiesse de dédier au patriarche de Constantinople un livre dans lequel leurs frères les Anglais sont extrêmement maltraités. Car dans l'épître dédicatoire, après avoir dit que ceux qui par malice veulent détruire un arbre qui porte beaucoup de fruit, ne se contentent pas de couper les branches, mais qu'ils tâchent de le déraciner entièrement, il ajoute : *Ainsi les hérétiques de ce temps-ci, voulant attirer l'Église catholique de Jésus-Christ à leurs blasphèmes odieux, n'attaquent pas quelque dogme particulier, en voulant persuader aux Grecs leurs disciples, que ce qu'elle conserve avec piété comme reçu de Notre-Seigneur Jésus-Christ, par la tradition non écrite des apôtres, est faux; mais instruits par le démon leur père, et comme précurseurs de l'Antechrist, ils prêchent impudemment que toute parole non écrite du Seigneur n'est pas véritable, jugeant que si les orthodoxes convenaient de cet article seulement, il n'y aurait plus aucune différence entre eux et les hérétiques.* Il dit ensuite que le patriarche verra par cet ouvrage l'ardent désir qu'il a de réfuter leurs dogmes impies; d'autant plus qu'il ne s'est pas contenté de le faire lorsqu'il s'est vu hors de péril, en faisant connaître leur fourbe au public; mais qu'étant encore en Angleterre, il lui a mandé à quel dessein on y attirait les enfants des Grecs. Et dans tout le livre, il ne traite jamais autrement son maître Woodroff, un des grands témoins de M. Claude, que comme un hérétique. On peut voir dans la *Défense de la Perpétuité* (p. 505) un plus ample extrait, qui donne une juste idée de ce collége grec d'Oxford, et de l'horreur des Grecs pour ce qu'on a voulu leur y enseigner.

LIVRE SEPTIEME.

EXAMEN DES ACTES DES ÉGLISES ORIENTALES PRODUITS DANS *LA PERPÉTUITÉ*.

CHAPITRE PREMIER.

De l'autorité des actes faits par les Grecs et par les Orientaux, pour rendre témoignage de la conformité de leur foi avec les catholiques sur les articles controversés entre ceux-ci et les protestants.

La question que nous avons présentement à traiter est d'une nature si singulière, qu'en la détachant des circonstances qui l'ont produite, on aurait peine à croire qu'elle eût pu jamais être proposée sérieusement; puisqu'on ne le pouvait faire sans renverser toutes les maximes les plus certaines de droit, dont tous les hommes conviennent, et suivant lesquelles ils se conduisent tous les jours. Il s'agit de savoir si un grand nombre d'actes, de confessions de foi, d'attestations, et d'autres semblables pièces qui ont été produites dans la *Perpétuité de la foi*, peuvent faire autorité, ou si on les doit rejeter comme des pièces fausses et supposées, ou au moins comme entièrement défectueuses dans leur origine, puisqu'elles ne rapportent pas fidèlement la doctrine et la discipline des communions séparées de l'Église latine touchant l'Eucharistie. Jamais avant M. Claude personne ne s'était inscrit en faux contre de semblables preuves; parce que c'est une maxime du droit public, que quand des actes ont été passés dans des pays éloignés, lorsqu'ils sont certifiés et légalisés par les ambassadeurs, par les consuls, ou par les autres personnes publiques, ils font foi partout, et ne peuvent être contestés. On ne s'étonne pas qu'il ait poussé la hardiesse jusqu'à un tel excès; mais il y a sujet d'être étonné que les calvinistes aient reçu avec tant de facilité ce qu'il a avancé sur cette matière; de sorte qu'en une question qui est purement de fait, ils aient cru que son témoignage pouvait balancer ceux de toute la Grèce et des autres communions d'Orient; et qu'ils n'aient pas reconnu qu'il n'avait imaginé de si étranges paradoxes, que parce qu'il n'avait plus rien à répondre.

Dans son premier écrit, il avait dit avec assurance que la doctrine de la présence réelle et de la transsubstantiation, aussi bien que l'adoration du Sacrement n'étaient connues que dans l'Église romaine, et que tous les autres chrétiens les ignoraient entièrement. La manière seule dont il en avait fait l'énumération faisait connaître qu'il n'en savait pas même les noms. Il fournit ensuite quelques preuves très-faibles pour montrer que les Grecs, et tous les peuples qui sont dans la même église, ne croyaient pas la présence réelle. Elles roulaient sur des choses cent fois réfutées par les protestants mêmes ; et comme on lui avait opposé leur autorité, il n'eut pas de honte de traiter Guillaume Forbès, évêque protestant d'Édimbourg, comme un catholique déguisé, exagérant cette imagination avec des figures de rhétorique les plus outrées. Il porta même la hardiesse jusqu'à accuser d'ignorance et de mauvaise foi M. Oléarius, sur ce qu'il avait dit le contraire dans son Voyage de Moscovie et de Perse, ne sachant pas qu'il était encore en état de le démentir publiquement, comme il fit. M. Claude opposa aux autorités des Grecs qui avaient été citées dans *la Perpétuité*, la Confession de Cyrille Lucar, sans faire la moindre mention des anathèmes fulminés par deux patriarches contre l'auteur et contre la pièce. Il y joignit quelques raisonnements tirés de faits fort incertains, rapportés par des voyageurs ignorants ou suspects ; et comme s'il n'eût pas été obligé de donner des preuves de ce qu'il affirmait avec tant de confiance, il demanda aux auteurs de *la Perpétuité* des confessions de foi, des actes authentiques, et des éclaircissements détaillés touchant divers points de discipline, parce qu'il croyait que jamais on n'en pourrait trouver.

Cependant dans le premier volume de la Réponse qu'ils lui firent, ils citèrent plusieurs auteurs grecs, qui jusqu'alors n'avaient presque pas été connus, l'écrit d'un seigneur moldave, des attestations des Syriens et des Arméniens avec quelques autres pièces, et une lettre de M. Oléarius qui aurait couvert de confusion tout autre que M. Claude. Dans les volumes suivants, ils produisirent un grand nombre d'attestations des églises de l'Archipel : une, dans la forme la plus authentique et la plus solennelle, de Denis, patriarche de Constantinople, signée de trois qui l'avaient précédé en la même dignité, et d'un grand nombre de métropolitains ; d'autres des Syriens melchites, jacobites et nestoriens, des Arméniens, des Cophtes, des Mingréliens ; enfin le concile de Jérusalem de 1672, et diverses autres pièces. M. Claude n'a pas répondu au dernier volume, dans lequel sont contenus tous les actes dont nous venons de parler ; et il crut que les réponses générales qu'il avait données suffisaient pour en détruire toute l'autorité. Elles se réduisent à établir pour principe que tous les Grecs qui croient la présence réelle et la transsubstantiation ne sont pas de véritables Grecs, mais latinisés ; que tout s'obtient d'eux pour de l'argent ; qu'ils sont ignorants jusqu'à ne savoir pas leur créance ; que la plupart ont été corrompus par les missionnaires latins, et qu'ainsi on ne doit faire aucun cas de leurs témoignages.

Il est à remarquer qu'en même temps qu'il voulait ôter toute créance à des actes aussi authentiques qu'il en fut jamais, il faisait valoir la Confession de Cyrille, des lettres missives de quelques Anglais, et quelques extraits informes de témoignages de Grecs inconnus ; d'où il s'ensuit que, selon lui, toute pièce qui combat la présence réelle doit être reçue, quelque informe ou défectueuse qu'elle puisse être, et que toutes celles qui l'établissent doivent être rejetées. Telle a été la nouvelle jurisprudence de M. Claude, suivant laquelle néanmoins ses disciples, et les plus fameux ministres de sa communion ont jugé de ces actes, si c'est en juger que d'embrasser aveuglément ce qu'il avait dit sans la moindre preuve, et sans aucune ombre de vraisemblance. Un des premiers qui fit valoir cette pitoyable défaite de M. Claude, fut M. Frédéric Spanheim, ministre et professeur en théologie à Leyde, dans un livre qu'il intitula : *Stricturæ*, contre l'Exposition de la foi catholique de feu M. Bossuet, évêque de Meaux. M. Smith, en Angleterre, traita la même matière dans quelques opuscules qu'il y publia, principalement pour justifier la mémoire et la Confession de Cyrille Lucar ; M. Burnet en toucha quelque chose dans son Voyage d'Italie ; enfin ce nombre infini d'écrivains qui se sont élevés en Hollande depuis quelques années, et qui se sont mis en possession d'écrire et de juger de tout, n'ayant pas les premières connaissances de la matière, et n'en sachant que ce qu'ils ont appris dans ces auteurs ou dans d'autres plus méprisables, ont parlé de la fausseté de ces actes, comme ils auraient pu faire de la chose la plus incontestablement prouvée, en quoi ils ont fait voir autant d'ignorance que de mauvaise foi.

Mais parmi les critiques si peu redoutables, il s'en est trouvé un d'un caractère si extraordinaire, que peut-être on n'a jamais vu paraître sur les rangs un tel controversiste, soit par ses qualités personnelles, soit par celles de son ouvrage. C'est l'auteur des *Monuments authentiques de la religion des Grecs*, qui, avec des lettres de Cyrille Lucar, a fait imprimer le concile de Jérusalem, mais en retranchant tout ce qui l'incommodait. Il y a joint une traduction française, et il est fort aisé de reconnaître qu'il ne l'a pas faite sur le grec, mais sur la latine, publiée à Paris trente ans avant la sienne. Les notes qu'il a répandues partout, à dessein de prouver la fausseté de toutes les attestations produites dans le cours de la dispute sur *la Perpétuité*, sont des ignorances grossières, des rapsodies de controverse, des faussetés qui se détruisent par la simple lecture des textes ; des calomnies, des injures, et des emportements si étranges, qu'on ne croit pas qu'il se trouve rien de pareil dans les écrits de ceux qui ont été blâmés dans leur propre communion, pour n'avoir pas observé les règles de l'équité et de la bienséance à l'égard de ceux de qui on doit toujours parler avec respect.

C'est cependant un homme qui à peine sait lire le grec, qui ignore tout, qui débite avec confiance des citations de dictionnaires, de journaux et d'autres semblables livres ; qui connaît si peu les personnes dont il parle, qu'il prend un ministre d'Alcmar pour un Grec ; qui invente des histoires selon qu'il en a besoin, et qui, par un tissu de faussetés, d'ignorances, de calomnies et et d'injures outrées, se vante d'avoir démontré la fausseté de toutes les attestations qui ont été produites dans *la Perpétuité*. M. Claude n'avait point donné de preuves, il était trop habile pour s'y engager; ce nouveau disciple en prétend fournir un très-grand nombre; et si on veut le croire, il n'y en a pas une qui ne soit une démonstration, quoique tout ce qu'il a osé avancer soit convaincu de fausseté par des preuves de fait si sensibles, qu'il n'est pas possible d'y rien opposer. Si on cherche de ces preuves dans ce gros volume de *Monuments authentiques*, on n'y en trouvera pas une seule, ni dans les ouvrages de tous les autres protestants qui ont attaqué les actes et les attestations dont nous entreprenons la défense; ce qui suffirait auprès de ceux qui chercheraient la vérité sans préoccupation, pour leur faire connaître la témérité et la mauvaise foi de leurs ministres. Ainsi tout ce qu'ils ont dit et tout ce qu'ils peuvent dire roule sur des raisonnements et sur des préjugés dont on a déjà fait voir la fausseté et l'inutilité, que nous espérons mettre encore dans un plus grand jour, avec le secours des livres qui ont été imprimés par les Grecs mêmes depuis l'édition du dernier volume de *la Perpétuité*, et par d'autres preuves aussi solides que celles de nos adversaires sont vaines.

Car comme on le reconnaît à la première lecture, ce qu'ils donnent comme des preuves, ne peut passer en bonne logique que pour des conjectures, et des raisonnements fondés sur leurs préjugés, qui n'ont aucune force dans des matières de fait, surtout lorsque la fausseté, ou au moins l'incertitude de ces préjugés est manifeste. Celui des calvinistes qui fait la base de tout le système de M. Claude sur les Grecs et sur les Orientaux, est que les Grecs ne croient point la présence réelle ni la transsubstantiation, et qu'ils n'adorent pas l'Eucharistie. Il est manifestement faux, puisque les Grecs disent le contraire; et par conséquent il faut trouver un autre dénouement, qui est de l'invention de ce ministre : c'est que ceux qui parlent ainsi sont de faux Grecs. On demande où étaient les véritables; et il faut répondre, avec M. Claude, que ce sont ceux qui croient ce qui est dans la Confession de Cyrille. On réplique aux calvinistes qu'il ne s'en trouve pas un seul qui ait parlé comme lui, ni avant ni depuis le concile de Florence; ils nous répondent que s'ils n'ont pas parlé comme lui, ils ont pensé comme lui, et pour cela ils nous renvoient aux commentaires d'Aubertin et à ceux de M. Claude, qui ont porté la pénétration si loin, que ce dernier a prétendu que μετουσίωσις dans les écrits de Gabriel de Philadelphie, signifiait *métousiose*, et non pas *transsubstantiation*. On leur dit que les Grecs n'ont jamais entendu les passages de leurs anciens auteurs dans le sens qu'Aubertin leur attribue; c'est qu'ils sont ignorants ou latinisés. On leur cite que les Grecs ont exposé eux-mêmes leur foi d'une manière toute différente, et condamné celle de Cyrille.

Toutes ces pièces sont fausses, selon M. Claude; et quand on vient à la preuve, il n'y en a pas d'autre, sinon qu'il a prouvé que les Grecs ne croyaient pas la présence réelle, ce qui est une pétition de principe très-vicieuse. Il est vrai qu'il n'a pas dit que tous ceux qui ont donné les actes étaient des apostats et des parjures, que les ambassadeurs étaient des suborneurs de faux témoins, des impies, des scélérats : cela était réservé à ce dernier écrivain.

CHAPITRE II.

Examen du système général du ministre Claude pour attaquer l'autorité des attestations données par les Grecs touchant leur créance, qui est une manière de prescription pour les rendre suspectes et les rejeter.

Les auteurs de *la Perpétuité de la foi* ont remarqué en divers endroits que rien n'était plus ordinaire à M. Claude que d'avancer les choses du monde les plus fausses, de n'en donner aucune preuve, et d'en tirer ensuite les conséquences qui pouvaient être favorables à sa cause; de ne pas faire la moindre mention des réponses les plus solides et les plus pressantes, mais de supposer qu'il avait prouvé et sans réplique ce qu'il n'avait pas seulement effleuré. Rien n'est plus fréquent dans ses livres que cette manière de raisonner; mais il n'y a peut-être pas d'exemple pareil à celui où il en a fait usage, lorsqu'il a parlé de la créance des Grecs et des Orientaux dans sa première Réponse. On lui avait cité le consentement général des Grecs et de toutes les autres communions séparées de l'Église romaine sur la doctrine de l'Eucharistie. Il le nia avec une assurance capable d'imposer à tous ceux qui n'auraient pas une connaissance exacte d'une matière assez peu connue : il savait bien qu'ils faisaient le plus grand nombre, et que parmi les siens il y en avait très-peu qui ne fussent sur ce sujet dans la même ignorance que lui. J'avoue que dans une très-grande jeunesse j'en fus comme les autres extrêmement frappé, et que ce fut à cette occasion que je commençai à faire les premières recherches, que j'ai continuées jusqu'à présent sur la créance des Orientaux; et je reconnus en même temps à quels périls on s'expose lorsqu'on lit avec trop de curiosité des livres hérétiques, et qu'on n'est pas capable d'en juger. En effet, qui ne serait pas frappé de ces paroles : *Je soutiens*, disait-il, *que la transsubstantiation et l'adoration du Sacrement sont deux choses inconnues à toute la terre, à la réserve de l'Église romaine, et que ni les Grecs, ni les Arméniens, ni les Russes, ni les Jacobites, ni les Éthiopiens, ni en général aucun chrétien, hormis ceux qui se soumettent au pape, ne croient rien de ces deux articles.*

La première idée que produit la lecture de ces paroles si affirmatives dans l'esprit d'un ignorant, est que celui qui parle avec une telle assurance est un homme savant dans les langues, consommé dans la théologie des Grecs, qui a lu un grand nombre de leurs livres, qui sait leur discipline ecclésiastique aussi bien que celle des autres chrétiens d'Orient, et qui, après une longue étude de la matière, que chacun sait n'être pas commune, a découvert ce que les autres n'avaient pas su, ou dont ils n'avaient écrit qu'avec incertitude. Néanmoins ceux qui ont connu M. Claude, et ceux qui ont lu ses écrits sans préoccupation, savent avec beaucoup plus de certitude qu'il entendait très-médiocrement le grec, ce qu'on pourrait, entre savants, regarder comme ne le savoir point. Qu'il n'avait aucune connaissance des auteurs grecs, particulièrement des modernes; et il en a donné une preuve démonstrative dans sa première Réponse, en traitant Gabriel de Philadelphie comme un auteur supposé par le cardinal du Perron. Il n'avait pas la moindre connaissance des églises orientales, n'ayant pas même lu ce que plusieurs auteurs protestants avaient écrit sur le même sujet; puisque s'il eût seulement consulté Brérewood, et examiné les citations, il aurait pu reconnaître la fausseté de ce qu'il avançait avec une assurance presque sans exemple. On lui avait cité Guillaume Forbès, protestant, évêque d'Édimbourg; il rejeta son témoignage comme d'un catholique caché, ce qui était une fausseté encore plus notoire que toutes les autres, puisqu'il n'y avait point d'Anglais qui ne sût que cette prétendue catholicité n'était fondée que sur la persécution suscitée par les presbytériens écossais contre les épiscopaux, à l'occasion de la Liturgie que le roi Charles I voulait établir, ce qui fut le commencement des troubles d'Écosse, et de la plus horrible tragédie qu'on ait vue depuis plusieurs siècles.

Telle fut la première proposition de M. Claude touchant les Grecs et les Orientaux; et lorsqu'on lui avait simplement cité des témoignages tirés des meilleurs auteurs, la plupart protestants, il demanda avec un air d'autorité digne de sa confiance, qu'on lui produisît des confessions de foi, des attestations, des actes synodaux, des Rituels, en un mot tout ce qu'il croyait qu'il était impossible de trouver. En effet on n'aurait pas cru pouvoir satisfaire à une demande si déraisonnable; puisque lui-même établissant une nouveauté inconnue à toute la terre, en ce qu'il disait des Grecs et des Orientaux, il était obligé d'en donner des preuves telles qu'il les demandait à ses adversaires. Toutes les siennes se réduisaient cependant à la Confession de Cyrille Lucar, à des lettres du ministre Léger, et à quelques autres de deux Anglais, outre deux ou trois pièces informes signées par des Grecs vagabonds inconnus, et qu'on reconnaissait à la simple lecture fort éloignés des sentiments et du langage de leur église.

Nonobstant la difficulté qui paraissait devoir satisfaire M. Claude, on lui produisit dans le premier tome de la Perpétuité des pièces si authentiques, que tout autre homme que lui aurait reconnu devant le public qu'après de pareils témoignages, il n'était plus permis de contester que les Grecs ne crussent pas la présence réelle. On peut défendre un faux raisonnement, parce qu'il se trouve toujours des subterfuges pour éviter de reconnaître qu'on s'est trompé, et qu'on n'a

pas raisonné juste: lorsqu'il s'agit de faits, il faut les détruire par des faits contraires, ou se rendre à la vérité. Mais ce n'était pas là le caractère de M. Claude; il n'avait rien à répondre à des preuves incontestables; il en vint de nouvelles et en plus grand nombre, qui furent données dans la Réponse générale et dans le troisième volume. Il fallait dire quelque chose de nouveau, et il employa la défaite la plus insoutenable qui ait jamais été avancée en dispute sérieuse.

Ce fut de dire avec un air de compassion que ses adversaires s'étaient trompés grossièrement. *Ce qui l'a trompé* (M. Arnauld) *est qu'il a pris pour la véritable église grecque un parti qui s'est formé depuis longtemps, de Grecs que les autres appellent* λατινόφρονες, *c'est-à-dire, qui ont le cœur et les sentiments latins, bien qu'ils professent le rit grec, et qu'ils vivent même parmi les autres dans une même communion. Ce fut ce parti qui combattit longtemps contre Mélétius, patriarche d'Alexandrie, et contre Cyrille son successeur, et ensuite patriarche de Constantinople, et qui enfin accabla Cyrille par l'aide de la cour de Rome. Depuis cette grande victoire, qui fut suivie de l'élévation de Cyrille de Berroée, disciple des jésuites, et grand partisan des Latins, au patriarcat de Constantinople, je ne doute pas que ce parti ne se soit extrêmement fortifié, et que plusieurs d'entre eux ne se soient déclarés en faveur des dogmes latins, bien plus hautement et plus ouvertement qu'ils ne faisaient auparavant. En effet, ce fut environ ce temps-là qu'un certain Grec de ce parti, nommé Mélétius Syrigus, qui se trouve signé aux deux prétendues condamnations de Cyrille Lucar, l'une sous Cyrille de Berroée, et l'autre sous Parthénius, composa un catéchisme sous le titre de Confession orthodoxe, et dans lequel il enseigne la conversion des substances du pain et du vin en celles du corps et du sang de Jésus-Christ, avec la subsistance des accidents sans sujet, et se sert du terme de* μετουσίωσις. *Si M. Arnauld a entendu par l'église grecque les gens de ce parti-là, je lui ai déjà déclaré, et lui déclare encore que je n'ai point disputé contre lui. Nous ne prétendons pas lui contester les conquêtes des missions et des séminaires; qu'il en jouisse paisiblement; nous ne parlerons que des véritables Grecs, qui conservent la doctrine et les expressions anciennes de leur église. Et quant à ceux-là, nous sommes assurés de deux choses: l'une qu'ils ne tiennent point la transsubstantiation des Latins, ce que je crois avoir prouvé démonstrativement; et l'autre, que ce sont eux seuls qu'il faut appeler la véritable église grecque quand même le parti contraire deviendrait le plus fort, et qu'il occuperait les patriarcats.* Nous avons rapporté les paroles de M. Claude un peu au long, afin qu'on ne pût pas nous accuser de lui avoir fait dire rien contre sa pensée.

Que les protestants ne reprochent plus désormais aux catholiques leur soumission à l'autorité des évêques et du S.-Siége; ils ne l'ont jamais portée à un tel excès que les calvinistes l'ont eue à l'égard de M. Claude; et cela non pas sur les dogmes, mais sur des faits publics, à l'égard desquels la notoriété l'emporte sur l'autorité. Cependant, quoiqu'il n'en pût avoir aucune dans des matières qu'il ignorait entièrement, ce qu'il a établi dans les paroles que nous venons de rapporter, a non seulement été reçu parmi les calvinistes, mais tout ce qu'ils ont dit depuis contre les actes et les autres pièces des Grecs et des Orientaux, n'est fondé que sur ce tissu de faussetés que nous allons examiner en détail, non pas par des conjectures, mais par des faits incontestables.

Il est important de remarquer d'abord que depuis le commencement de la dispute touchant *la Perpétuité de la foi*, M. Claude n'avait jamais employé cette distinction imaginaire des Grecs faux et de véritables, et il eût été ridicule de l'établir. Car on ne croira pas que, quand les auteurs de *la Perpétuité* citaient le consentement des Grecs sur la doctrine de la présence réelle comme une preuve convaincante, ils prétendissent parler de ceux qui étaient soumis à l'Église romaine, dont le témoignage n'aurait pas été d'une plus grande autorité que celui des autres catholiques. On ne trouvera pas en effet qu'on en ait cité dans *la Perpétuité* qui ne fussent pas de véritables enfants de l'église grecque, séparée comme elle est présentement de la latine; et on n'a pas produit des attestations des religieux de S. Basile qui sont en Calabre et en Sicile, et qui ont leur général à Rome.

Mais *ce qui a trompé M. Arnauld*, à ce que dit M. Claude, *est qu'il a pris pour la véritable église grecque un parti qui s'est formé depuis longtemps de Grecs, que les autres appellent* λατινόφρονας, *c'est-à-dire, qui ont le cœur et les sentiments latins.* On reconnaît tout au contraire que M. Claude s'est trompé bien lourdement, et qu'il a eu de mauvais mémoires. Car s'il avait su ce que les Grecs schismatiques entendent par le mot de λατινόφρονες, il ne serait pas tombé dans une erreur aussi grossière. Le plus fréquent usage de ce mot commença après le concile de Florence, lorsque les Grecs furent retournés en leur pays, et que l'union fut combattue par Marc d'Éphèse, ainsi que par un grand nombre d'évêques qui étaient demeurés en Grèce, et qu'enfin elle fut entièrement rompue après la prise de Constantinople par les Turcs. Les schismatiques appelèrent donc λατινόφρονες, ou *latinisés*, ceux qui avaient reçu la définition de foi du concile de Florence sur la procession du S.-Esprit, sur l'addition au Symbole, sur le primauté du pape, sur l'indifférence de l'usage du pain levé ou des azymes, sur le purgatoire et sur l'état de la béatitude des saints; car ce sont les seuls points qui furent compris dans la définition. C'est là le sens dans lequel Gennadius, Syropule, Michel Balsamon et d'autres écrivains contemporains se sont servis de ce mot. On a défié autrefois M. Claude, et on défie encore tous les protestants les plus habiles d'en alléguer un seul qui l'ait pris selon leur sens. Car ce sens est que les Grecs appellent λατινόφρων un Grec qui croit la présence réelle et la transsubstantiation, et qui pour le reste des dogmes est dans les sentiments de l'église grecque. Par conséquent il faut que les véritables Grecs ne croient pas la présence réelle ni la transsubstantiation, et c'est aussi ce qu'il se vante d'avoir prouvé démonstrativement. Or, avant que de parler de cette prétendue démonstration, nous demandons à ceux qui l'ont cru si légèrement sur sa parole où ont été ces Grecs, tels qu'il les suppose depuis le concile de Florence? Car qui dit *les Grecs*, dit un corps nombreux, faisant une église connue et visible, dans laquelle est tout le clergé de Constantinople, d'Alexandrie, d'Antioche et de Jérusalem; de laquelle ont été tirés les patriarches, les métropolitains, et les évêques qui ont gouverné les églises de la communion grecque depuis ce temps-là.

Il est cependant certain que depuis deux cent cinquante ans et plus, si on excepte Cyrille Lucar, il ne se trouvera pas un seul patriarche de Constantinople, qui n'ait professé publiquement tout le contraire de ce que ce malheureux apostat exposa dans sa Confession. C'est aux calvinistes à en nommer d'autres s'ils les connaissent. Mais ce n'est pas avec des lettres furtives qu'ils doivent entreprendre de le prouver; ce doit être avec des actes aussi authentiques que ceux qu'ils attaquent. Qu'ils produisent donc un ou plusieurs actes de patriarches, approuvés synodalement par les métropolitains, les évêques et les officiers de la grande église, enregistrés dans le *codex*, et qu'on y voie la doctrine de la présence réelle et de la transsubstantiation condamnée; celle des protestants approuvée et reconnue comme orthodoxe, et comme la foi de l'église grecque; nous n'aurons rien à répliquer. Mais de s'imaginer un parti dans cette même église, duquel jamais on n'avait ouï parler avant M. Claude, juge incompétent de ces matières s'il en fut jamais; que ce parti durant plus de deux cents ans n'excite aucun trouble, qu'il soit inconnu à ceux qui sont en même société, en même église et dans la communion des mêmes sacrements; quoique bien que quelqu'un du parti opposé, qui doit être certainement le plus nombreux, a ouvert la bouche pour soutenir ce qu'on suppose être la foi de toute l'église grecque, aussitôt tous l'aient condamné par les anathèmes les plus solennels; c'est ce que personne qui voudra ne pas croire aveuglément les faussetés les plus absurdes, ne croira jamais. Il ne peut y avoir eu de parti soutenu dans une église aussi nombreuse, et qui ait subsisté durant plus de deux siècles, sans qu'on sache quels en ont été les chefs, comment ils ont pu vivre en paix avec les autres, dans une diversité si prodigieuse de sentiments sur un des principaux mystères de la religion, et comment ces véritables Grecs, qui avaient l'autorité en main, ont souffert des prières et des cérémonies pour la célébration de l'Eucharistie, que les prétendus réformés ont abolies aussitôt qu'ils ont eu la liberté de le faire. Que les disciples de M. Claude répondent à ces demandes, s'ils le peuvent. Il n'a rien dit sur ce sujet, parce qu'il lui était impossible de rien dire; mais on ne peut le justifier devant Dieu ni devant les hommes, d'avoir avancé sans aucune preuve et contre toute vraisemblance des faits aussi importants, dont la fausseté est évidente. Appellera-t-on l'église grecque, trois ou quatre malheureux frappés d'anathème aussitôt que leurs erreurs ont été connues ; et un parti, tout le corps de l'église grecque qui s'y est toujours opposée ? Enfin suivant ce système insoutenable, tous ceux que les Grecs regardent comme leurs plus grands théologiens, auxquels ils renvoient pour apprendre ce qui est enseigné comme orthodoxe parmi eux, seront des Grecs latinisés, quoiqu'ils aient écrit contre le concile de Florence, contre le pape, contre la procession du S.-Esprit, telle qu'elle est reçue dans l'église latine ; et cela parce qu'ils ont cru la présence réelle et la transsubstantiation. Ainsi Jérémie, Gabriel de Philadelphie, Mélèce Piga, patriarche d'Alexandrie, Georges Coressius, Grégoire protosyncelle, Mélèce Syrigus, les patriarches Cyrille de Berroée, Parthénius-le-Vieux, et tous les autres qui les ont suivis, seront de faux Grecs latinisés ; même Nectarius et Dosithée, patriarches de Jérusalem, dont les écrits renferment tout ce qui a été dit de plus violent contre les Latins depuis le commencement des schismes ; ce qui ne les a pas empêchés néanmoins d'écrire encore plus fortement contre les luthériens et les calvinistes.

M. Claude, qui n'a jamais manqué à soutenir une fausseté par une autre, qui prend l'air de preuve parmi les ignorants, parce qu'il ne se met pas en peine de la prouver, et qu'il la suppose comme une vérité connue, ajoute à sa première proposition que ces Grecs latinisés ont le cœur et les sentiments latins, bien qu'ils suivent le rit grec, et qu'ils vivent même parmi les autres dans une même communion ; ce qui renferme deux insignes absurdités. La première est qu'il croit qu'on ne peut suivre le rite grec sans être réuni à l'Église romaine. Cependant personne n'ignore que dans la Grèce, et partout ailleurs où il y a des Grecs qui ont renoncé au schisme, non seulement ils conservent tous leurs rites, mais de plus il est défendu par divers décrets de Léon X, de Clément VII et d'Urbain VIII, confirmés par d'autres, et pratiqués dans les diocèses où il y a des Grecs, comme en celui de Mont-Réal en Sicile, qu'aucun Grec n'administre les sacrements selon le rit latin, et aucun prêtre latin selon le rit grec. Pour ce qui regarde la communion dans laquelle il dit qu'ils sont avec les Grecs schismatiques, c'est la chose du monde la plus fausse. Car dans tout l'Archipel, où il y a quelques églises de Grecs orthodoxes, ils n'ont aucune communion avec les schismatiques. Si quelques-uns sont catholiques dans le cœur, et qu'ils communiquent avec les schismatiques, ce sont des hypocrites dont l'Église a toujours condamné la duplicité ; et certainement ceux dont a voulu parler M. Claude ne dissimulaient rien à cet égard, car ils ont presque tous écrit contre les Latins. Si ce sont des inconnus, comme il ne paraît pas qu'il ait su des affaires de la Grèce moderne ce que les autres ne savaient pas, et qu'il ignorait les faits les plus communs et les plus certains, il faut une

autre autorité que la sienne pour établir son église grecque invisible, au milieu de celle que nous connaissons, et qui l'a si solennellement confondu par la bouche de ses patriarches.

CHAPITRE III.
Examen des preuves que M. Claude a employées pour établir son système de Grecs latinisés.

Ce qui suit n'est pas moins faux ni moins extraordinaire. *Ce fut*, dit-il, *ce parti qui combattit si longtemps contre Mélèce, patriarche d'Alexandrie, et contre Cyrille son successeur.* Il n'y a personne à qui ces paroles ne persuadent que Mélèce eut les mêmes démêlés avec les Grecs, que Cyrille Lucar, son successeur ; et qu'ainsi ce que Cyrille avait exposé dans sa Confession était la doctrine de Mélèce, son prédécesseur ; que celui-ci la soutint vigoureusement, mais que son successeur fut accablé par ce parti, et c'est assurément ce qu'a voulu faire croire M. Claude. Peut-être le croyait-il sur de mauvais mémoires qui lui avaient été fournis par des personnes qui n'en savaient pas plus que lui. Il est cependant certain que Mélèce Piga n'a jamais eu le moindre démêlé sur la religion avec son clergé d'Alexandrie, ni avec celui de Constantinople, durant qu'il fut administrateur du siége vacant. Comme de son temps on travailla à la réunion des églises grecques de Pologne et de Lithuanie, Mélèce s'y opposa très-fortement, et il y envoya Cyrille Lucar, qu'il avait élevé au sacerdoce et à la dignité de protosyncelle, et qui s'y signala par son zèle outré contre les Latins. Il n'y eut donc rien de conclu ; mais en même temps les protestants de la grande Pologne tentèrent de faire une union avec les Grecs de ce pays-là, à quoi ils réussirent encore moins. On a encore les lettres de Mélèce, qui marquent *qu'il ne les croyait pas plus éloignés des Grecs par la grande distance des pays, que par la différence des dogmes* ; et on n'aura pas de peine à reconnaître qu'il parlait sincèrement, puisque par ses lettres imprimées depuis peu, il établit la transsubstantiation d'une manière contre laquelle toutes les subtilités de M. Claude, et même sa *métousiose*, n'auraient servi de rien. Sur cela il est cité avec éloge par la Confession orthodoxe, par Nectarius et Dosithée, patriarches de Jérusalem, par Denis et Callinique, patriarches de Constantinople, et par tous les Grecs modernes. La députation, vraie ou fausse de Gabriel, patriarche jacobite d'Alexandrie, ayant donné lieu d'écrire en Pologne et en Lithuanie un si grand événement, on voulut s'en servir pour rendre les Grecs de ce pays-là plus traitables sur la réunion. Les Grecs crurent qu'on parlait de Mélèce, parce qu'on ne disait pas quel était ce patriarche, et qu'ils ne connaissaient pas celui des Cophtes ou jacobites, et que Mélèce réfuta comme une calomnie atroce. Voilà toutes les affaires qu'il a eues, qui ne regardent point ce parti imaginaire de M. Claude, et qui n'ont aucun rapport avec celles que Cyrille eut dans la suite. Quoiqu'il commençât dès le temps qu'il tint le siége d'Alexandrie à avoir commerce avec les calvinistes, par l'entremise de David de Villem, il n'a fut jamais néanmoins soupçonné d'avoir pris leurs opinions, parce qu'il gardait plus de mesures qu'il ne fit lorsqu'il fut parvenu au patriarcat de Constantinople. Il était précisément tel que M. Claude dépeint, d'après son imagination, ces Grecs qui ont le cœur et les sentiments latins, et qui vivent dans la communion des Grecs. Il y demeurait avec un cœur calviniste; et, ce qui était exécrable, il célébrait comme patriarche, des sacrements qu'il ne croyait pas, et il exerçait une autorité spirituelle, qu'il condamnait comme une tyrannie contraire à l'égalité de tous les ecclésiastiques.

Il est, après cela, facile de juger qu'il n'y eut jamais deux hommes qui se ressemblassent moins que Mélèce et Cyrille. Le premier a été regardé et est loué comme très-orthodoxe ; il a été en vénération parmi les siens tant qu'il a vécu, et cette réputation subsiste encore. L'autre a été condamné plusieurs fois, et sa mémoire est en abomination, non seulement à cause de ses hérésies, mais aussi à cause de son hypocrisie criminelle, selon toutes les règles de la morale chrétienne, et de tous les maux qu'il a causés à son église, par son avarice et son ambition. Mélèce a eu de grands démêlés avec les Latins, pour empêcher la réunion qu'ils tâchaient de faire des églises grecques de Pologne et de Lithuanie avec la latine, et il n'en a eu aucun avec les Grecs pour ce qui regarde la religion. Cyrille n'a pas eu de plus grands adversaires que son propre clergé, qui l'a condamné et le condamne encore tous les jours. Mélèce a enseigné clairement la transsubstantiation, ainsi qu'on le justifie par ses écrits, et que les Grecs l'ont témoigné en toute occasion ; Cyrille l'a condamnée. Ils se ressemblent donc comme le jour et la nuit, ou la maladie et la santé, ainsi que dit Mélèce Syrigus dans la préface de la Réfutation des articles calvinistes de Cyrille. On peut juger par cet échantillon de la capacité et de la bonne foi de M. Claude.

Il représente l'élévation de Cyrille de Berroée comme un triomphe de ce parti sur les véritables Grecs, qui fut même obtenu, si nous voulons le croire, par les intrigues de la cour de Rome. On a déjà traité cette matière, et on l'éclaircira encore plus amplement, lorsqu'on examinera en particulier l'histoire de Cyrille, et qu'on fera voir la fausseté des romans que les calvinistes ont faits sur leur prétendu martyr. Mais lorsque M. Claude assure qu'il ne doute pas que cette victoire ne fortifiât extrêmement le parti des Latins, et que plusieurs à cette occasion ne se déclarassent en faveur de leurs dogmes plus hautement et plus fortement qu'ils n'avaient fait, il donne une nouvelle preuve démonstrative de sa mauvaise foi. Car Georges Coressius, qui avait disputé avec le ministre Léger sur tous les points controversés avec les calvinistes, n'avait pas attendu cette victoire pour les combattre, non plus que son disciple Grégoire protosyncelle, puisque l'un et l'autre les combattirent par leurs écrits du vivant de Cyrille. Ensuite M. Claude suppose partout que les dogmes de l'Église latine se réduisent à la seule transsubstantiation, comme si les autres n'avaient aucun rapport à la foi. Or il ne faut que lire les actes des synodes de 1638 sous Cyrille de Berroée, et de 1642 sous Parthénius-le-Vieux, pour reconnaître que la procession du S.-Esprit, telle que l'Église latine la croit, et les protestants pareillement, y est attaquée, ainsi que divers autres articles ; que les patriarches de Constantinople qui y présidaient prirent le titre de *patriarches œcuméniques*, ce qui n'était pas un fort bon moyen de faire la cour aux papes ; enfin que toute la théologie est grecque, et n'a rien de commun avec la nôtre, sinon dans les points sur lesquels il n'y a jamais eu de dispute, comme est celui de la présence réelle et de la transsubstantiation. On ajoutera aussi que dans ces décrets et dans les ouvrages composés par les Grecs à peu près en même temps, il n'y a rien qui n'eût déjà été dit plus amplement par leurs anciens théologiens ; ce qui détruit entièrement cette liaison imaginaire que M. Claude établit sans preuves, entre la publication de ces décrets et l'expulsion de Cyrille.

Ce qu'il dit de Mélèce Syrigus surpasse tout ce qu'il avait dit auparavant. *Ce fut*, poursuit-il, *environ dans ce temps-là qu'un certain Grec de ce parti, nommé Mélétius Syrigus, qui se trouve signé aux deux prétendues condamnations de Cyrille Lucar, composa un catéchisme sous le titre de* Confession orthodoxe, *où il enseigne la conversion des substances*, etc. Il n'y a personne qui ne croit, en lisant ces paroles avec le respect que s'était acquis M. Claude, que ce Syrigus était une espèce d'aventurier, qui, sans mission et sans autorité, avait composé quelque petit livre d'instruction ; car c'est l'idée que donne ordinairement le nom de *catéchisme*. Or tout est faux dans cette période. Mélèce n'était point un certain Grec, c'est-à-dire, un particulier obscur, puisqu'il était *docteur de la grande église, et prédicateur de l'Évangile*. Il n'était point du parti des Grecs latinisés, puisque les plus grands ennemis des Latins, Nectarius et Dosithée lui donnent tous les éloges qu'on peut donner à un homme reconnu comme très-savant et très-orthodoxe. En réfutant Cyrille sur ce qu'il avait mis dans sa Confession, que le S.-Esprit procédait du Père par le Fils, il montre assez qu'il n'était pas du sentiment de l'Église romaine, ainsi qu'en d'autres articles. Il aurait fallu que M. Claude eût dit sur quel fondement il appelait *prétendues* les condamnations contre Cyrille, puisqu'elles ont tous les caractères de vérité et d'authenticité, tant pour le fond que pour la forme ; que de savants luthériens les ont reçues comme telles, et que depuis peu d'années les Grecs les ont eux-mêmes imprimées en Moldavie. Ce catéchisme est la Confession orthodoxe de l'église d'Orient, dont il dressa le projet avec Porphyre, métropolitain de Nicée, et les députés des églises du rit grec de Moscovie, de Valachie, de Moldavie et de Russie, qui ayant ensuite été approuvée par le patriarche de Constantinople et par les autres, est devenue la confession commune de toute l'église grecque. On l'a imprimée deux fois par ordre de Panaiotti. Elle a été réimprimée à Leipsik, traduite en moscovite, envoyée au roi en forme authentique, et voilà ce que M. Claude donne comme un catéchisme fait par un particulier, éloigné des sentiments de la vraie église grecque.

Cependant l'autorité qu'il avait acquise parmi les siens était si grande, que non seulement il a fait croire ces faussetés aux hommes sans lettres, tels qu'ont été ceux qui ont donné le plus grand crédit à ses ouvrages, mais aussi à d'autres. Car M. Smith, qui était à Constantinople, a mieux aimé croire M. Claude que de s'informer de la vérité sur les lieux, et de demander à Denis et à trois autres patriarches déposés, qui y étaient de son temps; à Nectarius, qui avait mis une lettre en forme d'éloge historique à la tête de la Confession orthodoxe; à Dosithée et à tous les autres, si Syrigus passait parmi eux pour orthodoxe. Ils ne lui auraient pas dit autre chose que ce qu'ils en ont écrit dans des ouvrages publics, et qui est entièrement contraire à ce qu'a imaginé M. Claude. Donc, puisqu'il n'a aucun autre fondement de ce système de deux partis de Grecs, les faux et les véritables, qu'excepté Cyrille Lucar, et deux ou trois autres, il ne peut pas nommer un de ceux-ci; et que deux ou trois excommuniés qu'on trouve seuls dans l'intervalle de plus d'un siècle, ne font pas l'église grecque; que ceux qu'il appelle *faux*, dans son hypothèse, faisaient incontestablement le corps visible de cette église, et que les Grecs n'en connaissaient point d'autres; comme ce sont les mêmes du témoignage desquels on s'est servi pour le confondre, tout ce qu'il a dit pour le ruiner devient inutile.

Il se sert, dit-il, *du terme de μετουσίωσις.* Voilà encore une de ses grandes preuves. Oui Syrigus s'en sert comme avait fait Gennadius deux cents ans auparavant, Mélèce d'Alexandrie, Coressius, Gabriel de Philadelphie, et tous les autres qu'ont cités Nectarius et Dosithée.

Si M. Arnauld a entendu par l'église grecque les gens de ce parti-là, je lui déclare que je n'ai pas disputé contre lui. Il a entendu ce que tout autre homme aurait entendu, c'est-à-dire, le corps ou la société visible des chrétiens du rit grec, soumis à des patriarches, des évêques et des prêtres, qui font le plus grand nombre; ou, pour mieux dire, la totalité de l'église grecque, puisqu'on n'en connaît point d'autre, ceux qui sont séparés des Latins par le schisme renouvelé depuis le concile de Florence, qui condamnent d'hérésie la procession du S.-Esprit du Père et du Fils, l'addition au symbole, les azymes, et d'autres articles. Voilà ce que tout le monde appelle l'église grecque, excepté M. Claude. Mais pour le caractère qu'il nous en donne, et qui est qu'ils ne croient pas la présence réelle ni la transsubstantiation, *ce que je crois,* dit-il, *avoir prouvé démonstrativement,* on a peine à s'imaginer qu'il l'ait cru lui-même. Quoi donc! appelle-t-on **preuves démonstratives** des chicanes pitoyables sur les passages de quelques auteurs grecs, sur lesquelles il a été réfuté sans réplique, et qu'on détruit encore par un argument un peu plus démonstratif que les siens? C'est que jamais aucun Grec n'a entendu ces passages comme il veut qu'on les entende, et qu'ils les citent dans leurs écrits contre Cyrille et contre les calvinistes comme nous les citons, ainsi qu'ont fait Mélèce Syrigus et Dosithée dans son *Enchiridion.* Il n'aurait pas eu la hardiesse de se vanter de savoir mieux la langue grecque que les Grecs. Pour leur théologie, il n'a pas douté qu'il ne la sût mieux qu'eux, quoiqu'il n'en ait jamais parlé sans prouver démonstrativement qu'il n'en savait pas les premiers éléments. Mais il n'était pas question de leur apprendre leur théologie, aussi bien qu'à nous : il s'agissait de ce qu'ils croyaient, et non pas de ce qu'ils devaient croire. Or on ne peut prouver démonstrativement que les Grecs ne croient ni la présence réelle ni la transsubstantiation, quand ils affirment en public et en particulier dans des livres, dans des actes solennels, dans des confessions de foi, qu'ils croient l'une et l'autre, et qu'on n'a aucune preuve du contraire, quand il n'y aurait que l'argument tiré de la discipline dont M. Claude n'a pas parlé. Car ce n'a pas été en parler que de dire en l'air que les Grecs n'adorent point l'Eucharistie; qu'ils ne la conservent point; qu'ils la traitent indécemment; et cela sur quelques témoignages de voyageurs, hommes sans lettres, et la plupart protestants. Ce n'est pas ainsi qu'on examine des questions aussi sérieuses; et nous avons fait voir la fausseté de ce qu'il a dit sur cette matière.

Ainsi puisque la condamnation qu'il prononce contre tous les Grecs qui croient la transsubstantiation et la présence réelle est fondée, de son propre aveu, sur la démonstration qu'il croit avoir faite que les Grecs véritables ne la croient point; s'il n'a rien démontré de ce qu'il a prétendu, tout ce qu'il a dit contre les attestations tombe entièrement; car il n'y a jamais eu rien de moins démontré. Ce jugement que nous en faisons avec tous les catholiques est précisément celui qu'en ont fait les Grecs, lorsqu'ils ont été consultés, et même depuis, sans que les Latins s'en mêlassent, par la juste indignation qu'ils ont conçue d'une impudence si outrée. Car on n'en peut trouver de pareille à celle d'un étranger qui, ne connaissant ni la langue, ni les livres, ni les personnes, ose soutenir à toute une nation qu'elle croit ce qu'elle a condamné plusieurs fois comme une hérésie entièrement contraire à la doctrine de ses Pères; qu'elle condamne ce que ses plus fameux théologiens ont enseigné dans leurs écrits; qu'elle regarde comme ses docteurs et comme des saints ceux qu'elle a frappés d'anathème; comme novateurs et latinisés ceux qu'elle considère comme ses maîtres, et comme les véritables défenseurs de la foi orthodoxe. Voilà cependant ce qu'a fait M. Claude, lui qui, niant en quelques autres ouvrages qu'on crût dans sa communion des dogmes étranges qu'on reprochait aux calvinistes, quoiqu'ils se trouvassent en termes formels dans leur confession de foi, et dans leurs plus célèbres théologiens, a voulu néanmoins que ces justes reproches cédassent à sa seule affirmation. On démontre des faits pareils à ceux qu'il avait entrepris d'établir en apportant des preuves claires et décisives. Où sont celles qu'il a produites? où sont les confessions de foi, les déclarations des patriarches et des évêques, revêtues de toutes les formes que les autres ont observées, comme Jérémie à l'égard de ses Réponses aux luthériens, Cyrille de Berroée et Parthénius pour les actes contre Cyrille Lucar, Denis pour l'attestation qu'il donna à M. de Nointel, Dosithée pour le synode de Jérusalem, enfin Callinique pour la sentence synodale contre Jean Caryophylle? Mais, disait-il, j'ai prouvé démonstrativement qu'autrefois la créance des Grecs était fort éloignée de celle de l'Église romaine. S'ils ont changé, ils ne sont plus de véritables Grecs, ils sont latinisés. On a pu voir par les écrits des Grecs mêmes, dont quelques-uns ont été imprimés depuis peu, qu'ils sont fort éloignés de croire que M. Claude leur ait prouvé cet article mieux que les autres. S'ils n'en conviennent point, les catholiques en conviennent encore moins; et il reste aux disciples de M. Claude à prouver que jamais les Grecs et les Orientaux aient entendu les passages des Pères autrement que selon le sens de la présence réelle. S'il avait prouvé quelque chose démonstrativement, comme il s'en est vanté, ce serait que les Grecs doivent entendre les Pères selon son sens; mais qu'ils les aient entendus en cette manière, c'est ce que ni lui ni personne n'a jamais prouvé.

Enfin quand il parle *des conquêtes des missions et des séminaires qu'il n'envie pas*, dit-il, *aux catholiques*, il a fait voir qu'il était aussi mal informé de ce qui regardait les missions que de l'état de l'église grecque. Elles n'ont pas empêché que les Grecs, les jacobites, les nestoriens ne soient demeurés en leurs anciennes erreurs, et que si on en a retiré quelques-uns, les autres qui formaient le corps de chaque communion, ne soient les mêmes qu'ils étaient avant les croisades. On traitera ailleurs cette matière, qui est bonne à être déclamée dans un prêche, mais qu'il faut éclaircir autrement que par des déclamations et par des figures de rhétorique, quand on parle sérieusement. Il semble à la manière dont les protestants en parlent, que dès qu'une troupe de missionnaires est entrée dans un pays, aussitôt on leur obéit aveuglément, et qu'ils changent la religion comme il leur plaît. Cependant personne n'ignore que ceux qui sont à Constantinople sous la conduite d'un vicaire patriarcal et de religieux de différents ordres, la plupart savants et d'une vie exemplaire, n'ont pas empêché, depuis plus de cent cinquante ans, que les patriarches et les autres du clergé grec n'entretinssent leurs peuples dans l'aversion contre les Latins, sans que la protection qu'ils en ont très-souvent reçue, particulièrement des rois de France, les grandes aumônes qu'ils y ont envoyées, et d'autres bienfaits aient rendu ces Grecs plus traitables et plus disposés à la réunion. Quelques particuliers ont reconnu de temps en temps la vérité; mais ou ils ont été persécutés par les autres, ou ils l'ont abandonnée, s'ils sont demeurés dans leur communion.

Les Latins ont été longtemps répandus dans toute la Grèce : ils y avaient de grands établissements, même à Constantinople, et cela a duré pendant plus de trois cents ans. Trouva-t-on les Grecs moins attachés à leurs opinions, nonobstant ce long commerce avec les Latins, quand on s'assembla pour travailler à la réunion à Ferrare et à Florence? Siméon de Thessalonique et les autres qui précédèrent le concile ne peuvent pas être regardés comme Grecs latinisés, puisqu'à toute occasion ils attaquent les Latins. On ne trouvera pas cependant un seul Grec depuis ce temps-là, qui se soit écarté de la doctrine des autres pour ce qui regarde les opinions qui nous divisent d'eux. Jérémie, en réfutant la confession des luthériens et les écrits des théologiens de Wittemberg, a soutenu en même temps non seulement la présence réelle et le changement véritable; mais, selon leur note marginale, il a enseigné positivement la transsubstantiation. On sait bien que M. Claude n'en convient pas; mais outre qu'on lui a prouvé par des raisons sans réplique que cet auteur ne pouvait combattre l'opinion des luthériens, qui admettent la réalité, et qui rejettent le changement de substance, s'il n'avait cru quelque chose de plus, ce qui ne pouvait être que la transsubstantiation, ce n'est pas faire tort à ce ministre que de dire qu'il ne pouvait pas mieux savoir les sentiments du patriarche Jérémie qu'Étienne Gerlach, qui avait vécu avec lui, et ceux qui durant quelques années avaient pu connaître, par un commerce de lettres et de conversation, ce que lui et son église croyaient touchant l'Eucharistie. Depuis ce temps-là Mélèce Piga, dans les lettres qui ont été publiées depuis peu, et dans une autre que cite Dosithée, a établi si clairement la transsubstantiation, qu'il est impossible de donner à ses paroles un autre sens que celui de l'Église catholique. Gabriel de Philadelphie, ordonné par Jérémie, et ami de Mélèce, Coressius, Mélèce Syrigus, et tout ce qui a suivi la condamnation de Cyrille Lucar, fournissent des témoignages bien certains, qui établissent contre M. Claude que les Grecs sont dans le même éloignement pour la doctrine de l'Église romaine, que ce qu'ils croient, ils le regardent comme l'ayant appris par la tradition de leurs Pères, et non pas par la communication avec les Latins.

On traitera à part ce qui regarde la possibilité et l'impossibilité du changement que M. Claude a supposé dans la foi, suivant les fausses hypothèses d'Aubertin, et on fera voir qu'il n'y en a jamais eu de moins soutenables. Il n'est pas si facile de faire changer de religion à tout un peuple, même dans des points moins essentiels que celui de croire ou de ne point croire Jésus-Christ présent dans l'Eucharistie. Les Anglais épiscopaux se disent protestants, les Écossais pareillement : quelles disputes, quelles violences, quels déluges de sang n'a-t-on pas vus dans les deux royaumes, lorsque Charles I*er* voulut établir en Écosse l'épiscopat et la Liturgie anglicane, que les presbytériens ont enfin renversés ! Il y a eu pendant plus de cinquante ans des Portugais en Éthiopie, favorisés par les princes et par les principaux du pays ; ils n'ont pu jamais néanmoins les réduire à la communion de l'Église romaine. On remarque la même chose des chrétiens du Malabar, où les Portugais n'ont pu entièrement extirper le nestorianisme. Les Anglais, avec leur collége grec d'Oxford, n'ont pas fait beaucoup de prosélytes protestants, et s'ils en ont fait quelques-uns, c'étaient des hypocrites qui ont renoncé, dès qu'ils ont été revenus en leur pays, à tout ce qu'on leur avait appris en Angleterre. Que les protestants ne prétendent donc pas faire valoir comme preuve une conjecture vaine, détruite par ce qu'il y a de plus certain dans l'histoire, et contredite par les témoignages les plus certains des Grecs, jusqu'à notre temps.

CHAPITRE IV.

Si l'ignorance qu'on suppose parmi les Grecs prouve que les témoignages qu'ils ont rendus de leur créance doivent être suspects de fausseté.

Un des arguments que les protestants ont le plus employé contre l'autorité des actes et des auteurs grecs modernes, dont les auteurs de *la Perpétuité* se sont servis dans le cours de cette dispute, est l'ignorance de toute la nation ; et on ne peut porter ce reproche plus loin, puisqu'il va jusqu'à ne leur pas laisser la capacité nécessaire pour rendre compte de leur créance. M. Claude s'en est servi avec d'autant plus de hardiesse, qu'il n'y a guère eu d'homme qui ait moins connu les Grecs, leur foi, leur discipline et leurs livres ; qu'ayant hasardé ce qu'il en a dit sur les préjugés de sa communion, il le fallait soutenir par des lieux communs, parce qu'il manquait de preuves, et que ceux de l'ignorance, de la vénalité des témoignages et des fraudes pieuses, lui donnaient une ample matière de déclamer, et d'embrouiller la matière, ce qui était son grand talent.

Comme il s'agit des Grecs modernes, nous ne parlerons que de ceux qui ont précédé de quelque temps le concile de Florence, et de ceux qui ont été depuis. On n'ignore pas que les hommes véritablement savants ont toujours été rares dans les temps les plus florissants. Quelques siècles l'ont été plus que d'autres ; mais il n'y en a eu aucun où la grande science, et celle qui distingue les hommes supérieurs aux autres, ait été fort commune. Tous ceux donc qui parlent avec tant de mépris de la Grèce moderne, font voir qu'ils ne la connaissent point ; puisque, même dans les derniers temps qui ont précédé la ruine de l'empire d'Orient, les Grecs ont excellé en toute sorte de science et de littérature, et que nous leur devons le rétablissement des lettres en Occident. Ce serait n'en avoir pas la moindre connaissance que d'ignorer ce qu'elles doivent à Emmanuel Chrysoloras, et à quelques autres Grecs qu'on commença de connaître au concile de Constance ; ensuite à ceux qui passèrent en Italie après la prise de Constantinople. Théodora Gaza, Georges de Trébisonde, Argyropyle, Lascaris et un grand nombre d'autres. Philelphe, Léonard Arétin, Poggio, qui furent suivis par tous ceux qui chassèrent la barbarie de l'Europe, étaient les disciples des Grecs ; et si leur principale occupation semblait avoir pour objet les lettres humaines, la philosophie, la médecine, les mathématiques et les beaux arts, ils avaient en même temps des hommes très-versés dans la lecture des Pères, comme il a paru au concile de Florence.

C'est à ce temps-là que nous commencerons notre examen, puisque, jusqu'à présent, il ne s'est guère trouvé de défenseur du système de ces Grecs latinisés invisibles, répandus dans toute la Grèce, qui les place au-dessus de cet âge-là. En effet, lorsque Jean Paléologue passa en Italie, les Grecs qui l'accompagnèrent étaient tous d'accord, et l'historien Syropule, tout passionné qu'il ait été, ne fait aucune mention de cette classe de latinisés, qui alors était inconnue. On ne dira pas que Marc d'Éphèse fût un ignorant, puisqu'il paraît assez par les actes du concile de Florence qu'il était grand dialecticien, qu'il parlait et écrivait très-éloquemment, et qu'il avait plus de connaissance de l'antiquité ecclésiastique que plusieurs de nos théologiens qui disputèrent contre lui. Gennadius, qu'on appelait alors Georges Scholarius, écrivit en ce temps-là des lettres si élégantes et si attiques, qu'on les peut mettre en parallèle avec les plus belles de l'antiquité ; et on en trouve plusieurs dans les manuscrits qui ont été jointes à celles des anciens Grecs, qui ont été regardés comme les maîtres dans le style épistolaire. Après le concile, le décret d'union fut attaqué par plusieurs Grecs dont nous avons encore les ouvrages, écrits avec une pureté et une délicatesse de style comparables à celle des meilleurs auteurs. Telle est la réfutation de ce même décret par le chartophylax Michel Balsamon, qui avait été de l'assemblée. Gennadius, ayant pris la place de Marc d'Éphèse pour défendre l'église grecque contre les Latins, écrivit un grand nombre de traités, non seulement sur les points contestés entre les deux églises, mais sur les plus difficiles questions de théologie. On y reconnaît une lecture fort étendue, non seulement des Pères grecs et d'autres anciens auteurs, mais aussi des Pères latins, et même des scolastiques ; une grande subtilité, un style correct, et digne de l'ancienne Grèce ; et quoiqu'en cela il surpasse les autres écrivains de son pays, il y en eut néanmoins en ce temps-là même, dans les ouvrages desquels on trouve autant de doctrine que d'éloquence. Aussi on doit avouer de bonne foi que la vérité seule soutint l'Église romaine dans ces disputes ; car si on compare ce qu'il y avait alors de plus habiles hommes du côté des Latins, on trouve des scolastiques fort peu versés dans l'antiquité, qui n'avaient aucune connaissance de l'ancienne discipline ; un style sec et barbare, rien d'agréable, rien de travaillé ni qui puisse satisfaire des théologiens éclairés. Enfin ces Grecs si ignorants, selon M. Claude, surent parfaitement se garantir de la surprise que voulaient

(Quatorze)

leur faire les Bohémiens, lorsqu'ils écrivirent à l'église de Constantinople, le siége vacant, pour demander qu'ils fussent reçus dans sa communion, croyant, comme s'imaginent encore plusieurs protestants, qu'on ne pouvait renoncer à l'obéissance du pape sans être en tout de leurs sentiments.

On ne trouve rien dans cet intervalle, depuis la prise de Constantinople jusqu'au temps du patriarche Jérémie, qui marque le moindre changement dans la créance et dans la discipline des Grecs. Ils les conservèrent comme ils les avaient reçues de leurs Pères : les missionnaires latins qui étaient dans le Levant disputèrent souvent avec eux, et l'Église ne tira pas un grand avantage de ces disputes. Il y eut dans ce temps-là même plusieurs théologiens Grecs qui écrivirent contre les Latins sur les azymes, sur la primauté du pape, sur la procession du S.-Esprit ; et il est très-remarquable que les Anglais firent imprimer au commencement du siècle dernier les ouvrages de huit de ces auteurs, parmi lesquels il y en avait qui vivaient encore, comme Georges Coressius, et que dans les préfaces ils sont loués comme d'habiles théologiens. Il faut donc supposer que, selon les protestants, ces Grecs écrivant contre le pape et contre la procession du S.-Esprit du Père et du Fils (quoique cet article soit également reçu par les catholiques et par les protestants) sont de vrais Grecs, savants, bons théologiens ; et que dès qu'ils établissent la présence réelle, ce sont d'autres hommes.

Nous trouvons aussi que Jérémie, quelque amitié qu'il eût contractée avec les luthériens de Wittemberg, lorsqu'il fut obligé de leur répondre sur la confession d'Augsbourg et sur les éclaircissements dont ils l'avaient accompagnée, ne balança pas, mais qu'il les réfuta très-solidement. Il se peut trouver dans ses réponses quelques endroits qui auraient pu être traités avec plus d'exactitude : cependant il faudrait avoir perdu l'esprit pour dire que ce patriarche ne savait pas sa religion. Au moins les Grecs de son temps et ceux qui ont écrit dans la suite, dont le jugement est décisif en cette matière, n'ont jamais cité qu'avec éloge ces mêmes écrits ; et les derniers écrivains qui ont paru de nos jours établissent sur son autorité la doctrine qu'ils ont soutenue contre les protestants.

Mélèce Piga a été loué avec excès par Georges Douza, par Scaliger, et par d'autres, dans la supposition qu'ils faisaient avec raison qu'il n'y avait de son temps aucun évêque considérable dans l'église grecque qui se fût déclaré plus hautement contre les Latins. Nous attendons que les disciples de M. Claude retrancheront toutes ces louanges, quand ils auront vu de quelle manière il a soutenu le dogme de la transsubstantiation. Gabriel de Philadelphie n'a pas été méprisé comme un ignorant quand il a écrit contre les Latins ; pourquoi le sera-t-il lorsqu'il assure, conformément à tous les autres théologiens, la présence réelle et la transsubstantiation.

On ne trouve pas, jusqu'au temps auquel parut la Confession de Cyrille Lucar, que les protestants reprochassent aux Grecs cette prodigieuse ignorance qu'ils leur ont reprochée depuis. Au contraire, dès que cet apostat eut commencé à entrer en quelque liaison avec eux, ils le comblèrent de louanges ; quoiqu'il y ait eu peu de Grecs de ces temps-là qui les méritassent moins que lui. On le louait sur la connaissance qu'il avait de plusieurs langues ; et ses lettres latines, pleines de barbarismes et de solécismes, font voir qu'il savait très-médiocrement le latin ; son italien est encore plus barbare, et tel que le parlent les matelots et la populace, dans les Échelles du Levant. Le style de ses lettres est pitoyable, puisqu'il n'y a ni liaison ni suite ; on y trouve des preuves d'une ignorance fort grossière. Pour ce qui regarde sa capacité sur la théologie, il paraît qu'elle était bien médiocre ; puisqu'il s'était laissé surprendre par des arguments frivoles que Jérémie, Coressius et d'autres, avaient pleinement réfutés, comme ont fait depuis Nectarius et Dosithée. Il ne paraît pas qu'il ait fait aucun ouvrage considérable, et on ne trouve rien de lui que les Homélies citées dans le synode de Jérusalem, pour faire voir qu'il avait publiquement prêché le contraire de ce qu'il avait exposé dans sa Confession. Si cet homme a passé pour habile parmi les calvinistes, ce n'a été que par son malheureux ouvrage de ténèbres, mauvaise copie de la Confession de Genève : et si c'est là le seul caractère de la capacité des Grecs, ils sont en ce sens-là fort ignorants, puisqu'ils ignorent toutes ces nouveautés, qu'ils les condamnent, et les rejettent avec horreur.

Ils ne l'ont pas fait d'abord néanmoins, sans en avoir jugé très-sainement, comme il paraît par les synodes de 1638 et de 1642, et encore plus par l'ouvrage de Mélèce Syrigus contre cette même Confession. Il est rempli de raisonnements très-solides, d'un grand nombre de citations de l'Écriture sainte, et de passages des SS. Pères grecs et latins ; on voit même qu'il avait lu les livres latins ; et lorsque cet ouvrage sera un peu plus connu, on reconnaîtra facilement que jamais homme n'a autant mérité le reproche d'ignorance, surtout de la bouche de M. Claude. Les Grecs ne parlent pas avec moins d'éloges de Coressius et de ceux qui dressèrent la Confession orthodoxe. Nectarius, patriarche de Jérusalem, n'a pas paru si ignorant à M. Allix, puisqu'il a traduit son traité contre la primauté du pape. Dosithée l'était encore moins, comme il paraît par le synode de Jérusalem, et par les additions qu'il y a faites, où l'on remarque une lecture prodigieuse. Sa réfutation des erreurs de Jean Caryophylle, imprimée quatre ans après, est un ouvrage dans lequel on remarque tous les grands principes de la théologie des sacrements, une connaissance exacte des erreurs des calvinistes, et toute l'érudition nécessaire. Nous ne parlerons pas de plusieurs autres moins célèbres, mais très-connus et estimés parmi leur nation ; mais il suffira de citer celui qui, ayant été conduit avec de jeunes enfants au collége grec d'Oxford, s'en retira par l'horreur qu'il eut de ce qu'il entendait dire à son maître Benjamin Woodroff; et avant que de retourner en son pays, il fit imprimer à Amsterdam un petit traité en grec littéral, pour la défense des traditions. Ceux qui l'ont lu reconnaîtront qu'un homme de vingt-cinq ans qui a fait un pareil ouvrage n'est pas ignorant, puisque même il est écrit assez élégamment, et d'un style plus théologique que ne sont les réponses des théologiens de Wittemberg, quoique mises en grec par Crusius, et revues par les plus habiles professeurs de ce temps-là, où néanmoins on trouve quantité de barbarismes, et des expressions tirées des dictionnaires, plutôt que des auteurs ecclésiastiques.

Mais quand les Grecs ne seraient pas aussi savants qu'ils ont été autrefois, il ne faut pas tant de science pour pouvoir rendre compte de sa religion, et la défendre contre les novateurs. Dès les premiers siècles de l'Église, les chrétiens les plus simples et sans lettres rejetèrent ce que les gnostiques et tant d'autres hérétiques, pleins de la philosophie païenne, leur proposaient comme plus relevé et plus parfait que ce qui était enseigné dans l'Église. Il en a été de même des Grecs : ils entendirent parler de la séparation que firent les Bohémiens, et que les calvinistes veulent faire valoir comme un premier fondement de leur réforme, quoique leurs sentiments fussent fort éloignés de ceux des luthériens et des calvinistes ; les lettres qui furent écrites sur ce sujet, ne tirèrent des Grecs que des compliments, et ils regardèrent les Bohémiens comme des hérétiques. Toutes les conférences de Gerlach avec le patriarche Jérémie, et avec les principaux de l'église grecque, ensuite les écrits qui furent envoyés à Constantinople pour donner les plus belles couleurs à la confession d'Augsbourg, produisirent la condamnation qu'en fit ce patriarche, qui même, jugeant qu'il était de l'intérêt de la religion que ses réponses demeurassent à la postérité, afin que dans la suite on y pût avoir recours, et qu'il n'y eût pas lieu de noircir sa mémoire, les fit enregistrer dans les archives de la grande église. Mélèce Piga eut assez de commerce avec les Hollandais et les Anglais ; il ne laissa pas de combattre fortement leurs sentiments sur l'Eucharistie, ainsi qu'on le reconnaît par ses lettres. Lorsque Cyrille commença à dogmatiser en secret, il révolta la plus grande partie de son clergé ; et s'il se soutint après les violents soupçons qu'il y avait contre lui à cause de sa grande liaison avec les calvinistes, ce ne fut que par une hypocrisie pleine d'effronterie, et par des parjures exécrables, qui ne permettaient pas qu'on pût soupçonner de calvinisme un homme qu'on voyait officier dans l'église avec des cérémonies que la réforme a rejetées comme des superstitions pleines d'idolâtrie. Toute la Grèce s'éleva après sa mort contre sa Confession, sans que depuis 1638 jusqu'à présent, personne ait entrepris de la justifier, ou de soutenir la doctrine qu'il y avait exposée.

Les savants ont travaillé à le confondre par des raisons théologiques, par les Pères et par la tradition ; mais le commun de la nation ne témoigna pas moins d'horreur des hérésies de cet apostat, parce que chacun savait qu'elles étaient contraires à ce qu'on avait enseigné de tout temps dans l'Église. Il ne faut pas d'autre science que celle-là pour rejeter toutes les subtilités des sacramentaires.

Si en Allemagne, en France, en Angleterre, dans les Pays-Bas, et partout ailleurs où les protestants commencèrent à s'élever contre l'Église, ils avaient trouvé les peuples aussi bien instruits de leur religion, et des évêques aussi capables de réfuter leurs erreurs, peut-être que leurs progrès n'auraient pas été si grands qu'ils le furent en si peu de temps ; car il est très-important de remarquer que depuis plus de cent ans, si on excepte Cyrille Lucar, Corydale, Caryophylle, et trois ou quatre autres, il ne se trouvera pas qu'ils aient fait un seul prosélyte de quelque considération dans le Levant ; et on ne doit pas faire état de ceux qui, courant le pays, leur ont quelquefois donné des attestations, ou fausses ou ambiguës. On sait que toutes celles qu'ils ont pu tirer ne vont qu'à deux ou trois, dont celle qui a fait plus de bruit, et qui a été imprimée à Helmstadt, est attribuée à Métrophane Critopule, fait ensuite patriarche d'Alexandrie. Cela ne l'empêcha pas néanmoins de souscrire avec un grand nombre d'évêques la condamnation de Cyrille, faite à Constantinople sous Cyrille de Berroée. Celle de Zacharie Gergan, évêque de Larta, et celles que peuvent avoir donné d'autres imposteurs, n'ont jamais été connues par les Grecs, ou elles ont été frappées d'anathème. Caryophylle et ses écrits furent condamnés en plein synode par Callinique, patriarche de Constantinople. Quel fond peut-on faire sur de pareils témoignages, quand ils seraient en plus grand nombre, puisqu'aucun n'a été avoué publiquement par ceux qui les ont donnés ; qu'au contraire ils ont été condamnés, ou désavoués, ou rétractés par des actes publics et positifs qui les détruisaient ?

Cependant rien n'empêchait les Grecs de déclarer publiquement à Constantinople et dans toute la Grèce, qu'ils embrassaient la religion des luthériens ou des calvinistes ; ils n'avaient rien à craindre à cette occasion de la part des Turcs, qui ne protègent pas plus les catholiques que les autres. Il est vrai qu'à l'égard des patriarches, des évêques et d'autres personnes constituées en dignité, il y avait quelque risque d'être déposés. Ces autres Grecs que M. Claude traite d'ignorants, ne furent pas trompés par les disputes du ministre Léger, puisque Coressius le réfuta fortement ; mais ils le furent par l'hypocrisie de Cyrille.

On dira peut-être que quand les calvinistes accusent les Grecs d'ignorance, ils ne disent rien que les plus zélés défenseurs de l'Église romaine n'aient dit plusieurs fois, particulièrement Matthieu Caryophylle, Arcudius, Allatius et presque tous ceux qui ont écrit à Rome depuis un siècle. À l'égard des deux premiers, leur zèle les a souvent poussés trop loin ; car ils ont parlé avec mépris de plusieurs ouvrages très-estimables, quoique les auteurs méritassent de justes reproches à cause de leur emportement contre les Latins. Allatius, qui avait plus de lecture qu'aucun autre, n'est pas exempt de ce défaut; et Arcudius est si injuste dans ses censures, et si peu sûr dans sa critique, que son autorité ne doit être comptée pour rien. Allatius parle avec estime de quelques pièces faussement attribuées à Gennadius, parce qu'elles marquaient des dispositions favorables pour l'union. Il est néanmoins très-aisé de reconnaître que, quand elles seraient de lui en l'état où nous les avons, ce qui serait très-difficile à prouver, elles ne sont pas comparables, ni pour le style, ni pour la force, ni pour l'érudition, à celles qu'il a écrites contre les Latins. Ainsi les louanges ou les invectives ne servent en aucune manière en pareilles circonstances, surtout puisque, par rapport à la dispute des auteurs de *la Perpétuité* avec le ministre Claude, il n'est pas nécessaire que ceux qui ont donné des attestations aient été savants, mais qu'il suffit qu'ils aient su leur religion, et il est clair qu'ils l'ont fort bien sue.

C'est aussi ce qu'on a toujours cru suffisant en telles matières; et il paraît assez extraordinaire que les protestants, principalement les calvinistes, croient tirer quelque avantage de ce reproche d'ignorance qu'ils font aux Grecs, comme ils le faisaient autrefois aux théologiens dans le commencement de la réforme. Il est vrai que la barbarie régnait alors, surtout dans les écoles de philosophie et de théologie; mais si on voulait croire leurs auteurs, il semblerait qu'on aurait eu obligation aux premiers réformateurs du rétablissement des belles-lettres, de la connaissance de l'Écriture sainte et des langues grecque et hébraïque qui la rendent plus facile; des principales éditions des ouvrages des SS. Pères, enfin de tout ce qui peut avoir contribué à l'augmentation de la science ecclésiastique. On sait néanmoins que la langue grecque commença à être cultivée en Italie longtemps avant le schisme de Luther; qu'avant lui Budé avait porté la connaissance de cette langue aussi loin que personne ait jamais fait; que Santes Pagninus, dominicain de Lucques, Augustin Giustiniani, évêque de Nébio, et quelques autres, avaient fait des travaux très-utiles et très-considérables sur les textes originaux de l'Écriture, et que Reuchlin, qui fut comme le restaurateur de la langue hébraïque, marcha sur leurs traces. Ces savants hommes avaient ouvert le chemin aux autres, et n'étaient pas pour cela sortis de l'Église catholique, non plus qu'Érasme, Béatus Rhénanus et plusieurs autres, qui ont des premiers éclairci l'antiquité ecclésiastique, et donné les premières éditions des SS. Pères. De ces monastères, contre lesquels on déclamait tant dans la première fureur de la réformation, sortirent ceux qui ont été les maîtres de tous les protestants dans la langue hébraïque. Ceux qui en ont une connaissance moins superficielle que n'ont la plupart de leurs ministres n'ignorent pas que dans ce temps-là même, il y avait parmi les catholiques des hommes qui ne cédaient en rien aux plus habiles protestants. Quoique Vatable n'ait presque rien écrit, soit parce qu'il était naturellement un peu paresseux, soit qu'il craignît de s'attirer des affaires durant les troubles pour la religion, ses notes courtes sur l'Écriture sainte tirées des leçons qu'il faisait au collège royal, sont encore plus estimées que les ennuyeux commentaires de Munster, et de tant d'autres protestants. Ce n'est pas qu'ils n'aient eu de grands hommes en ce genre; mais il ne faut pas qu'ils prétendent nous faire accroire que les catholiques n'en aient pas eu de tout temps qui ne leur ont cédé en rien dans cette partie de la science ecclésiastique, non plus qu'en toute les autres. Il ne faut donc pas que les protestants insultent aux Grecs sur l'ignorance: on est assez savant quand on sait conserver le dépôt de la foi, comme ils l'ont conservé sur la doctrine de l'Eucharistie.

Les Grecs ne se sont pas établis juges de la doctrine de l'Église, mais ils ont respecté sa tradition et ses décisions. Ils ont connu le texte hébreu de la sainte Écriture, et il ne faut que lire les commentaires de S. Jean Chrysostôme sur les Psaumes, pour connaître qu'il l'avait consulté très-exactement, comme ont fait plusieurs autres interprètes. Ils avaient les travaux d'Origène et des versions beaucoup plus anciennes que tous les commentateurs et grammairiens juifs, que les protestants ont mieux aimé suivre. On ne voit pas que sur les paroles de Jésus-Christ, qui font le fondement de notre créance sur l'Eucharistie, ils aient eu tant d'interprétations différentes, et encore moins qu'ils aient cru qu'on pouvait entretenir aucune communion avec ceux qui s'éloignaient du sens reçu par toute l'Église.

Il est vrai qu'ils n'ont pas été si subtils qu'Aubertin et ses semblables, pour trouver dans les Pères des sens aussi éloignés de la signification ordinaire des mots, que cet habile critique y a trouvés. Ils n'ont pas changé de sentiments à chaque occasion, et on ne trouvera pas dans toute la Grèce deux confessions de foi aussi différentes que sont celles qu'on a ramassées dans le livre intitulé *Harmonia confessionum*, si, comme disait Grotius, on peut appeler harmonie ou concorde plusieurs confessions fort différentes les unes des autres, reliées en un même volume.

Enfin on ne peut mieux répondre à ces reproches de M. Claude qu'a fait Nectarius, patriarche de Jérusalem, dans son écrit adressé aux religieux du Mont-Sina, où il remarque très-judicieusement que ce ministre se contredisait, puisqu'en certains endroits il soutenait que les Grecs avaient les mêmes sentiments que les calvinistes, et qu'en d'autres il les accusait de ne savoir pas leur propre religion. *Quand il nous insulte*, dit-il (int. Opusc. gr., p. 179), *comme à des ignorants dépourvus de toute science, nous pouvons nous contenter de lui dire comme S. Paul, que si nous sommes grossiers pour la parole, nous ne le sommes pas pour la science. Car, grâces à Dieu qui nous l'a donnée, notre Église, même présentement, en a reçu assez d'en haut par les lumières que le Saint-Esprit y a ré-*

pandues, pour pouvoir discerner entre le mensonge et la vérité ; et autant qu'il en faut pour reconnaître la fausse doctrine des hérétiques, pour en avoir horreur comme d'une abomination, pour conserver ce que la foi orthodoxe nous enseigne, et pour confondre ceux qui ont des sentiments contraires, par la force intérieure du Saint-Esprit. On peut voir le reste dans la pièce même qui a été imprimée, et dont il y a une copie authentique certifiée par les religieux du Mont-Sina, et légalisée par le consul du Caire et par M. de Nointel.

CHAPITRE V.

Examen de la seconde objection des calvinistes, qui est que les Grecs ne font pas de difficulté de donner pour de l'argent toute sorte de témoignage.

Cette objection contre l'autorité des attestations citées dans *la Perpétuité*, est encore un de ces lieux communs dont M. Claude s'est servi avec une hardiesse sans exemple; et il ne faut pas s'en étonner, puisqu'il avait reconnu dans ceux de son parti une disposition générale à croire aveuglément tout ce qu'il pourrait avancer de plus faux et de plus absurde. Sa réputation ne courait aucun risque parmi des gens qui n'en savaient pas plus que lui ; et dans cette classe entraient non seulement les personnes sans étude, qui croient tout ce que disent ou écrivent leurs ministres; mais ceux-mêmes qui avaient quelque réputation de capacité trouvèrent ce dénouement si beau, qu'aussitôt ils en firent des éloges, et le répandirent dans tous les écrits qu'ils firent à la louange de l'auteur d'une si grande découverte. Ce fut principalement à cette occasion qu'ils jugèrent que M. Claude avait *remporté la plus belle réputation que jamais ministre se soit acquise*; ou, comme a dit depuis l'homme le moins capable qu'il y eût au monde de parler de cette matière, *la plus belle victoire qu'on eût jamais remportée sur les catholiques* (Bayl., Dict. Crit. Arn.); et ce qui est le plus étonnant, M. Spanheim, fameux ministre en Hollande, fut du même avis, ainsi que M. Smith, en Angleterre, et plusieurs autres qu'il est peu important de citer. On pardonne aux calvinistes les applaudissements qu'ils donnent au héros de leur parti, quoiqu'en admirant, comme ils ont fait, et dans tous leurs écrits ce qu'il a dit touchant les Grecs et tous les autres Orientaux, ils n'aient pas donné une idée fort avantageuse de leur capacité dans ces matières, eux qui reprochent continuellement aux Grecs leur ignorance, jusqu'à ne vouloir pas qu'on les croie capables de rendre compte de leur créance. Mais quelle peut être cette prétendue victoire, qui laisse les preuves alléguées dans la dispute sans la moindre atteinte, et qui n'est fondée que sur une ignorance prodigieuse, une témérité qui n'est pas moins grande, et une calomnie qu'il est impossible de justifier, selon les règles de la morale chrétienne, et même de celle que nous trouvons établie dans les livres des païens.

Pour commencer par le premier chef, qui est l'ignorance, on ne croit pas exagérer en disant que par la lecture des premiers volumes de M. Claude, sur lesquels il acquit une si haute réputation, il est aisé de reconnaître qu'il n'avait aucune connaissance de l'église grecque, ni de l'histoire, ni des auteurs; et qu'à l'exception de la Confession de Cyrille, et de quelques extraits, il n'avait pas lu un seul livre grec de ceux dans lesquels on peut apprendre quelle est la doctrine et la discipline de l'église dont il parlait si hardiment. Les auteurs mêmes qui étaient imprimés il y avait longtemps lui étaient inconnus : il savait encore moins la discipline, et même il ne paraît pas qu'il connût les actes synodaux qui furent faits contre Cyrille. Or il est certain que s'il en avait eu connaissance, il aurait reconnu nécessairement que les Grecs modernes, qu'il a traités de novateurs et de latinisés, n'avaient rien mis dans leurs attestations qui ne fût conforme à la doctrine expliquée par tous les autres Grecs; et par conséquent qu'ils ne pouvaient être soupçonnés de s'être laissé corrompre par argent, pour rendre témoignage de ce qui était publiquement enseigné par leurs prédécesseurs, et pratiqué dans toute leur église.

De plus, sans une extrême ignorance de l'histoire des derniers temps, il ne pouvait hasarder une pareille calomnie ; puisque chacun trouve dans les livres grecs de quoi la confondre. Car on ne peut lire l'Horologe, l'Eucologe, ni les Catéchismes qui sont entre les mains de tout le monde, ni savoir ce qui s'est passé dans l'église de Constantinople depuis deux cents ans, sans voir clairement que ce qui se trouve dans les attestations est entièrement conforme aux prières et aux cérémonies que contiennent ces livres d'église, et aux actes faits autrefois dans l'église grecque pour maintenir l'ancienne doctrine. On ne peut lire ce qui s'est passé entre le patriarche Jérémie et les luthériens, sans comprendre qu'ils n'étaient pas d'accord sur la foi de l'Eucharistie, ce qui pouvait faire juger à toute personne éclairée qu'on se rendait ridicule en voulant, par des interprétations forcées de quelques périodes détachées, prouver que ce patriarche ne croyait pas la présence réelle, que les luthériens, contre lesquels il disputait, ne rejetaient pas entièrement comme les calvinistes. Un homme médiocrement instruit aurait remarqué la différence entière de ce que Jérémie proposait comme la foi de son église, et de ce que contenait la Confession de Cyrille Lucar. Il aurait pris connaissance de ce que les Grecs avaient écrit depuis ce temps-là ; et, comme il eût été impossible de ne pas être convaincu que George Coressius, qui avait été chargé de disputer avec le ministre Léger, ne s'était jamais accordé avec lui ; que Grégoire protosyncelle, dans son traité sur les sacrements, n'avait fait qu'un abrégé de la doctrine de son maître ; que l'un et l'autre avaient eu une approbation générale dans leur communion ; il s'ensuivait que les derniers Grecs avaient parlé comme les anciens ; qu'ils n'avaient point innové en faveur de l'Église romaine, et que par conséquent il n'était pas besoin de les gagner par de mauvaises voies, afin de leur faire dire ce qu'ils avaient dit et publié en toute occasion.

On a des preuves démonstratives que M. Claude a ignoré toutes ces choses, et ses livres en font foi. Mais sans avoir la capacité, dont il était fort éloigné, sur des matières qui ne sont pas communes, et qui cependant ne doivent pas être ignorées par celui qui entreprend de les traiter, la moindre des pièces dont nous venons de parler, s'il l'avait lue autrement que dans des extraits fort infidèles, devait produire en lui quelque doute. Ce n'était pas seulement de ces doutes que tout homme de bien écrivant sur la religion doit avoir, quand il trouve des difficultés capables de lui faire craindre qu'il ne se soit trompé; ce sont ceux que toute personne qui a une réputation de probité à soutenir ne néglige pas. On ne peut donc justifier M. Claude sur la calomnie atroce dont il a attaqué tous les Grecs, sinon en supposant qu'il a ignoré de bonne foi les faits les plus certains, et les plus connus par rapport à l'église grecque; puisque l'accusation d'avoir témoigné faux sur leur créance tombe entièrement, dès qu'il est constant qu'ils croyaient longtemps avant la date des attestations tout ce qu'ils y ont exposé comme la foi de leur église. On ne peut donc justifier ce ministre de la témérité avec laquelle il a parlé de ces choses, qu'il ne savait pas; et l'ignorance qui pourrait être excusable en un autre, ne l'est pas dans un accusateur, sur une matière aussi importante.

C'est donc sans la moindre preuve, sans connaître ceux qui ont rendu témoignage à la vérité, sans faire attention à ce qui a été cru, écrit, publié et reconnu dans toute l'église grecque, que M. Claude a avancé la plus étrange de toutes les calomnies, adoptée néanmoins par M. Spanheim, *Il a cru*, dit un des auteurs de *la Perpétuité* (Apol. pour les cathol., 2ᵉ part., c. 7), *que pour rendre toutes ces attestations inutiles, il n'avait qu'à dire une injure aux Grecs, en les appelant Græculi, et les traiter d'âmes vénales, de qui on avait tiré à prix d'argent les attestations de leur foi, toutes contraires à leur véritable créance*. C'est par où il s'en sauve, en disant qu'on a combattu le révérendissime Claude, *emendicatis undique per legatos regios, consules, missionarios, Græculorum hâc de re testimoniis, à quibus nihil non pretio extorqueas.* Notre faiseur d'entretiens dit en un certain endroit, *que les maximes de la morale des prétendus réformés sont d'une si grande pureté, qu'on n'oserait les contredire.* Mais M. Spanheim ne nous en donne pas ici une grande preuve; car je ne sache point de morale assez impure, quand elle serait païenne ou mahométane, dont il ait pu tirer une règle aussi contraire à toutes les bonnes mœurs qu'est celle dont il nous donne un exemple en cette rencontre. Ce n'est pas une seule personne qu'il déchire par une calomnie aussi outrageuse qu'éloignée de toute vraisemblance, sans en avoir le moindre fondement; c'est tout une nation, et une nation chrétienne, ou plutôt un grand nombre de nations et de peuples qui composent l'église grecque. Et de quoi les accuse-t-il? *D'avoir l'âme tellement vénale, qu'on n'a pas eu de peine à tirer d'eux, pour de l'argent, des attestations authentiques de leur foi, toutes contraires à leur véritable créance. Et par qui s'est exécutée cette prévarication criminelle? C'a été, d'une part, par celui qui était alors patriarche de Constantinople, par trois autres qui l'avaient été devant lui, et par quarante-sept métropolitains: et, de l'autre, par l'ambassadeur de France, à qui cette attestation a été donnée dans la forme la plus authentique qui se puisse imaginer, pour être présentée à sa majesté, et gardée dans sa bibliothèque, comme un monument perpétuel de la foi de l'église orientale, contre les calomnies des calvinistes.* Voilà ce que M. Spanheim voudrait faire croire, avoir été acheté à prix d'argent. Mais sans doute qu'il n'a pas pris garde à quoi il s'engageait pour donner quelque couleur à cette étrange calomnie: car il faut qu'il prétende que l'ambassadeur de France n'a pas seulement donné de l'argent à ces quatre patriarches et à ces quarante-sept métropolitains, pour tirer d'eux une déclaration toute contraire à leur véritable foi; mais qu'il en a encore donné à tous les autres évêques grecs, à tous les officiers de l'église de Constantinople, à tous les prêtres et à tous les religieux, afin de les obliger à ne rien dire contre une telle perfidie. Car un seul réclamant et se plaignant de cette prévarication, tout le mystère était gâté, et ces patriarches et métropolitains exposés à une éternelle infamie. Il faudra encore qu'il ait corrompu par de l'argent, ou par quelque autre voie, les ambassadeurs d'Angleterre et de Hollande, et les ministres qu'ils ont avec eux, aussi bien que les consuls que ces mêmes nations protestantes ont en divers lieux de la Grèce, pour les empêcher tous de donner avis de cette insigne fourberie, qui aurait été si facile à découvrir. Enfin il faudrait que les ambassadeurs de France tinssent à leurs gages tous les Européens qui voyagent dans le Levant, tant catholiques que protestants, afin de les faire tous convenir de ne point dire que les Grecs ont une créance tout opposée à celle de l'Église romaine touchant l'Eucharistie. Car il n'y en a pas un seul qui nous apprenne cette nouvelle, en nous assurant qu'il l'a sue des Grecs, à qui il a demandé quelle était leur foi touchant ce mystère.

Voilà ce que les auteurs de *la Perpétuité* ont répondu à cette calomnie; et cette réponse, qui est sans réplique, n'a pas empêché les calvinistes de continuer de se servir de cette même calomnie, comme de la chose la plus certaine et la mieux prouvée. C'est aussi comme en a parlé M. Bayle, croyant que le bruit commun, l'autorité de M. Claude, et celle de l'auteur de sa vie, étaient de bons garants d'un fait dont ils n'avaient pas la moindre connaissance. Il est vrai que M. Bayle cite M. Wheeler, compagnon de voyage de M. Spon, non pas pour lui faire dire que les attestations contiennent une fausse exposition de la foi des Grecs, mais qu'il avait ouï dire à quelques papas, que M. de Nointel avait voulu les corrompre, et qu'ils ne l'avaient pas écouté. Nous examinerons dans la suite cette pitoyable objection, que M. Allix s'est contenté d'indiquer, parce que vraisemblablement il en sentait bien la faiblesse.

Ce qui a été rapporté de l'apologie pour les catholiques, comprend en peu de paroles ce qu'on peut dire de meilleur sur ce sujet, et doit faire faire des réflexions très-sérieuses à ceux qui cherchent la vérité. Car chacun conviendra qu'une accusation en l'air n'est pas une preuve, encore moins la calomnie la plus outrée dont jamais on puisse noircir des chrétiens qui, nonobstant leurs erreurs et le schisme, ont soutenu, et soutiennent encore une persécution presque continuelle, pour maintenir la religion de leurs pères. Des chrétiens qui se pourraient délivrer de cette dure servitude en embrassant le mahométisme, et parmi lesquels néanmoins le nombre des apostats n'est pas fort grand, n'ont pas assurément une religion vénale. Les calvinistes devraient se souvenir qu'un de leurs arguments pour assurer la gloire du martyre à leur Cyrille Lucar a été qu'on ne pouvait nier au moins qu'en se faisant mahométan il aurait pu éviter la mort. Pourquoi donc cette fermeté qu'ont les Grecs et les autres chrétiens orientaux (et nous en avons des exemples tout récents dans un archevêque arménien) ne les mettra-t-elle pas à couvert d'une calomnie aussi grossière que celle des calvinistes?

Car enfin quelles preuves en ont-ils donné depuis plus de trente ans? Le rapport de Wheeler, une histoire que conte M. Burnet dans son Voyage d'Italie, M. Smith, M. Woodroff, M. Bayle, M. de la Devèze, historien de la vie de M. Claude, ne sont pas des témoins qu'on puisse alléguer contre des actes publics. Cependant, quand ils auraient assez d'autorité pour balancer celle de pareils actes, il n'y en a aucun qui marque en particulier ce qui en doive rendre quelqu'un suspect. Ils n'ont rien à dire contre ceux qui les ont dressés ou signés; et toute leur calomnie roule sur une fausse supposition, qui est que les véritables Grecs ne croient rien de semblable à ce que contiennent les attestations. Mais on est en droit de leur demander s'ils croient la chose si bien prouvée qu'elle ne soit pas encore sujette à contestation. On ne croit pas qu'ils osent le dire. Cela étant ainsi supposé, il se trouve que non seulement ils calomnient toute l'église grecque, mais qu'ils le font par un jugement le plus téméraire qui fût jamais; puisqu'on ne peut dire qu'ils soient certains qu'elle ait une autre créance que celle qui est exprimée dans les actes, jusqu'à ce que les patriarches, les métropolitains et les évêques déclarent par des actes aussi solennels qu'ont été ceux qu'on suppose avoir été extorqués par argent, que ces premiers étaient contraires à la vérité; en un mot qu'ils fassent à cet égard quelque chose de semblable à ce qu'ils ont fait sur la Confession de Cyrille. Mais il est bon de mettre entièrement cette calomnie dans son jour.

Il est inutile d'attaquer les pièces comme ayant été extorquées par argent, à moins que d'avoir mis hors de doute qu'elles contiennent une doctrine inconnue aux Grecs. Nos théologiens ont prouvé démonstrativement le contraire par toutes les preuves qui peuvent rendre un fait certain parmi les hommes. Si les calvinistes prétendent avoir éludé par leurs subtilités la force des témoignages dont ils ont été accablés; si, par exemple, ils croient que M. Claude ait démontré qu'il y a une grande différence entre *métousiose et transsubstantiation*, et que, parce qu'il passe sous silence les passages qu'il ne peut expliquer, il a répondu à tout, les Grecs sont dans des sentiments tout opposés, et ils marquent si clairement qu'ils entendent par ce mot ce que les catholiques enseignent, qu'on ne peut pas en douter. Leur a-t-on donné de l'argent pour cela? En a-t-on donné à Nectarius, à Dosithée, à Callinique, et aux hospodars de Moldavie et de Valachie? Car, indépendamment de toutes les sollicitations des ambassadeurs de France et des missionnaires, ils ont fait imprimer les synodes contre Cyrille, celui de Jérusalem, et d'autres pièces qui sont encore plus fortes que les attestations. Elles ne contiennent donc rien que de conforme à la créance de l'église grecque; et par conséquent il ne fallait corrompre personne pour l'engager à parler comme elle a toujours fait.

Outre l'absurdité et l'iniquité de cette calomnie générale contre toute une nation, ceux qui l'ont avancée n'ont pas pris garde qu'elle ne pouvait subsister sans un grand nombre de suppositions, dont il n'y a pas la moindre preuve, et même qui sont entièrement détruites par des faits incontestables.

Il faut supposer que parmi plus de cinq cents Grecs, la plupart constitués en dignité et les plus considérables de leur église, qui ont eu part à une action aussi criminelle qu'est de rendre en présence de Dieu et de toute la terre un faux témoignage sur la religion, il n'y en a pas un seul qui ait eu le moindre remords de conscience sur un crime qui en donne aux plus grands scélérats, et qui est accompagné d'une infamie perpétuelle devant les hommes. Car il ne se trouvera pas que les patriarches se soient rétractés de ce qu'ils ont écrit dans les expositions de la foi de leur église, ni les métropolitains, ni qui que ce soit. Quelle raison peut-on imaginer de cette persévérance à reconnaître comme véritable ce qu'ils avaient solennellement déclaré, sinon que chacun savait que cette déclaration s'était faite selon la vérité, et dans la forme la plus authentique?

Quand on fait une fourberie, on ne cherche pas tant de témoins, et on évite les formalités qui peuvent servir à la faire connaître. Cependant pour soutenir la calomnie des calvinistes, il faut supposer que le patriarche Denis, que Nectarius, que Dosithée, pouvant contenter ceux qui les engageaient à rendre faux témoignage, en leur donnant quelque écrit informe, comme était la Confession de Cyrille, affectèrent de revêtir leurs actes de toutes les circonstances les plus propres à découvrir la fraude, s'il y en avait. Denis assembla son synode, où se trouvèrent trois patriarches, ses prédécesseurs, et un grand nombre de métropolitains. Il fit insérer la réponse qui fut dressée dans l'assemblée, et signée par ceux qui s'y trouvèrent, dans les archives de la grande église; laissant ainsi non seulement à tous ceux qui n'avaient pas été présents, mais à la postérité, de quoi le traiter, s'il avait exposé faux, comme avait été traité Cyrille Lucar. Il ne paraît pas néanmoins qu'il ait jamais appréhendé qu'il lui arrivât rien de pareil : et en effet, depuis près de quarante ans on ne l'a jamais accusé d'avoir faussement exposé la foi de son église ; au lieu que Cyrille, quoiqu'il eût tout fait en secret, qu'il eût évité toutes les formalités observées par ses prédécesseurs en pareilles matières, qu'il niât tout, ne se sauva, tant qu'il vécut, que par ses violences et par ses parjures.

C'est aussi une supposition qui n'est pas moins absurde que celle qu'il faut encore faire, qui est que Denis et les autres patriarches, métropolitains, évêques et prêtres grecs qui ont donné des attestations de leur foi, contre leur conscience et contre la vérité, n'aient pas trouvé la moindre contradiction. Dira-t-on que les Grecs sont fort indifférents sur la religion ? Pourquoi donc firent-ils un si grand éclat contre Cyrille, et que sa mémoire est parmi eux en horreur et en malédiction ? Pourquoi depuis le temps du patriarche Denis, ont-ils toujours eu le même zèle pour s'opposer au calvinisme ? Pourquoi ne sont-ils pas demeurés dans le silence, lorsque Jean Caryophylle répandit quelques écrits qui établissaient la doctrine des calvinistes touchant les sacrements, et attaquaient la transsubstantiation ? Enfin pourquoi n'ont-ils pas cessé, depuis qu'ils ont su ce que M. Claude avait dit faussement contre eux, de publier eux-mêmes les principales pièces qu'ils avaient données à M. de Nointel ? Il paraît par une déduction assez exacte de tous les points d'histoire ecclésiastique qui regardent l'Eucharistie, que Dosithée a faite dans son *Enchiridion*, qu'en tous les siècles les Grecs se sont élevés contre ceux qui ont été accusés, ou même soupçonnés de la moindre nouveauté sur cet article : et on supposera que le patriarche Denis ait fait signer tout le contraire de ce que l'église grecque enseigne, sans que trois de ses prédécesseurs, et quarante-sept métropolitains y aient fait la moindre opposition ?

Lorsqu'il est arrivé des contestations dans les églises, par la naissance de quelque nouvelle hérésie, la vérité n'a jamais été si généralement abandonnée qu'elle n'ait eu quelques défenseurs. Ici il faut encore supposer que si la vérité a été attaquée et trahie indignement par les Grecs qui ont donné des actes publics de leur créance depuis 1672, ce que prétend M. Claude, il n'y a pas eu un seul Grec qui l'ait défendue ; de quoi il ne se trouvera aucun exemple dans l'histoire ancienne ni moderne. De plus, on voit que personne n'a réclamé contre une fausse déclaration, à laquelle tous les Grecs avaient intérêt ; par conséquent il n'y a pas eu la moindre soupçon de prévarication dans tout ce qui s'est fait sur ce sujet.

On jugera mieux de l'absurdité de cette supposition, en comparant ce qui se passa dans l'affaire de Cyrille Lucar, et ce qui s'est passé à l'occasion des attestations, du synode de Jérusalem, et de tous les autres actes. Les calvinistes supposent très-faussement, comme on l'a fait voir, que ce malheureux donna une exposition véritable de la créance de l'église d'Orient. Il faut néanmoins que cela soit ainsi, afin que celle qui a été donnée par les autres Grecs soit fausse, comme prétend M. Claude ; car comme elles sont contradictoires, l'une et l'autre ne peuvent être véritables. Cela étant, il faut ajouter à toutes les précédentes suppositions celle-ci, qui n'est pas moins absurde, que Cyrille exposant la foi commune de l'église grecque, ne l'osa faire en public, ni avec les formalités ordinaires ; qu'il ne trouva pas un seul évêque qui voulût signer sa Confession ; qu'il ne put la faire enregistrer dans les archives de la grande église ; qu'il la donna d'abord en latin, puis en grec au bout de quelques années, mais écrite de sa main, et sans être contre-signée du moindre officier patriarcal ; que quand il en parut quelques copies, il nia avec des serments exécrables qu'elle fût de lui ; que pour couvrir ses parjures, il célébra la messe, les ordinations, et fit toutes les autres fonctions épiscopales, qui ne peuvent en aucune manière s'accorder avec la doctrine de cette Confession ; qu'ainsi il ôta à ceux qui auraient voulu l'accuser toutes les preuves dont ils auraient pu se servir pour le convaincre ; que cependant dès qu'il en parut des copies, quoique très-suspectes, puisque c'était de l'impression de Genève, tous les Grecs s'élevèrent contre lui, et lui dirent anathème.

Comme on accusait Cyrille de Berrhée, son successeur, d'agir avec plus de passion que de zèle ; que les serments de Cyrille et sa conduite extérieure avaient imposé à plusieurs Grecs, il s'en trouvait qui ne pouvaient se persuader qu'il eût donné la Confession qui paraissait sous son nom ; mais il ne s'en trouva aucun qui entreprît de justifier qu'elle contenait la créance de l'église grecque : au contraire, tous la condamnèrent, même ceux qui épargnèrent sa personne. Voilà donc, si on reçoit le système de M. Claude, un patriarche qui expose véritablement la créance des Grecs, contre lequel ils s'élèvent tous, sans que personne se hasarde à le défendre, ce qui était néanmoins très-aisé, et sans aucun péril, s'il eût exposé la foi de son église : il est condamné, tous approuvent la condamnation, et, depuis soixante-dix ans, les choses demeurent au même état, sans que personne s'y oppose, et sans que personne s'aperçoive qu'il n'a rien avancé que de conforme à la doctrine reçue de temps immémorial dans tout l'Orient. Qu'on examine toute l'antiquité ecclésiastique, il ne se trouvera jamais un tel exemple, ni qu'un évêque ou un patriarche soit anathématisé par toutes les églises, pour avoir mis par écrit la foi qui y était connue comme orthodoxe ; ni que dans un si long espace de temps personne n'ait connu la vérité, ou n'ait voulu lui rendre témoignage. Il faut néanmoins supposer toutes ces absurdités, pour prouver que les actes qui condamnent Cyrille et sa doctrine sont autant de fausses expositions de la créance commune des Grecs ; car c'est ce que doivent montrer les calvinistes, et c'est aussi à quoi tendent leurs calomnies sur la vénalité de ces témoignages. Mais s'ils contiennent une exposition véritable de la créance de l'église grecque, et reconnue telle par tous les Grecs, quand on aurait donné de l'argent pour les obtenir, ils n'en sont pas moins vrais ; de même que soit que Cyrille ait reçu de l'argent ou non pour donner sa Confession, elle n'en était pas moins fausse. Mais puisqu'il paraît assez que les calvinistes n'ont presque plus d'autre argument que cette prétendue vénalité de témoignages pour les attaquer, dès qu'on a prouvé d'une manière incontestable qu'il ne se trouve rien dans ces actes qui ne soit reconnu vrai par tous les Grecs, cette calomnie tombe d'elle-même. Voyons ensuite si on en peut dire autant que ce qui a été remarqué sur la Confession de Cyrille.

On informe les Grecs par des mémoires très-simples de ce que M. Claude avait écrit sur leur sujet, et on les prie de déclarer par écrit s'ils croyaient la présence réelle, la transsubstantiation, et les autres points contestés entre les catholiques et les calvinistes. Ils donnent sur cela plusieurs actes, qui sont dressés synodalement et enregistrés dans les archives des églises de Constantinople et de Jérusalem, par lesquels il paraît clairement qu'ils croient sur ce sujet tout ce qu'enseigne l'Église romaine. Tous les patriarches approuvent ces actes ; on les envoie au roi en forme authentique ; on en imprime ici les traductions et les originaux de quelques-uns ; personne ne réclame parmi les Grecs ; tous au contraire reconnaissent qu'ils contiennent la foi de leur église. Pour le confirmer davantage, ils envoient un exemplaire légalisé de la Confession orthodoxe, qui avait été dressée et approuvée trente ans auparavant. Dix ans après ils impriment des livres en Moldavie, dans lesquels ils insèrent les principaux de ces actes. Voilà, selon M. Claude, la fausseté qui triomphe de la vérité contenue dans la Confession de Cyrille ; et cependant tous approuvent cette fausseté, tous y reconnaissent la créance de leur église ; et au lieu de s'élever contre ceux qui lui attribuaient des dogmes qu'elle ne connaît point, ce que ce grand critique *croit avoir démontré*, un ou deux particuliers qui voulurent les attaquer sont condamnés synodalement en 1691, et depuis ce temps-là quelques-uns n'en sont pas demeurés à rendre témoignage à la vérité, lorsqu'ils en ont été requis ; ils ont eux-mêmes attaqué les calvinistes par des ouvrages exprès Il n'y a donc rien de plus insoutenable que toutes les suppositions qu'il faut faire pour attaquer la sincérité des attestations ; puisque les Grecs par leur approbation les mettent à couvert de tout soupçon de fausseté, et par conséquent de vénalité ; car on n'a que faire de corrompre des témoins qui disent la vérité.

CHAPITRE VI.
Continuation de la même matière.

On a déjà vu que pour établir, non pas quelque certitude, mais quelque couleur de vraisemblance, qui pût soutenir la calomnie de M. Claude contre les Grecs, il faut supposer plusieurs choses que les calvinistes ne peuvent pas prétendre qu'on leur accorde, puisqu'elles enferment des absurdités et des impossibilités manifestes. Nous en allons proposer une nouvelle, à laquelle ils n'ont pas pensé, et qui est néanmoins tellement liée à la matière dont il s'agit, que si le fait n'est pas véritable, on ne peut former aucune contestation sur les actes. C'est que pour maintenir que les Grecs ont témoigné faux dans leurs actes, outre ce qui vient d'être marqué, qu'il faudrait avoir prouvé que Cyrille Lucar a exposé vrai dans sa Confession, il faut encore faire une supposition qui n'est pas moins impossible que les autres. Elle consiste en ce qu'il faut supposer que dans l'espace d'un siècle, et encore moins, il est arrivé deux changements entiers dans l'église grecque touchant la créance sur l'Eucharistie, dont cependant les Grecs n'ont jamais eu aucune connaissance, et dont il n'est resté aucune mémoire ni aucun vestige. Car si Cyrille Lucar a représenté fidèlement leur créance, il faut qu'elle ait changé depuis Mélèce Piga, son prédécesseur immédiat dans le siège d'Alexandrie, qui a très clairement enseigné la transsubstantiation, depuis Gabriel de Philadelphie, Maximus Margunius, et les autres contemporains, en moins de trente ans : ou bien il faut que ce changement soit arrivé depuis Cyrille jusqu'en 1672, si les Grecs de ce temps-là ont témoigné faux. Or il ne s'en trouvera pas un seul qui n'assure, conformément à tout ce que nous apprenons par l'histoire de ces derniers temps, qu'il n'y a eu de trouble sur la foi de l'Eucharistie que celui qui fut causé par la Confession de Cyrille, et qui n'eut aucune suite, sa doctrine ayant été condamnée comme calviniste. Donc puisqu'avant lui on croyait dans l'église grecque la présence réelle et la transsubstantiation, et qu'on les croit encore présentement ; qu'elles n'ont pas été moins crues dans le temps mitoyen, puisqu'il fut condamné à cause qu'il les rejetait, il ne peut être survenu aucun changement sur ce point de doctrine, et il n'était point nécessaire de corrompre les Grecs, pour leur faire dire ce que nous lisons dans leurs attestations, aussi bien que dans leurs autres ouvrages.

C'est encore une supposition d'une chose moralement impossible, qu'il faut faire néanmoins dans le système de M. Claude, que tous les Grecs se soient si facilement laissé corrompre en aussi peu de temps, qu'il y en eut depuis l'arrivée de M. de Nointel, ambassadeur de France, jusqu'aux premières attestations. Que les calvinistes comparent ce qui se passa entre Cyrille Lucar et ceux qui tirèrent de lui sa Confession, avec la manière dont les Grecs ont rendu témoignage à la vérité. On employa quelques années à catéchiser Cyrille, à lui faire lire des livres nouveaux qui s'imprimaient en Hollande ; Léger et d'autres personnes de la suite de l'ambassadeur Haga, étaient souvent en conférence avec lui. Enfin après quatre ou cinq ans on obtint sa Confession particulière, sans qu'il en ait paru aucune semblable, ni d'approbation des principaux de l'église grecque. Les Grecs qui en ont donné de toutes contraires ne firent pas la moindre difficulté. Nectarius seul, alors patriarche de Jérusalem, n'ayant encore aucune nouvelle de ce qui se passait à Constantinople, conçut de la défiance sur ce que lui manda Païsius, patriarche grec d'Alexandrie, qu'un capucin était venu lui demander une confession de foi, l'assurant que les autres patriarches en avaient donné. Comme Nectarius était ennemi irréconciliable des Latins, il manda à Païsius, qu'il ne fallait pas leur donner par écrit même l'oraison Dominicale, parce qu'ils ne cherchaient qu'à tromper les Grecs; ce qui fait voir qu'ils ne sont pas si faciles à corrompre ni à surprendre. Cependant lorsque la chose fut éclaircie, et qu'on eut reçu à Jérusalem les extraits de ce que M. Claude disait sur les Grecs, ce même Nectarius, qui avait abdiqué en faveur de Dosithée, souscrivit les décrets du synode de Jérusalem, quoiqu'il pût s'en exempter, s'il n'avait pu le faire sans parler contre sa conscience. De plus, lorsqu'il eut reçu les extraits plus amples du livre de M. Claude, et qu'il eut examiné ce qui s'y trouve contre les Grecs, il prit la plume sans que personne l'en priât, et il envoya aux religieux de Mont-Sina, ses anciens confrères, l'écrit qui a été imprimé depuis peu en grec et en latin. On ne lui avait pas suggéré ce qu'il a mis dans son traité contre la primauté du pape, pour prouver la transsubstantiation, et l'autoriser par un miracle. Aucun Latin n'avait prié Dosithée d'écrire contre Luther et contre Calvin, ni de faire imprimer les décrets du synode de Jérusalem, avec de grandes augmentations, sous le titre d'*Enchiridion*; ni de réfuter Jean Caryophylle. Personne ne s'est mêlé de la sentence synodale rendue contre ce Grec en 1691, puisqu'elle était à peine connue quand on l'a fait imprimer à Paris. Il est donc aisé de reconnaître que la facilité avec laquelle les Grecs ont rendu les témoignages qui leur furent demandés en 1671, et les années suivantes, démontre qu'il n'était pas besoin de les gagner par de mauvaises voies, pour les engager à déclarer ce qu'ils croyaient sur l'Eucharistie; au lieu que la difficulté qu'il y eut de faire parler Cyrille le langage des calvinistes, quoique ce fût en secret, et d'une manière à pouvoir désavouer sa Confession, comme il a toujours fait, enfin l'impossibilité qu'ils ont trouvée à obtenir de pareils témoignages, sont des preuves convaincantes que les Grecs ne se laissent pas corrompre si facilement.

S'ils étaient si faciles à tout signer pour de l'argent, comme l'a supposé M. Spanheim, et ensuite M. Bayle, qui voulant enchérir sur cette belle découverte, ajoute que *ces attestations ont coûté de grandes sommes à messieurs de Port-Royal*, qu'il ne connaissait guère; pourquoi les calvinistes n'en ont-ils pu obtenir une seule depuis celle de Cyrille? car s'ils avaient produit un acte authentique semblable à celui du patriarche Denis, ou à celui qui confirme la Confession orthodoxe; que par cet acte les patriarches et les métropolitains eussent déclaré que la Confession publiée au nom de Cyrille Lucar contenait la véritable créance de toute l'église d'Orient; que Cyrille de Berroée et Parthenius-le-Vieux qui l'avaient condamnée étaient des apostats, de faux Grecs et des calomniateurs de l'église grecque; qu'ensuite ils y eussent inséré cette Confession, comme les Grecs de Jérusalem insérèrent dans leurs décrets les deux synodes qui la condamnent; il est, dis-je, certain qu'ils se seraient épargné bien de la peine. Car si on voyait deux expositions contradictoires de la foi des Grecs, revêtues des mêmes formalités, on ne pourrait se servir de l'une ni de l'autre. Est-ce qu'ils n'ont pas eu assez de zèle pour leur religion, ou qu'ils ont manqué de moyens? On ne le croira pas aisément, car les Anglais et les Hollandais ont envoyé dans le Levant plusieurs mémoires de M. Claude; et les sommes employées à établir un collége de jeunes Grecs à Oxford, étaient plus que suffisantes pour avoir toute sorte de témoignages des Grecs, s'il est vrai qu'on obtient d'eux tout ce qu'on veut pour de l'argent. Que les disciples de M. Claude satisfassent à cette question, à laquelle ils n'ont jamais donné aucune bonne réponse. Car il faut qu'ils avouent que cet éclaircissement, pour lequel il s'est fait tant de volumes depuis plus de quarante ans, les touche fort peu, s'ils ont négligé dans un si long espace de temps d'obtenir des attestations qu'ils pouvaient avoir pour un peu d'argent; ou plutôt ils doivent reconnaître qu'ils n'y ont pu réussir; d'où il s'ensuit que leurs théologiens les plus fameux ne peuvent être justifiés de calomnie envers les Grecs.

Lorsqu'on examine dans les règles de l'équité une pareille accusation, on demande aux accusateurs des preuves sur lesquelles elle puisse être fondée, et le droit public a établi des règles pour cela. On suppose que quelque évêque grec, du nombre de ceux qui ont signé autrefois les attestations, fût accusé d'avoir témoigné faux dans un tel acte. Si on alléguait contre lui qu'il y avait un ministre à Charenton, qui non seulement a dit que cet évêque était un faussaire et un parjure, mais qu'il a donné un livre au public dans lequel il l'assure positivement; qu'un autre ministre en Hollande dit la même chose; et que quelques Anglais revenus de Constantinople en convinssent; que ce Grec produisît son côté son patriarche et tout le clergé qui certifiassent le contraire; il n'y a pas de juge chrétien, même de kadi assez inique, qui ne condamnât de tels accusateurs. C'est cependant sur de pareilles autorités que les calvinistes condamnent toute l'église grecque. M. Claude était-il un homme fort propre à rendre témoignage sur une telle matière, lui qui ne savait point de grec? M. Spanheim a-t-il eu sur cela quelques mémoires particuliers auxquels on puisse ajouter foi? M. Smith, quoiqu'il témoigne une haute estime pour M. Claude, n'a pas vu dans son voyage d'autres Grecs que ceux qui croient ce qui est contenu dans les attestations, et il n'a apporté aucunes preuves de cette prétendue vénalité de témoignages. M. Wheeler dit qu'il a trouvé quelques papas qui lui ont fait confidence que M. de Nointel les avait voulu corrompre pour de l'argent, mais qu'ils lui avaient résisté. Croira-t-on un particulier sur un récit aussi peu croyable dont il est seul témoin ? Était-il nécessaire d'aller mendier des témoignages de papas obscurs, pendant que l'église de Constantinople, son patriarche à la tête, parlait par sa bouche et par celle de tant de métropolitains ? Il fallait que M. Wheeler tirât des attestations de ces hommes qui eût savaient plus que les autres, et qu'il fît voir par leurs témoignages, qu'ils avaient une autre créance que celle du chef de leur église ; mais puisque dans le cours de la dispute les calvinistes n'en ont jamais produit aucune, il est aisé de reconnaître qu'ils n'en ont pu obtenir.

M. Burnet a écrit dans son Voyage d'Italie un entretien qu'il eut avec un Vénitien, duquel il apprit que les attestations avaient été faites à Paris par un homme savant dans la langue grecque, et qu'on les avait fait signer aux patriarches et aux métropolitains, qui à peine entendaient la matière, à cause de la profonde ignorance de la nation ; que ce Vénitien étant alors à Constantinople, avait été sollicité pour entrer dans ce mystère d'iniquité, et qu'il n'avait pas voulu. Ceux qui ont voyagé en Italie savent assez que sur plusieurs choses connues de tout le monde, M. Burnet a parlé dans ses Relations comme un homme qui n'y aurait jamais été. On peut donc juger ce qu'on doit attendre de lui sur des matières plus recherchées. Si sa mémoire ne l'avait pas trompé, ce Vénitien s'était moqué de lui : puisque nous savons avec la dernière certitude que jamais on a envoyé à M. de Nointel aucune formule d'attestation toute dressée et mise en grec, mais seulement un mémoire des questions qu'on le priait de faire aux Grecs ; et c'est le même qui a été imprimé à la tête de quelques Réponses. On a prétendu aussi, et il semble que c'était la pensée de ce Vénitien, que les pièces étaient en trop bon style pour avoir été composées par les Grecs de ce temps-ci, ignorants comme on les suppose. Cette objection peut surprendre ceux qui n'ont aucune lecture des livres grecs modernes ; les autres savent qu'il n'y a point eu de siècle assez misérable, dans lequel ils n'aient eu des hommes capables de bien écrire en leur langue ; Nectarius, Dosithée, et même tout récemment Prossalento, écrivent aussi correctement que ceux qui ont dressé les attestations les plus solennelles. La meilleure partie des autres est en grec vulgaire et très-barbare, style qu'on n'aurait pas facilement imité. Enfin, lorsque ce Vénitien se vantait de n'avoir pas voulu prendre part à ce qui se fit en cette occasion, il est difficile de comprendre ce qu'il voulait dire ; puisque l'ambassadeur de France n'avait que faire du secours ni des offices d'un particulier, pendant que M. Quirino, Bayle de la République, était sur les lieux. Celui-ci ayant rendu un témoignage public, qui se trouve conforme à ce que les Grecs, les ministres des princes catholiques, et d'autres personnes publiques ont attesté, est plus croyable qu'un particulier, qui dit à l'oreille à un protestant des choses toutes contraires, et dont la fausseté est manifeste.

On ne croit pas que personne prétende qu'on réponde sérieusement au témoignage de M. Bayle, qui étant un provincial, auquel Paris et toutes les personnes considérables de notre temps étaient aussi inconnues que la Grèce, a le premier ramassé dans des ouvrages qui avaient un titre sérieux, tous les faits les plus faux et les plus puérils qu'il trouvait dans des écrivains qu'avant lui on n'aurait osé citer dans un bon ouvrage. Un homme qui prend pour faits historiques tous les contes, et tout ce que des gens oisifs ont ramassé, comme ayant été dit par des personnes graves de notre temps ; qui compare sérieusement des histoires frivoles ou notoirement fausses avec les plus vraies et les plus certaines ; qui croit tout ce qu'il trouve imprimé, et qui était possédé d'un esprit de controverse qui lui faisait trouver moyen de la placer partout, ne pouvait pas douter de ce que M. Claude affirmait avec tant d'assurance. Voilà tout ce qu'en savaient M. Bayle, M. de la Devèze, et ceux qui les ont copiés. S'il venait quelque Grec qui accusât tous ces témoins d'être des faussaires et des calomniateurs, on lui demanderait comment il pourrait ainsi parler de personnes qu'il ne connaissait pas. Sous quel prétexte donc veut-on que nous les écoutions ces mêmes personnes, sachant aussi certainement que nous le savons, qu'ils n'ont eu aucune connaissance de l'église grecque, sinon selon l'idée que leur en a donnée l'homme du monde le moins croyable sur de semblables matières ?

Ainsi quoique de pareils témoignages, sur lesquels roule néanmoins toute la calomnie contre les Grecs, ne méritent aucune considération, il est encore à remarquer qu'on ne peut alléguer aucuns faits qui lui puissent donner la moindre couleur de vraisemblable. Personne n'a osé dire qu'il ait trouvé dans les papiers de M. de Nointel un cahier de frais pour l'expédition des attestations ; personne n'a cité de reçu des Grecs ; il n'y a pas une seule preuve de cette corruption ; il n'y a pas même de présomptions bien fondées, comme il y en avait dans l'affaire de Cyrille ; c'est donc la calomnie la plus noire, et la plus mal entendue que cette accusation, formée par des parties intéressées, et qui ne seraient pas recevables en justice, qui fait néanmoins le grand principe des calvinistes pour éluder la force de tant d'actes authentiques, qui renversent tous les systèmes d'Aubertin et de M. Claude.

Nous disons avec raison qu'il n'y a pas même de présomption légitime contre la bonne foi des Grecs, ou contre celle de l'ambassadeur de France dans toute cette affaire, au lieu qu'il y en avait plusieurs et très-bien fondées, dans ce qui se passa entre Cyrille Lucar et les Hollandais. Cyrille avait fréquenté ceux de cette nation à Alexandrie et en Pologne, lorsqu'il y avait été envoyé par le patriarche Mélèce Piga ; il avait continué ce commerce lorsqu'il était devenu patriarche de Constantinople, et même il l'avait entretenu par lettres avec plusieurs protestants d'Angleterre, de Hollande et de Genève. Il avait des ennemis, tant par le soupçon que les Grecs avaient conçu de cette trop grande familiarité avec les hérétiques, que par les tentatives qu'il avait faites en secret pour attirer quelques évêques à ses opinions, et encore plus à cause de ses vexations insupportables et de ses exactions sur le clergé, afin d'amasser de l'argent, et se maintenir dans sa dignité par la protection des ministres de la Porte. Après qu'il eut été déposé et relégué la première et la seconde fois, on le voyait rétablir, et toute la Grèce savait que c'était à cause des grandes sommes qu'il avait données au visir. On était persuadé à Constantinople que cet argent lui avait été prêté par les Hollandais, et même à gros intérêt ; car ce serait deviner que de dire qu'ils le lui eussent donné. Mais un débiteur de sommes considérables est encore plus dans la dépendance de ses créanciers, qu'un fourbe n'est dans celle de son bienfaiteur. Il était de notoriété publique qu'il n'avait pas trouvé cet argent dans la bourse des Grecs, dont il était trop haï, ni dans celle des ministres et des négociants catholiques, qui le connaissaient pour ce qu'il était. Ainsi lorsqu'on vit sortir des presses de Genève une confession de foi toute calviniste, la présomption était très-forte contre la sincérité et le désintéressement de celui qui en était l'auteur. Cependant on n'insista pas sur un préjugé qui la devait rendre suspecte ; on l'examina sur le fond, et on n'eut pas de peine à reconnaître combien elle était éloignée de la créance de l'église grecque.

Mais quand il n'y a pas eu le moindre indice de corruption, puisque les Grecs n'avaient aucun intérêt à trahir leurs sentiments, que tout enfin s'est fait au vu et au su de l'église de Constantinople, il est sans exemple d'employer la calomnie la plus insoutenable pour éviter de reconnaître la vérité. Denis, qui succéda à Parthénius, venait d'être établi sur le siège patriarcal du consentement des Grecs ; il n'avait rien à craindre ni à espérer de l'ambassadeur de France, non plus que ses trois prédécesseurs, ni les métropolitains, ni les autres patriarches et évêques qui rendirent témoignage de la foi de leur église, conformément à la vérité, assez connue d'ailleurs, et attestée par tous les Grecs, qui certainement doivent être écoutés dans leur propre cause. Pourquoi donc aurait-on entrepris de les corrompre ? Car on ne corrompt pas les hommes pour leur faire dire la vérité ; et il est certain qu'ils la dirent alors, puisqu'ils parlent de même encore présentement. Ils ne se contentent pas de répondre comme ils firent alors à ceux qui leur demandèrent à être éclaircis des véritables sentiments de l'église grecque ; mais ils attaquent les protestants comme a fait Dosithée ; et on croira après cela que ce sont de faux Grecs, ainsi que tous ceux qui donnèrent des attestations durant le cours de la dispute sur *la Perpétuité* ? On ne peut opposer à des preuves si certaines que l'autorité des accusateurs nommés ci-devant, et ce serait perdre son temps que de s'amuser à prouver que M. Claude et l'historien de sa Vie, M. Spanheim, M. Bayle et les autres ne sont pas plus croyables que les Grecs.

Nous remarquerons aussi que le grand nom de M. Claude n'a pas empêché que son système sur cet article de la dispute n'ait été abandonné presque en toutes ses parties, par plusieurs protestants. Selon lui tout Grec qui n'est pas dans les sentiments de Cyrille Lucar, est un faux Grec, et latinisé. De là il s'ensuivait que le synode de Parthénius et celui de Cyrille de Berroée, qui l'avait précédé, étaient faux, ce qu'il fallait supposer nécessairement, pour sauver Cyrille et sa Confession. Cependant M. Allix, plus savant et plus sincère que M. Claude, a déclaré que ceux qui traitaient ce synode de supposé se trompaient. Il s'ensuivait aussi que la Confession orthodoxe était fausse : un luthérien l'a fait imprimer à Leipsick, et fait voir dans une longue préface, qui en comprend l'histoire en abrégé, qu'on ne pouvait pas douter que cette pièce n'eût été dressée et approuvée par le corps de l'église grecque. Selon M. Claude, les Grecs ne croient pas la transsubstantiation, et n'en savent pas même le nom. M. Smith, après bien des chicanes, a enfin avoué qu'ils la croyaient, et M. Allix a fait le même aveu, après avoir trouvé dans le livre de Nectarius qu'il a traduit en latin, le mot et la doctrine comme la croient les catholiques, quoiqu'il s'imagine y voir quelque différence. Les théologiens de la confession d'Augsbourg se sont déclarés il y a longtemps contre la Confession de Cyrille, et ils ont reçu comme véritables les synodes qui la condamnèrent. Syrigus était un moine latinisé, un misérable ; et présentement on avoue qu'il avait été député par le patriarche Parthénius et par son synode, pour dresser les articles publiés à Jassi en 1642, et former le projet de la Confession orthodoxe. Il ne reste donc aucune partie du système de M. Claude, qui ne soit renversée par les luthériens, ou par des hommes de sa propre communion. Dès que les synodes contre Cyrille sont reconnus vrais, sa Confession doit être fausse et contraire à la foi de l'église grecque ; par conséquent lorsque Syrigus l'a combattue, puisqu'il l'a fait au nom de cette même église, il a parlé comme un véritable Grec. Donc les véritables Grecs doivent parler comme lui, et c'est aussi ce qu'ont fait les patriarches et les évêques qui ont signé les attestations. Ils ont donc rendu simplement témoignage à la vérité, et ils n'ont pas signé aveuglément tout ce qu'on leur a proposé, mais ce qu'ils savaient certainement être la foi de leur église. Ils ont condamné Cyrille Lucar, parce qu'il avait exposé le contraire ; on peut donc le condamner lui et sa Confession, sans être latinisé, et sans cesser d'être véritable Grec ; ce qui renverse encore la principale ressource de M. Claude, qui était de traiter comme latinisés tous ceux qui reconnaissent la présence réelle et la transsubstantiation. Donc soit que ceux qui ont souscrit les actes aient reçu de l'argent, soit qu'ils n'en aient pas reçu, il est certain de l'aveu même de plusieurs protestants, qu'ils ont donné des témoignages conformes à leur créance ; ce qui détruit tous les vains raisonnements de M. Claude, et une accusation calomnieuse n'est pas capable de les redresser.

Voici encore un argument auquel on défie les admirateurs de ce ministre de donner la moindre réponse. Selon lui, les attestations sont fausses, parce qu'elles contiennent une doctrine inconnue à l'église grecque véritable; et c'est parce qu'elles sont fausses qu'il prétend prouver qu'elles ont été obtenues pour de l'argent. Ce raisonnement est très-mauvais; car les attestations pourraient être fausses, et n'avoir point été achetées; et elles pourraient avoir été achetées sans que cela les empêchât de représenter fidèlement ce que les Grecs croient. Car on peut dire faux par malice, par ignorance ou par surprise, sans se laisser corrompre. M. Claude n'a rien écrit sur cette matière dont la fausseté ne soit évidente; on ne dira pas qu'il a reçu de l'argent pour cela. Ceux qui l'ont copié disent faux, ils ont été trompés, ils trompent les autres : la vénalité des témoignages n'y a point de part. Si les Grecs avaient été aussi ignorants que le supposait ce ministre, ils auraient pu être trompés par l'exposition frauduleuse qu'il leur avait envoyée de la créance des catholiques, et la condamner comme contraire à la leur; ils auraient dit faux, parce qu'on les aurait trompés. Cyrille pouvait avoir été ainsi trompé par les calvinistes sur les dogmes, et il aurait mérité quelque compassion, s'il avait paru qu'il eût cherché la vérité de bonne foi. Mais il était inexcusable, et il mentait contre sa conscience, lorsqu'il attribuait à toute son église des opinions qu'elle a en horreur, et que ses prédécesseurs avaient condamnées. Ainsi tous ces raisonnements de M. Claude sur la fausseté et la vénalité des attestations sont inutiles, et même quand ils auraient la solidité qui leur manque, ils ne prouvent rien, si les Grecs, indépendamment de toute sollicitation et de tout commerce avec les Latins, ont exposé eux-mêmes la créance de leur église, non seulement selon le même sens, mais avec les mêmes paroles et avec les mêmes pièces, avant et après la date des attestations contestées, ce qui est indubitable, et en voici les preuves.

Le synode de Jassi est vrai, et on ne peut traiter ses décrets comme supposés, ni comme l'ouvrage de Grecs latinisés, et M. Allix le reconnaît. Par une conséquence nécessaire, le synode de Constantinople, qui fut tenu quatre ans auparavant, ne peut être contesté, non plus que la Confession orthodoxe, qui fut dressée dans celui de Jassi, ni la réfutation des Chapitres de Cyrille par Mélèce Syrigus, qui l'entreprit par commission spéciale de son patriarche et de tout le clergé grec. Outre M. Allix, dont le jugement surtout en matière d'érudition doit être préféré à celui de M. Claude qui n'en avait aucune, les luthériens ont reconnu la vérité des décrets de ces deux synodes. Ainsi longtemps avant que les Grecs eussent donné leurs premières attestations, tout ce qu'elles contiennent sur l'Eucharistie était exprimé dans les décrets des deux synodes; dans une confession de foi approuvée par le dernier, confirmée par les quatre patriarches Grecs, mise entre les mains de toute la nation, et imprimée deux fois par les soins de Panaiotti, un des zélés Grecs qui fut jamais. Les mêmes dogmes étaient expliqués plus amplement et théologiquement par un fameux théologien, chargé de ce travail par son patriarche et toute son église. Puisque la vérité de ces premières pièces décisives est reconnue par les protestants mêmes, il est donc vrai que, plus de trente ans avant qu'il parût aucune attestation, les Grecs, non pas de simples particuliers, mais en corps d'église, les patriarches à leur tête, avaient déclaré comme vérités capitales de la religion chrétienne tout ce que contient l'acte du patriarche Denis, et ce qui se trouve dans les autres donnés par divers métropolitains ou par des églises particulières : ils ont même expliqué ces dogmes beaucoup plus en détail, et ils ont condamné d'hérésie les sentiments contraires. Ainsi cette doctrine est établie par des preuves de fait incontestables longtemps avant les attestations. Tout ce que M. Claude et d'autres plus méprisables ont dit contre Cyrille de Berrhée, contre Parthénius-le-Vieux, contre Grégoire protosyncelle et Syrius, ne sert de rien, dès qu'on a reconnu que les deux synodes et la Confession orthodoxe étaient véritables, outre qu'on a réfuté assez en détail tout ce que ceux qui les ont attaqués avaient écrit pour les rendre suspects, et qu'on a fait voir que ce n'était qu'un tissu d'ignorances et de faussetés.

Depuis que la dispute sur la Perpétuité a été finie, ni ceux qui y avaient été employés, ni les ambassadeurs de France, ni les missionnaires, ni la cour de Rome qui n'y a jamais eu aucune part, ni même aucun particulier, n'ont consulté les Grecs sur ces matières, et ils ne leur ont rien demandé. Ainsi le patriarche Denis et les autres qui avaient donné des attestations, et qui savaient le bruit qu'elles faisaient en ces pays-ci, pouvaient en toute liberté les désavouer si elles étaient fausses, s'expliquer si elles étaient ambiguës, les rétracter si elles n'étaient pas orthodoxes; et même rien ne nous empêche de croire que les véritables Grecs, si ces premiers ne l'étaient pas, n'eussent fait, à l'égard de ceux qui avaient signé ces actes, ce que leurs prédécesseurs avaient fait contre Cyrille Lucar. Cela leur était d'autant plus facile, que les patriarches et les métropolitains n'avaient pas pris les mêmes précautions que ce fourbe, en ne donnant aucun acte en forme publique, afin de pouvoir tout nier; au lieu que les autres avaient donné les leurs en forme authentique, et que les registres de la grande église les exposaient à la vue de toute la Grèce. Il est néanmoins très-certain que jamais ils n'ont donné la moindre atteinte à ces actes : aucun ne les a attaqués; et, ce qui est de plus convaincant, ils les ont renouvelés eux-mêmes, en faisant imprimer les principaux; et c'est ce qu'a fait Dosithée, patriarche de Jérusalem, avec l'approbation générale de toute son église.

Qu'on applique donc à ces pièces tous les raisonnements de M. Claude; ils paraîtront si ridicules, qu'ils ne le seront guère moins que ceux du plus téméraire et du plus ignorant de tous ceux qui ont écrit sur cette matière, qui, ne pouvant répondre à l'autorité de Dosithée, a eu la hardiesse de supposer qu'après qu'il eut publié ces décrets au synode de Jérusalem, tout le clergé se révolta contre lui, de sorte qu'il fut obligé de s'enfuir, et d'abandonner son siége qu'il a tenu néanmoins paisiblement plus de trente ans depuis. Tous les faits que M. Claude a allégués ne sont pas plus véritables. Ainsi puisque les Grecs, longtemps avant que la Confession de Cyrille Lucar fût imprimée à Genève, ont soutenu la même doctrine que celle qu'ils ont répandue dans plusieurs écrits; qu'ils s'en sont servis pour combattre et pour condamner les nouveautés de cet apostat; qu'ils l'ont en quelque façon renouvelée par les décrets qu'ils publièrent à cette occasion, et par la publication de la Confession orthodoxe; que les attestations données depuis 1672 y sont entièrement conformes; que sans aucune intervention des Latins ils ont soutenu la même doctrine non seulement dans les livres qu'ils ont imprimés, mais dans le synode où furent condamnés les écrits de Caryophylle; il n'y a pas la moindre raison de douter qu'ils n'aient exposé dans tous les actes produits contre les calvinistes la vraie créance de l'église grecque, ni aucun fondement à supposer qu'on les ait obtenus par de mauvaises voies.

CHAPITRE VII.

Examen de quelques autres objections qui ont été faites sur les attestations produites dans la Perpétuité.

Comme les calvinistes profitent des objections les plus frivoles qui peuvent être faites contre l'autorité des attestations qui ont été produites dans *la Perpétuité*, ils n'ont pas manqué de faire valoir quelques contestations qu'il y a eu entre des catholiques à l'occasion de ces pièces. La grande autorité qu'on donne présentement à des écrits furtifs, à des pièces supposées, à de prétendues *anecdotes* fondées sur des récits de ce qu'on fait dire à des personnes mortes, pourra aussi faire valoir des histoires ridicules sur cette matière, puisqu'on voit des critiques qui les citent sérieusement en toute rencontre. Or, comme les demi-savants sont capables de croire ce qu'ils trouveront sur ce sujet dans le premier recueil de semblables curiosités, nous avons cru qu'il n'était pas inutile de prévenir les mauvais effets que peut produire la facilité qui règne parmi eux à tout croire ce qui leur est nouveau, pourvu qu'il attaque la mémoire des hommes qui ont fait honneur à notre siècle. Ce ne sont guère que ceux-là qu'on voit attaqués dans ces libelles, et en même temps ils nous produisent des hommes dont la réputation a été très-médiocre et souvent très-mauvaise, qui, n'ayant jamais été ni dans les emplois ni dans le grand monde, sayaient ce qui s'était passé de plus secret à la cour, à la ville, dans les cabinets des grands, si on veut croire ceux qui ont recueilli leurs conversations. Après cela, ceux qui n'avaient

aucune connaissance ni des personnes, ni des affaires, ont avec grand soin ramassé toutes ces faussetés; et c'est ce que M. Bayle a fait plus qu'aucun autre dans son Dictionnaire critique. Un huguenot réfugié aura dit à quelqu'un qu'il avait ouï dire à des catholiques que les attestations produites dans *la Perpétuité de la Foi* pouvaient souffrir quelque difficulté; qu'on disait qu'elles avaient été obtenues avec beaucoup de peine et de dépense : cela s'accordait avec la calomnie de M. Claude; il n'en a fallu pas davantage à ce grand critique, non seulement pour assurer qu'elles avaient été achetées, mais il y a ajouté de son chef que *cette dépense avait coûté beaucoup à messieurs de Port-Royal*, qui n'étaient pas en état de la faire. Il s'en trouvera quelque autre qui enchérira, et qui dira la somme, ou qui, sachant par hasard que les affaires de M. de Nointel, au retour de son ambassade de Constantinople, n'étaient pas en fort bon état, dira que la dépense des attestations l'avait ruiné, et il sera cru comme l'a été M. Claude sur toutes les faussetés qu'il a avancées. Nous déclarons donc que nous nous inscrivons en faux contre tout ce qui peut être appuyé sur de telles autorités; et quand ceux qui tâchent de les faire valoir les soutiendront par des preuves qui méritent quelque attention, nous espérons les renverser d'une manière qui ne souffrira aucune réplique.

Quand il y aurait eu quelques catholiques qui auraient pensé sur ces attestations ce qu'on leur a fait dire, il n'y en a aucun qui puisse être cru sur sa parole, contre des preuves aussi certaines que celles qui ont été produites. La plupart n'ont point été nommés; et ceux qui les ont cités, en déguisant leurs noms, leur ont assurément rendu service; car, par exemple, que pouvait-on penser de ce Vénitien, auquel on fait dire des absurdités qui sautent aux yeux, sinon que c'était un homme qui ne savait pas les premiers éléments de la matière dont il parlait, et qui a été démenti publiquement par le représentant de sa république? Croira-t-on les papas de M. Wheeler plutôt que toute la Grèce? Si d'autres ont attaqué les attestations, ce n'a pas été pour dire qu'elles étaient supposées, ni obtenues à force d'argent; ce n'a pas été pour découvrir les mauvaises pratiques que les calvinistes disent avoir été employées pour engager les Grecs à les donner; et c'est cependant de quoi il s'agit.

Il est vrai qu'on a vu dans divers écrits, la plupart anonymes, des réflexions assez ambiguës sur quelques-unes de ces pièces, et on y a déjà répondu il y a plusieurs années. Ce qu'on peut dire de plus certain, est qu'il n'y a rien dans tout ce qu'en a écrit un auteur assez connu, qui donne lieu de croire que son dessein ait été d'attaquer directement les attestations comme fausses ou comme obtenues par de mauvaises voies. Il avait fait quelques autres remarques, dont la principale était que les calvinistes pourraient ne se pas rendre à l'autorité de ces pièces, et qu'il aurait fallu les convaincre par les livres des Grecs. C'est ce qui a été fait dans le troisième volume de *la Perpétuité* (1); et comme il ne convient pas d'entrer dans ce qui peut avoir rapport aux disputes personnelles, il suffit de dire que si on ne l'a pas fait alors suffisamment, on a eu dans la suite de quoi le faire, et les pièces, imprimées depuis peu, de Gennadius, de Mélétius Piga, de Nectarius, de Dosithée et quelques autres, peuvent suppléer à ce qui ne peut pas être fait alors. Enfin ce que cet auteur donna dans quelques traités sur la créance des Grecs, avait été tiré des livres mêmes qu'on avait envoyés de Constantinople, dont on n'avait pu se servir, parce qu'ils n'arrivèrent qu'après l'impression du dernier volume de *la Perpétuité*.

On a dit que les pièces devaient être publiées dans leurs propres langues avec des traductions exactes, et cette pensée était venue d'abord; mais il ne se trouva pas de caractères orientaux, et la mort de M. Colbert rompit ce dessein. On a dit sur cet article qu'il avait été pourvu, autant qu'il était possible, à rendre les originaux publics, en les exposant à la vue de tous ceux qui les voudraient examiner, puisque la plupart avaient été déposés dans la bibliothèque de l'abbaye de Saint-Germain-des-Prés, où ils ont été vus par un nombre infini d'étrangers, sans qu'on en sache un seul qui ait remarqué le moindre défaut ou aucun caractère de supposition. Les originaux de la Confession orthodoxe, de l'acte du patriarche Denis, et du synode de Jérusalem, sont dans la Bibliothèque-du-Roi. Cela étant, ils sont aussi publics en quelque manière que s'ils étaient imprimés; car combien peu y a-t-il de personnes capables d'examiner les originaux en leurs propres langues! Il faut bien que ceux qui ne les savent pas s'en rapportent aux versions qui ont été imprimées, dont la plupart ont été faites dans le pays, et ne sont pas fort élégantes. Il s'y est même glissé quelques fautes; mais on est bien sûr qu'il n'y en a aucune essentielle, ni qui en ait altéré le sens.

Il s'est dit, et cela a été imprimé en quelques livres anonymes, que les jésuites avaient d'autres attestations qui seraient plus authentiques, et qu'ils feraient imprimer dans les langues originales. Ce fait doit être mis au nombre de ces anecdotes dont nous avons parlé ci-dessus, et il est entièrement faux. Le P. Michel Nau, qui était dans les missions de Syrie et de Perse lorsque M. de Nointel était à Constantinople, fut chargé de procurer quelques-unes des attestations de ce pays-là, et il en envoya trois, où il inséra des articles qui n'étaient pas dans les mémoires que cet ambassadeur lui avait envoyés. Il revint ensuite à Paris, et on ne lui a jamais ouï dire qu'il en eût apporté d'autres. On laisse à examiner à toute personne de bon sens, si un religieux particulier, sans autorité et sans caractère, eût été écouté par les patriarches et les métropolitains, s'il leur avait demandé d'autres attestations, plus authentiques que celles qu'ils avaient mises entre les mains de l'ambassadeur. Ils ne l'auraient pu faire quand ils auraient voulu; puisque toutes les formes qui rendent des actes solennels et authentiques ont été observées dans ceux qui ont été cités. Il n'y a pas non plus d'apparence que ce religieux, ni quelque homme que ce pût être, eût osé prier l'ambassadeur de légaliser de nouvelles pièces qu'on aurait supposé meilleures, et plus hors d'atteinte que celles qu'il avait reçues des Grecs. On est au moins très-assuré qu'il n'en a vu ni légalisé aucune, et par conséquent ces actes, quand on les aurait, manqueraient d'une formalité nécessaire pour être regardés comme authentiques. Ainsi ce qui peut avoir donné lieu à ce fait, qui aurait été justifié depuis plus de trente ans, s'il eût été véritable, est que le P. Nau pouvait avoir dit, qu'il avait bien d'autres preuves à donner de la créance des Grecs et des Orientaux, qu'il n'y en avait dans la *Perpétuité de la foi*, et qu'il entendait tout autre chose que des attestations en forme publique, et qu'on a confondu ces deux idées. Il a en effet donné au public, en 1680, un livre intitulé : *Ecclesiæ Græcæ Romanæque vera effigies*, qui est proprement un livre de controverse contre les Grecs, sur les points contestés avec les Latins, où il n'est point parlé de l'Eucharistie, parce qu'il n'y a aucune dispute sur cet article. Ceux qui l'auront lu, pourront juger qu'il avait été plus occupé à ramasser des arguments contre les Grecs qu'à étudier leurs livres, dont il paraît n'avoir eu qu'une médiocre connaissance. Car s'il avait vu les traités de Gennadius, et d'autres contre les Latins, il aurait omis plusieurs choses que les Grecs croient avoir solidement réfutées; et, quoiqu'ils se trompent, il faut néanmoins répondre à leurs subtilités, ce qu'il n'a pas fait. Ainsi comme ce n'est que de lui, qu'on pouvait attendre les pièces plus authentiques que celles de *la Perpétuité*, puisqu'il n'est venu aucun autre jésuite du Levant, sinon lui, vers la fin de cette dispute; il ne faut pas ajouter foi à une histoire qui n'a aucun fondement que des ouï-dire, et celle-là n'en a pas d'autre. Cependant l'auteur, qui est le seul qui en ait eu connaissance, l'a répétée encore depuis peu; mais elle n'en est pas plus véritable.

C'est dans un recueil de pièces attribuées à différentes personnes, quoique le style en soit fort semblable. Le chapitre 22 est une réponse à ce que M. Arnauld avait écrit contre l'auteur dans les difficultés proposées à M. Steyaert. On n'entre point dans les reproches personnels qui ne regardent pas l'Église. M. Arnauld se plaignait qu'on abandonnait la cause de l'Église, lorsque l'auteur avançait que les attestations des églises d'Orient n'étaient pas si convaincantes qu'elles ne souffrissent encore quelque difficulté. Cet article a déjà été éclairci en partie, tant dans les livres qui ont été cités que dans ce que nous avons dit sur ce sujet : et quoique le critique proteste qu'il n'a pas prétendu donner atteinte à la vérité et à l'autorité des attestations, il est néanmoins vrai que les calvinistes se sont prévalus de ces objections pour les rendre suspectes, comme a fait en

(1) Deuxième partie de notre volume II.

dernier lieu l'auteur des Monuments authentiques. Le critique prétend que quand il a dit après cela qu'il n'y avait pas de fait prouvé avec plus d'évidence que la conformité de la créance des Orientaux avec celle de l'Église romaine, en quoi M. Arnauld assurait qu'il s'était contredit, il n'avait *pas eu en vue le livre de* la Perpétuité, *mais ceux de Léo Allatius, d'Abraham Échellensis et de Raynaldus, qui ont donné de bons actes sur cette matière, et que messieurs de Port-Royal n'ont fait presque autre chose que de mettre en français ce qu'ils ont lu en latin dans ces auteurs.* Il ne paraît pas néanmoins que le public en ait ainsi jugé; et même on ne croit pas que personne juge que les livres d'Allatius seuls suffisent à détruire tous les sophismes de M. Claude, ni les faux faits qu'il a avancés. On a pu voir par tout ce qui a été cité dans *la Perpétuité*, et par les pièces que nous avons employées, qu'on n'a presque rien tiré d'Allatius sur ce qui regarde les derniers temps, et même qu'il a fallu souvent le réfuter.

La remarque la plus importante est qu'il y a, dit ce critique, de certaines expressions qui *pourraient donner occasion aux protestants, qui chicanent sur tout, de les tenir pour suspectes; que ce défaut ne doit pas être attribué aux peuples du Levant, qui ont répondu avec sincérité aux questions qu'on leur a proposées, mais à ceux qui les ont adressées, lesquels ne sachant pas assez les manières de ces peuples, ont employé dans le modèle de leurs demandes, de certaines expressions qui ne sont propres qu'aux Latins.* Il dit ensuite, qu'aussitôt que le premier volume de *la Perpétuité* parut, il en fit avertir M. Arnauld, et lui indiqua le remède qui était, comme il le marque ailleurs, de supprimer les attestations où ces défauts se trouvaient. Ce défaut principal est que *les Orientaux ne croient point que le corps et le sang de Jésus-Christ soient dans l'Eucharistie immédiatement après la prononciation de ces paroles :* Hoc est corpus meum, *etc. Cependant plusieurs Orientaux, dans les attestations dont il s'agit, assurent qu'aussitôt que le prêtre a prononcé ces mots,* hoc est corpus meum, *le pain et le vin sont changés au corps et au sang de Notre-Seigneur. Si M. Arnauld avait rejeté les attestations où cela se trouvait, et qu'il n'eût conservé que celles qui mettaient ce changement après ce que l'on appelle dans les Liturgies orientales, l'invocation du Saint-Esprit, les protestants n'auraient pas eu occasion de former contre ces attestations l'objection dont on vient de parler.*

On ne sache néanmoins aucun protestant qui l'ait faite; car leurs plus savants hommes, au rang desquels on ne mettra jamais M. Claude, ont très-peu entendu ces matières liturgiques. C'est donc l'auteur qui l'a formée, et qui n'a pas cependant produit une seule de ces attestations, qui dise que le corps de Jésus-Christ se trouve présent dans l'Eucharistie aussitôt que le prêtre a prononcé ces paroles : *Ceci est mon corps;* mais seulement qu'il y est véritablement, ainsi que Jésus-Christ l'a enseigné par ces mêmes paroles, et quelques-unes, en vertu de ces mêmes paroles. Or c'est n'en savoir pas plus que ces théologiens, dont il parle avec mépris, que d'attribuer aux Grecs une opinion dont ils sont fort éloignés, qui est de croire que les paroles de Jésus-Christ n'opèrent pas dans la consécration, quoiqu'ils attribuent en même temps une grande efficace à l'invocation du Saint-Esprit, et qu'ils ne regardent la consécration comme achevée qu'après que cette prière a été prononcée. Mais nous donnerons ailleurs un éclaircissement particulier sur cet article, parce qu'il ne peut être traité en peu de mots.

L'expédient de supprimer ces attestations prétendues suspectes, aurait été pire que le mal, s'il y en avait aucun, et contraire à la bonne foi qu'ont observée les auteurs de *la Perpétuité* dans cette dispute. C'est pourquoi ils donnèrent les trois attestations dans lesquelles le P. Nau inséra des articles qui regardaient les matières de la grâce ; car on sait bien qu'elles étaient entièrement inutiles au sujet, et elles étaient plus capables de rendre ces actes suspects, que toutes les autres choses que remarque cet auteur. Que n'aurait pas dit M. Claude, et avec raison, si on avait supprimé des pièces, parce qu'elles auraient pu porter avec elles un caractère de fausseté et de suggestion, capable d'éblouir les simples! Car il pouvait dire : *Ces bons Lévantins ne savent certainement ce que c'est que l'hérésie qu'ils condamnent ;* c'est ainsi qu'ils ont condamné le calvinisme, et les conséquences sont aisées à tirer. Cependant elles sont très-fausses, puisque sans entrer dans une longue discussion des disputes qu'il y a eu sur ce sujet, ils reconnurent d'abord que ce qu'on leur proposait était contraire à la sainte Écriture, et à la créance commune des chrétiens, comme ils condamnèrent les calvinistes sans avoir lu les gros livres de M. Claude, ni d'Aubertin. Cela fait voir en passant ce qu'on devait attendre de ces prétendues attestations plus authentiques que ces premières.

Mais, dit le critique, *il les aurait données dans leurs langues ;* comme si cela importait beaucoup. Cela n'eût rien fait à l'égard de M. Claude qui n'en savait aucune ; ni à l'égard du commun des calvinistes, qui n'ont pas été plus touchés des passages syriaques et arabes qui ont été insérés dans les notes sur Gabriel de Philadelphie, que des traductions qui en ont été données dans *la Perpétuité*, ni du grec qui se trouve dans quelques autres ouvrages. La conclusion de toute cette critique est donc que les attestations peuvent être bonnes, quoiqu'il paraisse qu'il en excepte quelques-unes, mais que ces pièces-là ne sont pas si propres à confondre les calvinistes que de leur citer des auteurs grecs, reçus dans toute leur église comme orthodoxes.

Il semble que les auteurs de *la Perpétuité* ne l'aient point fait, et ils en ont néanmoins beaucoup plus cité que celui qui les critique. Quand il donna au public les ouvrages de Gabriel de Philadelphie, il ne cita aucun auteur grec qui n'eût déjà été cité. Au bout de quelques années tous ceux qu'il cita lui furent communiqués par un des amis des auteurs de *la Perpétuité*, et ils étaient à eux ; ce fut ainsi qu'il en eut connaissance. Il y en a beaucoup d'autres qui n'étaient pas encore connus, et même qui le sont à peine, quoiqu'ils aient été imprimés en Moldavie et en Valachie. On n'accusera pas un théologien d'être ignorant et de ne pas savoir la matière dont il écrit, parce que tous les livres ne lui ont pas passé par les mains. La Confession orthodoxe était si peu connue, quoiqu'on en eût fait deux impressions, que les premiers exemplaires qui vinrent à Paris furent ceux que Panaiotti donna à M. de Nointel. Tous ces livres ont été cités dans la Réponse générale, ou dans le vol. 3 de *la Perp.* (part. 2 de notre tom. 2), et l'acte authentique du patriarche Denis fut imprimé en grec et en latin en 1677, avec le synode de Jérusalem.

Il dit sur cette dernière pièce, qu'il est à craindre que les protestants ne l'aient pour suspecte, parce que M. Claude y est nommé. Cette raison n'a pas touché M. Allix, et ne touchera personne qui fera réflexion à la matière ; car comment une réponse synodale, dressée par le patriarche de Jérusalem sur les extraits qu'on lui avait envoyés de ce que ce ministre avait écrit touchant la créance des Grecs, pouvait-elle être donnée sans faire mention de l'auteur de toutes les faussetés qui y sont réfutées ? On aurait pu écrire autrefois de cette manière sur le synode de Jérusalem, mais il est difficile de comprendre qu'on puisse le faire, après que tout ce qui a rapport à ce synode a été si amplement éclairci ; et on ne reprochera point à ce critique d'avoir ignoré que toute la pièce qui fut envoyée manuscrite au roi, a été imprimée sous le titre d'*Enchiridion* en Moldavie par les soins du patriarche Dosithée ; ainsi toutes les critiques sont finies à cet égard.

Il dit aussi qu'il a donné un témoignage authentique de *Gennadius, patriarche de Constantinople*, sur le mot transsubstantiation. Messieurs de Port-Royal, qui avaient le livre de Mélèce Syrigus, d'où je l'ai pris, n'en ont fait aucune mention. Il est surprenant que ces messieurs, qui n'ont rien oublié pour avoir des attestations du Levant, n'aient pas eu la curiosité de visiter la Bibliothèque-du-Roi, et les autres bonnes bibliothèques de Paris, où ils auraient pu trouver les nouveaux actes que j'ai produits dans le livre de la croyance de l'église orientale sur la transsubstantiation. Mais il est encore plus surprenant que cet auteur ne se souvienne pas que ces nouveaux actes qu'il a produits sont tirés du propre manuscrit de Syrigus, que lui prêta une personne de leurs amis, et qu'il n'en a pas donné d'autres. Il ne peut pas non plus ignorer que Syrigus, ni l'homélie de Gennadius, n'ont jamais été dans la Bibliothèque-du-Roi. Tout le mystère qu'il y a sur ce qu'on n'a pas donné d'extrait ni de traduction de ce que Syrigus cite de Gennadius, est que ce manuscrit arriva comme l'impression était achevée ; de sorte qu'on ajouta, hors d'œuvre, l'éclaircissement sur le mot de *transsubstantiation* ; et l'extrait de Gennadius fut oublié par la négligence de ceux qui eurent soin de l'impression. Celui qui avait fait cet extrait n'étant pas à Paris.

Les auteurs de *la Perpétuité* ne se sont point vantés de savoir les langues orientales ; mais indépendamment de cette érudition, ils ont donné dans leur ouvrage plus de choses rares tirées des livres orientaux que personne n'en avait encore produit, et beaucoup plus que celui qui les critique. On a cité dans celui-ci un très-grand nombre d'auteurs arabes et syriaques, et les liturgies cophtes et éthiopiennes ; si quelque calviniste croyait éluder l'autorité de ces témoignages parce que nous ne les citons pas en leur langue, ce n'est pas notre faute, puisqu'il n'y a pas ici de ces caractères. Il suffit que les traductions soient fidèles, comme sont celles des pièces insérées dans *la Perpétuité* : s'il y a quelques fautes, comme il en est échappé quelques-unes, elles ne vont pas à donner un faux sens dans des choses essentielles, et même ce critique en reprend quelques-unes sans aucun sujet, comme les mots français ou latins qui signifient les sacrements. Car il est certain que les Grecs et les chrétiens, parlant arabe, entendent par les noms qu'ils leur donnent, ceux qui sont en usage parmi nous.

Jamais, depuis le renouvellement de la théologie, on n'a cité plus d'auteurs ni de témoignages qu'ont fait les auteurs de *la Perpétuité*. S'ils n'ont pas eu connaissance de quelque livre, cela ne fait pas un grand tort à leur ouvrage, mais il n'est pas permis de le leur reprocher, quand on n'en a pas cité d'autres que les leurs, si ce n'est quelques-uns fort étrangers à la matière. Si on traitait leur critique avec la même rigueur, on pourrait avec plus de raison lui demander pourquoi, faisant tant de livres sur la créance des Orientaux, il n'a pas cité un seul théologien jacobite ou nestorien, sinon ce qu'il a trouvé dans Échellensis ; qu'en citant les Liturgies cophtes, il n'a pas cité le texte égyptien, ni la confession avant la communion, ni aucun auteur mahométan, en parlant de leur religion. Ce ne seront donc pas de pareilles objections qui diminueront l'autorité des attestations, et encore moins des faits qu'on veut bien croire qu'il n'a pas inventés ; mais comme on sait certainement qu'ils ne sont pas vrais, le plus court est de n'en faire aucune mention.

CHAPITRE VIII.

Si dans les attestations des Grecs et des autres chrétiens d'Orient, il se trouve des expressions et des dogmes qui fassent croire qu'on peut soupçonner qu'elles leur ont été suggérées.

Cette question est presque la seule qui mérite d'être examinée, toutes les autres objections qui ont été faites contre la sincérité et l'authenticité des attestations, ne méritant pas la moindre attention ; de sorte que ce que nous en avons dit, a plutôt été pour montrer aux ennemis de l'Église qu'on est en état de leur répondre sur tout, que par la crainte que de si faibles arguments ne fissent impression sur ceux qui cherchent de bonne foi la vérité. Celui-ci a quelque chose de spécieux, et l'auteur qui l'a fait valoir dit que les protestants ont fait cette objection, quoique, dans les livres où ils ont parlé de ces pièces, on ne trouve pas qu'ils l'aient employé contre les catholiques ; car, comme il a déjà été remarqué, la foi et la discipline des Grecs et des Orientaux est si peu connue aux plus savants protestants, qu'il y a tout sujet de croire que cette réflexion ne leur est pas venue dans l'esprit, et moins à M. Claude qu'à aucun autre. Voici donc en quoi consiste la force de l'objection :

Les Grecs, dit-on, *et les Orientaux ne croient point que le corps et le sang de Jésus-Christ soient dans l'Eucharistie, immédiatement après la prononciation de ces paroles* : Hoc est corpus meum, *etc. Messieurs de Port-Royal en conviennent eux-mêmes*, ce qui pourrait être contesté. *Cependant plusieurs Orientaux assurent dans les attestations dont il s'agit, qu'aussitôt que le prêtre a prononcé ces mots, le pain et le vin sont changés au corps et au sang de Notre-Seigneur.*

Nous dirons d'abord qu'il est vrai que les Grecs croient que la consécration ne se fait pas par les seules paroles de Jésus-Christ, mais que les prières de l'Église y concourent, et qu'ils regardent la consécration comme achevée, lorsque le prêtre a prononcé l'*invocation du S.-Esprit*, peu de temps après avoir prononcé les paroles de Jésus-Christ. Mais ils n'entrent pas si avant dans la question qu'ont faite plusieurs scolastiques qui avaient ému cette question avant le concile de Florence, comme il paraît par ce qu'en ont écrit Cabasilas et Siméon de Thessalonique. (Expos. lit. c. 29 et 30.) Nos théologiens accusaient les Grecs, comme d'autres firent dans les dernières sessions du concile de Florence, de ce qu'ils ne croyaient pas que les paroles de Jésus-Christ fussent suffisantes pour la consécration, puisqu'ils ajoutaient la prière de l'invocation du S.-Esprit, par laquelle ils demandaient à Dieu qu'il l'envoyât sur les dons proposés, et qu'il les fît le corps et le sang de Jésus-Christ. Les Grecs, comme il paraît par deux chapitres entiers de Cabasilas soutenaient leur pratique par la tradition et par l'autorité de leurs Liturgies ; ils montraient par plusieurs passages des anciens, que les prières de l'Église ne diminuaient point l'autorité des ministres sacrés, ni la puissance des paroles de Jésus-Christ : ils interprétaient les paroles du canon latin : *Jube hæc perferri per manus sancti angeli tui*, etc., dans le même sens que leur invocation du S.-Esprit ; mais on ne voit pas qu'ils aient jamais enseigné que les paroles de Jésus-Christ n'eussent aucune efficace, ni qu'ils aient dit que la consécration ne se faisait que dans le moment que l'invocation était achevée, mais seulement qu'alors la consécration était consommée. Au contraire, supposant tous que les paroles de Jésus-Christ sont nécessaires, et qu'elles ne servent pas seulement à rappeler en mémoire ce qu'il fit en instituant l'Eucharistie, mais qu'elles ont une vertu sanctificative pour les dons qui doivent être consacrés, on ne peut dire qu'ils leur ôtent toute l'efficace. Sur cela, ils citent ordinairement le fameux passage de S. Jean Chrysostôme, que *comme ces paroles*, croissez et multipliez, *ayant été dites une fois, opèrent continuellement par la toute-puissance de Dieu, de même celles de Jésus-Christ opèrent continuellement* par le ministère et les prières des prêtres ; car il est à remarquer que Cabasilas ne dit pas que tous les Latins, mais quelques-uns, trouvaient à redire à la discipline de l'église grecque : et comme tout son discours, de même que celui de Siméon de Thessalonique, tend principalement à prouver que les prières jointes aux paroles de Jésus-Christ ne sont pas inutiles, mais nécessaires, pour attirer la grâce du S.-Esprit, auteur et consommateur des sacrements, on peut reconnaître qu'ils ne combattaient pas la nécessité des paroles de Jésus-Christ, ni la foi commune de l'Église, mais l'opinion de quelques particuliers qui soutenaient qu'un prêtre disant ces paroles sacrées, même hors de la messe, en quelque manière que ce fût, pouvait consacrer, et qui attaquaient très-mal à propos les prières, comme si elles n'étaient que pour la bienséance, et pour exciter l'attention. Ainsi les Grecs n'avaient pas les opinions extravagantes que leur attribue Arcudius, et la preuve en est claire dans le concile de Florence. Car toutes ces mêmes objections ayant été proposées par Turrécrémata ne purent engager le pape à rien faire insérer sur cet article dans le décret de l'union.

Les Orientaux n'ont jamais entendu parler de cette dispute, et quoiqu'à l'exemple des Grecs ils aient *l'invocation du S.-Esprit* dans toutes leurs Liturgies, qu'ils croient la consécration achevée seulement lorsque cette prière a été prononcée, ils reconnaissent la vertu et la nécessité des paroles de Jésus-Christ. Denis Barsalibi, jacobite, en parle ainsi dans son commentaire sur la Liturgie de S. Jacques : *Le prêtre dit les mêmes paroles que le Seigneur prononça lorsqu'il accomplit ce mystère dans le cénacle, afin qu'on entende que c'est le Seigneur même qui sanctifie les fruits de la terre proposés sur l'autel, par la volonté de son Père et par l'opération du Saint-Esprit, par le ministère du prêtre qui forme les signes de croix et qui prononce les paroles.* Aussi dans toutes les Liturgies orientales, les paroles de Jésus-Christ se disent toujours, et avec une attention particulière. On sait bien qu'il y en a trois syriaques où elles sont comme en abrégé ou sous-entendues, mais on les doit plutôt corriger par les autres, que de prétendre réformer celles-ci au nombre de plus de cinquante, par celles-là qui sont récentes et peu en usage.

Enfin une preuve assez considérable que, nonobstant l'opinion qu'ils ont, de même que les Grecs, touchant l'efficace et la nécessité de l'*invocation du Saint-Esprit*, les paroles de Notre-Seigneur ont aussi leur effet, selon eux, et que dans les Liturgies des coptes, qui sont assurément très-anciennes, après les paroles le peuple dit : *Amen*, ce qui est marqué non seulement dans les exemplaires en langue égyptienne, mais aussi dans le texte grec de celles de S. Basile et de S. Grégoire qui sont à la Bibliothèque-du-Roi, où cet *Amen* est expliqué en marge par des paroles coptes, qui signifient *cela est ainsi en vérité*. De plus les Éthiopiens, qui ont tiré presque tous leurs rites des Égyptiens, principalement la Liturgie, disent en cet endroit, outre l'*Amen* : *Ceci est véritablement votre corps*, *ceci est véritablement votre sang; nous le croyons, nous en sommes certainement assurés*. Il est vrai qu'on peut dire que cet *Amen* a plus de rapport à la reconnaissance que font ces chrétiens de la vérité des paroles évangéliques récitées par le prêtre, qu'à une confession spéciale sur la vérité du changement fait par celles-ci : *Ceci est mon corps*, etc.; car, dans le rit cophte, *Amen* est répété plusieurs fois après *benedixit*, *fregit*. Cependant rien n'empêche qu'on ne les rapporte également à l'un et à l'autre objet de la foi de l'histoire évangélique, et du changement des dons proposés au corps et au sang de Jésus-Christ:

La Liturgie éthiopienne marque ce dernier sens expressément; cela n'empêche pas que dans ces mêmes rites, *l'invocation du Saint-Esprit* ne se dise ensuite précisément telle qu'elle est dans les Liturgies grecques, et qu'on ne demande à Dieu qu'il envoie son Saint-Esprit sur les dons proposés, et qu'il les fasse le corps et le sang de Jésus-Christ ; de même que les passages de S. Jean Chrysostôme, si exprès pour prouver que ces paroles opèrent continuellement, comme celles-ci : *Crescite et multiplicamini*, ne l'ont pas empêché de parler de l'opération du Saint-Esprit, marquant l'invocation d'une manière qui ne souffre aucune autre interprétation.

On n'a jamais soupçonné d'erreur les anciennes églises d'Espagne, où après les paroles de la consécration, on disait ces prières : *Hæc nos, Domine, instituta et præcepta retinentes, suppliciter oramus uti hoc sacrificium suscipere, benedicere et sanctificare digneris, ut fiat nobis Eucharistia legitima, in tuo Filiique tui nomine et Spiritûs sancti in transformationem corporis et sanguinis Domini Dei nostri Jesu Christi unigeniti Filii tui, per quem hæc omnia*, etc. Dans une autre l'invocation du Saint-Esprit se trouve en termes exprès : *Descendat, Domine, in his sacrificiis tuæ benedictionis coæternus et cooperator paraclitus Spiritus, ut oblationem quam tibi de tuâ terrâ fructificante porrigimus, cælesti permuneratione, te sanctificante, sumamus : ut, translatâ fruge in corpore, calice in cruore, proficiat meritis quod obtulimus pro delictis*. On n'a pas non plus accusé l'ancienne église gallicane d'aucune erreur, et néanmoins, dans son ancien Missel on trouve cette prière : *Descendat, precamur, omnipotens Deus, super hæc quæ tibi offerimus, Verbum tuum sanctum; descendat inæstimabilis gloriæ tuæ Spiritus*, etc. Nous pourrions citer un grand nombre d'autres passages tellement conformes à l'invocation des Grecs et des Orientaux, que ce sont presque les mêmes paroles; mais ce qui a été rapporté suffit pour faire voir que les églises d'Espagne, gothiques et mosarabes, l'ancienne gallicane et d'autres, où jamais il n'y a eu ni doute ni dispute sur l'efficace des paroles de Jésus-Christ, ont eu néanmoins des prières fort semblables à l'*invocation du Saint-Esprit* pratiquée par les Grecs et par les Orientaux ; qu'ainsi la seule raison de cette prière ne suffit pas pour prouver qu'ils ne croient pas qu'elles contribuent à la consécration. C'est néanmoins ce qu'ont supposé ceux qui ont remarqué en quelques attestations, ce qui s'y trouve sur l'efficace des paroles de Jésus-Christ, comme un sujet légitime de les soupçonner d'avoir été dressées par des Latins.

La première pièce qui a été citée dans *la Perpétuité*, a été l'écrit qu'un gentilhomme modalve donna à Stockholm à feu M. de Pomponne, pendant son ambassade de Suède, où on lit ces paroles : *Quia credimus panem et vinum per verba Domini substantialiter et verè mutari, ac transsubstantiari in corpus et sanguinem, ita ut post consecrationem non maneat substantia panis et vini, sed loco ipsorum corpus et sanguis Christi per divinam operationem et voluntatem succedat*. Dans celles qui furent publiées dans le même volume, on trouve d'abord l'attestation des Grecs du patriarcat d'Antioche, dans laquelle il est dit seulement que *l'Eucharistie est véritablement et substantiellement le corps et le sang de Jésus-Christ par la vertu de la consécration* : il en est de même de l'écrit du métropolitain de Gaza, et des autres qui parurent avec le premier volume de *la Perpétuité*.

C'est donc seulement sur le premier qu'on fit, à ce qu'on suppose, avertir M. Arnauld de ce défaut, et qu'on marqua en même temps le remède qui était fort inutile, puisque le livre était imprimé et distribué, et c'était de rejeter les attestations où cela était, et rien n'eût été plus contraire à la bonne foi. On ajoutera en passant que ces avis donnés aux auteurs de la *Perpétuité*, ainsi que divers autres faits qui se trouvent répandus dans ces écrits anonymes et imprimés furtivement, sont des choses dont ceux qui ont été dans la plus grande liaison avec eux n'ont jamais ouï parler. Enfin, supposant que ces avis leur aient été donnés, ils auraient fait une grande faute de les suivre sur ce principe, que les Orientaux ne croient point que le corps et le sang de Jésus-Christ soient dans l'Eucharistie immédiatement après les paroles sacramentelles.

Car celui qui dit que les paroles de Jésus-Christ seules ne font pas la consécration entière et parfaite, ne dit pas pour cela que les paroles n'opèrent pas, et ces deux propositions sont fort différentes. Or tous les Grecs et Marc d'Éphèse lui-même reconnaissent une opération antécédente des paroles sacrées, qui est accomplie par les paroles de Jésus-Christ. *Nous croyons*, dit Cabasilas, *qu'ici la parole de Notre-Seigneur est ce qui opère le sacrement, mais par le prêtre, par son invocation et par la prière*. De même Siméon de Thessalonique : *Nous célébrons les mystères de la terrible communion par l'invocation de l'Esprit divin, par les paroles de Jésus-Christ, et par les prières des prêtres*. Marc d'Éphèse : *Ce n'est donc pas que nous ayons confiance à notre prière, ni parce que nous croyons que ces paroles n'aient aucune force, que nous prions sur les dons proposés, et que nous croyons qu'ils sont ainsi consacrés ; mais nous confessons que les paroles conservent leur propre force, et nous faisons voir la puissance du sacerdoce sacré, qui achève tous les sacrements, par l'invocation du S.-Esprit, qui opère par lui*. Gabriel de Philadelphie : *La forme du sacrement de l'Eucharistie est* antécédemment dans les paroles de Notre-Seigneur : Prenez, mangez, ceci est mon corps, *auxquelles on ajoute ensuite les prières que le prêtre dit*. Grégoire protosyncelle : *Après que le prêtre a dit les paroles de Notre-Seigneur*, prenez, mangez, ceci est mon corps, *etc.*, *avec ces paroles, et l'invocation que fait le prêtre aussitôt, la substance du pain est changée et convertie au véritable corps et au sang réel de Jésus-Christ, ne restant que la blancheur, la douceur, la quantité et l'odeur qu'on appelle accidents... Nous n'avons pas cette opinion, que le prêtre, qui est un homme, change les choses saintes; mais il invoque* (le S.-Esprit) *et il prononce les paroles de Notre-Seigneur qui opèrent le changement.* Il n'est donc point contre la théologie des Grecs, d'attribuer de l'efficace aux paroles de Jésus-Christ, et c'est aussi ce qu'a dit le gentilhomme moldave dans son écrit, que *le pain et le vin sont changés substantiellement par les paroles de Notre-Seigneur, en sorte qu'après la consécration*, ajoute-t-il, *la substance du pain et du vin ne reste plus*, etc. Que veut dire *après la consécration*, dans la bouche d'un véritable Grec, tel qu'était ce Moldave, sinon après l'invocation du S.-Esprit? Il n'y a donc rien dans ces paroles qui soit contraire à la doctrine commune de l'église grecque, puisqu'elles ne disent point que les paroles étant prononcées, le changement soit fait *immédiatement* après, ce que le critique ajoute de son chef; car cette parole ne se trouve pas dans l'écrit dont il est question, ni dans les attestations des Syriens publiées dans le troisième volume.

Il est vrai que dans celles-là il peut y avoir quelque difficulté, quoiqu'elle ne soit pas de si grande conséquence, sinon pour l'acte des Grecs d'Antioche; car pour les Syriens et les autres jacobites, ils s'expliquent plus simplement, et, comme il a été remarqué ci-dessus, ils n'ont aucune connaissance des disputes qui ont été sur ce sujet entre les Grecs et les Latins. Quoi qu'il en soit, quand parmi un si grand nombre d'attestations, il s'en trouverait deux ou trois où il y aurait quelque défaut, on a assez d'autres preuves d'ailleurs pour se passer de celles-là, dont on ne pouvait pas avoir fait avertir M. Arnauld, puisqu'elles parurent les dernières en 1674 dans le troisième volume. On ne jugea pas néanmoins qu'il fallût les supprimer, non seulement parce que ce procédé eût pu donner aux protestants des soupçons légitimes; mais parce qu'il y aurait eu lieu de croire qu'on aurait voulu cacher de propos délibéré des articles dont on n'avait demandé aucun éclaircissement. Le P. Nau les ajouta; et si c'est lui qui a dressé les réponses que M. de Nointel reçut par ses mains, il outre-passa sa commission, puisqu'on est très-certainement informé qu'on ne lui envoya que des questions à proposer aux chrétiens de ce pays-là, comme elles avaient été proposées aux autres, et qu'on ne le chargea point de dresser les réponses.

Le fait qu'on avance sans aucune preuve, que c'est le missionnaire qui les a dressées, nous est entièrement inconnu; mais il faut d'autres autorités que celle de ce critique pour le rendre croyable, quoique cela importe peu, puisqu'il n'y aurait pas grande perte à abandonner ces attestations. Mais ce que nous savons certainement, est qu'il ne se trouve aucun témoin qui ait ouï dire rien de semblable au P. Nau après son retour en France; et ceux qui l'ont pratiqué n'ignorent pas qu'il ne savait pas assez d'arabe pour composer ces pièces, et qu'il était assez savant pour n'y pas insérer de certaines choses qu'on peut pardonner aux Orientaux, mais non pas à un homme qui a quelque connaissance de l'histoire ecclésiastique. Quand il les aurait composées, on ne peut contester que les patriarches, métropolitains et autres ecclésiastiques ne les aient signées; ils ont donc approuvé ce qu'elles contiennent; et cela suffit, puisqu'on prouve d'ailleurs par les certificats des consuls que les signatures sont véritables. Enfin, quand trois ou quatre attestations de Syriens seraient défectueuses, par la faute de qui que ce puisse être, par ignorance ou par mauvaise foi, cela ne fait aucun préjudice aux témoignages rendus si solennellement par les Grecs, qui ont parlé de leur chef et sans suggestion, et qui ont déclaré en même temps, sans en être requis, que tous les Orientaux étaient dans la même créance qu'eux sur l'Eucharistie. Il y a seulement une réflexion à faire, qui est qu'on peut juger, par cet échantillon, quelles pouvaient être les attestations plus authentiques que devait publier ce missionnaire, si on veut croire celui qui veut rendre les autres suspects, puisqu'apparemment elles auraient été du caractère de celles-là, c'est-à-dire, très-défectueuses, si on admet la critique qu'il en a voulu faire.

CHAPITRE IX.

Remarques et éclaircissements sur les attestations et sur les autres pièces qui ont été produites dans la dispute sur la perpétuité de la foi.

On doit rendre cette justice aux auteurs de *la Perpétuité*, que dans le premier volume de leurs réponses, ils donnèrent plus d'éclaircissements sur cette question, que personne n'en avait encore donné; outre qu'ils les soutinrent par des raisonnements si solides, qu'on s'en est depuis très-heureusement servi, pour faire des recherches qui ont mis la vérité dans tout son jour. Comme ils reconnurent qu'on manquait d'informations certaines sur la créance et sur la discipline conservées en ces temps-ci, parmi les chrétiens séparés de notre communion, ils crurent qu'un moyen très-simple et très-naturel était de s'en informer sur les lieux. Ce fut ainsi qu'on obtint les premières pièces, entre autres l'écrit du seigneur moldave, contre lequel les calvinistes ne peuvent rien dire.

Car on ne peut ignorer que les Moldaves et les Valaches sont soumis au patriarche de Constantinople, et qu'ils ne professent la religion grecque. Le vayvode Basile fit tenir le synode de Jassi où fut condamnée la Confession de Cyrille Lucar, et où le premier projet de la Confession orthodoxe fut dressé par Mélèce Syrigus. Depuis très-longtemps, mais particulièrement depuis 1682, les vayvodes de Moldavie et de Valachie ont fait imprimer à leurs dépens plusieurs livres qui contiennent la même doctrine que celle qui se trouve dans l'écrit du seigneur moldave. Il ne peut donc être soupçonné en aucune manière.

La lettre de feu M. Oléarius à M. l'abbé de Pontchâteau (1) est une pièce incontestable, sur laquelle les calvinistes ni les critiques n'ont eu rien à dire, mais qui aurait dû ouvrir les yeux aux plus aveugles. M. Claude avait eu la hardiesse de traiter M. Oléarius comme un voyageur ignorant, dont le témoignage ne pouvait pas être comparé à ses prétendues démonstrations ; et cela parce qu'il croyait qu'il n'était plus en vie pour le confondre, et vraisemblablement il n'avait pas lu le Voyage de ce savant homme ; car tout autre y aurait reconnu une profonde capacité, une exactitude parfaite, et un air de vérité et de sincérité, qui seul ôte tout soupçon aux lecteurs que l'auteur se trompe ou qu'il veuille tromper. Parce que ce témoignage incommodait M. Claude, il le rejeta avec mépris ; et sur l'avis qu'en eut M. Oléarius, il écrivit cette lettre. Un autre que ce ministre aurait avoué de bonne foi qu'il s'était trompé, et il aurait fait réparation à celui qu'il avait offensé. Mais ce n'était pas là son caractère, puisqu'il ne s'est jamais rétracté sur rien. Cette lettre sert donc à faire voir le peu de sûreté qu'il y avait à le croire, puisqu'après s'être trompé si grossièrement sur la foi des Moscovites, il continua depuis toujours à soutenir ce qu'il avait dit, même après avoir été confondu et démenti par un témoin oculaire, qui n'avait rien écrit que de conforme aux relations des meilleurs auteurs, et selon la notoriété publique. On en doit aussi tirer une conséquence très-certaine pour ce qui regarde la créance des Grecs, puisqu'on sait assez que les Moscovites et eux font une même église ; que le patriarche de Constantinople a la même autorité en Moscovie que le pape dans l'Église latine, et qu'ainsi celui qui connaît la foi des uns, connaît celle des autres.

Ce témoignage de M. Oléarius n'a été contredit par personne depuis plus de quarante ans, et nous ne voyons pas qu'il ait été attaqué par la moindre critique, qui n'aurait pu être que très-absurde. Car outre les preuves que nous avons d'ailleurs que les Moscovites croient la présence réelle et la transsubstantiation, qui sont confirmées par l'acte donné par feu M. de Gondrin, archevêque de Sens, touchant l'entretien qu'il eut avec les Moscovites qui étaient alors à Paris, on a su depuis que la Confession orthodoxe avait été traduite en langue moscovite, et ceux qui croient ce qu'elle contient sont assurément dans la créance commune de l'Église touchant la présence réelle et la transsubstantiation.

Il n'y a rien de particulier à dire touchant l'écrit de Païsius, métropolitain de Gaza, ni touchant les réponses des Arméniens. On en a vu ici un assez grand nombre, et ce même évêque, qui a fait imprimer la Bible en arménien, en Hollande, avait passé à Paris,

(1) Voy. tom. 1 *Perp*., liv. 12.

où plusieurs personnes avaient appris de sa bouche ce qu'il a donné par écrit dans ses réponses.

Les autres pièces qui parurent dans le premier volume de *la Perpétuité* sont une attestation des Arméniens d'Alep, et une des Syriens de Damas. Celui qui les procura fut feu M. l'abbé Jannon, obédiencier de Saint-Just de Lyon, homme de naissance, d'une vertu et d'une probité tellement connues, qu'on ne pouvait pas le soupçonner d'être capable de prendre part à la moindre supercherie. Il était retiré à Paris, où il est mort ; et se souvenant d'avoir ouï dire plusieurs fois à M. Picquet, son ami particulier, qui avait été consul de France à Alep, que les Orientaux n'avaient pas d'autre créance que la nôtre sur l'Eucharistie, il l'exhorta à écrire dans le pays, et à faire venir quelques actes qui pussent servir à éclaircir la vérité. M. Picquet était fort aimé en ces pays-là, ayant exercé le consulat à la satisfaction de tout le monde ; il avait beaucoup de piété, et, par cette raison, il embrassa l'état ecclésiastique pour s'employer aux missions, dans lesquelles il est mort en réputation de sainteté, après avoir été fait évêque de Césaropolis. C'est par la médiation d'un homme de cette réputation que vinrent ces premières pièces, qui furent suivies de diverses autres, toutes dans la forme la plus authentique, et légalisées par les consuls, dont la plupart ont laissé une mémoire très-honorable de leur bonne conduite. On ne croit pas faire tort aux Anglais que M. Claude a cités, dont aucun néanmoins ne lui a fourni que des mémoires informes, et des lettres particulières, quand on dira que leurs témoignages ne peuvent pas être préférés à celui de nos ambassadeurs, de nos consuls et de nos évêques missionnaires. Ils ont cet avantage par-dessus les autres, que jamais les actes qu'ils ont envoyés n'ont été contestés par les chrétiens du pays ; qu'ils sont conformes à la créance et à la discipline que nous connaissons d'ailleurs ; que les relations les plus estimées les confirment, au lieu que les pièces que les protestants ont produites depuis cette dispute, et même avant qu'elle fût commencée, sont détruites par les connaissances certaines que nous avons du contraire de ce qu'elles contiennent, par le récit et les relations de plusieurs personnes dignes de foi, par d'autres actes incontestables, et par les livres, enfin par ceux du pays.

Pour ce qui regarde l'église grecque, on n'avait produit dans le premier tome de *la Perpétuité* aucun acte nouveau de l'église de Constantinople, mais seulement ceux que nous venons de marquer. Les auteurs s'étaient contentés de citer les deux synodes tenus en 1638 et en 1642, contre la Confession de Cyrille Lucar, qui avaient été imprimés ; et quoique leur autorité dût être regardée comme décisive, les calvinistes, suivant leur coutume, avaient fait diverses objections ridicules, dont M. Claude avait formé ses démonstrations pour prouver que les Grecs ne connaissaient ni la transsubstantiation, ni l'adoration de l'Eucharistie. Il fallait bien néanmoins que ceux qui composèrent ces deux assemblées crussent l'une et l'autre, puisqu'ils déclaraient synodalement que telle était la doctrine de leur église, et qu'ils condamnaient avec anathème ceux qui enseignaient le contraire. Ils étaient donc de faux Grecs et latinisés, selon M. Claude, et c'est aussi ce qu'il a soutenu avec une présomption d'une espèce toute nouvelle ; car on peut contester un raisonnement, et en défendre la fausseté par des sophismes qui embrouillent la matière , et , dans l'obscurité, on peut faire valoir les plus mauvaises raisons, mais, avant M. Claude, il était inouï qu'on voulût établir des faits contestés par des raisons encore plus contestables.

C'est cependant ce qu'il avait fait : Cyrille de Berroée et Parthénius étaient donc, selon lui, de faux Grecs, par conséquent tout ce qu'ils avaient fait contre Cyrille Lucar était sans autorité et subreptice. Il ne s'embarrassait pas d'assurer en même temps que les métropolitains , les évêques et les officiers de la grande église étaient aussi de faux Grecs ; ce qui n'était pas moins nécessaire à prouver, que ce qu'il disait de ces deux patriarches ; car quand un patriarche aurait des opinions particulières, et même qu'il serait hérétique, tout son clergé ne le devient pas pour cela, témoin Cyrille Lucar qui ne trouva pas un seul défenseur dans ces deux synodes. L'histoire fournit assez d'exemples, qui font connaître qu'en semblables occasions l'erreur n'a jamais prévalu, lorsqu'elle n'était soutenue que par les patriarches, et même qu'ils ont toujours succombé lorsqu'ils ont entrepris de la soutenir, ce que Dosithée a remarqué dans son *Enchiridion*.

L'attestation produite dans le troisième tome prouve donc d'une manière incontestable que tout ce qui avait été décidé contre Cyrille et sa Confession dans les deux synodes, était entièrement conforme à la créance de l'église grecque, et satisfait à plus que ce que M. Claude n'avait demandé. Ce n'est pas une pièce informe, et sous seing privé comme celle de Cyrille, c'est un acte signé par le patriarche Denis qui tenait le siége de Constantinople, par trois qui l'avaient précédé dans la même dignité, et trente-sept métropolitains ou évêques ; il est écrit et contre-signé par le grand rhéteur, et inséré dans les archives de la grande église ; il est écrit en une grande feuille collée sur une étoffe de soie rouge, avec le sceau patriarcal à lacs de soie, où est le nom du patriarche.

Dès que Cyrille eut donné sa Confession, et qu'on en eut quelque connaissance confuse par les exemplaires qui furent portés dans le Levant, les Grecs commencèrent à murmurer, et ils n'en seraient pas demeurés-là, s'il ne l'avait plusieurs fois désavouée avec serment. L'attestation de Denis a été publiée d'abord en français, ensuite en grec et en latin en 1677. Il ne s'est cependant trouvé, depuis un si long espace de temps, aucun Grec qui l'ait attaquée, parce qu'il était aisé d'y reconnaître la véritable créance de l'église grecque, de même qu'on reconnut d'abord la fausseté de celle de Cyrille. M. Claude n'a rien dit sur cette pièce ; mais ses disciples l'ont enveloppée dans la censure générale qu'ils ont faite de toutes, sans aucun autre fondement, sinon qu'elle détruit toutes les nouveautés et les faussetés de Cyrille.

On ne croit pas que personne veuille faire passer pour des raisons, toutes les fausses histoires que l'auteur des *Monuments authentiques* a répandues dans son ouvrage, dont il n'y en a pas une qui ne soit de son invention. Denis et tous les autres qui ont eu part à cet acte, selon lui, étaient des *apostats, des ex-patriarches, faux patriarches, pensionnaires de France, des parjures, des gens exécrables,* aussi bien que Cyrille de Berroée, Parthénius-le-Vieux et tous les autres. Il n'a pas donné la moindre preuve de toutes ces calomnies et injures grossières ; on l'a assez réfuté sur ce qui méritait quelque éclaircissement, et il n'y a pas d'apparence que les calvinistes prétendent que sur ces matières, nous déférions à l'autorité d'un homme qui n'a pas la moindre connaissance du christianisme du Levant. Quand donc ils feraient trente volumes comme celui-là, les catholiques ne perdraient pas leur temps à y faire des réponses : elles sont toutes faites, puisque des injures et des fables, des falsifications, de fausses interprétations, des ignorances affreuses, ne donnent pas la moindre atteinte à ces pièces, ni à ce qui en a été dit dans *la Perpétuité*.

Après cette attestation solennelle du patriarche Denis, on en a produit plusieurs autres des églises de l'Archipel, sur lesquelles il n'y a pas la moindre objection à faire, de sorte qu'il est inutile de les examiner en détail. Il n'y a qu'à demander à ceux qui voudraient les attaquer, s'ils ont des mémoires dignes de foi, par lesquels ils puissent montrer que les évêques, les papas, les religieux et d'autres qui les ont signées, n'étaient pas tels que l'ont certifié les consuls et autres personnes publiques qui les ont légalisées, et on sait bien qu'ils n'en ont point. Sur quel fondement peuvent-ils donc en contester la vérité et l'autorité, puisque la qualité des personnes est certifiée par les ministres publics, et que tout ce que contiennent les actes qui ont été donnés, s'accorde entièrement à ce qui est cru dans toute l'église grecque ?

On a eu soin de faire venir pareillement une attestation des religieux du Mont-Athos, qui sont dans une grande vénération dans toute la Grèce ; il n'y avait guère de corps de qui on dût plutôt en rechercher, puisqu'ils sont dans une extrême considération. Quelqu'un dira-t-il, comme ce grand controversiste des *Monuments*, qu'on n'y doit avoir aucun égard, *parce que ce sont des gens inconnus, et que l'acte ne marque pas de quelle communauté ils sont ?* Ils ont dit qu'ils étaient de la sainte montagne, et c'en était assez, parce qu'il n'y a pas d'ordres différents de religieux en Grèce comme parmi nous ; et ceux qui ont légalisé l'attestation, connaissaient les particuliers qui l'ont signée.

On en a obtenu une particulière sur la personne d'Agapius, dont le livre intitulé : *Le salut des pécheurs*, cité dans le premier volume de *la Perpétuité*, avait été rejeté avec mépris par M. Claude, comme l'ouvrage d'un Grec latinisé. Rien n'était plus selon les règles, que de savoir sur les lieux-mêmes, si ce religieux avait été véritablement du Mont-Athos, ou si c'était un fantôme; que pouvait-on souhaiter de plus pour l'éclaircissement de la vérité? M. Claude, qui n'avait jamais ouï parler d'Agapius, sinon dans la *Perpétuité*, était-il en droit d'en juger sans le connaître, comme il a fait, et croira-t-on que son autorité prévale à un pareil témoignage? Il n'aurait pas été difficile d'en avoir un semblable d'Écosse, dans le temps que la dispute commença, pour le confondre sur Guillaume Forbès, qu'il traite de papiste dissimulé; les épiscopaux de ce pays-là auraient répondu, ce qu'on sait assez par les histoires, qu'il était bon protestant.

M. Claude n'ayant pas répondu au dernier volume qui comprend la plus grande partie des pièces, et s'étant contenté de sa prétendue démonstration générale, a laissé à ses disciples et à ses admirateurs à en tirer les conséquences. C'est aussi ce qu'a fait M. Smith à l'occasion de Syrigus. S'il eût été reconnu pour un véritable Grec, tel qu'il était et qu'il a toujours été reconnu dans son église, qu'on l'eût laissé en possession du rang qu'elle lui a donné, et lui donne encore tous les jours, d'un de ses plus illustres et des plus orthodoxes théologiens, le système de M. Claude était renversé, puisque la transsubstantiation est clairement enseignée par cet auteur. C'est donc sur ce seul fondement de l'infaillibilité de M. Claude, même dans des faits qui lui étaient absolument inconnus, que M. Smith, qui pour avoir été à Constantinople n'en était pas mieux instruit, l'a traité de *petit Grec, obscur, partial, un petit insolent de moine*. On voit par plusieurs lettres et extraits, que Syrigus était au contraire dans la plus haute réputation que pût avoir aucun particulier dans son église, ce qui a fait enfin avouer à M. Allix, que c'était par ordre du synode de Constantinople qu'il avait réfuté Cyrille Lucar. Et pendant que M. Smith prouvait comme témoin oculaire qu'on ne connaissait point Syrigus à Constantinople et qu'il était latinisé, les Grecs faisaient imprimer ses ouvrages en Moldavie, ce qui termine la question.

On a aussi produit des passages de la *Confession orthodoxe*. Quoique cette pièce fût faite il y avait déjà plusieurs années, elle ne fut néanmoins imprimée qu'en 1644 pour la première fois. On n'en pouvait citer aucune qui eût une autorité plus certaine; M. Claude demandait des confessions de foi ; celle-là est revêtue de tant de circonstances de vérité et d'authenticité, qu'on n'en peut imaginer davantage. Elle suffit aussi pour détruire tout ce que les calvinistes ont dit sur les Grecs, et quoiqu'on ne pût douter qu'elle ne fût vraie, la voyant imprimée, et en ayant, de plus, une copie authentique, les témoignages de Nectarius, de Dosithée, et de tous les Grecs qui ont écrit de ce temps-là, réfutent toutes les objections frivoles que les calvinistes ont faites pour la rendre suspecte.

Le synode de Jérusalem tenu en 1672 est une des plus considérables pièces que l'église grecque ait produite depuis longtemps. Les décrets et tout le corps du discours furent dressés par Dosithée, patriarche de Jérusalem, qui a reconnu après plusieurs années cet ouvrage, et l'a fait imprimer en Moldavie avec de grandes additions. On en a parlé suffisamment, et on a réfuté d'une manière bien sensible toutes les faussetés de l'auteur des *Monuments* sur le sujet de cette pièce, contre laquelle il n'est plus possible de s'inscrire en faux, après que Dosithée l'a non seulement avouée, mais qu'il l'a mise par l'impression entre les mains de toute la Grèce.

On a tiré aussi de grands éclaircissements des lettres de Mélèce, patriarche d'Alexandrie, dont Païsius envoya des copies ; de celle de Nectarius au même Païsius ; d'un second écrit pour les religieux du Mont-Sina, touchant les calomnies de M. Claude contre les Grecs ; de diverses lettres de Panaiotti et de quelques autres, dont la moindre vaut mieux que tout ce que M. Claude et les siens ont cité dans plusieurs volumes. Ces lettres s'accordent parfaitement avec la doctrine de Gennadius, de Siméon de Thessalonique et des théologiens qui ont vécu peu avant, ou dans le temps du concile de Florence ; avec celle de Jérémie contenue dans ses réponses aux luthériens ; enfin avec celle que les synodes de 1638 et de 1642 ont établie comme seule orthodoxe ; et tous les livres des Grecs qui ont paru depuis, et qui paraissent encore tous les jours la confirment clairement. C'est ce que les calvinistes ne peuvent dire de ces lettres particulières de M. Basire, de Benjamin Woodroff, de Jean Hockston, ni même des écrits de M. Smith. Car il est assez clair qu'on ne peut les concilier avec tous ces décrets solennels, dont l'autorité est incontestablement reçue parmi les Grecs, ni avec leurs plus fameux théologiens, puisqu'il a fallu que les calvinistes attaquassent les pièces comme suspectes, et les auteurs comme latinisés ; ou qu'ils convinssent que tout ce que ces prétendus témoins oculaires ont affirmé avec tant de hardiesse, est un tissu de faussetés, comme l'ont avoué plusieurs protestants habiles, et même de simples voyageurs engagés dans leur religion, mais qui ne pouvaient se résoudre à se rendre ridicules, ont rendu sur cela témoignage à la vérité.

Il faut donc convenir que depuis les disputes avec les calvinistes sur l'Eucharistie, tout ce qu'il y a eu de théologiens n'ont pas produit la dixième partie de livres, de pièces, et de témoignages authentiques de ce qui a été employé par les auteurs de *la Perpétuité*; et dire qu'Allatius et Raynaldus avaient donné des actes qui suffisaient pour mettre le consentement des deux églises dans une entière évidence, et qu'on n'a fait que les traduire, c'est abuser de la crédulité de ceux qui n'ont pas ouvert ces livres. Allatius a même tellement brouillé tout ce qui a rapport au concile de Florence, et a si peu examiné ce qu'il a écrit sur l'invocation du Saint-Esprit et sur la Liturgie de S Jacques, qu'on n'en peut faire aucun usage(1). Les mémoires qu'il a insérés dans son grand ouvrage, touchant diverses particularités de la vie de Cyrille Lucar, de Cyrille de Berroée et de Parthénius, ont fourni des objections dont les calvinistes ont tiré avantage. Les décrets des synodes de Constantinople et de Jassi étaient déjà connus. Son zèle contre les Grecs schismatiques le porte à traiter avec mépris Mélèce, patriarche d'Alexandrie, Syrigus, Coressius et tous ceux que la Grèce considère comme ses maîtres. Si Raynaldus a donné quelques pièces, comme il en a donné un grand nombre, elles ne servent que de preuves indirectes pour tout ce qui regarde les dogmes reçus présentement dans l'église orientale, et elles ne regardent pas les derniers temps.

Ceux qui se sont étonnés qu'on n'avait pas d'abord cité en grec Gabriel de Philadelphie, portent la critique bien loin; car outre qu'il suffisait de le citer sur la foi d'autrui, et que la citation s'est trouvée juste, il y a de la puérilité à vouloir que des théologiens connaissent généralement tous les livres, surtout ceux des Grecs, qui sont très-rares, quoiqu'imprimés. Le livre de Nectarius contre le pape, à la fin duquel la transsubstantiation est si clairement expliquée, était imprimé dès 1682; celui de Siméon de Thessalonique un an après, et divers autres qu'à peine nous connaissons encore; l'auteur de la critique, lorsqu'il écrivit contre M. Smith, les connaissait-il? Aurait-il connu ceux qu'il a cités en divers ouvrages, si les personnes qui les avaient eus des auteurs de la Perpétuité ne les lui avaient communiqués? Il n'a pas connu l'*Enchiridion* de Dosithée, ni son traité contre Jean Caryophylle, quoique imprimés avant les écrits dans lesquels il a fait ces reproches aux autres. Ces livres sont très-peu connus, et on ne les a presque que par hasard, surtout ceux qui sont imprimés en Moldavie et en Valachie. De pareils reproches peuvent être faits à des curieux et à des bibliothécaires, et non pas à des théologiens.

Il y a encore moins de raison de se plaindre sur ce qui regarde les pièces écrites en langues orientales. Ils ne se piquaient pas de les savoir; et quand ils les auraient sues, il ne se trouvait pas de caractères pour imprimer les passages, ou les attestations en leur propre langue. Ce que l'auteur de ce reproche a inséré dans ses notes sur Gabriel de Philadelphie est bon et curieux; cependant c'est en partie ce qui a été cité en français dans la *Perpétuité*. On y a mis un extrait de la Liturgie cophte, suivant la traduction qui en était publiée dès le commencement du dernier siècle; il a donné la version arabe de l'invocation en caractères hébreux. On se moquerait de ceux qui lui feraient une chicane de ce qu'il ne l'a pas donnée en égyptien, parce que, quoiqu'il soit très-savant,

(1) Il n'y a qu'à se souvenir de son système sur les trois Gennadius, de plusieurs faits importants qu'il établit sur les pièces faussement attribuées à Scholarius, et en un mot de tout ce qu'il en écrit, liv. 3, pour convenir qu'on ne dit rien que de vrai.

il ne savait pas cette langue. Il l'aurait trouvée en original plus authentique dans la Bibliothèque-du-Roi, où il y a un manuscrit de ces Liturgies grec et arabe. Les auteurs de *la Perpétuité* ont cité la confession de foi qui se fait avant la communion, et qui est beaucoup plus décisive que l'invocation; on ne la trouve pas citée ailleurs. Ils ont de même rapporté des extraits de quelques livres syriaques et arabes peu connus jusqu'alors, et dont Échellensis n'a pas parlé. Hottinger, qui a ramassé tout ce qu'il a pu; André Muller, qui avait aussi fort travaillé sur les langues orientales; M. Ludolf, dont la diligence a été excessive à ramasser tout ce qui pouvait servir à rendre les Orientaux calvinistes, particulièrement les Éthiopiens, n'en ont pas tant cité; et même ce critique, depuis tant d'années, n'a pas produit un seul témoignage des auteurs syriens et arabes, dont il y a néanmoins un assez bon nombre, comme les passages que nous rapportons en font foi; et on ne doute pas qu'il ne s'en puisse découvrir d'autres qui ne nous sont pas tombés entre les mains. Personne ne sait tout; mais c'est tout savoir que de n'omettre rien de nécessaire pour l'éclaircissement de la matière que l'on traite, et de ne laisser aucune preuve des ennemis de la vérité sans la réfuter. Or les auteurs de *la Perpétuité* ont démontré suffisamment la fausseté du système de M. Claude touchant les Grecs, et ce qui pouvait manquer aux premiers volumes a été traité très-doctement par le P. Paris, chanoine régulier. Un homme d'étude peut trouver quelques passages qui leur auront échappé, ou qu'ils ne pouvaient pas savoir; on ne doit pas pour cela leur disputer la louange qu'ils méritent pour un ouvrage qui n'en est pas moins bon, ni moins vrai, ni moins solide, et dans lequel il y a plus qu'il n'en faut pour convaincre ceux qui chercheront la vérité.

A l'égard des autres, tout ce qu'on peut produire de plus fort ne leur ôtera pas leurs préjugés. Ils lisent dans les livres de tous ceux de leur secte que les attestations sont fausses et achetées: M. Claude l'a dit, M. Spanheim l'a confirmé, M. Smith en a dit autant; M. Bayle savait même qu'elles avaient coûté beaucoup. Il n'en faut pas tant pour des gens qui veulent être trompés, et qui, lorsqu'ils ne savent plus que dire, et qu'ils sentent intérieurement la force de ces témoignages qu'ils font semblant de mépriser, se réduisent à cette pitoyable défaite, que les protestants se soucient fort peu de ce que croient les Grecs, qu'il suffit que l'Écriture contienne tout ce qui est nécessaire au salut, et qu'elle est claire par elle-même. Pourquoi donc M. Claude, qui n'ignorait pas ces grands principes de la réforme, s'est-il engagé si fortement à soutenir que les Grecs ne croyaient pas la présence réelle, si cela importait si peu à sa cause? Pourquoi le ministre Léger et les autres de son temps travaillèrent-ils durant tant d'années à convertir Cyrille Lucar, et pourquoi firent-ils de si grands triomphes de sa fausse Confession? Pourquoi les théologiens de Wittemberg se donnèrent-ils tant de fatigues, afin de tirer du patriarche Jérémie quelque réponse favorable à la Confession d'Ausbourg? Pourquoi Hottinger et divers autres ont-ils tant écrit pour canoniser Cyrille et sa Confession? C'est donc à dire que si elle s'était trouvée véritable, approuvée par les signatures de ceux qui l'ont condamnée, et reçue autant qu'elle a été rejetée, ce serait une pièce d'une grande autorité contre nous, dont les calvinistes feraient grand cas. *Il est important pour notre siècle et pour la pieuse postérité*, disait la préface de Genève, *que le jugement d'un homme de cette dignité et de cette autorité sur la religion chrétienne, soit rendu public* (1). Il était donc encore plus important que le public connût par des actes aussi authentiques que ceux qui ont été produits dans *la Perpétuité*, que cet homme grave était un calviniste assez peu instruit, un faux Grec s'il en fût jamais, et un imposteur avéré; puisqu'il osait attribuer à l'église grecque des opinions qu'elle a toujours eues en horreur, qu'elle a frappées d'anathème, et même qui n'y peuvent jamais avoir été reçues. Car s'il y a quelque chose de certain par l'histoire, c'est que depuis le concile de Florence, il n'y a pas le moindre changement dans la foi de l'église grecque, et qu'elle ne pouvait alors connaître une théologie qui n'était pas née.

(1) Interest verò præsentis ætatis et piæ posteritatis, istius primarii et gravissimi viri de doctrinâ christianâ sententiam publicis tabulis consignari.

LIVRE HUITIEME,

QUI CONTIENT L'EXAMEN DE L'HISTOIRE ET DE LA CONFESSION DE CYRILLE LUCAR.

CHAPITRE PREMIER.

Examen de ce qu'ont écrit les protestants sur Cyrille Lucar.

Si Mélèce Syrigus et le patriarche Nectarius ont dit avec raison que la conduite et la Confession de Cyrille Lucar avaient mis le trouble dans toute l'église d'Orient, nous pouvons dire que celui qu'elles ont causé dans l'Occident n'a pas été moindre, quoique d'un genre tout différent. L'église orientale fut étrangement troublée lorsqu'elle vit paraître une exposition de foi tout hérétique, sous le nom d'un patriarche de Constantinople, et encore plus de ce qu'on la voulait faire passer comme la créance commune de tous les Grecs : mais elle y remédia promptement, par la condamnation qui en fut faite en deux synodes, par la réfutation qu'en fit Syrigus, et par la publication de la Confession orthodoxe; tout cela s'étant fait depuis la mort de Cyrille en 1638 jusqu'en 1643. Les catholiques, qui le connaissaient assez, et qui savaient ses liaisons secrètes avec les Anglais et les Hollandais, ne furent pas fort étonnés qu'ils l'eussent engagé dans leurs erreurs; mais ils virent avec étonnement qu'il eût osé attribuer à l'église grecque des opinions dont elle était fort éloignée; et cette nouveauté parut si étrange, que plusieurs, avec raison, regardèrent cette pièce comme supposée.

Les calvinistes trouvèrent qu'il était si beau de voir un patriarche de Constantinople dans leur communion, que sans faire réflexion à quoi ils s'engageaient, ils répandirent partout cette Confession, avec des citations de passages de l'Écriture et des Pères, la faisant valoir comme un avantage signalé remporté sur les catholiques. Mais parce que la réputation de Cyrille était fort mauvaise, et qu'une profession du calvinisme achevait de le ruiner parmi les Grecs aussi bien que parmi les catholiques, il fallut orner la scène sur laquelle devait paraître un personnage aussi nouveau qu'un patriarche de Constantinople calviniste. C'est ce que les Génevois ont fait de la manière du monde la plus fausse, et en même temps la plus ridicule. Car au lieu qu'il suffisait, pour tirer avantage de son exposition de foi, d'établir qu'elle était véritable et dans les formes, ce que jamais ils n'ont pu faire, ils nous l'ont représenté comme un savant homme, grand théologien, enfin comme un saint et comme un martyr. Ce n'était pas néanmoins de cela qu'il s'agissait, puisque dès qu'il était certain, par les déclarations publiques et particulières de tous les Grecs, et de plus par une notoriété incontestable, qu'ils ne croyaient rien de semblable à ce que leur attribuait Cyrille, il ne pouvait être considéré que comme le plus méchant et le plus effronté de tous les hommes. Ainsi quand une fois la dispute fut engagée, et que les catholiques eurent fait des portraits fort différents, mais plus véritables de ce nouveau saint, on ne vit autre chose que des panégyriques que les calvinistes firent de lui, tous fondés sur des faits entièrement faux, et qui n'avaient autre fondement que des lettres de M. Haga et de Léger, qu'on devait regarder comme parties, et non pas comme témoins.

Il était inutile, ainsi que nous l'avons marqué, d'entrer dans le détail de ce qui regardait personnellement Cyrille, et il suffisait de prouver que les Grecs le connaissant auteur de cette Confession, l'avaient reconnu pour orthodoxe; et c'est ce que ses panégyristes n'ont pas seulement osé toucher, supposant toujours pour vrai ce qui non seulement était contesté, mais ce qui était convaincu de faussetés. Puisqu'ils voulaient donner de l'autorité à la pièce par le mérite de l'auteur, il fallait avoir d'autres mémoires que ceux dont se sont servis Rivet, Hottinger, Regenvolscius, et plusieurs autres; d'autant plus qu'ils ont supposé des faits qui ne peuvent s'accorder ni avec l'histoire du temps, ni avec la discipline de l'église grecque, et que tout ce qu'ils disent à son avantage n'est pas moins inconnu aux Grecs que contesté par les catholiques. Ce n'est pas qu'on ne puisse croire que ceux-ci ont eu souvent de mauvais mémoires, et que la haine contre Cyrille, qui leur avait fait tout le mal qu'il avait pu, n'ait donné lieu à diverses récriminations. Ainsi nous n'entrerons pas dans le détail des particularités de sa vie, sinon dans celles qui regardent sa Confession, et tout ce qui peut y avoir rapport, sans nous arrêter à plusieurs détails qui se trouvent dans Allatius. Ce n'est pas qu'il ne soit aussi digne de foi que Léger, Hottinger, et ceux qui les ont copiés, mais c'est qu'on reconnaît clairement qu'il y a eu plusieurs faits assez importants qui n'étaient pas alors éclaircis, et sur lesquels il n'a pas été autant instruit qu'il eût été à souhaiter. Nous commencerons donc par un récit abrégé de la vie de Cyrille.

Il était de l'île de Crète, né dans Candie, qui en est la capitale, l'an 1572, d'une naissance assez obscure. A l'exemple de la plupart des Grecs de cette île, qui était alors soumise aux Vénitiens, il alla faire ses études à Padoue. Il fit connaissance à Venise avec Maximus Margunius, évêque de Cérigo, grand ennemi des Latins; et si on veut croire M. Smith, il fit plusieurs voyages, dans lesquels il commença à prendre les premières teintures du calvinisme. Mais s'il avait déjà pris ces sentiments, il les dissimula avec grand soin, lorsque, pour chercher quelque établissement, il passa à Alexandrie, où Mélèce Piga était patriarche. Comme il était aussi Candiot, il prit Cyrille auprès de lui, et trouvant qu'il lui avait beaucoup d'esprit et de capacité pour les affaires, il l'ordonna prêtre, puis il le fit archimandrite et protosyncelle. Hottinger et M. Smith supposent sans aucun fondement, que ce fut auprès de Mélèce qu'il se confirma de plus en plus dans les opinions qu'il avait apprises des calvinistes, parce qu'ils croient que ce patriarche n'en était pas éloigné. Il n'y a cependant rien de plus faux, puisqu'il est certain, par le témoignage de tous les Grecs, et par ses lettres imprimées depuis peu, qu'il a enseigné la transsubstantiation plus clairement qu'aucun autre de son temps.

Les affaires qu'il eut avec les catholiques de Pologne et de Lithuanie, qui avaient entrepris la réunion de ceux du pays, qui professaient la religion grecque, n'eurent rien de commun avec les disputes entre nous et les protestants. Quelques-uns de ces évêques polonais et lithuanais du rit grec se réunirent; et quoique le plus grand nombre fût contraire à la réunion, les premiers envoyèrent des députés à Rome pour se soumettre au pape. Mélèce en fut alarmé; et quoiqu'on ne sache pas bien certainement en quelle qualité il prit connaissance de ces disputes, il écrivit plusieurs lettres aux Grecs de ce pays-là, et il y envoya des députés, pour les soutenir dans le schisme et empêcher la réunion. Comme patriarche d'Alexandrie, cette affaire ne le regardait point: il pouvait y entrer en deux manières, ou comme exarque du patriarche de Constantinople, c'est-à-dire, comme son légat, ou comme administrateur du siège vacant; car suivant les catalogues venus depuis peu, et extraits des registres de la grande église, il a gouverné ainsi pendant dix ans le siége patriarcal, ce qui néanmoins ne paraît pas pouvoir être entendu de dix années consécutives. Hottinger dit (Anal. hist. p. 552) qu'en 1592 et 1593 la contestation fut fort vive, et que Mélèce envoya alors Cyrille. Mais cela ne paraît pas vraisemblable, puisque s'il était né en 1572, comme le marque Syrigus, qui le pouvait savoir, il n'aurait eu que vingt ou vingt-un an: et à cet âge-là il n'aurait pu être prêtre, selon les règles de l'église grecque. Il y a donc plus de raison de croire qu'il se trouva alors à Vilna, où il avait établi une école grecque, comme le marque le P. Pierre Scarga, savant jésuite polonais, qui était un des députés aux conférences tenues pour tâcher d'apaiser le schisme. Ainsi il est vrai que Cyrille était alors dans le pays, mais sans caractère, et la lettre de Mélèce à Sigismond III, roi de Pologne, par laquelle il le lui recommande comme exarque ou député, est de 1600, et par conséquent postérieure de sept ou huit ans.

Le détail de tout ce qui se passa alors n'a aucun rapport à la matière que nous traitons, si ce n'est en ce que tous conviennent que Cyrille agit avec toute la vivacité possible pour empêcher la réunion, ce qui lui donna une grande réputation parmi les siens, et augmenta l'amitié et la confiance de Mélèce à son égard. Les calvinistes marquent, mais sans preuves, qu'il courut de grands périls, et que les Grecs réunis aussi bien que les catholiques lui dressèrent plusieurs embûches qu'il évita; au lieu que Dorothée, envoyé pour le même sujet par le patriarche de Constantinople, fut pris et étranglé, ce qui ne se trouve pas dans la relation que Régenvolscius a donnée de cette négociation, quoiqu'il ne soit pas moins outré que Hottinger. Il se peut faire que comme les deux partis agirent dans la suite avec beaucoup d'animosité, et qu'un brouillon tel qu'était Cyrille pouvait exciter de plus grands troubles, on le menaça. Le P. Scarga témoigne qu'alors il signa les articles proposés pour la réunion avec le S.-Siége, et les auteurs protestants ne disent autre chose touchant ce fait, sinon qu'il n'est fondé que sur l'autorité de Scarga, qui doit être suspect, ce qui est une mauvaise réponse. Car si le témoignage d'un catholique, et d'un jésuite employé dans une affaire, n'est pas recevable, on doit encore faire moins de cas de ce que les calvinistes en écrivent au bout de soixante ans et plus, lorsque les auteurs contemporains ne disent pas le contraire. Il est certain que cela a été souvent reproché à Cyrille.

On dit qu'ensuite il fit plusieurs voyages en Allemagne, et qu'il commença à se lier avec les protestants, quoique dans la tentative que firent ceux de la Grande-Pologne et de Lithuanie pour procurer une espèce d'union avec les Grecs, ce qui ne réussit pas, on ne trouve rien qui puisse donner lieu de croire qu'il eût prévariqué en cette occasion, et il ne l'aurait osé faire.

Ici Hottinger, M. Smith et les autres, nous représentent Cyrille uniquement occupé du soin de s'instruire de la véritable religion, en lisant et en méditant les Écritures et en conférant avec des ministres, pour pénétrer dans les mystères inconnus jusqu'alors à l'église grecque. Il est ridicule cependant de préparer un homme pendant trente ans pour un ouvrage aussi facile qu'était un mauvais abrégé de la Confession de Genève. Allatius et d'autres catholiques disent qu'il employa son temps tout autrement, et que, sous prétexte des besoins de l'église d'Alexandrie et des quêtes ordinaires, il amassa une somme considérable, dont il se servit pour se faire élire patriarche après la mort de Mélèce. On ne sait pas s'il parvint à cette dignité par de si mauvaises voies; mais on sait bien que ce ne fut pas à cause que *sa capacité, son expérience et ses belles qualités avaient fait souhaiter à un chacun qu'il fût élevé dans une première place*, ainsi que l'a deviné M. Smith; car Syrigus, qui en pouvait être mieux informé que lui, donne assez à entendre qu'on en jugeait tout autrement. Voici ses paroles : *Je ne veux pas dire par quels artifices et par quels tours d'hypocrisie il leur succéda* (à Mélèce à Alexandrie, et à Timothée à Constantinople), *mais comme on l'a reconnu par les choses mêmes qui se sont passées, ce fut de même que la nuit succède au jour, la mort à la vie, et la maladie à la santé; puisqu'il ne suivit pas leurs traces et qu'il eut une conduite toute contraire.*

Si on veut croire ces mêmes auteurs, il employa, durant son patriarcat, ses grands talents à l'édification de l'Église, avec tant de fruit et une approbation si générale durant dix-neuf ans, que chacun souhaitait déjà le voir élevé à une plus haute dignité. C'est-là ce qu'en dit Hottinger, comme s'il en avait été témoin. M. Smith, plus sincère, avoue qu'il n'a rien à en dire, parce qu'il ne reste aucuns mémoires de ce qu'il fit en Égypte; mais qu'*il est croyable, et même qu'il n'en faut pas douter, que l'église grecque de ce pays-là avait été très-florissante sous sa conduite*. Syrigus, qui en savait plus que eux, parle d'une manière bien différente; et s'il avait voulu s'expliquer il nous aurait appris bien des choses. Ce qu'il dit obscurément suffit néanmoins pour faire juger que Cyrille ne méritait guère les louanges que lui donnent ces deux hommes qui ne le connaissaient point, puisque celui qui le connaissait bien parle de son élévation au patriarcat comme d'*un jugement de Dieu* sur l'église d'Alexandrie, *pour éprouver les gens de bien*. Il ajoute, qu'alors le *Mont-Sina et Antioche, seulement à cause du voisinage, souffrirent aussi bien qu'Alexandrie des maux comparables aux anciennes plaies de l'Égypte.* Ce sont des faits qui nous sont entièrement inconnus; mais le peu que Syrigus en dit suffit pour prouver que les vexations qu'il exerça sur son diocèse, et même ailleurs et hors de sa juridiction, furent excessives, et que ce que les catholiques lui reprochaient sur ce sujet n'était que trop véritable. C'est abuser de la crédulité des lecteurs que de représenter un homme qui avait tous les défauts de son siècle, inquiet et ambitieux, comme s'il eût été un Athanase ou un Chrysostôme; car c'est l'idée qu'on reconnaît aisément que ces panégyristes veulent nous en donner. Ils avouent qu'ils ne savent rien de ce qui s'est passé durant qu'il a été patriarche d'Alexandrie; mais ils ne veulent pas qu'il soit permis de douter qu'il n'ait gouverné cette église avec édification, et qu'elle n'ait été très-florissante par ses soins; au lieu que les Grecs comparent ce temps-là aux anciennes plaies d'Égypte, à la nuit, à la maladie, à la mort. Quelqu'un croira-t-il qu'on en savait des nouvelles plus certaines en Suisse et en Angleterre qu'à Alexandrie et à Constantinople?

Ces admirateurs de Cyrille ne devaient pas oublier que ce fut en ces temps-là qu'il lia commerce avec David de Willem, hollandais, et que furent écrites ces lettres ridicules qui ont été imprimées depuis peu, comme anecdotes, originales, et déposées ensuite sérieusement dans une bibliothèque publique, quoique ce ne soient pour la plupart que des billets qui ne méritaient pas d'être ramassés. Elles n'apprennent aucune chose importante, si ce n'est que Cyrille étudiait les livres des calvinistes que Willem lui envoyait; qu'il faisait son apprentissage : et ce que nous en tirons de meilleur sera des preuves convaincantes de son ignorance prodigieuse, de sa duplicité et de ses fourbes.

Ces mêmes hommes, qui savaient jusqu'aux plus secrètes pensées de Cyrille, ne parlent point du voyage qu'il fit en Valachie en 1612, et l'année suivante, quoique ce fût dans le séjour qu'il y fit qu'il se signala par ses déclamations et par les anathèmes qu'il fulmina contre l'Église romaine. On ne sait pas quel fut le motif de ce voyage, et vraisemblablement il n'y en eut point d'autre que d'amasser de l'argent; car les hospodars de Valachie et de Moldavie ont toujours été la grande ressource des patriarches et des évêques auxquels plusieurs ont fait de grandes libéralités. Il semble aussi qu'il était fort content de trouver une occasion de donner des marques publiques de son attachement à l'église grecque, dans la crainte que la signature qu'il avait faite pour se réunir à l'Église romaine, pourrait lui faire tort dans les prétentions qu'il avait déjà sur le patriarcat de Constantinople. Il paraît, par une lettre à Utenbogart, qu'il était en Valachie en 1613, et la publication de ces anathèmes dont nous parlerons dans la suite, fut faite en 1616 à Tergowist. Nous ne savons pas s'il passa dans le pays trois années de suite, ou s'il fit deux voyages ; et de quelque manière que la chose ait été, cet homme parfait, qui avait gouverné son église avec tant d'édification, n'y a presque jamais résidé, ayant, outre ce voyage de Valachie, passé beaucoup de temps à Constantinople ; et il alla aussi à Jérusalem, selon Hottinger.

C'est dans ce pélerinage qu'il fit, suivant le même auteur, cette rare découverte, que lui et Théophane, témoins oculaires, ont déclaré plusieurs fois, que *le sépulcre qu'on dit être de Jésus-Christ n'est pas cet ancien et véritable, taillé dans la roche, mais un autre nouveau, bâti de pierre*. Ce n'était pas des Génévois et des Suisses qu'il fallait prendre pour confidents sur une telle matière. Il fallait qu'un zélé défenseur de la vérité, extirpateur de la superstition, exhortât Théophane, patriarche de Jérusalem, à détromper les peuples : ou s'il ne voulait pas le faire, il fallait, comme en Valachie, où il n'avait pas plus de juridiction qu'à Jérusalem, déclamer contre cet abus. S'il l'avait fait, il aurait délivré l'église grecque de tous les maux qu'il y a causés ; car il aurait été mis en pièces. On peut tout croire d'un impie comme Cyrille ; mais il faudrait d'autres autorités que celle de Hottinger pour soupçonner Théophane, dont la réputation a été bonne parmi les siens, d'une impiété fondée sur une ignorance grossière. Car il ne faut avoir lu aucune histoire ancienne pour ignorer que dès le temps de l'empereur Constantin on bâtit des églises aux endroits consacrés par les mystères de notre salut, sur les lieux mêmes; qu'on eut soin de conserver ce qui en restait, et qu'on l'enferma dans les nouveaux édifices. Il est étonnant que des gens qui se disent chrétiens parlent des saints lieux avec moins de respect que ne font les Mahométans. Ce fut de Valachie qu'il écrivit sa longue lettre à Utenbogart.

Nous voici enfin arrivés à la partie la plus considérable de la vie de Cyrille, qui concerne tout ce qui a rapport à l'église de Constantinople, tant qu'il l'a gouvernée. M. Smith, auquel Hottinger a plus fourni de mémoires que toute la Grèce, nous le représente comme ayant été engagé malgré lui à se charger de ce fardeau, d'abord comme administrateur du siége vacant, ensuite en qualité de patriarche. Ce qu'il y a de vrai, est que depuis l'administration de Mélèce Piga, Matthieu, auparavant métropolitain de Joannina, qui avait déjà été patriarche seulement dix-neuf jours, fut rétabli et tint le siége durant quatre ans, après lesquels il fit sa démission. Néophyte d'Athènes lui succéda et fut exilé au bout d'un an ; puis Raphaël de Modon fut élu, et après cinq ans il fut exilé. Néophyte fut rétabli et exilé après cinq ans. Dans ces circonstances, Cyrille Lucar vint à Constantinople, et suivant l'exemple de Mélèce, son prédécesseur, il administra le siége vacant, ce qu'ils appellent πατριαρχεύειν ἐπιτροπικῶς. Le catalogue grec que nous avons eu de Constantinople marque que ce fut en 1623, et cette date ne paraît pas vraie, car elle ne s'accorde pas avec la somme qui est marquée à chaque changement, et qui fait plus de dix-sept ans. Il mourut certainement en 1638, et par conséquent il faut mettre le commencement de son patriarcat vers 1621, comme Hottinger.

Il parvint à cette dignité d'une manière aussi peu canonique qu'aucun autre qui l'ait possédée depuis plus de cent ans ; et ces vœux de toute la Grèce afin de l'y élever, ces scrupules qui l'empêchaient de consentir à donner de l'argent aux Turcs, sont des imaginations de Hottinger qui voulait en faire un saint. Il s'est même trompé en ce qu'il lui fait jouer cette comédie à l'élection de Timothée, métropolitain de l'ancienne Patras, lequel, dit-il, se fit patriarche en offrant les sommes que Cyrille, par tendresse de conscience, ne voulut point donner. M. Smith copie Hottinger, et il est merveilleux que n'ayant aucun mémoire, et transcrivant les paroles d'un auteur qui ne donne ni preuves, ni dates, il ait osé reprocher à Allatius qu'il a écrit le contraire sur de faux bruits et des rapports incertains. Mais bruit pour bruit, et rapport pour rapport, les amis d'Allatius et les parents qu'il avait en Grèce, auraient plus d'autorité que le témoignage d'un Suisse, qui avait tiré toutes ses lumières de Genève. Syrigus donne assez à entendre qu'il parvint à cette dignité par de mauvaises voies. Il dit qu'il succéda à Timothée comme la nuit au jour, et le reste qui a été rapporté ci-dessus ; et il parle avec éloge de Timothée, auquel Cyrille succéda.

L'opinion commune, et qui est même marquée dans le catalogue des patriarches, est que Timothée fut empoisonné. Allatius, sur des lettres qui furent écrites en ce temps-là, accuse Cyrille d'avoir eu part à ce crime. C'est un détail dans lequel il est inutile d'entrer : ses parjures, son hypocrisie horrible en faisant l'exercice public d'une religion qu'il condamnait dans son cœur, ses calomnies publiques contre l'église grecque, ne sont pas des crimes moins énormes. Au bout d'un an, Cyrille fut exilé, Grégoire d'Amasie fut mis à sa place, et après trois mois il fut exilé et étranglé. Anthime d'Andrinople ne tint le siége que pendant trois jours, et il donna sa démission. Cyrille fut rétabli pour la seconde fois ; il tint le siége huit ans, puis il fut exilé. Cyrille de Berroée qui lui succéda ne conserva la dignité que huit jours, et il fut exilé. Cyrille Lucar, rétabli pour la troisième fois, le fut pareillement au bout d'un an et deux mois. Athanase Patellare ne tint le siége que vingt-deux jours, et fut envoyé en exil. Cyrille rétabli pour la quatrième fois, fut exilé après un an. Cyrille de Berroée rétabli, tint le siége deux ans, et fut exilé. Néophyte d'Héraclée abdiqua au bout d'un an. Enfin Cyrille se fit rétablir la cinquième fois, et après un an il fut chassé et étranglé.

Les Grecs, en parlant de Cyrille, témoignent que par son ambition et par les vexations qu'il fit aux églises pour amasser les sommes qu'il donna plusieurs fois aux Turcs pour se faire rétablir, *avait réduit le siége patriarcal de Constantinople en un état dont il ne se relèverait jamais*. C'est ce qu'en écrivit Mélèce Syrigus deux ans après sa mort ; et cela ne s'est que trop vérifié, puisque s'il y avait eu auparavant de grands désordres pour envahir le patriarcat, en achetant la nomination des officiers de la Porte, ce n'était rien en comparaison de ce qu'on a vu depuis, et qu'on voit encore tous les jours. Quand donc il n'aurait été coupable que d'une ambition extraordinaire, par laquelle il mit toute l'église grecque en combustion durant tant d'années, on ne peut le regarder que comme un homme abominable. Cependant Hottinger et M. Smith le représentent les bras croisés, et se laissant faire violence pour reprendre le gouvernement de son église. Ils ne peuvent nier que dans toutes ces révolutions il n'ait donné des sommes immenses aux infidèles ; voilà donc un simoniaque avéré, et par conséquent indigne de toute louange. C'est, disent-ils, que les autres Grecs ne pouvaient souffrir son érudition comparée à leur ignorance, et qu'il s'opposa vigoureusement à plusieurs émissaires de la cour de Rome, qui s'introduisaient dans les églises, et qui travaillaient à y introduire le papisme : ce fut la guerre ouverte qu'il leur déclara, particulièrement aux jésuites, qui lui attira toutes les persécutions qu'il eut à soutenir durant sa vie, et qui enfin lui procurèrent la mort. Toutes ces déclamations sont bien inutiles quand elles sont dénuées de preuves ; et on ne peut pas appeler ainsi des lettres de M. Haga, celles du ministre Léger et de quelques autres, encore moins celles de Cyrille, parlant de soi-même, d'autant plus qu'elles sont remplies de faussetés évidentes. Il aurait fallu établir de pareils faits sur le témoignage des Grecs : et si les calvinistes ne veulent pas que nous nous servions de celui d'Allatius et des autres catholiques, de quel droit voudra-t-on nous obliger à recevoir sans contradiction ceux de M. Haga, de Léger et des autres qui n'ont rien fait que les copier aveuglément ?

On ne trouve dans les mémoires de ces temps-là aucune chose qui ait rapport à ces entreprises supposées pour introduire la religion catholique parmi les Grecs, et il y a tout sujet de croire que le roman de Hottinger est fondé sur ce qui se passa en Valachie, où, lorsque Cyrille y passa en 1616, quelques Russes du nombre de ceux qui avaient été favorables à la réunion proposée entre les Grecs et les Latins, travaillaient à la rétablir. A cette occasion il publia ses anathèmes à Tergowist, et cela n'a rien de commun avec ce qu'on suppose être arrivé à Constantinople, durant qu'il a tenu le siége patriarcal. On ne voit pas qu'il se soit rien fait en ce temps-là du côté de la cour de Rome, pour travailler à une réunion. Ce qu'elle fit, fut d'empêcher, autant qu'il était possible, que, par l'autorité que la dignité patriarcale donnait à Cyrille, le calvinisme ne s'insinuât parmi les Grecs, qui eurent eux-mêmes recours aux ambassadeurs de France pour arrêter les mauvais desseins de ce malheureux. Puisqu'il eut le crédit de faire chasser les jésuites de Constantinople, et de se rétablir cinq fois, il n'était pas tellement exposé à la persécution, qu'il ne fît que souffrir sans se défendre, et la patience n'était pas la vertu de ce martyr. Il essuya de grandes contradictions, et elles se réduisirent toutes à le chasser du patriarcat, non seulement à cause de ses vexations et de la dureté de son gouvernement, mais encore plus par le soupçon violent qu'il donnait de n'être pas orthodoxe, à cause de sa liaison avec les hérétiques, sur laquelle seule on ne pouvait le convaincre d'hérésie, parce que sa confession n'avait jamais paru sous son nom dans le Levant, et qu'il niait avec des serments exécrables qu'il en fût l'auteur.

Les calvinistes ne peuvent pas nier que ce fut à force d'argent qu'il se maintint, et qu'il se rétablit plusieurs fois ; cela seul devrait les confondre, puisqu'on ne peut excuser de simonie et de sacrilége un pareil procédé qu'ils reprochent si amèrement aux autres patriarches, en sorte que l'auteur des Monuments croit que cette seule preuve suffit pour rendre leurs témoignages faux. Enfin Cyrille était comme les autres, excepté qu'il a poussé la perfidie, le sacrilége et le parjure à des excès dans lesquels les autres ne sont pas tombés ; en sorte qu'il n'y en a peut-être jamais eu aucun qui ait moins mérité les louanges dont les calvinistes le comblent, et qui se soit plus justement attiré les anathèmes et les malédictions dont les Grecs l'ont chargé durant sa vie et après sa mort. C'est ce que nous espérons prouver clairement dans les chapitres suivants.

CHAPITRE II.

On fait voir que nonobstant les louanges excessives que les calvinistes ont données à Cyrille Lucar, il était fort ignorant.

On a reproché et avec raison à des historiens, particulièrement à ceux qui ont écrit les Vies des hommes illustres en toute sorte de genres, que l'amour de la patrie, de la religion, d'un corps, ou d'une communauté, les a rendus souvent prodigues de louanges envers des personnes d'un mérite très-médiocre, et cela est arrivé à plusieurs de ceux qui ont fait des bibliothèques, ou recueils des ouvrages des écrivains de quelque nation ou de quelque ordre religieux ; encore plus à ceux qui ont composé leurs Vies. Si jamais on a vu des effets sensibles de cette prévention, c'est dans les ouvrages des protestants. Melchior Adam, qui a ramassé plusieurs Vies, ne se contente pas de relever le mérite des principaux acteurs de la réformation, cela serait pardonnable. Mais il n'y a pas eu un régent de collège, un prêtre ou un moine apostat, ni d'homme si méprisable, qu'il ne représente comme plein de doctrine, et de piété ; et ce grand critique, M. Bayle, a poussé cet excès encore plus loin. Car dans deux énormes volumes on ne trouve rien de plusieurs grands personnages qui ont fait honneur aux lettres ; mais le moindre calviniste, ou quelque luthérien dont à peine on a ouï parler, y trouve sa place. C'est aussi ce que font tous les jours ces écrivains infatigables, qui louent jusqu'aux ouvrages les plus méprisables, surtout lorsqu'ils ont été composés par des protestants. Il en a été de même à l'égard de Cyrille Lucar. Il suffisait, suivant leurs principes, de le louer sur ce qu'il avait reconnu la vérité de leur Évangile, au milieu des ténèbres de l'idolâtrie et de la superstition de l'église grecque ; même puisqu'ils ont bien voulu croire sur sa parole, contre toute vérité, qu'il avait soutenu sa Confession en face d'un ambassadeur de France, de ceux de Raguse et de toute la Grèce, il fallait faire un éloge de cette fermeté qui ne fut jamais ; enfin le finir par la gloire du martyre qu'ils lui ont donnée. Mais un patriarche grec converti au calvinisme devait être comme le sage des stoïciens, accompli en toutes manières. Il ne leur a donc pas suffi de faire un saint d'un des plus méchants hommes qui fût jamais, d'un simoniaque, d'un ambitieux, d'un tyran, d'un concussionnaire et d'un hypocrite abominable, qui croyait une religion et en enseignait et pratiquait une autre. En cela, il n'y a rien qui puisse être nouveau à ceux qui on lu leurs histoires, et il n'y a pas longues années qu'on vit dans un de leurs libelles les éloges d'un gentilhomme huguenot, décapité à Paris pour le crime odieux de fausse monnaie, dont la mort était rapportée comme l'exemple parfait d'une mort chrétienne. Mais quand ils veulent faire passer Cyrille comme un homme savant, et qu'une des causes de la révolte générale des Grecs contre lui était la jalousie qu'ils avaient de sa grande capacité en comparaison de laquelle ils se trouvaient des ânes, il est bon de faire connaître qu'il ne méritait pas cette louange, non plus que toutes les autres.

Hottinger dit que nonobstant la barbarie répandue par toute la Grèce, il avait fait de si grands progrès dans les belles-lettres, qu'outre le grec, il parlait latin, turc, arabe et italien assez passablement, comme il dit qu'il l'avait reconnu par quelques écrits en latin, en grec littéral et vulgaire, et en italien. Que la version de l'Alcoran qui était dans le cabinet de Hottinger, prouvait sa capacité dans la langue arabe, quoiqu'il doute qu'elle soit de lui. Qu'il avait une connaissance solide de la philosophie, et qu'à force d'étudier l'Écriture sainte, il avait acquis une si parfaite connaissance de la théologie épurée, qu'il ne se trouvait aucun Grec qui l'y égalât. Qu'il avait eu beaucoup de reconnaissance pour ceux sous lesquels il avait profité; qu'ainsi même dans sa vieillesse, il n'avait pas de honte d'avouer qu'il avait été entièrement détrompé de l'opinion commune touchant l'intercession des saints, par les conférences qu'il eut en Transylvanie avec un ministre. Qu'il reconnaissait surtout qu'*après Dieu, il devait beaucoup aux instructions de Mélèce son prédécesseur à Alexandrie, brave défenseur de l'ancienne vérité contre les artifices des novateurs, comme on le voit par ses ouvrages, duquel il reçut la lampe de la foi orthodoxe, aussi bien que la succession patriarcale, et que cette huile sacrée fut augmentée abondamment par les livres théologiques que les états de Hollande lui envoyèrent à la prière de M. Haga.*

Il est à remarquer que ce panégyriste outré, qui avait des écrits de Cyrille en latin, en italien, et en grec littéral et vulgaire, n'en produit aucun extrait, excepté une partie d'une lettre italienne à Léger, aussi mal écrite qu'il soit possible. Mais on avait déjà imprimé une longue lettre latine à Utenbogart, qui ne donne pas une grande idée de sa capacité en cette langue, quoique vraisemblablement elle ait été retouchée en quelques endroits. Un homme qui dit : *Nullum majus collari posse beneficium ; collavi sua notata : character interpolatum*, ne savait assurément pas sa grammaire.

L'italien est très-barbare, et tel qu'on le parle dans les Échelles du Levant. Pour le grec littéral, il n'a rien paru de lui que sa Confession, et elle ne suffit pas pour faire juger de la capacité d'un homme en cette langue. On voit par quelques Réponses à Willem qu'il n'était pas fort docte en arabe, et puisque Hottinger croit que la traduction de l'Alcoran n'est pas de lui, il est ridicule de la citer pour prouver sa capacité en cette langue : et outre qu'il eût été scandaleux de voir un patriarche occupé à traduire un pareil livre, il n'aurait pu le faire sans péril parmi les Turcs. Il fallait de plus nous apprendre en quelle langue était cette traduction.

Toute personne qui examinera ces lettres que depuis tant d'années personne n'avait osé publier, et que le sieur A. a données comme des *anecdotes précieuses*, quoique la plupart ne contiennent rien de remarquable, sinon celles qui sont adressées à Utenbogart, imprimées longtemps auparavant, reconnaîtra aisément qu'il est difficile de plus mal écrire, puisqu'il n'y a ni style, ni suite, ni ordre de pensées, ni arrangement d'expressions ; mais que ce sont des lambeaux mal cousus de conversation, et de façons de parler populaires, sans ordre, ni sans esprit. Les lettres de Mélèce, son prédécesseur, à Sigismond III, roi de Pologne, et quelques autres, sont écrites d'une manière bien différente, pour ne pas parler de celles de Dosithée, de Nectarius, de Panaiotti, de Marco Dono, et d'autres imprimées dans *la Perpétuité* (1). On sait qu'il n'y a rien qui fasse mieux connaître le caractère d'un bon esprit, que les lettres. Si donc on juge de celui de Cyrille par celles qu'on a de lui, il était assurément fort au-dessous du médiocre, pour ne pas parler du peu de dignité qu'il y a dans les compliments outrés et les expressions basses dont il se sert en parlant aux Génevois.

Cette connaissance parfaite de la théologie épurée ne paraît pas beaucoup dans ses lettres, puisqu'en plusieurs endroits on reconnaît qu'il ne parle qu'incertainement, et comme un homme qui n'a aucun système de théologie ; il témoigne de l'estime d'Arminius, et il devait approcher de ses opinions, parce que la théologie des Grecs y est plus conforme sur les matières de la grâce, qu'à celle des calvinistes, et il en expose une toute contraire dans sa Confession. Il y reconnaît *la procession du Père par le Fils*, qui est la même chose que du Père et du Fils, et il témoignait dans ses lettres n'être pas convaincu sur ce sujet. Il parle avec respect des cérémonies de l'église grecque dans ses premières lettres, et il les rejette dans sa Confession. Si c'est sur cette pièce que sont fondés les éloges qu'on lui donne, ce fondement n'est guère solide, puisqu'on n'y trouve que ce que les moindres proposants font tous les jours ; c'est-à-dire, un abrégé de la Confession de Genève ; et même il y a beaucoup d'apparence qu'il ne l'avait pas fait sans le secours de son fidèle Antoine Léger. Nous ne connaissons point

(1) 2ᵉ partie de notre vol. II, liv. 8.

d'autres ouvrages de lui que les Homélies dont Dosithée a rapporté quelques extraits dans le synode de Jérusalem, et qui ne donnent pas une grande idée de sa théologie, ni de son éloquence. Enfin on a de lui les anathèmes qu'il fulmina contre les Latins à Tergowist en 1616; qui ne sont pas un ouvrage, mais une formule paraphrasée. Il ne paraît pas qu'il en ait composé d'autres, car Dosithée n'aurait pas manqué de les citer, comme les anathèmes et les homélies.

Il n'y a donc qu'à comparer les autres Grecs des derniers temps avec Cyrille, pour reconnaître qu'il ne mérite pas d'être mis en parallèle avec Jérémie, avec Gabriel de Philadelphie, Margunius, Mélèce Piga, Syrigus, Coressius, et encore moins avec Nectarius et Dosithée, qui ont tous composé des ouvrages considérables, et qui ayant aussi bien que lui connu les livres des protestants, ne s'y sont pas laissé surprendre, mais les ont réfutés très-solidement. Car quelle idée peut-on avoir d'un homme qui avait étudié à Padoue, qui avait fréquenté quelques-uns de ceux que nous venons de nommer, qui même avait vécu plusieurs années avec Mélèce son prédécesseur, et qui devint calviniste par la lecture des livres dont il est parlé dans ses lettres? On ne niera pas que Raynolds, la Conférence de la Haye, et d'autres semblables écrits que les Hollandais lui envoyaient, et dans lesquels il puisa cette doctrine qui le mettait, selon Hottinger, au-dessus de tous les Grecs de son temps, n'étaient pas comparables aux écrits des théologiens de Wittemberg qui ne surprirent pas Jérémie, ni à tant d'autres que Mélèce d'Alexandrie avait vus, et qui ne l'empêchèrent pas de soutenir l'ancienne doctrine de son église sur la présence réelle et sur la transsubstantiation.

C'est aussi une impudence digne de Cyrille et de son panégyriste Hottinger, le plus furieux et le plus ignorant de tous ceux qui aient écrit sur ces matières, que de soutenir ses erreurs par l'autorité de Mélèce son prédécesseur, qui a enseigné tout le contraire, particulièrement sur l'Eucharistie : et c'est aussi ce que les Grecs disent de lui. Mais les nouveautés qu'il avait combattues étaient les erreurs des calvinistes; et il est étonnant qu'ils osent citer ce patriarche, puisque dans des lettres qu'ils ont imprimées eux-mêmes, il déclarait à des ministres de Pologne qui lui avaient écrit, qu'ils étaient *encore plus éloignés par la différence de la doctrine, que par la distance des lieux*.

Regardera-t-on comme un grand théologien, un homme qui a été capable d'écrire une lettre aussi basse que celle qu'il écrivit en 1636 aux Génevois, lui qui ne pouvait pas ignorer que c'était une compagnie de laïques sans ordination, avec lesquels ses prédécesseurs n'avaient jamais voulu avoir aucune communion? S'il parlait sérieusement, comme il faut bien le supposer dans le système des calvinistes, feront-ils croire qu'un homme savant donnât des éloges à Calvin (lett. 1), que les luthériens et d'autres protestants ne lui ont jamais donnés; surtout sachant, comme il l'avoue lui-même dans cette lettre, que son nom seul épouvantait les autres Grecs, et qu'il leur était en horreur? Cependant il a poussé la flatterie et la bigoterie si loin, qu'il n'a pas eu honte de dire (Monum. p. 4), que c'était un *très-sage et très-saint docteur, qui était dans le ciel avec les bienheureux*.

On voit des preuves de son ignorance grossière dans les fades railleries qu'il fait à Léger sur la doctrine d'un seul médiateur, dont il avait parlé à Chio avec Coressius. La lettre septième contient en peu de lignes des preuves encore plus certaines de l'ignorance de Cyrille. Il est tout étonné (p. 67), de ce que S. Jacques, à ce qu'il croyait, est contraire à S. Paul; ce qui fait voir que ses méditations sur l'Écriture sainte avaient été bien superficielles, ou plutôt qu'il n'avait médité ni les paroles de S. Jacques ni celles de S. Paul, mais qu'il s'était soumis aveuglément à ce que son catéchiste Léger lui avait appris. Il ignore qui est le Jacques auteur de cette épître. Un théologien grec peut-il parler comme il fait dans sa lettre neuvième sur Coressius, qui défendait la doctrine de son église, mieux apparemment que Léger n'aurait voulu, puisqu'on n'a jusqu'à présent rien vu sortir des bibliothèques de Genève qui fit mention des disputes qu'il eut avec ce Grec, quoiqu'on ne puisse pas s'imaginer que ceux qui ont conservé des lettres aussi frivoles, n'aient eu aucun soin de conserver ces disputes, qui furent mises par écrit, comme nous l'apprend Nectarius. Il fallait être aussi méchant qu'ignorant pour dire que ce théologien, et les autres qui combattaient pour la foi de l'église grecque, soutinssent *l'adoration des idoles* (p. 118).

En 1612, lorsqu'il écrivait à Utenbogart, il était encore novice dans le calvinisme; car il louait alors l'église d'Orient, et il marquait qu'il était très-difficile d'y introduire des nouveautés. Dans la seconde au même, qui fut écrite de Valachie l'année suivante, il soutient que le S.-Esprit ne procède que du Père; et dans sa Confession il expose le contraire, et il n'y dit rien touchant l'addition au Symbole, contre laquelle il déclame en cette même lettre. Il approuve et soutient les cérémonies que l'église grecque pratique dans le baptême, et que les calvinistes rejettent. Il parlait de la même manière (p. 144) de celles qui regardent la célébration de la Liturgie, puisqu'il commence par les oraisons préparatoires, qui ne sont pas essentielles, mais qui ne peuvent s'accorder, non plus que le reste, avec sa Confession. On ne peut néanmoins savoir précisément comment il s'expliqua sur les principales parties de la Liturgie; car le discours est coupé en ces endroits-là par des *etc.*, qui font voir que ceux qui ont donné ces lettres au public ne l'ont fait que sur des copies infidèles, et non pas sur les originaux, ou que s'ils en ont retranché ces articles, ils ne peuvent justifier leur mauvaise foi. Or la suite du discours marque clairement qu'il manque beaucoup de choses qui n'étaient pas indifférentes; puisqu'après cela il rapporte la formule ordinaire des paroles de Jésus-

Christ, puis celles de l'invocation du S.-Esprit, ajoutant que S. Jean Chrysostôme, et avant lui S. Basile, avaient ordonné ces prières. Il ne marque pas qu'il les faut regarder comme superstitieuses, et il les croyait alors pieuses, saintes et nécessaires, comme il paraît dans ce discours entrecoupé. Il reconnaît la hiérarchie, et il la détruit dans sa Confession.

C'est une ignorance très-grossière que ce qu'il dit de l'onction des patriarches d'Alexandrie et de Jérusalem, cérémonie qui mérite d'être examinée ailleurs ; et en cas qu'elle s'observe, ce qui paraît très-douteux, elle est très-récente, et n'appartient point à l'ordination ; d'autant plus que les fréquentes translations des évêques grecs n'y donnent pas souvent lieu. Il dit qu'elle s'appelle l'*huile de la confirmation*, ce qui fait voir qu'il ignorait ce que ce terme signifie communément en latin. Car les Grecs appellent *myron* le sacrement de confirmation ; et comme ce même mot signifie l'huile bénite et mêlée de divers aromates, dont on se servait à cette onction de laquelle il parle, cela lui a donné lieu de faire une équivoque qui ne serait pas pardonnable à un écolier. Elle est à peu près la même que si quelqu'un parlant de l'onction des grands-prêtres de l'ancienne loi, disait qu'on l'appelle *la confirmation*.

Ce qu'il a dit des Arméniens (p. 154), en leur imputant le manichéisme, est entièrement faux, puisque chacun sait qu'ils sont jacobites ; et cette faute est d'autant moins excusable qu'il y en a un grand nombre au Caire, où il faisait sa résidence ordinaire ; elle est assurément plus ridicule que le mauvais conte qu'il fait d'un Arménien, Barsabas.

Il ne donne pas de meilleure preuve de sa capacité dans la langue arabe en disant (p. 158) que le patriarche des Cophtes s'appelle *jabuna, quod interpretatur dominus*. Ce mot ne signifie rien ; *Abuna* signifie *notre père*, et non pas *seigneur* ; et ce titre n'est point celui qu'on lui donne, c'est *Anba*, et même il se donne à d'autres.

C'est encore une grande ignorance de dire en parlant des Maronites (p. 159) : *Maronitica secta est semi-Romana, imò incipit esse tota Romana ;* puisque les Maronites sont réunis à l'Église romaine il y a plus de six cents ans, pendant que les Français régnaient dans la Palestine.

L'article suivant surpasse tous les autres, et ne pouvait partir que de la plume du plus ignorant et du plus négligent de tous les hommes : *Jacobitica est vilissima et spurcissima natio ; neque de illâ est quod aliquid scribatur, nisi quod ob hæresin suam Nestorianam nos latere non debeat.* Sans un *etc.* qui marque quelque retranchement, nous aurions apparemment trouvé de plus grandes faussetés. La première de celles qu'on remarque dans ces deux lignes, est qu'il fait une secte séparée des jacobites et des Cophtes, quoiqu'il soit certain que les Cophtes sont jacobites, puisque les patriarches sont successeurs de Dioscore, et de ceux qui furent ordonnés après sa mort, par ceux qui refusèrent de se soumettre aux décisions du concile de Calcédoine, et de reconnaître deux natures en Jésus-Christ en une seule personne. La seconde extravagance est de dire que ceux dont la foi est telle sont nestoriens, secte encore plus odieuse aux jacobites que ne sont les catholiques, et dont la créance est directement contraire à celle des jacobites.

Il dit (p. 160) que touchant le libre arbitre, la prédestination, la justification, on n'est pas encore convenu de ce qu'on en doit croire, *de quibus quid certò tenendum, non constat mundo*. S'il avait avoué que les livres d'Arminius, de Vénator, la Conférence de la Haye, et d'autres semblables que les Hollandais lui envoyaient, lui avaient fait tourner la tête, et qu'il ne savait à quoi s'en tenir sur des questions si épineuses, il aurait dit vrai. Il fallait qu'il n'eût pas la moindre connaissance de plusieurs auteurs grecs qui en ont écrit, pour ignorer que son église avait en horreur la doctrine des calvinistes sur ce sujet. Lui-même approuvait les ouvrages d'Arminius et d'Utenbogart, qui soutenaient le contraire de ce qu'il mit depuis dans sa Confession. On demande à toute personne non prévenue, si un homme qui a parlé de cette matière comme Cyrille, pouvait être regardé comme théologien, surtout quand on le voit passer d'une extrémité à l'autre. Ces remarques sur la seule lettre à Utenbogart sont plus que suffisantes pour prouver la prodigieuse ignorance de Cyrille ; le mauvais style, les barbarismes dont elle est remplie, et l'obscurité qui la rend inintelligible en plusieurs endroits, ne sont pas de moindres preuves de son incapacité.

Les lettres adressées à David de Willem, dont la plupart n'ont point de date, et qui ne méritaient guère d'être conservées, outre qu'elles sont très-mal écrites, ne contiennent rien de considérable. Dans la dix-neuvième (p. 182), on trouve qu'il explique son opinion sur l'Eucharistie d'une manière si grossière, quoique ce soit en 1619, qu'il est aisé de reconnaître qu'il n'était encore qu'un zwinglien mal instruit : *Nostram sententiam esse illam quæ figuram admittit in hoc mysterio, et modum prædicandi sacramentalem, sicut manducationem spiritualem credimus*. Mais dans sa Confession (act. 17), quoique dans le même sens, car l'opinion des calvinistes n'en a point d'autre, il admet néanmoins *une présence réelle, véritable et assurée, mais celle que la foi produit*. Il est donc facile de comprendre que ce n'étaient pas ses méditations sur la sainte Écriture qui lui faisaient faire des découvertes dans la religion, mais les cahiers qu'on lui avoit envoyés de Genève.

Dans la vingt-troisième (p. 289) sur ce que Willem lui avait demandé le livre de S. Clément, pape, c'est-à-dire, les Constitutions apostoliques dont les Orientaux ont un ample recueil, il mande qu'il ne l'a pas, et qu'il ne sait ce que c'est. Il n'y a cependant guère de livre plus connu parmi les chrétiens d'Égypte, dont la collection de canons passe pour la meilleure et pour la plus ample ; et il n'y a rien de plus extraordinaire qu'un patriarche d'Alexandrie, qui est au milieu d'un peuple de Cophtes dont toutes les lois ecclésiastiques se trouvent dans un livre connu de tout le monde, ne le connaisse pas.

Il est encore plus étonnant qu'il n'ait point connu les ouvrages de Mélèce son prédécesseur, duquel il dit qu'il n'avait rien fait imprimer sinon un petit livre contre les Juifs. Cependant il avait, outre celui-là, donné au public celui qui a pour titre : Ὀρθόδοξος χριστιανός, imprimé à Vilna en 1596. Allatius marque qu'il avait écrit une grande lettre au cnez Basile et aux Russes de la communion des Grecs, contre la primauté du pape, et sur les autres points contestés entre les Grecs et les Latins. Les lettres qui ont été depuis peu données au public, étaient des ouvrages théologiques, connus et cités pour tels par les théologiens et par les synodes : et lui-même marque qu'il avait traité plus au long la matière de l'Eucharistie, dont il est parlé dans ses lettres. Dosithée en cite une dogmatique adressée à un Anglais nommé Édouard, c'est-à-dire, Édouard Barton, ambassadeur d'Angleterre, avec lequel il était en grande liaison. Si Cyrille, qui avait été protosyncelle de Mélèce, et qui devait avoir une plus grande connaissance que personne des ouvrages de son patriarche, ne connaissait pas ceux-là, il fallait qu'il n'employât guère de temps à l'étude, ce qui n'est guère le caractère d'un aussi grand théologien que nous le représentent ses panégyristes. On doit donc plutôt juger, conformément à celui qu'il a soutenu toute sa vie, de duplicité, de dissimulation et de fausseté, qu'il connaissait les ouvrages de Mélèce, mais qu'il ne voulut pas les faire connaître à Willem, de peur qu'il ne découvrît en même temps sa fourbe et sa mauvaise foi. Car leur simple lecture aurait prouvé clairement qu'il s'éloignait entièrement de la doctrine de son maître, et qu'il donnait une exposition fausse de la foi de son église.

Hottinger a donné une partie de la lettre qu'il écrivit de Ténédo, le 25 mars 1634, dont M. de Nointel rapporta une copie de Constantinople. Elle est adressée au ministre Léger, et il le prie d'être témoin que, s'il vient à mourir, comme il s'y attend, *Je meurs*, dit-il, *catholique, orthodoxe, dans la foi de Notre-Seigneur Jésus-Christ, dans la doctrine évangélique, conforme à la confession belge, à la mienne, et à celles des églises évangéliques qui sont toutes conformes*. Ce seul endroit fait voir combien il était peu instruit de ces confessions ; puisqu'on sait assez qu'elles diffèrent en plusieurs points essentiels, pour lesquels il y a eu de grandes disputes, et une rupture entière de communion. Si la tolérance présente empêche les divisions qu'elles ont produites autrefois, ces différences subsistent toujours. Mais ce grand théologien de Cyrille n'y en connaissait aucune : il était *frère en Jésus-Christ* d'Abbot, archevêque de Cantorbéry, premier ecclésiastique de l'église anglicane, où en ce temps-là Calvin ne passait pas pour *un très-saint et très-sage docteur qui était dans le ciel ;* ni Léger presbytérien, pour un *vase du S.-Esprit :* il était de même frère de Diodati, de Léger, d'Utenbogart, et de quiconque se disait protestant. Que ceux qui ont publié ou cité les lettres de Cyrille, achèvent de donner ce qu'ils ont de lui, et qu'ils épuisent leurs trésors ; qu'ils remplissent les vides qui se trouvent en plusieurs lettres, particulièrement dans la longue à Utenbogart ; qu'ils donnent les écrits dont il parle quelquefois, qu'il disait avoir fait contre Coressius et quelques autres, nous promettons d'en tirer encore de nouvelles preuves de l'ignorance et de la méchanceté de cet apostat.

CHAPITRE III.

Que par les propres lettres de Cyrille, et par les faits que les calvinistes rapportent de lui, on prouve incontestablement qu'il a été un imposteur et un homme sans religion.

On ne prétend point ici déclamer contre Cyrille, ni faire un portrait aussi affreux de sa conduite qu'il serait aisé de le faire, pour opposer à celui que Hottinger, M. Smith, M. Claude, et presque tous les calvinistes en ont fait, avec les plus belles couleurs qu'ils pouvaient lui donner. Nous voulons dire simplement la vérité ; la tirer non seulement de ce que nous savons d'ailleurs, et des témoignages des Grecs, mais de ce que les calvinistes ont produit eux-mêmes, pour marquer le véritable caractère de cet imposteur. Ce que nous ajouterons seulement, et de quoi ses panégyristes ne peuvent se plaindre, sera un préliminaire abrégé de faits publics et incontestables, qui doivent entrer nécessairement dans le jugement qu'on doit faire de Cyrille, selon les règles de la morale chrétienne dont on convient également en toutes les sectes ; de sorte même que si on veut croire les calvinistes, leur morale est beaucoup plus pure que celle des catholiques.

Il est certain que Cyrille était né dans l'église grecque, qu'il avait été instruit dans la religion qu'elle professe, qu'il en a fait lui-même profession publique pendant plus de quarante ans, et qu'il a pratiqué tout ce qu'elle pratique, avant que d'avoir été instruit dans le calvinisme. Qu'il a été ordonné prêtre, qu'ensuite il a été fait archimandrite et protosyncelle, et qu'il a exercé durant plusieurs années les fonctions de ses ordres, et de ces dignités ecclésiastiques. Qu'il a été ordonné patriarche d'Alexandrie, selon la discipline et le Pontifical de l'église grecque. Que depuis sa translation au patriarcat de Constantinople, il a célébré la Liturgie solennellement, suivant les rites de la même église ; qu'il a ordonné des prêtres, des évêques et des métropolitains ; qu'il a exercé la juridiction patriarcale avec autant d'étendue qu'aucun autre de ses prédécesseurs. Qu'il a prêché les mêmes choses que les autres ; qu'il n'a pas entrepris de rien changer dans les cérémonies, dans la Liturgie, dans les ordinations, dans l'administration des sacrements, ni dans les prières publiques et particulières. Enfin qu'il a continué jusqu'à l'extrémité de sa vie, à enseigner et à pratiquer tout ce que l'église grecque croit et pratique. On ne croit pas que personne fût assez hardi pour contester des faits aussi certains que ceux-là. Il faut présentement les comparer avec la conduite secrète de Cyrille.

On suppose, et cela est assez vraisemblable, que dès le temps qu'il était en Lithuanie, il commença à entrer dans les sentiments des calvinistes. Cela étant, comme il ne pouvait ignorer que Mélèce, son patriarche, en était fort éloigné, et qu'il les avait combattus de vive voix et par écrit, Cyrille ne pouvait, sans une dissimulation abominable, lui cacher ce qu'il avait dans le cœur ; ce qu'il fit néanmoins, ayant toujours parlé et vécu comme les autres.

Quand il fut élu patriarche d'Alexandrie, on ne fit pas pour lui un nouveau Pontifical, ni une nouvelle Liturgie. Dans ce temps-là même il commençait à écrire à Utenbogart et à d'autres, tout le contraire de ce qu'il avait juré à son sacre, en faisant sa profession de foi, et de ce qu'il prononçait dans l'église en célébrant la Liturgie ; puisque les prières qu'elle contient pour la communion ne peuvent s'accorder, sinon avec la foi de la présence réelle. Donc, lorsqu'il écrivait à M. de Willem en 1619 que son opinion sur l'Eucharistie était d'admettre le sens figuré et la manducation spirituelle, il parlait contre sa conscience. De plus, il commettait un sacrilége inexcusable célébrant la Liturgie, et administrant la communion avec des cérémonies et des prières qui signifiaient tout le contraire, se rendant complice de l'idolâtrie et de la superstition dont il supposait qu'elles étaient remplies. Ainsi toutes les fonctions épiscopales qu'il fit alors étaient autant de sacriléges que la morale des calvinistes ne peut excuser ; car puisqu'ils ont pris pour prétexte de leur séparation la créance de la présence réelle et de la transsubstantiation, Cyrille ne pouvait pas communiquer avec ceux qui les croyaient pareillement, ni pratiquer des rites que la réforme a abolis, comme incompatibles avec la véritable religion, sans trahir sa conscience. Quelle pouvait donc être la morale de ceux qui n'étaient pas scandalisés d'une hypocrisie si criminelle ?

Il était déjà tout converti au calvinisme lorsqu'il fut fait patriarche de Constantinople, et par conséquent il devait regarder cette dignité comme incompatible avec les maximes de la religion qu'il protestait en secret être la seule véritable, et surtout avec ce qu'il mit ensuite dans le dixième article de sa Confession, par lequel, suivant le jugement du synode de 1642, *il renversait toute la hiérarchie*. Comment pouvait-il, selon ses principes, prendre le titre ambitieux et odieux de *patriarche œcuménique*, puisqu'il contient quelque chose de plus que les titres contestés aux papes par les protestants ? Mais il ne se contentait pas du seul titre, il usait d'un pouvoir aussi absolu que le pape puisse avoir en Occident : il instituait des évêques, des métropolitains ; il les transférait, il en tirait de grandes sommes. On ne peut donc disconvenir qu'en cela, ainsi qu'en toute autre chose, il s'éloignait entièrement de *cette fraternité* qu'il voulait avoir, dans ses lettres, *avec les fidèles serviteurs de Dieu, les pasteurs, les ministres, et les docteurs de l'église de Genève*, qu'il ne pouvait regarder comme frères, par rapport au gouvernement ecclésiastique, sans se condamner lui-même, puisqu'il exerçait une autorité qui, suivant les principes de Genève, ne pouvait être regardée que comme tyrannique.

Si on prétend le justifier par l'exemple des évêques d'Angleterre, et surtout d'Abbot, archevêque de Cantorbéry, il y a eu entre eux une grande différence. Car celui-ci n'avait qu'un pouvoir fort limité, reconnaissant un autre chef de son église ; au lieu que Cyrille agissait comme chef de l'église grecque. Abbot fut accusé de trop favoriser les presbytériens ; mais cependant quand quelques-uns se déclaraient de l'église anglicane, quoiqu'ils eussent été ministres dans leur communion, il les ordonnait comme s'ils eussent été laïques ; au lieu que Cyrille, traitant ceux de Genève comme de légitimes pasteurs, renversait intérieurement toutes les maximes de la hiérarchie, la maintenant en même temps à Constantinople avec toute la hauteur et toute la licence possibles.

Abbot ne disait pas la messe, il n'ordonnait pas des prêtres et des évêques autrement que selon les rites de son église ; en un mot, sa conduite était conforme à la religion anglicane ; et quand il aurait eu dans le cœur plus d'inclination pour les calvinistes qu'il ne convenait alors, il ne faisait rien que plusieurs autres ne fissent ; et Marc-Antoine *de Dominis*, témoin oculaire, reconnut assez que c'était la disposition presque générale du clergé de l'église anglicane. Cyrille croyant donc non seulement ce que croyait Abbot comme archevêque de Cantorbéry, mais ce qu'il croyait comme particulier penchant au calvinisme, ne pouvait célébrer la Liturgie, adorer l'Eucharistie, la proposer aux autres pour l'adorer, et faire en un mot les fonctions ordinaires des patriarches, sans commettre un double sacrilége. On peut même dire sans exagération que toute sa vie, principalement durant qu'il fut patriarche à Alexandrie et à Constantinople, ne fut qu'une continuité de pareils crimes, qu'il est impossible de justifier selon toutes les règles de la morale chrétienne.

On ne prétend pas dire que les calvinistes de Genève et de Hollande approuvassent cette fiction criminelle, et même on pourrait juger par une lettre de Cyrille à Diodati qui est une réponse, et qu'on aurait mieux entendue si on avait eu soin de donner celle de ce ministre, qu'il l'exhortait à faire quelque chose de plus qu'il n'avait fait, le pressant de donner une copie légalisée de sa Confession, ce que Cyrille ne voulut jamais faire. Cela peut faire croire que cette dissimulation pouvait déplaire aux Genévois. Mais comment ce *vase du S.-Esprit, rempli de Jésus-Christ, ce docteur Léger*, s'accommodait-il de ce double personnage ? Comment M. Haga, qu'on dépeint comme un homme de bien, qui, étant sur les lieux, ne pouvait pas ignorer toutes ces choses, les pouvait-il digérer ? Cependant on ne voit pas même par ces lettres qui ont été publiées avec tant d'ostentation, que jamais ni l'on ni l'autre aient donné sur cela le moindre avis à Cyrille. Peut-être l'ont-ils fait, et qu'il s'en trouverait des preuves dans un grand nombre d'autres lettres qui ont été supprimées, quoique la bonne foi demandât qu'elles fussent publiées aussi bien que les autres; et après avoir vu celles qu'on a gardées, on est en droit de présumer qu'on n'en a pas perdu une seule. Il était cependant plus important pour la réputation de ces deux grands acteurs de faire voir qu'ils avaient en cela désapprouvé le procédé de Cyrille, que de perdre tant de paroles à le louer avec excès, sur ce qu'il leur avait donné en secret une confession, qu'il détruisait tous les jours par ses actions et par ses discours.

Ce qui vient d'être remarqué prouve assez qu'il détruisait sa Confession par l'exercice public de la religion qu'il condamnait en secret; on n'a pas de moindres preuves pour convaincre qu'il le faisait aussi par ses discours. Les homélies qu'il prêcha dans Constantinople, et que Dosithée avait, à Jérusalem, écrites de sa main, dont il donna d'amples extraits dans le synode de Jérusalem, le prouvent bien clairement. Il reconnaît dans sa Confession la procession du S.-Esprit du Père par le Fils, il soutient le contraire dans ses homélies, et dans ses anathèmes de Tergowist. Dans les homélies il admet la transsubstantiation, et il la condamne dans sa Confession. Il y rejette les livres que les protestants appellent apocryphes; il s'en sert dans les homélies: et ainsi du reste. A cette objection M. Smith fait une réponse, qui est, qu'on a peut-être altéré les homélies; mais d'où le peut-il avoir su, puisque personne ne savait qu'elles fussent entre les mains de Dosithée, qui était plus capable d'en juger que M. Smith, et qui a si peu craint qu'on l'accusât de les avoir falsifiées, qu'il a fait imprimer les mêmes extraits dix-huit ans après sans y rien changer? Puisqu'il est encore plus certain qu'elles n'ont pas été altérées, que peut-on tirer d'une pareille réponse, sinon que celui qui l'a faite n'en avait aucune bonne à faire?

Mais M. Smith avait si fort la transsubstantiation en tête, qu'il semblait croire qu'il ne s'agit que d'un endroit où ce mot se trouve; au lieu qu'il fallait que tous les passages cités par Dosithée fussent aussi corrompus, puisqu'ils ne peuvent s'accorder avec la Confession de Cyrille. Il fallait plutôt répondre à une objection aussi solide que celle qui regarde l'hypocrisie abominable de cet apostat, par de bonnes raisons, que par une récrimination pleine de calomnie et d'ignorance qu'il fait contre M. Arnauld comme auteur de *la Perpétuité*. Voici les paroles: *Mais parce qu'il a plu à M. Arnauld d'accuser Cyrille d'une dissimulation détestable, en ce qu'il conservait selon l'usage de l'église grecque, en célébrant les offices sacrés, les rites ecclésiastiques qu'il avait condamnés comme superstitieux, j'en appelle à sa conscience. Est-ce qu'il ne reste pas aujourd'hui plusieurs rites dans l'Église romaine, particulièrement dans l'office de la messe, qu'il sait et qu'il* avoue *ressentir la superstition, et une vaine affectation de pompe extérieure, peu convenables à la véritable nature du culte religieux, et qu'il voudrait qu'on eût supprimés, afin de mieux soutenir la dignité de la religion à laquelle ils ne font pas d'honneur. Je ne crois pas néanmoins qu'il s'en abstienne; mais qu'il suit la coutume établie depuis fort longtemps par les constitutions ecclésiastiques, et par l'usage que tous observent. Trouverait-il bon si quelqu'un en concluait qu'il agit contre sa conscience, toutes les fois qu'il célèbre la messe, et qu'on le doit regarder comme un grand hypocrite* (1)?

Si M. Smith n'a pas eu d'autre réponse à faire que celle-là, il est bien facile de comprendre qu'il ne peut justifier son saint et son martyr, puisque toute cette apologie ne roule que sur des faussetés, des calomnies et des conjectures frivoles et téméraires. De plus, quand son raisonnement serait vrai, il ne justifierait pas Cyrille; mais il prouverait qu'il s'est trouvé des gens capables comme lui de se jouer des mystères les plus sacrés. On pourrait avec beaucoup plus de raison appeler à la conscience de M. Smith, sur presque tout ce qu'il avance de faits touchant l'église grecque, et lui demander s'il a jamais trouvé un Grec digne de foi qui lui ait dit tout ce qu'il a écrit de Cyrille, de Syrigus, du synode de Jérusalem, en un mot de tous les faits contestés entre les catholiques et les protestants. Mais ce n'est pas ainsi qu'on doit raisonner dans des matières aussi sérieuses, et on ne comprendra pas aisément ce qu'il a prétendu conclure de deux propositions également fausses.

Car où a-t-il trouvé que les catholiques conviennent que dans les offices de la messe il y a plusieurs choses superstitieuses, introduites seulement par l'ancienne coutume, et par les constitutions ecclésiastiques; que nous condamnons ces abus, et que nous voudrions les voir supprimés. Un homme qui est si peu instruit de la créance et de la discipline de l'Église latine, nous apprendra-t-il celle de la grecque? Ne devait-il pas marquer ces superstitions, car nous ne les connaissons point, et dès qu'elles sont fondées sur l'ancien usage et les ordonnances de l'Église, nous les regardons comme autorisées par la tradition. Aussi nous sommes assurés, que non pas dans le canon de la messe, mais dans les autres prières et dans les céré-

(1) Quia verò D. Arnaldo visum est detestandæ dissimulationis crimen Cyrillo impingere, eò quòd ritus ecclesiasticos quos superstitionis damnaverat in sacris peragendis pro institutis ecclesiæ Græcanicæ, retinuisset: jam ipsius conscientiam appellabo. Annon multi ritus in Ecclesià Romanà ad hunc diem supersint, præsertim in officio missæ, quos superstitionem vanamque pompæ affectationem redolere, utpote veræ religiosi cultùs indoli parùm congruos, novit et fatetur; et quos apud religionis hisce officiis dehonestatæ decus meliùs conservandum cupit amotos? à quibus tamen utendis credo illum non abstinere hac de causa, eò quòd ecclesiasticis ordinationibus, quæ à longo tempore ubique obtinent, et apud omnes in usu sunt, morem gerat; et an patienti animo laturus sit, si quispiam inde pro certo statuat, illum contra conscientiam, quoties sacrum facit, agere et pro insigni hypocritâ esse habendum.

monies, il n'y en a point qui ne soit beaucoup plus ancienne, et même de plusieurs siècles, que toutes celles des églises réformées.

Il fallait aussi qu'il s'expliquât sur ces choses qu'il suppose que nous condamnons comme superstitieuses, et puisqu'il les détermine à la pompe et à l'appareil extérieur, il fait paraître son ignorance, aussi bien que sa mauvaise foi; car ces parties du service ne sont pas regardées comme essentielles, puisqu'elles n'ont lieu que dans les messes solennelles. S'il croit que les protestants aient prouvé que toutes ces anciennes pratiques soient des superstitions, il se trompe fort, puisqu'à présent que ce qui concerne la discipline et l'histoire ecclésiastique est plus éclairci qu'il n'avait jamais été, ce que les premiers réformateurs ont écrit sur ce sujet contre les catholiques, est reconnu tellement ridicule, qu'on n'oserait pas l'alléguer dans une dispute réglée.

C'est aussi abuser bien hardiment de la patience du public, et supposer qu'on n'écrit que pour des ignorants préoccupés des préjugés de leur éducation, que de comparer des cérémonies indifférentes, et qui ne sont pas essentielles, avec celles qui regardent tellement l'essence de la religion, qu'elles ne peuvent avoir lieu, sinon lorsque la créance de l'église où elles sont en usage y est conforme, et qu'elle les soutient de même qu'elle les a produites. Il est, par exemple, indifférent de partager l'hostie en la rompant, comme on fait dans le rit latin, ou en la coupant avec une espèce de fer que les Grecs appellent la *sainte lance*, en mémoire de celle dont fut ouvert dans la Passion le côté de Notre-Seigneur Jésus-Christ. Quoique les Grecs soient prévenus avec excès contre les azymes, l'Église latine ne condamne pas l'usage du pain levé parmi les Orientaux. La vénération des dons avant la consécration, en vue de ce qu'ils deviendront par la consécration, est particulière à l'église orientale, de même que divers autres rites qu'on ne retranche point aux Grecs quand ils se réunissent. Mais il s'agit de toute autre chose, et c'est de savoir si un homme qui croit la confession de Genève sur l'Eucharistie peut prononcer à haute voix tout ce que contient l'office dans la messe grecque; s'il peut adorer l'Eucharistie, la montrer au peuple, faire prononcer une confession de foi qui exprime en paroles claires que ce qu'on voit et qu'on va recevoir est le véritable corps et le sang de Jésus-Christ; et ainsi du reste. Toutes ces cérémonies ne sont pas indifférentes, et les Anglais le savent mieux que les autres réformés, puisqu'ils ont eu tant de contestations, tant de tumultes et tant de guerres civiles, pour maintenir quelques restes de l'ancienne discipline. Les tables qui tiennent lieu d'autel, placées contre le mur et tournées à l'orient, la communion à genoux et les prières de leur Liturgie ont inondé l'Angleterre et l'Écosse de sang; et M. Smith prétendra que celles qui sont tellement déterminées au sens de la présence réelle et de la transsubstantiation, qu'elles n'en peuvent avoir d'autre; que par cette raison les réformateurs les ont d'abord abolies;

qui contiennent, selon eux, un acte positif d'idolâtrie; il prétendra, dis-je, que ce sont des choses indifférentes que Cyrille pouvait pratiquer sans blesser sa conscience, parce qu'elles étaient en usage dans son église.

De pareils actes extérieurs, quand en eux-mêmes ils seraient indifférents, cessent de l'être dès qu'ils sont déterminés par un usage public de toute une église. Ainsi tout Grec qui voyait Cyrille à l'autel offrant le sacrifice, qui lui entendait prononcer l'invocation du S.-Esprit, et les autres prières accompagnées des cérémonies connues de tout le peuple, ne pouvait pas douter qu'il ne crût sur l'Eucharistie ce que les autres croyaient. On en a eu une preuve bien certaine, puisque la principale raison qu'avaient ceux qui ne pouvaient croire qu'il fût auteur de la Confession publiée sous son nom, était qu'on lui avait vu pratiquer tous ces actes de religion. Il ne pouvait pas ignorer que cette conduite extérieure ne produisit un tel effet, et par conséquent il était inexcusable, puisque non seulement il agissait contre sa conscience, mais qu'il confirmait ainsi dans l'erreur ceux qui étaient soumis à sa conduite.

Si Cyrille avait eu ce zèle que lui attribuent ses admirateurs, c'était en cette occasion qu'il fallait le témoigner, en déclarant publiquement aux Grecs, que leur Liturgie était pleine d'erreurs et de superstitions. Il fallait substituer à sa place la forme d'administrer la cène de Genève, ou celle de l'église anglicane, et on ne voit pas qu'il ait jamais sur ce sujet fait la moindre tentative. S'il avait attiré à ses sentiments un aussi grand nombre de métropolitains et d'autres ecclésiastiques qu'il le faisait croire à M. Haga, il ne courait pas un grand risque, car il aurait trouvé des défenseurs; au lieu qu'il confirma les faux serments qu'il faisait pour désavouer sa Confession, par ces actes publics, qui le mettaient à couvert de tout soupçon, et dont il se servait pour tromper les Grecs en public, pendant qu'il amusait en particulier les Hollandais par ses discours, par ses lettres et par ses menteries.

Au reste, on voudrait bien que M. Smith nous apprît par quelles règles de morale il peut justifier une calomnie aussi noire et aussi indigne que celle qu'il fait contre M. Arnauld. Est-ce parce qu'il avait lu dans M. Claude que les auteurs de *la Perpétuité* défendaient la foi catholique par une simple vue de politique et d'intérêt? Il devait donc aussi avoir lu ce qu'ils répondirent à ce ministre, à quoi jamais il n'a pu répliquer rien de raisonnable, et jamais personne ne le fera. A plus forte raison, il est impossible de justifier une calomnie aussi fausse et aussi grossière, qui même ne prouverait rien quand elle aurait quelque fondement; puisqu'il n'y a aucune ressemblance entre les faits véritables et publics qui regardent Cyrille, et les intentions secrètes que M. Smith entreprend de pénétrer. Car les auteurs de *la Perpétuité* n'ont jamais signé une confession dans laquelle ils rejetassent précisément la transsubstantiation, ni les autres dogmes de la foi catholique ; au contraire ils les ont soutenus par plusieurs écrits ; au lieu que Cyrille a combattu ces vérités, et ne les a pas crues, si sa Confession a été véritable et sincère, comme les calvinistes le prétendent. Donc quand les autres ont dit la messe, ils ont agi selon leurs principes, et selon la foi qu'ils ont publiquement défendue. Mais Cyrille, nonobstant sa Confession et toutes ses déclarations, a célébré la Liturgie grecque, ce qu'il ne pouvait faire sans les détruire, par des actes publics et positifs, plus intelligibles et plus significatifs que tout ce qu'il pouvait dire ou écrire, puisque sur cette seule preuve il y avait au bout de trente ans un grand nombre de Grecs qui ne voulaient pas croire que la Confession fût de lui.

Il n'y a qu'à rendre la chose sensible par un exemple, pour faire voir l'absurdité de cette prétendue défense de Cyrille. Nous supposons donc qu'un prêtre ait abjuré la religion catholique, et qu'il ait donné par écrit une confession, par laquelle il rejette formellement la transsubstantiation. Si ceux qui sont témoins de cette déclaration savaient qu'il eût depuis célébré la messe en présence d'un grand nombre de catholiques, et qu'il eût prêché contre cette même doctrine qu'il avait signée dans sa confession, serait-il reçu à se justifier, en disant qu'il n'a pas changé pour cela de sentiment, mais qu'il a seulement pratiqué des cérémonies fort anciennes établies par l'usage ? S'il ajoutait que d'autres en ont bien fait autant, et que pour le prouver il accusât sans aucun fondement une personne irréprochable, de dire la messe sans y croire, serait-il justifié ? Quand même il prouverait son accusation, il n'en pourrait rien tirer à son avantage, puisqu'il s'ensuivrait seulement qu'il y a un autre homme aussi criminel que lui. C'est-là précisément le cas de Cyrille, et ses parjures ne l'ont pas plus justifié, que la calomnie de M. Smith peut justifier sa mémoire.

Si ceux qui forment de pareilles objections avaient employé à lire les livres ecclésiastiques des Grecs, le temps qu'ils ont donné à la lecture de ceux de M. Claude, ils auraient appris que ce n'est pas seulement à la messe, ou Liturgie, mais dans tous les offices publics et particuliers de cette église, qu'il se trouve des prières et des cérémonies incompatibles avec la créance que Cyrille avait exposée dans sa Confession, quand ce ne serait que tant d'oraisons adressées à la Vierge et aux saints, le signe de la croix, l'honneur rendu aux reliques, l'office de la pénitence et de l'absolution, l'extrême-onction, et par-dessus tout les ordinations, diverses bénédictions et plusieurs rites, tous abolis par la réformation. On peut dire qu'il n'y avait jour où Cyrille ne se rendît coupable de plusieurs sacriléges, même dans les principes des protestants, agissant contre sa conscience, puisqu'ils ne diront pas apparemment que ce qui leur a paru tellement abominable, qu'ils ont mis le feu dans toute l'Europe pour abolir ces superstitions, devint indifférent dès qu'il était commis par leur prosélyte.

Mais que nous diront-ils sur l'office du dimanche appelé de l'*orthodoxie*, dans lequel Cyrille a prononcé plusieurs fois anathème à ceux qui niaient le sacrifice de l'Eucharistie, et à ceux qui prenaient les paroles de Jésus-Christ dans un sens figuré ἀκονικῶς καὶ φαντασικῶς, comme aux iconoclastes, touchant l'usage pieux des images ? Diront-ils que c'étaient des rites établis par une longue coutume ? Ils ne le peuvent dire, puisque ces anathèmes ne sont pas plus anciens que le septième concile, que les calvinistes regardent comme une assemblée d'idolâtres et de superstitieux ; au lieu que celui des iconoclastes leur paraît très-orthodoxe, et il doit être regardé comme tel suivant la Confession de Cyrille. On ne peut donc nier qu'il ne la détruisit lorsqu'il prononçait ses anathèmes, et que par une hypocrisie abominable, il ne condamnât de bouche ce qu'il croyait en son cœur ; et il se rendait encore coupable d'un plus grand crime, puisqu'il maintenait les autres par son exemple, dans ce qu'il condamnait comme une erreur capitale contre la foi.

S'il avait été tel que nous le représentent Hottinger, M. Claude, M. Smith et les Genévois, que le zèle de la vérité l'eût entièrement occupé, qu'il l'eût soutenue publiquement en avouant sa Confession, comme il se vantait de l'avoir fait, il était obligé, en de pareilles occasions, non seulement de soutenir la vérité, mais de l'annoncer aux autres, quoi qu'il en pût arriver. Il ne l'a pas fait, et même, nonobstant la grande liberté que ceux qui ont écrit son histoire ont prise de l'embellir par toute sorte de fictions, ils n'ont pas osé avancer une fausseté aussi facile à détruire, en supposant qu'il avait annoncé publiquement dans son église ce qu'il avait confessé en secret à M. Haga et à Léger ; car les Grecs n'auraient pu être trompés par une pareille imposture.

Que diront-ils aussi de sa conduite à l'égard de Coressius et de Grégoire protosyncelle ? Le premier soutint publiquement et par écrit la doctrine de l'église grecque contre le ministre Léger. Cyrille, en écrivant à celui-ci, parle de Coressius comme d'un homme sans religion, et le charge d'injures. Ce n'était pas ce qu'il fallait faire ; rien ne fait plus d'honneur à la mémoire de ce Grec que d'avoir été déchiré par un malheureux tel que Cyrille ; mais, comme patriarche, il devait soutenir publiquement Léger, et ne pas souffrir que *ce vase du S.-Esprit*, ce *docteur orthodoxe*, dont le fait et les si grands éloges, fût traité publiquement d'hérétique par Coressius. Il le devait excommunier pour justifier Léger, et censurer le livre de Grégoire protosyncelle, qui parut en 1635, pendant son patriarcat. Ainsi sa dissimulation sur ces articles répond à celle qu'il eut en toute autre occasion, et il est impossible de la justifier. Quand on y fait réflexion, on ne peut assez s'étonner de la conduite de M. Haga et de Léger ; car il fallait qu'ils fussent bien crédules pour se laisser tromper par ce que Cyrille leur disait en particulier, pendant qu'ils voyaient tous les jours

CHAPITRE IV.

Continuation de la même matière.

On a pu voir par tout ce qui a été remarqué dans le chapitre précédent que la conduite de Cyrille Lucar, après qu'il eut fait profession de la doctrine de Genève par des déclarations furtives et par sa Confession, avait été une dissimulation continuelle et une hypocrisie abominable, une continuité de sacrilèges, enfin une perfidie soutenue d'un mépris de la religion dont on trouve à peine d'autres exemples. Mais si cette seule disposition dans laquelle il a vécu comprend tous les crimes, il s'en trouve d'autres preuves bien marquées dans ses lettres et dans les confidences qu'il faisait à ses frères de Genève, de Hollande et d'Angleterre.

Plusieurs savants hommes de ce dernier siècle s'étaient souvent étonnés que ceux qui avaient fait imprimer sa Confession, et ceux qui en avaient entrepris la défense, non pas contre les catholiques seuls, mais contre Grotius et contre les théologiens très-fameux de la confession d'Augsbourg, citaient souvent les lettres de Cyrille à Léger, qu'ils en rapportaient quelques extraits, mais qu'ils en avaient donné fort peu d'entières. On fut encore plus étonné que Hottinger, qui imprimait tout ce qui lui tombait sous la main, fût si laconique en citant ces mêmes lettres, lorsqu'il fit imprimer la Confession de Cyrille, avec un abrégé de son histoire, lui qui était si prolixe en tous ses ouvrages. Cela donnait lieu de juger que ceux qui les avaient conservées ne croyaient pas qu'il y eût de l'avantage pour leur cause à les publier toutes. Ce qui n'était qu'une conjecture s'est pleinement vérifié par quelques-unes de celles qui ont été publiées par l'auteur des *Monuments authentiques*, qui néanmoins ne les a pas eues toutes, ou bien il en a supprimé plusieurs plus importantes que celles qu'il a données avec une ostentation ridicule, déposant en des bibliothèques publiques des billets de quatre ou cinq lignes, qui marquent qu'on renvoie un livre, qu'on en demande un autre, des injures contre des particuliers, et d'autres bagatelles. Cependant de celles qui ont été imprimées, on peut tirer plusieurs nouvelles preuves de la fourberie de Cyrille.

Il noircit particulièrement Georges Coressius, le représentant comme un disciple des jésuites et un pensionnaire de la cour de Rome, et Léger était assez simple pour le croire, dans le temps qu'on avait imprimé en Angleterre quelques traités de ce Grec contre les Latins, qui lui attirèrent la haine de Matthieu Caryophylle et d'Allatius, des vers injurieux que le premier fit contre lui, et des invectives outrées du second, qui marquait même que le patriarche de Constantinople l'avait excommunié, ce qui ne paraît pas vrai, puisque les Grecs n'ont parlé de lui qu'avec de grands éloges. Mais Cyrille se gardait bien de dire que Coressius avait été appelé de Chio par une délibération synodale du clergé de Constantinople, pour disputer contre Léger; qu'il agissait comme théologien avoué par l'église grecque, ce qui ne pouvait avoir été fait sans que Cyrille y eût consenti. Il lui a dit beaucoup d'injures en particulier; mais quand Coressius rendait compte publiquement de sa doctrine, qu'il combattait celle des calvinistes par ses écrits, qu'il fournissait de la matière à Grégoire protosyncelle, son disciple, et qu'il approuvait publiquement son ouvrage opposé directement à la Confession de Cyrille, celui-ci ne disait mot, le laissait faire, et le louait vraisemblablement devant son église. Trouvera-t-on en cette conduite de la sincérité et de la probité?

Cyrille ne pouvait pas ignorer que, pour avoir été aux écoles que les jésuites avaient établies à Galata, et y avoir fait des études de grammaire et de philosophie, on ne renonçait pas à l'église grecque, puisque les schismatiques les plus emportés n'ont jamais empêché qu'on fréquentât ces écoles, où la nation trouvait un secours dont elle manquait. Il savait bien que pour avoir étudié à Padoue, comme avaient fait plusieurs autres Grecs de son temps, ils n'en avaient pas été moins attachés au schisme; et il y a longtemps que les missionnaires ont mandé à Rome qu'ils ne trouvaient pas de plus grands ennemis de l'Église catholique que ceux qui avaient été élevés dans les collèges des Grecs, et autres dépendants de la congrégation *de propagandâ Fide*, jusque là qu'on a quelquefois délibéré s'il ne serait pas plus avantageux de les supprimer. On peut juger encore sur cela de la mauvaise foi de Cyrille, en décriant ainsi Coressius sur un aussi faux prétexte; mais il avait affaire à des gens bien crédules, et il abusait de leur crédulité pour les éloigner d'un homme hardi et plus habile que le commun des Grecs, et qui pouvait faire connaître les fourbes de Cyrille, si la satisfaction qu'ils avaient d'avoir converti un patriarche de Constantinople à leur religion ne les eût tellement prévenus, qu'il leur fit croire tout ce qu'il voulut.

Dans une lettre au ministre Diodati, qui n'est qu'une réponse dont on aurait mieux développé le mystère, si ceux qui l'ont imprimée avaient donné en même temps celle à laquelle répondait Cyrille, on reconnaît que l'autre lui avait représenté qu'il serait à souhaiter que la Confession de foi donnée à M. Haga fût légalisée, en quoi Diodati ne se trompait pas. Cyrille, qui n'en voulait rien faire, et il ne l'a jamais fait, le satisfit, ou, pour mieux dire, se moqua de lui, en écrivant que sa Confession, après la publication qu'il en avait faite, n'avait pas besoin de légalisation, surtout parce qu'il l'avait avouée comme sienne avec fermeté et intrépidité, devant l'ambassadeur de France, ceux de Raguse et plusieurs évêques. Nous prouverons en son lieu que ce fait était absolument faux, et du vivant de Cyrille, peu de temps après sa mort et toujours depuis, les Grecs ont nié qu'il l'eût reconnue. Au contraire ils ont assuré, ce que ceux qui pouvaient en avoir été témoins assuraient encore durant l'ambassade de M. de Nointel, que Cyrille avait toujours désavoué avec serment que la Confession fût de lui. Il n'était pas croyable dans sa propre cause; et même en toute autre chose, lorsqu'il s'agit d'un fait public, il n'y a point de particulier qui puisse être cru au préjudice de toute une nation.

Voici une seconde imposture dans la même lettre, c'est qu'il assure que sa Confession ayant été reconnue par lui, comme il le supposait faussement, n'avait besoin d'aucune autre légalisation. Il fallait bien que Diodati, qui n'en savait pas davantage, se contentât de cette réponse ; mais Cyrille savait bien en sa conscience toutes les formalités qui étaient requises, afin que de pareils actes eussent autorité, et fussent regardés comme émanés du patriarche ; car les lois ecclésiastiques et la pratique de l'église de Constantinople, aussi bien que des autres patriarcales, sur l'authenticité de ces actes, était établie longtemps avant lui, et pratiquée sans aucune innovation. Si donc il eût été sincère, il aurait écrit de bonne foi à Diodati que son écrit qui contenait sa Confession n'était pas revêtu des formalités nécessaires, et il lui aurait marqué qu'il y aurait de grandes difficultés à en venir à bout, disant en même temps en quoi elles consistaient. Il aurait pu ajouter qu'il suffisait aux calvinistes d'avoir sa Confession écrite de sa main, qu'il reconnaîtrait toujours en cas qu'elle fût contestée. Tout au contraire, il dit faussement qu'elle n'a pas besoin d'être légalisée, et que la reconnaissance publique qu'il en a faite (ce qui n'était pas moins faux) suppléait à la légalisation, ce qui était faux pareillement. Mais il n'ignorait pas que s'il eût voulu tenter de proposer sa Confession en plein synode, ou engager les officiers de la grande église de la mettre par écrit, de la contre-signer et de l'enregistrer dans les archives, il n'en serait pas venu à bout ; que non seulement ses ennemis particuliers, mais tous les Grecs bien intentionnés se seraient soulevés, et l'auraient fait déposer comme hérétique ; outre que ceux qu'il trompait auraient reconnu que le nombre de ceux qu'il leur avait convertis n'était pas tel qu'il leur faisait croire.

Cette continuation d'impostures pour soutenir la principale, qui était celle de sa Confession, est si odieuse, si indigne d'un chrétien et d'un homme de probité médiocre, qu'il est étonnant que ceux qui y prenaient intérêt n'ouvrissent pas les yeux, surtout lorsqu'ils voyaient tous les jours ce prosélyte vivant comme à l'ordinaire dans la profession et dans l'exercice public de la religion qu'il avait abjurée entre leurs mains. Car ainsi qu'il paraît par la lettre qu'a donnée Hottinger, écrite de Rhodes, il n'avait pas moins renoncé aux erreurs de l'Église romaine qu'aux superstitions de l'église grecque, qu'il a néanmoins pratiquées jusqu'à sa mort. Cependant cet enchaînement de crimes devient encore plus affreux par l'imposture la plus grossière dont on ait jamais ouï parler. Ce fut de donner cette fausse Confession comme un exposé sincère de la créance de toute l'église d'Orient. Il savait assez que non seulement elle n'avait jamais rien cru de semblable, mais que s'il eût publié ce qu'il avait donné par écrit, elle se serait toute soulevée contre lui ; ses propres panégyristes avouent qu'elle lui suscita de grandes persécutions, et il avait l'effronterie de la donner comme la créance commune de tous les Grecs. Syrigus s'élève fortement en cet endroit, comparant cette impudence à celle d'une prostituée, et soutenant que jamais les patriarches, les métropolitains, ni les synodes n'en avaient ouï parler ; qu'ainsi c'était la plus impudente calomnie d'attribuer à toute l'église grecque ce qu'elle n'avait jamais connu sans le condamner. En effet, il n'y eut peut-être jamais d'impudence pareille, puisque ce n'était pas sur son témoignage qu'on devait apprendre la foi de l'église grecque, et qu'il n'était pas moins facile de reconnaître qu'elle croyait tout le contraire, que de savoir qu'à Paris, dans l'église métropolitaine, on célèbre la messe selon l'usage des catholiques, et non pas la cène de Genève. Voilà un des beaux endroits de la vie de ce confesseur du calvinisme, sur lequel il est étonnant que ses admirateurs ne disent rien, car ils citent sur les autres articles l'autorité de M. Haga ; ils ne le peuvent faire sur cet article, puisqu'il a eu assez de soin de sa propre réputation, pour ne pas s'exposer à la dérision publique, en certifiant que les Grecs croyaient tout ce qui est exposé dans cette Confession. C'est-là encore un point de morale où les calvinistes auraient besoin de justifier ceux de leur communion d'avoir reçu et approuvé un faux témoignage comme celui-là, puisque toutes les plaintes qui se faisaient contre Cyrille à cause de sa Confession signifiaient assez l'horreur qu'en avaient tous les Grecs, et par conséquent qu'il était notoirement faux qu'ils eussent une semblable créance.

Aussi l'auteur des *Monuments* a traité ce reproche d'une horrible calomnie du synode de Jérusalem, quoique le titre seul et la première période marquent assez que Cyrille ne parle pas seulement en son nom, mais au nom de toute l'église orientale. Le voilà donc encore coupable d'une imposture grossière, et d'autant moins excusable, que, quand il aurait exposé sincèrement ce que croyaient les Grecs répandus dans tout l'Orient, il ne pouvait pas, comme il fit, parler en leur nom sans avoir consulté les synodes, les patriarches et les autres ecclésiastiques, ce qu'il n'a jamais fait. S'il leur avait jamais présenté cette Confession, aurait-il pu la désavouer avec serment comme il fit toujours ?

Ses lettres, si on les examine en détail, sont pleines de menteries ; car, par exemple, dans celle qu'il écrit aux Genévois, il dit que Léger a converti plusieurs personnes par ses écrits et par ses prédications à la lumière, et qu'il a couvert ses adversaires de confusion. On ne peut néanmoins nommer un seul de ces Grecs convertis qui ait soutenu sa Confession, ni de son vivant, ni après sa mort. Aucun prêtre ou évêque n'a été cité, ni déposé, ni excommunié pour ce sujet. Il fallait donc que tous fissent comme lui, qu'ils fussent zélés calvinistes en particulier, et qu'ils exerçassent publiquement comme lui la religion grecque. Léger confondit si peu les adversaires de Cyrille, que Coressius lui tint tête, et le réfuta très-solidement, suivant le témoignage des Grecs. L'affectation avec laquelle ceux qui, ayant produit tant de lettres inutiles, ont supprimé tout ce qui avait rapport à cette dispute, jusqu'à n'en pas faire la moindre mention, peut donner à penser qu'elle ne fut pas fort à leur avantage. Il faudrait être bien crédule, pour s'imaginer que Léger fût un controversiste plus redoutable que les autres. Ainsi on n'a pas de peine à juger de ce qu'il pouvait dire pour soutenir les opinions de sa secte, et les Grecs en savent assez pour ne pas craindre de pareilles objections.

Puisque ce qu'il mande à Diodati touchant la reconnaissance qu'il fit de sa Confession devant M. le comte de Marcheville, que le sieur A. appelle ridiculement *le comte de Marseille*, n'est établi que sur son témoignage propre, nous mettrons ce fait au nombre de toutes ses autres faussetés. Il est vrai que cet ambassadeur le pressa de se déclarer, ce qu'on ne voit pas que Cyrille ait fait jamais. Les Grecs qui étaient sous la protection de ce ministre, pour se mettre à couvert de la tyrannie de ce malheureux, auraient eu de quoi le convaincre, non seulement d'hérésie, mais de faux serment, s'il avait fait cette déclaration; et ce ne fut que par le défaut de pareilles preuves qu'il rompit le dessein que les Grecs avaient formé de le déposer juridiquement comme hérétique. Ils savaient assez qu'il l'était; mais ils ne pouvaient pas le prouver. Quand ils auraient eu un original de sa Confession signée de sa main, comme il dit qu'il en avait signé plusieurs copies, il le pouvait désavouer, ayant une raison très-spécieuse, qui était que les écrits des patriarches devaient être donnés en une autre forme, contre-signés et enregistrés, afin qu'on y pût ajouter foi.

Enfin quand Cyrille aurait été sincère, et si les mauvaises réponses de ses apologistes pouvaient le justifier, que peuvent-ils dire de sa conduite pour parvenir au patriarcat de Constantinople, pour s'y maintenir, et pour faire chasser ses compétiteurs? Ils osent le comparer aux anciens pères; trouvent-ils qu'il ait imité S. Grégoire de Nazianze, qui, pouvant se maintenir dans la même dignité, aima mieux y renoncer, que de troubler la paix de l'Église? Pourquoi Cyrille n'en faisait-il pas autant? Il avait encore une raison plus pressante de le faire, puisqu'indépendamment de la violence qu'on lui faisait, il aurait dû se retirer de lui-même d'une église toute corrompue, comme il l'a dépeinte, et dans laquelle *on adorait les idoles*, ce qu'il avait l'effronterie de dire et d'écrire, mais à des Hollandais, à des Genévois et à des Anglais, sans faire réflexion qu'il attribuait dans sa Confession une doctrine toute différente à cette même église, en sorte que si ce qu'il y a mis sur le culte des images est la créance des Grecs, il était un calomniateur de leur reprocher l'adoration des idoles; sinon, il était un imposteur.

On dira peut-être qu'il l'aurait assez souhaité, mais que les vœux publics de tous les véritables Grecs le forcèrent à ne pas abandonner son église à des scélérats, qui ne songeaient qu'à la déchirer et à la réunir avec Rome. C'est ainsi qu'en parlent Hottinger et M. Smith, sans autre fondement, sinon qu'il le disait et qu'il l'écrivait. Nos auteurs assurent au contraire qu'il employa tous les artifices, toutes les violences et toutes les mauvaises voies pour se maintenir et se rétablir. Si les calvinistes rejettent leur témoignage, nous sommes encore plus en droit de rejeter celui de Cyrille en sa propre cause, de Léger et même de M. Haga, dont toutes les relations ne sont fondées que sur ses récits. Ce sont donc les Grecs qui doivent en être les juges, et sur cela ils semblent être partagés. Car il y en a quelques-uns qui exagèrent les cruautés et les mauvaises pratiques de ceux qui le dépossédèrent, en quoi ils ont eu peut-être raison. Car nous ne prétendons pas que Grégoire d'Amasie, Anthime d'Andrinople, Cyrille de Berroée, Athanase Patellarus, et Néophyte d'Héraclée, qui lui disputèrent le patriarcat, fussent des saints, quoiqu'ils pussent passer pour tels en comparaison de Cyrille Lucar. Ils étaient concussionnaires et simoniaques, ils avaient donné de l'argent pour obtenir le patriarcat; il n'avait rien sur cet article à leur reprocher, puisqu'il en fit autant et même plus qu'aucun n'avait jamais fait, selon le témoignage des Grecs. Mais au moins ils n'avaient pas deux religions comme lui. Ils étaient, dit-on, liés avec les jésuites, ce qui serait difficile à prouver, puisque Cyrille n'est pas un témoin qui puisse être écouté sur leur sujet. Allatius à la vérité, sur la foi de quelques lettres venues de Constantinople, parle de Cyrille de Berroée comme s'il n'eût pas été éloigné de la réunion avec l'Église catholique; mais on n'en a jamais eu aucune preuve. Celle que donne Allatius, qu'on avait parlé à Rome de le mettre au nombre des martyrs, n'ayant eu aucune suite, était sans doute très-peu assurée, puisque Cyrille a certainement vécu, et fini ses jours dans la communion de l'église grecque. On a examiné ailleurs cet article.

Quoi qu'il en soit, on ne peut douter que Cyrille n'ait acheté le patriarcat comme les autres. Hottinger a cru adoucir le mal, en disant qu'il fut forcé de payer les sommes immenses qu'il donna aux infidèles, ce qui est une très-mauvaise excuse, quand elle ne serait pas fausse; car si Cyrille se fût retiré, personne ne l'aurait forcé à reprendre la dignité dont il avait été dépouillé. Mais il est aisé de reconnaître dans ses lettres mêmes, toutes emmiellées de dévotion qu'elles soient, que l'ambition, la vengeance et la haine dominaient cet esprit inquiet et turbulent. Sans cela il n'aurait pas voulu profiter du crime de ceux qui donnaient de l'argent pour le faire rétablir; car quand il n'aurait fait qu'en profiter, il n'aurait pas été moins simoniaque. Mais les Grecs, qui sont plus croyables que des étrangers, l'accusent tous d'avoir épuisé les églises par les sommes excessives qu'il en exigea, afin d'avoir de quoi payer les Turcs; et par conséquent il n'était pas moins coupable que ceux qui le dépossédèrent, puisqu'il se rétablit, comme l'avoue M. Smith, *étant fort aidé par ses amis, et encore plus par l'argent* (1). Tel est le saint que les réformés ont entrepris d'élever jusqu'au ciel; un homme qui renonce, en particulier et par une Confession écrite de sa main, à la religion de ses pères, et qui néanmoins continue à la professer publiquement; qui donne de l'argent pour devenir patriarche, et pour se rétablir quand il est dépossédé; qui met à cette occasion toute l'église grecque dans le trouble, qui la désole par ses exactions; qui, pour amasser de l'argent, vend les évêchés, dépose injustement ceux qui en sont revêtus; qui tire de grandes sommes des calvinistes en leur promettant d'introduire leur créance dans l'église grecque; qui désavoue en public sa Confession et se parjure. Le calvinisme a de grands priviléges, s'il peut justifier de semblables crimes.

Les défenseurs de Cyrille ne manqueront pas de rebattre ce qu'ils ont dit tant de fois, pour faire valoir l'autorité de M. Haga, du chevalier Thomas Roë, et de quelques autres ambassadeurs d'Angleterre et de Hollande à Constantinople, qu'ils citent avec un air de confiance aussi grand, que si c'était violer le droit des gens que de ne pas se rendre aveuglément à de tels témoignages. Ils parlent avec la même assurance des lettres et des relations de Léger, de Diodati et de quelques autres ministres qui ont pratiqué Cyrille, ou qui ont eu commerce avec lui : on loue leur probité, leur vertu et leur capacité, comme si ceux qui ne se trouvent pas d'accord avec eux eussent été des hommes sans foi, sans loi et sans probité, qui ne méritassent pas d'être écoutés.

A l'égard des premiers, nous avons plusieurs choses à dire. Premièrement nous sommes en droit de demander à ceux qui prétendent qu'il n'est pas permis de contester l'autorité de M. Haga et des autres, si celle des ambassadeurs de France n'est pas égale, pour ne pas dire supérieure. Cependant que n'ont pas dit M. Claude, M. Smith et tous ceux qui les ont suivis, pour rejeter le témoignage de M. de Nointel, des consuls et des autres personnes publiques ? Que n'ont pas dit Rivet, M. Spanheim, et d'autres calvinistes contre M. de Césy, M. le comte de Marcheville, et les ministres de France, pour les accuser d'avoir suscité à Cyrille ce qu'ils appellent des *persécutions pour la vraie religion*, sans les épargner sur des choses encore plus odieuses, comme d'avoir contribué à la mort de ce malheureux, de lui avoir dressé plusieurs embûches, et d'être entrés dans diverses pratiques indignes de ministres représentants, tout cela sur le seul témoignage de cet imposteur? Que les calvinistes rendent donc justice à la mémoire des ambassadeurs de France, et qu'ils reconnaissent qu'ils méritent pour le moins autant de foi que ceux

(1) Multum adjuvantibus amicis, argento magis, jus suum antiquum repetit. P. 122.

d'Angleterre et de Hollande; alors la plus grande partie des faits sera bientôt éclaircie. Mais vouloir qu'on croie uniquement ceux-ci au préjudice de tous les autres, est une prétention non seulement injuste, mais ridicule. Si ce parti ne leur plaît pas, nous consentirons aisément que les uns ni les autres ne soient point crus, mais qu'on s'en rapporte aux actes publics et au témoignage des Grecs.

Secondement, nous conviendrons sans difficulté d'ajouter foi à ce que M. Haga a déclaré juridiquement, comme ambassadeur, même quoiqu'il ne l'ait pas fait dans les formes. En cette qualité il pouvait légaliser quelque acte qui lui était présenté, comme les ambassadeurs font tous les jours. Ainsi nous voulons bien croire sur sa parole que la Confession imprimée à Genève lui avait été remise entre les mains par Cyrille, et qu'elle était écrite de sa main, quoique dans le témoignage qu'on cite de lui à la tête de l'édition de Genève, on ne peut le reconnaître comme ambassadeur, mais simplement comme particulier. Car il est à remarquer qu'il n'a jamais donné d'acte authentique, par lequel il ait assuré que cette Confession était de Cyrille, et encore moins qu'elle fût la créance commune de l'église grecque; et s'il l'avait fait, il aurait publiquement rendu un faux témoignage.

Troisièmement, nous croyons avec raison que pour faire considérer un ambassadeur comme une personne publique, dont le témoignage doive être reçu, il faut que ce soit dans des choses qui peuvent regarder son ministère. Or la plupart de celles dans lesquelles on cite M. Haga, ne regardaient aucunement ses fonctions d'ambassadeur, mais plutôt celles d'un ministre et d'un convertisseur, outre qu'elles étaient purement ecclésiastiques. Il a, dit-on, assuré et écrit plusieurs fois, qu'il y avait à peine un métropolitain ou un évêque qui ne fût prêt à sacrifier ses biens et sa vie pour Cyrille, et pour soutenir sa Confession. Son caractère ne rendra pas croyable un fait qui s'est trouvé faux à un tel point, que la même année que mourut Cyrille il n'en parut pas un seul qui prît sa défense ou celle de sa Confession. Si ces évêques en nombre considérable avaient mis par écrit une pareille déclaration, et qu'ils l'eussent présentée à M. Haga; qu'il l'eût légalisée, en certifiant que l'acte lui avait été mis entre les mains par ces évêques, et qu'il les connaissait, on aurait tort de le révoquer en doute : c'est aussi ce qu'a fait M. de Nointel. Il n'a pas donné des attestations de son chef; il a reçu celles que les Grecs lui présentèrent, il a certifié que les actes étaient véritables, et les personnes connues. Mais lorsqu'un ambassadeur entreprend de dogmatiser, et qu'il se rend garant de tout ce qu'un fourbe lui dit en confidence, il n'est pas plus croyable que le moindre particulier, surtout quand on sait d'ailleurs par des preuves incontestables qu'il a été trompé.

A l'égard du ministre Léger, son témoignage n'est pas plus croyable que celui d'un calviniste outré, qui parle dans sa propre cause. Il a cru tout ce que

Cyrille lui disait ou lui écrivait, et comme on l'a fait voir en plusieurs articles, par ses seules lettres on reconnaît la fausseté de presque tous les faits qui ont rapport à la vie de cet imposteur. Sans cela même, puisque les catholiques sont suspects, et que les calvinistes ne veulent pas recevoir leurs témoignages, ils ne peuvent prétendre que nous recevions ceux de Léger et des autres ministres, qui, étant parties, ne peuvent être reçus comme témoins dans leur propre cause. Cependant nous n'avons pas besoin de cette défense, puisque les Grecs eux-mêmes détruisent suffisamment tout ce qu'il a dit. Mais pourquoi ne le cite-t-on que sur la sainteté, le désintéressement, et le zèle de Cyrille à soutenir publiquement sa confession? On a sans doute ses lettres, et on ne fera croire à personne que pendant un assez long séjour à Constantinople, il n'a rien écrit de tout le reste, qu'il n'ait pas parlé de sa dispute avec Coressius, qui n'agissait pas comme simple particulier, mais comme théologien délégué par l'église de Constantinople, ni de beaucoup d'autres semblables faits. On a tout sujet de croire que si ces lettres paraissaient, on y découvrirait bien des mystères, qui ne feraient pas d'honneur à Cyrille, ni à ses panégyristes.

CHAPITRE V.
De la Confession de Cyrille. On fait voir qu'elle ne peut être regardée comme une véritable exposition de la foi de l'église grecque.

Cet article, qui est décisif pour tout ce qui regarde Cyrille Lucar, ne regarde pas les catholiques seuls, mais aussi les protestants de la Confession d'Augsbourg. Car aussitôt que cette confession eut été imprimée à Genève, leurs plus fameux théologiens jugèrent très-sagement que Cyrille pouvait avoir cru ce qu'elle contenait, mais qu'on connaissait assez d'ailleurs la doctrine de l'église grecque, pour être assuré qu'elle ne croyait rien de semblable; d'autant plus qu'on reconnaissait aisément les opinions et les termes mêmes de Calvin. Les préfaces et les apologies que firent quelques calvinistes, dans lesquelles ils faisaient sonner fort haut les témoignages de M. Haga et du ministre Léger, ne firent pas une grande impression sur les luthériens, et encore moins sur Grotius, qui traita cette confession comme elle le méritait. Rivet, qui avait entrepris de soutenir avec hauteur une si mauvaise cause, n'opposa aux fortes raisons des autres que des puérilités et de vaines déclamations.

Hottinger, qui fit imprimer cette Confession avec de grands passages des Pères, plus propres à la réfuter qu'à la confirmer, y ajouta une longue histoire de la vie et des actions de Cyrille, qui ne peut être regardée que comme un roman mal concerté, et dont toute l'autorité est fondée sur les lettres et sur le témoignage de M. Haga, de Léger, et des autres ministres de Genève, qui lui parurent suffisamment prouver que la foi de l'église orientale avait été fidèlement expliquée dans cette Confession *du très-célèbre patriarche de Constantinople et du très-constant martyr Cyrille*. Georges Fehlavius, ministre de Dantzick, avait fait imprimer en 1658 le Traité de Christophe Angelus, Grec, qui contenait un abrégé de l'état de son église assez véritable, sinon qu'en tous les points qui regardent les controverses entre les catholiques et les protestants, il ne dit pas tout ce qu'il aurait pu dire, et même ce qu'il aurait dû dire. Mais il écrivait en Angleterre, et c'est quelque chose que de n'avoir rien dit qui pût favoriser les opinions contraires à la foi de son église. Dans l'épître dédicatoire et en quelques notes, Fehlavius avait marqué assez modestement que la Confession de Cyrille ne pouvait être considérée comme celle de toute l'église grecque, et sur cela Hottinger avait fait contre lui des invectives amères, et avait entrepris de réfuter les fortes raisons de son adversaire : mais il s'en était acquitté si mal, que Fehlavius n'eut pas de peine à le confondre dans une édition nouvelle de son premier ouvrage, et les calvinistes n'ont jamais répliqué. Grotius et les plus savants hommes du dernier siècle ont été du sentiment de Fehlavius. Il n'y a donc eu que les calvinistes, et même les plus entêtés de leurs préjugés, qui aient entrepris de soutenir les paradoxes des Genévois, de Rivet et de Hottinger ; de sorte qu'Aubertin (l. 3, p. ult.) lui-même n'osa pas dire que la Confession dont il s'agissait fût celle de l'église grecque, mais que Cyrille était revenu à l'ancienne foi de l'église sur l'Eucharistie. *Verum nostris temporibus novissimus patriarcha Cyrillus Constantinopolitanus ad primitivam rediens de Eucharistiâ fidem*, etc.

Ces paroles d'Aubertin renferment un aveu sincère de ce que Grotius et les luthériens avaient soutenu, qu'on ne pouvait regarder la Confession de Cyrille que comme celle d'un particulier, et non pas comme celle de l'église grecque. C'était une preuve de la conversion de cet imposteur à la foi telle qu'on la professe à Genève, et par conséquent une démonstration certaine qu'il était un novateur, et non un témoin de ce que les Grecs croyaient touchant le mystère de l'Eucharistie ; et ces grands mots *de retour à l'ancienne foi* ne signifient rien que cela. Mais M. Claude a voulu faire voir qu'il en savait plus que son maître. Car avec les faits avancés par Hottinger, et prouvés uniquement par des lettres de Diodati et Léger, il a remis sur pied la Confession de Cyrille, comme un témoignage incontestable de la créance des Grecs ; ce qui n'étonne pas, car il y a eu peu d'hommes qui aient affirmé avec plus de confiance ce qu'ils ignoraient entièrement. Mais il est surprenant que la plupart des autres ministres qui ne savaient rien, s'ils ne savaient pas qu'il n'avait aucune connaissance des matières ecclésiastiques grecques, et même ceux qui avaient fait quelque séjour à Constantinople, comme M. Basire et M. Smith, aient pu soutenir une aussi grande fausseté, qui est encore crue parmi les calvinistes sur de pareilles autorités.

Les Luthériens l'avaient combattue par des raisons très-pressantes, faisant voir qu'il était certain, par tous les auteurs grecs anciens et modernes, que leur église enseignait et pratiquait tout le contraire de ce qui était exposé dans la Confession de Cyrille ; qu'en particulier elle ne pouvait pas avoir des opinions sur la matière du libre arbitre, de la prédestination, de la réprobation et de la justification, dont on savait que Calvin était l'auteur ; que leur discipline sur l'intercession des saints, sur les images, et sur plusieurs autres points, prouvait incontestablement la fausseté de ce que la Confession contenait sur ces articles. Enfin que les deux synodes tenus depuis la mort de Cyrille, ayant anathématisé sa personne et sa doctrine, empêchaient de douter qu'il n'eût faussement attribué à l'église grecque des sentiments dont elle était fort éloignée.

Ces preuves étaient plus que suffisantes pour imposer silence à tous ceux qui auraient eu quelque respect pour la vérité et pour le public ; mais elles ne produisirent aucun autre effet, sinon que comme M. Claude n'en faisait aucune mention, suivant sa méthode constante à l'égard des objections auxquelles il ne pouvait répondre, on crut que puisqu'il n'y faisait point de réponse, elles ne méritaient pas qu'on y fît la moindre attention. Il est vrai que parce que les deux synodes qu'on alléguait pouvaient faire impression sur les esprits les plus prévenus, puisqu'ils passaient pour une démonstration à l'égard de toute personne non préoccupée, et qu'Aubertin n'en avait pas fait la moindre mention, quoiqu'ils fussent imprimés avant sa mort, M. Claude, pour trancher la difficulté, s'inscrivit en faux contre ces deux synodes ; et comme il apprit alors le mot de *Grecs latinisés*, dont il a fait un si merveilleux usage, il mit au nombre des latinisés les patriarches et les évêques qui avaient eu part à cette censure, afin d'en pouvoir rejeter l'autorité. Cependant les luthériens reconnaissent que ces synodes sont véritables : ils les ont fait imprimer comme tels, et Fehlavius s'en est servi pour réfuter Hottinger. C'est donc un second article de cette dispute, dans lequel il faut que les calvinistes combattent les luthériens, et non pas les seuls catholiques, comme on voudrait le faire croire.

Depuis les premières réponses de M. Claude, on reçut du Levant un nombre considérable de pièces authentiques qui confirmaient le jugement que nos théologiens, aussi bien que Grotius et les luthériens, avaient fait de la Confession de Cyrille, et des deux synodes qui l'avaient condamnée. Il ne répondit rien à des preuves si positives, ce qui n'empêcha pas ses collègues et ses disciples de soutenir toujours les deux faussetés capitales, sur lesquelles roulait toute sa défense ; et ce qui acheva de les confirmer dans une erreur de fait aussi grossière, fut de voir M. Smith paraître sur les rangs comme témoin oculaire venu de Constantinople, pour confirmer tout ce que Hottinger et M. Claude avaient dit sur cette matière, sans néanmoins en apporter la moindre preuve. Mais comme les Grecs nous ont fourni de quoi détruire tous les paradoxes des calvinistes, et entre autres plusieurs faits dont on eut connaissance trop tard, pour en faire un usage aussi étendu qu'il aurait été à souhaiter dans la *Perpétuité*, nous tâcherons de suppléer à ce défaut, et nous espérons mettre la question en un tel jour, que nos adversaires cesseront de fatiguer le public de leurs répétitions ennuyeuses.

La première réflexion qu'on doit faire sur la Confession de Cyrille Lucar, est que le titre en est faux, aussi bien que l'exposé qu'il fait dans l'exorde de l'occasion pour laquelle il la donna. Il y a mis le titre de *Confession orientale*; et il dit, dans l'exposé, que *quelques personnes lui ayant demandé à être informées de la foi et du culte des Grecs ou de l'église d'Orient, et de ce qu'elle croyait touchant la foi orthodoxe, il donne cette Confession abrégée au nom généralement de tous les chrétiens*, etc. Le titre est faux, puisqu'on ne peut pas douter que l'église grecque ne croie tout le contraire, non seulement par les raisons qui d'abord furent alléguées par les catholiques et par les luthériens, mais parce que cette même église s'y opposa aussitôt, et qu'elle ne l'a jamais reçue. On avait déjà plusieurs expositions de foi, et une des plus authentiques, dans les derniers temps, était celle que fit le patriarche de Constantinople, Jérémie, dans ses trois réponses aux théologiens de Wittemberg. Elle est très-théologique, et il y explique la créance des Grecs d'autant plus exactement, qu'il l'oppose à celle de la Confession d'Augsbourg, et fait voir la différence entière de l'une et de l'autre. On avait aussi les ouvrages de Gabriel de Philadelphie, de Maximus Margunius, évêque de Cérigo, outre les Horologes, l'Eucologe, le Thriodion, et le reste des livres d'église. De plus, il n'y a personne qui ne sache que les Grecs ne reconnaissent pas la procession du S.-Esprit du Père par le Fils, qui est néanmoins approuvée dans la Confession de Cyrille. Ces seules preuves démontraient clairement la fausseté du titre de cette pièce dans le temps qu'elle parut ; et ce que les Grecs ont fait depuis pour la condamner et pour la réfuter, en a fourni une confirmation bien ample et bien authentique, comme on le fera voir dans la suite.

L'exposé est encore un tissu de faussetés, puisque, selon la remarque de Mélèce Syrigus, il devait dire qui étaient ceux qui lui avaient demandé quelle était la créance de l'église grecque, puisque certainement ils ne devaient pas être dans sa communion, s'ils ne savaient pas ce qu'elle croyait. Il devait les catéchiser et les instruire s'ils n'en étaient pas, suivant la profession de foi que toutes les nations reçoivent le baptême, et ceux qui sont promus aux ordres sacrés promettent de conserver inviolablement. Ce fut donc par une imposture inouïe que Cyrille supposa une demande qui ne lui avait point été faite, parce que suivant ses propres lettres, longtemps avant 1629, qui est la date de sa première Confession donnée en latin, il avait déjà déclaré suffisamment qu'il était calviniste ; et, pour ce qui regardait l'église grecque, on voit par sa lettre à Utenbogart qu'il avait dit tout le contraire de ce qu'il a mis dans sa Confession. Si donc après cela on lui demandait quelque chose par écrit, cela ne pouvait être fait à autre dessein que pour l'engager davantage. Mais il n'était pas possible qu'on lui eût demandé ce que croyait l'église grecque, ni que cette demande lui eût été faite par ceux avec lesquels il était en une étroite liaison, qui, étant à Constantinople, en étaient assez informés, et pouvaient s'en éclaircir tous les jours.

C'est encore une fausseté manifeste que ce qu'il dit dans l'exorde, qu'il expose la foi de l'église grecque au nom de toute son église. Car comme remarque Syrigus, et après lui Dosithée dans le synode de Jérusalem, ni les évêques qui composent le synode patriarcal de Constantinople, ni les autres patriarches, ni les officiers de la grande église, n'en avaient jamais eu aucune communication. Comment donc pouvait-il parler au nom de toute son église, sans la participation de ceux qui y tenaient les premières places?

Nous savons bien que Cyrille s'était vanté dans ses discours familiers avec l'ambassadeur de Hollande, et et dans ses lettres à Léger, à Diodati, et à ses autres correspondants, qu'il avait communiqué sa Confession à plusieurs métropolitains et évêques, auxquels il avait inspiré les mêmes sentiments que les siens ; que sur cela M. Smith assure très-positivement qu'il y en avait un très-grand nombre qui étaient prêts à sacrifier leurs biens et leurs vies pour soutenir cette Confession, et qu'après un témoignage comme celui de M. Haga, il n'était pas permis d'en douter. On n'accuse pas cet ambassadeur de mauvaise foi, mais d'une grande crédulité ; puisque tout ce qu'il pouvait savoir de ces faits n'était appuyé que du témoignage de Cyrille, et il était inexcusable d'avoir autorisé, quoique indirectement, le faux titre de sa Confession, puisqu'il ne pouvait pas ignorer, après avoir fait quelque séjour à Constantinople, que ce n'était pas celle des Grecs.

On a remarqué ailleurs que, dans la lettre d'Arsénius imprimée avec la même Confession et les deux synodes qui la condamnèrent, il est dit qu'il assembla *un synode de brigands et de scélérats comme lui, où il confirma sa Confession calviniste;* sur quoi on a dit que si ces paroles s'entendaient de quelque assemblée secrète, dont on n'avait eu aucune connaissance, la chose était vraisemblable, puisqu'on savait d'ailleurs que Cyrille avait essayé de corrompre quelques évêques ; mais qu'il n'y avait pas lieu de croire qu'il eût tenu aucun synode dans les formes, parce que cela suffisait pour le convaincre et d'hérésie et de parjure, lorsqu'il désavoua plusieurs fois sa Confession avec serment. Il y a donc plus de raison de croire Syrigus, qui, étant chargé de la réfuter, comme il fit, était mieux informé qu'un autre, lorsqu'il assure que jamais elle n'a été communiquée au synode des évêques; qu'il ne s'en est point assemblé pour cela, et que tout ce qui eut rapport à cet ouvrage de ténèbres se fit en secret.

La Confession parut en latin en 1629, et les Grecs n'en eurent alors presque aucune connaissance ; car la Réfutation qui en fut faite sur cette copie latine par Jean-Matthieu Caryophylle ne fut imprimée que trois ans après. Lorsque l'impression grecque eut paru à Genève en 1633, elle ne fut plus connue par les Grecs, sinon à l'occasion du bruit que fit le comte de Césy, ambassadeur de France, et ensuite le comte de Marcheville. Les Grecs étaient partagés suivant leurs attachements particuliers aux intérêts de Cyrille, ou à ceux de ses compétiteurs ; mais ce n'était pas pour disputer si cette Confession contenait la foi de l'église grecque ou non ; car chacun était assez convaincu que cette exposition était toute calviniste. C'était pour examiner si Cyrille en était l'auteur, ou si elle lui était faussement attribuée, comme prétendaient ceux qui, ne le connaissant pas assez, ne jugeaient de lui que par ses protestations et par ses serments, que la profession extérieure et la pratique de ce qui est cru et pratiqué parmi les Grecs rendaient très-croyables.

Ces seules contradictions et disputes, qui durèrent même longtemps après sa mort, prouvent d'une manière bien positive qu'avant que cette Confession parût, les Grecs croyaient tout autre chose que ce qu'elle contient ; et on en a des preuves dans les ouvrages de ceux qui ont toujours passé pour orthodoxes, depuis Jérémie jusqu'à Cyrille. Elle ne fut jamais reçue de son temps ; puisque même elle ne fut jamais publiée, et qu'il est de notoriété publique qu'il n'y eut pas la moindre innovation dans la discipline extérieure de l'église grecque ; que la Liturgie y fut toujours célébrée comme elle l'avait été avant Cyrille, les sacrements administrés de même, avec les prières et les cérémonies qui se trouvent dans l'Eucologe ; et ceux qui s'en servaient, ceux qui adoraient l'Eucharistie, ceux qui célébraient la messe des présanctifiés, ceux qui disaient tous les jours les prières à la Vierge et aux saints qui sont dans l'Horologe, ne pouvaient pas croire ce qui est contenu dans une Confession qui condamne toutes ces pratiques comme des superstitions et des abus. Si on dit que Cyrille l'a fait, on en convient ; mais c'est supposer une chose entièrement impossible, que toute une église fasse ce qu'un scélérat sans confiance a fait par intérêt, et les Grecs n'en avaient aucun qui les engageât à une fiction si criminelle.

Hottinger, qui a bien senti la force des raisons par lesquelles on lui avait prouvé que la Confession de Cyrille ne pouvait être celle des Grecs, puisqu'avant lui ils ont eu une créance entièrement opposée, s'est restreint à dire *qu'on ne pouvait nier au moins que de son vivant ils ne crussent conformément à sa Confession.* Les luthériens l'ont également confondu sur une si mauvaise chicane. En effet, il était impossible que du vivant de Cyrille une pareille doctrine eût été reçue dans l'église grecque par un nombre considérable d'évêques et de laïques, et que l'année même de sa mort elle eût été condamnée solennellement dans un synode, sans aucune opposition, et sans que personne réclamât. Il aurait fallu que depuis le patriarcat de Cyrille les Grecs eussent entièrement changé de créance, autant qu'en change un protestant qui se fait catholique, ou un catholique qui se fait protestant. Ensuite il fallait que depuis la mort de ce malheureux, en moins de six mois, il fut arrivé un nouveau changement ; et même que ces deux changements se fussent faits d'une manière imperceptible, sans contrariété d'avis, sans dispute, sans tumulte, et sans qu'il en restât aucun mémoire.

Ce n'est pas une chose rare dans les écrits des calvinistes que de trouver la plupart de leurs systèmes établis sur de pareilles suppositions. Celle-là n'a pas plus d'absurdités que plusieurs autres, qui doivent être faites pour rendre vraisemblables les changements de doctrine en Orient et en Occident, par lesquels M. Claude prétend que la présence réelle et la transsubstantiation ont été introduites. Mais pour ces autres suppositions qui regardent des temps éloignés, il se sauve dans les ténèbres de l'histoire, qu'il a tâché d'embrouiller. Ici les faits sont récents, et M. de Nointel a vu à Constantinople plusieurs évêques témoins de ce qui était arrivé dans les troubles que Cyrille excita en son église, et aucun n'a jamais pu s'imaginer qu'on osât vouloir faire croire au public que toute la Grèce avait embrassé le calvinisme trente ou quarante ans auparavant, et qu'elle y eût renoncé, sans que personne sût ni quand, ni comment, ni pourquoi, et sans qu'il fût resté le moindre vestige d'un si grand changement. Il faut aussi supposer que dans cet intervalle qu'on doit, selon Hottinger, donner à son système, et qui dure pendant le patriarcat de Cyrille, l'église grecque ayant changé de créance, a conservé sans aucun scrupule des cérémonies et des prières qui la détruisent.

Mais l'impossibilité de ces suppositions est assez sensible pour n'avoir pas besoin d'être prouvée ; et s'il restait sur cela quelque difficulté, ce que les Grecs ont fait depuis ne laisse pas le moindre lieu de douter qu'ils n'aient regardé la Confession de Cyrille comme une doctrine qui leur était entièrement étrangère, et qu'on ne pouvait leur attribuer sans autant de fausseté que d'extravagance. Car Mélèce Syrigus témoigne que non seulement les évêques n'avaient pas entendu parler synodalement de cette Confession, mais que plusieurs s'étaient élevés contre Cyrille, proposant plusieurs chefs d'accusation, particulièrement celle qui regardait l'hérésie, quoiqu'il la niât toujours. C'est aussi ce que les Genévois ont reconnu dans leur préface, comme remarque le même auteur, qui, adressant la parole à Cyrille, continue ainsi : *Vous donc qui savez en votre conscience que vous attribuez à tous les Grecs des opinions qui vous sont particulières, comment pouvez-vous prendre Dieu et les hommes à témoin que ce sont les sentiments de toute l'église grecque ?* On aurait pu faire le même reproche aux calvinistes ; car à moins d'une ignorance prodigieuse, ils savaient assez que les Grecs étaient dans des sentiments tout opposés ; et quand ils ne l'auraient pas su par leur étude, ils le devaient apprendre par Cyrille même, qui ne les entretenait d'autre chose que de la peine qu'il prenait à instruire et à convertir les principaux de son église, des obstacles qu'il y trouvait, de l'attachement qu'ils avaient à la doctrine de la transsubstantiation, de l'intercession des saints et à d'autres articles, particulièrement le mérite des bonnes œuvres, comme on le voit dans plusieurs de ses lettres. Après cela, pouvait-il donner cette Confession comme étant généralement reçue dans l'église grecque, puisqu'il n'y trouva pas un seul évêque qui la voulût signer ; et vraisemblablement il ne s'engagea pas à faire une proposition aussi périlleuse et qui pouvait le perdre.

Ainsi il est clairement prouvé que Cyrille répondant de son chef et sans la participation de son clergé, à ce que les calvinistes lui avaient demandé touchant la créance de l'église d'Orient, a été un imposteur en lui attribuant ce qu'elle n'a jamais cru, ce qu'elle ne croyait pas, et ce qu'elle ne croit pas encore ; et que si M. Haga ou Léger avaient cru que véritablement telle était la créance des Grecs, ils avaient bien perdu leur temps à Constantinople, où ils pouvaient reconnaître, par l'entretien avec les évêques et les officiers de la grande église, encore plus par la seule observation des cérémonies publiques, que Cyrille se moquait d'eux. S'ils savaient que Cyrille parlait contre sa conscience et contre la notoriété publique, on ne peut les justifier d'avoir été complices d'une imposture aussi grossière, qui avait principalement été concertée pour tromper les Occidentaux, en quoi il paraissait que Léger et les Genévois avaient bien mauvaise opinion de la capacité de leur siècle, car ils ne trompèrent que ceux qui voulurent bien être trompés. Les calvinistes reprochent si souvent et si injustement aux catholiques les fraudes pieuses qui peuvent être imputées aux particuliers, mais que jamais l'Église n'a approuvées ! En peuvent-ils trouver parmi nous une pareille ? Car non seulement nos auteurs, mais les Grecs assurent que cette fausse Confession fut concertée entre les calvinistes et Cyrille ; que moyennant cet engagement ils lui fournirent de grandes sommes pour acheter et pour conserver la dignité patriarcale, et qu'il s'engagea de son côté à publier sa Confession dans l'église grecque, et à l'y faire recevoir. Ce n'était donc pas la créance des Grecs, puisqu'il fallait travailler à la répandre parmi eux. Si les protestants, ou pour mieux dire les calvinistes, disent le contraire, ils seront bien empêchés à le prouver, puisqu'ils n'ont pour témoins que leurs ministres, et même le seul Léger, dont nous avons fait voir que la bonne foi était fort suspecte, ou au moins celle de Hottinger, qui ont dissimulé ou ignoré plusieurs faits qui détruisaient toutes leurs fables. Enfin on ne croit pas que personne puisse nier qu'en une affaire qui regarde les Grecs, ils ne doivent être crus préférablement à un Suisse et à un Genévois. Nous allons examiner ce qui s'est fait dans l'église grecque sur la Confession de Cyrille.

CHAPITRE VI.

On fait voir par des preuves de fait certaines et incontestables que la Confession de Cyrille a été rejetée et condamnée par l'église grecque en corps, et par tous les théologiens grecs qui ont été depuis Cyrille jusqu'à ce temps-ci.

Si on demande aux calvinistes quelles preuves ils ont que la Confession de Cyrille soit celle de l'église grecque ou orientale, ainsi qu'il l'a assuré dans son titre et dans son exorde, ils n'en peuvent apporter d'autre que celle dont ils fatiguent le public depuis soixante-dix ans, qui est que Cyrille l'a ainsi assuré, et qu'on ne peut douter sans injustice de la vérité de cette pièce, puisque M. Haga avait certifié qu'il l'avait en original, écrite de la main de l'auteur. Il s'ensuit uniquement qu'elle est véritablement de Cyrille, ce qui d'abord avait paru incroyable aux personnes les plus éclairées, parce qu'on ne pouvait comprendre qu'un homme qui vivait publiquement dans la communion des Grecs, et qui était à la tête de leur église, eût pu abandonner la religion de ses pères, par une déclaration particulière donnée à des hérétiques, et continuer à pratiquer ce qu'il y avait condamné. On avait aussi peine à comprendre qu'un homme d'une capacité médiocre, et encore moins un patriarche de Constantinople, eût pu être assez ignorant pour s'imaginer que les Grecs crussent ce qu'il leur attribuait, ou assez effronté pour leur attribuer une créance entièrement contraire à la leur, par une imposture si grossière, que les plus simples laïques étaient capables de la découvrir. Ce doute n'était donc pas sans fondement, et les certificats de M. Haga ont servi à l'éclaircir, ce qu'ont fait pareillement les lettres de Cyrille et de Léger, en prouvant que la Confession était véritablement l'ouvrage de celui dont elle portait le nom. On ne dispute plus présentement de ce fait ; mais il ne sert en façon quelconque à prouver que la créance de l'église grecque y fût représentée fidèlement. Cyrille l'a assuré ; et son écrit est attesté par l'ambassadeur de Hollande et par un ministre du S. Évangile. Tout ce que cela prouve, est que Cyrille était convaincu par sa propre signature d'être un calomniateur et un imposteur ; et que ceux qui se rendirent garants envers le public d'une si grossière imposture, en faisant les éloges de la pièce et de l'auteur, étaient bien simples, s'ils croyaient sur sa parole, un fait dont ils reconnaissaient la fausseté, entrant seulement dans une église de Grecs durant le service ; ou qu'ils n'étaient pas moins coupables que l'imposteur, s'ils dissimulaient la vérité.

Que les calvinistes examinent tout ce que leurs écrivains ont dit sur cette matière depuis tant d'années, ils n'y trouveront pas d'autres preuves que celles-là, si on les peut appeler des preuves. Il est inutile de faire valoir tous les éloges qu'ils ont fait de Cyrille comme d'un saint et comme d'un martyr ; toutes ces fausses louanges qu'il ne méritait pas, seraient effacées par un crime aussi noir que celui de son imposture. Ce n'est pas de M. Haga ni de Léger que nous apprendrons ce que croit l'église grecque, surtout après les déclarations si expresses qu'elle a faites dès le vivant de Cyrille, et depuis sa mort, de l'horreur qu'elle avait de la doctrine qu'il lui avait imputée si faussement.

I. Pour ne parler que de ce qui s'est passé du temps de Cyrille, nous apprenons par le témoignage de Nectarius, patriarche de Jérusalem, que Coressius fut député par l'église de Constantinople pour disputer avec Léger, et que les conférences furent mises par écrit ; fait sur lequel les calvinistes ont gardé un profond silence. Cependant il suffit seul pour les confondre sur ce qu'ils ont prétendu attribuer à toute l'église d'Orient les sentiments particuliers de Cyrille. Car elle n'aurait pas chargé un théologien de la défendre contre un ministre calviniste, si elle eût été d'accord avec ceux de cette secte ; et par ce que dit Nectarius, autant que par quelques endroits des lettres de Cyrille, on reconnaît qu'ils n'étaient d'accord sur aucun des articles controversés ; au lieu que la Confession s'accorde parfaitement avec celle de Genève.

II. Presque en même temps Grégoire protosyncelle fit imprimer son Abrégé de la doctrine chrétienne, composé sur les mémoires de Coressius, son maître, et qui fut approuvé non seulement par lui, mais par tous les Grecs, en 1635, deux ans après l'impression de la confession de Cyrille, à laquelle il est absolument contraire. Cependant les Grecs ont toujours regardé Grégoire comme orthodoxe, et Cyrille, qui ne l'osa jamais censurer, a été condamné comme hérétique ; par conséquent sa Confession était faussement attribuée aux Grecs.

III. En 1638, la même année que Cyrille mourut, elle fut condamnée dans le synode tenu par Cyrille de Berroée, et en 1642 par un autre tenu sous l'arthénius-le-Vieux. L'année suivante la Confession orthodoxe fut approuvée par le même patriarche, et par les trois autres de l'église grecque, qui, reconnaissant ainsi que la doctrine qui y était expliquée était celle qu'ils recevaient seule comme orthodoxe, condamnaient par une conséquence nécessaire celle de Cyrille, à laquelle ils l'opposèrent.

IV. Mélèce Syrigus qui fut chargé par le synode de Moldavie, confirmé par celui de Constantinople dont nous venons de parler, de donner la dernière main à cette Confession, dressée d'abord par Pierre Mohila, métropolitain de Kiovie, eut aussi commission de travailler à réfuter celle de Cyrille, ce qu'il fit par un ouvrage très-solide que nous avons cité plusieurs fois. Ainsi, en moins de cinq ans, elle fut condamnée et réfutée par deux sentences synodales, une Confession tout opposée, et un ouvrage théologique. Dira-t-on que les Grecs eussent changé de sentiment en un espace aussi court que celui qui s'écoula depuis la mort de Cyrille Lucar, jusqu'au synode de Cyrille de Berroée ? Les Grecs n'en conviennent pas, et il n'y aurait rien de plus absurde que cette imagination.

Donc puisque ces synodes, la Confession orthodoxe, et la Réfutation de Syrigus combattent la créance de Cyrille, elle ne pouvait être reçue dans l'église grecque comme la foi commune de tout l'Orient.

V. Dans le temps même que Parthénius-le-Vieux tenait le siége de Constantinople, Jean Caryophylle, qui avait répandu quelques écrits conformes à cette Confession calviniste, fut cité et obligé de se rétracter.

VI. Il ne se trouve aucun fait remarquable depuis ce temps-là jusqu'à l'ambassade de M. de Nointel, qui obtint des Grecs et des autres Orientaux plusieurs attestions et expositions de foi entièrement opposées à la Confession de Cyrille.

VII. En 1672, à l'occasion du synode tenu en Jérusalem pour la dédicace de la nouvelle église de Bethléem, les Grecs furent consultés par M. de Nointel. Dosithée, patriarche, dressa les décrets, et y ajouta un discours qui contient plusieurs circonstances particulières touchant la Confession de Cyrille, qui y est condamnée comme calviniste.

VIII. La même année, Nectarius, son prédécesseur dans le siége patriarcal, qui, ayant abdiqué, avait assisté et souscrit à ce synode, écrivit la lettre, imprimée depuis peu, aux religieux du Mont-Sina, dans laquelle, après avoir réfuté les calomnies du ministre Claude contre les Grecs, il rejette la Confession de Cyrille, et assure que c'est dans les décrets et les auteurs que nous avons nommés, qu'il faut apprendre la créance de l'église grecque.

IX. Dosithée fit imprimer en 1682 le traité de Nectarius contre la primauté du pape, dans lequel il enseigne la transsubstantiation et d'autres articles condamnés par Cyrille.

X. L'année suivante le même Dosithée fit imprimer, en Moldavie, les œuvres de Siméon de Thessalonique, que les Grecs estiment autant qu'aucun théologien des derniers temps. On n'y trouve rien qui puisse s'accorder avec la Confession de Cyrille.

XI. Jean Caryophylle ayant, au bout de quarante-quatre ans, renouvelé les erreurs qu'il avait été obligé de condamner, fut cité devant Callinique, patriarche de Constantinople, en 1691, et ses écrits, dans lesquels, conformément à la doctrine de Cyrille, il rejetait la transsubstantiation, furent condamnés par une sentence synodale publiée aussi depuis peu.

XII. Enfin Dosithée, qui se trouva présent à ce synode, réfuta aussi Caryophylle par un écrit particulier ; et pour montrer que l'église grecque n'avait pas varié depuis le synode de Jérusalem, il fit imprimer en 1690 à Bucharest en Valachie, l'écrit qui fut approuvé synodalement sous le titre de : *Bouclier de la foi orthodoxe*, en lui donnant celui d'*Enchiridion* ou de *Manuel*, y ajoutant plusieurs passages et autorités dont il fortifie tout ce qu'il avait dit contre Cyrille et sa Confession.

XIII. Nous ne parlons pas des particuliers qui peuvent avoir écrit sur la même matière, et dont les livres ne nous sont pas encore connus ; mais on en a imprimé quelques-uns en Moldavie et en Valachie, conformes à ceux-là dans les articles de l'Eucharistie, des sept sacrements, et des autres rejetés par la Confession de Cyrille et reçus dans l'église grecque. On ne doit pas oublier ce qu'en a écrit Panaiotti dans sa lettre à M. de Nointel, ainsi que quelques autres dont les paroles sont rapportées dans la *Perpétuité de la foi*.

On demande à toute personne non préoccupée si le témoignage obscur et embarrassé de M. Haga, celui de Léger, les brutalités de Hottinger et la doucereuse témérité de M. Claude, peuvent donner la moindre atteinte à de telles preuves, qui sont d'autant plus authentiques que les catholiques n'ont eu aucune part à tous ces actes, excepté au synode de Jérusalem ; et ce fut même seulement en proposant les questions au patriarche Dosithée, et le laissant faire. Que si ce seul motif a pu paraître suffisant, non pas à celui qui l'a fait imprimer il y a deux ans avec des commentaires dont on croit avoir assez découvert l'ignorance, la fausseté et le ridicule, mais à des calvinistes plus sérieux, pour rendre ce synode suspect, Dosithée y a remédié en le faisant imprimer lui-même, sous le titre nouveau de *Manuel contre les luthériens et les calvinistes*.

Il faut aussi remarquer que la Confession de Cirylle fut contredite et attaquée par les Grecs dès qu'ils en eurent connaissance ; qu'aussitôt qu'ils furent délivrés de cet apostat, ils la condamnèrent dans la forme la plus solennelle, et que ces censures et ce qui a été écrit pour les défendre conformément à la doctrine qu'elles exposent, n'ont pas reçu la moindre atteinte depuis soixante-dix ans ; mais qu'au contraire elles sont encore considérées comme la règle unique de la foi parmi les Grecs.

On avait cité M. Claude dès le commencement de la dispute sur *la Perpétuité*, les décrets des synodes sous Cyrille de Berroée et sous Parthénius-le-Vieux ; il les a traités de prétendus synodes ; mais outre que les luthériens les reçoivent comme véritables, il n'a jamais pu dire une raison supportable qui pût les rendre douteux. Sera-ce à Zurich, à Charenton et à Londres, qu'on jugera de pareilles questions, ou à Constantinople ? On a fait voir que ces actes étaient hors d'atteinte, et que toutes les objections des calvinistes pour les attaquer étaient frivoles et inutiles. Ainsi on se contentera d'ajouter ici que Dosithée, qui mérite plus de créance que M. Claude et que M. Smith, les a crus si véritables et d'une si grande autorité, qu'il les a insérés entiers dans le synode de Jérusalem et ensuite dans son *Enchiridion*, après les avoir tirés des archives de la grande église. Tout ce que M. Smith a dit de son côté contre Syrigus, la Confession orthodoxe et d'autres pièces, a été suffisamment réfuté.

Voilà donc cette Confession que Cyrille, par une impudence outrée, donna comme celle de toute l'église grecque, combattue d'abord qu'elle parait, désavouée avec serment par son auteur, fait duquel on ne peut douter, puisque tous les Grecs le certifient, et qu'en cela ils ne disent rien qui ne s'accorde avec l'histoire de ce temps-là ; condamnée par deux jugement synodaux ; réfutée par un théologien qui est chargé de ce travail par une délibération publique ; détruite par une Confession toute contraire, que toute l'église d'Orient approuve ; condamnée ensuite par le synode de Jérusalem, sans qu'il y ait eu aucune révocation de toutes ces sentences. C'est-là cependant la seule pièce sur laquelle M. Claude et M. Smith prétendent qu'on doit juger de la véritable créance des Grecs.

On ne doit pas non plus omettre que les actes et les écrits par lesquels on prouve que cette Confession n'est pas celle de l'église grecque, sont revêtus de toutes les formes nécessaires ; et on prétendra les détruire par des lettres de M. Haga, ou du ministre Léger, pour établir la vérité d'une pièce informe, comme nous le ferons voir dans la suite ! La vérité n'est pas si longtemps à être éclaircie, et nonobstant l'autorité de Cyrille, on reconnut presque aussitôt ses fourberies. Pourquoi donc depuis si longtemps ne s'est-il pas trouvé un Grec qui ait rendu justice à ce martyr des calvinistes ? Il ne paraît pas néanmoins qu'il y en ait eu un seul dans la Grèce qui ait entrepris de justifier sa mémoire d'un reproche aussi odieux que celui d'hérésie, pas même ceux qui sont tombés dans les mêmes erreurs, comme Théophile Corydale et Jean Caryophylle. Le vayvode de Moldavie Basile fit imprimer le synode de 1642. Panaiotti a fait imprimer deux fois, à la prière des patriarches, la Confession orthodoxe ; Dosithée a imprimé les décrets des deux premiers synodes avec ceux de Jérusalem. On ne trouvera pas cependant que jamais les Grecs aient fait imprimer la Confession de Cyrille ; c'est donc encore une nouvelle preuve qu'elle ne contient pas la véritable créance de l'église grecque.

Nous prions les calvinistes de satisfaire, s'ils le peuvent, à toutes ces preuves par des réponses précises et de fait, sans conjectures, sans raisonnements, d'autant plus qu'ils peuvent assez reconnaître que tous ceux de M. Claude et de M. Smith ne peuvent servir de rien contre le témoignage de toute la Grèce. Que si nous avons prouvé, comme nous croyons l'avoir fait, que la Confession de Cyrille est entièrement contraire à ce que croit et pratique l'église orientale, on défie ses panégyristes de le justifier d'avoir été coupable d'une imposture la plus infâme et la plus atroce dont il y ait mémoire parmi les hommes.

CHAPITRE VII.

Que le défaut des formalités nécessaires selon les Grecs prouve la fausseté et l'inutilité de la Confession de Cyrille Lucar.

Grotius, dont l'esprit était excellent, avait remarqué le premier, lorsque la Confession de Cyrille eut été imprimée à Genève, qu'elle devait être regardée comme suspecte, en ce qu'elle avait été faite sans consulter les patriarches, les métropolitains et les évêques : *Sine patriarchis, sine metropolitis, sine episcopis, novum nobis propinavit symbolum.* Cette raison était fondée sur le droit commun et sur la discipline ecclésiastique, et on a depuis reconnu qu'elle était très-véritable, lorsqu'on a su plusieurs particularités de ce qui s'observe parmi les Grecs pour les actes et les rescrits des patriarches, afin qu'ils soient authentiques, particulièrement lorsqu'ils regardent la foi. On doit ces éclaircissements à Dosithée, patriarche de Jérusalem, qui, étant très-bien informé des usages de son église, les a expliqués dans le traité préliminaire qui fait partie du synode de 1672, auquel il n'a rien changé dans l'édition qu'il en a fait faire sous le titre d'*Enchiridion*, dans le chapitre 2.

Il marque donc dans ce chapitre, qu'outre les preuves qu'il avait données pour montrer que si Cyrille était véritablement auteur de ces chapitres ou articles exposés dans sa Confession, il l'avait fait en secret et sans qu'aucun des Orientaux en eût connaissance : cela se prouvait encore par trois raisons incontestables. Car s'il les avait publiés comme ils devaient l'être, 1° ils auraient été souscrits par les évêques et autres ecclésiastiques qui sont toujours auprès du patriarche ; 2° ils auraient été transcrits dans les registres de la grande église ; 3° ils auraient été écrits de la main de quelqu'un des clercs ou officiers. D'où il conclut que comme ces trois conditions manquent à la Confession de Cyrille, elle ne doit pas être regardée comme un acte patriarcal, mais comme l'écrit d'un particulier sans autorité. A l'égard de la première condition, voici comme parle Dosithée (Enchirid. p. 109) : *Premièrement il fallait que ces chapitres fussent signés par les évêques qui se trouvaient présents, et par les ecclésiastiques qui sont toujours auprès du patriarche (que l'ancienne Rome appelle cardinaux) (il a retranché dans son édition cette comparaison qui n'était pas juste), et qui assiste le patriarchent dans tout ce qu'il fait. Or nos accusateurs ne peuvent montrer qu'il y ait eu rien de semblable. Car de tous les évêques et ecclésiastiques il n'y en a pas eu un seul qui les ait connus, qui les ait souscrits, ou qui ait eu connaissance que Cyrille les eût avoués comme siens.*

Ce que Dosithée dit dans ce premier article s'accorde entièrement avec ce que Syrigus en avait écrit trente ans auparavant, lorsque la mémoire des faits était toute récente. C'est ce que Nectarius a témoigné pareillement, ainsi que Parthénius de Burse, qui était patriarche lorsque M. de Nointel arriva à Constantinople, le lui assura. Par cette même raison plusieurs métropolitains et évêques, qui n'avaient jamais ouï parler de la Confession de Cyrille, ni en public ni en particulier, et qui l'avaient entendu prêcher le contraire, qui de plus l'avaient vu pratiquer tout ce qui est reçu dans l'église grecque, ne pouvaient encore croire, après un grand nombre d'années, qu'il en fût l'auteur ; de sorte même qu'il y eut assez de prélats grecs qui furent scandalisés des anathèmes fulminés dans le synode de Cyrille de Berroée contre la personne de Cyrille Lucar, parce qu'en effet il n'y avait pas de preuves suffisantes contre lui, pour le convaincre qu'il eût donné cette Confession. Or cette circonstance confirme encore ce que dit Dosithée; car si Cyrille l'avait communiquée à quelques évêques, ils auraient pu rendre témoignage contre lui; et il n'a jamais paru qu'aucun d'eux l'ait fait, ni qu'aucun de ceux-mêmes qu'il loue dans ses lettres comme affectionnés au calvinisme, ait été inquiété sur ce sujet sous les patriarches qui l'ont suivi.

Il est inutile de perdre des paroles, comme ont fait tous les défenseurs de Cyrille, pour détruire ce que les Grecs disent touchant cet article; le seul moyen de le faire efficacement, était de produire une copie de la Confession de Cyrille qui eût été signée par quelques évêques de ce temps-là : on n'en a pas pu produire une seule signature, et les Grecs nient qu'il y en ait eu. M. Haga, Léger, Hottinger, M. Claude, M. Smith ni aucun autre, n'ont osé dire qu'ils en eussent; et par conséquent ils ont avoué qu'ils n'en avaient point. Mais puisque cette circonstance est nécessaire, afin qu'une déclaration touchant la foi soit authentique, il faut de toute nécessité reconnaître que celle de Cyrille ne l'est point, et qu'ainsi il s'est moqué de M. Haga, en lui donnant un papier volant, informe et défectueux, comme une Confession authentique de l'église orientale.

Mais il lui avait dit que plusieurs métropolitains et évêques avaient tellement approuvé cette Confession, qu'ils étaient prêts de mourir pour la défendre. On veut bien croire que Cyrille l'avait dit, ainsi que beaucoup d'autres faussetés que cet ambassadeur, dont on vante si fort la pénétration et la capacité, crut à sa confusion fort légèrement, comme celle-ci; car il n'y a pas de difficulté de comprendre qu'il y avait moins de risque à signer cette Confession en secret que de la publier partout comme la règle de la foi, ce qu'il suppose qu'ils firent. Il savait bien qu'un acte comme celui-là n'est confirmé que par des signatures; pourquoi donc n'en a-t-il pu montrer aucune? Enfin on ne croit pas que ce qui a été dit par M. Smith mérite la moindre réponse, que Cyrille était si éloigné du faste, qu'il ne voulut pas assembler le synode, ni demander les signatures des évêques, qu'il aurait pu obtenir facilement afin d'éviter un vain éclat. Il semble qu'il n'y ait qu'à débiter des imaginations, pour opposer aux raisons solides des Grecs aussi bien que des catholiques; mais au moins il faudrait avant que de les proposer les rendre vraisemblables. Un homme qui a mis son église en combustion et au pillage pendant dix-sept ans, pour obtenir, conserver et reprendre le patriarcat, était-il fort exempt de faste? Peut-on dire qu'il y ait du faste à faire ce qu'on est obligé d'observer selon les règles de l'Église? et si un évêque s'abstenait de célébrer pontificalement quand il le doit, ou s'il voulait retrancher diverses cérémonies sous prétexte d'éviter le faste, ne serait-il pas exposé à la censure publique? Où est le faste, d'assembler des évêques, de leur communiquer, comme à ses frères, la demande qu'on lui avait faite de donner une exposition abrégée de la foi de l'église d'Orient; de leur lire le projet qu'il avait dressé, et de recevoir leurs avis et leurs signatures? Mais ce que ces messieurs appellent *faste* est le grand jour, et les formes ecclésiastiques, que cet imposteur évita prudemment, sachant bien qu'il ne ferait pas approuver à son clergé le calvinisme tout pur, masqué sous le faux titre d'une Confession de l'église grecque.

La seconde condition essentielle que marque Dosithée est celle-ci : *Que de pareils actes soient transcrits dans les livres ou registres de la grande église, et que la copie ainsi faite soit signée ensuite par ceux qui ont signé l'original.* Car, continue-t-il, *tout écrit patriarcal concernant la foi, ou quelque autre affaire ecclésiastique importante, doit être synodale; c'est-à-dire qu'il doit être dressé après avoir été résolu et examiné synodalement et signé de même; après quoi il est transcrit dans les registres. Or il n'y a rien eu de pareil dans les chapitres de Cyrille, puisqu'ils n'ont point été transcrits dans les registres; et que même à présent ils ne sont connus que d'un très-petit nombre d'évêques et d'ecclésiastiques, encore moins par le commun des laïques; même ce n'est que par le bruit que les adversaires en font de ces chapitres, tâchant de s'en servir pour tromper les simples, en leur faisant croire sous ce prétexte que l'église d'Orient est d'accord avec eux.*

Ce que Dosithée écrit sur ce sujet est prouvé par les actes des patriarches que nous alléguons contre les calvinistes. Les décrets des synodes de Cyrille de Berroée et de Parthénius-le-Vieux se trouvent ainsi insérés dans le *codex*, ou registre de l'église de Constantinople, de même que l'attestation solennelle du patriarche Denis; avant cela l'approbation de la Confession orthodoxe, et en dernier lieu la sentence synodale de Callinique contre Jean Caryophylle. Dosithée fit aussi insérer les actes du synode de Jérusalem dans les archives de son église, comme il paraît par la certification de l'enregistrement qui est au bas de tous ces actes. Il nous apprend dans l'article suivant que le patriarche Jérémie voulut observer cette formalité, en faisant enregistrer ses réponses aux luthériens, quoiqu'il les donnât comme particulier, afin qu'on y ajoutât foi, et qu'elles fussent exemptes de reproche; comme aussi, ce que nous pouvons supposer, afin que ces copies authentiques empêchassent qu'on n'en pût répandre de fausses et d'altérées. Il est très-certain que la Confession de Cyrille n'a jamais été enregistrée de cette manière, et par conséquent il n'est pas moins certain que ce défaut de formalité nécessaire lui ôte toute l'autorité d'un acte patriarcal. C'était là une matière sur laquelle on aurait souhaité que M. Smith se fût étendu comme un témoin oculaire de ce qui s'observe à Constantinople, et qu'il nous eût appris que Dosithée se trompait, ce qu'il n'a pas néanmoins entrepris de faire.

Il passe donc cet article sous silence, parce qu'en effet il n'y a rien à répondre; et l'auteur des *Monuments authentiques* a pris sa place pour défendre la Confession de Cyrille d'une manière toute singulière. C'est

(*Dix-sept.*)

qu'il avoue qu'elle n'a pas été enregistrée à Constantinople ; mais il prétend qu'elle l'a été à Jérusalem beaucoup plus authentiquement, et voici ses preuves. Les Homélies de Cyrille se trouvent enregistrées dans la grande église de Jérusalem, elles contiennent la même doctrine que celle de la Confession ; donc elle y a été enregistrée. Il est difficile d'entasser ensemble plus de faussetés et d'absurdités : car, pour faire un enregistrement d'un acte solennel, ou même de tout acte ordinaire, il faut qu'il soit fait dans le territoire de celui qui l'a donné ; et ici les Grecs ne disent pas qu'il fallait que la Confession de Cyrille fût enregistrée quelque part, mais dans l'église patriarcale de Constantinople, qui avait intérêt à connaître ce que ses patriarches disaient en son nom.

Mais ce qui est encore plus surprenant, cet enregistrement n'a pas été fait à Jérusalem, et ce n'est qu'une imagination du sieur A. Dosithée, parmi les autres preuves de la fausseté de la Confession, donne celle-ci : qu'on a à Jérusalem des homélies que Cyrille prêcha étant patriarche de Constantinople, et qu'elles sont écrites de sa main ; qu'on y trouve sur tous les articles le contraire de ce qu'il avait exposé dans sa Confession, ce que Dosithée prouve par divers extraits. De ces copies manuscrites le sieur A. en fait un grand livre qui tient lieu de registre public ; au lieu qu'il paraît qu'elles étaient entre les mains de Dosithée, comme les autres livres et pièces qu'il cite.

Il n'est pas moins remarquable qu'il rapporte les extraits comme contraires à ce que Cyrille avait dit dans sa Confession ; ce qui prouve ou qu'elle n'était pas véritable, ou que cet apostat avait parlé contre sa conscience. Dosithée n'était pas un ignorant, ni assez stupide pour combattre la Confession par des passages choisis qui y fussent conformes, et il n'y a qu'à les lire pour reconnaître qu'il ne s'est pas trompé. Ainsi pour établir cette prétendue conformité, le sieur A. fait deux choses : l'une est qu'il a cru pouvoir par de pitoyables gloses donner aux passages des sens tout-à-fait contraires à leur signification naturelle ; l'autre est qu'il retranche tout ce qu'il ne peut expliquer conformément à la Confession ; et c'est ainsi qu'il démontre la ressemblance parfaite de cette pièce et des homélies. Quand au fond il l'aurait prouvée, il n'aurait encore rien fait, puisque la règle n'est pas qu'un écrit, afin d'être reconnu patriarcal, soit conforme à quelque autre qui sera inséré dans les registres des églises, mais qu'il soit enregistré lui-même. Tout est donc faux et absurde dans ce raisonnement ; et ceux qui se voudront donner la fatigue de lire les preuves que donne le sieur A. de cette prétendue conformité, seront étonnés de l'ignorance et de la hardiesse avec laquelle il croit embarrasser les choses les plus claires, jusqu'à mettre au nombre des arguments démonstratifs un passage dans lequel Cyrille emploie le mot de *transsubstantiation*, parce que, dit cet habile écrivain, il doit s'entendre métaphoriquement.

La troisième condition nécessaire est que les actes soient écrits dans le *codex* ou registre par quelqu'un des clercs ou officiers de la grande église, ce qui n'a pas été observé à l'égard des chapitres de Cyrille, quoique cela ait toujours été fait pour les actes qui regardent la foi et les ordonnances ecclésiastiques ; et en particulier le patriarche Jérémie fit ainsi transcrire ses réponses aux théologiens de Wittemberg, par Théodore Zygomalas, rhéteur de la grande église. Dosithée en conclut que si Jérémie a eu cette attention pour des écrits qu'il donnait comme particulier, à plus forte raison Cyrille la devait avoir, donnant une exposition de foi au nom de l'église orientale. Par conséquent comme elle manquait de toutes ces formalités, elle ne pouvait être considérée, en cas que Cyrille en fût l'auteur, que comme ayant été faite secrètement, et d'une manière frauduleuse.

Nos adversaires n'ont encore rien répondu sur cet article, et ils ne peuvent y répondre ; car ils ne savent pas mieux que les Grecs la pratique de l'église orientale. Les décrets des synodes contre Cyrille ont toutes ces circonstances, et par ce moyen ils sont exempts de tout soupçon, ainsi que les attestations patriarcales produites dans la *Perpétuité*. Il est donc facile de reconnaître que les Grecs n'ont pas sans raison douté si longtemps de la vérité de la Confession donnée aux Hollandais par Cyrille, puisqu'elle manquait de toutes les conditions nécessaires, suivant lesquelles un acte patriarcal est reconnu légitime. On leur demande, à cette occasion, s'ils croient que leur saint martyr ait ignoré toutes ces choses, ou s'il les a dissimulées. On ne peut pas supposer qu'un patriarche ne sût pas ce que savaient les moindres officiers de l'église, et qu'il ignorât la forme que doit avoir un acte patriarcal. Il faut donc que, le sachant bien, il n'en ait rien dit à M. Haga, ni à Léger, qui devaient être bien peu instruits des coutumes de l'église de Constantinople, puisqu'ils se laissèrent tromper si grossièrement. Ainsi il ne pensait qu'à les amuser, et à s'acquitter de ce qu'il leur avait promis, en leur donnant un écrit informe, qu'il pouvait désavouer, comme il fit toujours. En cela on reconnaît assez le caractère de fourbe et d'imposteur qu'il a soutenu jusqu'à l'extrémité ; et puisqu'il a trompé dans la forme, est-ce une si grande témérité de dire qu'il l'a fait aussi dans le fond, surtout après qu'on en a donné des preuves aussi claires que celles qui ont été rapportées ?

On peut croire que toutes les réponses des disciples de M. Claude se réduiront à attaquer le synode de Jérusalem, comme a fait M. Smith, par des raisons qui ont été réfutées ailleurs. Mais quand elles auraient été aussi fortes qu'elles sont faibles, Dosithée ayant lui-même publié ce qui fut approuvé et signé en 1672, il n'est plus question de soupçons, de conjectures, ni de figures de rhétorique pour attaquer cette pièce. On reconnaît aussi par cette seconde publication la fausseté de tout ce que le sieur A. avait inventé, assurant que Dosithée avait révolté tout son clergé par la nouveauté de la doctrine qui y fut publiée, et qu'il avait été chassé de son siége. Ce que nous avons dit lorsque nous avons parlé de l'autorité de ce synode suffit pour le mettre à couvert de toute la critique la plus sévère. Ce n'en est pas une que d'inventer des faussetés grossières pour tromper les ignorants, dans la pensée qu'on ne pourra en être convaincu, ce qui est la grande méthode de l'auteur des *Monuments* : encore moins lorsqu'on croit imposer au public par un air d'autorité, comme ces témoins oculaires qui, n'ayant ni vu ni entendu ce qui est public dans toute la Grèce, savent ce que tout le monde ignore, ce qui ne fut jamais, et qui ne pouvait être ; enfin qui nous citent des Hollandais et des Suisses pour démentir tous les Grecs ; ou qui veulent opposer à des témoignages publics, certains, suivis et jamais contestés, des déclarations de vagabonds ignorants qui n'osent retourner dans le pays, commes un prétendu archevêque de Samos qu'on a vu en France il y a plus de trente ans. Ces gens-là mêmes n'osent pas dire que ce que marque le synode de Jérusalem, touchant les conditions requises afin qu'une déclaration d'un patriarche soit authentique, ne soit véritable, puisqu'on voit qu'elles ont été toujours observées. Il s'ensuit donc que celle de Cyrille est sans autorité, et que ceux qui l'ont publiée avec le faux titre qu'il y a mis de *Confession de l'église orientale*, ne peuvent être justifiés sur leur ignorance, ni sur l'imposture dont ils se sont rendus garants, encore moins le sieur A., qui lui a donné un nouveau titre de *Confession des Grecs*, puisqu'ils se trouvent réduits à un seul, qui est Cyrille.

Mais, disent les Genévois, nous avons eu l'original écrit de la main de ce patriarche, que M. Haga a certifié, comme la connaissant bien. On ne dispute point sur cet article ; mais on prétend qu'il sert à prouver tout ce que disent les Grecs sur les défauts essentiels de cette pièce. Car un patriarche ne donne pas des actes publics écrits de sa main ; il y a des officiers préposés pour les expédier ; et une bulle écrite de la main du pape n'aurait aucune autorité par cette même raison. Ainsi tout ce que prouve le témoignage de M. Haga, est que Cyrille lui donna une Confession toute calviniste écrite de sa main ; que peut-être il croyait ce qu'elle contenait ; car on en pourrait encore douter avec les Grecs, puisqu'il prêchait et pratiquait tout le contraire ; mais qu'il était certainement un imposteur et un calomniateur, lorsqu'il la donna au nom de tous les Grecs, qui croyaient que ce qu'il établissait comme des vérités, était autant d'erreurs abominables, et qu'ils n'en avaient jamais ouï parler. C'est un autre article sur lequel les calvinistes se sont le plus étendus, et que nous allons examiner.

LIVRE NEUVIEME,

TOUCHANT LA CONFESSION DE CYRILLE, SA PUBLICATION ET SA RECONNAISSANCE.

CHAPITRE PREMIER.

On examine si on peut prouver que la Confession de Cyrille a été publiée dans l'église grecque, qu'il l'ait reconnue, et qu'il l'ait soutenue.

Les Grecs et les calvinistes sont entièrement opposés sur cet article. Ceux-là assurent que jamais la Confession de Cyrille n'a paru publiquement dans leur église, et qu'elle n'y a été connue que par les copies imprimées à Genève qui y furent apportées ; que même il l'avait toujours désavouée, et qu'ainsi, à proprement parler, elle y a été ignorée, comme aussi que Cyrille a toujours passé parmi eux pour orthodoxe. Les calvinistes au contraire nous le représentent comme *un généreux athlète combattant pour la vérité, qui a publié cette Confession à Constantinople et dans toute la Grèce, qui s'en est déclaré l'auteur, et qui ne l'a jamais désavouée.* C'est sur cela que sont fondés les éloges dont ils l'accablent ; et sur ce même fondement, ils l'ont fait *martyr de la foi orthodoxe*, c'est-à-dire, du calvinisme, avec autant d'assurance qu'ils avaient des preuves que les Turcs l'avaient fait mourir parce qu'il n'avait pas voulu rétracter sa Confession.

Il semble d'abord, sans entrer dans la discussion des faits, qu'en pareille contrariété, les Grecs sont plus croyables sur ce qui s'est passé parmi eux, que des étrangers qu'on reconnaît partout fort mal instruits des affaires ecclésiastiques de la Grèce ; et cette autorité augmente lorsqu'elle est soutenue par des actes publics et particuliers qui confirment leur témoignage. Les calvinistes, qui ne peuvent absolument nier que cette première proposition ne soit vraie, prétendent aussi prouver par les Grecs que la Confession de Cyrille a été publiée et connue dans toute l'église d'Orient ; mais ces Grecs se réduisent à Cyrille seul, qui ne peut être écouté dans sa propre cause, à l'ambassadeur de Hollande, et au sieur Léger, son ministre, et ils n'ont point d'autres témoins. Car ceux qu'ils citent depuis ces premiers temps ne disent que ce qu'ils avaient appris de ces deux personnes, et par la lecture de leurs lettres ou de celles que Cyrille leur avait écrites. Ils n'y ajoutent rien que des déclamations et des lieux communs pour relever la vertu et la piété de ces personnes : enfin la dignité de M. Haga, de même que si c'était un crime d'état et contre le droit des gens, de ne le pas croire aveuglément sur des choses qui ne regardaient point son ministère : car ses maîtres ne l'avaient pas envoyé pour convertir les Grecs au calvinisme ; ainsi on rend tout le respect qui peut être dû à une personne publique, lorsqu'on a cru sur sa parole que Cyrille lui avait donné sa Confession tout écrite de sa main. Quand après cela on prétendra prouver par son témoignage que c'est la créance de toute l'église d'Orient, qu'elle y avait été reçue publiquement, et les autres faits fabuleux dont Hottinger a composé son roman, l'ambassadeur ne mérite pas plus de créance que son ministre. En effet, si dans toute cette négociation il eût agi comme ambassadeur des états, c'était en Hollande, et non pas à Genève, qu'il devait envoyer et faire imprimer la Confession de Cyrille. Il n'agit donc et ne doit être considéré en tout ceci que comme calviniste, et non pas comme ambassadeur.

Les Grecs, quoiqu'ils n'aient eu, à ce qu'il paraît, aucune connaissance de ces fausses histoires dont les ministres ont amusé le public, mais seulement de la préface de l'édition de Genève, citée par Syrigus, n'ont eu aucun égard à ce témoignage, qui n'en mérite point; et au lieu que nous ne contestons plus que Cyrille n'ait été auteur de la Confession qui porte son nom, plusieurs en ont encore douté après de longues années; parce que ce qu'ils avaient vu et entendu leur paraissait plus vraisemblable que ce qui était dit par un étranger, que sa religion leur rendait suspect. Il leur paraissait aussi incroyable qu'un Grec, non pas seulement élevé à la première place de leur église, mais le plus simple, eût pu être assez ignorant ou assez hardi pour attribuer à toute l'église d'Orient des opinions aussi éloignées de sa créance et de sa discipline, puisque la conviction d'une pareille imposture ne demandait que des yeux.

Ils savaient, de plus, que les actes de cette nature devaient être revêtus de formalités nécessaires, non seulement pour avoir autorité, mais pour n'être pas regardés comme supposés. Le défaut entier de toutes ces formalités rendait donc, non pas suspecte, mais fausse la Confession de Cyrille comme patriarche. On les a marquées dans les chapitres précédents, et on voit que cette raison confirmait les Grecs dans la pensée qu'ils avaient qu'il n'en pouvait être l'auteur, et plusieurs ne le croyaient pas encore quarante ans après. Syrigus même, qui était contemporain, réfutant cette Confession, et ne doutant pas, comme on voit par la suite de son discours, que Cyrille n'en fût l'auteur, dit néanmoins dans la préface, qu'il en faut laisser le jugement à Dieu, parce qu'il n'y avait aucune preuve publique qu'elle fût de lui.

Cependant si on veut croire M. Haga, Léger, Hottinger et M. Smith, Cyrille a publié sa Confession à Constantinople devant tous les Grecs, il en a envoyé plusieurs copies signées de sa main aux métropolitains et aux évêques éloignés : il l'a reconnue devant M. le comte de Marcheville, ambassadeur de France, et il ne l'a jamais désavouée. M. Haga et Léger n'ont d'autre témoin que Cyrille lui-même, qui le leur a assuré; et Hottinger n'en a pas eu d'autres que cet ambassadeur et son ministre. Voilà donc sur quoi roule toute la dispute, qui paraîtra sans doute fort bizarre, dès qu'on examinera les choses selon les règles desquelles tous les hommes conviennent pour de pareilles discussions.

Il s'agit d'un acte le plus sérieux et le plus important que puisse faire un patriarche, qui est de donner une exposition de foi, non pas en son nom, mais au nom de toute son église. On sait de quelle manière de pareils actes doivent être dressés, expédiés et publiés afin qu'ils aient autorité. Chaque pays a ses coutumes; mais on convient partout qu'il faut observer celles qui se trouvent établies dans les lieux où ils ont été faits, que sans cela ils sont regardés comme faux et défectueux, de sorte qu'on n'y a aucun égard.

L'usage particulier de l'église grecque est que tout acte patriarcal qui regarde la foi ou la discipline ait les conditions qui ont été marquées ci-dessus, suivant le témoignage de Dosithée dans le synode de Jérusalem, qui ne dit rien qu'on ne trouve observé en pareilles occasions. La Confession de Cyrille n'a aucune de ces conditions nécessaires; d'où il s'ensuit qu'il ne l'a jamais mise en état d'être publiée, puisqu'elle ne le pouvait être qu'après avoir été communiquée aux évêques assemblés synodalement, et qu'alors elle devait être contre-signée et écrite par les officiers de la grande église, puis transcrite dans le *codex* ou registre. Il s'ensuit donc nécessairement qu'elle n'a jamais été publiée.

On dira peut-être qu'elle ne l'a pas été dans les formes accoutumées, mais qu'elle l'a été d'une manière équivalente, car c'est à quoi les calvinistes se réduisent. Mais c'est une illusion très-grossière que de supposer que personne puisse changer les formes prescrites par les lois, et autorisées par l'usage. Quelque autorité qu'ait le patriarche de Constantinople dans son église, il n'a pas celle d'abroger ce qui est établi par une pratique immémoriale, et fondée en raison autant qu'en exemples. S'il le pouvait faire, il faudrait que ce fût du consentement de son église et de son clergé, et même par une loi contraire. S'il agit contre la loi, il se rend coupable de l'avoir violée, mais elle n'en subsiste pas moins; et tout ce qu'il fait est sans autorité. On ne croit pas que jamais Cyrille ait dérogé à cette loi de l'église grecque; et ceux qui le diraient ne pourraient en donner la moindre preuve. Au contraire il parut agir de bonne foi et selon les règles, parce qu'il traitait avec des gens qui, quoiqu'ils fussent sur les lieux, les ignoraient entièrement. Il leur fit valoir que sa Confession était toute écrite de sa main, ce qui était entièrement inutile; il assura qu'il en avait envoyé diverses copies signées, ce qui ne servait encore de rien, puisqu'il fallait, outre son seing, y faire mettre celui de quelque officier de l'église. Par conséquent puisqu'on ne voit pas le moindre vestige, ni dans ceux qui ont écrit sur cette affaire, ni même dans ses lettres et dans celles de Léger, qu'il ait donné aucune autre forme à sa Confession que celle qui paraît dans les copies imprimées, elle n'en a jamais eu assez pour être rendue publique dans l'église grecque; et par conséquent on ne peut supposer, quand il l'aurait dit cent fois, qu'elle y ait été publiée.

Mais on ne trouve pas qu'il l'ait jamais dit, et ce que Hottinger, M. Smith et les autres veulent tirer de ses lettres ne le prouve point. Il dit, en quoi il trompait M. Haga et Léger, qu'*il publiait partout sa Confession, qu'il l'avait reconnue comme sienne devant l'ambassadeur de France*; et sur ce prétexte il s'excusait écrivant à Diodati de la légaliser, disant qu'après une déclaration si publique, *elle n'avait pas besoin de légalisation*. Ce serait prendre le change que de se laisser surprendre par un équivoque si grossier. On appelle publication d'un acte aussi important qu'une exposition de foi au nom de toute une église, la dernière forme qu'on lui donne après qu'il a été dressé juridiquement, en le rendant public selon l'usage des lieux, par les voies prescrites et par les officiers préposés pour cela. Que les copies courent entre les mains de tout le monde, qu'elles soient écrites si on veut par celui qui a pouvoir de le dresser, qu'il les montre à cinq cents personnes, qu'il en parle ouvertement, cet acte n'est point censé publié s'il ne l'est selon les formes. C'est là précisément le fait de la Confession de Cyrille. Ainsi, comme une bulle, un édit, une sentence dont on aurait les minutes écrites de la main de ceux qui auraient pouvoir de les publier, n'auraient aucune force si on ne les avait revêtus de toutes les formalités requises ; de même, puisque cette Confession n'en a aucunes, elle ne peut être regardée que comme une pièce nulle et sans autorité.

Cyrille, dit-on, l'a déclarée publiquement. C'est un fait que les Grecs nient, et ils s'en expliquent ainsi dans le synode de Jérusalem : *Il est manifeste*, disent-ils, *à toute personne qui ne voudra pas agir de mauvaise foi, que jamais Cyrille n'a été connu comme calviniste dans l'église orientale : car ayant été fait patriarche d'Alexandrie après Mélèce, et ensuite élu par le consentement commun du clergé pour être patriarche de Constantinople, où il se trouvait alors, il n'a jamais dit, ni enseigné, ni dans le synode ou dans l'assemblée des évêques, ni dans la maison d'aucun orthodoxe, en public ou en particulier, aucune chose de ce que les adversaires lui attribuent. Que s'ils prétendent qu'il a tenu de pareils discours en particulier à quelqu'un ou même à plusieurs personnes, ils ne savent ce qu'ils disent : car s'ils voulaient rendre ce témoignage, il ne fallait pas que ce fût le leur propre, puisque comme accusateurs, et comme n'ayant point connu Cyrille, ils ne méritent aucune créance. Il fallait donc alléguer pour témoins ceux qui avaient connu Cyrille, et qui avaient su de quelle manière il avait vécu, dont il reste encore en vie un fort grand nombre. Mais les adversaires, qui n'ont jamais connu Cyrille, assurent qu'il était dans leur hérésie, et ceux qui ont vécu plusieurs années avec lui, et qui savaient tout ce qu'il faisait, disent le contraire.* On comprend facilement que ces Grecs, qui avaient été familiers avec lui, n'auraient pu rendre ce témoignage après tant d'années, lorsqu'il n'y avait plus de raison d'intérêt pour le ménager, s'il avait aussi publiquement reconnu sa Confession que le prétendent les calvinistes. Ce que Dosithée dit sur ce sujet s'accorde avec le sentiment presque général des autres Grecs qui en ont parlé. Cet endroit a besoin d'être éclairci

avec attention, à cause de quelque contrariété qui se trouve dans la manière dont quelques-uns en ont écrit, et des conséquences absurdes qu'en ont tirées la plupart des défenseurs de Cyrille ; et c'est ce que nous tâcherons d'éclaircir.

Les Grecs établissent donc d'abord qu'il n'a jamais été connu parmi eux comme calviniste, qu'il n'a point publié sa Confession ; que même il l'a toujours désavouée avec serment, et qu'il a vécu comme les autres dans la profession publique de leur religion. Quelques autres reconnaissent qu'il était calviniste dans le cœur, qu'il avait tâché d'insinuer le calvinisme, qu'il avait communiqué sa Confession à un nombre d'évêques qui lui ressemblaient, dans une manière de synode, quoique cette dernière circonstance ne se trouve que dans la lettre d'Arsénius ; et que, comme il a été dit ailleurs, il y ait d'assez fortes raisons pour la révoquer en doute.

Il est à remarquer que dans le synode tenu sous Cyrille de Berroée, son successeur, on lui dit plusieurs fois anathème, comme à l'auteur de la Confession ; et il semble que de là on est en droit de conclure qu'il l'avait reconnue et même publiée. Voilà ce qui mérite d'être examiné, et non pas la réponse générale de M. Smith, qui consiste à dire qu'*il s'étonne que celui qui dressa les décrets du synode de Jérusalem ait osé avancer de si grandes absurdités, qui*, selon ce que croit ce critique très-peu exact, *sont si puériles, qu'elles ne méritent aucune réponse*. Nous espérons cependant faire voir que cette mauvaise défaite est encore plus absurde que ce qu'il attribue aux Grecs, dont il ne rapporte pas les sentiments fidèlement.

Il n'y a aucune contrariété dans ce que disent les Grecs. Tous conviennent, et il faut que les défenseurs de Cyrille l'avouent pareillement, que Cyrille n'a jamais donné ni publié sa Confession par aucun acte patriarcal, et que telle qu'il la donna aux Génevois, elle n'avait aucune forme de pareil acte. Tous demeurent aussi d'accord qu'il a vécu dans la profession et dans la communion de l'église grecque, et les calvinistes ne peuvent le nier. Par conséquent les Grecs ont pu dire qu'il n'a jamais été connu parmi eux comme calviniste ; puisque ni par une publication de sa Confession, ni par aucun autre acte extérieur qui y eût rapport, il n'a fait paraître les sentiments qu'il pouvait avoir dans le cœur. Telle était l'opinion publique, et c'était le seul jugement que pouvaient faire ceux qui n'étaient pas dans son secret ; mais ceux qui y étaient, particulièrement les Hollandais, auxquels il avait donné sa Confession, et auxquels il faisait des protestations de son attachement à leurs opinions, le devaient regarder comme un hypocrite abominable.

Dans ce temps-là même il y avait assez de Grecs qui, sachant ses pratiques continuelles avec les calvinistes, le regardaient comme hérétique, et il le marque dans quelques-unes de ses lettres. On avait appris par celles de Rome, de France et d'ailleurs, que sa Confession avait été imprimée à Genève avec son nom, et l'avertissement du libraire assurait qu'il en était l'auteur. Ces preuves étaient suffisantes pour le rendre suspect et même pour le convaincre, si la protection des Turcs, qu'il achetait par de grandes sommes, n'eût pas empêché les métropolitains et les évêques de le juger canoniquement. Il fut donc chassé et rétabli diverses fois par la puissance des Turcs, sans que la cause pût être examinée selon les formes, quoiqu'un des principaux motifs qui engagea les Grecs à demander sa déposition fût le soupçon violent qu'ils avaient de son hérésie. Mais parce qu'il n'avait fait aucun acte public qui pût l'en convaincre, qu'il en faisait tous les jours qui étaient des preuves du contraire, il avait dans son parti plusieurs évêques et autres qu'il avait trompés par cette duplicité. Ainsi il n'y a pas lieu de s'étonner que les avis fussent différents sur son sujet.

Enfin lorsque Cyrille de Berroée eut obtenu le siége patriarcal, et que Cyrille Lucar eut été étranglé, le premier fit assembler le synode de 1638, dans lequel furent publiés les anathèmes contre la Confession et contre l'auteur. On reconnaît présentement que Cyrille de Berroée et les évêques qui assistèrent à ce synode ne rendirent pas un jugement injuste; cependant la condamnation personnelle de son prédécesseur était contre les formes, puisqu'il n'y avait contre lui que des soupçons, et aucune procédure juridique. La plupart des évêques et des officiers qui souscrivirent en savaient assez pour ne craindre pas de charger leur conscience; puisqu'on trouve que Mélèce Syrigus, qui était du nombre, ne balançant pas à assurer qu'il avait composé cette Confession, et la réfutant toujours comme la doctrine de Cyrille, dit néanmoins qu'à l'égard de sa personne *il en laisse le jugement à Dieu*. Cependant il finit son ouvrage après le premier synode, où Cyrille avait été anathématisé comme auteur de la Confession.

L'inimitié ouverte qui était entre lui et Cyrille de Berroée faisait aussi soupçonner à ceux qui n'avaient pas pris de part à leurs querelles, que dans le jugement synodal il y avait eu autant de passion que de zèle. Ce fut pour cela que Parthénius-le-Vieux étant patriarche, lorsqu'il eut appris le scandale que causait la Confession de Cyrille en Russie, en Moldavie et en Valachie, prit une autre méthode; car il condamna les erreurs sans attaquer la personne. Mais afin qu'on ne pût pas dire qu'en révoquant ce qui avait été fait par son prédécesseur contre Cyrille Lucar, il approuvât même indirectement ses erreurs, il fut dit, dans le préliminaire, que *les chapitres avaient paru sous le nom de Cyrille*, sans dire absolument qu'il en fût l'auteur, et en même temps sans dire qu'il ne le fût pas.

La disposition des Grecs par rapport à Cyrille Lucar a donc été telle, que non seulement de son vivant et incontinent après sa mort, mais au bout d'un assez grand nombre d'années, ils n'ont point formé de jugement certain pour déterminer s'il était véritablement auteur de la Confession imprimée à Genève, ou si elle lui était faussement attribuée. Cyrille de Berroée et ceux qui souscrivirent le synode de 1638 avaient cru qu'il en était l'auteur, et en cela ils ne se trompaient pas; mais c'était qu'ils savaient toutes les liaisons criminelles de Cyrille Lucar avec les calvinistes, et qu'ils pouvaient avoir eu quelques copies de sa Confession, qu'il avait données sous main à ceux qu'il tâchait d'attirer au calvinisme; non pas qu'ils eussent des actes authentiques et publics par lesquels on pût le convaincre qu'elle était de lui. Car ces pièces auraient été également connues à Parthénius-le-Vieux et à son synode dès qu'elles auraient été dans la forme requise, puisqu'un patriarche ne peut ignorer ce qui est dans le registre de la grande église; et si une confession calviniste qu'il condamnait y eût été enregistrée, il aurait dû l'en faire ôter.

Il n'y a donc en cela aucune contradiction entre ces deux jugements sur la personne de Cyrille, sinon sur la question de fait, s'il était auteur de la Confession; puisque tous convenaient qu'elle n'avait point été publiée dans les formes, dès que les uns doutaient qu'il l'eût faite, et que les autres le croyaient comme certain. Ceux mêmes qui lui dirent anathème ne niaient pas qu'il n'eût vécu comme orthodoxe, puisque chacun savait qu'il avait pratiqué tout ce que les autres Grecs pratiquent. Enfin tous s'accordaient à condamner la Confession comme hérétique; ce qui est encore une nouvelle preuve par laquelle on démontre qu'elle n'avait jamais été publiée ni reconnue par Cyrille. Car quelle raison auraient eue Parthénius et les évêques de son synode, pour ne pas anathématiser l'auteur d'une Confession que tous condamnaient comme hérétique, sinon qu'il n'y avait aucune preuve juridique qu'elle fût de lui?

On remarquera en passant que ces Grecs, et Mélèce Syrigus entre autres, avaient vu la préface de l'édition de Genève, où on fait tant valoir l'autorité de l'ambassadeur de Hollande, que cependant ils ne la crurent pas d'un plus grand poids que nous ne la croyons, soit pour le justifier, soit pour le condamner. Aussi ne voit-on pas que dans la suite de cette affaire on en ait fait aucune mention, sinon pour reprocher à Cyrille son commerce avec cet ambassadeur; et les Grecs savaient bien qu'il ne lui convenait pas de certifier la Confession d'un patriarche, mais que c'était aux officiers de leur église à faire cette légalisation. Le témoignage de M. Haga aurait été bon pour attester que Cyrille avait fait profession de foi selon la doctrine de Genève, et pour l'y faire admettre à la cène, encore même celui du ministre Léger aurait été en cela d'une plus grande autorité. Mais que parce qu'il était chargé des affaires des Hollandais, il s'avisât de certifier que Cyrille lui avait mis sa Confession entre les mains, qu'il l'avait avouée et publiée dans l'église grecque, cela n'était pas plus de son ministère que serait l'attestation d'un ambassadeur protestant en pays catholique, sur quelque affaire purement ecclésiastique. S'il allait jusqu'à faire imprimer un écrit contenant une exposition de foi toute contraire à celle qui y est reçue, et dont jamais on n'aurait vu ni entendu de publication, et qu'il certifiât que c'est la créance commune des catholiques, on le regarderait comme un imbécille, et ceux qui le croiraient seraient traités comme des fous. C'est donc la prétention du monde la plus injuste que de vouloir faire céder le témoignage de tous les Grecs à celui d'un Hollandais très-peu instruit de la doctrine et de la discipline de l'église grecque, et très-facile à être trompé, puisqu'il paraît clairement que Cyrille le trompa grossièrement; et à un ministre genévois, qui, étant partie, ne pouvait pas être témoin. Quand même l'un et l'autre ne seraient pas aussi récusables qu'ils sont, les preuves qui ont été expliquées font assez connaître que jamais la Confession de Cyrille n'a été publiée comme elle le devait être, afin qu'il ne restât aucun doute qu'elle ne fût de lui et qu'elle ne fût sa créance. C'est ce qui paraîtra encore plus clairement par l'examen des objections de M. Smith contre ce témoignage des Grecs dans le synode de Jérusalem.

CHAPITRE II.

Examen des objections de M. Smith contre le synode de Jérusalem, à l'occasion de ce que les Grecs y dirent, que Cyrille n'avait point publié sa Confession, et qu'il n'avait jamais été connu comme calviniste.

M. Smith, dans le traité qu'il a fait de la vie, des actions et du martyre de Cyrille Lucar, après avoir très-mal justifié sur son hypocrisie, puisque tout ce qu'il en dit se réduit à une récrimination fausse et indigne contre les auteurs de *la Perpétuité*, vient ensuite au témoignage du synode de Jérusalem. Ceux, dit-il, *qui se sont trouvés à cette assemblée, ou plutôt celui qui a composé le libelle mis à la tête de leurs décrets, ont dit depuis peu des choses si absurdes sur Cyrille, que je ne puis m'empêcher d'être étonné de la sotte confiance avec laquelle ils corrompent autant qu'ils peuvent l'histoire de ces temps-là, et une matière de fait, par leurs nouvelles et fausses imaginations*. Car ils disent que *Cyrille n'a dit ni enseigné en public ou en particulier ce qu'on lui attribue, ni dans le synode, ni dans l'église, ni dans la maison d'aucun orthodoxe; que ses amis qui avaient vécu familièrement avec lui, n'en avaient eu aucune connaissance; qu'on ne trouvait aucun écrit de sa main qui contînt rien de semblable; qu'il y avait encore mille témoins de la profession publique qu'il avait faite de la bonne doctrine, et qui assuraient qu'il avait toujours été exempt de tout soupçon d'hérésie; c'est-à-dire, qu'il n'avait pas seulement pensé à ce qui avait été publié sous son nom*. Ces choses sont si frivoles, si puériles et si fausses, comme il a été prouvé ci-devant, qu'elles ne méritent pas d'être réfutées. Ils ajoutent, poursuit-il, *qu'on avait un gros livre écrit de sa main qui contient les homélies qu'il avait prêchées à Constantinople les dimanches et les fêtes, et qu'on y trouvait une doctrine entièrement contraire à sa Confession*. Il faudra donc que ceux qui soutiennent l'innocence, la vertu et la piété orthodoxe de Cyrille, c'est-à-dire, les adversaires ou hérétiques, à dessein de tromper le public, aient mis le nom et l'autorité d'un patriarche à une Confession qu'ils auraient forgée, sans qu'il le sût et malgré lui, puisqu'il enseignait une doctrine contraire. Mais qui ne sera pas étonné d'une telle impertinence, que de nier des choses qui se sont passées à la vue de mille et mille témoins pendant plusieurs années, et de les traiter comme des songes, des fables et des impostures? *Cyrille n'a point eu honte d'avoir publié sa Confession, qu'il a reconnue jusqu'à la mort sans aucune crainte, et même avec une joie modeste, et une tranquille satisfaction devant tout le monde. Qu'il était malheureux et stupide, puisque comme c'était là le seul motif de l'inimitié, de la haine, des maux qu'on lui fit souffrir, des exils et enfin de la mort, et pouvant éviter toutes ces disgrâces en rejetant un écrit faux et supposé, il aima mieux souiller son innocence des crimes d'autrui, et, couvert de cette infamie, mourir par la main d'un bourreau!* Au moins c'est quelque chose que, par la sentence synodale de ces mêmes personnes, Cyrille est déclaré orthodoxe, pieux et innocent.

Ensuite parlant du livre de ses homélies : *Je n'examinerai pas*, dit-il, *si on n'a pas raison de douter qu'il soit de Cyrille, ce qu'on pourrait néanmoins faire sans injustice. Mais avec leur permission, je dirai que dans ces extraits qu'ils ont donnés, excepté un seul (pourvu même qu'ils n'aient pas ajouté de mauvaise foi une ou deux paroles qui n'étaient peut-être pas dans l'original)* . *il ne se trouve rien de contraire à ces chapitres supposés, comme il leur plaît d'appeler la Confession de Cyrille*.

Pour ce qu'ils objectent avec quelque vraisemblance, *que ni les évêques, ni les autres du clergé qui sont toujours auprès du patriarche, n'ont eu connaissance de ces chapitres, et qu'ils ne les ont pas souscrits*, et c'est aussi ce qu'objecte Grotius, on y trouve une réponse juste dans les lettres de M. Haga, qui rapporte sur sa parole qu'à peine il y avait un métropolitain ou évêque de l'église grecque, dont plusieurs étaient alors à Constantinople, qui ne fût prêt de sacrifier ses biens, sa vie, et s'il y a quelque chose de plus cher, pour la défense de Cyrille et pour soutenir sa Confession. Tels sont les raisonnements de ce témoin oculaire, qui, sur un fait historique aussi important, ne dit rien que ce qu'on avait publié à Genève, en Suisse et en Hollande il y avait plus de quarante ans, avec si peu de succès, que non seulement les catholiques, mais les protestants de la confession d'Augsbourg, s'en étaient moqués avec raison. Il faut présentement examiner en détail cette réponse de M. Smith.

La première réflexion que nous ferons est que M. Smith ayant été si malheureux dans ses conjectures sur le concile de Jérusalem, et sur le jugement qu'il avait fait du patriarche qui y présidait, comme on l'a montré clairement, ne devait jamais en parler, encore moins en des termes aussi méprisants et aussi injurieux, qui conviennent mieux à sa réponse, qu'à ce qu'il tâche fort inutilement de réfuter, même attribuant aux Grecs des choses qu'ils n'ont point dites.

Ils disent que Cyrille n'a jamais enseigné publiquement dans le synode, ni dans l'église, ni en particulier dans les maisons des orthodoxes, rien de semblable à ce qu'on voit dans sa Confession. Ils ne le disent pas seulement, mais ils le prouvent, comme on a vu, parce qu'elle n'a pas été expédiée dans les formes; qu'elle n'a pas été enregistrée, ni contre-signée par les officiers de l'église; que jamais elle n'a été communiquée aux évêques; enfin parce que Cyrille a dit et prêché le contraire. L'auteur qu'attaque M. Smith, et qui a dressé les décrets et le discours préliminaire, est le patriarche de Jérusalem, Dosithée, aussi considérable par son savoir que par sa dignité, qui n'écrit pas ces faits comme particulier, mais qui les propose en plein synode, où il se trouvait des évêques et d'autres ecclésiastiques, dont quelques-uns avaient pu être témoins de ce qu'il disait. Aucun ne le contredit sur ce sujet, puisqu'il était de notoriété publique, et la mémoire n'en était pas effacée, que Cyrille avait vécu dans la profession et dans l'exercice de la religion grecque, condamnée par sa Confession. Cependant ce fait est signé, et par conséquent attesté par soixante-dix personnes qui souscrivirent le synode, parmi lesquelles étaient le patriarche Dosithée, Nectarius, son prédécesseur, et sept métropolitains ou évêques. Cela se passe en 1672, et, dix-huit ans après, le même Dosithée, faisant imprimer ces décrets sous un autre titre, ne s'est pas rétracté; mais il a répété ce qu'il en avait dit, et l'a confirmé de nouveau.

Si M. Smith avait trouvé quelque acte ou quelque autre preuve par écrit qui fût contraire au récit du synode de Jérusalem, et qui marquât qu'il y avait eu une publication dans les formes de la Confession de Cyrille, qu'il avait prêché conformément à la doctrine qu'elle contient, et que plusieurs évêques l'avaient louée et approuvée, on regarderait comme une très-grande absurdité, et qui ne mériterait pas de réponse, qu'on prétendit que ce témoin particulier dût être cru au préjudice de soixante et dix autres qui assurent le contraire. C'en est donc une infiniment plus grande que de vouloir qu'ils cèdent tous, aussi bien que plusieurs autres Grecs qui confirmaient le même récit, à l'autorité d'un Hollandais. C'est ce qu'on pourrait appeler avec plus de raison *ineptam confidentiam*; et ce qui est encore plus surprenant, il ne dit point ce qu'on lui attribue, comme nous le ferons voir dans la suite.

Ils osent, dit-il, *corrompre l'histoire de ces temps-là, et ils veulent détruire des choses de fait par des faussetés toutes de leur invention* (1). Nous demandons sur cet article à M. Smith, ce qu'il a prétendu signifier par l'*histoire de ces temps-là et des choses de fait*. Est-ce l'histoire qu'en a faite Rivet, que Grotius a confondu de telle manière que jamais l'autre n'a pu lui opposer une réponse supportable? Est-ce celle de Hottinger, ou ce qu'en ont dit ceux qui l'ont copié? Mais les luthériens la regardent comme très-fausse, et l'ont réfutée article par article; et ce que nous avons rapporté dans les chapitres précédents fait voir que ce n'est qu'un

(1) Istorum temporum historiam et rem facti novis audacibusque commentis, quantùm in illis est, corrumpunt pervertuntque. (P. 115.)

tissu de faussetés, fondées uniquement sur les lettres de Cyrille, de Léger et de M. Haga.

Peut-on appeler *des choses de fait* celles dont il s'agit? On appelle ainsi des faits si clairs et si certains qu'on en convient de part et d'autre. Ainsi il est de fait que Cyrille Lucar a été patriarche de Constantinople, et qu'il en a exercé toutes les fonctions; que M. Haga a été de son temps ambassadeur des états-généraux, que Léger a été son ministre. Mais il n'était pas de fait que Cyrille ait donné la Confession qui porte son nom à M. Haga; parce que quoiqu'à présent nous n'en puissions raisonnablement douter, néanmoins les Grecs en doutaient de ce temps-là et même plusieurs années après. Il est de fait qu'elle n'a pas été donnée ni publiée dans les formes; mais il n'est pas de fait que Cyrille n'ait pas cru ce qu'elle contenait; ainsi du reste. Il paraît cependant que ce que M. Smith veut faire passer pour des choses de fait sont celles dont on est en dispute, et qu'il y comprend tout ce qu'il prétend avoir prouvé sur la seule autorité de M. Haga et de Léger, quoiqu'on lui fasse voir, par des preuves véritablement de fait et très-positives, la fausseté de ce qu'il avance comme certain.

Ce n'est pas à Genève, ni à Zurich, ni en Hollande, qu'on trouve des preuves de fait sur ce qui regarde l'histoire de ce qui s'est passé dans l'église de Constantinople: c'est de cette même église qu'elles doivent être tirées. M. Haga et Léger n'en étaient pas; mais ils étaient sur les lieux, et on ne peut s'étonner assez de leur négligence à s'informer de ce qu'ils auraient pu savoir aisément, et de ce qu'on regarde comme des choses de fait. Par exemple, c'en était une de savoir, en consultant les registres du patriarcat, si la Confession de Cyrille y était insérée; c'en était une autre de faire la même recherche sur les deux synodes qui l'avaient condamnée. Dans toute l'histoire que les calvinistes nous ont donnée de Cyrille, on ne trouve pas une pareille preuve de fait sur tout ce qu'ils avancent, non plus que dans celle de M. Smith; et il vient nous dire qu'on ne peut assez s'étonner de *la sotte impudence* des Grecs, qui prétendent détruire des faits par des faussetés qu'ils ont inventées, quoiqu'ils aient prouvé tout ce qu'ils ont dit, et que lui ne prouve rien.

Une de ces principales faussetés, selon M. Smith, est d'avoir dit que Cyrille n'avait rien dit publiquement, ni dans son synode, ni dans l'église, des opinions qu'on lui attribuait, et qui sont conformes à sa Confession. Le seul moyen de convaincre de faux les Grecs qui ont rendu ce témoignage est de prouver par quelque pièce authentique qu'il les a déclarées publiquement, et comme doit faire un patriarche. On n'en trouve aucune dans les registres ni entre les mains des Grecs, pas même une homélie ou une catéchèse. Il est bien certain, par les preuves qui ont été produites, qu'il n'a pas publié sa Confession dans les formes; s'il l'avait fait dans un synode, on en aurait les actes, comme on a ceux de sa condamnation. On ne les a point, et on n'a pas le moindre indice qu'il y ait eu de pareilles assemblées synodales. Où est donc la fausseté? Mais il l'a dit en confidence à M. Haga; il l'a assuré qu'il avait publié sa Confession, et qu'il l'avait avouée devant l'ambassadeur de France. Tout cela n'a d'autre fondement que l'affirmation de Cyrille, qui, comme particulier, ne pourrait pas être écouté dans sa propre cause; comme patriarche, il devait parler publiquement et dans les formes, ce qu'il n'a pas fait. Si M. Haga connaissait des Grecs qui l'eussent assuré du contraire, il les devait nommer, et même leur témoignage prouverait seulement que Cyrille a communiqué en particulier sa Confession à quelques-uns, ce qui n'est pas la publier et la reconnaître en face de son église. Qui nommeront donc les calvinistes? Métrophane Critopule, dont il a dit tant de bien, et qu'il assurait être favorablement disposé pour le calvinisme; et on a imprimé à Helmstadt une Confession de lui qui approche assez du luthéranisme, dont nous pourrons parler ailleurs. Cependant il souscrivit en qualité de patriarche d'Alexandrie à la première condamnation de Cyrille, de même que Chrysoscule Logothète, qui lui était si attaché.

CHAPITRE III.
Continuation de la même matière.

Ce qui suit mérite un peu plus d'attention. Les Grecs de Jérusalem, et tous ceux qui ont parlé de Cyrille, concluent de ce que jamais la Confession n'a été publiée dans les formes, qu'elle n'a point été communiquée aux évêques dans un synode; et de ce que Cyrille a dit et prêché le contraire, qu'il avait toujours paru orthodoxe, et qu'il n'avait jamais été connu pour calviniste. Il est bien aisé de comprendre ce qu'ils ont voulu dire, et c'était simplement que, comme ils l'avaient entendu parler et prêcher le contraire de sa Confession, il était à présumer qu'elle n'était pas de lui. M. Smith leur fait dire autre chose, qui est qu'il n'avait jamais eu dans la pensée rien de semblable à ce qui se trouve dans sa Confession. Ils n'ont pas jugé de ce qu'il pensait, sinon par ses discours et par ses sermons; et comme ils ajoutaient foi à ses déclarations confirmées par ses serments, ne pouvant pas deviner s'ils étaient faux, ils avaient raison de juger que la Confession était fausse, étant aussi défectueuse dans toutes les formes. Car ils étaient assez simples pour ne pouvoir s'imaginer qu'après de pareilles déclarations et des actes publics de religion que Cyrille faisait tous les jours, il en eût une autre dans le cœur; au lieu qu'il paraît que M. Haga et Léger ne s'embarrassaient pas de cette duplicité. Les Grecs n'ont donc pas jugé de sa pensée, et, comme dit Mélèce Syrigus, ils laissaient à Dieu à juger de ce qui en était; mais ils ont seulement assuré qu'il n'avait jamais paru autre qu'orthodoxe, c'est-à-dire qu'il n'avait fait aucun acte public de calviniste, et que par conséquent il n'avait pas publié ni reconnu la Confession qui portait son nom.

Ce sont là ces choses qui paraissent *si frivoles et si puériles* à M. Smith, *qu'elles ne méritent pas d'être réfutées*. Si néanmoins elles paraissaient sérieuses à quelque autre que lui, et qu'on le priât de les réfuter, il aurait assez de peine à le faire. Il reviendrait toujours à M. Haga et à Léger; mais on lui répliquerait que, outre les raisons alléguées ci-dessus, qui font voir que ces matières ne sont pas de la compétence d'un ambassadeur, il entreprendrait inutilement de persuader aux Grecs qu'un tel témoin est plus croyable que toute leur église et que leurs archives, où il ne se trouve pas le moindre vestige de publication de la Confession de Cyrille, ni de synode assemblé pour cela, ni d'aucun autre acte nécessaire en pareil cas; au lieu qu'on y trouve ceux qui ont été faits pour la condamner.

Il est même à observer que M. Haga ne dit pas qu'il se soit fait aucun acte semblable; mais seulement que Cyrille avait courageusement reconnu sa Confession devant l'ambassadeur de France, celui de Raguse et plusieurs métropolitains ou évêques. Or ce n'était pas la publier, mais avouer seulement qu'il était auteur d'une pièce furtive, dont on avait d'autant plus de sujet de douter, qu'elle n'avait d'abord paru qu'en latin, ce qui est la même chose que si on produisait une bulle de pape écrite en grec. Afin donc que le témoignage de M. Haga fût de quelque autorité, il aurait fallu prouver que la certification verbale d'un ambassadeur a eu la force de suppléer à toutes les formes qui manquaient à la Confession de Cyrille, ce que personne n'a jamais osé dire; puisque même les attestations les plus authentiques qu'il aurait pu donner sur ces matières qui ne le regardaient pas n'auraient eu aucune force. Mais il n'en a pas donné, puisque tout a consisté en ce qu'il a fait mettre dans la préface de l'édition de Genève, que Cyrille *lui avait remis l'original de sa Confession écrite et signée de sa main, et qu'il l'avait reconnue devant l'ambassadeur de France et plusieurs autres personnes*. Ce n'est donc pas l'ambassadeur de Hollande qui parle, c'est le libraire qui répond envers le public de ce que contient la préface; et il n'a rien paru qui pût faire croire que l'ambassadeur parlât de lui-même ni comme personne publique. Car il pouvait et même il devait légaliser cette pièce, comme a fait M. de Nointel à l'égard de celles que les Grecs lui mirent entre les mains, en certifiant que cette Confession, écrite en tant de feuillets, etc., lui avait été remise par le patriarche qui l'avait écrite de sa main. Alors il ne sortait point de son caractère. Mais il n'était jamais arrivé qu'on eût fait faire cette déclaration par le libraire.

C'est néanmoins sur cette seule assurance qu'on veut que non seulement les catholiques, mais encore les Grecs, croient que c'était la vraie Confession de Cyrille, de quoi, comme on l'a prouvé ci-devant, il y avait de grandes raisons de douter; qu'elle contenait la créance de toute l'église d'Orient, ce qui est la fausseté la plus impudente et la plus grossière dont il y ait d'exemple dans l'histoire; qu'elle avait été dressée d'un commun consentement, et jamais avant l'impression de Genève les Grecs n'en avaient ouï parler; qu'elle avait été publiée et reconnue par l'auteur, et personne n'en savait rien. Voilà ce que le libraire de Genève veut qu'on ne puisse révoquer en doute, parce que M. Haga l'a dit; et cependant on ne produit ni ses certificats, ni ses lettres, qui à la vérité ne prouveraient pas plus ce qu'il dirait de Cyrille sur tous ces articles, que celles de Cyrille ne feront jamais croire à personne que cet Hollandais fût en une telle considération à la Porte, que le grand-seigneur le faisait souvent venir à son conseil, pour le consulter sur des affaires très-importantes. On ne produit pas même les lettres de ce ministre ni de Léger; mais on en cite seulement quelques extraits, parce qu'on y aurait reconnu vraisemblablement une partie des mauvaises pratiques que les dépêches des autres ministres, aussi dignes de foi pour le moins qu'était M. Haga, mettent en évidence, et qu'on ne peut accuser de calomnie, puisque les Grecs en disent encore davantage. Voilà ce que M. Smith trouve si décisif, qu'il croit que les solides objections des Grecs, et les preuves positives qu'ils donnent pour montrer que la Confession de Cyrille n'a jamais été publiée parmi eux, ni reconnue publiquement, ne méritent pas la moindre réponse.

La manière dont il répond à l'allégation que Dosithée fait des homélies qu'il avait entre les mains dans un grand volume écrit de la main de Cyrille, et dans lesquelles il enseignait une doctrine contraire à sa Confession, est encore plus surprenante; car il donne à entendre qu'*il pourrait, s'il le voulait, avec raison et sans injustice, (merito et absque injuria,)* s'inscrire en *faux contre ce livre*, en quoi il semble faire quartier aux Grecs et aux catholiques; mais ni les uns ni les autres n'en veulent. On lui demande quelles peuvent être ses raisons de soupçonner Dosithée d'alléguer faux, puisque même les lieux communs dont il s'est servi avec si peu de succès pour attaquer Gennadius, Grégoire protosyncelle, Syrigus et quelques autres, ne peuvent avoir lieu dans cette critique. Car Dosithée n'était pas latinisé, et on ne peut pas supposer que les catholiques lui aient fourni des passages tirés d'un livre qu'ils ne connaissaient point. On demande donc à M. Smith par quelle raison et en quelle conscience il pourrait soupçonner Dosithée de mauvaise foi dans la citation de ces homélies, puisqu'il n'a pas vu le livre pour en juger, et que quand il l'aurait vu, les autres jugements qu'il a faits sur de pareils ouvrages ne le feraient pas regarder comme expert. N'est-ce pas commettre une injustice criante à l'égard de ce patriarche? Le jugement du monde le plus téméraire se peut-il faire sans injustice, et en peut-on imaginer une plus grande que de traiter un homme constitué en dignité, et par conséquent personne publique, qui parle à la tête d'un synode, comme un faussaire ou comme un ignorant? Mais Dosithée n'était pas seul, le livre fut produit, et les extraits confrontés devant soixante-dix députés qui composèrent le synode. M. Smith a-t-il pu espérer de persuader à quelqu'un que de son cabinet d'Oxford il jugerait plus sainement de l'authenticité d'un manuscrit qu'il n'avait jamais vu, que tant de Grecs qui l'avaient entre les mains? Enfin on ne croit pas qu'il y ait de procédé plus injuste, que ces vaines et vagues inscriptions en faux contre des ouvrages et des actes attestés par les Grecs, et revêtus de toutes les formalités les plus exactes, pendant qu'il ne veut pas permettre de douter de la vérité des pièces les plus informes et les plus défectueuses, de lettres missives que même on ne produit pas, et de l'avertissement d'un imprimeur de Genève.

La seconde réponse de M. Smith est encore plus étrange que la première. C'est, dit-il, *qu'à l'exception d'un seul extrait, il n'y en a aucun qui ne puisse s'accorder avec la Confession, et que ce seul endroit peut avoir été altéré, en y insérant une ou deux paroles qui pouvaient n'être pas dans l'original.* On n'a qu'à lire ces extraits pour voir que les Grecs ne se sont pas trompés, quand ils ont dit qu'on y trouvait le contraire de la Confession de Cyrille; et ce n'est pas ici le lieu d'examiner une défaite aussi fausse et aussi frivole. Il faut, pour s'en servir, supposer que personne n'ouvrira le livre où sont ces extraits; puisqu'il n'y a qu'à les lire, pour convenir que le sens qui se présente d'abord à l'esprit est contraire à la Confession, et c'est ainsi que les Grecs l'ont entendu. M. Smith avait donc deux choses à prouver, également impossibles : l'une, que deux hommes très-habiles, comme Nectarius et Dosithée, aient eu assez peu de jugement pour choisir dans ces homélies ce qui était entièrement contraire à leur dessein; l'autre, qu'ils n'ont pas entendu Cyrille. Ce sera peut-être qu'il a cru qu'il n'y avait qu'à interpréter ses paroles les plus claires, comme Aubertin et M. Claude ont voulu interpréter les passages des Pères; mais il ne trouverait pas les Grecs plus dociles que nous sur ces interprétations forcées, et même elles ne conviendraient pas aux extraits dont il est question. Par exemple, Cyrille dit dans sa Confession que *le S.-Esprit procède du Père par le Fils*, ce qui est, selon les Grecs, la même chose que *du Père et du Fils*; c'est pourquoi ils l'ont condamné sur ce premier article. Cependant il dit le contraire dans ses homélies, et dans les anathèmes qu'il publia en Valachie. Il en est ainsi de tous les autres articles; et la seule manière d'accorder cette contrariété, est celle qu'a suivie le sieur A., qui est beaucoup plus simple, et qui consiste à retrancher les deux tiers des extraits des homélies, à tronquer les autres, et à commenter le reste comme il a pu.

Il a aussi vu la difficulté que fait à M. Smith celui où il reconnaît la transsubstantiation, qu'il avait condamnée dans sa Confession; mais elle ne l'a pas embarrassé, car il a prétendu prouver que ce mot ne signifiait rien moins que changement de substance, et qu'il devait être entendu métaphoriquement, en quoi il a surpassé M. Claude. Celui-ci n'avait pas trouvé de meilleure solution aux passages cités contre lui de Gabriel de Philadelphie, que de nous apprendre qu'il reconnaissait que cet évêque grec admettait la *mé-*

tousiose, mais non pas la *transsubstantiation*, entre lesquelles paroles il met une grande différence, qui ne peut néanmoins avoir lieu parmi les Grecs, qui n'entendent pas le mot de μετουσίωσις autrement que les catholiques celui de *transsubstantiation*. Les Anglais ne peuvent pas non plus lui donner un autre sens dans leur *Test*, où ils font jurer et prendre Dieu à témoin qu'il ne peut y avoir de *transsubstantiation*, et ils ne recevraient pas assurément un catholique qui leur dirait qu'il croit la *métousiose*, justifiée par le grand théologien M. Claude. Quoique M. Smith en parle avec des éloges qui paraissent assez extraordinaires dans la bouche d'un prêtre de l'église anglicane, il n'a pas cru néanmoins devoir suivre cet expédient, pour excuser la contradiction des homélies et de la Confession de Cyrille. Il a eu recours à une nouvelle calomnie aussi insoutenable que la première, qui est qu'on a pu insérer ce mot qui n'était pas dans l'original. Mais qui lui a dit qu'on l'ait fait, et par quelles règles de morale a-t-il pu accuser Dosithée de cette falsification, dont il n'a pas eu le moindre indice, et qui n'est fondée que sur son système, ou plutôt sur celui de M. Claude, le plus faux et le plus insoutenable qui fut jamais, et qui est qu'un véritable Grec ne peut croire la présence réelle ni la transsubstantiation? Avec ce secours il reconnaît, de l'extrémité de l'Europe, qu'on a corrompu un manuscrit qui était à Jérusalem. C'est de semblables réponses qu'on pourrait très-justement appliquer ce qu'il dit très-mal-à-propos contre les fortes objections des Grecs : *Adeò frivola, puerilia et falsa sunt, ut non aliquâ refutatione indigeant.*

Il ne se contente pas de calomnier ainsi les Grecs, il leur attribue ce qu'ils n'ont jamais eu dans la pensée, en prétendant que ce qu'ils ont dit, que la Confession n'avait jamais été connue comme étant de Cyrille, qu'elle n'avait point été rendue publique dans les formes, qu'il avait enseigné et pratiqué le contraire, prouve que *les hérétiques, pour tromper l'univers, ont donné à une Confession qu'ils avaient forgée, le nom de Cyrille, sans qu'il en sût rien, et même malgré lui, pendant qu'il soutenait tout le contraire*. On ne croit pas que dans les écrits des Grecs qui ont parlé de cette affaire il se trouve rien de semblable. Le principal point, et auquel l'église grecque s'intéressait, était de ruiner l'autorité que les calvinistes voulaient donner à cette Confession, par le nom du patriarche de Constantinople, pour la faire plus facilement recevoir, comme ils essayèrent en Moldavie et dans les provinces voisines. C'est ce qu'ils firent en la condamnant telle qu'elle était ; et dans le synode de Jérusalem ils entrèrent dans un plus grand détail, en faisant voir que par tous les défauts de forme qu'ils y observèrent, elle ne pouvait être regardée comme un acte authentique. Le second point était de savoir si Cyrille en était l'auteur ; et il avait liaison avec le premier, en ce que s'il l'avait publiée dans son église, qu'il l'eût avouée publiquement, qu'il eût prêché en conformité, et vécu selon la doctrine et la discipline qu'elle enseignait, cela aurait donné quelque poids, et suppléé en quelque manière, quoique imparfaitement, aux autres défauts de cette pièce. Enfin il en aurait résulté que l'église grecque aurait eu un patriarche calviniste, ce qui leur paraissait fort odieux. Ils se contentèrent sur cet article d'établir par les raisons ci-devant expliquées, que jamais on n'avait connu Cyrille, sinon comme orthodoxe, sans entrer autrement dans la discussion de sa cause pour le condamner ou pour le justifier.

On a dit ci-devant que la procédure tenue à l'égard de sa mémoire dans le synode de Cyrille de Berrœe avait paru peu régulière, en ce que, sans examiner de témoins, ni faire d'autres informations canoniques, on avait fulminé des anathèmes contre lui comme auteur de la Confession, de quoi cependant il n'y avait point de preuves juridiques. Le synode suivant sous Parthénius-le-Vieux n'en parla que comme attribuée à Cyrille, et la condamna également, mais sans étendre les anathèmes sur sa personne. Les Grecs en sont depuis demeurés là ; et c'est par cette raison que ceux du synode de Jérusalem se sont restreints à dire que Cyrille avait toujours passé pour orthodoxe, mais ils ne disent pas qu'il le fût ; outre que Syrigus, Arsénius, Nectarius, Dosithée et quelques autres, le condamnent assez ouvertement. Mais parce qu'il s'agissait de prouver que la Confession n'avait jamais été connue dans l'église d'Orient comme l'ouvrage de Cyrille, il leur suffisait de montrer que puisqu'il avait toujours parlé et vécu comme orthodoxe, ce n'était pas sans raison qu'on avait douté de la Confession qui ne l'était pas. C'est là tout ce que les Grecs ont voulu dire, marquant ce que Cyrille avait paru être, et non pas ce qu'il était dans le fond.

Ainsi ils ne le justifient pas pour cela, comme il a plu à M. Smith de le supposer, en donnant à entendre à des ignorants que les Grecs, nonobstant que Cyrille eût donné cette Confession, ne l'avaient jamais regardé comme hérétique. Car puisque ceux-mêmes qui ont épargné sa personne ont condamné la Confession, ils ne le justifiaient qu'en supposant qu'il n'en était pas l'auteur. Donc puisque les calvinistes ont prouvé si clairement qu'elle était de lui, ce que nous ne leur contestons plus, il est inutile qu'ils prétendent tirer de ce que les Grecs ont dit pour établir qu'il n'avait jamais passé pour hérétique, que sa Confession ne leur parût pas telle.

De même, quoique les Grecs aient cru qu'elle n'était pas de lui, ni eux ni les catholiques n'ont dit qu'on l'avait forgée, et qu'on la lui avait attribuée à son insu et malgré lui. On pouvait être embarrassé sur l'éclaircissement d'un fait aussi obscur ; et la première pensée qui vint aux personnes les plus habiles, était de regarder comme supposée une exposition de foi dont le titre présentait d'abord une fausseté évidente, attribuant à l'église d'Orient des opinions dont on savait qu'elle était fort éloignée. La préface des Génevois ne faisait pas grande impression sur les esprits, non plus que l'autorité de M. Haga. Personne ne connaissait de patriarche en Orient qui fît profession du calvinisme. On savait que celui de Constantinople, dont elle portait le nom, pensait si peu à quitter la communion de l'église grecque, qu'il la mettait en combustion pour y conserver la suprême dignité qu'il y occupait, et qui ne pouvait compatir avec les dogmes de la Confession. Il était donc plus naturel de croire que cette pièce était supposée, que de s'imaginer qu'il y eût un homme assez méchant et assez impie pour se jouer ainsi de la religion. Mais on n'a jamais dit qu'on l'eût attribuée à Cyrille, ni à son insu, ni malgré lui ; et comment aurait-on pu le faire, puisqu'il le désavouait avec serment ? Les catholiques et quelques Grecs mieux informés de la noirceur des crimes de ce malheureux savaient ses liaisons avec les calvinistes, et connaissaient son hypocrisie détestable ; mais aucun ne pouvait savoir ce mystère d'iniquité, à moins d'en être complice. Ceux-mêmes qui pouvaient l'avoir pénétré n'avaient point de preuves à alléguer, et quand ils en auraient eu, ils n'auraient pu le faire sans péril, puisqu'ils se déclaraient parties contre leur patriarche, qui avait l'autorité ecclésiastique et celle des Turcs en main, et contre un ambassadeur qui le protégeait. Jamais cette affaire n'a été traitée dans les formes, et quand on eût voulu le faire, Cyrille aurait arrêté toute la procédure par ses serments, qui valaient une purgation canonique, et il s'en servit plusieurs fois lorsque ceux qui lui étaient opposés le pressèrent de se déclarer et d'écrire sur ce sujet.

Il paraît donc que comme toute cette histoire a été fort obscure, et remplie de circonstances qui rendaient les principaux faits incroyables, les Grecs n'ont jamais bien connu tout le fond de l'intrigue ; ce qui eût été bien difficile, puisque de la part de Cyrille, c'était une suite de faussetés et de parjures où on ne pouvait rien comprendre. D'abord il donna sa Confession en latin, et elle fut imprimée en 1629 ; elle fut réfutée par Jean Matthieu Cariophylle, deux ans après ; on imprima une autre réfutation à Caen, dès la même année que parut la Confession, et ce livre a pour titre *Anti-Cyrillus*. On remarqua en ces pays-ci, qu'il était ridicule qu'un patriarche de Constantinople donnât une Confession en latin, et ce n'était pas un léger indice de fausseté. Les Grecs n'en eurent presque aucune connaissance, et ce ne fut qu'après qu'elle eut été imprimée en grec à Genève. Cette édition ne les persuada pas davantage, car tous savaient bien qu'elle n'était pas la foi de leur église ; et ceux qui ignoraient toutes les pratiques de Cyrille, mais qui le voyaient célébrer la Liturgie et les sacrements comme à l'ordinaire, et qui l'entendaient prêcher le contraire de sa Confession, regardaient avec indignation et avec défiance ceux qui soutenaient qu'il l'avait véritablement composée par complaisance pour les calvinistes, et qui le traitaient comme hérétique, d'autant plus qu'on voyait l'ambassadeur de France, le vicaire patriarcal, et tous les Latins fort animés contre lui, car cela faisait croire aux plus simples que c'était une persécution qu'on lui suscitait à cause de son attachement à l'église grecque.

Les Grecs ne sont donc point entrés dans tous ces détails, s'étant contentés de condamner la Confession en elle-même, et d'ôter tout prétexte à ceux qui auraient voulu s'en servir, soit pour l'attribuer à toute leur église, soit pour la faire valoir comme l'ouvrage d'un de leurs patriarches, et s'en prévaloir pour abuser les simples, comme les calvinistes tâchèrent de faire d'abord qu'elle parut en Moldavie et en Valachie. En prouvant donc, comme a fait Dosithée après Mélèce Syrigus, qu'elle n'avait point été concertée avec les évêques assemblés synodalement, ni publiée dans les formes, ni même avouée par celui dont elle portait le nom, ils la détruisaient suffisamment ; c'était la seule chose qu'ils avaient en vue, et qu'ils ont exécutée parfaitement. Nous continuerons d'examiner les objections de M. Smith, et nous ferons voir en même temps, que tout ce que les Grecs ont dit pour justifier la foi de Cyrille, n'a été qu'en supposant qu'il n'était pas auteur de la Confession, et qu'ainsi au lieu de servir à la justifier, c'est une nouvelle preuve de leur éloignement de la doctrine calviniste, dont elle est remplie.

CHAPITRE IV.

Suite de l'examen des objections de M. Smith touchant le défaut de publication de la Confession de Cyrille, marquée par le synode de Jérusalem.

Le livre de M. Smith, et particulièrement en ce qui regarde la vie et le martyre de Cyrille Lucar, est assez court ; cependant quoiqu'un pareil ouvrage n'admette guère de déclamations, elles y sont aussi fréquentes que les bonnes raisons y sont rares. C'est aussi par un pareil tour qu'il croit répondre à un argument aussi solide que celui de Dosithée, rapporté dans les chapitres précédents. Ce patriarche à la tête de son synode soutenait, comme il l'a fait depuis dans son *Enchiridion*, que la Confession de Cyrille n'avait jamais été publiée dans l'église d'Orient, ni avouée publiquement par celui dont elle portait le nom. Cela paraît *si impertinent et si pitoyable* à M. Smith, qu'il ne daigne pas, dit-il, y répondre. Il est pressé par les homélies qu'on lui cite, et qui détruisent cette Confession ; il répond qu'on *a pu les altérer*. Enfin comme ce ne sont pas là des raisons ni des réponses, lorsqu'on croit qu'il en va donner de bonnes ou de mauvaises, les figures de rhétorique viennent au secours.

Voici donc comme il s'y prend : *Qui ne s'étonnera pas*, dit-il, *de cette effronterie ? Comme si des choses qui se sont passées devant mille et mille témoins durant plusieurs années n'étaient que des songes et des impostures* (1). C'est un des plus grands défauts dans un discours sérieux, soit pour accuser, soit pour défendre, que de dire avec beaucoup d'ostentation et avec em-

---

(1) At ad vecordiam hanc quis non obstupescit, quasi res coram mille millenis testibus per plures annos transactæ mera essent somnia et imposturæ.

phase ce que notre adversaire peut rétorquer avec autant et plus de raison contre nous. Si on mettait ces paroles dans la bouche de Dosithée et des autres Grecs qui ont soutenu, et qui soutiennent encore, que jamais Cyrille n'a publié sa Confession dans les églises qui lui étaient soumises, et qu'il n'est jamais convenu devant son clergé qu'elle fût de lui, la figure aurait encore plus de force. Il est donc incompréhensible que M. Smith ait cru en pouvoir tirer quelque avantage. On demeure d'accord qu'il faut avoir perdu l'esprit pour traiter de songes et de fables ce qui s'est passé devant mille et mille témoins : mais on lui demandera en même temps s'il en a pu citer, non pas des milliers, mais un seul irréprochable, qui confirmât les fables inventées par les calvinistes touchant la Confession de Cyrille, et s'il en a pu trouver un seul qui dise le contraire de ce que les Grecs ont assuré dans le synode de Jérusalem et partout ailleurs.

Il ne s'agit pas de la pièce en elle-même, ni si elle est orthodoxe selon les Grecs ; ils n'ont jamais varié sur ce sujet, et ils assurent tous qu'elle est hérétique ; mais il s'agit de la publication et de la reconnaissance qu'il prétend que Cyrille en a faite. Quand il la donna d'abord en latin, le fit-il devant plusieurs témoins, puisqu'on n'en peut pas nommer un seul ? Trouve-t-on quelque acte par lequel il paraisse qu'il la fit traduire pour la communiquer à ceux qui n'entendaient pas le latin ? S'il y a eu des témoins, il n'y en a pas eu d'autres que M. Haga et son ministre, et ce ne sont pas des milliers de témoins. Lorsqu'il l'eut mise en grec, et qu'elle eut été envoyée à Genève pour y être imprimée, ce ne fut pas après l'avoir communiquée à son synode, ni même avec d'autres évêques ; elle ne fut, comme on a dit plusieurs fois, ni enregistrée ni contre-signée ; il n'y a une copie toute de sa main. M. Smith dira-t-il que cela fut fait devant des *milliers de témoins*, puisque toute l'assurance que purent donner les Génevois qu'elle était de Cyrille, fut de faire dire par l'imprimeur, que M. Haga assurait qu'il avait reçu l'original de la main de l'auteur, ce que cet ambassadeur n'a osé certifier par aucun acte public ? Il faut donc pour composer ces milliers de témoins faire passer pour tels Rivet et tous les autres ministres calvinistes, qui, sur le témoignage de M. Haga et de Léger, ont assuré que Cyrille avait publié cette Confession ; qu'il avait déclaré courageusement qu'il la reconnaissait pour véritable, et comme son ouvrage ; qu'on y joigne Hottinger et tous les Suisses, enfin ceux qui ont cru de même ce que M. Claude a écrit ; on aura des milliers de personnes grossièrement abusées, mais pas un seul témoin. Car de tout ce grand nombre il n'y a eu que M. Haga et le ministre Léger qui aient pu témoigner que Cyrille leur a mis entre les mains sa Confession, ce qu'on croit présentement sans difficulté. Mais lorsqu'il niait publiquement, et prenant Dieu à témoin, qu'elle fût de lui, était-on obligé de les croire, et même trouve-t-on qu'ils se missent en peine de se justifier d'une accusation qui leur devait être fort sensible, puisque c'était les traiter de faussaires et d'imposteurs, que de nier publiquement ce qu'avait mis sur leur parole dans la préface de l'édition de Genève ?

Ces milliers de témoins se réduisent donc à un seul, et même, comme il a été remarqué, ce seul témoin, qui est M. Haga et son ministre, qui ne doivent être comptés que pour un, ne disent rien, sinon que Cyrille avait donné cette Confession et qu'il en était l'auteur ; mais ils ne détruisent pas ce que les Grecs disent, et qu'ils prouvent, que jamais elle n'a été communiquée ni publiée dans les formes. Un fait de cette nature ne se prouve pas par témoins, mais par des actes, et la dispute était finie, si on eût pu produire un extrait authentique du *codex* ou registre de la grande église, par lequel il parût que la Confession y avait été insérée. Il fallait aussi produire une copie authentique, contre-signée par quelque officier de l'église de Constantinople, dans laquelle la Confession fût transcrite, et que, selon la coutume, il y eût au bas une attestation de l'enregistrement. S'il y avait eu une assemblée des métropolitains, des évêques et des autres du clergé, auxquels Cyrille l'eût communiquée, et qu'il leur eût demandé leur consentement et leur approbation, ils l'auraient donnée en souscrivant de même qu'ils firent à l'égard des décrets des deux synodes qui la condamnèrent, et le tout aurait été enregistré comme il le devait être, à peine de nullité. C'était de tels actes qu'il fallait produire ; les calvinistes n'en peuvent alléguer aucun, et les Grecs, après avoir consulté les registres de leur église, assurent que jamais il ne s'y est trouvé rien de semblable. Ce défaut ne peut être suppléé par cent mille témoins, qui ne seraient pas seulement écoutés quand ils diraient le contraire, surtout dans un fait dont la fausseté se découvre par la nature même de la chose. Car il n'est pas possible que dans le même registre on trouve insérée une Confession qui est condamnée comme hérétique et blasphématoire avec les décrets synodaux qui la condamnent. Si elle y avait été mise par surprise, elle en aurait été ôtée, et les Grecs en auraient eu quelque mémoire, au lieu qu'il ne s'en trouve pas la moindre mention.

M. Smith n'oppose rien à ces raisons, qui sont démonstratives, sinon d'abord celle-ci, que Cyrille n'a pas eu honte d'avoir publié sa Confession, parce qu'il l'a reconnue et soutenue jusqu'à la mort, et sur cela il fait le portrait du monde le plus ridicule des dispositions de ce malheureux apostat : *Sine omni metu, imò non sine quâpiam modestâ exultatione, et placido gestientis animi sensu*, paroles si élégantes, qu'il est difficile d'en comprendre le sens, et encore moins de les traduire. S'il n'avait aucune crainte de se déclarer calviniste, pourquoi fut-il si longtemps à produire cette Confession, puisqu'il ne la donna qu'au bout de quelques années après avoir été éclairé par ce ministre Transylvain, qui le convertit sur le culte des images ? ce qui ne l'empêcha pas de fulminer tous les ans les anathèmes contenus dans le *Triodion* contre les iconoclastes. Pourquoi la donna-t-il d'abord en latin ?

Pourquoi lorsqu'il la mit en grec, ne la mit-il pas dans la forme qu'il savait bien être nécessaire, afin de trouver créance parmi ceux de sa nation ?

Il parut assez qu'il n'était pas exempt de crainte, puisqu'il prit tant de précautions afin qu'on ne pût le convaincre d'en être l'auteur, et qu'il la désavoua tant de fois, ce que Syrigus, Parthénius de Burse et plusieurs autres qui l'avaient vu ont assuré, et ils sont plus croyables que M. Haga et le ministre Léger. Que signifie *cette joie modeste, et cette douce satisfaction de lui-même*, après avoir publié cette Confession, puisqu'on démontre qu'elle n'a jamais été publiée que par l'impression de Genève ? S'il était aussi content qu'on nous le veut persuader de cet ouvrage, pourquoi ne voulut-il pas le légaliser lorsqu'il en fut pressé par les lettres de Diodati ? Où peut donc juger si ce que dit M. Smith est une réponse, et s'il satisfait à la moindre des difficultés qu'il était obligé de résoudre. Il ne fallait pas perdre du temps et des paroles à décrire l'intrépidité et la satisfaction qu'eut Cyrille quand il eut publié sa Confession, il fallait prouver qu'elle eût été publiée dans les églises de Grèce, et non pas à Genève ni chez l'ambassadeur de Hollande, et c'est ce que M. Smith n'a pas fait, et ce que ni lui ni personne ne saurait faire.

Mais il *l'a défendue jusqu'à la mort, et il aurait été bien malheureux si, pouvant éviter tous les maux qu'il a soufferts en désavouant un ouvrage supposé, il a mieux aimé noircir sa réputation d'un crime auquel il n'avait point de part, et mourir par la main du bourreau.* Ce sont là encore des déclamations propres à tromper des ignorants disposés à croire aveuglément tout ce que disent les ministres. Car elles tendent à faire croire que Cyrille n'a souffert la mort que parce qu'il n'a pas voulu désavouer sa Confession, en quoi il y a deux faussetés insignes remarquées par les Grecs. Car premièrement il n'a jamais été accusé juridiquement et dans les formes canoniques d'avoir fait cette Confession, ni d'avoir renoncé à la foi de son église pour professer le calvinisme. Il en était accusé secrètement, les soupçons étaient violents et presque convaincants ; mais il n'y avait pas de preuves suffisantes contre lui, et il niait tout. Quoique la plupart des Grecs souhaitassent sa déposition, parce qu'ils étaient persuadés qu'il était hérétique, jamais ce motif ne fut allégué ; mais ses concussions, les violences et la tyrannie avec laquelle il gouvernait l'église grecque.

Il ne se trouvera donc jamais qu'il eût pu éviter l'exil, la déposition et la mort en désavouant sa Confession, puisqu'il n'y eut sur ce sujet aucun jugement canonique, et qu'il fut traité comme il avait traité les autres, étant chassé par l'autorité absolue des Turcs. Les Grecs témoignent tous que non seulement il la désavoua plusieurs fois, mais encore qu'il confirma ce désaveu par plusieurs serments, qu'on doit regarder comme autant de parjures. La seule fermeté qu'il eut, fut qu'étant pressé de la réfuter ou de la condamner par écrit, il s'excusa de le faire, ce qui augmenta les soupçons qu'on avait déjà contre lui. De plus, sa conduite, les sacrements qu'il célébrait, l'exercice de sa puissance patriarcale étaient un désaveu formel et continuel de sa Confession, plus significatif et moins équivoque que tout ce qu'il avait pu dire en secret à ses confidents. Les Turcs le firent mourir, non pas comme calviniste, mais comme séditieux. Ce fut peut-être une calomnie, et cela ne fait rien au sujet ; mais c'est une imagination que de supposer que le calvinisme et la Confession entrassent dans les motifs que les Turcs eurent pour le condamner à mort.

Après cela M. Smith tire une conséquence que d'autres ont aussi tirée, de ce que les Grecs ont déclaré plusieurs fois qu'ils n'avaient connu Cyrille que comme orthodoxe, et qui tend à faire croire qu'ils ont ainsi approuvé sa Confession. Cela pourrait avoir quelque vraisemblance, si en même temps ils l'avaient approuvée, au lieu qu'on ne peut pas douter qu'ils ne l'aient condamnée, et qu'ils ne la condamnent encore. Ainsi cette prétendue justification qu'ils font de Cyrille, n'est que dans la supposition qu'il n'en était pas l'auteur, et elle ne regarde proprement que la profession extérieure de la religion grecque, dans laquelle ils l'avaient toujours vu vivre. Il est aisé de reconnaître que tout ce qu'on lit sur ce sujet dans le synode de Jérusalem ne signifie pas autre chose, et il serait inutile de s'étendre sur cet article.

M. Smith avoue que la dernière objection, qui est que Cyrille n'a pas communiqué sa Confession à son clergé, a quelque vraisemblance, et que c'est aussi sur quoi Grotius insiste assez fortement. Mais il fallait plutôt convenir de bonne foi que c'est une raison sans réplique, et qui renverse tout le système fabuleux des calvinistes sur toute cette matière. Car il s'ensuit que Cyrille était coupable d'une imposture pleine de calomnie et d'impiété ; puisque dans l'exorde il eut la hardiesse de dire qu'il donnait cette Confession *au nom de tous*, ce qui était faux dès qu'on reconnaît, 1° qu'il ne l'avait pas communiquée à son clergé ; 2° qu'il ne l'avait jamais donnée dans les formes, ni publiée ; 3° que les évêques et autres de son clergé n'en ayant eu par lui aucune connaissance, ne pouvaient pas l'avoir approuvée, comme les calvinistes supposent ; 4° qu'elle n'est pas la Confession de l'église orientale.

A cela, dit M. Smith, *nous trouvons une juste réponse dans les lettres de M. Haga* (1). Il lui fait faire assurément bien des personnages, dont aucun ne lui convenait. On remarque que cette Confession n'a rien qui ressemble à la doctrine communément reçue dans l'église grecque, assez connue d'ailleurs, et ce fut la première raison de la croire fausse, cela regardait les théologiens. On fait paraître M. Haga qui assure qu'elle est véritable, et qui leur impose silence. On cita des Grecs qui la rejetaient, et qui niaient avec raison que leur église crût rien de semblable ; cela

(1) Justam responsionem suppeditant eædem litteræ Cornelii D. de Haga, p. 118.

les touchait particulièrement, et ils devaient être crus sur leurs propres affaires. M. Haga a dit le contraire, il le faut croire, il en sait plus qu'eux. On objecte que cette pièce était informe, qu'elle n'était pas dans les registres, qu'aucun officier ne l'avait contre-signée, et on marque en détail tous les défauts rapportés ci-dessus. M. Haga supplée à tout, car on ne pouvait pas nier qu'elle ne fût dénuée de tous ces caractères d'authenticité. Le voilà donc théologien, censeur d'une Confession de foi, plus Grec que les Grecs mêmes ; il renferme en lui tous les pouvoirs et toutes les fonctions des évêques et des officiers de la grande église ; enfin des lettres qu'il écrit à Genève, et qui n'ont jamais été produites que par extrait, donnent la forme et l'authenticité à une pièce qui n'en avait point.

Mais le dernier personnage est encore plus ridicule. Les calvinistes ne peuvent nier que la Confession n'ait été faite, comme leur reprochait Grotius, sans patriarches, sans métropolitains et sans évêques. M. Smith l'avoue et il appelle à son secours M. Haga, qui doit, selon lui, tenir lieu d'un synode d'évêques, et suppléer encore à ce défaut si essentiel, que c'est en cela seul que consiste la différence totale d'une pièce authentique, et qui devait faire foi par toute la terre, ou d'une furtive et supposée qui devait être traitée avec mépris et rejetée avec horreur. Car les autres conditions peuvent quelquefois être omises et suppléées dans la suite, comme l'enregistrement, qui ne se fait pas toujours dans le même temps ; l'absence ou la mort d'un officier de l'église peut empêcher qu'il ne transcrive un acte ; les changements fréquents de patriarches, et les troubles si ordinaires parmi le clergé de Constantinople peuvent faire qu'un registre ne se trouve plus. Mais il est impossible qu'une Confession de foi à laquelle toute une église a intérêt puisse être certifiée comme véritable, lorsqu'aucun de ceux qui y tiennent les premières places n'en a ouï parler, et qu'elle n'a pas été examinée synodalement. Il n'y a personne qui ne soit frappé d'une objection de cette importance. M. Smith avoue qu'elle a *quelque vraisemblance*, et c'est ainsi qu'il appelle ce que Grotius et les luthériens, aussi bien que les catholiques, prétendent être une démonstration évidente de la fourbe criminelle de Cyrille, et de la fausseté de sa Confession. Mais *M. Haga nous fournit une juste réponse*, dit M. Smith.

On attend après des paroles si pleines de confiance qu'il va produire un témoignage solennel de cet ambassadeur, par lequel il certifie que le révérendissime patriarche Cyrille, à tel jour de tel mois et de telle année, en tel lieu, a assemblé tels et tels métropolitains et évêques, avec tels officiers de la grande église ; qu'il a fait lire publiquement dans l'assemblée la Confession qui porte son nom, et que tous l'ont approuvée d'un consentement unanime, comme exposant fidèlement la créance de l'église grecque, répandue par tout l'Orient. C'était ce que devait témoigner M. Haga, et ce qu'il n'a pas fait, parce qu'il était apparemment assez homme d'honneur, pour ne pas vouloir attester une fausseté dont la conviction eût été manifeste. Il est donc constant qu'il n'a pas donné de pareil acte ; s'il l'avait fait, il se serait couvert de confusion, et les Grecs n'y auraient pas eu plus d'égard que les catholiques ; car il n'avait pas plus de droit à certifier ce qui s'était passé dans l'église grecque, que le patriarche de Constantinople en aurait eu de certifier aux états-généraux, qu'on avait prêché chez cet ambassadeur une doctrine contraire à celle du synode de Dordrecht, qui était alors à la mode.

On aurait pu aussi tourner le certificat d'une autre manière, en faisant dire à cet ambassadeur que Cyrille, voulant assembler son synode, selon la coutume, pour y publier sa Confession avec le consentement de son clergé, n'avait pu le faire, à cause de divers empêchements légitimes, et que, pour suppléer à ce défaut, il l'avait communiquée à plusieurs métropolitains et évêques, qui l'avaient pareillement approuvée ; et comme les approbations verbales ne suffisent pas en pareilles matières, ils l'avaient signée, et qu'il avait vu les signatures. Un pareil acte aurait eu plus d'autorité en ces pays-ci, quoiqu'il eût pu être sujet à contestation, puisque ce n'est pas une fonction d'ambassadeur que de certifier des faits purement ecclésiastiques, mais il pouvait légaliser et certifier des actes qui lui auraient été représentés, et il n'a jamais été fait mention d'aucun acte semblable, souscrit par ceux qui représentent l'assemblée synodale du patriarche de Constantinople.

Ce qui est donc le plus extraordinaire et sans exemple, est qu'on prétende établir des faits aussi importants sur de lettres missives de M. Haga, qui même n'ont jamais été produites, mais citées en termes généraux par l'imprimeur de Genève, par Hottinger et par M. Smith. De plus c'est qu'elles ne contiennent rien de ce que nous venons de marquer, quoiqu'absolument nécessaire, afin qu'il fût vrai de dire que Cyrille avait communiqué sa Confession à son clergé dans une assemblée synodale. Car tout ce qu'elles disent est, que M. Haga assurait sur sa parole, comme le sachant bien, qu'à peine on aurait pu trouver un des métropolitains ou des prélats de l'église grecque, qui étaient alors en assez grand nombre à Constantinople, qui ne fût prêt de sacrifier sa vie et ses biens pour la défense de Cyrille et de sa Confession (1).

On demandera à toute personne raisonnable, si cela signifie que Cyrille ait assemblé son synode dans les formes, et qu'il y ait fait approuver sa Confession par les évêques en corps, ce qui était nécessaire à prouver. Il résulterait seulement de ce fait, s'il était véritable, que les métropolitains et les évêques qui se trouvaient à Constantinople de ce temps-là, per-

(1) Vix ac ne vix quidem aliquem isthoc tempore, è metropolitis cæterisque antistitibus græcæ ecclesiæ qui multi et frequentes Constantinopoli aderant reperiri potuisse, quin se fortunas, vitam, et quidquid vitâ charius haberi possit pro Cyrillo inque ejusdem Confessione tuendâ, si opus foret, prodigere aperto ore professus fuerit.

suadés en particulier par leur patriarche, avaient témoigné qu'ils étaient prêts de soutenir cette Confession ; et c'est ce que peuvent signifier les paroles qui se trouvent dans la lettre du moine Arsénius, dont il a déjà été parlé lorsqu'il dit que Cyrille *avait assemblé un synode de brigands semblables à lui, où il l'avait fait approuver*. Mais comme Syrigus, qui ayant été chargé par son église de la réfuter, et qui était mieux instruit que personne, non seulement ne parle point de ce synode, mais qu'il assure ainsi que celui de Jérusalem, qu'elle ne fut pas communiquée aux évêques, cela paraît beaucoup plus vraisemblable. Car outre les raisons marquées ailleurs, dont une des principales est qu'il n'est fait aucune mention de telles assemblées dans les sentences prononcées contre Cyrille, ni dans les écrits par lesquels les Grecs ont combattu sa doctrine, il n'en est pas non plus parlé dans les lettres qu'on a imprimées de lui, ni dans celles qui n'ont pas été publiées, ni apparemment dans celles de M. Haga et du ministre Léger, puisque ceux qui les ont vues ne le marquent pas.

On reconnaît donc que le raisonnement de M. Smith est faux, puisque ce n'est pas prouver qu'une exposition de foi a été reçue synodalement, que de dire qu'un grand nombre d'évêques étaient prêts de tout sacrifier pour la soutenir. Il ne s'agit pas d'une approbation tacite ou verbale, car elles ne peuvent donner d'autorité à un pareil acte, mais d'une approbation solennelle et dans les formes, qui ne peut se faire que par des évêques légitimement assemblés, de la même manière que firent Cyrille de Berroée et Parthenius-le-Vieux lorsqu'ils la condamnèrent. C'est ce que Cyrille n'a pas fait, du propre aveu de ses apologistes, qui avouent par conséquent que lorsqu'il donna sa Confession au nom de toute l'église grecque, il se rendit coupable d'une fausseté et d'une imposture qu'on ne peut justifier ; et la pièce n'ayant point d'autre fondement que la fausseté et l'imposture ne peut être regardée comme authentique. Quand donc ce qu'on avance si hardiment sur la parole de M. Haga serait véritable, on ne pourrait en tirer d'autres conséquences, sinon que Cyrille avait parlé en particulier à plusieurs évêques, ce qui est conforme à ce qui est rapporté en divers mémoires, desquels on apprend qu'il se donna assez de mouvement pour corrompre ceux qui lui paraissaient disposés à embrasser ses nouveautés. Ils s'accordent avec le récit d'Arsénius, en ce qu'ils disent que Cyrille s'était engagé à introduire le calvinisme dans l'église grecque, et que les Hollandais lui devaient fournir l'argent dont il aurait besoin pour se maintenir dans la possession du patriarcat. Il est donc assez vraisemblable que pour abuser M. Haga, qui, dans toute cette histoire, paraît avoir été un homme fort crédule, il lui fit croire qu'il avait engagé dans ses sentiments plusieurs métropolitains et évêques, ce que l'autre crut, et le manda aux Génevois et non pas à ses supérieurs ; car ils ne l'avaient pas envoyé dans le Levant pour convertir les Grecs, mais pour établir leur commerce.

Ainsi ce fait roule entièrement sur la parole de cet ambassadeur, qui devait en donner quelques preuves, ou marquer au moins de bonne foi que Cyrille l'en avait assuré. C'est ce qu'on a tout sujet de croire, parce qu'il se trouve dans ses lettres quelque chose de semblable, puisqu'il y parle de certains Grecs comme disposés à embrasser la doctrine de Genève. Au moins il est très-certain que ce qu'assure M. Haga est entièrement faux, et par conséquent qu'il ne le pouvait pas savoir aussi certainement qu'on le lui fait dire. Il en devait donner quelques preuves, car il ne lui appartenait pas, ni comme personne publique, ni comme particulier, de porter témoignage de la foi des métropolitains et des évêques, encore moins comme calviniste. S'il avait dit quelque chose de semblable du vicaire patriarcal et des religieux qui étaient alors à Constantinople, il se serait rendu ridicule. Car chacun lui aurait pu dire : *Il ne vous appartient pas, monsieur, de calomnier ceux que vous ne connaissez point, en répandant qu'ils approuvent une Confession qu'ils condamnent comme hérétique. Vous savez assez tous les démêlés qu'elle a suscités contre l'auteur, et la guerre ouverte qui est entre nous à cette occasion. Mais quand il n'y aurait d'autre preuve de l'horreur que nous en avons, ne savez-vous pas que nous célébrons tous les jours la messe dans nos églises, et que nous pratiquons le contraire de la créance que vous nous imputez sur le faux récit de quelque imposteur ?*

C'était cependant la même chose : car M. Haga ou ne voyait et n'entendait que par les yeux et les oreilles de Cyrille, ou il devait savoir que la plus grande partie du clergé grec était soulevée contre lui à cause de sa Confession, quoiqu'il l'eût désavouée publiquement, et que tous célébraient les sacrements, la Liturgie, et le reste du service de l'église grecque comme à l'ordinaire ; de sorte que si ces évêques grecs étaient persuadés de tout ce que contenait la Confession, comme on le prétend sur le témoignage de M. Haga, il faut encore supposer qu'ils faisaient tous, comme Cyrille, profession et exercice d'une religion qu'ils condamnaient dans le cœur comme superstitieuse et idolâtrique. Or quoique ce malheureux apostat l'ait fait, ce mépris prodigieux des mystères les plus saints, et une hypocrisie aussi criminelle, ne sont pas des crimes si communs qu'on les puisse attribuer sans preuve à tout le clergé d'une église patriarcale.

Les Grecs disent cependant tout le contraire. Si on prétend rejeter leur témoignage, parce qu'ils étaient ennemis de Cyrille, M. Haga était son ami, et qu'ils étaient dévoués à la cour de Rome, et qu'ils trahissaient la foi de leur église, on dit la fausseté du monde la plus absurde, ce qu'on a prouvé ci-devant par des raisons sans réplique, que les Grecs confirment encore tous les jours. Mais les calvinistes n'étaient-ils pas aussi suspects dans une affaire toute de religion ? La différence qu'il y a entre ces deux affirmations contraires, est que M. Haga ou ceux qui l'ont fait parler, assurent un fait inouï et inconnu à toute l'église grecque, sans preuve et sans vraisemblance ;

au lieu que les Grecs ne disent que ce qui est conforme à l'histoire de ce temps-là, et qui se trouve appuyé du témoignage de Syrigus, de Nectarius, de Dosithée, de Panaiotti, et en un mot de toute la Grèce.

A peine (fait-on dire à M. Haga) *il se trouvait, vix ac ne vix quidem, un seul métropolitain ou prélat à Constantinople, où ils étaient alors en grand nombre, qui ne fût prêt de sacrifier sa vie pour la défense de Cyrille et de sa Confession*. Il n'est pas possible de mettre dans ce nombre Anthime, Grégoire d'Amasie, Athanase, Cyrille de Berroée et leurs adhérents qui le firent chasser. On n'y mettra pas non plus Coressius, Grégoire protosyncelle et Syrigus, qui, avec l'approbation et la commission expresse de l'église de Constantinople, écrivirent tout le contraire de ce que contenait sa Confession. Il faut encore en retrancher tous ceux qui après la mort de Cyrille, et la même année, approuvèrent et souscrivirent les anathèmes fulminés contre sa personne et contre sa doctrine dans le synode tenu sous Cyrille de Berroée. On trouve qu'il y eut outre lui, Métrophane et Théophane, patriarches d'Alexandrie et de Jérusalem, vingt-et-un métropolitains ou évêques, et vingt-trois officiers de la grande église. Cependant on reconnaît que tous étaient du nombre de ceux qui composent le synode patriarcal. Métrophane avait été recommandé aux Anglais par Cyrille, comme un homme bien intentionné pour la bonne doctrine; et si la Confession imprimée sous son nom est véritable, ce n'était pas sans fondement. Il ne se trouve néanmoins parmi ces évêques, ni parmi les officiers, personne qui ose ouvrir la bouche en faveur de Cyrille et de sa Confession. Aucun ne prend sa défense; et, quoique les animosités fussent très-vives entre ses partisans et ses adversaires, pas un seul ecclésiastique n'est déposé à l'occasion d'une doctrine déclarée hérétique; il ne paraît pas même qu'aucun ait été cité à cette occasion, ni qu'aucun se soit rétracté. Il faut donc que ce qu'on allègue sur la foi de M. Haga soit faux, ou que dans un espace aussi court que celui d'une année, et même pas entière, tous aient abandonné Cyrille et sa Confession, quoiqu'il n'y eût aucun risque pour leur vie à la soutenir, mais seulement celui d'être déposés ou excommuniés.

Peu après, lorsque Mélèce Syrigus fut chargé de travailler contre la Confession de Cyrille et de la réfuter, il y eut sur cela une délibération synodale, et personne ne s'y opposa ou ne prit la plume pour défendre celui pour lequel ils étaient tous prêts de mourir. Il en arriva de même quatre ans après au synode tenu sous Parthénius-le-Vieux, où la mémoire de Cyrille fut épargnée, mais sa Confession proscrite avec anathème, sans que personne s'y opposât. Enfin ce n'était pas seulement toute la Grèce qui avait en horreur la doctrine qui y était exposée, mais les Moldaves, les Valaques et les Russiens, qui savaient bien les sentiments du clergé patriarcal, s'élevèrent contre cette Confession, et en poursuivirent la condamnation, à quoi ils ne se seraient pas hasardés, et ils n'y auraient pas réussi, si la plus grande partie des métropolitains et des évêques l'avaient soutenue, ou simplement approuvée.

Mais afin d'ajouter une preuve d'un autre genre à celles qui ont été rapportées, et qui vaut bien celles qu'on tire des lettres de M. Haga, puisque c'en est une d'un calviniste qui était à Constantinople en même temps, nous en rapporterons les paroles. Elle est écrite en 1634 par un nommé M. Cuper, qui semble avoir été français, mais qui porte avec soi le caractère de vérité, parce qu'il dit sur Cyrille ce qu'on en a imprimé sur le témoignage de M. Léger et de M. Haga, et il joint à sa lettre la copie de celle que Hottinger a publiée comme un monument précieux, et dont nous parlerons après. *Je crois vous avoir mandé*, dit ce M. Cuper, *depuis près de quatre ans que je suis en ce lieu, comme plusieurs des métropolites, et quasi tous, avaient une haine jurée contre le patriarche Cyrille à cause de sa Confession. Je vous ai aussi remarqué, il y a environ deux ans et demi, comme les susdits métropolites avaient conjuré contre lui, et comme ils l'allèrent accuser devant le visir, atteint de quatre cas, dont trois sont dignes de mort; le quatrième était d'être hérétique et luthérien, et vous mandai comme cette accusation pensa coûter la vie aux accusateurs, ce qui fit cesser la persécution, et non la haine*. Voilà un calviniste qui dit tout le contraire de ce qu'on fait dire à M. Haga: et ce qu'il y a de plus surprenant, est que ceux qui citent son autorité sur ce paradoxe, ne se souviennent pas que dans la préface de l'édition de Genève, il est marqué que chacun savait combien cette Confession avait excité de vexations et de persécutions à l'auteur. Par conséquent, il était facile de trouver, non pas un, mais plusieurs métropolitains et évêques qui étaient fort éloignés de donner leurs biens et leurs vies pour soutenir l'auteur et l'ouvrage, puisqu'il ne s'en trouve pas un seul qui l'ait soutenu.

CHAPITRE V.

On examine si on peut regarder Cyrille Lucar comme orthodoxe, comme saint et comme martyr.

Tout ce qui a été dit jusqu'ici touchant Cyrille Lucar, non pas sur des relations fabuleuses, ni sur des témoignages suspects, mais sur ceux de ce qu'il y a de plus considérables Grecs depuis soixante et dix ans, décide assez la question qui nous reste à examiner, pour peu qu'on veuille reconnaître la vérité sans préoccupation. Elle ne peut même être si grande, que si on se donne l'attention de comparer ce que les catholiques ont écrit sur ce sujet, avec les récits, les apologies et les panégyriques des calvinistes, on ne reconnaisse que ceux-ci n'ont pu porter leur histoire jusqu'à la vraisemblance; au lieu que les autres n'établissent rien qui ne soit appuyé sur des preuves si solides, qu'on ne leur peut donner la moindre atteinte. Tout ce que les catholiques ont dit est confirmé par le témoignage des Grecs contemporains, autorisé et reconnu véritable par ceux qui sont venus ensuite, par des actes publics, et par toutes les pièces qui font autorité en pareilles questions, en quoi les

(Dix-huit.)

luthériens s'accordent avec eux. Les calvinistes n'ont pas la moindre preuve à produire, sinon des lettres d'un ambassadeur de Hollande et de son ministre, auxquels on fait dire tout ce qu'on veut, car elles n'ont jamais été publiées; quelques autres lettres de Cyrille, puis l'histoire qu'a composée Hottinger, et que tous les autres ont copiée, jusqu'à ceux qui, ayant fait un séjour considérable à Constantinople, auraient pu et dû y apprendre qu'elle ne pouvait être regardée que comme un tissu de faussetés et de paroles perdues. M. Claude les a adoptées, et comme il n'était pas grand grec, il s'est contenté de les relever par toutes les fleurs de son éloquence, mais sans aucunes nouvelles preuves. Enfin l'auteur des *Monuments*, qui a fait imprimer diverses lettres de Cyrille, les a commentées par un ramas de lieux communs, d'injures et de fables; et suivant ce système cet apostat doit être considéré comme orthodoxe, comme un saint et comme un martyr.

Le titre d'orthodoxe s'entend en différentes manières, selon le sens de ceux qui l'emploient. Cyrille, selon les calvinistes, était orthodoxe, c'est-à-dire il était calviniste, au moins on en pouvait juger ainsi par la Confession de foi qu'il leur donna, ainsi qu'ils l'assurent. Selon les Grecs il a toujours paru orthodoxe, c'est-à-dire dans des sentiments entièrement opposés. Il est étonnant que M. Smith, Hottinger et d'autres aient voulu inférer de là que la Confession avait été approuvée dans l'église grecque, où elle a été condamnée par plusieurs jugements solennels. Ce n'est qu'en supposant qu'il n'en était pas l'auteur que les Grecs l'ont cru orthodoxe, d'autant même qu'il vivait publiquement dans la profession d'un véritable grec, et qu'il avait plusieurs fois assuré avec serment que cette Confession n'était pas de lui. Ainsi les lettres de M. Haga, celles du ministre Léger, et le peu d'autres pièces sur lesquelles Hottinger a composé sa relation, ne prouvent rien, supposant même qu'elles contiennent la vérité, sinon que Cyrille leur avait donné cette Confession, assurant en même temps de bouche et par écrit qu'il croyait ce qu'elle contenait, et s'il disait vrai, il était calviniste. C'est un fait dont il est présentement inutile de disputer; et si les Grecs l'ont contesté durant plusieurs années, c'est qu'il les avait trompés par sa conduite extérieure, par ses déclarations et par ses parjures. Ils aimaient mieux en quelque façon être trompés, que d'avouer, à la honte de la nation grecque, que leur chef ecclésiastique eût abandonné la religion de leurs pères. Mais il y a plusieurs années qu'ils ont changé d'avis, et qu'ils ne parlent de lui et de sa Confession que pour charger l'auteur et l'ouvrage d'anathèmes.

Il ne faut pas cependant que les calvinistes insultent aux Grecs à cette occasion, comme s'ils n'avaient pas eu d'opinion fixe sur la religion d'un homme qui était à la tête de leur église, et qu'ils devaient connaître. Car s'ils ont été partagés, ce n'a pas été sur la Confession, que personne, depuis qu'elle parut, n'a entrepris de justifier; ce n'a été que sur ce qui regardait Cyrille en particulier, et tout homme peut être trompé à moins. Ses panégyristes et ses apologistes pouvaient-ils être assurés qu'il ne les avait pas trompés? Car ce qu'ils alléguèrent pour prouver sa bonne foi à leur égard, n'est pas plus fort que ce qui induisit les Grecs en erreur, et qui les y retint fort longtemps. Il donna à M. Haga sa Confession écrite de sa main; mais on ne peut nier qu'elle ne fût informe, par conséquent sans autorité, et en cela il le trompa. Il lui dit aussi bien qu'à Léger, qu'il l'avait publiée partout. Les Grecs démontrent que cela était faux, puisqu'ils savent comment ces publications doivent être faites, et qu'il n'en restait ni mémoires ni actes. Il dit et écrivit aux calvinistes ce qu'il a mis à la tête de sa Confession, qu'elle était la créance de l'église grecque, et qu'elle avait été dressée d'un consentement unanime: il les trompa encore en cela. Il leur fit croire que la plus grande partie des métropolitains et des autres prélats étaient prêts de soutenir sa Confession au péril de leur vie, et il ne s'en trouva pas un seul qui ne la condamnât. Nous avons fait voir plusieurs autres faussetés, soit dans ses lettres, soit dans ce que M. Haga et Léger ont assuré sur son témoignage: pourquoi donc les calvinistes prétendront-ils qu'un imposteur, convaincu de plusieurs mensonges, leur ait dit vrai, quand il les a assurés qu'il croyait tout ce qu'il avait exposé dans sa Confession?

Il le leur a dit, il le leur a écrit, mais il a dit tout le contraire en présence de ses métropolitains et du clergé de Constantinople, et il a confirmé cette déclaration par plusieurs serments. Il a prêché le contraire, qui se trouve encore écrit de sa main. Il n'a fait aucun acte de la religion calviniste; mais il a toujours continué de faire ceux d'un Grec qui ne croit rien de semblable. Ce que les Grecs disent sur ce sujet s'est passé en public et en présence de mille et mille témoins; et ce qu'on oppose à leur témoignage s'est fait et dit en secret entre deux personnes, que leur religion et la part qu'elles eurent à cet ouvrage de ténèbres rendent suspectes et incapables d'être écoutées. Ainsi on peut légitimement contester aux calvinistes que Cyrille ait véritablement cru ce qu'exprimait sa Confession, puisque tout ce qu'il a dit et écrit pour l'assurer est contredit par des déclarations contraires, publiques et faites en présence d'un nombre infini de témoins; qu'il n'a jamais fait aucun acte de la religion calviniste, et qu'il n'a pas cessé de faire tous ceux qui appartiennent à l'église grecque. C'est un fait public que les défenseurs de Cyrille n'ont jusqu'à présent osé nier, et ils ne peuvent donner aucune preuve positive qu'il ait abjuré son ancienne religion.

On suppose que cette question fut traitée juridiquement, et voici comment la chose se serait passée. Léger aurait comparu ayant la Confession écrite de la main de Cyrille, et il l'aurait produite. Il y aurait joint des lettres missives, écrites par Cyrille, tant à lui qu'à d'autres, dans lesquelles il aurait fait remarquer les expressions les plus significatives d'un attachement véritable à la doctrine de Genève, des protestations de n'avoir point d'autre créance, d'y vouloir vivre et mourir, des éloges de Calvin, des ministres de Genève, et ainsi du reste. Il y aurait ajouté, s'il avait voulu, sa déposition, en assurant avec serment que Cyrille lui avait parlé plusieurs fois en conformité de ces sentiments ; enfin que M. l'ambassadeur Haga assurait que tous ces faits étaient véritables.

Premièrement, Cyrille n'aurait pas répondu, s'il n'avait voulu, à une pareille accusation de Léger, comme particulier ; car il pouvait lui demander qui il était pour accuser d'hérésie un patriarche ; et la qualité de *fidèle ministre du S. Évangile* n'est pas connue en ce pays-là. A l'égard de la Confession, puisque Cyrille l'a bien désavouée devant les Grecs en public et en particulier, il pouvait avec autant de facilité faire le même désaveu partout ailleurs ; d'autant plus que chacun savait de quelle manière devaient être expédiés les actes ecclésiastiques des patriarches, et que celui-là était dénué de toutes sortes de formalités. Pour tout ce qui s'était passé entre lui, M. Haga et Léger, il était aussi recevable à le nier que les autres à l'affirmer, et de plus il pouvait leur opposer le témoignage de tout son clergé qui l'avait vu officier et pratiquer le contraire de ce qu'on lui voulait imputer. Qu'aurait donc pu dire M. Haga et son ministre? Aurait-il produit un certificat par lequel il eût prouvé que tel jour le patriarche Cyrille avait abjuré entre ses mains *les superstitions de l'église grecque, pour embrasser la doctrine du très-saint docteur Calvin, qui était dans le ciel avec les bienheureux?* et l'aurait-il confirmé par le témoignage de M. Haga? Les Grecs se seraient moqués de l'un et de l'autre, et ils auraient pu dire qu'ils respectaient M. l'ambassadeur, mais que ces sortes d'affaires ne le regardaient pas ; que ce n'était pas à lui à leur apprendre ce qui était cru dans leur église, ni ce que croyait leur patriarche, qu'ils connaissaient mieux que lui, et que sa conduite justifiait assez de pareilles calomnies.

Notre hypothèse n'est point en l'air ; car si on excepte un seul point, qui est que cette discussion ne s'est pas faite juridiquement et dans les formes, tout le reste est arrivé. Les Grecs avaient vu la Confession imprimée à Genève, et ils avaient remarqué dans la préface ce qu'on y a dit du témoignage de M. Haga. Ils en avaient cependant été si peu touchés, qu'après plusieurs années il y en avait encore qui doutaient que Cyrille l'eût jamais donnée, et encore plus qu'il eût les sentiments calvinistes qu'elle contient. On convient que Cyrille peut avoir trompé les Grecs, et il y a beaucoup de raison de le croire ; mais il n'y en a pas moins de soupçonner qu'il a aussi trompé les calvinistes, puisque ce qui a été dit prouve d'une manière assez claire qu'ils n'ont aucune certitude sur la vérité de tout ce qu'il leur a dit en particulier, puisqu'il l'a détruite par tant de déclarations contraires. Ainsi il peut être encore douteux que Cyrille ait été aussi bon calviniste qu'ils ont cru.

Dès qu'on reconnaît, comme on n'en dispute plus présentement, qu'il est auteur de la Confession qui porte son nom, il ne peut être reconnu orthodoxe, selon les Grecs ; et en effet ceux qui l'ont cru tel, ne l'ont fait qu'en supposant qu'il n'en était pas l'auteur, ainsi qu'on peut voir dans le synode de Jérusalem, dans les extraits de quelques lettres de M. de Nointel, dans l'écrit de Nectarius et ailleurs. Ceux qui étaient mieux informés, comme les évêques du synode sous Cyrille de Berrhée, Mélèce Syrigus et Dosithée, ont cru qu'il avait véritablement donné la Confession imprimée sous son nom, l'ont traité comme hérétique et comme un athée. C'est en effet le jugement qu'en ont fait les Grecs du synode de Jérusalem, et que feront pareillement tous ceux qui ne renonceront pas à toutes les règles de la morale chrétienne. Car de quelle manière pourrait-on justifier une fiction aussi longue et aussi criminelle, puisque, s'il croyait ce qui se trouve dans sa Confession, il le devait déclarer publiquement, ce qu'il n'a jamais fait, comme il a été prouvé ci-dessus ; s'il ne le croyait pas, il devait la condamner, comme il en fut inutilement sollicité par les Grecs ?

Il est donc étonnant que les calvinistes, qui ne pouvaient ignorer toutes ces choses, n'aient pas eu honte de représenter Cyrille comme un saint. On a vu qu'ils n'avaient aucunes preuves certaines qu'il crût ce qui était exposé dans sa Confession, et qu'ainsi ils n'étaient pas assurés qu'il fût orthodoxe à leur manière. Quand il l'aurait été, sa dissimulation criminelle et la profession publique d'une religion toute contraire renferment tous les crimes, et ne peuvent convenir, non pas à un saint, mais à un chrétien très-déréglé, puisqu'on ne peut faire les deux personnages qu'il a faits sans se jouer de la foi et de ses mystères. Dans une lettre écrite en 1634, de son exil de Ténédo au ministre Léger, qui a été imprimée par Hottinger, et qu'il donne comme un monument précieux, on trouve ces paroles : *J'ai voulu écrire à votre révérence pour vous conjurer que, si je meurs, vous me soyez témoin que je meurs catholique orthodoxe dans la foi de Notre-Seigneur Jésus-Christ, dans la doctrine évangélique, selon la confession belge, la mienne et les autres des églises évangéliques qui sont toutes conformes. J'ai en horreur les erreurs des papistes et les superstitions des Grecs ; j'avoue et j'embrasse la doctrine du très-digne docteur Jean Calvin, et de tous ceux qui sont dans les mêmes sentiments que lui.* Ce M. Cuper dont on a ci-dessus rapporté le témoignage, envoyait aussi en France cette lettre à ses amis ; Léger ne fut pas fort réservé à en donner des copies, et on a peine à comprendre que lui ni Golius, qui la donna à Hottinger comme une pièce rare, ne vissent pas qu'ils avaient intérêt de la supprimer.

Car elle porte d'abord une conviction entière de la fausseté du titre que Cyrille avait donné à sa Confession, l'appelant celle de l'église orientale, et assurant avec la même fausseté qu'il parlait au nom de tous les Grecs généralement. Dans cette lettre si précieuse, il déclare qu'*il abhorre leurs superstitions ;* il s'ensuivait donc que la Confession ne représentait pas leur créance. Mais dès qu'il fut rétabli sur le siége patriarcal, il n'abolit pas ces superstitions condamnées par sa lettre; au contraire, il recommença à les pratiquer, comme il avait toujours fait, et il a continué jusqu'à la fin. Appellera-t-on un saint celui qui était capable de faire ce que les plus grands scélérats ne feraient qu'en tremblant et avec horreur? Pourquoi le ministre Léger n'a-t-il pas donné des éclaircissements sur une matière si importante? Pourquoi Hottinger n'en dit-il rien, puisque ce seul article suffit à confondre les panégyristes de Cyrille, et démontre que celui qui était capable d'une telle dissimulation, était un homme sans foi, sans loi, sans âme, et non pas un saint?

On a remarqué ailleurs que dans ses lettres on trouvait des calomnies contre diverses personnes, et entre autres contre Coressius, qu'il laissait cependant disputer et écrire contre Léger pour la défense des dogmes de l'église grecque, sans se mettre en peine d'imposer silence à ceux qui attaquaient la foi dans laquelle il disait qu'il voulait mourir. C'est là encore une nouvelle preuve de la fausseté de toutes ses protestations.

Mais que peuvent dire ses apologistes sur sa simonie? Ils croient peut-être qu'il n'y a qu'à dire comme Hottinger, qu'il *fut obligé de donner telle et telle somme*, ce qui ne le justifiait pas, puisqu'il avait toujours eu part au crime des autres. Les calvinistes ne doivent pas s'imaginer qu'on les doive croire au préjudice des Grecs, qui témoignent tous que, par son ambition effrénée, il attira tous les malheurs imaginables sur l'église de Constantinople; que d'abord il s'était élevé sur le trône patriarcal en donnant aux Turcs plus d'argent qu'on n'avait fait jusqu'alors; qu'il ouvrit ainsi la porte à ces enchères abominables; que les Hollandais lui prêtèrent de l'argent à gros intérêts, car ils ne les accusent pas de l'avoir donné, comme ont fait quelques catholiques; qu'il en empruntait aussi des Juifs, et que pour payer le capital et de très-gros intérêts, il exerça toutes les concussions imaginables sur le clergé. Voilà ce que les Grecs disent, en quoi ils s'accordent avec les mémoires les moins suspects de ce temps-là. Chacun sait qu'il y a déjà très-longtemps qu'il est rare qu'un ecclésiastique grec parvienne au patriarcat de Constantinople d'une manière canonique. Mais quand un patriarche a été déposé, il est encore plus rare qu'il soit rétabli autrement que par de mauvaises voies. Car ce n'est pas seulement à cause des sommes qu'il faut donner aux Turcs; c'est encore plus par les conventions secrètes avec des évêques, pour leur donner des évêchés plus considérables, en leur donnant, ou en leur promettant de l'argent. Cyrille a été en ce genre un des plus hardis et des plus ardents simoniaques qu'il y eût eu avant lui; et on veut que, sur le témoignage de trois hommes, dont l'un, qui était Hottinger, n'en savait rien que sur les lettres des autres, qui étaient étrangers et suspects pour avoir eu part à toutes ces mauvaises pratiques, on croie les choses les plus absurdes, et que les Grecs ne soient pas écoutés sur leur propre histoire.

Il n'y a guère d'absurdité plus grande que de représenter un Candiot, qui avait dès sa jeunesse couru une partie de l'Europe, inquiet, ambitieux, turbulent, qui s'était fait patriarche d'Alexandrie et de Constantinople par de mauvais moyens, comme l'assure Syrigus, plus croyable que Léger; lorsqu'il avait été chassé, demeurant tranquille, occupé uniquement des moyens de répandre *la doctrine du très-saint docteur Jean Calvin*, et qu'on le vint forcer cinq fois de reprendre le patriarcat, et cela dans le temps que d'autres calvinistes, comme Cuper, témoignent la haine presque générale de tout le clergé contre lui. S'il avait été, non pas un saint, comme ils disent, mais un homme de probité médiocre, il n'avait qu'à demeurer en repos, il était bien sûr qu'on ne l'en aurait pas tiré pour le remettre sur son siége. Mais, tout au contraire, il n'y a mouvement qu'il ne se donne; ses compétiteurs offrent de grandes sommes, il ajoute à leurs offres, il emprunte à usure, il vend tout, impose des taxes sur le clergé, emploie la violence des Turcs pour faire payer et se rendre terrible : voilà les saints que fait un régent de Zurich.

Enfin, car c'est la dernière ressource, et sur quoi M. Claude déploie son éloquence, on le doit au moins regarder comme un martyr, et même comme un martyr de sa confession, c'est-à-dire du calvinisme. Il est vrai que le martyre souffert dans la véritable religion aurait effacé ce nombre infini de crimes atroces dont il était coupable. En ce sens-là, les Grecs n'auraient pas manqué de le reconnaître comme martyr. Pour cela il aurait fallu qu'il eût souffert la mort pour la foi, ce qui pouvait arriver en différentes manières. On ne peut supposer que ce fût simplement pour être chrétien, puisque les Grecs, les autres Orientaux, et même les Latins, ont en Turquie la liberté de professer la religion chrétienne; ni qu'il ait souffert pour la religion grecque, encore moins pour la calviniste exposée dans sa Confession. Il faut donc faire ce raisonnement pour trouver le martyre de Cyrille : Que, parce qu'il s'était déclaré calviniste dans sa Confession, il s'était attiré la haine d'une partie de son clergé et celle des Latins; que ce fut par ce motif qu'ils lui suscitèrent des persécutions, et qu'enfin ils lui procurèrent la mort. Examinons si cela peut passer pour un véritable martyre.

Il ne faut pas pour cela une grande discussion, quand même les faits seraient aussi certains qu'ils sont douteux. Le sultan ordonna la mort de Cyrille sur des accusations vraies ou fausses, d'avoir excité les Cosaques et les Moscovites à attaquer Azak; car ce fut là le seul motif pour lequel on le fit mourir. On ne l'accusa pas auprès des Turcs d'être calviniste : déjà cette accusation avait été portée contre lui avec quelques autres, suivant la lettre de Cuper, et elle avait eu si peu d'effet, que les dénonciateurs avaient couru risque de la vie. De plus, on ne lui offrit pas de la lui sauver s'il voulait abjurer le calvinisme, puisqu'on ne pouvait faire cette proposition à un homme qui avait toujours extérieurement vécu dans la communion de l'église grecque, dont il était le chef. Il fallait donc que, pour être martyr dans la religion qu'il disait en secret aux calvinistes être la sienne, et qui était exprimée dans sa Confession, il renonçât publiquement à celle de l'église grecque, avouant et détestant sa dissimulation, et que pour cela il eût souffert la mort : alors il eût été leur martyr ; mais non pas celui de l'église grecque, encore moins de l'Église catholique.

Ils ne peuvent tirer aucun avantage de son témoignage, ni par l'autorité patriarcale, ni par celle de martyr, qu'ils veulent lui attribuer, s'il n'a jamais été reconnu comme tel parmi les Grecs ; car dès qu'ils le regardent comme hérétique, il cesse à leur égard d'être patriarche et d'être martyr ; de sorte que tout ce qu'il a pu dire ou écrire contre la religion de ses pères n'a pas plus de force que ce qui serait dit par un particulier apostat. Voici donc ce que les Grecs en ont dit dans le synode de Jérusalem (p. 153), et ce que Dosithée, qui y présida, en a inséré dans son Enchiridion : *Que les adversaires ne se glorifient donc point de Cyrille comme d'un saint; car il ne fut pas tué injustement, comme il leur plaît de le dire ; ni pour le nom de Jésus-Christ, ainsi qu'il eût été nécessaire afin qu'il pût passer pour tel. Mais étant possédé d'une ambition démesurée des premières dignités, qui est le crime de Lucifer, selon S. Basile, après s'être emparé trois fois, contre les règles, du trône de Constantinople, depuis sa première entrée, qui parut légitime ; et cela avec des dépenses et des misères infinies des ecclésiastiques, étant insatiable des biens extérieurs de ce monde, et se servant du secours de l'ambassadeur de Hollande, ce qui le rendait encore plus suspect à l'Église, il souffrit cette mort honteuse. Quand un homme qui a commis de pareilles choses contre l'Église aurait été par hasard pieux ou orthodoxe, nous le regardons comme un pécheur, et comme un tel pécheur, que Dieu le doit châtier à cause de tous les maux qu'il a faits à l'Église avec la dernière impudence. A présent donc, si, comme nos adversaires l'assurent, nous le regardons comme père et auteur de l'impiété, nous ne le reconnaissons pas comme un saint, mais comme un malheureux qui n'a aucune part avec Jésus-Christ.* Voilà le jugement qu'en firent les Grecs assemblés à Jérusalem, et que Dosithée, président du synode, a confirmé dix-huit ans après, en faisant imprimer les mêmes paroles, avec un seul changement ; c'est qu'au lieu de *trois fois* qu'il disait d'abord que Cyrille avait envahi le siége de Constantinople, il a mis *six* dans l'*Enchiridion*, et avec raison ; car, ayant été quelque temps administrateur, il fut fait patriarche en 1621, et au bout de deux ans il fut chassé. Timothée, mis à sa place, fut empoisonné au bout d'un an, et Cyrille rétabli la seconde fois. Grégoire d'Amasie et Anthime lui succédèrent ; après eux il fut rétabli la troisième fois. Cyrille de Berroée ne tint le siége que huit jours, Cyrille rétabli la quatrième fois. Athanase Patellarus chassé après vingt-deux jours, Cyrille rétabli la cinquième fois. Puis Cyrille de Berroée la seconde fois, Néophyte d'Héraclée, après lequel Cyrille Lucar fut rétabli la sixième fois.

Il ne se trouvera pas un seul Grec digne de foi qui ait parlé autrement de ce malheureux ; et cependant s'il avait été reconnu martyr, ce devait être dans l'église en la communion publique de laquelle il a vécu, et non ailleurs ; car ce n'est pas à Genève que se déclarent les martyrs de l'église grecque. Cyrille de Berroée, que les calvinistes et quelques Grecs attachés par amitié à Cyrille Lucar, mais qui ignoraient son hérésie, ses parjures et tous ses autres crimes, déchirent sans miséricorde, et qu'ils accusent surtout d'avoir été papiste, eut la même destinée, car il fut étranglé en Barbarie où il avait été relégué. Ce que divers missionnaires écrivirent de lui à Rome, en le représentant comme zélé pour la religion catholique, et ce que Allatius crut trop facilement, jusqu'à écrire qu'on parlait de le canoniser en le mettant au nombre des martyrs, fut sans aucun effet. On jugea très-sagement qu'un homme qui avait vécu dans le schisme, qui en avait été le chef étant patriarche de Constantinople, et qui dans la condamnation des articles de la Confession de son prédécesseur avait soutenu les erreurs des schismatiques, ne pouvait être regardé comme martyr, surtout parce qu'il ne paraissait pas qu'on l'eût fait mourir pour la foi. Le second Parthénius, qui succéda à celui qu'on appelle le Vieux, fut étranglé ; le troisième de même nom fut pendu par ordre du caïmacam, ayant été accusé d'avoir écrit en Moscovie, et ils n'ont point été regardés comme martyrs. Gabriel, en 1638, fut aussi pendu à Burse, sur ce que les Juifs l'accusèrent d'avoir baptisé un des leurs qu'ils supposaient s'être fait mahométan. Il y avait plus de raison de regarder celui-ci comme martyr ; on ne l'a pas fait néanmoins.

On demande, après ces preuves, s'il y a la moindre raison à vouloir faire passer pour martyr un Grec, que non seulement son église ne reconnaît point pour tel, mais qu'elle a frappé d'anathème comme hérétique ; qui a été exécuté à mort pour crime d'état ; qui n'a jamais eu autre mérite, à l'égard de ceux qui le canonisent, que d'avoir fait ou copié une Confession contraire à la foi de son église ; qui l'a faussement attribuée à cette même église, quoiqu'elle n'en eût aucune connaissance ; qui en même temps a désavoué avec serment et en public cette même Confession ; qui a prêché et pratiqué tout le contraire ; enfin qui a vécu et qui est mort dans une si prodigieuse dissimulation, qu'il a été impossible de savoir certainement de quelle religion il était. Le calvinisme a de grandes ressources, si un homme chargé de tant de crimes peut être un saint, et martyr d'une Confession qu'il a désavouée, non pas seulement par ses paroles, mais par la pratique de tout ce qu'il y condamnait d'idolâtrie et de superstition. Suffit-il d'avoir transcrit une Confession, dictée par un ministre, et de l'avoir donnée en secret, pour rendre témoignage à la vérité? Cyrille l'a-t-il renouvelée en mourant, et a-t-il déclaré, comme il le mandait à Léger quatre ans auparavant, qu'*il mourrait dans la foi orthodoxe, selon la confession belge et les autres des églises réformées, et qu'il avait en horreur les erreurs des papistes et les superstitions des Grecs?* Celui dont Hottinger a imprimé une lettre en grec, dans laquelle la mort de Cyrille est rapportée d'une manière fort pathétique, ne le dit pas, quoiqu'il paraisse qu'il lui était fort attaché, et qu'il était peut-être converti au calvinisme, puisqu'il traite Léger comme son maître. Quand Cyrille l'aurait fait, il n'aurait pas pour cela été martyr de cette Confession, puisque les Turcs se mettaient fort peu en peine de ce qu'il croyait; et lorsque M. Claude se réduit à dire qu'*au moins il est martyr, parce qu'il pouvait sauver sa vie en reniant Jésus-Christ*, il paie d'esprit à son ordinaire lorsque les preuves lui manquent. Car où a-t-il pris cette circonstance que tout le monde avait ignorée jusqu'à lui? On sait assez cependant que quand il s'agit de crime d'état cette manière de sauver sa vie n'a pas lieu auprès des Turcs. Ces patriarches dont nous venons de parler pouvaient peut-être plus facilement se délivrer en perdant leurs âmes; ils ne l'ont pas fait, mais pour cela ils ne sont pas regardés comme martyrs.

On l'a, dit-on, accablé par de fausses accusations pour le faire périr. C'est ce que les calvinistes ne peuvent prouver; car qui leur a dit qu'il n'eût pas eu véritablement des intelligences en Moscovie? Est-ce parce qu'il était un saint qu'ils ne croient pas que cela puisse être? Mais puisqu'on démontre qu'il était un scélérat, et le plus grand fourbe qu'il y eût depuis longtemps, cela est très-possible. Cet article ne fait cependant rien au sujet. S'il a été calomnié, les calomniateurs étaient inexcusables, quoiqu'en bonne justice il eût mérité la mort. Car les Grecs, quoiqu'ils n'aient plus sous les Turcs les lois des empereurs chrétiens, les savent néanmoins, et ils n'ignoraient pas qu'elles ordonnent la peine de mort contre les hérétiques. Dosithée rapporte l'exemple d'Alexis Comnène (Enchir. p. 47), qui ayant fait condamner dans un synode Basile, chef des bogomiles, à cause de ses blasphèmes contre la sainteté des mystères et le changement qui s'y fait, le fit ensuite brûler vif dans l'hippodrome. Ils regardaient donc Cyrille comme digne du même châtiment, et plusieurs fois ils ont demandé par cette raison, quoiqu'il ne paraisse pas qu'ils aient demandé sa mort, qu'il leur fût permis d'en choisir un autre. Quand Cyrille de Berroée aurait eu quelque part à sa mort, quoiqu'on ne prétende pas le justifier, puisque ces sortes de procédés ne peuvent être excusés sous aucun prétexte, on ne peut imputer la faute ni au corps de l'église grecque ni aux catholiques. Car des déclamations emportées d'un homme tel qu'était Hottinger, ou de Rivet qui n'était pas plus modéré, ne sont pas des preuves, surtout après qu'on a reconnu le peu de connaissance qu'ils avaient des affaires de ce temps-là. Leurs louanges ne justifieront jamais Cyrille, et leurs calomnies sont si évidemment réfutées, qu'elles ne servent plus qu'à couvrir de confusion ceux qui les emploient.

On peut juger après tout ce qui a été dit sur le témoignage des Grecs, si M. Smith a eu raison de finir ainsi son roman : *Ita hostium invidiâ, odio et fictis injustissimis criminationibus oppressus cecidit vir maximus Cyrillus Lucaris, quem ob inculpatos mores, nullis probris communiculatos, et ob acerbissimam vitæ calamitates, et cruentam mortem quam obiit religionis evangelicæ defendendæ causâ, quidquid censeat D. Arnaldus, et sanctum et martyrem habebo.* Il ne sait pas la moindre circonstance de ses mœurs, quoique, à la vérité, on n'ait rien reproché à Cyrille sur cet article; mais l'ambition, la simonie et tout ce qu'il fit contre ses compétiteurs, ne sont pas des preuves d'une conscience fort timorée. Ce fut ce qui lui attira les persécutions et la mort; et pour la Confession, si l'avoir écrite et l'avoir donnée à deux étrangers peut passer pour défense de la religion évangélique, il l'a défendue. Cependant lorsqu'il la désavouait avec serment, il cessait d'être ce généreux athlète et confesseur de la foi, et il n'en a jamais rendu témoignage ni devant les Grecs, ni devant les Latins, ni devant les Turcs. Si les preuves par lesquelles on a fait voir la fausseté de tout ce qu'a dit M. Smith, et Hottinger avant lui, ne sont pas suffisantes pour détromper ceux qu'ils pourraient avoir prévenus, celles qu'ils ont employées ne convaincront personne, à moins qu'on n'ait pris son parti, qui est de vouloir, quoi qu'il puisse être dit au contraire, que Cyrille est un saint et un martyr. Qu'il le soit pour eux tant qu'ils voudront, mais qu'ils le prouvent aux Grecs et aux luthériens aussi bien qu'aux catholiques; qu'ils prouvent aussi qu'on peut être un saint, en confessant par écrit une religion et en en professant une autre. Enfin, comme ils ne conviennent pas des faits, il leur restera toujours à prouver que deux hommes étrangers, de différente religion, très-peu informés et fort crédules, témoins et parties intéressées, c'est-à-dire, M. Haga et Léger, son ministre, doivent être crus au préjudice de tous les Grecs sur les affaires de l'église grecque.

CHAPITRE VI.

Réflexions sur l'histoire de Cyrille Lucar.

Après avoir éclairci le plus exactement qu'il nous a été possible l'histoire de Cyrille Lucar, et celle de la Confession qui porte son nom, il ne sera pas inutile d'ajouter à ces éclaircissements quelques réflexions très-importantes, qui naissent de la matière même.

On remarquera d'abord qu'on a tout sujet de s'étonner des triomphes que firent les calvinistes dès qu'ils eurent la première copie latine de cette Confession, qui augmentèrent encore lorsqu'ils l'eurent reçue en grec, et qu'ils la firent imprimer à Genève. Il paraît dans la préface de cette édition un air de confiance telle que peut être celle de personnes qui croient avoir trouvé une pièce décisive dans quelque grande affaire. On fait valoir l'autorité de celle-ci, par les louanges qu'on donne à l'auteur et par le témoignage de M. Haga, et on exhorte le lecteur à se *servir de ce petit flambeau pour la recherche de la vérité, et pour dissiper les ténèbres du mensonge.* Rivet fut ensuite un des premiers qui, sur les lettres du ministre Léger et les récits de M. Haga, commença le roman que nous avons réfuté. Hottinger enchérit par-dessus lui, ayant publié une dissertation assez ample en 1652 sur les mêmes mémoires : M. Claude le copia, et M. Smith a achevé, ayant entrepris par deux ou trois écrits latins ou anglais de soutenir la vérité de la Confession de Cyrille, et de montrer qu'il devait être considéré comme un saint et comme un martyr.

Il paraît assez surprenant que ceux dans la religion desquels on fait si peu de cas des véritables martyrs, qu'un de leurs fameux écrivains n'a pas eu honte d'écrire pour prouver que le nombre en avait été fort petit dans la primitive église ; qui se plaignent amèrement, comme d'une barbarie peu chrétienne, de ce que les ennemis de Cyrille voulurent déterrer son corps et le jeter dans la mer, quoique leurs premiers zélés aient brûlé et jeté au vent les reliques sacrées de S. Irénée, de S. Martin et de tant d'autres ; il paraît, dis-je, surprenant qu'ils se soient donné tant de peine pour faire un martyr d'un homme qui n'a rendu son nom célèbre qu'en donnant aux Hollandais une Confession toute calviniste. C'est donc uniquement pour lui acquérir de l'autorité, qu'ils ont accablé de louanges celui qui en était l'auteur ; et si on en cherche la raison, il n'y a que celle-ci : c'est que, nonobstant le mépris qu'ils font du consentement des églises orientales avec l'Église catholique et de l'argument que nos théologiens en ont tiré, les conséquences en sont si fortes pour renverser le système de la religion protestante, qu'ils ont toujours fait ce qu'ils ont pu afin de lier quelque société avec ces églises séparées.

Les Bohémiens l'avaient tenté inutilement, et quoique la négociation se terminât à recevoir une lettre de pure civilité, en réponse à la leur, de quelques évêques et officiers de l'église de Constantinople, le siège vacant, elle a été imprimée plusieurs fois comme la preuve d'une communion qui ne fut jamais. Même environ cent cinquante ans après, les calvinistes de la grande Pologne la citèrent à Mélèce, patriarche d'Alexandrie, comme de Nicomède, patriarche de Constantinople, quoiqu'il n'y en ait eu aucun de ce nom : mais parce que ces savants hommes avaient fait de la ville de Nicomédie, dont le métropolitain avait signé le premier, un *Nicomède* qui n'était que dans leur imagination. Les protestants de Tubingue avaient eu dans la même vue un commerce de lettres et d'écrits théologiques avec Jérémie, patriarche de Constantinople, dont le succès ne fut pas meilleur. Quelques années après, les calvinistes de la grande Pologne dont nous venons de parler, ne trouvèrent pas plus de disposition de la part de Mélèce, patriarche d'Alexandrie, à les recevoir; quoiqu'il fût grand ennemi des Latins. Les autres calvinistes ont eu néanmoins la hardiesse et la mauvaise foi de représenter Mélèce comme s'il eût été dans les mêmes sentiments que Cyrille, qu'il avait élevé, et qui lui succéda, quoiqu'ils ne pussent ignorer que Mélèce eût écrit très-fortement pour soutenir la présence réelle et la transsubstantiation.

S'il demeura toujours fermement attaché à la doctrine de son église, Cyrille ne l'imita pas. Dès qu'il connut les calvinistes, il lia amitié avec eux ; et ce fut, si on les veut croire, dans le voyage qu'il fit en Transylvanie qu'il commença à connaître leur doctrine. Il ne la professa pas néanmoins publiquement, ni avant son élévation au patriarcat d'Alexandrie, ni même lorsqu'il fut parvenu à celui de Constantinople. Il passa sept ou huit ans à les amuser par ses discours et par les lettres qu'il écrivait en Hollande, en Angleterre et à Genève, remplies de zèle pour la doctrine des calvinistes, sans néanmoins en donner le moindre témoignage dans le public. Enfin comme il avait besoin d'argent, et qu'ils lui en prêtaient pour se maintenir et pour se rétablir, il fallut les contenter en leur donnant en 1629 la Confession latine, et la grecque trois ans après. Il les leur donna informes, sans légalisation, sans signatures d'évêques, et il ne laissa pas de continuer à célébrer la Liturgie et les autres sacrements, mais surtout à exercer de la manière la plus violente le pouvoir patriarcal, nonobstant l'égalité des prêtres, qu'il enseignait dans sa Confession. On ne trouvera pas facilement de raison vraisemblable d'une complaisance si extraordinaire, et qui allait jusqu'à la complicité de ses sacrilèges continuels et de ses parjures, sinon l'avantage que les calvinistes se proposaient d'avoir un patriarche de Constantinople approbateur de leur créance.

C'est aussi ce qui les a rendus si faciles à recevoir les témoignages les plus méprisables de vagabonds ignorants, comme de prétendus archevêques de Tibériade et de Samos, et à faire valoir des lettres d'un M. Basire, de M. Woodroff, enfin à tout croire sans examen, sur la sainteté de Cyrille et sur l'autorité que devait avoir sa Confession. Ils sont donc obligés d'avouer que le consentement des églises séparées est d'une grande autorité dans les disputes sur la religion, puisqu'ils ont recherché avec tant de soin et tant de patience, et même qu'ils font tant valoir tout ce qui peut leur être favorable en ce genre, et qu'ils combattent depuis plus de soixante-dix ans pour soutenir cette Confession, tout informe qu'elle soit, et qui au plus ne peut passer que pour témoignage d'un seul homme. Puis donc qu'ils se sont donné tant de peine pour la défendre, nonobstant les défauts essentiels de formalité qui la rendent inutile, ils doivent convenir que de pareils actes, revêtus de toutes les formes, ne sont pas à mépriser ni à rejeter comme ils prétendent.

Ils ne peuvent rien dire pour établir l'autorité de la Confession de Cyrille, qui ne convienne encore plus à celles qu'ils rejettent. Il était patriarche ; les autres l'étaient aussi. Il doit être écouté sur la créance des Grecs ; les autres doivent l'être encore davantage, non seulement parce qu'ils sont en plus grand nombre, mais parce que tous les Grecs ont confirmé leurs témoignages, au lieu qu'ils ont condamné la Confession de Cyrille. Si les calvinistes ont prétendu prouver (et il paraît assez qu'ils le prétendaient) qu'elle prouve que l'église grecque était dans les mêmes sentiments, ils se sont fort trompés, comme on l'a fait voir suffisamment ; mais puisqu'ils se sont mis en preuves, ils sont convenus que cela servait à la dispute. Il faut donc qu'ils conviennent pareillement que puisqu'ils n'en ont point d'autres que cette pièce fausse et informe, et qu'ils ne peuvent la justifier ni donner d'atteinte à celles qui la détruisent, la question est décidée en faveur des catholiques.

La seconde réflexion est qu'on ne peut excuser de mauvaise foi Hottinger, le ministre Claude, ni ceux qui les ont suivis, suivant la manière dont ils ont parlé de tout ce qui a rapport à l'histoire de Cyrille et de sa Confession. Car ils donnent à entendre que ce n'est que contre les catholiques qu'ils ont à la défendre, et cependant ils n'ont pas moins à combattre les Grecs et les protestants de la confession d'Augsbourg. Rivet, qui se mit des premiers sur les rangs, ne pouvait ignorer que le patriarche Jérémie avait été dans des sentiments directement opposés à ceux de la Confession de Cyrille ; il soutint néanmoins, avec la plus grande hardiesse, qu'elle était celle de toute l'église grecque. Hottinger alla encore plus loin ; et quoiqu'Aubertin se fût contenté de dire modestement que *Cyrille était revenu de l'ancienne doctrine*, ce qui comprenait un aveu formel de la nouveauté de celle qu'il exposait dans sa Confession, M. Claude la cita, avec son air ordinaire de confiance, comme une preuve certaine de la conformité de la créance des Grecs avec celle des calvinistes. Enfin ce qui est le plus surprenant, M. Smith, qui, ayant fait quelque séjour à Constantinople, devait avoir appris qu'on n'y connaissait Cyrille et sa Confession que pour les charger d'anathèmes, au lieu de détromper les ignorants que M. Claude avait trompés, les a confirmés dans leur erreur.

Ils diront peut-être que M. Claude a répondu aux objections tirées des témoignages des Grecs, et que s'il manquait quelque chose à ses réponses, M. Smith, témoin oculaire, M. Woodroff et M. Basire y ont suppléé abondamment. On croit avoir démontré que tout ce qu'ils ont dit pour justifier Cyrille était une suite de faussetés insoutenables, déclarées telles par des patriarches, des synodes, des actes solennels et des livres imprimés par les Grecs mêmes. On ne peut pas s'imaginer que toute personne raisonnable accorde que des témoignages obscurs de trois ou quatre vagabonds, et de calvinistes qui ne peuvent avoir vu ce qui n'a jamais été, doivent être préférés aux déclarations solennelles et réitérées de toute la Grèce depuis soixante-dix ans. Ils ajouteront avec M. Claude que tous les Grecs cités par les catholiques étaient latinisés, et on a vu de quelle manière il l'a prouvé, puisqu'il n'en a eu aucune autre preuve sinon qu'ils croyaient la transsubstantiation ; ce qui est une *pétition de principe* très-grossière. Enfin on doit remarquer que nonobstant les éloges de M. Claude répandus dans les livres de ceux qui ont écrit après lui, toutes les parties de son système ont été abandonnées ; puisque les plus habiles hommes de sa communion reconnaissent que les synodes contre Cyrille, qu'il avait traités comme des pièces supposées, sont incontestables, et que les Grecs croient la présence réelle et la transsubstantiation. Le synode de Jérusalem était faux selon d'autres : on ne peut plus le dire depuis que Dosithée, patriarche de Jérusalem, qui en fut l'âme et le président, l'a fait imprimer en Moldavie sous une autre forme, en l'augmentant d'un très-grand nombre de passages de pères et d'auteurs ecclésiastiques grecs, pour prouver la présence réelle et la transsubstantiation. Mélèce Syrigus était un misérable inconnu : on a aussi imprimé chez les Grecs sa Réfutation de Cyrille traduite en langue vulgaire. On ne s'étonne pas que les calvinistes ne répondent rien à ces preuves de fait : ceux qui passent pour savants parmi eux ne le sont pas en ces matières. Mais la bonne foi demandait qu'ils cessassent de rebattre des objections fondées sur des faussetés qui sautent aux yeux, et qu'ils avouassent que M. Claude avait été trompé grossièrement par ceux qui lui avaient fourni des mémoires.

La sincérité que des chrétiens doivent avoir, surtout lorsqu'il s'agit des vérités de la religion, demandait aussi qu'ils reconnussent que les théologiens de la confession d'Augsbourg n'avaient pas jugé autrement de la Confession de Cyrille que les catholiques. Elle avait été attaquée publiquement en diverses thèses soutenues dans les universités d'Allemagne, et par d'autres écrits. On y avait remarqué l'esprit et les propres paroles de la confession de Genève : on avait prouvé clairement que les Grecs étaient fort éloignés de cette doctrine, particulièrement sur la matière de la grâce, et que la simple ouverture de leurs livres d'église fournissait une conviction manifeste de l'imposture de Cyrille. Hottinger ayant été attaqué par Fehlavius, luthérien de Dantzick, avait été obligé par les fortes raisons de son adversaire à se réduire à une défaite aussi fausse que tout ce qu'il avait avancé, et qui était qu'au moins on ne pouvait nier que l'église grecque, du vivant de Cyrille, n'eût une créance conforme à sa Confession. Feblavius a confondu d'une telle manière ce téméraire écrivain, que personne ne l'a osé réfuter. Qu'on lise tout ce que M. Claude a écrit et tout ce que ses admirateurs ont ajouté pour sa défense, on n'y trouvera pas la moindre mention de ces écrits des luthériens. Au contraire la dispute est traitée de telle manière, que les lecteurs peu instruits croient que tous les protestants, de quelque communion qu'ils aient été, n'ont pas eu d'autres sentiments sur Cyrille et sur sa Confession que ceux de Genève ; et même M. Claude n'a eu d'autre preuve pour traiter de papiste caché Guillaume Forbés, évêque d'Édimbourg, que parce qu'il avait écrit que la créance des Grecs n'y était pas conforme. Que les calvinistes justifient donc la mauvaise foi de leurs docteurs sur cet article très-considérable, car on ne voit pas qu'ils en aient fait aucune mention.

Nous avons de pareils reproches à leur faire sur la dissimulation de plusieurs faits importants qui regardaient la personne et la Confession de Cyrille, qu'ils ne pouvaient pas ignorer, et qui servant à faire connaître son caractère, et la manière dont M. Haga et son ministre étaient parvenus à obtenir cette Confession, mettaient les théologiens en état d'en pouvoir juger plus sainement que des louanges vaines et outrées qui même se sont trouvées fausses. Il fallait marquer que plusieurs années avant qu'il eût donné sa Confession, il avait dit et écrit à divers calvinistes tout ce qui pouvait leur persuader qu'il embrassait leur créance, et que, nonobstant ces déclarations, il avait continué de vivre dans la communion de l'église grecque, et de faire toutes les fonctions sacerdotales et épiscopales; qu'il avait fait la même chose après avoir donné sa Confession par écrit, en sorte que ce mystère n'était connu que d'un très-petit nombre de personnes, et presque par aucun Grec ; que d'abord il ne donna cette déclaration de sa foi qu'en latin ; qu'il se passa encore trois ans avant qu'il l'eût donnée en grec ; qu'elle n'était pas dans la forme ordinaire des lettres patriarcales, et ainsi du reste. Il est vrai que dans la préface de Genève, on a marqué que cette Confession avait excité beaucoup de contradictions contre Cyrille ; mais ce n'est que pour le représenter ensuite comme un généreux confesseur de la vérité, qui la soutient en présence de l'ambassadeur de France, de ceux de Raguse et de tous les Grecs, fait qu'ils ont nié jusqu'à présent.

En faisant un simple récit des principales circonstances qui viennent d'être rapportées, il n'y a point de lecteur, à moins qu'il ne soit prévenu jusqu'à l'excès, dans l'esprit duquel il ne naisse quelque soupçon contre un homme capable de professer en secret une religion, et d'en pratiquer une autre en public. On cherche à savoir quelles pouvaient être les raisons d'une dissimulation criminelle qu'on ne peut justifier sous aucun prétexte, comme aussi pourquoi un confesseur aussi hardi n'a pas le courage de donner sa Confession dans les formes. Les calvinistes ont passé tout cela sous silence, en sorte que des ignorants et même ceux qui ne sont pas regardés comme tels, ne peuvent s'empêcher de croire que cette Confession a été publiée à Constantinople, avec autant d'éclat qu'elle fut ensuite imprimée à Genève.

En quelle conscience a-t-on pu dissimuler le scandale qu'elle causa dans la Grèce, et dans les pays soumis au patriarche de Constantinople, quoique Cyrille avouât lui-même dans ses lettres qu'on le traitait comme hérétique, et que d'autres calvinistes qui étaient dans le pays en ce temps-là témoignassent qu'il était haï extrêmement de tous les évêques ? Au lieu de cette vérité que ces fréquentes dépositions et sa condamnation après sa mort confirment suffisamment, on fait dire à M. Haga, en parole d'ambassadeur, qu'à peine se trouvait-il un seul évêque qui ne fût prêt de risquer ses biens et sa vie pour la défense de Cyrille et de sa Confession.

Pouvait-on ignorer à Constantinople, chez une personne publique comme un ambassadeur, que Cyrille avait évité le jugement canonique que demandaient plusieurs métropolitains, en désavouant sa Confession avec serment ? Les catholiques n'ont pas inventé un fait attesté par tous les Grecs, et qui était si connu, qu'il parut suffisant pour adoucir dans le synode sous Parthénius-le-Vieux la sentence de son prédécesseur, en restreignant les anathèmes à la Confession et épargnant la mémoire de Cyrille. Si ceux qui ont composé le roman ont ignoré ce qui était public dans toute la ville de Constantinople, ils ne sont croyables sur rien ; s'ils l'ont su et qu'ils l'aient dissimulé, ils ne peuvent être justifiés d'une pareille dissimulation, par laquelle ils couvrent l'impiété et l'irréligion de celui qu'ils veulent faire passer pour un saint.

Ils ont donné au public cette Confession comme étant celle de l'église orientale, et comme donnée au nom généralement de tous les Grecs. Était-on alors assez ignorant à Genève, pour croire que les Grecs crussent ce qu'on leur attribuait si faussement ? Mais au moins M. Haga et son ministre n'ignoraient pas que rien n'était plus faux. De quel front a-t-on donc laissé passer une telle extravagance, qui révolta d'abord tout ce qu'il y avait de savants en Europe ? Cela seul suffisait pour faire connaître que Cyrille était un menteur et un imposteur, et ceux qui ont loué et approuvé son imposture ne sont pas moins coupables que lui. Ces mêmes personnes ne pouvaient pas ignorer que l'église de Constantinople choisit Georges Coressius pour soutenir l'ancienne doctrine, peut-être parce que Cyrille travaillait sous main à insinuer le calvinisme, ou que Léger avait essayé de pervertir quelques Grecs. Nous n'avons pu jusqu'à présent bien démêler quelle fut l'occasion de cette dispute de Coressius contre Léger : mais Nectarius, patriarche de Jérusalem, assure qu'elle fut mise par écrit, et que ce théologien grec composa ensuite plusieurs traités contre les calvinistes. Ils ont eu grand soin de citer ce ministre et des lettres frivoles; mais on ne voit pas qu'ils aient jamais parlé de cette dispute, dont les copies doivent avoir été conservées aussi bien que tant d'autres papiers inutiles. On a donc tout sujet de juger qu'ils n'en ont fait aucune mention, parce qu'il en résultait que, puisque l'église de Constantinople avait député son théologien pour disputer avec Léger, elle était fort éloignée de la foi exprimée dans la Confession de Cyrille.

On apprend par des lettres de Venise que les Grecs ont fait imprimer les ouvrages de Coressius en Valachie ou en Moldavie, comme ils en ont déjà imprimé divers autres ; et si on en peut avoir des copies, il y a tout sujet de croire que ces écrits ne serviront pas médiocrement à découvrir plusieurs secrets, que le ministre Léger et ceux qui ont eu ses papiers ont cachés avec grand soin. Car il était contre la bonne foi de publier la Confession que Cyrille avait donnée comme contenant la créance de l'église grecque, et de dire dans la préface et ailleurs qu'il l'avait reconnue publiquement, pendant que cette même église avait fait combattre en dispute réglée la doctrine qui y était contenue. On a eu soin longtemps après de publier des lettres pleines d'injures et de calomnies contre Coressius, et quoique ceux qui les ont produites rejettent presque toujours le témoignage d'Allatius, ils l'ont fait valoir pour rendre ce Grec plus méprisable, sans faire réflexion que les injures dont il le charge font voir le tort qu'ils ont de le représenter comme un Grec latinisé : d'autant plus que Léger et ceux qui ont eu ses papiers ne le disent point. Cependant ils devaient expliquer comment il se pouvait faire que Cyrille, zélé, comme ils nous le représentent, pour la doctrine exposée dans sa Confession, regardât cette dispute avec tant d'indifférence qu'il autorisât Coressius à la soutenir, et à combattre, ainsi qu'il fit par ses écrits, la créance avouée et publiée par son patriarche ; que le clergé grec, où à peine, disent-ils, il se trouvait un évêque ou d'autre personne considérable qui ne fût prêt de mourir pour cette même Confession, exhortât un théologien à la détruire ; que ses écrits fussent approuvés de tout le monde ; que Grégoire protosyncelle, son disciple, en publiât un abrégé, qui fut imprimé et reçu avec une approbation générale du vivant de Cyrille sans qu'il y fît la moindre opposition. Cependant Coressius traitait comme hérétique Léger, que Cyrille dans ses lettres disait être un *vase du S.-Esprit*, et il chargeait d'anathèmes *le très-saint docteur Jean Calvin*, que l'autre disait *être dans le ciel*. Pourquoi ne nous explique-t-on pas ces énigmes, et comment Hottinger, qui établit tout son récit sur les lettres de M. Haga et sur les papiers de Léger, a-t-il osé dire (et même ce n'a été que quand il s'est vu fortement réfuté par Fehlavius) que la Confession exposait au moins la créance de l'église grecque du vivant de Cyrille ? Ce n'était pas assurément celle de Coressius, puisqu'il la réfuta publiquement, ni celle du clergé de Constantinople qui lui donna cette commission, ni peut-être celle de Cyrille qui avait confirmé par son autorité le choix qu'avait fait son église. Si M. Léger n'a rien laissé par écrit touchant un fait si important, il ne peut être justifié d'avoir agi de très-mauvaise foi : si on a supprimé ce qu'il en avait écrit, le même reproche tombe sur ceux qui ont eu part à cette suppression. Nous sommes aussi en droit de leur demander pourquoi Coressius écrivant contre la primauté du pape, et même contre la doctrine de la procession du Saint-Esprit reçue dans l'Église latine, que les protestants reçoivent pareillement, a paru un si véritable théologien grec, que ses ouvrages ont été imprimés à Londres avec éloge : et que quand il a soutenu la présence réelle, la transsubstantiation et les autres articles opposés à la Confession de Cyrille,

il est devenu un papiste outré, un disciple des jésuites, un émissaire de la cour de Rome, un épicurien, et un homme sans religion.

Tous les récits des calvinistes qui ont rapport à l'histoire de Cyrille, le représentent comme un des grands hommes que l'église grecque ait eus depuis plusieurs siècles pour sa science et pour sa vertu, et on ne trouve rien sur les autres que des calomnies, des injures ou des marques de mépris ; outre qu'il y en a plusieurs que les témoins oculaires des calvinistes ne semblent pas même avoir connus. Nous avons prouvé très-clairement son ignorance : sa Confession n'est pas une fort grande preuve de sa capacité, d'autant plus qu'il n'est pas difficile de reconnaître qu'il l'avait plutôt copiée et traduite que composée ; et tous les passages dont elle a été accompagnée dans les dernières éditions n'étaient pas de lui, mais les collections que Léger avait tirées des lieux communs de controverse. Cyrille a vécu tout comme les autres, occupé dans toutes sortes de mauvaises intrigues, cherchant à amasser de l'argent pour satisfaire à son ambition, simoniaque autant ou plus que personne ; et le seul bien qu'on en ait dit est qu'il était assez charitable envers les pauvres. De plus ses actions parlaient, et on n'y remarque rien qui le distingue de ceux que lui et ses panégyristes représentent comme des hommes abominables. La différence qu'il y a est que les Grecs parlent avec éloge de ceux qui le condamnèrent, particulièrement sur la foi, dont il s'agissait uniquement, assurant qu'ils étaient orthodoxes ; et cette louange n'a été donnée à Cyrille que par ceux qui ont supposé qu'il n'était pas auteur de la Confession qui porte son nom. Ainsi tout son mérite est fondé parmi ses panégyristes sur ce qu'il en est l'auteur, et sur toutes les faussetés qu'ils leur avait dites, et qu'ils crurent trop légèrement ; de sorte qu'il est aisé de reconnaître que tout ce qu'ils ont dit de lui et des autres n'a été que sur son témoignage, ce qui n'est pas moins injuste que ridicule. Le grand éloge, et qui comprend tous les autres, est que Cyrille a été *martyr de la foi orthodoxe*, c'est-à-dire de la créance de Genève. Les calvinistes ne peuvent pas citer un seul Grec qui l'ait dit, même parmi ceux qui ont été le plus animés contre Cyrille de Berrhée, et qui l'ont accusé de lui avoir procuré la mort. Ce Nathanaël Conopius, qui devait traduire les Institutions de Calvin en grec vulgaire, selon ce que dit Hottinger, et qui par conséquent ne devait pas oublier cette circonstance, n'en fait pas la moindre mention, non plus que ceux qui regardèrent cette triste fin comme un juste châtiment de ses crimes. C'est donc imposer au public que d'avancer des faits de cette nature sans aucunes preuves.

Les synodes tenus après la mort de Cyrille sont tellement connus de tous les Grecs, qu'il n'y en a pas eu un seul qui les ait révoqués en doute ; ils sont dans les registres de la grande église, et ils ont été tenus avec toutes les formalités requises. Les luthériens les reçurent comme des témoignages incontestables des véritables sentiments de l'église grecque. Les calvinistes n'ont pu les attaquer que par des objections si frivoles, qu'ils auraient dû en avoir de la confusion. En quelle conscience ont-ils donc pu les traiter comme des actes supposés, faits par des Grecs latinisés, puisqu'on y trouve tous les dogmes de l'église grecque schismatique, et que les principaux évêques et autres qui s'y sont trouvés, ont été connus et sont cités tous les jours comme zélés défenseurs de sa doctrine?

Enfin, pour finir ce qui a rapport à M. Haga et à Léger, qui sont les seuls témoins de toute l'histoire, on demande à toute personne raisonnable comment ils pouvaient accorder cette grande piété qu'ils attribuent à Cyrille, et celle qu'on dit qu'ils avaient, avec quelque chose d'aussi affreux que de donner une profession de foi par écrit, et d'en professer une autre en public. Ils ne pouvaient ignorer que Cyrille après sa Confession avait vécu comme auparavant, et les fonctions publiques qu'il faisait dans son église étaient des preuves plus fortes de sa créance que celles qu'il avait données par écrit et en secret. Il parlait dans ses lettres de l'Eucharistie comme aurait fait un calviniste impudent et libertin; il ne laissait pas de l'adorer et de la faire adorer aux autres en célébrant la Liturgie. C'est là un point auquel les calvinistes ne touchent pas; mais élevant jusqu'au ciel sa fermeté à confesser leur foi, ils donnent à penser à des ignorants qu'aussitôt qu'il eut donné sa Confession il alla recevoir la cène chez M. Haga, il renonça aux superstitions des Grecs, et qu'il réforma leur église à peu près comme ils ont réformé la nôtre. Que les admirateurs de ce malheureux conviennent que s'ils l'avaient représenté tel qu'il était, ou même qu'ils eussent dit seulement que, pour ne pas scandaliser les faibles et pour gagner plus facilement les Grecs à l'Évangile, il continuait de pratiquer ce qui était en usage parmi eux; qu'il entendait avec édification les prêches de M. Léger, mais que cela ne l'empêchait pas de dire la messe, même de prêcher quelquefois le contraire de sa Confession, il n'y aurait eu personne qui n'eût d'abord conçu de l'horreur pour le saint autant que pour ses panégyristes. Ce n'a donc été que pour cacher ce portrait affreux, mais véritable, qu'on en a fait un tout différent d'un des plus méchants hommes et des plus grands fourbes qui ait jamais été, qui a été frappé d'anathèmes par ceux qui le connaissaient bien, qui n'a été excusé que par ceux qu'il avait trompés en désavouant cette Confession qui l'a fait canoniser à Genève, et qui lui a si bien tenu lieu de tout mérite, qu'on y a cru qu'elle suffisait pour couvrir l'hypocrisie, le parjure, la simonie, l'imposture, enfin l'exercice d'une religion tout opposée, et des pratiques qu'on condamne dans les catholiques comme idolâtrie.

CHAPITRE VII.

Continuation des mêmes réflexions, qui regardent particulièrement les ouvrages de ceux qui ont entrepris dans ces derniers temps de justifier Cyrille et sa Confession.

Les réflexions précédentes regardaient principalement ceux qui ont les premiers donné la Confession de Cyrille, et qui, pour acquérir de l'autorité à la pièce, n'ont rien omis de tout ce qui pouvait relever le mérite de l'auteur. On a fait voir qu'ils ont manqué presque partout à la bonne foi, qu'ils ont déguisé la vérité, et que s'ils pouvaient être excusés, ce serait en disant qu'ils ont été trompés, s'il n'était pas clair qu'ils ont voulu l'être, quoiqu'il ne soit pas aisé de montrer qu'ils n'ont pas voulu tromper les autres. Les synodes qui avaient condamné Cyrille et sa Confession, les écrits des Grecs pour la réfuter, la doctrine contraire établie dans toutes leurs églises et confirmée par la discipline qui s'y observe, devaient ouvrir les yeux aux plus opiniâtres, et leur faire avouer que cet homme qu'on leur prêchait comme un saint avait été un imposteur. Mais la prévention a été si forte qu'on a vu, non pas M. Claude et M. Spanheim seulement (car ils croyaient qu'il n'y avait personne qui pût résister à de grands auteurs tels que Rivet et Hottinger), mais des hommes qui avaient fait le voyage de Constantinople, entreprendre de confirmer, comme témoins oculaires, ce que les premiers avaient dit de plus faux et de plus absurde.

Quand M. Claude commença à écrire, il y avait déjà plusieurs années que de savants luthériens avaient prouvé que la Confession de Cyrille ne pouvait être regardée comme celle de l'église grecque. Cela ne l'empêcha pas néanmoins de s'en servir comme d'une preuve démonstrative que la créance des Grecs était conforme à celle qu'il soutenait. Ceux qui n'auraient pas lu ses livres pourraient croire qu'il réfuta les arguments des luthériens, aussi bien que ceux des catholiques; il n'en fit pas la moindre mention. On lui avait opposé les synodes qui la condamnèrent, que ces mêmes protestants, meilleurs critiques que lui, avaient reconnus comme incontestables; il les rejeta comme supposés, et comme l'effet d'une cabale de ces faux Grecs appelés λατινοφρόνες. On peut bien juger que ce fut sans preuves, puisqu'il n'y eut jamais de pareille fausseté. Il affirmait donc avec hauteur ce qui était absolument faux, comme il le devait savoir qu'il entreprenait d'écrire sur cette matière, ou ce qu'il ne savait que très-confusément : telle était la bonne foi de ce héros des calvinistes. M. Smith vint ensuite, et parce qu'il revenait de Constantinople, il crut qu'on le croirait sur sa parole dans tout ce qu'il dit de Cyrille. Il a donc fait un abrégé de tout le roman d'Hottinger, et on n'y trouve pas la moindre circonstance qui ne soit copiée de cet auteur : aucun témoignage de Grecs, mais de fréquentes citations de M. Haga et de Léger; rien d'original, des bévues énormes, aucune connaissance des ouvrages des Grecs les plus célèbres, et des inscriptions en faux contre les pièces les plus certaines, comme on l'a prouvé d'une manière sans réplique. Voilà encore un des témoins de la sainteté et du martyre de Cyrille ; c'est un témoin oculaire : il n'est pas permis, ce semble, de contester son témoignage. Il en paraît un autre sur la scène de M. Claude, qui lui persuade qu'en signe de communion de l'église grecque avec l'anglicane, le patriarche de Constantinople lui imposa les mains, et lui donna pouvoir de prêcher ; ensuite de quoi il prêcha parmi les Grecs le changement de vertu, et fut admiré. On a fait voir la fausseté de cette fable en toutes ses parties, puisque jamais autre que ce M. Basire n'a parlé de cette prétendue communion, qui n'a point été ; qu'on n'impose pas les mains pour donner permission de prêcher ; qu'on ne prêche presque jamais parmi les Grecs ; et qu'il ne pouvait pas prêcher plus de dix ans auparavant, ce que M. Claude avait inventé sur les principes d'Aubertin. C'est là encore un des grands arguments des calvinistes, pour soutenir que la Confession de Cyrille est reçue parmi les Grecs.

Telles sont à peu près toutes leurs preuves, et même ce sont là les plus fortes, puisque les autres sont si pitoyables, qu'il n'y a eu que la prévention aveugle pour M. Claude qui les ait pu faire passer, et son autorité ne les a pas rendues meilleures. Mais quelles étaient ces preuves ? C'était quelque fausseté grossière, comme par exemple lorsqu'il traita le livre de Gabriel de Philadelphie d'ouvrage supposé ; quand il parla de la Confession orthodoxe comme d'une pièce faite par des Grecs dévoués à la cour de Rome ; sa définition d'un Grec latinisé, et ses jugements sur les auteurs grecs dont on lui objectait les passages. Enfin on remarque partout le caractère d'un homme qui ne cherchait pas la vérité, mais qui la fuyait. Ceux qui l'auraient cherchée de bonne foi auraient bientôt reconnu que tout ce qu'on pouvait tirer de vrai de l'histoire de Cyrille et de sa Confession était qu'un patriarche de Constantinople avait embrassé la créance des calvinistes. Il n'y avait en cela rien d'extraordinaire, et d'autres qui avaient occupé la même place étaient tombés dans l'hérésie. Mais comme, lorsque Nestorius publia la sienne, on n'accusa pas toute l'église grecque de l'avoir embrassée, ni celle d'Alexandrie d'avoir suivi les opinions nouvelles de Dioscore, à plus forte raison il n'était pas permis d'adopter les imaginations de Rivet, de Hottinger et de leurs copistes, en attribuant à toute la Grèce chrétienne une exposition de foi dont elle avait à peine ouï parler. Cependant Nestorius et Dioscore avaient un grand nombre de sectateurs qui subsistent encore en Orient ; au lieu qu'il était certain que Cyrille n'en avait aucun ; puisque lorsque sa doctrine fut examinée, peu de temps après sa mort, il ne se trouva pas un seul évêque qui entreprit de la défendre, ni même assez de sectateurs pour composer, non pas l'église grecque, mais une paroisse. S'il y en avait eu, on les aurait connus, et depuis tant d'années il ne se trouve que Théophile Corydale et Jean Caryophylle qui aient soutenu quelque chose de semblable, encore ne l'ont-ils fait qu'en cachette. Le dernier, qui fit plus de bruit, se rétracta diverses fois, et il fut condamné par une sentence synodale qui a été imprimée depuis peu.

Si donc les catholiques ont tout sujet de reprocher aux calvinistes la hardiesse et la témérité de leurs écrivains, en ce qu'ils ont avancé des faussetés palpables, dont ils ont voulu tirer des conséquences encore plus fausses, ils ont autant de raison de se plaindre de ce qu'on ne voit pas que les ministres se rétractent de rien, même sur des faits publics et incontestables. Car on ne peut nier que tout ce que M. Claude a écrit touchant l'église grecque est une conviction continuelle de son ignorance prodigieuse sur une matière qu'il devait savoir, puisqu'il en voulait écrire. La prévention de ceux de sa secte a néanmoins tellement prévalu, qu'on le loue encore tous les jours comme *ayant remportée la plus belle victoire que ministre ait jamais remportée sur les catholiques*. On ne peut pas cependant étendre cette louange aux choses qu'il a écrites touchant les Grecs et les Orientaux, puisqu'on l'a abandonné sur divers points essentiels qui faisaient le fondement de tout son système. Il a traité les synodes contre Cyrille de prétendus synodes, et de pièces supposées ; M. Allix, plus savant que lui, a reconnu qu'on ne pouvait contester leur autorité. Cela seul renverse tout l'édifice de M. Claude ; car dès que ces synodes sont véritables, la Confession de Cyrille n'est plus celle de l'église grecque, et la Confession orthodoxe qui fut dressée au synode de Jassi est une exposition fidèle de la foi des Grecs, dès que ce synode est véritable. D'autres font le même aveu sur le synode de Jérusalem, ce qui enferme l'approbation de tous les actes produits par les auteurs de *la Perpétuité*. Il s'ensuit donc que tout ce que M. Claude a écrit sur cette matière est faux, et que les Grecs croient la présence réelle et la transsubstantiation, ce que plusieurs savants hommes parmi les protestants avouent de bonne foi. Où est donc celle de ce ministre qui, sans preuves, sans raisons et sans autorités, a soutenu jusqu'à la fin ce que ceux mêmes de sa communion ont reconnu être faux et insoutenable ?

On dira peut-être qu'il avait si bien établi ce qu'il a dit touchant la créance des Grecs, que de petites objections tirées de témoignages de Grecs suspects et corrompus par argent n'y pouvaient donner aucune atteinte, puisqu'il s'est vanté plusieurs fois modestement à sa manière qu'il avait démontré que les Grecs et toutes les communions séparées de l'Église romaine ne connaissaient ni la présence réelle ni la transsubstantiation, ni l'adoration du Saint-Sacrement. Il est vrai qu'il a dit qu'il croyait l'avoir démontré ; mais peut-on dire qu'il l'ait fait ? car voici en quoi consistent ses prétendues démonstrations : il a pris d'Aubertin tout ce que ce laborieux ministre avait ramassé pour expliquer en un sens métaphorique les expressions les plus littérales et les plus claires des anciens auteurs grecs. On n'examine pas s'il a mis ces explications forcées en une telle évidence qu'elles ne puissent être contestées. Les auteurs de *la Perpétuité* ont assez fait voir la fausseté et la faiblesse de tout ce qu'il a écrit sur ce sujet. On dira qu'ils sont prévenus par les préjugés de leur religion ; mais les luthériens ne rejettent-ils pas ces interprétations des Pères, de même que font les catholiques ? Les Grecs en conviennent si peu, qu'ils se servent de tous les passages contestés, pour prouver que la présence réelle et la transsubstantiation ont toujours été crues dans leur église ; et par conséquent M. Claude n'a rien démontré à l'égard des uns ni des autres. Quand il aurait réussi dans son dessein, il aurait prouvé qu'autrefois les Grecs avaient été dans les sentiments qu'il leur attribuait ; mais non pas qu'ils les eussent présentement, puisqu'ils entendent ces passages dans un sens entièrement opposé.

C'est néanmoins de cette prétendue démonstration que dépend celle qu'il croit aussi avoir faite sur la créance des Grecs ; et la liaison consiste en ce que, comme la Confession de Cyrille est conforme à la doctrine du sens métaphorique qu'il a attribuée aux anciens, elle doit être aussi la règle et l'exposition sincère de la créance des modernes. S'il avait prouvé qu'elle devait être telle, il faudrait encore prouver qu'elle l'est véritablement. Il a donc raisonné comme celui qui prouverait que les calvinistes croient la présence réelle parce que l'Église romaine la croyait lorsqu'ils s'en sont séparés, avec cette différence, que ce dernier fait est certainement vrai, et que l'autre ne l'est pas. Par conséquent il a encore moins prouvé ce qu'il attribue aux Grecs modernes, puisque ceux-ci soutiennent que jamais ils n'ont varié sur la créance de l'Eucharistie, et que leurs anciens ont cru ce qu'eux-mêmes croient encore : qu'ils se sont élevés contre la Confession de Cyrille, et qu'ils l'ont condamnée comme hérétique. Il en naît encore une autre source de ces arguments, qu'il répète partout, qui est de traiter comme faux Grecs et latinisés tous ceux qui ont rejeté la Confession de Cyrille, ce qui enferme un grand nombre d'absurdités dont il ne veut pas prendre connaissance. C'en est une de voir un ministre qu'on reconnaît n'avoir pas la moindre teinture de tout ce qui a rapport à l'église grecque, et qui veut apprendre aux Grecs qui sont les orthodoxes parmi eux, et ceux qui ne le sont pas. Ce n'en est pas une moindre que d'établir comme une maxime certaine qu'un vrai Grec est celui qui croit la Confession de Cyrille, et que tous les autres sont latinisés. Car il s'ensuit que l'église grecque était réduite à Cyrille seul, dont même les calvinistes ne sont pas trop assurés, puisqu'il a désavoué publiquement tout ce qu'il leur avait dit sans témoins, et que, preuves pour preuves, celles que plusieurs Grecs ont alléguées pour montrer qu'il n'avait pas été calviniste sont plus fortes que celles dont on s'est servi pour établir le contraire. On a remarqué ailleurs les autres absurdités qui suivent nécessairement du système de M. Claude

sur la Confession de Cyrille ; les auteurs de *la Perpétuité* et le P. Paris en ont relevé plusieurs ; il n'a répondu à aucune de ces objections ; ceux qui l'ont copié les ont dissimulées, ou bien ils y ont fait des réponses encore plus faibles. Peut-on dire qu'ils aient cherché la vérité de bonne foi ?

On nous dira peut-être que si M. Claude n'a pas satisfait à ces difficultés, d'autres l'ont fait suffisamment, et surtout M. Smith, témoin oculaire, qui ayant fait un séjour considérable à Constantinople, a eu le moyen de s'éclaircir de la créance des Grecs et de tout ce qui avait rapport à la Confession et à l'histoire de Cyrille Lucar ; qu'il a confirmé tout ce que les Génevois, Rivet et Hottinger en avaient écrit, et qu'après un tel témoignage il n'était plus permis d'en douter. Il est vrai qu'on nous oppose souvent une pareille autorité, mais elle est tous les jours détruite, non par les Grecs seuls, mais par le témoignage de voyageurs sans lettres qui disent ce qu'ils ont appris sur les lieux et ce qu'ils ont vu, et qui avouent que leurs habiles théologiens qui ont voulu faire les Grecs calvinistes ont eu de mauvais mémoires. On a déjà fait voir ailleurs que des témoins oculaires, comme M. Smith, doivent être crus autant qu'ils le méritent, par les preuves qu'ils apportent, et jamais homme n'en a moins donné de nouvelles que celui-là ; tout son système est celui de M. Claude, inconnu certainement à toute la Grèce. Ses preuves roulent sur les lettres du ministre Léger et de M. Haga ; il avoue même qu'il n'a pas eu d'autres mémoires que ceux de Hottinger : et, parce que depuis l'impression de son ouvrage on avait produit un grand nombre d'actes et de livres nouveaux qui faisaient voir la fausseté de tout ce qu'il avait écrit, c'est sur cela que les calvinistes nous renvoient à M. Smith.

Il n'y a qu'une observation à faire sur cette autorité qu'on fait tant valoir : c'est qu'on ne trouve rien dans toutes les dissertations de M. Smith qui puisse être considéré comme original, mais que ce sont les imaginations de Rivet, de Hottinger et de M. Claude, appuyées du témoignage d'un homme qui, pour avoir été à Constantinople, n'en est pas revenu plus instruit de tout ce qui regarde l'église grecque que s'il n'était jamais sorti de Genève. On n'y voit aucune citation d'auteurs grecs, aucun acte, aucune lettre de personnes non suspectes, mais des déclamations et des conjectures, dont les principales sont si fausses, qu'il est difficile de comprendre comment l'auteur a pu les hasarder. C'est M. Haga, et quelques ambassadeurs d'Angleterre à la Porte, et surtout Léger, de qui on veut que nous apprenions des histoires entièrement inconnues à tous les Grecs, ou qui sont détruites par des actes incontestables. Cyrille est représenté comme un saint et comme un martyr, et ce témoin oculaire ne peut pas citer un seul Grec qui n'en ait parlé comme d'un hérétique abominable, supposé qu'il fût auteur de sa Confession. Tous ceux qui l'ont combattue ou condamnée sont de faux Grecs, selon M. Smith, quoiqu'il paraisse assez qu'il n'en a connu aucun que par ce qu'il en a appris dans les livres des catholiques. Enfin non seulement les Grecs, mais les luthériens disent le contraire de ce qu'il établit comme certain, et il n'en fait pas la moindre mention. Telles sont les armes dont il nous attaque, et depuis plus de vingt ans on ne nous rend pas la justice qui est due à la vérité, en avouant de bonne foi que lui et ceux qu'il a copiés n'avaient pas la moindre connaissance des faits qu'ils affirment non seulement avec assurance, mais avec ostentation.

Mais que dira-t-on d'un témoin oculaire qui débite hardiment ses soupçons contre le synode de Jérusalem? Et quels soupçons! Qu'en 1671, c'est-à-dire une année auparavant, il rendit visite au patriarche de Jérusalem, dont il ne savait pas le nom, qui ne lui avait rien dit de ce qu'il ferait l'année suivante, mais qui lui avait parlé d'un traité contre la primauté du pape. Voilà une des causes d'inscription en faux contre ce synode; et dans le temps même qu'il écrivait, ce traité était imprimé en Moldavie, et on y trouvait la transsubstantiation établie d'une manière incontestable. Le même auteur a pu savoir depuis que le patriarche successeur de celui-là, avait publié, sous le titre d'*Enchiridion*, les décrets de Jérusalem, avec de très-amples additions pour prouver la présence réelle et la transsubstantiation; que les synodes contre Cyrille y étaient insérés; qu'il avait fait imprimer de même la réfutation que Syrigus avait faite de la Confession de ce malheureux; et M. Smith persévérera à nous assurer qu'elle a été regardée comme orthodoxe, et Cyrille comme un saint et comme un martyr. Il faut avoir une autre idée de la sincérité et de la bonne foi que n'en ont tous les autres hommes, pour justifier un pareil procédé.

Il est impossible de nier que tout ce que M. Claude a dit sur les Grecs modernes, sur Cyrille, sur Agapius et sur tous les autres, ne soit entièrement faux. Lui même, qui ne manquait jamais de réponse, n'en a trouvé aucune aux preuves produites dans le dernier vol. de *la Perp.* et dans la Réponse générale (ci-après). On a remarqué ailleurs que ses confrères mêmes l'ont abandonné sur plusieurs articles de son système, qui sont tellement liés les uns avec les autres, qu'on ne peut en reconnaître un faux que tout le reste ne se détruise. Cependant ni M. Smith ni les autres n'en font pas la moindre mention; ils ne parlent que de ses triomphes, et jamais de ses bévues. Ils font à son égard ce que disent les poètes persans : que *quand le prince dit en plein midi qu'il est minuit, il faut montrer avec le doigt la lune et les étoiles*. Peut-on faire de semblables reproches aux catholiques? Et des voyageurs sans lettres, mais pleins de sincérité, ne condamnent-ils pas la conduite de leur ministre, avouant que les Grecs ne croient pas ce qu'il leur a imputé?

Ce que M. Claude avait dit sur Cyrille n'était que la preuve de sa proposition générale, que les Grecs et tous les autres chrétiens orientaux, à moins qu'ils ne fussent réunis avec les Latins, ne connaissaient ni la présence réelle, ni la transsubstantiation, ni l'adoration de l'Eucharistie. Ainsi comme c'était une de ses principales preuves, ceux qui avaient entrepris de le défendre ne pouvaient, sans pécher contre la vérité, ne pas avouer qu'il fallait chercher d'autres preuves; d'autant même que celle-là était autant combattue par les luthériens que par les catholiques. Plusieurs ministres, et M. Smith aussi bien que les autres, ont reconnu avec bien de la peine que les Grecs croyaient la transsubstantiation : comment donc ont-ils pu défendre M. Claude, qui a soutenu le contraire si affirmativement, qu'il a prétendu l'avoir démontré? Car toutes les autres preuves dont il s'est servi consistent en interprétations forcées de passages des Pères; et quand elles seraient vraies, il ne s'ensuivrait pas que les Grecs crussent, du temps de Cyrille, le sens qu'Aubertin et M. Claude leur donnent; puisque les Grecs ne les ont jamais entendus de cette manière. C'est à peu près comme si quelqu'un prétendait avoir prouvé que l'Église romaine est calviniste, parce que ses théologiens citent fréquemment les passages des Pères où ces deux ministres ont prétendu trouver des sens tout contraires à la présence réelle et à la transsubstantiation. Ce n'est donc pas par cet endroit que M. Claude a pu rien prouver, ni par les extraits infidèles qu'il a fait des Réponses du patriarche Jérémie, ni par la Confession de Métrophane, qui est plus luthérienne que calviniste, si elle est véritable; ni par un misérable évêque de Larta, inconnu à toute la Grèce, ni par les Lettres de M. Basire ou de M. Woodroff : ce n'est que par la Confession de Cyrille. Or elle demeure sans autorité et perd toute créance, dès qu'il est constant que l'auteur a exposé faux; ce qui est incontestable, dès qu'il faut convenir que les Grecs ne croyaient rien de semblable, ce que présentement les ministres avouent.

Un lecteur prévenu et ignorant, comme étaient la plupart de ceux qui ont admiré ce ministre, le voyant loué par tous ses confrères, croit naturellement qu'un tel homme ne s'est trompé sur rien; cependant dans une dispute qui consiste plus en faits qu'en raisonnements, il avance une fausseté si grossière, que ceux mêmes de sa communion ne peuvent la justifier. Le point qui regarde les Grecs est un des plus essentiels de la question touchant la Perpétuité : tout ce que M. Claude a dit sur ce sujet est faux, puisqu'ils croient le contraire de ce qu'il leur attribue; il est donc certain que toutes les victoires s'en vont en fumée, et tout homme qui cherche la vérité ne croit plus celui qui s'est trompé si grossièrement, et qui l'a voulu tromper. Ce n'est pas ainsi que s'y prennent les calvinistes, c'est en cette manière. M. Claude a confondu tous les arguments de ses adversaires; jamais victoire ne fut plus belle, ni plus complète. Il est pourtant vrai que les Grecs ne croient pas ce qu'il leur a attribué; qu'ils croient la transsubstantiation et ce qui en est la suite; ce qui se dit comme si cela n'avait pas une liaison essentielle avec son système; car ce seul aveu signifie que ce vainqueur des catholiques a été un ignorant, un téméraire ou un imposteur ; ce qui sera vrai nonobstant les vains éloges de ses admirateurs, jusqu'à ce qu'ils aient prouvé que les Grecs croyaient ce que contient la Confession de Cyrille dans le temps que ce ministre écrivait ; et c'est ce que les calvinistes ne feront jamais. Quand même ils voudraient l'entreprendre, ce ne sont pas nos affaires si nous ne voulons, puisqu'avant que la dispute sur la perpétuité fût commencée, Fehlavius avait réfuté Hottinger sur cet article d'une manière sans réplique. Ils ne peuvent donc rien dire, sinon ce que quelques-uns ont établi sans le prouver, et qui se réduit à deux propositions : l'une, que les Grecs croient la présence réelle et la transsubstantiation, mais que ce n'est pas en la manière dont les catholiques l'enseignent ; l'autre, que cette doctrine leur est venue par les Latins. Quand cela serait vrai, il ne s'ensuivrait pas que M. Claude pût être justifié de témérité, d'ignorance et de mauvaise foi, puisqu'il a soutenu, sans autre autorité que celle de la Confession de Cyrille, tout le contraire de ce que la force de la vérité a fait avouer aux autres. Il n'a point distingué les temps ni parlé de ce prétendu changement de doctrine. On ne lui avait pas opposé dans la *Perpétuité* le consentement des Grecs latinisés, puisque ce n'était pas de ceux-là qu'il s'agissait. Ainsi supposant même la vérité de ces deux propositions, dont la fausseté est certaine, il sera toujours vrai que ce ministre n'a rien dit sur les Grecs qui ne fût entièrement faux, puisqu'il était fondé sur son affirmation générale qui n'admettait pas cette distinction.

Mais, comme nous venons de dire, ces deux propositions ne sont pas plus vraies : car les lettres, imprimées depuis peu, de Mélèce, patriarche d'Alexandrie, et la sentence synodale du patriarche Callinique, ne permettent pas de douter que les Grecs ne croient la transsubstantiation précisément comme nous la croyons. Et, à l'égard de la seconde proposition, tous les ministres auraient bien de la peine à en donner la moindre preuve, et encore plus à en fixer le temps. Quand même ils l'auraient fixé, ce qu'aucun d'eux n'a pu faire jusqu'à présent, ils n'auraient rien fait, s'ils n'avaient prouvé que ce changement était arrivé avant Cyrille et dans un espace très-court, puisque ce devait être depuis la mort de Mélèce jusqu'à la date de la Confession, ce qui ne va pas à vingt-cinq ans ; ou convenir que leur saint et leur martyr était un imposteur, quand ils attribuaient à toute l'église grecque qu'elle rejetait la transsubstantiation, puisque non seulement Mélèce, mais Gabriel de Philadelphie, Maximus Margunius, et les autres théologiens l'ont enseignée si clairement. Depuis Cyrille on ne peut supposer qu'il soit arrivé aucun changement ; puisque dès qu'il fut mort, et que les Grecs furent en liberté, sa Confession fut condamnée, et l'a toujours été depuis, sans qu'il y ait eu la moindre contradiction à ces censures. Ainsi tout l'avantage que les calvinistes peuvent tirer d'une chicane aussi mal fondée, est d'amuser ceux qui ont été confirmés dans leurs préjugés par les livres de M. Claude ; mais elle n'a pas le moindre effet à l'égard des catholiques, qui savent assez que ce prétendu changement est encore plus difficile à prouver que les autres qu'Aubertin a supposé être arrivés dans l'Église latine et dans l'église grecque.

On peut juger par ces réflexions et par ce qui les a précédées qu'il n'y a peut-être jamais eu de preuve plus vaine et plus frivole que celle que M. Claude a voulu tirer de la Confession de Cyrille, et que la mauvaise foi de ceux qui ont traité tout ce qui a rapport à cette matière est démontrée d'une manière si convaincante, qu'il n'est pas possible de la justifier ; d'autant moins qu'elle est accompagnée de tant d'ignorance, que ceux qui ont avancé tous les paradoxes et toutes les suppositions nécessaires pour soutenir le système de ce ministre prouvent assez qu'ils n'ont pas eu la moindre connaissance de l'église grecque. Ils en ont imaginé une qui ne fut jamais que dans l'idée des ministres, qui parlait comme les catholiques, et qui croyait comme les calvinistes ; et cette prétendue conformité supposait de longs et obscurs commentaires, dont le commun des hommes n'est point capable, et qui n'étaient pas moins inconnus aux Grecs qu'aux catholiques. Mais ceux qui les avaient accommodés à leur opinion ne faisaient pas réflexion à la discipline de l'église grecque, qui les détruisait plus nettement que ne pouvaient faire les meilleurs arguments théologiques. Car tout le monde n'est pas capable d'en juger ; au lieu qu'il n'y a point d'homme si grossier qui, voyant les Grecs prosternés devant l'Eucharistie, et qui entendant les prières qu'ils disent avant que de recevoir la communion, ne comprenne qu'ils ne peuvent pas être calvinistes. Il comprendra aussi que si Cyrille l'a fait comme les autres après avoir donné sa Confession, non seulement il n'était pas un saint, mais qu'il était un imposteur indigne de toute créance, et un impie abominable.

On ne croit pas que les calvinistes attendent un article particulier pour répondre à l'auteur des *Monuments authentiques*, qui ne s'est pas contenté de ramasser les objections les plus triviales, et cent fois réfutées, pour soutenir Cyrille, mais qui a eu la hardiesse de faire imprimer sa Confession sous le titre de *Confession des Grecs*, qu'elle n'a ni dans l'original, ni dans aucune copie. Ce qui a été dit dans la *Défense de la Perpétuité* est plus que suffisant pour faire voir aux plus entêtés qu'il ne lui appartenait pas d'écrire sur une matière dont il n'avait pas la première connaissance ; et on ne croira pas aisément qu'il ait eu mission pour défendre M. Claude. Platon disait en voyant Diogène qu'il s'imaginait voir Socrate devenu fou. On pourrait dire quelque chose d'approchant de M. Claude et de son disciple. M. Claude a avancé des faussetés aussi grandes que le sieur A. ; mais c'était avec une confiance pleine de compassion pour l'ignorance de ses adversaires ; par exemple, de ce qu'ils ne savaient pas que ceux qui avaient eu part aux deux synodes et à la Confession orthodoxe étaient des Grecs latinisés ; qu'ils aimaient mieux croire tous les Grecs que M. Basire et M. Woodroff, et ainsi du reste. Les catholiques, les Grecs, les patriarches, les ambassadeurs n'étaient pas pour cela des perfides, des parjures, des subornateurs de faux témoins, des apostats, des antichrétiens, tels que les dépeint un homme qui sait faire un seul Parthénius de quatre ; qui fait entrer M. de Nointel dans de mauvaises intrigues, vingt-cinq ans avant qu'il fût arrivé à Constantinople ; et qui croit que des injures, des faussetés et des fables mal cousues passeront pour des raisons. Si par hasard il y en a quelques-unes dans ce pitoyable ouvrage, elles sont suffisamment détruites par tout ce qui a été dit dans la suite de ce discours.

LIVRE SIXIEME.

DANS LEQUEL ON EXAMINE SI ON PEUT SUPPOSER QU'IL SOIT ARRIVÉ UN CHANGEMENT ENTIER DE DOCTRINE SUR LA PRÉSENCE RÉELLE DANS LES ÉGLISES ORIENTALES.

CHAPITRE PREMIER.

Examen particulier de la possibilité ou impossibilité de ce changement.

Cette question, par rapport à l'Église latine et à l'église grecque, a été traitée si exactement par les auteurs de *la Perpétuité de la foi*, qu'il est difficile de rien ajouter à ce qu'ils ont écrit dans le premier volume, et à ce que le P. Paris, chanoine régulier, théologien d'un mérite distingué, a écrit touchant les Grecs dans son ouvrage intitulé *Créance de l'église grecque*. M. Claude, disent ses disciples et ses admirateurs, leur a répondu, et il est vrai qu'il a fait de gros volumes appelés *Réponses à la Perpétuité*. Mais on ne comprend pas facilement si c'est répondre à des objections très-solides, que de n'y opposer rien, sinon des faussetés énormes, des sophismes et des raisonnements très-absurdes, sans apporter aucunes preuves de fait, dans une dispute qui roule toute sur des faits ; de s'applaudir à chaque page, et d'avoir compassion de la mauvaise foi et de l'ignorance de ses adversaires ; de dissimuler les preuves les plus convaincantes, et d'en faire valoir de si frivoles, qu'il fallait être aussi hardi qu'était l'auteur pour les oser proposer, et plus ignorant qu'on ne saurait dire pour les approuver. On en pourrait fournir un grand nombre d'exemples ; et on se contentera d'en produire quelques-uns des plus remarquables.

M. Claude, dans sa première réponse, avait nié hardiment que les Grecs crussent la transsubstantiation. On lui avait cité le témoignage de Gabriel de Philadelphie. Il ne balance point, il nie que l'ouvrage qu'on lui alléguait soit au monde, parce que le cardinal du Perron ne l'a pas cité en grec ; défaite admirable pour un homme qui à peine le savait lire. Un autre aurait cru qu'il était du respect dû au public, et même de sa propre réputation, de s'informer de quelqu'un plus savant que lui, ou d'un bibliothécaire, s'il y avait eu un traité des Sacrements de Gabriel de Philadelphie imprimé à Venise : il en aurait été bientôt éclairci. Mais ces puérilités ne sont que pour des hommes d'érudition : un grand théologien, comme lui, trouvait tout dans sa tête. Voilà donc les premières démarches avec lesquelles il s'est opposé aux catholiques. Après cela, il a fallu que Gabriel fût un Grec latinisé : et quand on l'a confondu, en lui citant les traités de ce même auteur contre la primauté du pape, contre la procession du Saint-Esprit du Père et du Fils, et contre les autres dogmes de l'Église romaine, imprimés en Angleterre par les protestants, il a pris une autre route ; mais sans se rétracter d'erreurs aussi grossières, qui ôtent toute créance à un homme qu'on voit décider hardiment sur une matière, sans connaître ni les livres, ni les auteurs. Gabriel et son ouvrage ont donc cessé d'être un fantôme ; mais M. Claude ne se souvenant plus qu'il avait rejeté l'un comme latinisé, et l'autre comme un écrit supposé, s'étonne qu'on ait pu s'imaginer que Gabriel enseignât la transsubstantiation. Il se servait néanmoins du propre mot que Cyrille Lucar avait condamné et rejeté, et les Grecs n'en connaissent point d'autre pour signifier ce changement. Cela n'a pas embarrassé M. Claude ; il est convenu de bonne foi que Gabriel enseignait la *métousiose*, mais non pas la *transsubstantiation*, qui est comme si quelqu'un prétendait qu'un homme accusé d'arianisme se serait justifié en disant qu'il croyait l'*homoousion*, et non pas la *consubstantialité*. C'est là ce que les admirateurs de M. Claude appellent *répondre*, et même *répondre très-solidement*.

On avait cité des témoignages d'auteurs jacobites, pour montrer qu'ils croient la présence réelle. *Erreur grossière*, dit-il, *car les jacobites sont eutychiens, et les eutychiens ne croient pas que Jésus-Christ eût un véritable corps*. Cependant ce n'est pas là la créance qu'ont eue les anciens eutychiens ; et les jacobites le sont si peu, qu'ils disent anathème à Eutychès, à Apollinaire et à tous ceux qui ont nié la vérité du corps de Jésus-Christ.

On a rapporté dans *la Perpétuité* un grand nombre de témoignages de Grecs modernes, pour prouver qu'ils recevaient la doctrine de la transsubstantiation. Tous ces témoignages sont faux ou suspects, dit M. Claude, sans aucune preuve. Qui sont donc ceux que nous devons croire ? C'est M. Woodroff, M. Basire, deux ou trois Grecs passant en Angleterre ou en Allemagne, quelques voyageurs et surtout Cyrille Lucar. C'est de cette manière que ce ministre a fait ses réponses ; et c'est ainsi que si on veut croire, non pas les plus méprisables écrivains, mais ceux qui ont eu quelque nom parmi les calvinistes, M. Claude a remporté la plus belle victoire qu'aucun ministre ait jamais remportée sur les catholiques. *Populus me sibilat, at mihi plaudo ipse domi.* Si au lieu de faire plusieurs volumes, il y avait eu une conférence réglée devant des commissaires, comme fut autrefois celle des catholiques et des donatistes, ou plus près de nos jours celle de Fontainebleau, il n'y aurait jamais eu de juge assez prévenu, pour prononcer en faveur de M. Claude sur les articles que nous venons de marquer, et sur plusieurs autres semblables : mais le papier souffre tout.

Ce ministre a tourné en plusieurs manières le système d'Aubertin sur le changement de doctrine qu'il prétend être arrivé dans l'église grecque, par Anastase Sinaïte et par S. Jean Damascène ; et les auteurs que nous venons de nommer l'ont solidement renversé, ayant fait voir que ce prétendu changement était entièrement inconnu aux Grecs ; et que, comme ils avaient toujours parlé uniformément sur les saints mystères, ils avaient cru de tout temps ce qu'ils croyaient encore présentement. C'est ce que Mélèce Syrigus a prouvé assez au long, dans sa réfutation de la Confession de Cyrille Lucar, et ce que les Grecs ont assez déclaré dans les synodes de 1638 et de 1642, qui ont été reconnus par celui de Jérusalem, et par tous les Grecs comme contenant la foi de leur église sur tous les points contestés avec les calvinistes. Ceux-ci ont attaqué en différentes occasions le synode de Jérusalem, et la Confession de foi orthodoxe. Mais enfin la force de la vérité et l'absurdité des objections formées contre des actes aussi authentiques, a tiré de plusieurs habiles protestants un aveu sincère, que M. Smith, M. Allix et quelques autres ont fait, en reconnaissant que les Grecs croyaient la présence réelle et la transsubstantiation ; mais que ce n'était que par les artifices des catholiques, qui leur avaient insinué cette nouvelle doctrine.

Ceux qui ont donné ce nouveau tour à la dispute ne sont pas encore entrés en preuves sur cette proposition, et on ne croit pas qu'il leur soit facile de le faire. Mais quand ils l'entreprendront, il faut qu'ils reconnaissent d'abord que M. Claude s'est donc trompé, et qu'il a établi sa défense sur une hypothèse toute contraire, et par conséquent très-fausse ; puisqu'il a toujours soutenu, sans jamais se rétracter, que les Grecs ni les communions séparées qui subsistent dans tout l'Orient ne connaissaient ni la réalité, ni la transsubstantiation, ni l'adoration de l'Eucharistie. C'est pourquoi il n'a pas entrepris de bâtir un système sur le prétendu changement des Grecs, encore moins sur celui qui doit être arrivé parmi les Orientaux. Il paraît assez que les calvinistes n'ont pas fait grande attention sur cet article, parce que les catholiques, avant la dispute touchant *la Perpétuité*, n'avaient fait pres-

que aucun usage de l'argument qu'on tire du consentement général de toutes les nations chrétiennes ; que plusieurs avaient accusé sans fondement les Orientaux d'avoir des erreurs touchant l'Eucharistie ; qu'à peine connaissait-on les livres d'où on pouvait tirer les lumières nécessaires pour éclaircir cette question, et que quelques-uns qui avaient été traduits avaient paru capables de mauvais sens. Aubertin, sur un seul mot de la Liturgie éthiopienne, où dans la forme des paroles de Jésus-Christ on lit : *Hic panis est corpus meum*, en conclut : *De cela seul nous pouvons nous vanter d'être d'accord avec toutes les églises du monde* (1). On laisse à juger à toute personne raisonnable si cette preuve, et une autre encore plus frivole qu'il prétend tirer de la Liturgie des Indiens de Malabar, prouvent que les calvinistes soient d'accord sur l'Eucharistie avec toutes les églises du monde, et surtout celles d'Orient.

Voilà cependant toutes les preuves qu'a pu trouver ce ministre, dont la lecture était immense ; et comme on sait assez que celle de M. Claude avait des bornes beaucoup plus étroites, on ne le soupçonnera pas d'avoir trouvé ce qui aurait pu échapper à la diligence de l'autre. Ils ont donc supposé que la créance des jacobites, des nestoriens et des melchites orthodoxes ou schismatiques, était si certainement différente de celle des catholiques touchant l'Eucharistie, qu'il ne se fallait pas donner la peine de le prouver ; et suivant cette supposition il ne pouvait être arrivé aucun changement dans la doctrine parmi ces chrétiens ; au contraire on y trouvait une vraie image de la pureté de la primitive Église. C'est ce qu'un Anglais (2) qui traduisit en sa langue, il y a quelques années, le synode de Diamper, n'a pas eu de honte de dire de l'église nestorienne qu'il ne connaissait que par l'historien portugais Alexis de Menesez, archevêque de Goa. Déjà Aubertin avait remarqué que ceux qui réformèrent cette Liturgie des chrétiens malabares, avaient dit qu'elle était pleine d'hérésies, et il ne pouvait pas s'imaginer que c'en fût d'autres, que ce qui passe pour orthodoxe parmi les calvinistes, au lieu qu'il s'agissait ou de dogmes purement nestoriens ou d'autres abus, les uns et les autres fort éloignés du calvinisme. Les Liturgies égyptiennes avaient été imprimées dès le commencement du siècle passé. Scaliger, qui avait prêté à Velser le manuscrit sur lequel fut faite la traduction, avait jugé qu'elles étaient fort anciennes. M. de Saumaise en avait cité quelques endroits pour en tirer des sens convenables à ses principes ; mais par des interprétations aussi fausses contre la grammaire que les commentaires étaient éloignés de la théologie des Orientaux. Erpénius, si on veut croire ce que dit M. de Saumaise dans une lettre au ministre Daillé, devait prouver que les Orientaux croyaient les mêmes choses

---

(1) Ut jure possimus de nostro cum totius christiani orbis ecclesiis consensu gloriari. Aub., lib. 1, c. 9, p. 48.
(2) Michel Geddes, Lond., 1694.

que les calvinistes sur l'Eucharistie ; mais outre qu'il n'en était pas capable, puisque par sa traduction de l'histoire saracénique, on voit qu'il n'a pas entendu le peu qui s'y trouve touchant les chrétiens, il n'a jamais exécuté ce projet. On ne croit pas que ce que Hottinger a répandu dans ses nombreux volumes, André Muller dans ses notes sur le monument chinois et quelques autres, puisse faire la moindre impression sur les esprits. Ainsi on peut dire que les calvinistes ont toujours supposé comme certain ce prétendu consentement des Orientaux avec eux, et que par cette raison ils n'ont pas entrepris de nous enseigner par quels degrés le changement s'est introduit dans ces églises.

M. Claude, ni personne après lui, n'ont répondu aux preuves qui ont été produites dans la *Perpétuité*, pour montrer la conformité de créance des Orientaux avec l'Église romaine sur la présence réelle, et nous ne croyons pas qu'il soit possible d'y répondre. On pourrait donc en demeurer là, d'autant plus qu'on a ajouté de nouvelles preuves si positives et si certaines, qu'il faut les détruire auparavant que d'avancer qu'il puisse être arrivé quelque changement. Mais afin de ne laisser rien à éclaircir dans une question si importante, on a cru qu'il était bon d'examiner tout ce que les protestants pourraient dire sur ce sujet ; car si nos théologiens ont fait voir que ce changement, tel que le supposent Aubertin et M. Claude dans l'Église latine, est absolument impossible, il l'a été beaucoup plus à l'égard des Orientaux.

CHAPITRE II.

On fait voir que les moyens par lesquels les protestants supposent qu'il est arrivé quelque changement de doctrine sur l'Eucharistie dans les églises d'Orient, n'ont aucun fondement.

Les protestants ont si souvent reproché à nos théologiens l'attachement aux opinions qu'on enseigne ordinairement dans les écoles, de même que si ce que quelques-uns avaient proposé était regardé comme des vérités sur lesquelles personne n'osait contester, qu'il n'y a rien de plus ennuyeux que ces reproches dans la plupart des livres de controverse. Dans le commencement des disputes sur la religion, les ministres avaient ramassé tout ce qui paraissait le plus absurde dans les scolastiques, pour faire croire que l'Église catholique enseignait comme de foi un grand nombre d'opinions souvent contradictoires sur l'Eucharistie ; et c'est ce qu'Aubertin a fait avec plus de hardiesse et de mauvaise foi qu'aucun de sa secte. Il savait bien en sa conscience, et tous les ministres le savent, qu'il y a une grande différence entre les articles de foi et des conclusions métaphysiques que des scolastiques avaient tirées, dans le temps d'ignorance, de ces premières vérités. Ils ne pouvaient pas nier que le concile de Trente, quoiqu'il s'y trouvât un grand nombre de théologiens scolastiques, n'avait mis dans aucun de ses décrets aucune opinion qui fût proprement de l'école. M. le cardinal du Perron, M. le Camus, évêque de Belley, M. l'évêque de Meaux, le P. Véron, et en dernier lieu les auteurs de *la Perpétuité de la foi*, avaient assez distingué la doctrine de l'école et celle de l'Église, faisant voir que quoique la plus grande partie de ces disputes qui occupaient les théologiens scolastiques s'accordassent toutes en ce qui était essentiel à la foi, elles n'en faisaient pas néanmoins aucun article que les fidèles fussent obligés de croire. Cela ne s'étend pas seulement à ces anciens théologiens que l'ignorance de leur siècle peut excuser, mais à d'autres qui, étant d'ailleurs fort estimables par leur doctrine et par leurs travaux, se sont néanmoins trompés sur plusieurs points qui ont été éclaircis dans la suite. Ainsi, quoiqu'avant et depuis S. Thomas on trouve dans tous les théologiens que les Grecs baptisent avec une forme déprécatoire, et que Bellarmin et plusieurs autres aient reçu ce fait comme constant, on ne les croit pas néanmoins au préjudice du témoignage de tous les rituels grecs, qui font voir le contraire. Si donc ce reproche est très-injuste de la part des protestants contre les catholiques, ceux-ci le peuvent rétorquer avec beaucoup plus de raison, non seulement en ce qu'ils continuent à vouloir faire croire que toutes les subtilités des scolastiques sur la matière de l'Eucharistie sont des articles de foi parmi nous ; mais encore plus en recevant comme certains divers principes fondés sur l'imagination de leurs ministres, qui n'en ont jamais pu donner la moindre preuve. Telle est celle de M. Claude et de presque tous ceux qui l'ont suivi, à l'égard du changement qu'ils prétendent être arrivé parmi les Grecs, et qui doit s'étendre à tous les Orientaux, quoiqu'on prouve par des témoignages très-authentiques qu'ils sont dans les mêmes sentiments que les catholiques touchant la présence réelle. Ils trouvent un dénouement merveilleux à cette difficulté, en supposant que les guerres d'outre-mer et les missions ont introduit dans tout l'Orient cette nouvelle doctrine. Cela leur paraît si clair, que ceux mêmes qui reconnaissent, contre les affirmations réitérées de M. Claude, que les Grecs et les autres Orientaux croient la présence réelle, se retranchent à cette conjecture, et l'emploient comme une vérité de laquelle il n'est pas permis de douter.

Ils ne pourraient pas se servir de ce lieu commun avec plus d'assurance quand il serait vrai, et qu'on en eût des preuves incontestables par l'histoire, que dès qu'il est entré des armées dans un pays, aussitôt la religion y a été changée entièrement ; ou que toutes les missions qui ont été envoyées aux infidèles et aux hérétiques ou schismatiques ont eu l'effet qu'on en pouvait souhaiter. Il faut cependant que ces propositions soient généralement vraies, ou au moins qu'elles soient très-vraisemblables, pour en pouvoir tirer les conséquences que les protestants en tirent. Car c'est un raisonnement absurde que de dire : Les Latins ont porté leurs armes dans l'Orient ; ils ont été longtemps maîtres de la Palestine et d'une partie de la Syrie; donc ils y ont porté la doctrine de la présence réelle. Les papes ont envoyé des missionnaires au Levant; donc ces missionnaires ont réuni tous les chrétiens du pays à l'obéissance du S.-Siége. Cependant s'il y a quelque chose de faux dans le monde, c'est cette étrange supposition, qui ne peut jamais être faite que par ceux qui n'ont aucune connaissance de l'histoire orientale, ni de l'état des églises séparées de la communion romaine; et certainement les auteurs de ce paradoxe ignoraient tout ce qui a rapport à l'une et à l'autre.

Pour commencer par les guerres d'outre-mer, les Grecs marquent assez eux-mêmes avec quelle jalousie ils virent les Occidentaux entrer dans leurs provinces. Ils avaient peut-être sujet de se plaindre des maux que leur attirait le passage des croisés, dont on ne prétend pas justifier la conduite. Mais on ne peut ignorer que la perfidie des Grecs, leur cruauté, leur duplicité n'allassent à de tels excès, que l'armée chrétienne serait périe entièrement dès le premier passage, si elle ne s'était ouvert le chemin par la force des armes, pour se défendre de toutes les trahisons des empereurs de Constantinople. On ne voit pas de Grecs plus furieux contre les Latins que ceux de ce temps-là; et si on suppose que, nonobstant les inimitiés et la guerre ouverte, les Latins eurent divers moyens pour leur apprendre le dogme de la présence réelle, on fait la supposition la plus fausse et la plus insoutenable dont jamais il ait été parlé dans l'histoire. Les Grecs et les Latins avaient eu déjà plusieurs disputes, touchant la foi, qui avaient produit un grand nombre d'écrits de part et d'autre. Les contestations, après divers accommodements qui n'eurent pas de suite, paraissaient avoir été terminées au concile de Florence, mais elles recommencèrent aussitôt avec la même aigreur. Dans ce long intervalle depuis le schisme de Photius jusqu'à la prise de Constantinople par les Latins, pendant lequel il y a eu un grand commerce entre les deux nations, on ne trouve pas qu'il y ait eu la moindre dispute touchant la foi de l'Eucharistie; que les uns aient reproché sur ce sujet aucune erreur aux autres, et cela lorsqu'on disputait avec la dernière chaleur sur les azymes et sur des points moins importants. C'est donc avec raison que nos théologiens ont conclu que le consentement des Grecs et des Latins sur cet article avait été parfait; d'autant plus que les calvinistes ne peuvent pas nier qu'il n'y a eu aucun changement de langage, que les Grecs modernes parlaient comme les anciens sur l'Eucharistie, et qu'ils entendaient les paroles des saints Pères dans le même sens que les Latins. On ne peut donc dire que ceux-ci dans le passage qu'ils firent pour aller à la conquête de la Terre-Sainte, aient porté en Grèce une nouvelle créance touchant la réalité, puisqu'elle s'y trouvait déjà établie. Quand cela serait, ce changement n'aurait pu regarder que les Grecs, et il n'avait rien de commun avec les autres chrétiens qui étaient répandus dans tout l'Orient.

Ce ne pouvait être donc qu'après la prise de Jérusalem que les Latins eussent été en état de travailler à ce grand ouvrage; et pour examiner si l'exécution en était si facile, il faut observer quelle était alors la forme du gouvernement spirituel et temporel dans la Syrie et dans les provinces voisines. Les Européens qui excitèrent les autres à entreprendre la guerre sainte n'étaient que ceux qui avaient fait par dévotion le pélerinage de Jérusalem. On y trouvait des chrétiens de toute sorte de pays, qui gémissaient dans une dure servitude sous les mahométans. Ces bons pélerins ne s'amusaient pas à disputer avec ceux qu'ils trouvaient sur les lieux : ils voyaient qu'ils étaient chrétiens, et cela suffisait pour les émouvoir à compassion; mais de savoir s'ils étaient orthodoxes, nestoriens ou jacobites, peu de personnes en eussent alors été capables. Les Grecs seuls avaient un patriarche à Jérusalem, car les nestoriens et les jacobites n'y avaient que des métropolitains. Ces Grecs, ou melchites, n'étaient pas si fort plongés dans le schisme que les autres, parce que, pour le temporel, ils ne dépendaient que des princes mahométans, et que l'autorité des patriarches de Constantinople, auteurs de tous les schismes, y était fort médiocre. Le motif du zèle des premiers promoteurs de la croisade fut donc de délivrer des chrétiens, sans trop savoir quels ils étaient, de l'oppression des infidèles, qui était alors fort augmentée, parce que la ville de Jérusalem avait été prise par les califes d'Égypte, qui en avaient chassé Sakman et Ilgazi, enfants d'Ortok Turcoman, ancien officier des sultans Seljoukides, dont l'empire immense fut ruiné en fort peu de temps par les guerres civiles que firent entre eux les enfants de Gelaleddin Melikschah.

L'armée chrétienne prit la ville dans le même temps, et après que Godefroy de Bouillon eut été élu roi, le clergé disposa des affaires ecclésiastiques d'une manière qui ne pouvait être agréable aux chrétiens du pays. Car les Latins occupèrent les principales églises, et les leur ôtèrent. Ils établirent un patriarche latin, et des archevêques ou des évêques en plusieurs villes. Lorsqu'Antioche fut prise, ils y mirent de même un patriarche, qui s'empara de toute la juridiction. On doit convenir que ces préliminaires n'étaient pas fort favorables pour disposer les chrétiens, particulièrement les ecclésiastiques, à prendre pour maîtres en ce qui regardait la foi et le gouvernement de l'Église, ceux qui les dépouillaient d'abord de leurs dignités et de leurs biens; ce qui rendait leur condition pire en quelque manière qu'elle n'était sous les mahométans, puisque ceux-ci les laissaient vivre chacun selon les usages de leurs églises. D'un autre côté on ne voit pas, par les histoires de ces temps-là, que les Latins les contraignissent à se réunir à l'Église romaine, ni qu'ils leur défendissent l'exercice de leur religion. Ainsi depuis la prise de Jérusalem, jusqu'à ce que Saladin la reprit, les Grecs, les Syriens et tous les autres chrétiens de Palestine et de Syrie n'eurent aucune communion avec les Latins.

Dans tout cet espace de temps, les Grecs avaient à Alexandrie un patriarche, qui était celui des melchites ou orthodoxes ; les jacobites ou Cophtes avaient le leur, dont on sait la succession. Ceux-ci, par une prétention nouvelle, avaient étendu leur juridiction sur Jérusalem, et nommèrent un évêque avec le seul titre de métropolitain, quoique suivant les canons de Nicée, l'évêque de cette sainte ville dût être honoré par-dessus les autres. Les nestoriens n'y avaient aussi qu'un métropolitain qui en avait plusieurs avant lui. Il y avait deux patriarches d'Antioche, un Grec et orthodoxe, mais schismatique, et un jacobite, dont la succession continue jusqu'à présent. On ne trouve point qu'aucun de ces patriarches ait renoncé aux erreurs de sa secte ou au schisme pour se réunir avec les Latins. Au contraire les écrivains du temps, qui ont traité des différentes hérésies, ont mis les *Francs*, c'est-à-dire les Latins, au nombre de ceux qui avaient des erreurs et des abus, parmi lesquels ils marquent l'addition faite au symbole, et les jacobites les accusent aussi de croire deux natures en Jésus-Christ. Ils ne leur reprochent rien sur la foi de l'Eucharistie ; et on peut juger s'ils auraient regardé cet article comme indifférent, puisque parmi les abus qu'ils condamnent dans les Francs ils mettent ceux-ci : l'usage des azymes ; que le pain dont ils se servent à la messe n'est pas cuit le même jour ; que les prêtres se lavent la bouche avec de l'eau avant que de célébrer ; qu'ils tuent des animaux ; qu'ils portent les armes ; enfin qu'ils ne veulent avoir aucune société avec ceux qui n'ont pas la même foi, mais qu'ils les massacrent et les exterminent.

Nous voyons aussi que durant les croisades l'église jacobite, tant à Alexandrie qu'à Antioche, n'a souffert aucun changement dans son extérieur ; et que les évêques sont demeurés dans la doctrine et dans la pratique de leurs églises. Il n'y a donc pas lieu de juger qu'il y soit arrivé la moindre altération ; et même il y a des preuves bien certaines du contraire. Denis Barsalibi, savant jacobite, était métropolitain d'Amid, et il vivait encore dans le temps que les Francs étaient maîtres de Jérusalem. Parmi plusieurs ouvrages, il en a fait un très-estimable, qui est un commentaire sur la Liturgie de S. Jacques, dont les Syriens se servent principalement. Il adresse cet ouvrage à l'évêque de Jérusalem, et il lui marque dans sa préface qu'il y trouvera de quoi répondre aux Francs quand ils attaqueront la doctrine et la discipline des jacobites. Il paraît donc que ces chrétiens demeuraient dans les mêmes opinions qu'ils avaient toujours professées selon leur secte, et que si quelquefois les Latins les attaquaient sur la religion, c'était d'une manière fort faible. On peut juger par ce qui nous reste d'ouvrages des plus habiles hommes qui fussent dans l'Église latine de ce temps-là, qu'ils manquaient de tout ce qui était nécessaire pour disputer avec les Orientaux ; et, à l'exception de Guillaume de Tyr, de Jacques de Vitry et de fort peu d'autres, à peine en remarque-t-on un ou deux qui aient rapporté fidèlement les opinions de ces églises orientales, tant s'en faut qu'ils fussent en état de les combattre. Aussi quoiqu'il nous reste un assez grand nombre de disputes sur la religion avec les juifs et avec les mahométans ; d'autres des melchites contre les jacobites et les nestoriens, et de ceux-ci contre les uns ou les autres, il ne s'en voit aucune contre les Latins.

CHAPITRE III.

On ne peut prouver qu'il y ait eu de changement sans faire plusieurs fausses suppositions.

Afin donc que la domination des Latins en Palestine et en Syrie ait pu introduire du changement dans la doctrine sur l'Eucharistie, il faut faire plusieurs suppositions entièrement impossibles. La première est que les Latins, en instruisant les Orientaux sur la présence réelle et sur la transsubstantiation, crussent que toute la religion catholique était tellement renfermée dans cet article, qu'après cela ils ne se mettaient pas en peine si leurs prosélytes croyaient ou ne croyaient point d'autres vérités capitales. C'est néanmoins ce qu'il faut nécessairement supposer, quoiqu'on ne trouve peut-être aucun exemple de pareille conduite en matière de religion ; et que jamais personne n'ait entrepris d'instruire des hérétiques d'une seule vérité, en négligeant toutes les autres ; 2° il faut supposer que toute l'attention des catholiques en tout pays était d'établir la présence réelle ; comme s'il eût été fort nécessaire de prêcher une doctrine qui était reçue partout ; outre que l'hérésie de Bérenger avait été condamnée il y avait plus de cinquante ans, et n'avait plus presque de sectateurs. Mais comme Aubertin avait besoin de cet empressement pour l'accommoder à sa fable, il suppose sans aucune preuve ce qui ne fut jamais ; 3° il faut encore supposer que ce changement s'est fait de telle manière, qu'il n'en soit resté aucune mémoire dans les livres des Orientaux, non plus que dans les Grecs et dans les Latins. Et ce qui est encore plus convaincant, on ne peut s'imaginer, sans avoir perdu l'esprit, qu'il faille rapporter au temps des croisades le commencement d'une nouvelle doctrine sur l'Eucharistie, qui se trouve enseignée dans ces mêmes églises orientales très-longtemps auparavant. Car outre Vincent, évêque de Keft, que les Cophtes croient avoir vécu avant le mahométisme, Sévère, évêque d'Aschmonin, vivait avant les croisades ; et on aura peine à découvrir dans les auteurs latins de pareille antiquité des expressions plus significatives que les siennes pour la présence réelle. Les commentaires sur les Évangiles en arabe et en syriaque, qui ne sont pas d'une moindre antiquité, contiennent plusieurs passages des saints Pères qui ont rapport à la doctrine de l'Eucharistie, et qui sont tous pris au sens littéral, sans qu'il paraisse le moindre vestige de ces explications subtiles qu'Aubertin a inventées, ni d'une doctrine différente de celle qui est communément reçue en Occident : ce qui prouve encore qu'il ne peut être arrivé aucun changement ; 4° il faut aussi supposer une telle chose également absurde et impossible, qui est, qu'en même temps que la nouveauté a été introduite dans les églises d'Orient, ceux qui y ont travaillé ont corrompu les ouvrages des anciens Pères reçus dans l'église grecque, dont il y avait des traductions en syriaque et en arabe, pour y semer le dogme de la réalité, pour mettre *le corps et le sang de Jésus-Christ* en divers endroits, où, dans les originaux, il y avait *antitypes*, *oblation*, *sacrés dons* et autres mots semblables : ce qui ne s'observe pas seulement dans plusieurs homélies de S. Jean Chrysostôme, dans les catéchèses de S. Cyrille de Jérusalem, et dans les traductions syriaques et arabes des canons, mais généralement en tout ce qui serait capable de porter les lecteurs à un sens éloigné de la réalité ; 5° si cela doit être jugé impossible, puisqu'on sait qu'alors les plus habiles théologiens parmi les Latins n'avaient qu'une légère connaissance des auteurs grecs, qu'à peine trouve-t-on dans les histoires de ces temps-là deux ou trois hommes qui eussent pu traduire du grec, encore moins du syriaque, qui n'était plus vulgaire depuis près de trois cents ans ; que le peu de livres qui furent apportés du Levant en Europe pendant les croisades étaient des traités de philosophie, de médecine ou de mathématiques, que quelques-uns traduisirent sur les versions arabes, ne se trouvant presque personne qui pût traduire les originaux grecs ; qui pourra s'imaginer qu'il y ait eu dans ces temps d'ignorance un assez grand nombre de Latins versés dans la lecture des Pères grecs qui n'étaient pas connus en Europe, et assez savants en arabe et en syriaque pour pouvoir examiner tous les livres des chrétiens orientaux écrits dans ces deux langues, et y insérer la doctrine inconnue de la présence réelle, sans que les autres s'en aperçussent, ou sans qu'ils osassent s'y opposer, comme on doit supposer qu'ils firent sur ce qui regardait les autres dogmes, puisqu'on les trouve en leur entier dans tous les livres des jacobites et des nestoriens ? Comment s'est-il pu faire que ceux qui avaient travaillé à un ouvrage si utile à l'Église, ne s'en fussent pas fait honneur quelque part, ou que les Orientaux n'aient pas laissé quelque plainte de cette violence ? 6° C'est encore une supposition très-absurde de s'imaginer que s'il y avait eu parmi les ecclésiastiques qui suivirent les croisés des hommes assez habiles pour exécuter cette réforme générale de tous les livres de religion, ils eussent eu la liberté de le faire. Car le pouvoir absolu des chrétiens latins ne s'est jamais étendu que dans la Palestine, à Antioche, et dans quelques villes de Syrie. Mais en Égypte, où était la résidence du patriarche cophte d'Alexandrie, chef de la secte des jacobites, où il y avait un grand nombre d'évêques et de religieux fort attachés à leur religion, les Francs ne pouvaient pas avoir cette autorité, non plus que dans un grand nombre d'églises jacobites ou nestoriennes de Syrie et de Mésopotamie, où ils n'ont pas été les maîtres, et où même on ne les fréquentait pas sans péril ; puisqu'on voit dans l'Histoire des Patriarches d'Alexandrie que Cyrille, fils de Laklak, qui vivait sous les successeurs de Saladin, fut accusé par son clergé d'avoir trop de familiarité avec eux ; 7° il y a encore une remarque à faire sur l'absurdité de cette pensée, et c'est que dans ces livres, où la doctrine catholique sur l'Eucharistie est si clairement établie, il se trouve divers passages d'auteurs que les jacobites regardent comme des Pères et des docteurs de leur église, et qui ont été frappés d'anathèmes par les catholiques. Tels sont Sévère d'Antioche, Philoxène de Hiérapolis et quelques autres, ainsi que Théodore, Diodore, Narsès parmi les nestoriens. Si ces réformateurs de livres orientaux les connaissaient pour hérétiques, ils se sont acquittés fort mal de cette réforme ; s'ils leur étaient inconnus, de pareils hommes n'étaient guère capables de faire un changement entier dans un si grand nombre d'églises. Nous savons bien qu'on trouve dans les Chaînes grecques des citations d'Apollinaire, de Sévère d'Antioche, de Théodore de Mopsueste et de divers autres, pour ne point parler d'Origène. Mais cette comparaison ne détruit pas ce que nous avons rapporté : car ils y sont cités comme des auteurs qui ont expliqué heureusement, et selon l'esprit de l'Église, des passages de la sainte Écriture, et non pas comme des docteurs, encore moins comme des saints ; au lieu que c'est en cette qualité qu'ils sont allégués par leurs sectateurs. Trouvera-t-on dans toute l'Histoire ecclésiastique aucun exemple d'une pareille dissimulation ? Et quelqu'un entreprendra-t-il de persuader que les papes eussent cru avancer beaucoup les intérêts de l'Église, abandonnant son ancienne doctrine contre les décisions des conciles généraux, pour canoniser des hérétiques, et tolérer les erreurs les plus grossières, pourvu qu'on reçût la foi de la présence réelle ? 8° C'est encore une supposition très-absurde que celle qu'on doit nécessairement faire, en admettant la possibilité de ce changement, et qui est, qu'il se soit fait sans qu'il y ait eu rien de changé dans les cérémonies, ce qui n'est jamais arrivé. Les protestants l'ont assez prouvé par leur conduite ; puisqu'incontinent ils abolirent la messe et tous les rites, aussi bien que les prières les plus solennelles, dont l'usage était aussi ancien que l'Église, jugeant que cela ne pouvait s'accorder avec leur nouvelle religion. Quoiqu'ils soient partagés en beaucoup de sectes, et qu'ils aient eu beaucoup d'opinions contraires les unes aux autres touchant l'Eucharistie, ils se sont tous accordés sur la suppression de la messe et de toutes les prières qui signifient le changement des dons proposés, ainsi que de toutes les marques du culte direct pour l'Eucharistie. Les protestants ne peuvent dire que la discipline des Orientaux pour célébrer les saints mystères ne soit pas plus ancienne que les croisades. S'ils le disaient, on leur fermerait la bouche par le jugement de deux des plus savants hommes qu'ils aient eus parmi eux, Joseph Scaliger et M. de Saumaise, qui ont jugé les Liturgies cophtes fort anciennes, et même plus que les grecques, telles que nous les avons présentement. Or nous croyons avoir montré, par des preuves incontestables, que les prières de ces Liturgies et les cérémonies qui les accompagnent, ne pouvaient avoir lieu en aucune église où l'on n'aurait pas cru la présence réelle ; et nous ne croyons pas que ce qui en a été dit ci-dessus reçoive la moindre atteinte par les fausses interprétations de M. de Saumaise, et par le vain raisonnement d'Aubertin sur la forme des paroles de Jésus-Christ, telle qu'elle est dans la Liturgie éthiopienne.

Supposons cependant ce qui doit être nécessairement supposé, qui est, qu'en introduisant parmi les Orientaux la doctrine de la présence réelle, on leur a en même temps appris à adorer l'Eucharistie, à la considérer comme le véritable corps de Jésus-Christ, et à pratiquer tout ce qui est une suite de cette créance : on doit présumer que ceux qui ont eu la principale part à cette nouveauté leur auront donné les mêmes prières et les mêmes cérémonies que celles de l'Église romaine. Cela n'est pas une supposition en l'air, c'est une conséquence nécessaire, eu égard à ces temps-là ; puisqu'on reconnaît par le témoignage de tous les auteurs et des plus fameux théologiens, qu'alors on ne connaissait aucune autre discipline que celle qui se pratiquait dans nos églises, et que toute autre était suspecte. Il n'est donc pas possible que les Latins aient enseigné aux Orientaux ce qu'eux-mêmes ne pratiquaient point, ce qu'ils ne connaissaient pas, et que souvent ils ont condamné.

Ce n'est pas là tout ; non seulement ceux qui pourraient avoir introduit ce changement dans la doctrine et dans la discipline ne connaissaient pas celle que nous trouvons pratiquée en Orient plusieurs siècles avant les croisades, mais les théologiens latins en condamnèrent la plus grande partie, dès qu'ils en eurent connaissance par les disputes qu'il y eut dans la suite. Car quelques-uns accusèrent les Grecs d'honorer le pain et le vin avant la consécration, et de ne l'adorer pas après ; de ne pas faire l'élévation, parce que ni eux ni les Orientaux ne la font pas en même temps que les Latins, mais un peu avant la communion ; de dire l'invocation du S.-Esprit après avoir prononcé les paroles de la consécration ; de donner la communion par intinction aux enfants, et ainsi de divers autres rites inconnus en Occident, et qui sont cependant des suites de la créance de la présence réelle.

On peut juger par ce qui a été rapporté ailleurs touchant deux additions faites à la confession de foi des Cophtes, un peu avant la communion, qu'il n'était pas si aisé d'introduire des nouveautés dans ces églises séparées. Un patriarche y ayant ajouté le mot de *visifiant*, en parlant du corps de Jésus-Christ, trouva une forte contradiction de la part des religieux de S.-Macaire, quoiqu'ils convinssent que la proposition était orthodoxe ; de même un autre qui avait joint à ces paroles : *La chair de Jésus-Christ*, celles-ci : *Qu'il a faite une avec sa divinité*, parce qu'elles pouvaient avoir un sens approchant de l'hérésie des apollinaristes. C'est donc la supposition du monde la plus téméraire,

que de s'imaginer que ceux qui étaient si attentifs sur tout ce qui sentait la nouveauté, eussent été insensibles à un changement aussi prodigieux que celui de regarder comme le vrai corps de Jésus-Christ ce qui n'était peu d'années auparavant regardé que comme du pain.

Dès qu'on suppose que la foi est changée, on ne peut pas être longtemps sans que les rites ne changent pareillement ; et lorsqu'on remarque ceux qui naissent de la présence réelle déjà établis dans une église, on peut conclure que la créance qui les produit y était déjà connue. Personne ne s'avise d'adorer ce qu'il croit n'être que du pain ; mais dès qu'il croit que ce qu'il voit n'est plus du pain, mais le corps de Jésus-Christ, il l'adore sans difficulté. Or tous les rites que nous avons tirés des livres orientaux par rapport à l'adoration et au culte religieux de l'Eucharistie étaient pratiqués par les chrétiens orientaux longtemps avant les croisades ; et par conséquent elles ne peuvent avoir servi à faire recevoir une créance qui y était déjà reçue, comme il a été prouvé d'une manière fort claire.

Enfin, pour peu qu'on fasse réflexion à l'opiniâtreté avec laquelle les Égyptiens attachés à Dioscore soutinrent sa cause dans le concile de Calcédoine ; que l'autorité de Martien et des empereurs suivants ne put les réduire ; que, nonobstant la rigueur des lois publiées contre eux, ils continuèrent à élire des patriarches de leur secte ; qu'ils demeurèrent maîtres de la plupart des monastères ; qu'aussitôt que les Mahométans se présentèrent devant Alexandrie ils se soumirent à eux, et par leur moyen ils chassèrent les orthodoxes de toutes les églises, et même de la ville ; qu'ils les rendirent suspects aux infidèles par leurs calomnies ; que durant près de cent ans ils exercèrent contre eux toute sorte de violences et de cruautés, on ne croira pas aisément que des peuples de ce caractère, que les anciens ont toujours dépeints comme turbulents et séditieux, pussent sans aucune contestation recevoir un nouveau dogme, plus difficile à croire que tous ceux pour lesquels ils se portèrent aux dernières extrémités.

Mais il est inutile de deviner sur de pareilles matières, lorsqu'on n'a pas la moindre preuve à alléguer, car les calvinistes n'en ont aucune. Il faut examiner ensuite si l'Église romaine a fait par le moyen des missionnaires ce qu'on ne voit pas qu'elle ait fait par les croisades.

CHAPITRE IV.

Qu'on ne peut prouver que la créance de la présence réelle ait été portée au Levant par les missionnaires de l'Église latine.

C'est ici le second moyen par lequel les protestants supposent que la créance de la présence réelle s'est introduite dans les églises orientales. Mais quand on vient à examiner le temps et les circonstances d'un si grand changement, ils n'ont pas plus de preuves à en donner que de l'autre moyen, qui est celui des croisades. Lorsqu'ils exagèrent le zèle des papes à envoyer des missionnaires partout, pour attirer à la communion de l'Église catholique les chrétiens qui en étaient séparés par l'hérésie et par le schisme, ils font l'éloge des catholiques. Mais ils se rendent ridicules lorsqu'ils représentent les papes et les missionnaires comme occupés uniquement du dessein de répandre partout la doctrine de la présence réelle, de même que si on était orthodoxe en croyant cet article seul, et que les autres fussent indifférents, jusqu'à celui de la supériorité du pape qui devait toucher la cour de Rome, et qu'elle n'a jamais oublié.

Voici donc l'idée qu'on doit avoir de ces missionnaires, selon le système des protestants. Ce devait être des hommes étrangers qui ne parlaient d'abord que par interprètes, et qui disaient aux Grecs, aux Syriens, aux Arméniens, aux Cophtes, aux Éthiopiens, aux Moscovites, et enfin à tous les chrétiens : *Mes frères, nous savons bien que vous avez différentes opinions qui ne s'accordent pas avec notre créance : vous êtes les uns nestoriens, qui dites anathème à ceux que nous regardons comme des saints, et au concile d'Éphèse, que nous recevons avec respect ; vous honorez Nestorius et d'autres que nous croyons en enfer. Vous, jacobites, vous en dites à peu près autant du concile de Calcédoine et de S. Léon ; mais n'importe, ce sont là des bagatelles : croyez seulement que l'oblation qui est faite dans la Liturgie est véritablement le corps et le sang de Jésus-Christ, et nous serons contents de vous.* Ceux qui auraient parlé de cette manière auraient été traités comme des fous, et avec raison : et chacun peut juger si des évêques et des prêtres qui auraient eu la moindre connaissance de la religion se seraient rendus à des prédications aussi ridicules, faites par des étrangers qui étaient regardés comme des hérétiques. Croira-t-on que personne parmi eux n'ait voulu disputer avec ces nouveaux docteurs, ou qu'il ne l'ait pu faire ? Il ne reste donc que la voie secrète d'insinuation ; c'est-à-dire, que ces missionnaires secrètement et sans bruit aient catéchisé un nombre infini de Cophtes, de Syriens, d'Éthiopiens, et que, durant un assez long espace de temps, il ne se soit trouvé personne qui ait ouvert les yeux à ces pauvres ignorants, pour les empêcher d'être séduits par les prédicateurs de la présence réelle.

Si, comme les protestants l'avouent, les rites sacrés que l'Église romaine pratique et divers points de discipline touchant le respect dû au Saint-Sacrement sont les suites de la présence réelle, et qu'on les trouve dans les églises orientales, ce qui est hors de toute contestation, il faut qu'ils ne soient pas plus anciens que ce prétendu changement. Il est néanmoins incontestable que tous ces rites et la discipline qui sont en usage parmi les Cophtes et les Syriens ont une antiquité beaucoup plus grande que toutes les époques de changement établies par Aubertin et par ses disciples ; puisque dans le douzième siècle on voit que les religieux de S.-Macaire, qui faisaient le corps le plus considérable de l'église cophte, alléguaient l'ancien usage pour s'opposer à quelques additions faites à la confession de foi sur l'Eucharistie, qui se disait et se dit encore avant la communion. Mais si ces rites sont nés de l'opinion de la présence réelle, et qu'elle soit si récente parmi eux, nous en verrions l'origine et l'établissement dans leurs histoires, comme nous y trouvons sous quels patriarches, et à quelle occasion, le mot de *vivifiant*, et ces paroles, *sans confusion, sans mélange et sans altération*, furent ajoutées.

Il faudrait aussi que les auteurs de semblables paradoxes rendissent raison de ce que parmi ces cérémonies et ces prières il y en a que les Latins ne connaissent point, surtout qui étaient absolument inconnues aux théologiens de ce temps-là, comme est l'invocation du S.-Esprit sur les dons proposés, même après la prononciation des paroles sacramentelles de Notre-Seigneur. Car les Orientaux, principalement les Cophtes, croient qu'alors seulement la consécration est achevée : ce qui démontre qu'ils croient un changement réel, et non pas métaphorique, puisqu'il n'y a point de moment déterminé à celui-ci, et qu'il y en a un pour l'autre. Il faut donc convenir que les missionnaires latins ne peuvent pas leur avoir appris ce qui non seulement n'est pas cru dans l'Église latine, mais ce que plusieurs scolastiques regardent comme une hérésie.

On peut encore moins dire que cette oraison pour invoquer le Saint-Esprit, qui, suivant le sens simple et littéral des paroles, signifie un changement réel et actuel du pain et du vin au corps et au sang de Jésus-Christ, leur ait été apprise par les Latins qui ne l'ont pas dans leur Liturgie ; mais elle se trouve dans toutes les grecques, et il n'y en a aucune en Orient qui ne la rapporte.

L'usage des azymes est un sujet de dispute qui dure depuis plusieurs siècles entre les Grecs et les Latins : pourquoi ne trouve-t-on pas le moindre vestige de quelque tentative qu'aient faite ces missionnaires, qui trouvaient les hommes si dociles sur le plus difficile de tous les mystères, afin de les ramener à l'usage de l'Église romaine, ou au moins pour leur apprendre que ce n'était pas un article de foi, mais un point de discipline qui ne devait pas rompre l'union entre les églises ?

Les ministres supposent que les livres d'Anastase Sinaïte et de S. Jean Damascène ont servi à pervertir tout l'Orient, et à y répandre l'opinion de la présence réelle. On trouve bien qu'il est parlé du premier dans les livres des melchites ou orthodoxes, et Eutychius en fait mention dans ses Annales, parce qu'il était de la même église ; mais les autres ne pouvaient pas, sur son autorité, recevoir de nouveaux dogmes, puisqu'ils le regardaient comme hérétique.

A l'égard de S. Jean Damascène, que les Orientaux appellent fils de Mansur, on trouve, dans un manuscrit du Vatican, un extrait de ce qu'il a écrit sur l'Eucharistie, dans son traité de la foi orthodoxe. Mais comme c'est à la suite d'un ouvrage fort ample suivant la doctrine de l'église d'Égypte, il paraît qu'il est cité comme plusieurs autres Grecs anciens dont on rapporte de longs passages. Quoique le titre semble signifier que l'ouvrage, qui est par questions et par réponses sur l'Eucharistie, est de quelque théologien de l'église cophte, il paraît cependant qu'il est plutôt d'un auteur melchite ou orthodoxe. Car dans la suite il y a un traité contre les azymes et l'usage qu'en font les Latins, où toutes les objections des Grecs sont rapportées, et on sait que cette question n'a jamais presque été traitée entre les Orientaux et les Latins, mais seulement entre ceux-ci et les Grecs. Il est dit que cette dispute fut faite à Constantinople l'an d'Alexandre 1365, et de l'hégire 443, sous Constantin Monomachus, au nom du patriarche Michel, qui n'ayant pas voulu consentir à ce que proposaient les légats du pape, ceux-ci laissèrent sur l'autel de Sainte-Sophie une sentence d'excommunication, et se retirèrent. Ces deux années répondent exactement à celle de Jésus-Christ 1053, et ce fut alors que Michel Cerularius commença ses disputes contre les Latins ; mais ce ne fut que l'année suivante, selon l'opinion commune, que les légats du pape allèrent à Constantinople. Il ne faut pas demander une si grande exactitude aux Orientaux : on voit seulement par cette pièce qu'elle avait été traduite pour des melchites du rit grec, et peut-être pour ceux du patriarcat d'Antioche ; car quoique tous les Orientaux soient dans les mêmes sentiments sur les azymes, ils ne sont pas entrés dans la dispute avec la même chaleur que les Grecs.

Mais quand d'autres auraient traduit en leur langue l'ouvrage de S. Jean Damascène, cela ne prouverait pas qu'ils ont appris de lui la doctrine du changement réel, plutôt que de S. Athanase, de S. Cyrille de Jérusalem, de S. Grégoire de Nysse et d'autres, dont les témoignages se trouvent cités dans le même traité. De plus il est assez ordinaire aux chrétiens orientaux de tirer des autres, quoique de différentes sectes, ce qui leur paraît bon et exempt de toute erreur. Ainsi Ebnassal, jacobite, dans son traité des *Principes de la foi*, cite des passages, non seulement des théologiens melchites ou orthodoxes, mais d'Israël, évêque de Cascar, nestorien, qui avait écrit contre les infidèles; et sans sortir du livre que nous examinons, on y trouve sous le nom d'Eustathius, religieux, des paroles qui sont de Sévère, évêque d'Aschmonin, jacobite, et elles sont sous d'autres noms en divers manuscrits, preuve certaine qu'il n'y a eu entre les chrétiens orientaux aucune opinion différente touchant l'Eucharistie.

Quand néanmoins les Grecs auraient pris leurs sentiments de S. Jean Damascène, son autorité n'eût été d'aucun poids parmi les nestoriens et les jacobites s'il avait écrit quelque chose de contraire à la créance commune, et les missionnaires l'auraient inutilement fait valoir auprès de ceux qui le regardaient comme hérétique. En effet, dans le même manuscrit du Vatican où se trouve cette pièce, il y a en marge des notes d'un jacobite qui le réfute en quelques endroits qui

regardent le mystère de l'Incarnation ; mais il ne s'en trouve aucune sur la doctrine de l'Eucharistie en la manière qu'elle y est expliquée, preuve certaine qu'il n'y avait aucune contestation sur cet article.

Ainsi puisqu'il ne se trouve aucune réunion publique des jacobites d'Alexandrie avec les Grecs orthodoxes, ni avec les Latins ; qu'en cette ville patriarcale il y a eu, depuis le concile de Calcédoine, deux patriarches opposés, comme il y en a encore deux présentement en Égypte ; qu'il en a été de même dans le patriarcat d'Antioche et dans tout l'Orient ; que cette division a subsisté dans Antioche et dans toute la Palestine, lors même que les Francs y étaient les maîtres, il faut avoir bien mauvaise opinion du public pour prétendre persuader, sans preuves, que des religieux, d'autres ecclésiastiques, ou des inconnus aient introduit une nouveauté de cette importance sans que personne s'y soit opposé ou même s'en soit aperçu : qu'ils ont tous cru être dans la foi de leurs pères, et dans celle de toute l'Église, lorsqu'ils reconnaissaient que l'Eucharistie était le véritable corps de Jésus-Christ; qu'ils ont été persuadés que les paroles des saints Pères, qu'ils trouvaient dans les homélies et dans les catéchèses, ne pouvaient pas être entendues autrement ; que toutes leurs cérémonies avaient rapport à ce même sens, et que cependant ils étaient dans une erreur grossière, nouvelle, inconnue à toute l'antiquité, qui leur avait été apportée par des étrangers qu'ils regardaient comme hérétiques.

Il faut aussi remarquer que leurs auteurs anciens et modernes qui expliquent le dogme de l'Eucharistie, quoique dans la substance de la doctrine ils ne s'écartent pas de ce qu'enseigne l'Église catholique, cependant ils le font d'une manière et sur des principes plus conformes à la théologie des Pères grecs qu'à celle de l'école, où il n'est pas ordinaire d'expliquer le changement miraculeux qui se fait dans l'Eucharistie par le mystère de l'Incarnation, ni de l'attribuer à l'opération toute-puissante du S.-Esprit, descendant sur les dons proposés. Non seulement cette théologie n'est pas celle des scolastiques anciens ou modernes ; mais quelques uns de ces derniers y ont cru voir des conséquences dangereuses, qui détruisaient l'opération du ministre. C'est une remarque des théologiens portugais sur la Liturgie des chrétiens de Malabar, qu'ils corrigèrent par cette raison, très-peu conforme à la doctrine de l'ancienne Église. Donc, puisque la manière d'expliquer le mystère de l'Eucharistie ne vient pas de l'Église latine, ou pour mieux dire de ceux qui passaient alors pour les maîtres des écoles d'Occident, il est impossible qu'ils aient reçu d'eux la substance du dogme.

Car il faut remarquer qu'il n'y a aucune différence entre les auteurs anciens et modernes, dans l'explication qu'ils donnent du mystère de l'Eucharistie. Sévère, évêque d'Aschmonin, qui a écrit plusieurs traités sur cette matière, parle comme ceux qui l'ont expliquée deux ou trois cents ans après lui, et se sert des mêmes pensées et des mêmes expressions que

Denis Barsalibi, qui écrivait en Mésopotamie. On trouve leurs traités, particulièrement les plus courts, transcrits dans des manuscrits fort récents, parce qu'ils contiennent la foi reçue dans toute l'étendue de l'église jacobite; et les homélies pour le cours de l'année, suivant l'usage des Cophtes, sont tirées en partie de ces écrivains. On n'y remarque pas plus de vestige de la doctrine commune dans nos écoles que dans ces anciens théologiens; et, jusqu'aux termes de la langue arabesque, on y observe une différence très-sensible entre les livres composés depuis cent ans ou environ par les missionnaires, et ceux qui ont été faits par les chrétiens du pays.

Enfin nous ajouterons une observation très-singulière et très-décisive : c'est que plusieurs théologiens jacobites, expliquant le mystère de l'Eucharistie, et parlant de la manière dont le pain et le vin sont faits le corps et le sang de Jésus-Christ, ont parlé de l'union de l'humanité prise de la sainte Vierge avec la divinité, comme nous voyons que dans les disputes que les catholiques ont eues contre les dioscoriens ou monophysites, il y a eu divers raisonnements produits de part et d'autre, qui sont tirés de la comparaison du corps naturel de Jésus-Christ avec le corps sacramentel; c'est-à-dire, le même corps considéré sous les apparences extérieures du pain et du vin. Or comme les monophysites, tels que sont les jacobites, ne peuvent parler que sur les principes de leur secte, et que celui de ne reconnaître qu'une nature influe dans toute leur doctrine, ils emploient souvent des expressions qui ne peuvent s'accorder avec la foi catholique sur ce sujet. On ne dira pas que des missionnaires les aient apprises aux Orientaux, puisqu'on doute fort qu'elles se trouvent dans aucun des théologiens latins qui aient écrit avant ces temps-là, et parce que tous ceux qui les ont connues dans la suite les ont condamnées. Par exemple, dans la confession de foi qui se fait avant la communion dans l'église cophte, on trouve ces paroles, que c'est le corps, ou, en traduisant mot à mot (parce qu'il y a σάρξ dans le texte cophte, ainsi que dans le grec de la Bibliothèque-du-Roi), que c'est la chair de Notre-Seigneur Jésus-Christ *qu'il a faite une avec sa divinité*. Elles expriment l'hérésie des monophysites d'une manière fort claire. On ne peut donc supposer que les Cophtes aient reçu cette prière des Latins, qui, aussi bien que les melchites ou orthodoxes grecs et syriens, la condamnent absolument. On trouve dans les Liturgies éthiopiennes et en d'autres prières publiques des expressions encore plus fortes; et elles marquent assez qu'elles ne pouvaient venir dans l'esprit qu'à des hérétiques, et par conséquent qu'ils en sont auteurs, et qu'ils ne les ont pas apprises d'ailleurs.

CHAPITRE V.

Exemples de quelques changements connus par l'histoire pour la réunion des églises orientales, sur lesquels on peut juger si le changement que les protestants supposent était possible, ou même vraisemblable.

On ne peut mieux éclaircir ce qui regarde le changement qu'on suppose pouvoir être arrivé dans les églises orientales qu'en examinant ce que nous savons par l'histoire touchant les réunions de quelques églises avec d'autres, les conversions des peuples, les réformes qui peuvent avoir été faites, et pareils faits historiques, qui ont été suivis de l'établissement d'une nouvelle doctrine, et qui ont changé la face de ces pays-là par rapport à la religion.

Un des principaux événements qui soit marqué dans les histoires des guerres d'outre-mer, par rapport aux conversions et aux réunions, est celle des maronites établis dans le Mont-Liban. Eutychius, patriarche orthodoxe d'Alexandrie, et tous les auteurs jacobites témoignent que ces peuples étaient engagés dans l'hérésie des monothélites; et Guillaume, archevêque de Tyr, rapporte qu'ils l'abjurèrent et se réunirent à l'Église catholique sous Aimeric, troisième patriarche latin d'Antioche. Les auteurs contemporains, ceux qui ont écrit touchant les hérésies, et même Makrizi, mahométan, qui avait lu les livres des chrétiens d'Égypte avec exactitude, marquent presque dans le même temps qu'ils avaient depuis peu embrassé la religion des Francs, c'est-à-dire des Latins. On sait assez que les maronites modernes ont regardé cette histoire de leur conversion comme une fable, prétendant qu'on ne doit pas ajouter foi à Guillaume de Tyr, qui avait été trompé par Eutychius, ni aux jacobites, parce qu'ils étaient leurs ennemis ; que leur nation maronite a, dès les temps des premiers schismes, conservé la foi orthodoxe, et que les religieux du monastère de S.-Maron, presqu'en même temps que commença l'hérésie des monophysites, se signalèrent par leur zèle contre ces hérétiques, maintinrent la foi orthodoxe, et la conservèrent jusqu'à ces derniers temps. Ils allèguent, pour soutenir cette opinion, quelques auteurs, assez peu connus aux autres Orientaux, et dont par conséquent l'autorité n'est pas comparable à celle de Guillaume de Tyr. Nous avons ailleurs examiné cette question ; et, parlant selon l'opinion commune, on ne peut guère douter que les maronites ne fussent autrefois monothélites; mais selon leurs auteurs mêmes on ne peut disconvenir qu'ils ne se soient réunis à l'Église romaine, et qu'ils n'en aient été séparés. Voyons donc de quelle manière ceux qui présidaient à l'église latine de Syrie du temps que les Francs régnaient en Jérusalem, conduisirent cette réforme.

Il paraît qu'on ne changea rien dans leur culte extérieur, si ce n'est qu'ils prirent l'usage des azymes, que l'Église néanmoins n'a point exigé des Orientaux qui rentraient dans sa communion. Pour le reste l'instruction fut si médiocre, que, quand Grégoire XIII y envoya une célèbre mission, on les trouva devenus jacobites. Toutes les Liturgies dont ils se servaient, et qui ont été imprimées à Rome avec diverses corrections, étaient les mêmes que celles de ces hérétiques, et il est échappé à la diligence de ceux qui les firent imprimer plusieurs fautes considérables sur ce sujet. Il paraît donc qu'ils avaient été si mal catéchisés, qu'ils ne purent se garantir de tomber dans une erreur pire que celle qui avait été abjurée par leurs ancêtres ; et s'ils avaient reçu des Latins l'opinion de la présence réelle, ils la devaient perdre encore plutôt que la doctrine qui leur avait été enseignée touchant le mystère de l'Incarnation. Ils l'ont donc conservée parce qu'elle était de tout temps dans leurs églises, et lorsqu'ils se trouvèrent réunis à la communion des jacobites, ils ne changèrent pas d'opinion sur l'Eucharistie, comme ils n'en avaient pas changé en se réunissant à l'Église romaine, parce que les jacobites aussi bien qu'eux croyaient ce que nous croyons.

Ce n'est pas qu'à proprement parler on doive penser que les maronites se soient réunis formellement aux jacobites, car il ne s'en voit aucune preuve dans l'histoire. Mais il paraît plus vraisemblable que parmi ce petit peuple, qui se trouva abandonné après la ruine du royaume de Jérusalem, des prêtres et des évêques jacobites y introduisirent les livres et quelques erreurs de leur secte.

Le second exemple, et qui est fort considérable, est celui des Arméniens de quelques provinces, auxquels on envoya des missions dans ces temps-là, particulièrement de dominicains qui réduisirent à la foi catholique un grand nombre d'hérétiques de cette nation. Ils y furent envoyés pendant que Léon et Haiton régnaient en Arménie, et on sait les commencements et le progrès de cette mission ; car ceux qui se réunirent reçurent, suivant l'usage de ces temps-là, plusieurs rites nouveaux, plus conformes à ceux de l'Église romaine que n'étaient les leurs, et ces Arméniens sont demeurés distingués des autres, sans qu'il y ait eu aucun mélange. On sait cependant que la plus considérable partie de cette nation est jacobite : et ce n'est pas un fait obscur, que ce nombre qui s'en est séparé l'a fait par la prédication et par l'instruction des dominicains, qui n'ont plus permis qu'ils eussent de communion avec les hérétiques, comme les maronites n'en ont plus eu avec les jacobites. Il n'y a pas eu là de changement insensible ; il est très-connu, on en sait les causes, le temps et les circonstances, et c'est aussi ce qu'on voit par l'histoire sur tous les autres changements arrivés en Orient.

Un des plus considérables est celui de l'église de Séleucie ou Ctésiphonte, appelée ensuite Modain, qui était autrefois la métropole de Perse, et qui a donné tant d'illustres martyrs dans les persécutions d'Isdegerde et du grand Cosroès, dont Socrate et Sozomène ont parlé fort au long dans leurs histoires. Cette église dès le septième siècle se trouva toute nestorienne, et même la patriarcale de tout le nestorianisme. Mais on sait la manière et les raisons de ce changement, et c'est par l'histoire. Elle nous apprend que les nestoriens étant dépouillés de leurs églises et proscrits par les lois impériales qui se trouvent encore dans le code, se retirèrent la plupart en Mésopotamie, où ils trouvèrent une grande protection auprès des derniers rois de Perse, particulièrement auprès de Cosroès Nuschiruan, sous lequel naquit Mahomet, qui leur donna une entière liberté, et persécuta en leur faveur les orthodoxes. Ainsi ils s'emparèrent facilement des fameuses écoles de Nisibe et d'Édesse, qui donnaient des évêques et des prêtres à toute la Mésopotamie, et ils en chassèrent les autres. Ils occupèrent les principaux sièges, et surtout celui de Modain, où les nestoriens seuls avaient le libre exercice du christianisme. Les Mahométans au bout de quelques années s'étant rendus maîtres du pays, leur confirmèrent par d'amples priviléges toute l'autorité qu'ils avaient usurpée sur les autres chrétiens, melchites ou jacobites ; et ce ne fut qu'après un grand nombre d'années que ceux-ci obtinrent la liberté d'avoir leurs évêques, et de ne plus dépendre des nestoriens. Il n'est donc pas difficile de comprendre que, dans des pays ravagés pendant plusieurs siècles par des barbares, des nestoriens soutenus par l'autorité des infidèles, aient pu répandre leur hérésie ; et cependant ils n'ont pu y éteindre entièrement la vérité ; puisqu'après plus de trois cents ans, les orthodoxes aussi bien que les jacobites qui s'y étaient maintenus au milieu des persécutions, se rétablirent, et y sont encore actuellement. On demanderait aux protestants qu'ils dissent quelque raison vraisemblable de la différence qu'il y a entre les dogmes qui regardent le mystère de l'incarnation et celui de la présence réelle, pour faire croire que celui-ci ait pu être introduit sans que personne s'y opposât, et sans qu'on revînt jamais à l'ancienne doctrine, au lieu que les autres n'ont jamais pu tellement prévaloir, qu'ils aient entièrement étouffé les hérésies contraires.

Cela est néanmoins arrivé en quelques pays, mais jamais insensiblement et sans qu'on en ait su les causes prochaines et certaines. La Nubie, qu'on croit avoir été autrefois soumise aux anciens rois d'Éthiopie, avait été, comme les autres provinces dépendantes du patriarcat d'Alexandrie, dans la créance commune de l'Église, sans être infectée de l'hérésie des jacobites sectateurs de Dioscore. Après que les Arabes eurent conquis l'Égypte, et que les patriarches hérétiques furent rétablis dans Alexandrie, ils s'emparèrent de toute l'autorité, et il restait à peine des prêtres pour administrer les sacrements aux orthodoxes. Ils n'avaient ni patriarche ni évêques, et ainsi ils n'en pouvaient ordonner pour envoyer en Nubie. Les jacobites y en envoyèrent et y portèrent leur hérésie ; et il n'est pas mal-aisé de comprendre que de tels peuples entrassent dans la doctrine que prêchaient leurs pasteurs. Voilà comme la Nubie devint jacobite, et l'Éthiopie l'est devenue de la même manière.

C'était un ancien usage que les patriarches d'Alexandrie ordonnassent un métropolitain et des évêques pour ce pays-là, qui était dans une entière dépendance de leur siége, depuis que S. Athanase y avait fait annoncer l'Évangile par Frumentius, qu'il avait ensuite ordonné évêque. La vacance de près de cent ans, pendant lesquels il n'y eut point de patriarche orthodoxe à Alexandrie, fit que les jacobites y envoyèrent des prêtres et des évêques, ce qui a continué jusqu'à notre temps. On voit donc la raison pour laquelle toute l'Éthiopie est devenue jacobite; et ce changement ne s'est pas fait sans qu'on en sache le temps et l'origine.

Il en est de même de ces chrétiens nestoriens qui sont encore dans le Malabar. On ne peut déterminer sur aucune preuve historique qui soit de quelque autorité, si, comme les auteurs portugais prétendent, suivant la tradition du pays, la foi chrétienne y a été portée par S. Thomas ou par ses premiers disciples. Quand cela serait, il est indubitable que, longtemps avant que les Portugais arrivassent dans le pays, tout ce qu'il y avait de chrétiens étaient nestoriens; et comme ils faisaient l'office en syriaque, c'était une preuve démonstrative qu'ils avaient été gouvernés par des ecclésiastiques venus de Syrie et nestoriens; puisqu'eux seuls de tous les chrétiens orientaux avaient partout établi l'usage de la langue syriaque, dans les provinces où elle était entièrement inconnue. Quoi qu'il en soit, il est aisé de comprendre qu'un petit nombre de chrétiens, qui durant plusieurs siècles n'ont de prêtres et d'évêques, sinon des nestoriens, le deviennent pareillement. Ils sont comme ceux qui ont reçu la première prédication par les hérétiques, ainsi qu'étaient un grand nombre de Turcs et de Tartares, qui se trouvaient déjà nestoriens, lorsque Cinghiz-Chan établit le grand empire des Mogols. Ung-Chan, qu'il défit, et qui était le souverain de ces hordes ou tribus très-nombreuses de Tartares orientaux qui ravagèrent toute l'Asie, était nestorien, selon le témoignage de la plupart des auteurs persans et arabes, qui confirment ce qu'en ont écrit Marco Polo, et ceux qui avaient pénétré avant lui dans la haute Tartarie; Jean de Plano Carpini, Guillaume de Rubruquis, Jean de Mandeville et divers autres, qui trouvèrent des nestoriens en tous ces pays-là, et même dans la Chine. Car l'inscription chinoise et syriaque découverte en 1625 dans la province de Xensi, fait voir que, dès le huitième siècle, des chorévêques, des prêtres et des diacres avaient été envoyés de Syrie par le catholique Hananjechua; et, puisqu'ils avaient mission du patriarche des nestoriens, ils ne pouvaient être ni orthodoxes ni jacobites; outre que l'usage du syriaque en un pays si éloigné était une marque certaine du nestorianisme.

Il n'y a aucun autre exemple considérable de changements arrivés dans l'Église d'Orient à l'égard de la religion, outre ceux qui ont été rapportés. Car nous ne parlons pas de ceux qui ont été introduits plutôt par force que par persuasion; et on ne croit pas que personne s'imagine que la doctrine de la présence réelle ait été introduite de la première manière, puisqu'elle n'a pas été pratiquée envers les chrétiens des pays dont les Latins étaient les maîtres. Si jamais la puissance souveraine a eu lieu du temps des croisades, c'était lorsque les Latins étaient depuis longtemps maîtres de Jérusalem; et si l'insinuation pouvait être employée, ce devait être à l'égard de ceux qui n'étaient séparés que par le schisme, qui même n'était pas aussi ouvertement déclaré qu'il l'a été depuis.

C'était donc avec les melchites, dont il y avait un grand nombre à Jérusalem. Un seul exemple fera voir quelle était la haine de ces chrétiens contre les Latins; et il est rapporté par l'auteur de l'Histoire des patriarches d'Alexandrie, qui était contemporain. Il dit que lorsque Saladin assiégeait la ville, il avait dans son camp, et parmi ses domestiques, un chrétien melchite, nommé Joseph Elbassit, qui avait été envoyé plusieurs fois dans la ville sous divers prétextes. Enfin lorsque les chrétiens, pressés et sans espérance de secours, étaient à l'extrémité, Joseph fut dépêché par Saladin pour leur proposer des conditions très-dures, qu'ils rejetèrent. Mais sous prétexte de cette négociation, il en fit une autre avec les melchites qui étaient dans la ville, leur promettant toute sorte de bon traitement de la part de son maître, et il les engagea ainsi dans une conspiration, qui obligea les Latins à capituler, de peur d'être accablés en même temps par des ennemis domestiques. Ce n'est pas un mahométan qui écrit cette circonstance, c'est un chrétien du pays.

Ils avaient si peu de société avec les chrétiens des autres églises, que c'est un des reproches que leur fait Pierre, évêque de Meliha, qu'ils persécutent tous ceux qui ne sont pas de leur communion. Un peu après la conquête de Jérusalem par Godefroy de Bouillon, l'auteur qui a écrit la Vie de Michel, soixante-huitième patriarche d'Alexandrie, se plaint de la dureté avec laquelle les Francs traitaient les jacobites, et il ajoute : *Enfin ils nous traitent d'une telle manière, nous autres chrétiens jacobites d'Égypte, qu'il ne nous est plus permis d'aller en dévotion à Jérusalem, ni même d'approcher de la ville : on sait assez la haine qu'ils ont contre nous, et qu'ils en ont si mauvaise opinion, qu'ils nous regardent comme des infidèles.* A peu près dans ce même temps les jacobites de Jérusalem refusèrent un prêtre envoyé par le patriarche d'Alexandrie pour être ordonné leur métropolitain, et le patriarche d'Antioche refusa de l'ordonner, parce qu'il était soupçonné d'avoir embrassé la religion des Latins. Si le commerce continuel que ceux de Jérusalem avaient avec les chrétiens du pays peut donner quelque soupçon de la facilité qu'on suppose à leur inspirer la doctrine de la présence réelle, il ne peut avoir lieu pour ce qui regarde les Égyptiens. Car ils ne furent jamais sous la puissance des Latins, et la seule expédition que les rois de Jérusalem firent de ce côté-là sous le roi Amaury, ne fut qu'une campagne, à l'occasion des guerres civiles qui étaient entre les visirs Dargam et Chawer, qui se disputaient la première place. Ces visirs sont ceux que nos historiens appellent sultans ou soudans, qui avaient usurpé le gouvernement sur les califes fatimides. Chiracoua, général des troupes de Noraddin, sultan de Syrie, était venu au secours du dernier, qui, voulant s'en défaire, demanda secours aux Francs. Le roi Amaury entra en Égypte, assiégea Chiracoua dans Balbais ou

Pelusium, et étant allé assiéger Farnia, il mourut de maladie dans son camp, et son armée ayant reçu de grandes sommes se retira. Voilà tout le séjour que les Francs ont fait en Égypte; et on ne croit pas que ce fût un moyen propre pour y changer la religion des chrétiens jacobites, non plus que le passage de S. Louis. Si cependant ils ont appris des Latins l'opinion de la présence réelle, il faut que ce soit dans l'une ou dans l'autre de ces expéditions, ce qui est absolument impossible, eu égard aux circonstances des temps et à la disposition peu favorable des peuples, qui n'a jamais varié.

On dira peut-être qu'on ne peut nier que les papes, S. Louis et quelques autres, n'aient envoyé des missionnaires en Orient. Mais ceux qui croient ou tâchent de persuader aux autres qu'il n'y avait qu'à aller dans ce pays-là pour y faire toute sorte de conversions, ne savent guère l'histoire. Avant les passages d'outremer, des pélerins allaient visiter les Saints-Lieux, et on n'en trouve pas un seul qui fût capable de prêcher la foi, encore moins de disputer avec des hérétiques, dont à peine ils savaient les noms. Les principales missions furent celles que notre grand roi S. Louis envoya en Tartarie, et ailleurs où il put, n'ayant rien plus à cœur, comme le marque le sire de Joinville, que de faire annoncer Jésus-Christ aux Mahométans. Nous avons les histoires des voyages de quelques-uns des religieux de Saint-Dominique et de Saint-François, qui allèrent en Tartarie; et on reconnaît qu'ils n'y firent rien. Mais ce n'est pas de la conversion des Tartares dont il est question ; c'est de celle des nestoriens, des jacobites et des melchites à la créance de la présence réelle, dont on ne peut produire une seule preuve : au lieu que nous avons cité plusieurs passages d'auteurs qui vivaient longtemps avant ces missions, et qui l'enseignent clairement. On a aussi prouvé que la discipline eucharistique est beaucoup plus ancienne non seulement que ces missions, mais que les croisades. Ainsi tout ce qu'on peut tirer par des conjectures vagues de la possibilité du changement par les missionnaires latins est entièrement détruit. De plus, pourquoi les protestants supposeront-ils que dès qu'il est allé des Latins dans ces églises séparées de nous, ils aient trouvé partout une obéissance aveugle? Si on trouvait dans quelque bibliothèque une instruction de la religion catholique faite il y a cinq cents ans pour les jacobites ou pour les nestoriens, et que la présence réelle y fût expliquée, en suivant les principes et la critique de M. Claude, ce serait une démonstration du changement de doctrine introduit par les émissaires de la cour de Rome. Il reste cependant un grand nombre de traités contre les Grecs sur les azymes, sur la procession du Saint-Esprit et sur les autres articles contestés, qui ne les ont pas empêchés de demeurer fermes et intraitables dans leurs opinions. Les Hollandais firent imprimer, il y a plusieurs années, la confession belgique, le catéchisme et ce qu'ils appellent leur Liturgie, en langue grecque vulgaire, dont ils répandirent plusieurs copies dans le Levant. On dit que Golius avait fait une pareille traduction en arabe, comme Pocock en a fait une imprimée à Oxford de la Liturgie anglicane. Dolscius avait traduit de même autrefois en grec la Confession d'Augsbourg, et celle de Cyrille Lucar fut répandue par toute la Grèce. Les protestants ont-ils fait beaucoup de prosélytes dans le Levant avec ces sortes de livres? Ils savent qu'à peine on les y connaît, et qu'un Grec serait excommunié si on les lui trouvait. Mais ceux mêmes qui ne sont pas catholiques lisent avec édification le livre de l'Imitation de Jésus-Christ, traduit en arabe par le P. Célestin de sainte Liduvine, carme déchaussé, frère du même M. Golius, et plusieurs autres livres où est clairement contenue la foi de la présence réelle.

CHAPITRE VI.
Des réunions des églises orientales avec l'Église romaine.

On pourra aussi alléguer diverses lettres qui marquent la réunion de quelques églises orientales avec celle de Rome, comme celles d'Ignace, patriarche des jacobites d'Antioche, et d'un de leurs primats appelé Jean, au pape Innocent IV, en 1247; d'autres de nestoriens rapportées aussi par Wading et par les continuateurs de Baronius ; celles qui furent présentées à Eugène IV après le concile de Florence, et enfin celles de Gabriel d'Alexandrie à Clément VIII, et du patriarche des nestoriens à Paul V. Nous examinerons ailleurs ce qui concerne ces lettres et ces ambassades d'obédience, dont plusieurs ont paru avec raison fort suspectes. Mais pour le rapport qu'elles ont à la question présente qui est si elles ont produit un changement dans la doctrine de l'Eucharistie, suivant la supposition des ministres, voici ce que nous avons à dire : 1° La plupart de ces lettres sont écrites depuis les premières croisades, avant lesquelles cette créance était déjà établie; 2° que ces lettres et les réunions dont elles parlent soient vraies ou fausses, la chose est égale. Car il est de la dernière certitude que les églises au nom desquelles elles ont été écrites n'ont point changé ni leur foi ni leur discipline; que les nestoriens sont encore nestoriens, comme ils étaient il y a plus de mille ans; les jacobites de même sont aussi bons jacobites que leurs prédécesseurs; et que par conséquent ces réunions ont été sans suite, à l'égard des points principaux qui les séparaient de l'Église catholique. Il faut donc encore supposer, afin que la conséquence que les ministres en prétendent tirer ait quelque vraisemblance, que les réunions n'ont eu aucun effet pour les dogmes principaux de chaque communion, mais qu'elles en ont eu pour ce qui regardait la foi de la présence réelle ; ce qui est une absurdité qui saute aux yeux, et de laquelle on ne défie de donner jamais la moindre preuve. A l'égard de ce qui se passa après le concile de Florence, et qui a attiré tant d'éloges à Eugène IV, il y aurait beaucoup de choses à en dire, qui ne conviennent pas à notre question; mais en un mot, ces réunions n'ont pas produit le moindre changement en toutes ces églises éloignées, et les décrets pour les Arméniens, pour les jacobites et pour d'autres chrétiens orientaux, n'y ont jamais été reçus. Il est aussi à remarquer que dans les lettres des papes qui répondent à celles des Orientaux il n'y a pas le moindre mot par lequel on puisse soupçonner qu'il y ait eu parmi eux aucune erreur touchant la présence réelle.

Il est facile de concevoir que des chrétiens aussi éloignés de nous qu'étaient la plupart des Orientaux, et qui souvent n'avaient eu aucune connaissance des différends qui étaient entre les Latins et les Grecs, ayant été protégés par les princes chrétiens d'Europe, et recevant des lettres dont les papes chargeaient les missionnaires, pouvaient être dans la disposition de se réunir ; car il ne faut pas supposer que cette haine implacable des Grecs contre l'Église romaine fût commune à toutes les sociétés chrétiennes du Levant. L'ambition des patriarches de Constantinople ne leur était pas plus supportable que l'a paru aux protestants l'autorité légitime des papes. Mais les collections de canons syriaques, arabes, éthiopiennes, qui étaient entre les mains des Orientaux, leur avaient appris la primauté du siége de Rome par-dessus tous les autres, vérité si connue, que parmi les Mahométans, le pape était communément appelé le *calife des chrétiens ;* ce qui était lui donner encore plus de dignité et de supériorité que les canons ne lui en donnent. Car les califes, successeurs de Mahomet, ont joui, pendant les trois premiers siècles de leur empire, de toute l'autorité spirituelle et temporelle. Ils perdirent celle-ci, mais ils en conservaient encore des marques, donnant les investitures à ceux de leur secte qui possédaient les plus grands états.

Il n'y avait donc rien d'extraordinaire, en ce que les patriarches et d'autres évêques d'Orient, même des princes, comme le roi d'Éthiopie, Zara-Jacob, et quelques autres, reçussent avec respect les lettres et les messages des papes. Mais en examinant l'histoire de ce temps-là, on reconnaît que les Latins et les papes mêmes étaient très-peu informés du véritable état du christianisme en ces pays éloignés; et que lorsqu'on savait que des peuples étaient chrétiens, on ne pensait pas qu'ils pussent l'être imparfaitement, comme il paraît que ceux-ci ne connaissent guère mieux l'Église latine. Ainsi on était de part et d'autre dans une espèce de concorde, sans avoir examiné s'il y avait quelque différence dans la doctrine, parce qu'on ne supposait pas qu'il y en eût. De cette manière il y eut un député du pape Alexandre III envoyé en Éthiopie, qui rapporta des lettres pleines de soumission du roi d'Éthiopie, à la prière duquel le pape accorda l'église de S.-Etienne, derrière S.-Pierre, à ceux de cette nation, qui l'ont possédée jusqu'à nos jours, et ils y faisaient l'office selon leurs rites, avec le Missel imprimé depuis 1543. Il est cependant très-certain que durant un si long espace, les Éthiopiens sont toujours demeurés dans leur ancienne créance, qui est celle des jacobites; que tous leurs métropolitains leur sont venus d'Égypte, où ils avaient été ordonnés par les patriarches de cette même secte, et que dans cette Liturgie dont ils se sont servis sous les yeux des papes, il y a des oraisons qui contiennent la confession d'une seule nature en Jésus-Christ. Cela fait voir qu'il ne faut pas tellement s'abandonner aux conjectures, qu'on croie avoir prouvé un fait, lorsqu'on a cru découvrir quelque chose qui semble le rendre possible. Telles sont néanmoins toutes les conjectures des protestants sur ce prétendu changement, lorsqu'ils prétendent qu'une lettre tendant à la réunion, une mission, une ambassade, dont ils ne peuvent marquer aucune circonstance, suffisent pour établir leur grand principe, que l'Église romaine a introduit diverses nouveautés dans celles d'Orient.

Si on prouvait par de bons auteurs que Paschase Ratbert, qui, selon le système d'Aubertin, a le plus contribué à répandre la doctrine de la présence réelle, avait été en Orient, qu'il eût appris les langues, et qu'il y eût fait un séjour considérable, ce n'est pas juger témérairement que de dire qu'un pareil fait aurait été une source inépuisable d'arguments pour lui et pour M. Claude, car ils en tirent de faits moins importants. Or Paschase n'a jamais entrepris ce voyage, et, selon plusieurs historiens anglais, Jean Scot ou Erigène l'avait fait, et avait acquis une grande connaissance des langues grecque, chaldaïque et arabe. Si nous trouvions quelques passages difficiles dans les auteurs nestoriens, jacobites ou melchites, qui ont écrit touchant le mystère de l'Eucharistie, et que nous dissions pour toute réponse que Jean Scot a été dans ces pays-là, et qu'il peut y avoir semé sa mauvaise doctrine, d'autant plus facilement qu'il savait les langues vulgaires, comme le grec et l'arabe, et la savante, comme le syriaque ou chaldaïque, on se moquerait avec raison d'une pareille défaite. Comment donc ce qui est ridicule d'un côté deviendra-t-il sérieux de l'autre ? Il est allé des missionnaires dans le Levant; donc ils y ont porté la créance de la présence réelle ; ils ont prêché en Tartarie, ils y avaient fait quelques conversions parmi les Tartares ; en pourra-t-on conclure que tous les Tartares se sont faits chrétiens ? Ceux qu'on trouve marqués dans les histoires comme faisant profession du christianisme sont connus d'ailleurs. Ung-Chan, chef des Mogols avant Ginghiz-Chan, était chrétien, mais nestorien ; quelques enfants ou petits-fils de Ginghiz-Chan, l'étaient aussi, et nestoriens de même. C'est ce que marquent les histoires arabes et persiennes : elles nomment l'évêque Mar-Denha, qui était comme le chef du christianisme en ces pays-là, c'est-à-dire le métropolitain du Turquestan, comme il est appelé dans les notices des métropoles soumises aux caholiques, ou patriarches des nestoriens. Ce n'était donc pas par le ministère des missionnaires latins que le christianisme avait été porté dans la Haute-Asie, puisqu'il y était déjà, et tellement favorisé par les chans des Tartares ou empereurs mogols, que Cublai fit élire catholique de son temps un homme de son même pays. Jean de Plano-Carpini, Guillaume de Rubruquis, Marco Polo, Mandeville et les autres, ne trouvèrent que des nestoriens en ces pays-là. Ces missionnaires ne faisaient donc rien, si on ne revient à cette ridicule supposition qu'ils ne leur prêchaient que la présence réelle, et ne se souciaient pas qu'ils disent anathème à S. Cyrille et au concile d'Éphèse; qu'ils appellent Jésus-Christ *temple de la Divinité*; qu'ils niassent la maternité divine de la Vierge, et ainsi du reste.

Depuis que cette dispute touchant le consentement des Orientaux avec les Latins sur la présence réelle a commencé, et même dès la naissance des schismes, les protestants ont produit si peu de preuves tirées des livres originaux, qu'on pourrait sans aucun soupçon de mauvaise foi attendre qu'ils formassent des objections qu'il ne sera jamais difficile de résoudre. Mais puisque nous cherchons la vérité, nous ne ferons pas de difficulté de rapporter certains faits assez rares, sur lesquels ils pourraient, si on les découvrait dans la suite, appuyer quelques-unes de leurs conjectures touchant les changements arrivés dans l'église orientale. Nous lisons dans l'Histoire des patriarches d'Alexandrie écrite par Michel, évêque de Tanis, que sous le patriarche Christodule, qui est le soixante-sixième, il se fit diverses constitutions pour défendre le trop grand commerce des jacobites avec les melchites, c'est-à-dire les orthodoxes, entre autres une pour ordonner que si quelque jacobite avait épousé une femme melchite, on lui imposât une pénitence s'il avait reçu la bénédiction nuptiale ailleurs que dans l'église jacobite, ou s'il faisait baptiser ses enfants ailleurs. Nous avons encore ces constitutions; et Michel ajoute que l'aversion entre ces deux églises était fort augmentée alors, parce qu'un melchite d'Antioche, appuyé par l'autorité des princes, avait avec ceux de sa communion pillé l'église des jacobites, qu'ils l'avaient profanée, et, ce qu'il déplore, qu'ils avaient jeté dans la mer l'Eucharistie, qu'ils y avaient trouvée; qu'ils avaient ensuite brûlé l'église, et que, par la violence de leur persécution, plus de dix mille jacobites avaient embrassé la communion des melchites. Si quelque faiseur de conjectures voulait tirer de cette histoire qu'il y a eu de grands changements, causés par la violence des orthodoxes, et qu'ils ont pu s'étendre jusqu'à ce qui regarde la créance de la présence réelle, il serait aisé de lui répondre.

Premièrement, il ne s'agit pas ici des Latins, mais des melchites d'Antioche, c'est-à-dire de ceux qui obéissaient au patriarche grec uni de communion avec celui de Constantinople; car cela arriva un peu après l'ordination de Christodule, qui fut en 1053 ou 1058, et par conséquent près de quarante ans avant que les Latins fussent maîtres d'Antioche, et ainsi cela ne les regarde point. Les jacobites s'étaient extrêmement multipliés en cette ville-là, et avec la faveur des Mahométans, ils avaient fort persécuté les orthodoxes ou melchites. Ceux-ci en firent autant; et c'est environ depuis ce même temps que les patriarches jacobites n'eurent plus la liberté de demeurer à Antioche, et qu'ils transportèrent leur siége à Malatia ou Mélitène.

On trouve aussi dans Elmacin, dans la chronique orientale, et en d'autres auteurs, que Macaire, soixante-neuvième patriarche d'Alexandrie, changea plusieurs rites, ce qui ne s'accorde pas à ce qu'en rapportent des historiens plus exacts et plus dignes de foi. Quoiqu'il n'y ait point de sens dans la traduction qu'Erpenius a donnée du premier, parce qu'il n'a presque rien entendu de tout ce qui se trouve dans cet abrégé touchant les affaires des chrétiens; on n'y voit rien qui ait rapport à l'Eucharistie, puisqu'un des principaux articles de cette réforme était pour défendre de circoncire les enfants après le baptême, et que les autres étaient purement cérémoniaux, comme on le trouve en détail dans la vie de ce patriarche.

Il y eut de grands troubles dans l'église jacobite d'Alexandrie vers la fin du douzième siècle, particulièrement sous le patriarche Marc, fils de Zaraa. Quelques-uns de ses prédécesseurs avaient aboli la confession sacramentelle, prétendant sur des raisons frivoles qu'on n'y était pas obligé, et qu'il suffisait de confesser ses péchés à Dieu. Il s'éleva un prêtre nommé Marc, fils d'Elkonbar, qui prêcha publiquement contre cet abus, et contre plusieurs autres, que la négligence des supérieurs avait laissé introduire, et il attira à soi un grand nombre de peuples, qui se confessaient à lui et recevaient le *canon*, c'est-à-dire la pénitence. Des historiens rapportent que ce Marc au bout de quelque temps se fit melchite, mais qu'il laissa beaucoup d'imitateurs de son zèle. On expliquera cette histoire fort au long dans les dissertations sur la pénitence, et on n'y remarque rien d'où l'on puisse conclure qu'il accusât le patriarche et ses adhérents d'aucune erreur ou nouveauté sur l'Eucharistie, sinon de ce qu'il donnait ouverture au plus grand sacrilège, qui était d'approcher de ce sacrement sans avoir expié ses péchés par la confession et par la pénitence. Une marque certaine qu'il n'enseignait rien qui ne fût conforme à la doctrine et à la discipline des autres jacobites, est que Michel, qui en ce temps-là était leur patriarche à Antioche, dans son traité *de la Préparation à la communion*, où il enseigne la présence réelle d'une manière très-claire, insiste aussi fortement sur la nécessité de la confession, de même que les auteurs des homélies pour toute l'année, qui paraissent avoir été faites dans le même siècle.

Nous fournirons encore aux protestants un fait considérable, dont ils pourraient juger qu'il y a de grandes conséquences à tirer pour l'union des Orientaux avec les Latins durant les dernières guerres d'outre-mer. Il est rapporté dans l'Histoire des patriarches nestoriens, écrite par Amrou, fils de Mataï, sur les mémoires d'un autre historien de la même secte, nommé Maris, fils de Salomon. Il dit que sous le patriarche Jechuajahab, qui est le soixante et onzième, et qui fut ordonné l'an de Jésus-Christ 1148, quelques Francs souffrirent le martyre à Bagdad, et qu'ils furent enterrés honorablement dans l'église des nestoriens appelée *Coukeltalta*. On pourrait donc inférer de là que, puisque ceux de cette secte honorèrent comme martyrs des hommes de la communion latine, il y avait entre eux une espèce d'union, qui peut avoir donné lieu à l'introduction d'une nouvelle doctrine. Outre que cette conjecture ne prouverait rien si elle n'était appuyée de quelque preuve qui allât directement au fait, et qu'on n'en peut donner aucune, ceux qui ont connaissance de l'histoire orientale reconnaîtront aisément que la raison de cet honneur rendu aux Francs comme martyrs était fondée sur tout autre motif que sur la conformité de religion, puisqu'on ne peut soupçonner ceux-là, ni les autres Francs, d'avoir été nestoriens. Voici l'explication de cette difficulté :

Les Orientaux ont une opinion assez ancienne, et qui subsiste encore parmi eux, que la mort soufferte pour le nom de Jésus-Christ efface toutes sortes de péchés, ce que l'Église a toujours cru : mais ils l'étendent jusqu'à l'hérésie et au schisme, ce qui est une erreur contraire à ce que les saints Pères (cont. Parmen., c. 7 ; cont. Lit. Petil., l. 2, de Bapt. c. 10 ; l. 5, c. 16 ; Iren., l. 4, c. 64) ont enseigné sur ce sujet, particulièrement S. Augustin. Ces martyrs francs étaient des prisonniers que Noraddin, sultan de Mosul et de la plus grande partie de la Syrie, avait faits sur les chrétiens ; et comme il était fort zélé pour la religion mahométane, il les envoyait au calife comme au souverain pontife de sa loi. La guerre se faisait sans aucun quartier entre les chrétiens et les infidèles, depuis qu'à la prise de Jérusalem un grand nombre de ceux-ci avaient été massacrés ; si quelquefois ils se relâchaient de part et d'autre, c'était lorsqu'il y avait des échanges de prisonniers à faire. Noraddin, qui fut presque toujours supérieur dans la guerre, et qui commença à ébranler la puissance des chrétiens, ne donnait la vie à ceux qui tombaient entre ses mains qu'à condition qu'ils renieraient Jésus-Christ ; et il en a envoyé plusieurs fois au calife résidant à Bagdad, qui était presque le seul domaine qui lui restait de ce vaste empire. Saladin l'a fait aussi quelquefois, et lorsqu'il tua de sa main Arnauld de Châtillon, prince de Carak, après la bataille de Tibériade, il lui offrit la vie à condition qu'il renoncerait au christianisme, ce que l'autre refusa généreusement. Guillaume de Malmesbury rapporte qu'un très-brave chevalier, nommé Robert, fils de Godwin, ayant été pris par les Turcs, fut envoyé à Babylone, c'est-à-dire à Bagdad, comme l'appelaient les écrivains de ce temps-là, et que n'ayant pas voulu renier la foi, il fut exposé dans la place publique comme un but, et tué à coups de flèches. *Inde Babyloniam, ut aiunt, ductus, cùm Christum abnegare nollet, in medio foro ad signum positus, et sagittis terebratus, martyrium consecravit* (Will. Malmesb., l. 3). Les templiers et les hospitaliers étaient ordinairement traités de cette manière par Noraddin et par Saladin.

Ces martyrs francs étaient donc de ce nombre, et les chrétiens de Bagdad, quoique nestoriens, car l'église dont il est parlé leur appartenait, les enterrèrent honorablement comme des martyrs, par la raison qui a été dite.

On a remarqué qu'elle subsistait encore, et il y en a eu un exemple assez considérable de nos jours en la personne de Rodolphe Stadler, horloger, natif de Zurich, qui fut ainsi exécuté à Hispahan, comme le rapporte M. Tavernier, témoin oculaire, dans ses relations, et qui ne peut être suspect, puisqu'il était calviniste comme Stadler. Celui-ci avait commis un meurtre qui méritait la mort, et le roi de Perse, Chah-Sefi, qui l'aimait à cause de sa capacité dans son art, lui offrit sa grâce à condition qu'il se ferait mahométan, ce que l'autre refusant constamment, il fut massacré par les parents du mort. Les Arméniens d'Hispahan lui firent des funérailles solennelles comme à un martyr, à peu près de la manière dont l'histoire parle de ceux de Bagdad, et l'enterrèrent dans leur cimetière, ce qu'ils n'auraient pas fait sans cela. Il serait ridicule de vouloir se servir de cet exemple, pour prouver que les Arméniens d'Hispahan sont calvinistes ; et ce serait la même chose de prétendre tirer de l'honneur rendu aux Francs martyrisés à Bagdad, qu'ils fussent de la même religion qu'étaient ceux du pays.

Les protestants ne pourront pas se plaindre qu'on n'agisse pas à leur égard avec toute la bonne foi possible, puisque nous fournissons des faits que jusqu'à présent aucun de leurs savants dans les langues orientales n'a produits, et que nous faisons voir en même temps les conséquences qu'on en pourrait tirer, si on les proposait dénués de toutes les circonstances qui les expliquent. Nous avons fait voir que toutes les sociétés chrétiennes du Levant, quelque idée qu'en aient voulu donner plusieurs écrivains anciens ou modernes, avaient une forme d'église, des évêques, des prêtres, un service réglé pour les sacrements, particulièrement en ce qui regarde la célébration de l'Eucharistie ; et puisqu'on les voit très-attachés aux dogmes de leur secte, même à des coutumes indifférentes, sur lesquelles ils ne s'accordaient pas avec les autres, ils savaient leur religion, et ils n'étaient pas susceptibles de toute sorte de nouveautés qu'on leur aurait voulu faire recevoir. Ainsi les melchites, si on excepte ceux qui étaient réunis, ou qui le sont encore avec l'Église latine, n'ont jamais pu se laisser persuader de recevoir l'addition des paroles *Filioque* au Symbole, ni de regarder l'usage du pain levé et des azymes comme un point de discipline qui n'avait aucune liaison avec la foi. Les nestoriens persistent encore à nier que la sainte Vierge soit *Mère de Dieu*, et dans leurs prières ils ne l'appellent que *Mère de Jésus-Christ*. Ils ne connaissent peut-être pas beaucoup la doctrine de S. Cyrille et celle du concile d'Éphèse ; mais ils les chargent de malédictions. Les jacobites font la même chose à l'égard du concile de Calcédoine et de S. Léon, et ne reconnaissent encore qu'une nature en Jésus-Christ, sans que tant de disputes, ni les missions les aient fait changer de sentiment. Sur quel fondement pourra-t-on donc supposer que, nonobstant ces divisions, les animosités d'une communion contre l'autre, et la rupture entière de toute société, tous se soient accordés unanimement, sans dispute, sans résistance, sans abjuration d'aucune doctrine précédente, sans aucuns décrets des synodes ou des patriarches, enfin sans qu'aucun s'en soit aperçu, à recevoir sur un des principaux mystères de la religion chrétienne, dont il fallait faire un acte de foi quand ils communiaient, une opinion nouvelle, contraire aux sens et au raisonnement, dont la suite nécessaire était un changement total de leur culte et de leurs cérémonies les plus sacrées?

CHAPITRE VII

On fait voir que le changement que supposent les calvinistes n'est arrivé dans aucunes églises orientales, ni en particulier dans l'église grecque.

Cette matière a été traitée dans le premier tome de *la Perpétuité* d'une manière à ne pas laisser le moindre doute à ceux qui cherchent la vérité, et à réduire ceux qui la combattent à soutenir par des suppositions dont on a fait voir l'absurdité et l'impossibilité, ce qu'ils avaient avancé témérairement touchant d'autres changements, afin de prouver que celui qu'ils prétendent être arrivé à l'égard de la doctrine sur l'Eucharistie n'était pas impossible. Ils se sont servis pour cela de celui qu'ils supposent être arrivé dans le gouvernement de l'Église par rapport à l'épiscopat, dans la prière pour les morts, dans la vénération des saints et de leurs reliques, et dans la défense de quelques viandes. On leur a fait voir que ce qu'ils traitent de nouveautés a été de tout temps cru et pratiqué dans l'ancienne Église, et l'était encore dans les communions unies ou séparées de l'Église romaine; après quoi on leur a prouvé que le changement qu'ils supposent touchant la créance de la présence réelle était d'un genre tout différent; puisque *c'est un étrange renversement d'esprit, d'idées et de pensées, quand au lieu qu'on ne considérait le pain consacré que comme l'image de Jésus-Christ, on vient à le considérer comme Jésus-Christ même* (ch. 12).

Ce que les auteurs de *la Perpétuité* ont prouvé touchant les Grecs par rapport à la foi de l'Eucharistie, n'a besoin d'aucun nouvel éclaircissement. Ils ont examiné, dans les livres suivants, tous les points historiques, dans lesquels Aubertin avait cherché à placer les époques de ce prétendu changement; et le savant père Paris, chanoine régulier, dans son excellent traité de la Créance des Grecs, a détruit entièrement les faibles objections de M. Claude sur la même matière. Si quelques calvinistes ont écrit depuis, ils ont fait de nouveaux livres, mais ils n'ont rien dit de nouveau; puisque différents tours donnés aux mêmes arguments, ou plutôt aux mêmes objections, ne leur donnent pas une plus grande force, lorsque le fondement est entièrement ruineux. Ainsi il était inutile que les ministres se donnassent de l'exercice à marquer quand les changements étaient arrivés; puisqu'ils n'ont jamais prouvé qu'il y en ait eu, et que même s'ils avaient prouvé quelque chose qui tendît à le faire croire, ou à rendre au moins la question douteuse, les Grecs n'en convenaient pas plus que nous, et qu'il y avait des preuves très-certaines de la perpétuité de la même foi non interrompue, depuis les premiers siècles jusqu'à notre temps. C'est ce que les auteurs de *la Perpétuité* ont mis dans une entière évidence, par l'examen de toutes les objections formées par les calvinistes sur divers points d'histoire, dans l'obscurité desquels ils avaient tâché de placer le commencement et le progrès de ce prétendu changement.

Mais on en prouve encore l'impossibilité par des faits certains et indubitables, qui établissent autant de vérités entièrement contraires au système des calvinistes. Car premièrement on trouve que dès les premiers siècles, l'église grecque, jusqu'aux derniers temps, a parlé le même langage sur l'Eucharistie. Elle l'a toujours appelée le *corps et le sang de Jésus-Christ*; elle s'est servie des termes les plus significatifs pour marquer le changement, et jamais aucun théologien ne s'est hasardé à combattre le sens simple et littéral des paroles de Jésus-Christ, ni la signification des termes dont les Pères se sont servis, pour expliquer de quelle manière ce miracle se faisait. Il est inutile de dire que les Pères ne s'accordent pas dans les expressions, puisque les mots dont ils se servent ne doivent pas être tellement entendus selon l'usage commun de la langue grecque, qu'on n'ait pas égard au style ecclésiastique et dogmatique. Or dans ce style, comme a très-bien prouvé Dosithée, tous ces termes sont synonymes, et les anciens, non plus que les modernes, n'y ont trouvé aucune différence. Ils n'ont jamais averti leurs auditeurs ni leurs lecteurs, que les mots de μεταβολὴ, μεταποίησις, μεταστοιχείωσις et d'autres semblables, devaient être entendus métaphoriquement; mais ils ont toujours dit qu'ils devaient être pris dans le sens littéral, ainsi que les paroles de Jésus-Christ. Au contraire les protestants ont été obligés d'introduire de nouveaux termes, parce que ceux qu'ils trouvèrent établis étaient incompatibles avec leurs nouveautés. Et lorsque la dispute les a obligés de ne pas rejeter avec la même hardiesse que les premiers réformateurs les expressions employées par les saints Pères, il a fallu de grands commentaires pour se faire entendre, et pour prouver que ce qui a toujours signifié un changement réel et véritable, et qui le signifie partout ailleurs, ne le signifie plus dès qu'on parle de l'Eucharistie. Les ministres n'ont jamais osé néanmoins, en parlant devant le peuple, employer les mêmes expressions: ils les ont mises dans des confessions de foi, concertées pour imposer à ceux que la nouveauté pouvait scandaliser; mais ils les entendent tout différemment. Car si les Pères disent que les dons proposés sont le véritable corps de Jésus-Christ, un calviniste le dit aussi; mais les

Pères disent que c'est par les paroles de Jésus-Christ, par la descente du S.-Esprit, et par le ministère sacerdotal que se fait ce changement. Le calviniste, qui ne l'admet point, dit que cette présence réelle est celle que produit la foi. Ainsi ce n'est plus le même langage ni le même sens.

L'uniformité de doctrine se reconnaît certainement, lorsqu'on trouve les mêmes preuves, les mêmes objections, les mêmes difficultés et les mêmes réponses. Or il est certain que les Grecs, depuis le commencement du christianisme, se sont servis des mêmes passages pour prouver la présence réelle du corps et du sang de Jésus-Christ dans l'Eucharistie, dont ceux qui ont écrit dans le moyen et le dernier âge se sont servis pareillement. Aucun n'a dit qu'il fallût expliquer métaphoriquement les paroles de Notre-Seigneur, et tous ont exclu formellement le sens que les calvinistes ont voulu donner à ces paroles. La répugnance des sens et de la raison sont les grands arguments de ceux-ci, et les autres les ont traités comme des objections qui devaient céder à la foi. Les Grecs, qui savaient mieux leur langue qu'Aubertin, n'ont pas affaibli les expressions des anciens, qui paraissaient trop fortes pour signifier la présence réelle, et ils n'ont pas même pensé qu'elles dussent faire la moindre difficulté ; au lieu que les autres, depuis qu'ils n'ont plus osé traiter les Pères avec autant de mépris que Calvin en avait témoigné pour leur autorité, n'ont pas eu de plus grande occupation que de chercher à expliquer comme obscur ce que toute la Grèce chrétienne avait toujours regardé comme très-clair, et sans aucune obscurité.

On ne peut s'imaginer qu'il y ait eu de changement dans la doctrine, quand il n'y en a eu aucun dans la discipline qui y a rapport ; puisque, comme il a été dit ailleurs, la discipline est la meilleure et la plus certaine interprète de la foi. Les protestants ont donné des preuves bien sensibles de cette proposition ; puisque, dès qu'ils se sentirent assez forts pour tout entreprendre impunément, ils abolirent toutes les cérémonies et les prières dont l'Église se servait dès les premiers siècles pour la célébration de l'Eucharistie. Qu'on examine tout ce qu'il y a de monuments ecclésiastiques les plus anciens et les plus certains, il ne se trouvera pas que l'église grecque ait eu d'autres cérémonies et d'autres prières eucharistiques que celles des Liturgies, qui sont aussi contraires à celles des protestants que la messe latine qu'ils ont supprimée. On a fait voir bien clairement que les Liturgies étaient fort à couvert de la vaine et fausse critique de Rivet, ou de ceux qui l'ont copié. Quand elle aurait quelque solidité, il faudrait encore que les protestants montrassent quelle était cette prétendue Liturgie apostolique sur laquelle ils ont formé les offices de la cène. Tant de différences énormes dans ce qu'il y a d'essentiel dans l'action la plus sacrée de la religion font assez voir que ceux qui en ont fait de si différentes copies n'ont jamais connu l'original.

Une preuve certaine pour établir qu'il n'y a eu

aucun changement est l'uniformité de doctrine conservée durant plusieurs siècles sans aucune contradiction. C'est ce qu'on remarque sur la créance de la présence réelle, touchant laquelle on était tellement d'accord, que ceux qui en ont parlé le plus clairement, et d'une manière à ne recevoir aucune de ces interprétations forcées d'Aubertin, comme S. Grégoire de Nysse dans sa Catéchèse, et S. Cyrille de Jérusalem dans les siennes, n'ont jamais été accusés d'en avoir trop dit. Lorsqu'en même temps d'autres se servaient de termes qui semblaient s'éloigner de la doctrine commune de la présence réelle, comme de ceux de *types*, d'*antitypes* et de quelques autres semblables, on n'en était pas scandalisé, parce que chacun y reconnaissait la créance commune, quoique sous deux idées différentes ; les uns parlant des symboles sacrés, qui font la partie extérieure et sensible du sacrement, et les autres de la chose signifiée et contenue.

La marque la plus assurée de la nouveauté d'une doctrine est, lorsque, d'abord qu'elle a paru, le corps de l'Église s'y est opposé, et la doctrine contraire est incontestablement celle qui doit être regardée comme l'ancienne. On ne trouve pas dans toute l'antiquité ecclésiastique grecque, qu'aucun ait jamais été accusé d'erreur pour avoir dit que l'Eucharistie était véritablement et réellement le corps de Jésus-Christ ; mais on voit que dès les temps apostoliques ceux qui disaient le contraire étaient regardés comme hérétiques, et que cela s'est continué jusqu'à présent. Ainsi l'église grecque s'éleva contre les iconoclastes, contre les bogomiles, et contre quelques autres qui blasphémaient sur le mystère de l'Eucharistie ; mais elle ne s'est pas élevée contre S. Grégoire de Nysse, contre S. Cyrille de Jérusalem, ni contre S. Jean Damascène. Ils soutenaient donc l'ancienne doctrine, et il ne fallait pas de changement pour l'introduire, ni pour engager les Grecs à condamner dans les luthériens, dans les calvinistes et dans la Confession de Cyrille Lucar, ce que leurs anciens docteurs avaient déjà condamné dans les autres.

Il est singulier que dans toute l'antiquité les calvinistes ne peuvent alléguer en leur faveur que l'autorité des iconoclastes et de leur synode, qui n'est pas plus grande parmi les Grecs que serait celle de Calvin ou du synode de Dordrecht à l'égard des catholiques. On peut douter que ces hérétiques aient erré sur le point fondamental de la foi de l'Eucharistie (1) : ce-

---

(1) Cela est vrai, et outre les preuves qui sont dans la *Perpétuité de la Foi* on en a donné de nouvelles dans la *Défense*, (ci-dessous, dans ce vol.) Mais les Grecs en parlent autrement, et Dosithée dans son Enchiridion, p. 42, dit qu'ils croyaient, εἰκόνα ἤτοι τύπον, σημεῖον, σύμβολον εἶναι τῆς φυσικῆς σαρκὸς τοῦ Κυρίου τὸ ἐν τῷ μυστηρίῳ σῶμα καὶ αἷμα τοῦ σωτῆρος, ἥντινα γνώμην ὡς αἱρετικὴν κατήλεγξεν ἡ οἰκουμενικὴ σύνοδος, etc. Comme le principal dessein de cet ouvrage est d'expliquer les opinions des Grecs, il n'a pas paru qu'il fallût entrer sur cela en matière, mais marquer seulement qu'on pouvait douter de ce qu'ils attribuent aux iconoclastes. Il importe peu que les Grecs se soient trompés sur un fait purement historique ; mais il est très-important que, parce que ces hérétiques s'étaient servis d'un

pendant, pour avoir dit qu'il ne fallait point d'autre image de Jésus-Christ que l'Eucharistie, comme il parut qu'il s'ensuivait qu'elle était donc une image, et non pas son véritable corps, les Grecs les anathématisèrent, et ces anathèmes sont renouvelés encore tous les ans plus d'une fois. Or les iconoclastes furent d'abord regardés comme novateurs, et la cruauté des empereurs qui les appuyèrent ne put prévaloir contre toute l'Église. Leur opinion sur l'Eucharistie était donc nouvelle : par conséquent la contraire soutenue par le second concile de Nicée, était l'ancienne et la véritable. Puisque depuis ce temps-là elle subsiste encore, il n'y a eu ni avant ni après aucun changement, et il y a de l'extravagance à vouloir attribuer à l'église grecque une opinion qu'elle condamna dès qu'elle la connut, et qu'elle a toujours depuis rejetée.

L'attention des Grecs n'a pas été bornée à combattre les hérésies formelles contre la créance commune de leur église : ils l'ont portée jusqu'à ne pas souffrir la moindre nouveauté qui pût indirectement y donner atteinte. Ainsi ils ne s'élevèrent pas seulement contre Basile, chef des bogomiles, qui, comme manichéen, détruisait le mystère de l'Eucharistie, mais contre Sotérichus Panteugenus, élu patriarche d'Antioche, contre le moine Sicidites et quelques autres. Ils n'ont donc rien fait de nouveau lorsqu'ils ont rejeté de même la confession d'Augsbourg, et qu'ils ont condamné celle de Cyrille.

Enfin on ne persuadera jamais à toute personne sensée que le dogme, et même le mot de *transsubstantiation* dont les Grecs se servent depuis plus de deux cents ans aussi bien que nous, leur aient été insinués par les Latins, avec lesquels ils ont des disputes continuelles depuis plusieurs siècles ; que jamais on n'ait pu leur faire entendre raison sur les azymes, et que, n'ayant cessé de contester sur la matière qui devait être employée pour l'Eucharistie, ils ne se soient pas réellement mis en peine de l'essentiel, à savoir si elle était réellement ou métaphoriquement le corps de Jésus-Christ.

terme équivoque qui pouvait faire entendre que l'Eucharistie ne devait être regardée que comme une image de Jésus-Christ, ils ont été frappés d'anathème par l'église grecque, qui le renouvelle tous les ans dans le service public du dimanche de l'orthodoxie.

Tout ce qui a été dit touchant la prière des Liturgies grecques et orientales appelée l'*Invocation du S.-Esprit* doit être pris historiquement ; parce qu'on n'a pas prétendu traiter à fond les disputes qui se sont émues sur ce sujet entre les Grecs et les Latins depuis le concile de Florence, ce qui demanderait un ouvrage à part. On a seulement établi que les termes dans lesquels cette prière est exprimée dans les liturgies grecques sont précisément les mêmes que ceux qui se trouvent dans les Liturgies syriaques, coptes, éthiopiennes, arméniennes, des orthodoxes aussi bien que des hérétiques ; et que les Orientaux, sans connaître ces disputes, et sans y avoir jamais pris aucune part, regardent la consécration achevée lorsque cette prière a été dite, croyant néanmoins que les paroles de Jésus-Christ sont efficaces et nécessaires.

On a marqué qu'Arcudius avait accusé d'erreur S. Cyrille de Jérusalem et S. Jean Damascène. Il parle ainsi du premier, livre 3, ch. 33 : *Ingenuè fateor eum ita sensisse ut scribit, et illius verba significant, nimirùm tunc fieri consecrationem quando illis precibus invocatur Spiritus sanctus.* C'est-à-dire, qu'il est dans les sentiments de Cabasilas et des Grecs modernes. Puis il rapporte les paroles de la première catéchèse : *Quæ ipsius verba sano modo exponi potuissent, nisi ipse in quintâ catechesi mystagogicâ eam expositionem adhibuisset. Neque mirum si Cyrillus ita senserit. Nam illa verba Liturgiarum primo aspectu sensum Græcorum præ se ferunt ; tempore verò Cyrilli minimè ista disceptatio inter Græcos et Latinos agitabatur, ut ex eâ occasione melius hæc considerare ac decidere sanctissimus vir potuerit, sed ea verba simpliciter ut sonare videntur exposuit. Sed opponendi sunt ipsi uni quidem plurimi ac præcipui doctores Ecclesiæ, Ambrosius, Augustinus et Chrysostomus, item Nyssenus et alii quos suprà citavimus. Adde quòd una res cum quoquomodo excusare potest, quòd in adolescentiâ catecheses illas scripserit, teste Hieronymo.* Il n'y a qu'à lire tout le chap. 33 du même livre, où il prétend expliquer S. Jean Damascène, en disant que les paroles qu'on cite ne sont pas de ce saint ; mais qu'elles ont été ajoutées par le diacre Épiphane, qui les rapporte dans le septième concile, dont il rejette l'autorité, avouant que, si les paroles sont de S. Jean Damascène, on ne peut nier qu'il ne soit dans les sentiments de Cabasilas et de Marc d'Éphèse, et par conséquent dans l'erreur.

On a établi par des preuves de fait incontestables qu'au moins depuis plus de deux cents ans les Grecs croient la présence réelle et la transsubstantiation. Le ministre Claude a prétendu prouver le contraire, parce qu'il croyait avoir démontré qu'autrefois ils ne la croyaient pas ; et, outre que cette sorte de preuve est fort défectueuse, elle est détruite par les Grecs mêmes : car comme elle n'est fondée que sur des interprétations toutes nouvelles de passages d'anciens, puisque les Grecs les entendent autrement, cette prétendue preuve tombe d'elle-même ; d'autant plus qu'on ne peut faire voir que jamais théologien grec les ait entendus de la manière dont les calvinistes les entendent, qui est également rejetée par les luthériens. Si quelqu'un voulait prouver que les Anglais protestants croient la présence réelle et la transsubstantiation, parce que Lanfranc les a enseignées, ou que les Allemands ne peuvent pas croire ce que contient leur confession d'Augsbourg ou celle du Palatinat, parce que d'anciens auteurs du pays ont enseigné le contraire, il serait bien aisé de lui répondre que véritablement les uns ni les autres ne croyaient pas autrefois ce qu'ils croient présentement ; mais que Luther, Zwingle et Calvin commencèrent à introduire une nouvelle doctrine. On en marquerait en même temps l'origine et le progrès, les disputes, les oppositions et les anathèmes prononcés contre les novateurs par ceux qui avaient la principale autorité dans l'Église.

Il fallait donc que ceux qui supposent un pareil changement parmi les Grecs marquassent le temps auquel il est arrivé, et les circonstances qui ont toujours accompagné de pareils événements, ce qu'ils n'ont pu faire jusqu'à présent : car pourquoi supposeront-ils que personne ne s'est aperçu ou ne s'est mis en peine d'une si étrange nouveauté, qui va au changement total de la religion, puisqu'en toute autre occasion, et sur la même matière, tous généralement se sont opposés à ces opinions que les calvinistes prétendent être l'ancienne créance de toute la Grèce, et qu'elle les condamne encore tous les ans par les anathèmes qui sont lus publiquement dans l'office du dimanche de l'orthodoxie?

Mais il est encore remarquable que les Grecs ne se sont pas contentés de s'opposer aux erreurs capitales contre la vérité du mystère de l'Eucharistie, mais à celles qui semblaient indirectement l'attaquer, comme était l'opinion de Sicidites, et celle de Sotérichus Panteugénus. Elles supposaient néanmoins la croyance de la présence réelle, puisqu'on ne peut mettre en question si le corps de Jésus-Christ est corruptible ou incorruptible dans l'Eucharistie, ou s'il est le sacrificateur et la victime, celui qui offre et auquel le sacrifice est offert, sans convenir qu'il y est présent réellement. Quoique les protestants aient eu des contestations fort vives touchant la doctrine de l'Eucharistie, et qu'elles ne soient pas encore finies, jamais on ne trouvera que ce soit sur de pareilles questions. Ceux donc qui les ont traitées aussi sérieusement qu'ont fait les Grecs, ont cru la présence réelle; et il ne fallait pas supposer de changement pour les engager à condamner ceux qui l'ont attaquée dans les derniers temps.

Quelles étranges suppositions ne faut-il pas faire pour soutenir le système de M. Claude touchant ce prétendu changement? Il faut que les Grecs n'en aient eu eux-mêmes aucune connaissance, puisqu'il n'en reste pas le moindre vestige dans leurs historiens ni dans leurs théologiens; que la foi ait été changée sans que la discipline l'ait été, quoique jamais cela ne soit arrivé; que tous les Grecs se soient accordés à parler comme les catholiques, ayant dans l'esprit ce que croient les calvinistes; enfin que nonobstant cette créance intérieure, que personne, au moins depuis le second concile de Nicée, n'a osé déclarer, ni de bouche ni par écrit, aussitôt que quelqu'un l'a voulu faire, ils l'aient rejetée comme hérétique.

Les Grecs conviennent encore moins que nous de ce prétendu changement, puisque, comme on a vu par les témoignages de Syrigus, de Dosithée, de Nectarius et de Callinique, ils ne reconnaissent pas que le mot de *transsubstantiation* leur soit venu des Latins. Tous s'en sont servis depuis plus de deux cents ans, et s'en servent encore sans difficulté; dans cet espace de temps aucun n'a attaqué le dogme ni le mot, que Cyrille, Corydale et Caryophylle, et ils ont été condamnés. M. Claude, sur les extraits de ses écrits qui furent envoyés dans le Levant, a été traité comme un ignorant, un imposteur et un calomniateur par Nectarius et par Dosithée, Grecs véritables et non latinisés, s'il en fut jamais. Ils ne devaient pas cependant croire la présence réelle, puisque M. Claude prétendait avoir démontré le contraire; à présent M. Smith et M. Allix avouent qu'ils la croyaient. On ne dira pas que ce changement s'est fait depuis M. Claude; car il n'y a pas d'apparence que quelqu'un osât avancer une pareille absurdité. Il la faut néanmoins supposer, ou convenir que tout ce qu'il a dit sur son prétendu changement et sur ses Grecs latinisés, n'est pas moins absurde.

Quand il suppose après les ministres qui ont écrit avant lui, qu'il s'est fait plusieurs autres changements, outre qu'il n'a rien dit de nouveau, il n'a pas répondu à la principale difficulté, qui était d'expliquer comment ils se sont introduits sans que personne s'y soit opposé; car tous les Grecs soutiennent avec raison que tout ce que les calvinistes traitent de nouveautés est établi dès les temps apostoliques. En effet, afin de trouver une église grecque à laquelle pût convenir la Confession de Cyrille, il en faut imaginer une que jamais personne n'a connue. Trouvera-t-on qu'elle ait été sans évêques et sans hiérarchie; que les prêtres et les évêques fussent égaux; qu'ils fussent ordonnés par des laïques; qu'un simple prêtre ait ordonné un évêque; que dans quelque concile des évêques aient été présidés par des laïques, comme il arriva au synode de Dordrecht; qu'on brûlât ou jetât au vent les cendres des martyrs; qu'il n'y eût aucune pénitence pour les plus grands péchés; point de jeûnes, point de mortifications; que des religieux et des religieuses se mariassent au mépris des vœux solennels de chasteté; qu'on y célébrât l'Eucharistie d'une manière qui eût quelque rapport à tant de différentes formes de l'administration de la cène; qu'on ne donnât point la communion aux mourants; qu'on ne la réservât pas pour les malades; que ce qui restait fût regardé comme du pain et du vin ordinaires; qu'on ne fît pas de mémoire de la Vierge, des saints et des morts dans la célébration de la Liturgie, pour ne pas parler du reste? Il faut cependant supposer que cette église grecque non latinisée à laquelle M. Claude nous renvoie a été telle; et comme on ne peut le prouver, il s'ensuit nécessairement que lorsque Cyrille a eu l'effronterie de donner sa Confession comme celle de l'église grecque, il a amusé les calvinistes par l'imposture la plus grossière qui ait jamais été faite, puisqu'il n'y avait qu'à entrer dans une église et ouvrir les yeux, pour reconnaître la fausseté de tout ce qu'il a écrit. Ainsi le prétendu changement qu'on voudrait supposer dans l'église grecque se trouve sans aucun fondement.

CHAPITRE VIII.

L'église nestorienne n'a reçu aucun changement sur la doctrine de la présence réelle, ni sur les autres points contestés entre les catholiques et les protestants.

Ce qui a été dit dans le commencement de cet ouvrage touchant les nestoriens, fait assez voir que si on excepte leur hérésie, ils sont dans les mêmes sentiments que les autres communions orientales, particulièrement sur l'Eucharistie; en sorte que si autrefois ils ont été soupçonnés de quelque erreur sur ce mystère, elle n'a pas passé jusqu'à ceux qui, depuis la liberté qu'ils obtinrent sous les princes mahométans, ont formé cette église nestorienne qui s'est étendue jusqu'aux extrémités de l'Orient. Nous n'avons rien dit que sur des autorités certaines; et si quelqu'un prétend opposer ce qu'en ont écrit quelques modernes, entre autres un Anglais qui a fait imprimer en 1694 une traduction du synode de Diamper sous Alexis de Ménesès, archevêque de Goa, avec des notes pitoyables, il ne sera pas difficile de faire voir que cet homme n'avait aucune connaissance de la matière qu'il s'était engagé de traiter. On en peut juger par un seul endroit de sa préface, où parlant d'Adam, archidiacre d'Élie, patriarche des nestoriens, qui l'avait envoyé à Paul V, ce grand critique l'appelle *Adam Camara*, parce qu'il avait vu dans le titre du livre de Pierre Strozza, *de Dogmatibus Chaldæorum*, cette inscription : *Ad Patrem admodùm reverendum Adam cameræ patriarchalis Babylonis archidiaconum*. Mais cela n'est rien en comparaison de toutes les faussetés et absurdités dont il a rempli un discours préliminaire qu'il a intitulé : *Histoire abrégée de l'église de Malabar*.

On a vu dans les livres précédents que l'église nestorienne, comme elle est établie depuis plusieurs siècles, avait pour chef un catholique, c'est-à-dire, un primat inférieur aux patriarches, et supérieur aux métropolitains, et que par la protection des derniers rois de Perse, qui les favorisaient en haine des empereurs grecs, ils s'étaient emparés du siége de Séleucie et de Ctésiphonte. Ils ne commencèrent pas leur séparation en renversant toute la forme du gouvernement ecclésiastique qu'ils avaient trouvé établi dans l'Église, puisque celle qu'ils formèrent était gouvernée par des évêques, dont les prédécesseurs avaient été ordonnés dans l'Église catholique. Ils savaient qu'il fallait un chef à leur communion; ils étaient séparés de toutes les églises patriarcales, et ils n'en occupaient aucune. Ce fut donc pour s'en donner un qu'ils attribuèrent au siége de Séleucie, outre l'autorité ancienne qu'avaient eue les évêques, celle de patriarche de toute la secte nestorienne.

Cependant, comme tous les chrétiens étaient persuadés qu'on ne pouvait être dans l'Église si on ne prouvait la succession apostolique, particulièrement dans les premiers siéges, après avoir mis dans le nombre de leurs catholiques ou patriarches plusieurs saints évêques de Séleucie, ils firent remonter la succession jusqu'au temps des apôtres. La tradition de l'église d'Édesse était que S. Thadée y avait prêché l'Évangile ; et comme dans la décadence de l'empire grec ils avaient infecté de leurs erreurs toute la Mésopotamie, ils étendirent cette tradition jusqu'aux premiers siècles, et attribuèrent à cet apôtre la fondation de leur église patriarcale, telle qu'ils la rapportent dans leurs histoires. Elles sont fausses, mais elles ne laissent pas de marquer leur respect pour la tradition, et leur éloignement de l'anarchie presbytérienne, et de cette suprématie laïque dont les femmes se sont trouvées capables dans la réformation d'Angleterre.

Ensuite, comme on donna dans l'église orthodoxe un pouvoir fort étendu aux évêques de Séleucie, qui furent appelés *catholiques de Perse*, les nestoriens attribuèrent dans la suite ces mêmes prérogatives à leurs patriarches. Enfin un reste de respect pour la discipline a engagé leurs auteurs à dire que cette autorité indépendante du patriarcat d'Antioche leur fut confirmée par un privilége des Pères d'Occident, et ils entendent un des canons arabes attribués au concile de Nicée. Cette tradition est marquée dans la vie de celui qu'ils appellent *Ahadabouich*, qu'ils comptent le septième de leurs catholiques, et Hébedjésu fait mention d'une lettre que ce catholique écrivit au *pape d'Orient*, c'est-à-dire, au patriarche d'Antioche ; ajoutant que *de son temps fut écrite la lettre des Occidentaux, par laquelle ils accordent la dignité patriarcale au siége de Séleucie*. Ils reconnaissent donc qu'elle vient d'une concession de l'église d'Occident ; et comme cela embarrasse le traducteur anglais, il a trouvé une réponse fort singulière (p. 16), qui est que *par les Pères d'Occident on doit entendre le patriarche d'Antioche*. Cependant, par le canon trente-troisième des Arabes de Nicée qu'il rapporte dans la même page, il paraît que le patriarche d'Antioche avait consenti à cette exemption. Ce n'était donc pas lui qui l'avait donnée, et c'est ignorer l'histoire et la géographie, que de ne pas savoir que le diocèse d'Orient signifiait le patriarcat d'Antioche ; outre qu'il ne faut que le sens commun pour savoir que l'Occident ne signifie pas l'Orient.

Cette église ainsi établie a toujours depuis été gouvernée par ces catholiques avec une autorité patriarcale, par des métropolitains, des évêques et des prêtres, servis par des diacres et par des clercs, dont nous avons les ordinations conformes à l'ancienne discipline. Celle qui regarde les ecclésiastiques a toujours été la même que dans les autres églises orientales. L'auteur anglais a mis à la tête de sa traduction une liste des articles dans lesquels *l'église de Malabar s'accorde*, dit-il, *avec l'église anglicane, et diffère de celle de Rome*. Le premier est qu'elle nie la suprématie du pape. Cependant dans les collections de canons, le sixième de Nicée, où elle est si bien établie, se trouve comme les autres, et leurs théologiens conviennent que le premier siège est celui de Rome. Mais ils affirment, dit-il, dans le second, *que l'Église de Rome est déchue de la vraie foi*. Ils en diraient autant de l'église anglicane, puisque ce qu'ils appellent la vraie foi est le nestorianisme. On ne trouvera pas non plus que ni eux ni personne, parmi les Orientaux les plus ignorants, aient jamais dit que le suprême pouvoir de l'Église résidât dans un laïque et dans une femme, ni que les évêques en dépendissent comme ils dépendent de leur patriarche.

Les évêques n'ont jamais été mariés ; la discipline sur ce sujet est la même qu'en toutes les autres églises, où les prêtres et les diacres peuvent être mariés avant leur ordination, mais nullement après. Les historiens parlent avec horreur de Barsomas, métropolitain de Nisibe, qui épousa une religieuse, et voulut obliger tous les ecclésiastiques à se marier, comme de Babaï vingt-troisième, qui publia une ordonnance sur ce sujet. S'il y a eu quelque abus contraire dans le Malabar, cela était contre les règles.

La manière d'administrer les sacrements est très-conforme aux anciens offices de l'église grecque; et on remarque une assez grande conformité entre la Liturgie ordinaire et la grecque de S. Jean Chrysostôme, entre autres dans l'invocation du Saint-Esprit, où ces paroles, *les changeant par votre Saint-Esprit*, sont insérées. Rien ne ressemble moins à la cène des protestants, ni pour les prières, ni pour les cérémonies. Cependant, dit l'auteur anglais, *ils nient la transsubstantiation, et que le corps et le sang de Jésus-Christ soient réellement et substantiellement dans l'Eucharistie*. Mais Élie-le-Catholique assure le contraire positivement, et les autres chrétiens orientaux, qui n'épargnent pas les nestoriens et qui croient la présence réelle, témoignent que les autres la croient pareillement. Il faut être bien hardi pour avancer sans preuves une affirmation aussi décisive.

On a prouvé aussi qu'ils administraient le baptême avec les mêmes cérémonies que les autres Orientaux, et qu'ils pratiquaient toutes celles que les réformateurs ont abolies; qu'ils donnaient la confirmation en même temps; qu'ils avaient la bénédiction de la lampe pour les malades, qui tient lieu d'extrême-onction; que les péchés étaient soumis à la pénitence; et on a des formules d'absolution sacerdotale, aussi bien que de la bénédiction nuptiale, sans laquelle il n'est pas permis de prendre une femme. L'histoire fournit un grand nombre d'exemples d'églises et de chapelles bâties à l'honneur des martyrs, et les livres ecclésiastiques contiennent des prières adressées à la Vierge et aux saints. On reconnaît l'usage des croix et des images, la prière et la célébration de la Liturgie pour les morts. Enfin on trouve parmi ces hérétiques la forme ancienne du culte observé par tous les autres chrétiens, sans aucun changement dans ce qu'il y a d'essentiel. Que s'il s'y est glissé des abus, ce n'est pas sur cela qu'on doit juger de la foi et de la discipline d'une nombreuse église, mais sur les règles qui se trouvent établies, quand même elles ne seraient pas observées.

Il est impossible de marquer qu'il soit arrivé aucun changement essentiel dans la doctrine, puisque les passages qui ont été rapportés prouvent bien clairement que sur le mystère de l'Incarnation, les nestoriens du moyen et du dernier âge n'ont pas d'autres sentiments que ceux qui furent condamnés au concile d'Éphèse. Les croisades et les missions ne les ont pas retirés de ces erreurs; ainsi c'est une supposition qui n'a pas le moindre fondement dans l'histoire, que ceux qui les ont trouvés si durs et si inflexibles sur le premier article leur aient fait si facilement recevoir celui de la présence réelle, qui est incomparablement plus difficile à comprendre à ceux qui ne le croient point; ce qu'on reconnaît assez par la manière dont en écrivent les protestants : car il semble que toute la religion chrétienne consiste à ne point croire la transsubstantiation, et que tous les autres articles de foi ne sont rien. Ainsi nous voyons M. Ludolf, qui, croyant avoir prouvé que les Éthiopiens ne la croient point, leur pardonne toutes leurs autres erreurs, jusqu'à les justifier sur la créance d'une seule nature, sur les anathèmes qu'ils prononcent contre le concile de Calcédoine, enfin sur la circoncision et d'autres superstitions judaïques, que les patriarches d'Alexandrie jacobites leurs supérieurs ont condamnées; et il ne trouve pas d'image plus parfaite de l'ancienne Église qu'en celle d'Éthiopie. De même cet Anglais, qui n'avait jamais rien lu que l'histoire d'Alexis de Ménesès, souvent sans l'entendre, supposant de même que les nestoriens rejetaient la transsubstantiation, ce que son auteur ne dit point, veut que nous regardions l'église des nestoriens de Malabar comme *ancienne et apostolique*, en sorte *qu'il n'y en a pas une, sans excepter celle des Vaudois, qui ait moins d'erreurs dans la doctrine, excepté celle de Nestorius*, et cela parce qu'on n'y croit ni la primauté du pape, ni la transsubstantiation, ni l'adoration des images. Dans ce peu de paroles, l'auteur a fait assez voir que l'ancienne Église, les nestoriens et les Vaudois lui étaient également inconnus ; et on reconnaît en même temps qu'il ne croit pas que l'hérésie de Nestorius soit si dangereuse, puisqu'il dit qu'un auteur de la communion de Rome les en a justifiés. Il ne le nomme pas ; mais quel qu'il puisse être, il n'y a pas de catholique, ni même de protestant, qui puisse justifier ceux qui disent anathème au concile d'Éphèse et à S. Cyrille, et qui honorent cet hérésiarque comme un saint.

Il faut donc convenir avec tous les anciens et avec tous les Orientaux qu'on ne peut regarder les nestoriens autrement que comme des hérétiques, déclarés pour tels non seulement par l'Église universelle, mais en particulier par les jacobites, qui néanmoins assurent, aussi bien que les orthodoxes ou melchites, que les nestoriens croient sur l'Eucharistie ce que croient les autres chrétiens. Quand même on recevrait comme véritables les censures de ceux qui dressèrent les décrets du synode de Diamper, et si on pouvait croire qu'ils eussent extrait fidèlement ce qu'ils rapportent de quelques auteurs, ce qui est fort douteux, puisque leur ignorance paraît presque partout; cela pourrait prouver que les nestoriens de Malabar sont tombés dans l'erreur, mais non pas que tout le corps de l'église nestorienne l'eût adoptée. Il faut des autorités plus sûres que celle de ces Portugais pour croire qu'il se trouvât dans les livres dont ils parlent des choses entièrement contraires aux Liturgies et aux autres prières publiques. Josué, fils de Nun, catholique 45e, successeur immédiat de Timothée, auquel on attribue de pareilles erreurs, attaqua sa mémoire par divers écrits, et voulut ôter son nom des diptyques ; mais les évêques le justifièrent, ce qu'ils n'auraient pas fait si on avait trouvé dans ses livres une proposition contraire à ce qu'enseignait leur église.

On trouve encore cette uniformité de principes et de discipline bien prouvée par les missions que les nestoriens envoyèrent dans le Corassan, le Cowarzem, la Transoxiane, le Turquestan jusqu'aux extrémités de la Haute-Asie ; dans les Indes et jusqu'à la Chine. Ils ne se contentèrent pas d'envoyer des prêtres ; ils jugèrent que l'Église ne pouvait subsister sans évêques ; ainsi ils en établirent partout où ils firent des chrétiens ; et quand le nombre en fut assez grand, ils érigèrent de nouvelles métropoles, dont nous avons donné la notice. Ils n'avaient donc rien changé à la discipline de l'ancienne Église ; et le catholique qui s'en réservait la confirmation et l'ordination, exerçait le pouvoir de suprématie que les protestants contestent au pape ; mais c'était la même chose, puisque ce qui est une tyrannie dans l'un, ne peut être l'exercice d'une autorité légitime dans l'autre.

L'auteur anglais ne pouvait traduire le synode de Diamper, et ne pas voir presque à chaque page que partout où les nestoriens s'étaient établis, ils avaient introduit les offices en langue syriaque, quoiqu'en Syrie et en Mésopotamie on entende moins cette langue depuis plus de mille ans que le latin en Occident. Mais pourquoi la porter dans le Turquestan, dans les Indes et dans la Chine, où elle n'avait jamais été entendue ?

On voit aussi la vie monastique pratiquée dès les premiers siècles parmi les nestoriens, et ils honorent parmi leurs saints un grand nombre de religieux. La plupart de leurs catholiques ont été tirés des monastères, et l'habit religieux est appelé l'*habit angélique*, ainsi que parmi les autres Orientaux. Ce n'est pas des Latins ni des missionnaires que cela leur est venu, non plus que toutes les autres pratiques religieuses touchant les fêtes, les jeûnes de chaque semaine, outre ceux du carême et d'autres abstinences beaucoup plus grandes et plus fréquentes que celles de l'Église latine ; mais l'auteur anglais n'en dit mot.

Enfin quiconque voudra supposer que quelques réunions, et des lettres écrites au pape peuvent servir à prouver que les Latins aient introduit quelque nouveauté parmi les nestoriens, n'a pas la moindre connaissance de leur histoire ni de la nôtre. Pierre Strozza dit qu'avant le pontificat de Jules III on connaissait à peine le nom du patriarche des nestoriens, et que dans les archives des papes il ne trouve pas qu'il soit parlé d'eux ni de la nation des Chaldéens. Que ce pape, ayant appris que quelques nestoriens s'étaient soustraits de l'obéissance du patriarche hérétique, avait ordonné Simon Sulacha appelé autrement *Siud*, qui est la même chose ; que celui-ci avait été tué par les Turcs, et qu'Abdisus ou Hebedjésu lui avait succédé. Ce fut lui qui vint en Europe vers la fin du concile de Trente, et enfin, longtemps après, Élie envoya son archidiacre Adam, qui vint à Rome sous Paul V. Ces Orientaux furent reçus avec toute sorte de démonstrations d'honneur et de charité ; ils obtinrent des secours considérables pour leurs églises, et toute la protection qu'ils pouvaient espérer. Mais dans le fond ces conversions ne produisirent pas un grand changement, et elles n'ont eu aucunes suites, puisque les lettres qui se trouvent écrites à quelques anciens papes, et celles qui furent adressées à Paul III et à Paul V, n'ont pas empêché les chrétiens de ces pays-là de conserver les mêmes erreurs et les mêmes abus qu'ils paraissaient avoir abandonnés.

C'est ce qui se reconnaît encore tous les jours par les Missels et les autres livres de prières que portent avec eux les prêtres qui viennent de ces pays-là, où on trouve les dogmes nestoriens sans aucune altération. Jésus-Christ appelé *Temple de la Divinité* ; la sainte Vierge toujours *Mère de Christ*, et jamais *Mère de Dieu*, des louanges de Nestorius, des injures atroces contre S. Cyrille, jusqu'à l'appeler *serpent maudit*, et d'autres choses semblables : tel a été le fruit de ces réunions, qui n'a guère été plus considérable depuis le pontificat de Grégoire XIII, quoiqu'il dépensât beaucoup, tant pour envoyer des missionnaires sur les lieux, que pour établir des séminaires et des collèges où les Orientaux pussent être instruits. Les choses sont toujours au même état ; il vient de temps en temps des Levantins avec des lettres de leurs patriarches pour le pape ; et ils témoignent qu'ils embrassent toutes les vérités enseignées dans l'Église catholique, dont ceux qui parlent à leur nom font profession en la manière qui leur est prescrite. Ils demandent le *Pallium* pour leurs prélats, et on le leur accorde ; ils s'en retournent, et tout se termine à ce que ces mêmes prélats disent en particulier aux missionnaires qu'ils sont bons catholiques, et qu'ils travaillent à convertir ceux qui leur sont soumis. Mais on ne voit aucun changement extérieur, et la plupart conservent la communion avec les autres hérétiques, ce que jamais l'Église romaine n'a approuvé ; et si quelques missionnaires l'ont toléré, ils ont violé toutes les lois ecclésiastiques, et leur exemple ne peut être tiré à conséquence.

Il est très-important de remarquer que dans les lettres qui nous restent de ces patriarches aux papes, ou des papes à eux, il ne se trouve pas une seule parole qui donne lieu de soupçonner que les chrétiens orientaux aient eu aucune opinion particulière touchant l'Eucharistie, ni qu'on leur ait donné la moindre instruction pour leur apprendre qu'elle était véritablement et réellement le corps et le sang de Jésus-Christ ; au lieu qu'il se trouve divers passages par lesquels il paraît qu'on pensait à leur inspirer la véritable créance sur le mystère de l'Incarnation ; que quelques-uns dans leurs réponses tâchaient de justifier la doctrine de leur église. C'est ce qu'on ne remarque pas touchant la créance de l'Eucharistie, et ce qui fait voir en même temps que les théologiens orientaux ne s'étaient pas trompés lorsqu'ils avaient dit que tous les chrétiens s'accordaient sur cet article. Si cependant les calvinistes persistent dans leur hypothèse insoutenable, il faut, comme on a dit ailleurs, qu'ils prouvent que les papes et leurs missionnaires ont été uniquement occupés du soin d'introduire l'opinion de la présence réelle, sans se mettre en peine des autres articles de foi, même de ce qui concerne la primauté du S.-Siége, puisqu'il est certain que parmi les nestoriens on ne connaissait point d'autorité supérieure à celle de leur catholique. Il faut ensuite nous faire comprendre comment un des plus difficiles mystères de la religion a pu être reçu sans contestation, sans la moindre opposition, sans qu'il reste aucun vestige d'un tel changement, pendant qu'on n'a jamais pu réduire sur des articles qui ne sont rien en comparaison de celui-là.

CHAPITRE IX.
Que le changement de doctrine sur la présence réelle n'a pas été moins impossible parmi les jacobites que parmi les Grecs et les nestoriens.

Si on a fait voir que le changement de doctrine sur la présence réelle était une supposition insoutenable à l'égard des Grecs et des nestoriens, il est encore plus facile de montrer qu'il n'y avait pas lieu de supposer qu'il pût être arrivé rien de semblable parmi les jacobites. On a marqué, au commencement de cet ouvrage, que les jacobites étaient ceux qui ne reconnaissaient qu'une seule nature en Jésus-Christ, et qui par cette raison disaient anathème au concile de Calcédoine et à S. Léon; qu'ils avaient depuis le commencement de leur séparation une succession de patriarches à Alexandrie et à Antioche; qu'ainsi cette secte comprenait tous ceux qu'on appelle Cophtes, et les Abyssins ou Éthiopiens; les Syriens, qui n'étaient ni nestoriens ni orthodoxes; les Arméniens et quelques autres chrétiens répandus en différentes provinces d'Orient. On croit aussi avoir prouvé bien clairement que ces chrétiens croient la présence réelle, et qu'ils observent toutes les parties de la discipline ecclésiastique qui, selon l'aveu de M. Claude, suivent naturellement de cette créance. Il faut présentement examiner si on peut trouver qu'elle y ait été portée d'ailleurs, et particulièrement par les missionnaires latins.

Nous avons prouvé, et on ne peut en disconvenir, que par la seule forme extérieure d'une église, on reconnaît certainement une partie de ce qu'elle croit, particulièrement sur les sacrements et sur l'Eucharistie. Suivant ce principe, Grotius et de savants luthériens rejetèrent d'abord la Confession de Cyrille, parce que chacun reconnaissait que la forme du gouvernement de l'église grecque et son culte extérieur étaient incompatibles avec la doctrine qu'il y exposait. Il en est de même de l'église jacobite. Celle des Cophtes a pour chef le patriarche d'Alexandrie, et par leurs histoires on voit qu'il tire sa succession de Dioscore et de ceux que les monophysites établirent après lui; cela suffit pour reconnaître que la hiérarchie y a toujours subsisté; ce qui est encore prouvé parce qu'on la voit gouvernée de tout temps par des évêques, des prêtres, des diacres, des lecteurs, ordonnés suivant l'ancien rit oriental. De même on reconnaît dans leur Liturgie l'ancienne forme de célébrer les saints mystères; et le sens simple et littéral des prières porte d'abord à croire le changement réel des dons proposés au corps et au sang de Jésus-Christ. Les cérémonies qui accompagnent ces prières prouvent encore plus fortement cette créance; et si les calvinistes ont tâché de leur donner des interprétations contraires, jamais aucun n'a osé s'en servir dans l'administration de la cène.

Les jacobites, égyptiens ou syriens, n'ont pas composé ces offices, puisqu'ils sont conformes à ceux dont les catholiques se servaient dans les mêmes pays, en sorte que dans le douzième siècle la Liturgie de S. Marc était en usage parmi les Grecs orthodoxes du patriarcat d'Alexandrie, et celle de S. Jacques dans celui d'Antioche et à Jérusalem. Les Grecs l'ont quittée, mais les orthodoxes syriens ont toujours conservé celle de S. Jacques, et s'en servent encore. Ils s'ensuit qu'ils les avaient prises de l'Église catholique lorsqu'ils s'en étaient séparés; et par conséquent ces prières, qui supposent la foi de la présence réelle, étaient plus anciennes que le concile de Calcédoine, avant lequel on ne croit pas que personne puisse supposer qu'il soit arrivé aucun changement.

On en doit dire autant des cérémonies: car quoiqu'on ne les trouve pas marquées dans les Liturgies, on en trouve ailleurs des vestiges certains, comme de la manière respectueuse de recevoir la communion, marquée dans les Catéchèses de S. Cyrille de Jérusalem, et en plusieurs endroits de S. Jean Chrysostôme. De plus on ne peut prouver que ce qui est reçu et pratiqué dans plusieurs églises, avec l'approbation de toutes les autres, soit une nouveauté, lorsqu'on n'en peut montrer l'origine. Or aucun protestant n'a pu encore faire voir celle de toutes les prières sacrées et des cérémonies qui composent les Liturgies: car la zizanie semée par l'homme ennemi dans le champ de l'Église est un lieu commun usé, et qui peut être prêché à des femmes ou à des fanatiques ignorants, non pas employé dans une dispute sérieuse. On a aussi fait voir qu'on attaquait inutilement ces prières et ces cérémonies, sous prétexte qu'elles n'étaient pas conformes à la Liturgie apostolique et évangélique, puisque jamais les protestants ne sont convenus de cette première forme.

Il est vrai qu'à ces premières et plus anciennes prières, chaque église en a ajouté de nouvelles; encore même ce n'a pas été dans les parties essentielles des offices sacrés, mais dans celles qui sont comme préparatoires, ou qui accompagnent les autres, ou qui servent d'actions de grâces. Ainsi les Égyptiens dès le commencement de leur Liturgie ont ajouté une oraison pour demander à Dieu qu'*il envoie son Saint-Esprit, afin qu'il change les dons proposés au corps et au sang de Jésus-Christ*. Cela est particulier à leur rit; mais il n'y a rien d'extraordinaire ni de suspect dans cette addition, puisque la prière solennelle qui contient la même chose en substance, est dans le corps de la Liturgie, et généralement dans toutes celles des chrétiens orientaux. Les diacres chantent divers répons durant le cours de l'office, surtout dans le temps de la communion; ceux qui la reçoivent disent quelques oraisons qui signifient plus expressément la présence réelle, comme entre autres, que *le Saint-Esprit descend sur l'autel, qu'il change les dons proposés, que Jésus-Christ est immolé sur l'autel, qu'il est dans le disque sacré comme il était dans la crèche et dans le sépulcre.* Ces expressions et d'autres semblables sont tirées des saints Pères, dont ces mêmes chrétiens, quoique séparés de l'Église catholique, ont conservé la doctrine et les paroles.

Ainsi on voit que l'origine de ces prières et de ces cérémonies sacrées est plus ancienne que les schismes; et nonobstant l'animosité qui a toujours été entre ceux de différente communion, aussi bien entre eux que contre les catholiques, on ne trouvera jamais que les uns ni les autres aient accusé d'innovation ceux qui les ont ajoutées ou qui s'en sont servis. Au contraire, tous ont fait la même chose, et souvent, comme il a été remarqué ailleurs, les orthodoxes ont adopté des prières sur l'Eucharistie qui avaient été composées par des jacobites. Il en résulte pareillement que puisque la plupart de ces prières ajoutées aux anciennes sont formées des paroles des SS. Pères, il faut nécessairement que ceux qui les ont composées aient entendu dans le sens simple et littéral ces termes qui paraissent si durs aux protestants, qu'ils ne peuvent les expliquer que par de longs commentaires, nonobstant lesquels ils se sont bien gardés d'en employer de semblables dans leurs formules d'administration de la cène.

De ce qui a été dit il s'ensuit que les prières anciennes, qui font les parties principales de la Liturgie, sont d'une antiquité qui précède de plusieurs siècles tous les changements qu'on pourrait supposer, puisqu'elles sont avant les schismes; que s'il y avait eu quelque obscurité dans ces premières, celles que chaque église a ajoutées l'expliquent entièrement, et que les cérémonies qui les accompagnent achèvent de déterminer ce sens. Cela étant, comme nous croyons l'avoir prouvé par des raisons très-solides, il est certain qu'avant toutes les époques que les protestants ont imaginées pour ce prétendu changement, l'église jacobite parlait non seulement comme les Pères, mais qu'elle entendait leurs paroles comme l'Église catholique les a toujours entendues, et même encore plus clairement; en sorte que si on avait introduit parmi les jacobites la doctrine de la présence réelle, on ne leur aurait pas prescrit des paroles plus significatives que celles dont ils se servent, puisqu'on ne peut pas soupçonner ceux qui parlent comme eux de ne pas croire ce que nous croyons.

Il n'y avait donc aucune nécessité d'introduire une nouvelle doctrine touchant l'Eucharistie, puisqu'il n'y avait pas lieu de douter que les jacobites ne crussent ce que l'Église enseigne sur ce sujet : car les anciens monophysites n'avaient été accusés d'aucune erreur touchant cet article; et les jacobites, leurs successeurs, n'en avaient pas introduit de nouvelle, puisqu'au contraire leur opinion de l'unité de nature en Jésus-Christ après l'incarnation rendait plus fortes leurs expressions sur l'Eucharistie, comme on le peut voir dans quelques passages de théologiens jacobites, qui ont été ci-devant rapportés. On sait de plus qu'il n'y a jamais eu d'opinion particulière dans l'église jacobite d'Alexandrie ou d'Antioche touchant ce dogme; et Sévère, qui a écrit l'histoire des patriarches d'Alexandrie, marque, comme une chose extraordinaire, qu'un nommé Abraham avait blasphémé contre les saints mystères; mais il ne rapporte pas ce que disait cet hérétique, *de peur,* dit-il, *de souiller les yeux et les oreilles des fidèles.*

Cet Abraham était métropolitain dans le patriarcat d'Antioche; il attira quelques personnes, même des évêques, dans ses erreurs; et Cyriaque, alors patriarche d'Antioche, ne put en arrêter le progrès. Denis, qui lui succéda, en vint à bout, et après avoir engagé Abraham et ses sectateurs à une conférence, il leur fit reconnaître la vérité, et il les reçut à la pénitence. Cela arriva au commencement du neuvième siècle, Marc étant patriarche d'Alexandrie, qui fut élu vers l'an 800, et qui écrivit fortement à Cyriaque pour l'exhorter à extirper cette hérésie. Les historiens ne nous l'expliquent pas; mais puisqu'ils disent que cet Abraham parlait des saints mystères d'une manière toute contraire à ce qu'enseignait l'Église orthodoxe, Sévère, le principal de ces historiens, ayant expliqué clairement la foi de son église, comme on le peut voir par divers extraits rapportés de ses ouvrages, il fallait que cet hérétique dit le contraire. Ce n'était pas l'opinion de la présence réelle qu'il soutenait, puisque Sévère la soutient expressément; c'était donc quelque nouveauté qui approchait de la doctrine des sacramentaires.

Le trouble qu'elle causa dans le patriarcat d'Antioche, et qui s'étendit jusqu'à Alexandrie, à cause de l'union étroite qui était entre les patriarches jacobites de ces deux sièges, fait donc voir : 1° que la doctrine ancienne et généralement reçue était celle de la présence réelle, telle que l'historien l'explique dans ses ouvrages théologiques; 2° qu'il ne fallait point de changement pour introduire cette doctrine, puisqu'elle était reçue et regardée comme ancienne et comme la foi de toute l'Église; 3° que le changement qu'Abraham voulut y introduire ne venait pas de la part des Latins, puisqu'il était lui-même jacobite; 4° que ce que les jacobites regardent comme une nouveauté dont ils ne parlent qu'avec horreur devait être ce que les protestants prétendent être la créance de toute l'ancienne Église; 5° enfin que celle de la présence réelle était établie dans les patriarcats d'Alexandrie et d'Antioche plus de deux cents ans avant les guerres d'outre-mer et les missions.

Il eût donc été fort inutile de travailler à inspirer à ces chrétiens une doctrine qu'ils avaient déjà; et quel avantage en aurait-on pu espérer? Comment aurait-on entrepris d'exécuter ce dessein, et par quel moyen? Car les jacobites n'avaient alors aucun commerce avec les melchites ou orthodoxes grecs, auxquels même les ministres n'attribuent pas ce grand ouvrage, puisque, dans le système de M. Claude, il faut que les Grecs aient alors encore ignoré la présence réelle. Il n'y avait presque point de Latins établis dans ces pays-là, puisque ce ne fut qu'après la prise de Jérusalem, en 1099, qu'ils commencèrent à s'y établir; ils ne peuvent donc y avoir porté alors une nouvelle doctrine.

Puisque ce même ministre a reconnu que plusieurs cérémonies que l'Église romaine pratique sont des suites nécessaires de sa créance sur l'Eucharistie, et qu'il a été assez mal instruit sur la discipline des Grecs et des Orientaux, pour assurer qu'ils n'observaient rien de semblable, partout où ces cérémonies se trouvent, l'opinion qui les produit devait être reçue; or il est certain qu'avant le temps dont parle Sévère les Cophtes avaient la même discipline qui se trouve prescrite dans leurs Rituels. Ils ne peuvent pas l'avoir prise des Latins, puisque ceux-ci n'ont jamais changé les rites orientaux dans ces siècles-là que pour substituer ceux de l'Église latine; outre qu'ils connaissaient si peu ceux de l'église orientale, que souvent ils les ont condamnés ou supprimés faute de les entendre.

On a fait voir dans les chapitres précédents que les croisades n'avaient eu aucun effet à l'égard des chrétiens orientaux hérétiques ou schismatiques, puisqu'à Antioche et à Jérusalem les Latins avaient établi des patriarches au préjudice des Grecs et des autres communions qui avaient les leurs; et qu'à peine ils leur avaient laissé quelques églises pour y faire le service chacun selon son rit particulier. Ils les laissèrent tels qu'ils les avaient trouvés, à l'exception des maronites, qui furent réunis à l'Église romaine. Les autres chrétiens regardèrent toujours les Francs comme hérétiques calcédoniens, ainsi qu'ils appellent ordinairement les orthodoxes ; et de plus ils les accusèrent d'ajouter au symbole les paroles *Filioque*, et de célébrer avec du pain azyme, outre plusieurs abus que leur reprochent Paul, évêque de Séide, Ebnassal, Pierre, évêque de Mélicha, et quelques autres. Peut-on supposer que ceux que les Orientaux regardaient comme hérétiques, en sorte qu'ils reconciliaient les églises et les autels où les prêtres latins avaient célébré, fussent fort propres à leur apprendre un nouvel article de foi, tel que celui de l'Eucharistie? et sur cette supposition, la plus extravagante qui fut jamais, pourra-t-on croire qu'on ne les instruisait que sur cet article, et qu'on passait sous silence toutes leurs autres erreurs? On voit aussi que les jacobites d'Alexandrie firent un crime à Cyrille, fils de Laklak, soixante-quinzième patriarche, de ce qu'il avait eu commerce avec les Francs, et qu'il avait ordonné à Jérusalem un métropolitain accusé de trop de familiarité avec eux, et qui avait détourné les Cophtes de leur ancienne créance et de quelques pratiques de cette secte. C'était vers l'an 1240, et cela fait voir que près de deux siècles depuis, les jacobites n'avaient pas changé la mauvaise opinion qu'ils avaient des Latins, qui par conséquent n'étaient guère propres à leur inspirer de nouvelles opinions sur l'Eucharistie.

Enfin il faut convenir qu'une proposition aussi générale et aussi hardie que celle de M. Claude devait être appuyée de quelques preuves ; mais par le dénombrement qu'il fait des nations chrétiennes d'Orient, on reconnaît qu'il savait à peine leurs noms, tant s'en faut qu'il ait rien dit de leurs dogmes, de leur discipline et de leur histoire; et on ne voit pas qu'aucun autre calviniste ait suppléé à un défaut si essentiel. M. Claude n'a pas parlé des jacobites en particulier; mais il a cru finir la question sur ce qui les regarde en disant qu'ils étaient eutychiens, et que les eutychiens niaient que Jésus-Christ eût eu un véritable corps, ce qui n'est pas vrai, et encore moins que les jacobites suivent les erreurs d'Eutychès, auquel ils disent anathème.

Les preuves que les auteurs de *la Perpétuité* ont données, et celles qui ont été découvertes depuis détruisent entièrement cette mauvaise réponse; et les jacobites s'expliquent si clairement, que toutes les subtilités dont Aubertin et M. Claude se sont servis pour détourner le sens naturel des passages des Pères grecs, ne peuvent être employées. Quand toutes nos preuves se réduiraient à la seule Confession de foi que font les Cophtes avant la communion, il n'en faudrait pas d'autres, puisqu'elle exprime par les paroles les plus simples que ce qu'on voit sur la patène et ce qu'on reçoit actuellement de la main du prêtre est le véritable corps et le sang de Jésus-Christ.

On a cité cette Confession dans *la Perpétuité* ; et on ne pouvait pas s'inscrire en faux contre une telle pièce, puisque dès le commencement du siècle passé elle avait été imprimée en latin, traduite sur un manuscrit de Joseph Scaliger, et qu'elle se trouve de même dans la Liturgie éthiopienne. C'est là cependant une autorité à laquelle M. Claude n'a pas daigné répondre, parce qu'Aubertin, qui ne pouvait pas l'ignorer, n'en a fait aucune mention. Scaliger a parlé dans ses lettres de cette traduction, et quoiqu'il y remarque quelques fautes, on ne trouve pas qu'il ait accusé les maronites qui y furent employés, d'avoir rien mis qui ne fût dans l'original. On ne reprochera pas aux protestants de n'avoir pas fait mention des cérémonies qui accompagnent cette Confession, et dont on a donné divers extraits lorsqu'on en a parlé ; elles ne se trouvent pas dans tous les manuscrits, et même elles ne sont pas nécessaires pour faire comprendre toute la force de cette Confession. Quand nous n'aurions aucune preuve que celle-là, elle serait plus que suffisante pour établir incontestablement que non seulement les jacobites d'Égypte croient la présence réelle et le changement véritable, mais encore qu'ils n'ont pu recevoir ce dogme d'ailleurs, puisque cette Confession leur est particulière; qu'elle est plus ancienne de trois ou quatre cents ans que les époques du prétendu changement, et qu'elle renferme une proposition qui comprend l'hérésie des monophysites. Or on ne peut pas douter de cette antiquité, puisque non seulement les premières paroles sont en grec, ce qui la fait remonter au-delà du mahométisme, mais que Sévère et d'autres auteurs en font mention ; et que lorsqu'il arriva dans le douzième siècle quelque contestation sur les dernières paroles qui regardaient le mystère de l'Incarnation, et non pas l'Eucharistie, ceux qui ne voulaient aucune addition se défendaient sur l'ancien usage.

Les cérémonies qui se trouvent marquées dans un grand détail dans les Rituels et les Missels plus récents, sont une continuation des mêmes preuves. On ne peut dire que les jacobites les aient prises des Latins, qui n'en ont pas de semblables, et qui en condamnent quelques-unes, outre que certainement on ne les connaissait pas parmi nous avant la dispute touchant la perpétuité. Ceux qui ont des usages semblables ne peuvent être que fort éloignés des opinions des calvinistes ; et puisque les ministres ont cru prouver par des témoignages de quelques auteurs fort méprisables, que les Grecs et les Orientaux n'adoraient pas l'Eucharistie, et qu'ils n'avaient aucune attention sur ce que nous regardons comme une profanation et comme un sacrilége, ceux que nous citons ayant une autorité fort supérieure et qui ne peut être contestée, prouvent d'une manière bien différente tout le contraire. C'est aux disciples de M. Claude à répondre à ces nouvelles preuves.

Il est aisé de comprendre que le changement qu'on suppose n'est pas si aisé que ce ministre se l'était imaginé, puisque cet Abraham dont il a été parlé ci-dessus, ayant proposé une nouvelle doctrine sur l'Eucharistie, et ayant trouvé des sectateurs, même des évêques, éleva contre lui, non seulement le patriarche d'Antioche son supérieur, mais celui d'Alexandrie, quoique vraisemblablement ce que cet hérétique proposait fût moins difficile à recevoir que la créance opposée, pour laquelle il faut que la foi combatte les sens et la raison. On a marqué d'autres changements dans les mêmes églises qui ont toujours excité beaucoup de trouble ; et il n'y en a eu aucun dont il ne se trouve quelque mention dans l'histoire ou dans les auteurs qui ont vécu dans l'église jacobite.

Denis Barsalibi, de l'aveu même des protestants, a enseigné la présence réelle de telle manière qu'un d'entre eux avouait que si un catholique voulait choisir des termes pour exprimer les sentiments de l'Église romaine, il aurait de la peine à en trouver de plus forts. Denis a cependant dans ses écrits attaqué souvent les Latins, surtout dans son commentaire sur la Liturgie de S.-Jacques. Est-il vraisemblable que des jacobites ainsi disposés fussent prêts à recevoir aveuglément tout ce que les missionnaires et les ecclésiastiques établis en Syrie et en Palestine leur auraient voulu inspirer ?

Ainsi il n'y a pas le moindre fondement à supposer que les jacobites d'Égypte et de Syrie aient pu recevoir de nouvelles opinions sur l'Eucharistie, ce qui doit s'entendre pareillement de tous les autres de cette secte : car les Éthiopiens depuis le patriarche Benjamin, qui tenait le siège d'Alexandrie lorsque les Arabes conquirent l'Égypte, ont dépendu entièrement de ses successeurs ; leur créance est la même, puisque les orthodoxes, ayant été chassés par les infidèles, n'ont jamais rétabli leur autorité en Éthiopie, qui est devenue jacobite depuis ce temps-là. Les Éthiopiens ont la même Liturgie et la même Confession de foi sur l'Eucharistie ; et puisque c'est celle des Cophtes, ils ne l'ont pas prise des Latins. Quelques-uns de leurs rois ont écrit aux papes, comme Zara-Jacob, et d'autres avant lui, en sorte que quand le pape Alexandre III leur écrivit il leur envoya un de ses domestiques nommé Philippe, et il leur donna l'église de S.-Étienne, près de celle de S.-Pierre, où il y a eu des Abyssins jusqu'à nos jours. Mais on était alors si peu instruit de la religion des Orientaux, qu'ils furent reçus non seulement sans renoncer à leurs usages, mais sans qu'on changeât rien dans leurs livres : car lorsque sous le pontificat de Paul III ils firent imprimer le nouveau Testament avec leur Liturgie, à l'exception de l'addition au Symbole, le reste demeura comme il était dans les exemplaires des Cophtes. La Confession de foi avant la communion avec la clause qui comprend la reconnaissance d'une seule nature ; et dans les diptyques les noms de plusieurs rois et patriarches jacobites ne furent pas retranchés. Ainsi non seulement on n'introduisit aucun changement dans les points qui ne devaient pas être changés, mais on ne toucha pas même à ceux qui devaient l'être.

Les maronites faisaient autrefois une secte à part ; et quoi que disent leurs auteurs modernes, ils étaient regardés comme monothélites. Ils renoncèrent à leurs erreurs sous Aimeric, troisième patriarche latin d'Antioche, et ils le firent de bonne foi. Cependant parce qu'ils furent abandonnés et laissés sans instruction, ils devinrent jacobites, et ce n'a été que sous Grégoire XIII que leur église a été entièrement réformée ; on sait le temps de la première et de la dernière réunion.

On sait de même que de pieux et savants religieux de l'ordre de S. Dominique convertirent à la foi catholique plusieurs Arméniens du temps de S. Louis, et qu'ils réformèrent une grande partie de leurs offices, afin de les rendre plus conformes à la discipline de l'Église romaine. Ces Arméniens sont encore distingués des autres de la même nation, et n'ont aucune communion avec eux. Les autres suivent la créance des jacobites, et ils ont outre cela plusieurs erreurs particulières. On ne les a jamais confondus, et il ne se trouvera pas un seul auteur qui marque qu'on ait été obligé de les catéchiser sur ce qui regarde la présence réelle. Nous ne mettons pas au nombre de ces auteurs des faiseurs de catalogues d'hérésies, quelques missionnaires peu instruits, et d'autres semblables qui trouvent des erreurs partout, et qui n'ont pas excepté de cette censure plusieurs points de discipline ancienne établis sur la plus haute antiquité. Ce n'est pas sur leurs témoignages que nous établissons nos preuves, et ainsi on ne peut pas s'en servir contre nous.

Ce qui a été dit touchant les réunions des nestoriens, et quelques députations de leurs patriarches, doit s'entendre de quelques-unes des jacobites. On n'examine point si elles ont été sincères; il est au moins certain qu'elles n'ont pas été supposées. Mais on doit reconnaître de bonne foi qu'elles n'ont pas eu le moindre effet pour la réunion des jacobites. Les missionnaires ont autant à travailler en ces pays-là, que si jamais personne ne s'était employé à un si saint ouvrage; et les difficultés qu'ils y rencontrent, sont une nouvelle preuve contre les calvinistes touchant ce prétendu changement dont ils veulent se servir, pour faire croire que la créance de la présence réelle y a pu être introduite.

Enfin puisque M. Claude est convenu que le consentement de toutes les communions était une preuve incontestable de la perpétuité de la foi de la présence réelle, on croit ne rien exagérer en disant que les auteurs de la *Perpétuité* ont prouvé ce consentement d'une manière à ne laisser aucune réplique : car on a fait voir que ses prétendues démonstrations n'étaient pas des objections soutenables; qu'il n'a rien avancé sur les Grecs et sur les Orientaux dont la fausseté ne soit évidente, et qui n'ait été également combattu par les Grecs et par les luthériens, aussi bien que par les catholiques; qu'il n'a pas produit la moindre preuve de ce qu'il a avancé, et qu'il n'a répondu à aucune objection. C'est à ceux qui le voient abandonné par les autres ministres sur ce qui regarde l'église grecque, à reconnaître qu'il ne mérite pas plus de créance sur tout le reste.

Ce n'est pas sans raison que ceux qui l'ont loué avec le plus d'excès ne l'ont fait qu'en termes généraux, et jamais sur ce qui regarde les Grecs et les Orientaux, si on excepte M. Bayle, qui ne lui a pas épargné l'encens sur ce sujet; mais d'une manière qui ne fait pas beaucoup d'honneur à son héros. *Il fallut,* dit-il, *lire plusieurs voyageurs, et bâtir bien des hypothèses*; et c'est en effet la seule chose qu'a faite M. Claude, quoiqu'il faille d'autres lectures que celles des voyages pour décider aussi affirmativement qu'il a fait sur la créance des églises orientales. Cependant il les a toutes lues avec tant de négligence, et il s'en est servi avec tant de mauvaise foi, qu'il a contesté ou rejeté l'autorité de ceux qui sont reconnus pour être les plus véritables, comme celui de M. Oléarius; il en a cité de falsifiés, comme celui de Herbert; il ne s'est servi que des plus décriés et des plus méprisables; et il n'a pas fait mention de ceux qui ne pouvaient lui être suspects, les auteurs étant calvinistes, lorsqu'ils lui étaient contraires. Voici entre autres ce qu'a écrit M. Tavernier, en parlant des Arméniens : *Quand ils vont à la communion, l'archevêque ou le prêtre dit ces paroles : « Je confesse et je crois que ceci est le corps et le sang du Fils de Dieu, qui ôte les péchés du monde, et qui est non seulement notre salut, mais aussi de tous les hommes. » Le prêtre dit ces paroles par trois fois au peuple, pour l'instruire et lui faire savoir à quelle fin il prend le Sacrement. A chaque fois que le prêtre dit ces paroles, le peuple les répète mot pour mot, car il est très-ignorant.* Persuadera-t-on à quelqu'un que des ignorants pussent entendre ces paroles autrement qu'à la lettre, ou qu'ils pussent avoir dans l'esprit toutes les subtilités d'Aubertin et de M. Claude, auxquelles les plus habiles ne comprennent rien, sinon que ceux qui ont parlé de la sorte ne peuvent pas avoir eu dans l'esprit ce que ces ministres leur attribuent? M. Tavernier a imprimé ses Voyages avant que M. Claude eût fini d'écrire sur la perpétuité; quelle raison peuvent donc alléguer ses défenseurs d'un silence d'autant moins excusable que l'auteur était alors plein de vie, et de sa communion, qu'il devait croire par cette raison, puisqu'il n'avait pas voulu déférer au témoignage de M. Bernier, parce qu'il était catholique? Nous pourrions citer plusieurs protestants qui ont parlé de la même manière; et tout récemment on en a vu un (Dumont, *Voyages*, liv. 1, p. 16) qui a marqué dans son Voyage ces propres paroles : *Des docteurs si illustres ont avancé que les Grecs ne reçoivent point la transsubstantiation, que je me fais une peine de vous dire le contraire. Cependant il le faut bien, puisque c'est la vérité; apparemment qu'ils ont eu de mauvais mémoires.* Il peut y en avoir plusieurs autres que nous ne citons pas, ou même que nous ne connaissons pas, et que nous ne nous sommes pas mis en peine de rechercher, parce que les preuves produites dans les premiers volumes de la *Perpétuité* et dans celui-ci, sont originales et beaucoup plus sûres que les meilleures relations.

Enfin il a *bâti bien des hypothèses,* et on en convient; mais quelles étaient ces hypothèses, sinon des paradoxes inouïs, insoutenables, et fondés sur des faussetés évidentes? Une de ces hypothèses, et qui influe dans tout son ouvrage, est celle des Grecs latinisés; c'est-à-dire, qu'un Grec qui croit la présence réelle et la transsubstantiation est latinisé, quoiqu'il croie sur tous les points contestés avec les Latins, tout ce qu'ils condamnent. Celles de la vénalité des attestations; de la créance des eutychiens, qu'il attribue aux jacobites; des changements arrivés par les croisades et par les missions, et tous les faits faux dont il soutient ce qu'il a dit sur Cyrille et sa Confession, sur les synodes qui la condamnèrent, sur la Confession orthodoxe, sur les Grecs dont on lui a cité les témoignages, et dont il n'a connu ni les personnes ni les ouvrages, sont assurément des hypothèses qu'il a bâties, et qui sont également rejetées par les Grecs, par les Orientaux, par les catholiques et par les luthériens, comme ayant pour fondement les faussetés les plus grossières.

Si les preuves de fait par lesquelles les auteurs de la *Perpétuité* les ont renversées laissaient encore quelque doute, celles qui ont été produites ce volume, dans la *Défense de la Perpétuité,* et dans les observations ajoutées aux opuscules des Grecs, y satisferaient entièrement : car on ne peut plus douter que les Grecs ne croient la présence réelle et la transsubstantiation, puisqu'ils ont imprimé eux-mêmes la Réfutation de la Confession de Cyrille Lucar, par Mélèce Syrigus. Il est inutile d'attaquer le synode de Jérusalem de 1672, puisque Dosithée, qui en dressa les décrets, les a aussi publiés plusieurs années après avec d'amples additions, ainsi que les œuvres de Nectarius, où la transsubstantiation est clairement enseignée. On ne peut pas contester l'autorité de la Confession orthodoxe, puisqu'outre les deux impressions du vivant de Panaiotti, les Grecs en ont fait une nouvelle en Moldavie. Tout ce qu'on a voulu tirer de l'histoire de Corydale et de Caryophylle tombe pareillement, puisque ce dernier a été condamné synodalement par le patriarche Callinique, et que Dosithée l'a réfutée par un traité exprès.

On ne peut rendre les anciennes attestations suspectes, à cause qu'elles ont été sollicitées par un ambassadeur de France, puisque ces impressions et la condamnation de Caryophylle se sont faites sans que les ambassadeurs, ni même les catholiques y prissent aucun intérêt, qu'ils s'en mêlassent, et même qu'ils le sussent.

On ne peut plus traiter de Grecs latinisés Syricus, Coressius, Grégoire protosyncelle, Nectarius, Dosithée, après des preuves aussi convaincantes que celles qui ont été produites de leur attachement au schisme, puisque la plupart ont écrit contre les dogmes de l'Église latine avec un grand emportement, de sorte que, par cette raison seule, les Anglais ont imprimé leurs ouvrages au commencement du siècle passé, et que M. Allix a traduit celui de Nectarius contre la primauté du pape.

Telle est donc la victoire de M. Claude, selon ceux qui n'ont jamais étudié la matière que dans ses livres, et qui ont cru aveuglément tout ce qu'il en a dit. Il y a sujet d'espérer que ceux qui l'examineront sans prévention en jugeront autrement, et que la vérité triomphera de l'ignorance et de la mauvaise foi de ceux qui l'ont si témérairement attaquée.

Préface

DES AUTEURS DE *LA PERPÉTUITÉ* (1).

La matière que nous entreprenons de traiter ici n'avait pas encore été assez éclaircie. Les auteurs de *la Perpétuité* en avaient touché quelque chose dans le premier volume; mais outre que cela ne regardait pas leur dessein, il eût été fort difficile alors de bien traiter un point de controverse sur lequel on ne trouvait aucun secours dans les meilleurs écrivains. On n'avait presque que des voyageurs, souvent ignorants et mal instruits, à consulter; ensuite ceux qui avaient fait des catalogues d'hérésies anciens ou modernes; enfin quelques traités fort imparfaits pour l'instruction des missionnaires. Parmi les premiers, quelques-uns avaient dit la vérité; mais comme ils étaient contredits par le plus grand nombre, les théologiens ne savaient à quoi s'en tenir. Les faiseurs de catalogues d'hérésies les multipliaient à l'infini, et accusaient les Grecs ou les Orientaux de quantité d'erreurs imaginaires, sans aucun fondement. C'est cependant des uns et des autres que ceux qui ont travaillé pour instruire les missionnaires ont tiré tout ce qu'ils ont écrit sur cette matière. Un des livres qui autrefois a eu le plus de vogue en ce genre est celui de Thomas à Jésu, *de Conversione omnium gentium*. On convient de bonne foi qu'il y a dans ce traité quelques mémoires dont la lecture peut être utile, pourvu qu'elle soit faite avec discernement. Mais il y a tant de confusion, tant de faussetés, tant d'ignorance et tant de contrariétés, que pour en tirer quelque utilité, il faut savoir la matière mieux que ne la savait l'auteur. C'est cependant sur cet ouvrage, et quelques autres encore plus défectueux, que la plupart de ceux qui ont écrit depuis cent ans ou environ ont formé le jugement qu'ils ont fait de la créance et de la discipline des Orientaux, touchant les sacrements et les autres articles controversés entre les catholiques et les protestants. Ceux-ci en ont tiré avantage, puisqu'ils trouvaient dans l'Église romaine des témoins non suspects de plusieurs erreurs adoptées dans la réforme comme des vérités, surtout par rapport aux cinq sacrements qu'elle a retranchés. Il était donc utile et même nécessaire de travailler à éclaircir cette matière, comme on avait fait celle de l'Eucharistie, et de faire voir que la tradition des églises grecques et de toutes les communions orientales n'était pas moins conforme à celle de l'Église romaine sur ces articles que sur tous les autres; et c'est ce que nous espérons prouver dans ce qui va suivre.

Il est étonnant que les protestants, principalement les calvinistes, après avoir vu des ouvrages remplis de grands principes de théologie, comme sont ceux du P. Morin, de M. Habert et du P. Goar, dans lesquels on trouve en même temps une vaste érudition et des recherches très-curieuses sur l'antiquité, de même que ceux d'Allatius pleins de citations grecques des auteurs grecs modernes, osent encore citer des écrivains qui ont été si solidement réfutés par ces savants hommes. Car ils ont prouvé d'une manière incontes-

---

(1) Ici commence le cinquième volume de l'ouvrage de MM. de Port-Royal.

table que les Grecs et les Orientaux conservaient, par une tradition immémoriale, les mêmes sacrements que nous; et que la différence des rites et des cérémonies ne faisaient aucun préjudice aux dogmes essentiels, conservés également en Orient et en Occident. Tout ce que les théologiens protestants ont dit au contraire, n'est fondé sur aucunes preuves que sur le témoignage de ces écrivains, dont l'ignorance ou la mauvaise foi sont reconnues de tout le monde; et les longues citations qu'en rapportent les faiseurs de thèses historico-théologiques ne leur donnent pas la vérité ni l'autorité qui leur manquent. Quelques catholiques ne sont pas excusables sur ce sujet ; puisqu'on en voit tous les jours qui, dans des traités de théologie, réfutent sérieusement l'erreur des jacobites, supposant qu'ils baptisent avec du feu, et qui examinent si la forme dont les Grecs administrent le baptême est suffisante, supposant encore qu'ils disent : *Baptizetur N.*, qu'ils n'ont pas la confirmation, que leurs absolutions peuvent être douteuses, parce qu'elles consistent principalement dans des prières, que leurs ordinations peuvent souffrir de grandes difficultés, et ainsi du reste.

Ils ont, de cette manière, fourni, sans y penser, aux ennemis de l'Église des arguments, faibles, à la vérité, à l'égard des habiles théologiens, mais qui font une grande impression sur les ignorants et sur les peuples, pour lesquels les ministres écrivent plus ordinairement que pour les savants. Ainsi Aubertin ayant ramassé dans les livres des scolastiques toutes leurs opinions particulières, pour expliquer philosophiquement un mystère qui doit être adoré dans le silence, a prétendu que c'était autant d'articles de foi, reçus généralement par les catholiques. De même d'autres ont fait aisément croire à leurs disciples que puisque les églises d'Orient n'avaient pas les cinq sacrements que la réforme a supprimés, c'était une preuve que l'ancienne Église ne les avait pas connus ; ce qui interrompait le cours de la tradition, et prouvait qu'ils avaient été introduits dans les temps postérieurs ; d'où ils concluaient qu'ils n'étaient pas d'institution divine, et par conséquent qu'ils n'étaient pas des sacrements. Sur ce fondement, quelques-uns ont attaqué les attestations venues du Levant, par lesquelles non seulement les Grecs, mais tous les autres chrétiens orientaux déclaraient qu'ils reconnaissaient sept sacrements ; et l'auteur des *Monuments authentiques* n'a pas eu d'autres preuves à opposer à ces pièces incontestables. Quelques auteurs catholiques ont donné aussi lieu à de pareilles objections, en décidant trop promptement sur ces matières sans les avoir examinées. Il était donc nécessaire de les éclaircir de la même manière que celles qui regardaient le sacrement de l'Eucharistie, et c'est ce que nous avons tâché de faire avec exactitude et sincérité.

Cet ouvrage n'est pas un extrait de toute sorte d'auteurs, bons ou mauvais, qui ont traité le même sujet avant nous ; on les a consultés, et on les a suivis toutes les fois qu'ils ont parlé selon la vérité ; mais on n'a pas cru devoir déférer à leur autorité quand ils s'en éloignaient. Comme le P. Goar, M. Habert, le P. Morin, Allatius, Arcudius, et quelques autres ont donné de grandes lumières sur la créance et sur la discipline de l'église grecque, on les a suivis en plusieurs points qu'ils ont éclaircis, et on avoue, en rendant honneur à leur mémoire, qu'on a beaucoup profité de leurs travaux. Depuis leur temps, les Grecs ont composé divers ouvrages, où ils expliquent eux-mêmes la doctrine de leur église, et nous nous en servirons souvent, particulièrement de la Confession orthodoxe, de l'Abrégé de Grégoire protosyncelle, de la Réfutation de Cyrille Lucar par Mélèce Syrigus, des traités de Nectarius et de Dosithée, patriarches de Jérusalem, ainsi que de divers autres, dont le témoignage ne peut être suspect, puisqu'ils ont été imprimés en Moldavie par les Grecs. On a parlé de ces ouvrages et des auteurs dans le volume précédent (plus haut dans ce même tome), et on ne croit pas que les déclamations de M. Claude pour les rendre suspects, puissent détruire les preuves de fait qui y ont été rapportées, pour faire voir qu'ils n'étaient pas latinisés. Pour ce qui regarde les Syriens, orthodoxes, jacobites ou nestoriens, les Cophtes et les Éthiopiens, on ne dira rien qui ne soit tiré des originaux, dont nous avons vu un très-grand nombre, particulièrement des Liturgies, des Rituels, des Pontificaux, des collections de canons, des théologiens et des canonistes, tous auteurs connus, et qui se trouvent en diverses fameuses bibliothèques. On ne citera pas tous ceux qu'il aurait été aisé de rapporter, parce que cela aurait trop grossi ce volume. Il y en a plus qu'il n'en faut pour éclaircir la vérité, et beaucoup plus qu'on n'en a cité jusqu'à présent ; mais on en trouvera encore davantage dans les dissertations latines, faites il y a plusieurs années sur le même sujet. Pour les citations des auteurs modernes, on a tâché de les réduire à une juste médiocrité, et de n'en faire que de nécessaires ; non seulement parce que souvent elles ne servent qu'à fatiguer les lecteurs, mais aussi parce que la plupart de ces auteurs ne font que copier les autres ; et trente témoins de cette nature ne donnent aucune autorité à des récits ou faux ou incertains, tels que sont plusieurs de ceux qui se trouvent dans les livres qui ont paru sur cette matière.

On ne prétend pas donner ce traité comme un ouvrage théologique, mais comme une histoire fidèle de la créance et de la discipline des Grecs et des Orientaux sur les points qui y sont traités, en les éclaircissant, autant qu'il est à propos, par quelques remarques tirées de l'antiquité ecclésiastique. Ce n'est pas non plus une apologie des Grecs et des Orientaux, car ce serait la matière d'un ouvrage tout différent. Ainsi on déclare par avance qu'on n'a eu aucun dessein d'entrer dans la discussion d'aucune opinion théologique particulière, et s'il s'était échappé quelque chose de contraire, on le désavoue dès à présent.

Nous n'avons pas parlé de certains articles qui sont

ordinairement traités fort au long par les auteurs des derniers temps, et sur lesquels les Grecs et les Orientaux ne s'accordent pas avec l'Église latine, comme la primauté du pape, la procession du Saint-Esprit, l'addition au Symbole, les azymes, et quelques autres moins importants. Il n'a pas paru nécessaire de traiter ces articles, parce qu'à l'exception du premier, les protestants ne s'accordent pas plus que nous avec les Grecs; et comme le dessein de cet ouvrage n'est pas de faire la controverse avec les Grecs, ni de combattre leurs erreurs, on a cru qu'il valait mieux n'en pas parler. Une des principales raisons est que la matière est fort ample; et que nonobstant qu'elle ait été traitée par plusieurs auteurs, il y en a encore un grand nombre d'assez considérables qui n'ont pas été examinés par nos théologiens, et qui méritent de l'être. Le R. P. Lequien a donné plusieurs éclaircissements sur la procession du Saint-Esprit dans ses dissertations sur S. Jean Damascène, et il en donnera encore de nouveaux, ayant recherché avec une grande exactitude ce que les plus habiles théologiens grecs ont écrit depuis le concile de Florence, pour attaquer le décret qui y fut fait. Gennadius entre autres, non pas cet orthodoxe qui ne fut jamais, mais celui même qui s'était trouvé au concile, et qui fut fait patriarche de Constantinople après la prise de la ville par les Turcs, a composé sur cette question deux amples traités, qui ne sont pas si misérables qu'ont voulu faire croire quelques modernes. Jérémie l'a traitée fort au long dans ses Réponses aux théologiens de Wittemberg; et quoique ceux-ci fussent fort contents de leur ouvrage, comme il paraît par la préface et par des extraits du journal de Crusius, imprimés avec diverses autres pièces, les Grecs n'en firent pas un fort grand cas. En effet, s'il prouve quelque chose, c'est que l'Écriture sainte, claire par elle-même, à ce que prétendent les protestants, ne suffisait pas pour prouver aux Grecs la procession du Saint-Esprit du Père et du Fils.

A l'égard des azymes, les protestants ont eux-mêmes compris que c'était un point de discipline fort indifférent, et que les calomnies des Grecs étaient fort frivoles, lorsqu'ils accusent les Latins de judaïser. Plusieurs de nos théologiens n'ont été guère plus raisonnables dans les siècles passés, lorsqu'ils ont voulu faire un crime et même une hérésie, aux Grecs de la discipline qu'ils observaient de temps immémorial, sans que l'usage différent des Latins eût troublé durant plusieurs siècles la communion entre les deux églises. Enfin diverses sociétés protestantes, même celle de Genève, s'étaient servies d'azymes pour la cène sans aucun scrupule. Nous n'avons sur cela aucune dispute avec les protestants; et pour ce qui regarde les observations d'antiquités ecclésiastiques que de savants hommes ont faites sur ce sujet, nous en dirons quelque chose dans les notes sur les Liturgies que nous espérons bientôt donner au public, mais elles n'avaient aucun rapport à ce dernier ouvrage.

Nous ne parlons pas non plus de ce que la plupart des théologiens modernes, surtout ceux qui ont écrit depuis le concile de Florence, ont appelé un peu trop facilement l'hérésie des Grecs touchant l'efficace des paroles de Jésus-Christ dans la consécration de l'Eucharistie. Cette question demanderait un traité particulier, et il suffit de dire que les Grecs n'ont introduit sur cet article aucune nouvelle opinion, ni aucune nouvelle prière dans leurs Liturgies qui pût y donner lieu, et aussi il s'est passé plusieurs siècles sans qu'il y ait eu sur cela aucune dispute. Celle qui s'est émue dans la suite n'a pas commencé de leur part : quelques-uns de nos théologiens furent les agresseurs, comme il paraît par ce qu'en a écrit Cabasilas, qui défendit modestement la discipline de son église. La dispute recommença au concile de Florence, et nonobstant tous les efforts de Turrécrémata et des autres théologiens, ils ne purent obtenir qu'on insérât dans le décret aucune décision sur cet article, parce que les Grecs déclarèrent qu'ils n'avaient aucune opinion particulière qui détruisit l'efficace des paroles de Jésus-Christ, et que les prières qu'ils y ajoutaient étaient celles qu'ils avaient reçues par une tradition ancienne, telles qu'on les trouvait dans les Liturgies de S. Basile, de S. Jean Chrysostôme, et même celle de S. Jacques, qui en Orient sont regardées comme les ouvrages de ceux dont elles portent le nom. Ainsi le pape ne jugea pas à propos d'insérer dans le décret aucun article qui eût rapport à la question, ce qu'ont reconnu ceux qui ont donné la collection des actes latins; mais supposant sans aucune preuve que ce qui manque dans le décret solennel fait en plein concile, doit être suppléé par ce qui se trouve dans celui qui fut fait quelque temps après pour les Arméniens, et sans que les Grecs qui étaient partis en eussent aucune connaissance. Si le pape avait fait ce décret pour eux, il aurait été traduit en grec et porté à Constantinople par les légats qui y furent envoyés pour consommer la réunion. Mais il n'en est fait aucune mention dans les historiens ni dans les actes de ce temps-là. Il est même fort remarquable que dans l'édition grecque des actes du concile, faite à Rome en 1487, par ordre du pape Grégoire XIII, ce décret ne se trouve pas, et c'est néanmoins sur ce seul fondement que plusieurs théologiens prétendent que leur discipline et leur opinion ont été condamnées au concile de Florence.

Nous ne prétendons pas sur cette question ni sur les autres faire l'apologie des Grecs ni des Orientaux; mais, comme il a été marqué dans le volume précédent, (plus haut dans ce même tome) il est important de distinguer leurs opinions particulières, et ce qu'ils conservent par une tradition immémoriale. Le premier article renferme ce que Cabasilas, Siméon de Thessalonique, Marc d'Éphèse et quelques autres ont écrit contre les Latins touchant l'efficace des paroles de Jésus-Christ pour la consécration de l'Eucharistie; l'autre regarde l'invocation du Saint-Esprit qu'ils prononcent après ces mêmes paroles, et qui n'a rien de commun avec les disputes formées sur ce sujet. Si les théologiens, après avoir attentivement examiné ce que les Grecs ont écrit en défendant leur discipline, trouvent qu'ils se soient écartés de la doctrine proposée dans les derniers conciles, il faut les éclairer et ne pas les laisser dans l'erreur. Mais il faut en même temps bien se garder de prétendre trouver cette erreur dans l'invocation du Saint-Esprit, qui est certainement de tradition apostolique, confirmée par un grand nombre de témoignages de Pères grecs et latins. C'est cependant ce qu'ont fait plusieurs théologiens fort habiles : car il ne faut pas s'étonner des autres, puisque Bessarion (de Eucharist., tom. 13 Conc., p. 1155), sans aucun autre fondement, attribue à S. Jacques, à S. Basile et à S. Jean Chrysostôme l'erreur des Grecs modernes qu'il avait entrepris de réfuter, et les conséquences d'une telle proposition sont si étranges, qu'il n'est pas possible de les soutenir. Car si les Grecs sont hérétiques sur ce point-là, comme le prétend Bessarion, et que leur opinion soit la même que celle de S. Jacques, de S. Basile et de S. Jean Chrysostôme, cet apôtre et ces lumières de l'Église étaient hérétiques, ce qui fait horreur. Quand on examine ensuite quel pouvait être le fondement d'une censure si étrange, on n'en trouve aucun, sinon que l'invocation du Saint-Esprit, qui est dans les Liturgies, contient une hérésie. De là il s'ensuit que toute l'ancienne église d'Orient a été dans l'erreur dès les premiers siècles, même dès le temps des apôtres, et que celle d'Occident l'a approuvée, et s'en est aussi rendue coupable, par la communion réciproque qui a subsisté entre elles pendant plusieurs siècles. Sur ce faux principe on enveloppe dans la même condamnation toutes les communions orientales qui subsistent encore, quoiqu'il soit certain qu'elles ont conservé la doctrine de la présence réelle, comme il a été prouvé dans les volumes précédents, et qu'elles n'aient jamais entendu parler des disputes entre les Latins et les Grecs touchant les paroles de la consécration.

Néanmoins il n'est pas difficile de prouver, en s'attachant à la théologie des saints Pères, et laissant à part les subtilités des modernes, que l'invocation du Saint-Esprit contenue dans les Liturgies grecques et orientales, ne fait aucun préjudice à la vertu des paroles de Jésus-Christ, et c'est ce que plusieurs savants théologiens ont fait voir, ayant donné diverses explications de cette prière, qui contient une des plus fortes preuves qui soit dans l'antiquité ecclésiastique, touchant le changement réel du pain et du vin au corps et au sang de Jésus-Christ. Cette preuve a cet avantage que les protestants éludent toutes les autres tirées de la Liturgie par des réponses spécieuses ; mais ils n'en ont jamais donné aucune raisonnable à celle-là ; et s'ils n'en ont pu donner à la formule que contiennent les Liturgies, il est encore plus difficile de tourner à des sens métaphoriques celle du rit cophte, revêtue des cérémonies qui l'accompagnent, et qui sont prescrites en détail dans le Rituel du patriarche Gabriel. La plupart se réduisent donc à dire que nous ne pouvons pas faire usage de cette prière, puisque nos théologiens la rejettent comme contenant une erreur manifeste, et ils en peuvent citer un grand nombre. Mais cette réponse est un sophisme grossier, puisque dans la question sur la perpétuité de la foi, il s'agit de savoir si les Grecs croient le changement réel et substantiel du pain et du vin au corps et au sang de Jésus-Christ, et non pas par quelles paroles se fait ce même changement. On ne peut pas contester qu'ils ne le croient, s'ils entendent cette prière selon son sens littéral, et certainement ils l'entendent ainsi ; par conséquent, ils excluent tous les sens métaphoriques que les protestants prétendraient lui donner. Après cela que les Grecs soient dans l'erreur, ou qu'ils n'y soient pas, cela ne fait rien pour la dispute entre les catholiques et les protestants, dans laquelle il ne s'agit que du changement réel et non pas des paroles qui le produisent. Plusieurs théologiens catholiques anciens et modernes ne suivent pas l'opinion de S. Thomas, qui est celle sur laquelle commença d'abord la dispute entre les théologiens grecs et les latins ; Scot et d'anciens scolastiques l'ont combattue, ainsi que Catharin et Christophle de Capite Fontium pendant et depuis le concile de Trente. Aucun d'eux n'a pas moins cru la présence réelle : ainsi le différend avec les Grecs sur l'invocation n'empêche pas qu'ils ne la croient, et on peut voir ce qui a été dit sur ce sujet dans le volume précédent (ci-dessus, dans ce même tome).

Pour ce qui concerne l'article de la primauté du pape, on sait assez que les Grecs ne la veulent pas reconnaître ; et il s'est fait un si grand nombre d'écrits sur cette matière, que ce serait de quoi faire un ouvrage entier si on voulait les examiner. Les Grecs ont fait voir plus de passion que de capacité dans l'histoire ecclésiastique lorsqu'ils ont traité cette question, puisqu'ils ont employé plus de faussetés et de fables que de raisons solides pour soutenir leurs prétentions. C'est ce qu'on peut observer dans le traité de Nectarius, patriarche de Jérusalem, qui a écrit le dernier sur ce sujet, et dont l'ouvrage imprimé en Moldavie a été traduit en latin par M. Allix. Nectarius combattait un adversaire très-peu capable de soutenir la dispute, et qui lui donnait un grand avantage par de fausses citations, et par le mélange qu'il faisait de ce qui est reconnu par tous les catholiques, et de ce qui peut avoir été contesté par quelques-uns. Mais ce patriarche grec n'est pas plus excusable d'avoir employé des preuves aussi faibles, comme l'histoire de la papesse Jeanne, et d'autres semblables faits aussi faux et aussi absurdes.

Cependant il paraît que les protestants ont fait grand cas de ces sortes d'ouvrages : car ils ont imprimé le traité de Nil contre la primauté du pape, et M. de Saumaise après la première édition en fit faire une seconde avec d'amples commentaires. De même en Angleterre on imprima divers traités de Grecs sur le même sujet, et enfin on y a publié la traduction de celui de Nectarius. Mais ce qui a été remarqué sur quelques autres points de controverse peut convenir à celui-ci. C'est qu'il est difficile de comprendre que avantage prétendent tirer les protestants du schisme des Grecs, et de ce qu'ils ont renoncé à la communion et à l'obéissance du pape. Car la principale raison que ceux-ci allèguent, est que nous avons une opinion erronée touchant la procession du Saint-Esprit, que nous avons ajouté au symbole, que nous employons les azymes dans la célébration de l'Eucharistie, et que nos rites ne sont pas semblables aux leurs, choses qui ne regardent en aucune manière les protestants, qui pour les deux premiers points sont entièrement d'accord avec l'Église romaine. Ce n'est pas à cause des abus des indulgences, ni à cause que nous croyons la présence réelle et la transsubstantiation, ni parce que nous honorons les saints, les reliques, les images et le signe de la croix ; ni parce que nous croyons que les vœux de religion doivent être observés, ainsi que les préceptes de l'Église touchant les jeûnes ; ni parce que nous croyons le baptême de nécessité absolue, que nous recevons la puissance des clés de l'Église pour la rémission des péchés ; que nous respectons la tradition, et que nous avons la doctrine et la pratique de cinq sacrements abolis dans la réforme ; ce n'est pas non plus parce que nous croyons que les évêques et les prêtres ne sont pas égaux ; et que les prêtres, encore moins les laïques, ne peuvent pas ordonner les ministres des autels ; enfin ce n'est pas parce que nous recevons l'épiscopat et la hiérarchie ecclésiastique, puisque les Grecs la reconnaissent eux-mêmes. Ainsi cette dispute n'a pas eu d'autre origine que des prétentions réciproques touchant les limites des diocèses entre les papes et les patriarches de Constantinople.

Les Grecs ensuite ont poussé ces divisions jusqu'à se soustraire de la communion de l'Église romaine, en renonçant à l'obéissance canonique qu'ils avaient jusqu'alors rendue aux successeurs de S. Pierre, alléguant pour raison les hérésies dans lesquelles ils prétendent qu'ils sont tombés, et qui nous sont communes avec les protestants. Mais l'église grecque est demeurée sous le gouvernement des évêques, des archevêques, des métropolitains et des patriarches, et elle a condamné dans les théologiens de Wittemberg, et dans Cyrille Lucar, les opinions sur lesquelles les protestants ont renoncé à celle du pape, et renversé toute la forme ancienne de la hiérarchie. Ainsi quoi qu'ils disent, il n'y a rien de commun entre leur doctrine sur ce sujet et celle des Grecs ; car tous les raisonnements des Grecs ne tendent pas à prouver que le siége de Rome n'est pas le premier, comme étant celui de S. Pierre, prince des apôtres, parce qu'ils en conviennent ; mais ils prétendent que les papes ont perdu leurs anciens priviléges, et cela par deux raisons qui influent dans presque tout ce qu'ils ont écrit sur ce sujet. La première et la principale est que les papes et l'Église romaine ont renoncé à la foi de S. Pierre, ce qui se rapporte à la doctrine de la procession du Saint-Esprit, à l'addition au Symbole et à la différence des rites de l'une et de l'autre église. Les protestants ne peuvent pas tirer avantage de ces faibles raisons, puisqu'en ce qui regarde la procession du Saint-Esprit et l'addition du Symbole, ils sont d'accord avec nous : et que pour les rites, ils sont aussi éloignés de ceux que pratique l'église grecque que de ceux qu'ils ont abolis en se séparant de l'Église romaine ; et les Grecs ont condamné généralement dans la Confession d'Augsbourg, et dans celle de Genève copiée par Cyrille Lucar, la doctrine et la discipline établies par la réforme.

La seconde raison n'est pas moins faible, puisque Nil et d'autres la fondent sur ce que la primauté du pape était attachée à la ville de Rome comme capitale de l'empire, et que depuis qu'il fut transféré à Constantinople, ce privilége avait cessé. Or, on ne croit pas qu'il y ait des protestants assez mal habiles pour approuver de pareilles imaginations, surtout dans leurs principes, ou pour entreprendre de prouver que les patriarches de Constantinople ont plus de droit pour soutenir leur titre ambitieux de *patriarches œcuméniques*, que le pape n'en a pour maintenir sa primauté. On ne peut pas non plus nier qu'ils n'aient usurpé une autorité qui ne leur appartenait point sur les patriarches d'Alexandrie et d'Antioche, qui même est beaucoup plus grande présentement qu'elle n'était sous les empereurs chrétiens. Les patriarches de Constantinople ont aboli tous les rites qui n'étaient pas conformes à ceux de leur église ; ils ont violé les canons en mille manières ; et la simonie, les intrusions, les dispenses énormes et une infinité d'autres abus, font assez voir que les Grecs n'ont rien à reprocher aux Latins sur l'abus de la puissance ecclésiastique. Cependant il est à remarquer que le titre odieux de *patriarche œcuménique* n'a pas choqué les luthériens, puisqu'ils l'ont donné à Jérémie, non plus que les calvinistes, qui l'ont pareillement donné à Cyrille Lucar. Ni Gerlach, ni Léger, ni ce M. Basire qui s'imaginait avoir reçu l'imposition des mains de Parthénius, ni M. Smith n'ont refusé à ces patriarches le titre de *sainteté*, et même quelque chose de plus, car on leur donne celui de παναγιοτής, *très-grande sainteté*, qui est fort au-dessus de celui dont nous nous servons en parlant du pape. Comment donc les protestants, qui ont renoncé à sa communion sous prétexte qu'il avait usurpé un pareil pouvoir, ont-ils pu rechercher la communion et l'approbation des patriarches de Constantinople, qui se l'attribuent sur une seule raison, qui est fausse à l'égard des protestants, puisqu'ils reçoivent la doctrine de la procession du Saint-Esprit et l'addition au Symbole, pour lesquelles les Grecs prétendent que le pape est déchu de tous les priviléges attachés au premier siége épiscopal de l'Église ?

Il ne faut pas que les protestants se défendent sur ce reproche qui leur fut fait par Socolovius, lorsqu'il publia la traduction du premier écrit de Jérémie ; et ce que l'auteur de la Préface des actes des théologiens de Wittemberg lui répondit, est un tissu d'injures grossières, qui ne valent pas une bonne raison. On ne peut pas douter qu'ils n'eussent envoyé la Confession d'Augsbourg traduite en grec dans l'espérance de la faire approuver par ce patriarche : quoiqu'ils ne pussent ignorer qu'elle avait déjà été mise en grec et envoyée à ce dessein sans aucun succès. En cela ils ne méritaient aucun blâme, puisqu'il a toujours été permis de consulter les églises sur les matières de religion. S'ils avaient voulu écouter Jérémie sur les points pour lesquels ils se sont séparés de nous, c'eût été un grand pas pour la réunion : mais il semble qu'ils cherchaient à l'attirer dans leurs opinions, plutôt qu'à profiter de ses lumières. S'ils ne se mettaient pas en peine de ce que croyait l'église grecque, il était inutile de la consulter. Mais on ne fera jamais croire à personne que si les réponses de Jérémie eussent été aussi conformes à la confession d'Augsbourg que fut celle de Cyrille à la confession de Genève, ils n'eussent pas tâché d'en tirer les mêmes avantages. Sans cette disposition on n'aurait pas fait imprimer en Allemagne une confession de foi vraie ou supposée de Métrophane Critopule, qui semble favoriser le luthéranisme, ni le traité de Christophle Angelus en Angleterre, quoique très-imparfait, puisqu'il a passé sous silence divers points essentiels de peur de choquer les Anglais. A quoi bon faire imprimer des traités contre la primauté du pape et contre la doctrine du purgatoire, si on avait compté pour rien le témoignage des Grecs en matière de religion ? M. Smith se serait-il donné autant de peine pour faire l'apologie et l'apothéose de Cyrille Lucar, ce qui convenait mieux à un presbytérien suisse comme Hottinger, qu'à un prêtre de l'église anglicane ? Enfin aurait-il osé citer des vagabonds ignorants pour les opposer à des témoignages authentiques et incontestables ?

Il n'a pas paru non plus nécessaire d'examiner la créance des Grecs sur les matières de la grâce, parce que nous n'avons sur cela aucune dispute avec eux. Dès que Jérémie eut connaissance des sentiments des luthériens sur la justification, sur le libre arbitre et sur les autres points qui y ont rapport, et qui furent condamnés par le concile de Trente, il les condamna, et les réfuta par ses deux premières réponses. La doctrine de Cyrille Lucar, purement calviniste, fut de même condamnée par les synodes de Constantinople de 1638 et de 1642, et ensuite par celui de Jérusalem en 1672. Syrigus l'avait réfutée fort au long, et l'impression qui a été faite de son ouvrage en langue vulgaire par les soins de Dosithée, patriarche de Jérusalem, est une preuve incontestable de l'approbation de la doctrine qu'il contient. A l'égard des anciennes hérésies, les Grecs ont toujours condamné la doctrine des pélagiens ; ils ont dans leurs collections les canons des conciles d'Afrique contre ces hérétiques, et Photius fait mention d'un abrégé des synodes tenus en Occident contre les pélagiens et les nestoriens (Biblioth. Cod. 54). On reconnaît qu'il n'en parle pas sur le simple titre, mais qu'il savait l'état de la question, puisqu'il marque entre autres choses que les nestoriens avaient étendu jusqu'à Jésus-Christ homme les principes des pélagiens, enseignant qu'il

P. DE LA F. III.

avait mérité l'union avec le Verbe, par les seules forces de la nature, ce que S. Prosper explique dans l'épitaphe de ces deux hérésies. Nous avons dit ailleurs qu'on trouvait des restes de cette erreur dans les nestoriens du moyen âge, et dans les mystiques mahométans, qui l'ont prise d'eux.

Photius dit ensuite qu'après la mort de S. Augustin *les pélagiens commencèrent à attaquer sa mémoire par diverses calomnies, comme s'il avait introduit la destruction du libre arbitre. Que le pape les arrêta, écrivant en faveur de cet homme divin et contre ceux qui renouvelaient l'hérésie.* Puis il ajoute que comme elle commençait à renaître à Rome, *Prosper, véritablement homme de Dieu, la combattit et la détruisit sous le pontificat de S. Léon.* Les Grecs avaient donc connaissance de ces écrits du temps de Photius, et ils condamnaient comme hérétiques ceux contre lesquels avaient combattu S. Augustin et S. Prosper. Quoique les Grecs aient eu divers ouvrages de S. Augustin traduits en leur langue, on ne voit pas qu'ils aient eu ceux qui regardaient la matière de la grâce, parce qu'il n'y a eu sur ce sujet aucune dispute dans leur église. Depuis longtemps ils suivent ordinairement la doctrine de S. Jean Damascène, comme le marque Gennadius dans ses traités sur la Prédestination et la Providence. Il en avait composé quatre qui ont rapport les uns aux autres, et ils ne sont pas tant des traités théologiques écrits avec méthode, que des réponses à des questions qui lui avaient été faites sur un passage de S. Basile. Le premier, le troisième et le quatrième n'ont pas été imprimés ; le second fut publié en grec par David Hœschelius en 1608, et inséré avec une traduction pleine de fautes dans une première édition de S. Basile grecque et latine. Ensuite sur ces deux éditions le P. Charles Libertinus en donna une nouvelle à Breslau en 1681, avec une meilleure traduction, à laquelle il joignit des notes pour expliquer le système de la doctrine des Grecs sur cette matière. Mais comme il n'avait pas vu les trois autres traités qui ont une connexion nécessaire avec le second, il n'a pu connaître les véritables sentiments de Gennadius, et ils sont assez conformes à la doctrine de l'école de S. Thomas. Il marque qu'il ne faut pas sur cette question s'attacher à ce qui pourrait avoir été enseigné par quelque écrivain particulier, mais à ceux, dit-il, qui sont nos maîtres, et il nomme S. Denis, S. Athanase, les trois lumières de l'univers, c'est-à-dire S. Basile, S. Grégoire de Nazianze et S. Jean Chrysostôme, S. Augustin, Théodoret, S. Maxime, et S. Jean Damascène. S. Maxime n'est pas celui de Turin, comme a cru le traducteur, mais le Grec, appelé le Confesseur. Il est aussi à remarquer que ces quatre traités de Gennadius n'ont pas été composés pour réfuter les erreurs de ceux qui auraient renouvelé les anciennes hérésies des pélagiens et des sémi-pélagiens, mais contre les libertins, à qui la philosophie avait gâté l'esprit, surtout Gemistus Plethon et quelques autres, contre lesquels il a écrit avec beaucoup de force. Enfin, sans entrer dans un plus long détail, on peut

(Vingt-une)

reconnaître par les écrits de S. Jean Damascène, quelle est la doctrine des Grecs sur la grâce. Si en réfutant les luthériens et les calvinistes ils s'en sont un peu écartés, ce n'a pas été jusqu'à tomber dans aucune erreur contraire à la doctrine de l'Église. Nous serions plus instruits sur cette matière, si nous avions le traité de Georges Coressius contre un synode des calvinistes dont parle Nectarius dans sa lettre aux religieux du mont Sinaï, et qui ne peut être que celui de Dordrecht; mais nous ne l'avons pas encore pu avoir.

Pour ce qui regarde les nestoriens et les jacobites de quelque langue qu'ils soient, comme ils ont un abrégé des canons africains contre les pélagiens, et qu'ils enseignent la nécessité absolue du baptême, fondée sur la corruption générale du genre humain par le péché d'Adam, on ne peut pas leur imputer le pélagianisme, que Nestorius lui-même avait condamné. A l'égard de l'autre erreur dont Photius accuse les nestoriens, en ce qu'ils disaient que Jésus-Christ avait mérité par ses propres forces naturelles d'être élevé à la dignité de fils de Dieu, il ne s'en trouve rien dans leurs livres théologiques, quoique, comme il a été remarqué, il y ait quelque fondement à soupçonner qu'ils avaient une opinion à peu près semblable. Mais pour tout ce qui a rapport aux autres questions entre les catholiques et les sémi-pélagiens, jamais ils n'en ont ouï parler.

On n'a pas cru devoir s'arrêter à prouver certains points de discipline, que les Grecs et tous les chrétiens orientaux observent, comme les jeûnes, particulièrement celui du carême, pendant lequel ils font une abstinence beaucoup plus rigoureuse que nous; car la chose est trop connue. Ils jeûnent les mercredis et les vendredis de l'année, outre plusieurs vigiles. En carême ils s'abstiennent non seulement de viande et de laitage, mais de poisson, d'huile et de vin, ne mangeant qu'une fois le jour, et outre cela ils ont d'autres petits carêmes. Il est fort ordinaire dans le Levant de voir des personnes qui par dévotion, après le repas du jeudi-saint, sont sans manger jusqu'après l'office du jour de Pâques; enfin personne n'ignore que les Grecs et tous les Orientaux font de grandes abstinences, et que la règle commune de tous les religieux est de s'abstenir de viande toute leur vie. Les Grecs font de grands reproches aux Latins sur ce sujet.

Nous n'avons pas parlé en détail des Arméniens, ni rapporté de passages de leurs livres, faute de savoir leur langue; mais comme ils sont jacobites, ils sont dans les mêmes sentiments que ceux de cette secte, et à l'égard des cérémonies, et de quelques usages particuliers, ce sont des choses indifférentes. Ainsi on est assuré, par le témoignage de personnes dignes de foi qui ont vu leurs livres, que leur créance sur l'Eucharistie et sur les autres sacrements est conforme aux attestations qui ont été produites dans les premiers volumes de *la Perpétuité*. Ils en ont donné depuis quelques années une preuve convaincante par la traduction imprimée à Amsterdam en 1696 de l'Imitation de Jésus-Christ, par le soin d'un de leurs archevêques. Leur Liturgie, qu'ils ont aussi imprimée en 1704, est conforme au rit oriental des Syriens jacobites du patriarcat d'Antioche, auquel les Arméniens étaient autrefois soumis, non seulement dans les premiers siècles, lorsque la juridiction du patriarche d'Antioche s'étendait dans toutes les provinces comprises dans le diocèse d'Orient, mais depuis la séparation des églises par l'hérésie des jacobites. L'établissement des catholiques ou primats de Perse et d'Arménie, qu'on croit avoir été faite sous l'empire de Justinien, donna occasion aux nestoriens de se créer un supérieur ecclésiastique indépendant, qui fut d'abord appelé catholique, et ensuite patriarche. Les jacobites syriens en établirent un à Takrit, sur les frontières de la Syrie et de l'Arménie, et c'est celui qu'ils appellent *Mofrian*. La diversité des langues fit qu'on eut besoin de donner aussi un supérieur ecclésiastique aux Arméniens, et il eut d'abord comme les autres le titre de catholique, ensuite celui de patriarche, et il réside présentement à Ecmiasin. Ceux qu'on envoie à Constantinople et à Jérusalem avec le titre de patriarches, ne sont que des métropolitains. Il y a cependant plus de six cents ans que le principal de tous a le titre de patriarche, et il est marqué dans l'histoire de l'église d'Alexandrie qu'il en était venu deux en Égypte, qui furent reçus avec de grands honneurs, et regardés comme étant de la même communion que les jacobites. Ainsi tout ce qu'on aurait pu dire sur les Arméniens ne regarde point la foi, qui est la même que celle des jacobites, mais des cérémonies indifférentes, si on excepte un seul article, sur lequel les jacobites mêmes les condamnent. C'est qu'ils ne mettent pas d'eau avec le vin dans la célébration de la Liturgie, contre la pratique constante de tous les autres chrétiens orientaux, et celle de l'ancienne église. Les Grecs modernes leur attribuent plusieurs autres erreurs; mais il ne paraît pas que ce soit avec fondement, et elles ne regardent pas le dessein de cet ouvrage.

Dans le dernier livre, où il est parlé des collections de canons orientales, on a oublié de parler de celle des Éthiopiens. Elle est faite sur le modèle de celle des Cophtes, de qui ils ont pris tout ce qui a rapport à la religion et au gouvernement ecclésiastique. Celle qui est la plus complète, et qui se trouve dans les manuscrits du Vatican, du grand-duc et de M. le chancelier Séguier, fut celle que fit faire le roi Zara Jacob, qui vivait vers l'an 1460 de Jésus-Christ. M. Ludolf en a donné des extraits qu'on peut consulter, avec la précaution que nous avons marquée ailleurs comme nécessaire pour entendre ses traductions, qui est de chercher d'autres mots que ceux dont il se sert, parce qu'ils donnent souvent de faux sens, et ne sont point du style ecclésiastique. Nous en pourrons parler ailleurs dans les dissertations latines, car on ne pourrait le faire en peu de mots.

Quoique ce volume et le précédent aient été composés presque en même temps qu'ils ont été imprimés, toute la matière qu'ils contiennent avait été examinée et approuvée par feu M. Bossuet, évêque de Meaux, dont la mémoire sera toujours en vénération. Car ce savant prélat avait lu la plus grande partie des dissertations latines dont ils sont tirés, et il les avait approuvées, particulièrement le travail sur les Liturgies, que j'espère donner bientôt au public. Le bonheur que j'ai eu de passer près de dix années avec lui pendant qu'il était précepteur de feu Monseigneur le Dauphin, me donnait occasion de le voir tous les jours ; et comme je l'ai toujours cultivé depuis, j'en ai profité autant qu'il m'a été possible, et j'ai souvent tiré de lui de grandes lumières. C'est une justice que je dois rendre à sa mémoire, qui me sera toujours fort chère, non seulement par les sentiments que doivent avoir tous les enfants de l'Église catholique, qu'il a si bien défendue, mais aussi par reconnaissance de l'amitié dont ce grand prélat m'a honoré pendant une longue suite d'années.

Ceux qui liront cet ouvrage avec attention reconnaîtront, comme on espère, que dans une matière toute de discipline, il n'a pas été possible de suivre toujours la route ordinaire de la théologie de l'école. Celui qui voudrait réformer les rituels grecs et orientaux sur la forme du baptême, parce que la plupart des scolastiques ont dit qu'elle était déprécatoire ou impérative, se rendrait ridicule. On ne peut pas non plus disconvenir que les cérémonies et les prières avec lesquelles les sacrements ont été célébrés dans la primitive Église et dans celles d'Orient, ne leur aient été entièrement inconnues ; que plusieurs n'ont raisonné que sur la discipline de leur temps, et que la conclusion que la plupart en ont tirée, a été que les ordinations des Grecs et les autres sacrements n'étaient pas valides, et qu'on devait les réitérer, ce qui ne s'est fait que trop souvent. M. Habert s'est élevé avec force contre de pareilles conséquences sur ce qui regarde l'ordination, après avoir marqué la différence entre la forme latine et la grecque. *Un jeune théologien*, dit-il, *croira y apercevoir une grande différence dans les paroles et dans le sens ; car s'il cherche plutôt l'Église dans l'école que l'école dans l'Église, il demeurera d'abord tout étonné, et il conclura peut-être par des raisonnements philosophiques, qu'il n'y a jamais eu aucun prêtre dans l'église grecque. Mais tout beau*, poursuit-il, *jeune guerrier ; ce n'est pas ici une escrime, c'est un combat sérieux. L'Église romaine, mère et maîtresse de toutes les autres, ordonne bien : l'église grecque en fait de même ; et l'une et l'autre ordonnent de véritables prêtres par une forme différente, mais qui a la même efficace. Nous ne doutons pas de ce qui regarde l'Église romaine : mais comme elle, qui est l'arbitre et le juge de toutes les autres, n'a jamais eu de doute touchant les ordinations de la grecque, nous n'en pouvons non plus douter avec justice ou avec sûreté, nous qui faisons profession de suivre la foi et la doctrine de l'Église romaine* (1).

(1) At discrimen ingens et verborum et sensuum tyroni theologo planè videbitur, qui si Ecclesiam potiùs in scholâ quàm scholam in Ecclesiâ quærat, repentè obstupescet, et nullum forsan in ecclesiâ græcâ

Les théologiens qui ont dans ces derniers siècles écrit avec plus de réputation, n'en ont pas jugé autrement que M. Habert ; et les conséquences qu'ils ont remarquées de certaines opinions trop subtiles sur les sacrements ne sont pas imaginaires, puisque sur ce seul fondement, les Latins dans les temps d'ignorance ont souvent rebaptisé les Grecs, et les autres chrétiens orientaux, qui à leur exemple commencèrent à rebaptiser les Latins. De même la réitération de la confirmation à l'égard des Grecs, parce qu'elle était administrée par les prêtres, ayant fait croire à quelques théologiens que les Orientaux n'avaient pas ce sacrement, anima tellement les Grecs, que ce fut là une des premières causes du schisme, comme le remarque Holstenius, dans un livre imprimé à Rome. *Le schisme déplorable*, dit ce savant homme, *qui a depuis si longtemps divisé les églises d'Orient et d'Occident, doit être principalement imputé à ceux qui, laissant à part la charité chrétienne par une démangeaison de disputer, ont mis en question et en dispute tout ce qui se faisait chez les autres selon un rit différent. Ces gens-là n'ont que peu ou point d'attention pour éclaircir la vérité ; mais ils ne pensent qu'à être supérieurs dans la dispute, afin de donner la loi aux autres, suivant leur opinion et leur coutume* (1).

C'est de ces sortes de théologiens que se plaignent avec raison ceux qui ont examiné avec attention la discipline des sacrements ; ce sont ceux *qui ont prétendu éclaircir les questions théologiques par des arguments frivoles , qui citent très-rarement la sainte Écriture , encore moins les conciles et les saints Pères ; qui même n'ont aucune teinture de la bonne philosophie , mais qui, avec des chicanes puériles, veulent se faire passer pour scolastiques et théologiens , n'étant ni l'un ni l'autre ; qui, remplissant l'école de pitoyables sophismes, se rendent ridicules auprès des savants , et méprisables auprès de ceux qui ont plus de délicatesse.* C'est ainsi qu'en parle Melchior Canus, qui ensuite dit qu'*un théologien scolastique est celui qui parle avec justesse , doctement et prudemment de Dieu et des choses de la religion , selon les Écritures et la doctrine de l'Église* (2).

presbyterum unquàm extitisse philosophabitur. Sed meliora quæso verba, Neoptoleme. Non est hæc umbratilis pugna, sed stataria. Ecclesia romana, omnium mater et magistra, benè ordinat : ecclesia græca benè consecrat : utraque veros sacerdotes, dissimili quidem, sed paris omninò virtutis formâ initiat, ità perficit. De romanâ , Romani non dubitamus. De græcâ verò, cùm nec romana omnium disceptatrix et arbitra unquàm dubitaverit, neque nos profectò dubitare , romanam fidem et doctrinam profitentes, æquum tutumque fuerit. *Habert., Pontif. gr. p.* 115 *et* 116.

(1) Luctuosum schisma quod Orientis et Occidentis ecclesias dudùm disjunxit illis potissimùm imputandum est, qui christianâ charitate posthabitâ disputandi pruritu, omnia in quæstionem et controversiam adduxerunt, quæ diverso ritu apud partem adversam aguntur. His nulla, vel exigua veritatis cura, sed unum vincendi studium, ut ex suâ consuetudine vel opinione aliis legem præscribant. *Holsten. diss.* 1, *de Minist. confirm.*

(2) Intelligo autem fuisse in scholâ quosdam theo-

Il serait facile de citer plusieurs autres fameux théologiens qui ont porté le même jugement de ceux qui, donnant trop à leurs préjugés, et ne connaissant pas la discipline de l'ancienne Église, l'ont condamnée indirectement en condamnant celle des Grecs et des Orientaux. En cela ils n'étaient pas imitables, d'autant moins que le jugement de plusieurs de ces théologiens était contraire à celui des papes Léon X, et Clément VII, qui par leurs brefs confirmatifs l'un de l'autre, avaient ordonné que les Grecs ne seraient point troublés dans la pratique de leurs rites. Mais ce qui est encore plus remarquable, lorsque la même question fut agitée sous le pontificat d'Urbain VIII, à l'occasion de quelques évêques orientaux venus à Rome, dont l'ordination était contestée par certains théologiens, ce pape, qui était savant et qui avait auprès de lui des personnes versées dans l'antiquité ecclésiastique, fit consulter sur ce sujet les plus savants hommes de ce temps-là, entre autres le P. Sirmond, le P. Peteau et le P. Morin. Il engagea celui-ci à faire à cette occasion le voyage de Rome, et nonobstant les préjugés de l'école, les ordinations orientales furent reconnues valides, comme étant conformes à l'ancienne discipline. On ne croit pas qu'aucun théologien puisse prétendre que l'autorité de trois papes, et celle de toute l'Église, qui durant plusieurs siècles d'une communion non interrompue n'a jamais contesté aux Grecs la validité de leurs sacrements, doive céder à celle de quelques particuliers, quand ils s'accorderaient sur les matières et sur les formes, sur quoi ils ont eu plusieurs opinions fort différentes. Or comme la vérité est une, lorsqu'il s'agissait d'exposer fidèlement la créance de l'Église, on a cru la devoir tirer des décisions des conciles, particulièrement de celui de Trente, et de la profession de foi qui fut dressée ensuite par Pie IV, et qui ayant été traduite en diverses langues, a été proposée aux Orientaux schismatiques ou hérétiques, lorsqu'ils se sont réunis à l'Église catholique, plutôt que des opinions de quelques particuliers. Mais si les plaintes que les plus savants théologiens ont faites autrefois contre ceux qui par trop de subtilités s'engageaient dans des conséquences fâcheuses, dont souvent les hérétiques et les schismatiques tiraient avantage, ont été bien fondées,

---

logos adscriptitios qui universas quæstiones theologicas frivolis argumentis absolverint, et vanis invalidisque ratiunculis magnum pondus rebus gravissimis detrahentes, ediderint in theologiam commentaria vix digna lucubratione aniculariam. Et cùm in his sacrorum Bibliorum testimonia rarissima sint, conciliorum mentio nulla, nihil ex antiquis sanctis oleant, nihil ne ex gravi philosophiâ quidem, sed ferè è puerilibus disciplinis, scholastici tamen si superis placet, theologi vocantur, nec scholastici sunt, nec theologi : qui sophismatum fæces in scholam inferentes, et ad risum viros doctos incitant, et delicatiores ad contemptum. Quem verò intelligimus scholasticum theologum? aut hoc verbum in quo homine ponimus? Opinor in eo qui de rebus divinis aptè, prudenter, doctè, è litteris institutisque sacris ratiocinetur. *Melch. Canus, l.* 8, *cap.* 1.

on ne peut faire présentement ce reproche à nos théologiens, qui joignent l'étude de la tradition, des conciles et des Pères, à la théologie de l'école avec tant de succès. C'est ce qu'on voit particulièrement dans la Faculté de Paris, où on entend tous les jours avec admiration éclairée ce qu'il y a de plus recherché dans l'antiquité ecclésiastique.

Il y a quelques endroits dans cet ouvrage qui pourraient avoir un sens équivoque, sur lesquels il est à propos de donner des éclaircissements. Où il est dit (liv. I, c. 1), que les Orientaux croient qu'un pécheur repentant, qui a accompli la pénitence, reçoit la grâce sacramentelle, on n'a pas prétendu qu'il fût nécessaire selon leur doctrine, d'avoir accompli ce qu'ils appellent *le canon*, c'est-à-dire, les œuvres laborieuses de la pénitence. La suite du discours fait assez voir le contraire. On a donc voulu faire entendre que les Grecs et les Orientaux reconnaissaient avec l'Église catholique, ce que le concile de Trente a enseigné, en disant que *les actes du pénitent, c'est-à-dire la contrition, la confession et la satisfaction, sont comme matière de ce sacrement, et qu'ils sont appelés parties de la pénitence, parce qu'ils sont requis d'institution divine pour l'intégrité du sacrement, et pour la parfaite et entière rémission des péchés* (Trid., sess. 4, c. 3). On a donc considéré le sacrement en son entier, en marquant que lorsqu'il s'y trouve tout ce qui en fait partie, les Orientaux ne doutent pas qu'il ne produise la grâce. Ce qui est dit dans la suite fait assez comprendre qu'on n'a pas prétendu que l'accomplissement de la pénitence fût absolument nécessaire, puisque par leur discipline on fait voir qu'ils accordent l'absolution en plusieurs occasions avant quelle soit accomplie.

Il est dit (*ibid.*, paulò infrà), que *les protestants se sont contredits eux-mêmes en conservant la coutume de baptiser les enfants, quoiqu'elle ne soit fondée que sur la tradition.* Cela se doit entendre selon leurs principes, puisqu'ils ne conviennent pas avec les catholiques du sens des passages de l'Écriture, qui établissant la nécessité générale et absolue du baptême, la prouvent à l'égard des enfants.

Il est dit en un autre endroit que comme l'Église est infaillible dans la foi, elle l'est aussi dans la discipline. Il s'agit de la discipline sacramentelle, et le sens de cette proposition est, que comme l'Église ne peut proposer aucune erreur dans la foi, les cérémonies et les prières qu'elle a établies et pratiquées universellement pour l'administration des sacrements ne peuvent être ni abusives, ni superstitieuses, ni renfermer aucune erreur.

Au livre II, chap. 1, il est dit que les catéchumènes n'étaient pas en voie de salut. Cette expression peut avoir un faux sens, puisqu'absolument ils croyaient en Jésus-Christ, et qu'ils étaient chrétiens *in voto*. Mais ce qu'on a voulu dire, comme il paraît par la suite, est que la nécessité du baptême était tellement crue dans l'ancienne Église, qu'elle doutait du salut de ceux qui mouraient avant de l'avoir reçu, et qu'elle n'offrait pas pour eux le sacrifice comme pour les autres défunts.

Ailleurs, où il est dit que l'immersion n'est pas moins nécessaire au baptême, etc., cela doit s'entendre par rapport aux protestants, qui, prenant l'Écriture sainte à la lettre, doivent reconnaître que baptiser veut dire plonger.

Dans le chapitre 7 du livre VI, où il est parlé du divorce accordé dans l'église grecque et dans tout l'Orient aux maris qui avaient convaincu leurs femmes d'adultère, tout ce qui a été dit est rapporté et doit être entendu historiquement, sans en tirer aucune conséquence contre la doctrine et la pratique de l'Église latine. A l'endroit où l'on a rapporté les paroles du septième canon du concile de Trente, on voit assez qu'on n'a pas prétendu mettre en question ce qu'il a décidé. Ensuite lorsqu'il est dit que le concile de Trente justifie la doctrine ancienne de l'Église latine que les luthériens attaquaient témérairement, et sans donner aucune atteinte directe ou indirecte à la pratique des Grecs, voici en quel sens ces paroles doivent être entendues : C'est que les Grecs, nonobstant la différence de leur discipline, n'accusent point l'Église romaine d'erreur, sur ce qu'elle enseigne, comme elle l'a toujours enseigné, que le mariage ne peut être dissous à cause de l'adultère de l'une des deux parties, ce qui donne tout sujet de croire que le concile n'a pas eu en vue de les condamner : c'est aussi ce que le cardinal Palavicin et Fra-Paolo assurent positivement.

Pour ce qui regarde le concile de Florence, il est certain que dans le décret d'union il n'est pas parlé de cet article. Les actes qui ont été cités portent que l'archevêque de Mitylène satisfit le pape sur ce sujet ; d'autres témoignent que le pape ne fut pas pleinement satisfait des réponses de l'archevêque. Les actes imprimés à Rome en grec par ordre de Grégoire XIII, en 1587, ne font aucune mention de ce discours du pape, ni de ce que dit l'archevêque de Mitylène. Ainsi on a cru devoir plutôt s'en tenir au décret synodal, où il n'est fait aucune mention de l'article du divorce, qu'aux conjectures de celui qui a recueilli les actes latins.

S'il était échappé quelque autre chose qui parût donner la moindre atteinte à la doctrine de l'Église, ce que je ne crois pas qu'on trouve aisément quand on lira cet ouvrage avec attention, ce serait par inadvertance et contre mon intention. Car j'espère qu'on reconnaîtra partout que je n'expose pas la créance et la discipline des Orientaux avec prévention, pour excuser les erreurs et les abus dont il n'est pas possible de les justifier ; mais en même temps je n'ai pas cru qu'on dût condamner tout ce qui leur a été reproché par des écrivains qui n'avaient aucune connaissance de cette matière.

LA PERPÉTUITÉ DE LA FOI
DE L'ÉGLISE CATHOLIQUE
SUR LES SACREMENTS

ET SUR TOUS LES AUTRES POINTS DE RELIGION ET DE DISCIPLINE QUE LES PREMIERS RÉFORMATEURS ONT PRIS POUR PRÉTEXTE DE LEUR SCHISME, PROUVÉE PAR LE CONSENTEMENT DES ÉGLISES ORIENTALES.

LIVRE PREMIER.

CHAPITRE PREMIER.

Dessein général de cet ouvrage.

On a marqué dans la préface du quatrième volume (voy. ci-dessus, 1re partie de ce vol.) le dessein qu'on avait eu de prouver le consentement général de tous les chrétiens d'Orient sur les points controversés entre les catholiques et les protestants, aussi bien que sur le mystère de l'Eucharistie, et que, comme on ne l'aurait pu faire sans trop grossir le volume, on avait réservé à traiter à part cette matière. C'est ce que nous tâcherons de faire en ce volume avec autant d'exactitude qu'il sera possible, et au moins ce sera avec toute la sincérité qu'on doit apporter lorsqu'on traite des mystères sacrés de la religion.

Ce travail était d'autant plus nécessaire, que personne ne l'a encore entrepris ; ou si quelques auteurs ont parlé de la créance et de la discipline des Grecs et des Orientaux sur les sacrements, ils l'ont fait avec beaucoup de négligence, la plupart sans avoir connu les livres ecclésiastiques, ni ceux des théologiens grecs et orientaux ; d'autres sans aucuns principes de théologie et sans connaissance de l'antiquité ; ce qui a fait qu'ils ont condamné trop facilement ce qu'ils n'entendaient pas ; qu'ils ont attribué à ces chrétiens des hérésies toutes nouvelles, ce qui les a rendus plus éloignés de la réunion, et mis nos théologiens et nos missionnaires hors d'état de la procurer, puisque la plupart n'ont combattu que des chimères; et ce qui était encore plus dangereux, ils ont condamné des pratiques autorisées par l'usage de l'ancienne Église, et par conséquent à couvert de toute censure.

Les protestants n'ont pas presque touché à cette matière, non seulement parce que nous n'en trouvons pas un seul qui l'ait entendue, mais aussi parce que les auteurs catholiques leur fournissaient plus d'autorités qu'il n'était nécessaire pour établir que les Orientaux ne pouvaient servir à confirmer par leurs témoignages la doctrine et la discipline des sacrements reçues parmi nous, tant on supposait qu'ils étaient éloignés de l'Église catholique sur ces articles. De plus, comme il y a eu très-peu de protestants qui aient bien entendu la discipline ecclésiastique, lorsqu'ils ont fait quelques objections tirées de celle des Orientaux, ce n'a été qu'en suivant le jugement qu'en avaient fait les auteurs catholiques dont nous venons de parler. Ceux qui ont poussé la critique plus loin, comme ont fait quelques modernes, sont tombés encore dans de plus grandes absurdités, par exemple, ceux qui ont voulu déterminer la créance des Grecs selon la fausse Confession de Cyrille Lucar, et celle des autres Orientaux sur des récits de voyageurs ignorants ou prévenus, ou bien sur des critiques absurdes de Hottinger et de ses semblables.

Dans le premier volume de *la Perpétuité*, les auteurs avaient dit quelque chose touchant la conformité de la créance des Grecs et des Orientaux sur les sacrements, sur la hiérarchie, et sur d'autres points que les protestants ont pris pour prétexte de leur séparation. Mais comme cette matière ne regardait pas précisément la question principale qu'ils traitaient, ils ne s'étendirent pas sur les preuves de cette conformité, qui même alors n'étaient pas faciles à trouver, peu d'auteurs ayant écrit sur ce sujet, et même d'une manière très-imparfaite; et c'est ce qui nous reste présentement à éclaircir.

La seule discipline des églises grecques et orientales étant examinée sans prévention pouvait suffire pour faire connaître aux protestants la différence entière qu'il y avait entre ces communions séparées et les églises prétendues réformées. Mais les premiers réformateurs, comme on l'a fait voir ailleurs, n'y firent d'abord aucune réflexion; ils raisonnèrent sur les sacrements chacun selon les principes qu'ils avaient imaginés: et comme ces principes étaient faux, il ne faut pas s'étonner si ce qu'ils ont établi sur de pareils fondements est également faux et insoutenable.

La première source de leurs erreurs est, qu'ils ont fait une définition des sacrements inconnue à toute l'Église ancienne, lorsqu'ils les ont regardés comme des sceaux de la foi, et des signes qui l'excitent, n'y reconnaissant point cette efficace que l'école appelle *ex opere operato*, et qui signifie une production réelle et véritable de la grâce, lorsque les sacrements sont reçus avec les dispositions nécessaires. La seconde est, qu'ils ont établi que tout sacrement devait, non seulement être d'institution divine, ce que nous reconnaissons, mais qu'il devait être expressément marqué dans la sainte Écriture, parce qu'ils rejettent l'autorité de la tradition. Enfin une troisième source d'erreur qui les a menés fort loin est, qu'au lieu de distinguer dans la doctrine des sacrements ce qui a été universellement cru et reçu dans toute l'Église, et qui par conséquent n'a point varié, ils ont voulu faire passer les opinions nées dans l'école comme des articles de la foi catholique, et les ont ainsi combattues.

Cependant il était de la bonne foi de distinguer deux choses aussi différentes que la doctrine certaine et invariable de l'Église, et les différentes manières de l'expliquer qui se sont introduites depuis que Guillaume d'Auxerre commença de se servir des termes de matière et de forme, ainsi que d'autres semblables employés dans la philosophie d'Aristote. Cette manière assez conforme au génie du siècle rendait certaines vérités plus sensibles, et n'avait en elle-même rien de mauvais; mais les questions subtiles qu'elle fit naître occupèrent un peu trop les théologiens de ce temps-là, en sorte qu'ils n'y ajoutèrent pas, comme on a fait depuis, l'étude de la discipline, dont l'autorité est non seulement grande, mais décisive en ce qui regarde les sacrements. Car comme il est assuré que l'Église ne peut errer dans la foi, il est également certain qu'on ne peut soupçonner sans impiété que les rites et les prières dont elle s'est universellement servie dans la célébration des sacrements, puissent contenir ou autoriser aucune erreur. C'est donc en joignant le dogme avec la discipline qu'on peut se former une idée juste et solide de la doctrine des sacrements; et lorsque d'habiles théologiens l'ont examinée de cette manière, comme plusieurs ont fait de nos jours, ils n'ont pas condamné d'erreur ou d'abus ce qui n'était pas entièrement conforme à la pratique de l'Église latine, ainsi qu'avaient fait dans le temps d'ignorance, ceux qui avaient établi des systèmes de doctrine sans consulter la tradition.

Les protestants ont donc rejeté comme des superstitions et des inventions humaines cinq sacrements que l'Église catholique pratiquait dès les premiers siècles, ce seul fondement qu'on ne trouvait dans l'Écriture que le baptême et l'Eucharistie. Nos théologiens n'ont pas manqué de preuves pour établir l'ancienne doctrine, pour justifier la pratique constante de l'Église, et pour renverser toutes les objections des protestants. Mais on ne s'était presque pas encore servi de l'argument tiré du consentement de l'église grecque et de tous les chrétiens orientaux, que nous tâcherons de mettre dans tout son jour, parce qu'il abrège toutes les voies de discussion, qui sont très-longues dans une matière aussi vaste que celle des sacrements, et que la méthode de prescription est plus courte, à la portée de tout le monde, et moins exposée aux chicanes par lesquelles les ennemis de la vérité travaillent à l'obscurcir. Nous attachant donc à cette méthode, de laquelle les plus célèbres défenseurs de la foi chrétienne se sont servis dès les premiers siècles de l'Église, nous ne trouverons pas de grandes difficultés à prouver que les sacrements reçus et pratiqués dans l'Église catholique ont été connus et pratiqués dans les premiers temps, et conservés jusqu'à nous sans interruption ; et que non seulement les Grecs orthodoxes ou schismatiques mais toutes les communions orientales ont conservé la même doctrine et la même pratique.

Lorsqu'on cherche la vérité de bonne foi dans des questions théologiques, il faut convenir des termes, particulièrement des définitions qui ont été reçues de tout temps parmi les chrétiens, et ne prétendre pas en faire de nouvelles, ni croire qu'on raisonne conséquemment sur cette matière, quand on raisonne sur des principes ou faux, ou contestés, ou inconnus à ceux que l'Église a toujours respectés comme ses maîtres et comme les dispensateurs des mystères de Dieu. C'est ce que les premiers réformateurs n'ont point fait, mais au lieu de reconnaître qu'en tous les siècles l'Église a pratiqué diverses cérémonies sacrées accompagnées de prières, et qu'on a toujours cru que ces signes extérieurs joints aux paroles ou aux prières produisaient certaines grâces, et que ces mêmes signes ont été appelés sacrements, on reconnaît d'abord que la définition qu'ils en ont voulu donner, et l'idée qu'ils ont formée des sacrements de la nouvelle loi, sont entièrement éloignées de la doctrine de l'ancienne Église. Il ne faut donc pas s'étonner si ayant une idée aussi fausse des sacrements, ils ne les ont pas reconnus dans ce que pratiquait l'Église de laquelle ils se sont séparés, puisque même, comme a remarqué Syrigus, les définitions qu'ils en donnent ne conviennent pas au baptême ni à l'Eucharistie, qu'ils reconnaissent néanmoins comme de véritables sacrements. On les avait toujours considérés comme des sources de grâce que Jésus-Christ nous avait méritée par sa passion, ou, suivant la pensée de S. Augustin, comme étant sortis du côté de Jésus-Christ, lorsqu'il avait été ouvert. Jamais on n'avait dit qu'ils n'étaient que des sceaux pour exciter notre foi, et pour nous confirmer les promesses de Dieu. On ne s'était pas non plus servi de diverses autres définitions bizarres, inventées à mesure que les réformateurs en ont eu besoin ; et tous convenaient que les sacrements étaient des signes sacrés d'institution divine, qui produisaient efficacement la grâce dans ceux qui les recevaient dignement.

Ceux qui ont les premiers défendu l'Église contre les nouveautés de la réforme, Érasme, George Cassandre, le cardinal Osius et divers autres, répondaient fort simplement, et néanmoins d'une manière convaincante, à tout ce qu'on objectait contre la doctrine et la pratique des catholiques, qu'ils avaient pour eux toute l'antiquité ; que dès le temps des apôtres on avait imposé les mains aux nouveaux baptisés pour leur donner le Saint-Esprit, ce qui était le fondement du sacrement de confirmation ; que ceux qui avaient commis de grands péchés après le baptême étaient retranchés de la communion des saints mystères, et qu'ils n'y étaient reçus qu'après une sévère pénitence, qui finissait par l'absolution donnée par les évêques ou par les prêtres, en vertu de la puissance de lier et de délier que Jésus-Christ avait donnée à ses apôtres; que jamais personne n'avait entrepris de prêcher la parole de Dieu, d'exercer cette puissance de lier et de délier, d'offrir l'Eucharistie, d'administrer le baptême, ni de faire aucune autre fonction semblable, sinon ceux qui avaient été ordonnés par des évêques, qui eux-mêmes avaient reçu l'ordination par le ministère de ceux qui avaient été ordonnés par les apôtres ou par leurs disciples ; que la pratique de l'onction à l'égard des malades avait été regardée comme d'institution apostolique. Enfin que les chrétiens n'entraient dans l'état du mariage qu'avec le consentement et la bénédiction des supérieurs ecclésiastiques. Voilà ce qu'on répondait aux premiers réformateurs, conformément à ce que nous enseigne toute l'antiquité.

La pratique des cérémonies qui accompagnaient ces actions sacrées était constante ; ainsi on ne pouvait nier que ce qui regardait les signes extérieurs, ou ce qu'on a depuis appelé la matière du sacrement, ne fût bien prouvé. Il en était de même de la forme, puisque les anciens Pères la désignent souvent sous le nom de prière, même dans les sacrements qui ont des paroles plus déterminées, essentielles et nécessaires, comme le baptême et l'Eucharistie. Car comme elles étaient toujours accompagnées de prières, sous le nom de prières on comprenait ce que les théologiens ont nommé dans la suite formes sacramentelles. Ainsi S. Augustin a dit que le corps de Jésus-Christ était consacré par la prière mystique ; et longtemps après on trouve que le canon de la messe était appelé la prière catholique. Ainsi, par les expressions conformes de tous les Pères, on reconnaît la forme des sacrements aussi bien que le signe ou la matière.

On peut encore moins douter que l'ancienne Église ne fût persuadée que ses prières, jointes à l'usage de la matière conformément à l'institution divine reçue des apôtres, produisaient leur effet, qui était d'attirer la grâce de Dieu sur les fidèles. Car on n'aurait pas reproché à Novatien qu'il n'avait pas reçu la perfection du baptême, si on n'avait pas cru que la chrismation et l'imposition des mains sur les nouveaux baptisés conféraient une grâce spéciale et distinguée de celle du baptême; on n'aurait pas ordonné la même cérémonie à l'égard de ceux qui avaient été baptisés hors de l'Église par des hérétiques. Aucun orthodoxe n'a jamais douté qu'un pécheur repentant, et qui avait accompli la pénitence qui lui était imposée, ne reçût avec l'absolution des prêtres, et par l'exercice de la puissance des clés, la rémission de ses péchés et par conséquent la grâce sacramentelle. Il en est de même de l'ordination, puisqu'on reconnaît d'une manière incontestable que jamais l'Église n'a cru qu'un laïque pût faire ce que faisait un prêtre ou un évêque, mais que la doctrine constante de tous les chrétiens a été, que par l'imposition des mains des évêques successeurs des apôtres, on recevait le Saint-Esprit, et la puissance nécessaire pour toutes les fonctions du sacerdoce de la nouvelle loi. Ainsi on reconnaît en cela que toute l'antiquité a cru que par les signes sacrés ou cérémonies de l'ordination, et les autres dont nous venons de parler, les chrétiens recevaient une grâce, et c'est la grâce sacramentelle.

Après avoir reconnu cette vérité, qui ne peut être contestée que par des ignorants qui n'auraient pas la moindre connaissance de l'ancienne Église, il était inutile d'aller chercher dans la théologie moderne des difficultés frivoles et captieuses pour attaquer cette doctrine, et renverser en même temps l'ordre et la discipline qui subsistaient depuis quatorze siècles. Les théologiens ont traité cette matière avec moins de simplicité que les anciens Pères ; ils l'ont examinée suivant les principes de la philosophie d'Aristote, qui régnait de leur temps, mais ils ne se sont pas écartés de ces principes certains, et leur nombre ni leur autorité n'ont pas assez prévalu pour faire entrer dans les décisions que l'Église a faites dans le concile de Trente aucune opinion particulière qui donnât la moindre atteinte à la doctrine ancienne de tous les siècles.

Les protestants l'ayant une fois abandonnée, sont tombés dans de grands inconvénients, car ils ont été obligés d'établir de nouveaux principes inconnus jusqu'alors à toute l'Église. 1° Que tout sacrement devait être marqué expressément et en détail dans la sainte Écriture. 2° Que la tradition ne devait être comptée pour rien, mais que sur cet article, ainsi que sur tous les autres, il la fallait rejeter comme une invention humaine. 3° Que les sacrements ne produisaient aucune grâce, sinon en ce qu'ils excitaient la foi, et en ce qu'ils étaient des sceaux des promesses de Dieu, de sorte que tout leur effet dépendait de la foi de ceux qui les recevaient. 4° Que toutes les cérémonies qui étaient en usage pour la célébration des sacrements étaient des nouveautés inventées dans l'Église romaine.

Ces principes, entièrement faux, ont produit de nouvelles erreurs, qui en naissaient nécessairement, car l'ancienne Église avait toujours cru la nécessité absolue du baptême, et les protestants ont renversé cet article. Suivant leur définition des sacrements, le baptême ne devait pas être donné aux enfants, et il ne leur pouvait servir de rien, puisqu'ils n'étaient pas capables de faire des actes de foi, dont ce sacrement serait le sceau. Cependant ils n'ont pas osé refuser de le donner aux enfants, contre les principes fondamentaux de la réforme, et on sait combien cela a produit de disputes parmi eux. Les anabaptistes et plusieurs sociniens plus hardis se sont fait rebaptiser, et ils ont rebaptisé les autres. Enfin les calvinistes ont laissé mourir plusieurs enfants sans baptême, ce que l'ancienne Église a toujours eu en horreur. Ils se sont contredits eux-mêmes, en conservant la coutume de baptiser les enfants, quoiqu'elle ne soit fondée que sur la tradition ; et à l'égard de la supposition qu'ils font que les rites sacrés des sacrements qu'ils ont supprimés avaient été inventés dans l'Église romaine, rien n'est plus capable de les confondre que la pratique constante de semblables cérémonies dans les églises grecques, et dans toutes les communions qui subsistent en Orient.

Pour appliquer ce qui vient d'être remarqué à ces églises séparées, soit par le schisme, soit par l'hérésie, ou à celles qui, conservant l'unité, ont des cérémonies différentes, on reconnaîtra par la suite de cet ouvrage deux vérités très-importantes, et qui décident la question. La première est, que ces principes sur lesquels roule la doctrine des protestants touchant les sacrements, sont inconnus aux Grecs et à tous les Orientaux ; et ceux qui en ont eu connaissance, comme les Grecs des derniers siècles, les ont condamnés comme hérétiques. La seconde est, que les catholiques n'enseignent rien touchant les sacrements, que les Grecs et les Orientaux n'approuvent pareillement.

On y peut ajouter une troisième vérité, qui est, que si les théologiens catholiques qui ont éclairci avec plus de soin les antiquités ecclésiastiques conviennent, selon la doctrine du concile de Trente, que tous les sacrements sont d'institution divine, ils n'entendent pas néanmoins que tout ait été ordonné, jusqu'aux moindres prières et cérémonies, par Jésus-Christ et par les apôtres. Les Grecs, qui ne sont pas si grands critiques, ont tellement cru que les sacrements étaient d'institution divine, qu'ils prétendent que Jésus-Christ lui-même les a institués et la plupart pratiqués, comme l'explique Siméon de Thessalonique, qui est suivi par tous les autres.

Enfin quand les protestants s'imaginent que c'est un grand argument contre la créance des catholiques touchant le nombre des sacrements, de dire qu'il n'est parlé que de deux, le baptême et l'Eucharistie, dans la sainte Écriture, les Grecs et les Orientaux méprisent cette objection, prétendant qu'ils sont tous marqués dans le Nouveau-Testament, et ils entendent comme nous les passages que nos théologiens citent pour prouver que la confirmation, la pénitence, l'ordre, le mariage et l'extrême-onction sont des sacrements. On verra même qu'ils ne se contentent pas de tirer cette doctrine des passages ordinairement employés pour la prouver, mais qu'ils la tirent aussi de plusieurs autres, pris dans le sens allégorique.

On ne peut dire avec le moindre fondement, que les Orientaux aient pris des Latins ce qui regarde la créance de sept sacrements, non seulement à cause de l'impossibilité de ces changements entiers dans la foi et dans la discipline, que les protestants supposent si faciles, et qu'ils n'ont jamais pu prouver, mais encore parce que la discipline des Orientaux prouve le contraire. Celle des Grecs, quoiqu'elle convienne dans ce qu'il y a d'essentiel avec celle de l'Église romaine, diffère néanmoins en plusieurs points, en sorte même que depuis la rupture de l'union, la variété des rites a souvent donné prétexte aux uns et aux autres de se condamner réciproquement. Les Orientaux orthodoxes, nestoriens ou jacobites, ont suivi les rites de l'église grecque, et ils n'ont par conséquent rien pris des Latins, parmi lesquels on trouve à peine un ancien auteur qui ait entendu la discipline grecque et orientale, en sorte que souvent ils l'ont condamnée faute de l'entendre.

C'est en partie par cette discipline qu'on prouve d'une manière incontestable que les sept sacrements reconnus dans l'Église catholique sont reçus de même dans l'église grecque, puisque les Eucologes les plus anciens contiennent les offices de la confirmation, de a pénitence, du couronnement ou mariage, et de l'extrême-onction ou εὐχέλαιον, aussi bien que ceux du baptême et de l'Eucharistie, de même que ceux de l'ordination se trouvent dans les Pontificaux. Il est inutile de contester l'autorité de ces livres, puisqu'elle est reçue dans toutes les églises ; mais si on voulait la diminuer, en prétendant qu'ils ne sont pas anciens, on trouve dans les bibliothèques des manuscrits dont l'antiquité les met à couvert d'une pareille censure ; d'autant plus que les livres de droit canonique grec, les réponses des patriarches, et divers autres semblables actes, dont plusieurs sont imprimés dans la Collection de Léunclavius, font voir que les Grecs, depuis plusieurs siècles, n'ont pas eu d'autre discipline que celle qui est conforme à ces offices.

CHAPITRE II.

Que les Grecs et toutes les communions orientales ont conservé l'ancienne doctrine de l'Église touchant les sacrements.

Il y a beaucoup d'apparence que les calvinistes, qui ont prétendu donner comme la règle de la créance de l'église grecque la Confession de Cyrille Lucar, n'avaient aucune connaissance de ces livres ni des écrits théologiques des Grecs lorsqu'ils l'ont fait parler ainsi sur les sacrements : *Nous croyons que les sacrements évangéliques dans l'Église sont ceux que le Seigneur a enseignés dans l'Évangile, et qu'il y en a deux, car nous en avons reçu autant, et le législateur ne nous en a pas enseigné davantage. Nous tenons certainement qu'ils consistent dans la parole et dans l'élément, c verbo et elemento ; » qu'ils sont les sceaux des promesses de Dieu, et qu'ils produisent la grâce. Et afin que le sacrement soit parfait et entier, qu'il faut que la matière terrestre et l'action extérieure concourent avec l'usage de cette chose terrestre, ordonné par Notre-Seigneur Jésus-Christ, et uni à une foi sincère ; parce que la foi de ceux qui reçoivent le sacrement venant à manquer, l'intégrité du sacrement ne subsiste pas.*

Cet article seul, dans lequel, suivant la doctrine de Genève, il ne reconnaissait que deux sacrements, devait suffire à toutes les personnes intelligentes, pour leur faire connaître qu'il ne représentait pas fidèlement la créance de l'église grecque. Car s'il y a quelque chose de certain, c'est que les Grecs et tous les Orientaux réunis ou séparés croient de même que les catholiques qu'il y en a sept. Ils reconnaissent l'excellence du baptême et de l'Eucharistie, non seulement en ce que ces deux sacrements sont nécessaires, et que leur institution est marquée dans la sainte Écriture ; mais aussi parce qu'ils croient qu'on ne peut être sauvé sans le premier, ce qui est opposé à la doctrine des protestants. Ils étendent même cette nécessité (quoiqu'ils ne la reconnaissent pas comme absolue) au sacrement de l'Eucharistie ; de sorte qu'ils l'administrent aux enfants, suivant l'usage des premiers siècles, ce qui n'est pas moins contraire au grand principe de la réforme, que c'est par la foi seule qu'on reçoit dans ce sacrement le corps et le sang de Jésus-Christ. Mais cela n'empêche pas que les Grecs et tous les Orientaux n'aient la confirmation, la pénitence, l'ordination, le mariage et l'extrême-onction, qu'ils regardent comme de véritables sacrements.

Puisqu'il s'agit de montrer ce que croient les Grecs modernes, il n'est pas nécessaire de rechercher l'antiquité ecclésiastique, pour faire voir que de tout temps l'église grecque a observé ce qu'elle pratique présentement : plusieurs habiles théologiens l'ont déjà fait, M. Habert, le P. Goar, le P. Morin et divers autres. Il suffira donc de prouver qu'avant le concile de Florence, et depuis, la créance et l'usage des sept sacrements a subsisté parmi les Grecs et parmi tous les Orientaux sans aucun changement et sans aucune contradiction. Siméon de Thessalonique, qui vivait avant le concile, marque expressément cette créance. *Il y a*, dit-il (p. 63), *sept dons du Saint-Esprit, comme dit Isaïe, et sept sacrements de l'Église, qui sont opérés par le Saint-Esprit ; ce sont : le baptême, l'onction du chrême, la sainte communion, l'ordination, le mariage, la pénitence et l'huile sainte.* Gabriel de Philadelphie, auteur approuvé par tous les Grecs, a enseigné la même doctrine, ainsi que Grégoire protosyncelle dans son abrégé, Mélétius Syrigus dans la Réfutation de Cyrille, les synodes de 1638 et de 1642, la Confession orthodoxe, Nectarius et Dosithée, patriarches de Jérusalem, enfin tous les métropolitains et évêques qui ont donné des attestations, l'ont exprimée très-clairement. En dernier lieu, Jean Caryophylle ayant, par quelques écrits répandus furtivement, attaqué cette doctrine, fut condamné et réfuté par Dosithée, qui, à cette occasion, publia des articles contraires qu'il a imprimés en Moldavie en 1694.

Quand nous n'aurions pas ces autorités, qui sont incontestables, la seule discipline des Grecs démontre qu'ils ont tous les sacrements que nous croyons et que nous pratiquons. Il n'y a qu'à ouvrir leur Eucologe, pour reconnaître qu'après le baptême ils administrent la confirmation ; que ceux qui ont commis des péchés capitaux sont obligés de les confesser aux prêtres, de recevoir et d'accomplir les pénitences qui leur sont prescrites, et qu'en cette seule manière ils obtiennent l'absolution sacramentale ; qu'aucun chrétien ne peut se marier sans la bénédiction et sans les prières de l'Église ; que dans les maladies périlleuses on pratique l'onction d'huile bénite à l'égard des malades et des moribonds. Enfin, les cérémonies et les prières qui composent les offices des ordinations, sont des preuves convaincantes de la conformité de la foi des Grecs avec celle de l'Église romaine sur le sacrement de l'ordre ; puisque nonobstant la différence des rites, sur laquelle il n'y a point eu de contestations tant que les deux églises ont été unies en une même communion, on reconnaît l'ancienne tradition dans tout ce qu'on y doit regarder comme essentiel. C'est ce qui sera prouvé plus en détail en parlant de chaque sacrement en particulier, par l'usage constant et perpétuel qui en a été conservé jusqu'à nous dans l'église grecque.

Les autres communions qui sont dans l'union avec les Grecs, comme les melchites syriens, ou celles qui en sont séparées, comme les nestoriens et les jacobites, Syriens, Cophtes, Éthiopiens ou Arméniens, ont les mêmes sacrements. On ne conteste pas qu'ils n'aient le baptême et l'Eucharistie ; ce n'est donc que sur les autres que les protestants, particulièrement les calvinistes, forment des difficultés, la plupart fort vaines, car elles ne sont fondées que sur des témoignages d'auteurs qui ont écrit contre les hérésies, et qui les ont souvent multipliées très-mal à propos, ou sur des relations de voyageurs, les uns et les autres ayant écrit dans des temps d'ignorance, ce qui les peut faire excuser ; au lieu que ceux qui soutiennent de pareilles faussetés sont inexcusables, après que la matière a été éclaircie autant qu'elle l'est. Nous ne citerons pas des auteurs suspects, ni des controversistes, ou des voyageurs ignorants ; toutes les autorités seront tirées des livres de chaque église, et de théologiens qui y ont vécu dans la plus grande réputation, dont jamais nos adversaires n'ont cité aucun.

Pour commencer par le baptême et par l'Eucharistie, il n'y a personne qui ait contesté que toutes les sociétés chrétiennes n'aient ces deux sacrements. On y observe aussi la cérémonie sacrée de la confirmation, que les Grecs appellent μύρον, et ce mot est en usage parmi les Cophtes, les Syriens, et presque toutes les nations chrétiennes. Elle est administrée ordinairement en même temps que le baptême, et par les prêtres, ce qui n'empêche pas qu'elle ne soit considérée comme un véritable sacrement.

Le sacrement de Pénitence, fondé sur la puissance de lier et de délier donnée aux apôtres par Jésus-Christ, est aussi reconnu dans ces communions unies ou séparées. On y voit l'autorité des évêques et des prêtres pour remettre les péchés, établie sur les mêmes passages de l'Écriture sainte dont les catholiques se servent contre les protestants ; la confession des péchés prouvée de même ; ensuite la nécessité de faire le *canon*, c'est-à-dire, de se soumettre aux peines canoniques imposées par le confesseur ; et en un mot on y reconnaît tout ce qui a été regardé comme partie de ce sacrement, après quoi on obtient l'absolution sacramentelle. Sans cette créance, et sans l'observation de cette discipline, les offices qui se trouvent dans toutes les langues consacrées au service de l'église en Orient, pour donner la pénitence et pour absoudre les pénitents, ainsi que plusieurs collections de canons pénitentiaux qui nous restent, auraient été inutiles ; et personne ne pouvait jamais s'aviser de supposer de tels ouvrages.

On ne peut avoir parcouru le livre des ordinations du P. Morin, dans lequel il a inséré plusieurs Pontificaux syriens des orthodoxes, des nestoriens et des jacobites, sans reconnaître que les cérémonies et les prières qui s'y trouvent prescrites sont conformes à la discipline de l'église grecque, et qu'elles contiennent tout ce qui est nécessaire pour la constitution d'un sacrement de la nouvelle loi.

Il en est de même des offices pour la célébration du mariage, dont les prières sont entièrement dans l'esprit de l'ancienne Église ; les passages de l'Écriture sainte sur lesquels nous établissons la doctrine catholique touchant ce sacrement y sont employés ; et les cérémonies qui sont en usage parmi les Orientaux, comme les couronnes, sont tirées des Rituels grecs.

Enfin quoique l'onction des malades se fasse autrement que parmi nous, elle se fait néanmoins selon l'esprit de l'Église, en imitation de la pratique des apôtres, et suivant l'institution marquée dans l'Épître de S. Jacques. Les Orientaux s'accordent sur ce point-là avec les Grecs, de même que sur tous les autres, ainsi que nous espérons le faire voir en détail en parlant de chaque sacrement.

On peut former contre ce que nous venons de dire quelques objections, qu'il est à propos d'éclaircir avant que d'aller plus loin. Une des principales est de dire que la plupart des auteurs, même catholiques, qui ont écrit des religions et des sectes du Levant, disent le contraire ; qu'ils accusent les Grecs et les chrétiens orientaux de ne pas pratiquer les cérémonies qui font la principale partie des sacrements de l'Église romaine ; que par cette raison les missionnaires ont en plusieurs pays supprimé ou entièrement changé les rites qui étaient propres aux Orientaux ; que souvent on a douté de la validité de leur baptême ; que plusieurs théologiens ont cru qu'on ne pouvait reconnaître dans la chrismation des nouveaux baptisés la forme et la matière essentielles au sacrement de confirmation ; que d'autres ont douté qu'ils consacrassent véritablement lorsqu'ils célébraient la messe selon leurs usages ; que par cette raison la plupart des Missels ont été réformés à Rome, comme entre autres ceux des Syriens et des Arméniens ; que plusieurs de ces chrétiens orientaux ne se confessent point, et que quand ils le feraient, les absolutions qui se trouvent dans leur Rituels sont défectueuses dans la forme ; que les théologiens de l'école attaquent encore plus fortement leurs ordinations comme nulles, en sorte que souvent elles ont été jugées telles, et les prêtres ou évêques levantins qui se réunissaient à l'Église romaine ont été réordonnés. Que les prières et les cérémonies du mariage et de l'onction des malades qui sont en usage dans l'Orient, sont si différentes des nôtres; qu'on ne peut, selon les principes établis par nos théologiens, les mettre au nombre des sacrements, puisqu'il faudra aussi dire que diverses bénédictions, la tonsure monacale, la prise de l'habit monastique, et plusieurs autres, sont des sacrements. Ainsi le nombre en sera fort multiplié, et la conformité de doctrine et de discipline que nous prétendons être entre les églises orientales et occidentales, ne subsistera plus.

Il n'est pas difficile de répondre à cette première difficulté, qui comprend plusieurs parties; mais elles ont toutes rapport à un principe qu'il est nécessaire d'éclaircir. C'est premièrement, que lorsqu'il s'agit de juger de la doctrine et de la discipline orientale, il ne faut pas se déterminer sur des témoignages aussi incertains que sont ceux de la plupart des auteurs qui ont traité des hérésies. Allatius a prouvé fort clairement que presque tout ce qui a été écrit touchant les Grecs, par Gui-le-Carme et par Caucus, était faux. On en peut dire autant de ce que Thomas à Jésu a écrit dans son livre *de Conversione omnium gentium*. Si on les a copiés sans discernement, ils n'en ont pas pour cela plus d'autorité, et par conséquent, quand il n'y en aura point d'autre pour attaquer et pour condamner la foi et la discipline des Grecs et des Orientaux, on peut dire qu'on n'en a aucune. C'est par les livres ecclésiastiques, et par les écrits des théologiens de chaque église, qu'on en doit juger, sans écouter les accusateurs ni les apologistes, qu'autant que les preuves qu'ils apportent sont recevables.

L'autorité des missionnaires est encore moindre; car les anciens qui ont été envoyés du temps des croisades, ou peu après, étaient plus recommendables par leur piété que par leur doctrine; et comme on n'avait alors aucune connaissance de l'ancienne discipline, ils condamnaient souvent des cérémonies et des prières fondées sur la tradition, sans autre raison, que parce qu'elles n'étaient pas conformes à celles de l'Église latine, ou, pour mieux dire, parce qu'elles ne leur paraissaient pas telles. Ainsi ils ne savaient et ne pratiquaient qu'une seule manière de réunir les Orientaux, qui était de changer leurs rites et leurs prières. Ceux qui ont été envoyés aux missions depuis cent cinquante ans, ou environ, n'étaient guère mieux instruits de ce qu'il fallait savoir pour bien connaître la foi et la discipline des églises qu'ils visitaient; car examinant tout selon la théologie qu'ils avaient apprise dans l'école, ils ont souvent poussé leurs conjectures et leurs censures au-delà des bornes. Aucun d'eux n'a eu assez d'autorité pour faire une règle suivant laquelle on dût juger si les rites qu'ils condamnaient ou qu'ils changeaient devaient être réformés. Ils ont souvent pris néanmoins cette autorité, mais leur exemple n'a jamais été assez fort pour établir des lois. Ils ont réformé des Liturgies et d'autres offices; mais on a reçu à la communion de l'Église les Orientaux qui ont voulu s'y réunir, en leur laissant une entière liberté de conserver leurs anciens rites.

Il s'est trouvé des hommes assez téméraires pour douter de la validité de leur baptême; et les Grecs, aussi bien que d'autres Orientaux, animés par leur passion, ont traité de même le baptême des Latins, et les ont rebaptisés. Cela est regardé de part et d'autre comme un grand abus et comme un sacrilège. Du temps du pape Urbain VIII, il se trouva plusieurs théologiens qui avaient avancé que les ordinations des Grecs et des autres Orientaux étaient nulles, et qu'il fallait réordonner ceux qui se réunissaient avec l'Église catholique. Cependant, après que ce pape eut fait examiner la matière par des théologiens plus versés dans l'antiquité, ces ordinations furent jugées incontestables. En un mot, il ne faut pas juger de ce qu'enseigne l'Église par les opinions de quelques particuliers, ni par les fautes qu'ils pourraient avoir faites, quand même elles n'auraient pas été relevées. Il suffit que dans la réunion faite au concile de Florence, avec peu de succès à la vérité, mais qui peut servir de règle pour ceux qui travaillent à ramener les schismatiques au sein de l'Église, on ne fit pas la moindre mention de tout ce que ces divers missionnaires ont regardé comme des erreurs ou des abus. Depuis ce temps-là on n'a pas exigé à Rome que les Orientaux abandonnassent leurs rites, pourvu qu'ils renonçassent au schisme ou à l'hérésie; et même Léon X et Clément VII, par deux brefs solennels, ont approuvé les rites des Grecs, et ils ont défendu que dans les pays où ils sont sous l'obéissance des Latins, on leur donnât aucune inquiétude à cette occasion.

Ce qu'on ajoute touchant l'opinion qu'ont les Grecs et les Orientaux de quelques cérémonies, qui néanmoins ne peuvent être mises au nombre des sacrements, n'est fondé que sur des témoignages de ces auteurs dont nous venons de parler, qui ont été souvent très-mal informés, ou de voyageurs ignorants. Par exemple, plusieurs ont dit que l'extrême-onction n'était pas connue en Orient, mais que les chrétiens prenaient de l'huile de la lampe qui brûlait dans l'église, ce qui leur tenait lieu de ce sacrement. Mais quand on sait que cette huile est bénite ordinairement par sept prêtres, avec de longues prières, et qu'on pratique toutes les cérémonies que les autres églises emploient, on reconnaît aisément que ceux qui n'y avaient pas reconnu le sacrement s'étaient trompés. Or il est certain que les Grecs, qui sont plus instruits que les autres chrétiens du Levant, ne confondent pas toutes les cérémonies et bénédictions qui sont dans leurs livres avec celles des sacrements proprement dits, et qu'ils ne mettent dans cette classe que les sept reçus dans l'Église catholique.

Nous trouvons dans les anciens Rituels un grand nombre de bénédictions semblables à celles des Orientaux, puisque la piété des premiers chrétiens était de les employer presque partout, afin de sanctifier par les actions de grâces et par les prières, l'usage des choses temporelles que Dieu nous donne pour la conservation de notre vie. On n'a pas compris néanmoins ces bénédictions, ni quelques autres cérémonies, dans le nombre des signes sacrés d'institution divine, destinés à produire une grâce particulière dans ceux qui s'en serviraient selon l'esprit de l'Église. C'est ce qui distingue les sacrements des autres cérémonies, selon la plus saine théologie, et selon la doctrine commune des Grecs et des Orientaux, qu'il faut examiner sur la forme de l'ancienne discipline ecclésiastique, non pas suivant des principes nouveaux, qui, étant poussés trop loin, conduiraient à de grandes extrémités. Car avec les conséquences que plusieurs missionnaires ou scolastiques ont appliquées aux cérémonies et aux prières sacramentelles des Orientaux, pour prouver qu'elles ne suffisaient pas pour opérer les sacrements, on en peut tirer d'autres également fortes contre les ordinations de l'ancienne Église; de sorte que si ceux qui ont condamné celles des Orientaux ne se sont pas trompés, il faut convenir que l'ancienne église grecque, dans les temps les plus florissants, n'a eu ni prêtres, ni évêques, ni sacrements; ce qui est une absurdité effroyable, mais une suite nécessaire de leurs maximes.

Celles qu'ont suivies les plus habiles théologiens sont fondées principalement sur ce grand principe, que ce qui se trouve partout le même est établi sur la tradition, et ne peut être soupçonné d'erreur. *Quod apud omnes unum invenitur, non est erratum, sed traditum.* Ce qui est donc observé partout en Orient et en Occident pour la célébration des sacrements est ce qui doit être regardé comme essentiel; et ce qui se trouve varié selon les temps et selon les lieux n'est pas de l'essence des sacrements. Il ne faut pas prétendre être plus sage que l'Église, ni déterminer ce qu'elle a dû pratiquer; mais observer exactement ce qu'elle a pratiqué par la discipline constante et uniforme de plusieurs siècles. On est assuré que comme elle est infaillible dans la foi, elle l'est aussi dans sa discipline, pour ne pas approuver celle qui ne serait pas conforme à la tradition des apôtres. Ce n'est pas qu'il ne se puisse glisser plusieurs abus, comme il s'est introduit diverses erreurs dans les églises particulières. Aussi ce n'est pas leur approbation ni leur pratique qui autorise les dogmes ou les rites, mais celle de l'universalité. Or il est certain que la plupart des rites des églises grecques et autres orientales ont cette approbation de l'universalité, par la communion qui a été autrefois entre l'Orient et l'Occident, et qui n'a été troublée, nonobstant la diversité des rites, que depuis le commencement des schismes, à l'occasion desquels on s'est reproché de part et d'autre, comme des abus, ce qui n'avait donné aucun sujet de contestation ni de rupture pendant plusieurs siècles. C'est donc sur ces règles de la tradition, que les cérémonies et les prières selon lesquelles ils célèbrent les sacrements doivent être examinées, et non pas suivant les axiômes théologiques fondés uniquement sur ce qui se pratique dans l'Église latine; d'autant plus que jamais elle n'a condamné ce que ceux dont on objecte l'autorité ont condamné si hardiment.

Mais quand ces objections subsisteraient, elles ne prouvent rien à l'égard des Grecs et des Orientaux, si, comme on le fera voir très-clairement, ils regardent les sept sacrements tels que les reçoit l'Église latine, comme entièrement distingués des autres cérémonies et bénédictions pratiquées dans leurs églises. Quand on y trouverait quelques défauts pour la matière et pour la forme, on pourrait dire qu'ils y ont laissé introduire des erreurs et des abus, comme il y en a eu sans doute; mais cela ne prouverait pas qu'ils n'eussent la véritable doctrine touchant les sacrements, puisqu'on ne voit pas que ces rites se soient introduits parmi eux dans ces derniers temps, ni qu'ils les aient abolis, comme ont fait les protestants; ni qu'ils aient accusé les Latins de nouveauté ou de superstition, à l'occasion des cinq sacrements que la réforme a supprimés.

CHAPITRE III.
Exposition des sentiments des Grecs sur la doctrine des sacrements.

Les Grecs ayant toujours pratiqué les cérémonies sacrées qu'ils appellent μυστήρια ou sacrements comme nous, et n'ayant eu à combattre aucuns hérétiques, sinon quelques bogomiles ou manichéens, qui renversaient toute la religion chrétienne, n'ont eu occasion que dans ces derniers temps de s'expliquer plus méthodiquement sur cette matière. Leurs anciens écrivains ecclésiastiques se contentaient d'en exposer le sens mystique, comme ont fait la plupart de ceux qui ont écrit sur les ouvrages attribués à S. Denis, ou qui ont éclairci les rites. Ils ne pouvaient penser à réfuter des erreurs qui n'étaient point, et qui même n'ont presque jamais troublé la Grèce ni l'Orient. Car la première connaissance qu'eurent les Grecs des nouvelles opinions des protestants sur ce sujet, fut lorsque les théologiens de Wittemberg envoyèrent la Confession d'Augsbourg au patriarche Jérémie. Si elle avait été traduite longtemps auparavant et envoyée dans le Levant, comme le marquent quelques auteurs, elle n'aurait pas fait grand bruit dans le pays, puisqu'elle n'y était pas même connue.

Ainsi le premier qui ait répondu aux protestants sur ce qu'ils n'admettent que deux sacrements, fut ce même patriarche, qui s'expliqua d'une manière si claire, qu'il n'était pas possible de donner de faux sens à ses paroles : *Dans le chapitre 7 vous dites que vous reconnaissez aussi une sainte Église catholique, et que vous célébrez en la manière qu'il faut les sacrements et les cérémonies sacrées de l'Église. A cela nous répondons qu'il y a une seule sainte Église catholique et apostolique des chrétiens, qui célèbre selon les règles, et conformément à ce que les SS. Pères nous ont enseigné par tradition, les choses qui ont été ordonnées, définies par leurs canons, et confirmées par le Saint-Esprit. Les sacrements reçus dans cette même Église catholique des chrétiens orthodoxes, et les cérémonies sacrées sont au nombre de sept, le baptême, l'onction du divin chrême, la divine communion, l'ordination, le mariage, la pénitence et l'huile sainte. Comme il y a sept dons du Saint-Esprit, selon que dit Isaïe, il y a aussi sept sacrements opérés par le Saint-Esprit, et il n'y a que ceux-là et pas* davantage, ce qu'on reconnaît par la division. Car le sacrement regarde ou la génération des hommes, et c'est le mariage selon Jésus-Christ; ou leur salut, c'est l'ordre hiérarchique des ministres sacrés, par lesquels et dans lesquels sont opérés les sacrements, les uns utiles à tous, comme le baptême, la confirmation et la communion; ou en particulier à quelques-uns, comme l'ordination aux ecclésiastiques, et le mariage aux laïques, de même qu'à ceux qui pèchent après le baptême, la pénitence et l'onction de l'huile sacrée, qui confèrent la rémission des péchés et purifient l'âme des taches qu'elle pourrait avoir contractées. On les appelle sacrements, à cause que dans des signes sensibles, ils ont un effet secret et spirituel. Chacun de ces sacrements est établi par la sainte Écriture; et la forme et la matière en sont déterminées, de même que la cause efficiente, ou pour mieux dire instrumentale, est pareillement déterminée. Par exemple, dans le baptême, la matière est l'eau; la forme, les paroles du prêtre : « Un tel, serviteur de Jésus-Christ, est baptisé au nom du Père, et du Fils, et du Saint-Esprit; » la cause instrumentale est le prêtre, quoiqu'on ne rejette pas le baptême administré par un laïque en cas de nécessité.

On ne dira pas que les théologiens de Wittemberg n'aient pas expliqué à Jérémie les sentiments de ceux de leur communion, puisqu'ils l'ont fait dans un fort grand détail par deux réponses consécutives, dans lesquelles ils ont fait entrer tout ce qui pouvait rendre leurs opinions recevables et moins odieuses. Ils lui répondirent d'abord en ces termes : *Les églises grecques croient qu'il y a sept sacrements; et nous assurons qu'il n'y en a que deux auxquels ce nom, parlant proprement, puisse convenir. Car si nous voulions compter tous les mystères divins qui surpassent la compréhension de l'esprit humain, nous n'en trouverions pas seulement sept, mais beaucoup davantage. Si nous voulions aussi donner le nom de sacrements à toutes les choses par lesquelles il a plu à Dieu de signifier des choses célestes et spirituelles, nous ne les pourrions pas renfermer dans le nombre de sept. Mais nous appelons sacrements des cérémonies d'institution divine, qui, avec la parole de la promesse divine touchant la rémission des péchés, et la clémence de Dieu envers nous, ont une chose extérieure; ou, comme il y a dans le grec, un symbole extérieur attaché; en sorte que, par toute cette action, nous sommes confirmés dans la foi de la rémission des péchés, et les bienfaits célestes nous sont conférés.*

Le patriarche ne daigna pas, et avec raison, répondre à un raisonnement aussi peu solide, qui établit une définition des sacrements composée exprès afin d'exclure ceux que la réforme avait retranchés. Les Grecs, non plus que les Latins, n'ont jamais dit que toutes les choses mystérieuses par lesquelles Dieu a signifié des choses célestes et spirituelles fussent des sacrements de la nouvelle loi. Ils n'ont pas dit non plus que les signes qui produisent la grâce ne fussent pas fondés sur la parole de Dieu, et qu'ils n'eussent pas des promesses de cette grâce attachées. Aussi Jérémie, sans disputer sur cette première proposition, montre que chacun des sept sacrements produit cet effet en nous procurant des grâces proportionnées à leur destination, et il conclut qu'ils ont tous été institués par Jésus-Christ, et reçus par la tradition des apôtres.

Les luthériens répliquèrent dans leur troisième Réponse, et celle que Jérémie leur fit, fut de les prier de ne lui plus écrire sur ces matières; parce que, dit-il, en parlant des sacrements, vous en recevez quelques-uns, mais en les renversant par vos erreurs, et en changeant le sens de ce que la doctrine ancienne et nouvelle enseigne pour le tourner à votre dessein; et parce que vous rejetez les autres, ne voulant pas reconnaître qu'ils soient des sacrements, mais les considérant comme des traditions, qui non seulement ne sont pas fondées sur la parole de Dieu, mais qui y sont contraires, etc. Voilà quelle fut la fin de cette dispute qui dura près de cinq ans; les premières lettres étant de l'année 1575, et la dernière Réponse de Jérémie de 1581.

Ce témoignage n'est pas seulement celui d'un théologien habile et instruit des dogmes qu'il combattait, les connaissant par les écrits qui lui avaient été envoyés, aussi bien que par un commerce de plusieurs années qu'il avait eu avec Gerlach, et d'autres ministres luthériens, qui lui auraient pu expliquer plus en détail ce qu'il y aurait eu d'obscur dans les Répliques que firent ceux de Wittemberg à sa première Réponse. C'est celui d'un patriarche, chef de l'église grecque, qui ne le donna qu'après une longue et mûre délibération avec les principaux de son clergé, auxquels il communiqua ses écrits; et, pour marquer la droiture de ses intentions et l'assurance qu'il avait de ne rien dire qui ne fût conforme à la doctrine de son église, il les fit insérer dans les archives publiques de Constantinople, quoiqu'il eût pu se dispenser de le faire, parce que ce n'était pas au nom de tous les Grecs qu'il parlait, ni comme patriarche, mais comme particulier. C'est ce qu'a remarqué Dosithée dans le synode de Jérusalem, et depuis dans son Enchiridion (p. 17), faisant observer en même temps la différence du procédé de Cyrille Lucar et de celui de Jérémie; celui-ci ayant donné ses Réponses, quoiqu'elles ne fussent qu'en son nom, dans la forme la plus authentique, et les ayant rendues publiques autant qu'il lui était possible; au lieu que Cyrille, quoiqu'il parlât au nom de toute la Grèce, n'avait gardé aucune de ces formalités.

Aussi, comme tous les Grecs dont nous avons les écrits, depuis Cyrille Lucar, se sont tous accordés à condamner la Confession toute calviniste qu'il avait donnée à l'ambassadeur de Hollande, et qui fut imprimée à Genève avec tant d'ostentation; de même tous ont approuvé la doctrine exposée dans les Réponses de Jérémie, comme étant celle de toute l'église grecque, particulièrement sur les sacrements. Jamais aucun Grec, tant que Jérémie a survécu, ni depuis sa mort, ne l'a accusé d'avoir eu des opinions particulières sur les sacrements, ni sur aucun autre article de la religion; pas même Cyrille, son indigne successeur, qui, par une impudence sans exemple, osa donner comme la créance commune de tous les Grecs ce qu'il savait être directement opposé à ce que son prédécesseur avait publié avec l'approbation de toute la Grèce. Au contraire, tous ceux qui l'ont connu, ou qui ont vécu peu de temps après, l'ont cité avec éloge comme très-savant et très-orthodoxe, et ils ont enseigné unanimement la même doctrine.

C'est ce qu'a fait principalement Gabriel, métropolitain de Philadelphie, que Jérémie avait ordonné, et duquel nous avons un traité des sacrements, imprimé à Venise en 1600, et à Paris, avec d'autres opuscules et des notes savantes, en 1671. Il y enseigne, comme les autres Grecs, qu'il y a sept sacrements de la nouvelle loi, et il en donne différentes preuves, dont la plupart sont allégoriques, mais qu'il a ajoutées, comme il est aisé de le reconnaître, plutôt pour l'instruction de ceux de sa nation, et pour exciter leur piété, que pour combattre les hérétiques, puisque ce n'était pas son dessein. Cependant cela seul a suffi à M. Smith (Miscell. p. 12), ce grand critique et ce témoin oculaire de choses qui ne furent jamais, pour parler de Gabriel avec le dernier mépris; ce qui n'empêche pas qu'on ne le regarde comme un témoin irréprochable de la créance de son église touchant les sacrements, aussi bien que sur la transsubstantiation, ce qui a été suffisamment prouvé ailleurs. Il se sert des termes ordinaires de l'école, et cela ne doit pas le rendre suspect, puisque presque tous les autres Grecs l'ont fait devant et après lui, et que la conformité des expressions est une preuve certaine de la conformité dans la doctrine. Les Grecs ont lu nos scolastiques avec beaucoup d'attention sur les articles controversés entre les deux églises; et quoiqu'ils soient convenus des termes théologiques, ils n'en sont pas demeurés moins fermes pour soutenir leurs opinions particulières.

Parmi ceux qui ont été contemporains de Gabriel de Philadelphie, et qui ont soutenu la même doctrine de l'église grecque touchant les sacrements, Nectarius, Dosithée, Callinique, Syrigus et d'autres citent avec de grands éloges Mélèce Piga, patriarche d'Alexandrie, dont nous avons parlé ailleurs, et dont on a imprimé en 1709 deux lettres dogmatiques sur l'Eucharistie, dont une est adressée à Gabriel de Philadelphie, qu'il regardait comme son maître. Il y a d'autres ouvrages de lui sur les sacrements, mais nous n'avons pu encore les découvrir, entre autres celui qui a pour titre: Ὀρθόδοξος χριστιανός, imprimé à Vilna, où cette matière pouvait être traitée. Mais tant de citations que font des auteurs aussi considérables que ceux qui ont été nommés, ne permettent pas de douter qu'il n'eût la même créance que ceux avec lesquels il était en communion, et qu'il ne fût fort éloigné de celle des calvinistes de la Grande-Pologne, qui la recherchèrent inutilement, et qui ne purent jamais l'obtenir. Les homélies qu'il prêcha à Constantinople, dont il y a un recueil dans la Bibliothèque-du-Roi, contiennent plusieurs passages qui ne conviennent qu'à un homme qui n'avait pas d'autres sentiments sur les sacrements que ceux de toute la Grèce, expliqués par Jérémie,

par Gabriel de Philadelphie et par quelques autres. Comme Mélèce fut durant plusieurs années administrateur du siége de Constantinople vacant, s'il avait prêché une autre doctrine, il n'aurait pas été loué autant qu'il l'a été par Syrigus et par tous ceux qui ont combattu ou condamné la Confession de Cyrille Lucar.

Les Grecs citent aussi un de leurs théologiens, nommé Jean Nathanaël, prêtre et économe de la grande église, auteur d'une exposition de la Liturgie; mais nous n'avons pu encore découvrir ce livre, non plus que des traités sur la même matière de Maximus Margunius, évêque de Cérigo, qui ayant passé une partie de sa vie à Venise, comme Gabriel de Philadelphie, a toujours été aussi bien que lui grand ennemi des Latins, mais en soutenant la doctrine de l'église grecque contre les nouveautés des protestants. On en peut juger par une preuve qui est très-simple, et dont les plus ignorants sont capables : c'est que la plupart des livres ecclésiastiques pour l'usage des églises grecques ont été imprimés à Venise du temps du patriarche Jérémie, et sous les yeux de Gabriel de Philadelphie et de Maximus Margunius. Or il n'y en a presque aucun qui ne contienne des preuves certaines de la créance et de la discipline touchant les sacrements. Aussi on ne trouvera pas facilement un seul auteur, même de ceux dont le témoignage n'est pas d'une grande autorité, qui dise que les Grecs ne reconnaissent que deux sacrements, comme Cyrille eut la hardiesse de le dire dans sa Confession; encore moins que Jérémie, qui nomme distinctement les sept qui sont reçus dans l'Église, n'en reconnût que deux, comme a osé écrire l'auteur des *Monuments authentiques*.

Quelques protestants ont cité Antoine Caucus, qui a fait de longues dissertations contre les Grecs, décriées parmi les savants comme un tissu de faussetés, qui n'ont la plupart d'autre fondement que l'ignorance de l'auteur. Il ne dit pas que les Grecs ne reçoivent que deux sacrements; mais qu'ils n'ont ni la confirmation ni l'extrême-onction. Allatius l'a réfuté si fortement, qu'on ne peut rien ajouter à ce qu'il a écrit pour combattre cette calomnie. Il cite d'abord (l. 3 Conc., c. 16, § 4) un traité d'un religieux nommé Job, dont on ne sait aucune circonstance, ni le temps auquel il a vécu, qui reconnaît sept sacrements, mais qui se trompe visiblement en ce qu'il met la profession monastique dans ce nombre, et qu'il confond l'extrême-onction avec la pénitence. Mais au moins il reconnaît la confirmation et l'extrême-onction. Nous entrerons ailleurs dans l'examen de la pensée de cet auteur, qui assurément n'est pas conforme à la doctrine de l'église grecque, si ce n'est que, comme Arcudius l'a remarqué, on peut comprendre la profession monastique ou le saint habit dans la pénitence. Il n'est pas nécessaire d'examiner les sentiments d'un seul écrivain obscur, qui ne peut balancer l'autorité de tous les autres. Allatius cite ensuite Siméon de Thessalonique; puis la Profession de foi de Jean Paléologue, empereur de Constantinople, et fils d'Andronic II : *Je crois*, dit-il, *comme la sainte Église romaine tient et enseigne, qu'il y a sept sacrements de l'Église : le baptême*, dont il a déjà été parlé; *le sacrement de l'onction du saint chrême, qui se fait par l'imposition des mains de l'évêque à l'égard de ceux qui ont été régénérés ; la pénitence, l'eucharistie, l'ordination, le mariage et la dernière onction de l'huile jointe avec les prières, qui se pratique à l'égard des malades, suivant la doctrine du bienheureux apôtre S. Jacques.* Il rapporte aussi quelques autres témoignages de Grecs modernes, et surtout ceux des synodes tenus contre Cyrille Lucar; mais nous en parlerons plus amplement dans le chapitre suivant. Les premiers, jusqu'à Jérémie, ont parlé plus simplement, parce qu'ils n'avaient aucune connaissance des hérésies qui combattent les sacrements. Quand les calvinistes eurent fait plus clairement connaître les leurs par la Confession de Cyrille, les Grecs parlèrent aussi plus précisément, comme nous ferons voir dans la suite.

CHAPITRE IV.
Sentiments des Grecs touchant les sacrements, depuis que Cyrille Lucar fut patriarche de Constantinople.

On a parlé fort en détail dans le tome précédent (ci-dessus dans ce vol.) de tout ce qui regardait Cyrille Lucar, et de tout ce qui avait rapport à sa Confession, publiée d'abord en latin en 1629, puis en grec avec la traduction latine, à Genève, en 1633. Si on veut croire Hottinger, et ceux qui avaient parlé avant lui de cet apostat, il avait déjà commencé à connaître leurs opinions, et même il les avait embrassées pendant son séjour en Transylvanie et en Lithuanie, quoique, dans ce temps-là même, il publiât à Tergowist en 1616 des articles contraires à ceux de sa Confession. Mais s'il avait déjà renoncé à la créance commune de son église, il dissimula ses sentiments, qui étaient fort éloignés de ceux de Mélèce, patriarche d'Alexandrie, auquel il succéda, et qui lui auraient certainement fermé l'entrée aux dignités ecclésiastiques. Quelques opinions qu'il eût dans le cœur, ce prétendu défenseur de la vérité, ce saint martyr, ce grand génie, comme l'ont appelé ses panégyristes, ne les fit pas paraître à l'égard des Grecs. C'est ce qui a été suffisamment éclairci par les Grecs mêmes dans le synode de Jérusalem, et par Dosithée dans l'édition plus ample qu'il fit faire quelques années après des décrets de cette assemblée, et en même temps de ce que contenaient les préliminaires pour faire voir la fausseté de tout ce que les calvinistes avaient avancé sur la personne et sur la Confession de Cyrille. On y a ajouté dans la Défense de *la Perpétuité* (ci-dessous), et dans le vol. 4 (ci-dessus, dans ce même tome), un si grand nombre d'éclaircissements et de réflexions, qu'on ne croit pas qu'il soit nécessaire d'en faire d'autres sur cet article.

Il est vrai, comme on l'a marqué, que Cyrille tâchait sous main de répandre ses erreurs, quoiqu'il ne paraisse pas qu'il eût fait beaucoup de disciples ; et on ne peut faire aucun fond sur ce qu'il disait ou écrivait en particulier ; puisque, comme on l'a fait voir très-clairement, la fausseté de la plupart des faits contenus dans ses lettres est démontrée évidemment par d'autres faits certains et incontestables, soutenus du témoignage de toute la Grèce. Son commerce avec les Hollandais, surtout avec le ministre Léger, le rendait un peu suspect ; mais pas assez pour le convaincre ; et dans ces pays où les infidèles sont les maîtres, le commerce avec des personnes de différentes religions étant presque inévitable, peut être regardé comme indifférent, sans produire aucun soupçon. Aussi on remarque que la familiarité que Étienne Gerlach, ministre luthérien qui servait auprès du baron de Ungnade, ambassadeur de l'empereur, eut avec le patriarche Jérémie, ni les lettres qu'il écrivit, et celles qu'il reçut des protestants de Tubingue, de Chytréus et de quelques autres, ne le firent jamais soupçonner d'approuver les erreurs de ceux dont il aimait les personnes. Mélèce Piga, patriarche d'Alexandrie, se conduisit de la même manière à l'égard de George Douza, et encore plus à l'égard d'Édouard Barton, ambassadeur d'Angleterre, avec lequel il fut fort lié pendant la vacance du siège de Constantinople, lorsque Mélèce en eut l'administration. Cyrille ne fut pas tout-à-fait de même, mais il détruisait les soupçons par ses parjures ; du reste, il laissait trop de liberté aux Grecs de fréquenter Léger et d'autres qui les pouvaient séduire. Il fallut cependant prévenir le péril dont il était menacé, en paraissant trop abandonner la doctrine de son église, et en ne la défendant pas contre Léger, qui dogmatisait autant qu'il lui était possible parmi les ignorants.

On ne sait que confusément ce qui se passa de ce temps-là, et à quelle occasion les Grecs entrèrent en dispute avec Léger ; ce que nous ne saurions pas même sans la lettre de Nectarius, patriarche de Jérusalem aux religieux du Mont-Sina. Il paraît par ce qu'elle contient, ce fut après que les chapitres, c'est-à-dire, la Confession de Cyrille, commencèrent à paraître, non pas qu'il les avouât, mais parce qu'ils portaient son nom. Ce fut alors que George Coressius fut appelé de Chio par le synode de Constantinople, ce qui doit s'entendre par le clergé de la grande église, et les métropolitains ou évêques qui se trouvèrent présents, et qu'il eut plusieurs conférences avec Léger, qu'il mit par écrit. Cyrille, alors patriarche, ne s'opposa pas à cette résolution, qui fut prise même de son consentement ; mais il se contenta de déchirer Coressius par toute sorte de calomnies et d'injures grossières dans les lettres à Léger, où il représentait ce Grec comme un ignorant et un adversaire fort méprisable. C'est ce qu'on trouve dans les lettres écrites de Rhodes par cet apostat, durant son exil, que les Genévois avaient tenues cachées avec beaucoup de prudence, et qui ne pouvaient être publiées que par un homme du caractère de l'auteur des *Monuments authentiques*. Car elles ne sont qu'un tissu de faussetés si grossières, qu'il est difficile de comprendre que personne ait jamais pu croire qu'on en pût tirer aucun avantage, sinon de faire connaître

Cyrille pour ce qu'il était, c'est-à-dire pour un ignorant, un imposteur et un calomniateur. On peut voir sur ces articles la *Défense de la Perpétuité*, où ils ont été suffisamment éclaircis.

Il résulte seulement de plusieurs endroits de ces lettres, que Cyrille avait connaissance de ces disputes théologiques de Coressius contre Léger : surtout par un endroit de la lettre dixième, où il mande que ce Grec l'a prié de saluer Léger de sa part, l'appelant συναγωνιστὴς de Cyrille ; parce qu'en effet ceux qui connaissaient ce malheureux apostat savaient bien que Léger était son bras droit, et celui qui lui fournissait ses courtes lumières sur la controverse. On voit aussi par une autre lettre, que Léger avait fait un traité contre la transsubstantiation ; et c'était apparemment pour répondre aux arguments de Coressius, qui, comme le marque Nectarius, avait fortement soutenu cet article, aussi bien que les autres, contre les arguments de ce ministre. Il aurait été de la bonne foi de publier les lettres que Léger avait écrites à Cyrille en réponse de celles qui ont été imprimées : car il est impossible qu'on n'y eût reconnu que les Grecs, par une délibération synodale, avaient député un théologien pour soutenir la créance de leur église contre les calvinistes. De là il s'ensuivait, par une conséquence nécessaire, que ce qu'on avait fait dire par l'imprimeur de Genève dans la préface de la Confession de Cyrille était entièrement faux, puisqu'il n'était pas possible qu'*il n'y eût presque pas un Grec qui ne fût prêt de risquer ses biens et sa vie, même quelque chose de plus, pour soutenir cette Confession*, s'il était vrai que l'église de Constantinople l'eût combattue par la bouche d'un de ses théologiens. Or ce fait est incontestable, puisqu'il est prouvé par le témoignage de Nectarius, de Dosithée et de tous les Grecs qui ont fait l'éloge de Coressius sur ce qu'il avait soutenu la vérité contre ce ministre.

Ces mêmes Grecs nous apprennent que Coressius laissa les conférences qu'il avait mises par écrit à l'église de Constantinople, et qu'étant retourné à Chio il composa plusieurs traités sur les saints mystères, sur la transsubstantiation, et sur divers autres points de controverse contre les calvinistes, et Nectarius témoigne qu'il les avait eus de Chio. Jusqu'à présent il n'a rien paru de ces ouvrages théologiques, quoiqu'on apprenne qu'une partie a été imprimée en Moldavie. Ainsi on ne les a pu citer contre les Calvinistes ; mais on a seulement cité l'auteur, sur le témoignage de ses compatriotes, comme un défenseur zélé et orthodoxe de l'ancienne doctrine, et comme un véritable Grec nullement latinisé. Les Anglais l'ont reconnu pour tel, puisqu'ils firent imprimer son traité contre les Latins sur la procession du Saint-Esprit, avec quelques autres semblables, au commencement du siècle dernier. Cependant l'auteur des *Monuments* n'a pas eu de honte de le représenter comme un pensionnaire de la cour de Rome ; ce qu'il a fait avec si peu de jugement, qu'il a employé, pour le décrier, les injures que Jean Matthieu Caryophylle et Allatius ont répandues contre ce Grec sans aucun fondement ; puisque pour être schismatique, on n'est pas pour cela ni méprisable, ni indigne de toute créance, encore moins un épicurien et un athée, comme le veut faire croire Cyrille, le plus méchant de tous les hommes et son ennemi déclaré.

Les conférences dont il a été parlé ci-dessus doivent avoir été tenues avant 1635, c'est-à-dire peu après qu'il se fut répandu des copies imprimées de la Confession de Cyrille, que les Grecs ne croyaient pas être de lui, parce qu'il la désavouait avec serment, et qu'on lui voyait prêcher, enseigner et pratiquer tout le contraire. La preuve que nous avons de cette date des conférences avec Léger est qu'en 1635 Grégoire protosyncelle, disciple de Coressius, publia son Abrégé des divins mystères, composé sous la direction de son maître, des écrits duquel il reconnaît qu'il avait tiré tout son ouvrage. Il est dédié aux archevêques, évêques, prêtres et autres de l'église grecque, et l'épître dédicatoire marque assez clairement qu'il fut composé dans le temps qu'elle était agitée par les troubles que causait la mauvaise doctrine de Cyrille, que néanmoins il ne nomme pas. Mais il le désigne, et ceux qui pouvaient être dans les mêmes sentiments, d'une manière trop claire pour permettre de douter qu'il ne pensât pas à les attaquer. *D'un autre côté*, dit-il, *nous voyons ceux qui étaient parties et membres de notre église, qui de propos délibéré sont devenus des membres séparés et pourris, qui tâchent à nous entraîner dans le précipice de l'hérésie, dans lequel ils se sont jetés eux seuls, et ils sont tombés dans l'enfer. Nous voyons d'ailleurs des astres spirituels qui tombent du ciel de l'Église de Jésus-Christ, comme Lucifer, ayant abandonné la foi dans laquelle ils avaient été instruits, le baptême qu'ils avaient reçu, la prédication par laquelle ils avaient été enseignés, et les canons des saints conciles des Pères qu'ils avaient reçus : ainsi ils sont tombés dans les ténèbres de l'infidélité.*

Il déplore ensuite les malheurs où est plongée l'église grecque ; puis il dit que *ne la pouvant délivrer de la tyrannie, n'ayant point de biens pour la secourir, et ne sachant quel conseil lui donner, il a cru devoir entreprendre la composition de ce petit livre, qui pouvait être fort utile dans les temps présents, à cause des dogmes qui y étaient exposés, selon qu'il les avait reçus de la miséricorde de Dieu, par le moyen du très-docte Georges Coressius, grand théologien et excellent médecin*. Parmi les louanges qu'il lui donne d'être le plus grand théologien qui soit parmi les Grecs, il le loue de ce que *par les lumières de sa théologie il chasse les ténèbres et dissipe les nuages de la mauvaise doctrine, ayant de vive voix et par écrit attaqué et vaincu ceux qui, comme des bêtes sauvages, étaient au milieu du troupeau de Jésus-Christ ; que souvent il avait été martyr par la disposition où il était pour la défense de la vérité ; et qu'il avait soutenu plusieurs combats lorsque le temps le demandait, pour maintenir la bonne doctrine.*

On reconnaît facilement que cet éloge a rapport à

ce que Coressius fit, dans le temps que Cyrille cherchait à répandre secrètement le calvinisme parmi les Grecs : et la manière dont il parle de lui dans ses lettres à Léger fait assez voir combien Coressius lui était suspect; ce qui fait juger qu'il eut beaucoup à souffrir durant qu'il eut à vivre sous un tel patriarche. Ce qui est à remarquer, et ce qui nous a engagé à faire cette digression, est que cette déclaration vigoureuse de Grégoire protosyncelle et Coressius, son approbateur, s'est faite du vivant de Cyrille, sans qu'il ait osé la contredire. Il paraît même quelque chose de plus hardi, en ce qu'assurant dans l'approbation que le livre contient des dogmes très-vrais et orthodoxes, δόγματα ἀληθῆ καὶ πάνυ ὀρθόδοξα συνέχειν τὸ διηγούμενον, il ajoute, quand même quelqu'un des malades trouverait amer ce qui est doux, καὶ εἴτῳ τῶν καμνόντων πικρὸν εἶναι τὸ ἡδὺ οἴεσθαι ξυμβαίη. On peut donc juger par ces circonstances, que l'église grecque n'a pas manqué en cette occasion de défenseurs de son ancienne doctrine; que Cyrille n'était pas le maître de la lui faire changer, et qu'il n'avait pas un si grand nombre de sectateurs qu'il fît croire aux Hollandais; puisque Coressius ne parla pas comme particulier, mais comme étant chargé par autorité publique de l'examen de ce livre, qui depuis a été généralement approuvé par tous les Grecs.

Nous en tirerons donc ce qui pourra être utile à éclaircir la matière des sacrements, parce qu'elle est traitée avec assez d'exactitude; puisqu'alors on connaissait mieux qu'auparavant les opinions des calvinistes. Voici ses paroles, pour réponse à la question : *Qu'est-ce que le sacrement?*

C'est, dit-il (c. 4), *une institution divine et sainte, qui se fait par le ministère du prêtre, et qui par des choses matérielles, corporelles et sensibles, signifie et manifeste la grâce spirituelle que Dieu nous communique par le moyen du sacrement, lorsque nous le recevons dignement. On excepte le baptême, parce qu'en cas de nécessité il peut être donné par un laïque, et même par une nourrice. On dit qu'il est d'institution divine, parce que l'esprit humain ne l'a pas inventé, mais Notre-Seigneur Jésus-Christ, la sagesse et la puissance infinie de Dieu ; et que c'est lui qui l'a donné immédiatement à ses disciples. Ainsi il leur a donné le baptême en disant : Si quelqu'un n'est régénéré de l'eau et de l'esprit, il n'entrera pas dans le royaume des cieux; de même la sainte communion, de laquelle il a dit : Si vous ne mangez la chair du Fils de l'homme, vous n'aurez pas la vie en vous-mêmes ; la confession ou la pénitence. Ensuite il a donné les autres sacrements à toute son Église par ses disciples, afin de nous communiquer la grâce de la passion glorieuse qu'il a soufferte pour nous.*

Le sacrement est une chose sainte, non seulement parce qu'en lui-même il est saint, c'est-à-dire consacré à Dieu, qui seul est saint de sa nature, mais aussi parce qu'il sanctifie ceux qui le reçoivent dignement. Il est fait avec des choses matérielles, afin que par leur moyen nous puissions recevoir, étant matériels comme nous sommes, la grâce toute spirituelle que Dieu nous communique par chaque sacrement de l'Église; parce que ce n'est pas seulement un signe matériel qui signifie la grâce divine qu'il nous procure, comme étaient la circoncision et les autres sacrements de l'ancienne loi; mais c'est un instrument effectif, par lequel Dieu nous la communique.....

Le sacrement se fait par les choses, par les paroles et par le ministère du prêtre, et nous devons savoir que ces trois choses sont nécessaires pour son accomplissement : des choses déterminées, des paroles et le prêtre; à moins qu'il ne fût fait par un ange. Mais les choses et les paroles sont nécessaires comme parties instrumentales du sacrement, quoique les paroles soient aussi les causes efficientes; et pour cette raison les choses sont appelées matières du sacrement. Quoique quelques-uns prétendent que les paroles du prêtre sont comme la forme, cependant cette opinion n'est pas bonne, parce que la forme doit toujours subsister, et les paroles du prêtre ne subsistent pas toujours. C'est pourquoi il semble qu'il est plus à propos de dire que la forme du sacrement est la grâce qui vient de Dieu.

Le prêtre est le ministre, et il est obligé, lorsqu'il célèbre les sacrements, d'avoir la pensée et l'intention de faire tout ce que fait l'Église, selon que Jésus-Christ et les apôtres l'ont ordonné. Que s'il manque quelqu'une de ces trois choses, il n'y a point de sacrement. Et après avoir expliqué que ceux qui reçoivent indignement les sacrements n'en reçoivent aucune grâce, il examine ce que les théologiens disent touchant la définition du sacrement. Voici ses paroles :

Il est bon de savoir aussi qu'il y a quelque différence entre les nouveaux théologiens qu'on appelle scolastiques, touchant la définition de sacrement : car quelques-uns le définissent en disant que c'est un signe sensible d'une grâce invisible ; d'autres que le sacrement est ensemble visible et invisible; d'autres que c'est une grâce invisible dans un signe sensible, qui conduit l'homme au royaume des cieux. Il est aussi nécessaire de savoir qu'il y a une différence entre les sacrements de l'ancien et du nouveau Testament, en ce que pour les premiers il n'était pas besoin des paroles du prêtre pour les accomplir, et qu'il faut des paroles pour accomplir les derniers.

Telle est la doctrine touchant les sacrements en général, enseignée par Grégoire protosyncelle, qu'il avait apprise de Coressius, son maître, et sur laquelle on peut faire deux remarques. La première est qu'il enseigne tout ce que les catholiques croient touchant les sacrements, et qu'il condamne ce que Cyrille et les calvinistes disaient de contraire. L'autre est que ces Grecs ayant connu la théologie des scolastiques, ne la suivaient pas absolument en tout, puisque convenant dans le fond de ce que nous appelons matière et forme, ils donnent néanmoins un autre sens à ce dernier mot, ce qui fait voir qu'ils n'ont pas copié aveuglément tout ce qu'ils ont trouvé dans les livres des théologiens latins, comme les calvinistes voudraient le faire croire. Quand cela serait, on n'en pourrait tirer aucune conséquence contre les Grecs, ni contre les Latins, puisque la nouvelle manière d'expliquer un dogme ne prouve pas qu'il y ait de nouveauté, sinon dans l'expression. Ainsi les premiers scolastiques, qui ont parlé de matière et de forme, n'ont rien dit que ce que les anciens Pères entendaient par *verbum et elementum*. Et lorsque Coressius et Grégoire disent que la forme, εἶδος, est la grâce de Dieu, ils ne disent rien de contraire à ce qu'enseigne l'Église romaine, qui reconnaît que ce qui produit le sacrement et sanctifie la matière, ou le signe, est la grâce de Dieu, parce que le mot de εἶδος est alors pris dans un autre sens plus conforme à la philosophie d'Aristote, dont il est tiré. Cela fait voir que les Grecs n'ont pas pris des Latins leur théologie sur les sacrements.

Mais quand ils en auraient pris quelque chose, comme on ne peut pas douter que toutes les cérémonies sacrées que les Grecs appellent sacrements aussi bien que nous, ne soient plus anciennes que la théologie scolastique, il ne s'ensuivrait pas de là que parce qu'ils ont reçu de nouvelles expressions qui leur ont paru justes et théologiques, ils aient reçu de nouveaux dogmes. Ils ont reconnu la vérité de notre commune créance, dans des termes qui ne leur étaient pas familiers, et c'est là tout : au lieu que, quelque tour que les luthériens et les calvinistes aient donné à leurs nouvelles définitions et à leurs nouveaux systèmes touchant les sacrements, les Grecs les ont toujours rejetés et condamnés, parce qu'ils n'y reconnaissaient pas la doctrine ni la discipline de l'Église.

Telle était la disposition de la plus considérable partie de l'église grecque du vivant de Cyrille, et dans le temps même auquel parut sa Confession ; car on peut appeler la plus considérable partie, et même tout le corps de l'église grecque, ceux auxquels Grégoire dédia son ouvrage, approuvé par Coressius, après l'examen qu'il en avait fait, suivant le pouvoir qu'ils lui avaient donné. Cette exposition de leur foi ne fut pas donnée en secret à des calvinistes, ni imprimée par eux dans la capitale de leur secte, sur une simple copie, non légalisée et dénuée de toutes les formalités requises pour les écrits donnés par les patriarches. Ce fut à Venise, où chacun sait que les Grecs schismatiques ont une entière liberté pour ce qui regarde leur religion, et où tous leurs livres ecclésiastiques ont été imprimés depuis près de deux cents ans ; en sorte que ce qui s'imprimerait à Constantinople sous les yeux des patriarches n'aurait pas plus d'autorité. Cyrille n'a jamais osé, quoiqu'il ait survécu près de trois ans, censurer le livre, ni accuser l'auteur ou l'approbateur, nonobstant la haine qu'il avait contre celui-ci, dont les lettres écrites à Léger portent tant de preuves. Aucun métropolitain, évêque ou particulier, n'a accusé l'un ou l'autre d'avoir enseigné une doctrine contraire à celle de l'église grecque ; au lieu que tous s'élevèrent contre la Confession de Cyrille, quoique revêtu de la dignité patriarcale. Depuis ce temps-là, tous ont condamné sa Confession, et tous ont loué l'ouvrage de Grégoire : il n'en faut donc point chercher d'autre raison, sinon que celui-ci parlait conformément à la créance de son église, et que l'autre l'avait entièrement abandonnée.

CHAPITRE V.

Témoignages des Grecs sur leur créance touchant les sacrements depuis la mort de Cyrille Lucar.

On a vu dans les chapitres précédents que les Grecs longtemps avant Cyrille, et même de son vivant, ont soutenu la doctrine de l'Église catholique touchant les sept sacrements ; nous allons faire voir qu'ils l'ont encore soutenue plus fortement depuis sa mort. Il faut se souvenir de ce qui a été dit fort en détail dans la quatrième partie (ci-dessus, dans ce même volume), que cette fausse exposition de la foi, quoiqu'elle eût été imprimée à Genève cinq ans auparavant, n'était presque pas connue parmi les Grecs ; que ceux qui étant informés plus particulièrement des dispositions de cet apostat, le voulurent accuser, coururent grand risque, parce qu'ils n'avaient aucunes preuves juridiques à alléguer contre lui, car il désavouait avec serment sa Confession ; et il pouvait le faire avec vraisemblance, puisqu'elle n'était revêtue d'aucune des formalités requises dans un acte patriarcal. Il paraît aussi par divers endroits de ses lettres qu'on l'accusait publiquement d'être hérétique ; mais la cabale, l'argent, les faux serments et toute sorte de mauvais moyens le soutinrent, jusqu'à ce qu'enfin ayant comblé la mesure de ses crimes, il périt ignominieusement.

Nous avons vu que Coressius et Grégoire protosyncelle, aussi bien que ceux qui donnèrent au premier la commission de disputer contre Léger, et qui approuvèrent l'ouvrage du second, ne trahirent pas la vérité, mais qu'ils la soutinrent en face de ce faux pasteur, qui la trahissait en secret, la soutenant en public. Lorsqu'ils en furent délivrés, ils se déclarèrent encore plus hautement. Car en 1638, peu de temps après la mort de ce malheureux, Cyrille de Berroée son successeur assembla un synode, où se trouvèrent avec lui Métrophane, patriarche d'Alexandrie, Théophane de Jérusalem, vingt-un métropolitains ou évêques, et vingt-trois officiers de la grande église, qui condamnèrent unanimement la Confession de Cyrille, et fulminèrent anathème contre sa personne. Voici comme ils s'expliquèrent sur la doctrine des sacrements : *Anathème à Cyrille, dogmatisant et croyant qu'il n'y a pas sept sacrements de l'église ; c'est-à-dire, le baptême, le chrême, la pénitence, l'Eucharistie, le sacerdoce, l'extrême-onction et le mariage, selon l'institution de Jésus-Christ, la tradition des apôtres et la coutume de l'Église ; mais qui dit faussement que Jésus-Christ dans l'Évangile n'en a donné ou institué que deux, le baptême et l'Eucharistie* (lett. 2 Monum.). Tel fut le jugement que firent d'abord les Grecs assemblés synodalement de la proposition 15 de Cyrille, sans qu'aucun de ces métropolitains, qui devaient tout sacrifier, jusqu'à leur vie, pour soutenir sa doctrine, osât y faire la moindre opposition. Cependant si on voulait croire la préface de Genève, à peine alors se trouvait-il un Grec qui ne fût dans ses sentiments; et on voit que tous le condamnent, et même ce Métrophane Critopule, qu'il recommandait comme un homme bien disposé en faveur des opinions des protestants.

Comme Cyrille de Berroée avait des ennemis, et que sa conduite n'était pas exempte de reproche, quoique sa doctrine fût très-orthodoxe, ses inimitiés avec Cyrille Lucar, et la simplicité de plusieurs Grecs, que celui-ci avait trompés par son hypocrisie et par ses serments, firent croire que ce premier jugement était trop sévère. Il fut donc mitigé, en quelque manière, par le synode tenu quatre ans après en 1642, qu'on appelle ordinairement celui de Jassi en Moldavie, qui fut confirmé par celui de Constantinople sous le patriarche Parthénius-le-Vieux, et ces deux synodes n'en font qu'un. La personne de Cyrille Lucar y fut donc épargnée; mais sa doctrine fut condamnée, comme elle l'avait été dans le premier synode, parce que dans l'article 15, il rejette cinq sacrements de l'Église, le sacerdoce, le saint chrême, l'extrême-onction, la confession qui se fait par la pénitence, et le mariage honorable, que l'ancienne tradition nous a laissés comme des choses sacrées, et qui nous communiquent la grâce divine.

Nous avons expliqué ailleurs (ci-dessus, dans ce même vol.) ce qui regarde l'autorité de ces synodes, qui avait été attaquée fort témérairement par M. Claude, M. Smith et ceux qui les avaient copiés, sans savoir que les luthériens en jugeaient tout autrement, et qu'ils les avaient fait imprimer comme des pièces authentiques. En 1672 les Grecs les insérèrent dans les actes du synode de Jérusalem, et Dosithée, qui y présidait, les a publiés une seconde fois dans l'édition qu'il en a fait faire avec des additions considérables, marquant de plus qu'il les avait tirés du codex ou registre de la grande église. Aussi M. Allix, et ce qu'il y a de savants ministres, ont abandonné M. Claude sur cet article, et il n'y a eu que l'auteur des *Monuments authentiques*, incapable d'écrire sur de telles matières, qui ait osé attaquer l'autorité de ces synodes par une critique si absurde, qu'on ne croit pas que jamais aucun protestant ose s'en servir contre les catholiques.

Dans ce même synode de Jassi la Confession orthodoxe fut dressée d'abord par Pierre Mohila, métropolitain de Kiovie; et revue par Porphyre de Guza, et principalement par Mélèce Syrigus, théologien fameux, auquel cette commission fut donnée par le patriarche Parthénius-le-Vieux. Lorsque cette Confession eut été examinée avec une très-grande attention, elle fut approuvée par le même patriarche et par les trois autres de l'église grecque; puis dans la suite, à l'occasion des impressions qui en furent faites, Denis, patriarche de Constantinople, et Nectarius, de Jérusalem, l'approuvèrent aussi avec de grands éloges; de sorte que depuis plus de soixante ans elle est regardée comme l'exposition de foi la plus exacte qui ait été faite dans ces derniers temps de la créance des Grecs.

On a expliqué tout ce qui regarde l'histoire de cette Confession dans le volume précédent (ci-dessus), et on a détruit les vaines objections de l'auteur des *Monuments* d'une manière à ne laisser aucun doute; de sorte qu'il n'est pas nécessaire de répéter ce qui a été dit sur ce sujet. Voici donc ce qu'on trouve sur les sacrements en général dans la Confession orthodoxe :

Après avoir marqué le 10° article du symbole qui regarde le baptême, il y est dit (quest. 98, p. 154) : *Cet article faisant mention du baptême, qui est le premier des sacrements, nous donne occasion d'examiner les sept sacrements de l'Église, qui sont le baptême, le chrême ou la confirmation, l'Eucharistie, la pénitence, le sacerdoce, le mariage honorable et l'extrême-onction. Ces sept sacrements répondent aux sept dons du Saint-Esprit; puisque par le moyen de ces sacrements le Saint-Esprit répand ses dons et sa grâce dans les âmes de ceux qui les reçoivent comme il faut : et c'est ce que le patriarche Jérémie traite fort au long dans le livre qu'il adressa aux luthériens, afin qu'ils se convertissent.*

Pour répondre à la question 99, la définition est telle : *Le sacrement est une cérémonie sacrée, laquelle sous quelque forme visible produit comme étant cause, et répand dans l'âme du fidèle la grâce invisible de Dieu. Il est ordonné ou institué par Notre-Seigneur, et par le sacrement chaque fidèle reçoit la grâce divine.*

La question 100 : *Quelles sont les choses requises pour un sacrement?* Réponse : *Trois. 1° La matière convenable, qui est l'eau pour le baptême, le pain et le vin pour l'Eucharistie, l'huile et le reste pour les autres sacrements; 2° le prêtre ou l'évêque légitimement ordonné; 3° l'invocation du Saint-Esprit et la forme des paroles, avec lesquelles le prêtre consacre, c'est-à-dire, opère le sacrement par la puissance du Saint-Esprit, avec l'intention déclarée de le faire.*

Telle est la doctrine que l'église orientale a proposée à ses enfants touchant les sacrements en général, dans laquelle il est impossible de ne pas reconnaître une conformité entière avec la foi catholique. Ceux qui voudraient y trouver à redire, pourraient, comme ont fait quelques-uns, chicaner sur le second article de la question 100, à laquelle on répond que le ministre est le prêtre ou l'évêque légitimement ordonné. Il y a dans le texte original νομίμως, et ce mot signifie ce qu'on dit en latin *legitime ordinatus*, c'est-à-dire, qui a reçu l'ordination selon les règles de l'Église, non pas *legitimis suffragiis*, comme il y a dans la version du traducteur suédois; et ils excluent par ces paroles l'erreur de ceux qui, comme Caryophylle, suivant les principes des calvinistes, prétendaient que tout laïque pouvait célébrer les sacrements, parce que la foi seule était ce qui produisait la grâce.

L'invocation du Saint-Esprit, que la Confession orthodoxe joint à la forme, qui consiste dans les paroles sacramentelles, ne signifie rien de contraire à ce que l'Église catholique enseigne touchant leur efficace; parce que les Orientaux ne séparent point ces deux choses, et qu'en tous les offices des sacrements grecs et orientaux, il y a toujours une invocation jointe à la forme, et qui en fait, selon eux, une partie, quoiqu'elle ne soit pas si essentielle, que si elle manque il n'y ait point de sacrement. Cette question demande un éclaircissement particulier ; mais supposé qu'elle parût assez considérable pour faire naître quelques scrupules sur la créance des Grecs à ceux qui n'ont pas étudié leur théologie, elle servirait à faire voir qu'ils n'ont pas pris cette doctrine des Latins.

Dans l'intervalle de temps qu'il y eut entre ces deux synodes, Mélèce Syrigus avait été chargé de réfuter la Confession de Cyrille, ce qu'il fit par un ouvrage très-solide qu'il acheva le 28 novembre 1640, comme il était marqué dans l'original écrit de sa main, sur lequel Panaiotti fit transcrire la copie qu'il donna à M. de Nointel, qui est celle dont on s'est servi dans les citations qui en ont été faites, et dans celles qui se feront dans la suite de ce volume. Après avoir rapporté les paroles du 15ᵉ article de cette Confession, il la réfute en cette manière : *Il dit* (Cyrille) *que dans l'Église il n'y a que deux sacrements évangéliques, parce que Jésus-Christ n'en a pas ordonné d'autres dans son saint Évangile. Nous répondons à cela, que si on entend par l'Évangile non seulement celui qui a été écrit par les quatre évangélistes ; mais celui qui a été prêché par S. Jacques, par S. Paul et par les autres apôtres…. S'il reçoit l'autre Paraclet, qui est venu pour accomplir toute vérité, c'est-à-dire le Saint-Esprit, il y aura non seulement deux, mais sept sacrements de l'Église. Car non seulement le baptême et la sainte communion se trouvent établis et ordonnés, mais aussi le sacerdoce, la confession des péchés avec la pénitence, le mariage honorable, l'extrême-onction et l'onction du chrême ou la confirmation.*

Il commence ensuite à prouver qu'il y a plus de deux sacrements évangéliques, en montrant que l'ordination est un véritable sacrement de la nouvelle loi, fondée sur les paroles, les préceptes et l'institution de Jésus-Christ, pratiquée par les apôtres et par leurs disciples. Après avoir rapporté plusieurs passages de l'Écriture sainte sur ce sujet, il conclut que l'ordre ou le sacerdoce est un sacrement : *Car, dit-il, on voit que par des cérémonies visibles la grâce invisible est conférée, ce qui est le propre du sacrement ; et il est vraisemblable que les apôtres n'ont appris cette imposition des mains que de celui qui ayant élevé ses mains leur donna sa bénédiction : car il ne se serait pas fait tant de signes et tant de prodiges parmi ce peuple par leurs mains, s'ils n'avaient agi selon la forme qu'ils avaient apprise, étant initiés à ces mystères. C'est ce que signifie, comme je crois, la droite de Dieu, qui ayant formé autrefois la créature, la change d'une manière qui la rend meilleure, et qui la met dans un état plus relevé, comme il l'avait d'abord tirée du néant. C'est là ce changement de la droite du Très-Haut, qui a été glorifiée par les œuvres opérées par sa puissance.* Il examine ensuite les autres sacrements, et il fait voir qu'outre qu'ils sont établis sur la tradition de l'Église, ils sont tous fondés sur des passages de la sainte Écriture, et ce sont ceux que les catholiques emploient dans le même sens que les Orientaux contre les protestants. Nous rapporterons ces passages chacun en leur lieu, lorsque nous traiterons de chaque sacrement en particulier.

Il fait ensuite cette réflexion sur les dernières paroles de ce 15ᵉ article : *Il paraît*, dit-il, *par les paroles que Cyrille ajoute, qu'il contredit non seulement les anciens théologiens, mais qu'il se contredit aussi lui-me : car on ne trouve pas que dans leurs écrits ils se soient servis de ces termes d'art, laissant les matières et les formes aux physiciens, et ne faisant pas presque mention de ces sortes de mots, sinon en les prenant dans un sens métaphorique ; sachant bien qu'il n'y a rien de commun entre la philosophie et notre théologie, ou entre les choses naturelles et les surnaturelles. Même, selon ce qu'il suppose en cet article, la sainte Eucharistie ne sera pas un sacrement, quoique ce ne soit pas son intention : car elle n'est pas, à proprement parler, composée d'un élément, c'est-à-dire d'un corps simple et premier (ce que signifie le mot de στοιχεῖον, ou d'élément), puisqu'elle est faite avec du pain et du vin, qui sont composés des éléments. Cela n'empêche pas que nous ne puissions croire qu'en parlant selon le langage vulgaire, le mot d'élément signifie toute sorte de matière ; mais dans les définitions on n'approuve pas qu'on y emploie des termes équivoques. Cependant rien ne nous empêche d'appeler ainsi ce qui tient lieu de matière et de forme, dans les sacrements que nous reconnaissons, soit que les paroles soient extérieurement prononcées, ou qu'il y ait quelque autre chose. Mais comment a-t-il oublié la présence du Saint-Esprit, laquelle sanctifie tous les sacrements, qui en est comme l'âme, qui les fait être sacrements, et sans laquelle il n'y a point de sacrements ? Que si quelqu'un les célèbre ou administre sans le Saint-Esprit, tous ceux à qui ils seront administrés demeureront sans rien recevoir. C'est pourquoi notre église, par une ancienne tradition, rejette le baptême des hérétiques, lorsqu'il n'est pas administré selon l'intention de l'Église, comme n'ayant point la vertu et la puissance du Saint-Esprit, qui l'accomplit : et elle le regarde plutôt comme un faux que comme un véritable baptême. Mais ce galant homme n'a pas parlé du Saint-Esprit, parce qu'il ne prétend pas que les sacrements donnent une grâce spirituelle à ceux qui les reçoivent ; mais qu'ils scellent seulement la grâce qui leur a été donnée déjà par la prédestination, avant la création du monde ; qu'ils la réchauffent et qu'ils l'augmentent, ce qui est contre l'Évangile, duquel on apprend que le baptême sauve et régénère spirituellement, et que le corps de Jésus-Christ étant mangé donne la vie à ceux qui le reçoivent.*

Puis il poursuit ainsi : *Quoi donc ! la foi de ceux qui participent aux sacrements, qui est extérieure, et qui ne concourt ni comme partie, ni comme cause, ni en aucune autre manière à son essence, peut-elle être comprise dans ce qui fait la nature du sacrement ? Il est bien vrai, et chacun le comprend, que celui qui ne croit pas n'attire pas la grâce et la vertu du sacrement ; mais il* est absurde de dire que ce défaut détruise l'essence du sacrement, qui consiste dans des paroles et dans certaines matières : car aucun instrument ne perd sa propre nature, lorsqu'il ne réussit pas selon la fin pour laquelle il a d'abord été ordonné ; mais nous dirons alors que son opération est devenue inutile, non pas que sa nature soit détruite.

Il est encore à remarquer que ce qu'a dit Cyrille, que le sacrement consiste dans la parole et l'élément, est vrai s'il est bien entendu ; car les symboles visibles des sacrements, étant consacrés par le Saint-Esprit, et par les paroles qui les sanctifient, perfectionnent ou sanctifient absolument ceux qui les reçoivent, en leur donnant la grâce du Saint-Esprit à proportion de leur foi. Mais ce n'est pas là le sentiment des disciples de Calvin : car par ce mot de parole, ils n'entendent pas celle qui sanctifie les sacrés symboles par la prière du prêtre ; et ce que S. Denis appelle des invocations consécratoires, ils les appellent des conjurations magiques, et ils se moquent de ceux qui les prononcent secrètement, les appelant des enchanteurs. Mais ce qu'ils appellent la parole, est celle de la doctrine par laquelle on instruit les auditeurs, et dont ils se servent continuellement avant la célébration du baptême et de la sainte communion, en expliquant les paroles de Jésus-Christ ou de S. Paul qui conviennent à leur sujet. C'est donc en cette parole jointe à la matière terrestre qu'ils font consister le sacrement, en sorte même qu'il n'est pas toujours sacrement, sinon autant qu'il est en usage, c'est-à-dire dans le temps qu'il se fait : après quoi les sacrés symboles qui restent, c'est-à-dire l'eau du baptême, et les parties du pain qui a été rompu, n'ont plus en elles-mêmes aucune sainteté ; de sorte qu'elles en sont entièrement dépourvues, et comme des choses communes qui n'ont reçu aucune sanctification par la parole de l'instruction. L'église orientale croit bien que cette parole de doctrine ou d'instruction est nécessaire pour l'explication des mystères de la foi, et de chaque sacrement en particulier. Car comment croiraient-ils, s'ils ne les avaient entendus, et comment entendraient-ils, si quelqu'un ne leur prêchait ? Mais que ces choses enseignées simplement concourent à l'essence des sacrements dont on expose la doctrine, c'est ce qu'aucun des enfants de cette église ne s'est imaginé pas même en songe. C'est ce qu'il prouve, en montrant la différence qu'il y a entre la prédication simple et l'administration des sacrements, ceux qui avaient été instruits par les uns, l'étant ordinairement par les autres.

Mélèce continue ensuite : *Il est aussi fort étonnant que l'Écriture marque clairement que plusieurs des choses créées sont sanctifiées, étant seulement offertes et consacrées à Dieu, saint par sa propre nature, et que ces gens-ci ne craignent pas de dire que les matières des sacrements, qui sanctifient ceux qui les reçoivent, ne reçoivent aucune sanctification, quoique non seulement elles soient offertes à Dieu, mais que nous prononcions sur elles des bénédictions qui les sanctifient, que nous priions le Saint-Esprit de reposer sur elles et de les sanctifier, entre autres le pain que nous rompons, et le calice que nous bénissons, desquels le Sauveur a dit : « Ceci est mon corps, et ceci est mon sang. »* A cette occasion il parle des choses offertes à Dieu, de la chair des victimes, des pains de proposition, même des encensoirs de Coré et de ses complices, que l'Écriture dit avoir été sanctifiés. Puis il continue : *Pour moi, conformant mes sentiments à ceux de l'église orientale, je ne dirai pas de nos sacrements, tant que leurs matières demeurent en leur entier, qu'ils ne conservent pas une sanctification, qui ne s'évanouit pas, même après l'usage. Les autres sacrements la conservent par une participation de la sainteté du Saint-Esprit, que le prêtre demande par ses prières ; mais ce qui est consacré pour être le corps et le sang de Jésus-Christ, la conserve selon la substance, la divinité du Verbe lui étant unie ; duquel nous disons, sans aucun doute, que toute la plénitude de la divinité habite en lui corporellement, comme nous le disons du corps qu'il a pris de la sainte Vierge : car celui-ci ne diffère absolument pas de l'autre en divinité et en sainteté : c'est pourquoi il est appelé le Saint des saints, le Sacrement des sacrements, et sa célébration, le Mystère des mystères.*

Cependant quoique je rejette l'opinion des calvinistes, en ce qu'ils parlent si impudemment de nos sacrements, je ne les blâmerai pas sur celle qu'ils ont touchant leurs propres sacrements : car c'est peut-être avec raison qu'ils ne font aucun cas de ce qui reste après l'usage comme n'ayant reçu aucune sanctification ni par le prêtre, ni par les prières ou invocations, qui contribuent à la consécration.

Après avoir parlé ainsi de la substance et de la qualité des sacrements, ils examinent quelle en est la fin pour laquelle le législateur les a ordonnés, et ils disent que ce sont des sceaux des promesses de Dieu, et qui produisent la grâce ; ce qui signifie qu'ils n'ont aucune opération efficace de salut, envers ceux auxquels ils sont administrés, mais qu'ils sont des sceaux, et comme certains signes extérieurs, qui leur sont donnés pour sceller les promesses de salut qui leur ont déjà été faites. Ils disent qu'ils confèrent la grâce ; et ce n'est pas comme produisant effectivement en ceux qui les reçoivent quelque nouvelle grâce du Saint-Esprit, mais comme augmentant le don ou la grâce de la prédestination dans les prédestinés ; d'où ils concluent que le commencement de leur salut ne vient pas du baptême, mais qu'il signifie seulement celui qui était déjà établi sur la promesse de Dieu, sans laquelle le baptême les souillerait, si on le leur administrait. Il réfute à cette occasion les arguments que les calvinistes tirent de ce que la circoncision a été appelée *sceau*, et de ce que quelques anciens Pères ont ainsi appelé les sacrements, entre autres S. Grégoire de Nazianze, montrant que c'est dans un sens tout différent.

Il prouve aussi par divers passages de l'Écriture sainte que les sacrements agissent efficacement sur nos âmes pour la sanctification et pour la rémission des péchés ; ce qui détruit entièrement les conséquences que Cyrille voulait tirer, suivant les principes des calvinistes, de divers autres passages, pour établir que les sacrements ne sont que des signes. A cela, dit-il, *la réponse est facile, à mon avis : car si les anciennes figures étaient des signes, parce qu'elles n'étaient que des symboles et des ombres de nos mystères, il ne s'ensuit pas que ceux-ci que les autres signifiaient par avance, ne soient que de simples signes : car en quoi consisterait la différence de la vérité signifiée, et des types qui en étaient l'ombre et la figure, si les uns et les autres ne sont que des signes? Car ainsi notre saint baptême, et la terrible communion du corps de Jésus-Christ, n'auront rien qui soit plus grand ou plus salutaire que la mer Rouge, le Jourdain, ou l'eau de Merra, qui sortit d'une pierre escarpée dans le désert, autant pour les animaux que pour les hommes, ou celle de plusieurs baptêmes pratiqués par les Juifs, ou que la manne, ou que l'agneau pascal, et le sang des taureaux et des boucs offerts en sacrifice, ou que le pain et le vin, dons offerts par Melchisédech, ou que les pains de proposition; car toutes ces choses étaient des signes de nos sacrements. Que si les sacrements de l'état de grâce sont encore de simples signes, nous sommes donc encore dans les figures ; et nous adorons l'ombre, et le soleil de vérité ne nous a pas encore éclairés.*

Tel est le jugement que le plus fameux théologien que l'église grecque ait eu depuis longtemps a porté de la doctrine des calvinistes, contenue dans la Confession de Cyrille. On a examiné ailleurs (plus haut dans ce vol., l. 5, c. 8), et détruit par des preuves de fait incontestables, tout ce que M. Claude, M. Smith, et quelques autres ont dit contre cet auteur, pour le représenter comme un grec latinisé ; et il paraît assez par ce que nous venons de rapporter de lui, qu'il entendait beaucoup mieux les opinions des calvinistes, que ceux-ci n'ont entendu celles des Grecs. Il est aisé de reconnaître que sa théologie est toute grecque, et plus fondée sur l'antiquité que sur les scolastiques qu'on prétend qu'il a copiés. C'est là *ce petit brutal et impertinent moine* de M. Smith, qui n'avait jamais lu son ouvrage : car tout homme qui l'aurait lu n'en aurait pas parlé de cette manière, et serait convenu de bonne foi que Cyrille Lucar, que les calvinistes veulent faire passer pour un si grand théologien, ne l'était guère en comparaison de Syrigus. On ne pourra pas dire non plus qu'il ait parlé au hasard, ni sur des mémoires que les catholiques lui eussent fournis, comme il est aisé de reconnaître que Cyrille n'a fait que copier la Confession de Genève. On reconnaît au contraire que Syrigus a connu parfaitement les opinions des calvinistes sur les sacrements, et qu'il les a combattues par des arguments tirés de la doctrine de son église. Enfin on ne croit pas que M. Claude, s'il revenait au monde, pût, avec toutes ses subtilités, trouver quelque moyen de tourner en un sens calviniste ce que ce théologien grec enseigne touchant les sacrements, ni persister dans le système absurde qu'il avait inventé, sous la dangereuse parole de M. Basire, que Syrigus fût latinisé, lorsqu'on lui aurait fait voir de quelle manière il s'explique sur la procession du Saint-Esprit. Après les preuves de fait que nous avons données dans le vol. précédent (ci-dessus) de l'attachement qu'il a eu pour l'église grecque, nous ne croyons pas qu'aucun disciple de M. Claude entreprenne de soutenir les faussetés que lui et M. Smith ont dites sur ce Grec. Si quelqu'un voulait encore contester son autorité, il serait bien aisé de le confondre, par l'impression que les Grecs ont faite de sa Réfutation de Cyrille en langue vulgaire, suivant la traduction que Syrigus en avait faite lui-même ; par conséquent personne ne peut douter qu'ils n'aient approuvé la doctrine qui y est exposée. Et puisque les calvinistes ont cherché dans tout le cours de la dispute sur la perpétuité de la foi, à faire valoir les moindres circonstances qui pouvaient faire naître quelque soupçon d'intelligence avec les Latins, contre les Orientaux qui ont donné des attestations de la foi de leurs églises, seulement parce qu'elles ont passé par les mains des ambassadeurs de France ; il est bon de remarquer qu'en ce qui regarde Syrigus, l'Église latine ni les ministres des princes catholiques n'ont eu aucune part à ce qu'il a écrit. A peine connaissait-on son nom avant les disputes avec M. Claude ; et l'impression que Dosithée, patriarche de Jérusalem, a fait faire en Moldavie de cette Réfutation de Cyrille, est encore une preuve que les Latins n'y ont eu aucune part.

CHAPITRE VI.

Sentiments des Grecs touchant les sacrements en général depuis la condamnation de Cyrille Lucar.

Après des déclarations aussi solennelles qu'avaient été celles de l'église grecque contre la Confession de Cyrille Lucar, sur ce qu'il ne reconnaissait que deux sacrements, il faudrait, en cas qu'elle eût changé de doctrine, montrer en quel temps et à quelle occasion ce changement était arrivé. Ainsi jusqu'à ce que les calvinistes aient prouvé ce fait, inconnu à toute la Grèce et à tout l'Occident, les catholiques sont en droit de dire que puisqu'il est certain que les Grecs reconnaissaient sept sacrements lorsqu'ils condamnèrent Cyrille, ils ont encore la même créance. Quand ils n'auraient que cette preuve négative, elle serait suffisante pour détruire tous les sophismes des calvinistes ; car on est bien sûr qu'ils ne peuvent pas montrer qu'il soit depuis arrivé aucun changement. Mais nous avons des preuves bien positives qui démontrent cette vérité.

Quoique Cyrille Lucar eût tâché d'inspirer ses erreurs à diverses personnes de son clergé, il est remarquable que depuis sa mort, et depuis la condamnation de sa Confession, il ne s'est trouvé qu'un seul homme qui l'ait soutenue, et qui ait attaqué la doctrine commune de l'église grecque touchant les sacrements. C'est Jean Caryophylle, qui n'était pas ecclésiastique, quoiqu'il fût logothète de la grande église ; car cette charge était souvent exercée par des laïques, et Mauro-Cordato, ce fameux drogman, la possédait de nos jours. Nous ne répéterons pas l'histoire de Corydale, qui a été rapportée fort en détail dans le volume précédent (plus haut, dans ce même tome, liv. 6, chap. 1), sur ce qu'en a écrit Dosithée, patriarche de Jérusalem, dans un traité particulier, par lequel il a réfuté ses erreurs, dont une principale était que les sacrements pouvaient être administrés et célébrés par les laïques, parce que la foi de ceux qui les recevaient était la cause efficiente, et non pas le ministère des évêques ou des prêtres. Caryophylle était un impie, sans religion, qui abjurait ses erreurs sans y renoncer dans le cœur, qui avait passé ainsi plus de quarante ans dans une dissimulation abominable, et qui fut enfin condamné solennellement par le patriarche Callinique en 1691. Mais comme cette affaire dura longtemps, parce qu'elle n'éclata qu'après plusieurs années, nous en parlerons après avoir rapporté les témoignages des Grecs qui précédèrent la dernière sentence.

L'église grecque n'eut donc aucune occasion de faire de nouvelles déclarations touchant sa créance, par rapport aux points controversés entre les catholiques et les protestants, jusqu'à l'ambassade de M. de Nointel, qui arriva à Constantinople vers la fin de 1670. Les auteurs de *la Perpétuité* l'avaient prié de s'informer sur les lieux de la créance des Grecs et des autres Orientaux, particulièrement sur l'Eucharistie. L'acte le plus solennel qu'ils lui donnèrent, fut celui que dressa Denis, patriarche de Constantinople, au mois de janvier 1672, dont l'original est à la Bibliothèque-du-Roi. Il est collé sur une étoffe de soie rouge, et le sceau patriarcal, qui est d'argent doré, y est attaché; il est signé par Denis, par Païsius, Denis et Méthodius, ci-devant patriarches de Constantinople, par Paisius d'Alexandrie, et par quarante métropolitains ou évêques. Dans le premier article il est dit : *Nous avons sept sacrements saints et vénérables, que nous conservons de toute antiquité, depuis que le saint Évangile nous a été annoncé; tous véritables (sacrements) et nécessaires pour le salut des fidèles.* Cette même doctrine se trouve établie par les attestations de plusieurs églises particulières, qui les donnèrent environ dans le même temps : entre autres par celle de sept métropolitains, signée à Constantinople le 18 juillet 1671, par celle de l'église de Siphanto, celle d'Anaxia du 22 du même mois, par celle de Céphalonie, Zante et Ithaque, celle de Mycone, celle de Milo, celle de Chio, les témoignages des religieux de Mauromale et de S. Georges, enfin par toutes les autres qui ont été citées dans les trois volumes de *la Perpétuité de la foi*, et dans la *Réponse générale*, que chacun peut consulter. Enfin il fallait être aussi ignorant que l'auteur des *Monuments authentiques*, pour donner comme une marque certaine de la fausseté de toutes ces attestations, qu'elles contiennent la créance de sept sacrements, puisque, si elles parlaient autrement, c'est-à-dire conformément à la Confession de Cyrille, ce serait une preuve indubitable de leur fausseté. Tous les Grecs l'ont condamné par cette raison, et aucun jusqu'à présent n'a formé le moindre soupçon contre ces attestations, parce qu'elles sont aussi conformes à la foi de l'église grecque que l'autre y était contraire.

Le synode de Jérusalem, auquel présida Dosithée, patriarche, et où Nectarius, son prédécesseur, assista et souscrivit les décrets, a confirmé la même doctrine. *Nous croyons,* disent ces Grecs, *qu'il y a dans l'Église des sacrements évangéliques, au nombre de sept, et nous n'en avons ni plus ni moins, parce que changer ce nombre est une production de l'extravagance des hérétiques. Ce nombre de sept est établi dans l'Évangile, et en est tiré aussi bien que les autres dogmes de la foi catholique.* Il fait ensuite le dénombrement des sacrements, et cite les passages qui les établissent, suivant en cela le sens auquel les catholiques les entendent. Puis Dosithée poursuit ainsi : *Les sacrements sont composés de choses naturelles et de surnaturelles. Ils ne sont pas de simples signes des promesses de Dieu ; car, si cela était, il n'y aurait point de différence entre eux et la circoncision ; y aurait-il rien de plus pitoyable? Nous confessons qu'ils sont des instruments qui opèrent la grâce dans ceux qui les reçoivent. Nous rejetons comme une opinion éloignée de la doctrine chrétienne, que la simplicité du sacrement demande absolument l'usage de la chose terrestre : car cela est contraire au sacrement de l'Eucharistie, qui, étant établi sur la parole qui le produit, et étant sanctifié par l'invocation du Saint-Esprit, est achevé par l'existence de la chose signifiée, c'est-à-dire du corps et du sang de Jésus-Christ; de sorte que la consécration ou l'accomplissement précède nécessairement l'usage. Car s'il n'était pas parfait avant l'usage, celui qui en use mal ne mangerait et ne boirait pas son jugement, parce qu'il ne recevrait que du pain et du vin. Or celui qui communie indignement mange et boit son jugement ; par conséquent ce n'est pas dans l'usage, mais avant l'usage, que le sacrement de l'Eucharistie reçoit sa dernière perfection. Nous rejetons de même avec horreur ce que Cyrille dit ensuite, que si la foi manque, l'intégrité du sacrement est détruite. Car l'Église reçoit les hérétiques, quand ils ont renoncé à leurs erreurs, et qu'ils reviennent à l'Église catholique ; et quoiqu'ils eussent une foi défectueuse, comme ils ont reçu le baptême entier, lorsqu'ils ont une foi parfaite, on ne les rebaptise pas.* On a fait voir ailleurs la faiblesse de toutes les objections qui ont été faites contre les décrets de ce synode; mais quand elles auraient quelque solidité, elles sont entièrement détruites par la publication que Dosithée lui-même en a faite à Bucharest en Valachie dix-huit ans après, aux dépens et par ordre du vayvode Jean Constantin Basaraba, sans que les Latins y aient eu plus de part qu'à l'impression qu'il avait fait faire huit ans auparavant du traité de Nectarius, son prédécesseur, contre la primauté du pape.

Le même Dosithée a donné aussi des preuves bien claires de la créance des Grecs et de leur éloignement des opinions des calvinistes touchant les sacrements, dans le traité contre Jean Caryophylle, imprimé à Jassi en Moldavie en 1694, et voici ce qu'il dit dans la préface : *Il faut savoir que la sainte Église catholique de Jésus-Christ a reçu les sept sacrements seuls proprement dits, de Jésus-Christ même, notre Sauveur,* qu'elle a toujours eus, et qu'elle conserve encore présentement. Ces sacrements contiennent la grâce et la justification qu'ils signifient, et ils la confèrent à tous les fidèles qui n'y apportent de leur part aucun empêchement. C'est un seul et même Saint-Esprit qui opère tous ces sacrements par le ministère des prêtres. Et quoique, dans une nécessité pressante, un laïque administre le premier sacrement, qui est celui du baptême, cependant il est impossible qu'il puisse administrer les six autres ; il n'y a que les seuls prêtres qui le puissent. En 1517, parut l'hérétique Martin Luther, et en 1538, l'hérétique Jean Calvin, qui tous deux ont rejeté absolument cinq sacrements, la confirmation, l'ordre, le mariage, la pénitence et l'extrême-onction. Ils en reçoivent deux, le baptême et l'Eucharistie, mais en les tronquant en deux manières : car, pour le baptême, ils disent qu'il est une marque de prédestination, et que la communion est le signe du corps et du sang de Jésus-Christ. Puis ils disent qu'un laïque célèbre la Liturgie, parce que peut-être tous les chrétiens sont prêtres. Ceux qui réfutèrent ces hérésies furent d'abord Jérémie, patriarche de Constantinople, puis Mélèce d'Alexandrie, Maximus Margunius, Gabriel de Philadelphie, Georges Coressius, Grégoire protosyncelle et d'autres. La sainte Église de Jésus-Christ les anathématisa en deux synodes, l'un sous Cyrille de Berroée, où se trouvèrent les patriarches d'Alexandrie, d'Antioche et de Jérusalem ; l'autre sous Parthénius-le-Vieux, à Jassi et à Constantinople ; et, de plus, elle a anathématisé partout ces hérésies, en Orient, en Occident, dans le Nord et dans le Midi.

Il dit ensuite que l'occasion de son ouvrage fut qu'un laïque faisant semblant d'être prêtre baptisa plusieurs personnes et célébra la Liturgie ; qu'étant touché de remords, il confessa son crime et en demanda pénitence. On consulta sur cela le métropolitain d'Andrinople, qui, n'étant pas un homme fort habile, proposa la question à Jean Caryophylle qu'il croyait très-savant et orthodoxe, pour savoir si un laïque pouvait célébrer et administrer les sacrements. Caryophylle lui répondit, selon le sentiment de Calvin, que cela se pouvait ; parce que ce n'était pas le sacerdoce qui opérait les sacrements, mais la foi seule des chrétiens.

Dosithée réfute cette hérésie très-exactement, faisant voir d'abord que ce que Caryophylle avançait touchant la foi, comme concourant seule à produire le sacrement, était un pur calvinisme condamné dans la Confession de Cyrille Lucar, où il se trouvait, particulièrement dans les articles 15 et 17, sur quoi il renvoie à la Réfutation qu'en a faite Syrigus, page 85 et 95 ; que cette doctrine avait été condamnée comme calviniste dans les deux synodes dont il a été parlé ci-dessus, et qu'il a insérés dans son Enchiridion ; que cette mauvaise doctrine a été aussi soutenue par les luthériens, et exposée dans la Confession qu'ils envoyèrent au patriarche Jérémie. Il cite ensuite la Confession orthodoxe, dont les paroles ont été rapportées ci-dessus ; et conclut que la foi est nécessaire, non pas afin que les sacrements soient accomplis, mais afin que ceux qui en approchent reçoivent la grâce qu'ils produisent ; ce qu'il prouve avec beaucoup de doctrine et d'exactitude.

Caryophylle avait fait une comparaison captieuse d'un laïque vertueux et vivant saintement, avec un ecclésiastique vicieux ; d'où il tirait plusieurs fausses conséquences, entre autres que comme c'était le Saint-Esprit qui opérait les sacrements par le ministère des hommes, celui qui était agréable à Dieu obtenait plutôt cette grâce que celui qui était son ennemi par le péché : et que la bonté divine ne permettait pas que les fidèles fussent frustrés des sacrements, quand ils en approchaient avec foi, quoiqu'ils fussent célébrés par un homme sans caractère. Il enfermait plusieurs semblables erreurs dans un discours embarrassé. Dosithée lui oppose ces propositions comme des vérités de foi : 1° Qu'il y a sept sacrements de la sainte Église, dont la cause efficiente est le Saint-Esprit, l'organe ou l'instrument duquel est, à l'égard de tous, l'évêque ordonné selon les lois et la tradition de la sainte Église, et pour, quelques-uns, le prêtre ordonné par l'évêque. 2° Que quand l'évêque ou le prêtre sont pécheurs, ou publics ou cachés, Dieu agit par eux, de même que par les saints : car les mêmes sacrements qui étaient célébrés par le grand S. Basile, S. Chrysostôme, S. Athanase, les Cyrille, les Grégoire, S. Épiphane, S. Hilaire, S. Ambroise, S. Augustin, S. Jules, S. Sylvestre, et par les apôtres mêmes, sont célébrés par les mauvais prêtres exerçant leur ministère selon l'intention de l'Église. 3° Celui qui n'est pas ordonné, et dont la vie est parfaite, en sorte qu'il s'offre à Dieu comme un sacrifice vivant, est appelé prêtre dans l'Apocalypse, de même que celui qui, par une droite raison soutenue de piété, est maître de ses passions, est appelé roi. Celui qui n'a pas reçu l'ordination n'est point prêtre pour célébrer les sacrements, et n'est pas appelé ainsi. Que s'il fait semblant d'être prêtre, et qu'il célèbre, on ne les réitère point ; mais on les fait tout de nouveau, de même que s'ils n'avaient pas été faits, parce qu'en effet ils ne sont point faits absolument ; comme ce qui n'existe pas ne reçoit pas un second être, non pas parce qu'il était, mais parce qu'il n'était pas.

Il prouve ensuite que l'Église n'a jamais enseigné que les sacrements faits ou administrés par les hérétiques qui confessent la sainte Trinité fussent nuls, et que, par cette raison, elle recevait leur baptême et leurs ordinations ; en sorte qu'un prêtre et un évêque arméniens venant à l'Église catholique n'étaient pas réordonnés. Puis il entre dans un grand détail de plusieurs hérétiques qui ont tenu les grands sièges, dont les ordinations ont toujours été reconnues comme valides ; et, pour marque qu'il n'était pas un grec latinisé, il dit que plusieurs évêques de l'ancienne Rome ont été hérétiques ; néanmoins il ne nomme que Honorius.

On ne peut mieux finir ce chapitre que par un extrait des propositions que Dosithée a publiées en forme d'anathèmes contre les erreurs de Caryophylle en 1694.

Anathèmes contre les hérésies de Jean Caryophylle.

Si quelqu'un dit que les sept sacrements du nouveau Testament n'ont pas été institués par Notre-Seigneur Jésus-Christ, et qu'il y en a plus ou moins, qu'il soit anathème.

Si quelqu'un dit que les sept ne sont pas proprement et véritablement sacrements, qu'il soit anathème.

Si quelqu'un dit que tous sont égaux, et qu'absolument il n'y en a pas un de plus grande dignité que l'autre, qu'il soit anathème.

Si quelqu'un dit que ces sacrements ne sont pas tous sept nécessaires, mais seulement quelques-uns, et que sans eux on peut être justifié par la foi, qu'il soit anathème.

Si quelqu'un dit que ces sacrements sont seulement des marques extérieures de la profession chrétienne, pour distinguer les fidèles d'avec les infidèles, ou que ce sont des signes extérieurs de la grâce et de la justice qu'on reçoit par la foi, et qu'il ne confesse pas qu'ils contiennent intérieurement la grâce qu'ils signifient, et qu'ils confèrent à ceux qui n'y mettent point d'empêchement, qu'il soit anathème.

Si quelqu'un dit que la grâce produite par ces sacrements n'est pas toujours donnée, quand même ils sont reçus avec foi et avec pureté de conscience, mais qu'elle est donnée seulement quelquefois et à quelques-uns, qu'il soit anathème.

Si quelqu'un dit que par le baptême et par l'ordination il ne s'imprime pas un caractère ineffaçable spirituel dans l'âme de ceux qui reçoivent ces sacrements, de sorte qu'on ne les peut réitérer, qu'il soit anathème.

Si quelqu'un dit que tous les chrétiens ont pouvoir de célébrer les sacrements, en sorte qu'un laïque sans ordination peut les célébrer et les administrer, qu'il soit anathème.

Si quelqu'un dit que les évêques et les prêtres, faisant leur ministère dans les sacrements, ne doivent pas nécessairement avoir l'intention convenable à chaque sacrement, au moins celle de faire ce que fait l'Église, qu'il soit anathème.

Si quelqu'un dit qu'un évêque ou un prêtre pécheur et méchant, observant tout ce qui est essentiel et nécessaire pour faire le sacrement, ne le fait pas, et n'opère pas le sacrement, qu'il soit anathème.

Si quelqu'un dit qu'on ne doit pas réitérer les sacrements célébrés par un laïque sans ordination, et qu'ils ne laissent pas d'être parfaits et sacrements, qu'il soit anathème.

Si quelqu'un dit que le prêtre ne consacre pas, et n'opère pas les sacrements par la grâce du Saint-Esprit, mais que c'est la volonté, la foi et l'intention des assistants, qu'il soit anathème.

Si quelqu'un dit que les chrétiens voulant, croyant et se proposant de recevoir les sacrements célébrés par des laïques, ces sacrements sont véritablement parfaits, qu'il soit anathème.

Si quelqu'un entend ces paroles de S. Chrysostôme : *Le Saint-Esprit n'ordonne pas tous les hommes, mais il opère par tous,* comme si elles signifiaient qu'un méchant étant ordonné n'est qu'un laïque, qu'il soit anathème.

Si quelqu'un dit que le baptême des orthodoxes, ou même celui qui est donné par les hérétiques au nom du Père, et du Fils, et du Saint-Esprit, avec intention de faire ce que fait l'Église, n'est pas un véritable baptême, qu'il soit anathème.

Parmi les hérétiques qui reviennent à l'Église catholique, il y en a qui, ne différant en rien de véritables athées, sont rebaptisés ; d'autres ne le sont pas, mais ils reçoivent seulement l'onction du divin chrême. On ne pratique ni l'un ni l'autre à l'égard de quelques-uns, qui sont reçus en confessant la foi de l'Église catholique. Si donc quelqu'un dit que le baptême des hérétiques est une souillure, et qu'il faut rebaptiser ceux qui reviennent à l'Église, qu'il soit anathème, comme enseignant une doctrine contraire à celle des saints Pères et au septième canon du second concile général.

Si quelqu'un dit que le baptême conféré par un mauvais prêtre, selon l'ordre de l'Église, n'est pas parfait, et qu'il le faut réitérer, qu'il soit anathème.

Si quelqu'un dit que celui qui reçoit les sacrements du baptême ou de l'ordination, par les mains d'évêques ou de prêtres qui en secret sont hérétiques, les reçoit véritablement, non pas parce que la première cause efficiente des sacrements est le Saint-Esprit ; que le prêtre est un simple instrument et moyen nécessaire par lequel le Saint-Esprit tout-puissant opère également, soit que ce prêtre soit juste, et de même s'il est pécheur ou hérétique, mais que cela se fait par la foi des assistants, et de ceux qui reçoivent les sacrements, qu'il soit anathème.

Si quelqu'un dit que celui qui, étant ordonné prêtre et se trouvant indigne du sacerdoce, par les péchés qu'il a commis avant ou depuis son ordination, opère les sacrements, qu'il célèbre devant ceux qui ne le connaissent pas, et qu'à l'égard de ceux qui le connaissent, ce ne sont pas des sacrements, à cause de leur doute, mais des abominations, qu'il soit anathème.

Si quelqu'un dit que le doute des assistants sur la bonne ou mauvaise vie du prêtre empêche que les sacrements ne soient parfaits, qu'il soit anathème.

Si quelqu'un appelle mystères immaculés et sainte communion de l'Eucharistie, ce qui serait fait par un laïque, mais qui ne le regarde pas comme une abomination immonde, étant plutôt la table des démons que la table du Seigneur, qu'il soit anathème.

CHAPITRE VII.

Examen des objections que les protestants, et même quelques catholiques, ont faites touchant la créance des Grecs sur les sept sacrements.

Nous joignons ensemble les objections des protestants et celles de quelques catholiques touchant la doctrine établie dans les chapitres précédents, parce qu'elles viennent d'une même source; car les protestants, lorsqu'ils ont commencé à vouloir prouver que les Grecs n'avaient pas les mêmes sentiments que nous sur les sacrements, n'ont employé que des témoignages tirés d'auteurs catholiques, anciens ou modernes, dont la faiblesse est présentement trop connue, de sorte qu'ils n'ont aucune autorité. L'animosité réciproque entre les théologiens de l'une et de l'autre église, a donné lieu à se reprocher de part et d'autre beaucoup d'erreurs et d'abus, même dans les choses les plus innocentes, parce que les Latins n'entendaient pas les rites des Grecs, ni les Grecs ceux des Latins: outre que ceux-ci, ne connaissant point d'autre théologie que celle de l'école, ni d'autre discipline que celle de leur temps, ont condamné trop facilement des pratiques et des cérémonies sacrées que l'antiquité mettait hors de tout soupçon. Il est inutile d'examiner ce que les plus anciens, comme Énée, évêque de Paris, Ratramne, Anselme de Haversberg et le cardinal Humbert ont écrit contre les Grecs, car la matière n'était pas alors assez éclaircie, ce qui rend ces auteurs excusables; et même ils ne les ont pas attaqués sur les points dont ceux qui les ont suivis ont fait des erreurs capitales. Mais ceux qui ne méritent aucune excuse sont les modernes, qui, ayant pu consulter les livres ecclésiastiques des Grecs, ont avancé, sans les examiner, des accusations insoutenables, comme Guy-le-Carme, Pratéolus et quelques autres, parmi lesquels celui qui, avec raison, a perdu toute créance parmi les savants, est Antoine Caucus, archevêque de Corfou.

Il accuse les Grecs de ne pas avoir les sacrements de la confirmation et de l'extrême-onction, et cette accusation n'est fondée que sur ce que ces deux sacrements sont administrés et célébrés selon la discipline particulière de l'église grecque, qui n'en aurait aucun si on les examinait tous par le principe de diversité des cérémonies; mais elle ne fait aucun préjudice à l'intégrité des sacrements, ce qu'on examinera en particulier en parlant de chacun.

De plus, il y a une réponse fort simple à cette accusation, et elle consiste en ce qu'il est inutile de prétendre prouver que les Grecs n'ont pas les sept sacrements reçus dans l'Église catholique, après tant de preuves authentiques qu'on a du contraire; car Siméon de Thessalonique, qui vivait avant le concile de Florence, s'est expliqué si clairement sur ce sujet, que les Grecs des temps suivants jusqu'au nôtre se sont servis de son autorité pour fermer la bouche aux luthériens, et surtout aux calvinistes. Le patriarche Jérémie, qui a cité son témoignage, suit sa doctrine en tout; les autres que nous avons cités parlent encore plus clairement, et tous ont condamné Cyrille, qui prétendait, selon la Confession de Genève, réduire les sacrements à deux. Enfin les Eucologes font foi que les Grecs ont les offices de tous les sacrements. Tout ce qu'on pourrait donc opposer à des preuves si claires et si démonstratives, est qu'ils ont, à la vérité, certaines cérémonies qui ont quelque rapport à ce qui est regardé comme sacrement dans l'Église romaine, mais que, par plusieurs défauts essentiels, elles ne sont pas des sacrements; ce qui est entièrement changer la question. Car, quand cela serait vrai, ce serait une erreur ou un abus dans la discipline, mais qui n'empêcherait pas que les Grecs ne crussent que ces mêmes cérémonies sont des signes sacrés d'institution divine, qui confèrent une grâce particulière à ceux qui les reçoivent dignement, et par conséquent ils croiraient sept sacrements.

Les luthériens ont avoué de bonne foi que les Grecs croyaient sept sacrements. *Septem Sacramenta faciunt, et talibus astruendis Patrum suorum testimonia, αὐτολεξεί, proferunt :* ce sont les paroles de Crusius, qui l'a aussi marqué dans les notes marginales des Réponses de Jérémie, comme d'autres l'ont reconnu. Il est inutile de disputer, comme a fait un d'eux, pour tâcher de montrer, par la différence qu'il y a entre les rites de la confirmation et de l'extrême-onction pratiqués par les Grecs, et entre ceux de l'Église latine, que ce n'est pas la même chose; et il est ridicule de se servir, comme il fait, d'un argument aussi faux et aussi frivole que celui-ci : *Mystère, μυστήριον, ne signifie pas,* dit-il, *ce qu'on entend par le mot de sacrement;* mais il le signifie si bien, qu'il n'y a pas d'autre mot en usage dans la langue grecque vulgaire et littérale pour le signifier; ils n'appellent pas autrement le baptême ni l'Eucharistie; que s'il est employé en d'autres sens, cela n'empêche pas que celui-là ne soit déterminé par l'usage de toute l'église grecque au même sens que le mot de *sacramentum* parmi les Latins, quoiqu'ils s'en servent aussi dans un sens plus étendu, comme *sacramentum regis abscondere bonum est*, Tob. 12, 7; *Nescierunt sacramenta Dei*, Sap. 2, 22; *Super sacramento isto* ; *sacramentum hoc revelatum est*, Dan. 2, 18, 30; *Notum vobis facio sacramentum*, Eph. 1, 9; *Notum mihi factum est sacramentum* ; *dispensatio sacramenti absconditi*, ib. 3, 9; *sacramentum septem stellarum*, Apoc. 1, 20; *sacramentum mulieris*, ib. 17, 2. On serait ridicule de vouloir tirer de ces passages que, quoique dans l'Église romaine, où cette version est authentique, on appelle sacrements certains signes qui produisent la grâce, ils ne le sont pas néanmoins, parce que ce mot signifie autre chose en latin, et dans le style ecclésiastique.

Ces mêmes luthériens, particulièrement ceux qui ont écrit depuis que l'ouvrage d'Allatius a paru, aussi bien que l'Eucologe du Père Goar, n'ayant connaissance d'aucuns auteurs grecs que de ceux qu'ils trouvent cités par ces savants hommes, cherchent à tourner en cent manières les passages qu'ils y trouvent, pour prouver qu'au moins les Grecs ne connaissaient pas sept sacrements avant le dixième siècle. Et quoique les bons luthériens n'aient pas une déférence entière aux lumières des calvinistes, cependant l'autorité du ministre Daillé, qui l'a ainsi avancé, leur paraît si grande, qu'ils l'opposent aux Grecs aussi bien qu'aux catholiques. Fehlavius va encore plus loin; car il prétend que les Grecs, au treizième siècle, prirent beaucoup de rites nouveaux des Latins, pendant que ceux-ci étaient maîtres de Constantinople, et que c'est d'eux qu'ils ont appris l'extrême-onction et la doctrine des sept sacrements.

La première objection est fondée sur un argument négatif, duquel, comme les théologiens savent, l'autorité a des bornes, et sur lequel on se trompe souvent, particulièrement lorsqu'il s'agit de faits, puisque la découverte d'une seule pièce a souvent détruit un grand nombre de raisonnements et de conjectures qui n'avaient d'autre fondement que des arguments négatifs. Mais sans entrer dans cette discussion, on n'a qu'à demander aux protestants qu'ils marquent par des preuves positives le temps et les circonstances de ces nouveautés introduites dans l'église grecque. S'ils n'en peuvent marquer l'origine, comme ils ne peuvent pas certainement, ce qu'ils appellent abus et nouveautés doit être regardé comme étant de tradition apostolique, suivant la règle certaine établie par S. Basile, par S. Augustin, par Vincent de Lérins, et par tous les Pères; et c'est aussi ce que les Grecs disent touchant la doctrine et la pratique des sacrements. S'ils ne peuvent marquer le temps de ce changement qu'ils supposent, et qu'on reconnaisse que toutes les communions séparées de l'Église romaine ont les mêmes pratiques, il faut de toute nécessité qu'elles soient plus anciennes que les schismes des nestoriens et des jacobites, et par conséquent qu'elles aient été en usage dans toutes les églises avant que ces hérétiques s'en fussent séparés.

Or il est certain qu'avant le concile de Florence les Grecs avaient sept sacrements, ainsi qu'on le prouve par Siméon de Thessalonique. On ne dira pas qu'il a été l'inventeur de cette opinion, puisqu'il n'est que témoin de la doctrine et de la discipline de son église, et que l'autorité qu'il a acquise parmi les siens est de l'avoir fidèlement représentée dans ses écrits. Il se trouve des auteurs plus anciens qui font mention de ces mêmes sacrements, et dans tant de conférences, de conciles et de négociations entre les Latins et les Grecs pour tâcher de terminer le schisme, on ne leur a jamais reproché qu'ils n'eussent pas sept sacrements; enfin, au concile de Florence il ne fut pas parlé de cette question, et l'acte de réunion n'en fait pas la moindre mention.

Mais, dit Fehlavius, il ne faut pas juger de la doctrine des Grecs par ce qui se passa au concile de Florence (1); on en convient, et dans tout cet ouvrage

(1) Ex unione Florentinâ....., vanum est dogmata Ecclesiæ Græcæ arbitrari.

nous ne citons pas un seul auteur qui n'ait été engagé dans le schisme, et par conséquent qui n'ait renoncé à l'union faite à Florence. De plus, elle n'a rien de commun avec la matière dont il est question, puisque dans l'acte de réunion il n'est pas parlé des sacrements, et que le décret pour les Arméniens, dans lequel ce que l'Église romaine en croit est expliqué plus en détail, ne fut fait qu'après le départ des Grecs, qui ne le souscrivirent pas; il ne leur fut pas envoyé, et ils n'en eurent aucune connaissance. Ils le connaissaient si peu, que depuis leur retour en Grèce, plusieurs ayant attaqué la définition ou acte de *Réunion*, et l'ayant réfuté article par article, entre autres Jean Eugénicus, nomophylax de l'église de Constantinople, il ne s'en trouve aucun qui ait attaqué l'autre décret. On ne fera jamais croire à personne que quand on parle de la créance des Grecs qui composent l'église séparée de l'Église latine, on prétend se servir du témoignage de ceux qui y sont réunis, à moins qu'on ne les cite pour établir des faits indépendants des dogmes contestés; car alors on peut les citer, de même que nous avons cité les témoignages de plusieurs protestants qui ont écrit tout le contraire de ce que M. Claude, M. Smith et d'autres avaient dit touchant les Orientaux.

Pour ce qui regarde la dernière objection de Fehlavius touchant le changement arrivé pendant que les Latins étaient maîtres de Constantinople, on croit l'avoir réfutée d'une manière qui ne laisse aucune réplique, puisque jamais la haine ne fut plus grande qu'en ce temps-là même : car les Latins traitèrent les Grecs, dont ils avaient éprouvé la perfidie en plusieurs rencontres, avec trop de dureté pour être en état d'acquérir créance parmi les ecclésiastiques et les peuples, jusqu'à changer leur religion et leur discipline, pour prendre celle de leurs ennemis déclarés qu'ils regardaient comme hérétiques. Si cela était arrivé, il en resterait quelque vestige dans les historiens de ces temps-là. Que les protestants nous en produisent un seul qui appuie d'aussi vaines conjectures, et qu'ils nous montrent que Syropule lui-même, dont ils font tant d'estime (et il ne faut pas s'en étonner, puisqu'ils admirent la capacité et la doctrine de son traducteur, le plus ignorant et le plus infidèle qui fut jamais), ait marqué qu'on ait proposé aux Grecs aucun article qui concernât la doctrine des sept sacrements. Il n'est pas moins important que les protestants nous expliquent comment les Latins ont pu insinuer et établir ensuite dans toute l'église grecque une discipline qu'ils ne connaissaient point, et que la plupart de leurs théologiens ont attaquée comme défectueuse dans la matière et dans la forme; car c'est le jugement qu'ont fait plusieurs de ceux qui ont écrit contre les Grecs, de celle qui regarde la confirmation et l'extrême-onction; outre qu'il y en a eu un assez grand nombre qui n'ont pas jugé plus favorablement de leurs ordinations. Quand on introduit quelques nouveautés dans la religion, c'est ce que ceux qui veulent innover croient et pratiquent. Les missionnaires latins prêchent et enseignent la doctrine et la discipline de l'Église romaine ; les anciens nestoriens ont prêché le nestorianisme dans les Indes, et ils y ont porté les cérémonies qui étaient en usage parmi eux, de même que les jacobites d'Alexandrie ont fait en Nubie et en Éthiopie. Ici on veut que les Latins aient appris une créance et des cérémonies qu'ils ne connaissaient point et qu'ils ont souvent condamnées, aux Grecs, qui en avaient d'autres longtemps auparavant, semblables à celles qui subsistent encore présentement parmi eux.

On dit aussi que les Grecs ne croient pas que les sacrements, à l'exception du baptême et de l'Eucharistie, soient d'institution divine. On cite sur cela le patriarche Jérémie, Grégoire protosyncelle et quelques autres, parce qu'ils ont dit que Jésus-Christ avait institué quelques-uns des sacrements, comme le baptême et l'Eucharistie, par lui-même, et les autres par le ministère de ses disciples. Allatius, défendant les Grecs contre les calomnies de Caucus, convient que telle est l'opinion de ces deux théologiens, et les explications qu'il donne, afin d'interpréter les passages qu'il rapporte, conviennent si peu et embrassent tant de nouvelles difficultés, qu'il est inutile de les rapporter, et encore plus de les réfuter. L'auteur de l'Histoire de la créance des nations du Levant va encore plus loin, disant que *les Grecs sont dans cette persuasion, qu'il n'y a proprement que le baptême et l'Eucharistie qui aient été institués par Notre-Seigneur, et que les autres ont été institués par l'Église*; sur quoi il cite le patriarche Jérémie, dont nous examinerons les paroles ci-après.

Allatius et lui devaient se souvenir que Jérémie, après Siméon de Thessalonique, avait dit, en termes formels, que tous les sacrements avaient été institués par Jésus-Christ ; et Arcudius blâme Siméon de ce qu'il avait porté cette pensée jusqu'à établir une proposition qu'il réfute, et qui est que Jésus-Christ avait par lui-même reçu ou célébré tous les sacrements ; Jérémie et la plupart des autres Grecs l'ont néanmoins adoptée. Le sens véritable de cette proposition est que tout ce que l'Église regarde et pratique comme des sacrements de la loi évangélique, est fondé sur le précepte et sur l'institution de Jésus-Christ, soit qu'il ait ordonné la chose par lui-même, soit qu'il l'ait fait par le ministère des apôtres. Ceux qui entendent ses paroles trop à la lettre, contre l'intention de l'auteur, qui paraît assez dans toute la suite du discours, n'ont pas fait réflexion que Jérémie, qui les cite et qui en rapporte la substance, se contredirait lui-même, s'il disait que les cinq sacrements rejetés par les protestants ne sont pas institués par Jésus-Christ ; car il dit formellement le contraire dans sa première réponse, et les paroles qu'on cite sont tirées de la seconde, dans laquelle il avait à combattre ce que les théologiens de Wittemberg avaient dit dans leur premier écrit pour justifier l'erreur des protestants, qui ne reconnaissent pour sacrements que le baptême et l'Eucharistie, comme seuls institués par Jésus-Christ, suivant leur nouvelle théologie, fort opposée à celle de l'ancienne Église et à celle des Grecs. Car ils ont toujours cru qu'il y avait plusieurs choses enseignées ou ordonnées par Jésus-Christ, qui pour n'être pas écrites dans l'Évangile, n'en avaient pas moins d'autorité, parce qu'elles avaient été enseignées par les apôtres, qui les avaient reçues de leur maître. Jérémie répond donc à ces luthériens, et après avoir expliqué la doctrine des sept sacrements en détail, il ajoute que *si le baptême et la divine communion sont les principaux sacrements, et sans lesquels il est impossible d'être sauvé, cependant l'Église nous a donné les autres par sa tradition, jusqu'au nombre de sept.* Voici la traduction de Crusius : *Etiamsi enim cæteris sacramentis potiora sunt, et sine iis salus nullo modo contingit, baptisma et divina communio ; attamen et reliqua quæ cum his septenarium numerum implent, tradita sunt ab Ecclesiâ.*

Jérémie prétend donc que les deux sacrements du baptême et de la divine communion, sont κυριώτερα, *potiora, præstantiora*, ou, comme nous avons traduit, *les principaux* ; car c'est à quoi la suite semble entièrement déterminer, puisque la raison qu'il en donne est que sans eux il est impossible d'être sauvé. C'est donc en cela qu'ils sont κυριώτερα, par leur nécessité pour le salut, et non pas à cause de la raison alléguée par les luthériens, que les premiers étaient institués par Jésus-Christ, et les autres non. De ceux-ci Jérémie dit que *l'Église nous a aussi donné les autres par sa tradition*, car c'est ainsi qu'il faut traduire παρέδωκε, et, par ces paroles, il n'exclut pas les deux premiers, pour les distinguer de ceux que les protestants rejettent comme si l'Église ne les avait pas transmis par sa tradition aussi bien que les cinq autres. Car c'est le sens nécessaire de ces mots ἀλλὰ καὶ ταῦτα παρέδωκεν, le καὶ faisant voir que παρέδωκεν comprend les premiers comme les derniers.

C'est donc entièrement corrompre le sens de Jérémie, que de traduire παρέδωκεν par *instituer*, comme a fait l'auteur de l'Histoire critique ; car quand ce mot pourrait quelquefois être pris dans ce sens, ce n'est pas en cet endroit-ci, puisque Jérémie, conformément à Siméon de Thessalonique, qu'il cite, dit que *tous les sacrements ont été institués par Jésus-Christ, et que tous se trouvent marqués dans la sainte Écriture*, quoiqu'il avoue que le chrême ou *myron* vient de tradition apostolique, confirmée par S. Denis.

On a une preuve certaine de cette opinion commune des Grecs, dans ce que Siméon de Thessalonique a entrepris de prouver, que Jésus-Christ a reçu tous les sacrements : Ὅτι ὁ Χριστὸς τὰ μυστήρια καὶ εἰς ἑαυτὸν ἐδέξατο. Jérémie, Gabriel de Philadelphie, Syrigus et la plupart des Grecs modernes ont adopté cette pensée, qui absolument n'est pas selon l'exacte théologie ; mais elle ne méritait pas d'être réfutée aussi sérieusement qu'elle l'a été par Arcudius, de même que si elle contenait plusieurs erreurs capitales. *Simeon Thessalon.*, dit-il (l. 1, c. 5), *ut ostendat Christum Dominum esse auctorem sacramentorum multis verbis satis prolixè, incomptè, frigidè,* κακοπλάστως καὶ ἀπιθάνως, *conatur probare Christum Dominum suscepisse omnia sacramenta ; quo vitio ex parte laborat Gabriel Philadelphiensis, eadem à Simeone mutuatus.* Il devait d'abord excuser l'intention des Grecs qu'il attaque, puisqu'ils prouvent une vérité catholique qu'il soutient lui-même. S'ils la soutiennent par de mauvaises raisons, il en fallait donner de meilleures, et la plupart ne sont pas si frivoles ni si ridicules que le prétend Arcudius, comme nous espérons le faire voir en parlant de chaque sacrement en particulier, puisque si on en excepte quelques pensées singulières, qui néanmoins ne peuvent être attaquées, sinon parce qu'elles sont plutôt conformes au sens mystique et allégorique qu'au sens littéral, les autres sont très-théologiques. De plus, il est fort important de remarquer qu'en examinant les écrits des Grecs du moyen et du dernier âge, ainsi que ceux des Orientaux, on ne doit pas examiner tout ce qui n'est pas dans la dernière exactitude de la théologie ou de l'histoire, selon les règles sévères de la critique ; car il y a telles fables desquelles on tire de grandes vérités. Ainsi les histoires des nestoriens, par lesquelles ils prétendent tirer la succession de leurs catholiques ou patriarches de l'apôtre S. Thadée, comme fondateur de leur siége, prouvent qu'ils ne croyaient pas qu'on pût en soutenir l'autorité, et s'exempter du soupçon de schisme, si on ne prouvait une succession apostolique. Tous les Orientaux ont une tradition ancienne, suivant laquelle ils croient qu'après la descente du Saint-Esprit, les apôtres, assemblés dans le cénacle de Sion, réglèrent tout ce qui regardait l'administration des sacrements, et les cérémonies selon qu'elles sont pratiquées dans l'Orient. Il n'y a rien dans les monuments les plus certains de l'histoire ecclésiastique qui puisse confirmer cette tradition, ni empêcher qu'elle ne soit regardée comme fabuleuse. Mais elle enferme une vérité très-essentielle, qui est que les Orientaux regardent toutes leurs cérémonies sacrées comme étant instituées ou réglées par les apôtres ou par leurs successeurs. Il en est ainsi de plusieurs autres traditions dont il sera parlé en traitant de chaque sacrement en particulier.

Quoique l'éclaircissement de la difficulté, tel que nous l'avons donné, paraisse plus simple et plus naturel que ceux d'Allatius, on peut néanmoins lire ce qu'il en écrit assez au long, sur quoi nous ne croyons pas devoir nous étendre davantage ; car cette objection formée à l'égard des Grecs peut être considérée en deux manières, c'est-à-dire, ou comme étant proposée par les catholiques, ou comme faite par les protestants. A l'égard de ceux-ci, ce que nous avons à prouver est que les Grecs croient sept sacrements proprement dits ; et comme il n'est pas possible de douter, après les témoignages de quatre synodes, de la Confession orthodoxe, et de tous leurs théologiens qui ont écrit depuis plus de deux cents ans, que telle ne soit la créance commune de l'église grecque, il est inutile que les protestants se fatiguent à prouver qu'elle en ait une contraire. Il faudrait donc qu'ils prouvassent qu'elle a changé, et c'est ce qu'ils peuvent encore moins prouver, surtout après qu'on a fait voir dans le volume précédent (ci-dessus, liv. 10), que ce lieu commun du changement introduit par les missions et par les guerres d'outre-mer, était une imagination qui n'avait pas le moindre fondement dans l'histoire. S'il y a des contestations entre les théologiens catholiques et les Grecs touchant la doctrine des sacrements, cela ne regarde pas les protestants.

Or ces contestations avec les catholiques sont encore de deux sortes, car, ou elles regardent quelque décision de toute l'Église, qui ne puisse s'accorder avec la créance et la discipline des Grecs, ou elles ont rapport à des disputes et des jugements particuliers de théologiens. On ne trouve aucune décision de l'Église contre les Grecs, par rapport à la doctrine des sept sacrements, dans tout ce qui s'est fait pour la réunion des schismatiques ; et dans le concile de Florence il n'en fut pas fait la moindre mention. Au contraire, depuis ce temps-là, Léon X et Clément VII ont publié des brefs, renouvelés par Urbain VIII, qui ordonnent que les Grecs ne seront point troublés dans l'exercice de leur discipline et dans la pratique de leurs rites. Si quelques synodes particuliers tenus de notre temps dans les diocèses où il y a des Grecs ont parlé autrement, leur autorité n'est pas assez considérable pour faire de nouvelles lois dans l'Église.

Celle des théologiens particuliers est encore moindre, ou, pour mieux dire, ils n'en ont aucune pour condamner ce que l'Église n'a pas condamné. Suivant la véritable et ancienne théologie, expliquée par le concile de Trente (sess. 7, c. 1), Jésus-Christ a institué les sacrements de la nouvelle loi ; et les Grecs reconnaissent cette vérité, que les protestants combattent. Or ce qui la détruit entièrement, n'est pas de dire que l'Église les a reçus des apôtres, qui lui avaient enseigné ce qu'ils avaient appris de Jésus-Christ pour être établi dans son Église ; c'est de dire que les sacrements sont des inventions humaines, qui n'ont aucun fondement dans la parole de Dieu ni dans les promesses de Jésus-Christ, comme prétendent les protestants. Quand donc les Grecs assurent que tous les sacrements sont établis par l'Écriture sainte, et que Jésus-Christ les a institués, comme disent Siméon de Thessalonique, Jérémie et tous les autres, ils reconnaissent la principale et la plus importante vérité de la doctrine catholique sur les sacrements ; et ils l'expliquent lorsqu'ils disent que l'Église παρέδωκε, *a donné*, ce qui ne se trouvait pas marqué si précisément dans l'Écriture, mais qu'elle avait reçu des apôtres, comme ministres de Jésus-Christ et dispensateurs des mystères de Dieu.

Il n'y a point de sacrement, même les deux que les protestants reçoivent comme marqués dans l'Écriture, à l'institution duquel les apôtres n'aient eu ainsi part. Jésus-Christ, par exemple, avait institué l'Eucharistie, il avait pris du pain, et, l'ayant rompu, il avait dit à ses apôtres : *Prenez, mangez, ceci est mon corps;*

ensuite le calice, etc.; puis il leur dit : *Faites ceci en mémoire de moi.* Dans le commencement du christianisme, ces paroles de Jésus-Christ, ce qu'il avait fait en instituant l'Eucharistie, et le précepte de faire la même chose en mémoire de lui n'étaient pas en écrit. Les apôtres en furent témoins, non seulement à l'égard des Juifs et des gentils qui embrassèrent la foi, mais à l'égard des autres disciples, et de ceux qui avaient cru sur la prédication et les miracles de Notre-Seigneur. De même, pour le baptême, il avait dit à ses apôtres : *Allez, instruisez toutes les nations, les baptisant au nom du Père, et du Fils, et du Saint-Esprit, leur enseignant d'observer tout ce que je vous ai ordonné.* Les premiers chrétiens crurent donc ce que leur dirent les apôtres, tant pour recevoir le baptême, que pour célébrer la mémoire de Jésus-Christ dans l'Eucharistie. C'était Jésus-Christ qui avait institué ces deux sacrements; mais ceux qui n'avaient pas été avec lui ne le savaient pas, et ne pouvaient pas l'avoir appris dans les Évangiles, qui n'étaient pas encore écrits. Ils reçurent donc cette instruction des apôtres, et non seulement de ceux qui avaient été présents, et qui avaient entendu les paroles de Jésus-Christ, mais de ceux qui ne les avaient apprises que des apôtres. S. Paul dit : *J'ai appris du Seigneur ce que je vous ai enseigné.* Il n'avait néanmoins pas vu Jésus-Christ sur la terre, mais seulement dans l'apparition miraculeuse sur le chemin de Damas, et c'était une voie extraordinaire, qui ne lui donnait d'autorité ni de mission qu'après que les apôtres, et ceux qui étaient les colonnes de l'Église, lui eurent donné société dans le collége apostolique. Il dit aux Corinthiens, en leur reprochant les abus qui s'étaient déjà introduits parmi eux dans la célébration de l'Eucharistie, qu'il avait appris du Seigneur ce qu'il leur avait donné par ses instructions, παρέδωκα, ce qu'il avait établi parmi eux, et il les rappelle à cette première institution qui n'était pas encore écrite. C'était donc sur ce que S. Paul avait établi parmi eux, et sur ce que les autres apôtres avaient de même établi en d'autres églises, sur leur témoignage et sur leur tradition, que fut d'abord réglée la forme de célébrer le sacrement de l'Eucharistie, et non pas sur la parole de Dieu, que les évangélistes n'avaient pas alors mise par écrit. On ne dira pas cependant que les apôtres aient institué l'Eucharistie, ni le baptême, ni que quand S. Pierre dit aux Juifs qui se convertirent à sa première prédication : *Que chacun de vous soit baptisé,* il institua ce sacrement. Il rendit témoignage de ce que Jésus-Christ lui avait dit et aux autres disciples avant que de monter au ciel; en même temps il leur prescrivit la forme de célébrer ces sacrements, que Jésus-Christ avait ordonnée, mais dont l'Écriture ne fait pas mention.

Il est certain, selon la doctrine des Pères, des Grecs et des Orientaux, que ce que les apôtres étaient à l'égard des premiers fidèles, leurs disciples le furent à l'égard de ceux à qui l'Évangile fut annoncé hors de la Judée, et jusqu'aux extrémités de la terre. Plusieurs de ceux-ci n'avaient pas vu Jésus-Christ; on les croyait néanmoins, parce qu'ils avaient appris ce qu'ils prêchaient des apôtres, qui l'avaient reçu de la bouche de leur divin Maître. On a cru de même les premiers évêques, que les apôtres ou leurs successeurs avaient établis en chaque pays; et leur témoignage a été reçu comme celui des apôtres. Enfin le consentement de l'Église universelle a eu toujours la même autorité, suivant cette parole de S. Augustin (1), que *les choses que nous conservons comme reçues par tradition, quoiqu'elles ne soient pas écrites, et qui sont observées dans toute la terre, doivent être considérées comme ayant été recommandées et ordonnées par les apôtres, ou par les conciles généraux, dont l'autorité est très-salutaire à l'Église.* On ne peut donc douter que ce que l'Église observe partout, et ce qu'elle a observé de toute antiquité, ne vienne certainement de la tradition des apôtres : et ce que les églises ont reçu par ce canal sacré, n'a jamais été distingué de ce qu'elles avaient appris par la sainte Écriture; d'autant plus que la prédication avait précédé la composition des livres sacrés du nouveau Testament, et qu'on a toujours été persuadé que les apôtres ou leurs disciples n'avaient pas tout écrit. C'est ce que S. Jean Chrysostôme remarque sur le verset 15 du chapitre 2 de la seconde Épître aux Thessaloniciens : *Itaque, fratres, state et tenete traditiones quas didicistis, sive per sermonem, sive per Epistolam nostram. Il est évident par ces paroles,* dit-il, *que les apôtres n'ont pas tout enseigné par leurs lettres, mais plusieurs choses aussi sans être écrites; et les unes et les autres méritent la même créance; c'est pourquoi nous croyons que la tradition de l'Église mérite toute créance. C'est une tradition, n'en demandez pas davantage.*

Il s'ensuit donc que lorsqu'il s'agit des sacrements et des autres pratiques religieuses que toutes les églises ont conservées jusqu'à nous, ce qui a été établi par les apôtres doit être considéré comme ayant été institué par Jésus-Christ, et publié par les apôtres ; que ce que toutes les églises conservent comme l'ayant reçu des apôtres a été institué par Jésus-Christ, et par conséquent les sacrements que l'Église reconnaît comme tels, quand on ne les trouverait pas marqués dans l'Écriture sainte. Ainsi il ne faut pas, comme plusieurs théologiens ont fait, recevoir si facilement cette distinction, que les protestants ont inventée pour fondement de leurs nouveautés, de ce qui a été institué par Jésus-Christ, et de ce qui a été institué par les apôtres et par l'Église. Jésus-Christ seul a institué les sacrements, parce que comme Homme-Dieu il avait ce pouvoir, qui ne peut convenir à aucune créature. Les apôtres ne les ont pas institués, mais ils les ont donnés à l'Église, en l'instruisant de ce que Jésus-Christ avait ordonné; et l'Église n'en a institué aucun, mais elle a conservé ce que les apôtres lui avaient

(1) Illa autem quæ non scripta, sed tradita custodimus, quæ quidem toto terrarum orbe servantur, datur intelligi vel ab ipsis apostolis vel a plenariis conciliis, quorum est in Ecclesiâ saluberrima auctoritas, commendata atque statuta retineri. *(Aug., ep. 54, n. ed.)*

enseigné, comme ordonné et institué par Jésus-Christ. La promesse de la grâce sacramentelle vient de lui ; la disposition générale de la discipline vient des apôtres, et la discipline particulière, les prières, les cérémonies ont été ordonnées par les églises, sans aucune variation dans ce qu'il y a d'essentiel.

Tel a été le sentiment des Grecs, comme on le voit clairement par les paroles de Jérémie et de ceux qui ont écrit après lui, et même longtemps auparavant. Isaac-le-Catholique, dans son traité contre les Arméniens, après leur avoir reproché plusieurs abus contraires à la tradition de l'Église, dit ces paroles remarquables : *Si donc vous ne voulez conserver et croire que les choses seules qui ont été enseignées par Jésus-Christ, il s'ensuit qu'il faut que vous renonciez aux sacrements des chrétiens, qu'il n'a pas tous donnés ou enseignés par lui-même, mais que dans la suite il a établis tous par ses saints apôtres, par les SS. Pères, et par son Saint-Esprit ; et celui qui ne les reçoit pas, non seulement n'est pas chrétien, mais plus incrédule que tous les infidèles.* Tel a aussi été le sentiment des plus habiles théologiens, et ils conviennent même depuis la décision du concile de Trente, que puisqu'il n'a pas été décidé que tous les sacrements de la nouvelle loi ont été immédiatement institués par Jésus-Christ, on dispute encore entre les catholiques, si Jésus-Christ les a institués tous sept immédiatement et par lui-même, ou s'il a donné aux apôtres et à l'Église le pouvoir et le ministère de les instituer. Ce sont les paroles d'Estius (in 4, dist. 1, § 16) : *Cæterùm cùm non sit à synodo definitum sacramenta novæ legis omnia immediatè à Christo instituta esse, disputatur adhuc inter catholicos, utrùm omnia septem Christus immediatè et per seipsum instituerit, an verò quorumdam instituendorum ministerium apostolis vel Ecclesiæ commiserit.* Il ne suit pas cette opinion, mais il ne la condamne pas comme contraire à la doctrine du concile de Trente ; ce qui devrait servir de règle pour ne pas attribuer aux Grecs ce qu'ils n'ont pas dit, puisque tous conviennent que Jésus-Christ a institué les sept sacrements. Pour s'exprimer, ils se servent du mot de νομοθετεῖν, qui signifie proprement instituer avec une puissance souveraine telle qu'elle est nécessaire pour l'institution des sacrements. Ils emploient aussi celui de παραδιδόναι, qui n'a pas la même force, surtout lorsqu'on parle des apôtres et de l'Église, puisqu'alors il signifie *donner, apprendre, transmettre* ce qu'on a reçu ; et c'est ce que les Grecs ont dit des apôtres et de l'Église, quand on trouve dans leurs écrits παρέδωκαν οἱ ἀπόστολοι, παρέδωκεν ἡ Ἐκκλησία.

CHAPITRE VIII.

Examen de quelques autres objections contre la créance des Grecs touchant les sept sacrements.

Allatius, dont les travaux méritent assurément beaucoup de louanges, et qui a rendu de grands services à l'Église, mais qui a souvent jugé avec trop de prévention de la discipline orientale, se forme une objection que nous examinerons la première. C'est que S. Denis qu'il suppose être l'Aréopagite, ayant traité exprès des sacrements dans son livre de la Hiérarchie ecclésiastique, n'a pas parlé de quelques-uns, et qu'il a, ce semble, mis au nombre des sacrements la profession monastique, et quelques autres cérémonies qui ne sont pas de ce genre, comme les prières pour les morts. Il vient d'abord dans l'esprit que cette difficulté ne mérite pas qu'on s'y arrête ; parce que depuis qu'Allatius publia son livre du *Consentement des églises*, de très-habiles théologiens ont tellement éclairci la question qui regarde les ouvrages de S. Denis, que personne n'oserait plus les citer. Mais cette réponse serait inutile, non seulement parce que les Grecs et tous les Orientaux les considèrent encore comme ayant été composés par ce disciple des apôtres ; mais aussi parce que, quoiqu'ils ne soient pas de lui, on ne peut pas douter néanmoins que leur antiquité ne soit au moins du sixième siècle, parce qu'ils furent cités en 533, dans une conférence tenue à Constantinople entre les catholiques et les monophysites sévériens, et reçus depuis comme tels. (Tom. 4 Conc., p. 1763.)

C'est en effet cette autorité qu'ont les œuvres de S. Denis, qui a fait que quelques Grecs modernes, entre autres un religieux nommé Job, dont on ne sait pas l'âge, et Théodore Studite dans une lettre citée par Allatius, ne comptent que six mystères ou sacrements, dont les deux derniers sont la profession de la vie monastique et les cérémonies qui se font pour les fidèles trépassés ; le dernier cité S. Denis. Arcudius avait vu ce traité de Job, et en forme une objection d'autant plus forte, que d'autres assez modernes, comme Damascène Studite dans ses homélies, semblent aussi mettre la profession monastique au nombre des sacrements ; mais comme il ne parle pas de la pénitence, Arcudius (de Conc., l. 1) croit qu'il l'a comprise sous ce nom comme plus parfait, et qui signifie l'action la plus solennelle de la pénitence.

Il n'est pas nécessaire de chercher des moyens de concilier S. Denis avec les autres Grecs, qui le citent tous, sans qu'aucun se soit aperçu de la difficulté formée par Allatius. Ils ont apparemment compris que cet auteur n'avait aucun dessein d'expliquer tous les sacrements de l'Église, mais seulement les fonctions hiérarchiques. S'il parle du baptême sans parler de la confirmation, c'est que dans l'église grecque il est toujours joint à la chrismation ; et quoique selon le rit grec elle se fasse par les prêtres, cependant le chrême n'est consacré que par les évêques ; ce qui fait que, par rapport à cette cérémonie, le baptême est regardé comme une fonction hiérarchique. Il en est à peu près de même de la profession religieuse, puisqu'elle s'est souvent faite entre les mains des évêques, qui sont les premiers ministres de tous les sacrements, et nécessaires pour la seule ordination.

De plus, comme il a été remarqué ci-devant, le mot de μυστήριον employé dans les livres de la Hiérarchie ecclésiastique, n'a pas une signification si restreinte que celui de sacrement, pour signifier ceux de la nouvelle loi. Si ces auteurs qui ont cru suivre l'autorité de S. Denis l'ont entendu autrement, ils se sont trompés, et leur autorité est fort inférieure à celle de Siméon de Thessalonique, puisqu'il est suivi par tous les Grecs en ce qu'il dit des sacrements, et que les autres sont peu connus, outre qu'ils ont parlé plutôt en orateurs qu'en théologiens. Il fournit lui-même une réponse à ce qu'on objecte du moine Job, qui met la profession monastique parmi les sacrements; car il dit (c. 52, p. 70) que *dans la pénitence est compris le très-saint habit des moines, qu'on appelle aussi angélique, parce qu'il imite la chasteté, la pauvreté, les hymnes, les prières, l'obéissance et la pureté des anges.* On l'appelle aussi *l'habit de pénitence, parce qu'il est lugubre, humble et simple*, etc., ce qu'il explique assez au long dans tout le chapitre 52 de son ouvrage.

Allatius prétend que les auteurs qui ont mis la profession monastique au nombre des sacrements ont donné lieu à d'autres erreurs, puisqu'il se trouve que quelques-uns l'ont comparée au baptême. Il cite sur cela Théodore Studite dans son Testament, Nil-le-Jeune, et même Siméon de Thessalonique. Mais il est aisé de comprendre que toutes ces expressions sont métaphoriques, comme celles de Siméon, quand il dit que *celui qui fait cette profession reçoit un second baptême, qu'il est purgé de tous ses péchés, et qu'il est fait enfant de lumière.* On entend facilement qu'il n'a voulu rien dire autre chose, sinon que celui qui par ses déréglements avait perdu l'innocence baptismale, expiait ses péchés par la pénitence, principalement par celle à laquelle il s'engageait en embrassant la vie monastique. C'est dans le même sens que la pénitence est appelée aussi un *nouveau baptême*, un *baptême de larmes*; mais cela ne signifie pas qu'on attribue à la pénitence, même considérée comme sacrement, une véritable régénération.

Ce que remarque ensuite Allatius, comme une preuve qu'il joint à divers extraits qu'il rapporte de cette ressemblance trop exagérée par les Grecs entre la profession monastique et le baptême, est que les Grecs changent de nom lorsqu'ils prennent l'habit de religion; qu'ils le faisaient (1) *pour l'égaler au baptême en changeant de nom comme dans une nouvelle régénération, afin d'y renoncer comme à tout le reste*, ce qui pourrait signifier qu'ils renonceraient aussi à leur baptême. Il ne faut pas s'étonner si les Grecs sont si opiniâtres dans le schisme, puisque rien ne les éloigne davantage que des censures aussi injustes de leurs cérémonies les plus indifférentes, et qui sont conformes aux pratiques de l'Église latine. Si quelqu'un voulait se donner la peine de ramasser tout ce qui se trouve dans les livres des religieux, particulièrement des mendiants touchant la sainteté de leur habit, et toutes les significations mystiques que lui donnent des écrivains très-respectables, pour ne pas parler de ceux qui, par trop de zèle pour leur institut, ont un peu outré la matière, tout ce que les Grecs ont dit de plus fort sur l'habit monastique n'en approcherait pas. On ne trouvera pas qu'ils aient promis le salut éternel à tous ceux qui le prendraient, même sans faire aucunes œuvres de pénitence prescrites par la règle; qu'ils aient étendu cette promesse jusqu'à ceux qui sans prendre cet habit en porteraient quelque petite marque; ce que néanmoins plusieurs religieux ont dit parmi nous dans des temps d'ignorance, ce qui avait introduit divers abus auxquels on a remédié. On ne les a pas pour cela traités d'hérétiques, et on n'a trouvé que des controversites pitoyables qui aient osé attribuer à l'Église catholique les pensées de quelques particuliers. A plus forte raison, Allatius ne devait pas imputer aux Grecs une hérésie aussi grossière que celle d'égaler la profession monastique au baptême, et cela sur des preuves aussi faibles et aussi équivoques que celles qu'il produit, puisqu'il n'y a rien dans les paroles de Siméon de Thessalonique qui puisse recevoir un mauvais sens; d'autant plus qu'il s'explique très-clairement sur le baptême, et qu'en parlant de la pénitence il dit que la profession monastique en est une partie ou une espèce.

Il n'y a pas moins d'injustice à vouloir chercher des preuves de cette accusation contre les Grecs dans la pratique qu'ils ont de changer de nom lorsqu'ils entrent en religion, comme s'ils renonçaient à celui qu'ils ont reçu au baptême. C'est au monde qu'ils renoncent, et non pas au baptême, où l'imposition du nom ne fait pas partie du sacrement, et elle n'a rien de sacré; même il n'en est fait aucune mention dans les Rituels grecs et orientaux. Comment Allatius pouvait-il ignorer que cet usage est très-ordinaire parmi nos religieux, dont plusieurs encore changent de nom lorsqu'ils entrent en religion, sans qu'on les accuse de renoncer à leur baptême, non plus que ceux qui en prennent un second à la confirmation, ou des cardinaux qui, étant élus papes, changent le leur, comme ont fait aussi plusieurs évêques et patriarches en Orient.

C'est avec raison qu'il condamne l'opinion extravagante de ceux que réfute Théodore Studite, qui croyaient qu'un religieux qui prenait l'habit avait, par cette action seule, le privilège de délivrer de l'enfer cent cinquante damnés. On ne voit pas que cette erreur fût fort répandue; et quand quelques particuliers l'auraient eue, on ne la peut imputer à l'église grecque. Enfin ce qu'ajoute Allatius, que ceux qui baptisaient les morts pouvaient avoir tiré cette mauvaise pratique de quelque opinion semblable, n'a rien de commun à la matière que nous traitons, et est entièrement insoutenable; car cet abus, tiré d'un passage de S. Paul mal entendu, est tout différent, et n'a aucun rapport avec cette opinion de l'efficace de la profession monastique jusqu'à sauver les damnés. Il ne faut pas non plus condamner le zèle de quelques Grecs dont il cite les exemples, qui voulurent mourir dans l'habit monastique. L'Église a accordé la pénitence, et

---

(1) Et ut magis ac magis divino lavacro exæquarent, quasi in novâ regeneratione nomina etiam immutabant, ut quemadmodùm aliis, ita nomini ipsi renuntiarent (Allat., col. 1269).

même la réconciliation aux plus grands pécheurs dans l'extrémité de leur vie, et leur imposait autrefois les peines canoniques, qu'ils étaient obligés d'accomplir s'ils revenaient en santé. La profession monastique, qui est un état de pénitence continuelle, ayant succédé en plusieurs pays à la pénitence publique, a été accordée avec l'habit à ceux qui la demandaient, parmi lesquels on trouve des rois et d'autres princes, en Occident comme en Orient. C'était donc une profession publique de pénitence, dans laquelle au moins le malade voulait mourir, en cas que Dieu ne lui accordât pas la guérison, et qu'il était obligé d'accomplir s'il guérissait. Cela ne prouvait pas que ceux qui la faisaient crussent que cette seule prise d'habit remît les péchés comme le baptême, et c'est à quoi les Grecs n'ont jamais pensé. S'ils nous reprochaient la dévotion qui règne en divers pays, de se faire donner l'habit monastique après sa mort, ils auraient encore plus de raison que n'en a eu Allatius de tirer de leur pratique des conséquences aussi odieuses et aussi contraires à leur doctrine. La seule lettre de Michel Glycas, qu'il a insérée à la fin du même chapitre (col. 1280), suffit pour résoudre tout ce qui pourrait rester de difficultés, puisqu'il reconnaît que la profession monastique est un état de pénitence et un baptême laborieux qui ne remet pas les péchés, sinon par les bonnes œuvres qui doivent être pratiquées par ceux qui se consacrent solennellement à Dieu.

Allatius examine ensuite la difficulté qu'il s'était formée de ce que, dans le livre de la Hiérarchie ecclésiastique, les prières et les autres cérémonies qui se pratiquent à l'égard de ceux qui meurent dans la communion de l'Église, sont mises au nombre des mystères, et il en donne quelques raisons peu vraisemblables dans lesquelles il y a plus de subtilité que de solidité. L'auteur de la Hiérarchie peut avoir appelé *mystère* cet office funèbre, parce qu'il se fait avec plusieurs cérémonies sacrées, et qu'on y célèbre la Liturgie non seulement une fois, mais plusieurs jours de suite. Mais on ne peut prouver qu'il ait prétendu que ce fût un sacrement évangélique, puisque le nom de *mystère* a une signification beaucoup plus étendue, et il n'est pas parlé dans tout le livre de celle dont il est question. Les Grecs, quelque respect qu'ils aient pour cet auteur, n'ont jamais mis cette cérémonie au nombre des sacrements; et on ne trouve pas qu'ils aient pensé à cette objection que leur fait Allatius. Il s'ensuit donc qu'ils l'ont entendu d'une autre manière qu'il ne prétend, et cela suffit; car il serait inutile de perdre des paroles à prouver que les morts ne sont pas capables de recevoir les sacrements, après les canons des conciles qui défendent de leur donner l'Eucharistie et le baptême. Cet abus est condamné par le canon dix-huitième des conciles d'Afrique et le sixième du troisième concile de Carthage; S. Épiphane et S. Chrysostôme le condamnent dans les cérinthiens, les marcionites et d'autres hérétiques. On ne peut donc pas supposer que les morts fussent plus capables de ce prétendu sacrement inconnu à toute l'antiquité, puisqu'ils ne pouvaient recevoir les autres.

Aussi on ne trouvera pas que parmi tant d'erreurs, qu'on a attribuées aux Grecs, quelque auteur ait fait mention de celle-là; et il est étonnant qu'Allatius, si versé dans la lecture de leurs livres, en ait pu parler aussi sérieusement qu'il a fait, puisque Caucus même ne la leur a pas objectée. Nous ne croyons pas nous devoir arrêter à ce que dit l'auteur des *Monuments* pour faire valoir le témoignage de ce Vénitien, s'appuyant de l'autorité de l'Histoire critique qu'il a copiée en plusieurs endroits ordinairement sans l'entendre. Caucus a dit que les Grecs ne reconnaissaient pas la confirmation et l'extrême-onction : l'auteur des *Monuments* conclut de là qu'ils n'ont que deux sacrements, parce que Cyrille l'a dit dans sa Confession. Allatius a réfuté Caucus très-fortement, et on ne voit pas quelle raison a eu l'auteur de l'Histoire critique (c. 1, p. 10, 20) de le défendre, même en rendant Allatius suspect d'avoir cherché à plaire au pape Urbain VIII, qui avait dessein de réunir les Grecs avec l'Église romaine par des voies d'adoucissement, et de n'avoir pas toujours gardé les règles de la modération dans leur défense. On verra dans la suite que la plupart des erreurs et des abus que Caucus reproche aux Grecs sont fondés sur une grande ignorance de la théologie ancienne et de leur discipline. Allatius a si peu ménagé les Grecs, qu'il leur a reproché beaucoup d'erreurs qu'ils n'ont point, entre autres celles qui regardent la dispute touchant l'invocation du Saint-Esprit, celles que nous venons d'examiner, et quelques autres. Il ne pouvait pas réfuter Caucus pour faire sa cour à Urbain VIII, dans un livre imprimé seulement en 1648, quatre ans après la mort de ce pape, qui a toujours eu de bons desseins pour favoriser les Grecs; mais personne n'a jamais ouï parler de ces voies d'adoucissement. Ce n'est pas défendre Caucus, que d'accorder que les Grecs croient qu'une partie des sacrements a été instituée par l'Église, c'est trahir la vérité; d'autant plus que, comme nous croyons l'avoir montré, Jérémie n'a rien dit de semblable, et que tous les Grecs disent le contraire. Ce que l'auteur dit aussi, que les Grecs se sont conformés à la théologie des Latins, de la manière dont il l'explique, donne lieu aux protestants de croire qu'avec les termes théologiques ils ont reçu des dogmes qui leur étaient inconnus, ce que nous avons suffisamment réfuté ailleurs. Mais outre que cela signifie seulement que dans les points sur lesquels nous sommes d'accord, les termes mêmes scolastiques leur ont paru si orthodoxes qu'ils les ont adoptés, il y a de leurs auteurs desquels on ne peut dire la même chose. Car Siméon de Thessalonique, qui est leur grand théologien, ne s'en sert presque point, et les paroles de Syrigus, rapportées ci-dessus, prouvent assez qu'il ne les croyait pas nécessaires pour expliquer la foi de son église. Que les protestants ne prétendent donc pas que l'*Histoire critique* et de semblables traités aient d'autorité parmi nous sur ces matières, sinon à proportion de la solidité des preuves que les auteurs rapportent pour établir les nouveautés qu'ils avancent.

CHAPITRE IX.

Que les Orientaux, orthodoxes, schismatiques, ou hérétiques, ont la doctrine et la pratique des sept sacrements.

En prouvant que l'église grecque reconnaît sept sacrements connus et pratiqués pour tels dans l'Église romaine, nous avons suffisamment prouvé que tous les chrétiens soumis aux quatre patriarches du rit grec, ont la même créance et la même pratique. Car il est très-certain que les Moscovites, les Moldaves, les Valaches, et ce qui reste de chrétiens dans la Colchide, la Mingrélie, et autres provinces voisines, sont soumis au patriarche de Constantinople, et suivent la foi qui est contenue dans la Confession orthodoxe. Tous les chrétiens du rit grec soumis aux patriarches d'Alexandrie, d'Antioche et de Jérusalem, et ceux qu'on appelle melchites qui font l'office en syriaque, ont aussi la même créance, étant enfans de la même église. On en doit dire autant des maronites qui sont entièrement réunis au S.-Siége; et il n'y a aucune difficulté sur tous ceux-là. Il ne reste donc à parler que des jacobites et des nestoriens, sous lesquels sont compris tous les autres chrétiens qui restent en Orient.

Ils ont presque tous déclaré dans les attestations solennelles qu'ils donnèrent pendant l'ambassade de M. de Nointel à Constantinople, qu'ils croyaient sept sacrements, comme les croit l'Église catholique : le baptême, le *myron* ou la confirmation, l'Eucharistie, la pénitence, l'ordre, le mariage et l'extrême-onction. Les calvinistes ayant appris de quelques-uns de leurs controversistes et de voyageurs ignorans ou prévenus, que la plupart de ces sacrements étaient inconnus dans ces églises éloignées, voulurent faire passer cette conformité de doctrine avec celle des catholiques, comme une preuve de fausseté et de supposition. Enfin celui qui a écrit le dernier n'a pas trouvé de meilleur argument pour attaquer plusieurs de ces attestations, que cette doctrine des sept sacrements, établissant que tous les Orientaux n'en croyaient que deux, et tirant de ce faux principe autant de conséquences, que si le fait avait été incontestablement reconnu.

Nous ne trouvons pas à l'égard des Orientaux la même abondance de preuves, que celles qui nous ont été fournies par les théologiens grecs, parce que les livres des premiers sont plus rares, et qu'ils n'avaient aucune raison d'écrire sur cette matière. Les Grecs, avant qu'ils eussent eu connaissance des opinions des protestants et du renversement entier de la discipline des sacrements, qui était un des premiers fruits de la réforme, n'avaient composé aucun ouvrage sur ce sujet, sinon ceux qui paraissaient nécessaires pour instruire les ecclésiastiques de la manière dont on devait les célébrer, et donner en même temps des instructions aux laïques pour les recevoir avec fruit.

Ce ne fut donc que quand Jérémie eut connu les sentiments des luthériens qu'il les attaqua, comme firent ensuite ceux qui écrivirent contre la fausse Confession de Cyrille. Les Syriens, les Égyptiens et les autres nations chrétiennes n'ont jamais entendu parler de ces disputes; et lorsqu'on les a consultés sur le nombre des sacrements, ils ont répondu très-simplement selon la créance de leur église.

Mais outre ces preuves récentes, il y en a de bien certaines, pour établir que l'usage de tous les sacrements est conservé parmi les Orientaux depuis plusieurs siècles, puisqu'on sait qu'ils n'ont eu aucune dispute sur cet article, ni avec les Latins ni avec les Grecs, dont ils ont presque tous les rites. Ces preuves consistent en faits; il est par exemple très-certain qu'après le baptême et en même temps ils donnent le *myron*, ou l'onction sacrée faite avec le chrême, dont la bénédiction se fait par les seuls évêques, et même plus ordinairement par les seuls patriarches. On a l'office de ce sacrement en toutes les langues orientales. Il n'est pas moins certain que la confession des péchés est pratiquée parmi tous ces chrétiens, ou qu'au moins elle doit l'être selon les règles de chaque église; nous avons leurs formes d'absolution des pénitents, par conséquent nous ne pouvons pas douter qu'ils n'aient le sacrement de pénitence. Les ordinations des maronites, des jacobites, et des nestoriens qui ont été publiées par le savant P. Morin, démontrent qu'ils ont le sacrement de l'ordre. Nous avons aussi divers offices de la bénédiction nuptiale, que tout chrétien est obligé de recevoir en face de l'église lorsqu'il se marie, et sans quoi le mariage est regardé comme un concubinage. De même nous trouvons un office particulier appelé *kandil*, c'est-à-dire, de *la lampe* en syriaque, et en d'autres langues, qui répond à celui de l'extrême-onction; et supposant que tous ces offices font partie de la discipline de ces églises, ce qui est incontestable, on ne peut douter qu'elles n'aient, comme nous, tous les sacrements.

Comme les protestants ne peuvent pas nier que les Orientaux n'aient la pratique de toutes ces cérémonies sacrées, et qu'il en faut nécessairement convenir ou contester l'autorité de tous les Rituels syriaques, cophtes, éthiopiens, arméniens, et généralement tous ceux qui sont en usage dans l'église d'Orient, ils se retranchent à dire que ces cérémonies ne sont pas considérées comme des sacrements, ni comprises sous un nom général tel que celui qu'elles ont dans notre théologie. C'est là un des grands arguments dont M. Ludolf s'est servi, pour prouver que les Éthiopiens n'en recevaient que deux, à quoi il a ajouté ce pitoyable raisonnement, qu'ils ne connaissaient pas sept sceaux de la foi; c'est-à-dire qu'ils ne comprenaient rien à la définition toute nouvelle et inconnue à l'ancienne Église, que les protestants ont donnée des sacrements. C'est réduire la chose à une question de nom, et à une pure chicane, qui peut prouver que les Orientaux n'ont pas connu des termes théologiques, dont la connaissance n'est pas nécessaire au salut, et qui n'ont été mis en usage parmi nous que plusieurs siècles après l'établissement de la pratique constante et universelle des choses qu'ils signifient. Laissant donc à part les noms et les termes, qui ont pu varier, il n'y a qu'à examiner si les Orientaux ont connu, et s'ils connaissent encore les choses signifiées par nos termes théologiques.

Nous disons que le sacrement est un signe sacré, d'institution divine, qui produit la grâce suivant la promesse de Dieu. On ne peut nier que les cérémonies et les choses sensibles employées dans la confirmation, dans l'ordination, dans l'absolution des pénitents, dans la bénédiction nuptiale, et dans l'onction des malades, ne soient des signes, puisqu'elles peuvent être employées à d'autres usages qu'à celui des sacrements, et elles le sont en effet en diverses bénédictions qui ne sont pas regardées comme sacrements.

A l'égard de l'institution divine, qu'on demande aux Orientaux si ces cérémonies sont des inventions humaines, dans le sens le plus innocent que puisse recevoir cette expression; c'est-à-dire que ce sont des pratiques pieuses que Jésus-Christ n'a pas instituées, que les apôtres n'ont pas établies, mais qui ont été introduites sans l'autorité de l'un, et sans celle des autres, pour nourrir la piété des fidèles; les Orientaux répondront que non, mais qu'elles ont été toutes instituées par Jésus-Christ; car ils le croient ainsi, comme nous l'avons marqué ailleurs. Si on leur fait entendre la question selon le sens que la réforme a attaché à ce mot d'invention humaine par opposition à l'institution divine; c'est-à-dire que ces cérémonies sont des abus et des superstitions qui ne peuvent s'accorder avec la pureté du christianisme, et que par conséquent il faut abolir, comme ont fait toutes les communions protestantes, il n'y a pas de Lévantin si ignorant qu'il puisse être, pourvu qu'il sache son catéchisme, qui ne rejette avec horreur une pareille proposition. Un théologien n'en demeurera pas là, mais il lui citera toutes les autorités qui se tirent des Constitutions apostoliques, des canons, et de la pratique de l'Église.

Qu'on lui propose cette objection, que toute cérémonie ou signe sacré qui confère la grâce, doit être d'institution divine, il en conviendra comme nous. Mais si on prétend lui persuader que tout ce qui a été institué par Jésus-Christ doit être marqué dans la sainte Écriture, il répondra en deux manières : premièrement que cela n'est pas absolument nécessaire, puisque Jésus-Christ a fait et dit plusieurs choses qui ne sont pas écrites; que les apôtres qui en ont été témoins les ayant établies dans l'Église, nous les devons recevoir comme de la bouche de leur divin maître, et écouter leurs disciples fondateurs des premières églises, comme nous aurions écouté les apôtres et Jésus Christ. En second lieu ce théologien oriental répondra que toutes ces cérémonies sacrées sont fondées sur l'Écriture sainte, et il le prouvera par tous les passages dont nous nous servons contre les protestants, pris dans le même sens que nous leur donnons, et qui est celui dans lequel les Grecs les ont toujours entendus.

Ce théologien oriental se servira des mêmes passages, pour prouver que ces cérémonies produisent une grâce spéciale dans les chrétiens qui les reçoivent dignement. Il prouvera, par exemple, que les premiers fidèles recevaient le Saint-Esprit après le baptême par l'imposition des mains des apôtres, et que les nouveaux baptisés le reçoivent encore par la chrismation, et par le signe de la croix; puisque les grâces miraculeuses qui étaient nécessaires dans la naissance de l'Église, ne le sont plus; et que la sanctification des âmes est la fin principale et essentielle de l'institution des sacrements. De même ce théologien prouvera la nécessité de la confession des péchés par le témoignage de S. Jacques, et la puissance sacerdotale pour l'absolution des pécheurs par les paroles de Jésus-Christ à ses apôtres, et par les clés du ciel promises à S. Pierre, avec l'autorité de lier et de délier. Il prouvera de même l'ordination et la grâce qu'elle produit, par plusieurs passages des Actes des apôtres; la sainteté du mariage chrétien, par ceux dont les protestants nous contestent le sens; l'extrême-onction par S. Jacques et par S. Marc, et ainsi du reste; ce qu'il confirmera par l'autorité de la tradition et par la pratique de l'Église. Tout ce que nous disons n'est pas avancé témérairement, et c'est ainsi que Sévère, que Barsalibi, Michel, patriarche d'Antioche, les deux Ebnassal, Echmimi, divers patriarches d'Alexandrie dans leurs constitutions synodales, Abulfarage, Abulbircat, Abusébah, l'auteur de la Science ecclésiastique, et divers anonymes, soutiennent la doctrine et la discipline de leur église, comme on le fera voir clairement par leurs témoignages, qui seront rapportés en traitant de chaque sacrement en particulier.

Pour ne rien omettre, nous examinerons deux objections, qui ont été souvent rebattues par les protestants. La première est que non seulement divers auteurs qui ont écrit sur les hérésies, mais plusieurs théologiens et des voyageurs assez dignes de foi, témoignent que les Orientaux n'ont pas quelques-uns des sacrements. La seconde est que ces cérémonies et ces prières dont nous venons de parler sont défectueuses en plusieurs manières, soit du côté de la matière, soit pour la forme.

On répond à la première objection ce qui a déjà été dit, et qu'on est obligé de répéter en traitant cette matière, que la plupart des auteurs qui ont voulu apprendre aux autres la foi et la discipline des chrétiens du Levant l'ont souvent ignorée eux-mêmes, et qu'on ne doit pas juger sur de pareilles autorités. Nous répondons à la seconde, que ceux qui ont examiné les rites des Orientaux suivant les préjugés de l'école, et sur le fondement dont on reconnaît présentement la fausseté, et qui est qu'on ne peut célébrer les sacrements que selon l'usage présent de l'Église romaine, ont pu former un pareil jugement.

Mais comme il est contraire à celui de plusieurs papes, à la pratique de l'Église, et à la plus saine théologie; que de plus les conséquences en sont fort périlleuses, puisqu'elles peuvent être employées contre l'ancienne Église, aussi bien que contre les églises orientales, on n'y doit avoir aucun égard.

Les protestants disent, pour rendre la doctrine des Grecs suspecte, qu'ils ont adopté dans leurs traités touchant les sacrements des expressions de nos théologiens, même des scolastiques. Cela prouve qu'elles paraissent si orthodoxes aux Grecs, qu'ils ne font pas de difficulté de s'en servir; au lieu qu'il ne s'en est pas trouvé un seul qui, avec l'approbation de son église, ait approuvé la théologie de Cyrille, ni des théologiens luthériens. A l'égard des Orientaux, on ne peut pas faire la même objection, puisqu'ils n'ont pas traité dogmatiquement cette matière, ce qui donnera peut-être lieu à d'autres de dire qu'ils n'en disent pas assez, et qu'ils ne s'expliquent pas suffisamment sur les sacrements.

Mais quoique cette objection n'ait rien de solide, puisqu'il n'est pas besoin de savoir tout ce que la théologie enseigne sur les sacrements, pour croire ce que l'Église nous propose comme des vérités nécessaires au salut, il y a une raison bien certaine de cette différence. Car les Grecs, quoiqu'ils soient dans la même captivité que les autres chrétiens orientaux, étant également soumis à la tyrannie des infidèles, comme ils ont été les derniers conquis, ils ont conservé, autant qu'a duré leur empire à Constantinople, les lettres, les études ecclésiastiques, et toutes les sciences. Les disputes qu'ils ont eues avec les Latins les ont engagés à étudier plus que les Orientaux, qui, étant presque tous soumis aux Mahométans dès le septième et le huitième siècle, sont tombés dans une grande barbarie. De plus, ils n'ont jamais eu occasion de défendre la doctrine ancienne des sacrements contre les hérétiques, parce qu'ils n'ont ouï parler de luthéranisme ou de calvinisme que lorsqu'ils ont vu venir dans le Levant des Anglais et des Hollandais, qu'ils regardaient d'abord comme chrétiens et comme leurs frères; mais quand ils surent leur nouvelle religion, ils ne les considérèrent que comme des hérétiques, ce que savent assez tous ceux qui ont fait quelque séjour dans le Levant.

Au contraire, les Grecs, depuis le temps de Jérémie, patriarche de Constantinople, ont eu occasion de connaître la doctrine des protestants, premièrement par les écrits que les luthériens de Tubingue lui envoyèrent avec la Confession d'Augsbourg, et par ceux qu'ils firent pour la soutenir. Alors les opinions des calvinistes étaient peu connues en Grèce, et ce fut par les disputes de Coressius contre Léger, et auparavant par le commerce que Mélèce Piga, patriarche d'Alexandrie, eut avec les Anglais et les Hollandais, que les Grecs les connurent. La Confession de Cyrille, et toutes les affaires qu'elle excita, leur donnèrent lieu d'en être parfaitement instruits. C'est ce qui a produit plusieurs ouvrages des théologiens grecs des derniers siècles, par lesquels ils ont amplement éclairci cette matière, de quoi les autres Orientaux n'ont pas eu occasion.

Ils sont demeurés dans l'état où a été autrefois l'Église, avant qu'elle fût agitée par les nouvelles hérésies. La doctrine des sacrements étant simple, et consistant principalement à croire ce qu'on enseignait aux fidèles touchant les sacrements, dont la pratique était pour eux une instruction continuelle, sur laquelle il n'y avait aucune contestation, ils n'étaient pas obligés de penser à soutenir par les témoignages de l'Écriture et des Pères des vérités que personne ne contestait. Ainsi les Orientaux n'ont eu presque jusqu'à nos jours que deux sortes de traités sur les sacrements : les uns contenaient des instructions pour exhorter ceux qui les recevaient à entrer dans l'esprit de l'Église, afin de les recevoir utilement; les autres, qui ne regardaient proprement que les ecclésiastiques, étaient uniquement pour marquer les rites qui devaient être observés en les administrant.

Si cependant, à l'occasion de nouveautés ou d'abus considérables, il fallait instruire les chrétiens de quelque chose de plus, et les fortifier contre ceux qui pouvaient les écarter de la foi de l'Église, on trouve qu'ils l'ont soutenue avec beaucoup de force, par l'Écriture et par la tradition. Nous en avons un exemple considérable par rapport à la pénitence. Deux patriarches d'Alexandrie, Jean et Marc, fils de Zaraa, avaient laissé introduire un abus énorme, qui était de ne pas obliger les pécheurs à se confesser, et de les admettre à la communion sans qu'ils eussent reçu le *canon*, c'est-à-dire la pénitence canonique et l'absolution du prêtre. Outre qu'ils avaient toléré cet abus, ils avaient de plus engagé Michel, métropolitain de Damiette, et quelques autres, à prouver que personne n'était obligé à confesser ses péchés aux prêtres. Non seulement ils trouvèrent un grand nombre d'ecclésiastiques qui s'opposèrent à cette nouveauté, comme on le marquera en parlant du sacrement de la pénitence; mais dans le temps même Michel, patriarche jacobite d'Antioche, et les deux frères Ebnassal, écrivirent très-fortement pour prouver la nécessité de la confession sacramentelle, et dans les homélies à l'usage de l'église d'Alexandrie, cette doctrine est répandue en tant d'endroits et prouvée en tant de manières, qu'il est aisé de reconnaître qu'ils avaient en vue de combattre cette erreur. On est donc en droit de présumer qu'ils en auraient fait autant à l'égard de celles qui auraient pu s'élever contre la créance et la pratique de leur église, s'il y en avait eu quelqu'une touchant les autres sacrements; mais il ne s'en trouve pas le moindre vestige.

Il est encore à remarquer que depuis plus de cent cinquante ans on a imprimé à Rome des catéchismes en syriaque, en arabe, et en arménien, qui ont été répandus dans tout le Levant, et par lesquels les Orientaux ont connu la doctrine de l'Église romaine fort en détail, surtout dans le grand catéchisme de Bellarmin, et dans celui du cardinal de Richelieu. Il ne se trouvera pas que sur ce qui regarde les sacrements, les plus outrés hérétiques ou schismatiques y aient trouvé à redire : et quoique la différence des cérémonies pût leur donner des soupçons contre la doctrine (comme il est arrivé à l'égard des Grecs, qui à cette occasion nous reprochent divers abus), cependant ils l'approuvent en ce qu'elle a d'essentiel, et même on apprend par quelques témoignages non suspects, que se trouvant quelquefois destitués du secours de leurs prêtres, ils ont demandé ces mêmes sacrements aux catholiques. On ne peut donc former aucune difficulté sur la conformité de la créance des Orientaux que sur le témoignage de quelques catholiques, sur celui des protestants, ou sur des raisonnements, pour prouver que les cérémonies orientales ne sont pas de véritables sacrements. Nous avons fait voir que les premiers n'ont pas toujours entendu la matière, et qu'ils ont condamné souvent des cérémonies et des prières que la pratique de l'ancienne Église justifiait suffisamment ; que les protestants l'ont encore moins entendue, et que leur témoignage doit être compté pour rien, et qu'à l'égard des objections, on y répond aisément de la même manière qu'à celles que quelques auteurs ont faites contre les Grecs ; puisque les papes ont approuvé ce que ces particuliers condamnent si hardiment. Enfin quand les arguments que quelques-uns de ceux-ci ont fait trop valoir auraient la force qu'ils n'ont pas, il ne s'ensuivrait pas que les Orientaux, non plus que les Grecs, ne croient pas sept sacrements ; mais que croyant les avoir, ils ne les ont pas. Ainsi quand on prétendrait avoir prouvé que le couronnement ou mariage, et l'onction des malades, de la manière dont les Cophtes et les autres chrétiens d'Orient célèbrent ces cérémonies, ne sont point des sacrements, on n'aurait rien fait. Car cela n'empêcherait pas qu'il ne fût vrai de dire que les Orientaux les considèrent comme des sacrements : et si on entrait en discussion des preuves, il ne serait pas difficile de faire voir que celles qu'ils ont pour soutenir leur tradition, sont aussi solides que les autres sont faibles et défectueuses : c'est ce qu'on éclaircira en parlant de chaque sacrement en particulier.

Nous avons marqué, comme une preuve certaine de la tradition et de la créance des églises orientales touchant les sacrements, la discipline qu'elles conservent depuis un temps immémorial pour les administrer : et comme elle est conforme à celle de l'église grecque, on en peut conclure certainement, par le principe que nous avons établi ailleurs, que leur créance doit être la même. Mais outre la pratique constante de toutes ces cérémonies, qui est prouvée par tous les auteurs, on voit que chaque église a conservé ces offices avec grand soin, et qu'ils ont été mis en l'état où ils se trouvent dans les manuscrits, par les soins des patriarches et des plus savants évêques de chaque communion. Ainsi les nestoriens attribuent leurs offices à Mar Abba, un de leurs plus fameux catholiques.

Les jacobites syriens en ont quelques-unes attribués à Sévère d'Antioche, d'autres à Jacques d'Édesse ; quelques autres ont été réformés par Denis Barsalibi et par Grégoire Abulfarage. Les Cophtes ou Jacobites d'Alexandrie se servent particulièrement du Rituel confirmé par le patriarche Gabriel, et ils ont les offices du mariage, de l'extrême-onction et d'autres, rédigés par Paul, évêque de Melicha ; d'autres par Kyriaque, évêque de Behnsa, sans parler de ceux qui sont sans nom d'auteur, mais approuvés par les églises qui s'en servent, comme sont les ordinations que le P. Morin a fait imprimer ; de plus amples tirées de la bibliothèque du grand-duc ; celles des Cophtes qui sont dans plusieurs manuscrits, et les offices qu'Abulbircat a insérés dans sa Collection. Ceux dont ils portent le nom n'en sont pas les premiers auteurs : ils ont seulement ajouté diverses prières conformes à l'esprit des anciennes, comme dans plusieurs Liturgies. Ils sont dans des langues inconnues au peuple depuis plusieurs siècles et longtemps avant les commencements que les protestants donnent aux cérémonies des sacrements qu'ils rejettent. On ne peut donc raisonnablement douter que ces Rituels ne représentent une discipline beaucoup plus ancienne, et que les patriarches et les évêques qui ont eu soin de la conserver en revoyant et augmentant les offices de leurs églises, ne l'aient regardée comme étant de tradition apostolique, aussi bien que la doctrine touchant les sacrements, qui a un rapport nécessaire à cette même discipline, puisqu'elle ne peut subsister avec des opinions contraires.

LIVRE SECOND.

DU BAPTÊME ET DE LA CONFIRMATION.

CHAPITRE PREMIER.

Que les Grecs et les autres chrétiens orientaux condamnent l'opinion des calvinistes touchant le baptême.

Le dessein de cet ouvrage n'est pas de faire un traité des sacrements, mais seulement de montrer que les Grecs et les Orientaux n'ont aucune opinion semblable à celles que Cyrille Lucar leur a imputées dans sa Confession. Ainsi nous nous restreindrons aux articles nécessaires, pour faire voir la conformité de créance qui est entre l'église orientale et l'occidentale sur ce sujet.

Les protestants, et particulièrement les calvinistes, reconnaissent à la vérité deux sacrements, mais d'une manière si différente de la théologie des Grecs, qu'il n'y a rien de plus éloigné. Car, comme on a vu par les témoignages de leurs auteurs, ils croient que les sacrements sont opérés par le Saint-Esprit comme cause primordiale, et par les évêques ou par les prêtres comme causes ministérielles et instrumentales ; qu'ils ont leur effet, pourvu que celui qui les reçoit n'y mette point d'obstacle, et non pas que le sacrement ne soit opéré et n'ait son effet que par la foi de celui qui l'administre et de ceux qui le reçoivent. Les Grecs croient encore moins que les sacrements ne sont que des signes ou des sceaux des promesses divines pour exciter la foi, mais ils les considèrent comme des signes sacrés qui produisent efficacement la grâce qu'ils signifient, c'est-à-dire, *ex opere operato*, comme on parle dans les écoles.

Ainsi, quoique les protestants appellent sacrements le baptême et l'Eucharistie, ce n'est pas dans le sens de l'église orientale, qui est persuadée qu'ils n'ont point la véritable idée des sacrements évangéliques, et que dans leur baptême, parce qu'il est selon la forme prescrite par l'Église, il y a plus qu'ils ne prétendent, puisqu'il donne la rémission des péchés indépendamment de la foi dans les enfants ; et que ce qu'ils appellent le sacrement de l'Eucharistie n'est rien qu'un nom en l'air, puisqu'ils n'y reconnaissent pas le changement réel du pain et du vin au corps et au sang de Jésus-Christ ; et que quand ils l'y reconnaîtraient, ils se tromperaient, puisqu'ils manquent de ministres véritablement ordonnés, et qu'ils ne suivent pas la forme dont l'Église a toujours célébré les sacrés mystères. C'est pourquoi le patriarche Jérémie leur reproche avec raison, dans sa troisième réponse, qu'ils conservent à la vérité quelques sacrements, mais en se trompant, et en changeant et pervertissant le sens des paroles de l'ancienne et de la nouvelle doctrine pour les accommoder à leur dessein. Il n'y a donc aucune conformité de doctrine sur les sacrements, pas même sur le baptême, entre les Grecs et les protestants.

Le principal point de foi qui concerne ce sacrement est sa nécessité absolue, fondée sur ces paroles de Jésus-Christ : *Nisi quis renatus fuerit ex aquâ et Spiritu sancto, non potest introire in regnum Dei.* « Si quelqu'un n'est régénéré par l'eau et par le Saint-Esprit, il ne peut entrer dans le royaume de Dieu. » Les Grecs, conformément à toute l'ancienne Église, n'ont jamais entendu ce passage autrement que de la nécessité du baptême ; c'est pourquoi ils ont toujours cru que sans ce sacrement il n'y avait point de salut. Les calvinistes ont cru au contraire qu'il n'était pas absolument nécessaire, surtout aux enfants ; prétendant, par une interprétation forcée d'un passage de S. Paul, que les enfants des chrétiens étaient saints et compris dans l'alliance ; nouveauté inouïe à toute l'antiquité, et directement contraire à la pratique de l'Église. Aussi trouvent-ils beaucoup de difficulté à prouver le baptême des enfants, que plusieurs d'entre eux ont rejeté ; et quand on examine les preuves dont les ministres se servent communément contre les anabaptistes, elles se trouvent infiniment plus faibles que les objections de leurs adversaires, puisqu'il ne faut chercher d'autre fondement de cet usage que la discipline et la tradition.

C'est aussi sur ce fondement que les Grecs et tous les Orientaux croient la nécessité absolue du baptême, entendant de même que les catholiques les paroles de Jésus-Christ : *Si quelqu'un n'est régénéré de l'eau et du Saint-Esprit, il n'entrera pas dans le royaume de Dieu.* Ils ont ignoré la distinction frivole du *royaume de Dieu* et du *royaume des cieux*, inventée par les calvinistes, comme si le premier signifiait l'Église, et l'autre le ciel ; et ils citent indifféremment ce passage de deux manières, ainsi qu'ont fait plusieurs anciens. Mais ils ont très-bien su ce que ceux qui font tant valoir leur érudition hébraïque ont ignoré ou dissimulé, que, dans le style ordinaire des Juifs, le royaume des cieux et le royaume de Dieu sont la même chose. C'est ce qu'on a prouvé très-clairement dans la *Défense de la Perpétuité*, où on a fait voir que S. Justin, S. Jean Chrysostôme et presque tous les anciens ont entendu ces paroles, non pas de l'Église visible, mais de la béatitude, qu'on entend ordinairement par le royaume des cieux.

Jérémie n'a pas traité fort au long cette matière, parce que les luthériens, avec lesquels il disputait, ne sont pas dans la même erreur sur la nécessité du baptême ; et il l'établit sur les paroles de Jésus-Christ, que *celui qui ne sera pas baptisé n'entrera pas dans le royaume des cieux*; de même qu'elles sont citées dans la Confession orthodoxe, et dans le synode de Jérusalem, et par la plupart des anciens et des modernes. Il y a aussi peu de conformité de doctrine entre les calvinistes et les Grecs sur cet article que sur la plupart des autres. Car chacun sait que jamais il n'y a eu de variété sur ce sujet entre les églises ; et dans l'Occident, ainsi que dans l'Orient, les saints Pères ont prêché la même doctrine. Quoique très-souvent plusieurs personnes différassent assez longtemps leur baptême, les unes comme quelques grands saints, pour s'y préparer plus sérieusement ; d'autres, et en plus grand nombre, par une négligence peu excusable, il y avait dans ce temps-là même deux maximes certaines et universellement établies. La première, que les catéchumènes n'étaient pas en voie de salut, de sorte qu'on n'offrait pas le sacrifice pour eux comme pour les autres chrétiens, et les Pères ne leur donnaient aucune espérance d'être sauvés. L'autre, que les enfants morts sans baptême étaient regardés comme exclus du royaume des cieux. C'est pourquoi S. Augustin (lib. 1 de Grat. et Arbitr., c. 22, 23), voulant rendre sensible la miséricorde gratuite de Dieu, et marquer en même temps que ses jugements sont impénétrables, se sert de l'exemple de plusieurs enfants de barbares, qui, ayant été pris, avaient reçu le baptême, pendant que les enfants de quelques fidèles étaient souvent morts avant qu'on le leur pût administrer.

Dans les siècles moins éloignés de nous, lorsqu'on commença à dresser les collections des canons pénitentiaux, parmi les péchés auxquels on prescrivit une rude pénitence, on trouve celui d'avoir laissé mourir un enfant sans baptême, pour lequel non seulement les pères et mères, mais aussi les prêtres, quand il y avait de leur faute, étaient obligés à des jeûnes et à d'autres œuvres laborieuses. Jean-le-Jeûneur impose aux parents une pénitence de trois ans. On peut voir sur cela le Nomocanon de M. Cotelier et d'autres pénitentiaux.

Il serait encore plus inutile de perdre du temps à prouver que les Grecs ne croient rien de tout ce que les calvinistes enseignent sur le baptême des enfants, et sur l'effet rétroactif qu'ils lui attribuent à l'égard des adultes pour effacer tous leurs péchés; car, comme chacun sait que ces opinions ne sont pas plus anciennes que Calvin, on ne doit pas s'imaginer que les Grecs en aient eu la moindre connaissance, sinon dans les derniers temps par la Confession de Cyrille. Le jugement qu'en fit le synode de Parthénius-le-Vieux est ainsi marqué dans le seizième article : *Il reconnaît deux sacrements, mais dans les chapitres suivants il n'expose pas sainement leur effet et leur puissance. Car il croit que par le baptême celui qui le reçoit est justifié, en sorte qu'il ne peut périr en quelque manière que ce soit, ne se souvenant pas que ceux qui ne l'ont pas conservé sans tache, et qui n'ont pas persévéré dans la foi jusqu'à la fin, n'ont tiré aucun fruit de cette ablution, et sont condamnés à des supplices éternels.*

On a des preuves incontestables de l'éloignement qu'ont toujours eu les Grecs d'une nouveauté aussi étrange, et ce n'est pas sans raison que Syrigus et d'autres théologiens (Epist. ad fratr. Inf. Germ.) ont dit que les calvinistes reconnaissaient de parole le baptême, mais que dans le fond ils en détruisaient toute la substance. On ne trouvera pas que parmi tant de disputes sur la religion, qui ont agité l'église grecque, il ait jamais été mis en question si le baptême était nécessaire aux enfants, ni si l'usage de le leur administrer était par honneur, ou par une nécessité absolue, comme le reproche Érasme aux premiers auteurs de ce dogme insoutenable, et inconnu à toute l'antiquité. Car les pélagiens niaient la nécessité du baptême, parce qu'ils niaient le péché originel. Mais ceux qui reçoivent les anciennes décisions de l'Église contre ces hérétiques, n'ont jamais pensé que les enfants mêmes des fidèles naquissent autres qu'enfants de colère, et ils n'ont jamais compris qu'ils entrassent dans l'alliance des fidèles autrement que par le baptême. C'est en ruiner toute la force, comme dit Syrigus, que de le restreindre à la simple qualité de sceau et de signal de la foi ; et ce principe faux étant ruiné par la discipline constante de l'Église, qui a toujours baptisé les enfants, et qui leur a prêté la langue de leurs parrains pour confesser la foi, on ne pourrait le soutenir que par une erreur encore plus pernicieuse, puisqu'elle a coûté le salut éternel à tant d'enfants que les calvinistes ont laissés mourir sans baptême.

Il est aisé de reconnaître que le seizième article de la Confession de Cyrille renferme, quoique d'une manière peu développée, de peur d'effaroucher les esprits, toutes les erreurs que les calvinistes ont inventées sur le baptême. *Nous croyons,* dit-il, *que le baptême est un sacrement institué par Jésus-Christ, avec lequel celui qui ne reçoit pas le baptême n'a aucune communication; puisque c'est de la mort, de la sépulture et de la glorieuse résurrection de Jésus-Christ que toute la vertu et l'efficace du baptême sort comme de sa source. C'est pourquoi nous ne doutons point que les péchés ne soient remis à ceux qui sont baptisés, ainsi qu'il est prescrit dans l'Évangile, c'est-à-dire, le péché originel, et tous ceux que celui qui a reçu le baptême peut avoir commis,* etc. Il ne sera pas inutile de rapporter la censure de Syrigus sur cet article. *On reconnaît,* dit il, *manifestement par ces paroles, que les sectateurs de Calvin boitent des deux côtés, même sur le baptême, quand ils l'appellent sacrement, et quand ils disent qu'il est nécessaire pour avoir communion avec Jésus-Christ, et qu'ils accordent que ceux qui le reçoivent sont par ce sacrement régénérés, purifiés et justifiés ; car ils ne pouvaient pas soutenir la lumière foudroyante de l'Écriture. Mais par une fausse interprétation qu'ils donnent ensuite à ses paroles, ils se rétractent en quelque manière, lorsqu'ils disent que le baptême n'est pas nécessaire aux enfants des chrétiens, qu'il est simplement un signe de la grâce qu'ils avaient déjà ; qu'il n'efface pas absolument les péchés, rendant innocent celui qui a reçu le baptême, mais qu'il les couvre seulement, Dieu ne les imputant point ; qu'il ne produit aucune grâce, et qu'il n'imprime aucun caractère dans les baptisés ; que les paroles qui sont prononcées dans l'administration sont des paroles magiques ; que l'eau n'est pas nécessaire, et qu'à sa place on peut se servir de vin, de lait, de miel, ou de toute sorte de matière liquide ; qu'il peut être conféré indifféremment par un prêtre ou par un particulier fidèle ou infidèle, homme ou femme, tels qu'ils soient, il n'importe ; que les cérémonies anciennes de ce sacrement sont des idolâtries. C'est ainsi qu'ils ne se mettent pas en peine de contredire l'Écriture sainte, ni de se contredire eux-mêmes.* Mais comme Cyrille en ce chapitre-ci n'expose pas ces blasphèmes, et qu'il ne cite pas les passages d'où ils croient pouvoir les tirer, nous interpréterons favorablement le reste de cet article, et nous en examinerons seulement un point. C'est lorsqu'il dit que tous ceux qui reçoivent le baptême sont justifiés ; car il y entend par-là, c'est qu'aucun d'eux ne peut périr, quand il le voudrait, comme étant déjà prédestiné de Dieu et recevant le baptême comme une marque de sa prédestination. Il est tombé dans cette opinion, pour n'avoir pas bien entendu ces paroles de Jésus-Christ : Celui qui croira et sera baptisé sera sauvé, et celui qui ne croira pas sera condamné, qu'il rapporte dans ses témoignages. Car quiconque croit et est baptisé, sera sauvé, mais pourvu qu'il conserve sa foi inébranlable jusqu'à la fin, qu'il conserve aussi son baptême sans tache, de sorte qu'il puisse dire avec S. Paul : J'ai combattu courageusement, j'ai consommé ma course, j'ai conservé la foi; du reste la couronne de gloire m'est réservée. *Celui qui ne persévère pas dans la sainteté du baptême, et qui ne s'est pas dépouillé parfaitement du vieil homme, qui est encore soumis à la servitude du prince de ce monde, qui ayant mis la main à la charrue, retourne en arrière, n'est pas propre au royaume des cieux, et n'est pas sauvé, ce que prouvent ces mêmes paroles.* En effet, Judas, Nicolas, prosélyte d'Antioche, Simon-le-Magicien, Alexandre l'ouvrier en cuivre, Démas, Hyménée, Philétus et plusieurs autres, avaient reçu la foi et le baptême, mais ils déchurent du salut, n'ayant pas conservé ce qui était comme une conséquence de la foi, et l'ayant abandonné par leur apostasie. Il montre ensuite que tous les hérésiarques avaient été de même, et que la foi qu'ils avaient confessée ne leur servait de rien, non plus que le baptême qu'ils avaient reçu.

Il paraît qu'en quelques-uns de ces articles Syrigus n'a pas été bien informé, surtout pour ce qui regarde le baptême administré par des laïques et même par des femmes; car ceux qui ne reconnaissent pas la nécessité absolue du sacrement, ne peuvent en laisser indifféremment la célébration à toute sorte de personnes. Il est vrai que quelques théologiens anglais ont cette opinion, qui est plus conforme à l'usage de l'Église (Voss. de Bapt., p. 153); mais elle n'est pas selon les principes de la prétendue réforme. Car Calvin, après avoir reconnu que depuis plusieurs siècles, et même dès le commencement de l'Église, il était établi par l'usage que les laïques baptisassent en péril de mort, a eu la hardiesse d'ajouter (Instit. l. IV, c. 15, § 20) qu'il ne voyait pas quelle bonne raison on pouvait employer pour le soutenir. Mais ces Grecs, qu'on représente comme si peu capables dans les matières de religion, ont toujours regardé comme des blasphèmes de pareilles propositions. Ainsi ils rejettent avec raison celle qui établit que le baptême peut être donné avec toute sorte de liqueurs, qui est de Bèze.

Ils ont aussi remarqué judicieusement, que, outre ces erreurs sur l'essence du sacrement, sur son efficace et sur d'autres points, les calvinistes n'erraient pas moins sur la forme, que les anciens appelaient *verbum*, et qui, jointe à la matière ou élément, produit le sacrement par l'opération du Saint-Esprit, l'entendant de la prédication que fait leur ministre. Ils font voir l'absurdité de cette nouvelle théologie, qui attribue tout à la foi, et ils montrent, par la réfutation de ce qu'ils en ont vu dans la Confession de Cyrille, que rien n'est plus éloigné de la créance de l'église grecque, de la tradition et de la pratique ancienne; et par conséquent ils regardent comme hérétiques ceux qui rejettent l'une et l'autre.

On ne s'étendra pas davantage sur cet article, puisque la matière est suffisamment éclaircie, surtout depuis que les Grecs indépendamment de toute sollicitation, ont fait imprimer en Moldavie les œuvres de Siméon de Thessalonique, l'*Enchiridion* de Dosithée, sa Réfutation de Jean Caryophylle et celle de Cyrille par Syrigus, outre ce qui se trouve dans la Confession orthodoxe et dans tous les auteurs qui ont écrit depuis deux cents ans.

CHAPITRE II.

Que tous les chrétiens orientaux croient la nécessité absolue du baptême, comme elle est enseignée dans l'Église catholique.

La créance de la nécessité absolue du baptême, n'est pas moins reçue dans toutes les communions orientales, orthodoxes, schismatiques ou hérétiques, que parmi les Grecs. Il n'y a jamais eu sur cet article aucune dispute entre les différentes sectes qui ont partagé l'Orient : et c'est ce que remarquent les théologiens melchites, jacobites et nestoriens, qui ont écrit des hérésies. Paul de Séide, Pierre de Melicha, Ebnassal, Abulbircat et les autres, disent que tous les chrétiens s'accordent sur ce qui concerne le baptême. Tous ont toujours entendu les paroles de Jésus-Christ, *nisi quis renatus fuerit ex aquâ et Spiritu sancto non potest introire in regnum Dei*, de même que les Grecs et les Latins. La distinction du *royaume de Dieu*, et du *royaume des cieux* leur est inconnue; de sorte que, comme il a été observé que plusieurs Grecs anciens et modernes citent indifféremment ces paroles de Jésus-Christ selon les deux différentes leçons, les Orientaux les citent de même. C'est ce qu'on entendra mieux par les passages de leurs théologiens.

Ebnassal, théologien jacobite des plus fameux parmi les Égyptiens, dans son ouvrage qui a pour titre, *Abrégé des principes ou des fondements de la foi* (part. 2, chap. 24, MS. arab.), en parle de cette manière : *Le baptême est un précepte général pour tous les fidèles, donné à tous, hommes et femmes, grands et petits; car c'est la régénération spirituelle, sans laquelle aucun chrétien n'entrera dans le royaume de Dieu, et sans laquelle même on ne peut être chrétien, puisque le Seigneur a dit à Nicodème :* « *Si quelqu'un n'est pas régénéré de l'eau,* » *etc.* Un autre de même surnom, frère du premier, et qui a fait une collection de canons en arabe fort connue et estimée, dans le chapitre 2, dit la même chose, citant les paroles de S. Jean, que Denis Barsalibi, les commentaires arabes et autres, expliquent de la nécessité du baptême.

Ferge-allah Echmimi, c'est-à-dire natif de la ville d'Echmim ou Ikmim en Thébaïde, plus ancien que les deux auteurs précédents, a fait aussi une collection de canons assez ample, et autant exacte qu'on la peut faire sur des traductions arabes. Dans le chapitre 5, il parle ainsi du baptême : *Le baptême est nécessaire à un chacun, Notre-Seigneur Jésus-Christ ayant dit :* « *Si quelqu'un ne renaît pas de l'eau et de l'esprit, il ne peut entrer dans le royaume de Dieu.* » *C'est ce qui nous oblige à apporter un grand soin pour le recevoir; et lorsqu'il arrive que quelqu'un est en péril de mort, et qu'on ne le peut différer, c'est alors qu'il faut faire tous ses efforts afin de l'obtenir. Nous pou-*

vons le différer quelquefois, lorsque les enfants sont dans une santé parfaite, et qu'elle n'est troublée par aucun accident de maladie; car alors la coutume est qu'on attende quarante jours à baptiser les enfants mâles, et quatre-vingts pour l'autre sexe. Mais s'il survient quelque maladie ou qu'on en ait le moindre indice, il faut promptement baptiser les enfants, de peur qu'il n'arrive quelque chose de pis. Le canon, c'est-à-dire, la discipline ecclésiastique ordonne qu'on diffère le baptême jusqu'à ce que la mère soit purifiée du sang de ses couches. Mais si l'enfant est en péril, il faut qu'il soit porté à l'église par une autre que par sa mère, et le baptiser avant qu'il meure, quand il mourrait dans une heure..... Il faut donc que les fidèles aient un grand soin de faire recevoir le baptême à leurs enfants, de crainte que la mort ne les prévienne, et que Dieu ne perde les uns et les autres. Car puisque la loi et le jugement des sages ordonnent que celui qui a offensé son prochain souffre la même peine, celui qui est cause par sa négligence que son fils est mort sans baptême, et qui de cette manière lui a fermé l'entrée du royaume des cieux, doit être privé de la sainte Eucharistie, qui est le gage du royaume éternel. Si un enfant meurt avant le quarantième jour, si c'est un mâle, ou avant le quatre-vingtième, si c'est une femelle, sans qu'il ait paru le moindre signe de maladie, quoique les parents soient innocents de ce péché, ils doivent néanmoins faire pénitence de leurs autres péchés; car s'ils n'en avaient pas commis de très-griefs, Dieu ne les aurait pas abandonnés de telle manière que leur enfant fût mort sans baptême. S'il y a eu quelque indice de maladie, ils doivent être séparés de la communion à cause de ce péché, soit qu'ils y soient tombés par ignorance, soient qu'ils l'aient commis par désobéissance. S'ils ont différé le baptême au-delà des quarante ou des quatre-vingts jours, et que l'enfant meure sans baptême, il faut mettre les parents en pénitence; soit que l'enfant se porte bien, soit qu'il se trouve malade, et on ne doit pas les excuser sur leur ignorance. S'ils font voir qu'ils ont fait ce qui dépendait d'eux afin que l'enfant fût baptisé, mais qu'ils ont trouvé quelque empêchement, par exemple que le prêtre était malade, qu'il a refusé de baptiser l'enfant ou qu'il l'a négligé, lorsque le confesseur aura tout examiné, il leur imposera une pénitence proportionnée à la faute, de peur que Dieu ne le condamne à cette occasion.

On trouve la même discipline établie dans une collection de diverses constitutions ecclésiastiques, sous le titre de Canons impériaux, qui est dans les manuscrits arabes des jacobites et des melchites après les canons de Nicée. Il y est marqué que *quand il n'y a aucun péril, le baptême de l'enfant sera remis jusqu'à ce que la mère soit purifiée ou relevée de couches : mais que s'il y a le moindre péril, on le porte aussitôt à l'église*; et les paroles de Jésus-Christ pour la nécessité du baptême sont citées.

Dans un traité fait en forme de réponses canoniques par Jean, patriarche jacobite d'Alexandrie, sur la question proposée touchant ce qui arrive aux âmes lorsqu'elles se séparent de leurs corps, il répond que celle d'un chrétien est d'abord présentée à Jésus-Christ; mais que celle d'un homme qui meurt sans être baptisé, est précipitée par les anges dans les peines éternelles. On demande ensuite, si cela arrive à ceux qui étant morts sans baptême ont fait plusieurs jeûnes, prières et aumônes. Quand même, dit le patriarche, ils surpasseraient Jérémie par l'assiduité de leurs prières, Job par leurs aumônes, Moïse par leurs jeûnes, et Abraham par leur hospitalité, ils seront précipités dans l'enfer. (MS. arab.)

Un auteur égyptien qui peut avoir vécu dans le dixième siècle, a composé un catéchisme en forme de dialogue entre le maître et le disciple. Celui-ci demande *pourquoi le baptême est appelé régénération.* Le maître répond : *Comme tout homme qui naît ressemble à son père selon la nature et selon la substance, et que la racine de la première naissance corporelle est la concupiscence, il est certain que l'enfant qui naît est coupable de mort, étant semblable à son père selon la nature, et imitant ses actions corporelles, qui sont la concupiscence de la chair, et l'appétit du boire, du manger, du sommeil, des plaisirs charnels et autres semblables. L'esprit ne s'approche point de cette concupiscence, et il ne l'aime point. Dieu nous a donné une vie contraire à cette autre vie corporelle et animale, et son origine ne se tire pas de cette passagère concupiscence, ou de sa source corrompue qui porte aux plaisirs de la chair; mais elle vient de Dieu le Père, dans le Saint-Esprit, par Jésus-Christ, Fils unique du Père; c'est l'ouvrage de la sainte Trinité, et c'est la régénération* (MS. arab.)

Amrou, nestorien, établit aussi la nécessité du baptême dans le chapitre 3 de son traité (MS. arab. Bib. coll. Séguier Vatic.). Il dit que c'est la première entrée à la foi, le plus grand de tous les dons que Dieu nous ait faits, le principal et le plus considérable précepte de la nouvelle loi, par lequel il nous est ordonné, en vertu d'une loi universelle, et qui s'étend à tous, sans exception, que nous nous revêtions de la pureté du baptême par l'eau et par l'esprit, dans les maisons de Dieu au nom de Jésus-Christ. Car, continue-t-il, lorsque Dieu forma le premier homme de terre mêlée d'eau, il lui inspira le souffle de vie, et il devint un homme parfait et vivant par l'eau et par l'esprit. L'homme est pareillement formé dans le ventre de sa mère d'une humeur aqueuse condensée, et par la puissance de Dieu, l'esprit descend sur lui pour l'animer. Comme donc la première vie d'Adam et la première création de l'homme ont été faites par l'eau et par l'esprit, sa naissance sainte a été de même dans la fin des temps, par le nom de Jésus-Christ, qui a dit dans son *Évangile :* « Celui qui ne renaîtra pas de l'eau et de l'esprit n'entrera pas dans le royaume des cieux. » Élie, métropolitain de Jérusalem, et depuis catholique ou patriarche des nestoriens, établit la même doctrine dans son Exposition de la foi. Mais rien ne la confirme davantage que la discipline pratiquée dans toutes les églises d'Orient. L'usage général est de ne pas administrer le baptême, sinon avec toutes les cérémonies et les prières marquées dans les offices, qui sont fort longues, d'autant plus qu'on célèbre en même temps la Liturgie. Il est ordonné par les canons des jacobites syriens, que si un enfant présenté au baptême se trouve en péril, on se serve d'un office plus court composé par Jacques d'Édesse, et même qu'on omette tout ce qui n'est pas absolument nécessaire pour l'intégrité du sacrement. C'est ce qui est marqué dans une collection de canons arabes de la même église. *Si un enfant nouvellement né est en péril, il faut le baptiser à l'heure même, omettant toutes les cérémonies qui s'observent ordinairement, et la Liturgie; et même il n'est pas nécessaire que le prêtre soit à jeun.* Michel, évêque de Melicha en Égypte, rapporte la même discipline, comme étant celle de l'église cophte, dans ses Réponses canoniques, articles 35 et 36. Elle est aussi expliquée par le patriarche d'Alexandrie, Cyrille, fils de Laklak, dans une constitution synodale, publiée l'an 956 des Martyrs, de Jésus-Christ 1240 : *Parce que*, dit-il, *le baptême est absolument nécessaire à toute sorte de personnes, mâles ou femelles, grands ou petits, le Seigneur ayant dit :* « Si quelqu'un ne renaît de l'eau et du Saint-Esprit, il n'entrera pas dans le royaume de Dieu. » *Sans le baptême*, dit Abusebah, auteur d'un traité de la Science ecclésiastique, *les enfants sont exclus du royaume de Dieu, et leurs âmes sont avec les diables dans le fond des abîmes de l'enfer sous le feu élémentaire.* (Nomocan. Syr. Coll. can. MS. arab.)

Par cette même raison, ces églises ont imposé de rudes pénitences aux parents et aux prêtres par la négligence desquels les enfants mouraient sans baptême. Dans une ancienne collection de canons pénitentiaux, § 10, *le père et la mère doivent jeûner un an au pain et à l'eau, et le reste de leur vie, tous les mercredis et vendredis*, ce qui est confirmé par le canon 30 d'une autre collection des syriens jacobites. Une autre beaucoup plus récente mitige cette pénitence, ordonnant *un jeûne rigoureux de sept jours pour les parents, qui seront obligés en même temps de nourrir sept pauvres, après quoi on offrira pour eux le sacrifice. Le prêtre dont la négligence a été cause de ce qu'un enfant est mort sans baptême, fera une pareille pénitence; car*, dit le même canon, *il a commis un très-grand péché, privant du royaume des cieux un chrétien pour lequel Jésus-Christ est mort.* Cela est expliqué plus amplement dans des réponses canoniques en ces termes : *Les Pères ont dit dans le saint concile* (et ils entendent apparemment celui de Carthage inséré dans leurs collections), *que si un enfant ne reçoit pas le baptême, il n'est pas délivré de l'ancienne malédiction. Le prophète David ayant dit :* « J'ai été conçu dans l'iniquité, et ma mère m'a enfanté dans le péché, » *a prouvé en même temps que personne n'était délivré du premier péché d'Adam jusqu'à ce qu'il fût descendu dans la fontaine du baptême;* ce que le patriarche Cyrille dit pareillement.

Une preuve certaine qui confirme ce qui a été rapporté des sentiments des Orientaux sur la nécessité absolue du baptême, est qu'ils le donnent sous condition, lorsqu'il y a sujet de douter qu'il n'ait pas été reçu. C'est la pratique ancienne de l'église grecque, fondée sur le soixante-quinzième canon du concile de Carthage (in Cod. Gr. et in Arab.) qui ordonne que les enfants seront baptisés, lorsqu'on ne trouvera pas des témoins sûrs qui prouvent qu'ils l'aient été, et qu'ils ne pourront répondre eux-mêmes à cause de leur bas âge. Cette discipline est confirmée par le canon quatre-vingt-quatrième du concile *in Trullo*, et par les réponses synodales de Luc, patriarche de Constantinople, sous Manuel Comnène (Jur. Orient. l. 3, p. 226; Blastar. l. 8, p. 42). Il y fut résolu que les enfants des chrétiens qui avaient été enlevés par les Scythes et les Agaréniens, et rachetés par les Grecs, devaient être baptisés, parce qu'on ne savait pas s'ils l'avaient été dans leur enfance, qu'ils l'ignoraient eux-mêmes, et qu'il ne se trouvait point de témoins qui assurassent le contraire; qu'à l'égard des enfants qui étaient enlevés de pays infidèles, il les fallait baptiser sans aucune distinction, à moins qu'il ne se trouvât des témoignages qu'ils avaient été baptisés depuis leur enlèvement. Les Syriens, melchites, nestoriens ou jacobites, les Cophtes, et généralement tous les chrétiens orientaux, ont dans leurs collections ce canon du concile de Carthage, qui a parmi eux force de loi. En conséquence, ils baptisent sous condition ceux du baptême desquels on n'a aucune certitude : et voici ce qui est ordonné sur ce sujet dans le Nomocanon des Syriens jacobites (Abulfarag. Nomoc. Syr. MS.) : *S'il se trouve quelqu'un duquel on ignore s'il est baptisé ou non, il faut que le prêtre le baptise en disant ces paroles :* Un tel est baptisé s'il ne l'a pas déjà été, au nom du Père, et du Fils, et du Saint-Esprit. *Car S. Cyrille baptisa ainsi deux enfants d'une femme qui les lui présenta, sans savoir lequel des deux avait été baptisé, en disant :* Celui qui n'a pas été baptisé est baptisé au nom du Père, et du Fils, et du Saint-Esprit.

On pourrait joindre plusieurs autres témoignages à ceux qui viennent d'être rapportés, si leur autorité n'était pas incontestable, et confirmée par les offices publics pour l'administration du baptême, où les paroles de l'institution de ce sacrement sont rapportées selon le sens de l'Église catholique, pour la nécessité et l'efficace du baptême. Il ne faut pas y chercher, non plus que dans les écrits de leurs théologiens, la doctrine des calvinistes touchant l'effet rétroactif que ces derniers donnent au baptême pour la rémission des péchés commis après l'avoir reçu, ni en ce qu'ils le réduisent à la simple qualité de sceau de la foi, par où ils en détruisent la nécessité et l'efficace. On n'avait jamais entendu dans l'Église rien de pareil avant les premiers réformateurs; ainsi il n'était pas possible que les Orientaux en eussent la moindre connaissance.

CHAPITRE III.

Objections qu'on peut faire contre ce qui a été dit de la créance des Orientaux sur la nécessité du baptême.

On objectera contre ce qui a été établi ci-dessus touchant la créance des Orientaux sur la nécessité

LIV. II. DU BAPTÊME ET DE LA CONFIRMATION.

absolue du baptême, les témoignages de quelques auteurs ou de voyageurs, surtout de Thomas à Jésu, qui, parlant des Cophtes ou Égyptiens, dit qu'ils ne reconnaissent pas ce sacrement comme valide, s'il est administré par un autre que par un prêtre, et dans l'église, quand même celui qui doit être baptisé serait dans un pressant péril de mort, ou si c'est avant le quarantième jour ; et que cette coutume s'observe avec une telle rigueur, particulièrement dans la Thébaïde, qu'on y laisse mourir les enfants sans baptême (Thomas à Jésu, liv. 7, c. 5). Wanslèbe (Descript. d'Égypte) en dit presque autant, et il ajoute qu'en cas d'une extrême nécessité, ils font des onctions de l'huile sainte sur les enfants au lieu de baptême.

L'autorité de Thomas à Jésu est très-médiocre, et celle de Wanslèbe encore plus. On ne doit pas s'étonner que dans un pays où les chrétiens gémissent depuis tant de siècles sous la tyrannie des barbares, il se soit introduit plusieurs abus. Ils se répandent avec le temps dans les églises les plus florissantes, si la vigilance des pasteurs n'en arrête le progrès : à plus forte raison ils peuvent se glisser parmi ces peuples. Mais il est certain que si cet abus a eu lieu quelque part, c'était contre les ordonnances des patriarches et les canons reçus dans l'église cophte que nous avons rapportés, et qui sont communs à toutes les communions orientales. C'est sur de pareilles règles qu'on doit juger de la foi et de la discipline des églises, non pas sur ce que des prêtres et des laïques ignorants peuvent pratiquer au contraire.

On cite aussi la relation de Zagazabo, prêtre éthiopien venu en Portugal, tirée des conversations qu'eut avec lui Damien de Goez, qui la publia en latin. Zagazabo disait que les enfants des chrétiens étaient sanctifiés dans le ventre de leurs mères par l'Eucharistie qu'elles recevaient, ce qui les rendait demi-chrétiens (De morib. Æthiop.). C'était là une pensée pieuse de cet Éthiopien, qui n'empêchait pas que les canons des anciens conciles touchant la nécessité du baptême et les constitutions patriarcales ne fussent reçues dans cette église ; et elles se trouvent dans la collection faite par ordre du roi Zara-Jacob, qui est authentique parmi les Éthiopiens (in Bibl. medic.). De plus, comme il a été dit ailleurs, l'église d'Éthiopie est dans une telle dépendance de celle des jacobites d'Alexandrie, que lorsqu'on trouve quelque pratique ou opinion contraire parmi les Éthiopiens, on les doit regarder comme une erreur ou comme un abus. Or on a assez prouvé que l'église d'Alexandrie croyait la nécessité absolue du baptême, pour laisser hors de doute que celle d'Éthiopie la doit croire pareillement. Quand même les Éthiopiens auraient cru communément cette sanctification des enfants des chrétiens, une pareille erreur n'a rien de commun avec l'opinion des protestants, qui attribuent cette sanctification à la foi des parents, et à l'alliance dans laquelle les enfants doivent être compris. Au contraire elle détruit entièrement l'opinion des calvinistes sur l'Eucharistie, comme on l'a fait voir ailleurs (plus haut, dans ce même vol., 1ʳᵉ part.).

Il est pareillement faux que les Cophtes regardent comme nul le baptême qui n'est pas administré par un prêtre ; il en est le ministre ordinaire ; mais ils reconnaissent qu'en cas de nécessité chacun peut l'administrer. On trouve dans les Vies des patriarches d'Alexandrie, écrites par Sévère, évêque d'Aschmonin, qu'une femme chrétienne étant sur mer, dans une grande tempête, plongea dans la mer, de peur qu'ils ne mourussent sans baptême, deux de ses enfants qui étaient avec elle : qu'ensuite elle les présenta à Pierre-le-Martyr pour être baptisés avec d'autres ; mais que l'eau qui était dans les fonts baptismaux s'endurcit, et qu'on connut par ce miracle qu'ils étaient véritablement baptisés. On trouve cette histoire citée en quelques collections de canons, comme une preuve qu'il ne faut pas réitérer le baptême, quand il aurait été administré par un laïque, et même par une femme. Mais il n'y a pas un seul canon ancien ou du moyen âge par lequel il soit ordonné qu'en pareil cas on doive le réitérer.

A cette occasion il ne sera pas inutile de faire une remarque sur les canons qui se trouvent dans les églises orientales ; et elle est d'autant plus nécessaire que cette matière n'a jamais été éclaircie. Il y en a de plusieurs sortes : les premiers sont ceux de l'ancienne Église, des conciles généraux et particuliers, qui se trouvent insérés dans le code de l'Église universelle ; à quoi il faut ajouter les Canons des apôtres, et quelques autres formés des Constitutions apostoliques, auxquels ils donnent divers titres. Ils ont ensuite plusieurs constitutions des patriarches, qui ordinairement ont été faites dans des synodes. Les Mahométans ont rarement permis que les patriarches en assemblassent d'extraordinaires, suivant les besoins de leurs églises ; mais à chaque élection des patriarches jacobites d'Alexandrie et d'Antioche, de même que dans celles des nestoriens, les évêques avaient permission de s'assembler ; c'était pour élire un successeur au dernier mort ; et, avant que de le sacrer, ou en même temps que se faisaient les cérémonies du sacre, ils examinaient synodalement ce qui avait rapport aux affaires de l'église, et ils dressaient de nouvelles ordonnances pour réformer les abus et pour rétablir la discipline. Le nouveau patriarche était obligé de les confirmer, et de promettre qu'il les observerait. C'est ce qui a produit dans le moyen âge plusieurs constitutions synodales, et elles ont une grande autorité dans les églises où elles ont été faites.

Les canons du troisième genre sont moins authentiques, et ils se subdivisent en deux espèces différentes ; car il y en a qui, étant dressés par quelques évêques qui avaient eu une grande réputation dans leurs églises, ont acquis, par leur capacité, autant de force que de véritables canons, et sont souvent cités comme tels. Ainsi parmi les Cophtes, les réponses canoniques de Vincent, évêque de Keft, qui est l'ancienne Coptos, celles d'Athanase, évêque de Cus, de Sévère, évêque d'Aschmonin, et diverses autres font autorité, de même que parmi les jacobites Syriens, celles de Jacques d'Édesse, de Denis Barsalibi, évêque d'Amid, de Grégoire Abulfarage, et de quelques-uns plus anciens dont ils rapportent les décisions.

Enfin il se trouve dans les manuscrits plusieurs règles de discipline, souvent sans nom d'auteur, ou avec des titres supposés, qui n'ont d'autorité qu'autant qu'elles sont conformes aux premières, qui s'accordent toujours avec les anciennes règles de l'Église, au lieu que les autres s'en écartent quelquefois.

Il se trouvera donc des canons ou des réponses canoniques qui déclarent nul le baptême administré par un laïque ou par une femme, et qui ordonnent que celui qui sera ainsi baptisé le sera de nouveau, de même que s'il ne l'avait pas été. Mais ce ne sera pas de ces canons de la première ou de la seconde classe, ce sera de ceux de la dernière. Ce qui a trompé ceux qui ont rédigé ces décisions est qu'ils ont trouvé plusieurs canons anciens et du moyen âge, par lesquels il est défendu aux laïques et aux femmes de baptiser, ce qui est conforme à la discipline de tous les siècles. L'Église latine et l'église grecque ont les mêmes canons, mais ils exceptent les cas de nécessité absolue, de même que font les Orientaux, et c'est à quoi les auteurs de ces canons de la dernière espèce n'ont pas fait attention.

Enfin quand cet abus, que Thomas à Jésu relève avec tant de sévérité, aurait eu généralement lieu parmi les Cophtes, il s'ensuivrait que la discipline a été altérée par la négligence des prêtres, mais non pas qu'elle supposât une erreur fondamentale contre la nécessité du sacrement, semblable à celle qui fait que les calvinistes négligent de l'administrer à leurs enfants en péril de mort. Car ceux-ci ne croient pas que pour cela les enfants soient exclus du royaume de Dieu, c'est-à-dire, du royaume des cieux; et les Orientaux le croient. Il n'y a point de punition pour un ministre par la négligence duquel un enfant meurt sans baptême, ni pour les parents; et les Orientaux les punissent sévèrement. On ne trouve rien de prescrit parmi les calvinistes qui doive être observé lorsque ce malheur arrive; et les Orientaux, outre les précautions établies par les canons généraux et particuliers, pour empêcher autant qu'il est possible que les enfants ne meurent sans baptême, ont poussé ce soin quelquefois au-delà des bornes. C'est ce qui engage à un éclaircissement sur ce qu'ont écrit quelques auteurs, qu'ils suppléaient le baptême en ces occasions-là en faisant des onctions sur l'enfant mort sans avoir été baptisé; et Wanslèbe assure qu'il l'avait vu pratiquer en Égypte, quoiqu'il y ait des raisons assez fortes pour croire qu'il s'est trompé en cela, comme en plusieurs autres points, faute d'avoir su la discipline ecclésiastique.

Il est certain par les preuves qui ont été rapportées ci-devant que les Cophtes, aussi bien que les autres chrétiens orientaux, croient la nécessité absolue du baptême; qu'ils en regardent l'omission ou le délai comme un péché qui est puni par une pénitence rigoureuse; qu'ils punissent encore plus sévèrement ceux qui laissent mourir un enfant sans baptême, et que la raison de cette sévérité est qu'ils croient que cet enfant périt éternellement. Ces propositions sont incontestables, et si les témoignages des auteurs qui ont été cités ne suffisaient pas, il ne serait pas difficile d'en produire un bien plus grand nombre. Or ces points de doctrine et de discipline sont directement opposés à ce que Thomas à Jésu et Wanslèbe ont rapporté. Ce sera donc, s'ils ont dit vrai, que la discipline a été changée, ou qu'il s'est introduit un abus contraire aux règles anciennes, et même à celles qui ont été toujours pratiquées dans les églises dont ils parlent. Nous avons des constitutions patriarcales du treizième et du quatorzième siècle, qui sont entièrement conformes aux plus anciennes, et nous n'en connaissons aucune qui ait établi le moindre changement. Il faut donc que ce qu'on peut avoir introduit au préjudice de l'usage primitif fondé sur les lois ecclésiastiques, qui n'ont jamais été abrogées, soit un abus dont on ne doit pas tirer de conséquence.

On reconnaîtra le fondement de cette conjecture par un passage d'une collection assez récente de plusieurs points de discipline qui regardent le baptême. Voici les paroles : *S'il arrive que pendant que le prêtre baptise un enfant, il le laisse tomber dans les fonts baptismaux, en sorte que l'enfant soit suffoqué, il ne fera pas sur lui l'onction en forme de croix avec le saint chrême, et il ne lui donnera pas la communion du saint corps et du sang précieux, mais il l'enveloppera dans la robe qu'on donne aux enfants lorsqu'on les lève des fonts baptismaux. Il ne le lavera pas, mais il priera pour lui comme on prie pour les autres fidèles; les parents de l'enfant jeûneront pour lui rigoureusement durant quinze jours, sans manger rien de gras et sans boire de vin; mais ils recevront tous les jours la communion du saint corps de Notre-Seigneur, et ils feront des aumônes selon leurs facultés, afin de suppléer ce qui manquait à leur enfant, qui n'a pas obtenu la perfection du baptême. Car, par leur foi, Dieu achèvera la perfection du baptême de l'enfant, il le revêtira du Saint-Esprit, et il suppléera ce qui y manquait faute d'avoir reçu l'onction du saint chrême. Le prêtre, auquel un pareil malheur est arrivé, doit jeûner quinze jours, s'abstenant de toute chose grasse et sans boire de vin; et il pleurera son péché, afin que Dieu lui pardonne les autres dont il est coupable, et ne permette pas qu'il tombe dans un pareil malheur. Si l'enfant meurt dans le temps qu'on lui administre le baptême, le prêtre fera sur lui l'onction avec l'huile, mais il ne le plongera pas dans les fonts baptismaux; il ne le lavera pas, il l'enveloppera seulement de la robe ordinaire; et il récitera des psaumes pour lui, on l'ensevelira, et on fera pour lui l'office le troisième jour, et on offrira pour lui le sacrifice dans la foi de ses parents.*

C'est sur cette discipline ou quelque coutume semblable, qu'on a pu croire que les Cophtes croyaient suppléer le baptême par des onctions, et c'est ce que nous avons à examiner. Dans le premier article de cette constitution ou réponse anonyme, il n'y a rien qui puisse appuyer l'opinion que nous combattons, car il s'agit d'un enfant qu'on laisse tomber dans les fonts pleins d'eau, avant qu'il ait reçu la chrismation, qui étant administrée en Orient en même temps que le baptême, est regardée comme en faisant une partie. Or il est certain qu'on ne l'administre qu'après les trois immersions, et par conséquent après que l'enfant est baptisé. Il est donc défendu, selon les paroles qui ont été rapportées, de donner la chrismation et l'Eucharistie à celui qui meurt au milieu de la cérémonie du baptême, laquelle n'était pas accomplie, selon l'idée commune de ceux qui ne distinguaient pas ce qui était essentiel, de ce qui n'appartenait pas au sacrement, mais qui en était la perfection ou consommation, c'est-à-dire les deux sacrements de confirmation et de l'Eucharistie qu'on donnait aux nouveaux baptisés. Ainsi, par cette même constitution, il n'y avait pas de doute sur le baptême de l'enfant mort avant que d'avoir reçu la confirmation et l'Eucharistie, puisqu'on priait pour lui comme pour les autres fidèles. Mais on regardait comme une faute la négligence du prêtre, ou de ceux qui avaient été cause de la mort de l'enfant et de ce qu'il n'avait pas reçu la confirmation et la sainte Eucharistie. Cette privation n'était pas regardée comme capable d'exclure les enfants de la vie éternelle, puisqu'on faisait pour eux les prières ordinaires, ainsi que pour les autres fidèles, c'est-à-dire qu'ils étaient regardés comme étant morts dans la communion de l'Église. Mais les laisser mourir privés de la grâce que produisent les deux sacrements, qu'ils ne pouvaient recevoir par la faute d'autrui, paraissait un péché qui méritait une rude pénitence.

Ainsi ce premier article de discipline n'a rien qui favorise l'accusation de Thomas à Jésu et de Wanslèbe contre les Cophtes ; l'autre ne peut être excusé de superstition, ou au moins d'avoir donné lieu à en introduire une contraire à l'ancienne discipline, et à celle de l'église cophte ; car quiconque soit l'auteur des décisions qui ont été rapportées, il ne peut avoir trouvé aucun canon qui permette de faire l'onction de l'huile des catéchumènes sur un enfant mort. Il est encore directement contraire à la discipline de tous les temps et de tous les pays de faire les prières ecclésiastiques, et d'offrir le sacrifice pour ceux qui sont morts sans baptême, puisqu'on ne l'offrait pas pour les catéchumènes, au rang desquels il semblait qu'on les voulait mettre par cette première onction. Il semble donc que cette nouvelle pratique a été mise en usage sans aucune autorité des patriarches pour la consolation des parents, en leur faisant espérer que leurs prières, leurs jeûnes et d'autres bonnes œuvres pourraient contribuer au salut de ces enfants. Si cet abus s'est introduit de telle manière qu'il soit aussi commun que l'assure Wanslèbe, il ne faut pas s'en étonner, puisque l'ignorance et la barbarie en ont produit bien d'autres. Mais il ne faut pas le regarder comme un point de discipline de l'église cophte, puisqu'il n'y est pas moins contraire qu'à celle des églises grecque et latine. Enfin au milieu de cette superstition, il est facile de voir qu'elle n'est fondée que sur l'opinion de la nécessité du baptême, puisque jamais les calvinistes ne se sont mis en peine de suppléer à ce défaut.

CHAPITRE IV.

De la matière du baptême selon les Grecs et les Orientaux.

C'est une vérité si connue, que la matière du baptême est de l'eau naturelle, qu'à l'exception de quelques anciens hérétiques qui avaient innové sur cet article, tous les chrétiens en sont demeurés d'accord. C'est ce que marquent tous les auteurs ecclésiastiques, et dans les derniers temps Siméon de Thessalonique, le patriarche Jérémie, Gabriel de Philadelphie, et ce qu'explique en détail Grégoire protosyncelle. *La matière du sacrement de baptême,* dit-il, *est l'eau naturelle et simple qui ne doit être mêlée avec aucune autre eau artificielle, ni avec aucun aromate, selon que Jésus-Christ notre Seigneur l'a ordonné, en disant :* « Si quelqu'un n'est pas régénéré de l'eau et de l'Esprit, il n'entrera pas dans le royaume des cieux. » Il cite ensuite plusieurs passages de l'Écriture sainte, où il est fait mention de l'eau du baptême, et il rend outre cela diverses raisons pourquoi d'autres liqueurs, comme le vin, l'huile, le lait, ne répondent pas à l'intention de Jésus-Christ, et ne signifient pas l'effet intérieur du sacrement, qui est de laver l'âme de la souillure du péché, comme l'eau lave les ordures du corps.

Syrigus non seulement établit, suivant la doctrine de tous les autres théologiens, que l'eau est la matière nécessaire du baptême, mais il reproche fortement aux calvinistes qu'ils détruisent ce sacrement en plusieurs manières, entre autres en ce qu'ils disent que *l'eau n'est pas nécessaire, et qu'à son défaut on peut se servir de vin, de lait, de miel et de toute autre matière liquide.* C'est une découverte qu'on doit à Bèze, et qui est une conséquence aussi conforme aux principes des calvinistes, qu'elle est contraire à la pratique et à la doctrine de toute l'Église orientale et occidentale, quoique pareille précaution soit fort inutile parmi ceux qui ne croient pas la nécessité absolue du baptême.

Toutes les églises conviennent donc que la matière essentielle du baptême est l'eau naturelle, et il ne se trouve aucune variété sur ce sujet. Cependant quelques auteurs ont écrit que les jacobites, et particulièrement les Cophtes marquaient les enfants avec un fer chaud, et que cela leur tenait lieu de baptême. On ne s'étonnera pas que Bernard de Luxembourg et d'autres, qui vivaient dans les temps d'ignorance, aient écrit de pareilles absurdités, ni que Thomas à Jésu les ait copiées ; mais il est surprenant que Jean Éronite et Gabriel Sionite aient écrit que les Cophtes voyant qu'il est dit dans l'Évangile, *il vous baptisera dans le Saint-Esprit et par le feu*, croyaient que l'eau élémentaire ne suffisait pas, et que par cette raison ils marquaient sur le front, sur les joues ou sur les tempes des enfants, le signe de la croix avec un fer chaud. Comme on trouve la même chose en d'autres auteurs qui les ont copiés, il est bon de dire ce qu'il y a de véritable sur ce sujet.

Rien n'est plus ordinaire parmi les chrétiens orientaux, que d'avoir sur les bras, ou en quelque autre partie du corps, le signe de la croix marqué avec un fer chaud, et souvent d'une manière particulière, qui se pratique encore tous les jours à l'égard de ceux qui font le pélerinage de la Terre-Sainte, quoique Latins. Ils ont pris cette coutume des Orientaux, qui, par ce moyen conservaient un témoignage qu'ils portaient avec eux de cette œuvre de piété, également estimée en Orient et en Occident. L'origine, autant qu'on peut en juger, vient de ce que les Mahométans, particulièrement depuis les guerres d'outre-mer, ont souvent obligé les chrétiens à porter des marques extérieures de leur religion, ce qui a été ordonné par de bons et par de mauvais princes. Les premiers le faisaient afin que les chrétiens, étant connus par des marques extérieures, ne fussent pas exposés aux insultes des Mahométans, et les évêques n'en étaient pas fâchés, parce que cette distinction empêchait le trop libre commerce des chrétiens avec les infidèles, qui ne servait souvent qu'à faire des renégats. Ces marques étaient une croix qu'on portait au cou ou sur ses habits; la forme et la couleur singulière des bonnets et des vestes, outre quelques autres semblables. Elles varièrent selon la fantaisie des princes, surtout en Égypte, où, depuis l'an 1101, Amer, calife fatimide, homme superstitieux jusqu'à la folie, et mauvais mahométan, ne laissa pas de persécuter les chrétiens à cette occasion, les obligeant de porter des croix d'une pesanteur extraordinaire. La marque de distinction qui a moins varié a été la ceinture portée par-dessus la veste extérieure, et même elle devint une pratique de piété. Sévère, évêque d'Aschmonin, qui vivait dans le neuvième siècle, en a expliqué les significations mystiques dans son traité *de la Pâque*, et dans celui *des Exercices des chrétiens*. On ajouta ensuite des prières pour donner la ceinture, parce qu'elle passa pour une marque certaine de la profession du christianisme.

Cependant quoique l'histoire mahométane fournisse un très-grand nombre d'exemples de ce que les califes, les sultans et les vizirs ont ordonné à l'égard des chrétiens, pour les obliger à porter des marques qui les distinguassent, on ne trouve pas qu'on les ait jamais contraints à se marquer d'un fer chaud. Cette marque a donc une autre origine, et c'est apparemment celle-ci : Les chrétiens étaient exposés à toute sorte de vexations, dont celle qui les touchait davantage était l'enlèvement de leurs enfants, tyrannie qu'ils souffrent encore en Turquie, pour les élever malgré eux dans la religion mahométane. Un moyen sûr de les délivrer de ce péril était de les marquer dès l'enfance d'une manière qui empêchât les infidèles de les enlever, et le signe de la croix qu'on leur imprimait en quelque endroit du front ou ailleurs, était le plus certaine. C'est ce qui peut avoir introduit cet usage, principalement en Égypte, où il y avait plus à souffrir pour les chrétiens que dans les autres pays; car un sultan ou un seigneur mahométan n'aurait pas voulu avoir devant les yeux un esclave qui eût porté sur son front le signe de notre salut.

Telle est, autant que nous en pouvons juger, l'origine de cette coutume de marquer les enfants avec un fer chaud; mais nous n'avons pas trouvé jusqu'à présent le moindre vestige de religion, ou même d'abus et de superstition, qui pût donner lieu de croire que les Cophtes pratiquassent cela comme une cérémonie qui fît partie du sacrement de baptême, ou qui y eût aucun rapport. Il y a des prières dans leurs rituels pour donner la ceinture; il y en a pour des actions de piété moindres que celle-là, et même pour d'autres entièrement indifférentes, telles que plusieurs qui sont conservées dans les anciens Sacramentels; car les premiers chrétiens avaient cette religieuse pratique, d'employer les bénédictions et les actions de grâces en toute occasion, afin de ne se servir de ce que Dieu nous a donné pour la conservation de notre vie, qu'après avoir reconnu que nous le tenons de sa bonté, et après lui avoir demandé la grâce d'en faire un bon usage. Nous ne trouvons ici rien de semblable, et nous n'avons jamais vu aucun canon ni office du baptême, dans lequel il fût fait la moindre mention de cette pratique. Grégoire Abulfarage dans son abrégé de la foi explique plusieurs sortes de baptême, et il ne parle point de celui du feu, sinon pour lui donner un sens mystique.

Ce n'est donc pas aux Orientaux qu'il faut attribuer une faute aussi grossière, quoiqu'elle ait été appuyée sur le témoignage de deux maronites savants : c'est à nos anciens auteurs desquels ils l'avaient prise. Car on la trouve rapportée par Jacques de Vitry (1) : *Plusieurs d'eux avant le baptême marquent leurs enfants avec un fer chaud, leur imprimant une marque sur le front, ou sur les deux joues, ou aux tempes en forme de croix, croyant qu'ils sont expiés par ce feu matériel, à cause qu'il est dit de Jésus-Christ dans l'Évangile de S. Matthieu : «Il vous baptisera par le Saint-Esprit et par le feu.»* Il compte cette erreur au nombre de celles des jacobites, en quoi il a été suivi par quelques contemporains, qui ne doivent avoir aucune autorité sur ces sortes de matières, puisque la plus grande partie de ce qu'ils ont écrit sur les opinions des chrétiens orientaux se trouve entièrement faux.

(1) Plures eorum ante baptismum parvulos suos cum ferro calido adurentes et signantes in frontibus imprimunt cauterium. Alii autem in modum crucis in ambabus genis seu temporibus, infantes suos consignant, perversè putantes eos per ignem materialem expiari, eò quòd in Evangelio B. Matthæi scriptum sit quòd B. Joannes Baptista de Christo dixerit : «Ipse vos baptizabit in Spiritu sancto et igne.» *Hist. Hierosolym.*, c. 75.

Ils remarquaient avec étonnement, dans un temps auquel la discipline ancienne était inconnue, que dans l'Orient on ne baptisait pas d'abord les enfants, et qu'on attendait autant qu'il était nécessaire afin que les mères pussent elles mêmes les offrir à Dieu en les présentant au sacrement. Mais ils ne savaient pas que selon cette même discipline, en cas de péril, on ne devait pas différer un moment à l'administrer. Ils voyaient que dans cette pressante nécessité, le prêtre commençait par la première onction des catéchumènes; cela leur faisait croire que les Orientaux la croyaient capable de suppléer le baptême, et cela trompa Wansleben, qui était un très-médiocre théologien. Il était assez ordinaire de les entendre déclamer contre les Latins, sur ce que les laïques parmi eux donnaient le baptême, et souvent les femmes. Cela donnait lieu à nos Latins de supposer qu'ils ne croyaient pas qu'un laïque ou une femme le pussent validement administrer. De cette manière on a multiplié les erreurs de part et d'autre, faute de s'entendre, et surtout faute de connaître la discipline ancienne; car si nos auteurs accusent à tort les Orientaux en plusieurs points, ceux-ci ne sont guère plus équitables à l'égard des Latins, comme on peut voir par ce que leur imputent Pierre évêque de Melicha, jacobite égyptien, Paul de Sidon, Melchite, Ebnassal et quelques autres.

Pour conclusion, tous les chrétiens d'Orient n'ont aucune erreur touchant la matière du baptême, croyant que c'est l'eau naturelle. Ils la bénissent avec des exorcismes, des prières et des cérémonies semblables à celles des Grecs et des Latins, comme plusieurs offices que nous avons en font foi. Et comme ils conservent autant qu'il est possible dans leurs cérémonies tout ce qui peut renouveler la mémoire de l'institution de nos mystères, ils appellent ordinairement *Jordanon*, le *Jourdain*, les fonts baptismaux, comme ailleurs ils appellent le pain eucharistique l'*Agneau*, et ainsi du reste.

Les protestants conviennent que ces cérémonies ne sont pas inventées d'hier ni d'aujourd'hui, mais que comme elles n'ont aucun fondement dans l'Écriture, elles ne sont pas de l'essence du baptême (1), et ils avouent en même temps que S. Basile en fait mention, auquel ils auraient dû ajouter presque tout ce qui nous reste d'auteurs contemporains ou plus anciens, pour ne pas parler des modernes. Ils disent enfin que, comme l'Église a pouvoir d'établir des cérémonies s'il est besoin, elle a la même autorité pour les abroger lorsqu'on en fait abus. Voilà comme parlent les calvinistes modérés. Mais Calvin, qui ne gardait pas les mêmes mesures, ne fait pas de difficulté d'en attribuer l'origine au diable, et de la placer dès les commencements de l'Évangile (1). Il n'est pas difficile de reconnaître la fausseté de ce système impie, qui n'est établi que sur ce faux principe, rejeté également par les Grecs et par tous les Orientaux, aussi bien que par les catholiques, que ce qui ne se trouve pas précisément marqué dans l'Écriture doit être regardé comme un abus contraire à la parole de Dieu. Les Orientaux conservent toutes ces cérémonies comme des traditions apostoliques, sans croire pour cela qu'elles soient de l'essence du baptême, puisque lorsqu'ils baptisent un enfant qui est en péril de mort, ils les omettent sans scrupule, et même ils ne les suppléent pas dans la suite, s'il revient en santé.

C'est la pratique de l'église grecque, qui se trouve marquée dans une réponse d'Élie métropolitain de Crète, à un religieux nommé Denis, qui est dans le droit oriental. *Un enfant, dites-vous, étant malade, et prêt à mourir, a été présenté à un prêtre pour être régénéré par le saint baptême. Celui-ci voyant qu'il n'avait qu'un souffle de vie, et craignant qu'il ne mourût avant qu'on eût récité les prières et les exorcismes sans recevoir la régénération du saint baptême, retranchant les prières et les exorcismes qui précèdent le sacrement, l'accomplit par les trois immersions, et par autant d'invocations du Père, du Fils et du Saint-Esprit. L'enfant guérit, le prêtre vient pour achever les prières et les exorcismes qu'il avait omis. Vous demandez si cela est permis ou non. Je crois qu'après qu'on a donné le baptême, on ne doit pas dire ces prières qui le précèdent sur celui qui l'a reçu par l'immersion vénérable, et par l'invocation des trois personnes, en quoi consiste la perfection du baptême. Car on ne trouve pas que cela ait été ordonné par aucun des saints canons : et le quarante septième de Laodicée, parlant de ceux qui ont été baptisés dans une maladie périlleuse, ne dit pas qu'on doive rien faire de semblable, bénir ou exorciser après le baptême, mais seulement apprendre la foi*, etc.

Nous ne trouvons rien de marqué précisément sur ce sujet dans les Rituels orientaux.

La manière de faire usage de l'eau, selon l'institution de Jésus-Christ, est ce qu'il faut ensuite examiner. *Baptiser*, selon l'usage de la langue chaldaïque ou syriaque, aussi bien que de la grecque, signifie *plonger*, et selon ce sens-là, l'ancienne discipline de l'Église a été de plonger dans l'eau ceux auxquels on administrait le baptême, ce que les Grecs et tous les Orientaux pratiquent encore, aussi bien que les trois immersions. Ils sont fondés sur les canons des apôtres qui sont dans toutes leurs collections ; et comme il a été dit d'ailleurs, cette autorité est d'autant plus grande parmi eux, qu'ils croient que les apôtres les ont eux-mêmes fait mettre par écrit. Cette discipline est établie par tous les offices baptismaux, et par tous les théologiens et canonistes melchites, nestoriens et jacobites.

---

(1) Qui ritus etsi inventi non sunt χθὲς καὶ πρώην, tamen in Scripturis fundamentum habent nullum, eoque nec sunt de baptismi οὐσίᾳ... Nec cærimoniæ hujus antiquitas præscribere temporibus nostris potest, quia ut instituendi alicujus ritus, si usus exigat, ita ejus abrogandi, si abusus requirat, Ecclesia habet potestatem. *Voss., loco cit., p. 28, 29.*

(1) Cùm autem videret Satan stultâ mundi credulitate absque negotio ferè inter ipsa Evangelii exordia receptas esse suas imposturas, ad crassiora ludibria prorupit : hinc sputum et similes nugæ palàm in baptismi probrum effrænni licentiâ invectæ. *Instit. l. 4, c. 15, § 19.*

Les Grecs font un grand crime aux Latins, de ce que non seulement il n'y a point d'immersion dans leur baptême, mais de ce qu'il n'y en a pas trois ; et le patriarche Jérémie leur fait le même reproche, ce que font aussi plusieurs Grecs, qu'il est inutile de citer, puisque les protestants n'ont pas sur cela d'autre pratique que la nôtre. On trouve quelques Orientaux qui accusent les Latins sur le même motif ; il ne s'est pas néanmoins encore trouvé de Grecs, ni d'Orientaux assez hardis, pour déclarer nul le baptême donné par infusion. Au contraire Ebnassal dit expressément que *si on ne trouve pas assez d'eau pour y plonger celui qu'on baptise, et qu'on n'en ait qu'autant qu'il en pourrait tenir trois fois dans le creux de la main, il faut la lui verser sur la tête au nom de la sainte Trinité.* Echmimi, autre canoniste égyptien, dit la même chose, qui est confirmée par Grégoire Abulfarage dans son abrégé de canons, sur l'autorité de Jacques d'Édesse, dont voici les paroles : *Si un enfant qui est présenté au baptême est en péril de mort, et qu'il n'y ait point de rivière, de réservoir d'eau, ni de fonts baptismaux, mais seulement de l'eau dans un vase, le prêtre la versera sur la tête de l'enfant, en disant un tel est baptisé,* etc.

CHAPITRE V.
De la forme du baptême.

Les Grecs et tous les Orientaux, si on excepte les Cophtes, ont la même forme de paroles pour administrer le baptême, et ils disent Βαπτίζεται ὁ δεῖνα, *un tel est baptisé au nom du Père, et du Fils, et du Saint-Esprit.* Il est étonnant qu'il se trouve encore des théologiens qui croient qu'ils disent *Baptizetur, qu'un tel soit baptisé,* et que Vossius ait suivi cette même erreur, qui se découvre en ouvrant les offices grecs du baptême imprimés dans les Eucologes. Il ne l'est pas moins que nos anciens scolastiques, dans le temps que les Latins étaient maîtres de Constantinople, et répandus dans toute la Grèce, n'aient pas eu le soin de s'informer d'un fait aussi aisé à vérifier, et que plusieurs au contraire aient perdu beaucoup de temps et de paroles, pour examiner si le baptême administré avec cette formule déprécative ou impérative, était valide. Arcudius qui les reprend avec raison, dit que *le concile de Florence dans la bulle pour les Arméniens parle avec distinction, et approuve l'une et l'autre forme* (1). Car dans divers manuscrits, au lieu de *baptizetur* on lit *baptizatur,* et il n'y a pas d'apparence qu'on ait inséré dans ce décret une fausseté aussi manifeste que celle-là, dans un temps où on en avait pu être éclairci par un long commerce avec les Grecs. De plus, il est à remarquer pour cet endroit et pour plusieurs autres, qu'Arcudius cite mal à propos contre les Grecs ce décret pour les Arméniens, qui ne fut fait qu'après la clôture du concile, et après le départ des Grecs qui n'en ont jamais eu aucune

(1) Quocirca concilium Florentinum in bullâ Armeniorum sub distinctione loquitur, et utramque commemorat et approbat formam. *Arcud. l.* 1, *c.* 8.

connaissance. Or personne n'a douté de la validité du sacrement célébré de cette manière, suivant laquelle les Grecs vivants dans les lieux soumis aux Latins, et dans l'union avec le saint Siége, ont toujours baptisé avec l'approbation des papes. Ainsi ce serait abuser de son temps, et de la patience des lecteurs, que de prouver la validité de cette forme, ou de répondre aux objections de ceux qui l'ont attaquée, puisqu'elles ne sont fondées que sur des raisonnements plus philosophiques que théologiques, qui attaquent autant l'ancienne discipline de toute l'Église, que celle des Grecs et des Orientaux.

Le rit jacobite de Sévère d'Antioche est conforme au grec, car le prêtre dit : *Un tel est baptisé au nom du Père, Amen ; du Fils, Amen ; et du Saint-Esprit, Amen.* Cette forme est rapportée par Jacques d'Édesse, mais sans *Amen* entre chaque immersion. Dans une autre : *Je baptise un tel, agneau du troupeau de Jésus-Christ, au nom du Père, et du Fils, et du Saint-Esprit, pour la vie éternelle.* Elle se trouve aussi dans un Office syrien attribué à S. Basile pour le baptême des enfants moribonds. Les nestoriens disent simplement *un tel est baptisé au nom du Père,* etc.

Comme il se trouve quelques auteurs qui ont accusé les Grecs de ce que dans les Eucologes imprimés on trouve *Amen* ajouté entre le nom de chacune des trois personnes de la Trinité, on peut faire le même reproche aux Orientaux, à cause que quelques-uns ont cette addition, que, comme l'a remarqué le P. Goar, elle ne se trouve pas dans les anciens manuscrits, et que les auteurs grecs n'en font pas de mention. On peut aussi critiquer ces autres termes, *d'agneau dans le troupeau de Jésus-Christ,* et ces termes *pour la vie éternelle,* etc. Ce qu'on peut dire pour répondre à cette objection, c'est qu'il ne paraît pas que les Grecs aient eu aucune opinion erronée sur la Trinité, par rapport à quoi ils eussent pu penser à altérer la forme du baptême ; que comme ils font les trois immersions entre lesquelles il y a quelque intervalle, on peut avoir cependant dit *Amen,* d'autant plus qu'il n'y a aucune rubrique qui marque que le prêtre le dise, mais que ce sont les assistants ou le parrain. Enfin, parce que l'essentiel de la forme consiste dans la confession et l'invocation distincte des trois personnes de la sainte Trinité, il ne semble pas que certaines paroles ajoutées aient jamais pu altérer cette forme. Dans l'ancien office gothique gallican : *Baptizo te N. in nomine Patris,* etc., *in remissionem peccatorum ut habeas vitam æternam.* Dans le gallican : *Baptizo te credentem in nomine Patris,* etc., *ut habeas vitam æternam in secula seculorum.* Dans un autre : *Baptizo te in nomine Patris,* etc., *unam habentem substantiam, ut habeas vitam æternam, partem ad sanctos.* Personne n'a attaqué ces formes de baptiser, et l'antiquité les met à couvert de toute censure ; on ne peut donc avec raison attaquer sous le même prétexte celles qui se trouvent à peu près semblables dans les Rituels orientaux.

On aurait peine à citer d'autre auteur que Siméon

de Thessalonique, qui attaque la forme du baptême des Latins, comme une nouveauté contraire à l'intention de l'Église. Voici les paroles de Siméon : *L'Évêque dit, un tel est baptisé, et non pas je baptise, comme disent les Latins, innovant encore en ce point, pour témoigner l'action volontaire de celui qui reçoit le baptême. Car je baptise ne signifie pas que celui qui reçoit le baptême le reçoit volontairement, puisqu'il se peut faire que par autorité et contre son intention, quelqu'un reçoive ainsi le baptême de celui qui le confère ; mais βαπτίζεται, il est baptisé, signifie que cela se fait volontairement.*

On sait que ce Grec avait une telle animosité contre les Latins, qu'en toute occasion il cherche à les attaquer sans raison ; et celle qu'il allègue est si frivole, qu'elle ne mérite pas qu'on la réfute, puisqu'on peut baptiser par force, aussi bien avec la forme grecque qu'avec la latine, et que le consentement de celui qui reçoit le baptême n'est déclaré par l'une ni par l'autre forme, mais par la confession de foi, et par les réponses qu'il fait, soit par lui-même, si c'est un adulte, soit par ses parrains, si c'est un enfant. Cependant Gabriel de Philadelphie a copié ces mêmes paroles, et entre dans les sentiments de Siméon de Thessalonique. On ne trouve pas néanmoins que ces Grecs, et encore moins de plus anciens, aient par cette raison cru que le baptême des Latins était nul, comme Arcudius semble le croire, à cause que quelquefois les Grecs les ont rebaptisés. Quand cela s'est fait, ce n'a jamais été par aucune décision de l'église grecque schismatique, qui croyant les Latins hérétiques, les reçoit en leur donnant l'onction, ainsi que l'ancienne Église ordonnait à l'égard de ceux dont le baptême était valide, et qu'elle ne rebaptisait pas.

Les Cophtes, qui n'ont rien pris des Latins, ont la forme exprimée à la première personne, et ils disent : *Je te baptise N. au nom du Père*, etc., et ce qui leur est particulier, au lieu que les Grecs et les Syriens ne disent qu'à la première immersion : *Un tel est baptisé*, les Cophtes disent à chacune : *Je te baptise au nom du Père, je te baptise au nom du Fils, je te baptise au nom du Saint-Esprit*, ajoutant *Amen* à chaque fois. Quelques modernes ont cru que cette forme avait rapport à l'ancienne hérésie des trithéites, qui est une subtilité trop raffinée, et inconnue à tous ceux qui ont écrit contre les Cophtes. Cette hérésie n'a presque pas été connue, sinon à cause de son auteur Jean-le-Grammairien, comme les Arabes l'appellent, et que les Grecs appellent *Philoponus*. Il était véritablement engagé dans la secte des sévériens ou acéphales, que les Orientaux renferment sous le nom général de jacobites, et il écrivit contre le concile de Calcédoine un traité dont Photius a donné quelques extraits. Mais il fut chassé de leur église à cause de ses autres erreurs, comme témoigne Abulfarage, qui était de la même communion, et jamais les jacobites ne parlent de lui que comme d'un hérétique. On ne doit pas attribuer à une église les hérésies d'un particulier qu'elle a excommunié, encore moins le faire sans aucune preuve, et

même contre la certitude entière que nous avons d'ailleurs que les jacobites n'ont aucune erreur sur la Trinité. Ce n'est pas seulement parce que jamais ils n'en ont été accusés par les autres sectes, mais parce qu'ils ont eux-mêmes expliqué si clairement leur foi sur cet article, qu'il ne peut rester aucun doute que pour ce qui le concerne ils ne soient très-orthodoxes. On serait aussi assez embarrassé à prouver que la répétition de ces paroles *je te baptise*, à chaque immersion, signifie autre chose que l'action même ; et si elles ne sont pas inutiles quand on fait la première immersion, elles peuvent être sans péril répétées à la seconde et à la troisième ; et celui qui dit trois fois *je te baptise*, ne doit pas être plus suspect de croire trois dieux, que celui qui fait les trois immersions. Aussi cette accusation est toute nouvelle, et jamais les auteurs anciens n'en ont fait la moindre mention.

Aussi les continuateurs de Bollandus, qui ont inséré dans leur dernier volume une longue dissertation sur l'église des Cophtes, justifient cette formule comme n'ayant rien qui la puisse rendre suspecte, nonobstant les objections du P. Roderic, qui avait été envoyé en ce pays-là en qualité de missionnaire. Les Éthiopiens, dont les rites sont presque les mêmes que ceux de l'église jacobite d'Alexandrie, ont aussi la même formule, quoique dans la version latine, qui a été faite sous Paul III, de leur office du baptême, et qui a depuis été insérée dans la Bibliothèque des Pères, elle ait été mise selon la forme latine.

Après avoir parlé de la forme du baptême, il faut expliquer la doctrine des Grecs et des Orientaux touchant le ministre de ce sacrement. Il n'y a aucune difficulté sur le ministre ordinaire, les Grecs et tous les Orientaux convenant que c'est premièrement l'évêque, ensuite le prêtre qui le doit ordinairement administrer ; mais ce n'est pas suivant le principe des calvinistes, qui est, que cela appartient à ceux qui annoncent la parole de Dieu. Car comme tous les Orientaux croient que les sacrements sont efficaces par eux-mêmes, et que l'épiscopat et le sacerdoce sont de droit divin, qu'ils croient aussi la nécessité absolue du baptême, ils ne peuvent pas avoir eu dans l'esprit des opinions inconnues à toute l'antiquité, et ils prouvent assez par leur doctrine sur la nécessité absolue de ce sacrement combien ils en sont éloignés.

Les Grecs plus instruits que les Syriens, les Cophtes et les autres nations chrétiennes n'ont pas ignoré que les canons anciens, qui défendent aux autres qu'aux évêques, aux prêtres et aux diacres de baptiser, signifient qu'ils en sont les ministres ordinaires, mais que cette défense ne regarde pas les cas de nécessité absolue, dans laquelle tout autre ecclésiastique ou laïque, même une femme, peuvent administrer ce sacrement. Comme cette matière a suffisamment été éclaircie par plusieurs savants hommes, pour ce qui regarde l'antiquité, sans entrer sur ce sujet dans une plus ample discussion, nous nous contenterons de rapporter ce qu'en a écrit Grégoire protosyncelle : *Les ministres propres du baptême, généralement parlant, sont les*

P. DE LA F. III.

(Vingt-quatre.)

prêtres, auxquels Jésus-Christ a dit en la personne des apôtres : Allez, baptisez toutes les nations; *et c'est par toute sorte de raisons que l'administration de ce sacrement regarde proprement les prêtres, particulièrement les évêques, comme dit Isidore ; parce que ceux qui donnent et administrent la sainte communion, qui est le sacrement d'union et de paix, doivent donner aussi le saint baptême, par lequel l'homme devient capable de recevoir cette union et cette paix. Cependant, depuis le commencement, les évêques, afin de n'être pas obligés d'abandonner un devoir plus grand dont ils étaient chargés, qui était celui d'enseigner, ont laissé cette fonction aux prêtres. Que s'il ne se trouve point de prêtre dans un temps qui presse, le diacre fait cette fonction; et lorsqu'il y a du péril qu'un homme ne meure sans baptême, et qu'il ne se trouve point de diacre, elle peut être faite par toute sorte d'ecclésiastiques ; et s'il s'en trouve plusieurs, il est du bon ordre de l'Église qu'on préfère celui qui y a une plus grande dignité. De plus, en un semblable péril, s'il ne se trouve aucun ecclésiastique pour ce ministère, tout laïque le peut faire, tant homme que femme. Mais une femme ne le fera pas s'il y a quelque homme présent ; que si cet homme ne savait pas donner le baptême comme il le faut donner nécessairement pour la validité du sacrement, la femme qui le saura pourra baptiser.*

Jérémie, patriarche de Constantinople, et Gabriel de Philadelphie disent la même chose. Celui-ci dit expressément que *s'il ne se trouve pas de prêtre, un chrétien laïque, homme ou femme, peut baptiser.* Dans la Confession orthodoxe cette doctrine est expliquée en ces termes : *Le Baptême, selon l'ordre, ne peut être administré par aucun autre que par un prêtre légitimement ordonné; mais en cas de nécessité, une personne séculière, homme ou femme, peut administrer ce sacrement, en se servant de la matière convenable, qui est de l'eau simple et naturelle, en y ajoutant les paroles qui ont été dites, au nom du Père et du Fils et du Saint-Esprit, et faisant trois immersions.* Il est à remarquer que le traducteur suédois a traduit νόμιμον ἱερέα, *ordinario verbi ministro,* ce qui lui est apparemment échappé, car rien ne ressemble moins à un prêtre grec qu'un ministre protestant.

On ne peut douter après des témoignages si positifs que les Grecs ne reconnaissent comme valide le baptême administré en cas de nécessité pressante par un laïque et même par une femme; et si on trouve qu'il y a eu sur cela quelque variation ou quelque doute, il n'y a pas lieu de s'en étonner. Ils voyaient des canons des anciens conciles qui défendaient absolument que les femmes baptisassent; cela suffisait pour leur faire croire que, même en cas de nécessité, elles ne pouvaient validement donner le baptême, et sur cette autorité quelques-uns ont fait des décisions téméraires sur la validité d'un tel baptême; mais on ne croit pas qu'il se trouve aucune loi ecclésiastique faite par les Grecs, qui ordonne que ceux qui auront ainsi été baptisés, soient rebaptisés de même que s'ils n'avaient rien reçu.

Pour ce qui regarde les Orientaux, il y a encore plus de difficulté à découvrir les règles qu'ils ont suivies sur ce point de discipline ; car les canons qu'ils ont dans leurs anciennes collections, défendant aux femmes de baptiser, ce qui s'entend, comme il a été dit, du ministre ordinaire, ont donné lieu à quelques auteurs de dire que *le baptême qui n'est pas administré par les prêtres était nul,* et d'ordonner *que ceux qui avaient été ainsi baptisés, le seraient de même que s'ils ne l'avaient pas été.* Cette constitution, attribuée à Sévère d'Antioche, est rapportée dans la collection d'Albufarage; mais elle n'en a pas pour cela plus d'autorité, car, outre qu'il ne se trouve rien de semblable dans les autres collections, l'église jacobite d'Alexandrie a un exemple dans son histoire qui détruit cette constitution : c'est dans la Vie de Pierre-le-Martyr, dix-septième patriarche d'Alexandrie, écrite par Sévère évêque d'Aschmonin. Il dit qu'une femme chrétienne d'Antioche ayant deux fils voulut les faire baptiser, et que ne le pouvant à cause de la persécution de Dioclétien, dans laquelle son mari avait renié la foi, où dans laquelle, selon Elmacin qui rapporte la même histoire, il avait souffert le martyre, elle s'embarqua pour aller à Alexandrie les faire baptiser par S. Pierre. Durant le voyage il s'éleva une furieuse tempête, et cette femme craignant de périr avec ses enfants, qui n'étaient pas baptisés, elle se piqua d'un couteau à la mamelle droite, et du sang qui en sortait elle fit le signe de la croix sur eux, puis elle les baptisa dans la mer en disant : *Je vous baptise, mes enfants, au nom du Père, et du Fils, et du Saint-Esprit.* Elle arriva le vendredi-saint à Alexandrie, et elle conduisit ses enfants à l'archidiacre pour les présenter au baptême que Pierre donnait ce jour-là dans son église. D'autres avaient déjà été baptisés ; et lorsque ceux-ci approchèrent des fonts baptismaux, l'eau qui y était s'endurcit, de sorte que l'évêque ne put les baptiser, ce qui arriva par trois fois. Il en fut fort surpris ; et ayant fait appeler la mère, il lui demanda d'abord quel péché elle avait commis, puisque Dieu ne voulait pas admettre ses enfants au baptême. Alors elle lui conta ce qu'elle avait fait; et Pierre lui dit qu'elle se consolât, que Dieu avait baptisé lui-même ses enfants, et qu'après qu'il avait confirmé leur baptême par un tel miracle, il ne fallait pas le réitérer.

Il est fait mention de cette histoire en plusieurs livres des jacobites d'Alexandrie, et celle du baptême donné en commun à quelques enfants par S. Athanase, que S. Alexandre jugea valide, pourrait servir à confirmer les conséquences qu'on en tire. Mais Sévère ni les autres historiens arabes n'en font pas mention, ce qui est un nouvel argument pour prouver que la vérité de cette histoire, qui n'est rapportée que par Rufin, peut raisonnablement être contestée, comme l'ont fait voir de très-savants hommes. Les continuateurs de Bollandus ont rapporté celle de cette femme d'Antioche sur ce qui s'en trouve dans la chronique orientale, où elle n'est pas expliquée si en détail que dans l'histoire patriarcale de Sévère ; mais ils l'appliquent à un abus particulier dont nous parlerons dans la suite, et qui n'y a aucun rapport, puisqu'il s'agit d'un prétendu canon par lequel il semble que les Cophtes croient qu'on peut suppléer le baptême à un enfant qui meurt sans le recevoir, en faisant sur lui des onctions. Cet abus ne pourrait être justifié par un pareil exemple, duquel on tire seulement que suivant la tradition de l'église cophte d'Alexandrie, le baptême administré par une femme a été jugé valide par un de leurs plus saints patriarches, comme en effet celui-là l'était selon les règles de l'Église.

Ce qu'on doit conclure de ces contrariétés apparentes, est que ce qui se trouve marqué dans les canons et dans les constitutions patriarcales, est la règle commune de la discipline; et que ce qui n'y est pas conforme doit être regardé comme un abus. Les lois générales sont marquées; mais les exceptions, et ce qui se doit pratiquer dans les cas extraordinaires, n'est pas toujours écrit. Les canons de l'église grecque et latine défendent aux femmes de baptiser, et on ne croit pas qu'il s'en trouve d'anciens qui marquent qu'elles peuvent le faire en cas de nécessité. Cependant la discipline de l'Église latine, qui a réduit en loi ce qui s'était pratiqué longtemps auparavant, y a remédié; et les Grecs ont établi parmi eux cette même discipline. Il est très-possible que ceux qui l'ont ignorée aient quelquefois agi autrement, et encore plus que des chrétiens orientaux en des pays barbares aient été dans une pareille ignorance; ou que quelques évêques, présumant de leur capacité, aient introduit divers abus, tels que peuvent être ceux qui se trouvent autorisés par ces canons anonymes. Mais ces décisions et les pratiques particulières ne peuvent être considérées comme la doctrine et la discipline commune de ces églises.

CHAPITRE VI.
De quelques abus dont on ne peut justifier diverses communions orientales touchant le baptême.

Un des principaux abus dont on ne peut justifier la plupart des Orientaux est la réitération du baptême à l'égard de plusieurs hérétiques, quoiqu'ils ne pussent être mis au nombre de ceux que le concile de Nicée et les anciens canons ordonnaient de baptiser, comme ne l'ayant pas été. Ils ont ces mêmes canons dans leurs collections, et ils les citent pour établir ce qu'ils croient avec toute l'ancienne Église, que ce sacrement ne peut être réitéré; et les Grecs, plus éclairés que les chrétiens des autres nations, établissent comme nous que c'est parce qu'il imprime un caractère ineffaçable, en quoi ils s'accordent avec nous, aussi bien qu'avec toute l'antiquité. C'est ce que le patriarche Jérémie, Gabriel de Philadelphie, Georges Coressius, Grégoire protosyncelle, Syrigus, et en dernier lieu le patriarche de Jérusalem Dosithée, ont expliqué si clairement, qu'ils n'ont pas laissé lieu aux fausses interprétations qu'on pourrait tâcher de donner à leurs paroles.

On sait bien que les protestants, particulièrement les calvinistes, ne peuvent accorder cette doctrine avec l'idée qu'ils ont des sacrements. Les Grecs assurent qu'ils produisent efficacement la grâce *ex opere operato*, comme on parle dans l'école. Les protestants ne les regardant pas comme causes de la grâce, mais comme des sceaux qui excitent la foi, de laquelle ils font dépendre tout l'effet des sacrements, ne peuvent pas reconnaître que quelques-uns impriment caractère. Leurs théologiens se donnent beaucoup de peine pour combattre cette raison; il n'est pas nécessaire de rapporter ce qui a été dit pour prouver combien elle est conforme à l'ancienne doctrine de tous les Pères; et il nous suffit de dire que les Grecs s'accordent entièrement avec les Latins sur cet article. Ainsi, quand les protestants cherchent des raisons pourquoi on ne réitère pas le baptême, ils n'en produisent que de générales ou de fort douteuses, que telle a été la volonté de Dieu, qu'il n'y a aucun précepte de rebaptiser; qu'on ne trouve pas dans l'Écriture sainte qu'aucun ait été rebaptisé, et de semblables défaites que les anabaptistes réfutent plus facilement que les calvinistes ne réfutent les arguments des catholiques.

Car à l'égard de la dernière elle est entièrement fausse dans leurs principes, puisque comme ils prétendent que le baptême de S. Jean et celui de Jésus-Christ ne diffèrent point, ils ne peuvent nier que ceux qui n'avaient reçu que le premier, recevaient nécessairement le second; d'où il s'ensuivrait que la rebaptisation est autorisée par l'Écriture. Mais comme le dessein de cet ouvrage n'est pas de traiter ces matières, que nos théologiens ont assez éclaircies, il suffit d'établir que toutes les propositions sur lesquelles sont fondées les opinions des calvinistes touchant les sacrements, et particulièrement touchant le baptême, sont également rejetées par les Grecs, et que Mélétius Syrigus n'a pas dit sans fondement que lorsqu'ils reconnaissaient deux sacrements, ils n'en conservaient que le nom, mais qu'ils en détruisaient entièrement la substance.

Ce que croient donc les Grecs et tous les Orientaux est que le baptême, étant une fois administré dans la forme de l'Église, ne peut être réitéré sans sacrilège, parce qu'il imprime le caractère de Jésus-Christ. Ils le croient d'autant plus fermement, que comme ils administrent en même temps la confirmation et l'Eucharistie aux enfants, ils regardent celui qui a reçu le baptême comme un chrétien parfait auquel il ne manque rien. Et si par les péchés qu'il commet après le baptême, la grâce sanctifiante se perd, ils conviennent avec les catholiques qu'il n'y a d'autre remède que celui de la pénitence. *Le baptême*, dit Dosithée (Enchir., p. 59), *imprime un caractère ineffaçable, ainsi que les ordres sacrés; et comme il est impossible qu'une personne reçoive deux fois le même ordre, de même il est impossible de rebaptiser celui qui a été baptisé selon les règles, quand il lui arriverait de tomber dans dix mille péchés, et que même il renierait la foi. Car voulant se convertir à Dieu, il recouvre par la pénitence l'adoption qu'il a perdue.* Ils condamnent dans les marcionites la réitération du baptême ; et jamais personne n'a enseigné parmi eux que s'en ressouvenir avec foi puisse servir à la rémission des péchés. Car ceux-mêmes qui ont aboli la confession, dont il sera parlé en son lieu, n'ont jamais eu recours à une nouveauté si dangereuse et si propre à nourrir l'impénitence.

Il est cependant vrai que les Grecs, et encore plus les Orientaux, se sont écartés des règles de l'Église en ce qui concernait le baptême des hérétiques, ou de ceux qui étaient réputés pour tels. A l'égard des Grecs, leur discipline ecclésiastique se trouve toujours conforme aux anciens canons du concile de Nicée, du cinquième de Constantinople, de celui de Laodicée, et de tous les autres qui ont distingué les hérétiques dont le baptême était regardé comme valide, d'avec ceux qui ne le donnaient pas selon la forme de l'Église, ce qui le rendait entièrement nul. Tous ces anciens canons se trouvent dans les collections grecques, interprétés par leurs canonistes suivant le sens ordinaire que leur a donné l'Église romaine ; et dans la suite on a compris dans la classe de ceux qui devaient être baptisés lorsqu'ils revenaient à l'Église catholique, les bogomiles et d'autres hérétiques. Mais les Grecs n'ont pas rebaptisé les nestoriens ni les jacobites ; encore moins les Latins. On trouve sur cela une pièce décisive et qui sert de règle, qui est le traité de Timothée, prêtre de la grande église, pour recevoir les hérétiques qui se convertissent à la foi ; et il paraît que les Grecs ont toujours observé exactement cette discipline lorsqu'ils ont examiné sérieusement la matière. Cela n'a pas empêché néanmoins que divers particuliers sans autorité, et par haine contre les Latins, surtout après la prise de Constantinople, ne les aient souvent rebaptisés, comme on le voit par le chap. 7 du concile de Latran sous Innocent III, et on ne peut justifier les Latins, qui plusieurs fois en ont fait autant.

Cependant on ne peut faire une règle de ce qui était un abus énorme de part et d'autre : d'autant plus que, comme le marque Allatius, les Grecs n'ont jamais ordonné qu'on rebaptisât les Latins depuis la séparation des deux églises par le schisme. On cite sur cela le témoignage de Macaire d'Ancyre, qui dit que leurs Pères ont ordonné que les Latins qui reviendraient à l'église grecque abjureraient leur dogme particulier, et recevraient l'onction du chrême, ce qui avait été pratiqué depuis le commencement du schisme. Allatius (Concord., liv. 3, chap. 16, col. 1262) réfute par cette autorité Caucus, qui avait dit que les Grecs avaient tellement les Latins en horreur, qu'ils les osaient rebaptiser, *ut audeant in catholicæ fidei contemptum ipsorumque Latinorum... impunè rebaptizare, ungentes eos oleo, et asserentes Ecclesiæ Romanæ doctrinam de baptismo non esse veram, quemadmodum neque formam.* Il montre fort bien qu'on reconnaît dans ces paroles mêmes l'ignorance de l'accusateur, qui a cru que cette onction avait rapport au baptême ; au lieu que c'était celle par laquelle, selon les anciens canons, on réconciliait les hérétiques dont le baptême était reconnu légitime. Mais il est inutile de s'étendre sur une matière qui a été suffisamment éclaircie, puisqu'il est très-certain que dans les disputes que les Grecs ont eues avec les Latins, toutes les fois qu'on a parlé de réunion, il n'y a jamais eu de contestation sur la validité du baptême des uns ni des autres ; et il n'y eut sur cela aucune difficulté dans le concile de Florence. Grégoire protosyncelle (Myst., p. 97) distingue les hérétiques qui doivent être baptisés, et il parle selon les anciens canons, mais sans faire aucune mention des Latins, non plus que Timothée ou un autre auteur qui est imprimé à la suite. Ils ne parlent pas même des nestoriens, de plusieurs espèces de jacobites, ni des Arméniens, auxquels il y a longtemps que les Grecs reprochent un plus grand nombre d'erreurs qu'aux Latins. Nectarius (adv. pr. Papæ, p. 241) reproche aux missionnaires qu'ils ont rebaptisé de cette manière les Grecs qui se réunissaient. Ainsi il ne faut pas, sur le témoignage de quelques auteurs peu exacts, comme Caucus, ou sur la témérité de ceux qui, contre toutes les règles de l'Église, entreprirent de les rebaptiser, imputer à l'église grecque une opinion qui n'est fondée sur aucun canon, ni sur aucune décision de leurs patriarches et de leurs plus savants théologiens, qui enseignent le contraire.

On ne peut pas dire la même chose sur les Orientaux ; car il se trouve dans leurs collections de canons plusieurs décisions qui marquent qu'on doit donner le baptême à la plupart de ceux qui l'ont reçu hors de leur communion, et que les Grecs réconcilient par la simple onction. Il est vrai que ce n'est pas dans les canons de la première classe, ni même de la seconde, qu'on trouve cette discipline ; c'est plutôt dans des collections anonymes, dont l'autorité est fort médiocre. Une marque certaine que ce qu'elles contiennent sur cette matière n'est pas tant l'ancienne doctrine de ces églises que des abus qui se sont introduits dans la suite, est qu'il s'y trouve des décisions entièrement contraires en divers auteurs dont l'autorité est égale, comme nous allons le faire voir après avoir expliqué les sources de cet abus.

Nous en trouvons deux principales, dont l'une est une simple erreur de fait, l'autre l'animosité et la passion contre les Latins. L'erreur de fait est que dans les collections de canons les plus anciennes que les Orientaux ont faites pour l'usage de leurs églises, le concile de Carthage, sous S. Cyprien, pour rebaptiser les hérétiques, est inséré non seulement en extrait, mais traduit entièrement, sans qu'il y ait aucune note ni préface qui fasse connaître que toute l'Église, dans le concile de Nicée et dans les suivants, avait décidé le contraire. C'est ainsi qu'on le trouve dans la version syriaque, qui est certainement la plus ancienne de toutes celles qu'on connaît, et qui n'a pas les défauts des versions arabes, puisqu'elle est fort exacte, et qu'il paraît par plusieurs endroits qu'elle a été faite sur des manuscrits grecs meilleurs que ceux qu'on a suivis dans les impressions que nous en avons. Le nom de S. Cyprien a donné une grande autorité à ce concile, de manière qu'il paraît que ces Syriens n'ont pas douté qu'il ne fût très authentique. Les versions arabes ont été faites sur celle-là. Il ne faut donc pas s'étonner que dans des temps d'ignorance plusieurs y aient été trompés, et qu'ils en aient tiré des décisions conformes au principe général employé par les évêques africains, qu'il n'y avait point de baptême hors de l'Église, et qu'il fallait rebaptiser les hérétiques.

Ils le firent principalement dans la suite en haine des Latins ; parce que durant les guerres d'outre-mer, rien n'était plus ordinaire que de rebaptiser la plupart des Orientaux qui revenaient à l'Église catholique. Ce n'est pas qu'il y ait jamais eu rien d'ordonné pour autoriser cet abus ; mais l'ignorance des ecclésiastiques latins n'était pas moindre que celle des Orientaux, et ainsi il ne leur était pas difficile de croire qu'il n'y avait point de sacrements s'ils n'étaient administrés selon l'usage de l'Église romaine. Les Grecs, qui étaient plus instruits que les Syriens et les Egyptiens, ont souvent, par un zèle furieux, donné dans le même excès. Cependant il n'y a aucune constitution synodale ou patriarcale qui l'établisse ni parmi les Grecs, ni parmi les Syriens, ni parmi les Égyptiens. On ne trouve rien en faveur de cet abus que dans ces canons de la troisième espèce dont nous avons parlé ci-devant, et qui sont attribués à S. Athanase, où il est dit que *les melchites et les nestoriens ne seront reçus qu'en leur donnant le baptême capable de produire la régénération.* Le seul titre fait voir la fausseté et l'absurdité de ce prétendu canon, puisqu'on ne connaissait pas de melchites ni de nestoriens du temps de S. Athanase. Si on prétend que ce peut être une constitution d'un patriarche d'Alexandrie de même nom, qui était jacobite et successeur de Pierre Mongus, elle n'est pas moins suspecte ; car les canonistes les plus fameux, comme Echmimi et Ebnassal, outre ceux qui ont fait des abrégés des canons, après ceux des conciles et ceux des S. Pères, rapportent ceux qui sont tirés des constitutions patriarcales jusqu'à leur temps, c'est-à-dire jusqu'au treizième siècle ; et ils ne parlent point de celles-ci, qui même ne se trouvent citées nulle part.

Mais outre ces preuves qu'on pourrait regarder comme négatives, il y en a de positives du contraire. On trouve dans l'Histoire des patriarches d'Alexandrie, en la Vie de Chaïl, qui est le quarante-sixième, et qui fut ordonné vers l'an de Jésus Christ 728, que Constantin, évêque melchite ou orthodoxe du Vieux-Caire, se fit jacobite ; et il est marqué qu'il fut reçu en faisant profession de la créance de cette secte, sans qu'il soit parlé du baptême. On trouve quelques autres exemples de réunions à l'église jacobite, comme des acéphales proprement dits, et des barsanufiens, tous reconnus comme hérétiques, et jamais il n'est fait mention qu'ils aient été rebaptisés. Mais les jacobites syriens, qui sont de la même église que les égyptiens, rapportent dans leur collection le canon septième du concile de Laodicée, qui dit que les novatiens, les photiniens, les quartodécimants, diront anathème à leur secte, qu'ils seront instruits dans la véritable foi, qu'on leur fera l'onction du saint chrême, qu'ensuite on leur donnera l'Eucharistie. Après quoi Abulfarage, qui a mis ces canons sous différents titres, ajoute : *C'est aussi ce qu'il faut pratiquer avec les Francs ou Latins adultes.*

Dans la même collection on trouve citées les paroles de S. Cyprien, tirées de l'épître *ad Quirinum : Il y en a qui disent que comme le baptême est un, il ne faut pas baptiser les hérétiques lorsqu'ils reviennent à nous ; c'est qu'ils ne savent pas qu'à la vérité il n'y a qu'un baptême, mais que c'est dans l'Église catholique et apostolique. Or ceux qui ont reçu le baptême par les hérétiques n'ont pas été baptisés, mais seulement souillés, et on ne peut rien recevoir où il n'y a rien.* Sévère d'Antioche explique ainsi ces paroles : *Le synode de quatre-vingt-sept évêques, tenu à Carthage sous S. Cyprien, avait défini, selon leur avis, que les hérétiques qui retournaient à l'Église devaient être baptisés de même que s'ils ne l'avaient pas été. Denis d'Alexandrie, étant d'un avis contraire, décida que ceux qui avaient été baptisés par les hérétiques, au nom de la Trinité, ne devaient pas l'être derechef. Le concile de Nicée l'a décidé ainsi ; et les Pères, assemblés dans celui d'Éphèse, ordonnèrent que ceux de la secte de Théodore et de Nestorius, qui se convertiraient ne seraient pas rebaptisés comme pour être faits chrétiens de nouveau, mais en disant anathème à l'hérésie qu'ils abjuraient.* On trouve ensuite une décision du même Sévère qui porte qu'*on recevra,* c'est-à-dire qu'on tiendra pour valide *le baptême des julianistes, sectateurs de Julien d'Halicarnasse, de même que celui des Calcédoniens,* c'est-à-dire des orthodoxes qui reçoivent les décrets du concile de Calcédoine.

On ne peut douter que la discipline des jacobites n'ait été conforme aux canons qu'ils citent, et aux paroles qu'ils rapportent de Sévère d'Antioche. Car Denis Barsalibi, métropolitain d'Amid, qui a composé ou plutôt réduit en un meilleur ordre la manière de recevoir les pénitents, a inséré dans son ouvrage les prières et les cérémonies propres pour les absoudre, et la forme dont on doit le faire. Il se trouve entre autres un office pour recevoir les *Calcédoniens,* comme ils appellent les orthodoxes et les nestoriens, par lequel on reconnaît que les jacobites leur faisaient faire une profession de foi conforme à celle de cette secte, mais qu'on ne doutait pas de la validité du baptême donné par les uns ou par les autres. S'il s'est donc fait quelque chose de contraire de la part des chrétiens du Levant à l'égard des orthodoxes ou des nestoriens, ce n'a été que par ignorance et par haine ; de sorte qu'il n'y a pas plus de raison de conclure de ces exemples qu'ils sont dans l'erreur sur la validité du baptême, administré par les hérétiques, que si quelqu'un concluait que l'Église latine est dans la même erreur, parce que durant les guerres d'outre-mer quelques Latins ont rebaptisé des Grecs, des jacobites et des nestoriens.

Pierre, évêque de Mélicha en Égypte, dans son traité sur les sectes, parle du baptême des Latins, et il y remarque quatre principaux défauts : le premier est qu'ils ne se servent pas de chrême, le second qu'ils omettent le signe de la croix; le troisième qu'ils bénissent les eaux baptismales à portes fermées, le quatrième qu'ils ne donnent pas aussitôt l'Eucharistie aux nouveaux baptisés. Les trois premiers articles sont faux, et le quatrième n'a aucun rapport à l'intégrité du sacrement. Il ne conclut pas néanmoins que le baptême des Latins soit nul, ni qu'il faille le donner de nouveau. Ainsi, ce qu'on doit conclure de ce qui a été rapporté jusqu'ici, est que si en quelques endroits il y a eu des chrétiens orientaux qui ont cru qu'il fallait baptiser les hérétiques, particulièrement les Latins, et que véritablement ils les aient rebaptisés, ils se sont écartés non seulement de la doctrine et de la discipline de l'ancienne Église, mais encore de celle qui a été établie parmi eux, et qui a été enseignée par leurs plus fameux théologiens et canonistes.

CHAPITRE VII.

De l'abus du baptême annuel des Éthiopiens.

Un abus énorme, et qu'on ne peut justifier de superstition et de sacrilège, est le baptême annuel des Éthiopiens au jour de l'Épiphanie, tel qu'il est décrit par François Alvarez, témoin oculaire. Il dit que ce jour-là le roi, la reine, le patriarche et un nombre infini de peuple se rendirent sur le bord d'un grand réservoir qui avait été rempli d'eau, sur laquelle les ecclésiastiques avaient fait plusieurs prières, et même ils y avaient versé du chrême, de sorte, qu'autant qu'on le peut juger par la Relation de ce Portugais, la plus véritable de toutes celles qui ont été faites jusqu'à celle du P. Baltazar Tellez, jésuite, les Éthiopiens bénissaient cette eau de la même manière que se fait en Orient la bénédiction des fonts baptismaux. Tous ensuite se jetaient dans l'eau et s'y plongeaient, après quoi ils passaient par un degré qui était à un bout de ce réservoir, où était assis un vieux prêtre, et avant qu'ils sortissent hors de l'eau, il leur mettait la main sur la tête, la leur plongeait trois fois dans l'eau, et il disait : *Je vous baptise au nom du Père, et du Fils, et du S.-Esprit*. Alvarez dit au roi d'Éthiopie que c'était là un grand abus, puisque selon le Symbole de Nicée, il n'y avait qu'un seul baptême qu'on ne pouvait réitérer. Le roi en convint; mais, ajouta-t-il, que fera-t-on de tant de gens qui ont renié la foi pour embrasser le mahométisme?

Les jésuites trouvèrent les choses en ce même état, comme le marque le P. Tellez sur le témoignage de ses confrères (Hist. des Ethiop., l. 1, c. 37); et on ne peut pas douter que ce ne fût un baptême sérieux, puisqu'après la révolution entière des affaires de la religion en Éthiopie et l'expulsion des missionnaires, le roi et le patriarche firent publier un baptême général pour effacer tous les péchés, surtout celui de s'être séparé de l'église d'Alexandrie pour se réunir à l'Église catholique. Alvarez ajoute (idem., l. 5, c. 35) qu'il avait appris du roi d'Éthiopie que cette cérémonie avait été établie par son aïeul, ce qui faisait connaître qu'elle n'était pas fort ancienne. Matthieu, Arménien, dont les Réponses furent imprimées presque en même temps que la Relation d'Alvarez, ne disconvient pas de cet abus.

Zagazabo, un prêtre éthiopien nommé Técla-Mariam, qui alla à Rome vers la fin du seizième siècle, et quelques autres, ont tâché de justifier cet abus en disant que ce n'était qu'une mémoire du baptême de Jésus-Christ. M. Ludolf soutient la même opinion, et il la confirme par le témoignage d'un Éthiopien nommé Grégoire qu'il avait eu auprès de lui, et auquel il a fait dire tout ce qu'il a voulu. Ce n'est donc, si on le doit croire, qu'*une fête en réjouissance de ce que Jésus-Christ avait été baptisé ce jour-là, à l'occasion de quoi les Éthiopiens allaient en foule se jeter dans l'eau; et quand ils se rencontraient des prêtres, suivant la coutume, ils leur demandaient leur bénédiction, que ceux-ci donnaient en disant :* le Père, le Fils, et le S.-Esprit vous bénissent, *ce qui a fait croire*, poursuit-il, *que c'était un vrai baptême, mais sans aucun fondement*. Il n'y a personne qui ne croie plutôt Alvarez et les jésuites que l'Éthiopien de M. Ludolf, et même que tous les Éthiopiens; puisqu'il ne faut pas s'étonner qu'ils aient cherché à excuser une pratique aussi contraire aux lois les plus anciennes et les plus sacrées de l'Église. On comprend aisément que Zagazabo et Técla-Mariam cherchaient à excuser ce qu'ils ne pouvaient défendre.

A l'égard de Grégoire, M. Ludolf lui a fait dire tant d'autres choses manifestement fausses, que tout ce qui n'est fondé que sur son témoignage ne mérite pas la moindre attention; outre qu'on a des preuves certaines du peu de bonne foi avec laquelle l'a questionné et l'a fait parler M. Ludolf. Celui-ci était un homme qui paraissait fort sincère et plein d'amour pour la vérité; cependant jamais peut-être personne ne l'a plus altérée ni plus déguisée en tout ce qui regarde les matières de religion qu'a fait M. Ludolf. C'est qu'il a toujours eu l'esprit prévenu de deux préjugés également faux : l'un de justifier les Éthiopiens sur tout, l'autre de trouver parmi eux le luthéranisme. Nous ferons voir dans une dissertation assez ample sur l'église d'Éthiopie, que tout ce qu'il leur attribue sur la religion est presque entièrement faux, et qu'il n'a eu qu'une très-médiocre connaissance de sa matière, parce qu'il n'en avait aucune de l'église jacobite d'Alexandrie, de l'histoire de laquelle nous avons tiré plus de faits importants qu'il n'en a mis dans ses deux volumes. Un homme qui justifie les Éthiopiens sur la circoncision, sur le sabbat et sur d'autres observations judaïques; sur leur polygamie; même sur leur hérésie, qui est celle des monophysites, les peut justifier sur leur baptême annuel; et celui qui a pu écrire que le plus parfait modèle de l'ancienne discipline ecclésiastique était celle qu'on trouvait encore en Éthiopie, ne mérite créance sur rien; d'autant plus que, comme nous espérons le prouver d'une manière bien convaincante, il a traité le point qui regarde la créance des Éthiopiens sur l'Eucharistie avec une mauvaise foi qu'il est impossible de justifier. Car au lieu de rapporter fidèlement les prières publiques des

Liturgies et d'autres offices, sauf à les commenter comme il aurait pu, il n'en a pas fait la moindre mention ; mais il nous a donné des réponses ambiguës de son Abyssin à des questions captieuses qu'il lui proposait. C'est ce que nous avons fait voir dans la matière de l'Eucharistie ; nous le ferons plus amplement dans la dissertation sur l'église d'Éthiopie ; et nous espérons qu'après cela on ne déférera pas, comme on a trop fait, à l'autorité de M. Ludolf.

Enfin, pour revenir à ce baptême annuel des Éthiopiens, après un témoignage aussi positif que celui d'Alvarez, confirmé par les jésuites, témoins oculaires et plus capables d'en juger que lui ; après un exemple récent tel que celui d'une rebaptisation générale ordonnée par le roi et par le patriarche après qu'ils eurent chassé les missionnaires, il est inutile de citer un inconnu comme Grégoire pour excuser un tel sacrilège. On remarquera seulement qu'il y a tout sujet de croire qu'il n'était pas plus ancien que dit Alvarez, puisqu'il ne s'en trouve aucun vestige dans la collection de canons de Zara-Jacob qui régnait du temps du concile de Florence, ni dans tout ce que nous connaissons de canons qui ont rapport à l'Éthiopie. Il y a plusieurs constitutions de patriarches d'Alexandrie, par lesquelles ils ont condamné divers abus introduits en Éthiopie, entre autres celui de la pluralité des femmes, de la circoncision après le baptême, et des pratiques judaïques ; mais on n'en voit aucune qui parle de celui-ci, ce qui en fait voir la nouveauté. L'église d'Alexandrie a eu sa discipline pénitentielle, nonobstant les variations qui l'ont altérée, et ce qu'elle a prescrit à l'égard de ceux qui avaient renié la foi pour se faire Mahométans n'a jamais été un nouveau baptême, mais ou la pénitence que les anciens canons prescrivaient pour ceux qui étaient coupables d'idolâtrie, ou même une autre encore plus terrible que nous expliquerons en son lieu. Abusélah, qui vivait il y a plus de quatre cents ans, parle de plusieurs coutumes particulières aux Éthiopiens, et il ne fait aucune mention de cet abus, ce qui est une autre preuve de sa nouveauté.

Les Arméniens, ainsi que la plupart des chrétiens orientaux, célèbrent le 6 de janvier la commémoration du baptême de Jésus-Christ, dont l'Église latine fait aussi mémoire dans l'office de la fête de l'Épiphanie. La coutume qu'ils ont est de bénir de l'eau avec de longues prières et plusieurs cérémonies, de l'emporter dans leurs maisons et d'en faire des aspersions, comme les catholiques font de l'eau bénite. Cette bénédiction se fait quelquefois dans la rivière, et c'est ce que pratiquent les Arméniens établis à Julfa, comme l'ont décrit divers voyageurs. Mais cela n'a rien de commun avec l'abus des Éthiopiens, qu'on ne peut considérer que comme un renouvellement du baptême que l'ignorance et l'impénitence a introduit, et qu'on ne peut excuser de sacrilège. Si les Arméniens observent le même abus, ils ne le rendraient pas plus excusable.

CHAPITRE VIII.

De quelques autres abus qu'on reproche aux Orientaux touchant le baptême.

La principale source de plusieurs fausses accusations que divers écrivains modernes ont répandues contre les Orientaux sur le baptême, aussi bien que sur d'autres points très-importants de la religion, est que la plupart ont également ignoré la discipline ancienne et celle des églises orientales. Ils avaient appris que l'usage commun était de ne baptiser les enfants mâles qu'au bout de quarante jours, ou de quatre-vingts pour l'autre sexe ; cela leur a suffi pour conclure très-faussement qu'ils ne croyaient pas la nécessité du baptême. Par cette même raison, et parce que dans les premiers siècles plusieurs catéchumènes différaient longtemps à le recevoir, les calvinistes en ont tiré la même conséquence. S'ils avaient agi de bonne foi, ils auraient dû marquer en même temps que les SS. Pères (1) déclamaient continuellement contre cet abus, et S. Jean Chrysostôme seul en pouvait fournir un grand nombre de preuves. Ils auraient dû aussi observer que les catéchumènes qui mouraient sans baptême, ne participaient pas aux prières ni aux sacrifices que l'Église célébrait pour les chrétiens morts dans sa communion ; et qu'elle n'avait qu'une très-légère espérance de leur salut, comme elle n'en avait aucune de celui des enfants qui étaient enlevés de ce monde avant que d'être baptisés.

Il faut donc ainsi juger des Orientaux : ils diffèrent le baptême afin que l'enfant soit plus fort, et que la mère soit en état de le présenter elle-même à l'église. Mais ils ont des règles très-anciennes fondées sur la pratique de la primitive Église, pour le donner sans observer les cérémonies ordinaires, dès qu'il y a le moindre péril ; nous avons leurs offices abrégés pour ces occasions-là, un des Cophtes, deux des Syriens jacobites, et d'autres semblables. Ils imposent des pénitences très-sévères aux prêtres, aux parents, et à tous ceux qui sont cause de ce qu'un enfant meurt sans être régénéré. Ils disent clairement qu'en cet état il meurt coupable du péché d'Adam, qu'il n'a aucune part avec Jésus-Christ, et qu'il n'entre pas dans le royaume des cieux. Il n'en faut pas davantage pour mettre hors de tout reproche leur créance et leur discipline.

Leurs canons, conformément aux anciens, défendent aux femmes et aux laïques de baptiser. Ils ne disent pas néanmoins que le baptême administré de cette manière soit nul ; et il n'y a dans les collections des Cophtes aucune constitution qui ordonne de le réitérer. On en trouve une, à la vérité, dans les livres des jacobites syriens, attribuée à Sévère d'Antioche, qui dit le contraire : ce qu'on voit aussi dans les écrits de quelques Grecs modernes. C'est le corps des canons qui fait la loi, et non pas des réponses particu-

(1) Hom. 1 in Act. apost., et alibi ; Patr. conc. Bracar., c. 35 ; Aug., de pec. Merit., l. 2, c. 26, p. 67, n. ed.

lières, dont il ne paraît aucune pratique. Il est de même défendu parmi eux de faire baptiser des enfants par une personne de différente communion ; et quelques-uns ont décidé par ignorance ou témérairement, que le baptême reçu de cette manière était nul. Cependant aucune loi ecclésiastique généralement reçue n'ordonne de le réitérer.

Parmi les abus que plusieurs de nos auteurs, particulièrement des modernes, ont remarqués dans le baptême des Orientaux, ils regardent comme un des principaux la communion qui est donnée aux enfants, en même temps qu'ils reçoivent le baptême et la confirmation selon le rit oriental. Les uns en parlent comme d'une profanation de l'Eucharistie ; d'autres comme de la suite d'une erreur capitale, qui consiste à égaler la nécessité de ce sacrement avec celle du baptême. Enfin plus l'ignorance de l'ancienne discipline a été grande, plus ces écrivains ont attaqué cette pratique commune à tous les chrétiens d'Orient comme périlleuse ; et les missionnaires l'ont souvent retranchée, lorsqu'ils ont eu une entière autorité de le faire. On doit regarder comme un abus dans la discipline ce qui est contraire à l'usage ancien et universel des églises ; de même que ce qui est contraire aux symboles, et aux décisions qui regardent la doctrine est une erreur contre la foi. Mais ce qui est conforme à la pratique de tous les siècles, et sur quoi il n'y a eu aucune contestation depuis le commencement des schismes, dans le temps même que les Grecs et les Latins se sont accusés réciproquement sur des points beaucoup moins importants, ne peut être traité d'abus ; puisqu'en accusant les Orientaux sur ces points de discipline, cette accusation retombe sur les anciens Pères des temps les plus florissants de l'Église, et renverse l'autorité de la tradition.

Les modernes, qui ont plus exagéré l'énormité de ce prétendu abus, n'ont pas fait réflexion aux conséquences que les protestants pouvaient tirer de ces vaines objections contre l'autorité de l'Église. Car si elle a autorisé des pratiques pernicieuses, et qu'on est obligé d'abolir, elle n'est plus infaillible, et on ne peut défendre plusieurs cérémonies non écrites que la réforme a supprimées, si l'usage constant de tous les siècles et de tous les pays ne suffit pas pour les justifier. Ces mêmes censeurs, qui ont condamné si aisément ces cérémonies, n'ont pas pris garde que celle de la communion des enfants fournit aux catholiques une preuve si forte de la foi touchant la présence réelle, qu'il est impossible d'en éluder les conséquences par aucune subtilité. Car il est clair que toute la théologie des protestants sur les sacrements est entièrement détruite par cette seule pratique ; puisqu'il faut convenir que si c'est la foi qui produit l'effet des sacrements, et que c'est elle par le moyen de laquelle on reçoit le corps de Jésus-Christ dans l'Eucharistie, comme disent les luthériens dans la Confession d'Augsbourg, et les Anglais dans leurs articles de religion, les enfants, qui ne sont pas capables de produire cet acte de foi, ne reçoivent pas le corps de Jésus-Christ en recevant l'Eucharistie. Cependant les Grecs et les Orientaux sont tellement persuadés que ces enfants le reçoivent véritablement, qu'à leur égard ils observent autant qu'il est possible tous les points de discipline ordonnés à l'égard des adultes qui approchent de la communion. Un des principaux est qu'on la reçoive à jeun ; et les canons particuliers de l'église d'Orient ordonnent que *les enfants seront à jeun, et qu'ils n'auront point-tété lorsqu'on les présentera au baptême.* Il y a diverses précautions pour empêcher la profanation de l'Eucharistie, de peur qu'il ne tombe quelque particule de la patène, ou quelque goutte du calice ; elles sont encore plus grandes lorsqu'on communie les enfants, jusque là même qu'on ne leur donne ordinairement qu'une espèce. Les Orientaux croient donc que les enfants reçoivent le corps et le sang de Jésus-Christ aussi véritablement que les adultes, et par conséquent que le changement du pain et du vin est fait indépendamment de la foi des communiants. Car on ne pourrait pas dire que celle des parrains produirait le même effet à l'égard de l'Eucharistie, qu'elle le produit à l'égard de la susception valide du baptême, puisque dans le rit oriental on n'interroge pas les parrains sur cet article comme sur ceux du Symbole ; outre que la théologie des protestants sur le baptême des enfants est embarrassée de tant de difficultés et de variétés, qu'elle ne peut fournir aucun argument solide pour attaquer ou pour confirmer l'ancien usage dont nous parlons.

On ne peut, sans ignorer entièrement l'ancienne discipline de l'Église, douter qu'elle n'ait été telle que nous la trouvons encore parmi les Grecs, les Syriens, les Égyptiens, les Abyssins, les Arméniens, et tous les chrétiens d'Orient, de quelque langue et de quelque secte qu'ils soient. Ce consentement général en fait voir l'universalité et l'antiquité, dont on a un grand nombre de preuves. Car on prouve que dès le temps de S. Cyprien on donnait la communion aux enfants, par l'exemple de cette petite fille qui, ayant été souillée par les choses offertes aux idoles, ne put recevoir l'Eucharistie et la rejeta. Nous avons cité un autre exemple rapporté par S. Prosper ; et on confirme cette discipline par divers passages des anciens rapportés par plusieurs auteurs (Mart., de Eccl. Disc., l. 1, c. 1, art. 13), qui prouvent que l'Eucharistie était donnée aux nouveaux baptisés aussitôt après le baptême. Ceux qui voudraient rapporter tous ces passages à la communion des enfants pourraient se tromper sur quelques-uns qui n'y ont pas rapport, parce que dans le style de ces premiers temps, *infantes* signifiaient généralement les nouveaux baptisés sans avoir égard à l'âge. Mais la discipline et son usage sont prouvés par tant de Rituels, qu'on ne peut pas révoquer en doute que les enfants n'aient participé à l'Eucharistie incontinent après le baptême, même dans l'Église latine, qui observait encore cette coutume au neuvième siècle, comme on reconnaît par les témoignages de Théodulphe, évêque d'Orléans, et de Riculfe de Soissons ; et dans le dixième par la vie de S. Adalbert, évêque de Prague ; ensuite par Hugues de S. Victor. Le Rituel de Gélase, ancien de plus de neuf cents ans, le marque expressément : *Postea si fuerit oblata, agenda est missa et communicat; sin autem, dabis ei tantum Sacramenta corporis et sanguinis Christi dicens : Corpus Domini nostri Jesu Christi sit tibi in vitam æternam.* Dans un autre très-ancien : *Post hoc ingrediuntur ad missas et communicant omnes ; illud autem providebis, ut postquàm baptizati fuerint nullum cibum accipiant, nec ablactentur mea quàm communicent Sacramenta corporis Christi.* Il paraît par ces dernières paroles qu'il s'agit des enfants aussi bien que des autres ; car *ablactentur* signifie en cet endroit la même chose que *lactentur* ; c'est-à-dire qu'on ne leur donne pas la mamelle. Dans un autre office : *Et si episcopus adest statim confirmare eum chrisma oportet, postea communicare. Et si episcopus præsens non fuerit antequàm post baptismum ablactetur aut aliquid accipiat, corpus et sanguinem Domini communicetur;* ce qui est aussi marqué dans les anciens sacramentaires de l'église de Saint-Remi de Reims, de l'église de Poitiers, un autre de Chelles, un de S.-Germain-des-Prés, un de Moissac, un de Jumièges, un des Latins qui étaient à Apamée en Syrie du temps des rois de Jérusalem, et qui paraît être l'office romain de ce temps-là. On trouve tous ces offices recueillis par le savant P. Martène, bénédictin de la congrégation de S.-Maur, dans son premier volume *de antiquis Ecclesiæ Ritibus.*

Si donc les Grecs, les Syriens, melchites, nestoriens ou jacobites, et toutes les communions unies avec l'Église romaine, ou séparées, ont conservé la discipline de donner la communion aux enfants avec le baptême, ils ne peuvent être accusés, ni de nouveauté, puisqu'il paraît par tant de preuves que la même coutume était observée en Occident comme en Orient ; ni d'aucune erreur, puisque cette accusation retomberait également sur toute l'Église. On trouve dans les Rituels orientaux les mêmes précautions pour la communion des enfants que celles qui sont marquées dans quelques latins, qui est de ne leur donner que l'espèce du vin, comme il est marqué dans le quatorzième : *Communicentur autem pueri qui nondùm noverunt comedere vel bibere, sive cum folio sive cum digito intincto in sanguine Domini et posito in ore ipsorum, sacerdote ita dicente : Corpus cum sanguine Domini nostri Jesu Christi custodiat te in vitam æternam.* La discipline observée parmi les Cophtes est la même. Le prêtre met le doigt dans le calice, et le fait sucer à l'enfant ; et en d'autres Rituels il est marqué qu'il lui met l'extrémité de la cuiller sacrée dans la bouche, ce qui lui tient lieu de communion. Enfin non seulement les Rituels en toute langue prescrivent la communion des nouveaux baptisés et nommément des enfants, mais Jacques d'Édesse, Abulfarage qui rapporte ses paroles, Ebnassal, Abulbircat, la Science ecclésiastique, marquent la même discipline. On en a aussi une preuve dans une histoire de la dispute de quelques religieux égyptiens avec un Juif nommé Amran, sous Andronique, trente-septième patriarche d'Alexandrie, et qui finit par la conversion de ce Juif et de tous ceux de sa famille. L'évêque, dit cette histoire, *fit des prières sur l'eau telles qu'on les fait pour administrer le baptême ; et quand il eut versé du chrême sacré dans le Jourdain, ou dans les fonts, et qu'il y eut fait le signe de la croix, il les fit descendre dedans, et ils y furent plongés trois fois* AU NOM DU PÈRE, DU FILS, ET DU SAINT-ESPRIT UN SEUL DIEU, *puis les femmes et les enfants. L'évêque célébra la Liturgie, et il les fit tous participants du corps et du sang précieux, et il accomplit ainsi leur baptême.*

CHAPITRE IX.
Si on peut accuser d'erreur ceux qui ont dit que la communion était nécessaire aux enfants ; ce que croient sur cela les Grecs et les Orientaux.

Il ne faut pas s'étonner si des missionnaires peu instruits de l'ancienne discipline ont mis cette pratique parmi les erreurs et les abus des Grecs et des Orientaux, puisqu'il y a eu des écrivains assez téméraires pour porter le même jugement contre l'Église primitive ; et plusieurs ont attaqué S. Augustin, qui tire de cet usage un argument très-fort contre les pélagiens, comme s'il avait égalé la nécessité de l'Eucharistie à celle du baptême, ajoutant que cette opinion avait été condamnée dans le concile de Trente (sess. 21, c. 4). A l'égard de S. Augustin, plusieurs habiles théologiens l'ont défendu contre de tels calomniateurs, entre autres le savant cardinal de Noris, dans les *Vindiciæ Augustinianæ,* où il fait voir que ce grand docteur de l'Église tirait des cérémonies du baptême un argument contre les pélagiens, en leur prouvant que s'ils prétendaient que les enfants morts sans baptême étaient exclus du royaume du ciel (ce qu'on ne niait pas alors, car on ne connaissait pas la distinction frivole *du royaume du ciel et du royaume de Dieu,* que les calvinistes ont inventée), on ne pouvait supposer que ces mêmes enfants eussent une autre sorte de vie éternelle sur la terre, puisque Jésus-Christ avait déclaré que si on ne mangeait sa chair et si on ne buvait son sang, on ne pouvait avoir la vie. Or cela peut s'entendre en deux manières : l'une, en ce qu'on ne peut participer à l'Eucharistie sans avoir reçu le baptême, qui donne droit à la recevoir, et c'est ainsi que plusieurs théologiens ont cru qu'on pouvait entendre les paroles de S. Augustin ; l'autre, qui est plus simple, et est que parlant du baptême il a entendu tout ce que l'Église pratiquait en l'administrant, et il est certain par les témoignages qui ont été rapportés, ainsi que par plusieurs autres qu'on y pourrait ajouter, qu'on ne baptisait point sans donner aussitôt la communion aux nouveaux baptisés. Ainsi on ne divisait pas trois sacrements qui étaient donnés en même temps, le baptême, la confirmation et l'Eucharistie, quoiqu'ils fussent distingués en eux-mêmes ; en sorte que si par quelque accident, ou dans un péril pressant de mort, on ne recevait le baptême que comme les cliniques qui étaient baptisés dans leur lit, et étant à l'extrémité, on suppléait la confirmation dans la suite. C'est donc du baptême entier et complet par la réception de l'Eucharistie que S. Augustin a parlé, de même que quand le pape S. Corneille, parlant du baptême que Novat avait reçu dans le lit sans recevoir la confirmation, ajoute : Si on peut dire qu'il ait ainsi obtenu le baptême.

Mais ce qui doit être plus remarqué, est que cette pratique de donner la communion aux enfants incontinent après le baptême, était la pratique générale de toute l'Église jusqu'au neuvième siècle, et longtemps après, comme il paraît par cette loi des Capitulaires citée par Réginon, et qui dit qu'elle est tirée *ex Capitulis synodalibus*; c'est-à-dire, qu'elle avait été faite dans un synode d'évêques : *Que le prêtre ou le curé ait toujours l'Eucharistie prête, afin que si quelqu'un est malade, ou quelque enfant, aussitôt il le communie, de peur qu'ils ne meurent sans communion* (1). La même discipline se trouve marquée dans les chapitres de Gautier, évêque d'Orléans, sur laquelle on trouve une note fort singulière dans l'édition des conciles : *Ce canon, en ce qu'il ordonne qu'on donnera l'Eucharistie non seulement aux malades, mais aux enfants, semble approcher de l'opinion de S. Augustin, qui établit une nécessité égale pour tous les fidèles de recevoir l'Eucharistie comme le baptême pour obtenir le salut ; et ce grand docteur croit que cette opinion est venue aux églises par la tradition apostolique.... Mais quoique S. Cyprien rapporte qu'une petite fille à Carthage participa au corps et au sang de Jésus-Christ, ce que S. Augustin rapporte pareillement, l'Église universelle n'a jamais reçu cette pratique sans quelque tache de nouveauté* (2).

Jamais cependant ni les pélagiens, ni les catholiques, n'ont fait ce reproche à S. Augustin ; et la pratique de donner la communion aux enfants a été si constamment observée dans toute l'Église, que jusqu'au dixième siècle, et même plus bas, il ne s'y trouve aucun changement. C'est ce qu'ont prouvé plusieurs habiles théologiens, non seulement par les témoignages des auteurs anciens, mais par les sacramentaires de tous âges et de tout pays, auxquels on doit joindre ceux des Grecs et des églises orientales qui conservent encore cette pratique. C'est pourquoi M. Baluze, dans ses Notes sur Réginon, fait cette remarque judicieuse contre celle de cet auteur : *Il est étonnant qu'après tant de témoignages, il ait osé écrire que l'Église universelle n'a jamais reçu cette coutume*

(1) Ut presbyter semper Eucharistiam habeat paratam, ut quando quis infirmaverit, aut parvulus infirmus fuerit, statim eum communicet, ne sine communione moriatur.

(2) Quòd autem non tantùm infirmis, sed etiam parvulis ægrotantibus vult porrigi Eucharistiam, ad opinionem S. Augustini videtur accedere, non minorem in Eucharistià quàm in baptismate necessitatem fidelibus omnibus ad salutem consequendam collocantis, quam existimat magnus doctor ex apostolicà traditione ecclesiis insitam esse. *Puis ayant cité le capitulaire dont Gautier a pris les paroles, il ajoute :* Quod universalis Ecclesia nunquàm recepit (licèt infantem) puellam Carthagine Christi corpori et sanguini participàsse narret S. Cyprianus libro de Lapsis, referatque Augustinus) absque notà novitatis. *Conc. t. 8, c. 646.*

sans quelque tache de nouveauté : car quoique l'usage en soit aboli, on n'en peut pas conclure que jamais elle n'ait été reçue (1).

On ne peut guère mieux expliquer le sentiment de S. Augustin que par les paroles de Théodulfe, évêque d'Orléans, qui, ayant parlé de la vie éternelle, dit ensuite : *Nous sommes baptisés et nous sommes nourris de sa chair, et nous buvons son sang, parce que nous ne pouvons entrer dans son corps, si nous ne recevons ces sacrements ; car il dit :* « *Ma chair est vraiment viande,* » *etc.* (2). Il est nécessaire, dit-il, pour entrer dans l'Église, qui est le corps de Jésus-Christ, d'être baptisé et de recevoir son corps et son sang, qui nous sont donnés dans l'Eucharistie. Dans le temps de la primitive Église, et dans les dix premiers siècles, où on n'administrait le baptême qu'en donnant aussitôt la communion au néophyte, c'était la même chose que si on eût dit que le baptême était nécessaire pour la vie éternelle. Mais cela ne signifiait pas que celui qui mourrait sans avoir participé aux saints mystères ne fût pas en état de salut.

On trouve à la vérité que quelques-uns ont eu ce doute, et entre autres le diacre Ferrand, qui consulta sur cela S. Fulgence à l'occasion d'un Éthiopien, qui, ayant été baptisé, mourut avant que de recevoir l'Eucharistie. S. Fulgence dit qu'*aucun fidèle ne doit être en inquiétude touchant ceux qui étant baptisés dans leur bon sens, et étant ensuite prévenus par la mort, ne peuvent manger la chair du Seigneur, ni boire son sang, à cause de ces paroles :* « *Nisi manducaveritis,* » *etc.* ; *car si on fait réflexion aux mystères de la vérité, aussi bien qu'à la vérité du mystère, on trouve que cela se fait dans la régénération même. Car qu'est-ce qui se fait dans le sacrement du saint baptême, sinon que les croyants deviennent membres du corps de Jésus-Christ, et que par l'unité ecclésiastique ils entrent dans la composition de ce corps.... C'est pourquoi parce que nous sommes un pain et un corps, chacun commence alors à participer à ce pain quand il commence à être membre de ce corps* (3).

(1) Quare mirum est illum post tot testimonia scribere ausum, Ecclesiam universalem nunquàm recepisse hunc morem absque notà novitatis. Tamen etsi enim usus ille jam exoletus sit, hinc colligi non potest illum nunquàm fuisse receptum. *Baluz., Not. ad Regin.,* p. 552.

(2) Propter hanc vitam adipiscendam, et baptizamur, et ejus carne pascimur, et ejus sanguine potamur ; quia nequaquàm possumus in ejus corpus transire, nisi his Sacramentis imbuamur. Sic enim ipse ait : Caro mea verè est cibus, etc. *Theodulph. Aurel., de Ord. bapt. 4, cap. 18.*

(3) Nullus autem debet moveri fidelium in illis qui etsi legitimè sanà mente baptizantur, præveniente velocius morte carnem Domini manducare et sanguinem libere non sinuntur, propter illam videlicet sententiam Salvatoris, quà dixit : Nisi manducaveritis, etc. Quod quisquis non solùm secundùm veritatis mysteria, sed secundùm mysterii veritatem considerare poterit, in ipso lavacro sanctæ regenerationis hoc fieri providebit. Quid enim agitur sacramento sancti Baptismatis, nisi ut credentes membra Domini nostri Jesu Christi fiant, et ad compagem corporis ejus ecclesiastica unitate pertineant... Quocircà quoniam unus panis et unum corpus multi sumus, tunc incipit unusquisque

Voilà en quoi consiste cette prétendue erreur que quelques modernes ont osé attribuer à S. Augustin, même au pape Innocent I, parce qu'il a cité les paroles *nisi manducaveritis*, etc., dans le même sens, pour prouver la nécessité du baptême contre les pélagiens; quoiqu'il soit évident, comme l'a prouvé le cardinal de Noris, que l'un et l'autre parlent du droit que les néophytes acquéraient de participer à l'Eucharistie, plutôt que de la réception actuelle, qui n'a jamais été regardée comme nécessaire au salut. La preuve en est certaine par la discipline, parce qu'on n'a pas douté du salut de ceux qui mouraient ayant reçu le baptême quoiqu'ils n'eussent pas reçu l'Eucharistie, comme de celui des catéchumènes pour lesquels l'Église ne priait point, et n'offrait point le sacrifice, parce qu'ils ne pouvaient être réputés ses membres, ni du corps de Jésus-Christ, dans lequel ils ne pouvaient entrer que par le baptême. Et quand les Pères ont dit qu'ils y entraient aussi par l'Eucharistie, c'est qu'on administrait en même temps ces sacrements par une action sacrée, unique, et non interrompue, et qu'alors on était plus occupé à instruire les nouveaux chrétiens de leurs devoirs, et des dispositions qu'ils devaient apporter à ces saintes cérémonies, qu'à former des questions subtiles sur l'effet des sacrements.

On ne trouvera pas non plus dans l'antiquité qu'on ait douté du salut de ceux qui, ayant reçu le baptême, mouraient avant que de recevoir la confirmation; cependant cette omission, quand elle venait de la négligence des adultes, ou de celle des parents à l'égard des enfants, était regardée comme une grande faute, quoique dans l'Église latine cela n'empêchât pas de recevoir la communion : car, comme les évêques seuls pouvaient confirmer, souvent la confirmation était longtemps différée, ce qui n'arrivait pas en Grèce ni dans tout l'Orient, où ce sacrement était administré par les prêtres incontinent après le baptême, et la communion donnée aussitôt.

Il ne faut donc pas accuser les Grecs ni les Orientaux d'avoir aucune opinion particulière touchant la nécessité de l'Eucharistie pour les enfants, puisque leur pratique est fondée sur l'ancienne discipline de l'Église, sans qu'ils enseignent rien de contraire à ce qui a été décidé dans le concile de Trente. Il y est dit que *les enfants qui n'ont pas l'usage de raison ne sont pas nécessairement obligés à la communion sacramentelle de l'Eucharistie, puisque étant régénérés par l'eau du baptême et incorporés à Jésus-Christ, ils ne peuvent perdre à cet âge-là la grâce des enfants de Dieu qu'ils ont reçue; que cependant on ne doit pas pour cela blâmer l'antiquité d'avoir autrefois conservé cette coutume en quelques endroits, parce que comme les SS. Pères ont eu des raisons probables de ce qu'ils faisaient par rapport au temps, aussi on doit croire sans difficulté que ce n'a pas été à cause qu'ils croyaient que* particeps esse unius illius panis, quando cœperit membrum esse illius unius corporis. *Fulg., de Bapt. Æth., cap. 11.* *la communion fût nécessaire au salut des enfants.*

Les Grecs ni les Orientaux ne l'ont certainement pas cru, puisque dans tous les Rituels où sont marquées les règles qui doivent être observées pour le baptême en péril de mort, on ne célèbre pas la L turgie, sans laquelle on ne communiait jamais les nouveaux baptisés, parce que l'usage marqué dans les canons de l'Église latine qui ont été cités, que le prêtre aurait toujours l'Eucharistie prête pour la donner aux enfants qui seraient baptisés, ne se trouve dans aucun Rituel ni constitution des églises d'Orient, quoique, selon l'ancienne coutume de toute l'Église, ils donnent la communion aux mourants, et qu'ils la réservent à ce dessein. Ainsi les enfants baptisés en péril de mort sont baptisés parmi eux de toute antiquité sans recevoir l'Eucharistie, et pour cela on ne doute pas de leur salut.

Il reste donc à savoir si cette pratique de communier les enfants doit être regardée comme un abus, ce que quelques missionnaires ont avancé témérairement. Mais on ne peut traiter d'abus ce que l'Église a pratiqué pendant tant de siècles, et qu'elle a même, dans les derniers temps, approuvé dans les Grecs, puisqu'il n'y eut aucune contestation sur cet article au concile de Florence, ni rien d'inséré dans le décret d'union qui y eût le moindre rapport. Ils sont aussi bien que les Orientaux dans les mêmes dispositions à l'égard de cette cérémonie qu'était l'Église ancienne; et puisque, selon le concile de Trente, on ne doit pas la condamner à cause de cette pratique, on doit suivre le même jugement à l'égard des Grecs et des Orientaux, qui ne croient pas que notre baptême soit nul, parce que suivant notre discipline on ne donne pas la communion aux enfants. Pierre, évêque de Mélicha, qui accuse les Latins de plusieurs défauts dans l'administration du baptême, marque aussi celui-là; cependant il ne prétend pas qu'à cause de cela on doive le réitérer. Enfin ceux mêmes qui ne sont pas les plus équitables envers les Orientaux les justifient sur cet article, entre autres Thomas à Jesu. *Parmi presque tous les Orientaux*, dit-il, *on donne l'Eucharistie aux enfants aussitôt après le baptême, et en cela ils retiennent l'ancien usage de l'Église approuvé par le concile de Trente.... Que s'ils croient qu'il faut de nécessité la donner aux enfants incontinent après le baptême, ils tombent dans une erreur grossière condamnée par le même concile* (1). C'est aussi ce qu'ils ne croient pas, comme nous l'avons suffisamment prouvé.

On ne doit pas faire une grande attention sur l'autorité de M. Ludolf, qui, ayant marqué cette coutume de donner la communion aux enfants immédiatement

---

(1) Pueris statim ac sacro baptismate abluuntur Eucharistia ferè apud Orientales omnes conferter; sed in hoc retinent antiquum Ecclesiæ usum approbatum à sanctâ synodo Tridentinâ... Quòd si existiment Eucharistiæ sacramentum necessariò parvulis statim post baptismum conferendum, turpiter errant contra prædictam synodum. *Thom. à Jesu, de Convers. l. 7, c. 70, p. 506.*

après le baptême, en tire cette conclusion par rapport aux Éthiopiens : *Ainsi ils croient la cène du Seigneur aussi nécessaire que le baptême pour les enfants* (1). Cette conséquence est entièrement fausse, et il n'est pas difficile de reconnaître que l'auteur prétend par là persuader que les Cophtes et les Éthiopiens ne croient pas la nécessité du baptême, puisque, quoiqu'il n'eût aucune connaissance de la foi ni de la discipline de l'église jacobite, comme il paraît assez par tout son ouvrage, il ne pouvait pas ignorer que la conclusion qu'il tirait d'une coutume pratiquée par l'ancienne Église ne fût entièrement de sa tête. Aussi n'a-t-il pas eu un seul passage à citer des auteurs cophtes ou éthiopiens pour prouver ce paradoxe qui se détruit de lui-même. Car les Orientaux croient que la confirmation, ou le *myron*, doit être administrée en même temps que le baptême, dont, à cause de la continuité de la cérémonie, il semble faire une partie. Aucun cependant n'a dit que ceux qui étaient morts avant que d'avoir reçu le *myron* ne dussent pas être regardés comme chrétiens. Mais, comme nous avons fait voir dans le volume précédent (ci-dessus, dans ce même tome), l'entêtement de M. Ludolf à vouloir faire les Orientaux protestants était si excessif, qu'il l'a souvent fait prévariquer contre la bonne foi que doit avoir un historien, surtout dans une matière aussi sainte que celle qui regarde la religion. Il ne s'est pas mis en peine de justifier les Éthiopiens d'une accusation aussi fausse que celle de ne pas croire la nécessité du baptême, parce qu'elle pouvait les faire regarder comme ayant des sentiments conformes à ceux des protestants ; quoiqu'il les justifie sur les abus les plus grossiers, sur le judaïsme et sur l'hérésie des monophysites. Il s'est aussi bien gardé de dire comment on donnait la communion aux enfants : car il s'apercevait peut-être du ridicule qu'il y aurait eu dans son expression ordinaire, s'il avait dit qu'on leur donne *la cène* en leur mettant dans la bouche le doigt trempé dans le calice, ou en leur faisant sucer la cuiller. C'était tout ce que pouvait faire son Éthiopien Grégoire que de l'entendre, quand il appelait *cène* ce que les Éthiopiens et tous les Orientaux appellent *le corps et le sang de Jésus-Christ*.

Arcudius (l. 1, c. 14) examine avec rigueur ce qu'a écrit Siméon de Thessalonique sur la communion donnée aux enfants incontinent après le baptême, et il entre sur cela dans un grand détail, auquel il ne paraît pas nécessaire de s'engager. Siméon de Thessalonique vivait quelques années avant le concile de Florence, dans le temps auquel tous ceux qui paraissaient les plus zélés pour l'église grecque étaient extrêmement animés contre les Latins. Outre les causes générales et anciennes de cette aversion, il y en avait une particulière, en ce que les théologiens de ce temps-là n'ayant aucun égard à l'ancienne discipline qui leur était inconnue, condamnaient celle des Grecs presque

(1) Sic æquè necessariam esse opinantur infantibus cœnam Domini ac baptismum. *Lud. Comm.*, p. 373, n. 53.)

en tous les points, surtout celle d'administrer la confirmation en même temps que le baptême, et cela par le ministère des prêtres ; encore plus celle de donner l'Eucharistie aux enfants. La méthode de Siméon de Thessalonique n'était guère plus raisonnable que celle de ses adversaires : car il n'y avait presque aucun rit latin qu'il ne désapprouvât, jusque-là qu'il est le premier et peut-être le seul de ces temps-là qui ait condamné la forme latine du baptême. Voyant donc que quelques théologiens blâmaient les Grecs sur la communion des enfants, il reprocha aux Latins de ce qu'ils n'observaient pas la même discipline, et voici ses paroles dans le chapitre 69, dont le titre est : *Contre les Latins : Qu'il ne faut pas éloigner les enfants de la communion, ni, comme font quelques-uns, négliger de la leur donner ; en quoi ils introduisent une nouveauté contre toute raison ; parce que, disent-ils, les enfants ne savent pas ce qu'ils y reçoivent. O quelle folie et quelle absurdité ! Pourquoi donc les baptisez-vous ? Pourquoi leur faites-vous l'onction avec le chrême ; ce que les Latins ne font pas dans le baptême, à ce que nous apprenons ; car tout est contraire chez eux à l'Église catholique. Mais celui qui est dans les bons sentiments, comme il présente avec foi l'enfant à Dieu, et que cet enfant fait la confession de foi par un parrain fidèle, que ce même enfant étant baptisé est régénéré pour le royaume des cieux ; qu'il reçoit l'onction du chrême par laquelle il est perfectionné, et qu'en mourant il entre dans le royaume de Dieu ; ainsi il faut qu'il soit présenté à la communion par un fidèle, parce qu'elle est la vie éternelle. Et comme celui qui n'est pas régénéré par l'eau et par l'esprit n'entrera point dans le royaume des cieux, ainsi celui qui ne mange pas la chair du Fils de l'homme, comme a dit le Seigneur, et qui ne boit pas son sang, n'aura pas la vie éternelle.*

On reconnaît donc aisément que Siméon de Thessalonique ne parla pas en théologien, mais comme un homme emporté, qui répond à une accusation frivole par une récrimination encore moins raisonnable : car l'Église latine a eu pendant mille ans la même discipline que l'église grecque ; et le changement qui s'en est fait dans la suite n'est pas venu de ce qu'on jugeât qu'elle n'était pas selon les règles, mais par d'autres raisons qui ont fait que l'Église d'Occident a usé du droit que Jésus-Christ a laissé aux églises de régler ce qui regardait la discipline. Les Grecs ont changé ainsi plusieurs choses ; ils ont par exemple introduit la nouvelle manière de communier les laïques, en leur donnant avec une cuiller une particule trempée dans le calice, ce qui n'était point de l'ancien usage. On ne s'est jamais accusé réciproquement sur ces cérémonies indifférentes, tant que la concorde a subsisté entre l'Orient et l'Occident ; dès qu'elle a été rompue par les schismes, tout a été condamné de part et d'autre comme abus et comme sacrilège. C'est dans cet esprit qu'a écrit Siméon de Thessalonique, outrant la matière, puisqu'il parle si absolument qu'il n'excepte pas même les cas de nécessité, où, suivant les règles de sa propre église, on a administré le baptême sans confirmation et sans communion, quoiqu'on n'ait jamais douté du salut de ceux qui le recevaient ainsi. Enfin, quelque vénération que les Grecs aient eu pour Siméon de Thessalonique, ils n'ont pas adopté ses sentiments, puisqu'ils ne se trouvent marqués dans aucune confession de foi, ou décision synodale, ou traité théologique généralement approuvés ; et qu'en déclarant au contraire que le baptême en péril pressant peut être donné par un laïque et même par une femme, ils reconnaissent qu'il produit son effet entier, qui est la régénération spirituelle, sans la confirmation et sans la communion.

Il ne s'ensuit donc pas, comme prétend Arcudius, qui rapporte le passage cité ci-dessus, et quelques autres du même Siméon, qu'il ait prétendu que le baptême effaçait les péchés, mais qu'il ne conférait pas la grâce, et qu'il n'imprimait pas de caractère, puisqu'il enseigne tout le contraire. Ce qu'a voulu dire ce théologien grec, dans des termes trop peu mesurés et avec trop d'exagération, est, que ceux qui ne recevaient pas la confirmation et l'Eucharistie, étaient privés de la grâce spéciale produite par ces deux sacrements. *Ils demeurent*, dit-il, *imparfaits et sans avoir reçu le sceau, n'ayant pas reçu la grâce du Saint-Esprit* (1) ; c'est-à-dire ils ne reçoivent pas le sacrement qui les rend parfaits chrétiens, ni le sceau ; c'est-à-dire le sacrement dans lequel on dit σφραγὶς δωρεᾶς τοῦ Πνεύματος ἁγίου, paroles qui sont la forme de la confirmation parmi les Grecs. On peut juger qu'outre sa disposition perpétuelle de haine contre les Latins, il avait encore dans l'esprit une autre pensée, sur laquelle on ne pourrait le blâmer sans injustice. C'était de leur reprocher un abus qui n'était que trop ordinaire en Occident, puisqu'il l'est encore, de négliger la confirmation, et de ne la recevoir que longtemps après, ou même de ne la recevoir point, soit par la faute des particuliers, soit par celle de leurs parents.

On doit interpréter de la même manière les passages que rapporte ensuite Arcudius, pour prouver que le patriarche Jérémie et Gabriel de Philadelphie étaient dans la même erreur, quoiqu'ils parlent avec plus de circonspection que Siméon de Thessalonique, et qu'ils expliquent simplement la discipline de leur église. Mais parce qu'ils citent les mêmes passages, surtout celui qui regarde la nécessité de l'Eucharistie, il suppose que cela prouve qu'ils la croient absolument nécessaire, même aux enfants, et par conséquent qu'ils sont dans l'erreur. Par cette même conséquence, il s'ensuivrait que l'ancienne Église n'en aurait pas été exempte, ce qui fait horreur à penser seulement, quand le concile de Trente n'aurait pas déclaré le contraire. Les Pères, les anciens sacramentaires et les auteurs dont nous avons rapporté les paroles, ont néanmoins appuyé la discipline de leur temps sur les mêmes passages dont les Grecs se servent pour soutenir celle de leur église. Puisqu'on n'a donc pas accusé l'ancienne Église d'erreur, on n'en peut pas accuser les Grecs, parce qu'ils ont conservé cette même discipline ; et qu'à l'exemple des anciens Latins, ils ont donné le baptême en cas de nécessité sans confirmation et sans Eucharistie.

C'est sur cela qu'Arcudius prétend que Jérémie, Gabriel de Piladelphie et quelques autres se contredisent, ce qu'on pourrait dire avec le même fondement de l'ancienne Église latine ; mais il devait plutôt reconnaître que cette seule preuve suffisait pour faire voir clairement que quand ils parlaient de la nécessité de ces deux sacrements, ils signifiaient qu'il les fallait administrer avec le baptême, parce que tel était l'usage de l'Église confirmé par l'autorité de la sainte Écriture ; que c'était la loi commune, mais qu'elle avait ses exceptions, qu'ils ont assez exposées ailleurs ; et non pas leur reprocher des contradictions. Il ne faut pas s'étonner après cela si les Grecs sont si obstinés dans le schisme, quand on voit que des particuliers leur imputent des erreurs et des abus dont ils sont fort éloignés, et qu'on les condamne sur des pratiques qui n'ont donné lieu à aucune dispute, et dont on n'a jamais fait mention dans les réunions qui se sont faites de temps en temps.

On doit encore avoir moins d'égard à ce qui s'est fait en quelques occasions par des personnes zélées, mais peu instruites, à l'égard des rites des Grecs. Le cardinal Cosme de Torrès, archevêque de Montréal en Sicile, tint un synode en 1638, où il se fit diverses constitutions pour les Grecs du diocèse ; et on trouve entre autres celle-ci sur le baptême : *Parce qu'il n'est pas permis de changer la forme du baptême donnée par Notre-Seigneur Jésus-Christ, lorsqu'il a dit :* « *Allez baptisant au nom du Père, et du Fils, et du Saint-Esprit,* » *nous abrogeons celle dont nos prêtres grecs se servent lorsqu'ils disent :* « *Un tel, serviteur de Jésus-Christ, est baptisé au nom du Père, Amen,* » *etc., et nous la condamnons, comme n'étant pas conforme au précepte divin, et contre la coutume et l'usage de l'église orientale. Et nous ordonnons que dans la suite on baptisera sous la forme que Jésus-Christ lui-même a donnée, sans interposer le mot Amen entre les personnes de la très-sainte Trinité, sous peine de suspension à divinis ; ordonnant de plus aux prêtres de ne pas dire lorsqu'ils baptisent :* Baptizatur, *mais* Baptizetur, *selon la forme ordinaire de l'église orientale* (1). Cette même décision

---

(1) Ἀτελεῖς μένουσι καὶ ἀσφράγιστοι τὴν χάριν τοῦ Πνεύματος μὴ λαμβάνοντες.

(1) Formam baptismatis à Christo Domino traditam dùm dixit : Ite baptizantes in nomine Patris, et Filii, et Spiritûs sancti, quia non licet mutare ideò baptizandi formam quâ nostri sacerdotes Græci utuntur dùm dicunt : Baptizatur servus Christi in nomine Patris, Amen, Filii, Amen, et Spiritûs sancti, Amen, abrogamus et damnamus, uti divino præcepto minimè consonam, et contra consuetudinem et usum orientalis ecclesiæ ; præcipimusque baptizari in posterum sub formâ quam Christus ipse tradidit, non interponendo verbum Amen, inter personas SS. Trinitatis sub pœnâ suspensionis à divinis ipso facto incurrendâ. Præcipimus ulteriùs ipsos in posterum sacerdotes dùm baptizant, non dicere : Baptizatur, sed Baptizetur, juxta formam orientalis ecclesiæ consuetam. Syn. Montis Regal., tit. de Italo-Græcis, p. 86.

est confirmée et rapportée presque en mêmes termes dans un autre synode de Montréal tenu en 1653, sous le cardinal Montalto ; si ce n'est que la dernière clause est supprimée, et qu'il n'est pas ordonné aux Grecs de dire : *Baptizetur* au lieu de *Baptizatur*, et qu'on ne dit pas que cette forme impérative ou déprécatoire, dont jamais les Grecs ne se sont servis, soit la forme ordinaire de l'église orientale, puisque c'est une erreur de fait manifeste.

Il est vrai que l'interjection d'*Amen* entre chaque immersion et le nom des trois personnes de la sainte Trinité peut souffrir quelque difficulté, puisque, comme l'a remarqué le P. Goar, elle ne se trouve pas dans les anciens manuscrits, et que Siméon de Thessalonique, Jérémie, ni d'autres Grecs schismatiques rapportant la forme du baptême, ne l'expriment pas de cette manière. Elle se trouve néanmoins ainsi dans les Eucologes imprimés par les Grecs, et la Confession orthodoxe la rapporte de la même manière. Un Grec réuni qui a imprimé à Rome un traité des sacrements en langue vulgaire, dit que cela s'est fait par des correcteurs d'imprimerie ignorants. Le P. Goar croit que cela peut avoir été pris de l'office du baptême de Sévère ; mais les Grecs ne le connaissent point. Il y a une note en marge de la Confession orthodoxe qui marque que ces paroles sont dites par le parrain, ce qui est tout différent, et qui pourrait ôter tout soupçon, si on voyait qu'il y eût sujet de croire que ces *Amen* ajoutés eussent rapport à quelque innovation ou à quelque dogme contraire à la foi de l'Église (1). Comme donc les papes n'ont rien ordonné sur ce sujet, et qu'il ne se trouve aucun Grec qui ait dit que ces paroles fussent essentielles à la forme, cette difficulté ne mérite pas un examen particulier. Les archevêques de Montréal pouvaient ordonner ce qu'ils croyaient convenable au bien de leur diocèse, surtout s'ils s'apercevaient que quelques prêtres abusassent par ignorance de ces *Amen*. Cette raison suffisait pour réformer une chose indifférente qui dégénérait en abus ; et il n'en fallait pas employer une aussi peu solide que celle qui est marquée dans le premier synode, suivant laquelle on pourrait douter de la validité de plusieurs formes qui se trouvent dans les anciens Sacramentaires, et sur lesquelles il n'y a jamais eu de contestation ; et même révoquer en doute sous une fausse supposition la validité d'une formule approuvée par le pape Eugène IV, puisqu'on ne peut supposer qu'au milieu de tant de Grecs qui étaient assemblés à Florence, on ait ignoré que les Grecs n'ont jamais dit : *Baptizetur*.

CHAPITRE X.
Des principales cérémonies du baptême selon les Grecs et les Orientaux.

Suivant le principe qui a été suffisamment prouvé par de très-habiles théologiens, et dont on a fait voir la vérité en plusieurs endroits des volumes précédents,

(1) Ὁ ἀνάδοχος ὀφείλει προφέρειν τὸ ἀμήν. *Conf. orth.*, edit. *Lips.* p. 157.

la discipline est une interprète certaine de la foi. Comme donc une des preuves les plus convaincantes de la nouveauté de la doctrine que la réforme a introduite sur l'Eucharistie est qu'elle ne pouvait s'accorder avec la discipline reçue dans toute l'Église ; qu'au contraire, une preuve du consentement général des Grecs et des Orientaux sur la foi de la présence réelle est qu'ils ont des rites semblables à ceux de l'Église latine en ce qui est essentiel, on doit conclure de la conformité qui se remarque de même en tout ce qui regarde la célébration du baptême, qu'ils sont aussi éloignés de la créance des protestants sur cet article que sur la plupart des autres. Les premiers réformateurs supprimèrent d'abord comme superstitieuses toutes les cérémonies qui se pratiquaient dans l'ancienne Église, comme ils furent obligés de le reconnaître ; mais ils crurent se mettre à couvert par cette réponse générale, que l'Écriture sainte n'en faisait aucune mention, et que par conséquent c'étaient des traditions humaines contraires à la pureté de l'Évangile et qu'il fallait abolir. Les plus ignorants joignirent à ce raisonnement frivole des déclamations encore plus absurdes contre l'Église romaine, supposant qu'elle avait inventé toutes ces superstitions, quoiqu'elle ne pratiquât rien qui ne fût également observé parmi les Grecs et parmi tous les Orientaux.

On sait, par ce qui nous reste de sermons et de catéchèses des saints Pères, avec quel soin on préparait les catéchumènes adultes à recevoir le baptême ; les prières, les jeûnes et les autres mortifications qui le précédaient. Mais comme il y a déjà plusieurs siècles que cette discipline n'a plus lieu, puisque partout on baptise les enfants et plus rarement des adultes, nous ne parlerons que de celle qui se trouve prescrite dans les plus anciens Rituels. Ce n'est pas que nous convenions que celle des protestants s'accorde plus avec ce qui se pratiquait dans les premiers siècles, qu'avec ce qui a été observé depuis ; elle en est également éloignée : car puisqu'ils regardent toutes les œuvres de pénitence comme des superstitions, il n'y a pas d'apparence qu'ils y voulussent obliger les catéchumènes qu'ils pourraient faire dans des pays barbares.

Toutes les églises du monde ont commencé l'office du baptême par les exorcismes, dont les Eucologes et tous les Rituels font mention ; et ce qui en marque l'antiquité est que S. Augustin en tire de pressants arguments contre les pélagiens, pour établir la doctrine du péché originel. Saint Cyrille de Jérusalem recommande l'efficace et l'utilité des exorcismes, et il n'y a presque aucun auteur qui n'en fasse mention (1). Les plus anciens Sacramentels prescrivent la même, et elle est marquée semblablement par Leidrad de Lyon, Raban, Hincmar, Alcuin, Théodulphe et plusieurs autres.

Les Grecs, conformément à cette ancienne disci-

(1) Aug., ep. 194 de Symb., ad Catech. 1, c. 5 ; contra Jul., l. 1, c. 4 ; Gennad., de Eccl. Dogmat., c. 91 ; Gelas., ep. 7 ; Cyr., præfat. Catech.

pline, commencent l'office du baptême par les exorcismes, après que le prêtre a soufflé trois fois au visage, fait trois signes de croix sur le front et sur la poitrine du catéchumène, et imposé la main sur sa tête. Il dit une prière pour lui, après laquelle il prononce trois exorcismes, dont le sens est à peu près le même que ceux qui sont marqués en divers Sacramentaires latins. Ils signifient tous que l'Église demande à Dieu qu'il les délivre de la puissance du démon, dans laquelle ils étaient tombés par le péché du premier homme, et qu'il les conduise au baptême pour recevoir la rémission de leurs péchés et devenir enfants de Dieu par la régénération spirituelle.

Le Nomocanon syrien rapporte en abrégé les cérémonies du baptême selon qu'elles avaient été rédigées par Jacques d'Édesse, et il n'y a aucune différence essentielle entre cet office et celui du rite grec. Le prêtre dit seulement quelques oraisons particulières : la première et la troisième sur les catéchumènes ; la seconde pour lui-même, afin que Dieu bénisse l'action sacrée qu'il commence. On écrit leurs noms, on leur fait le signe de la croix sur le front ; puis le prêtre, se tournant vers l'Occident, prononce une oraison particulière avant les exorcismes qu'il dit ensuite.

Dans l'office qui porte le nom de Sévère d'Antioche, on trouve pareillement les exorcismes, mais ce n'est qu'après la bénédiction des fonts ; ce qui pourrait être regardé comme un rit particulier, si on ne reconnaissait pas qu'il y avait des transpositions en quelques endroits dans le manuscrit dont se servit Guy-le-Fèvre-de-la-Boderie, pour l'édition et la traduction qu'il en fit. Quoiqu'il fût très-savant dans la langue syriaque, comme il n'avait aucune connaissance des termes des rites, il s'est trompé tant de fois dans sa traduction, qu'elle est inintelligible en plusieurs endroits, et présente souvent des sens qui n'ont aucun rapport à son texte.

La cérémonie de faire le signe de la croix sur le front des catéchumènes n'est pas moins ancienne ni moins générale, se trouvant marquée dans tous les Rituels que nous venons de citer, de même que dans celui des nestoriens dressé par leur patriarche Jechuaiab ; celui des Cophtes par le patriarche Gabriel ; et par ce qu'en rapportent Ebnassal, l'auteur de la Science ecclésiastique, outre les Syriens de Jacques d'Édesse, un anonyme et celui de Sévère, celui des Éthiopiens et généralement tous les autres.

On ne trouve pas que la pratique de donner du sel aux catéchumènes, quoique très-ancienne en Occident, puisque S. Augustin en fait mention, ait été en usage en Orient : car les Pères grecs n'en parlent point, ni les Eucologes manuscrits ou imprimés, ni les offices orientaux. Il en est de même de l'onction faite avec un peu de salive, qui est aussi particulière aux Latins. Les auteurs anciens et les Rituels marquent la cérémonie qui se faisait lorsqu'on apprenait le Symbole aux catéchumènes, pour laquelle il y a divers sermons de S. Augustin. Cependant comme cela ne se pratiquait qu'à l'égard des adultes, et que depuis plusieurs siècles on baptise ordinairement les enfants peu de jours après leur naissance, en Orient aussi bien qu'en Occident, il ne se trouve rien de semblable dans les Rituels grecs et orientaux.

La pratique plus commune des Orientaux, ainsi qu'il paraît par la plupart de leurs offices baptismaux, a été de faire dire le Symbole, après que le catéchumène, étant tourné vers l'Occident, avait renoncé à Satan et à ses pompes ; puis, se tournant vers l'orient, il adhérait et s'attachait à Jésus-Christ, ce qui se faisait par le parrain lorsqu'on baptisait un enfant, et ce qui se pratique encore. L'Eucologe contient la formule de ces deux actes, et elle est à peu près la même dans les offices des nations orientales. Dans le rit que rapporte Ebnassal on trouve cette formule : *Je renonce à vous, Satan, à toutes vos œuvres, à toutes vos armées, à vos ministres, à tout ce qui vous appartient, et à toute votre impiété.* Puis se tournant vers l'orient : *Je vous confesse Jésus Christ mon Dieu, et j'embrasse toutes vos lois. Je crois en Dieu, le Père tout-puissant, et en son Fils unique, Notre-Seigneur Jésus-Christ, et au Saint-Esprit, la résurrection de la chair, et votre sainte Église, une, catholique et apostolique. Je crois, je crois, je crois à tout jamais. Ainsi soit-il.* Le Symbole entier ne se dit qu'après l'Évangile. Dans l'office de Sévère il se dit tout entier après la renonciation à Satan et la confession de Jésus-Christ.

On fait ordinairement ensuite la bénédiction des fonts qui précède en quelques offices les cérémonies que nous venons de remarquer ; mais presque tous les Rituels orientaux et les grecs la mettent après la renonciation. Cette bénédiction se fait de la même manière que dans l'usage ancien et présent de l'Église latine, après plusieurs prières : le prêtre souffle sur l'eau, il y verse de l'huile et du saint chrême ou *myron* ; il la bénit avec plusieurs signes de croix. Il demande à Dieu qu'il la sanctifie, qu'il envoie dessus son Esprit ; prière qui marque la grâce sacramentelle, afin que ceux qui y seront baptisés reçoivent la rémission de tous leurs péchés, la régénération et l'adoption. Tel est généralement l'esprit de ces prières consacrées par l'usage de l'ancienne Église, et qui ne se seraient pas conservées parmi les hérétiques ou schismatiques qui se sont séparés de son unité, si elles n'avaient pas été regardées comme de tradition apostolique. Ce sont-là les superstitions, les abominations et les abus que les protestants ont reprochés à l'Église catholique, et qu'ils devraient également reprocher à la grecque et à toutes les autres.

Le prêtre fait ensuite la bénédiction de l'huile des catéchumènes, qui, selon les Grecs, consiste en ce qu'il souffle dessus trois fois, qu'il fait autant de signes de croix ; et enfin il dit l'oraison marquée dans l'Eucologe. Dans le rit nestorien elle se fait avant la bénédiction des fonts ou du *Jourdain ;* et cette différence n'est d'aucune conséquence. De cette huile se fait l'onction qu'on appelle des catéchumènes : d'abord au front, puis à la poitrine, puis au dos en forme de croix ; et le prêtre dit : *Un tel, serviteur de Dieu, re-*

çoit *l'onction de l'huile de joie au nom du Père, et du Fils, et du S.-Esprit* (1); après quoi l'onction se fait par tout le corps. Les Syriens ont l'une et l'autre onction de cette huile qu'ils appellent *galilæion*, mot formé d'ἔλαιον ἀγαλλιάσεως, néanmoins avec cette différence, que suivant le Rituel de Sévère d'Antioche, le prêtre, après avoir fait l'onction sur le front du catéchumène, bénit l'eau des fonts, et après cette bénédiction, on fait l'onction par tout le corps. Ebnassal, décrivant le rit des Cophtes, ne parle que de la première onction qui se fait avec ces paroles grecques : Ἐχρισάμεν σε Ἔλαιον κατηχήσεως. *Nous vous avons fait l'onction de l'huile des catéchumènes.* Dans un autre office jacobite du rit syrien, il est marqué que s'il y a de l'huile bénite, le prêtre omettra toutes les prières et les cérémonies qui regardent cette bénédiction; que s'il n'y en a pas, il la bénira en la manière prescrite dans les autres Rituels, par des prières, en soufflant dessus, en faisant trois fois le signe de la croix, et en y mêlant du chrême. En faisant l'onction sur le catéchumène, le prêtre dit : *Un tel est marqué de cette huile d'onction pour être un agneau dans le troupeau de Notre-Seigneur Jésus-Christ, au nom du Père, et du Fils, et du S.-Esprit*, etc. Le même Rituel prescrit une autre onction que le prêtre fait sur la tête du catéchumène, après laquelle le diacre lui fait la même onction par tout le corps. L'histoire et les monuments anciens marquent cette cérémonie ; et ce que les Orientaux pratiquent encore, était la discipline commune des premiers fidèles.

Enfin, après ces prières et ces rites préparatoires, le prêtre prend celui qui doit être baptisé, et qui lui est présenté par les diacres, et il le baptise. Dans les églises grecques, et dans toutes celles d'Orient, il le fait par trois immersions, comme on l'a marqué ci-devant; en quoi on ne peut les accuser de nouveauté, puisque tel a été l'usage de l'ancienne Église pendant plusieurs siècles, et qu'il n'a jamais été regardé comme un abus. C'est ce qui se prouve par un grand nombre de passages des plus anciens auteurs : Tertullien, les canons des apôtres, S. Basile, S. Cyrille de Jérusalem, S. Grégoire de Nysse, S. Léon, et plusieurs autres. Il y a eu sur ce sujet des contestations, parce qu'Eunomius ou d'autres ariens avaient introduit l'unique immersion, ce qui semblait avoir rapport à leur hérésie. Le premier concile de Constantinople ordonna que les eunomiens seraient baptisés de nouveau, non par cette raison, mais parce qu'ils avaient changé la forme du baptême. S. Grégoire-le-Grand répondit à S. Léandre, archevêque de Séville, sur ce sujet, que la différente coutume des églises ne faisait aucun préjudice à la foi. Quoiqu'il y ait eu depuis ce temps-là des contestations sur cette pratique, en sorte qu'Alcuin la condamnait, et révoquait en doute la lettre de S. Grégoire, on convient cependant depuis plusieurs siècles que l'une et l'autre manière sont également valides. Nous n'avons sur cet article aucune dispute avec les protestants, qui ont suivi l'usage établi dans l'Église catholique lorsqu'ils s'en séparèrent, et qui pratiquent l'infusion de l'eau, au lieu de l'immersion, de la même manière qu'on fait en Occident depuis plusieurs siècles.

Il n'y a eu sur ce sujet-là aucune dispute avec les Grecs, sinon depuis les schismes, qui ont produit des accusations réciproques d'abus et même d'hérésie sur des articles de discipline beaucoup moins importants. Zonare et Balzamon sont des premiers qui, en commentant le 50ᵉ canon des apôtres, par lequel la déposition est ordonnée contre un prêtre qui ne fera qu'une immersion, ont condamné cette pratique comme un grand abus, sans oser dire néanmoins que le baptême administré de cette manière ne fût pas valide. Les autres canonistes grecs ont copié ces premiers, et Siméon de Thessalonique, suivant sa maxime ordinaire de ne rien approuver de ce que l'Église latine observe, s'il diffère tant soit peu des usages de l'église grecque, accuse les Latins de ce qu'ils donnent le baptême *non pas par trois immersions* (1), *mais par trois infusions et sans chrême.* C'est pourquoi le patriarche Jérémie prétend aussi qu'il faut *trois immersions et non pas trois infusions* (2), et plusieurs autres Grecs l'ont suivi. On ne remarque rien de particulier dans les livres orientaux touchant cet article, non seulement parce que la plupart des auteurs dont nous nous servons pour expliquer leur doctrine et leur discipline ont écrit lorsque l'usage de trois immersions subsistait encore, comme on le peut voir par les anciens Rituels, mais aussi parce qu'ils ne pouvaient pas condamner absolument ce qu'ils pratiquaient eux-mêmes en quelques occasions.

C'est ce que marque Ebnassal dans sa collection de Canons : Si, dit-il, *il ne se trouve pas assez d'eau pour baptiser en faisant l'immersion, mais qu'on en ait seulement autant qu'il en peut tenir trois fois dans le creux de la main, il la faut verser sur la tête de celui qu'on présente au baptême, en invoquant le nom de la sainte Trinité.* Cette même discipline est confirmée par Echmimi dans sa collection de canons de l'église cophte. Pour les Syriens jacobites, Abulfarage l'a prescrit dans son Nomocanon, et il l'appuie du témoignage de Jacques d'Édesse, dont voici les paroles : *Lorsqu'on apporte au prêtre un enfant qui est en péril de mort, pour le baptiser, si on n'a pas de rivière, d'étang, ou d'autre lieu où on puisse prendre de l'eau, ni de fonts baptismaux, mais qu'il y ait seulement de l'eau dans un vase, le prêtre la versera sur la tête de l'enfant, en disant : Un tel est baptisé au nom du Père*, etc.

On a suffisamment parlé de la forme du baptême; et par ce qui en a été dit il est aisé de reconnaître que les Grecs, qui, à l'exemple de Siméon de Thessa-

---

(1) Χρίεται ὁ δοῦλος τοῦ Θεοῦ ὁ δεῖνα ἔλαιον ἀγαλλιάσεως εἰς τὸ ὄνομα τοῦ Πατρός, etc.

(1) Ἔτι δὲ τὸ βάπτισμα. Οὐ γὰρ ἐν καταδύσεσι τρισίν, ἀλλ' ἐπιχύσεσιν ἐνεργοῦσι καὶ δίχα μύρου. *Sym. Thessal.*, p. 30.
(2) Τρισὶ καταδύσεσιν, ἀλλὰ μὴ ἐπιχύσεσι τρισσῇ, χρώμενοι. *Resp.* 2, p. 258.

Ionique, ont voulu trouver quelque défaut dans celle dont se sert l'Église latine, se sont trompés, s'abandonnant trop à leur haine contre les Latins : car les Orientaux, qui n'ont pris aucune part à ces disputes, ont employé indifféremment l'une et l'autre forme : *Un tel est baptisé*, ou celle-ci : *Je te baptise*. C'est ainsi que la prononcent les Cophtes, comme il paraît par le Rituel du patriarche Gabriel, Ebnassal, Abulbircat et les autres; et les Éthiopiens la suivent pareillement. Les Syriens ont aussi un autre office dans lequel ils disent : *Je te baptise, un tel, pour être agneau dans le troupeau de Jésus-Christ, au nom du Père,* etc., ce qui se trouve prescrit dans les mêmes termes en un office abrégé qui doit servir pour les enfants en péril de mort.

Nous parlerons de l'onction avec le chrême, qui est le sacrement de confirmation; et si les Grecs aussi bien que tous les autres chrétiens d'Orient le donnent en même temps que le baptême par le ministère des prêtres, cela ne fait aucune différence essentielle entre eux et l'Église catholique. Tout consiste en un point de discipline, qui a varié en ce qui regarde le ministre et le temps de faire cette cérémonie sacrée, mais non pas pour la rejeter comme une superstition inutile et dangereuse, ainsi qu'ont fait les protestants, même les Anglais, qui, ayant retenu l'imposition des mains par l'évêque, ont retranché l'onction, sous prétexte qu'elle n'est pas marquée dans l'Écriture sainte, mais sans la condamner (1). Ils n'ont pas non plus approuvé dans les Grecs la pratique de donner la communion aux enfants incontinent après le baptême, parce que rien n'est plus directement opposé à leurs principes touchant les sacrements en général, et l'Eucharistie en particulier. Jérémie le réfute sur cet article aussi bien que sur tous les autres, et l'usage de toutes les églises d'Orient le justifie suffisamment.

Nous ne parlerons point de plusieurs moindres cérémonies qui accompagnent les principales que nous avons rapportées, et qui font voir que c'est sans aucune raison qu'elles ont été traitées par les premiers réformateurs comme des abus et des innovations de l'Église romaine, puisqu'elles se trouvent également observées par les Grecs et par tous les chrétiens orientaux, qui n'ont eu depuis plus de douze cents ans aucun commerce avec les Latins. Ce sont le signe de la croix tant de fois réitéré dans toute la suite de ces cérémonies, le souffle sur les eaux et sur l'huile, les onctions, enfin toutes les autres pratiques religieuses, que les réformateurs ont rejetées, *lesquelles,* disent-ils (Man. d'administ. le bapt.; formulæ Scoticæ, etc.), *nous ne nions pas avoir été fort anciennes. Mais pour ce qu'elles ont été inventées à plaisir, ou pour le moins par*

(1) Consignent liberè per nos licet, Latini, Græcique inungant liniantque, quibus id moris est, nihil certè culpamus, qui interim antiquæ simplicitati, et salubrium cæremoniarum paucitati inhærentes, solâ manûs episcopalis impositione, et benedictione neophytos nostros stabilimus. *Hammond., de Confirm.,* pag. 42.

P. DE LA F. III.

quelque considération légère; quoi qu'il soit, puisqu'elles ont été forgées sans la parole de Dieu, d'autre part, vu que tant de superstitions en sont sorties, nous n'avons point fait difficulté de les abolir. Voilà comme parlaient nos calvinistes; au lieu que les Grecs et les Orientaux croient, aussi bien que S. Basile et les plus anciens Pères, qu'elles sont de tradition apostolique. Or on ne dira jamais sans blasphème que ce qui a été observé de toute antiquité dans les églises séparées de langues et de mœurs, et qui s'y est conservé comme propre à l'édification des fidèles, et utile pour leur faire comprendre la dignité du sacrement de baptême, soit *forgé sans la parole de Dieu,* si ce n'est par un enchaînement de conclusions tirées d'un principe que les Grecs et les Orientaux ne condamnent pas moins que les catholiques.

Ce qui a été dit jusqu'ici fait assez voir que Mélèce Syrigus, dont nous avons rapporté les paroles, a remarqué avec beaucoup de raison que les calvinistes reconnaissant le baptême comme un sacrement l'anéantissent par les fausses interprétations qu'ils donnent à plusieurs passages, et par les erreurs dont il fait une ample énumération, disant qu'il n'est pas nécessaire pour le salut des enfants des chrétiens. Rien en effet n'est plus vrai que cette remarque : ils parlent du baptême avec respect; ils le reconnaissent pour un véritable sacrement, marqué dans l'Écriture sainte, aussi bien que dans le Symbole, et cependant ce qu'ils en croient n'est rien moins que ce qu'en croient les Grecs et tous les Orientaux.

Ceux-ci, comme il a été prouvé, croient que le baptême est absolument nécessaire au salut, même pour les enfants, qui sont regardés comme enfants de colère et exclus du royaume des cieux, s'ils ne reçoivent le sacrement de régénération. Les protestants, particulièrement les calvinistes, ne croient pas que les enfants aient besoin du baptême pour entrer dans le royaume des cieux; supposant que les enfants des fidèles sont sanctifiés dès le ventre de leur mère.

Ainsi ils entendent l'Écriture sainte autrement que ne font les Grecs et les Orientaux; ils ont introduit une distinction toute nouvelle du royaume de Dieu et du royaume des cieux, inconnue aux anciens Pères grecs et latins, aussi bien qu'à tous les théologiens orientaux. Ils interprètent de même les paroles de S. Paul : *Filii vestri immundi essent, nunc autem sancti sunt,* tout autrement qu'elles ne sont entendues par les chrétiens de ces pays-là. La négligence des pères et des mères ou des prêtres qui laissent mourir les enfants sans baptême, est regardée comme un grand crime, et punie par des pénitences rigoureuses; les calvinistes n'y font pas la moindre attention. Les Orientaux ordonnent que les enfants en péril de mort soient baptisés dans l'instant; les calvinistes attendent un jour de prêche.

Les Orientaux pratiquent toutes les cérémonies que les catholiques emploient dans l'administration du baptême; les calvinistes les ont toutes retranchées, et les condamnent comme magiques et superstitieuses

(Vingt-cinq.)

Tous croient que les paroles, c'est-à-dire la forme par laquelle on baptise au nom de la sainte Trinité, Père, Fils et S.-Esprit, opèrent le sacrement; les calvinistes prononcent à la vérité ces paroles, mais sans croire qu'elles aient aucune vertu, appelant parole un sermon que fait leur ministre, bien différent des exhortations qui se trouvent dans les livres grecs et orientaux, puisque celles-ci tendent toutes à faire connaître la nécessité absolue du baptême pour délivrer les enfants de la malédiction d'Adam et du péché originel, et son efficace à produire la grâce et la sanctification de ceux qui le reçoivent, au lieu que le sermon qui précède ordinairement le baptême des calvinistes, et le catéchisme des enfants, contiennent une doctrine directement contraire à celle des Orientaux; et ils ne pourraient l'entendre qu'avec horreur.

Les calvinistes ne mettent aucune différence entre le baptême de S. Jean et celui de la nouvelle loi, ce qui est contraire à l'Écriture et à tout ce que les anciens Pères ont enseigné; puisque, comme a dit S. Augustin en plusieurs endroits, disputant contre les donatistes, on a baptisé ceux qui avaient reçu le baptême de S. Jean, et jamais ceux qui avaient reçu le baptême de Jésus-Christ, même par les mains de ceux qui étaient chargés de crimes, ce qui est conforme à la doctrine commune de tous les Pères. Les Orientaux en parlent de même, et en expliquant la différence des baptêmes, c'est-à-dire des sens dans lesquels ce mot était employé dans la sainte Écriture, ils mettent le baptême de S. Jean comme étant un baptême de pénitence qui préparait à celui de Jésus-Christ, mais qui n'était pas le même. On pourrait rapporter à cette occasion plusieurs passages des théologiens orientaux; mais il suffira d'en marquer un seul, dont la réputation est grande parmi les jacobites; c'est Denis Barsalibi, métropolitain d'Amid, dans son commentaire sur l'Évangile de S. Matthieu. *Le quatrième baptême*, dit-il, *est celui de S. Jean par l'eau et pour la pénitence, qui était véritablement plus excellent que celui des Juifs, mais inférieur au nôtre. Car, comme il a été prouvé ci-devant, le Saint-Esprit n'y était pas donné, ni la rémission des péchés, et S. Paul baptisa ceux qui avaient reçu ce baptême. Il était donc comme un pont par lequel on passait du baptême mosaïque au nôtre, et il ne produisait pas seulement une purification corporelle, mais il était comme une promesse de renoncer aux péchés, et de faire des fruits dignes de pénitence. Le cinquième baptême est celui que Jésus-Christ nous a donné, qui est parfait, rempli de grâces, et qui produit l'adoption des enfants et la rémission des péchés, et qui donne le Saint-Esprit.* Les autres théologiens orthodoxes, jacobites ou nestoriens, parlent de la même manière.

Les Grecs et les Orientaux croient l'eau absolument nécessaire; les calvinistes croient qu'on s'en peut passer; et au lieu que l'attention de toutes les églises a été de représenter la mort et la sépulture de Jésus-Christ par l'immersion réitérée trois fois, *consepulti*

enim estis per baptismum in mortem, et qu'à cette occasion il y a eu des disputes assez vives pour déterminer s'il suffisait de verser de l'eau sur la tête de ceux qu'on baptisait, les protestants ne s'en sont pas mis fort en peine. En plusieurs endroits, au commencement de la réforme, on avait conservé l'immersion, ce qui paraît par la première Liturgie anglicane imprimée sous Édouard VI en 1549, où il est marqué qu'elle se fera trois fois; ce qui n'est pas marqué dans la seconde, mais seulement que le prêtre plongera l'enfant, ce qui a été conservé dans celle qui a été publiée depuis le rétablissement de Charles II. On y a aussi conservé le signe de la croix, mais l'onction qui se trouvait dans les premiers temps a été depuis abolie. Les calvinistes n'ont conservé presque rien de ces anciens usages que les autres ont respectés, et même communément, les presbytériens en Écosse ne font ni l'immersion ni l'infusion de l'eau sur ceux qu'ils baptisent, mais on apporte un bassin plein d'eau, dans lequel le ministre trempe le bout de ses doigts, ou en prend un peu dans le creux de sa main, et en frotte le front de l'enfant. On est très-assuré que les Grecs et les Orientaux n'approuveraient pas un tel baptême (1).

Personne n'ignore la difficulté avec laquelle les protestants soutiennent contre les anabaptistes qu'il faut baptiser les enfants, et les Grecs et les Orientaux n'en ont jamais eu aucune sur ce sujet, ce qui est une preuve certaine de la différence de leur doctrine.

Les Grecs et les Orientaux ont le baptême sous condition, ce qui est une nouvelle preuve qu'ils le croient nécessaire au salut; les calvinistes ne le connaissent point. Si l'église anglicane l'a conservé, elle a eu plus d'égard à l'antiquité qu'aux principes fondamentaux de la réforme.

Les offices de l'administration du baptême, selon les Grecs et les Orientaux, conviennent en tout ce qu'il y a non seulement d'essentiel, mais de cérémonies principales, avec l'Église latine. Ceux des calvinistes ne s'accordent ni avec les uns ni avec les autres.

Il faut donc conclure que les calvinistes, et même tous les protestants, ne peuvent dire qu'ils soient d'accord avec les églises grecques et orientales pour ce qui regarde le baptême, sinon en ce que celui qu'ils administrent étant au nom du Père, et du Fils, et du Saint-Esprit, et dans la confession orthodoxe de la Trinité, il est reçu comme valide, de même que celui des hérétiques qui n'ont aucune erreur sur cet article, et qui suivent la forme de l'Église; mais pour le fond de la doctrine, il n'y a rien de commun entre celle des Orientaux et celle des protestants.

CHAPITRE XI.
De la confirmation selon les Grecs et les Orientaux.

Ceux qui ont cru sur le témoignage de Cyrille Lucar,

(1) He taketh water in his hande and layeth it upon the childs forehead. (*Form. du bapt. de Knox*, p. 25, ed. 1561.)

que les Grecs ne connaissaient pas le sacrement de confirmation, ont fait voir qu'ils n'avaient pas la première connaissance de la doctrine ni de la discipline de l'église grecque. Elle a toujours enseigné et pratiqué l'onction faite avec le chrême sur le front des nouveaux baptisés, avec le signe de la croix, comme une cérémonie sacrée d'institution divine, conservée par la tradition apostolique, et par laquelle les néophytes reçoivent le Saint-Esprit, de la même manière que les premiers chrétiens le recevaient par l'imposition des mains des apôtres et de leurs disciples. Les Grecs l'appellent μύρον, et les Syriens, Cophtes, Éthiopiens et autres se servent communément du même mot. Cela ne les empêche pas d'approuver celui de confirmation, que quelques modernes ont exprimé assez improprement par celui de στερίωσις. Grégoire protosyncelle s'en sert comme des autres. Les théologiens ont marqué que les effets miraculeux qui l'accompagnaient alors n'étaient pas la seule grâce que produisait le sacrement; et que la grâce véritable ou sacramentelle était le don du Saint-Esprit, pour fortifier les chrétiens dans la foi. Avant le concile de Florence, Siméon de Thessalonique avait enseigné très-clairement que le myron ou le saint chrême était un des sept sacrements de l'Église. En ce concile il n'y eut sur ce sujet aucune contestation entre les Grecs et les Latins : Jérémie, Gabriel de Philadelphie, Mélèce Piga et tous les autres qui ont écrit des sacrements, ont parlé de même. Ce n'était pas une raison suffisante à plusieurs de nos auteurs pour accuser les Grecs et les Orientaux de n'avoir pas ce sacrement que la diversité du nom, puisque, comme ceux-ci se sont servis du mot de myron, les Latins ont de même employé celui de chrême et de chrismation; et qu'ils ont aussi souvent fait usage du mot de confirmer, pour signifier la communion, que pour la chrismation, rien n'étant plus fréquent dans les anciens Rituels que cette manière de parler : *Confirmetur corpore et sanguine Domini.*

Les Grecs ne sont donc pas plus d'accord avec les protestants sur ce point de religion et de discipline, que sur tous ceux qu'ils ont pris pour prétexte de leur séparation de l'Église catholique; et Cyrille était un imposteur lorsqu'il osait assurer que l'église grecque ne connaissait pas ce sacrement. Il fallait qu'il eût bien mauvaise opinion de la capacité de ceux auxquels il donna sa Confession, pour leur affirmer une fausseté qu'on reconnaissait à l'ouverture de tous les livres qui ont autorité parmi les Grecs.

D'abord en ouvrant l'Eucologe, on trouve avec l'office du baptême celui de la confirmation, sur lequel il n'y a aucune variation entre les livres manuscrits anciens et les modernes dans ce qu'il y a d'essentiel. Ils appellent ce sacrement μύρον, à cause de l'onction qui se fait avec le chrême ou l'huile odoriférante, qu'ils préparent avec beaucoup de soin, et que les seuls évêques peuvent bénir; même dans presque tout l'Orient ce droit est réservé aux patriarches.

Siméon de Thessalonique, dont les ouvrages ont une entière autorité parmi les Grecs, après avoir expliqué les principales cérémonies du baptême, dit ces paroles : *Ensuite (le prêtre ou l'évêque) oint celui qui a été baptisé avec le saint chrême ou μύρον, qui n'est pas seulement de l'huile, mais un composé de toutes sortes de parfums précieux, qui représente symboliquement la grande puissance et la variété des opérations et des dons du Saint-Esprit, et la bonne odeur de sa sainteté. On nous le donne aussi comme le signe et le sceau de Jésus-Christ, parce qu'il est appelé Christ, à cause qu'il a eu en lui corporellement toute la puissance du Saint-Esprit qu'il a reçue du Père. C'est ce que dit Isaïe dans ces paroles : « L'esprit du Seigneur est sur moi, et pour cela il m'a oint; » et par la grâce que nous recevons de lui dans le chrême, nous sommes appelés* CHRÉTIENS, *et même les* CHRISTS DU SEIGNEUR; *car il ne dédaigne pas de nous communiquer ce nom....... L'évêque en faisant l'onction sur le nouveau baptisé dit : « Le sceau du don du Saint-Esprit, Amen », marquant par ces paroles, que l'onction est signe de Jésus-Christ, parce qu'elle se fait en forme de croix sur celui qui la reçoit, et qu'elle lui donne le don du Saint-Esprit.*

Le même, par la disposition perpétuelle dans laquelle il était de ne rien pardonner aux Latins, trouve à redire qu'on ne donne pas parmi nous la confirmation incontinent après le baptême. *Comme il est,* dit-il, *nécessaire d'être baptisé, il l'est aussi de recevoir l'onction avec le chrême. C'est pourquoi Pierre et Jean imposèrent les mains à ceux qui avaient été baptisés par Philippe, comme n'ayant reçu que le baptême, et ils recevaient le Saint-Esprit, ce qui est la même chose que la confirmation. Car l'imposition des mains conférait ce sacrement, comme l'ont fait les apôtres, et plusieurs autres par leur ministère. Alors l'imposition des mains était en usage, au lieu de laquelle on se sert présentement de l'huile sanctifiée qu'on appelle* μέγα μύρον *ou le grand chrême, consacrée non par les prêtres, mais par les saintes prières et par les bénédictions des patriarches et des évêques revêtus de la puissance de Pierre et de Jean; et ce chrême, étant envoyé aux extrémités de la terre, a la même vertu que l'imposition des mains. Il est nécessaire que tout fidèle soit marqué de ce sceau dans le baptême, afin que l'ayant reçu, il l'ait parfait et accompli en lui-même en toute manière. Car si le Sauveur ayant été baptisé a reçu le Saint-Esprit, et si ceux qui avaient été baptisés par Philippe l'ont reçu par l'imposition des mains de Pierre et de Jean, afin qu'ils ne demeurassent pas imparfaits, et sans avoir reçu le sceau du Saint-Esprit, ceux qui sont baptisés doivent aussi recevoir l'onction du chrême dans le baptême, et ne pas demeurer, comme les enfants des Latins et de quelques autres, imparfaits, et sans avoir reçu ce sceau, manquant à recevoir la grâce du Saint-Esprit, et n'étant pas marqués de la marque de Jésus-Christ. Car le chrême est le sceau de Jésus-Christ dans le Saint-Esprit; et lorsque le prêtre fait l'onction avec le chrême, il dit à haute voix : Le sceau du don du Saint-Esprit. Amen. Celui donc qui ne le reçoit pas n'a ni la grâce ni la marque ou le sceau de Jésus-Christ. Le* chrême au reste n'est pas seulement de l'huile; elle doit être consacrée à l'autel par les évêques, qui ont la puissance des apôtres, ou plutôt celle de Jésus-Christ.

On peut juger par ces paroles que tout ce que l'Église latine croit du sacrement de confirmation, Siméon le dit du *myron* ou chrême, et qu'il reconnaît qu'il produit une grâce sacramentelle distincte de celle du baptême. C'est aussi ce qu'a enseigné le patriarche Jérémie (Resp. 1, p. 78, p. 239). *Le chrême*, dit-il, *imprime le premier sceau, confirme la ressemblance et l'image de Dieu dans l'âme, et lui donne la force que nous avions perdue par notre désobéissance.* Il en parle plus au long dans sa seconde Réponse, où il renvoie à ce qu'en a écrit Siméon de Thessalonique. Gabriel de Philadelphie en parle de même, mettant le myron au nombre des sacrements de la nouvelle loi. Grégoire protosyncelle, conformément à la doctrine de Georges Coressius, établit la même vérité. Voici comme il en parle : *Après le baptême suit le second sacrement, qui est appelé* μύρον, βεβαίωσις, *confirmation, et le signe ou le sceau. Le premier nom lui a été donné parce qu'il embaume, pour ainsi dire, et qu'il parfume les baptisés, de sorte qu'ils deviennent la bonne odeur de Jésus-Christ, comme dit S. Paul. Il est appelé* σφραγίς, *sceau ou signal, parce qu'il marque l'âme de celui qui est baptisé, et le distingue de ceux qui ne le sont pas, comme fait un pasteur qui marque ses brebis pour les séparer de celles qui ne lui appartiennent pas. Par cette raison le prêtre, lorsqu'il fait l'onction sur le front et les autres parties du corps de celui qui a été baptisé, dit ces paroles : Signe ou sceau du don du Saint-Esprit ; c'est-à-dire, que c'est là un sceau et un don du Saint-Esprit, selon ce que S. Jean dit dans l'Apocalypse, qu'il vit ce signe sur le front des hommes. On l'appelle* χρίσμα *ou onction, à cause de la coutume que les prophètes avaient d'oindre les rois, comme fit le prophète Samuël à l'égard de David; de même les prêtres et les prophètes. La coutume est établie parmi nous de faire cette onction avec le chrême sur celui qui a été baptisé; et si l'autre était particulière, celle-ci est générale parmi nous autres chrétiens de donner l'onction véritable et spirituelle, qui est le Saint-Esprit, par lequel a été oint le véritable Messie, comme dit le prophète. On l'appelle aussi confirmation, parce que le baptême est donné pour la rémission des péchés ; et cette onction est donnée afin de fortifier et de conserver ce baptême, en augmentant la grâce, afin que celui qui a été baptisé ait la force de résister à trois ennemis, la chair, le diable et le monde. Le Saint-Esprit encourage l'homme à soutenir les tentations. Le prêtre fait le signe de la croix sur le front et sur les autres membres du corps du nouveau baptisé, afin qu'il n'ait pas honte de la croix de Jésus-Christ, mais qu'il se glorifie d'être chrétien. En second lieu, par ce sacrement le Saint-Esprit vient en nous, et sanctifie notre âme par le moyen de l'onction du saint chrême, et puis nous allons au combat, selon que Jésus-Christ nous a montré par son exemple, parce qu'il fut premièrement baptisé, puis le Saint-Esprit descendit sur lui, puis il fut tenté dans le désert.*

Grégoire prouve ensuite que la confirmation est un sacrement par des passages de S. Denis, des Catéchèses de S. Cyrille de Jérusalem, de S. Basile et des Constitutions apostoliques, livres dont l'autorité est sacrée parmi les Orientaux. Mélétius Syrigus, dans la Réfutation de Cyrille, et ensuite la Confession orthodoxe, confirmée par l'autorité de deux synodes, et approuvée par toute l'église grecque, n'ont pas parlé autrement. Voici les paroles : *Le second sacrement est l'huile sacrée de l'onction, qui commença dans le temps que le Saint-Esprit descendit sur les apôtres, les scellant de sa sainte grâce, afin qu'ils prêchassent fermement et continuellement la foi de Jésus-Christ ; et les baptisés ont besoin de ce secours. Or de même qu'autrefois le Saint-Esprit descendit sur les apôtres en forme de feu, et qu'il répandit ses dons sur eux, de même présentement lorsque le prêtre fait l'onction sur celui qui a été baptisé avec le saint chrême, les dons du Saint-Esprit sont répandus sur lui, ce qui paraît manifestement par les paroles que le prêtre doit prononcer pour opérer ce Sacrement :* « *Le sceau du don du Saint-Esprit, Amen;* » *qui sont de même que s'il disait :* « *Par l'onction de ce saint chrême vous êtes scellé et confirmé dans les dons du Saint-Esprit, que vous recevez pour la confirmation de la foi chrétienne que vous professez....* » *Cette onction du saint chrême, ou, pour mieux dire, l'effet de cette onction, se faisait du temps des apôtres par l'imposition des mains. C'est pourquoi l'Écriture dit :* « *Ils leur imposaient les mains, et ils recevaient le Saint-Esprit ;* » *et elle s'est faite depuis par l'onction avec le saint chrême, comme l'enseigne S. Denis Aréopagiste, disciple de S. Paul.*

Tous les autres théologiens se servent de la même autorité; non pas qu'ils aient appris des livres attribués à S. Denis la doctrine qui regarde la confirmation, mais parce qu'elle était commune dans l'Église avant que les anciennes sectes s'en séparassent. Au reste, il ne faut pas s'étonner que tous les Orientaux citent ces livres avec éloge, particulièrement les jacobites. La critique leur manque ; mais ils ont toujours reçu les ouvrages des anciens avec estime, lorsqu'ils y ont trouvé la doctrine des temps apostoliques ; et comme on remarque qu'avant la conférence tenue à Constantinople en 533, entre les catholiques et les acéphales, on n'avait pas cité les ouvrages de S. Denis, et que ces hérétiques les citèrent les premiers, il ne faut pas trouver étrange que leurs disciples les aient eus en grande vénération.

Les prières et les cérémonies qui se trouvent dans l'Eucologe pour administrer la confirmation fournissent une nouvelle preuve de la créance des Grecs. Après la dernière oraison de l'office du baptême, le prêtre oint le baptisé avec le saint chrême en forme de croix sur le front, les yeux, les narines, la bouche, les oreilles, la poitrine, les mains et les pieds, en disant : *Le sceau du don du Saint-Esprit. Amen.* Sur cet endroit le P. Goar a très-bien remarqué qu'on ne pouvait douter que ces paroles jointes aux cérémonies ne continssent tout ce qui était nécessaire pour le sacrement de confirmation, et il en apporte les raisons suivantes : 1° que l'Église romaine a toujours reconnu ceux qui avaient été baptisés en cette manière dans l'église orientale, comme étant véritablement confirmés; 2° que tous les théologiens grecs reconnaissant sept sacrements, ont mis au second lieu le chrême, χρῖσμα ou ἅγιον μύρον, de même que les Latins mettent la confirmation; 3° que comme ils reconnaissent tous ce sacrement, on ne trouve pas qu'il soit administré ailleurs, ni autrement que conjointement avec le baptême; 4° que, selon les Pères grecs, entre autres S. Cyrille de Jérusalem dans sa troisième catéchèse, cette onction a une vertu sanctifiante, ce qui ne peut convenir qu'à un sacrement. C'est pourquoi, dans le concile de Florence, après quelques objections qui furent faites aux Grecs, sur ce que les prêtres administraient parmi eux le sacrement de confirmation, et que cette fonction n'était pas réservée aux évêques comme parmi nous, il est dit dans les Actes que l'archevêque de Mitylène y satisfit d'une manière dont les Latins furent contents; et la preuve en est bien certaine, puisqu'il n'y eut rien d'inséré sur cet article dans la définition synodale ou principal acte d'union, ni dans les bulles solennelles ou brefs qui ont rapport aux Grecs.

S'il s'est fait quelque chose au-delà, on doit le regarder comme n'ayant aucune autorité dans l'Église universelle. Par exemple, le synode de Mont-Réal tenu sous le cardinal François Peretti de Montalto ordonne que *les évêques latins, quoique absolument ils pussent confirmer ceux qui ont été baptisés, ou qui ont reçu la chrismation par les prêtres grecs, il paraît néanmoins plus sûr qu'ils les confirment sous condition avec la forme latine*. Mais puisque le concile de Florence n'a rien ordonné de semblable, que Léon X, Clément VII et Urbain VIII ont déclaré qu'on ne devait pas troubler les Grecs dans la pratique de leurs rites, il est difficile de comprendre sur quel fondement peut être établie une pareille décision. Car elle suppose que la forme dont les Grecs se servent pour administrer le sacrement de confirmation est défectueuse ou au moins douteuse, ce qui est autant injurieux à l'Église latine qu'à la grecque, puisqu'il est incontestable qu'avant les schismes les Grecs n'avaient pas une autre forme, et que cependant les Latins étaient en communion avec eux, ce qui n'aurait pu être sans approuver cette prétendue erreur. Il faut présentement rapporter les rites des Orientaux orthodoxes ou hérétiques.

Les melchites ou orthodoxes ont les mêmes rites que les Grecs. Les jacobites syriens se servent, principalement pour l'administration du baptême, de l'office qu'ils attribuent à Sévère, patriarche d'Antioche. Après que le baptême est achevé, on trouve une oraison préparatoire pour faire l'onction. Ensuite *le prêtre fait le signe de la croix avec le chrême sur tous leurs membres, et par trois fois sur le front, en disant : N. reçoit le sceau et le signe du saint chrême, de la bonne odeur de Jésus-Christ notre Dieu, par le sceau de la vraie foi, et par le complément du gage ou du don du Saint-Esprit, pour la vie éternelle. Amen*. On trouve à peu près les mêmes paroles dans un autre office manuscrit des mêmes églises, où il est marqué que *le prêtre prend le chrême, et il en fait l'onction avec le pouce sur le front des enfants, aux tempes et aux pouces des mains et des pieds, en disant : N. reçoit l'onction du saint chrême de Jésus-Christ notre Dieu, de la douce odeur de la vraie foi, au sceau, de la plénitude et de la grâce du Saint-Esprit, au nom du Père, et du Fils, et du Saint-Esprit, pour la vie éternelle*. Un autre office attribué à S. Basile, dont on se sert pour le baptême des enfants lorsqu'ils sont en péril de mort, contient cette forme : *N. est marqué avec le chrême, pour le sceau du don de la vie nouvelle, par le Saint-Esprit, au nom du Père, et du Fils, et du Saint-Esprit, dans les siècles des siècles. Amen*.

Dans le Nomocanon des Syriens jacobites, composé par Grégoire Abulfarage, au chapitre du baptême, il est dit que *ceux qui auront été baptisés par les diacres, ce qui doit s'entendre en cas de nécessité pressante, recevront la perfection par le signe fait avec le chrême et par la prière propre;* ce qui est ordonné pareillement à l'égard de ceux qui, ayant été baptisés par les prêtres, n'auraient pas reçu la chrismation; et cette constitution est attribuée au patriarche Sévère. Elle fait entendre que la chrismation n'est pas regardée comme une pure cérémonie, telles que sont plusieurs autres du baptême, qu'on omet en cas de péril pressant, et qui ne sont pas suppléés d'ailleurs; mais qu'elle est regardée comme un véritable sacrement distingué de l'autre, par lequel on reçoit une grâce particulière. Il y a dans le même recueil une constitution de Jacques d'Édesse, qui ordonne qu'*aussitôt que celui qui reçoit le baptême aura été plongé trois fois au nom du Père, et du Fils, et du Saint-Esprit, il recevra l'onction avec le chrême*.

Les Cophtes ou jacobites du patriarcat d'Alexandrie ont la même discipline. Après quatre oraisons récitées par le prêtre qui fait l'office sur l'enfant baptisé, *il prend le chrême, et il lui fait une onction en forme de croix sur le front en disant : L'onction de la grâce du Saint-Esprit. Amen. Puis il la fait à la bouche, et dit : Onction du gage du royaume du ciel. Amen. Aux oreilles : La plénitude de la grâce du Saint-Esprit, la cuirasse de la foi et de la justice. Amen. Aux genoux, aux pieds et aux épaules : Je oins N. de l'huile de joie, et du chrême de sanctification, au nom du Père, et du Fils, et du Saint-Esprit, Trinité sainte et consubstantielle. Amen*. C'est ainsi que le rapporte Abulbircat; et Ebnassal, dans son traité des principes ou fondements de la foi (chap. 14), y ajoute une onction particulière aux paumes de la main, avec ces paroles : *Le chrême saint*; à la région du cœur : *La plénitude de grâce*; et aux oreilles : *Le chrême de l'adoption*.

L'office du baptême des Éthiopiens imprimé autrefois en latin à Rome, et qui est inséré avec plusieurs autres dans la Bibliothèque des Pères, est fort semblable à celui des Cophtes, dont ils dépendent : *Le prêtre fait l'onction avec le chrême en forme de croix sur le front des baptisés, en disant :* Que ce soit l'onction de la grâce du Saint-Esprit. Amen. *Au nez et aux lèvres :* C'est le gage du royaume des cieux. Amen. *Aux oreilles :* L'onction sainte de Notre-Seigneur Jésus-Christ. *Aux bras, aux genoux, et aux jambes, en disant :* Je vous oins de l'onction sainte ; je vous oins au nom du Père, et du Fils, et du Saint-Esprit paraclet. Amen. Enfin le prêtre dit sur eux une oraison en forme de bénédiction, et leur met des couronnes sur la tête, après quoi il leur donne l'Eucharistie. Il n'y a rien de particulier dans les offices nestoriens sur cet article ; l'onction avec le chrême y est marquée sans autre détail.

Ainsi toutes les églises conviennent dans la cérémonie de l'onction, principalement au front ; et, selon la diversité des rites, elle se fait en une ou plusieurs parties du corps. Ce qu'il y a d'essentiel est que toutes croient que par ce signe sacré les chrétiens reçoivent la même grâce qui était autrefois reçue et accompagnée d'effets miraculeux, par l'imposition des mains des apôtres, et que l'onction du saint chrême produit un semblable effet en donnant le Saint-Esprit.

CHAPITRE XII.
Examen de la différence des rites, où on fait voir qu'elle ne détruit pas l'essence du sacrement.

La différence qu'il y a entre les rites grecs et ceux des Syriens et des Égyptiens est fort peu considérable : car les uns et les autres donnent la confirmation immédiatement après le baptême, avant que de donner l'Eucharistie aux nouveaux baptisés, comme les Grecs et tous les Orientaux font encore, suivant l'ancienne discipline de l'Église. Si quelque enfant ou quelqu'autre personne a reçu le baptême en péril de mort, et qu'à cette occasion les cérémonies ordinaires aient été omises, toutes les constitutions ecclésiastiques des Grecs et des Orientaux prescrivent qu'on lui administre l'onction du chrême. Ils le regardent donc comme un sacrement nécessaire ; et ce n'est pas un des moindres reproches qu'ils font aux Latins, que parmi eux on néglige de le donner à ceux qui ont été baptisés, en sorte que plusieurs passent leur vie sans le recevoir. C'est ce que Siméon de Thessalonique reproche aux Latins, lorsqu'il dit qu'en omettant cette onction sacrée, ils laissent les baptisés sans le sceau et le signal sacré ἀσφράκτιστοι, ce qu'Arcudius n'a pas bien entendu, lorsqu'il en a voulu tirer, contre toute vérité, que ce Grec niait que le baptême imprimât caractère. Pierre de Melicha, Ebnassal, Abulhircat, Paul de Saïde et d'autres reprochent aussi aux Francs qu'ils ne signent point les nouveaux baptisés avec le *myron*, et ce reproche, comme ceux des Latins contre les Orientaux, a été faute de s'entendre, puisqu'il est clair que les uns et les autres ont la même cérémonie, qu'ils croient qu'elle produit une grâce spéciale, et par conséquent qu'elle est un véritable sacrement.

Les Grecs et les Orientaux, par une coutume plus ancienne que tous les schismes, et même que les hérésies des nestoriens et des jacobites, donnent la confirmation avec le baptême, et les prêtres en sont les ministres ordinaires ; au lieu que dans l'Église latine cette fonction est réservée aux évêques. De très-habiles théologiens ont examiné la question ; et puisqu'à cette occasion-là il n'y a eu aucune contestation entre les Grecs et les Latins avant le schisme, et que cette différence ne parut pas assez importante pour en faire un article particulier dans l'acte d'union fait au concile de Florence, ceux qui condamnent la discipline orientale jusqu'à regarder comme nulle la confirmation qu'on y reçoit, font plus que les conciles et les papes, puisqu'ils déclarent nul ce que les autres ont approuvé.

On ne peut justifier la conduite de l'archevêque de Goa, Alexis de Ménesès, sur ce que dans le synode de Diamper il fit une pareille décision, qu'il exécuta sans l'autorité du Saint-Siége, en faisant donner la confirmation à tous ceux qui l'avaient reçue dans les églises nestoriennes de Malabar, sur cette supposition qui paraît dans le décret, que ne l'ayant pas reçue suivant la forme de l'Église latine, on la leur devait administrer tout de nouveau. On peut par deux principes entièrement différents ordonner que des hérétiques reçoivent dans l'Église catholique le sacrement de confirmation, de même que les Grecs et les Orientaux ont ordonné que l'onction du chrême serait employée dans la réconciliation des hérétiques, dont le baptême était reconnu comme valide. Le premier principe est en supposant que les cérémonies et les prières, la matière et la forme sont absolument défectueuses, et qu'ainsi elles n'ont pu produire le sacrement ; l'autre est de pratiquer simplement ce que l'ancienne Église a pratiqué à l'égard de quelques hérétiques, lorsqu'ils revenaient à l'Église catholique. Si D. Alexis de Ménesès avait agi selon ce principe, il ne pourrait pas être justifié d'avoir établi une nouvelle discipline à l'égard des chrétiens de Malabar, qui, étant nestoriens, devaient être reçus de la même manière que l'étaient autrefois ceux de cette secte. Or S. Grégoire-le-Grand consulté sur cette question, répond que *les monophysites et les autres*, parmi lesquels on doit comprendre les nestoriens dont il avait d'abord parlé, *doivent être reçus par la seule confession de la vraie foi* (1). Timothée, prêtre de Constantinople, dans son traité de la manière de recevoir les hérétiques, après avoir parlé de ceux qui doivent être baptisés, et de ceux qui sont réconciliés par la chrismation, met dans la troisième classe ceux qui ne sont obligés qu'à dire anathème à leur hérésie, et dans ce nombre sont les nestoriens, les butychiens, les dioscoriens et tous les monophysites.

Il est vrai qu'il y a eu quelque diversité de discipline, non seulement entre l'église d'Orient et celle d'Occident, mais dans celle-ci elle a varié ; car S. Gré-

(1) Monophysitas verò et alios ex solâ verâ confessione recipit. *Greg. M.*, *l.* 9, *ep.* 61.

goire marque dans la lettre que nous venons de citer qu'en Occident les ariens étaient reçus par la seule imposition des mains, et qu'en Orient c'était par la chrismation. Cela devait être ainsi du temps de S. Grégoire ; mais nous trouvons en Occident des preuves incontestables de la chrismation pratiquée à l'égard des ariens. Lantilde, sœur du roi Clovis, qui était arienne, la reçut ainsi, comme le témoigne Grégoire de Tours, qui dit aussi que Brunehaut, Goswinte et Hermenichilde furent réconciliées de même, ainsi que Chararic, roi de Suèves en Galice. Le P. Sirmond remarque sur ce sujet que la chrismation n'était donnée qu'à ceux qui ne l'avaient pas reçue dans les sociétés d'hérétiques dont ils sortaient; qu'à l'égard des autres on suivait la règle prescrite par le premier concile d'Arles, qui ordonne que si quelqu'un renonçant à l'hérésie revient à l'Église, et qu'on reconnaisse qu'il a été baptisé au nom du Père, et du Fils, et du Saint-Esprit, qu'on lui impose seulement les mains afin qu'il reçoive le Saint-Esprit ; ce qui est conforme à ce que marque S. Léon dans sa lettre à Rusticus de Narbonne et à Nicetas d'Aquilée. Car, comme dit Optat, on conservait sans aucune atteinte, c'est-à-dire, on reconnaissait pour valide le chrême ou l'onction qui avait été reçue hors de l'Église (1). On la donnait aux novatiens, parce que, suivant le témoignage de Théodoret, ils donnaient le baptême sans chrême, c'est-à-dire sans confirmation ; ce que semblent prouver ces paroles de S. Pacien, évêque de Barcelonne, qui leur dit : *D'où pouvez-vous avoir le Saint-Esprit, vous qui n'êtes pas marqués du signe de Jésus-Christ par le prêtre* (2).

Ainsi l'archevêque de Goa agissait contre les règles de l'Église et contre la décision de S. Grégoire, en ordonnant que les nestoriens de Malabar recevraient la chrismation, quand même il l'aurait regardée comme nécessaire pour réconcilier ces hérétiques, puisque ni les Latins ni les Grecs ne la pratiquaient à l'égard des nestoriens, et qu'aucun évêque particulier n'est en droit d'établir de nouvelles règles, lorsque l'Église en a fait de contraires pratiquées durant plusieurs siècles. Mais il n'est pas difficile de reconnaître que ce n'était pas là sa pensée, et qu'étant persuadé que les nestoriens ne connaissaient pas le sacrement de confirmation, il le leur fallait donner tout de nouveau. Or ce jugement était encore plus contraire aux règles et à la doctrine de l'Église que le premier, puisqu'il était fondé sur cette supposition, que les Orientaux donnant la chrismation selon leur discipline ne donnaient pas le sacrement de confirmation. De là on pouvait conclure que les Grecs ni les autres Orientaux unis ou séparés n'avaient pas ce sacrement, puisque les cérémonies et les prières étaient les mêmes ; d'où il s'ensuivait que non seulement les papes, mais les conciles et l'ancienne Église s'étaient trompés, et étaient tombés dans une erreur capitale contre la foi, telles que sont celles qui ont rapport aux sacrements, puisqu'ils avaient reconnu la chrismation donnée même par les hérétiques aussi valide que le baptême, et défendu de réitérer l'une ni l'autre.

L'Église catholique a reconnu dans le rit des Grecs tout ce qui était essentiel à la confirmation ; et cela doit suffire, puisque si les Orientaux ont été dans l'erreur, jusqu'à n'avoir ni ce sacrement ni quelques autres, parce que les cérémonies et les prières ne sont pas les mêmes, l'Église romaine, par la communion qu'elle a conservée avec eux, se trouvait coupable des mêmes erreurs, ce qu'on ne peut penser sans renverser tout le système de l'Église. Nous ne parlons que de ce qu'il y a d'essentiel dans les offices sacrés ; et lorsqu'il est conforme à la discipline de l'ancienne Église, on ne le peut soupçonner d'irrégularité ou d'erreur contre la foi ; donc, puisque les Grecs et les Orientaux ont l'onction du chrême ; qu'ils disent, ainsi qu'on l'a prouvé par leurs auteurs, qu'elle a la même efficace que l'imposition des mains dans les temps apostoliques ; qu'ils croient ce sacrement si nécessaire, que non seulement ils le confèrent incontinent après le baptême, mais qu'ils font un crime aux Latins de le différer, on ne peut douter qu'ils n'aient des sentiments orthodoxes sur la confirmation. Ainsi leur consentement sur cet article avec l'Église catholique sert à confondre les calvinistes, et tous ceux qui ont traité les cérémonies qu'elle pratique dans la confirmation, comme des nouveautés superstitieuses. Car on ne peut pas dire qu'elles aient été portées en ces pays-là par les missionnaires, puisque parmi eux il s'est trouvé tant de gens qui les condamnent.

La matière est une huile aromatique, ou, pour mieux dire, le signe extérieur est l'onction par laquelle cette matière est employée pour marquer l'onction invisible de la grâce, non seulement celle qui fut répandue avec abondance sur Jésus-Christ homme, lorsque Dieu l'oignit du Saint-Esprit, comme parle S. Pierre, source de la sanctification des chrétiens ; mais aussi celle que les premiers fidèles recevaient par l'imposition des mains des apôtres, à la place de laquelle l'onction extérieure a été substituée. L'imposition des mains se trouve en plusieurs Cérémoniaux, mais elle n'y est pas marquée comme une partie principale, non pas que les Grecs et les autres Orientaux ne lui attribuent une grande vertu, mais parce qu'elle se trouve dans presque tous les sacrements, et qu'en celui de la confirmation l'onction tient lieu de la principale matière. Le signe de la croix imprimée sur le front des baptisés est aussi une des cérémonies essentielles qu'ils ont commune avec les Latins, et si l'une et l'autre sont multipliées par les onctions faites en forme de croix sur différentes parties du corps, celle du front est regardée comme la principale, et celle qui est proprement sacramentelle.

---

(1) *Numquid nos exterminamus oleum vestrum, ut merito nos muscas morituras appelletis ?* Opt., l. 8.

(2) *Vestræ plebi unde Spiritum, quam non consignat unctus sacerdos ?* Pacian., ep. 3, ad Sempron.

La forme des Grecs, qui consiste en ces paroles : *Le sceau du don du Saint-Esprit*, est reconnue comme légitime, non seulement par les théologiens, mais par les papes et par les conciles, qui ont reçu les Grecs à leur communion sans prescrire aucun changement sur ce sujet. Celles des Syriens et des Cophtes, que nous avons rapportées, sont entièrement semblables à la forme grecque, et par conséquent elles ne peuvent être traitées comme suspectes.

La difficulté qui regarde le ministre de la confirmation serait plus considérable, s'il n'était pas certain que l'église orientale a de tout temps conservé l'usage de la faire donner par les prêtres, sans que l'Église latine s'y soit opposée, et sans que ce sacrement ait été réitéré, sinon par quelques particuliers, qui, comme nous l'avons marqué, l'ont fait de leur chef et sans autorité légitime. Les papes ont permis en diverses circonstances à des prêtres de donner la confirmation, et cela suffit pour montrer qu'elle peut être administrée par un autre que par un évêque ; car nonobstant la grande étendue qu'on a donnée aux dispenses, jamais il ne se trouvera qu'il en ait été donné aucune pour faire ordonner des prêtres par de simples prêtres. On peut voir sur cela ce qu'a écrit le savant Holsténius, qui confirme par plusieurs exemples et autorités l'usage de l'église orientale.

Ce qu'il y a de plus à remarquer, est que le privilége de la bénédiction du chrême, avec lequel seul on administre la confirmation dans tout l'Orient, est réservé aux évêques, et même, dans le patriarcat d'Alexandrie, depuis plusieurs siècles elle n'est faite que par le patriarche. On voit par l'histoire des jacobites, que, suivant l'usage ancien, les patriarches d'Alexandrie allaient ordinairement passer le carême dans le monastère de S.-Macaire, et que le jeudi-saint ils y faisaient la cérémonie de la bénédiction du chrême, qui était distribué dans toutes les églises d'Égypte, et on en envoyait même en Éthiopie ; car le métropolitain, qu'on appelle par abus le patriarche, n'avait pas ce droit. Il paraît aussi par divers endroits de l'histoire nestorienne que leurs catholiques en usaient de même. Plusieurs églises d'Orient ont sur cet article une tradition très-apocryphe à la vérité, mais qui, dans sa fausseté même, conserve les traces d'une vérité fort ancienne. C'est que lorsque la femme pécheresse versa de l'huile précieuse sur les pieds de Jésus-Christ, les disciples en recueillirent une partie, et qu'avant leur séparation pour aller prêcher l'Évangile, ils partagèrent entre eux ce qu'ils en avaient, et qu'ils le laissèrent dans les églises qu'ils fondèrent, où on le mêla avec celle qu'ils bénirent, de sorte que jusqu'à ces temps-ci le chrême est comme un renouvellement de cette première liqueur. C'est ainsi que les nestoriens disent que S. Thadée, qu'ils prétendent être le premier apôtre de la Syrie et de la Mésopotamie, et fondateur de l'église de Séleucie et de Ctésiphonte, apporta de Judée un morceau du pain levé, ou du levain avec lequel Jésus-Christ célébra la cène dans le cénacle de Sion ; qu'il le laissa dans cette même église, où depuis on l'a renouvelé par un office particulier qui se trouve encore dans leurs livres ; d'où ils concluent qu'ils célèbrent l'Eucharistie avec une pâte qui dans son origine a été sanctifiée par Jésus-Christ et par ses apôtres. Ce sont là des fables, et la vérité qu'on y doit reconnaître est qu'ils ont reçu les choses qu'ils observent par la tradition apostolique.

On prépare le chrême dans l'église grecque, et dans toutes les autres, avec un grand soin, et il y a sur cela un livre entier, qui comprend un grand nombre de prières, les aromates qui doivent entrer dans la composition, et la manière de les faire infuser et de les cuire. Ce traité regarde l'église cophte, et il ne contient rien qui ne soit observé parmi les autres communions. Le patriarche Gabriel en parle assez au long dans son Rituel, de même qu'Abulbircat, l'auteur de la Science ecclésiastique, et divers autres. Outre l'huile et le baume, ils emploient de la canelle, de certaines fleurs que nous ne connaissons pas, de l'ambre, du bois d'aloès, qui est le nom que plusieurs donnent à ce bois odoriférant si précieux en Orient, des clous de girofle, des noix muscades, du spica nardi, des roses rouges d'Irak, et d'autres choses, et la préparation s'en fait dans l'église par les prêtres avec beaucoup de prières.

CHAPITRE XIII.

Réflexions sur la doctrine et la discipline des Grecs et des Orientaux touchant la confirmation.

Comme le dessein de cet ouvrage n'est pas de faire des dissertations théologiques sur les articles que nous examinons, ni d'en prouver la vérité contre les protestants, ce qui a été fait suffisamment par de très-habiles théologiens, nous n'entrerons point dans plusieurs questions qui regardent la confirmation, parce qu'elles n'ont aucun rapport à notre sujet. Il nous suffit d'avoir prouvé que les Grecs et tous les autres chrétiens croient comme nous sept sacrements de la nouvelle loi ; qu'ils comptent dans ce nombre celui de la confirmation ; et qu'ils appuient cette créance sur des principes très-certains, dont le principal est, que l'onction sacrée est à l'égard des nouveaux baptisés ce qu'était dans la naissance de l'Église l'imposition des mains des apôtres ; qu'on reçoit dans ce sacrement la grâce du Saint-Esprit d'une autre manière, et par des cérémonies différentes ; et que si les effets n'en sont pas sensibles et miraculeux comme autrefois, ils n'en sont pas moins véritables.

Les protestants font sur cela des objections très-frivoles, car il y en a eu plusieurs qui ont entrepris de prouver que les Grecs ne croient pas ce sacrement ; et voici à peu près comme ils s'y prennent : Premièrement, en raisonnant sur les principes du ministre Daillé, qui est leur oracle, ils disent que la confirmation n'a pas été connue dans les premiers siècles comme sacrement, et se servant de tous leurs lieux communs par lesquels ils ont renversé la doctrine des sacrements, ils croient prouver que la confirmation ne peut pas être un sacrement, parce que leurs définitions et leurs axiomes théologiques ne lui peuvent convenir. Secondement, ils ramassent des témoignages de nos auteurs qui accusent les Grecs de n'avoir pas la confirmation, ou qui condamnent les rites suivant lesquels elle est administrée dans la Grèce et dans tout l'Orient. C'est à ces deux chefs que se réduisent presque toutes les objections des protestants.

On leur répond d'abord que c'est fort inutilement qu'ils se fatiguent à tourner en diverses manières les arguments de Daillé, pour prouver qu'on ne connaissait pas la confirmation dans les premiers siècles, puisque dès qu'on est convenu, comme il en faut nécessairement convenir, que l'onction sacrée faite au front des nouveaux baptisés était établie avant le concile de Nicée, son antiquité est suffisamment prouvée ; et depuis ce temps-là elle a certainement été pratiquée dans toutes les églises. Au moins la discipline constante des nestoriens et des jacobites, qui la conservent depuis ce temps-là de même que les orthodoxes, la met à couvert de tout soupçon de nouveauté, et on ne croit pas que, si on excepte des sociniens et des libertins sans religion, personne s'imagine que les ministres et les premiers réformateurs aient mieux su ce que les disciples des apôtres avaient pratiqué que ne le savaient les évêques assemblés à Nicée.

Les Grecs et les Orientaux ont de plus une preuve dont nous ne faisons pas d'usage, parce que nous en avons de plus certaines, et elle consiste en ce qu'ils reçoivent les canons des apôtres, les constitutions de S. Clément, et les ouvrages attribués à S. Denis, comme étant véritablement des auteurs auxquels on les attribue. S'ils sont mauvais critiques, ils ne se trompent pas néanmoins en ce qu'ils croient trouver dans les canons des apôtres et dans les constitutions la forme ancienne de la discipline d'Orient. Pour les arguments théologiques, les Grecs ont assez fait voir par la plume du patriarche Jérémie combien ils les méprisaient ; Syrigus ensuite a montré la faiblesse de ceux des calvinistes, et s'en est moqué. Si ceux-ci prétendent que c'est faute de capacité, et parce qu'ils n'en ont pas compris la force, cela importe peu, car il s'agit d'une question purement de fait : c'est de savoir si les Grecs et les Orientaux ont de temps immémorial l'usage de la chrismation des nouveaux baptisés, et ils l'ont certainement. Ensuite s'ils croient que cette cérémonie produise une grâce spéciale, et ils le croient avec la même certitude, de sorte qu'ils la joignent immédiatement au baptême. Enfin ils la trouvent fondée dans l'Écriture sainte, croyant que cette grâce est le don du Saint-Esprit que produit la chrismation, comme on le recevait d'abord par l'imposition des mains des apôtres.

Il reste à savoir, supposant ces premières vérités qu'ils tiennent comme certaines, si les Grecs des derniers temps jugent que cette cérémonie soit un sacrement, de la manière dont ils savent que l'entendent les catholiques, qui leur est connue il y a plus de cinq cents ans. Or il est hors de doute qu'ils n'ont pas fait de difficulté de mettre la confirmation au nombre des sacrements ; témoins ceux qui ont été cités dans le premier livre, dont la plupart ont écrit avant le concile de Florence ; et ceux qui ont vécu depuis cent cinquante ans se sont encore expliqués plus clairement. Il est donc inutile de prétendre leur prouver qu'ils ne croient pas un article sur lequel ils ont déclaré et déclarent tous les jours qu'ils le croient, et qu'ils condamnent ceux qui ont enseigné le contraire, comme ils ont condamné pour ce sujet Cyrille Lucar et Jean Caryophylle.

La seconde manière dont les protestants attaquent les Grecs et les Orientaux n'est pas meilleure, et elle ne sert qu'à faire voir l'ignorance et la mauvaise foi de ceux qui s'en servent ; car les catholiques ont assez fait voir qu'on ne devait pas ajouter foi à tous ces faiseurs de catalogues d'hérésie, surtout à Guy-le-Carme, Caucus, Pratéolus, même à d'autres plus considérables. On voit qu'ils disent que les Orientaux n'ont point la confirmation ; le croira-t-on au préjudice des Eucologes anciens et modernes, manuscrits et imprimés ; des offices syriaques, cophtes, éthiopiens, arméniens, et de toute sorte de langues ? Mais ces rites n'ont pas paru suffisants à plusieurs théologiens ; ils les ont condamnés, et quelques-uns les ont supprimés ou altérés. On en convient, mais ce sont des particuliers qui en ont ainsi jugé au préjudice du jugement que les conciles tenus avec les Grecs, les papes et les plus savants hommes en ont porté. Quand ces rites auraient été condamnés, les Orientaux séparés de l'Église romaine ne défèrent pas à ses décisions, et elles ne les empêcheraient pas de croire ce qu'ils croient, ni de dire ce qu'ils ont déclaré tant de fois si clairement, qu'ils avaient sept sacrements, et que le second était le *myron*.

L'Église occidentale a été en communion pendant plusieurs siècles avec celles d'Orient, quoique les cérémonies avec lesquelles ce sacrement était administré fussent différentes. Chacun est demeuré dans la tradition de son église, et cela n'a pas troublé l'unité. On a depuis disputé avec chaleur ; mais dans les conciles tenus pour procurer l'union, et en dernier lieu à celui de Florence, il n'a rien été décidé contre le rit oriental par rapport à la confirmation. C'est ce que les protestants ne peuvent ignorer, ni que les offices du *myron* qui sont imprimés dans l'Eucologe, dans le Rituel de Sévère, dans celui du baptême des Éthiopiens, et dans quelques autres (sans parler des manuscrits) contiennent, selon la plus exacte théologie, les prières et les cérémonies nécessaires pour la confirmation. Pourquoi donc veulent-ils que nous déférions à l'autorité de quelques particuliers nullement instruits de ces matières, plutôt qu'aux originaux mêmes, et au témoignage de personnes plus habiles qui réfutent ces premiers ?

On peut voir par les deux dissertations de Holsténius sur la confirmation, imprimées à Rome par les soins du cardinal François Barberin, alors préfet de la congrégation *de propagandâ Fide*, et qui était de toutes les autres congrégations, qu'on ne croyait pas à Rome que la confirmation des Grecs fût nulle et abusive, puisque ces dissertations furent faites pour empêcher divers changements proposés par des missionnaires peu savants et fort scrupuleux, pour établir en Orient jusqu'aux moindres cérémonies qui sont présentement en usage parmi nous, et encore plus hardis pour condamner celles de l'ancienne Église qu'ils ne connaissaient point. Arcudius et Allatius ont justifié les Grecs suffisamment; M. Habert, le P. Sirmond, le P. Morin, et tous les plus grands hommes du dernier siècle ont été dans les mêmes sentiments. Ce sont eux qu'il faut suivre, et non pas des ignorants, desquels Holsténius a dit avec beaucoup de raison : *Qu'on devait imputer le schisme déplorable qui a divisé depuis si longtemps les églises d'Orient et d'Occident, à ceux principalement qui, oubliant la charité chrétienne, veulent, par une démangeaison de disputer, mettre en question toutes les choses qui se font selon un rit différent parmi les autres..... Tels étaient ceux qui donnèrent dans la Bulgarie la confirmation à ceux qui l'avaient reçue avec le baptême par les prêtres grecs* (1). Ce fut une des plaintes que fit Photius contre les Latins dans sa lettre circulaire aux patriarches d'Orient, et elle était fondée en raison, comme le marque Holsténius. C'est ce que font encore présentement ceux qui croient que la moindre diversité dans les rites renverse la religion, et par conséquent on les doit regarder comme indignes de toute créance sur de pareilles matières.

Les protestants doivent encore moins citer leurs auteurs qui ont écrit sur les religions d'Orient, puisque ceux qui ont traité ce sujet plus exactement, comme Édouard Brérewood, n'ont fait que copier indifféremment ce qu'ils ont trouvé dans les nôtres. Les autres qui ont voulu faire les Orientaux protestants sont si décriés, qu'on ose presque plus les citer, puisqu'on les voit tous les jours réfutés par d'autres plus sincères. On nous citera peut-être M. Ludolf, qui assure que les Éthiopiens n'ont pas la confirmation, c'est-à-dire qui confirme ce que Zagazabo, prêtre de cette même nation, peu instruit de la religion de son pays, et qui ne trouvait pas de grandes lumières à Lisbonne sur des matières qui y étaient fort inconnues, en a dit dans sa relation, que d'autres ont copiée. M. Ludolf y ajoute le témoignage de son Éthiopien, auquel il faisait dire tout ce qu'il voulait, en lui proposant des questions captieuses et inintelligibles. Mais il n'avait qu'à lui demander s'il connaissait le *myron*, et s'il le regardait comme une superstition, ou comme une cérémonie sacrée, qui produisait une nouvelle grâce dans ceux qui avaient été baptisés. On ne peut pas douter que cet Abyssin n'eût répondu que c'était une partie du baptême, et il aurait cité l'office qui se trouve en la langue ancienne du pays, conforme à celui de l'église d'Alexandrie ; il aurait dit que le *myron* n'était consacré que par le patriarche d'Alexandrie, qui en envoyait en Éthiopie tous les sept ans. M. Ludolf ne pouvait pas ignorer cet office, dont la traduction est imprimée il y a plus de cent soixante ans, et dont l'original est en plusieurs bibliothèques ; il y aurait trouvé la matière et la forme de la confirmation semblables à celles des Grecs et des jacobites égyptiens; mais il n'en a pas fait la moindre mention.

Ils disent aussi qu'il y a une grande différence entre le *myron* des Orientaux et la confirmation des Latins, sur ce que parmi ceux-ci l'évêque seul administre ce sacrement, et qu'en Orient les prêtres le donnent avec le baptême. Mais la seule dissertation de Holsténius suffit pour réfuter toutes les conséquences qu'on voudrait tirer de cette variété de discipline, sur laquelle il n'y avait eu aucune contestation avant Photius, qui même ne fait pas un crime aux Latins de ce qu'ils réservaient cette fonction aux évêques, mais de ce qu'ils avaient, contre l'usage ancien, réitéré ce sacrement en Bulgarie à l'égard de ceux qui l'avaient reçu par les prêtres. D'autres théologiens ont suffisamment éclairci cet article, sur lequel il n'y eut aucune dispute dans le concile de Florence, l'archevêque de Mitylène ayant répondu aux questions qui lui furent faites d'une manière qui satisfit le pape et tout le concile. Car on ne demanda pas aux Grecs s'ils reconnaissaient pour un vrai sacrement de l'église le *myron* ou la confirmation, mais pourquoi il était administré par les prêtres et non par les évêques. Les Grecs répondirent, que tel avait été l'usage de l'église orientale de toute antiquité, et ils n'eurent pas de peine à le prouver. Si quelques particuliers en ont jugé autrement, jusqu'à donner aux Grecs, lorsqu'ils se réunissaient à l'église, la confirmation sous condition, leur autorité n'est pas supérieure à celle de l'Église universelle, qui n'a jamais ordonné rien de semblable ; mais la réitérer à l'égard de ceux qui, ayant renoncé au schisme, l'ont reçue suivant le rit oriental, c'est ce qu'il ne serait pas aisé de justifier.

Arcudius, quoiqu'il ait reconnu que la confirmation, célébrée en la manière et avec les paroles dont l'église grecque se sert, est un véritable sacrement, comme il le prouve par le témoignage du patriarche Jérémie, fait une difficulté sur ce que dans les Réponses aux luthériens, ce patriarche semble se contredire, en ce qu'ayant dit que ce sacrement et les quatre autres rejetés par les protestants, sont établis par la sainte Écriture, il convient ensuite qu'elle n'en parle pas, et qu'ils ne sont fondés que sur la tradition de l'Église. On a déjà expliqué cette difficulté en

---

(1) Luctuosum schisma quod Orientis et Occidentis ecclesias dudum disjunxit illis potissimum imputandum est qui, christianâ charitate posthabitâ, disputandi pruritu omnia in quæstionem et controversiam adduxerunt quæ diverso ritu apud partem adversam aguntur. *Holst., Diss.* 1, p. 1..... Inter eas una est chrismationis sacerdotalis improbatio, ejusdemque iteratio apud Bulgaros. P. 15.

parlant des Sacrements en général, et on croit avoir fait voir que lorsque Jérémie a dit que l'Église, παρέδωκε, a donné les sacrements, cela ne signifie pas qu'elle les ait institués, mais qu'elle a prescrit aux fidèles les cérémonies selon qu'elle les avait reçues des apôtres, qui les avaient apprises de Jésus-Christ.

On doit entendre de même ce qui est dit dans les deux Réponses de Jérémie touchant le sacrement de confirmation. Il ne faut pas supposer si facilement qu'un auteur se contredise dans une même page, et certainement il ne se contredit point. Il dit que la confirmation a été instituée par Jésus-Christ, et que si la sainte Écriture ne fait pas mention expresse du *myron*, il a néanmoins été donné par tradition, et cela par les disciples du Verbe. Il ne dit donc pas que Jésus-Christ ne l'a pas institué, puisqu'il assure le contraire; mais, quoique l'Écriture n'en fasse pas une mention expresse, les apôtres l'ont donné par tradition, ce qui suppose nécessairement qu'ils l'avaient reçu de Jésus-Christ. Jérémie le prouve par l'autorité de S. Denis. On convient que cette preuve n'était pas démonstrative à l'égard des luthériens, mais elle était certaine dans l'esprit de celui qui croyait comme Jérémie, comme Siméon de Thessalonique, et tous les Grecs, que cet auteur était disciple de S. Paul. Jérémie ne nie donc pas que Jésus-Christ ait institué les sacrements et la confirmation comme les quatre autres, mais avouant que l'Écriture n'en fait pas mention, il répond qu'on en est assuré par le témoignage des disciples de Jésus-Christ qui les ont donnés à l'Église.

Afin que dans ce qu'a écrit ce patriarche il y eût de la contradiction, il faudrait qu'il fût convenu de ce principe des protestants, que Jésus-Christ n'a rien dit ni établi pour la conduite de son Église que ce qui se trouve marqué dans le nouveau Testament; or il le combat partout. Il suppose donc qu'il y a des cérémonies d'institution divine qui ne sont pas marquées dans l'Écriture; il ne dit pas que les apôtres les aient instituées, ni que ce soit l'Église, mais que nous les avons reçues par elle, qui les avait reçues des apôtres : c'est là le véritable sens de Jérémie, fort opposé à celui que lui attribue Arcudius. Pour les paroles qui se trouvent dans la seconde Réponse, il s'agissait du chrême, qui est la matière de ce Sacrement; et comme les luthériens lui avaient objecté qu'en plusieurs baptêmes dont il était fait mention dans l'Écriture, il n'était point parlé du chrême, il répond qu'il ne faut pas s'en étonner, parce que *l'Église de Jésus-Christ faisant des progrès, et s'avançant par sa grâce sur les paroles sacrées, comme sur des fondements, a inventé plusieurs choses qui avaient rapport aux cérémonies extérieures* (1).

La raison expliquée par Siméon de Thessalonique et d'autres est fondée sur ce qu'ils disent que le Saint-Esprit se donnait autrefois aux nouveaux baptisés par l'imposition des mains des apôtres, et qu'à la place de cette cérémonie l'onction a été introduite dès la naissance de l'Église. Ce sont donc les cérémonies que l'Église a établies de nouveau, et non pas le sacrement. Ce sentiment n'est pas particulier aux Grecs, c'est celui de plusieurs théologiens catholiques, qui, recevant les décisions du concile de Trente touchant l'institution immédiate des sacrements par Jésus-Christ, conviennent néanmoins que l'onction, les paroles et les autres cérémonies sacrées ont été enseignées à l'Église par les apôtres et par leurs disciples, sans qu'il y ait de contradiction dans cette doctrine. Car on ne trouve pas que l'onction ait été pratiquée dans les temps apostoliques; et lorsque Arcudius a entrepris de le prouver par le passage du premier chapitre de l'Épître aux Éphésiens, *in quo signati estis Spiritu promissionis sancto qui est pignus hœreditatis nostræ*, il ne satisfait pas à la difficulté. S. Thomas lui-même dit que Jésus-Christ a institué ce sacrement, *non exhibendo, sed promittendo*. D'autres scolastiques plus anciens ont été plus loin, en soutenant que les apôtres l'avaient institué, ce que les Grecs ne disent pas; mais ils conviennent avec nos meilleurs théologiens, reconnaissant qu'il est d'institution divine, quoique nous l'ayons reçu par les apôtres.

Lorsqu'ils prêchaient aux peuples la nécessité du baptême et le précepte de Jésus-Christ touchant l'Eucharistie, on recevait leur témoignage, quoiqu'il n'y eût encore rien d'écrit. L'Église l'a toujours reçu de même, et c'est sur cette autorité qu'elle a établi toutes ces cérémonies sacrées. C'est là le fondement des apôtres et des prophètes, mais dont Jésus-Christ est la pierre angulaire, et l'Église a toujours cru l'écouter et lui obéir lorsqu'elle a écouté ses disciples. C'est sur cela que les Grecs établissent l'onction, qu'ils pratiquent pour la confirmation, au lieu de l'imposition des mains, qui était seule en usage du temps des apôtres. Ils la prouvent par S. Denis; mais ils ne font que ce que les anciens théologiens latins et plusieurs modernes ont fait, et même ils ont cité des pièces dont l'autorité était encore moindre, telles que les fausses décrétales du pape Eusèbe, de Fabien, et d'autres semblables. Le consentement universel de toute l'Église, attesté par Tertullien, par S. Cyprien, et par les canons des premiers conciles, est d'une plus grande autorité.

Donc, puisque les Grecs et les Orientaux reçoivent tout ce que les anciens Pères enseignent touchant la confirmation; qu'ils croient, selon la doctrine des mêmes saints, qu'elle donne le Saint-Esprit, c'est-à-dire une grâce sanctifiante pour fortifier les nouveaux baptisés dans la foi; que cette grâce qui se donnait par l'imposition des mains est indépendante des effets miraculeux, nécessaires dans le commencement du christianisme; que l'onction établie à la place de l'imposition des mains produit la même grâce; qu'ayant connu la créance et la discipline des Latins, ils ont déclaré jusqu'à nos jours qu'ils reconnaissaient le *myron* comme un sacrement de l'Église; qu'ils ont

---

(1) Ἡ γὰρ τοῦ Χριστοῦ Ἐκκλησία τῇ χάριτι αὐτοῦ προκόπτουσα ἐπὶ θείοις ῥητοῖς καὶ θεμελίοις πολλὰ ἐξεῦρε καὶ κατηστολίσατο : *Resp.* 2, p. 240.

condamné comme hérétiques ceux qui enseignaient le contraire, on ne peut douter qu'en ce point, comme dans la plupart des autres qui ont servi de prétexte au schisme des protestants, les Grecs et tous les Orientaux ne s'accordent avec l'Église romaine sur ce qu'il y a d'essentiel dans ce sacrement.

Il serait inutile de s'arrêter à l'examen de ce que divers luthériens ont écrit de nos jours sur la matière que nous traitons. C'est principalement dans certains ouvrages assez fréquents en Allemagne, qui sont par manière des thèses, ou d'*Exercitations historico-théologiques* pleines de citations, dans lesquelles cependant il est fort rare de trouver rien d'original. Telle est celle d'Élie Véjélius, touchant l'église grecque d'aujourd'hui, opposée à ce qu'en ont écrit Arcudius, Allatius et Nihusius. Il est cependant à remarquer que dans cet ouvrage, et dans des notes très-amples de Fehlavius, ministre de Dantzick, sur Christophe Angélus, qui avait donné une relation abrégée de l'état de l'église grecque, et dans la plupart des autres, il ne se trouve pas un seul auteur grec cité, sinon ceux dont les témoignages ont été rapportés par ceux qu'on entreprend de réfuter. Tout le reste consiste en raisonnements ou en lieux communs cent fois réfutés, et qui ne servent de rien dans les questions purement de fait. Daillé, disent-ils, a prouvé que ce n'est que depuis la fin du dixième siècle qu'on connaît le sacrement de confirmation, mais les Grecs, comme nous avons vu, prétendent que l'onction du chrême sur les nouveau-baptisés est dès les temps apostoliques, sur quoi ils citent les livres de la Hiérarchie ecclésiastique. On convient qu'ils n'ont pas cette antiquité; mais ils furent cités dans le sixième siècle à la conférence tenue à Constantinople entre les sévériens et les catholiques, par conséquent l'onction était établie plus de 400 ans avant la date de Daillé. Mais que diront les protestants à l'égard du témoignage de S. Cyprien, de S. Corneille pape, du concile de Laodicée, et de tant d'autres, sinon des choses frivoles, et qui se détruisent par les preuves certaines que nous avons d'un usage beaucoup plus ancien de ce sacrement dans les Rituels.

Il est assez facile d'éclaircir si les Grecs ont entendu ces canons et ces passages autrement que nous ne les entendons, puisqu'il n'y a qu'à ouvrir les Eucologes et les canonistes, pour voir qu'il n'y a eu sur cela aucune contrariété de sentiment entre les deux églises. Quand après cela Fehlavius, suivant la doctrine de ses maîtres, qui peuvent avoir eu une grande réputation parmi les luthériens, mais qui ne paraissent pas la mériter, puisqu'ils ne disent rien de nouveau, se jette dans les lieux communs, et qu'il dit que les Grecs ont pris leurs rites des Latins au treizième siècle, il avance la proposition du monde la plus absurde. Comme nous en avons fait voir la fausseté dans le dernier livre du vol. préc. (ci-dessus, dans ce tome), nous ne nous y arrêterons pas d'avantage. Car au moins les protestants ne peuvent pas nier qu'avant le concile de Florence, Siméon de Thessalonique a enseigné que la confirmation était un sacrement, et ce n'est pas une opinion particulière, ni qui fût nouvelle, car il en parle comme d'une discipline établie de tout temps parmi les Grecs, citant S. Denis, les constitutions apostoliques et les canons de Laodicée, de même que Matthieu Blastarés. On peut juger du peu de sûreté qu'il y a dans la critique de Daillé, qui met ces deux auteurs vers le dixième siècle, quoique celui-ci ait écrit en 1311, et l'autre près de cent ans plus tard. Depuis le concile on ne peut pas dire que les Grecs aient pris ce sacrement des Latins, puisque par les actes mêmes, il paraît qu'on leur demanda un éclaircissement qu'ils donnèrent, touchant leur coutume de faire administrer la chrismation par les prêtres; et il n'y eut aucun article sur ce sujet inséré dans la définition synodale.

Depuis ce temps-là a-t-on trouvé un seul Grec digne de foi, qui ait retranché la confirmation du nombre des sacrements, comme a fait Cyrille Lucar? Chrystophe Angélus n'en a pas parlé, mais il est aisé de reconnaître qu'il a affecté de ne pas s'expliquer sur ce point comme sur beaucoup d'autres. De plus, quelle pouvait être l'autorité d'un particulier écrivant parmi les protestants? Elle ne balancera pas celle de Jérémie, des synodes de 1638, de 1642 et de 1690, ni celle du synode de Jérusalem, de la confession orthodoxe, de Grégoire protosyncelle, de Syrigus, et de tous les autres que nous avons cités, et dont nous avons établi l'autorité par des preuves incontestables. Enfin M. Smith, qui ne doit pas être suspect aux protestants, décrivant l'onction des nouveau-baptisés, ajoute que *c'est dans ce rit seul que consiste la confirmation parmi les Grecs*; et il remarque avec raison que *quelques zélés, trop attachés aux rites latins, avaient pris de là occasion de dire que les Grecs n'avaient plus la confirmation* (1). Il reconnaît donc qu'ils ont ce Sacrement; et puisqu'ils conviennent avec l'Église romaine qu'il est d'institution divine et de tradition apostolique, il faut en même temps reconnaître qu'ils le considèrent comme un sacrement évangélique.

C'est ce que les protestants anglais n'accordent pas néanmoins, quoique leurs meilleurs théologiens aient écrit contre les calvinistes presbytériens, pour maintenir la discipline de l'église anglicane, qui pratique une cérémonie qui s'appelle confirmation, et qui n'est ni celle de l'ancienne Église ni celle de l'église d'Orient. Elle consiste dans l'imposition des mains de l'évêque, après un renouvellement de profession de foi, qui ne se faisait pas dans les premiers siècles; au moins il n'y en a pas le moindre vestige dans l'antiquité. On ne peut pas dire qu'en cette cérémonie on donne, ni qu'on reçoive le Saint-Esprit, puisque la grâce gratuite, suivie de dons miraculeux, n'y est plus, et que les

(1) Hoc unico ritu sacramentum Confirmationis apud Græcos constat..... Hinc cavillandi causam zelotæ quidam Latinis ritibus addictissimi arripuêre Græcis non ampliùs superesse Confirmationem. *Smith., de eccl. Græc. Statu hod.*, p. 84 et 85 edit. 1698.

protestants ne reconnaissent point de grâce spéciale, produite par l'imposition des mains, qui puisse être considérée comme grâce sacramentelle. Car, suivant la définition des sacrements dont les protestants conviennent généralement, la confirmation ne le peut être ; et le docteur Hammond, qui a défendu celle de l'église anglicane contre le ministre Daillé, n'en disconvient pas. Il dit, suivant ses principes, que l'imposition des mains des évêques sur les nouveaux baptisés est dans l'Écriture, et cela est vrai ; mais c'était pour recevoir le Saint-Esprit. Les calvinistes n'entendent plus ce langage ; puisqu'il n'y a plus de grâces visibles, comme celle qui se manifestait par le don des langues et d'autres signes miraculeux. Cependant la coutume de l'ancienne Église a été de donner le Saint-Esprit, même depuis que les miracles ont cessé ; l'église anglicane prétend l'imiter, et c'est sur cela que le docteur Hammond cite plusieurs passages. C'est donc par la tradition que cette cérémonie doit être soutenue, puisqu'on ne la peut prouver par la sainte Écriture seule ; il faut, pour pouvoir s'en servir, reconnaître l'autorité de la tradition, et cette reconnaissance est contraire aux principes fondamentaux de la réforme. Quand on s'appuie de la tradition, il la faut prendre entière sans la diviser, et c'est ce que l'église anglicane ne fait pas ; car celle qui est communément reçue par les Grecs et par les Latins a établi la chrismation à la place de l'imposition des mains dès les premiers siècles de l'Église ; c'est donc abandonner la tradition, que de retrancher une cérémonie reçue dès les premiers siècles en Orient comme en Occident. Les calvinistes suivent mieux les principes de la réforme, en retranchant aussi l'imposition des mains, parce qu'ils prétendent qu'elle ne produit aucune grâce, ni sanctifiante, ni gratuite. L'église anglicane est louable par le respect qu'elle a eu pour l'antiquité, en conservant une partie de cette cérémonie ; mais aucune église particulière n'avait droit de supprimer l'onction, puisque le docteur Hammond lui-même prouve par les témoignages de plusieurs Pères qu'elle était en usage dès les premiers siècles ; de sorte qu'il ne la condamne pas, comme font les calvinistes, convenant qu'elle peut être pratiquée, de même qu'elle l'a été autrefois, et qu'elle l'est encore par les Grecs et par tous les chrétiens orientaux. Il convient donc, selon les principes de l'église anglicane, que cette cérémonie n'a rien de mauvais ; d'où il s'ensuit qu'elle n'était pas du nombre de celles qui dussent être supprimées, par une raison aussi faible que celle de s'attacher à une plus grande simplicité. Les calvinistes, et particulièrement ceux d'Angleterre et d'Écosse, ont porté les conséquences de ce principe si loin, qu'ils n'ont conservé aucune des anciennes cérémonies, prétendant qu'elles n'étaient pas mieux autorisées que celle-là. C'est une contestation qui les regarde, et à laquelle les catholiques n'ont point intérêt. Il nous suffit de savoir que nous pratiquons une cérémonie sacrée, observée dans toute l'Église dès les premiers siècles, conservée de même dans toutes celles d'Orient unies ou séparées, reconnue pour très-ancienne, et autorisée par les témoignages de tous les saints Pères, ce que les protestants anglais avouent pareillement.

Nous n'examinerons pas plusieurs questions que fait Arcudius, particulièrement ce qu'il a écrit contre l'erreur qu'il attribue aux Grecs, de réitérer la confirmation. Celui qu'il attaque est le moine Job, dont il a parlé ci-devant, et qui était un théologien fort méprisable ; mais cependant ni lui, ni Cabasilas, ni Jean Nathanaël qu'il cite, ne disent pas ce qu'il prétend. Ils marquent simplement que les hérétiques qui reviennent à l'Église, et qu'on ne rebaptise point, reçoivent l'onction du chrême, ce qui est établi par les canons les plus anciens. Le chrême s'appelle μύρον, et les Grecs donnent ce nom au sacrement de confirmation. Cependant ils établissent une différence totale entre la chrismation des hérétiques ou des apostats pour les réconcilier à l'Église, et celle des nouveaux baptisés, les cérémonies et les prières étant fort différentes. Ainsi tout roule sur une équivoque, qui n'a jamais trompé que les ignorants, ou ceux qui ont cherché à condamner toutes les pratiques qui ne sont pas en usage dans l'Église latine.

On peut voir ce que les continuateurs de Bollandus ont dit sur la confirmation, dans une dissertation sur l'église cophte, qui est assez conforme à ce que nous avons observé sur ce sujet. Ils marquent qu'en 1703 le patriarche des Cophtes Jean fit la bénédiction du chrême, qui avait été interrompue durant deux cents ans, et qu'on le renouvelait en y mettant de l'huile nouvelle. C'est un fait dont nous ne pouvons donner aucun éclaircissement.

LIVRE TROISIEME.
DU SACREMENT DE PÉNITENCE.

CHAPITRE PREMIER.

Que les Grecs et les Orientaux enseignent ce que croit l'Église catholique sur ce sacrement.

Ce n'est pas seulement sur le mystère de l'Eucharistie que les Grecs et tous les chrétiens orientaux s'accordent avec les catholiques, c'est aussi sur tous les autres points de religion et de discipline, que les protestants ont attaqués comme des nouveautés superstitieuses et inconnues à l'ancienne Église, particulièrement sur tout ce qui regarde la pénitence. Cependant s'il y a quelque chose dans l'antiquité ecclésiastique dont nous connaissons certainement l'établissement et la pratique, c'est ce qui a rapport à ce sacrement. Il y a eu des changements considérables dans la discipline, mais les canons anciens et les Pénitentiaux qui restent entre nos mains nous apprennent quelle en a été autrefois la forme, dans laquelle on reconnaît la foi et l'esprit de l'Église. De même ce que nous avons de Canons pénitentiaux de l'église grecque, et des autres séparées de la communion de Rome, nous fait connaître par des preuves incontestables qu'elles ont cru et croient encore ce que nous croyons touchant l'autorité de remettre les péchés, donnée aux apôtres et en leurs personnes aux évêques et aux églises; que l'exercice de ce pouvoir a été fait de la même manière qu'il se fait présentement, pour ce qu'il y a d'essentiel, par la confession des péchés faite aux prêtres, la satisfaction et l'absolution.

Pour ce qui regarde les Grecs, aucun avant Cyrille Lucar n'avait ôté la pénitence du nombre des sacrements de la nouvelle loi. Au contraire Siméon de Thessalonique, avant le concile de Florence, plusieurs prélats grecs qui s'y trouvèrent, ou qui vivaient en ce temps-là; dans le siècle dernier, Mélèce Piga, Gabriel de Philadelphie, Alexis Rharturus, Nicéphore Paschalius, Grégoire protosyncelle et divers autres ont enseigné clairement que cette cérémonie sacrée, par laquelle les pénitents sont absous de leurs péchés par le ministère des prêtres, était d'institution divine; qu'elle était fondée sur une promesse infaillible de la grâce, et que par conséquent elle devait être considérée comme un sacrement évangélique. Ceux qui avaient vu la Confession de Cyrille la rejetèrent avec horreur sur cet article, ainsi que sur presque tous les autres, et, outre les censures des synodes de 1638 et de 1642, Mélèce Syrigus réfuta amplement les erreurs calvinistes adoptées par cet apostat; et en dernier lieu, Dosithée, patriarche de Jérusalem, non seulement dans les décrets de son synode en 1672, mais par l'édition qu'il en a faite plusieurs années après, confirma ce que le patriarche de Constantinople Denis, ceux des autres sièges, et la plus grande partie des églises grecques de l'Archipel, avaient déclaré dans leurs attestations solennelles produites durant le cours de la dispute touchant la perpétuité.

Il serait inutile de ramasser toutes les preuves qu'on trouve dans les théologiens grecs sur cette matière, dont on pourrait faire un juste volume, et il suffit d'examiner leurs offices de la réconciliation des pénitents, pour être convaincu qu'ils sont entièrement opposés aux protestants sur cet article, aussi bien que sur tous les autres qui ont rapport aux sacrements. Outre ceux qui sont dans l'Eucologe, dont les églises grecques se servent tous les jours, le P. Morin en a donné au public plusieurs autres anciens, par lesquels on reconnaît la suite de la tradition, et la conformité de la discipline présente avec celle des siècles plus éloignés de nous, dont le fondement est le même.

Ils fondent leur doctrine sur les paroles de Jésus-Christ, lorsqu'il dit aux apôtres: *Recevez le Saint-Esprit: ceux auxquels vous remettrez leurs péchés, ils leur seront remis*; et sur celles qu'il dit à S. Pierre: *Je vous donnerai les clés du royaume du ciel; ce que vous lierez sur la terre sera lié dans le ciel, et ce que vous délierez sur la terre sera délié dans le ciel*. Les saints Pères grecs et latins n'ont jamais entendu ces paroles en un autre sens que celui qui est reçu parmi les catholiques, et les commentaires syriaques et arabes sur les Évangiles qui sont entre les mains des Orientaux, ne les expliquent pas autrement. Les interprétations forcées que les protestants leur ont voulu donner sont aussi inconnues à tous les chrétiens du Levant que les opinions qui les ont produites. On n'a pas besoin pour le prouver d'entrer en aucune discussion, la discipline tient lieu de preuves en cela comme dans la plupart des autres points controversés avec les protestants.

On veut savoir si parmi les Grecs et les Orientaux il y a quelque chose de semblable à ce que nous appelons le sacrement de pénitence; il n'y a qu'à examiner si lorsque parmi eux quelqu'un a commis un péché contre le Décalogue, on n'a obligé à faire pénitence que des péchés publics et scandaleux; si aucun évêque ou théologien a dit qu'il suffisait de s'en repentir devant Dieu, de rappeler en mémoire son baptême, et de croire fermement que ses péchés lui sont remis. Mais on trouve tout le contraire. Car, sans entrer dans l'examen de ce qui a rapport à l'ancienne pénitence, parce que la matière a été suffisamment éclaircie par nos théologiens, on ne peut douter que les Grecs ne confessent leurs péchés, puisqu'on a des formulaires de la manière dont on doit interroger le pénitent, dressés par Jean surnommé le Jeûneur, patriarche de Constantinople, qui était contemporain de S. Grégoire, et plusieurs autres plus récents; ce qui en fait voir l'usage de siècle en siècle.

On a aussi plusieurs Pénitentiaux, outre les Épîtres canoniques de S. Grégoire Thaumaturge, de S. Basile, de S. Grégoire de Nysse, et les canons des anciens conciles qui prescrivent la longueur des pénitences, et comment elles devaient être imposées et accomplies. On ne peut donc pas douter que les œuvres laborieuses, qui consistaient en jeûnes, en prières, en aumônes et en d'autres mortifications, ne fussent regardées par ces grands saints comme des satisfactions pour les péchés. Cependant on n'était pas encore justifié devant Dieu ni devant l'Église, jusqu'à ce qu'on eût obtenu l'absolution sacramentelle, après laquelle le pénitent était admis à la participation de l'Eucharistie. On a plusieurs formules de cette absolution, qui sont conformes à celles dont l'Église s'est autrefois servie, et dont elle se sert encore. L'usage subsiste dans toute la Grèce; on ne peut donc pas douter que le sacrement de pénitence ne soit parmi les Grecs comme parmi nous. Ce ne sont pas seulement des prières et des cérémonies qu'ils pratiquent depuis les premiers siècles; c'est un sacrement véritable, établi sur la sainte Écriture, qui produit une grâce spéciale fondée sur la promesse de Jésus-Christ; qui a sa matière, sa forme et ses ministres déterminés. Enfin, quoique les termes que la théologie scolastique a introduits ne fussent pas autrefois en usage pour expliquer la doctrine des sacrements, lorsque les Grecs les ont connus, ils les ont trouvés si conformes à leur doctrine, qu'ils n'ont fait aucune difficulté de s'en servir, comme on voit par Gabriel de Philadelphie, Mélèce Piga, Coressius, Grégoire protosyncelle, Syrigus, Dosithée et tous les autres.

Comme il est question des Grecs modernes, et qu'on ne peut pas douter que les anciens n'aient reconnu la nécessité de la pénitence, que les pécheurs n'y aient été obligés avant que d'être reçus à la participation des saints mystères; qu'on n'ait regardé comme un sacrilége et comme le plus grand de tous les crimes d'en approcher sans avoir reçu l'absolution des péchés commis après le baptême; et qu'enfin on a les règles et la forme d'imposer la pénitence et de donner l'absolution sacramentelle, nous rapporterons les témoignages de ceux qui ont écrit depuis le schisme des protestants.

Un des premiers est Jérémie, patriarche de Constantinople, qui, dans sa première Réponse aux luthériens, établit d'abord que la pénitence est un sacrement de la nouvelle loi. Ensuite, examinant plus particulièrement ce qu'ils avaient dit, mais dans un sens fort différent, que celui qui confesse ses péchés en obtient la rémission par le dispensateur des sacrements, mais qu'il n'est pas nécessaire de les énoncer tous et en détail, il répond que *celui qui se confesse expose en détail tous les péchés, autant qu'il peut s'en souvenir, les confessant avec un cœur contrit et humilié.* Il marque aussi que le ministre de la pénitence doit être exempt de tout intérêt sordide; répondant en cela à ce que les luthériens avaient exagéré avec une affectation maligne, comme si l'Église latine approuvait les abus qu'elle a toujours condamnés. Il convient pareillement avec eux que ceux qui ont péché après le baptême obtiennent la rémission de leurs péchés, pourvu qu'ils se convertissent et fassent pénitence avec un cœur contrit et une foi saine et entière. *Mais,* poursuit-il, *sur ce que vous rejetez absolument les satisfactions canoniques, nous disons que si elles sont imposées comme des remèdes par les confesseurs, sans intérêt et sans fraude, elles sont utiles et d'un grand secours, suivant que les SS. Pères les ont ordonnées,* etc. *Mais nous omettons ces choses à l'égard de ceux qui sont dans un péril de mort pressant; étant persuadés que la conversion et le ferme propos du pénitent suffisent alors pour la rémission des péchés. Nous les remettons par la puissance de celui qui a dit :* « *Ceux dont vous remettrez les péchés,* » *etc.; et nous croyons en même temps que la peine est remise; pour assurance de quoi nous leur donnons le divin don de l'Eucharistie.*

Ce patriarche ne disait rien qui ne fût connu publiquement dans l'église grecque; puisque, longtemps avant qu'il écrivit, les Grecs avaient entre les mains divers livres imprimés à Venise, où la doctrine commune de la pénitence et de la confession était enseignée. Parmi ceux qui ont eu quelque nom dans cette église, on trouve un prêtre nommé Alexis Rharturus, *chartophylax* de l'église de Corfou, auteur de diverses homélies ou διδαχαὶ, imprimées en grec vulgaire à Venise en 1560. On voit en différents endroits qu'il parle du sacrement de pénitence comme font tous les autres théologiens, et qu'il en prouve l'utilité, la nécessité et les effets pour la rémission des péchés. Dans l'homélie sur le quatrième dimanche de carême, il dit qu'*il y a deux jugements que doivent subir les chrétiens, qui sont le peuple de Dieu, parce qu'il ne faut pas parler des infidèles,* dit-il, *mais de ceux qui ont été régénérés par l'eau et par l'esprit; c'est-à-dire les fidèles qui souillent par les péchés de la chair la robe de l'incorruptibilité qu'ils avaient reçue. Le premier est le jugement de la pénitence; le second est le jugement dernier. Car Jésus-Christ a établi le premier par une souveraine miséricorde pour ceux qui ont été régénérés par l'eau et par l'esprit, qui durant cette vie peuvent être lavés et purifiés par ce baptême de pénitence. C'est parce que, selon S. Paul, comme il est impossible qu'un homme étant né, lorsqu'après sa naissance il lui arrive quelque accident qui fasse préjudice à la santé ou à l'intégrité de son corps, rentre dans le ventre de sa mère, ni renaisse, de même il est impossible que celui qui a reçu le baptême soit baptisé de nouveau, comme dit S. Paul. C'est pourquoi ce sacrement de la confession a été institué pour la guérison et la correction des péchés dans lesquels on tombe; et cette confession les efface tous, et conduit celui qui les a commis à la rémission des péchés, c'est-à-dire à Jésus-Christ, qui seul sauve son peuple de ses péchés.* Puis, après la citation de quelques passages de l'Écriture sainte, continuant à parler de la confession : *C'est là,* dit-il, *la véritable pénitence, la confession que Dieu a donnée comme un remède pour nous purifier des péchés commis après le baptême; qu'il faut faire d'abord intérieurement, puis extérieurement.*

Il explique ensuite fort bien les degrés de la conversion du pécheur, marquant qu'*il faut premièrement qu'il se tourne vers Dieu avec confiance, par Jésus-Christ, seul médiateur; qu'il gémisse, qu'il pleure, qu'il ait en horreur sa vie passée, qu'il se regarde comme ayant mérité la damnation éternelle, étant coupable d'un nombre infini de péchés, dont un seul la mériterait; ce qu'il ne peut faire de lui-même sans la grâce de Dieu, qui l'excite en différentes manières à la componction salutaire, lui fait haïr le péché, et le conduit à la véritable conversion intérieure, qui est un changement entier des actions de l'esprit et de la volonté, qui le tourne à la connaissance et à l'amour de Dieu, ce qui est fait par lui seul; qu'il faut montrer cette conversion par des fruits, qui sont les bonnes œuvres, et que le pénitent se reconnaisse comme ayant mérité la colère de Dieu et le châtiment.* Puis il poursuit en ces termes : *Afin qu'il puisse se soumettre à ce jugement, il faut qu'il y ait un juge qui tienne la place de Jésus-Christ. C'est pourquoi le pénitent qui veut être guéri par Jésus-Christ, doit nécessairement se soumettre au jugement de ses ministres, qui ont cette puissance de juger et de guérir toute sorte de maladie et d'infirmité, comme celle d'administrer les autres sacrements. C'est de là que la confession tire son origine, comme étant la première partie du sacrement, parce que la première pénitence se fait dans l'esprit, et* est un retour à Dieu et le salut spirituel. Cette seconde se fait par Jésus-Christ, à Jésus-Christ, qui est, selon S. Paul, le seul Médiateur entre Dieu et les hommes, et la rédemption de tous auprès de son Père. Ainsi le ministre de Jésus-Christ, et le dispensateur de ses mystères, doit être assis sur le trône de Jésus-Christ, qui est sa croix, d'où par sa grande miséricorde est sorti du sang et de l'eau pour la réformation et la délivrance de tout le monde; et tenir les deux clés que Jésus-Christ a données à S. Pierre, qui, par la Passion de Jésus-Christ, ont la puissance de lier et de délier, c'est-à-dire de délivrer le pénitent de la condamnation éternelle, et de lier par un jugement passager en soumettant à une punition temporelle, qui est la séparation de la communion du corps et du sang de Jésus-Christ. Toute l'homélie est remplie de semblables vérités.

Dans celle du même auteur, sur la résurrection du Lazare, on trouve plusieurs choses semblables; et expliquant le sens allégorique de cette histoire, de même qu'ont fait S. Augustin et plusieurs autres Pères, il cite ces paroles : *Déliez-le, et le laissez aller.* Puis il ajoute : *O mes frères, le très-grand miracle que comprend ce mystère! C'est lui qui l'a fait, et il a donné la puissance à ses disciples de délier et de mettre en liberté, afin qu'ils déliassent le peuple de Jésus-Christ des liens de leurs péchés.* Ces homélies sont remplies de pareilles expressions, qui marquent certainement la doctrine commune de l'Église touchant la pénitence et l'usage de la confession.

Damascène Studite, sous-diacre, natif de Thessalonique, qui vivait presque en même temps, publia en 1568 plusieurs homélies en grec vulgaire, qui ont été imprimées encore depuis à Venise, en 1618 et 1628, au bout desquelles il y a quelques autres instructions familières, entre autres une sur la confession, qui commence ainsi : *Les hommes qui veulent sauver leur âme et parvenir à l'héritage éternel, doivent tous courir avec larmes se confesser à leurs pères spirituels, tous les jours, s'il est possible, au moins quatre fois l'an, au carême, à Noël, à la fête des saints apôtres et à la Notre-Dame d'août. Lorsqu'ils se confessent, ils doivent dire tous leurs péchés sans dissimulation..., parce que quoique vous vous confessiez à un homme qui est votre semblable, c'est cependant à Dieu que vous vous confessez, et c'est lui qui vous pardonne ; parce que si c'est l'homme qui vous accorde l'absolution, il en a reçu la puissance de Dieu. Écoutez ce que Jésus-Christ dit à ses apôtres, lorsqu'il les envoya prêcher :* « *Recevez le Saint-Esprit ; les péchés seront remis à ceux à qui vous les remettrez, et ils seront retenus à ceux à qui vous les retiendrez.* » *Dieu leur a donc donné cette puissance, en sorte que ceux dont ils retiennent les péchés, c'est la même chose que si Dieu les avait retenus, et ceux qui obtiennent l'absolution, c'est de même que si Dieu la leur avait accordée... Ils ont donné ensuite cette puissance à d'autres hommes savants dans la sainte Écriture, non pas à des ignorants comme moi, et ce que ceux-ci lient et délient sur la terre, Dieu le tient comme lié et délié dans le ciel.*

On trouve un abrégé intitulé Εγχειρίδιον μεθοδικόν, ou : Manuel méthodique, touchant l'administration du sacrement de pénitence, composé par Nicéphore Paschaléus, disciple de Théophane, métropolitain de Philadelphie, imprimé à Venise en 1622, où il est parlé de ce sacrement en ces termes : *La Pénitence est un sacrement institué par Notre-Seigneur Jésus-Christ, dans lequel, par le ministère du prêtre, sont remis tous les péchés qu'un homme a commis, et tous les liens du péché dont la conscience de chaque pécheur pouvait être embarrassée sont rompus ; et qui le délivre des supplices éternels, suivant la disposition du pénitent. Il est manifeste que l'homme ayant été créé de Dieu dans l'état de justice et d'exemption de péché, s'il avait voulu y persister, et se conserver pur de toute tache de péché, il n'aurait pas eu besoin de sacrements. Mais lorsqu'il eut désobéi au commandement de Dieu, et qu'il fit ce commun et malheureux naufrage de tout le genre humain et de ses descendants, son Créateur miséricordieux le secourut dans la loi évangélique, par le sacrement de baptême, afin que par cette première planche, le malheureux homme pût conserver sa vie et recouvrer la grâce qu'il avait perdue, après avoir brisé le vaisseau de sa justice. Mais parce qu'il y a tant de différentes tentations et tant de périls dans l'agitation orageuse de ce monde, et que l'infirmité de notre chair est si grande que nous perdons souvent par nos péchés cette première planche de la grâce que nous avons reçue par le sacrement du divin baptême, nous sommes encore malheureusement renversés, et prêts à abîmer. Dieu notre sauveur, plein de bonté et de miséricorde, ne voulant pas en cela nous laisser sans secours, y a pourvu en nous donnant ce sacrement de la pénitence, comme une seconde planche, par laquelle nous pourrions échapper, et éviter le péril de la mort éternelle. On conclut de là le grand besoin que nous avons de ce sacrement ; et à l'égard de ceux qui sont tombés en péché mortel, ce besoin n'est pas moindre que celui du baptême pour ceux qui ne l'auraient pas reçu. De sorte que comme il est écrit de ceux-ci :* « *Celui qui ne sera pas régénéré par l'eau et par l'esprit n'entrera pas dans le royaume des cieux ;* » *de même, celui qui a perdu la pureté qu'il a reçue par le baptême, s'il ne court et n'embrasse cette seconde planche de la pénitence, sans aucun doute il espère vainement de faire son salut.*

CHAPITRE II.

On fait voir que dans le temps que parut la Confession de Cyrille Lucar, et après sa condamnation, les Grecs n'ont point changé de sentiment sur la doctrine de la pénitence.

Les autorités qui ont été rapportées dans le chapitre précédent prouvent suffisamment que les Grecs, avant que Cyrille Lucar eût donné sa Confession aux calvinistes, croyaient que la pénitence était un véritable sacrement de la nouvelle loi, et que la condition la plus nécessaire pour obtenir par son moyen la rémission des péchés, était de les confesser aux prêtres autorisés par les évêques pour recevoir les confessions ; et que l'absolution par laquelle ils remettaient les péchés était fondée sur la puissance de lier et de délier que Jésus-Christ avait donnée à ses apôtres, qui l'avaient communiquée aux évêques leurs successeurs. On trouve plusieurs règles touchant ces prêtres qui étaient appelés πνευματικοὶ, ou pères spirituels, dont il est souvent fait mention dans l'histoire. C'est un point sur lequel il n'y a aucune contestation entre ceux qui ont le mieux éclairci dans ces derniers temps l'histoire et la discipline ecclésiastique. Aussi le P. Goar, et d'autres savants théologiens remarquent que dans diverses conférences entre les Grecs et les Latins, toutes les fois qu'on a parlé de réunion, particulièrement au concile de Florence, on ne proposa sur ce sujet aucune difficulté aux Grecs, et on n'inséra dans la Définition de la foi aucun article qui y eût rapport. On n'y parla pas même de quelques objections formées par des théologiens peu instruits de l'ancienne discipline, touchant la validité de la forme de l'absolution.

On a vu quels étaient les sentiments de ceux qui, avant que les luthériens eussent envoyé leur Confession à Jérémie, instruisaient les peuples dans la simplicité de l'ancienne doctrine, leur enseignant que le seul moyen d'obtenir la rémission des péchés commis après le baptême était le sacrement de pénitence. Jérémie a expliqué suffisamment la doctrine de son église; il fallait donc être aussi impudent que l'était Cyrille Lucar pour l'ôter du nombre des sacrements. Dans le temps même qu'il occupait le siège patriarcal de Constantinople, et qu'il mettait en combustion toute l'église grecque, elle députa Georges Coressius, duquel il a été parlé dans le volume précédent (plus haut, dans ce même tome), pour disputer contre Antoine Léger, ministre du sieur Corneille Haga, ambassadeur de Hollande, l'un et l'autre grands confidents de cet apostat. Nous apprenons par le témoignage de Nectarius, patriarche de Jérusalem, que les disputes furent mises par écrit, et que Coressius, les ayant rédigées, avait fait plusieurs traités pour défendre la doctrine de son église contre les calvinistes. On n'a pas ces écrits, quoiqu'il y en ait quelques-uns imprimés en Moldavie, suivant des catalogues reçus de Venise. Mais Grégoire, protosyncelle de la grande église, duquel nous avons parlé amplement (ci-dessus, dans ce vol., t. 5, c. 5 et 6), disciple de Coressius, publia en 1635 un abrégé des mystères de la foi approuvé par son maître, et qui a toujours été regardé comme très orthodoxe dans l'église grecque : car, quoiqu'il soit imprimé à Venise, ainsi que plusieurs autres que nos théologiens ont cités, chacun sait que de tout temps les livres des schismatiques, et ceux d'église qui y ont été presque tous imprimés, contiennent plusieurs choses qui ne sont pas approuvées à Rome, et les Grecs réunis ne s'en servent qu'après les avoir corrigés.

Grégoire donc, expliquant la doctrine des sacrements, met au nombre celui de la pénitence, et il commence ainsi : *Puisque nous avons à parler du cinquième sacrement, qui est celui de la pénitence, il faut d'abord que nous fassions voir qu'elle est un sacrement.*

P. DE LA F. III.

Et parce que quelques-uns prétendent qu'elle n'est pas un sacrement, mais qu'elle a seulement quelque grâce particulière, telle que l'eau bénite et le pain béni, voici ce que nous disons : *Il y a deux choses dans le sacrement, l'ordre ecclésiastique et la grâce qui vient de Dieu, ou pour le temps à venir ou dans le moment ; or la pénitence est une confession que fait un homme au confesseur qui a l'ordre ecclésiastique; et la grâce vient de Dieu et efface tous ses péchés, pour lui donner ensuite la grâce qui lui fait mériter le royaume des cieux; elle est donc un sacrement. Ensuite, le sacrement est une action commune parmi les chrétiens qui les distingue, et qui perfectionne ceux qui ont de la foi, par la sainteté qui se trouve dans le sacrement ; il en est ainsi de la pénitence, et par conséquent elle est un sacrement.* Il ajoute que *comme le sacrement consiste en quelque signe naturel qui contient en soi une grâce cachée ou invisible, puisque l'un et l'autre se trouvent dans la pénitence, elle est un sacrement. Que c'est un second port qui sauve l'âme et l'empêche d'être submergée par les flots du démon ; le second, dit-il, parce que le premier est le baptême qui efface le péché d'Adam, et qu'elle donne la rémission de tous les péchés que chaque homme a commis en particulier.*

Il dit ensuite que ce sacrement a trois parties : la première, la contrition du cœur ; la seconde, la confession de bouche; la troisième, la satisfaction. Il les explique en particulier, et il dit que la confession doit être simple, entière, sans omettre aucun péché ; qu'il faut que le pénitent la fasse ayant la tête découverte comme un criminel, et de même que s'il la faisait à Dieu ; qu'il ne la faut pas différer ni attendre le carême, mais courir au confesseur, afin que si la mort surprenait le pénitent, il ait accompli sa pénitence.

Telle était la doctrine qu'un protosyncelle de Constantinople, c'est-à-dire un des considérables officiers de cette église-là, publiait dans le temps que Cyrille, son patriarche, donnait en secret une Confession toute contraire à deux calvinistes. La différence était que Cyrille ne communiqua rien de ce qui se passait entre lui et les Hollandais, et n'en donna aucune part à son église, et que Grégoire dédia son ouvrage à tous les archevêques, évêques et prêtres de l'église grecque, et qu'il le fit approuver par Coressius, son maître, celui même qu'elle avait choisi pour combattre Antoine Léger, que Cyrille appelait dans ses lettres secrètes *un très-saint docteur et un vase du Saint-Esprit.* Grégoire enfin fit imprimer son ouvrage à Venise, lieu où les Grecs ont ordinairement imprimé tous leurs livres de religion : il fut lu et approuvé généralement, et jusqu'à présent il n'a pas essuyé la moindre censure. Au contraire, lorsqu'on eut connaissance de la Confession de Cyrille qui détruisait la pénitence, chacun s'éleva contre lui; elle fut condamnée, comme on a dit ailleurs, et dans l'intervalle des deux synodes, Mélèce Syrigus la réfuta article par article. Voici comme il parle sur la pénitence, pour prouver qu'elle est un véritable sacrement. *Comment n'avoue-*

(Vingt-six.)

ront-ils pas que la confession des péchés faite avec les sentiments d'une sincère pénitence, jointe avec l'absolution donnée comme il faut par celui auquel les clés du royaume des cieux ont été confiées, n'est pas un sacrement? Car ils entendent le Seigneur qui a ordonné ainsi : « Recevez le Saint-Esprit ; ceux dont vous remettrez les péchés ils leur seront remis, et ils seront retenus à ceux à qui vous les retiendrez. » Ce peu de paroles contient les signes sacrés de la rémission des péchés ou de la bénédiction ; car on ne la peut donner que par des paroles, qui sont sensiblement entendues, à ceux qui sont revêtus de cette chair mortelle. La grâce du Saint-Esprit est promise et s'annonce par elle-même dans la rémission des péchés : et ce sont-là deux choses requises pour un sacrement proprement dit. Cette ordonnance enferme, par une conséquence nécessaire, la confession verbale des péchés faite à l'homme qui a reçu la puissance de les remettre. Car le Seigneur aurait établi en vain cette puissance de remettre les péchés, si ceux qui la devaient exercer ignoraient quels étaient ces péchés ; ce qu'ils ne peuvent connaître sinon par la confession de ceux qui ont commis des actions qui ont besoin de pardon. Ainsi les hommes découvrent leurs péchés aux prêtres, comme les lépreux faisaient en découvrant leurs maladies. Les prêtres voyant les signes de pénitence, c'est-à-dire les larmes, les jeûnes et toutes les autres mortifications, et comparant la satisfaction à la grandeur des fautes dans lesquelles les pénitents sont tombés, savent comment il faut discerner ceux auxquels on doit les remettre, et ceux auxquels on doit les retenir. Et comme les mystères de la foi sont crus dans le cœur pour la justification, et qu'ils sont confessés de bouche pour le salut, de même pour la pénitence, dont les sentiments produisant la componction dans le cœur contribuent à la justification, et ils sauvent quand ils sont confessés. Car l'enfant prodigue n'eût pas été sauvé parce qu'il était intérieurement frappé de componction, s'il n'y avait ajouté la confession qu'il fit par ses paroles. Ceux donc qui rejettent la confession, qui est la principale partie de la pénitence, autant que l'homme la peut manifester extérieurement, et qui avec l'absolution ou la rémission, est ce que nous appelons le sacrement ; ceux-là, dis-je, ne me paraissent pas différer des novatiens : car ceux-ci n'avaient laissé aucun lieu à la pénitence pour ceux qui avaient péché après le baptême ; et de même ceux-là, autant qu'il est en eux, ne laissent aucun sacrement pour remettre dans la bergerie de Jésus-Christ, et ramener dans le droit chemin ceux qui en étaient écartés. Il crie à tous : « Si vous ne faites pénitence, vous périrez tous ; » il donne les clés pour ouvrir le royaume des cieux à ceux qui se l'étaient fermé, et qui, souhaitant ardemment d'y entrer, gémissent pour en obtenir l'entrée. Ces autres fermant leurs oreilles n'entrent pas, et même ils empêchent les autres d'entrer. Mais ils entendront les justes reproches que fait Ezéchiel aux mauvais pasteurs, etc. Que si quelqu'un, cherchant à disputer, entreprend de soutenir que la grâce accordée par le Saint-Esprit pour lier et délier les péchés de ceux qui les confessent n'est pas un sacrement, nous ne sommes pas accoutumés à un pareil langage, non plus que les églises de Dieu, qui ont toutes anciennement respecté comme un sacrement cette pratique, et nous l'ont transmise dans la suite.

Telle est la doctrine de Syrigus, dans laquelle il est aisé de reconnaître une conformité entière avec la foi de l'Église romaine. On ne la reconnaît pas moins dans la Confession orthodoxe, à laquelle il travailla conjointement avec les évêques de Russie et de Moldavie. C'est dans la question 112, où on lit ces paroles : *Le cinquième sacrement est la pénitence*, qui est une douleur du cœur pour les péchés que quelque homme a commis et qu'il confesse, s'en accusant devant le prêtre avec un ferme propos de corriger sa vie à l'avenir, et avec désir d'accomplir ce que le prêtre son confesseur lui imposera pour pénitence. Ce sacrement est efficace, et il a son effet, lorsque la rémission ou l'absolution des péchés est donnée par le prêtre selon l'ordre et la coutume de l'Église ; de sorte qu'aussitôt que le pénitent obtient son absolution, dans la même heure, lui remet tous ses péchés par le prêtre, suivant ces paroles de Jésus-Christ, qui dit : « Recevez le Saint-Esprit, » etc. Dans la question suivante, il est marqué qu'il fallait que le pénitent eût la véritable foi orthodoxe, sans laquelle il n'y avait point de véritable pénitence ; secondement, que le prêtre fût orthodoxe pareillement ; troisièmement, que le pénitent eût une véritable contrition de cœur, et une douleur sincère des péchés par lesquels il avait excité la colère de Dieu ou fait tort à son prochain ; et que c'est de cette contrition dont parle David, lorsqu'il dit que Dieu ne méprisera pas un cœur contrit. Il faut, disent les Grecs, qu'elle soit suivie de la confession faite de bouche de tous les péchés en particulier. Car le confesseur ne peut pas absoudre, s'il ne sait ceux qui méritent l'absolution et la pénitence qu'il leur faut imposer. De plus la confession est expressément marquée dans l'Écriture. Dans les Actes, chap. 19, v. 18, « plusieurs de ceux qui avaient cru venaient et confessaient ce qu'ils avaient fait ; » et ailleurs (Jacob., v. 16) : « Confessez vos péchés les uns aux autres. » La dernière partie de la pénitence doit être le canon ou les peines canoniques que prescrit le confesseur, comme les prières, les aumônes, les jeûnes, la visite des saints lieux et autres que le confesseur juge être convenables. Telle est la doctrine de tous les autres Grecs, dont il n'est pas nécessaire de rapporter les paroles.

CHAPITRE III.

Que les auteurs grecs cités et publiés par les protestants parlent de même.

Il n'y a pas de différence sur ce sujet entre ceux qui ont écrit dans l'église grecque, et ceux dont les protestants ont publié les ouvrages dans la pensée d'y trouver quelque conformité avec leurs opinions. Un des principaux est Christophe Angélus, qui, étant en Angleterre au commencement du dernier siècle, fit un traité de l'état où étaient alors les églises grecques, que Fehlavius, ministre de Dantzick, avait fait imprimer d'abord avec une simple traduction et ensuite avec un ample commentaire. On voit que ce Grec reconnait la confession des péchés, l'imposition des pénitences ou peines canoniques et l'absolution donnée par le prêtre, comme étant les parties essentielles de la pénitence ; en un mot, il donne comme la créance et la pratique de son église, tout ce que Syrigus et la Confession orthodoxe disent sur ce sujet. Il ne pouvait pas déguiser un fait aussi public que celui là ; et, quoiqu'il paraisse en plusieurs endroits de cet ouvrage qu'il n'a pas tout dit, et qu'il a ménagé les protestants parmi lesquels il écrivait, on ne peut néanmoins l'accuser d'avoir trahi la vérité comme Cyrille, et d'avoir poussé la hardiesse jusqu'à faire entendre que les Grecs ne connaissaient pas le sacrement de pénitence. Il en est de même d'une Confession de foi imprimée à Helmstad, sous le nom de Métrophane Critopule, qui semble approcher davantage du luthéranisme, et qui cependant marque la même foi et la même discipline.

Fehlavius, et plusieurs ministres de la confession d'Augsbourg qu'il cite dans son commentaire, tâchent inutilement d'obscurcir cette matière ; et, ne pouvant contester des témoignages aussi formels que ceux de ces auteurs qu'ils ont publiés eux-mêmes, joints à d'autres dont l'autorité est plus certaine, rapportés par le P. Goar et par divers écrivains catholiques, ils veulent les commettre les uns avec les autres. Il y en a qui disent que les Grecs ne se confessent que rarement ; Angélus dit que εὐγενέστεροι, *les plus nobles, les plus considérables*, ne le font que quatre fois l'an ; d'autres, parmi lesquels est Arcudius (L. 4, c. 2), que les prêtres ne se confessent presque jamais ; que, suivant divers témoignages, les Grecs communément ne confessent pas tous leurs péchés, parce qu'on leur donne l'absolution de ceux qu'ils ont oubliés ou de ceux que la honte les a empêchés de confesser, en quoi même ils trouvent matière de les louer, et d'accuser les catholiques de ce que les confesseurs et ceux qui ont traité la théologie morale apprennent beaucoup d'obscénités égales à celles qu'on trouve dans les livres les plus abominables des païens.

On a déjà remarqué ailleurs qu'on ne devait pas juger de la créance et de la discipline des Grecs par les témoignages de certains auteurs décriés avec raison parmi les savants, à cause de leur ignorance et de leur mauvaise foi, comme Caucus, Guy-le-Carme et ceux qui les ont copiés. C'est par les théologiens approuvés dans l'église grecque qu'on peut juger de ce qu'elle enseigne, et par les offices et les formules de confession et d'absolution on reconnait leur discipline. Or nous avons établi par des preuves incontestables que les Grecs enseignent qu'on ne peut obtenir la rémission des péchés commis après le baptême que par la pénitence, et qu'une de ses principales parties est la confession. Si donc il y a parmi eux des hommes qui la négligent, il s'ensuit qu'il y a dans l'église grecque, comme partout ailleurs, de mauvais chrétiens, et qui manquent à ce qui est prescrit par sa discipline. Mais l'Eucologe ordonne que tout prêtre qui veut célébrer la messe se confessera s'il a quelque péché sur sa conscience, comme l'office de la communion ordonne la même chose à tous ceux qui en veulent approcher, et cela suffit.

L'autorité d'Angélus est très-peu considérable, et il est ridicule de vouloir appuyer sur son témoignage une aussi grande absurdité, que de dire que la confession est pour les gens de qualité ; et encore plus de lui faire dire ce qu'il ne dit point. Voici ses paroles : *Les nobles parmi les Grecs ont coutume de participer au corps et au sang de Jésus-Christ une, deux, trois ou quatre fois l'année. Cependant ils confessent auparavant leurs péchés au* πνευματικός, *c'est ainsi qu'on appelle un prêtre qui a reçu de l'évêque le pouvoir de confesser.* Il est difficile de comprendre que Voet y ait pu voir le sens qu'il leur attribue. *Angélus*, dit-il, *décrit dans le chap. 22 la manière dont se fait la confession parmi les Grecs, mais il en restreint l'usage aux nobles.* Si le baron de Herbeistein a trouvé qu'en Moscovie le peuple croit que la confession n'est que pour eux, cela n'a aucun rapport aux Grecs, et il y a beaucoup de raison de douter de la vérité d'une pareille observation. S'il pouvait y avoir sur cela quelque doute dans le temps qu'il écrivait, il n'y en a plus présentement, puisque la Confession orthodoxe, qui détruit une erreur si grossière, n'est pas moins reçue par les Moscovites que par les Grecs.

Il y a encore plus de mauvaise foi à citer Jérémie, patriarche de Constantinople, comme s'il avait enseigné que l'énumération de tous les péchés n'était pas nécessaire, puisqu'il enseigne précisément le contraire. *Il faut ensuite*, dit-il, *que celui qui se confesse, autant qu'il le peut et qu'il s'en souvient, déclare et confesse en détail* (κατ' εἶδος) *ses péchés, avec un cœur contrit et humilié.* Il est vrai qu'il dit ensuite : *Si le pénitent omet à confesser quelques péchés par oubli ou par honte, nous prions Dieu plein de bonté et de miséricorde de les lui remettre pareillement, et nous avons une ferme confiance qu'il en obtiendra le pardon.* En cela, il a avancé une opinion particulière, dont il serait fort difficile de trouver des preuves dans les autres théologiens et canonistes grecs. Ils disent à la vérité que Dieu pardonne les péchés qui peuvent avoir été oubliés sans qu'il y ait de faute de la part du pénitent ; c'est ce que tous les théologiens croient pareillement, et ce qui entre en quelque manière dans les péchés d'ignorance. Mais à l'égard de ceux que le pénitent omettrait de déclarer par une mauvaise honte, l'église grecque n'enseigne rien de semblable.

Pour éclaircir cette matière, il est à propos de remarquer que la confession se fait parmi les Grecs et parmi les autres chrétiens orientaux, autrement que dans l'église latine, selon la discipline présente. Car notre usage est que celui qui se confesse déclare ses péchés, et le prêtre les écoute. Les confesseurs grecs et orientaux (1), après les premières prières et bénédic-

---

(1) Pœnit. Nesteutæ et al. apud Morin. Barsa libi,

tions, s'asseyent et font asseoir le pénitent auprès d'eux, puis ils l'interrogent sur tous les péchés qu'il peut avoir commis, ce qui se fait selon plusieurs formules que nous trouvons tant imprimées que manuscrites. Le père Morin a donné au public celles de Jean-le-Jeûneur, où on voit toutes ses interrogations. Il se peut donc faire que le confesseur oublie à interroger le pénitent sur quelques articles, et que celui-ci, dans le trouble que cause la confusion de s'accuser lui-même, oublie ou ne dise pas certains péchés dont on ne lui parle point. En cela le prêtre manque à son devoir, aussi bien que le pénitent. Mais on ne voit dans les livres pénitentiaux aucune absolution dans laquelle il soit fait mention des péchés celés au confesseur par mauvaise honte.

On n'en peut citer de semblable que celle que le P. Morin a donnée de Germain, évêque d'Amathonte; et même elle ne peut passer pour une absolution sacramentelle, puisque c'est plutôt une formule d'indulgence telle qu'il s'en est introduit dans les derniers temps, outre qu'elle ne marque pas une véritable absolution de ces péchés celés par mauvaise honte, puisque les propres paroles sont : *Si par oubli ou par honte il n'a pas confessé quelques péchés, pardonnez-le lui, ô Seigneur miséricordieux* (1). Or elles n'ont rien qui ait rapport à l'absolution et à ce qui passe ordinairement pour forme de ce sacrement parmi les Grecs. C'est une manière d'indulgence et de bénédiction, qui n'a rien de commun avec les prières sacramentelles, et par cette raison les conséquences qu'on prétendrait en tirer sont entièrement fausses.

On a des preuves incontestables que les Grecs confessent tous leurs péchés de la manière qui a été dite, en répondant aux interrogations du confesseur. Il n'y a qu'à jeter les yeux sur celles qui sont marquées dans le Pénitentiel de Jean-le-Jeûneur, pour voir qu'ils n'omettent rien de ce qui varie les circonstances des péchés; ce qui fait voir combien ils sont éloignés de ce que les luthériens enseignent sur la confession. Ceux-ci la croient utile, et les Grecs la croient nécessaire. Les luthériens disent qu'il n'est pas besoin d'énoncer en détail tous les péchés; et les Grecs recommandent d'abord à celui qui s'approche de la confession qu'il n'omette rien; et il le faut bien, puisque les pénitences varient selon les circonstances des péchés, ainsi qu'on voit par les Pénitentiaux. Si Jérémie avait dit autre chose, il se serait certainement trompé.

Quand aussi les protestants prétendent tirer une preuve de ce que les Grecs n'entrent pas dans un si grand détail des péchés, d'où on conclut qu'ils ne demandent pas qu'on les confesse tous, on voit que ceux qui raisonnent ainsi n'ont pas examiné les livres les plus communs. Le seul Pénitentiel de Jean-le-Jeûneur fait le dénombrement d'une grande quantité de péchés

Opusc. de recip. Pœnit. MS. Syr. Pœnitentiale Tripolit. Syr. MS,
(1) Οὐκ δὲ διὰ λήθην ἢ αἰδῶ ἀνεξομολόγητα ἐασε. Καὶ ταῦτα συγχωρήσαι αὐτῇ ἐλεημοων Θεός. *German. App. Mor. ae Pœn.* 139.

de la chair, qu'on ne lit qu'avec peine. Il en est de même de divers Nomocanons et de Pénitentiaux grecs et latins, où des âmes innocentes trouvent des choses qui les font rougir; de même qu'il s'en trouve dans Yves de Chartres, dans Réginon, dans Burchard et dans tous les livres semblables, faits pour interroger les pénitents et pour marquer les peines canoniques, qui ne sont plus observées. On ne peut faire usage de pareils Pénitentiaux où il n'y a aucun sacrement de pénitence, et il ne s'en trouve pas un seul que les protestants aient fait pour leurs églises : mais puisqu'ils ne peuvent nier que les Grecs obligent ceux qui confessent leurs péchés à des prières, à des jeûnes, des prosternements, des pélerinages et à des aumônes, il faut avouer en même temps que leur discipline est aussi conforme à celle de l'ancienne Église, qu'éloignée de tout ce que la réforme a introduit de nouveautés.

On n'examinera pas en détail ce que Véjélius, Voet et quelques autres ont écrit sur cette matière, quoique sans aucun système réglé : car tantôt ils prétendent trouver de la conformité entre les Grecs et eux, par des arguments aussi faibles que ceux qui ont été rapportés; tantôt ils leur reprochent des erreurs, mettant en ce nombre des objections d'Arcudius, et de quelques autres écrivains, sur des points de discipline qui peuvent être agités entre les Grecs et les Latins; dispute dans laquelle on n'écoutera jamais les auteurs que ces protestants nous citent. *Il y en a,* disent-ils, *qui doutent que les Grecs donnent validement l'absolution, parce qu'ils diffèrent peu de ceux qui croient que ce sacrement est institué par la rémission de la peine et non de la coulpe.* Quels théologiens peuvent être ceux a qui il est venu une pensée aussi étonnante et aussi éloignée des sentiments de l'église grecque, qui enseigne que par le ministère des prêtres les péchés sont véritablement pardonnés? La coulpe est donc effacée, et en même temps le pénitent est délivré de la juste crainte des peines de l'enfer, qu'il avait méritées par ses péchés. On ne trouvera jamais dans les écrits de leurs théologiens une pareille distinction. Si on entend par peine les pénitences canoniques, ils n'en absolvent pas, puisqu'à l'exception des moribonds, le confesseur grec les impose, et n'absout pas son pénitent qu'elles ne soient accomplies ou changées en d'autres œuvres, si le pénitent ne peut pas les soutenir par la faiblesse de son tempérament, ou par quelqu'autre empêchement raisonnable. Si c'est les peines du purgatoire, les Grecs ne le croient pas comme nous. C'est donc abuser de la bonne foi publique que de citer de pareils auteurs. Métrophane Critopule qu'ils ont tant vanté, condamna avec les autres évêques, en 1638, la Confession de Cyrille Lucar; ce qu'Angélus dit la détruit entièrement, et Jérémie l'avait déjà fait d'une manière décisive. Si ces théologiens protestants n'ont pas connu d'autres auteurs, c'est leur faute; car l'Eucologe et d'autres livres d'autorité publique les auraient pu instruire suffisamment.

Nous finirons ce chapitre par une remarque nécessaire, en avertissant les lecteurs de ne pas juger des citations des auteurs grecs ecclésiastiques par les versions des protestants qui sont souvent inintelligibles. Ἐπιτίμιον, traduit par *mulcta* ou *piaculare supplicium*, comme l'a traduit celui qui a fait la version de la Confession orthodoxe ; μετάνοια, par *résipiscence* ; πνευματικός, par *spirituel* ; *cène* pour la communion ou la Liturgie, sont un langage qu'ils entendent, mais que les autres n'entendent point. Il y a plus de douze cents ans qu'on a des mots propres que chacun entend ; qu'ils s'en servent s'ils veulent être entendus. On ose assurer qu'ils ne le sont pas même par ceux de leur propre communion, à moins qu'ils n'aient étudié la matière dans les originaux ; ce que non seulement les jeunes gens ne font pas souvent, parce qu'ils ne lisent que les livres de leurs professeurs ; mais ceux-ci mêmes, et ces grands auteurs qu'on voit partout cités avec tant d'éloges, font assez connaître qu'ils n'ont lu que des controversites et des extraits qui ne sont pas toujours fidèles. On donnera quelques preuves de ce peu de fidélité et d'exactitude.

CHAPITRE IV.

Réponse à diverses objections des protestants sur la doctrine et la discipline des Grecs.

Le patriarche Jérémie dit entre autres choses que le confesseur doit être exempt de tout intérêt, et ne pas abuser de son ministère, parce que les ecclésiastiques qui, dans la vue d'un gain sordide, font un négoce criminel des choses saintes et se laissent corrompre par des présents, se chargent des péchés d'autrui ; et ils en commettent un qui n'est pas moins grief dont ils se rendent coupables devant Dieu, qui les en châtiera et les perdra : *Et nous*, ajoute-t-il, *lorsque nous en découvrons qui tombent dans cette faute, nous les punissons sévèrement, et nous les excluons du ministère ecclésiastique.* Les théologiens de Wittemberg qui firent imprimer les écrits de Jérémie, mirent en marge à cet endroit : *Quæstus pontificius*, pour marquer que Jérémie condamnait les abus des papistes, et la vénalité des absolutions parmi eux. Les auteurs de la remarque ne sont pas excusables quand ils l'auraient entendue autrement, puisque dans le nouveau langage que la réformation a introduit, *pontificii* signifie les catholiques. Il n'en a pas fallu davantage à ce fameux théologien Véjélius, pour dire que Jérémie condamne la conduite ordinaire des prêtres papistes, en tirant du profit des absolutions. Il est néanmoins clair par les paroles de ce patriarche que c'est des prêtres grecs dont il parle, ne pouvant pas avoir dit qu'il punissait sévèrement ceux qu'il reconnaissait être coupables de ce honteux négoce, s'ils n'eussent été Grecs.

Le même Véjélius, Fehlavius, Voet et d'autres moins connus, font aussi de longs raisonnements, pour prouver que Jérémie ne croyait pas que l'énumération de tous les péchés fût nécessaire, parce qu'il disait que pour les péchés que le pénitent n'avait pas confessés, soit par oubli, soit par mauvaise honte, on priait Dieu qu'il les lui pardonnât, et qu'on avait une grande confiance qu'il en accordait le pardon. Nous avons dit ce qui nous a paru le plus vraisemblable sur ce sujet conformément à la créance et à la discipline des Grecs. Il paraît assez que Jérémie ne s'en est pas écarté, puisqu'il cite ces paroles de S. Basile : *Tout péché doit être découvert à l'évêque, car la malice couverte par le silence est un ulcère caché qui ruine la santé de l'âme.* Ces théologiens n'en font aucune mention, et au contraire ils vont chercher à obscurcir la matière, en citant une formule d'absolution générale qui n'a aucun rapport à l'absolution sacramentelle.

Ils citent l'Exposition de foi de Métrophane Critopule comme une pièce fort authentique, quoiqu'elle n'ait rien qui lui donne autorité, qu'elle soit entièrement contraire à celle de Cyrille, et qu'il la condamnât comme les autres étant patriarche d'Alexandrie, puisqu'il souscrivit aux anathèmes publiés sous Cyrille de Berroée contre Cyrille Lucar. Qu'on traduise les paroles de Métrophane dans le style ecclésiastique reçu de toute l'antiquité, et qu'on les dépouille de ces termes nouveaux qu'elle n'a jamais connus, et qui sont non pas une traduction, mais une glose luthérienne, dans laquelle un lecteur peu instruit et prévenu ne peut rien comprendre, on y reconnaîtra la même doctrine que celle de Gabriel de Philadelphie, des synodes de Constantinople, de Moldavie et de Jérusalem, de Coressius, de Grégoire protosyncelle, de Syrigus et de tous les autres.

Lorsque Métrophane dit que *Dieu, par sa miséricorde envers les hommes, après leur en avoir donné beaucoup de preuves et sachant leur faiblesse et leur pente vers le mal, a pourvu à leur soulagement par le remède de la pénitence*, il reconnaît qu'elle est d'institution divine. Il continue en disant que *ceux qui veulent faire pénitence doivent confesser leurs péchés à un prêtre autorisé pour cela et à un des pères spirituels, afin qu'ils reçoivent de sa bouche l'absolution et la rémission des péchés, suivant les paroles de Jésus-Christ*, qui sont citées ensuite. Il n'y a personne qui ne reconnaisse en ces paroles les parties qui composent le sacrement de pénitence, son institution divine fondée sur la promesse de Jésus-Christ, et la grâce de la rémission des péchés par le ministère des prêtres. De la manière dont elles sont traduites par les luthériens, elles peuvent avoir tout un autre sens. *Deus cùm naturâ sit amans hominis, et multa argumenta sui erga homines amoris nobis ostenderit, neque hoc prætermisit. Cùm enim sciret naturam nostram esse imbecillem et facilè labi posse, quodque animus hominis sollicitè in prava incumbat, providit nobis pœnitentiæ medicamenta. Docet proinde catholica Ecclesia peccantes et resipiscere cupientes, ingenuè fateri delicta sua apud aliquem ad hoc ordinatorum presbyterorum, et spiritualium Patrum, ut ex humano ore audiant veniam*, etc. Il y a une grande différence entre ces termes affectés et le véritable sens des Grecs ; μετανοεῖν signifie *se repentir ;* mais parce que les luthériens prétendent que la pénitence consiste dans un changement de vie, et qu'elle n'est pas un sacrement, *resipiscere cupientes* fait un faux sens. Car le propos de se convertir et de changer de vie est une condition nécessaire pour rendre la pénitence utile; c'est la pénitence intérieure, mais ce n'est pas le sacrement. Un pécheur peut être touché de douleur de ses crimes, et faire une ferme résolution de s'en corriger; ses péchés ne sont pas effacés pour cela. Ainsi le vrai et unique sens de ces paroles est de signifier ceux qui veulent approcher du sacrement de pénitence. Il est aussi ridicule de traduire en cet endroit μετανοοῦντες, par *resipiscere cupientes*, que si en traduisant la Liturgie à l'endroit où il est dit : *Dehors, pénitents,* quelqu'un traduisait : *Sortez, vous qui voulez changer de vie.*

Mais ce qui suit est encore moins supportable : ὁμολογεῖν, entre plusieurs autres significations, a celle d'*ingenuè fateri*, et il en a diverses autres dans la langue grecque ; ce n'est pas là néanmoins le sens du style ecclésiastique, dans lequel il est déterminé à cette action libre, par laquelle un pécheur s'accuse volontairement de ses fautes, ce qui n'est pas les reconnaître et les avouer ingénument, car on le peut faire hors de la confession. Ainsi cet embarras de paroles obscures et générales n'est que pour faire croire à des ignorants que la confession des Grecs n'est autre chose que la confession luthérienne, et qu'elle consiste en ce qu'un homme qui veut changer de vie va trouver un ministre pour le repos de sa conscience et lui avoue de bonne foi quelques péchés qu'il a commis. Après cela *audiant veniam* signifiera dans ce même faux sens que ce ministre l'excitera à croire que ses péchés lui sont remis. Qu'on examine tout ce qu'il y a d'auteurs grecs et latins ecclésiastiques, on ne trouvera jamais qu'*audire veniam* signifie *recevoir l'absolution*, ni que πνευματικός signifie *un père spirituel*; mais absolument il signifie un *pénitencier* ou un *confesseur*. Telle est la fidélité de ces traducteurs, et on ne remarque que trop souvent cette mauvaise foi dans les écrivains protestants.

La plupart citent le P. Goar; Fehlavius a transcrit toutes ses remarques sur l'oraison de la réconciliation des pénitents, et elles sont très-justes et très-raisonnables. Il fallait donc donner des observations qui fissent voir qu'il s'était trompé en quelques points essentiels, ou convenir de bonne foi qu'il avait prouvé très-clairement que les Grecs reconnaissent comme nous le sacrement de pénitence. Ce n'est pas cela qu'entreprend Fehlavius ; mais il ramasse d'autres passages sans discernement pour trouver des contradictions entre les catholiques ; comme si des objections d'Arcudius étaient de quelque conséquence dans une matière purement de fait. On doute, disent ces protestants, si les Grecs peuvent absoudre validement, parce qu'ils sont hérétiques, ou parce qu'on a donné aux Grecs de Calabre et de Sicile unis à l'Église romaine une forme d'absolution différente de celles qui sont dans les Pénitentiaux et dans les Eucologes.

Ils citent Caucus et d'autres plus méprisables ; et parce qu'Allatius le contredit avec raison, ces protestants nous veulent faire croire que les Grecs n'ont à proprement parler aucune doctrine certaine sur ce sacrement, et que nos auteurs en conviennent.

Ce n'est pas ainsi qu'on éclaircit la vérité, surtout quand on joint la mauvaise foi à l'ignorance. Il est difficile de s'en imaginer une plus grande que celle de théologiens qui, voulant expliquer la créance et la discipline des Grecs sur la pénitence, ne connaissent que les écrits de deux modernes, faits en pays étranger, sans autorité et sans la participation de leur église; car les deux traités d'Angélus et de Métrophane sont des pièces de cette nature, qui n'ont jamais paru que dans des pays protestants, et qui sont encore inconnus dans toute la Grèce. Les réponses du patriarche Jérémie sont très-authentiques, puisqu'elles ont l'autorité que les autres n'avaient pas. Il lui est échappé de dire qu'on obtenait la rémission des péchés oubliés dans la confession, et de ceux que le pénitent n'avait pas confessés par mauvaise honte. Cela peut former une difficulté ; mais avant que d'entreprendre d'établir sur un fondement si peu solide un système de théologie touchant la pénitence, il fallait examiner s'il n'y avait pas d'autres livres et des monuments anciens, par lesquels on pût connaître certainement la créance et la discipline des Grecs. Or ces protestants, qui veulent enseigner les autres, n'en connaissent aucun. Allatius, le P. Goar, le P. Morin, et, en un mot, presque tous les catholiques qui ont écrit sur les sacrements ou sur les églises d'Orient n'avancent rien qu'ils ne prouvent par les témoignages d'auteurs connus et reçus dans toute la Grèce, dont les livres sont imprimés ou manuscrits ; ou par des offices publics dont on se sert tous les jours dans les églises. Les ministres qui ne les connaissent que par les citations des catholiques, n'examinent pas même ces citations, mais ils veulent qu'on décide la question sur le témoignage de quelques auteurs obscurs, dont l'ignorance et la témérité sont reconnues de tout le monde.

Le P. Morin imprima à la fin de son traité de la Pénitence celui de Siméon de Thessalonique sur la même matière. Il faut n'avoir pas la moindre connaissance de l'église grecque pour ignorer que ce théologien est un de ceux dont l'autorité y est plus respectée; qu'il en est de même de Gabriel de Philadelphie, de la Confession orthodoxe, de Grégoire protosyncelle de Mélèce Syrigus, et dans ces derniers temps des sentences synodales qui ont condamné la Confession de Cyrille. On n'en a dû jamais douter, puisqu'il n'y avait aucune raison de le faire ; et présentement ces livres ne peuvent être suspects, puisque les Grecs les ont imprimés eux-mêmes en Moldavie et en Valachie. Si ces grands critiques se défiaient de la bonne foi d'Allatius, du P. Morin et des autres catholiques qui en rapportaient des passages ou des traités entiers, il fallait donner des preuves sur lesquelles leur récusation pût être fondée, ce qu'assurément ils ne pouvaient faire, ou convenir de bonne foi que c'était sur de pareilles autorités qu'il fallait juger de la créance et de la discipline des Grecs.

Nous ne voyons pas cependant que ces protestants aient observé une règle aussi équitable. Parce qu'ils ne connaissaient pas ces auteurs, ils n'en parlent point, supposant peut-être que les catholiques ne les connaissaient pas non plus. Mais tout le soin qu'on remarque dans les traités des calvinistes et des luthériens est de ramasser ce qu'ils ont trouvé dans des scolastiques et dans des auteurs décriés parmi les savants, qui pût être contraire à ce qu'on apprend par ceux qui en ce genre doivent passer pour originaux. Les luthériens ont reproché avec raison aux calvinistes qu'ils voulaient faire passer pour la doctrine de l'église grecque des opinions particulières de Cyrille Lucar sur la prédestination, sur l'Eucharistie et sur d'autres points de la religion, puisqu'on trouvait tout le contraire dans les livres des Grecs. On peut faire le même reproche à ceux qui, sur les autres matières, veulent déterminer la créance et la discipline de ces églises séparées, sur des preuves aussi faibles que les témoignages d'écrivains très-peu instruits, ou de voyageurs mal informés, ou de ceux qui sans discernement ont copié ce qu'ils avaient lu dans les autres.

Il était encore plus inutile et contre la bonne foi de chercher des preuves pour montrer que les Grecs avaient diverses erreurs sur la pénitence. On en trouve de deux sortes, que les protestants relèvent avec amertume : les unes sont les dogmes et la discipline, qui ne peuvent s'accorder avec ce qu'enseignent et ce que pratiquent les luthériens et les calvinistes. Si ce sont-là des erreurs, les Grecs ne s'en défendent pas, puisqu'ils ont condamné Cyrille Lucar, parfait calviniste; et que Jérémie n'a pas été plus traitable sur la confession d'Augsbourg, quelque explication que les théologiens de Wittemberg lui eussent donnée sur la confession et sur la pénitence. Mais quand d'autres de la même communion y veulent ajouter celles que leur attribuent Caucus et de pareils écrivains; qu'ils se veulent servir de ce qu'Allatius, le P. Goar, le P. Morin et tous les savants catholiques ont écrit au contraire, comme de preuve de contradictions de nos auteurs sur la créance des Grecs, on ne peut excuser cette mauvaise foi. Car les premiers n'appuient d'aucune autorité ce qu'ils disent contre les Grecs, et les autres ne disent rien qu'ils ne confirment par les livres publics et particuliers reçus dans l'église grecque. Pourquoi donc les mettra-t-on en parallèle avec ceux qui ne méritent aucune créance?

Ensuite ces mêmes protestants font une énumération des erreurs dont les Grecs sont accusés sur de fausses conséquences tirées de maximes scolastiques, semblables à celles dont quelques-unes ont été rapportées ci-dessus. L'avantage qu'ils en prétendent tirer est de conclure qu'ils ne s'accordent donc pas avec l'Église romaine; conclusion fausse s'il en fut jamais : car ce n'est pas du jugement que font des particuliers sur des matières qu'ils ignorent que dépend celui de l'Église. Dans le concile de Lyon, dans celui de Latran, en dernier lieu dans celui de Florence, et toutes les fois qu'on a sérieusement examiné ce qui séparait les deux églises, on n'a jamais mis au nombre des erreurs ni des abus ce que les Grecs doivent observer selon leurs lois pour l'administration de la pénitence; et même dans les pays où ils sont soumis aux Latins, on ne leur a proposé aucune réforme sur cet article. Les brefs de Léon X et de Clément VII, confirmés par leurs successeurs, surtout par Urbain VIII, en ordonnant qu'ils suivraient leurs rites, ont approuvé celui de la pénitence. Les formes données aux Grecs de Calabre et de Sicile ne font aucun préjudice aux autres, la dernière étant une traduction de celle qui est en usage parmi nous. Mais quand il y aurait des erreurs, elles seraient dans la pratique et non pas dans le dogme, puisque la puissance donnée à l'Église de remettre véritablement les péchés, l'exercice qui s'en fait par les prêtres, et la nécessité de soumettre les péchés aux clés de l'Église en les confessant et en acceptant les peines canoniques, sont tout ce qu'il y a d'essentiel dans le sacrement de pénitence.

Enfin les protestants remarquent de grands abus parmi les Grecs dans l'administration de la pénitence; et afin de les grossir, on ramasse ce que divers auteurs ont écrit touchant ceux qu'ils reprochent aux Moscovites, parce qu'ils sont soumis à l'église grecque. Ce n'est pas cela dont il s'agit; il y a eu des abus sur ce même point dans les temps les plus florissants de l'Église, et il y en aura toujours; mais les règles dont s'écartent ceux qui manquent à leur devoir, en favorisant l'impénitence ou en la pratiquant, subsistent malgré ces abus, et c'est de ces règles que nous devons tirer l'esprit, la doctrine et la discipline des Grecs, et non pas de l'exemple de ceux qui les méprisent. Plusieurs prêtres grecs tirent de l'argent de leurs pénitents pour les absoudre; ils font très-mal; ils sont condamnés par les canons, et Jérémie les condamnant dit qu'il punit sévèrement ceux qu'il trouve coupables de ce désordre; il est donc contraire à l'esprit de l'église grecque. La plupart des gens de qualité se confessent rarement, et les pauvres ne croient pas être obligés à se confesser. On a déjà fait voir l'absurdité de cette remarque, car il n'y a point de religion dont les préceptes ne soient communs aux pauvres et aux riches. Qu'on trouve quelque décret synodal ou patriarcal qui fasse cette distinction, alors on la croira. Il peut donc être arrivé qu'en quelques endroits l'avarice des prêtres, qui, sous prétexte d'aumônes et de commutation de pénitence, exigeaient de l'argent des pénitents, aient éloigné les pauvres de la fréquentation de ce sacrement. Il n'en a pas fallu davantage pour faire croire une telle absurdité à des voyageurs ignorants qui l'ont écrite, et ces habiles théologiens protestants l'ont copiée avec si peu de bonne foi, qu'ayant le témoignage contraire de M. Adam Oléarius, homme très-savant et très-sincère, ils n'y ont eu aucun égard, quoique par son simple récit on reconnaisse que les Moscovites croient et pratiquent tout ce que nous avons montré ci-dessus être de la foi et de la discipline de l'église grecque.

C'est manquer au respect qui est dû à la vérité et au public, que de remplir des livres de pareils faits, ramassés sans discernemennt, et tournés d'une manière capable d'obscurcir les choses les plus claires, en donnant pour certain ce qui non seulement n'est que douteux, mais qui souvent est manifestement faux. C'est encore pis que d'en tirer des conséquences pour attaquer la conformité de doctrine des Orientaux avec celle des catholiques, ainsi qu'a fait un ministre qui a entrepris de réfuter messieurs de Wallembourg. Car, établissant comme prouvés ces faits très-incertains ou très-faux, que les Grecs ni les Moscovites ne prescrivent pas la confession en détail et avec la même exactitude que l'Église romaine, qu'elle est négligée par les pauvres, que les prêtres ne la pratiquent guère, il en tire cette merveilleuse conclusion, que les Grecs ont à la vérité la confession auriculaire, mais qu'ils ne l'observent pas avec la même rigueur que les papistes. Rien cependant n'est plus certain que les Grecs, s'ils ne vivent pas dans une entière impénitence, sont soumis à des pénitences beaucoup plus rudes qu'on n'en impose dans l'Église latine, chaque péché ayant la sienne marquée, et on ne peut les imposer sans entrer dans le plus grand détail de toutes les circonstances des péchés.

CHAPITRE V.

Que les chrétiens orientaux ont la même créance que les Grecs et les Latins touchant la pénitence et la confession sacramentelle.

Après avoir exposé la créance et la discipline des Grecs touchant la pénitence, il faut expliquer ce que croient les Orientaux, c'est-à-dire les Syriens nestoriens, jacobites ou melchites, les Cophtes, les Éthiopiens, les Arméniens, et les autres communions séparées de l'Église. Comme la matière est fort obscure, et que jusqu'à présent elle n'a pas été suffisamment éclaircie, les protestants, qui n'ont jamais fait de grandes découvertes sur les antiquités ecclésiastiques, et encore moins sur celles d'Orient, n'ont eu rien de nouveau à dire pour ce qui regardait la pénitence par rapport aux chrétiens de ces pays-là.

Le savant et laborieux P. Morin, qui, dans son traité des ordinations a donné plusieurs offices d'ordination des Syriens jacobites, nestoriens et orthodoxes, outre ceux des Grecs qui n'avaient pas encore paru, ne découvrit rien de pareil sur la pénitence. Ainsi il s'est trouvé de grandes difficultés à surmonter pour connaître quelle était la véritable doctrine de ces églises séparées, d'autant plus qu'on voyait par l'histoire et par les témoignages de plusieurs auteurs dignes de foi, que non seulement la discipline avait fort varié, mais que parmi les jacobites du patriarcat d'Alexandrie, et les Éthiopiens qui en dépendent, même dans les Indes parmi les nestoriens, la confession avait été abolie. On n'avait point d'offices pour la réconciliation des pénitents; aucuns canons pénitentiaux, ni d'autres semblables traités, sans le secours desquels il était impossible de former un système exact de la foi et de la discipline de ces églises éloignées. Mais comme nous avons eu le bonheur de trouver les secours nécessaires pour expliquer la plus grande partie de ces difficultés; c'est ce que nous tâcherons de faire avec toute la sincérité possible, déclarant que nous n'emploierons pour cela que des preuves originales.

Avant que de proposer ce que les Orientaux croient sur la puissance de remettre les péchés conservée dans l'Église, il est nécessaire de marquer ce qu'ils savent communément touchant les anciennes hérésies qui ont attaqué cette doctrine. D'abord il faut supposer comme certain que la plus ancienne secte qui subsiste dans le Levant étant celle des nestoriens, tout ce que les Orientaux ont de plus ancien dans leurs livres ne remonte pas plus haut que le siècle de Nestorius. Il était déjà arrivé du changement dans la discipline de la pénitence sous Nectarius. Tout ce qu'ils en connaissent donc de plus ancien, est qu'on s'adressait au prêtre autorisé par l'évêque pour recevoir les confessions des pénitents; qu'il leur prescrivait des peines salutaires conformément aux canons; qu'après qu'ils les avaient accomplies ils recevaient l'absolution, et qu'ils étaient alors rétablis dans la participation de l'Eucharistie, dont ils avaient été privés. Telle a été aussi presque toujours la forme de leur pénitence, comme nous le ferons voir dans la suite.

Ils savent par les catalogues des hérésies que les montanistes n'admettaient pas les pécheurs à la pénitence; mais ils ignorent tout le reste de l'histoire de ces hérétiques. Ils ont un peu plus de connaissance de celle des novatiens; mais n'ayant jamais presque vu les livres latins, ils en sont demeurés à ce qu'ils en ont trouvé dans Eusèbe, et dans les historiens Grecs, de sorte qu'à leur exemple ils confondent Novat et Novatien; ce qu'ont fait Albufarage, Elmacin et quelques autres. Néanmoins Sévère, évêque d'Aschmonin, dans l'Histoire des patriarches d'Alexandrie, les a distingués, quoique le nom de Novatien soit extrêmement défiguré, ce qui est fort ordinaire, particulièrement dans les livres arabes. Mais quoiqu'ils sachent très-peu l'histoire de ces hérétiques, ils les condamnent, parce que dans les collections de canons syriaques et arabes, ceux de Nicée et des autres conciles contre les *cathari* s'y trouvent insérés, et ils savent que leur hérésie consistait en ce qu'ils refusaient de recevoir ceux qui avaient succombé dans la persécution, et qu'ils ne reconnaissaient pas la puissance de l'Église pour remettre les péchés. On lit dans la Vie d'Alexandre XIX, patriarche d'Alexandrie, qu'en refusant de recevoir Arius, il s'en excusa sur la défense expresse que lui en avait fait Pierre-le-Martyr, son prédécesseur, ajoutant ces paroles (Hist. Patr. Alex.

p. 80)) : *Quoique Jésus-Christ ait ordonné qu'on n'empêchât aucun de ceux qui croient en lui d'entrer dans l'Église. Mais quand quelqu'un a péché, nous le séparons de la communion jusqu'à ce qu'il ait fait pénitence ; et quand Jésus-Christ l'a reçu, nous le recevons.*

Les épîtres canoniques de S. Grégoire Thaumaturge, de S. Basile, et toutes les autres qui font le fondement de la discipline ancienne sur la pénitence sont dans leurs collections ; elles ont servi à former plusieurs autres canons pénitentiaux, conformes à la discipline moderne, et c'est tout ce que les Orientaux en ont tiré. Car il paraît par leurs traductions qu'ils n'ont pas entendu les termes des différents degrés de la pénitence, qui dans le temps de leur première séparation, n'étaient déjà plus en usage. Pour la discipline d'Occident, ils n'en ont pas eu la moindre connaissance, et il est inutile de chercher dans ce qui nous reste de livres orientaux des éclaircissements sur l'ancienne discipline des premiers siècles en ce qui concerne la pénitence, car ils n'en ont pas la moindre notion. Cela n'empêche pas qu'ils n'aient une idée fort juste et conforme à la règle de la foi touchant ce sacrement, ce que nous ferons voir par des preuves fort claires et fort certaines.

Le premier fondement de la doctrine orthodoxe sur la pénitence est d'entendre les paroles que Jésus-Christ dit à S. Pierre, qu'il lui donnerait les clés du ciel, et la puissance de lier et de délier, à tous les apôtres, lorsqu'il leur dit : *Recevez le Saint-Esprit ; les péchés seront remis à tous ceux à qui vous les remettrez*, du pouvoir que les évêques et les prêtres ont reçu des successeurs des apôtres pour exercer ce ministère sacré. Or, tous les commentateurs de l'Écriture sainte que nous avons en syriaque et en arabe, ne donnent point d'autre sens à ces paroles ; les théologiens s'en servent pour prouver que les évêques et les prêtres ont la même autorité, et les explications forcées que les réformateurs ont introduites sont inconnues dans tout l'Orient. C'est dans le sens unique qu'à connu l'église grecque et latine, comme nos théologiens l'ont assez prouvé par S. Cyprien, par S. Augustin, par S. Jean Chrysostôme et par le consentement général de tous les Pères, qu'on voit ces paroles employées dans une des premières oraisons de l'ancienne Liturgie du patriarcat d'Alexandrie, dont les Coptes se servent encore, et à laquelle ils ont donné le titre de Liturgie de S. Basile : *Seigneur Jésus-Christ, Fils de Dieu le Père qui avez rompu tous les liens de nos péchés par votre passion salutaire et vivifiante, qui en soufflant dans la face de vos saints apôtres et disciples leur avez dit : « Recevez le S.-Esprit ; ceux à qui vous remettrez les péchés, ils leur seront remis, et ceux auxquels vous les retiendrez, ils leur seront retenus ; » vous, Seigneur, qui par vos saints apôtres avez élu ceux qui devaient toujours exercer le sacerdoce dans votre sainte Église, remettre les péchés, lier et délier tous les liens de l'iniquité*, etc. Dans une autre oraison, qui est une forme d'absolution générale avant la communion : *Seigneur tout-puissant, qui guérissez nos âmes, nos corps et nos esprits ; qui avez dit à S. Pierre notre père par la bouche de votre Fils unique Notre-Seigneur, Dieu et Sauveur Jésus-Christ : « Vous êtes Pierre, et sur cette pierre j'édifierai mon Église, contre laquelle les portes de l'enfer ne prévaudront point ; je vous donnerai les clés du royaume des cieux, et ce que vous lierez sur la terre, sera lié dans les cieux, ce que vous délierez sur la terre, sera délié dans les cieux. » Faites, Seigneur, que mes pères et mes frères soient absous de ma bouche par votre Saint-Esprit.* Sévère d'Aschmouin, citant et expliquant ces paroles : *Le prêtre*, dit-il, *prie Dieu, qui est véritable dans ses promesses, que par l'autorité qu'il a donnée à ses disciples de lier et de délier tous les liens des péchés, il les pardonne à ceux sur lesquels cette absolution est prononcée.*

On dira peut-être que c'est une absolution générale, qui, se prononçant sur tous les assistants au commencement de la Liturgie et avant la participation des mystères, ne peut passer pour une absolution sacramentelle. Il y aura lieu de parler plus amplement de cette question ; mais nous citons présentement ces paroles uniquement pour faire connaître que les Coptes entendent celles de Jésus-Christ qui y sont comprises dans le sens que leur donnent les catholiques et à la lettre : car ce qui est employé dans les prières publiques de l'Église, qui sont entendues par le peuple, ne peut être pris que dans le sens le plus simple et le plus littéral, suivant lequel on connaît par cette prière que tous entendaient dans ces paroles de Jésus-Christ l'institution de ce que nous appelons le sacrement de pénitence.

C'est aussi ce que les théologiens et les canonistes expliquent clairement. Denis Barsalibi, sur ces paroles : *Quæcumque ligaveritis*, dit : *Quiconque est lié par l'évêque ou par le prêtre est lié dans le ciel* ; ce qui est confirmé par le commentaire arabe tiré de S. Jean Chrysostôme par l'auteur des Questions et des Réponses canoniques, qui prouve par ce même endroit que *les ministres sacrés ne doivent user de cette puissance que suivant les règles prescrites par les apôtres inspirés par Jésus-Christ, afin de ne pas délier ce que Pierre a lié, aussi bien que les autres apôtres ; car, dit-il, ce qu'ils ont lié ne peut être délié par leurs successeurs, qui ne sont que serviteurs et ministres de l'autorité divine qui a été confiée aux premiers par ces paroles : « Quæcumque solveritis, »* etc. L'auteur du traité de la Préparation à la communion dit sur ce sujet : *Le Père a donné au Fils toute puissance pour juger ; le Fils l'a donnée aux prêtres, qui sont ses vicaires sur la terre, afin qu'ils exercent ce jugement à l'égard des pécheurs, et qu'ils les délivrent ainsi du jugement éternel. Celui qui est assez hardi pour se juger lui-même sans le prêtre s'arroge un jugement qui ne lui appartient pas ni à aucune créature ; mais à Jésus-Christ, seul Fils de Dieu, et à ses vicaires, auxquels il l'a donné en leur disant : « Recevez le Saint-Esprit,* etc. ; *celui que vous lierez sur la terre sera lié dans le ciel. » Il lie*, poursuit-il, *par le canon de la pénitence ; il les délie lorsque, l'ayant accomplie, ils sa* rendent dignes de l'absolution. Cette même doctrine est enseignée par Echmimi, les deux Ebnassal, Abulfarage et autres canonistes, et dans divers traités anonymes touchant la préparation à la communion.

La preuve la plus certaine qu'on puisse avoir de cette créance établie parmi les Orientaux est ce qu'ils enseignent ensuite touchant la nécessité de la confession auriculaire, sans laquelle ils ôtent toute espérance de la rémission des péchés. Nous savons que Thomas à Jésu et plusieurs autres auteurs ont écrit que la confession n'était pas reçue parmi les Orientaux; et qu'en cela ils ne les ont pas accusés faussement, puisqu'en effet quelques patriarches jacobites d'Alexandrie l'ont voulu abroger, et qu'il y a eu sur cela des variations dans cette église, que nous expliquerons à part, à cause qu'on ne le pourrait faire en peu de mots. Mais comme on sait le commencement de cette innovation; qu'elle n'a jamais été universellement reçue; qu'elle a été attaquée par plusieurs théologiens fameux de la même communion, ce sera sur ce qui a été cru et observé de tout temps que nous exposerons la créance et la discipline des églises dont il s'agit, ne disant rien qui ne soit appuyé sur des autorités incontestables.

On doit mettre au nombre de ces pièces qui font autorité divers traités arabes et syriaques pour la préparation à la communion, la plupart sans nom d'auteur, mais tirés des anciens Pères, et ordinairement des ouvrages de Sévère d'Aschmonin, qui vivait dans le neuvième siècle, et de Denis Barsalibi, qui vivait dans le douzième, l'un et l'autre jacobites et d'une grande réputation, le premier parmi les Cophtes, le second parmi les Syriens. Ils considèrent d'autant plus ces traités, que quelques-uns, étant composés en forme d'homélies, étaient lus publiquement dans les églises. Ce qu'on y doit principalement observer est que les passages de l'Écriture sainte dont nous nous servons, aussi bien que les Grecs, pour prouver la nécessité de la confession, entre autres celui de l'Épître de S. Jacques, y sont interprétés à la lettre et dans le sens des catholiques. Ils posent ensuite pour fondement de la nécessité de la confession, que les prêtres ne peuvent exercer le ministère de lier et de délier les pécheurs, si ceux-ci ne confessent exactement tous leurs péchés; de sorte qu'il n'y a rien dans les décrets et dans les canons du concile de Trente, sur la pénitence, qui ne se trouve dans ces traités.

Dans un des plus anciens de ceux qui contiennent des instructions pour préparer à la communion, on trouve ces paroles : *La sainte Eucharistie est un remède salutaire contre les maladies des péchés, contre la mauvaise disposition intérieure de l'âme, et contre la mort même. Le prêtre est le médecin qui administre ce remède, et il ne le donne pas à celui qui n'est pas préparé et disposé à le recevoir. La confession doit précéder la participation à l'Eucharistie; car le médecin qui a soin d'un malade, et qui le fait sans intérêt, avant de lui donner un remède, ne se contente pas d'observer extérieurement la maladie; mais il examine les urines, afin de reconnaître plus sûrement la qualité et les circonstances du mal. De même celui qui est malade de la maladie du péché, doit déclarer au prêtre tous ses péchés secrets, semblables aux urines qui sortent du corps d'un malade, et toutes ses mauvaises pensées les plus cachées, afin que le prêtre lui ordonne le bain, ou quelque autre remède convenable à la maladie et au tempérament; après quoi il lui ordonne une médecine salutaire, qui rétablisse sa santé et lui rende ses forces; et cette médecine est la sainte Eucharistie. Celui qui la reçoit autrement fait comme un malade qui prendrait un remède contre l'avis du médecin, ce qui non seulement lui serait inutile pour sa guérison, mais augmenterait son mal et pourrait lui causer la mort.* Dans un autre traité sur le même sujet : *Personne ne peut obtenir la rémission de ses péchés, s'il ne les déclare avec leurs circonstances, pour recevoir ensuite l'absolution dont il a besoin, et qu'autrement il ne doit pas recevoir.* Dans un autre : *Jésus-Christ a donné aux prêtres la puissance de lier les pécheurs par le canon pénitentiel, et par la même puissance, les prêtres leur donnent l'absolution de leurs péchés. Car après qu'ils les ont liés par le canon (c'est-à-dire, par l'imposition de la pénitence), si les pécheurs obéissent aux commandements des prêtres en accomplissant la pénitence qui leur a été imposée, ils se rendent dignes d'obtenir de Dieu la rémission de leurs péchés. Que s'ils n'ont pas été liés par le canon, ou qu'ils n'aient pas obéi aux prêtres en l'accomplissant, ceux-ci n'ont pas le pouvoir de les absoudre. Car les prêtres ne sont pas dieux, pour avoir droit de remettre les péchés selon leur fantaisie, et comme il leur plaît. Mais Dieu leur a donné le pouvoir d'absoudre seulement ceux qui auront été obéissants, en recevant et en accomplissant la pénitence canonique par laquelle ils avaient été liés.*

Il y a dans divers manuscrits assez anciens une homélie pour l'usage des églises jacobites sur la confession, qu'il faudrait transcrire entièrement, si on voulait rapporter tout ce qui s'y lit de conforme avec la doctrine catholique. Nous en choisirons quelques endroits. *Il est dit dans les saintes Écritures que quiconque a péché et commis des crimes, comme ceux de la chair, qui a volé, qui a fait tort à son prochain, doit confesser ses péchés et faire pénitence; alors Dieu lui en accordera le pardon. Dieu, qui est clément et miséricordieux, nous a envoyé son Christ, qui a pris un corps comme les nôtres, et nous a enseigné la confession, que nous ferions les uns aux autres. Ne rougissons donc point lorsque nous nous confesserons. Il vaut mieux, en se confessant à un homme, nous faire un chemin vers le paradis, que de souffrir une ignominie publique au jour du jugement, lorsque toutes les créatures paraîtront devant le tribunal de Dieu..... Mes frères, les prêtres saints, maîtres de la doctrine et des lois, ont reçu de Notre Seigneur Jésus-Christ la puissance de lier et de délier; Pierre, prince des disciples, avait renié Jésus-Christ dans le temps de sa passion, et après qu'il eut confessé son péché, il fut établi le fondement de l'Église.... La confession, mes frères, vous conduira à la vie, et vous délivrera des misères éternelles;*

elle vous attirera la miséricorde de Dieu ; elle prolongera vos jours, et vous procurera toute sorte de biens ; elle vous ouvrira les portes du ciel ; elle vous conduira en paradis ; elle vous mettra à couvert des embûches de l'ennemi..... Nous avons dit que la puissance de remettre les péchés sur la terre avait été donnée aux prêtres, et Jésus-Christ l'a assuré par ces paroles : « Quorum remiseritis, » etc. Ainsi, mes frères, il n'y a point de salut sans la confession ; confessez-vous donc, afin de ne pas être exposés à l'ignominie au jour du jugement ; confessez-vous, et ne rougissez pas devant un homme semblable à vous, parce que vous éviterez ainsi la confusion et les peines qu'on doit attendre au jour du jugement. Dieu, plein de bonté et de miséricorde, ne punit pas deux fois l'homme pour ses péchés, mais seulement une fois ; et c'est ou en ce monde par la confession et par la soumission à la pénitence canonique, ou en l'autre par une diffamation publique devant les anges et les hommes, qui est suivie des supplices de l'enfer.

Dans une semblable homélie : Les saints Pères nous ont enseigné, et ils ont ordonné dans les règles de la discipline ecclésiastique, que personne n'avait le pouvoir de recevoir le corps de Jésus-Christ, notre Seigneur et notre Dieu, avant que d'avoir confessé ses péchés au prêtre, ministre de Jésus-Christ. Car l'Évangile dit aux prêtres : « Ne donnez pas les choses saintes aux chiens ; » c'est-à-dire aux pécheurs, qui sont signifiés par les chiens. Malheur au prêtre qui leur jeterait ainsi le corps de Jésus-Christ : il serait traité comme le maudit Judas, et celui qui reçoit la communion de sa main reçoit un feu pernicieux pour l'âme et pour le corps qui le fait périr. Ensuite sont cités les passages de l'Écriture : Quæcumque ligaveritis, l'exemple de ceux qui confessaient leurs péchés venant au baptême de S. Jean, et les paroles de S. Jacques : Confitemini alternatrum peccata vestra ; et après que l'auteur a dit qu'il y avait plusieurs autres endroits qui prouvaient la nécessité de la confession, il conclut par ces paroles : La Confession est une nouvelle robe, et un ornement spirituel que l'âme reçoit du Saint-Esprit. Elle est un second baptême. Lorsqu'elle est bonne et sincère, elle produit la rémission des péchés ; elle chasse l'ennemi et arrête sa puissance ; elle délivre de l'enfer, et rend l'homme digne de recevoir le corps de Jésus-Christ.

On ne rapporte pas plusieurs autres semblables témoignages pour ne pas trop multiplier les citations ; nous en rapporterons seulement quelques-uns tirés des homélies pour les dimanches et principales fêtes à l'usage des Cophtes. Dans une des premières, qui est sur l'Épître de S. Jacques : L'Apôtre dit : « Si quelqu'un est malade, qu'il appelle les prêtres de l'Église, qu'ils prient sur lui, et qu'ils l'oignent d'huile au nom du Seigneur ; » ajoutant, que « la prière faite avec foi sauvera le malade, et que s'il a commis des péchés, ils lui seront remis. » C'est que les prêtres sont les vicaires et successeurs des apôtres de Jésus-Christ, auxquels il avait donné la puissance de guérir les malades et de remettre les péchés. Et quand on dit que les péchés sont remis par les prêtres, on apprend en même temps qu'ils ne les remettent pas, sinon à ceux qui les leur ont confessés, ce que l'apôtre ordonne aussi, en disant : « Confessez vos péchés les uns aux autres. » Puis après l'explication des paroles qui suivent touchant l'efficace de la prière d'Élie, on lit celle-ci : Que si Élie, qui était le serviteur et non pas le fils, a pu faire de telles choses par sa prière, à plus forte raison le prêtre, vicaire de Jésus-Christ. Car de même que sa prière sur le pain et sur le vin est exaucée, afin que la divinité de Jésus-Christ y soit unie, comme elle le fut à la chair et au sang qu'il prit de la vierge Marie, de même ses prières sont exaucées pour opérer la rémission des péchés à l'égard de celui qui s'est confessé à lui, et qui a accompli le canon ou la pénitence qu'il lui a imposée. Et cette puissance, comme il est dit dans l'homélie sur la fête de la croix, est celle que Jésus-Christ a donnée aux prêtres, lorsqu'il dit à ses apôtres : « Accipite Spiritum sanctum, » etc.

Dans une autre sur l'évangile de la veuve de Naïm, il est dit que cette histoire signifie le retour du pécheur à la vie de la grâce. La parole de Jésus-Christ commence à vivifier son âme ; il pense aux choses du ciel, il se confesse, il parle, et demande la pénitence pour ses péchés passés ; et quand il parle par sa confession il est déjà ressuscité. Dans une autre homélie sur le troisième dimanche d'Atyr : Celui qui ayant péché après son baptême se confesse et accomplit sa pénitence sous la main du prêtre, par le ministère duquel il avait reçu le Saint-Esprit le jour de son baptême, il reçoit encore le Saint-Esprit par la pénitence, comme il l'avait reçu à son baptême. Dans une qui est sur le cantique de Zacharie : Le baptême nous délivre des péchés commis auparavant, et par la confession nous sommes délivrés de tous ceux que nous commettons dans tout le cours de notre vie. Sur l'évangile de l'aveugle né : Jésus-Christ dit à ses disciples : « Je vous envoie comme mon Père m'a envoyé ; ceux dont vous remettrez les péchés, ils leur seront remis ; » c'est-à-dire que Dieu les remet par le ministère des prêtres. Car il leur a donné pouvoir de remettre les péchés dans le baptême, dans la pénitence et dans la confession, sans laquelle on ne peut en obtenir le pardon. Sur ces paroles : « Parate viam Domini : » Il nous est ordonné par ces paroles de purger notre bouche de toute parole criminelle, et de la purifier en récitant la parole de Dieu, et par la confession de tous nos péchés. Car confessant nos péchés par la même bouche avec laquelle nous recevons dans la communion le corps de Jésus-Christ, nous en sommes purifiés. Par là même il est dit : Préparez la voie du Seigneur, qui est la bouche par laquelle nous recevons le corps de Jésus-Christ, ce qui signifie que nous la préparions par la confession et par la pénitence faite entre les mains du prêtre.

Echmimi, dans sa collection de canons (p. 2, c. 38), fait connaître par le seul titre du chapitre quels sont ses sentiments ; il est tel : De l'excellence de la pénitence canonique ; et que le pécheur est obligé de déclarer son péché au pénitencier de l'Église, afin qu'il lui prescrive la pénitence qui doit être imposée selon les canons. Ensuite il commence ainsi : *La première chose qui est requise dans la pénitence est que le pécheur déclare son péché. S'il ne le fait pas, comment le prêtre le connaîtra-t-il, et quelle pourra être l'utilité des canons, si on les conserve écrits dans les livres, et qu'ils ne soient point pratiqués ? Mais le plus grand et le principal respect qu'on doit rendre aux canons est de s'en servir pour régler la discipline, et pour prescrire les pénitences proportionnées à tous les péchés.* Il prouve ensuite par divers passages de l'Ancien-Testament l'utilité de la confession, et il en montre le précepte dans le nouveau par les paroles de l'Épître de S. Jacques. Il explique aussi la conséquence que l'apôtre tire de l'effet qu'eut la prière d'Élie pour fermer le ciel : *Combien donc doit être plus efficace la prière de celui qui a reçu la grâce du Saint-Esprit, et auquel il a été dit :* « *Ceux à qui vous remettrez les péchés, ils leur seront remis, et ce que vous lierez sur la terre sera lié dans le ciel,* » *etc. ; d'autant plus que ce n'est pas comme fit Élie pour la désolation des peuples, mais pour leur salut, pour leur vie, et pour leur procurer toute sorte de biens en ce monde et en l'autre.* Il dit ensuite, *que le prêtre ne peut connaître les péchés à moins que le pénitent ne les confesse, et alors le prêtre lui ordonnera ce qu'il doit faire. Que par cette raison les apôtres et leurs successeurs ont fait plusieurs canons, par lesquels ils ont ordonné que les pécheurs fussent reçus à la pénitence, afin qu'ils fussent purifiés de leurs péchés, et qu'on gardât à leur égard les règles de conduite les plus convenables. Que dans cette vue ils ont donné aux prêtres l'autorité nécessaire pour les conduire comme ils le jugeraient à propos, en diminuant la pénitence aux uns, et en l'augmentant aux autres*, comme il le prouve ensuite par plusieurs canons.

CHAPITRE VI.

Continuation des mêmes preuves, tirées particulièrement des livres qui concernent l'administration de la pénitence.

Nous n'avons rapporté qu'une petite partie de ce que l'auteur qui vient d'être cité dit touchant la pénitence et la nécessité de la confession. Après en avoir parlé d'abord comme théologien, il entre dans un plus grand détail comme canoniste, et il insère dans sa collection les principaux canons des anciens conciles, et des épîtres canoniques de S. Basile et des autres qui se trouvent dans les versions orientales. Il ne les donne pas comme des règles pratiquées alors, ni comme contenant la forme suivant laquelle les pénitences étaient réglées, avouant avec douleur que la misère des temps et la diminution de l'ancienne ferveur, aussi bien que du zèle des pasteurs, avaient fait oublier des règles si sages; mais il s'en sert pour faire remarquer aux prêtres et aux pénitents la grande disproportion qu'il y avait entre la sévérité de l'ancienne Église et la douceur avec laquelle on imposait de son temps la pénitence, afin que ce leur fût un motif de l'accomplir avec plus de courage et plus de soumission aux ordres de leurs supérieurs. Comme aussi l'abus prodigieux qui s'introduisit en Égypte touchant l'omission entière de la confession et de la satisfaction canonique commençait à faire du progrès, il en parle en divers endroits avec beaucoup de force, et réfute les mauvaises raisons dont on tâchait de l'appuyer.

Abu-Isaac Ebnassal, qui était presque contemporain, et qui a composé un abrégé de théologie sous le titre de *Recueil des fondements* ou *principes de la foi*, parle amplement de la confession des péchés. Il en marque trois espèces : la première, qui se fait à Dieu par la reconnaissance des péchés que chacun a commis, accompagnée d'une douleur sincère, d'un ferme propos de n'y plus retomber, et de plusieurs œuvres laborieuses de pénitence, comme sont les jeûnes, les veilles, les prières et surtout les aumônes. La seconde est celle qu'un homme qui a offensé son prochain lui fait, en lui demandant pardon, et en réparant le tort et le dommage qu'il peut avoir causé à son frère. La troisième est la confession sacramentelle, et c'est celle dont il est question, voici ses paroles : *La troisième est celle que le pénitent fait à un prêtre qui a le pouvoir de recevoir les confessions, en lui déclarant tous les péchés qu'il a commis envers Dieu et envers les hommes, dont il fait un dénombrement exact ; et il n'y a aucune raison qui en puisse dispenser. Il ne doit rien cacher au prêtre de tous les péchés commis par pensée, par parole ou par action ; celui qui fait autrement s'attire un malheur certain pour l'âme et pour le corps, car le prêtre ne peut prescrire de remèdes que pour les maux que le pénitent lui découvre ; les autres deviennent plus griefs, ils prévalent, et enfin ils sont cause de sa perte. Au contraire lorsqu'il découvre toutes ses infirmités, le prêtre peut procurer sa guérison par des remèdes convenables et proportionnés, et apaiser le mal par le jeûne, par la prière, par l'aumône et par le sacrifice qu'il offre pour lui, enfin par diverses pénitences qu'il lui prescrit, ayant égard à ses forces et à sa santé. Il fera des prières avec lui et obtiendra son pardon, et lorsque le pénitent aura accompli tout ce que le prêtre lui aura ordonné, Dieu lui accordera la rémission entière de ses péchés.*

Cet auteur avait marqué, en parlant de la première espèce de confession qui ne se fait qu'à Dieu, que *la plupart des Cophtes ne pratiquaient que celle-là*. Il ajoute à ce qu'il a dit touchant la dernière, qui est la véritable confession sacramentelle, que ce qu'il en a dit *est la doctrine de toutes les autres sociétés chrétiennes qui sont plus nombreuses que les Cophtes, et qu'elle est fondée sur de très-grandes raisons, aussi bien que sur l'autorité de l'Écriture sainte.* Il cite entre autres passages celui de S. Jacques, et il s'en sert pour prouver la nécessité de la confession.

Dans un ancien traité de *Questions et de Réponses canoniques*, selon la doctrine des Pères, la question proposée est : *A qui doit-on faire la confession ? à un prêtre, ou à tout autre, même à un séculier ?* Voici la réponse : *La confession ne peut être faite qu'à un prêtre religieux ou séculier, dont la foi et la vie soient con-*

nues, et qui doit avoir reçu cette autorité du patriarche ou de son évêque, avec le consentement du clergé et des principaux du peuple. Et un peu après : *Celui qui ne confesse pas ses péchés au prêtre, qui ne reçoit pas de sa bouche le canon pénitentiel, et qui ne l'accomplit pas, il n'est ni fils ni disciple de Jésus-Christ; il n'a aucune part avec lui, mais il lui est rebelle et réfractaire.*

Dans une collection de canons des jacobites syriens, il n'est permis à aucun chrétien coupable de quelque péché d'ivrognerie, de luxure ou de larcin, qui a offensé son prochain, ou qui conserve de la haine contre lui, de recevoir le corps de Jésus-Christ, si auparavant il ne s'est confessé, et s'il n'a pas accompli la pénitence canonique. La même règle est prescrite dans diverses autres collections, et elle y est toujours confirmée par l'autorité des paroles de Jésus-Christ aux apôtres, lorsqu'il leur donna le pouvoir de remettre les péchés.

On trouve une instruction en forme de dialogue entre le maître et le disciple, où le premier dit que *celui qui approche de la communion avec la conscience chargée de quelque crime se rend coupable du corps et du sang du Seigneur, et qu'ainsi il faut que l'homme, suivant S. Paul,* s'éprouve lui-même. Le disciple demande en quoi consiste cette épreuve; le maître répond : *Il s'éprouvera et se préparera par la confession, qui est la pénitence annoncée par S. Jean-Baptiste.*

L'auteur du traité de la Science ecclésiastique, selon l'église jacobite d'Alexandrie, chap. 96, en parle ainsi : *Il est du devoir du patriarche d'établir un pénitencier pour son peuple; car lorsque les hommes ont un confesseur, ils s'adressent à lui, et en confessant leurs péchés pendant qu'ils sont sur la terre, Dieu en accorde le pardon. Dans le baptême, l'homme avait renoncé à Satan et à tout ce qui lui appartient, s'obligeant par cette promesse de s'abstenir de tout péché d'homicide, de luxure, de larcin, de faux témoignage, de blasphème,* etc. Lorsque quelqu'un est tombé dans un pareil crime, il faut qu'il se présente au pénitencier, dont l'autorité est pareille à celle du patriarche qui l'a établi. Lorsque le pénitent se soumet à lui par la confession de ses péchés, et par l'accomplissement du canon ou de la pénitence, il obtient la rémission de ses péchés.

Il se trouve une pareille instruction dans des manuscrits plus récents, mais qui est tirée de la plupart de celles que nous avons citées ailleurs, puisqu'on y trouve non seulement la même doctrine, mais souvent les mêmes paroles des auteurs les plus anciens ; elle est aussi par questions et par réponses. Le disciple demande : *Quel est le sens de ce que dit Jésus-Christ: Non est opus valentibus medicus, etc.? qui est le médecin, quels sont les remèdes?* Le médecin, répond le maître, n'est autre que Dieu tout-puissant, qui néanmoins en a mis un autre à sa place, et c'est le prêtre. Le remède et la médecine est le corps de Jésus-Christ Notre-Seigneur, et son sang précieux. Ceux qui se portent bien sont les anges, parce qu'ils sont exempts de péché; les malades sont les enfants d'Adam, qui sont tous pécheurs, et leur péché est leur maladie. Ainsi, de même qu'un médecin ne peut ordonner à un malade ni médecine, ni aliment, à moins que la maladie ne lui ait été exposée, le prêtre ne peut communiquer le corps de Jésus-Christ à un enfant d'Adam s'il ne déclare ses péchés, et s'il ne les lui a pas confessés auparavant. Car comme, si un médecin donne un remède ou de la nourriture sans connaître la maladie, il l'augmente plutôt qu'il ne la guérit, de sorte que souvent le malade en meurt; ainsi le pécheur, s'il reçoit le corps de Jésus-Christ sans se confesser, et sans se soumettre à la pénitence canonique, cela ne lui sert de rien, au contraire cela lui nuit et augmente son péché.

Michel, patriarche jacobite d'Antioche, est un des auteurs qui a le plus fortement établi la nécessité de la confession, dans un traité assez ample de la manière dont les chrétiens doivent se préparer à la communion. Il vivait dans le douzième siècle, dans le temps que l'abus qui s'était introduit en Égypte pour abolir la pénitence canonique régnait impunément par la connivence criminelle de quelques patriarches. C'est pourquoi en plusieurs endroits Michel dispute contre ceux qui le maintenaient et le pratiquaient, et quoiqu'il ne les nomme pas, on reconnaît aisément qu'il les attaque, et qu'à cause de la communion qui était entre les églises jacobites d'Alexandrie et d'Antioche, il ménage les personnes, en condamnant leurs erreurs. Il dit donc qu'*il est impossible que personne puisse être délivré du péché, sinon par le ministère des prêtres, qui tiennent la place de Jésus-Christ par rapport à la rémission des péchés.* Il cite pour preuve les paroles de Jésus-Christ : *Recevez le Saint-Esprit,* etc. *Que la Confession faite aux prêtres est un baptême perpétuel pour la rémission des péchés. Que le pénitent doit se conduire à l'égard de son confesseur avec la simplicité d'un enfant, ne lui rien cacher de tout ce qu'il a commis de péchés par pensée, par parole et par action, se soumettre avec humilité à ses instructions, et tout faire suivant le conseil et le commandement de ce maître spirituel.* Ensuite adressant la parole aux évêques : *Il faut,* dit-il, *que vous agissiez à l'égard de celui qui se convertit après le baptême, comme à l'égard d'un autre que vous auriez tiré de l'infidélité après l'avoir instruit. Imposez-lui les mains, afin que sa pénitence soit manifeste; et quand on vous aura sollicité et prié pour lui, ramenez-le au troupeau et imposez-lui les mains comme dans le baptême, parce que lorsqu'on impose les mains aux fidèles ils reçoivent le Saint-Esprit ; car le chrétien qui tombe dans le péché a besoin d'un prêtre qui l'instruise et qui prie sur lui ; qui le sépare ensuite de la société des fidèles dans la célébration des mystères, de même qu'on fait à l'égard des infidèles, lorsqu'ils désirent d'embrasser la foi. Après que durant quelque temps il a soutenu avec humilité et soumission, et avec des prières assidues, cette dure discipline, alors au lieu du baptême qu'il faudrait administrer à un infidèle, il faut lui imposer les mains, lorsqu'on aura observé les signes d'une parfaite guérison, et l'admettre enfin à la participation de l'Eucharistie.*

Il y a dans un manuscrit de la Bibliothèque-du-Roi

une homélie qui se trouve aussi en divers autres, et qui contient une exhortation à la pénitence; et après plusieurs choses semblables à celles qui ont été rapportées ci-dessus, et qui sont toutes fondées sur la même doctrine de la puissance que Jésus-Christ donna à ses apôtres pour remettre les péchés, qui s'est conservée dans l'Église, l'auteur continue ainsi : *Celui qui craint Dieu comprend en une seule parole tout ce qui a rapport à cette matière; il se repentira de ses péchés, et il les confessera au prêtre qui a l'autorité d'administrer la pénitence. Alors Dieu le recevra de même qu'il reçut Marie la pécheresse, et tous les autres qui ont confessé leurs péchés, et il aura plus de joie de sa conversion que sur quatre vingt-dix-neuf autres qui n'ont pas péché. Jésus-Christ le revêtira de nouveau de la robe du baptême qu'il avait perdue dans le temps qu'il était demeuré endurci dans le péché. Car lorsque l'homme pèche, il est privé de la grâce, qui l'abandonne, et qui ne revient point, de sorte qu'il est comme un chien ou comme un porc, dépouillé de l'ornement du baptême; enfin il est semblable à un infidèle ou à un juif. Comment donc donnera-t-on le corps de Jésus-Christ à de telles gens, puisqu'il est dit aux prêtres dans l'Évangile : Ne donnez pas les choses saintes aux chiens. Sachez, mes frères, que le prêtre qui reçoit de telles gens à la communion ressemble à Judas, qui trahit son maître et le livra aux Juifs pour être crucifié, et qui périt avec eux. Un tel prêtre perd la sainteté et le sacerdoce; Dieu examine ses œuvres, et le punit souvent dès ce monde, ou en abrégeant sa vie, ou en visitant ses parents et ses amis, ou en lui ôtant ses biens, et même les choses nécessaires à sa subsistance, châtiant de même celui qu'il reçoit à la communion.*

Peu après : *Mes chers frères, hâtez-vous d'approcher de la pénitence et de la confession, afin d'éviter les peines et les châtiments en ce monde et en l'autre. Que personne parmi vous ne soit assez imprudent, ou ait assez peu de jugement pour donner lieu à Satan de lui inspirer de la négligence, ou de lui endurcir le cœur, en le détournant de la pénitence et de la confession, en sorte que vous vous perdiez, et que la grâce du sacerdoce se retire de vous. Un prêtre qui manque à son devoir en cette occasion est semblable à un berger qui abandonne son troupeau, et qui le laisse détruire par les loups; car le prêtre qui vous admet à la communion sans confession pendant que vous êtes engagés dans vos péchés fait la même chose.*

Nous finirons ces témoignages par celui d'un auteur dont le nom et la réputation le mettent au-dessus de tous les autres : c'est Denis Barsalibi, évêque d'Amid, jacobite. Il a composé plusieurs ouvrages remplis de doctrine, et il n'y a presque aucun article de la religion sur lequel il n'ait expliqué clairement et doctement la foi et la discipline de l'Église. Mais il n'y a point d'auteur duquel on puisse tirer de plus grands éclaircissements sur la matière de la pénitence; car non seulement dans ses commentaires sur les Évangiles et ailleurs, il a parlé conformément aux anciens Pères et à la créance de l'ancienne Église sur la puissance de remettre les péchés, et sur la nécessité de la confession et de la satisfaction canonique ; mais il a fait sur cela un traité exprès. Il établit d'abord la nécessité de la confession d'une manière qui ne souffre aucune équivoque, car il dit qu'*il a composé cet ouvrage afin de marquer les canons prescrits pour chaque péché*; ce qui suppose clairement que le pénitent les avait déclarés au prêtre, sans quoi, comme il dit ailleurs, ainsi que tous ceux qui ont écrit sur le même sujet, on ne peut prescrire les remèdes convenables à ceux qui pensent sérieusement à faire pénitence.

Dans le chapitre 2 il dit que *le prêtre ayant écouté la confession doit faire promettre au pénitent qu'il ne retombera plus dans les mêmes péchés qu'il lui a exposés simplement et en détail, déclarant qu'après la confession qu'il lui a faite en présence de Dieu, et après l'acceptation de la pénitence canonique, s'il retombait dans les mêmes péchés, il serait comme un chien qui retourne à son vomissement, et qu'il ne tirerait aucune utilité de ses prières, de ses jeûnes et des autres mortifications qu'il aurait faites en exécution du canon ou pénitence qui lui aurait été imposée.*

Dans le chap. 3 il dit que, *si durant le cours de la pénitence il reconnaît beaucoup de zèle dans celui qui la fait, non seulement il doit faire des prières pour lui, mais qu'il peut offrir pour lui le sacrifice. Que si, au contraire, il remarque de la négligence et de la persévérance dans le mal, ou une confiance téméraire, comme si ses péchés lui étaient remis parce qu'il va souvent trouver le confesseur, et qu'il lui parle; encore plus si celui-ci reçoit quelque présent, en conséquence duquel il ose offrir le sacrifice pour le pénitent, et lui donner l'absolution, l'un et l'autre périssent, particulièrement le prêtre, qui a entendu ces paroles du Seigneur* : Vous priez et vous n'obtenez pas, parce que vous priez mal. Ne donnez pas les choses saintes aux chiens, etc. Vous ne porterez point dans la maison du Seigneur le prix d'une prostituée. *Ce qui signifie que les prémices et les offrandes des débauchés et des voleurs ne peuvent être portées dans le sanctuaire, ni offertes à l'autel, car c'est une audace excessive, et qui excite la colère du Seigneur.*

Au chap. 5 : *Mes frères, lorsque quelqu'un s'adresse à vous avec foi, et qu'il vous prie d'offrir pour lui le sacrifice afin de le réconcilier, il faut que d'abord il vous fasse une profession de foi, puis une confession entière de ses actions. Après cela vous lui imposerez le canon, ou la pénitence canonique, proportionnée à ses péchés. S'il a une foi sincère, et qu'il soit orthodoxe, et que n'ayant aucun doute du grand mystère de la foi, il croie de tout son cœur en celui qui justifie les pécheurs qui se convertissent à lui, vous emploierez les remèdes convenables. S'il a de la santé et qu'il soit robuste, ordonnez-lui des veilles, des jeûnes, des abstinences, des prières et des prosternements en plus grand nombre. S'il est faible et malsain, et qu'il soit riche, employez des remèdes spirituels pour le guérir de ses maladies, en lui prescrivant des œuvres de miséricorde, particulièrement des aumônes envers les pauvres, les pèlerins et les affligés.*

S'il est pauvre, qu'il expie ses péchés par les prières, par les larmes et les soupirs, le jeûne et l'abstinence, selon ses forces.

Enfin ce qui termine toute la difficulté, s'il y en pouvoit rester après des témoignages aussi positifs, est la suite de ce traité, qui marque toutes les pénitences qu'on doit imposer pour chaque péché; ce qui ne se peut faire sans que le pénitent ne les ait déclarés en détail. On en parlera plus amplement lorsqu'on expliquera la discipline de la pénitence selon les Orientaux.

Il nous reste à faire quelques réflexions sur les témoignages qui ont été rapportés, dans lesquels il est aisé de remarquer une conformité entière de doctrine avec l'ancienne Église, et avec ce que les catholiques enseignent présentement touchant la pénitence. On ne peut contester que tout ce qui fait l'essence du sacrement ne s'y trouve exprimé d'une manière bien précise. La puissance de remettre les péchés y est établie sur les mêmes passages de la sainte Écriture, dont les Grecs et les Latins se servent pour montrer qu'elle est d'institution divine, qu'elle a été donnée aux apôtres par Jésus-Christ, et que les apôtres l'ont transmise aux évêques, dans lesquels elle réside principalement, puisque les Orientaux, aussi bien que nous, croient qu'un simple prêtre n'a pas le pouvoir de remettre les péchés s'il n'a été autorisé par son évêque. Ainsi ils conviennent avec les Grecs et avec les Latins sur l'autorité du ministre de la pénitence, et il ne se trouvera pas un seul de leurs théologiens qui la fasse consister dans le seul pouvoir d'annoncer la parole de Dieu, et d'exhorter les pécheurs à la repentance, en les assurant que leurs péchés leur sont remis, pourvu qu'ils le croient fermement. Au contraire, ils parlent de cette confiance dénuée de la confession et des peines canoniques comme d'une véritable impénitence.

Ils connaissent la pénitence intérieure, et ils la recommandent comme une préparation nécessaire au sacrement; mais ils déclarent bien clairement que ces seules dispositions de cœur ne suffisent pas pour obtenir la rémission des péchés, si on ne les soumet aux clés de l'Église. Ils ignorent cette proposition téméraire de Calvin : *Lorsque nous sommes tombés dans quelque péché, il faut rappeler la mémoire de notre baptême, et en armer son esprit, afin qu'il soit toujours sûr et certain de la rémission des péchés.* Michel, patriarche d'Antioche, fait un raisonnement pour prouver que la confession des péchés, et la rémission qu'on obtient par les prêtres, est fondée sur cet article du symbole : « *Confiteor unum baptisma in remissionem peccatorum.* » *Il est certain,* dit-il, *que la confession faite au prêtre est un baptême perpétuel, qui opère la rémission des péchés. Ce baptême est unique et ne cesse point tant que quelqu'un est en vie, et c'est ce que nous enseigne le symbole des saints Pères assemblés à Constantinople.* On convient que ce raisonnement a besoin de commentaire, et il n'est pas difficile de le faire, conformément à la doctrine de S. Augustin. *Quod ait Apostolus mundans*

eam lavacro aquæ in verbo vitæ sic accipiendum est, ut eodem lavacro regenerationis et verbo sanctificationis omnia prorsus mala hominum regeneratorum mundentur, non solum præterita peccata, quæ omnia nunc remittuntur in baptismo, sed etiam quæ posteriùs humanâ ignorantiâ vel infirmitate contrahuntur, non ut baptismus quoties peccatur, toties repetatur; sed quia ipso quod semel datum est fit, ut non solùm antea, verùm etiam postea quorumlibet peccatorum venia fidelibus impetretur. Si le patriarche Michel avoit pensé autrement, il n'auroit pas commencé son discours par ces paroles : *Il est impossible absolument qu'aucun homme puisse être délivré du péché, sinon par le ministère des prêtres, qui tiennent la place de Jésus-Christ sur la terre.*

Ceux qui ne connaissent pas d'autre pénitence que celle qui consiste à rappeler la mémoire de son baptême, n'ont aucun besoin du ministère des prêtres. Il ne faut aucune autorité émanée de celle que les apôtres reçurent de Jésus-Christ pour renouveler ce souvenir, ni confesser les péchés en détail, ni imposer des peines canoniques, ni une absolution juridique; aussi toutes ces pratiques sont ignorées parmi les protestants, et même condamnées comme des superstitions et des abus de l'Église romaine. On peut donc conclure avec une entière certitude que puisqu'elles se trouvent dans tous les auteurs orientaux, ils ne peuvent avoir une doctrine qui ne peut subsister avec une pareille discipline, d'autant plus qu'ils regardent la confession, la satisfaction, et l'absolution comme parties essentielles de la pénitence.

Les témoignages de leurs théologiens et canonistes qui ont été rapportés font aussi voir très-clairement qu'ils la considèrent comme un sacrement. S'ils ne parlent pas tout-à-fait le langage de l'école, ils parlent celui de l'Église. Il faut pour la définition d'un sacrement que ce soit un signe sacré; et les actes extérieurs des ministres de la pénitence, les prières et les autres cérémonies sont des signes visibles d'une grâce invisible, qui ne peut être produite que par le sacrement. C'est une grâce sanctifiante, puisqu'ils disent que *le Saint-Esprit retourne dans l'âme dont il avait été banni par le péché;* que, *de même que le baptême efface tous les précédents, ainsi l'absolution efface ceux qui auraient été commis depuis,* et que par cette raison *la pénitence est un second baptême;* qu'il n'y a pas d'autre moyen d'en obtenir la rémission que par la pénitence, par laquelle ils sont entièrement effacés, de même que les précédents l'avaient été par le baptême. Or il n'y a que la grâce qui puisse produire la sanctification, qui est la cause de la rémission des péchés; la douleur vive, la contrition, les peines canoniques et toutes les autres mortifications qui les accompagnent, disposent à recevoir cette grâce; mais, selon leur doctrine, ce n'est que l'absolution accordée à la fin qui la produit.

C'est une cérémonie toute sacrée, puisqu'elle ne peut être faite que par les prêtres; et elle renferme un acte d'autorité supérieure émanée de celle des apôtres, et fondée sur le pouvoir qu'ils avaient reçu de Jésus-Christ, puisque le simple prêtre ne le peut exercer sans l'autorité de l'évêque. Elle est d'institution divine, puisqu'elle est fondée sur l'Écriture ; et, comme on l'a dit ailleurs, tout ce qui constitue la pénitence est censé d'institution divine, selon les Orientaux, lorsqu'il vient de tradition apostolique, dont ils tirent leur discipline pénitentielle, qui comprend la confession, la satisfaction et l'absolution.

Enfin le changement qui arriva dans l'église cophte, et que nous expliquerons ailleurs, marque d'une manière incontestable que la doctrine et la discipline commune aux autres églises était l'ancienne reçue partout ailleurs, puisque les jacobites d'Antioche et les plus fameux théologiens, même en Égypte, combattirent la nouveauté comme un abus qui précipitait les pécheurs en enfer par l'impénitence, et qu'ils établirent comme une maxime certaine, que sans la confession, le canon ou la pénitence canonique et l'absolution du prêtre, personne ne pouvait s'approcher de l'Eucharistie sans sacrilège, lorsqu'il avait la conscience chargée de quelques péchés contre le décalogue, ni en obtenir autrement la rémission.

CHAPITRE VII.
Examen de divers autres points de la discipline des Orientaux touchant la pénitence.

Ce qui a été rapporté jusqu'ici donne une idée générale de la discipline que les Orientaux observaient jusqu'au douzième siècle, et aux plus prochains, pour la pénitence. On reconnaît que dès le temps de la séparation des deux principales sectes, et encore plus depuis le mahométisme, la confession s'est faite exactement, et qu'elle a été jugée nécessaire ; que la satisfaction a été reconnue comme une partie essentielle du sacrement, sans que personne en ait absolument été dispensé ; que, suivant la conduite de l'ancienne Église, les évêques et les prêtres avaient le pouvoir d'abréger et de modérer les peines canoniques ; que, durant un espace de temps plus ou moins considérable, selon les circonstances, les pénitents ne pouvaient approcher de la sainte table, et qu'ils n'acquéraient ce droit, qu'ils avaient perdu par leurs péchés, que par l'absolution que leur donnait le prêtre dans la forme de l'Église. Le changement qui arriva vers le douzième siècle, et qui donna occasion à Denis Barsalibi de faire un nouveau recueil de canons pénitentiaux, ne consista que dans la modération des pénitences, laquelle étant faite selon les règles qu'il prescrit, conserve encore l'esprit de l'ancienne Église ; et si les prêtres et évêques orientaux les avaient observées, il n'y aurait eu rien à blâmer dans leur doctrine ni dans leur conduite. C'est donc sur ces règles que ceux qui ont écrit des religions du Levant pour l'instruction des missionnaires auraient dû former l'idée qu'ils en voulaient donner, non pas sur des bruits incertains, ni sur des récits de voyageurs ignorants ou mal informés. Les raisonnements théologiques sur quelques points de discipline orientale que plusieurs n'ont pas entendue, ne servent qu'à obscurcir la matière au lieu de l'éclaircir ; ce qui ne se peut faire que par des preuves positives, telles que sont celles qui ont été tirées de leurs théologiens, de leurs canonistes, et des Pénitentiaux. Il paraît assez par celles qui ont été rapportées que les règles sont conformes à l'esprit de l'Église, et par conséquent que la doctrine de ceux qui les donnent comme celles sur lesquelles les prêtres doivent se conduire à l'égard des pénitents, est conforme à la créance et à la tradition de l'Église catholique, qui est la principale chose que nous avions à prouver, et qui fait voir que sur cet article, aussi bien que sur tous les autres que les protestants ont pris pour prétexte de leur séparation, ils ne sont pas moins condamnés par la tradition des églises orientales que par les anathèmes de l'Église romaine. Il nous reste à examiner divers articles moins essentiels et qui ne regardent pas tant la foi que la discipline.

Un des premiers est celui de la pénitence publique, sur laquelle il est à propos de faire quelques remarques. On a déjà dit que, pour ce qui regardait la discipline des premiers siècles par rapport aux différents degrés marqués dans les canons des conciles et dans les épîtres canoniques de S. Basile et des autres Pères, les Orientaux n'en ont aucune connaissance, puisqu'il paraît que ceux qui ont traduit ces monuments vénérables d'antiquité ecclésiastique, n'ont pas entendu les termes de *pleurs*, d'*audition*, de *prosternement* et de *consistance*, sinon dans un sens très-général, et qui ne donnait pas une idée plus distincte de ces états, que celle qu'en peut former un homme qui n'a aucune connaissance de l'ancienne discipline. Cette ignorance était d'autant plus excusable, que la pratique ne subsistait plus lorsque les nestoriens et les jacobites se séparèrent de l'Église, et que les Mahométans envahirent les principales provinces de l'Orient ; ce qui diminuait l'autorité des évêques à l'égard des pécheurs scandaleux et impénitents, qui trouvaient souvent protection auprès des infidèles, ou qui par désespoir renonçaient à la foi chrétienne.

Ainsi la pénitence publique devint très-rare ; mais elle ne fut pas néanmoins entièrement abolie. Car on trouve dans les canons pénitentiaux de ces collections plus anciennes quelques grands crimes pour lesquels elle était encore prescrite. Dans le premier canon d'une de ces collections il est dit que *celui qui aura tué un chrétien, outre les autres pénitences, ne pourra durant la première année entrer dans l'église, mais qu'il pleurera ses péchés, prosterné à terre.* Dans le cinquième la même peine est ordonnée pour les parricides, qui *pendant un an demeureront à la porte de l'église, et qui n'y entreront ensuite que par la porte de derrière.* Un autre canon étend jusqu'à six ans cette pénitence pour l'homicide volontaire. Il se trouve plusieurs exemples de cette sévérité dans les canons de Barsalibi, entre autres dans le quarante-quatrième, pour ceux qui ont renié la foi. *Ils doivent,* dit-il, *demeurer quarante jours à la porte de l'église, pleurant leurs péchés, et se recom-*

mandant aux prières de ceux qui entrent ou qui sortent, et durant le service ils tiendront dans la main un cierge allumé.

Mais cela n'avait aucun rapport à l'ancien usage de tenir les pénitents hors de l'église, et de ne les y admettre que pendant la lecture de la sainte Écriture et pendant les prières, en les excluant de l'assistance à la Liturgie. On reconnaît encore dans les offices nestoriens et jacobites l'ancienne formule qui se prononçait à haute voix par le diacre : *Abite, auditores, in pace*; et elle s'est conservée dans les exemplaires anciens de la Liturgie syriaque de S. Jacques. Denis Barsalibi, en son commentaire syriaque sur cet endroit, dit que *l'usage de l'église était autrefois d'en faire sortir alors les pénitents*; ce qui est confirmé par Jacques d'Édesse et par Abulfarage dans son Nomocanon. Mais ils ajoutent que *cette coutume et les autres qui s'y rapportent étaient entièrement abolies*. C'est pourquoi on a tout sujet de conjecturer, conformément à plusieurs autres preuves, qu'à l'exception de ces cas particuliers des crimes énormes et scandaleux, il ne reste aucun vestige de ce qui se pratiquait autrefois envers ceux qui étaient en pénitence, en les faisant paraître au milieu de l'église dans un rang séparé, pour y recevoir l'imposition des mains avec diverses prières qui les disposaient à la réconciliation entière, qu'ils recevaient par la dernière absolution.

Il est vrai qu'il y a dans les Pénitentiaux plusieurs prières qui doivent être dites sur les pénitents, et la plupart sont destinées pour de certains péchés. Mais il ne s'ensuit pas qu'elles servissent dans la Liturgie ordinaire, où il y aurait eu un grand nombre de pécheurs coupables de différents crimes. On s'en servait en particulier, et c'était lorsque durant le cours de la pénitence celui qui y était soumis se présentait devant le prêtre auquel il avait fait sa confession pour recevoir sa bénédiction et l'imposition des mains, en même temps qu'il prononçait sur lui ces oraisons. Elles pouvaient aussi avoir lieu dans les Liturgies dont il a été parlé ci-devant, et que le pénitent était obligé de faire dire, et il assistait à quelques-unes. Car quoique les messes privées ne soient pas en usage parmi les Orientaux, ainsi qu'elles sont parmi nous, parce que le chant, les encensements et le ministère du diacre y sont observés toujours, il y a néanmoins une distinction entre les messes solennelles et les particulières, telles que paraissent avoir été celles qu'on célébrait pour les pénitents. Les premières étaient les ordinaires, auxquelles le clergé et le peuple assistaient, et où on recevait les offrandes et les aumônes de ceux qui avaient droit d'offrir, et par conséquent de participer à la communion, dont ceux qui étaient en pénitence actuelle se trouvaient exclus. Les autres, autant que nous en pouvons juger, se célébraient en particulier, avec peu de témoins, et le pénitent pouvait y assister; mais son offrande n'était pas reçue, et son nom n'était pas prononcé dans les diptyques, sinon lorsqu'étant réconcilié, il y pouvait communier. C'était donc en même temps que le

prêtre célébrait ces Liturgies particulières, qu'il pouvait, avant ou après, dire sur son pénitent les oraisons marquées dans les Rituels, et non pas dans les offices publics. Car on ne remarque, ni dans les autres livres, ni dans ceux qui traitent particulièrement des cérémonies, aucun endroit de la Liturgie où les pénitents se présentassent afin qu'on priât sur eux.

On ne prétend pas néanmoins décider dans une matière aussi obscure que ce qui se pratiquait autrefois ordinairement n'ait jamais eu lieu dans les églises d'Orient, dont toute la discipline est fondée sur celle de l'église grecque. Au contraire, on peut juger que dans les premiers temps les pénitents y ont paru publiquement, puisque Jacques d'Édesse, Barsalibi et Abulfarage, rendant témoignage que cela ne se pratiquait plus de leur temps, donnent à entendre qu'autrefois la discipline était différente. Il se trouve si peu d'exemples dans leurs histoires de pénitences célèbres, qu'on n'en peut tirer aucune lumière pour établir avec quelque certitude ce qu'on en dit par conjecture. Il y en a un assez singulier dans l'Histoire des nestoriens, dans la Vie du catholique Timothée, qui mourut vers l'an de Jésus-Christ 815. Son élection avait été fort contestée, et ceux qui s'y opposaient avaient à leur tête Éphrem, métropolitain de Jondisapour, auquel, par le privilége de sa métropole, qui est la première de l'église nestorienne, il appartenait de l'ordonner. La contestation alla si loin, qu'Éphrem, avec treize évêques ses suffragants, prononça que l'élection était nulle, déposa Timothée, et l'excommunia; celui-ci l'excommunia de son côté. Enfin, pour le bien de la paix, ils convinrent que l'ordination de Timothée serait réitérée, et l'historien marque qu'Éphrem pour l'insulter, au lieu de dire l'oraison ordinaire qui se prononce avec l'imposition des mains sur le nouveau catholique, prononça celle qui *se dit pour absoudre un pénitent*. Ce que nous tirons de ce fait est que dans le neuvième siècle ces prières et ces cérémonies pour absoudre les pénitents étaient encore en usage parmi les nestoriens, et même longtemps auparavant. Car Hébedjésu, dans son catalogue des auteurs syriens, c'est-à-dire nestoriens pour la plupart, dit que Jéchuaiahab, qui est leur trente-cinquième catholique, composa et mit en ordre les livres d'Église, et entre autres *l'office pour la réconciliation des pénitents*, que nous avons trouvé sous ce titre dans des manuscrits fort anciens; et il vivait plus de cent ans avant Timothée.

Ce qu'il y a de plus singulier, et qu'il faut éclaircir, est la pénitence des renégats, qui ont été soumis aux mêmes peines que ceux qui avaient autrefois adoré les idoles du temps des empereurs païens, et dans la suite ils furent encore punis plus sévèrement. On regarda la profession du mahométisme comme une espèce d'idolâtrie, et c'est sur ce principe qu'ont été réglées les pénitences ordonnées pour ce crime. Dans une des collections de canons pénitentiaux, plus ancienne que celle de Barsalibi, on trouve celui-ci : *Quiconque s'est fait mahométan, mais par force, fera pénitence durant trois ans qu'il jeûnera ; mais il pourra cependant entrer dans l'église en tout temps pour y faire ses prières. Après cela, s'il n'a pas été baptisé, il recevra le baptême ; s'il l'a été, on l'aspergera d'eau bénite, et on lui fera l'onction avec l'huile sainte, enfin on lui donnera l'Eucharistie.* Ces paroles doivent s'entendre de ceux qui, ayant été enlevés par les Mahométans dès leur enfance, et réduits en servitude, avaient renoncé à la foi, dont ils avaient peu ou point de connaissance à cause de leur bas âge, et qui méritaient un moindre châtiment. *S'il a librement et sans aucune contrainte renié la foi, il jeûnera six ans, s'abstenant même de l'huile et du vin, et il pourra entrer dans l'église. S. Basile*, ajoutent les auteurs de cette collection, *a jugé qu'un homme qui avait renié la foi pour embrasser la religion mahométane doit aller dans le lieu même renoncer à cette religion, s'il le veut néanmoins.*

On doit pardonner à des Orientaux, qui, manquant des secours que nous avons pour étudier l'antiquité, ont fait une faute aussi grossière que de citer S. Basile sur le mahométisme. Quelque canon qui regardait les apostats souillés d'idolâtrie ayant été tiré des autres de ce saint, a pu induire en erreur les traducteurs ou ceux qui ont recueilli les canons ; en sorte qu'après les anciens de S. Basile qui regardaient l'idolâtrie, ils y aient joint celui-là, fondé sur un usage particulier, et qui ne paraît pas avoir été généralement reçu. Car Barsalibi ne parle point de cette loi si rigoureuse, et qui n'a aucune conformité à la discipline de l'ancienne Église. Il paraît par son canon 44 que de son temps la pénitence de celui qui avait renié la foi était comme publique, parce que *plusieurs prêtres célébraient sur lui l'office de la pénitence ;* c'est-à-dire qu'elle lui était imposée avec plus de solennité, et comme en face de l'église. Il demeurait quarante jours à la porte, se recommandant aux prières de ceux qui entraient ou qui sortaient, et pendant le service il tenait un cierge allumé. Durant ce temps-là il jeûnait au pain et à l'eau, sans manger de poisson ni d'huile, et sans boire de vin. Après cela il avait la liberté d'entrer dans l'église, où il témoignait publiquement sa repentance par ses larmes et par ses gémissements. On lui prescrivait ensuite l'abstinence qu'il devait pratiquer durant sept ans, pendant lesquels il ne pouvait approcher de la communion. Il devait faire par jour cent génuflexions, donner dix pièces d'or aux pauvres, ou racheter un captif, faire dire cent hymnes, et faire célébrer cent messes ; après quoi il était reçu.

Le plus ancien exemple qui soit dans l'histoire orientale est celui que rapportent les nestoriens dans la Vie de Siméon, archevêque de Séleucie et de Ctésiphonte, capitales de Perse, dont parle Sozomène (l. 2, c. 8), et qui souffrit le martyre avec un grand nombre de chrétiens dans la persécution de Sapor. Les auteurs ecclésiastiques parlent au long de ces martyrs, qui étaient assurément dans la communion de l'Église, et dont elle célèbre la mémoire. Mais parce que Siméon était évêque de l'église que les nestoriens ont usurpée autrefois, et qu'ils ont établi depuis la métropole de toute leur communion, ils l'ont mis dans la liste des catholiques ou patriarches desquels ils prétendent tirer leur succession ecclésiastique, pour la lier ainsi avec celle des disciples des apôtres. Il est dit dans cette histoire que Gustazad, Persan des principaux de la cour, avait renié la foi, et adoré le soleil ; puis qu'étant touché de repentir, il vint trouver Siméon pour faire pénitence ; que Siméon lui dit qu'il ne pouvait obtenir le pardon de son péché, s'il ne faisait une nouvelle profession publique de la religion chrétienne dans le lieu même où il l'avait abjurée. Gustazad obéit et souffrit le martyre. Il se trouve même dans les derniers temps quelques exemples semblables.

Mais on ne voit pas que jamais il y ait eu de loi ecclésiastique qui ait obligé ceux qui avaient embrassé le mahométisme de s'exposer à une mort certaine. Au contraire, dans le huitième siècle, Chaïl, quarante-sixième patriarche d'Alexandrie, ordonné vers l'an 743 de Jésus-Christ, reçut à la pénitence un grand nombre de jacobites qui avaient renié la foi dans une rude persécution qu'ils avaient essuyée sous un gouverneur d'Égypte nommé Hafez. L'historien n'en explique pas le détail ; mais par son simple récit il donne assez à entendre qu'on n'usa pas à leur égard de cette grande sévérité que Siméon pratiqua envers Gustazad, mais qu'ils furent reçus de même qu'on recevait autrefois ceux qui avaient renoncé à la foi dans les persécutions des païens.

Cependant dans la Vie de Mennas, quarante-septième patriarche des jacobites d'Alexandrie, on lit qu'un diacre nommé Pierre, qui, après avoir excité de grands troubles, se fit mahométan, fut rejeté par des évêques auxquels il s'adressa, et qui refusèrent même de prier pour lui ; ce qui arriva vers l'an de Jésus-Christ 774.

Sous le patriarche Zacharie, qui est le soixante-quatrième, Hakem, calife Fatimide d'Égypte, fit publier des édits contre les chrétiens ; et quoique ce ne fût pas pour défendre l'exercice de la religion chrétienne, ni pour les obliger à l'abjurer, mais qu'ils ordonnaient diverses marques ignominieuses et incommodes dans le commerce de la vie civile, il y en eut un très-grand nombre qui apostasia. En 1020, après la révocation de ces édits et la mort de Hakem, tous ces apostats revinrent à l'Église et furent reçus à faire pénitence. On ne peut douter qu'elle ne fût conforme en quelque manière à celle que prescrivent les canons que nous avons rapportés ; d'autant plus que les Grecs, dont la discipline était assez semblable, ont ordonné des peines canoniques pour l'apostasie par la profession du mahométisme, ainsi que pour les autres péchés, sans obliger ceux qui en étaient coupables de s'exposer à une mort certaine. Les Grecs, dans quelques Pénitentiaux, le Nomocanon, publié par M. Cotelier, l'Eucologe et d'autres auteurs cités par M. Ducange, appellent ce crime μαγαρισμός, et μαγαρίζειν est se souiller par la profession de foi des mahométans, ou par leurs cérémonies. Ce mot vient de l'arabe, parce que ceux qui accompagnèrent Mahomet dans sa fuite furent appelés *muhajerin*, מהגרין ; et comme elle fut le premier acte, et le fondement de cette malheureuse religion, on employa le même mot pour signifier ceux qui l'avaient professée. Les chrétiens qui étaient tombés dans cette impiété étaient ordinairement soumis à une pénitence de six ans, et quelquefois plus longue ; mais absolument ils étaient reçus, parce que l'Église n'a jamais fermé la porte de la pénitence aux plus grands pécheurs.

Dans la Vie de Christodule, soixante-sixième patriarche jacobite d'Alexandrie, qui fut ordonné l'an 763 des martyrs, c'est-à-dire 1047 de Jésus-Christ, qui a été écrite par le diacre Mauhoub, fils de Mansur, on trouve un exemple remarquable de cette pénitence. Un chrétien nommé Nekam, fils de Bakara, ayant obtenu un emploi considérable à la cour du prince, abjura la religion chrétienne, et se fit mahométan. Ses parents indignés le chassèrent de leur maison, et ne voulurent plus le voir. Il en fut tellement touché, qu'à cette occasion faisant réflexion sur son crime, il résolut de l'expier par une sérieuse pénitence. Il alla donc à une église de S.-Michel appelée *El-Moctara*, et après y avoir passé quelque temps en prières et dans les exercices de pénitence, les religieux qui étaient attachés au service de cette même église, craignant que les mahométans ne fussent informés de ce qui était arrivé, et qu'ils ne le traitassent avec la rigueur ordinaire à l'égard de ceux qui abjurent le mahométisme, et que ceux qui l'avaient reçu ne fussent pareillement persécutés, lui conseillèrent de s'en aller au monastère de S.-Macaire, dans la vallée de Habib, qui est l'ancien *Canopus*. Lorsqu'il était près de partir, il leur dit : *Quel avantage aurai-je d'aller avec vous dans le désert, si auparavant je ne confesse Jésus-Christ dans le lieu même où je l'ai renié?* Les religieux firent ce qu'ils purent pour l'en dissuader, et n'y ayant pu réussir, ils le laissèrent aller. Alors ayant pris la ceinture, qui était une des marques du christianisme en Égypte, il se promena en cet état dans les rues du Caire ; et les Mahométans l'ayant observé, le menèrent au magistrat qui le fit mettre en prison. Le père de ce chrétien, qui avait beaucoup de crédit auprès du gouverneur, obtint, moyennant une somme qu'il lui promit, de le délivrer de la mort, en cette manière : qu'il ferait semblant d'être fou ; qu'ensuite le gouverneur enverrait des témoins qui affirmeraient devant les juges que ce chrétien avait fait plusieurs choses qui marquaient qu'il avait perdu l'esprit ; que sur cela il serait élargi, et qu'il ne serait plus inquiété sur sa religion. Il se trouva dans la même prison un religieux syrien, qui l'exhorta avec tant de zèle à souffrir le martyre, plutôt que de donner lieu par sa dissimulation à croire qu'il se repentait de ce qu'il avait fait, qu'il s'y détermina. Ainsi lorsque ces témoins apostés furent présents, il fit devant eux une profession nouvelle de la foi chrétienne. Il fut donc conduit devant le juge, qui, après avoir tâché de l'émouvoir par promesses et par menaces, voyant qu'il persistait dans sa résolution, lui fit couper la tête ; et le patriarche Christodule le fit enterrer dans la même église comme un martyr. Il paraît par cette histoire, premièrement que la discipline de la pénitence subsistait en Égypte parmi les jacobites dans le douzième siècle ; secondement, qu'il n'y avait aucun canon de l'église jacobite qui imposât cette loi sévère d'aller confesser la foi chrétienne publiquement dans le lieu où on l'avait reniée.

Ce qu'on doit donc juger de cette sévérité plus grande que celle de tous les siècles florissants, est qu'on ne la peut considérer comme une loi qui ait été généralement observée, nonobstant ce que les nestoriens rapportent dans leur histoire ; puisque le canon que nous avons cité, et qui semble l'autoriser, marque en même temps qu'on n'obligeait pas le pénitent à l'exécuter, mais seulement qu'on l'y exhortait ; et c'est ce qui paraît avoir été autrefois pratiqué presque partout. Il est vrai néanmoins qu'il y a eu dans les derniers siècles divers exemples de tels apostats, qui ont expié leurs crimes par le martyre, et il y en a eu quelques-uns de notre temps, particulièrement en Turquie. Voici quelles peuvent être les raisons d'une pratique qui n'est pas fondée sur l'antiquité, et qu'on ne peut justifier.

Les premiers mahométans, suivant les ordres de leur faux prophète, avaient quelque humanité pour les chrétiens, et après leur avoir imposé le tribut, ils les laissaient vivre dans le libre exercice de la religion chrétienne. Mais parmi des barbares qui ne connaissaient pas d'autre loi que la volonté de leurs souverains, les chrétiens se trouvèrent exposés à de grandes persécutions dont les histoires sont pleines ; on ne les contraignait pas à quitter leur religion ; mais peu à peu ce fut un crime capital de recevoir les Mahométans qui la voulaient embrasser, sur quoi les Turcs ont été plus intraitables que les anciens Arabes. Ainsi comme il y avait beaucoup de péril pour les évêques, et même pour le corps des chrétiens, d'admettre à la pénitence celui qui avait fait profession publique du mahométisme, et que presque toujours il y avait peine de mort pour ceux qui y renonçaient, on fut très-réservé à les recevoir, et plusieurs patriarches ou prélats regardèrent comme un précepte ce qui n'était qu'un conseil, et même contraire à toutes les règles de la prudence chrétienne, puisque c'était s'exposer à la plus grande de toutes les tentations. Quand les apostats convertis avaient le courage de le suivre, les églises avaient un martyr, ce qui leur faisait honneur, et on évitait en même temps le ressentiment des mahométans, dont les conversions ont été toujours fort rares, et le sont encore plus présentement. Il y en a cependant quelques exemples fameux dans les anciennes histoires.

De tout ce qui a été dit jusqu'ici, on reconnaît qu'il y a eu parmi les Orientaux une grande variation de discipline à l'égard de la pénitence des apostats, et que néanmoins elle a toujours été fort sévère. Il ne faut pas s'étonner qu'il y ait eu quelque relâchement, puisque, outre les causes générales qui l'ont causé presque partout, l'état malheureux où sont les chrétiens de ce pays-là depuis plus de mille ans, ayant renversé presque entièrement la discipline, a donné lieu à des grands abus, et entre autres à celui dont nous avons remis à parler, et qui regarde la suppression entière de la confession parmi les Cophtes.

CHAPITRE VIII.

De l'abus introduit dans le douzième siècle parmi les Cophtes en supprimant la confession.

Divers auteurs anciens ou modernes ont écrit que les Cophtes, et même tous les jacobites, ne connaissaient et ne pratiquaient pas la confession des péchés. Jacques de Vitri, dans son Histoire de Jérusalem, dit qu'une de leurs erreurs est qu'*ils ne confessent pas leurs péchés aux prêtres, mais à Dieu seul en secret, mettant devant eux de l'encens sur le feu, et s'imaginant que leurs péchés montent devant le Seigneur avec la fumée.* Jean de Mandeville, qui voyagea presque par toute la terre en 1322, dit que leur opinion est qu'on ne doit pas se confesser à un homme, mais à Dieu seul. Gabriel Sionite, dans son traité des Mœurs des Orientaux (l. 7, c. 5, et l. 7, c. 33), et divers écrivains récents disent la même chose; de sorte que Thomas à Jésu établit comme une vérité constante, que le sacrement de pénitence est inconnu à la plupart des Orientaux.

Les témoignages de tant de théologiens et de canonistes que nous avons cités, et encore plus les offices pour recevoir la confession des pénitents et pour les absoudre; les canons qui prescrivent en détail les peines que le confesseur doit imposer sont des preuves si certaines du contraire, qu'il y avait d'abord sujet de croire que nos auteurs s'étaient trompés sur cet article, ainsi que sur plusieurs autres. Mais nous avons reconnu que cette accusation n'était pas sans fondement, au moins pour ce qui regarde les jacobites d'Égypte, puisqu'on voit deux patriarches d'Alexandrie qui ont abrogé la confession, et que parmi les écrits qui nous restent des auteurs contemporains, il s'en trouve quelques-uns pour justifier cet abus, et la superstition ridicule de confesser ses péchés sur la fumée de l'encens. Cette difficulté est une des plus grandes de toutes celles qui se rencontrent dans l'histoire de la religion et de la discipline des églises orientales : car jusqu'au douzième siècle, il n'y a rien dans les livres publics ou particuliers qui n'établisse la nécessité du *canon*, c'est-à-dire de la pénitence, telle que nous l'avons expliquée par les propres paroles des auteurs. Vers la fin du douzième siècle, et beaucoup plus tard, la même doctrine est fortement soutenue par plusieurs de la même communion; et dans le temps auquel prévalut cette nouveauté, elle se trouve combattue en Égypte par des théologiens et des canonistes très-célèbres; ce qui fait voir que l'erreur n'a jamais été si universelle, que la vérité et l'ancienne discipline n'aient toujours eu leurs défenseurs.

Nous trouvons donc dans la Chronique orientale donnée au public par Abraham Échellensis, que Jean, soixante-douzième patriarche jacobite d'Alexandrie, abrogea la confession; que Marc, fils de Zaraa, son successeur immédiat, confirma cette nouveauté, qui, étant autorisée par le patriarche, commença à avoir force de loi, et que Michel, métropolitain de Damiette, fit un écrit dont nous avons quelques extraits, pour prouver que personne n'était obligé à confesser ses péchés aux prêtres; enfin que cette doctrine parut si vraie, qu'on inséra une partie de cet écrit de Michel dans les collections de canons. Cependant il n'y a rien de plus faible ni de plus ridicule que les raisons de ce pitoyable théologien : car une des principales est, que S. Marc, en annonçant l'Évangile, n'avait pas imposé cette obligation, et que Jésus-Christ avait défendu de s'établir un maître ou docteur sur la terre. Ce raisonnement est fondé sur ce que le confesseur, que les Grecs appellent πνευματικὸς, est ordinairement appelé *mohalem* en arabe, ce qui signifie *maître* ou *docteur*; d'où il conclut qu'il suffit de confesser en secret ses péchés à Dieu, particulièrement lorsque le prêtre offre l'encens dans la Liturgie. Il ne répond à aucune des raisons solides dont les autres théologiens se servent pour établir la nécessité de la confession; et à l'égard du passage de S. Jacques, il dit qu'il doit s'entendre des péchés commis contre le prochain, auquel il faut les déclarer, et lui demander pardon. Abulbircat a copié Michel de Damiette, et il explique seulement ce que l'autre avait dit avec quelque obscurité, marquant que cette confession doit être faite *lorsque le prêtre encense le peuple, en faisant le tour de l'église*.

C'est que dans leur Liturgie les premiers encensements se font après une oraison appelée de *l'absolution*, par laquelle le célébrant demande à Dieu sa miséricorde, et le pardon de ses péchés et de ceux de tous les assistants, en vertu de la promesse de Jésus-Christ à ses apôtres pour la rémission des péchés. La forme de cette prière n'est pas fort différente de celles dont les Orientaux se servent dans l'absolution sacramentelle. Ceux qui abrogèrent la confession faite aux prêtres crurent grossièrement qu'il suffisait de la faire en soi-même dans le temps que cet encens était offert. *L'usage établi en Égypte et en quelques provinces voisines*, dit Abulbircat, *est que personne ne confesse ses péchés au prêtre; mais sur l'encensoir, pendant que le célébrant le porte à l'entour de l'église. C'est lui qui est ordonné pour offrir l'encens à Dieu, comme Aaron, Zacharie et les autres prêtres. Il le porte parmi le peuple, afin que chacun se souvienne de son péché, et qu'il s'en décharge. Puis lorsque le prêtre est revenu à l'autel, qui est le Saint des saints, avec l'encens, il prie Dieu pour le peuple, et Dieu, recevant la pénitence et la confession, accordera la rémission des péchés.*

Comme un abus en attire un autre, quelques-uns crurent que chacun pouvait faire en particulier cette cérémonie, en mettant de l'encens et d'autres parfums sur le feu, et confessant ses péchés sur la fumée. C'est ce que Mauhoub, fils de Constantin, dit être pratiqué par les Éthiopiens ; et ce qui paraît plus extraordinaire, les Portugais trouvèrent la même superstition parmi les nestoriens de Malabar, selon le témoignage de l'auteur de la Vie d'Alexis de Méneses. Outre les preuves que nous avons rapportées, et qui sont incontestables, Echmimi et les deux Ebnassal, Michel, patriarche jacobite d'Antioche, l'auteur de la Science ecclésiastique, témoignent, non pas à la vérité que tous les Cophtes, mais plusieurs d'entre eux ne confessaient point leurs péchés ; et l'un des deux ajoute que quelques patriarches avaient défendu la confession, à cause qu'on ne trouvait pas facilement des prêtres qui eussent les qualités nécessaires pour écouter les pénitents, et la leur rendre utile ; enfin il dit très-clairement qu'il y en avait plusieurs, du nombre desquels il se met, qui la croyaient si nécessaire, que sans elle, et le reste de la pénitence canonique, ils n'espéraient pas qu'on pût obtenir la rémission des péchés.

Il est vrai que ces auteurs, qui étaient dans la communion de l'église cophte, et Michel d'Antioche, uni de même avec les patriarches d'Alexandrie, les ménagent, quoiqu'ils déclament fortement contre cet abus. Mais dans le temps même qu'il commença à s'introduire, il s'éleva un religieux prêtre, nommé Marc, fils d'Elkonbar, qui poussa beaucoup plus loin le zèle de l'ancienne discipline. Il prêcha donc publiquement que *tout homme coupable de péchés capitaux ne pouvait, sans commettre un sacrilége, approcher de l'Eucharistie, s'il ne les avait confessés au prêtre pénitencier, et sans avoir accompli la pénitence imposée selon les canons ; et que celui qui mourait sans s'être confessé, mourait dans son péché, et allait droit en enfer.* Comme il était savant, et qu'il expliquait l'Écriture en langue arabe à ses auditeurs, d'abord littéralement, et ensuite par des homélies fort touchantes, il fut suivi d'un très-grand nombre de Cophtes, qui allèrent se confesser à lui, reçurent les pénitences qu'il leur prescrivit, et abandonnèrent la confession sur l'encensoir. Il prêcha de même contre d'autres abus, et le concours fut si grand, que le patriarche Marc l'ayant d'abord menacé, puis excommunié, puis lui ayant pardonné, fulmina enfin une dernière sentence d'anathème contre lui, parce qu'il recommençait toujours à prêcher la confession et la pénitence. Cette histoire n'est touchée qu'en peu de mots dans la Chronique orientale ; mais elle est écrite assez au long par un auteur jacobite, nommé Abuselah, Arménien, qui accuse le prêtre Marc de plusieurs crimes avant qu'il fût élevé au sacerdoce, de l'hérésie des trithéites et de quelques autres ; enfin il dit qu'il se fit melchite, c'est-à-dire orthodoxe, et qu'il fit profession de croire deux natures en Jésus-Christ ; ce qui fait voir l'animosité avec laquelle cet auteur attaque celui qui défendait la vérité.

Il est inutile de faire un examen plus particulier de ce qui regardait personnellement Marc, fils d'Elkonbar. Ce qui a rapport à notre matière est qu'il se trouva en Égypte un homme assez courageux pour s'opposer seul aux nouveautés de deux patriarches, et pour ramener les peuples à l'ancien usage ; qu'il fut suivi d'un très-grand nombre d'autres, et qu'il leur persuada de renoncer à la superstition de l'encensoir, à confesser leurs péchés, et à subir la pénitence. Mais il ne fut pas le seul, puisque Ebnassal le canoniste, et son frère le théologien, qui vivaient dans le siècle suivant, réfutèrent solidement les raisons ridicules du métropolitain de Damiette, montrant qu'elles étaient contraires à l'Écriture sainte et à la tradition de toute l'Église, ce qu'a fait aussi Echmimi dans sa Collection. Ebnassal témoigne en même temps que plusieurs de ceux qui étaient dans la communion de l'église cophte condamnaient cet abus comme pernicieux, et conduisant à la damnation. Michel, patriarche d'Antioche, semble avoir eu toujours en vue de le combattre, quoiqu'il s'abstienne de nommer les auteurs, à cause de l'union ancienne qui était entre les jacobites d'Antioche et ceux d'Alexandrie. Nonobstant l'autorité des deux patriarches, Jean et Marc, qui avaient aboli la pénitence canonique, Ebnassal, Echmimi et les autres collecteurs ou abréviateurs de canons, faisant mention des constitutions synodales de leurs successeurs, ne parlent pas de celle-ci, ce qui fait connaître qu'elles n'étaient pas généralement reçues. L'auteur de la Science ecclésiastique, qui a vécu depuis, établit la nécessité absolue de la confession ; et ce qui est décisif, celui qui a recueilli les homélies pour les dimanches et les fêtes de toute l'année, qui était cophte et jacobite, en parle si souvent, qu'on ne peut presque douter que son dessein n'ait été de détruire une erreur aussi grossière, et dont les effets étaient si si pernicieux. Cela fait juger que les jacobites d'Alexandrie ne s'y sont jamais tous laissés entraîner, et qu'il y en a toujours eu un très-grand nombre qui ont maintenu l'ancienne discipline : car ceux qui parlent avec le plus de fureur contre Marc, fils d'Elkonbar, avouent qu'il laissa tant de disciples, que lorsqu'il mourut il y avait plus de six mille religieux qui conservaient sa doctrine, et qui exhortaient à la confession. Il n'en fallait pas une si grande multitude pour conserver la bonne doctrine, surtout lorsqu'elle était soutenue par un patriarche aussi respecté parmi les jacobites qu'était Michel d'Antioche, qui, nonobstant le ménagement qu'il eut pour ceux d'Alexandrie en ne les nommant pas, craignit point de dire que *ceux qui détournaient de la confession étaient de faux pasteurs, des loups couverts de peaux de brebis, prédits par l'Apôtre ; qu'il fallait fuir et ne pas écouter leur voix, comme étant contraire à celle du souverain Pasteur, et à celle de ses disciples.*

Plusieurs voyageurs, et entre autres Vanslèbe, assurent que présentement les Cophtes ne se confessent point ; d'autres disent qu'ils le font rarement ; d'autres enfin que plusieurs conservent l'usage des autres églises : ce qui paraît d'autant plus vraisemblable, qu'on a des livres écrits en ces derniers temps qui contiennent l'office de la réconciliation des pénitents.

Cette contrariété est bien difficile à éclaircir, parce que nous n'avons aucune histoire en continuation de l'ancienne, où même il ne se trouve rien touchant l'abrogation de la confession par les patriarches Jean et Marc, fils de Zaraa ; ce qui peut faire croire que les historiens ne voulaient pas conserver la mémoire d'une innovation si honteuse pour l'église jacobite d'Alexandrie. On peut donc conjecturer que cette diversité de sentiments et de pratique a subsisté depuis le douzième siècle, les patriarches postérieurs n'ayant pas eu le courage ou le pouvoir de remédier aux maux qu'avaient faits leurs prédécesseurs.

Si le corps de l'église cophte est demeuré dans cette erreur, on n'a pas besoin de recourir à la tradition de toute l'Église pour en faire voir l'impiété et l'absurdité, puisque les plus habiles théologiens de la même communion ont enseigné tout le contraire de ce que deux patriarches, qui n'avaient rien de recommandable, et que leurs historiens mêmes accusent de plusieurs désordres, ont introduit contre l'exemple des autres chrétiens. Ce ne sont pas des novateurs qui font la tradition, mais ceux qui s'y conforment, comme ont été Michel d'Antioche, Barsalibi, et les autres que nous avons cités, et qui sont les seuls desquels on peut recevoir le témoignage pour la connaître.

Les protestants ne peuvent tirer aucun avantage d'un pareil abus ; et on ne croit pas qu'il s'en puisse trouver d'assez prévenus pour faire valoir contre les catholiques l'autorité de Michel de Damiette, et de ceux qui l'ont suivi, au préjudice de celle des autres jacobites, puisque la pratique de l'encensoir est non seulement inconnue à toute l'antiquité, mais qu'elle est beaucoup plus récente que n'est la confession parmi les Orientaux. Il fallait qu'elle fût établie longtemps auparavant lorsque ces deux patriarches l'abrogèrent ; et puisque les ministres ont d'abord supposé qu'elle n'était connue dans l'Église latine que depuis le concile de Latran, ce qui a été rapporté jusqu'ici suffit pour les confondre, par un nouvel argument tiré de la discipline orientale, qui l'avait autorisée longtemps avant cette époque fabuleuse, et qui la conserve encore présentement.

Avant que de finir ce chapitre, nous ajouterons que les Éthiopiens, suivant un passage d'Abusélah qui a été rapporté, avaient la même superstition de l'encensoir ; et il y en avait tant d'autres en ce pays-là, qu'il n'y aurait pas lieu de s'en étonner ; d'autant plus que leurs métropolitains ayant été ordonnés en Égypte, dans le temps que la confession y avait été abrogée, pouvaient l'y avoir portée. Car Macaire, qu'on suppose être le premier patriarche jacobite d'Alexandrie qui peut avoir donné lieu au changement de discipline, parce qu'il abrogea plusieurs rites, ordonna Sévère, métropolitain d'Éthiopie ; Michel ordonna Georges ; Jean, fils d'Abugaleb, soixante-quatorzième d'Alexandrie, ordonna Isaac sous le roi Lalibéla ; et c'est dans cet intervalle de temps, qui comprend près de deux siècles, que la confession sur l'encensoir peut avoir été introduite. Macaire fut ordonné l'an de Jésus-Christ 1183, et on marque le règne de Lalibéla en Éthiopie vers l'an 1210, ou environ ; car on dit qu'il régna quarante ans.

Or nous ne trouvons pas le moindre vestige de cette cérémonie de l'encensoir dans tout ce qui nous reste de monuments ecclésiastiques de ce pays-là. Alvarez, dont le témoignage ne doit pas être méprisé aussi facilement qu'il a paru à quelques modernes, n'en fait pas mention, non plus que les jésuites, sur les mémoires desquels le P. Baltazar Tellez a composé son Histoire. M. Ludolf, qui avait particulièrement étudié cette matière, ne rapporte rien dont on puisse tirer la moindre conjecture en faveur de cette pratique. Il ne faudrait pas néanmoins trop insister sur cette preuve, si on n'en avait pas d'autres ; car cet auteur a ignoré une infinité de choses qui étaient absolument nécessaires à son dessein, particulièrement tout ce qui concernait la foi et la discipline de l'église jacobite d'Alexandrie, de laquelle celle d'Éthiopie dépendait absolument. Il en a dissimulé plusieurs autres, qui ne convenaient pas au système qu'il s'était formé, pour trouver les Éthiopiens exempts de toute hérésie, de superstition et d'abus, et les donner comme un modèle parfait des chrétiens de la primitive Église ; en un mot, pour les faire de parfaits luthériens. Mais de la manière dont il a traité d'autres points de religion ou de discipline, sur lesquels on ne peut justifier les Éthiopiens, on peut juger sans témérité, que s'il avait trouvé quelque part qu'ils eussent aboli la confession, cela lui aurait paru si beau, qu'il aurait fait une ample digression sur cette matière.

On ne voit donc rien dans les livres éthiopiens qui donne la moindre lumière touchant la pénitence ; la collection que fit le roi Zara-Jacob vers le temps du concile de Florence, dont Wanslèbe fit imprimer la table en latin, ne contenant aucune constitution patriarcale sur cet article ; et il ne faut pas s'en étonner, puisqu'il ne s'en trouve pas même de ces deux malheureux patriarches Jean et Marc qui abolirent la pénitence, dans les collections arabes des Cophtes. Il y a de plus une autre raison de croire que l'usage de l'encensoir avait cédé à une nouveauté encore plus criminelle, supposant qu'il eût été pratiqué en Éthiopie. C'est que pour les grands péchés, principalement pour l'apostasie par la profession du mahométisme, les Éthiopiens ont institué un nouveau baptême le jour de l'Épiphanie, par lequel ils croient que les plus grands crimes sont remis sans pénitence ; et Alvarez, témoin oculaire qui le décrit exactement, ajoute que le métropolitain lui avait dit que cette coutume avait été introduite par le roi aïeul de celui qui régnait alors. On sait bien que M. Ludolf a employé beaucoup de mauvaises raisons pour justifier ce sacrilège, et on les a réfutées ailleurs. Cette fausse persuasion pouvait donc avoir fait oublier la ridicule pénitence de l'encensoir, qui avait été pratiquée du temps d'Abusélah ; car on ne peut pas témérairement rejeter son témoignage.

A l'égard des nestoriens de Malabar, tout ce que

nous en pouvons dire est que s'ils pratiquaient cette superstition, elle ne leur était pas venue de leur église, où elle n'a jamais été connue ; puisqu'il ne s'en trouve aucune trace dans les livres des nestoriens, mais des formules d'absolution pour les pénitents.

CHAPITRE IX.
De quelques autres points de discipline sur la pénitence observés par les Orientaux.

Outre ce qui a été rapporté touchant la doctrine et la pratique des Grecs et des Orientaux touchant la nécessité indispensable de la confession pour les péchés griefs, il y a déjà plusieurs siècles que les uns et les autres en ordonnent la pratique, même à ceux qui vivent innocemment, et qui n'ont point commis de péchés soumis aux canons pénitentiaux. Les Grecs ont cet usage, et les Eucologes prescrivent que le prêtre, avant que de célébrer la Liturgie, se confessera. Il n'est pas difficile de comprendre que cette confession ne regarde que les fautes vénielles ; car un prêtre, qui en aurait commis d'autres, serait obligé de se séparer du ministère des autels. Les laïques sont obligés de même à se confesser au moins à Pâques et à Noël de leurs péchés véniels, et l'absolution est aussitôt accordée.

Nous trouvons cette discipline établie dans les canons que nous croyons plus anciens que n'est la collection de Barsalibi. Dans le quarante-troisième on trouve ces paroles : *Tout chrétien qui est en péril de mort doit confesser ses péchés, et ensuite recevoir la communion.* Au cinquantième : *Il n'est permis à personne de recevoir le corps de Jésus-Christ le jeudi-saint, à la Pentecôte ou à la fête de la Nativité, sans avoir confessé ses péchés*, ce qui est répété dans les canons quatre-vingt-septième et quatre-vingt-dix-huitième. Cette règle est étendue même aux ecclésiastiques par le premier canon. Dans le quinzième il est ordonné que *tous se confesseront deux fois l'an*. Barsalibi, dans le soixante-huitième de sa collection, dit que *celui qui manquera à ce devoir sera exclu de la participation des sacrements, à moins qu'il ne se trouve en voyage, ou qu'il n'en ait été empêché par quelque cause légitime, auquel cas il suffira qu'il se soit confessé une fois.* On voit donc que cette discipline était établie il y a plus de sept cents ans, et elle s'est conservée jusqu'à ces temps-ci, comme parmi nous, quoique ces deux sortes de confessions aient toujours été regardées comme différentes ; la première étant de nécessité et l'autre de commandement ecclésiastique.

La manière dont les Grecs se confessent a été décrite par Léon Allatius dans une lettre qu'il écrivit sur ce sujet au P. Morin en 1643. Celui qui veut se confesser va trouver le prêtre, ou dans l'église ou à la maison. Le prêtre, orné de l'étole, s'assied sur un banc, et le pénitent auprès de lui, tête nue et avec respect ; le prêtre récite quelques prières, et ce sont celles qu'on trouve dans les Pénitentiaux anciens et modernes ; après quoi il l'exhorte à confesser sincèrement tous ses péchés. La confession étant faite, le prêtre interroge le pénitent pour le faire souvenir des péchés qu'il pourrait avoir oubliés, et récite sur lui les oraisons propres après la confession ; il lui impose la pénitence, lui donne sa bénédiction et le congédie. Si la pénitence est légère, et que le pénitent puisse l'avoir accomplie le même jour, il communie aussitôt ; si elle ne peut être accomplie qu'après quelques jours, il communie cependant, et il l'achève ensuite, à moins que le confesseur ne l'eût exclu de la participation des sacrements pour un certain temps, ou même pour un temps considérable, si les péchés que le pénitent a confessés méritent ce châtiment. Ainsi communément les Grecs donnent l'absolution incontinent après la confession, mais sans permettre la communion, sinon à ceux qui sont exempts des péchés pour lesquels il faut une plus longue pénitence.

La discipline pratiquée parmi les maronites, et presque tous les autres Orientaux est assez semblable, selon ce qu'en écrit Abraham Échellensis au même P. Morin. Quelques-uns, dit-il, se confessent assis, les autres debout, les autres à genoux ; on impose une pénitence secrète aux péchés secrets, et elle consiste ordinairement en génuflexions, pèlerinages, prières, aumônes, etc. : pour les péchés publics, on impose une pénitence publique. Il cite sur ce sujet des constitutions des maronites, qui sont plutôt celles des jacobites, dans lesquelles il est dit que *les anciens Pères avaient toujours reçu les pécheurs à la pénitence ; que dans cette vue ils avaient établi des canons, dont les uns étaient plus doux, les autres plus sévères, dont ils s'étaient servis avec prudence suivant la force et les dispositions du pénitent.* Ensuite il est parlé du péché de la chair, et il est dit qu'*un prêtre qui en sera coupable fera pénitence un an, pendant lequel il jeûnera et n'exercera pas les fonctions de son ministère ; que le laïque jeûnera sept semaines ; que celui qui aura commis le péché abominable jeûnera et priera quatre ans ; que si quelqu'un se trouve en péril de mort avant que d'avoir accompli sa pénitence, si elle est longue, on lui donnera la communion.* Par ces paroles on reconnaît que ce qui se trouve prescrit par les canons du moyen âge qui ont été rapportés se pratique encore, et que le relâchement n'est pas si grand, que les pénitences ne soient encore fort rudes.

Il est vrai que les patriarches, les évêques et les confesseurs ont fait un grand abus du pouvoir que l'Église, même dans la plus grande vigueur de la discipline, leur a donné, pour diminuer la longueur et la sévérité des peines canoniques, et qui est confirmé par tous les canons pénitentiaux. Car sous prétexte de racheter les jeûnes par des aumônes, nous apprenons de plusieurs témoins dignes de foi que souvent toute la pénitence se réduit à ce qui passe pour aumône, et qui est cependant une taxe et une exaction simoniaque que les confesseurs s'approprient. Ceux qui abusent ainsi de leur ministère sont condamnés par les docteurs de leurs propres églises.

L'absolution, continue Échellensis, *se donne en cette manière : Si les péchés sont d'une qualité à requérir une longue pénitence, et que par cette raison on interdit au pénitent la participation des sacrements, on ne lui donne l'absolution qu'après qu'il a accompli la pénitence. Si les péchés sont légers, elle lui est donnée aussitôt.* Ce témoignage nous apprend que l'usage présent est assez conforme à celui que prescrivent Michel d'Antioche, Barsalibi et les autres qui ont été cités, et qu'ainsi les chrétiens orientaux ont encore des restes vénérables de la discipline ancienne touchant la pénitence. Ce qu'ordonnent leurs canons n'a rien qui ne soit dans l'ordre de l'Église, et ce ne sont pas là des abus sur lesquels il faille les inquiéter, mais plutôt les exhorter à mettre en pratique ce qui se trouve dans leurs livres. Plusieurs missionnaires les ont scandalisés, lorsqu'ils leur ont proposé comme un avantage que leur procurerait la réunion avec l'Église catholique, l'exemption entière de toutes les pénitences. Si par ce moyen, qui n'est pas selon son esprit, ils en ont attiré quelques-uns, entre autres des prêtres qui auraient dû être séparés pour longtemps de leur ministère, et qui recevaient l'absolution dans le moment, cette indulgence a aliéné ceux qui, ayant de la crainte de Dieu et des mœurs plus réglées, la regardaient comme un renversement entier de la pénitence. Un jubilé envoyé en Éthiopie fut suivi de la ruine entière des travaux de plusieurs années pour la réunion de cette nation, le métropolitain ayant publié un baptême général, comme devant avoir un plus grand effet pour la rémission des péchés. Quoiqu'il y ait peu de pays chrétiens où la discipline soit plus renversée qu'en Éthiopie, les ecclésiastiques qui s'opposèrent le plus à la réunion fussent très ignorants, que le désordre fût général dans la nation, et que par conséquent elle dût être fort éloignée des sentiments que produit un zèle éclairé pour la discipline, le reproche que firent les ecclésiastiques éthiopiens aux missionnaires portugais touchant l'abolition de la pénitence, porta les peuples à de si grandes extrémités, que le mal a jusqu'à présent été sans remède.

On est assez peu instruit des changements qui peuvent être arrivés depuis quatre ou cinq cents ans dans la discipline qui a été expliquée, parce qu'on n'a pas d'autres livres que ceux dont nous l'avons tirée, que même elle se trouve dans plusieurs manuscrits assez récents, ce qui fait juger qu'elle n'a pas changé, c'est-à-dire qu'il ne s'est fait aucunes lois ecclésiastiques contraires. Mais on a sujet de croire que ces anciennes lois ne sont pas trop bien observées, ce qui est un désordre presque général par tout l'Orient. Il est cependant fort difficile de former un jugement certain sur ce qui est rapporté par les missionnaires et par les voyageurs : car plusieurs disent que la plupart des Orientaux ne se confessent point, quoiqu'on ne puisse e dire des Grecs, ni des Arméniens, ni de la plupart des Syriens, qui, comme on le sait certainement, ont l'usage de la confession, mais avec plusieurs abus.

Le principal est que les prêtres et les évêques ne donnent l'absolution qu'en exigeant des taxes de leurs pénitents, ce que les missionnaires leur reprochent davantage, et ce n'est pas sans fondement. On a ci-devant expliqué la discipline qui a donné origine à cet abus. Une des principales pénitences était, selon les canons du moyen et du dernier âge, de faire des aumônes, et le confesseur les réglait. On a aussi marqué un autre usage, qui était de faire célébrer des liturgies pour le pénitent, et on trouve qu'elles sont évaluées à une aumône d'un dinar ou *sequin d'or* pour chacune. Ce qui n'était donc dans la première institution qu'une aumône, est devenu une taxe par l'avarice des prêtres; mais les malédictions contre ceux qui abusent ainsi du pouvoir sacerdotal subsistent toujours, et nous n'avons pas trouvé dans les livres les plus récents le moindre vestige d'aucune loi ecclésiastique qui réduisît la pénitence canonique à payer tant au père spirituel, à l'évêque ou au patriarche. Aussi, selon ce que nous avons entendu dire à des personnes dignes de foi qui avaient demeuré longtemps dans le Levant, les prêtres ne s'y prennent pas d'une manière si grossière. Ils sont en droit de refuser l'absolution, parce qu'ils sont juges des dispositions du pénitent; ils la refusent donc s'ils ne reçoivent pas la somme à laquelle ils les taxent, et en cela ils pèchent autant contre leurs propres lois que contre celles de toute l'Église. Cet abus énorme ne les change pas, puisqu'elles subsistent encore dans leurs livres; et c'est suivant ces mêmes lois ecclésiastiques qu'on doit juger de la forme et de la constitution de leurs églises, non pas par les mœurs des particuliers.

Les missionnaires mêmes et les voyageurs conviennent cependant qu'en pareilles occasions les prêtres imposent de rudes pénitences, surtout des jeûnes, des prosternements et de longues prières à leurs pénitents, qu'ils ne peuvent ordinairement racheter. Ainsi, au moins sur cet article, les Orientaux conservent un reste de l'ancienne discipline; car ils ne connaissent point d'indulgences. C'est pourquoi divers schismatiques ou hérétiques ont souvent pris pour prétexte de leurs emportements contre les catholiques, la trop grande facilité de quelques missionnaires à absoudre des pécheurs chargés de crimes énormes, en leur donnant de très-légères pénitences, et en les admettant aussitôt à la communion. Nectarius, en plusieurs endroits de son traité contre la primauté du pape, prend de là occasion de la rendre odieuse aux Grecs, comme si leurs patriarches, et même de simples évêques, n'avaient pas souvent donné des dispenses pareilles, quoiqu'ils n'eussent pas la même autorité.

Il n'est pas moins remarquable que ceux mêmes qui ont prétendu abolir la confession, comme les deux patriarches Jean et Marc, et ceux qui ont entrepris de prouver qu'elle n'était pas nécessaire, n'ont pas laissé d'ordonner aux pécheurs d'expier leurs fautes par des jeûnes, des aumônes, des prières redoublées et d'autres œuvres de pénitence.

Ce qui reste donc encore est que les Cophtes et les autres Orientaux confessent leurs péchés, et Vanslèbe témoigne qu'il les a vus faire cet acte de religion, que les pénitences s'imposent encore selon l'ancien usage, qui a été ci-devant expliqué; et il marque comme une des causes de ce qu'ils se confessent rarement, la sévérité trop grande de ces pénitences. Or il s'ensuit que ce sont celles dont il a été parlé ci-dessus, parce qu'il n'arrive guère que la sévérité augmente ; au contraire le relâchement fait toujours de plus grands progrès.

Il est rare que les prêtres et les évêques soient déposés, conformément aux anciens canons ; mais comme il paraît que dès le douzième siècle cette discipline n'avait plus de lieu, il est fort vraisemblable que celle qui se trouve prescrite par Barsalibi a été universellement reçue : ainsi les ecclésiastiques ont une plus rude pénitence ; mais elle ne paraît pas, et ils conservent toujours leur dignité. Si les choses sont entièrement changées, c'est depuis fort peu de temps ; et cela ne nous regarde pas, puisque le dessein de cet ouvrage est d'expliquer les règles de ces églises séparées, et non pas les abus.

LIVRE QUATRIEME,

DANS LEQUEL ON EXPLIQUE PLUS EN DÉTAIL LA DISCIPLINE DES ORIENTAUX TOUCHANT LA PÉNITENCE.

CHAPITRE PREMIER.

De la discipline particulière des Orientaux touchant la pénitence, et des changements qui y sont arrivés.

Comme la séparation des nestoriens est la plus ancienne de celles qui subsistent encore en Orient, on ne trouve dans les livres ecclésiastiques rien de plus ancien sur la discipline de la pénitence que le temps de Nectarius, qui précéda d'environ trente ans Nestorius dans le siége de Constantinople. Ainsi la première idée qu'on peut se former de leur plus ancienne discipline est conforme à ce que les plus habiles auteurs du dernier siècle ont écrit touchant la forme qu'elle eut, après que Nectarius eut fait le changement sur lequel il y a eu tant de disputes. Ceux qui ont prétendu qu'il avait aboli la confession et la pénitence sont réfutés par les Grecs et par tous les Orientaux, puisqu'ils ont conservé l'une et l'autre ; et on ne peut douter que lorsque les nestoriens se sont séparés de l'Église, ils n'aient conservé la discipline qui était alors en usage, et dont la plus grande partie subsiste encore présentement.

Il est vrai qu'ils n'ont aucune connaissance de ce qui a précédé le temps de Nectarius, ni même de cette partie de son histoire qui a rapport au changement qu'il introduisit sur la pénitence. Sévère n'en parle pas, traitant particulièrement ce qui regarde les patriarches d'Alexandrie ; Abulfarage et les autres historiens n'en font aucune mention, et il ne paraît pas que les plus habiles théologiens aient su ce que signifiaient les anciens canons par rapport aux différents degrés de la pénitence.

Ainsi en remontant à la plus haute antiquité des églises nestoriennes et jacobites, on ne voit point que la pénitence ait eu une autre forme que celle dont l'église grecque se sert depuis ce temps-là, particulièrement depuis Jean-le-Jeûneur. Le savant P. Morin (de Pœnit., l. 6, c. 23) a marqué qu'elle consistait dans une confession exacte de tous les péchés faite en secret, après laquelle le prêtre interrogeait le pénitent sur toutes les circonstances des péchés ; puis il imposait des pénitences prescrites pour chaque péché, soit par les anciens canons, soit par les livres pénitentiaux approuvés dans l'Église, qui dans les premiers temps n'avaient guère moins de sévérité que les anciens canons. Ensuite le prêtre donnait l'absolution au pénitent, mais sans l'admettre à la participation de l'Eucharistie, jusqu'à l'accomplissement entier de la pénitence, qui néanmoins pouvait être abrégée et diminuée suivant la prudence du confesseur. Il peut y avoir eu quelques légères diversités dans cette discipline, mais elles se rapportent toutes à cette forme générale.

Les Orientaux, autant qu'on en peut juger par les monuments d'antiquité qui nous restent, avaient de pareilles règles. On ne voit dans leurs histoires ni dans leurs canons aucun vestige de confession faite en public, mais il paraît qu'elle a toujours été faite en secret ; que toutes les instructions faites pour les prêtres leur recommandent expressément, et même sous peine de déposition, de ne révéler pas les péchés qui leur ont été dits en confession, et que c'est un des cas pour lesquels on impose de plus rudes pénitences à ceux qui, par haine ou par légèreté, manqueraient au secret qu'ils doivent aux pénitents. Il ne paraît pas que la déclaration qu'ils font de tous leurs péchés aux confesseurs soit une action distinguée des interrogations que ceux-ci doivent leur faire, puisque cela se fait conjointement ; et même le Pénitentiel de Barsalibi et quelques autres plus anciens, parlant de l'acte de la confession, qu'ils appellent comme les Grecs Ἐξαγγελία, marquent simplement que le confesseur interrogera le pénitent ; ce qu'on voit prescrit non seulement dans les Pénitentiaux grecs, mais dans les latins et dans les formules que Réginon, Burchard et d'autres canonistes ont dressées pour l'usage de leurs siècles.

L'imposition de la pénitence canonique suit immédiatement la confession dans les Pénitentiaux des églises d'Orient ; mais on ne peut dire certainement que leur usage ait été de donner l'absolution aussitôt ; car on pourrait même douter qu'elle ait été donnée aussitôt parmi les Grecs. On trouve diverses oraisons que le prêtre prononce sur les pénitents avant la confession, d'autres après qu'elle a été faite, et d'autres après l'imposition de la pénitence. Elles conviennent toutes dans le même sens, qui est de demander à Dieu miséricorde et la rémission des péchés pour le pénitent ; et pendant le cours de la pénitence, le prêtre en dit de pareilles lorsque celui qui y est soumis travaille à s'en acquitter. La conformité de ces prières avec celles qui se disent lorsqu'on réconcilie entièrement le pénitent peut faire croire que les premières contiennent une sorte d'absolution. Cependant elle n'est pas assez marquée pour le pouvoir assurer, et elles ont beaucoup plus de conformité avec celles qui se disaient autrefois dans l'église grecque et dans l'Église latine sur les pénitents, lorsqu'ils se présentaient pour recevoir l'imposition des mains des évêques ou des prêtres, dont il est parlé dans les anciens conciles, et dont il reste encore quelques vestiges dans nos offices de la semaine sainte. Mais il y a beaucoup plus de vraisemblance à croire que l'absolution n'a proprement été donnée qu'en même temps que les pénitents étaient admis à la participation de l'Eucharistie ; et il ne paraît pas qu'on puisse prendre dans un autre sens ce qui est marqué sur ce sujet dans les Pénitentiaux de Barsalibi et d'autres plus anciens.

A l'égard des pénitences, les Orientaux aussi bien que les Grecs les appellent *canon*, parce qu'elles ont été d'abord réglées sur les anciens canons des conciles et des Pères grecs qui se trouvent dans les collections arabes et syriaques. C'est pourquoi Echmimi, Ebnassal et divers canonistes, non seulement les ont conservés dans les recueils entiers de ceux des conciles, comme des monuments d'antiquité respectables, mais ils les ont insérés dans les abrégés qu'ils en ont faits par lieux communs. Cela ne prouve pas qu'ils soient en usage ; mais quelques-uns de ces canonistes disent qu'ils les rapportent, afin que les prêtres, en étant instruits, s'en servent pour faire comprendre aux pénitents combien la discipline de l'Église est mitigée à leur égard, et que ce motif serve à leur faire recevoir et accomplir avec plus de soumission les pénitences qu'on leur prescrit.

Outre ces anciens canons, il y en a plusieurs autres qui ne sont pas de la même antiquité, mais qui ne sont guère plus récents que les huitième et neuvième siècles, dans lesquels la face de l'église d'Orient fut entièrement changée par la conquête que les Mahométans firent de la plus grande partie de l'Asie et de l'Afrique. Ces canons sont tirés de la discipline de ces temps-là ; et une marque certaine de leur antiquité est qu'ils sont ordinairement plus sévères que ceux suivant lesquels la pénitence a été réglée depuis plus de six cents ans. Ceux-là se trouvent dans la collection de Barsalibi, et il y en a d'autres qui y sont assez conformes ; mais de l'âge desquels il est difficile de juger, parce qu'ordinairement on les trouve sans nom d'auteur. Ce sont-là les règles sur lesquelles toute la discipline des églises orientales a été fondée, et on trouve encore un assez grand nombre de ces canons pour en faire un ample recueil.

Après l'accomplissement de la pénitence, ou entière ou en partie, car le confesseur a toujours eu pouvoir de la modérer, de l'abréger, ou de la changer, le pénitent recevait l'absolution et était admis à la communion, ce qui était le sceau de sa parfaite et entière réconciliation. Il y a dans les manuscrits un grand nombre de prières pour absoudre les pénitents ; et, comme la plupart de celles qui sont dans les Pénitentiaux grecs et latins, elles sont en forme déprécatoire, et c'est par cette raison que quelques missionnaires les ont eues pour suspectes, ou même les ont condamnées. Mais on sait assez que ce jugement n'a pas été suivi par plusieurs grands théologiens, et que l'Église, durant tant de siècles d'une parfaite communion entre l'Orient et l'Occident, n'a été troublée par aucune contestation sur ce point de discipline. Telle est celle qui a été observée dans les églises orientales, et il faut présentement l'expliquer plus en détail selon ses parties.

Les témoignages qui ont été rapportés prouvent suffisamment que les églises orientales ont cru la confession nécessaire ; et voici comme il y a été pratiquée. Tout homme coupable de quelque péché grief devait s'adresser à un prêtre, qui avait reçu le pouvoir de son évêque ou du patriarche pour entendre les confessions. Les Grecs l'appellent πνευματικὸς, *le père spirituel*, et les Arabes *mohaleïn*, c'est-à-dire *le maître* ou *le docteur*. Voici comme en parlent les Pénitentiaux :

Le confesseur et le pénitent vont à l'église, et le confesseur s'assied à la porte. Le pénitent met le genou droit à terre, et, ayant la tête découverte, les mains jointes et les yeux baissés, il confesse tous ses péchés sans en celer aucun. Les Grecs prescrivent que le prêtre interroge en la manière qu'il est marqué dans le canon de Jean-le-Jeûneur et en divers autres. On trouve la même chose en divers offices syriaques et arabes. Après cela le confesseur fait une courte exhortation à son pénitent, pour lui dire que s'il a une ferme résolution de ne plus commettre les péchés qu'il vient de confesser, il en obtiendra de Dieu la rémission par le ministère sacerdotal, et que tels péchés ne seront pas révélés à sa confusion au jour du jugement, ni punis comme ils auraient dû l'être. Le pénitent demeure cependant à genoux, et les mains jointes. L'évêque ou le prêtre disent quelques hymnes, des psaumes et d'autres prières marquées dans les offices ; puis ils en disent de particulières sur le pénitent pour chaque péché. Il y en a de cette sorte plusieurs recueillies par Denis Barsalibi ; et, lorsque le prêtre les prononce, il impose sa main droite sur la tête du pénitent ; en quoi on peut remarquer un reste de l'ancienne discipline, suivant laquelle les pénitents devaient recevoir souvent l'imposition des mains des prêtres.

Il n'y a rien dans ces prières qui puisse nous faire connaître qu'elles signifiassent l'absolution, quoiqu'elles soient assez semblables à celles qui étaient employées lorsqu'on la donnait : parce que leur sens principal est d'implorer la miséricorde de Dieu sur les pénitents, afin qu'en accomplissant les règles de l'Église, ils se rendissent dignes de l'absolution, qui leur était accordée pleinement lorsqu'ils étaient admis à la communion. Si cela peut être regardé comme une absolution préparatoire, c'est une question que nous ne trouvons pas dans les théologiens orientaux, qui ont ignoré les subtilités que divers théologiens du moyen et du dernier âge ont apportées dans les écoles sur cette matière. Ce que le P. Morin a dit des Grecs qu'ils donnaient l'absolution en imposant la pénitence, peut avoir rapport à ces prières; mais comme cette conjecture peut souffrir quelque difficulté à l'égard des Orientaux, et que nous n'avons pas dans leurs livres les secours nécessaires pour l'éclaircir, nous en laisserons le jugement aux savants.

Après cette première action, qui est le fondement de la pénitence canonique, le prêtre imposait le *canon*, c'est-à-dire les peines prescrites par les canons reçus dans chaque église et confirmés par l'usage, pour régler la longueur et la qualité de la pénitence selon le nombre et la grièveté des péchés. Il reste dans les livres syriaques et arabes plusieurs collections de ces canons, avec cette différence, que les uns sont plus sévères, ce qui fait connaître qu'ils sont plus anciens, et que les autres le sont moins, marque certaine qu'ils sont plus récents, parce qu'il est ordinaire qu'on se relâche de l'ancienne sévérité à mesure qu'on s'en éloigne.

Ils sont tous fondés sur les anciens canons, si ce n'est que quelques-uns sont appropriés à des péchés qu'on ne commettait pas alors. Ainsi la plupart ordonnent, à l'égard de ceux qui ont renoncé à la foi, les peines établies anciennement contre ceux qui tombaient dans l'idolâtrie, et ainsi du reste.

Ce que les anciens canons marquaient, que la pénitence devait durer tant d'années, est ordinairement réduit à retrancher de la communion pendant ce temps-là; et les exercices laborieux sont déterminés en détail par celui qui impose la peine canonique. Il y a même sujet de conjecturer que, dans les collections de la première sorte, on a eu plus en vue de rappeler la mémoire de la rigueur de la discipline des premiers siècles, afin que les prêtres ne se relâchassent pas trop, et que les pénitents se soumissent plus volontiers à la pénitence qui leur était imposée, que de prescrire des règles qui dussent être suivies dans la pratique. Par exemple la pénitence d'un homicide volontaire est de douze ans; celle d'une femme qui se fait avorter, des incestes, de la bestialité, de quinze; ce qui a plus de rapport à l'usage ancien qu'à tout ce qui s'observe dans les livres qui nous restent depuis le mahométisme.

On ne peut même juger, sinon au hasard, du véritable état de la discipline pratiquée parmi les nestoriens et les jacobites dans les premiers temps de leur séparation, puisqu'il ne reste aucune collection de canons pénitentiaux dont l'autorité soit certaine; et ce qu'on en peut dire de plus vraisemblable est que ces premières, dont la sévérité marque en même temps l'antiquité, nous en peuvent donner quelque idée. Car depuis que ces églises, séparées déjà par l'hérésie et par le schisme, cessèrent à cause de la domination des Barbares d'avoir aucun commerce avec celles d'Orient et d'Occident soumises aux empereurs chrétiens, il ne s'y est tenu aucun concile qui pût établir des règles de discipline commune à toutes celles que la même créance unissait ensemble, comme celles d'Alexandrie et d'Antioche, jacobites. Quand il y aurait eu quelque synode ou règlement général, approuvé et reçu dans l'un des deux patriarcats, il ne pouvait être considéré comme ayant force de loi dans l'autre, chaque patriarche se regardant comme indépendant, et n'ayant point de supérieur ecclésiastique. Les melchites ou orthodoxes reconnaissaient le patriarche de Constantinople; mais l'éloignement et le défaut d'autorité dans les pays soumis aux infidèles rendaient cette subordination inutile. Les nestoriens ne reconnaissaient d'autre supérieur ecclésiastique que leur catholique ou patriarche. Le patriarche jacobite d'Alexandrie était dans la même indépendance; parce que si, avant le concile de Calcédoine, ses prédécesseurs avaient reconnu la supériorité du siége de Constantinople, conformément au droit nouveau, ils cessèrent de la reconnaître après la déposition de Dioscore, et cette séparation dure encore présentement. Il en était de même du patriarche d'Antioche, jacobite, que sa communion avec celui d'Alexandrie n'empêchait pas de gouverner son église et le diocèse d'Orient avec une autorité absolue.

Il n'y eut donc pas apparemment de règles générales pour les pénitences canoniques, mais chaque église conserva quelque chose des anciens canons : ce qui se peut prouver par la conformité entière qui se trouve entre ceux que nous avons, quoiqu'ils aient été recueillis par des auteurs de différentes sectes, à cause qu'ils étaient tirés de la source commune de l'ancienne tradition. Les collections faites par les Grecs qui n'avaient aucune communion avec les nestoriens ou les jacobites, qui sont des *nomocanons*, ne sont guère différentes en substance, puisqu'on y voit les canons anciens, quoiqu'ils soient hors d'usage, rapportés comme le fondement de la discipline des temps suivants. Mais dans des temps d'ignorance et de licence, qui était souvent fort augmentée par la protection que ceux qui avaient intérêt de l'introduire ou de la maintenir trouvaient auprès des infidèles, il y fallut apporter plusieurs tempéraments. En diverses rencontres la discipline ancienne n'était pas praticable; et même les Grecs, quoiqu'ils ne fussent pas dans la même servitude, l'avaient modérée considérablement. Suivant le droit commun, les évêques et même les confesseurs, à plus forte raison les patriarches, pouvaient abréger la pénitence pour le temps et en modérer la rigueur, ayant égard aux forces ou à l'infirmité du pénitent, à son zèle, à ses facultés; de sorte qu'ils pouvaient ordonner des aumônes à celui qui ne pouvait pas soutenir les jeûnes et les abstinences par infirmité, ou qui n'était pas en état de faire les prosternements et les oraisons qu'on prescrivait ordinairement ; comme des jeûnes et des prières extraordinaires étaient imposés à celui qui ne pouvait pas faire l'aumône.

Ces patriarches ayant une autorité absolue en abusèrent, accordant très-facilement des relaxations de pénitences, parce que comme toute l'action de la pénitence canonique cessait ordinairement par la communion, dès qu'ils l'accordaient tout était fini ; et c'était ce qu'ils faisaient très-souvent, tant par faiblesse et par déréglement que par des vues humaines ; sous prétexte de crainte que les pénitents ne se portassent au désespoir, et ne se fissent mahométans. La discipline se trouva donc en peu de temps fort relâchée, et les prêtres, abusant de leur ministère, accordaient souvent l'absolution sans pénitence. Ensuite les abus vinrent à un si grand excès, que la difficulté de trouver des confesseurs qui eussent les qualités requises pour s'acquitter dignement de leur ministère, fut un des prétextes duquel se servirent les jacobites d'Égypte pour abolir la confession.

Enfin dans le douzième siècle, on fit quelques nouveaux recueils de canons pénitentiaux proportionnés à la calamité des temps et à la faiblesse des hommes ; et tel fut le dessein de la Collection de Denis Barsalibi, dont il est à propos de donner quelques exemples. Celui, dit-il, qui a commis un homicide volontaire dans la personne d'un chrétien jeûnera quarante jours au pain et à l'eau, sans vin et sans huile ; il jeûnera de la même manière le jeûne de Noël et celui des Apôtres ; et pendant le carême il le rompra seulement le jeudi et le samedi-saint, et le jour de Pâques et de Noël, usant de vin et d'huile, et mangeant du poisson. Il passera deux années de cette manière, jeûnant ainsi les jeûnes ordinaires excepté les jours marqués. La première année il n'entrera point dans l'église, mais il demeurera à l'entrée prosterné à terre pleurant ses péchés. Enfin il jeûnera les mercredis et vendredis tout le reste de sa vie ; et nous défendons, dit le même canon, au prêtre de diminuer cette pénitence. L'homicide fait par vengeance de la mort de quelques amis ou parents est puni d'un jeûne de quarante jours au pain et à l'eau, et de sept ans de pénitence, que le prêtre réglera comme il jugera à propos.

Le parricide jeûnera toute sa vie sans boire de vin, et ne mangeant qu'une fois par jour, excepté les samedis et les dimanches. Durant un an il n'entrera point dans l'église, mais il demeurera à la porte. Après cela il pourra y entrer, mais par la porte de derrière ; et quand il aura terminé sa pénitence, il ne communiera qu'une fois par an. Celui qui tue sa femme surprise en adultère est soumis à six ans de pénitence. Si quelqu'un tue sa mère en pareil état, après quarante jours continus d'une très-rude pénitence, il est condamné à faire trois fois le pélerinage de Jérusalem, et à jeûner toute sa vie les mercredis et les vendredis, même après les onze années auxquels est déterminé le temps de sa pénitence. Une femme qui étant grosse se défait de son fruit, est soumise à une pénitence de quatorze ans ; et d'abord elle doit jeûner quarante jours dans la dernière rigueur, et les mercredis et vendredis au pain et à l'eau toute sa vie. Celle qui tue son enfant est encore punie plus sévèrement ; car il lui est ordonné de jeûner douze ans de la même manière, c'est-à-dire au pain et à l'eau.

La discipline n'est pas moins sévère à l'égard des péchés de la chair. Pour la simple fornication, les mêmes canons prescrivent *un an de pénitence, pendant lequel le pénitent sera éloigné des sacrements, et il jeûnera les mercredis et les vendredis au pain et à l'eau. Celui qui a forcé une femme fera pénitence pendant six ans, jeûnant d'abord une quarantaine au pain et à l'eau, et deux jours par semaine de même. Celui qui a commis le même péché à l'égard d'une vierge jeûnera ainsi durant un an ; et s'il est marié, pendant six ans. Ceux qui ont péché avec des Mahométans, hommes ou femmes, sont exclus douze ans de la communion ; ils sont obligés à faire le pélerinage de Jérusalem, et pendant tout le temps de leur pénitence ils ne peuvent entrer dans l'église. La pénitence est encore plus sévère à l'égard de ceux qui ont eu un commerce criminel avec des Juifs, et ils sont soumis à une pénitence qu'on peut regarder comme perpétuelle, puisqu'elle est de quarante ans. Les sodomistes sont exclus de l'entrée de l'église pendant un an, qu'ils doivent passer dans les veilles, dans les prières, les prosternements et les jeûnes, s'abstenant de vin, d'huile et de toute chose grasse ; puis ils feront le voyage de Jérusalem, ils se laveront dans le Jourdain, après quoi ils seront réconciliés.* Le temps que doit durer la pénitence n'est pas prescrit. Mais elle est de vingt-cinq ans pour l'inceste, et de quinze pour la bestialité. Il y a d'autres canons aussi sévères pour divers péchés dans cette première collection, qui non seulement semblent donner dans l'excès, mais qui ne s'accordent pas entièrement avec la discipline ancienne, et ne paraissent pas avoir été pratiqués. Telles sont les pénitences d'un an pour avoir eu la pensée de commettre un homicide, un péché contre la chair ou quelque autre, quoiqu'il n'ait pas été exécutée ; celle de douze ans pour avoir reçu l'Eucharistie sans être à jeun, même par inadvertance ; celle de deux ans pour avoir seulement mangé avec des Juifs, et quelques semblables, qui surpassent la sévérité des temps les plus anciens de l'Église.

Il y a surtout un canon attribué par une grande ignorance à saint Basile, par lequel il est ordonné que celui qui, renonçant à la foi, embrassera le mahométisme, ira dans le lieu même où il en a fait profession, pour renoncer de la même manière à cette fausse religion. On a déjà parlé de cet article.

CHAPITRE II.

Suite de la même matière, et du changement qui arriva par la nouvelle collection de canons pénitentiaux.

Le trop grand relâchement et l'incertitude de plusieurs de ces canons engagèrent Denis Barsalibi de faire une collection qui n'eût pas les mêmes inconvénients, et qui pût être d'usage. On ne peut douter qu'elle n'ait eu une approbation générale, puisqu'elle est ordinairement citée par ceux qui ont écrit depuis. Nous en rapporterons quelques extraits.

À l'égard des péchés de la chair par lesquels commence ce Pénitentiel, voici quelques exemples de la discipline qui y est prescrite. La simple fornication est punie d'un an de pénitence, pendant laquelle le pécheur est privé de l'Eucharistie, jeûnant, outre les carêmes ordinaires, quelques jours de la semaine ; faisant aussi cent génuflexions ou prosternements par jour ; et de plus il donnera aux pauvres deux deniers d'or, qui étaient des pièces du poids de notre ancien écu d'or. La pénitence est doublée pour les adultères. Pour les sodomites, il est ordonné quatre ans de jeûne, sans boire de vin, et sans user d'huile ni d'aucun aliment gras, ou de poisson ; cent cinquante génuflexions par jour, et six deniers d'or d'aumônes. Cette même pénitence est prescrite pour ceux qui ont péché avec des religieuses, et pour celles-ci lorsqu'elles se sont abandonnées à un prêtre ou à un religieux ; et pour celles qui ont péché avec un Juif ou un Mahométan : mais si elles sont esclaves, la pénitence doit être mitigée. De même un enfant qui a été forcé par son maître, étant fort jeune, est soumis à la pénitence ordonnée pour la fornication ; et à celle de l'adultère s'il s'est abandonné lui-même lorsqu'il est parvenu à l'âge de discrétion. On ordonne mille génuflexions à celui qui a usé du mariage durant le carême, ou le jour qu'il a reçu la communion.

La pénitence ordonnée pour la réconciliation de ceux qui ont renié la foi est fort remarquable. Celui qui a commis ce crime demeurera quarante jours à la porte de l'église, priant ceux qui entrent et qui sortent d'intercéder pour lui auprès de Dieu ; et, durant l'office, il tiendra un cierge allumé. Pendant ce temps-là, il jeûnera étroitement, s'abstenant de vin, de poisson, d'huile, etc. Après ces quarante jours il entrera dans l'église, mais seulement pour prier et pour témoigner sa repentance par ses pleurs et par ses soupirs. Puis le prêtre lui prescrira les jeûnes convenables, et le séparera de la communion pour sept ans. Il fera par jour cent génuflexions, et il donnera dix deniers d'or en aumônes, ou il rachètera un captif ; et avant que de lui donner l'absolution, on dira pour lui cent oraisons, et après on célébrera cent messes ou Liturgies pour lui.

Celui qui est coupable d'un homicide volontaire jeûnera pendant trois ans, selon Barsalibi, quoique, selon d'autres, à ce qu'il témoigne, il ne jeûne qu'un an ; il fera par jour cent génuflexions, et rachètera un captif. On peut connaître par ces exemples quelle était alors la discipline de l'église orientale pour l'imposition des pénitences. C'étaient ces règles qu'il fallait que le prêtre proposât d'abord à son pénitent ; et, après avoir examiné les circonstances des péchés confessés, il réglait le temps, les mortifications, les prières et les aumônes qu'il lui prescrivait. Il lui faisait promettre, même avec serment, comme le marquent plusieurs auteurs, qu'il ne commettrait plus de pareils péchés, ensuite qu'il accomplirait sa pénitence, autant qu'il dépendrait de lui.

Après cette imposition des peines canoniques, le prêtre disait un office destiné pour cette fonction, qui a une entière conformité avec plusieurs qui se trouvent dans nos anciens Sacramentaires avec ces titres : *Ratio ad dandam pœnitentiam. Ordo ad suscipiendum pœnitentem, ad dandam pœnitentiam*, et qui sont assez semblables à ceux des Grecs. Voici ce qu'il contient : Le prêtre dit d'abord une oraison pour demander à Dieu qu'il oublie nos péchés, qu'il nous comble de ses miséricordes, et qu'il nous fasse marcher dans ses voies. Puis il dit un répons, le commencement du psaume 50, deux autres prières au nom du pénitent, un autre répons, et quelques oraisons que nous ne pouvons bien exprimer en notre langue ; ensuite le prêtre met de l'encens dans l'encensoir, et après les encensements il dit les oraisons particulières pour les principaux péchés, qui sont marqués dans un livre à part. Il lit une leçon des Actes des apôtres, une de l'Épître de S. Jacques, où il est parlé de la confession des péchés, et une troisième de l'Épître aux Éphésiens. Quand ces leçons ont été achevées, le prêtre impose les mains sur la tête du pénitent, puis il récite comme à son nom une prière en forme de confession à Dieu des péchés que le pénitent a confessés, comme s'ils étaient les propres péchés du prêtre, pour lesquels il demande miséricorde. Cette prière finit par une particulière pour le pénitent, qui alors se retire pour accomplir sa pénitence. Tout ce détail est tiré de Barsalibi, et représente ce qui se trouve dans les autres auteurs qui ont parlé de la pénitence. Car ils la font tous consister dans la confession des péchés, dans l'imposition du canon, son accomplissement et l'absolution, qui était suivie de la participation de l'Eucharistie.

Ces mêmes auteurs conviennent que le prêtre avait une entière autorité de modérer la pénitence, de la commuer en d'autres bonnes œuvres, d'en abréger le temps, et de soulager le pénitent, s'il l'en trouvait digne. Il est vrai que s'ils en avaient usé suivant les règles très-sages de Michel, patriarche d'Antioche, des Ebnassal, de Barsalibi, et de toutes les instructions anonymes, ils ne seraient pas tombés en d'aussi grands abus que ceux qui se sont introduits dans la suite, et qui même détruisirent toute la discipline parmi les Cophtes. Mais nous parlons des règles suivant lesquelles tout ce que nous venons de rapporter devait être exécuté.

La première peine était d'être privé de la communion, et le délai de l'absolution jusqu'à ce que la pénitence fût accomplie, ou que le prêtre eût jugé à propos de la terminer. En cela les Orientaux ont une discipline différente de celle des Grecs, telle que la représente le P. Morin ; puisque, selon Barsalibi, l'absolution ne doit être donnée que lorsqu'il est permis aux prêtres de recevoir l'oblation du pénitent, de cé lébrer la Liturgie à son intention, et de l'admettre à la participation des saints mystères. On n'a pas de peine à comprendre que les Orientaux ont pu concilier les prières qui sont regardées comme une absolution préparatoire, avec celles de la dernière et véritable absolution sacramentelle, parce qu'ils n'ont pas disputé sur ces matières, et qu'ils se sont tenus simplement à l'observation de ce qu'ils trouvaient établi par la tradition de leur église. Ainsi il est inutile de se fatiguer à rechercher quelles peuvent avoir été leurs pensées théologiques, pour les accommoder avec celles de quelques théologiens modernes. Nous nous tenons aux faits rapportés simplement; et quoique notre dessein ne soit pas de justifier en tout ces églises orientales, nous les justifions suffisamment lorsque nous faisons voir que leur discipline est conforme à celle des Grecs et des Latins, surtout à cette louable coutume de prier souvent sur les pénitents, et de leur imposer les mains.

Les pénitences marquées fréquemment dans ces canons sont les mêmes que celles de l'église grecque. Les jeûnes sont de deux sortes : car ceux qu'on impose extraordinairement se devaient observer au pain et à l'eau ; les autres, dans le cours du temps prescrit par les canons, étaient moins austères, quoiqu'il le fussent beaucoup plus que les nôtres, et ceux du mercredi et du vendredi étant observés dans tout l'Orient, les pénitents les gardaient avec une plus grande abstinence, et semblable à celle du carême, ne buvant point de vin, et ne mangeant ni laitage, ni œufs, ni poisson, ni huile. On doit sous-entendre toujours, suivant l'usage constant de l'Orient, que les samedis et les dimanches étaient exceptés dans ces longs jeûnes; de sorte néanmoins que ces jours-là les pénitents ne pouvaient user de ce qui leur était défendu dans le cours de la pénitence. Le prêtre pouvait en dispenser ceux qui par infirmité ou par faiblesse de tempérament n'étaient pas capables de les soutenir; mais il leur ordonnait d'autres œuvres dont ils pussent s'acquitter.

Une des plus ordinaires parties de la pénitence canonique était le prosternement de tout le corps, ou génuflexion, en mettant le front à terre, et en disant *Kyrie eleison*, ou quelque autre prière équivalente. Les Grecs ont encore la même pratique, qu'ils appellent absolument μετάνοια, et les Syriens aussi bien que les Arabes ont conservé le mot grec pour signifier la chose. Ces prosternements se faisaient non seulement le jour, mais la nuit, et ils sont ordonnés pour toute pénitence aux péchés légers.

Les aumônes se trouvent prescrites dans toutes les collections des canons anciens et récents, comme un des moyens les plus sûrs de racheter les péchés selon l'Écriture sainte ; et c'est aussi en quoi il y a eu et où il y a encore plus d'abus. Car l'avarice de plusieurs prêtres, fondée sur le prétexte spécieux des nécessités des églises exposées à de continuelles vexations sous des princes mahométans, a donné lieu , comme cela est arrivé en Occident, à racheter les pénitences par des aumônes qui passaient par les mains des ecclésiastiques, et cela les rendait plus indulgents, d'autant plus que les évêques et même les patriarches souffraient ce désordre, et partageaient cet argent avec leurs inférieurs. Ceux qui avaient quelque zèle pour la discipline déclamaient fortement contre cet abus, entre autres Michel d'Antioche, les auteurs des différentes instructions ou homélies qui ont été citées, et plus qu'aucun autre Denis Barsalibi. Ils disent qu'*un prêtre qui, se laissant gagner par les présents que lui fait son pénitent, et qui par un motif si criminel et si sordide, se relâche de la sévérité prescrite par les canons, admettant à la sainte table celui qui n'a pas accompli sa pénitence la pouvant faire, commet un crime semblable à celui de Judas qui vendit son maître; que quand il offre le sacrifice pour lui, il offre du pain immonde, et l'argent des personnes infâmes, quoique Dieu ait défendu de le recevoir dans l'ancienne loi; qu'un tel prêtre peut donner la rémission des péché, mais que lui et le pénitent en commettent un nouveau plus grand que tous les autres, dont ils doivent attendre le châtiment en l'autre monde, et qu'ils le reçoivent même souvent en celui-ci.* Ainsi ils seraient sans reproche s'ils suivaient les règles de leurs églises, où ces abus sont condamnés.

La rédemption des captifs a toujours été considérée comme une œuvre très-méritoire, et elle l'est encore davantage dans des pays où un grand nombre de chrétiens se trouvent esclaves de maîtres infidèles, qui les forcent à renoncer à Jésus-Christ, particulièrement les enfants. C'est pourquoi parmi les pénitences celle-là est presque toujours prescrite, principalement pour les grands crimes. Les Grecs et les Latins l'ont aussi souvent ordonnée.

Il est à remarquer que les jeûnes, les prières et les autres œuvres de mortification prescrits dans ces canons, n'ont jamais dû être remis entièrement, suivant la discipline de l'église orientale, mais seulement en partie; et qu'on ne trouve aucun vestige de cette formule introduite dans le douzième siècle, *pro omni pœnitentia reputabitur*; ce qui fut principalement mis en usage du temps des croisades. Les Orientaux ont toujours enseigné qu'afin d'obtenir la diminution de la pénitence, il fallait l'avoir commencée, et l'avoir exécutée en partie. Cela n'a pas empêché qu'ils n'aient accordé l'absolution à ceux qui se trouvaient en péril de mort avant que de l'avoir accomplie, en quoi ils ont suivi l'usage de l'ancienne Église. C'est sur ce principe que Barsalibi dit qu'*on doit prier et offrir le sacrifice pour celui qui, ayant commencé sa pénitence avec ferveur, est surpris de la mort avant que d'avoir pu l'achever.*

Nous avons ensuite à parler des Liturgies ou messes qui se trouvent ordonnées dans plusieurs canons, et sur lesquelles il y a quelque difficulté. Il semble qu'on les peut diviser en deux espèces : les premières étant regardées comme une oblation du sacrifice, dans lequel le prêtre faisait des prières spéciales pour le pénitent, afin que Dieu lui accordât la grâce d'une sincère conversion ; les autres étaient d'un dessein tout différent, puisqu'on y admettait pour la première fois le pénitent à la communion, ce qui était sa réconciliation parfaite. Cette distinction n'est pas clairement marquée dans les Pénitentiaux, parce qu'il arrive souvent qu'on n'y explique pas en détail des choses connues alors de tout le monde. Mais il y a beaucoup d'apparence qu'il la faut faire, et voici les raisons sur lesquelles est appuyée cette conjecture.

Les canons anciens et modernes ordonnent que les pénitents feront célébrer plusieurs Liturgies ; et par conséquent elles devaient être célébrées durant le cours de la pénitence, puisqu'elle était achevée aussitôt qu'ils avaient reçu l'absolution et la communion, à moins que par ces mêmes canons, on ne leur prescrivît quelque mortification qui devait durer encore après, comme il s'en trouve des exemples. A ces Liturgies le pénitent pouvait assister, excepté lorsqu'il avait commis de ces grands péchés, pour lesquels il était exclus durant quelque temps de l'entrée de l'église. On ne voit pas néanmoins de preuves qu'il y assistât ; et cela ne paraît pas nécessaire. Il suffisait qu'il offrît à l'église ce qui était ordonné pour célébrer une Liturgie ; car dès le temps de Barsalibi la coutume de donner pour cela de l'argent en forme d'aumône paraît établie. C'était donc à proprement parler une messe pour le pénitent, qu'il n'aurait pas été permis de célébrer s'il n'eût été actuellement dans l'exercice de sa pénitence. Car quoiqu'on priât en général pour les pécheurs, même ceux qui étaient encore engagés dans le péché, c'était comme l'Église prie pour les infidèles. Quand elle recevait l'aumône du pénitent pour célébrer la Liturgie, c'était un commencement de réconciliation, qui le préparait à être bientôt admis à la sainte table. Il y avait ensuite un second degré, lorsqu'il offrait à l'autel son offrande, et qu'elle était reçue, en conséquence de quoi le prêtre le nommait dans les dyptiques.

Suivant la discipline commune, dès qu'on avait reçu l'offrande de quelqu'un, et que son nom avait été récité à l'autel, il était regardé comme rétabli dans la communion de l'Église, et dans le droit de participer à l'Eucharistie. Il est donc assez vraisemblable que, lorsqu'il est marqué dans les canons pénitentiaux que l'oblation du pénitent sera ainsi reçue, il était alors réconcilié par l'absolution sacramentelle, et qu'aussitôt il communiait. Sur cette supposition, qui est fondée dans le droit commun, lorsqu'on obligeait le pénitent à faire célébrer plusieurs Liturgies, celles qui étaient célébrées à son intention après cette première, à laquelle il recevait l'Eucharistie, étaient après son absolution pour lui obtenir de nouvelles grâces ; mais elles ne faisaient plus une partie essentielle de sa pénitence. On n'a rien de certain sur le détail de cette discipline, que nous tâcherons d'éclaircir dans les dissertations latines sur la pénitence, où ces canons et les principales prières et cérémonies se trouveront en leur entier.

Le pèlerinage des saints lieux est aussi une œuvre méritoire de la plus grande antiquité, et la division de l'Église par les hérésies et par les schismes n'a apporté aucun changement à cette dévotion. C'est ce qui a fait que depuis le commencement de l'empire mahométan toutes les nations et les sectes y ont eu des églises et des chapelles, ce qui subsiste encore. On trouve dans l'histoire des jacobites d'Alexandrie que rien ne les affligea davantage que la défense que firent les Francs, lorsqu'ils étaient maîtres de Jérusalem, d'y recevoir les Cophtes. Il y a divers témoignages de ce pèlerinage dans l'histoire des nestoriens, des Éthiopiens, des Arméniens, et en général de tous les chrétiens du Levant ; et on doit remarquer en passant que si on le traite de superstitieux, comme ont fait les protestants, ils ne peuvent pas dire que les Orientaux l'aient appris de l'Église romaine.

CHAPITRE III.

Continuation de la même matière, et de la pénitence des ecclésiastiques.

Enfin, après que le pénitent a accompli tout ce que le confesseur lui a prescrit de mortifications, de prières et d'aumônes, il se présente de nouveau devant son père spirituel, ou, si toute la pénitence n'est pas accomplie, il obtient la dispense ou la commutation d'une parties des peines canoniques, et il reçoit l'absolution pour recevoir aussitôt la communion. *Le prêtre, selon Barsalibi, lui impose les mains, lui souffle trois fois au visage, et dit : Que ce péché soit chassé de votre âme et de votre corps, au nom du Père, amen ; qu'il vous soit remis et pardonné, au nom du Fils, amen ; soyez-en purgé et sanctifié, au nom du Saint-Esprit, amen. Après cela,* continue-t-il, *il lui ordonne de dire les prières que chacun connaît, de faire quelques génuflexions et jeûnes, lui marquant combien de temps il les doit observer. Enfin il l'admettra à la participation des sacrements lorsqu'il jugera à propos, et conformément aux canons des apôtres et des Pères.*

Ces paroles donnent à entendre que parmi les jacobites syriens il peut y avoir eu une discipline semblable à celle des Grecs, qui accordent l'absolution en imposant la pénitence, quoique, comme il a été dit ci-dessus, il ne se trouve rien de décisif sur ce point là ; et les paroles que nous avons citées de Barsalibi ne le sont pas entièrement, car elles peuvent être entendues également de la première imposition des mains lorsqu'on donne la pénitence, comme de la dernière, qui est l'absolution proprement dite. Car, comme il a été dit ailleurs, les oraisons qui sont employées dans la dernière cérémonie, qui est la réconciliation du pénitent, sont presque toutes déprécatoires, même celles dans lesquelles il est fait mention des paroles de Jésus-Christ touchant l'autorité de lier, de délier et de remettre les péchés, qu'il donna aux apôtres.

Telles sont celles qui se trouvent dans l'office des nestoriens. Car après plusieurs psaumes, répons et oraisons convenables à la pénitence, le prêtre met les mains sur la tête du pénitent, et dit ces paroles :

Seigneur notre Dieu, bon et plein de miséricorde, qui répandez votre grâce et votre miséricorde sur tous, répandez, Seigneur, la grâce de votre bénignité sur votre serviteur ici présent, et changez-le par l'espérance d'un renouvellement à la vie de grâce; renouvelez dans lui votre Saint-Esprit, dans lequel il a été scellé pour le jour du salut. Purifiez-le par votre miséricorde de toute impureté, et dirigez les pas de ses mœurs dans les voies de la justice; mettez-le dans la société des saints de votre Église, par une ferme espérance de l'adoption de votre divine Majesté, et par la douce participation de vos mystères vivifiants. Fortifiez-le par le secours de vos miséricordes, afin qu'il observe vos commandements, qu'il fasse votre volonté, et qu'il confesse, adore et loue à tout jamais votre saint nom, Seigneur de toutes choses. La rubrique marque ensuite que si le pénitent a renié la foi, on lui doit faire l'onction du chrême sur le front en forme de croix, en disant : *N. est signé, sanctifié et renouvelé au nom du Père, du Fils, et du Saint-Esprit. S'il a péché par ignorance ou involontairement, on ne lui fait pas l'onction; mais le prêtre fait seulement sur lui le signe de la croix.* En cette discipline que conservent les nestoriens, on remarque les vestiges de celle de l'ancienne Église, qui se servait de l'onction à l'égard de certains hérétiques, ce que les nestoriens, et même d'autres chrétiens du Levant, ont mis en usage à l'égard de ceux qui avaient renié la foi, quoiqu'on ne la pratiquât pas dans les premiers siècles, en réconciliant ceux qui étaient tombés dans un pareil crime.

Nous trouvons aussi un ancien office de la pénitence traduit en arabe, et dont l'original est syriaque, où l'absolution est conçue en ces termes : *Seigneur Jésus-Christ, Fils unique et Verbe de Dieu le Père, qui avez rompu tous les liens du péché dont nous étions chargés, par votre passion vivifiante, qui avez soufflé dans la face de vos saints disciples, les apôtres, en leur disant : « Recevez le Saint-Esprit ; celui à qui vous remettrez les péchés, ils lui seront remis, et celui à qui vous les retiendrez, ils lui seront retenus. » Vous, Seigneur, qui par vos saints apôtres avez accordé à ceux qui exerceront le sacerdoce en tout temps dans votre sainte Église, le pouvoir de pardonner les péchés sur la terre, en sorte qu'ils puissent lier et délier tous les liens des crimes ; nous vous supplions instamment, et nous implorons votre bonté, vous qui aimez les hommes, pour votre serviteur N. et moi misérable, qui nous prosternons devant votre sainte gloire, afin que vous commandiez par votre miséricorde, et que nous soyons délivrés des liens des péchés que nous avons commis contre vous, sciemment ou par ignorance, ou par une mauvaise disposition du cœur, par action, par paroles ou par pensée. Vous qui connaissez l'infirmité de la nature humaine, accordez-nous, comme un Dieu plein de bonté et d'amour pour les hommes, le pardon de nos péchés ; bénissez-nous, purifiez-nous, rendez-nous libres, remplissez-nous de votre crainte, et conduisez-nous à ce qui est de votre volonté, parce que vous êtes notre Dieu, auquel est due toute gloire*, etc.

Telles sont les oraisons que nous trouvons dans les Rituels de la pénitence, et nous n'en avons vu aucune qui eût rapport à la forme *ego te absolvo*, qui est en usage dans l'Église latine. On a vu ce qu'a remarqué le P. Goar sur les formes grecques, qui sont presque semblables, sans que cette différence ait fait douter les plus habiles théologiens de leur validité, qui n'ignorent pas que les anciennes formes d'absolution employées dans l'Église occidentale étaient dans le même sens et dans le même style, sans que jamais on ait douté que la rémission des péchés ne fût accordée aux pénitents par de semblables prières ; puisque c'eût été douter que la puissance de remettre les péchés eût été dans l'Église, où elle a été et où elle sera jusqu'à la fin des siècles.

Il nous reste à parler de la pénitence des ecclésiastiques, laquelle, selon les anciens canons, consistait dans la déposition, puisqu'on ne les mettait pas en pénitence. Cette discipline s'étant abolie peu à peu se trouva presque hors d'usage quand les églises orientales subirent le joug tyrannique des Mahométans. Les évêques n'étaient même plus en état de maintenir l'ancienne sévérité des lois ecclésiastiques, de peur qu'elle ne portât ceux qui y auraient été soumis à renoncer au christianisme, ou à se porter à quelques extrémités. On peut juger néanmoins que ces anciens canons n'étaient pas entièrement oubliés, puisque outre ceux des conciles et des Épîtres canoniques des SS. Pères, insérés dans toutes les collections, celles que nous avons citées comme plus anciennes que Barsalibi, établissent pour plusieurs péchés la peine de déposition ; entre autres contre les prêtres qui donnent les sacrements à des pécheurs publics et scandaleux, sans qu'ils aient fait de confession ni de pénitence; contre ceux qui auront accepté quelque magistrature séculière ; contre ceux qui auront porté les armes, ou frappé quelqu'un ; contre celui qui aura célébré la Liturgie pour un excommunié, et ainsi de divers autres. Cette discipline s'éloignait déjà de l'ancienne, suivant laquelle tout ecclésiastique était déposé pour les péchés capitaux, qui l'auraient exclus des ordres sacrés, s'il les avait commis avant son ordination; car il n'y a qu'un petit nombre de péchés qui soient punis par la déposition.

Mais le changement entier fut introduit dans le douzième siècle, et on a sujet de croire que Barsalibi proposa d'abord le tempérament, et qu'il fut approuvé comme prudent et convenable aux circonstances du temps. Ce fut de doubler aux ecclésiastiques la pénitence qu'on imposait à un laïque. Voici ses paroles, qui marquent clairement que de son temps il n'y avait aucune loi établie sur ce sujet. *Celui*, dit-il, *qui, après avoir reçu les ordres sacrés, tombe dans le péché, s'attire un grand malheur et de grandes douleurs. Nous sommes fort incertains sur ce qu'il faut faire en pareilles circonstances. Cependant nous croyons qu'il lui faut prescrire pour pénitence le double de ce qu'on impose aux laïques.* On ne remarque rien ni dans les canons, ni dans l'histoire qui soit contraire à cette disposition ; ce qui peut faire juger qu'elle a été suivie, d'autant plus qu'il n'y a dans les collections postérieures presque aucun canon particulier sur les ecclésiastiques, sinon quelques-uns qui paraissent assez conformes à cette nouvelle discipline.

Ce qu'on peut observer dans les histoires des jacobites d'Alexandrie et des nestoriens ne donne aucune lumière, puisqu'on n'y voit rien qui ait rapport à ce changement ; et il n'y avait pas lieu d'en parler, non plus que de diverses autres choses qui étaient sues de tout le monde, et qui s'observaient tous les jours. On voit néanmoins des exemples de dépositions d'évêques et de prêtres ; mais c'est toujours pour des péchés publics et d'un grand scandale : même c'était par l'autorité des patriarches, et non pas de plein droit. Il y en a un exemple considérable dans la vie de Simon, quarante-deuxième patriarche jacobite d'Alexandrie, ordonné l'an de Jésus-Christ 688. Il avait donné l'inspection sur tous les monastères à Jean, évêque de Nikious, qui était en réputation de savoir les canons et la discipline ecclésiastique mieux que personne de son temps. Alors le nombre des religieux était fort grand, surtout dans la vallée de Habib ou de Saint-Macaire, à cause de la régularité qui s'y observait, de sorte qu'on y avait bâti plusieurs nouvelles cellules Cependant deux de ces religieux emmenèrent un jour une femme dans le monastère de Saint-Macaire, ce qui ayant été découvert causa un scandale prodigieux. L'évêque Jean, après avoir fait les diligences nécessaires, découvrit le religieux qui avait été le principal auteur de ce crime, et il le fit battre si cruellement, qu'au dixième jour il en mourut. Les évêques s'assemblèrent sur ce sujet, et demandèrent au patriarche Simon que Jean fût déposé, parce que, selon la discipline de l'Église, il ne pouvait plus faire les fonctions épiscopales, mais seulement être reçu à la communion avec les religieux. Simon résista quelque temps ; mais il fut enfin obligé de déposer le coupable, à la place duquel fut ordonné Mennas, religieux du même monastère de Saint-Macaire. C'est ce qui fait croire que depuis le huitième siècle cette discipline ne fut plus en usage, puisqu'elle n'avait jamais été si généralement observée qu'on ne trouve des exemples contraires dans les temps les plus florissants de l'Église latine et de la grecque. On peut voir sur cela la lettre 209 de S. Augustin au pape S. Célestin, où il dit entre autres choses : *Existunt exempla, ipsâ Sede Apostolicâ judicante, vel aliorum judicata firmante, quosdam pro culpis quibusdam, nec episcopali spoliatos honore, nec relictos omnimodò impunitos.* S. Remi donna un pareil exemple, ayant mis Genebaud, évêque de Laon, en pénitence pour des péchés secrets, et l'ayant ensuite rétabi dans son siége. Les lettres de S. Grégoire en fournissent plusieurs autres, et il ne s'en trouve pas moins dans l'église grecque.

Il est donc vrai que la rigueur de la discipline, à l'égard des ecclésiastiques coupables de péchés contre le Décalogue, ne subsiste plus dans les églises orientales, et on n'en trouve aucun vestige depuis le commencement de l'empire des Mahométans. Mais elle a subsisté et subsiste encore, en ce qu'un ecclésiastique qui confesse de pareils péchés est obligé de s'abstenir durant sa pénitence des fonctions de son ministère ; et même il est exclu de la communion, quoique cette sévérité passe les règles observées dans les temps les plus sévères ; car l'Église ne punissait pas deux fois la même faute, et l'ecclésiastique déposé communiait entre les laïques, de quoi il ne paraît aucun vestige dans la discipline orientale.

Ce n'est pas Barsalibi seul qui a établi la règle de doubler aux ecclésiastiques la pénitence que les canons prescrivent aux laïques ; il paraît qu'avant lui la pratique en était connue, puisque dans les collections plus anciennes que la sienne il y a diverses pénitences déterminées pour les ecclésiastiques, pendant lesquelles non seulement ils sont exclus des fonctions de leur ministère, mais séparés de la participation des sacrements durant quelques temps. On y reconnaît pareillement que ces pénitences sont plus sévères que celles qui sont prescrites pour les laïques. C'est ce qui peut faire juger qu'en quelques églises cette nouvelle discipline était déjà pratiquée, ou une assez semblable, quoique depuis deux ou trois siècles il y ait encore eu, ainsi que partout ailleurs, beaucoup de relâchement ; non pas qu'il se soit fait de nouvelles lois, mais parce que celles mêmes qui avaient mitigé l'ancienne sévérité n'ont pas été exécutées, les patriarches, les évêques et les prêtres qui devaient les maintenir ayant été les premiers à les négliger et à en dispenser les autres ; en sorte que ce fut en partie cette négligence qui détruisit entièrement la discipline de la pénitence en Égypte, et qui l'affaiblit partout ailleurs.

CHAPITRE IV.

Examen de ce qui a été publié depuis peu touchant la discipline des Cophtes sur la pénitence.

Les continuateurs de Bollandus ont donné depuis peu au public, à la tête du cinquième volume des Actes des saints du mois de juin, une ample dissertation sur l'église d'Alexandrie, particulièrement sur ce qui regarde la succession des patriarches jacobites, à l'occasion de laquelle ils ont expliqué la créance et la discipline des Cophtes avec un très-grand travail. Car ils ont ramassé tout ce qui avait été écrit sur cette matière par les auteurs modernes ; ils y ont joint divers mémoires fournis par M. Ludolf, qui avait acquis une grande réputation de capacité dans les langues orientales par son Histoire d'Éthiopie ; et ils ont de plus été aidés par ceux qui leur ont été envoyés d'Égypte ; de sorte qu'ils n'ont rien négligé pour la rendre utile et curieuse, comme en effet elle est plu exacte que tout ce qui avait été publié sur ce su A l'égard de l'histoire de ces patriarches, ils rapporté que ce qu'ils en ont trouvé dans la Chr orientale, traduite par Abraham Échellensis ginal de laquelle on ne peut rien dire, par se trouve dans aucune des plus fameuses bibliothèques riches en manuscrits orientaux. On voit seulement que l'auteur, tel qu'il puisse être, a extrait fort négligemment la grande Histoire de l'église jacobite d'Alexandrie et quelques autres. Elmacin n'a dit que très-peu de choses, dont même on ne peut faire une suite de ces patriarches. M. Ludolf, comme il n'avait aucune connaissance de cette même église, n'ayant ni les livres, ni assez de capacité dans la langue arabe pour les consulter, n'a donné que des extraits fort inutiles d'un *Synaxarion* éthiopien, où il se trouve des hymnes à la louange de quelques-uns des patriarches d'Alexandrie, dont les Éthiopiens font mémoire dans leur calendrier, mais rien d'historique. Ses conjectures sur divers endroits d'Elmacin, ou sur quelques points d'histoire, sont ordinairement fort peu heureuses, et il aurait eu beaucoup de peine à tirer aucune lumière des livres éthiopiens sur l'église d'Alexandrie, puisqu'ils n'en fournissent pas même sur celle d'Éthiopie. Car de tout ce qu'il a extrait de ces livres on ne peut faire une suite exacte des métropolitains du pays; on n'y trouve pas plusieurs faits considérables marqués dans l'Histoire des patriarches d'Alexandrie; et, pour ce qui a rapport à la religion, M. Ludolf était tellement prévenu de la sienne, que lorsqu'il en a parlé, c'était plutôt en controversiste qu'en historien, faisant dire ce qui lui plaisait à un Éthiopien par des questions captieuses, dissimulant ce qu'il ne pouvait accommoder avec son luthéranisme, et cherchant à embarrasser les choses les plus claires par des systèmes bizarres et insoutenables. Aussi ces auteurs ont été assez prudents pour ne pas suivre toujours ses mémoires par rapport à la religion des Cophtes; mais comme il est très-difficile et peut-être impossible de bien éclaircir cette matière sans consulter les originaux, sur lesquels seuls nous avons travaillé, il se trouvera dans leur dissertation plusieurs choses qui ne s'accordent pas avec ce que nous avons recueilli, et c'est pour cela qu'il est nécessaire de faire quelques remarques.

Les auteurs, commençant à parler de la pénitence, citent d'abord le passage de la Chronique orientale où il est dit que le patriarche Jean, appelé Abulméged dans le monde, avait abrogé la confession. Ils s'inscrivent en faux contre ce fait, prétendant que ce patriarche n'avait pas prétendu nier qu'elle ne fût un véritable sacrement, ni qu'il la fallût abolir; mais que cela devait s'expliquer par un passage qu'ils rapportent d'Ebnassal, sur la foi de Fauste Nairon, qui ne l'a donné qu'en latin, le citant comme du cinquante-unième chapitre des Constitutions de l'église cophte. Il est vrai que les auteurs de la dissertation méprisent très-judicieusement la raison que contient ce passage, qui est que quelques patriarches ont interdit la confession, à cause que les conditions nécessaires se trouvaient rarement dans les ministres qui devaient la recevoir. Celle qui suit, que tous n'ont pas besoin de la médecine spirituelle non plus que de la corporelle, est encore plus frivole, et ils disent fort bien que c'était la pensée de quelques particuliers, non pas la créance de tous les Cophtes, qui se confessent, comme on le prouve par le témoignage de Vanslèbe.

Il est cependant très-vrai que quelques patriarches cophtes ont abrogé la confession, non seulement Jean, dont parle la Chronique orientale, mais Marc, fils de Zaraa, son prédécesseur; ce qui fait croire qu'il y a une erreur en ce qu'elle attribue à Jean, soixante-quatorzième patriarche, ce qui avait été fait par un autre Jean, soixante-douzième, surnommé fils d'Abulfétah, prédécesseur de Marc. Car l'histoire des contestations sur le sujet de la confession, rapportée par Abusélah dans un grand détail, marque qu'elle commença sous ce premier Jean, et non pas sous l'autre. Outre cette autorité, nous avons celle de Michel, métropolitain de Damiette, dont le traité est inséré en diverses collections, et il vivait sous Marc, par l'ordre duquel il entreprit de soutenir cet abus. En voilà donc deux au moins dont on ne peut douter; et par conséquent il est vrai de dire que quelques patriarches cophtes avaient abrogé la confession.

Fauste Nairon, qui n'était pas fort habile en ces matières, comme le peuvent témoigner ceux qui l'ont connu, s'est trompé grossièrement sur le passage d'Ebnassal, qu'il n'avait certainement pas lu en original et même qu'il ne connaissait pas, puisqu'il appelle cet ouvrage les *Constitutions de l'église cophte*. Ce n'est rien moins que cela; mais une collection de canons par lieux communs sous différents titres, qui n'en contient aucun qui soit particulier à cette église-là, sinon qu'on y trouve citées quelques constitutions synodales des derniers patriarches. Il a aussi confondu les deux frères de même nom; l'autre, qui est le théologien, ayant dit, touchant la nécessité de la confession, tout ce qui se trouve à la fin de la collection de canons de son frère. Ils n'ont ni l'un ni l'autre prétendu que les mauvaises raisons qui se trouvent alléguées par Michel de Damiette pussent servir à justifier l'abus que les deux patriarches voulaient introduire, puisqu'ils ne les rapportent que comme des objections, et qu'ils les réfutent solidement par les paroles que nous avons ci-devant rapportées. Ils parlent avec ménagement de leurs patriarches, ne les nommant pas par respect; mais ils combattent en même temps leur erreur par les passages de l'Écriture, par la tradition et par le consentement de toutes les autres églises à enseigner et à pratiquer le contraire. C'est ainsi que Michel, patriarche jacobite d'Antioche, l'auteur des homélies, Echmimi et d'autres ont traité cette dispute. On ne peut donc contester que l'abrogation de la confession n'ait été non seulement tolérée parmi les Cophtes, mais soutenue par l'autorité de quelques patriarches, et par des écrits de leurs théologiens. En même temps on doit reconnaître que l'abus n'a jamais été si général, que la vérité n'ait trouvé ses défenseurs, et en assez grand nombre, qui ont maintenu dans la suite l'ancien usage parmi ceux de leur nation, quoiqu'on ne puisse nier que l'abus a été soutenu par plusieurs autres.

L'auteur de la dissertation cite les raisons que Vanslèbe apporte de ce que les Cophtes ne se confessent pas souvent, dont l'une est leur ignorance et leur paresse ; l'autre la crainte d'essuyer des pénitences très-rudes que leur imposent les prêtres. Cette dernière raison ne lui paraît pas vraisemblable, et il la rejette. Vanslèbe a écrit que ces pénitences sont fondées sur les anciens canons, dont la rigueur n'est pas encore mitigée, de sorte que la plus légère pénitence dure douze jours. L'auteur, après avoir dit que cette rigueur parmi des nations assez écartées des devoirs du christianisme lui avait toujours paru peu convenable, réfute Vanslèbe par le témoignage du P. du Bernat, supérieur de la mission des jésuites en Égypte, qui dit que l'on s'en faut que les pénitences soient rudes, qu'au contraire elles sont très-légères, et ne consistent qu'en prosternements, qu'ils appellent, dit-il, *mehaunot*. Ce mot ne signifie rien, et apparemment il y avait dans l'original *metanoat*, c'est-à-dire μετάνοιαι, des prosternements de tout le corps; à quoi on ajoute des psaumes, si la personne sait lire, et des jeûnes, mais seulement ceux auxquels on est obligé d'ailleurs ; car *ils ont*, dit-il, *grand soin de n'en pas prescrire d'extraordinaires, de peur que cela ne fît connaître les péchés des pénitents. S'ils prescrivent des jeûnes extraordinaires, c'est seulement pour les péchés énormes et très-scandaleux.*

Nous ne pouvons savoir si dans l'espace de trente-cinq ans la face de l'église cophte a changé entièrement, ce qui doit néanmoins être arrivé, si ce que ce missionnaire a mandé est véritable. Car il est très-certain que les anciens canons subsistent encore dans cette communion et dans les autres séparées par le schisme ou par l'hérésie, et que tout le pouvoir qu'ont les confesseurs est de mitiger la longueur des pénitences et leur sévérité, et de les commuer en d'autres bonnes œuvres ; s'ils font quelque chose de plus, ils agissent contre le droit commun qui y est reçu. Les canons pénitentiaux des jacobites syriens, dont nous avons parlé, expliquent les pénitences fort en détail, et font voir qu'on impose des jeûnes extraordinaires, non seulement pour des péchés énormes et scandaleux, mais pour les plus communs contre les préceptes du Décalogue. Ainsi, quand par les canons de Barsalibi un homme coupable d'une fornication est condamné à jeûner un an, et à être cependant séparé de la communion, il n'y a personne qui puisse s'imaginer qu'on ne lui ordonne autre chose, sinon que pendant un an il observera les jeûnes ordinaires, puisque, s'il ne les observait pas, il serait soumis à une pénitence particulière, qui est marquée dans les mêmes canons pour avoir violé le précepte de l'Église. On voit aussi qu'en certains cas on prescrit des jeûnes au pain et à l'eau, et qu'on interdit l'usage de l'huile et du vin les jours mêmes auxquels il est permis au commun des chrétiens, et cela ne peut s'accorder avec le témoignage de ce missionnaire. Ainsi on a tout sujet de s'en tenir à celui de Vanslèbe, d'autant plus qu'il s'accorde avec les canons et la discipline qui se trouvent dans les livres.

Ce que l'auteur de la dissertation dit ensuite touchant la confession sur l'encensoir est très-judicieux, en ce qu'il la traite comme une superstition grossière et ridicule ; mais cela n'empêche pas qu'elle n'ait été véritablement pratiquée, comme le prouvent non seulement Michel, métropolitain de Damiette, et Abulbircat, mais encore d'autres. Si cet abus ne subsiste plus, il est néanmoins vrai qu'il a été en usage ; comme il est encore vrai que le patriarche Jean, et Marc, fils de Zaraa, son successeur, avaient abrogé la confession, et qu'ils avaient entrepris de persuader qu'elle n'était pas nécessaire, puisqu'ils n'y obligeaient pas ceux qui étaient coupables des plus grands péchés. Ils ne la croyaient pas un sacrement, puisque Michel de Damiette, qui écrivit par l'ordre de Marc, prouve qu'elle n'est pas nécessaire, parce que Jésus-Christ, dit-il, ne l'a pas ordonnée, mais qu'il l'a défendue en disant : *Magistrum nolite vocare vobis super terram;* car c'est-là son fort argument, tiré d'une équivoque grossière de ce mot, qui, en arabe, est pris ordinairement parmi les chrétiens pour signifier un *confessseur.* Il dit aussi que S. Marc n'a pas établi la confession en Égypte ; par conséquent il niait qu'elle fût un sacrement, puisqu'il lui ôtait l'institution divine et la publication de ce précepte par les apôtres. On ne pouvait marquer plus clairement qu'il ne reconnaissait pas la pénitence pour sacrement, puisque Michel, patriarche d'Antioche, les deux Ebnassal, et tous les autres qui réfutent cette opinion extravagante et pernicieuse, prouvent le contraire, et montrent par divers passages, surtout par celui de S. Jacques et par les Actes des apôtres, que la confession est d'institution divine. On ne peut pas non plus douter que ceux qui approuvaient les nouveautés des patriarches Jean et Marc ne détruisissent entièrement le sacrement de pénitence, puisqu'on trouve dans la collection d'Abulbircat une forme inouïe à toute l'église orientale pour réconcilier ceux qui avaient renié la foi, et qui consiste à bénir de l'eau en y mêlant du chrême, en disant : *Je vous lave au nom du Père, du Fils et du Saint-Esprit.* Enfin si Vanslèbe n'a pas parlé de la confession sur l'encensoir, c'est qu'il l'a oublié ; car elle se trouve marquée dans le manuscrit même d'Abulbircat qu'il avait apporté d'Égypte ; et ce qu'on dit cet auteur est tiré de l'écrit de Michel de Damiette, dont le discours est à la fin de la collection de canons que Vanslèbe avait fait copier dans le pays, et qui est dans la bibliothèque de l'Oratoire comme dans les anciens manuscrits.

On ne trouve rien de prescrit sur la confession des jeunes gens, ni d'âge limité pour cela, parce que, comme, suivant le rit grec, qui est suivi par tous les Orientaux, on donne la communion aux enfants en même temps que le baptême, c'est-là leur première communion. Mais les canons des jacobites syriens, qui entrent dans un grand détail, parlent de la nécessité de se confesser sans aucune exception, ce qui fait juger que les enfants y sont compris, puisqu'ils ne sont pas exceptés. Il y a même des cas marqués où on voit qu'on imposait des pénitences aux enfants, comme pour s'être abandonnés à la lubricité de leurs maîtres, ou d'avoir été forcés, ou d'avoir commis le péché abominable volontairement; et sur cette différence les pénitences sont plus ou moins rigoureuses. Il fallait donc qu'ils se confessassent pour recevoir ces pénitences ; et comme, avant ces deux indignes patriarches qui introduisirent l'abolition de la pénitence et de la confession, la discipline des Cophtes était semblable à celle des autres chrétiens, il y a tout sujet de croire que les enfants étaient obligés à se confesser comme les autres dès qu'ils étaient capables de pécher. Il est vrai que quelques auteurs disent que les enfants ne se confessent pas en Éthiopie, parce qu'ils se croient innocents jusqu'à vingt-cinq ans. C'est ce que marque Damien de Goez, sur le témoignage de Zagazabo; et s'il est plus vrai sur cet article que sur plusieurs autres dans lesquels il s'est trompé grossièrement, c'était un abus semblable à plusieurs autres dont on ne peut les excuser. Pour les justifier, il faut une autorité plus grande que celle de M. Ludolf; outre que la superstition de l'encensoir a été en usage parmi eux, comme le témoigne Abusélah, ce qui fait voir qu'ils avaient ruiné la discipline de la pénitence.

Il reste à parler de la forme de l'absolution, que le P. du Bernat avait apprise, dit-on, des confesseurs cophtes. *Après, dit-il, que le pénitent a confessé ses péchés, le prêtre récite une oraison à peu près semblable à celle qu'il dit pour sa confession lorsqu'il entre à l'autel; puis il dit une bénédiction qui répond à celle qu'on dit parmi nous après l'absolution. Le pénitent répète encore qu'il a péché, et demande l'absolution. Le confesseur la lui donne en ces termes :* « Soyez absous de tous vos péchés. » Je ne vois pas, poursuit l'auteur de la Dissertation, ce qu'on pourrait y trouver à redire : car, si on admet comme valide une semblable forme impérative du baptême : « Baptizetur servus Christi, » pourquoi l'Église ne souffrirait-elle pas que les Cophtes donnassent l'absolution de la même manière?

Cette forme d'absolution est entièrement conforme au Rituel grec, et comme il est suivi par les chrétiens grecs qui sont en Égypte, il peut avoir été conservé par les Cophtes, aussi bien que la plupart des autres oraisons sacramentelles. Mais comme nous n'avons trouvé aucune forme semblable dans les livres des jacobites, on pourrait croire qu'on a confondu les deux rites. Celui des jacobites syriens marque que le prêtre, imposant la main sur le pénitent, après plusieurs prières, dit : *Que tel péché soit chassé de votre âme et de votre corps, au nom du Père. Amen. Qu'il vous soit pardonné et remis, au nom du Fils. Amen. Soyez sanctifié et purifié de votre péché, au nom du Saint-Esprit. Amen.* Cette forme est déprécatoire, et on n'en trouve presque pas d'autre dans les Rituels orientaux, même dans les grecs, la plupart des théologiens étant persuadés que l'absolution consiste autant dans plusieurs prières qui précèdent que dans les dernières paroles : *Soyez absous.* Plusieurs savants hommes ont examiné de nos jours ce qu'on peut dire pour et contre les formes déprécatoires, et on les peut consulter sur ce sujet.

Les prêtres cophtes ne font pas en entrant à l'autel une confession semblable à celle que marquent nos Rituels, et ce qu'a voulu dire apparemment le P. du Bernat est que *le confesseur prononce sur le pénitent une prière presque semblable à celle qui se dit au commencement de la Liturgie cophte, et qui est aussi dans l'éthiopienne.* Elle est en effet appelée *l'oraison de l'absolution,* et c'est celle que les maronites, auteurs de la traduction des messes égyptiennes imprimée à Augsbourg, ont mal appelée *glorificatio Filii;* il faut traduire *absolutio ad Filium,* parce que la prière est adressée à Jésus-Christ. C'est une espèce d'absolution générale, et il est marqué dans les Rituels qu'elle doit être dite par un archimandrite ou archiprêtre, ou par quelque évêque, s'il s'en trouve de présents, et même par le plus ancien. Les oraisons qui se disent pour l'absolution solennelle des pénitents, et pour celle qui se donne en particulier, sont presque les mêmes ; et comme les Orientaux n'ont aucune connaissance des questions qui ont été mues sur ce sujet parmi les théologiens scolastiques, ils croient de bonne foi que ces formes, quoique déprécatoires, ont leur entier effet pour la rémission des péchés ; et il paraît aussi que les auteurs de la dissertation sont de cette opinion. Mais l'exemple qu'ils allèguent de la forme du baptême ne convient pas, puisqu'il est certain que les Grecs n'ont jamais dit *baptizetur,* etc., mais *baptizatur,* au présent, ainsi que font tous les Orientaux, si on excepte les Cophtes, qui disent : *Ego te baptizo.* C'est ce qu'on peut reconnaître par l'ouverture seule de l'Eucologe ; et le P. Goar, aussi bien que beaucoup d'autres, ont remarqué il y a tant d'années cette erreur de fait, qu'on ne devrait plus s'y tromper. Il est inutile de dire que l'une et l'autre ont été approuvées au concile de Florence, puisque, dans tout le cours des séances, il n'y eut aucune dispute sur ce sujet ; et que si, dans le décret pour les Arméniens, dont les Grecs, même ceux qui persistèrent dans l'union, n'eurent aucune connaissance, puisqu'il ne fut fait qu'après leur départ, on trouve les deux formules, cela vient de quelques copistes ou de correcteurs téméraires qui, étant accoutumés à lire dans les livres des scolastiques que les Grecs baptisaient en disant : *Baptizetur,* etc., mirent cette leçon en marge, quoique dans le texte il y ait *baptizatur.*

Voilà ce qu'il était nécessaire de remarquer sur l'article de cette dissertation des continuateurs de Bollandus qui concerne la pénitence, et dans laquelle il y a plusieurs recherches curieuses et plus amples qu'on n'en avait encore donné sur cette matière. Mais comme elle est de soi-même très-obscure, et qu'elle ne peut être éclaircie que par les livres orientaux, qui n'avaient pas été consultés par ceux qui ont fourni les mémoires, il ne faut pas s'étonner qu'ils aient été défectueux.

Il ne paraît pas nécessaire de faire un examen particulier de ce qu'Arcudius a écrit sur la pénitence ; et ce n'est pas sans raison qu'il dit que les ecclésiastiques grecs négligent trop la confession, dans la crainte d'être déposés, ou au moins privés de toutes les fonctions de leur ministère. Cela ne peut être regardé que comme un très-grand abus; d'autant plus que les règles subsistent, et qu'elles n'ont jamais été révoquées, quoiqu'elles soient très-mal exécutées. Car on ne trouve guère d'exemples de cette sévérité canonique dont les Grecs se vantent, jusqu'à reprocher aux Latins, comme a fait Siméon de Thessalonique (p. 31), que *leurs ecclésiastiques commettent impunément toute sorte de péchés. Ce n'est pas*, dit-il, *que quelques-uns des nôtres ne tombent dans des péchés de la chair; car nous savons que quelques-uns y tombent, et nous les corrigeons par la pénitence. Mais parmi les Latins, la débauche est presque sans aucun reproche ni correction; de sorte même que cela n'empêche pas d'être promu aux ordres sacrés, ni d'en faire les fonctions.* Il n'explique pas en quoi consistait cette pénitence des ecclésiastiques; mais il n'est pas difficile de comprendre qu'elle doit être entendue selon les règles de l'église grecque assez connues d'ailleurs; d'autant plus que dans les réponses à plusieurs questions ecclésiastiques (quæst. 50, p. 348) il marque que celui qui est tombé dans quelque péché considérable après son baptême ne peut être ordonné ni rétabli dans aucun des ordres ecclésiastiques. On ne trouve pas que les Grecs soient entrés dans le tempérament des Syriens jacobites, tel qu'il a été prescrit par Barsalibi; ainsi la discipline subsiste entièrement à l'égard des premiers, et ils sont inexcusables de ne l'observer pas. Les melchites ou Grecs du patriarcat d'Alexandrie suivent entièrement la discipline de l'église de Constantinople, et ils n'ont rien de particulier. Les Cophtes, quoiqu'ils soient entièrement séparés de communion avec les Grecs, n'ont pas cependant d'autres règles que celles qui ont été communes à toute l'église d'Orient avant qu'elle fût divisée par le schisme ou par les hérésies, et ces règles sont celles que nous avons expliquées. C'est d'elles qu'on doit tirer la doctrine et la discipline des Orientaux; non pas des abus qui peuvent se rencontrer dans la pratique, quand ils seraient autorisés par une longue coutume, qui ne prescrit pas contre les lois ecclésiastiques, surtout lorsqu'elles ont été confirmées par un long usage. Nous avons tâché de ne rien avancer touchant la discipline orientale qui ne fût fondé sur ces règles; et elles servent à faire reconnaître les abus, au lieu que ceux qui ont voulu juger de la doctrine et de la discipline des chrétiens orientaux par ce qui était pratiqué ou toléré, comme ont fait la plupart des voyageurs, n'en ont donné qu'une idée fausse ou très-imparfaite.

CHAPITRE V.

Des dispositions intérieures que les Grecs et les Orientaux prescrivent pour recevoir avec fruit le sacrement de pénitence.

Il n'est pas nécessaire de marquer en détail les sentiments de l'ancienne église grecque sur cet article, puisqu'ils ont été suffisamment expliqués par un grand nombre d'excellents traités. La seule discipline qui s'observait à l'égard des pécheurs, et les exercices longs et laborieux de la pénitence, font assez connaître que l'absolution n'était accordée qu'après de grandes épreuves, qui supposaient nécessairement une vive douleur pour les péchés commis, un ferme propos de ne les plus commettre, et une véritable componction produite par le sentiment de la grandeur et de la bonté de Dieu offensé, et par un retour sincère vers notre Créateur et notre Père. Les exhortations des saints évêques pour les pénitents, et un grand nombre d'instructions salutaires qui nous restent de tous les siècles de l'Église, ne sont fondées que sur ces grands principes; et quoique la discipline ait reçu un changement considérable, la doctrine n'a jamais varié. Dans le moyen âge, les Grecs n'ont fait entrer dans leur théologie sur la pénitence aucune des questions qui ont été introduites dans l'Occident vers le douzième siècle. Depuis qu'ils ont connu la méthode de nos théologiens, et les termes de nos écoles, ils ont conservé ce qu'il y avait d'essentiel dans la doctrine sur la pénitence comme sacrement; mais à l'égard des dispositions nécessaires pour le recevoir utilement, ils n'en ont point parlé comme d'une matière qui fût sujette à contestation.

Ils ont expliqué la nécessité de la repentance pour ceux qui s'approchaient du sacrement, et ils n'ont jamais pensé à examiner quelles bornes on devait donner à la douleur d'avoir offensé Dieu; se contentant de dire qu'elle ne pouvait jamais être trop grande, puisqu'elle ne pouvait être proportionnée à la grièveté infinie du péché. Enfin, comme ils ont établi, selon la doctrine des SS. Pères, que la véritable conversion consistait dans un sincère retour à Dieu, duquel l'homme s'était éloigné par le péché, c'est à quoi ils ont particulièrement exhorté les pénitents; leur remontrant qu'il fallait imiter la femme pécheresse, qui obtint par la grandeur de son amour la rémission de ses péchés. On ne trouve pas que, lorsque leurs théologiens ont parlé de la douleur requise dans le pénitent, ils aient parlé autrement que les anciens Pères; mais, suivant leur doctrine, ils se sont servis de la crainte salutaire des peines éternelles pour exciter à la pénitence; en quoi ils se sont éloignés, ainsi qu'en toute autre chose, de l'opinion des protestants, qui ont condamné cette crainte, comme n'étant propre qu'à troubler les consciences, et à rendre l'homme hypocrite et plus grand pécheur. Mais il est difficile de trouver aucun auteur approuvé dans l'église grecque, qui ait enseigné que cette crainte seule suffisait avec le sacrement, ni qui connût ce que quelques modernes ont appelé *attrition*, c'est-à-dire une crainte purement servile et dénuée de tout amour de Dieu. Ils n'ont pas même de nom qui réponde à cette idée; de telle sorte que les théologiens grecs de ces derniers temps, parlant des dispositions intérieures du pénitent, disent que la première et la principale est συντριβή τῆς καρδίας, *la contrition du cœur*.

Il serait aisé de rapporter un grand nombre de

passages, et même des discours entiers tirés des Διδαχαι ou Catéchèses du diacre Alexis Rharturus, très-estimées parmi les Grecs, en sorte qu'ils en ont fait faire plusieurs impressions, de Damascène Studite et de divers autres, outre les instructions qui se trouvent sur cette matière dans les Horologes, où il y a plusieurs oraisons pour se préparer à la confession. Mais nous nous contenterons de rapporter ce qu'en a écrit Nicéphore Paschalius, religieux grec, disciple de Théophane, métropolitain de Philadelphie, dans un traité imprimé à Venise en grec vulgaire en 1622. Il a pour titre : *Manuel méthodique, très-utile et nécessaire, touchant le sacrement de la pénitence et la confession, pour ceux qui veulent se confesser régulièrement et exactement.*

Après avoir expliqué dans le commencement de cet ouvrage ce que c'est que la pénitence considérée comme sacrement, et en avoir parlé conformément à la doctrine des autres théologiens grecs, il en explique les parties, et le titre du chapitre est : *De la première partie de la pénitence, qui est la contrition du cœur.* Il dit ensuite : *La contrition du cœur est une tristesse de l'âme, et un renoncement au péché, par lequel Dieu, qu'on doit aimer par-dessus toutes choses, a été offensé, avec un ferme propos de changer de vie, et de ne plus pécher à l'avenir.* De là on conclut qu'il ne suffit pas à l'homme pour recouvrer la grâce d'abandonner seulement le péché, ou de travailler simplement à changer de vie ; *mais que l'un et l'autre lui sont également nécessaires ; c'est-à-dire, qu'il faut qu'il ait de la douleur et de la haine de sa vie passée, et qu'en même temps il ait une ferme résolution de ne plus pécher. Il n'est pas néanmoins nécessaire que cette douleur soit sensible* (quoique lorsqu'elle est sensible elle soit bonne et d'un grand secours quand on la peut avoir), *mais il suffit qu'elle soit dans la volonté, qui lui fasse regarder le péché comme son mal, et l'avoir en horreur, sans y retomber. Il faut aussi que cette douleur soit beaucoup plus grande que toute autre douleur, parce que comme Dieu étant le souverain bien doit être souverainement aimé, et que l'amour que nous lui devons doit être au-dessus de toutes choses, le péché par lequel Dieu est offensé, est le souverain mal, et par conséquent il doit être haï souverainement, c'est-à-dire absolument et par dessus tous les autres maux ; en sorte que pour aucune chose du monde, quand il s'agirait de sauver sa vie, il n'est pas permis de pécher.* C'est pourquoi le Seigneur dit : « Celui qui aime son père ou sa mère plus que moi, n'est pas digne de moi. » Et ailleurs : « Celui qui voudra sauver son âme, la perdra ; » *de sorte qu'il faut plutôt tout souffrir que d'irriter de rechef la colère de Dieu, en retombant dans les mêmes péchés, ou en commettant d'autres.*

Il prouve ensuite qu'après cela il faut que le pénitent confesse exactement ses péchés au prêtre, sans omettre les moindres circonstances, et qu'il accomplisse le canon qui lui sera prescrit, c'est-à-dire la pénitence qui lui sera imposée, et qu'ainsi il obtiendra la rémission de ses péchés.

Ce théologien grec ne dit rien qui ne soit conforme aux sentiments communs de son église, comme il paraît par la Confession orthodoxe, où, dans l'explication des conditions nécessaires pour la pénitence, on trouve ces paroles : *En troisième lieu, il est nécessaire que le pénitent ait la contrition du cœur, et de la douleur de ses péchés par lesquels il a excité la colère de Dieu, ou offensé son prochain. C'est de cette contrition que dit David, que* « *Dieu ne rejettera pas un cœur contrit et humilié.* »

Néophyte Rhodinus, cypriote et religieux du Mont-Sinaï, dans un abrégé qu'il a fait de la doctrine des sacrements en langue vulgaire, dit que la première partie de la pénitence est la contrition du cœur, *qui consiste à avoir une vive douleur et volontaire ; car il n'y a point de contrition qui ne soit volontaire ; à pleurer, à s'affliger et à se condamner soi-même d'avoir péché ; qu'il faut que par cette contrition l'homme brise son cœur, et qu'il ait une grande douleur du péché qu'il a commis contre Dieu. Je dis contre Dieu ; car il ne suffit pas que le pénitent soit affligé par la crainte de la peine, mais parce qu'il a péché contre Dieu son bienfaiteur.* Avec cela, la crainte de la peine est utile, en la joignant avec ce sacrement. Les catéchismes imprimés à Rome en grec vulgaire marquent de même la nécessité de la contrition, se servant du même mot de συντριβὴ, dont les anciens n'ont pas fait un si fréquent usage que de celui de σύντριψις, quoique le sens dans lequel ils l'emploient ne soit pas entièrement le même que celui de contrition parmi les théologiens modernes. Mais les Grecs anciens ou modernes ne connaissent pas le mot de παρατριβὴ, dont quelques missionnaires se sont servis pour exprimer l'attrition dans le sens d'une crainte toute servile et sans amour de Dieu.

Grégoire protosyncelle, dont il a été parlé plusieurs fois, définit ainsi la contrition : *C'est une douleur vive d'un cœur contrit et comme brisé, qui est volontaire pour les péchés qu'on a commis ; parce qu'il n'y a point de contrition de cœur forcée, par laquelle l'homme pleure, s'afflige et se condamne à cause qu'il a péché. Elle contient trois choses : l'abandon entier du péché, la douleur de l'avoir commis contre Dieu, et la résolution de ne pas retomber dans ce péché ; et l'homme est excité à toutes ces choses par une fervente charité qu'il a envers Dieu ; de laquelle les théologiens disent que la haine du péché et la fervente charité que quelqu'un a envers Dieu, font la véritable pénitence. Car il y a trois motifs qui conduisent l'homme à la contrition du cœur, à savoir la malice du péché, ou la charité qu'il a envers Dieu, ou la crainte des peines éternelles. C'est pourquoi il ne suffit pas qu'il craigne seulement d'être puni ; mais il faut aussi qu'il ait de la douleur d'avoir péché contre Dieu son bienfaiteur.*

Cette même matière est traitée fort amplement par Alexis Rharturus dans plusieurs sermons, particulièrement sur l'évangile de l'enfant prodigue et de la femme pécheresse, et dans ceux de la semaine-sainte ; comme aussi par Damascène Studite, qui a traité fort au long les mêmes évangiles dans ses homélies, dont l'autorité est grande parmi les Grecs, de sorte qu'elles ont été imprimées plusieurs fois, et nous en connaissons trois éditions, dont la dernière est de 1628. Il y a de plus ajouté un traité par manière d'instruction abrégée sur quelques devoirs des chrétiens, où il parle de la pénitence et de la confession dans des termes si forts, qu'on ne peut rien trouver de plus clair pour exprimer ses sentiments sur la nécessité de la conversion du cœur du pénitent vers Dieu, comme source de toute justice, ainsi que parle le concile de Trente. Les extraits que nous en pourrions rapporter seraient trop longs; ainsi nous nous contentons d'indiquer ces auteurs, auxquels on en peut joindre plusieurs autres qui peuvent nous être inconnus.

A l'égard des Orientaux, il n'y a rien de particulier à remarquer, puisqu'on reconnaît assez par les instructions qu'ils donnent aux pénitents qu'ils exigent d'eux toutes les dispositions marquées par les SS. Pères, dont elles sont principalement tirées. Michel, patriarche d'Antioche, Denis Barsalibi, les deux Ebnassal, Echmimi, les auteurs des homélies pour l'église cophte, et en un mot tous ceux que nous avons cités, excitent les pécheurs à la pénitence, par les terreurs salutaires des peines de l'enfer. Mais ils n'en demeurent pas là, et ils représentent qu'il ne peut y avoir de véritable conversion sans un ferme propos de renoncer au péché, sans renouveler en quelque manière les vœux du baptême, violés par les pécheurs, et sans une renonciation au démon et à ses œuvres de ténèbres, pour s'attacher de nouveau à Jésus-Christ par un amour semblable à celui de la femme pécheresse, à laquelle plusieurs péchés furent pardonnés parce qu'elle aima beaucoup. On ne trouve dans tous ces auteurs aucune expression qui ne prouve qu'ils ont cru que la pénitence ne peut être véritable sans ce retour sincère à Dieu, qui ne se fait que par l'amour; mais ils n'en ont pas distingué les degrés, ni disputé sur des matières qui leur sont entièrement inconnues, puisqu'ils ignorent les subtilités qui ont fait naître tant de questions sur ce sujet.

CHAPITRE VI.
De la vie monastique.

Plusieurs Grecs et Orientaux parlent de la vie monastique comme d'une partie de la pénitence; de sorte qu'on les accuse de l'avoir mise au nombre des sacrements; ainsi nous en parlerons en ce lieu-ci. Cet article mérite une attention particulière, par rapport aux disputes que nous avons avec les protestants, parce qu'il répand de grandes lumières sur plusieurs autres points de la religion, et même qu'il nous conduit à connaître le jugement qu'ils auraient fait de la vocation extraordinaire des premiers réformateurs. Chacun sait que la plupart étaient sortis des monastères pour venir travailler au grand ouvrage de la réformation de l'Église : qu'ils ne se retirèrent pas de communautés déréglées pour mener ailleurs une vie plus conforme à leur institut; mais qu'ils le condamnèrent absolument comme un état opposé à la liberté des enfants de Dieu, comme un joug insupportable, enfin comme une invention humaine contraire à l'Écriture sainte, et comme un très-grand abus. Ils ne manquèrent pas de le mettre au nombre de ceux qui avaient été introduits par l'Église romaine; ne faisant pas réflexion que la vie monastique s'est établie d'abord en Orient, et que l'exemple de S. Antoine donna occasion à la fondation des premiers monastères en Occident. Si donc cette manière de vivre, qui a paru si odieuse aux chefs de la réforme, a été regardée par les saints des premiers siècles comme une vie angélique, et comme un modèle de la perfection chrétienne; si le renoncement au monde pratiqué à la rigueur, la pénitence continuelle, les veilles, les jeûnes, les prières, la psalmodie, le travail des mains, la pauvreté volontaire, l'obéissance aux supérieurs, la désappropriation de tout, et le reste des pratiques communes de la vie religieuse ont été l'occupation des plus grands saints; si ces règles ont été proposées comme le moyen le plus sûr de se sanctifier; si elles ont été suivies par ceux qui sont les lumières de l'Église, c'est s'élever contre elle que d'oser condamner ce qu'elle a approuvé d'une manière si éclatante dans les temps les plus florissants. Mais c'est une impiété manifeste, que de vouloir proposer aux chrétiens une voie directement opposée à celle que les saints ont pratiquée et enseignée.

C'est néanmoins ce qu'ont fait les premiers réformateurs, et c'est le premier pas par lequel ils ont prétendu conduire les âmes à la perfection évangélique. Ils avaient voué obéissance à des supérieurs de communautés; après y avoir renoncé, ils ont pareillement renoncé à celle qu'ils devaient à leurs supérieurs ecclésiastiques, et au corps de l'Église universelle. Ils s'étaient engagés par des vœux solennels à la continence, à la pauvreté et à la pénitence; ils ont méprisé ces engagements pour se marier, pour vivre dans le monde avec toutes les commodités de la vie; enfin ils ont commencé leur mission par de pareilles actions, que l'ancienne Église a regardées comme des sacrilèges, qu'elle a punies par les anathèmes et par de rudes pénitences; et les lois civiles n'ont pas été moins sévères à cet égard. Lorsque les théologiens de Wittenberg envoyèrent la Confession d'Augsbourg et leurs autres compositions au patriarche Jérémie, ils se gardèrent bien de lui marquer que ceux qui avaient commencé à publier une doctrine inouïe jusqu'alors étaient des hommes engagés dans la vie monastique par des vœux solennels de religion, ou qui avaient fait profession de chasteté en recevant les ordres sacrés, et qui d'abord, renonçant à tous ces engagements, tiraient des religieuses de leurs monastères pour les épouser; qui supprimaient tous les exercices de pénitence, et qui les voulaient faire considérer comme des abus et des superstitions. Si les Grecs et les Orientaux avaient d'abord été informés de ces circonstances, ils n'auraient pas manqué de dire, comme ils ont fait dans la suite, qu'il n'y avait pas lieu de croire que Dieu, pour réformer l'Église, se fût servi de tels hommes, qui en renversaient toutes les règles, et qui, après un sacrilège si scandaleux, n'y pouvaient plus avoir de place que dans le rang des excommuniés ou des pénitents, tant s'en faut qu'on dût les écouter comme mattres et comme docteurs. Mais lorsque, par les écrits qui furent envoyés au patriarche Jérémie, il connut ce qu'enseignaient les protestants sur l'état monastique, et sur tout ce qui a rapport à la profession religieuse, il les réfuta d'abord avec douceur, pour les ramener à la vérité, supposant qu'ils l'ignoraient; et lorsque, par leur second écrit, ils voulurent soutenir le premier, attaquant, comme des superstitions et des nouveautés contraires à la parole de Dieu, les exercices et les vœux de religion, il les ménagea beaucoup moins, et les réfuta d'une manière très-vive dans sa seconde Réponse.

Depuis que l'argument tiré du consentement général des nations chrétiennes sur quelque point de doctrine et de discipline a été mis en usage pour la controverse, lorsque les protestants ont trouvé le moindre vestige de conformité sur l'une ou sur l'autre avec les églises orientales, ils l'ont fait valoir autant qu'il leur a été possible. Ainsi, comme on l'a marqué ailleurs, M. de Saumaise, Aubertin, Hottinger et quelques autres ont essayé, par des critiques insoutenables, de tirer de deux ou trois passages mal entendus des arguments pour prouver que les Orientaux étaient dans les mêmes sentiments que les calvinistes sur l'Eucharistie. Sur l'article qui regarde la profession monastique, il ne se trouve pas un seul protestant qui ait osé citer les Orientaux, dont ils ont tant fait valoir l'autorité sur le mariage des prêtres, et sur l'usage de la langue vulgaire dans le service public de l'Église et dans l'administration des sacrements, quoiqu'il n'y ait rien de plus faux ni de plus absurde que ce qui a été écrit sur l'un et l'autre point par Ussérius et par M. Ludolf, comme nous l'avons fait voir sur le premier; ce que nous espérons aussi faire sur le dernier, en traitant du sacrement de mariage (ci-dessous, liv. 6, chap. 8).

Les protestants ont donc très-sagement abandonné l'argument tiré de la conformité de discipline et de doctrine touchant la profession religieuse, puisqu'ils ne pouvaient trouver dans l'église orientale ni autorité ni exemple qui appuyât ce que les réformateurs avaient enseigné et pratiqué. Car, remontant aux premiers siècles de l'Église, on trouve la vie monastique établie et pratiquée dès le troisième par S. Antoine, par S. Hilarion, par S. Pacôme et plusieurs autres, dont l'esprit et les règles subsistent encore présentement. Ce qu'a écrit S. Basile a été formé selon l'usage des monastères qui étaient établis de son temps sur ces premiers modèles, suivant lesquels il s'en est dans la suite établi un grand nombre d'autres par tout l'univers. Il serait inutile d'entrer dans un plus grand détail pour expliquer l'origine de la vie monastique en Orient, après tant de savants hommes qui l'ont amplement éclaircie; surtout parce qu'on ne croit pas qu'il se puisse trouver un homme assez ignorant pour en contester l'antiquité, et pour nier qu'au temps de S. Antoine les déserts d'Égypte et de Syrie étaient remplis de religieux, ou qu'ils ne fussent considérés comme des anges vivant sur la terre, et leur institut comme un état de perfection. On ne peut pas non plus contester qu'il n'ait été reçu et pratiqué dans tout l'Orient; et tant de livres qui contiennent les vies des SS. anachorètes, ceux de Palladius, de Théodoret, plusieurs anonymes le *Géronticon*, le Paradis ou Λειμωνάριον, et tant d'autres, le prouvent suffisamment pour l'église grecque; il ne reste donc qu'à le prouver pour celles qui en sont séparées par l'hérésie.

Outre ces livres qui se trouvent cités avec éloge par tous les auteurs du moyen âge, les Grecs ont les anciennes règles de S. Antoine, de S. Pacôme et de divers autres, qui établissent toutes les pratiques de la vie monastique, les Ascétiques de S. Basile, l'Échelle de S. Jean Climaque; et on ne peut pas douter que les religieux n'aient pratiqué ces règles, qui subsistent encore dans tout l'Orient, et sur lesquelles furent d'abord formées celles des premiers monastères d'Occident. Car, comme de savants auteurs ont prouvé, la vie monastique n'était pas connue en Occident avant le voyage de S. Athanase à Rome en 340; et S. Jérôme remarque que sainte Marcelle ayant appris de ce saint et des autres qui vinrent à Rome pour éviter la persécution des ariens ce qui se pratiquait par les disciples de saint Antoine, qui vivait encore, et la manière de vie qui était observée dans les monastères d'Égypte et de Thébaïde établis par ce saint et par saint Pacôme, pour les vierges et pour les veuves, commença à les imiter, et *n'eut pas honte de professer ce qu'elle avait reconnu être agréable à Jésus-Christ.* Sur cet exemple il s'établit un grand nombre de monastères à Rome. Saint Eusèbe de Verceil fut un des premiers qui pratiqua cette vie, comme saint Ambroise à Milan. Saint Martin établit plusieurs monastères en France, et avant lui celui de l'île Barbe était en réputation. Saint Augustin établit la vie monastique à Tagaste, et le nombre des religieux s'augmenta à un tel point en fort peu de temps, qu'il n'y avait aucune province d'Europe où il n'y eût plusieurs monastères sous les règles de saint Colomban, de saint Basile, de saint Macaire, de Cassien, de saint Césarius, et d'autres particulières. Car, comme ont remarqué ceux qui ont le mieux écrit de cette matière, presque tous les plus fameux monastères avaient des règles particulières, quoiqu'elles convinssent toutes en ce qu'il y a d'essentiel pour la vie religieuse; la différence ne consistant qu'en des usages locaux sur des choses indifférentes. Mais tous convenaient en ce qui concernait l'abstinence de la viande qui était généralement observée, l'obéissance, la désappropriation, la psalmodie, le travail des mains et la chasteté. Le nombre des religieux en Occident était si grand, qu'aux funérailles de saint Martin il s'en trouva plus de deux mille. S. Macaire en avait cinq mille sous sa conduite, selon qu'il est marqué dans la préface de sa règle, et Eunapius fait assez voir, ce qu'on sait d'ailleurs, que le nombre en était fort grand en Égypte.

En Orient la vie monastique s'est conservée presque au même état qu'elle était dans les commencements, en ce que tous les monastères suivaient une même règle, et que toute la différence consistait dans des usages particuliers, ce qui subsiste encore parmi les Grecs, aussi bien que parmi les Orientaux. L'habit monastique est partout le même, et les règles sont fort semblables, se réduisant aux obligations générales de la vie religieuse; les usages particuliers ne regardant que la discipline locale des monastères. Ainsi quand nos auteurs mettent des distinctions entre les religieux de Saint-Antoine, de Saint-Basile, ou de quelques autres ordres, cela est sans aucun fondement, puisque tous pratiquent la même règle, et qu'ils ont le même habit, les mêmes abstinences et les mêmes exercices spirituels. Les règles de S. Basile comprises dans ses Ascétiques sont reçues par tous les religieux, et en cela il y a une entière conformité entre les Grecs, les Syriens, les Arméniens, les Égyptiens, les Éthiopiens et toutes les nations, sans que la différence des sectes ait introduit aucune diversité.

Il serait fort inutile de prouver par les témoignages des auteurs des premiers siècles de l'Église que la vie monastique y a été pratiquée et considérée comme un état de perfection, la chose étant d'elle-même assez claire par la Vie de S. Antoine écrite par S. Athanase, par celles de tant d'autres saints anachorètes écrites par des auteurs contemporains, par Pallade, par Théodoret, Jean Moschus, Sulpice Sévère et plusieurs autres. Ils ont écrit ce qui était de notoriété publique; et le respect universel dans lequel étaient les saints dont ils rapportent les actions et les paroles, est une preuve incontestable de la vérité de ce qu'ils écrivent. On ne trouvera pas dans toute l'antiquité aucun auteur chrétien qui ait blâmé la conduite de S. Antoine, de S. Pacôme, des saints Macaire et de leurs imitateurs, ou qui les ait représentés comme des précurseurs de l'Antechrist, qui imposaient aux hommes le joug insupportable de la chasteté perpétuelle, qui défendaient l'usage des viandes que Dieu a créées pour notre nourriture, qui se confiaient en leurs bonnes œuvres, et qui croyaient que la pénitence rigoureuse qu'ils s'imposaient pouvait contribuer à l'expiation de leurs péchés : car ce sont-là les raisons que les protestants ont eues pour condamner la vie monastique et pour l'abandonner. Il n'y a que des païens superstitieux, comme Eunapius, qui en aient parlé avec mépris, et avec si peu de sens, qu'en même temps qu'il accuse les religieux d'une vie débordée, et qu'il les attaque par toutes sortes de calomnies, il raconte fort sérieusement les choses les plus incroyables de Maxime, d'Édésius et d'autres philosophes, et aussi ridicules que ce qui se trouve dans les légendes les plus décriées.

On remarque, au contraire, que les Pères, et surtout S. Jean Chrysostôme (hom. 14, in 2 ad Tim.), voulant exciter les chrétiens à la pénitence et à la pratique des vertus chrétiennes, leur propose l'exemple des anachorètes et des autres religieux de ce temps-là. Ils étaient donc bien éloignés de croire que cette vie angélique, comme ils l'appellent, fût un abus qui demandât une si prompte réforme, que c'était par là qu'il fallait commencer celle de l'Église, comme ont fait les premiers chefs des protestants. De saints religieux sont quelquefois sortis de leur retraite pour le bien de l'Église, dans des temps où ils pouvaient lui être utiles par leurs exhortations, et par l'autorité que leur vertu leur donnait parmi le peuple. Quelques-uns, comme il en faut convenir, en sont sortis mal à propos et ont causé de grands troubles. Mais tous retournaient à leur premier état, et rentraient dans leurs monastères : autrement ils étaient considérés comme des apostats, et retranchés de la communion de l'Église. Il n'y a aucun exemple de religieux ou de religieuses qui aient renoncé à leurs vœux, ou qui se soient mariés par principe de piété et de plus grande perfection, dans tout ce qui reste d'histoires grecques et orientales : si quelques-uns l'ont fait par libertinage, ils ont été sévèrement punis selon les canons, qui n'ont pas été moins sévères à leur égard que les lois civiles. On ne peut donc pas douter que dans le quatrième, le cinquième, le sixième et le septième siècles de l'Église, jusqu'au changement entier de la face des affaires de l'Orient par les conquêtes des Mahométans, la vie monastique ne fût pratiquée dans toute l'Église conformément aux règles anciennes qui sont venues jusqu'à nous. C'est ce qui est prouvé très-clairement et dans un grand détail par l'homélie de S. Jean Chrysostôme que nous venons de citer, dans laquelle il marque la renonciation au monde et à toute propriété, l'obéissance entière aux supérieurs, l'abstinence, les jeûnes, les prières du jour et de la nuit, le chant des psaumes et des hymnes, la lecture et la méditation continuelles de l'Écriture sainte ; ce qu'il loue comme une vie tout angélique. La seule lettre de S. Basile à cette vierge qui était tombée dans le crime, et un nombre infini d'autres écrits des saints Pères, dans les temps les plus florissants de l'Église, contiennent de pareilles preuves de la doctrine et de la discipline de ces temps-là touchant la vie monastique.

Il est certain que cette même discipline subsista dans toute l'église grecque nonobstant la division produite par les hérésies. Elles infectèrent un grand nombre de religieux, parmi lesquels il se trouva des nestoriens, des pélagiens, des eutychiens et monophysites ; mais aucun hérétique ne condamna la vie religieuse : tous, au contraire, la professèrent avec autant d'exactitude que les orthodoxes ; et l'histoire ecclésiastique nous apprend que les principaux troubles qui donnèrent occasion à la convocation du concile de Calcédoine furent excités par l'archimandrite Barsomas, et par un grand nombre de religieux attachés à Dioscore. Les nestoriens, chassés de l'empire romain, occupèrent, par la protection des derniers rois de Perse, la plus grande partie des monastères de Mésopotamie. Les monophysites se conservèrent de même dans la possession de la plupart de ceux d'Égypte jusqu'à la conquête des Mahométans ; de sorte qu'il n'y resta presque plus d'orthodoxes. La

Grèce a conservé jusqu'à présent la profession monastique ; et nonobstant la tyrannie des Mahométans sous laquelle elle gémit depuis la ruine de l'empire de Constantinople, la vie monastique a toujours subsisté, et même elle subsiste encore et elle est florissante en plusieurs monastères, particulièrement dans ceux du Mont-Sinaï et du Mont-Athos, appelé par excellence *la sainte Montagne*. P. Bellon en avait donné une description assez exacte ; le P. dom Bernard de Montfaucon en a publié une plus ample traduite du grec de Jean Comnène, par laquelle, outre plusieurs circonstances curieuses, on apprend qu'il y a dans cette montagne vingt-quatre monastères, et plusieurs milliers de religieux, qui vivent selon les règles austères des anciens Pères, s'abstenant de viande toute leur vie, jeûnant rigoureusement une grande partie de l'année, occupés à la prière, à la psalmodie et au travail des mains, et par cette raison respectés dans tout l'Orient, même par les infidèles. On sait aussi que la plus grande partie des évêques d'Orient, et même les patriarches, sont tirés de l'ordre monastique, dont ils observent les règles, même lorsqu'ils sont élevés à la dignité épiscopale, sans s'en dispenser sous aucun prétexte. Enfin tous ont conservé cette discipline par une tradition non interrompue, qui s'était maintenue dans les fameux monastères de S.-Sabas, des Accœmètes, de Stude et plusieurs autres fondés sur les règles et sur les exemples des premiers instituteurs de la vie monastique, dont la mémoire est en vénération dans tout l'Orient ; au lieu que si on veut croire ceux que la réforme a mis au large en les délivrant d'une vie aussi peu commode selon la chair, il faut regarder ces grands saints comme des précurseurs de l'Antechrist.

Les nestoriens et les jacobites, partout où ils se sont répandus, ont conservé le même respect pour la profession monastique, comme il paraît par leurs histoires. Les monastères de Nitrie et de Scété, celui de S.-Macaire, et plusieurs autres dans l'Égypte et dans la Thébaïde subsistent encore, quoiqu'ils aient souvent été ravagés par les barbares ; et les auteurs mahométans nous ont conservé la mémoire de ceux qui ont été détruits par les derniers sultans d'Égypte, principalement par les derniers Mamelucs. La plupart de ceux que l'église nestorienne considère et honore comme ses saints, Hormoz, Mar-Aba, Narsès et tous ceux qu'ils appellent les Pères syriens, dont ils font une fête particulière, étaient religieux ; ainsi que ceux dont il est parlé dans le synode de Diamper sous Alexis de Menesès, quoique les noms soient extrêmement défigurés. Il en est de même des jacobites syriens. Ceux d'Égypte et de tout le patriarcat d'Alexandrie ont porté encore plus loin le respect pour l'état monastique ; car il y a plus de mille ans que presque aucun patriarche d'Alexandrie de cette secte n'a été élu sinon du nombre des religieux ; de sorte même que la coutume a passé en loi, et cette condition est marquée par Ebnassal, Abulbircat et les autres qui ont écrit touchant l'élection de ces patriarches. C'est pourquoi lorsqu'il est arrivé, comme il y en a quelques exemples, que celui qui était élu pour cette dignité, et même pour l'épiscopat, n'avait pas fait profession de la vie religieuse dès sa jeunesse, il la faisait avant que d'être ordonné, en recevant le grand habit et la bénédiction d'archimandrite, ce qui est marqué dans les Pontificaux. Or ce n'était pas une simple cérémonie, puisqu'en recevant cet habit, ils entraient dans tous les engagements de la vie monastique, qu'ils observent encore étant évêques ou patriarches, de même que dans les monastères ; et Philothée, 63° patriarche jacobite d'Alexandrie, s'en étant dispensé, fut regardé comme un impie, et sa mémoire est en horreur. Quoiqu'il y eût très-peu de nestoriens en Égypte, on trouve cependant que dans le 12° siècle ils y avaient un monastère, où il ne restait plus qu'un seul religieux du temps d'Abusélah, qui en fait mention. Les Arméniens y en avaient aussi quelques-uns, entre autres celui de S.-Georges, qui avait été bâti par Bedercljemal, Arménien, généralissime des armées d'Égypte. Beheram, visir de la même nation, se retira après sa défaite, et se fit religieux dans le monastère de S. Chenuda ou Sanutius en 1136.

Salomon, roi de Nubie, ayant renoncé à la couronne, vint en Égypte vers l'an de Jésus-Christ 1021, et se fit religieux dans le monastère de S.-Onufre, que les Arabes appellent Abuncfer. Les mêmes auteurs parlent de plusieurs monastères bâtis en Nubie par le roi Raphaël, qui y bâtit aussi diverses églises. Les Éthiopiens n'ont pas moins estimé la vie monastique, dont ils prétendent que Teklahaïmanot a été parmi eux le fondateur ; et on voit par la seule histoire d'Alvarez qu'il y avait dans le pays un grand nombre de monastères, comme celui de Debra-Libanos ou Mont-Liban, de-la-Vision, Sainte-Marie-d'Ancona, Icono-Amelaca, Nazareth, Imbra-Christos et divers autres. M. Ludolf (Hist. Eth., l. 3, c. 5) n'a pas contesté un fait aussi notoire que celui-là, non plus que le grand nombre de religieux et de religieuses qu'il y a en Éthiopie ; mais il a voulu faire l'agréable en rapportant des miracles ridicules tirés de son *Hagiologe*, qu'il fait tant valoir ailleurs, pour les comparer à d'autres qu'il a tirés de quelques légendes. C'est ce qui n'a aucun rapport à la matière qu'il avait entrepris de traiter ; et ce qu'il dit, quoiqu'il passe sous silence plusieurs choses plus importantes que celles qu'il rapporte, suffit pour prouver que les Éthiopiens regardent la vie monastique comme un état de perfection, et qu'ils en jugent tout autrement que ne font les protestants. Enfin il n'y a point d'église, de quelque secte ou nation qu'elle ait été, où on n'ait pas honoré et pratiqué la vie religieuse.

CHAPITRE VII.

Que l'état de la vie monastique, selon les Grecs, renferme les trois vœux de religion pratiqués dans l'Église latine.

On ne peut mieux éclaircir cette matière qu'en rapportant sommairement ce que les Grecs pratiquent lorsqu'ils reçoivent l'habit de religion : car les questions et les réponses qui se font en cette occasion mettent la chose dans une entière évidence. Ce que nous appelons l'*habit de religion* est appelé par les Grecs σχῆμα, et ce mot est en usage dans toutes les langues orientales parmi les chrétiens dans le même sens. M. Ludolf (Hist. l. 3, c. 3) s'est trompé lorsqu'il a dit qu'il signifiait l'*habit des supérieurs*; car il signifie généralement celui que portent tous les religieux, comprenant toutes les pièces qui le composent. Les Grecs font une distinction entre le petit habit, qu'ils appellent μικρὸν σχῆμα, et le grand : le premier étant pour les religieux qui ont fait leur premier noviciat ; et le second pour ceux qui, après les vœux solennels, ont passé quelques années dans la pratique de la vie religieuse. Les degrés de cet état sont d'abord celui des novices ou commençants, qui par cette raison sont appelés ἀρχάριοι ; le second de ceux qui portent le petit habit, et ceux-là sont appelés μικρόσχημοι ; le troisième enfin est des parfaits et du premier ordre, qu'on appelle μεγαλόσχημοι. Les premiers sont précisément comme les novices, et ils ne sont pas engagés à l'état monastique, dans les pratiques duquel ils entrent pour s'éprouver. Ainsi il n'y a pas grande cérémonie pour mettre un homme dans le noviciat : et cela se fait par une simple bénédiction du supérieur, après deux oraisons, par lesquelles on demande à Dieu qu'il accorde à celui qui se présente la grâce nécessaire pour renoncer au monde, et pour s'acquitter des devoirs de la profession qu'il veut embrasser. On lui coupe les cheveux en forme de croix, et on lui donne la tunique ou χιτῶν, et le καμηλαύχιον, qui est une espèce de bonnet ou de calote. Cette distinction des différents degrés de la vie monastique est conforme à l'Eucologe et aux meilleurs auteurs; au lieu que celle de Christophle Angélus (c. 27 et seq.) est entièrement arbitraire et de son invention. Il les distingue en ceux des monastères, les anachorètes, et ceux qui vivent dans les cellules. Cela ne fait aucune distinction pour les obligations de cet état, car elles sont toujours les mêmes.

Le petit habit se donne avec plus de cérémonie : car ceux qu'on appelle simplement ἀρχάριοι ou commençants et ῥασοφοροῦντες, parce qu'ils sont vêtus d'une étoffe grossière appelée ῥάσον dans la langue moderne, ne sont regardés que comme étant dans les préliminaires du noviciat. Les seconds ou μικρόσχημοι commencent à être religieux. Après quelques prières, celui qui doit recevoir cet habit est présenté par l'ecclésiastique, et il demeure quelque temps à la principale porte nu-pieds, nu-tête et sans ceinture, ayant quitté ses habits ordinaires. Il fait trois génuflexions, et ensuite le supérieur du monastère lui fait une courte exhortation, puis il lui demande pourquoi il est venu. L'autre répond que c'est dans le dessein d'embrasser la vie monastique. Le supérieur lui demande si c'est de sa propre volonté, et sans aucune contrainte qu'il a pris cette résolution, l'autre répond que c'est librement. Le supérieur continuant lui demande s'il demeurera dans le monastère et dans la pratique de la vie religieuse jusqu'au dernier soupir. L'autre assure que oui, avec l'aide de Dieu. *Vous conserverez-vous*, poursuit le supérieur, *dans la virginité et dans la tempérance et dans la piété?* Oui, répond l'autre, *avec l'aide de Dieu.* Observerez-vous, continue le supérieur, *jusqu'à la mort, l'obéissance à votre supérieur et à vos frères en Jésus-Christ?* L'autre répond de même. Enfin le supérieur demande : *Soutiendrez-vous pour le royaume du ciel l'austérité de la vie monastique?* A quoi il répond, comme aux questions précédentes, *qu'il le fera avec l'aide de Dieu.*

Le supérieur lui fait ensuite une exhortation, par laquelle il lui recommande de faire attention sur ce qu'il promet à Dieu, parce que les anges invisiblement présents écrivent cette promesse, dont on lui demandera compte dans le second avénement de Jésus-Christ. Qu'il faut donc, pour suivre cette vie très-parfaite, se purifier avant toutes choses de toute sorte de souillure de la chair et de l'esprit; renoncer au faste arrogant de la vie mondaine ; obéir sans murmure à tout ce qui lui sera ordonné, persévérer dans la prière, dans les jeûnes et dans les veilles ; résister aux tentations du démon lorsqu'il lui rappellera en mémoire les désordres de sa vie passée, ou qu'il lui inspirera de l'aversion pour la voie qui conduit au royaume des cieux; qu'en commençant d'entrer dans cette voie il ne fallait pas regarder derrière soi; qu'il fallait renoncer à l'amour de père, de mère, d'amis et à celui de soi-même pour n'aimer que Dieu; n'avoir aucun attachement aux grandeurs du monde, mépriser les honneurs et le repos de la vie, et ne pas fuir la pauvreté, l'austérité et le mépris de tous les hommes ; éviter tout ce qui peut empêcher de courir après Jésus-Christ, ayant toujours en vue les biens que doivent espérer ceux qui vivent selon Dieu, et se souvenir des peines et des travaux qu'ont soufferts les saints et les martyrs qui ont répandu leur sang pour les acquérir. Enfin il représente au novice que la vie qu'il embrasse l'oblige à renoncer à tout, à porter sa croix et à suivre Jésus-Christ. Il lui demande ensuite si, avec l'espérance que Dieu lui en donnera la force, il promet d'accomplir toutes ces choses jusqu'à la fin de sa vie ; et le novice répond que oui. Après cela le supérieur prononce sur lui une prière, par laquelle il demande à Dieu la grâce de persévérance pour le novice, et lui donne l'habit, après avoir dit une autre prière.

Le supérieur, avant que de lui couper les cheveux, ce qu'il fait après avoir reçu les ciseaux de sa main, l'interroge encore pour savoir si c'est de propos délibéré qu'il embrasse la vie monastique; et, après que le novice a répondu que oui, il lui coupe les cheveux, et il lui donne la tunique, la ceinture, le καμηλαύχιον ou bonnet, le manteau et les sandales, le tout avec une bénédiction à chaque pièce, et en ajoutant que c'est comme un gage du grand et angélique habit, qui ne diffère que parce que ce dernier ne se donne qu'après plusieurs années de profession. Ensuite, outre les prières particulières qui ont été dites sur le novice ; toute l'assemblée en fait une publique pour demander à Dieu qu'il lui donne sa protection et son secours, afin qu'il puisse exécuter sans obstacle et sans reproche le dessein de s'engager à la vie monastique, vivre dans la piété conforme à son état, renoncer au vieil homme et se revêtir du nouveau, pour demander aussi que Dieu lui remette ses péchés. On lit une épître tirée de celle de S. Paul aux Éphésiens : *Fratres, confortamini in Domino*, etc. puis l'Évangile selon S. Matthieu : *Si quis diligit patrem et matrem plus quàm me*, etc. On lui donne une croix, en disant : *le Seigneur a dit : Si quelqu'un veut me suivre, qu'il renonce à lui-même, qu'il porte sa croix et qu'il me suive*. Puis on lui met en main un cierge allumé, et on lui dit : *Le Seigneur a dit que votre lumière luise devant les hommes*, etc. Enfin celui qui a fait l'office adresse la parole aux assistants, en faisant l'application de la parabole de l'enfant prodigue à l'action de celui qui s'engage ainsi dans la profession de la vie religieuse.

Suivant le système des protestants, toutes ces pratiques qui sont en usage parmi les Grecs sont un ramas de superstitions grossières contraires à la parole de Dieu, qu'il fallait promptement abolir, comme aussi ils ont fait dès le commencement de la réforme, pour extirper les abus du papisme. Mais ce que les protestants appellent abus, superstition, joug insupportable, les Grecs l'appellent la vie angélique, et l'état de perfection évangélique. C'est porter sa croix, renoncer à soi-même et suivre Jésus-Christ, et c'est pratiquer non seulement les préceptes, mais les conseils de l'Évangile. En cela ils n'ont pas eu d'opinion particulière, puisqu'ils ont formé les règles de la vie religieuse sur la doctrine et sur les exemples des plus grands saints, qui ont non seulement enseigné, mais pratiqué toutes ces choses, les croyant aussi conformes à l'Évangile que ceux qui les ont abolies prétendent qu'elles en sont éloignées. Les Grecs et tous les Orientaux, qui regardent ces saints comme de grands serviteurs de Dieu, sont persuadés qu'il a parlé par leur bouche et par leurs exemples, et on ne leur fera jamais croire qu'il ait révélé à des apostats ce qu'il avait caché à ces hommes extraordinaires. Car il n'y a point de milieu : si S. Antoine, S. Pacôme, S. Macaire, S. Martin, S. Benoît et tous ceux qui ont établi et pratiqué la vie monastique, ont été animés de l'esprit de Dieu, ce que toute l'Église avait cru jusqu'à la réforme, ceux qui ont condamné cet état de vie ne pouvaient être animés que d'un esprit entièrement contraire, et l'esprit de vérité ne se contredit point. La ferveur du premier institut diminue, mais la règle subsiste : si les Grecs se sont éloignés de celle que leur prescrivaient les fondateurs de la vie monastique, au moins ils ont conservé du respect pour eux et pour ce qu'ils avaient ordonné.

L'aversion que le schisme a inspiré contre les Latins n'a pas porté les Grecs à les attaquer sur ce qui regarde la vie monastique dans son principe, comme mauvaise et comme contraire à la liberté des enfants de Dieu. Toutes leurs accusations se sont réduites à des reproches, et il faut convenir qu'ils étaient souvent bien fondés, sur ce que nos religieux ne vivaient pas selon leur institut ; qu'ils n'étaient pas assez austères ; qu'ils mangeaient de la viande ; qu'ils se mêlaient des affaires de ce monde, au lieu de demeurer dans leur retraite ; surtout qu'ils portaient les armes, et qu'ils répandaient du sang, ce qui n'était que trop ordinaire durant les guerres d'outre-mer. Quelques-uns entrent sur cela dans un grand détail, jusqu'à reprocher aux Latins que leurs religieux, même ceux qui s'abstenaient de viande, ne faisaient aucun scrupule d'en mêler le jus avec les légumes. Ces reproches n'étaient que trop vrais, puisque ce relâchement de la règle donna lieu à divers canons, et ensuite à différentes réformes, nonobstant lesquelles il subsiste encore en plusieurs endroits. Siméon de Thessalonique ne ménage pas les Latins sur ce sujet plus que sur les autres. Mais ni lui, ni Balzamon, ni Nectarius, n'ont blâmé pour cela l'état monastique ; au contraire ils l'ont relevé par les plus grands éloges, comme on verra dans la suite.

On pourrait dire que ce qui a été rapporté ci-dessus, étant tiré de l'Eucologe, est très-récent, et ne peut avoir toute l'autorité nécessaire pour prouver l'antiquité de la tradition touchant la vie monastique. Mais cette objection n'a aucune solidité, puisque les anciens Eucologes sont entièrement conformes aux nouveaux dans tous les points essentiels : et que ce qui est contenu dans les uns et dans les autres touchant les trois vœux de religion est confirmé par un si grand nombre de témoignages de tous les siècles, qu'on ne le peut soupçonner de nouveauté. Il est facile de citer un nombre infini d'exemples de religieux qui ont manqué au devoir de leur profession par des péchés contre la chasteté, et de reconnaître en même temps la pénitence rigoureuse qui a été imposée à ceux qui en étaient coupables, dont on trouve un fort grand détail dans le livre de S. Jean Climaque, qui est traduit en arabe il y a plusieurs siècles, et qui n'a pas moins d'autorité parmi les sectes séparées que parmi les orthodoxes. Les canons pénitentiaux qui sont rapportés en différentes collections syriaques et arabes, aussi bien que dans les grecques, prescrivent des peines beaucoup plus longues et plus sévères pour les religieux coupables de pareils péchés que pour les laïques. Les mariages, par lesquels ils auraient voulu excuser leur intempérance, sont déclarés profanes, nuls et de véritables sacrilèges, non seulement par ces mêmes canons, mais par les lois civiles, contenues dans le corps de ceux qu'ils appellent *canons impériaux*, parce qu'ils sont tirés en partie de celles du Code Théodosien, et d'autres constitutions impériales.

Il en est de même de la pauvreté et de l'obéissance religieuse dont il est parlé dans les constitutions monastiques, jointes aux canons dont Échellensis a donné une partie avec ceux du concile de Nicée traduits de l'arabe, de même que dans celles des principaux canonistes que nous avons cités, et qui n'en parlent pas avec moins de respect que de toutes les autres qui concernent la discipline ecclésiastique. Ce n'est pas seulement parce qu'ils savent que ces règles sont établies par la tradition non interrompue de plusieurs siècles, et par le témoignage aussi bien que par la pratique des plus grands saints; mais aussi parce qu'ils les trouvent marquées dans les Constitutions apostoliques, lesquelles, comme on a dit ailleurs, ont parmi eux une entière autorité.

Enfin il n'est pas nécessaire de s'étendre davantage sur cette matière, puisque les protestants mêmes, entre autres M. Smith, conviennent de tout ce que nous avons rapporté touchant la vénération que les Grecs ont pour l'état monastique; qu'ils l'appellent une manière de vie parfaite, angélique et selon Dieu, et l'imitation de la vie de Jésus-Christ; que les religieux qui sont dans toute la Grèce s'engagent par vœu à la règle de S. Basile; qu'il y en a un très-grand nombre dans le Mont-Athos, recommandable par leur vie dure et pénitente, qui attire le respect et la considération des Turcs mêmes, tant à l'égard de ceux-là qu'à l'égard des autres; que tous ont un même institut, qu'ils observent si exactement, qu'on peut dire qu'ils ne cèdent en rien aux religieux des premiers siècles: qu'ils s'abstiennent de chair et de tout poisson qui a du sang; qu'ils jeûnent presque continuellement, et qu'à la prière et aux autres exercices ils joignent le travail des mains, cultivant la terre, et faisant eux-mêmes tout ce qui est nécessaire à la vie.

Aussi un auteur luthérien qu'on voit partout cité avec des éloges qu'il ne méritait guère, c'est Élie Véjélius, ministre à Ulm, dans une dissertation historico-théologique sur l'église des Grecs d'aujourd'hui (Eccles. Græcan. hod. p. 44), marque parmi leurs erreurs les éloges énormes qu'ils donnent à la vie monastique, *immane elogium vitæ monasticæ*, avouant que Jérémie, Christophle Angélus et les autres la louent excessivement. Mais pour diminuer la force de ces éloges, et tâcher de conclure qu'ils sont excessifs, il rapporte que quelques-uns égalaient la profession monastique au baptême, ce qu'il a tiré d'Allatius, comme tout le reste, ou du P. Goar. Il est singulier que des hommes aient eu la hardiesse de faire de pareilles dissertations sans avoir lu en original aucun auteur grec, mais seulement des rapsodies de leurs professeurs, qu'ils comblent de louanges, pendant qu'ils chargent d'injures ceux qui leur ont appris le peu qu'il y a de vrai dans leurs ouvrages. Or les éloges de la vie monastique que Véjélius trouve excessifs sont tirés des écrits des saints Pères les plus respectables pour leur antiquité: et quand même on n'aurait aucun égard à la tradition, l'autorité de saint Antoine, de S. Pacôme, de S. Basile et de S. Jean-Chrysostôme, pour ne pas parler de tous les autres, prévaudra toujours auprès de ceux qui cherchent la vérité, contre la nouveauté téméraire de ceux qui, au bout de douze cents ans, ont enseigné le contraire.

De plus, comme ceux-ci étaient presque tous moines apostats, quand ils auraient eu dans l'Église l'autorité qu'ils n'avaient pas, ils ne devaient pas être écoutés dans leur propre cause, et moins encore par les Grecs que par les Latins. Car les Grecs ne les auraient pas plus écoutés que les catholiques écoutèrent les premiers réformateurs, puisque par les règles de l'église grecque des hommes qui, pour marque d'une mission extraordinaire, sortaient des maisons de prière et de pénitence pour animer les princes et une multitude furieuse à les piller et à les détruire, qui violaient ouvertement les vœux faits à Dieu, en prenant pour femmes des vierges qui lui étaient consacrées, sans aucune raison, sinon qu'ils ne pouvaient garder la continence, tels réformateurs auraient été regardés comme des pestes publiques, auxquels à peine on aurait accordé la pénitence.

Que les protestants accusent donc les Grecs de superstition, d'erreur grossière et d'une prévention excessive pour la vie monastique, ils ne diront rien que leurs principaux chefs n'aient déjà dit plusieurs fois, et qui n'ait été autant de fois réfuté, non seulement par les catholiques, mais encore par les Grecs: car Jérémie seul a réfuté si solidement l'article de la confession d'Augsbourg, et les répliques que lui firent les théologiens de Wittemberg, que depuis ce temps-là les protestants ont laissé les Grecs en repos, tout leur avantage ayant été d'en séduire quelques-uns, comme Cyrille, dont nous avons ailleurs fait voir l'ignorance et la méchanceté; et tel qu'il était, il n'a jamais osé attaquer la doctrine de son prédécesseur, ni essayer de la rendre suspecte. Dans la première réponse, Jérémie avait répondu modestement aux luthériens qu'ils faisaient mal de mettre la vie monastique, les fêtes, les cérémonies, les jeûnes et pareilles choses au nombre des œuvres inutiles, puisque les saints Pères en avaient jugé autrement; et il prouvait ensuite très-solidement la perfection de cet état. Il les réfuta encore plus fortement dans sa seconde réponse, en faisant voir que les anciens saints, qu'ils n'avaient pu s'empêcher de louer dans leur réplique, avaient vécu de la manière selon laquelle les religieux devaient vivre; qu'ils avaient établi les règles et qu'ils les avaient confirmées par leur exemple; qu'ainsi cette vie qui consistait en une renonciation entière au monde, et en une mortification continuelle en imitant Jésus-Christ et ses apôtres, ne pouvait être que très-parfaite; que la difficulté ne devait pas en rebuter, et qu'elle n'était pas une raison suffisante pour la quitter, puisque S. Basile et les autres saints qui avaient mis par écrit les instructions de la vie monastique n'avaient pas dit que si le poids en était trop rude on la pouvait quitter; mais qu'ils avaient dit qu'alors il fallait se soumettre plus fortement, et s'attacher plus étroitement au joug de Jésus-Christ, en soulager la pesanteur par l'exercice laborieux de toutes les vertus, et par une prière continuelle, dans l'espérance de parvenir ainsi aux récompenses éternelles. Ensuite il rapporte quelques anciens canons qui concernent la vie monastique, qui prononcent anathème contre ceux qui l'abandonnent après en avoir fait profession, à moins qu'ils ne fassent pénitence ; de même contre ceux qui pillent les monastères et les autres lieux consacrés à Dieu, contre ceux qui corrompent des religieuses, et ainsi du reste. C'était assez clairement condamner les luthériens, et celui qu'ils regardent comme restaurateur de l'Évangile, qui se trouvait ainsi chargé d'anathèmes de l'église grecque, aussi bien que de ceux de l'Église romaine.

Ils se vantent d'avoir vigoureusement réfuté Jérémie ; et c'est le jugement qu'en faisait Crusius, régent de Tubingue, qui n'était guère capable de juger de telle matière, puisque sa capacité dans la langue grecque, qui devait être son fort, était très-médiocre. Car le grec des écrits qu'ils envoyèrent à ce patriarche, non seulement n'a aucune élégance, mais il est plein de barbarismes ; et, ce qui est un défaut essentiel, la plupart des termes ne sont point du style ecclésiastique. Ce n'est pas par une affectation d'élégance, telle qu'on l'a autrefois reprochée avec raison à des savants, qui, écrivant en latin, évitaient avec soin de se servir des mots consacrés par l'usage de toute l'Église, parce qu'ils ne les trouvaient pas dans Cicéron. Il paraît clairement que Crusius ou les autres traducteurs des écrits envoyés à Jérémie n'avaient aucune connaissance de ce style, ce qu'on ne reconnaît pas moins dans leur latin que dans leur grec.

Mais Jérémie ne pouvait pas parler autrement qu'il a fait, sachant la doctrine de son église ; et on peut dire qu'il n'y avait que des hommes entièrement ignorants de tout ce qui regarde la Grèce chrétienne, qui pussent juger, comme a fait Véjélius, qu'il avait donné des louanges outrées à la vie monastique. S'il avait lu Siméon de Thessalonique, il aurait bien trouvé d'autres éloges. Dans le traité des sacrements, en parlant de la pénitence, il dit qu'elle comprend aussi le très-saint habit des religieux, qui est et qu'on appelle l'habit angélique, parce que cette vie imite et promet la pureté, la pauvreté, les hymnes, les prières, l'obéissance et la sainteté des anges ; qu'il est aussi appelé l'habit de pénitence, comme étant lugubre, humble et simple, n'ayant rien d'inutile, éloigné de tout ce qui fait l'objet de l'ambition des hommes, pour marquer le renoncement à toutes les pensées, discours et actions du monde, et comme étant la marque d'une vie céleste ; que le religieux doit imiter en toutes choses la vie de Jésus-Christ, être humble, pauvre, soumis, et ne se soucier de rien qui ait rapport au monde ; que pour cela sa vie est une croix continuelle, et qu'il s'engage par une promesse solennelle à garder la chasteté, à ne rien posséder, à s'occuper toute sa vie de jeûnes et de prières, enfin à tout souffrir pour Jésus-Christ ; qu'il a donné la première et la principale règle de la vie monastique, en promettant le centuple et la vie éternelle à ceux qui abandonneraient tout pour l'amour de lui, ce que Siméon prouve par plusieurs passages de l'Écriture. Il dit ensuite qu'il faut regarder la vie monastique comme instituée par Jésus-Christ, et donnée à l'Église par les apôtres, telle qu'on la trouve prescrite par saint Denis : que saint Pacôme reçut d'un ange la forme de l'habit monastique, dont toutes les parties ont diverses significations mystérieuses qu'il explique. Enfin il marque que la dignité de cet état est si grande, que, quoiqu'on ne puisse douter que le sacerdoce, étant d'institution divine, ne soit selon l'ordre au-dessus de l'état monastique, parce que les œuvres du sacerdoce sont les œuvres de Dieu, avec lequel on ne peut avoir de communication, ni recevoir de sanctification, ni être chrétien sans le sacerdoce ; cependant, selon S. Denis, l'état monastique considéré par rapport à la sainteté de la vie, est plus grand que celui d'un prêtre séculier ; en quoi peut-être cet auteur a parlé avec exagération, et même avec peu de justesse, puisque dès qu'il s'agit de la sainteté des mœurs, on pourrait dire sur le même principe qu'un laïque vertueux est au-dessus d'un mauvais ecclésiastique. Ce n'est pas donc qu'il ait voulu élever l'état monastique au-dessus du sacerdoce, puisqu'il en reconnaît la dignité supérieure à celle des religieux. Mais il a parlé selon l'usage de son église, où depuis plusieurs siècles la plupart des ecclésiastiques faisaient profession de la vie religieuse, de laquelle on tirait presque tous les évêques et les patriarches mêmes : et ce qu'il a voulu dire est que la sainteté de cet état relevait en quelque manière la dignité du sacerdoce.

CHAPITRE VIII.

Si on peut dire que les Grecs égalent au baptême la profession monastique, et qu'ils la mettent au nombre des sacrements.

Nous avons déjà touché quelque chose de cette question en parlant des sacrements en général, sur ce que deux ou trois Grecs du moyen âge ont mis la profession monastique au nombre des sacrements ; qu'à cette occasion quelques catholiques les ont accusés de s'éloigner de la doctrine de l'Église, et que divers protestants ont voulu tirer avantage de ces témoignages, en faveur des nouveautés introduites par leur prétendue réforme. Lorsqu'il s'agit de dogmes, il ne suffit pas de trouver quelques écrivains particuliers qui hasardent une proposition nouvelle, inconnue aux anciens, et qui n'est fondée ni dans l'Écriture ni sur la tradition ; qui n'est marquée dans aucune confession de foi, et qui enferme des conséquences opposées à la saine théologie universellement reçue ; or c'est le jugement qu'on doit faire de ce que ces Grecs ont dit que la vie monastique était un sacrement ; que c'était un second baptême aussi efficace que le premier, puisqu'il remettait tous les péchés : et que par conséquent il devait être considéré comme un sacrement. Quand on examine quels sont les auteurs de cette opinion, on trouve qu'ils se réduisent à deux ou trois qui n'ont point pensé à dogmatiser, qui n'ont jamais été considérés comme auteurs de nouveautés ; mais comme des déclamateurs, qui, voulant louer la vie monastique, l'ont fait avec excès, et d'une manière néanmoins qui ne pouvait avoir un mauvais sens parmi ceux qui les entendaient. Tel est un moine Job, qui est assez peu connu, de sorte qu'on sait à peine quand il a vécu, et qui met *le saint habit*, c'est-à-dire la profession monastique, au nombre des sacrements. C'est-là le sujet d'un grand éclaircissement que donnent Arcudius et Allatius ; d'autant plus que celui-ci, qui avait une grande connaissance des auteurs grecs modernes, en a trouvé quelques autres qui ont encore poussé la pensée plus loin, et qu'ils se sont appuyés de l'autorité des livres attribués à S. Denis ; et l'un et l'autre étaient embarrassés à y répondre. La réponse que nous avons marquée dans le premier livre est très-simple, et n'en est pas moins vraie. Elle consiste en ce que le mot de μυστήριον, dans les Pères grecs, n'est pas si restreint qu'est parmi nos théologiens le mot de *sacrement*, mais qu'il a une signification beaucoup plus étendue ; et que l'auteur de la Hiérarchie ecclésiastique n'a pas pensé à faire un traité des sacrements, mais à expliquer ce qui regardait les principales fonctions pontificales et sacerdotales, parmi lesquelles peut être mise la bénédiction de ceux qui embrassent la vie monastique. Les Grecs qui ont écrit depuis que ces ouvrages sont entre les mains de tout le monde, n'ont pas pour cela jugé que les cérémonies sacrées, dont il n'est fait aucune mention dans ces livres, ne produisissent pas la grâce sanctifiante, et par conséquent qu'elles ne fussent pas de véritables sacrements. Ceux des derniers siècles encore moins, quoiqu'ils croient de même que leurs anciens, que ces livres sont de S. Denis, et qu'ils ont par conséquent une autorité supérieure à celle des autres Pères.

Siméon de Thessalonique, que les Grecs modernes suivent principalement dans la matière des sacrements, fournit une explication très-naturelle aux difficultés qu'on forme sur les témoignages des auteurs qui mettent la profession monastique dans le nombre des sacrements que reconnaît l'église grecque aussi bien que la latine. Il en parle fort en détail, et en particulier de tout ce qui a rapport à l'habit monastique, expliquant jusqu'aux moindres cérémonies avec lesquelles il est donné. Mais il dit expressément *qu'on doit regarder cet état comme faisant partie de la pénitence*, ce qui a aussi été dit par d'autres théologiens grecs. De cette manière, tout ce que ceux qui se sont plus étendus sur les louanges de la vie monastique ont dit, lorsqu'ils en ont parlé comme d'un sacrement, doit être entendu de celui dont il fait une partie, qui est la pénitence, sous laquelle l'état religieux est compris, suivant le sentiment de plusieurs autres Grecs anciens et modernes. Cette vérité étant supposée, et aussi bien prouvée qu'elle l'est, puisque tout ce qui a rapport à la vie monastique est partie ou marque de la pénitence, la difficulté cesse entièrement.

Les Grecs dont on cite les témoignages, disent que la vie religieuse est un second baptême, qu'elle produit la rémission des péchés, et que celui qui l'embrasse devient un enfant de lumière ; ce sont les paroles de Siméon de Thessalonique. Mais il est bien évident qu'elles ne doivent et ne peuvent s'entendre que de la pénitence, qui en fait l'âme et le fondement, puisqu'il dit ensuite immédiatement que *Notre-Seigneur s'en réjouit avec les anges, et que pour l'amour de celui qui reçoit l'habit de religion, il tue le veau gras, c'est-à-dire, qu'il lui donne son corps et son sang.* Puis, expliquant les cérémonies de la prise d'habit, il dit que *le supérieur qui le lui donne le fait lever pour signifier qu'il s'est relevé du péché dans lequel il était tombé, qu'il en a obtenu la rémission, que le père l'a reçu, et l'a de nouveau adopté pour son fils, qu'il lui a rendu la première robe de purification, et qu'il le met au rang des anges ; qu'on lui fait baiser l'Évangile, ce qui signifie le baiser que le père donna à l'enfant prodigue ;* et ainsi du reste. Or ce n'est pas seulement par l'interprétation mystique des cérémonies pratiquées dans la profession monastique qu'on reconnaît le rapport qu'elles ont à la parabole de l'enfant prodigue, c'est aussi par les prières que l'église grecque emploie en cette occasion, comme il a été marqué ci-dessus. Comme donc personne n'ignore que toute cette parabole a un rapport certain et déterminé par tous les saints Pères à la conversion du pécheur et à son retour à Dieu par la pénitence, l'état d'une mortification continuelle vouée solennellement, et accompagnée d'un renoncement entier au monde et à soi-même, est un degré de perfection supérieure, mais il a toujours rapport à la pénitence.

Tous les Pères ont appelé la pénitence un second baptême, un baptême de larmes, un baptême laborieux ; ils n'ont pas pour cela comparé la pénitence au baptême, sinon en ce qu'ils ont exhorté les pécheurs à avoir une entière confiance que leurs péchés commis après le baptême étaient remis par la pénitence, et qu'elle les rétablissait dans la qualité d'enfants de Dieu, qu'ils avaient perdue par leur mauvaise vie. Cependant ils ont distingué la première réconciliation obtenue par le baptême de celle qui s'obtient par la pénitence : la première comme purement gratuite et sans peine, l'autre comme laborieuse et douloureuse ; ce qui n'empêchait pas qu'on n'eût une entière confiance au pouvoir des clés donné à l'Église. C'est aussi dans ce rang qu'ils ont mis la vie monastique, puisqu'elle était également embrassée par des personnes d'un caractère fort différent. Les premiers qui en ont donné l'exemple et établi des règles, comme S. Antoine, S. Pacôme et divers autres, le firent par le désir de renoncer entièrement au monde, et de mener une vie parfaite ; et quoiqu'ils eussent la plupart conservé l'innocence de leur baptême, ils voulaient par humilité être regardés comme de grands pécheurs. La vie qu'ils menaient était plus austère que celle qui était prescrite par les anciens canons aux pécheurs coupables des crimes les plus énormes. Les autres se retiraient dans les monastères pour y faire pénitence des désordres de leur vie passée, et ils étaient également reçus ; de sorte que Moïse, voleur et homicide, ne fut pas moins l'ornement et l'édification de son siècle, que plusieurs autres qui s'étaient donnés à Dieu dans une jeunesse innocente.

Le baptême effaçait tellement tous les péchés, qu'on n'obligeait à aucune pénitence canonique ceux qui l'avaient reçu ; ils étaient admis au sacerdoce sans difficulté, quand ils seraient auparavant tombés dans les plus grands crimes. On ne trouvera jamais que la profession monastique ait été considérée comme ayant le même effet par rapport aux péchés qui excluaient du sacerdoce ; les règles communes s'observaient à l'égard de ceux qui entraient dans la vie monastique comme à l'égard des autres], et quand ils avaient commis des péchés, qui, suivant la discipline des premiers siècles, excluaient de la communion, ils ne la recevaient pas plutôt dans les monastères qu'ils l'auraient reçue ailleurs ; et même comme il y avait alors fort peu de prêtres parmi les religieux, les anachorètes et ceux qui étaient dans des cellules particulières allaient recevoir les sacrements aux églises voisines, et il n'y avait pas d'autre discipline pour eux que pour les laïques.

Jamais dans l'église grecque on n'a cru que les péchés fussent remis autrement que par le ministère des prêtres ou des évêques, après la perte de l'innocence acquise gratuitement par le baptême. On ne trouvera aucun père, ni aucun écrivain de quelque autorité, encore moins des évêques assemblés synodalement pour établir quelques règles sur la discipline de la pénitence, qui aient dit aux pécheurs coupables de plusieurs grands crimes : Embrassez la vie religieuse, et aussitôt tous vos péchés vous seront remis, comme par le baptême. Il faut néanmoins que cette vérité, si c'en est une, ait été connue dès les premiers siècles de l'Église ; car Job, Théodore Studite et quelques modernes, ne peuvent pas l'établir contre la doctrine de toute l'antiquité.

La rémission des péchés a été donnée aux pénitents par l'imposition des mains, par des prières et par des formules d'absolution, qui se sont conservées non seulement dans l'Église universelle, lorsque la grecque et la latine étaient unies, mais aussi dans toutes celles qui se sont séparées par l'hérésie ou par le schisme. Le ministère des évêques ou des prêtres, auxquels ils en avaient donné l'autorité, a été requis d'une nécessité absolue dans cette fonction, qui comprend l'exercice de la puissance des clés. Comme donc il ne s'agit pas ici de voies extraordinaires, mais d'une pratique très-commune dans l'Église, on ne peut supposer, sans une grande témérité, que la profession de la vie monastique, dans laquelle, selon la discipline de l'église grecque, il n'y a aucune cérémonie, ni acte qui ait rapport au sacrement de pénitence, puisse donner la rémission des péchés. Car, comme nous l'avons marqué ci-dessus, il n'y dans l'office du petit ou du grand habit aucune absolution, pas même de celles qui, étant en termes généraux, ne peuvent passer pour sacramentelles. De plus, ceux qui font la cérémonie de donner l'un et l'autre habit, souvent n'étaient point prêtres ; parce que ce n'a été que dans les derniers temps que les supérieurs des monastères, ou archimandrites, ont été élevés au sacerdoce. Ce serait donc encore une nouvelle difficulté que d'expliquer comment de simples religieux pourraient donner l'absolution, et même une absolution si étendue et si parfaite, qu'elle pût être comparée à la rémission des péchés obtenue par le baptême. Enfin comment ceux qui prétendraient que l'habit monastique est un sacrement, accorderaient-ils cette opinion avec la doctrine constante de l'église orientale, qui enseigne qu'à l'exception du baptême, en cas de nécessité, aucun sacrement ne peut être administré que par des prêtres.

Telle est, et telle a toujours été la créance de l'église grecque, conforme à celle de toutes les autres ; et l'opinion de quelques particuliers ne l'a pas détruite, si même on doit convenir qu'ils aient parlé en théologiens, et non pas en orateurs. S'ils avaient parlé en théologiens, ils auraient été suivis par d'autres ; il ne s'en trouve néanmoins aucun qui ait réduit en articles de doctrine de pareilles pensées pieuses, mais éloignées de l'exactitude suivant laquelle il faut expliquer ce qui a rapport à la foi. Ceux qui en ont parlé exactement ont renfermé la profession monastique sous la pénitence. En ce sens Théodore Studite a pu dire qu'*elle purgeait de toutes sortes de péchés*, et il ne laisse aucune équivoque quand il ajoute : Par la vie parfaite qu'on mène ensuite ; car c'est ainsi qu'il faut traduire ces paroles, puisque le mot ἐπιβίωσις signifie la vie qui reste après certain temps ou certaine action. Ce n'est donc pas par la seule susception de l'habit, ni par la profession solennelle de la vie religieuse que, selon lui, le pécheur obtient la rémission de tous ses péchés, c'est par la pénitence continuelle qu'il en fait dans une vie toute de mortification et de retraite ; ce qui n'exclut pas les autres parties nécessaires du sacrement de pénitence, qui dépendent de l'Église et de ceux qui sont les ministres de Jésus-Christ et les dispensateurs des mystères de Dieu. C'est une supposition nécessaire, puisqu'on ne peut établir des exceptions contre la règle générale, si elles ne sont marquées précisément dans les canons ou dans les écrits des saints Pères. Or la règle universelle a toujours été que les pécheurs confessassent leurs péchés, et qu'ils reçussent la pénitence canonique pour l'accomplir, ou d'abord avant que d'être admis aux saints mystères, ou dans la suite si elle durait plusieurs années, selon la prudence du confesseur. De même on a accordé la pénitence à ceux qui la demandaient, quoique malades à l'extrémité et hors d'état de la pouvoir accomplir ; et, suivant la sage disposition du concile de Nicée, la communion était accordée à tous ceux qui étaient en péril de mort, afin qu'ils ne fussent point privés d'un viatique si nécessaire. Mais quand ces pénitents revenaient en santé, ils étaient obligés à accomplir la pénitence. Par cette même raison, lorsque la profession de la vie monastique a succédé à la pénitence publique, comme il paraît que cela s'est fait plusieurs fois en Orient et en Occident, on n'a pas refusé l'habit de religion à ceux qui le demandaient au lit de la mort. On les encourageait à espérer que Dieu accepterait leur bonne volonté, en cas qu'ils ne survécussent pas assez pour exécuter le dessein et la promesse solennelle de passer leur vie dans les exercices de la pénitence. S'ils ne le faisaient pas, on les regardait comme des excommuniés, et comme on regarderait présentement un religieux apostat. C'était donc le vœu et l'intention d'embrasser la vie monastique, que signifiait l'habit dont les moribonds étaient revêtus, sur lesquels était fondée l'espérance qu'on leur donnait de la miséricorde de Dieu, et du pardon de leurs péchés, et non pas sur la simple prise d'habit, jointe à la profession monastique : car si elle eût effacé tous les péchés de même qu'ils sont effacés par le baptême, on n'aurait pas obligé ceux qui revenaient en santé à accomplir la pénitence. Ce n'est donc point cette simple profession qui produit la grâce; encore moins doit-on s'imaginer que les Grecs aient prétendu que ce fût de la manière dont la produisent les sacrements ; mais c'est par la continuité des œuvres de pénitence et d'une vie parfaite, que ceux-mêmes qui peuvent avoir exagéré les louanges de la vie monastique l'ont comparée au baptême.

Allatius a inséré une longue lettre de Michel Glicas, qui n'a aucune difficulté étant entendue de cette manière, et qui en aurait beaucoup, si on voulait s'attacher à l'examiner par parties, surtout en y joignant l'examen sérieux de ce qu'on trouve dans les livres de la Hiérarchie ecclésiastique, et sur quoi Allatius emploie beaucoup de paroles. Siméon de Thessalonique, Syrigus, et tous les autres Grecs qui ont écrit des sacrements, avaient la même opinion que lui des ouvrages de S. Denis, et cependant ils n'y ont pas vu ce que les autres ont prétendu en tirer, pour mettre la profession monastique dans ce nombre, si ce n'est comme partie de la pénitence; et cela suffit pour justifier les Grecs d'une erreur inexcusable, et qui renverse l'économie de la doctrine de l'Église, qu'ils ont conservée. Mais Allatius, et encore plus Arcudius, défendant souvent les Grecs contre de fausses accusations, les abandonnent aussi quelquefois avec trop de facilité dans des points où il est aisé de les justifier, et où même il est de l'intérêt de la vérité et de l'Église de le faire. Enfin ils ne méritaient pas moins d'indulgence que S. Thomas, qui a dit à peu près la même chose. *On peut, dit-il (2-2, quæst. ult., ad. 3), avec raison dire que par l'entrée en religion on obtient la rémission entière des péchés, parce que pour satisfaire à tous ses péchés il suffit qu'un homme s'engage entièrement au service de Dieu, comme il fait en entrant en religion, parce que cette profession surpasse toute sorte de satisfaction, même la pénitence publique; sur quoi il cite le décret. C'est pourquoi,* ajoute-t-il, *on lit dans les Vies des Pères que ceux qui entrent en religion obtiennent la même grâce que ceux qui sont baptisés.* Personne n'a accusé S. Thomas d'avoir égalé la profession monastique au baptême par cette comparaison, parce qu'il est aisé de reconnaître qu'elle a un sens tout différent. Il n'y a donc pas plus de sujet de reprocher cette erreur aux Grecs, qui n'ont dit que la même chose.

Il faut néanmoins convenir que quelques-uns, particulièrement les modernes, ne peuvent être excusés d'avoir donné lieu par leurs expressions outrées à de mauvais sens qu'on peut leur donner, et que leur ont donné en effet quelques théologiens latins, qui les ont prises trop à la lettre, ou qui pouvaient induire les simples en erreur. C'est ce qu'on peut dire de quelques Orientaux, qui ont entendu trop littéralement ce qu'ils ont trouvé sur ce sujet dans les auteurs grecs du moyen-âge, particulièrement dans les Vies des Pères, d'où on reconnaît que S. Thomas avait tiré ce qu'il en a dit. Or il est à remarquer que les versions arabes de ces Vies, du *Paradis* ou Λειμωνάριον, et de semblables autres ouvrages, sont extrêmement altérées, et que si les savants ont remarqué par la grande diversité des exemplaires grecs qu'on y avait fait plusieurs additions ou changements, c'est tout autre chose dans ces traductions orientales par le défaut général de critique qu'on reconnaît dans tous leurs auteurs, et encore plus dans les Orientaux : car lorsqu'ils transcrivent un livre, s'ils trouvent ailleurs quelque pièce qui ait rapport à la matière, ils l'y insèrent, surtout dans les histoires ; de sorte que toutes les altérations des Actes des saints faites par Métaphraste et par les légendaires grecs ou latins, ne sont rien en comparaison de celles des traducteurs orientaux. C'est donc ainsi qu'ayant la Vie de S. Antoine traduite du grec de S. Athanase, ils y ont fait un grand nombre d'additions. Une des principales regarde la question que nous traitons, parce que dans la traduction arabe, telle qu'on la lit dans la plupart des exemplaires, il est rapporté que *S. Antoine eut une vision, dans laquelle il crut que son âme était séparée de son corps, et présentée devant le tribunal de Dieu, où les démons entreprirent de l'accuser de tous les péchés qu'il avait commis depuis sa jeunesse; qu'alors il entendit une voix du ciel qui dit que tous ceux qu'il pouvait avoir commis avant que d'embrasser la vie monastique lui avaient été remis dans le temps même qu'il s'y était engagé.* Cette histoire est citée dans une formule d'exhortation pour les religieux qui prennent l'habit, rapportée par Abulbircat, et par d'autres auteurs.

Il y a aussi dans la collection des Cophtes certains canons recueillis sous le titre de : *Canons pour le temps;* ce qui signifie que c'est un recueil de plusieurs points de discipline fondés en pratique, comme il paraît assez par ce qu'ils contiennent ; et, sous le titre 18, voici ce qu'on y trouve : *Si un séculier tombe en quelque péché de la chair, ou en quelque autre très-grief, et qu'il se fasse religieux en recevant le saint habit monastique, il est purifié de ses péchés comme par la grâce du baptême. Et si avant la réception de l'habit il a commis plusieurs crimes, lorsqu'il l'a reçu, il peut être promu au sacerdoce,*

P. DE LA F. III.

(Vingt-neuf.)

A cela le canon ajoute que *si un prêtre après l'ordination commet des péchés qui l'excluent des fonctions sacerdotales, s'il prend l'habit de religion, il peut reprendre les fonctions de son ministère, parce que la grâce qu'il reçoit par le saint habit efface tous ses péchés, particulièrement s'ils ne sont pas publics.*

Il n'est pas difficile de reconnaître que cette discipline est fort récente, puisque suivant l'ancienne, ceux qui avaient commis des péchés qui étaient soumis à la pénitence canonique ne pouvaient parvenir aux ordres sacrés. Cette rigueur n'a été mitigée que fort tard dans l'église orientale, et il serait difficile de trouver quelques canons d'autorité qui l'eussent changée. Ce changement ne vient que de la coutume; et lorsqu'elle fut établie, elle acquit force de loi pour les pays où la tyrannie des barbares ne permettait pas d'observer les règles ecclésiastiques selon toute leur rigueur. Ensuite il fallut chercher une raison de cette nouveauté, et il n'en parut pas de meilleure que ce qui se trouvait dans les livres ascétiques touchant les louanges de la vie monastique. La principale était de l'appeler un second baptême, comme la pénitence dont elle faisait une partie; le baptême efface tous les péchés; il ne fut pas difficile de pousser cette comparaison au-delà des bornes, surtout dans des ouvrages qui n'étaient point théologiques, comme en effet elle ne se trouve dans aucun de ceux qui peuvent passer pour tels. Barsalibi et Abulfarage parlent de tous les sens différents de nom du baptême, et ils mettent dans ce nombre la pénitence, l'appelant, suivant la doctrine des Pères, un baptême de larmes et laborieux; mais ni eux ni les autres n'ont dit que l'effet fût semblable à celui du baptême de Jésus-Christ. Donc comme ils ont enseigné que celui qui embrassait la pénitence suivant les règles prescrites par l'Église, c'est-à-dire la douleur sincère, la confession, la satisfaction et l'absolution, devait être assuré de la rémission de ses péchés, ils ont en même temps reconnu que ceux qui s'engageaient volontairement et pour toute leur vie dans une pénitence continuelle, devaient être aussi assurés de la miséricorde de Dieu, que ceux qui avaient reçu la rémission toute gratuite; au lieu que celle-ci est le fruit des travaux de la pénitence, puisqu'après les autres cérémonies, celui qui reçoit l'habit fait une confession générale de tout ce qu'il a de plus secret. C'est pourquoi Siméon de Thessalonique conclut de là que le saint habit est compris dans la pénitence.

C'est ce qui paraît de plus convenable pour expliquer les difficultés qu'a formées Allatius, et qu'il tâche de résoudre par une voie plus longue et plus embarrassée. La lettre de Michel Glycas, qu'il rapporte entière (l. 3, c. 16, § 23), et qui mérite d'être lue, suffit non seulement pour confirmer ce qui a été dit ci-dessus, mais aussi pour faire voir que cette comparaison peu exacte du baptême et de la profession monastique n'était pas généralement approuvée, sinon dans le sens que lui donne Siméon de Thessalonique. Que si des particuliers dans les derniers temps se sont écartés de cette doctrine, ils n'ont aucune autorité dans l'église grecque, et il suffit, pour la justifier, d'établir, comme nous avons fait, qu'elle n'a jamais mis la profession monastique au nombre des sacrements, sinon comme une partie de la pénitence.

CHAPITRE IX.
De la vie monastique selon les Orientaux.

Tout ce que les Grecs disent et pratiquent par rapport à la vie monastique leur est commun avec les autres chrétiens orientaux, puisque les uns et les autres ont puisé dans les mêmes sources; et comme les premiers fondateurs de cette vie pénitente ont vécu longtemps avant que les églises fussent divisées par les hérésies ou par le schisme, ils sont regardés partout avec le même respect. Les règles de S. Antoine et de S. Pacôme, les paroles des saints du désert, recueillies par plusieurs auteurs, et les Ascétiques de S. Basile, sont traduites il y a plusieurs siècles en toutes les langues orientales; elles sont le fondement de la règle pratiquée par tous les religieux en Orient; et de plus ils en ont tiré divers canons, qui ont une entière autorité, et qui sont considérés comme les lois de la vie monastique. On pourrait faire plusieurs volumes de ce qu'on trouve sur cette matière dans les manuscrits syriaques et arabes, parce qu'il n'y a presque aucun livre grec qui en traite, dont il n'y ait en des traductions ou des abrégés. D'abord les Orientaux ont traduit la Vie de S. Antoine, celle de S. Pacôme, et plusieurs autres, et c'est la principale lecture qui est recommandée aux religieux, après celle de l'Écriture sainte. Le Paradis ou Λειμωνάριον, le Γεροντικὸν, les Apophtegmes des anciens anachorètes, et plusieurs semblables recueils sont traduits de même, ainsi que le Πανδόχος, dont ils ont conservé le nom grec; l'Échelle de S. Jean Climaque, les Instructions de S. Dorothée, et divers autres traités ascétiques sont tellement en usage dans tout l'Orient, qu'à peine on voit une bibliothèque tant soit peu fournie de manuscrits orientaux, qui n'en ait plusieurs de cette sorte.

Comme la matière est suffisamment éclaircie par tout ce qui en a été dit dans les chapitres précédents, nous rapporterons seulement quelques témoignages choisis d'auteurs généralement approuvés. Nous ne parlerons pas des melchites ou orthodoxes, parce qu'ils sont du corps de l'église grecque, dont la doctrine et la discipline ont été assez expliquées. Parmi les jacobites, un des plus considérales est Isaac Ebnassal, qui a souvent été cité dans cet ouvrage; et dans sa Collection de canons il traite fort au long de la vie monastique, et des exercices auxquels elle engage. Il dit que *la vie monastique est la philosophie de la religion chrétienne; de sorte que les religieux sont des anges terrestres et des hommes célestes, qui suivent Jésus-Christ en l'imitant selon leur pouvoir; qui ressemblent à ses apôtres par le renoncement à tous les biens de ce monde; qui condamnent tous les désirs mondains, et qui méprisent tout jusqu'à eux-mêmes, par principe d'obéissance et d'amour pour Jésus-Christ; qui accomplissent les préceptes qu'il a donnés, cherchant à parvenir à un* état de perfection ; qui l'aiment uniquement, et plus que leurs pères, leurs enfants, leurs femmes et que les richesses ; qui sont contents et heureux dans le repos qu'ils espèrent avoir des travaux présents et nécessaires de cette vie, et être délivrés dans l'autre des peines éternelles, pour ensuite parvenir aux dignités qu'il leur a préparées dans le royaume des cieux, en récompense des mortifications passagères auxquelles ils se soumettent volontairement.

Il dit ensuite que cet état est fondé sur ce que Jésus-Christ dit à un homme : *Si vous voulez être parfait, allez, vendez tout ce que vous avez et le donnez aux pauvres, et vous aurez un trésor dans le ciel ; venez et me suivez.* Il dit aussi à celui qui lui demandait ce qu'il devait faire pour parvenir à l'héritage de la vie éternelle, et qui, étant interrogé sur les préceptes, répondit qu'il les avait observés depuis sa jeunesse, qu'il *lui manquait encore une chose, qui était de vendre ses biens et de le suivre.* De même Jésus-Christ a dit : *Celui qui aime son père et sa mère plus que moi n'est pas digne de moi ; et celui qui ne porte pas sa croix, et ne me suit pas, n'est pas digne de moi.*

Le même théologien, citant ensuite les Ascétiques de S. Basile, dit que *le choix de la vie monastique doit être fait avec une entière liberté, et sans aucune contrainte ; que, par cette raison, avant que d'y admettre quelqu'un, il faut que le supérieur du monastère examine soigneusement les qualités de celui qui se présente : s'il est libre, parce qu'on ne doit pas recevoir un esclave sans le consentement de son maître, ni un homme marié sans que sa femme y consente, ni un fils de famille qui est sous la puissance de ses parents, sans qu'ils y consentent.* On trouve en cet endroit une exception, qui est qu'*on peut recevoir un homme marié lorsqu'il ne peut vivre avec sa femme, et qu'il l'a quittée ;* et il y aurait quelque sujet de douter de cet article, s'il n'y a pas de faute dans les manuscrits. Enfin on peut recevoir un homicide pour faire pénitence, si le meurtre qu'il a commis n'a pas été de propos délibéré.

Après diverses choses qui n'ont pas rapport à notre dessein, Ebnassal explique les obligations de la vie monastique, dont *la première,* dit-il, *est de renoncer au mariage. Il y a des personnes qui n'ont jamais été mariées, et c'est de celles-là que Notre-Seigneur a dit, « qu'elles se sont faites eunuques pour le royaume des cieux ; » les autres suivent ce qu'il a dit, que celui qui quittera sa femme aura la vie éternelle.* Enfin les uns et les autres *choisissent dès cette vie l'état où on sera dans l'autre, sans être marié, mais comme des anges de Dieu.* Il faut ensuite *renoncer à ses parents selon la chair, aux biens et à tous les désirs mondains, demeurer dans le désert ; être vêtu de laine, porter la ceinture, renoncer à manger de la chair pendant toute sa vie, même à boire du vin, sinon lorsque la nécessité y oblige, et se retrancher tellement sur la nourriture, qu'on n'en prenne qu'autant qu'il est nécessaire pour soutenir sa vie ; enfin de vivre avec ses frères comme n'ayant qu'une âme et un même esprit, par la charité qui doit engager les religieux à vivre, non pas chacun pour soi, mais pour les autres, par une soumission mutuelle, et une obéissance parfaite aux supérieurs. Ils doivent enfin passer toute leur vie dans le jeûne, dans la prière, dans le travail, dans une mémoire continuelle de Dieu, dans la méditation de ses saintes Écritures et dans la lecture des Vies des saints, pour tâcher de les imiter.*

Le même auteur rapporte aussi plusieurs règles tirées des Ascétiques de S. Basile, qui regardent la conduite des supérieurs de monastères, et quelques autres pour les religieux, dans lesquelles il n'y a rien de singulier, sinon qu'il est dit qu'*ordinairement ils coucheront sur la terre, habillés, et sans dénouer leur ceinture, pour être toujours prêts à se lever, afin de vaquer à la prière et aux veilles ; que les malades et les vieillards pourront coucher sur des lits ; que lorsqu'ils travailleront à quelque travail pénible ils mangeront deux fois le jour : la première, après l'heure de sexte, la seconde, à la fin du jour ; les autres jours ils ne mangeront qu'une fois ; et que, selon le conseil de S. Paul à Timothée, ils pourront dans le besoin prendre un peu de vin.* Il est aussi parlé dans ces extraits des peines qui doivent être imposées à ceux qui tombent en diverses fautes : lorsqu'elles sont grièves, il est ordonné qu'ils seront fouettés, et on ne trouve pas que cette pénitence soit prescrite à l'égard des laïques pour les plus grands péchés.

Echmimi, dans sa Collection de canons, parle comme Ebnassal ; et Abulbircat, postérieur aux deux, a copié le dernier en propres paroles pour faire l'éloge de la vie monastique, en sorte qu'il serait inutile de les rapporter. A l'égard des principales règles selon lesquelles les séculiers doivent être admis à la profession religieuse, il se contente d'en faire l'abrégé. On trouve à peu près les mêmes choses dans le traité de la Science ecclésiastique, et en divers autres auteurs anonymes. C'est qu'ils ont tous puisé dans la même source, qui, à l'égard des Orientaux qui ont écrit depuis mille ans, est le Recueil des canons arabes de Nicée. Il y en a une partie, comme il a été marqué ailleurs, qui regarde la vie religieuse ; et la traduction, qui en a été faite par Abraham Échellensis, est imprimée dans l'édition des Conciles du P. Labbé. On trouve dans le 13e canon les conditions nécessaires pour admettre les séculiers à la profession, telles que les marque Ebnassai ; il y a quelque différence néanmoins qui peut avoir été introduite par la longueur du temps, avec laquelle il est rare qu'il ne s'introduise quelque changement dans la discipline : car Abulbircat marque qu'il faut que *le postulant demeure trois ans dans le monastère sous la conduite du supérieur, qui pendant cet intervalle éprouvera sa vocation.* Les prétendus canons de Nicée, ni les canonistes que nous avons cités, ne prescrivent point de terme précis, laissant à la prudence du supérieur de le déterminer.

Il est aussi marqué dans ces canons qu'*on ne pourra recevoir personne à professer la vie religieuse, sans la permission du chorévêque,* comme on lit en quelques manuscrits, quoique Échellensis ne fasse pas mention de cette condition dans le 13e canon ; mais dans le dixième il établit l'autorité du chorévêque sur les supérieurs des monastères, ce qui est la même chose. Abulbircat dit qu'on doit avoir la permission de l'évêque, ce qui n'est pas une différence importante, car en Orient, principalement depuis que les Mahométans en sont maîtres, le mot de *chorévêque* ne signifie pas un ecclésiastique, qui, ayant reçu l'ordination épiscopale, l'exerçait dans les paroisses de campagne, ce qui avait autrefois lieu en Occident; mais c'étaient à proprement parler des archiprêtres, ou, comme les Syriens les ont appelés, *péridouté*, c'est-à-dire περιοδευταί, qui sont distingués des évêques par le 57° canon du concile de Laodicée, et par un Abrégé de canons en syriaque très-ancien; même par Jésus-bar-Hali, auteur d'un Dictionnaire syriaque et arabe fort estimé, qui dit que *ce sont ceux qui font la visite des paroisses sous l'autorité de l'évêque*.

De quelque manière que soit entendu ce point de discipline, le sens est toujours le même : car les archiprêtres ou visiteurs, qu'on doit entendre par le mot de *chorévêques* dans ces canons prétendus de Nicée, agissaient avec mission et par l'autorité des évêques auxquels, par le droit commun, tous les monastères étaient soumis dans l'église grecque, comme le remarquent les canonistes. Il est vrai qu'il y eut du changement dans la suite à cette discipline, qui produisit la distinction de trois sortes de monastères : les premiers étaient ceux qui conservaient l'ancien usage; les autres étaient soumis aux seuls patriarches, et d'autres aux empereurs. De plus, quelques-uns avaient des priviléges particuliers compris dans la fondation, et c'était ce qu'on appelait *typique*, comme celui d'Irène Ducæna, publié par les PP. bénédictins. Dans l'église d'Alexandrie il paraît que, suivant l'usage ordinaire, les monastères étaient soumis aux évêques des lieux, ce qui n'empêche pas qu'il n'y ait divers exemples de l'autorité que les patriarches y exerçaient; et même on trouve que quelques-uns avaient donné à des évêques choisis par eux l'inspection générale sur les monastères, comme on voit que dans le patriarcat de Constantinople il y avait un ἄρχων τῶν μοναστηρίων, et que ceux qu'on appelait *archimandrites* en avaient plusieurs soumis à leur juridiction. En Égypte, et même dans le patriarcat jacobite d'Antioche, il n'y a presque aucun exemple d'exemption que pour le monastère de S.-Macaire, qui conservait des usages particuliers, comme celui de ne rien chanter ou réciter dans le service sinon en langue cophte : de reconnaître les patriarches que lorsqu'ils étaient venus célébrer la Liturgie dans leur église, et quelques autres. Il dépendait néanmoins des patriarches, qui ordinairement y passaient le carême, et y faisaient la bénédiction du chrême. L'*igumène* ou archimandrite de S.-Macaire souscrivait à l'acte de l'élection des patriarches au nom de l'ordre monastique, de même qu'aux lettres d'intronisation, et il avait inspection avec autorité sur les monastères ou cellules d'anachorètes qui en dépendaient, mais non pas sur les autres. On remarque qu'il n'y a qu'en Éthiopie où tous les religieux sont soumis à une sorte de général qu'on appelle *icegué*. Ailleurs il ne paraît pas qu'il y ait eu rien de semblable. Les catholiques ou patriarches des nestoriens ont gouverné les monastères à peu près comme les patriarches d'Alexandrie gouvernaient ceux d'Égypte; et de même que ceux-ci avaient un grand respect pour celui de S.-Macaire, les nestoriens avaient aussi une considération particulière pour celui qu'ils appelaient *dir kani*, près de Modaïn, où la plupart étaient ordonnés et choisissaient leur sépulture, et ils y avaient une grande autorité. Mais comme tout ce détail engagerait à de longues digressions, et qu'il n'a qu'un rapport indirect à la matière principale, nous n'en parlerons pas davantage, et nous pourrons l'éclaircir ailleurs.

Il reste à expliquer de quelle manière les Orientaux donnent l'habit monastique; sur quoi il n'est pas besoin d'un grand éclaircissement, parce que les cérémonies et les prières sont assez semblables à celles des Grecs, dont nous venons de parler. Le Rituel du patriarche Gabriel, Abulbircat et d'autres livres font mention de ce qui se pratique en cette occasion. Le postulant, après avoir fait durant trois ans son noviciat, pendant lequel on lui donne les instructions nécessaires contenues dans le livre du Paradis des Pères, se prosterne ayant la tête tournée vers l'Orient, et le visage contre terre, et on étend sur lui ses habits. On dit l'oraison d'action de grâces, on encense, et on fait la lecture d'une Épître et d'un Évangile : la première de l'Épître aux Éphésiens, c. 6, v. 10; l'autre de S. Jean, c. 3, jusqu'au verset 22. On dit un psaume, le *Sanctus*; puis on coupe les cheveux au novice, et on lui fait ensuite la tonsure en forme de croix; puis on lui donne la cucule, en disant trois oraisons. Il se lève, et celui qui officie fait sur lui le signe de la croix, disant : *Béni soit Dieu le Père. Amen. Béni soit son Fils unique Jésus-Christ Notre-Seigneur. Amen. Béni soit le Saint-Esprit consolateur. Amen.* En donnant l'habit de dessous, que les Cophtes appellent *thoragi*, et les Arabes de même par un mot formé du grec, le célébrant lui dit : *Revêtez-vous de la robe de pureté, et de la cuirasse de salut; faites des fruits dignes de pénitence, par Jésus-Christ Notre-Seigneur*, etc. En lui donnant la ceinture, il dit : *Que vos reins soient ceints de toutes les armes de Dieu et de la force de la pénitence, par Jésus-Christ Notre-Seigneur.* Ensuite, lorsqu'on donne l'*askim*, c'est-à-dire le σχῆμα, ou grand habit, celui qui fait l'office le bénit, en faisant le signe de la croix; il dit deux oraisons, et les assistants disent : *La Trinité parfaite en une seule Divinité, fortifie, bénisse et confirme cette âme dans la perfection jusqu'à jamais. Amen.* Lorsqu'il a reçu l'habit, le célébrant lui dit : *Recevez le gage du royaume des cieux, qui est le saint habit; portez sur votre dos la figure de la croix vénérable et salutaire; suivez Jésus-Christ Notre-Seigneur, véritable Dieu, afin que vous parveniez à l'héritage de la lumière de la vie éternelle, par la puissance de la sainte Trinité, Père, Fils et Saint-Esprit.* Après cela il est revêtu du *bornos*, ou καμάσιον, qui est l'habit de dessus, et le célébrant dit : *Vous avez reçu l'habit saint des apôtres, ayant les pieds chaussés pour la préparation de l'Évangile, afin que vous puissiez écraser les serpents et les scorpions, et toute la puissance de l'ennemi ; suivez donc Notre-Seigneur Jésus-Christ.* On dit ensuite une oraison d'action de grâces ; le célébrant met la main sur la tête du nouveau religieux, puis il dit une autre oraison ; il lui met une croix sur la tête, il dit l'oraison de l'absolution, et lui donne la bénédiction.

Toute la cérémonie finit par une exhortation, dont la formule est rapportée par Abulbircat et par d'autres auteurs. *Connaissez*, lui dit le supérieur, *mon frère, le prix de la grâce que vous avez reçue en recevant l'habit angélique, lorsque vous vous êtes fait soldat de Jésus-Christ, pour combattre généreusement. Avant toutes choses vous avez été renouvelé et purifié de toutes les mauvaises œuvres du siècle ; car, comme dit S. Antoine, père des moines, de même que le Saint-Esprit descend sur le saint baptême, ainsi il descend sur l'habit monastique, et purifie celui qui se fait religieux. Il dit aussi qu'il avait vu son âme sortir de son corps ; que les démons la voulaient précipiter dans l'enfer, et lui faire rendre compte de tous les péchés commis dès sa jeunesse ; qu'alors on entendit une voix du ciel, qui disait que tous les péchés qu'il avait commis jusqu'à ce qu'il se fît religieux lui avaient été remis par la profession de la vie monastique. Ainsi, mon frère, vous avez été purifié de toutes sortes de péchés que vous avez commis dans le monde. Ayez donc une grande attention sur vous-même, pour être bon soldat de Jésus-Christ, et pour combattre l'ennemi caché, qui est le démon et ses armées malignes. Observez soigneusement la promesse que vous venez de faire, servant Dieu avec crainte et tremblement ; récitez les psaumes dans les veilles de la nuit et dans la psalmodie, et les prières de l'Église selon qu'elles sont ordonnées, vous acquittant exactement de ce devoir avec beaucoup de soin. Observez les jeûnes prescrits selon votre pouvoir ; conservez la chasteté et la pureté de corps, afin d'être semblable aux anges. Ayez aussi une parfaite soumission et obéissance, pour faire tout ce que vous ordonnera celui qui vous conduit dans la voie de Dieu et de ses saints préceptes, pour être soumis jusqu'à la mort, afin de recevoir la couronne des enfants de Dieu*, etc.

Cette exhortation fait connaître que ces Orientaux sont dans les mêmes sentiments que quelques Grecs modernes, touchant la comparaison peu exacte de la profession monastique et du baptême, pour la rémission entière des péchés, ce qui est encore prouvé par le canon dix-huitième qui a été cité dans le chapitre précédent, et par quelques autres semblables qui n'ont pas plus d'autorité. Ce qui a été dit touchant cette opinion, peut servir de réponse aux conséquences qu'on pourrait en tirer touchant leur créance sur les sacrements. Car comme il paraît que les prières et les cérémonies sont les mêmes, il s'ensuit que la doctrine doit être semblable. Les Grecs, lorsqu'ils parlent exactement et en théologiens, disent que la profession monastique est comprise sous le sacrement de pénitence ; c'est donc en cette qualité que la rémission des péchés est assurée à celui qui, avec les dispositions nécessaires, fait profession de la vie religieuse, de même qu'elle est certainement promise à celui qui embrassera sérieusement la pénitence, et qui la fera selon les lois de l'Église. Sur cette assurance, elle a accordé la pénitence, l'absolution et l'Eucharistie aux mourants, qui n'étaient pas en état d'accomplir les œuvres laborieuses ordonnées pour l'expiation des péchés, et quand ils entraient sincèrement dans l'esprit de l'Église, elle ne doutait pas qu'ils n'obtinssent un pardon entier de tous leurs péchés. Ceux donc qui s'engageaient à un état de pénitence continuelle, et qui, devant durer autant que leur vie, surpassait la plupart des peines canoniques qui étaient imposées pour les plus grands crimes, étaient encore dans un état plus parfait, et c'était sur ce fondement que les Grecs et les Orientaux concevaient une espérance certaine, que par cette action les péchés passés leur étaient remis. Il n'est pas extraordinaire que d'une vérité comme celle-là, qui est simple, et qui n'a en soi rien que de conforme à la doctrine de l'Église, on ait tiré des conséquences peu exactes à la louange de la vie monastique. On ne voit pas que la discipline marquée dans ce canon des Cophtes, ait été connue dans l'Église grecque, et même il y a lieu de douter qu'elle fût généralement suivie parmi ceux qui le rapportent dans leur collection. Car lorsqu'ils marquent en détail les conditions requises pour être élu patriarche d'Alexandrie, une des premières est qu'il soit exempt de tout péché de la chair depuis son enfance ; cependant cette précaution n'eût pas été nécessaire si la profession monastique, que tous ont fait ordinairement, effaçait les péchés comme le baptême.

Mais comme nous ne prétendons pas faire l'apologie des Orientaux, quand ils seraient tombés dans l'erreur sur cet article, on ne voit pas quel avantage les protestants en peuvent tirer, puisqu'il s'ensuit que cette vie qu'ils regardent comme un grand abus, et comme un pharisaïsme, que les premiers réformateurs ont abandonnée sur ce prétexte, et qu'ils ont détruite lorsqu'ils ont été les plus forts, est tellement respectée parmi les Grecs et tous les chrétiens orientaux, qu'ils l'ont égalée au baptême. Tout ce qu'on en peut conclure, comme ont fait quelques théologiens qui ne les excusent en rien, est qu'ils en font un huitième sacrement, et qu'ils sont par conséquent éloignés de la doctrine de l'Église catholique sur le nombre des sacrements. Mais Siméon de Thessalonique satisfait clairement à cette difficulté, en disant que le saint habit ou la profession monastique est une partie du sacrement de pénitence ; et tous ceux qui ont écrit après lui ne comptent que sept sacrements. Il en est de même des Orientaux, dont les plus anciens théologiens ayant parlé comme les Grecs, ne doivent pas avoir eu d'autres sentiments ; et les modernes ayant par leurs attestations solennelles déclaré qu'ils reconnaissaient sept sacrements, que nous avons dans l'Église romaine, et les nommant, il faut qu'ils comprennent aussi la profession monastique sous la pénitence.

LIVRE CINQUIÈME,

DE L'EXTRÊME-ONCTION ET DE L'ORDRE.

CHAPITRE PREMIER.

Que les Grecs reconnaissent l'extrême-onction comme un sacrement.

Les mêmes auteurs que nous avons cités touchant les sacrements reçus dans l'Église latine, et abolis par les protestants, rendent tous témoignage à ce qu'elle enseigne touchant l'extrême-onction. Nous la regardons comme un sacrement de la nouvelle loi, d'institution divine, marqué dans l'Écriture sainte, fondé sur l'exemple des apôtres et sur la pratique des premiers siècles, auquel est attachée une promesse de grâce, non seulement pour le soulagement du malade, mais aussi pour la rémission des péchés, qui ne peut être produite par aucun signe extérieur accompagné de prières et de cérémonies, s'il n'est pas un sacrement.

Dans l'Église latine ce sacrement est appelé *Unctio infirmorum; orationes ad ungendum infirmum; orationes ad visitandum infirmum, sive ungendum oleo sancto; unctio infirmi,* et de quelques autres matières, qui toutes reviennent à la même. Les Grecs l'appellent εὐχέλαιον, c'est-à-dire *l'huile jointe avec les prières;* et les Orientaux communément se servent du mot de *kandil,* qui signifie *lampe,* à cause que l'onction se fait avec l'huile d'une lampe bénite par plusieurs prêtres. C'est ce qui a donné occasion à plusieurs voyageurs, et même à des écrivains plus sérieux, comme ceux qui ont écrit des missions du Levant, et des communions de ces pays-là, d'écrire qu'on n'y connaissait pas l'extrême-onction; mais qu'à sa place les prêtres frottaient les malades avec l'huile de la lampe de l'église.

Les Grecs mettent cette cérémonie au nombre des sept sacrements de la loi évangélique. Siméon de Thessalonique, après l'avoir comptée parmi les sept, dit ces paroles : *La sainte huile nous a été donnée par tradition, comme une cérémonie sacrée, qui est un type de la miséricorde divine, pour la délivrance et la sanctification de ceux qui se convertissent de leur péché, et qui non seulement produit la rémission des péchés, mais qui guérit des maladies, et qui sanctifie.* Il dit ensuite que *Jésus-Christ a donné ce sacrement lorsqu'il envoya ses disciples deux à deux devant lui, afin qu'ils préchassent la pénitence, ce qui fait voir que cette sainte huile en est comme l'accomplissement. Ils chassèrent plusieurs démons, et ils guérirent un grand nombre de malades en les frottant d'huile. On voit par là que l'huile consacrée est donnée aux pénitents, qu'elle guérit les malades, et qu'elle ne contribue pas seulement à la guérison des corps, mais aussi à celle des âmes. C'est ce que témoigne S. Jacques, frère du Seigneur :* « *Infirmatur quis in vobis,* » etc. Allatius cite aussi le moine Jobius, et la profession de foi de Jean Paléologue, empereur de Constantinople, fils d'Andronic II, Gabriel de Philadelphie, le synode de Chypre sous Germain, évêque d'Amathonte. Les réponses du patriarche Jérémie aux théologiens de Wittemberg font assez voir qu'il était dans les mêmes sentiments, qui ont été soutenus avant et après Cyrille Lucar par tous les Grecs véritables.

Grégoire protosyncelle, dans son Abrégé des dogmes de l'Église, explique ce qui regarde l'extrême-onction d'une manière qui ne peut laisser le moindre doute. Le titre du chapitre est : *Touchant le septième sacrement ou l'extrême-onction.* Il dit : *C'est une onction d'huile pure, préparée pour les malades, qui par la bénédiction et la sanctification a la force de procurer la guérison spirituelle et corporelle. C'est un des sept sacrements que Jésus-Christ ordonna, ainsi que les autres, lorsqu'il envoya ses disciples prêcher l'Évangile, qu'ils oignaient d'huile les malades et qu'ils les guérissaient, comme il est dit dans S. Marc. L'église orientale a de là pris occasion d'établir par sa tradition de le donner aux fidèles chrétiens orthodoxes, comme utile à leurs âmes, et salutaire, selon ce que dit S. Jacques, chap. 3 : Si quelqu'un est malade parmi vous, qu'il appelle les prêtres de l'Église et qu'ils prient sur lui, l'oignant d'huile au nom du Seigneur. On l'appelle aussi extrême-onction, parce qu'on la donne à ceux qui sont malades, et en péril de mort. Il faut auparavant que celui qui la reçoit se soit confessé, et ensuite on fait la cérémonie de l'εὐχέλαιον, afin qu'il communie. La matière du sacrement est de l'huile d'olive bénite par l'évêque, ou par sept prêtres, ou par cinq, ou au moins par trois. La forme de ce sacrement est la grâce qui donne la rémission des péchés, lorsque le prêtre dit cette oraison :* « *Père saint, médecin des âmes et des corps.* » *On prouve par plusieurs raisons que l'extrême-onction est un sacrement, parce qu'il faut que chaque sacrement ait trois choses: 1° la matière extérieure; 2° qu'il donne la grâce de Dieu; 3° qu'il soit institué par Jésus-Christ; et elles se rencontrent toutes trois dans ce sacrement. Car il y a une matière extérieure, qui est l'huile d'olive pure. Il confère la grâce de Dieu, parce qu'il remet les péchés de l'homme qui s'est confessé; il procure la guérison du malade; il fortifie l'âme de l'homme moribond, afin qu'il puisse résister aux démons qui sont dans l'air qui voudraient l'empêcher d'aller au ciel. Enfin il est ordonné par Jésus-Christ, puisque les apôtres l'ont pratiqué.*

Les deux synodes tenus sous Cyrille de Berroée et sous Parthénius-le-Vieux condamnèrent la Confession de Cyrille Lucar, à cause qu'il retranchait ce sacrement du nombre des autres ; et la Confession orthodoxe qui fut confirmée par le second, et qui est présentement la règle la plus certaine de la foi des Grecs, en parle de cette manière.

C'est dans la question 117 : *Quel est le septième sacrement ? C'est l'extrême-onction, ou εὐχέλαιον, qui a été ordonnée par Jésus-Christ, puisque lorsqu'il envoya ses disciples deux à deux, ils oignaient d'huile plusieurs malades et ils les guérissaient ; ce qui passa depuis en coutume dans toute l'Église, comme il paraît par l'Épître de S. Jacques*, dont le passage est rapporté. Question 118 : *Que faut-il observer pour ce Sacrement ?* R.— *Premièrement il faut qu'il soit célébré par des prêtres, et non par aucun autre, avec toutes les cérémonies du sacrement*. C'est ainsi qu'il faut traduire μὰ τὰ ἀκόλουθα τοῦ μυστηρίου, non pas, *cum omni consequentiâ suâ*, ce qui ne signifie rien ; mais ἀκολουθία, dans l'usage commun des Grecs, signifie l'ordre des cérémonies et des prières ecclésiastiques, comme le mot d'office dans les Rituels latins, et communément parmi nous. *Secondement, il faut que l'huile soit pure et sans aucun mélange, que le malade soit orthodoxe, qu'il fasse profession de la foi catholique, et qu'il ait confessé ses péchés au prêtre son confesseur. Troisièmement, que lorsqu'on fait l'onction, on prononce la prière qui explique la puissance du sacrement.* — *Quels sont les fruits de ce sacrement ?* C'est la question 119. R. — *Ce sont les avantages et les fruits qu'explique l'apôtre S. Jacques, comme étant produits par ce sacrement ; c'est-à-dire la rémission des péchés, le salut de l'âme et la santé du corps ; mais quoiqu'on n'obtienne pas toujours la guérison du corps, celle de l'âme suit toujours par la rémission des péchés.*

Mélétius Syrigus, dans sa Réfutation des articles de Cyrille, explique ainsi la doctrine de son église touchant l'extrême-onction : *Nous sommes persuadés que l'huile consacrée par l'invocation de Jésus-Christ, Notre-Seigneur et notre Dieu, a été ordonnée par lui-même, parce que ses apôtres s'en servaient, comme le témoigne S. Marc, et qu'ils oignaient d'huile plusieurs malades, et qu'ils les guérissaient, et qu'ils nous ont ordonné d'en faire le même usage. Car l'apôtre S. Jacques dit : « Si quelqu'un de vous tombe malade, qu'il appelle les prêtres de l'Église, et qu'ils prient sur lui en l'oignant d'huile au nom du Seigneur ; l'oraison de la foi sauvera le malade, Dieu le soulagera, et s'il a commis quelques péchés, ils lui seront remis. » Les apôtres n'auraient pas ordonné apparemment de pareilles choses, s'ils n'en avaient reçu le commandement de leur maître, qui les envoyant prêcher leur dit : « Allez, prêchez par tout le monde, enseignant toutes les nations, et leur apprenant à observer tout ce que je vous ai ordonné ; ce que vous avez entendu dans les ténèbres, dites-le en plein jour, et prêchez sur les toits ce qui vous a été dit à l'oreille. » Il s'ensuit manifestement que ce qu'ils ont ordonné était les préceptes de Jésus-Christ ; qu'ils n'ont rien dit d'eux-mêmes qui puisse être considéré comme d'institution humaine ; mais absolument ce qu'ils avaient appris de Jésus-Christ même, notre Sauveur et notre Dieu, et de son S.-Esprit consubstantiel à lui. Par l'onction de cette sainte huile, qui est le symbole de la joie que produit dans l'âme malade la réconciliation avec Dieu, non seulement la santé du corps était souvent produite, ce qui contenait une preuve certaine des choses invisibles par des choses visibles, mais la rémission des péchés est aussi promise ; car S. Jacques dit que « le Seigneur soulagera le malade, et que « s'il a commis quelques péchés, ils lui seront remis ; » d'où on conclut que ce que nous appelons εὐχέλαιον est véritablement un mystère sacré, c'est-à-dire un sacrement.*

Dosithée, dans le synode de Jérusalem en 1672, et dans la nouvelle forme qu'il donna aux décrets en les faisant imprimer en 1690, dit tout en deux mots, que la sainte huile, ou εὐχέλαιον, est marquée dans l'Évangile de S. Marc, et que S. Jacques la confirme par un témoignage exprès. Enfin la conformité de la doctrine de l'église grecque avec celle des catholiques est si certaine et si constante, qu'on ne peut alléguer un seul auteur, reçu comme orthodoxe parmi les Grecs, qui ait parlé autrement que ceux dont les témoignages viennent d'être rapportés. On pourrait joindre à ces témoignages ceux de plusieurs autres théologiens anciens et modernes, rapportés par Allatius (l. 3, c. 16) et Arcudius (l. 5, c. 1), et par d'autres que chacun peut consulter ; mais ce que nous en avons dit suffit pour montrer que les Grecs et les Orientaux, lorsqu'ils ont dit dans leurs attestations qu'ils reconnaissaient l'onction des malades comme sacrement de la nouvelle loi, ont parlé conformément à la doctrine ancienne et présente de leurs églises.

C'est aussi ce que prouve l'office de l'extrême-onction, qui est dans tous les Eucologes imprimés et manuscrits, dont les prières et les cérémonies concourent toutes à faire entendre que l'Église, par la cérémonie de l'onction qu'elle observe à l'égard des malades, agit conformément à la pratique des apôtres, marquée dans l'Évangile de S. Marc, et confirmée par l'Épître de S. Jacques ; qu'elle a une foi certaine de la promesse d'une grâce spirituelle attachée à cette cérémonie, et qu'ainsi l'effet sensible de la guérison des malades n'est pas la seule fin que les chrétiens orientaux se proposent en donnant et en recevant ce sacrement, mais que la principale est une véritable grâce sacramentelle qui consiste dans la rémission des péchés, et dans les secours spirituels dont le malade peut avoir besoin. Delà il s'ensuit que les Grecs sont fort éloignés des opinions des protestants, qui, déterminant l'onction au seul effet extérieur de la guérison du malade, ont cru que, parce qu'elle n'était plus produite par l'extrême-onction, ce sacrement devait être retranché. En cela ces réformateurs se sont grandement écartés des principes de la saine théologie.

Car elle enseigne que la véritable destination des sacrements est la sanctification des âmes et la rémission des péchés ; que si Dieu, dans la naissance de l'Église, lorsque les miracles étaient nécessaires, y a bien voulu attacher quelques effets miraculeux, on n'en doit pas conclure que la cérémonie sacrée perde la puissance de produire la grâce, parce que cette marque extérieure et accidentelle ne l'accompagne plus. Jésus-Christ n'est pas venu pour nous apprendre à faire des miracles, mais pour nous sanctifier, et pour nous procurer par les signes sacrés qu'il a laissés à son Église la sanctification de nos âmes, et les grâces dont nous avons besoin dans tous les états de cette vie. Le baptême dans les premiers temps a souvent été accompagné de miracles, et S. Paul y recouvra la vue qu'il avait perdue ; ce n'est pas cela qu'on a regardé comme l'effet du sacrement, mais c'était la régénération invisible et la rémission de tous les péchés. L'imposition des mains des apôtres était suivie du merveilleux effet de parler plusieurs langues ; et quoiqu'il ait cessé, l'Église a conservé toujours la même cérémonie, à laquelle l'onction du chrême a été jointe, pour recevoir la force et les dons du Saint-Esprit, quoique le miracle ne se fît plus. Il en a été de même de l'extrême-onction. Plusieurs chrétiens guérissaient miraculeusement lorsque les prêtres faisaient sur eux cette cérémonie ; ils ne guérissaient pas tous néanmoins. Si donc les apôtres et leurs disciples n'abolirent pas cette religieuse pratique lorsque les guérisons miraculeuses ne continuèrent pas, les réformateurs n'avaient aucune raison de faire de ce prétexte le fondement d'une nouveauté aussi étrange que d'abolir comme un abus plein de superstition, ce que l'Église avait pratiqué durant tant de siècles, comme étant d'institution divine et de tradition apostolique.

Ce qui a été dit des Grecs doit aussi s'entendre de tous les chrétiens orientaux qui ont conservé l'onction des malades, et qui la pratiquent avec des cérémonies fort semblables à celles de l'église grecque. Les prières, quoiqu'elles ne soient pas précisément les mêmes, signifient également, comme celles des Grecs et des Latins, qu'on demande à Dieu la guérison du malade, si cela lui est utile pour son salut ; mais particulièrement la rémission des péchés, suivant la promesse qu'en a faite Jésus-Christ par la bouche de S. Jacques. Et comme dans l'office on lit des épîtres et des évangiles, on ne manque pas d'y faire la lecture de l'endroit de celle de S. Jacques où il est parlé de l'onction des malades, et de l'Évangile de S. Marc ; ce qui prouve que les Orientaux regardent cette cérémonie comme fondée sur la parole de Dieu. Enfin dans l'office de l'ordination des prêtres, selon les nestoriens, conforme à celui des autres Orientaux, l'évêque demande à Dieu pour celui qu'il ordonne la puissance d'imposer les mains sur les malades, qui est le sacrement de l'extrême-onction.

Si on examine la doctrine du concile de Trente (sess. 14, Decret. c. 1 et seq.), on trouve que cette conformité de doctrine est entière dans tout ce qu'il y a d'essentiel. Il y est dit que *Jésus-Christ a institué ce sacrement comme un secours très-puissant pour la fin de la vie; qu'il a été marqué par S. Marc, et recommandé aux fidèles par l'apôtre S. Jacques. Que la matière de ce sacrement est l'huile bénite par l'évêque, et que la forme est l'oraison qui est en usage dans l'Église. Que l'effet du sacrement est signifié par ces paroles :* « Oratio fidei salvabit infirmum, et si in peccatis sit, dimittentur ei, » *par lesquelles,* disent les Pères du concile, *est marquée la grâce du S.-Esprit, dont l'onction achève de purifier le malade des péchés qui restent à expier, soutient son courage, excite en lui la confiance à la miséricorde divine, pour soutenir plus facilement la maladie dont il est quelquefois soulagé. Enfin que le ministre est un prêtre, non pas quelque personne considérable en âge ou en dignité ; que par conséquent le concile condamne l'opinion de ceux qui disent que l'extrême-onction est une invention humaine, qui n'a aucune promesse de grâce, ni de commandement divin, ou de ceux qui, approuvant le rit, prétendent qu'il n'avait rapport qu'à la grâce des guérisons extraordinaires, et qu'ainsi il n'a eu de lieu que dans la primitive Église.* Les anathèmes qui suivent le décret contiennent la même doctrine.

Si on la compare à celle des Grecs, dont les témoignages ont été rapportés, il est aisé de reconnaître qu'elle est précisément la même pour ce qui regarde l'institution divine, pour l'intelligence des passages de S. Marc et de S. Jacques, et pour exclure le sens de la détermination au seul effet miraculeux de la guérison des malades. Ils sont néanmoins si éloignés de croire que ce sacrement n'a aucun effet pour le soulagement corporel, qu'ils reprochent aux Latins qu'ils ne le donnent qu'aux moribonds, ce que Siméon de Thessalonique relève comme un grand abus. Il n'y a de différence qu'en deux articles, qui sont purement de discipline : l'un est que dans l'Église latine l'huile est bénite par un évêque, et que dans tout l'Orient la bénédiction s'en fait par les prêtres dans l'administration même ; l'autre, que plusieurs prêtres, et ordinairement sept, font cette cérémonie, qu'un seul fait dans l'Église latine.

CHAPITRE II.

Des cérémonies que les Grecs et les Orientaux pratiquent pour l'extrême-onction.

Les cérémonies que les Grecs et les Orientaux pratiquent consistent dans un plus grand appareil de rites et de prières qu'on n'en a observé dans l'Occident. L'office se fait ordinairement par sept prêtres, et en cela ils prétendent pratiquer littéralement ces paroles de S. Jacques, *inducat presbyteros Ecclesiæ,* ce qui s'est aussi quelquefois pratiqué en l'Église latine. Il serait inutile de s'arrêter à montrer qu'ils entendent par ce mot les prêtres et non pas les anciens, ou les autres personnes considérables de l'Église, puisque ceux que les protestants, surtout les presbytériens, appellent *anciens,* sont entièrement inconnus dans toutes les communions orientales. Si néanmoins le nombre de sept prêtres ne se trouve pas, cinq ou trois célèbrent l'office de la même manière ; et on ne voit pas qu'ils le fassent célébrer par un seul.

Comme, suivant la discipline d'Orient, on n'attend pas que le malade soit à l'extrémité pour lui administrer les saintes huiles, cette cérémonie se célèbre très-souvent dans les églises, où il se fait porter ; en quoi il n'y a rien d'extraordinaire. Car il paraît par les témoignages de divers auteurs et d'anciens Rituels, que cette coutume a été pratiquée dans l'Église latine. On peut faire néanmoins tout l'office dans la maison du malade, quand il n'est pas en état d'être transporté.

On prend de l'huile d'olive et on la met dans une lampe à sept branches, et le plus ancien des sept prêtres dit des prières et des bénédictions; après quoi on allume la première branche et ainsi des autres, ensuite on fait les onctions sur le malade en diverses parties de son corps, continuant les prières et en faisant le signe de la croix. C'est sur ce fondement que Thomas-à-Jésu et quelques autres, ont écrit que les chrétiens orientaux n'administraient point l'extrême-onction aux malades, mais qu'ils les frottaient avec l'huile d'une lampe ; parce que ni lui, ni de pareils écrivains, n'avaient consulté les gens du pays, et encore moins les livres des églises, qui toutes ont cet office.

Voici comme il est prescrit dans le Rituel du patriarche des Cophtes, Gabriel : On emplit de bonne huile de Palestine une lampe à sept branches, qu'on place devant une image de la sainte Vierge, et on met auprès l'Évangile et la croix. Les prêtres s'assemblent au nombre de sept, mais il n'importe qu'il y en ait plus ou moins. Le plus ancien commence l'oraison d'action de grâces qui est dans la Liturgie de S. Basile, il encense avant la lecture de l'Épître de S. Paul, puis ils disent tous : *Kyrie, eleison*, l'oraison Dominicale, le psaume 31, l'oraison pour les malades, qui est aussi dans la Liturgie, et les autres particulières marquées dans l'office de l'extrême-onction. Quand il les a achevées, il allume une des branches, faisant le signe de la croix sur l'huile, et cependant les autres chantent des psaumes. Après qu'il a achevé les autres oraisons pour le malade, il lit la leçon de l'Épître catholique de S. Jacques en cophte, dont la lecture se fait ensuite en arabe, puis *Sanctus, Gloria Patri*, l'oraison de l'Évangile, un psaume qu'il dit alternativement avec un autre prêtre, puis un évangile en cophte et en arabe, les trois oraisons qui suivent dans la Liturgie, une au Père, l'autre pour la paix, une autre générale, le Symbole de Nicée et l'oraison qui le suit.

Le second prêtre commence après par la bénédiction de sa branche en faisant le signe de la croix, et il l'allume, puis il dit l'oraison Dominicale, et trois autres de la Liturgie, une leçon de S. Paul, une de l'Évangile, un psaume et une oraison particulière pour le malade. Les autres prêtres, selon leur rang, font les mêmes prières ; de sorte qu'on dit dans cette cérémonie, comme marque l'auteur de la Science ecclésiastique, sept leçons des Épîtres, sept des Évangiles, sept psaumes et sept oraisons particulières, outre les communes tirées de la Liturgie.

Lorsque tout est achevé, celui pour lequel se fait la bénédiction de la lampe, si ses forces le lui permettent, s'approche, et on le fait asseoir ayant le visage tourné vers l'Orient. Les prêtres mettent le livre des Évangiles élevé sur sa tête avec la croix et lui imposant les mains ; le plus ancien prêtre dit les oraisons propres, puis ils font lever le malade, ils lui donnent la bénédiction avec le livre des Évangiles, et on récite l'oraison Dominicale. Ensuite on ouvre le livre, et on lit sur lui le premier endroit sur lequel on tombe. On récite le Symbole et trois oraisons, après lesquelles on élève la croix sur la tête du malade, et en même temps on prononce sur lui l'absolution générale, qui se trouve dans la Liturgie. Si le temps le permet, on dit encore d'autres prières, et on fait la procession dans l'église avec la lampe bénite et des cierges allumés, pour demander à Dieu la guérison du malade, par l'intercession des martyrs et des autres saints. Si le malade n'est pas en état d'aller lui-même près de l'autel, on substitue une personne à sa place. Après la procession les prêtres font les onctions sur le malade, puis ils se font une onction les uns sur les autres de cette huile bénite, et ceux qui y ont assisté reçoivent aussi une onction, mais ce n'est pas en la manière qu'elle se fait sur le malade.

Tel est l'usage prescrit par le patriarche Gabriel pour l'église jacobite d'Alexandrie, et il est pareillement prouvé par les témoignages d'Ebnassal, qui, dans le chap. 20 de sa collection, parlant de la visite des malades, parle de cette cérémonie et l'autorise par les passages de S. Marc et de S. Jacques, et par celui d'Echmimi, qui parle de la bénédiction de l'huile pour les malades, dans laquelle il dit qu'*on ne mêle pas de chrême, non plus que dans celle dont on se sert à l'égard de quelques pénitents qui sont réconciliés avec des onctions*. Les jacobites syriens ont des rites et des prières assez semblables, dont nous ne rapporterons pas le détail, puisque les différences qui s'y rencontrent et celles de l'office grec ne sont pas essentielles ; et les Éthiopiens en ont un conforme à celui d'Alexandrie.

Toutes les objections qu'on peut donc faire contre les rites orientaux qui regardent l'administration de l'huile bénite aux malades, se peuvent former contre les rites grecs, qui sont l'original des autres. C'est une remarque préliminaire de laquelle dépendent toutes celles que divers théologiens ont faites sur cette matière, dans le dessein de prouver que les Grecs n'avaient pas le sacrement de l'extrême-onction, proposition avancée très-témérairement par Guy-le-Carme, Pratéolus et divers autres, que Caucus, archevêque de Corfou, a mieux aimé copier, que de s'informer de ceux parmi lesquels il vivait, afin de savoir quelle était leur foi et leur discipline.

Il est fort étonnant que dans le concile de Florence on ait examiné avec soin ce qui pouvait être contraire aux dogmes de la foi, et que non seulement il n'y ait eu rien de décidé contre les Grecs sur cet article, mais qu'il ne paraisse pas même qu'on en ait disputé. Ils ont déclaré qu'ils reconnaissaient le sacrement de l'extrême-onction, et il était de notoriété publique qu'ils le célébraient en la manière qu'ils observent encore présentement. Donc puisqu'au concile de Florence on ne jugea pas qu'ils fussent coupables d'aucune erreur sur ce sacrement, on ne peut, sans témérité, les accuser de ne l'avoir pas. Le décret d'Eugène pour les Arméniens ne détruit pas cette vérité, puisque jamais les Grecs ne l'ont connu, et qu'il n'a été fait qu'après leur départ; et que, sans entrer dans la discussion de ce qui regarde l'autorité qu'il doit avoir, il ne peut pas déroger à celle du décret général. C'est sur ce dernier que fut fondée l'union que les Grecs rompirent depuis; il contient ce qu'on propose à ceux qui renoncent au schisme, et on ne les examine pas sur l'autre, qui ne les regarde point.

Le P. Goar, qui avait joint à un grand savoir une longue expérience, parce qu'il avait travaillé long-temps dans les missions du Levant, a soutenu dans ses notes sur cet endroit de l'Eucologe, qu'on ne pouvait sans injustice accuser les Grecs de n'avoir pas le sacrement de l'extrême-onction. Il remarque d'abord que les Latins y employaient autrefois sept prêtres comme les Grecs, ce qu'il prouve par un ancien office qu'a publié le P. Hugues Ménard, ce qui est confirmé par plusieurs autres. Il reprend avec justice Siméon de Thessalonique, de ce qu'il soutient, sans aucun fondement, que ce sacrement ne peut être administré par un seul prêtre. Il témoigne que quoiqu'il soit assez ordinaire parmi les Grecs de se faire porter à l'Église pour le recevoir, ils le donnent néanmoins dans les maisons. A l'égard de ce que la bénédiction de l'huile ne se fait pas par les évêques, il termine la difficulté en un mot, citant l'instruction dressée pour les Grecs par Clément VIII, où il est dit qu'ils ne seront point obligés dans les lieux où ils sont soumis aux Latins, de prendre l'huile bénite par le diocésain, parce qu'ils en font la bénédiction, suivant un ancien usage, dans le temps même qu'ils l'administrent : *Cùm ejusmodi olea ab eis in ipsâ oleorum et sacramentorum exhibitione ex veteri ritu conficiantur ac benedicantur.* Arcudius, qui n'est pas toujours favorable aux Grecs, cite (l. 5, c. 2) cette instruction, et il est entièrement de l'opinion du P. Goar.

Comme on ne doute pas après cela que la matière ne soit telle qu'il est nécessaire, la difficulté qui reste regarde la forme, et les théologiens qui sont le plus prévenus contre les formes déprécatoires ne peuvent nier que l'Église latine s'en sert en ce sacrement. Le P. Goar, Arcudius même, et d'autres très-habiles théologiens, la font consister dans une des oraisons qui commence par ces mots : Πάτερ ἅγιε, Ἰατρὲ τῶν ψυχῶν...... *Père saint, Médecin des âmes et des corps, qui avez envoyé votre Fils unique Notre-Seigneur Jésus-Christ qui guérissait de toute maladie, et délivrait même de la mort, guérissez N. votre serviteur des maladies du corps et de l'âme dont il est attaqué, et vivifiez-le par la grâce de votre Christ, par les intercessions de la très-sainte Vierge,* etc. Car cette oraison explique les principaux effets qu'on attend du sacrement, qui sont la rémission des péchés et la guérison du corps. Ainsi le P. Goar conclut que cette forme est suffisante; qu'il n'en faut pas chercher d'autre, et encore moins en inventer de nouvelles, comme avait voulu faire Catumsyritus, Grec-Italien, dont le livre a été condamné, et certainement avec raison. Car l'auteur, sous prétexte de reprendre les fautes d'Arcudius, en commet de beaucoup plus grossières, par des raffinements ridicules de scolastique, dont les conséquences renversent toute l'économie de la discipline sacramentelle. Le défaut de l'expression de l'acte du ministre est une de ces subtilités, et on regarde présentement cette opinion comme un paradoxe insoutenable.

Le raisonnement du P. Goar est très juste et très conforme à ce que l'Église a jugé des cérémonies grecques, qu'elle a approuvées, non seulement par un consentement tacite, puisque dans le temps que les deux églises ont conservé l'union, il n'y a eu aucune dispute sur l'extrême-onction ; mais encore après un examen sérieux, tel que celui qui avait été fait durant le concile de Florence, et qui a été renouvelé souvent, sous Léon X, Clément VII, Grégoire XIII et Clément VIII, par rapport aux Grecs qui se trouvaient dans des pays soumis aux Latins. On doit aussi ajouter que ce sacrement est presque tout de prières, que les Rituels latins en contiennent un très-grand nombre, et que rien n'est plus contraire à l'esprit de l'Église que de les regarder comme inutiles, par des raisons de convenance tirées de principes qui sont beaucoup moins anciens que les cérémonies et les prières dont il est question.

Les Grecs et tous les autres croient au contraire qu'elles sont très-efficaces ; et, quand ils raisonnent scolastiquement, ils prouvent fort bien qu'elles tiennent lieu de forme dans ce sacrement, comme dans la pénitence, dans le mariage et en tous les autres. On peut voir sur cette matière les recueils qu'a donnés M. de Launoy d'un grand nombre de Rituels de tous les siècles, et on reconnaîtra qu'il n'y a presque aucune prière ou cérémonie qui ne se trouvent confirmées par la pratique semblable des églises d'Occident. Enfin on ne peut nier que la coutume d'appeler plusieurs prêtres, et de faire les prières sur le malade, ne soit entièrement conforme à ce que prescrit l'apôtre S. Jacques; en sorte qu'il y aurait plus de peine à justifier la pratique de recevoir l'onction avec les paroles : *Ungo te*, etc., qui ont été dans les Rituels latins pendant plusieurs siècles, et par le ministère d'un seul prêtre, qui semble n'être pas ce qu'ordonne S. Jacques, qu'à défendre le rit oriental des objections de ceux qui l'attaquent.

CHAPITRE III.
Diverses observations sur la discipline des Grecs dans l'administration de l'extrême-onction.

On doit cependant examiner une objection qui a

déterminé plusieurs théologiens à douter que les Grecs et les autres chrétiens d'Orient fussent demeurés dans les bornes de la tradition, parce qu'ils administrent l'onction à des personnes qui se portent bien, et que, même après l'avoir donnée aux malades, les prêtres qui ont célébré l'office se font des onctions l'un à l'autre, et ensuite à ceux qui se trouvent présents. Cette objection, qui paraît considérable quand elle est détachée de toutes les circonstances de la cérémonie, ne l'est plus si on examine la différence essentielle qu'il y a entre l'onction du malade et celle de ceux qui en font l'office ou qui y assistent. Le malade, au nom duquel on bénit l'huile ou la lampe, est le seul sur lequel on fait les prières conformes à l'intention de l'Église, et on ne les dit pas sur les autres. Mais comme ce sacrement n'est pas seulement pour demander à Dieu la guérison ou le soulagement des infirmités corporelles, et que sa principale destination est la rémission des péchés; que par une ancienne discipline il y a eu plusieurs occasions où l'absolution des pénitents, quand ils ont commis de très-grands péchés, aussi bien que celle des hérétiques ou réputés tels, se fait par l'onction jointe aux prières, les Orientaux ont cru aisément que l'huile bénite par les cérémonies sacrées pouvait être utile pour leur attirer quelque bénédiction temporelle ou spirituelle. C'est par ce motif qu'après la cérémonie faite sur le malade, ils ont la dévotion de recevoir l'onction de l'huile qui reste, mais sans aucun dessein de recevoir le sacrement, qui n'est pas institué à cette fin.

La preuve en est claire, puisque certainement ils ne demandent pas la guérison quand ils se portent bien, qui est un des effets que peut produire le sacrement; et que l'autre, qui est la rémission des péchés, ne peut non plus leur venir en pensée, comme si par cette onction ils les effaçaient de même que par le sacrement de pénitence. Car dans tous les offices de l'extrême-onction, grecs, syriens ou coptes, il est marqué que le malade avant que de la recevoir aura confessé ses péchés aux prêtres; ce qui fait voir que les péchés qui devaient être expiés par la confession, par les peines canoniques et ensuite par l'absolution sacerdotale, ne leur paraissaient pas effacés par cette onction. En Égypte, où, parmi les Cophtes, la pénitence canonique a été abolie durant un temps considérable, on ne trouve pas qu'aucun de ceux qui l'ont attaquée, comme Michel, métropolitain de Damiette, et quelques autres, aient dit que cette onction suffisait. Elle n'est pas marquée dans les Rituels comme faisant partie de l'office, et elle n'a aucune oraison particulière. On la doit donc regarder comme une pratique semblable en son genre à plusieurs autres que la dévotion a introduites, comme est celle de donner aux assistants, après la Liturgie, ce qui reste du pain offert à l'autel, dont on a tiré la partie qui a été consacrée. On la distribue à ceux qui n'ont pas communié avec de l'eau bénite, comme on donne en d'autres occasions de l'eau qui a été bénite pour le baptême.

Si, dans la suite, ce qui était d'abord innocent a dégénéré en abus, il ne faut pas le regarder comme une partie de la discipline de ces pays-là, mais comme une pratique qui, étant bien entendue, n'a rien de mauvais, et qui a été introduite pour empêcher des superstitions auxquelles les Orientaux sont naturellement portés, et dont plusieurs que nous connaissons à peine sont marquées dans les Pénitentiaux. Arcudius (l. 5, c. 4) a traité cette question fort au long, et, quoiqu'il soit prévenu assez souvent contre les Grecs, il a entrepris néanmoins de justifier cette pratique qu'ils conservent, de donner l'onction de l'εὐχέλαιον à d'autres qu'aux malades. Il dit pour cela que plusieurs saints, même en Occident, ont fait sur des malades, sur des possédés ou sur d'autres personnes, des onctions d'huile, qui souvent étaient suivies d'effets miraculeux; et que ce n'était pas l'huile bénite par les évêques ni par les prêtres. Il cite sur cela plusieurs exemples des saints d'Occident, et il y en a un très-grand nombre dans les Vies des saints d'Orient. Il ajoute que quand même les Grecs se serviraient de ce qui reste d'huile bénite par les prêtres, ils ne feraient que ce qu'on faisait dans l'Église occidentale à l'égard des énergumènes, et que, comme on ne fait pas à l'égard de ceux qui sont en santé les mêmes cérémonies qu'à l'égard des malades, on ne doit pas tirer à conséquence quelques rubriques de l'Eucologe qui ont rapport à cet usage particulier, et qu'il prétend avoir été ajoutées par les Grecs modernes. Il croit que cela a tiré son origine, suivant l'opinion de Bellarmin, de la dévotion des chrétiens, qui étant témoins de divers effets miraculeux produits quelquefois par les sacrements, avaient cru s'attirer une bénédiction par l'huile bénite pour les malades, comme par l'eau qui avait servi au baptême, dont est venu l'usage de l'eau bénite, et que d'autres faisaient un pareil usage du chrême. On peut voir dans l'auteur même et dans les notes du P. Goar, ce qu'ils ont dit sur ce sujet; car le dessein de cet ouvrage n'est pas de justifier en tout les Grecs ni les Orientaux, mais de rechercher ce qui reste de monuments de l'antiquité ecclésiastique dans les ruines de ces églises ravagées par le schisme, ou par l'hérésie, et accablées depuis mille ans sous une dure captivité, qui a produit une grande ignorance, et fait un tort considérable à la discipline.

Ce qui a un rapport précis au dessein de cet ouvrage est de savoir si de certains abus, et même ceux qu'on ne pourrait justifier de superstition, les protestants peuvent conclure par des conséquences justes, que les Grecs et les Orientaux ne croient pas que l'onction des malades, telle qu'ils la pratiquent, est un véritable sacrement. C'est ce que nous ne croyons pas qu'on en puisse tirer, même de la coutume introduite dans les derniers temps, de faire l'onction sur d'autres que sur des malades d'une maladie dangereuse. Car il paraît par les cérémonies et par les prières qu'on en espère deux effets, l'un pour le corps, l'autre pour l'âme. Or il n'y a pas un théologien grec qui dise de cette seconde espèce d'onction qu'elle soit fondée sur l'exemple des apôtres, marqué dans S. Marc, ni sur les paroles de S. Jacques, comme ils le disent de la première. Il n'y aurait pas de sujet de condamner l'usage qu'ils font de cette onction sur ceux qui ne sont pas malades à l'extrémité, puisque l'apôtre ne dit pas que, si quelqu'un est en cet état, il appelle les prêtres; mais qu'il semble que le sens naturel de ses paroles s'étend à toute sorte de maladies. Sur ce principe on reconnaît dans leur pratique qu'ils ont une telle confiance à cette cérémonie, comme étant d'institution divine et reçue par la tradition apostolique; qu'ils croient pouvoir employer l'onction dans toutes les maladies sans attendre qu'elles soient périlleuses, comme on fait communément dans l'Église latine. Cette confiance marque une foi plus certaine de l'efficace de cette cérémonie à l'égard des malades, et marque clairement qu'ils n'ont pas déterminé le sens des paroles de l'Écriture aux guérisons miraculeuses; puisque si cela était, depuis qu'elles ont cessé, ils auraient entièrement supprimé l'onction et les prières qui l'accompagnent, comme ont fait les protestants.

A l'égard des personnes qui sont en pleine santé, on ne peut pas dire que les Grecs en faisant l'onction prétendent les guérir des maladies qu'ils n'ont pas. C'est donc le second effet qu'ils ont en vue, qui est la rémission des péchés. Or il y a plusieurs sortes de rémission des péchés, et il ne la faut pas restreindre à la principale et à la plus essentielle, qui est celle qu'on obtient par le sacrement de pénitence, par laquelle le pécheur se soumet aux clés de l'Église. Ce n'est pas cela que prétendent les Grecs modernes en faisant l'onction de l'huile bénite sur d'autres que sur des malades; puisque, comme il a été prouvé par leurs auteurs, ils ne croient pas que les péchés commis contre le Décalogue puissent être remis autrement que par la confession, la satisfaction canonique et l'absolution sacerdotale. Il n'y a pas dans les théologiens ni dans les canonistes le moindre vestige d'une autre sorte de discipline pour obtenir la remission de pareils péchés : et aucun canon, ni constitution synodale ou patriarcale, n'a établi que ceux qui en avaient la conscience chargée pouvaient s'adresser aux prêtres, qui feraient sur eux l'office de l'εὐχέλαιον, moyennant quoi ils pourraient librement approcher de la communion. Ceux-mêmes qui ont voulu abolir la confession, comme deux patriarches d'Alexandrie dont il a été parlé, n'ont jamais proposé ce moyen comme propre à suppléer la pénitence canonique. De plus les Grecs marquent dans leurs Eucologes que celui qui recevra l'εὐχέλαιον ou l'extrême-onction, doit auparavant avoir été confessé. Si donc ils ont cru que la confession était nécessaire, afin que ceux qui recevraient l'onction pussent participer à la grâce qui est propre à ce mystère, ils supposaient nécessairement que, pour le recevoir avec fruit, il fallait qu'ils eussent obtenu par la pénitence la rémission de leurs péchés; c'est-à-dire de ceux dont on ne peut obtenir le pardon sans les soumettre aux clés de l'Église.

Ce n'est donc pas de ces péchés que les Grecs prétendent délivrer ceux auxquels ils administrent l'onction destinée ordinairement aux malades. Les péchés véniels, comme enseignent la plupart des théologiens, conformément à la doctrine des Pères, sont remis par différentes bénédictions, par de bonnes œuvres et par plusieurs pratiques de piété, que l'exemple des plus grands saints justifie suffisamment. L'eau du baptême, quoique sa première et principale destination regarde l'usage qui s'en fait dans le sacrement, a néanmoins été considérée comme attirant quelque bénédiction sur les fidèles, et c'est ce qui a donné origine à l'eau bénite. On remarque qu'autrefois plusieurs avaient une pareille confiance pour le chrême; de sorte que ce qui était d'abord une action de piété, à laquelle les chrétiens aimaient mieux avoir recours dans leurs infirmités et dans leurs peines, qu'à diverses superstitions qui étaient restées du paganisme, et contre lesquelles S. Jean Chrysostôme, S. Augustin et d'autres Pères déclament si fréquemment, dégénéra en abus, et pour le réprimer on fit divers canons. La vénération pour l'Eucharistie produisit plusieurs autres pratiques qui furent louées en certaines occasions, parce qu'on reconnaissait que le principe en était bon, puisqu'il était fondé sur une foi vive; et néanmoins elles ont été défendues dans la suite. S. Augustin (op. Imperf. l. 3, c. 161) rapporte l'exemple d'une femme qui, pour guérir son fils d'un mal désespéré, fit un cataplasme avec la sainte Eucharistie, ce qui serait aujourd'hui regardé comme un sacrilège. Abulfarage, sur le témoignage de jacobites plus anciens, parle de quelques chrétiens de son temps qui conservaient des particules de l'Eucharistie comme des reliques, dont ils faisaient divers usages qu'il condamne. Mais lui et d'autres canonistes orientaux permettent de porter sur soi des pâtes faites avec la poussière de l'autel, de faire usage de l'eau avec laquelle on lave le calice après la célébration des saints mystères, et d'autres pratiques semblables.

C'est donc sur quelque chose de pareil qu'il faut établir l'origine de l'usage introduit parmi les Grecs de se servir de l'onction, même à l'égard de ceux qui se portent bien. La foi commune de ces chrétiens, suivant laquelle ils croient que les matières employées dans les sacrements sont sanctifiées par les ministres des autels, fait qu'ils sont persuadés qu'elles portent une bénédiction qui peut être utile tant pour le corps que pour l'âme. Ainsi, comme ils se sont servis de l'eau qui restait après le baptême et du chrême, ils ont cru facilement que l'huile bénite par sept prêtres et par plusieurs prières leur pouvait communiquer une bénédiction plus grande que celle qu'ils espéraient recevoir en se frottant de l'huile des lampes qui brûlaient devant les images de la Vierge et des saints, ou leurs reliques, dont on trouve un exemple dans la Vie de Pierre-le-Martyr, patriarche d'Alexandrie. Ce qui était d'abord simple et sans affectation est devenu un abus dans la suite, puisqu'on ne peut appeler autrement ce que les Grecs modernes ont introduit, lorsqu'ils ont célébré l'office entier de l'εὐχέλαιον pour des personnes qui le demandaient sans être malades. On ne peut douter que cet usage ne soit récent, puisqu'il ne s'en trouve rien dans les anciens auteurs. La dévotion que plusieurs avaient pour l'huile des lampes qui brûlaient devant les images, dont on fit ensuite un office particulier, celles des autres pour les huiles qui découlaient des châsses des saints, ou pour celle qu'on appelle de la sainte Croix, ou pour celle qui avait été bénite par des saints qui avaient fait des guérisons miraculeuses, ont multiplié les onctions parmi les Grecs, et l'ignorance des derniers siècles a fait croire à plusieurs que celle qui se faisait avec des prières semblables était la même que celle qui est reconnue pour sacrement. Mais Siméon de Thessalonique les distingue ainsi que les autres théologiens, et ils ne reconnaissent pour sacrement que celle qui est administrée aux malades. Arcudius s'est trompé quand il a mis au nombre des causes de cette innovation l'usage que les Grecs ont eu de donner la chrismation à ceux qui retournent à l'église après l'apostasie; car cette pratique est nouvelle, peu canonique et contraire à l'ancienne discipline, qui ne l'ordonnait qu'à l'égard des hérétiques, parmi lesquels elle n'était pas en usage. Celle de faire l'onction du *kandil*, ou εὐχέλαιον, à d'autres qu'aux malades ne paraît pas avoir été connue parmi les Orientaux, ce qui est encore une preuve de nouveauté.

Quoi qu'il en soit, on ne peut rien conclure de ces usages innocents ou abusifs, sinon que les Grecs, au lieu de traiter cette cérémonie comme une superstition, ont un si grand respect pour l'huile bénite par les prêtres pour le soulagement corporel et spirituel des malades, qu'ils croient que cette bénédiction s'étend jusqu'à ceux à qui elle n'est pas destinée, à cause de la sanctification de la matière. C'est pourquoi Siméon de Thessalonique dit qu'on doit conserver avec grand soin ce qui en reste, et déplore comme un grand abus la négligence de ceux qui la laissent perdre ou profaner. Ainsi on doit conclure, sans entrer dans un plus grand détail de la créance et de la discipline des Grecs sur l'extrême-onction, que non seulement ils croient ce qu'enseigne l'Église catholique, mais qu'ils en croient encore davantage.

CHAPITRE IV.
Du sacrement de l'ordre.

Il semble qu'il ne serait pas fort nécessaire de traiter en particulier des ordinations, et de ce que l'Église romaine appelle le sacrement de l'ordre, les Grecs ἱερωσύνη, et les autres Orientaux le *sacerdoce*, puisque la seule forme de la hiérarchie de toutes les églises d'Orient fait assez connaître combien elles sont éloignées de la créance que Cyrille Lucar leur a osé attribuer. Mais comme cet article entre nécessairement dans notre dessein, et que depuis le grand et utile travail du P. Morin on a découvert plusieurs choses qui contribuent à éclaircir la doctrine et la discipline des ordinations, nous rapporterons le plus brièvement qu'il sera possible ce qui a rapport à cette matière, en ce qui regarde la conformité de la doctrine des catholiques avec celle des Orientaux.

Il est donc certain que les Grecs croient, comme ils l'ont expliqué dans leur Confession orthodoxe, question 119, que *le sacerdoce est un sacrement ordonné par Jésus-Christ à ses apôtres, et que, par l'imposition de leurs mains, jusqu'à présent l'ordination subsiste, les évêques leur ayant succédé pour l'administration des divins mystères et pour le ministère du salut des hommes.* Le patriarche Jérémie s'était expliqué longtemps auparavant sur le même sujet, en répondant aux protestants de la confession d'Augsbourg, qui néanmoins avaient conservé dans ceux qu'ils appelaient *superintendants* une forme ambiguë de l'épiscopat, qui pouvait imposer à ceux qui n'avaient pas une connaissance exacte de leur discipline. Il dit que *l'ordination donne la puissance et la force du Créateur, et que comme il n'y a rien qui subsiste sans lui, et qu'il est venu nous conduire au bien-être au temps de son ascension, il nous a donné sa puissance même par le sacerdoce, par lequel sont opérés tous les mystères sacrés, et il n'y a rien de saint sans le prêtre. De plus, comme dès le commencement il nous a établis maîtres de toutes les choses visibles, il nous le fait être d'une manière plus excellente par le sacerdoce; car il a donné les clés du ciel aux apôtres, et par succession aux prêtres.* C'est ce qu'il répète en propres termes dans sa seconde réponse; et dans la première encore, rapportant plusieurs canons des anciens conciles qui regardent la manière dont on doit procéder à l'institution et à l'ordination des évêques, des prêtres et des autres qui font partie du corps ecclésiastique de l'église grecque, il donne assez à entendre qu'elle est fort éloignée des sentiments et de la discipline des protestants, parmi lesquels tous ces canons ne peuvent être en usage.

Mélétius Syrigus, en réfutant le chapitre 15 de la Confession de Cyrille, qui réduit les sacrements au baptême et à l'Eucharistie, prouve assez au long que le sacerdoce ou l'ordre est un sacrement. *Est-ce,* dit-il, *qu'il ne vous paraît pas que le Saint-Esprit a établi ce qui devait être observé à l'égard de ceux qui devaient être élevés à l'épiscopat, premièrement qu'ils reçussent l'ordination et les prières de ceux qui avaient déjà été ordonnés, et qu'ils accomplissent ensuite leur ministère? Car il dit de S. Paul et de S. Barnabé : « Séparez-moi Paul et Barnabé pour l'ouvrage auquel je les ai destinés. » C'est ainsi que les apôtres, que le Saint-Esprit avait déjà ordonnés en descendant sur eux en forme de langues de feu, ont entendu ses paroles. Car aussitôt ayant fait des prières avec des jeûnes, et leur ayant imposé les mains, ils les envoyèrent enseigner et gouverner l'Église de Dieu; et les apôtres continuant de même, élevèrent les autres à l'épiscopat et aux autres offices du saint ministère par l'ordination.* Après avoir ensuite rapporté divers passages de S. Paul, entre autres lorsqu'il écrit à Timothée, (Ep. 2, c. 1): *Je vous avertis d'exciter de nouveau la grâce que vous avez reçue* par *l'imposition de mes mains,* Syrigus dit que cette imposition des mains ne regarde pas seulement l'ordination des évêques, mais aussi celle des prêtres et des diacres, et il cite le chapitre 14 des Actes, où il est dit qu'ils ordonnèrent des prêtres en chaque église, après avoir fait des jeûnes et des prières ; que les apôtres ordonnèrent ainsi les sept diacres ; et que le Saint-Esprit leur donnait des grâces à proportion de leur foi, et selon le ministère pour lequel ils étaient ordonnés.

Il conclut que le Saint-Esprit ayant confirmé les ordinations faites par l'imposition des mains des apôtres, même par des signes extraordinaires et miraculeux, on doit dire que c'est lui qui établit dans la dignité épiscopale ceux qui en reçoivent l'ordination, afin d'avoir la supériorité pastorale, ainsi qu'il est écrit : « *Soyez attentifs sur vous-mêmes et sur tout le troupeau dans lequel le Saint-Esprit vous a établis évêques pour gouverner l'Église de Dieu.* » Comment donc après cela dira-t-on que quelque chose d'aussi grand que le sacerdoce n'est pas un sacrement, puisque par les cérémonies visibles, la grâce invisible du Saint-Esprit est conférée, ce qui est le propre du sacrement ? Or il est vraisemblable que les apôtres n'ont appris cette imposition des mains d'aucun autre que de celui qui, ayant élevé ses mains, leur donna sa bénédiction : car il ne se serait pas fait tant de miracles parmi le peuple par leurs mains, s'ils n'avaient agi selon la forme qui leur avait été apprise par leur maître. Il me semble donc que cela prouve manifestement que la droite du Seigneur, qui dans le commencement forma sa créature, a produit un merveilleux changement qui l'élève à une plus haute dignité, de même qu'autrefois elle lui avait donné l'être en la tirant du néant. C'est-là ce « *changement de la droite du Très-Haut, qui a fait paraître sa puissance, et qui a été glorifié par sa force.* » Et David dit : « *Votre droite et votre bras, et la lumière de votre visage,* » signifiant le Fils de Dieu, le Père et le Saint-Esprit, comme étant les causes de cette succession qui a été promise. Que si le sacerdoce n'est pas un sacrement, auquel est attaché le pouvoir de consacrer et de bénir le pain et le vin, et de les faire le corps et le sang de Jésus-Christ, car c'est à ceux qui devaient avoir cette grâce que le Seigneur a dit : « *Faites ceci en mémoire de moi,* » il est inutile de mettre les choses ainsi consacrées au nombre des sacrements. Que si nos adversaires accordent cette proposition, à cause qu'ils rejettent le changement du pain et du vin au corps et au sang, comme ils reçoivent les Écritures, ils reconnaîtront que le Saint-Esprit est donné par l'imposition des mains, et que ceux qui la reçoivent sont sanctifiés. Comment donc ceux qui n'ont pas reçu le Saint-Esprit par la succession (des évêques), le pourront-ils donner, et comment ceux qui n'ont pas été sanctifiés ou consacrés pourront-ils consacrer ? Car Éléazar et Ithamar n'osèrent pas exercer les fonctions du sacerdoce avant que d'avoir reçu l'onction par le ministère de Moïse et d'Aaron qui l'avaient reçue de Dieu. Autrement ils auraient souffert le même châtiment que Coré et Osias, en ravissant un honneur que Dieu ne leur avait pas donné. Que si, en ce qui regarde le sacerdoce, le nouveau Testament est au-dessous de l'ancien, le sacerdoce éternel, selon l'ordre de Melchisédech, qui devait être établi ensuite, est donc aboli, ayant commencé et fini dans le seul pontife qui n'a point de généalogie ; car il s'est offert lui-même une seule fois. Ainsi non seulement la prophétie par laquelle il a été prédit que ce sacerdoce sera éternel, se trouvera fausse, mais la religion chrétienne que nous professons sera entièrement détruite, puisqu'il n'y aura plus ni oblation, ni sacrifice, ni prêtre qui puisse l'offrir ; et, comme dit très-bien saint Grégoire-le-Théologien, « *sans ces choses aucune religion ne peut subsister.* » Quelle raison peuvent donc avoir nos adversaires, de dire que ces paroles : « *Prenez, mangez, buvez-en tous,* » sont le sacrement de la communion du corps et du sang de Jésus-Christ ; et que ces autres : « *Faites ceci en mémoire de moi,* » dites de la même manière, ne soient pas le sacrement du sacerdoce qui doit opérer celui de la communion ; car il n'est pas permis à chacun de s'ingérer de faire les fonctions sacrées. Enfin après avoir confirmé ces dernières paroles par des témoignages de l'Écriture, il conclut ainsi : *Donc l'église orientale a reçu dès les premiers temps, et conserve encore le sacerdoce, comme un mystère sacré, suivant en cela S. Denis et les autres saints Pères qui ont été depuis ; elle le regarde comme ce qu'il y a de plus élevé, et comme la mère de tout ce qui se pratique dans la religion, ainsi que parle S. Épiphane, et elle ne reconnaît point la voix de Cyrille, qui dit le contraire.*

On a cru devoir rapporter un peu au long les paroles de ce théologien, non seulement à cause de l'autorité qu'il a dans l'église grecque, mais parce qu'ayant écrit depuis que par la Confession de Cyrille on connut en Grèce les opinions des calvinistes, on ne peut douter qu'il ne les ait eues en vue pour les combattre, et par conséquent qu'elles ne soient directement contraires à la créance des Orientaux. Il est aisé de savoir qu'ils n'ont pas renoncé à la doctrine de Siméon de Thessalonique, ni à celle de divers autres théologiens, qui ont expliqué les ordinations dans un grand détail, et qui font entendre clairement qu'ils regardent les cérémonies et les prières qui les accompagnent comme des signes sacrés qui produisent la grâce sacramentelle qu'elles signifient ; que la promesse de cette grâce est fondée sur les paroles de Jésus-Christ et la discipline établie tant sur l'Écriture que sur la pratique des apôtres et des premiers chrétiens, et qu'ainsi on ne peut douter que l'ordre ne soit un véritable sacrement.

Outre cette autorité, qui est incontestable et qui est confirmée par l'édition faite en Moldavie des œuvres de Siméon de Thessalonique, et de celle de Syrigus par les Grecs mêmes, le patriarche Dosithée qui en a eu la principale direction, a donné une nouvelle preuve de la créance des Grecs dans l'ouvrage qu'il publia en 1694 contre Jean Caryophylle, dont nous avons parlé ailleurs à cette occasion (plus haut, dans ce même tome, liv. 6). Un vagabond laïque étant en

Bulgarie fit entendre qu'il était prêtre, et sous ce prétexte il administra les sacrements pendant un temps considérable. Ensuite touché des remords de sa conscience, il avoua son crime, et le métropolitain d'Andrinople, homme très-ignorant, comme on en peut juger par ce qu'il fit, se trouva embarrassé touchant la validité des sacrements qu'avait célébrés ce malheureux. Sur la grande opinion de capacité qu'alors Jean Caryophylle, logothète de l'église de Constantinople, avait dans le pays, ce métropolitain le consulta. L'autre lui répondit que comme c'était la foi qui était le fondement de tous les sacrements, ceux qui l'avaient eue n'avaient rien perdu de l'effet qu'ils auraient pu en espérer, quand ils auraient été administrés par un prêtre véritablement ordonné ; comparant cet imposteur à de mauvais prêtres qu'il supposait ne pouvoir pas produire l'effet des sacrements, parce qu'il dépendait de la foi de ceux qui le recevaient. Dosithée combattit cette erreur par son ouvrage, faisant voir qu'elle était celle de Luther et de Calvin, et que l'église d'Orient croyait que les sacrements produisaient la grâce dans ceux qui les recevaient, pourvu qu'ils n'y missent aucun empêchement par leur indignité ; mais que pour la célébration des sacrements il fallait nécessairement un ministre, comme moyen instrumental déterminé par l'Écriture sainte et par l'Église catholique, et que ce moyen était le sacerdoce.

On ne croit pas qu'il soit nécessaire de ramasser des autorités en plus grand nombre pour prouver une vérité aussi claire, puisqu'il n'y a qu'à ouvrir les Rituels et les Pontificaux des Grecs, pour reconnaître, par les cérémonies et par les prières qu'ils emploient dans les ordinations, qu'ils regardent l'ordre comme un véritable sacrement, et que leur discipline ne condamne pas moins que leurs décrets les nouveautés téméraires de Cyrille Lucar. Tout y est conforme à ce que l'Église a observé sur cela depuis plusieurs siècles ; les prières expliquent les cérémonies, et font connaître qu'elles sont des signes sacrés d'institution divine et apostolique qui produisent la grâce conforme au ministère auquel sont consacrés ceux qui reçoivent l'imposition des mains des évêques, qui leur donne la puissance que Jésus-Christ donna à ses apôtres, et qui imprime un caractère.

CHAPITRE V.
Comparaison de la discipline des Orientaux et de celle des protestants.

Si les protestants, comme il s'en trouve encore tous les jours, qui, plus ils sont ignorants, plus ils ont poussé la témérité sur cette matière, veulent contester une vérité aussi connue, il n'y a qu'à comparer ce qu'ils appellent ordination avec celle des Grecs. On ne trouvera pas dans toute l'histoire ecclésiastique grecque un exemple comme celui de Luther, qui, n'étant que simple prêtre, fut assez hardi pour ordonner un évêque luthérien ; fait singulier dont les théologiens de Wittemberg ne jugèrent pas à propos d'informer le patriarche Jérémie, de peur d'augmenter la mauvaise opinion qu'il avait de leur doctrine. Il n'approuva pas ce qu'ils lui marquèrent touchant la manière dont ils ordonnaient leurs ministres. Qu'ils appellent évêques, prêtres et diacres, ceux qui sont ainsi ordonnés, ou ceux qui portent ce titre dans les églises protestantes, et qu'ils rapportent de quelle manière on les a ordonnés, il n'y a point de Grec sachant sa religion qui ne les regarde comme des laïques, quand ce ne serait que parce qu'ils n'ont été ordonnés que par d'autres laïques ou par de simples prêtres, dans lesquels jamais l'Église n'a reconnu le pouvoir d'en ordonner d'autres. Que si on examine les cérémonies et les prières que les protestants ont employées à la place de celles dont l'ancienne Église s'est servie, et qui sont encore en usage dans l'Orient aussi bien que dans l'Occident, la différence paraît encore d'une manière plus sensible ; car on ne trouvera aucune de ces anciennes prières dans laquelle il ne soit pas fait mention de la puissance d'offrir à Dieu le sacrifice non sanglant, et de ce qui a rapport au sacerdoce de la nouvelle loi. Tous ceux qui ont détruit ce sacrifice, et qui ont réduit tout le ministère sacré à annoncer l'Évangile, c'est-à-dire à discourir devant un peuple qui croit en savoir autant que ses maîtres sur la parole de Dieu, ne pouvaient pas parler de la même manière. On ne trouvera jamais qu'aucun ancien évêque ait été ordonné par la présentation qu'on lui ait faite d'une Bible ; encore moins que des laïques assemblés pussent faire un prêtre par leur simple suffrage, comme ils se font parmi les calvinistes.

Aussi les théologiens de Wittemberg reconnurent cette diversité de doctrine et de discipline, puisqu'ils ne s'expliquèrent qu'en termes généraux sur cet article. Ils dirent, touchant l'ordre ecclésiastique, que personne ne devait publiquement enseigner dans l'église, ou administrer les sacrements, sans une vocation légitime. *De ordine ecclesiastico docent quòd nemo debeat in ecclesiâ publicè docere aut sacramenta administrare, nisi ritè vocatus* (1). La traduction grecque, outre qu'elle est barbare, ne répond point à l'original. Il semble que toute l'essence de l'ordre (que jamais les anciens Grecs n'ont appelé τάγμα, sinon pour signifier le corps de tous ceux qui sont employés au ministère des autels) ne consiste qu'à prêcher en public avec permission, et à distribuer les sacrements. De plus, λειτουργεῖν Εὐαγγέλιον est une façon de parler inconnue. Ce mot est employé dans les Actes des apôtres en un sens absolu, et il signifie les fonctions ecclésiastiques, particulièrement la prédication et la célébration des saints mystères, ce que la Vulgate a exprimé par celui de *ministrare*. On peut donc croire que les traducteurs avaient affecté de se servir d'un mot qui pouvait imposer aux Grecs, à cause de l'usage tout différent qu'il a dans le style ecclésiastique. Il y

(1) Περὶ δὲ τάγματος τοῦ ἐκκλησιαστικοῦ διδάσκουσι δημοσίως ἐν τῇ ἐκκλησίᾳ τὸ Εὐαγγέλιον λειτουργεῖν, ἢ τὰ μυστήρια διαδιδόναι χρῆναι μηδένα, ὅτι μὴ τοὺς ἐνθέσμως πρὸς τὴν ὑπηρεσίαν κεκλημένους.

a aussi une grande différence entre *sacramenta administrare* et μυστήρια διαδιδόναι, car le latin signifie non seulement l'administration qui se fait d'un sacrement à l'égard des fidèles qui le reçoivent, mais aussi sa célébration; au lieu que le grec ne signifie que l'administration qui en est faite à celui qui le reçoit. C'est encore une dissimulation captieuse de ne marquer que la vocation légitime, comme la seule chose qui donne pouvoir d'administrer les sacrements; et que c'est en cela que consiste l'ordination. Mais Jérémie ne s'y laissa pas tromper, comme on reconnaît par les paroles rapportées ci-dessus, qui marquent si précisément l'excellence et la puissance du sacerdoce, conféré par l'imposition des mains, et par lequel tous les sacrements sont opérés, καὶ δἰ᾽ αὐτῆς πᾶσαι ἡμῖν αἱ τελεταὶ ἐνεργοῦνται. C'est ce que signifient ces paroles, non pas *omnes ritus à nobis administrantur*. Ce même patriarche n'aurait jamais entendu ce qu'est un ministre protestant, si on ne le lui avait expliqué; car il fallait un nouveau dictionnaire pour entendre ceci : *Les prêtres, que nous appelons ministres ou diacres, ne sont pas établis parmi nous pour offrir dans la Liturgie le corps et le sang de Jésus-Christ......; mais afin qu'ils annoncent Jésus-Christ, qu'ils baptisent, et qu'ils administrent la sainte communion, en public dans le temple, et dans les maisons particulières à ceux qui la veulent, et qui sont près de leur fin* (1). Ils convenaient donc qu'ils appelaient *diacres* ceux qui étaient véritablement *prêtres;* et la raison qu'ils en donnèrent, que c'était afin qu'ils ne se regardassent pas comme maîtres, mais comme serviteurs de l'Église, est fort inutile; car même parmi eux on sait assez qu'un *ministre*, c'est-à-dire un *diacre*, est supérieur à un prêtre, qu'ils appellent *ancien*. Enfin lorsque, exposant comment ces ministres étaient ordonnés, ils disaient χειροτονοῦνται ὑπὸ τοῦ ἐπισκόπου τοῦ τόπου, ce qu'ils ont traduit : *Imponit illis superintendens manus*, c'était une illusion manifeste et contraire à la bonne foi. Car ils devaient supposer qu'un Grec entendait le mot d'ἐπίσκοπος suivant l'usage de sa langue; et qui aurait jamais pu deviner que par le mot d'*évêque* on dût entendre un *superintendant* des luthériens, ou un *surveillant* des calvinistes, qui ne se ressemblent pas plus qu'un évêque à l'un ni à l'autre? Ceux qui traduisirent en grec vulgaire la Confession belge, le Catéchisme et les prières dont les Hollandais se servent dans leurs assemblées, furent obligés de mettre à la tête une glose pour se faire entendre, dans laquelle ils disent qu'ils appellent ἐκκλησιαστήν, ποιμένα, λογοκήρυκα, ὑπηρέτην τοῦ λόγου, λειτουργόν, celui qui enseigne l'évangile dans l'église. Ils ont apparemment évité de se servir du mot de διάκονος, mais il n'y a pas un seul de tous ceux dont ils se servent qui

(1) Τοὺς ἱερεῖς ἡμῖν ἐκκλησίας διακόνους ὀνομάζειν ἔθος, οὓς καθιστάμεν ἡμεῖς ὅπως ἂν ἐν λειτουργίᾳ τὸ σῶμα καὶ τὸ αἷμα τοῦ Χριστοῦ προσενέγχωσι...... Ἀλλ᾽ ἵνα τὸν Χριστὸν εὐαγγελίσωνται, καὶ ἵνα βαπτίσωσι, καὶ τὴν ἁγίαν κοινωνίαν καὶ γε δημοσίᾳ ἐν ἱερῷ, καὶ γε ἰδίᾳ ἐν οἴκῳ τοῖς βουλομένοις καὶ θανάτῳ προσεγγίζουσιν οἰκονομήσωσιν.

soit ou ait jamais été en usage dans l'église grecque. Personne n'ignore néanmoins que dans l'Écriture sainte la fonction et la dignité des diacres ne sont pas les mêmes que celles des prêtres et des évêques; que par toute l'ancienne discipline les fonctions que les protestants attribuent à leurs ministres étaient défendues aux diacres, et que celle de baptiser ne leur était accordée qu'en l'absence et au défaut des prêtres, qui étaient leurs supérieurs. Ainsi le langage dans lequel il a fallu exposer aux Grecs la discipline des protestants, était aussi nouveau que la chose signifiée, qui est un renversement entier de toute la forme de l'ancienne Église; car elle n'a jamais reconnu les diacres comme les premiers de sa hiérarchie; mais les évêques, les prêtres, les diacres et les ordres inférieurs sont ceux qui l'ont composée depuis la naissance du christianisme. S. Ignace, martyr, dans ses lettres pleines de ce feu apostolique que Jésus-Christ avait allumé sur la terre, ne recommandait pas les églises aux diacres, mais aux évêques; et il n'avertit pas ceux-ci d'obéir aux diacres, mais les évêques de gouverner leurs peuples, et entre autres les diacres, suivant les règles prescrites par les apôtres.

Il est inutile d'alléguer que le mot de *ministre* ne signifie pas diacre, d'autant plus que dans les communions protestantes il y a des diacres distingués des ministres, et qui sont d'un rang inférieur. On le sait, et c'est ce qui n'est pas moins ridicule, d'avoir introduit deux sens si différents et si contraires d'un même mot, dont ils ont été obligés de se servir lorsqu'il a fallu parler aux Grecs. Ils n'y pouvaient rien entendre, sinon que l'Église était gouvernée par des diacres supérieurs à tous, puis par des prêtres ou anciens, comme ils les appellent très-mal à propos, puisque Timothée qui ordonnait des prêtres, et qui l'était même en leur sens, selon lequel ils prétendent qu'il n'y a aucune distinction entre le prêtre et l'évêque, était fort jeune, selon le témoignage de S. Paul. Enfin puisque les protestants ont de diacres, ils ont été fort embarrassés à faire comprendre aux Grecs comment le même mot pouvait avoir deux sens si différents. Qu'on leur explique ce que les calvinistes entendent par un *surveillant*, jamais personne ne s'imaginera que cette fonction donne l'idée du mot ἐπίσκοπος, dont les Grecs savent assez la signification pour ne l'apprendre pas de tels maîtres.

Ils n'avaient pas besoin de théologie pour être en garde contre de pareilles nouveautés; la seule forme du gouvernement ecclésiastique établi parmi eux depuis les premiers siècles les instruisait suffisamment. Chaque église savait par tradition ses premiers évêques, et on n'ignorait pas la succession des autres. Les ordinations se faisaient publiquement, et les prêtres, les diacres, ainsi que tous les autres du clergé, avaient leurs fonctions distinctes, prescrites par les canons, et observées par une discipline de temps immémorial. Longtemps avant que les protestants parussent, il y avait des patriarches à Constantinople, à Alexandrie, à Antioche et à Jérusalem, auxquels étaient soumis des métropolitains, des archevêques et des évêques, qui avaient sous leur juridiction des prêtres, des diacres et d'autres ecclésiastiques. On ne peut donc assez s'étonner que, parce qu'un seul homme, comme Cyrille Lucar, eut l'effronterie de dire dans sa Confession tout ce qui pouvait convenir à l'anarchie presbytérienne des calvinistes, ceux-ci aient cru que cette preuve était suffisante pour faire croire que l'église grecque était sur cela dans leurs sentiments. C'était bien se tromper volontairement, puisque, dans le même temps, ce malheureux retenait par toute sorte de mauvais moyens la dignité patriarcale, qu'il faisait des ordinations, qu'il vendait des évêchés et des métropoles, et qu'il exerçait toutes les fonctions d'une autorité qu'il condamnait comme usurpée et comme contraire à la parole de Dieu.

Ce que nous disons de la hiérarchie conservée dans l'église grecque, et qui est une preuve certaine de la doctrine orthodoxe touchant l'ordination, n'est pas moins établi dans toutes les communions orientales, quoique séparées depuis tant de siècles des Grecs et des Latins. Les nestoriens, dont la séparation est la plus ancienne, sont gouvernés par un patriarche, qu'ils appellent le *catholique*, et ses prédécesseurs (pour ne pas s'arrêter aux fables qui font remonter leur établissement jusqu'aux disciples des apôtres et à S. Thadée) avaient été ordonnés dans l'Église orthodoxe, évêques de Séleucie et de Ctésiphonte. Ils ont ordonné dans la suite des métropolitains, des évêques et des prêtres, en la même manière que les catholiques les ordonnaient, et, si leurs patriarches se sont attribué une juridiction qu'ils n'avaient pas, ils n'ont pas changé la doctrine et la discipline de toute l'Église touchant l'ordination.

Les Cophtes ou jacobites du patriarcat d'Alexandrie, ayant été chassés de la métropole par la déposition de Dioscore, et ne s'y étant rétablis entièrement que depuis la conquête de l'Égypte par les Mahométans, élurent des patriarches après sa mort et celle de ses successeurs, qui tous furent ordonnés par des évêques, dont les premiers avaient reçu l'ordination dans l'Église catholique. Les orthodoxes exposés à la persécution des Mahométans par la malice des jacobites, qui les rendirent suspects, et qui s'emparèrent de toutes les églises, furent près de cent ans sans évêques et sans patriarches. Comme ils ne voulaient pas communiquer avec les hérétiques, ils envoyèrent durant ce long espace de temps à Tyr, à Constantinople ou ailleurs, ceux qui voulaient être ordonnés. Ils ne croyaient donc pas qu'il n'y avait qu'à proposer un homme au peuple, et, après que l'approbation de sa personne avait été faite, lui dire : *Soyez évêque, prêtre ou diacre*; et ils croyaient encore moins qu'on pût administrer les sacrements sans être ordonné ; par conséquent ils étaient fort éloignés de la créance des protestants.

Les Éthiopiens, qui sont jacobites, sont entièrement soumis depuis plus de huit cents ans aux patriarches d'Alexandrie de la même secte, qui, par une tyrannie inouïe, se sont réservé le droit d'ordonner le métropolitain d'Éthiopie, qu'on appelle abusivement le patriarche. Il s'est trouvé que par des empêchements imprévus, ou par des raisons qui paraissaient bien fondées, l'Éthiopie a été plusieurs années sans évêques, et même les prêtres étaient en si petit nombre, qu'ils ne suffisaient pas pour administrer les sacrements. Un des rois força un simple prêtre à faire les fonctions épiscopales ; cela était dans l'ordre, suivant les principes des protestants. Cependant les patriarches d'Alexandrie traitèrent cet attentat comme un sacrilége, et toutes les ordinations faites ainsi furent déclarées nulles.

On trouve aussi dans la Vie de Damien, patriarche jacobite d'Alexandrie, qui est le trente-cinquième selon leur histoire, que les acéphales ou barsanufiens, secte particulière parmi plusieurs autres qui convenaient dans la créance d'une seule nature en Jésus-Christ, mais sans s'accorder sur d'autres points, se trouvèrent alors sans évêques, et que, pour empêcher leur église de périr entièrement, quatre prêtres, qui seuls restaient parmi eux, choisirent le plus ancien d'entre eux, et l'ordonnèrent évêque. Non seulement Sévère, qui écrit cette histoire, en parle comme d'un attentat inouï jusqu'alors, mais il ajoute que d'autres barsanufiens, qui étaient dans la partie occidentale de l'Égypte, l'eurent en telle horreur, qu'ils se séparèrent des premiers, et n'eurent plus aucune communion avec eux. Damien mourut, selon le calcul de Sévère et de quelques autres, l'an de Jésus-Christ 591, après avoir tenu le siége trente-six ans. Sous Marc, quarante-neuvième patriarche, ces mêmes hérétiques se réunirent à l'église jacobite d'Alexandrie au commencement du neuvième siècle. Deux de ces faux évêques, nommés Georges et Abraham, son fils, vinrent se jeter à ses pieds, et reconnurent leur erreur. Il leur déclara qu'ils ne pouvaient être évêques : *Car*, leur dit-il, *le Saint-Esprit qui descend sur les évêques lorsqu'on prononce sur eux la prière canonique que les apôtres ont établie, n'est pas descendu sur vous*, et après les avoir réconciliés, il les ordonna comme s'ils avaient été de simples laïques.

Il est donc certain, par tout ce qui nous reste de plus authentique dans les églises orientales, que l'ordination a été regardée comme le fondement de la religion chrétienne; puisque sans ce sacrement l'Église ne peut avoir ni le sacrifice du corps et du sang de Jésus-Christ, ni la rémission des péchés par la pénitence, ce qui est la doctrine du concile de Trente. On reconnaît, par la forme de toutes les églises unies ou séparées, qu'elles ont toujours été gouvernées par des évêques; que ceux-ci sont les seuls par lesquels d'autres évêques ont été ordonnés ; qu'ils ont de même ordonné des prêtres, et que par l'ordination, ils leur ont donné le pouvoir d'offrir le sacrifice de la nouvelle loi, de baptiser, de remettre et de retenir les péchés, de bénir le mariage et de donner l'onction aux malades. On y a toujours cru qu'aucune de ces fonctions ne pouvait être faite par ceux qui n'avaient pas reçu

(Trente.)

par l'imposition des mains cette puissance que Jésus-Christ avait laissée à son Église. Les prières et les cérémonies avec lesquelles l'ordination s'y est toujours faite sont de tradition apostolique, et aussi conformes aux usages de l'ancienne Église, qu'elles sont éloignées de ce que les protestants ont substitué à la place. Qu'on explique aux Grecs et aux autres Orientaux ce que c'est qu'un ministre de la parole de Dieu, ou un prêtre de l'église anglicane, ou même un évêque ou un archevêque ordonné de la manière dont ils le sont, il n'y en a pas un seul qui ne soit regardé comme un laïque. Et lorsqu'il est dit par les théologiens grecs que l'épiscopat est de droit divin, ou qu'il a été institué de Dieu même, que le Saint-Esprit a établi les évêques pour gouverner l'Église de Dieu qu'il a acquise par son sang, ils regardent cette vérité tout autrement que ne font ceux qui ont conservé une ombre vaine d'épiscopat, sans succession apostolique, et sans ordination légitime. Au contraire, ils les regardent comme des hérétiques, et n'ont aucune communion avec eux, tant s'en faut qu'ils aient jamais, comme les évêques anglais, prouvé sérieusement que l'épiscopat est de droit divin, et traité d'erreur l'opinion des calvinistes, en conservant néanmoins la communion avec eux, et imposant les mains à ceux qui le rejettent comme une invention purement humaine, ni qu'on ait vu dans un synode de Grèce un évêque présidé par des prêtres ou par des laïques, comme on vit dans celui de Dordrecht.

CHAPITRE VI.

On explique ce que les Grecs et Orientaux comprennent sous le nom général de sacerdoce, ou ordres ecclésiastiques, et leurs différents degrés.

On voit dans les Liturgies le dénombrement de plusieurs ordres ecclésiastiques conformément à l'antiquité : des portiers, des exorcistes, des acolythes et autres, que nous appelons communément les quatre mineurs, dont quelques-uns sont marqués dans les anciens canons, et particulièrement dans les Constitutions apostoliques. Cependant depuis plusieurs siècles, les Grecs réduisent ces ordres moindres aux lecteurs et aux chantres, et il n'y en a point d'autres dans leur église, ni dans tout l'Orient. Les fonctions particulières des clercs qui ont reçu dans l'Église latine les quatre mineurs sont faites par les lecteurs. Leur ordination est particulière, et ne se fait pas dans le sanctuaire, non plus que celle des sous-diacres, en quoi elle est distinguée des autres principales, qui sont celles des diacres, des prêtres et des évêques, et cette distinction est marquée par Siméon de Thessalonique. Les Syriens orthodoxes, jacobites ou nestoriens, ont la même discipline, aussi bien que les Cophtes, les Éthiopiens et les Arméniens.

Ainsi les ordres qui sont reçus dans toutes ces églises sont la cléricature, qui comprend les offices de lecteur et de chantre, qui ne sont pas quelquefois distingués ; le sous-diaconat, qu'ils ne mettent pas au nombre des ordres sacrés ; le diaconat, la prêtrise et l'épiscopat. Comme ils n'ont jamais, sinon depuis environ deux cents ans, examiné la matière des sacrements suivant la méthode de nos scolastiques, ils n'ont pas fait cette distinction qui nous est familière, d'ordres sacrés, et de ceux qu'on n'appelle pas ainsi. Car la raison qui nous les fait distinguer, est principalement que les uns engagent au célibat, les autres non ; et elle ne subsiste pas parmi eux, puisque les prêtres et les ecclésiastiques inférieurs peuvent exercer leur ministère et être mariés.

Il en est de même de la tonsure, qui est connue et pratiquée par les Grecs et par les autres Orientaux, mais autrement que parmi les Latins. Elle n'est à proprement parler qu'une préparation à la vie monastique, comme autrefois elle était une manière de profession publique, par laquelle on renonçait au monde ; ce qui se pratiquait particulièrement en France, où la tonsure, même forcée, engageait à l'état ecclésiastique ou à la vie monastique. On ne voit pas que dans les premiers siècles, et même beaucoup plus tard, elle fût regardée autrement que comme une entrée dans la vie cléricale, en quoi elle différait de la tonsure monastique. Ce qui a depuis été établi, de ne pas admettre aux ordres sinon ceux qui auraient reçu la tonsure par une cérémonie particulière, n'a pas toujours été pratiqué, puisqu'on trouve dans l'histoire ecclésiastique plusieurs exemples de personnes qui d'abord avaient été ordonnées lecteurs ou exorcistes, sans qu'il soit parlé de tonsure. On ne doit donc pas marquer comme un abus, ou comme une erreur essentielle parmi les Orientaux, le défaut d'une cérémonie qui n'a pas toujours été uniforme.

Il en est de même des ordres que nous appelons mineurs, puisque les Orientaux ne les connaissent point ; et on voit avec étonnement un interrogatoire sérieux fait sur cette matière à un prêtre éthiopien, nommé Tecla-Mariam, qui a été inséré par Thomas à Jésu dans son ouvrage. Car il était contre toute raison de vouloir juger de la validité de son ordination, par l'omission ou la célébration des rites particuliers à l'Église latine, qui a conservé l'unité avec les autres églises, nonobstant la différence des cérémonies, quand elles n'ont rien eu de contraire à la foi ni à l'essentiel de la discipline reçue également en Orient et en Occident. Aussi les papes en ont jugé tout autrement, et ils n'ont jamais fait réitérer des ordinations par une semblable raison.

On peut voir sur cela ce qu'a écrit le savant P. Morin, qui prouve d'une manière très-solide que la différence des cérémonies grecques et latines n'empêche pas que les ordinations des lecteurs et des sous-diacres ne comprennent tout ce qui est nécessaire pour la validité entière de l'ordination ; parce que l'imposition des mains est ce qu'il y a d'essentiel, et qui peut être regardé comme le signe extérieur et la matière, et les prières comme la forme. Il fait voir aussi que la cérémonie de présenter les instruments, *porrectio instrumentorum*, qui se fait dans l'Église latine, n'est pas essentielle, puisque les Grecs n'ont rien eu de semblable depuis le commencement de l'Église. A l'égard des sous-diacres, il ne paraît pas par les cérémonies de leur ordination dans l'église grecque, ni dans les autres églises orientales, qu'on y crût qu'elle consistât en partie à leur mettre les vases sacrés entre les mains, ou le livre des Épîtres, parce que cela ne s'est pas toujours observé; et même, parmi les nestoriens, on donne ce livre aux lecteurs lorsqu'ils sont ordonnés. Quelques anciens théologiens scolastiques ont même jugé que l'acte propre du diacre n'était pas la lecture de l'Évangile, ni celui du sous-diacre de lire l'Épître. Dans l'église jacobite d'Alexandrie, l'Évangile est lu par les prêtres, et en certaines occasions par les évêques et par les patriarches. Gabriel de Philadelphie, conformément à d'autres plus anciens, détermine l'office des sous-diacres à la préparation des vases sacrés, et des ornements des prêtres et des évêques. Cela a donné lieu à la question traitée par plusieurs auteurs, si le sous-diaconat, et à plus forte raison les ordres mineurs, sont des sacrements; mais elle ne regarde ni les Grecs ni les Orientaux. Ils sont exempts de tout soupçon d'erreur dès qu'ils reconnaissent que ces cérémonies, non seulement ne peuvent être regardées comme superstitieuses, mais qu'elles viennent de tradition apostolique, qu'elles confèrent une grâce spéciale, et qui est capable de produire les dispositions nécessaires aux ministres des autels, afin de s'en approcher avec la pureté et la sainteté requises; enfin qu'elles établissent une distinction fixe et certaine entre ceux qui ont été attachés au service de l'Église par ces cérémonies, et entre les autres chrétiens, ce que nous appelons *caractère*.

Les Grecs, et tous les autres chrétiens du Levant, regardent le diaconat comme le premier ordre sacré, parce que les diacres sont les ministres qui entrent presque nécessairement dans toutes les fonctions sacrées, particulièrement dans celles des sacrements. Siméon de Thessalonique restreint aux diacres, et à ceux qui sont supérieurs en dignité, l'ordination proprement dite, en quoi il est suivi par la plupart des autres de son église, et même par plusieurs de nos théologiens, qui croient que les ordres mineurs et le sous-diaconat ne sont pas des ordres proprement dits, qui est l'opinion de Vasquez, de Maldonat et de divers autres, que le P. Morin a appuyée par un grand nombre d'autorités. Il fait valoir la distinction que donne Siméon de Thessalonique, entre l'imposition des mains simple, telle qu'elle se pratique pour l'ordination des lecteurs et des sous-diacres, qu'il appelle χειροθεσία, et l'autre par laquelle les diacres, les prêtres et les évêques sont ordonnés, qui est χειροτονία. On trouve quelque vestige de cette distinction dans ce que dit Abulbircat, jacobite, que *le sous-diacre ne reçoit pas l'imposition des mains*. Cependant il ne paraît pas que les Syriens, qui ont conservé l'ancienne tradition de leurs églises, et même plusieurs mots grecs, aussi bien que les Cophtes, l'aient connue pour distinguer le sens de ces deux mots, qui sont synonymes parmi eux. Car dans les Pontificaux des jacobites, l'ordination des lecteurs et des sous-diacres est appelée χειροτονία: de même que parmi les Cophtes, qui dans leurs traductions arabes se servent du même mot grec altéré à leur manière, *chartoniat*, sans qu'on trouve qu'ils se servent du mot de χειροθεσία, quoique les mots arabes et syriaques par lesquels ils signifient l'ordination des diacres et des prêtres, même des évêques, aient plus de rapport à celui-là qu'à l'autre de χειροτονία. C'est parce que, comme il a été marqué ci-dessus, ils n'ont jamais fait cette distinction d'ordres qui soient sacrements, et d'autres qui ne le soient pas, distinguant seulement le sous-diaconat et ce qui est au-dessous du diaconat, de ce qui est au-dessus, en ce que ceux-ci donnent une plus grande grâce, comme ils donnent dans l'Église une dignité supérieure à celle des autres. Mais sans entrer dans le détail de cette matière, qui est fort ample, il suffit de remarquer que les protestants ne peuvent pas se vanter d'avoir la moindre conformité de doctrine et de discipline avec l'église d'Orient sur cet article, non plus que sur tous les autres qu'ils ont pris pour prétexte de leur séparation. Ils n'ont point de sous-diacres ni d'ordres inférieurs, et ils les ont retranchés comme des inventions humaines nées dans le papisme; cependant tous les chrétiens orientaux connaissent des sous-diacres, et ils en ont toujours ordonné conformément à l'ancienne discipline. Enfin ils sont si éloignés de considérer cet ordre comme une simple commission par rapport au service de l'Église, que lorsqu'ils ont élu des évêques et des patriarches, qui, étant simples religieux, n'avaient pas le sacerdoce ou le diaconat, mais seulement l'habit monastique, ce qui est arrivé plusieurs fois parmi les Cophtes à Alexandrie, avant que de recevoir l'ordination épiscopale, ils étaient ordonnés lecteurs, sous-diacres, diacres et prêtres, comme il est marqué expressément dans les canons de l'église d'Alexandrie. Ils ne déterminaient donc pas ces ordres à de simples fonctions ecclésiastiques, puisque ceux qui étaient élevés à la dignité épiscopale ne pouvaient plus les exercer: mais ils en avaient la même idée que nous en avons dans l'Église romaine, et ils les regardaient comme des ordres qui avaient une grâce attachée, c'est-à-dire comme des sacrements.

Les diacres ont été regardés dans toutes les églises d'Orient, unies ou séparées, comme les véritables ministres des autels, pour y faire toutes les fonctions subordonnées à celles des prêtres et des évêques. Les Orientaux se sont même moins écartés que nous de l'ancienne discipline sur cet article, parce que le ministère des diacres y est non seulement plus fréquent, mais qu'il est presque considéré comme nécessaire. Dans l'Église latine, ils n'exercent les fonctions de leur ordre que dans les offices solennels, et presque uniquement à la messe. En Orient, non seulement ils le font dans les Liturgies solennelles, mais dans toutes les autres; et, quoiqu'il soit plus rare de célébrer des messes particulières, de sorte qu'à proprement parler il n'y ait point de messes basses, il y a toujours un diacre qui sert le prêtre à l'autel, qui chante une partie des prières qui sont dites par les diacres, et qui fait diverses autres fonctions différentes des nôtres. Cette discipline leur paraît si importante, que parmi les reproches qu'ils font aux Latins, et parmi les abus qu'ils condamnent dans nos cérémonies, ils mettent au nombre des principaux, que nos prêtres célèbrent la messe sans diacres, ce que les Grecs ont aussi reproché aux Latins. Il se trouve diverses questions de droit en arabe et en syriaque, où on propose si on peut célébrer la Liturgie sans diacres, et la plupart des canonistes concluent qu'on ne le peut faire sans une extrême nécessité.

Les sous-diacres ont bien le pouvoir de préparer les vases sacrés, c'est-à-dire le disque ou patène, le calice, les vases du vin et de l'eau, la cuillère, et les autres qui servent à la messe; mais c'est seulement pour les mettre sur la prothèse ou crédence. Les diacres seuls les portent à l'autel, lorsque se fait la cérémonie que les Grecs appellent μεγάλη εἴσοδος, ou *grande entrée*, que les autres Orientaux pratiquent, mais à laquelle ils ne donnent point de nom particulier.

CHAPITRE VII.
De l'ordination des diacres.

Dans l'église grecque les diacres sont ordonnés en cette manière : Celui qui doit l'être est présenté par deux anciens diacres qui l'amènent au sanctuaire, dont ils font le tour trois fois. Ils le présentent à l'évêque, qui lui fait trois fois le signe de la croix sur la tête, lui fait ôter sa ceinture et l'habit de sous-diacre. On le fait incliner devant la sainte table, sur laquelle il appuie le front. L'archidiacre dit quelques prières, et l'évêque imposant les mains sur sa tête, dit la formule : *La grâce divine élève un tel, sous-diacre très-pieux, à la dignité de diacre; prions pour lui, afin que la grâce du Saint-Esprit descende sur lui.* On fait ensuite d'autres prières, après lesquelles l'évêque, lui imposant les mains, prononce une oraison par laquelle il demande à Dieu pour celui qui reçoit le diaconat la grâce qu'il accorda à S. Étienne, etc. Il impose les mains une troisième fois, et il dit une autre oraison, après laquelle il lui met l'étole sur l'épaule gauche, et alors on crie ἄξιος, *il est digne*. On lui met enfin entre les mains le ῥιπίδιον ou *éventail*; puis dans la Liturgie il commence les prières appelées *Diaconales*, et lorsque les diacres approchent de la communion, il la reçoit le premier. Le savant P. Goar, dans les notes duquel ces cérémonies sont exactement expliquées, remarque qu'en divers manuscrits très-anciens il est dit, que s'*il y a deux calices sur l'autel pour la célébration de la Liturgie, le célébrant en donnera un au nouveau diacre, afin qu'il le distribue au peuple*. Il prouve que dans cette ordination on trouve tout ce qui est essentiel au sacrement; la matière dans l'imposition des mains ; la forme dans la prière qui commence par ces paroles : ἡ θεία χάρις, *la grâce divine*,

et qu'on ne doit pas faire consister la matière dans la présentation des instruments, *in porrectione instrumentorum*, comme on parle dans l'école, puisque le ῥιπίδιον, ou *éventail*, n'est employé que dans l'église grecque, et qu'on n'y présente pas aux nouveaux diacres le livre des Évangiles, outre qu'il est ordinairement lu dans les églises par les prêtres.

Dans les ordinations que le P. Morin a données en syriaque et en latin, les premières sont celles qu'il appelle des maronites, parce que ceux qui les lui envoyèrent de Rome leur donnèrent ce titre, quoiqu'elles soient celles des jacobites, ainsi que tous les autres offices attribués aux premiers. Pour ordonner un diacre, il est marqué qu'après diverses prières on fait approcher de l'autel celui qui doit être ordonné; l'archidiacre le présente à l'évêque. On fait les prières communes et une particulière; l'évêque dit la formule *Gratia divina*, qui est la même que celle des Grecs, et après une oraison on lui donne l'aube ou χιτώνιον, et l'*orarium* ou étole. Puis, après un répons et un psaume, on lui présente le livre des Épîtres de S. Paul, et il lit l'endroit de l'Épître à Timothée 1, où il est parlé des devoirs des diacres. On chante un autre répons touchant la dignité de l'Église et de ses ministres. Le nouveau diacre met de l'encens dans l'encensoir, et on lui fait faire le tour de l'église portant le livre des Épîtres. Il le remet sur la crédence, et prend l'*anaphora*, c'est-à-dire le voile dont on couvre la patène et le calice, quand on les porte à l'autel, ce qui est une fonction ordinaire des diacres, parce qu'il n'y a qu'eux qui puissent le toucher. On chante encore quelques prières, et celui qui reçoit l'ordination se prosterne devant l'autel. L'évêque lui impose les mains, et il dit : *Un tel est ordonné*, et l'archidiacre continue à haute voix : *diacre du saint autel de la sainte église de la ville N*. Pendant que l'évêque impose les mains, deux autres diacres tiennent chacun un éventail élevé sur la tête de celui qui est ordonné. C'est ce qui est non seulement marqué dans les livres, mais dans un manuscrit ancien de la bibliothèque du grand-duc, où il y a quelques mignatures, quoique grossières, qui représentent ainsi la cérémonie ; ce que nous remarquons, parce que sur la traduction du P. Morin, on pourrait penser qu'ils le tiennent pour le présenter au nouveau diacre. Il baise l'autel quand on donne la paix, ensuite l'évêque, et il reçoit à la fin la communion, après laquelle il écoute une petite exhortation que lui fait l'évêque.

Il y a une grande conformité entre cette ordination et celle que le même P. Morin a donnée suivant le rit nestorien. L'évêque est debout à sa place, et, après quelques prières chantées par le chœur et entonnées par l'archidiacre, l'évêque demande par une oraison à Dieu la grâce pour ceux qui sont appelés au diaconat, telle qu'il l'a accordée à S. Étienne, et aux autres premiers diacres, et aux apôtres à la Pentecôte, afin qu'ils puissent s'acquitter dignement de leur ministère. Il se prosterne ensuite pour remercier Dieu de la puissance qu'il lui a donnée d'ordonner les autres. Pendant cette prière, et quelques autres suivantes, ceux qui doivent être ordonnés sont prosternés jusqu'à terre. Les paroles sont remarquables, en ce que l'évêque remercie Dieu de lui avoir *donné par sa grâce d'être médiateur et dispensateur de ses dons divins, et le pouvoir de donner, en son nom, les talents du ministère spirituel aux ministres de ses saints mystères. Ainsi, conformément à la tradition apostolique, qui est venue jusqu'à nous par l'ordination du ministère ecclésiastique, nous vous présentons, Seigneur, vos serviteurs qui sont ici présents, afin qu'ils soient diacres, choisis pour votre service; et nous vous prions tous pour eux, afin que la grâce du Saint-Esprit vienne sur eux, qu'elle les rende parfaits et capables d'exercer ce ministère,* etc. L'évêque leur fait le signe de la croix sur la tête, et il leur impose la main droite, tenant la gauche élevée vers le ciel; et après une prière, il leur fait encore sur la tête le signe de la croix; ils se prosternent, il leur ôte ensuite l'étole qu'ils avaient au cou, et il la leur met sur l'épaule gauche. Il leur fait toucher le livre des Épîtres de S. Paul, présenté par l'archidiacre, et il fait le signe de la croix sur leur front. Enfin il dit : *Un tel est séparé, sanctifié et consacré au ministère ecclésiastique et au service lévitique de S. Étienne, au nom du Père,* etc.

On a dans de très-excellents manuscrits des ordinations jacobites, plus entières que celles du P. Morin, mais qui contiennent presque les mêmes cérémonies, et des oraisons semblables en substance, sur lesquelles le dessein de traiter cette matière fort sommairement ne nous permet pas de nous étendre. Il est d'abord important de remarquer que lorsque ce savant homme les a intitulées : *Ordinations des jacobites* ou *eutychiens*, il n'a pas parlé exactement, car les jacobites, quoiqu'ils ne reconnaissent qu'une nature en Jésus-Christ après l'incarnation, condamnent néanmoins Eutychès et son hérésie avec anathème. En un mot, depuis plusieurs siècles il n'y a point d'eutychiens en Orient.

On remarquera encore que dans l'office qu'a donné le P. Morin il est dit d'abord que l'évêque coupe les cheveux en forme de croix à celui qui doit être ordonné, et le met entre les mains de celui qui est chargé de l'instruire ce qu'il est obligé de savoir, ce qui ne convient ni à la discipline de ces églises, ni aux autres exemplaires. C'est ce qui donne lieu de croire que ceux qui copièrent celui sur lequel a été faite sa traduction, y ajoutèrent cette cérémonie, qui a rapport à la tonsure monacale ou cléricale.

Les parties essentielles de l'ordination sont conformes à celle qu'il a donnée comme propre aux maronites. Ce qu'il y a de particulier est que dans ce dernier office il est marqué que l'évêque imposant les mains, les met auparavant sur le voile qui couvre les saints mystères, et voici les paroles de la traduction : *Episcopus ponit manus suas super mysteria, et extendit brachia sua contrahitque tribus vicibus accipiens de calice in pugillum suum cùm mysteria colligunt et cooperiunt peplo seu linteo sacro.* Ces paroles sont inintelligibles, et le sens qu'on y pourrait trouver est contraire à la discipline certaine et constante de tout l'Orient. Car le respect qu'ils ont pour l'Eucharistie ne permet pas de croire qu'ils en versassent quelque particule dans la main de l'évêque, comme nous l'avons fait voir ailleurs. Ce qui est donc plus clairement expliqué dans le manuscrit de Florence, et qui se pratique en d'autres ordinations, est que l'évêque étend ses mains sur le disque ou la patène, et sur le calice, qui sont couverts de leur grand voile, qu'ensuite il ferme les mains comme s'il prenait une poignée de quelque chose, faisant ainsi entendre qu'il les sanctifie en cette manière, en les ayant approchées des saints mystères. Il est aussi marqué qu'on donne le ριπίδιον ou *éventail* au diacre, et l'encensoir avec lequel il encense le peuple autour de l'église. La forme des dernières paroles est la même, l'évêque disant : *Un tel est ordonné diacre à l'autel de telle église,* etc. Les cérémonies et les prières marquées dans le Pontifical des jacobites qui se trouve dans la bibliothèque du grand-duc, ne diffèrent en aucune chose essentielle.

Il en est de même des ordinations cophtes, c'est-à-dire de celles des jacobites d'Égypte soumis au patriarche d'Alexandrie. Le P. Morin en a donné un abrégé très-imparfait, qui avait déjà été imprimé par Allatius dans ses *Symmicta*, sur la traduction attribuée au P. Kircher, qu'on dit dans le titre avoir été faite sur l'original en langue égyptienne. Comme ceux qui ne se sont pas appliqués aux langues orientales ne peuvent juger de ces pièces que par les traductions, et que celle-là est entre les mains de tous les théologiens, il est bon de les avertir qu'elle est pleine de fautes grossières; qu'elle n'est pas faite sur le texte cophte, mais sur une version arabe, par quelque maronite qui n'entendait pas la matière, en sorte qu'il y a plusieurs endroits capables de donner de faux sens, tels que sont ceux où on trouve *Evangelium* au lieu de *beneplacitum*, *fabrica ecclesiæ* au lieu d'*œdificatio*, *balteus* au lieu d'*orarium*, et ainsi du reste : mais il y en a de plus capitales dans les autres ordinations. Ainsi on n'y doit avoir aucun égard.

Il paraît donc très-clairement que tout ce qui peut être considéré comme nécessaire pour la constitution entière du sacrement, se trouve dans ces ordinations. On demande d'abord quelle est la matière; ceux qui la font consister dans la cérémonie de donner à celui qui est ordonné les instruments ou les marques de son ordre, trouvent qu'on présente le livre des Épîtres, le voile sacré dont on couvre les saints mystères, et le ριπίδιον ou éventail, et cette matière est plus que suffisante. Le P. Morin et d'autres habiles théologiens la font consister dans l'imposition des mains, ce qui est plus vraisemblable et plus conforme à l'ancienne théologie. Cette imposition des mains se fait plusieurs fois.

À l'égard de la forme, quoique les anciens Grecs ne se soient pas servis de cette manière d'expliquer la doctrine des sacrements, qu'elle ne soit même pas plus ancienne parmi nous que Guillaume d'Auxerre, qui la proposa dans le douzième siècle, comme elle ne contient rien de contraire à la foi, elle a été reçue par les Grecs modernes, quoiqu'avec plus de circonspection. Car ils ont toujours cru, et en cela ils n'ont rien dit qui ne fût conforme à la doctrine des Pères grecs et latins, que les formes sacramentelles ne recevaient aucune atteinte par les prières. Ils croient donc qu'elles ont leur efficace, et même qu'elles sont nécessaires, en ce qu'elles déterminent les signes sacrés et les cérémonies à l'intention de l'Église, et en cela on ne peut accuser les Grecs ni les Orientaux d'aucune erreur.

Cependant les théologiens plus attachés à l'usage présent et au style des écoles que n'ont été ceux qui ont jugé que les prières pouvaient tenir lieu de forme, et qu'il était incontestable que dans quelques sacrements, surtout dans la pénitence et dans l'extrême-onction, il n'y avait eu ordinairement que des formes déprécatoires, ne peuvent faire de difficultés raisonnables sur celles des ordinations orientales. Car la formule : *Divina gratia*, qui est marquée dans tous les offices en diverses langues, peut incontestablement passer pour une forme sacramentelle, puisque cette expression : *La grâce divine élève un tel de l'ordre des lecteurs à celui des diacres*, est équivalente à celle-ci : *J'ordonne diacre un tel qui n'était que lecteur* ; et ainsi l'action du ministre, qu'on appelle *actus exercitus*, est en son entier. Si cela ne suffisait pas, ce qui se dit en dernier lieu : *Un tel est ordonné pour être diacre de telle église*, y supplée abondamment, puisque c'est comme si l'évêque disait : *J'ordonne un tel diacre*, etc.; de même que, de l'aveu de tous les théologiens, on reconnaît que la forme dont les Grecs se servent pour administrer le baptême est efficace, quoiqu'ils ne disent pas : *Je vous baptise*, mais : *Un tel est baptisé*.

On doit encore faire moins de difficulté sur la différence des cérémonies, qui n'a jamais été un obstacle à l'union des églises. Aussi, nonobstant l'avis et la pratique contraire de plusieurs missionnaires et théologiens, qui condamnaient par cette raison les ordinations orientales, et qui souvent les avaient fait réitérer, Urbain VIII réprima cet abus, dont les conséquences étaient très-dangereuses. Car, si un prêtre ordonné de la manière dont on célèbre les ordinations dans l'église orientale est considéré comme laïque par le défaut des cérémonies pratiquées dans l'Église latine, il est certain que tous les anciens évêques, et les plus grands saints de l'église grecque, n'étaient ni prêtres, ni évêques, ce qu'on ne peut penser sans horreur.

Les protestants peuvent comparer leurs ordinations de diacres avec celles que nous avons rapportées, qui ne sont pas moins éloignées de leur discipline qu'elles sont conformes à celle de l'ancienne Église et à la pratique universelle de tous les siècles. Et comme, parmi les calvinistes, ce qu'ils appellent *ministre* est un *diacre*, ils peuvent reconnaître que si le peuple a quelque part dans cette cérémonie, ce n'est pas pour l'imposition des mains, ni pour ce qu'il y a de sacramentel, mais pour le témoignage des bonnes mœurs

et de la capacité du sujet ; enfin que les prières sacrées demandent à Dieu, pour celui qui est ordonné, une grâce réelle et propre au ministère dont il est revêtu, produite par le Saint Esprit invoqué exprès, et par conséquent une grâce sacramentelle.

CHAPITRE VIII.
Des archidiacres et des prêtres.

Dans l'église grecque, ainsi que dans toutes les communions orientales, les archidiacres sont comptés parmi les dignités ecclésiastiques, ainsi que dans l'Église latine. Le P. Morin et d'autres savants théologiens et canonistes ont expliqué leurs fonctions, et ce qui a rapport à leur institution et à leurs pouvoirs, et les divers changements de discipline qui sont arrivés à leur égard. Cela ne regarde pas notre dessein ; ainsi nous n'en parlons que pour marquer que parmi les nestoriens et les Cophtes ils ont eu depuis plusieurs siècles une très-grande autorité pour le gouvernement de l'Église. On voit par l'ancienne inscription syriaque et chinoise qui fut trouvée dans la province de Xensi en 1625, dans laquelle on trouve une histoire abrégée de l'entrée du christianisme dans la Chine par une mission des nestoriens dans le huitième siècle, qu'il y avait parmi les ecclésiastiques, dont les noms sont marqués en syriaque, un *archidiacre de Cumdan* ou Nankin, qui était alors le siège de l'empire. Lorsque les Portugais entreprirent la réforme des chrétiens du Malabar, qui étaient nestoriens, Alexis de Ménesès, archevêque de Goa, trouva les églises gouvernées par un archidiacre. Il est souvent fait mention des archidiacres dans l'histoire des patriarches de cette secte et dans celle des jacobites d'Alexandrie. Enfin dans les Rituels d'ordination publiés par le P. Morin, il y en a un pour les archidiacres, et on en trouve de semblables dans les manuscrits.

Or, comme nonobstant la distinction que font les théologiens et canonistes grecs entre χειροθεσία et χειροτονία, les Syriens et les Égyptiens se servent également du dernier mot, qui signifie l'ordination proprement dite et sacramentelle à l'égard des archidiacres, il a paru nécessaire d'examiner si on peut prouver en conséquence que les Orientaux croient que l'archidiaconat soit un ordre distingué du diaconat. Cette question paraîtrait assez inutile, si elle n'avait donné lieu à des missionnaires et à d'autres de dire que ces chrétiens avaient une connaissance si confuse de ce qui concerne la créance orthodoxe touchant les ordres, qu'ils n'en reconnaissaient pas quelques-uns, comme les ordres mineurs, et qu'ils en établissaient d'autres que l'Église ne recevait point comme distingués de ceux qu'elle connaît, entre autres les archidiacres, les archiprêtres, et les igumènes ou archimandrites.

Afin que cette objection eût quelque solidité, il faudrait que l'Église eût déterminé le nombre des ordres sacrés, ou autres, ce qu'elle n'a pas fait, puisqu'en Occident la discipline sur cet article n'a pas toujours été la même ; ce qui prouve suffisamment que cette variété n'attaquait pas la foi, et que cependant on a été en communion parfaite avec l'église d'Orient. Ainsi la seule difficulté qui pourrait rester, est que suivant le Pontifical des jacobites donné par le P. Morin, et par celui de la bibliothèque du grand-duc, aussi bien que par ceux des Copthes, il semble que les archidiacres ont une ordination distinguée et sacramentelle. Il ne faut cependant que lire cet office pour être convaincu du contraire.

On a remarqué ci-devant que ce qu'on pouvait regarder comme essentiel dans l'ordination des Orientaux, était la prière : *Divina gratia*, et la formule par laquelle l'évêque dit à haute voix : *Un tel est ordonné pour tel ordre;* à quoi on peut ajouter les marques extérieures de la dignité, comme l'étole pour les diacres; enfin, ce qui est encore plus important, l'imposition des mains. Dans ces Rituels et dans les auteurs orientaux qui ont parlé des archidiacres il ne se trouve rien de semblable. On fait diverses prières et des encensements ; mais cela se pratique en presque toutes les cérémonies de l'église orientale. L'évêque souffle trois fois au visage de l'archidiacre désigné, mais sans prononcer de paroles qui déterminent ce signe extérieur. On lui met l'Évangile sur la poitrine, il le rend ensuite à l'évêque, et il reçoit le pouvoir de le lire dans l'église, ce qui est un des priviléges honorifiques de cette dignité ; puis on lui met entre les mains une manière de crosse ou bâton pastoral pour marquer la juridiction qu'il aura sur tous les autres diacres qui lui sont soumis. En toutes ces cérémonies, et dans les prières qui les accompagnent, il n'y a rien qui convienne à une ordination proprement dite.

De plus, si les Syriens et les Égyptiens orthodoxes ou hérétiques croyaient que la dignité d'archidiacre fût un ordre distingué du diaconat, on trouverait des canons pour le conférer à ceux qui sont élus pour l'épiscopat étant encore diacres, comme il est ordonné qu'on leur donnera tous les autres ordres, et c'est ce qu'on ne trouve ni ordonné ni pratiqué. Il est donc certain qu'ils considèrent l'archidiaconat comme une dignité qui donne une grande juridiction à celui qui en est revêtu, mais qui ne le met pas hors du rang des diacres.

Nous n'expliquerons pas en détail toutes les cérémonies qui regardent l'ordination des prêtres et des autres ministres supérieurs, parce que cela demande un ouvrage à part, que nous espérons donner au public. Il suffira de marquer les principales, et sur lesquelles toutes les églises s'accordent, parce qu'elles font connaître, sans entrer dans aucune discussion, que comme elles ne peuvent convenir avec les maximes et la théologie des protestants, ils ne s'accordent pas plus sur cet article avec les Orientaux que sur les autres, qui ont été le prétexte de leur séparation. On remarque d'abord que les Grecs et tous les Orientaux regardent le sacerdoce comme un degré de dignité et d'autorité dans l'église, qui ne peut être donné que par l'imposition des mains des évêques, successeurs des apôtres ; et qu'ils ne connaissent pour évêques

que ceux qui ont reçu l'ordination canonique par les mains d'autres évêques, remontant ainsi jusqu'à Jésus-Christ. On ne trouve point qu'une assemblée de laïques ait jamais cru pouvoir faire des prêtres ; mais seulement qu'elle les a proposés comme de dignes sujets, et qu'elle les a reçus comme ses pères et ses pasteurs légitimes, lorsque l'évêque leur avait imposé les mains avec les prières et les cérémonies ordinaires. On reconnaîtra facilement que la différence entre les prières et les rites de l'Église latine, de la grecque et des autres, n'est que dans des choses extérieures, mais qu'elles s'accordent dans la substance ; et que, selon la discipline commune à toutes, comme un prêtre latin a été reconnu dans les églises grecques pour véritablement ordonné, et qu'un prêtre grec a été reconnu de même dans l'Église latine, ainsi que les prêtres syriens, égyptiens, arméniens, éthiopiens et autres ; aussi un prêtre de l'église anglicane, un ministre calviniste, et ceux de toutes les autres sectes, ne sont regardés parmi eux que comme des laïques sans ordination. Cela seul aurait dû suffire pour ouvrir les yeux à ceux qui ont voulu tirer avantage de la fausse Confession de Cyrille Lucar ; et si lui ou quelques-uns de ses semblables, comme trois ou quatre vagabonds, dont il est étonnant que les calvinistes aient voulu faire valoir l'autorité, ont communiqué avec les protestants, et ont traité leurs ministres comme véritablement ordonnés, on ne prouvera jamais qu'aucune église l'ait fait en corps. Etienne Gerlach, ministre luthérien, qui servit de chapelain au baron d'Ungnade, ambassadeur de l'empereur Ferdinand, du temps de Jérémie, patriarche de Constantinople, n'a jamais été reçu à la communion de l'église grecque comme prêtre, non plus que ce fameux Antoine Léger, quoique Cyrille, dont il fut le confident pour cet ouvrage de ténèbres de sa Confession, l'appelât *vase du Saint-Esprit*.

On peut aisément apprendre par les ordinations grecques du P. Morin, par celles qu'a données le P. Goar, et par le Pontifical de M. Habert, le détail de la discipline des Grecs, qui est le fondement et l'original de celle des Orientaux ; et comme ces habiles théologiens ont prouvé très-solidement que dans ces ordinations il ne manquait rien de ce qui est essentiel au sacrement, on en peut dire autant de celles des autres chrétiens unis ou séparés de l'Église catholique.

Nous commencerons par les nestoriens, comme les plus anciens de tous les hérétiques qui subsistent encore, et sans nous arrêter à tout le détail, nous marquerons les rites essentiels. Après diverses prières commencées par l'archidiacre et continuées par le clergé et par le peuple, l'évêque prononce sur celui qui doit être ordonné la formule : *Gratia divina*, puis il lui impose les mains, et dit une oraison, dans laquelle, ayant fait mention de *la puissance donnée par Jésus-Christ à son Église, d'instituer des ministres sacrés, par la tradition apostolique continuée jusqu'à présent*, il dit qu'il lui présente ceux qui sont devant l'autel pour être élevés au sacerdoce. Il dit ensuite :

Nous vous prions pour eux, Seigneur, afin que la grâce du Saint-Esprit descende sur eux, qu'elle les rende parfaits et dignes du ministère auquel nous les présentons. Il est à remarquer que cette prière est entièrement semblable à l'invocation du Saint-Esprit qui se fait dans la Liturgie, à celle qui se fait dans le baptême, dans la consécration du chrême, et en quelques autres cérémonies sacramentelles; ce qui prouve incontestablement que l'ordination est regardée comme un sacrement pour la perfection duquel on invoque le Saint-Esprit, de même que sur le baptême et sur l'Eucharistie, qui sont reconnus, même par les protestants, comme de véritables sacrements. L'évêque demande aussi, par une prière particulière à Dieu, *que ceux qui seront ordonnés reçoivent la grâce nécessaire pour imposer les mains sur les malades, pour offrir le sacrifice, pour consacrer les eaux baptismales, et pour les autres fonctions sacerdotales.* Il fait le signe de la croix sur leur front, et il accommode l'étole qu'ils portaient comme diacres sur l'épaule gauche, en la faisant croiser sur leur poitrine. Puis il leur donne à chacun le livre des Évangiles, et en leur faisant le signe de la croix sur le front, il dit : *N. est séparé, sanctifié et consacré pour le saint ouvrage du ministère ecclésiastique et du sacerdoce d'Aaron, au nom du Père,* etc.

Dans l'ordination suivant le rit des jacobites les cérémonies et les prières sont fort semblables. On dit la formule *Gratia divina.* L'évêque, avant que d'imposer les mains sur la tête de celui qu'il ordonne les approche du voile sous lequel sont le disque sacré et le calice, comme les sanctifiant par la proximité des saints mystères; ce qui se fait en la manière qui a été expliquée en parlant de l'ordination des diacres. Il les impose même d'une manière singulière, en les élevant et en les abaissant peu à peu, comme pour signifier la descente de la vertu d'en-haut; et en ce moment les diacres remuent les éventails. Après les prières ordinaires, il dit celles de l'invocation du S.-Esprit, et faisant le signe de la croix sur le front de celui qui est ordonné, il dit : *Un tel est ordonné dans la sainte Église de Dieu prêtre au saint autel de N., au nom du Père,* etc. Il lui accommode l'étole comme la portent les prêtres, et il lui donne les ornements sacerdotaux. Puis le nouveau prêtre donne l'encens en faisant le tour de l'église; il baise l'autel, ensuite la main de l'évêque, et après la communion l'évêque lui fait une exhortation sur la dignité et les devoirs du sacerdoce. Ces cérémonies sont conformes à deux offices de la même ordination, qui se trouvent dans le manuscrit de Florence.

L'ordination des prêtres dans l'église cophte est à peu près semblable, particulièrement pour l'imposition des mains, avec les deux formules, *Divina gratia,* et celle par laquelle il est déclaré qu'*un tel est prêtre de telle église.* L'office qu'Allatius avait fait imprimer, et que le P. Morin a inséré parmi les autres, est traduit d'une si étrange manière, qu'il donne plusieurs faux sens, entre autres deux; l'un est l'endroit où il y a *juramento præstito*, comme si, avant que le nouveau prêtre baisât l'autel, on lui faisait faire un serment; l'autre *explanet aliquid de mysteriis,* ce qui donne à entendre qu'on lui fait faire quelque manière de sermon. Il n'y a rien dans le texte qui ait rapport à cela; et comme le détail dépend de l'explication de mots arabes, nous n'y entrerons pas, sinon pour avertir que les paroles traduites ainsi, *explanet aliquid de mysteriis* signifient qu'*il recevra la communion des saints mystères;* et qu'il n'y a pas un mot dans le texte original touchant ce prétendu serment. La forme de l'instruction que l'évêque fait aux nouveaux prêtres n'est guère mieux traduite. Nous en trouvons deux différentes, dont l'une et l'autre, parlant de la dignité du sacerdoce, marquent, entre autres choses, qu'ils se souviennent qu'*ils sont les dispensateurs des plus grands mystères du nouveau Testament, qui sont le corps et le sang de Jésus-Christ.* Dans la seconde, *vous avez entre vos mains le corps de votre Créateur; vous le tiendrez et vous le toucherez avec vos doigts,* etc. *Ce que vous toucherez est le corps de votre Dieu, de celui qui remet les péchés du monde, et qui sera votre juge au jour du jugement.*

Le père Morin forme différentes questions touchant les prières et les paroles dans lesquelles il croit qu'on doit établir la forme de l'ordination. Il réfute Arcudius, qui prétend que c'est dans celle qui commence *Divina gratia*, et il soutient qu'elle n'est qu'une publication, ou une déclaration de l'élection de celui qui va recevoir l'ordination. Les Orientaux n'entrent pas dans ces difficultés, se contentant de croire qu'avec ces cérémonies et ces prières l'ordination est parfaite, sans déterminer les temps et les moments. Ils croient toutes les prières efficaces, et il n'y a que ceux qui ont voulu les examiner trop scrupuleusement, et sans faire réflexion à l'antiquité dont elles tirent leur autorité, qui les aient cru inutiles. Il importe peu de savoir quelle est celle dans laquelle on doit faire consister la forme; puisqu'on les dit toutes avec attention, le sacrement ne peut manquer par le défaut de la forme. L'imposition des mains, qui est réitérée plusieurs fois, n'oblige pas à rechercher laquelle doit être regardée comme sacramentelle; et on ne peut soupçonner d'erreur ceux qui diront avec les Orientaux qu'elles le sont toutes. Nous ne prétendons pas ici faire leur apologie, quoiqu'à l'égard des ordinations il paraît assez qu'elles furent jugées valides, après l'examen qui en fut fait sous Urbain VIII, puisqu'on défendit de les réitérer; et la conformité qu'elles ont avec celles des Grecs les justifie suffisamment. Mais ce qui regarde notre dessein est de montrer, comme nous croyons avoir fait, que ces prières et ces cérémonies sont si contraires à la doctrine et à la pratique de tous les protestants, même de ceux qui appellent leurs ministres prêtres et évêques, qu'elles suffisent pour faire voir combien ils se sont éloignés de la tradition et de la doctrine de toutes les églises, lorsqu'ils ont prétendu ne renoncer qu'à celle de l'Église romaine.

Les Grecs et les autres Orientaux ne se servent pas d'onction dans l'ordination des prêtres; mais M. Habert, le P. Morin, Maldonat, et d'autres ont fait voir que cette cérémonie n'était pas essentielle, puisqu'on ne voit par aucune preuve certaine qu'elle ait été pratiquée dans l'ancienne église grecque.

Ils en ont une autre, que les Occidentaux n'ont pas pratiquée, qui est que l'évêque met entre les mains de celui qu'il ordonne un pain tel qu'on l'offre à l'autel pour la consécration de l'Eucharistie; ce qui marque le pouvoir qu'on lui donne d'offrir le sacrifice. Il y a quelque différence entre les rites grecs et ceux des jacobites syriens en cette cérémonie; car il paraît dans les premiers que c'est l'Eucharistie qu'on donne entre les mains de celui qui est ordonné, quoiqu'on pût en douter, parce que dans les Pontificaux ordinaires, et surtout dans deux anciens manuscrits, on voit que l'évêque prend un des pains qui sont sur la patène, pour le mettre entre les mains de celui qui est ordonné, lorsqu'on ôte le voile qui couvre la patène et le calice; et la consécration n'est pas encore faite. Les Eucologes modernes et Siméon de Thessalonique marquent néanmoins que c'est le pain consacré, et le P. Morin croit avec raison que les Grecs ont innové sur cet article. Cependant il y a une autre manière de donner quelque éclaircissement à cette difficulté. Il paraît très-vraisemblable, que lorsqu'on donne ce pain au prêtre nouvellement ordonné, la consécration n'est pas encore faite; car on le lui donne avant la préface, lorsqu'on a répondu *dignum et justum est*. Autrement il aurait fallu se servir des présanctifiés, et on ne voit aucun vestige dans l'antiquité qui puisse faire juger qu'on en ait fait un tel usage. Si donc lorsqu'on le lui donne il n'est pas consacré, et s'il l'est lorsque le prêtre le remet sur la patène, il faut que les Grecs croient que cette partie de l'oblation est consacrée avec les autres, soit par les paroles sacrées et l'invocation du Saint-Esprit que prononce le célébrant, soit par celles que prononce le nouveau prêtre, de même que dans le rit latin les nouveaux prêtres célèbrent la messe avec l'évêque. C'est ce qui paraît de plus vraisemblable par rapport à cette cérémonie.

Les Coptes donnent au nouveau prêtre une particule consacrée, qu'ils lui mettent dans la paume de la main; mais ce n'est que dans le temps de la communion; et alors il prononce la confession de foi touchant l'Eucharistie que nous avons rapportée ailleurs. Cette cérémonie est toute différente de celle des Grecs; et elle contient une preuve démonstrative de leur créance touchant la présence réelle du corps et du sang de Jésus-Christ dans l'Eucharistie.

CHAPITRE IX.
Des archiprêtres et archimandrites.

Il n'y a rien de particulier à observer touchant cette dignité ecclésiastique par rapport à l'église grecque, qui a eu des archiprêtres, des premiers prêtres et des protopapas, mais dont le rang et les fonctions n'avaient presque aucune conformité, sinon dans le nom, avec ceux des églises orientales. De plus, comme l'archidiacre était dans l'ordre des diacres, les archiprêtres étaient aussi dans le rang des prêtres; au lieu que dans les églises d'Orient il semble que ces dignités ont été considérées comme un ordre particulier, puisqu'on trouve dans les Pontificaux des melchites et de jacobites, syriens ou coptes, des prières et des cérémonies particulières qui marquent une ordination véritable; et en effet elles ont en titre le mot χειροτονία.

On trouve plusieurs noms différents pour signifier ceux que les Grecs et les Latins ont appelés *archiprêtres*. Les Syriens les nomment quelquefois simplement *chefs des prêtres* ou *premiers prêtres;* en d'autres occasions ils se servent d'un mot qui signifie la même chose que *visiteur*, puis de celui de *péridouté*, enfin de celui de *chorévêque*, quoiqu'ils ne fassent guère usage de ce dernier, sinon en traduisant les anciens canons. Le mot de *péridouté*, qui est écrit diversement dans les manuscrits, n'est point syriaque, c'est le grec περιοδευταί, qui se trouve dans le concile de Laodicée : *Qu'il ne faut pas établir des évêques dans les bourgs ou villages, mais des visiteurs*, qui sous l'autorité des évêques fassent la visite des paroisses. Il en est aussi parlé dans le titre vingt-deuxième d'une ancienne collection syriaque de la bibliothèque du grand-duc, qui est des *chorévêques* ou *périodeutæ*. C'est pourquoi ce mot est expliqué par un fameux grammairien comme signifiant *visiteur* et *vicaire de l'évêque*. On trouve ce même mot de περιοδευτής dans le concile de Calcédoine, dans celui de Constantinople sous Mennas, où signe *Sergius prêtre* περιοδευτής *des églises de la campagne de Syrie*. Un autre prend le titre de περιοδευτής d'un monastère. Gennadius, patriarche de Constantinople, en parle dans sa lettre circulaire, mais il le distingue du chorévêque. Cependant comme les Syriens, particulièrement les jacobites et les nestoriens, n'ont guère connu les chorévêques que dans le sens du mot de περιοδευτής, et que ceux qui avaient l'autorité d'ordonner des prêtres et autres ministres inférieurs n'ont presque jamais eu lieu dans l'église d'Orient, il n'y a pas sujet de s'étonner qu'ils n'aient pas donné d'autre sens à ce mot.

On ne voit pas que dans l'histoire de l'église d'Alexandrie, ni dans les livres des théologiens et des canonistes de sa communion, il soit fait mention de chorévêques. Ils ont une dignité presque semblable, qu'ils appellent *komos* ou *comis*, qu'ils expliquent également par deux mots assez différents, qui sont ἡγούμενος ou *archimandrite* et *archiprêtre*, comme on le voit dans les collections de glossaires coptes et arabes; les Éthiopiens ont pris le mot de *komos* des Égyptiens, et Scaliger se trompa quand il le prit pour le surnom de Pierre qui vint à Rome sous Paul III, et y fit imprimer le nouveau Testament et la Liturgie; c'était la qualité qu'il avait dans son église. Il n'y a pas lieu de douter que ce mot ne vienne de χώμη, et du génitif χώμης, et il signifiait un prêtre chargé de la conduite d'une église de campagne, *rusticani presby-*

teri; car dans le Levant de tout temps les curés ont été amovibles. Ainsi les Syriens dans le même sens ont mis en usage le mot de *kouri* de χώρα, qui signifie la même chose, soit qu'ils l'aient abrégé du mot χωρεπίσκοπος; car ils appellent présentement *couri* les prêtres qui gouvernent les églises de la campagne, que nos Français établis dans ce pays-là appellent *curés*, ce qui a assez de rapport. Tels étaient ceux qui ont signé avec cette qualité plusieurs attestations sur l'Eucharistie, pendant l'ambassade de M. de Nointel.

Il semble néanmoins que les nestoriens aient eu autrefois de véritables chorévêques; car on en trouve quelques-uns nommés dans l'inscription syriaque et chinoise, qui est un monument certain de la mission qu'ils envoyèrent à la Chine, dont nous parlerons ailleurs amplement, entre autres *Izdbuzid, prêtre et chorévêque de Cumbdan*, c'est-à-dire Nankin. *Mar Sergis*, c'est-à-dire *Sergius chorévêque*, sans marquer de quel lieu. Enfin on trouve le nom d'*Adam, diacre du chorévêque et papas de la Chine*. On n'a aucune connaissance en détail de ces ecclésiastiques; mais puisque dans le dernier article la dignité de *chorévêque* est jointe à celle de *papas*, qui signifie la même chose que métropolitain de la Chine, on peut conjecturer avec fondement que ces chorévêques avaient la puissance épiscopale pour ordonner des prêtres, des diacres et d'autres ministres inférieurs, ainsi qu'il était nécessaire dans le nouvel établissement d'une église. Car la tradition des Portugais, que leurs auteurs modernes ont fait trop valoir, touchant la prédication de S. Thomas à la Chine est insoutenable, quoiqu'un de nos derniers écrivains l'ait voulu faire passer comme constante. Ainsi il y a tout sujet de croire que les premiers chrétiens qui soient entrés dans la Chine, ont été ces nestoriens dans le huitième siècle; et on reconnaît par les autres missions qu'ils ont faites dans la Tartarie et aux Indes, qu'ils y envoyaient des évêques, qui ordonnaient ensuite des naturels du pays. On ne peut pas douter non plus qu'il n'y ait eu dans l'église nestorienne une métropole de la Chine, puisqu'on la trouve marquée dans la notice que nous avons des églises dépendantes du catholique, et que lorsque les Portugais arrivèrent aux Indes, ils y trouvèrent un prélat auquel tous les chrétiens du pays étaient soumis, qui avait été ordonné par le catholique ou patriarche des nestoriens, et qui prenait la qualité de *métropolitain des Indes et de la Chine*. Il y a donc tout sujet de croire que dans le huitième siècle ces chorévêques nestoriens avaient la puissance épiscopale; mais nous ne voyons pas que cela ait subsisté dans la suite.

Les Syriens jacobites n'ont connu les chorévêques que dans le sens que nous avons marqué; de même que les Cophtes ou Égyptiens ceux qu'ils ont appelés *comos*. Il y a encore une différence de discipline entre ces deux communions, en ce que les Syriens n'ont pas regardé cette dignité comme un ordre distingué du sacerdoce, en quoi ils se sont conservés dans l'ancien usage; au lieu que les Cophtes en ont fait, ce semble, un ordre distingué du sacerdoce et de l'épiscopat. Car il est ordonné dans leurs constitutions, et la pratique en est prouvée par divers exemples, que quand un patriarche d'Alexandrie est ordonné, s'il n'est pas *komos*, ou archiprêtre, ou *igumenos*, ce qu'ils regardent comme la même chose, on lui donne cette dignité avec les cérémonies et les prières dont il sera parlé ci-après; ce que les autres jacobites ne pratiquent point, et ce que les Cophtes même n'observent point à l'égard de la dignité d'archidiacre.

Il n'y a que les Cophtes qui mettent au même rang la dignité de l'*igumène* ou d'archimandrite, et celle de *komos* ou d'archiprêtre; apparemment parce que comme les archiprêtres ou curés ont la charge des âmes à l'égard des séculiers, de même les archimandrites ont cette autorité à l'égard des religieux, quoique depuis plusieurs siècles il paraît que ce ne sont que des marques d'honneur sans aucune fonction, puisque les Cophtes font des archiprêtres ou curés sans charge d'âmes, et des archimandrites ou supérieurs de monastères sans religieux.

Les Syriens n'ont pour leurs archiprêtres aucune ordination proprement dite; ce n'est qu'une bénédiction, quoique le mot de χειροτονία y soit employé. Suivant l'office que le P. Morin a donné, l'archidiacre présente celui qui doit être promu à cette dignité, et il se sert de ces paroles : *Nous offrons à votre sainteté, père saint et élu de Dieu, notre évêque, ce serviteur de Dieu qui attend l'ordination divine, pour passer de l'ordre des prêtres à celui des archiprêtres*. L'évêque dit : *Gratia divina*, etc.; ensuite quelques autres prières, dont le sens est conforme aux répons que chante le chœur, pour demander que la grâce du Saint-Esprit descende sur celui qui est présenté. L'évêque dit une oraison qui est presque la même en substance; il souffle trois fois au visage du nouvel archiprêtre, mais il ne fait pas l'imposition des mains.

On pourrait soupçonner que le manuscrit dont on a tiré la copie que le P. Morin a suivie dans sa traduction, n'était pas entier; mais celui du grand-duc, qui est très-complet, confirme que l'imposition des mains ne se pratique pas à l'égard des archiprêtres. Les oraisons sont plus courtes, et ne signifient qu'une simple bénédiction, et non pas une ordination proprement dite, ce qui se prouve par deux raisons incontestables. La première est que l'évêque ne dit pas cette oraison, ni les autres qui peuvent contenir la forme d'une ordination vraiment sacramentelle, sur la tête du nouvel archiprêtre, ni étant tourné vers lui, comme il se pratique dans toutes les autres ordinations, mais étant tourné vers l'autel. La seconde raison, qui est encore plus forte, est que la même prière par laquelle finit l'office se dit également pour bénir une abbesse, qui n'est pas un sujet capable des ordres sacrés. On peut encore ajouter que suivant ce Rituel du grand-duc on ne prononce pas la formule *Gratia divina*, ni l'autre par laquelle il est dit : *Un tel est ordonné à tel ou tel ministère ecclésiastique*.

Le P. Morin a donné un autre office, qui a pour

titre : l'*Ordination des chorévêques*, dans lequel cependant on ne peut remarquer aucune différence essentielle de celle des archiprêtres; et la comparaison de celui-ci avec les autres fait voir que c'est la même cérémonie sous différents noms. S'il restait quelque difficulté, elle cesserait entièrement par le témoignage du manuscrit de Florence, où il est marqué que par les chorévêques les jacobites syriens entendent les *archiprêtres* ou *curés de campagne*; et même dans l'office donné par le P. Morin, ceux qui sont appelés chorévêques au commencement, vers la fin sont appelés *couri*. Il est aussi très-facile de reconnaître par les prières et par les rites qu'on ne pourrait ordonner de cette manière un chorévêque, suivant l'ancienne acception de ce mot dans les auteurs ecclésiastiques. On ne peut alléguer au contraire les traductions orientales des anciens canons, où le mot de *chorévêque* est souvent employé; car les traducteurs se sont contentés de rendre fidèlement les paroles qu'ils trouvaient dans le texte grec, de même qu'ils ont fait à l'égard de plusieurs autres semblables, quoique les offices qu'elles signifiaient ne fussent plus en usage dans leurs églises.

On n'a trouvé jusqu'à présent aucune ordination des archiprêtres, ni des chorévêques, selon les nestoriens; car quoiqu'il y ait quelque sujet de croire, sur ce qui a été rapporté de leurs missions à la Chine et aux Indes, qu'ils ont eu des chorévêques avec puissance épiscopale, il ne s'en trouve aucun vestige dans ce qui nous reste de leur histoire, ni dans leurs Pontificaux.

Les jacobites égyptiens ont une discipline différente touchant les archiprêtres, *igumènes*, *archimandrites* ou *komos*, ainsi qu'ils les appellent, et non pas *abigumenus*, comme on pourrait se l'imaginer sur la version qu'Allatius a insérée dans ses *Symmicta*. *Ab* signifie père en arabe comme en hébreu et en d'autres langues; et un *hégumène* ou *igumenos*, comme ils prononcent, peut s'appeler *ab* ou père : mais cela ne fait pas qu'*abigumenos* soit le titre qu'on lui donne. La différence consiste en ce que l'évêque impose les mains à celui qu'il ordonne archiprêtre ou igumène; qu'on dit l'oraison *Gratia divina*, et que l'évêque faisant le signe de la croix sur le front de celui qu'il destine à cette dignité, dit ces paroles : *Nous appelons ou déclarons un tel igumène au saint autel de telle église*. Les Rituels cophtes rapportent les mêmes paroles, ainsi que font les auteurs qui ont expliqué les rites; de sorte qu'on ne peut pas douter de la pratique de cette discipline. Cependant ni les rites ni les prières ne contiennent rien qui fasse connaître que cette ordination tende à conférer aucun pouvoir semblable à ceux des anciens chorévêques; mais seulement l'autorité pour conduire les âmes, et pour faire les fonctions propres aux pasteurs ordinaires qui ne sont pas au-dessus de l'ordre sacerdotal, sans entreprendre aucune fonction épiscopale. C'est ce qu'on reconnaît par l'instruction que l'évêque donne au nouvel archiprêtre, après que la cérémonie est achevée; puisqu'elle ne parle que de la conduite des âmes, de la prédication de la parole de Dieu et du bon exemple.

On aurait donc peine à justifier les Cophtes sur cette discipline, dans laquelle ils se sont éloignés de celle de l'ancienne Église, aussi bien que des autres communions, même de celles avec lesquelles ils sont unis par la foi d'une seule nature en Jésus-Christ. Les melchites ou orthodoxes grecs ont connu les archimandrites, mais ils les ont distingués des archiprêtres, et n'ont pas eu pour les uns ni pour les autres des ordinations distinguées de celle des prêtres. Ce qui peut avoir donné lieu à cette nouveauté parmi les Cophtes est que, depuis le concile de Calcédoine jusqu'à la conquête de l'Égypte par les Mahométans, les jacobites furent presque toujours gouvernés par des religieux. Leurs patriarches se retirèrent dans le monastère de S.-Macaire, et les plus zélés défenseurs de l'hérésie des monophysites furent les religieux, qui étaient souvent envoyés pour fortifier ceux de leur secte, et pour leur administrer les sacrements. C'est ce qu'on peut dire de plus vraisemblable sur ce sujet, et c'est apparemment ce qui a donné lieu à ce que plusieurs auteurs ont écrit touchant les patriarches jacobites d'Alexandrie, et les autres évêques de la même communion, qu'ils étaient tous tirés de l'ordre monastique. Cela est arrivé très-souvent; mais ce n'a jamais été une règle générale, puisque plusieurs patriarches ont été choisis dans le clergé séculier. Ainsi ce qui a trompé ces auteurs a été cette coutume d'ordonner igumène ou archimandrite tous ceux qui étaient faits évêques ou patriarches.

On ne trouve aucun vestige de cet usage parmi les Égyptiens orthodoxes, ni même parmi les jacobites, sinon depuis la conquête du pays par les Mahométans; ce qui confirme de plus en plus notre conjecture touchant la nouveauté de cette discipline particulière aux Cophtes. On remarque encore moins que ces *komos*, *archiprêtres* ou *igumènes*, aient eu aucune prérogative des anciens chorévêques, pour ordonner des prêtres ou des ministres inférieurs dans toute l'étendue du patriarcat d'Alexandrie. S'il y avait eu occasion d'exercer cette autorité, c'était particulièrement en Éthiopie, dans le temps que le siège du métropolitain se trouvait vacant, et qu'il n'y avait pas de prêtres pour administrer les sacrements. Cependant, quoique le nombre des *komos* fût assez grand en Éthiopie, on ne voit pas qu'aucun ait jamais ordonné des prêtres ou des diacres, quoique la nécessité fût pressante.

Nous finirons ces remarques sur les archiprêtres ou igumènes par une observation qui regarde leurs fonctions. Elles se réduisent presque uniquement à des choses de pure cérémonie, qui consistent en ce que les archiprêtres précèdent partout les prêtres, et que dans la Liturgie la prière qu'on appelle l'*absolution générale* est prononcée par un archiprêtre ou igumène. Enfin on remarque que dans les derniers temps, c'est-à-dire depuis le onzième siècle, ce grade était recherché à cause du rang qu'il donnait dans l'Église, et qu'il était comme une disposition prochaine à l'épiscopat. Ainsi on lit dans la Vie de Zacharie soixante-quatrième patriarche d'Alexandrie, ordonné l'an 1002, qu'un nommé Abraham, fils de Bacher, qui avait prétendu au patriarcat par la faveur du calife Fatimide Hakem, fut fait igumène, avec promesse du premier évêché vacant, pour l'apaiser et le consoler. Il fit la même chose à l'égard d'un méchant moine Junès, afin qu'il ne troublât pas le repos de l'Église. Enfin dans le douzième siècle on trouve comme une discipline établie, que ceux qui seraient ordonnés évêques ou patriarches seraient ordonnés archiprêtres ou igumènes, s'ils ne l'étaient pas, avant que de recevoir l'ordination épiscopale.

CHAPITRE X.
Des évêques.

L'épiscopat est en si grande vénération dans toutes les communions séparées par l'hérésie ou par le schisme, qu'il ne s'en est jusqu'à présent trouvé aucune en Orient qui n'ait eu des évêques, et qui n'ait cru que sans évêques il n'y avait point d'église. Par le nom d'évêques, ces chrétiens n'ont pas entendu des *superintendants*, tels qu'en ont les luthériens, ou des personnes ordonnées par des prêtres et par des laïques, mais des prêtres qui, selon les canons, avaient reçu l'imposition des mains de trois ou de plusieurs évêques ordonnés par d'autres, qui l'avaient été par leurs prédécesseurs, en remontant jusqu'aux apôtres. C'est cette succession d'évêques qui fait le fondement des ordinations, et elle subsiste encore dans les églises orientales. Car les patriarches jacobites d'Alexandrie ont été ordonnés par Dioscore et par ses successeurs, dont la suite n'a jamais été interrompue jusqu'à nos jours. Les Grecs, depuis la conquête de l'Égypte, furent quatre vingt-dix-sept ans sans patriarche de leur communion; mais au lieu d'en faire ordonner un par leurs prêtres, ils envoyaient aux églises voisines ceux qui devaient être ordonnés, et c'est ainsi que l'église grecque d'Alexandrie s'est maintenue durant un siècle, jusqu'à ce qu'ayant obtenu la même liberté que les jacobites, elle commença à avoir son patriarche et ses évêques. Les Grecs d'Antioche ont eu de même les leurs ordonnés par les évêques orthodoxes, et les jacobites avaient reçu l'ordination par Sévère et d'autres qui avaient tenu ce siége, hérétiques à la vérité; mais outre qu'ils les regardent comme orthodoxes, il est incontestable qu'ils avaient été ordonnés par des évêques dont l'ordination était légitime. Les nestoriens ont succédé dans le siége de Séleucie et de Ctésiphonte à des évêques orthodoxes, dont ils se vantent faussement d'avoir maintenu la doctrine, et ils font remonter cette succession épiscopale jusqu'à S. Thadée; preuve certaine qu'ils ne croyaient pas qu'on pût former un corps d'église si cette succession manquait. Ils se trompent sur ce qui regarde la doctrine; mais ils disent vrai quand ils assurent que leurs anciens évêques avaient été ordonnés dans l'Église catholique : et c'est de ceux-là qu'ils tirent leur ordination.

On sait aussi très-certainement que la manière dont tous les évêques ont été ordonnés depuis le commencement de la séparation de ces hérétiques, a été conforme à l'ancienne tradition de l'Église universelle; qu'ils ont suivi les rites qu'ils trouvaient établis, qu'ils n'en ont pas introduit de nouveaux directement contraires aux anciens, et qu'ils auraient regardé des ordinations faites selon la discipline des églises protestantes comme nulles et sans aucun effet, puisqu'ils ont conservé exactement tout ce qu'il y a d'essentiel dans cette cérémonie sacrée.

Il est étonnant que quelques protestants aient cru après cela imposer assez au public, pour faire croire qu'on pouvait prouver, par les témoignages des auteurs orientaux, qu'anciennement dans l'église d'Alexandrie le patriarche était ordonné par de simples prêtres. C'est un paradoxe que Selden entreprit de soutenir pendant les troubles d'Angleterre en faveur du parti presbytérien, dont il était un des principaux acteurs. Il n'avait aucunes preuves que celle qu'il prétendit tirer d'un passage de l'histoire d'Eutychius, patriarche d'Alexandrie, qui n'était pas alors imprimée, et qu'il n'entendait pas, rapportant à l'ordination ce qui avait rapport à l'élection du patriarche. C'est ce qu'Abraham Échellensis a prouvé très-clairement dans le livre qui a pour titre *Eutychius vindicatus*, auquel jamais les protestants n'ont fait de réponse solide; et on pourrait, s'il était nécessaire, y ajouter un grand nombre d'autres preuves. Mais il n'y en a pas de plus décisive que la forme d'ordination pratiquée dans tout l'Orient, que nous allons expliquer.

Les Grecs, suivant l'office que le P. Morin a tiré d'un Pontifical fort ancien, après le *Trisagium* et quelques autres prières, font venir celui qui doit être sacré au pied de l'autel, où le prélat qui fait l'office dit la formule *Divina gratia*. Ensuite il met le livre des Évangiles sur la tête et sur le cou de celui qu'il ordonne, et sur lequel les autres évêques mettent la main; puis, lui imposant les mains, il dit une prière, par laquelle il demande à Dieu que celui qu'il ordonne, soumis à l'Évangile, reçoive par l'imposition des mains de lui et des autres évêques la dignité pontificale, par l'avénement du S.-Esprit sur lui. On dit d'autres prières, et l'officiant lui imposant encore les mains, prononce une oraison, puis il le revêt de l'*homophorion*, qui est le principal des ornements épiscopaux.

L'ordination que le P. Morin a donnée selon le rit nestorien, commence par plusieurs oraisons pour demander à Dieu qu'il accorde la grâce et le don du Saint-Esprit au nouvel évêque. On lit des leçons de l'Évangile qui ont rapport à la puissance donnée par Jésus-Christ à ses apôtres; puis on met le livre sur les épaules de celui qui reçoit l'ordination, et dans ce temps-là même tous les évêques présents lui imposent les mains. L'évêque officiant prononce la formule *Gratia divina*; puis il dit une oraison pour demander à Dieu qu'il confirme l'élection. Il fait sur lui le signe de la croix, et imposant sa main droite sur la tête de celui qu'il ordonne, il élève la gauche vers le ciel, et prononce une assez longue oraison. On y trouve ces paroles remarquables : *Suivant la tradition apostolique* qui est venue jusqu'à nous par l'ordination et l'imposition des mains pour instituer des ministres sacrés, par la grâce de la sainte Trinité et par la concession de nos saints Pères qui ont été en Occident, dans cette église de Kuki (c'est le nom de l'ancienne église de Séleucie, qu'ils prétendent avoir été bâtie par S. Maris, leur apôtre), *mère commune de toutes les églises orthodoxes, nous vous présentons ce serviteur que vous avez élu pour être évêque dans votre sainte église. Nous vous prions que la grâce du Saint-Esprit descende sur lui, qu'elle habite et repose en lui, qu'elle le sanctifie, et lui donne la perfection nécessaire pour ce grand et relevé ministère auquel il est présenté*; puis il fait sur lui le signe de la croix. L'archidiacre avertit les assistants de prier pour tel prêtre, auquel on impose les mains afin de le sacrer évêque. Alors le peuple crie à haute voix : Ἄξιος, qui se dit quelquefois en grec, quelquefois en syriaque. L'officiant dit une oraison par laquelle il demande à Dieu qu'il donne à celui qui est ordonné la puissance d'en-haut, afin qu'il lie et délie dans le ciel et sur la terre, et que par l'imposition de ses mains il puisse guérir les malades, et faire d'autres merveilles à la gloire de son nom; et que *par la puissance de votre don, il crée des prêtres, des diacres, des sous-diacres et des lecteurs, pour le ministère de votre sainte église*. Après cela le prélat officiant lui fait encore le signe de la croix sur le front; puis on lui donne les ornements épiscopaux après les avoir mis sur l'autel; et le prélat officiant, après en avoir fait la bénédiction, les lui donne ainsi que la crosse épiscopale, et en lui faisant le signe de la croix sur le front, il dit : *Un tel est séparé, sanctifié et consacré pour l'ouvrage grand et relevé de l'épiscopat de telle ville, au nom du Père*, etc.; le reste ne contient que des choses de cérémonial.

On trouvera quelques endroits dans cet extrait qui ne s'accorderont pas avec la version de cet office qu'a donnée le P. Morin, qui n'est pas exacte; ce qu'on marquera ailleurs plus en détail, parce que ceux qui ne lisent ces ordinations qu'en latin ne peuvent souvent en entendre le sens. Le texte même n'est pas bien correct partout, et c'est cependant sur cela que Hottinger a fondé plusieurs réflexions absurdes pour trouver le calvinisme en Orient.

L'ordination des évêques, selon le rit jacobite, est assez semblable. Après l'office du jour et diverses prières, un des évêques fait à haute voix la proclamation du nouvel évêque suivant la formule *Gratia divina*. Ce qu'il y a de particulier, et qui ne se trouve pas dans le rit nestorien, est que les évêques présentent au patriarche celui qui doit être ordonné, qui a entre ses mains une confession de foi écrite et signée, dont il fait la lecture, ensuite de quoi il la remet entre les mains de celui qui fait l'office. On trouve dans divers manuscrits des confessions de foi qui paraissent avoir été faites en de pareilles occasions, et même quelques formules de ce qu'elles devaient contenir. C'est d'une de ces pièces que nous avons tiré un témoignage remarquable sur la créance des Orientaux touchant l'Eucharistie, qui a été rapporté en son lieu.

L'évêque officiant, après avoir mis une particule du pain consacré dans le calice, et fait ce que les Rituels appellent la *consommation* ou l'*union* des deux espèces, met ses mains au-dessus du voile qui couvre la patène et le calice, pour les sanctifier en quelque manière en les approchant des saints mystères, et en imposant les mains à celui qu'il ordonne, il les élève et les abaisse par trois fois, pour figurer en quelque façon la descente du Saint-Esprit; et en même temps les autres évêques tiennent le livre des Évangiles élevé sur sa tête, par-dessus les mains de l'officiant, qui après quelques autres prières dit : *Un tel est ordonné évêque dans la sainte Église de Dieu*, ce qui est répété par les autres évêques, et on nomme le nom de la ville. Après cela le nouvel évêque s'étant levé, l'officiant le tenant par la main, on le conduit au siège épiscopal où il est placé. On le porte ensuite autour de l'église aux acclamations de tous les assistants qui crient : Ἄξιος, *il est digne*; enfin il reçoit la crosse ou le bâton pastoral.

Il y a diverses choses dans la traduction et dans les remarques du P. Morin qui mériteraient quelque éclaircissement, que nous donnerons ailleurs dans les dissertations latines sur les ordres sacrés selon les Orientaux. Mais il est nécessaire de remarquer que dans la note cent quatorzième, qu'il a jointe à ces offices syriaques, il confirme ce qu'il a mis dans sa traduction, qui donne lieu de croire que les jacobites versent dans la main de l'évêque consacrant quelque particule de l'Eucharistie. Il n'y a rien de semblable dans le texte, et ce qui est marqué doit être entendu spirituellement, selon qu'il est expliqué dans le manuscrit de Florence; c'est-à-dire qu'il fait comme s'il prenait quelque particule de l'Eucharistie. Au reste la discipline exacte des églises d'Orient pour conserver jusqu'aux moindres particules de l'Eucharistie, ne permettrait pas qu'on en fît un usage pareil à celui que cette note donne à entendre.

L'office qui se trouve dans le même manuscrit de Florence est d'un plus grand détail. L'élu évêque est mené au patriarche par deux autres évêques, et il se prosterne devant lui. Le patriarche lui dit : *Le Saint-Esprit vous appelle pour être évêque ou métropolitain de N.*, et il lui donne son consentement. On commence la Liturgie, et on lit diverses leçons tirées d'endroits choisis des Actes des apôtres et des Épîtres qui regardent les devoirs des évêques. Le patriarche lui présente ensuite une formule de confession de foi, afin qu'il la récite à haute voix; et après plusieurs oraisons, un des évêques prononce *Gratia divina*, etc. Le patriarche en dit d'autres, dont le sens, ainsi que des précédentes, est de demander la grâce du Saint-Esprit pour celui qui va être sacré. Puis il fait l'imposition des mains, après les avoir approchées du voile sous lequel sont les saints mystères; ce qu'il fait en la manière qui a été expliquée en parlant de l'ordination des prêtres. On élève le livre des évangiles sur la tête de celui qui est ordonné, et en même temps le patriarche lui impose les mains en la manière marquée ci-dessus. Alors il prononce une prière qui contient l'invocation du Saint-Esprit, afin qu'il descende sur le nouvel évêque, et qu'il lui donne toutes les vertus et les qualités nécessaires pour s'acquitter dignement de son ministère, qu'il lui donne aussi la puissance de juger, de lier, de délier, et celle qu'il a donnée à ses apôtres.

Lorsqu'on fait l'ordination du patriarche, tous les évêques qui sont présents lui imposent les mains, en disant : *Nous imposons nos mains sur ce serviteur de Dieu qui a été élu par le Saint-Esprit*, etc. On ôte ensuite le livre de l'Évangile, et, après d'autres oraisons et bénédictions, le patriarche ou celui qui fait l'office dit : *Un tel est ordonné dans la sainte église de Dieu* ; et un des évêques continue : *évêque de telle ville* ; ce qui est répété par celui qui fait l'office. On lui donne ensuite les ornements épiscopaux, et on le place sur le trône. Ce sont-là les principales cérémonies, et celles des Cophtes sont assez semblables.

Il est à remarquer que suivant le rit jacobite, dans lequel il faut comprendre, comme il a été dit ci-dessus, celui que le P. Morin appelle des maronites, ni dans celui de l'église d'Alexandrie, il n'y a que quelques oraisons particulières qui distinguent l'ordination des métropolitains, et même des patriarches, de celles des évêques ; ce qui est conforme aux règles de l'Église. Les nestoriens seuls, par un abus inexcusable, et qui est particulier à leur communion, font des prières, l'imposition des mains et d'autres cérémonies essentielles à l'ordination ; de sorte qu'ils semblent croire que le patriarcat est un ordre distingué.

Cet abus est inconnu dans les autres communions orthodoxes ou hérétiques. Les nestoriens l'ont introduit vraisemblablement longtemps après leur séparation, puisqu'ils n'avaient pu tirer cette coutume de l'Église catholique, où elle n'a jamais été. Les Grecs ont les premiers donné atteinte à l'ancienne discipline, en violant les canons qui défendaient avec tant de sévérité les translations des évêques. Les jacobites syriens n'y ont pas eu plus d'égard, et quoique l'abus n'ait pas été si fréquent parmi eux, et qu'il ne se soit établi que dans les derniers temps, ils l'ont pratiqué néanmoins. Mais un évêque transféré à une métropole ne recevait pas parmi eux l'imposition des mains, et on ne pratiquait pas à son égard, non plus que pour établir un patriarche, aucune des cérémonies qui eût rapport au sacre ; on faisait seulement celle de *l'intronisation*.

Les nestoriens ont porté le renversement de la discipline au dernier excès. On trouve dans les manuscrits un abrégé de l'histoire de leurs catholiques ou patriarches, qui va jusqu'au commencement du quatorzième siècle, et qui rapporte les noms de soixante-dix-huit. Il ne paraît pas que les dix-huit premiers aient été transférés ; mais des autres qui suivent, il y en a quarante-neuf qui étaient évêques ou métropolitains avant que d'être faits patriarches, et même quelques-uns avaient été transférés plus d'une fois.

Les jacobites du patriarcat d'Alexandrie ont au contraire observé très-exactement les anciens canons ; car depuis S. Marc jusqu'à ces derniers temps, on ne trouve aucun patriarche qui eût été attaché par une première ordination à une autre église, et c'était une exclusion pour cette dignité que d'être évêque, comme il se prouve par les canonistes et par ceux qui ont écrit de l'ordination.

Cette matière est si étendue, qu'on ne pourrait entrer dans un plus grand détail sans passer les bornes de la brièveté que nous nous sommes prescrites. Mais ce qui a été rapporté suffit pour faire voir la différence entière de la créance et de la discipline des Orientaux et de celle des protestants, qui n'ont conservé aucune ancienne cérémonie, sinon l'imposition des mains, qui même est fort différente de celle que toute l'antiquité a reconnue comme le fondement et la source du sacerdoce de la nouvelle loi. Car, comme il a été remarqué, tous les chrétiens ont cru que pour imposer les mains efficacement, et communiquer aux autres la puissance de lier et de délier que Jésus-Christ donna à ses apôtres, il faut l'avoir reçue de ceux qui avaient été ordonnés par leurs successeurs, ce qui ne se trouve dans aucune société protestante. Ils ont encore moins attribué aux laïques l'autorité de conférer cette puissance ; et quoique le peuple, selon l'usage des premiers siècles, ait part aux élections des évêques et des patriarches, ils ont parfaitement distingué l'élection et l'ordination ; de sorte qu'ils n'ont jamais cru que les ministres sacrés pussent être ordonnés sinon par des évêques. C'est ce que les patriarches d'Alexandrie jacobites reprochèrent à une secte obscure de barsanufiens, qui s'était conservée en Égypte durant plusieurs années, et qui se réunit à eux. On trouve à la vérité que les Éthiopiens, ayant été longtemps sans métropolitain, obligèrent un prêtre à faire les fonctions épiscopales ; mais les patriarches d'Alexandrie regardèrent cet attentat comme un sacrilège qui n'avait eu aucun effet. Un autre abus qui s'est introduit parmi ces mêmes Éthiopiens d'ordonner indifféremment un nombre infini de prêtres, de peur de se trouver dans l'état où ils ont été quelquefois par la longue vacance du siége métropolitain, est une nouvelle preuve de la créance qu'ils ont qu'on ne peut être ordonné, sinon par des évêques.

Nous ne trouvons pas dans les Pontificaux la confession de foi sur l'Eucharistie, que chaque prêtre est obligé de faire, tenant une particule sacrée dans sa main, comme le marque Abulbircat, dont le témoignage ne peut être suspect, puisqu'il est confirmé par le Rituel du patriarche Gabriel. Elle a été rapportée précédemment, et si les Pontificaux n'en parlent point, c'est que cela regarde la Liturgie.

On fera peut-être quelque difficulté sur ces ordinations orientales, parce que quelquefois elles ont été condamnées comme invalides. Mais ce n'a jamais été par aucun jugement de l'Église ni des papes ; et ce qui peut avoir été fait à leur insu par des personnes qui avaient plus de zèle que de science, ne peut être regardé comme revêtu de leur autorité. Il est au moins très-certain que sous le pontificat d'Urbain VIII, on jugea, après avoir écouté les avis de plusieurs grands théologiens, que les ordinations orientales étaient valides ; et longtemps auparavant Léon X et Clément VII avaient publié un bref en forme de constitution, par lequel ils confirmaient autant qu'il était besoin aux Grecs l'usage de toutes leurs cérémonies dans les sacrements, et ils les conservent encore à Rome et partout ailleurs. Allatius a donné ce bref en grec et en latin, et M. Habert l'a fait imprimer aussi dans son Pontifical des Grecs. Lui-même, le P. Morin et plusieurs autres théologiens versés dans l'antiquité ecclésiastique, ont suffisamment éclairci cette matière, qui ne regarde pas notre dessein. C'est aux protestants à montrer que ceux qui conservent une discipline pareille à celle des Orientaux peuvent s'accorder avec eux, et si les premiers réformateurs ont eu raison d'abolir, comme des abus introduits dans l'Église romaine, des cérémonies que ces communions séparées d'elle conservent depuis tant de siècles.

LIVRE SIXIEME.

DU MARIAGE.

CHAPITRE PREMIER.

Que selon les Grecs le mariage est un sacrement.

Nous avons prouvé par plusieurs passages d'auteurs non suspects que les Grecs reconnaissaient sept sacrements ; ce qui est une preuve assez certaine qu'ils mettent dans ce nombre celui du mariage, puisque sans cela on ne pourrait trouver le nombre de sept. Mais les Grecs ne nous laissent en aucune incertitude ; puisqu'à commencer par Siméon de Thessalonique, qui est regardé comme leur principal théologien pour les derniers temps, il n'y en a aucun qui ne dise que le mariage célébré en face d'église, qu'ils appellent τίμιος γάμος, *le mariage honorable*, est un véritable sacrement de la loi nouvelle, qui produit, à l'égard de ceux qui le reçoivent dignement, la grâce nécessaire pour vivre chrétiennement dans la société de l'homme et de la femme, pour élever leurs enfants dans la crainte de Dieu, et pour les engendrer plutôt à l'Église et au ciel, qu'au monde et à eux-mêmes. C'est ce qu'enseigne Mélèce Syrigus, dans sa réfutation du quinzième article de la Confession de Cyrille Lucar : *Toutes les églises*, dit-il, *ont appris par la tradition des apôtres*, dont il avait parlé peu auparavant, *qu'il fallait mettre le mariage honorable au nombre des sacrements. Nous appelons mariage honorable, non pas celui qui est en usage par toute la terre, par la conjonction de l'homme et de la femme pour la génération des enfants, car quoique celui-ci ait été donné et béni de Dieu par bonté, pour la conservation du genre humain qui était corrompu, il n'est pas néanmoins un sacrement, puisqu'il est commun non seulement à tous les infidèles, mais aux animaux ; mais c'est celui que l'Église célèbre à l'égard des personnes fidèles, par l'invocation contenue dans les prières sacrées, et duquel il est dit que* « *le mariage est honorable, et la couche nuptiale sans tache,* » *etc. C'est celui-là qu'il est défendu de dissoudre pour toute sorte de cause que ce soit ; et cette défense a été faite par celui qui a ordonné qu'on ne donnerait plus de libelle de divorce, parce qu'il n'était pas permis que* « *l'homme séparât ce que Dieu avait conjoint.* » *Le mariage d'une autre sorte peut être dissous, selon S. Paul, qui dit que* « *si un infidèle veut se séparer de sa femme, il le peut faire.* »

Le même apôtre l'a appelé en propres termes, « *mystère* » *ou* « *sacrement,* » *lorsqu'il a dit :* « *Ce mystère est grand,* » *et il ne dit pas qu'il est* « *grand* » *simplement, mais dans Jésus-Christ et dans l'Église. Car cette conjonction n'est pas réputée comme une souillure, ni comme un péché, dans l'Église, quand même elle serait accompagnée de quelque passion ; mais par la médiation du Saint-Esprit qui se fait par la prière du prêtre, que Dieu a établi pour être le conciliateur de cette union (et il ne joint pas immédiatement ceux qui la contractent), ceux qui se marient selon les règles de la tempérance et de la modestie sont sanctifiés, et même ils sont sauvés, selon cette parole de l'Apôtre :* « *La femme sera sauvée par les enfants qu'elle mettra au monde,* » *c'est-à-dire dans l'état du mariage,* « *pourvu qu'ils persévèrent dans la foi, dans la charité et dans la sanctification avec tempérance.* » *Il dit aussi que* « *l'homme infidèle sera sanctifié par la femme fidèle, et la femme infidèle par l'homme fidèle ;* » *ils le seront donc encore plus lorsqu'ils seront fidèles l'un et l'autre. Il réfute ensuite ceux qui, pour éluder le sens de ces paroles de S. Paul, disent qu'elles doivent être entendues simplement de Jésus-Christ et de l'Église, et il montre par la suite du discours que comme il est parlé des devoirs réciproques des personnes mariées, il s'ensuit que c'est véritablement du mariage dont il est parlé, et non pas de l'union mystique de Jésus-Christ et de l'Église.*

La Confession orthodoxe, question 115, dit que *le sixième sacrement est le mariage, qui, après que les futurs époux se sont donné réciproquement la foi conjugale, est confirmé et béni par le prêtre*. Les synodes de Cyrille de Berrhée et de Parthénius-le-Vieux ont déclaré contre Cyrille que le mariage était considéré parmi les Grecs comme un sacrement : et la même doctrine a été enseignée par Coressius et par Grégoire protosyncelle, son disciple.

Celui-ci, dans son Abrégé des dogmes de l'Église, ouvrage approuvé par tous les Grecs, comme on l'a fait voir ailleurs, donne pour titre au chapitre dans lequel il parle du mariage ces paroles-ci : *Explication du sixième sacrement, c'est-à-dire du mariage. Le mariage*, continue-t-il, *est une entière concorde et une union de l'homme et de la femme, afin qu'ils passent ensemble toute leur vie. Nous disons que cette union est entière, parce que ce composé qui se joint par la volonté de l'homme, de la femme et de l'Église, ne peut être séparé par personne pendant toute leur vie, selon que Jésus-Christ a dit :* « *Que l'homme ne sépare pas ceux* « *que Dieu a joints.* » *Nous disons ensuite que le mariage est un sacrement que Dieu a établi, et par lequel l'homme se joint avec la femme pour toute cette vie temporelle, et S. Paul nous enseigne que c'est un sacrement, en disant :* « *Ce sacrement est grand, parce qu'il signifie l'union de* « *Jésus-Christ avec l'Église.* » *Et quoique le mariage soit une chose naturelle et politique, comme contrat civil, ce n'est pas néanmoins en l'une ou en l'autre de ces manières qu'il est sacrement, mais en ce qu'il détourne l'homme de la fornication, qu'il conduit à la charité, et qu'il soumet au commandement de l'Église, enfin en ce qu'il est une grâce de Dieu, à cause de quoi S. Paul appelle le mariage* « *honorable, et la couche nuptiale immacu-* « *lée.* » *Il est clair qu'il a été ordonné de Dieu par ces paroles qu'il dit dans la Genèse :* « *Il n'est pas bon que* « *l'homme soit seul, faisons-lui un secours.* » *Car ayant créé Adam et l'ayant mis dans le paradis, il forma ensuite Eve de sa côte, et il la lui donna pour femme et pour secours, afin que le genre humain se multipliât. C'est pourquoi Jésus-Christ, se trouvant à une noce à Cana de Galilée, y fit son premier miracle en changeant l'eau en vin.*

Il dit ensuite qu'il y a trois sortes d'unions dans le mariage : celle qui est purement spirituelle, et par manière de dispensation, comme le mariage de la sainte Vierge et de S. Joseph, pour lui servir de gardien; la seconde est celle des corps pour la multiplication et la conservation du genre humain, et en même temps pour empêcher que ceux qui ne peuvent se contenir ne tombent dans les péchés de la chair ; la troisième est toute spirituelle, pour la multiplication des enfants spirituels : et telle est celle de Jésus-Christ, qui est appelé l'époux, avec l'Église, qui est appelée l'épouse, dont nous sommes les enfants par la régénération que nous recevons dans le baptême.

Il dit ensuite que la matière du sacrement sont l'homme et la femme orthodoxes et légitimement unis, que l'Église joint ensemble avec le consentement des deux parties, afin que les deux deviennent une même chair ; qu'il faut pour un mariage légitime que l'homme ait au moins quatorze ans, et la femme treize, qu'ils soient orthodoxes, parce que le concile de Calcédoine défend d'épouser une infidèle ou un hérétique ; que la forme est la grâce qui perfectionne le mariage ; que la cause finale est la multiplication et la conservation du genre humain, la consolation de l'homme, la délivrance de la fornication, et l'union spirituelle et corporelle, en quoi consiste principalement le mariage légitime.

Tous les patriarches et évêques, qui depuis les disputes sur la perpétuité de la foi, ont donné des attestations de la créance de leurs églises, ont témoigné de même qu'ils reconnaissaient le mariage pour sacrement de la nouvelle loi. Une des principales avait été celle de l'église de Jérusalem, parce qu'elle fut donnée après une assemblée synodale, qui approuva l'exposition de foi, et tous les éclaircissements imprimés depuis sous le nom de *Synode de Jérusalem*. Le patriarche Dosithée, qui avait dressé cet écrit, l'a confirmé authentiquement en le faisant imprimer sous le titre d'*Enchiridion contre les luthériens et les calvinistes*, avec le traité de Syrigus contre Cyrille traduit en grec vulgaire. Le même Dosithée a donné au public, en 1694, un opuscule contre Jean Caryophylle, et il y a inséré des anathèmes sur la matière des sacrements, dont le premier est contre ceux qui nient qu'il y ait sept sacrements; celui du mariage est nommé avec les autres.

En cela ceux de ces derniers temps n'ont rien avancé qui ne fût conforme à la doctrine des anciens, puisqu'on la trouve soutenue contre les luthériens par le patriarche Jérémie dans sa première et seconde réponse ; et dans celle-ci, après avoir dit que *le mariage est un don de Dieu, qu'il a accordé aux hommes par condescendance pour la génération des enfants, tant que cet univers sujet à la corruption subsistera*, il ajoute, *qu'il est un mystère ou sacrement établi de Dieu, aussi bien que les autres*, dont il venait de parler, *qui sont l'ordination, l'Eucharistie, le chrême et le baptême, et qu'il le bénit lui-même;* ce qui signifie qu'il y attache sa grâce et sa bénédiction. Gabriel de Philadelphie, et tous ceux qui ont écrit depuis lui ont dit la même chose.

S'il y a touchant ce point-là, et d'autres semblables, des disputes entre les catholiques, particulièrement les scolastiques, et entre les Grecs, elles ne regardent point les protestants, et ils ne peuvent en tirer aucun avantage. Les uns et les autres conviennent qu'il y a dans l'Église une tradition certaine et constante de donner la bénédiction à ceux qui contractent le mariage, et que cette bénédiction est un véritable sacrement, parce qu'elle produit une grâce spéciale pour vivre chrétiennement dans cet état. Ils conviennent donc sur ce principe que cette cérémonie est un sacrement. Ils le prouvent par les mêmes passages de la sainte Écriture ; ils enseignent également qu'aucun chrétien ne peut s'unir par le mariage avec une femme s'il ne reçoit cette bénédiction de l'Église, ce qui prouve sa nécessité à l'égard de ceux qui se marient. Il ne reste donc en contestation que de savoir si cette cérémonie et les prières qui l'accompagnent suffisent pour produire le sacrement.

Cette question traitée avec eux n'est pas la même que celle qui a été agitée entre plusieurs théologiens catholiques, et qui sont de deux sortes. Car les anciens, la plupart scolastiques, ayant peu de connaissance de l'antiquité, ont fait des définitions du sacrement de mariage telles qu'ils les ont pu former sur la discipline de leur temps; et trouvant de grandes difficultés à l'accorder avec celle des églises d'Orient, ils ont conclu sans balancer qu'elles n'avaient pas le sacrement de mariage. Quelques modernes, prévenus des mêmes préjugés, et examinant la pratique des Orientaux conformément aux principes établis par les premiers, ont été encore plus loin, ne faisant pas réflexion qu'en même temps ils fournissaient des armes aux hérétiques contre l'usage et la doctrine de l'ancienne Église. Car les raisons que ces théologiens emploient pour tâcher de prouver que les rites et les prières dont les églises orientales se servent pour la bénédiction du mariage ne suffisent pas afin que toute l'action mystique soit un sacrement, sont employées par les protestants contre les catholiques, pour attaquer nos rites et nos prières d'une autre manière, qui est spécieuse, mais qui n'a aucune force, dès qu'on reconnaît que l'Église n'a point varié dans sa doctrine, quoique la discipline ait reçu quelque variété dans les choses indifférentes.

C'est ce que plusieurs habiles théologiens ont prouvé sur ce qui regarde le sacrement de mariage en particulier; et ils ont suffisamment éclairci la matière, lorsqu'ils ont fait voir qu'en tous les sacrements, particulièrement dans l'ordination, il faut convenir que ce qui a été souvent déterminé comme matière ou comme forme nécessaire par ceux qui avaient peu consulté l'antiquité, ne se trouvant pas observé par les églises d'Orient, avec lesquelles néanmoins l'Église romaine a été en communion pendant plusieurs siècles, ni même dans le patriarcat d'Occident, où la discipline a souffert quelques changements dans la suite des temps, il n'est pas possible de suivre l'opinion de ces théologiens sans tomber dans de grands inconvénients. Car il s'ensuivrait absolument que l'Église, que nous savons être infaillible, était dans l'erreur, croyant que la grâce sacramentelle était produite par des cérémonies et des prières qui ne la produisaient point; et que non seulement elle est demeurée dans cette erreur durant plusieurs siècles, mais qu'elle l'a maintenue parmi les Orientaux en communiquant avec eux. On établit contre les hérétiques la tradition universelle touchant les sacrements, et touchant le mariage en particulier, en faisant voir que dans tous les temps l'Église a béni solennellement les noces, et que les fidèles ont cru que cette bénédiction attirait sur eux la grâce nécessaire pour vivre dans l'état conjugal d'une manière irréprochable, et pour élever leurs enfants dans la crainte de Dieu, lorsqu'ils seraient régénérés en Jésus-Christ; ce qui est une véritable grâce sacramentelle. Si donc cette grâce n'est pas conférée par les bénédictions et par les prières que les églises d'Orient et d'Occident prononcent sur ceux qui se marient selon les règles, et s'il faut, afin qu'il y ait un véritable sacrement, y trouver une conformité entière avec ce qui est en usage parmi nous depuis cinq ou six cents ans, les protestants en concluront, qu'avant ce temps-là il n'était pas de foi que le mariage fût un sacrement, et il sera très-difficile de leur répondre. Mais tant d'habiles théologiens ont éclairci cette matière, qu'il n'est pas nécessaire d'entrer sur ce sujet dans de nouvelles discussions.

À l'égard des théologiens scolastiques qui ne croient pas que les Orientaux aient le sacrement de mariage, outre que leurs objections sont aisées à détruire, la réponse générale que nous croyons devoir faire, est que nous n'entreprenons pas de justifier les Orientaux, ni de faire leur apologie; que nous prétendons seulement expliquer historiquement ce qui a rapport à leur doctrine et à leur discipline. Mais personne ne croira qu'on puisse raisonnablement les accuser de ne pas croire que le mariage soit un sacrement, puisqu'ils déclarent positivement dans leurs traités théologiques, dans leurs confessions de foi, dans leurs catéchismes et dans tous leurs livres, qu'ils le regardent comme un sacrement de la nouvelle loi, institué par Jésus-Christ, appelé *mystère* ou *sacrement* par S. Paul, et représentant l'union de Jésus-Christ avec l'Église. Sur ce fondement ils ne bénissent pas le mariage contracté avec des infidèles ou avec des hérétiques, ni celui qui serait contracté par un homme actuellement en pénitence. Le ministère en est réservé au prêtre, qui ne peut faire cette bénédiction s'il y a quelque défaut dans le mariage, et s'il n'est pas conforme aux lois de l'Église. Toutes les grâces qu'elle demande à Dieu pour les chrétiens qui entrent dans l'état conjugal se trouvent les mêmes que les offices latins anciens ou modernes expriment en d'autres paroles. Enfin cette cérémonie se fait avec tant de précaution par respect pour le sacrement, que, contre l'usage des églises latines, ils ont longtemps refusé la même bénédiction aux bigames, de quoi il sera parlé en son lieu.

Ces théologiens disent qu'on n'y trouve pas ce qui est nécessaire pour le sacrement, parce qu'ils ne voient que des bénédictions et des prières; mais ils pourraient trouver le même défaut dans tous les anciens offices latins, qui n'ont communément aucun titre que celui de: *Benedictio nuptialis: Ordo ad sponsum et sponsam benedicendam: Benedictio super sponsum et sponsam: Benedictio nubentium: Officium in benedictione sponsi et sponsæ*, et ainsi du reste; de même que dans les décrets de Siricius: *Benedictio quam nupturæ sacerdos imponit*. Il n'est parlé que de bénédiction, et en effet tous les offices anciens ne contiennent presque autre chose; on a cependant toujours cru que ceux qui l'avaient reçue selon l'ordre de l'Église, étaient unis l'un à l'autre par le lien indissoluble du mariage; de sorte que, comme dit le même pape, ceux qui enlevaient des femmes aux autres, après qu'elles avaient reçu la bénédiction de l'Église, commettaient un sacrilège: *Quia illa benedictio quam nupturæ sacerdos imponit apud fideles cujusdam sacrilegii instar est, si illa transgressione violetur*. Il fallait donc qu'elle fût considérée comme un sacrement, et il y en a une preuve bien certaine, en ce qu'elle formait le lien du mariage, qui ne pouvait ensuite être dissous; et c'est ce qu'une simple bénédiction ne peut faire, mais seulement le sacrement, comme l'ordination attache un homme au ministère de l'Église. Ce serait une mauvaise chicane que de dire que les épousés étaient liés par le contrat civil; c'est un engagement tout différent, qui pouvait se rompre en plusieurs occasions suivant les lois civiles; et on trouve qu'il y avait souvent des divorces jusqu'au septième siècle. L'Église latine ne le permettait pas, et les SS. Pères déclamaient fortement contre cet abus, opposant aux lois des empereurs celle de Jésus-Christ : *Ce que Dieu a joint, que l'homme ne le sépare point*. Comment donc ne s'est-il jamais trouvé personne qui ait répondu à ceux qui leur déclaraient que, même pour cause d'adultère, ils ne pouvaient pas se séparer de leurs femmes pour en épouser d'autres; que Dieu ne l'avait pas joint avec sa femme par un nœud indissoluble, puisque les prêtres avaient prononcé à la vérité quelques prières et bénédictions sur eux, mais qu'ils n'avaient rien dit qui pût signifier que l'engagement mutuel fût confirmé par le sacrement; qu'ainsi, comme ce n'était qu'un contrat civil, ils étaient en liberté et en droit de profiter du bénéfice de la même loi, qui en plusieurs cas permettait le divorce. On ne s'est jamais servi de pareil prétexte pour dissoudre un mariage, quoique nous trouvions assez d'exemples dans l'histoire du moyen-âge, qui font voir qu'on a souvent employé des raisons plus faibles que celle-là, pour faire casser ceux sur lesquels on était en dispute.

Enfin il est à remarquer que dans tant de conférences et de conciles pour la réunion des Grecs avec les Latins, où on reconnaît assez que dans la chaleur de la dispute on ne se pardonnait rien de part et d'autre, on a reproché aux Grecs qu'ils accordaient le divorce dans les causes d'adultère, contre la pratique de l'Église et contre la doctrine des Pères; mais on ne trouvera pas qu'avant les derniers temps on les ait accusés de n'avoir pas le sacrement de mariage. On devait au contraire supposer qu'ils l'avaient véritablement, puisqu'on leur reprochait qu'ils rompaient trop facilement ce lien indissoluble de l'homme et de la femme établi dès sa première institution, que la loi avait interrompu à cause de la liberté du divorce qu'elle accordait, mais que Jésus-Christ avait défendu dans l'Évangile. Or on ne voit pas que, même dans le concile de Florence, on ait obligé les Grecs de changer leurs cérémonies sur l'article du mariage; au contraire, les papes Léon X, Clément VII et Urbain VIII, ayant publié des brefs par lesquels ils ordonnent que ceux qui sont réunis à l'Église catholique conserveront, sans aucun empêchement, les rites grecs, on ne peut pas douter qu'ils ne soient suffisamment approuvés par le Saint-Siége, et par conséquent qu'ils ne produisent véritablement les sacrements de la nouvelle loi.

CHAPITRE II.

On prouve par les rites grecs pour la célébration du mariage qu'il est un véritable sacrement.

Les Grecs appellent στεφάνωμα et στεφανισμος ou couronnement ce que nous appelons le sacrement de mariage; et ce mot dans l'usage ordinaire signifie précisément ce que les anciens Rituels latins ont appelé *bénédiction nuptiale*, qui comprend les cérémonies et les prières que l'Église emploie à l'égard de ceux qui contractent le mariage selon ses règles. Car il est important de remarquer que les théologiens et les canonistes grecs ne se servent pas du mot ordinaire de γάμος, pour signifier le mariage contracté en face de l'Église, mais ils ajoutent toujours l'épithète de τίμιος, pour signifier que c'est celui dont parle S. Paul, que l'Église sanctifie par sa bénédiction, qui représente l'union de Jésus-Christ avec son Église, et qui est une source de grâces pour ceux qui le reçoivent avec les dispositions convenables. Cependant lorsqu'ils parlent de l'action sacrée dans laquelle consiste cette bénédiction, ils se servent plus ordinairement du terme de *couronnement*, non pas qu'ils croient que les couronnes qu'on met sur la tête de l'époux et de l'épouse fassent une partie du sacrement, mais parce que la cérémonie commence et finit par là. Ainsi ce mot signifie toute l'action sacrée qui se fait par les ministres des autels; de sorte que lorsque les auteurs parlent des mariages illégitimes, ils les appellent ordinairement γάμοι άστεπτοι, άστεφάνωτοι, c'est-à-dire qui n'ont pas été couronnés.

Quoique cette cérémonie, ainsi que nous l'avons dit, ne soit pas essentielle au sacrement, elle est néanmoins très-ancienne, puisqu'il en est fait mention dans une homélie de S. Chrysostôme, où il dit qu'on met des couronnes sur la tête des mariés, comme une marque de victoire, et qu'ils entrent dans l'état du mariage supérieurs à leurs passions. Théophane, Léon-le-Grammairien et d'autres historiens se servent de ce mot en plusieurs endroits, et les canonistes n'en ont pas d'autre pour signifier la bénédiction nuptiale, πρὸ τῆς εὐλογίας τῶν γάμων καὶ πρὸ τῶν στεφάνων, dit le scoliaste de Harmenopule; et quelques canons qui défendent la bénédiction des secondes noces disent simplement δίγαμος οὐ στεφανοῦται, *on ne couronne pas le bigame*. Μηδεὶς μυστικῶς στεφανούσθω, *que personne ne soit marié clandestinement*, et ainsi du reste. Une autre preuve bien certaine de l'antiquité de ce mot et de la chose signifiée, est que les Orientaux, melchites, nestoriens et jacobites, appellent de même *couronnement* la bénédiction nuptiale; et comme on ne voit pas qu'ils aient rien pris de l'Église orthodoxe depuis leur séparation, il est très-vraisemblable que cet usage est plus ancien que les schismes.

Les rites et les prières qui composent l'office du couronnement prouvent clairement que les Grecs le considèrent comme un sacrement. Non seulement il se célèbre dans l'église, mais on y fait les fiançailles; avec cette différence que les accordés demeurent à la porte du sanctuaire dans cette première cérémonie. Ils se présentent au prêtre, et on met sur l'autel deux anneaux, l'un d'or et l'autre d'argent; on leur donne à chacun un cierge allumé, puis on les fait entrer dans l'église ; le prêtre fait sur eux par trois fois le signe de la croix ; et on dit plusieurs prières auxquelles les assistants répondent : *Kyrie, eleison.* Les dernières sont pour ceux qui sont fiancés, afin de demander à Dieu qu'il les conserve, qu'il leur donne des enfants, une charité parfaite, la paix, la concorde, et enfin qu'il leur accorde le mariage honorable, et la couche sans tache. Le prêtre prononce sur eux quelques autres oraisons, pour demander à Dieu qu'il bénisse en toute manière le mariage qu'ils sont près de contracter ; ensuite il donne l'anneau d'or au fiancé, et celui d'argent à la fiancée, disant : *Ce serviteur de Dieu fiance cette servante de Dieu, au nom du Père, et du Fils, et du Saint-Esprit* ; et il en dit autant à la fiancée, après quoi il prononce sur eux une bénédiction. Comme les Grecs et les Orientaux se servent ordinairement de cette manière de parler en tierce personne dans les sacrements, ainsi que dans le baptême, dans l'onction et dans l'ordination, et que la plupart des théologiens conviennent que l'action du ministre est suffisamment exprimée, de sorte qu'*un tel est baptisé* signifie la même chose que *je vous baptise*, on peut reconnaître que l'action du ministre intervient même dans les fiançailles, et par conséquent que la forme du mariage dont il sera parlé ci-après doit être entendue de même.

L'office du couronnement, dans lequel consiste proprement le sacrement de mariage administré par les prêtres, et qui est appelé ἀκολουθία τοῦ στεφανώματος, se fait en cette manière : Ceux qui doivent être mariés entrent dans l'église avec des cierges allumés qu'ils portent à la main, le prêtre marchant devant eux avec l'encens ; on chante le psaume : *Beati omnes qui timent Dominum*, et à chaque hémistiche le peuple dit : *Gloire à vous, Seigneur ;* le prêtre finit par la doxologie ordinaire. Ensuite le diacre commence à annoncer les prières générales pour la paix, pour la tranquillité des églises, enfin pour les mariés et leur conservation, afin que Dieu bénisse leur mariage comme les noces de Cana, qu'il leur donne la tempérance, une heureuse lignée et une vie irréprochable. Lorsque la prière commune est finie, le prêtre en dit une autre à haute voix, par laquelle il demande à Dieu sa bénédiction sur ce mariage, faisant mention de la production de la femme tirée de la côte du premier père : *Vous*, dit-il, *qui les avez bénis, en disant :* « *Croissez et multipliez* », *qui les avez faits un seul corps, et dit pour cela :* « *L'homme abandonnera son père et sa mère, et sera attaché à sa femme, de sorte qu'ils seront deux en une chair*; *et :* Ce que Dieu a joint que l'homme ne le sépare pas.* » Puis il parle des bénédictions répandues sur Abraham et Sara, Isaac et Rebecca, Jacob et Rachel, Joseph et Aseneth, Zacharie et Élisabeth, de la Vierge sortie de la racine de Jessé, dont Jésus-Christ a pris chair pour le salut des hommes, etc. Ensuite il dit : *Bénissez, Seigneur, par votre présence invisible, ce mariage de vos serviteurs, et leur donnez une vie paisible et longue, la tempérance, la charité réciproque dans le lien de la paix, et toute sorte de bénédictions temporelles pour eux et pour leurs enfants*, etc.

La seconde oraison que dit le prêtre regarde particulièrement les bénédictions spirituelles. *Béni soyez-vous, Seigneur, notre Dieu, qui avez institué le mariage mystique et immaculé, comme vous avez établi la loi du mariage corporel; vous qui êtes le gardien de l'incorruptibilité, et le favorable dispensateur des choses de ce monde. Vous qui, dans le commencement, avez créé l'homme*, etc., *envoyez donc présentement, Seigneur, votre grâce céleste sur vos serviteurs tels et tels, et donnez à cette fille d'être soumise en toutes choses à son mari, et à un tel, votre serviteur, d'être le chef de sa femme, afin qu'ils mènent une vie conforme à votre volonté. Bénissez-les comme vous avez béni Abraham et Sara.... Souvenez-vous d'eux, Seigneur, de leurs pères et de leurs mères, des paranymphes ou parrains; bénissez-les, donnez-leur des enfants bien nés, avec l'abondance des choses nécessaires à la vie, afin qu'ils soient pleins de toute sorte de bonnes œuvres,* etc.

Dans la troisième, qui est la principale, le prêtre dit : *Dieu saint, qui avez formé de terre l'homme dès le commencement, qui avez de sa côte formé une femme, et qui la lui avez jointe pour son secours, parce qu'il ne vous parut pas bon que l'homme fût seul sur la terre ; envoyez, Seigneur, votre main de votre sainte demeure, et joignez N. votre serviteur et N. votre servante, parce que c'est par vous que la femme est conjointe à l'homme. Unissez-les par une parfaite concorde, et couronnez-les, afin qu'ils soient une seule chair. Donnez-leur le fruit du mariage, et qu'ils soient heureux en enfants,* etc. Enfin le prêtre prenant les couronnes, en met une sur la tête de l'époux, et l'autre sur la tête de l'épouse, en disant : Στέφεται ὁ δοῦλος τοῦ Θεοῦ ὁ δεῖνα τὴν δούλην τοῦ Θεοῦ δεῖνα εἰς τὸ ὄνομα τοῦ Πατρὸς, καὶ τοῦ Υἱοῦ, καὶ τοῦ ἁγίου Πνεύματος, ce qui signifie : *Un tel, serviteur de Dieu, épouse une telle, servante de Dieu :* car le mot στέφεται ne peut être pris en un autre sens, ni selon la construction grammaticale, ni selon le style ecclésiastique. C'est pourquoi le P. Goar a traduit : *Coronatur servus Dei propter ancillam Dei ;* et il remarque fort bien qu'on ne doit pas traduire *coronat*, car ce n'est pas l'époux qui couronne l'épouse, ni elle qui couronne l'époux : c'est l'Église qui les couronne, et qui les unit ensemble du lien de mariage, signifié par celui qui joint ensemble les feuilles et les fleurs, dont sont composées les couronnes nuptiales, pour servir de symbole de l'union étroite dans laquelle ils entrent par un consentement mutuel, qui, selon plusieurs théologiens, est la matière du sacrement, ce qu'aucun Grec n'a dit des couronnes ni de l'anneau nuptial. Or, comme cette cérémonie est celle par laquelle finit la bénédiction nuptiale qui unit les contractants, et que ces mots et d'autres semblables doivent être entendus suivant le sens non dans le style ecclésiastique, on peut dire avec beaucoup de raison que cette formule signifie l'union faite de l'homme et de la femme par l'autorité de l'Église. Ainsi *un tel est joint par le mariage à une telle* signifiera la même chose que *ce* qui se dit par les prêtres, suivant le rit présent : *Ego vos conjungo*; de même que, de l'aveu de tous les théologien, *baptizatur* est la même chose dans le rit grec, que *ego te baptizo* dans le latin.

Les anciens offices latins sont si conformes à ceux des Grecs, dont nous venons de rapporter les extraits, qu'on reconnaît aisément qu'ils viennent d'une même source. On ne trouve pas qu'ils soient appelés autrement que *bénédictions nuptiales*, et les plus anciens qui sont dans les Missels consistent en des messes particulières pour ceux qui contractaient mariage, et toutes les oraisons, la préface et les dernières bénédictions sont pour demander à Dieu qu'il bénisse cette union : *Ut quod te auctore jungitur, te auxiliante servetur. Ut quod generatio ad mundi edidit ornatum, regeneratio ad Ecclesiæ perducat augmentum. Videant filios filiorum suorum usque in tertiam et quartam progeniem, et te benedicant omnibus diebus vitæ suæ.* C'est ce qu'on trouve dans l'ancien Missel de Gélase, sans qu'il y ait d'autre formule particulière pour la conjonction que fait le prêtre des personnes qui se marient. Il ne paraît pas même que les plus anciennes continssent autre chose que les prières et les bénédictions particulières de l'Église, qui étaient confirmées par l'oblation du sacrifice de l'Eucharistie, suivant ce fameux passage de Tertullien (1) : *Pourrons-nous suffisamment louer le bonheur de ce mariage que l'Église dispose, que l'oblation confirme, que la bénédiction scelle, dont les anges rendent témoignage, et que le Père ratifie.*

Dans un autre office fort ancien, on voit d'abord la bénédiction de l'anneau, parce que les Latins n'en bénissent ordinairement qu'un. Les mariés assistaient à la messe, et après la paix le prêtre les bénissait en ces termes (2) : *Que Dieu le Père vous bénisse et vous conserve; que le Seigneur vous montre sa face et qu'il ait pitié de vous; qu'il tourne son visage vers vous et qu'il vous donne la paix. Que Jésus-Christ vous remplisse de toute sorte de bénédiction spirituelle pour la rémission de vos péchés, afin que vous parveniez à la vie éternelle. Le Dieu d'Abraham, le Dieu d'Isaac, le Dieu de Jacob vous conjoigne, et qu'il accomplisse ses bénédictions sur vous.*

Les offices qui approchent le plus de l'antiquité de ces premiers contiennent les mêmes oraisons, avec cette différence qu'il y en a quelques-uns suivant lesquels la bénédiction qui peut tenir lieu de forme, et qui exprime davantage la jonction des mariés faite par le prêtre, est dite sur eux avant les autres prières, et même avant qu'ils entrent dans l'église. *Deus Abraham, Deus Isaac, Deus Jacob sit vobiscum, et ipse vos conjungat, impleatque benedictionem suam in vobis.* On marque aussi le psaume : *Beati omnes qui timent Dominum*, comme dans les offices grecs, après lequel suivent diverses bénédictions pour demander à Dieu qu'ils vivent sous sa protection, dans son amour, dans l'observation de ce qu'il ordonne, qu'ils y vieillissent en paix et qu'ils soient multipliés pour longtemps; qu'ils voient leurs enfants et les enfants de leurs enfants jusqu'à la troisième et quatrième génération; que Dieu, qui unit autrefois les premiers pères, sanctifie les cœurs et les corps des mariés ; qu'il les bénisse et qu'il les unisse par la société et par l'amour d'une véritable charité. On continue la messe, et, après la paix, le prêtre prononce sur eux une bénédiction fort semblable pareillement à celle des Grecs, où il est parlé de la première institution du mariage, et il demande à Dieu que la femme ait toute sorte de vertus et qu'elle ressemble à Sara, à Rebecca, à Rachel, etc. Enfin on bénit du pain et du vin qu'on leur fait goûter.

En d'autres offices plus modernes, et dont l'antiquité ne semble pas être de plus de quatre ou cinq cents ans, on trouve presque toutes les mêmes prières, avec fort peu de différence; mais après la dernière bénédiction, le prêtre prenant la main droite de l'époux et la gauche de l'épouse, dit : *Au nom du Père, et du Fils, et du Saint-Esprit. Le Dieu d'Abraham, d'Isaac et de Jacob soit avec vous; qu'il vous conjoigne, et qu'il accomplisse en vous sa bénédiction.* Cette même formule se trouve en d'autres Rituels plus récents ; et ce n'est que dans ceux qui le sont encore plus, qu'avec la plupart des prières et des bénédictions, le prêtre dit : *Ego vos desponso*, ou : *Ego vos conjungo*, paroles dans lesquelles on ne voit pas que les théologiens de ces temps-là aient établi la forme du mariage, puisque S. Thomas la fait consister dans les paroles et les autres signes mutuels du consentement des parties; outre que la plupart des scolastiques prétendent que la forme n'est pas dans les paroles du prêtre, mais dans la convention et l'acceptation réciproque que l'homme et la femme font l'un de l'autre.

Donc puisque, comme il paraît par la comparaison des rites grecs et des latins, on trouve que les prières sont les mêmes, qu'elles marquent les mêmes grâces que l'Église demande à Dieu pour ceux qui entrent dans l'état de mariage, que les mêmes passages de la sainte Écriture y sont employés pour marquer son institution et le rapport mystique qu'il y a avec l'union de Jésus-Christ et de l'Église, qu'ils y appliquent les paroles de S. Paul, lorsqu'il dit que c'est un grand mystère à cause de cette ressemblance ; enfin puisque toutes les autres circonstances requises pour la validité du mariage sont observées par les Grecs, il est difficile de comprendre qu'on puisse contester qu'ils le reconnaissent pour un véritable sacrement ; car tout ce que le concile de Trente a dit sur cette matière, si on excepte l'article qui regarde le divorce pour cause d'adultère, est entièrement conforme à ce

---

(1) *Unde sufficiamus ad enarrandum felicitatem hujus matrimonii quod Ecclesia conciliat, confirmat oblatio, et obsignat benedictio, angeli renuntiant, Pater ratum habet.* Tert., *ad uxor.*, l. 2.

(2) *Benedicat et custodiat vos Deus Pater, ostendatque Dominus faciem suam vobis et misereatur vestri. Convertat Dominus vultum suum ad vos et det vobis pacem; impleatque vos Christus omni benedictione spirituali in remissionem peccatorum ut habeatis vitam æternam. Deus Abraham, Deus Isaac, Deus Jacob ipse vos conjungat, impleatque benedictionem suam in vobis.*

qu'ils enseignent; ils reconnaissent qu'après l'ancienne institution du mariage considéré purement comme naturel, Jésus-Christ, instituteur des sacrements, nous a mérité par sa passion la grâce qui perfectionne l'amour de l'homme et de la femme, qui confirme l'union indissoluble et qui sanctifie les mariés. Ils rapportent sur cela le passage de S. Paul. Ils ont donc la même doctrine que les Pères du concile de Trente.

Puisqu'il y a plusieurs anciens Rituels qui ne contiennent pas les paroles capables de signifier l'action du ministre, il ne faut pas s'étonner que d'anciens manuscrits grecs omettent celles qui sont dans les Eucologes ordinaires : *Un tel, serviteur de Dieu, est couronné*, etc., au lieu desquelles on trouve celles-ci : *Vous l'avez couronné de gloire et d'honneur*. C'est ainsi qu'on lit cette formule dans un ancien manuscrit de Grottaferrata, que le P. Goar avait conféré avec les imprimés, et dans un autre de la bibliothèque Barberine. Donc tout ce qui peut passer pour forme ou paroles du prêtre administrant ce sacrement se réduit à des bénédictions, et cependant ni les Grecs ni les Latins n'ont douté que la grâce sacramentelle ne fût accordée par cette cérémonie et par ces prières à ceux qui contractaient le mariage selon cette discipline. Il faut présentement achever ce qui regarde celle des Grecs.

On voit que les Latins ont ordinairement célébré la messe pour donner la bénédiction nuptiale, et il y a beaucoup d'apparence que cet usage était autrefois commun à toutes les églises, puisque plusieurs d'Orient le conservent encore, et la latine pareillement. On voit aussi qu'on donnait autrefois la communion aux mariés, et qu'ils présentaient leurs offrandes à l'autel, ce qui supposait le droit de la recevoir. C'est apparemment de cette coutume qu'était venue la discipline ancienne d'observer la continence durant quelques jours, à l'exemple du jeune Tobie, comme marquent quelques canons, ou, comme on trouve dans celui que citent Egbert, archevêque d'Yorck, et Burchard, par respect pour la bénédiction nuptiale. Cette coutume a duré fort longtemps, et même elle donna lieu à un grand abus, parce qu'en quelques endroits les ecclésiastiques, sous prétexte de maintenir la discipline, exigeaient des droits pour en dispenser, ce qui dura jusqu'en 1501; Étienne Poncher, évêque de Paris, ayant inséré dans ses statuts un arrêt du parlement de Paris de cette même année, qui supprima cet abus, sur la plainte qu'en firent les habitants d'Abbeville. Le plus ancien témoignage de l'antiquité sur ce respect religieux que l'Église ordonnait aux nouveaux mariés est dans le quatrième concile de Carthage, canon 13°, qui a été rapporté par tous les anciens canonistes.

Dans tous les Eucologes modernes, il n'est point parlé de Liturgie ni de communion pour les mariés, et même il ne semble pas qu'elle pût présentement avoir lieu, parce que les Grecs font ordinairement leurs mariages le soir. Mais dans de plus anciens manuscrits, dont le P. Goar a rapporté les extraits, on voit qu'autrefois on donnait la communion à ceux qui recevaient la bénédiction nuptiale; et, ce qui est le plus remarquable, on les communiait avec les présanctifiés. Cette coutume subsistait encore du temps de Siméon de Thessalonique, car il la rapporte comme une des parties de la cérémonie; et c'est encore un argument contre les protestants pour la communion sous une seule espèce. Les présanctifiés étaient dans un calice, et on ne mêlait pas, comme dans l'office ordinaire des présanctifiés, une particule dans un autre calice où il y avait du vin ordinaire, que quelques-uns croyaient être sanctifié ou même changé par ce mélange. On donnait aux communiants une particule consacrée, et ensuite le prêtre versait du vin ordinaire dans un vase de verre. Il en faisait la bénédiction par une prière particulière, après laquelle l'époux et l'épouse buvaient un peu de vin, et le vase était cassé sur-le-champ. Comme l'autorité de Siméon de Thessalonique est grande parmi les Grecs, nous rapporterons ce qu'il dit touchant la cérémonie du mariage.

Dans le chapitre 276 de son traité des Sacrements, après avoir défini le sacrement de mariage, il explique les significations mystiques des couronnes, et les principales conditions préliminaires du mariage, célébré selon les lois de l'Église : qu'on met des couronnes sur la tête des mariés, comme pour couronner la virginité que l'un et l'autre, s'ils ont vécu chrétiennement, doivent avoir conservée; d'autant plus que les hommes, souhaitant de trouver leurs femmes vierges, doivent apporter les mêmes dispositions, afin que le mariage soit béni, et que, selon S. Paul, la couche nuptiale soit sans tache et sans souillure; que Jésus-Christ est présent à un tel mariage, dans lequel il y a une bénédiction parfaite; que s'il y a de l'adultère, du rapt et d'autres ordures, Jésus-Christ, le très-saint et le chaste Époux des âmes, ne s'y peut trouver. Il faut donc, poursuit Siméon, éviter toutes les irrégularités, les mariages incestueux et autres irrégularités, et se régler selon le tome d'Union, qui est une constitution fameuse parmi les Grecs, faite à l'occasion des mariages de Léon-le-Philosophe, à cause qu'il avait épousé consécutivement quatre femmes. Celui qui se marie deux fois est soumis à une pénitence par les saints Pères, et elle est encore plus sévère à l'égard de celui qui se marie trois fois. Il le peut faire néanmoins, s'il n'a pas d'enfants, jusqu'à l'âge de quarante ans, après lequel, suivant la même constitution, on ne peut permettre de troisièmes noces.

Il marque ensuite que si les personnes qui doivent se marier ont encore leurs pères et leurs mères, ceux-ci doivent venir pour donner leur consentement, après lequel on dresse le contrat en présence de plusieurs témoins; que le notaire qui le dresse commence par le signe de la croix, et qu'il met devant les signatures des mariés et des témoins, pour signifier que c'est l'ouvrage de Dieu; et tous touchent la plume, pour marquer qu'ils approuvent ce qui est écrit.

On les conduit ensuite à l'église, ce qui signifie que l'homme reçoit de l'Église la femme qu'il doit épouser.

Le prêtre, revêtu de ses ornements, met sur l'autel deux anneaux, l'un de fer et l'autre d'or, le premier pour l'homme, et l'autre pour la femme; depuis ce temps-là les Eucologes marquent que l'un est d'or et l'autre d'argent. Il met aussi sur la sainte table de l'autel les saints dons présanctifiés, parce que l'action se fait devant Jésus-Christ, qui leur servira de communion et d'union, dans la sanctification, dans la foi orthodoxe et dans la chasteté; c'est-à-dire que par la communion et l'union avec Jésus-Christ, ils seront sanctifiés et confirmés dans la foi et dans la chasteté conjugale. Le prêtre met une coupe commune sur une petite table où il y a du vin, et, sortant vers la porte de l'église, il fait la cérémonie des fiançailles.

Il bénit Dieu et prononce les oraisons qu'on appelle εἰρηνικά, parce qu'elles se font pour la paix et la conservation de toute sorte d'états, et en particulier pour ceux qui doivent être mariés. Après qu'elles sont achevées, le prêtre en fait une particulière, afin que Dieu, qui réduit les choses divisées à l'unité, qui a béni Isaac et Rébecca, bénisse aussi de sa bénédiction spirituelle ceux qui se marient. Il parle d'Isaac et de Rébecca sans parler des autres femmes du temps ancien, parce que Isaac n'épousa pas d'autre femme, qu'il la prit de sa propre famille légitimement et par une manière de contrat, et qu'il vécut avec elle seule dans toute la chasteté conjugale; outre qu'il était le seul véritable fils d'Abraham, né suivant la promesse et béni de Dieu. Le prêtre ne fait mention d'aucune femme qui ait vécu dans l'état de mariage sous la loi de grâce; parce que le mariage n'est pas une action que les chrétiens doivent avoir principalement en vue, quoiqu'il ait été béni par Jésus-Christ, à cause de la fragilité humaine, et pour la conservation de ce monde corruptible. Mais la fin parfaite de l'Évangile est la virginité et la pureté, à laquelle il exhorte ceux qui la peuvent soutenir. Il explique ensuite les autres cérémonies des fiançailles.

Il décrit de même la cérémonie des épousailles, et il marque que les mariés se présentent devant l'autel avec respect, comme étant devant Dieu; qu'ils tiennent des cierges, et que le prêtre dit sur eux une première prière, par laquelle il demande à Dieu de les joindre ensemble; il prend les mains de l'un et de l'autre, les joint ensemble pour signifier leur parfaite union; puis il bénit les couronnes qu'il prend sur l'autel, et il les met sur leurs têtes.

Le prêtre par la seconde prière demande à Jésus-Christ, qui a rendu le mariage honorable par sa présence aux noces de Cana, de conserver les mariés dans la paix et dans la concorde, de rendre leur mariage honorable, de conserver leur couche nuptiale sans tache, et de leur donner une longue et heureuse vie, afin qu'ils vieillissent en observant ses commandements. Puis tous disent l'oraison Dominicale en action

de grâces de ce qui se fait à leur égard, pour marquer leur entière soumission, pour demander les biens dont ils ont besoin, et pour la communication du Saint-Esprit par la sainte chair de son Fils, qui est le pain céleste. Après d'autres prières marquées dans les Eucologes, il bénit une coupe ordinaire. Aussitôt il touche le calice où sont les présanctifiés, et il dit à haute voix : *Les choses saintes présanctifiées pour les saints.* On dit les oraisons ordinaires, puis il communie les nouveaux mariés, s'ils sont préparés à recevoir la sainte communion. Il faut, poursuit-il, qu'ils y soient préparés, afin qu'ils soient couronnés dignement, et qu'ils soient mariés dans l'ordre : car la sainte communion est la fin de toute cérémonie sacrée et le sceau de tout divin mystère. Et l'Église fait bien en préparant les saints dons pour la rémission des péchés et la bénédiction des nouveaux mariés, parce que Jésus-Christ est lui-même présent au mariage, lui qui donne les dons et qui les est; comme aussi pour leur procurer une union pacifique et une parfaite concorde. C'est pourquoi il faut qu'ils soient dignes de recevoir la communion; qu'ils soient mariés dans l'église, qui est la maison de Dieu, comme étant ses enfants et en sa présence, puisque par les saints dons il y est lui-même sacrifié et exposé, et qu'il est vu au milieu de nous. Puis il leur présente la coupe ordinaire, disant : *Calicem salutaris accipiam*, à cause des saints dons. Il marque en même temps qu'on ne donne pas la communion aux bigames.

On a marqué ci-devant que ce même usage de donner la communion dans la célébration du sacrement de mariage est confirmé par de très-anciens manuscrits, entre autres celui de Grottaferrata, qui est conforme à ce que rapporte Siméon de Thessalonique, et dont le P. Goar a cité les paroles. La coupe dans laquelle il n'y a que du vin ordinaire est plutôt une coutume qu'une cérémonie ecclésiastique; puisque, selon le témoignage des mêmes auteurs, elle est appelée κοινὸν ποτήριον, et c'est ordinairement un verre qu'on casse aussitôt en le jetant à terre. C'est pourquoi le même P. Goar a très-judicieusement remarqué que toutes les conjectures d'Arcudius sur cet article ne méritent pas la moindre attention.

Les autres prières que Siméon rapporte, et dont il explique la signification, ont toutes rapport à la grâce sacramentelle pour l'union des âmes, plutôt qu'à celle des corps, par la foi et par les bonnes œuvres, et pour l'éducation chrétienne des enfants, qui est le véritable fruit du mariage. Ainsi, comme ces avantages regardent la sanctification d'une chose naturelle, pour en faire un usage spirituel; que les Grecs sont persuadés, aussi bien que les catholiques, que les cérémonies, les prières, la soumission à l'Église, devant laquelle et selon les lois de laquelle les mariés se donnent la foi l'un à l'autre, produisent la grâce, on ne peut douter que, selon Siméon de Thessalonique et tous les théologiens grecs, ils ne reconnaissent le mariage pour un véritable sacrement de la nouvelle loi.

CHAPITRE III.

De la créance et de la discipline des Orientaux touchant le mariage.

Comme on reconnait aisément quand on examine les rites des chrétiens orientaux, orthodoxes, hérétiques, ou schismatiques, qu'ils les ont tous pris de l'église grecque, dans le temps qu'elle était entièrement unie avec celle d'Occident, puisqu'on trouve la même conformité de discipline dans ce qui regarde la bénédiction nuptiale, il y a tout sujet de croire que la doctrine est aussi semblable. On voit en effet que tous ces chrétiens, melchites, nestoriens ou jacobites, ont les mêmes rites et les mêmes prières en substance que l'église grecque de laquelle ils sont sortis, les mêmes lois et la même discipline; ce qui est une preuve certaine qu'ils ont conservé la même créance, et on le prouve par leurs auteurs.

Ebnassal, le canoniste, dont l'autorité est très-grande dans l'église cophte, explique sur ce sujet la doctrine qui y était reçue en ces termes : *On ne peut célébrer le mariage, et il n'est point parfait, sinon par la présence du prêtre, par la prière qu'il prononce sur les contractants et par l'oblation de la sainte Eucharistie qui se fait pour eux en même temps qu'ils sont couronnés, et que par cette cérémonie les deux personnes sont unies en un seul corps, ou en une seule chair, comme dit le Seigneur. Si ces conditions ne concourent pas, cette union n'est pas réputée mariage; car c'est l'oraison qui rend licite aux hommes l'usage des femmes, et aux femmes celui des hommes.* Abusélah, dans le traité de la Science ecclésiastique, a dit la même chose en peu de mots. *Il faut,* dit-il, *que la femme avec l'homme qui est son chef, se présentent devant l'autel du Dieu très-haut; qu'ils mettent dans leur mémoire l'instruction que leur fait le prêtre, et qu'ils communient au corps et au sang du Seigneur, afin qu'ils soient faits un même corps.* Echmimi, fameux canoniste, parle en cette manière : *Tout ce qui regarde le mariage est expliqué dans le premier canon de S. Épiphane. Celui qui prend une femme sans que la prière (de l'Église) ait précédé, sera soumis à la même pénitence que les fornicateurs, et ils la recevront lui et la femme, après qu'on aura fait sur eux la prière; et il sera plus à propos qu'ils se séparent pour un temps. Car on ne doit pas regarder la fornication comme un mariage; et elle ne doit être jamais censée pour tel. Il vaut donc mieux qu'ils se séparent, s'ils peuvent néanmoins souffrir d'être privés de l'usage du mariage; et, en ce cas, qu'ils soient séparés et qu'ils soient soumis à la pénitence des fornicateurs, qu'on adoucira cependant pour éviter de plus grands inconvénients.* Ensuite, après avoir dit que cette pénitence devait être de quatre ans, qui était celle qu'on imposait ordinairement à ceux qui avaient eu commerce avant le mariage avec les femmes qu'ils épousaient, il conclut, par la même raison qui est alléguée par Ebnassal, que *le commerce avec une femme n'est licite que par l'oraison et par la célébration de la Liturgie,* c'est-à-dire la bénédiction nuptiale. Abulbircat dit que *le mariage doit être annoncé et publié avant que d'être célébré, parce que les saints canons défendent que personne soit couronné,* c'est-à-dire marié, *secrètement; mais il le doit être en présence de témoins. On ne peut contracter de mariage, et il est nul, s'il n'est pas célébré en présence du prêtre qui prononce des prières sur les mariés, et leur donne la communion de la sainte Eucharistie, dans le temps du couronnement, par lequel ils sont joints et deviennent un seul corps. S'ils font autrement, cela n'est pas réputé à leur égard pour un mariage : car c'est la prière qui rend licite aux hommes l'usage des femmes, et des hommes aux femmes.* Les autres auteurs n'en parlent pas différemment.

Les canons de S. Epiphane que cite Echmimi se trouvent dans une collection qui est très-authentique parmi tous les Orientaux, au nombre de cent trente-six, parmi lesquels il y en a plusieurs qui regardent le mariage. Ce n'est pas l'évêque de Salamine, mais celui qui était patriarche de Constantinople sous l'empereur Justinien. Il est étonnant que les jacobites défèrent à sa collection de canons, puisqu'étant orthodoxe, ils le devraient regarder comme hérétique, et non pas comme un saint. On trouve néanmoins cette collection dans toutes les églises où la langue arabe est en usage; et ce qui lui donne autorité est que tous les canons qu'elle contient sont tirés des anciens conciles reçus par toute l'Église. On parlera ailleurs de cette collection et des autres reçues dans les églises orientales. Il faut présentement parler des prières dont elles se servent pour la bénédiction nuptiale.

Nous avons dit qu'elles sont conformes aux grecques, et par conséquent à celles que nous trouvons dans les anciens offices latins. Elles contiennent des demandes à Dieu pour obtenir sa bénédiction sur les personnes qui entrent dans l'état de mariage, afin que non seulement ils y trouvent les avantages temporels, la paix, la douceur, une vie heureuse et longue, une lignée nombreuse, mais encore plus le véritable lien du mariage dans la concorde et l'union chrétienne, dans le secours mutuel, pour s'encourager réciproquement à observer les commandements de Dieu, dans l'augmentation des enfants de l'Église, dans leur bonne éducation, et dans l'éloignement de tout ce qui n'est pas conforme à la sainteté du mariage chrétien. L'espérance d'obtenir ces grâces qui appartiennent à la nouvelle loi est fondée sur ce que Dieu a institué dès le commencement l'union de l'homme avec la femme, pour faire qu'ils fussent deux en une même chair, ce qui rend ce lien indissoluble; qu'il a béni les mariages des anciens patriarches; que Jésus Christ a honoré les noces par sa présence, et que son union mystique avec l'Église est une des sources de la sanctification du mariage. Tel est l'esprit de ces prières, par lesquelles il est aisé de reconnaître qu'on demande une grâce sanctifiante et par conséquent sacramentelle. Il sera bon d'en donner quelques extraits.

Dans un ancien Rituel jacobite syrien : *Seigneur, vous avez créé notre père Adam, et vous l'avez établi sur tout ce que vos mains ont fait; vous lui avez donné une* femme pour son secours ; vous les avez bénis, et vous leur avez dit : « *Croissez et multipliez...* » Vous avez dit dans votre Évangile que « l'homme quittera son père et sa mère et s'attachera à sa femme, et qu'eux deux ne feront plus qu'un seul corps ; » et, de plus, que « personne sur la terre ne pourrait séparer ce que Dieu avait uni. » *Nous vous supplions, Seigneur, que par la multitude de votre miséricorde vous bénissiez vos présents serviteurs, qui viennent à votre saint temple pour être unis en charité spirituelle, et pour recevoir de votre grâce et par notre ministère la couronne nuptiale ; que vous les combliez de biens durant leur vie, et qu'ils glorifient votre grand nom. Bénissez-les, Seigneur, comme vous avez béni Abraham et Sara, Isaac et Rébecca, Jacob et Rachel... Donnez-leur des enfants qui ne leur causent point de chagrin, et qui vivent sans péché, qu'ils puissent les amener à votre temple, et qu'ils soient recommandables par la pureté de leurs mœurs, comme les enfants d'Aaron. Que Dieu vous comble de ses bénédictions,* dit le prêtre en parlant aux mariés ; *qu'il mette dans vos cœurs la fermeté de sa foi, que vous soyez comme une bonne terre qui rapporte beaucoup de fruits ; que vous passiez vos jours dans la félicité et dans la concorde. Que les bénédictions célestes descendent sur vous, afin que vous soyez de bons pères, point fâcheux à leurs enfants, que vous en ayez qui soient des enfants de bénédiction et de pureté, en sorte que de leur nombre on fasse des prêtres et des ministres du saint autel.*

L'union mystique de Jésus-Christ avec l'Église est exprimée en plusieurs endroits de ces prières, dans lesquelles sont insérés divers passages du Cantique des cantiques qui ont rapport à ce mystère, qui est le fondement du sacrement de mariage ; et par cette raison, ils chantent dans le même office le psaume 44, dont le sens mystique est presque semblable, suivant l'explication des Pères.

Dans une autre oraison du rit jacobite on voit encore plus expressément marquée l'intention de l'Église, qui est que les bénédictions qu'elle demande pour ceux qui se marient regardent plus leur bien spirituel que le temporel. *Bénissez-les, Seigneur, et unissez vos serviteurs ici présents qui s'unissent par le mariage ; confirmez-les dans l'espérance, la charité et la foi, ainsi que dans les œuvres de justice et de droiture, afin que leur mariage soit aussi louable que ceux des anciens pères pieux et justes, qui se sont unis par piété, dont la postérité a été comblée de bénédictions, et qui a été multipliée comme le sable de la mer et les étoiles du ciel ; donnez-leur des fruits de justice et des enfants de bénédiction.* Après cela on demande pour eux des bénédictions temporelles, comme ci-dessus.

Dans une dernière bénédiction : *Époux véritable des âmes chastes et pures, accordez à vos serviteurs qui se joignent par le mariage, et qui par mon ministère vous en ont fait le médiateur, qu'il sorte d'eux une odeur agréable de bonnes mœurs et de vertus, qu'il y ait entre eux une véritable charité, une paix, une tranquillité et une concorde que les passions ne puissent troubler. Fortifiez-les, afin qu'ils conservent ensemble une parfaite chasteté de l'âme et du corps.*

Les cérémonies que pratiquent les Orientaux sont fort semblables à celles des Grecs. Les Cophtes suivent le Rituel du patriarche Gabriel, qui les prescrit de cette manière : Après les matines et la prière du point du jour, l'époux sort de sa maison avec ses parents et ses amis. Quelques prêtres et diacres le reçoivent à la porte de l'église, ayant des cierges et des sonnettes. On chante quelques répons ; et, ayant mis l'époux au lieu où se doit faire la cérémonie, on va de même recevoir l'épouse, qui est menée à l'endroit où se mettent les femmes. Le prêtre est revêtu de ses habits sacerdotaux, et le diacre des siens. On met cependant sur l'autel, du côté de l'Évangile, une robe neuve, une ceinture, une croix, un anneau et de l'encens. On récite les psaumes pénitentiaux, puis quelques répons ; *Kyrie, eleison* ; le psaume 31, puis on dit l'Épître et l'Évangile en cophte, et ensuite en arabe, avec les cérémonies de la Liturgie ; l'oraison générale pour la paix, le symbole, la prière d'action de grâces et l'absolution comme dans la Liturgie. Le parrain découvre les habits destinés à l'époux que le prêtre bénit, et les lui fait mettre ; puis il le ceint de la ceinture, qui est en Égypte depuis plusieurs siècles la marque extérieure de la profession du christianisme ; il lui met l'anneau au doigt, puis on va au lieu où se doit faire le couronnement. Ensuite on mène l'époux à l'endroit où sont les femmes, et on le présente à l'épouse qui est assise à sa place ; il lui met dans la main droite l'anneau auquel est attachée la couronne, après les avoir reçus du prêtre, et l'épouse étendant sa main pour recevoir l'anneau et la couronne, témoigne ainsi qu'elle donne son consentement, et qu'elle accepte pour son mari celui qui les lui présente.

La marraine de l'épouse l'amène dehors, et la place à la droite de l'époux. On étend sur leurs têtes un voile blanc, pour signifier qu'ils sont joints par une union chaste, pure et sainte. On chante quelques répons, et on lit encore un évangile, après quoi le prêtre prononce la bénédiction sur l'un et sur l'autre, et à chaque fois qu'il prononce leurs noms il fait sur eux le signe de la croix. Puis il bénit de l'huile, et il en fait une onction sur eux ; après quoi il bénit les couronnes, il dit une oraison, et il les leur met sur la tête en disant : *Le Père les couronne d'honneur et de gloire ; le Fils bénit ; le Saint-Esprit couronne, descend et achève.* On répond ἄξιος, *il est digne*. On trouve aussi une oraison plus ample, qui est en forme de bénédiction, à peu près dans le même sens et dans les mêmes termes que celles des Rituels grecs et latins, après quoi on commence la Liturgie. Ce Rituel ne marque pas que les nouveaux mariés y reçoivent la communion ; mais il paraît que cela doit être sous-entendu, parce que les auteurs cités ci-devant le marquent expressément ; outre qu'en divers traités ou offices il est marqué qu'on ne la donne pas aux bigames ; ce qui fait juger que ceux qui se mariaient en premières noces la recevaient.

Abulbircat, dans les chapitres où il traite du mariage, rapporte les mêmes cérémonies ; ce qui devait être ainsi, puisque cet auteur a expliqué la créance et la discipline de l'église cophte, dont Gabriel, patriarche d'Alexandrie, était le chef. Il serait inutile d'en rapporter des extraits, puisque ce serait répéter ce qui a été dit dans ceux qui ont été donnés ci-devant. Les cérémonies consistent dans la bénédiction de l'anneau nuptial et des couronnes ; dans la manière de les donner et dans la tradition, comme ils disent, que le prêtre fait de l'homme à la femme, et de la femme à l'homme, en quoi consiste, après les signes de consentement mutuel, ce qu'il y a de plus essentiel dans le rit extérieur, tant de la part des contractants que de la part du prêtre qui les conjoint. C'est ce qui est clairement expliqué dans une dernière bénédiction d'un office des jacobites syriens, en ces termes : *Voyez*, leur dit le prêtre, *que vous êtes ici devant Dieu et devant la sainte table, qui est le trône de Jésus-Christ, et devant cette assemblée de personnes qui ne vous sont pas inconnues. Dès ce moment donc nous vous donnons l'un à l'autre. Dieu en sera témoin entre vous et moi, et je serai innocent des plaintes que vous pourriez faire contre moi dans la suite.*

Les prières, quoiqu'elles varient dans la disposition des paroles, sont néanmoins toutes conformes entre elles pour le sens, qui est le même que celui des prières grecques et latines. Les paroles de l'Écriture sainte, par lesquelles nous prouvons que le mariage est un sacrement, particulièrement celles de S. Paul : *Sacramentum hoc magnum est, in Christo dico et in Ecclesiâ*, y sont employées. L'union mystique de Jésus-Christ avec l'Église, dont le mariage est le symbole, y est souvent marquée et relevée par diverses expressions orientales qui, dans le sens simple, signifient qu'il est l'auteur et le sanctificateur du mariage chrétien, qu'il a sanctifié par le mérite de sa passion, en épousant l'Église sur la croix, et en lui donnant son sang pour dot. On connaît parmi les théologiens cette parole aussi pieuse que grande de S. Augustin, que *les sacrements de l'Église sont coulés du côté de Jésus-Christ transpercé sur la croix ;* ce qui signifie que Jésus-Christ les a institués, et qu'il y a attaché la grâce qu'ils produisent. On trouve la même pensée tournée en diverses manières dans les livres des chrétiens orientaux, particulièrement dans les parties de leurs offices qui sont en vers, dont ils ont un très-grand nombre. Ainsi lorsqu'ils disent que *Jésus-Christ a épousé l'Église sur la croix, après l'avoir purifiée par son sang précieux*, et qu'aussitôt ils joignent cette expression avec les paroles par lesquelles ils demandent à Dieu qu'il répande ses grâces sur ce mariage, cela signifie qu'ils le distinguent entièrement de l'union naturelle de l'homme et de la femme aussi bien que du contrat civil, et qu'ils y reconnaissent quelque chose de plus excellent, qui est la grâce sanctifiante.

De plus, comme on l'a observé en parlant des prières qui se trouvent dans les Rituels grecs et latins, quoiqu'on demande à Dieu pour les mariés des bénédictions temporelles, comme Jésus-Christ nous a prescrit de demander nos nécessités temporelles dans l'oraison Dominicale, cependant la principale demande, et la plus souvent répétée, regarde les bénédictions spirituelles, la charité, la concorde, pour s'aider et se fortifier réciproquement en marchant dans les voies du Seigneur et pour observer ses commandements ; celle de donner des enfants à l'Église par la régénération du baptême, de les élever chrétiennement, et d'en faire de dignes ministres des autels. Ces biens n'appartiennent ni à la nature ni à la loi, mais à l'Évangile, aussi bien que l'indissolubilité du mariage ; d'où on conclut que la grâce signifiée et produite par ces prières est une véritable grâce évangélique qui ne peut être produite que par les sacrements ; d'où il s'ensuit que selon les Orientaux, aussi bien que selon les Grecs, le mariage est un véritable sacrement.

Les protestants ne peuvent dire que nous devinons et que nous donnons nos conjectures pour des raisons ; ce sont eux-mêmes qui tombent dans ce défaut ; car ayant fait des définitions arbitraires des sacrements, inconnues à toute l'antiquité, et qui même ne conviennent pas exactement aux deux seuls qu'ils reconnaissent, quand ils prétendent prouver que ceux qu'ils rejettent ne sont pas sacrements, ils ne prouvent rien à l'égard de l'Église universelle, qui a eu une idée fort différente et de la définition et de la chose définie. Mais quand nous disons, sur des fondements aussi solides que sont ceux de la conformité des rites et des prières, que l'église d'Orient reconnaît pour sacrement ce que les protestants rejettent comme une superstition née dans l'église romaine, les Grecs s'expliquent assez eux-mêmes pour qu'on n'en puisse douter, après les témoignages de leurs auteurs anciens et modernes qui ont été rapportés, et qui sont entièrement conformes aux décisions de trois synodes tenus à Constantinople et de celui de Jérusalem.

Pour ce qui regarde les Syriens jacobites ou orthodoxes, les nestoriens, les Cophtes et ceux qui composent la même église, lorsqu'on a expliqué à ceux de ces derniers temps ce que nous entendions par le mot de *sacrement*, quoique leurs langues n'aient pas un nom commun pour les signifier tous, comme la latine et la grecque, ils n'ont pas laissé d'approuver notre créance sur ce sujet. Mais les anciens ayant dit clairement que le mariage célébré en face de l'Église et la bénédiction qu'elle donne à ses enfants qui s'unissent ensemble, produit la grâce convenable à cet état, grâce toute spirituelle, et qui tire son origine de la passion de Jésus-Christ ; et qu'ils ajoutent qu'il n'est permis à aucun chrétien de prendre une femme sans cette bénédiction de l'Église, il est hors de doute qu'ils reconnaissent que cette cérémonie est un sacrement. C'est ce qu'on expliquera encore dans le chapitre suivant.

CHAPITRE IV.
Réflexions sur la doctrine et la discipline des Grecs et des Orientaux touchant le mariage.

Les réflexions qui peuvent se faire sur la doctrine

et la discipline des Grecs et des Orientaux touchant le mariage se réduisent à trois chefs : les unes regardent les protestants ; les autres ont rapport à ce que quelques catholiques ont écrit sur ce sujet ; enfin d'autres peuvent servir à donner une idée juste de la créance des églises d'Orient, indépendamment des questions traitées par les théologiens modernes suivant les principes de l'école.

A l'égard des protestants, ils disputent contre les Grecs et contre les Orientaux, ou contre les catholiques, et leurs objections ne sont pas les mêmes contre les uns que contre les autres. Les professeurs de Tubingue disputèrent ainsi contre le patriarche Jérémie, en lui voulant prouver que le mariage contracté en face de l'Église, et béni par ses ministres, n'était pas un sacrement, et cela en conséquence de la définition vicieuse qu'ils avaient posée pour fondement de leur théologie sur les sacrements, et des conditions qu'ils supposaient nécessaires afin qu'une cérémonie sacrée pût être regardée comme un sacrement de la nouvelle loi. Ce patriarche réfuta tout leur système, il maintint que l'Église reconnaissait sept sacrements du nombre desquels était le mariage, citant et approuvant ce qu'avait écrit sur le même sujet Siméon de Thessalonique ; et dans la dernière réponse qu'il leur fit, parmi les causes qu'il allégua, en les priant de ne lui plus écrire sur des matières de religion, il marquait celle-ci, qu'ils rejetaient les sacrements reçus dans toute l'Église. Gabriel de Philadelphie, Mélèce Piga, Georges Coressius, Grégoire protosyncelle ont maintenu la même doctrine, ainsi que les synodes assemblés contre Cyrille Lucar et contre Jean Caryophylle ; la Confession orthodoxe, l'*Enchiridion* de Dosithée, l'ouvrage de Mélèce Syrigus et quelques autres, prouvent invinciblement que les Grecs ne sont pas dans des sentiments différents de ceux de Siméon de Thessalonique et de Jérémie. On doit donc regarder comme fini le premier article de cette dispute, qui est de savoir si les Grecs reconnaissent le mariage chrétien comme sacrement ; et puisque, outre les témoignages de leurs théologiens, les déclarations publiques de leur église assemblée synodalement le confirment, il n'est pas possible d'en douter. Par conséquent on ne doit pas avoir le moindre égard à ce que des voyageurs prévenus ou mal informés, des controversistes outrés, tant de faiseurs de dissertations et de thèses historico-théologiques ont écrit au contraire. Que si quelques-uns, prenant un autre tour, ont voulu prouver que la cérémonie de la bénédiction nuptiale n'était pas un sacrement, ce qu'ont tâché de faire les théologiens de Wittemberg, ce n'est pas l'affaire des catholiques, c'est celle des Grecs, que de pareils adversaires n'ont pas ébranlés, puisque à peine dans l'espace de plus d'un siècle ils en ont attiré trois ou quatre dans leurs opinions, et même ce n'a pas été par des raisonnements théologiques, mais par des moyens tout différents. Il s'ensuit donc que les catholiques n'ont rien avancé que de véritable, quand ils ont soutenu que les Grecs reconnaissaient sept sacrements, et entre autres le mariage ; et que la conséquence qu'ils en ont tirée pour prouver la perpétuité de la foi catholique sur tous les points controversés avec les protestants, par le consentement de tout l'Orient, est incontestable.

C'est pour y répondre autant qu'il leur était possible, que quelques-uns, se servant de ce que divers catholiques ont écrit contre les Grecs, ont tâché de prouver que la bénédiction nuptiale selon le rit grec ou oriental ne pouvait être considérée comme sacrement. Mais il est fort inutile de ramasser de pareils témoignages, ce que néanmoins les savants du Nord, particulièrement Feblavius, ont fait avec beaucoup de peine, puisque non seulement les Grecs et les Orientaux prétendent que la plupart de ces censeurs leur imputent faussement plusieurs opinions et abus qu'ils ne connaissent point, pour prouver que leurs sacrements ne sont pas valides ; mais aussi parce que les théologiens les plus versés dans l'antiquité ecclésiastique ont reconnu que la plupart de ces objections étaient fondées sur des rites mal entendus, ou sur de faux principes, de sorte qu'on n'y a plus aucun égard. Quand ces accusations seraient plus solides, tout ce qui s'ensuivrait serait que ceux qui sont chargés du soin des Grecs unis à l'Église catholique, ou les missionnaires devaient travailler à réformer les abus, s'il y en a, ou à éclaircir de pareilles difficultés ; mais cela ne prouverait pas qu'ils ne croient point que le mariage soit un sacrement. Car quoiqu'on puisse dire avec vérité que ceux qui nient la présence réelle n'ont pas le sacrement de l'Eucharistie, on ne pourrait pas dire néanmoins qu'ils ne la reconnaissent pas pour un sacrement.

Pour ce qui regarde divers auteurs catholiques qui ont attaqué l'église grecque sur cet article, comme sur beaucoup d'autres, la plupart étant sans autorité, et n'ayant écrit que comme particuliers, ne peuvent donner atteinte à une discipline à laquelle le concile de Florence n'a pas touché ; et s'ils citent le décret pour les Arméniens, qui fut fait après la conclusion de l'union, il n'a aucun rapport aux Grecs, qui étant déjà partis, n'en eurent point de connaissance ; auxquels il ne fut point proposé par les légats qui furent peu de temps après envoyés à Constantinople, et qui ne l'a pas été à ceux des Grecs qui se sont réunis depuis à l'Église catholique. La profession de foi, dont la formule a été réglée sur celle qui fut dressée par ordre de Pie IV après le concile de Trente, et qui fut imprimée sous Clément VIII en diverses langues orientales, afin d'être proposée aux Orientaux qui voudraient se réunir, ne contient autre chose que la reconnaissance des sept sacrements, du nombre desquels est le mariage. Les difficultés qui naissent de la théologie scolastique, et qui n'appartiennent pas à la foi, ne peuvent servir de règle pour juger de celle des Grecs et des Orientaux ; d'autant plus que la censure qu'en ont faite quelques-uns de ces théologiens ne s'étend pas moins sur la discipline ancienne, même de l'Église latine, que sur celle des chrétiens d'Orient.

Mais comme le travail que nous avons entrepris n'est pas de faire une apologie de la créance et de la discipline de leurs églises, nous nous contentons de rapporter fidèlement ce qu'ils croient et ce qu'ils pratiquent; et sur cela les théologiens pourront juger si leur foi et leur discipline sont conformes à ce que l'antiquité la plus éclairée a cru et pratiqué sur le mariage, ou si elle en est différente. On reconnaîtra par ce moyen si c'est avec raison que les catholiques, aussi bien que les Orientaux schismatiques ou hérétiques, prétendent conserver l'ancienne tradition et la doctrine de l'Église, en pratiquant à l'égard de ceux qui se marient les cérémonies sacrées et les prières par lesquelles ils sont bénis, et en croyant qu'elles produisent la grâce sanctifiante, d'où il s'ensuit qu'ils y reconnaissent un sacrement de la nouvelle loi.

Il faut d'abord se souvenir de ce qui a été dit ailleurs touchant la théologie des Grecs et des Orientaux pour ce qui regarde les sacrements. Les Grecs, quoiqu'ils aient fort cultivé la philosophie, principalement celle d'Aristote, ne l'ont appliquée à la théologie que dans le besoin, lorsque la dispute les y a engagés; et ce n'a presque été que depuis les schismes, particulièrement près que les Latins se furent rendus maîtres de Constantinople. Les établissements qui s'y firent de divers ordres religieux, parmi lesquels il y avait des plus habiles théologiens de ce temps-là; les traductions grecques de plusieurs traités de S. Thomas, et les conférences fréquentes qui furent tenues pour la réunion, les engagèrent à suivre la même méthode, et ce fut principalement dans la question de la procession du Saint-Esprit. Pour ce qui a rapport à la doctrine des sacrements, comme il n'y avait sur cela aucune dispute, ce n'a été que depuis le concile de Florence qu'ils ont commencé à traiter cette matière suivant la manière des scolastiques : car Siméon de Thessalonique écrivant un peu avant ce concile, quoiqu'il explique les sacrements fort en détail, ne se sert d'aucun de leurs termes, se contentant de marquer le dogme, de l'appuyer par l'autorité de l'Écriture sainte et des Pères, et de marquer la discipline, dont il rend les raisons mystiques, ajoutant presque toujours des digressions amères contre les Latins.

Cependant ni lui, ni Cabasilas, ni d'autres dont les ouvrages n'ont pas encore vu le jour, ne les accusent de s'être servis des termes de matière et de forme; il n'y eut sur cela aucune contestation ni à Ferrare, ni à Florence, quoique quelques théologiens y donnassent souvent occasion. Ceux qui sont venus depuis, ayant connu par les études que plusieurs avaient faites dans les écoles d'Italie, que cette manière d'expliquer la théologie des sacrements n'avait rien de suspect, l'ont acceptée sans aucun scrupule, et sans craindre de passer dans leur pays pour latinisés. Ainsi nous voyons que Gabriel de Philadelphie a suivi cette méthode, et que Coressius, Grégoire protosyncelle, Syrigus et tous les autres l'ont imitée. Il est vrai qu'ils ne sont pas entrés dans le long détail de questions théologiques qu'on traite dans les écoles, parce qu'elles n'appartiennent pas à la foi; mais on peut reconnaître par les lettres de Mélèce Piga, patriarche d'Alexandrie, qu'ils ne les ignorent pas, et qu'ils ne condamnent pas celles qui naissent directement des principes reçus dans l'une et dans l'autre église. Par exemple, dans une de ses lettres, en disputant, même avec aigreur, contre les Latins sur la communion sous les deux espèces, il convient de la concomitance du corps et du sang de Jésus-Christ dans l'Eucharistie, parce qu'elle suit nécessairement de la doctrine de la présence réelle. De même, quoiqu'il dise que ce n'est pas une coutume reçue parmi les Grecs de porter le S.-Sacrement en procession, il assure que la pratique des Latins ne mérite aucun reproche. Les Grecs reçoivent donc sans la moindre difficulté ce qu'il y a d'essentiel dans la théologie des sacrements, et leurs livres théologiques en fournissent des preuves suffisantes; mais il ne faut pas exiger d'eux que dans ce qui regarde la foi ils fassent entrer quantité de questions qui n'y appartiennent pas, et sur lesquelles cependant plusieurs modernes ont censuré trop sévèrement leur créance et leur discipline, condamnant tout ce qui n'a pas de rapport à nos usages, et qui pourrait ne pas s'accorder avec des principes qui sont tout au plus probables, mais qui ne peuvent être regardés comme de foi.

Les Syriens, orthodoxes, schismatiques ou hérétiques, les Cophtes et les autres chrétiens orientaux, gémissant depuis plus de mille ans sous la tyrannie des Mahométans, et n'ayant eu presque aucun autre moyen de s'instruire des vérités de la religion que par la lecture d'un petit nombre de livres écrits en leurs langues, quoiqu'ils aient traité fort subtilement les questions théologiques qui regardent le mystère de l'Incarnation, soit en attaquant la créance du concile de Calcédoine, soit en défendant les erreurs des nestoriens ou des jacobites, soit en combattant pour la vérité de la religion chrétienne contre les Juifs et contre les Mahométans, n'ont jamais néanmoins traité de cette manière ce qui regarde les sacrements. Ils n'ont point eu d'hérésies à combattre, et ils n'ont pas, comme les Grecs, des traités qui puissent tenir lieu de corps de théologie. Ainsi, lorsqu'ils ont expliqué la doctrine des sacrements, ce n'a été qu'en marquant ce que la foi enseignait, les passages de la sainte Écriture qui y avaient rapport, quelques-uns des saints Pères, des canons et des instructions. Il ne faut donc pas demander d'eux qu'ils entrent dans des questions, ou qu'ils combattent des erreurs qu'ils ne connaissent point, encore moins qu'ils sachent tout ce que les théologiens ont dit sur les sacrements; et c'est cependant la seule chose sur laquelle ceux qui leur contestent les sacrements peuvent fonder leur censure, trop rigoureuse, de l'aveu même des plus habiles théologiens.

Ils reconnaissent avec les Grecs que le mariage, ou pour mieux dire, *la bénédiction nuptiale*, est une cérémonie sacrée, instituée par Notre-Seigneur Jésus-

Christ, aussi bien que toutes les autres reçues par tradition apostolique. Que cette cérémonie, accompagnée des prières du prêtre, produit une grâce spéciale, qui regarde uniquement le mariage chrétien, puisque ce n'est pas pour obtenir une heureuse lignée, ni les commodités de la vie dans l'état conjugal que l'Église prie et bénit les mariés; mais afin qu'ils vivent en véritables chrétiens, dans la paix et dans la concorde, que leurs enfants soient régénérés par le saint baptême; qu'ils soient élevés dans la crainte de Dieu, en sorte qu'ils méritent par leur vertu de parvenir au sacerdoce; enfin que les nouveaux mariés imitent la foi et la vertu des patriarches. C'est-là certainement une grâce sacramentelle; et puisqu'ils croient qu'elle est produite par la bénédiction nuptiale, ils reconnaissent qu'elle est un sacrement.

Comme leurs théologiens n'ont jamais parlé de matière ni de forme, il ne faut pas s'étonner s'ils n'en font aucune mention; mais lorsqu'on leur explique ce que l'Église romaine entend par ces termes, ils n'y trouvent point de difficulté, comme les Grecs n'y en ont trouvé aucune. Cependant, s'ils n'ont pas les mêmes expressions, ils ont la même doctrine; car, si on suppose que le consentement des parties est la matière, comme enseignent plusieurs théologiens avec l'école de S. Thomas, les Grecs et les Orientaux le considèrent comme le fondement de toute la cérémonie. Quelque opinion qu'aient sur cela les autres théologiens, car ils sont fort partagés, s'ils établissent que la matière consiste dans les paroles des parties, ou dans les autres actes par lesquels ils témoignent leur consentement, elle se trouvera toujours dans le mariage célébré selon le rit oriental.

Il en est de même de la forme, que S. Thomas dit consister dans les paroles par lesquelles est exprimé le consentement; et certainement elles se trouvent dans le même rit, aussi bien que tous les autres actes dans lesquels divers théologiens croient qu'on doit l'établir. Ceux qui supposent que ce sont les paroles du prêtre, lorsqu'il dit: *Ego vos conjungo*, en pourront trouver d'équivalentes dans les rites grecs et orientaux. Car, suivant le sentiment du P. Goar et d'autres hommes très-savants, ce que disent les Grecs: *Un tel, serviteur de Dieu, est couronné pour telle*, a un sens entièrement semblable, comme il a été marqué ci-dessus. Enfin ce serait une grande témérité de condamner un usage conforme à celui de l'Église latine dans les siècles passés, parce qu'on n'y trouve pas une forme que le concile de Trente n'a pas marquée. Que si on examine ce que d'autres théologiens distingués ont écrit sur cela, entre autres Maldonat, qui fait consister la matière dans l'union de l'homme et de la femme, comme un signe extérieur de l'union de Jésus-Christ avec l'Église, et la forme dans cette signification qu'on ne peut concevoir que par la pensée, on reconnaîtra que dans le mariage selon les rites grecs et orientaux il ne manque aucune des conditions nécessaires pour un véritable sacrement.

En recueillant ce qui se trouve dans leurs auteurs et dans leurs offices, on ne laisse pas de trouver un système assez simple de théologie touchant le mariage sur lequel on peut juger certainement de leurs sentiments : car outre, qu'ils reconnaissent l'institution divine et la grâce sanctifiante dans la bénédiction nuptiale, ils ne la regardent pas comme diverses autres bénédictions, dont ils ont un grand nombre, mais comme quelque chose de plus excellent et de plus mystérieux. Ils se fondent sur le passage de S. Paul : *Sacramentum hoc magnum est ; in Christo dico et in Ecclesiâ* : car, quoiqu'ils n'aient pas un mot qui exprime précisément celui de *sacrement*, selon l'usage qu'il a présentement dans la théologie, et qu'il ait parmi eux une signification plus étendue, comme μυστήριον parmi les Grecs, ils entendent néanmoins en ce passage ce que les Grecs et Latins y entendent, c'est-à-dire que le mariage chrétien, τίμιος γάμος, νόμιμος γάμος, signifie l'union de Jésus-Christ avec l'Église, qui est la source des grâces qu'il renferme, et que l'Église communique à ses enfants, en approuvant et ratifiant le mariage contracté selon ses règles et selon ses lois; le bénissant et le sanctifiant par les rites sacrés et par les prières.

Ils ne regardent pas cette bénédiction comme une action de piété et de simple conseil, à laquelle on exhorte ceux qui se marient, mais comme un précepte de nécessité absolue; en sorte que cette bénédiction seule, comme ils disent, *rend réciproquement licite le commerce naturel de l'homme et de la femme*. C'est pourquoi parmi un assez grand nombre de questions qui se trouvent dans leurs canonistes touchant les mariages on n'en trouve pas une seule pour demander si ceux qui ont été contractés sans cette bénédiction sont valides; car ils ne doutent pas qu'ils ne le sont point, quoique les parties aient donné leur consentement, que le contrat ait été fait, et que les parents et les témoins aient été présents. Ils disent que de tels mariages sont une fornication, et ils mettent en pénitence ceux qui se marient sans la bénédiction de l'Église. Il paraît donc qu'ils distinguent tout ce qui dépend des parties contractantes, de ce qui a rapport au ministère ecclésiastique dans cette union; qu'ils regardent le consentement, les paroles et tout le reste qui est commun au mariage naturel et civil, aussi bien qu'au mariage chrétien, comme des conditions nécessaires, et sans lesquelles il est défendu de bénir les noces; mais que ce n'est pas en cela qu'ils font consister ni la signification mystique de l'union de Jésus-Christ avec l'Église, ni la cause des grâces que produit la bénédiction, puisque ce sont des actions purement naturelles, qui ne peuvent produire un effet surnaturel, comme est la grâce sacramentelle. Ils la rapportent donc uniquement à Jésus-Christ comme auteur de toute sanctification dans les âmes, par l'autorité duquel les prêtres la demandent et l'obtiennent en vertu des prières de l'Église, le considérant en cette cérémonie comme le véritable époux de l'Église et de nos âmes; ce qu'ils répètent souvent dans leurs offices. Par conséquent, ce qu'ils reconnaissent comme sacramentel est ce que les parties contractantes font en présence et sous les ordres des ministres de Jésus-Christ, et ce que ces mêmes ministres sacrés font et disent pour demander à Dieu la sanctification du mariage, et pour le ratifier au nom de l'Église, de laquelle ils croient que dépend tout ce qui peut leur attirer les bénédictions spirituelles, qu'on doit souhaiter dans un mariage chrétien.

Ce n'est pas qu'ils cassent et déclarent nuls les mariages qui ne seraient pas faits en face de l'Église, ou, comme ils disent, qui *n'auraient pas été couronnés :* car nous n'avons trouvé aucune constitution ni réponse canonique des Orientaux qui puisse le faire croire. Ils ne touchent pas au contrat civil, mais ils punissent par de sévères pénitences, comme une conjonction illicite, celle qui n'a pas été permise, approuvée et confirmée par la bénédiction de l'Église; ils ne nient pas que ce soit un mariage, mais ils ne le reconnaissent pas pour un mariage chrétien, c'est-à-dire comme un sacrement; et lorsque la pénitence de ceux qui se sont mariés autrement est accomplie, ils suppléent à ce défaut en célébrant à leur égard la bénédiction nuptiale. Le prêtre en est le ministre nécessaire : car, puisque le sacrement de mariage n'est pas d'une nécessité absolue comme le baptême, il n'y avait pas lieu de distinguer deux sortes de ministères, l'ordinaire et l'extraordinaire. Ainsi l'opinion commune aux Grecs, aussi bien qu'aux Orientaux, est que celui qui n'a pas reçu la bénédiction nuptiale par le prêtre n'a pas reçu le sacrement de mariage. En effet, Dosithée nous apprend qu'il y eut un grand trouble dans l'église grecque, à l'occasion d'un malheureux qui, n'étant pas prêtre, et faisant semblant de l'être, avait administré les sacrements, et entre autres celui du mariage, dans le diocèse d'Andrinople. On ne connaît point en Orient un nombre infini de questions que nos auteurs ont faites sur cette matière, et il est fort inutile de les proposer comme des règles selon lesquelles on doive examiner la créance des Grecs et des Orientaux, puisqu'en se bornant à ce qui est de foi, on reconnaîtra qu'ils sont fort éloignés de toutes les nouveautés des protestants, et qu'ils croient ce que croit l'Église romaine, si on excepte l'article de la séparation pour cause d'adultère, dont nous parlerons dans la suite.

On formera sans doute une objection sur ce qu'il paraît qu'ils font consister l'essentiel du sacrement dans la bénédiction et dans les prières par lesquelles il est célébré, selon Syrigus, qui en cela s'accorde avec tous les théologiens de sa communion; et c'est ce que disent aussi les théologiens orientaux; et parce que d'autres, comme Grégoire protosyncelle, disent que la forme de ce sacrement est la grâce. Dans la première expression quelques-uns croiront, par des préjugés peu conformes à l'ancienne théologie, que des prières ne suffisent pas pour être la forme du sacrement, mais d'autres les ont suffisamment réfutés, sans que nous ayons besoin d'entrer dans cette question; car l'Église n'a point déterminé en quoi consistait la forme du sacrement de mariage, et celle dont on se sert présentement ne la contient pas, selon S. Thomas, ni selon plusieurs théologiens de ces derniers temps. Mais indépendamment de cette raison, qui était suffisante néanmoins pour engager les missionnaires du Levant à ne pas changer entièrement les Rituels, pour substituer le romain à leur place, comme fit Alexis de Ménesès, il y a encore une raison particulière qui justifie les Orientaux. C'est qu'ils ne sont pas assez subtils pour avoir découvert que les sacrements ne puissent être validement célébrés, sinon par des formules impératives ou indicatives, et qu'ils croient que les prières opèrent efficacement, et par conséquent qu'elles peuvent être les formes des sacrements. En cela ils sont dans le sentiment de plusieurs théologiens de notre siècle, et de l'ancienne Église, qui a longtemps administré plusieurs sacrements par des prières, et dans le langage de laquelle, *prier sur l'eau du baptême, sur l'Eucharistie, sur l'huile, sur les pénitents,* est la même chose que de célébrer et administrer les sacrements de baptême, de l'Eucharistie, de la confirmation et de la pénitence.

De cette manière ils regardent comme une conjonction purement naturelle celle de l'homme avec la femme, qui est légitime lorsqu'elle est faite selon les lois; le consentement des parties, les paroles et les autres actes, comme des conditions nécessaires; et la bénédiction de l'Église comme le sacrement. Ainsi, selon eux, tout mariage qui n'a pas cette bénédiction n'est point sacrement, parce qu'il n'est pas béni, ni approuvé par l'Église, dépositaire des sacrements, et c'est sur ce principe qu'ils terminent toutes les questions qui ont rapport au mariage.

Il y a donc tout sujet de croire que les Grecs et les Orientaux ne se trompent pas, quand ils assurent qu'ils conservent de tradition apostolique le mariage comme un sacrement institué par Jésus-Christ, et par lequel est produite la grâce nécessaire à ceux qui entrent dans l'état conjugal. Aussi le P. Goar, Arcudius même et la plupart de ceux qui ont écrit sur cette matière, ne doutent pas que le mariage administré suivant le rit grec ne soit un véritable sacrement, ce qui doit s'entendre pareillement de celui des Syriens, des Cophtes et de toutes les autres nations chrétiennes d'Orient. C'est aussi le jugement qu'ont fait les continuateurs de Bollandus dans leur dissertation sur les Cophtes. *On prouve manifestement que le mariage est un sacrement, quand on n'en aurait pas d'autres preuves, de ce que le prêtre qui est présent et qui prononce les prières ordinaires sur ceux qui se marient, répète de temps en temps que la grâce leur est conférée quand ils reçoivent ce sacrement. Tout s'y fait avec ordre: d'abord on fait les fiançailles; on évite les empêchements; le consentement mutuel et l'acceptation sont expressément déclarés; et ensuite on célèbre la messe, à la fin de laquelle l'époux et l'épouse, s'étant auparavant confessés, reçoivent la sainte Eucharistie, et i s s'en vont en paix. Je ne puis comprendre qu'est-ce que les critiques peuvent dire qu'il manque ici pour faire un véritable sacrement,*

Si les Cophtes manquent en d'autres choses par ignorance, il est clair que cela ne peut faire aucun préjudice ni à ce sacrement ni aux autres (1).

L'auteur de cette dissertation finit cet article par une note contre Vanslèbe, sur ce qu'il dit que le même jour les parties se confessent et communient, et que par conséquent la pénitence ne s'étend pas jusqu'à douze jours, comme il avait dit ailleurs. Mais il n'y a sur cela aucune difficulté. La confession de ceux qui reçoivent la bénédiction nuptiale est semblable à celle que depuis plusieurs siècles les chrétiens qui vivent dans l'innocence, exempts de tous les péchés capitaux, font souvent, ou au moins tous les ans, pour obéir au précepte de l'Église, et que nous trouvons ordonnée de même par les canons des jacobites, et par ceux de Denis Barsalibi, dont il a été parlé dans la dissertation sur la pénitence. Si quelqu'un se présentait au mariage ayant la conscience chargée de plusieurs péchés, non seulement il ne recevrait pas la communion le même jour, mais on ne l'admettrait pas à la bénédiction du mariage. C'est ce qui est marqué dans une ancienne collection de questions et de réponses canoniques, où on demande *ce qu'on doit faire à l'égard d'un homme qui, étant souillé de plusieurs péchés, s'est marié, et quelle doit être la pénitence qu'on lui impose; comme aussi, si un homme qui s'est abandonné à plusieurs débauches peut se marier, et si la femme doit subir la même pénitence.* La réponse est conçue en ces termes : *La pénitence consiste à obtenir la rémission du péché, à renoncer entièrement aux mauvaises habitudes, et à faire pénitence des péchés passés; ce qu'il faut que le pécheur fasse par une ferme résolution qu'il prend en lui-même, et en présence de Dieu, et suivant la conduite d'un prêtre dont l'expérience soit éprouvée. Quand il aura accompli toutes ces choses, et qu'il se sera éprouvé lui-même, il se peut marier, et la femme n'est point obligée à cette pénitence, parce qu'elle est purifiée et sanctifiée par le baptême, et par le couronnement, c'est-à-dire par la bénédiction nuptiale.* Ces paroles prouvent donc que la confession ordinaire faite avant la communion, n'est pas celle de grands péchés qui soumettent à la pénitence canonique, mais des péchés véniels; et elles nous apprennent en même temps un point de discipline qui n'est pas marqué ailleurs, et qui est, que les jacobites n'accordent pas la bénédiction nuptiale à ceux qui, ayant des péchés griefs sur la conscience, n'en ont pas fait auparavant pénitence.

(1) Inter sacramenta (matrimonium) verum et proprium habere locum ut cætera omittam, eo est aperto conficitur quòd sacerdos nubentibus assistens, et consuetas preces recitans, identidem repetat gratiam contrahentibus ex eâ susceptione conferri. Omnia ordinatè procedunt, præmittuntur sponsalia, caventur impedimenta, mutuus consensus et acceptatio expressè declarantur; iisque ritè peractis celebratur missa, sub cujus finem sponsus uterque præviè confessus sacram Eucharistiam recipit et in pace dimittitur. Quid hic ad sacramenti rationem deesse velint critici, haud equidem assequor. Si quid aliunde peccet Coptorum ignorantia, id neque huic, neque aliis sacramentis detrimentum afferre posse perspicuum est. *Tom. 5 Jun.*, § 224.

selon les règles de l'Église. Cela marque encore qu'ils reconnaissent cette bénédiction pour un sacrement; et les dernières paroles de la réponse en fournissent une nouvelle preuve, dans la comparaison qu'elles contiennent du baptême avec le couronnement, ou bénédiction nuptiale. Selon eux, il confère une grâce sanctifiante ou purifiante, ce qui en arabe a le même sens, comme le baptême. Cette grâce est donc sacramentelle, et par conséquent, selon la doctrine de leur église, le mariage est un sacrement aussi bien que le baptême.

CHAPITRE V.

Des secondes, troisièmes et quatrièmes noces selon les Grecs et les Orientaux.

La discipline des Grecs touchant les secondes noces est expliquée si exactement par leurs canonistes, particulièrement par Matthieu Blastarès, et dans le Droit oriental, qu'il n'y a qu'à les consulter pour en être parfaitement instruit. Ce qui a précisément rapport à la matière que nous traitons, est qu'ils ne couronnent pas les secondes noces, et c'est un canon qui se trouve marqué dans tous les Eucologes : *Le bigame n'est point couronné.* Ils ont même un office particulier pour les secondes noces, fort différent de celui qu'ils célèbrent pour bénir les premières; il est défendu aux prêtres d'assister au festin de ces noces, de peur qu'ils ne paraissent les approuver par leur présence; et suivant l'ancienne discipline qui subsiste présentement, même dans l'Église latine, les bigames sont exclus des ordres sacrés. Les melchites, les nestoriens et les jacobites, de quelque langue et de quelque nation qu'ils soient, ont la même discipline; les Grecs ne l'ont pas inventée, puisqu'elle se trouve pratiquée dès les premiers siècles de l'Église, où on a toujours entendu ces paroles de S. Paul : *Unius uxoris virum*, de celui qui n'avait épousé qu'une femme en premières noces, et qui étant devenu veuf, ne s'était pas remarié. Ceux qui ont voulu donner un autre sens à ce passage, n'ont pas fait de réflexion sur les mœurs des anciens chrétiens, parmi lesquels on n'aurait pas souffert qu'un laïque eût plusieurs femmes, puisque cela n'était pas même permis chez les païens.

Cette discipline s'est donc établie parmi les Orientaux comme parmi les Grecs, par l'ancienne tradition, et elle n'est fondée sur aucune erreur, ni sur aucune opinion particulière qu'on puisse leur reprocher. Celle que l'Église a condamnée consiste à rejeter absolument les secondes noces, comme faisaient les montanistes, les novatiens et quelques autres hérétiques, que les Grecs et les Orientaux condamnent également, suivant le huitième canon du concile de Nicée, par lequel il est ordonné que ces derniers *seront reçus en abjurant leurs erreurs, et en promettant de communiquer avec les bigames et ceux qui étaient tombés dans l'idolâtrie durant la persécution.* Or les Syriens, les Cophtes et tous les autres chrétiens ayant ce même canon de Nicée dans leurs collections, ainsi que divers autres qui y sont conformes, il est hors de doute qu'ils ne condamnent pas absolument les secondes noces.

Mais la grande idée qu'ils ont du mariage chrétien, comme figurant l'union de Jésus-Christ avec l'Église, leur a fait considérer les secondes noces comme n'ayant pas ce même rapport, qui se trouve plus entier, à ce que disent leurs auteurs, lorsque les contractants sont vierges de part et d'autre. De plus, ils ont considéré que la plus ancienne discipline de l'Église excluait du ministère des autels tous ceux qui s'étaient mariés en secondes noces ; que même on n'y admettait personne sinon en lui imposant une pénitence, qu'elles portaient un caractère d'incontinence peu digne de la sainteté du christianisme ; enfin que les prières pour bénir les secondes noces semblaient n'être que pour demander à Dieu qu'il pardonnât à ceux qui, par fragilité, avaient besoin de ce remède. Tels ont été les sentiments des plus grands saints, successeurs des apôtres, qui ont établi cette discipline sur la tradition qu'ils avaient reçue d'eux, et que les Orientaux considèrent comme apostolique, non seulement parce qu'elle se trouve observée dès le commencement dans toutes les églises, mais aussi parce qu'elle est marquée dans les constitutions des apôtres, pour lesquelles, ainsi qu'il a été dit ailleurs, ils ont une singulière vénération, croyant qu'elles ont été mises en écrit de leur temps, ou par eux-mêmes.

Ils ne disent rien sur ce sujet dans leurs canons particuliers, ni dans leurs traités théologiques, qui ne soit tiré des saints Pères ou des canons des anciens conciles. Ils citent d'abord le dix-septième des apôtres, qui exclut de l'épiscopat, du sacerdoce et de tout ministère ecclésiastique ceux qui après leur baptême ont contracté de secondes noces ; le troisième du concile de Néocésarée qui marque qu'on mettait en pénitence ceux qui se mariaient la seconde fois ; et en particulier ils se fondent sur l'autorité de saint Basile dans sa lettre à Amphilochius, traduite depuis plus de mille ans en syriaque, et qui se trouve en arabe dans toutes leurs collections. C'est sur ce fondement et sur ce qui se pratiquait dans toute l'église d'Orient, lorsque les nestoriens et les jacobites s'en sont séparés, qu'ils ont établi la discipline de ne point couronner les bigames. Les Grecs ont une constitution particulière du patriarche Nicéphore : *Le bigame n'est point couronné, mais il est séparé de la communion des saints mystères durant deux ans, le trigame durant trois ans.* Mais il y a longtemps qu'elle n'est plus en usage, comme il paraît par une réponse de Nicétas, métropolitain d'Héraclée, insérée dans le Droit oriental, et qui marque qu'*on couronnait alors les bigames et les trigames, et qu'on les séparait néanmoins de la communion durant une ou deux années.* Théodore Balzamon, dans sa réponse aux questions de Marc, patriarche d'Alexandrie, dit que *l'ancienne loi a reconnu comme légitime même le troisième mariage, et ceux qui en étaient nés comme héritiers, qui étaient sous la puissance de leurs pères. Mais les canons des saints Pères*, continue-t-il, *non seulement ne reconnaissent pas le troisième mariage, mais ils soumettent le second à une pénitence médiocre. Du temps de l'empereur Léon-le-Philosophe, il y eut un grand trouble dans toutes les églises du monde, parce qu'il se maria, non seulement en troisièmes, mais en quatrièmes noces ; sur quoi il se fit une assemblée de presque tous les évêques de toutes les provinces, indiction 8, l'an du monde 6428, de Jésus-Christ 920. On y examina quels mariages pouvaient être reconnus et accordés comme légitimes, et quels étaient ceux qu'on devait rejeter. Ensuite sous l'empire de Constantin Porphyrogénète et de Romanus, son beau-père, après plusieurs contestations et un examen très-sérieux de la matière, on dressa le tome synodique, qui fut signé par l'empereur ; et il fut déclaré que les quatrièmes noces devaient être rejetées et ne pouvaient être permises ; que pour les troisièmes, on pourrait quelquefois les permettre, et qu'en d'autres occasions on ne les permettrait pas. Le même tome contient aussi que ceux qui, n'ayant pas passé quarante ans, se seraient mariés deux fois sans avoir d'enfants, pourraient contracter un troisième mariage, pour remédier à ce défaut de postérité ; que cependant ils seraient cinq ans en pénitence, sans approcher de la sainte communion. Il accorde aussi la permission de se marier pour la troisième fois à ceux qui deviennent veufs à l'âge de trente ans, quoiqu'ils aient des enfants, à cause de l'infirmité de l'âge, mais en les privant de la communion pendant quatre ans, après lesquels ils ne communieront que trois fois par an. Mais cette permission est refusée absolument à ceux qui ont passé l'âge de quarante ans.* Balzamon ajoute enfin que *le tome d'Union a ainsi réglé les choses, mais que jusqu'à son temps l'Église n'avait point permis les troisièmes noces.*

Nous n'entrerons pas dans un plus grand détail sur cet article, parce que la matière en est assez connue, et Blastarès l'a traitée fort au long dans son Abrégé de canons. On voit par l'histoire de l'empereur Léon-le-Philosophe, et par ce que disent les canonistes grecs sur cet acte qu'ils appellent *tome d'Union*, qu'il doit être regardé plutôt comme une loi civile, que comme une loi ecclésiastique. Cependant il faut convenir que depuis cette constitution, les Grecs ont fort altéré leur discipline sur les seconds mariages ; car ils couronnent ceux qui les contractent, quoiqu'avec moins de cérémonie qu'aux premières noces, et avec des prières entièrement différentes, dont voici la substance.

On dit d'abord les oraisons ordinaires, et on prononce deux bénédictions sur les mariés, auxquels le prêtre donne les anneaux comme dans les premières noces. Ensuite il dit une prière qui convient particulièrement aux secondes : *Seigneur, qui pardonnez à tous, et qui soignez à tous, qui connaissez ce que les hommes ont de caché, et qui avez une connaissance générale de toutes choses, pardonnez-nous nos péchés, et remettez les iniquités de vos serviteurs, en les appelant à la pénitence, en leur accordant le pardon de leurs fautes, et la rémission de leurs péchés volontaires et involontaires. Vous qui connaissez la faiblesse de la nature humaine, dont vous êtes le formateur et le créateur ; vous qui avez pardonné à Raab la pécheresse, et qui avez accepté la* pénitence du publicain, ne vous souvenez pas de nos péchés..... Vous, Seigneur, qui unissez vos serviteurs tel et telle, unissez-les par une charité réciproque ; accordez-leur la conversion du publicain, les larmes de la femme pécheresse, la confession du larron, afin que par une sincère pénitence de tout leur cœur, accomplissant vos commandements dans la concorde et dans la paix, ils puissent parvenir à votre royaume céleste. La seconde oraison est encore en termes plus forts : *Pardonnez, Seigneur, l'iniquité de vos serviteurs, qui ne pouvant soutenir le poids du jour, ni l'ardeur de la chair, s'unissent par un second mariage, ainsi que vous l'avez ordonné par Paul, votre apôtre, vase d'élection, qui a dit pour nous autres abjects,* « *qu'il valait mieux se marier que de brûler.* » *Vous donc qui êtes bon et plein de miséricorde envers les hommes, pardonnez et remettez nos péchés*, etc. Il n'y a pas beaucoup de différence dans les prières qui suivent, parce que l'usage présent de l'église grecque étant de couronner les secondes noces, on prend celles qui sont propres au couronnement ordinaire, ce qui ne se faisait pas autrefois, et ce que les autres chrétiens orientaux ne pratiquent point. Les Grecs font la même chose à l'égard des troisièmes noces ; mais pour les quatrièmes, il ne paraît pas qu'ils aient aucune bénédiction spéciale, et il les regardent comme un abus qu'ils sont obligés de tolérer pour le bien de la paix, mais sans l'approuver.

Ils fondent cette discipline sur les anciennes règles de l'Église, particulièrement sur ces paroles de S. Basile dans l'épître canonique à Amphilochius. *Nous avons*, dit-il, *réglé à l'égard de ceux qui se marient une troisième fois ou davantage ce qui devait être observé par proportion avec les bigames, que les uns séparent de la communion pendant un an, les autres durant deux ans. Souvent les trigames sont séparés trois ou quatre ans de la communion, et une telle alliance ne s'appelle plus mariage, mais polygamie, ou plutôt un concubinage châtié. C'est pourquoi Jésus-Christ dit à la Samaritaine, qui avait eu cinq maris :* « *Celui que vous avez présentement n'est pas votre mari*, » *parce que ceux qui ont passé les bornes des secondes noces ne méritent pas d'être appelés maris et femmes.*

Ces paroles de S. Basile sont le fondement de toute la discipline d'Orient, sur lesquelles les canonistes grecs ont donné divers éclaircissements par rapport à celle de leur temps. Zonare, le plus ancien de ceux qui ont commenté cette épître, ne marque rien de particulier, sinon la longueur et la manière de la pénitence, marquant qu'elle n'allait pas jusqu'à mettre ceux qui y étaient soumis au nombre de ceux qu'on chassait hors de l'Église, et qu'on appelait *flentes* ; mais parmi ceux qui pouvaient entrer, pour entendre la lecture des livres sacrés et les prédications, sans néanmoins assister aux saints mystères, de la participation desquels ils étaient exclus. Il donne seulement à entendre ce que Balzamon explique plus au long. C'est que l'Église ne cassait pas ces mariages qu'elle n'approuvait pas, ni même ceux qu'elle condamnait absolument, comme les quatrièmes. Balzamon rapporte à cette occasion les mêmes choses qui se trouvent dans sa réponse à Marc, patriarche d'Alexandrie, touchant le tome d'Union. Blastarès a rapporté le même canon, et il l'explique en peu de paroles, marquant que *les trigames sont soumis à cinq ans de pénitence, sans néanmoins que le mariage soit cassé* ; et il explique ces mots, *une débauche qui a des bornes et qui se réduit à une seule femme*. Il cite aussi le canon cinquantième de la même lettre de S. Basile, où il est dit qu'il n'y a point de loi pour les trigames, ce qui doit s'entendre, selon Blastarès, des lois ecclésiastiques qui n'étaient pas du temps de ce saint : *Nous ne les soumettons pas néanmoins aux peines publiques, parce que ces mariages sont plus tolérables qu'une fornication effrénée*, c'est-à-dire, selon Blastarès, qu'on ne les condamne pas jusqu'à les rompre ; mais, poursuit-il, *nous les recevons conformément à ce qui a été réglé dans le tome d'Union, dont il rapporte les paroles*. Siméon de Thessalonique le cite pareillement, ainsi que les autres canonistes grecs imprimés ou manuscrits, en sorte qu'il est certain que les Grecs, jusqu'à ces derniers temps, se sont réglés sur cette constitution.

Leurs principes sont fondés sur l'ancienne doctrine des Pères, qui, non seulement dans l'église grecque, mais dans la latine, ont fortement déclamé contre les mariages multipliés, particulièrement S. Jérôme, qui, parlant de la permission que S. Paul accorde aux veuves qui ne peuvent garder la continence de se remarier, dit que *l'Apôtre ne le veut pas absolument, mais qu'il est contraint de le vouloir, en tendant la main de la bigamie à ceux qui, par leur incontinence, étaient près de tomber dans l'abîme de la débauche. Que la jeune veuve qui ne peut ou ne veut pas garder la continence, prenne plutôt un mari que le diable... Il a accordé des préceptes et des lois de bigamie très-mauvaises, en leur accordant un second mari, comme un troisième, et si elles veulent un vingtième, afin qu'elles sachent qu'on ne leur accorde pas des maris, mais qu'on leur retranche les adultères* (1). Le zèle que S. Jérôme avait pour la virginité peut lui avoir fourni des expressions un peu fortes ; mais on s'en doit tenir à ce que dit S. Épiphane, que *l'Église a exhorté à la monogamie, mais que ceux qui contractaient par faiblesse plusieurs mariages n'étaient pas pour cela retranchés de son corps.*

Ainsi, de la discipline exposée ci-dessus, il s'ensuit que les Grecs sont fort éloignés de l'opinion des hérétiques qui retranchaient de leur communion les bigames, comme faisaient les novatiens ; et qu'ils conservent seulement un reste de l'ancienne discipline, en soumettant à la pénitence les bigames et les tri-

(1) Hoc non vult Apostolus, sed cogitur velle, et labentibus per incontinentiam in barathrum stupri digamiæ manum porrigere. Ideò adolescentula vidua, quæ non se potest continere vel non vult, maritum potius accipiat quàm diabolum... Concessit digamiæ præcepta non bona et justificationes pessimas, ita secundum indulgens maritum et tertium, si liberet etiam vicesimum, ut sciant non sibi viros datos, sed adulteros amputatos. *Hier. ad Satum.*

games, et en rejetant entièrement les quatrièmes noces. Ils refusent la bénédiction nuptiale aux troisièmes et aux quatrièmes, ce qui a été remarqué comme une de leurs erreurs, qui leur est commune avec les Orientaux, par quelques missionnaires, quoiqu'il s'en trouve peu qui aient connu leur discipline sur cet article. On peut en effet, suivant les principes de leur théologie rapportés ci-devant, juger qu'ils ne reconnaissent pas les troisièmes ou les quatrièmes noces pour un sacrement, parce qu'ils ne les bénissent pas, et qu'ils mettent en pénitence ceux qui les contractent. Or on ne donne pas de pénitence, et on ne prive pas durant quelques années de la communion, pour des actions bonnes ou indifférentes.

Ce qu'on peut dire sur cet article est que les Grecs, comme le témoignent Balzamon et Blastares, ne cassent pas les mariages de cette nature, quoiqu'ils les désapprouvent et qu'ils ne les bénissent pas. Si on croit, comme plusieurs théologiens, que le consentement des parties, les signes et les paroles sont ce qu'il y a d'essentiel dans le sacrement, il se trouve dans les secondes, les troisièmes et les quatrièmes noces, et par conséquent elles sont un sacrement. Que le défaut de la bénédiction de l'Église ne peut pas détruire ; puisque, selon S. Thomas, elle ne fait pas partie du sacrement. Mais comme les Grecs ni les Orientaux n'ont pas traité ces questions avec tant de subtilité, et qu'il semble qu'ils font consister le sacrement dans la bénédiction nuptiale, on en pourrait conclure que lorsqu'ils ne la donnent pas ils ne croient pas qu'il y ait de sacrement, c'est-à-dire un rit sacré qui produise une grâce spéciale. Il disent ordinairement, surtout les théologiens orientaux, que la conjonction naturelle de l'homme et de la femme ne devient licite que par la bénédiction de l'Église ; par conséquent le mariage qui en est destitué ne sera pas, selon eux, un sacrement. Cela n'empêche pas que ce mariage n'ait la même force que ceux qui sont célébrés selon les règles, et il n'est pas cassé comme d'autres entièrement illégitimes ; d'où il s'ensuit que quoique l'église grecque ne bénisse pas les troisièmes et quatrièmes noces, elle les permet néanmoins, et elles les tolère, non pas comme un moindre bien, mais comme un mal moins grief que la débauche ou le concubinage. Car une preuve certaine qu'ils regardent ces mariages comme un mal, est qu'ils les punissent même plus sévèrement que la simple fornication, outre qu'ils n'y trouvent pas la signification de l'union mystique de Jésus-Christ avec l'Église, prétendant qu'elle ne se rencontre que dans le premier mariage, qui est le seul qu'ils appellent τίμιος γάμος, et qui, selon S. Épiphane, *consiste principalement dans la monogamie.*

Il paraît qu'aucun particulier n'est en droit de traiter cette pratique comme contraire à la foi, puisqu'elle est fondée sur une autorité aussi considérable que celle de S. Basile, et sur une tradition de plusieurs siècles, que l'église grecque a pratiquée sans

P. DE LA F. III.

aucun reproche de la part des Latins, lorsque l'union a subsisté, et sur laquelle il n'y eut aucune contestation dans le concile de Florence. C'est cependant ce qu'ont fait quelques écrivains de ces derniers temps, dont un a donné des réponses comme faites à des questions proposées par le patriarche des maronites, dont un article était : qu'*ils ne croyaient pas qu'on pût admettre les hommes et les femmes à de quatrièmes noces.* A cela on répondit, selon cet auteur, par un passage de S. Jérôme cité dans le décret, par lequel il dit qu'*il ne condamnait pas ceux qui se mariaient, non seulement deux fois, mais encore plus ; et que la raison était que des noces, quoique multipliées, il en venait un bien, qui était les enfants et le remède à la concupiscence ; et que celui qui nie que cela soit permis n'est pas dans des sentiments catholiques* (1). Cet auteur devait marquer sur l'autorité de qui était fondée cette réponse, suivant laquelle non seulement les Grecs et les Orientaux, mais S. Basile et toute l'ancienne Église n'étaient pas orthodoxes ; ce qu'on ne peut dire sans une grande témérité, et ce n'est pas entendre l'ancienne discipline que d'en parler ainsi.

L'Église orientale a souffert les troisièmes et les quatrièmes noces, mais sans les approuver, puisqu'elle leur a refusé sa bénédiction. Elle n'a pas néanmoins retranché de son sein ceux qui les contractent, mais elle les a châtiés par des peines salutaires, en les mettant en pénitence, à laquelle n'étaient pas reçus ceux qui ayant commis quelque crime n'y auraient pas renoncé. Or, comme il a été remarqué, elle n'oblige pas les personnes mariées en troisièmes et en quatrièmes noces à se séparer, comme on y oblige ceux qui auraient contracté des mariages entièrement illégitimes, à cause des empêchements canoniques. Les autres sont donc considérés comme valides, et le commerce des contractants n'est pas condamné comme un concubinage illicite. Cela seul suffit pour montrer que l'église grecque ancienne et moderne n'a jamais été à cet égard dans des sentiments pareils à ceux des montanistes et des novatiens, puisqu'elle les condamne, en même temps qu'elle défend les noces dans lesquels l'incontinence est le principal motif qui y engage ceux qui les contractent.

CHAPITRE VI.

Quelle est la doctrine et la discipline des Orientaux sur le même sujet.

Il ne paraît par aucun monument d'antiquité ecclésiastique conservé dans les églises orientales que les melchites, les nestoriens ou les jacobites aient rien changé à l'ancienne discipline pour ce qui regarde les secondes noces. Les anciens canons qui défendent de couronner ceux qui les contractent sont dans leurs

---

(1) Ad quintum : Hic usus est contra illud Hieronymi, 31, q. 1, cap. *Aperiant.* Non damno, inquit, bigamos, imò nec trigamos et, si dici potest, octogamos, etc..., quia ex nuptiis quotiescumque repetitis existunt et bonum prolis et remedium concupiscentiæ. Catholicè itaque non sentit quid id licere negat. *De Convers. omn. gent.*, l. 7, c. 5, p. 489.

(Trente-deux.)

collections et dans leurs Rituels ; ils excluent des ordres ceux qui ont été mariés deux fois, et si un prêtre, un diacre ou un lecteur, après la mort de sa première femme, en prenait une seconde, il serait déposé. Il y a même une règle particulière parmi les Cophtes, suivant laquelle un homme qui est né d'un second mariage ne peut être élu pour le patriarcat d'Alexandrie.

Nous avons marqué que les Grecs ont une cérémonie et des prières différentes pour la bénédiction des secondes noces ; la même discipline est observée parmi les jacobites. Voici ce que nous trouvons sur cela dans leurs anciens Rituels. Les premières oraisons qui regardent l'institution primitive du mariage dans la loi de nature sont les mêmes que dans l'office des premières noces. Ils ne lisent pas la même épître, mais une particulière, tirée de la première Épître aux Corinthiens, chapitre 7, dans laquelle S. Paul permet les secondes noces. On omet le couronnement et les prières sur les couronnes, et au lieu de l'oraison qui y est propre, on dit celle-ci : *Seigneur tout-puissant, Père de notre Dieu, Seigneur et Sauveur Jésus-Christ, vous qui avez formé l'homme de la poussière, et qui lui avez donné pour son secours, semblable à lui, une femme pour être sa compagne et pour l'assister, afin qu'il engendrât des enfants pour la propagation du genre humain. Comme Paul, apôtre de votre Fils unique Jésus-Christ, a dit à ceux qui ne sont pas mariés, ou qui sont dans l'état de viduité, qu'il vaudrait mieux qu'ils demeurassent comme il était, mais que s'ils ne pouvaient garder la continence, ils se mariassent, parce qu'il valait mieux se marier que de brûler, nous supplions votre bonté, vous qui êtes plein d'amour pour les hommes, en faveur de votre serviteur N. et de votre servante N. qui s'unissent présentement par le mariage à cause de leur faiblesse, et parce que le célibat leur paraît trop dur. C'est pourquoi, Seigneur, ne leur imputez pas ce péché, mais accordez-leur le pardon et l'absolution, etc.* On prononce ensuite sur eux l'absolution. Il y a d'autres formules qui sont encore plus expresses, pour marquer que l'Église regarde ce mariage comme une faute vénielle ; puisque par les prières on demande à Dieu qu'*il donne aux mariés la pénitence du bon larron, la conversion du publicain, les larmes de la femme pécheresse*, et ainsi du reste, comme dans les grecques. C'est pourquoi Echmimi (p. 2, c. 5, § 7) ayant rapporté cette discipline, et parlant des prières que font les prêtres, ajoute : *La prière que le prêtre fait sur eux est uniquement pour demander le pardon de leurs péchés. Si l'un des deux n'a pas été marié, on le bénit seul.*

Dans d'autres Rituels jacobites, et particulièrement dans celui qui est attribué à Jacques d'Édesse, ni dans un autre qui est dans les manuscrits, il n'y a aucune prière ni aucun rit prescrit pour les secondes noces ; ce qui peut donner lieu de croire que les jacobites syriens observaient à la rigueur la défense portée par les anciens canons contre les bigames, qu'il est défendu de couronner, c'est-à-dire de leur donner la bénédiction nuptiale. De même dans un office du couronnement pour l'usage des nestoriens, composé par Mar-Benham, il n'y a aucune prière pour les secondes noces, et comme cet office est conçu presque dans les mêmes termes que ceux des Grecs et des Syriens jacobites pour les premières noces, qui ne conviennent pas aux secondes, il est très-possible que l'église nestorienne n'ait eu aucun rit particulier pour les célébrer. Car suivant ce qui a été remarqué dans les chapitres précédents, les Grecs ont changé leur discipline à l'égard des bigames en les couronnant, et alors il a fallu composer de nouvelles prières pour cette cérémonie. Les nestoriens, dont la séparation est aussi ancienne que le concile d'Éphèse, peuvent donc avoir ignoré de semblables prières, qui n'étaient pas en usage avant qu'ils se fussent séparés de l'église grecque. Celles dont les jacobites syriens se servent étant dans le même sens que celles des Grecs, et presque en mêmes paroles, viennent certainement de la même source, qui était la discipline commune de tout l'Orient.

Les Grecs, comme on a vu, fondent la leur principalement sur la lettre de S. Basile à Amphilochius, et les Orientaux la conservent dans toutes leurs collections de canons, dont la plus ancienne est la syriaque, de laquelle on peut dire qu'elle n'a pas les défauts assez ordinaires dans les autres versions orientales, représentant le texte fort fidèlement, si on excepte quelques endroits que les Grecs des siècles postérieurs n'ont pas toujours entendus de même manière. C'est ce qu'on voit dans le quatrième canon, quoique dans cette traduction la lettre soit toute de suite sans la division par canons des exemplaires grecs. Par le quatrième ils reconnaissent que les troisièmes et encore plus les quatrièmes mariages ne sont pas selon l'esprit de l'Église, puisqu'ils sont punis par une assez longue pénitence. C'est sur ce principe qu'ils mettent, comme les Grecs, les quatrièmes au nombre de ceux qui doivent être considérés comme illégitimes ; néanmoins avec cette différence que les autres sont cassés, et que ceux qui les ont contractés sont obligés de se séparer, ou qu'ils sont excommuniés ; que les troisièmes et les quatrièmes subsistent, et que ceux qui s'y sont engagés ne sont pas retranchés de l'Église, mais punis canoniquement, et séparés de la participation des saints mystères. La pénitence est réglée à proportion des autres marquées dans les anciens canons, en la manière qui a été expliquée en parlant de la discipline sur la pénitence. Ainsi l'église syrienne jacobite suit ce canon de S. Basile, qu'elle conserve en son entier. On remarquera seulement que le traducteur syrien n'a pas entendu ce mot πορνεία κεκολασμένη, et qu'il l'a rendu par un mot qui signifie *une débauche produite par l'intempérance*.

Dans les collections des jacobites égyptiens, qui sont en arabe, on trouve des canons de S. Basile, qui sont tirés en partie de ses Épîtres canoniques, particulièrement de celle à Amphilochius, mais ils sont plutôt abrégés que traduits ; ce qui n'en diminue pas l'autorité, parce qu'ils sont réduits en cet ordre pour l'usage des églises, et ils sont divisés en cent sept titres ou canons. Ce qui est donc marqué dans le quatrième du texte grec et de l'ancienne version syriaque est rapporté dans la collection des Cophtes au onzième titre en ces termes : *Pour ce qui regarde les troisièmes mariages, le concile n'ordonne pas que ceux qui les ont contractés soient chassés hors de l'Église, mais les Pères ont dit qu'on doit regarder de telles gens comme des vases immondes qui sont dans l'Église.* Sur les quatrièmes et cinquièmes, le concile ordonne que les hommes ou les femmes qui se seront ainsi mariés plusieurs fois *soient chassés de l'Église comme des fornicateurs.* Il est aisé de reconnaître que ce n'est pas là une traduction, mais un canon tiré des paroles de S. Basile, accommodées à l'usage du temps auquel la collection a été faite. Ainsi ce qui en résulte est, que l'église cophte suivait les mêmes règles qui ont été marquées ci-dessus, comme étant observées parmi les Grecs ; c'est-à-dire qu'elle ne recevait point les troisièmes et les quatrièmes noces, et qu'elle les condamnait comme l'effet d'une intempérance peu convenable à la sainteté des mœurs des chrétiens ; mais qu'elle ne les cassait pas comme étant absolument illégitimes, ou comme nulles, n'ordonnant pas que les parties fussent séparées ; mais reconnaissant qu'elles étaient ainsi engagées l'une à l'autre par le lien indissoluble du mariage, de même que s'il eût été célébré dans toutes les règles. L'église cophte, et les autres, jacobites, melchites ou nestoriennes, qui suivaient la même jurisprudence, ne retranchaient pas de toute communion, comme des membres morts, ceux qui avaient contracté de tels mariages ; mais on les séparait de la participation des saints mystères, comme des membres malades, auxquels on appliquait les remèdes de la pénitence.

Ebnassal rapporte diverses espèces de mariages illégitimes que l'Église ne bénit point, et dans ce nombre il met les secondes, les troisièmes et les quatrièmes noces, particulièrement ces dernières, qu'il dit être *une véritable intempérance et une débauche,* ajoutant celles *d'une femme qui se marie après l'âge de soixante ans, que nous regardons,* dit-il, *comme une adultère.* Il rapporte à cette occasion les paroles de Jésus-Christ à la Samaritaine citées par S. Jérôme, par S. Basile, et par tous les canonistes grecs ; par Echmimi, Abulbircat et divers autres. Enfin il semble par toute la suite de son discours qu'il ne croyait pas que ces mariages dussent subsister, puisqu'il les met au même rang que ceux qui étaient contractés entre parents, ou entre ceux qui étaient auparavant liés par des vœux de religion, et ces derniers étaient regardés comme nuls. On voit aussi dans les Réponses canoniques d'Athanase, évêque de Cus en Thébaïde, qu'il ordonne la séparation de ceux qui auraient fait de semblables mariages, à faute de quoi il décide qu'il les faut chasser de l'Église. On trouve en divers autres auteurs de pareilles réponses, qui font juger que les Orientaux rejetaient absolument les troisièmes et les quatrièmes mariages.

Ce qui a été rapporté jusqu'ici touchant la doctrine et la discipline des Orientaux sur le mariage fait voir d'une manière bien claire qu'ils sont dans des sentiments fort éloignés de ceux des protestants sur cet article, aussi bien que sur tous les autres qu'ils ont pris pour prétexte de leur séparation. Car on reconnaît d'abord que les Grecs et les Orientaux considèrent le mariage chrétien, ou τίμιος γάμος, comme une cérémonie sacrée, sans laquelle l'union de l'homme avec la femme n'est pas permise ; que l'Église donne cette permission, qu'elle bénit ceux qui la reçoivent d'elle, que cette bénédiction produit la grâce convenable à l'état conjugal, et que la chose sacrée, dont le mariage est le signe, est l'union de Jésus-Christ avec son Église. Ils entendent les paroles de S. Paul touchant ce mystère dans le même sens que les catholiques. Ils regardent la bénédiction des noces comme une fonction ecclésiastique qui appartient aux prêtres. Ils la font dans l'église avec des prières qui conviennent entièrement dans le sens, et même dans les paroles, avec celles que les anciens Rituels latins nous représentent. Les empêchements dirimants sont les mêmes que parmi nous, non seulement pour l'affinité naturelle, mais pour la spirituelle, à quoi ils en ajoutent d'autres que nous n'avons pas ; reconnaissant par conséquent que l'Église a l'autorité de prescrire sur cela des règles que les chrétiens sont obligés de suivre. Les protestants ne peuvent pas dire, comme ont fait leurs premiers chefs, que toutes ces nouvelles lois ont été introduites par les papes, puisque les Grecs et les Orientaux séparés par le schisme ou par l'hérésie ont la même pratique. S'ils croyaient que se présenter devant les pasteurs en face de l'église pour déclarer son mariage et en recevoir l'approbation était tout ce qu'il y avait d'essentiel dans ce que l'église grecque appelle *mariage honorable,* chrétien et selon les lois, ils n'auraient pu ordonner la discipline observée dès le commencement du christianisme à l'égard des bigames. Car ces mariages étaient permis selon la loi civile, et on ne les cassait pas. Mais l'église grecque et orientale leur refusait ce qui dépendait d'elle, c'est-à-dire sa bénédiction et ses prières ; c'était donc quelque chose de spirituel qu'elle leur refusait, parce qu'elle ne croyait pas que ces mariages eussent le rapport mystique avec l'union de Jésus-Christ et de l'Église, et parce qu'ils portaient un caractère d'intempérance. Ainsi lorsque l'église orientale refusait de bénir ces noces secondes, troisièmes et quatrièmes, elle faisait comme à l'égard de ceux qui, étant coupables de grands péchés, étaient séparés de la communion, auxquels on refusait l'Eucharistie, de même que l'absolution à des pécheurs impénitents, comme des grâces qui ne devaient être accordées qu'aux enfants obéissants à l'Église. C'était une semblable grâce qu'elle refusait à ceux qu'elle en croyait indignes ; car ce n'était pas la confirmation du mariage, puisqu'il subsistait selon les lois civiles indépendamment des lois ecclésiastiques ; c'était donc quelque chose d'entièrement spirituel, ce qui ne pouvait être que la grâce sacramentelle. Les Grecs et les Orientaux ont donc toujours cru que la bénédiction nuptiale était un sacrement, ce que les preuves rapportées ci-dessus établissent suffisamment.

CHAPITRE VII.
Du divorce accordé par les Orientaux en cas d'adultère.

Les Grecs et les Orientaux enseignent l'indissolubilité du mariage chrétien, comme le caractère qui le distingue du mariage judaïque, et qui le rapelle à sa première institution ; le divorce n'ayant été accordé aux Juifs qu'à cause de la dureté de leur cœur. Ce sont les paroles de Jésus-Christ dans l'Évangile, qui finissent par ce précepte : *Que personne, ou que l'homme n'entreprenne pas de séparer ce que Dieu a joint.* Mais parce que Jésus-Christ a dit en même temps, que *quiconque se sépare d'avec sa femme, excepté pour cause d'adultère, la fait tomber dans le désordre, et que celui qui épouse une telle femme commet un adultère,* les Orientaux en concluent qu'en ce cas-là, au moins, il est permis de répudier une telle femme et d'en prendre une autre. Les Cophtes, les Syriens et tous les Orientaux sont dans le même sentiment que les Grecs, et il y a plusieurs siècles qu'on a été partagé sur ce sujet. L'Église latine n'a pas varié sur cela, puisqu'il paraît par un très-grand nombre de passages de S. Augustin qu'elle a condamné la conduite de ceux qui, ayant quitté leurs femmes adultères, en avaient épousé d'autres, parce que les lois civiles le permettaient.

On voit en effet que par une loi de Théodose et de Valentinien, il était permis à celui qui avait répudié sa femme pour des causes légitimes, et l'adultère en était une des principales, de prendre une autre femme ; et les empereurs suivants n'avaient pas abrogé cette loi, puisque Justinien l'inséra dans son code, et que sa novelle 117 y est conforme, ainsi que les lois de quelques autres. La preuve en est bien certaine dans le second concile de Milevis tenu en 416, où il est dit : qu'*il a été résolu que selon la discipline évangélique et apostolique, celui qui a été quitté ou répudié par sa femme, et l'homme qui a répudié sa femme, demeureront ainsi séparés, ou qu'ils se réconcilieront ; que s'ils négligent de le faire ils seront mis en pénitence, sur quoi,* ajoutent les Pères, *il faut demander qu'on publie une loi* (1). Cela marque qu'il n'y en avait pas alors, et dans le premier concile d'Arles il est ordonné, que *pour ceux qui ont surpris leurs femmes en adultère, et qui sont jeunes et fidèles, on leur persuadera autant qu'il sera possible qu'ils ne prennent point d'autres femmes du vivant de la première.* Ce n'était donc d'abord qu'un conseil ; et comme il paraît que les saints Pères ont continuellement déclamé en Occident contre l'usage

contraire, il y a sans doute subsisté longtemps : car parmi les formules de Marculfe dédiées à S. Landry, évêque de Paris vers l'an 660, il s'en trouve de particulières pour le divorce, par lesquelles on voit que ceux qui se séparaient ainsi avaient la liberté d'entrer dans un monastère ou de se remarier (1). Il paraît par le concile de Verberies tenu sous Pépin, qu'en certaines occasions où le divorce était permis par les lois civiles, *lege romanâ*, comme on disait alors, l'homme qui avait répudié sa femme parce qu'elle avait attenté à sa vie, en pouvait prendre un autre (2). Mais depuis le temps de Charlemagne, par les soins et par le zèle duquel la discipline ecclésiastique, aussi bien que les lettres, furent rétablies dans le royaume et dans une grande partie de l'Europe dont il était maître, on trouve que cet abus s'extirpa peu à peu, et qu'on suivit la décision du pape Innocent I, qui condamna comme adultères ceux qui, du vivant du mari ou de la femme, contractaient mariage avec d'autres. C'est pourquoi on ne doit pas avoir égard à ce qu'un savant homme de notre temps a écrit, que le divorce avec liberté de prendre une nouvelle alliance subsistait encore du temps de Charlemagne, ce qu'il prétend prouver par les formules de Marculfe. Mais on ne peut se servir de cette preuve qu'en supposant que le savant Jérôme Bignon s'était trompé en croyant que Landry, auquel ce religieux avait adressé son ouvrage, n'était pas l'évêque de Paris qui est honoré comme un saint dans le diocèse, et dont le nom se trouve dans un catalogue des évêques de Paris, ancien de plus de sept cents ans, ainsi que dans les anciennes litanies, pour ne pas parler du privilége que ce saint accorda à l'abbaye de S.-Denis. Car ce n'a été que pour tâcher de le détruire qu'on a entrepris, contre des preuves aussi authentiques, d'ôter S. Landry du nombre de nos évêques, parce que tous les raisonnements cédaient à une telle preuve de fait. Aussi le P. Mabillon et le P. Dubois ont maintenu l'opinion contraire, suivant en cela la tradition ancienne du diocèse, et le jugement des plus savants hommes de notre siècle.

Mais si l'Occident fit céder les lois romaines et les coutumes particulières de plusieurs peuples qui permettaient le divorce, avec la liberté de se remarier à ceux qui avaient convaincu leurs femmes d'adultère, l'Orient conserva une pratique toute contraire : car sur le fondement qu'ils établissaient dans les paroles de Jésus-Christ touchant l'indissolubilité du mariage, les Orientaux la reconnaissaient telle, qu'ils n'accordaient pas le divorce en plusieurs cas auxquels les lois romaines le permettaient ; mais trouvant que Jésus-Christ avait excepté l'adultère, ils entendirent ses paroles de telle manière, qu'ils crurent que le divorce entier, enfermant la liberté de se remarier,

---

(1) In quâ causâ legem imperialem petendum promulgari. De iis qui conjuges suas in adulterio deprehendunt, et iidem sunt adolescentes et fideles, placuit ut in quantum potest consilium iis detur ne viventibus suis, licèt adulteris, alias accipiant. *Arelat. I, c. 10.*

(1) Ut unusquisque ex ipsis sive ad servitium Dei in monasterio, aut ad copulam matrimonii se sociare voluerit licentiam habeat. *Lib. 2, c. 30.*

(2) Ille vir potest, ut nobis videtur, ipsam uxorem dimittere ; et, si voluerit, aliam accipiat.

pouvait en ce cas-là être accordé, et telle a été et est encore présentement la pratique de toutes les églises orientales.

On a tellement éclairci cette matière, qu'il est inutile d'entrer dans le détail des arguments qui ont été employés pour et contre, dans les disputes qu'il y a eues sur ce sujet entre les Latins et les Grecs. Au concile de Florence cette difficulté fut proposée aux Grecs : mais ce ne fut qu'après la publication solennelle du décret d'Union qu'on leur fit cette question avec quelques autres, sur lesquelles, selon les actes grecs, et même les actes latins, ils répondirent à la satisfaction du pape. On ne sait pas quelles furent ces réponses ; mais il est certain que le pape n'ajouta rien au décret, que l'union fut publiée et l'acte signé, qu'ensuite les Grecs partirent pour aller à Venise, où ils s'embarquèrent et retournèrent à Constantinople. On cite le décret qui fut fait ensuite pour les Arméniens, sur cet article et sur divers autres, dont il n'est pas parlé dans la définition faite au concile, qui est la base et le fondement de la réunion, que les Grecs signèrent, et sur lequel roulèrent toutes les disputes qui s'élevèrent dans la suite après le retour de l'empereur à Constantinople, entre ceux qui persistèrent dans l'union et ceux qui la rejetèrent. On sait par les historiens grecs, et par les écrits de Gennadius et de plusieurs autres qui attaquèrent le décret article par article, qu'ils n'avaient aucune connaissance de celui qui fut fait pour les Arméniens, et non pas pour eux, après leur départ. S'ils l'avaient connu, ils n'auraient pas manqué de l'attaquer avec plus de force que le premier ; puisqu'ils auraient pu se plaindre de ce qu'on avait inséré dans ce second plusieurs choses dont il n'avait pas été parlé dans les conférences tenues à Florence, et même de ce qu'il y avait divers articles qu'il était difficile d'accorder avec le premier. Quoiqu'il en soit, les Grecs n'ont aucune connaissance de ce décret, dont il n'est point parlé dans les actes, même dans ceux qui ont été imprimés en grec à Rome par ordre des papes. Ceux donc qui dans les disputes contre les Grecs citent continuellement ce second décret, et qui prétendent qu'on en doit tirer ce qui ne se trouve pas dans le premier, n'ayant pas de quoi les convaincre, ne font autre chose que de les rendre plus opiniâtres dans le schisme, et de mettre de nouveaux obstacles à la réunion.

Dans l'Église latine la question est décidée dès le temps du pape Innocent I, et les Pères n'ont pas varié dans leur doctrine sur ce point de la morale chrétienne. L'église grecque, quoique en communion avec la latine, a une discipline différente : presque tous, même les plus considérables docteurs, ont cru que l'adultère était une cause d'exception à l'égard de la défense générale du divorce. Arcudius a traité cette matière fort au long, et il a rapporté un grand nombre de témoignages des Pères grecs pour prouver l'indissolubilité du mariage ; mais la plupart ne touchent pas le point principal, qui est le cas de l'adultère. Il n'est pas permis de disputer sur ce sujet après

que la matière a été décidée dans le concile de Trente : *Si quelqu'un dit que l'Église est en erreur, lorsqu'elle a enseigné et qu'elle enseigne, suivant la doctrine apostolique et évangélique, que le lien du mariage ne peut être dissous à cause de l'adultère de l'une des deux parties, et que l'un ni l'autre, pas même l'innocent qui n'a point donné sujet à l'adultère, ne peut du vivant de l'autre contracter un autre mariage, et que celui qui ayant quitté sa femme adultère en épouse une autre, ou celle qui ayant quitté un mari adultère, prend un autre mari, ne commettent pas un adultère, qu'il soit anathème* (1). En cela le concile fit une décision très-prudente, puisqu'elle justifie la doctrine ancienne de l'Église latine, que les luthériens attaquaient témérairement sans donner aucune atteinte directe ou indirecte à la pratique des Grecs, qui était fondée sur l'opinion de plusieurs Pères ; comme l'église grecque, même depuis le schisme, n'a pas condamné dans les Latins l'opinion qu'ils avaient que le lien du mariage n'était pas rompu, même pour cause d'adultère. C'est une vérité qui a été reconnue par l'historien le moins suspect de favoriser la cour de Rome, qui remarque en même temps que les ambassadeurs de la république de Venise obtinrent que le canon serait conçu de la manière dont il est, ayant représenté qu'*elle avait dans ses états de Chypre, de Candie, de Corfou, de Zante et de Céphalonie, des Grecs qui, depuis un temps très-ancien, avaient la coutume de répudier la femme adultère et d'en prendre une autre, et qu'ils n'avaient jamais été condamnés ni repris pour cela par aucun concile, qu'il n'était pas juste de les condamner étant absents et n'ayant point été appelés à ce concile* (2).

Il est vrai que celui qui a recueilli les actes latins du concile de Florence reprend l'auteur de la Collection des actes grecs de ce qu'il a écrit que *l'archevêque de Mytilène répondit aux Latins touchant la question du divorce en cause d'adultère d'une manière dont ils furent satisfaits.* Comme néanmoins on ne peut accuser le collecteur grec d'avoir exposé faux, puisqu'il ne se trouve rien dans les actes latins qui prouve le contraire, Justiniani prétend que la décision n'a pas été faite dans le décret d'Union, mais dans celui qui fut fait après le départ des Grecs pour les Arméniens. On ne dispute pas sur l'autorité de ce dernier ;

(1) Si quis dixerit Ecclesiam errare cùm docuit et docet, juxta evangelicam et apostolicam doctrinam, propter adulterium alterius conjugum matrimonium non posse dissolvi, et utrumque, vel etiam innocentem, qui causam adulterio non dedit, non posse altero conjuge vivente aliud matrimonium contrahere, mœcharique eum qui dimissâ adulterâ aliam duxerit, et eam quæ dimisso adultero alii nupserit, anathema sit. *Conc. Trid.*, sess. 24, can. 5.
(2) Che avendo la loro republica ti regni di Cipro, Candia, Corfu, Zante, Cefalonia habitati da Greci, li quali da antichissimo tempo costumano di ripudiar la moglie fornicaria, e pigliarne un' altra del qual rito à tutta la Chiesa notissimo, nè furono mai dannati non ripresi da alcun concilio, non era giusta cosa condannar gli in assenza e non essendo stati chiamati à questo concilio. *Ist. del conc. di Trento*, l. 8, p. 737, ed. Lond.

mais, comme il a été remarqué, il ne faut pas, comme Arcudius et d'autres ont fait trop fréquemment, s'en servir contre les Grecs, puisqu'ils parlèrent sans en avoir eu la moindre connaissance, et qu'on n'exigea pas d'eux qu'ils s'y soumissent dans les conférences tenues à Constantinople, pour tâcher de les maintenir dans l'union que plusieurs avaient signée à Florence conformément au premier décret, non pas selon le second, qui n'a jamais été proposé synodalement, tant que les évêques grecs furent présents à Ferrare ou à Florence.

Cependant il est à remarquer qu'en plusieurs diocèses soumis aux Latins où il y a eu des églises grecques, on ne voit pas qu'il y ait eu rien d'ordonné contre cet usage de répudier les femmes adultères et d'en épouser d'autres. On a deux synodes de l'archevêché de Montréal en Sicile, dans lequel il y a un assez grand nombre de Grecs : le premier fut tenu en 1638 sous le cardinal de Torres ; le second sous le cardinal Montalto en 1652. Dans l'un et dans l'autre il y a plusieurs ordonnances qui regardent les Grecs, dont même quelques-unes paraissent assez dures, comme est la défense de donner un verre de vin aux mariés après la cérémonie, sous des peines arbitraires ; celle de célébrer l'office de l'extrême-onction suivant le rit grec, et plusieurs autres qu'il serait difficile d'accorder avec les brefs des papes Léon X, Clément VII, Urbain VIII, et de plus anciennes constitutions qui ont réglé que les Grecs pourraient librement se servir de leurs offices dans l'administration des sacrements. Pour ce qui regarde le divorce, le synode du cardinal Montalto dit seulement qu'*il ne doit pas approuver que les mariages entre les Grecs soient rompus si facilement, et qu'ainsi il casse les séparations qui ont été faites sans forme de jugement et par leur autorité particulière* (1). Cela ne marque pas les séparations pour cause d'adultère, sur lesquelles il n'avait non plus été rien ordonné dans le synode précédent.

Nous n'examinerons pas les raisons et les autorités dont les Grecs se servent pour maintenir leur discipline, qui est réduite depuis plusieurs siècles à des bornes plus étroites qu'elle n'était dans les premiers temps, lorsque les chrétiens ne se contentaient pas de l'exception qu'ils croient trouver dans l'Évangile par rapport aux femmes adultères, mais qu'ils se gouvernaient plutôt par les lois civiles que par celles de l'Église. Les Grecs prétendent que les fortes exhortations de S. Jean Chrysostôme et des autres Pères ont rapport à ce dernier abus, qu'ils condamnent, mais qu'elles n'en ont aucun avec le premier qui regarde les femmes adultères. Grégoire protosyncelle, dans ce dernier siècle, en a parlé en cette manière : *Puisque l'Écriture dit : Que l'homme ne sépare pas ce que*

___

(1) Tam facilè dirimi inter conjuges Græcos matrimonia approbare nullo modo debemus, ideoque hucusque factas separationes quoad vinculum extrajudicialiter et auctoritate propriâ nullas fuisse atque irritas declaramus.

Dieu a joint, comment l'église orientale le sépare-t-elle ? Voici sa réponse : *Un homme peut en deux occasions se séparer de sa femme et en prendre une autre : lorsqu'il la trouve adultère, et lorsqu'elle est infidèle. Pour le premier, Jésus-Christ le dit dans le chapitre 5 de S. Matthieu, en ces termes :* « Celui qui répudiera sa femme, si ce n'est pour cause d'adultère, la fait tomber en adultère. » *Et quoiqu'on sépare les maris et les femmes pour d'autres causes, cependant la loi n'accorde ni à l'homme ni à la femme de contracter un second mariage pour cause d'infidélité ; c'est ce que disent les conciles.* Il n'est pas nécessaire de s'étendre davantage sur cette matière qui est trop connue, puisque tous ceux qui ont écrit touchant l'église grecque et les voyageurs conviennent tous que les Grecs permettent le divorce en cas d'adultère ; et comme on voit, ils n'en disconviennent pas.

Les autres chrétiens orientaux sont presque dans les mêmes sentiments et dans la même discipline que les Grecs ; et il ne faut pas s'en étonner, puisque les nations orientales sont extrêmement portées à la jalousie. C'est pourquoi plusieurs ont retranché des leçons ordinaires de l'Évangile l'histoire de la femme adultère, ne voulant pas, ce semble, que l'indulgence que Jésus-Christ eut pour elle fît trop d'impression sur l'esprit de leurs femmes ; et par cette raison elle ne se trouve pas dans plusieurs exemplaires des Évangiles syriaques, comme dans celui sur lequel fut faite la première édition à Vienne.

Cependant on lit dans toutes leurs collections les canons des conciles d'Afrique, qui défendent à un homme qui a quitté sa femme d'en épouser une autre. Mais il paraît qu'ils exceptent comme les Grecs le cas de l'adultère. Echmimi, dans sa Collection de canons, traite cette matière fort au long. Il propose d'abord ce passage de S. Paul : *Que celui qui est lié à une femme par le mariage ne cherche pas à le rompre*; puis les paroles de Jésus-Christ : *Quod Deus conjunxit, homo non separet*; ensuite le canon des apôtres, qui défend que personne, sous prétexte de piété et de continence, quitte sa femme ; sinon, qu'il soit séparé de la communion. Il cite l'autre passage sur lequel est la principale difficulté : *Qui dimittit uxorem suam, exceptâ fornicationis causâ, facit eam mœchari*, qu'il explique d'une manière particulière. Car, dit-il, *quand un homme chasse sa femme, il cherche, en cas qu'il faille la reprendre, de quoi l'accuser d'adultère*; ce qui donne assez à entendre qu'il croit que cette cause suffit pour rompre le mariage. Il cite aussi le canon 45 des apôtres ; après lequel il rapporte le 55° de ceux de Nicée en arabe, qui contient en substance que lorsqu'il arrive de la division entre le mari et la femme, et qu'ils veulent se séparer, l'évêque doit interposer sa médiation pour les réconcilier ; que si la femme a abandonné son mari, et qu'elle ne veuille pas déférer aux exhortations de l'évêque, il l'excommunie ; et qu'en ce cas le mari est en liberté de prendre une autre femme, pourvu que par mauvaise humeur et par jalousie il ne l'ait pas maltraitée, parce qu'alors on ne doit avoir aucun égard à ses plaintes.

Il rapporte ensuite le canon 74 des apôtres, qui dit que *si quelque ecclésiastique, prêtre ou diacre, chasse sa femme, si ce n'est pour crime d'adultère ou pour quelque autre cause grièse, et qu'il en prenne une autre parce qu'elle est plus belle ou plus riche, ou par quelque autre motif que Dieu n'approuve pas, il sera déchu de ses ordres; si un séculier fait la même chose, il sera séparé de la société des fidèles.* Pour ce qui regarde les ecclésiastiques, ce canon ne marque rien que la discipline ordinaire pratiquée encore dans tout l'Orient, suivant laquelle ceux qui se marieraient en secondes noces, quand même elles seraient légitimes, comme pourraient être celles d'un prêtre dont la femme serait morte, sont exclus de tout ministère ecclésiastique. Cette loi n'a donc rien de particulier pour les ecclésiastiques, si ce n'est qu'elle leur défend de répudier leurs femmes, excepté pour cause d'adultère, sans qu'ils puissent en épouser d'autres. Par conséquent elle leur permet non pas tant le divorce que la séparation, comme on la pratique dans l'Église latine, quoique, selon l'opinion commune des Orientaux, le lien du mariage est entièrement rompu. A l'égard des séculiers, comme la défense et la peine qui y est ajoutée est établie contre ceux qui répudient leurs femmes sans cause d'adultère, ou quelque autre aussi grièse, il est clair qu'en ces cas-là ils croient le divorce permis dans toute son étendue, en sorte que le mari peut prendre une autre femme; ainsi ils étendent cette licence encore plus loin que ne font les Grecs.

Il examine aussi ce qui regarde la séparation de l'homme et de la femme pour entrer dans la profession de la vie monastique, et il dit que le lien du mariage n'est résolu qu'après que l'un et l'autre ont fait leur noviciat durant le temps ordinaire, qui est de trois ans, et qu'ils ont fait leurs vœux solennels. *Si après cela ils retournaient ensemble, il y en a*, dit-il, *qui croient que cela rend nulle la profession monastique, et qu'ils peuvent demeurer en cet état, après avoir fait la pénitence ordonnée pour ceux qui ayant quitté leurs femmes en ont pris d'autres, et sur cela il cite : « Quod Deus conjunxit, homo non separet. » Les autres,* poursuit-il, *sont dans une opinion contraire, croyant que la profession monastique n'est pas détruite par un tel mariage; de sorte que si quelqu'un la viole, il est regardé parmi les Grecs comme un apostat, et soumis à la même pénitence, ou à celle des fornicateurs.* Cet auteur, et presque tous les autres que nous connaissons, ont traité la question du divorce d'une manière assez obscure, parce qu'ils ont mis peu de différence entre les lois ecclésiastiques et celles des princes, qui, étant insérées dans leurs collections parmi les canons, ont, selon leur opinion, une autorité presque égale.

C'est par ce mélange de lois si différentes, qu'ils ont souvent confondues, que quelquefois ils parlent diversement sur la matière du divorce : car la plupart de leurs canonistes établissent d'abord pour principe que le divorce n'est pas permis entre les chrétiens; mais ils ajoutent ordinairement qu'il peut être accordé pour des causes légitimes marquées par les canons, dont la principale est celle de l'adultère. Or il est certain que par le mot de *canons* ils entendent indifféremment ceux des conciles ou des saints Pères, et ceux qu'ils appellent les *canons des empereurs*, qui sont tirés la plupart du Code Théodosien et de quelques autres lois. Comme donc elles accordaient le divorce avec la liberté de se remarier, non seulement dans le cas de l'adultère de la femme, mais en divers autres, on voit aussi que les canonistes orientaux les allèguent, comme est celle d'un dessein formé par la femme contre la vie de son mari, qui est marquée par Abulbircat. Cela est tiré de ces canons des empereurs, suivant lesquels les évêques, qui sont juges de ces matières entre les chrétiens orientaux, les décident ordinairement.

Athanase, évêque de Kus dans la Thébaïde, a donné plusieurs réponses canoniques très-courtes sur de pareilles difficultés, et ses décisions sont différentes de celles-là. Par exemple, une des causes du divorce, selon lui, est lorsqu'un homme ayant épousé une femme ne l'a pas trouvée vierge, pourvu néanmoins que depuis cela il n'ait pas eu de commerce avec elle. Il l'accorde pareillement à ceux qui ne peuvent vivre ensemble, à cause des mauvais traitements qu'ils ont reçus l'un de l'autre; de même lorsqu'un des deux tombe dans une maladie incurable, comme la lèpre; car pour les autres, il n'y a, dit-il, de remède que la patience. Mais il est de l'opinion commune touchant l'adultère, non seulement en ce qu'il décide que l'homme qui trouve sa femme coupable peut la répudier, mais il soumet à l'excommunication ceux qui négligeraient de le faire. Ebnassal, le canoniste, son frère, le théologien, Abulfarage et les autres parlent dans le même sens; et s'ils ne s'expliquent pas si clairement touchant la liberté de prendre une seconde femme après avoir répudié l'adultère, c'est qu'ils supposent la chose comme suffisamment connue par les canons qu'ils appellent *impériaux*, selon lesquels non seulement cela est permis en cas d'adultère, mais aussi dans les autres cas marqués par les lois civiles, dont ces canons ont été tirés, et desquels plusieurs anciennes lois des Francs, des Lombards et des Goths, qui donnaient la même liberté, avaient pris leur origine. Ainsi ce n'est point par aucune erreur qui soit née dans l'église d'Orient qu'elle a conservé cette pratique d'accorder le divorce avec permission de se remarier à ceux qui se séparent de leurs femmes pour cause d'adultère; et comme ils ne condamnent pas l'opinion contraire, sur laquelle est fondé l'usage très-ancien de l'Église d'Occident, l'anathème du concile de Trente ne tombe pas sur les Orientaux, mais sur les protestants. Les missionnaires qui voudront travailler utilement à la réunion des Grecs et des autres chrétiens séparés par le schisme et par l'hérésie, doivent donc tâcher de les réduire à une discipline plus régulière, en leur faisant voir par de bonnes raisons que celle qu'ils soutiennent et qu'ils tâchent d'appuyer par les paroles de Jésus-Christ, n'a jamais été universellement approuvée, et qu'elle a même presque toujours été condamnée par les Pères latins, dans le temps que les églises n'étaient point divisées. Mais il n'est pas à propos de leur citer des décisions dont ils n'ont aucune connaissance, puisqu'on peut reconnaître que sur cet article ils sont dans la bonne foi établie sur un usage de plusieurs siècles, et l'esprit de charité chrétienne les peut faire considérer comme étaient les Grecs il y a plus de douze cents ans, avec lesquels les Occidentaux ne rompirent pas la communion à cause de cette différence.

CHAPITRE VIII.

Du mariage des prêtres, des diacres et des autres ecclésiastiques, où on examine aussi ce que pensent les Orientaux sur celui des personnes engagées dans l'état monastique.

Il nous reste à examiner un article sur lequel on ne peut assez s'étonner de l'ignorance et de la mauvaise foi de la plupart des anciens controversistes protestants, qui ont écrit contre le célibat des prêtres et des autres ecclésiastiques engagés dans les ordres sacrés, et contre l'obligation de garder la continence lorsqu'on l'avait promise à Dieu par des vœux solennels de religion. Sur la plupart des autres points de doctrine ou de discipline, que les premiers réformateurs prirent pour prétexte de leur séparation, lorsqu'on a cité le consentement des églises orientales, leur principale défaite a été de traiter les chrétiens de ces pays-là comme des ignorants plongés dans la superstition ; mais, par rapport au mariage des prêtres, ils les trouvent parfaitement orthodoxes, et reconnaissent dans leur discipline des vestiges de celle du temps des apôtres et de la primitive Église. C'est qu'il n'était pas indifférent à la réforme de justifier des noces aussi irrégulières que celles de Carlostad et de Luther, qui scandalisèrent leurs propres disciples et les princes qui la soutenaient. Et lorsque les catholiques les reprochèrent à ceux qui, étant venus pour réformer l'Église, donnaient un si mauvais exemple de leur intempérance, ils ne purent opposer que de très-frivoles réponses, telle que fut celle de Luther, qu'il le faisait en dépit du monde et du diable, et pour faire plaisir à sa mère ; car c'était ce qu'il disait, selon le récit de ses plus grands admirateurs (1).

Cependant les personnes les plus sensées en jugeaient tout autrement, et ces fades plaisanteries sur un sujet aussi sérieux leur attirèrent des reproches auxquels jamais ils n'ont pu répondre. Nous rapporterons à cette occasion ce qu'écrivait Érasme sur ce sujet : *Mais quand nous accorderions,* dit-il, *à ces prédicateurs de l'Évangile qu'il leur est permis de se marier, qui ne s'étonnera pas avec raison que ces pauvres petites brebis destinées à être égorgées, qui ne cherchent rien en ce monde que la gloire de Jésus-Christ, chargés de tant de soins, exposés à tant d'afflictions jointes à la pauvreté, malheureux et pénible fardeau, ne puissent vivre sans femmes, que plusieurs pour des sujets moins importants n'épousent point, ou voudraient ne les avoir pas épousées ? Mais parmi ces gens-ci, toute tragédie se termine par une catastrophe comique ; quand on a trouvé une femme on entend chanter : Adieu messieurs, applaudissez. Quelle peut donc être une si furieuse intempérance, que tant de maux ne peuvent éteindre ? D'où peut venir une si grande révolte de la chair, dans ceux qui se vantent d'être conduits par l'esprit de Jésus-Christ (1) ?*

A l'occasion des justes reproches qu'essuyèrent Carlostad, Luther et ceux qui les imitèrent, ils commencèrent à citer les passages de S. Paul qui marquent la sainteté du mariage chrétien, *honorabile conjugium, thorus immaculatus,* et d'autres semblables, comme si ces éloges pouvaient convenir à des mariages contraires à toutes les lois divines et humaines, qui avaient été toutes violées dans le scandaleux mariage d'un moine avec une religieuse, sans autre cérémonie que d'inviter trois amis à souper et de leur dire qu'il épousait cette femme. Nous n'entrons point dans la controverse qui regarde cet article, mais nous nous attacherons uniquement à faire voir combien les Grecs et tous les Orientaux sont éloignés des maximes sur lesquelles les protestants ont entrepris de justifier de tels mariages. Ils disent que dans tout le Levant les prêtres sont mariés, et cela suffit pour faire croire à des ignorants qu'en Orient les ecclésiastiques, les religieux et les religieuses avaient la même liberté de se marier que celle qui a été accordée dans la réforme. Cependant on reconnaîtra aisément la fausseté de cette supposition, quand on considérera le véritable état de la discipline des Grecs et des Orientaux sur ce sujet, et elle est telle que nous allons la rapporter en peu de mots.

Il est vrai que les Grecs, en quoi les Orientaux les imitent, permettent aux diacres et aux prêtres de continuer à vivre avec les femmes qu'ils ont épousées avant leur ordination ; mais quand elles meurent, ils ne peuvent pas se remarier sans être déposés et réduits à la communion laïque. De même celui qui a été ordonné prêtre ne peut pas se marier, ou il est entièrement exclu du ministère des autels. Le mariage subsisterait ; mais celui qui aurait été contracté avec une personne engagée dans l'état monastique, serait re-

(1) Ut ægrè faceret mundo et diabolo, parenti quoque hoc suadenti gratificaretur. *Melch. Adam, Vit. Luth.,* p. 130.

(1) Jam ut donemus istis Evangelii præconibus esse fas uxores ducere, quis non jure admiretur oviculas mactationi destinatas, nihil in hoc mundo quærentes præter Christi gloriam, tot curis districtos, tot afflictionibus obnoxios, quibus accedit et paupertas, onus tum miserum, tum grave, non posse vivere sine uxoribus, quas tam multi ob leviores causas aut non ducunt, aut ductas nollent ? At istis omnis tragœdia exit in catastrophen comicam. Ubi contigit uxor, occinitur : Valete et plaudite. Quæ malum est ista tanta fallacitas, quam tot mala non possunt excutere ? Unde tanta carnis rebellio in his qui se jactant agi spiritu Christi ? *Erasm., Ep. ad fratres Infer. Germ.*

gardé comme nul, et l'homme aussi bien que la femme soumis à une dure et longue pénitence. Pour ce qui regarde les évêques, on ne trouve, depuis les anciens schismes des nestoriens et des jacobites, qu'un seul exemple, qui est celui de Barsomas, métropolitain de Nisibe, qui fut regardé avec horreur dans sa propre église et anathématisé même après sa mort, pour avoir épousé, comme Luther, une religieuse, et avoir exhorté les prêtres à en faire autant. Dans l'histoire de l'église jacobite d'Alexandrie il ne se trouve pas un seul évêque marié, non plus que parmi les patriarches d'Antioche de la même secte, ni parmi les Éthiopiens ou les Arméniens; et même ces nations, aussi bien que les Grecs, choisissent ordinairement les évêques dans l'ordre monastique, dans lequel personne n'est admis sans avoir fait vœu de continence.

Donc, si on compare cette discipline avec la liberté évangélique des protestants, il est aisé d'y remarquer une différence totale : ceux-ci croient que tout ministre, même ceux que quelques-uns appellent évêques, peut se marier plusieurs fois; car il ne paraît pas que la polygamie, qui excluait dans l'ancienne Église de tout ordre ecclésiastique, comme étant une marque d'incontinence, leur fasse le moindre scrupule. Les Grecs et les Orientaux, au contraire, ordonnent à la vérité un homme marié; mais ils lui défendent de prendre une autre femme si la sienne le laisse veuf. Ils exercent donc à leur égard ce que les protestants appellent tyrannie dans l'Église romaine, en refusant à des ecclésiastiques qui sont à la fleur de leur âge la liberté de se marier, aussi bien qu'aux évêques, et généralement à tous ceux qui ont promis à Dieu par les vœux de religion de garder la continence. Les luthériens de Tubingue s'étaient assez expliqués sur cet article, non seulement par la traduction grecque de la Confession d'Augsbourg envoyée au patriarche Jérémie, mais par les autres écrits qu'ils opposèrent à ses réponses. Tous les éclaircissements qu'ils lui donnèrent ne l'empêchèrent pas de leur parler en ces termes : *Vous dites qu'il vaut mieux se marier que de brûler,* etc. *C'est par cette raison que nous permettons aux prêtres qui ne peuvent pas garder la virginité de se marier avant que d'être ordonnés; car Dieu a ordonné le mariage. Il se commet des turpitudes parmi les ecclésiastiques qu'on empêche de se marier; nous ne l'ignorons pas. Mais celui qui a promis de garder la continence doit la garder; car après cette promesse nous ne lui donnons pas la liberté de se marier, puisque celui qui, ayant mis la main à la charrue regarde derrière, n'est pas propre au royaume des cieux. S'il lui arrive quelque infirmité humaine, nous le châtions par la pénitence, par la confession et par des mortifications, aussi bien que par l'éloignement du mal, et la miséricorde de Dieu ne le rejettera pas.*

On n'a pas de peine à reconnaître que Jérémie ne s'est pas voulu étendre sur cet article, pour répondre à des objections aussi frivoles que celles des luthériens, jugeant qu'il suffisait d'exposer simplement la discipline de son église, pour les convaincre par la contrariété qu'il y avait entre celle de la réforme et celle des Grecs. Car que ne pouvait-il pas dire à des gens qui avaient la hardiesse de falsifier le texte de S. Paul, où il y a (1 Tim. 3, 2) : Μιᾶς γυναικὸς ἀνήρ, en substituant le mot de γαμέτης, pour prouver que les prêtres devaient être mariés? C'était avoir une opinion bien médiocre de la capacité des Grecs et de leur patriarche, que de supposer qu'ils ne reconnaîtraient pas une tromperie aussi grossière, puisque si, selon la prétention des protestants de Tubingue, une des conditions requises pour un évêque ou un prêtre, selon S. Paul, était qu'ils eussent une femme, il s'ensuivrait de même qu'il fallait aussi qu'ils eussent des enfants, ce qu'aucun n'a jusqu'à présent osé dire. Il est donc clair, et par les paroles de Jérémie et par les témoignages de tous les Grecs et Orientaux anciens et modernes, qu'ils n'ont jamais entendu les passages de S. Paul : *Unius uxoris virum*, autrement que dans le sens du mot grec μονόγαμος, c'est-à-dire un homme qui n'a épousé qu'une seule femme, et leur discipline en contient une preuve démonstrative.

Les plus anciens canons de l'Église excluent les bigames du sacerdoce, quoiqu'il n'y en eût aucun qui eût en même temps deux ou plusieurs femmes; et c'est pécher contre le respect que nous devons à ces siècles vénérables par leur sainteté, que de s'imaginer qu'on souffrit parmi les chrétiens des hommes coupables d'un pareil crime, ni qu'on eût besoin d'un avertissement exprès de l'Apôtre, afin que Tite et Timothée n'élevassent pas au sacerdoce ceux que l'Église chassait de sa communion. Qu'on examine tout ce qu'il y a de monuments les plus certains dans l'antiquité, on ne trouvera jamais que les conciles ni les canonistes aient entendu autrement les paroles de S. Paul dont il est question, ni que les bigames, qui étaient exclus de toutes fonctions ecclésiastiques, fussent autres que ceux qui s'étaient mariés deux fois. A l'égard des autres, on ne songeait pas à les exclure du sacerdoce, mais ils étaient retranchés de la communion de l'Église, et soumis à de sévères pénitences. Il est étonnant qu'il y ait eu des hommes assez téméraires pour s'imaginer que par une équivoque grossière, sur laquelle il n'y a jamais eu de dispute, et que la discipline de l'église grecque et latine a suffisamment expliquée, supposé qu'il y eût quelque obscurité, ils pouvaient justifier une nouveauté aussi scandaleuse que celle des mariages de tant de vieux prêtres ou moines, qui n'avaient pas d'autre raison à alléguer contre les lois divines et humaines, pratiquées alors depuis plus de mille ans, sinon qu'ils ne pouvaient garder la continence. Belle excuse, comme leur reprochait Érasme, pour des gens qui se prétendaient inspirés de Dieu! Luther attaquait la discipline de l'Église romaine comme ayant été établie par les papes : on peut juger que cette raison était aussi fausse que frivole, puisque l'Orient, avant et après les schismes, la conservait avec une légère différence : car tous les arguments des protestants pour attaquer le célibat des ecclésiastiques pratiqué parmi nous, attaquent celui que l'église grecque impose à ceux qui ont été ordonnés. Un prêtre qui est ordonné à l'âge de trente ans, et qui devient veuf, n'a pas moins à combattre pour vivre dans la continence, que Luther à quarante-deux ans et Carlostad à quarante-sept. Que ceux qui nous proposent de tels hommes pour exemples, trouvent dans l'histoire ecclésiastique les femmes de S. Ignace, martyr, de S. Polycarpe, de S. Irénée, de S. Athanase, de S. Basile et de tant d'autres.

Il faut donc convenir que toutes les règles de discipline qui subsistent depuis les premiers siècles du christianisme, tant parmi les Occidentaux que parmi les Orientaux, détruisent entièrement ce que les protestants ont avancé sur ce sujet. Ils objectent les grands désordres qu'il y avait parmi le clergé; Érasme et d'autres contemporains ne leur en reprochent pas de moindres, auxquels le mariage de ces pasteurs évangéliques n'avait pas remédié. Mais que ne faisaient-ils en même temps réflexion sur tant de saints ecclésiastiques et tant de religieux exemplaires qui prouvaient assez, par l'observation exacte de leurs vœux, que la continence n'était pas impossible, avec la grâce de Dieu, à ceux qui étaient fidèles à leur vocation? Si dans les temps d'ignorance et de relâchement il y a eu plusieurs abus, on y a remédié, grâces à Dieu, et l'Église catholique non seulement ne les souffre pas, mais elle donne de grands exemples de la vertu contraire.

C'est aussi une calomnie très-manifeste que de l'accuser de condamner absolument le mariage des prêtres, puisque non seulement dans les siècles passés, mais dans celui-ci, les Grecs réunis n'ont jamais été inquiétés sur cet article, non plus que les Orientaux maronites ou autres, qui vivent selon l'usage de leur église. Après cela quel reproche peut-on faire à l'Église romaine, de ce qu'elle prescrit aux ministres des autels un genre de vie plus parfait et plus digne de la sainteté des mystères dont ils sont les dispensateurs, lorsqu'ils s'y sont engagés par une promesse solennelle? Si les protestants disent qu'ils ne trouvent dans l'Écriture sainte aucune loi qui autorise de semblables vœux, ils n'en trouvent aucune qui les défende, et ils doivent reconnaître qu'avant la réforme on n'avait jamais douté qu'on ne fût obligé d'accomplir les vœux qui avaient été faits à Dieu. Il en a été parlé en exposant la discipline des Orientaux et leur créance touchant la vie monastique. Les Grecs et les Orientaux s'accordent avec les Latins sur cet article.

Il ne resterait plus rien à éclaircir touchant cette matière, sinon de répondre à ce que les protestants ont écrit au contraire en différentes dissertations touchant l'église grecque, que Fehlavius, dans les notes qu'il a faites sur le traité de Christophe Angélus, cite et extrait avec de grands éloges. Mais ce serait bien perdre son temps et abuser de la patience du public que de se fatiguer à examiner ce qu'ont écrit de pareils rapsodistes, qui n'ont rien d'original, mais qui ne font que se copier les uns les autres avec de grands éloges. Il n'y a qu'à parcourir ces dissertations pour reconnaître que les plus recherchées sont celles qui ont été tirées de nos auteurs, particulièrement du P. Goar et des livres d'Allatius, dont ils font des critiques pitoyables quand ils entreprennent de les réfuter. La harangue de Chytréus sur l'état des églises d'Asie est comme la pièce fondamentale de tous leurs systèmes, et personne de ceux qui ont quelque connaissance superficielle de ces matières n'ignore présentement que c'est un tissu d'ignorances grossières et de faussetés. Il paraît que les autres plus modernes n'avaient presque consulté aucun livre des Grecs, pas même plusieurs imprimés il y a longtemps, et qui sont entre les mains de tout le monde. Il est donc fort inutile de les citer, et encore plus d'employer ces lieux communs si rebattus et cent fois réfutés sur le mariage des prêtres, pour justifier la conduite irrégulière des premiers réformateurs, et se servir ensuite de l'exemple des prêtres orientaux qui sont mariés. Nous avons assez fait voir la différence entière qu'il y a entre leur discipline sur ce sujet et celle des protestants; mais c'est un point auquel ils ne touchent pas. Un Grec marié est ordonné prêtre, et chacun le sait sans l'apprendre de Chytréus, de Damnhouder, de Calovius et de pareils écrivains; mais si un prêtre se mariait, il serait déposé et mis en pénitence. Suivant les principes de la réforme, un évêque a la même liberté de se marier que leurs ministres; qu'ils citent un seul exemple depuis mille ans d'un évêque grec, syrien, égyptien, arménien, éthiopien, qui ait été marié, ou d'un religieux qui en ait fait autant, même sous Cyrille Lucar, si zélé pour les calvinistes. Fehlavius aurait dû reconnaître que, dans l'écrit qu'il a traduit avec de gros commentaires, l'auteur qui évitait de dire ce qui pouvait déplaire aux protestants, parmi lesquels il écrivait, quoiqu'on ne puisse regarder son ouvrage que comme très-défectueux, en dit néanmoins assez pour les confondre sur le mariage des prêtres et sur les vœux monastiques, sur quoi son commentateur passe fort légèrement.

Les canons, les réponses des patriarches et de plusieurs évêques qui sont regardés comme les docteurs et les maîtres de toutes ces églises d'Orient, et la discipline qui subsiste encore présentement, sont des preuves démonstratives contre la nouveauté que la réforme a introduite, et on en peut ajouter une dont l'autorité n'est pas moins considérable, qui est celle que nous tirons de l'histoire. On ne peut douter que l'église grecque ne se soit conduite depuis les premiers siècles selon les règles qui y ont été marquées ci-dessus. Pour ce qui regarde les Orientaux, les melchites ont la même discipline que les Grecs; et les nestoriens ni les jacobites n'y ont rien changé par rapport au mariage des ecclésiastiques. Dans l'histoire des patriarches d'Alexandrie, il est marqué que lorsque Démétrius fut élu, plusieurs murmurèrent de ce qu'on faisait patriarche un homme marié, disant que cela était contre les canons, et que comme il sut que cela causait du scandale, il le fit cesser en découvrant qu'il avait toujours vécu avec sa femme comme si elle eût été sa sœur, ce que Dieu confirma par un miracle : car elle porta des charbons ardents dans sa robe sans la brûler. Depuis, non seulement aucun patriarche n'a été marié, mais la règle a été de les prendre dans l'ordre monastique; et même une des conditions que les auteurs rapportent comme nécessaire dans la personne qu'on doit élire, est d'avoir gardé sa virginité depuis l'enfance. Il ne se trouve dans toute l'histoire des jacobites d'Alexandrie aucun exemple de prêtre qui se soit marié après l'ordination, sinon de quelques malheureux qui en même temps renonçaient au christianisme; encore moins de religieux et de religieuses après les vœux de religion; et ils étaient traités comme des apostats, et soumis à une rude pénitence; en même temps le mariage était déclaré nul.

L'histoire de l'église nestorienne fournit un seul exemple en la personne de Barsomas, métropolitain de Nisibe, qui vivait sous l'empereur Justin. L'historien dit qu'il épousa une religieuse nommée Mamouia ou Babouia, et qu'il publia une ordonnance par laquelle il permettait à tous les ecclésiastiques, même aux religieuses, de se marier; les exhortant à le faire, quoique très-peu voulussent suivre son exemple. Non seulement les catholiques ou patriarches nestoriens condamnèrent sa conduite, mais ils fulminèrent des anathèmes contre lui et contre ceux qui l'auraient imité; et comme il se maintint par des voies violentes, méprisant l'autorité de son église, il fut résolu que, pour flétrir à tout jamais sa mémoire, aucun métropolitain de Nisibe ne pourrait être élu catholique, ce qui a été observé durant plusieurs siècles.

Il n'y a rien de particulier à remarquer touchant la discipline des autres chrétiens d'Orient, puisqu'elle est certainement la même en tout pays et en toute communion; par conséquent les Éthiopiens, soumis en tout aux patriarches d'Alexandrie, ne peuvent pas avoir de lois ecclésiastiques entièrement opposées à celles de leurs supérieurs. Mais M. Ludolf, selon sa coutume, ne trouve rien de plus beau dans les Éthiopiens que le mariage des prêtres, où il croit apercevoir une image de la primitive Église. Car, selon lui, les évêques, les prêtres et les diacres pouvaient avoir des femmes dans les premiers siècles, jusqu'à la défense de Siricius et d'Innocent I, sur quoi il déploie les lieux communs dont les protestants se servent. *Mais*, poursuit-il, *dans les églises d'Orient on a plus estimé les noces honnêtes qu'un célibat dangereux, et exposé à une concupiscence continuelle. C'est pourquoi les Grecs, les Arméniens, les Russes et en particulier nos Éthiopiens, non seulement permettent le mariage à leurs prêtres; mais les derniers préfèrent ceux qui sont mariés; en sorte que si quelqu'un veut être prêtre, il est obligé de se marier : car ils regardent comme un précepte les paroles de l'Apôtre :* « *Unius uxoris virum,* » *qu'ils entendent néanmoins de telle sorte, qu'ils ne se peuvent marier qu'une fois en toute leur vie et jamais une seconde fois* (1).

Il fallait que M. Ludolf pensât qu'il écrivait pour des écoliers et pour des proposants, en donnant une idée aussi fausse et aussi ridicule que celle qu'il donne de la discipline des Éthiopiens touchant le mariage des prêtres, par des paroles ambiguës et contradictoires. Les Orientaux, dont il fait une énumération très-imparfaite, ont une opinion plus avantageuse du mariage légitime, τίμιος γάμος, ce qu'il appelle *honestæ nuptiæ*, que n'en ont les protestants, puisque les églises d'Orient le regardent comme un sacrement institué par Jésus-Christ, et conservé par tradition apostolique. Mais ils ne mettent pas au nombre des mariages légitimes ceux qui sont défendus par les canons, comme celui d'un prêtre après son ordination, ni celui d'un évêque ou d'un patriarche, car ils les considèrent comme des sacriléges. Tous ces canons se trouvent dans les collections des Éthiopiens, et il est surprenant que M. Ludolf, qui aimait assez les citations, n'en fasse aucune mention. Ce qu'il appelle *cœlibatus infidus*, ne mérite pas d'autre réponse que celle qu'on peut tirer des paroles d'Érasme, rapportées ci-dessus, qui donnent une juste idée de l'incontinence effrénée de ces hommes évangéliques, qui ne pouvaient vivre sans femme. Mais comment M. Ludolf pouvait-il accorder cette liberté, qu'il loue si fort, avec la dureté de défendre les seconds mariages à ceux qui en avaient un si pressant besoin? Car on ne voit pas que jamais les Orientaux se soient relâchés sur ce point de discipline à l'égard des prêtres qui perdaient leurs premières femmes dans la fleur de leur âge. Il ne touche pas cette raison, puisqu'il n'y aurait pu répondre ; mais il se réduit à blâmer la sévérité avec laquelle les anciens Pères avaient déclamé contre les secondes noces, sur lesquelles il prétend qu'on se modéra; et pour preuve, il cite l'exemple rapporté par S. Jérôme d'un mariage de deux personnes de la lie du peuple, qui se marièrent à Rome, le mari ayant eu vingt femmes, et la femme vingt-un maris, et il veut qu'on le regarde comme une preuve de la discipline de ce temps-là; ce qui fait voir qu'il ne l'avait lu qu'en extrait, puisque S. Jérôme en parle comme d'une infamie qui ne devait pas être regardée comme un véritable mariage.

Mais où a-t-il trouvé ce qu'il dit ensuite, qu'*on préfère les hommes mariés pour les élever au sacerdoce, et qu'il faut se marier pour être prêtre?* On était en droit de lui demander des autorités pour prouver une chose aussi nouvelle, et on est fort sûr qu'il n'en eût jamais

(1) At apud ecclesias orientales plus valuit ratio honestarum nuptiarum quàm cœlibatus infidus, et perpetuæ concupiscentiæ obnoxius. Quamobrem Græci, Armeni, Rutheni, et speciatim nostri Æthiopes, presbyteris suis uxores non modò permittunt, sed et isti maritos præferunt, ut qui presbyter fieri velit, matrimonium contrahere teneatur. Nam Apostoli verba : *Unius uxoris virum*, pro præcepto, et quidem ita accipiunt, ut toto vitæ tempore, una tantùm illi concedatur, ideò ad secunda vota non transeunt. Ludolf., *Hist. Æth.*, l. 3, c. 7.

trouvé une seule, même dans les livres les plus méprisables. S'il y a quelque chose de vrai dans cette proposition, c'est que ceux qui, se destinant à l'état ecclésiastique, sentaient leur faiblesse, se mariaient avant que d'être ordonnés, et qu'on pouvait leur donner ce conseil, parce qu'il n'y avait plus d'espérance de se marier après l'ordination. Voilà ce que M. Ludolf peut avoir appris de son Éthiopien, mais jamais il n'y a eu de pareille règle ni en Éthiopie ni ailleurs.

Ce qu'il dit aussi que les Éthiopiens regardent les paroles *unius uxoris virum* comme un précepte, n'est pas moins faux ni moins extraordinaire. S'il y a eu quelques diversités d'opinion sur l'intelligence de ce passage, pour savoir si la monogamie devait s'entendre de n'avoir qu'une femme, ou d'en avoir eu plusieurs successivement; si un homme qui avait eu deux femmes, l'une avant, l'autre après son baptême, devait être regardé comme bigame, il n'y en a jamais eu sur l'autre point, en sorte qu'on ait entendu dans l'ancienne Église qu'une des conditions nécessaires pour l'épiscopat était d'être marié. Mais puisqu'il s'agit des Éthiopiens, on ne trouvera pas qu'aucun de leurs métropolitains l'ait été; et dans l'église d'Alexandrie, à laquelle ils sont soumis, à l'exception de Démétrius, dont la pureté, selon la tradition du pays, fut justifiée par un miracle, il n'y en a pas un seul qui l'ait été : il faut que celui qu'on propose ait gardé la virginité dès son enfance. Dira-t-on que cette loi de l'Apôtre, qui n'a jamais été alléguée par aucun canoniste, a été violée à chaque élection? Cela seul aurait suffi pour l'abroger. Obligeait-on les moines à se marier quand ils étaient faits évêques? On les faisait archimandrites lorsqu'ils n'étaient pas religieux, et cela les obligeait à toutes les observances de la vie monastique, dont la continence était une des principales; donc personne ne croyait qu'ils fussent obligés de se marier, puisque parmi les nestoriens, Barsomas qui le fit fut pour cela excommunié.

Il est fort inutile d'alléguer ensuite, comme a fait M. Ludolf dans son commentaire, un passage d'Eutychius, pour prouver qu'avant le concile de Nicée les évêques avaient des femmes, exceptant néanmoins les patriarches. Ce n'est pas d'un tel auteur qu'on apprendra des faits ignorés de toute l'antiquité, et il ne mérite pas plus de créance sur cet article que sur tant d'autres fables dont il a rempli son histoire. Mais il ne s'agit pas de savoir quelle était la discipline avant le concile de Nicée; c'est de celle des Éthiopiens dont il avait à parler, à laquelle ce passage, qu'il donne comme quelque chose de rare, ce qui paraît assez extraordinaire pour un livre imprimé, n'a aucun rapport. Il est donc très-certain que les Éthiopiens ont les mêmes lois ecclésiastiques que celles de l'église cophte, et que ce qui s'y trouve contraire a été regardé comme un abus, comme serait celui d'obliger les prêtres à être mariés. Mais le fait est entièrement faux, et toutes les digressions de M. Ludolf pour étaler son érudition ne le prouvent pas.

Nous ne nous étendrons pas davantage sur ce sujet, non plus que sur plusieurs autres, parce que le dessein de cet ouvrage n'est pas de faire la controverse sur chaque article, mais de montrer seulement la conformité de la doctrine et de la discipline de l'Église romaine avec les églises orientales. Si en ce qui regarde le mariage des prêtres il y a quelque diversité dans la discipline, le principe est le même, puisque la défense que les Orientaux font aux prêtres d'épouser une seconde femme, ou de se marier après l'ordination, est exposée aux mêmes objections que la discipline de l'Église romaine, qui les oblige au célibat. Si celle-ci est contraire au droit naturel, à la parole de Dieu, aux lois ecclésiastiques et à la pratique des premiers siècles, comme les protestants tâchent de le prouver, l'autre n'y est pas plus conforme. Il y a plus de douze cents ans que l'autorité des papes n'est plus connue parmi les nestoriens et les jacobites; et les Grecs avaient leurs lois longtemps avant la séparation de ces églises. Celle de Rome n'a pas blâmé la grecque sur ce que les prêtres étaient mariés; ce n'est pas elle qui a défendu aux Grecs les secondes noces, ni celles des religieux et des religieuses. On a su de part et d'autre tous les passages de l'Écriture sainte que les protestants font tant valoir, et on ne les a jamais entendus selon le sens qu'ils leur donnent; la discipline, sûre interprète de la doctrine, a déterminé celui des paroles de S. Paul, *unius uxoris virum*, en excluant les bigames du ministère des autels, et les églises orientales, unies ou séparées, ne les ont pas entendues autrement. Il est donc non seulement inutile, mais contre la bonne foi, de vouloir tirer avantage d'une partie de leur discipline, sans faire mention de l'autre, qui détruit entièrement les conséquences qu'on en veut tirer, et les principes que la réforme a établis pour justifier la conduite scandaleuse de ses premiers chefs. Les protestants ne peuvent pas nier que les bigames ne fussent exclus du sacerdoce, et encore plus de l'épiscopat; cependant rien n'est plus ordinaire parmi eux que des ministres qu'ils veulent faire passer pour des saints, qui se sont mariés plusieurs fois, et de nos jours un fameux ministre presbytérien d'Écosse s'est signalé par sept mariages consécutifs. On aurait peine de trouver de tels exemples dans l'antiquité ecclésiastique, puisque dans les siècles florissant par l'observation exacte de la discipline, un homme de ce caractère à peine aurait été souffert dans l'Église.

Toutes les raisons qu'allèguent les protestants n'attaquent pas moins l'ordre monastique, à l'égard duquel ils ne peuvent dire que les Orientaux aient eu la même condescendance que celle qu'ils font tant valoir à l'égard des prêtres. On ne trouvera pas qu'aucun ait été reçu à la profession monastique en gardant sa femme pour vivre avec elle comme à l'ordinaire. Cependant ils n'étaient pas exempts des tentations de la chair, et il y en a assez d'exemples dans l'histoire des anachorètes. On voit les remèdes que les grands saints leur prescrivaient : c'étaient des jeûnes plus austères, des veilles, des macérations du corps, des prières multipliées; jamais aucun n'a dit à ceux qui souffraient de pareilles tentations : *Mon frère, mariez-vous promptement, et usez du remède que Dieu a prescrit.* S'ils s'en servaient malgré l'ordonnance du médecin spirituel, comme ont fait Carlostad, Luther et tant d'autres à leur exemple, ils étaient regardés comme des apostats et excommuniés, sans avoir d'autre voie pour rentrer dans l'Église que celle d'une rigoureuse pénitence. C'est qu'alors on était encore dans cette erreur grossière dont les protestants ont prétendu délivrer l'univers, mais que les Orientaux croient, comme une vérité hors de doute, que tout chrétien était obligé d'exécuter ce qu'il avait promis à Dieu par des vœux solennels. Il a donc fallu aussi la renverser, contre la doctrine et la pratique de toute l'Église, et cela par des raisons si fausses et si pitoyables, qu'il n'y a que la prévention et le libertinage qui puissent les faire approuver. Car, pour ne pas nous arrêter à celles de M. Ludolf, qui se réduisent à ce qu'il y a de plus trivial sur cette matière, ceux qui en ont écrit plus exactement combien font-ils de fausses suppositions, afin que les conséquences qu'ils tirent puissent être véritables ? Ils citent des passages de l'Écriture, et jamais dans l'Église on ne leur a donné le sens qu'ils prétendent. Il faut donc supposer qu'ils en savent plus que les Pères, il faut rejeter la tradition, il faut condamner les vœux monastiques, et abroger toutes les lois ecclésiastiques et civiles, suivant lesquelles l'Église a été gouvernée pendant quinze cents ans, c'est-à-dire, en un mot, que le système des protestants pour condamner et supprimer, comme ils ont fait, le célibat des ministres sacrés, ne peut être vrai qu'en supposant comme vérités démontrées tous les autres articles de leur doctrine.

Après tout cela ils n'auront encore rien prouvé contre le consentement général de l'Église autorisé par celui de toutes les communions orientales, qui en sont séparées par l'hérésie ou par le schisme. Or comme il est certain que de tout temps et en tout pays on a pratiqué le contraire de ce que la réforme a introduit, d'où il s'ensuit, par une conséquence très-certaine, qu'on a cru le contraire, il faut que les protestants disent que l'Église s'est trompée, ce qui est une de leurs erreurs capitales : et ils n'en ont pas d'autres preuves, sinon de dire que ce qu'elle a enseigné et pratiqué est contraire à la parole de Dieu. Mais ce qu'ils appellent *la parole de Dieu* est un sens qu'ils donnent à quelques passages qu'ils entendent d'une manière dont ils n'avaient jamais été entendus, ce qui suppose que l'ancienne Église a été dans l'erreur sur l'intelligence des Écritures, dont elle était l'interprète et la dépositaire. C'est aussi ce qu'ils accordent volontiers, d'où il s'ensuit que S. Paul ermite, S. Antoine, et tous les autres saints anachorètes, croyant faire un sacrifice agréable à Dieu, en se consacrant à lui par l'abandon de toutes choses, et par une pénitence continuelle, se sont trompés, et que même ils ont grandement péché, si on excepte ceux qui se retirèrent dans les déserts pour éviter la persécution. Car ceux qui cherchèrent à imiter leur vie par un zèle mal entendu, ou qui prirent pour prétexte de leur retraite les divisions qui troublaient l'Église, tous ceux-là, péchaient à ce que prétend Fehlavius (1). Tels sont les raisonnements théologiques, comme il les appelle, dont lui et les siens attaquent le célibat et la vie monastique; et ces raisonnements seront très-justes, pourvu qu'on renverse toute la théologie; non pas celle des scolastiques, mais celle de tous les Pères, et même la religion. C'est supposer que les plus grands saints de l'Église l'ont ignorée, et qu'ils ont été des pécheurs scandaleux, au lieu qu'ils avaient été considérés comme des modèles de la plus haute perfection, et comme des anges vivants sur la terre.

On ne s'arrêtera pas davantage à examiner les longs commentaires de ce ministre de Dantzick, avec ses citations ennuyeuses des écrivains de son pays, qui ne font que se copier les uns les autres, et dont le nombre ne peut pas donner autorité à une nouveauté qui a renversé toute la discipline de l'Église. Quand on examinera cette question sans prévention, il paraîtra difficile de s'imaginer que personne croie qu'on doive plus déférer à l'autorité de Danhawerus, Véjélius, Calovius, Hulsémannus, Hospinien, Hottinger, et de semblables auteurs, qu'à celle de S. Athanase, de S. Basile, et de tous les écrivains grecs et latins. On peut dire la même chose des protestants qui ont traité ce point de controverse avec plus d'art et plus d'esprit, comme André Dudithius, évêque des Cinq-Églises, qui ayant apostasié se maria, frappé des conséquences du précepte général donné aux hommes, lorsque Dieu dit aux premiers pères : *Croissez et multipliez*, et de toutes les autres mauvaises raisons qu'il avait apprises en passant à Genève. Il voyait aussi clairement dans l'Écriture que les prêtres étaient obligés de se marier, comme il y crut voir depuis, lorsqu'il se fit socinien, qu'elle enseignait le contraire de ce que les catholiques, aussi bien que les protestants, croient du mystère de la Trinité. C'est avoir bien peu de respect pour l'ancienne Église que de prétendre faire céder l'autorité et les exemples de S. Paul, de S. Antoine, de S. Hilarion, de S. Pacôme, et de tant de saints d'Occident, à celle de Luther, de Carlostad et de leurs semblables. C'est aussi peu respecter l'homme raisonnable que de supposer qu'on ne peut se passer de femme, et que tous ceux qui n'en ont pas s'abandonnent aux plus infâmes débauches. L'Église a eu de tout temps de grands exemples de chasteté, et on ne remarqua pas, dans la naissance de la réforme, que le mariage de tant de moines et de prêtres contribuât beaucoup à la réformation des mœurs; plusieurs auteurs contemporains assurent le contraire.

Ce qui a été dit touchant la discipline de l'église grecque à l'égard des bigames, qu'elle excluait du sa-

(1) Cæterùm, ut hæc obiter moneam, sicut hi, ita illi quoque priores non leviter peccârunt. *Fhel., not. ad Christ. angel., p.* 691.

cerdoce se doit entendre selon l'usage commun. Théodoret a expliqué autrement le passage de S. Paul, mais il avait à se justifier d'avoir ordonné métropolitain de Tyr le comte Irénée, qui était bigame. Le reproche qui lui en fut fait par les autres évêques fait assez voir qu'il avait agi contre les canons, ce que deux exemples qu'il citait ne justifiaient pas. Les raisonnements des protestants, ni l'érudition de Grotius, qui a soutenu la même opinion, ne peuvent servir à prouver que la pratique constante de toutes les églises n'ait été telle que nous l'avons représentée.

LIVRE SEPTIEME,

DE LA TRADITION ET DE CE QUI Y A RAPPORT.

CHAPITRE PREMIER.

Quelle est sur ce sujet la doctrine de l'église grecque et des autres chrétiens orientaux.

Il fallait avoir une impudence pareille à celle de Cyrille Lucar pour oser donner comme l'opinion commune de l'église orientale l'article 2 de sa Confession, dans lequel, par des paroles ambiguës et par une comparaison captieuse de l'autorité de l'Écriture sainte avec celle de l'Église, il déclarait que celle-ci se pouvait tromper, et que l'autre était infaillible. Ceux qui lui avaient dicté cette Confession s'aperçurent vraisemblablement de l'absurdité de la proposition, puisque les catholiques reconnaissent l'infaillibilité de l'Écriture, aussi bien que celle de l'Église, qui en est la dépositaire et l'interprète ; c'est pourquoi on lui fit ajouter après coup le dogme de la clarté de l'Écriture, qui est dans la réponse à la seconde question. Par ce moyen, comme remarqua le second synode de Constantinople, il renversait l'autorité des saints Pères et des canons, où se trouve la tradition venue de Jésus-Christ par les apôtres jusqu'à nous, et qui a toujours été conservée avec respect dans les églises orientales et occidentales. S'il avait dit, comme il a fait dans ses lettres, qu'il renonçait aux superstitions du papisme et de l'église grecque, on l'aurait regardé comme un homme qui se serait rendu aux puissantes raisons du ministre Léger, que Georges Coressius, dont cet apostat parle néanmoins avec tant de mépris, ne craignit point d'attaquer en dispute réglée. Mais il fallait avoir renoncé à toute pudeur pour oser dire que les Grecs croyaient que l'Église pouvait se tromper, comme elle s'était en effet trompée plusieurs fois, et qu'ils regardaient la tradition comme contraire à la parole de Dieu. Car il était bien aisé de savoir, si les écrits des saints Pères n'étaient pas plus respectés dans la Grèce qu'ils l'étaient à Genève ; si les canons des anciens conciles étaient regardés comme des pièces servant à l'histoire, ou comme des lois ecclésiastiques qui n'étaient plus en usage, et le contraire était de notoriété publique.

Il y avait déjà plusieurs années que le patriarche Jérémie, en priant par sa dernière réponse les luthériens de Tubingue de ne lui plus écrire sur des matières de religion, leur avait marqué, comme une des principales raisons, le mépris qu'ils faisaient des Pères, que l'église grecque considérait comme ses maîtres et ses docteurs. On les trouve cités dans tous les auteurs anciens et modernes, pour établir les dogmes de la foi, ou pour combattre les hérésies, et après l'autorité des Écritures, la leur a été toujours employée pour les expliquer selon l'esprit et la tradition de l'Église. C'est ce qui a été constamment observé dans les anciens conciles, qui ont ordinairement appuyé leurs décisions sur les témoignages des anciens Pères, qui avaient reçu de leurs prédécesseurs la doctrine enseignée par les apôtres. Les calvinistes mêmes ont reconnu l'autorité de ces saints docteurs et des premiers conciles dans les points qui avaient rapport aux anciennes hérésies, quoiqu'ils l'aient rejetée sur ce qui regarde les nouvelles opinions nées avec la réforme. Au contraire les Grecs anciens et modernes ont pris les Pères pour leurs guides dans tout ce qu'ils ont écrit sur le dogme, sur l'Écriture sainte et sur la discipline.

La preuve en est fort aisée, car c'est le respect pour la tradition qui a produit ces ouvrages connus et approuvés dans toute la Grèce, qu'on appelle ordinairement *des Chaînes* sur l'Écriture sainte, où sont rapportés les passages des saints Pères, pour l'expliquer selon leur sens et selon la doctrine de l'Église. De même on trouve différents recueils de leurs témoignages contre les principales hérésies, et on voit que S. Augustin, en combattant les pélagiens, s'est servi des passages des Pères grecs et latins qui l'avaient précédé, et des prières de l'Église, comme ont fait Théodoret et plusieurs autres. Dans les points de discipline on a allégué les canons des anciens conciles, et on en a tiré les règles de la morale chrétienne. Enfin non seulement l'Église a été gouvernée selon les lois que les anciens évêques successeurs et disciples des apôtres avaient mises par écrit, mais aussi par les coutumes non écrites et pratiquées de tout temps parmi les fidèles, dont on a formé dans la suite diverses constitutions ecclésiastiques. C'est de ces canons, des réponses des anciens évêques, et des autres monuments d'antiquité ecclésiastique, qu'ont été tirées les collections grecques, et divers abrégés qui en ont été faits en différents temps, suivant lesquels les églises d'Orient se sont gouvernées dans les siècles les plus florissants, même dans ceux qui sont plus proches de nous.

Les Orientaux Syriens, Égyptiens, Arabes, de quelque communion qu'ils soient, nous fournissent de pareilles preuves de leur respect pour la tradition. Ils ont, comme les Grecs, des commentaires sur la sainte Écriture, et on ne voit pas que les commentateurs cherchent à l'expliquer selon leur sens particulier; ils cherchent à représenter celui de l'Église qu'ils tirent des explications des SS. Pères, dont ils rapportent les passages; et on voit dans la vie du patriarche Démétrius qu'une des principales accusations contre Origène fut de ce qu'il expliquait l'Écriture sainte plutôt selon les opinions des Juifs que selon la tradition de l'Église. Outre la traduction qui a été faite il y a plusieurs siècles des commentaires et de divers traités de S. Jean Chrysostôme, de S. Athanase, de S. Basile et de plusieurs autres anciens Pères, tant en syriaque qu'en arabe, les Orientaux ont des chaînes semblables aux grecques, sur le Pentateuque, sur les Psaumes, sur les Évangiles, et sur d'autres livres de l'Écriture, toutes composées de passages des Pères. Il n'y a d'autre différence, sinon que les orthodoxes syriens ne rapportent ordinairement que ceux qui sont reçus dans toute l'Église; au lieu que les nestoriens y joignent ceux qui sont considérés dans leur secte comme docteurs, entre autres Diodore de Tarse, Théodore de Mopsueste et plusieurs Syriens. De même les jacobites citent fréquemment Sévère d'Antioche, qui a beaucoup écrit, et qui se trouve même cité assez souvent dans les chaînes grecques, Philoxène de Hiérapolis, Moïse Barcépha, Jacques d'Édesse et divers autres, qui continuent la tradition parmi eux, et qu'ils prétendent avoir maintenu la doctrine des anciens Pères.

Dans les traités théologiques on trouve aussi un grand nombre de citations de S. Athanase, de S. Cyrille, et de tous les Pères grecs. Pour en donner une idée plus juste, il ne sera pas inutile de marquer ceux qui sont cités dans le livre de *la Foi des Pères*, le plus authentique de ceux des jacobites, où ils ont rassemblé les arguments et les autorités dont ils se servent pour soutenir leur erreur d'une seule nature. Ils citent S. Ignace, martyr, S. Polycarpe, évêque de Smyrne, S. Pierre, martyr, évêque d'Alexandrie, S. Grégoire Thaumaturge, Alexandre, évêque d'Alexandrie, S. Athanase, S. Grégoire-le-Théologien, S. Grégoire de Nysse, S. Basile, S. Jean Chrysostôme, S. Épiphane, S. Cyrille d'Alexandrie, Sévère d'Antioche, Dioscore, Théodore d'Alexandrie, Benjamin, Côme d'Alexandrie, Jacques de Séruge, et de plus les lettres supposées du pape Jules; des traités attribués à Hippolyte de Porto, qu'ils mettent au nombre des papes; les livres attribués à S. Denis, sans parler de plusieurs autres, dont les passages sont rapportés en divers exemplaires de cet ouvrage.

Il en est de même pour les canons et pour tout ce qui regarde la discipline ecclésiastique, dans la célébration et l'administration des sacrements et le gouvernement des Églises. Leurs règles sont tirées des anciens canons de l'Église universelle, principalement de la grecque, sur lesquels les patriarches, les évêques et les canonistes appuient toutes leurs décisions. Ils ont le même respect pour tout ce qui leur est venu de la tradition non écrite; car ce qu'ils appellent nouveaux canons des apôtres et différents extraits de leurs Constitutions, ainsi que plusieurs canons anonymes, ne contient autre chose que l'usage commun rédigé par écrit pour servir de règle aux ecclésiastiques, lorsque la domination des Mahométans leur ôta tout commerce avec les autres églises.

Enfin si on examine toutes les pratiques religieuses que les protestants ont retranchées, comme des abus superstitieux inventés dans l'Église romaine et n'ayant aucun fondement dans l'Écriture, ce qu'ils ont prétendu être une raison suffisante pour les abolir, il n'y en a aucunes qui ne soient conservées parmi les Orientaux, comme ordonnées par les apôtres mêmes, ce qui signifie qu'ils les regardent comme de tradition apostolique. Tel est l'usage insigne de la croix dans tous les sacrements, dans les bénédictions, dans la Liturgie et dans les prières ordinaires; celui de se tourner vers l'Orient, selon la discipline ancienne; la bénédiction des églises, des vases sacrés; la dévotion envers la sainte Vierge et les saints, la vénération des reliques, celle des images; le jeûne du carême, celui du mercredi et du vendredi, outre plusieurs autres, qu'ils observent avec une régularité égale à celle des religieux les plus austères; la prière pour les morts, et particulièrement la célébration de la Liturgie pour le repos de leurs âmes; la vénération des saints lieux, les pèlerinages par dévotion ou par pénitence; la vie monastique, les vœux de religion, la hiérarchie; enfin tout ce que les protestants ont aboli comme contraire à la parole de Dieu, les Grecs et les Orientaux le pratiquent comme ordonné par les apôtres. Il n'y a sur cela aucune différence entre les orthodoxes et les hérétiques.

Ce n'est pas seulement dans leurs traités théologiques qu'ils établissent ce respect pour la tradition, c'est aussi dans la pratique de toutes les choses qui ont été marquées ci-dessus, comme on le reconnaît par leurs histoires et par les Rituels. On a un grand détail des cérémonies pour la célébration des sacrements, et on y reconnaît toutes celles que nous conservons dans nos offices, jusqu'aux moindres bénédictions, les signes de croix, les onctions, enfin tout ce que la réforme a supprimé. On voit des exemples dans leurs histoires qui prouvent la pratique constante de cette discipline; des miracles par l'Eucharistie, par le signe de la croix, par l'intercession des saints, ou par leurs reliques; l'imposition des pénitences, les ordinations, les prières et les Liturgies solennelles pour les morts; enfin on reconnaît partout le même culte, la même discipline, la même forme publique et particulière d'administrer les sacrements que dans l'église grecque, avec laquelle les rites des Orientaux ont une grande conformité; ce qui fait voir combien ils sont éloignés de tout ce que les protestants ont prétendu donner comme la forme évangélique et apostolique d'administrer les sacrements : idée dont nous avons ailleurs prouvé la fausseté, en examinant ce que leurs écrivains ont dit de plus plausible pour justifier tant de diverses formes de leur cène.

CHAPITRE II.

Sentiments des théologiens grecs et des Orientaux sur l'autorité de la tradition.

Les raisons qui ont été rapportées dans le chapitre précédent, confirmées par la pratique incontestable de toutes les églises grecques et orientales, peuvent convaincre toute personne non préoccupée, du consentement de tous les chrétiens séparés de nous dans l'observation des pratiques religieuses, qui, sans être écrites, ont été reçues comme suffisamment établies par la tradition apostolique. Nous ne prétendons pas traiter cette question à fond ; d'autant plus que la matière a été amplement expliquée par de très-habiles théologiens ; ainsi nous ne parlerons que des Grecs modernes, sur lesquels il y a deux remarques importantes à faire. La première est que quand ils ont parlé des traditions, et de l'autorité qu'elles ont dans l'Église, après les passages de la sainte Écriture, qu'ils entendent précisément comme nous, ils citent ordinairement le témoignage de S. Basile, qui fait une ample énumération de ce que les chrétiens pratiquaient, quoiqu'il n'y eût aucune loi écrite, pas même la forme de célébrer les saints mystères. Blastares a transcrit tout ce qu'il y a de plus essentiel dans ces paroles de S. Basile, qui n'a rien dit que tous les Pères plus anciens, et ceux qui l'ont suivi, n'aient répété plusieurs fois, comme une maxime universellement reçue parmi tous les catholiques. C'est ce que S. Irénée avait enseigné longtemps avant lui. *Lors*, dit ce grand saint, *que nous en appelons à la tradition reçue des apôtres, qui est conservée dans les églises par la succession des évêques, les hérétiques s'opposent à cette même tradition, prétendant qu'étant plus éclairés que ces évêques, et même que les apôtres, ils ont trouvé la pure vérité* (1). Tertullien avait établi le même principe ; Clément Alexandrin cité par Eusèbe ; le même Eusèbe contre Marcel d'Ancyre ; Pamphyle dans l'apologie d'Origène ; Capréolus, évêque de Carthage ; saint Augustin en plusieurs endroits, particulièrement épîtres 34, 56 ; livres 2 et 4 du Baptême contre les donatistes ; S. Jean Chrysostôme sur la seconde Épître aux Thessaloniciens, chapitre 2, verset 15, et plusieurs autres des témoignages desquels on pourrait faire un ample recueil. On peut consulter sur ce sujet-là M. le cardinal du Perron dans sa Réplique, la Consultation de Georges Cassandre, et les notes de Grotius, particulièrement celles qu'il a faites contre les Réponses de Rivet, et d'autres ouvrages.

Comme il s'agit des Grecs modernes, il n'est pas difficile de connaître leurs véritables sentiments ; puisque outre que leur discipline qui n'a point varié en est une preuve continuelle, ils s'expliquent si clairement, qu'il ne peut rester le moindre doute touchant la conformité de leur doctrine avec celle de l'Église romaine sur la tradition. Avant les schismes, quoiqu'il y eût quelque diversité dans la discipline des deux églises sur des choses indifférentes, il n'y avait eu aucune contestation, et la communion n'en était pas troublée. Lorsque les disputes furent poussées jusqu'à l'excès, et que de part et d'autre les théologiens qui en étaient chargés ne gardèrent plus aucunes mesures, ils s'accusèrent réciproquement d'abus et d'erreurs touchant plusieurs points de discipline. Mais dans ces contestations les uns et les autres convenaient du même principe, qui était l'autorité de la tradition, et toutes les disputes roulaient sur ce que les uns accusaient les autres de s'en être éloignés.

Quand on s'approche de ces derniers siècles, il n'y a rien de plus fréquent que ce reproche dans les livres des Grecs schismatiques contre les Latins. Siméon de Thessalonique, un des plus animés contre l'Église latine, parlant de la dignité du pape, reconnaît qu'elle est supérieure à celle du patriarche de Constantinople ; mais il dit que les Grecs se sont séparés de sa communion, parce qu'il a renoncé à la tradition de ses prédécesseurs, qui avaient, dit-il, suivi celle des apôtres et des anciens Pères ; et à l'occasion de cette dispute, il ajoute, en expliquant ces paroles, *que personne ne connaît les choses de Dieu sinon l'Esprit de Dieu* : Quelqu'un peut-il donc se vanter d'avoir des pensées plus élevées que l'Esprit de Dieu, par lequel sont inspirés les Pères, et ce qui est dans les divines Écritures ? Tout l'ouvrage de ce théologien grec, qui vivait avant le concile de Florence, est une continuelle explication de la tradition de l'Église sur l'administration des sacrements, et sur les autres points de discipline que les premiers réformateurs ont pris pour prétexte de leur séparation. Il en est de même de tous ceux qui ont écrit depuis les schismes sur le même principe ; et jusqu'à Cyrille il ne s'en était pas trouvé un seul qui eût osé attaquer l'autorité de la tradition de l'Église, ni celle des conciles et des Pères qui nous l'ont conservée.

Il n'a même proposé sa doctrine calviniste sur ce sujet que d'une manière captieuse et obscure, afin de la déguiser aux Grecs, en élevant l'autorité de la sainte Écriture, de laquelle ils n'ont jamais douté, non plus que les catholiques. *Nous croyons*, dit-il, *que la sainte Écriture est inspirée de Dieu, et que le Saint-Esprit en est l'auteur, et aucun autre. Nous la devons croire sans le moindre doute, parce qu'il est écrit* : « *Nous avons les paroles des prophètes qui sont plus certaines,* » *etc. Ainsi le témoignage de la sainte Écriture doit avoir une autorité supérieure à celle de l'Église, parce qu'il n'est pas égal d'être enseigné, comme nous le sommes, par le Saint-Esprit, ou de l'être par les hommes. Car ils peuvent pécher par ignorance, se tromper et être trompés ; mais la sainte Écriture ne trompe pas, et ne peut être*

---

(1) Cùm autem ad eam iterùm traditionem quæ est ab apostolis, quæ per successiones presbyterorum in ecclesiis custoditur, provocamus eos, adversantur traditioni, dicentes se non solùm presbyteris, sed etiam apostolis existentes sapientiores sinceram invenisse veritatem. *Iren., l. 3, c. 2 et 3 ; Euseb., Hist. eccl. l. 5, c. 11 ; Tert., contra Marcion., l. 4 ; Euseb., contra Marc. Ancyr. l. 1 ; Dem. evang. l. 1, c. 8 ; Epiphan. hær., 61 ; Capreol., epist. ad conc. Ephes., p. 750 et s. 807, tom. 4 op. ; Grot., p. 648 ; Vot. pro pace, p. 675 ; apolog. discuss., p. 681.*

sujette à erreur, étant infaillible et ayant une autorité éternelle. Il ne prétendait pas prouver l'autorité de l'Écriture sainte, dont il savait assez que personne ne doutait, mais renverser la tradition, conformément aux principes de ceux qui l'avaient catéchisé ; et les synodes qui le condamnèrent reconnurent assez cette fourberie, et ne s'y laissèrent pas surprendre.

Ils savaient, par les réponses de Jérémie aux théologiens de Wittemberg, qu'il avait condamné dans la Confession d'Augsbourg et dans les répliques réitérées pour la soutenir ce que les protestants ont dit de plus spécieux pour attaquer la tradition ; qu'il avait prouvé par les témoignages des SS. Pères que les traditions dont parlait S. Paul dans l'Épître aux Colossiens, chapitre 2, et dans celle à Tite, chapitre 4, étaient *les fausses traditions des hérétiques, et les observations judaïques ;* enfin qu'il avait soutenu par de bonnes raisons et de puissantes autorités celles que l'église grecque pratique et que les protestants condamnent. C'est pourquoi le premier synode tenu sous Cyrille de Berrhoée condamna cette proposition, que *l'Église pouvait se tromper en cette vie, et prendre le mensonge pour la vérité, parce que de ces sottises, ou plutôt d'une extravagance aussi manifeste, il s'ensuivrait nécessairement que Jésus-Christ Dieu et homme, qui est la vérité même, aurait menti, n'étant pas, selon ce qu'il avait promis, demeuré avec nous, c'est-à-dire avec l'Église, jusqu'à la consommation des siècles ; que l'Esprit de Dieu ne parlait pas en elle, et que les portes de l'enfer, c'est-à-dire les hérésies des athées, prévaudraient contre elle ;* enfin qu'un chacun pourrait être en doute si *l'Évangile que nous avons entre les mains et du Saint-Esprit, comme il nous a été donné par l'Église, et non par un autre.*

Dans un second synode tenu sous Parthénius-le-Vieux, les Grecs condamnent ce second article de Cyrille, *dans lequel,* disent-ils, *recevant la sainte Écriture dépouillée des explications des SS. Pères de l'Église, il traite avec mépris ce qui a été prononcé dans les conciles œcuméniques par l'inspiration divine, et il rejette les traditions reçues de toute antiquité par succession dans tout l'univers, sans lesquelles,* comme dit S. Basile, *toute notre prédication se réduirait à de simples paroles.*

La Confession orthodoxe qui fut dressée en même temps, et confirmée par ce synode, ne traite pas le point des traditions comme on aurait dû faire dans un ouvrage théologique, parce qu'elle était faite uniquement pour l'instruction des peuples. Mais elle explique assez en divers endroits les sentiments véritables de l'église grecque opposés à ceux que lui attribuait faussement Cyrille, lorsqu'elle justifie plusieurs pratiques qui sont fondées sur la tradition, et que les réformateurs ont cru pouvoir abolir, parce qu'il n'en était pas fait mention dans l'Écriture sainte. Telle est la dévotion à la sainte Vierge, et la coutume de réciter dans les prières publiques et particulières la salutation Angélique, le signe de la croix, et plusieurs cérémonies sacrées, principalement celles qui regardent les sacrements. Et parlant de l'autorité de

P. DE LA F. III.

l'Église, en expliquant l'article du Symbole : *Sanctam Ecclesiam catholicam,* voici les paroles de la Confession : *Cet article nous enseigne que chaque orthodoxe doit être soumis à l'Église, suivant la doctrine de Jésus-Christ, qui a dit : Si quelqu'un n'écoute pas l'Église, qu'il soit à votre égard comme un païen ou comme un publicain. De plus, l'Église a un tel pouvoir, qu'avec les synodes œcuméniques, elle peut approuver les Écritures, juger les patriarches,* etc. ; après quoi on trouve l'explication de tous les préceptes de l'Église fondés sur la tradition.

Mélèce Syrigus, qui eut la principale part à rédiger cette Confession, s'est étendu davantage dans la réfutation de la Confession de Cyrille, et nous rapporterons ce qu'il dit sur ce sujet ; d'autant plus qu'après les preuves que nous avons données de l'autorité que ce théologien a dans l'église grecque, et l'édition qui a été faite de cet ouvrage en Moldavie, il n'y a pas d'apparence que personne ose le traiter d'auteur supposé ou de Grec latinisé. Voici ses paroles :

« Que l'Écriture sainte est inspirée de Dieu, qu'il
« en est l'auteur, et par conséquent que toutes les
« choses qu'elle enseigne doivent être crues, et méri-
« tent d'être reçues avec toute sorte de respect ; c'est
« ce que l'église orientale reçoit et soutient, non seu-
« lement comme véritable, mais comme n'ayant pas
« besoin d'être prouvé. Car, comme dit S. Pierre, *la
« prophétie n'a jamais été donnée par la volonté de
« l'homme, mais les saints hommes de Dieu ont parlé
« étant poussés par l'esprit de Dieu.* Mais de con-
« clure de cette proposition qu'on doit rejeter ce
« que nous enseignent les Pères, les conciles et les
« traditions non écrites des apôtres, comme ne devant
« pas avoir d'autorité à peu près comme l'Écriture
« sainte, c'est ce qu'elle ne reçoit pas et ce qu'elle ne
« croit pas, comme étant faux et sans aucune raison.
« Car, si tout ce qui est inspiré de Dieu doit être reçu,
« et que les choses que l'Église enseigne sont inspi-
« rées de Dieu, on ne les doit pas moins recevoir. Or
« c'est ce que nous enseignent ces mêmes Écritures
« inspirées de Dieu. Car, dans l'Évangile selon S. Jean,
« Jésus-Christ dit à ses onze disciples : *J'ai encore
« plusieurs choses à vous dire que vous ne pouvez pas
« porter présentement ; mais lorsque sera venu l'Esprit
« de vérité, il vous conduira à toute vérité.* Donc l'É-
« vangile que Jésus-Christ enseigna à ses disciples,
« quoique très-parfait en lui-même, et comme conte-
« nant l'accomplissement de l'ancienne loi, en sorte
« qu'il n'en faut pas attendre d'autre plus parfait, ne
« contient pas toute vérité. Car ceux qui étaient nou-
« vellement instruits dans la religion ne la pouvaient
« pas soutenir, et par cette raison on avait besoin du
« Saint-Esprit, qui accomplit en eux toute vérité. Or
« l'Esprit qui a été donné à la créature, ou, pour nous
« servir de l'expression de l'Écriture, qui a été ré-
« pandu sur elle après l'ascension du Sauveur, ne
« s'est pas reposé seulement sur les apôtres, mais
« aussi sur ceux auxquels ils avaient imposé les
« mains ; car il avait été prédit qu'il serait répandu

(*Trente-trois.*)

« sur toute chair. Il demeure donc encore présente-
« ment dans tous ceux qui croient véritablement en
« lui, qui disent avec confiance, comme S. Jean :
« *Nous connaissons que nous demeurons en lui, et qu'il*
« *demeure en nous, parce qu'il nous a donné de son Es-*
« *prit.* Celui qui nous avait promis cette demeure du
« Saint-Esprit en nous a assuré qu'elle continuerait
« jusqu'à la fin des siècles, en disant : *Je prierai le*
« *Père, et il vous donnera un autre Paraclet, afin qu'il*
« *demeure avec vous jusqu'à la fin des siècles; l'Esprit*
« *de vérité que le monde ne peut recevoir, parce qu'il ne*
« *le connaît pas. Mais vous le connaîtrez, parce qu'il de-*
« *meurera en vous, et qu'il sera en vous.* C'est pourquoi
« il recommanda à ceux qui seraient conduits au mar-
« tyre pour lui de n'avoir aucune inquiétude sur ce
« qu'ils diraient : *Car ce ne sera pas vous qui parlerez,*
« *mais l'Esprit du Père qui parlera en vous.* Donc les
« choses qui sont dites, même à présent, par ceux
« qui sont remplis du Saint-Esprit, sont des inspira-
« tions de l'Esprit de Dieu, et par conséquent c'est
« Dieu qui les inspire. Mais parce que les hérétiques,
« aussi bien que les orthodoxes, devaient s'approprier
« cela, se vantant avec autant d'ostentation que Da-
« than et Abiron d'avoir Jésus-Christ en eux, et d'a-
« voir reçu le Saint-Esprit, Jésus-Christ nous a donné
« un signe certain pour connaître ceux qui lui appar-
« tiennent, et c'est le consentement unanime et la
« concorde. Car il dit : *Je suis en eux et vous en moi,*
« *afin qu'ils deviennent un et afin que le monde con-*
« *naisse que vous m'avez envoyé, et que vous les avez*
« *aimés, comme vous m'avez aimé.* Ceux donc qui par
« toute la terre ont les mêmes sentiments touchant la
« foi, sont unis de Dieu, qui *fait habiter dans sa mai-*
« *son les personnes dont les mœurs sont semblables,* et
« qui fit que *la multitude de ceux qui croyaient n'était*
« *qu'un cœur et une âme.* Ils ont le Saint-Esprit demeu-
« rant en eux, et Jésus-Christ qui parle en eux. Car
« comme lui qui est la vérité même a dit : *Où deux ou*
« *trois sont assemblés en mon nom, je suis au milieu*
« *d'eux,* comment donc, au nom de Dieu, peut-on
« nier avec quelque raison que ceux qui ont écrit en
« particulier en Orient ou en Occident sur les mys-
« tères de notre salut, et qui l'ont fait aux extrémités
« de la terre, en divers temps et en diverses langues,
« qui s'accordent tous sur les points essentiels, aient
« été inspirés de Dieu? car quelque différence sur des
« articles peu importants, comme est celle des évan-
« gélistes, ne détruit pas cette raison ; ou comment ne
« reconnaîtra-t-on pas cette inspiration dans les con-
« ciles des Pères assemblés dans le Saint-Esprit et
« selon Jésus-Christ, souvent et en plusieurs lieux,
« qui s'accordent tous entre eux et avec eux-mêmes ?
« Si donc leurs décisions sont inspirées de Dieu, elles
« doivent être reçues comme la sainte Écriture, d'au-
« tant plus qu'elles servent à l'éclaircir ; car qui a
« discerné les véritables livres de l'Écriture de ceux
« qui sont apocryphes et supposés ? Ne sont-ce pas
« les Pères et le concile de Laodicée ? N'ont-ils pas
« rejeté l'Évangile selon S. Pierre, selon S. Jacques,

« selon S. Barthélemi, selon S. Mathias et selon les
« douze apôtres, qui étaient répandus en divers en-
« droits? Si donc l'Église donne autorité aux Écri-
« tures, parce qu'elle est conduite par l'Esprit de
« Dieu, et qu'elle juge des choses spirituelles par
« l'Esprit qu'elle a en elle, comment est-il possible
« qu'elle soit dépourvue du Saint-Esprit ?
« Il n'y a pas de raison de dire, comme font les cal-
« vinistes : Nous donnons plus d'autorité à l'Écriture
« en l'approuvant par le témoignage de notre con-
« science, qu'en déférant à la décision du concile. Qui
« est l'hérétique qui n'en dise pas autant, puisqu'il croit
« selon sa conscience les choses dont il est persuadé ?
« Mais il ne faut pas laisser le jugement de pareilles
« matières à des juges aussi sujets à se tromper que
« nous le sommes, puisque les hommes sont men-
« teurs, et leurs pensées timides et incertaines, selon
« Salomon. Il faut plutôt régler sa conscience par les
« choses divines que celles-ci par la conscience, et
« captiver, ainsi qu'il est dit dans l'Écriture, toute pen-
« sée pour obéir à Jésus-Christ.
« Or les patriarches, qui ont vécu avant la loi
« écrite, ont prouvé que nous devons conserver les
« traditions non écrites reçues de toute antiquité dans
« l'Église, de même que ce qui est enseigné dans l'É-
« criture, parce qu'ils ont reçu les uns des autres par
« tradition le véritable culte de Dieu. C'est pourquoi il
« est écrit : *Interrogez vos anciens, et ils vous le rappor-*
« *teront.* Et en un autre endroit : *Combien avons-nous*
« *entendu et connu de choses, que nos pères nous ont ra-*
« *contées ?....* S. Paul dit encore plus clairement : *C'est*
« *pourquoi, mes frères, demeurez fermes, et conservez les*
« *traditions que vous avez apprises soit par nos paroles,*
« *soit par notre lettre.* Et S. Jean : *Quoique j'eusse plu-*
« *sieurs choses à vous écrire, je n'ai pas voulu le faire sur*
« *du papier et avec de l'encre, espérant vous aller voir et*
« *vous parler de vive voix.* Si elles n'eussent pas été sa-
« lutaires et mystérieuses, cet homme inspiré de Dieu
« n'eût pas réservé à les dire de vive voix, et à les
« confier comme des mystères.
« La coutume reçue depuis les premières années de
« l'avénement de Jésus-Christ, qui est parvenue jus-
« qu'à nous, et qui est demeurée immuable pour les
« choses principales et essentielles, fait voir que les
« traditions conservées par l'Église sont celles que les
« apôtres ont enseignées, comme nous le montrerons
« ailleurs ; et toutes les choses inspirées de Dieu doi-
« vent être reçues également, quoique l'Écriture sem-
« ble avoir en elle-même plus d'autorité, parce que
« tous les hommes inspirés de Dieu témoignent que
« ceux qui l'ont composée l'ont fait par le mouvement
« du Saint-Esprit, ce qui suit conséquemment du même
« chapitre. Car il est dit que *la parole prophétique est*
« *plus assurée,* non parce qu'elle a plus de puissance
« et d'autorité que les préceptes des apôtres, puisqu'il
« s'ensuivrait que l'ombre légale serait plus recevable
« que la vérité évangélique; mais parce que les Juifs,
« auxquels écrivait S. Pierre, le croyaient ainsi. De
« même les Écritures saintes paraissent plus assurées,

« parce que tous les fidèles les ont reçues, et s'y sou-
« mettent comme à des principes généraux. Cependant
« nous ne devons pas moins croire les choses qui ont
« été ordonnées par les conciles légitimement assem-
« blés, et celles qui ont été déclarées par les hommes
« inspirés du Saint-Esprit, puisqu'elles ont été inspi-
« rées par le même Esprit, et qu'elles sont comme des
« conséquences et des conclusions tirées de l'Écriture.

« De plus, dire que le témoignage de l'Écriture est
« fort supérieur et plus assuré que celui de l'Église ca-
« tholique est une fausseté manifeste : car celui qui
« rend témoignage dans l'Écriture, est le même qui
« donne les témoignages à l'Église, puisque c'est le
« même Saint-Esprit qui nous enseigne toute vérité,
« et qui parle dans l'Église, comme il a parlé dans les
« prophètes, et qui n'a jamais rien dit de contraire dans
« l'Église ; c'est pourquoi ceux de la primitive Église
« disaient : Il a paru bon au Saint-Esprit et à nous. Au
« reste, c'est un sophisme que de dire qu'il n'est pas
« égal que nous soyons instruits par le Saint-Esprit ou
« par un homme. Car jamais le Saint-Esprit n'a en-
« seigné immédiatement le peuple, sans se servir des
« langues et des mains des hommes. Les prophètes,
« les apôtres et les évangélistes n'étaient-ils pas des
« hommes? S. Pierre ne fait pas de difficulté de les
« appeler ainsi, lorsqu'il a dit que les saints hommes de
« Dieu ont parlé étant poussés par le Saint-Esprit.
« S. Paul était homme absolument, et cependant,
« prêchant l'Évangile à ceux de Thessalonique, il dit :
« Vous n'avez pas reçu la parole d'un homme, mais
« comme elle l'est véritablement, la parole de Dieu Ainsi
« l'Évangile prêché ou écrit par les apôtres n'est pas
« appelé humain, quoique annoncé par le ministère
« des hommes, parce que ce n'est pas selon l'homme
« qu'il est annoncé, comme dit S. Paul ; mais il est
« divin et de Dieu, parce qu'il a été dicté et écrit par
« l'inspiration de Dieu. De même tous les oracles de
« l'Église, quoiqu'ils aient été prononcés par des hom-
« mes, ont été néanmoins proférés de Dieu même et
« inspirés par le Saint-Esprit ; et par conséquent ils
« doivent être reçus comme divins et comme des ora-
« cles de Dieu ; car qui nous a enseigné, sinon l'É-
« glise, que le Père n'est pas engendré, que le Fils est
« consubstantiel au Père, que parlant de la sainte Vierge
« nous la devons appeler Mère de Dieu et toujours
« vierge ; que nous devons croire deux natures et
« deux volontés en Jésus-Christ ? Où est-ce que l'Écri-
« ture nous a marqué expressément et mot à mot ces
« choses, et d'autres semblables ? N'est-ce pas des
« conciles et des saints Pères que nous avons reçu ces
« dogmes ? Nous nous y soumettons néanmoins,
« comme à des oracles divins, non seulement sans en
« douter, mais étant prêts à sacrifier plutôt nos vies
« que de les nier ; et vous-mêmes vous les recevez.
« Pourquoi donc recevez-vous comme inspirés de Dieu
« quelques dogmes de ces saints hommes de Dieu,
« pendant que vous rejetez les autres, comme ne l'é-
« tant pas ? Le Saint-Esprit est-il partagé, et dit-il des
« choses qui le contredisent lui-même ? A Dieu ne
« plaise ! Que Dieu soit reconnu véritable, et tout homme
« menteur.

« Mais, dit Cyrille, l'homme peut manquer, trom-
« per les autres et être trompé, ce qui ne peut avoir
« lieu à l'égard de la sainte Écriture. J'en tombe d'ac-
« cord, et cela est vrai lorsque l'homme parle des
« choses de la terre et de celles de ce monde, et
« qu'il propose ce qu'il tire de lui-même. Car celui
« qui est tiré de la terre est de la terre, et parle de la
« terre ; et il ne faut pas croire ceux qui parlent ainsi,
« desquels il est écrit : Ils me servent inutilement,
« enseignant des doctrines qui ne sont que des précep-
« tes des hommes ; comme aussi qu'il faut plutôt obéir
« à Dieu qu'aux hommes. C'est d'eux que S. Paul
« écrivant aux Colossiens dit : Prenez garde que quel-
« qu'un ne vous séduise par la philosophie et par des
« raisonnements vains et trompeurs, selon les traditions
« des hommes, selon les principes d'une science mon-
« daine, et non selon Jésus-Christ. Quand ils ne par-
« lent pas selon l'homme, mais selon Jésus-Christ,
« et qu'ils ne proposent pas leurs propres paroles,
« mais celles du S.-Esprit, non pas selon la tradition
« des hommes, mais selon celle des apôtres, alors il
« ne peut arriver qu'ils tombent dans l'erreur ; puis-
« qu'il n'est pas possible que le Saint-Esprit trompe
« personne. C'est d'eux qu'il est écrit : Celui qui vous
« écoute m'écoute ; celui qui vous méprise, me méprise,
« et celui qui me méprise méprise celui qui m'a envoyé.

« A parler franchement, n'est-ce pas une absurdité
« et une erreur manifestes, que vous autres qui êtes
« des hommes, vous qui prenez un chemin tout nou-
« veau, et qui n'est pas frayé (car il n'y a pas encore
« soixante-dix ans que cette hérésie a paru) vous croyez
« ne vous pas tromper, et ne pas tromper les autres,
« et sur cela vous prétendez qu'on vous croie comme
« des hommes inspirés et entièrement remplis de
« Dieu, qui n'ont rien de la faiblesse humaine, et
« qu'en même temps vous voulez qu'on croie que
« depuis Jésus-Christ jusqu'à l'année présente 1638,
« ceux qui ont marché sur les traces de ceux qui les
« ont toujours conduits, hommes d'une pureté de
« doctrine égale à celle de leur vie, qui ont été les
« lumières du monde, qui en ont été comme l'âme et
« la vie, se sont trompés, et ont suivi comme des
« aveugles ceux qui les conduisaient ? J'avoue que je
« ne vois à cela aucune bonne raison : car il ne faut
« pas que nous vous suivions, puisque vous êtes des
« hommes ; ou s'il faut suivre des hommes, il est beau-
« coup plus raisonnable de nous attacher aux autres,
« auxquels le Saint-Esprit a promis d'être présent
« avec eux, lorsqu'ils seraient d'accord sur une mê-
« confession de foi. Or personne ne trouvera aucune
« semblable concorde parmi les disciples de Calvin,
« ni entre eux, ni avec Luther leur contemporain,
« comme il nous serait facile de le prouver si nous
« voulions examiner leur doctrine. »

Ce fameux théologien de l'église grecque n'a donc
rien dit sur ce sujet, qui ne fût entièrement conforme à ce qu'elle avait enseigné par le patriarche Jéré-

mie, par le synode sous Cyrille de Berroée, et par tous ses théologiens; ainsi il ne faut pas s'étonner si Dosithée, patriarche de Jérusalem, à la tête de son synode, a soutenu la même doctrine. Dans le commencement de son traité, il avait rapporté des passages tirés des homélies de Cyrille, pour prouver qu'il avait prêché à Constantinople le contraire de ce qu'il avait dit dans sa Confession, disant que *ce que les évangélistes avaient enseigné, les docteurs de l'Église l'avaient éclairci; que leur témoignage méritait créance, et qu'il avait autorité parmi nous, à cause que ces hommes étaient éclairés par le Saint-Esprit, et que nous étions assurés que Dieu avait parlé par eux; que l'Écriture sainte était appelée le ciel, parce qu'elle avait ensemble la lettre et l'esprit, qui l'une et l'autre sont appelés les cieux; que l'intelligence la plus relevée a été donnée aux savants par une grâce de Dieu, et que celle qui est* |la plus basse *c'est-à-dire, de la lettre, chacun la peut avoir; qu'ainsi l'Écriture dit :* « Cœlum cœli Domino, » *c'est-à-dire que cette intelligence sublime de l'esprit de l'Écriture, Dieu seul la possède et la donne aux Pères,* etc. Il prouve dans un autre endroit qu'on est obligé à l'abstinence, parce que l'Église l'ordonne, et il établit l'infaillibilité de l'Église, hors de laquelle, comme hors de l'arche, il n'y avait point de salut. C'était ainsi qu'il parlait en véritable Grec, au lieu que le langage de sa Confession est entièrement celui de Genève.

Le synode de Jérusalem la condamne par cette censure : *Nous croyons que la divine et sainte Écriture est enseignée de Dieu, et par cette raison nous devons sans aucun doute y ajouter foi, mais non pas autrement que selon que l'Église catholique l'a interprétée et nous l'a donnée. Tous les hérétiques reçoivent à la vérité la sainte Écriture, mais ils l'interprètent par des métaphores, des équivoques et des sophismes tirés de la sagesse humaine, confondant ce qui doit être distingué et se jouant dans des matières très-sérieuses. Autrement, c'est-à-dire sans le secours de la tradition pour l'interprétation de l'Écriture, chacun ayant tous les jours une opinion différente sur le sens de l'Écriture, l'Église catholique n'aurait pas, comme elle a eu jusqu'à présent, une même doctrine toujours semblable et inébranlable touchant la foi; elle serait divisée en mille manières, elle serait tombée en diverses hérésies, elle ne serait pas la colonne et l'appui de la vérité, sans tache et sans ride; ce qu'on ne peut penser sans blasphème, ou le croire sans la dernière impiété. Ceux qui ont de pareils sentiments sont une assemblée de méchants, comme sont sans difficulté les églises des hérétiques, particulièrement des calvinistes, qui ayant appris de l'Église ce qu'ils savent, n'ont pas honte de la rejeter. Nous croyons donc que le témoignage de l'Église catholique n'a pas moins d'autorité que celui de la sainte Écriture; puisque comme le même Saint-Esprit l'a donnée à l'une et à l'autre, il est égal absolument d'être instruit par l'Écriture ou par l'Église catholique. Nous convenons ensuite qu'un homme qui parle de lui-même peut tomber dans l'erreur, être trompé et tromper les autres; mais cela est impossible à l'égard de l'Église, qui ne parle jamais d'elle-même, mais par le Saint-Esprit, son Maître, qu'elle possédera jusqu'à la fin des siècles; elle ne peut tomber dans l'erreur, tromper ni être trompée en aucune manière; mais elle est infaillible aussi bien que la sainte Écriture, et elle a une autorité éternelle.*

Tels sont les sentiments du synode de Jérusalem et de Dosithée, conformes à ceux de ce fameux théologien de l'église grecque, qu'elle a solennellement adoptés par l'impression qui a été faite en Moldavie de l'ouvrage d'où nous les avons tirés, traduit en langue vulgaire par l'auteur même, comme il a été dit ailleurs. S'il restait quelque difficulté, le petit traité de François Prossalento, imprimé à Amsterdam, en 1706, contre le sieur Benjamin Woodroff, son maître au collège grec d'Oxford, y satisferait pleinement, puisque, nonobstant les instructions toutes contraires qu'il avait reçues de ce protestant, il soutient l'autorité de la tradition par l'Écriture et par les Pères; et il paraît que ce jeune Grec réfutait fort bien les lieux communs dont les protestants se servent pour l'attaquer. Mais il ne s'agit pas d'examiner la bonté de l'ouvrage, qui a son mérite; il suffit de remarquer que la vérité commune aux Grecs et aux Latins est si fort enracinée dans l'esprit des Grecs, qu'un jeune homme d'entre eux n'a pas craint d'attaquer un vieux protestant, et même, si on veut croire M. Claude, qui s'est servi de son témoignage comme de celui de M. Basire pour prouver les plus grandes absurdités touchant l'église grecque, c'était un homme très-savant. Il faut ajouter ce que ce jeune Grec a dit en passant à Paris à diverses personnes dignes de foi, qu'il retournait en son pays, et qu'il avait fait son ouvrage pour effacer la mauvaise impression qu'on avait tâché d'inspirer de lui à cause de son séjour en Angleterre, ce qui pourrait reculer son avancement; c'est pourquoi il le dédia au patriarche de Constantinople, Gabriel. Le consentement des églises d'Orient et d'Occident est si clair sur cet article, qu'il serait inutile de s'arrêter davantage à le prouver.

CHAPITRE III.

De la dévotion à la sainte Vierge; de la vénération et de l'intercession des saints.

Nous traiterons le plus brièvement qu'il nous sera possible cet article, et quelques autres qui sont fondés sur la tradition, parce qu'il est tellement certain que les Grecs et tous les autres chrétiens d'Orient croient et pratiquent tout ce que l'Église latine enseigne et observe sur ce sujet, que les protestants n'osent le nier. Leur grand auteur, qui est néanmoins un des plus méprisables qui ait écrit sur ces matières, David Chytræus, avoue que *l'invocation et la vénération des saints, particulièrement le culte superstitieux de la Vierge, ne sont pas moins en usage dans la Grèce que dans les pays de l'obéissance du pape.* Il ne permet pas même qu'on en doute, citant un Horologe et un Ménologe qu'il avait acheté d'un Grec cypriote, employé dans l'arsenal de Vienne, et qui fut pour lui une grande nouveauté, quoique ce livre fût imprimé, même plusieurs fois, plus de cinquante ans auparavant. Nous faisons cette remarque, afin que toute personne raisonnable puisse juger ce qu'on doit attendre d'un tel critique, qui parle hardiment de la religion des Grecs, n'ayant jamais lu aucun de leurs livres que celui-là, tiré de la poche d'un laïque grec, et les Liturgies telles qu'alors elles étaient imprimées; de même que de Rivet, qui a osé critiquer tous les Pères, dont à peine il connaissait les meilleures éditions.

La plus grande partie du peuple et des prêtres, continue Chytræus, *fait consister toute la piété dans le culte de la Vierge Marie et des images, et ils mettent leur confiance, non seulement dans l'intercession et dans les prières, mais aussi dans les mérites et dans les secours des saints. On ne trouve pas seulement tous les jours dans leurs temples des exemples de cette horrible et idolâtrique invocation, mais les formules en sont prescrites à chaque heure dans leurs Horologes* (1). Si l'érudition de cet auteur n'avait pas été renfermée dans des bornes aussi étroites que celles de l'Horologe, il aurait eu beaucoup d'autres citations à faire, puisque non seulement tous les livres ecclésiastiques des Grecs, mais un nombre infini d'homélies anciennes ou modernes, sont remplies de pareilles expressions, sans néanmoins qu'on y trouve ce qu'il leur impute avec autant d'ignorance que de calomnie.

Il fallait néanmoins qu'il parlât ainsi, puisqu'il n'aurait pu sans se contredire excuser les Grecs sur un article que les premiers réformateurs avaient pris pour une raison de leur séparation. Un autre aurait reconnu que la plupart des expressions qu'il accuse d'idolâtrie se trouvent dans les Pères, particulièrement dans ceux qui au concile d'Éphèse condamnèrent l'hérésie de Nestorius, et déclarèrent que la sainte Vierge était mère de Dieu : car puisque les protestants reçoivent ce concile, ils ne doivent pas condamner ce qui y fut si solennellement approuvé. Comme cette matière a été traitée fort au long par plusieurs habiles théologiens, et qu'il n'y a plus que des ignorants qui puissent amuser les peuples par ces anciens et inutiles reproches d'idolâtrie, comme si nous adorions la Vierge ou les saints, il suffit de dire que ces objections ont été fort connues aux Grecs par les écrits des théologiens de Wittemberg, et que le patriarche Jérémie les a solidement réfutées.

Il reconnaît que l'invocation convient proprement

(1) Ex quo invocationem et honores sanctorum ac inprimis Mariæ Virginis cultum superstitiosum in Græciâ hoc tempore, non minùs quàm in regno pontificio vigere animadverti... Magna pars vulgi et sacerdotum pietatis summam in cultu Mariæ Virginis et imaginum collocat. Nec tantùm intercessione et precibus, verùm etiam meritis et auxiliis sanctorum confidunt. Ac tetræ et idolatricæ invocationis non modò exempla in eorum templis quotidiè conspiciuntur, verùm etiam formulæ in illis ipsis precibus Horologii Græcorum solemnibus in singulis horis præscriptæ sunt. *Chytr., Or. de Eccl. Statu.*

et particulièrement à Dieu, et aux saints seulement par accident, et par rapport à la grâce, et que nous invoquons Dieu seul dans la première acception, ce qu'il prouve par la Liturgie : *Mais nous prenons aussi pour médiateurs tous les saints, et principalement la Mère du Seigneur ; ensuite les chœurs des anges et des saints que nous honorons par des temples, par des choses que nous leur offrons, par des prières et par des images sacrées, relativement, et non par un culte de latrie. Car nous savons que ce culte n'est dû qu'à Dieu seul ; nous n'en connaissons point d'autre, et nous n'adorons point de dieu étranger. Nous ne portons pas même trop loin cet honneur relatif envers les saints, de peur de tomber dans l'idolâtrie, ce qu'à Dieu ne plaise. Car c'est une impiété dont l'Église de Jésus-Christ et ses enfants sont fort éloignés, de ne pas honorer relativement les saintes images, dont la vénération se rapporte à l'original, comme dit S. Basile.*

Il est à remarquer qu'en cet endroit le texte grec est corrompu, non seulement dans l'édition grecque et latine qu'en donnèrent les théologiens de Wittemberg, mais qu'il l'était dans la copie sur laquelle Socolovius fit sa traduction. Il a traduit : *Neque in venerandis imaginibus nimii sumus, sed intra modum*, ce qui paraît approcher assez du sens de l'auteur, puisqu'il parle ensuite des images. La traduction des protestants est telle : *Verùm non multùm volumus fieri sancti, schesin (respectu factam adorationem) metuentes fortassis, ut ne in latriam incidamus, quod utinam non fiat ;* paroles où il n'y a point de sens, parce que celui qu'ils ont voulu tirer ne convient point au sujet, et il est entièrement absurde. Mais s'il y a de l'obscurité en cet endroit, il n'y en a pas dans la suite. *Nous regardons*, dit Jérémie, *tous les saints comme nos médiateurs et nos intercesseurs. Nous disons aussi qu'il y a non seulement dans ce temps présent, mais dans le siècle futur, une sorte de médiation, les anges, les saints et la sainte Vierge devant prier pour quelques-uns, non pas pour tous absolument, ni pour aucun qui soit mort dans les péchés ; car à de telles gens Dieu a fermé absolument sa miséricorde... Mais ils prient seulement pour ceux en faveur desquels les intercessions sont recevables, c'est-à-dire pour ceux qui avant leur mort n'ont pu laver par la pénitence les taches de leurs péchés. Premièrement cette médiation se fait et est annoncée dans l'Église, et nous adressons pour cela nos prières aux saints, à la sainte Vierge et aux anges. A la Vierge nous disons :* Très-sainte dame, mère de Dieu, intercédez pour nous pécheurs. *Aux anges :* Toutes les puissances célestes des saints anges et archanges, intercédez pour nous. *De même nous nous adressons au prophète et précurseur S. Jean-Baptiste, aux glorieux apôtres, aux prophètes, aux martyrs, aux saints pasteurs et docteurs de toute la terre, aux autres saints et saintes, les priant d'intercéder pour nous autres pécheurs.* C'est ainsi que Jérémie s'expliqua avec les luthériens dans sa première réponse, et ce qu'il confirma dans les suivantes, conformément à tous les autres théologiens grecs qui l'avaient précédé.

Il fallait donc avoir autant d'impudence que Cyrille Lucar, pour oser attribuer à l'église grecque des sentiments directement contraires à ce qu'elle a toujours enseigné et pratiqué, et il n'y a pas sujet de s'étonner que dès que cette malheureuse Confession parut, tous la condamnèrent unanimement. C'est en cet endroit qu'on peut remarquer une nouvelle preuve et bien sensible de l'ignorance de cet apostat ; parce qu'en quelques endroits de ses lettres imprimées depuis peu, il parle des disputes qu'il eut avec Corcssius sur cet article, non pas apparemment pour le soutenir, mais comme en le consultant sur les objections du ministre Léger. Il est étonnant que ce Cyrille, *devant lequel*, si on croit Hottinger, *tous les autres Grecs n'étaient que des ânes*, en parle comme un homme qui n'a pas les premiers éléments de la théologie, et qui est tout étonné de la distinction très-théologique des médiateurs d'intercession, et du médiateur de rédemption, sur laquelle il fait de mauvaises plaisanteries, et aussi fades qu'elles sont impies.

Cyrille avait donc dit dans sa Confession que *Jésus-Christ était seul médiateur et grand pontife, ayant seul soin des siens en présidant à son Église*, ce qu'il disait d'une manière captieuse, afin d'exclure indirectement la médiation de la Vierge et des saints, qui étant toute d'intercession et de prières, ne fait aucun préjudice à la dignité du seul médiateur de Dieu et des hommes, Jésus-Christ notre Sauveur. Les Grecs qui composèrent le synode de 1638 ne s'y laissèrent pas surprendre ; ils lui dirent donc anathème, *comme ayant obscurément et malicieusement enseigné dans son huitième article que les saints n'étaient pas médiateurs ni intercesseurs pour nous auprès de Dieu, en disant que Jésus-Christ était seul médiateur, et avait seul soin des siens, en quoi Cyrille détruisait plusieurs oracles du S.-Esprit, Dieu ayant dit* : Je protégerai cette ville à cause de David mon serviteur. *Les trois saints enfants dans la fournaise* : Ne nous abandonnez pas jusqu'à la fin, à cause d'Abraham votre bien-aimé, Isaac votre serviteur et Israël votre saint. *S. Pierre dit aussi* : J'aurai soin qu'après mon décès vous vous souveniez toujours de ces choses. *Comment en aurait-il pu avoir soin, sinon en intercédant auprès de Dieu et en le priant? De plus le septième concile œcuménique tenu à Nicée, ordonne sous peine d'anathème d'observer toutes les traditions ecclésiastiques écrites ou non écrites, sans rien innover ; et une de ces traditions est l'invocation des saints.* Le synode de 1642 condamna cet article par la même raison, *parce qu'il détruit l'intercession des saints et la protection des anges, comme aussi les prières et les intercessions des prêtres, qui se font par toute la terre, et par lesquelles nous croyons que l'Église est conservée.* La Confession orthodoxe qui fut dressée et confirmée dans ce dernier synode, enseigne que *tous les orthodoxes doivent honorer la très-sainte Vierge mère de Dieu, qui l'avait fait digne d'accomplir en elle le mystère de l'Incarnation ; et que par cette raison l'Église a établi la salutation Angélique, composée des paroles de l'ange Gabriel et de sainte Élisabeth, qui devaient être regardées comme divines, Dieu les ayant inspirées à l'une et à l'autre* (1).

Mélèce Syrigus a réfuté très-amplement ce huitième article, prouvant d'abord qu'en peu de paroles Cyrille détruisait la médiation des saints et des prêtres, et même la protection des anges gardiens, qu'il établit par divers passages de la sainte Écriture. Daniel, chapitre 10, 20 ; Psaumes 33, 8 ; 90, 11 ; Matthieu 18, 10. *Nous croyons*, dit-il ensuite, *tous ceux qui sommes de l'église orientale, que Jésus est le seul médiateur dans la réconciliation qu'il a faite par son sang du genre humain avec Dieu, et par lequel nous avons accès, ceux qui étaient proche et ceux qui étaient loin, les Juifs comme les gentils, auprès du Père dans un seul esprit, et aucun autre que lui n'a été médiateur dans un si grand mystère ; car il n'y a qu'un Dieu et un seul médiateur de Dieu et des hommes, l'homme Jésus-Christ. Cependant nous sommes persuadés que dans les prières qui se font à Dieu pour nous, non seulement les anges, mais les prêtres et les saints, en cette vie et en l'autre, sont médiateurs, ce que nous apprenons de l'Écriture sainte.* A cette occasion il cite Tobie, chapitre 12, verset 13 ; il rapporte ensuite un passage d'Origène dans sa seizième homélie sur les Nombres, où il dit que les anges offrent devant Dieu les bonnes œuvres et les prières des saints. Puis il cite les passages de l'Apocalypse où est décrite la vision des saints vieillards qui offraient à Dieu de l'encens, c'est-à-dire, comme S. Jean l'explique lui-même, les prières des saints. Il continue ses preuves par divers autres passages de l'Écriture, et il conclut par celui de Zacharie, chapitre 1, verset 12, où il introduit un ange disant à Dieu : *Seigneur tout-puissant, jusqu'à quand n'aurez-vous point pitié de Jérusalem*, etc.

Il prouve ensuite que d'une manière particulière les prêtres sont médiateurs entre Dieu et les hommes, sur quoi il cite les paroles de S. Paul dans l'Épître aux Hébreux, chapitre 5, verset 1, ce qui était même reconnu dans l'ancien Testament, les prêtres ayant été choisis pour prier et pour offrir des sacrifices à Dieu, afin d'obtenir le pardon à ceux qui avaient commis quelque chose contre la loi ; que S. Grégoire de Nazianze avait appelé S. Basile médiateur entre Dieu et les hommes ; que S. Jacques avait ordonné que celui qui se trouvait attaqué de quelque maladie appelât les prêtres de l'Église, afin qu'ils priassent pour lui ; que les premiers fidèles avaient prié pour S. Pierre pendant sa prison, et ainsi du reste.

Enfin il montre que *les saints après leur mort intercèdent pour nous, puisque la foi nous enseigne qu'en sortant de ce monde ils entrent dans la vie éternelle ; que la charité dont ils ont été remplis ne cesse point à l'égard de leurs frères qui combattent encore, parce qu'ils connaissent plus clairement la bonté et la miséricorde de Dieu, et qu'il est contre toute raison de s'imaginer que,*

(1) Διὰ τὴν πανάγνον παρθένον τὴν θεοτόκον Μαρίαν, τὴν ὁποίαν ἐστονται καὶ νὰ ἀξιωθῇ νὰ πληρώνῃ τόσον μυστηρίων, ἔχουσι χρέος ὅλοι τοὶ ὀρθόδοξοι νὰ τὴν δοξάζουσι πρεπόμενα. *Conf. orth.*, quæst. 40.

puisque le mauvais riche tourmenté dans les flammes, sans aucune espérance de salut, et par conséquent privé de toute charité, se souvenait néanmoins de ses frères, et priait afin qu'ils ne tombassent pas dans les mêmes tourments, les saints qui étant unis à Dieu ont reçu un degré de charité plus parfaite, ne se souviennent pas de ceux qui leur appartiennent, non seulement selon la chair, mais encore plus selon la foi, par laquelle l'*Église triomphante* et l'*Église militante* ne font qu'un même corps, sous un seul chef, qui est Jésus-Christ. Il dit aussi que par plusieurs témoignages de l'Écriture on voit que les saints en cette vie ont prié pour les autres, et qu'ils ont été exaucés, Abraham pour Abimélec, Isaac pour Rébecca, Moïse et Aaron pour le peuple d'Israël, Élisée pour son hôtesse, Marthe et Marie pour la résurrection de leur frère, et ainsi plusieurs autres, quoique ce ne fût que pour des grâces temporelles; qu'il faudrait donc dire que les saints en l'autre vie, ou ont moins de soin des besoins de ceux qui les touchent, ou qu'ils ont moins de crédit auprès de Dieu, s'ils n'emploient pas leurs prières et leurs intercessions pour notre salut éternel. *Aussi*, continue-t-il, *jamais aucun des saints docteurs de l'Église n'a eu de pareille pensée, mais tous unanimement, d'un même cœur et d'une même bouche, Orientaux et Occidentaux, confessent et croient que les saints intercèdent pour nous auprès de Dieu, et tous leur demandent leur médiation.* Ainsi S. Basile invoque les quarante martyrs, *les appelant les gardiens et les conservateurs du genre humain, participant avec bonté aux soins des autres, appuyant notre prière et très-puissants intercesseurs.* De même S. Grégoire de Nazianze invoque S. Cyprien, même son propre père, S. Basile et S. Athanase; sainte Justine martyre invoque la sainte Vierge (1); puis il conclut cet article par un passage du livre de S. Jérôme contre Vigilance. Il montre aussi que non seulement Dieu n'a pas défendu de se servir de l'intercession des saints, mais qu'il l'a même plusieurs fois ordonné, disant à Abimélec qu'Abraham par sa prière le délivrerait du châtiment que lui et sa maison souffraient à cause de l'enlèvement de Sara, qu'il avait dit aux amis de Job la même chose, et que l'ancien Testament rapportait plusieurs semblables exemples.

Il propose ensuite cette objection, que *les passages rapportés prouvent bien que les saints lorsqu'ils sont en ce monde peuvent prier et intercéder pour les autres, mais non pas après leur mort.* A cela il répond que Jésus-Christ a prévenu lui-même cette difficulté, en disant que Dieu n'était pas le Dieu des morts, mais des vivants, et que tout homme qui croirait en lui ne mourrait pas, mais qu'il vivrait éternellement; *et que S. Jérôme avait dit que les saints priaient beaucoup plus efficacement après les combats et les victoires dont ils avaient reçu la récompense, étant délivrés de leurs corps, que lorsqu'ils étaient encore dans le monde; et qu'on voyait par l'Écriture sainte que ceux qui adressaient leurs prières à Dieu faisaient mention des saints qui étaient sortis de cette vie, en considération desquels il leur avait fait de grandes grâces, d'où il s'ensuit qu'ils intercèdent pour nous, et que Dieu veut que nous les appelions à notre secours, puisque autrement il n'exaucerait pas, étant invoqué sans leur intercession.* C'est pourquoi Moïse implorant la miséricorde de Dieu pour le peuple d'Israël, dit : Souvenez-vous, Seigneur, d'Abraham, d'Isaac et de Jacob. Et il confirme l'explication de ces paroles par le témoignage de Théodoret et de S. Jean Chrysostôme, homélie 42 sur la Genèse. Après quelques autres passages, il cite l'endroit du second livre des Machabées, chapitre 15, où il est dit que le grand-prêtre Onias parut intercédant pour le peuple, et disant du prophète Jérémie, qui parut en même temps : *C'est-là l'homme plein d'amour pour ses frères, et qui prie pour le peuple et pour la ville sainte, le prophète Jérémie.*

Il rapporte enfin les objections triviales des protestants sur ce qu'il n'y a qu'un seul médiateur, qui est Jésus-Christ, et il répond que cela est vrai par rapport à la rédemption du genre humain; mais qu'il n'est pas seul médiateur par rapport à la prière et à l'intercession. Il répond de même que S. Paul a dit qu'on ne pouvait invoquer sinon ceux en qui on croyait, et qu'on ne croit pas aux saints; et que cette objection est frivole, puisqu'il paraît par plusieurs passages de l'Écriture qu'elle s'est servie indifféremment du mot de croire, et pour la foi proprement dite, dont Dieu est l'objet, et pour la confiance; qu'ainsi il est dit dans l'Exode, chapitre 14, 31, *que les Israélites crurent en Dieu et en Moïse, son serviteur;* que de même nous croyons en Dieu et en une seule Église catholique, sans que cela fasse préjudice à la foi par laquelle nous croyons en Dieu, comme celle que nous avons dans l'intercession des saints n'est que de confiance pour obtenir par leurs prières les grâces dont nous avons besoin. Il répond de même à ces autres objections, que les saints ne peuvent pas nous entendre étant éloignés de nous, qu'ils ne peuvent prendre aucun intérêt aux choses de ce monde, et que c'est faire tort à Jésus-Christ que de s'adresser à d'autres qu'à lui. Car outre qu'une partie de ces objections sont détruites par la doctrine qu'il a établie, il montre par l'Écriture qu'Abraham connaissait la vie du mauvais riche, que Moïse et Élie parlaient de la passion que Jésus-Christ devait souffrir, et que les saints étant en l'autre vie égaux aux anges qui ont soin de nous, pouvaient avoir, sans troubler leur béatitude, les mêmes soins qu'eux de ce qui avait rapport à notre véritable bien, quoique les choses indifférentes de cette vie ne les regardassent pas, qui est tout ce que signifie le passage du chapitre 9 de l'Ecclésiaste. Enfin que ce n'est pas diminuer l'honneur dû à Jésus-Christ que de s'adresser à lui par ses saints.

Il n'y a pas de peine à reconnaître que Syrigus a recueilli dans cet article de sa réfutation ce qui se peut dire de meilleur et de plus conforme à la doctrine

---

(1) Ἀλλ' ἑνὶ στόματι καὶ μιᾷ καρδίᾳ ὁμολογοῦντες πάντες πιστεύουσιν ἀνατολικοὶ ὁμοῦ τε καὶ οἱ τῆς δύσεως τοὺς ἁγίους πρέσβεις πρὸς θεὸν ὑπὲρ ἡμῶν γίνεσθαι, καὶ τὰς αὐτῶν μεσιτείας ἐπικαλοῦνται.

de l'Église, et même ce qu'il y a de plus essentiel dans la saine théologie. Aussi on trouve parmi les ouvrages posthumes de M. Nicolas Lefèvre, précepteur du roi Louis XIII, homme d'un savoir profond, et qui n'était pas moins considérable par sa piété, un petit discours sur cette matière, duquel on pourrait croire que le théologien grec aurait profité s'il en avait eu connaissance. Mais la vérité est de tout temps et de tout pays; et, comme M. Lefèvre le prouve d'une manière bien claire, il faut n'avoir aucune connaissance de l'antiquité, et n'avoir lu que des lieux communs remplis de mauvais et infidèles extraits, pour oser traiter de superstition, ou de péché contre le premier commandement, et contre la foi d'un seul médiateur, ce qui a été pratiqué de tout temps dans toute l'Église. Or, quand il n'y aurait que ce consentement de toute l'Église et cette antiquité, révoquons-nous en doute cette règle de S. Augustin, chapitre 14 du quatrième livre du Baptême contre les donatistes, et en l'épître 118, qui dit que ce que l'Église universelle tient, et n'est point introduit par aucun concile, mais a toujours été observé, il n'y a point de doute qu'il ne soit introduit par les apôtres. Ce sont les paroles de ce savant homme, qui cite aussi plusieurs passages des Pères et des auteurs ecclésiastiques dont on pourrait faire un ample recueil.

Car on trouve que dès les premiers siècles les fidèles se recommandaient aux prières des martyrs, les priant d'intercéder pour eux lorsqu'ils auraient reçu la couronne du martyre, et qu'ils seraient devant Dieu. Sainte Potamienne promit à un de ceux qui la menaient au supplice de prier pour lui, et peu de jours après il se fit chrétien, et répandit son sang pour la foi. S. Grégoire de Nazianze représente sainte Justine qui prie la Vierge de secourir une vierge. S. Cyprien exhorte S. Corneille pape à prier toujours, et il dit : *Si quelqu'un de nous par la miséricorde de Dieu meurt le premier, que notre charité soit persévérante auprès de Dieu, et que notre prière pour nos frères et pour nos sœurs ne cesse point auprès du père des miséricordes* (1). S. Jérôme a traité si clairement cette matière, qu'on ne peut sans une impudente calomnie nous reprocher que nous adorons les saints. *Quis aliquando martyres adoravit?* dit-il à Vigilance. *Nous honorons*, dit-il, *les reliques des martyrs, mais en telle sorte que nous adorons celui auquel ils appartiennent. Nous honorons les serviteurs, mais afin que l'honneur que nous leur rendons retourne sur le maître* (2).

S. Augustin seul, en plusieurs de ses ouvrages, parlant à son peuple, et disputant contre les hérétiques, a tellement prévenu toutes les objections qui font les preuves des protestants, qu'on a peine à comprendre qu'ils puissent les employer dans des ouvrages sérieux. Il dit qu'on ne dédie point de temples, de sacerdoces ni de sacrifices aux martyrs; que jamais on n'a ouï dire à un prêtre étant à l'autel, même celui qui serait construit sur le corps d'un martyr : *Je vous offre ce sacrifice, Pierre, Paul, Cyprien*; mais à Dieu qui les a faits martyrs. C'est ce qu'il répète dans ses livres contre Fauste, manichéen, où il marque précisément que le culte appelé *latrie* n'est que pour Dieu, et que comme le sacrifice en fait une partie, on ne l'offre à aucun martyr, ni à aucune âme sainte, ni aux anges. Eusèbe, dans sa Préparation évangélique, dit que *les âmes des saints ont après leur mort soin des choses de ce monde*, et il cite le même passage des Machabées rapporté par Syrigus, où il est parlé de Jérémie, qui apparut priant pour le peuple. S. Grégoire de Nysse, S. Basile, S. Jean Chrysostôme, Théodoret, enfin tous les Pères parlent de la même manière, et traitent d'hérétiques ceux qui disent le contraire, comme Vigilance et les eunomiens. *Qui est-ce*, comme dit M. Lefèvre, *qui pourrait croire qu'ils eussent failli en chose où ils s'accordent tous?* Jonas, évêque d'Orléans, combattit la même erreur de Maxime de Turin par les témoignages des Pères, surtout de S. Augustin, de même que fit Hildebert, évêque du Mans, celle de quelques hérétiques de son temps, tous par les mêmes autorités et par la même doctrine, ce qui en fait voir l'antiquité et la sûreté.

C'est pourquoi un sage et modéré théologien, après avoir fait voir que *si, comme le disent les protestants, il n'y a aucun précepte dans l'Écriture pour s'adresser aux saints comme intercesseurs, il n'y a aucune défense de le faire; qu'il est certain que le culte qui est dû à Dieu seul n'en reçoit aucun préjudice, puisque nous nous adressons à eux non pas comme à des dieux, mais comme à des intercesseurs.* De là il conclut qu'*il suffit à toutes les personnes pieuses, pour leur prouver que cette pratique de l'intercession des saints n'est pas à mépriser, qu'on voie qu'elle a été approuvée et soutenue par les très-saints et très-doctes interprètes de l'Écriture, et par les évêques de toute la terre dans les temps les plus florissants de l'Église; qu'en cela on reconnaît la fausseté de ce qui a été mis dans l'Apologie de la confession d'Augsbourg, qu'aucun des anciens n'avait parlé de l'invocation des saints avant S. Grégoire, puisque quelques siècles auparavant, Origène, S. Athanase, S. Basile, S. Grégoire de Nazianze, celui de Nysse, S. Chrysostôme, Théodoret, S. Jérôme, S. Ambroise, S. Léon et plusieurs autres, dont les témoignages étaient connus, en avaient parlé; et qu'il n'était pas croyable que ces saints personnages eussent admis une doctrine ou une coutume qu'ils eussent jugée contraire à celle de l'Évangile ou des apôtres, ou qui diminuât la gloire de Dieu et le mérite de Jésus-Christ* (1).

---

(1) *Si quis istinc nostrûm divinæ dignationis celeritate prior decesserit, perseveret apud Dominum nostra dilectio, pro fratribus et sororibus nostris apud misericordiarum Patrem non cesset oratio.*

(2) *Honoramus autem reliquias martyrum, ut eum cujus sunt adoremus; honoramus servos ut honor redundet ad Dominum; epist. 53 ad Ripar.*

(1) *Ut nullum mandatum neque exemplum extet quòd id fieri jubeatur, ita nullum interdictum legitur quo id fieri prohibetur; certum est quòd hæc interpellatio, adoratio illa uni cultus qui soli Deo debetur, non imminuatur, cùm sanctos Dei non ut deos et largitores bonorum, sed ut condeprecatores et impetratores appellamus. Debet igitur hoc piis animis ad*

C'est pourquoi les protestants mêmes qui ont eu de la bonne foi et de l'érudition ont blâmé l'excès de ceux qui accusaient les catholiques d'idolâtrie sur ce sujet. C'est le jugement que Grotius (1) en a fait dans la défense de ses remarques sur la consultation de Cassandre contre Rivet ; et c'est celui que feront toutes les personnes éclairées qui chercheront la vérité, sans embrouiller la matière par des faussetés et par des calomnies.

Mais dans une question comme celle-ci qui consiste en fait, il n'est pas nécessaire de rapporter un plus grand nombre d'autorités, et il suffit de faire réflexion sur ce qui se pratique depuis un temps immémorial dans les églises grecques et orientales ; car on y trouve une preuve certaine, continue et qui subsiste jusqu'à ces temps-ci, de la dévotion à la Vierge et aux saints, conservée par une discipline absolument incompatible avec les principes des protestants. C'est ce qui paraîtra clairement par une comparaison simple de ce qui se pratique de part et d'autre.

Les livres ecclésiastiques des Grecs, non seulement l'Horologe, mais les Ménologes, le *Triodion*, le *Paraclétique*, et tous les autres où sont compris les offices de l'église, même les Liturgies, sont remplis de prières à la Vierge et aux saints. Il ne s'en trouve pas une seule dans tous les livres de prières des protestants.

Dans toutes les églises d'Orient, aussi bien que dans la latine, il y a plusieurs fêtes de la Vierge, et tous les jours de l'année on fait la fête ou la mémoire de quelques saints, suivant l'usage pratiqué dès les premiers siècles de l'Église. Tout ce que les protestants en ont conservé est que le nom de quelques fêtes est demeuré dans leurs calendriers, plutôt par rapport aux affaires civiles que par religion.

Il n'y avait aucun lieu dans le monde chrétien où il n'y eût des églises, des chapelles et des autels consacrés à Dieu sous l'invocation de la Vierge et des saints. Le premier effet du zèle de la réforme a été de les profaner et de les détruire.

La Grèce et l'Orient étaient remplis d'images des saints ; et les protestants n'ont pas eu moins de ménagement à cet égard que les iconoclastes, anathématisés par les *Orientaux* comme hérétiques ; et, puisque les principes des uns et des autres sont entièrement les mêmes, il n'est pas possible que les protestants puissent être conformes dans leurs sentiments avec les uns et les autres.

Les preuves de ce que nous venons de dire sont si claires et en si grand nombre, que ce serait un travail inutile de les rapporter en détail ; c'est pourquoi nous nous contenterons de les indiquer. Le livre le plus commun parmi les Grecs, et qui est entre les mains de tous les laïques, est l'Horologe, qui contient les prières ordinaires du jour et de la nuit ; il est rempli de prières à la Vierge. On y trouve aussi l'hymne qu'on appelle ἀκάθιστος, parce qu'on le dit debout, qui est un office entier à sa louange. Les melchites du rit grec, c'est-à-dire les Grecs qui sont dans les pays où l'arabe est vulgaire, ont une traduction en cette langue de l'Horologe, dont il se trouve plusieurs manuscrits, et même il y en a une édition faite à Fano en 1514, où se trouvent de semblables prières. Les Horologes syriens, tant des melchites, que des jacobites, entre autres celui qu'on appelle *Beit Gaza* ou le *Trésor*, en sont remplis, ainsi que ceux des Cophtes, qui ont de plus, comme les Grecs, un livre particulier d'oraisons à la Vierge appelé *Théotokia* ; les Éthiopiens en ont un semblable, et de plus celui qu'ils appellent *Organon* rempli d'hymnes et de prières à l'honneur de la sainte Vierge. Enfin les nestoriens, quoique selon leur hérésie ils ne la reconnaissent pas pour Mère de Dieu, ont aussi dans leurs trois Liturgies et dans leur Horologe un grand nombre d'oraisons adressées à la Vierge. On y trouve tous les éloges que les SS. Pères, même ceux des derniers temps, lui donnent dans leurs sermons ; et ces expressions qui parurent si extraordinaires à Chytræus y sont fréquentes, outre plusieurs autres que chaque nation suivant le génie de la langue donne à la Vierge, excepté que comme ils ne la reconnaissent pas Mère de Dieu, ils l'appellent toujours Mère de Jésus-Christ. Mais puisque tout ce que ces prières lui demandent est qu'elle intercède pour nous, et que c'est la formule ordinaire à laquelle toutes les autres se rapportent, c'est une imposture grossière que de leur attribuer un autre sens. S'il y a quelques expressions outrées, et qui peuvent n'être pas selon la plus exacte théologie, on doit les interpréter favorablement, et selon la doctrine expliquée aussi clairement qu'elle l'est par les auteurs dont nous avons rapporté les témoignages.

On ne disconvient pas que ce culte ne soit souvent dégénéré en superstition parmi le peuple ; et non seulement les Grecs, mais les Moscovites et d'autres chrétiens soumis aux patriarches de Constantinople, ont sur ce sujet plusieurs abus que les évêques et les prêtres devraient corriger. Aussi ce n'est pas de ces abus dont nous parlons, mais de ce qui est conforme à la doctrine et à la discipline de l'Église, et à celle de toutes les communions orthodoxes, schismatiques

---

hunc ritum interpellationis sanctorum non aspernandum sufficere, quod videant doctissimos et sanctissimos divinarum litterarum interpretes et ecclesiarum per totum orbem præfectos, antiquitùs et florentissimis Ecclesiæ temporibus, hujusmodi interpellationem in usu habuisse. Ex quo falsum apparet quod Apologia scribit, nullos veteres scriptores, ante Gregorium fecisse mentionem invocationis, cùm aliquot seculis antecedentium Origenis, Athanasii, Basilii, Nazianzeni, Nysseni, Theodoreti, Chrysostomi, Hieronymi, Ambrosii, Augustini, Leonis testimonia in promptu sint ; neque ullo modo credendum est, sanctissimos illos viros ullam doctrinam aut consuetudinem admissuros fuisse, quam evangelicæ et apostolicæ doctrinæ adversari, aut gloriæ Dei vel merito Christi detrahere aliquid putavissent: *Cassandr. Consult.*, art. 21.

(1) Ita iniquè faciunt protestantes qui idolatriæ damnant eos qui multorum veterum sententiam secuti, putant nostrarum necessitatum et precum notitiam aliquam ad martyres pervenire. *Grot. ad Consult. Cass.*, tom. 4, p. 624.

ou hérétiques, qui condamnent également ce qui est contraire à l'une ou à l'autre. Les Éthiopiens, comme plus barbares et séparés presque de tout commerce avec les autres nations chrétiennes, sinon avec les jacobites égyptiens, sont tombés dans de grands abus, de l'aveu même de Ludolf (Hist. de Tellez, l. 6, c. 26), qui les excuse presque toujours, en sorte qu'ils regardaient les Portugais comme ennemis de la sainte Vierge, ne croyant pas qu'ils l'honorassent assez, quoique d'autres ne leur aient jamais fait ce reproche. Cela lui a donné lieu d'avancer une conjecture si étrange, qu'on a peine à comprendre qu'elle ait pu lui échapper, et c'est, dit-il (Comment. p. 502), *qu'apparemment les Portugais n'avaient pas expliqué aux Éthiopiens tout ce que l'Église romaine enseigne sur la dévotion à la Vierge, puisqu'on y fait et qu'on y adore ses statues*. La preuve qu'il en apporte est une ancienne peinture qu'il a vue dans un village près de Ratisbonne sur la porte d'un boulanger, et il y joint quelques extraits de vieilles prières de nulle autorité, et des passages de deux ou trois auteurs très-récents et très-méprisables. On peut juger de ce qu'on doit attendre sur la foi des Éthiopiens d'un homme qui représente aussi faussement celle des catholiques, qu'il avait tant de moyens de connaître, ayant passé quelques mois à Paris. Personne ne nie qu'il n'y ait eu plusieurs abus sur ce sujet comme sur plusieurs autres ; mais un homme qui ose accuser sérieusement les catholiques d'adorer les images de la Vierge devait savoir que les abus ont toujours été condamnés ; que s'ils ont subsisté dans des temps d'ignorance ils ont été réformés presque partout, et ces prières ridicules supprimées ; enfin que le Psautier de la Vierge qu'il cite comme une pièce authentique n'a jamais eu aucune approbation publique, tant s'en faut que l'Église romaine l'ait adopté, puisque même elle l'a condamné. Ces pitoyables réflexions qui nous obligent à faire cette digression sont indignes d'un homme de lettres, qui ne doit pas parler de ce qu'il ne sait pas, mais chercher ce que les canons, les statuts synodaux des diocèses et les théologiens enseignent, non pas citer ce qui se trouvera dans de vieilles Heures allemandes, ou sur la boutique d'un boulanger. Que les Grecs et les Moscovites qui leur sont soumis, et tous les autres de quelque nation et langue qu'ils soient, observent ce qu'enseignent les canons de leurs églises, toute superstition en sera bannie.

Nous avons dit que les Grecs et autres chrétiens d'Orient célébraient des fêtes à l'honneur de la Vierge ; il n'y a qu'à ouvrir leur calendrier et le Ménologe pour le reconnaître ; et même les Éthiopiens, outre les fêtes ordinaires, en font une commémoration tous les mois. Il en est de même des fêtes des saints qui sont marquées dans les Menées avec leurs offices. Les Syriens ont leur calendrier particulier, qui se trouve imprimé avec le nouveau Testament syriaque de l'édition de Widmanstadius ; les orthodoxes ont les saints communs avec toute l'Église et plusieurs de la latine ; les nestoriens ont leurs saints particuliers, surtout les docteurs grecs, qui sont Théodore de Mopsueste, Diodore de Tarse et Nestorius, et les docteurs syriens, dont quelques uns appartiennent à l'Église catholique, comme S. Éphrem, S. Jacques de Nisibe et divers autres ; le reste sont de vrais nestoriens, dont on trouve une liste assez ample dans le synode de Diamper, quoique les noms soient fort altérés. Les Cophtes ont leur calendrier rempli pareillement de mémoires de saints, et outre ceux qu'ils honorent communément avec les catholiques, on y trouve leurs saints, comme Dioscore, Sévère d'Antioche, le moine Barsomas, Benjamin et plusieurs de leurs patriarches. Selden a donné un de ces calendriers, mais peu exact, outre qu'il a mal lu la plupart des noms. Celui des Éthiopiens a presque tous les mêmes saints, à cause de la dépendance entière dans laquelle ils sont du patriarche d'Alexandrie jacobite ; ils y ajoutent quelques-uns des saints du pays. Mais il est à remarquer que le calendrier qu'a donné M. Ludolf est de sa composition, l'ayant tiré du *Synaxarion* éthiopien, en y ajoutant ce qu'il a trouvé dans celui de Selden, ce qui fait qu'on ne le doit pas regarder comme original.

A l'égard des églises, l'histoire fait mention d'un si grand nombre de celles qui étaient dédiées à Dieu sous l'invocation de la Vierge, qu'on en pourrait faire une grande liste. Makrizi, Mahométan, en nomme plusieurs dans sa Description de l'Égypte, et on trouve un autre auteur qui en avait fait un ample dénombrement, ainsi que des monastères. On doit aussi ajouter les images dont nous parlerons en un chapitre à part. Telle est la discipline des Grecs et des Orientaux, qu'ils n'ont pas apprise de l'Église latine.

CHAPITRE IV.
De la vénération des reliques des saints.

Cet article a une grande connexion avec celui de la vénération des saints comme nos intercesseurs auprès de Dieu, et où celui-ci a été reçu, l'autre l'a été pareillement. Aussi, d'abord que dans la réforme on eût établi qu'il ne fallait pas prier les saints, et que s'adresser à eux pour demander leur intercession et leurs prières était violer le premier précepte qui regarde le culte d'un seul Dieu, et la dignité de Jésus-Christ, seul médiateur, non seulement les images furent renversées, mais les reliques des saints et leurs tombeaux, respectés durant tant de siècles, furent exposés au pillage et aux insultes d'une populace furieuse, animée par des ministres qui faisaient croire que Dieu était honoré par de semblables violences, aussi contraires à toutes les lois divines et humaines qu'à la discipline constante de toutes les églises. On a peine à croire que des protestants raisonnables ne condamnent les excès de nos religionnaires, lorsqu'ils brûlèrent et jetèrent au vent les cendres de S. Irénée et de S. Martin, deux des plus grandes lumières de l'église de France, ce qui se fait à peine à l'égard des criminels, sinon ceux qui sont condamnés pour les plus énormes crimes. Aussi, lorsque les théologiens de Wittenberg tâchaient à donner au patriarche Jérémie une idée avantageuse de la réforme, ils se gardèrent bien de parler de ces excès, qui lui auraient fait horreur. Ils ne touchèrent même que très-légèrement dans leurs écrits ce qui avait rapport à cette matière, sur laquelle il n'est pas nécessaire de faire de grandes recherches, puisque s'il y a quelque chose de constant et de prouvé par le témoignage des anciens, et par la pratique de toutes les églises, c'est la vénération des reliques des saints, dont les corps ont été regardés par tous les fidèles comme les temples du Saint-Esprit.

On voit dès les premiers siècles que les chrétiens de l'église de Smyrne, témoins du martyre de S. Polycarpe, leur évêque, n'ayant pu enlever son corps entier, parce que les persécuteurs les en empêchèrent, emportèrent ce qu'ils en purent sauver, et qu'ils les appellent *ses os plus précieux que les pierres de grand prix, et plus que l'or*. On voit la même attention marquée dans les anciens actes de S. Ignace, et presque dans tous ceux des autres martyrs. Eusèbe (l. 4, ch. 15; Prép. év., l. 13, c. 11) dit que nous devons respecter les châsses des martyrs, et que la coutume est de faire les prières auprès de leurs reliques. S. Jean Chrysostôme (t. 5), parlant de celles de S. Ignace martyr, dit qu'elles sont comme un trésor de grâces pour ceux qui en approchent, que la ville de Constantinople était fortifiée de tous côtés par les reliques des saints, et qu'elles chassent les démons. Il écrit à un prêtre qu'il lui fera avoir des reliques. S. Basile, S. Grégoire de Nysse (p. 565, 504, hom. 8, ad Pop. Ant., epist. 126), S. Grégoire de Nazianze, S. Isidore de Damiette (Pel. ep. 55 et 189), Théodoret (quæst. 83 in German., p. 130), enfin tous les Pères grecs parlent de la même manière. Les reliques de S. André et de S. Luc, des quarante martyrs, d'Élisée, de Zacharie, de S. Étienne et de plusieurs autres, étaient en vénération à Constantinople. Philostorge (l. 7), quoique arien, remarque que les païens en haine des chrétiens tirèrent de leurs châsses et profanèrent les ossements sacrés d'Élisée et de S. Jean-Baptiste. Les miracles de celles de S. Gervais et de S. Protais sont attestés par S. Ambroise et par S. Augustin, qui en rapporte plusieurs autres de celles de S. Étienne, comme étant connus dans tout l'Occident. Les Grecs et les Latins plus modernes ont soutenu la même doctrine, et la pratique s'en est conservée jusqu'à nous dans toute l'Église. C'est donc à ce sujet, autant qu'à aucun autre point de discipline, qu'on peut appliquer cette règle certaine de S. Augustin et de tous les SS. Pères, que lorsqu'une pratique religieuse se trouve établie par toute l'Église dès le commencement du christianisme, on ne la peut soupçonner d'erreur, mais on doit être assuré qu'elle vient de tradition apostolique.

C'est aussi ce qu'ont cru tous les chrétiens dans les siècles les plus florissants de l'Église, ce que les Orientaux n'ont pas moins cru et pratiqué que les Occidentaux, et ceux qui ont enseigné le contraire ont été regardés comme hérétiques, particulièrement Vigilance. Les anciens Grecs ne l'ont pas connu, mais les derniers, entre autre Mélèce Syrigus, n'en ont pas parlé avec moins de zèle et de force que S. Jérôme. On trouve dans le Ménologe diverses fêtes générales pour la translation des reliques de plusieurs saints, outre les fêtes particulières à chaque église. Les historiens et autres auteurs du Bas-Empire en marquent un grand nombre qui étaient honorées en divers lieux, et il n'y avait point d'église où il n'y en eût. Les mêmes auteurs témoignent qu'il s'y faisait souvent des miracles, et les Grecs en sont tellement persuadés, que dans les homélies de ces derniers siècles, il y en a beaucoup qui en rapportent un grand nombre. Une preuve bien certaine qu'ils ne les ont pas pris de l'Église latine, c'est qu'ils en attribuent de semblables à ceux qu'elle ne peut reconnaître comme des saints, puisqu'ils ont vécu et qu'ils sont morts dans le schisme. Nous n'entrons point dans le détail, ni dans l'examen de ces miracles; Dieu, comme chacun sait, n'en fait point qui servent à confirmer dans l'erreur; mais quand ils seraient faux, ceux qui les croient véritables croient certainement qu'il s'en peut faire par les reliques des saints, et sont orthodoxes sur cet article. Enfin cette opinion généralement reçue touchant les miracles qui se font aux tombeaux des saints et par leurs reliques, est une démonstration certaine de la créance ancienne, indépendamment de la vérité ou de la fausseté des miracles.

Comme la Grèce n'a été que dans les derniers temps conquise par les Mahométans, la dévotion envers les tombeaux et les reliques des saints s'y est conservée plus longtemps que dans la Syrie, dans l'Égypte et en d'autres provinces d'Orient, qui furent les premières soumises au joug de ces infidèles. La ruine des principales églises, le pillage de leurs trésors, la nécessité de vendre le peu de châsses et de reliquaires qui en avaient été sauvés, à laquelle on se trouvait obligé pour racheter des captifs, ou pour secourir des chrétiens dans leurs misères pressantes, rendit encore les reliques plus rares en Orient, d'autant plus qu'il y en eut une grande quantité transportée en Europe. Cependant on voit par l'histoire de l'église d'Alexandrie, que non seulement dans les premiers temps, mais que depuis et sous l'empire mahométan les reliques de S. Marc y étaient en vénération, et que les nouveaux patriarches étaient obligés d'aller révérer son chef, qui était conservé dans Alexandrie; quoique, comme marque un historien, quelques-uns crussent que c'était celui de S. Pierre-le-Martyr. On lit dans les mêmes histoires des jacobites, que celui-ci avant son martyre alla faire sa dernière prière au lieu où S. Marc avait consommé le sien; et cette dévotion a duré plusieurs siècles, même sous le mahométisme, et subsiste encore présentement. Or cette visite et vénération des reliques se faisait avec toutes les cérémonies que les catholiques pratiquent en pareilles occasions, comme le témoignent les auteurs qui ont écrit tout ce qui s'observe dans l'ordination des patriarches avec le plus grand détail. Ils marquent qu'après qu'elle a été célébrée selon les formes prescrites dans le Pontifical, on célèbre trois jours de fête avec la Liturgie solennelle. Le premier jour dans l'église appelée *Angélion*, le second dans celle de S.-Michel archange, et le troisième dans celle de S.-Marc, où, après la fin de la Liturgie, le nouveau patriarche prend le chef de ce saint et le tient devant lui. Ebnassal ajoute que ce même jour, après la Liturgie, le patriarche, accompagné du clergé et du peuple, se rend à une maison appelée *des-Enfants-d'Elsokari*, où est le chef de S. Marc évangéliste; qu'après avoir fait quelques prières on tire la châsse; qu'on l'expose sur une table de pierre, où on l'encense; qu'ensuite la châsse est ouverte, et qu'après que le patriarche en a tiré le chef du saint et l'a baisé, on la renferme, et que le peuple la baise. C'est ce que témoignent les auteurs égyptiens jacobites les plus considérables, et on n'en peut citer aucun qui les contredise.

Le ravage des Mahométans a diminué le nombre des reliques, et on ne trouve pas dans les historiens qu'il soit fait mention de la pratique, ordinaire ailleurs, de les porter dans les processions publiques, ou de les exposer à la vénération des chrétiens, parce que les reliquaires d'or et d'argent les auraient mises en péril d'être profanées par les infidèles; mais on remarque l'usage constant de prier aux tombeaux des saints, ou de ceux qui étaient réputés pour tels. Ainsi le concours a été toujours très-grand en Égypte au monastère de S.-Macaire et à son tombeau, comme à celui de plusieurs saints anachorètes qui avaient vécu avant que l'Église fût divisée par les jacobites. Ceux-ci avaient une dévotion particulière au tombeau de Sévère, patriarche d'Antioche, un des grands défenseurs de leur secte. On y allumait des lampes, et l'huile qui brûlait devant son tombeau était employée à faire des onctions, ainsi qu'en plusieurs autres églises.

De plus le calendrier de l'église cophte marque diverses fêtes qui ont rapport à la vénération des reliques des saints. Le 16 du mois de toth, qui est le premier de leur année, ils célèbrent l'invention des ossements de S. Jean-Baptiste; le 18, celle des reliques de S. Thomas à Alexandrie; le 25, la déposition de celles des trois enfants, c'est ainsi qu'ils appellent ceux qui furent jetés dans la fournaise; leur translation le 17 de paophi; le 19 du même mois, celle des ossements de S. Ignace; le 29, la déposition du chef de S. Jean; le 5 d'athyr, la translation de S. Théodore à Chétab; le premier de tybi, l'invention des ossements de S. Étienne; le 5 de méchir, celle des corps de quarante-neuf martyrs à Scété, et le 30 du même mois celle du chef de S. Jean-Baptiste; le 10 de phamenot ou barmahat, l'invention de la sainte croix à Jérusalem; le 2 de bayni, celle des ossements de S. Jean-Baptiste; le 21, la déposition des reliques de S. Étienne; le troisième jour d'épiphi, l'invention des corps de S. Cyr et de S. Jean; le 19 de mésori, la translation du corps de S. Macaire dans le désert. On trouve quelques-unes de ces fêtes dans le calendrier que Selden a fait imprimer, et sur lequel M. Ludolf a en partie composé le sien. Mais il est si défectueux, qu'il ne faut pas s'étonner que quelques-unes ne s'y trouvent pas, outre que ceux qui ne le liront que dans la version n'y pourront rien comprendre. Car personne ne devinera ce que veut dire le mot de *planctus D. Mariæ*, quoique le mot arabe signifie la même chose que le grec κοίμησις; et M. Ludolf l'a traduit d'une manière encore moins supportable, par celui de *pollinctura*. Il a eu partout une affectation singulière d'employer des mots bizarres et éloignés du style ecclésiastique, particulièrement de celui qui est en usage parmi les catholiques, non seulement dans son Histoire d'Éthiopie, mais jusque dans son Dictionnaire, comme si ce même usage, assez connu d'ailleurs, n'en déterminait pas le sens. Si quelqu'un trouvant le mot de κοιμητήριον le traduisait par celui de *dortoir*, il ne s'éloignerait pas de l'étymologie, mais il se rendrait ridicule; et il en est de même de traduire les mots consacrés, comme celui de *Liturgie*, d'oblation et d'autres semblables, de la manière dont il les a traduits: en sorte que ceux qui ne savent pas la langue originale ne les peuvent entendre, si ce n'est dans un faux sens qu'il donne aux mots les plus connus, pour ne pas parler de plusieurs sur lesquels il se trompe. Car, par exemple, le mot *habis*, qui est souvent employé dans les livres des chrétiens, signifie certainement un religieux reclus, que les Grecs appellent ἐγκλειστος, et cet usage est très-commun. Il veut qu'on le traduise *Deo devotus*, comme s'il n'y avait que les reclus qui fussent consacrés à Dieu. Il prétend que *kir*, qui se trouve dans le calendrier de Selden, signifie le supérieur d'un monastère; et rien n'est plus faux. Il était donc à propos d'avertir les lecteurs qui ont quelque connaissance des livres de Selden, et qui sont frappés de la vaste érudition de M. Ludolf, que le calendrier qu'ils ont suivi étant très-défectueux dans son origine, parce que Selden, ne sachant pas la matière, ne l'a souvent pu lire, et que les corrections de M. Ludolf ne valent guère mieux, si on en excepte quelques-unes, on ne s'y doit point arrêter. On aurait perdu trop de temps à le réformer, et on en pourra donner un entier dans quelque autre ouvrage.

Nous ajouterons à ce qui a été dit ci-dessus que la plupart des homélies anciennes des Pères sur les plus fameux martyrs des premiers siècles, comme celles de S. Basile, de S. Grégoire de Nysse et d'autres, sur les quarante martyrs; les histoires des translations; les récits de plusieurs miracles faits par les reliques des saints, sont traduites en syriaque, en arabe et en arménien et en presque toutes les langues, pour être lues dans les églises, et que les Orientaux, au lieu de les regarder comme des fables, y joignent plusieurs autres miracles, tant ils sont persuadés que Dieu est admirable dans ses saints, même après leur mort.

Siméon de Thessalonique, que les Grecs regardent comme un de leurs plus grands théologiens, et dont les ouvrages depuis l'impression que les princes de Moldavie en ont fait faire, sont entre les mains de tous les ecclésiastiques de l'église grecque, peut suffire seul pour faire connaître la grande vénération qu'elle a pour les reliques des saints. Dans son premier traité, parmi plusieurs autres preuves qu'il rapporte de la toute-puissante protection de Dieu sur l'Église, il met *les miracles qui se font par les reliques des saints, que les impies voient et dont ils sont obligés de reconnaître la vérité*. Dans son traité de la Dédicace des églises il en parle fort au long, en expliquant la cérémonie qui se fait de mettre sous l'autel des reliques des martyrs. *L'évêque, dit-il, allant dans une ancienne église, où ont été déposées les reliques, dit deux prières qui contiennent des actions de grâces à Dieu, pour le don qu'il nous a fait des reliques des saints martyrs, et il les met sur sa tête ; puis les ayant ainsi portées, il les dépose selon la coutume. Car on ne peut pas consacrer une église sans les reliques des martyrs ou d'autres saints, parce que les martyrs sont les fondements bâtis sur le fondement du Sauveur. Il faut aussi que dans l'église ils soient sous l'autel ; car l'église est un autel, étant le trône de Dieu et le monument de Jésus-Christ Dieu. C'est pourquoi l'autel est oint avec le chrême, l'Évangile est mis dessus, et on met dessous avec raison les reliques des saints, sans lesquelles, comme les saints l'ont déclaré, la dédicace ne peut être faite. On les met auparavant dans l'église, comme étant sanctifiés et comme les membres de Jésus-Christ, enfin comme des autels consacrés par le sacrifice qui en a été fait pour lui. On les met dans le saint disque ou patène, parce que les reliques des saints qui ont combattu pour le Maître participent à l'honneur qui lui est rendu. On les dépose sur la table consacrée, parce qu'ils sont morts avec Jésus-Christ, et qu'ils assistent à son trône divin. C'est pourquoi l'évêque les porte élevées sur sa tête avec le disque, de même que les divins mystères, et les honorant comme le corps et le sang de Jésus-Christ. Car si S. Paul, parlant à tous les fidèles, dit :* « *Vous êtes le corps de Jésus-Christ et une partie de ses membres,* » *ceux qui ont combattu pour sa gloire, et qui ont imité sa mort, sont le corps de Jésus-Christ et ses membres. Par cette raison on transporte les reliques d'une ancienne église dans la nouvelle en pompe, avec des encensements, des lumières et des hymnes, pour faire voir que les saints sont toujours avec Dieu, mais qu'ils sont aussi avec nous, par un renouvellement de la grâce de Jésus-Christ envers nous.*

Il dit à peu près les mêmes choses en parlant des cérémonies pratiquées en pareille occasion à Constantinople, ajoutant qu'on met les reliques dans une boîte d'argent, de cuivre ou de pierre, ayant versé dessus auparavant du chrême, et qu'on les dépose sous la sainte table, qui est le tombeau de Jésus-Christ : qu'ensuite l'évêque enferme cette boîte sûrement, afin qu'on ne puisse rien ôter des saintes reliques.

Tous les chrétiens orientaux ont les mêmes ou de semblables pratiques, comme il est marqué en divers offices de la dédicace des églises, et suivant l'ancien usage ils mettent des reliques des martyrs sous l'autel avec de grandes cérémonies. C'est ce qui est expliqué en détail dans le Rituel du patriarche Gabriel, dans Abulbircat et dans presque tous les canonistes ; et ils sont tellement éloignés de ce que les premiers réformateurs ont enseigné et pratiqué sur ce sujet, qu'ils comprennent bien que des Juifs et des Mahométans puissent brûler et fouler aux pieds les reliques des saints ; mais on aurait de la peine à leur faire concevoir que des chrétiens, et surtout des hommes qui prétendaient réformer l'Église, aient commis et justifié de pareils excès.

CHAPITRE V.
De la vénération des images.

Il fallait être aussi impudent que Cyrille Lucar, pour oser mettre dans une exposition de foi qu'il donnait au nom de toute l'église orientale, une explication sur le culte des images pareille à celle qui se trouve à la fin de cet ouvrage de ténèbres. Car il ne pouvait pas ignorer que la défense marquée dans l'Écriture sainte n'avait aucun rapport à la pratique de l'Église, qui n'a jamais employé les mots de λατρεια et de θρησκεια, pour signifier la vénération des images. Il est vrai que par un reste de pudeur, il n'a pas attribué à l'église d'Orient ses sentiments touchant cet article, comme il avait fait sur les autres. Il semble même reconnaître le contraire, quoique d'une manière obscure et embarrassée, en disant, que *ce qu'il exposait était dans la crainte de Dieu et selon sa bonne conscience ; mais qu'il était au-dessus de ses forces de s'opposer au torrent* (1). C'était la même chose que s'il avait dit à ceux pour lesquels il avait composé cette pièce : *Je crois en ma conscience qu'on ne peut sans idolâtrie honorer les images ; mais je ne puis pas empêcher que les Grecs, par une coutume générale qui les entraîne, ne conservent une pratique contraire ;* ce qui peut avoir aussi rapport à tout ce que contient sa Confession. Par conséquent ce saint, ce généreux athlète de la vérité, condamnait ce qui était observé dans son église ; et non seulement ne s'y opposait pas, mais il pratiquait tous les jours lui-même ce qu'il condamnait par écrit. Car il est moralement impossible que, durant plusieurs années de patriarcat, il n'ait pas officié les jours du dimanche appelé de *l'orthodoxie*, auquel on fulmine les anathèmes du deuxième concile de Nicée contre les iconoclastes comme hérétiques ; qu'il n'ait pratiqué les cérémonies ordinaires en presque toutes sortes d'offices, où on salue et on encense les images ; qu'il n'ait pas fait la dédicace de quelque église, où on les porte et où on met les reliques des saints sous l'autel, après les avoir exposées à la vénération du peuple. Par conséquent il commet-

---

(1) Ὅπερ ἐν φόβῳ Θεοῦ καὶ ἀγαθῇ συνειδήσει ἐκτιθέμεθα. Ἔτι καὶ στῆσαι τὸν φοραν κρεῖσσον ἢ καθ' ἡμᾶς εἶναι ὁμολογοῦμεν. *Cyr.*, quæst. 4 Conf.

tait une idolâtrie, selon ses propres principes ; et celui qui était prêt, si on voulait le croire, à mourir pour la Confession de Genève, ne s'exposa pas à la moindre contradiction de la part de son clergé ou de ses peuples, en les détournant d'une superstition contraire, selon lui, au premier précepte du Décalogue.

Mais il savait bien en sa conscience, que quand il condamnait le culte de latrie à l'égard des images, s'il entendait celui que les Grecs leur rendent, il était calomniateur ; puisqu'il ne se trouvera jamais qu'aucun ait employé en cette occasion les mots de λατρεια ou de θρήσκεια, car, comme Syrigus le remarque, ce culte est uniquement rapporté à Dieu. Ainsi les paroles de Cyrille, détachées du reste de son discours qui les déterminait au sens des calvinistes, auraient pu avoir un sens orthodoxe, puisque ni les Grecs, ni aucun chrétien, n'adorent les images. Que si les premiers se servent du mot de προσκυνεῖν, Syrigus prouve par plusieurs passages de l'Écriture sainte, qu'il ne signifie pas l'adoration qui ne convient qu'à Dieu seul, puisqu'il est employé souvent pour des marques extérieures de respect rendues aux hommes, indépendamment de tout culte religieux, le mot *adorare* est employé en ce même sens dans la Vulgate ; et quoique l'usage qui en fut fait dans la traduction latine du septième concile scandalisât d'abord les églises de France et de Germanie, lorsqu'on se fut expliqué de part et d'autre, il n'y eut plus aucune contestation.

Les Grecs s'expliquèrent fort clairement dans le premier synode contre Cyrille, lui disant *anathème, parce qu'il entreprenait de détruire l'honneur et la vénération relative des images ; et sur ce qu'il appelait de vains discours ce que les saints conciles ont prononcé sur les saintes images, méprisant en cela le second concile de Nicée*. Ce jugement est confirmé par la même raison dans le second synode, et la chose est si claire, qu'il serait inutile d'en chercher de plus grandes preuves que celles qui se tirent du respect et de l'attachement que tous les Grecs ont eus jusqu'à présent pour le même concile.

L'histoire des iconoclastes est assez connue ; et lorsque Léon Isaurique eut publié en 730 un édit pour abolir le culte des images, il trouva une opposition générale de la part du patriarche Germain, et des plus saints et savants évêques ou ecclésiastiques de ce temps-là, même du plus grand nombre des laïques ; de sorte que ce ne fut que par des violences inouïes, et égales à celles des persécutions sous les empereurs païens, qu'il parvint à faire prononcer par le faux concile assemblé à Constantinople, des décrets contraires à la doctrine et à la pratique de toute l'Église, qui furent rejetés par les papes et par tous les catholiques, et enfin condamnés solennellement par le second concile de Nicée. Il est donc bien aisé de savoir si les Grecs ont été depuis ce temps-là, et s'ils sont encore dans le sentiment des catholiques ou dans ceux des iconoclastes. S'ils approuvaient les opinions de ces derniers, ils auraient mis le concile tenu à Constantinople contre les images au nombre de ceux que l'Église reçoit, et ils auraient dit anathème à celui de Nicée, et à ceux qui y présidèrent. Tout au contraire ils ont retranché le premier du nombre des conciles œcuméniques, et non seulement ils l'ont anathématisé avec tous ceux qui y avaient part, mais ils ont établi que tous les ans on célébrerait un office particulier, dans lequel ces anathèmes seraient renouvelés. Constantin et Irène, sous lesquels fut tenu le second concile de Nicée, sont comblés de bénédictions ; les saints évêques et autres défenseurs de la vénération des images, sont honorés par des fêtes et par des prières publiques comme confesseurs et même comme martyrs, et la mémoire de Léon Isaurique, de Constantin Copronyme, de Théophyle et de tous leurs adhérents est chargée de malédictions.

C'est ce qu'on voit fort au long dans tout l'office du second dimanche de carême, appelé κυριακὴ τῆς ὀρθοδοξίας, qui se trouve dans le Triodion. Parmi les anathèmes qui y sont fulminés par les prêtres ou évêques qui font l'office, et qui sont confirmés par les acclamations du peuple qui y assiste, on y remarque ceux-ci : *Anathème trois fois à l'assemblée tumultueuse qui éleva sa voix contre les vénérables images. Anathème trois fois à ceux qui prennent les passages de l'Écriture divine contre les idoles, pour les employer contre les vénérables images de Jésus-Christ et de ses saints. Anathème trois fois à ceux qui communiquent avec ceux qui déshonorent les images. A ceux qui disent que les chrétiens regardent et honorent les images comme des dieux. A ceux qui disent qu'un autre que Jésus-Christ nous a délivré de l'erreur de l'idolâtrie. A ceux qui disent que l'Église catholique a autrefois approuvé le culte des idoles. Anathème trois fois, comme à des hommes qui renversent tout le mystère de la religion et qui insultent à la foi des chrétiens. Si quelqu'un justifie aucun homme mort dans l'hérésie des iconoclastes, anathème trois fois. Si quelqu'un n'adore pas Notre-Seigneur Jésus-Christ représenté dans son image selon sa figure humaine, qu'il soit anathème trois fois.* Tout l'office, qui est fort long, est rempli de semblables expressions et d'anathèmes particuliers contre tous ceux qui trahiront la vérité durant les longues disputes et la persécution suscitée par les iconoclastes. Enfin on peut juger que ce n'est pas seulement à cause de leurs violences et des excès qu'ils commirent à l'égard des orthodoxes que sont fulminés ces anathèmes, mais à cause de leur erreur, puisqu'en même temps on en prononce de semblables contre tous les autres hérétiques. Il est fait mention de cet office du dimanche de l'orthodoxie dans l'Horologe, et dans tous les autres livres ecclésiastiques des Grecs, et par cette raison il fut cité dans le synode de Jérusalem comme un témoignage public et authentique de la foi de l'église grecque, tant sur la présence réelle du corps de Jésus-Christ dans l'Eucharistie, que sur d'autres articles.

On ne trouvera pas un seul auteur grec depuis ce temps-là qui n'ait soutenu les décisions de ce concile, et qui n'ait écrit conformément aux sentiments du patriarche S. Nicéphore, de S. Jean Damascène, et de tant d'autres qui ont soutenu la vénération des images ; ou qui n'ait distingué l'honneur relatif qu'on leur rend par rapport à l'original, du culte superstitieux condamné par la sainte Écriture, aussi bien que par l'Église. C'est ce qui est marqué en termes exprès dans une formule de confession de foi qui se trouve dans un Pontifical grec de l'ordination des évêques donné au public par le P. Morin. Le nouvel évêque dit ces paroles : *Je suis adorateur, relativement et non par culte de latrie, des vénérables et divines images de Jésus-Christ et de la sainte mère de Dieu et de tous les saints, et je rapporte l'honneur que je leur rends aux originaux, rejetant et condamnant ceux qui ne sont pas de ce sentiment comme ayant des opinions étrangères.*

Mélèce Syrigus explique ainsi la doctrine de son église : *Ensuite nous adorons, ou plutôt nous honorons les images des saints, parce qu'ils ont été agréables à Dieu et qu'ils sont devenus ses véritables amis. Car les amis de Dieu sont fort honorés parmi nous, comme ils l'étaient par David, à cause de la foi qu'ils ont eue en notre commun Maître, et par l'obéissance qu'ils lui ont rendue ; de sorte que tout l'honneur que nous leur rendons se rapporte à lui. Ainsi Abdias, qui craignait grandement le Seigneur, honora le prophète Élie comme un homme rempli de Dieu ; et les enfants des prophètes qui étaient à Jéricho, ayant reconnu que l'esprit d'Élie s'était reposé sur Élisée, vinrent à sa rencontre et se prosternèrent devant lui jusqu'à terre, de même que fit Saül devant l'ombre de Samuel, sans qu'aucun ait été condamné pour ce sujet. Car celui qui adore la sainteté dans les saints, adore en eux la grâce et la gloire de Dieu, et il ne s'écarte pas du culte pieux prescrit par la religion. Que si nous nous égarions assez pour les adorer d'un culte de latrie, ou pour nous former d'eux quelque divinité nouvelle et étrangère, on aurait raison de nous regarder comme des adorateurs des hommes et des idolâtres. Mais puisque les saints nous conduisent au Dieu véritable par sa nature et au roi céleste, et que nous les honorons dans leurs images parce qu'ils ont renversé le faux culte des idoles, quelle raison y a-t-il de s'opposer si fortement à ce que nous pratiquons ? et qu'est-ce que cette rage et cette fureur implacable qu'ils ont contre les images ?*

Ce même article est traité fort exactement dans la Confession orthodoxe, dont nous rapporterons les paroles en abrégé pour éviter la trop grande prolixité. « Lors, disent les Grecs, que nous honorons les images, et que nous leur rendons respect, ce n'est ni aux couleurs ni au bois, mais c'est aux saints qu'elles représentent, et que nous honorons par une vénération de dulie ou de servitude, nous les représentant présents, comme s'ils l'étaient devant nos yeux. Ainsi lorsque nous adorons le crucifix, nous nous représentons dans la pensée Jésus-Christ suspendu en croix pour notre salut, et c'est à lui que nous nous prosternons en baissant la tête et en fléchissant les genoux avec action de grâces. De même lorsque nous nous prosternons devant l'image de la sainte Vierge, nous nous élevons en esprit jusqu'à la très-sainte mère de Dieu, en lui inclinant nos têtes et nous mettant à genoux, et publiant avec l'archange Gabriel qu'elle est la plus heureuse de tous les hommes et de toutes les femmes. » Ces dernières paroles se rapportent à l'usage de la salutation angélique conservée dans les églises d'Orient, aussi bien que parmi nous, mais abolie par la réforme.

Les Grecs concluent ensuite que l'adoration προσκύνησις, c'est-à dire la vénération des saintes images, pratiquée dans l'église orthodoxe, ne détruit pas le premier commandement, parce que ce n'est pas le même culte que nous rendons à Dieu. Ils prouvent ce qu'ils disent par l'exemple des anciens Juifs, qui ne violaient pas le premier précepte, ayant des figures de chérubin dans le tabernacle, et les honorant. Puis ils concluent en citant l'autorité du septième concile ; et pour preuve qu'ils n'omettent rien, dans la question suivante ils se proposent l'objection tirée de l'exemple d'Ézéchias qui brisa le serpent d'airain. Ils disent que ce prince est loué dans l'Écriture, parce que les Juifs retombant dans l'idolâtrie avaient introduit ce culte superstitieux, et que jusque là cette figure avait été conservée et honorée, sans qu'on leur reprochât cette vénération, ni qu'on brisât le serpent d'airain. Que les chrétiens n'honorent pas les images comme des dieux, et que le culte qu'ils leur rendent ne les détourne pas du culte de latrie, qui n'est dû qu'au véritable Dieu, auquel ils sont conduits par les images, honorant les saints qu'elles représentent comme les amis de Dieu, et les priant d'intercéder auprès de de lui. *Que si quelqu'un par simplicité rend un autre honneur aux images que celui qui a été expliqué, il faut l'instruire, sans pour cela bannir de l'Église le culte des images* (1).

Grégoire protosyncelle a exposé de même la doctrine de son église dans l'explication du premier commandement. Après avoir marqué que ceux qui le violaient principalement étaient les magiciens et les idolâtres, il continue ainsi : « Nous ne faisons aucune figure pour la regarder ou pour l'adorer comme Dieu, ce que faisaient les idolâtres, parce que quoique nous rendions un culte religieux aux saints anges et à tous les ordres célestes, et aux reliques des saints, qui sont des ouvrages de Dieu, quoique nous rendions le même honneur à la précieuse croix et à sa figure, de même qu'aux saintes images qui sont des ouvrages que nous faisons, cependant nous ne violons pas ce précepte, parce que nous ne leur rendons pas un culte de latrie, et que nous ne les adorons pas comme Dieu, ce que faisaient les gentils et les idolâtres. Nous vénérons, προσκυνοῦμεν, les anges, c'est-à-dire nous les honorons et respectons comme de fidèles ministres de Dieu, gardiens des hommes et qui concourent à notre salut.

(1) Καὶ ἂν ἴσως καὶ τινὰς ἀπὸ ἁπλότητὰ τοῦ προσκυνᾷ ἄλλως παρὰ καθὼς λέγομεν, καλώτερον ὁ τοιοῦτος πρέπει νὰ διδαχθῇ παρὰ ἢ τῶν σεπτῶν εἰκόνων προσκύνησις νὰ διωχθῇ ἀπὸ τὴν Ἐκκλησίαν ; p. 332.

Si nous les représentons en différentes manières, ainsi que les autres ordres célestes, ce n'est pas que nous croyions qu'ils soient tels selon leur nature, étant des esprits immatériels et incorporels, mais parce qu'ils ont paru en cette manière, afin que les hommes matériels et corporels pussent les voir. Nous rendons de pareils honneurs aux saints, comme à de fidèles serviteurs, amis et enfants de Dieu selon la grâce, qui peuvent beaucoup pour nous secourir par leurs prières. De même nous honorons les reliques des saints, comme des vases dans lesquels Dieu a habité, et comme des instruments avec lesquels ces bienheureuses âmes ont fait tant de bonnes œuvres agréables à Dieu. Nous rendons un semblable culte au précieux bois de la croix, comme à une chose qui a porté sur soi Jésus-Christ, et qui a été sanctifié par son très-saint corps et par son sang qu'elle a touchés, et comme l'instrument par lequel Notre-Seigneur Jésus-Christ a accompli l'ouvrage le plus beau et le plus agréable à Dieu qui ait jamais été..... Nous honorons de la même manière les images des saints, non pas à cause de la matière, mais à cause qu'en nous les représentant, elles nous rappellent leurs actions dans la mémoire, et nous excitent à imiter leurs vertus. C'est pourquoi l'honneur qu'on rend aux saintes images se rapporte aux saints qu'elles représentent, et que nous invoquons seuls en honorant ces mêmes images, afin qu'ils nous secourent dans nos besoins et dans nos afflictions. Par cette raison Dieu fait assez voir que le respect que nous avons de toute antiquité pour la croix, pour les saints, pour leurs reliques et pour leurs images, ne lui déplaît pas, faisant jusqu'à présent comme autrefois plusieurs miracles qui le confirment. »

Il montre ensuite que le précepte du Décalogue n'a rapport qu'à l'idolâtrie, à la magie et à toutes les superstitions qui en sont les suites, non pas à la vénération des images; que le culte qu'on leur rend n'est pas de latrie, mais relatif, en sorte qu'il se rapporte à l'original, c'est-à-dire à Jésus-Christ et aux saints. Tels sont les sentiments de tous les Grecs, qui n'ont pas varié depuis le second concile de Nicée, et qui sont expliqués fort au long par Siméon de Thessalonique en plusieurs endroits de ses ouvrages. Dans son traité contre les hérésies, il dit que de son temps il n'y avait que les bogomiles, parmi ceux qui portaient le nom de chrétiens, qui condamnassent la vénération des images, et il le justifie par les mêmes raisons qu'ont employé les autres théologiens. Dans le traité sur les cérémonies ecclésiastiques, il prouve que c'est avec raison qu'on les porte avec les croix dans les processions, et ainsi du reste.

Les melchites ou orthodoxes ont la même doctrine et la même discipline que les Grecs touchant les images, ainsi il n'y a rien de particulier à observer sur leur sujet, sinon qu'ils savent très-peu le détail de l'histoire des iconoclastes, n'ayant pas en leurs langues les actes du second concile de Nicée, mais seulement un abrégé des décisions qui y furent faites, et leurs auteurs n'en rapportant presque rien, sinon le récit très-défectueux qui se trouve dans Eutychius. Mais ils ont plusieurs traités de S. Jean Damascène, d'André de Crète, et de quelques autres pour la défense de la créance commune touchant la vénération des images: et on apprend par les relations de tous les voyageurs que leurs églises en sont remplies, ce qui est une preuve parlante et démonstrative, qui leur est commune avec tous les autres chrétiens du Levant. On sait assez que les Mahométans ont été et sont encore les plus grands ennemis de l'idolâtrie, et qu'ils l'ont extirpée presque partout, de sorte même qu'ils portent la superstition jusqu'à ne vouloir pas souffrir les figures et les portraits, quoique plusieurs se soient relâchés de cette première sévérité de leurs anciens zélés. Car non seulement en Perse la peinture est très-commune, et leurs livres sont pleins de portraits, mais on trouve des monnaies d'argent et de cuivre de plusieurs princes, même de Noraddin et de Saladin, dévots Mahométans s'il en fut jamais, avec leurs têtes. Cependant, suivant ce que nous avons ouï dire à un des plus fameux voyageurs de notre temps et le plus sincère, ces infidèles qui savent que les chrétiens ont des images de Jésus-Christ et des saints, et qu'ils les honorent, ne leur reprochent pas le crime de l'idolâtrie, que les protestants nous attribuent si témérairement. Enfin on ne peut donner une preuve plus certaine de la conformité des sentiments des melchites syriens, que la fête qu'ils célèbrent le 11 du mois tischrin premier, *en commémoration du septième concile général où furent assemblés les évêques de toute la terre, et qui est le second concile de Nicée.* Ce sont les paroles de leur Horologe arabe. On trouve les mêmes éloges de ce concile dans leurs collections de canons arabes et syriaques.

Dans celle de ces collections qui est la plus ample on trouve ces paroles : *Le septième concile œcuménique fut assemblé du temps de Constantin, fils de Léon, fils de Copronyme et de sa mère Irène ; on l'appelle aussi le second concile œcuménique de Nicée. Les Pères s'y trouvèrent au nombre de trois cent soixante-sept, et ils prononcèrent anathème contre les iconomaques, qu'ils excommunièrent, ainsi que tous ceux qui n'honoreraient pas les saintes images, ou qui diraient que les chrétiens leur rendent un culte divin.... Le chef et le président de ce concile fut Tarasius, patriarche de Constantinople, avec deux Pierre, prêtres, députés d'Adrien-le-Grand, pape de Rome ; Jean, religieux, député de Christophe, patriarche d'Alexandrie ; Thomas, religieux, député du patriarche d'Antioche ; Jean, prêtre et religieux, député du patriarche de Jérusalem, et tous les députés de la province d'Orient. Ils établirent dans ce concile la règle de la foi orthodoxe, et ils déclarèrent qu'on devait rendre un culte religieux, et exempt de tout reproche aux saintes images, qui étaient la ressemblance de ceux qu'elles représentent ; qu'on devait rendre le même honneur au signe de la croix et autres signes sacrés de l'Église. Enfin ils dirent que nous devions vénérer premièrement l'image de Notre-Seigneur Jésus-Christ, puis celles de la vierge Marie sa sainte mère, puis celles des anges et des saints.* Le mot arabe dont se servent les auteurs de cette préface répond exactement au grec προσκυνεῖν; et, quoiqu'il signifie quelquefois *adorer,* aussi bien que l'autre, il n'est pas néanmoins employé ordinairement pour signifier le culte qu'on rend à Dieu, signifié par le mot de λατρεία. Ainsi on doit faire à leur égard la même remarque qu'à l'égard des Grecs, dans l'usage qu'ils font du terme de προσκυνεῖν et de προσκύνησις, qu'ils distinguent entièrement de celui de λατρεύειν.

Mais il n'est pas nécessaire d'entrer sur cela dans un grand détail, puisque la pratique de toutes les églises d'Orient confirme assez qu'elles sont d'accord avec les autres sur la vénération des images. Il est marqué dans le Pontifical des Cophtes parmi les cérémonies du sacre des patriarches d'Alexandrie, que lorsque tout l'office est achevé, et que le nouveau patriarche est conduit à la maison patriarcale, on porte devant lui trois croix, des châsses et l'image de S. Marc. La tradition de l'église cophte est si ancienne sur ce sujet, que dans leur histoire patriarcale elle se trouve marquée dès les premiers siècles de l'Église. Car on lit dans la Vie de Théonas, seizième patriarche et prédécesseur de Pierre-le-Martyr, que le père et la mère du premier avaient obtenu sa naissance après d'ardentes prières qu'ils avaient faites, dans la douleur de n'avoir point d'enfants, qui avait été fort augmentée lorsqu'étant dans l'église, ils avaient vu les autres chrétiens présenter leurs enfants devant les images des saints, et les frotter de l'huile des lampes qui brûlaient devant ces images. Les Orientaux ont encore cette pratique de dévotion.

Dans la Vie d'Alexandre, qui fut ordonné vers l'an 704 de Jésus-Christ, il est rapporté que sous Abdel-Aziz, gouverneur d'Égypte, qui persécuta fort les chrétiens, Asaba, son fils aîné, étant entré dans l'église de Holouan, y aperçut une image de la sainte Vierge qui tenait Jésus-Christ entre ses bras, et qu'il demanda qui elle représentait. Sur la réponse que lui firent les chrétiens, il dit en blasphémant : *Qui est Jésus pour que vous lui rendiez des honneurs divins ?* L'histoire ajoute qu'il cracha contre l'image, et que la nuit même il eut une vision terrible, dans laquelle il lui parut qu'on le menait enchaîné devant un juge assis sur un tribunal et entouré de plusieurs soldats vêtus de blanc ; que Jésus-Christ se présenta et demanda justice de l'insulte qu'Asaba lui avait faite, et qu'un de ces soldats le perça d'une lance. Il fut aussitôt saisi de la fièvre, et mourut la nuit même. Makrizi, Mahométan, parle de quelques images semblables qui subsistaient encore de son temps.

Il est marqué dans l'histoire de Vazah, fils de Rejah, rapportée par les historiens de l'église d'Alexandrie, et célèbre parmi les jacobites, qu'il fut transporté miraculeusement du désert de la Mecque au Caire, dans l'église de S.-Mercure, par un cavalier qu'il trouva, s'étant égaré de sa compagnie. Que le sacristain l'ayant trouvé, Vazah lui demanda où il était, et qu'après lui avoir dit qu'il était dans l'église de ce saint qui avait souffert le martyre et qui faisait plusieurs miracles, il lui avait montré son image, et qu'aussitôt Vazah avait reconnu que c'était celui qu'il avait rencontré dans le désert.

Dans la Vie de Chaïl, quarante-sixième patriarche, qui mourut vers l'an 762 de Jésus-Christ, on trouve un autre miracle d'un Mahométan qui, étant monté sur une colonne, et ayant frappé d'un coup de lance un crucifix, demeura comme suspendu et le côté percé ; et ayant demandé le baptême, il fut guéri.

Abulfarage rapporte que Honaïn, fils d'Isaac, nestorien, fameux médecin, et traducteur de plusieurs livres de médecine et d'autres sciences, étant à Bagdad dans la maison d'un chrétien, vit une image de Jésus-Christ avec ses apôtres, devant laquelle il y avait une lampe allumée. Il dit à cet homme : *Pourquoi perdez-vous cette huile, puisque ce n'est pas là Jésus-Christ ni ses apôtres, mais seulement des images ?* Un autre médecin son ennemi, quoique chrétien, lui dit : *Si elles ne méritent pas de respect, crachez contre elles,* ce qu'il fit. Aussitôt après avoir obtenu la permission du calife de l'accuser devant l'assemblée des chrétiens, il produisit les témoins contre Honaïn ; le catholique, de l'avis des évêques, l'excommunia, en signe de quoi sa ceinture, marque de christianisme, lui fut coupée. Cette histoire n'est pas rapportée dans les Vies des catholiques ou patriarches nestoriens, mais Abulfarage mérite autant de créance ; outre qu'il importe peu que le fait soit certain, puisqu'au moins il est constant par le récit de cet auteur jacobite que parmi les chrétiens les images étaient honorées, qu'on allumait des lampes pour marque de vénération, et qu'on avait même de la foi jusqu'à se servir de cette huile pour s'attirer quelque bénédiction.

On trouve une preuve bien certaine et généralement établie de cette opinion, dans la discipline commune de tous les Orientaux pour célébrer le sacrement de l'extrême-onction. Ils le célèbrent comme les Grecs, en bénissant une lampe à sept branches, avec plusieurs prières, et les Rituels marquent qu'*on la place devant une image de la sainte Vierge;* c'est ce que prescrit le Rituel du patriarche Gabriel. Il y est aussi marqué que lorsque le prêtre va à l'autel pour commencer la Liturgie, *il encensera trois fois les images de la Vierge et des saints.* On y trouve un office particulier pour la bénédiction d'une image. Il y a dans les anciens manuscrits une dispute sur la foi chrétienne entre deux religieux cophtes, et un Juif nommé Amram, lévite, qui fut converti et baptisé avec toute sa famille, ce qui arriva sous le patriarche Andronic, prédécesseur de Benjamin, qui fut celui sous lequel les Arabes se rendirent maîtres de l'Égypte. Celui qui a écrit cette conférence dit que lorsque l'évêque ayant fait les prières sur l'eau du baptistère y versa le saint chrême et fit le signe de la croix sur l'eau avec son doigt, on vit alors un miracle surprenant. Ce fut que *la figure de S. Jean-Baptiste, qui le représentait donnant le baptême à notre Seigneur Jésus-Christ,* et

(Trente-quatre.)

qui était dans le même lieu, parut à tous ceux qui étaient présents faire le signe de la croix sur l'eau avec son doigt.

CHAPITRE VI.
Du signe de la croix et de plusieurs autres cérémonies supprimées par les protestants comme superstitieuses, et observées par les Grecs aussi bien que par tous les autres chrétiens orientaux.

Il n'est pas nécessaire de s'étendre beaucoup sur ces articles, puisqu'il n'y a personne tant soit peu instruit de l'antiquité ecclésiastique, et de l'état des églises du Levant, qui ne sache que les pratiques religieuses qui sont observées par les catholiques, et qui furent d'abord supprimées par la réforme, étaient la plupart très-anciennes, en sorte que plusieurs se trouvaient en usage dès les premiers siècles de l'Église; ce qui fait connaître en même temps que les schismes et les hérésies qui l'ont divisée n'ont donné aucune atteinte à des usages pieux qui étaient regardés comme de tradition apostolique.

Il n'y en a pas de plus ancien et qui ait été plus universellement reçu, que celui du signe de la croix. On trouve que les anciens chrétiens s'en servaient en toute occasion, et c'est ce que prouvent les actes des martyrs, les saints Pères, les historiens, les Vies des anachorètes, enfin tout ce qu'il y a de monuments d'antiquités ecclésiastiques. Ils commençaient toutes leurs actions par le signe de la croix, ils bénissaient, ils chassaient les démons, ils faisaient des miracles; et c'était tellement la marque du chrétien, qu'on commençait, comme on le fait encore, toutes les cérémonies du baptême, en imprimant le signe de la croix sur le front des catéchumènes, ce qui s'est conservé dans toutes les églises de l'univers (1). Nous n'entrerons pas dans le détail des preuves ramassées depuis si longtemps dans les livres des théologiens qui sont entre les mains de tout le monde, et dont on pourrait faire de justes volumes, et même nous n'en donnerons que de générales, mais incontestables, de la discipline des Grecs et des Orientaux sur cet article.

La coutume de tous ces chrétiens est de faire dans le commencement de toutes leurs prières le signe de la croix; dans la Liturgie, aux bénédictions préliminaires sur le pain et sur le vin qui doivent être consacrés, à la lecture des saintes Écritures, et à toutes les cérémonies, le célébrant fait plusieurs signes de croix. Il y en a encore davantage dans la partie qui répond à notre canon pour la consécration de l'Eucharistie, pour la fraction et pour l'intinction de l'Hostie. Les Coptes les multiplient encore de telle manière, qu'il y a ordinairement dans leurs livres d'Église un traité particulier de tous les signes de croix qui se doivent faire depuis la consécration

jusqu'à la communion. Lorsqu'elle est portée à l'endroit de l'église où se mettent les femmes, le prêtre donne la bénédiction en faisant le signe de la croix avec les saints mystères, comme on pratique parmi nous à la bénédiction du S.-Sacrement. On voit la même cérémonie des signes de croix dans tous les offices du baptême des Grecs, des Syriens melchites ou orthodoxes, dans ceux de Sévère d'Antioche et de Jacques d'Édesse, qui sont en usage parmi les jacobites; dans les Rituels coptes, éthiopiens ou arméniens, comme dans ceux des nestoriens. Il en est de même des offices de l'ordination, de la pénitence, du mariage et de l'extrême-onction; dans les bénédictions des vases sacrés, et des ornements qui servent aux autels; dans la consécration des mêmes autels et des ἀντιμήνσια des Grecs, sur lesquels on peut célébrer quand il n'y a pas d'autel consacré, ce qui est aussi en usage parmi les Syriens; de même dans la dédicace des églises, et lorsqu'on fait la consécration du chrême; enfin dans toutes les bénédictions particulières dont ils ont un très-grand nombre.

Les Grecs et les Orientaux ont conservé en ce point la discipline généralement reçue dans toute l'Église, puisqu'elle se trouve établie dès les premiers siècles. *Nous faisons le signe de la croix sur notre front*, dit Tertullien, *à chaque pas, en entrant, en sortant, en nous habillant, au bain, à table, à la lumière, en nous couchant, en nous asseyant et en tout ce que nous faisons* (1). Origène dit que *les démons craignent la croix de Jésus-Christ, et qu'ils tremblent quand ils la voient marquée sur les fidèles*. S. Antoine disait la même chose à ses disciples, καὶ πάνυ φοβοῦνται τὸ σημεῖον τοῦ κυριακοῦ σταυροῦ. S. Cyrille de Jérusalem dit aussi : *N'ayons pas de honte de la croix de Jésus-Christ; si quelqu'un la cache, faites ouvertement le signe de la croix sur votre front, afin que les démons en voyant ce signe s'enfuient bien loin en tremblant. Faites-le en buvant, en mangeant, assis, couché, quand vous vous levez, en parlant, en marchant, en un mot, partout.* C'est ce que S. Jérôme a dit en ce peu de paroles : *A chaque action, à chaque pas, que votre main fasse le signe de la croix du Seigneur* (2).

Parmi les pratiques non écrites que S. Basile dit être établies par la tradition il met le signe de la croix. Afin, dit-il, de parler d'abord de la première et de la plus générale : *Qui nous a laissé par écrit de faire le signe de la croix sur ceux qui espèrent au nom de Notre-Seigneur Jésus-Christ* (3)? On en trouve la

---

(1) Euplius liberâ manu signans sibi frontem... B. Euplius signaculum Christi faciens in fronte suâ, *Act. martyr.*, p. 319 et 34. Rursùs ergo perterrefacti crucis signum suæ quisque impressit fronti; p. 362. Totumque suum corpus signo crucis muniens; p. 364, *Act. S. Theod.* Hæc ubi dixit Christi miles signo crucis se muniens; *Act. S. Gordii*, p. 572.

(1) Ad omnem progressum atque promotum, ad omnem aditum et exitum, ad vestitum et calceatum, ad lavacra, ad mensas, ad lumina, ad cubilia, ad sedilia, quæcumque nos conversatio exercet, frontem crucis signaculo terimus. *Tertull. de Coronâ Mil.*

(2) Ad omnem actum, ad omnem incessum, manus pingat Domini crucem; *epist. ad Eustoch.; epist Paulæ; epist. ad Lætam.; Aug., tract. 11 in Joan.*, in ps. 50, 68, 141.

(3) Ἵνα τοῦ πρώτου καὶ κοινοτάτου πρῶτον μνησθῶ. Τῷ τύπῳ σταυροῦ τοὺς εἰς τὸ ὄνομα τοῦ Κυρίου ἡμῶν Ἰησοῦ Χριστοῦ ἠλπικότας κατασημαίνεσθαι τίς ὁ διὰ γράμματος διδάξας; *Bas., de Sp. sancto.*, c. 27.

preuve dans les actes des martyrs, comme dans ceux de S. Euplius, de S. Théodore, de S. Gordius et quelques autres des plus authentiques. Ce que S. Grégoire de Nazianze dit de Julien l'apostat, qu'étant effrayé au milieu d'une opération magique, et ayant fait le signe de la croix, il vit tout disparaître, est confirmé par tous les auteurs de ces temps-là, et par les autres postérieurs.

La plupart des autorités qui ont été citées ne sont pas moins reçues parmi les Orientaux égyptiens et syriens orthodoxes, hérétiques ou schismatiques, que parmi les Grecs ; parce que les écrits des Pères dont elles sont tirées se trouvent en leurs langues, comme surtout la Vie de S. Antoine par S. Athanase, qui est souvent citée, et les catéchèses de S. Cyrille. Tous les Rituels et Pontificaux font foi que le signe de la croix est comme le fondement de toutes les cérémonies sacrées, sans lequel on n'en fait aucune. C'est ce que dit S. Augustin : *Que si on ne fait pas ce signe sur le front de ceux qui croient, ou sur l'eau par laquelle ils sont régénérés, ou sur l'huile avec laquelle ils reçoivent la chrismation, ou sur le sacrifice dont ils sont nourris, aucune de ces choses n'est faite comme il faut* (1). On trouve la même doctrine enseignée par Isaac, catholique, dans son traité contre les Arméniens, où il dit que *le signe de la croix sanctifie tous les mystères des chrétiens ; qu'il fait le pain, le vin et l'eau, le corps et le sang de Jésus-Christ ; qu'il fait qu'un bâtiment devient le temple de Dieu et la maison du Seigneur, et qu'il sanctifie le chrême et l'huile par lesquels les chrétiens sont sanctifiés.* Sévère, Ebnassal et divers autres, qui ont fait des traités de la prière particulière, recommandent aux chrétiens de la commencer par le signe de la croix ; et parmi les pratiques religieuses, sur lesquelles ceux qui ont écrit de la différence des sectes marquent que tous les chrétiens sont d'accord, celle-là n'est pas oubliée.

Ce qui a été dit du signe de la croix se doit entendre de la plupart des autres cérémonies qui se pratiquent dans l'Église catholique pour l'administration des sacrements, et en d'autres occasions suivant les besoins des fidèles. Les premiers réformateurs ayant, comme il a été dit ailleurs, formé un nouveau système de religion, suivant des principes qu'ils avaient établis sans consulter l'antiquité, dont le plus général était que tout ce qui ne se trouvait pas marqué dans l'Écriture sainte devait être considéré comme contraire à la parole de Dieu, retranchèrent sur ce fondement toutes les cérémonies, pratiquées dès les premiers siècles, les traitant comme des abus et des superstitions. Ensuite ils prétendirent en faire voir l'origine, et dans ce dessein ils ramassèrent tout ce qui se trouvait dans les auteurs les plus méprisables, qui attribuaient souvent des coutumes très-anciennes à des papes qui avaient vécu plusieurs années après ; puis cherchant à y trouver quelque conformité avec les superstitions païennes, ce qui faisait un effet merveilleux parmi le peuple ignorant et prévenu ; enfin dans la suite lorsque quelques-uns ont eu connaissance des livres des Juifs, ils en ont prétendu trouver la source dans le judaïsme.

Plusieurs habiles théologiens catholiques ont suffisamment démontré la fausseté de ce principe des protestants, que tout ce qui n'est pas expressément marqué dans l'Écriture est contraire à la parole de Dieu ; et comme nous avons prouvé par des témoignages bien positifs des Grecs et des Orientaux qu'ils reconnaissent comme nous l'autorité de la tradition, il n'est pas nécessaire de s'étendre davantage sur cette matière. Il suffit de remarquer que toutes ces cérémonies sacrées, qui font partie de l'administration des sacrements, et d'autres qui ont rapport à diverses pratiques de piété, sont si généralement reçues de temps immémorial dans toutes les églises grecques et orientales, qu'il n'y a sur cela aucune contestation ; que toute la différence consiste en ce que les Orientaux en ont encore plus que nous, et que parmi celles qui leur sont particulières il y en a quelques-unes dont l'antiquité n'est pas si bien prouvée que celle des nôtres, qu'ils ont presque toutes.

Nous avons parlé du signe de la croix, que les calvinistes ont en horreur, de sorte qu'ils ont excité de grands tumultes contre ceux de la confession d'Augsbourg et contre l'église anglicane de ce qu'ils l'avaient conservé dans le baptême, et dans quelques autres cérémonies. Les Levantins les plus simples, sans avoir étudié la controverse, ne peuvent comprendre que le signe de notre salut, et la marque la plus certaine du christianisme, avec laquelle ils voient dans leurs histoires que les saints chassaient les démons et faisaient tant de miracles, puisse scandaliser ceux qui prétendent être chrétiens. Enfin il est hors de doute que dans le baptême et dans tous les sacrements le signe de la croix est employé à chaque oraison et à chaque cérémonie, comme il a été dit ci-dessus.

L'onction sacrée n'est pas moins observée par les Grecs et par les Orientaux ; celle qui se fait d'abord avec l'huile des catéchumènes et celle qui se fait avec le chrême ou *myron*, dont on fait aussi le mélange avec l'eau du baptême. Nous en avons parlé en traitant de ce sacrement, et sans entrer dans un nouveau détail de preuves, il n'y a qu'à lire l'office du baptême dans l'Eucologe, celui des Syriens jacobites de Sévère, patriarche d'Antioche, et celui des Éthiopiens, l'un et l'autre imprimés dans la Bibliothèque des Pères et ailleurs, pour en être pleinement convaincu. Elle est employée de même dans le sacrement de confirmation ; dans celui de la pénitence pour réconcilier des apostats et certains hérétiques, conformément à la discipline établie par les anciens canons ; dans la consécration des autels et des églises, quelquefois pour celle des vases sacrés ; dans l'extrême-onction, et en quelques autres cérémonies, excepté dans l'ordi-

---

(1) Quod signum nisi adhibeatur frontibus credentium, sive ipsi aquæ quâ regenerantur, sive oleo quo chrismate inunguntur, sive sacrificio quo aluntur, nihil eorum ritè perficitur. *Aug.*, tract. 118 *in Joan.*

nation des prêtres et des évêques, où elle n'est pas pratiquée comme en Occident.

Siméon de Thessalonique explique toutes ces onctions, et comme il ne perd aucune occasion de blâmer les Latins, tout ce qui ne se trouve pas entièrement conforme à la discipline grecque lui paraît irrégulier. Mais il ne blâme pas pour cela l'usage de l'onction, dont il rapporte l'origine à l'institution apostolique, ce qui prouve deux points également importants dans cette matière : le premier, qu'il ne la regarde pas comme une superstition ; le second, qu'en condamnant la discipline des Latins, il fait assez voir que les Grecs ne reconnaissent pas que la leur ait été tirée de l'Église latine. Aussi plusieurs théologiens qui ont disputé avec les Grecs ne leur ont pas été plus favorables, puisque dans la chaleur des contestations, on remarque qu'il était ordinaire de part et d'autre de condamner d'abus tout ce qui ne se trouvait pas entièrement conforme à la discipline des uns ou des autres. Les protestants qui chercheront la vérité de bonne foi reconnaîtront néanmoins que les Grecs ont ajouté plusieurs nouvelles pratiques à l'ancien usage, qui sont inconnues aux Latins, et que notre discipline est beaucoup plus simple que celle des Grecs ; qu'ils l'établissent comme nous sur le fondement inébranlable de la tradition, mais qu'ils y joignent l'autorité des ouvrages attribués à S. Denis, des canons des apôtres, des constitutions et d'autres que nous reconnaissons n'être pas aussi anciens que les Grecs et les Orientaux se l'imaginent. Ils sont néanmoins d'une grande antiquité par rapport au schisme des protestants, et ils sont reçus comme authentiques parmi ces chrétiens ; de sorte qu'ils s'en servent pour soutenir leur discipline, de même que nous nous servons des témoignages des anciens les moins contestés.

C'est sur le même fondement qu'ils établissent plusieurs bénédictions, qui se trouvent prescrites dans les Rituels grecs et orientaux, qui sont conformes à l'usage très-ancien des églises d'Occident, et qui ont leur origine dans la pieuse coutume qu'avaient les premiers chrétiens, de sanctifier l'usage des choses naturelles par la prière, qu'ils employaient à plus forte raison dans toutes les actions qui avaient rapport à la religion. Ainsi ils ont des offices de la bénédiction de l'eau, qui répond à notre *eau bénite*, et une particulière pour la cérémonie qui se fait à la fête de l'Épiphanie en mémoire du baptême de Jésus-Christ, et en quelques autres occasions. De même ils bénissent l'huile et le premier vin qu'ils tirent d'une pièce, et on voit par des auteurs anciens que parmi les Cophtes la coutume était d'en apporter les prémices à l'église, où on s'en servait pour célébrer la Liturgie. Ils bénissent les nouvelles maisons, les vases, les viandes, en un mot presque toutes les choses nécessaires à la vie, ce qu'ont fait autrefois les plus grands saints sans être accusés de superstition. Ces pratiques pieuses étaient communes dans toute l'Église, comme il paraît par les anciens Rituels, mais elles n'étaient presque plus en usage dans les temps auxquels les ministres supposent qu'il est arrivé un grand changement de dogmes et de discipline, par le commerce que les Orientaux ont eu avec les Latins. Cependant il est fort aisé de reconnaître que ces coutumes pieuses ont un même principe, qui est la confiance dans les prières de l'Église, dans le signe de la croix et dans le ministère sacré des prêtres et des évêques, auquel était attachée la bénédiction, indépendamment du mérite personnel de ceux qui la donnaient. Car quoique les histoires grecques et orientales rapportent un grand nombre de merveilles opérées par de saints anachorètes, et d'autres serviteurs de Dieu, qui bénissaient de l'eau, du vin, de l'huile, du pain et de semblables matières, cependant on a toujours distingué ces bénédictions de celles qui étaient pratiquées dans l'Église. Les premières regardaient des effets purement miraculeux, dont Jésus-Christ n'a pas laissé la puissance à son Église, mais qu'il a donnée et qu'il donne lorsqu'il lui plaît à ses serviteurs pour l'édification des fidèles; les autres regardent leur sanctification, qui se fait en deux manières, proprement et efficacement par les sacrements seuls, et indirectement par le bon usage des choses nécessaires à la vie, qu'en veulent faire ceux qui n'en usent qu'après la bénédiction de l'Église. Aussi les Grecs et les Orientaux distinguent parfaitement l'effet de ces bénédictions, et la grâce produite par les sacrements, autant qu'ils distinguent l'ἀντίδωρον ou le *pain bénit* de l'Eucharistie ; la bénédiction commune de l'eau, de celle qui se fait aux fonts de baptême ; l'huile sacrée de la chrismation, et celle qu'ils font par dévotion avec l'huile des lampes allumées devant les images, qu'ils ne confondent pas non plus avec celle de l'extrême-onction, comme l'ont écrit quelques voyageurs mal informés. Il faut donc que les protestants conviennent que ce qu'ils ont appelé superstitions de l'Église latine, était en usage plusieurs siècles avant leur schisme dans la Grèce et dans tout l'Orient.

Mais quand ils condamnent de superstition ces pratiques de piété, ils font bien voir qu'il n'y a pas moins d'ignorance que d'injustice dans cette téméraire censure, puisqu'il est aisé de reconnaître qu'au contraire elles ont été introduites pour extirper les restes de superstition du paganisme qui subsistaient encore, et contre lesquelles les saints Pères déclament avec tant de véhémence. Rien n'est plus fréquent dans leurs homélies que de fortes déclamations contre ceux qui se servaient de ligatures et de caractères magiques pour la guérison de diverses maladies ; contre les divertissements ridicules des calendes de janvier; contre les étrennes, les vœux aux fontaines, aux arbres et plusieurs autres pareilles superstitions, contre lesquelles les conciles et les Pénitentiaux grecs et latins établissent diverses peines. C'était donc dans la vue de désaccoutumer les chrétiens de tous ces abus qu'on multipliait les prières et les bénédictions, qui se trouvent dans les livres les plus anciens. Les saints évêques permettaient même quelques pratiques innocentes sans les approuver entièrement, pour en abolir d'autres qui étaient condamnables. Ainsi S. Augustin approuvait que quelques-uns dans le mal de tête y appliquassent l'Évangile plutôt que de se servir de ligatures. *Lorsque vous avez mal à la tête, nous vous louons si vous y mettez l'Évangile, et si vous n'avez pas recours à une ligature. Car l'infirmité humaine est venue à un tel point, que nous sommes contents si nous voyons un homme au lit travaillé de la fièvre et de grandes douleurs, lorsqu'il n'a point d'autre espérance que de s'appliquer l'Évangile à la tête, non pas qu'il soit fait pour cela, mais parce qu'il l'a préféré à des ligatures* (1). Si donc plusieurs bénédictions particulières ont été reçues dans les premiers siècles, on a pu les pratiquer sans aucun scrupule de superstition, puisqu'elles étaient principalement instituées pour en supprimer tous les restes, car elle était prodigieusement enracinée parmi les païens.

C'est une réflexion que les protestants ne paraissent pas avoir faite, puisque la plupart de leurs écrivains se sont fatigués fort inutilement pour prouver que presque toutes nos cérémonies avaient été imitées de celles du paganisme ou du judaïsme; sur quoi plusieurs ont fait une grande ostentation de leur érudition, principalement ceux qui se sont distingués par l'étude de la langue hébraïque, les autres s'étant retranchés à ce qu'ils trouvaient dans les auteurs grecs et latins. C'était assez pour imposer au peuple ignorant, qui ne savait pas que la plupart des cérémonies païennes étaient des imitations de celles dans lesquelles consistait le service du vrai Dieu, tirées des Hébreux, dont la loi était plus ancienne que tout ce qu'il y avait de plus ancien dans le paganisme; et que le reste n'était que des superstitions grossières et abominables. Ce qui aurait été tolérable s'il eût été rapporté à Dieu, comme les offrandes, les prémices, les dîmes, les libations et semblables pratiques, n'est pas ce que les chrétiens ont imité des païens, puisque l'usage en était établi parmi les Juifs. Ce qui avait rapport à l'idolâtrie était en horreur, et n'a jamais été souffert parmi les chrétiens, puisqu'on voit tant de canons anciens contre les moindres pratiques qui pouvaient en tirer leur origine. Mais ce n'était pas une superstition que de changer celles qui pouvaient en être soupçonnées pour en substituer d'autres qui n'avaient rien que de pieux. Ainsi un chrétien purifiait par le signe de la croix et par la prière ce qui pouvait avoir été souillé par des cérémonies païennes. Les idolâtres en avaient plusieurs qui étaient de véritables opérations magiques, par lesquelles ils attaquaient les chrétiens, et la prévention formée par les préjugés de la naissance pouvait troubler des esprits faibles. On y remédiait par des prières et des bénédictions, qui étaient suivis ordinairement d'effets miraculeux, dont les auteurs les plus respectables de l'antiquité rendent témoignage; et ils méritent plus de créance que quelques impies de ces derniers temps, qui les ont voulu traiter de ridicules et d'esprits faibles. Telle est l'origine de toutes les bénédictions particulières que l'Église a approuvées, et par lesquelles les restes de la superstition qui était répandue dans tout l'univers ont été abolis.

Les controversistes protestants ont attaqué de même les cérémonies de l'Église dans la célébration des sacrements, particulièrement celles de la messe, d'une manière qui donne assez à entendre qu'ils n'avaient fait aucune attention à celles que les Grecs pratiquent depuis plusieurs siècles, et qui sont assez conformes à celles des chrétiens orientaux. Les premiers réformateurs ont condamné ces cérémonies comme des nouveautés introduites par les papes, et contraires à cette simplicité de la cène évangélique et apostolique, de la forme de laquelle jamais on n'a pu convenir parmi les réformés. Cependant les Grecs et les Orientaux n'ont pas reçu de l'Église latine plusieurs cérémonies qu'elle n'a point; mais ils sont et ils ont toujours été comme elle dans les mêmes sentiments, touchant l'usage qu'on en peut faire pour honorer les saints mystères et pour augmenter le respect et l'attention des fidèles. Les églises d'Orient et d'Occident se sont accordées sur ce qu'il y a d'essentiel pour la célébration des sacrements; et si dans l'appareil extérieur elles ont varié, ce n'a été que dans des choses indifférentes, et qui ne sont pas contraires à l'institution du sacrement, ni à l'intention de Jésus-Christ. Personne ne s'imaginera qu'on s'en éloigne en faisant avec plus de décence des vases d'or et d'argent destinés uniquement aux usages sacrés, ce qu'il a ordonné de faire en commémoration de sa mort, ni qu'on s'y conforme par la manière que plusieurs zélés ont voulu introduire, particulièrement en Angleterre. On y a vu des ministres presbytériens, pendant les troubles que ceux de ce parti avaient excités, aller prêcher montant sur une tombe au lieu de monter en chaire, et, après le sermon fini, envoyer au premier cabaret prendre un pain et une pinte de vin, après quoi se tournant vers le nord, de peur qu'on ne crût qu'ils se tournaient vers l'autel, ils coupaient le pain par morceaux, et donnaient à boire dans un gobelet à leur auditoire, prétendant que c'était là le vrai modèle de la cène apostolique et évangélique, ce que les protestants raisonnables regardèrent comme une extravagance punissable. Cependant un fanatique la soutenait par les mêmes raisons dont les protestants attaquent nos cérémonies. Il ne trouvait point dans l'Écriture que la table sur laquelle l'Eucharistie avait été instituée fût tournée vers l'orient, encore moins que ce fût un autel : il n'y voyait point les vases destinés à cette cérémonie, ni les prières prescrites dans la Liturgie anglicane, ni les surplis, les chappes, le bonnet carré ou d'autres usages qu'elle a conservés, et sur lesquels les presby-

---

(1) *Cùm caput tibi dolet, laudamus si Evangelium tibi ad caput posueris, et non ad ligaturam cucurreris. Ad hoc enim perducta est infirmitas hominum..., ut gaudeamus quando videmus hominem in lectulo suo constitutum jactari febribus et doloribus, nec alicubi spem posuisse, nisi ut sibi Evangelium ad caput poneret, non quia ad hoc factum est, sed quia praelatum est Evangelium ligaturis. In Joann. tract.* 7.

tériens ont excité tant de troubles.

Si donc l'Église romaine est tombée dans la superstition et même dans l'idolâtrie, comme ont dit les premiers zélés de la réforme, parce que depuis la fin des persécutions elle a célébré les sacrements, principalement celui de l'Eucharistie, avec plus de décence et d'appareil qu'on ne pouvait faire sous les païens, elle n'a rien fait que ce qui a été universellement pratiqué dans toutes les autres églises. Il y a tout sujet de croire que si les premiers réformateurs avaient eu quelque connaissance de la discipline ancienne, ils auraient parlé autrement : car il est certain que les Grecs ont plus de cérémonies qu'il n'y en a parmi les Latins, puisque si on examine ce qu'il y a d'essentiel dans la célébration des sacrements, surtout dans la Liturgie, on trouvera que les Grecs en ont ajouté un très-grand nombre, sur lesquelles il n'y a pas lieu de les accuser avec autant d'aigreur qu'ont fait quelques théologiens. Ils peuvent les pratiquer, comme ils font depuis plus de mille ans, sans aucun reproche, puisqu'elles sont autorisées par la tradition de leur église ; mais ils ne peuvent sans témérité et sans injustice condamner celles qui ont des usages différents ; et c'est ce que fait à toute occasion Simon de Thessalonique, contre l'exemple des plus grandes lumières de l'Église, qui n'ont jamais condamné leurs frères pour de semblables sujets.

Mais ces différends entre les deux églises, qui n'ont commencé qu'après les schismes, ne regardent point les protestants, puisque leur discipline dans l'administration des sacrements est également éloignée de l'une et de l'autre. Ils sont obligés au moins d'avouer que l'église grecque a beaucoup plus de cérémonies que nous n'en avons, et qu'elle ne peut avoir reçues de nous, qui ne les connaissons pas. On voit depuis plusieurs siècles il y a eu de part et d'autre un grand soin pour préparer le pain eucharistique et le vin qui devait être offert pour célébrer les saints mystères. Nous pouvons dire néanmoins avec sincérité que les Grecs et les Orientaux nous surpassent en cela, puisqu'ils le font avec de longues prières ; que c'est ordinairement dans la sacristie ou dans l'église et par les mains des ecclésiastiques qu'ils le préparent chaque fois qu'ils célèbrent la Liturgie, de sorte même que souvent ils ont reproché aux Latins leur négligence sur cet article. Les nestoriens, dont la séparation est la plus ancienne, ont un office particulier pour cette cérémonie, et elle n'est fondée que sur un grand respect qu'ils ont pour l'Eucharistie. On n'entre pas dans la discussion de toutes les disputes sur les azymes, qui n'a pas paru assez considérable à quelques églises protestantes, pour changer l'usage qui se trouvait établi en Occident avant la réforme, puisqu'il a subsisté même dans Genève.

La vénération du pain et du vin qui devaient être consacrés au corps et au sang de Jésus-Christ ne fait pas parmi nous une partie de l'office, et on se contente d'apporter la décence requise. Mais les Grecs et les autres chrétiens d'Orient font une manière de procession solennelle pour les apporter de la crédence à l'autel : un diacre ou un prêtre les porte élevés sur sa tête et couverts d'un voile, le peuple se prosterne, et leur rend un honneur plus grand que celui qu'on rend aux images ; mais fort différent de l'adoration qui n'est due qu'à l'Eucharistie. Ceux qui ont donné un autre sens à cette cérémonie se sont trompés, lorsque quelques-uns ont prétendu que les Grecs adoraient les saints dons avant la consécration, et qu'ils ne les adoraient pas après. Siméon de Thessalonique et Gabriel de Philadelphie ont expliqué trop clairement la doctrine de leur église pour laisser aucun doute ; et selon l'explication qu'ils donnent de ce rit particulier, on ne peut y trouver à redire, sinon qu'ils portent peut-être trop loin le respect envers la matière qui doit être sanctifiée et devenir le corps et le sang de Jésus-Christ. Cela seul fait voir combien ils sont éloignés des principes des protestants, et que l'honneur qu'ils rendent aux saints mystères ne leur a pas été inspiré par les Latins, qui ne connaissent pas de pareille cérémonie.

Il en est de même de diverses autres, comme celle de diviser l'hostie avec un petit fer que les Grecs appellent la sainte lance, ce qu'ils font en mémoire du côté de Jésus-Christ transpercé dans sa passion ; de mêler de l'eau bouillante dans le calice un peu avant la communion, de la donner par intinction avec une cuiller, ce que pratiquent aussi toutes les églises d'Orient. On trouve en plusieurs anciens Rituels différentes manières d'administrer la communion ; elle a été donnée par intinction en plusieurs endroits, et il y a eu sur cela quelques contestations même entre les Latins, parce que cette coutume n'était pas universellement approuvée, quoiqu'elle n'ait jamais été absolument condamnée comme un abus qui tendit à détruire l'institution de Jésus-Christ : car dans le temps même de ces disputes l'Église romaine était entièrement unie avec la grecque, où cette pratique était reçue depuis plusieurs siècles. On trouve aussi dans l'ancien Ordre romain l'usage du chalumeau d'or ou d'argent qui est encore conservé dans quelques églises fort anciennes, comme en celle de l'abbaye royale de Saint-Denis.

Les Grecs ont aussi introduit la coutume de faire sécher des particules sacrées trempées dans le calice, de telle manière qu'elles pussent se conserver durant longtemps sans se corrompre. Les Latins n'ont pas pratiqué la même chose, et quelques-uns ont trouvé à redire à cet usage des Grecs ; mais comme les uns et les autres se sont accordés sur le point essentiel, qui était de conserver l'Eucharistie pour les malades, c'est la même créance qui leur a fait prendre les mêmes précautions, quoique d'une manière différente, et non pas ces précautions qui ont introduit une nouvelle créance. Quand le schisme des protestants durerait aussi longtemps qu'il y a que l'Église catholique subsiste, il n'arrivera jamais qu'ils aient la même attention sur le pain et le vin de leur cène, et ils ne s'embarrasseront pas plus qu'ils font présentement de ce qui en restera. Ainsi ce qu'il y a d'essentiel et de commun aux églises d'Orient et à celle d'Occident était la créance que les parties de ce qui avait été consacré étaient véritablement le corps et le sang de Jésus-Christ; que par conséquent lorsqu'on donnait ces particules aux malades et aux moribonds, même sans célébrer la Liturgie, ils recevaient le corps et le sang de Jésus-Christ. Sur ce principe, les Latins, qui n'ont pas donné l'Eucharistie par intinction, sinon en quelques églises particulières, n'ont réservé que les espèces du pain ; les Grecs, qui l'administraient de cette manière, ont conservé les particules trempées dans le calice, et, pour empêcher qu'elles ne se corrompissent par l'humidité, ils les ont desséchées. Ceux qui ont conservé l'Eucharistie de cette manière, et ceux qui se sont contentés de la conserver sous une seule espèce, ont également cru le changement réel du pain et du vin au corps et au sang de Jésus-Christ; puisque sans cette créance ni l'une ni l'autre manière ne pouvait avoir lieu, comme elle n'est venue dans l'imagination à aucun de ceux qui ne le croient pas.

Dans la primitive Église, un peu avant la communion, les diacres disaient à haute voix que les choses saintes sont pour les saints; cette coutume s'est conservée dans toutes les Liturgies orientales, et les Pères grecs en font souvent mention. Il ne paraît pas néanmoins qu'elle ait été en usage dans les églises d'Occident; et cette variété de discipline ne prouve pas que les Latins aient eu moins de respect et d'attention dans l'administration de l'Eucharistie que les Orientaux. De même on trouve dans les offices de l'Église latine que l'Eucharistie était élevée et montrée aux fidèles peu après la consécration; au lieu que, suivant le rit oriental, elle ne se faisait qu'un peu avant la communion, comme les Grecs, les Cophtes, les Syriens et tous les autres le pratiquent encore. Cette différence de cérémonies, sur laquelle quelques protestants ont tant raisonné, ne peut avoir aucune conséquence contre l'uniformité de la foi de la présence réelle, puisqu'il n'est pas nécessaire que l'Eucharistie soit exposée à l'adoration des fidèles dès que la consécration est supposée faite, pourvu qu'avant la communion cet acte de religion soit pratiqué.

Les Grecs modernes, quoiqu'ils soient presque toujours prévenus contre les Latins, en sorte qu'ils trouvent des défauts essentiels dans presque toutes nos cérémonies, et que le jugement qu'ils en forment soit à peu près comme celui que nos théologiens formaient autrefois sur tout ce qui n'était pas exactement conforme au rit latin, sont néanmoins assez équitables pour ne pas condamner des pratiques pieuses qui se sont introduites parmi nous, quoiqu'elles leur soient inconnues, et qu'elles ne soient pas fondées sur l'ancienne discipline. Ainsi un luthérien ayant demandé à Mélèce Piga, patriarche d'Alexandrie, ce qu'il pensait touchant les processions solennelles dans lesquelles le Saint-Sacrement est porté parmi nous, il répondit que, quoiqu'elles ne fussent pas en usage dans l'église grecque, on ne pouvait néanmoins les blâmer.

Les Grecs et les Orientaux conservent aussi avec respect la coutume qui est parmi nous de la procession des palmes, celle de l'adoration de la croix le vendredi-saint, d'autres processions suivant les fêtes en différentes églises, la visite des saints lieux; en un mot, tout ce que les premiers réformateurs ont reproché à l'Église catholique comme des superstitions et des nouveautés qu'elle avait introduites. Les Orientaux font une grande différence entre ces pieuses pratiques et ce qui regarde les sacrements, dans la célébration desquels ils distinguent pareillement ce qu'il y a d'essentiel, en quoi ils conviennent avec nous, et ce qui est institué pour rendre les mystères plus augustes, et pour rappeler dans la mémoire des fidèles ce qui peut exciter leur foi et leur dévotion. Il s'ensuit donc que les chrétiens orientaux n'ont pas regardé ces pratiques comme superstitieuses, et que comme ils ne les confondent pas avec les principales cérémonies des sacrements, ils reconnaissent que l'Église a toute l'autorité nécessaire pour établir ce qui peut servir à l'édification des fidèles, comme font les cérémonies, sans qu'il soit besoin de les trouver marquées dans l'Écriture sainte, ou pratiquées dès les premiers siècles du christianisme; ce qui est une preuve convaincante que sur cet article ils n'ont pas d'autre sentiments que les Grecs et les catholiques.

CHAPITRE VII.

De la discipline des églises d'Orient touchant les traductions et la lecture de l'Écriture sainte.

Cet article a rapport à la tradition reçue dans toutes les églises, soit pour la lecture publique qui se fait dans le service des livres de l'ancien et du nouveau Testament, soit pour celle que les chrétiens font en particulier. Chaque église conserve une manière de texte authentique, comme est la Vulgate parmi nous ; et quoique plusieurs savants hommes aient traité des versions orientales, aucun néanmoins n'a expliqué l'usage qu'elles avaient parmi les différentes communions des chrétiens d'Orient ; c'est pourquoi nous éclaircirons cette matière en peu de mots, en attendant que nous la puissions traiter ailleurs dans un plus grand détail.

Ils reçoivent tous les livres de l'Écriture sainte, et ceux qui sont reçus dans l'Église catholique; ce qui ne se prouve pas seulement par les catalogues qu'ils en ont, mais par les citations fréquentes que font leurs théologiens des livres que les protestants ont rejetés comme apocryphes, parce qu'on ne les a pas en hébreu. Cyrille Lucar a été condamné par les Grecs sur cet article, et au synode de Jérusalem on produisit les extraits de ses propres sermons, dans lesquels il citait ces mêmes livres qu'il avait traités d'apocryphes dans sa Confession. Aussi on les trouve insérés dans les Bibles grecques, et cités dans tous les livres sans aucune contestation sur leur authenticité.

Les Syriens orthodoxes ou jacobites, quoiqu'ils se servent d'une traduction faite sur l'hébreu, ont néanmoins les livres qui ne sont qu'en grec, de même que les nestoriens, ainsi qu'on voit par le catalogue qu'en rapporte Amrou, fils de Matthieu, dans son Abrégé, et Hébedjésu dans le sien imprimé à Rome. Les Cophtes ayant leur ancienne version faite sur le texte grec, ont par conséquent ces mêmes livres, ainsi que les Éthiopiens et les Arméniens. Cette conformité avec la tradition de l'Église catholique se remarque encore dans les versions de l'Écriture sainte, qui sont en usage parmi ces chrétiens. Ils ont comme nous des traductions selon le texte hébreu et d'autres selon les Septante, et ils s'en servent également ; en sorte que ni ceux qui suivent celles-ci, comme les Cophtes, ne reprochent pas aux Syriens qui se servent de l'autre, qu'ils abandonnent la tradition de l'Église ; ni les Syriens aux Cophtes, qu'ils aient altéré la pure parole de Dieu, en préférant la traduction grecque aux originaux. C'est ce qu'on connaîtra mieux lorsque nous aurons marqué en peu de mots ce qui regarde les versions.

La plus ancienne de toutes est la syriaque de l'ancien Testament conforme à l'hébreu, qui est en usage parmi tous les Syriens orthodoxes, nestoriens et jacobites, sur laquelle il s'est fait plusieurs versions arabes. On ne peut faire aucun fond sur ce que les Syriens disent de son antiquité, qu'ils portent jusqu'au temps de Salomon, qui la fit faire, disent-ils, en faveur de Hiram, roi de Tyr. Car Gabriel Sionite, qui a rapporté cette tradition dans sa préface sur le Psautier, ne la prouve que par l'autorité d'un écrivain peu ancien, qui est *Choaded*, ou pour mieux dire *Jechuadad*, évêque de Haditha, nestorien. Ceux de la même secte l'attribuent à S. Thadée et à ses disciples, qui, suivant leur témoignage, déposèrent un exemplaire hébreu de l'ancien Testament dans l'église qu'ils fondèrent, sur lequel on fit leur version vulgaire. Cette tradition ne marque aucune époque certaine, mais seulement une fort grande antiquité, dont même il y a une preuve incontestable dans l'usage commun que les sectes différentes ont toujours fait de cette version. Car ce qui reste en syriaque des ouvrages de S. Éphrem fait voir qu'il n'en avait pas eu d'autre ; et si dans les traductions grecques de ses livres, qui sont en plusieurs bibliothèques, on lit les passages cités selon la version des Septante, cela vient des traducteurs qui les ont accommodés à l'usage de leur église. Les nestoriens ont conservé la même version, et les jacobites pareillement ; c'est donc une preuve assurée qu'elle était plus ancienne que les hérésies et que les schismes, et par conséquent d'une très-grande antiquité.

On ne doit pas s'arrêter à ce que le synode de Diamper, sous Alexis de Ménesès, Thomas-à-Jésu, ou de pareils auteurs qui se sont copiés les uns les autres, ont accusé les nestoriens d'avoir corrompu les saintes Écritures en divers endroits, qui ne regardent la plupart que le nouveau Testament. Ce que ces censeurs peu capables en ont rapporté consiste en des différentes leçons, ou en quelques fautes manifestes des copistes ; mais ils n'ont rien remarqué de considérable sur la version de l'ancien Testament. De plus, les orthodoxes et les jacobites n'ont pas eu moins de zèle contre les nestoriens que les Portugais, et néanmoins ils n'ont jamais fait de pareils reproches ; outre que ces différences se trouvent souvent dans les livres des uns et des autres, quoique irréconciliables.

Mais quand les Syriens ont fait leurs traductions sur l'hébreu, ils ont suivi les exemplaires de leur temps, plus anciens que ceux qui sont entre les mains des Juifs ; de sorte qu'en plusieurs endroits la version syriaque convient avec la traduction de S. Jérôme et avec les Septante, plutôt qu'avec le texte des Massorètes. Ces Syriens n'ont pas cru que l'autorité des Juifs modernes fût assez grande pour obliger à réformer l'ancienne version sur les livres qui sont entre les mains de cette nation ; de même que nous ne croyons pas devoir abandonner les Septante et S. Jérôme, toutes les fois qu'ils ne s'accordent pas avec l'hébreu moderne. On dira peut-être que c'est par ignorance, mais on se trompera ; car on a des preuves certaines que les Syriens ont eu connaissance des versions littérales et mot à mot faites sur l'hébreu par des Juifs, et surtout de celle de Rabbi Saadia, qu'ils appellent *Fiumi*, parce qu'il était né à Fium, ville d'Égypte. Ils s'en sont servis en quelques endroits pour éclaircir leurs versions, mais cela ne leur a pas paru suffisant pour changer quelque chose dans l'ancienne syriaque.

Outre cette version, ils en ont une en arabe faite sur celle-là, et par conséquent conforme à l'hébreu, à laquelle plusieurs auteurs ont travaillé en différents temps ; mais comme les exemplaires sont rares, et n'ont ordinairement point de préfaces, on a peine à distinguer ces versions d'avec les autres, et plusieurs critiques y ont été trompés.

Les Syriens ont aussi une version syriaque selon le grec, quoiqu'on n'en ait trouvé dans les bibliothèques fameuses aucun exemplaire parfait et entier, parce qu'elle n'est pas en usage dans le service public. Mais il n'y a pas lieu de douter qu'ils n'en aient une semblable, à cause des citations qui s'en trouvent dans les traités de Moïse Bar-Cépha, Denis Barsalibi et d'autres théologiens syriens. Il s'en trouve quelques parties dans les manuscrits, et entre autres, le livre des psaumes, quoique la traduction ordinaire dont on se sert dans les églises soit faite selon l'hébreu, et conforme à l'édition de Paris.

C'est sur ces versions syriaques telles que les ont les nestoriens qu'ont été faites quelques traductions persiennes pour les chrétiens de ces pays-là ; et néanmoins il ne s'en trouve en nos bibliothèques presque aucune, sinon des Évangiles. Des critiques ont cru que cette raison seule suffisait pour lui ôter toute autorité, et c'est au contraire ce qui lui en donne une plus grande. Car cela fait voir qu'elle a été faite sur le texte qui est seul authentique dans la communion nestorienne, où l'usage du grec avait cessé entièrement avant que ces versions fussent faites. On trouve même plusieurs sortes de ces traductions persiennes, les unes étant assez conformes à la lettre, et quelques autres avec des paraphrases ; et telle est celle d'un Lectionnaire écrit avec beaucoup d'exactitude, qui est dans la bibliothèque de feu M. Colbert. Il y a tout sujet de croire que toute l'Écriture sainte a été ainsi traduite pour les chrétiens du pays, où l'arabe n'est pas vulgaire ; mais on n'en a pas encore vu de manuscrits, les traductions que nous avons, outre celles qui ont été imprimées en Angleterre, du Pentateuque seulement, sur l'édition de Constantinople, ayant été faites par les Juifs.

Les Cophtes ont une ancienne traduction de toute la Bible en langue égyptienne faite sur le texte grec. On n'en peut pas facilement déterminer l'antiquité ; mais elle doit être fort grande : car S. Antoine, qui ne savait point de grec, fut converti par la lecture de l'Évangile qu'il entendit dans l'église, où par conséquent on le lisait en langue vulgaire. Tant de saints anachorètes qui méditaient l'Écriture sainte jour et nuit, et que plusieurs savaient par cœur, ne pouvaient pas l'avoir lue autrement. Quoiqu'elle ait cessé d'être vulgaire il y a plus de mille ans, toutes les lectures et la psalmodie se font encore en cette langue parmi les Cophtes. La version arabe sert pour faciliter l'intelligence du texte aux prêtres, et pour les lectures des épîtres et des évangiles qui se font en langue vulgaire après la première en cophte, à l'exception du monastère de S.-Macaire, où, par une ancienne coutume, on ne lit rien en arabe.

On croit communément que les versions qui se trouvent en cette langue à côté du texte cophte ont été faites sur cet original. Cependant on a d'excellents manuscrits du Pentateuque par lesquels on reconnaît quelque variété entre ce texte et la traduction, et on voit que c'est celle qui est faite sur les Septante qu'on a mise à côté ; ce qui est presque égal, l'une et l'autre exprimant le texte grec.

Cette version arabe est la plus ancienne de celles qui sont en la même langue, et la plupart des manuscrits l'attribuent à Hareth fils de Sinan, duquel on ne sait rien que le nom, et on n'a ni mémoire ni indice du temps auquel il a vécu. Il y a plusieurs manuscrits qui portent son nom et qui néanmoins sont fort différents, en sorte qu'on ne peut douter que ceux qui ont mis le titre ne se soient trompés. Son caractère particulier, et qui peut servir à la faire connaître, est qu'elle répond assez exactement au grec.

Outre celle-là, il y a des éditions de la Bible en arabe mêlées de telle manière, qu'on ne peut presque reconnaître sur quel texte les versions ont été faites. Car il s'en trouve des manuscrits où l'on voit clairement que la version est selon le grec, et dans laquelle il y a plusieurs endroits tirés des versions selon l'hébreu, quelquefois de celle de Rabbi Saadia et quelquefois d'autres. On voit à la tête, dans un manuscrit de la Bibliothèque-du-Roi, un de Florence et un du Vatican, une préface dans laquelle il est parlé assez au long de toutes les anciennes versions grecques, des hexaples d'Origène, des astérisques et des autres marques qui accompagnaient l'édition mixte. Ensuite l'auteur parle de la succession des pontifes de la loi judaïque, et même des anciens rabbins de la grande synagogue, précisément selon la tradition des Juifs ; de sorte qu'on ne peut douter que cela n'ait été tiré de leurs livres, ou de quelque préface des traductions faites par des Juifs. On ne peut attribuer un mélange de matières qui n'ont aucun rapport entre elles qu'à l'ignorance des copistes.

Les versions arabes, faites originairement selon l'hébreu, sont toutes d'auteurs juifs ou samaritains. La plus fameuse est celle de Rabbi Saadia, imprimée à Constantinople en caractères hébreux, que la plupart des critiques supposent être la même que celle qui a été insérée dans la Bible de M. le Jay, puis dans celle d'Angleterre, et que Gabriel Sionite l'avait décrite en caractères arabes, ce qui n'est pas vrai. Elle a été tirée d'un manuscrit écrit en Égypte, en 1584 et 1586, à la tête duquel il y a une préface d'un auteur anonyme, mais habile, qui après avoir marqué que la plupart des exemplaires des versions arabes de l'ancien Testament étaient extrêmement défectueux, dit qu'il avait entrepris d'en faire une révision exacte. Il dit ensuite qu'il a pris pour texte principal la version du *rabban Cheich-Saïdi*, appelé communément *Fiumi*. C'est le même que les Juifs appellent Saadia Gaon, qui était Égyptien, natif de Fium. Il marque après cela qu'il a conféré cette version avec d'autres faites par des Juifs, et même avec le texte hébreu, qu'il se faisait expliquer par un savant rabbin, avec celle de Hareth, fils de Sinan, et quelques autres faites sur le texte grec ; avec celle d'Abufferge-Ebnel-Taïb, nestorien, qui est traduite sur le syriaque ; celles des Samaritains, l'une sur l'hébreu, l'autre sur le grec, enfin avec les versions qui se trouvaient dans les commentaires arabes sur l'Écriture sainte.

Si on avait ce travail entier, il serait fort utile pour faire connaître exactement toutes les versions arabes, tant imprimées que manuscrites ; mais celui qui l'a copié n'a mis les notes où étaient les différentes leçons, qu'aux trois premiers chapitres de la Genèse. Ce peu qui nous en reste prouve clairement que cette version de Saadia n'a pas été adoptée pour l'usage des églises par les chrétiens qui se servaient de la langue arabesque, mais seulement pour étudier l'Écriture sainte en particulier ; que ceux-mêmes qui s'en étaient servis y avaient trouvé plusieurs défauts, qu'ils avaient corrigés comme ils avaient pu, et souvent très-mal, ce que marque l'auteur de cette préface, ajoutant que cela était cause que les versions arabes étaient extrêmement corrompues. Ainsi Gabriel Sionite ne fit pas un texte à sa fantaisie pour l'édition de M. le Jay ; mais il en suivit un qui lui parut le meilleur, quoiqu'il eût peut-être été plus à propos de donner pour texte arabe celui qui était le plus ancien, et le plus en usage parmi les Orientaux, et ce devait être celui de la version selon les Septante. Mais cette matière doit être traitée ailleurs, parce qu'elle est fort vaste, et qu'elle n'a pas encore été suffisamment éclaircie.

Les Éthiopiens ont une version de toute la Bible en leur langue, c'est-à-dire en celle qui autrefois était vulgaire, et qu'ils appellent *Gheez*. Cette version est faite sur celle des Cophtes, et c'est par cette raison qu'elle est conforme au grec, non pas qu'elle ait été faite sur les Septante. On trouve un passage dans le *Synaxarium* éthiopien, livre d'une autorité très-médiocre, qui marque que cette version a été faite sur l'arabe, auquel cas elle ne serait pas plus ancienne que le huitième ou le neuvième siècle. On ne peut rien décider sur un fait aussi obscur; mais quand la traduction aurait été faite sur l'arabe, cela revient au même, puisque ce ne pouvait être que celle qui était en usage dans l'église jacobite d'Alexandrie, et on ne s'y servait que des traductions faites sur le grec.

On croit communément que la version arménienne a été faite sur la syriaque reçue dans tout le patriarcat d'Alexandrie, duquel dépendaient les Arméniens, tant orthodoxes que jacobites. Comme cette langue est très-difficile et les livres rares, nous n'en pouvons donner aucun autre éclaircissement.

Il ne reste qu'à faire les réflexions convenables à ce qui a été dit sur cette matière, pour reconnaître combien les Orientaux ont été conformes à ce qui s'est pratiqué dans l'Église latine, et combien ils se sont éloignés de la conduite des protestants.

Les Grecs, depuis le commencement du christianisme, ont conservé leurs livres suivant la traduction des Septante pour l'ancien Testament, et l'édition grecque commune pour le nouveau. Quoique dans les premiers siècles ils eussent les exemplaires d'Origène, non seulement les hexaples, mais l'édition où étaient les astérisques et les autres notes critiques, ils ne s'en sont servis que pour expliquer le texte sacré, comme a fait S. Jean Chrysostôme et plusieurs autres; mais ils n'ont pas pensé à ôter des mains des chrétiens ou du service public de l'église les livres auxquels on était accoutumé, encore moins à accuser toute l'Église de ne pas suivre la pure parole de Dieu, comme ont fait les protestants.

Il ne faut pas s'imaginer que depuis tant de siècles les Grecs, les Syriens et tous les autres Orientaux n'aient pas su que les livres des Juifs, tels qu'ils sont présentement, différaient en plusieurs endroits de ceux que les interprètes Grecs, les Syriens et les Arabes ont suivis. On reconnaît par quelques passages qu'ils ont su comment les Juifs les lisaient, et qu'ils n'ont pas cru que l'autorité des livres modernes dût l'emporter sur celle des anciens qui avaient lu autrement. Ils ont donc reconnu comme nous l'autorité de l'Église et des Pères qui ont suivi les anciens exemplaires, et jamais aucun ne s'est avisé de dire qu'il fallait changer les anciennes versions pour les rendre semblables aux exemplaires des Juifs. On ne trouvera pas non plus qu'aucun de leurs théologiens et encore moins un corps d'église ait entrepris d'attaquer les anciens dogmes, en traduisant autrement les passages de l'Écriture pour établir des nouveautés inouïes. Cependant les Syriens étaient plus près des sources pour l'intelligence du texte hébreu que n'ont été les rabbins, sur les écrits desquels ont été composés presque tous les dictionnaires modernes. Les Juifs les plus savants parmi les interprètes de l'Écriture sainte ne savaient pas si bien la langue hébraïque que ceux que les Syriens regardent comme leurs maîtres, dont les principales écoles étaient à Édesse et à Nisibe; et les rabbins avouent souvent leur ignorance sur plusieurs mots, qui sont très-bien expliqués par les anciennes versions syriaques. Car il ne faut pas supposer que ces premiers interprètes Syriens fussent ignorants. On voit par leurs versions des canons et de diverses anciennes pièces qu'ils étaient très-habiles, et qu'ils ont suivi de bons exemplaires.

La psalmodie est d'une grande antiquité dans toutes les églises, et S. Jérôme nous apprend qu'aux funérailles de sainte Paule on entendait chanter des psaumes en plusieurs langues, entre autres en syriaque. Les Syriens et les Arabes ont eu des poètes et en très-grand nombre, et les offices sont remplis d'hymnes composées par S. Éphrem et par S. Jacques. Ils ont donc chanté les psaumes et les cantiques de l'ancien et du nouveau Testament; mais jamais ils n'ont cru devoir substituer à ces hymnes, dictées et inspirées par le S.-Esprit, des paraphrases en vers, comme ont fait tous les protestants.

Quand les langues dans lesquelles les traductions avaient d'abord été faites ont cessé d'être vulgaires, comme le syriaque, le cophte ou égyptien, l'arménien et l'éthiopien, les Orientaux n'ont pas aboli ces traductions pour en substituer de nouvelles. Ils ont conservé les premières, et en ont fait d'autres en langue vulgaire pour l'usage particulier des chrétiens du pays, sans les introduire dans le service public, comme nous avons fait voir dans le tome précédent.

On peut donc reconnaître, par tout ce qui a été dit, la parfaite conformité de la doctrine et de la discipline des églises d'Orient, en ce qui a rapport à la sainte Écriture, avec celle de l'Église catholique, et combien l'une et l'autre sont éloignées des opinions et de la pratique des protestants.

Ils s'attacheront à un seul point, qui est que les Orientaux ont des versions de l'Écriture en langue vulgaire, et qu'à Rome on les défend. Ussérius avait fait un traité sur cela, qui n'a paru que longtemps après sa mort, où il fait une longue énumération de toutes les versions, comme si quelqu'un pouvait nier qu'on n'eût mis de tout temps l'Écriture sainte entre les mains des fidèles. Mais il s'est aussi grossièrement trompé, en ce qu'il n'a pas marqué que la plupart de ces versions qu'il allègue ne sont plus entendues du peuple, et que néanmoins elles sont seules en usage dans le service public de toutes les églises d'Orient.

De très-habiles théologiens ont tellement éclairci cette matière qui regarde les traductions de l'Écriture en langue vulgaire, qu'il serait inutile de prétendre la mieux traiter. Mais par rapport aux Orientaux, on peut répondre aux protestants par des faits qui sont sans réplique. L'arabe est la langue qui est la plus répandue dans tout le Levant. Les papes ont été tellement éloignés d'ôter aux chrétiens orientaux réunis à l'Église romaine la liberté de lire l'Écriture sainte en la langue vulgaire, qu'ils ont permis l'impression de ces traductions, et qu'ils en ont fait faire eux-mêmes. Les quatre Évangiles furent imprimés à Rome en très-beaux caractères en 1590. Le Psautier fut imprimé sous les yeux de Paul V, par les soins de M. de Brèves, ambassadeur de France en 1614. On en a imprimé un au Mont-Liban avec le syriaque à côté en 1610. Enfin la Congrégation *de propagandâ Fide* ayant fait faire une nouvelle traduction arabe avec le latin, en quatre grands volumes, l'a publiée depuis quelques années. Le Psautier éthiopien et le nouveau Testament y avaient été imprimés de même, sans parler de diverses autres éditions de quelques parties de la Bible faites en d'autres langues. On ne peut donc dire sans calomnie que l'Église, ni même la cour de Rome, défendent aux Orientaux la lecture de la sainte Écriture en langue vulgaire, puisqu'elle leur met des traductions entre les mains.

Les Grecs n'ont pas le même secours ; car à moins qu'ils n'aient quelque étude, ils n'entendent pas le grec littéral, et par conséquent ils ne peuvent lire l'Écriture sainte, car il n'y en a aucune traduction parmi eux en grec vulgaire. Les Juifs en ont imprimé une du Pentateuque et du livre de Job, peut-être même de quelques autres que nous ne connaissons pas. Mais elles sont en caractères hébreux, et inconnues aux Grecs, aussi bien que la version du nouveau Testament, imprimée à Genève par un Maxime de Gallipoli, que quelques-uns ont confondu avec Maximus Margunius, évêque de Cérigo. Cela fait connaître l'effronterie et l'imposture grossière de Cyrille Lucar, qui disait aux Hollandais, dans sa Confession, que l'Écriture était claire par elle-même à toute sorte de personnes, lui qui savait que la moitié de son clergé ne l'entendait pas en grec, et les laïques sans lettres encore moins, puisqu'il n'y en avait pas de traduction vulgaire. Il se moquait donc de Léger et de ses autres confidents, quand il leur faisait une déclaration si notoirement fausse, puisqu'il est impossible que ceux qui n'entendent pas le texte puissent pénétrer les mystères profonds de l'Écriture.

Dans ce qui a été dit ci-dessus, il se trouvera des choses différentes de ce que de savants critiques ont écrit touchant la même matière. Mais nous n'avons rien dit dont nous n'ayons des preuves certaines, fondées sur un grand nombre de manuscrits. Walton, qui a parlé des traductions syriaques, arabes et persiennes dans ses prolégomènes, de la Bible polyglotte d'Angleterre, n'a donné que des extraits de ceux qui en avaient écrit avant lui, la plupart sans beaucoup de discernement. Car sur une fausse traduction de M. Pocock, Walton et plusieurs autres avec lui, ont distingué deux versions syriaques, l'une *simple* selon l'hébreu, et l'autre *figurée* selon le grec. C'est ce qu'Abulfarage qu'il cite n'a jamais dit ; mais des dernières paroles, qui signifient que la première fut faite suivant l'opinion de quelques-uns en faveur de Hiram, roi de Tyr, qu'on appelle *Tsour* en arabe, Pocock a tiré ce faux sens, sur lequel d'autres ont établi cette version figurée. Il en est de même de plusieurs observations sur les versions arabes, comme entre autres celle du même Pocock, qui croit sur un passage mal entendu d'Abulféda que la Bible n'était pas traduite en arabe de son temps, c'est-à-dire avant l'an 1345. Mais on a plusieurs manuscrits beaucoup plus anciens que cette date. Nous pourrons dans un ouvrage à part donner des observations plus exactes sur cette matière.

LIVRE HUITIEME.

DE DEUX POINTS DE DISCIPLINE FONDÉS SUR LA TRADITION, QUI SONT LA COMMUNION SOUS LES DEUX ESPÈCES, ET LA PRIÈRE POUR LES MORTS.

CHAPITRE PREMIER.

De la communion sous les deux espèces, suivant la doctrine et la discipline des églises d'Orient.

La communion sous les deux espèces est un de ces lieux communs sur lequel les protestants déclament avec le plus de force devant leurs peuples, comme si dans ce seul article tout l'essentiel de la religion chrétienne était compris, et que le retranchement du calice fait aux laïques était un obstacle invincible à leur réunion. Ils supposent que notre discipline présente détruit l'institution de Jésus-Christ, et que comme il a fait consister le sacrement en deux parties, le pain, symbole de son corps, et le vin celui de son sang, on doit recevoir l'un et l'autre, ou bien on manque à faire ce qu'il a prescrit ; de sorte que la commémoration de sa mort demeure imparfaite, selon eux, quand on ne reçoit que l'espèce du pain, sous laquelle est son corps, qui a été livré et rompu pour nous, sans recevoir celle du vin, sous laquelle est son sang, qui a été répandu pour la rémission des péchés. Quoique en presque tous les autres points de religion et de discipline ils aient un grand mépris pour la tradition, et encore plus pour le consentement des églises orientales, comme ils se servent de tout ce qui peut leur fournir des objections contre les catholiques, ils font valoir sur cet article le consentement de l'antiquité, et la pratique des Grecs et des Orientaux à l'égard de la communion sous les deux espèces.

Ce qui regarde la question en elle-même a été si exactement traité par plusieurs théologiens catholiques, et en dernier lieu par feu M. l'évêque de Meaux, qu'il serait inutile de la vouloir expliquer mieux qu'il n'a fait : car il a montré que l'Église romaine n'avait jamais eu aucun dogme qui conduisît à la séparation des deux espèces, en sorte qu'elle niât qu'il fût permis de donner le calice aux laïques; mais que c'était un point de discipline sur lequel il n'y avait eu aucune contestation durant plusieurs siècles; que lorsqu'il y en avait eu, on avait fait une distinction de ceux qui demandaient le calice; que ceux qui le demandaient par principe de piété, et pour leur plus grande consolation, sans croire néanmoins que la communion donnée sous une seule espèce ne fût pas entière, mais croyant qu'on recevait également sous une ou sous deux le corps et le sang de Jésus-Christ, méritaient quelque condescendance, et qu'ainsi on leur pouvait accorder le calice, comme on fit à l'égard des Bohémiens; qu'à l'égard des autres qui couvraient de ce prétexte spécieux une erreur grossière, l'Église les avait condamnés, surtout après l'expérience qu'on avait faite du peu de succès qu'avait eu la condescendance pratiquée à l'égard des premiers. Enfin, qu'au concile de Trente on avait remis au pape le pouvoir d'accorder le calice, lorsque cette concession pourrait contribuer à la réunion des protestants.

Ce savant prélat a aussi fait valoir que si la communion sous les deux espèces avait été autrefois la pratique commune, elle n'avait pas été si générale qu'en plusieurs occasions on ne la donnât sous une seule; ce qu'il prouve par les exemples de Sérapion, qui est rapporté par Eusèbe, de cette petite fille dont il est parlé dans S. Cyprien, de Satyre, frère de S. Ambroise, de sainte Gorgonie, et par quelques autres, comme aussi par la messe des présanctifiés, et différents usages particuliers des églises. C'est aussi ce qu'ont enseigné avant lui les plus considérables théologiens qui ont écrit parmi nous depuis le schisme des protestants, entre autres Georges Cassandre dans un traité particulier qu'il a fait sur cette question, comme aussi dans sa Consultation, ouvrages qui ont été loués par les protestants mêmes, à cause de la modération et de la manière simple dont l'auteur traite les matières controversées.

On convient donc que durant plus de mille ans l'Église d'Occident, aussi bien que celle d'Orient, a administré même aux laïques la communion sous les deux espèces. On a remarqué que c'est une prodigieuse ignorance de s'imaginer que la communion sous une espèce ait été ordonnée au concile d'Éphèse pour confondre l'erreur de Nestorius, qui enseignait, disent les auteurs de cette pensée, que sous l'espèce du pain il n'y avait que le corps de Jésus-Christ sans le sang, et sous l'espèce du vin le sang sans le corps. On a prouvé très-clairement que les décrets du pape Gélase, et ce qui se trouve dans un sermon de S. Léon, avaient uniquement rapport aux manichéens, et nullement aux catholiques.

On a aussi fait voir que ce qui avait d'abord été pratiqué seulement en des occasions extraordinaires, était devenu la pratique commune de l'Église d'Occident, après quelques changements qui étaient arrivés à l'ancienne discipline. En diverses églises l'usage s'introduisit de donner la communion sous la seule espèce du pain trempée dans le calice, ce qui était appelé *communio intincta*, et quelques-unes n'approuvaient pas cet usage, comme il paraît par un concile de Prague, dans lequel est citée la fausse décrétale du pape Jules. Cependant il prévalut en Occident, et il se trouve marqué dans les anciens Ordres romains, ainsi qu'en plusieurs Sacramentaires, et dans la plupart des auteurs qui ont écrit sur les rites. Il paraît que cette coutume fut tolérée, et qu'il n'y eut sur cela que de légères contestations, en sorte que, sans rompre l'unité, chacun suivait l'usage de son église; et tout ce détail a été doctement expliqué par de très-savants théologiens, que chacun peut consulter; parce que comme cette matière ne regarde pas notre dessein, nous n'entreprendrons pas de la traiter plus au long; d'autant même que les Grecs et tous les Orientaux ont sur ce sujet la même discipline.

Pour commencer par les Grecs, ils ont cette coutume si ancienne qu'on n'en peut certainement marquer le commencement, que pour la communion des laïques, ils rompent plusieurs particules du pain consacré, qu'ils mettent dans le calice. Ensuite ils ont une petite cuiller avec laquelle le prêtre prend une de ces particules trempée dans le sang précieux, et il la donne ainsi aux communiants. Il n'y a que les prêtres et les diacres assistants à la Liturgie auxquels on donne le calice. Les Grecs prétendent que S. Jean Chrysostôme établit l'usage de cette cuiller; mais il n'y en a aucune preuve certaine dans les auteurs ecclésiastiques. Cependant on doit reconnaître que cet usage est fort ancien, et au moins avant le concile d'Éphèse; parce que les nestoriens, qui, s'étant séparés de l'Église catholique dans ce temps-là, conservèrent la discipline qui subsistait alors, donnent la communion de cette manière, qui est aussi en usage parmi les jacobites syriens et cophtes, les Éthiopiens, les Arméniens et tous les chrétiens du rit oriental.

Il s'ensuit donc d'abord qu'avant le cinquième siècle le calice a été retranché aux laïques, sans aucun trouble et sans aucune plainte de leur part; personne ne croyant que cette nouvelle discipline fût contraire à l'institution de Jésus-Christ. On ne trouve pas qu'alors, ni pendant plus de douze cents ans, ces paroles : *Buvez-en tous*, que les calvinistes croient si claires pour établir la nécessité de boire le calice, aient été entendues dans le sens qu'ils leur donnent; puisqu'on ne peut nier que recevoir avec une petite cuiller une particule trempée n'est pas boire le calice. Il est vrai qu'en cette manière les Grecs et les Orientaux reçoivent les deux espèces, quoique autrement que selon la première institution; mais on n'y peut trouver une entière conformité avec cette cène apostolique, dont les protestants parlent toujours, et sur laquelle ils n'ont jamais pu s'accorder, tant de formes si différentes de l'administration de leur cène faisant assez voir qu'ils ont une idée fort confuse de l'original.

Les Grecs conviennent que la manière dont ils administrent la communion aux laïques a été établie afin de prévenir l'effusion du calice ; donc ce ne sont pas les Latins seuls qui ont eu de pareilles précautions pour empêcher la profanation de l'Eucharistie ; et si elles sont une preuve certaine de l'opinion de la présence réelle, comme les ministres en conviennent, et même ils en tirent un grand argument, parce qu'ils supposent qu'elles ne sont ni fort anciennes ni connues aux Orientaux, il faut que la présence réelle ait été crue plusieurs siècles avant toutes les époques qu'ils ont inventées d'un prétendu changement de créance, dont on leur a démontré l'impossibilité.

Quoique les Grecs reprochent aux Latins qu'ils ne donnent que la moitié du sacrement aux laïques ; cependant les protestans ne peuvent se prévaloir de cette dispute, puisque réglant, comme ils le prétendent, l'administration de leur cène selon la pure parole de Dieu, ils n'y peuvent pas trouver l'intinction du pain eucharistique, ni la cuiller, ni d'autres cérémonies pratiquées par les Grecs, entre autres celle de mêler de l'eau avec le vin, celle d'en mettre de chaude dans le calice avant la communion, qui est un rit particulier et moderne en comparaison des autres, puisque les églises orientales ne le connaissent point. Qu'ils nous laissent donc démêler ces difficultés avec les Grecs, et qu'ils ne prétendent pas tirer des rites que la réforme condamne comme superstitieux, des preuves contre la doctrine de la présence réelle, puisqu'ils la supposent nécessairement.

Ces accusations des Grecs sont exagérées par Siméon de Thessalonique, et par tous les modernes. *Les Latins*, dit-il, *ne célèbrent pas la Liturgie ensemble et ne communient pas les laïques du même pain et du même calice, comme fait l'Église, mais d'une autre manière.* Mélèce Piga, patriarche d'Alexandrie, pousse encore le raisonnement plus loin, et nous examinerons dans la suite ses objections. Mais elles ne vont pas à prouver que la communion donnée sous une seule espèce ne soit pas véritablement, et indépendamment de la réception, le corps et le sang de Jésus-Christ, qui est la thèse des protestants. Au contraire, en marquant la nécessité des deux espèces, ils conviennent de la raison de concomitance, étant persuadés que le pain consacré étant fait le corps de Jésus-Christ, contient son sang précieux, et que dans le calice, sous l'espèce du vin, le corps n'y est pas moins que le sang ; c'est ce qu'explique Mélèce Piga d'une manière si claire qu'il n'y a point de commentaires capables de l'obscurcir. Ainsi la discipline ni la créance des Grecs n'ont rien de commun avec les opinions des protestants, qui, suivant leurs principes, ne peuvent pas plus approuver la pratique des Grecs que celle de l'Église latine.

Les Syriens, Cophtes et autres nations chrétiennes d'Orient, ont, comme il a été dit, la même manière de donner la communion ; mais avec quelque différence pour ce qui concerne les espèces conservées, soit pour la communion des malades, soit pour la messe des présanctifiés. Car les Grecs, comme le marque Mélèce Piga (p. 109), prétendent que l'union des deux espèces est nécessaire, et ils la font en deux manières différentes. Pour la communion des malades, qu'ils réservent ordinairement le jeudi-saint, ils trempent une particule assez grande dans le calice, ils la mettent sur la patène, et ils sèchent cette particule autant qu'il est possible, mettant la patène sur des charbons ardents, et c'est ainsi qu'ils la conservent. A l'égard des présanctifiés, cela ne se pratique pas. Les Syriens, comme marquent les canons de leur église, envoient ou portent la communion aux malades sous la seule espèce du pain ; et quoique dans leur Liturgie, un peu avant la communion, ils fassent un signe de croix avec une particule consacrée, trempée dans le calice, en disant : *Le corps saint est signé par le sang précieux*, et qu'on le touche avec cette particule, cela ne peut être considéré comme l'union des deux espèces, telle que les Grecs la pratiquent. Cette cérémonie est observée dans les autres rites orientaux, et nous n'avons trouvé aucun de leurs théologiens ou interprètes de cérémonies ecclésiastiques qui la marque comme nécessaire.

Les réflexions qu'on doit faire sur ce que nous avons rapporté font voir que les Grecs et les Orientaux, quoiqu'ils donnent ordinairement la communion sous les deux espèces, ont néanmoins de toute antiquité la coutume de la donner sous une seule en certaines occasions. Il faut d'abord se souvenir de ce qui doit être regardé comme maxime certaine dans cette matière, que ce qu'on trouve pratiqué dans toutes les églises, sans aucune variation, nonobstant la différence des langues et des sectes, a été pris de l'ancienne Église dont elles se sont séparées. Or on reconnaît que partout on a donné la communion aux malades et aux moribonds ; cela n'a été particulier à aucune église ; donc, quand on reconnaît la même discipline parmi les Orientaux, on est en droit d'assurer qu'ils l'ont tirée de l'ancienne Église. Enfin, quoique nous ne sachions pas, faute de livres, tout le détail des cérémonies pratiquées en pareilles circonstances, on ne peut raisonnablement douter que dans les premiers temps elles n'aient été fort simples.

On ne croira pas, par exemple, que tout ce que les Grecs observent pour la communion des malades eût été observé à l'égard de Sérapion, dont il est parlé dans Eusèbe, ni quand on la portait aux martyrs lorsqu'ils étaient en prison, ou cachés à cause de la persécution. Il y a donc eu dans l'ancienne discipline une manière simple de conserver l'Eucharistie et de s'en servir pour la communion sous une seule espèce, et les exemples que nos théologiens ont rapportés contiennent des preuves si convaincantes de cet usage, qu'on ne peut disconvenir qu'il n'ait été pratiqué quand les occasions y ont engagé. Or on ne persuadera à personne que ce que l'Église a pratiqué alors ait été contre l'esprit et l'intention de Jésus-Christ, instituteur du sacrement de l'Eucharistie. L'Église donc a pu ordonner à l'égard des laïques, par plusieurs bonnes raisons, ce qui avait été pratiqué à l'égard des malades et à l'égard des enfants.

C'est encore un argument très-solide que celui qu'on tire de ce que l'ancienne Église a pratiqué à l'égard de ceux-ci, auxquels on a donné l'Eucharistie en Occident, aussi bien qu'en Orient, où cette coutume subsiste encore sans aucun changement. M. l'évêque de Meaux a exposé cette preuve dans toute sa force, et elle n'est pas seulement très-grande pour détruire tous les systèmes des protestants contre la doctrine de la présence réelle; elle ne prouve pas moins la communion sous une seule espèce; car cette petite fille dont parle S. Cyprien n'avait reçu que l'espèce du vin; et celui dont il parle au même lieu, qui, portant l'Eucharistie dans sa main, ne trouva que de la cendre, n'avait que celle du pain, avec laquelle il devait communier dans sa maison. De même, cette femme qui, ouvrant l'armoire où elle avait mis l'Eucharistie, en vit sortir du feu, n'avait reçu que le pain sacré. On a tout sujet de croire que lorsqu'on a commencé à donner la communion de la manière que les Grecs l'administrent, on a suivi une plus ancienne discipline qui n'était pas écrite, non plus que la plupart des autres cérémonies. Car on voit clairement par les canons du concile de Nicée que l'ancienne Église donnait la communion aux mourants, ce qu'on a supprimé dans la réforme; mais on ne trouve rien d'écrit touchant la manière dont elle était administrée. Ce serait donc une témérité de vouloir déterminer sans preuves ce qu'on pratiquait alors; mais il n'y en a pas moins à assurer qu'on ne pratiquait rien de semblable à ce que nous voyons observé dans les siècles suivants. C'est donc par la discipline et par la tradition que nous devons apprendre ce que l'Église faisait, et peu d'exemples suffisent pour nous le faire connaître, et pour établir en même temps des règles suivant lesquelles on puisse juger en quoi la discipline des Orientaux est conforme à celle de l'ancienne Église, et en quoi elle diffère. En même temps on peut reconnaître si cette même discipline a quelque conformité avec celle des protestants, et si elle est la suite d'une doctrine semblable à la leur, ou si elle a quelque rapport à celle des catholiques, et si elle vient des mêmes principes.

Nous trouvons donc d'abord qu'avant le concile de Nicée on a donné la communion aux malades, particulièrement aux mourants; non pas en célébrant les saints mystères dans leur maison, comme on le prescrit dans la Liturgie anglicane, mais en les leur portant. Les calvinistes ne font ni l'un ni l'autre, parce qu'ils ne croient pas que le pain et le vin deviennent le corps et le sang de Jésus-Christ, sinon lorsqu'on les reçoit avec foi, et dans l'assemblée. Ainsi ce qu'ils porteraient à un malade ne serait que du pain et du vin. Donc les anciens, qui ordonnent qu'on porte la communion aux malades, croyaient qu'elle était véritablement le corps et le sang de Jésus-Christ après la consécration qui en avait été faite. On voit aussi qu'ils portaient le pain consacré sans porter l'espèce du vin; ils croyaient donc que le pain était véritablement le corps et le sang de Jésus-Christ indépendamment de l'autre espèce. C'est encore ce que les protestants ne reconnaissent point.

Les anciens donnaient la communion aux enfants, et presque toujours sous une espèce; les protestants ne le font point, parce qu'ils ne pourraient le faire sans renoncer à leurs principes. De même on n'a jamais vu parmi eux que les plus dévots aient emporté l'Eucharistie dans leurs maisons pour communier en particulier. Mais les anciens chrétiens le faisaient ordinairement, et ce qu'ils emportaient était la seule espèce du pain consacré, qui était envoyée de même aux anachorètes, que S. Satyre avait avec lui dans un vaisseau, sainte Gorgonie dans sa maison, ainsi que ces autres dont il est parlé dans S. Cyprien. Ils croyaient donc que ce pain était véritablement l'Eucharistie, c'est-à-dire le corps et le sang de Jésus-Christ. Voilà ce qui regarde la plus haute antiquité, dans laquelle on ne remarque rien de ce qui a été pratiqué à cet égard dans le moyen-âge; mais seulement une grande attention afin que le Saint-Sacrement ne fût pas profané, ni traité d'une manière indécente.

On a déjà marqué que par ce motif de religion et de respect pour les choses sacrées l'usage s'introduisit de communier les laïques, non plus en leur donnant le calice, mais avec une cuiller, dont les Grecs et les Orientaux se servent encore. Ils n'ont pas pris cette coutume des Latins, qui n'ont jamais eu de pareille pratique; mais comme elle est commune à tous les Orientaux, il faut qu'elle soit plus ancienne que les schismes des nestoriens et des jacobites. Elle est contraire à l'institution de Jésus-Christ, suivant les principes des protestants, non seulement parce qu'il n'en est pas parlé dans l'Écriture sainte, et qu'on n'en trouve pas l'origine certaine dans la tradition, mais aussi parce que recevoir une goutte de vin dans une cuiller, n'est pas boire le calice du Seigneur; encore moins recevoir une très-petite particule trempée, qui est la manière dont les Grecs et les Orientaux administrent la communion aux laïques. Il ne paraît pas néanmoins que les uns ni les autres aient eu sur cela le moindre scrupule, ni que les laïques se soient plaints des ecclésiastiques; et on n'en peut imaginer aucune raison, sinon que tous étaient persuadés qu'on recevait également l'Eucharistie entière selon son institution, quoique actuellement on ne reçût pas le calice. En même temps on ne peut disconvenir que ceux qui établirent l'usage de communier de cette manière, et ceux qui s'y soumirent sans difficulté, étaient persuadés que l'effusion du calice était un grand mal et un sacrilège, puisqu'ils l'évitaient avec tant de soin. Ils avaient donc déjà dans l'esprit quelque pensée semblable, ou plutôt la même qu'ont eue les catholiques.

quand ils ont fait une loi générale à l'égard des laïques, de ce qui était une loi particulière lorsqu'on craignait l'effusion du calice; et par conséquent la doctrine de la présence réelle subsistait avant que la discipline fût changée sur cet article.

Si les anciens chrétiens, orthodoxes ou hérétiques, du nombre de ceux qui se séparèrent de l'Église après les conciles d'Éphèse et de Calcédoine, avaient cru ce que les protestants enseignent touchant la nécessité du calice, il aurait été impossible que quelqu'un ne se fût pas élevé contre une nouveauté telle que celle-là, et que les premiers n'eussent réformé ce qu'ils auraient regardé comme un abus. Cependant on ne voit pas dans toute l'antiquité que lorsqu'on portait l'Eucharistie aux malades sous la seule espèce du pain, personne ait douté qu'on ne leur donnât le véritable corps de Jésus-Christ; et comme le concile d'Éphèse avait expliqué que ce corps reçu par les fidèles dans les saints mystères était le corps vivant et vivifiant, non pas seulement de l'homme Jésus, né de Marie, mais de l'Homme-Dieu, on ne doutait pas que celui qui recevait son corps ne reçût aussi son sang. C'est pourquoi personne n'était scandalisé de ce qu'on donnait quelquefois la communion sous une seule espèce, qu'on l'emportait ainsi dans la maison, et qu'on l'envoyait aux absents, aux anachorètes et aux malades. L'abbé Zozyme n'eut aucun scrupule de la porter ainsi à sainte Marie-Égyptienne, non plus que ceux qui rendirent le même office de charité chrétienne à d'autres saints qui passaient leur vie dans les déserts, et personne ne les en a blâmés.

Il paraît aussi que la coutume de donner la communion avec une cuiller s'établit sans contradiction, puisque ce n'a été que plusieurs siècles après, lorsque les disputes furent portées à l'excès entre les Grecs et les Latins, que quelques-uns y ont trouvé à redire. On ne croyait donc pas dans tout l'Orient que boire le calice fût une nécessité absolue pour l'intégrité du sacrement. De même en Occident on introduisit la coutume qui subsiste encore à Rome dans la messe solennelle, lorsque le pape célèbre pontificalement, de prendre le vin consacré avec un chalumeau d'or, ainsi qu'on fait encore dans les églises anciennes, où la communion sous les deux espèces est conservée pour le diacre et le sous-diacre, comme à Saint-Denis et à Cluny.

C'est une très-ancienne cérémonie de rompre une particule de l'hostie consacrée et de la mettre dans le calice; et une preuve très-certaine de son antiquité est qu'on n'en sait pas l'origine, sinon qu'elle est fondée sur une tradition immémoriale, et que toutes les églises l'observent en Orient comme en Occident; ce qui n'a pas empêché les protestants de l'abolir comme toutes les autres. Les Grecs l'appellent la *sainte union*, ἁγία ἕνωσις, ce qu'ils entendent du corps de Jésus-Christ avec son sang. Cela n'a aucun rapport à la première institution, et n'est pas fondé sur l'Écriture sainte. Les autres particules de l'Eucharistie, qui servaient à communier les prêtres, n'avaient pas été unies de cette manière avec l'espèce du vin; elle n'était donc pas nécessaire à ceux auxquels on donnait le calice. Cependant elle s'est pratiquée partout; mais en sorte qu'on ne la croyait pas de nécessité absolue pour l'intégrité du sacrement. Les Grecs et la plupart des Orientaux font cette union doublement; parce que, outre la particule qui est mise dans le calice, ils prennent avec la cuiller quelques gouttes de vin consacré et les mettent sur le pain qui est dans le disque. On peut croire que la première cérémonie est fort ancienne, puisque les nestoriens et les jacobites la pratiquent comme les Grecs.

L'intention de ceux qui l'observent a été et est encore de montrer ainsi l'unité du sacrement, qui représente celle du corps et du sang de Jésus-Christ, dont il est un sacrifice et une oblation réelle, qui fait connaître aux chrétiens cette vérité, exprimée dans une formule de confession de foi que les jacobites syriens font avant la communion en ces termes : *Je crois que c'est là le corps de ce sang, et le sang de ce corps*. Le calice, outre la représentation de l'action que fit Jésus-Christ, signifie encore l'effusion du sang qu'il a répandu pour notre salut. Le mystère subsiste, et il est conservé selon ces deux parties dans la consécration qui se fait séparément du pain et du vin, ce qui suffit pour l'intégrité du sacrement, et pour accomplir le précepte qu'il donna aux apôtres de faire en mémoire de lui ce qu'il avait fait. C'est aussi ce qui a toujours été observé sans variation dans toutes les églises; mais la distribution des dons consacrés n'a pas toujours été faite de la même manière. Jésus-Christ rompit le pain et le distribua aux apôtres; ils le reçurent apparemment dans la main, puisque cette pratique se trouve la plus ancienne, qu'elle a subsisté très-longtemps, et qu'il en reste encore des vestiges en Orient.

Cette coutume a duré beaucoup de temps après que les Grecs ont introduit la cuiller, et par conséquent après la communion par intinction, qui a été en usage en plusieurs églises d'Occident, et qui n'avait pas été approuvée en d'autres; de sorte même que quelques-uns la condamnèrent, peut-être avec trop de sévérité. Au moins on ne la peut condamner dans ceux qui la pratiquent encore, puisque dans les réunions qui se sont faites avec les Grecs, on ne les a pas obligés à changer cette coutume. Mais ceux qui, à l'exemple de Mélèce Piga, prétendent que l'intinction ou le mélange des deux espèces est d'une nécessité si absolue, que l'on ne peut l'omettre sans pécher contre l'institution de Jésus-Christ, se trompent assurément. Aussi il est aisé de reconnaître que tout ce qu'il a écrit sur ce sujet est plutôt un effet de son aversion pour les Latins qu'une suite d'aucun système théologique fondé dans l'antiquité, comme nous ferons voir ci-après.

Il résulte donc de ce qui a été dit jusqu'à présent, que l'ancienne Église a connu et a pratiqué la communion sous une espèce en plusieurs circonstances, croyant que ce qui était reçu sous l'une ou sous l'autre était véritablement le corps et le sang de Jésus-Christ. Que l'église grecque, suivie en cela par toutes les orientales orthodoxes ou hérétiques, a communément retranché le calice aux laïques, il y a plus de douze cents ans, sans que ce changement ait produit aucun trouble, ni au dedans, ni au dehors. Que la principale raison qui a déterminé les églises à ce changement, a été qu'elles étaient également persuadées que Jésus-Christ était réellement présent sous l'une et sous l'autre espèce, et qu'on a eu en vue d'éviter le péril de la profanation. Que les objections des protestants contre l'usage présent de l'Église romaine combattent autant celui des Grecs, particulièrement en ce qui regarde la communion réservée pour les malades ; puisque cette discipline n'est fondée que sur la tradition de l'église grecque, et que cette même tradition a une origine beaucoup plus récente que la communion sous une seule espèce. Enfin, quoique les ministres supposent que l'opinion de la présence réelle a produit le retranchement du calice, et n'est guère plus ancienne, on reconnait clairement que le calice n'a pas été retranché parmi les Grecs et les Orientaux à l'égard des prêtres, et autres ecclésiastiques qui communient à l'autel, quoiqu'on l'ait retranché aux laïques long-temps avant les époques du prétendu changement de doctrine que les protestants ont imaginé ; que les précautions contre l'effusion des saints mystères sont beaucoup plus anciennes que le retranchement du calice, dont même l'usage a été conservé en plusieurs églises depuis les règles établies pour ces précautions. De toutes ces propositions il s'ensuit que l'Église a pu établir une loi générale conforme à ce qu'elle avait pratiqué en plusieurs cas particuliers, sans détruire le précepte et l'institution de Jésus-Christ.

CHAPITRE II.

On fait voir que dans l'ancienne Église la communion sous une seule espèce a été pratiquée en plusieurs occasions.

Les catholiques qui ont le mieux écrit touchant la communion sous les deux espèces, et en particulier feu M. Bossuet, évêque de Meaux, ne sont pas tombés dans un aussi grand inconvénient que ceux qui du temps du concile de Constance disputèrent contre les Bohémiens, et même que quelques-uns qui, ayant écrit plus d'un siècle après, ne devaient pas défendre la vérité de la doctrine de l'Église en supposant des choses entièrement fausses. Ainsi Jean de Raguse s'acquitta fort mal de la commission qu'il avait reçue, lorsqu'il avança que Nestorius avait introduit la communion sous les deux espèces ; et ce qui est le plus étonnant, le cardinal Osius, homme savant pour le temps dans lequel il écrivait, tomba dans la même erreur de fait, qui est si grossière, qu'on a peine à comprendre que des personnes qui avaient quelque teinture de l'histoire ecclésiastique aient pu y tomber. Il faut l'ignorer entièrement, et n'avoir pas la moindre connaissance de l'ancienne discipline, pour ne pas reconnaître que la pratique ordinaire et universelle était autrefois de donner le calice aux laïques, après leur avoir donné le pain consacré, ce qui est établi non seulement sur l'autorité des Pères et des anciens canons, mais sur la discipline constante de plusieurs siècles. Cela n'empêche pas qu'en même temps qu'elle subsistait en Orient et en Occident il n'y eut plusieurs occasions où on ne donnât la communion sous une seule espèce, sans que personne reprochât à ceux qui s'éloignaient en cela de la règle commune, qu'ils renversaient l'institution de Jésus-Christ, et qu'ils ne donnaient que la moitié du sacrement ; enfin sans que personne doutât que ceux qui recevaient les saints mystères en cette manière ne reçussent le corps et le sang de Jésus-Christ, de même que ceux qui participaient aux deux espèces.

On a allégué, dès le commencement des disputes avec les protestants, la règle établie par le concile de Nicée pour la communion des malades, et on voit qu'elle a été pratiquée de tout temps en Orient aussi bien qu'en Occident. L'histoire ecclésiastique fournit l'exemple de Sérapion, et nos théologiens en ont conclu qu'on lui avait envoyé l'Eucharistie sous la seule espèce du pain, ce qui paraît indubitable par les circonstances du récit qu'en fait Eusèbe. On trouve aussi dans la plus haute antiquité la coutume établie parmi les chrétiens d'emporter l'Eucharistie dans leurs maisons où ils la conservaient avec révérence, pour la prendre en particulier ; quelques exemples de ceux qui la portaient en secret aux martyrs dans la prison ; celui de sainte Gorgonie et de S. Satyre ; la coutume de l'envoyer aux anachorètes, et, dans le septième siècle, l'exemple de l'abbé Zozyme qui la porta dans le désert à sainte Marie-Égyptienne.

Georges Calixte, fameux théologien luthérien, a prétendu répondre à ces preuves par un traité exprès imprimé à Helmstadt en 1640. C'est de cet ouvrage que les protestants du dernier siècle ont tiré leurs principaux arguments, et quelques Français qui ont écrit de nos jours n'ont fait que le copier. M. l'évêque de Meaux en a suffisamment montré la faiblesse, et avant lui Nihusius avait ramassé plusieurs mémoires dont la plupart lui avaient été fournis par Allatius, le P. Goar et d'autres savants de ce temps-là, qui éclaircissent beaucoup la matière. Tout ce que disent les ministres se réduit à donner des interprétations du peu d'exemples qu'on trouve dans l'antiquité pour les tourner à leur sens.

Ainsi quoique Eusèbe dise expressément qu'on donna à un jeune garçon petit-fils de Sérapion, une particule de l'Eucharistie, avec ordre de la détremper dans quelque liqueur afin que le vieillard pût l'avaler, les ministres entreprennent de prouver qu'il la reçut sous les deux espèces. Il n'est pas ici question de subtilités ni de raisonnements, mais d'un fait attesté par S. Denis d'Alexandrie dans sa lettre à Fabius, évêque d'Antioche, dont Eusèbe (Hist. l. 6, c. 44, p. 200, ed. Vales.) rapporte les propres paroles, qui se trouvent de même rapportées par Nicéphore (l. 6, c. 6). Sérapion était à l'extrémité, et ne voulant pas

Ionique, ont voulu trouver quelque défaut dans celle dont se sert l'Église latine, se sont trompés, s'abandonnant trop à leur haine contre les Latins : car les Orientaux, qui n'ont pris aucune part à ces disputes, ont employé indifféremment l'une et l'autre forme : *Un tel est baptisé*, ou celle-ci : *Je te baptise*. C'est ainsi que la prononcent les Cophtes, comme il paraît par le Rituel du patriarche Gabriel, Ebnassal, Abulbircat et les autres; et les Éthiopiens la suivent pareillement. Les Syriens ont aussi un autre office dans lequel ils disent : *Je te baptise, un tel, pour être agneau dans le troupeau de Jésus-Christ, au nom du Père*, etc., ce qui se trouve prescrit dans les mêmes termes en un office abrégé qui doit servir pour les enfants en péril de mort.

Nous parlerons de l'onction avec le chrême, qui est le sacrement de confirmation; et si les Grecs aussi bien que tous les autres chrétiens d'Orient le donnent en même temps que le baptême par le ministère des prêtres, cela ne fait aucune différence essentielle entre eux et l'Église catholique. Tout consiste en un point de discipline, qui a varié en ce qui regarde le ministre et le temps de faire cette cérémonie sacrée, mais non pas pour la rejeter comme une superstition inutile et dangereuse, ainsi qu'ont fait les protestants, même les Anglais, qui, ayant retenu l'imposition des mains par l'évêque, ont retranché l'onction, sous prétexte qu'elle n'est pas marquée dans l'Écriture sainte, mais sans la condamner (1). Ils n'ont pas non plus approuvé dans les Grecs la pratique de donner la communion aux enfants incontinent après le baptême, parce que rien n'est plus directement opposé à leurs principes touchant les sacrements en général, et l'Eucharistie en particulier. Jérémie le réfute sur cet article aussi bien que sur tous les autres, et l'usage de toutes les églises d'Orient le justifie suffisamment.

Nous ne parlerons point de plusieurs moindres cérémonies qui accompagnent les principales que nous avons rapportées, et qui font voir que c'est sans aucune raison qu'elles ont été traitées par les premiers réformateurs comme des abus et des innovations de l'Église romaine, puisqu'elles se trouvent également observées par les Grecs et par tous les chrétiens orientaux, qui n'ont eu depuis plus de douze cents ans aucun commerce avec les Latins. Ce sont le signe de la croix tant de fois réitéré dans toute la suite de ces cérémonies, le souffle sur les eaux et sur l'huile, les onctions, enfin toutes les autres pratiques religieuses, que les réformateurs ont rejetées, *lesquelles*, disent-ils (Man. d'administ. le bapt.; formulæ Scoticæ, etc.), *nous ne nions pas avoir été fort anciennes. Mais pour ce qu'elles ont été inventées à plaisir, ou pour le moins par quelque considération légère; quoi qu'il soit, puisqu'elles ont été forgées sans la parole de Dieu, d'autre part, vu que tant de superstitions en sont sorties, nous n'avons point fait difficulté de les abolir.* Voilà comme parlaient nos calvinistes; au lieu que les Grecs et les Orientaux croient, aussi bien que S. Basile et les plus anciens Pères, qu'elles sont de tradition apostolique. Or on ne dira jamais sans blasphème que ce qui a été observé de toute antiquité dans les églises séparées de langues et de mœurs, et qui s'y est conservé comme propre à l'édification des fidèles, et utile pour leur faire comprendre la dignité du sacrement de baptême, soit *forgé sans la parole de Dieu*, si ce n'est par un enchaînement de conclusions tirées d'un principe que les Grecs et les Orientaux ne condamnent pas moins que les catholiques.

Ce qui a été dit jusqu'ici fait assez voir que Mélèce Syrigus, dont nous avons rapporté les paroles, a remarqué avec beaucoup de raison que les calvinistes reconnaissant le baptême comme un sacrement l'anéantissent par les fausses interprétations qu'ils donnent à plusieurs passages, et par les erreurs dont il fait une ample énumération, disant qu'il n'est pas nécessaire pour le salut des enfants des chrétiens. Rien en effet n'est plus vrai que cette remarque : ils parlent du baptême avec respect; ils le reconnaissent pour un véritable sacrement, marqué dans l'Écriture sainte, aussi bien que dans le Symbole, et cependant ce qu'ils en croient n'est rien moins que ce qu'en croient les Grecs et tous les Orientaux.

Ceux-ci, comme il a été prouvé, croient que le baptême est absolument nécessaire au salut, même pour les enfants, qui sont regardés comme enfants de colère et exclus du royaume des cieux, s'ils ne reçoivent le sacrement de régénération. Les protestants, particulièrement les calvinistes, ne croient pas que les enfants aient besoin du baptême pour entrer dans le royaume des cieux; supposant que les enfants des fidèles sont sanctifiés dès le ventre de leur mère.

Ainsi ils entendent l'Écriture sainte autrement que ne font les Grecs et les Orientaux; ils ont introduit une distinction toute nouvelle du royaume de Dieu et du royaume des cieux, inconnue aux anciens Pères grecs et latins, aussi bien qu'à tous les théologiens orientaux. Ils interprètent de même les paroles de S. Paul : *Filii vestri immundi essent, nunc autem sancti sunt*, tout autrement qu'elles ne sont entendues par les chrétiens de ces pays-là. La négligence des pères et des mères ou des prêtres qui laissent mourir les enfants sans baptême, est regardée comme un grand crime, et punie par des pénitences rigoureuses; les calvinistes n'y font pas la moindre attention. Les Orientaux ordonnent que les enfants en péril de mort soient baptisés dans l'instant; les calvinistes attendent un jour de prêche.

Les Orientaux pratiquent toutes les cérémonies que les catholiques emploient dans l'administration du baptême; les calvinistes les ont toutes retranchées, et les condamnent comme magiques et superstitieuses

---

(1) *Consignent liberé per nos licet, Latini, Græcique inungant liniantque, quibus id moris est, nihil certè culpamus, qui interim antiquæ simplicitati, et salubrium cæremoniarum paucitati inhærentes, solâ manûs episcopalis impositione, et benedictione neophytos nostros stabilimus*. Hammond., *de Confirm.*, pag. 42.

(Vingt-cinq.)

Tous croient que les paroles, c'est-à-dire la forme par laquelle on baptise au nom de la sainte Trinité, Père, Fils et S.-Esprit, opèrent le sacrement; les calvinistes prononcent à la vérité ces paroles, mais sans croire qu'elles aient aucune vertu, appelant parole un sermon que fait leur ministre, bien différent des exhortations qui se trouvent dans les livres grecs et orientaux, puisque celles-ci tendent toutes à faire connaître la nécessité absolue du baptême pour délivrer les enfants de la malédiction d'Adam et du péché originel, et son efficace à produire la grâce et la sanctification de ceux qui le reçoivent, au lieu que le sermon qui précède ordinairement le baptême des calvinistes, et le catéchisme des enfants, contiennent une doctrine directement contraire à celle des Orientaux; et ils ne pourraient l'entendre qu'avec horreur.

Les calvinistes ne mettent aucune différence entre le baptême de S. Jean et celui de la nouvelle loi, ce qui est contraire à l'Écriture et à tout ce que les anciens Pères ont enseigné; puisque, comme a dit S. Augustin en plusieurs endroits, disputant contre les donatistes, on a baptisé ceux qui avaient reçu le baptême de S. Jean, et jamais ceux qui avaient reçu le baptême de Jésus-Christ, même par les mains de ceux qui étaient chargés de crimes, ce qui est conforme à la doctrine commune de tous les Pères. Les Orientaux en parlent de même, et en expliquant la différence des baptêmes, c'est-à-dire des sens dans lesquels ce mot était employé dans la sainte Écriture, ils mettent le baptême de S. Jean comme étant un baptême de pénitence qui préparait à celui de Jésus-Christ, mais qui n'était pas le même. On pourrait rapporter à cette occasion plusieurs passages des théologiens orientaux; mais il suffira d'en marquer un seul, dont la réputation est grande parmi les jacobites; c'est Denis Barsalibi, métropolitain d'Amid, dans son commentaire sur l'Évangile de S. Matthieu. *Le quatrième baptême*, dit-il, *est celui de S. Jean par l'eau et pour la pénitence, qui était véritablement plus excellent que celui des Juifs, mais inférieur au nôtre. Car, comme il a été prouvé ci-devant, le Saint-Esprit n'y était pas donné, ni la rémission des péchés, et S. Paul baptisa ceux qui avaient reçu ce baptême. Il était donc comme un pont par lequel on passait du baptême mosaïque au nôtre, et il ne produisait pas seulement une purification corporelle, mais il était comme une promesse de renoncer aux péchés, et de faire des fruits dignes de pénitence. Le cinquième baptême est celui que Jésus-Christ nous a donné, qui est parfait, rempli de grâces, et qui produit l'adoption des enfants et la rémission des péchés, et qui donne le Saint-Esprit.* Les autres théologiens orthodoxes, jacobites ou nestoriens, parlent de la même manière.

Les Grecs et les Orientaux croient l'eau absolument nécessaire; les calvinistes croient qu'on s'en peut passer; et au lieu que l'attention de toutes les églises a été de représenter la mort et la sépulture de Jésus-Christ par l'immersion réitérée trois fois, *consepulti enim estis per baptismum in mortem*, et qu'à cette occasion il y a eu des disputes assez vives pour déterminer s'il suffisait de verser de l'eau sur la tête de ceux qu'on baptisait, les protestants ne s'en sont pas mis fort en peine. En plusieurs endroits, au commencement de la réforme, on avait conservé l'immersion, ce qui paraît par la première Liturgie anglicane imprimée sous Édouard VI en 1549, où il est marqué qu'elle se fera trois fois; ce qui n'est pas marqué dans la seconde, mais seulement que le prêtre plongera l'enfant, ce qui a été conservé dans celle qui a été publiée depuis le rétablissement de Charles II. On y a aussi conservé le signe de la croix, mais l'onction qui se trouvait dans les premiers temps a été depuis abolie. Les calvinistes n'ont conservé presque rien de ces anciens usages que les autres ont respectés, et même communément, les presbytériens en Écosse ne font ni l'immersion ni l'infusion de l'eau sur ceux qu'ils baptisent, mais on apporte un bassin plein d'eau, dans lequel le ministre trempe le bout de ses doigts, ou en prend un peu dans le creux de sa main, et en frotte le front de l'enfant. On est très-assuré que les Grecs et les Orientaux n'approuveraient pas un tel baptême (1).

Personne n'ignore la difficulté avec laquelle les protestants soutiennent contre les anabaptistes qu'il faut baptiser les enfants, et les Grecs et les Orientaux n'en ont jamais eu aucune sur ce sujet, ce qui est une preuve certaine de la différence de leur doctrine.

Les Grecs et les Orientaux ont le baptême sous condition, ce qui est une nouvelle preuve qu'ils le croient nécessaire au salut; les calvinistes ne le connaissent point. Si l'église anglicane l'a conservé, elle a eu plus d'égard à l'antiquité qu'aux principes fondamentaux de la réforme.

Les offices de l'administration du baptême, selon les Grecs et les Orientaux, conviennent en tout ce qu'il y a non seulement d'essentiel, mais de cérémonies principales, avec l'Église latine. Ceux des calvinistes ne s'accordent ni avec les uns ni avec les autres.

Il faut donc conclure que les calvinistes, et même tous les protestants, ne peuvent dire qu'ils soient d'accord avec les églises grecques et orientales pour ce qui regarde le baptême, sinon en ce que celui qu'ils administrent étant au nom du Père, et du Fils, et du Saint-Esprit, et dans la confession orthodoxe de la Trinité, il est reçu comme valide, de même que celui des hérétiques qui n'ont aucune erreur sur cet article, et qui suivent la forme de l'Église; mais pour le fond de la doctrine, il n'y a rien de commun entre celle des Orientaux et celle des protestants.

CHAPITRE XI.
De la confirmation selon les Grecs et les Orientaux.

Ceux qui ont cru sur le témoignage de Cyrille Lucar,

---

(1) He taketh water in his hands and layeth it upon the childs forehead. (*Form. du bapt. de Knox*, p. 25, ed. 1561.)

que les Grecs ne connaissaient pas le sacrement de confirmation, ont fait voir qu'ils n'avaient pas la première connaissance de la doctrine ni de la discipline de l'église grecque. Elle a toujours enseigné et pratiqué l'onction faite avec le chrême sur le front des nouveaux baptisés, avec le signe de la croix, comme une cérémonie sacrée d'institution divine, conservée par la tradition apostolique, et par laquelle les néophytes reçoivent le Saint-Esprit, de la même manière que les premiers chrétiens le recevaient par l'imposition des mains des apôtres et de leurs disciples. Les Grecs l'appellent μύρον, et les Syriens, Cophtes, Éthiopiens et autres se servent communément du même mot. Cela ne les empêche pas d'approuver celui de confirmation, que quelques modernes ont exprimé assez improprement par celui de στερίωσις. Grégoire protosyncelle s'en sert comme des autres. Les théologiens ont marqué que les effets miraculeux qui l'accompagnaient alors n'étaient pas la seule grâce que produisait le sacrement; et que la grâce véritable ou sacramentelle était le don du Saint-Esprit, pour fortifier les chrétiens dans la foi. Avant le concile de Florence, Siméon de Thessalonique avait enseigné très-clairement que le myron ou le saint chrême était un des sept sacrements de l'Église. En ce concile il n'y eut sur ce sujet aucune contestation entre les Grecs et les Latins : Jérémie, Gabriel de Philadelphie, Mélèce Piga et tous les autres qui ont écrit des sacrements, ont parlé de même. Ce n'était pas une raison suffisante à plusieurs de nos auteurs pour accuser les Grecs et les Orientaux de n'avoir pas ce sacrement que la diversité du nom, puisque, comme ceux-ci se sont servis du mot de myron, les Latins ont de même employé celui de chrême et de chrismation; et qu'ils ont aussi souvent fait usage du mot de confirmer, pour signifier la communion, que pour la chrismation, rien n'étant plus fréquent dans les anciens Rituels que cette manière de parler : Confirmetur corpore et sanguine Domini.

Les Grecs ne sont donc pas plus d'accord avec les protestants sur ce point de religion et de discipline, que sur tous ceux qu'ils ont pris pour prétexte de leur séparation de l'Église catholique; et Cyrille était un imposteur lorsqu'il osait assurer que l'église grecque ne connaissait pas ce sacrement. Il fallait qu'il eût bien mauvaise opinion de la capacité de ceux auxquels il donna sa Confession, pour leur affirmer une fausseté qu'on reconnaissait à l'ouverture de tous les livres qui ont autorité parmi les Grecs.

D'abord en ouvrant l'Eucologe, on trouve avec l'office du baptême celui de la confirmation, sur lequel il n'y a aucune variation entre les livres manuscrits anciens et les modernes dans ce qu'il y a d'essentiel. Ils appellent ce sacrement μύρον, à cause de l'onction qui se fait avec le chrême ou l'huile odoriférante, qu'ils préparent avec beaucoup de soin, et que les seuls évêques peuvent bénir; même dans presque tout l'Orient ce droit est réservé aux patriarches.

Siméon de Thessalonique, dont les ouvrages ont une entière autorité parmi les Grecs, après avoir expliqué les principales cérémonies du baptême, dit ces paroles : Ensuite (le prêtre ou l'évêque) oint celui qui a été baptisé avec le saint chrême ou μύρον, qui n'est pas seulement de l'huile, mais un composé de toutes sortes de parfums précieux, qui représente symboliquement la grande puissance et la variété des opérations et des dons du Saint-Esprit, et la bonne odeur de sa sainteté. On nous le donne aussi comme le signe et le sceau de Jésus-Christ, parce qu'il est appelé Christ, à cause qu'il a eu en lui corporellement toute la puissance du Saint-Esprit qu'il a reçue du Père. C'est ce que dit Isaïe dans ces paroles : « L'esprit du Seigneur est sur moi, et pour cela il m'a oint; » et par la grâce que nous recevons de lui dans le chrême, nous sommes appelés chrétiens, et même les CHRISTS DU SEIGNEUR; car il ne dédaigne pas de nous communiquer ce nom...... L'évêque en faisant l'onction sur le nouveau baptisé dit : « Le sceau du don du Saint-Esprit, Amen », marquant par ces paroles, que l'onction est signe de Jésus-Christ, parce qu'elle se fait en forme de croix sur celui qui la reçoit, et qu'elle lui donne le don du Saint-Esprit.

Le même, par la disposition perpétuelle dans laquelle il était de ne rien pardonner aux Latins, trouve à redire qu'on ne donne pas parmi nous la confirmation incontinent après le baptême. Comme il est, dit-il, nécessaire d'être baptisé, il l'est aussi de recevoir l'onction avec le chrême. C'est pourquoi Pierre et Jean imposèrent les mains à ceux qui avaient été baptisés par Philippe, comme n'ayant reçu que le baptême, et ils recevaient le Saint-Esprit, ce qui est la même chose que la confirmation. Car l'imposition des mains conférait ce sacrement, comme l'ont fait les apôtres, et plusieurs autres pour leur ministère. Alors l'imposition des mains était en usage, au lieu de laquelle on se sert présentement de l'huile sanctifiée qu'on appelle μετὰ μύρον ou le grand chrême, consacrée non par les prêtres, mais par les saintes prières et par les bénédictions des patriarches et des évêques revêtus de la puissance de Pierre et de Jean; et ce chrême, étant envoyé aux extrémités de la terre, a la même vertu que l'imposition des mains. Il est nécessaire que tout fidèle soit marqué de ce sceau dans le baptême, afin que l'ayant reçu, il l'ait parfait et accompli en lui-même en toute manière. Car si le Sauveur ayant été baptisé a reçu le Saint-Esprit, et si ceux qui avaient été baptisés par Philippe l'ont reçu par l'imposition des mains de Pierre et de Jean, afin qu'ils ne demeurassent pas imparfaits, et sans avoir reçu le sceau du Saint-Esprit, ceux qui sont baptisés doivent aussi recevoir l'onction du chrême dans le baptême, et ne pas demeurer, comme les enfants des Latins et de quelques autres, imparfaits, et sans avoir reçu ce sceau, manquant à recevoir la grâce du Saint-Esprit, n'étant pas marqués de la marque de Jésus-Christ. Car le chrême est le sceau de Jésus-Christ dans le Saint-Esprit; et lorsque le prêtre fait l'onction avec le chrême, il dit à haute voix : Le sceau du don du Saint-Esprit. Amen. Celui donc qui ne le reçoit pas n'a ni la grâce ni la marque ou le sceau de Jésus-Christ. Le chrême au reste n'est pas seulement de l'huile; elle doit être consacrée à l'autel par les évêques, qui ont la puissance des apôtres, ou plutôt celle de Jésus-Christ.

On peut juger par ces paroles que tout ce que l'Église latine croit du sacrement de confirmation, Siméon le dit du *myron* ou chrême, et qu'il reconnaît qu'il produit une grâce sacramentelle distincte de celle du baptême. C'est aussi ce qu'a enseigné le patriarche Jérémie (Resp. 1, p. 78, p. 239). *Le chrême*, dit-il, *imprime le premier sceau, confirme la ressemblance et l'image de Dieu dans l'âme, et lui donne la force que nous avions perdue par notre désobéissance.* Il en parle plus au long dans sa seconde Réponse, où il renvoie à ce qu'en a écrit Siméon de Thessalonique. Gabriel de Philadelphie en parle de même, mettant le myron au nombre des sacrements de la nouvelle loi. Grégoire protosyncelle, conformément à la doctrine de Georges Coressius, établit la même vérité. Voici comme il en parle : *Après le baptême suit le second sacrement, qui est appelé* μύρον, βεβαίωσις, *confirmation, et le signe ou le sceau. Le premier nom lui a été donné parce qu'il embaume, pour ainsi dire, et qu'il parfume les baptisés, de sorte qu'ils deviennent la bonne odeur de Jésus-Christ, comme dit S. Paul. Il est appelé* σφραγίς, *sceau ou signal, parce qu'il marque l'âme de celui qui est baptisé, et le distingue de ceux qui ne le sont pas, comme fait un pasteur qui marque ses brebis pour les séparer de celles qui ne lui appartiennent pas. Par cette raison le prêtre, lorsqu'il fait l'onction sur le front et les autres parties du corps de celui qui a été baptisé, dit ces paroles : Signe ou sceau du don du Saint-Esprit ; c'est-à-dire, que c'est là un sceau et un don du Saint-Esprit, selon ce que S. Jean dit dans l'Apocalypse, qu'il vit ce signe sur le front des hommes. On l'appelle* χρίσμα *ou onction, à cause de la coutume que les prophètes avaient d'oindre les rois, comme fit le prophète Samuël à l'égard de David ; de même les prêtres et les prophètes. La coutume est établie parmi nous de faire cette onction avec le chrême sur celui qui a été baptisé ; et si l'autre était particulière, celle-ci est générale parmi nous autres chrétiens de donner l'onction véritable et spirituelle, qui est le Saint-Esprit, par lequel a été oint le véritable Messie, comme dit le prophète. On l'appelle aussi confirmation, parce que le baptême est donné pour la rémission des péchés ; et cette onction est donnée afin de fortifier et de conserver ce baptême, en augmentant la grâce, afin que celui qui a été baptisé ait la force de résister à trois ennemis, la chair, le diable et le monde. Le Saint-Esprit encourage l'homme à soutenir les tentations. Le prêtre fait le signe de la croix sur le front et sur les autres membres du corps du nouveau baptisé, afin qu'il n'ait pas honte de la croix de Jésus-Christ, mais qu'il se glorifie d'être chrétien. En second lieu, par ce sacrement le Saint-Esprit vient en nous, et sanctifie notre âme par le moyen de l'onction du saint chrême, et puis nous allons au combat, selon que Jésus-Christ nous a montré par son exemple parce qu'il fut premièrement baptisé, puis le Saint-Esprit descendit sur lui, puis il fut tenté dans le désert.*

Grégoire prouve ensuite que la confirmation est un sacrement par des passages de S. Denis, des Catéchèses de S. Cyrille de Jérusalem, de S. Basile et des Constitutions apostoliques, livres dont l'autorité est sacrée parmi les Orientaux. Mélétius Syrigus, dans la Réfutation de Cyrille, et ensuite la Confession orthodoxe, confirmée par l'autorité de deux synodes, et approuvée par toute l'église grecque, n'ont pas parlé autrement. Voici ses paroles : *Le second sacrement est l'huile sacrée de l'onction, qui commença dans le temps que le Saint-Esprit descendit sur les apôtres, les scellant de sa sainte grâce, afin qu'ils prêchassent fermement et continuellement la foi de Jésus-Christ ; et les baptisés ont besoin de ce secours. Or de même qu'autrefois le Saint-Esprit descendit sur les apôtres en forme de feu, et qu'il répandit ses dons sur eux, de même présentement lorsque le prêtre fait l'onction sur celui qui a été baptisé avec le saint chrême, les dons du Saint-Esprit sont répandus sur lui, ce qui paraît manifestement par les paroles que le prêtre doit prononcer pour opérer ce Sacrement : « Le sceau du don du Saint-Esprit, Amen ; » qui sont de même que s'il disait : « Par l'onction de ce saint chrême vous êtes scellé et confirmé dans les dons du Saint-Esprit, que vous recevez pour la confirmation de la foi chrétienne que vous professez.... »* Cette onction du saint chrême, ou, pour mieux dire, l'effet de cette onction, se faisait du temps des apôtres par l'imposition des mains. C'est pourquoi l'Écriture dit : « *Ils leur imposaient les mains, et ils recevaient le Saint-Esprit ;* » et elle s'est faite depuis par l'onction avec le saint chrême, comme l'enseigne S. Denis Aréopagiste, disciple de S. Paul.

Tous les autres théologiens se servent de la même autorité ; non pas qu'ils aient appris des livres attribués à S. Denis la doctrine qui regarde la confirmation, mais parce qu'elle était commune dans l'Église avant que les anciennes sectes s'en séparassent. Au reste, il ne faut pas s'étonner que tous les Orientaux citent ces livres avec éloge, particulièrement les jacobites. La critique leur manque ; mais ils ont toujours reçu les ouvrages des anciens avec estime, lorsqu'ils y ont trouvé la doctrine des temps apostoliques ; et comme on remarque qu'avant la conférence tenue à Constantinople en 533, entre les catholiques et les acéphales, on n'avait pas cité les ouvrages de S. Denis, et que ces hérétiques les citèrent les premiers, il ne faut pas trouver étrange que leurs disciples les aient eus en grande vénération.

Les prières et les cérémonies qui se trouvent dans l'Eucologe pour administrer la confirmation fournissent une nouvelle preuve de la créance des Grecs. Après la dernière oraison de l'office du baptême, le prêtre oint le baptisé avec le saint chrême en forme de croix sur le front, les yeux, les narines, la bouche, les oreilles, la poitrine, les mains et les pieds, en disant : *Le sceau du don du Saint-Esprit. Amen.* Sur cet endroit le P. Goar a très-bien remarqué qu'on ne pouvait douter que ces paroles jointes aux cérémonies ne continssent tout ce qui était nécessaire pour le sacrement de confirmation, et il en apporte les raisons suivantes : 1° que l'Église romaine a toujours reconnu ceux qui avaient été baptisés en cette manière dans l'église orientale, comme étant véritablement confirmés; 2° que tous les théologiens grecs reconnaissant sept sacrements, ont mis au second lieu le chrême, χρίσμα ou ἅγιον μύρον, de même que les Latins mettent la confirmation; 3° que comme ils reconnaissent tous ce sacrement, on ne trouve pas qu'il soit administré ailleurs, ni autrement que conjointement avec le baptême; 4° que, selon les Pères grecs, entre autres S. Cyrille de Jérusalem dans sa troisième catéchèse, cette onction a une vertu sanctifiante, ce qui ne peut convenir qu'à un sacrement. C'est pourquoi, dans le concile de Florence, après quelques objections qui furent faites aux Grecs, sur ce que les prêtres administraient parmi eux le sacrement de confirmation, et que cette fonction n'était pas réservée aux évêques comme parmi nous, il est dit dans les Actes que l'archevêque de Mitylène y satisfit d'une manière dont les Latins furent contents; et la preuve en est bien certaine, puisqu'il n'y eut rien d'inséré sur cet article dans la définition synodale ou principal acte d'union, ni dans les bulles solennelles ou brefs qui ont rapport aux Grecs.

S'il s'est fait quelque chose au-delà, on doit le regarder comme n'ayant aucune autorité dans l'Église universelle. Par exemple, le synode de Mont-Réal tenu sous le cardinal François Peretti de Montalto ordonne que *les évêques latins, quoique absolument ils pussent confirmer ceux qui ont été baptisés, ou qui ont reçu la chrismation par les prêtres grecs, il paraît néanmoins plus sûr qu'ils les confirment sous condition avec la forme latine.* Mais puisque le concile de Florence n'a rien ordonné de semblable, que Léon X, Clément VII et Urbain VIII ont déclaré qu'on ne devait pas troubler les Grecs dans la pratique de leurs rites, il est difficile de comprendre sur quel fondement peut être établie une pareille décision. Car elle suppose que la forme dont les Grecs se servent pour administrer le sacrement de confirmation est défectueuse ou au moins douteuse, ce qui est autant injurieux à l'Église latine qu'à la grecque, puisqu'il est incontestable qu'avant les schismes les Grecs n'avaient pas une autre forme, et que cependant les Latins étaient en communion avec eux, ce qui n'aurait pu être sans approuver cette prétendue erreur. Il faut présentement rapporter les rites des Orientaux orthodoxes ou hérétiques.

Les melchites ou orthodoxes ont les mêmes rites que les Grecs. Les jacobites syriens se servent, principalement pour l'administration du baptême, de l'office qu'ils attribuent à Sévère, patriarche d'Antioche. Après que le baptême est achevé, on trouve une oraison préparatoire pour faire l'onction. Ensuite *le prêtre fait le signe de la croix avec le chrême sur tous leurs membres, et par trois fois sur le front, en disant : N. reçoit le sceau et le signe du saint chrême, de la bonne odeur de Jésus-Christ notre Dieu, par le sceau de la vraie foi, et par le complément du gage ou du don du Saint-Esprit, pour la vie éternelle. Amen.* On trouve à peu près les mêmes paroles dans un autre office manuscrit des mêmes églises, où il est marqué que *le prêtre prend le chrême, et il en fait l'onction avec le pouce sur le front des enfants, aux tempes et aux pouces des mains et des pieds, en disant : N. reçoit l'onction du saint chrême de Jésus-Christ notre Dieu, de la douce odeur de la vraie foi, au sceau, de la plénitude et de la grâce du Saint-Esprit, au nom du Père, et du Fils, et du Saint-Esprit, pour la vie éternelle.* Un autre office attribué à S. Basile, dont on se sert pour le baptême des enfants lorsqu'ils sont en péril de mort, contient cette forme : *N. est marqué avec le chrême, pour le sceau du don de la vie nouvelle, par le Saint-Esprit, au nom du Père, et du Fils, et du Saint-Esprit, dans les siècles des siècles. Amen.*

Dans le Nomocanon des Syriens jacobites, composé par Grégoire Abulfarage, au chapitre du baptême, il est dit que *ceux qui auront été baptisés par les diacres, ce qui doit s'entendre en cas de nécessité pressante, recevront la perfection par le signe fait avec le chrême et par la prière propre;* ce qui est ordonné pareillement à l'égard de ceux qui, ayant été baptisés par les prêtres, n'auraient pas reçu la chrismation; et cette constitution est attribuée au patriarche Sévère. Elle fait entendre que la chrismation n'est pas regardée comme une pure cérémonie, telles que sont plusieurs autres du baptême, qu'on omet en cas de péril pressant, et qui ne sont pas suppléés d'ailleurs; mais qu'elle est regardée comme un véritable sacrement distingué de l'autre, par lequel on reçoit une grâce particulière. Il y a dans le même recueil une constitution de Jacques d'Édesse, qui ordonne qu'*aussitôt que celui qui reçoit le baptême aura été plongé trois fois au nom du Père, et du Fils, et du Saint-Esprit, il recevra l'onction avec le chrême.*

Les Cophtes ou jacobites du patriarcat d'Alexandrie ont la même discipline. Après quatre oraisons récitées par le prêtre qui fait l'office sur l'enfant baptisé, *il prend le chrême, et il lui fait une onction en forme de croix sur le front en disant : L'onction de la grâce du Saint-Esprit. Amen.* Puis il la fait à la bouche, et dit : *Onction du gage du royaume du ciel. Amen. Aux oreilles : La plénitude de la grâce du Saint-Esprit, la cuirasse de la foi et de la justice. Amen. Aux genoux, aux pieds et aux épaules : Je oins N. de l'huile de joie, et du chrême de sanctification, au nom du Père, et du Fils, et du Saint-Esprit, Trinité sainte et consubstantielle. Amen.* C'est ainsi que le rapporte Abulbircat; et Ebnassal, dans son traité des principes ou fondements de la foi (chap. 14), y ajoute une onction particulière aux paumes de la main, avec ces paroles : *Le chrême saint*; à la région du cœur : *La plénitude de grâce*; et aux oreilles : *Le chrême de l'adoption.*

L'office du baptême des Éthiopiens imprimé autrefois en latin à Rome, et qui est inséré avec plusieurs autres dans la Bibliothèque des Pères, est fort semblable à celui des Cophtes, dont ils dépendent : *Le* prêtre fait l'onction avec le chrême en forme de croix sur le front des baptisés, en disant : *Que ce soit l'onction de la grâce du Saint-Esprit. Amen. Au nez et aux lèvres : C'est le gage du royaume des cieux. Amen. Aux oreilles: L'onction sainte de Notre-Seigneur Jésus-Christ. Aux bras, aux genoux, et aux jambes, en disant : Je vous oins de l'onction sainte ; je vous oins au nom du Père, et du Fils, et du Saint-Esprit paraclet. Amen.* Enfin le prêtre dit sur eux une oraison en forme de bénédiction, et leur met des couronnes sur la tête, après quoi il leur donne l'Eucharistie. Il n'y a rien de particulier dans les offices nestoriens sur cet article; l'onction avec le chrême y est marquée sans autre détail.

Ainsi toutes les églises conviennent dans la cérémonie de l'onction, principalement au front ; et, selon la diversité des rites, elle se fait en une ou plusieurs parties du corps. Ce qu'il y a d'essentiel est que toutes croient que par ce signe sacré les chrétiens reçoivent la même grâce qui était autrefois reçue et accompagnée d'effets miraculeux, par l'imposition des mains des apôtres, et que l'onction du saint chrême produit un semblable effet en donnant le Saint-Esprit.

CHAPITRE XII.

Examen de la différence des rites, où on fait voir qu'elle ne détruit pas l'essence du sacrement.

La différence qu'il y a entre les rites grecs et ceux des Syriens et des Égyptiens est fort peu considérable : car les uns et les autres donnent la confirmation immédiatement après le baptême, avant que de donner l'Eucharistie aux nouveaux baptisés, comme les Grecs et tous les Orientaux font encore, suivant l'ancienne discipline de l'Église. Si quelque enfant ou quelqu'autre personne a reçu le baptême en péril de mort, et qu'à cette occasion les cérémonies ordinaires aient été omises, toutes les constitutions ecclésiastiques des Grecs et des Orientaux prescrivent qu'on lui administre l'onction du chrême. Ils le regardent donc comme un sacrement nécessaire ; et ce n'est pas un des moindres reproches qu'ils font aux Latins, que parmi eux on néglige de le donner à ceux qui ont été baptisés, en sorte que plusieurs passent leur vie sans le recevoir. C'est ce que Siméon de Thessalonique reproche aux Latins, lorsqu'il dit qu'en omettant cette onction sacrée, ils laissent les baptisés sans le sceau et le signal sacré ἀσφράγιστοι, ce qu'Arcudius n'a pas bien entendu, lorsqu'il en a voulu tirer, contre toute vérité, que ce Grec niait que le baptême imprimât caractère. Pierre de Melicha, Ebnassal, Abulbircat, Paul de Saïde et d'autres reprochent aussi aux Francs qu'ils ne signent point les nouveaux baptisés avec le *myron,* et ce reproche, comme ceux des Latins contre les Orientaux, a été faute de s'entendre, puisqu'il est clair que les uns et les autres ont la même cérémonie, qu'ils croient qu'elle produit une grâce spéciale, et par conséquent qu'elle est un véritable sacrement.

Les Grecs et les Orientaux, par une coutume plus ancienne que tous les schismes, et même que les hérésies des nestoriens et des jacobites, donnent la confirmation avec le baptême, et les prêtres en sont les ministres ordinaires ; au lieu que dans l'Église latine cette fonction est réservée aux évêques. De très-habiles théologiens ont examiné la question ; et puisqu'à cette occasion-là il n'y a eu aucune contestation entre les Grecs et les Latins avant le schisme, et que cette différence ne parut pas assez importante pour en faire un article particulier dans l'acte d'union fait au concile de Florence, ceux qui condamnent la discipline orientale jusqu'à regarder comme nulle la confirmation qu'on y reçoit, font plus que les conciles et les papes, puisqu'ils déclarent nul ce que les autres ont approuvé.

On ne peut justifier la conduite de l'archevêque de Goa, Alexis de Ménesès, sur ce que dans le synode de Diamper il fit une pareille décision, qu'il exécuta sans l'autorité du Saint-Siége, en faisant donner la confirmation à tous ceux qui l'avaient reçue dans les églises nestoriennes de Malabar, sur cette supposition qui paraît dans le décret, que ne l'ayant pas reçue suivant la forme de l'Église latine, on la leur devait administrer tout de nouveau. On peut par deux principes entièrement différents ordonner que des hérétiques reçoivent dans l'Église catholique le sacrement de confirmation, de même que les Grecs et les Orientaux ont ordonné que l'onction du chrême serait employée dans la réconciliation des hérétiques, dont le baptême était reconnu comme valide. Le premier principe est en supposant que les cérémonies et les prières, la matière et la forme sont absolument défectueuses, et qu'ainsi elles n'ont pu produire le sacrement ; l'autre est de pratiquer simplement ce que l'ancienne Église a pratiqué à l'égard de quelques hérétiques, lorsqu'ils revenaient à l'Église catholique. Si D. Alexis de Ménesès avait agi selon ce principe, il ne pourrait pas être justifié d'avoir établi une nouvelle discipline à l'égard des chrétiens de Malabar, qui, étant nestoriens, devaient être reçus de la même manière que l'étaient autrefois ceux de cette secte. Or S. Grégoire-le-Grand consulté sur cette question, répond que *les monophysites et les autres,* parmi lesquels on doit comprendre les nestoriens dont il avait d'abord parlé, *doivent être reçus par la seule confession de la vraie foi* (1). Timothée, prêtre de Constantinople, dans son traité de la manière de recevoir les hérétiques, après avoir parlé de ceux qui doivent être baptisés, et de ceux qui sont réconciliés par la chrismation, met dans la troisième classe ceux qui ne sont obligés qu'à dire anathème à leur hérésie, et dans ce nombre sont les nestoriens, les butychiens, les dioscoriens et tous les monophysites.

Il est vrai qu'il y a eu quelque diversité de discipline, non seulement entre l'église d'Orient et celle d'Occident, mais dans celle-ci elle a varié ; car S. Gré-

(1) Monophysitas verò et alios ex solâ verâ confessione recipit. *Greg. M., l. 9, ep. 61.*

goire marque dans la lettre que nous venons de citer qu'en Occident les ariens étaient reçus par la seule imposition des mains, et qu'en Orient c'était par la chrismation. Cela devait être ainsi du temps de S. Grégoire; mais nous trouvons en Occident des preuves incontestables de la chrismation pratiquée à l'égard des ariens. Lantilde, sœur du roi Clovis, qui était arienne, la reçut ainsi, comme le témoigne Grégoire de Tours, qui dit aussi que Brunehaut, Goswinte et Hermenichilde furent réconciliées de même, ainsi que Chararic, roi de Suèves en Galice. Le P. Sirmond remarque sur ce sujet que la chrismation n'était donnée qu'à ceux qui ne l'avaient pas reçue dans les sociétés d'hérétiques dont ils sortaient; qu'à l'égard des autres on suivait la règle prescrite par le premier concile d'Arles, qui ordonne que si quelqu'un renonçant à l'hérésie revient à l'Église, et qu'on reconnaisse qu'il a été baptisé au nom du Père, et du Fils, et du Saint-Esprit, qu'on lui impose seulement les mains afin qu'il reçoive le Saint-Esprit; ce qui est conforme à ce que marque S. Léon dans sa lettre à Rusticus de Narbonne et à Nicetas d'Aquilée. Car, comme dit Optat, on conservait sans aucune atteinte, c'est-à-dire, on reconnaissait pour valide le chrême ou l'onction qui avait été reçue hors de l'Église (1). On la donnait aux novatiens, parce que, suivant le témoignage de Théodoret, ils donnaient le baptême sans chrême, c'est-à-dire sans confirmation; ce que semblent prouver ces paroles de S. Pacien, évêque de Barcelonne, qui leur dit: *D'où pouvez-vous avoir le Saint-Esprit, vous qui n'êtes pas marqués du signe de Jésus-Christ par le prêtre* (2).

Ainsi l'archevêque de Goa agissait contre les règles de l'Église et contre la décision de S. Grégoire, en ordonnant que les nestoriens de Malabar recevraient la chrismation, quand même il l'aurait regardée comme nécessaire pour réconcilier ces hérétiques, puisque ni les Latins ni les Grecs ne la pratiquaient à l'égard des nestoriens, et qu'aucun évêque particulier n'est en droit d'établir de nouvelles règles, lorsque l'Église en a fait de contraires pratiquées durant plusieurs siècles. Mais il n'est pas difficile de reconnaître que ce n'était pas là sa pensée, et qu'étant persuadé que les nestoriens ne connaissaient pas le sacrement de confirmation, il le leur fallait donner tout de nouveau. Or ce jugement était encore plus contraire aux règles et à la doctrine de l'Église que le premier, puisqu'il était fondé sur cette supposition, que les Orientaux donnant la chrismation selon leur discipline ne donnaient pas le sacrement de confirmation. De là on pouvait conclure que les Grecs ni les autres Orientaux unis ou séparés n'avaient pas ce sacrement, puisque les cérémonies et les prières étaient les mêmes; d'où il s'ensuivait que non seulement les papes, mais les conciles et l'ancienne Église s'étaient trompés, et étaient tombés dans une erreur capitale contre la foi, telles que sont celles qui ont rapport aux sacrements, puisqu'ils avaient reconnu la chrismation donnée même par les hérétiques aussi valide que le baptême, et défendu de *réitérer* l'une ni l'autre.

L'Église catholique a reconnu dans le rit des Grecs tout ce qui était essentiel à la confirmation; et cela doit suffire, puisque si les Orientaux ont été dans l'erreur, jusqu'à n'avoir ni ce sacrement ni quelques autres, parce que les cérémonies et les prières ne sont pas les mêmes, l'Église romaine, par la communion qu'elle a conservée avec eux, se trouvait coupable des mêmes erreurs, ce qu'on ne peut penser sans renverser tout le système de l'Église. Nous ne parlons que de ce qu'il y a d'essentiel dans les offices sacrés; et lorsqu'il est conforme à la discipline de l'ancienne Église, on ne le peut soupçonner d'irrégularité ou d'erreur contre la foi; donc, puisque les Grecs et les Orientaux ont l'onction du chrême; qu'ils disent, ainsi qu'on l'a prouvé par leurs auteurs, qu'elle a la même efficace que l'imposition des mains dans les temps apostoliques; qu'ils croient ce sacrement si nécessaire, que non seulement ils le confèrent incontinent après le baptême, mais qu'ils font un crime aux Latins de le différer, on ne peut douter qu'ils n'aient des sentiments orthodoxes sur la confirmation. Ainsi leur consentement sur cet article avec l'Église catholique sert à confondre les calvinistes, et tous ceux qui ont traité les cérémonies qu'elle pratique dans la confirmation, comme des nouveautés superstitieuses. Car on ne peut pas dire qu'elles aient été portées en ces pays-là par les missionnaires, puisque parmi eux il s'est trouvé tant de gens qui les condamnent.

La matière est une huile aromatique, ou, pour mieux dire, le signe extérieur est l'onction par laquelle cette matière est employée pour marquer l'onction invisible de la grâce, non seulement celle qui fut répandue avec abondance sur Jésus-Christ homme, lorsque Dieu l'oignit du Saint-Esprit, comme parle S. Pierre, source de la sanctification des chrétiens; mais aussi celle que les premiers fidèles recevaient par l'imposition des mains des apôtres, à la place de laquelle l'onction extérieure a été substituée. L'imposition des mains se trouve en plusieurs Cérémoniaux, mais elle n'y est pas marquée comme une partie principale, non pas que les Grecs et les autres Orientaux ne lui attribuent une grande vertu, mais parce qu'elle se trouve dans presque tous les sacrements, et qu'en celui de la confirmation l'onction tient lieu de la principale matière. Le signe de la croix imprimé sur le front des baptisés est aussi une des cérémonies essentielles qu'ils ont commune avec les Latins, et si l'une et l'autre sont multipliées par les onctions faites en forme de croix sur différentes parties du corps, celle du front est regardée comme la principale, et celle qui est proprement sacramentelle.

---

(1) Numquid nos exterminamus oleum vestrum, ut meritò nos muscas morituras appelletis? *Opt.*, l. 8.

(2) Vestræ plebi unde Spiritum, quam non consignat unctus sacerdos? *Pacian.*, ep. 3, *ad Sempron.*

La forme des Grecs, qui consiste en ces paroles : *Le sceau du don du Saint-Esprit*, est reconnue comme légitime, non seulement par les théologiens, mais par les papes et par les conciles, qui ont reçu les Grecs à leur communion sans prescrire aucun changement sur ce sujet. Celles des Syriens et des Cophtes, que nous avons rapportées, sont entièrement semblables à la forme grecque, et par conséquent elles ne peuvent être traitées comme suspectes.

La difficulté qui regarde le ministre de la confirmation serait plus considérable, s'il n'était pas certain que l'église orientale a de tout temps conservé l'usage de la faire donner par les prêtres, sans que l'Église latine s'y soit opposée, et sans que ce sacrement ait été réitéré, sinon par quelques particuliers, qui, comme nous l'avons marqué, l'ont fait de leur chef et sans autorité légitime. Les papes ont permis en diverses circonstances à des prêtres de donner la confirmation, et cela suffit pour montrer qu'elle peut être administrée par un autre que par un évêque ; car nonobstant la grande étendue qu'on a donnée aux dispenses, jamais il ne se trouvera qu'il en ait été donné aucune pour faire ordonner des prêtres par de simples prêtres. On peut voir sur cela ce qu'a écrit le savant Holsténius, qui confirme par plusieurs exemples et autorités l'usage de l'église orientale.

Ce qu'il y a de plus à remarquer, est que le privilége de la bénédiction du chrême, avec lequel seul on administre la confirmation dans tout l'Orient, est réservé aux évêques, et même, dans le patriarcat d'Alexandrie, depuis plusieurs siècles elle n'est faite que par le patriarche. On voit par l'histoire des jacobites, que, suivant l'usage ancien, les patriarches d'Alexandrie allaient ordinairement passer le carême dans le monastère de S.-Macaire, et que le jeudi-saint ils y faisaient la cérémonie de la bénédiction du chrême, qui était distribué dans toutes les églises d'Égypte, et on en envoyait même en Éthiopie ; car le métropolitain, qu'on appelle par abus le patriarche, n'avait pas ce droit. Il paraît aussi par divers endroits de l'histoire nestorienne que leurs catholiques en usaient de même. Plusieurs églises d'Orient ont sur cet article une tradition très-apocryphe à la vérité, mais qui, dans sa fausseté même, conserve les traces d'une vérité fort ancienne. C'est que lorsque la femme pécheresse versa de l'huile précieuse sur les pieds de Jésus-Christ, les disciples en recueillirent une partie, et qu'avant leur séparation pour aller prêcher l'Évangile, ils partagèrent entre eux ce qu'ils en avaient, et qu'ils le laissèrent dans les églises qu'ils fondèrent, où on le mêla avec celle qu'ils bénirent, de sorte que jusqu'à ces temps-ci le chrême est comme un renouvellement de cette première liqueur. C'est ainsi que les nestoriens disent que S. Thadée, qu'ils prétendent être le premier apôtre de la Syrie et de la Mésopotamie, et fondateur de l'église de Séleucie et de Ctésiphonte, apporta de Judée un morceau du pain levé, ou du levain avec lequel Jésus-Christ célébra la cène dans le cénacle de Sion ; qu'il le laissa dans cette même église, où depuis on l'a renouvelé par un office particulier qui se trouve encore dans leurs livres ; d'où ils concluent qu'ils célèbrent l'Eucharistie avec une pâte qui dans son origine a été sanctifiée par Jésus-Christ et par ses apôtres. Ce sont là des fables, et la vérité qu'on y doit reconnaître est qu'ils ont reçu les choses qu'ils observent par la tradition apostolique.

On prépare le chrême dans l'église grecque, et dans toutes les autres, avec un grand soin, et il y a sur cela un livre entier, qui comprend un grand nombre de prières, les aromates qui doivent entrer dans la composition, et la manière de les faire infuser et de les cuire. Ce traité regarde l'église cophte, et il ne contient rien qui ne soit observé parmi les autres communions. Le patriarche Gabriel en parle assez au long dans son Rituel, de même qu'Abulbircat, l'auteur de la Science ecclésiastique, et divers autres. Outre l'huile et le baume, ils emploient de la canelle, de certaines fleurs que nous ne connaissons pas, de l'ambre, du bois d'aloës, qui est le nom que plusieurs donnent à ce bois odoriférant si précieux en Orient, des clous de girofle, des noix muscades, du spica nardi, des roses rouges d'Irak, et d'autres choses, et la préparation s'en fait dans l'église par les prêtres avec beaucoup de prières.

CHAPITRE XIII.

Réflexions sur la doctrine et la discipline des Grecs et des Orientaux touchant la confirmation.

Comme le dessein de cet ouvrage n'est pas de faire des dissertations théologiques sur les articles que nous examinons, ni d'en prouver la vérité contre les protestants, ce qui a été fait suffisamment par de très-habiles théologiens, nous n'entrerons point dans plusieurs questions qui regardent la confirmation, parce qu'elles n'ont aucun rapport à notre sujet. Il nous suffit d'avoir prouvé que les Grecs et tous les autres chrétiens croient comme nous sept sacrements de la nouvelle loi ; qu'ils comptent dans ce nombre celui de la confirmation ; et qu'ils appuient cette créance sur des principes très-certains, dont le principal est, que l'onction sacrée est à l'égard des nouveaux baptisés ce qu'était dans la naissance de l'Église l'imposition des mains des apôtres ; qu'on reçoit dans ce sacrement la grâce du Saint-Esprit d'une autre manière, et par des cérémonies différentes ; et que si les effets n'en sont pas sensibles et miraculeux comme autrefois, ils n'en sont pas moins véritables.

Les protestants font sur cela des objections très-frivoles, car il y en a eu plusieurs qui ont entrepris de prouver que les Grecs ne croient pas ce sacrement ; et voici à peu près comme ils s'y prennent : Premièrement, en raisonnant sur les principes du ministre Daillé, qui est leur oracle, ils disent que la confirmation n'a pas été connue dans les premiers siècles comme sacrement, et se servant de tous leurs lieux communs par lesquels ils ont renversé la doctrine des sacrements, ils croient prouver que la confirmation ne peut pas être un sacrement, parce que leurs définitions et leurs axiomes théologiques ne lui peuvent convenir. Secondement, ils ramassent des témoignages de nos auteurs qui accusent les Grecs de n'avoir pas la confirmation, ou qui condamnent les rites suivant lesquels elle est administrée dans la Grèce et dans tout l'Orient. C'est à ces deux chefs que se réduisent presque toutes les objections des protestants.

On leur répond d'abord que c'est fort inutilement qu'ils se fatiguent à tourner en diverses manières les arguments de Daillé, pour prouver qu'on ne connaissait pas la confirmation dans les premiers siècles, puisque dès qu'on est convenu, comme il en faut nécessairement convenir, que l'onction sacrée faite au front des nouveaux baptisés était établie avant le concile de Nicée, son antiquité est suffisamment prouvée; et depuis ce temps-là elle a certainement été pratiquée dans toutes les églises. Au moins la discipline constante des nestoriens et des jacobites, qui la conservent depuis ce temps-là de même que les orthodoxes, la met à couvert de tout soupçon de nouveauté, et on ne croit pas que, si on excepte des sociniens et des libertins sans religion, personne s'imagine que les ministres et les premiers réformateurs aient mieux su ce que les disciples des apôtres avaient pratiqué que ne le savaient les évêques assemblés à Nicée.

Les Grecs et les Orientaux ont de plus une preuve dont nous ne faisons pas d'usage, parce que nous en avons de plus certaines, et elle consiste en ce qu'ils reçoivent les canons des apôtres, les constitutions de S. Clément, et les ouvrages attribués à S. Denis, comme étant véritablement des auteurs auxquels on les attribue. S'ils sont mauvais critiques, ils ne se trompent pas néanmoins en ce qu'ils croient trouver dans les canons des apôtres et dans les constitutions la forme ancienne de la discipline d'Orient. Pour les arguments théologiques, les Grecs ont assez fait voir par la plume du patriarche Jérémie combien ils les méprisaient; Syrigus ensuite a montré la faiblesse de ceux des calvinistes, et s'en est moqué. Si ceux-ci prétendent que c'est faute de capacité, et parce qu'ils n'en ont pas compris la force, cela importe peu, car il s'agit d'une question purement de fait : c'est de savoir si les Grecs et les Orientaux ont de temps immémorial l'usage de la chrismation des nouveaux baptisés; et ils l'ont certainement. Ensuite s'ils croient que cette cérémonie produise une grâce spéciale, et ils le croient avec la même certitude, de sorte qu'ils la joignent immédiatement au baptême. Enfin ils la trouvent fondée dans l'Écriture sainte, croyant que cette grâce est le don du Saint-Esprit que produit la chrismation, comme on le recevait d'abord par l'imposition des mains des apôtres.

Il reste à savoir, supposant ces premières vérités qu'ils tiennent comme certaines, si les Grecs des derniers temps jugent que cette cérémonie soit un sacrement, de la manière dont ils savent que l'entendent les catholiques, qui leur est connue il y a plus de cinq cents ans. Or il est hors de doute qu'ils n'ont pas fait de difficulté de mettre la confirmation au nombre des sacrements; témoins ceux qui ont été cités dans le premier livre, dont la plupart ont écrit avant le concile de Florence; et ceux qui ont vécu depuis cent cinquante ans se sont encore expliqués plus clairement. Il est donc inutile de prétendre leur prouver qu'ils ne croient pas un article sur lequel ils ont déclaré et déclarent tous les jours qu'ils le croient, et qu'ils condamnent ceux qui ont enseigné le contraire, comme ils ont condamné pour ce sujet Cyrille Lucar et Jean Caryophylle.

La seconde manière dont les protestants attaquent les Grecs et les Orientaux n'est pas meilleure, et elle ne sert qu'à faire voir l'ignorance et la mauvaise foi de ceux qui s'en servent; car les catholiques ont assez fait voir qu'on ne devait pas ajouter foi à tous ces faiseurs de catalogues d'hérésie, surtout à Guy-le-Carme, Caucus, Pratéolus, même à d'autres plus considérables. On voit qu'ils disent que les Orientaux n'ont point la confirmation; le croira-t-on au préjudice des Eucologes anciens et modernes, manuscrits et imprimés; des offices syriaques, cophtes, éthiopiens, arméniens, et de toute sorte de langues? Mais ces rites n'ont pas paru suffisants à plusieurs théologiens; ils les ont condamnés, et quelques-uns les ont supprimés ou altérés. On en convient, mais ce sont des particuliers qui en ont ainsi jugé au préjudice du jugement que les conciles tenus avec les Grecs, les papes et les plus savants hommes en ont porté. Quand ces rites auraient été condamnés, les Orientaux séparés de l'Église romaine ne défèrent pas à ses décisions, et elles ne les empêcheraient pas de croire ce qu'ils croient, ni de dire ce qu'ils ont déclaré tant de fois si clairement, qu'ils avaient sept sacrements, et que le second était le *myron*.

L'Église occidentale a été en communion pendant plusieurs siècles avec celles d'Orient, quoique les cérémonies avec lesquelles ce sacrement était administré fussent différentes. Chacun est demeuré dans la tradition de son église, et cela n'a pas troublé l'unité. On a depuis disputé avec chaleur; mais dans les conciles tenus pour procurer l'union, et en dernier lieu à celui de Florence, il n'a rien été décidé contre le rit oriental par rapport à la confirmation. C'est ce que les protestants ne peuvent ignorer, ni que les offices du *myron* qui sont imprimés dans l'Eucologe, dans le Rituel de Sévère, dans celui du baptême des Éthiopiens, et dans quelques autres (sans parler des manuscrits) contiennent, selon la plus exacte théologie, les prières et les cérémonies nécessaires pour la confirmation. Pourquoi donc veulent-ils que nous déférions à l'autorité de quelques particuliers nullement instruits de ces matières, plutôt qu'aux originaux mêmes, et au témoignage de personnes plus habiles qui réfutent ces premiers?

On peut voir par les deux dissertations de Holsténius sur la confirmation, imprimées à Rome par les soins du cardinal François Barberin, alors préfet de la congrégation *de propagandâ Fide*, et qui était de toutes les autres congrégations, qu'on ne croyait pas à Rome que la confirmation des Grecs fût nulle et abusive, puisque ces dissertations furent faites pour empêcher divers changements proposés par des missionnaires peu savants et fort scrupuleux, pour établir en Orient jusqu'aux moindres cérémonies qui sont présentement en usage parmi nous, et encore plus hardis pour condamner celles de l'ancienne Église qu'ils ne connaissaient point. Arcudius et Allatius ont justifié les Grecs suffisamment; M. Habert, le P. Sirmond, le P. Morin, et tous les plus grands hommes du dernier siècle ont été dans les mêmes sentiments. Ce sont eux qu'il faut suivre, et non pas des ignorants, desquels Holsténius a dit avec beaucoup de raison : *Qu'on devait imputer le schisme déplorable qui a divisé depuis si longtemps les églises d'Orient et d'Occident, à ceux principalement qui, oubliant la charité chrétienne, veulent, par une démangeaison de disputer, mettre en question toutes les choses qui se font selon un rit différent parmi les autres..... Tels étaient ceux qui donnèrent dans la Bulgarie la confirmation à ceux qui l'avaient reçue avec le baptême par les prêtres grecs* (1). Ce fut une des plaintes que fit Photius contre les Latins dans sa lettre circulaire aux patriarches d'Orient, et elle était fondée en raison, comme le marque Holsténius. C'est ce que font encore présentement ceux qui croient que la moindre diversité dans les rites renverse la religion, et par conséquent on les doit regarder comme indignes de toute créance sur de pareilles matières.

Les protestants doivent encore moins citer leurs auteurs qui ont écrit sur les religions d'Orient, puisque ceux qui ont traité ce sujet plus exactement, comme Édouard Brérewood, n'ont fait que copier indifféremment ce qu'ils ont trouvé dans les nôtres. Les autres qui ont voulu faire les Orientaux protestants sont si décriés, qu'on ose presque plus les citer, puisqu'on les voit tous les jours réfutés par d'autres plus sincères. On nous citera peut-être M. Ludolf, qui assure que les Éthiopiens n'ont pas la confirmation, c'est-à-dire qui confirme ce que Zagazabo, prêtre de cette même nation, peu instruit de la religion de son pays, et qui ne trouvait pas de grandes lumières à Lisbonne sur des matières qui y étaient fort inconnues, en a dit dans sa relation, que d'autres ont copiée. M. Ludolf y ajoute le témoignage de son Éthiopien, auquel il faisait dire tout ce qu'il voulait, en lui proposant des questions captieuses et inintelligibles. Mais il n'avait qu'à lui demander s'il connaissait le *myron*, et s'il le regardait comme une superstition, ou comme une cérémonie sacrée, qui produisait une nouvelle grâce dans ceux qui avaient été baptisés. On ne peut pas douter que cet Abyssin n'eût répondu que c'était une partie du baptême, et il aurait cité l'office qui se trouve en la langue ancienne du pays, conforme à celui de l'église d'Alexandrie ; il aurait dit que le *myron* n'était consacré que par le patriarche d'Alexandrie, qui en envoyait en Éthiopie tous les sept ans. M. Ludolf ne pouvait pas ignorer cet office, dont la traduction est imprimée il y a plus de cent soixante ans, et dont l'original est en plusieurs bibliothèques ; il y aurait trouvé la matière et la forme de la confirmation semblables à celles des Grecs et des jacobites égyptiens ; mais il n'en a pas fait la moindre mention.

Ils disent aussi qu'il y a une grande différence entre le *myron* des Orientaux et la confirmation des Latins, sur ce que parmi ceux-ci l'évêque seul administre ce sacrement, et qu'en Orient les prêtres le donnent avec le baptême. Mais la seule dissertation de Holsténius suffit pour réfuter toutes les conséquences qu'on voudrait tirer de cette variété de discipline, sur laquelle il n'y avait eu aucune contestation avant Photius, qui même ne fait pas un crime aux Latins de ce qu'ils réservaient cette fonction aux évêques, mais de ce qu'ils avaient, contre l'usage ancien, réitéré ce sacrement en Bulgarie à l'égard de ceux qui l'avaient reçu par les prêtres. D'autres théologiens ont suffisamment éclairci cet article, sur lequel il n'y eut aucune dispute dans le concile de Florence, l'archevêque de Mitylène ayant répondu aux questions qui lui furent faites d'une manière qui satisfit le pape et tout le concile. Car on ne demanda pas aux Grecs s'ils reconnaissaient pour un vrai sacrement de l'église le *myron* ou la confirmation, mais pourquoi il était administré par les prêtres et non par les évêques. Les Grecs répondirent, que tel avait été l'usage de l'église orientale de toute antiquité, et ils n'eurent pas de peine à le prouver. Si quelques particuliers en ont jugé autrement, jusqu'à donner aux Grecs, lorsqu'ils se réunissaient à l'église, la confirmation sous condition, leur autorité n'est pas supérieure à celle de l'Église universelle, qui n'a jamais ordonné rien de semblable ; mais la réitérer à l'égard de ceux qui, ayant renoncé au schisme, l'ont reçue suivant le rit oriental, c'est ce qu'il ne serait pas aisé de justifier.

Arcudius, quoiqu'il ait reconnu que la confirmation, célébrée en la manière et avec les paroles dont l'église grecque se sert, est un véritable sacrement, comme il le prouve par le témoignage du patriarche Jérémie, fait une difficulté sur ce que dans les Réponses aux luthériens, ce patriarche semble se contredire, en ce qu'ayant dit que ce sacrement et les quatre autres rejetés par les protestants, sont établis par la sainte Écriture, il convient ensuite qu'elle n'en parle pas, et qu'ils ne sont fondés que sur la tradition de l'Église. On a déjà expliqué cette difficulté en

---

(1) Luctuosum schisma quod Orientis et Occidentis ecclesias dudum disjunxit illis potissimum imputandum est qui, christianâ charitate posthabitâ, disputandi prurītu omnia in quaestionem et controversiam adduxerunt quae diverso ritu apud partem adversam aguntur. Holst., *Diss.* 1, p. 1..... Inter eas una est chrismationis sacerdotalis improbatio, ejusdemque Iteratio apud Bulgaros. P. 15.

LIV. II. DU BAPTÊME ET DE LA CONFIRMATION.

parlant des Sacrements en général, et on croit avoir fait voir que lorsque Jérémie a dit que l'Église, παρέδωκε, *a donné* les sacrements, cela ne signifie pas qu'elle les ait institués, mais qu'elle a prescrit aux fidèles les cérémonies selon qu'elle les avait reçues des apôtres, qui les avaient apprises de Jésus-Christ.

On doit entendre de même ce qui est dit dans les deux Réponses de Jérémie touchant le sacrement de confirmation. Il ne faut pas supposer si facilement qu'un auteur se contredise dans une même page, et certainement il ne se contredit point. Il dit que la confirmation a été instituée par Jésus-Christ, et que si la sainte Écriture ne fait pas mention expresse du *myron*, il a néanmoins été donné par tradition, et cela par les disciples du Verbe. Il ne dit donc pas que Jésus-Christ ne l'a pas institué, puisqu'il assure le contraire ; mais, quoique l'Écriture n'en fasse pas une mention expresse, les apôtres l'ont donné par tradition, ce qui suppose nécessairement qu'ils l'avaient reçu de Jésus-Christ. Jérémie le prouve par l'autorité de S. Denis. On convient que cette preuve n'était pas démonstrative à l'égard des luthériens, mais elle était certaine dans l'esprit de celui qui croyait comme Jérémie, comme Siméon de Thessalonique, et tous les Grecs, que cet auteur était disciple de S. Paul. Jérémie ne nie donc pas que Jésus-Christ ait institué les sacrements et la confirmation comme les quatre autres, mais avouant que l'Écriture n'en fait pas mention, il répond qu'on en est assuré par le témoignage des disciples de Jésus-Christ qui les ont donnés à l'Église.

Afin que dans ce qu'a écrit ce patriarche il y eût de la contradiction, il faudrait qu'il fût convenu de ce principe des protestants, que Jésus-Christ n'a rien dit ni établi pour la conduite de son Église que ce qui se trouve marqué dans le nouveau Testament ; or il le combat partout. Il suppose donc qu'il y a des cérémonies d'institution divine qui ne sont pas marquées dans l'Écriture ; il ne dit pas que les apôtres les aient instituées, ni que ce soit l'Église, mais que nous les avons reçues par elle, qui les avait reçues des apôtres : c'est là le véritable sens de Jérémie, fort opposé à celui que lui attribue Arcudius. Pour les paroles qui se trouvent dans la seconde Réponse, il s'agissait du chrême, qui est la matière de ce Sacrement ; et comme les luthériens lui avaient objecté qu'en plusieurs baptêmes dont il était fait mention dans l'Écriture, il n'était point parlé du chrême, il répond qu'il ne faut pas s'en étonner, parce que *l'Église de Jésus-Christ faisant des progrès, et s'avançant par sa grâce sur les paroles sacrées, comme sur des fondements, a inventé plusieurs choses qui avaient rapport aux cérémonies extérieures* (1).

La raison expliquée par Siméon de Thessalonique et d'autres est fondée sur ce qu'ils disent que le Saint-Esprit se donnait autrefois aux nouveaux bap-

(1) Η γὰρ τοῦ Χριστοῦ Ἐκκλησία τῇ χάριτι αὐτοῦ προκόπτουσα ἐπὶ θείοις ῥητοῖς καὶ θεμέλιος πολλὰ ἐξεῦρε καὶ κατεστολίσατο : *Resp.* 2, p. 240.

tisés par l'imposition des mains des apôtres, et qu'à la place de cette cérémonie l'onction a été introduite dès la naissance de l'Église. Ce sont donc les cérémonies que l'Église a établies de nouveau, et non pas le sacrement. Ce sentiment n'est pas particulier aux Grecs, c'est celui de plusieurs théologiens catholiques, qui, recevant les décisions du concile de Trente touchant l'institution immédiate des sacrements par Jésus-Christ, conviennent néanmoins que l'onction, les paroles et les autres cérémonies sacrées ont été enseignées à l'Église par les apôtres et par leurs disciples, sans qu'il y ait de contradiction dans cette doctrine. Car on ne trouve pas que l'onction ait été pratiquée dans les temps apostoliques ; et lorsque Arcudius a entrepris de le prouver par le passage du premier chapitre de l'Épître aux Éphésiens, *in quo signati estis Spiritu promissionis sancto qui est pignus hæreditatis nostræ*, il ne satisfait pas à la difficulté. S. Thomas lui-même dit que Jésus-Christ a institué ce sacrement, *non exhibendo, sed promittendo*. D'autres scolastiques plus anciens ont été plus loin, en soutenant que les apôtres l'avaient institué, ce que les Grecs ne disent pas ; mais ils conviennent avec nos meilleurs théologiens, reconnaissant qu'il est d'institution divine, quoique nous l'ayons reçu par les apôtres.

Lorsqu'ils prêchaient aux peuples la nécessité du baptême et le précepte de Jésus-Christ touchant l'Eucharistie, on recevait leur témoignage, quoiqu'il n'y eût encore rien d'écrit. L'Église l'a toujours reçu de même, et c'est sur cette autorité qu'elle a établi toutes ces cérémonies sacrées. C'est là le fondement des apôtres et des prophètes, mais dont Jésus-Christ est la pierre angulaire, et l'Église a toujours cru l'écouter et lui obéir lorsqu'elle a écouté ses disciples. C'est sur cela que les Grecs établissent l'onction, qu'ils pratiquent pour la confirmation, au lieu de l'imposition des mains, qui était seule en usage du temps des apôtres. Ils la prouvent par S. Denis ; mais ils ne font que ce que les anciens théologiens latins et plusieurs modernes ont fait, et même ils ont cité des pièces dont l'autorité était encore moindre, telles que les fausses décrétales du pape Eusèbe, de Fabien, et d'autres semblables. Le consentement universel de toute l'Église, attesté par Tertullien, par S. Cyprien, et par les canons des premiers conciles, est d'une plus grande autorité.

Donc, puisque les Grecs et les Orientaux reçoivent tout ce que les anciens Pères enseignent touchant la confirmation ; qu'ils croient, selon la doctrine des mêmes saints, qu'elle donne le Saint-Esprit, c'est-à-dire une grâce sanctifiante pour fortifier les nouveaux baptisés dans la foi ; que cette grâce qui se donnait par l'imposition des mains est indépendante des effets miraculeux, nécessaires dans le commencement du christianisme ; que l'onction établie à la place de l'imposition des mains produit la même grâce ; qu'ayant connu la créance et la discipline des Latins, ils ont déclaré jusqu'à nos jours qu'ils reconnaissaient le *myron* comme un sacrement de l'Église ; qu'ils ont condamné comme hérétiques ceux qui enseignaient le contraire, on ne peut douter qu'en ce point, comme dans la plupart des autres qui ont servi de prétexte au schisme des protestants, les Grecs et tous les Orientaux ne s'accordent avec l'Église romaine sur ce qu'il y a d'essentiel dans ce sacrement.

Il serait inutile de s'arrêter à l'examen de ce que divers luthériens ont écrit de nos jours sur la matière que nous traitons. C'est principalement dans certains ouvrages assez fréquents en Allemagne, qui sont par manière des thèses, ou d'*Exercitations historico-théologiques* pleines de citations, dans lesquelles cependant il est fort rare de trouver rien d'original. Telle est celle d'Élie Véjélius, touchant l'église grecque d'aujourd'hui, opposée à ce qu'en ont écrit Arcudius, Allatius et Nihusius. Il est cependant à remarquer que dans cet ouvrage, et dans des notes très-amples de Fehlavius, ministre de Dantzick, sur Christophe Angélus, qui avait donné une relation abrégée de l'état de l'église grecque, et dans la plupart des autres, il ne se trouve pas un seul auteur grec cité, sinon ceux dont les témoignages ont été rapportés par ceux qu'on entreprend de réfuter. Tout le reste consiste en raisonnements ou en lieux communs cent fois réfutés, et qui ne servent de rien dans les questions purement de fait. Daillé, disent-ils, a prouvé que ce n'est que depuis la fin du dixième siècle qu'on connaît le sacrement de confirmation, mais les Grecs, comme nous avons vu, prétendent que l'onction du chrême sur les nouveau-baptisés est dès les temps apostoliques, sur quoi ils citent les livres de la Hiérarchie ecclésiastique. On convient qu'ils n'ont pas cette antiquité; mais ils furent cités dans le sixième siècle à la conférence tenue à Constantinople entre les sévériens et les catholiques, par conséquent l'onction était établie plus de 400 ans avant la date de Daillé. Mais que diront les protestants à l'égard du témoignage de S. Cyprien, de S. Corneille pape, du concile de Laodicée, et de tant d'autres, sinon des choses frivoles, et qui se détruisent par les preuves certaines que nous avons d'un usage beaucoup plus ancien de ce sacrement dans les Rituels.

Il est assez facile d'éclaircir si les Grecs ont entendu ces canons et ces passages autrement que nous ne les entendons, puisqu'il n'y a qu'à ouvrir les Eucologes et les canonistes, pour voir qu'il n'y a eu sur cela aucune contrariété de sentiment entre les deux églises. Quand après cela Fehlavius, suivant la doctrine de ses maîtres, qui peuvent avoir eu une grande réputation parmi les luthériens, mais qui ne paraissent pas la mériter, puisqu'ils ne disent rien de nouveau, se jette dans les lieux communs, et qu'il dit que les Grecs ont pris leurs rites des Latins au treizième siècle, il avance la proposition du monde la plus absurde. Comme nous en avons fait voir la fausseté dans le dernier livre du vol. préc. (ci-dessus, dans ce tome), nous ne nous y arrêterons pas d'avantage. Car au moins les protestants ne peuvent pas nier qu'avant le concile de Florence, Siméon de Thessalonique a enseigné que la confirmation était un sacrement, et ce n'est pas une opinion particulière, ni qui fût nouvelle, car il en parle comme d'une discipline établie de tout temps parmi les Grecs, citant S. Denis, les constitutions apostoliques et les canons de Laodicée, de même que Matthieu Blastarés. On peut juger du peu de sûreté qu'il y a dans la critique de Daillé, qui met ces deux auteurs vers le dixième siècle, quoique celui-ci ait écrit en 1311, et l'autre près de cent ans plus tard. Depuis le concile on ne peut pas dire que les Grecs aient pris ce sacrement des Latins, puisque par les actes mêmes, il paraît qu'on leur demanda un éclaircissement qu'ils donnèrent, touchant leur coutume de faire administrer la chrismation par les prêtres; et il n'y eut aucun article sur ce sujet inséré dans la définition synodale.

Depuis ce temps-là a-t-on trouvé un seul Grec digne de foi, qui ait retranché la confirmation du nombre des sacrements, comme a fait Cyrille Lucar? Chrystophe Angélus n'en a pas parlé, mais il est aisé de reconnaître qu'il a affecté de ne pas s'expliquer sur ce point comme sur beaucoup d'autres. De plus, quelle pouvait être l'autorité d'un particulier écrivant parmi les protestants? Elle ne balancera pas celle de Jérémie, des synodes de 1638, de 1642 et de 1690, ni celle du synode de Jérusalem, de la confession orthodoxe, de Grégoire protosyncelle, de Syrigus, et de tous les autres que nous avons cités, et dont nous avons établi l'autorité par des preuves incontestables. Enfin M. Smith, qui ne doit pas être suspect aux protestants, décrivant l'onction des nouveau-baptisés, ajoute que *c'est dans ce rit seul que consiste la confirmation parmi les Grecs*; et il remarque avec raison que *quelques zélés, trop attachés aux rites latins, avaient pris de là occasion de dire que les Grecs n'avaient plus la confirmation* (1). Il reconnaît donc qu'ils ont ce Sacrement; et puisqu'ils conviennent avec l'Église romaine qu'il est d'institution divine et de tradition apostolique, il faut en même temps reconnaître qu'ils le considèrent comme un sacrement évangélique.

C'est ce que les protestants anglais n'accordent pas néanmoins, quoique leurs meilleurs théologiens aient écrit contre les calvinistes presbytériens, pour maintenir la discipline de l'église anglicane, qui pratique une cérémonie qui s'appelle confirmation, et qui n'est ni celle de l'ancienne Église ni celle de l'église d'Orient. Elle consiste dans l'imposition des mains de l'évêque, après un renouvellement de profession de foi, qui ne se faisait pas dans les premiers siècles; au moins il n'y en a pas le moindre vestige dans l'antiquité. On ne peut pas dire qu'en cette cérémonie on donne, ni qu'on reçoive le Saint-Esprit, puisque la grâce gratuite, suivie de dons miraculeux, n'y est plus, et que les

(1) Hoc unico ritu sacramentum Confirmationis apud Græcos constat..... Hinc cavillandi causam zelotæ quidam Latinis ritibus addictissimi arripuere Græcis non ampliùs superesse Confirmationem. *Smith., de eccl. Græc. Statu hod.*, p. 84 et 85 *edit.* 1698.

protestants ne reconnaissent point de grâce spéciale, produite par l'imposition des mains, qui puisse être considérée comme grâce sacramentelle. Car, suivant la définition des sacrements dont les protestants conviennent généralement, la confirmation ne le peut être; et le docteur Hammond, qui a défendu celle de l'église anglicane contre le ministre Daillé, n'en disconvient pas. Il dit, suivant ses principes, que l'imposition des mains des évêques sur les nouveaux baptisés est dans l'Écriture, et cela est vrai; mais c'était pour recevoir le Saint-Esprit. Les calvinistes n'entendent plus ce langage; puisqu'il n'y a plus de grâces visibles, comme celle qui se manifestait par le don des langues et d'autres signes miraculeux. Cependant la coutume de l'ancienne Église a été de donner le Saint-Esprit, même depuis que les miracles ont cessé; l'église anglicane prétend l'imiter, et c'est sur cela que le docteur Hammond cite plusieurs passages. C'est donc par la tradition que cette cérémonie doit être soutenue, puisqu'on ne la peut prouver par la sainte Écriture seule; il faut, pour pouvoir s'en servir, reconnaître l'autorité de la tradition, et cette reconnaissance est contraire aux principes fondamentaux de la réforme. Quand on s'appuie de la tradition, il la faut prendre entière sans la diviser, et c'est ce que l'église anglicane ne fait pas; car celle qui est communément reçue par les Grecs et par les Latins a établi la chrismation à la place de l'imposition des mains dès les premiers siècles de l'Église; c'est donc abandonner la tradition, que de retrancher une cérémonie reçue dès les premiers siècles en Orient comme en Occident. Les calvinistes suivent mieux les principes de la réforme, en retranchant aussi l'imposition des mains, parce qu'ils prétendent qu'elle ne produit aucune grâce, ni sanctifiante, ni gratuite. L'église anglicane est louable par le respect qu'elle a eu pour l'antiquité, en conservant une partie de cette cérémonie; mais aucune église particulière n'avait droit de supprimer l'onction, puisque le docteur Hammond lui-même prouve par les témoignages de plusieurs Pères qu'elle était en usage dès les premiers siècles; de sorte qu'il ne la condamne pas, comme font les calvinistes, convenant qu'elle peut être pratiquée, de même qu'elle l'a été autrefois, et qu'elle l'est encore par les Grecs et par tous les chrétiens orientaux. Il convient donc, selon les principes de l'église anglicane, que cette cérémonie n'a rien de mauvais; d'où il s'ensuit qu'elle n'était pas du nombre de celles qui dussent être supprimées, par une raison aussi faible que celle de s'attacher à une plus grande simplicité. Les calvinistes, et particulièrement ceux d'Angleterre et d'Écosse, ont porté les conséquences de ce principe si loin, qu'ils n'ont conservé aucune des anciennes cérémonies, prétendant qu'elles n'étaient pas mieux autorisées que celle-là. C'est une contestation qui les regarde, et à laquelle les catholiques n'ont point intérêt. Il nous suffit de savoir que nous pratiquons une cérémonie sacrée, observée dans toute l'Église dès les premiers siècles, conservée de même dans toutes celles d'Orient unies ou séparées, reconnue pour très-ancienne, et autorisée par les témoignages de tous les saints Pères, ce que les protestants anglais avouent pareillement.

Nous n'examinerons pas plusieurs questions que fait Arcudius, particulièrement ce qu'il a écrit contre l'erreur qu'il attribue aux Grecs, de réitérer la confirmation. Celui qu'il attaque est le moine Job, dont il a parlé ci-devant, et qui était un théologien fort méprisable; mais cependant ni lui, ni Cabasilas, ni Jean Nathanaël qu'il cite, ne disent pas ce qu'il prétend. Ils marquent simplement que les hérétiques qui reviennent à l'Église, et qu'on ne rebaptise point, reçoivent l'onction du chrême, ce qui est établi par les canons les plus anciens. Le chrême s'appelle μύρον, et les Grecs donnent ce nom au sacrement de confirmation. Cependant ils établissent une différence totale entre la chrismation des hérétiques ou des apostats pour les réconcilier à l'Église, et celle des nouveaux baptisés, les cérémonies et les prières étant fort différentes. Ainsi tout roule sur une équivoque, qui n'a jamais trompé que des ignorants, ou ceux qui ont cherché à condamner toutes les pratiques qui ne sont pas en usage dans l'Église latine.

On peut voir ce que les continuateurs de Bollandus ont dit sur la confirmation, dans une dissertation sur l'église cophte, qui est assez conforme à ce que nous avons observé sur ce sujet. Ils marquent qu'en 1703 le patriarche des Cophtes Jean fit la bénédiction du chrême, qui avait été interrompue durant deux cents ans, et qu'on le renouvelait en y mettant de l'huile nouvelle. C'est un fait dont nous ne pouvons donner aucun éclaircissement.

LIVRE TROISIEME.
DU SACREMENT DE PÉNITENCE.

CHAPITRE PREMIER.
Que les Grecs et les Orientaux enseignent ce que croit l'Église catholique sur ce sacrement.

Ce n'est pas seulement sur le mystère de l'Eucharistie que les Grecs et tous les chrétiens orientaux s'accordent avec les catholiques, c'est aussi sur tous les autres points de religion et de discipline, que les protestants ont attaqués comme des nouveautés superstitieuses et inconnues à l'ancienne Église, particulièrement sur tout ce qui regarde la pénitence. Cependant s'il y a quelque chose dans l'antiquité ecclésiastique dont nous connaissons certainement l'établissement et la pratique, c'est ce qui a rapport à ce sacrement. Il y a eu des changements considérables dans la discipline, mais les canons anciens et les Pénitentiaux qui restent entre nos mains nous apprennent quelle en a été autrefois la forme, dans laquelle on reconnaît la foi et l'esprit de l'Église. De même ce que nous avons de Canons pénitentiaux de l'église grecque, et des autres séparées de la communion de Rome, nous fait connaître par des preuves incontestables qu'elles ont cru et croient encore ce que nous croyons touchant l'autorité de remettre les péchés, donnée aux apôtres et en leurs personnes aux évêques et aux églises; que l'exercice de ce pouvoir a été fait de la même manière qu'il se fait présentement, pour ce qu'il y a d'essentiel, par la confession des péchés faite aux prêtres, la satisfaction et l'absolution.

Pour ce qui regarde les Grecs, aucun avant Cyrille Lucar n'avait ôté la pénitence du nombre des sacrements de la nouvelle loi. Au contraire Siméon de Thessalonique, avant le concile de Florence, plusieurs prélats grecs qui s'y trouvèrent, ou qui vivaient en ce temps-là; dans le siècle dernier, Mélèce Piga, Gabriel de Philadelphie, Alexis Rhartarus, Nicéphore Paschalius, Grégoire protosyncelle et divers autres ont enseigné clairement que cette cérémonie sacrée, par laquelle les pénitents sont absous de leurs péchés par le ministère des prêtres, était d'institution divine; qu'elle était fondée sur une promesse infaillible de la grâce, et que par conséquent elle devait être considérée comme un sacrement évangélique. Ceux qui avaient vu la Confession de Cyrille la rejetèrent avec horreur sur cet article, ainsi que sur presque tous les autres, et, outre les censures des synodes de 1638 et de 1642, Mélèce Syrigus réfuta amplement les erreurs calvinistes adoptées par cet apostat; et en dernier lieu, Dosithée, patriarche de Jérusalem, non seulement dans les décrets de son synode en 1672, mais par l'édition qu'il en a faite plusieurs années après, confirma ce que le patriarche de Constantinople Denis, ceux des autres siéges, et la plus grande partie des églises grecques de l'Archipel, avaient déclaré dans leurs attestations solennelles produites durant le cours de la dispute touchant la perpétuité.

Il serait inutile des ramasser toutes les preuves qu'on trouve dans les théologiens grecs sur cette matière, dont on pourrait faire un juste volume, et il suffit d'examiner leurs offices de la réconciliation des pénitents, pour être convaincu qu'ils sont entièrement opposés aux protestants sur cet article, aussi bien que sur tous les autres qui ont rapport aux sacrements. Outre ceux qui sont dans l'Eucologe, dont les églises grecques se servent tous les jours, le P. Morin en a donné au public plusieurs autres anciens, par lesquels on reconnaît la suite de la tradition, et la conformité de la discipline présente avec celle des siècles plus éloignés de nous, dont le fondement est le même.

Ils fondent leur doctrine sur les paroles de Jésus-Christ, lorsqu'il dit aux apôtres : *Recevez le Saint-Esprit : ceux auxquels vous remettrez leurs péchés, ils leur seront remis*; et sur celles qu'il dit à S. Pierre : *Je vous donnerai les clés du royaume du ciel; ce que vous lierez sur la terre sera lié dans le ciel, et ce que vous délierez sur la terre sera délié dans le ciel*. Les saints Pères grecs et latins n'ont jamais entendu ces paroles en un autre sens que celui qui est reçu parmi les catholiques, et les commentaires syriaques et arabes sur les Évangiles qui sont entre les mains des Orientaux, ne les expliquent pas autrement. Les interprétations forcées que les protestants leur ont voulu donner sont aussi inconnues à tous les chrétiens du Levant que les opinions qui les ont produites. On n'a pas besoin pour le prouver d'entrer en aucune discussion, la discipline tient lieu de preuves en cela comme dans la plupart des autres points controversés avec les protestants.

On veut savoir si parmi les Grecs et les Orientaux il y a quelque chose de semblable à ce que nous appelons le sacrement de pénitence ; il n'y a qu'à examiner si lorsque parmi eux quelqu'un a commis un péché contre le Décalogue, on n'a obligé à faire pénitence que des péchés publics et scandaleux ; si aucun évêque ou théologien a dit qu'il suffisait de s'en repentir devant Dieu, de rappeler en mémoire son baptême, et de croire fermement que ses péchés lui sont remis. Mais on trouve tout le contraire. Car, sans entrer dans l'examen de ce qui a rapport à l'ancienne pénitence, parce que la matière a été suffisamment éclaircie par nos théologiens, on ne peut douter que les Grecs ne confessent leurs péchés, puisqu'on a des formulaires de la manière dont on doit interroger le pénitent, dressés par Jean surnommé le Jeûneur, patriarche de Constantinople, qui était contemporain de S. Grégoire, et plusieurs autres plus récents ; ce qui en fait voir l'usage de siècle en siècle.

On a aussi plusieurs Pénitentiaux, outre les Épîtres canoniques de S. Grégoire Thaumaturge, de S. Basile, de S. Grégoire de Nysse, et les canons des anciens conciles qui prescrivent la longueur des pénitences, et comment elles devaient être imposées et accomplies. On ne peut donc pas douter que les œuvres laborieuses, qui consistaient en jeûnes, en prières, en aumônes et en d'autres mortifications, ne fussent regardées par ces grands saints comme des satisfactions pour les péchés. Cependant on n'était pas encore justifié devant Dieu ni devant l'Église, jusqu'à ce qu'on eût obtenu l'absolution sacramentelle, après laquelle le pénitent était admis à la participation de l'Eucharistie. On a plusieurs formules de cette absolution, qui sont conformes à celles dont l'Église s'est autrefois servie, et dont elle se sert encore. L'usage subsiste dans toute la Grèce ; on ne peut donc pas douter que le sacrement de pénitence ne soit parmi les Grecs comme parmi nous. Ce ne sont pas seulement des prières et des cérémonies qu'ils pratiquent depuis les premiers siècles ; c'est un sacrement véritable, établi sur la sainte Écriture, qui produit une grâce spéciale fondée sur la promesse de Jésus-Christ ; qui a sa matière, sa forme et ses ministres déterminés. Enfin, quoique les termes que la théologie scolastique a introduits ne fussent pas autrefois en usage pour expliquer la doctrine des sacrements, lorsque les Grecs les ont connus, ils les ont trouvés si conformes à leur doctrine, qu'ils n'ont fait aucune difficulté de s'en servir, comme on voit par Gabriel de Philadelphie, Mélèce Piga, Coressius, Grégoire protosyncelle, Syrigus, Dosithée et tous les autres.

Comme il est question des Grecs modernes, et qu'on ne peut pas douter que les anciens n'aient reconnu la nécessité de la pénitence, que les pécheurs n'y aient été obligés avant que d'être reçus à la participation des saints mystères; qu'on n'ait regardé comme un sacrilége et comme le plus grand de tous les crimes d'en approcher sans avoir reçu l'absolution des péchés commis après le baptême; et qu'enfin on a les règles et la forme d'imposer la pénitence et de donner l'absolution sacramentelle, nous rapporterons les témoignages de ceux qui ont écrit depuis le schisme des protestants.

Un des premiers est Jérémie, patriarche de Constantinople, qui, dans sa première Réponse aux luthériens, établit d'abord que la pénitence est un sacrement de la nouvelle loi. Ensuite, examinant plus particulièrement ce qu'ils avaient dit, mais dans un sens fort différent, que celui qui confesse ses péchés en obtient la rémission par le dispensateur des sacrements, mais qu'il n'est pas nécessaire de les énoncer tous et en détail, il répond qu'*il faut que celui qui se confesse expose en détail tous les péchés, autant qu'il peut s'en souvenir, les confessant avec un cœur contrit et humilié.* Il marque aussi que le ministre de la pénitence doit être exempt de tout intérêt sordide; répondant en cela à ce que les luthériens avaient exagéré avec une affectation maligne, comme si l'Église latine approuvait les abus qu'elle a toujours condamnés. Il convient pareillement avec eux que ceux qui ont péché après le baptême obtiennent la rémission de leurs péchés, pourvu qu'ils se convertissent et fassent pénitence avec un cœur contrit et une foi saine et entière. *Mais*, poursuit-il, *sur ce que vous rejetez absolument les satisfactions canoniques, nous disons que si elles sont imposées comme des remèdes par les confesseurs, sans intérêt et sans fraude, elles sont utiles et d'un grand secours, suivant que les SS. Pères les ont ordonnées, etc. Mais nous omettons ces choses à l'égard de ceux qui sont dans un péril de mort pressant; étant persuadés que la conversion et le ferme propos du pénitent suffisent alors pour la rémission des péchés. Nous les remettons par la puissance de celui qui a dit : « Ceux dont vous remettrez les péchés,* » *etc.; et nous croyons en même temps que la peine est remise; pour assurance de quoi nous leur donnons le divin don de l'Eucharistie.*

Ce patriarche ne disait rien qui ne fût connu publiquement dans l'église grecque; puisque, longtemps avant qu'il écrivît, les Grecs avaient entre les mains divers livres imprimés à Venise, où la doctrine commune de la pénitence et de la confession était enseignée. Parmi ceux qui ont eu quelque nom dans cette église, on trouve un prêtre nommé Aloxis Rhartuus, *chartophylax* de l'église de Corfou, auteur de diverses homélies ou διαχαι, imprimées en grec vulgaire à Venise en 1560. On voit en différents endroits qu'il parle du sacrement de pénitence comme font tous les autres théologiens, et qu'il en prouve l'utilité, la nécessité et les effets pour la rémission des péchés. Dans l'homélie sur le quatrième dimanche de carême, il dit qu'*il y a deux jugements que doivent subir les chrétiens, qui sont le peuple de Dieu, parce qu'il ne faut pas parler des infidèles,* dit-il, *mais de ceux qui ont été régénérés par l'eau et par l'esprit; c'est-à-dire les fidèles qui souillent par les péchés de la chair la robe de l'incorruptibilité qu'ils avaient reçue. Le premier est le jugement de la pénitence; le second est le jugement dernier. Car Jésus-Christ a établi le premier par une souveraine miséricorde pour ceux qui ont été régénérés par l'eau et par l'esprit, qui durant cette vie peuvent être lavés et purifiés par ce baptême de pénitence. C'est parce que, selon S. Paul, comme il est impossible qu'un homme étant né, lorsqu'après sa naissance il lui arrive quelque accident qui fasse préjudice à la santé ou à l'intégrité de son corps, rentre dans le ventre de sa mère, ni renaisse, de même il est impossible que celui qui a reçu le baptême soit baptisé de nouveau, comme dit S. Paul. C'est pourquoi ce sacrement de la confession a été institué pour la guérison et la correction des péchés dans lesquels on tombe; et cette confession les efface tous, et conduit celui qui les a commis à la rémission des péchés, c'est-à-dire à Jésus-Christ, qui seul sauve son peuple de ses péchés.* Puis, après la citation de quelques passages de l'Écriture sainte, continuant à parler de la confession : *C'est là,* dit-il, *la véritable pénitence, la confession que Dieu a donnée comme un remède pour nous purifier des péchés commis après le baptême; qu'il faut faire d'abord intérieurement, puis extérieurement.*

Il explique ensuite fort bien les degrés de la conversion du pécheur, marquant qu'*il faut premièrement qu'il se tourne vers Dieu avec confiance, par Jésus-Christ, seul médiateur; qu'il gémisse, qu'il pleure, qu'il ait en horreur sa vie passée, qu'il se regarde comme ayant mérité la damnation éternelle, étant coupable d'un nombre infini de péchés, dont un seul le mériterait; ce qu'il ne peut faire de lui-même sans la grâce de Dieu, qui l'excite en différentes manières à la componction salutaire, lui fait haïr le péché, et le conduit à la véritable conversion intérieure, qui est un changement entier des actions de l'esprit et de la volonté, qui le tourne à la connaissance et à l'amour de Dieu, ce qui est fait par lui seul; qu'il faut montrer cette conversion par des fruits, qui sont les bonnes œuvres, et que le pénitent se reconnaisse comme ayant mérité la colère de Dieu et le châtiment.* Puis il poursuit en ces termes : *Afin qu'il puisse se soumettre à ce jugement, il faut qu'il y ait un juge qui tienne la place de Jésus-Christ. C'est pourquoi le pénitent qui veut être guéri par Jésus-Christ, doit nécessairement se soumettre au jugement de ses ministres, qui ont cette puissance de juger et de guérir toute sorte de maladie et d'infirmité, comme celle d'administrer les autres sacrements. C'est de là que la confession tire son origine, comme étant la première partie du sacrement, parce que la première pénitence se fait dans l'esprit, et* est un retour à Dieu et le salut spirituel. Cette seconde se fait par Jésus-Christ, à Jésus-Christ, qui est, selon S. Paul, le seul Médiateur entre Dieu et les hommes, et la rédemption de tous auprès de son Père. Ainsi le ministre de Jésus-Christ, et le dispensateur de ses mystères, doit être assis sur le trône de Jésus-Christ, qui est sa croix, d'où par sa grande miséricorde est sorti du sang et de l'eau pour la réformation et la délivrance de tout le monde; et tenir les deux clés que Jésus-Christ a données à S. Pierre, qui, par la Passion de Jésus-Christ, ont la puissance de lier et de délier, c'est-à-dire de délivrer le pénitent de la condamnation éternelle, et de lier par un jugement passager en soumettant à une punition temporelle, qui est la séparation de la communion du corps et du sang de Jésus-Christ. Toute l'homélie est remplie de semblables vérités.

Dans celle du même auteur, sur la résurrection du Lazare, on trouve plusieurs choses semblables; et expliquant le sens allégorique de cette histoire, de même qu'ont fait S. Augustin et plusieurs autres Pères, il cite ces paroles : *Déliez-le, et le laissez aller.* Puis il ajoute : *O mes frères, le très-grand miracle que comprend ce mystère! C'est lui qui l'a fait, et il a donné la puissance à ses disciples de délier et de mettre en liberté, afin qu'ils déliassent le peuple de Jésus-Christ des liens de leurs péchés.* Ces homélies sont remplies de pareilles expressions, qui marquent certainement la doctrine commune de l'Église touchant la pénitence et l'usage de la confession.

Damascène Studite, sous-diacre, natif de Thessalonique, qui vivait presque en même temps, publia en 1568 plusieurs homélies en grec vulgaire, qui ont été imprimées encore depuis à Venise, en 1618 et 1628, au nombre desquelles il y a quelques autres instructions familières, entre autres une sur la confession, qui commence ainsi : *Les hommes qui veulent sauver leur âme et parvenir à l'héritage éternel, doivent tous courir avec larmes se confesser à leurs pères spirituels, tous les jours, s'il est possible, au moins quatre fois l'an, au carême, à Noël, à la fête des saints apôtres et à la Notre-Dame d'août. Lorsqu'ils se confessent, ils doivent dire tous leurs péchés sans dissimulation..., parce que quoique vous vous confessiez à un homme qui est votre semblable, c'est cependant à Dieu que vous vous confessez, et c'est lui qui vous pardonne ; parce que si c'est l'homme qui vous accorde l'absolution, il en a reçu la puissance de Dieu. Écoutez ce que Jésus-Christ dit à ses apôtres, lorsqu'il les envoya prêcher :* « *Recevez le Saint-Esprit ; les péchés seront remis à ceux à qui vous les remettrez, et ils seront retenus à ceux à qui vous les retiendrez.* » *Dieu leur a donc donné cette puissance, en sorte que ceux dont ils retiennent les péchés, c'est la même chose que si Dieu les avait retenus, et ceux qui obtiennent l'absolution, c'est de même que si Dieu la leur avait accordée... Ils ont donné ensuite cette puissance à d'autres hommes savants dans la sainte Écriture, non pas à des ignorants comme moi, mais à ceux-ci lient et délient sur la terre, Dieu le tient comme lié et délié dans le ciel.*

On trouve un abrégé intitulé Ἐγχειρίδιον μεθοδικόν, ou : Manuel méthodique, touchant l'administration du sacrement de pénitence, composé par Nicéphore Paschaléus, disciple de Théophane, métropolitain de Philadelphie, imprimé à Venise en 1622, où il est parlé de ce sacrement en ces termes : *La Pénitence est un sacrement institué par Notre-Seigneur Jésus-Christ, dans lequel, par le ministère du prêtre, sont remis tous les péchés qu'un homme a commis, et tous les liens du péché dont la conscience de chaque pécheur pouvait être embarrassée sont rompus; et qui le délivre des supplices éternels, suivant la disposition du pénitent. Il est manifeste que l'homme ayant été créé de Dieu dans l'état de justice et d'exemption de péché, s'il avait voulu y persister, et se conserver pur de toute tache de péché, il n'aurait pas eu besoin de sacrements. Mais lorsqu'il eut désobéi au commandement de Dieu, et qu'il fit ce commun et malheureux naufrage de tout le genre humain et de ses descendants, son Créateur miséricordieux le secourut dans la loi évangélique, par le sacrement de baptême, afin que par cette première planche, le malheureux homme pût conserver sa vie et recouvrer la grâce qu'il avait perdue, après avoir brisé le vaisseau de sa justice. Mais parce qu'il y a tant de différentes tentations et tant de périls dans l'agitation orageuse de ce monde, et que l'infirmité de notre chair est si grande que nous perdons souvent par nos péchés cette première planche de la grâce que nous avons reçue par le sacrement du divin baptême, nous sommes encore malheureusement renversés, et prêts à abîmer. Dieu notre sauveur, plein de bonté et de miséricorde, ne voulant pas en cela nous laisser sans secours, y a pourvu en nous donnant ce sacrement de la pénitence, comme une seconde planche, par laquelle nous pourrions échapper, et éviter le péril de la mort éternelle. On conclut de là le grand besoin que nous avons de ce sacrement ; et à l'égard de ceux qui sont tombés en péché mortel, ce besoin n'est pas moindre que celui du baptême pour ceux qui ne l'auraient pas reçu. De sorte que comme il est écrit de ceux-ci :* « *Celui qui ne sera pas régénéré par l'eau et par l'esprit n'entrera pas dans le royaume des cieux ;* » *de même, celui qui a perdu la pureté qu'il a reçue par le baptême, s'il ne court et n'embrasse cette seconde planche de la pénitence, sans aucun doute il espère vainement de faire son salut.*

CHAPITRE II.

On fait voir que dans le temps que parut la Confession de Cyrille Lucar, et après sa condamnation, les Grecs n'ont point changé de sentiment sur la doctrine de la pénitence.

Les autorités qui ont été rapportées dans le chapitre précédent prouvent suffisamment que les Grecs, avant que Cyrille Lucar eût donné sa Confession aux calvinistes, croyaient que la pénitence était un véritable sacrement de la nouvelle loi, et que la condition la plus nécessaire pour obtenir par son moyen la rémission des péchés, était de les confesser aux prêtres autorisés par les évêques pour recevoir les confessions ; et que l'absolution par laquelle ils remettaient les péchés était fondée sur la puissance de lier et de déles questions incidentes sur le lieu où sont les âmes séparées de leurs corps, et sur le temps auquel se doit prononcer à leur égard la dernière sentence, et si elles sont incontinent après leur séparation dans la béatitude ou dans les peines, sont des articles que les protestants n'ont pas cru devoir faire entrer dans leurs confessions de foi, et ils n'ont reproché aucune erreur aux catholiques sur ce sujet. Ce qu'ils ont attaqué est la prière pour les morts, l'oblation du sacrifice à leur intention, les aumônes, et les autres bonnes œuvres que nous croyons utiles pour le soulagement des âmes de ceux qui ont fini leur vie dans la communion de l'Église, et *qui*, comme dit S. Augustin, *ont vécu de telle manière, que ces secours pussent leur profiter en l'autre monde*. C'est sur ce point principal que les Grecs et les Latins sont d'accord contre les protestants qui ne peuvent en disconvenir; et par conséquent il est inutile d'alléguer, comme ils font, le témoignage des Grecs contre la doctrine du purgatoire, puisque des particuliers n'ont pas une autorité égale aux prières de l'Église.

Nous croyons qu'elles procurent aux fidèles trépassés le soulagement dont ils ont besoin, et nous sommes appuyés sur la tradition constante de tous les siècles, prouvée par les exemples et par les témoignages des plus grands saints. Ils marquent que nous ne prions pas pour les martyrs, qui, ayant sacrifié leur vie par le plus grand acte de charité que le chrétien puisse produire, n'ont pas besoin de nos prières; mais, au contraire, ils sont nos intercesseurs auprès de Dieu, comme S. Augustin l'explique en plusieurs endroits. On ne prie pas non plus pour la sainte Vierge, ni pour les patriarches, les apôtres et les autres saints; mais on en fait mémoire, en demandant à Dieu que par leur intercession il nous accorde les grâces dont nous avons besoin, et pour lesquelles nous le prions. L'Église a refusé ses prières et ses suffrages à ceux qui mouraient dans un état de péché sans pénitence; mais modérant sa sévérité de telle manière qu'elle a toujours eu plus d'égard aux dispositions du cœur qu'aux œuvres extérieures de la pénitence. C'est pourquoi elle accordait l'absolution et la communion à ceux qui la demandaient à la mort, quoiqu'ils n'eussent pas accompli la pénitence canonique. Elle priait encore avec plus de confiance pour ceux qui ayant vécu chrétiennement donnaient une espérance plus grande de leur salut. Cependant, à l'exception des martyrs, on priait pour tous, et telle a été la pratique de toutes les églises. La chose est assez connue pour ce qui regarde l'Église latine, et la grecque, ayant eu de tout temps la même discipline, conserve encore le même usage.

CHAPITRE VI.

Examen particulier de l'opinion des Grecs.

Dans l'Eucologe on trouve d'abord cette prière : *Seigneur, accordez à l'âme de votre serviteur le repos avec les âmes des justes parfaits*; ce qui est répété trois fois. Puis il y a une oraison à la Vierge, par laquelle on la prie *d'intercéder pour le salut de l'âme du défunt* (1). Ensuite on demande à Dieu *qu'il lui remette tous ses péchés volontaires ou involontaires; et qu'il le mette avec les saints dans le paradis, dans le lieu de délices, où il n'y a ni douleur, ni tristesse* (2), etc. Ces expressions ou d'équivalentes sont répétées presque à chaque verset des offices des funérailles, et elles ne peuvent avoir d'autres sens que le plus simple et le plus littéral. Il reste à examiner si les peines dont l'Église demande que les défunts soient délivrés sont présentes, ou si ce sont celles qu'ils pourraient craindre au jugement dernier, comme prétendent les Grecs modernes; et cette question n'a rien de commun avec le système des protestants; car, que le soulagement ou la délivrance se fassent promptement ou plus tard, dès qu'on reconnaît qu'ils s'obtiennent par les prières, par les messes et par les bonnes œuvres faites à cette intention, la question est terminée par rapport aux protestants, qui ont condamné cette discipline comme superstitieuse, et la doctrine sur laquelle elle est fondée, comme erronée. Ainsi ils ne sont d'accord ni avec nous, ni avec les Grecs, dont il ne paraît pas que la plupart des protestants aient entendu le système, qui en effet a de plus grandes difficultés que celui qu'ils attaquent.

Dans ce système de théologie, les Grecs modernes établissent que les âmes de ceux qui sortent de cette vie sans avoir expié leurs péchés par la pénitence, ne sont pas tourmentées par un feu matériel; mais ils conviennent qu'elles souffrent par la tristesse, la douleur, la séparation de Dieu et par l'incertitude de leur salut. Ils disent qu'elles sont délivrées de cet état par les prières de l'Église et par les bonnes œuvres qui se font à leur intention; mais ils avouent qu'ils ne savent ni quand ni comment elles sont délivrées; reconnaissant ainsi qu'ils condamnent témérairement les Latins, puisqu'il n'y a rien de précis dans l'Écriture sainte ni dans la tradition sur ce sujet. Ils prétendent qu'il n'y a point de lieu mitoyen entre l'enfer et le paradis, et qu'on ne peut établir cette opinion sans tomber dans les erreurs d'Origène; que la pénitence et les peines qui pourraient servir à l'expiation des péchés n'ont plus lieu en l'autre vie, puisque de là il s'en suivrait que ceux qui sont morts dans le péché pourraient être délivrés de l'enfer, et que les peines ne seraient pas éternelles. Enfin ils défendent leurs préjugés par l'autorité de S. Jean Chrysostôme, qui n'a pas entendu le passage de l'Épître aux Corinthiens : *Salvus erit, sic tamen quasi per ignem*, des peines de l'autre monde; et les autres Pères grecs ont presque tous suivi son sentiment. Comme il faut excepter de ce nombre S. Grégoire de Nysse, ils rejettent son autorité, prétendant qu'il lui est arrivé, comme à d'autres Pères, de se tromper sur cet article. C'est ce que Gennadius a avancé dans son traité contre les Latins sur le purgatoire, et ce que les Grecs avaient dit sur

(1) Πρέσβευε τοῦ σωθῆναι τὴν ψυχὴν αὐτοῦ.
(2) Ὑπὲρ τοῦ συγχωρηθῆναι αὐτῷ πᾶν πλημμέλημα ἑκούσιόν τε καὶ ἀκούσιον.

le même sujet dans les premières congrégations qui furent tenues à Ferrare, avant que le concile eût été transféré à Florence. Il n'en est parlé que sommairement dans les actes grecs, tels qu'ils ont été imprimés à Rome, mais on trouve en plusieurs manuscrits cette dispute traitée plus au long par Marc d'Éphèse, qui parlait pour sa nation. C'est ce que M. de Saumaise fit imprimer à Heidelberg en 1608, sans donner aucune lumière sur cette pièce, qu'il connaissait aussi peu que Nil et Barlaam, dont il publia des traités contre la primauté du pape.

Depuis ce temps-là les Grecs n'ont rien dit de nouveau, et ceux qui ont attaqué par divers écrits la définition du concile de Florence n'ont fait que répéter ce que les autres avaient dit, sans satisfaire à plusieurs difficultés considérables ; car, convenant, comme ils ont toujours fait, de l'utilité et de l'effet des prières, du sacrifice et des bonnes œuvres pour le soulagement des fidèles défunts, ils sont obligés de reconnaître que les âmes séparées sont dans la peine et dans la souffrance, ce qui n'est pas plus marqué dans l'Écriture sainte ou dans la tradition que le feu du purgatoire qu'ils combattent. Ils ne peuvent donc expliquer en quoi consistent les peines dont ils prient Dieu de délivrer les défunts, sans établir deux propositions également insoutenables. La première est que les âmes sont dans l'enfer ; la seconde, qu'elles en peuvent être tirées par les prières qui se font pour elles. Ces deux propositions ont des conséquences beaucoup plus fâcheuses que toutes celles qu'ils reprochent aux Latins.

La première est d'abord si odieuse, qu'on a de la peine à la comprendre, puisqu'elle suppose que les saints patriarches et tous ceux du nouveau Testament, étaient dans les peines ou au moins dans l'incertitude de leur salut : car comme, suivant l'opinion des Grecs, les âmes des bienheureux n'entreront dans la gloire qu'après le jugement dernier, de même que celles des réprouvés ne seront qu'alors précipitées en enfer, puisque les Grecs ne reconnaissent point de lieu tiers, on ne peut imaginer que les âmes saintes, n'étant pas dans le ciel, puissent être ailleurs qu'en enfer, et cette pensée fait horreur. Il est vrai que les Grecs ne s'expliquent pas d'une manière si dure sur les saints, disant qu'ils sont dans un état de repos ; et Marc d'Éphèse même convient que le sein d'Abraham, dans lequel reposait le Lazare, signifiait l'état de la plus haute dignité des personnes pieuses qui avaient fini heureusement leur vie : car c'est ainsi qu'on doit traduire ces paroles (de Purg., p. 163 ed. Salm.) : Καὶ οὕτω διὰ μὲν κόλπου τοῦ Ἀβραὰμ τὴν ἀκροτάτην κατάστασιν ἐν τῇ εὐδαίμονι λήξει τῶν θεοφιλῶν ἐμφήνας, et non pas : *Supremum illum statum in beatâ requie piorum significans*. Mais comme les Grecs prétendent que les âmes n'entrent dans la félicité ou dans la damnation éternelle qu'après le jugement final, il est difficile de concilier les tempéraments qu'ils veulent apporter à leur opinion avec cette maxime de leur théologie : car dans les paroles de l'Évangile qui rapportent l'histoire ou la parabole du Lazare, la seule opposition de l'état du mauvais riche, dont il est dit qu'il était dans les tourments, prouve suffisamment que le Lazare était dans un état de félicité et de repos, et c'est aussi ce que tous les anciens Pères ont entendu par le sein d'Abraham.

Il est à remarquer que la traduction latine est peu fidèle en cet endroit : *Lazarum quidem dicit statim atque mortuus fuerit delatum iri ab angelis in sinum Abrahæ*, etc., au lieu que le grec marque toutes ces choses au prétérit, comme le sens et le texte de l'Évangile le requièrent. On y trouve aussi plusieurs autres fautes considérables, et même dans le texte grec, qui ne font pas d'honneur à la critique ni à la théologie de M. de Saumaise ; et il aurait bien fait de se mêler de toute autre chose que de la controverse. Une des principales fautes est que Marc d'Éphèse, auteur du traité du Purgatoire, imprimé avec Nil, et qui est l'écrit donné par les Grecs sur cet article dans les premières conférences tenues à Ferrare, cite S. Grégoire, pape, et tâche de répondre aux passages de ses ouvrages produits par les Latins. Le copiste grec qui avait écrit l'exemplaire sur lequel Vulcanius avait fait sa traduction, et dont M. de Saumaise avait tiré le texte, a mis souvent Θεολόγος, qui est l'épithète ordinaire de S. Grégoire de Nazianze, au lieu de Διαλόγος, qui est celle par laquelle les Grecs distinguent S. Grégoire, pape, à cause qu'ils ne le connaissent que par ses Dialogues, traduits en grec longtemps avant les schismes ; ce qui fait une confusion et une absurdité capables de surprendre ceux qui n'entendent pas le grec ; encore plus ceux qui n'entendent pas la matière, que M. de Saumaise n'entendait certainement pas.

Ces Grecs, c'est-à-dire Marc d'Éphèse et ceux qui dressèrent cet écrit avec lui, en réduisant ce que Bessarion avait écrit de son côté sur la même matière, répondirent très-mal à cette autorité de S. Grégoire, et il ne paraît pas que les théologiens latins en tirassent tout l'avantage qu'ils pouvaient : car il ne s'agissait pas de savoir si la qualité de pape devait le faire écouter au préjudice des autres, dont néanmoins les Grecs ne pouvaient alléguer aucun qui condamnât absolument la créance de l'Église romaine. Mais ce qu'il y avait à leur objecter et à quoi ils auraient répondu difficilement, était que longtemps avant les schismes, les Dialogues de S. Grégoire étaient traduits en grec, et connus dans toute la Grèce, où ils étaient lus avec édification, et même Photius en a fait l'éloge. On ne peut douter que dans la suite du temps ils n'aient été altérés par les Grecs modernes dans l'article qui regarde la procession du Saint-Esprit ; et suivant la conjecture du savant P. de Sainte-Marthe, qui a donné une édition très-exacte de tous les ouvrages de ce saint pape, on peut croire que Photius a eu part à cette corruption du texte. Cependant il ne se trouve pas qu'ils aient rien changé à tant d'endroits où la doctrine du purgatoire est enseignée très-clairement, ni à plusieurs autres contraires à ce que les Grecs enseignent depuis environ quatre cents ans touchant le retardement de la vision béatifique et de la punition des méchants. C'est ce qui donne sujet de croire qu'alors il n'y avait aucune contrariété d'opinions sur cette matière, et nous en avons d'autres preuves dans le silence des auteurs qui ont écrit des premiers contre les Grecs, comme Ratramne, Énée, évêque de Paris, et d'autres.

Il s'ensuit donc, par une conséquence nécessaire, que les Grecs tombent dans le même inconvénient qu'ils reprochent aux Latins, en établissant un lieu tiers pour les âmes des élus, des patriarches et de ceux qui, comme ils disent dans leurs prières, ont plu à Dieu depuis le commencement des siècles, puisqu'ils le font sans aucune autorité de la sainte Écriture ni des Pères. Ils invoquent les saints et demandent leur intercession à Dieu ; comment le peut-on faire s'ils ne jouissent pas de la béatitude ? Un grand nombre de passages de l'Écriture et des Pères prouvent cette vérité ; S. Antoine vit l'âme de S. Paul, premier ermite, enlevée au ciel parmi les chœurs des anges ; il y a plusieurs semblables histoires dans les Vies des saints, et les Ménologes en sont remplis : cela ne peut s'accorder avec le système des Grecs.

Ils conviennent que les âmes des défunts sont dans le repos ou dans la peine, étant placées, dès qu'elles sont séparées de leurs corps, ou en des lieux de joie, ou dans la tristesse et dans les gémissements ; mais que la béatitude ou la damnation ne sont parfaites qu'après le jugement dernier. C'est ainsi qu'ils s'expliquèrent dans le synode de Jérusalem en 1672, et Dosithée, qui y présida, ayant fait imprimer les décrets en 1690 avec diverses additions, ne changea rien à ces premières paroles. Il est vrai qu'il y ajouta plusieurs choses, et il a eu soin de marquer en marge qu'il s'était trompé sur quelques points qui composaient le 18° article, et qu'il l'avait rectifié. Dans la première édition, il dit ces paroles : *A l'égard de ceux qui sont tombés dans des péchés mortels, mais qui, au lieu de s'abandonner au désespoir, se sont repentis étant encore en vie, sans néanmoins avoir fait aucun fruit de pénitence, c'est-à-dire en répandant des larmes, en faisant de longues prières à genoux, et en s'affligeant par des veilles, consolant les pauvres, comme aussi en donnant des preuves de charité envers Dieu et envers le prochain, ce que l'Église catholique de toute antiquité a très-à-propos appelé sanctification, nous croyons que les âmes de ceux-là vont en enfer, et qu'elles y souffrent une peine proportionnée aux péchés qu'ils ont commis ; qu'ils ont un pressentiment d'être délivrés de là, et qu'ils le sont par la grande bonté de Dieu, par la prière des prêtres et par les bonnes œuvres que les parents font pour les défunts, en quoi le sacrifice non sanglant a une grande puissance, lorsque chacun en particulier l'offre pour ses parents, et l'Église catholique et apostolique le fait tous les jours en général. En même temps nous reconnaissons que nous ne savons pas le temps de cette délivrance : car nous savons bien et nous croyons qu'ils sont délivrés de leurs peines avant la résurrection générale, mais nous ne savons pas quand.* Toute personne non prévenue reconnaîtra facilement que tout ce que les protestants objectent aux catholiques touchant la doctrine du purgatoire, retombe également sur les Grecs, quoiqu'ils rejettent le nom et la chose, et que les explications qu'ils donnent de leur opinion ne servent qu'à l'obscurcir davantage, et à faire naître de nouvelles difficultés. C'est ce que nous ferons encore voir dans la suite, après avoir examiné la seconde proposition.

Elle consiste à dire que les âmes de ceux qui sont en enfer en peuvent être délivrées par les prières et par les bonnes œuvres des vivants : pensée la plus absurde et la plus dangereuse qui puisse tomber dans l'esprit d'un chrétien, de laquelle néanmoins il ne faut pas prétendre justifier les Grecs modernes, car ils s'expliquent trop clairement sur ce sujet. Un des derniers est le patriarche de Jérusalem Dosithée, qui, dans l'édition qu'il fit faire en Moldavie en 1690 du synode de Jérusalem, a traité beaucoup plus au long cet article. Voici en substance ce qu'il y a ajouté : *L'Église catholique et apostolique de Jésus-Christ croit qu'après la mort il y a une purgation qui se fait par le sacrifice redoutable et par les autres saintes prières, par les aumônes et par les autres œuvres de piété que les fidèles font pour les défunts. C'est pourquoi elle chante : « Ayez compassion, Seigneur, de l'ouvrage que vous avez formé, et purifiez-le par votre miséricorde, » etc. Elle prie pour tous nos pères et frères défunts, et pour tous ceux qui ont fini leurs jours dans la piété et dans la foi, afin qu'il leur accorde le pardon de toutes leurs fautes volontaires ou involontaires.* Il prouve l'utilité de ces prières par les témoignages de S. Denis, de S. Athanase, de S. Cyrille de Jérusalem et de S. Jean Chrysostôme. Ensuite il dit que l'église grecque croit que *par la bonté de Dieu il se fait une purgation de cette manière après la mort ; mais qu'elle se fasse par des peines purgatives, ou par le feu de purgatoire, ou qu'il y ait un feu qui punisse et qui purifie, agissant sur l'âme incorporelle, avant le second avénement de Jésus-Christ, où chacun recevra la récompense qu'il mérite selon qu'il a vécu, dans le jugement futur, et par la sentence dernière, c'est ce que nous ne pouvons ni penser ni dire.*

Il marque ensuite les raisons pour lesquelles les Grecs rejettent l'opinion des Latins touchant le purgatoire. *La première,* dit-il, *est que nous ne reconnaissons pas de pareil lieu d'où les âmes soient délivrées, ni hors, ni auprès de l'enfer ; mais que nous le mettons dans l'enfer : car il n'y a point de lieu tiers enseigné par l'Écriture, ou par l'opinion commune de l'Église catholique. Et si ceux qui ont été les premiers auteurs du purgatoire produisent quelques passages, c'est en leur donnant des interprétations forcées et contraires au véritable sens. Or il est manifeste par l'Écriture et par les Pères qu'il y a une délivrance de l'enfer, jusqu'à ce que la dernière sentence du Sauveur contre les réprouvés ait été prononcée : car après qu'elle aura été prononcée dans le second avénement, il ne restera plus aucune espérance de soulagement ou de délivrance de l'enfer. Les preuves* tirées de l'Écriture sont celles-ci : « *Dominus deducit ad inferos et reducit ; quia eripuisti animam meam ex inferno inferiori.* » Jacob dit qu'il descendrait en enfer, et Jésus-Christ en a tiré les premiers pères. A l'égard de l'autorité des S. Pères, voici les paroles de S. Basile dans l'office de la Pentecôte : « Seigneur, dans « cette parfaite et salutaire fête, recevez les prières qui « vous sont offertes pour ceux qui sont détenus en enfer, « les soulageant dans les maux qui les environnent. » L'Église chante : « Sauveur, délivrez des larmes et des « gémissements ceux qui sont en enfer. » De même l'Église d'Occident dit dans sa messe : « *Domine, libera « animas omnium fidelium defunctorum de pœnis inferni, et de profundo lacu; libera eas de ore leonis, ne « absorbeat eas tartarus,* » etc. Cela ne peut s'entendre comme si on demandait qu'ils ne tombassent pas du purgatoire dans l'enfer : car communément les scolastiques assurent que ceux qui sont en purgatoire ont une espérance certaine d'en être délivrés. Nous finirons par ce passage des psaumes cité par S. Pierre : « *Quoniam « non derelinques animam meam in inferno,* » qui marque clairement qu'on peut être délivré de l'enfer. On voit par des citations aussi absurdes, quoique faites par un des plus savants hommes qu'ait eus la Grèce dans ces derniers temps, combien leur cause est mauvaise, puisqu'ils ne la peuvent soutenir que par des interprétations beaucoup plus forcées que celles qu'ils reprochent aux Latins; car il n'y a pas un de ces passages qui signifie l'enfer dans le sens que l'Église universelle l'a toujours entendu.

Mais ce qui suit est encore plus étrange; car il avoue clairement qu'on peut être délivré de l'enfer par les prières de l'Église, et voici comme il le prouve : Puisque les idolâtres, les hérétiques et même ceux qui ont fait beaucoup de mal sont délivrés, il s'ensuit qu'on peut être tiré de l'enfer : car sainte Thècle en tira par ses prières Falconilla, qui était idolâtre; et S. Grégoire, pape, délivra de même de l'enfer l'empereur Trajan, idolâtre; et les Pères, sous l'empereur Michel, fils de Théodora, délivrèrent l'empereur Théophile, grand persécuteur de ceux qui honoraient les images. Il cite après cela des passages des Pères pour établir que le mot purgatoire ne signifie pas un feu matériel qui agisse sur les âmes; qu'il n'y a point de lieu tiers entre le paradis et l'enfer; que la tristesse et les gémissements de ceux qui y sont détenus peuvent être appelés purgatoire, quoiqu'improprement, et que par cette détention Dieu accorde le pardon à ceux qui y sont comme prisonniers, qu'ainsi c'est Dieu même qui est proprement et principalement le feu par lequel les âmes sont purifiées, puisque c'est lui qui leur accorde le soulagement, le pardon et la délivrance, par les prières et les bonnes œuvres des vivants.

Il entreprend ensuite de prouver que les péchés véniels ne sont pas punis après la mort, parce que comme tous les hommes, par leur faiblesse naturelle, tombent continuellement dans ces sortes de péchés, dont personne n'est exempt, aucun homme ne pourrait espérer d'être sauvé; et qu'il n'est pas conforme à la bonté de Dieu de punir de petits péchés, auxquels sa justice ne doit pas avoir plus d'égard qu'elle en a pour le peu de bien que peuvent faire les impies, qui cède à la grandeur de leurs crimes. Il continue en tâchant de prouver que ceux qui ont fait avant leur mort une véritable pénitence, par une conversion libre de l'âme vers la justice, en renonçant au péché avec une ardente contrition et une vive douleur des péchés commis, et l'espérance d'obtenir miséricorde de Dieu le Père par Jésus-Christ; que ceux-là partent de ce monde unis à Jésus-Christ, par lequel ils sont justifiés, sanctifiés et glorifiés, et que cette pénitence remet entièrement le péché. Pour preuve de cette proposition équivoque (car nous en convenons dans un sens tout différent) il cite des canons de Nicée, de Laodicée et quelques passages de l'Écriture, pour montrer que les péchés sont remis à ceux qui font pénitence, d'où il conclut qu'*il ne reste rien qui mérite punition, et que dire que le péché est effacé, mais que la peine n'est pas remise, n'est pas parler en théologien, mais badiner.* Il cite sur cela divers passages qui ne prouvent rien, puisqu'ils signifient que la conversion du cœur, qui est la partie la plus essentielle de la pénitence, se peut faire en un moment. *Nous ne disons donc point,* poursuit-il, *que ceux qui ont fait pénitence comme il faut soient ensuite punis dans l'enfer, parce que ceux-ci sont reçus dans l'Église céleste des premiers-nés; mais que la punition qui se fait dans l'enfer est pour les grands péchés, et qu'ils en sont délivrés, comme on le prouve par l'histoire des Machabées, où on voit que Judas fit prier les prêtres pour les morts qui avaient volé des idoles.*

Il cite ensuite ce que Marc d'Éphèse dit sur ce sujet aux Latins dans les premières conférences tenues à Ferrare, que si *la pénitence est exacte et parfaite, le péché est remis aussi bien que la peine qu'il méritait, et que rien n'empêchait que ceux qui étaient sortis de cette vie en tel état ne fussent mis au rang des sauvés; que si la pénitence était défectueuse, le péché absolument n'était pas pardonné. C'est pourquoi ceux qui ont fini leur vie de cette manière, sont détenus dans ces peines, non pas parce qu'ayant reçu le pardon ils n'ont pas satisfait à la peine. Nous commettons tous les jours plusieurs semblables péchés, pour lesquels nous ne faisons pas pénitence, ou nous ne la faisons pas comme il faut, en les compensant par d'autres bonnes œuvres. C'est pourquoi Dieu en oublie une partie à l'heure de la mort, selon S. Denis, ou après la mort, ils sont pardonnés par les prières, par les bonnes œuvres, et par les autres choses que l'Église pratique pour les morts. Ce sont ceux-là dont il semble qu'a voulu parler S. Augustin dans la Cité de Dieu, qui, ayant été régénérés, n'ont pas assez mal vécu pour être jugés indignes de cette miséricorde, ni assez bien pour n'en avoir aucun besoin. Ces peines, comme on le tire des paroles des saints Pères, et des prières de l'Église pour les défunts, sont la tristesse, le reproche intérieur de la conscience, et le tourment qu'elle souffre, le repentir, la prison, les ténèbres, la crainte et l'incertitude de l'avenir, car ils ne savent pas le temps de leur délivrance; ou enfin le seul retardement de la vue de Dieu, et à proportion de la qualité des péchés, ils souffrent toutes ces choses, ou une partie; mais il n'y a point de feu dans lequel les morts soient tourmentés avant le jugement général.* Enfin il conclut en disant que *Dieu délivrera plusieurs âmes au jour du jugement, et qu'il en délivre aussi plusieurs, ce que nous reconnaissons,* dit-il, *conformément à l'opinion commune de l'Église catholique, qui dans ses prières demande à Dieu qu'il fasse reposer les âmes de ses serviteurs avec les esprits des justes :* et il cite sur cela les prières de l'Eucologe dont il a été parlé ci-dessus. Il y ajoute la forme d'absolution des excommuniés après la mort, qui est une des plus grandes superstitions de l'église grecque moderne, par laquelle on demande à Dieu *que le corps de l'excommunié se résolve en ce dont il était composé,* et que *son âme soit placée dans les lieux où reposent les saints;* et après ce long discours il déclare que pour le temps et la manière de cette délivrance et du soulagement des âmes séparées, il n'a rien à en dire.

Nous avons rapporté assez au long les raisons de Dosithée, non seulement à cause de l'autorité qu'il a parmi les Grecs modernes, mais aussi parce qu'ayant écrit de nos jours, il est témoin non suspect des opinions communes de son Église; de sorte qu'on ne pourra pas dire qu'on leur en attribue quelques-unes qu'ils ne connaissent pas. Il faut présentement les examiner, et distinguer ce qu'ils ont conservé de la tradition commune de l'Église, et ce qu'ils y ont ajouté, emportés par la chaleur de la dispute contre les Latins.

CHAPITRE VII.
Ce qu'on doit juger des sentiments des Grecs touchant le purgatoire et les suffrages pour les morts.

On peut distinguer aisément, après ce qui a été rapporté dans le chapitre précédent, ce qui est resté de l'ancienne discipline dans l'église grecque touchant la prière pour les morts, et ce qui a été ajouté par les modernes, lorsque la dispute touchant le purgatoire a été traitée sans aucun ménagement. Les Grecs et les Latins convenaient avant ce temps-là de l'utilité des prières, de la célébration du sacrifice de la messe, des aumônes et des bonnes œuvres pour le soulagement des fidèles décédés dans la communion de l'Église; et cette discipline, qui s'observait partout, était une interprétation très-certaine de sa doctrine. On trouve la pratique constante de cette discipline marquée dans toutes les Liturgies orientales et occidentales sans qu'on puisse donner la moindre preuve que la mémoire des défunts y ait été ajoutée dans la suite des temps; par conséquent cette coutume venait de tradition apostolique. Cela est très-certainement établi par les témoignages des Pères, surtout de S. Augustin; et les Grecs en sont encore plus persuadés, parce qu'ils donnent une entière autorité aux Constitutions des apôtres et aux ouvrages de S. Denis, qui marquent et recommandent cette pieuse pratique. Les autres écrivains grecs ont enseigné la même

vérité; et entre autres Eustrathius, prêtre de l'église de Constantinople, avait fait un ouvrage particulier sur cette matière, dont il y a un extrait conservé par Photius, et il a été donné au public par Allatius. Il employait la troisième partie de ce traité à prouver que *les sacrifices et les offrandes des prêtres, et les prières et aumônes faites pour les fidèles trépassés, leur procurent la délivrance et la rémission de leurs péchés.* Allatius a donné l'ouvrage entier de cet auteur, qui vivait dans le sixième siècle, et on voit qu'il reconnaissait que les âmes étant séparées de leurs corps pouvaient agir, et en même temps qu'il admettait la distinction de celles qui étaient dans la béatitude, et de celles qui n'y étaient pas (1). Les Grecs reçoivent aussi comme véritable le traité de S. Jean Damascène touchant ceux qui sont morts dans la foi, que le savant P. Lequien, dans sa dernière édition (Dissert. Damasc. 5, p. 63), a rejeté comme une pièce supposée, conformément au jugement qu'en avait fait Allatius. Ainsi les Grecs conviennent de ce premier article essentiel, qui est que l'Église a toujours considéré les prières pour les morts comme utiles à ceux pour qui elles étaient faites.

C'est sur cela que les deux églises se sont toujours accordées, sans qu'il y ait eu de contestation pendant près de douze cents ans, et c'est par conséquent ce qu'il faut que les protestants combattent, autant dans l'église grecque que dans l'église latine, sans changer l'état de la question. Ils nous citent les Grecs comme opposés à la créance du purgatoire; mais quand on a examiné leur opinion, il est aisé de reconnaître que ce qu'ils attaquent n'est pas la prière, ni les messes pour les morts, ni l'opinion de l'utilité de cette pratique, mais seulement la punition par le feu, à la place de laquelle ils en substituent une autre, qui n'est pas moins difficile à comprendre, et qui a de plus grands inconvénients, comme nous allons le faire voir. Ainsi les Grecs sont témoins de la tradition pour ce qu'il y a d'essentiel et de commun à toutes les églises, qui est l'utilité des prières pour le soulagement des défunts, ce qui fait voir que les âmes souffrent; tout ce qu'ils y ont ajouté est nouveau, et n'a aucun fondement dans la tradition ni dans l'Écriture. Outre les preuves qu'on en a dans les écrits de leurs théologiens modernes, il y en a une très-considérable, en ce que les nestoriens et les jacobites ignorent toutes ces opinions, ayant conservé la prière et la Liturgie pour les morts, conformément à la discipline observée dans toute l'Église lorsqu'ils s'en séparèrent.

Le savant auteur qui a donné au public la dernière édition des ouvrages de S. Jean Damascène, a très-

(1) Nous avons réimprimé dans notre 18ᵉ vol. du *Cours complet de Théologie* (col. 461-462), à la suite du traité du *Purgatoire*, cet excellent ouvrage d'Eustrathius, traduit du grec en latin par Allatius. On peut voir, à l'endroit indiqué de notre *Cours*, le jugement que Photius, dans sa Bibliothèque, art. 171, porte de ce traité auquel nous renvoyons le lecteur.

(Les Éditeurs.)

judicieusement remarqué que les disputes entre les Grecs et les Latins sur le purgatoire n'ont pas un commencement fort ancien ; et ce qui a été dit ci-dessus, touchant la manière dont le Maître des Sentences et les plus anciens théologiens traitent cet article, en est une preuve. S. Augustin, S. Grégoire et quelques autres Pères latins avaient proposé comme probable que la punition des âmes qui n'avaient pas entièrement expié leurs péchés par la pénitence était par le feu, sans examiner trop subtilement cette question. Les théologiens scolastiques la traitèrent à leur manière, avec toute la subtilité possible, et cette opinion étant communément reçue, ils la soutinrent non seulement comme véritable, et comme étant de foi en ce qui regarde l'utilité et l'efficace des prières pour les morts, mais en même temps ils y joignirent plusieurs conséquences qu'ils en avaient tirées, et qui n'étaient autorisées par aucune décision de l'Église : car non seulement le concile de Florence, mais celui de Trente, n'ont rien décidé touchant le feu. Le dernier a dit qu'il y avait un purgatoire, et que les âmes qui y étaient détenues étaient soulagées par les prières des fidèles, et particulièrement par le sacrifice de l'autel. Les Grecs, comme remarque le même auteur, n'avaient eu aucune dispute avec les Latins sur cet article, avant une conférence tenue à Constantinople en 1252. Des dominicains qui y étaient établis, voyant que les Grecs ne parlaient pas du feu du purgatoire soutenu communément dans les écoles, les accusèrent d'erreur, quoiqu'on ne pût pas douter que l'église grecque ne reconnût l'utilité des prières pour les morts, et leur effet pour le soulagement des âmes, ce qui prouvait qu'elles étaient dans les peines, et cela suffisait pour justifier les Grecs. Ils disaient de plus que la discipline qu'ils pratiquaient et l'opinion qu'ils en avaient étaient fondées sur le témoignage des Pères et des docteurs de leur église, qui ne parlaient pas du feu en la manière dont le soutenaient les théologiens latins. Ces disputes étant fort vives de part et d'autre, à cause de la haine des Grecs contre les Occidentaux, qui ne les avaient guère ménagés depuis la prise de Constantinople, donnèrent lieu à des récriminations fort violentes et calomnieuses. Les Grecs accusèrent donc à leur tour les Latins de renouveler les erreurs d'Origène ; et ayant commencé à condamner tout ce qu'enseignait ou pratiquait l'Église romaine, ils s'engagèrent si avant dans cette dispute, qu'en voulant soutenir ce qu'ils avaient témérairement avancé, ils sont tombés dans des erreurs beaucoup plus grandes que ne pouvait être celle de nier simplement le feu du purgatoire, de la manière dont le proposaient leurs adversaires. Mais comme depuis ce temps-là les disputes se sont encore plus échauffées, et que l'union faite à Florence n'a eu aucune suite, les Grecs ont fait sur cette matière un système de théologie qui est entièrement insoutenable.

On voit que leur point capital est de nier que les âmes de ceux qui meurent sans avoir entièrement expié leurs péchés par la pénitence soient purifiées par le feu, parce qu'ils ne trouvent, disent-ils, rien de semblable dans l'Écriture ni dans les Pères. Ils conviennent qu'elles sont dans la peine, dans l'angoisse, dans la crainte de leur salut, et ils prétendent que c'est ce qu'on doit entendre par le feu, même dans les passages de S. Augustin et de S. Grégoire, pape, que leur opposaient les théologiens latins ; que nous supposons un lieu tiers, dont l'Écriture ni les Pères ne font aucune mention, et que nous tombons dans les erreurs d'Origène en faisant les peines d'enfer temporelles, pensée qui n'est jamais entrée dans l'esprit à aucun auteur catholique. Ce sont là les reproches que Siméon de Thessalonique (advers. hær., p. 36) fait aux Latins, et on les trouve répétés dans les deux discours de Marc d'Éphèse qu'il fit pendant les premières conférences à Ferrare, dont le R. P. Lequien a donné un extrait fort exact (Diss. Damasc. 5, § 6 et seq.); les autres qui ont écrit sur cette matière jusqu'à ces derniers temps n'ont fait que les copier, particulièrement Dosithée, dans les additions qu'il a faites au synode de Jérusalem, dont nous avons rapporté la substance, et dont il faut encore parler.

D'abord nous remarquerons que ce qu'il avait écrit en 1672 est moins erroné et plus simple que ce qu'il publia en 1690, ayant fort embrouillé la matière au lieu de l'éclaircir, parce qu'il a voulu faire entrer dans son discours tout ce qu'il avait trouvé dans les auteurs que nous avons cités. Il en résulte que les Grecs adoptent un grand nombre d'erreurs, voulant en éviter une qu'ils imputent très-faussement aux Latins. Ils conviennent qu'après la mort il y a une purgation des péchés de ceux qui sont morts dans la communion de l'Église ; et cette proposition bien entendue selon S. Augustin est conforme à ce qu'enseigne l'Église catholique, qui est que Dieu accorde la mitigation des peines par les prières des vivants, mais seulement à ceux qui ont vécu de telle sorte que ces secours puissent leur être utiles. Les Grecs, qui rejettent le feu du Purgatoire, parce qu'ils ne le trouvent pas expressément marqué dans l'Écriture, établissent une maxime qui y est directement contraire, en supposant que les péchés sont véritablement remis après la mort, quoiqu'alors on ne soit plus en état de mériter ou de démériter.

Ils nient qu'il y ait un lieu tiers où les âmes sont détenues, et cependant ils en établissent un pour celles des justes, et quelques-uns, comme Siméon de Thessalonique, l'appellent *le Paradis*, et le distinguent du ciel ; mais les explications qu'ils donnent à cette occasion à divers passages de l'Écriture sont si forcées, qu'on ne les trouve que dans les modernes. Ce lieu tiers pour les justes, qui n'est ni le ciel ni l'enfer, est encore moins marqué dans l'Écriture, et les prières tirées de leurs livres ecclésiastiques, où il est parlé de *lieux verdoyants, frais et agréables*, ne peuvent être entendues à la lettre.

Supposant, comme font les Grecs, que les prières demandent et obtiennent véritablement la rémission des péchés, c'est-à-dire de la coulpe, suivant le langage de nos théologiens, et non pas la rémission de la peine, il s'ensuit que non seulement les légers ou véniels peuvent être effacés, mais les mortels; et c'est aussi ce qu'ils accordent, exceptant seulement, sans aucune raison, les péchés de ceux qui sont morts dans le désespoir et dans l'impénitence. Enfin ce qu'il y a de plus affreux, c'est qu'ils avouent qu'on peut tirer de l'enfer les chrétiens et même les infidèles; sur quoi ils citent les fables de Falconille délivrée par les prières de sainte Thècle, et de Trajan délivré par S. Grégoire. S'il y a quelque chose contraire à l'Écriture et à toute la théologie, c'est un pareil paradoxe, qui est néanmoins reçu sans contestation par la plupart des Grecs, et qui est canonisé, pour ainsi dire, dans tous leurs livres d'église. Ce qu'ils supposent aussi comme une maxime fondamentale, que jusqu'au jugement général les âmes ne jouissent pas de la béatitude, et que les méchants ne sont pas condamnés au feu éternel, est embarrassé de plusieurs difficultés: car les théologiens anciens et modernes conviennent qu'après la résurrection des corps la récompense et la punition seront parfaites; mais ils ont dit en même temps que le jugement particulier qui se faisait à la mort d'un chacun décidait du sort des uns et des autres. Lorsqu'ils interprètent l'histoire ou la parabole du Lazare dans un sens métaphorique, pour ne pas reconnaître les tourments réels du feu dans lequel était le mauvais riche, et la béatitude du Lazare signifiée par le sein d'Abraham, ils contredisent tous les saints Pères qui l'ont entendue à la lettre.

Les Grecs ne pèchent pas moins contre un grand principe prouvé par la pratique de l'Église, lorsqu'ils prétendent que quand les péchés sont remis, il ne reste rien à expier : car dans les siècles les plus florissants, on donnait l'absolution aux moribonds et même la communion; quoiqu'ils n'eussent fait aucunes œuvres de pénitence laborieuse, on avait une confiance entière de leur salut, et par conséquent de la rémission entière de leurs péchés. Cependant lorsque ces pénitents revenaient en santé, l'Église les soumettait aux mêmes peines canoniques qui leur auraient été imposées s'ils eussent été en état de les soutenir. Elle croyait donc que Dieu pouvait pardonner le péché en recevant le pécheur en grâce; mais en même temps on était persuadé qu'il restait des peines à expier, et ce sont celles que les Latins croient expiées par le feu du purgatoire.

Comme cette expiation par le feu n'était pas connue parmi les Grecs, et qu'ils en eurent la première connaissance par les théologiens latins, il semble, dans la disposition peu favorable où étaient les esprits des uns et des autres, que les Grecs n'aient pensé qu'à contredire les Latins, sans prévoir où les conduisait une théologie toute nouvelle et sans principes. On pouvait demeurer tranquillement dans la foi de l'Église touchant l'utilité de la prière pour les morts, sans pénétrer au-delà de ce qui nous est révélé par l'Écriture et par la tradition. Les Grecs convenaient que les âmes des défunts étaient soulagées par les prières et par les bonnes œuvres des vivants; il fallait donc convenir en même temps que ces âmes souffraient; ils l'avouaient. Mais comme ils ne voulaient pas reconnaître la peine par le feu, ils en cherchèrent une autre qui n'est fondée que sur quelques passages mal entendus des Pères dans des traités où ils parlaient plutôt en orateurs qu'en théologiens: car, comme on a vu ci-dessus, les Grecs modernes font consister cette peine dans les gémissements, dans l'obscurité de la prison de l'enfer, et dans l'incertitude du salut. Cette dernière qui est une opinion toute récente, est tellement contraire à l'état d'une âme qui part de ce monde dans la grâce de Dieu, qu'elle n'est venue dans l'esprit à aucun des anciens.

Enfin, quand Dosithée allègue entre autres preuves la formule d'absolution après la mort pour les excommuniés, il s'est rendu ridicule, puisqu'on la doit regarder comme un abus énorme qui s'est introduit parmi les Grecs. Jamais l'Église n'a prié pour ceux qu'elle avait retranchés de la société des fidèles par l'excommunication. Si les fables que les Grecs content de ce qui arrive au corps de ceux qui meurent excommuniés, en sorte qu'ils enflent comme des tambours sans se corrompre, et qu'après cette absolution ils se réduisent en cendre, sont véritables, à la bonne heure, il s'ensuit qu'elle a son effet sur des corps morts. Mais jamais on n'a cru dans l'Église qu'elle en eût sur les âmes séparées de leurs corps, lorsqu'elles en étaient sorties chargées de leurs crimes et des censures de l'Église.

Ce sont là les points sur lesquels les Grecs modernes, ayant renoncé à la tradition pour introduire des nouveautés aussi dangereuses dans la créance et dans la discipline que celles qui ont été remarquées, ne peuvent plus être écoutés comme témoins de la foi commune, dont ils se sont écartés. On pourrait concilier leur opinion, telle qu'elle a été dans son origine, avec les décisions du concile de Florence et même du concile de Trente, dans lesquels on n'a proposé comme de foi aucune des opinions théologiques qui ont excité les Grecs à porter la dispute à de si grandes extrémités. On peut juger qu'elles ne sont pas si généralement approuvées, parce que dans la Confession orthodoxe on ne trouve que le dogme principal, qui est l'utilité de la prière pour les morts, et l'opinion commune contre le feu du purgatoire; mais le jugement particulier y est établi; et, quoiqu'elle marque que quelques pécheurs sont délivrés de l'enfer, cet article est traité d'une manière qui fait entendre que ceux qui l'ont dressée et approuvée ne prétendaient pas signifier les impénitents, ou ceux qui étaient coupables de crimes énormes. Aussi Syrigus, qui eut la principale part à la rédiger, dans sa Réfutation du quinzième article de Cyrille Lucar (quæst. 61 et seq.), quoiqu'il s'étende assez sur cette matière, ne parle point de la délivrance des pécheurs impénitents, ni des infidèles, ni des exemples rapportés par Dosithée, de sorte qu'il s'éloigne beaucoup moins de la vérité.

Nous n'en dirons pas davantage sur cette question, ce qui a été dit étant plus que suffisant pour faire connaître que ce que les Grecs ont ajouté à l'ancienne doctrine est nouveau et insoutenable. Il serait inutile de s'attacher à le réfuter, puisqu'on trouve tout ce qui se peut dire sur ce sujet dans la dissertation du P. Lequien, qui a été citée, ou dans celles d'Allatius, de Caryophylle, d'Arcudius et de quelques autres; outre que le dessein de cet ouvrage n'est pas de combattre les erreurs des Grecs et des Orientaux, mais de rapporter simplement leur créance et leur discipline.

CHAPITRE VIII.
Que les melchites nestoriens et jacobites ont conservé la tradition de la prière pour les morts.

Nous avons remarqué, en divers endroits de cet ouvrage, que la preuve la plus certaine de l'antiquité de quelque tradition était de la trouver conservée également dans les communions orthodoxes, et dans celles qui s'étaient séparées de l'unité ecclésiastique par le schisme ou par l'hérésie. La pratique de prier pour les morts décédés dans la foi orthodoxe, ou réputée telle, est du nombre de ces traditions que toutes les églises ont conservées; de sorte que non seulement les Grecs, mais ceux qui sont soumis à l'église grecque, quoiqu'ils fassent le service en d'autres langues, les Syriens orthodoxes ou melchites, nestoriens et jacobites, les Cophtes, les Éthiopiens, les Arméniens l'observent également. Il n'y a point de Liturgie en toutes ces langues où ils ne fassent mémoire des fidèles trépassés, pour demander à Dieu qu'il leur pardonne leurs péchés, qu'il les délivre des peines et qu'il les mette dans le repos et dans la béatitude. Outre ces prières liturgiques, ils en ont de semblables dans leurs Horologes ou oraisons journalières, et de plus particulières dans les offices pour la sépulture. Rien ne nous fait connaître qu'il y ait eu aucune dispute sur le sens de ces prières, que tous ont entendues simplement et à la lettre. On ne trouve non plus parmi eux aucuns vestiges des nouvelles opinions des Grecs, et il ne faut pas s'en étonner, puisque leur nouveauté seule suffirait à les rendre suspectes, quand on ne saurait pas d'ailleurs qu'elles sont nées dans la chaleur de la dispute. Nous rapporterons d'abord quelques passages des Liturgies, comme des pièces les plus authentiques.

Dans la première des Cophtes, qui porte le nom de S. Basile, après la mémoire des saints, le prêtre dit : *Souvenez-vous, Seigneur, de ceux qui sont décédés et qui ont fini leurs jours dans le sacerdoce ou état ecclésiastique,* ou, comme il y a dans le texte cophte, *dans la foi du sacerdoce et de tous les ordres séculiers ou laïques. Daignez, Seigneur, accorder aux âmes de tous le repos dans le sein de nos saints pères Abraham, Isaac et Jacob; placez-les dans les lieux verdoyants, sur les eaux de repos, dans le paradis de volupté, d'où sont chassés la douleur, les soupirs et la tristesse; dans la splendeur de vos saints.* Après quoi il est marqué par la rubrique que les diacres prononceront les noms des défunts. Dans la traduction latine que Velser fit faire par les maronites, et qui a été imprimée à Augsbourg en 1604, on lit ces paroles : *Dicat diaconus miserationem nomine circumstantium,* qui ne signifient rien moins que le sens qu'elles présentent. Le mot arabe sur lequel cette traduction a été faite, sans consulter l'original, signifie les *diptyques,* comme il paraît par le texte grec, qui se trouve dans un manuscrit fort rare de la Bibliothèque-du-Roi; car en cet endroit il y a : Ὁ διάκονος λέγει τὰ δίπτυχα, et le prêtre dit en particulier la prière que nous avons rapportée, et qui est conforme à la traduction cophte; voici les paroles : Ὁμοίως δὲ μνήσθητι, Κύριε, καὶ πάντων τῶν ἐν ἱερωσύνῃ προαναπαυσαμένων, καὶ τῶν λαϊκῶν ταγμάτων. Πάντων τὰς ψυχὰς ἀναπαύσαι καταξίωσον ἐν κόλποις τῶν ἁγίων πατέρων ἡμῶν, Ἀβραὰμ καὶ Ἰσαὰκ, καὶ Ἰακώβ. Ἔκτρεψον, σύναψον εἰς τόπον χλόης, ἐπὶ ὕδατος ἀναπαύσεως, ἐν παραδείσῳ τρυφῆς, ἔνθα ἀπέδρα ὀδύνη καὶ λύπη, καὶ στεναγμός, ἐν τῇ λαμπρότητι τῶν ἁγίων σου. Et après la lecture des dyptiques : *Seigneur, donnez là le repos aux âmes de ceux que vous avez retirés du monde, et daignez les transférer dans le royaume des cieux.* Ἐκείνους μὲν, Κύριε, τὰς ψυχὰς ἐκεῖ λαβὼν ἀνάπαυσον, καὶ βασιλείας οὐρανῶν καταξίωσον.

Dans la seconde Liturgie, qui est celle de S. Grégoire, la même prière se trouve en d'autres termes: *Souvenez-vous, Seigneur, de nos pères et de nos frères qui ont fini leur vie dans la foi orthodoxe, et accordez-leur la grâce de reposer tous avec vos saints et avec ceux dont nous avons fait mention;* et ce sont les principaux saints que l'Église honore. Il y a quelque légère différence dans le texte grec, en ce qu'on y joint la dernière partie de ce qui est dans la première Liturgie, de laquelle on prend cette oraison, dans la troisième appelée de S. Cyrille, et ces trois sont les seules qui soient en usage dans l'église jacobite d'Alexandrie.

Les jacobites syriens ont les mêmes prières dans leurs Liturgies; et au même endroit où, suivant l'usage ancien qui s'est conservé en Orient, on lit les diptyques, après avoir fait mémoire des saints, pour lesquels on ne fait pas de prières, mais on demande à Dieu que par leurs intercessions il nous rende dignes de les imiter, et de jouir avec eux de la félicité éternelle. La première et la principale des Liturgies syriaques est celle de S. Jacques, qui est regardée comme un canon général, et à laquelle est joint l'office commun qui sert à toutes les autres. C'est ainsi qu'elle se trouve dans les manuscrits les plus anciens, et non pas comme elle a été mise dans l'édition de Rome, à la tête de laquelle est celle de S. Sixte, dont on ne se sert que fort rarement. Dans cette Liturgie de S. Jacques, le prêtre dit d'abord secrètement: *Souvenez-vous, Seigneur, des prêtres orthodoxes qui sont morts ci-devant, des diacres, des sous-diacres, des chantres, des lecteurs, des interprètes, des exorcistes, des religieux, des vierges et des séculiers qui sont partis de ce monde dans la vraie foi, et de tous ceux que chacun a dans sa pensée.* Puis en élevant sa voix: *Seigneur, Dieu des esprits et de toute chair, souvenez-vous de ceux dont nous faisons mémoire, qui sont passés de cette vie à l'autre dans la profession de la foi orthodoxe, accordez le repos à leurs âmes et à leurs corps, en les préservant de la condamnation future qui n'a pas de fin, et en les rendant dignes de la félicité qui est dans le sein d'Abraham, d'Isaac et de Jacob, où brille la lumière de votre face, d'où fuient les douleurs, les tristesses et les gémissements, ne leur imputant pas toutes les fautes qu'ils ont commises, et n'entrez pas en jugement avec vos serviteurs, parce qu'aucun homme vivant ne sera justifié devant vous, et qu'il n'y en a aucun qui ne soit coupable de péché, ou qui soit exempt de souillure parmi tous ceux qui ont été sur la terre, ou qui y sont, sinon votre Fils unique Jésus-Christ Notre-Seigneur,* etc.

On voit la même prière dans toutes les Liturgies syriaques des jacobites, dans la première de S. Pierre, et dans la seconde du même titre, auxquelles il faut ajouter celles de Thomas d'Héraclée; de S. Ignace; de S. Cyrille; de Denis Barsalibi; de S. Marc; de S. Clément; de S. Denis-Aréopagite; de S. Jules, pape; de S. Jean; d'une autre attribuée à S. Jean Chrysostôme; de Moïse Barcépha; des saints docteurs; de Philoxène, évêque de Hiérapolis; de Dioscore; de Sévère d'Antioche; de Jacques Bardaï; de Jean de Bassora; de Jacques d'Édesse; de Jacques de Séruge; de Jean Acœmète, patriarche; de Grégoire Abulfarage; de Denis, évêque de l'île de Cardou; de Jean, fils de Maadni; de Joseph, fils de Wahib, autrement Ignace, patriarche d'Antioche; et de Michel, patriarche d'Antioche. On peut y joindre celles qui sont insérées dans le Missel des maronites, qui ne se trouvent pas sous les mêmes noms dans les manuscrits.

La Liturgie des Éthiopiens étant entièrement conforme à celle des Cophtes, représente aussi au même endroit la commémoration des fidèles trépassés : *Souvenez-vous*, disent-ils, *Seigneur, de tous les défunts qui ont fini leurs jours dans la foi de Jésus-Christ, et placez leurs âmes dans le sein d'Abraham, d'Isaac et de Jacob.* La même prière est dans les autres Liturgies de la même langue et dans celle des Arméniens.

Les nestoriens ont pareillement conservé la même discipline, comme on le voit dans leurs trois Liturgies, où après la commémoration des vivants, qui se fait immédiatement après celle des saints de l'ancien et du nouveau Testament, on dit : *Nous vous prions aussi, Seigneur, pour ceux qui nous ont précédés, et qui sont morts dans la foi orthodoxe, afin que vous leur pardonniez tous leurs péchés, et que vous les mettiez dans des lieux de repos.*

Ces prières, conçues presque toujours en mêmes termes, et sans aucune variation dans le sens, ne sont pas seulement dans les Liturgies, mais dans les Horologes, et plus particulièrement dans les offices des morts, que chaque église conserve dans des livres à part. Celui des jacobites syriens a été imprimé à Rome comme étant des maronites; mais divers manuscrits font connaître qu'il ne leur appartenait point, non plus que la plupart des Liturgies qu'ils ont imprimées de même, quoiqu'ils en aient inséré quelques-unes sous les noms de quelques hérétiques, qui n'ont le nom de saint que parmi ceux de leur secte, comme Jean Barsusan, Matthieu-le-Pasteur, et quelques autres inconnus aux censeurs qui approuvèrent l'édition. Il en est de même du *Livre du ministre*, ou pour mieux dire du *ministère du diacre*, qui contient ce qu'il doit dire dans la Liturgie, et qui fut imprimé en même temps que le Missel; mais avec cette différence, qu'on n'y fit pas les mêmes changements, de sorte que le *Livre du ministre* est presque entièrement conforme aux manuscrits, dont l'autre diffère considérablement par le changement qui a été fait dans presque toutes les Liturgies, des paroles de la consécration et de l'invocation du S.-Esprit.

Dans cet office du ministère diaconal, il y a diverses prières qui appartiennent à la Liturgie, et qui en font partie, parce que le diacre annonce à haute voix pour qui on doit prier, en même temps que le prêtre dit les oraisons secrètes. Pendant donc qu'il dit celles qui ont été rapportées plus haut, le diacre dit tout haut : *Pour les fidèles trépassés. Nous faisons aussi mémoire de tous les défunts fidèles qui sont morts dans la véritable foi, tant de ceux de cet autel saint, c'est-à-dire des paroissiens de cette église, que de cette ville et de ce pays et de tous les autres, de ceux qui ont ci-devant fini leurs jours dans la véritable foi, et qui sont parvenus à vous, Seigneur de tous esprits et de toute chair. Nous supplions, requérons et prions instamment Jésus-Christ Notre-Dieu, qui a retiré à lui leurs âmes et leurs esprits, que par ses grandes miséricordes il daigne leur accorder le pardon de leurs fautes et la rémission de leurs péchés, et qu'il nous fasse parvenir aussi bien qu'eux à son royaume dans le ciel. Crions tous ensemble, et disons trois fois : Kyrie, eleison.* Le peuple dit ensuite : *Donnez-leur le repos, Seigneur Dieu, et pardonnez et remettez les fautes et les défauts à nous tous, dans lesquels nous sommes tombés sciemment, ou par ignorance.*

Dans la messe particulière pour les morts, ces mêmes prières sont répétées, et on y trouve encore celles-ci : *Seigneur, éteignez l'ardeur du feu par votre miséricorde à l'égard des défunts qui ont cru en vous, et qui ont fini leur vie dans l'espérance en vous. Que votre croix soit un port de vie, un pont et un passage pour les âmes et pour les corps qui ont été revêtus de vous par les eaux du baptême.* Au milieu de l'office le diacre fait une espèce d'exhortation en ces termes : *Ami du défunt, donnez-lui des marques de votre amitié, non pas en faisant un grand deuil, qui ne lui peut servir de rien; faites pour lui un festin dans le sanctuaire, en offrant du pain et du vin par le ministère des prêtres pour l'âme du défunt, afin que le repos lui soit accordé. Dieu, qui voit votre amitié, pardonnera au défunt, et sa mémoire sera faite dans le sanctuaire sur la table de propitiation.* Un peu après il dit cette oraison : *Dieu, qui vous êtes revêtu d'un corps afin de donner la vie au genre humain mortel, renouvelez et vivifiez par votre résurrection, ou, comme portent d'autres exemplaires et la version arabe, dans le jour de la résurrection, ceux qui ont reçu votre corps et votre sang. Les âmes des morts et des vivants attendent tout de vous; par vous nous serons sauvés du feu, et* nous jouirons tous de votre royaume... Délivrez, Seigneur, des peines et des angoisses, ceux qui sont morts dans l'espérance en vous. Mes frères, prions Notre-Seigneur d'épargner les âmes des justes lorsqu'il paraîtra comme un éclair, et qu'il fera paraître des signes dans le soleil et dans la lune qui produiront la crainte et le tremblement, que l'archange descendra d'en haut, qu'il sonnera de la trompette, et qu'il dira à ceux qui sont dans les tombeaux : Levez-vous, et venez au jugement... Seigneur, qui voulez la vie et la conversion des pécheurs, ayez pitié des défunts, par votre grâce, et répandez votre miséricorde sur ceux qui vous adorent. N'entrez pas en jugement, Seigneur, avec vos serviteurs, selon la rigueur de votre justice, parce qu'il n'y a point d'homme exempt de taches et de crimes. Ne vous souvenez pas de ceux dont ils sont coupables, pardonnez-leur lorsque vous viendrez avec vos anges ; parce que ces défunts vous ont invoqué à l'heure de la mort, qu'ils vous ont prié et ont imploré votre miséricorde lorsqu'ils sont sortis de ce monde, et qu'ils ont pleuré leurs péchés. Ne rejetez pas la voix de leur prière, et ne détournez pas votre face d'eux ; mais, par la miséricorde de votre bonté, accomplissez vos promesses à leur égard.

L'office des funérailles, qui est aussi conforme aux manuscrits, est tout rempli de pareilles prières ; et même il n'y a aucun office de l'Église qui n'en ait quelques-unes pour les morts. Elles ont toutes un même sens, qui est de demander à Dieu qu'il leur pardonne leurs péchés, qu'il les délivre des peines éternelles, qu'il les mette dans le repos, et qu'il leur accorde la vie éternelle.

Après les offices des églises, qui ont la principale autorité pour prouver la discipline de la prière pour les morts, rien n'en a davantage que les canons. Or tous les Orientaux recevant comme authentiques les Constitutions des apôtres, on trouve dans les collections tout ce qu'elles comprennent sur ce sujet, de même que ce qui est compris dans plusieurs autres canons tirés de ces premiers, sur lesquels est fondée leur discipline.

CHAPITRE IX.
Si les chrétiens orientaux sont dans les mêmes sentiments sur le purgatoire que les Grecs modernes.

Il se peut faire que quelques auteurs qui ont écrit sur les religions d'Orient aient accusé les jacobites, les nestoriens, et ceux qui sont soumis à l'église grecque, comme les melchites syriens, d'avoir les mêmes sentiments que les Grecs modernes en rejetant le purgatoire. Plusieurs protestants l'ont assuré sans autres preuves que le témoignage de quelques-uns de ces auteurs qui, quoique catholiques, ne sont pas pour cela plus croyables, par les raisons qui ont été répétées plusieurs fois. Cependant lorsqu'on examine la matière avec attention, il se trouve que c'est sans aucun fondement qu'on attribue aux Orientaux des opinions qu'ils n'ont pas, et même que les nestoriens et les jacobites ne peuvent avoir, puisqu'elles étaient inconnues dans l'église grecque avant qu'ils s'en séparassent.

Ce qu'il y a de certain est que dans toutes ces églises schismatiques ou hérétiques, on reconnaît l'ancienne discipline de prier pour les morts, d'offrir pour eux le sacrifice, d'y faire une commémoration spéciale de tous les fidèles trépassés au milieu de l'action sacrée, conformément à l'usage des premiers siècles ; que cette commémoration suit celle qui se fait de la sainte Vierge, de S. Jean-Baptiste, des apôtres, des martyrs et des autres saints, avec cette distinction qu'on demande à Dieu ses grâces et ses bénédictions par les prières de ceux-ci, et qu'on le prie d'accorder aux autres le pardon de leurs péchés, de les mettre en lieu de repos, de les délivrer des peines de l'enfer, et de les mettre dans le sein d'Abraham.

Ces prières sont conformes pour les expressions et pour le sens à celles de l'Église universelle latine ou grecque ; et tous les chrétiens orientaux sont persuadés qu'elles procurent du soulagement à ceux pour qui elles se font : ce sont ceux qui meurent dans la foi de l'Église et dans sa communion ; car les anciens canons qui défendent de prier ou de faire mémoire dans la Liturgie des infidèles ou des excommuniés se trouvent dans toutes les collections orientales, et sont religieusement observés.

On ne voit pas que leurs auteurs aient fait aucunes recherches sur cette matière, pour examiner en quoi consistait l'effet de ces prières, ni comment les âmes étaient soulagées, ni en quel temps ; de sorte que toutes les questions émues par nos théologiens depuis le commencement du treizième siècle, et les opinions des Grecs modernes, depuis qu'ils ont disputé contre les Latins sur le purgatoire, leur sont inconnues. Les dialogues de S. Grégoire sont traduits du grec en arabe dès le huitième siècle, et on peut juger que ceux qui les traduisirent en cette langue n'étaient pas plus choqués de ce qu'ils contiennent touchant le purgatoire que ceux qui firent la première traduction, ou qui la reçurent avec éloge. Car les deux traductions, l'arabe et la grecque, étaient lues dans tout l'Orient longtemps avant ces disputes. Il ne reste donc que quelques témoignages d'auteurs peu exacts, et qui n'avaient pas lu les livres des Orientaux, qui puissent les rendre suspects d'avoir eu sur ce sujet des opinions erronées. Alexis de Ménésès, dans le synode de Diamper, qui fut principalement occupé à extirper les erreurs des chrétiens de Malabar, qui étaient nestoriens, mit dans la confession de foi qui y fut dressée, un article touchant les âmes séparées. Il y est déclaré que les âmes de ceux qui meurent dans l'innocence, ou après avoir expié leurs péchés par la pénitence, entrent incontinent dans la béatitude, et que celles des pécheurs vont en enfer. Cependant parmi ce grand nombre d'erreurs que ce synode condamne dans les nestoriens, il ne s'en trouve aucune particulière sur ce sujet-là. Ce qu'on pourrait donc dire, est que dans les prières orientales qui se font pour les défunts il y a diverses expressions qui ont rapport à l'opinion que les Grecs modernes soutiennent avec tant de chaleur et d'emportement.

Ce qu'on remarque dans les livres ecclésiastiques qui peut donner quelque fondement à cette accusation, se réduit à deux points : le premier est qu'on demande à Dieu qu'*il délivre les âmes des défunts pour lesquels ces prières se font, de l'enfer, des peines et du feu; qu'il leur pardonne leurs péchés; qu'il les mette dans des lieux de repos, de rafraîchissement et de délices;* ce qui semble avoir plus de rapport au paradis terrestre, ou à quelque autre endroit où les âmes attendraient la félicité dernière, qu'à la béatitude céleste ; enfin que dans les termes de ces prières, il semble que ce ne soit pas tant la mitigation de la peine pour le reste des péchés qui n'ont pas été suffisamment expiés par la pénitence qu'on demande à Dieu, que la remission de la coulpe. De là on conclut que les Orientaux ne sont pas éloignés des opinions des Grecs, croyant comme eux qu'il n'y a point de lieu mitoyen entre l'enfer et le paradis ; mais que les âmes de ceux qui n'ont pas satisfait entièrement aux peines qu'ils avaient meritées étaient en enfer ; qu'il s'ensuit pareillement que les Orientaux croient qu'après la mort on peut obtenir par les prières de l'Église et par les bonnes œuvres des autres la rémission des péchés selon la coulpe. Le second point est qu'il est marqué clairement dans quelques oraisons qui se trouvent dans les Liturgies jacobites, que la récompense des saints et la punition des pécheurs ne se fait qu'au jugement dernier.

Pour ce qui regarde le premier point, il faut reconnaître que la plupart des expressions qui sont employées dans les prières particulières, et même dans les Liturgies, semblent donner cette idée. On pourrait dire qu'elles doivent être entendues dans un sens métaphorique, comme elles le sont dans les psaumes et d'autres livres de la sainte Écriture, d'où elles sont tirées. Car on ne peut disconvenir que le psaume *Dominus regit me, et nihil mihi deerit, in loco pascuæ ibi me collocavit; super aquam refectionis educavit me,* etc., qui est employé dans toutes ces prières, où il est paraphrasé en plusieurs manières, ne doive être entendu métaphoriquement. Il n'y aurait donc aucune raison solide pour prouver que ces paroles doivent être prises littéralement, et qu'on en doit tirer un dogme, si on ne voyait d'ailleurs que des théologiens jacobites les ont entendues du paradis terrestre, où ils supposent que les âmes des justes reposent en attendant la résurrection et le jugement final.

C'est ce qu'enseigne Moïse Bar-Cépha dans son traité du Paradis (p. 1, c. 18, Bib. PP., édit. 1624, t. 1, col. 34), traduit en latin par Masius, et inséré dans la Bibliothèque des Pères. Il dit que *depuis l'avénement de Jésus-Christ le paradis, où avant cela Énoch et Élie seuls étaient entrés, avait servi pour y placer les âmes des justes, des martyrs et des fidèles qui avaient aimé Dieu; que ce fut là où Jésus-Christ plaça l'âme du bon larron, et qu'après la résurrection il ne sera plus d'aucun usage.* Cet auteur est fort considéré parmi les jacobites, et ainsi il a été cité et copié par quelques autres. On trouve néanmoins que le sens qui résulte naturellement de ses paroles n'est confirmé par aucune des prières publiques qui peuvent avoir autorité dans les églises, sinon par une seule. Elle est dans une Liturgie syriaque attribuée à S. Clément, où, après la formule ordinaire de la commémoration des défunts, on lit ces paroles : *Accordez-leur, Seigneur, le repos dans ce sein spirituel et grand; remplissez-les de l'esprit de joie, dans ces habitations de lumière et de plaisir, dans ces tabernacles d'ombre et de tranquillité, dans ces trésors de volupté, dont toute tristesse est chassée; où les âmes pieuses attendent sans peine les prémices de la vie, et où les esprits des justes attendent pareillement l'accomplissement de la récompense qui leur a été promise; dans cette région où les ouvriers fatigués regardent le paradis, et où ceux qui sont invités aux noces désirent l'arrivée de l'époux céleste; où ceux qui sont appelés au festin attendent avec impatience qu'ils soient introduits, souhaitant ardemment de recevoir la robe d'immortalité,* etc.

Cette Liturgie, qui se trouve en divers manuscrits, n'est pas des plus anciennes, et elle le paraît beaucoup moins que Moïse Bar-Cépha. Les paroles qui ont été rapportées conviennent assez à la doctrine de cet écrivain syrien. On les pourrait interpréter dans un autre sens, même sans leur faire de violence ; mais cela ne paraît pas fort nécessaire, comme on espère le faire voir par les réflexions suivantes.

On doit d'abord supposer comme certain que les prières de l'Église, telles qu'on les voit dans les anciennes Liturgies grecques et orientales, selon leur première et naturelle simplicité, ne contenaient rien qui eût rapport à des spéculations théologiques. C'étaient des formules sacrées, par lesquelles les prêtres, au nom des fidèles, pratiquant ce qui avait été établi par la tradition apostolique, demandaient à Dieu qu'il soulageât les âmes de ceux qui avaient fini leurs jours dans la communion de l'Église, et dans la pratique de la loi de Jésus-Christ. Le peuple joignait ses prières à celles des prêtres, lorsqu'ils offraient le sacrifice pour ces âmes séparées, que la charité chrétienne et la foi vive de la résurrection, aussi bien que la communion des saints marquée dans le Symbole, faisaient considérer comme étant encore unies à l'Église, et comme les membres du corps mystique de Jésus-Christ. Ainsi la séparation par la mort temporelle ne les séparait point de cette union de charité avec leurs frères vivants ; Jésus-Christ, comme son Père éternel, étant le Dieu des vivants, et non pas des morts ; et l'étant d'une manière spéciale de ceux qui s'étaient revêtus de lui par le baptême, et qui avaient reçu sa chair et son sang dans l'Eucharistie. Ces fidèles défunts étaient par cette raison considérés comme étant encore dans l'Église, particulièrement lorsqu'ils partaient de ce monde pour aller à Dieu. Ce n'est pas là une simple conjecture, elle est fondée sur de grands principes, et sur plusieurs anciennes prières, particulièrement celles du rit oriental. Car dans l'office des obsèques, il y a plusieurs choses qui s'adressent au défunt, de même que s'il était présent et vivant, et qui sont à peu près comme les recommandations de l'âme qui se font dans l'Église latine.

L'usage ancien de l'Église ayant donc toujours été de recommander à Dieu, par les prières des fidèles assemblés en son nom, tous ceux qui avaient besoin de son secours, les affligés, ceux qui étaient dans la souffrance, les malades et les moribonds, pour lesquels le sacrement de l'extrême-onction était principalement destiné, elle a demandé pour les mourants la seule grâce qui leur était nécessaire, qui était la rémission de leurs péchés, afin que ses enfants prêts à paraître devant le juge souverain, pussent espérer la béatitude préparée aux véritables chrétiens, et éviter les peines méritées par ceux qui n'avaient pas vécu selon les règles du christianisme. L'Église a donc prié, suivant le précepte des apôtres, pour ceux qui n'étaient plus en état de prier eux-mêmes; elle leur a, pour ainsi dire, prêté la bouche des prêtres et des autres chrétiens, pour demander à Dieu le dernier pardon et la délivrance des peines, qu'aucun ne pouvait éviter sans la miséricorde divine, par la raison qui est marquée dans tous les offices, de quelque langue qu'ils soient, et qui est que parmi les enfants des hommes aucun n'est exempt de péché, sinon Jésus-Christ Notre-Seigneur, et que si Dieu les examinait selon toute la rigueur de sa justice, personne ne serait justifié devant lui. L'Église a donc conservé dans ses prières pour les fidèles trépassés, le même esprit que dans celles qui se faisaient pour eux lorsqu'ils étaient sur le point de partir de ce monde; et elle a prié pour la rémission de leurs péchés, demandant à Dieu en même temps de les traiter conformément à sa bonté et à sa miséricorde; de même qu'elle a joint de tout temps la prière des prêtres et de la société des fidèles à l'absolution des pénitents.

La pratique constante de tous les siècles a été, de même, de ne pas faire de pareilles prières pour ceux de la sainteté et de la béatitude desquels on n'avait aucune raison de douter, surtout les martyrs, non plus que pour ceux qui mouraient dans l'impénitence, auxquels l'Église refusait ces secours spirituels, par la même raison qui les excluait de la participation des sacrements. Elle les accordait néanmoins aux pénitents, et non seulement à ceux qui mouraient dans le cours de la pénitence canonique, mais encore à ceux qui la demandaient à la mort, parce que, suivant l'ancienne discipline confirmée par le concile de Nicée, on ne refusait pas cette consolation aux mourants, et on leur accordait le dernier et le nécessaire viatique.

On a donc employé les prières de l'Église pour les fidèles morts dans le sein de l'Église; pour ceux qui, vivant selon les règles du christianisme, avaient mené depuis leur baptême une vie exempte de ces péchés qui tuent l'âme tout d'un coup, et pour ceux qui les avaient expiés par la pénitence, ou au moins qui étaient dans le dessein de les expier. Les premiers devaient être regardés comme des saints, et ils ont été honorés comme tels dans la suite; les autres comme des enfants égarés que l'Église a reçus toujours, de même que le père reçut en grâce l'enfant prodigue; qui avaient réparé leurs fautes par la pénitence; qui avaient reçu le pardon de leurs péchés, par l'autorité des clés, administrée par les évêques successeurs des apôtres, et qui par l'absolution avaient recouvré la première robe d'innocence.

Jamais les catholiques n'ont douté que les péchés soumis ainsi à la puissance de lier et de délier, et remis par les dispensateurs des mystères de Dieu, ne fussent pardonnés, et ceux qui ont enseigné le contraire ont été condamnés comme hérétiques. Cependant l'Église a demandé à Dieu pour les uns et pour les autres dans ses prières les plus sacrées, comme celles de la Liturgie, qu'il les délivrât des peines de l'enfer, qu'il leur accordât la rémission de leurs péchés, qu'il n'entrât pas en jugement avec ses serviteurs, qu'il les traitât selon sa miséricorde infinie, et non pas selon la sévérité de sa justice; parce qu'aucun homme vivant ne peut être justifié devant lui. Ces prières se faisaient, non pas pour ceux dont le salut pouvait paraître douteux, ni pour ceux qui, n'ayant pas vécu chrétiennement, demandaient à l'heure de la mort une pénitence qui a toujours paru suspecte. Elles se faisaient pour ceux dont la vie avait été un exercice continuel de toutes les vertus chrétiennes, dont, quelque temps après, la mémoire était célébrée comme des saints, et c'était ainsi que S. Augustin priait pour sa mère, sainte Monique. C'était donc que l'Église, voulant apprendre à ses enfants que les plus justes doivent toujours se regarder comme pécheurs, demandait miséricorde pour ceux mêmes qui, comme S. Paul, pouvaient attendre avec confiance la couronne de gloire de la justice du souverain juge.

Les péchés dont l'Église demandait la rémission en faveur de ces véritables chrétiens, n'étaient certainement pas ceux qui excluent du royaume du ciel en l'autre vie, et de la participation des sacrements en celle-ci. On n'aurait pas prié, ni fait mémoire dans le sacrifice de ceux qui en auraient été coupables, et qui seraient sortis de ce monde sans en faire pénitence, ou sans la demander. Ce ne pouvait donc être que de ces péchés dont l'infirmité humaine n'est jamais exempte, pour lesquels les plus saints évêques frappaient leur poitrine devant l'autel, dont tous les jours nous demandons pardon à Dieu dans l'oraison Dominicale, qu'on expie par les bonnes œuvres, et dont tout bon chrétien doit faire pénitence; parce que s'ils ne sont pas périlleux par leur grièveté, ils nous doivent inquiéter par leur nombre. Or ce sont ceux que l'Église catholique appelle véniels, et pour l'expiation desquels nous croyons que les âmes souffrent des peines dans le purgatoire, aussi bien que pour ce qui peut manquer à la pénitence faite durant la vie, lorsqu'on est tombé dans de plus grands péchés.

Les fidèles ont prié avec confiance pour les défunts suivant l'esprit de l'Église, persuadés de l'utilité des prières qu'elle ordonnait; mais ayant rendu ce devoir de charité chrétienne à leurs frères, ils ne portaient pas la curiosité plus loin. Ils croyaient que les âmes de ceux pour qui ils priaient en particulier et à l'autel souffraient, et ils demandaient leur soulagement; sur quoi ils se remettaient entre les mains de Dieu, sans entreprendre de déterminer les temps, les moments, la qualité, la durée, ou la fin de ces peines, parce que Dieu n'avait rien révélé sur cela à son Église, et que ces questions étaient de pure curiosité et de nulle édification. C'est pourquoi S. Augustin en parle avec beaucoup de réserve; les Pères grecs n'ont presque rien dit sur ce sujet, et cependant les Grecs et les Latins étaient dans une parfaite concorde, ne se reprochant aucune erreur les uns aux autres, même lorsque les disputes commencèrent à être vives sur plusieurs autres points moins importants.

Il s'ensuit donc certainement que ce que les Grecs modernes ont avancé sur cette matière est aussi nouveau que leurs disputes avec nos théologiens, qui peut-être leur proposaient comme des vérités de foi des opinions particulières, que le concile de Florence ne jugea pas à propos d'insérer dans son décret, comme elles ne furent pas non plus insérées dans ceux du concile de Trente. Non seulement celles des Grecs sont nouvelles, ce qui leur ôte toute autorité, mais elles sont directement contraires à la tradition et à la discipline de l'Église universelle, ce qui se prouve d'une manière très-simple, mais incontestable.

CHAPITRE X.

Réflexions sur le système de doctrine des Grecs modernes touchant les prières pour les morts.

Les Grecs croient que les âmes séparées et pour lesquelles ils prient sont dans l'enfer; que celles qui sont délivrées par les suffrages de l'Église vont dans un lieu de repos et de délices, et plusieurs, comme il a été marqué ci-dessus, prétendent que c'est le paradis terrestre, qu'elles y sont jusqu'au jour du jugement, après lequel les âmes des justes entreront dans la gloire avec leurs corps, et celles des réprouvés seront précipitées dans les flammes éternelles; que non seulement les âmes de ceux qui sont morts dans les sentiments de piété et de pénitence, ce qui doit faire bien espérer de leur salut, sont délivrées de l'enfer, mais encore celles de pécheurs morts dans le crime, et même des infidèles; que les prières de l'Église opèrent seules cette délivrance, parce qu'après la mort on n'est plus en état de mériter, et que la sentence qui décide du sort éternel des âmes ne devant être prononcée qu'après le jugement dernier, les élus ne jouissent pas de la béatitude; que même plusieurs sont dans l'incertitude de leur salut, et que les réprouvés ne sont pas encore dans les flammes éternelles, ce qui ne doit arriver qu'après la résurrection, lorsque les âmes seront réunies à leurs corps; qu'il n'y a pas de feu de purgatoire ni de lieu tiers entre le paradis et l'enfer, parce qu'il n'en est point parlé dans l'Écriture sainte. Telle est la théologie des Grecs modernes, et il est aisé de prouver que l'ancienne Église n'a rien enseigné de semblable.

Sur le premier article, qui est que les âmes séparées, même celles des justes, vont en enfer, les preuves qu'en apportent Dosithée et ceux qu'il a suivis sont si pitoyables, qu'elles ne méritent pas d'être réfutées : car les principales consistent en des passages de la sainte Écriture mal entendus, où le mot d'*enfer*, ou ἅδης, ne signifie rien moins que ce que tous les chrétiens entendent par le mot même, c'est-à-dire un lieu de tourments, mais simplement l'état de mort et le sépulcre, ce qui paraît par les endroits mêmes que citent les Grecs. C'est ce que signifient ceux-ci : *Descendam ad filium meum lugens in infernum. Non relinques animam meam in inferno, nec dabis sanctum tuum videre corruptionem*, et ainsi des autres. Quelques théologiens ont bien cru que le lieu des peines où les âmes justes étaient purifiées du reste de leurs péchés, était dans l'enfer; mais ils ont reconnu une différence entière entre l'état des âmes de ceux qui étaient morts dans la grâce et de ceux qui étaient morts dans le péché; au lieu que les Grecs n'y mettent presque aucune distinction : car les premières ont une consolation dans leurs peines, par l'espérance certaine d'être délivrées, et de parvenir à la béatitude; et les autres ne l'ont pas, selon les théologiens latins; mais les Grecs modernes laissent cette même espérance aux uns et aux autres; ce qui est contraire à l'Écriture et à la doctrine de tous les Pères.

Ce lieu de repos et de délices où ils supposent que sont les âmes des justes dans l'attente du jugement dernier est encore une pensée toute nouvelle, de même que la distinction du paradis et de la béatitude. Le principal fondement de cette opinion est tiré des prières de l'église grecque, dans lesquelles il est souvent fait mention de *lieux de repos et verdoyants, d'eaux agréables et de délices*. Mais comme ces prières sont tirées du psaume 22, dont les paroles, *in loco pascuæ ibi me collocavit, super aquam refectionis educavit me*, et d'autres semblables paraphrasées en diverses manières, il est certain qu'elles n'ont originairement aucun autre sens que le métaphorique, et qu'elles doivent encore moins être entendues à la lettre, de la manière dont les Grecs modernes les entendent, puisque ni l'Écriture ni la tradition ne nous apprennent rien de semblable. Ainsi les Grecs méritent avec raison le reproche qu'ils font injustement aux Latins, qui établissent un lieu tiers de peines, qui est ce que nous appelons *le purgatoire*, dont ils disent que l'Écriture ni les saints Pères ne font aucune mention. Nous avons l'autorité de plusieurs Pères latins, qui nous justifie suffisamment. Mais ce lieu tiers, qui n'est ni l'enfer ni le ciel, que les Grecs supposent, est encore plus inconnu, puisque les anciens Pères grecs n'en parlent point. Au contraire toute la tradition ecclésiastique, suivant laquelle les fidèles ont honoré les saints et ont demandé leur intercession, suppose qu'ils sont dans la béatitude céleste, et non pas dans le paradis terrestre. Donc la preuve que les Grecs prétendent tirer de ces prières pour établir ce lieu tiers, et prouver en même temps que les âmes sont délivrées de l'enfer et non pas du purgatoire, n'a aucune force : car jamais l'Église latine n'a eu de telles opinions, et cependant elle demande à Dieu dans ses prières pour les morts qu'il les délivre des peines de l'enfer, et qu'il leur fasse miséricorde en leur pardonnant leurs péchés, parce qu'elle les considère comme sortant du monde et comme paraissant devant leur juge, dont elle ne prétend pas pénétrer les jugements incompréhensibles.

La même Église latine, conservant la tradition de ses Pères, prie et emploie ses suffrages pour les morts ; mais c'est conformément à cette maxime certaine de S. Augustin, en ne priant que pour ceux qui ont vécu de telle manière que ces secours pussent leur être utiles après leur mort. C'est pourquoi elle ne les accorde qu'à ceux qui sont morts dans sa communion, et dans la participation des sacrements. Les Grecs se sont donc grandement écartés des règles les plus anciennes et les plus sacrées de l'Église, lorsqu'ils ont employé les prières et les Liturgies pour des pécheurs impénitents, et même pour des infidèles qui n'y pouvaient avoir aucune part durant leur vie, puisqu'ils étaient hors de l'Église, et qui par conséquent n'y pouvaient participer après leur mort.

L'incertitude du salut dans laquelle restent, selon l'opinion nouvelle des Grecs, ceux qui sont morts dans la communion de l'Église, est quelque chose de si contraire à l'espérance commune des chrétiens et à la doctrine de tous les Pères, qu'on ne la peut justifier que par d'autres suppositions aussi absurdes et aussi nouvelles que celle-là. Elle a été inventée pour éviter de reconnaître ce que l'Église latine croit touchant les peines du purgatoire, qui ne sont pas si clairement marquées dans l'Écriture sainte ; mais les angoisses, les ténèbres, la prison, les gémissements, et par-dessus tout l'incertitude du salut, sont des peines aussi grandes que celles du feu, et elles ne sont fondées sur aucun passage de l'Écriture. Elle marque au contraire que *les âmes des justes*, tels que sont ceux qui achèvent l'expiation de leurs péchés dans le purgatoire, *sont dans la main de Dieu, que les tourments de la mort ne les toucheront point, et qu'ils sont en paix*. Quoique ces paroles puissent signifier autre chose selon le sens littéral, celui-là néanmoins est bien moins éloigné de la lettre que tous ceux dont les Grecs se servent pour soutenir leurs nouveautés.

Quand ils disent que lorsque les péchés ont été pardonnés, il ne reste plus aucune peine à expier, ils décident sans aucune autorité une question qui peut être obscure et inconnue par rapport à l'autre monde, mais qui a été décidée dès les premiers siècles de l'Église par la discipline qu'elle a constamment pratiquée. Car lorsqu'elle accordait l'absolution et l'Eucharistie aux mourants qui étaient en pénitence, ou qui la demandaient, nonobstant l'espérance qu'on avait de leur salut, elle les obligeait, lorsqu'ils revenaient en santé, d'accomplir la pénitence canonique que méritaient leurs péchés dont ils avaient été absous. Dieu pardonna à David l'adultère, l'homicide d'Urie et la vanité de compter le peuple ; mais en le châtiant en même temps par des punitions temporelles. Ainsi la différence qu'il y a entre les deux opinions est que les théologiens latins, d'une vérité certaine, connue et confirmée par la pratique des siècles les plus florissants, en ont tiré une autre qui n'a pas la même clarté, parce qu'elle regarde l'état des âmes séparées, mais qui a presque la même certitude, puisqu'elle est fondée sur un principe théologique, dont les Grecs étaient convenus avant qu'ils fussent obligés d'en inventer un tout contraire, pour soutenir leurs nouvelles opinions.

Les anciens Pères et les théologiens qui les ont suivis sont convenus que la récompense parfaite des justes, de même que la punition des méchants, se ferait au jugement général, après la résurrection des corps, comme aussi qu'avant la descente de Jésus-Christ aux enfers, les âmes des saints n'étaient pas entrées dans le ciel, qu'il les tira du lieu où elles attendaient leur délivrance, et qu'il les avait élevées dans sa gloire. C'est pourquoi de toute antiquité on a invoqué les saints comme régnant dans le ciel avec Jésus-Christ. L'opinion contraire n'est pas ancienne ; et lorsque quelques théologiens entreprirent de la soutenir en Occident, elle fut rejetée avec raison et regardée comme hérétique. On sait quels troubles elle excita contre Jean XXII qui l'avait soutenue, et qui s'en rétracta. Les Grecs n'ont cependant aucun autre fondement de leur système théologique sur le purgatoire que cette opinion, ni de preuve pour la soutenir que celles qu'ils tirent du jugement général, et elles sont très-faibles : car le jugement particulier ne fait aucun préjudice au jugement général, comme le prouvent les théologiens ; et la manière dont les Grecs expliquent leurs pensées n'étant ni ancienne, ni uniforme, fait naître des difficultés beaucoup plus grandes que celles qu'ils ont voulu éviter ; car selon ce qui a été rapporté de Dosithée dans l'éclaircissement qu'il a donné sur cet article, en faisant imprimer le synode de Jérusalem de 1672, et qui est tiré de ce que Marc d'Éphèse avait dit sur le même sujet, les âmes des justes sont dans l'attente de leur sort, n'étant pas assurées de leur salut ; celles des méchants, même des infidèles, ne sont pas sans espérance d'être délivrées, le pouvant être par les prières de l'Église ; doctrine inouïe, contraire à tout ce que les Pères ont annoncé aux chrétiens dans leurs sermons et dans leurs catéchèses, qui favorise l'impénitence, et qui approche beaucoup plus des erreurs d'Origène que l'opinion des Latins sur le purgatoire, qui n'y a aucun rapport : car celle des Grecs est directement contraire à plusieurs passages formels de la sainte Écriture, entre autres pour ce qui regarde les infidèles, et même pour ce qui a rapport aux autres. Les Pères n'ont rien plus fréquemment ni plus fortement répété que cet avertissement salutaire de ne se pas fier aux prières ni aux bonnes œuvres des autres après la mort, montrant, selon l'Écriture, que chacun sera jugé selon ses œuvres, et non pas selon celles d'autrui. L'Église a regardé comme retranchés de son corps tous ceux qui mouraient dans l'impénitence ; elle leur a refusé ses prières et même la sépulture ecclésiastique. Comment donc les Grecs modernes ont-ils pu s'imaginer qu'elle pouvait après leur mort, de laquelle ils avaient été surpris étant hors de l'Église, vides de bonnes œuvres, coupables de plusieurs crimes, les rétablir, sans aucun mérite de leur part, dans la qualité des enfants de Dieu, et les mettre dans le royaume des cieux qu'ils s'étaient fermé par leur mauvaise vie ?

On ne croit pas qu'après ces réflexions, qui sont fondées sur des principes incontestables, aucun théologien ne reconnaisse que l'opinion des Grecs touchant l'état des âmes séparées, pour lesquelles ils font des prières et offrent le sacrifice de même qu'il se fait dans l'Église latine, ne soit embarrassée d'un nombre infini de difficultés beaucoup plus grandes que celles qu'ils ont formées contre la doctrine de l'Église romaine touchant le Purgatoire. En second lieu, il faut que les protestants avouent que les Grecs sont fort éloignés de ce que la réforme enseigne sur le même sujet, puisqu'ils prient pour les morts, et qu'ils célèbrent la Liturgie pour obtenir de Dieu le soulagement de leurs peines. Cependant rien n'est plus ordinaire dans les livres des controversistes protestants, que la citation du consentement des Grecs pour rejeter le purgatoire. C'est une source intarissable de déclamations contre l'Église romaine, comme si elle avait introduit la prière et la célébration de la messe pour les morts dans la vue d'un intérêt sordide. Si, dans les temps d'ignorance, il s'est introduit quelques superstitions, s'il s'est répandu de fausses histoires, l'Église qui les a toujours rejetées et condamnées, comme elle a fait en dernier lieu au concile de Trente, n'en doit pas être accusée, non plus que des fantaisies du poète Dante sur l'enfer, le purgatoire et le paradis. Elle a toujours enseigné que les âmes de ceux qui étaient morts dans la grâce de Dieu, mais sans avoir entièrement satisfait à sa justice, étaient soulagées par les prières et par les bonnes œuvres des vivants, particulièrement par le sacrifice de l'autel ; et sa discipline constante depuis les premiers siècles a été fondée sur cette doctrine. Elle n'en a pas dit davantage, et elle a même défendu les questions curieuses et inutiles qui se pouvaient faire sur ce sujet, ne voulant pas qu'elles fussent proposées aux peuples. Si les théologiens ont été plus loin, leurs spéculations n'ont jamais été regardées comme des articles de foi, et les protestants raisonnables ne peuvent pas ignorer que présentement, surtout en France, tous les abus dont on pouvait se plaindre au commencement de la réforme sont supprimés.

Les Grecs, dont ils ont cependant recherché l'approbation et la communion, ne peuvent pas dire la même chose ; car sur le fondement certain de l'utilité de la prière pour les morts, ils ont établi non seulement des opinions absurdes et insoutenables, mais des pratiques superstitieuses, qu'il est impossible de justifier, et que les protestants leur passent, à cause qu'elles sont contraires à la doctrine et à la pratique de l'Église romaine. Ils lui reprochent l'avarice des prêtres, comme la cause principale de ce qu'on a introduit toutes ces pratiques ; et cependant on est obligé de reconnaître que, pourvu qu'on suive les règles qu'elle a prescrites dans les prières et les messes pour les morts, il n'y a ni abus, ni superstition, et que tout ce qui peut avoir été fait au contraire est défendu et condamné par plusieurs canons, par diverses constitutions synodales de tout pays, et supprimé par tous les bons évêques. On ne trouvera pas dans l'Église latine des prières pour ceux qui meurent dans l'impénitence, ni des absolutions de malheureux morts dans l'excommunication, telles qu'en ont les Grecs, ni des opinions aussi contraires à tous les principes de la saine théologie que celles qu'ils ont introduites.

Il est donc fort inutile de se donner autant de peine qu'en ont pris Véjélius, Fehlavius et d'autres écrivains protestants, pour faire valoir, comme un grand argument contre l'Église romaine, que les Grecs ne croient pas le purgatoire. Ce qu'il fallait prouver était que les Grecs et les Orientaux ne prient pas pour les morts, et qu'ils croient inutiles les prières et les messes qui se célèbrent pour le repos des âmes séparées. Or nous avons fait voir par des preuves incontestables que non seulement ils le croient, mais qu'ils poussent cette opinion fort au-delà des bornes de la saine théologie, croyant que non seulement les âmes de ceux qui sont morts dans la grâce de Dieu reçoivent du soulagement par les prières des vivants, mais encore celles des impies morts sans pénitence, et même celles des infidèles. Il ne faut donc pas, comme font ces controversistes protestants, déclamer contre Allatius, de ce qu'il combat ces opinions extravagantes, puisqu'il le fait avec raison ; encore moins le charger d'injures, parce qu'il prétend et prouve solidement que non seulement elles sont insoutenables, mais qu'elles sont nouvelles. Encore moins faut-il l'accuser de ne pas raisonner juste, quand il dit qu'on ne peut reconnaître l'utilité de la prière pour les morts, sans convenir avec les catholiques de ce qu'il y a d'essentiel dans la doctrine du purgatoire. Ce serait abuser de son loisir et de la patience des lecteurs, que d'examiner en détail ces longues dissertations, où il est rare de trouver rien d'original ; mais seulement de longues citations d'hommes qui se copient les uns les autres avec de grands éloges, qu'ils pouvaient mériter d'ailleurs, mais qu'ils ne méritaient pas assurément pour leur capacité dans les matières sur lesquelles ils décidaient avec hauteur sans les connaître.

LIVRE NEUVIEME.

DES CANONS CONSERVÉS DANS LES ÉGLISES ORIENTALES QUI FONT PARTIE DE LA TRADITION, ET DE QUELQUES AUTRES MATIÈRES QUI ONT RAPPORT A CET OUVRAGE.

CHAPITRE PREMIER.
Des canons qui sont conservés parmi les chrétiens orientaux.

Une des preuves les plus certaines du respect que les Orientaux ont toujours eu pour la tradition de l'Église, est le soin qu'ils ont eu de conserver les anciens canons des conciles, et de les regarder comme le fondement de toute la discipline ecclésiastique. Le principe sur lequel ils établissent la vénération qu'ils ont pour ces monuments sacrés, est expliqué en cette manière par leurs plus célèbres auteurs. *Jésus-Christ,* disent-ils, *a dit à ses apôtres :* « Celui qui vous écoute m'écoute, et celui qui m'écoute, écoute celui qui m'a envoyé. » *Or nous écoutons les apôtres et Jésus-Christ en eux, lorsque nous recevons ce qu'ils ont établi et réglé pour la conduite des chrétiens, pour l'administration des sacrements et pour toutes les autres choses qu'ils ont prescrites, et que nous ne nous contentons pas de lire et de conserver par écrit ces règles sacrées, mais que nous les pratiquons. Car celui qui n'obéit pas aux saints Pères inspirés de Dieu, desquels l'Église a reçu ces canons, désobéit aux apôtres, dont ils étaient les successeurs et les disciples, et par une conséquence nécessaire, il désobéit à Jésus-Christ.* C'est pourquoi Echmimi, dans sa préface sur sa Collection, ayant traité cette matière fort au long, et avec autant de piété que de doctrine, conclut que *les évêques, les prêtres et même les laïques sont obligés de savoir les canons de l'Église :* les premiers pour instruire les autres de leurs devoirs, particulièrement en ce qui regarde la Pénitence, afin de n'être pas comme des aveugles qui en conduisent d'autres; les laïques, afin de les pratiquer.

Par ce motif de respect pour les canons, et par la nécessité de les connaître pour les suivre, autant que la faiblesse humaine et l'état malheureux où sont tombés les chrétiens orientaux depuis plus de mille ans le permettent, ils ont traduit tous ceux dont ils avaient connaissance et qui étaient en usage dans l'Orient, chacun en sa langue vulgaire, aussitôt que la grecque a cessé de l'être. La plus ancienne de toutes ces versions est la syriaque; ensuite il s'en est fait plusieurs en arabe et en quelques autres langues; et il est remarquable qu'elles ont été reçues communément dans les églises orientales qui n'avaient ensemble aucune communion; ce qui fait voir leur antiquité au-delà du plus ancien schisme, qui est celui des nestoriens, séparés de l'Église depuis le concile d'Éphèse. Il est impossible de déterminer si les nestoriens, comme étant les plus anciens hérétiques qui restent jusqu'à présent, sont les premiers auteurs de la version syriaque des canons qui composent le code universel de l'église d'Orient, ou si ces traductions ont été faites par d'autres Syriens orthodoxes ou jacobites; car il y avait également des uns et des autres dans les provinces où la langue syriaque était en usage. Il n'y a pas de livres d'une assez grande antiquité pour éclaircir cette question, qui d'elle-même est fort indifférente, puisque l'ancienne traduction syriaque est sans nom d'auteur, et que les melchites ou orthodoxes, les nestoriens et les jacobites s'en servent également.

Comme cette version est incontestablement la plus ancienne et la meilleure, nous donnerons d'abord un abrégé sommaire de ce qu'elle contient, tiré sur un excellent manuscrit de la bibliothèque du grand-duc de Toscane, dont l'antiquité est au moins de sept à huit cents ans, qui est en caractère appelé *estrangelo*, et écrit sur du parchemin. Quand on ne reconnaîtrait pas par la comparaison des autres versions que celle-ci est la plus exacte, la présomption serait en sa faveur, parce que les Syriens avaient plus d'usage de la langue grecque que les autres peuples d'Orient, et qu'ils cultivaient en même temps les deux langues, comme on l'apprend par l'exemple de la fameuse Zénobie, et par tant d'inscriptions qui restent encore dans les ruines de Palmyre, outre qu'ils conservèrent plus longtemps que les autres nations subjuguées par les Arabes la connaissance du grec; de sorte même que les premières traductions des livres grecs de philosophie, de médecine, de géométrie et d'astronomie furent faites en syriaque, et elles servirent ensuite de texte à la plupart des versions arabes de ces mêmes livres : car il ne faut pas croire ce qu'ont avancé trop facilement quelques savants du dernier siècle, entre autres M. de Saumaise, que ces interprètes arabes aient traduit sur le grec, puisqu'il y a des preuves certaines que la plupart n'ont été faites que sur des traductions syriaques, plus anciennes que le mahométisme, ou au moins que le calife Almamon, qui fut le grand promoteur de ces travaux parmi les Arabes.

Cette Collection syriaque peut être considérée comme un code universel de l'église d'Orient, sur lequel ont été formées toutes les autres. On trouve d'abord un abrégé des Constitutions apostoliques, sous ce titre : *Didascalia* ou *Doctrine universelle des douze apôtres et disciples de notre Sauveur.* Il n'est point divisé par livres comme dans les exemplaires grecs, mais en vingt-sept titres ou chapitres, qui n'y ont aucun rapport. Cependant il n'y a rien qui ne soit tiré des Constitutions apostoliques, mais plusieurs choses en sont retranchées. On ne peut dire si la version a été faite sur quelque texte grec différent de celui qui est imprimé, ou si c'en est un abrégé; car l'un et l'autre sont également possibles, puisqu'il y a une très-grande variété dans les manuscrits, sans qu'on puisse déterminer quel est le plus authentique ; et elle est encore plus grande dans les versions arabes.

I. Après cette première pièce il y en a une autre sous ce titre : *Premier livre de Clément, ou Testament de Notre-Seigneur Jésus-Christ, contenant les discours qu'il fit à ses apôtres après sa résurrection.* C'est un extrait des anciens recueils de constitutions et de canons attribués à S. Clément. Quelques-uns sont tirés du livre 3, d'autres des livres 6 et 8, mais avec de grandes différences du grec.

II. *Abrégé de la doctrine de S. Thadée, apôtre, qui prêcha la foi à Édesse et dans toute la Mésopotamie;* c'est un recueil de divers canons qui regardent la discipline, particulièrement celle de l'église orientale proprement dite, ce qui signifie ce qu'on appelait autrefois *le diocèse d'Orient,* soumis dans son origine aux patriarches d'Antioche. Les nestoriens ont aussi cette Collection, mais avec quelques variations ; les Cophtes, et tous les autres chrétiens soumis au patriarche d'Alexandrie ne la connaissent pas. Il faut cependant qu'elle ait été faite avant la séparation des nestoriens, puisque les jacobites syriens la reconnaissent pour authentique.

III. *Histoire abrégée de la division des apôtres pour aller prêcher l'Évangile dans tout l'univers;* elle se trouve dans les collections arabes. Celle-ci parle plus amplement de la mission de S. Thadée, duquel il est dit que les premiers évêques de Mésopotamie reçurent l'ordination.

IV. On trouve ensuite les canons des apôtres au nombre de quatre-vingt-deux, mais qui contiennent tous ceux qui sont dans les collections grecques, parce que quelques-uns sont joints à d'autres sous un même titre. La version est partout fort exacte, et il y a peu de diversité, si ce n'est au canon 46, qui contient les 46 et 47 des Grecs, où il y a une assez longue addition qui n'est pas dans l'original. Aussi on trouve à la marge une note qui marque que ces paroles ont été ajoutées par les ariens, quoiqu'il n'y paraisse rien qui ait rapport à l'arianisme. Le dernier est celui qui regarde les livres de l'ancien et du nouveau Testament.

V. Les canons de Nicée tiennent ensuite le premier rang, et le titre que leur donne cette ancienne version est fort remarquable : *Suivent les canons du concile grand, saint et œcuménique, assemblé à Nicée, capitale de Bithynie, des trois cent dix-huit saints Pères, qui fut tenu l'an 636 de l'époque des Grecs, depuis Séleucus Nicator, roi de Syrie, que suivent ceux d'Édesse, sous le consulat de Paulin et de Julien, le 19 du mois de hoziran, le 13 des calendes de juillet, l'an 20 du grand et fidèle empereur Constantin.* Cette époque est la même qui se trouve dans les actes du concile de Calcédoine, et confirmée par le témoignage des exemplaires grecs dont les Syriens se sont servis ce que le cardinal Baronius a établi par diverses raisons. Elle prouve aussi que l'époque d'Édesse est la même que celle des Séleucides, comme Joseph Scaliger l'avait établi, ayant été suivi en cela par le savant cardinal Noris, contre l'opinion de ceux qui la reculent de deux ans.

Ce qui est fort important à remarquer, c'est qu'elle ne contient pas d'autres canons que les vingt reçus dans toute l'Église grecque et latine, et qu'il n'est pas fait mention de ces autres appelés ordinairement les *canons arabes,* ni d'un plus grand nombre d'évêques, ni de toutes les autres fables contenues dans la préface traduite de l'arabe par Abraham Échellensis. Le canon 6, qui concerne le rang des églises patriarcales, est conforme au texte grec, et n'a pas l'addition qui se trouve dans plusieurs manuscrits latins : *Ecclesia Romana semper habuit primatum,* quoique le même Échellensis assure que ces paroles sont dans la version syriaque. Il n'est pas impossible qu'elles n'aient été en quelque manuscrit moderne ; mais il est difficile d'en citer de plus ancien que celui de Florence, et on pourrait alléguer beaucoup d'exemples qui font douter de l'exactitude et même de la bonne foi de ce maronite. Il y a assez de preuves dans les livres orientaux pour établir la supériorité de l'Église romaine par-dessus les autres églises patriarcales, sans avoir besoin d'en employer de fausses ou de suspectes. Après les canons on trouve le Symbole de la foi.

VI. Les *canons du concile d'Ancyre* ont été, à ce que dit l'interprète, *publiés avant ceux de Nicée; mais on met ceux-ci les premiers à cause de l'autorité de ce concile.* On voit aussi les noms des évêques qui étaient à celui d'Ancyre, et ceux qui intervinrent à celui de Néocésarée, dont les canons suivent immédiatement. Il y a quelque différence dans le nombre, quelques-uns étant partagés en deux, et d'autres joints sous un même titre. On remarque aussi qu'en quelques endroits les Syriens n'ont pas entendu les mots grecs ὑποπεσεῖν, ὑπόπτωσις, χειμαζόμενοι, propres à signifier les différents degrés de la pénitence canonique.

VII. Les canons du concile de Gangres suivent, avec la version de la lettre synodale et les noms des évêques.

VIII. Le concile d'Antioche est ensuite avec les noms des évêques ; les 25 canons et une longue lettre adressée à Alexandre, évêque de Constantinople, qui contient une exposition de la foi touchant l'arianisme. On sait qu'en ces temps-là les ariens firent diverses expositions de la foi toutes captieuses, dont il reste quelques-unes, et on ne peut douter que celle-ci ne soit de ce nombre, quoiqu'il ne soit pas aisé de déterminer à laquelle on la doit rapporter. Il parait donc que les traducteurs syriens l'ont représentée de bonne foi, telle qu'ils l'avaient dans leurs livres, et qu'ils l'ont prise dans un sens catholique, comme en effet elle peut recevoir une interprétation favorable; mais ils ont fait plus, puisqu'ils ont ajouté une note par laquelle ils marquent qu'il y a sujet de s'étonner pourquoi les Pères de ce concile, dont plusieurs avaient assisté à celui de Nicée, n'ont pas employé dans cette confession de foi le mot de *consubstantiel.* Les canons sont au nombre de 25.

(Trente-sept.)

IX. Les canons du concile de Laodicée au nombre de 59, mais le dernier ne contient pas le catalogue des livres de l'Écriture sainte, qui est dans l'édition grecque et dans les autres orientales.

X. Les canons du premier concile de Constantinople; mais il ne s'en trouve que quatre, parce qu'ils sont divisés autrement. Puis on voit les noms des évêques qui le composèrent, mais il n'y en a que dix de nommés. On trouve ensuite le Symbole, puis la relation envoyée à l'empereur Théodore, imprimée en grec et en latin.

XI. Deux canons du concile d'Éphèse, l'un touchant les évêques de Chypre, l'autre pour maintenir la foi publiée au concile de Nicée. Il y a sujet de s'étonner qu'on n'y voie rien des décisions contre l'hérésie de Nestorius : c'est ce qui fait croire que ceux qui ont fait la Collection avaient pris cette traduction des nestoriens, qui ne déférant pas à l'autorité de ce concile, avaient retranché ce qui regardait la condamnation de Nestorius.

XII. Après ces anciens canons on trouve le concile de 87 évêques d'Afrique sous S. Cyprien pour rebaptiser les hérétiques, traduit sur une version grecque. Les lettres de Jubaianus, de S. Cyprien, des évêques de cette assemblée et leurs avis, sont traduits très-fidèlement ; de sorte qu'en divers endroits la version fournit des leçons meilleures que la traduction grecque. Les lettres à Quintus, l'autre à Fidus, qui est appelé Philus, touchant le baptême des enfants, sont très-bien traduites, et en cet endroit il est marqué que cette traduction a été faite l'an des Grecs 998, qui répond à celui de Jésus-Christ 686.

XIII. Quelques canons pénitentiaux envoyés d'Italie aux évêques d'Orient, et d'autres envoyés par les évêques assemblés à Antioche. Il y en a seize, et il est aisé de voir qu'ils ne sont pas en leur lieu.

XIV. Extraits de quelques endroits des lettres de S. Ignace, martyr, aux Éphésiens, aux Magnésiens, aux Tralliens et à S. Polycarpe, aux Philadelphiens et à ceux de Smyrne, *qui ont*, dit l'interprète, *l'autorité des canons ecclésiastiques*. Il est remarquable que les passages rapportés ont été traduits sur des exemplaires conformes à celui de S. Laurent de Florence, sur lequel Vossius a donné son édition, et à la vieille version latine publiée par Ussérius.

XV. Épître canonique de S. Pierre d'Alexandrie, mais avec une addition considérable au canon 13, qui est néanmoins plutôt une exhortation qu'une décision. Le quatorzième et le quinzième, qui concernent le jeûne du mercredi et du vendredi, sont omis.

XVI. Les réponses canoniques de Timothée, patriarche d'Alexandrie ; mais les quatre dernières ne s'y trouvent pas.

XVII. Les canons du concile de Sardique, à la tête desquels il y a une préface et une confession de foi, qui est la même que rapporte S. Hilaire dans son livre des Synodes. Les Syriens marquent qu'elle a été faite au concile de Sardique, qui se trouve conforme à quelques manuscrits latins ; et ce que S. Augustin, et quelques autres anciens paraissent aussi avoir cru, quoique ce soit une formule faite à Philippopoli par les demi-ariens. Ils rapportent ensuite les canons de Sardique ; et ils marquent expressément *les appellations au bienheureux évêque de l'Église de Rome*.

XVIII. Épître de S. Athanase au religieux Amoun.

XIX. Celle de S. Basile à Parégorius, pour l'obliger à faire sortir de sa maison une femme qui y demeurait. C'est la 98°.

XX. La 76° du même, contre les ordinations simoniaques ; elle est adressée aux évêques qui étaient sous sa juridiction ; dans le syriaque elle est adressée aux chorévêques.

XXI. La 197° à Diodore, pour montrer qu'un homme après la mort de sa femme ne peut épouser sa sœur.

XXII. La 1ʳᵉ à Amphilochius, tout de suite, sans être divisée par canons, si ce n'est au 56° des éditions grecques, où les nombres commencent, et il y a ainsi 24 canons, jusqu'au 81° qui est le dernier, mais sous lequel sont compris les quatre suivants. On trouve ensuite divers extraits d'autres lettres et canons de saint Basile.

XXIII. Après cela suivent les canons du concile de Calcédoine ; ce qui paraît assez surprenant dans une Collection des jacobites, qui disent anathème à ce concile, où Dioscore, chef principal de leur secte, fut condamné. Aussi le traducteur ne fait aucune mention de la définition qui regarde la foi, il ne donne pas les éloges ordinaires ni à l'empereur Marcien, ni au concile, se contentant d'en rapporter les canons, dont il ne compte que 27 ; ainsi le 28° et le 29°, sur lesquels il y a eu tant de disputes, ne s'y trouvent point.

XXIV. Lettre de S. Grégoire de Nysse à Létoïus.

XXV. Le reste du livre contient des réponses canoniques et des constitutions particulières de Rabula, évêque d'Édesse, et des évêques d'Orient ; puis divers canons ecclésiastiques faits pour l'Orient par les évêques de Perse assemblés synodalement à Séleucie et à Ctésiphonte, pendant l'ambassade de Maruta, évêque de Miafarekin, l'an 14 d'Isdegerde, fils de Sapor. On voit à la suite divers extraits de lettres de Sévère, patriarche d'Antioche, un des principaux docteurs de l'église jacobite, et de quelques autres de la même secte. Enfin des réponses canoniques de Jacques, évêque d'Édesse, de Jean, évêque de Telala, et de quelques autres, dont l'autorité est grande dans l'église jacobite ; et Abulfarage dans son Nomocanon les cite très-fréquemment.

Pour ce qui regarde les canons des conciles et ceux des anciens Pères, ils sont également rapportés dans les collections des Cophtes et dans toutes celles qui sont en arabe ; et si ces réponses canoniques des évêques syriens n'ont pas été insérées dans le Code des canons de l'église d'Alexandrie, c'est que les Cophtes ont des constitutions particulières de leurs patriarches, qui ont parmi eux une grande autorité, parce que la plupart ont été faites synodalement, après l'ordination des mêmes patriarches, comme nous le dirons dans la suite.

Il faut enfin remarquer que dans cette Collection syriaque, les jacobites ont inséré quelques lettres du pape S. Célestin, et divers extraits des actes du concile d'Éphèse contre Nestorius.

CHAPITRE II.
De la collection arabe des melchites ou orthodoxes.

On trouve dans les bibliothèques plusieurs collections de canons arabes ; mais jusqu'à présent il ne paraît pas que ceux qui les ont citées, ou qui en ont donné des extraits, les aient assez connues ; car les melchites ou orthodoxes, les nestoriens et les jacobites ont chacun les leurs ; et quoique souvent ils se soient servis des mêmes versions, on y remarque néanmoins des différences considérables.

La principale de toutes est celle que nous appelons des melchites, parce qu'elle contient les canons des conciles que les nestoriens et les jacobites rejettent, et par conséquent elle est plus ample que toutes les autres. Nous en donnerons une notice abrégée sur des manuscrits anciens et corrects. Un des plus considérables est dans la Bibliothèque-du-Roi, et il a cela de singulier, que les titres de chaque concile y sont en grec et en arabe ; mais on reconnaît aisément que, lorsque le livre a été écrit, les copistes n'entendaient plus le grec, ce qui fait connaître néanmoins que ces versions ont été faites sur le grec et non sur le syriaque, comme celles dont se servent les jacobites et les nestoriens. On ne sait pas qui est l'auteur de cette traduction, et l'auteur anglais qui l'attribue à un Joseph, égyptien, qui était πρῶτος ou *premier prêtre* de l'église d'Alexandrie, et qui fut ordonné en 1316, n'a donné aucune raison de sa conjecture, si ce n'est qu'il a trouvé son nom à la tête du manuscrit, ce qui ne prouve rien, sinon que le livre lui avait appartenu. Rien n'est plus ordinaire que de trouver dans les livres ecclésiastiques de pareilles inscriptions, et comme les prêtres sont pauvres et négligents, les feuilles blanches du commencement et de la fin sont souvent remplies de noms et de dates de baptêmes, d'ordinations, de morts et de pareils faits arrivés du temps de celui auquel appartenait le livre. De plus aucun auteur n'a fait mention de ce prêtre Joseph ; et ce qui est décisif, deux manuscrits de la Bibliothèque-du-Roi, et divers autres de cette traduction, sont plus anciens au moins de deux cents ans que la date de 1316. Il est peu important de savoir le nom du traducteur, car ces versions ne paraissent pas avoir été faites par une seule personne, mais par plusieurs ; et même il est aisé de s'apercevoir qu'elles ont été souvent retouchées.

I. Ce qui sert de préface à cette Collection est un abrégé sommaire des conciles reçus par les melchites ou orthodoxes, dont on trouve une petite histoire qui ne contient que les titres de chacun, le temps auquel ils furent assemblés, les hérétiques qui y furent condamnés et les dogmes qui y furent établis. Cet abrégé est en grec et en arabe.

II. Catalogue des principales hérésies, dont la dernière est celle des monothélites.

III. Confession de foi tirée en partie de l'édit de Justinien, et des décisions du sixième concile ; elle est en grec et en arabe.

IV. Abrégé de canons touchant la disciple ecclésiastique, tirée en partie des Constitutions des apôtres.

V. Canons des apôtres au nombre de 80, quoiqu'ils contiennent les 85 grecs, mais ils sont autrement divisés.

VI. Autres canons des apôtres, tirés du 8e livre des Constitutions et des livres attribués à S. Clément.

VII. Canons du concile d'Ancyre, dont ils ne comptent que 24, de même que l'ancienne version latine et celle de Denis-le-Petit. La version est souvent paraphrastique, mais avec raison, pour éviter l'équivoque qui aurait pu tromper des ignorants. Par exemple, dans le canon 2, il est défendu aux diacres qui avaient immolé aux idoles, quoiqu'ils eussent depuis résisté à la persécution, ἄρτον καὶ ποτήριον ἀναφέρειν. L'arabe explique ces paroles ainsi : *Ils ne pourront porter le corps ou le sang de Jésus-Christ dans le temps qu'il est consacré ;* ce qui ne marque pas seulement la foi des Orientaux sur l'Eucharistie, mais ôte l'équivoque du mot ἀναφέρειν, qui signifie quelquefois *offrir* ou *consacrer* l'Eucharistie, ce qui n'appartient pas aux diacres.

VIII. Canons du concile de Néocésarée, que la plupart des collections arabes disent avoir été tenu à Carthage sous S. Cyprien contre Novat, qui ne voulait pas qu'on reçût à la pénitence ceux qui avaient succombé dans la persécution.

IX. On trouve ensuite une Histoire abrégée de l'empereur Constantin, qui est comme un prolégomène ordinaire aux collections arabes, puis un catalogue des hérésies plus ample que le précédent. C'est, avec quelques différences, la même préface qu'a traduite Abraham Échellensis, et qui a été imprimée dans les dernières éditions des conciles. Il est rare de trouver des manuscrits orientaux qui s'accordent parfaitement, et on y remarque souvent des variétés considérables ; mais il y en a dans la traduction de ce maronite sur lesquelles on pourrait soupçonner sa négligence ou un zèle mal entendu : car ayant fait cette traduction à Paris, souvent il n'est pas conforme aux seuls livres qu'il a suivis, qui se trouvent dans la Bibliothèque-du-Roi et dans celle de feu M. le chancelier Séguier. Dans les notes sur le symbole de Nicée, ou plutôt de Constantinople, il dit que ces paroles, *Filioque*, touchant la procession du Saint-Esprit, sont dans l'édition des Cophtes, et il cite un manuscrit qui était alors dans la bibliothèque de M. Gaulmin, et qui est présentement dans celle du Roi, où on ne trouve rien de semblable. On voit dans cette même préface la tradition commune des orientaux touchant les autres canons et constitutions qu'ils attribuent au concile de Nicée, et elle se trouve également dans toutes les collections arabes.

X. Ensuite vient la traduction des 20 canons véritables, puis les canons vulgairement appelés arabes ; la plupart des exemplaires en comptent 83, d'autres 84, après lesquels il y en a de particuliers qui regardent la discipline monastique. On les a en latin de la traduction d'Échellensis ; les Orientaux les croient authentiques, et nous en parlerons dans un chapitre exprès.

XI. Les canons du concile de Gangres, au nombre de 25, puis 59 de Laodicée, puis 21 de Sardique.

XII. Les canons du premier concile de Constantinople, dont il n'y a que 4, quoique les exemplaires grecs en rapportent 7. La préface est la même que Bévérégius a traduite.

XIII. Il n'y a qu'un canon du concile d'Éphèse, troisième œcuménique, avec la préface et quelques observations historiques, qui sont aussi dans l'édition d'Angleterre.

XIV. Les canons du concile de Calcédoine, au nombre de 27, les deux derniers ne s'y trouvant pas, non plus que dans les versions syriaques et dans les latines.

XV. Sommaire de l'histoire du cinquième concile général, mais très-peu exact.

XVI. Histoire abrégée du sixième concile contre les monothélites, de laquelle Eutychius, patriarche d'Alexandrie (Ann. t. 2, p. 267 et seq.), a tiré souvent mot à mot tout ce qu'il dit sur ce sujet dans la sienne. Ce qui est plus remarquable, c'est qu'ensuite on trouve la traduction de plusieurs pièces qui ont rapport à ce concile, entre autres une lettre *apostolica*, comme elle est appelée, du pape Jean IV touchant Honorius, que le P. Sirmond a donnée au public sous le titre d'*Apologia pro Honorio papâ* (Collect. Anast. Bib.) ; et cette traduction, quoiqu'elle paraisse altérée en quelques endroits, est néanmoins fort exacte, et beaucoup plus que ce qui se trouve rapporté par Eutychius, qui l'a copiée, mais sur de mauvais exemplaires. Nous donnerons dans les dissertations latines sur les canons orientaux un extrait plus ample de ces pièces.

XVII. On ne trouve plus dans le manuscrit du roi de petites préfaces grecques semblables à celles qui sont à la tête de chaque concile ; mais au lieu que dans le commencement il y a une confession de foi en grec et en arabe, après ce qui est rapporté des actes du sixième concile, il y en a une qui explique particulièrement la doctrine de l'Église contre les monothélites, comme ayant été faite dans le concile, quoiqu'elle soit différente de celle qui est insérée dans les actes.

XVIII. La lettre qui est à la tête des canons du concile, que les Grecs appellent cinquième et sixième, est rapportée comme faisant partie du sixième ; mais dans le manuscrit de la bibliothèque de M. Colbert, qui est plus ancien, il est marqué qu'on n'avait publié aucuns canons dans le sixième concile, qui était le dernier tenu dans le temps des Arabes ; et en effet l'an 680, auquel il fut assemblé,

répond à l'an 61 de l'hégire, et leurs affaires étaient alors très-florissantes.

XIX. Le manuscrit du roi rapporte ensuite les canons au nombre de 102, autant qu'il y en a dans les exemplaires grecs, quoiqu'il y ait une légère différence dans la division, le cinquième et le sixième étant joints en un ; mais le huitième est partagé en deux, ce qui revient au même, et la traduction est fort exacte.

XX. Le septième concile contre les iconoclastes, dont les canons sont rapportés conformément au texte grec.

XXI. On trouve ensuite un recueil de 150 canons, tirés de ceux du concile que les Grecs appellent *premier et second*, de celui qui fut tenu sous Mennas, et de diverses constitutions ecclésiastiques. Il n'est pas dans les plus anciens manuscrits ; et il est fait avec assez peu d'ordre, car il y a plusieurs choses répétées.

XXII. Les canons de S. Épiphane, patriarche de Constantinople, au nombre de 136, dont il est assez difficile de marquer l'original, car les Grecs n'ont point de collection qui porte ce nom. Il y a au commencement une préface au nom de l'empereur Justinien pour donner autorité à ces canons ; et il est surprenant que quoiqu'ils aient été recueillis par les orthodoxes, ils se trouvent dans les collections des jacobites et ont autorité parmi eux ; il semble que c'est parce qu'ils reçoivent tous les anciens conciles, dont les canons qui composent celles-là ont été extraits.

XXIII. Il y a ensuite dans le manuscrit du roi un abrégé des principaux points de la discipline ecclésiastique touchant les devoirs des chrétiens, les mariages permis ou défendus, les religieux et religieuses, le jeûne, la prière, le ministère des autels, le divorce, les offices funèbres, l'excommunication et quelques autres matières. Puis un abrégé des préceptes de l'ancien Testament.

XXIV. Enfin la plupart de ces collections finissent par un recueil assez ample de *canons* appelés *impériaux*, et qui ne sont rien moins que des canons. C'est un abrégé de plusieurs lois du Code Théodosien et du Code Justinien, distribué par lieux communs, et qui ont plus de rapport au droit civil qu'au droit canonique, puisqu'il y est parlé des testaments, des successions, des donations et d'autres pareilles matières. Cette collection est également reçue parmi les melchites, les jacobites et les nestoriens, et son autorité est fondée en raison. Elle consiste en ce que dans les provinces d'Orient conquises par les Mahométans, la première loi qu'ils établirent en faveur des chrétiens fut qu'ils vivraient dans une entière liberté selon leur religion et leurs coutumes ; en sorte que les contestations qui arriveraient entre eux fussent terminées par les évêques ou par les patriarches, comme elles l'auraient été sous les empereurs chrétiens. Pour conserver donc leurs lois autant qu'il était nécessaire, on fit cet abrégé qui en est entièrement tiré; et comme elles avaient autrefois été communes à tout l'Orient, elles furent reçues par tous les chrétiens qui y restaient, d'autant plus qu'il n'y a rien qui ait rapport aux sectes qui les divisent. Comme on n'a pas encore vu cette collection en syriaque, mais seulement en arabe, cela pourrait faire croire qu'elle n'a été que depuis le mahométisme; car depuis ce temps-là il s'est fait peu de semblables ouvrages en syriaque pour l'usage commun des chrétiens du pays, la langue n'étant restée en usage que dans le service des églises et pour quelques traités théologiques. Grégoire Abulfarage a fait sa collection en syriaque, et la plus grande partie, comme nous le dirons dans son lieu, a rapport à ces matières de droit civil; d'où on peut juger que les abrégés grecs, dont les Orientaux se sont servis, avaient d'abord été traduits en syriaque. On peut appuyer cette conjecture sur deux raisons assez vraisemblables : la première est que les plus anciennes versions orientales faites sur les originaux grecs ont été faites en langue syriaque, et il y en a des preuves certaines pour ce qui regarde les auteurs anciens de philosophie, de médecine, de mathématiques, et pour les écrits des saints Pères; la seconde est qu'il ne paraît pas qu'Abulfarage, quoique très-savant, entendît le grec; et même de son temps il aurait été difficile de trouver des hommes capables de traduire les lois du Code Théodosien ou du Code Justinien; donc lorsqu'il les a citées il y a apparence qu'il s'est servi de collections syriaques, qui étaient alors entre les mains de ceux de sa nation, pour conserver ces lois comme des textes authentiques, de même qu'il a cité Jacques d'Édesse, Rabula et divers autres qui avaient écrit en cette langue lorsqu'elle était encore vulgaire. Mais, parce que de son temps elle ne l'était plus, il traduisit son ouvrage en arabe, et il s'en trouve plusieurs exemplaires dans les bibliothèques de France et d'Italie.

CHAPITRE III.

De la collection des Cophtes ou jacobites du patriarcat d'Alexandrie.

On ne peut dire positivement si cette collection a été d'abord faite en cophte, qui était la langue des Égyptiens naturels, et dans laquelle ils ont l'Écriture sainte, traduite dès les premiers siècles du christianisme, autant qu'on le peut juger, comme les Liturgies, tous les offices des sacrements et la psalmodie, qu'ils conservent jusqu'à présent en cette langue. Personne n'a vu dans les bibliothèques de semblables traductions de canons; il n'en est fait aucune mention dans les auteurs anciens ou récents, et les vocabulaires, où on marque divers livres sur lesquels ont été faites les gloses qu'ils contiennent, n'en parlent point. Sévère, évêque d'Aschmonin, un des plus savants écrivains qu'aient eu les jacobites d'Égypte, et qui vivait dans le dixième siècle, dit dans la préface de l'Histoire des patriarches d'Alexandrie (MS. arab.) qu'il l'a composée sur plusieurs anciens livres en langue cophte, qui étaient dans le monastère de S.-Macaire; mais il ne parle point de canons. Il semble en effet qu'une pareille traduction n'était pas fort nécessaire pour les ecclésiastiques d'Alexandrie, où le grec était plus en usage que la langue égyptienne. Cependant il est très-possible qu'il y ait eu quelque traduction qui ait été perdue, puisqu'il est vraisemblable que plusieurs canons, qui regardaient la pénitence ou certains autres points de discipline, dont les prêtres et les évêques des provinces éloignées, et presque tous ceux de la Thébaïde avaient besoin d'être instruits pour la conduite de leurs troupeaux, étaient traduits. Car les lettres pascales que les patriarches d'Alexandrie écrivaient à tous les évêques de leur dépendance l'étaient sans doute, puisque la coutume de les mettre en deux langues subsistait encore il n'y pas fort longtemps, l'original étant en cophte et la traduction en arabe; et même les actes importants, comme celui de l'élection et de l'intronisation du nouveau patriarche, se font en grec, en cophte et en arabe. Ainsi les savants et ceux qui voyageront en Égypte pourront faire de plus amples recherches pour tâcher de découvrir s'il reste encore des exemplaires de cette ancienne traduction, dont nous n'avons jusqu'à présent pu découvrir le moindre vestige.

Toutes les collections des Cophtes qui ont été connues jusqu'à présent sont donc en arabe. La plus ample, et à laquelle sont conformes les manuscrits les plus exacts, a été faite vers le commencement du treizième siècle; ce qui se prouve par les dernières constitutions patriarcales qui sont de ce temps-là, sans qu'on en trouve de postérieures.

I. Pour ne pas répéter ce qui a été dit en parlant de la collection des melchites, les Cophtes ou jacobites d'Alexandrie ont dans la leur les canons des apôtres, un abrégé des Constitutions apostoliques, d'autres canons qui sont tirés du huitième livre, et divers semblables recueils, avec les mêmes défauts que nous avons remarqués dans celui des melchites; car il faut supposer, comme une règle générale, que les Orientaux n'ont aucune critique, et même les Grecs n'en ont guère davantage. Les canons de Nicée, les préfaces historiques, et les autres traités préliminaires dont il a été parlé ci-dessus, sont les mêmes, non seulement pour la substance, mais il paraît que tous ces chrétiens orientaux se sont servis de la même traduction; de sorte que s'il y a quelques différences, comme on en observe plusieurs, ce sont des diversités de leçons, ou des gloses qui ont été insérées dans le texte par les copistes. Les canons arabes de Nicée sont également reçus parmi eux, et quoiqu'ils ne soient point dans l'ancienne collection syriaque ils sont dans toutes les arabes et celles qui en ont été formées, comme l'éthiopienne. Ils ont de même les canons impériaux avec peu de variété, et la collection des jacobites d'Alexandrie est de toutes la plus complète.

II. On y voit aussi les canons du concile d'Ancyre au nombre de 24; 14 du concile de Néocésarée, qu'ils confondent, de même que les melchites, avec ceux du concile de Carthage; 20 du concile de Gangres avec l'épître synodale; 25 de celui d'Antioche, et l'épître synodale.

III. Les vingt légitimes de Nicée sont distingués de tous les autres, et les versions sont un peu différentes, suivant la différence des églises, en ce que souvent les endroits qui pouvaient être difficiles à entendre sont paraphrasés, et que des notes sont entrées dans le texte. De plus, différents abrégés de canons sans titres, qui n'étaient pas assez connus par les interprètes arabes, ont été traduits à part, dont il s'est fait de nouveaux canons de Nicée outre les véritables, et ceux qu'on appelle arabes, outre lesquels les jacobites d'Égypte en rapportent 33 qui regardent la discipline monastique, et 20 autres qu'ils disent avoir été traduits sur le cophte, dont le premier contient le Symbole de Nicée. Les autres sont les véritables de ce même concile, dont les nombres sont altérés; mais tout ce que contiennent ces premiers y est compris, et la version est plus conforme à l'original grec que la première. Ainsi il y a tout sujet de croire que celle-là est la plus ancienne, et que l'ignorance de ceux qui dans la suite du temps ont recueilli les canons, les a empêchés de reconnaître que ceux-là étaient les véritables de Nicée, au lieu qu'ils ont pour titre *les quatrièmes canons.*

IV. Ils mettent ensuite ceux du premier concile de Constantinople, et ils en rapportent 23 canons, qui sont composés des anathématismes contre l'hérésie de Macédonius, dont on ne trouve pas l'original dans les actes; mais ils ont été tirés de plusieurs anciennes pièces qui ont rapport à cette matière; puis ils mettent séparément les véritables canons, dont ils ne comptent que quatre, et ils ne font qu'un des trois premiers. Celui qui concerne les priviléges du siége de Constantinople se trouve avec les autres, quoiqu'il manque dans la collection des melchites, dont celle-ci est fort différente. Un seul canon du concile d'Éphèse et 59 de celui de Laodicée. Leur version paraît plus littérale que celle des melchites, outre qu'il s'y trouve plus de mots grecs conservés que dans celle-là, qui est une marque d'antiquité.

V. On trouve en cet endroit les canons du concile de Carthage, ou plutôt un abrégé de ceux qui composent le Code Africain.

VI. Les canons de S. Épiphane, patriarche de Constantinople; mais ils n'en comptent que 45, au lieu que les melchites en ont 136, et il y a une grande diversité entre ces deux collections.

VII. 12 canons attribués à S. Jean Chrysostôme sur la discipline ecclésiastique, qui sont aussi insérés dans quelques exemplaires des melchites, et même cités et reçus par les nestoriens.

VIII. Canons de S. Hippolyte, évêque de Porto, et, selon eux, pape de Rome, qui sont connus dans tout l'Orient; on ne peut aisément découvrir d'où ils sont tirés.

IX. 30 canons sans nom d'auteur. Ceux de S. Basile à Amphilochius.

X. 4 canons de S. Grégoire de Nysse, tirés de son épître à Létoius, qui est entière dans divers manuscrits, comme dans la traduction syriaque.

XI. Deux recueils de canons sans nom d'auteur, sinon en général qu'ils sont des saints Pères, et d'autres plus récents, touchant la discipline des temps postérieurs, dans lesquels la discipline ancienne est souvent mitigée.

XII. 107 canons attribués à S. Athanase.

XIII. Après ces canons on trouve dans la grande collection des jacobites d'Alexandrie quelques extraits des ouvrages de Michel, métropolitain de Damiette, pour justifier l'abrogation de la confession des péchés, et d'autres abus des Cophtes sous le patriarcat de Marc, fils de Zaraa. Ces pièces, dont il a été parlé ailleurs, sont très-méprisables, et néanmoins elles se trouvent citées par divers auteurs, et elles sont dans le manuscrit de M. Séguier, aussi bien que dans celui que Wanslèbe fit copier au Caire.

XIV. Constitutions du patriarche d'Alexandrie Christobule, publiées en 1038.

XV. Constitutions de Cyrille, son successeur, publiées en 1078.

XVI. Constitutions du patriarche Gabriel, fils de Tarick, publiées en 1129, et divisées en 32 canons.

XVII. Constitutions du patriarche Cyrille, fils de Laklak, ordonné en 1216.

XVIII. Il y a enfin quelques extraits d'autres constitutions patriarcales, qui ne se trouvent pas entières, mais qui ont autorité, non seulement à cause des patriarches qui les ont publiées, mais parce que la plupart ont été faites dans les synodes tenus pour leurs élections.

XIX. Le manuscrit de M. Séguier, et ceux qui ont été copiés en Égypte, contiennent aussi quelques autres pièces, comme l'explication des degrés de parenté et de cousanguinité; des règles communes de droit pour les successions et autres matières; ce sont plutôt des éclaircissements que des canons, et quelques-uns sont tirés des ouvrages d'Ebneltaïb, nestorien. Abulbircat, qui fait un dénombrement des canons qui sont reçus dans l'église cophte, marque tous ceux que nous avons indiqués ci-dessus.

CHAPITRE IV.

Des collections de canons de l'église nestorienne.

L'église nestorienne, qui s'est étendue depuis plusieurs siècles jusqu'aux extrémités de l'Orient, a eu, sans doute, comme toutes les autres, sa collection de canons, quoiqu'on en trouve très-rarement des exemplaires. Quelque recherche que nous en ayons pu faire, nous n'en avons jamais vu aucun, et celui que cite Échellensis comme étant dans la bibliothèque Vaticane ne s'y trouve plus. Cependant nous donnerons une connaissance assez exacte de cette collection, par plusieurs citations qui s'en trouvent en divers auteurs.

Hébedjésu, comme on l'appelle ordinairement, et qui est l'*Abdisus* qui vint à Rome vers la fin du concile de Trente, a donné un catalogue de plusieurs livres syriaques traduits par Échellensis, et on y voit le titre de diverses traductions anciennes des premiers conciles généraux ou provinciaux, qui sont dans le Code de l'Église universelle. On ne peut raisonnablement douter que puisque les jacobites de Syrie traduisirent dès le commencement de leur schisme les anciens canons en leur langue, les nestoriens qui s'établirent dans les provinces voisines de la Perse où la langue grecque était peu connue, n'aient eu le même soin. Il est aussi fort vraisemblable que les uns et les autres avaient une version commune de ces canons, dont l'autorité était partout également respectée, puisque les orthodoxes et les hérétiques se sont servis des mêmes traductions de l'Écriture sainte sans aucun scrupule. Comme les nestoriens étaient plus anciens, si la traduction des canons a été faite vers le temps du concile d'Éphèse, ils peuvent en avoir été les premiers auteurs; et s'il est permis de conjecturer, comme on est souvent obligé de le faire dans des matières aussi obscures, ces anciens canons étaient traduits en syriaque longtemps avant les schismes, comme la Liturgie de S. Jacques, et d'autres offices ecclésiastiques de la première antiquité : car nous voyons dès les premiers temps de l'Église des évêques syriens dans les conciles, qui ne savaient pas le grec et qui souscrivaient en leur langue. Or il n'y a pas d'apparence que les évêques et le commun des ecclésiastiques n'eussent pas alors des livres dans lesquels ils pussent s'instruire des règles canoniques, pour le gouvernement des âmes soumises à leur conduite.

Nous trouvons dans l'extrait qu'a fait Abulbircat de la collection de canons d'Ebneltaïb, nestorien, et par les titres que rapporte Hébedjésu, ce qui compose celle de cette secte. D'abord les nestoriens, comme les orthodoxes et les jacobites, mettent les canons des apôtres au nombre de 82 ; 30 autres tirés des Constitutions apostoliques, et le recueil de diverses autres dont il a été parlé ci-devant. Puis les canons d'Ancyre, de Néocésarée, de Gangres et de Laodicée, et ceux de Nicée que toute l'Église reçoit. Il est difficile de savoir si les autres qui ont été ajoutés sous le même titre par les Arabes, se trouvent dans l'ancienne collection syriaque; et il y a apparence qu'ils n'y étaient pas, puisqu'ils ne sont pas dans celle des jacobites. Mais il faut que les nestoriens les aient reçus depuis ; car Ebneltaïb les a insérés dans la sienne : et Amrou Ebn Mataï, auteur nestorien, qui a écrit l'histoire de son église, en fait mention, comme aussi de ce qui est marqué dans la préface arabe (MSS. arab. Bib. Vatic., Colbert., Séguier) touchant le grand nombre de constitutions qui furent faites en ce concile. Ils mettent ensuite les canons du concile d'Antioche, et ceux du premier de Constantinople. On ne doit pas s'étonner s'ils omettent ceux des conciles d'Éphèse et de Calcédoine, où leurs erreurs furent condamnées. Abulbircat dit que les canons du second concile de Nicée sont dans la collection d'Ebneltaïb, ce qui paraîtrait fort extraordinaire ; mais ce qu'il a voulu dire, en cas qu'il ne se soit pas trompé, était que les nestoriens reconnaissaient le second synode de Nicée ; c'est-à-dire les canons du second ordre attribués au premier, et appelés communément les canons arabes; car les nestoriens, écrivant en syriaque ou en arabe, appellent *synodes* les canons qui ont été publiés dans quelque assemblée d'évêques que ce soit, et dans un sens particulier, ceux qui ont été faits après les élections de leurs catholiques, en présence et du consentement des évêques assemblés pour leur élection et pour leur ordination ; comme dans l'église cophte on appelait absolument *synodical* ou synodiques les lettres par lesquelles les patriarches d'Alexandrie donnaient part de leur ordination aux patriarches jacobites d'Antioche.

C'est dans ce sens qu'on doit entendre ce qu'on trouve dans le catalogue de Hébedjésu et en d'autres auteurs, où il est parlé de plusieurs synodes, qui sont des constitutions de leurs catholiques ou patriarches, parce qu'elles se faisaient avec l'approbation des évêques, sans laquelle elles n'avaient pas d'autorité. Il y en a 18, toutes plus anciennes que le douzième siècle, dans lequel vivait Ebneltaïb, qui les a recueillies : celles de Mar-Isaac, de Mar-Jabalaha, Mar-Dadiechua, Mar-Akak, Mar-Jani, Mar-Aba, Mar-Joseph, Mar-Ezéchiel, Mar-Jéchuaiabab, Mar-Sébériéchua, Mar-Grégorios, Mar-Gergis, Mar-Hananiéchua, Mar-Jéchuabocht, Mar-Timothéos, Mar-Josué-bar-Nun, Mar-Joannes. On trouve la plupart de ces synodes marqués dans le catalogue de Hébedjésu, qui ajoute que les catholiques successeurs de ces premiers avaient ajouté de nouvelles constitutions, insérées aussi dans le livre des synodes. Il paraît par le synode de Diamper, tenu sous D. Alexis de Ménesès, archevêque de Goa, pour la réforme des églises nestoriennes de Malabar, que cette collection de canons et de constitutions y était alors connue, mais qu'il en interdit l'usage et qu'il abolit tout ce qu'il en put retirer d'exemplaires.

Cette première collection était de canons entiers disposés selon l'ordre des temps, comme ils sont dans le code universel et dans les collections syriaques ou arabes des melchites et des jacobites, dont il a été parlé ci-dessus. Il y en a eu d'autres par lieux communs, dont la principale a été celle d'Ebneltaïb, appelé autrement Abulferge, connu par plusieurs ouvrages. Abulbircat et quelques canonistes jacobites, qui en parlent avec éloge, nous apprennent qu'elle était tirée de tous les canons des anciens conciles dont il a été parlé, de ceux des apôtres, et de tout ce qui avait été recueilli sous ce titre des constitutions et des œuvres attribuées à S. Clément. De plus, il cite les canons du pape Damase, et les douze conciles d'Occident, par lesquels on doit entendre les conciles d'Afrique, ou les canons du Code Africain, dont il sera parlé ci-après. Il se sert aussi de l'autorité des constitutions patriarcales, et des canons impériaux, c'est-à-dire de l'abrégé de plusieurs lois du Code

Théodosien et de celui de Justinien, qui ont une égale autorité dans toutes les églises orthodoxes, schismatiques ou hérétiques, parce que tout l'Orient ayant été autrefois soumis aux empereurs chrétiens, était gouverné suivant ces mêmes lois, de sorte qu'elles ont continué à servir de règle et de droit commun pour les affaires civiles entre les chrétiens. Ebneltaïb cite en quelques endroits le concile de Calcédoine, mais c'est sur des points de discipline. Il est loué par les jacobites mêmes, comme ayant très-bien expliqué quelques points de droit touchant les successions et les degrés de parenté; mais ils rejettent sa doctrine sur la foi.

On trouve dans l'ouvrage d'Abulbircat le nom d'un autre canoniste nestorien, nommé Mar-Hazariel, métropolitain de Basora, qui avait réduit les canons sous divers titres, entre autres ceux-ci : des mariages, des prières, des fêtes, des oblations, des autels, et de tout ce qui a rapport au sacerdoce et au service des églises; de l'élection des patriarches, des évêques, des chorévêques, des archidiacres et autres ecclésiastiques; des hôpitaux, des écoles, des monastères, de la vie religieuse. Il y a sujet de croire que cette collection est celle que Hébedjésu attribue à Gabriel, métropolitain de Basora; car les noms sont souvent fort défigurés dans le catalogue de cet auteur. Il parle aussi d'une autre collection de canons d'Élie-le-Catholique, sans marquer quel il est, car il y en a eu plusieurs de ce même nom. Il en rapporte une autre d'Élie, métropolitain de Nisibe; et il dit qu'il en avait lui-même composé une, qu'il mit à Rome dans la bibliothèque Vaticane. Enfin il cite des réponses canoniques de Siméon et de Jéchuabocht, métropolitains de Perse, que nous ne connaissons point d'ailleurs.

CHAPITRE V.

Des collections de canons par lieux communs.

La plus ancienne de ces collections que nous ayons connue jusqu'à présent est celle de Fergealla Echmimi, c'est-à-dire natif de la ville d'Echmim ou Ichmim dans la Thébaïde, sur la rive orientale du Nil. Les gloses anciennes égyptiennes et arabes l'appellent *Panos*, ce qui a fait juger à de très-savants hommes de nos jours (Gol., not. ad Alfrag., p. 105) que c'était la *Panopolis* ou *Chemmis* des anciens. On ne trouve rien dans ses préfaces ni dans tout le cours de l'ouvrage qui nous apprenne aucune circonstance de sa vie; mais son pays, où il n'y a eu depuis plusieurs siècles que des jacobites, et les citations des constitutions de leurs patriarches prouvent qu'il était de cette secte. Comme les dernières qu'il cite sont celles de Gabriel, fils de Tarich, qui fut ordonné l'an de Jésus-Christ 1129, il a dû vivre dans le douzième siècle, et par conséquent sa compilation de canons est plus ancienne que les autres qui nous restent. Abulbircat ne parle pas de cet ouvrage; mais c'est peut-être par le défaut de l'exemplaire dont nous nous sommes servis, où il manque un feuillet à l'endroit où il devait en parler. Le manuscrit d'Echmimi, qui est dans la Bibliothèque-du-Roi, a été écrit l'an 1073 des Martyrs, qui est 1357 de Jésus-Christ.

L'ouvrage commence par une préface très-docte, et pleine de piété touchant le respect que les chrétiens doivent avoir pour les canons de l'Église, comme ayant été reçus par la tradition des apôtres, et l'obligation qu'il y a de les prendre pour règle de sa conduite. Il est divisé en deux parties, dont la première contient les matières purement ecclésiastiques en 26 chapitres, subdivisés en différentes sections; la seconde regarde les laïques et plusieurs points de droit civil, et elle est divisée en 50 chapitres. Il cite tous les canons qui sont compris dans la collection des Cophtes, excepté les constitutions de Cyrille, fils de Laklak, qui vivait après lui. Il rapporte les paroles des canons qu'il abrège quelquefois, ajoutant de temps en temps des réflexions courtes et judicieuses; il cite Ebneltaïb et Élie, métropolitains de Nisibe, quoique nestoriens. Cette collection est peu connue, et on ne la trouve pas citée ailleurs, ce qu'on peut attribuer à ce que presque en même temps il s'en fit une autre dont nous avons à parler présentement.

C'est celle d'Ebnassal qui s'appelait Abulfedaïl Ebnel-Assal, et que quelques auteurs qui l'ont cité n'ont pas distingué de son frère Elmoutmen-Abu-Isaac Ebn-el-Assal, aussi célèbre par ses ouvrages théologiques que l'autre par sa capacité dans les matières canoniques. Ils vivaient sous le patriarche Cyrille, fils de Laklak, dans le milieu du treizième siècle, et le premier fut employé dans plusieurs grandes affaires qui agitèrent l'église d'Alexandrie sous ce patriarche. Comme il avait été élu assez peu canoniquement, et plutôt par la faveur du sultan que par la liberté des suffrages des évêques et des principaux séculiers, qui s'opposèrent pendant près de vingt ans à son élection, il eut de grandes contradictions à essuyer lorsqu'il fut élevé sur le siége patriarcal, plusieurs se plaignant de sa conduite comme peu conforme aux règles de l'église; et même on parla de le déposer. Enfin il apaisa son clergé et son peuple, mais ce fut en s'obligeant à changer de conduite et à réformer divers abus. Pour y parvenir, il fut résolu dans une assemblée de tous les évêques, où se trouvèrent les principaux séculiers qui représentaient le corps des laïques, qu'on ferait une nouvelle collection de canons accommodée à l'usage présent de l'église cophte, qui serait approuvée par les évêques, et à laquelle ils seraient obligés de se conformer. Ebnassal fut chargé de ce travail, et la collection fut achevée et signée par les évêques, l'an de Jésus-Christ 1239. C'est ainsi qu'en parlent quelques auteurs; mais l'Histoire de l'église d'Alexandrie, qui explique ces différends fort au long, donne lieu de croire que cet abrégé des canons, signé par Cyrille et par ses évêques, est ce que nous trouvons dans la grande collection des Cophtes sous le titre de constitutions de ce patriarche. Cela est beaucoup plus vraisemblable que d'entendre cette approbation et ces signatures de l'ouvrage entier d'Ebnassal, dont nous parlons présentement.

Cela importe peu néanmoins, puisqu'on sait d'ailleurs que cette collection a été généralement approuvée parmi les Cophtes; et c'est ce qui fait qu'il y en a beaucoup d'exemplaires. Il y en a un dans la Bibliothèque-du-Roi, deux dans celle de M. Séguier, un dans celle de M. Colbert; dans la Vaticane, dans celle du grand-duc et d'autres en Angleterre. L'ouvrage est divisé en deux parties, dont l'une comprend les matières ecclésiastiques, l'autre ce qui regarde en général tous les chrétiens; et elles contiennent ensemble 50 chapitres, dont 21 font la première partie. Les sept derniers de la seconde ont plus de rapport à la première, le 44° contenant les préceptes de l'ancien et du nouveau Testament; le 45° les peines canoniques ou les pénitences pour l'apostasie; le 46° celles de l'homicide; le 47° celles des péchés de la chair; le 48° celles du larcin; le 49° diverses autres règles de pénitence; enfin le 50° est entièrement employé à prouver la nécessité de confesser ses péchés aux prêtres, où il réfute les vains et faux raisonnements de ceux qui voulaient abroger la confession, en conséquence de l'abus qui s'était introduit à ce sujet sous quelques patriarches, ce qui a été expliqué dans le traité sur le sacrement de la pénitence. Enfin Ebnassal cite tous les canons et les autres décrets que nous avons marqués en détail en parlant de la collection des Cophtes. Il y ajoute quelques notes pour l'intelligence des endroits obscurs; et cet ouvrage n'est pas moins estimable que plusieurs de ce même genre faits par les Grecs des derniers temps.

Outre ces deux collections qui sont faites pour l'église jacobite d'Égypte, et qui comprennent tous les canons anciens et modernes, il y en a de particulières qui furent faites pour le rétablissement de la discipline et pour l'usage de ces temps-là. La principale est celle de Gabriel, fils de Tarik, soixante-dixième patriarche, qui tint le siége depuis l'an de Jésus-Christ 1139 jusqu'en 1153. Elle est divisée en 70 chapitres. Il y en a une autre que quelques manuscrits lui attribuent, et qui est selon l'ordre des canons; mais elle se trouve ailleurs sous le nom d'Abusélah-Younes, duquel nous ne savons que le nom. Elle contient un abrégé succinct de tous les anciens canons suivant l'ordre des temps, au lieu que celle de Cyrille est par lieux communs, et les canons sont indiqués.

On peut mettre au nombre de ces collections celle qu'Abulbircat a donnée dans son ouvrage où il rapporte tous les canons, et il en donne des paratitles ou abrégés assez exacts.

Les jacobites syriens en ont une fort estimée parmi eux, composée par Grégoire Abulfarage, *mofrian*, c'est-à-dire catholique d'Orient, traduite en arabe par lui-même, et elle est divisée en 40 chapitres subdivisés en plusieurs sections. Il n'y a cependant que les sept premiers qui regardent les matières ecclésiastiques, tous les autres regardant le droit civil. Il cite les canons en abrégé, de même que les lois impériales, dont est tirée la plus grande partie de l'ouvrage.

Les Orientaux ont plusieurs autres recueils qu'ils appellent Canons, parce qu'on y trouve la plupart de ceux qui ont rapport à chaque matière. Il y en a sur le baptême, sur la manière de célébrer la Liturgie, sur le mariage, et particulièrement sur la pénitence. La plupart sont sans nom d'auteur, principalement les plus anciens. Celui qui a plus d'autorité parmi les jacobites a été composé par Denis Barsalibi, métropolitain d'Amid, qui a souvent été cité dans cet ouvrage.

Enfin ils mettent en quelque manière au nombre des canons, des réponses de leurs évêques et de leurs docteurs, comme aussi d'autres qu'ils attribuent à S. Athanase, à S. Basile, à S. Grégoire et à d'autres Pères. Les Cophtes ont celles de Vincent, évêque de Coptos ou Kest, qu'ils croient avoir vécu avant le mahométisme, d'Anathase, évêque de Kus, et diverses anonymes.

CHAPITRE VI.
Des canons arabes attribués au concile de Nicée.

Les canons du concile de Nicée, qu'on appelle arabes pour les distinguer des véritables, ont été d'abord connus en Europe par la traduction que Turrien en fit faire sur la fin du seizième siècle, qu'il communiqua au P. Alphonse Pisani, et celui-ci l'inséra dans la collection qu'il publia quelque temps après des actes du concile de Nicée. Cette traduction est fort défectueuse; car elle fut faite sur une copie apportée d'Égypte, et très-moderne; outre que Turrien, ne sachant pas l'arabe, employa à ce travail des gens qui n'en étaient pas capables et qui n'entendaient pas la matière. Plusieurs années après, Abraham Échellensis, maronite, professeur royal en arabe et en syriaque, en publia à Paris une nouvelle traduction, avec celle de la préface arabe du concile de Nicée; et elle a été insérée dans la dernière édition des Conciles.

Turrien, quoique très-savant, n'était pas heureux dans ses conjectures sur les ouvrages des anciens; ainsi il ne faut pas s'étonner s'il entreprit de soutenir que ces nouveaux canons étaient véritablement du concile de Nicée; mais les preuves qu'il en donna ne furent pas capables de le persuader à ceux qui avaient la moindre connaissance de l'antiquité ecclésiastique. Échellensis n'en produisit aucune nouvelle, sinon le témoignage des Orientaux; ce qui fit que tous les savants rejetèrent ces canons comme des pièces supposées, et qui n'avaient aucune autorité. Ils en ont néanmoins une fort grande dans les églises d'Orient, dont ils représentent assez exactement la discipline; et par cette raison il ne sera pas inutile d'en faire une critique plus exacte qu'on n'en a fait jusqu'à présent.

Nous ne répéterons pas ce que de très-savants hommes ont écrit sur ce sujet, pour faire voir le peu de solidité des preuves de Turrien, qui roulent toutes sur la lettre d'Isidore Mercator, sur une fausse lettre du pape Jules, et sur ce qu'il se trouve quelques canons de Nicée cités par les anciens qui ne sont pas dans les vingt véritables, et qui sont dans ces derniers. On n'ignore plus que les canons de Sardique et quelques autres ont été cités comme étant du concile de Nicée, parce que, dans le Code universel, ils étaient à la suite de ces mêmes canons, ce qui est aussi arrivé à l'égard de quelques autres. Enfin, il serait étonnant que parmi tant de fameux canonistes grecs, et tant de collections imprimées ou manuscrites, il ne se trouvât pas la moindre mention de ces canons arabes, s'ils avaient été connus dans l'antiquité. Car c'est une mauvaise défaite de supposer que les ariens les aient tellement abolis, que les Grecs ni les Latins n'en aient eu aucune connaissance durant plus de quatre cents ans, et qu'ils se soient retrouvés parmi les Arabes, qui n'ont pas la vingtième partie des écrits des Pères et des actes touchant l'arianisme : outre qu'on ne voit pas quelle raison les ariens auraient pu avoir de supprimer des canons qui ne les regardaient pas.

Le témoignage des Orientaux sur lequel s'appuie Échellensis n'a aucune autorité dans cette matière, non plus que dans toutes celles qui regardent l'histoire ecclésiastique des premiers siècles de l'Église. On a deux de leurs histoires traduites en latin, sur lesquelles ceux-mêmes qui ne savent pas les langues orientales peuvent juger de ce qu'on doit attendre de pareils auteurs ; celle d'Abulfarage et celle d'Eutychius, patriarche orthodoxe d'Alexandrie. Il ne s'y trouve rien que de très-commun, lors même qu'ils ne s'écartent pas de la vérité ; mais elle est mêlée de tant de fables, d'anachronismes et de faussetés, qu'il se faut réduire à les croire uniquement sur les affaires de leur temps, ou sur celles dont ils pouvaient avoir connaissance par les mémoires qu'ils trouvaient dans leurs églises. Cependant ces deux auteurs n'étaient pas seulement considérables par le rang qu'ils y tenaient, ils étaient savants à leur manière. Une longue dissertation qu'Eutychius a insérée dans son histoire contre les nestoriens, fait voir qu'il était bon théologien. Abulfarage a fait un grand nombre de traités sur la philosophie, sur l'astronomie, sur la morale, sur la religion, sur la grammaire et sur le droit canonique, et sa science lui a attiré des éloges, même des Mahométans. Si donc on trouve tant de défauts et tant d'ignorance dans leurs histoires, que peut-on attendre de celles qui ont été écrites par d'autres écrivains qui n'avaient pas les mêmes talents ? La première partie de celle d'Elmacin, qui n'est pas imprimée, est encore plus défectueuse que celles d'Eutychius et d'Abulfarage ; de sorte qu'elle nous empêche de regretter quelques historiens qu'il cite, et que nous n'avons pas. On peut avec raison excepter Sévère, évêque d'Aschmonin, qui a écrit l'histoire des patriarches d'Alexandrie, de cette censure générale ; mais s'il est plus exact et moins fabuleux que les autres, ce n'est que dans les choses postérieures au mahométisme et dans ce qui regarde la tradition des jacobites.

Pour revenir donc à la tradition des Orientaux, il faut convenir que tous ceux qui ont écrit en arabe, orthodoxes, jacobites, nestoriens et même les Mahométans, parlent de la même manière du concile de Nicée, disant qu'il s'y trouva 2048 évêques, qu'ils tinrent leurs séances près de trois ans, et qu'ils composèrent non seulement les vingt canons reçus dans toute l'Église, mais les autres, et plusieurs constitutions. Cependant, comme il n'y a que des auteurs arabes témoins d'un fait inconnu à toute l'église grecque, et qu'ils ne peuvent avoir écrit avant la fin du huitième siècle, il est aisé de reconnaître que leur témoignage n'a pas tant d'autorité que le silence de tous les écrivains grecs et latins, desquels seuls on pouvait apprendre ce qui regardait l'ancienne histoire ecclésiastique : car personne ne s'imaginera qu'on eût conservé en une langue qui n'était pas alors connue hors du pays où elle était naturelle, des actes qui avaient certainement été faits originairement en grec et en latin. S'ils les ont eus, on ne peut rendre aucune raison, même de vraisemblance la plus légère, pourquoi les églises qui ont conservé tant d'autres actes, ont laissé perdre ceux-là, quoique si respectables par l'autorité du premier concile, et que les Arabes n'aient conservé que ceux-là, ayant à peine les titres de tous les autres.

Mais puisqu'il s'agit de la tradition des Orientaux, elle ne se réduit pas aux seuls arabes : les Syriens l'ont mieux conservée, et ils ont plus d'autorité, comme étant plus anciens. Il ne se trouve pas, comme il a été dit ci-dessus, de version orientale des canons qui ne soit beaucoup plus récente que la syriaque ; or dans le manuscrit de Florence, qui est plus ancien que tous les arabes, il n'y a que les vingt canons ordinaires, sans qu'il soit fait aucune mention de ceux que nous n'avons qu'en arabe, ni de l'histoire qui les accompagne. Au contraire tous, et les arabes mêmes, s'accordent sur le nombre des évêques assemblés à ce concile, n'en nommant que 318. C'est ainsi qu'en parle le titre grec de la collection des melchites et les préfaces arabes des mêmes canons : et quand Échellensis les cite selon la traduction des maronites, que personne n'a jamais vue, on ne doit pas avoir le moindre égard à cette autorité ; car, comme on le prouvera ailleurs, tout ce que lui et Fauste Néron, son parent, ont écrit pour prouver que les maronites avaient toujours conservé la foi catholique au milieu des hérétiques orientaux, est inconnu aux autres sociétés chrétiennes, aussi bien que tous les auteurs qu'ils allèguent comme anciens, et qui sont ou supposés ou fort modernes. Si les maronites ont ces canons en syriaque dans leur collection, ils les y ont ajoutés, puisqu'elle ne peut être plus ancienne que celle des jacobites syriens, où ils ne se trouvent pas.

La tradition constante de toutes les églises sur le nombre des Pères de Nicée, est d'une grande autorité pour détruire celle de ces canons qui leur sont attribués. Ce nombre de 318 est non seulement établi par tous les historiens, mais par les diptyques, dans lesquels il est fait mémoire de ces saints Pères, comme des 150 du premier concile de Constantinople, et des 200 d'Éphèse, parmi les orthodoxes, à l'exclusion des nestoriens. Or c'est ainsi qu'ils sont nommés dans les Liturgies syriaques, dans les cophtes, dans les éthiopiennes et généralement dans toutes celles qui nous sont connues. On en fait une fête particulière dans l'église cophte le 9 du mois d'athyr, qui répond à celui de novembre, ainsi que dans les autres orientales ; de sorte que ce nombre est comme sacré, de même que celui des Pères qui assistèrent aux autres conciles généraux. La solution qu'Écheliensis prétend donner à cette difficulté, en disant que ces 318 furent choisis du nombre de 2048, est une imagination sans fondement, et on ne croira pas facilement que tant d'évêques aient pu être absents de leurs églises durant trois ans, ni qu'il ait fallu tant de temps pour composer les canons qu'on leur attribue, dont plusieurs sont visiblement tirés des conciles suivants, et contiennent une discipline beaucoup plus récente que celle qui était en usage du temps du concile de Nicée.

Après avoir établi que ces canons ne sont point véritablement de ce concile, il faut néanmoins convenir qu'ils ne sont pas si méprisables que l'ont prétendu divers critiques, puisqu'ils contiennent une grande partie de la discipline des églises orientales, en exceptant la grecque qui ne les a jamais connus. Il paraît aussi très-certain qu'ils n'ont pas été supposés par un dessein prémédité, comme les fausses décrétales, car personne n'avait intérêt à cette tromperie ; et s'il y en avait eu le moindre soupçon, ils n'auraient pas été reçus sans contestation par des communions divisées d'opinions, de lois et de pays, comme toutes les églises qui se trouvèrent sous la domination des Arabes.

On ne peut pas non plus douter qu'ils n'aient été traduits sur des originaux grecs ; ce qui se reconnaît non seulement par le style, mais par un assez grand nombre de mots grecs qui y sont restés, soit par respect pour l'antiquité, soit, comme il paraît plus vraisemblable, parce que les interprètes ne les entendaient pas bien, ou qu'ils ne trouvaient pas dans la langue arabe des termes équivalents et qui les exprimassent exactement. Il s'agit donc de savoir quand cette traduction peut avoir été faite, ce qui servira à découvrir quel peut en avoir été l'original.

Ce qu'on peut conjecturer avec quelque fondement, est que le premier original, ou la base de cette collection arabe, a été le Code universel des canons de l'Église, à la tête duquel ont toujours été ceux de Nicée, après lesquels on joignait ceux des autres conciles, sans aucune distinction que par les nombres. On voit que par cette raison les canons de Sardique ont été cités même par les papes, comme de Nicée ; de même que ceux du concile d'Antioche et quelques autres. Ce Code universel était dans l'Église romaine, aussi bien que dans la grecque, et ils sont tous deux imprimés il y a longtemps. On ne peut pas douter qu'il ne fût en usage en Orient, particulièrement dans le patriarcat d'Antioche, puisqu'il y en a une preuve démonstrative dans la bibliothèque de Photius. Dans les extraits qu'il donne de plusieurs ouvrages d'Éphrem, patriarche d'Antioche, qui en font regretter la perte à tous les savants, il marque qu'en citant le second canon du premier concile de Constantinople, Éphrem l'appelle le 166° ; et il s'en étonne, avouant qu'il ne sait pas où il l'a pris, et à quels canons ce nombre peut avoir rapport. Si donc un homme aussi versé dans la science canonique qu'était Photius n'avait pas reconnu un canon d'un concile universel dans ce Code, parce que les titres y manquaient, il n'y a pas sujet de s'étonner que dans le temps d'ignorance, de pauvres Orientaux, gémissant sous la captivité des infidèles, n'aient pas reconnu ceux qu'ils traduisaient, et qu'ils les aient tous attribués au concile de Nicée, parce que ceux qui étaient à la tête de la collection en portaient le titre.

On trouve en effet que les vingt canons véritables de Nicée sont au commencement des autres, si on en excepte le premier touchant les énergumènes, qui est le 79° des apôtres. Le second arabe est fait du premier, ainsi le troisième du second, le quatrième du troisième, le cinquième du quatrième, le sixième et le septième du cinquième, le huitième du sixième, le dixième du septième, le onzième du neuvième, le treizième et le quatorzième du quinzième et du seizième, le seizième du dix-septième, le dix-septième du dix-huitième, le dix-huitième et le dix-neuvième du dix-neuvième grec ; le vingtième du huitième, le vingt-unième contient le onzième, douzième et treizième ; enfin le trente-deuxième est le vingtième du Code grec. Comme la traduction n'est pas souvent fort exacte, et qu'en quelques endroits il paraît que les interprètes ont plutôt suivi des abrégés que le texte, il ne faut pas s'étonner s'ils n'ont pas reconnu que ces canons étaient les mêmes que ceux qu'ils avaient ailleurs ; outre que la différence des traductions pouvait encore former à leur égard une nouvelle obscurité. Ainsi on peut croire que les canons 45, 46, 52 et quelques autres où on trouve le sens des véritables, mais avec des gloses accommodées à l'usage du temps courant, ont été faits sur les explications et paraphrases des premiers. Le 34° et le 35° touchant les hérétiques, qui doivent être reçus sans être baptisés de nouveau, sont tirés du dernier canon du second concile œcuménique, de même que le 38° touchant la translation de la dignité patriarcale au siége de Constantinople. Les canons 2 et 3 de ce même concile avaient réglé les limites des diocèses ; mais depuis la désolation de l'empire par les Mahométans tout était changé. Par cette raison, ceux qui firent cette collection disposèrent ces canons selon l'état où les choses se trouvaient de leur temps.

C'est ce qu'on reconnaît d'une manière plus précise dans les canons qui règlent le rang des catholiques de Modaïn et d'Éthiopie, dignité qui était inconnue dans le quatrième siècle, et dont par conséquent on n'a pu parler dans le concile de Nicée. Ce qui est donc marqué sur cet article dans les canons arabes prouve à la vérité qu'ils ne peuvent avoir été faits dans ce temps-là ; mais comme on reconnaît qu'ils représentent fidèlement la discipline pratiquée depuis dans tout l'Orient, pour régler le rang de ceux qui étaient revêtus de cette nouvelle dignité, on ne peut douter qu'ils ne soient véritables selon un autre sens, en ce qu'ils nous apprennent ce qui était reçu par un consentement général, comme le droit commun des églises qui n'étaient pas comprises sous la grecque, et même par quelques-unes qui en dépendaient. Car la notice de Nilus Doxapatrius et d'autres prouvent que les Grecs orthodoxes attribuaient au catholique de *Romogyris*, qui fut ensuite établi à Irénopolis ou Bagdad, les mêmes prérogatives que les canons donnent au siége de Séleucie et de Ctésiphonte, et les jacobites au *mofrian*, ou primat de Takrit. On peut tirer la même conséquence de ce qui est marqué dans un canon singulier touchant les Éthiopiens, auxquels il défend d'élire un patriarche, les soumettant à celui qui leur sera ordonné par le patriarche d'Alexandrie ; car cette discipline, comme elle y est marquée, n'est guère plus ancienne que le mahométisme. Ces canons et quelques semblables n'ont pas été tirés des anciens conciles ; mais de la discipline établie du temps qu'ils ont été mis par écrit.

Le 36° semble être tiré du 5° du premier concile de Constantinople, et les 47, 48, 49 et 50, touchant les accusations des ecclésiastiques, sont formés sur le 6°, partagé, augmenté et expliqué par rapport à la discipline du temps. On a pris du concile d'Éphèse ce qui regarde la métropole de Chypre. Les canons 51 et 52 sont tirés des 2, 3 et 5 du concile d'Antioche, et le 44° tiré du 7°. Dans le 9°, il est parlé des chorévêques, et à cette occasion il y a une digression sur les chorévêques, qui n'a aucun rapport aux premiers siècles de l'Église, mais qui est conforme à la discipline des Orientaux. Le 53° est le deuxième de Calcédoine. Ainsi presque tous les premiers se trouvent dans les anciens conciles, dont les canons composaient le code de l'Église universelle ; même il y en a quelques-uns où on reconnaît des vestiges de ceux du concile de Calcédoine, quoique les jacobites le rejettent avec anathème.

Enfin, quelques-uns de ces canons arabes, particulièrement les derniers, et ceux qui ne sont pas dans le nombre des 82 ou 84, ne peuvent être rapportés à aucun des anciens conciles ; mais ils ne sont pas pour cela si méprisables, puisqu'ils contiennent des règles de discipline qui ne se trouvent pas ailleurs, et qui sont accommodées à l'usage des temps dans lesquels elles ont été recueillies. Les Grecs ont de pareilles collections qui n'ont guère plus d'ordre, et M. Cotelier en a imprimé quelques-unes. Les Arabes peuvent en avoir suivi de semblables, et y avoir ajouté ce qui convenait à leur discipline ; et comme il leur est assez ordinaire d'appeler *canons* ces sortes d'abrégés, où sans aucune citation les règles ecclésiastiques sont expliquées en peu de mots, parce que ceux-ci ont été joints à la suite de ceux de Nicée, ils leur ont donné le même titre, sans prétendre tromper personne.

Comme ces canons supposés du concile de Nicée ont été d'abord mis en arabe, qu'ils ne sont pas dans l'ancienne version syriaque, faite vraisemblablement avant le mahométisme, et qu'il ne se trouve rien dans les monuments de l'église grecque qui confirme les fables dont la préface traduite par Échellensis est remplie, il paraît certain que ce recueil n'a été fait que dans le huitième ou le neuvième siècle. L'ignorance du grec, dont on reconnaît assez de vestiges, en est une preuve ; mais il y en a plusieurs autres, parmi lesquelles nous en choisirons une seule, parce qu'elle est décisive. Le premier canon de Nicée ordonne que celui qui a été fait eunuque par accident, dans une maladie, ou qui l'aura été fait par la violence des barbares, demeure dans le clergé, et que celui qui se sera mutilé volontairement soit exclus du ministère. L'interprète arabe qui a fait son second canon de celui-là, l'entend de la circoncision, et ce n'a pu être par ignorance, car ceux qui ont traduit les véritables ne sont pas tombés dans la même faute. Mais il y a beaucoup d'apparence que comme il arrivait assez souvent que des chrétiens dans leur jeunesse étaient enlevés par les Mahométans qui les circoncisaient par force, les interprètes ont mis dans leur second ce qui avait été réglé sur ce sujet, en se conformant, autant que la matière le permettait, à ce que les Pères de Nicée avaient ordonné touchant les eunuques. Or il est indubitable que cette discipline ne pouvait avoir lieu avant le mahométisme. Cependant cela n'a pas empêché les Orientaux de l'attribuer au concile de Nicée, comme on trouve qu'ils ont attribué à S. Basile des canons pénitentiaux pour ceux qui avaient renié la foi, et avaient fait profession publique de la religion mahométane, parce qu'on appliquait à leur cas les règles que ce saint avait prescrites à l'égard de ceux qui avaient sacrifié aux idoles.

Il paraît aussi très-certain que cette collection arabe a été faite d'abord par les melchites ou orthodoxes, desquels les autres chrétiens d'Orient l'ont empruntée, puisque sans cela on n'y trouverait pas des canons des conciles d'Éphèse et de Calcédoine que les nestoriens et les jacobites ne reçoivent pas. Les melchites les connaissaient bien ; les autres ne les reconnurent pas, parce qu'ils avaient un autre titre, qui était celui des canons de Nicée ; ce qui prouve encore que cette collection a été faite sur un recueil général où ils étaient de suite ; et cela ne convient qu'au Code universel. Elle doit même avoir été faite avant les divisions arrivées entre l'Église romaine et la grecque ; parce qu'il n'y a pas d'apparence que, depuis ce temps-là, les Grecs eussent mis dans leurs collections des expressions aussi avantageuses pour la primauté du pape que celles qui se trouvent dans ces canons. On pourrait croire qu'Échellensis écrivant dans Rome, aurait inséré plusieurs choses sur ce sujet ; d'autant plus qu'on le reconnaît quelquefois peu exact dans ses citations orientales. Cependant non seulement ce qu'il rapporte se trouve dans les manuscrits, mais il y en a encore plus, comme nous le rapporterons ailleurs.

On peut même fixer de plus près l'époque de cette collection. Sévère, évêque d'Aschmonin, qui a écrit l'histoire des patriarches d'Alexandrie, quoique nous ne trouvions pas précisément la date de sa mort, a vécu sous le patriarche Éphrem, fils de Zaraa, et longtemps avant et après lui. Ce patriarche avait été ordonné l'an de Jésus-Christ 977, et mourut au bout de trois ans et six mois. Sévère vivait aussi, et composa plusieurs de ses ouvrages du temps de Philothée, successeur d'Éphrem, et qui tint le siége jusqu'à l'an de Jésus-Christ 1007. Ainsi Sévère fut contemporain d'Eutychius, patriarche melchite d'Alexandrie, et il avait vécu peu de temps après, car il a écrit contre lui. Eutychius mourut l'an 328 de l'ère mahométane, qui répond à l'an de Jésus-Christ 939. Ainsi il publia son histoire du vivant de Sévère, qui pouvait l'avoir vue, aussi bien que le traité de cet auteur contre l'opinion des jacobites touchant l'Incarnation, qu'il a réfuté. Cependant lorsque dans les Vies des patriarches d'Alexandrie il a parlé du concile de Nicée, il a suivi la tradition commune, sans faire mention de toutes les fables d'Eutychius, dont apparemment il n'avait trouvé aucuns mémoires dans les livres cophtes et grecs, dont il dit dans sa préface qu'il a tiré ce qu'il écrit. Il ne se trouve aucun auteur plus ancien qu'Eutychius qui ait rapporté les absurdités de l'assemblée de 2048 évêques, et toutes les autres qu'il compte; et s'il n'en a pas été l'inventeur, comme il n'y a pas d'apparence, il les a copiées de ces préfaces anonymes des traductions arabes, qui n'ont aucune autorité, puisqu'Abulfarage, qui vivait plus de deux siècles après, étant mort l'an de Jésus-Christ 1285, n'en a pas fait mention dans son histoire.

Il s'ensuit donc que la collection avait été faite en arabe avant qu'Eutychius eût composé son histoire, et même assez de temps auparavant, afin que les Arabes, qui sont grands inventeurs de fables, eussent le loisir de composer celle qu'ils publièrent touchant l'origine de ces canons. Nous pouvons dire avec assez de vraisemblance qu'ils n'étaient pas traduits avant la fin du septième siècle, ni peut-être avant la fin du huitième, et en voici une preuve. La collection syriaque de la bibliothèque du grand-duc ne marque pas quand la version de tous les anciens canons qu'elle contient a été faite; mais après celle de la lettre de S. Cyprien à Fidus, touchant le baptême des enfants, il y a une note qui marque qu'elle avait été faite sur une traduction grecque l'an 998 des Grecs, qui est le 686° de Jésus-Christ. On peut inférer cependant sans témérité qu'il y a quelque apparence que la version des canons et des autres pièces a été faite à peu près en même temps, lorsque le syriaque était encore vulgaire. Comme elle ne contient pas les canons supposés, ils n'étaient vraisemblablement pas connus alors. Le manuscrit de Florence est fort ancien, et quoiqu'il n'y ait point de date, on peut croire qu'il n'est pas fort éloigné de ces temps-là; mais comme il est certainement plus récent au moins de cent ans, et peut-être davan-

tage, il s'ensuit que ces canons n'étaient pas connus aux jacobites syriens avant le dixième siècle, qui est à peu près le temps auquel ils ont commencé à paraître en Orient.

Nous avons de ce côté-ci une autre époque, quoiqu'elle ne soit pas déterminée à un temps fixe, mais seulement en général à la fin du neuvième siècle, ou au commencement du dixième. C'est la citation qui est faite de ces canons par Isidore Mercator, ou par l'auteur de la lettre qui est à la tête de sa collection. Car il y est marqué que le concile de Nicée avait fait d'autres canons que les 20 ordinaires, et jusqu'au nombre de 70. Il ajoute que quelques personnes, venues d'Orient, lui avaient dit qu'on avait en ces pays-là le concile de Nicée en un volume qui était aussi ample que les quatre Évangiles. Enfin dans la seconde lettre supposée au pape Jules, quelques-uns de ces canons sont cités comme du concile de Nicée. Il y a de certaines choses qui ne peuvent que difficilement être inventées, de sorte qu'on doit croire que cet imposteur disait vrai sur cet article, et par conséquent que ces canons étaient connus en Orient dès le neuvième siècle; car on le pouvait savoir à cause du commerce qu'il y avait eu du temps de Charlemagne entre lui et Haron Reschid, cinquième des califes Abbassides, qui mourut l'an de Jésus-Christ 808, et que nos historiens appellent Aaron, roi de Perse.

Ainsi, ce qu'on peut conclure de plus vraisemblable est que la collection et la traduction arabe n'ont pas été faites avant le neuvième siècle, que les interprètes les mirent en langue vulgaire sans les connaître, parce qu'ils les trouvèrent dans des recueils tirés du Code universel ou en d'autres abrégés, et que dans celui qu'ils suivirent il n'y avait que les canons des conciles généraux, d'où ont été pris tous les canons supposés, à l'exception de quelques-uns tirés du concile d'Antioche, et qui étaient compris dans le Code. Ils ont été accommodés, comme il a été dit, à la discipline de chaque église, et à celle des temps, et c'est ce qui a produit une grande diversité en quelques endroits, même dans les versions arabes. Ce n'est pas connaître les Orientaux que de s'étonner qu'ils n'aient pas reconnu l'erreur du premier interprète, puisque, outre leur négligence prodigieuse à transcrire les livres, ils manquent, il y a plus de mille ans, de tout ce qui peut servir à la critique de ces anciennes pièces.

Il serait fort inutile de s'arrêter à examiner les preuves de Turrien, que Baronius, M. de Marca, le P. Labbé et tout ce qu'il y a eu de savants écrivains, ont suffisamment réfutées. Nous nous arrêterons sur une seule; et c'est que non seulement il soutient ces canons arabes, mais qu'il prétend qu'Alexandre, évêque d'Alexandrie, en fit faire la traduction en arabe, afin qu'ils pussent être lus en langue vulgaire. Turrien aurait pu dire, et avec plus de vraisemblance, que ce grand défenseur de la foi orthodoxe, connaissant par inspiration divine que dans plus de trois cents ans la langue arabe deviendrait dominante en Égypte, avait eu le soin d'envoyer chercher des Arabes, dont la plupart n'étaient pas alors chrétiens, pour leur faire traduire les canons du concile de Nicée. Quelque absurde que fût cette pensée, elle l'est encore moins que de supposer contre toute vérité que l'arabe était vulgaire en Égypte du temps du concile de Nicée ; c'était l'égyptien dans lequel les Cophtes ont encore leurs Liturgies, la psalmodie, les offices de tous les sacrements et l'Écriture sainte. Or aucun auteur n'a dit que ces prétendus canons de Nicée aient été trouvés en langue cophte ou égyptienne.

CHAPITRE VII.

Examen de ce que plusieurs protestants ont reproché aux catholiques touchant Allatius, Arcudius et quelques autres écrivains, qui ont prouvé que les Orientaux étaient d'accord avec l'Église romaine sur les sacrements et sur d'autres articles.

On a remarqué en divers endroits de cet ouvrage, et dans le volume précédent, que la plupart des écrivains protestants qui ont parlé de la créance et de la discipline des Grecs ou des autres chrétiens orientaux, ont traité cette matière avec très-peu d'exactitude, et qu'il ne s'en trouve presque aucun qui en ait eu une médiocre connaissance. Ce reproche que les catholiques leur ont déjà fait quelquefois, n'est point l'effet d'un trop grand zèle pour notre religion, ni d'aucune passion ; c'est une vérité sensible à tous ceux qui ne se sont pas contentés de faire des recherches superficielles touchant la foi et la discipline des églises d'Orient, mais qui en ont fait une étude aussi sérieuse que le sujet le mérite. Peu de catholiques s'y sont appliqués ; plusieurs excellents ouvrages que quelques-uns ont faits, ont passé plutôt pour des livres d'érudition que comme d'excellents traités de théologie ; l'étude des langues orientales avait été moins cultivée parmi nous, et quoiqu'il y eût des catholiques aussi habiles en ce genre que ceux qui ont un plus grand nom parmi les protestants, ceux-ci néanmoins ont assez prévenu le public par le nombre de leurs livres, pour faire croire qu'ils pouvaient nous apprendre beaucoup de choses que nous ignorions sur ces matières, qui n'étaient pas communes. Elles étaient même tellement négligées, qu'autrefois on conseillait aux jeunes gens la lecture de plusieurs ouvrages de protestants sur la religion des Grecs et des Orientaux, et ils étaient plus estimés que ceux des catholiques ; ce qui n'était pas sans raison, comme il faut l'avouer de bonne foi. Car ceux qui avaient vu seulement le livre de Thomas à Jésu, ou divers traités des hérésies, comme ceux d'Alfonse de Castro, Pratéolus, Guy de Perpignan et même de Possevin, ne pouvaient avoir qu'une idée très-fausse de la créance des Grecs et des autres chrétiens d'Orient. Ainsi on lisait plus volontiers Brérewood, et quelques autres abrégés, parce que, quoiqu'ils ne continssent rien de fort singulier, on y trouvait plus d'exactitude et de bonne foi que dans ceux qui avaient été jusqu'alors entre les mains de tout le monde.

On n'avait pas, avant la dispute touchant la perpétuité de la foi de l'Eucharistie, fait aucun usage de l'argument tiré du consentement de toutes les nations orientales ; et quoique quelques catholiques s'en fussent servis, les preuves n'en avaient jamais été expliquées en détail, ou elles étaient trop faibles. Les auteurs de *la Perpétuité* les mirent dans un plus grand jour qu'on n'avait encore fait ; mais comme ils n'avaient pas de connaissance des livres orientaux, ils se servirent d'un petit nombre de ceux qui devaient avoir plus d'autorité, parce qu'ils appuyaient leurs témoignages d'un grand nombre de citations. Un des auteurs dont ils se servirent davantage fut Allatius, Grec de Chio, homme très-savant et très-laborieux, qui de plus avait une connaissance fort étendue des livres grecs du moyen et du dernier âge. Son principal ouvrage fut de la *Concorde de l'église orientale et occidentale*, qui fut imprimé à Cologne en 1648, et il n'y a point d'auteur qui ait recueilli et donné au public plus de passages tirés de livres la plupart manuscrits qu'il y en a dans celui-là. Bartholdus Nihusius, son ami, qui avait abandonné la religion protestante pour se faire catholique, et qui s'appliqua avec beaucoup de zèle à procurer l'impression de cet ouvrage et de quelques autres d'Allatius, attaqua de son côté les protestants par de petits écrits, opposant l'autorité d'un Grec très savant à celle de leurs écrivains qui jusqu'alors avaient régné parmi eux dans la controverse. Ainsi, leurs théologiens commencèrent à laisser en repos Baronius et Bellarmin pour attaquer Allatius, sans qu'aucun néanmoins ait entrepris depuis plus de soixante ans de le réfuter solidement. Les premiers qui ont commencé ont été des Allemands, piqués des défis que leur faisait Nihusius dans ses programmes, auxquels ils ne répondirent que par des injures, et par de petits livrets qui ne méritent pas qu'on en fasse mention. Un des premiers qui combattit sérieusement Allatius fut Élie Véjélius, dans une thèse qu'il fit imprimer avec divers changements, à Strasbourg en 1666 avec ce titre : *Exercitatio historico-theologica de ecclesiâ Græcanicâ hodiernâ L. Allatio potissimùm, P. Arcudio et B. Nihusio opposita*. Cet ouvrage a depuis été cité avec de grands éloges par plusieurs autres, surtout par Fehlavius, ministre de Dantzick, dans ses commentaires sur Christophle Angélus. Enfin quelques années après, M. Claude, pressé par les auteurs de *la Perpétuité* qui lui citaient souvent Allatius, entreprit aussi de le critiquer, et de rendre son témoignage suspect.

Les premiers qui ont écrit en même temps, et qui se citent l'un l'autre avec de grands éloges, sont deux hommes qu'on reconnaît n'avoir eu aucune connaissance des auteurs grecs modernes, si ce n'est du traité que Christophle Angélus fit en Angleterre, que Fehlavius a traduit et commenté, des écrits du patriarche Jérémie et de la Confession de Cyrille Lucar, qu'ils rejettent néanmoins avec raison, comme font tous les luthériens. S'ils en connaissent quelques autres, ce n'est que par les citations qu'ils en ont trouvées dans

Arcudius, dans l'Eucologe du P. Goar ou dans Allatius ; ce qui fait voir qu'ils n'étaient guère capables de le critiquer. Cependant il a été depuis ce temps-là exposé à leur censure, et voici les principales choses qu'ils lui ont reprochées.

Ils disent d'abord que son livre pèche par le titre, puisque ce n'est rien moins qu'une *Concorde*, parce qu'il accuse les Grecs de plusieurs erreurs ; ce qui fait voir, disent-ils, qu'il n'y a aucune conformité de doctrine et de discipline entre les Latins et les Grecs ; qu'ainsi il contredit lui-même son titre. Sur cela on cite une parole de M. de Mallinkroot, doyen de Munster, qui disait que le livre devait être plutôt intitulé : *De discordiâ* que *De concordiâ*.

Pour prouver cette proposition, qui n'a aucun rapport au sujet, Fehlavius ramasse un grand nombre de passages d'auteurs, la plupart très-obscurs, et dont l'autorité est fort médiocre ; ou de quelques autres plus connus parmi les savants, mais qui se sont trompés certainement lorsqu'ils ont parlé des Grecs, et qu'ils leur ont attribué un grand nombre d'erreurs. De là Fehlavius et Véjélius concluent que par conséquent Allatius a imposé au public, lorsqu'il a prétendu prouver que les deux églises étaient d'accord. On pourrait être tenté de croire que ceux qui raisonnaient ainsi n'avaient jamais lu le livre dont ils parlent, sinon dans des extraits fort infidèles. Car il est aisé de reconnaître qu'Allatius a prétendu prouver principalement quatre choses : la première, que les églises d'Orient et d'Occident se sont autrefois accordées non seulement sur la foi, mais sur ce qu'il y avait d'essentiel dans la discipline ; et c'est une vérité de fait qu'il est impossible de nier, puisqu'avant les schismes, la communion parfaite et entière a subsisté durant plusieurs siècles entre les Grecs et les Latins. La seconde chose que prouve Allatius est que, dans le temps même de la séparation, il y a presque toujours eu des Grecs qui ont approuvé et soutenu ce que les schismatiques condamnaient dans l'Église romaine. La troisième est que les schismatiques ne peuvent être justifiés d'avoir divisé les églises sous de faux prétextes, et sur des calomnies ; et à cette occasion il les combat par l'histoire et par les témoignages de leurs auteurs. La quatrième et la principale par rapport à son dessein, a été de montrer que, nonobstant les schismes et l'animosité réciproque des parties à ne se pardonner rien, les Grecs avaient conservé la même doctrine sur les sacrements, et sur tous les points contestés avec les protestants, que celle qui est enseignée dans l'Église catholique. Enfin c'était à tort que, non seulement les protestants, mais plusieurs catholiques avaient imputé aux Grecs diverses erreurs dont ils étaient fort éloignés. S'il avait prétendu prouver que les Grecs et les Latins sont d'accord généralement sur tout, il aurait soutenu un paradoxe inouï, et il n'aurait pas employé la plus grande partie de son ouvrage à réfuter les schismatiques.

On a parlé du premier point. Pour ce qui regarde le second, qui est de faire voir que les schismatiques peuvent être convaincus par les Grecs mêmes, qui avaient fait tous leurs efforts pour empêcher le progrès du schisme, et pour travailler à la réunion, ces critiques n'en parlent point, parce qu'ils ignoraient entièrement la matière ; de sorte qu'il paraît assez clairement qu'ils n'avaient pas même lu les historiens imprimés longtemps auparavant. Quand Allatius aurait mal défendu la cause de l'Église, on ne peut disconvenir que son intention ne fût bonne, et que ce qu'il a écrit touchant la dispute sur la procession du Saint-Esprit, ne soit plus capable de faire impression sur les schismatiques que les longs raisonnements des théologiens de Tubingue, pour réfuter ce que le patriarche Jérémie leur avait objecté sur le même sujet. On doit aussi reconnaître qu'Allatius a traité avec beaucoup d'érudition ce qui regarde le troisième point, puisqu'il intéresse autant les protestants que les catholiques ; et les auteurs dont il s'est servi sont plus sérieux, et plus capables d'instruire des véritables causes du schisme que Syropule, dont on veut relever le mérite au préjudice de tous les autres.

A l'égard du quatrième point, c'est celui qui touche de plus près les protestants ; ainsi, il ne faut pas s'étonner qu'ils déclament avec tant de véhémence contre celui qui a fait voir démonstrativement que Chytræus, regardé autrefois comme un oracle parmi les luthériens, avait rempli de faussetés et d'ignorances grossières un écrit assez court où il avait voulu parler de la religion des Grecs. Si Allatius ne l'a pas épargné, il n'a pas plus ménagé Caucus, Pratéolus et d'autres écrivains catholiques, lorsqu'il a trouvé qu'ils attribuaient aux Grecs des erreurs dont ils ne pouvaient donner aucunes preuves. Il a donc fait voir que les Grecs s'accordaient avec l'Église romaine sur les sacrements, et sur la plupart des autres points que les protestants ont pris pour prétexte de leur séparation ; et il s'est si bien acquitté de cette partie, que jamais ils n'ont pu réfuter solidement ce qu'il en a écrit. Encore moins ont-ils pu justifier leurs écrivains des faussetés et des ignorances dans lesquelles la plupart sont tombés. Ainsi Végélius (p. 5), Fehlavius et tous les autres, sont réduits à employer deux moyens de défense également faibles et inutiles, dont l'un est de dire que les Grecs sont dans des erreurs très-grossières, et ils s'étonnent comment ils n'ont pas ouvert les yeux sur ce que Mélanchton avait écrit plusieurs années auparavant au patriarche Joasaph. L'autre est de témoigner qu'ils se mettent fort peu en peine de ce que croient les Grecs et les Orientaux, parce que la religion protestante a un autre fondement.

On convient que les Grecs ont plusieurs erreurs, particulièrement dans la question sur la procession du Saint-Esprit, que les protestants croient comme nous, puisqu'ils disent le Symbole avec l'addition que l'église grecque rejette. Mais ce n'est pas de cela dont il s'agit ; c'est de savoir si dans les autres articles de religion ils ne sont pas d'accord avec les catholiques, et s'ils n'ont pas condamné la Confession d'Augsbourg aussi bien que celle de Genève, adoptée par Cyrille Lucar. Allatius prouve que telle a toujours été leur créance, et ses preuves ont jusqu'à présent été sans réplique de la part des protestants. C'était ces preuves qu'il fallait réfuter, et non pas l'attaquer personnellement par des calomnies et par des lieux communs, comme a fait M. Claude.

Celui-ci, qui tout au plus avait consulté les endroits qui étaient cités par les auteurs de *la Perpétuité*, et qui n'avait pas la moindre connaissance de l'église grecque, n'ayant aucune bonne réponse à faire, payait d'esprit selon sa coutume; et voici la substance de ce qu'il dit pour rejeter l'autorité d'Allatius : qu'il avait quitté sa religion pour embrasser la romaine; que le pape l'avait fait son bibliothécaire; que c'était l'homme du monde le plus attaché aux intérêts de la cour de Rome, malin, outrageux, animé contre les Grecs schismatiques, et en particulier contre Cyrille; qu'il traite avec trop d'aigreur Chytræus, Creygthon et Caucus; et que pour prouver la conformité de l'église grecque avec la romaine dans les choses essentielles, il prend pour principe de ne reconnaître pour la véritable église grecque que le parti soumis au siége de Rome. M. Bayle avertit sur cela les lecteurs que *M. Claude n'en fait pas une peinture fort honorable*; et il ajoute que *M. Simon ne lui donne guère de bonne foi.*

Les termes les plus forts et les plus durs ne seraient pas encore assez, si on voulait relever la témérité d'un rapsodiste qui cite sérieusement le jugement de M. Claude; puisque personne n'ignore à présent qu'il n'avait aucune connaissance du grec, ni de la matière, comme on le fera voir ailleurs. Il était si peu instruit que, parce qu'il avait vu qu'Allatius était natif de Chio, il suppose qu'il avait quitté sa religion, ignorant qu'il y a dans cette île-là plusieurs Grecs réunis à l'Église romaine. Quand cela eût été, un homme qui a changé de religion n'en est pas moins savant, moins versé dans les livres, moins capable de bien écrire. *Le pape l'avait fait son bibliothécaire*; il ne l'était point, mais un des gardes de la bibliothèque Vaticane, qui n'est pas un emploi si important, et qui ne rend pas la bonne foi d'un homme plus suspecte que celle de ceux qui en ont de pareils dans les états protestants. *Il était attaché aux intérêts de la cour de Rome*. Mais était-ce sur cet article que roulait la dispute avec M. Claude? C'était sur la doctrine de la présence réelle, crue également par ceux qui étaient dans les principes de Bellarmin et de Baronius, comme était Allatius; par ceux qui n'en conviennent pas entièrement, et même par ceux qui rejettent la supériorité du pape, comme les Grecs schismatiques. Il était *malin et outrageux contre les Grecs schismatiques, et surtout contre Cyrille Lucar*. Si M. Claude avait lu un seul livre grec, même de ceux qui sont traduits, il aurait reconnu que Nil, Barlaam, Maximus Margunius, Coressius, Syropule et d'autres qu'il ne connaissait pas, comme Siméon de Thessalonique et Nectarius de Jérusalem, pour ne pas parler de Gennadius et de ses contemporains, ont parlé avec beaucoup plus d'aigreur contre les Latins qu'Allatius n'a fait contre les Grecs schismatiques. La préface des Actes des théologiens de Wittemberg, tant louée par tous les protestants, contient seule plus d'injures et de calomnies outrées qu'il n'y a d'expressions dures dans tous les livres d'Allatius.

Il a parlé, dit M. Claude, *avec trop d'aigreur contre Chytræus*; mais qui est l'homme qui ne perdit patience en lisant les extravagances et les absurdités qu'un professeur de Rostoch, qui n'avait pas la plus légère connaissance de l'église grecque, ose débiter sur ce sujet? Il fallait que M. Claude ou M. Bayle, au lieu d'accuser Allatius, justifiassent les ignorances grossières de Chytræus. Il faut même louer Allatius de ce qu'il n'en a pas relevé plusieurs autres qui se trouvent en diverses pièces jointes dans la même édition. Pour Creygthon, il est encore plus étonnant qu'on ose citer un tel auteur, qui, comme Allatius l'a fait voir, souvent n'a pas entendu l'historien grec qu'il voulait traduire; qui lui a fait dire ce qu'il n'avait jamais dit, qui élève au-dessus de tous les historiens modernes, pour le style, un écrivain qui n'en a point, et qui admire l'élégance de ses expressions, quoique la plupart soient barbares, et de l'usage bas et populaire. Il n'y a personne qui puisse entreprendre de justifier sa longue préface, pleine de fautes énormes contre l'histoire, et contre l'église grecque et latine, de calomnies ou d'invectives atroces contre les catholiques. Il est bien difficile d'être modéré quand on attaque de tels auteurs; et quand ils sont maltraités, ils n'ont pas droit de s'en plaindre. Si on examinait son latin, plus barbare que le grec de son original, et toutes les fautes qu'Allatius n'a pas relevées, on en pourrait faire un volume plus gros que celui dont M. Claude se plaint. Quel jugement pouvait avoir un auteur qui, ne donnant aucun éclaircissement sur tout le reste, perd beaucoup de paroles pour changer le nom de *Syropule*, marqué dans le manuscrit, dans les actes du concile de Florence et ailleurs, en celui de *Sguropule*, dont jamais on n'avait ouï parler?

M. Claude se plaint aussi de ce que Cyrille Lucar a été trop maltraité par Allatius; c'est donc parce qu'il a inséré les anathèmes fulminés contre ce malheureux, et qu'il a détruit le roman ridicule que les calvinistes avaient fait de la vie et de la mort de cet apostat. Les Grecs du synode de 1638, de celui de 1642, de celui de Jérusalem en 1672, les écrits de Dosithée, et la réfutation de la Confession de Cyrille par Syrigus n'en disent pas moins qu'Allatius. Les luthériens reçoivent ces deux premiers synodes, et même ils n'ont pas cru que les raisons de M. Claude, qui l'a voulu rendre suspect, fussent suffisantes.

Si M. Simon a prétendu justifier Caucus, il faut une autre autorité que la sienne; et la raison qu'il allègue qu'Allatius, pour être agréable au pape Urbain VIII, qui avait alors formé le dessein de réunir les Grecs avec l'Église romaine par des voies d'adoutissement, avait adouci beaucoup de choses dans les sentiments des Grecs, est toute de son invention. Allatius, et la plupart des autres Grecs qui ont écrit à Rome, surtout Arcudius, ont si peu adouci les choses, que souvent ils les ont outrées, de sorte que M. Habert, le P. Goar, le P. Morin, M. Holsténius ont été fort souvent d'un avis contraire. Le principal obstacle à sa réunion est l'autorité du pape, à laquelle les Grecs auraient voulu mettre des bornes; Allatius l'a soutenue dans toute son étendue. En un mot, il est difficile de trouver un seul article de quelque conséquence où il paraisse de semblables adoucissements. Mais puisque c'est dans son livre *de perpetuo Consensu* qu'il les faut trouver, et qu'il ne fut imprimé que plus de cinq ans après la mort d'Urbain VIII, pouvait-il par-là songer à lui faire sa cour?

Mais ce n'est pas par des injures, et par les invectives des ministres et professeurs du Nord, que les protestants devaient attaquer Allatius. Il fallait montrer que les auteurs qu'il cite en très-grand nombre, la plupart manuscrits, sont supposés, tronqués ou altérés, et c'est ce qu'aucun protestant ne fera jamais, car presque tous sont connus par les savants. Il fallait aussi combattre ces autorités par celle d'autres Grecs; mais on n'en trouve point, et il le faut bien supposer. Car quand on voit qu'en Angleterre on imprima il y a environ cent ans des traités de quelques Grecs contre les Latins, quoique la procession du Saint-Esprit, telle que nous la croyons, comme les protestants, y fût attaquée; qu'en Allemagne on imprima l'Exposition de foi, vraie ou fausse, de Métrophane Critopule, celle de Zacharie Gergan, qui se disait évêque de l'Arta, et le traité très-imparfait de Christophe Angélus, que M. de Saumaise avait donné au public comme un trésor, deux petits traités de Nil et de Barlaam contre la primauté du pape; enfin que les calvinistes ont fait tant de bruit avec la Confession de Cyrille, on reconnaît aisément que les protestants sont bien dépourvus de pièces pareilles à celles dont Allatius leur a cité un si grand nombre. Or une nouvelle preuve de sa fidélité dans ses citations sur le patriarche Dosithée, dans l'édition qu'il a fait faire en Moldavie de son *Enchiridion*, qui contient des additions considérables au synode de 1672 sur l'article de l'Eucharistie, cite une grande partie des mêmes passages qu'avait rapportés Allatius. Ceux qui auront travaillé sur cette matière lui rendront la même justice.

Il la mérite certainement, et on le doit considérer comme un homme qui, par ses travaux immenses à rechercher ce qu'il y avait de plus curieux dans les bibliothèques, a fourni d'excellents mémoires de choses inconnues aux plus savants, et très-utiles pour l'éclaircissement de l'histoire et de la théologie des Grecs du moyen et du dernier âge. Il n'était pas moins versé dans ce qui a rapport aux belles-lettres, puisque nous lui devons plusieurs auteurs qu'il a donnés au public, comme quelques anciens philosophes, des fragments de rhéteurs, un traité de la patrie d'Homère, et divers autres qui marquent une grande érudition.

On peut avouer néanmoins, après avoir rendu à sa mémoire l'honneur qu'il méritait, que sa manière d'écrire trop diffuse, la négligence dans le style, et le peu d'ordre qu'il y a souvent dans ses pensées, rendent la lecture de ses ouvrages ennuyeuse, et en diminuent le mérite. De plus, lorsqu'il traite des matières théologiques, on reconnaît qu'il n'avait guère d'autres principes que ceux de l'école, qui ne suffisent pas toujours pour juger sainement de l'ancienne discipline, quoique en cela il soit plus modéré que n'a été Arcudius. La critique lui a aussi manqué quelquefois, comme sur les ouvrages attribués à S. Denis, et sur les anciennes Liturgies. Mais au fond c'était un grand homme, auquel l'Église et les savants doivent beaucoup, puisqu'il n'y en a pas un seul à qui il n'ait appris quelque chose en tout genre de littérature, même dans ces ouvrages sur lesquels M. Bayle a voulu plaisanter. Tels sont les traités *de Georgiis, de Psellis, de Simeonibus*, et quelques autres semblables. Il n'y a point d'homme d'étude qui n'aime mieux savoir l'histoire et les ouvrages de ces Grecs, dont on n'avait presque aucune connaissance, que toutes les historiettes fades, impies, ou pleines de saletés, recueillies par ce censeur d'Allatius dans deux ou trois énormes volumes. On n'y trouvera pas des citations de manuscrits utiles; mais des extraits et des conjectures sérieuses sur ce que les presses ont produit de plus méprisable, de mauvaises plaisanteries, et une témérité insupportable sur ce qu'il y a de plus respectable dans la religion. Ce sont là les redoutables critiques d'Allatius, dont on est sûr que telles gens n'avaient jamais ouvert les livres, et que quand ils les auraient lus, ils n'étaient pas capables d'en juger.

Les mêmes théologiens allemands déclament avec autant de hauteur contre Abraham Échellensis et Gabriel Sionite, dont Nihusius avait fait imprimer quelques lettres pour prouver le consentement des Orientaux avec l'Église romaine. Ils s'étonnent de cette hardiesse, puisqu'on sait, disent-ils, que plusieurs auteurs, même catholiques, avouent que ces sectes séparées ont beaucoup d'erreurs. Mais ce n'est pas sur leurs hérésies particulières qu'ils s'accordent avec nous, puisqu'on sait assez que nous condamnons celles des nestoriens et des monophysites; c'est sur les points contestés avec les protestants. C'est à eux à montrer qu'Échellensis et les autres ont donné de mauvaises preuves, ou qu'ils ont allégué faux; car il n'y a point de moyen plus simple ni plus court de terminer de pareilles contestations; le reste n'étant que des paroles perdues. Nous traiterons cette matière dans le chapitre suivant.

CHAPITRE VIII.

Examen de ce que quelques auteurs protestants ont écrit contre Échellensis et d'autres modernes.

Les protestants, comme nous avons dit, entre autres Fehlavius et Véjélius, ont déclamé contre Abraham Échellensis avec autant d'aigreur que celle qu'ils reprochent à Allatius et à Nihusius. Mais comme ni l'un ni l'autre ne savaient pas les langues orientales, ils s'en sont tenus à des invectives générales, et à ce sophisme puéril dont il a été déjà parlé, que nos auteurs mêmes reprochaient un grand nombre d'erreurs aux Orientaux, et qu'ainsi il était ridicule que nous voulussions nous prévaloir de leur autorité dans la controverse. Il est fort aisé de répondre à cette objection, puisque ce n'est pas sur le mystère de l'Incarnation que roulent nos disputes avec les protestants, mais sur les sacrements, et sur plusieurs autres points qu'ils ont fait valoir comme des causes légitimes de leur séparation. Nous ne regardons pas les Orientaux comme juges dans cette dispute, mais comme témoins de la créance et de la discipline de l'ancienne Église. Ce témoignage est une preuve qui nous conduit au-delà des schismes, et par laquelle on remonte jusqu'aux premiers siècles de l'Église.

Les protestants disent qu'il importe peu ce que croient les Orientaux, puisque l'Écriture sainte contient tout ce qu'il faut croire, et qu'elle le contient clairement. On leur a demandé il y a longtemps pourquoi donc tous ceux qui se disent réformés s'accordent si peu dans des points fondamentaux de la religion ; pourquoi leurs confessions de foi sont si différentes ; pourquoi ils ne peuvent convenir de ce qu'ils appellent articles fondamentaux, et pourquoi les luthériens et les calvinistes combattent également les arminiens, qui les réduisent à un fort petit nombre ; pourquoi les sociniens et les fanatiques croient voir dans l'Écriture tout le contraire de ce qu'y ont vu Luther et Calvin ; enfin pourquoi tous les jours, sur ce principe, ceux qui ont rejeté l'autorité de l'Église y prétendent trouver des preuves de leurs imaginations. Mais cet article a été traité par tant d'habiles théologiens, qu'il n'est pas nécessaire de l'éclaircir davantage ; outre qu'il n'a pas rapport à notre dessein.

Que s'il leur importe peu ce que les Orientaux croient ou ne croient pas, pourquoi se sont-ils tant vantés de la conformité prétendue qu'ils ont cru trouver entre eux et l'Église orientale, sur le mariage des prêtres, sur le service en langue vulgaire, sur le mépris de l'autorité du pape, et sur quelques autres articles ? On ne peut dire que dans la dispute touchant la perpétuité de la foi sur l'Eucharistie, M. Claude ne se soit pas mis en peine de l'autorité tirée du témoignage des Orientaux ; puisque dans son premier écrit il soutint, avec une hardiesse dont on aurait peine à trouver d'exemple, qu'aucune église d'Orient ne croyait la présence réelle, ni la transsubstantiation, ni l'adoration du sacrement. Il fallait bien qu'il crût la chose importante, puisqu'il a toujours continué à soutenir le même paradoxe, sans que les preuves auxquelles il n'a jamais pu répondre aient pu l'obliger à avouer qu'il s'était trompé sur cet article. Aubertin s'est vanté du consentement de tout l'univers, sur un passage de la Liturgie éthiopienne qu'il n'avait pas entendu. M. de Saumaise en a fait autant sur une oraison de la Liturgie des Cophtes, mal interprétée, et commentée encore pis. Erpénius, selon lui, devait prouver le consentement des Orientaux avec les calvinistes. Golius et Pocock qui étaient plus savants que lui dans les langues orientales, ne l'ont jamais osé entreprendre ; et ils se sont contentés de traduire en arabe la Confession et les prières : l'un, des églises belges ; l'autre, de l'église anglicane, ouvrages que les Orientaux ont rejetés avec mépris.

Le dernier a donné au public la traduction de l'histoire d'Eutychius, dont Selden avait fait imprimer un fragment auquel il avait joint un long commentaire, pour prouver par cet auteur qu'anciennement les patriarches d'Alexandrie avaient été ordonnés par des prêtres. Dans la préface de la traduction entière, Pocock fait mention en peu de paroles d'une dissertation obscure d'Échellensis contre Selden, et il en parle avec mépris. C'est le traité qui a pour titre : *Eutychius vindicatus*, imprimé à Rome, qu'apparemment il n'avait pas lu, puisque, indépendamment des raisonnements de l'auteur, il a rapporté un grand nombre de passages des Orientaux, qui font voir l'ignorance et la mauvaise foi de Selden d'une manière sans réplique. Véjélius et Fehlavius n'avaient pas vu cet ouvrage, et ils n'en parlent point ; mais ce qu'ils disent regarde uniquement les notes qu'Échellensis joignit au catalogue des écrivains syriens de Hébedjésu. Hottinger, qui publia presqu'en même temps son *Archéologie orientale* avec un titre pompeux qui a imposé aux gens de lettres, particulièrement aux protestants, attaqua aussi Échellensis à l'occasion de l'*Eutychius vindicatus*. Depuis cela, comme les auteurs de *la Perpétuité* se servirent des passages qui y étaient rapportés, M. Claude et ses défenseurs se jetèrent dans les lieux communs, pour détruire l'autorité d'Échellensis ; et ce ne fut pas en marquant ou qu'il citait faux, ou qu'il traduisait mal ; mais qu'il était maronite, pensionnaire de la cour de Rome ; que Gabriel Sionite, son compatriote, et M. de Flavigny, docteur de Sorbonne et professeur royal en hébreu, lui avaient reproché son ignorance et sa mauvaise foi, reproche qui n'avait aucun rapport à la question.

Pour faire connaître précisément ce qu'on doit penser des jugements de ces critiques, voici ce que nous croyons en pouvoir dire, comme assez certain. Il n'est pas question des qualités personnelles d'Échellensis ; ce qui est incontestable, est qu'il avait une capacité en arabe et en syriaque fort supérieure à celle de tous les protestants qui en ont parlé avec mépris. Gabriel Sionite, ainsi que nous l'avons ouï dire à nos anciens, était plus savant, mais il n'a presque rien écrit ; et les reproches qu'il fit à Échellensis, lorsqu'ils eurent une grande dispute pendant l'impression de la Bible de M. le Jay, n'étaient que sur des minuties de grammaire, ou des querelles personnelles, comme on peut voir par les écrits que les uns et les autres publièrent en ce temps-là. Dans les notes sur Hébedjésu, Échellensis rapporta divers passages d'auteurs orientaux qui sont fidèlement cités, et traduits exactement, de même que ceux qu'il emploie dans *Eutychius vindicatus*. La plupart des auteurs qu'il cite sont connus ; et s'il s'est trompé sur quelques-uns, ce n'est qu'en les attribuant à d'autres que les véritables, suivant la tradition de son pays. Ainsi il cite les commentaires de Jean Maron sur la Liturgie de S. Jacques, qui sont ceux de Denis Barsalibi ; de même quelques traités particuliers sous des noms différents de ceux qui sont dans les meilleurs manuscrits. Enfin, les protestants n'ont pu jamais encore montrer qu'il ait allégué faux sur les articles que nous défendons contre eux, et que nous trouvons soutenus de temps immémorial par toute l'église orientale.

Il est vrai que sur d'autres points il a un peu trop donné aux préjugés des Orientaux, comme sur les canons arabes attribués au concile de Nicée, et sur de semblables pièces ; de même que l'amour de sa patrie lui a fait écrire sur les maronites des choses insoutenables. Il a cité quelquefois des manuscrits où ce qu'il dit ne se trouve point, et il a peut-être, par un zèle inconsidéré, assuré que les paroles *Filioque* se trouvaient dans quelques livres orientaux, ou bien il s'est trompé. Mais ce n'a pas été sur les points controversés entre nous et les protestants, ni même sur ce qu'il a cité pour la primauté du pape, en quoi il pouvait être suspect ; puisqu'on trouve dans plusieurs manuscrits anciens la plupart des passages qu'il rapporte, et jamais il n'a pu être convaincu de faux sur tous ces articles. Il s'est trompé quelquefois, et cela arrive tous les jours aux plus habiles hommes ; mais ses censeurs n'ont pas eux-mêmes connu où il manquait. Cependant avec quelques défauts qui ne font aucun préjudice à son autorité, il est fort au-dessus de tous les protestants les plus habiles qui ont écrit sur les mêmes matières, ou de ceux qui, comme Véjélius, l'ont attaqué sans les savoir. Car on ne peut assez s'étonner que celui-ci en répondant aux programmes de Nihusius, qui concluait des preuves produites par Échellensis le consentement des Orientaux avec les catholiques sur l'Eucharistie et sur quelques autres articles, lui oppose le témoignage du P. Kircher, *qui avoue*, dit-il, *que l'église copt-éthiopique était tombée dans de grandes erreurs;* ce qui ne s'accordait pas, selon ce qu'il prétend par une conséquence très-fausse, à ce consentement supposé par Échellensis et par Nihusius. A ce raisonnement, dont nous avons fait voir la fausseté, il joint de grands éloges du P. Kircher, comme d'un auteur qui avait de beaucoup surpassé Échellensis dans la connaissance des églises orientales. Longtemps après, André Muller a encore enchéri sur ces louanges, à l'occasion des recherches qu'il a faites sur le monument syriaque et chinois inséré dans la *China illustrata*, qu'il n'a pas mieux entendu que celui auquel il donne tant de louanges, s'étant également trompé sur l'histoire, sur la géographie et sur le dogme.

Il est surprenant que ces critiques n'aient pas reconnu que tous ces passages qui se trouvent dans le *Prodromus copticus*, et dans la *China illustrata*, excepté les extraits de la Liturgie cophte et de l'éthiopienne, sont les mêmes que cite Échellensis, qui les avait fournis au P. Kircher ; que la colonie ou mission copt-éthiopienne, qui passa à la Chine, est une imagination fondée sur une fausse interprétation d'un mot répété plusieurs fois dans l'inscription, et qui signifie *prêtre*; mais que le P. Kircher a traduit par *Éthiopien*. Échellensis fit si peu sa cour au pape Innocent X par ses notes sur Hébedjésu, qu'il s'attira de fâcheuses affaires, sur ce que ce livre était dédié au cardinal Antoine Barberin, et qu'il lui donna la qualité d'évêque de Poitiers, en laquelle le pape ne voulait point le reconnaître. La fortune que fit ce maronite à Rome était fort médiocre, puisqu'une chaire de professeur en arabe à la Sapience, qui vaut environ cent écus romains, fut toute sa récompense. Depuis ce temps-là, c'est-à-dire, depuis environ cinquante ans, il ne s'est imprimé à Rome aucun ouvrage sur cette matière, sinon la dissertation sur les maronites de Fauste Nairon, parent et successeur d'Abraham dans sa place de professeur ; et celui qu'il a intitulé : *Evoplia*, où il y a plusieurs passages d'auteurs Orientaux sur les articles controversés avec les protestants ; et il y a sujet de croire qu'il l'avait composé sur les papiers de l'autre, car ceux qui l'ont connu savent que par sa conversation il ne paraissait pas fort instruit sur ces matières, qui occupent à Rome très-peu de personnes.

Il est donc inutile de déclamer, comme font les protestants, sur ces prétendus artifices de la cour de Rome pour faire des prosélytes, et pour s'appuyer de l'autorité des Orientaux. Nous en avons d'autres sans celle-là, et on a prouvé assez dans les premiers volumes de *la Perpétuité* la force et les conséquences de cet argument, pour n'avoir pas besoin de les expliquer plus en détail. Nous avons au moins un avantage, qui est qu'on ne nous peut pas reprocher, non plus qu'à ceux dont nous continuons le travail, que nous ramassions indifféremment toutes sortes de preuves, bonnes ou mauvaises, ni que nous fassions valoir jusqu'aux moindres passages qui peuvent avoir un rapport même éloigné à notre matière, comme ont fait les protestants à notre égard. Qu'ils disent tout ce qu'ils voudront contre Abraham Échellensis, et les autres qui ont écrit à Rome, qui se réduisent néanmoins depuis près de soixante ans à Fauste Nairon, et à un petit ouvrage du P. Bonjour, augustin français, très-savant et encore plus recommandable par sa piété et par sa modestie, ces reproches sont présentement inutiles. Dans la Réponse générale, et dans le troisième volume de *la Perpétuité*, on a plus donné de passages et d'extraits de livres orientaux que tous les protestants n'en ont jamais cité, et qu'ils n'en peuvent citer. Dans le quatrième et dans celui-ci, il y en a un si grand nombre, que ceux qui n'auront pas entièrement renoncé à la bonne foi conviendront qu'il n'en fallait pas tant pour convaincre toute personne raisonnable qui chercherait la vérité. Cependant dire sans exagération, que nous n'avons pas rapporté la moitié de ce que nous avons trouvé dans les livres orientaux, en sorte que sur le seul article de l'Eucharistie il ne serait pas difficile de ramasser plus de passages qu'il n'en faudrait pour faire un volume entier.

Quand on examine après cela quelle peut être la cause de la prévention des protestants, en croyant, ou en faisant semblant de croire, que les Grecs et les Orientaux s'accordent avec eux sur la plupart des points contestés, on en trouve deux. La première est l'ignorance de la plupart de leurs théologiens sur cette matière ; et la seconde, qui en est une suite, est la haute opinion qu'ils ont de quelques-uns de leurs écrivains, qui croient l'avoir épuisée, parce qu'ils ont fait beaucoup de livres remplis d'hébreu, d'arabe et de syriaque, ce qui donne un air de capacité contre lequel des ignorants ne peuvent tenir. Il n'y en a point qui en ce genre soit comparable à Hottinger, professeur de Zurich, qui, étant jeune, robuste et laborieux, et ayant une connaissance médiocre des langues orientales, commença à donner au public trois ou quatre volumes par an, ce qui n'était pas extrêmement difficile à un homme qui faisait imprimer les extraits de tout ce qu'il lisait, bon ou mauvais, sans ordre et sans raisonnement. Tout lui est bon ; il trouve partout des arguments contre les catholiques dans le peu de livres des chrétiens orientaux qu'il avait vus. S'il est parlé de la foi et de la confiance dans les mérites de Jésus-Christ, il avertit qu'on prenne garde à ces importantes paroles ; mais quand il est parlé de l'intercession et des prières des saints, il ne dit mot. Il attribue partout aux catholiques des opinions monstrueuses, comme entre autres que *la sainte Vierge est le complément de la Trinité* (1). C'est une fureur continuelle, soutenue de l'ignorance la plus grossière, comme il serait aisé de faire voir si on voulait se donner la peine d'examiner sa ridicule Histoire ecclésiastique. Mais rien n'est plus capable de faire connaître son caractère que ce qu'il a écrit touchant la Confession de Cyrille Lucar, qu'il voulait faire passer comme celle de toute l'église orientale, et cela par des raisonnements si absurdes et des preuves si faibles que les catholiques n'ont pas eu besoin de le confondre. Les luthériens l'ont fait, entre autres Fehlavius, d'une manière sans réplique. On peut par-là juger de ce qu'on doit attendre sur les autres églises d'Orient d'un homme qui connaissait aussi peu la grecque.

Cependant, parce qu'il remplit ses livres de caractères inconnus, il a acquis une grande réputation par ses écrits sur cette matière. Tous les secours qu'il a eus se réduisaient à l'histoire d'Eutychius, à la première partie de celle d'Elmacin, à un livre d'église syriaque, et à ce qu'il a ramassé sans discernement des auteurs catholiques. Il y a des fautes considérables dans les traductions des ordinations syriennes ; encore de plus grandes dans celles des Cophtes, il n'en a remarqué aucune. Il s'est voulu mêler de parler des patriarcats d'Orient, il n'en connaissait pas même les noms. Enfin sans avoir lu aucun théologien, il décide comme s'il avait une parfaite connaissance des livres les plus curieux, et il n'avait pas vu les plus communs. Si quelque calviniste avait avancé la plus grande absurdité, comme M. de Saumaise dans la lettre où il cite la Liturgie cophte, Hottinger s'en sert comme d'une preuve incontestable. Enfin, il établit ce principe, qu'on pouvait tirer de l'Alcoran une partie considérable de l'Histoire ecclésiastique, parce qu'on pouvait connaître par sa lecture, et celle des écrivains arabes, quelle était la face des églises d'Orient. Il est vrai que quand on voudra croire que ce qu'il en dit dans ses nombreux volumes, répétant dans l'un ce qu'il en dit dans l'autre, représente fidèlement l'état de ces églises, on pourra convenir de ce bizarre principe. Mais il fallait que lorsqu'il le mettait sur le papier il n'eût pas ouvert l'Alcoran, où on ne trouve pas un seul mot ni un seul fait qui puisse en donner la moindre connaissance ; encore moins dans un misérable auteur qu'il cite continuellement, parce qu'il n'en connaissait point d'autre. Il pouvait dire avec la même raison que l'Alcoran était très-utile pour réformer la chronologie de l'ancien et du nouveau Testament. Conviendra-t-on dans les académies protestantes que les Juifs ont corrompu les Écritures ; que les chrétiens croient plusieurs dieux ; qu'ils reçoivent toutes les fables ridicules tirées du livre *de Infantiâ Salvatoris*, et plusieurs autres aussi extravagantes ? S'il y a quelques faits historiques dans l'Alcoran, comme sur les chrétiens de Nagéran, sur le *Néjaschi*, ou roi d'Éthiopie, et de semblables dont il est plein, ils ne peuvent guère servir à l'Histoire ecclésiastique, sinon pour grossir celle de Hottinger, où tout trouvait place. S'il y avait quelque chose à remarquer sur ce sujet, c'était l'opinion de l'imposteur, ou plutôt de ceux qui avaient composé l'Alcoran, touchant Jésus-Christ. Un protestant plus habile dans les langues orientales que n'était Hottinger, a fait un petit ouvrage sur cette matière, mais seulement pour faire connaître quels étaient les sentiments des mahométans sur Jésus-Christ et sur la religion chrétienne (1); car ni lui, ni personne qui aurait eu connaissance de leurs livres, ne se serait imaginé qu'on y eût pu trouver quelque lumière touchant l'état des églises d'Orient.

Tout ce qu'on en peut tirer est que Mahomet et ses premiers disciples n'ignoraient pas qu'il y avait des chrétiens, puisque des tribus entières d'Arabes professaient le christianisme, comme témoignent les auteurs mahométans rapportés par Pocock, dans ses notes sur ce que Grégoire Abulfarage en avait écrit dans son Histoire des dynasties. Il est néanmoins très-vraisemblable que c'est tout ce qu'il en savait, puisqu'à l'exception de ce qui est dit en quelques endroits de l'Alcoran sur les divisions qui partagent les

---

(1) Trinitatis complementum, ut pontificià utar phrasi. *Hott., Hist. Orient. l. 2, c. 2, p.* 227.

(1) Levinus Warnerus, compend. hist. eorum quæ de Christo, etc., Muhamedani tradiderunt. *Lugd. Bat.* 1643.

chrétiens et les Juifs, dont il n'est même parlé qu'en termes généraux, il ne paraît pas qu'il ait connu aucune secte en particulier. Ce qu'en ont dit les anciens commentateurs est fort peu exact; car plusieurs marquent que les chrétiens étaient divisés en 72 sectes différentes ; parce que les catalogues des anciennes hérésies qui se trouvent en différents livres arabes, ont fait croire aux Mahométans qu'elles subsistaient toutes encore. Ce ne sont pas les seuls commentateurs de l'Alcoran, ni les compilateurs de leurs traditions qui en ont jugé ainsi ; Abulféda, prince de Hama, auteur plus sérieux, y a été trompé comme les autres, et il a cru enrichir son Histoire par un long dénombrement qu'il fait de toutes ces hérésies. Cependant d'autres plus exacts ne sont pas tombés dans la même erreur ; car le commentateur Persan, qui est un des meilleurs, marque précisément qu'on doit entendre par les paroles de Mahomet les trois sectes des melchites, des nestoriens et des jacobites. Makrizi en a parlé de même, et avec plus de justesse, non pas que deux ou trois misérables auteurs dont Hottinger cite des extraits, mais que Hottinger lui-même, qui ne se souciait pas des auteurs qu'il citait, pourvu qu'il citât.

Ce qu'un autre plus habile et plus versé dans ces matières aurait pu remarquer, est que quand les Mahométans ont parlé plus supportablement des dogmes de la religion chrétienne, ce n'a été que selon l'opinion des nestoriens, avec lesquels ils avaient eu plus de commerce qu'avec les autres chrétiens. Ce n'est peut-être pas à cause de la familiarité que divers auteurs grecs et latins supposent que Mahomet eut avec le moine Sergius ou Béhira, comme il est appelé en arabe; mais parce qu'il y avait un nombre prodigieux de nestoriens dans les provinces conquises les premières par cet imposteur et ses successeurs ; de sorte que durant plus de deux siècles, ils n'en connaissaient presque pas d'autres dans les pays où les califes faisaient leur résidence ; et les catholiques ou patriarches des nestoriens, ayant transporté leur siége à Bagdad, qui devint capitale de l'empire mahométan, eurent longtemps une entière autorité sur les melchites et sur les jacobites, aussi bien que sur ceux de leur secte.

On trouve entre autres choses assez souvent dans les auteurs mahométans que Jésus-Christ était monté au ciel, ou, comme parlent quelques autres, était devenu homme divin par ses propres mérites, erreur capitale que les Grecs et les Latins ont marquée comme particulière aux nestoriens, et comme une suite de celle de Pélage. La comparaison dont ils se servent de Jésus-Christ avec les autres prophètes, quoiqu'ils le mettent dans un rang supérieur et plus excellent, et le terme d'*inhabitation* ou de *descente* de la divinité sur lui, dont nous avons parlé ailleurs, sont familières aux Mahométans; et les nestoriens n'ont pas honte de se servir de témoignages de l'Alcoran pour appuyer leur opinion. Voilà ce que ni Hottinger ni les autres n'ont remarqué, qui est néanmoins la seule observation importante qu'on peut tirer des Mahométans, puisqu'elle est répandue dans la plupart de leurs auteurs, particulièrement dans les mystiques. Pour ce qui regarde l'histoire de l'Église, il n'y a qu'à voir ce qui est dit dans l'Alcoran, et dans les traditionnaires sur l'histoire des sept Dormeurs, de S. Georges, ou de quelques autres, et on sera convaincu que ces premiers Mahométans étaient les hommes du monde les plus ignorants sur cette matière, aussi bien que sur toutes les autres qui ont rapport aux lettres. Ce défaut est si général, qu'il s'étend même à ceux qui ont écrit plusieurs siècles après; puisque les meilleurs historiens ne rapportent que des fables et des extravagances sur tout ce qui précède le mahométisme.

Enfin il n'y a qu'à examiner tout ce qu'a écrit Hottinger, pour reconnaître sa témérité à parler de ce qu'il ne savait pas. Quand il aurait eu toutes les qualités qu'il n'avait pas, c'est-à-dire de la sincérité, de la critique judicieuse, de la pénétration, et un certain esprit sans lequel la grande lecture ne produit que de la confusion, cela ne lui eût servi de rien, puisqu'il ne connaissait pas les livres. De plus savants que lui, comme Golius et Pocock, n'ont rien écrit sur cette même matière, et on ne peut pas savoir si c'était par négligence qu'ils ne l'ont pas fait, ayant tant travaillé sur ces langues, et avec beaucoup d'utilité pour le public; ou si c'était qu'ils comprenaient fort bien qu'il était impossible de prouver que les Orientaux s'accordassent sur les principaux points de la religion avec les protestants. Il était difficile néanmoins qu'ils n'eussent vu plusieurs livres de ces chrétiens, puisqu'on voit que Pocock avait eu les commentaires de Barsalibi sur l'Écriture sainte, et d'autres livres marqués dans les catalogues des bibliothèques d'Angleterre, qui suffisaient pour éclaircir la question. Golius, parmi ceux qu'il apporta du Levant, en avait plusieurs de ceux que nous citons. Mais il y a beaucoup d'apparence que la curiosité de ces savants hommes fut médiocre sur ce qui regardait les matières de religion, puisqu'il est assez étonnant que Golius dans son Dictionnaire arabe, quoique fort ample, ne fasse presque aucune mention des termes théologiques, ni de l'usage ecclésiastique ; ce qui fait juger qu'il avait peu lu les livres où ils sont employés.

Il n'est pas nécessaire de parler de quelques autres écrivains protestants, qui, sans aucune capacité, ont voulu parler de cette matière. C'est, par exemple, selon Muller, un fort argument contre les catholiques, que dans l'inscription chinoise et syriaque qu'il a voulu interpréter et commenter, il n'est pas parlé de la transsubstantiation. On voudrait bien qu'il nous eût appris comment ce terme théologique était exprimé en langue chinoise qu'il se piquait d'entendre, quoiqu'on reconnaisse qu'il n'avait pas entendu le syriaque de cette inscription. Ce n'était pas là un lieu propre à mettre une exposition de foi détaillée; mais s'il avait lu des livres nestoriens, il aurait trouvé qu'Élie-le-Catholique enseigne le changement de substance. Enfin ce savant auteur ne produit aucun passage, sinon ceux qu'il a lus dans la *China illustrata*, qui lui sont contraires, et auxquels il promet de répondre. On ne sait pas s'il l'a fait, car il y a sujet d'en douter; mais on peut assurer, sans aucun doute, que s'il l'a entrepris il n'y a pas réussi. Car que pouvait-on attendre d'un homme qui n'a pas découvert la moindre chose qui pût éclaircir cette inscription, et qui a adopté avec éloge les interprétations fausses et absurdes qu'on en avait données avant lui?

CHAPITRE IX.
Des ouvrages de M. Simon sur les églises orientales.

Nous finirons par un éclaircissement que plusieurs personnes de mérite ont cru nécessaire touchant divers ouvrages que M. Simon a publiés en différents temps sur les matières qui ont été traitées dans le volume précédent et dans celui-ci. La réputation qu'il avait acquise, surtout dans les pays étrangers, par son érudition, et encore plus par un air de liberté avec laquelle il a écrit sur les dogmes et la discipline des Orientaux, et la confiance avec laquelle il avance des choses toutes nouvelles, lui ont donné une grande autorité. Les protestants s'en sont prévalus, le citant souvent comme un théologien fort supérieur aux autres, et exempt des préjugés de l'Église romaine, particulièrement de ceux de l'école. Ils ont fait de grands éloges de son érudition, surtout dans les langues orientales, et dans ces matières qui ne leur sont pas trop connues. Ainsi comme en plusieurs points qui ont été traités dans le volume précédent et dans celui-ci, nous sommes souvent d'avis contraire, il arrivera peut-être que des protestants voyant deux catholiques se contredire, en voudraient tirer avantage. C'est ce qui m'a déterminé à donner sur cela des éclaircissements très-simples et très-véritables.

D'abord on doit distinguer les ouvrages de cet auteur; car presque tous ont été imprimés en pays étrangers, sans privilége et sans approbation, entre autres l'*Histoire critique de la créance et des coutumes des nations du Levant*, et diverses lettres ou pièces détachées qu'il a publiées, de même aussi que la plupart de ses autres livres, dont plusieurs ont été supprimés ou censurés. Ce qu'il a imprimé avec approbation se réduit aux notes latines qu'il joignit à quelques opuscules de Gabriel de Philadelphie, et à celles qu'il mit à la fin de la traduction du Voyage fait au Mont-Liban, par le P. Jérôme Dandini, jésuite. Il donna aussi en français un petit traité de la créance des Grecs touchant la transsubstantiation contre M. Smith, et il eût été à souhaiter que ses autres ouvrages eussent ressemblé à celui-là, dans lequel il y a des observations très-utiles et très-recherchées, sur quoi je lui ai ailleurs rendu justice. Dans les autres, même dans ceux qui ont paru avec approbation, il a avancé plusieurs choses, qui non seulement sont contraires à la vérité, mais dont les conséquences sont si périlleuses, qu'il est difficile de comprendre qu'elles aient échappé à la diligence des examinateurs.

Par exemple, dans une longue note qui peut passer pour une dissertation entière touchant l'opinion des Grecs sur les paroles de la consécration, outre qu'il la représente tout autre qu'elle n'est véritablement, il l'attribue aux Syriens, Cophtes et autres chrétiens qui n'en ont jamais ouï parler. C'est ce qu'il a encore rebattu dans ses notes sur le P. Dandini, établissant comme certain que les Grecs et les Orientaux ne croient pas que les paroles de Jésus-Christ soient efficaces pour la consécration; ce que j'ai réfuté ailleurs de son vivant, sans qu'il ait pu rien répliquer (1). Sur ce principe, il voulut rendre suspectes quelques attestations venues du Levant, parce qu'il paraissait que ceux qui les avaient données reconnaissaient l'efficace des paroles de Jésus-Christ.

Il est encore plus étrange que non seulement dans ses livres imprimés en Hollande, mais dans ses notes sur le P. Dandini, même dans la préface, il ait avancé cette proposition : *Si nous suivons, par exemple, la voie ordinaire, nous condamnerons d'hérésie tout ce qu'il y a de peuples dans le Levant qui portent les noms de nestoriens, d'eutychiens, de jacobites et autres monophysites; au lieu que si nous recherchons avec soin leurs véritables sentiments, toutes ces prétendues hérésies nous paraîtront imaginaires. En effet ils ne sont hérétiques que parce qu'ils ne s'expliquent pas à notre manière, pour n'avoir pas étudié la théologie dans nos écoles.* Il répète la même chose dans ses notes (p. 382) : *Ces hérésies, de la façon qu'elles sont aujourd'hui dans le Levant, sont imaginaires*; et dans son Histoire critique (p. 93) : *On trouvera qu'en effet le nestorianisme d'aujourd'hui n'est qu'une hérésie imaginaire.* Ce n'est pas ici le lieu de réfuter des propositions aussi étranges; il suffit de dire que par quelques passages d'auteurs nestoriens qui ont été rapportés dans le quatrième volume (ci-dessus, dans ce tome), il est aisé de reconnaître que ceux des derniers temps ont été et sont dans les mêmes erreurs que Nestorius et ses premiers sectateurs. Quelqu'un, sinon des impies et des sociniens, a-t-il dit jamais que le concile d'Éphèse condamna une hérésie imaginaire ? Cependant ceux qui lisent ces décisions, et qui pensent en même temps qu'elles viennent d'un homme consommé dans l'érudition orientale, croient qu'il avait feuilleté plusieurs livres théologiques des nestoriens; et un Anglais, qui le justifie, s'est appuyé de son témoignage. Or, comme il est de l'intérêt public de connaître la vérité, de laquelle dépend l'autorité que doit avoir un écrivain qui avance des choses nouvelles, nous la dirons sincèrement.

On doit donc tenir pour certain que M. Simon, quelque réputation qu'il ait eue pour les langues orientales, n'avait pas une capacité telle qu'on se l'imagine. Nous ne parlons pas de l'hébreu, ni de ces critiques de l'ancien et du nouveau Testament, qui ont causé tant de scandale et où tout ce qui est de lui, particulièrement son système de l'école prophétique, à laquelle il donne une entière autorité sur les livres sa-

(1) Voyez ci-dessus, dans la première partie de ce tome.

crés, a été également contredit par les catholiques et par les protestants. Ce qu'on doit dire à son honneur, est qu'il l'avait entièrement réformée sur les corrections de feu M. l'évêque de Meaux, et que, par une nouvelle édition, il était prêt de se rétracter publiquement ; si cela ne fut pas exécuté, il ne tint pas à lui. Il est vrai qu'il a révoqué en quelque manière cette rétractation par une lettre supposée comme adressée à feu M. l'archevêque de Paris, dans laquelle il prétend prouver que ceux qui avaient fait supprimer cet ouvrage l'avaient ensuite approuvé, ne disant pas que ce n'était qu'après qu'il en avait retranché une grande partie. A l'égard des autres langues orientales, il savait très-médiocrement le syriaque, et s'il a cité dans ses notes sur Gabriel de Philadelphie des extraits de la Liturgie nestorienne, ils lui furent donnés en ce temps-là avec quelques autres par un de ses amis qui est encore plein de vie. Le manuscrit dont les premiers avaient été tirés, avait été acheté du prêtre Élie, par feu M. Hardy, conseiller au Châtelet, savant dans les langues orientales, mort en 1672, et il s'est trouvé parmi les livres de M. Simon, mort en 1712, qui l'a eu ainsi entre les mains pendant quarante ans. Néanmoins lui qui citait fort volontiers, n'a pas cité plusieurs choses contraires à son système de l'hérésie imaginaire des nestoriens, qui se trouvent dans ce même manuscrit.

On dira peut-être qu'il avait vu des livres théologiques ; mais il n'en nomme aucun, et on est sûr qu'il n'en a jamais vu un seul. Car outre qu'ils sont fort rares, on n'en trouve presque qu'en arabe, et il n'en savait pas assez pour les entendre, non plus que ceux des jacobites, qui sont en très-grand nombre. S'il les avait lus, il n'aurait pas traité d'imaginaires ces hérésies, que ceux qui les soutiennent défendent si sérieusement, qu'ils disent anathème à S. Cyrille et au concile d'Éphèse, à S. Léon et au concile de Calcédoine. Ainsi, pour décider, comme fait M. Simon sur les nestoriens, il paraît qu'il n'avait lu que les pièces rapportées en latin par Pierre Strozza, dans le livre de *Dogmatibus Chaldæorum*, qui sont très-mal traduites ; et ce que nous en avons dit ailleurs fait voir qu'il ne les a pas entendues. Enfin Makrizi, Mahométan, parle de ces hérésies beaucoup plus conformément à la vérité que ne fait ce grand critique.

Il y a eu parmi les Orientaux quelques écrivains pacifiques qui ont voulu concilier les trois opinions qui partagent l'Orient, et nous en connaissons deux, Natif, fils d'Yémen, médecin natif de Bagdad, melchite ou orthodoxe, et Amrou, fils de Matthieu, nestorien. Ils déplorent l'un et l'autre la division qui est entre les chrétiens, sur ce qu'ils ne peuvent s'accorder touchant le mystère de l'Incarnation, quoiqu'ils conviennent en tous les autres articles aussi difficiles à croire, comme entre autres, disent-ils, que *l'Eucharistie est le corps et le sang de Jésus-Christ*. Mais ils ne traitent pas ces disputes comme des questions de nom.

On peut dire la même chose que ce que nous avons dit touchant les nestoriens et les jacobites sur tous les autres points de religion et de discipline dont a parlé M. Simon, principalement les Liturgies. Il n'a presque fait imprimer aucun ouvrage où il n'en parle ; ce ne sont qu'*analyses*, critiques et réflexions sur la différence des originaux et de l'impression de Rome. Nous ferons voir ailleurs qu'il s'est autant trompé sur cette matière que sur plusieurs autres. Mais ce que nous savons certainement, est qu'il raisonne sur les Liturgies syriaques sans en avoir jamais vu aucune, sinon celles qui sont imprimées à Rome dans le Missel pour les maronites, une très-récente dans la bibliothèque de Sorbonne, et quelques extraits que lui avait envoyés de Rome Fauste Nairon. Voilà tout le secours qu'il a eu pour critiquer les Liturgies. A l'égard de celles des Cophtes, il n'en a guère parlé, parce qu'il ne pouvait les lire ni en cophte ni en arabe ; il n'a pas connu que la grecque, imprimée sous le nom de S. Marc, était l'original de celles-là. Il n'avait aucun auteur de ceux qui ont expliqué les rites ; et tous ceux que nous avons cités pour prouver l'adoration de l'Eucharistie, le soin avec lequel elle est administrée, les précautions pour empêcher la profanation des espèces, et tout le reste de la discipline orientale, lui ont été entièrement inconnus. On a vu dans le volume précédent les témoignages de plusieurs auteurs qui éclaircissent à fond cette matière ; les protestants diront-ils que ce sont des livres supposés, parce qu'ils n'ont pas été cités par M. Simon ?

Il avait si peu de critique en ce genre, qu'il n'a cité aucun original ; car dans ses notes sur le P. Dandini et ailleurs, toutes ses citations sont deux ou trois passages de Jean Maron, et des constitutions des maronites, qu'il avait trouvés dans les livres d'Abraham Échellensis, ou dans des mémoires restés parmi les papiers du P. Morin. Jamais on n'a encore trouvé de manuscrit, ni même le nom de ce Jean Maron, sinon parmi les maronites, et il y a de grandes preuves que le commentaire qu'ils lui attribuent sur la Liturgie de S. Jacques est de Denis Barsalibi, jacobite ; il en est de même de ces prétendues constitutions des maronites ; et voilà tous les auteurs orientaux qu'avait vus M. Simon. Parce qu'il avait lu dans le Voyage de Georges Douza et dans quelques écrivains protestants que Mélèce était patriarche d'Alexandrie du temps que Gabriel envoya des députés à Clément VIII, il décide qu'*on ne voit pas que ce Gabriel, qui fait une réunion solennelle en qualité de patriarche d'Alexandrie, ait jamais été patriarche de cette église-là*. C'était en ignorer l'histoire entièrement, que de ne pas savoir que depuis le concile de Calcédoine il y a toujours eu deux patriarches à Alexandrie : le grec ou melchite, et le cophte ou jacobite, tel qu'était Gabriel.

Les règles générales qu'il établit sur les changements qui ont été faits dans plusieurs livres qu'on a imprimés à Rome pour les maronites, font croire qu'on n'en peut tirer aucun secours, parce qu'ils diffèrent entièrement des manuscrits. Cependant il y a deux remarques certaines à faire, qui détruisent presque tout ce qu'il a dit sur ces livres, principalement sur les Liturgies syriaques du Missel chaldaïque. La première est que cette édition n'a pas été faite par l'autorité du pape, puisqu'il n'y a ni bref ni privilége qui la confirme. Au contraire, il paraît qu'on ne l'approuvait pas entièrement, parce que, dans la plupart des exemplaires, on ne trouve pas une préface latine, où les maronites avaient inséré les louanges de leur prétendu S. Maron. Il y a d'autres exemplaires où quelques noms de ceux auxquels les Liturgies sont attribuées se trouvent effacés à la plume, et avec raison, puisqu'ils étaient hérétiques; comme Jean Barsousan et quelques autres, parce que apparemment quelqu'un avait donné avis de cette bévue. Ce Missel était imprimé en 1592, comme il paraît par la première page ; et on ne le donna au public qu'en 1594, même il fut ensuite supprimé quelque temps. Ainsi il ne faut pas, comme fait M. Simon, attribuer à l'Église romaine les défauts qui peuvent s'y trouver, ni les changements qui y ont été faits; mais à quelques particuliers ou à des missionnaires zélés, et peu capables de juger de pareilles matières.

La seconde remarque est que M. Simon suppose presque partout que ces livres imprimés à Rome ont été altérés, principalement à l'invocation du S.-Esprit, ce qui n'est pas absolument vrai. Car dans celle de S. Jacques, l'invocation est précisément comme dans les manuscrits, et s'il y a quelque différence, c'est dans une parole qui répond littéralement à celle de ἀναδείξῃ, qui est dans le texte grec de la même Liturgie, et qui dans le style ecclésiastique syrien a la même signification que dans l'original grec. De plus, dans le livre du *Ministère diaconal*, qui fait comme partie du Missel, il n'y a aucun changement; ce que doit dire le diacre y est tout entier, et il a un rapport nécessaire à l'invocation nullement altérée, mais conforme aux manuscrits. Cependant rien n'est plus fréquent dans les remarques sur le Voyage du Mont-Liban que les citations des manuscrits sur lesquels sont fondées diverses critiques, quoiqu'il soit certain qu'il n'en a consulté aucun, et en voici une preuve manifeste. Dans ces remarques l'auteur donne une analyse de la messe des maronites, et c'est un abrégé de celle qui est la première dans ce Missel, attribuée à S. Sixte, pape. On ne sait pas par quelle raison ceux qui eurent soin de l'impression la mirent à la tête pour servir comme de canon commun à toutes les autres. Car il est certain que celle à laquelle les Syriens jacobites et orthodoxes donnent cette préférence est celle de S. Jacques, qui est assez conforme à la grecque de même nom, dont l'église de Jérusalem et la plupart des autres de Syrie et de Palestine, où le service se faisait en grec, se servaient encore au douzième siècle. Celle de S. Sixte se trouve dans les manuscrits des jacobites; mais on n'en fait pas grand usage, et même on y trouve un défaut essentiel, qui est que les paroles de Jésus-Christ pour la consécration n'y sont pas rapportées comme dans es autres, mais seulement en extrait ; sur quoi M. Simon fait une remarque tirée des mémoires que lui avait envoyés Fauste Nairon. Nous avons parlé de cette singularité, et nous espérons l'éclaircir ailleurs d'une manière toute différente, mais entièrement conforme à la doctrine des Orientaux expliquée par Denis Barsalibi, auteur d'une des deux Liturgies où se trouve cette différence, comme dans celle de S. Sixte. Ce n'était donc pas sur celle-là qu'il fallait former le plan général sur lequel M. Simon nous donne une analyse, d'autant plus que ceux qui ont commenté la Liturgie syriaque, entre autres le même Barsalibi, ont pris pour leur texte celle de S. Jacques, même ce Jean Maron, qu'on a tout sujet de regarder comme un auteur supposé.

Avec de si faibles secours il était difficile d'expliquer les principales cérémonies ; cela n'empêche pas cet auteur de s'étendre sur cette matière dans un grand détail, et d'avancer plusieurs principes, dont ceux qui ont examiné les livres orientaux qu'il n'avait pas vus, ne conviendront pas facilement. Il établit par exemple l'antiquité de la messe qu'il appelle des maronites par-dessus celles des Grecs modernes, sur ce que l'autre est plus simple et moins chargée de cérémonies ; et il étend la conjecture sur les autres Liturgies orientales. Il est vrai qu'il n'y a que peu de rubriques dans l'imprimé de Rome, et il y en a ordinairement encore moins dans les manuscrits ; mais on peut dire la même chose des Liturgies grecques, et même des messes latines, si on en juge selon les anciens exemplaires, tels que pourraient être ceux qui seraient écrits dans le huitième siècle. Cependant plusieurs auteurs grecs marquent et expliquent presque tous les rites qui sont présentement en usage parmi les Grecs. Nous avons aussi un grand nombre d'auteurs latins qui ont mis par écrit les rites qui s'observaient, quoiqu'ils ne soient pas marqués dans les Missels. Il en est de même des rites orientaux; ils ne sont pas expliqués en détail dans les Liturgies, mais ils le sont en d'autres livres. Ainsi presque toutes les conjectures de M. Simon sur la nouveauté de diverses cérémonies tombent entièrement, parce qu'elles sont marquées dans les Rituels, et dans les auteurs qui ont commenté les Liturgies. Par exemple il dit que celle avec laquelle les Grecs portent de la prothèse à l'autel le pain et le vin qui doivent être consacrés, n'est pas ancienne, parce qu'elle ne se trouve pas dans la messe des maronites. *Ils sont*, dit-il, *beaucoup plus modestes, parce que dans le temps qu'ils ont pris leurs Liturgies des Grecs, ce grand apparat de cérémonies inutiles n'était pas encore en usage ; et c'est ce qui fait en partie que les Liturgies syriaques diffèrent des Liturgies grecques, parce que les dernières ont dégénéré de leur ancienne simplicité.* Cependant les Syriens ont une semblable cérémonie, et les Cophtes la font avec autant d'appareil que les Grecs, ainsi que les Éthiopiens et les Arméniens, ce qui se prouve par des autorités incontestables. Enfin que sert pour donner une idée de la discipline liturgique d'Orient de citer la messe des maronites, puisqu'à moins d'ignorer entièrement la matière, on ne peut dire que dans toutes celles qui sont imprimées, ni dans les manuscrits, il y en ait une seule qui leur soit propre ? car toutes sont des jacobites, comme il se prouve par tous les manuscrits. Il ne faut donc pas s'étonner si sur ces articles, ainsi qu'en plusieurs autres, on trouve dans cet ouvrage, dans le volume précédent, et en ceux que nous pourrons donner dans la suite, des choses contraires à ce que M. Simon a répandu dans tout ce qu'il a écrit sur ces matières dans lesquelles son autorité ne peut valoir qu'à proportion des preuves qu'il donne, et on n'en peut pas moins donner, puisqu'il n'a jamais cité d'aucun auteur oriental que ce qu'il en a trouvé dans Échellensis ou quelques autres.

Il emploie une autre sorte de preuve qui est capable de surprendre, et elle consiste dans des *faits anecdotes*, dont il a particulièrement rempli ses lettres et sa *Bibliothèque choisie*; et la plupart regardent des choses passées il y a plusieurs années, dont par conséquent il ne reste que peu ou point de témoins, les autres étant morts. Cependant je puis assurer, comme ayant eu une connaissance particulière de la plupart de ces faits, que tous ceux qui regardent la suppression de l'Histoire critique du vieux Testament, à laquelle feu M. l'évêque de Meaux eut la principale part, particulièrement ce que M. Simon n'a publié qu'après la mort de ce prélat, comme s'il eût changé d'avis sur ce livre, sont entièrement faux. Ce qu'il y a de vrai est que M. de Meaux n'en avait pas changé, mais que M. Simon avait fait un changement entier de son ouvrage. Plusieurs autres personnes ont remarqué qu'il n'y a guère plus de vérité dans quantité d'autres faits sur des personnes, des corps et des communautés respectables. Ce n'est pas ceux-là que nous examinons, c'est ce qui regarde l'église orientale et la *Perpétuité de la foi*.

On sait que quand ce livre parut il en parla avec mépris; et comme il ne le pouvait pas attaquer sur le raisonnement, ni sur le fond de la doctrine, ce fut sur les attestations, dont il porta le jugement qu'il a inséré à diverses reprises dans ses lettres, sans jamais avoir satisfait aux fortes réponses qui lui furent faites. Il insistait donc sur le peu de connaissance que les auteurs avaient des langues et de la discipline d'Orient, ou des auteurs par les témoignages desquels il fallait, disait-il, réfuter les calvinistes; sur ce qu'ils ne faisaient pas imprimer les attestations en langue originale, et de pareilles objections. Peu de temps après, il donna ses notes sur Gabriel de Philadelphie, puis sur le Voyage du Mont-Liban, où il épuisa toute son érudition; et cependant à l'exception des Liturgies nestoriennes et d'un passage de celle des Cophtes qu'un ami lui donna traduits, il n'a pas cité un seul livre oriental. Les auteurs de la *Perpétuité* ne se piquaient pas de capacité dans les langues; mais tous ceux qui ont connu M. Simon savent qu'il n'aurait pu non seulement entendre, mais lire une seule de ces attestations qu'il critiquait.

On croit devoir rendre témoignage à la vérité sur un fait important contenu dans ses lettres choisies, touchant un prêtre caldéen nommé Élie, auquel il fait dire tout ce qui lui plaît. Il suppose qu'il écrit à un ecclésiastique, et il lui mande des nouvelles d'une chose à laquelle avait été présent celui qu'il en informe, lui qui n'y avait pas été. *Je viens d'apprendre*, dit-il, *que messieurs Arnauld et Nicole ont assisté ce matin* (le premier mai 1670) *à la messe qu'Élie, prêtre caldéen, a célébrée en sa langue dans l'église des Chartreux; mais peut-être ne savent-ils pas que quelques messieurs de Charenton y ont aussi été présents, et qu'ils ont été curieux d'écouter les questions que vos bons amis ont proposées à ce prêtre caldéen.* On demandera à toute personne raisonnable ce que signifie cet empressement d'écrire à un ami, qui savait mieux ce qui s'était passé que M. Simon. Voici le fait où j'étais présent : Feu M. de Gondrin, archevêque de Sens, eut curiosité d'assister à la messe de ce prêtre caldéen; et afin d'éviter l'indécence qui est presque inséparable de la foule dans un spectacle nouveau, on choisit, non pas l'église des Chartreux, mais le chapitre, où il y a un autel. Outre M. l'archevêque de Sens et un de ses grands-vicaires qu'il amena, M. Arnauld et M. Nicole, il n'y eut d'étrangers que M. Dirois, docteur de Sorbonne, cet ecclésiastique auquel il écrit, et moi. Je suis très-sûr qu'il n'y eut pas un seul homme de Charenton, et qu'on ne fit aucunes questions à Élie, sinon qu'on lui demanda s'il connaissait Joseph, métropolitain de Diarbékir, et les prêtres qui avaient signé une attestation reçue depuis peu par M. Jannon, à qui M. Picquet l'avait envoyée, et Élie assura qu'il les connaissait, et que ce qui était contenu dans l'attestation était la créance de son église.

C'est quelque chose de singulier que de représenter ces messieurs de Charenton comme des hommes terribles, qui étaient capables de découvrir qu'on faisait des questions captieuses à ce prêtre, et qu'il ne répondait pas conformément à la créance des catholiques. Mais on a demandé à M. Simon de son vivant, sans qu'il ait jamais pu y répondre, qui étaient donc ces gens de Charenton ? Ce n'était pas le ministre Claude. M. Simon n'aurait pas osé nommer M. Justel et M. de Fremont d'Ablancourt, auxquels il faisait part de semblables histoires et de ses critiques contre les attestations du Levant; mais qui en faisait si peu de cas, que le ministre Claude, auquel on les communiquait, ne s'en est jamais servi. Ces questions sur lesquelles M. Simon ne s'explique point, et qui ne furent jamais, se trouvent dans la même lettre où il conte un autre roman.

Il y a, poursuit-il, *quelques jours qu'il vint dire la messe dans une de nos chapelles. Il me témoigna que cette messe lui rapportait au moins dix écus, que plusieurs personnes curieuses de voir les cérémonies de la Liturgie caldéenne lui avaient fournis; son diacre étant tombé malade, il me pria d'en remplir la place, ce que je fis volontiers.* Dans tout ce récit, il n'y a pas un mot de vrai. Élie n'a jamais célébré la messe qu'une fois à l'Oratoire, et ce jour-là il était accompagné de Joseph Lazare, qui n'était pas son diacre, mais un Syrien d'Alep, que tout le monde a connu ici, qui se trouva à Paris en même temps, et qui lui répondait la messe ordinairement. M. Simon n'a jamais vu Élie que cette fois-là, et il ne fit pas les fonctions de diacre à une messe syriaque, lui qui, comme savent ceux qui l'ont connu, ne les aurait pu faire à une latine, ne sachant pas chanter en latin, encore moins en syriaque, qu'il ne savait pas prononcer, comme il le prouve lui-même dans sa lettre. Car dans les découvertes qu'il prétend avoir faites sur le Missel d'Élie, et qui lui furent communiquées par un ami, de la manière dont il écrit le mot qui en syriaque se donne aux saints et à d'autres, qui est *mor* ou *mar*, et qu'il écrit *mori*, on voit bien qu'il ne savait pas la prononciation; et je puis affirmer avec certitude qu'il ne la savait pas; même qu'il n'avait alors jamais vu ce Missel nestorien, sur lequel il conte de si belles histoires.

Élie ne savait ni latin ni français, mais seulement le franc, que M. Simon ne parlait guère plus que le syriaque; ainsi on peut juger s'il pouvait traiter avec lui des matières théologiques, telles que sont celles dont il le fait parler, et sur lesquelles Élie était parfaitement ignorant. J'en puis rendre témoignage avec plus de sûreté, puisque pendant plus d'une année ce prêtre était tous les jours chez moi.

Il est vrai qu'il célébrait la messe avec le Missel maronite imprimé à Rome, et qu'il ajoutait de sa tête des cérémonies particulières, comme celle de l'élévation de l'hostie après les paroles de Jésus-Christ, qui n'est pas prescrite dans le Missel maronite. Mais la réprimande que lui en fit M. Simon est de son invention, aussi bien que le raisonnement théologique dont Élie n'était pas capable; cependant il tire en plusieurs endroits des conséquences de ces entretiens imaginaires avec Élie, et on peut juger après cela quelle autorité elles peuvent avoir. De plus, quand ce prêtre en aurait eu quelqu'une, il ne servait de rien de le citer sur ce qui regardait les auteurs de *la Perpétuité*, qui n'ont jamais fait usage de son témoignage, non plus que de ceux qu'il aurait été facile de tirer des prêtres levantins, qui en ce temps-là ou depuis ont passé à Paris, et qui n'en savaient guère plus qu'Élie.

M. Simon avait une affectation singulière de vouloir dire des choses rares, souvent sans preuve, et sans examiner ce qu'il écrivait. Il avait ouï dire à quelqu'un ce qui était arrivé à M. Lemoine, à l'occasion du manuscrit des Évangiles en cophte qui est à la Bibliothèque-du-Roi; cela suffisait pour lui donner matière d'une lettre, après avoir jeté les yeux sur le livre. Jésus-Christ y est représenté debout près d'un autel, où sont des particules sacrées comme nos hosties, marquées d'une croix; et il distribue le calice aux apôtres qui sont profondément inclinés; et comme la peinture est fort grossière, on reconnaît aisément que le peintre a voulu les mettre à genoux; au moins c'est une inclination si profonde et si contrainte qu'on ne peut dire qu'ils soient debout. Cependant M. Simon en parle ainsi: *Ils le reçoivent debout, étant seulement inclinés à la manière des personnes qui adorent.* Voilà quelle était son exactitude. Il a bien dit que le livre avait été écrit par Michel, archevêque, ou, pour parler plus conformément à l'original, métropolitain de Damiette, parce que cela était marqué dans la première page, où on a mis en latin le titre de la plupart des livres orientaux, et c'est là où il en demeure. Si quelque protestant veut tirer de la différence de ce qu'il en dit et de ce qui en a été marqué dans le tome précédent (ci-dessus, 1ʳᵉ partie de ce tome), un argument pour rendre douteuse la citation différente que nous avons faite du même manuscrit, il est bien aisé de s'en éclaircir en le voyant dans la Bibliothèque-du-Roi, où je suis très-assuré que M. Simon ne l'avait vu que plusieurs années après. C'est pourquoi son dialogue avec M. Lemoine paraît fort suspect; car ce ministre partit pour la Hollande peu de jours après qu'il fut allé à la Bibliothèque-du-Roi, où je le conduisis, en ayant été chargé par feu M. le duc Montausier. Ce fut M. Lemoine qui s'informa de ce manuscrit que personne n'avait examiné. Les titres ne sont pas en arabe; mais à chaque miniature, et elles ne passent pas l'Évangile de S. Matthieu, il y a quelques mots arabes qui les expliquent. Sur celle dont il est question, on lit ces paroles: *Notre-Seigneur Jésus-Christ, lorsqu'il donne à ses disciples le pain et le vin, après les avoir faits son corps et son sang.* Ce fut ces mots qui embarrassèrent M. Lemoine, et véritablement il ne les put lire; mais feu M. de Lacroix, interprète du roi, qui était présent, fut le juge de la lecture et de l'interprétation que j'en fis. Tout ce qu'en sut M. Simon, ce fut par moi, qui le lui contai peu de jours après, et c'est ce qu'il y a de vrai.

Pour juger décisivement du travail d'autrui sur ces matières, il fallait connaître les auteurs, et il ne les connaissait pas. A quoi bon faire une lettre pour corriger en deux ou trois endroits la traduction des rites de Sévère, sur ce que d'autres lui avaient appris, aussi bien que la fausseté du titre qui est découverte par les manuscrits? Il y en a un bien plus grand nombre qu'il n'a pas connues, et qui sont beaucoup plus importantes, de même que dans la traduction de Hebedjésu; et s'il les avait sues, ses lettres auraient été beaucoup plus longues. Il n'a jamais rien traduit de ces langues; il a cité quelquefois des traductions fort défectueuses sans les corriger; la traduction d'un livre aussi aisé que le traité de Gabriel de Philadelphie n'est pas un titre suffisant de la capacité d'un traducteur dans la langue grecque; et n'ayant traduit qu'un passage de Syrigus, il y a fait une faute considérable. Enfin avec tant d'analyses et de critiques qu'il a faites des ouvrages de Mélèce d'Alexandrie, de Gabriel de Philadelphie, de Margunius, de Coressius, de Grégoire protosyncelle et de quelques autres, ce que nous avons marqué dans le volume précédent (ci-dessus, 1re partie) fait assez voir qu'il ne connaissait pas ces auteurs. Le synode de Jérusalem sous Dosithée ne lui paraissait pas une pièce d'une assez grande autorité, parce qu'elle attaquait directement M. Claude, qui y était nommé avec sa qualité de ministre de Charenton ; raison pitoyable, puisqu'on ne pouvait pas savoir les sentiments des Grecs sans les informer de ce que les calvinistes publiaient au contraire ; et qu'on avait envoyé des extraits du livre de ce ministre, qui furent vus par les plus habiles Grecs, et entre autres par Nectarius, patriarche de Jérusalem, qui en donna son jugement dans sa lettre aux religieux du Mont-Sinaï. Cependant dans le temps même que M. Simon composait et publiait ces lettres, antidatées de vingt ou trente ans, pour leur donner plus de créance, car il est aisé de reconnaître que toutes les dates en sont fausses, Dosithée lui-même l'avait réfuté en faisant imprimer le synode de Jérusalem avec des additions considérables.

On peut sans mériter aucun reproche ignorer certains livres rares comme celui-là, et quelques autres des Grecs ; mais quand on insulte avec hauteur d'habiles théologiens, parce qu'ils n'ont pas connu un livre, et qu'on en a ignoré plusieurs très-importants et décisifs, comme ceux qui sont cités dans cet ouvrage, on ne mérite aucune excuse. Sur ce que les auteurs de la Perpétuité avaient parlé des exemplaires imprimés de la Confession orthodoxe comme étant fort rares, et qu'on n'en avait reçu que deux de Constantinople, dont l'un était dans la bibliothèque de feu M. le premier président de Lamoignon, il dit qu'il ne fallait pas tant de discours pour un livre imprimé en Hollande, d'où il était aisé de le faire venir. On sait cependant qu'il n'y en était resté aucun exemplaire, tous ayant été envoyés à Panaiotti, et il n'y en a pas trois ou quatre à Paris. De plus ce savant bibliothécaire ignorait l'édition grecque et latine de Leipsick, et s'il l'avait vue, il aurait eu quelque confusion de voir que l'interprète luthérien parle mieux que lui touchant les attestations des Levantins et le synode de Jérusalem. On dira peut-être que ces lettres et dissertations étaient faites longtemps auparavant ; mais cette défaite ne peut venir dans l'esprit à ceux qui les auront lues attentivement ; car ils reconnaîtront aisément qu'elles ne sont pas plus anciennes que les dates de l'impression. Enfin si elle pouvait avoir lieu à l'égard de quelques lettres, elle ne l'aurait pas pour la réponse qu'il a faite à ce que M. Arnauld avait écrit pour répondre à ses objections, auxquelles il n'a répondu que longtemps après la mort de son adversaire, sans se rétracter de plusieurs faits qu'il avait avancés sans preuves, et sur lesquels il n'avait pu disconvenir qu'il s'était trompé, comme on le peut prouver par quelques-unes de ses lettres.

Par exemple, il a extrêmement fait valoir les attestations qu'avait promises le P. Nau, et qui devaient être beaucoup meilleures que celles qui avaient été produites dans la Perpétuité. On a fait voir ailleurs (ci-dessus, 1re partie de ce tome) que quand on aurait d'autres attestations, elles ne pouvaient être ni plus vraies, ni plus authentiques que les premières ; et un de ses amis lui ayant écrit sur ce sujet eut pour toute réponse qu'une personne qu'il nommait lui avait dit ce fait, dont il n'avait pas d'autres preuves. Ainsi il jugeait du mérite de ces nouvelles attestations sur le témoignage d'un homme qui n'était pas capable d'en juger, et sans les avoir vues. Quand il les aurait eues entre les mains, il n'aurait pas été plus en état de former un jugement sérieux, puisqu'il ne savait ni l'arabe ni l'arménien. Depuis l'impression du quatrième volume de la Perpétuité ces attestations se sont trouvées, et il y en a quatre, trois en arabe et une en arménien. Elles sont fort courtes, et fort inférieures à celles qui ont été envoyées par M. de Nointel ; aucune n'est légalisée ni par les consuls ni par aucune autre personne publique, et par ce seul défaut elles ne sont pas comparables aux premières, ni authentiques.

Si cet auteur est si peu sûr dans ce qui regarde les Orientaux, il ne l'est pas toujours sur ce qui a rapport aux Grecs, auxquels il attribue souvent des opinions dont ils sont fort éloignés. Car ce qu'il a avancé comme fondé sur le témoignage de Jérémie touchant une partie des sacrements comme institués par l'Église, est contraire à ce qu'enseigne ce patriarche, comme nous l'avons fait voir. La manière dont il explique leur doctrine touchant les paroles de Jésus-Christ pour la consécration n'est point exacte, et même dans ce qu'il a fait de meilleur, qui est le petit traité français sur la transsubstantiation contre M. Smith, il a souvent manqué d'exactitude, quoiqu'il eût eu les mêmes livres que ceux dont je me suis servi, et dont il y a divers extraits dans la Perpétuité.

Sans examiner tout ce détail, qui n'a d'autre motif que l'obligation de rendre témoignage à la vérité, et dans lequel nous ne sommes entrés qu'avec répugnance, il y avait assez de présomptions peu favorables pour M. Simon, à cause du grand nombre de faits faux qu'il a avancés. Or on peut faire état que ceux qui regardent les églises orientales ne méritent pour la plupart aucune créance, et il est de l'intérêt public de n'y être pas trompé.

Nous sommes enfin parvenus à la conclusion de cet ouvrage, et il ne nous reste plus rien à souhaiter, sinon que ceux qui le liront le fassent dans le même esprit avec lequel il a été composé ; c'est-à-dire en cherchant la vérité, sans l'obscurcir par des subtilités et par des chicanes, mais examinant les faits avec attention et sans prévention. Outre les preuves considérables qui ont été données dans les trois premiers volumes de la Perpétuité touchant la créance des Grecs et des autres chrétiens orientaux sur la présence réelle du corps et du sang de Jésus-Christ dans l'Eucharistie, nous en avons rapporté un grand nombre de nouvelles dans le quatrième volume. Nous y avons éclairci divers points de discipline sur l'Eucharistie, qui n'avaient pas été assez expliqués, et sur lesquels le ministre Claude avait demandé, avec peu de raison, qu'on lui prouvât le contraire de ce qu'il avançait sans preuves, touchant le peu de respect que les Orientaux avaient pour les espèces consacrées, et d'autres choses de détail, qui ne se trouvent pas souvent marquées dans les livres, et sur lesquelles on avait alors très-peu de lumières. Cependant nous croyons avoir donné des preuves du contraire de ce qu'il affirmait avec une hardiesse étonnante, et elles sont d'une telle précision, que nous avons raison de douter qu'on les puisse détruire. M. Claude ne pouvant répondre à des témoignages aussi clairs et aussi positifs que ceux des synodes contre Cyrille Lucar, de Syrigus, de la Confession orthodoxe, de Grégoire protosyncelle, et de quelques autres théologiens grecs, les avait tous rejetés comme Grecs latinisés, et il s'était servi de cette pitoyable défaite pour les rendre suspects. C'est aux admirateurs et aux disciples de ce ministre à répondre aux preuves incontestables que les Grecs ont fournies eux-mêmes pour détruire les faussetés qu'il avait avancées contre l'autorité de ces témoins, dont il ne connaissait ni les personnes ni les ouvrages. Si les auteurs qui ont été cités dans ce volume et les précédents sont de véritables Grecs, et si l'autorité des actes qui ont été produits est incontestable, la question est terminée. Or les Grecs en sont eux-mêmes témoins, et si Syrigus, Nectarius et Dosithée sont latinisés, on peut dire qu'il n'y a plus au monde de véritables Grecs. Il ne faut pas sur cela de raisonnements ni de subtilités, puisque les personnes les plus simples sont capables de comprendre des preuves de faits aussi sensibles.

Il en est de même de la matière traitée dans ce volume. On est convenu dès le commencement de la dispute touchant la perpétuité de la foi de l'Eucharistie, que ce qui était cru et pratiqué dans toutes les églises du monde ne pouvait être regardé comme erreur, ou comme abus de l'Église romaine. Si donc les Grecs, les Syriens, les Cophtes, les Arméniens, les Éthiopiens, de quelque secte qu'ils soient, reconnaissent sept sacrements; s'ils établissent cette créance sur les passages de la sainte Écriture dont les catholiques se servent pour les prouver; s'ils sont persuadés que les cérémonies employées pour ces sacrements produisent une grâce spirituelle; que toute leur discipline s'accorde avec leur créance, et qu'elle ne soit pas différente en ce qu'il y a d'essentiel de celle de l'Église romaine, on ne peut nier que les Orientaux et les Occidentaux ne soient d'accord sur la doctrine des sacrements, aussi bien que sur tous les autres points qui viennent de tradition apostolique. C'est ce que nous avons prouvé, non pas par des témoignages ramassés dans les livres modernes, mais par les Rituels, par les auteurs originaux, et par le consentement uniforme des Grecs et des Orientaux; au lieu que les protestants n'en ont pu jamais citer un seul connu ou approuvé dans l'église grecque qui ait parlé comme Cyrille.

Ce qui est fort surprenant, est que les protestants citent sérieusement ces mêmes auteurs pour combattre la primauté du pape et la doctrine du purgatoire; ils ont imprimé les traités de Nil, de Barlaam, de Coressius, de Maximus Marganius, et ils ont traduit le livre de Nectarius. Pourquoi donc auront-ils de l'autorité sur ces articles, et non pas sur les autres? Ils ne veulent pas qu'on donne créance aux catholiques missionnaires ou voyageurs, dont les témoignages s'accordent avec celui des Orientaux et la discipline de toutes les églises d'Orient, et ils nous citent des Grecs vagabonds, un prétendu archevêque de Samos, enfin des lettres de M. Basire et de M. Woodorff, qui suffisent pour convaincre de la fausseté de ce qu'elles contiennent. Quand on raisonne sur des preuves aussi faibles et sur des faits faux, on peut surprendre des ignorants, mais toutes les subtilités du monde ne détruisent pas des vérités de fait attestées par le consentement général de toutes les nations, et par des actes revêtus de toutes les formalités établies par le droit public pour les rendre authentiques.

Nous avons assez prouvé dans le volume précédent (ci-dessus, Ire partie de ce tome) l'autorité qu'ont dans l'église grecque tous les auteurs cités dans celui-ci, pour n'avoir pas besoin d'en donner de nouvelles preuves. Nous aurions pu, après celles qui ont été données de l'authenticité des attestations venues du Levant durant le cours de la dispute avec le ministre Claude, citer toutes celles qui ont été insérées dans les trois premiers volumes, et dans la Réponse générale. Mais comme chacun les y peut consulter, il n'a pas paru nécessaire d'en grossir celui-ci. En les examinant, on reconnaîtra facilement que dans la matière des sacrements et des autres points contestés avec les protestants, les patriarches, archevêques, évêques et prêtres qui ont donné ces témoignages publics de leur créance n'ont rien avancé qui ne fût conforme à la doctrine de leurs théologiens et à la discipline de leurs églises. Les livres orientaux que nous avons cités sont anciens et reçus dans chaque communion, sans qu'aucun ait passé par les mains des censeurs ou des missionnaires, et ils se trouvent dans les plus fameuses bibliothèques. Ceux qui étaient trop modernes, ou dans lesquels on a remarqué quelque vestige d'altération, n'ont pas paru mériter qu'on en fît mention; et nous ne craignons pas qu'on nous reproche d'avoir cité des livres suspects ou sans autorité.

Il n'a pas été nécessaire de répondre aux objections que les protestants pourraient avoir tirées de ces mêmes livres : car ils n'en ont jamais pu citer aucun, ce qui est fort remarquable, puisqu'il s'ensuit qu'ils n'en ont eu aucune connaissance; et en ce cas on ne peut excuser la témérité avec laquelle plusieurs se sont vantés d'avoir le consentement de toutes les églises d'Orient; ou qu'ils ont dissimulé ce qui n'était pas avantageux à leur nouvelle doctrine, ce qui est contre la bonne foi. On peut juger que puisque Hottinger s'est donné la peine de faire des extraits des ordinations syriaques publiées par le P. Morin, et de quelques autres offices imprimés, pour y chercher de quoi chicaner les catholiques, il n'aurait pas manqué de citer ce qu'il aurait trouvé ailleurs, qui eût été tant soit peu favorable aux opinions des protestants. La formule des paroles de Jésus-Christ dans la Liturgie éthiopienne est conçue en ces termes : *Ce pain est mon corps*; il n'en a pas fallu davantage à Aubertin pour se vanter du consentement de tout l'univers. M. de Saumaise ayant corrompu ou mal lu, et traduit encore plus mal une demi-ligne de l'invocation du Saint-Esprit dans la Liturgie cophte, crut avoir renversé la transsubstantiation. Que ceux qui cherchent la vérité comparent le nombre des preuves tirées des livres grecs ou orientaux qui ont été produites par les catholiques avec celles des protestants, il ne sera pas difficile de reconnaître que ceux qui dans toute l'église grecque n'ont trouvé que trois ou quatre vagabonds, un patriarche de Constantinople, dont la Confession de foi a été solennellement condamnée et réfutée, et deux particuliers comme Corydale et Caryophylle, qui ont été excommuniés, ne méritent pas d'être écoutés. Puisqu'ils n'ont rien trouvé dans les livres ni dans les offices des Orientaux qui puisse s'accorder avec ce que la réforme a introduit, c'est une calomnie que de leur attribuer des opinions dont ils sont fort éloignés. Enfin quand il se trouverait quelques passages obscurs, et qui pourraient être tournés à un sens contraire à ce qu'enseigne l'Église catholique, la discipline de toutes les églises le détruit entièrement.

Nous espérons que ceux qui examineront sans prévention des preuves aussi convaincantes du consentement général de toutes les églises, sur les points qui ont divisé celle d'Occident, reconnaîtront la vérité de ce que S. Augustin a dit avec tant de raison contre les donatistes au nom des catholiques : *Je suis dans le corps de Jésus-Christ ; je suis dans l'Église de Jésus-Christ. Si le corps de Jésus-Christ parle en toutes les langues, je suis dans toutes les langues : la grecque, la syriaque, l'hébraïque, et toutes les autres sont mes langues, parce que je suis dans l'unité de toutes les nations* (1).

(1) In corpore Christi sum ; in Ecclesiâ Christi sum : si corpus Christi omnium linguis jam loquitur, et ego in omnibus linguis sum. Mea est Græca, mea est Syra, mea est Hebræa, mea est omnium gentium, quia in unitate sum omnium gentium. *Aug. in ps. 56 et 147; in Joan. tract. 32.*

TABLE DES MATIERES

CONTENUES DANS CE TROISIEME VOLUME.

Préface des auteurs de *la Perpétuité*. 9-10
LA PERPÉTUITÉ DE LA FOI DE L'ÉGLISE CATHOLIQUE TOUCHANT L'EUCHARISTIE. 19-20
Livre premier, dans lequel, après avoir expliqué l'état où était restée la dispute touchant la Perpétuité, on donne une notion générale des églises d'Orient. *Ibid.*
Chapitre premier. Justification générale de la méthode de *la Perpétuité* par rapport au consentement des Grecs et des Orientaux. *Ibid.*
Chap. II. Examen général des preuves employées par les auteurs de *la Perpétuité*, leur force et leur usage. 27
Chap. III. Division générale de toutes les églises selon les patriarcats, et selon les différentes communions qui subsistent présentement. 33
Chap. IV. Des melchites. 38
Chap. V. Des nestoriens, et de leur principale erreur touchant l'Incarnation. 40
Chap. VI. Des autres erreurs des nestoriens. 47
Chap. VII. de la forme de l'église nestorienne. 55
Chap. VIII. Des jacobites. 67
Chap. IX. Des Cophtes. 71
Chap. X. De la créance des Cophtes, et de leur discipline. 81
Chap. XI. Des Éthiopiens. 85
Chap. XII. Des coutumes et des abus qu'on reproche aux Éthiopiens. 91
Livre second, dans lequel on fait voir le consentement général des Grecs et des autres chrétiens orientaux avec l'Église romaine, sur la doctrine de la présence réelle, et sur l'adoration de l'Eucharistie. 105-106
Chapitre premier. État de la dispute touchant la perpétuité de la foi sur l'Eucharistie depuis que M. Claude a cessé d'écrire. *Ibid.*
Chap. II. Des nouvelles preuves de la créance des Grecs, depuis la fin de la dispute touchant la perpétuité de la foi. 112
Chap. III. Que les Grecs et tous les autres chrétiens orientaux croient et ont toujours cru la présence réelle. Preuves générales de cette proposition. 116
Chap. IV. Première preuve du consentement général des Grecs et des Orientaux touchant la doctrine de la présence réelle, tirée de la manière dont ils ont entendu les paroles de Jésus-Christ : *Ceci est mon corps, ceci est mon sang*. 120
Chap. V. Passages des théologiens orientaux, dans lesquels ils expliquent la doctrine de leurs églises, par lesquels on prouve très-clairement que tous ont cru la présence réelle et la transsubstantiation. 124
Chap. VI. Continuation des mêmes preuves tirées des témoignages des théologiens orientaux. 131
Chap. VII. Témoignage tiré d'un auteur anonyme sur la doctrine de la présence réelle. 139
Chap. VIII. Preuves de la créance des Orientaux touchant la présence réelle, tirées des Liturgies et autres livres qui sont en usage dans les églises. 145
Chap. IX. Preuve de la doctrine de la présence réelle, tirée de l'oraison appelée l'invocation du Saint-Esprit, qui est en usage parmi les Grecs et dans toutes les églises d'Orient. 151
Livre troisième, dans lequel la créance des Grecs et des Orientaux touchant la présence réelle est prouvée par leur discipline. 159-160
Chapitre premier. Preuves particulières de la créance des Grecs et des Orientaux, tirées de leur discipline pour tout ce qui a rapport à l'Eucharistie. *Ibid.*
Chap. II. Preuve de la créance des Grecs et des Orientaux sur la présence réelle, tirée de la confession de foi qu'ils font avant la communion, particulièrement dans l'église cophte. 169
Chap. III. Preuve de la conformité de la créance des Grecs et des Orientaux avec l'Église latine sur la présence réelle, tirée de l'adoration de l'Eucharistie. 178
Chap. IV. Preuve de la foi des Grecs et des Orientaux sur la présence réelle, parce

qu'ils croient divers miracles de l'Eucharistie. 187
CHAP. V. Que les Grecs et les Orientaux ont toujours regardé avec horreur la profanation de l'Eucharistie, et qu'ils ont eu sur ce sujet les mêmes précautions que l'Église latine. 194
CHAP. VI. Continuation des mêmes preuves tirées des livres grecs et orientaux. 201
CHAP. VII. Suite des mêmes preuves tirées de la discipline pratiquée à l'égard des particules sacrées qui restent après la Liturgie, de la communion des malades et des enfants. 209

LIVRE QUATRIÈME DES LITURGIES. 219-220
CHAPITRE PREMIER. De ce qu'on doit entendre par le mot de Liturgies, et de celles qui se trouvent dans les églises d'Orient en diverses langues. Ibid.
CHAP. II. Forme générale, et dispositions des prières et des rites qui conviennent à toutes les Liturgies, particulièrement aux grecques et aux orientales. 227
CHAP. III. De l'authenticité et de l'autorité des Liturgies. 237
CHAP. IV. Examen des principales objections des protestants sur l'authenticité des Liturgies. 241
CHAP. V. Examen de la critique de Rivet sur les Liturgies orientales. 247
CHAP. VI. De l'autorité des Liturgies et des autres offices publics des églises dans les matières de controverse. 255
CHAP. VII. Que l'autorité des Liturgies est reçue dans toutes les églises d'Orient, et qu'elle est principalement fondée sur l'usage public qu'elles en ont fait, et qui continue jusqu'à notre temps. 264
CHAP. VIII. De la célébration des offices et des prières publiques en langue inconnue au peuple. 272

LIVRE CINQUIÈME. ÉCLAIRCISSEMENTS TOUCHANT LES AUTEURS GRECS DONT ON A CITÉ LES TÉMOIGNAGES DANS la Perpétuité. 279-280
CHAPITRE PREMIER. Éclaircissement touchant Gennadius. Ibid.
CHAP. II. Éclaircissement touchant le patriarche de Constantinople, Jérémie. 286
CHAP. III. Éclaircissement sur Mélèce, surnommé Piga, patriarche d'Alexandrie. 295
CHAP. IV. Éclaircissement touchant Gabriel de Philadelphie. 303
CHAP. V. Éclaircissement touchant Georges Coressius. 307
CHAP. VI. Éclaircissement touchant Grégoire protosyncelle, auteur d'un Abrégé des mystères de la foi. 312
CHAP. VII. Éclaircissement touchant les deux synodes contre Cyrille Lucar. 317
CHAP. VIII. Éclaircissement touchant Mélèce Syrigus. 325
CHAP. IX. Éclaircissement sur la Confession orthodoxe de la foi de l'église orientale. 331
CHAP. X. Réflexions sur la Confession orthodoxe. 336
CHAP. XI. Réfutation des objections de M. Claude et des autres calvinistes contre la Confession orthodoxe. 340

LIVRE SIXIÈME. EXAMEN DE PLUSIEURS FAITS QUI REGARDENT L'ÉGLISE GRECQUE, ET DONT IL A ÉTÉ PARLÉ DANS la Perpétuité. 347-348
CHAPITRE PREMIER. Éclaircissement sur l'affaire de Jean Caryophylle. Ibid.
CHAP. II. Réflexions sur l'histoire de Corydale et de Caryophylle. 356
CHAP. III. Éclaircissement sur le témoignage de M. Basire, rapporté par M. Claude. 364
CHAP. IV. Éclaircissement touchant Panalotti. 372
CHAP. V. Du synode de Jérusalem ou de Bethléem, tenu en 1672. 381
CHAP. VI. Comparaison des décrets du synode de Jérusalem, comme ils parurent en 1672, et de la nouvelle forme dans laquelle Dosithée les fit imprimer en 1690. 392
CHAP. VII. Observations particulières sur quelques faits qui ont rapport à ce qui a été traité dans les chapitres précédents. 400

LIVRE SEPTIÈME. EXAMEN DES ACTES DES ÉGLISES ORIENTALES PRODUITS DANS la Perpétuité. 407-408
CHAPITRE PREMIER. De l'autorité des actes faits par les Grecs et par les Orientaux, pour rendre témoignage de la conformité de leur foi avec les catholiques sur les articles controversés entre ceux-ci et les protestants. Ibid.
CHAP. II. Examen du système général du ministre Claude pour attaquer l'autorité des attestations données par les Grecs touchant leur créance, qui est une manière de prescription pour les rendre suspectes et les rejeter. 412
CHAP. III. Examen des preuves que M. Claude a employées pour établir son système de Grecs latinisés. 418
CHAP. IV. Si l'ignorance qu'on suppose parmi les Grecs prouve que les témoignages qu'ils ont rendus de leur créance doivent être suspects de fausseté. 425
CHAP. V. Examen de la seconde objection des calvinistes, qui est que les Grecs ne font pas de difficulté de donner pour de l'argent toute sorte de témoignages. 433
CHAP. VI. Continuation de la même matière. 441
CHAP. VII. Examen de quelques autres objections qui ont été faites sur les attestations produites dans la Perpétuité. 451
CHAP. VIII. Si dans les attestations des Grecs et des autres chrétiens d'Orient il se trouve des expressions et des dogmes qui fassent croire qu'on peut soupçonner qu'elles leur ont été suggérées. 458
CHAP. IX. Remarques et éclaircissements sur les attestations et sur les autres pièces qui ont été produites dans la dispute sur la perpétuité de la foi. 464

LIVRE HUITIÈME, QUI CONTIENT L'EXAMEN DE L'HISTOIRE ET DE LA CONFESSION DE CYRILLE LUCAR. 473-474
CHAPITRE PREMIER. Examen de ce qu'ont écrit les protestants sur Cyrille Lucar. Ibid.
CHAP. II. On fait voir que nonobstant les louanges excessives que les calvinistes ont données à Cyrille Lucar, il était fort ignorant. 482
CHAP. III. Que par les propres lettres de Cyrille, et par les faits que les calvinistes rapportent de lui, on prouve incontestablement qu'il a été un imposteur et un homme sans religion. 490
CHAP. IV. Continuation de la même matière. 499
CHAP. V. De la Confession de Cyrille. On fait voir qu'elle ne peut être regardée comme une véritable exposition de la foi de l'église grecque. 507
CHAP. VI. On fait voir par des preuves de fait certaines et incontestables, que la Confession de Cyrille a été rejetée et condamnée par l'église grecque en corps, et par tous les théologiens grecs qui ont été depuis Cyrille jusqu'à ce temps-ci. 519
CHAP. VII. Que le défaut des formalités nécessaires selon les Grecs prouve la fausseté et l'inutilité de la Confession de Cyrille. 525-526

LIVRE NEUVIÈME, TOUCHANT LA CONFESSION DE CYRILLE, SA PUBLICATION ET SA RECONNAISSANCE. Ibid.
CHAPITRE PREMIER. On examine si on peut prouver que la Confession de Cyrille a été

publiée dans l'église grecque, qu'il l'ait reconnue, et qu'il l'ait soutenue. 525-526
CHAP. II. Examen des objections de M. Smith contre le synode de Jérusalem, à l'occasion de ce que les Grecs y dirent que Cyrille n'avait point publié sa Confession, et qu'il n'avait jamais été connu comme calviniste. 533
CHAP. III. Continuation de la même matière. 537
CHAP. IV. Suite de l'examen des objections de M. Smith touchant le défaut de publication de la Confession de Cyrille, marqué par le synode de Jérusalem. 544
CHAP. V. On examine si on peut regarder Cyrille Lucar comme orthodoxe, comme saint et comme martyr. 554
CHAP. VI. Réflexions sur l'histoire de Cyrille Lucar. 564
CHAP. VII. Continuation des mêmes réflexions qui regardent particulièrement les ouvrages de ceux qui ont entrepris dans ces derniers temps de justifier Cyrille et sa Confession. 574
LIVRE DIXIÈME, DANS LEQUEL ON EXAMINE SI ON PEUT SUPPOSER QU'IL SOIT ARRIVÉ UN CHANGEMENT ENTIER DE DOCTRINE SUR LA PRÉSENCE RÉELLE DANS LES ÉGLISES ORIENTALES. 583-584
CHAPITRE PREMIER. Examen particulier de la possibilité ou impossibilité de ce changement. *Ibid.*
CHAP. II. On fait voir que les moyens par lesquels les protestants supposent qu'il est arrivé quelque changement de doctrine sur l'Eucharistie dans les églises d'Orient, n'ont aucun fondement. 587
CHAP. III. Qu'on ne peut prouver qu'il y ait eu de changement sans faire plusieurs fausses suppositions. 592
CHAP. IV. Qu'on ne peut prouver que la créance de la présence réelle ait été portée dans le Levant par les missionnaires de l'Église latine. 596
CHAP. V. Exemples de quelques changements connus par l'histoire pour la réunion des églises orientales, sur lesquels on peut juger si le changement que les protestants supposent était possible, ou même vraisemblable. 601
CHAP. VI. Des réunions des églises orientales avec l'Église romaine. 608
CHAP. VII. On fait voir que le changement que supposent les calvinistes n'est arrivé dans aucunes églises orientales, ni en particulier dans l'église grecque. 615
CHAP. VIII. L'église nestorienne n'a reçu aucun changement sur la doctrine de la présence réelle, ni sur les autres points contestés entre les catholiques et les protestants. 622
CHAP. IX. Que le changement de doctrine sur la présence réelle, n'a pas été moins impossible parmi les jacobites que parmi les Grecs et les nestoriens. 629
PRÉFACE DES AUTEURS de *la Perpétuité*. 639-640
LA PERPÉTUITÉ DE LA FOI DE L'ÉGLISE CATHOLIQUE SUR LES SACREMENTS et sur tous les autres points de religion et de discipline que les premiers réformateurs ont pris pour prétexte de leur schisme, prouvée par le consentement des églises orientales. 657-658
LIVRE PREMIER. *Ibid.*
CHAPITRE PREMIER. Dessein général de cet ouvrage. *Ibid.*
CHAP. II. Que les Grecs et toutes les communions orientales, ont conservé l'ancienne doctrine de l'Église touchant les sacrements. 665
CHAP. III. Exposition des sentiments des Grecs sur la doctrine des sacrements. 672
CHAP. IV. Sentiments des Grecs touchant les sacrements, depuis que Cyrille Lucar fut patriarche de Constantinople. 677
CHAP. V. Témoignages des Grecs sur leur créance touchant les sacrements depuis la mort de Cyrille Lucar. 684
CHAP. VI. Sentiments des Grecs touchant les sacrements en général depuis la condamnation de Cyrille Lucar. 692
CHAP. VII. Examen des objections que les protestants, et même quelques catholiques, ont faites touchant la créance des Grecs sur les sept sacrements. 699
CHAP. VIII. Examen de quelques autres objections contre la créance des Grecs touchant les sept sacrements. 709
CHAP. IX. Que les Orientaux orthodoxes, schismatiques ou hérétiques, ont la doctrine et la pratique des sept sacrements. 715
LIVRE SECOND. DU BAPTÊME ET DE LA CONFIRMATION. 721-722
CHAPITRE PREMIER. Que les Grecs et les autres chrétiens orientaux condamnent l'opinion des calvinistes touchant le baptême. *Ibid.*
CHAP. II. Que tous les chrétiens orientaux croient la nécessité absolue du baptême, comme elle est enseignée dans l'Église catholique. 728
CHAP. III. Objections qu'on peut faire contre ce qui a été dit de la créance des Orientaux sur la nécessité du baptême. 732
CHAP. IV. De la matière du baptême selon les Grecs et les Orientaux. 738
CHAP. V. De la forme du baptême. 745
CHAP. VI. De quelques abus dont on ne peut justifier diverses communions orientales touchant le baptême. 749
CHAP. VII. De l'abus du baptême annuel des Éthiopiens. 755
CHAP. VIII. De quelques autres abus qu'on reproche aux Orientaux touchant le baptême. 758
CHAP. IX. Si on peut accuser d'erreurs ceux qui ont dit que la communion était nécessaire aux enfants; ce que croient sur cela les Grecs et les Orientaux. 763
CHAP. X. Des principales cérémonies du baptême selon les Grecs et les Orientaux. 771
CHAP. XI. De la confirmation selon les Grecs et les Orientaux. 780
CHAP. XII. Examen de la différence des rites, où on fait voir qu'elle ne détruit pas l'essence du sacrement. 787
CHAP. XIII. Réflexions sur la doctrine et la discipline des Grecs et des Orientaux touchant la confirmation. 792
LIVRE TROISIÈME. DU SACREMENT DE PÉNITENCE. 804-802
CHAPITRE PREMIER. Que les Grecs et les Orientaux enseignent ce que croit l'Église catholique sur ce sacrement. *Ibid.*
CHAP. II. On fait voir que dans le temps que parut la Confession de Cyrille Lucar, et après sa condamnation, les Grecs n'ont point changé de sentiment sur la doctrine de la pénitence. 808
CHAP. III. Que les auteurs grecs cités et publiés par les protestants parlent de même. 812
CHAP. IV. Réponse à diverses objections des protestants sur la doctrine et la discipline des Grecs. 817
CHAP. V. Que les chrétiens orientaux ont la même créance que les Grecs et les Latins touchant la pénitence et la confession sacramentelle. 823
CHAP. VI. Continuation des mêmes preuves tirées particulièrement des livres qui concernent l'administration de la pénitence. 834
CHAP. VII. Examen de divers autres points de la discipline des Orientaux touchant la pénitence. 839
CHAP. VIII. De l'abus introduit dans le dou-

zième siècle parmi les Cophtes en supprimant la confession. 847

Chap. IX. De quelques autres points de discipline sur la pénitence observés par les Orientaux. 853

Livre quatrième, dans lequel on explique plus en détail la discipline des Orientaux touchant la pénitence. 857-858

Chapitre premier. De la discipline particulière des Orientaux touchant la pénitence, et des changements qui y sont arrivés. *Ibid.*

Chap. II. Suite de la même matière et du changement qui arriva par la nouvelle collection des canons pénitentiaux. 864

Chap. III. Continuation de la même matière et de la pénitence des ecclésiastiques. 870

Chap. IV. Examen de ce qui a été publié depuis peu touchant la discipline des Cophtes sur la pénitence. 874

Chap. V. Des dispositions intérieures que les Grecs et les Orientaux prescrivent pour recevoir avec fruit le sacrement de la pénitence. 881

Chap. VI. De la vie monastique. 885

Chap. VII. Que l'état de la vie monastique, selon les Grecs, renferme les trois vœux de religion pratiqués dans l'Église latine. 892

Chap. VIII. Si on peut dire que les Grecs égalent au baptême la profession monastique, et qu'ils la mettent au nombre des sacrements. 900

Chap. IX. De la vie monastique selon les Orientaux. 908

Livre cinquième. De l'extrême-onction et de l'ordre. 915-916

Chapitre premier. Que les Grecs reconnaissent l'extrême-onction comme un sacrement. *Ibid.*

Chap. II. Des cérémonies que les Grecs et les Orientaux pratiquent pour l'extrême-onction. 920

Chap. III. Diverses observations sur la discipline des Grecs dans l'administration de l'extrême-onction. 924

Chap. IV. Du sacrement de l'ordre. 929

Chap. V. Comparaison de la discipline des Orientaux et de celle des protestants. 933

Chap. VI. On explique ce que les Grecs et les Orientaux comprennent sous le nom général de sacerdoce ou ordres ecclésiastiques, et leurs différents degrés. 939

Chap. VII. De l'ordination des diacres. 943

Chap. VIII. Des archidiacres et des prêtres. 948

Chap. IX. Des archiprêtres et archimandrites. 953

Chap. X. Des évêques. 959

Livre sixième. Du mariage. 963-966

Chapitre premier. Que selon les Grecs, le mariage est un sacrement. *Ibid.*

Chap. II. On prouve par les rites grecs, pour la célébration du mariage, qu'il est un véritable sacrement. 971

Chap. III. De la créance et de la discipline des Orientaux touchant le mariage. 984

Chap. IV. Réflexions sur la doctrine et la discipline des Grecs et des Orientaux touchant le mariage. 986

Chap. V. Des secondes, troisièmes et quatrièmes noces selon les Grecs et les Orientaux. 996

Chap. VI. Quelle est la doctrine et la discipline des Orientaux sur le même sujet. 1002

Chap. VII. Du divorce accordé par les Orientaux en cas d'adultère. 1007

Chap. VIII. Du mariage des prêtres, des diacres et des autres ecclésiastiques, où on examine aussi ce que pensent les Orientaux sur celui des personnes engagées dans l'état monastique. 1015

Livre septième. De la tradition et de ce qui y a rapport. 1027-1028

Chapitre premier. Quel est sur ce sujet la doctrine de l'église grecque et des autres chrétiens orientaux. 1027-1028

Chap. II. Sentiments des théologiens grecs et des orientaux sur l'autorité de la tradition. 1031

Chap. III. De la dévotion à la sainte Vierge, de la vénération et de l'intercession des saints. 1040

Chap. IV. De la vénération des reliques des saints. 1052

Chap. V. De la vénération des images. 1058

Chap. VI. Du signe de la croix et de plusieurs autres cérémonies supprimées par les protestants comme superstitieuses, et observées par les Grecs aussi bien que par tous les autres chrétiens orientaux. 1067

Chap. VII. De la discipline des églises d'Orient touchant les traductions et la lecture de l'Écriture sainte. 1078

Livre huitième. De deux points de discipline fondés sur la tradition, qui sont la communion sous les deux espèces et la prière pour les morts. 1085-1086

Chapitre premier. De la communion sous les deux espèces, suivant la doctrine et la discipline des églises d'Orient. *Ibid.*

Chap. II. On fait voir que dans l'ancienne Église la communion sous une seule espèce a été pratiquée en plusieurs occasions. 1093

Chap. III. Réflexions sur la discipline observée en Orient et en Occident touchant la communion sous les deux espèces. 1105

Chap. IV. Des conséquences qu'on peut tirer des chapitres précédents. 1113

Chap. V. De la prière pour les morts. 1123

Chap. VI. Examen particulier de l'opinion des Grecs. 1129

Chap. VII. Ce qu'on doit juger des sentiments des Grecs touchant le purgatoire et les suffrages pour les morts. 1137

Chap. VIII. Que les melchites, nestoriens et jacobites, ont conservé la tradition de la prière pour les morts. 1143

Chap. IX. Si les chrétiens orientaux sont dans les mêmes sentiments sur le purgatoire que les Grecs modernes. 1147

Chap. X. Réflexions sur le système de doctrine des Grecs modernes touchant les prières pour les morts. 1153

Livre neuvième. Des canons conservés dans les églises orientales qui font partie de la tradition et de quelques autres matières qui ont rapport a cet ouvrage. 1159-1160

Chapitre premier. Des canons qui sont conservés parmi les chrétiens orientaux. *Ibid.*

Chap. II. De la collection arabe des melchites ou orthodoxes. 1165

Chap. III. De la collection des Cophtes ou jacobites du patriarcat d'Alexandrie. 1169

Chap. IV. Des collections de canons de l'église nestorienne. 1172

Chap. V. Des collections de canons par lieux communs. 1175

Chap. VI. Des canons arabes attribués au concile de Nicée. 1178

Chap. VII. Examen de ce que plusieurs protestants ont reproché aux catholiques touchant Allatius, Arcudius et quelques autres écrivains qui ont prouvé que les Orientaux étaient d'accord avec l'Église romaine sur les sacrements et sur les autres articles. 1187

Chap. VIII. Examen de ce que quelques auteurs protestants ont écrit contre Échellensis et d'autres modernes. 1191

Chap. IX. Des ouvrages de M. Simon sur les églises orientales. 1203

FIN DU VOLUME TROISIÈME.

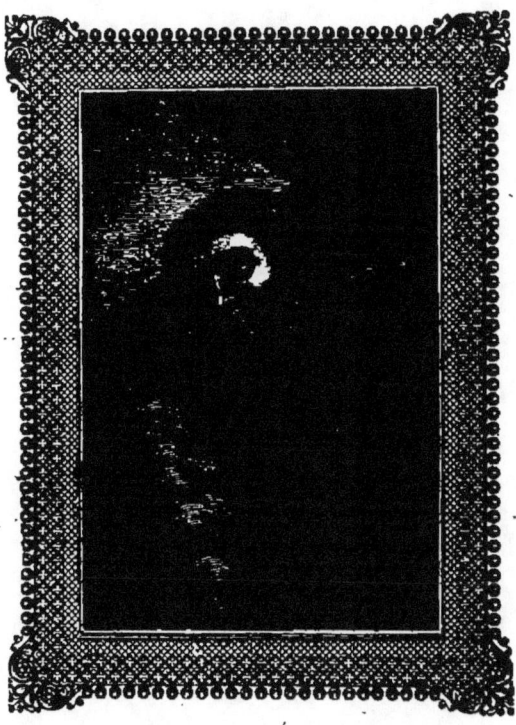

IMPRIMERIE DE MIGNE, A MONTROUGE.

www.ingramcontent.com/pod-product-compliance
Lightning Source LLC
Chambersburg PA
CBHW050059230426
43664CB00010B/1378